5892 / 281

ŒUVRES
DE
P. CORNEILLE

— THÉATRE COMPLET —

8327

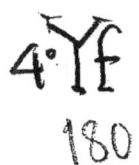

PARIS. — IMPRIMERIE P. MOUILLOT, 13, QUAI VOLTAIRE

ŒUVRES
DE
P. CORNEILLE

— THÉATRE COMPLET —

PRÉCÉDÉES DE LA VIE DE L'AUTEUR, PAR FONTENELLE

ET SUIVIES

D'UN DICTIONNAIRE DONNANT L'EXPLICATION DES MOTS QUI ONT VIEILLI

NOUVELLE ÉDITION
IMPRIMÉE D'APRÈS CELLE DE 1682

ORNÉE DU PORTRAIT EN PIED COLORIÉ
DU PRINCIPAL PERSONNAGE DES PIÈCES LES PLUS REMARQUABLES

Dessins de M. GEFFROY, sociétaire de la Comédie Française

PARIS
GARNIER FRÈRES, LIBRAIRES-ÉDITEURS
6, RUE DES SAINTS-PÈRES, 6

VIE DE CORNEILLE

PAR FONTENELLE

Pierre Corneille naquit à Rouen, en 1606, de Pierre Corneille, maître des eaux et forêts en la vicomté de Rouen, et de Marthe le Pesant. Il fit ses études aux jésuites de Rouen, et il en a toujours conservé une extrême reconnaissance pour toute la société. Il se mit d'abord au barreau, sans goût et sans succès. Mais une petite occasion fit éclater en lui un génie tout différent; et ce fut l'amour qui la fit naître. Un jeune homme de ses amis, amoureux d'une demoiselle de la même ville, le mena chez elle. Le nouveau venu se rendit plus agréable que l'introducteur. Le plaisir de cette aventure excita dans Corneille un talent qu'il ne connaissait pas; et sur ce léger sujet il fit la comédie de *Mélite*, qui parut en 1625. On y découvrit un caractère original; on conçut que la comédie allait se perfectionner; et sur la confiance qu'on eut au nouvel auteur qui paraissait, il se forma une nouvelle troupe de comédiens.

Je ne doute pas que ceci ne surprenne la plupart des gens qui trouvent les six ou sept premières pièces de Corneille si indignes de lui, qu'ils les voudraient retrancher de son recueil, et les faire oublier à jamais. Il est certain que ces pièces ne sont pas belles; mais outre qu'elles servent à l'histoire du théâtre, elles servent beaucoup aussi à la gloire de Corneille.

Il y a une grande différence entre la beauté de l'ouvrage et le mérite de l'auteur. Tel ouvrage qui est fort médiocre n'a pu partir que d'un génie sublime; et tel autre ouvrage qui est assez beau a pu partir d'un génie assez médiocre. Chaque siècle a un certain degré de lumières qui lui est propre : les esprits médiocres demeurent au-dessous de ce degré; les bons esprits y atteignent, les excellents le passent, si on le peut passer. Un homme né avec des talents est naturellement porté par son siècle au point de perfection où ce siècle est arrivé; l'éducation qu'il a reçue, les exemples qu'il a devant les yeux, tout le conduit jusque-là : mais s'il va plus loin, il n'a plus rien d'étranger qui le soutienne; il ne s'appuie que sur ses propres forces, il devient supérieur aux secours dont il s'est servi. Ainsi, deux auteurs, dont l'un surpasse extrêmement l'autre par la beauté de ses ouvrages, sont néanmoins égaux en mérite, s'ils se sont également élevés chacun au-dessus de son siècle. Il est vrai que l'un a été bien plus haut que l'autre; mais ce n'est pas qu'il ait eu plus de force, c'est seulement qu'il a pris son vol d'un lieu plus élevé. Par la même raison, de deux auteurs dont les ouvrages sont d'une égale beauté, l'un peut être un homme fort médiocre, et l'autre un génie sublime.

Pour juger de la beauté d'un ouvrage, il suffit donc de le considérer en lui-même; mais pour juger du mérite de l'auteur, il faut le comparer à son siècle. Les premières pièces de Corneille, comme nous avons déjà dit, ne sont pas belles; mais tout autre qu'un génie extraordinaire ne les eût pas faites. *Mélite* est divine si vous la lisez après les pièces de Hardy, qui l'ont immédiatement précédée. Le théâtre y est sans comparaison mieux entendu, le dialogue mieux tourné, les mouvements mieux conduits, les scènes plus agréables surtout; et, c'est ce que Hardy n'avait jamais attrapé, il y règne un air assez noble, et la conversation des honnêtes gens n'y est pas mal représentée. Jusque-là on n'avait guère connu que le comique le plus bas, ou un tragique assez plat; on fut étonné d'entendre une nouvelle langue.

Le jugement que l'on porta de *Mélite* fut que cette pièce était trop simple, et avait trop peu d'événements. Corneille, piqué de cette critique, fit *Clitandre*, et y sema les incidents et les aventures avec une très-vicieuse profusion, plus pour censurer le goût du public que pour s'y accommoder. Il paraît qu'après cela il lui fut permis de revenir à son naturel. La *Galerie du Palais*, la *Veuve*, la *Suivante*, la *Place Royale*, sont plus raisonnables.

Nous voici dans le temps où le théâtre devint florissant par la faveur du cardinal de Richelieu. Les princes et les ministres n'ont qu'à commander qu'il se forme des poëtes, des peintres, tout ce qu'ils voudront, et il s'en forme. Il y a une infinité de génies de différentes espèces qui n'attendent pour se déclarer que leurs ordres, ou plutôt leurs grâces. La nature est toujours prête à servir leur goût.

On recommença alors à étudier le théâtre des anciens, et à soupçonner qu'il pouvait avoir des règles. Celle des vingt-quatre heures fut une des premières dont on s'avisa : mais on n'en faisait pas encore trop grand cas; témoin la manière dont Corneille lui-même en parle dans la préface de *Clitandre*, imprimée en 1632. « Que si j'ai renfermé cette pièce, « dit-il, dans la règle d'un jour, ce n'est pas que je me repente de n'y avoir point mis « *Mélite*, ou que je me sois résolu à m'y attacher dorénavant. Aujourd'hui quelques-uns « adorent cette règle, beaucoup la méprisent; pour moi, j'ai voulu seulement montrer que « si je m'en éloigne, ce n'est pas faute de la connaître. »

Ne nous imaginons pas que le vrai soit victorieux dès qu'il se montre; il l'est à la fin, mais il lui faut du temps pour soumettre les esprits. Les règles du poëme dramatique, inconnues d'abord ou méprisées, quelque temps après combattues, ensuite reçues à demi, et sous des conditions, demeurent enfin maîtresses du théâtre. Mais l'époque de l'établissement de leur empire n'est proprement qu'au temps de *Cinna*.

Une des plus grandes obligations que l'on ait à Corneille est d'avoir purifié le théâtre. Il fut d'abord entraîné par l'usage établi, mais il y résista aussitôt après; et depuis *Clitandre*, sa seconde pièce, on ne trouve plus rien de licencieux dans ses ouvrages.

Corneille, après avoir fait un essai de ses forces dans ses six premières pièces, où il s'éleva déjà au-dessus de son siècle, prit tout à coup l'essor dans *Médée*, et monta jusqu'au tragique le plus sublime. A la vérité il fut secouru par Sénèque; mais il ne laissa pas de faire voir ce qu'il pouvait par lui-même.

Ensuite il retomba dans la comédie : et si j'ose dire ce que j'en pense, la chute fut grande. L'*Illusion comique*, dont je parle ici, est une pièce irrégulière et bizarre, et qui n'excuse point par ses agréments sa bizarrerie et son irrégularité. Il y domine un personnage de capitan, qui abat d'un souffle le grand Sophi de Perse et le grand Mogol, et qui une fois en sa vie avait empêché le soleil de se lever à son heure prescrite, parce qu'on ne trouvait point l'Aurore, qui était couchée avec ce merveilleux brave. Ces caractères ont été autrefois fort à la mode : mais qui représentaient-ils? à qui en voulait-on? Est-ce qu'il faut outrer nos folies jusqu'à ce point-là pour les rendre plaisantes ? En vérité, ce serait nous faire trop d'honneur.

Après l'*Illusion comique*, Corneille se releva plus grand et plus fort que jamais, et fit le *Cid*. Jamais pièce de théâtre n'eut un si grand succès. Je me souviens d'avoir vu en ma vie un homme de guerre et un mathématicien qui, de toutes les comédies du monde, ne connaissaient que le *Cid*. L'horrible barbarie où ils vivaient n'avait pu empêcher le nom du *Cid* d'aller jusqu'à eux. Corneille avait dans son cabinet cette pièce traduite en toutes les langues de l'Europe, hors l'esclavone et la turque : elle était en allemand, en anglais, en flamand ; et, par une exactitude flamande, on l'avait rendue vers pour vers. Elle était en italien, et ce qui est plus étonnant, en espagnol : les Espagnols avaient bien voulu copier eux-mêmes une pièce dont l'original leur appartenait. M. Pellisson, dans son *Histoire de l'Académie*, dit qu'en plusieurs provinces de France il était passé en proverbe de dire : *Cela est beau comme le Cid*. Si ce proverbe a péri, il faut s'en prendre aux auteurs, qui ne le goûtaient pas, et à la cour, où c'eût été très-mal parler que de s'en servir sous le ministère du cardinal de Richelieu.

Ce grand homme avait la plus vaste ambition qui ait jamais été. La gloire de gouverner la France presque absolument, d'abaisser la redoutable maison d'Autriche, de remuer toute l'Europe à son gré, ne lui suffisait point ; il y voulait joindre encore celle de faire des comédies. Quand le *Cid* parut, il en fut aussi alarmé que s'il avait vu les Espagnols devant Paris. Il souleva les auteurs contre cet ouvrage, ce qui ne dut pas être fort difficile, et il se mit à leur tête. Scudéri publia ses *Observations sur le Cid*, adressées à l'Académie française, qu'il en faisait juge, et que le cardinal, son fondateur, sollicitait puissamment contre la pièce accusée. Mais afin que l'Académie pût juger, ses statuts voulaient que l'autre partie, c'est-à-dire Corneille, y consentit. On tira donc de lui une espèce de consentement, qu'il ne donna qu'à la crainte de déplaire au cardinal, et qu'il donna pourtant avec assez de fierté. Le moyen de ne pas ménager un pareil ministre, et qui était son bienfaiteur ? car il récompensait comme ministre ce même mérite dont il était jaloux comme poëte ; et il semble que cette grande âme ne pouvait pas avoir des faiblesses qu'elle ne réparât en même temps par quelque chose de noble.

L'Académie française donna ses sentiments sur le *Cid*, et cet ouvrage fut digne de la grande réputation de cette compagnie naissante. Elle sut conserver tous les égards qu'elle devait et à la passion du cardinal et à l'estime prodigieuse que le public avait conçue du *Cid*. Elle satisfit le cardinal en reprenant exactement tous les défauts de cette pièce, et le public en les reprenant avec modération, et même souvent avec des louanges.

Quand Corneille eut une fois pour ainsi dire atteint jusqu'au *Cid*, il s'éleva encore dans les *Horaces* ; enfin il alla jusqu'à *Cinna* et à *Polyeucte*, au-dessus desquels il n'y a rien.

Ces pièces-là étaient d'une espèce inconnue, et l'on vit un nouveau théâtre. Alors Corneille, par l'étude d'Aristote et d'Horace, par son expérience, par ses réflexions, et plus encore par son génie, trouva les sources du beau, qu'il a depuis ouvertes à tout le monde dans les discours qui sont à la tête de ses comédies. De là vient qu'il est regardé comme le père du théâtre français. Il lui a donné le premier une forme raisonnable ; il l'a porté à son plus haut point de perfection, et a laissé son secret à qui s'en pourra servir.

Avant que l'on jouât *Polyeucte*, Corneille le lut à l'hôtel de Rambouillet, souverain tribunal des affaires d'esprit en ce temps-là. La pièce y fut applaudie autant que le demandaient la bienséance et la grande réputation que l'auteur avait déjà. Mais, quelques jours après, Voiture vint trouver Corneille, et prit des tours fort délicats pour lui dire que *Polyeucte* n'avait pas réussi comme il pensait, que surtout le christianisme avait extrêmement déplu. Corneille, alarmé, voulut retirer la pièce d'entre les mains des comédiens, qui l'apprenaient ; mais enfin il la leur laissa sur la parole d'un d'entre eux qui n'y jouait point, parce qu'il était trop mauvais acteur. Était-ce donc à ce comédien à juger mieux que tout l'hôtel de Rambouillet?

Pompée suivit *Polyeucte*. Ensuite vint le *Menteur*, pièce comique, et presque entièrement prise de l'espagnol, selon la coutume de ce temps-là.

Quoique le *Menteur* soit très-agréable, et qu'on l'applaudisse encore aujourd'hui sur le théâtre, j'avoue que la comédie n'était point encore arrivée à sa perfection. Ce qui dominait dans les pièces, c'était l'intrigue et les incidents, erreurs de nom, déguisements, lettres interceptées, aventures nocturnes; et c'est pourquoi on prenait presque tous les sujets chez les Espagnols, qui triomphent sur ces matières. Ces pièces ne laissaient pas d'être fort plaisantes et pleines d'esprit : témoin le *Menteur* dont nous parlons, *Don Bertrand de Cigaral*, le *Geôlier de soi-même*. Mais enfin la plus grande beauté de la comédie était inconnue; on ne songeait point aux mœurs et aux caractères; on allait chercher bien loin le ridicule dans des événements imaginés avec beaucoup de peine, et on ne s'avisait point de l'aller prendre dans le cœur humain, où est sa principale habitation. Molière est le premier qui l'ait été chercher là, et celui qui l'a le mieux mis en œuvre : homme inimitable, et à qui la comédie doit autant que la tragédie à Corneille.

Comme le *Menteur* eut beaucoup de succès, Corneille lui donna une *suite*, mais qui ne réussit guère. Il en découvre lui-même la raison dans les examens qu'il a faits de ses pièces. Là il s'établit juge de ses propres ouvrages, et en parle avec un noble désintéressement, dont il tire en même temps le double fruit, et de prévenir l'envie sur le mal qu'elle en pourrait dire, et de se rendre lui-même croyable sur le bien qu'il en dit.

A la *Suite du Menteur* succéda *Rodogune*. Il a écrit quelque part que pour trouver la plus belle de ses pièces, il fallait choisir entre *Rodogune* et *Cinna*; et ceux à qui il en a parlé ont démêlé sans beaucoup de peine qu'il était pour *Rodogune*. Il ne m'appartient nullement de prononcer sur cela; mais peut-être préférait-il *Rodogune*, parce qu'elle lui avait extrêmement coûté : il fut plus d'un an à disposer le sujet. Peut-être voulait-il, en mettant son affection de ce côté-là, balancer celle du public, qui paraît être de l'autre. Pour moi, si j'ose le dire, je ne mettrais point le différend entre *Rodogune* et *Cinna* : il me paraît aisé de choisir entre elles, et je connais quelque pièce de Corneille que je ferais passer encore avant la plus belle des deux.

On apprendra dans les examens de P. Corneille, mieux que l'on ne ferait ici, l'histoire de *Théodore*, d'*Héraclius*, de *Don Sanche d'Aragon*, d'*Andromède*, de *Nicomède* et de *Pertharite*. On y verra pourquoi *Théodore* et *Don Sanche d'Aragon* réussirent fort peu, et pourquoi *Pertharite* tomba absolument. On ne put souffrir dans *Théodore* la seule idée du péril de la prostitution; et si le public était devenu si délicat, à qui Corneille devait-il s'en prendre qu'à lui-même? Avant lui, le viol réussissait dans les pièces de Hardy. Il manqua à Don Sanche *un suffrage illustre,* qui lui fit manquer tous ceux de la cour, exemple assez commun de la soumission des Français à de certaines autorités. Enfin un mari qui veut racheter sa femme en cédant un royaume fut encore sans comparaison plus insupportable dans *Pertharite*, que la prostitution ne l'avait été dans *Théodore*. Le bon mari n'osa se montrer au public que deux fois. Cette chute du grand Corneille peut être mise parmi les exemples les plus remarquables des vicissitudes du monde : et Bélisaire demandant l'aumône n'est pas plus étonnant.

Il se dégoûta du théâtre et déclara qu'il y renonçait dans une petite préface assez chagrine qu'il mit au devant de *Pertharite*. Il dit pour raison qu'il commence à vieillir; et cette raison n'est que trop bonne, surtout quand il s'agit de poésie et des autres talents d'imagination. L'espèce d'esprit qui dépend de l'imagination, et c'est ce qu'on appelle communément *esprit* dans le monde, ressemble à la beauté, et ne subsiste qu'avec la jeunesse.

Il est vrai que la vieillesse vient plus tard pour l'esprit ; mais elle vient. Les plus dangereuses qualités qu'elle lui apporte sont la sécheresse et la dureté ; et il y a des esprits qui en sont naturellement plus susceptibles que d'autres, et qui donnent plus de prise aux ravages du temps : ce sont ceux qui avaient de la noblesse, de la grandeur, quelque chose de fier et d'austère. Cette sorte de caractère contracte aisément par les années je ne sais quoi de sec et de dur. C'est à peu près ce qui arriva à Corneille : il ne perdit pas en vieillissant l'inimitable noblesse de son génie ; mais il s'y mêla quelquefois un peu de dureté. Il avait poussé les grands sentiments aussi loin que la nature pouvait souffrir qu'ils allassent ; il commença de temps en temps à les pousser un peu plus loin. Ainsi dans *Pertharite*, une reine consent à épouser un tyran qu'elle déteste, pourvu qu'il égorge un fils unique qu'elle a, et que par cette action il se rende aussi odieux qu'elle souhaite qu'il le soit. Il est aisé de voir que ce sentiment, au lieu d'être noble, n'est que dur ; et il ne faut pas trouver mauvais que le public ne l'ait pas goûté.

Après *Pertharite*, Corneille, rebuté du théâtre, entreprit la traduction en vers de l'*Imitation de Jésus-Christ*. Il y fut porté par des pères jésuites de ses amis, par des sentiments de piété qu'il eut toute sa vie, et peut-être aussi par l'activité de son génie, qui ne pouvait demeurer oisif.

Cet ouvrage eut un succès prodigieux, et le dédommagea en toutes manières d'avoir quitté le théâtre. Cependant, si j'ose en parler avec une liberté que je ne devrais peut-être pas me permettre, je ne trouve point dans la traduction de Corneille le plus grand charme de l'*Imitation de Jésus-Christ*, je veux dire sa simplicité et sa naïveté. Elle se perd dans la pompe des vers qui était naturelle à Corneille, et je crois même qu'absolument la forme des vers lui est contraire. Ce livre, le plus beau qui soit parti de la main d'un homme, puisque l'Évangile n'en vient pas, n'irait pas droit au cœur comme il fait, et ne s'en saisirait pas avec tant de force, s'il n'avait un air naturel et tendre, à quoi la négligence même du style aide beaucoup.

Il se passa six ans pendant lesquels il ne parut de Corneille que l'*Imitation* en vers. Mais enfin, sollicité par M. Fouquet, et peut-être encore plus poussé par son penchant naturel, il se rengagea au théâtre. M. le surintendant, pour lui faciliter ce retour et lui ôter toutes les excuses que lui aurait pu fournir la difficulté de trouver des sujets, lui en proposa trois. Celui qu'il prit fut *Œdipe* ; Thomas Corneille, son frère, prit *Camma*, qui était le second. Je ne sais quel fut le troisième.

La réconciliation de Corneille et du théâtre fut heureuse : *Œdipe* réussit fort bien.

La *Toison d'Or* fut faite ensuite à l'occasion du mariage du roi ; et c'est la plus belle pièce à machines que nous ayons. Les machines, qui sont ordinairement étrangères à la pièce, deviennent par l'art du poëte nécessaires à celle-là ; et surtout le prologue doit servir de modèle aux prologues à la moderne, qui sont faits pour exposer, non pas le sujet de la pièce, mais l'occasion pour laquelle elle a été faite.

Ensuite parurent *Sertorius* et *Sophonisbe*. Dans la première de ces deux pièces, la grandeur omaine éclate avec toute sa pompe ; et l'idée qu'on pourrait se former de la conversation de deux grands hommes qui ont de grands intérêts à démêler est encore surpassée par la scène de Pompée et de Sertorius. Il semble que Corneille ait eu des mémoires particuliers sur les Romains. *Sophonisbe* avait déjà été traitée par Mairet avec beaucoup de succès ; et Corneille avoue qu'il se trouvait bien hardi d'oser la traiter de nouveau. Si Mairet avait joui de cet aveu, il en aurait été fort glorieux, même étant vaincu.

Il faut croire qu'*Agésilas* est de P. Corneille, puisque son nom y est, et qu'il y a une scène d'Agésilas et de Lysander qui ne pourrait pas facilement être d'un autre.

Après *Agésilas* vint *Othon*, ouvrage où Tacite est mis en œuvre par le grand Corneille, et où se sont unis deux génies si sublimes. Corneille y a peint la corruption de la cour des empereurs du même pinceau dont il avait peint les vertus de la république.

En ce temps-là des pièces d'un caractère fort différent des siennes parurent avec éclat sur le théâtre : elles étaient pleines de tendresse et de sentiments aimables. Si elles n'allaient pas jusqu'aux beautés sublimes, elles étaient bien éloignées de tomber dans des défauts choquants. Une élévation qui n'était pas du premier degré, beaucoup d'amour, un style très-agréable et d'une élégance qui ne se démentait point, une infinité de traits vifs et naturels, un jeune auteur : voilà ce qu'il fallait aux femmes, dont le jugement a tant d'autorité au théâtre français. Aussi furent-elles charmées, et Corneille ne fut plus chez elles que le vieux Corneille. J'en excepte quelques femmes qui valaient des hommes.

Le goût du siècle se tourna donc entièrement du côté d'un genre de tendresse moins noble, et dont le modèle se retrouvait plus aisément dans la plupart des cœurs. Mais Corneille dédaigna fièrement d'avoir de la complaisance pour ce nouveau goût. Peut-être croira-t-on que son âge ne lui permettait pas d'en avoir : ce soupçon serait très-légitime, si l'on ne voyait ce qu'il a fait dans la *Psyché* de Molière, où, étant à l'ombre du nom d'autrui, il s'est abandonné à un excès de tendresse dont il n'aurait pas voulu déshonorer son nom.

Il ne pouvait mieux braver son siècle qu'en lui donnant *Attila*, digne roi des Huns. Il règne dans cette pièce une férocité noble que lui seul pouvait attraper. La scène où Attila délibère s'il se doit allier à l'empire qui tombe, ou à la France qui s'élève, est une des belles choses qu'il ait faites.

Bérénice fut un duel dont tout le monde sait l'histoire. Une princesse[1], fort touchée des choses d'esprit, et qui eût pu les mettre à la mode dans un pays barbare, eut besoin de beaucoup d'adresse pour faire trouver les deux combattants sur le champ de bataille sans qu'ils sussent où on les menait. Mais à qui demeura la victoire? au plus jeune.

Il ne reste plus que *Pulchérie* et *Suréna*, tous deux sans comparaison meilleurs que *Bérénice*, tous deux dignes de la vieillesse d'un grand homme. Le caractère de Pulchérie est de ceux que lui seul savait faire, et il s'est dépeint lui-même avec bien de la force dans Martian, qui est un vieillard amoureux. Le cinquième acte de cette pièce est tout à fait beau. On voit dans *Suréna* une belle peinture d'un homme que son trop de mérite et de trop grands services rendent criminel auprès de son maître ; et ce fut par ce dernier effort que Corneille termina sa carrière.

La suite de ses pièces représente ce qui doit naturellement arriver à un grand homme qui pousse le travail jusqu'à la fin de sa vie. Ses commencements sont faibles et imparfaits, mais déjà dignes d'admiration par rapport à son siècle ; ensuite il va aussi haut que son art peut atteindre ; à la fin il s'affaiblit, s'éteint peu à peu, et n'est plus semblable à lui-même que par intervalles.

Après *Suréna*, qui fut joué en 1675, Corneille renonça tout de bon au théâtre, et ne pensa plus qu'à mourir chrétiennement. Il ne fut pas même en état d'y penser beaucoup la dernière année de sa vie[2].

Je n'ai pas cru devoir interrompre la suite de ses grands ouvrages pour parler de quelques autres beaucoup moins considérables qu'il a donnés de temps en temps. Il a fait, étant jeune, quelques petites pièces de galanterie, qui sont répandues dans des recueils. On a encore de lui quelques petites pièces de cent ou de deux cents vers au roi, soit pour le féliciter de ses victoires, soit pour lui demander des grâces, soit pour le remercier de celles qu'il en avait reçues. Il a traduit deux ouvrages latins du père de la Rue, tous deux d'assez longue haleine, et plusieurs autres petites pièces de M. de Santeuil. Il estimait extrême-

---

1. Henriette-Anne d'Angleterre.
2. Il mourut le 1er septembre 1684, dans sa soixante-dix-neuvième année.

ment ces deux poëtes. Lui-même faisait fort bien des vers latins ; et il en fit sur la campagne de Flandre, en 1667, qui parurent si beaux, que non-seulement plusieurs personnes les mirent en français, mais que les meilleurs poëtes latins en prirent l'idée, et les mirent encore en latin. Il avait traduit sa première scène de *Pompée* en vers du style de Sénèque le Tragique, pour lequel il n'avait pas d'aversion, non plus que pour Lucain. Il fallait aussi qu'il n'en eût pas pour Stace, fort inférieur à Lucain, puisqu'il en a traduit en vers et publié les deux premiers livres de la *Thébaïde*. Ils ont échappé à toutes les recherches qu'on a faites depuis un temps pour en retrouver quelques exemplaires.

Corneille était assez grand et assez plein, l'air fort simple et fort commun, toujours négligé, et peu curieux de son extérieur. Il avait le visage assez agréable, un grand nez, la bouche belle, les yeux pleins de feu, la physionomie vive, des traits fort marqués, et propres à être transmis à la postérité dans une médaille ou dans un buste. Sa prononciation n'était pas tout à fait nette ; il lisait ses vers avec force, mais sans grâce.

Il savait les belles-lettres, l'histoire, la politique ; mais il les prenait principalement du côté qu'elles ont rapport au théâtre. Il n'avait pour toutes les autres connaissances ni loisir, ni curiosité, ni beaucoup d'estime. Il parlait peu, même sur la matière qu'il entendait si parfaitement. Il n'ornait pas ce qu'il disait ; et pour trouver le grand Corneille, il le fallait lire.

Il était mélancolique ; il lui fallait des sujets plus solides pour espérer et pour se réjouir que pour se chagriner ou pour craindre. Il avait l'humeur brusque, et quelquefois rude en apparence : au fond il était très-aisé à vivre, bon mari, bon parent, tendre et plein d'amitié. Son tempérament le portait assez à l'amour, mais jamais au libertinage, et rarement aux grands attachements. Il avait l'âme fière et indépendante ; nulle souplesse, nul manége : ce qui l'a rendu très-propre à peindre la vertu romaine, et très-peu propre à faire sa fortune. Il n'aimait point la cour ; il y apportait un visage presque inconnu, un grand nom qui ne s'attirait que des louanges, et un mérite qui n'était point de ce pays-là. Rien n'était égal à son incapacité pour ses affaires que son aversion ; les plus légères lui causaient de l'effroi et de la terreur. Quoique son talent lui eût beaucoup rapporté, il n'en était guère plus riche. Ce n'est pas qu'il eût été fâché de l'être ; mais il eût fallu le devenir par une habileté qu'il n'avait pas, et par des soins qu'il ne pouvait prendre. Il ne s'était point trop endurci aux louanges à force d'en recevoir : mais, s'il était sensible à la gloire, il était fort éloigné de la vanité. Quelquefois il se confiait trop peu à son rare mérite, et croyait trop facilement qu'il pût avoir des rivaux.

A beaucoup de probité naturelle, il a joint, dans tous les temps de sa vie, beaucoup de religion, et plus de piété que le commerce du monde n'en permet ordinairement. Il a eu souvent besoin d'être rassuré par des casuistes sur ses pièces de théâtre, et ils lui ont toujours fait grâce en faveur de la pureté qu'il avait établie sur la scène, des nobles sentiments qui règnent dans ses ouvrages, et de la vertu qu'il a mise jusque dans l'amour.

SUPPLÉMENT A LA VIE DE CORNEILLE

A voir M. de Corneille, on ne l'aurait pas cru capable de faire si bien parler les Grecs et les Romains, et de donner un si grand relief aux sentiments et aux pensées des héros. La première fois que je le vis, je le pris pour un marchand de Rouen. Son extérieur n'avait rien qui parlât pour son esprit; et sa conversation était si pesante, qu'elle devenait à charge dès qu'elle durait un peu. Une grande princesse qui avait désiré le voir et l'entretenir, disait qu'il ne fallait point l'écouter ailleurs qu'à l'hôtel de Bourgogne. Certainement M. de Corneille se négligeait trop, ou, pour mieux dire, la nature, qui lui avait été si libérale en des choses extraordinaires, l'avait comme oublié dans les plus communes. Quand ses familiers amis, qui auraient souhaité de le voir parfait en tout, lui faisaient remarquer ses légers défauts, il souriait et disait : « Je n'en suis pas moins pour cela Pierre Corneille. » Il n'a jamais parlé bien correctement la langue française; peut-être ne se mettait-il pas en peine de cette exactitude.

Quand il avait composé un ouvrage, il le lisait à madame de Fontenelle, sa sœur, qui en pouvait bien juger. Cette dame avait l'esprit fort juste; et si la nature s'était avisée d'en faire un troisième Corneille, ce dernier n'aurait pas moins brillé que les deux autres : mais elle devait être ce qu'elle a été pour donner à ses frères un neveu, digne héritier de leur mérite et de leur gloire.

Les premières pièces de théâtre de M. de Corneille ont été plus heureuses que parfaites; les dernières ont été plus parfaites qu'heureuses; et celles du milieu ont mérité l'approbation et les louanges que le public a données aux premières moins par lumière que par sentiment. (VIGNEUL DE MARVILLE.)

Simple, timide, d'une ennuyeuse conversation, il (Corneille) prend un mot pour un autre, et il ne juge de la bonté de sa pièce que par l'argent qui lui en revient; il ne sait pas la réciter, ni lire son écriture. Laissez-le s'élever par la composition, il n'est pas au-dessous d'Auguste, de Pompée, de Nicomède, d'Héraclius. Il est roi et un grand roi, il est politique, il est philosophe : il entreprend de faire parler des héros, de les faire agir; il peint les Romains : ils sont plus grands et plus Romains dans ses vers que dans leur histoire. (LA BRUYÈRE, ch. XII, *des Jugements*.)

Corneille étant venu un jour à la Comédie, où il n'avait point paru depuis deux ans, les acteurs s'interrompirent d'eux-mêmes; le grand Condé, le prince de Conti, et généralement tous ceux qui étaient sur le théâtre, se levèrent; les loges suivirent leur exemple; le parterre se signala par des battements de mains et des acclamations qui recommencèrent à tous les entr'actes. Des marques d'une distinction si flatteuse devaient être bien embarrassantes pour un homme dont la modestie allait de pair avec le mérite. Si Corneille eût pu prévoir cette espèce de triomphe, personne ne doute qu'il ne se fût abstenu de paraître au spectacle. (*Tableau historique de l'esprit des littérateurs*, t. II, p. 64, 1785, in 8°. 4 vol.)

Je suis au désespoir que vous ayez eu *Bajazet* par d'autres que par moi... Je voulais vous envoyer la Champmêlé pour vous réchauffer la pièce. Le personnage de Bajazet est glacé; les mœurs des Turcs y sont mal observées; le dénoûment n'est point bien préparé; on n'entre point dans les raisons de cette grande tuerie : il y a pourtant des choses agréables, mais rien de parfaitement beau, rien qui enlève, point de ces tirades de *Corneille* qui font frissonner. Ma fille, gardons-nous bien de lui comparer Racine; sentons-en toujours la différence. Vive notre vieil ami Corneille! Pardonnons-lui de méchants vers en faveur des divines et sublimes beautés qui nous transportent : ce sont des traits de maître inimitables. Despréaux en dit encore plus que moi. En un mot, c'est le bon goût : tenez-vous-y. (Madame DE SÉVIGNÉ.)

Ce n'est pas la coutume de l'Académie de se lever de sa place dans les assemblées pour personne; chacun demeure comme il est. Cependant, lorsque M. Corneille arrivait après moi, j'avais pour lui tant de vénération, que je lui faisais cet honneur. C'est lui qui a formé le théâtre français. Il ne l'a pas seulement enrichi d'un grand nombre de belles pièces toutes différentes les unes des autres, on lui est encore redevable de toutes les bonnes de tous ceux qui sont venus après lui. Il n'y a que la comédie où il n'a pas si bien réussi. Il y a toujours quelques scènes trop sérieuses : celles de Molière ne sont pas de même; tout y ressent la comédie. M. Corneille sentait bien que Molière avait eu cet avantage sur lui; c'est pour cela qu'il en avait de la jalousie, ne pouvant s'empêcher de le témoigner : mais il avait tort. (SÉGRAIS.)

Étant une fois près de Corneille sur le théâtre, à une représentation de *Bajazet* (1672), il me dit : Je me garderais bien de le dire à d'autres que vous, parce qu'on pourrait croire que j'en parle par jalousie; mais, prenez-y garde, il n'y a pas un seul personnage dans ce *Bajazet* qui ait les sentiments qu'il doit avoir, et que l'on a à Constantinople : ils ont tous, sous un habit turc, le sentiment qu'on a au milieu de la France. Il avait raison, et l'on ne voit pas cela dans Corneille : le Romain y parle comme un Romain, le Grec comme un Grec, l'Indien comme un Indien, et l'Espagnol comme un Espagnol. (SÉGRAIS.)

> Faut-il mourir, madame; et, si proche du terme,
> Votre illustre inconstance est-elle encor si ferme
> Que les restes d'un feu que j'avais cru si fort
> Puissent dans quatre jours se promettre ma mort?
>
> (*Tite et Bérénice*, acte I, sc. II.)

L'acteur Baron, qui, lors de la première représentation de cette tragédie, faisait le personnage de Domitian, et qui, en étudiant son rôle, trouvait quelque obscurité dans ces quatre vers, crut son intelligence en défaut, et alla en demander l'explication à Molière, chez qui il demeurait. Molière, après les avoir lus, avoua qu'il ne les entendait pas non plus : « Mais attendez, dit-il à Baron, M. Corneille doit venir souper avec nous aujourd'hui, et vous lui direz qu'il vous les explique. » Dès que Corneille arriva, le jeune Baron alla lui sauter au cou, comme il faisait ordinairement, parce qu'il l'aimait, et ensuite il le pria de lui expliquer les vers qui l'embarrassaient : « Je ne les entends pas trop bien non plus, dit Corneille, après les avoir examinés quelque temps; mais récitez-les toujours : tel qui ne les entendra pas les admirera. » (*Bolæana*.)

M. Corneille, encore fort jeune, se présenta un jour plus triste et plus rêveur qu'à l'ordinaire devant le cardinal de Richelieu, qui lui demanda s'il travaillait. Il répondit qu'il était bien éloigné de la tranquillité nécessaire pour la composition, et qu'il avait la tête renversée par l'amour. Il en fallut venir à un plus grand éclaircissement; et il dit au cardinal qu'il aimait passionément une fille du lieutenant général des Andelys, en Normandie, et qu'il ne pouvait l'obtenir de son père (M. de Lampérière). Le cardinal voulut que ce père si difficile vînt lui parler à Paris. Il y arriva tout tremblant d'un ordre si imprévu, et s'en retourna bien content d'en être quitte pour avoir donné sa fille à un homme qui avait tant de crédit. (FONTENELLE, *Additions à la Vie de son oncle*.)

La première nuit de ses noces, qui se firent à Rouen, Corneille fut si malade, que l'on répandit à Paris le bruit de sa mort. Un pareil sujet était bien digne d'exercer la plume des poëtes, et Ménage lui fit aussitôt cette épitaphe :

CORNELII TUMULUS.

Hic jacet ille sui lumen Cornelius ævi,
Quem vatem agnoscit Gallica scena suum.
An major fuerit socco, majorve cothurno,
Ambiguum : certè magnus utroque fuit.

Quand on sut que Corneille était rétabli, Ménage se hâta également de célébrer sa guérison dans la pièce suivante :

CORNELIUS REDIVIVUS.

Doctus ab infernis remeat Cornelius umbris,
Et potuit rigidas flectere voce deas.
Threicium numeris vatem qui auribus æquat,
Debuit et numeris non potuisse minus.

Les deux Corneille ont épousé les deux demoiselles de Lampérière. Il y avait entre les frères le même intervalle d'âge qu'entre les sœurs; ils ont eu un même nombre d'enfants; ce n'était qu'une même maison, qu'un même domestique; ils ont parcouru la même carrière. Enfin après plus de vingt-cinq ans de mariage, les deux frères n'avaient pas encore songé à faire le partage des biens de leurs femmes, situés en Normandie; il ne fut fait qu'à la mort de Pierre. (DE BOZE.)

La distance qui était entre l'esprit des deux Corneille n'en mit aucune dans leur cœur. Ils étaient extrêmement unis, et logeaient ensemble. Thomas avait le travail infiniment plus facile que Pierre; et quand celui-ci cherchait une rime, il levait une trappe et la demandait à son frère, qui la lui donnait aussitôt. (VOISENON.)

M. Corneille, cinq ou six ans avant sa mort, disait qu'il avait pris congé du théâtre, et que sa poésie s'en était allée avec ses dents. (CHEVREAU.)

On a accusé Corneille d'être un homme intéressé et moins avide de gloire que de gain : Corneille, qu'on sait avoir porté l'indifférence pour l'argent jusqu'à une insensibilité blâmable; qui n'a jamais tiré de ses pièces que ce que les comédiens lui donnaient, sans compter avec eux; qui fut un an sans remercier Colbert du rétablissement de sa pension; qui, après avoir vécu sans faire aucune dépense, est mort sans biens; Corneille enfin qui a eu le cœur aussi grand que l'esprit, les sentiments aussi nobles que les idées !

Peu de jours avant sa mort l'argent manquait à cet illustre malade, fort éloigné de thésauriser; et le roi ayant appris du père de la Chaise la situation critique du grand Corneille, lui envoya deux cents louis. (Le père Tournemine.)

A la fin de cette même année (1684), Corneille mourut; et mon père, qui le lendemain de cette mort entrait dans les fonctions de directeur, prétendait que c'était à lui à faire faire, pour l'académicien qui venait de mourir, un service suivant la coutume. Mais Corneille était mort pendant la nuit; et l'académicien qui était encore directeur la veille prétendait que, comme il n'était sorti de place que le lendemain matin, il était encore dans ses fonctions au moment de la mort de Corneille, et que par conséquent c'était à lui à faire faire le service. Cette dispute n'avait pour motif qu'une généreuse émulation : tous deux voulaient avoir l'honneur de rendre les devoirs funèbres à un mort si illustre. Cette contestation, glorieuse pour les deux parties, fut décidée par l'Académie en faveur de l'ancien directeur; ce qui donna lieu à ce mot fameux que Benserade dit à mon père : « Nul autre que vous ne pouvait prétendre à enterrer Corneille; cependant vous n'avez pu y parvenir. » (L. Racine.)

FIN DE LA VIE DE CORNEILLE.

AVIS DE L'ÉDITEUR

La langue française tend tous les jours à se modifier; une grande quantité de mots, qu'il eût peut-être mieux valu conserver à cause de leur étymologie, ne sont plus en usage aujourd'hui, et rendent parfois inintelligible, pour la génération actuelle, notre premier auteur tragique.

Pour obvier à cet inconvénient, quelques éditeurs de Corneille ont placé, au bas des pages, des notes qui, à notre point de vue, ont le tort ou d'être incomplètes, si on ne renouvelle pas l'explication chaque fois que le mot vieilli se représente, ou de surcharger le volume d'innombrables répétitions.

Désireux d'éviter ce double écueil, nous avons joint à cette nouvelle édition des Œuvres de Corneille un DICTIONNAIRE EXPLICATIF des mots qui ne sont plus en usage aujourd'hui; et lorsque, dans le courant de l'ouvrage, il se présente un de ces mots, il est suivi d'un astérisque (*), indiquant au lecteur qu'il en trouvera l'explication à la fin du volume.

MÉLITE

COMÉDIE. — 1629

A MONSIEUR DE LIANCOUR

Monsieur,

Mélite serait trop ingrate de rechercher une autre protection que la vôtre; elle vous doit cet hommage et cette légère reconnaissance de tant d'obligations qu'elle vous a : non qu'elle présume par là s'en acquitter en quelque sorte, mais seulement pour les publier à toute la France. Quand je considère le peu de bruit qu'elle fit à son arrivée à Paris, venant d'un homme qui ne pouvait sentir que la rudesse de son pays, et tellement inconnu qu'il était avantageux d'en taire le nom; quand je me souviens, dis-je, que ses trois premières représentations ensemble n'eurent point tant d'affluence que la moindre de celles qui les suivirent dans le même hiver, je ne puis rapporter de si faibles commencements qu'au loisir qu'il fallait au monde pour apprendre que vous en faisiez état, ni des progrès si peu attendus qu'à votre approbation, que chacun se croyait obligé de suivre après l'avoir sue. C'est de là, monsieur, qu'est venu tout le bonheur de *Mélite*; et quelques hauts effets qu'elle ait produits depuis, celui dont je me tiens le plus glorieux, c'est l'honneur d'être connu de vous, et de vous pouvoir souvent assurer de bouche que je serai toute ma vie,

Monsieur,

Votre très-humble et très-obéissant serviteur,

CORNEILLE.

AU LECTEUR

Je sais bien que l'impression d'une pièce en affaiblit la réputation : la publier, c'est l'avilir; et même il s'y rencontre un particulier désavantage pour moi, vu que ma façon d'écrire étant simple et familière, la lecture fera prendre mes naïvetés pour des bassesses. Aussi beaucoup de mes amis m'ont toujours conseillé de ne rien mettre sous la presse, et ont raison, comme je crois; mais, par je ne sais quel malheur, c'est un conseil que reçoivent de tout le monde ceux qui écrivent, et pas un d'eux ne s'en sert. Ronsard, Malherbe et Théophile l'ont méprisé; et si je ne les puis imiter en leurs grâces, je les veux du moins imiter en leurs fautes, si c'en est une que de faire imprimer. Je contenterai par là deux sortes de personnes, mes amis et mes envieux, donnant aux uns de quoi se divertir, aux autres de quoi censurer : et j'espère que les premiers me conserveront encore la même affection qu'ils m'ont témoignée par le passé; que des derniers, si beaucoup font mieux, peu réussiront plus heureusement, et que le reste fera encore quelque sorte d'estime de cette pièce, soit par coutume de l'approuver, soit par honte de se dédire. En tout cas, elle est mon coup d'essai; et d'autres que moi ont intérêt à la défendre, puisque, si elle n'est pas bonne, celles qui sont demeurées au-dessous doivent être fort mauvaises.

ARGUMENT

Éraste, amoureux de Mélite, la fait connaître à son ami Tircis, et, devenu puis après jaloux de leur hantise*, fait rendre des lettres d'amour supposées, de la part de Mélite, à Philandre, accordé de Chloris, sœur de Tircis. Philandre s'étant résolu, par l'artifice et les suasions* d'Éraste, de quitter Chloris pour Mélite, montre ces lettres à Tircis. Le pauvre amant en tombe en désespoir, et s'en va chez Lisis, qui vient donner à Mélite de fausses alarmes de sa mort. Elle se pâme à cette nouvelle, et témoignant par là son affection, Lisis la désabuse, et fait revenir Tircis, qui l'épouse. Cependant Cliton ayant vu Mélite pâmée, la croit morte, et en porte la nouvelle à Éraste, aussi bien que de la mort de Tircis. Éraste, saisi de remords, entre en folie : et remis en son bon sens par la nourrice de Mélite, dont il apprend qu'elle et Tircis sont vivants, il lui va demander pardon de sa fourbe*, et obtient de ces deux amants Chloris, qui ne voulait plus de Philandre après sa légèreté.

PERSONNAGES.

ÉRASTE, amoureux de Mélite.
TIRCIS, ami d'Éraste, et son rival.
PHILANDRE, amant de Chloris.
MÉLITE, maîtresse d'Éraste et de Tircis.

PERSONNAGES.

CHLORIS, sœur de Tircis.
LISIS, ami de Tircis.
CLITON, voisin de Mélite.
LA NOURRICE de Mélite.

La scène est à Paris.

ACTE PREMIER

SCÈNE I

ÉRASTE, TIRCIS.

ÉRASTE.

Je te l'avoue, ami, mon mal est incurable;
Je n'y sais qu'un remède, et j'en suis incapable :
Le change* serait juste, après tant de rigueur;
Mais, malgré ses dédains, Mélite a tout mon cœur;
Elle a sur tous mes sens une entière puissance;
Si j'ose en murmurer, ce n'est qu'en son absence,
Et je ménage en vain dans un éloignement
Un peu de liberté pour mon ressentiment :
D'un seul de ses regards l'adorable contrainte
Me rend tous mes liens, en resserre l'étreinte,
Et par un si doux charme aveugle ma raison,
Que je cherche mon mal et fuis ma guérison.

Son œil agit sur moi d'une vertu si forte,
Qu'il ranime soudain mon espérance morte,
Combat les déplaisirs de mon cœur irrité,
Et soutient mon amour contre sa cruauté ;
Mais ce flatteur espoir qu'il rejette en mon âme
N'est qu'un doux imposteur qu'autorise ma flamme,
Et qui, sans m'assurer ce qu'il semble m'offrir,
Me fait plaire en ma peine, et m'obstine à souffrir.

TIRCIS.

Que je te trouve, ami, d'une humeur admirable !
Pour paraître éloquent tu te feins misérable :
Est-ce à dessein de voir avec quelles couleurs
Je saurais adoucir les traits de tes malheurs ?
Ne t'imagine pas qu'ainsi, sur ta parole,
D'une fausse douleur un ami te console ;
Ce que chacun en dit ne m'a que trop appris
Que Mélite pour toi n'eut jamais de mépris.

ÉRASTE.

Son gracieux accueil et ma persévérance
Font naître ce faux bruit d'une vaine apparence :
Ses mépris sont cachés, et s'en font mieux sentir ;
Et n'étant point connus, on n'y peut compatir.

TIRCIS.

En étant bien reçu, du reste que t'importe ?
C'est tout ce que tu veux des filles de sa sorte.

ÉRASTE.

Cet accès favorable, ouvert et libre à tous,
Ne me fait pas trouver mon martyre plus doux :
Elle souffre aisément mes soins et mon service ;
Mais, loin de se résoudre à leur rendre justice,
Parler de l'hyménée à ce cœur de rocher,
C'est l'unique moyen de n'en plus approcher.

TIRCIS.

Ne dissimulons point ; tu règles mieux ta flamme,
Et tu n'es pas si fou que d'en faire ta femme.

ÉRASTE.

Quoi ! tu sembles douter de mes intentions ?

TIRCIS.

Je crois malaisément que ces affections,
Sur l'éclat d'un beau teint qu'on voit si périssable,
Règlent d'une moitié le choix invariable.
Tu serais incivil, de la voir chaque jour
Et ne lui pas tenir quelque propos d'amour ;
Mais d'un vain compliment ta passion bornée
Laisse aller tes desseins ailleurs pour l'hyménée.
Tu sais qu'on te souhaite aux plus riches maisons,
Que les meilleurs partis...

ÉRASTE.

Trêve de ces raisons ;
Mon amour s'en offense, et tiendrait pour supplice
De recevoir des lois d'une sale avarice ;
Il me rend insensible aux faux attraits de l'or,
Et trouve en sa personne un assez grand trésor.

TIRCIS.

Si c'est là le chemin qu'en aimant tu veux suivre,
Tu ne sais guère encor ce que c'est que de vivre.
Ces visages d'éclat sont bons à cajoler *,
C'est là qu'un apprenti doit s'instruire à parler ;
J'aime à remplir de feux ma bouche en leur présence ;

La mode nous oblige à cette complaisance ;
Tous ces discours de livre alors sont de saison :
Il faut feindre des maux, demander guérison,
Donner sur le phébus *, promettre des miracles,
Jurer qu'on brisera toutes sortes d'obstacles ;
Mais du vent et cela doivent être tout un.

ÉRASTE.

Passe pour des beautés qui sont dans le commun ;
C'est ainsi qu'autrefois j'amusai Chrysolithe :
Mais c'est d'autre façon qu'on doit servir Mélite.
Malgré tes sentiments, il me faut accorder
Que le souverain bien n'est qu'à la posséder.
Le jour qu'elle naquit, Vénus, bien qu'immortelle,
Pensa mourir de honte en la voyant si belle ;
Les Grâces, à l'envi, descendirent des cieux
Pour se donner l'honneur d'accompagner ses yeux ;
Et l'Amour, qui ne put entrer dans son courage,
Voulut obstinément loger sur son visage.

TIRCIS.

Tu le prends d'un haut ton, et je crois qu'au besoin
Ce discours emphatique irait encor bien loin.
Pauvre amant, je te plains qui ne sais pas encore
Que bien qu'une beauté mérite qu'on l'adore,
Pour en perdre le goût, on n'a qu'à l'épouser.
Un bien qui nous est dû se fait si peu priser,
Qu'une femme, fût-elle entre toutes choisie,
On en voit en six mois passer la fantaisie.
Tel au bout de ce temps n'en voit plus la beauté
Qu'avec un esprit sombre, inquiet, agité ;
Au premier qui lui parle, ou jette l'œil sur elle,
Mille sottes frayeurs lui brouillent la cervelle ;
Ce n'est plus lors qu'une aide à faire un favori,
Un charme pour tout autre, et non pour un mari.

ÉRASTE.

Ces caprices honteux et ces chimères vaines
Ne sauraient ébranler des cervelles bien saines ;
Et quiconque a su prendre une fille d'honneur
N'a point à redouter l'appât d'un suborneur.

TIRCIS.

Peut-être dis-tu vrai, mais ce choix difficile
Assez et trop souvent trompe le plus habile ;
Et l'hymen de soi-même est un si lourd fardeau,
Qu'il faut l'appréhender à l'égal du tombeau.
S'attacher pour jamais aux côtés d'une femme !
Perdre pour des enfants le repos de son âme !
Voir leur nombre importun remplir une maison !
Ah ! qu'on aime ce joug avec peu de raison !

ÉRASTE.

Mais il y faut venir ; c'est en vain qu'on recule,
C'est en vain qu'on refuit, tôt ou tard on s'y brûle ;
Pour libertin qu'on soit, on s'y trouve attrapé *:
Toi-même, qui fais tant le cheval échappé,
Nous te verrons un jour songer au mariage.

TIRCIS.

Alors ne pense pas que j'épouse un visage :
Je règle mes désirs suivant mon intérêt.
Si Doris me voulait, toute laide qu'elle est,
Je l'estimerais plus qu'Aminte et qu'Hippolyte ;
Son revenu chez moi tiendrait lieu de mérite :

C'est comme il faut aimer. L'abondance des biens
Pour l'amour conjugal a de puissants liens :
La beauté, les attraits, l'esprit, la bonne mine,
Échauffent bien le cœur, mais non pas la cuisine ;
Et l'hymen qui succède à ces folles amours,
Après quelques douceurs, a bien de mauvais jours.
Une amitié si longue est fort mal assurée
Dessus des fondements de si peu de durée.
L'argent dans le ménage a certaine splendeur
Qui donne un teint d'éclat à la même laideur ;
Et tu ne peux trouver de si douces caresses
Dont le goût dure autant que celui des richesses.

ÉRASTE.
Auprès de ce bel œil qui tient mes sens ravis,
A peine pourrais-tu conserver ton avis.

TIRCIS.
La raison en tous lieux est également forte.

ÉRASTE.
L'essai n'en coûte rien ; Mélite est à sa porte ;
Allons, et tu verras dans ses aimables traits
Tant de charmants appas, tant de brillants attraits,
Que tu seras forcé toi-même à reconnaître
Que si je suis un fou, j'ai bien raison de l'être.

TIRCIS.
Allons, et tu verras que toute sa beauté
Ne saura me tourner contre la vérité.

SCÈNE II
MÉLITE, ÉRASTE, TIRCIS.

ÉRASTE.
De deux amis, madame, apaisez la querelle.
Un esclave d'amour le défend d'un rebelle ;
Si toutefois un cœur qui n'a jamais aimé,
Fier et vain qu'il en est, peut être ainsi nommé.
Comme, dès le moment que je vous ai servie,
J'ai cru qu'il était seul la véritable vie,
Il n'est pas merveilleux que ce peu de rapport
Entre nos deux esprits sème quelque discord*.
Je me suis donc piqué contre sa médisance
Avec tant de malheur, ou tant d'insuffisance,
Que des droits si sacrés et si pleins d'équité
N'ont pu se garantir de sa subtilité,
Et je l'amène ici, n'ayant plus que répondre,
Assuré que vos yeux le sauront mieux confondre.

MÉLITE.
Vous deviez l'assurer plutôt qu'il trouverait,
En ce mépris d'amour, qui le seconderait.

TIRCIS.
Si le cœur ne dédit ce que la bouche exprime,
Et ne fait de l'amour une plus haute estime,
Je plains les malheureux à qui vous en donnez,
Comme à d'étranges maux par leur sort destinés.

MÉLITE.
Ce reproche sans cause avec raison m'étonne.
Je ne reçois d'amour et n'en donne à personne.
Les moyens de donner ce que je n'eus jamais !

ÉRASTE.
Ils vous sont trop aisés ; et par vous désormais
La nature pour moi montre son injustice
A pervertir son cours pour me faire un supplice.

MÉLITE.
Supplice imaginaire, et qui sent son moqueur.

ÉRASTE.
Supplice qui déchire et mon âme et mon cœur.

MÉLITE.
Il est rare qu'on porte avec si bon visage
L'âme et le cœur ensemble en si triste équipage.

ÉRASTE.
Votre charmant aspect suspendant mes douleurs,
Mon visage du vôtre emprunte les couleurs.

MÉLITE.
Faites mieux ; pour finir vos maux et votre flamme,
Empruntez tout d'un temps les froideurs de mon âme.

ÉRASTE.
Vous voyant, les froideurs perdent tout leur pouvoir ;
Et vous n'en conservez que faute de vous voir.

MÉLITE.
Eh quoi ! tous les miroirs ont-ils de fausses glaces?

ÉRASTE.
Penseriez-vous y voir la moindre de vos grâces?
De si frêles sujets ne sauraient exprimer
Ce que l'amour aux cœurs peut lui seul imprimer ;
Et quand vous en voudrez croire leur impuissance,
Cette légère idée et faible connaissance
Que vous aurez par eux de tant de raretés
Vous mettra hors du pair de toutes les beautés.

MÉLITE.
Voilà trop vous tenir dans une complaisance
Que vous dussiez quitter du moins en ma présence,
Et ne démentir pas le rapport de vos yeux,
Afin d'avoir sujet de m'entreprendre mieux.

ÉRASTE.
Le rapport de mes yeux, aux dépens de mes larmes,
Ne m'a que trop appris le pouvoir de vos charmes.

TIRCIS.
Sur peine d'être ingrate, il faut de votre part
Reconnaître les dons que le ciel vous départ*.

ÉRASTE.
Voyez que d'un second mon droit se fortifie.

MÉLITE.
Voyez que son secours montre qu'il s'en défie.

TIRCIS.
Je me range toujours avec la vérité.

MÉLITE.
Si vous la voulez suivre, elle est de mon côté.

TIRCIS.
Oui, sur votre visage, et non en vos paroles.
Mais cessez de chercher ces refuites* frivoles ;
Et prenant désormais des sentiments plus doux,
Ne soyez plus de glace à qui brûle pour vous.

MÉLITE.
Un ennemi d'amour me tenir ce langage !
Accordez votre bouche avec votre courage ;
Pratiquez vos conseils, ou ne m'en donnez pas.

TIRCIS.
J'ai connu mon erreur auprès de vos appas;
Il vous l'avait bien dit.
ÉRASTE.
Ainsi donc, par l'issue
Mon âme sur ce point n'a point été déçue?
TIRCIS.
Si tes feux en son cœur produisaient même effet,
Crois-moi, que ton bonheur serait bientôt parfait.
MÉLITE.
Pour voir si peu de chose, aussitôt vous dédire,
Me donne à vos dépens de beaux sujets de rire;
Mais je pourrais bientôt à m'entendre flatter
Concevoir quelque orgueil qu'il vaut mieux éviter.
Excusez ma retraite.
ÉRASTE.
Adieu, belle inhumaine,
De qui seule dépend et ma joie et ma peine.
MÉLITE.
Plus sage à l'avenir, quittez ces vains propos,
Et laissez votre esprit et le mien en repos.

SCÈNE III

ÉRASTE, TIRCIS.

ÉRASTE.
Maintenant suis-je un fou? mérité-je du blâme?
Que dis-tu de l'objet? que dis-tu de ma flamme?
TIRCIS.
Que veux-tu que j'en die*? Elle a je ne sais quoi
Qui ne peut consentir que l'on demeure à soi.
Mon cœur, jusqu'à présent à l'amour invincible,
Ne se maintient qu'à force aux termes d'insensible;
Tout autre que Tircis mourrait pour la servir.
ÉRASTE.
Confesse franchement qu'elle a su te ravir,
Mais que tu ne veux pas prendre pour cette belle
Avec le nom d'amant le titre d'infidèle.
Rien que notre amitié ne t'en peut détourner :
Mais ta muse du moins, facile à suborner,
Avec plaisir déjà prépare quelques veilles
A de puissants efforts pour de telles merveilles.
TIRCIS.
En effet, ayant vu tant et de tels appas,
Que je ne rime point, je ne le promets pas.
ÉRASTE.
Tes feux n'iront-ils point plus avant que la rime?
TIRCIS.
Si je brûle jamais, je veux brûler sans crime.
ÉRASTE.
Mais si sans y penser tu te trouvais surpris?
TIRCIS.
Quitte pour décharger mon cœur dans mes écrits.
J'aime bien ces discours de plaintes et d'alarmes,
De soupirs, de sanglots, de tourments et de larmes;
C'est de quoi fort souvent je bâtis ma chanson,
Mais j'en connais, sans plus, la cadence et le son.
Souffre qu'en un sonnet je m'efforce à dépeindre

Cet agréable feu que tu ne peux éteindre;
Tu le pourras donner comme venant de toi.
ÉRASTE.
Ainsi, ce cœur d'acier qui me tient sous sa loi
Verra ma passion pour le moins en peinture.
Je doute néanmoins qu'en cette portraiture *
Tu ne suives plutôt tes propres sentiments.
TIRCIS.
Me prépare le ciel de nouveaux châtiments,
Si jamais un tel crime entre dans mon courage!
ÉRASTE.
Adieu. Je suis content, j'ai ta parole en gage,
Et sais trop que l'honneur t'en fera souvenir.
TIRCIS, seul.
En matière d'amour rien n'oblige à tenir;
Et les meilleurs amis, lorsque son feu les presse,
Font bientôt vanité d'oublier leur promesse.

SCÈNE IV

PHILANDRE, CHLORIS.

PHILANDRE.
Je meurs, mon souci, tu dois bien me haïr;
Tous mes soins depuis peu ne vont qu'à te trahir.
CHLORIS.
Ne m'épouvante point; à ta mine, je pense
Que le pardon suivra de fort près cette offense,
Sitôt que j'aurai su quel est ce mauvais tour.
PHILANDRE.
Sache donc qu'il ne vient sinon de trop d'amour.
CHLORIS.
J'eusse osé le gager qu'ainsi par quelque ruse
Ton crime officieux porterait son excuse.
PHILANDRE.
Ton adorable objet, mon unique vainqueur,
Fait naître chaque jour tant de feux en mon cœur,
Que leur excès m'accable, et que pour m'en défaire
J'y cherche des défauts qui puissent me déplaire :
J'examine ton teint dont l'éclat me surprit,
Les traits de ton visage, et ceux de ton esprit;
Mais je n'en puis trouver un seul qui ne me charme.
CHLORIS.
Et moi, je suis ravie, après ce peu d'alarme,
Qu'ainsi tes sens trompés te puissent obliger
A chérir ta Chloris, et jamais ne changer.
PHILANDRE.
Ta beauté te répond de ma persévérance,
Et ma foi qui t'en donne une entière assurance...
CHLORIS.
Voilà fort doucement dire que, sans ta foi,
Ma beauté ne pourrait te conserver à moi.
PHILANDRE.
Je traiterais trop mal une telle maîtresse
De l'aimer seulement pour tenir ma promesse :
Ma passion en est la cause et non l'effet;
Outre que tu n'as rien qui ne soit si parfait;
Qu'on ne peut te servir sans voir sur ton visage
De quoi rendre constant l'esprit le plus volage.

CHLORIS.
Ne m'en compte point tant de ma perfection :
Tu dois être assuré de mon affection ;
Et tu perds tout l'effort de ta galanterie,
Si tu crois l'augmenter par une flatterie.
Une fausse louange est un blâme secret :
Je suis belle à tes yeux, il suffit, sois discret ;
C'est mon plus grand bonheur, et le seul où j'aspire.

PHILANDRE.
Tu sais adroitement adoucir mon martyre.
Mais parmi les plaisirs qu'avec toi je ressens,
A peine mon esprit ose croire mes sens,
Toujours entre la crainte et l'espoir en balance ;
Car s'il faut que l'amour naisse de ressemblance,
Mes imperfections nous éloignent si fort,
Qu'oserais-je prétendre en ce peu de rapport ?

CHLORIS.
Du moins ne prétends pas qu'à présent je te loue,
Et qu'un mépris rusé, que ton cœur désavoue,
Me mette sur la langue un babil affété *,
Pour te rendre à mon tour ce que tu m'as prêté :
Au contraire, je veux que tout le monde sache
Que je connais en toi des défauts que je cache.
Quiconque avec raison peut être négligé
A qui le veut aimer est bien plus obligé.

PHILANDRE.
Quant à toi, tu te crois de beaucoup plus aimable ?

CHLORIS.
Sans doute ; et qu'aurais-tu qui me fût comparable ?

PHILANDRE.
Regarde dans mes yeux, et reconnais qu'en moi
On peut voir quelque chose aussi parfait que toi.

CHLORIS.
C'est sans difficulté, m'y voyant exprimée.

PHILANDRE.
Quitte ce vain orgueil dont ta vue est charmée.
Tu n'y vois que mon cœur, qui n'a plus un seul trait
Que ceux qu'il a reçus de ton charmant portrait,
Et qui, tout aussitôt que t'es fait paraître,
Afin de te mieux voir, s'est mis à la fenêtre.

CHLORIS.
Le trait n'est pas mauvais ; mais puisqu'il te plaît tant,
Regarde dans mes yeux, ils t'en montrent autant ;
Et nos feux tout pareils ont mêmes étincelles.

PHILANDRE.
Ainsi, chère Chloris, nos ardeurs mutuelles,
Dedans cette union prenant un même cours,
Nous préparent un heur * qui durera toujours.
Cependant, en faveur de ma longue souffrance...

CHLORIS.
Tais-toi, mon frère vient.

SCÈNE V

TIRCIS, PHILANDRE, CHLORIS.

TIRCIS.
Si j'en crois l'apparence,
Mon arrivée ici fait quelque contre-temps.

PHILANDRE.
Que t'en semble, Tircis ?

TIRCIS.
Je vous vois si contents,
Qu'à ne vous rien celer touchant ce qu'il me semble
Du divertissement que vous preniez ensemble,
De moins sorciers que moi pourraient bien deviner
Qu'un troisième ne fait que vous importuner.

CHLORIS.
Dis ce que tu voudras ; nos feux n'ont point de crimes,
Et pour t'appréhender ils sont trop légitimes,
Puisqu'un hymen sacré promis ces jours passés,
Sous ton consentement, les autorise assez.

TIRCIS.
Ou je te connais mal, ou son heure tardive
Te désoblige fort de ce qu'elle n'arrive.

CHLORIS.
Ta belle humeur te tient, mon frère.

TIRCIS.
Assurément.

CHLORIS.
Le sujet ?

TIRCIS.
J'en ai trop dans ton contentement.

CHLORIS.
Le cœur t'en dit d'ailleurs.

TIRCIS.
Il est vrai, je te jure ;
J'ai vu je ne sais quoi...

CHLORIS.
Dis tout, je t'en conjure.

TIRCIS.
Ma foi, si ton Philandre avait vu de mes yeux,
Tes affaires, ma sœur, n'en iraient guère mieux.

CHLORIS.
J'ai trop de vanité pour croire que Philandre
Trouve encore après moi qui puisse le surprendre.

TIRCIS.
Tes vanités à part, repose-t'en sur moi
Que celle que j'ai vue est bien autre que toi.

PHILANDRE.
Parle mieux de l'objet dont mon âme est ravie ;
Ce blasphème à tout autre aurait coûté la vie.

TIRCIS.
Nous tomberons d'accord sans nous mettre en pour-
[point *.

CHLORIS.
Encor, cette beauté, ne la nomme-t-on point ?

TIRCIS.
Non pas si tôt. Adieu : ma présence importune
Te laisse à la merci d'amour et de la brune.
Continuez les jeux que vous avez quittés.

CHLORIS.
Ne crois pas éviter mes importunités :
Ou tu diras le nom de cette incomparable,
Ou je vais de tes pas me rendre inséparable.

TIRCIS.
Il n'est pas fort aisé d'arracher ce secret.
Adieu : ne perds point temps.

2

CHLORIS.
                        O l'amoureux discret !
Eh bien ! nous allons voir si tu sauras te taire.
            PHILANDRE.
        (Il retient Chloris, qui suit son frère.)
C'est donc ainsi qu'on quitte un amant pour un frère !
            CHLORIS.
Philandre, avoir un peu de curiosité,
Ce n'est pas envers toi grande infidélité :
Souffre que je dérobe un moment à ma flamme,
Pour lire malgré lui jusqu'au fond de son âme.
Nous en rirons après ensemble, si tu veux.
            PHILANDRE.
Quoi ! c'est là tout l'état que tu fais de mes feux ?
            CHLORIS.
Je ne t'aime pas moins, pour être curieuse,
Et ta flamme à mon cœur n'est pas moins précieuse.
Conserve-moi le tien, et sois sûr de ma foi.
            PHILANDRE.
Ah, folle ! qu'en t'aimant il faut souffrir de toi !

ACTE DEUXIÈME

SCÈNE I

            ÉRASTE.

Je l'avais bien prévu que ce cœur infidèle
Ne se défendrait point des yeux de ma cruelle,
Qui traite mille amants avec mille mépris,
Et n'a point de faveurs que pour le dernier pris.
Sitôt qu'il l'aborda, je lus sur son visage
De sa déloyauté l'infaillible présage ;
Un inconnu frisson dans mon corps épandu
Me donna les avis de ce que j'ai perdu.
Depuis, cette volage évite ma rencontre,
Ou, si malgré ses soins le hasard me la montre,
Si je puis l'aborder, son discours se confond,
Son esprit en désordre à peine me répond ;
Une réflexion vers le traître qu'elle aime
Presque à tous les moments le ramène en lui-même ;
Et tout rêveur qu'il est, il n'a point de soucis
Qu'un soupir ne trahisse au seul nom de Tircis.
Lors, par le prompt effet d'un changement étrange,
Son silence rompu se déborde en louange.
Elle remarque en lui tant de perfections,
Que les moins éclairés verraient ses passions ;
Sa bouche ne se plaît qu'en cette flatterie,
Et tout autre propos lui rend sa rêverie.
Cependant, chaque jour aux discours attachés.
Ils ne retiennent plus leurs sentiments cachés ;
Ils ont des rendez-vous où l'amour les assemble ;
Encore hier sur le soir je les surpris ensemble ;
Encor tout de nouveau je la vois qui l'attend.
Que cet œil assuré marque un esprit content !
Perds tout respect, Éraste, et tout soin de lui plaire ;
Rends, sans plus différer, ta vengeance exemplaire :
Mais il vaut mieux t'en rire, et pour dernier effort
Lui montrer en raillant combien elle a de tort.

SCÈNE II

            ÉRASTE, MÉLITE.

            ÉRASTE.
Quoi ! seule et sans Tircis ! vraiment c'est un prodige,
Et ce nouvel amant déjà trop vous néglige,
Laissant ainsi couler la belle occasion
De vous conter l'excès de son affection.
            MÉLITE.
Vous savez que son âme en est fort dépourvue.
            ÉRASTE.
Toutefois, ce dit-on, depuis qu'il vous a vue,
Il en porte dans l'âme un si doux souvenir,
Qu'il n'a plus de plaisir qu'à vous entretenir.
            MÉLITE.
Il a lieu de s'y plaire avec quelque justice.
L'amour ainsi qu'à lui me paraît un supplice ;
Et sa froideur, qu'augmente un si lourd entretien,
Le résout d'autant mieux à n'aimer jamais rien.
            ÉRASTE.
Dites : à n'aimer rien que la belle Mélite.
            MÉLITE.
Pour tant de vanité j'ai trop peu de mérite.
            ÉRASTE.
En faut-il tant avoir pour ce nouveau venu ?
            MÉLITE.
Un peu plus que pour vous.
            ÉRASTE.
                        De vrai, j'ai reconnu,
Vous ayant pu servir deux ans, et davantage,
Qu'il faut si peu que rien à toucher mon courage.
            MÉLITE.
Encor si peu que c'est vous étant refusé,
Présumez comme ailleurs vous serez méprisé.
            ÉRASTE.
Vos mépris ne sont pas de grande conséquence,
Et ne vaudront jamais la peine que j'y pense ;
Sachant qu'il vous voyait, je m'étais bien douté
Que je ne serais plus que fort mal écouté.
            MÉLITE.
Sans que mes actions de plus près j'examine,
A la meilleure humeur je fais meilleure mine ;
Et s'il m'osait tenir de semblables discours,
Nous romprions ensemble avant qu'il fût deux jours.
            ÉRASTE.
Si chaque objet nouveau de même vous engage,
Il changera bientôt d'humeur et de langage.
Caressé maintenant aussitôt qu'aperçu,
Qu'aurait-il à se plaindre, étant si bien reçu ?
            MÉLITE.
Éraste, voyez-vous, trêve de jalousie ;
Purgez votre cerveau de cette frénésie :
Laissez en liberté mes inclinations.

Qui vous a fait censeur de mes affections?
Est-ce à votre chagrin que j'en dois rendre compte?
ÉRASTE.
Non, mais j'ai malgré moi pour vous un peu de honte
De ce qu'on dit partout du trop de privauté
Que déjà vous souffrez à sa témérité.
MÉLITE.
Ne soyez en souci que de ce qui vous touche.
ÉRASTE.
Le moyen, sans regret, de vous voir si farouche
Aux légitimes vœux de tant de gens d'honneur,
Et d'ailleurs si facile à ceux d'un suborneur?
MÉLITE.
Ce n'est pas contre lui qu'il faut en ma présence
Lâcher les traits jaloux de votre médisance.
Adieu. Souvenez-vous que ces mots insensés
L'avanceront chez moi plus que vous ne pensez.

SCÈNE III

ÉRASTE.

C'est là donc ce qu'enfin me gardait ton caprice!
C'est ce que j'ai gagné par deux ans de service!
C'est ainsi que mon feu, s'étant trop abaissé,
D'un outrageux mépris se voit récompensé!
Tu m'oses préférer un traître qui te flatte;
Mais dans ta lâcheté ne crois pas que j'éclate,
Et que par la grandeur de mes ressentiments
Je laisse aller au jour celle de mes tourments.
Un aveu si public qu'en ferait ma colère
Enflerait trop l'orgueil de ton âme légère,
Et me convaincrait trop de ce désir abject
Qui m'a fait soupirer pour un indigne objet.
Je saurai me venger, mais avec l'apparence
De n'avoir pour tous deux que de l'indifférence.
Il fut toujours permis de tirer sa raison
D'une infidélité par une trahison.
Tiens, déloyal ami, tiens ton âme assurée
Que ton heur* surprenant aura peu de durée;
Et que, par une adresse égale à tes forfaits,
Je mettrai le désordre où tu crois voir la paix.
L'esprit fourbe et vénal d'un voisin de Mélite
Donnera prompte issue à ce que je médite.
A servir qui l'achète il est toujours tout prêt,
Et ne voit rien d'injuste où brille l'intérêt.
Allons sans perdre temps lui payer ma vengeance,
Et la pistole en main presser sa diligence.

SCÈNE IV

TIRCIS, CHLORIS.

TIRCIS.
Ma sœur, un mot d'avis sur un méchant sonnet
Que je viens de brouiller dedans mon cabinet.
CHLORIS.
C'est à quelque beauté que ta muse l'adresse?
TIRCIS.
En faveur d'un ami je flatte sa maîtresse.
Vois si tu le connais, et si, parlant pour lui,
J'ai su m'accommoder aux passions d'autrui.

SONNET.

« Après l'œil de Mélite il n'est rien d'admirable..... »
CHLORIS.
Ah! frère, il n'en faut plus.
TIRCIS.
Tu n'es pas supportable
De me rompre sitôt.
CHLORIS.
C'était sans y penser;
Achève.
TIRCIS.
Tais-toi donc, je vais recommencer.

SONNET.

« Après l'œil de Mélite il n'est rien d'admirable;
« Il n'est rien de solide après ma loyauté.
« Mon feu, comme son teint, se rend incomparable;
« Et je suis en amour ce qu'elle est en beauté.

« Quoi que puisse à mes sens offrir la nouveauté,
« Mon cœur à tous ses traits demeure invulnérable;
« Et bien qu'elle ait au sein la même cruauté,
« Ma foi pour ses rigueurs n'en est pas moins durable.

« C'est donc avec raison que mon extrême ardeur
« Trouve chez cette belle une extrême froideur,
« Et que sans être aimé je brûle pour Mélite :

« Car de ce que les dieux, nous envoyant au jour,
« Donnèrent pour nous deux d'amour et de mérite,
« Elle a tout le mérite, et moi j'ai tout l'amour. »

CHLORIS.
Tu l'as fait pour Éraste?
TIRCIS.
Oui, j'ai dépeint sa flamme.
CHLORIS.
Comme tu la ressens peut-être dans ton âme?
TIRCIS.
Tu sais mieux qui je suis, et que ma libre humeur
N'a de part en mes vers que celle de rimeur.
CHLORIS.
Pauvre frère! vois-tu, ton silence t'abuse:
De la langue ou des yeux, n'importe qui t'accuse:
Les tiens m'avaient bien dit, malgré toi, que ton cœur
Soupirait sous les lois de quelque objet vainqueur;
Mais j'ignorais encor qui tenait ta franchise,
Et le nom de Mélite a causé ma surprise
Sitôt qu'au premier vers ton sonnet m'a fait voir
Ce que depuis huit jours je brûlais de savoir.
TIRCIS.
Tu crois donc que j'en tiens?
CHLORIS.
Fort avant.

TIRCIS.

Pour Mélite?

CHLORIS.

Pour Mélite; et, de plus, que ta flamme n'excite
Au cœur de cette belle aucun embrasement.

TIRCIS.

Qui t'en a tant appris? mon sonnet?

CHLORIS.

Justement.

TIRCIS.

Et c'est ce qui te trompe avec tes conjectures,
Et par où ta finesse a mal pris ses mesures.
Un visage jamais ne m'aurait arrêté,
S'il fallait que l'amour fût tout de mon côté.
Ma rime seulement est un portrait fidèle
De ce qu'Éraste souffre en servant cette belle;
Mais quand je l'entretiens de mon affection,
J'en ai toujours assez de satisfaction.

CHLORIS.

Montre, si tu dis vrai, quelque peu plus de joie;
Et rends-toi moins rêveur, afin que je te croie.

TIRCIS.

Je rêve, et mon esprit ne s'en peut exempter;
Car sitôt que je viens à me représenter
Qu'une vieille amitié de mon amour s'irrite,
Qu'Éraste s'en offense, et s'oppose à Mélite,
Tantôt je suis ami, tantôt je suis rival;
Et, toujours balancé d'un contre-poids égal,
J'ai honte de me voir insensible, ou perfide.
Si l'amour m'enhardit, l'amitié m'intimide.
Entre ces mouvements mon esprit partagé
Ne sait duquel des deux il doit prendre congé.

CHLORIS.

Voilà bien des détours pour dire, au bout du compte,
Que c'est contre ton gré que l'amour te surmonte.
Tu présumes par là me le persuader;
Mais ce n'est pas ainsi qu'on m'en donne à garder.
A la mode du temps, quand nous servons quelque au-
C'est seulement alors qu'il n'y va rien du nôtre. [tre,
Chacun en son affaire est son meilleur ami,
Et tout autre intérêt ne touche qu'à demi.

TIRCIS.

Que du foudre* à tes yeux j'éprouve la furie,
Si rien que ce rival cause ma rêverie!

CHLORIS.

C'est donc assurément son bien qui t'est suspect;
Son bien te fait rêver, et non pas son respect;
Et, toute amitié bas, tu crains que sa richesse
En dépit de tes feux n'obtienne ta maîtresse.

TIRCIS.

Tu devines, ma sœur; cela me fait mourir.

CHLORIS.

Ce sont vaines frayeurs dont je veux te guérir.
Depuis quand ton Éraste en tient-il pour Mélite?

TIRCIS.

Il rend depuis deux ans hommage à son mérite.

CHLORIS.

Mais dit-il les grands mots? parle-t-il d'épouser?

TIRCIS.

Presque à chaque moment.

CHLORIS.

Laisse-le donc jaser.
Ce malheureux amant ne vaut pas qu'on le craigne;
Quelque riche qu'il soit, Mélite le dédaigne :
Puisqu'on voit sans effet deux ans d'affection,
Tu ne dois plus douter de son aversion;
Le temps ne la rendra que plus grande et plus forte.
On prend soudain au mot les hommes de sa sorte,
Et sans rien hasarder à la moindre longueur,
On leur donne la main dès qu'ils offrent le cœur.

TIRCIS.

Sa mère peut agir de puissance absolue.

CHLORIS.

Crois que déjà l'affaire en serait résolue,
Et qu'il aurait déjà de quoi se contenter
Si sa mère était femme à la violenter.

TIRCIS.

Ma crainte diminue, et ma douleur s'apaise;
Mais si je t'abandonne, excuse mon trop d'aise.
Avec cette lumière et ma dextérité,
J'en veux aller savoir toute la vérité.
Adieu.

CHLORIS.

Moi, je m'en vais paisiblement attendre
Le retour désiré du paresseux Philandre.
Un moment de froideur lui fera souvenir
Qu'il faut une autre fois tarder moins à venir.

SCÈNE V

ÉRASTE, CLITON.

ÉRASTE, *lui donnant une lettre.*

Va-t'en chercher Philandre, et dis-lui que Mélite
A dedans ce billet sa passion décrite;
Dis-lui que sa pudeur ne saurait plus cacher
Un feu qui la consume, et qu'elle tient si cher :
Mais prends garde surtout à bien jouer ton rôle;
Remarque sa couleur, son maintien, sa parole;
Vois si dans la lecture un peu d'émotion
Ne te montrera rien de son intention.

CLITON.

Cela vaut fait, monsieur.

ÉRASTE.

Mais, après ce message,
Sache avec tant d'adresse ébranler son courage,
Que tu viennes à bout de sa fidélité.

CLITON.

Monsieur, reposez-vous sur ma subtilité;
Il faudra malgré lui qu'il donne dans le piége;
Ma tête sur ce point vous servira de pleige*;
Mais aussi vous savez...

ÉRASTE.

Oui, va, sois diligent.
Ces âmes du commun n'ont pour but que l'argent;
Et je n'ai que trop vu par mon expérience...
Mais tu reviens bientôt?

CLITON.
Donnez-vous patience,
Monsieur ; il ne nous faut qu'un moment de loisir,
Et vous pourrez vous-même en avoir le plaisir.
ÉRASTE.
Comment?
CLITON.
De ce carfour* j'ai vu venir Philandre.
Cachez-vous en ce coin, et de là sachez prendre
L'occasion commode à seconder mes coups :
Par là nous le tenons. Le voici ; sauvez-vous.

SCÈNE VI

PHILANDRE, ÉRASTE, CLITON.

PHILANDRE.
(*Éraste est caché et les écoute.*)
Quelle réception me fera ma maîtresse?
Le moyen d'excuser une telle paresse?
CLITON.
Monsieur, tout à propos je vous rencontre ici,
Expressément chargé de vous rendre ceci.
PHILANDRE.
Qu'est-ce?
CLITON.
Vous allez voir, en lisant cette lettre,
Ce qu'un homme jamais n'oserait se promettre.
Ouvrez-la seulement.
PHILANDRE.
Va, tu n'es qu'un conteur.
CLITON.
Je veux mourir, au cas qu'on me trouve menteur.

Lettre supposée de Mélite à Philandre.

« Malgré le devoir et la bienséance du sexe, celle-
« ci m'échappe en faveur de vos mérites, pour vous
« apprendre que c'est Mélite qui vous écrit, et qui
« vous aime. Si elle est assez heureuse pour rece-
« voir de vous une réciproque affection, contentez-
« vous de cet entretien par lettres, jusqu'à ce
« qu'elle ait ôté de l'esprit de sa mère quelques
« personnes qui n'y sont que trop bien pour son
« contentement. »

ÉRASTE, *feignant d'avoir lu la lettre par-dessus son épaule.*
C'est donc la vérité que la belle Mélite
Fait du brave Philandre une louable élite*,
Et qu'il obtient ainsi de sa seule vertu
Ce qu'Éraste et Tircis ont en vain débattu?
Vraiment dans un tel choix mon regret diminue ;
Outre qu'une froideur depuis peu survenue,
De tant de vœux perdus ayant su me lasser,
N'attendait qu'un prétexte à m'en débarrasser.
PHILANDRE.
Me dis-tu que Tircis brûle pour cette belle?
ÉRASTE.
Il en meurt.

PHILANDRE.
Ce courage à l'amour si rebelle?
ÉRASTE.
Lui-même.
PHILANDRE.
Si ton cœur ne tient plus qu'à demi,
Tu peux le retirer en faveur d'un ami ;
Sinon, pour mon regard ne cesse de prétendre :
Étant pris une fois, je ne suis plus à prendre.
Tout ce que je puis faire à ce beau feu naissant,
C'est de m'en revancher* par un zèle impuissant ;
Et ma Chloris la prie, afin de s'en distraire,
De tourner, s'il se peut, sa flamme vers son frère.
ÉRASTE.
Auprès de sa beauté qu'est-ce que ta Chloris?
PHILANDRE.
Un peu plus de respect pour ce que je chéris.
ÉRASTE.
Je veux qu'elle ait en soi quelque chose d'aimable ;
Mais enfin à Mélite est-elle comparable?
PHILANDRE.
Qu'elle le soit ou non, je n'examine pas
Si des deux l'une ou l'autre a plus ou moins d'appas.
J'aime l'une ; et mon cœur pour toute autre insensi-
ÉRASTE. [ble...
Avise toutefois, le prétexte est plausible.
PHILANDRE.
J'en serais mal voulu des hommes et des dieux.
ÉRASTE.
On pardonne aisément à qui trouve son mieux.
PHILANDRE.
Mais en quoi gît ce mieux?
ÉRASTE.
En esprit, en richesse.
PHILANDRE.
O le honteux motif à changer de maîtresse!
ÉRASTE.
En amour.
PHILANDRE.
Chloris m'aime, et si je m'y connoi,
Rien ne peut égaler celui qu'elle a pour moi.
ÉRASTE.
Tu te détromperas, si tu veux prendre garde
A ce qu'à ton sujet l'une et l'autre hasarde.
L'une en t'aimant s'expose au péril d'un mépris ;
L'autre ne t'aime point que tu n'en sois épris :
L'une t'aime engagé vers une autre moins belle ;
L'autre se rend sensible à qui n'aime rien qu'elle :
L'une à l'insu des siens te montre son ardeur ;
Et l'autre après leur choix quitte un peu sa froideur :
L'une...
PHILANDRE.
Adieu : des raisons de si peu d'importance
Ne pourraient en un siècle ébranler ma constance.
(*Il dit ce vers à Cliton tout bas.*)
Dans deux heures d'ici tu viendras me revoir.
CLITON.
Disposez librement de mon petit pouvoir.

ÉRASTE, *seul.*
Il a beau déguiser, il a goûté l'amorce;
Chloris déjà sur lui n'a presque plus de force :
Ainsi je suis deux fois vengé du ravisseur,
Ruinant tout ensemble et le frère et la sœur.

SCÈNE VII
TIRCIS, ÉRASTE, MÉLITE.

TIRCIS.
Éraste, arrête un peu.
ÉRASTE.
Que me veux-tu?
TIRCIS.
Te rendre
Ce sonnet que pour toi j'ai promis d'entreprendre.
MÉLITE, *au travers d'une jalousie, cependant*
qu'Éraste lit le sonnet.
Que font-ils là tous deux? qu'ont-ils à démêler?
Ce jaloux à la fin le pourra quereller :
Du moins les compliments, dont peut-être ils se
[jouent,
Sont des civilités qu'en l'âme ils désavouent.
TIRCIS.
J'y donne une raison de ton sort inhumain.
Allons, je le veux voir présenter de ta main
A ce charmant objet dont ton âme est blessée.
ÉRASTE, *lui rendant son sonnet.*
Une autre fois, Tircis; quelque affaire pressée
Fait que je ne saurais pour l'heure m'en charger.
Tu trouveras ailleurs un meilleur messager.
TIRCIS, *seul.*
La belle humeur de l'homme! O dieux, quel person-
Quel ami j'avais fait de ce plaisant visage! [nage!
Une mine froncée, un regard de travers,
C'est le remercîment que j'aurai de mes vers.
Je manque, à son avis, d'assurance ou d'adresse,
Pour les donner moi-même à sa jeune maîtresse,
Et prendre ainsi le temps de dire à sa beauté
L'empire que ses yeux ont sur ma liberté.
Je pense l'entrevoir par cette jalousie :
Oui, mon âme de joie en est toute saisie.
Hélas! et le moyen de pouvoir lui parler,
Si mon premier aspect l'oblige à s'en aller?
Que cette joie est courte, et qu'elle est cher vendue!
Toutefois tout va bien, la voilà descendue.
Ses regards pleins de feu s'entendent avec moi;
Que dis-je? en s'avançant elle m'appelle à soi.

SCÈNE VIII
MÉLITE, TIRCIS.

MÉLITE.
Eh bien! qu'avez-vous fait de votre compagnie?
TIRCIS.
Je ne puis rien juger de ce qui l'a bannie :
A peine ai-je eu loisir de lui dire deux mots,
Qu'aussitôt le fantasque, en me tournant le dos,
S'est échappé de moi.
MÉLITE.
Sans doute il m'aura vue,
Et c'est de là que vient cette fuite imprévue.
TIRCIS.
Vous aimant comme il fait, qui l'eût jamais pensé?
MÉLITE.
Vous ne savez donc rien de ce qui s'est passé?
TIRCIS.
J'aimerais beaucoup mieux savoir ce qui se passe,
Et la part qu'a Tircis en votre bonne grâce.
MÉLITE.
Meilleure aucunement* qu'Éraste ne voudroit.
Je n'ai jamais connu d'amant si maladroit;
Il ne saurait souffrir qu'autre que lui m'approche.
Dieux! qu'à votre sujet il m'a fait de reproche!
Vous ne sauriez me voir sans le désobliger.
TIRCIS.
Et de tous mes soucis c'est là le plus léger.
Toute une légion de rivaux de sa sorte
Ne divertirait pas l'amour que je vous porte,
Qui ne craindra jamais les humeurs d'un jaloux.
MÉLITE.
Aussi le croit-il bien, ou je me trompe.
TIRCIS.
Et vous?
MÉLITE.
Bien que cette croyance à quelque erreur m'expose,
Pour lui faire dépit, j'en croirai quelque chose.
TIRCIS.
Mais afin qu'il reçût un entier déplaisir,
Il faudrait que nos cœurs n'eussent plus qu'un désir,
Et quitter ces discours de volontés sujettes,
Qui ne sont point de mise en l'état où vous êtes.
Vous-même consultez un moment vos appas;
Songez à leurs effets, et ne présumez pas
Avoir sur tous les cœurs un pouvoir si suprême,
Sans qu'il vous soit permis d'en user sur vous-même.
Un si digne sujet ne reçoit point de loi,
De règle, ni d'avis, d'un autre que de soi.
MÉLITE.
Ton mérite, plus fort que ta raison flatteuse,
Me rend, je le confesse, un peu moins scrupuleuse.
Je dois tout à ma mère, et pour tout autre amant
Je voudrais tout remettre à son commandement;
Mais attendre pour toi l'effet de sa puissance,
Sans rien témoigner que par obéissance,
Tircis, ce serait trop; tes rares qualités
Dispensent mon devoir de ces formalités.
TIRCIS.
Que d'amour et de joie un tel aveu me donne!
MÉLITE.
C'est peut-être en trop dire, et me montrer trop
Mais par là tu peux voir que mon affection [bonne;
Prend confiance entière en ta discrétion.
TIRCIS.
Vous la verrez toujours dans un respect sincère
Attacher mon bonheur à celui de vous plaire,

N'avoir point d'autre soin, n'avoir point d'autre es-
Et si vous en voulez un serment par écrit,   [prit;
Ce sonnet, que pour vous vient de tracer ma flamme,
Vous fera voir à nu jusqu'au fond de mon âme.
MÉLITE.
Garde bien ton sonnet, et pense qu'aujourd'hui
Mélite veut te croire autant et plus que lui.
Je le prends toutefois comme un précieux gage
Du pouvoir que mes yeux ont pris sur ton courage.
Adieu : sois-moi fidèle en dépit du jaloux.
TIRCIS.
O ciel! jamais amant eut-il un sort plus doux!

ACTE TROISIÈME

SCÈNE I

PHILANDRE.

Tu l'as gagné, Mélite; il ne m'est pas possible
D'être à tant de faveurs plus longtemps insensible.
Tes lettres où sans fard tu dépeins ton esprit,
Tes lettres où ton cœur est si bien par écrit,
Ont charmé tous mes sens par leurs douces pro-
      [messes.
Leur attente vaut mieux, Chloris, que tes caresses.
Ah! Mélite, pardon! je t'offense à nommer
Celle qui m'empêcha si longtemps de t'aimer.
  Souvenirs importuns d'une amante laissée,
Qui venez malgré moi remettre en ma pensée
Un portrait que j'en veux tellement effacer
Que le sommeil ait peine à me le retracer,
Hâtez-vous de sortir sans plus troubler ma joie;
Et retournant trouver celle qui vous envoie,
Dites-lui de ma part, pour la dernière fois,
Qu'elle est en liberté de faire un autre choix;
Que ma fidélité n'entretient plus ma flamme;
Ou que s'il m'en demeure encore un peu dans l'âme,
Je souhaite, en faveur de ce reste de foi,
Qu'elle puisse gagner au change autant que moi.
Dites-lui que Mélite, ainsi qu'une déesse,
Est de tous nos désirs souveraine maîtresse,
Dispose de nos cœurs, force nos volontés,
Et que par son pouvoir nos destins surmontés
Se tiennent trop heureux de prendre l'ordre d'elle;
Enfin que tous mes vœux...

SCÈNE II

TIRCIS, PHILANDRE.

TIRCIS.
          Philandre!
PHILANDRE.
                    Qui m'appelle?

TIRCIS.
Tircis, dont le bonheur au plus haut point monté
Ne peut être parfait sans te l'avoir conté.
PHILANDRE.
Tu me fais trop d'honneur par cette confidence.
TIRCIS.
J'userais envers toi d'une sotte prudence,
Si je faisais dessein de te dissimuler
Ce qu'aussi bien mes yeux ne sauraient te celer.
PHILANDRE.
En effet, si l'on peut te juger au visage,
Si l'on peut par tes yeux lire dans ton courage*,
Ce qu'ils montrent de joie à tel point me surprend,
Que je n'en puis trouver de sujet assez grand;
Rien n'atteint, ce me semble, aux signes qu'ils en
TIRCIS.   [donnent
Que fera le sujet, si les signes t'étonnent?
Mon bonheur est plus grand qu'on ne peut soupçon-
C'est quand tu l'auras su qu'il faudra t'étonner. [ner.
PHILANDRE.
Je ne le saurai pas sans marque plus expresse.
TIRCIS.
Possesseur, autant vaut....
PHILANDRE.
          De quoi?
TIRCIS.
                    D'une maîtresse
Belle, honnête, jolie, et dont l'esprit charmant
De son seul entretien peut ravir un amant;
En un mot, de Mélite.
PHILANDRE.
          Il est vrai qu'elle est belle :
Tu n'as pas mal choisi; mais...
TIRCIS.
          Quoi, mais?
PHILANDRE.
                    T'aime-t-elle?
TIRCIS.
Cela n'est plus en doute.
PHILANDRE.
          Et de cœur?
TIRCIS.
                    Et de cœur,
Je t'en réponds.
PHILANDRE.
          Souvent un visage moqueur
N'a que le beau semblant d'une mine hypocrite.
TIRCIS.
Je ne crains rien de tel du côté de Mélite.
PHILANDRE.
Écoute, j'en ai vu de toutes les façons;
J'en ai vu qui semblaient n'être que des glaçons,
Dont le feu retenu par une adroite feinte
S'allumait d'autant plus qu'il souffrait de contrainte;
J'en ai vu, mais beaucoup, qui, sous le faux appas
Des preuves d'un amour qui ne les touchait pas,
Prenaient du passe-temps d'une folle jeunesse
Qui se laisse affiner * à ces traits de souplesse,
Et pratiquaient sous main d'autres affections :

Mais j'en ai vu fort peu de qui les passions
Fussent d'intelligence avec tout le visage.

TIRCIS.

Et de ce petit nombre est celle qui m'engage;
De sa possession je me tiens aussi seur *
Que tu te peux tenir de celle de ma sœur.

PHILANDRE.

Donc si ton espérance à la fin n'est déçue,
Ces deux amours auront une pareille issue.

TIRCIS.

Si cela n'arrivait, je me tromperais fort.

PHILANDRE.

Pour te faire plaisir j'en veux être d'accord.
Cependant apprends-moi comment elle te traite,
Et qui te fait juger son ardeur si parfaite.

TIRCIS.

Une parfaite ardeur a trop de truchements *
Par qui se faire entendre aux esprits des amants;
Un coup d'œil, un soupir...

PHILANDRE.

     Ces faveurs ridicules
Ne servent qu'à duper des âmes trop crédules.
N'as-tu rien que cela?

TIRCIS.

    Sa parole et sa foi.

PHILANDRE.

Encor c'est quelque chose. Achève, et conte-moi
Les petites douceurs, les aimables tendresses
Qu'elle se plaît à joindre à de telles promesses.
Quelques lettres du moins te daignent confirmer
Ce vœu qu'entre tes mains elle a fait de t'aimer?

TIRCIS.

Recherche qui voudra ces menus badinages,
Qui n'en sont pas toujours de fort sûrs témoignages;
Je n'ai que sa parole, et ne veux que sa foi.

PHILANDRE.

Je connais donc quelqu'un plus avancé que toi.

TIRCIS.

J'entends qui tu veux dire, et pour ne te rien feindre,
Ce rival est bien moins à redouter qu'à plaindre.
Éraste, qu'ont banni ses dédains rigoureux...

PHILANDRE.

Je parle de quelque autre un peu moins malheureux.

TIRCIS.

Je ne connais que lui qui soupire pour elle.

PHILANDRE.

Je ne te tiendrai point plus longtemps en cervelle:
Pendant qu'elle t'amuse avec ses beaux discours,
Un rival inconnu possède ses amours;
Et la dissimulée au mépris de la flamme,
Par lettres, chaque jour, lui fait don de son âme.

TIRCIS.

De telles trahisons lui sont trop en horreur.

PHILANDRE.

Je te veux, par pitié, tirer de cette erreur.
Tantôt, sans y penser, j'ai trouvé cette lettre;
Tiens, vois ce que tu peux désormais t'en promettre.

Lettre supposée de Mélite à Philandre.

« Je commence à m'estimer quelque chose, puis-
« que je vous plais; et mon miroir m'offense tous
« les jours, ne me représentant pas assez belle,
« comme je m'imagine qu'il faut être pour mériter
« votre affection. Aussi je veux bien que vous sachiez
« que Mélite ne croit la posséder que par faveur,
« ou comme une récompense extraordinaire d'un
« excès d'amour, dont elle tâche de suppléer au
« défaut des grâces que le ciel lui a refusées. »

PHILANDRE.

Maintenant qu'en dis-tu? n'est-ce pas t'affronter *?

TIRCIS.

Cette lettre en tes mains ne peut m'épouvanter.

PHILANDRE.

La raison?

TIRCIS.

  Le porteur a su combien je t'aime,
Et par galanterie il t'a pris pour moi-même,
Comme aussi ce n'est qu'un de deux parfaits amis.

PHILANDRE.

Voilà bien te flatter plus qu'il ne t'est permis,
Et pour ton intérêt aimer à te méprendre.

TIRCIS.

On t'en aura donné quelque autre pour me rendre,
Afin qu'encore un coup je sois ainsi déçu.

PHILANDRE.

Oui, j'ai quelque billet que tantôt j'ai reçu;
Et puisqu'il est pour toi...

TIRCIS.

     Que ta longueur me tue!
Dépêche.

PHILANDRE.

Le voilà que je te restitue.

Autre lettre supposée de Mélite à Philandre.

« Vous n'avez plus affaire qu'à Tircis, je le souffre
« encore, afin que par sa hantise * je remarque plus
« exactement ses défauts et les fasse mieux goûter
« à ma mère. Après cela Philandre et Mélite auront
« tout loisir de rire ensemble des belles imagina-
« tions dont le frère et la sœur ont repu leurs espé-
« rances. »

PHILANDRE.

Te voilà tout rêveur, cher ami; par ta foi,
Crois-tu que ce billet s'adresse encore à toi?

Traître! c'est donc ainsi que ma sœur méprisée
Sert à ton changement d'un sujet de risée?
C'est ainsi qu'à sa foi Mélite osant manquer,
D'un parjure si noir ne fait que se moquer?
C'est ainsi que sans honte à mes yeux tu subornes
Un amour qui pour moi devait être sans bornes?
Suis-moi tout de ce pas; que l'épée à la main
Un si cruel affront se répare soudain :
Il faut que pour tous deux ta tête me réponde.

PHILANDRE.

Si, pour te voir trompé, tu te déplais au monde,

Cherche en ce désespoir qui t'en veuille arracher :
Quant à moi, ton trépas me coûterait trop cher.
TIRCIS.
Quoi ! tu crains le duel ?
PHILANDRE.
　　　　　　　Non ; mais j'en crains la suite,
Où la mort du vaincu met le vainqueur en fuite ;
Et du plus beau succès le dangereux éclat
Nous fait perdre l'objet et le prix du combat.
TIRCIS.
Tant de raisonnement et si peu de courage
Sont de tes lâchetés le digne témoignage.
Viens, ou dis que ton sang n'oserait s'exposer.
PHILANDRE.
Mon sang n'est plus à moi ; je n'en puis disposer.
Mais puisque ta douleur de mes raisons s'irrite,
J'en prendrai, dès ce soir, le congé * de Mélite.
Adieu.

SCÈNE III

TIRCIS.

Tu fuis, perfide, et ta légèreté
T'ayant fait criminel, te met en sûreté !
Reviens, reviens défendre une place usurpée :
Celle qui te chérit vaut bien un coup d'épée.
Fais voir que l'infidèle, en se donnant à toi,
A fait choix d'un amant qui valait mieux que moi :
Soutiens son jugement, et sauve ainsi de blâme
Celle qui pour la tienne a négligé ma flamme.
Crois-tu qu'on la mérite à force de courir ?
Peux-tu m'abandonner ses faveurs sans mourir ?
O lettres, ô faveurs indignement placées,
A ma discrétion honteusement laissées !
O gages qu'il néglige ainsi que superflus !
Je ne sais qui de nous vous diffamez le plus ;
Je ne sais qui des trois doit rougir davantage ;
Car vous nous apprenez qu'elle est une volage,
Son amant un parjure, et moi sans jugement,
De n'avoir rien prévu de leur déguisement :
Mais il le fallait bien que cette âme infidèle,
Changeant d'affection, prît un traître comme elle ;
Et que le digne amant qu'elle a su rechercher
A sa déloyauté n'eût rien à reprocher.
Cependant j'en croyais cette fausse apparence
Dont elle repaissait ma frivole espérance ;
J'en croyais ses regards, qui, tout remplis d'amour,
Étaient de la partie en un si lâche tour.
O ciel ! vit-on jamais tant de supercherie,
Que tout l'extérieur ne fût que tromperie ?
Non, non, il n'en est rien ; une telle beauté
Ne fut jamais sujette à la déloyauté.
Faibles et seuls témoins du malheur qui me touche,
Vous êtes trop hardis de démentir sa bouche.
Mélite me chérit, elle me l'a juré ;
Son oracle reçu, je m'en tiens assuré.
Que dites-vous là contre ? êtes-vous plus croyables ?
Caractères trompeurs, vous me contez des fables,

Vous voulez me trahir ; mais vos efforts sont vains :
Sa parole a laissé son cœur entre mes mains.
A ce doux souvenir ma flamme se rallume :
Je ne sais plus qui croire ou d'elle ou de sa plume
L'une et l'autre en effet n'ont rien que de léger ;
Mais du plus ou du moins je n'en puis que juger.
Loin, loin, doutes flatteurs que mon feu me suggère ;
Je vois trop clairement qu'elle est la plus légère,
La foi que j'en reçus s'en est allée en l'air,
Et ces traits de sa plume osent encor parler,
Et laissent en mes mains une honteuse image
Où son cœur, peint au vif, remplit le mien de rage.
Oui, j'enrage, je meurs, et tous mes sens troublés
D'un excès de douleur se trouvent accablés ;
Un si cruel tourment me gêne et me déchire,
Que je ne puis plus vivre avec un tel martyre.
Mais cachons-en la honte, et nous donnons du moins
Ce faux soulagement, en mourant sans témoins :
Que mon trépas secret empêche l'infidèle
D'avoir la vanité que je sois mort pour elle.

SCÈNE IV

CHLORIS, TIRCIS.

CHLORIS.
Mon frère, en ma faveur retourne sur tes pas.
Dis-moi la vérité ; tu ne me cherchais pas.
Eh quoi ! tu fais semblant de ne me pas connaître.
O dieux ! en quel état te vois-je ici paraître !
Tu pâlis tout à coup, et tes louches regards
S'élancent incertains presque de toutes parts !
Tu manques à la fois de couleur et d'haleine !
Ton pied mal affermi ne te soutient qu'à peine !
Quel accident nouveau te trouble ainsi les sens ?
TIRCIS.
Puisque tu veux savoir le mal que je ressens,
Avant que d'assouvir l'inexorable envie
De mon sort rigoureux qui demande ma vie,
Je vais t'assassiner d'un fatal entretien,
Et te dire en deux mots mon malheur et le tien.
En nos chastes amours de tous deux on se moque ;
Philandre... Ah ! la douleur m'étouffe et me suffoque.
Adieu, ma sœur, adieu ; je ne puis plus parler :
Lis, et, si tu le peux, tâche à te consoler.
CHLORIS.
Ne m'échappe donc pas.
TIRCIS.
　　　　　　　　　Ma sœur, je te supplie...
CHLORIS.
Quoi ! que je t'abandonne à ta mélancolie ?
Voyons auparavant ce qui te fait mourir,
Et nous aviserons à te laisser courir.
TIRCIS.
Hélas ! quelle injustice !
CHLORIS, *après avoir lu les lettres qu'il lui a données.*
　　　　　　　　　Est-ce là tout, fantasque ?
Quoi ! si la déloyale enfin lève le masque,
Oses-tu te fâcher d'être désabusé ?

Apprends qu'il te faut être en amour plus rusé;
Apprends que les discours des filles bien sensées
Découvrent rarement le fond de leurs pensées,
Et que, les yeux aidant à ce déguisement,
Notre sexe a le don de tromper finement.
Apprends aussi de moi que ta raison s'égare,
Que Mélite n'est pas une pièce si rare,
Qu'elle soit seule ici qui vaille la servir;
Assez d'autres objets y sauront te ravir.
Ne t'inquiète point pour une écervelée
Qui n'a d'ambition que d'être cajolée *,
Et rend à plaindre ceux qui, flattant ses beautés,
Ont assez de malheur pour en être écoutés.
Damon lui plut jadis, Aristandre et Géronte;
Éraste après deux ans n'y voit pas mieux son compte.
Elle t'a trouvé bon seulement pour huit jours,
Philandre est aujourd'hui l'objet de ses amours;
Et peut-être déjà (tant elle aime le change *)
Quelque autre nouveauté le supplante et nous venge.
Ce n'est qu'une coquette avec tous ses attraits;
Sa langue avec son cœur ne s'accorde jamais.
Les infidélités sont ses jeux ordinaires;
Et ses plus doux appas sont tellement vulgaires,
Qu'en elle homme d'esprit n'admira jamais rien
Que le sujet pourquoi tu lui voulais du bien.

TIRCIS.
Penses-tu m'arrêter par ce torrent d'injures?
Que ce soient vérités, que ce soient impostures,
Tu redoubles mes maux au lieu de les guérir.
Adieu : rien que la mort ne peut me secourir.

SCÈNE V

CHLORIS.

Mon frère... Il s'est sauvé; son désespoir l'emporte :
Me préserve le ciel d'en user de la sorte!
Un volage me quitte, et je le quitte aussi;
Je l'obligerais trop de m'en mettre en souci.
Pour perdre des amants, celles qui s'en affligent
Donnent trop d'avantage à ceux qui les négligent :
Il n'est lors que la joie, elle nous venge mieux;
Et la fît-on à faux éclater par les yeux,
C'est montrer par bravade à leur vaine inconstance
Qu'elle est pour nous toucher de trop peu d'importan-
Que Philandre à son gré rende ses vœux contents;[ce.
S'il attend que j'en pleure, il attendra longtemps.
Son cœur est un trésor dont j'aime qu'il dispose;
Le larcin qu'il m'en fait me vole peu de chose;
Et l'amour qui pour lui m'éprit si follement
M'avait fait bonne part de son aveuglement.
On enchérit pourtant sur ma faute passée;
Dans la même folie une autre embarrassée
Le rend encor parjure, et sans âme, et sans foi,
Pour se donner l'honneur de faillir après moi.
Je meurs, s'il n'est vrai que la moitié du monde
Sur l'exemple d'autrui se conduit et se fonde!
A cause qu'il parut quelque temps m'enflammer,
La pauvre fille a cru qu'il valait bien l'aimer,
Et sur cette croyance elle en a pris envie :
Lui pût-elle durer jusqu'au bout de sa vie!
Si Mélite a failli me l'ayant débauché,
Dieux, par là seulement punissez son péché!
Elle verra bientôt que sa digne conquête
N'est pas une aventure à me rompre la tête :
Un si plaisant malheur me console à l'instant.
Ah! si mon fou de frère en pouvait faire autant,
Que j'en aurais de joie, et que j'en ferais gloire!
Si je puis le rejoindre, et qu'il me veuille croire,
Nous leur ferons bien voir que leur change * indiscret
Ne vaut pas un soupir, ne vaut pas un regret.
Je me veux toutefois en venger par malice,
Me divertir une heure à m'en faire justice;
Ces lettres fourniront assez d'occasion
D'un peu de défiance et de division.
Si je prends bien mon temps, j'aurai pleine matière
A les jouer tous deux d'une belle manière.
En voici déjà l'un qui craint de m'aborder.

SCÈNE VI

PHILANDRE, CHLORIS.

CHLORIS.
Quoi! tu passes, Philandre, et sans me regarder!
PHILANDRE.
Pardonne-moi, de grâce; une affaire importune
M'empêche de jouir de ma bonne fortune;
Et son empressement, qui porte ailleurs mes pas,
Me remplissait l'esprit jusqu'à ne te voir pas.
CHLORIS.
J'ai donc souvent le don d'aimer plus qu'on ne m'ai-
Je ne pense qu'à toi, j'en parlais en moi-même. [me.
PHILANDRE.
Me veux-tu quelque chose?
CHLORIS.
Il t'ennuie avec moi;
Mais comme de tes feux j'ai pour garant ta foi,
Je ne m'alarme point. N'était ce qui te presse,
Ta flamme un peu plus loin eût porté la tendresse,
Et je t'aurais fait voir quelques vers de Tircis
Pour le charmant objet de ses nouveaux soucis.
Je viens de les surprendre, et j'y pourrais encore
Joindre quelques billets de l'objet qu'il adore;
Mais tu n'as pas le temps : toutefois si tu veux
Perdre un demi-quart d'heure à les lire nous deux...
PHILANDRE.
Voyons donc ce que c'est, sans plus longue demeure;
Ma curiosité pour ce demi-quart d'heure
S'osera dispenser.
CHLORIS.
Aussi tu me promets,
Quand tu les auras lus, de n'en parler jamais;
Autrement, ne crois pas...
PHILANDRE, *reconnoissant les lettres.*
Cela s'en va sans dire :
Donne, donne-les-moi, tu ne les saurais lire;
Et nous aurions ainsi besoin de trop de temps.

CHLORIS, *les resserrant.*
Philandre, tu n'es pas encore où tu prétends;
Quelques hautes faveurs que ton mérite obtienne,
Elles sont aussi bien en ma main qu'en la tienne;
Je les garderai mieux, tu peux en assurer
La belle qui pour toi daigne se parjurer.
PHILANDRE.
Un homme doit souffrir d'une fille en colère;
Mais je sais comme il faut les ravoir de ton frère;
Tout exprès je le cherche; et son sang, ou le mien...
CHLORIS.
Quoi! Philandre est vaillant, et je n'en savais rien!
Tes coups sont dangereux quand tu ne veux pas fein-
Mais ils ont le bonheur de se faire peu craindre; [dre,
Et mon frère, qui sait comme il s'en faut guérir,
Quand tu l'aurais tué, pourrait n'en pas mourir.
PHILANDRE.
L'effet en fera foi, s'il en a le courage.
Adieu. J'en perds le temps à parler davantage
Tremble.
CHLORIS.
J'en ai grand lieu, connaissant ta vertu;
Pourvu qu'il y consente, il sera bien battu.

ACTE QUATRIÈME

SCÈNE I

MÉLITE, LA NOURRICE.

LA NOURRICE.
Cette obstination à faire la secrète
M'accuse injustement d'être trop peu discrète.
MÉLITE.
Ton importunité n'est pas à supporter.
Ce que je ne sais point, te le puis-je conter?
LA NOURRICE.
Les visites d'Éraste un peu moins assidues
Témoignent quelque ennui de ses peines perdues;
Et ce qu'on voit par là de refroidissement
Ne fait que trop juger son mécontentement.
Tu m'en veux cependant cacher tout le mystère.
Mais je pourrais enfin en croire ma colère,
Et pour punition te priver des avis
Qu'à jusqu'ici ton cœur si doucement suivis.
MÉLITE.
C'est à moi de trembler après cette menace,
Et toute autre du moins tremblerait à ma place.
LA NOURRICE.
Ne raillons point. Le fruit qui t'en est demeuré
(Je parle sans reproche, et tout considéré)
Vaut bien... Mais revenons à notre humeur chagrine;
Apprends-moi ce que c'est.
MÉLITE.
Veux-tu que je devine?

Dégoûté d'un esprit si grossier que le mien,
Il cherche ailleurs peut-être un meilleur entretien.
LA NOURRICE.
Ce n'est pas bien ainsi qu'un amant perd l'envie
D'une chose deux ans ardemment poursuivie;
D'assurance un mépris l'oblige à se piquer;
Mais ce n'est pas un trait qu'il faille pratiquer.
Une fille qui voit, et que voit la jeunesse,
Ne s'y doit gouverner qu'avec beaucoup d'adresse;
Le dédain lui messied, ou, quand elle s'en sert,
Que ce soit pour reprendre un amant qu'elle perd.
Une heure de froideur, à propos ménagée,
Peut rembraser une âme à demi dégagée,
Qu'un traitement trop doux dispose à des mépris
D'un bien dont cet orgueil fait mieux savoir le prix.
Hors ce cas, il lui faut complaire à tout le monde,
Faire qu'aux vœux de tous l'apparence réponde,
Et sans embarrasser son cœur de leurs amours,
Leur faire bonne mine et souffrir leurs discours;
Qu'à part ils pensent tous avoir la préférence,
Et paraissent ensemble entrer en concurrence;
Que tout l'extérieur de son visage égal
Ne rende aucun jaloux du bonheur d'un rival;
Que ses yeux partagés leur donnent de quoi craindre,
Sans donner à pas un aucun lieu de se plaindre;
Qu'ils vivent tous d'espoir jusqu'au choix d'un mari,
Mais qu'aucun cependant ne soit le plus chéri;
Et qu'elle cède enfin, puisqu'il faut qu'elle cède,
A qui paira le mieux le bien qu'elle possède:
Si tu n'eusses jamais quitté cette leçon,
Ton Éraste avec toi vivrait d'autre façon.
MÉLITE.
Ce n'est pas son humeur de souffrir ce partage;
Il croit que mes regards soient son propre héritage,
Et prend ceux que je donne à tout autre qu'à lui
Pour autant de larcins faits sur le bien d'autrui.
LA NOURRICE.
J'entends à demi-mot; achève, et m'expédie
Promptement le motif de cette maladie.
MÉLITE.
Si tu m'avais, nourrice, entendue à demi,
Tu saurais que Tircis...
LA NOURRICE.
Quoi! son meilleur ami!
N'a-ce pas été lui qui te l'a fait connaître?
MÉLITE.
Il voudrait que le jour en fût encore à naître;
Et si d'auprès de moi je l'avais écarté,
Tu verrais tout à l'heure Éraste à mon côté.
LA NOURRICE.
J'ai regret que tu sois leur pomme de discorde;
Mais puisque leur humeur ensemble ne s'accorde,
Éraste n'est pas homme à laisser échapper;
Un semblable pigeon ne se peut rattraper:
Il a deux fois le bien de l'autre, et davantage.
MÉLITE.
Le bien ne touche point un généreux courage.
LA NOURRICE.
Tout le monde l'adore et tâche d'en jouir.

MÉLITE.
Il suit un faux éclat qui ne peut m'éblouir.
LA NOURRICE.
Auprès de sa splendeur toute autre est fort petite.
MÉLITE.
Tu le places au rang qui n'est dû qu'au mérite.
LA NOURRICE.
On a trop de mérite étant riche à ce point.
MÉLITE.
Les biens en donnent-ils à ceux qui n'en ont point?
LA NOURRICE.
Oui, ce n'est que par là qu'on est considérable.
MÉLITE.
Mais ce n'est que par là qu'on devient méprisable.
Un homme dont les biens font toutes les vertus
Ne peut être estimé que des cœurs abattus.
LA NOURRICE.
Est-il quelques défauts que les biens ne réparent?
MÉLITE.
Mais plutôt en est-il où les biens ne préparent?
Étant riche, on méprise assez communément
Des belles qualités le solide ornement;
Et d'un luxe honteux la richesse suivie
Souvent par l'abondance aux vices nous convie.
LA NOURRICE.
Enfin je reconnais...
MÉLITE.
Qu'avec tout ce grand bien
Un jaloux sur mon cœur n'obtiendra jamais rien.
LA NOURRICE.
Et que d'un cajoleur* la nouvelle conquête
T'imprime, à mon regret, ces erreurs dans la tête;
Si ta mère le sait...
MÉLITE.
Laisse-moi ces soucis,
Et rentre, que je parle à la sœur de Tircis.
LA NOURRICE.
Peut-être elle t'en veut dire quelque nouvelle.
MÉLITE.
Ta curiosité te met trop en cervelle.
Rentre, sans t'informer de ce qu'elle prétend;
Un meilleur entretien avec elle m'attend.

SCÈNE II

CHLORIS, MÉLITE.

CHLORIS.
Je chéris tellement celles de votre sorte,
Et prends tant d'intérêt en ce qui leur importe,
Qu'aux pièces qu'on leur fait je ne puis consentir,
Ni même en rien savoir sans les en avertir.
Ainsi donc, au hasard d'être la mal venue,
Encor que je vous sois, peu s'en faut, inconnue,
Je viens vous faire voir que votre affection
N'a pas été fort juste en son élection*.
MÉLITE.
Vous pourriez, sous couleur de rendre un bon office,
Mettre quelque autre en peine avec cet artifice;
Mais pour m'en repentir j'ai fait un trop bon choix;
Je renonce à choisir une seconde fois;
Et mon affection ne s'est point arrêtée
Que chez un cavalier qui l'a trop méritée.
CHLORIS.
Vous me pardonnerez, j'en ai de bons témoins;
C'est l'homme qui de tous la mérite le moins.
MÉLITE.
Si je n'avais de lui qu'une faible assurance,
Vous me feriez entrer en quelque défiance;
Mais je m'étonne fort que vous l'osiez blâmer,
Ayant quelque intérêt vous-même à l'estimer.
CHLORIS.
Je l'estimai jadis, et je l'aime et l'estime
Plus que je ne faisais auparavant son crime.
Ce n'est qu'en ma faveur qu'il ose vous trahir,
Et vous pouvez juger si je le puis haïr,
Lorsque sa trahison m'est un clair témoignage
Du pouvoir absolu que j'ai sur son courage*.
MÉLITE.
Le pousser à me faire une infidélité,
C'est assez mal user de cette autorité.
CHLORIS.
Me le faut-il pousser où son devoir l'oblige?
C'est son devoir qu'il suit alors qu'il vous néglige.
MÉLITE.
Quoi! le devoir chez vous oblige aux trahisons!
CHLORIS.
Quand il n'en aurait point de plus justes raisons,
La parole donnée, il faut que l'on la tienne.
MÉLITE.
Cela fait contre vous; il m'a donné la sienne.
CHLORIS.
Oui, mais ayant déjà reçu mon amitié,
Sur un vœu solennel d'être un jour sa moitié,
Peut-il s'en départir pour accepter la vôtre?
MÉLITE.
De grâce, excusez-moi, je vous prends pour une au-
Et c'était à Chloris que je croyais parler. [tre,
CHLORIS.
Vous ne vous trompez pas.
MÉLITE.
Donc, pour mieux me railler,
La sœur de mon amant contrefait ma rivale?
CHLORIS.
Donc, pour mieux m'éblouir, une âme déloyale
Contrefait la fidèle? Ah! Mélite, sachez
Que je ne sais que trop ce que vous me cachez.
Philandre m'a tout dit : vous pensez qu'il vous aime:
Mais, sortant d'avec vous, il me conte lui-même
Jusqu'aux moindres discours dont votre passion
Tâche de suborner son inclination.
MÉLITE.
Moi, suborner Philandre! ah! que m'osez-vous dire!
CHLORIS.
La pure vérité.
MÉLITE.
Vraiment, en voulant rire,
Vous passez trop avant; brisons là, s'il vous plaît.

Je ne vois point Philandre, et ne sais quel il est.
CHLORIS.
Vous en croirez du moins votre propre écriture.
Tenez, voyez, lisez.
MÉLITE.
Ah, dieux! quelle imposture!
Jamais un de ces traits ne partit de ma main.
CHLORIS.
Nous pourrions demeurer ici jusqu'à demain,
Que vous persisteriez dans la méconnaissance*:
Je vous les laisse. Adieu.
MÉLITE.
Tout beau, mon innocence
Veut apprendre de vous le nom de l'imposteur,
Pour faire retomber l'affront sur son auteur.
CHLORIS.
Vous pensez me duper, et perdez votre peine.
Que sert le désaveu quand la preuve est certaine?
A quoi bon démentir? à quoi bon dénier...
MÉLITE.
Ne vous obstinez point à me calomnier;
Je veux que si jamais j'ai dit mot à Philandre...
CHLORIS. [prendre]
Remettons ce discours : quelqu'un vient nous sur-
C'est le brave Lisis, qui semble sur le front
Porter empreints les traits d'un déplaisir profond.

SCÈNE III

LISIS, MÉLITE, CHLORIS.

LISIS, à Chloris.
Préparez vos soupirs à la triste nouvelle
Du malheur où nous plonge un esprit infidèle;
Quittez son entretien, et venez avec moi
Plaindre un frère au cercueil par son manque de foi.
MÉLITE.
Quoi! son frère au cercueil!
LISIS.
Oui, Tircis, plein de rage
De voir que votre change* indignement l'outrage,
Maudissant mille fois le détestable jour
Que votre bon accueil lui donna de l'amour,
Dedans ce désespoir a chez moi rendu l'âme;
Et mes yeux désolés...
MÉLITE.
Je n'en puis plus; je pâme.
CHLORIS.
Au secours! au secours!

SCÈNE IV

CLITON, LA NOURRICE, MÉLITE, LISIS, CHLORIS.

CLITON.
D'où provient cette voix?
LA NOURRICE.
Qu'avez-vous, mes enfants?

CHLORIS.
Mélite, que tu vois...
LA NOURRICE.
Hélas! elle se meurt; son teint vermeil s'efface,
Sa chaleur se dissipe; elle n'est plus que glace.
LISIS, à Cliton.
Va querir un peu d'eau; mais il faut te hâter.
CLITON, à Lisis.
Si proches du logis, il vaut mieux l'y porter.
CHLORIS.
Aidez mes faibles pas; les forces me défaillent,
Et je vais succomber aux douleurs qui m'assaillent.

SCÈNE V

ÉRASTE.

A la fin je triomphe, et les destins amis
M'ont donné le succès que je m'étais promis.
Me voilà trop heureux, puisque par mon adresse
Mélite est sans amant, et Tircis sans maîtresse;
Et comme si c'était trop peu pour me venger,
Philandre et sa Chloris courent même danger.
Mais par quelle raison leurs âmes désunies
Pour les crimes d'autrui seront-elles punies?
Que m'ont-ils fait tous deux pour troubler leurs ac-
Fuyez de ma pensée, inutiles remords;   [cords?
La joie y veut régner, cessez de m'en distraire.
Chloris m'offense trop d'être sœur d'un tel frère;
Et Philandre, si prompt à l'infidélité,
N'a que la peine due à sa crédulité.
Mais que me veut Cliton, qui sort de chez Mélite?

SCÈNE VI

CLITON, ÉRASTE.

CLITON.
Monsieur, tout est perdu : votre fourbe maudite,
Dont je fus à regret le damnable instrument,
A couché de douleur Tircis au monument.
ÉRASTE.
Courage! tout va bien, le traître m'a fait place;
Le seul qui me rendait son courage de glace,
D'un favorable coup la mort me l'a ravi.
CLITON.
Monsieur, ce n'est pas tout, Mélite l'a suivi.
ÉRASTE.
Mélite l'a suivi! que dis-tu, misérable?
CLITON.
Monsieur, il est trop vrai; le moment déplorable
Qu'elle a su son trépas, a terminé ses jours.
ÉRASTE.
Ah, ciel! s'il est ainsi...
CLITON.
Laissez là ces discours,
Et vantez-vous plutôt que par votre imposture
Ces malheureux amants trouvent la sépulture,

Et que votre artifice a mis dans le tombeau
Ce que le monde avait de parfait et de beau.

ÉRASTE.

Tu m'oses donc flatter, infâme, et tu supprimes
Par ce reproche obscur la moitié de mes crimes?
Est-ce ainsi qu'il te faut n'en parler qu'à demi?
Achève tout d'un coup; dis que maîtresse, ami,
Tout ce que je chéris, tout ce qui dans mon âme
Sut jamais allumer une pudique flamme,
Tout ce que l'amitié me rendit précieux,
Par ma fourbe a perdu la lumière des cieux;
Dis que j'ai violé les deux lois les plus saintes,
Qui nous rendent heureux par leurs douces contrain-
Dis que j'ai corrompu, dis que j'ai suborné, [tes;
Falsifié, trahi, séduit, assassiné;
Tu n'en diras encor que la moindre partie.
Quoi! Tircis est donc mort, et Mélite est sans vie!
Je ne l'avais pas su, Parques, jusqu'à ce jour,
Que vous relevassiez de l'empire d'Amour;
J'ignorais qu'aussitôt qu'il assemble deux âmes,
Il vous pût commander d'unir aussi leurs trames.
Vous en relevez donc, et montrez aujourd'hui
Que vous êtes pour nous aveugles comme lui!
Vous en relevez donc, et vos ciseaux barbares
Tranchent, comme il lui plaît, les destins les plus
 [rares!
Mais je m'en prends à vous, moi qui suis l'imposteur,
Moi qui suis de leurs maux le détestable auteur!
Hélas! et fallait-il que ma supercherie
Tournât si lâchement tant d'amour en furie!
Inutiles regrets, repentirs superflus,
Vous ne me rendez pas Mélite qui n'est plus!
Vos mouvements tardifs ne la font pas revivre :
Elle a suivi Tircis, et moi je la veux suivre.
Il faut que de mon sang je lui fasse raison
Et de ma jalousie, et de ma trahison,
Et que de ma main propre une âme si fidèle [celle?
Reçoive... Mais d'où vient que tout mon corps chan-
Quel murmure confus! et qu'entends-je hurler?
Que de pointes de feux se perdent parmi l'air!
Les dieux à mes forfaits ont dénoncé la guerre,
Leur foudre* décoché vient de fendre la terre,
Et, pour leur obéir, son sein me recevant
M'engloutit, et me plonge aux enfers tout vivant.
Je vous entends, grands dieux; c'est là-bas que leurs
Aux champs Élysiens éternisent leurs flammes; [âmes
C'est là-bas qu'à leurs pieds il faut verser mon sang :
La terre à ce dessein m'ouvre son large flanc,
Et jusqu'aux bords du Styx me fait libre passage;
Je l'aperçois déjà, je suis sur son rivage.
Fleuve, dont le saint nom est redoutable aux dieux,
Et dont les neuf replis ceignent ces tristes lieux,
N'entre point en courroux contre mon insolence,
Si j'ose avec mes cris violer ton silence :
Je ne te veux qu'un mot. Tircis est-il passé?
Mélite est-elle ici?... Mais qu'attends-je? insensé!
Ils sont tous deux si chers à ton funeste empire,
Que tu crains de les perdre, et n'oses m'en rien dire.
Vous donc, esprits légers, qui, manque de tombeaux,

Tournoyez vagabonds à l'entour de ces eaux,
A qui Caron cent ans refuse sa nacelle,
Ne m'en pourriez-vous point donner quelque nou-
Parlez, et je promets d'employer mon crédit [velle?
A vous faciliter ce passage interdit.

CLITON.

Monsieur, que faites-vous? Votre raison, troublée
Par l'effort des douleurs dont elle est accablée,
Figure à votre vue...

ÉRASTE.

Ah! te voilà, Caron!
Dépêche promptement, et d'un coup d'aviron
Passe-moi, si tu peux, jusqu'à l'autre rivage.

CLITON.

Monsieur, rentrez en vous, regardez mon visage;
Reconnaissez Cliton.

ÉRASTE.

Dépêche, vieux nocher,
Avant que ces esprits nous puissent approcher.
Ton bateau de leur poids fondrait dans les abîmes;
Il n'en aura que trop d'Éraste et de ses crimes.
Quoi! tu veux te sauver à l'autre bord sans moi!
Si faut-il qu'à ton cou je passe malgré toi.

(Il se jette sur les épaules de Cliton, qui l'emporte derrière
le théâtre.)

SCÈNE VII

PHILANDRE.

Présomptueux rival, dont l'absence importune
Retarde le succès de ma bonne fortune,
As-tu si tôt perdu cette ombre de valeur
Que te prêtait tantôt l'effort de ta douleur?
Que devient à présent cette bouillante envie
De punir ta volage aux dépens de ma vie?
Il ne tient plus qu'à toi que tu ne sois content;
Ton ennemi t'appelle, et ton rival t'attend.
Je te cherche en tous lieux, et cependant ta fuite
Se rit impunément de ma vaine poursuite.
Crois-tu, laissant mon bien dans les mains de ta
En demeurer toujours l'injuste possesseur; [sœur,
Ou que ma patience à la fin échappée
(Puisque tu ne veux pas le débattre à l'épée),
Oubliant le respect du sexe, et tout devoir,
Ne laisse point sur elle agir mon désespoir?

SCÈNE VIII

ÉRASTE, PHILANDRE.

ÉRASTE.

Détacher Ixion pour me mettre en sa place,
Mégères, c'est à vous une indiscrète audace.
Ai-je, avec même front que cet ambitieux,
Attenté sur le lit du monarque des cieux?
Vous travaillez en vain, barbares Euménides :
Non, ce n'est pas ainsi qu'on punit les perfides.
Quoi! me presser encor? Sus, de pieds et de mains

Essayons d'écarter ces monstres inhumains.
A mon secours, esprits! vengez-vous de vos peines!
Écrasons leurs serpents! chargeons-les de vos chaî-
[nes!
Pour ces filles d'enfer nous sommes trop puissants.
PHILANDRE.
Il semble à ce discours qu'il ait perdu le sens.
Éraste, cher ami, quelle mélancolie
Te met dans le cerveau cet excès de folie?
ÉRASTE.
Équitable Minos, grand juge des enfers,
Voyez qu'injustement on m'apprête des fers!
Faire un tour d'amoureux, supposer une lettre,
Ce n'est pas un forfait qu'on ne puisse remettre.
Il est vrai que Tircis en est mort de douleur,
Que Mélite après lui redouble ce malheur,
Que Chloris sans amant ne sait à qui s'en prendre :
Mais la faute n'en est qu'au crédule Philandre;
Lui seul en est la cause, et son esprit léger,
Qui trop facilement résolut de changer;
Car ces lettres, qu'il croit l'effet de ses mérites,
La main que vous voyez les a toutes écrites.
PHILANDRE.
Je te laisse impuni, traître; de tels remords
Te donnent des tourments pires que mille morts :
Je t'obligerais trop de t'arracher la vie ;
Et ma juste vengeance est bien mieux assouvie
Par les folles horreurs de cette illusion.
Ah, grands dieux! que je suis plein de confusion !

SCÈNE IX.
ÉRASTE.

Tu t'enfuis donc, barbare! et me laissant en proie
A ces cruelles sœurs, tu les combles de joie.
Non, non, retirez-vous, Tisiphone, Alecton,
Et tout ce que je vois d'officiers de Pluton.
Vous me connaissez mal; dans le corps d'un perfide
Je porte le courage et les forces d'Alcide.
Je vais tout renverser dans ces royaumes noirs,
Et saccager moi seul ces ténébreux manoirs.
Une seconde fois le triple chien Cerbère
Vomira l'aconit* en voyant la lumière.
J'irai du fond d'enfer dégager les Titans ;
Et si Pluton s'oppose à ce que je prétends,
Passant dessus le ventre à sa troupe mutine,
J'irai d'entre ses bras enlever Proserpine.

SCÈNE X.
LISIS, CHLORIS.
LISIS.
N'en doute plus, Chloris, ton frère n'est point mort;
Mais ayant su de lui son déplorable sort,
Je voulais éprouver, par cette triste feinte,
Si celle qu'il adore, aucunement atteinte,
Deviendrait plus sensible aux traits de la pitié

Qu'aux sincères ardeurs d'une sainte amitié.
Maintenant que je vois qu'il faut qu'on nous abuse,
Afin que nous puissions découvrir cette ruse,
Et que Tircis en soit de tout point éclairci,
Sois sûre que dans peu je te le rends ici.
Ma parole sera d'un prompt effet suivie :
Tu reverras bientôt ce frère plein de vie;
C'est assez que je passe une fois pour trompeur.
CHLORIS.
Si bien qu'au lieu du mal nous n'aurons que la peur?
Le cœur me le disait. Je sentais que mes larmes
Refusaient de couler pour de fausses alarmes,
Dont les plus dangereux et plus rudes assauts
Avaient beaucoup de peine à m'émouvoir à faux;
Et je n'étudiai cette douleur menteuse
Qu'à cause qu'en effet j'étais un peu honteuse
Qu'une autre en témoignât plus de ressentiment.
LISIS.
Après tout, entre nous, confesse franchement
Qu'une fille en ces lieux, qui perd un frère unique,
Jusques au désespoir fort rarement se pique :
Ce beau nom d'héritière a de telles douceurs,
Qu'il devient souverain à consoler des sœurs.
CHLORIS.
Adieu, railleur, adieu : son intérêt me presse
D'aller rendre d'un mot la vie à sa maîtresse;
Autrement je saurais t'apprendre à discourir.
LISIS.
Et moi, de ces frayeurs de nouveau te guérir.

ACTE CINQUIÈME

SCÈNE I

CLITON, LA NOURRICE.
CLITON.
Je ne t'ai rien celé ; tu sais toute l'affaire.
LA NOURRICE.
Tu m'en as bien conté. Mais se pourrait-il faire
Qu'Éraste eût des remords si vifs et si pressants
Que de violenter sa raison et ses sens?
CLITON.
Eût-il pu, sans en perdre entièrement l'usage,
Se figurer Caron des traits de mon visage,
Et de plus, me prenant pour ce vieux nautonier,
Me payer à bons coups des droits de son denier?
LA NOURRICE.
Plaisante illusion !
CLITON.
   Mais funeste à ma tête,
Sur qui se déchargeait une telle tempête,
Que je tiens maintenant à miracle évident
Qu'il me soit demeuré dans la bouche une dent.

LA NOURRICE.

C'était mal reconnaître un si rare service.

ÉRASTE, *derrière le théâtre.*

Arrêtez, arrêtez, poltrons !

CLITON.

Adieu, nourrice.
Voici ce fou qui vient, je l'entends à la voix ;
Crois que ce n'est pas moi qu'il attrape deux fois.

LA NOURRICE.

Pour moi, quand je devrais passer pour Proserpine,
Je veux voir à quel point sa fureur le domine.

CLITON.

Contente, à tes périls, ton curieux désir.

LA NOURRICE.

Quoi qu'il puisse arriver, j'en aurai le plaisir.

SCÈNE II

ÉRASTE, LA NOURRICE.

ÉRASTE.

En vain je les rappelle, en vain pour se défendre
La honte et le devoir leur parlent de m'attendre ;
Ces lâches escadrons de fantômes affreux
Cherchent leur assurance aux cachots les plus creux,
Et se fiant à peine à la nuit qui les couvre,
Souhaitent sous l'enfer qu'un autre enfer s'entr'ouvre.
Ma voix met tout en fuite, et dans ce vaste effroi,
La peur saisit si bien les ombres et leur roi,
Que, se précipitant à de promptes retraites,
Tous leurs soucis ne vont qu'à les rendre secrètes.
Le bouillant Phlégéton, parmi ses flots pierreux,
Pour les favoriser ne roule plus de feux ;
Tisiphone tremblante, Alecton et Mégère,
Ont de leurs flambeaux noirs étouffé la lumière ;
Les Parques même en hâte emportent leurs fuseaux,
Et dans ce grand désordre oubliant leurs ciseaux,
Caron, les bras croisés, dans sa barque s'étonne
De ce qu'après Éraste il n'a passé personne.
Trop heureux accident, s'il avait prévenu
Le déplorable coup du malheur avenu*!
Trop heureux accident, si la terre entr'ouverte
Avant ce jour fatal eût consenti ma perte,
Et si ce que le ciel me donne ici d'accès
Eût de ma trahison devancé le succès !
Dieux, que vous savez mal gouverner votre foudre !
N'était-ce pas assez pour me réduire en poudre,
Que le simple dessein d'un si lâche forfait ?
Injustes ! deviez-vous en attendre l'effet ?
Ah, Mélite ! ah, Tircis ! leur cruelle justice
Aux dépens de vos jours me choisit un supplice.
Ils doutaient que l'enfer eût de quoi me punir
Sans le triste secours de ce dur souvenir.
Tout ce qu'ont les enfers de feux, de fouets, de chaînes,
Ne sont auprès de lui que de légères peines ;
On reçoit d'Alecton un plus doux traitement.
Souvenirs rigoureux ! trêve, trêve un moment !
Qu'au moins avant ma mort, dans ces demeures som-
Je puisse rencontrer ces bienheureuses ombres ! [bres
Use après, si tu veux, de toute ta rigueur ;
Et si pour m'achever tu manques de vigueur,

(*Il met la main sur son épée.*)

Voici qui t'aidera : mais derechef, de grâce,
Cesse de me gêner durant ce peu d'espace.
Je vois déjà Mélite. Ah ! belle ombre, voici
L'ennemi de votre heur* qui vous cherchait ici ;
C'est Éraste, c'est lui, qui n'a plus d'autre envie
Que d'épandre* à vos pieds son sang avec sa vie :
Ainsi le veut le sort ; et tout exprès les dieux
L'ont abîmé vivant en ces funestes lieux.

LA NOURRICE.

Pourquoi permettez-vous que cette frénésie
Règne si puissamment sur votre fantaisie ?
L'enfer voit-il jamais une telle clarté ?

ÉRASTE.

Aussi ne la tient-il que de votre beauté ;
Ce n'est que de vos yeux que part cette lumière.

LA NOURRICE.

Ce n'est que de mes yeux ! Dessillez la paupière,
Et d'un sens plus rassis jugez de leur éclat.

ÉRASTE.

Ils ont, de vérité, je ne sais quoi de plat ;
Et plus je vous contemple, et plus sur ce visage
Je m'étonne de voir un autre air, un autre âge :
Je ne reconnais plus aucun de vos attraits,
Jadis votre nourrice avait ainsi les traits,
Le front ainsi ridé, la couleur ainsi blême,
Le poil ainsi grison. O dieux ! c'est elle-même.
Nourrice, qui t'amène en ces lieux pleins d'effroi ?
Y viens-tu rechercher Mélite comme moi ?

LA NOURRICE.

Cliton la vit pâmer, et se brouilla de sorte
Que, la voyant si pâle, il la crut être morte ;
Cet étourdi trompé vous trompa comme lui.
Au reste, elle est vivante ; et peut-être aujourd'hui
Tircis, de qui la mort n'était qu'imaginaire,
De sa fidélité recevra le salaire.

ÉRASTE.

Désormais donc en vain je les cherche ici-bas ;
En vain pour les trouver je rends tant de combats.

LA NOURRICE.

Votre douleur vous trouble, et forme des nuages
Qui séduisent vos sens par de fausses images ;
Cet enfer, ces combats, ne sont qu'illusions.

ÉRASTE.

Je ne m'abuse point de fausses visions,
Mes propres yeux ont vu tous ces monstres en fuite,
Et Pluton, de frayeur, en quitter la conduite.

LA NOURRICE.

Peut-être que chacun s'enfuyait devant vous,
Craignant votre fureur et le poids de vos coups.
Mais voyez si l'enfer ressemble à cette place ;
Ces murs, ces bâtiments, ont-ils la même face ?

Le logis de Mélite et celui de Cliton
Ont-ils quelque rapport à celui de Pluton?
Quoi! n'y remarquez-vous aucune différence?

ÉRASTE.

De vrai, ce que tu dis a beaucoup d'apparence,
Nourrice; prends pitié d'un esprit égaré
Qu'ont mes vives douleurs d'avec moi séparé:
Ma guérison dépend de parler à Mélite.

LA NOURRICE.

Différez, pour le mieux, un peu cette visite,
Tant que maître absolu de votre jugement,
Vous soyez en état de faire un compliment.
Votre teint et vos yeux n'ont rien d'un homme sage;
Donnez-vous le loisir de changer de visage;
Un moment de repos que vous prendrez chez vous...

ÉRASTE.

Ne peut, si tu n'y viens, rendre mon sort plus doux;
Et ma faible raison, de guide dépourvue,
Va de nouveau se perdre en te perdant de vue.

LA NOURRICE.

Si je vous suis utile, allons; je ne veux pas
Pour un si bon sujet vous épargner mes pas.

SCÈNE III

CHLORIS, PHILANDRE.

CHLORIS.

Ne m'importune plus, Philandre, je t'en prie;
Me rapaiser * jamais passe ton industrie.
Ton meilleur, je t'assure, est de n'y plus penser;
Tes protestations ne font que m'offenser:
Savante, à mes dépens, de leur peu de durée,
Je ne veux point en gage une foi parjurée,
Un cœur que d'autres yeux peuvent si tôt brûler,
Qu'un billet supposé peut si tôt ébranler.

PHILANDRE.

Ah! ne remettez plus dedans votre mémoire
L'indigne souvenir d'une action si noire;
Et pour rendre à jamais nos premiers vœux contents,
Étouffez l'ennemi du pardon que j'attends.
Mon crime est sans égal; mais enfin, ma chère âme...

CHLORIS.

Laisse là désormais ces petits mots de flamme,
Et par ces faux témoins d'un feu mal allumé
Ne me reproche plus que je t'ai trop aimé.

PHILANDRE.

De grâce, redonnez à l'amitié passée
Le rang que je tenais dedans votre pensée.
Derechef, ma Chloris, par ces doux entretiens,
Par ces feux qui volaient de vos yeux dans les miens,
Par ce que votre foi me permettait d'attendre...

CHLORIS.

C'est où dorénavant tu ne dois plus prétendre.
Ta sottise m'instruit, et par là je vois bien
Qu'un visage commun, et fait comme le mien,

N'a point assez d'appas, ni de chaîne assez forte,
Pour tenir en devoir un homme de ta sorte.
Mélite a des attraits qui savent tout dompter;
Mais elle ne pourrait qu'à peine t'arrêter:
Il te faut un sujet qui la passe ou l'égale;
C'est en vain que vers moi ton amour se ravale;
Fais-lui, si tu m'en crois, agréer tes ardeurs.
Je ne veux point devoir mon bien à ses froideurs.

PHILANDRE.

Ne me déguisez rien, un autre a pris ma place;
Une autre affection vous rend pour moi de glace.

CHLORIS.

Aucun jusqu'à ce point n'est encore arrivé;
Mais je te changerai pour le premier trouvé.

PHILANDRE.

C'en est trop, tes dédains épuisent ma souffrance.
Adieu. Je ne veux plus avoir d'autre espérance,
Sinon qu'un jour le ciel te fera ressentir
De tant de cruautés te juste repentir.

CHLORIS.

Adieu. Mélite et moi nous avons de quoi rire
De tous les beaux discours que tu viens de me dire.
Que lui veux-tu mander?

PHILANDRE.

        Va, dis-lui de ma part
Qu'elle, ton frère, et toi, reconnaîtrez trop tard
Ce que c'est que d'aigrir un homme de ma sorte.

CHLORIS.

Ne crois pas la chaleur du courroux qui t'emporte;
Tu nous ferais trembler plus d'un quart d'heure ou [deux.

PHILANDRE.

Tu railles, mais bientôt nous verrons d'autres jeux:
Je sais trop comme on venge une flamme outragée.

CHLORIS.

Le sais-tu mieux que moi, qui suis déjà vengée?
Par où t'y prendras-tu? de quel air?

PHILANDRE.

                       Il suffit.
Je sais comme on se venge.

CHLORIS.

        Et moi comme on s'en rit.

SCÈNE IV

TIRCIS, MÉLITE.

TIRCIS.

Maintenant que le sort, attendri par nos plaintes,
Comble notre espérance et dissipe nos craintes,
Que nos contentements ne sont plus traversés
Que par le souvenir de nos malheurs passés,
Ouvrons toute notre âme à ces douces tendresses
Qu'inspirent aux amants les pleines allégresses;
Et d'un commun accord chérissons nos ennuis,
Dont nous voyons sortir de si précieux fruits.
   Adorables regards, fidèles interprètes

3

Par qui nous expliquions nos passions secrètes,
Doux truchements* du cœur, qui déjà tant de fois
M'avez si bien appris ce que n'osait la voix,
Nous n'avons plus besoin de votre confidence;
L'amour en liberté peut dire ce qu'il pense,
Et dédaigne un secours qu'en sa naissante ardeur
Lui faisaient mendier la crainte et la pudeur.
Beaux yeux, à mon transport pardonnez ce blas-
 [phème!
La bouche est impuissante où l'amour est extrême;
Quand l'espoir est permis, elle a droit de parler;
Mais vous allez plus loin qu'elle ne peut aller.
Ne vous lassez donc point d'en usurper l'usage;
Et quoi qu'elle m'ait dit, dites-moi davantage.
Mais tu ne me dis mot, ma vie! et quels soucis
T'obligent à te taire auprès de ton Tircis?

MÉLITE.

Tu parles à mes yeux, et mes yeux te répondent.

TIRCIS.

Ah! mon heur*, il est vrai, si tes désirs secondent
Cet amour qui paraît et brille dans tes yeux,
Je n'ai rien désormais à demander aux dieux.

MÉLITE.

Tu t'en peux assurer; mes yeux, si pleins de flamme,
Suivent l'instruction des mouvements de l'âme;
On en a vu l'effet, lorsque ta fausse mort
A fait sur tous mes sens un véritable effort :
On en a vu l'effet, quand, te sachant en vie,
De revivre avec toi j'ai pris aussi l'envie :
On en a vu l'effet, lorsqu'à force de pleurs
Mon amour et mes soins, aidés de mes douleurs,
Ont fléchi la rigueur d'une mère obstinée
Et gagné cet aveu qui fait notre hyménée;
Si bien qu'à ton retour ta chaste affection
Ne trouve plus d'obstacle à sa prétention.
Cependant l'aspect seul des lettres d'un faussaire
Te sut persuader tellement le contraire,
Que sans vouloir m'entendre, et sans me dire adieu,
Jaloux et furieux tu partis de ce lieu.

TIRCIS.

J'en rougis; mais apprends qu'il n'était pas possible
D'aimer comme j'aimais, et d'être moins sensible;
Qu'un juste déplaisir ne saurait écouter
La raison qui s'efforce à le violenter;
Et qu'après des transports de telle promptitude,
Ma flamme ne te laisse aucune incertitude.

MÉLITE.

Tout cela serait peu, n'était que ma bonté
T'en accorde un oubli sans l'avoir mérité,
Et que, tout criminel, tu m'es encore aimable.

TIRCIS.

Je me tiens donc heureux d'avoir été coupable,
Puisque l'on me rappelle au lieu de me bannir,
Et qu'on me récompense au lieu de me punir.
J'en aimerai l'auteur de cette perfidie;
Et si jamais je sais quelle main si hardie...

SCÈNE V

CHLORIS, TIRCIS, MÉLITE.

CHLORIS.

Il vous fait fort bon voir, mon frère, à cajoler*,
Cependant qu'une sœur ne se peut consoler,
Et que le triste ennui d'une attente incertaine
Touchant votre retour la tient encore en peine!

TIRCIS.

L'amour a fait au sang un peu de trahison,
Mais Philandre pour moi t'en aura fait raison.
Dis-nous, auprès de lui retrouves-tu ton compte,
Et te peut-il revoir sans montrer quelque honte?

CHLORIS.

L'infidèle m'a fait tant de nouveaux serments,
Tant d'offres, tant de vœux, et tant de compliments
Mêlés de repentirs...

MÉLITE.

Qu'à la fin exorable*,
Vous l'avez regardé d'un œil plus favorable.

CHLORIS.

Vous devinez fort mal.

TIRCIS.

Quoi! tu l'as dédaigné?

CHLORIS.

Du moins, tous ses discours n'ont encor rien gagné.

MÉLITE.

Si bien qu'à n'aimer plus votre dépit s'obstine.

CHLORIS.

Non pas cela du tout, mais je suis assez fine :
Pour la première fois, il me dupe qui veut;
Mais pour une seconde, il m'attrape qui peut.

MÉLITE.

C'est-à-dire, en un mot...

CHLORIS.

Que son humeur volage
Ne me tient pas deux fois en un même passage.
En vain dessous mes lois il revient se ranger.
Il m'est avantageux de l'avoir vu changer
Avant que de l'hymen le joug impitoyable,
M'attachant avec lui, me rendît misérable.
Qu'il cherche femme ailleurs, tandis que, de ma part,
J'attendrai du destin quelque meilleur hasard.

MÉLITE.

Mais le peu qu'il voulut me rendre de service
Ne lui doit point porter un si grand préjudice.

CHLORIS.

Après un tel faux-bond, un change* si soudain,
A volage volage, et dédain pour dédain.

MÉLITE.

Ma sœur, ce fut pour moi qu'il osa s'en dédire.

CHLORIS.

Et pour l'amour de vous je n'en ferai que rire.

MÉLITE.
Et pour l'amour de moi vous lui pardonnerez.
CHLORIS.
Et pour l'amour de moi vous m'en dispenserez.
MÉLITE.
Que vous êtes mauvaise!
CHLORIS.
Un peu plus qu'il ne semble.
MÉLITE.
Je vous veux toutefois remettre bien ensemble.
CHLORIS.
Ne l'entreprenez pas; peut-être qu'après tout
Votre dextérité n'en viendrait pas à bout.

SCÈNE VI

TIRCIS, LA NOURRICE, ÉRASTE,
MÉLITE, CHLORIS.

TIRCIS.
De grâce, mon souci*, laissons cette causeuse :
Qu'elle soit, à son choix, facile ou rigoureuse,
L'excès de mon ardeur ne saurait consentir
Que ces frivoles soins te viennent divertir.
Tous nos pensers sont dus, en l'état où nous sommes,
A ce nœud qui me rend le plus heureux des hommes;
Et ma fidélité, qu'il va récompenser...
LA NOURRICE.
Vous donnera bientôt autre chose à penser.
Votre rival vous cherche, et la main à l'épée,
Vient demander raison de sa place usurpée.
ÉRASTE, à Mélite.
Non, non, vous ne voyez en moi qu'un criminel,
A qui l'âpre rigueur d'un remords éternel
Rend le jour odieux, et fait naître l'envie
De sortir de sa gêne en sortant de la vie.
Il vient mettre à vos pieds sa tête à l'abandon;
La mort lui sera douce à l'égal du pardon.
Vengez donc vos malheurs; jugez ce que mérite
La main qui sépara Tircis d'avec Mélite,
Et de qui l'imposture avec de faux écrits
A dérobé Philandre aux vœux de sa Chloris.
MÉLITE.
Éclaircis du seul point qui nous tenait en doute,
Que serais-tu d'avis de lui répondre?
TIRCIS.
Écoute
Quatre mots à quartier*.
ÉRASTE.
Que vous avez de tort
De prolonger ma peine en différant ma mort!
De grâce, hâtez-vous d'abréger mon supplice,
Ou ma main préviendra votre lente justice.
MÉLITE.
Voyez comme le ciel a de secrets ressorts
Pour se faire obéir malgré nos vains efforts.
Votre fourbe, inventée à dessein de nous nuire,
Avance nos amours au lieu de les détruire :
De son fâcheux succès, dont nous devions périr,
Le sort tire un remède afin de nous guérir.
Donc, pour nous revancher* de la faveur reçue,
Nous en aimions l'auteur à cause de l'issue;
Obligés désormais de ce que tour à tour
Nous nous sommes rendu tant de preuves d'amour,
Et de ce que l'excès de ma douleur sincère
A mis tant de pitié dans le cœur de ma mère,
Que, cette occasion prise comme aux cheveux,
Tircis n'a rien trouvé de contraire à ses vœux;
Outre qu'en fait d'amour la fraude est légitime :
Mais puisque vous voulez la prendre pour un crime,
Regardez, acceptant le pardon de l'oubli,
Par où votre repos sera mieux établi.
ÉRASTE.
Tout confus et honteux de tant de courtoisie,
Je veux dorénavant chérir ma jalousie;
Et puisque c'est de là que vos félicités...
LA NOURRICE, à Éraste.
Quittez ces compliments, qu'ils n'ont pas mérités;
Ils ont tous deux leur compte, et sur cette assurance
Ils tiennent le passé dans quelque indifférence,
N'osant se hasarder à des ressentiments
Qui donneraient du trouble à leurs contentements.
Mais Chloris qui s'en tait vous la gardera bonne,
Et seule intéressée, à ce que je soupçonne,
Saura bien se venger sur vous, à l'avenir,
D'un amant échappé qu'elle pensait tenir.
ÉRASTE, à Chloris.
Si vous pouviez souffrir qu'en votre bonne grâce
Celui qui en tira pût occuper sa place,
Éraste, qu'un pardon purge de son forfait,
Est prêt de réparer le tort qu'il vous a fait.
Mélite répondra de ma persévérance :
Je n'ai pu la quitter qu'en perdant l'espérance;
Encore avez-vous vu mon amour irrité
Mettre tout en usage en cette extrémité;
Et c'est avec raison que ma flamme contrainte
De réduire ses feux dans une amitié sainte,
Mes amoureux désirs, vers elle superflus,
Tournent vers la beauté qu'elle chérit le plus.
TIRCIS.
Que t'en semble, ma sœur?
CHLORIS.
Mais toi-même, mon frère?
TIRCIS.
Tu sais bien que jamais je ne te fus contraire.
CHLORIS.
Tu sais qu'en tel sujet ce fut toujours de toi
Que mon affection voulut prendre la loi.
TIRCIS.
Encor que dans tes yeux tes sentiments se lisent,
Tu veux qu'auparavant les miens les autorisent.

Parlons donc pour la forme. Oui, ma sœur, j'y consens,
Bien sûr que mon avis s'accommode à ton sens.
Fassent les puissants dieux que par cette alliance
Il ne reste entre nous aucune défiance,
Et que m'aimant en frère, et ma maîtresse en sœur,
Nos ans puissent couler avec plus de douceur!

ÉRASTE.

Heureux dans mon malheur, c'est dont je les supplie;
Mais ma félicité ne peut être accomplie
Jusqu'à ce qu'après vous son aveu m'ait permis
D'aspirer à ce bien que vous m'avez promis.

CHLORIS.

Aimez-moi seulement, et, pour la récompense,
On me donnera bien le loisir que j'y pense.

TIRCIS.

Oui, sous condition qu'avant la fin du jour
Vous vous rendrez sensible à ce naissant amour.

CHLORIS.

Vous prodiguez en vain vos faibles artifices;
Je n'ai reçu de lui ni devoir, ni services.

MÉLITE.

C'est bien quelque raison; mais ceux qu'il m'a rendus,
Il ne les faut pas mettre au rang des pas perdus.
Ma sœur, acquitte-moi d'une reconnaissance
Dont un autre destin m'a mise en impuissance;
Accorde cette grâce à nos justes désirs.

TIRCIS.

Ne nous refuse pas ce comble à nos plaisirs.

ÉRASTE.

Donnez à leurs souhaits, donnez à leurs prières,
Donnez à leurs raisons ces faveurs singulières;
Et pour faire aujourd'hui le bonheur d'un amant,
Laissez-les disposer de votre sentiment.

CHLORIS.

En vain en ta faveur chacun me sollicite,
J'en croirai seulement la mère de Mélite;
Son avis m'ôtera la peur du repentir,
Et ton mérite alors m'y fera consentir.

TIRCIS.

Entrons donc; et tandis que nous irons le prendre,
Nourrice, va t'offrir pour maîtresse à Philandre.

LA NOURRICE.

(*Tous rentrent, et elle demeure seule.*)

La, la, n'en riez point; autrefois en mon temps
D'aussi beaux fils que vous étaient assez contents,
Et croyaient de leur peine avoir trop de salaire
Quand je quittais un peu mon dédain ordinaire.
A leur compte, mes yeux étaient de vrais soleils
Qui répandaient partout des rayons non pareils;
Je n'avais rien en moi qui ne fût un miracle;
Un seul mot de ma part leur était un oracle.
Mais je parle à moi seule. Amoureux, qu'est ceci?
Vous êtes bien hâtés de me laisser ainsi!
Allez, quelle que soit l'ardeur qui vous emporte,
On ne se moque point des femmes de ma sorte;
Et je ferai bien voir à vos feux empressés
Que vous n'en êtes pas encore où vous pensez.

EXAMEN DE MÉLITE

Cette pièce fut mon coup d'essai, et elle n'a garde d'être dans les règles, puisque je ne savais pas alors qu'il y en eût. Je n'avais pour guide qu'un peu de sens commun, avec les exemples de feu Hardy, dont la veine était plus féconde que polie, et de quelques modernes qui commençaient à se produire, et qui n'étaient pas plus réguliers que lui. Le succès en fut surprenant : il établit une nouvelle troupe de comédiens à Paris, malgré le mérite de celle qui était en possession de s'y voir l'unique; il égala tout ce qui s'était fait de plus beau jusques alors, et fit connaître à la cour. Ce sens commun, qui était toute ma règle, m'avait fait trouver l'unité d'action pour brouiller quatre amants par un seul intrigue*, et m'avait donné assez d'aversion de cet horrible dérèglement qui mettait Paris, Rome et Constantinople sur le même théâtre, pour réduire le mien dans une seule ville.

La nouveauté de ce genre de comédie, dont il n'y a point d'exemple en aucune langue, et le style naïf qui faisait une peinture de la conversation des honnêtes gens, furent sans doute cause de ce bonheur surprenant, qui fit alors tant de bruit. On n'avait jamais vu jusque-là que la comédie fit rire sans personnages ridicules, tels que les valets bouffons, les parasites, les capitans, les docteurs, etc. Celle-ci faisait son effet par l'humeur enjouée de gens d'une condition au-dessus de ceux qu'on voit dans les comédies de Plaute et de Térence, qui n'étaient que des marchands. Avec tout cela, j'avoue que l'auditeur fut bien facile à donner son approbation à une pièce dont le nœud n'avait aucune justesse. Eraste y fait contrefaire les lettres de Mélite, et les porter à Philandre. Ce Philandre est bien crédule de se persuader d'être aimé d'une personne qu'il n'a jamais entretenue, dont il ne connaît point l'écriture, et qui lui défend de l'aller voir, cependant* qu'elle reçoit les visites d'un autre avec qui il doit avoir une amitié assez étroite, puisqu'il est accordé de sa sœur. Il fait plus : sur la légèreté d'une croyance si peu raisonnable, il renonce à une affection dont il était assuré, et qui était prête d'avoir son effet. Eraste n'est pas moins ridicule que lui, de s'imaginer que sa fourbe causera cette rupture, qui serait toutefois inutile à son dessein, s'il ne savait de certitude que Philandre, malgré le secret qu'il lui fait demander par Mélite dans ces fausses lettres, ne manquera pas à les montrer à Tircis; que cet amant favorisé croira plutôt un caractère qu'il n'a jamais vu, que les assurances d'amour qu'il reçoit tous les jours de sa maîtresse, et qu'il rompra avec elle sans lui parler, de peur de s'en éclaircir. Cette prétention d'Eraste ne pouvait être supportable à moins d'une révélation; et Tircis, qui est l'honnête homme de la pièce, n'a pas l'esprit moins léger que les deux autres, de s'abandonner au désespoir par une même facilité de croyance, à la vue de ce caractère inconnu. Les sentiments de douleur qu'il en peut légitimement concevoir devraient du moins l'emporter à faire quelques reproches à celle dont il se croit trahi, et lui donner par là l'occasion de le désabuser. La folie d'Eraste n'est pas de meilleure trempe. Je la condamnais dès lors en mon âme; mais comme c'était un ornement de théâtre qui ne manquait jamais de plaire, et se faisait souvent admirer, j'affectai volontiers ces grands égarements, et en tirai un effet que je tiendrais encore admirable en ce temps : c'est la manière dont Eraste fait connaître à Philandre, en le prenant pour Minos, la fourbe qu'il lui a faite et l'erreur où il l'a jeté. Dans tout ce que j'ai fait depuis, je ne pense pas qu'il se rencontre rien de plus adroit pour un dénoûment.

Tout le cinquième acte peut passer pour inutile. Tircis et Mélite se sont raccommodés avant qu'il commence, et par conséquent l'action est terminée. Il n'est plus question que de savoir qui a fait la supposition des lettres; et ils pouvaient l'avoir su de Chloris à qui Philandre l'avait dit pour se justifier. Il est vrai que cet acte retire Eraste de folie, qu'il le réconcilie avec les deux amants, et fait son mariage avec Chloris; mais tout cela ne regarde plus qu'une action épisodique, qui ne doit pas amuser le théâtre quand la principale est finie; et surtout ce mariage a si peu d'apparence, qu'il est aisé de voir qu'on ne le propose que pour satisfaire à la coutume de ce temps-là, qui était de marier tout ce qu'on introduisait sur la scène. Il semble même que le personnage de Philandre, qui part avec un ressentiment ridicule dont on ne craint pas l'effet, ne soit point achevé, et qu'il lui fallait quelque cousine de Mélite ou quelque sœur d'Éraste, pour le réunir avec les autres. Mais dès lors je ne m'assujettissais pas tout à fait à cette mode, et je me contentai de faire voir l'assiette de son esprit sans prendre soin de le pourvoir d'une autre femme.

Quant à la durée de l'action, il est assez visible qu'elle passe l'unité de jour; mais ce n'en est pas le seul défaut; il y a de plus une inégalité d'intervalle entre les actes qu'il faut éviter. Il doit s'être passé huit ou quinze jours entre le premier et le second, et autant entre le second et le troisième; mais du troisième au quatrième, il n'est pas besoin de plus d'une heure, et il en faut encore moins entre les deux derniers, de peur de donner le temps de se ralentir à cette chaleur qui jette Éraste dans l'égarement d'esprit. Je ne sais même si les personnages qui paraissent deux fois dans un même acte (posé que cela soit permis, ce que j'examinerai ailleurs), je ne sais, dis-je, s'ils ont le loisir d'aller d'un quartier de la ville à l'autre, puisque ces quartiers doivent être si éloignés l'un de l'autre, que les acteurs aient lieu de ne pas s'entre-connaître. Au premier acte, Tircis, après avoir quitté Mélite chez elle, n'a que le temps d'environ soixante vers pour aller chez lui, où il rencontre Philandre avec sa sœur, et n'en a guère davantage au second à refaire le même chemin. Je sais bien que la représentation raccourcit la durée de l'action, et qu'elle fait voir en deux heures, sans sortir de la règle, ce qui souvent a besoin d'un jour entier pour s'effectuer; mais je voudrais que, pour mettre les choses dans leur justesse, ce raccourcissement se ménageât dans les intervalles des actes, et que le temps qu'il faut perdre s'y perdît en sorte que chaque acte n'en eût, pour la partie de l'action qu'il représente, que ce qu'il en faut pour sa représentation.

Ce coup d'essai a sans doute encore d'autres irrégularités; mais je ne m'attache pas à les examiner si ponctuellement que je m'obstine à n'en vouloir oublier aucune. Je pense avoir marqué les plus notables; et pour peu que le lecteur ait d'indulgence pour moi j'espère qu'il ne s'offensera pas d'un peu de négligence pour le reste.

FIN DE MÉLITE.

CLITANDRE

TRAGÉDIE — 1630

A MONSEIGNEUR LE DUC DE LONGUEVILLE

MONSEIGNEUR,

Je prends avantage de ma témérité ; et quelque défiance que j'aie de *Clitandre*, je ne puis croire qu'on s'en promette rien de mauvais, après avoir vu la hardiesse que j'ai de vous l'offrir. Il est impossible qu'on s'imagine qu'à des personnes de votre rang, et à des esprits de l'excellence du vôtre, on présente rien qui ne soit de mise, puisqu'il est tout vrai que vous avez un tel dégoût des mauvaises choses, et les savez si nettement démêler d'avec les bonnes, qu'on fait paraître plus de manque de jugement à vous les présenter qu'à les concevoir. Cette vérité est si généralement reconnue, qu'il faudrait n'être pas du monde pour ignorer que votre condition vous relève encore moins par-dessus le reste des hommes que votre esprit, et que les belles parties qui ont accompagné la splendeur de votre naissance n'ont reçu d'elle que ce qui leur était dû : c'est ce qui fait dire aux plus honnêtes gens de notre siècle qu'il semble que le ciel ne vous a fait naître prince qu'afin d'ôter au roi la gloire de choisir votre personne, et d'établir votre grandeur sur la seule reconnaissance de vos vertus : aussi, MONSEIGNEUR, ces considérations m'auraient intimidé, et ce cavalier n'aurait jamais osé vous aller entretenir de ma part, si votre permission ne l'en eût autorisé, et comme assuré que vous l'aviez en quelque sorte d'estime, vu qu'il ne vous était pas tout à fait inconnu. C'est le même qui, par vos commandements, vous fut conter, il y a quelque temps, une partie de ses aventures, autant qu'en pouvaient contenir deux actes de ce poëme encore tout informes et qui n'étaient qu'à peine ébauchés. Le malheur ne persécutait point encore son innocence, et ses contentements devaient être en un haut degré, puisque l'affection, la promesse et l'autorité de son prince lui rendaient la possession de sa maîtresse presque infaillible : ses faveurs toutefois ne lui étaient point si chères que celles qu'il recevait de vous ; et jamais il ne se fût plaint de sa prison, s'il y eût trouvé autant de douceur qu'en votre cabinet. Il a couru de grands périls durant sa vie, et n'en court pas de moindres à présent que je tâche à le faire revivre. Son prince le préserva des premiers ; il espère que vous le garantirez des autres, et que, comme il l'arracha du supplice qui l'allait perdre, vous le défendrez de l'envie, qui a déjà fait une partie de ses efforts à l'étouffer. C'est, MONSEIGNEUR, dont vous supplie très-humblement celui qui n'est pas moins, par la force de son inclination que par les obligations de son devoir,

MONSEIGNEUR,

Votre très-humble et très-obéissant serviteur,
CORNEILLE.

PRÉFACE

Pour peu de souvenir qu'on ait de *Mélite*, il sera fort aisé de juger, après la lecture de ce poëme, que peut-être jamais deux pièces ne partirent d'une même main plus différentes et d'invention et de style. Il ne faut pas moins d'adresse à réduire un grand sujet qu'à en déduire un petit ; si je m'étais aussi dignement acquitté de celui-ci qu'heureusement de l'autre, j'estimerais avoir, en quelque façon, approché de ce que demande Horace au poëte qu'il instruit, quand il veut qu'il possède tellement ses sujets, qu'il en demeure toujours le maître, et les asservisse à soi-même, sans se laisser emporter par eux. Ceux qui ont blâmé l'autre de peu d'effets auront ici de quoi se satisfaire, si toutefois ils ont l'esprit assez tendu pour me suivre au théâtre, et si la quantité d'intrigues et de rencontres n'accable et ne confond leur mémoire. Que si cela leur arrive, je les supplie de prendre ma justification chez le libraire, et de reconnaître par la lecture que ce n'est pas ma faute. Il faut néanmoins que j'avoue que ceux qui n'ayant vu représenter *Clitandre* qu'une fois, ne le comprendront pas nettement, seront fort excusables, vu que les narrations qui doivent donner le jour au reste y sont si courtes, que le moindre défaut, ou d'attention du spectateur, ou de mémoire de l'acteur, laisse une obscurité perpétuelle en la suite, et ôte presque l'entière intelligence de ces grands mouvements dont les pensées ne s'égarent point du fait, et ne sont que des raisonnements continus sur ce qui s'est passé. Que si j'ai renfermé cette pièce dans la règle d'un jour, ce n'est pas que je me repente de n'y avoir point mis *Mélite*, ou que je me sois résolu à m'y attacher dorénavant. Aujourd'hui, quelques-uns adorent cette règle ; beaucoup la méprisent : pour moi, j'ai voulu seulement montrer que si je m'en éloigne, ce n'est pas faute de la connaître. Il est vrai qu'on pourra m'imputer que m'étant proposé de suivre la règle des anciens, j'ai renversé leur ordre, vu qu'au lieu des messagers qu'ils introduisent à chaque bout de champ pour raconter les choses merveilleuses qui arrivent à leurs personnages, j'ai mis les accidents mêmes sur la scène. Cette nouveauté pourra plaire à quelques-uns ; et quiconque voudra bien peser l'avantage que l'action a sur ces longs et ennuyeux récits, ne trouvera pas étrange que j'aie mieux aimé divertir les yeux qu'importuner les oreilles, et que me tenant dans la contrainte de cette méthode, j'en aie pris la beauté, sans tomber dans les incommodités que les Grecs et les Latins, qui l'ont suivie, n'ont su d'ordinaire, ou du moins n'ont osé éviter. Je me donne ici quelque sorte de liberté de choquer les anciens, d'autant qu'ils ne sont plus en état de me répondre, et que je ne veux engager personne en la recherche de mes défauts. Puisque les sciences et les arts ne sont jamais à leur période, il m'est permis de croire qu'ils n'ont pas tout su, et que leurs instructions on peut tirer des lumières qu'ils n'ont pas eues. Je leur porte du respect comme à des gens qui nous ont frayé le chemin, et qui, après avoir défriché un pays fort rude, nous ont laissé à le cultiver. J'honore les modernes sans envier, et ne l'attribuerai jamais au hasard ce qu'ils auront fait par science, ou par des règles particulières qu'ils se seront eux-mêmes prescrites ; outre que c'est ce qui ne me tombera jamais en la pensée, qu'une pièce de si longue haleine, où il faut coucher l'esprit à tant de reprises, et s'imprimer tant de contraires mouvements, se puisse faire par aventure. Il n'en va pas de la comédie comme d'un songe qui saisit notre imagination tumultuairement et sans notre aveu, ou comme d'un sonnet ou d'une ode, qu'une chaleur extraordinaire peut pousser par boutade, et sans lever la plume. Aussi l'antiquité nous parle bien de l'écume d'un cheval qu'une éponge jetée par dépit sur un tableau exprima parfaitement, après que l'industrie du peintre n'en avait su venir à bout ; mais il ne se lit point que jamais un tableau tout entier ait été produit de cette sorte. Au reste, je laisse le lieu de ma scène au choix du lecteur, bien qu'il ne me coûtât ici qu'à nommer. Si mon sujet est véritable, j'ai raison de le taire ; si c'est une fiction, quelle apparence, pour suivre je ne sais quelle chorographie, de donner un soufflet à l'histoire, d'attribuer à un pays des princes imaginaires, et d'en rapporter des aventures qui ne se lisent point dans les chroniques de leur royaume? Ma scène est donc en un château d'un roi, proche d'une forêt ; je n'en détermine ni la province ni le royaume ; où vous l'aurez une fois placée, elle s'y tiendra.

Que si l'on remarque des concurrences dans mes vers, qu'on ne les prenne pas pour des larcins. Je n'y ai point laissé que j'aie connues, et j'ai toujours cru que, pour belle que fût une pensée, tomber en soupçon de la tenir d'un autre, c'est l'acheter plus qu'elle ne vaut ; de sorte qu'en l'état que je donne cette pièce au public, je pense n'avoir rien de commun avec la plupart des écrivains modernes, qu'un peu de vanité que je témoigne ici.

ARGUMENT

Rosidor, favori du roi, était si passionnément aimé de deux des filles de la reine, Caliste et Dorise, que celle-ci en dédaignait Pymante, et celle-là Clitandre. Ses affections, toutefois, n'étaient que pour la première, de sorte que cette amour mutuelle n'eût point eu d'obstacle sans Clitandre. Ce cavalier était le mignon du prince, fils unique du roi, qui pouvait tout sur la reine sa mère, dont cette fille dépendait ; et de là procédaient les refus de la reine toutes les fois que Rosidor la suppliait d'agréer leur mariage. Ces deux demoiselles, bien que rivales, ne laissaient pas d'être amies, d'autant que Dorise feignait que son amour n'était que par galanterie, et comme pour avoir de quoi répliquer aux importunités de Pymante. De cette façon, elle entrait dans la confidence de Caliste, et se tenant toujours assidue auprès d'elle, elle se donnait plus de moyen de voir Rosidor, qui ne s'en éloignait que le moins qu'il lui était possible. Cependant la jalousie la rongeait au dedans, et excitait en son âme autant de véritables mouvements de haine pour sa compagne qu'elle lui rendait de feints témoignages d'amitié. Un jour que le roi, avec toute sa cour, s'était retiré en un château de plaisance proche d'une forêt, cette fille, entretenant en ces bois ses pensées mélancoliques, rencontra par hasard une épée : c'était celle d'un cavalier nommé Arimant, demeurée là par mégarde depuis deux jours qu'il avait été tué en duel, disputant sa maîtresse Daphné contre Éraste. Cette jalouse, dans sa profonde rêverie, devenue furieuse, jugea cette occasion propre à perdre sa rivale. Elle la cache donc au même endroit, et s'en retour conte à Caliste que Rosidor la trompe, qu'elle a découvert une secrète affection entre Hippolyte et lui, et enfin qu'ils avaient rendez-vous dans les bois le lendemain au lever du soleil pour en venir aux dernières faveurs : une offre en outre de les lui faire surprendre éveille la curiosité de cet esprit facile, qui lui promet de se trouver au bois, se dérobe en effet le lendemain avec elle pour faire ses yeux témoins de cette perfidie. D'autre côté, Pymante, résolu de se défaire de Rosidor, comme du seul qui l'empêchait d'être aimé de Dorise, et ne l'osant attaquer ouvertement, à cause de sa faveur auprès du roi, dont il n'eût pu rapprocher, suborne Géronte, gentilhomme de Clitandre, et Lycaste, page du même. Cet écuyer écrit un cartel à Rosidor au nom de son maître, prend pour prétexte l'affection qu'ils avaient tous deux pour Caliste, contrefait au bas son seing, le lait rendre par ce page, et eux trois le vont attendre masqués et déguisés en paysans. L'heure était la même que Dorise avait donnée à Caliste, à cause que l'un et l'autre voulaient être assez tôt de retour pour se trouver au lever du roi et de la reine après le coup exécuté. Les lieux mêmes n'étaient pas fort éloignés ; de sorte que Rosidor, poursuivi par ces trois assassins, arrive auprès de ces deux filles comme Dorise avait l'épée à la main, prête de l'enfoncer dans l'estomac de Caliste. Il pare, et blesse toujours en reculant, et tue enfin ce page, mais si malheureusement, que, retirant son épée, elle se rompt contre la branche d'un arbre. En cette extrémité, il voit celle que tient Dorise, et sans la reconnaître, il la lui arrache, et passe tout d'un temps le tronçon de la sienne en la main gauche, à guise de poignard, défend ainsi contre Pymante et Géronte, tue encore ce dernier, et met l'autre en fuite. Dorise fuit aussi, se voyant désarmée par Rosidor ; et Caliste, sitôt qu'elle l'a reconnu, se pâme d'appréhension de son péril. Rosidor démasque les morts, et fulmine contre Clitandre, qu'il prend pour l'auteur de cette perfidie, attendu qu'ils sont ses domestiques et qu'il était venu dans ce bois sur un cartel reçu de sa part. Dans ce moment, il voit Caliste pâmée, et la croit morte : ses regrets avec ses plaies le font tomber en faiblesse. Caliste revient de pâmoison, et, s'entr'aidant l'un à l'autre à marcher, ils gagnent la maison d'un paysan, où elle lui bande ses blessures. Dorise désespérée, et n'osant retourner à la cour, trouve les vrais habits de ses assassins, et s'accommode de celui de Géronte pour se mieux cacher. Pymante, qui allait rechercher les siens, et cependant, afin de mieux passer pour villageois, avait jeté son masque et son épée dans une caverne, la voit en cet état. Après quelque mécompte, Dorise se feint être un jeune gentilhomme, contraint pour quelque occasion de se retirer de la cour, et le prie de le tenir quelque temps caché. Pymante lui baille* quelque échappatoire ; mais s'étant aperçu à ses discours qu'elle avait vu son crime, et d'ailleurs entré en quelque soupçon que ce fût Dorise, il accorde sa demande, et la mène en cette caverne, résolu, si c'était elle, de se servir de l'occasion, sinon, d'ôter du monde un témoin de son forfait, ou ce lieu où il était assuré de retrouver son épée. Sur le chemin, au moyen d'un poinçon qui lui était demeuré dans les cheveux, il la reconnaît et se fait connaître à elle : ces offres de service sont aussi mal reçues que par le passé ; elle persiste toujours à ne vouloir chérir que Rosidor. Pymante l'assure qu'il l'a tué ; elle entre en furie : ce qui n'empêche pas ce paysan déguisé de l'enlever dans cette caverne, où, tâchant d'user de force, cette courageuse fille lui crève un œil de son poinçon ; et comme la douleur lui fait y porter les deux mains, elle s'échappe de lui, dont l'amour tourné en rage le fait sortir l'épée à la main de cette caverne, à dessein et de venger cette injure par sa mort, et d'étouffer ensemble l'indice de son crime. Rosidor cependant n'avait pu se dérober si secrètement qu'il ne fût suivi de son écuyer Lysarque, à qui par importunité il conte le sujet de sa sortie. Ce généreux serviteur ne pouvant endurer que la partie s'achevât sans lui, le quitte pour aller engager l'écuyer de Clitandre à servir de second à son maître. En cette résolution, il rencontre un gentilhomme, son particulier ami, nommé Cléon, dont il apprend que Clitandre venait de monter à cheval, le prince pour aller à la chasse. Cette nouvelle le met en inquiétude ; et ne sachant tous deux que juger de ce mécompte, ils vont de compagnie en avertir le roi. Le roi, qui ne voulait par derechef ces cavaliers, envoie en même temps Cléon rappeler Clitandre de la chasse, et Lysarque avec une troupe d'archers au lieu de l'assignation, afin que si Clitandre s'était échappé d'auprès du prince pour aller joindre son rival, il fût assez tôt pour les séparer. Lysarque ne trouve que les deux corps des gens de Clitandre, qu'il renvoie au roi par la moitié de ses archers, cependant qu'avec l'autre il suit une trace de sang qui le mène jusqu'au lieu où Rosidor et Caliste s'étaient retirés. La vue de ces corps fait soupçonner au roi quelque supercherie de la part de Clitandre, et l'aigrit tellement contre lui, qu'à son retour de la chasse il le fait mettre en prison, quelque temps en dit même le sujet. Cette colère s'augmente par l'arrivée de Rosidor tout blessé, qui, après le récit de ses aventures, présente au roi le cartel de Clitandre, signé de sa main (contrefaite toutefois) et rendu par son page : si bien que le roi ne doutant plus de son crime, le fait rentrer en son conseil, où, quelque protestation que puisse faire son innocence, il le condamne à perdre la tête dans le jour même, de peur de se voir encore forcé de le donner aux prières de son fils, s'il attendait son retour de la chasse. Cléon en apprend la nouvelle ; et redoutant que le prince ne se prît à lui de la perte de ce cavalier qu'il affectionnait, va le chercher encore une fois à la chasse pour l'en avertir. Tandis que tout ceci se passe, une tempête surprend le prince à la chasse ; ses gens, effrayés de la violence des foudres et des orages, qui çà et là cherchent où se cacher : si bien que, demeuré seul, un coup de tonnerre lui tue son cheval sous lui. La tempête finie, il voit un jeune gentilhomme qu'un paysan poursuivait l'épée à la main (c'était Pymante et Dorise). Il était déjà terrassé, et près de recevoir le coup de la mort ; mais le prince ne pouvant souffrir une action si méchante, tâche d'empêcher cet assassinat. Pymante, tenant Dorise d'une main, le combat de l'autre, ne croyant pas de sûreté pour soi, après avoir été vu en cet équipage, que par sa mort. Dorise reconnaît le prince, et s'entrelace tellement dans les jambes de son ravisseur, qu'elle le fait trébucher. Le prince saute aussitôt sur lui, et le désarme ; l'ayant désarmé, il crie ses gens, et enfin deux veneurs paraissent chargés des vrais habits de Clitandre, Dorise et Lycaste. Ils lui présentent comme un effet extraordinaire du foudre, qui avait consumé trois corps, à ce qu'ils s'imaginaient, sans toucher à leurs habits. C'est de là que Dorise prend occasion de se faire connaître au prince, et de lui déclarer tout ce qui s'est passé dans ce bois. Le prince étonné commande à ses veneurs de garrotter Pymante avec les couples de leurs chiens : en même temps Cléon arrive, qui fait le récit au prince du péril de Clitandre, et du sujet qui l'avait réduit en l'extrémité où il était. Cela lui fait reconnaître Pymante pour l'auteur de ces perfidies; et l'ayant baillé* à ses veneurs à ramener, il pique à toute bride vers le château, arrache Clitandre aux bourreaux, et le va présenter au roi avec les criminels, Pymante et Dorise, arrivés quelque temps après lui. Le roi venait de conclure avec la reine le mariage de Rosidor et de Caliste, sitôt qu'il serait guéri, dont Caliste était allée porter la nouvelle au blessé ; et après que le prince lui eut fait connaître l'innocence de Clitandre, il le reçoit à bras ouverts, et lui promet toute sorte de faveurs pour récompense du tort qu'il lui avait pensé faire. De là il envoie Pymante à son conseil pour être puni, voulant voir par là de quelle façon ses sujets vengeraient un attentat fait sur leur prince. Le prince obtient un pardon pour Dorise qui lui avait assuré la vie ; et la voulant désormais favoriser, en propose le mariage à Clitandre, qui s'en excuse modestement. Rosidor et Caliste viennent remercier le roi, qui les réconcilie avec Clitandre et Dorise, et invite ces derniers, voire même leur commande de s'entr'aimer, puisque lui et le prince le désirent, leur donnant jusqu'à la guérison de Rosidor pour allumer cette flamme,

Afin de voir alors cueillir en même jour
A deux couples d'amants les fruits de leur amour.

PERSONNAGES.

ALCANDRE, roi d'Écosse.
FLORIDAN, fils du roi.
ROSIDOR, favori du roi et amant de Caliste.
CLITANDRE, favori du prince Floridan, et amoureux aussi de Caliste, mais dédaigné.
PYMANTE, amoureux de Dorise, et dédaigné.
CALISTE, maîtresse de Rosidor et de Clitandre.

PERSONNAGES.

DORISE, maîtresse de Pymante.
LYSARQUE, écuyer de Rosidor.
GÉRONTE, écuyer de Clitandre.
CLÉON, gentilhomme suivant la cour.
LYCASTE, page de Clitandre.
LE GEÔLIER.
TROIS ARCHERS. — TROIS VENEURS.

La scène est en un château du roi proche d'une forêt.

ACTE PREMIER

SCÈNE I

CALISTE.

N'en doute plus, mon cœur, un amant hypocrite,
Feignant de m'adorer, brûle pour Hippolyte :
Dorise m'en a dit le secret rendez-vous
Où leur naissante ardeur se cache aux yeux de tous;
Et pour les y surprendre elle m'y doit conduire,
Sitôt que le soleil commencera de luire.
Mais qu'elle est paresseuse à me venir treuver* !
La dormeuse m'oublie, et ne se peut lever.
Toutefois, sans raison j'accuse sa paresse :
La nuit, qui dure encor, fait que rien ne la presse :
Ma jalouse fureur, mon dépit, mon amour,
Ont troublé mon repos avant le point du jour;
Mais elle, qui n'en fait aucune expérience,
Étant sans intérêt, est sans impatience.
Toi qui fais ma douleur, et qui fis mon souci,
Ne tarde plus, volage, à te montrer ici;
Viens en hâte affermir ton indigne victoire;
Viens t'assurer l'éclat de cette infâme gloire;
Viens signaler ton nom par ton manque de foi.
Le jour s'en va paraître; affronteur*, hâte-toi.
Mais, hélas! cher ingrat, adorable parjure,
Ma timide voix tremble à te dire une injure;
Si j'écoute l'amour, il devient si puissant,
Qu'en dépit de Dorise il te fait innocent :
Je ne sais lequel croire, et j'aime tant ce doute,
Que j'ai peur d'en sortir entrant dans cette route.
Je crains ce que je cherche, et je ne connais pas
De plus grand heur* pour moi que d'y perdre mes pas.
Ah, mes yeux! si jamais vos fonctions propices
A mon cœur amoureux firent de bons services,
Apprenez aujourd'hui quel est votre devoir :
Le moyen de me plaire est de me décevoir;
Si vous ne m'abusez, si vous n'êtes faussaires,
Vous êtes de mon heur* les cruels adversaires.
Et toi, soleil, qui vas, en ramenant le jour,
Dissiper une erreur si chère à mon amour,
Puisqu'il faut qu'avec toi ce que je crains éclate,
Souffre qu'encore un peu l'ignorance me flatte.
Mais je te parle en vain, et l'aube, de ses rais*,
A déjà reblanchi le haut de ces forêts.
Si je puis me fier à sa lumière sombre,
Dont l'éclat brille à peine et dispute avec l'ombre,
J'entrevois le sujet de mon jaloux ennui,
Et quelqu'un de ses gens qui conteste avec lui.
Rentre, pauvre abusée, et cache-toi de sorte
Que tu puisses l'entendre à travers cette porte.

SCÈNE II

ROSIDOR, LYSARQUE.

ROSIDOR.

Ce devoir, ou plutôt cette importunité,
Au lieu de m'assurer de ta fidélité,
Marque trop clairement ton peu d'obéissance.
Laisse-moi seul, Lysarque, une heure en ma puissance;
Que retiré du monde et du bruit de la cour,
Je puisse dans ces bois consulter mon amour;
Que là Caliste seule occupe mes pensées,
Et par le souvenir de ses faveurs passées,
Assure mon espoir de celles que j'attends;
Qu'un entretien rêveur durant ce peu de temps

M'instruise des moyens de plaire à cette belle,
Allume dans mon cœur de nouveaux feux pour elle :
Enfin, sans persister dans l'obstination,
Laisse-moi suivre ici mon inclination.
LYSARQUE.
Cette inclination, qui jusqu'ici vous mène,
A me la déguiser vous donne trop de peine.
Il ne faut point, monsieur, beaucoup l'examiner :
L'heure et le lieu suspects font assez deviner
Qu'en même temps que vous s'échappe quelque dame.
Vous m'entendez assez.
ROSIDOR.
     Juge mieux de ma flamme,
Et ne présume point que je manque de foi
A celle que j'adore, et qui brûle pour moi.
J'aime mieux contenter ton humeur curieuse,
Qui par ces faux soupçons m'est trop injurieuse.
Tant s'en faut que le change* ait pour moi des appas,
Tant s'en faut qu'en ces bois il attire mes pas :
J'y vais... Mais pourrais-tu le savoir et le taire?
LYSARQUE.
Qu'ai-je fait qui vous porte à craindre le contraire?
ROSIDOR.
Tu vas apprendre tout; mais aussi, l'ayant su,
Avise à ta retraite. Hier, un cartel reçu
De la part d'un rival...
LYSARQUE.
    Vous le nommez?
ROSIDOR.
        Clitandre.
Au pied du grand rocher il me doit seul attendre;
Et là, l'épée au poing, nous verrons qui des deux
Mérite d'embraser Caliste de ses feux.
LYSARQUE.
De sorte qu'un second...
ROSIDOR.
     Sans me faire une offense,
Ne peut se présenter à prendre ma défense :
Nous devons seul à seul vider notre débat.
LYSARQUE.
Ne pensez pas sans moi terminer ce combat :
L'écuyer de Clitandre est homme de courage,
Il sera trop heureux que mon défi l'engage
A s'acquitter vers lui d'un semblable devoir,
Et je vais de ce pas y faire mon pouvoir.
ROSIDOR.
Ta volonté suffit; va-t'en donc, et désiste
De plus m'offrir une aide à mériter Caliste.
LYSARQUE *est seul*.
Vous obéir ici me coûterait trop cher,
Et je serais honteux qu'on me pût reprocher
D'avoir su le sujet d'une telle sortie,
Sans trouver les moyens d'être de la partie.

SCÈNE III
CALISTE.
Qu'il s'en est bien défait! qu'avec dextérité
Le fourbe se prévaut de son autorité!
Qu'il trouve un beau prétexte en ses flammes étein-
Et que mon nom lui sert à colorer ses feintes! [tes!
Il y va cependant, le perfide qu'il est!
Hippolyte le charme, Hippolyte lui plaît;
Et ses lâches désirs l'emportent où l'appelle
Le cartel amoureux de sa flamme nouvelle.

SCÈNE IV
CALISTE, DORISE.
CALISTE.
Je n'en puis plus douter, mon feu désabusé
Ne tient plus le parti de ce cœur déguisé.
Allons, ma chère sœur, allons à la vengeance;
Allons de ses douceurs tirer quelque allégeance*;
Allons; et sans te mettre en peine de m'aider,
Ne prends aucun souci que de me regarder :
Pour en venir à bout, il suffit de ma rage;
D'elle j'aurai la force ainsi que le courage;
Et déjà dépouillant tout naturel humain,
Je laisse à ses transports à gouverner ma main.
Vois-tu comme, suivant de si furieux guides,
Elle cherche déjà les yeux de ces perfides,
Et comme de fureur tous mes sens animés
Menacent les appas qui les avaient charmés?
DORISE.
Modère ces bouillons d'une âme colérée*,
Ils sont trop violents pour être de durée;
Pour faire quelque mal, c'est frapper de trop loin;
Réserve ton courroux tout entier au besoin;
Sa plus forte chaleur se dissipe en paroles,
Ses résolutions en deviennent plus molles :
En lui donnant de l'air, son ardeur s'alentit*.
CALISTE.
Ce n'est que faute d'air que le feu s'amortit.
Allons, et tu verras qu'ainsi le mien s'allume,
Que ma douleur aigrie en a plus d'amertume,
Et qu'ainsi mon esprit ne fait que s'exciter
A ce que ma colère a droit d'exécuter.
DORISE, *seule*.
Si ma ruse est enfin de son effet suivie,
Cette aveugle chaleur te va coûter la vie;
Un fer caché me donne en ces lieux écartés
La vengeance des maux que me font tes beautés.
Tu m'ôtes Rosidor, tu possèdes son âme; [me :
Il n'a d'yeux que pour toi, que mépris pour ma flam-
Mais puisque tous mes soins ne le peuvent gagner,
J'en punirai l'objet qui me fait dédaigner.

SCÈNE V

PYMANTE, GÉRONTE, *sortant d'une grotte, déguisés en paysans.*

GÉRONTE.

En ce déguisement on ne peut nous connaître,
Et sans doute bientôt le jour qui vient de naître
Conduira Rosidor, séduit d'un faux cartel,
Aux lieux où cette main lui garde un coup mortel.
Vos vœux, si mal reçus de l'ingrate Dorise,
Qui l'idolâtre autant comme elle vous méprise,
Ne rencontreront plus aucun empêchement.
Mais je m'étonne fort de son aveuglement,
Et je ne comprends point cet orgueilleux caprice
Qui fait qu'elle vous traite avec tant d'injustice.
Vos rares qualités...

PYMANTE.

Au lieu de me flatter,
Voyons si le projet ne saurait avorter,
Si la supercherie...

GÉRONTE.

Elle est si bien tissue,
Qu'il faut manquer de sens pour douter de l'issue.
Clitandre aime Caliste, et comme son rival,
Il a trop de sujet de lui vouloir du mal.
Moi que depuis dix ans il tient à son service,
D'écrire comme lui j'ai trouvé l'artifice;
Si bien que ce cartel, quoique tout de ma main,
A son dépit jaloux s'imputera soudain.

PYMANTE.

Que ton subtil esprit a de grands avantages!
Mais le nom du porteur?

GÉRONTE.

Lycaste, un de ses pages.

PYMANTE.

Celui qui fait le guet auprès du rendez-vous?

GÉRONTE.

Lui-même; et le voici qui s'avance vers nous:
A force de courir il s'est mis hors d'haleine.

SCÈNE VI

PYMANTE, GÉRONTE, LYCASTE, *aussi déguisé en paysan.*

PYMANTE.

Eh bien! est-il venu?

LYCASTE.

N'en soyez plus en peine;
Il est où vous savez, et tout bouffi d'orgueil,
Il n'y pense à rien moins qu'à son proche cercueil.

PYMANTE.

Ne perdons point de temps. Nos masques, nos épées.
(*Lycaste les va quérir dans la grotte d'où ils sont sortis.*)
Qu'il me tarde déjà que, dans son sang trempées,
Elles ne me font voir à mes pieds étendu
Le seul qui sert d'obstacle au bonheur qui m'est dû!
Ah! qu'il va bien trouver d'autres gens que Clitandre!
Mais pourquoi ces habits? qui te les fait reprendre?

LYCASTE *leur présente à chacun un masque et une épée, et porte leurs habits.*

Pour notre sûreté, portons-les avec nous,
De peur que, cependant que nous serons aux coups,
Quelque maraud, conduit par sa bonne aventure,
Ne nous laisse tous trois en mauvaise posture :
Quand il faudra donner, sans les perdre des yeux,
Au pied du premier arbre ils seront beaucoup mieux.

PYMANTE.

Prends-en donc même soin après la chose faite.

LYCASTE.

Ne craignez pas sans eux que je fasse retraite.

PYMANTE.

Sus donc! chacun déjà devrait être masqué.
Allons, qu'il tombe mort aussitôt qu'attaqué.

SCÈNE VII

CLÉON, LYSARQUE.

CLÉON.

Réserve à d'autres temps cette ardeur de courage
Qui rend de ta valeur un si grand témoignage.
Ce duel que tu dis ne se peut concevoir.
Tu parles de Clitandre, et je viens de le voir
Que notre jeune prince enlevait à la chasse.

LYSARQUE.

Tu les as vus passer?

CLÉON.

Par cette même place.
Sans doute que ton maître a quelque occasion
Qui le fait t'éblouir par cette illusion.

LYSARQUE.

Non, il parlait de cœur; je connais sa franchise.

CLÉON.

S'il est ainsi, je crains que par quelque surprise
Ce généreux guerrier, sous le nombre abattu,
Ne cède aux envieux que lui fait sa vertu.

LYSARQUE.

A présent il n'a point d'ennemi que je sache;
Mais, quelque événement que le destin nous cache
Si tu veux m'obliger, viens, de grâce, avec moi,
Que nous donnions ensemble avis de tout au roi.

SCÈNE VIII

CALISTE, DORISE.

CALISTE, *cependant que Dorise s'arrête à chercher derrière un buisson.*

Ma sœur, l'heure s'avance, et nous serons à peine,
Si nous ne retournons, au lever de la reine.
Je ne vois point mon traître, Hippolyte non plus.

DORISE, *tirant une épée de derrière ce buisson, et saisissant Caliste par le bras.*

Voici qui va trancher tes soucis superflus;

Voici dont je vais rendre, aux dépens de ta vie,
Et ma flamme vengée, et ma haine assouvie.
CALISTE.
Tout beau, tout beau, ma sœur, tu veux m'épouvan-
Mais je te connais trop pour m'en inquiéter. [ter;
Laisse la feinte à part, et mettons, je te prie,
A les trouver bientôt toute notre industrie.
DORISE.
Va, va, ne songe plus à leurs fausses amours,
Dont le récit n'était qu'une embûche à tes jours.
Rosidor t'est fidèle, et cette feinte amante
Brûle aussi peu pour lui que je fais pour Pymante.
CALISTE.
Déloyale! ainsi donc ton courage inhumain...
DORISE.
Ces injures en l'air n'arrêtent point ma main.
CALISTE.
Le reproche honteux d'une action si noire...
DORISE.
Qui se venge en secret, en secret en fait gloire.
CALISTE.
T'ai-je donc pu, ma sœur, déplaire en quelque point?
DORISE.
Oui, puisque Rosidor t'aime et ne m'aime point;
C'est assez m'offenser que d'être ma rivale.

SCÈNE IX

ROSIDOR, PYMANTE, GÉRONTE, LYCASTE,
CALISTE, DORISE.

Comme Dorise est prête de tuer Caliste, un bruit entendu lui fait relever son épée, et Rosidor paraît tout en sang, poursuivi par ses trois assassins masqués. En entrant, il tue Lycaste; et retirant son épée, elle se rompt contre la branche d'un arbre. En cette extrémité, il voit celle que tient Dorise; et sans la reconnaître, il s'en saisit, et passe tout d'un temps le tronçon qui lui restait de la sienne en la main gauche, et se défend ainsi contre Pymante et Géronte, dont il tue le dernier, et met l'autre en fuite.

ROSIDOR.
Meurs, brigand! Ah, malheur! cette branche fatale
A rompu mon épée. Assassins... Toutefois,
J'ai de quoi me défendre une seconde fois.
DORISE, *s'enfuyant.*
N'est-ce pas Rosidor qui m'arrache les armes?
Ah! qu'il me va causer de périls et de larmes!
Fuis, Dorise, et fuyant laisse-toi reprocher
Que tu fuis aujourd'hui ce qui t'est le plus cher.
CALISTE.
C'est lui-même de vrai... Rosidor!... Ah! je pâme,
Et la peur de sa mort ne me laisse point d'âme.
Adieu, mon cher espoir.
ROSIDOR, *après avoir tué Géronte.*
Cettui-ci * dépêché,
C'est de toi maintenant que j'aurai bon marché.
Nous sommes seul à seul. Quoi! ton peu d'assurance
Ne met plus qu'en tes pieds sa dernière espérance?
Marche sans emprunter d'ailes de ton effroi.
Je ne cours point après des lâches comme toi.
Il suffit de ces deux. Mais qui pourraient-ils être?
Ah ciel! le masque ôté me les fait trop connaître!
Le seul Clitandre arma contre moi ces voleurs;
Cettui-ci * fut toujours vêtu de ses couleurs;
Voilà son écuyer, dont la pâleur exprime
Moins de traits de la mort que d'horreur de son crime.
Et ces deux reconnus, je douterais en vain
De celui que sa fuite a sauvé de ma main.
Trop indigne rival, crois-tu que ton absence
Donne à tes lâchetés quelque ombre d'innocence,
Et qu'après avoir vu renverser ton dessein,
Un désaveu démente et tes gens et ton seing?
Ne le présume pas; sans autre conjecture,
Je te rends convaincu de ta seule écriture,
Sitôt que j'aurai pu faire ma plainte au roi.
Mais quel piteux objet se vient offrir à moi?
Traîtres, auriez-vous fait sur un si beau visage,
Attendant Rosidor, l'essai de votre rage?
C'est Caliste elle-même! Ah, dieux! injustes dieux!
Ainsi donc, pour montrer ce spectacle à mes yeux,
Votre faveur barbare a conservé ma vie!
Je n'en veux point chercher d'auteurs que votre en-
La nature, qui perd ce qu'elle a de parfait, [vie :
Sur tout autre que vous eût vengé ce forfait,
Et vous eût accablés, si vous n'étiez ses maîtres.
Vous m'envoyez en vain le fer rendre des traîtres
Je ne veux point devoir mes déplorables jours
A l'affreuse rigueur d'un si fatal secours.
O vous qui me restez d'une troupe ennemie
Pour marque de ma gloire et de son infamie,
Blessures, hâtez-vous d'élargir vos canaux,
Par où mon sang emporte et ma vie et mes maux!
Ah! pour l'être trop peu, blessures trop cruelles,
De peur de m'obliger vous n'êtes pas mortelles.
Eh quoi! ce bel objet, mon aimable vainqueur
Avait-il seul le droit de me blesser au cœur?
Et d'où vient que la mort, à qui tout fait hommage,
L'ayant si mal traité, respecte son image?
Noires divinités, qui tournez mon fuseau,
Vous faut-il tant prier pour un coup de ciseau?
Insensé que je suis! en ce malheur extrême,
Je demande la mort à d'autres qu'à moi-même;
Aveugle! je m'arrête à supplier en vain,
Et pour me contenter j'ai de quoi dans la main.
Il faut rendre ma vie au fer qui l'a sauvée;
C'est à lui qu'elle est due, il se l'est réservée;
Et l'honneur, quel qu'il soit, de finir mes malheurs,
C'est pour me le donner qu'il l'ôte à des voleurs.
Poussons donc hardiment. Mais, hélas! cette épée,
Coulant entre mes doigts, laisse ma main trompée,
Et sa lame, timide à procurer mon bien,
Au sang des assassins n'ose mêler le mien.
Ma faiblesse importune à mon trépas s'oppose;
En vain je m'y résous, en vain je m'y dispose;
Mon reste de vigueur ne peut l'effectuer;
J'en ai trop pour mourir, trop peu pour me tuer;
L'un me manque au besoin et l'autre me résiste.

Mais je vois s'entr'ouvrir les beaux yeux de Caliste,
Les roses de son teint n'ont plus tant de pâleur,
Et j'entends un soupir qui flatte ma douleur.
Voyez, dieux inhumains, que, malgré votre envie,
L'amour lui sait donner la moitié de ma vie,
Qu'une âme désormais suffit à deux amants.

CALISTE.

Hélas! qui me rappelle à de nouveaux tourments?
Si Rosidor n'est plus, pourquoi reviens-je au monde?

ROSIDOR.

O merveilleux effet d'une amour sans seconde!

CALISTE.

Exécrable assassin qui rougis de son sang,
Dépêche comme à lui de me percer le flanc,
Prends de lui ce qui reste.

ROSIDOR.

     Adorable cruelle,
Est-ce ainsi qu'on reçoit un amant si fidèle?

CALISTE.

Ne m'en fais point un crime; encor pleine d'effroi,
Je ne t'ai méconnu qu'en songeant trop à toi.
J'avais si bien gravé là dedans ton image,
Qu'elle ne voulait pas céder à ton visage.
Mon esprit glorieux, et jaloux de l'avoir,
Enviait à mes yeux le bonheur de te voir.
Mais quel secours propice a trompé mes alarmes?
Contre tant d'assassins qui t'a prêté des armes?

ROSIDOR.

Toi-même, qui t'a mise à telle heure en ces lieux,
Où je te vois mourir et revivre à mes yeux?

CALISTE.

Quand l'amour une fois règne sur un courage...
Mais tâchons de gagner jusqu'au premier village,
Où ces bouillons de sang se puissent arrêter;
Là, j'aurai tout loisir de te le raconter,
Aux charges qu'à mon tour aussi l'on m'entretienne.

ROSIDOR.

Allons; ma volonté n'a de loi que la tienne;
Et l'amour, par tes yeux devenu tout-puissant,
Rend déjà la vigueur à mon corps languissant.

CALISTE.

Il donne en même temps une aide à ta faiblesse,
Puisqu'il fait que la mienne auprès de toi me laisse;
Et qu'en dépit du sort ta Caliste aujourd'hui
A tes pas chancelants pourra servir d'appui.

ACTE DEUXIÈME

SCÈNE I

PYMANTE, *masqué*.

Destins, qui réglez tout au gré de vos caprices,
Sur moi donc tout à coup fondent vos injustices,
Et trouvent à leurs traits si longtemps retenus,
Afin de mieux frapper, des chemins inconnus!
Dites, que vous ont fait Rosidor ou Pymante?
Fournissez de raison, destins, qui me démente;
Dites ce qu'ils ont fait qui vous puisse émouvoir
A partager si mal entre eux votre pouvoir.
Lui rendre contre moi l'impossible possible,
Pour rompre le succès d'un dessein infaillible,
C'est prêter un miracle à son bras sans secours,
Pour conserver son sang au péril de mes jours.
Trois ont fondu sur lui sans le jeter en fuite;
A peine en m'y jetant moi-même je l'évite.
Loin de laisser la vie, il a su l'arracher;
Loin de céder au nombre, il l'a su retrancher:
Toute votre faveur, à son aide occupée,
Trouve à le mieux armer en rompant son épée,
Et ressaisit ses mains, par celles du hasard,
L'une d'une autre épée, et l'autre d'un poignard.
O honte! ô déplaisirs! ô désespoir! ô rage!
Ainsi donc un rival pris à mon avantage
Ne tombe dans mes rets que pour les déchirer!
Son bonheur qui me brave ose l'en retirer,
Lui donne sur mes gens une prompte victoire,
Et fait de son péril un sujet de sa gloire!
Retournons animés d'un courage plus fort,
Retournons, et du moins perdons-nous dans sa mort!
 Sortez de vos cachots, infernales Furies;
Apportez à m'aider toutes vos barbaries;
Qu'avec vous tout l'enfer m'aide en ce noir dessein
Qu'un sanglant désespoir me verse dans le sein.
J'avais de point en point l'entreprise tramée
Comme dans mon esprit vous me l'aviez formée;
Mais contre Rosidor tout le pouvoir humain
N'a que de la faiblesse; il y faut votre main.
En vain, cruelles sœurs, ma fureur vous appelle;
En vain vous armeriez l'enfer pour ma querelle.
La terre vous refuse un passage à sortir.
Ouvre du moins ton sein, terre, pour m'engloutir,
N'attends pas que Mercure avec son caducée
M'en fasse après ma mort l'ouverture forcée;
N'attends pas qu'un supplice, hélas! trop mérité,
Ajoute l'infamie à tant de lâcheté;
Préviens-en la rigueur; rends toi-même justice
Aux projets avortés d'un si noir artifice.
Mes cris s'en vont en l'air, et s'y perdent sans fruit.
Dedans mon désespoir, tout me fuit ou me nuit.
La terre n'entend point la douleur qui me presse;
Le ciel me persécute, et l'enfer me délaisse.
Affronte-les, Pymante, et sauve en dépit d'eux
Ta vie et ton honneur d'un pas si dangereux.
Si quelque espoir te reste, il n'est plus qu'en toi-mê-
Et, si tu veux t'aider, ton mal n'est pas extrême. [me;
Passe pour villageois dans un lieu si fatal;
Et réservant ailleurs la mort de ton rival,
Fais que d'un même habit la trompeuse apparence
Qui le mit en péril te mette en assurance.
 Mais ce masque m'empêche, et me vient reprocher
Un crime qu'il découvre au lieu de me cacher.
Ce damnable instrument de mon traître artifice,
Après mon coup manqué, n'en est plus que l'indice;
Et ce fer qui tantôt, inutile en ma main,

Que ma fureur jalouse avait armée en vain,
Sut si mal attaquer et plus mal me défendre,
N'est propre désormais qu'à me faire surprendre.
(*Il jette son masque et son épée dans la grotte.*)
Allez, témoins honteux de mes lâches forfaits,
N'en produisez non plus de soupçons que d'effets.
Ainsi n'ayant plus rien qui démente ma feinte,
Dedans cette forêt je marcherai sans crainte,
Tant que...

SCÈNE II

LYSARQUE, PYMANTE, ARCHERS.

LYSARQUE.
Mon grand ami.
PYMANTE.
Monsieur?
LYSARQUE.
Viens çà ; dis-nous,
N'as-tu point ici vu deux cavaliers aux coups?
PYMANTE.
Non, monsieur.
LYSARQUE.
Ou l'un d'eux se sauver à la fuite?
PYMANTE.
Non, monsieur.
LYSARQUE.
Ni passer dedans ces bois sans suite?
PYMANTE.
Attendez, il y peut avoir quelque huit jours...
LYSARQUE.
Je parle d'aujourd'hui : laisse là ces discours;
Réponds précisément.
PYMANTE.
Pour aujourd'hui, je pense...
Toutefois, si la chose était de conséquence,
Dans le prochain village on saurait aisément...
LYSARQUE.
Donnons jusques au lieu, c'est trop d'amusement.
PYMANTE, *seul*.
Ce départ favorable enfin me rend la vie
Que tant de questions m'avaient presque ravie.
Cette troupe d'archers, aveugles en ce point,
Trouve ce qu'elle cherche et ne s'en saisit point ;
Bien que leur conducteur donne assez à connaître
Qu'ils vont pour arrêter l'ennemi de son maître,
J'échappe néanmoins en ce pas hasardeux
D'aussi près de la mort que je me voyais d'eux.
Que j'aime ce péril, dont la vaine menace
Promettait un orage, et se tourne en bonace *;
Ce péril qui ne veut que me faire trembler,
Ou plutôt qui se montre, et n'ose m'accabler !
Qu'à bonne heure défait d'un masque et d'une épée,
J'ai leur crédulité sous ces habits trompée !
De sorte qu'à présent deux corps désanimés*
Termineront l'exploit de tant de gens armés,
Corps qui gardent tous deux un naturel si traître,
Qu'encore après leur mort ils vont trahir leur maître,

Et le faire l'auteur de cette lâcheté,
Pour mettre à ses dépens Pymante en sûreté !
Mes habits, rencontrés sous les yeux de Lysarque,
Peuvent de mes forfaits donner seuls quelque marque:
Mais s'il ne les voit pas, lors sans aucun effroi
Je n'ai qu'à me ranger en hâte auprès du roi,
Où je verrai tantôt avec effronterie
Clitandre convaincu de ma supercherie.

SCÈNE III

LYSARQUE, ARCHERS.

LYSARQUE *regarde les corps de Géronte et de Lycaste*.
Cela ne suffit pas ; il faut chercher encor,
Et trouver, s'il se peut, Clitandre ou Rosidor.
Amis, Sa Majesté, par ma bouche avertie
Des soupçons que j'avais touchant cette partie,
Voudra savoir au vrai ce qu'ils sont devenus.
PREMIER ARCHER.
Pourrait-elle en douter? Ces deux corps reconnus
Font trop voir le succès de toute l'entreprise.
LYSARQUE.
Et qu'en présumes-tu?
PREMIER ARCHER.
Que malgré leur surprise,
Leur nombre avantageux, et leur déguisement,
Rosidor de leurs mains se tire heureusement.
LYSARQUE.
Ce n'est qu'en me flattant que tu te le figures ;
Pour moi, je n'en conçois que de mauvais augures,
Et présume plutôt que son bras valeureux
Avant que de mourir s'est immolé ces deux.
PREMIER ARCHER.
Mais où serait son corps?
LYSARQUE.
Au creux de quelque roche,
Où les traîtres, voyant notre troupe si proche,
N'auront pas eu loisir de mettre encor ceux-ci,
De qui le seul aspect rend le crime éclairci.
SECOND ARCHER, *lui présentant les deux pièces*
rompues de l'épée de Rosidor.
Monsieur, connaissez-vous ce fer et cette garde?
LYSARQUE.
Donne-moi, que je voie. Oui, plus je les regarde,
Plus j'ai pour eux avis du déplorable sort
D'un maître qui n'a pu s'en dessaisir que mort.
SECOND ARCHER.
Monsieur, avec cela j'ai vu dans cette route
Des pas mêlés de sang distillé goutte à goutte.
LYSARQUE.
Suivons-les au hasard. Vous autres, enlevez
Promptement ces deux corps que nous avons trouvés.
(*Lysarque et cet archer rentrent dans le bois, et le reste*
des archers reportent à la cour les corps de Géronte et
de Lycaste.)

SCÈNE IV

FLORIDAN, CLITANDRE, PAGE.

FLORIDAN, *parlant à son page.*

Ce cheval trop fougueux m'incommode à la chasse,
Tiens-m'en un autre prêt, tandis qu'en cette place,
A l'ombre des ormeaux l'un dans l'autre enlacés,
Clitandre m'entretient de ses travaux passés.
Qu'au reste, les veneurs allant sur leurs brisées,
Ne forcent pas le cerf, s'il est aux reposées*;
Qu'ils prennent connaissance, et pressent mollement,
Sans le donner aux chiens qu'à mon commandement.

(*Le page rentre.*)

Achève maintenant l'histoire commencée
De ton affection si mal récompensée.

CLITANDRE.

Ce récit ennuyeux de ma triste langueur,
Mon prince, ne vaut pas le tirer en longueur :
J'ai tout dit; en un mot, cette fière Caliste
Dans ses cruels mépris incessamment persiste;
C'est toujours elle-même, et sous sa dure loi,
Tout ce qu'elle a d'orgueil se réserve pour moi;
Cependant qu'un rival, ses plus chères délices,
Redouble ses plaisirs en voyant mes supplices.

FLORIDAN.

Ou tu te plains à faux, ou, puissamment épris,
Ton courage demeure insensible aux mépris;
Et je m'étonne fort comme ils n'ont dans ton âme
Rétabli ta raison, ou dissipé ta flamme.

CLITANDRE.

Quelques charmes secrets mêlés dans ses rigueurs
Étouffent en naissant la révolte des cœurs;
Et le mien auprès d'elle, à quoi qu'il se dispose,
Murmurant de son mal, en adore la cause.

FLORIDAN.

Mais puisque son dédain, au lieu de te guérir,
Ranime ton amour, qu'il dût faire mourir,
Sers-toi de mon pouvoir; en ma faveur, la reine
Tient et tiendra toujours Rosidor en haleine;
Mais son commandement dans peu, si tu le veux,
Te met, à ma prière, au comble de tes vœux.
Avise donc; tu sais qu'un fils peut tout sur elle.

CLITANDRE.

Malgré tous les mépris de cette âme cruelle,
Dont un autre a charmé les inclinations,
J'ai toujours du respect pour ses perfections;
Et je serais marri* qu'aucune violence...

FLORIDAN.

L'amour sur le respect emporte la balance.

CLITANDRE.

Je brûle; et le bonheur de vaincre ses froideurs,
Je ne le veux devoir qu'à mes vives ardeurs;
Je ne la veux gagner qu'à force de services.

FLORIDAN.

Tandis, tu veux donc vivre en d'éternels supplices?

CLITANDRE.

Tandis, ce m'est assez qu'un rival préféré
N'obtient, non plus que moi, le succès espéré;

A la longue ennuyés, la moindre négligence
Pourra de leurs esprits rompre l'intelligence;
Un temps bien pris alors me donne en un momen
Ce que depuis trois ans je poursuis vainement.
Mon prince, trouvez bon...

FLORIDAN.

N'en dis pas davantage
Cettui-ci* qui me vient faire quelque message
Apprendrait, malgré toi, l'état de tes amours.

SCÈNE V

FLORIDAN, CLITANDRE, CLÉON.

CLÉON.

Pardonnez-moi, seigneur, si je romps vos discours
C'est en obéissant au roi qui me l'ordonne,
Et rappelle Clitandre auprès de sa personne.

FLORIDAN.

Qui?

CLÉON.

Clitandre, seigneur.

FLORIDAN.

Et que lui veut le roi?

CLÉON.

De semblables secrets ne s'ouvrent pas à moi.

FLORIDAN.

Je n'en sais que penser; et la cause incertaine
De ce commandement tient mon esprit en peine.
Pourrai-je me résoudre à te laisser aller
Sans savoir les motifs qui te font rappeler?

CLITANDRE.

C'est, à mon jugement, quelque prompte entreprise
Dont l'exécution à moi seul est remise :
Mais, quoi que là-dessus j'ose m'imaginer,
C'est à moi d'obéir sans rien examiner.

FLORIDAN.

J'y consens à regret : va, mais qu'il te souvienne
Que je chéris ta vie à l'égal de la mienne;
Et si tu veux m'ôter de cette anxiété,
Que j'en sache au plus tôt toute la vérité.
Ce cor m'appelle. Adieu. Toute la chasse prête
N'attend que ma présence à relancer la bête.

SCÈNE VI

DORISE, *achevant de vêtir l'habit de Géronte qu'elle avait trouvé dans le bois.*

Achève, malheureuse, achève de vêtir
Ce que ton mauvais sort laisse à te garantir.
Si de tes trahisons la jalouse impuissance
Sut donner un faux crime à la même innocence,
Recherche maintenant, par un plus juste effet,
Une fausse innocence à cacher ton forfait.
Quelle honte importune au visage te monte
Pour un sexe quitté dont tu n'es que la honte?
Il t'abhorre lui-même; et ce déguisement,
En le désavouant, l'oblige pleinement.

Après avoir perdu sa douceur naturelle,
Dépouille sa pudeur, qui te messied sans elle;
Dérobe tout d'un temps, par ce crime nouveau,
Et l'autre aux yeux du monde, et ta tête au bourreau :
Si tu veux empêcher ta perte inévitable,
Deviens plus criminelle, et parais moins coupable.
Par une fausseté tu tombes en danger;
Par une fausseté sache t'en dégager.
Fausseté détestable, où me viens-tu réduire?
Honteux déguisement, où me vas-tu conduire?
Ici de tous côtés l'effroi suit mon erreur,
Et j'y suis à moi-même une nouvelle horreur :
L'image de Caliste à ma fureur soustraite
Y brave fièrement ma timide retraite.
Encor si son trépas, secondant mon désir,
Mêlait à mes douleurs l'ombre d'un faux plaisir!
Mais tels sont les excès du malheur qui m'opprime,
Qu'il ne m'est pas permis de jouir de mon crime;
Dans l'état pitoyable où le sort me réduit,
J'en mérite la peine, et n'en ai pas le fruit;
Et tout ce que j'ai fait contre mon ennemie
Sert à croître sa gloire avec mon infamie.
N'importe, Rosidor de mes cruels destins
Tient de quoi repousser ses lâches assassins.
Sa valeur, inutile en sa main désarmée,
Sans moi ne vivrait plus que chez la renommée;
Ainsi rien désormais ne pourrait m'enflammer;
N'ayant plus que haïr, je n'aurais plus qu'aimer.
Fâcheuse loi du sort qui s'obstine à ma peine,
Je sauve mon amour, et je manque à ma haine.
Ces contraires succès, demeurant sans effet,
Font naître mon malheur de mon heur' imparfait.
Toutefois l'orgueilleux pour qui mon cœur soupire
De moi seule aujourd'hui tient le jour qu'il respire :
Il m'en est redevable, et peut-être à son tour
Cette obligation produira quelque amour.
Dorise, à quels pensers ton espoir se ravale!
S'il vit par ton moyen, c'est pour une rivale.
N'attends plus, n'attends plus que haine de sa part.
L'offense vint de toi; le secours, du hasard.
Malgré les vains efforts de ta ruse traîtresse,
Le hasard, par tes mains, le rend à sa maîtresse.
Ce péril mutuel qui conserve leurs jours
D'un contre-coup égal va croître leurs amours.
Heureux couple d'amants que le destin assemble,
Qu'il expose en péril, qu'il en retire ensemble!

SCÈNE VII

PYMANTE, DORISE.

PYMANTE, *la prenant pour Géronte, et l'embrassant.*
O dieux! voici Géronte, et je le croyais mort.
Malheureux compagnon de mon funeste sort....
DORISE, *croyant qu'il la prend pour Rosidor, et qu'en l'embrassant il la poignarde.*
Ton œil t'abuse. Hélas! misérable! regarde
Qu'au lieu de Rosidor ton erreur me poignarde.

PYMANTE.
Ne crains pas, cher ami, ce funeste accident,
Je te connais assez, je suis... Mais, imprudent,
Où m'allait engager mon erreur indiscrète!
Monsieur, pardonnez-moi la faute que j'ai faite.
Un berger d'ici près a quitté ses brebis
Pour s'en aller au camp presque en pareils habits;
Et d'abord vous prenant pour ce mien camarade,
Mes sens d'aise aveuglés ont fait cette escapade.
Ne craignez point au reste un pauvre villageois
Qui seul et désarmé court à travers ces bois.
D'un ordre assez précis l'heure presque expirée
Me défend des discours de plus longue durée.
A mon empressement pardonnez cet adieu;
Je perdrais trop, monsieur, à tarder en ce lieu.

DORISE.
Ami, qui que tu sois, si ton âme sensible
A la compassion peut se rendre accessible,
Un jeune gentilhomme implore ton secours;
Prends pitié de mes maux pour trois ou quatre jours;
Durant ce peu de temps, accorde une retraite
Sous ton chaume rustique à ma fuite secrète :
D'un ennemi puissant la haine me poursuit;
Et n'ayant pu qu'à peine éviter cette nuit...

PYMANTE.
L'affaire qui me presse est assez importante
Pour ne pouvoir, monsieur, répondre à votre attente.
Mais si vous me donniez le loisir d'un moment,
Je vous assurerais d'être ici promptement;
Et j'estime qu'alors il me serait facile
Contre cet ennemi de vous faire un asile.

DORISE.
Mais, avant ton retour, si quelque instant fatal
M'exposait par malheur aux yeux de ce brutal,
Et que l'emportement de son humeur altière...

PYMANTE.
Pour ne rien hasarder, cachez-vous là derrière.

DORISE.
Souffre que je te suive, et que mes tristes pas...

PYMANTE.
J'ai des secrets, monsieur, qui ne le souffrent pas,
Et ne puis rien pour vous, à moins que de m'attendre.
Avisez au parti que vous avez à prendre.

DORISE.
Va donc, je t'attendrai.

PYMANTE.
Cette touffe d'ormeaux
Vous pourra cependant couvrir de ses rameaux

SCÈNE VIII

PYMANTE.

Enfin, grâces au ciel, ayant su m'en défaire,
Je puis seul aviser à ce que je dois faire.
Qui qu'il soit, il a vu Rosidor attaqué,
Et sait assurément que nous l'avons manqué :
N'en étant point connu, je n'en ai rien à craindre,
Puisque ainsi déguisé tout ce que je veux feindre

Sur son esprit crédule obtient un tel pouvoir.
Toutefois, plus j'y songe, et plus je pense voir,
Par quelque grand effet de vengeance divine,
En ce faible témoin l'auteur de ma ruine :
Son indice douteux, pour peu qu'il ait de jour,
N'éclaircira que trop mon forfait à la cour.
Simple! j'ai peur encor que ce malheur m'avienne*;
Et je puis éviter ma perte par la sienne!
Et mêmes on dirait qu'un antre tout exprès
Me garde mon épée au fond de ces forêts :
C'est en ce lieu fatal qu'il me le faut conduire;
C'est là qu'un heureux coup l'empêche de me nuire.
Je ne m'y puis résoudre; un reste de pitié
Violente mon cœur à des traits d'amitié :
En vain je lui résiste et tâche à me défendre
D'un secret mouvement que je ne puis comprendre;
Son âge, sa beauté, sa grâce, son maintien,
Forcent mes sentiments à lui vouloir du bien.
Et l'air de son visage a quelque mignardise
Qui ne tire pas mal à celle de Dorise.
Ah! que tant de malheurs m'auraient favorisé,
Si c'était elle-même en habit déguisé!
J'en meurs déjà de joie, et mon âme ravie
Abandonne le soin du reste de ma vie.
Je ne suis plus à moi, quand je viens à penser
A quoi l'occasion me pourrait dispenser.
Quoi qu'il en soit, voyant tant de ses traits ensemble,
Je porte du respect à ce qui lui ressemble.
   Misérable Pymante, ainsi donc tu te perds!
Encor qu'il tienne un peu de celle que tu sers,
Étouffe ce témoin pour assurer ta tête :
S'il est, comme il le dit, battu d'une tempête,
Au lieu qu'en ta cabane il cherche quelque port,
Fais que dans cette grotte il rencontre sa mort.
Modère-toi, cruel; et plutôt examine
Sa parole, son teint, et sa taille, et sa mine :
Si c'est Dorise, alors révoque cet arrêt;
Sinon, que la pitié cède à ton intérêt.

ACTE TROISIÈME

SCÈNE I

ALCANDRE, ROSIDOR, CALISTE, UN PRÉVÔT.

ALCANDRE.

L'admirable rencontre à mon âme ravie,
De voir que deux amants s'entre-doivent la vie;
De voir que ton péril la tire de danger;
Que le sien te fournit de quoi t'en dégager;
Qu'à deux desseins divers la même heure choisie
Assemble en même lieu pareille jalousie,
Et que l'heureux malheur qui vous a menacés
Avec tant de justesse a ses temps compassés!

ROSIDOR.

Sire, ajoutez du ciel l'occulte providence :
Sur deux amants il verse une même influence;
Et comme l'un par l'autre il a su nous sauver,
Il semble l'un pour l'autre exprès nous conserver.

ALCANDRE.

Je t'entends, Rosidor; par là tu me veux dire
Qu'il faut qu'avec le ciel ma volonté conspire,
Et ne s'oppose pas à ses justes décrets,
Qu'il vient de témoigner par tant d'avis secrets.
Eh bien! je veux moi-même en parler à la reine;
Elle se fléchira, ne t'en mets pas en peine.
Achève seulement de me rendre raison
De ce qui t'arriva depuis sa pâmoison.

ROSIDOR.

Sire, un mot désormais suffit pour ce qui reste.
Lysarque et vos archers depuis ce lieu funeste
Se laissèrent conduire aux traces de mon sang,
Qui, durant le chemin, me dégouttait du flanc;
Et me trouvant enfin dessous un toit rustique,
Ranimé par les soins de son amour pudique,
Leurs bras officieux m'ont ici rapporté,
Pour en faire ma plainte à Votre Majesté.
Non pas que je soupire après une vengeance
Qui ne peut me donner qu'une fausse allégeance*:
Le prince aime Clitandre, et mon respect consent
Que son affection le déclare innocent;
Mais si quelque pitié d'une telle infortune
Peut souffrir aujourd'hui que je vous importune,
Otant par un hymen l'espoir à mes rivaux,
Sire, vous taririez la source de nos maux.

ALCANDRE.

Tu fuis à te venger; l'objet de ta maîtresse
Fait qu'un tel désir cède à l'amour qui te presse;
Aussi n'est-ce qu'à moi de punir ces forfaits,
Et de montrer à tous, par de puissants effets,
Qu'attaquer Rosidor c'est se prendre à moi-même :
Tant je veux que chacun respecte ce que j'aime!
Je le ferai bien voir. Quand ce perfide tour
Aurait eu pour objet le moindre de ma cour,
Je devrais au public, par un honteux supplice,
De telles trahisons l'exemplaire justice.
Mais Rosidor surpris, et blessé comme il l'est,
Au devoir d'un vrai roi joint mon propre intérêt.
Je lui ferai sentir, à ce traître Clitandre,
Quelque part que le prince y puisse ou veuille pren-
Combien mal à propos sa folle vanité   [dre,
Croyait dans sa faveur trouver l'impunité.
Je tiens cet assassin; un soupçon véritable,
Que m'ont donné les corps d'un couple détestable,
De son lâche attentat m'avait si bien instruit,
Que déjà dans les fers il en reçoit le fruit.
   (à Caliste.)
Toi, qu'avec Rosidor le bonheur a sauvée,
Tu te peux assurer que Dorise trouvée,
Comme ils avaient choisi même heure à votre mort,
En même heure tous deux auront un même sort.

CALISTE.

Sire, ne songez pas à cette misérable;

Rosidor garanti me rend sa redevable*;
Et je me sens forcée à lui vouloir du bien
D'avoir à votre état conservé ce soutien.
ALCANDRE.
Le généreux orgueil des âmes magnanimes
Par un noble dédain sait pardonner les crimes;
Mais votre aspect m'emporte à d'autres sentiments,
Dont je ne puis cacher les justes mouvements;
Ce teint pâle à tous deux me rougit de colère,
Et vouloir m'adoucir, c'est vouloir me déplaire.
ROSIDOR.
Mais, sire, que sait-on? peut-être ce rival,
Qui m'a fait, après tout, plus de bien que de mal,
Sitôt qu'il vous plaira d'écouter sa défense,
Saura de ce forfait purger son innocence.
ALCANDRE.
Et par où la purger? Sa main d'un trait mortel
A signé son arrêt en signant ce cartel.
Peut-il désavouer ce qu'assure un tel gage,
Envoyé de sa part, et rendu par son page?
Peut-il désavouer que ses gens déguisés
De son commandement ne soient autorisés? [boue;
Les deux, tout morts qu'ils sont, qu'on les traîne à la
L'autre, aussitôt que pris, se verra sur la roue;
Et pour le scélérat que je tiens prisonnier,
Ce jour que nous voyons lui sera le dernier.
Qu'on l'amène au conseil; par forme il faut l'entendre,
Et voir par quelle adresse il pourra se défendre.
Toi, pense à te guérir, et crois que, pour le mieux,
Je ne veux pas montrer ce perfide à tes yeux :
Sans doute qu'aussitôt qu'il se ferait paraître,
Ton sang rejaillirait au visage du traître.
ROSIDOR.
L'apparence déçoit, et souvent on a vu
Sortir la vérité d'un moyen imprévu,
Bien que la conjecture y fût encore plus forte :
Du moins, sire, apaisez l'ardeur qui vous transporte;
Que, l'âme plus tranquille et l'esprit plus remis,
Le seul pouvoir des lois perde nos ennemis.
ALCANDRE.
Sans plus m'importuner, ne songe qu'à tes plaies.
Non, il ne fut jamais d'apparences si vraies.
Douter de ce forfait, c'est manquer de raison.
Derechef, ne prends soin que de ta guérison.

SCÈNE II

ROSIDOR, CALISTE.

ROSIDOR.
Ah! que ce grand courroux sensiblement m'afflige!
CALISTE.
C'est ainsi que le roi, te refusant, t'oblige :
Il te donne beaucoup en ce qu'il t'interdit,
Et tu gagnes beaucoup d'y perdre ton crédit.
On voit dans ces refus une marque certaine
Que contre Rosidor toute prière est vaine.
Ses violents transports sont d'assurés témoins
Qu'il t'écouterait mieux s'il te chérissait moins.
Mais un plus long séjour pourrait ici te nuire.
Ne perdons plus de temps; laisse-moi te conduire
Jusque dans l'antichambre où Lysarque t'attend;
Et montre désormais un esprit plus content.
ROSIDOR.
Si près de te quitter...
CALISTE.
N'achève pas ta plainte.
Tous deux nous ressentons cette commune atteinte;
Mais d'un fâcheux respect la tyrannique loi
M'appelle chez la reine et m'éloigne de toi.
Il me lui faut conter comme l'on m'a surprise;
Excuser mon absence en accusant Dorise;
Et lui dire comment, par un cruel destin,
Mon devoir auprès d'elle a manqué ce matin.
ROSIDOR.
Va donc, et quand son âme, après la chose sue,
Fera voir la pitié qu'elle en aura conçue,
Figure-lui si bien Clitandre tel qu'il est,
Qu'elle n'ose en ses feux prendre plus d'intérêt.
CALISTE.
Ne crains pas désormais que mon amour s'oublie;
Répare seulement ta vigueur affaiblie :
Sache bien te servir de la faveur du roi,
Et pour tout le surplus repose-t'en sur moi.

SCÈNE III

CLITANDRE, en prison.

Je ne sais si je veille, ou si ma rêverie
A mes sens endormis fait quelque tromperie,
Peu s'en faut, dans l'excès de ma confusion,
Que je ne prenne tout pour une illusion.
Clitandre prisonnier! je n'en fais pas croyable
Ni l'air sale et puant d'un cachot effroyable,
Ni de ce faible jour l'incertaine clarté,
Ni le poids de ces fers dont je suis arrêté;
Je les sens, je les vois; mais mon âme innocente
Dément tous les objets que mon œil lui présente,
Et, le désavouant, défend à ma raison
De me persuader que je sois en prison.
Jamais aucun forfait, aucun dessein infâme
N'a pu souiller ma main, ni glisser dans mon âme;
Et je suis retenu dans ces funestes lieux!
Non, cela ne se peut : vous vous trompez, mes yeux;
J'aime mieux rejeter vos plus clairs témoignages,
J'aime mieux démentir ce qu'on me fait d'outrages,
Que de m'imaginer, sous un si juste roi,
Qu'on peuple les prisons d'innocents comme moi.
Cependant je m'y trouve; et bien que ma pensée
Recherche à la rigueur ma conduite passée,
Mon exacte censure a beau l'examiner,
Le crime qui me perd ne se peut deviner,
Et quelque grand effort que fasse ma mémoire,
Elle ne me fournit que des sujets de gloire.
Ah! prince, c'est quelqu'un de vos faveurs jaloux
Qui m'impute à forfait d'être chéri de vous.
Le temps qu'on m'en sépare, on le donne à l'envie

4

Comme une liberté d'attenter sur ma vie.
Le cœur vous le disait, et je ne sais comment
Mon destin me poussa dans cet aveuglement
De rejeter l'avis de mon dieu tutélaire;
C'est là ma seule faute, et c'en est le salaire,
C'en est le châtiment que je reçois ici.
On vous venge, mon prince, en me traitant ainsi;
Mais vous saurez montrer, embrassant ma défense,
Que qui vous venge ainsi puissamment vous offense.
Les perfides auteurs de ce complot maudit,
Qu'à me persécuter votre absence enhardit,
A votre heureux retour verront que ces tempêtes,
Clitandre préservé, n'abattront que leurs têtes.
Mais on ouvre, et quelqu'un, dans cette sombre hor-
Par son visage affreux redouble ma terreur. [reur,

SCÈNE IV

CLITANDRE, LE GEÔLIER.

LE GEÔLIER.
Permettez que ma main de ces fers vous détache.
CLITANDRE.
Suis-je libre déjà?
LE GEÔLIER.
Non encor, que je sache.
CLITANDRE.
Quoi! ta seule pitié s'y hasarde pour moi?
LE GEÔLIER.
Non, c'est un ordre exprès de vous conduire au roi.
CLITANDRE.
Ne m'apprendras-tu point le crime qu'on m'impute,
Et quel lâche imposteur ainsi me persécute?
LE GEÔLIER.
Descendons. Un prévôt, qui vous attend là-bas,
Vous pourra mieux que moi contenter sur ce cas.

SCÈNE V

PYMANTE, DORISE.

PYMANTE, *regardant une aiguille que Dorise avait laissée par mégarde dans ses cheveux en se déguisant.*
En vain pour m'éblouir vous usez de la ruse,
Mon esprit, quoique lourd, aisément ne s'abuse :
Ce que vous me cachez, je le lis dans vos yeux;
Quelque revers d'amour vous conduit en ces lieux;
N'est-il pas vrai, monsieur? et même cette aiguille
Sent assez les faveurs de quelque belle fille;
Elle est, ou je me trompe, un gage de sa foi.
DORISE.
O malheureuse aiguille! Hélas! c'est fait de moi.
PYMANTE.
Sans doute votre plaie à ce mot s'est rouverte.
Monsieur, regrettez-vous son absence, ou sa perte?
Vous aurait-elle bien quitté pour un autre quitté,
Et payé vos ardeurs d'une infidélité?
Vous ne répondez point; cette rougeur confuse,
Quoique vous vous taisiez, clairement vous accuse.
Brisons là : ce discours vous fâcherait enfin;
Et c'était pour tromper la longueur du chemin
Qu'après plusieurs discours, ne sachant que vous [dire,
J'ai touché sur un point dont votre cœur soupire,
Et de quoi fort souvent on aime mieux parler
Que de perdre son temps à des propos en l'air.
DORISE.
Ami, ne porte plus la sonde en mon courage :
Ton entretien commun me charme davantage;
Il ne peut me lasser, indifférent qu'il est;
Et ce n'est pas aussi sans sujet qu'il me plaît.
Ta conversation est tellement civile,
Que pour un tel esprit, ta naissance est trop vile;
Tu n'as de villageois que l'habit et le rang,
Tes rares qualités te font d'un autre sang;
Même, plus je te vois, plus en toi je remarque
Des traits pareils à ceux d'un cavalier de marque;
Il s'appelle Pymante, et ton air et ton port
Ont avec tous les siens un merveilleux rapport.
PYMANTE.
J'en suis tout glorieux; et de ma part, je prise
Votre rencontre autant que celle de Dorise,
Autant que si le ciel, apaisant sa rigueur,
Me faisait maintenant un présent de son cœur.
DORISE.
Qui nommes-tu Dorise?
PYMANTE.
Une jeune cruelle
Qui me fuit pour un autre.
DORISE.
Et ce rival s'appelle?
PYMANTE.
Le berger Rosidor.
DORISE.
Ami, ce nom si beau
Chez vous donc se profane à garder un troupeau?
PYMANTE.
Madame, il ne faut plus que mon feu vous déguise
Que sous ces faux habits il reconnaît Dorise.
Je ne suis point surpris de me voir dans ces bois
Ne passer à vos yeux que pour un villageois;
Votre haine pour moi fut toujours assez forte
Pour déférer sans peine à l'habit que je porte.
Cette fausse apparence aide et suit vos mépris;
Mais cette erreur vers vous ne m'a jamais surpris;
Je sais trop que le ciel n'a donné l'avantage
De tant de raretés qu'à votre seul visage;
Sitôt que je l'ai vu, j'ai cru voir en ces lieux
Dorise déguisée, ou quelqu'un de nos dieux;
Et si j'ai quelque temps feint de vous méconnaître
En vous prenant pour tel que vous vouliez paraître,
Admirez mon amour, dont la discrétion
Rendait à vos désirs cette submission*,
Et disposez de moi, qui borne mon envie
A prodiguer pour vous tout ce que j'ai de vie.
DORISE.
Pymante, eh quoi! faut-il qu'en l'état où je suis
Tes importunités augmentent mes ennuis!

Faut-il que dans ce bois ta rencontre funeste
Vienne encor m'arracher le seul bien qui me reste,
Et qu'ainsi mon malheur au dernier point venu
N'ose plus espérer de n'être pas connu !
PYMANTE.
Voyez comme le ciel égale nos fortunes,
Et comme, pour les faire entre nous deux communes,
Nous réduisant ensemble à ces déguisements,
Il montre avoir pour nous de pareils mouvements.
DORISE. [ges ;
Nous changeons bien d'habits,... mais non pas de visa-
Nous changeons bien d'habits, mais non pas de coura-
Et ces masques trompeurs de nos conditions [ges ;
Cachent, sans les changer, nos inclinations.
PYMANTE.
Me négliger toujours, et pour qui vous néglige !
DORISE.
Que veux-tu ? son mépris plus que ton feu m'oblige ;
J'y trouve, malgré moi, je ne sais quel appas,
Par où l'ingrat me tue, et ne m'offense pas.
PYMANTE.
Qu'espérez-vous enfin d'un amour si frivole
Pour cet ingrat amant qui n'est plus qu'une idole ?
DORISE.
Qu'une idole ! Ah ! ce mot me donne de l'effroi,
Rosidor une idole ! Ah ! perfide, c'est toi,
Ce sont tes trahisons qui l'empêchent de vivre.
Je t'ai vu dans ce bois moi-même le poursuivre,
Avantagé du nombre, et vêtu de façon
Que ce rustique habit effaçait tout soupçon :
Ton embûche a surpris une valeur si rare.
PYMANTE.
Il est vrai, j'ai puni l'orgueil de ce barbare,
De cet heureux ingrat, si cruel envers vous,
Qui, maintenant par terre, et percé de mes coups,
Éprouve par sa mort comme un amant fidèle
Venge votre beauté du mépris qu'on fait d'elle.
DORISE.
Monstre de la nature, exécrable bourreau,
Après ce lâche coup qui creuse mon tombeau,
D'un compliment railleur ta malice me flatte !
Fuis, fuis, que dessus toi ma vengeance n'éclate ;
Ces mains, ces faibles mains que vont armer les dieux,
N'auront que trop de force à t'arracher les yeux,
Que trop à t'imprimer sur ce hideux visage
En mille traits de sang les marques de ma rage.
PYMANTE.
Le courroux d'une femme, impétueux d'abord,
Promet tout ce qu'il ose à son premier transport ;
Mais comme il n'a pour lui que sa seule impuissance
A force de grossir il meurt en sa naissance ;
Ou s'étouffant soi-même, à la fin ne produit
Que point ou peu d'effet après beaucoup de bruit.
DORISE.
Va, va, ne prétends pas que le mien s'adoucisse ;
Il faut que ma fureur ou l'enfer te punisse ;
Le reste des humains ne saurait inventer
De gêne qui te puisse à mon gré tourmenter.
Si tu ne crains mes bras, crains de meilleures armes :

Crains tout ce que le ciel m'a départi de charmes :
Tu sais quelle est leur force, et ton cœur la ressent ;
Crains qu'elle ne m'assure un vengeur plus puissant.
Ce courroux, dont tu ris, en fera la conquête
De quiconque à ma haine exposera ta tête,
De quiconque mettra ma vengeance en mon choix.
Adieu : je perds le temps à crier dans ces bois :
Mais tu verras bientôt si je vaux quelque chose,
Et si ma rage en vain se promet ce qu'elle ose.
PYMANTE.
J'aime tant cette ardeur à me faire périr,
Que je veux bien moi-même avec vous y courir.
DORISE.
Traître ! ne me suis point.
PYMANTE.
Prendre seule la fuite !
Vous vous égareriez à marcher sans conduite ;
Et d'ailleurs votre habit, où je ne comprends rien,
Peut avoir du mystère aussi bien que le mien.
L'asile dont tantôt vous faisiez la demande
Montre quelque besoin d'un bras qui vous défende ;
Et mon devoir vers vous serait mal acquitté,
S'il ne vous avait mise en lieu de sûreté.
Vous pensez m'échapper quand je vous le témoigne ;
Mais vous n'irez pas loin que je ne vous rejoigne.
L'amour que j'ai pour vous, malgré vos dures lois,
Sait trop ce qu'il vous doit, et ce que je me dois.

ACTE QUATRIÈME

SCÈNE I

PYMANTE, DORISE.

DORISE.
Je te le dis encor, tu perds temps à me suivre ;
Souffre que de tes yeux ta pitié me délivre.
Tu redoubles mes maux par de tels entretiens.
PYMANTE.
Prenez à votre tour quelque pitié des miens,
Madame, et tarissez ce déluge de larmes :
Pour rappeler un mort ce sont de faibles armes ;
Et, quoi que vous conseille un inutile ennui,
Vos cris et vos sanglots ne vont point jusqu'à lui.
DORISE.
Si mes sanglots ne vont où mon cœur les envoie,
Du moins par eux mon âme y trouvera la voie :
S'il lui faut un passage afin de s'envoler,
Ils le lui vont ouvrir en le fermant à l'air.
Sus donc, sus, mes sanglots, redoublez vos secousses
Pour un tel désespoir vous les avez trop douces ;
Faites pour m'étouffer de plus puissants efforts.
PYMANTE.
Ne songez plus, madame, à rejoindre les morts ;
Pensez plutôt à ceux qui n'ont point d'autre envie

Que d'employer pour vous le reste de leur vie ;
Pensez plutôt à ceux dont le service offert
Accepté vous conserve, et refusé vous perd.
DORISE.
Crois-tu donc, assassin, m'acquérir par ton crime?
Qu'innocent méprisé, coupable je t'estime?
A ce compte, tes feux n'ayant pu m'émouvoir,
Ta noire perfidie obtiendrait ce pouvoir!
Je chérirais en toi la qualité de traître!
Et mon affection commencerait à naître
Lorsque tout l'univers a droit de te haïr!
PYMANTE.
Si j'oubliai l'honneur jusques à le trahir;
Si, pour vous posséder, mon esprit, tout de flamme,
N'a rien cru de honteux, n'a rien trouvé d'infâme,
Voyez par là, voyez l'excès de mon ardeur,
Par cet aveuglement jugez de sa grandeur.
DORISE.
Non, non, ta lâcheté, que j'y vois trop certaine,
N'a servi qu'à donner des raisons à ma haine.
Ainsi ce que j'avais pour toi d'aversion
Vient maintenant d'ailleurs que d'inclination ;
C'est la raison, c'est elle à présent qui me guide
Au mépris que je fais des flammes d'un perfide.
PYMANTE.
Je ne sache raison qui s'oppose à mes vœux,
Puisqu'ici la raison n'est que ce que je veux,
Et, ployant dessous moi, permet à mon envie
De recueillir les fruits de vous avoir servie.
Il me faut des faveurs malgré vos cruautés.
DORISE.
Exécrable! ainsi donc tes désirs effrontés
Voudraient sur ma faiblesse user de violence?
PYMANTE.
Je ris de vos refus, et sais trop la licence
Que me donne l'amour en cette occasion.
DORISE, *lui crevant l'œil de son aiguille.*
Traître ! ce ne sera qu'à ta confusion.
PYMANTE, *portant les mains à son œil crevé.*
Ah, cruelle !
DORISE.
Ah, brigand !
PYMANTE.
Ah! que viens-tu de faire?
DORISE.
De punir l'attentat d'un infâme corsaire.
PYMANTE, *prenant son épée dans la caverne où il l'avait
jetée au second acte.*
Ton sang m'en répondra; tu m'auras beau prier,
Tu mourras.
DORISE, *à part.*
Fuis, Dorise, et laisse-le crier.

SCÈNE II

PYMANTE.

Où s'est-elle cachée? où l'emporte sa fuite?
Où faut-il que ma rage adresse ma poursuite?
La tigresse m'échappe, et, telle qu'un éclair,
En me frappant les yeux, elle se perd en l'air :
Ou plutôt, l'un perdu, l'autre m'est inutile;
L'un s'offusque du sang qui de l'autre distille.
Coule, coule, mon sang; en de si grands malheurs,
Tu dois avec raison me tenir lieu de pleurs :
Ne verser désormais que des larmes communes,
C'est pleurer lâchement de telles infortunes.
Je vois de tous côtés mon supplice approcher;
N'osant me découvrir, je ne me puis cacher.
Mon forfait avorté se lit dans ma disgrâce,
Et ces gouttes de sang me font suivre à la trace.
Miraculeux effet! Pour traître que je sois,
Mon sang l'est encor plus, et sert tout à la fois
De pleurs à ma douleur, d'indices à ma prise,
De peine à mon forfait, de vengeance à Dorise.
O toi qui, secondant son courage inhumain,
Loin d'orner ses cheveux, déshonore sa main,
Exécrable instrument de sa brutale rage,
Tu devais pour le moins respecter son image;
Ce portrait accompli d'un chef-d'œuvre des cieux,
Imprimé dans mon cœur, exprimé dans mes yeux,
Quoi que te commandât une âme si cruelle,
Devait être adoré de ta pointe rebelle.
Honteux restes d'amour qui brouillez mon cerveau!
Quoi! puis-je en ma maîtresse adorer mon bourreau?
Remettez-vous, mes sens; rassure-toi, ma rage ;
Reviens, mais reviens seule animer mon courage;
Tu n'as plus à débattre avec mes passions
L'empire souverain dessus mes actions ;
L'amour vient d'expirer, et ses flammes éteintes
Ne t'imposeront plus leurs infâmes contraintes.
Dorise ne tient plus dedans mon souvenir
Que ce qu'il faut de place à l'ardeur de punir.
Je n'ai plus rien en moi qui n'en veuille à sa vie.
Sus donc, qui me la rend? Destins, si votre envie,
Si votre haine encor s'obstine à mes tourments,
Jusqu'à me réserver à d'autres châtiments,
Faites que je mérite, en trouvant l'inhumaine,
Par un nouveau forfait, une nouvelle peine ;
Et ne me traitez pas avec tant de rigueur
Que mon feu ni mon fer ne touchent point son cœur.
Mais ma fureur se joue, et, demi-languissante,
S'amuse au vain éclat d'une voix impuissante.
Recourons aux effets, cherchons de toutes parts ;
Prenons dorénavant pour guides les hasards.
Quiconque ne pourra me montrer la cruelle,
Que son sang aussitôt me réponde pour elle ;
Et ne suivant ainsi qu'une incertaine erreur,
Remplissons tous ces lieux de carnage et d'horreur.
(*Une tempête survient.*)
Mes menaces déjà font trembler tout le monde;
Le vent fuit d'épouvante, et le tonnerre en gronde;
L'œil du ciel s'en retire, et par un voile noir,
N'y pouvant résister, se défend d'en rien voir ;
Cent nuages épais se distillant en larmes,
A force de pitié, veulent m'ôter les armes.
La nature étonnée embrasse mon courroux,
Et veut m'offrir Dorise, ou devancer mes coups.

Tout est de mon parti ; le ciel même n'envoie
Tant d'éclairs redoublés qu'afin que je la voie.
Quelques lieux où l'effroi porte ses pas errants,
Ils sont entrecoupés de mille gros torrents.
Que je serais heureux, si cet éclat de foudre,
Pour m'en faire raison l'avait réduite en poudre !
Allons voir ce miracle, et désarmer nos mains,
Si le ciel a daigné prévenir nos desseins.
Destins, soyez enfin de mon intelligence,
Et vengez mon affront, ou souffrez ma vengeance !

SCÈNE III

FLORIDAN.

Quel bonheur m'accompagne en ce moment fatal !
Le tonnerre a sous moi foudroyé mon cheval,
Et consumant sur lui toute sa violence,
Il m'a porté respect parmi son insolence.
Tous mes gens, écartés par un subit effroi,
Loin d'être à mon secours, ont fui d'autour de moi,
Ou, déjà dispersés par l'ardeur de la chasse,
Ont dérobé leur tête à sa fière menace.
Cependant, seul, à pied, je pense à tous moments
Voir le dernier débris de tous les éléments,
Dont l'obstination à se faire la guerre
Met toute la nature au pouvoir du tonnerre.
Dieux, si vous témoignez par là votre courroux,
De Clitandre ou de moi lequel menacez-vous ?
La perte m'est égale ; et la même tempête
Qui l'aurait accablé tomberait sur ma tête.
Pour le moins, justes dieux, s'il court quelque danger,
Souffrez que je le puisse avec lui partager !
J'en découvre à la fin quelque meilleur présage ;
L'haleine manque aux vents, et la force à l'orage ;
Les éclairs, indignés d'être éteints par les eaux,
En ont tari la source et séché les ruisseaux,
Et déjà le soleil de ses rayons essuie
Sur ces moites rameaux le reste de la pluie ;
Au lieu du bruit affreux des foudres décochés,
Les petits oisillons, encor demi-cachés...
Mais je verrai bientôt quelques-uns de ma suite ;
Je le juge à ce bruit.

SCÈNE IV

FLORIDAN, PYMANTE, DORISE.

PYMANTE *saisit Dorise qui le fuyait.*
Enfin, malgré ta fuite,
Je te retiens, barbare.
DORISE.
Hélas !
PYMANTE.
Songe à mourir ;
Tout l'univers ici ne te peut secourir.
FLORIDAN.
L'égorger à ma vue ! ô l'indigne spectacle !
Sus, sus, à ce brigand opposons un obstacle.
Arrête, scélérat !
PYMANTE.
Téméraire, où vas-tu ?
FLORIDAN.
Sauver ce gentilhomme à tes pieds abattu
DORISE, *à Pymante.*
Traître, n'avance pas ; c'est le prince.
PYMANTE, *tenant Dorise d'une main, et se battant de l'autre.*
N'importe ;
Il m'oblige à sa mort, m'ayant vu de la sorte.
FLORIDAN.
Est-ce là le respect que tu dois à mon rang ?
PYMANTE.
Je ne connais ici ni qualité ni sang.
Quelque respect ailleurs que ta naissance obtienne,
Pour assurer ma vie, il faut perdre la tienne.
DORISE.
S'il me demeure encor quelque peu de vigueur,
Si mon débile bras ne dédit point mon cœur,
J'arrêterai le tien.
PYMANTE.
Que fais-tu, misérable ?
DORISE.
Je détourne le coup d'un forfait exécrable.
PYMANTE.
Avec ces vains efforts crois-tu m'en empêcher ?
FLORIDAN.
Par une heureuse adresse il l'a fait trébucher.
Assassin, rends l'épée.

SCÈNE V

FLORIDAN, PYMANTE, DORISE, TROIS VENEURS, *portant en leurs mains les vrais habits de Pymante, Lycaste et Dorise.*

PREMIER VENEUR.
Écoute, il est fort proche ;
C'est sa voix qui résonne au creux de cette roche,
Et c'est lui que tantôt nous avions entendu.
FLORIDAN *désarme Pymante, et en donne l'épée à garder à Dorise.*
Prends ce fer en ta main.
PYMANTE.
Ah cieux ! je suis perdu.
SECOND VENEUR.
Oui, je le vois. Seigneur, quelle aventure étrange,
Quel malheureux destin en cet état vous range ?
FLORIDAN.
Garrottez ce maraud ; les couples de vos chiens
Vous y pourront servir, faute d'autres liens.
Je veux qu'à mon retour une prompte justice
Lui fasse ressentir par l'éclat d'un supplice,
Sans armer contre lui que les lois de l'État,
Que m'attaquer n'est pas un léger attentat :
Sachez que, s'il échappe, il y va de vos têtes.

PREMIER VENEUR.
Si nous manquons, seigneur, les voilà toutes prêtes.
Admirez cependant le foudre* et ses efforts,
Qui, dans cette forêt, ont consumé trois corps ;
En voici les habits, qui, sans aucun dommage,
Semblent avoir bravé la fureur de l'orage.
FLORIDAN.
Tu montres à mes yeux de merveilleux effets.
DORISE.
Mais des marques plutôt de merveilleux forfaits.
Ces habits, dont n'a point approché le tonnerre,
Sont aux plus criminels qui vivent sur la terre :
Connaissez-les, grand prince, et voyez devant vous
Pymante prisonnier, et Dorise à genoux.
FLORIDAN.
Que ce soit là Pymante, et que tu sois Dorise !
DORISE.
Quelques étonnements qu'une telle surprise
Jette dans votre esprit, que vos yeux ont déçu,
D'autres le saisiront quand vous aurez tout su.
La honte de paraître en un tel équipage
Coupe ici ma parole et l'étouffe au passage ;
Souffrez que je reprenne en un coin de ce bois
Avec mes vêtements l'usage de la voix,
Pour vous conter le reste en habit plus sortable.
FLORIDAN.
Cette honte me plaît ; ta prière équitable,
En faveur de ton sexe, et du secours prêté,
Suspendra jusqu'alors ma curiosité.
Tandis, sans m'éloigner beaucoup de cette place,
Je vais sur ce coteau pour découvrir la chasse.
(à un veneur.)   (aux autres veneurs.)
Tu l'y ramèneras. Vous, s'il ne veut marcher,
Gardez-le cependant au pied de ce rocher.
(*Le prince sort, et un des veneurs s'en va avec Dorise, et les autres mènent Pymante d'un autre côté.*)

SCÈNE VI

CLITANDRE, LE GEÔLIER.

CLITANDRE, *en prison.*
Dans ces funestes lieux, où la seule inclémence
D'un rigoureux destin réduit mon innocence,
Je n'attends désormais du reste des humains
Ni faveurs, ni secours, si ce n'est par tes mains.
LE GEÔLIER.
Je ne connais que trop où tend ce préambule.
Vous n'avez pas affaire à quelque homme crédule :
Tous, dans cette prison, dont je porte les clés,
Se disent comme vous du malheur accablés,
Et la justice à tous est injuste ; de sorte
Que la pitié me doit leur faire ouvrir la porte ;
Mais je me tiens toujours ferme dans mon devoir.
Soyez coupable ou non, je n'en veux rien savoir ;
Le roi, quoi qu'il en soit, vous a mis en ma garde :
Il me suffit ; le reste en rien ne me regarde.
CLITANDRE.
Tu juges mes desseins autres qu'ils ne sont pas.
Je tiens l'éloignement pire que le trépas,
Et la terre n'a point de si douce province
Où le jour m'agréât loin des yeux de mon prince.
Hélas ! si tu voulais l'envoyer avertir
Du péril dont sans lui je ne saurais sortir,
Ou qu'il lui fût porté de ma part une lettre ;
De la sienne en ce cas je t'ose bien promettre
Que son retour soudain des plus riches te rend :
Que cet anneau t'en serve et d'arrhe et de garant :
Tends la main et l'esprit vers un bonheur si proche.
LE GEÔLIER.
Monsieur, jusqu'à présent j'ai vécu sans reproche,
Et pour me suborner promesses ni présents
N'ont et n'auront jamais de charmes suffisants ;
C'est de quoi je vous donne une entière assurance :
Perdez-en le dessein avecque l'espérance :
Et puisque vous dressez des pièges à ma foi,
Adieu, ce lieu devient trop dangereux pour moi.

SCÈNE VII

CLITANDRE.

Va, tigre ! va, cruel, barbare, impitoyable !
Ce noir cachot n'a rien tant que toi d'effroyable.
Va, porte aux criminels tes regards dont l'horreur
Peut seule aux innocents imprimer la terreur :
Ton visage déjà commençait mon supplice ;
Et mon injuste sort, dont tu te fais complice,
Ne t'envoyait ici que pour m'épouvanter,
Ne t'envoyait ici que pour me tourmenter.
Cependant, malheureux, à qui me dois-je prendre
D'une accusation que je ne puis comprendre ?
A-t-on rien vu jamais, a-t-on rien vu de tel ?
Mes gens assassinés me rendent criminel !
L'auteur du coup s'en vante, et l'on m'en calomnie !
On le comble d'honneur, et moi d'ignominie !
L'échafaud qu'on m'apprête au sortir de prison,
C'est par où de ce meurtre on me fait la raison.
Mais leur déguisement d'autre côté m'étonne :
Jamais un bon dessein ne déguisa personne ;
Leur masque les condamne, et mon seing contrefait,
M'imputant un cartel, me charge d'un forfait.
Mon jugement s'aveugle ; et, ce que je déplore,
Je me sens bien trahi ; mais par qui ? je l'ignore ;
Et mon esprit troublé, dans ce confus rapport,
Ne voit rien de certain que ma honteuse mort.
Traître, qui que tu sois, rival, ou domestique,
Le ciel te garde encore un destin plus tragique.
N'importe, vif ou mort, les gouffres des enfers
Auront pour ton supplice encor de pires fers, [mes,
Là, mille affreux bourreaux t'attendent dans les flam
Moins les corps sont punis, plus ils gênent les âmes,
Et par des cruautés qu'on ne peut concevoir,
Ils vengent l'innocence au delà de l'espoir.
Et vous, que désormais je n'ose plus attendre,
Prince, qui m'honoriez d'une amitié si tendre,
Et dont l'éloignement fait mon plus grand malheur,
Bien qu'un crime imputé noircisse ma valeur.

Que le prétexte faux d'une action si noire
Ne laisse plus de moi qu'une sale mémoire,
Permettez que mon nom, qu'un bourreau va ternir,
Dure sans infamie en votre souvenir.
Ne vous repentez point de vos faveurs passées,
Comme chez un perfide indignement placées :
J'ose, j'ose espérer qu'un jour la vérité
Paraîtra toute nue à la postérité;
Et je tiens d'un tel heur* l'attente si certaine,
Qu'elle adoucit déjà la rigueur de ma peine;
Mon âme s'en chatouille, et ce plaisir secret
La prépare à sortir avec moins de regret.

SCÈNE VIII

FLORIDAN, PYMANTE, CLÉON, DORISE,
en habit de femme; TROIS VENEURS.

FLORIDAN, *à Dorise et à Cléon.*

Vous m'avez dit tous deux d'étranges aventures.
Ah, Clitandre! ainsi donc de fausses conjectures
T'accablent, malheureux, sous le courroux du roi!
Ce funeste récit me met tout hors de moi.

CLÉON.

Hâtant un peu le pas, quelque espoir me demeure
Que vous arriverez auparavant qu'il meure.

FLORIDAN.

Si je n'y viens à temps, ce perfide en ce cas
A son ombre immolé ne me suffira pas.
C'est trop peu de l'auteur de tant d'énormes crimes;
Innocent, il aura d'innocentes victimes.
Où que soit Rosidor, il le suivra de près,
Et je saurai changer ses myrtes en cyprès.

DORISE.

Souiller ainsi vos mains du sang de l'innocence!

FLORIDAN.

Mon déplaisir m'en donne une entière licence.
J'en veux, comme le roi, faire autant à mon tour;
Et puisqu'en sa faveur on prévient mon retour,
Il est trop criminel. Mais que viens-je d'entendre?
Je me tiens presque sûr de sauver mon Clitandre;
La chasse n'est pas loin, où, prenant un cheval,
Je préviendrai le coup de son malheur fatal;
Il suffit de Cléon pour ramener Dorise.

(*montrant Pymante.*)

Vous autres, gardez bien de lâcher votre prise;
Un supplice l'attend, qui doit faire trembler
Quiconque désormais voudrait lui ressembler.

ACTE CINQUIÈME

SCÈNE I

FLORIDAN, CLITANDRE, UN PRÉVÔT, CLÉON.

FLORIDAN, *parlant au prévôt.*

Dites vous-même au roi qu'une telle innocence
Légitime en ce point ma désobéissance,
Et qu'un homme sans crime avait bien mérité
Que j'usasse pour lui de quelque autorité.
Je vous suis. Cependant que mon heur* est extrême,
Ami, que je chéris à l'égal de moi-même,
D'avoir su justement venir à ton secours
Lorsqu'un infâme glaive allait trancher tes jours,
Et qu'un injuste sort, ne trouvant point d'obstacle,
Apprêtait de ta tête un indigne spectacle!

CLITANDRE.

Ainsi qu'un autre Alcide, en m'arrachant des fers,
Vous m'avez aujourd'hui retiré des enfers;
Et moi dorénavant j'arrête mon envie
A ne servir qu'un prince à qui je dois la vie.

FLORIDAN.

Réserve pour Caliste une part de tes soins.

CLITANDRE.

C'est à quoi désormais je veux penser le moins.

FLORIDAN.

Le moins! Quoi! désormais Caliste en ta pensée
N'aurait plus que le rang d'une image effacée?

CLITANDRE.

J'ai honte que mon cœur auprès d'elle attaché
De son ardeur pour vous ait souvent relâché,
Ait souvent pour le sien quitté votre service :
C'est par là que j'avais mérité mon supplice;
Et pour m'en faire naître un juste repentir,
Il semble que les dieux y voulaient consentir;
Mais votre heureux retour a calmé cet orage.

FLORIDAN.

Tu me fais assez lire au fond de ton courage;
La crainte de la mort en chasse des appas
Qui t'ont mis au péril d'un si honteux trépas,
Puisque, sans cet amour, la fourbe* mal conçue
Eût manqué contre toi de prétexte et d'issue;
Ou peut-être à présent tes désirs amoureux
Tournent vers des objets un peu moins rigoureux.

CLITANDRE.

Doux ou cruels, aucun désormais ne me touche.

FLORIDAN.

L'amour dompte aisément l'esprit le plus farouche,
C'est à ceux de notre âge un puissant ennemi :
Tu ne connais encor ses forces qu'à demi;
Ta résolution, un peu trop violente,
N'a pas bien consulté ta jeunesse bouillante.
Mais que veux-tu, Cléon, et qu'est-il arrivé?
Pymante de vos mains se serait-il sauvé?

CLÉON.

Non, seigneur; acquittés de la charge commise,

Nos veneurs ont conduit Pymante, et moi, Dorise;
Et je viens seulement prendre un ordre nouveau.
FLORIDAN.
Qu'on m'attende avec eux aux portes du château.
Allons, allons au roi montrer ton innocence;
Les auteurs des forfaits sont en notre puissance;
Et l'un d'eux, convaincu dès le premier aspect,
Ne te laissera plus aucunement suspect

SCÈNE II

ROSIDOR, *sur son lit.*

Amants les mieux payés de votre longue peine,
Vous de qui l'espérance est la moins incertaine,
Et qui vous figurez, après tant de longueurs,
Avoir droit sur les corps dont vous tenez les cœurs,
En est-il parmi vous de qui l'âme contente
Goûte plus de plaisir que moi dans son attente?
En est-il parmi vous de qui l'heur* à venir
D'un espoir mieux fondé se puisse entretenir?
Mon esprit, que captive un objet adorable,
Ne l'éprouva jamais autre que favorable.
J'ignorerais encor ce que c'est que mépris,
Si le sort d'un rival ne me l'avait appris.
Je te plains toutefois, Clitandre; et la colère
D'un grand roi qui te perd me semble trop sévère.
Tes desseins par l'effet n'étaient que trop punis;
Nous voulant séparer, tu nous as réunis.
Il ne te fallait point de plus cruels supplices
Que de te voir toi-même auteur de nos délices,
Puisqu'il n'est pas à croire, après ce lâche tour,
Que le prince ose plus traverser notre amour.
Ton crime t'a rendu désormais trop infâme
Pour tenir ton parti sans s'exposer au blâme :
On devient ton complice à te favoriser.
Mais hélas! mes pensers, qui vous vient diviser?
Quel plaisir de vengeance à présent vous engage?
Faut-il qu'avec Caliste un rival vous partage?
Retournez, retournez vers mon unique bien;
Que seul dorénavant il soit votre entretien;
Ne vous repaissez plus que de sa seule idée;
Faites-moi voir la mienne en son âme gardée :
Ne vous arrêtez pas à peindre sa beauté,
C'est par où mon esprit est le moins enchanté;
Elle servit d'amorce à mes désirs avides;
Mais ils ont su trouver des objets plus solides :
Mon feu qu'elle alluma fût mort au premier jour,
S'il n'eût été nourri d'un réciproque amour.
Oui, Caliste, et je veux toujours qu'il m'en souvienne,
J'aperçus aussitôt ta flamme que la mienne,
L'amour apprit ensemble à nos cœurs à brûler;
L'amour apprit ensemble à nos yeux à parler;
Et sa timidité lui donna la prudence
De n'admettre que nous en notre confidence :
Ainsi nos passions se dérobaient à tous;
Ainsi nos feux secrets n'ayant point de jaloux...
Mais qui vient jusqu'ici troubler mes rêveries?

SCÈNE III

ROSIDOR, CALISTE.

CALISTE.
Celle qui voudrait voir tes blessures **guéries**,
Celle...
ROSIDOR.
Ah! mon heur*, jamais je n'obtiendrais sur moi
De pardonner ce crime à tout autre qu'à toi.
De notre amour naissant la douceur et la gloire
De leur charmante idée occupaient ma mémoire;
Je flattais ton image, elle me reflattait*;
Je lui faisais des vœux, elle les acceptait;
Je formais des désirs, elle en aimait l'hommage.
La désavoûras-tu cette flatteuse image?
Voudras-tu démentir notre entretien secret?
Seras-tu plus mauvaise enfin que ton portrait?
CALISTE.
Tu pourrais de sa part te faire tant promettre,
Que je ne voudrais pas tout à fait m'y remettre
Quoiqu'à dire le vrai je ne sais pas trop bien
En quoi je dédirais ce secret entretien,
Si la pleine santé m'en donnait lieu de dire
Quelle borne à tes vœux je puis et dois prescrire.
Prends soin de te guérir; et les miens plus contents...
Mais je te le dirai quand il en sera temps.
ROSIDOR.
Cet énigme* enjoué n'a point d'incertitude
Qui soit propre à donner beaucoup d'inquiétude;
Et si j'ose entrevoir dans son obscurité,
Ma guérison importe à plus qu'à ma santé.
Mais dis tout, ou du moins souffre que je devine,
Et te dise à mon tour ce que je m'imagine.
CALISTE.
Tu dois, par complaisance au peu que j'ai d'appas,
Feindre d'entendre mal ce que je ne dis pas,
Et ne point m'envier un moment de délices
Que fait goûter l'amour en ses petits supplices.
Doute donc, sois en peine, et montre un cœur gêné
D'une amoureuse peur d'avoir mal deviné;
Espère, mais hésite; hésite, mais aspire.
Attends de ma bonté qu'il me plaise tout dire.
Et sans en concevoir d'espoir trop affermi,
N'espère qu'à demi, quand je parle à demi.
ROSIDOR.
Tu parles à demi, mais un secret langage
Qui va jusques au cœur m'en dit bien davantage,
Et tes yeux sont du tien de mauvais truchements*,
Ou rien plus ne s'oppose à nos contentements.
CALISTE.
Je l'avais bien prévu que ton impatience
Porterait ton espoir à trop de confiance;
Que, pour craindre trop peu, tu devinerais mal.
ROSIDOR.
Quoi! la reine ose encor soutenir mon rival?
Et sans avoir d'horreur d'une action si noire...
CALISTE.
Elle a l'âme trop haute et chérit trop la gloire

Pour ne pas s'accorder aux volontés du roi,
Qui d'un heureux hymen récompense ta foi...
ROSIDOR.
Si notre heureux malheur a produit ce miracle,
Qui peut à nos désirs mettre encor quelque obstacle?
CALISTE.
Tes blessures.
ROSIDOR.
Allons, je suis déjà guéri.
CALISTE.
Ce n'est pas pour un jour que je veux un mari,
Et je ne puis souffrir que ton ardeur hasarde
Un bien que de ton roi la prudence retarde.
Prends soin de te guérir, mais guérir tout à fait,
Et crois que tes désirs...
ROSIDOR.
N'auront aucun effet.
CALISTE.
N'auront aucun effet! qui te le persuade?
ROSIDOR.
Un corps peut-il guérir, dont le cœur est malade?
CALISTE.
Tu m'as rendu mon change*, et m'as fait quelque peur;
Mais je sais le remède aux blessures du cœur.
Les tiennes, attendant le jour que tu souhaites,
Auront pour médecins mes yeux, qui les ont faites.
Je me rends désormais assidue à te voir.
ROSIDOR.
Cependant, ma chère âme, il est de mon devoir
Que sans perdre de temps j'aille rendre en personne
D'humbles grâces au roi du bonheur qu'il nous donne.
CALISTE.
Je me charge pour toi de ce remerciment.
Toutefois, qui saurait que pour ce compliment
Une heure hors d'ici ne pût beaucoup nuire,
Je voudrais en ce cas moi-même t'y conduire;
Et j'aimerais mieux être un peu plus tard à toi,
Que tes justes devoirs manquassent vers ton roi.
ROSIDOR.
Mes blessures n'ont point, dans leurs faibles atteintes,
Sur quoi ton amitié puisse fonder ses craintes.
CALISTE. [vœux,
Viens donc; et puis qu'enfin nous faisons mêmes
En le remerciant parle au nom de tous deux.

SCÈNE IV

ALCANDRE, FLORIDAN, CLITANDRE, PYMANTE,
DORISE, CLÉON, UN PRÉVÔT, TROIS VENEURS.

ALCANDRE.
Que souvent notre esprit, trompé par l'apparence,
Règle ses mouvements avec peu d'assurance!
Qu'il est peu de lumière en nos entendements!
Et que d'incertitude en nos raisonnements!
Qui voudra désormais se fie aux impostures
Qu'en notre jugement forment les conjectures :
Tu suffis pour apprendre à la postérité

Combien la vraisemblance a peu de vérité.
Jamais jusqu'à ce jour la raison en déroute
N'a conçu tant d'erreur avec si peu de doute;
Jamais, par des soupçons si faux et si pressants,
On n'a jusqu'à ce jour convaincu d'innocents.
J'en suis honteux, Clitandre, et mon âme confuse
De trop de promptitude en soi-même s'accuse.
Un roi doit se donner, quand il est irrité,
Ou plus de retenue, ou moins d'autorité.
Perds-en le souvenir; et pour moi, je te jure
Qu'à force de bienfaits j'en répare l'injure.
CLITANDRE.
Que votre majesté, sire, n'estime pas
Qu'il faille m'attirer par de nouveaux appâts.
L'honneur de vous servir m'apporte assez de gloire;
Et je perdrais le mien, si quelqu'un pouvait croire
Que mon devoir penchât au refroidissement,
Sans le flatteur espoir d'un agrandissement.
Vous n'avez exercé qu'une juste colère :
On est trop criminel quand on peut vous déplaire;
Et, tout chargé de fers, ma plus forte douleur
Ne s'en osa jamais prendre qu'à mon malheur.
FLORIDAN.
Seigneur, moi qui connais le fond de son courage,
Et qui n'ai jamais vu de fard en son langage,
Je tiendrais à bonheur que votre majesté
M'acceptât pour garant de sa fidélité.
ALCANDRE.
Ne nous arrêtons plus sur la reconnaissance
Et de mon injustice, et de son innocence;
Passons au criminel.
(montrant Pymante.)
Toi dont la trahison
A fait si lourdement trébucher ma raison,
Approche, scélérat! Un homme de courage
Se met avec honneur en un tel équipage;
Attaque le plus fort un rival plus heureux;
Et présumant encor cet exploit dangereux,
A force de présents et d'infâmes pratiques,
D'un autre cavalier corrompt les domestiques,
Prend d'un autre le nom, et contrefait son seing,
Afin qu'exécutant son perfide dessein,
Sur un homme innocent tombent les conjectures?
Parle, parle, confesse, et préviens les tortures.
PYMANTE.
Sire, écoutez-en donc la pure vérité.
Votre seule faveur a fait ma lâcheté,
Vous, dis-je,
(montrant Dorise.)
Et cet objet dont l'amour me transporte.
L'honneur doit pouvoir tout sur les gens de ma sorte;
Mais recherchant la mort de qui vous est si cher,
Pour en avoir le fruit il me fallait cacher;
Reconnu pour l'auteur d'une telle surprise,
Le moyen d'approcher de vous ou de Dorise?
ALCANDRE.
Tu dois aller plus outre, et m'imputer encor
L'attentat sur mon fils comme sur Rosidor :

Car je ne touche point à Dorise outragée;
Chacun, en te voyant, la voit assez vengée,
Et coupable elle-même, elle a bien mérité
L'affront qu'elle a reçu de ta témérité.

PYMANTE.

Un crime attire l'autre, et, de peur d'un supplice,
On tâche, en étouffant ce qu'on en voit d'indice,
De paraître innocent à force de forfaits.
Je ne suis criminel sinon manque d'effets;
Et sans l'âpre rigueur du sort qui me tourmente,
Vous pleureriez le prince, et souffririez Pymante.
Mais que tardez-vous plus? J'ai tout dit : punissez.

ALCANDRE.

Est-ce là le regret de tes crimes passés?
Otez-le-moi d'ici; je ne puis voir sans honte
Que de tant de forfaits il tient si peu de compte :
Dites à mon conseil que pour le châtiment,
J'en laisse à ses avis le libre jugement;
Mais qu'après son arrêt je saurai reconnaître
L'amour que vers son prince il aura fait paraître.
  Viens çà, toi, maintenant, monstre de cruauté,
Qui veux joindre le meurtre à la déloyauté,
Détestable Alecton, que la reine déçue
Avait naguère au rang de ses filles reçue!
Quel barbare, ou plutôt quelle peste d'enfer
Se rendit ton complice et te donna ce fer?

DORISE.

L'autre jour, dans ce bois trouvé par aventure,
Sire, il donna sujet à toute l'imposture;
Mille jaloux serpents qui me rongeaient le sein
Sur cette occasion formèrent mon dessein :
Je le cachai dès lors.

FLORIDAN.

Il est tout manifeste
Que ce fer n'est enfin qu'un misérable reste
Du malheureux duel où le triste Arimant
Laissa son corps sans âme, et Daphné sans amant.
Mais quant à son forfait, un ver de jalousie
Jette souvent notre âme en telle frénésie,
Que la raison, qu'aveugle un plein emportement,
Laisse notre conduite à son dérèglement;
Lors tout ce qu'il produit mérite qu'on l'excuse.

ALCANDRE.

De si faibles raisons mon esprit ne s'abuse.

FLORIDAN.

Seigneur, quoi qu'il en soit, un fils qu'elle vous rend,
Sous votre bon plaisir, sa défense entreprend;
Innocente ou coupable, elle assura ma vie.

ALCANDRE.

Ma justice en ce cas la donne à ton envie;
Ta prière obtient même avant que demander
Ce qu'aucune raison ne pouvait t'accorder.
Le pardon t'est acquis : relève-toi, Dorise,
Et va dire partout, en liberté remise,
Que le prince aujourd'hui te préserve à la fois
Des fureurs de Pymante et des rigueurs des lois.

DORISE.

Après une bonté tellement excessive,
Puisque votre clémence ordonne que je vive,
Permettez désormais, sire, que mes desseins
Prennent des mouvements plus réglés et plus sains;
Souffrez que pour pleurer mes actions brutales,
Je fasse ma retraite avecque les vestales,
Et qu'une criminelle indigne d'être au jour
Se puisse renfermer en leur sacré séjour.

FLORIDAN.

Te bannir de la cour après m'être obligée,
Ce serait trop montrer ma faveur négligée.

DORISE.

N'arrêtez point au monde un objet odieux,
De qui chacun, d'horreur, détournerait les yeux.

FLORIDAN.

Fusses-tu mille fois encor plus méprisable,
Ma faveur te va rendre assez considérable
Pour t'acquérir ici mille inclinations.
Outre l'attrait puissant de tes perfections,
Mon respect à l'amour tout le monde convie
Vers celle à qui je dois et qui me doit la vie.
Fais-le voir, cher Clitandre, et tourne ton désir
Du côté que ton prince a voulu te choisir;
Réunis mes faveurs t'unissant à Dorise.

CLITANDRE.

Mais par cette union mon esprit se divise,
Puisqu'il faut que je donne aux devoirs d'un époux
La moitié des pensers qui ne sont dus qu'à vous.

FLORIDAN.

Ce partage m'oblige, et je tiens tes pensées
Vers un si beau sujet d'autant mieux adressées,
Que je lui veux céder ce qui m'en appartient.

ALCANDRE.

Taisez-vous, j'aperçois notre blessé qui vient.

SCÈNE V

ALCANDRE, FLORIDAN, CLÉON, CLITANDRE,
ROSIDOR, CALISTE, DORISE.

ALCANDRE, *à Rosidor*.

Au comble de tes vœux, sûr de ton mariage,
N'es-tu point satisfait? que veux-tu davantage?

ROSIDOR.

L'apprendre de vous, sire, et pour remercîments
Nous offrir l'un et l'autre à vos commandements.

ALCANDRE.

Si mon commandement peut sur toi quelque chose,
Et si ma volonté de la tienne dispose,
Embrasse un cavalier indigne des liens
Où l'a mis aujourd'hui la trahison des siens.
Le prince heureusement l'a sauvé du supplice,
Et ces deux que ton bras dérobe à ma justice,
Corrompus par Pymante, avaient juré ta mort :
Le suborneur depuis n'a pas eu meilleur sort :
Et, ce traître à présent tombé sous ma puissance,
Clitandre, fait trop voir quelle est son innocence.

ROSIDOR.

Sire, vous le savez, le cœur me l'avait dit :
Et si peu que j'avais près de vous de crédit,

Je l'employai dès lors contre votre colère.
(à Clitandre.)
En moi dorénavant faites état d'un frère.
CLITANDRE, à Rosidor.
En moi, d'un serviteur dont l'amour éperdu
Ne vous conteste plus un prix qui vous est dû.
DORISE, à Caliste.
Si le pardon du roi me peut donner le vôtre,
Si mon crime...
CALISTE.
Ah! ma sœur, tu me prends pour une autre
Si tu crois que je puisse encor m'en souvenir.
ALCANDRE.
Tu ne veux plus songer qu'à ce jour à venir
Où Rosidor guéri termine un hyménée.
Clitandre, en attendant cette heureuse journée,
Tâchera d'allumer en son âme des feux
Pour celle que mon fils désire, et que je veux,
A qui, pour réparer sa faute criminelle,
Je défends désormais de se montrer cruelle;
Et nous verrons alors cueillir en même jour
A deux couples d'amants les fruits de leur amour.

EXAMEN DE CLITANDRE

Un voyage que je fis à Paris pour voir le succès de *Mélite* m'apprit qu'elle n'était pas dans les vingt et quatre heures : c'était l'unique règle que l'on connût en ce temps-là. J'entendis que ceux du métier la blâmaient de peu d'effets, et de ce que le style en était trop familier. Pour la justifier contre cette censure par une espèce de bravade, et montrer que ce genre de pièces avait les vraies beautés du théâtre, j'entrepris d'en faire une régulière (c'est-à-dire dans ces vingt et quatre heures), pleine d'incidents, et d'un style plus élevé, mais qui ne vaudrait rien du tout; en quoi je réussis parfaitement. Le style en est véritablement plus fort que celui de l'autre; mais c'est tout ce qu'on y peut trouver de supportable. Il est mêlé de pointes comme dans cette première; mais ce n'était pas alors un si grand vice dans le choix des pensées, que la scène en dût être entièrement purgée. Pour la constitution, elle est si désordonnée, que vous avez de la peine à deviner qui sont les premiers acteurs. Rosidor et Caliste sont ceux qui le paraissent le plus par l'avantage de leur caractère et de leur amour mutuel : mais leur action finit dès le premier acte avec leur péril; et ce qu'ils disent au troisième et au cinquième ne fait que montrer leurs visages, attendant que les autres achèvent. Pymante et Dorise y ont le plus grand emploi; mais ce ne sont que deux criminels qui cherchent à éviter la punition de leurs crimes, et dont même le premier en attente de plus grands pour mettre à couvert les autres. Clitandre, autour de qui semble tourner le nœud de la pièce, puisque les premières actions vont à le faire coupable, et les dernières à le justifier, n'en peut être qu'un héros bien ennuyeux, qui n'est introduit que pour déclamer en prison, et ne parle pas même à cette maîtresse dont les dédains servent de couleur à le faire passer pour criminel. Tout le cinquième est de *Mélite*, après la conclusion des épisodes, et n'a rien de surprenant, puisque, dès le quatrième, on devine tout ce qui doit arriver, hormis le mariage de Clitandre avec Dorise, qui est encore plus étrange que celui d'Éraste, et dont on n'a garde de se défier.

Le roi et le prince y paraissent dans un emploi fort au-dessous de leur dignité : l'un n'y est que comme juge, et l'autre comme confident de son favori. Ce défaut n'a pas accoutumé de passer pour défaut : aussi n'est-ce qu'un sentiment particulier dont je me suis fait une règle, qui peut-être ne semblera pas déraisonnable, bien que nouvelle.

Pour m'expliquer, je dis qu'un roi, un héritier de la couronne, un gouverneur de province, et généralement un homme d'autorité, peut paraître sur le théâtre en trois façons : comme roi, comme homme et comme juge; quelquefois avec deux de ces qualités, quelquefois avec toutes les trois ensemble. Il paraît comme roi seulement quand il n'a intérêt qu'à la conservation de son trône ou de sa vie, qu'on attaque pour changer l'État, sans avoir l'esprit agité d'aucune passion particulière; et c'est ainsi qu'Auguste agit dans *Cinna*, et Phocas dans *Héraclius*. Il paraît comme homme seulement quand il n'a que l'intérêt d'une passion à suivre ou à vaincre, sans aucun péril pour son État ; et tel est Grimoald dans les trois premiers actes de *Pertharite*, et les deux reines dans *Don Sanche*. Il ne paraît enfin que comme juge quand il est introduit sans aucun intérêt pour son État ni pour sa personne, ni pour ses affections, mais seulement pour régler celui des autres, comme dans ce poëme et dans le *Cid* ; et on ne peut désavouer qu'en cette dernière posture il remplit assez mal la dignité d'un si grand titre, n'ayant aucune part en l'action que celle qu'il y veut prendre pour d'autres, et demeurant bien éloigné de l'éclat des deux autres manières. Aussi l'on ne le donne jamais à représenter aux meilleurs acteurs ; mais il faut qu'il se contente de passer par la bouche de ceux du second ou du troisième ordre. Il peut paraître comme roi et comme homme tout à la fois quand il a un grand intérêt d'État et une forte passion tout ensemble à soutenir, comme Antiochus dans *Rodogune*, et Nicomède dans la tragédie qui porte son nom ; et c'est, à mon avis, la plus digne manière et la plus avantageuse de mettre sur la scène des gens de cette condition, parce qu'ils attirent alors toute l'action à eux, et ne manquent jamais d'être représentés par les premiers acteurs. Il ne me vient pas d'exemple en la mémoire où un roi paraisse comme homme et comme juge, avec un intérêt de passion pour lui, et un soin de régler ceux des autres sans aucun péril pour son État ; mais pour voir les trois manières ensemble, on les peut aucunement* remarquer dans les deux gouverneurs d'Arménie et de Syrie, que j'ai introduits, l'un dans *Polyeucte* et l'autre dans *Théodore*. Je dis aucunement, parce que la tendresse que l'un a pour son gendre, et l'autre pour son fils, qui est ce qui les fait paraître comme hommes, agit si faiblement, qu'elle semble étouffée sous le soin qu'a l'un et l'autre de conserver sa dignité, dont ils font tous deux leur capital; et qu'ainsi on peut dire en rigueur qu'ils ne paraissent que comme gouverneurs qui craignent de se perdre, et comme juges qui, par cette crainte dominante, condamnent ou plutôt s'immolent ce qu'ils voudraient conserver.

Les monologues sont trop longs et trop fréquents en cette pièce; c'était une beauté en ce temps-là : les comédiens les souhaitaient, et croyaient y paraître avec plus d'avantage. La mode a si bien changé que la plupart de mes derniers ouvrages n'en ont aucun; et vous n'en trouverez point dans *Pompée*, la *Suite du Menteur*, *Théodore* et *Pertharite*, ni dans *Héraclius*, *Andromède*, *OEdipe* et la *Toison d'or*, à la réserve des stances.

Pour le lieu, il a encore plus d'étendue, ou, si vous voulez souffrir ce mot, plus de libertinage ici que dans *Mélite* ; il comprend un château d'un roi avec une forêt voisine, comme pourrait être celui de Saint-Germain, et est bien éloigné de l'exactitude que les sévères critiques y demandent.

FIN DE CLITANDRE.

LA VEUVE

COMÉDIE. — 1634

A MADAME DE LA MAISON-FORT

Madame,

Le bon accueil qu'autrefois cette Veuve a reçu de vous l'oblige à vous en remercier, et l'enhardit à vous demander la faveur de votre protection. Étant exposée aux coups de l'envie et de la médisance, elle n'en peut trouver de plus assurée que celle d'une personne sur qui ces deux monstres n'ont jamais eu de prise. Elle espère que vous ne la méconnaîtrez pas, pour être dépouillée de tous autres ornements que les siens, et que vous la traiterez aussi bien qu'alors que la grâce de la représentation la mettait en son jour. Pourvu qu'elle vous puisse divertir encore une heure, elle est trop contente, et se bannira sans regret du théâtre pour avoir une place dans votre cabinet. Elle est honteuse de vous ressembler si peu, et a de grands sujets d'appréhender qu'on ne l'accuse de peu de jugement de se présenter devant vous, dont les perfections la feront paraître d'autant plus imparfaite; mais quand elle considère qu'elles sont en un si haut point, qu'on n'en peut avoir de légères teintures sans des priviléges tout particuliers du ciel, elle se rassure entièrement, et n'ose plus craindre qu'il se rencontre des esprits assez injustes pour lui imputer à défaut le manque des choses qui sont au-dessus des forces de la nature : en effet, madame, quelque difficulté que vous fassiez de croire aux miracles, il faut que vous en reconnaissiez en vous-même, ou que vous ne vous connaissiez pas, puisqu'il est tout vrai que des vertus et des qualités si peu communes que les vôtres ne sauraient avoir d'autre nom. Ce n'est pas mon dessein d'en faire ici les éloges; outre qu'il serait superflu de particulariser ce que tout le monde sait, la bassesse de mon discours profanerait des choses si relevées. Ma plume est trop faible pour entreprendre de voler si haut; c'est assez pour elle de vous rendre mes devoirs, et de vous protester, avec plus de vérité que d'éloquence, que je serai toute ma vie,

Madame,

Votre très-humble et très-obéissant serviteur,
CORNEILLE.

AU LECTEUR

Si tu n'es homme à te contenter de la naïveté du style et de la subtilité de l'intrigue, je ne t'invite point à la lecture de cette pièce : son ornement n'est pas dans l'éclat des vers. C'est une belle chose que de les faire puissants et majestueux : cette pompe ravit d'ordinaire les esprits, et pour le moins les éblouit; mais il faut que les sujets en fassent naître les occasions; autrement c'est en faire parade mal à propos, et pour gagner le nom de poëte, perdre celui de judicieux. La comédie n'est qu'un portrait de nos actions et de nos discours, et la perfection des portraits consiste en la ressemblance. Sur cette maxime, je tâche de ne mettre en la bouche de mes acteurs que ce que diraient vraisemblablement en leur place ceux qu'ils représentent, et de les faire discourir en honnêtes gens, et non pas en auteurs. Ce n'est qu'aux ouvrages où le poëte parle qu'il faut parler en poëte; Plaute n'a pas écrit comme Virgile, et ne laisse pas d'avoir bien écrit. Ici donc tu ne trouveras en beaucoup d'endroits qu'une prose rimée, peu de scènes toutefois sans quelque raisonnement assez véritable, et partout une conduite assez industrieuse. Tu y reconnaîtras trois sortes d'amours aussi extraordinaires au théâtre qu'ordinaires dans le monde : celle de Philiste et Clarice, d'Alcidon et Doris, et celle de la même Doris avec Florange, qui ne paraît point. Le plus beau de leurs entretiens est en équivoques, et en propositions dont ils te laissent les conséquences à tirer. Si tu en pénètres bien le sens, l'artifice ne t'en déplaira point. Pour l'ordre de la pièce, je ne l'ai mis ni dans la sévérité des règles, ni dans la liberté, qui n'est que trop ordinaire sur le théâtre français : l'une est trop rarement capable de beaux effets, et on les trouve à trop bon marché dans l'autre, qui prend quelquefois tout un siècle pour la durée de son action, et toute la terre habitable pour le lieu de la scène. Cela sent un peu trop son abandon, messéant à toute sorte de poëme, et particulièrement aux dramatiques, qui ont toujours été les plus réguliers. J'ai donc cherché quelque milieu pour la règle du temps, et me suis persuadé que la comédie étant disposée en cinq actes, cinq jours consécutifs n'y seraient point mal employés. Ce n'est pas que je méprise l'antiquité; mais comme on épouse malaisément des beautés si vieilles, j'ai cru lui rendre assez de respects de lui partager mes ouvrages; et de six pièces de théâtre qui me sont échappées, en ayant réduit trois dans la contrainte qu'elle nous a prescrite, je n'ai point fait de conscience d'allonger un peu les vingt et quatre heures aux trois autres. Pour l'unité de lieu et d'action, ce sont deux règles que j'observe inviolablement; mais j'interprète la dernière à ma mode; et la première, tantôt je la resserre à la seule grandeur du théâtre, et tantôt je l'étends jusqu'à toute une ville, comme en cette pièce. Je l'ai poussée dans le Clitandre jusques aux lieux où l'on peut aller dans les vingt et quatre heures; mais bien que j'en puisse trouver de bons garants et de grands exemples dans les vieux et nouveaux siècles, j'estime qu'il n'est que meilleur de se passer de leur imitation en ce point. Quelque jour je m'expliquerai davantage sur ces matières; mais il faut attendre l'occasion d'un plus grand volume : cette préface n'est déjà que trop longue pour une comédie.

ARGUMENT

Alcidon, amoureux de Clarice, veuve d'Alcandre et maîtresse de Philiste, son particulier ami, de peur qu'il ne s'en aperçût, feint d'aimer sa sœur Doris, qui, ne s'abusant point par ses caresses, consent au mariage de Florange, que sa mère lui propose. Ce faux ami, sous prétexte de se venger de l'affront que lui faisait ce mariage, fait consentir Célidan à enlever Clarice en sa faveur, et ils la mènent ensemble à un château de Célidan. Philiste, abusé des faux ressentiments de son ami, fait rompre le mariage de Florange : sur quoi Célidan conjure Alcidon de reprendre Doris, et rendre Clarice à son amant. Ne l'y pouvant résoudre, il soupçonne quelque fourbe de sa part, et fait si bien qu'il tire les vers du nez à la nourrice de Clarice, qui avait toujours eu intelligence avec Alcidon, et lui avait même facilité l'enlèvement de sa maîtresse; ce qui le porte à quitter le parti de ce perfide : de sorte que ramenant Clarice à Philiste, il obtient de lui en récompense sa sœur Doris.

PERSONNAGES.

PHILISTE, amant de Clarice.
ALCIDON, ami de Philiste et amant de Doris.
CÉLIDAN, ami d'Alcidon et amoureux de Doris.
CLARICE, veuve d'Alcandre et maîtresse de Philiste.
CHRYSANTE, mère de Doris.
DORIS, sœur de Philiste.

PERSONNAGES.

LA NOURRICE de Clarice.
GÉRON, agent de Florange, amoureux de Doris, qui ne paraît point.
LYCASTE, domestique de Philis.
POLYMAS,
DORASTE,   domestiques de Clarice.
LISTOR,

La scène est à Paris.

ACTE PREMIER

SCÈNE I

PHILISTE, ALCIDON.

ALCIDON.

J'en demeure d'accord, chacun a sa méthode;
Mais la tienne pour moi serait trop incommode;
Mon cœur ne pourrait pas conserver tant de feu,
S'il fallait que ma bouche en témoignât si peu.
Depuis près de deux ans tu brûles pour Clarice;
Et plus ton amour croît, moins elle en a d'indice.
Il semble qu'à languir tes désirs sont contents,
Et que tu n'as pour but que de perdre ton temps.
Quel fruit espères-tu de ta persévérance
A la traiter toujours avec indifférence?
Auprès d'elle assidu, sans lui parler d'amour,
Veux-tu qu'elle commence à te faire la cour?

PHILISTE.

Non, mais, à dire vrai, je veux qu'elle devine.

ALCIDON.

Ton espoir, qui te flatte, en vain se l'imagine.
Clarice avec raison prend pour stupidité
Ce ridicule effet de ta timidité.

PHILISTE.

Peut-être. Mais enfin vois-tu qu'elle me fuie,
Qu'indifférent qu'il est mon entretien l'ennuie,
Que je lui sois à charge, et lorsque je la voi,
Qu'elle use d'artifice à s'échapper de moi?
Sans te mettre en souci quelle en sera la suite,
Apprends comme l'amour doit régler sa conduite.
Aussitôt qu'une dame a charmé nos esprits,
Offrir notre service au hasard d'un mépris,
Et nous abandonnant à nos brusques saillies,
Au lieu de notre ardeur lui montrer nos folies;
Nous attirer sur l'heure un dédain éclatant,
Il n'est si maladroit qui n'en fît bien autant.
Il faut s'en faire aimer avant qu'on se déclare;
Notre submission* à l'orgueil la prépare.
Lui dire incontinent son pouvoir souverain,
C'est mettre à sa rigueur les armes à la main.
Usons, pour être aimés, d'un meilleur artifice,
Et sans lui rien offrir, rendons lui du service;
Réglons sur son humeur toutes nos actions,
Réglons tous nos desseins sur ses intentions.
Tant que, par la douceur d'une longue hantise*,
Comme insensiblement elle se trouve prise!
C'est par là que l'on sème aux dames des appâts
Qu'elles n'évitent point, ne les prévoyant pas.
Leur haine envers l'amour pourrait être un prodige
Que le seul nom les choque, et l'effet les oblige.

ALCIDON.

Suive qui le voudra ce procédé nouveau :
Mon feu me déplairait caché sous ce rideau.
Ne parler point d'amour! Pour moi, je me défie
Des fantasques raisons de ta philosophie;
Ce n'est pas là mon jeu. Le joli passe-temps
D'être auprès d'une dame, et causer du beau temps,
Lui jurer que Paris est toujours plein de fange,
Qu'un certain parfumeur vend de fort bonne eau
Qu'un cavalier regarde un autre de travers, [d'ange,
Que dans la comédie on dit d'assez bons vers,
Qu'Aglante avec Philis dans un mois se marie!
Change, pauvre abusé, change de batterie.
Conte ce qui te mène, et ne t'amuse pas
A perdre innocemment tes discours et tes pas.

PHILISTE.

Je les aurais perdus auprès de ma maîtresse,
Si je n'eusse employé que la commune adresse,
Puisque inégal de biens et de condition,
Je ne pouvais prétendre à son affection.

ALCIDON.

Mais si tu ne les perds je te tiens à miracle,
Puisque ainsi ton amour rencontre un double obsta-
Et que ton froid silence et l'inégalité   [cle,
S'opposent tout ensemble à ta témérité.

PHILISTE.

Crois que de la façon dont j'ai su me conduire
Mon silence n'est pas en état de me nuire;
Mille petits devoirs ont tant parlé pour moi,
Qu'il ne m'est plus permis de douter de sa foi :
Mes soupirs ont fait un secret langage
Par où son cœur au mien à tous moments s'engage;
Des coups d'œil languissants, des souris ajustés,
Des penchements de tête à demi concertés,
Et mille autres douceurs, aux seuls amants connues,
Nous font voir chaque jour nos âmes toutes nues,
Nous sont de bons garants d'un feu qui chaque jour...

ALCIDON.

Tout cela, cependant, sans lui parler d'amour?

PHILISTE.

Sans lui parler d'amour.

ALCIDON.
J'estime ta science;
Mais j'aurais à l'épreuve un peu d'impatience.
PHILISTE.
Le ciel, qui nous choisit lui-même des partis,
A tes feux et les miens prudemment assortis :
Et comme à ces longueurs t'ayant fait indocile,
Il te donne en ma sœur un naturel facile,
Ainsi pour cette veuve il a su m'enflammer,
Après m'avoir donné par où m'en faire aimer.
ALCIDON.
Mais il lui faut enfin découvrir ton courage*.
PHILISTE.
C'est ce qu'en ma faveur sa nourrice ménage :
Cette vieille subtile a mille inventions
Pour m'avancer au but de mes intentions;
Elle m'avertira du temps que je dois prendre;
Le reste une autre fois se pourra mieux apprendre :
Adieu.
ALCIDON.
La confidence avec un bon ami
Jamais, sans l'offenser, ne s'exerce à demi.
PHILISTE.
Un intérêt d'amour me prescrit ces limites.
Ma maîtresse m'attend pour faire des visites,
Où je lui promis hier de lui prêter la main.
ALCIDON.
Adieu donc, cher Philiste.
PHILISTE.
Adieu jusqu'à demain.

SCÈNE II

ALCIDON, LA NOURRICE.

ALCIDON, seul.
Vit-on jamais amant de pareille imprudence
Faire avec son rival entière confidence?
Simple, apprends que ta sœur n'aura jamais de quoi
Asservir sous ses lois des gens faits comme moi;
Qu'Alcidon feint pour elle, et brûle pour Clarice.
Ton agente est à moi. N'est-il pas vrai, nourrice?
LA NOURRICE.
Tu le peux bien jurer.
ALCIDON.
Et notre ami rival?
LA NOURRICE.
Si jamais on m'en croit, son affaire ira mal.
ALCIDON.
Tu lui promets pourtant?
LA NOURRICE.
C'est par où je l'amuse,
Jusqu'à ce que l'effet lui découvre ma ruse.
ALCIDON.
Je viens de le quitter.
LA NOURRICE.
Eh bien ! que t'a-t-il dit?
ALCIDON.
Que tu veux employer pour lui tout ton crédit,
Et que rendant toujours quelque petit service,
Il s'est fait une entrée en l'âme de Clarice.
LA NOURRICE.
Moindre qu'il ne présume. Et toi?
ALCIDON.
Je l'ai poussé
A s'enhardir un peu plus que par le passé,
Et découvrir son mal à celle qui le cause.
LA NOURRICE.
Pourquoi?
ALCIDON.
Pour deux raisons : l'une, qu'il me propose
Ce qu'il a dans le cœur beaucoup plus librement;
L'autre, que ta maîtresse, après ce compliment,
Le chassera peut-être ainsi qu'un téméraire.
LA NOURRICE.
Ne l'enhardis pas tant; j'aurais peur, au contraire,
Que malgré tes raisons quelque mal ne t'en prît :
Car enfin ce rival est bien dans son esprit,
Mais non pas tellement qu'avant que le mois passe
Notre adresse sous main ne le mette en disgrâce.
ALCIDON.
Et lors?
LA NOURRICE.
Je te réponds de ce que tu chéris.
Cependant continue à caresser Doris;
Que son frère, ébloui par cette accorte* feinte,
De nos prétentions n'ait ni soupçon ni crainte.
ALCIDON.
A m'en ouïr conter, l'amour de Céladon
N'eut jamais rien d'égal à celui d'Alcidon :
Tu rirais trop de voir comme je la cajole*.
LA NOURRICE.
Et la dupe qu'elle est croit tout sur ta parole?
ALCIDON.
Cette jeune étourdie est si folle de moi,
Qu'elle prend chaque mot pour article de foi;
Et son frère, pipé* du fard de mon langage,
Qui croit que je soupire après son mariage,
Pensant bien m'obliger, m'en parle tous les jours.
Mais quand il en vient là, je sais bien mes détours;
Tantôt, vu l'amitié qui tous deux nous assemble,
J'attendrai son hymen pour être heureux ensemble;
Tantôt il faut du temps pour le consentement
D'un oncle dont j'espère un haut avancement;
Tantôt je sais trouver quelque autre bagatelle.
LA NOURRICE.
Séparons-nous, de peur qu'il entrât en cervelle,
S'il avait découvert un si long entretien.
Joue aussi bien ton jeu que je joûrai le mien.
ALCIDON.
Nourrice, ce n'est pas ainsi qu'on se sépare.
LA NOURRICE.
Monsieur, vous me jugez d'un naturel avare.
ALCIDON.
Tu veilleras pour moi d'un soin plus diligent.
LA NOURRICE.
Ce sera donc pour vous plus que pour votre argent.

SCÈNE III

CHRYSANTE, DORIS.

CHRYSANTE.

C'est trop désavouer une si belle flamme,
Qui n'a rien de honteux, rien de sujet au blâme :
Confesse-le ma fille, Alcidon a ton cœur;
Ses rares qualités l'en ont rendu vainqueur :
Ne vous entr'appeler que « mon âme et ma vie, »
C'est montrer que tous deux vous n'avez qu'une envie,
Et que d'un même trait vos esprits sont blessés.

DORIS.

Madame, il n'en va pas ainsi que vous pensez.
Mon frère aime Alcidon, et sa prière expresse
M'oblige à lui répondre en termes de maîtresse.
Je me fais, comme lui, souvent toute de feux;
Mais mon cœur se conserve au point où je le veux,
Toujours libre, et qui garde une amitié sincère
A celui que voudra me prescrire une mère.

CHRYSANTE.

Oui, pourvu qu'Alcidon te soit ainsi prescrit.

DORIS.

Madame, puissiez-vous lire dans mon esprit!
Vous verriez jusqu'où va ma pure obéissance.

CHRYSANTE.

Ne crains pas que je veuille user de ma puissance;
Je croirais en produire un trop cruel effet,
Si je te séparais d'un amant si parfait.

DORIS.

Vous le connaissez mal; son âme a deux visages,
Et ce dissimulé n'est qu'un conteur à gages;
Il a beau m'accabler de protestations,
Je démêle aisément toutes ses fictions;
Il ne me prête rien que je ne lui renvoie :
Nous nous entre-payons d'une même monnoie;
Et malgré nos discours, mon vertueux désir
Attend toujours celui que vous voudrez choisir :
Votre vouloir du mien absolument dispose.

CHRYSANTE.

L'épreuve en fera foi; mais parlons d'autre chose.
Nous vîmes hier au bal, entre autres nouveautés,
Tout plein d'honnêtes gens caresser les beautés.

DORIS.

Oui, madame : Alindor en voulait à Célie;
Lysandre, à Célidée; Oronte, à Rosélie.

CHRYSANTE.

Et, nommant celles-ci, tu caches finement
Qu'un certain t'entretint assez paisiblement.

DORIS.

Ce visage inconnu qu'on appelait Florange?

CHRYSANTE.

Lui-même.

DORIS.

Ah, Dieu! que c'est un cajoleur* étrange!
Ce fut paisiblement, de vrai, qu'il m'entretint.
Soit que quelque raison en secret le retint,
Soit que son bel esprit me jugeât incapable
De lui pouvoir fournir un entretien sortable,
Il m'épargna si bien, que ses plus longs propos
A peine en plus d'une heure étaient de quatre mots;
Il me mena danser deux fois sans me rien dire.

CHRYSANTE.

Mais ensuite?

DORIS.

Le reste est digne qu'on l'admire.
Mon baladin muet se retranche en un coin,
Pour faire mieux jouer la prunelle de loin;
Après m'avoir de là longtemps considérée,
Après m'avoir des yeux mille fois mesurée,
Il m'aborde en tremblant, avec ce compliment :
« Vous m'attirez à vous ainsi que fait l'aimant. »
(Il pensait m'avoir dit le meilleur mot du monde.)
Entendant ce haut style, aussitôt je seconde,
Et réponds brusquement, sans beaucoup m'émouvoir :
« Vous êtes donc de fer, à ce que je puis voir. »
Ce grand mot étouffa tout ce qu'il voulait dire;
Et pour toute réplique il se mit à sourire.
Depuis il s'avisa de me serrer les doigts;
Et retrouvant un peu l'usage de la voix,
Il prit un de mes gants : « La mode en est nouvelle,
« Me dit-il, et jamais je n'en vis de si belle;
« Vous portez sur la gorge un mouchoir fort carré;
« Votre éventail me plaît d'être ainsi bigarré;
« L'amour, je vous assure, est une belle chose;
« Vraiment vous aimez fort cette couleur de rose;
« La ville est en hiver toute autre que les champs;
« Les charges à présent n'ont que trop de marchands;
« On n'en peut approcher. »

CHRYSANTE.

Mais enfin que t'en semble?

DORIS.

Je n'ai jamais connu d'homme qui lui ressemble,
Ni qui mêle en discours tant de diversités.

CHRYSANTE.

Il est nouveau venu des universités,
Mais après tout fort riche, et que la mort d'un père,
Sans deux successions que de plus il espère,
Comble de tant de biens, qu'il n'est fille aujourd'hui
Qui ne lui rie au nez, et n'ait dessein sur lui.

DORIS.

Aussi me contez-vous de beaux traits de visage.

CHRYSANTE.

Eh bien! avec ces traits est-il à ton usage?

DORIS.

Je douterais plutôt si je serais au sien.

CHRYSANTE.

Je sais qu'assurément il te veut force bien;
Mais il te le faudrait, en fille plus accorte*,
Recevoir désormais un peu d'une autre sorte.

DORIS.

Commandez seulement, madame, et mon devoir
Ne négligera rien qui soit en mon pouvoir.

CHRYSANTE.

Ma fille, te voilà telle que je souhaite.
Pour ne te rien celer, c'est chose qui vaut faite.
Géron, qui depuis peu fait ici tant de tours,
Au déçu d'un chacun a traité ces amours :

Et puisqu'à mes désirs je te vois résolue,
Je veux qu'avant deux jours l'affaire soit conclue.
Au regard d'Alcidon tu dois continuer,
Et de ton beau semblant ne rien diminuer.
Il faut jouer au fin contre un esprit si double.
DORIS.
Mon frère en sa faveur vous donnera du trouble.
CHRYSANTE.
Il n'est pas si mauvais que l'on n'en vienne à bout.
DORIS.
Madame, avisez-y ; je vous remets le tout.
CHRYSANTE.
Rentre ; voici Géron, de qui la conférence
Doit rompre, ou nous donner une entière assurance.

SCÈNE IV
CHRYSANTE, GÉRON.
CHRYSANTE.
Ils se sont vus enfin.
GÉRON.
Je l'avais déjà su,
Madame : et les effets ne m'en ont point déçu,
Du moins quant à Florange.
CHRYSANTE.
Eh bien ! mais qu'est-ce encore ?
Que dit-il de ma fille ?
GÉRON.
Ah ! madame, il l'adore.
Il n'a point encor vu de miracles pareils :
Ses yeux, à son avis, sont autant de soleils ;
L'enflure de son sein un double petit monde ;
C'est le seul ornement de la machine ronde.
L'Amour à ses regards allume son flambeau,
Et souvent, pour la voir, il ôte son bandeau ;
Diane n'eut jamais une si belle taille ;
Auprès d'elle Vénus ne serait rien qui vaille ;
Ce ne sont rien que lis et roses que son teint ;
Enfin de ses beautés il est si fort atteint...
CHRYSANTE.
Atteint? Ah ! mon ami, tant de badinerie
Ne témoigne que trop qu'il en fait raillerie.
GÉRON.
Madame, je vous jure, il pèche innocemment,
Et s'il savait mieux dire, il dirait autrement.
C'est un homme tout neuf : que voulez-vous qu'il fasse ?
Il dit ce qu'il a lu. Daignez juger, de grâce,
Plus favorablement de son intention ;
Et pour mieux vous montrer où va sa passion,
Vous savez les deux points (mais aussi, je vous prie,
Vous ne lui direz pas cette supercherie).
CHRYSANTE.
Non, non.
GÉRON.
Vous savez donc les deux difficultés
Qui jusqu'à maintenant vous tiennent arrêtés?
CHRYSANTE.
Il veut son avantage, et nous cherchons le nôtre.

GÉRON.
« Va, Géron, m'a-t-il dit ; et pour l'une et pour l'autre,
« Si par dextérité tu n'en peux rien tirer,
« Accorde tout plutôt que de plus différer.
« Doris est à mes yeux de tant d'attraits pourvue,
« Qu'il faut bien qu'il m'en coûte un peu pour l'avoir
Mais qu'en dit votre fille ?
CHRYSANTE.
Elle suivra mon choix,
Et montre une âme prête à recevoir mes lois ;
Non qu'elle en fasse état plus que de bonne sorte
Il suffit qu'elle voit ce que le bien apporte,
Et qu'elle s'accommode aux solides raisons
Qui forment à présent les meilleures maisons.
GÉRON.
A ce compte, c'est fait. Quand vous plaît-il qu'il vienne
Dégager ma parole, et vous donner la sienne ?
CHRYSANTE.
Deux jours me suffiront, ménagés dextrement *,
Pour disposer mon fils à son contentement.
Durant ce peu de temps, si son ardeur le presse,
Il peut hors du logis rencontrer sa maîtresse.
Assez d'occasions s'offrent aux amoureux.
GÉRON.
Madame, que d'un mot je vais le rendre heureux !

SCÈNE V
PHILISTE, CLARICE.
PHILISTE.
Le bonheur aujourd'hui conduisait vos visites,
Et semblait rendre hommage à vos rares mérites.
Vous avez rencontré tout ce que vous cherchiez.
CLARICE.
Oui ; mais n'estimez pas qu'ainsi vous m'empêchiez
De vous dire, à présent que nous faisons retraite,
Combien de chez Daphnis je sors mal satisfaite.
PHILISTE.
Madame, toutefois elle a fait son pouvoir,
Du moins en apparence, à vous bien recevoir.
CLARICE.
Ne pensez pas aussi que je me plaigne d'elle.
PHILISTE.
Sa compagnie était, ce me semble, assez belle.
CLARICE.
Que trop belle à mon goût, et, que je pense, au tien
Deux filles possédaient seules ton entretien ;
Et leur orgueil, enflé par cette préférence,
De ce qu'elles valaient tirait pleine assurance.
PHILISTE.
Ce reproche obligeant me laisse tout surpris :
Avec tant de beautés, et tant de bons esprits,
Je ne valus jamais qu'on me trouvât à dire.
CLARICE.
Avec ces bons esprits je n'étais qu'en martyre ;
Leur discours m'assassine, et n'a qu'un certain jeu
Qui m'étourdit beaucoup, et qui me plaît fort peu

PHILISTE.
Celui que nous tenions me plaisait à merveilles.
CLARICE.
Tes yeux s'y plaisaient bien autant que tes oreilles.
PHILISTE.
Je ne le puis nier, puisqu'en parlant de vous,
Sur les vôtres mes yeux se portaient à tous coups,
Et s'en allaient chercher sur un si beau visage
Mille et mille raisons d'un éternel hommage.
CLARICE.
O la subtile ruse ! ô l'excellent détour !
Sans doute une des deux te donne de l'amour ;
Mais tu le veux cacher.
PHILISTE.
Que dites-vous, madame?
Un de ces deux objets captiverait mon âme !
Jugez-en mieux, de grâce; et croyez que mon cœur
Choisirait pour se rendre un plus puissant vainqueur.
CLARICE.
Tu tranches du fâcheux. Bélinde et Chrysolithe
Manquent donc, à ton gré, d'attraits et de mérite,
Elles dont les beautés captivent mille amants !
PHILISTE.
Tout autre trouverait leurs visages charmants,
Et j'en ferais état, si le ciel m'eût fait naître [tre ;
D'un malheur assez grand pour ne vous pas connaî-
Mais l'honneur de vous voir, que vous me permettez,
Fait que je n'y remarque aucunes raretés ;
Et plein de votre idée, il ne m'est pas possible
Ni d'admirer ailleurs, ni d'être ailleurs sensible.
CLARICE.
On ne m'éblouit pas à force de flatter :
Revenons au propos que tu veux éviter.
Je veux savoir des deux laquelle est ta maîtresse ;
Ne dissimule plus, Philiste, et me confesse...
PHILISTE.
Que Chrysolithe et l'autre, égales toutes deux,
N'ont rien d'assez puissant pour attirer mes vœux.
Si, blessé des regards de quelque beau visage,
Mon cœur de sa franchise avait perdu l'usage...
CLARICE.
Tu serais assez fin pour bien cacher ton jeu.
PHILISTE.
C'est ce qui ne se peut : l'amour est tout de feu,
Il éclaire en brûlant, et se trahit soi-même.
Un esprit amoureux, absent de ce qu'il aime,
Par sa mauvaise humeur fait trop voir ce qu'il est;
Toujours morne, rêveur, triste, tout lui déplaît;
A tout autre propos qu'à celui de sa flamme,
Le silence à la bouche, et le chagrin en l'âme,
Son œil semble à regret nous donner ses regards,
Et les jette à la fois souvent de toutes parts,
Qu'ainsi sa fonction confuse ou mal guidée
Se ramène en soi-même, et ne voit qu'une idée;
Mais auprès de l'objet qui possède son cœur,
Ses esprits ranimés reprennent leur vigueur :
Gai, complaisant, actif...
CLARICE.
Enfin que veux-tu dire?

PHILISTE.
Que, par ces actions que je viens de décrire,
Vous, de qui j'ai l'honneur chaque jour d'approcher,
Jugiez pour quel objet l'amour m'a su toucher.
CLARICE.
Pour faire un jugement d'une telle importance,
Il faudrait plus de temps. Adieu ; la nuit s'avance.
Te verra-t-on demain ?
PHILISTE.
Madame, en doutez-vous?
Jamais commandements ne me furent si doux :
Loin de vous il n'est rien qu'avec plaisir je voie,
Tout me devient fâcheux, tout s'oppose à ma joie :
Un chagrin invincible accable tous mes sens.
CLARICE.
Si, comme tu le dis, dans le cœur des absents
C'est l'amour qui fait naître une telle tristesse,
Ce compliment n'est bon qu'auprès d'une maîtresse.
PHILISTE.
Souffrez-le d'un respect qui produit chaque jour
Pour un sujet si haut les effets de l'amour.

SCÈNE VI

CLARICE.

Las ! il m'en dit assez, si je l'osais entendre ;
Et ses désirs aux miens se font assez comprendre;
Mais pour nous déclarer une si belle ardeur,
L'un est muet de crainte, et l'autre de pudeur.
Que mon rang me déplaît ! que mon trop de fortune
Au lieu de m'obliger, me choque et m'importune.
Égale à mon Philiste, il m'offrirait ses vœux,
Je m'entendrais nommer le sujet de ses feux,
Et ses discours pourraient forcer ma modestie
A l'assurer bientôt de notre sympathie ;
Mais le peu de rapport de nos conditions
Ote le nom d'amour à ses submissions :
Et sous l'injuste loi de cette retenue,
Le remède me manque, et mon mal continue.
Il me sert en esclave, et non pas en amant,
Tant son respect s'oppose à mon contentement !
Ah ! que ne devient-il un peu plus téméraire ?
Que ne s'expose-t-il au hasard de me plaire ?
Amour, gagne à la fin ce respect ennuyeux,
Et rends-le moins timide, ou l'ôte de mes yeux.

ACTE DEUXIÈME

SCÈNE I

PHILISTE.

Secrets tyrans de ma pensée,
Respect, amour, de qui les lois
D'un juste et fâcheux contre-poids

La tiennent toujours balancée ;
Que vos mouvements opposés,
Vos traits, l'un par l'autre brisés,
Sont puissants à s'entre-détruire !
Que l'un m'offre d'espoir ! que l'autre a de rigueur !
Et tandis que tous deux tâchent à me séduire,
Que leur combat est rude au milieu de mon cœur !

Moi-même je fais mon supplice
A force de leur obéir ;
Mais le moyen de les haïr ?
Ils viennent tous deux de Clarice ;
Ils m'en entretiennent tous deux,
Et forment ma crainte et mes vœux
Pour ce bel œil qui les fait naître ;
Et de deux flots divers mon esprit agité,
Plein de glace, et d'un feu qui n'oserait paraître,
Blâme sa retenue et sa témérité.

Mon âme, dans cet esclavage,
Fait des vœux qu'elle n'ose offrir ;
J'aime seulement pour souffrir ;
J'ai trop et trop peu de courage :
Je vois bien que je suis aimé,
Et que l'objet qui m'a charmé
Vit en de pareilles contraintes.
Mon silence à ses feux fait tant de trahison,
Qu'impertinent captif de mes frivoles craintes,
Pour accroître son mal, je fuis ma guérison.

Elle brûle, et par quelque signe
Que son cœur s'explique avec moi,
Je doute de ce que je vois,
Parce que je m'en trouve indigne.
Espoir, adieu ; c'est trop flatté :
Ne crois pas que cette beauté
Daigne avouer de telles flammes ;
Et dans le juste soin qu'elle a de les cacher,
Vois que si même ardeur embrase nos deux âmes,
Sa bouche à son esprit n'ose le reprocher.

Pauvre amant, vois par son silence
Qu'elle t'en commande un égal,
Et que le récit de ton mal
Te convaincrait d'une insolence.
Quel fantasque raisonnement !
Et qu'au milieu de mon tourment
Je deviens subtil à ma peine !
Pourquoi m'imaginer qu'un discours amoureux
Par un contraire effet change l'amour en haine,
Et, malgré mon bonheur, me rende malheureux ?

Mais j'aperçois Clarice. O dieux ! si cette belle
Parlait autant de moi que je m'entretiens d'elle !
Du moins si sa nourrice a soin de nos amours,
C'est de moi qu'à présent doit être leur discours.
Une humeur curieuse avec chaleur m'emporte
A me couler sans bruit derrière cette porte,
Pour écouter de là, sans en être aperçu,
En quoi mon fol espoir me peut avoir déçu.

Allons. Souvent l'amour ne veut qu'une bonne heure ;
Jamais l'occasion ne s'offrira meilleure,
Et peut-être qu'enfin nous en pourrons tirer
Celle que nous cherchons pour nous mieux déclarer.

SCÈNE II

CLARICE, LA NOURRICE.

CLARICE.

Tu me veux détourner d'une seconde flamme
Dont je ne pense pas qu'autre que toi me blâme.
Être veuve à mon âge, et toujours déplorer
La perte d'un mari que je puis réparer ;
Refuser d'un amant ce doux nom de maîtresse ;
N'avoir que des mépris pour les vœux qu'il m'adresse ;
Le voir toujours languir sous une dure loi ;
Cette vertu, nourrice, est trop haute pour moi.

LA NOURRICE.

Madame, mon avis au vôtre ne résiste
Qu'alors que votre ardeur se porte vers Philiste.
Aimez, aimez quelqu'un ; mais comme à l'autre fois
Qu'un lien digne de vous arrête votre choix.

CLARICE.

Brise là ce discours dont mon amour s'irrite ;
Philiste n'en voit point qui le passe en mérite.

LA NOURRICE.

Je ne remarque en lui rien que de fort commun,
Sinon que plus qu'un autre il se rend importun.

CLARICE.

Que ton aveuglement en ce point est extrême !
Et que tu connais mal et Philiste et moi-même,
Si tu crois que l'excès de sa civilité
Passe jamais chez moi pour importunité !

LA NOURRICE.

Ce cajoleur* rusé, qui toujours vous assiége,
A tant fait qu'à la fin vous tombez dans son piége.

CLARICE.

Ce cavalier parfait, de qui je tiens le cœur,
A tant fait que du mien il s'est rendu vainqueur.

LA NOURRICE.

Il aime votre bien, et non votre personne.

CLARICE.

Son vertueux amour l'un et l'autre lui donne :
Ce m'est trop d'heur* encor, dans le peu que je vaux,
Qu'un peu de bien que j'ai supplée à mes défauts.

LA NOURRICE.

La mémoire d'Alcandre, et le rang qu'il vous laisse,
Voudraient un successeur de plus haute noblesse.

CLARICE.

S'il précéda Philiste en vaines dignités,
Philiste le devance en rares qualités ;
Il est né gentilhomme, et sa vertu répare
Tout ce dont la fortune envers lui fut avare :
Nous avons, elle et moi, trop de quoi l'agrandir.

LA NOURRICE.

Si vous pouviez, madame, un peu vous refroidir
Pour le considérer avec indifférence,
Sans prendre pour mérite une fausse apparence,

La raison ferait voir à vos yeux insensés
Que Philiste n'est pas tout ce que vous pensez.
Croyez-m'en plus que vous; j'ai vieilli dans le monde,
J'ai de l'expérience, et c'est où je me fonde;
Éloignez quelque temps ce dangereux charmeur,
Faites en son absence essai d'une autre humeur;
Pratiquez-en quelque autre, et désintéressée,
Comparez-lui l'objet dont vous êtes blessée;
Comparez-en l'esprit, la façon, l'entretien,
Et lors vous trouverez qu'un autre le vaut bien.

CLARICE.

Exercer contre moi de si noirs artifices!
Donner à mon amour de si cruels supplices!
Trahir tous mes désirs, éteindre un feu si beau!
Qu'on m'enferme plutôt toute vive au tombeau.
Fais venir cet amant : dussé-je la première
Lui faire de mon cœur une ouverture entière,
Je ne permettrai point qu'il sorte d'avec moi
Sans avoir l'un à l'autre engagé notre foi.

LA NOURRICE.

Ne précipitez point ce que le temps ménage;
Vous pourrez à loisir éprouver son courage*.

CLARICE.

Ne m'importune plus de tes conseils maudits,
Et sans me répliquer fais ce que je te dis.

SCÈNE III

PHILISTE, LA NOURRICE.

PHILISTE.

Je te ferai cracher cette langue traîtresse.
Est-ce ainsi qu'on me sert auprès de ma maîtresse,
Détestable sorcière?

LA NOURRICE.

Eh bien! quoi? qu'ai-je fait?

PHILISTE.

Et tu doutes encor si j'ai vu ton forfait?

LA NOURRICE.

Quel forfait?

PHILISTE.

Peut-on voir lâcheté plus hardie!
Joindre encor l'impudence à tant de perfidie!

LA NOURRICE.

Tenir ce qu'on promet, est-ce une trahison?

PHILISTE.

Est-ce ainsi qu'on le tient?

LA NOURRICE.

Parlons avec raison;
Que t'avais-je promis?

PHILISTE.

Que de tout ton possible
Tu rendrais ta maîtresse à mes désirs sensible,
Et la disposerais à recevoir mes vœux.

LA NOURRICE.

Et ne la vois-tu pas au point où tu la veux?

PHILISTE.

Malgré toi mon bonheur à ce point l'a réduite.

LA NOURRICE.

Mais tu dois ce bonheur à ma sage conduite,
Jeune et simple novice en matière d'amour,
Qui ne saurais comprendre encore un si bon tour.
Flatter de nos discours les passions des dames,
C'est aider lâchement à leurs naissantes flammes;
C'est traiter lourdement un délicat effet;
C'est n'y savoir enfin que ce que chacun sait :
Moi, qui de ce métier ai la haute science,
Et qui, pour te servir, brûle d'impatience,
Par un chemin plus court qu'un propos complaisant,
J'ai su croître sa flamme en la contredisant;
J'ai su faire éclater, mais avec violence,
Un amour étouffé sous un honteux silence;
Et n'ai pas tant choqué que piqué ses désirs,
Dont la soif irritée avance tes plaisirs.

PHILISTE.

A croire ton babil, la ruse est merveilleuse,
Mais l'épreuve, à mon goût, en est fort périlleuse.

LA NOURRICE.

Jamais il ne s'est vu de tours plus assurés.
La raison et l'amour sont ennemis jurés;
Et lorsque ce dernier dans un esprit commande,
Il ne peut endurer que l'autre le gourmande :
Plus la raison l'attaque, et plus il se roidit;
Plus elle l'intimide, et plus il s'enhardit.
Je le dis sans besoin, vos yeux et vos oreilles
Sont de trop bons témoins de toutes ces merveilles;
Vous-même avez tout vu, que voulez-vous de plus?
Entrez, on vous attend; ces discours superflus
Reculent votre bien, et font languir Clarice.
Allez, allez cueillir les fruits de mon service;
Usez bien de votre heur* et de l'occasion.

PHILISTE.

Soit une vérité, soit une illusion
Que ton esprit adroit emploie à ta défense,
Le mien de tes discours plus outre ne s'offense;
Et j'en estimerai mon bonheur plus parfait,
Si d'un mauvais dessein je tire un bon effet.

LA NOURRICE.

Que de propos perdus! Voyez l'impatiente
Qui ne peut plus souffrir une si longue attente.

SCÈNE IV

CLARICE, PHILISTE, LA NOURRICE.

CLARICE.

Paresseux, qui tardez si longtemps à venir,
Devinez la façon dont je veux vous punir.

PHILISTE.

M'interdiriez-vous bien l'honneur de votre vue?

CLARICE.

Vraiment, vous me jugez de sens fort dépourvue :
Vous bannir de mes yeux! une si dure loi
Ferait trop retomber le châtiment sur moi;
Et je n'ai pas failli, pour me punir moi-même.

PHILISTE.

L'absence ne fait mal que de ceux que l'on aime.

CLARICE.
Aussi, que savez-vous si vos perfections
Ne vous ont rien acquis sur mes affections?
PHILISTE.
Madame, excusez-moi, je sais mieux reconnaître
Mes défauts, et le peu que le ciel m'a fait naître.
CLARICE.
N'oublirez-vous jamais ces termes ravalés,
Pour vous priser de bouche autant que vous valez?
Seriez-vous bien content qu'on crût ce que vous di-
Demeurez avec moi d'accord de vos mérites; [tes?
Laissez-moi me flatter de cette vanité
Que j'ai quelque pouvoir sur votre liberté,
Et qu'une humeur si froide, à toute autre invincible,
Ne perd qu'auprès de moi le titre d'insensible :
Une si douce erreur tâche à s'autoriser;
Quel plaisir prenez-vous à m'en désabuser?
PHILISTE.
Ce n'est point une erreur; pardonnez-moi, madame,
Ce sont les mouvements les plus sains de mon âme.
Il est vrai, je vous aime, et mes feux indiscrets
Se donnent leur supplice en demeurant secrets.
Je reçois sans contrainte une ardeur téméraire;
Mais si j'ose brûler, je sais aussi me taire;
Et près de votre objet, mon unique vainqueur,
Je puis tout sur ma langue, et rien dessus mon cœur.
En vain j'avais appris que la seule espérance
Entretenait l'amour dans la persévérance,
J'aime sans espérer; et mon cœur enflammé
A pour but de vous plaire, et non pas d'être aimé.
L'amour devient servile, alors qu'il se dispense
A n'allumer ses feux que pour la récompense.
Ma flamme est toute pure, et sans rien présumer,
Je ne cherche en aimant que le seul bien d'aimer.
CLARICE.
Et celui d'être aimé, sans que tu le prétendes,
Préviendra tes désirs et tes justes demandes.
Ne déguisons plus rien, cher Philiste; il est temps
Qu'un aveu mutuel rende nos vœux contents :
Donnons-leur, je te prie, une entière assurance,
Vengeons-nous à loisir de notre indifférence;
Vengeons-nous à loisir de toutes ces langueurs
Où sa fausse couleur avait réduit nos cœurs.
PHILISTE.
Vous me jouez, madame, et cette accorte* feinte
Ne donne à mes amours qu'une railleuse atteinte.
CLARICE.
Quelle façon étrange! En me voyant brûler,
Tu t'obstines encore à le dissimuler;
Tu veux qu'encore un coup je me donne la honte
De te dire à quel point l'amour pour toi me dompte :
Tu le vois cependant avec pleine clarté,
Et veux douter encor de cette vérité!
PHILISTE.
Oui, j'en doute, et l'excès du bonheur qui m'accable
Me surprend, me confond, me paraît incroyable.
Madame, est-il possible? et me puis-je assurer
D'un bien à quoi mes vœux n'oseraient aspirer?

CLARICE.
Cesse de me tuer par cette défiance.
Qui pourrait des mortels troubler notre alliance?
Quelqu'un a-t-il à voir dessus mes actions,
Dont j'aie à prendre l'ordre en mes affections?
Veuve et qui ne dois plus de respect à personne,
Ne puis-je disposer de ce que je te donne?
PHILISTE.
N'ayant jamais été digne d'un tel honneur,
J'ai de la peine encore à croire mon bonheur.
CLARICE.
Pour t'obliger enfin à changer de langage,
Si ma foi ne suffit que je te donne en gage,
Un bracelet, exprès tissu de mes cheveux,
T'attend pour enchaîner et ton bras et tes vœux;
Viens le quérir, et prendre avec moi la journée
Qui termine bientôt notre heureux hyménée.
PHILISTE.
C'est dont vos seuls avis se doivent consulter :
Trop heureux, quant à moi, de les exécuter!
LA NOURRICE, *seule*. [prendre
Vous comptez sans votre hôte, et vous pourrez ap-
Que ce n'est pas sans moi que ce jour se doit pren-
De vos prétentions Alcidon averti   [dre.
Vous fera, s'il m'en croit, un dangereux parti.
Je lui vais bien donner de plus sûres adresses
Que d'amuser Doris par de fausses caresses;
Aussi bien, m'a-t-on dit, à beau jeu beau retour*.
Au lieu de la duper avec ce feint amour,
Elle-même le dupe, et lui rendant son change*,
Lui promet un amour qu'elle garde à Florange :
Ainsi, de tous côtés primé par un rival,
Ses affaires sans moi se porteraient fort mal.

SCÈNE V

ALCIDON, DORIS.

ALCIDON.
Adieu, mon cher souci*; sois sûre que mon âme
Jusqu'au dernier soupir conservera sa flamme.
DORIS.
Alcidon, cet adieu me prend au dépourvu,
Tu ne fais que d'entrer; à peine t'ai-je vu :
C'est m'envier trop tôt le bien de ta présence.
De grâce, oblige-moi d'un peu de complaisance;
Et puisque je te tiens, souffre qu'avec loisir
Je puisse m'en donner un peu plus de plaisir.
ALCIDON.
Je t'explique si mal le feu qui me consume,
Qu'il me force à rougir d'autant plus qu'il s'allume;
Mon discours s'en confond, j'en demeure interdit;
Ce que je ne puis dire est plus que je n'ai dit :
J'en hais les vains efforts de ma langue grossière.
Qui manquent de justesse en si belle matière,
Et ne répondant point aux mouvements du cœur,
Te découvrent si peu le fond de ma langueur.
Doris, si tu pouvais lire dans ma pensée,
Et voir jusqu'au milieu de mon âme blessée,

Tu verrais un brasier bien autre et bien plus grand
Qu'en ces faibles devoirs que ma bouche te rend.
DORIS.
Si tu pouvais aussi pénétrer mon courage,
Et voir jusqu'à quel point ma passion m'engage,
Ce que dans mes discours tu prends pour des ardeurs
Ne te semblerait plus que de tristes froideurs.
Ton amour et le mien ont faute de paroles.
Par un malheur égal ainsi tu me consoles;
Et de mille défauts me sentant accabler,
Ce m'est trop d'heur* qu'un d'eux me fait te ressem-
ALCIDON. [bler.
Mais quelque ressemblance entre nous qui survienne,
Ta passion n'a rien qui ressemble à la mienne,
Et tu ne m'aimes pas de la même façon.
DORIS.
Si tu m'aimes encor, quitte un si faux soupçon;
Tu douterais à tort d'une chose trop claire;
L'épreuve fera foi comme j'aime à te plaire.
Je meurs d'impatience, attendant l'heureux jour
Qui te montre quel est envers toi mon amour;
Ma mère en ma faveur brûle de même envie.
ALCIDON.
Hélas! ma volonté sous un autre asservie,
Dont je ne puis encore à mon gré disposer,
Fait que d'un tel bonheur je ne saurais user.
Je dépends d'un vieil oncle, et s'il ne m'autorise,
Je ne te fais qu'en vain le don de ma franchise;
Tu sais que tout son bien ne regarde que moi,
Et qu'attendant sa mort je vis dessous sa loi.
Mais nous le gagnerons, et mon humeur accorte*
Sait comme il faut avoir les hommes de sa sorte :
Un peu de temps fait tout.
DORIS.
Ne précipite rien.
Je connais ce qu'au monde aujourd'hui vaut le bien.
Conserve ce vieillard; pourquoi te mettre en peine,
A force de m'aimer, de t'acquérir sa haine?
Ce qui te plait m'agrée; et ce retardement,
Parce qu'il vient de toi, m'oblige infiniment.
ALCIDON.
De moi! C'est offenser une pure innocence.
Si l'effet de mes vœux n'est pas en ma puissance,
Leur obstacle me gêne autant ou plus que toi.
DORIS.
C'est prendre mal mon sens; je sais quelle est ta foi.
ALCIDON.
En veux-tu par écrit une entière assurance?
DORIS.
Elle m'assure assez de ta persévérance;
Et je lui ferais tort d'en recevoir d'ailleurs
Une preuve plus ample, ou des garants meilleurs.
ALCIDON.
Je l'apporte demain, pour mieux faire connaître...
DORIS.
J'en crois si fortement ce que j'en vois paraître,
Que c'est perdre du temps que de plus en parler.
Adieu. Va désormais où tu voulais aller.
Si pour te retenir j'ai trop peu de mérite,
Souviens-toi pour le moins que c'est moi qui te quitte.
ALCIDON.
Ce brusque adieu m'étonne, et je n'entends pas bien...

SCÈNE VI

ALCIDON, LA NOURRICE.

LA NOURRICE.
Je te prends au sortir d'un plaisant entretien.
ALCIDON.
Plaisant de vérité, vu que mon artifice
Lui raconte les vœux que j'envoie à Clarice;
Et de tous mes soupirs, qui se portent plus loin,
Elle se croit l'objet, et n'en est que témoin.
LA NOURRICE.
Ainsi ton feu se joue?
ALCIDON.
Ainsi quand je soupire,
Je la prends pour une autre, et lui dis mon martyre;
Et sa réponse, au point que je puis souhaiter,
Dans cette illusion a droit de me flatter.
LA NOURRICE.
Elle t'aime?
ALCIDON.
Et de plus, un discours équivoque
Lui fait aisément croire un amour réciproque:
Elle se pense belle, et cette vanité
L'assure imprudemment de ma captivité;
Et, comme si j'étais des amants ordinaires,
Elle prend sur mon cœur des droits imaginaires,
Cependant que le sien sent tout ce que je feins,
Et vit dans les langueurs dont à faux je me plains.
LA NOURRICE.
Je te réponds que non. Si tu n'y mets remède,
Avant qu'il soit trois jours Florange la possède.
ALCIDON.
Et qui t'en a tant dit?
LA NOURRICE.
Géron m'a tout conté;
C'est lui qui sourdement a conduit ce traité.
ALCIDON.
C'est ce qu'en mots obscurs son adieu voulait dire.
Elle a cru me braver, mais je n'en fais que rire;
Et comme j'étais las de me contraindre tant,
La coquette qu'elle est m'oblige en me quittant.
Ne m'apprendras-tu point ce que fait ta maîtresse?
LA NOURRICE.
Elle met ton agente au bout de sa finesse.
Philiste assurément tient son esprit charmé :
Je n'aurais jamais cru qu'elle l'eût tant aimé.
ALCIDON.
C'est à faire à du temps.
LA NOURRICE.
Quitte cette espérance :
Ils ont pris l'un de l'autre une entière assurance,
Jusqu'à s'entre-donner la parole et la foi.
ALCIDON.
Que tu demeures froide en te moquant de moi!

LA NOURRICE.
Il n'est rien de si vrai; ce n'est point raillerie.
ALCIDON.
C'est donc fait d'Alcidon! Nourrice, je te prie...
LA NOURRICE.
Rien ne sert de prier; mon esprit épuisé
Pour divertir ce coup n'est point assez rusé.
Je n'en sais qu'un moyen, mais je ne l'ose dire.
ALCIDON.
Dépêche, ta longueur m'est un second martyre.
LA NOURRICE.
Clarice, tous les soirs, rêvant à ses amours,
Seule dans son jardin fait trois ou quatre tours.
ALCIDON.
Et qu'a cela de propre à reculer ma perte?
LA NOURRICE.
Je te puis en tenir la fausse porte ouverte :
Aurais-tu du courage assez pour l'enlever?
ALCIDON.
Oui, mais il faut retraite après où me sauver;
Et je n'ai point d'ami si peu jaloux de gloire
Que d'être partisan d'une action si noire.
Si j'avais un prétexte, alors je ne dis pas
Que quelqu'un abusé n'accompagnât mes pas.
LA NOURRICE.
On te vole Doris, et ta feinte colère
Manquerait de prétexte à quereller son frère!
Fais-en sonner partout un faux ressentiment :
Tu verras trop d'amis s'offrir aveuglément,
Se prendre à ces dehors, et, sans voir dans ton âme,
Vouloir venger l'affront qu'aura reçu ta flamme.
Sers-toi de leur erreur, et dupe-les si bien...
ALCIDON.
Ce prétexte est si beau que je ne crains plus rien.
LA NOURRICE.
Pour ôter tout soupçon de notre intelligence,
Ne faisons plus ensemble aucune conférence,
Et viens quand tu pourras; je t'attends dès demain.
ALCIDON.
Adieu. Je tiens le coup, autant vaut, dans ma main.

ACTE TROISIÈME

SCÈNE I

CÉLIDAN, ALCIDON.

CÉLIDAN.
Ce n'est pas que j'excuse ou la sœur, ou le frère,
Dont l'infidélité fait naître ta colère;
Mais, à ne point mentir, ton dessein à l'abord
N'a gagné mon esprit qu'avec un peu d'effort.
Lorsque tu m'as parlé d'enlever sa maîtresse,
L'honneur a quelque temps combattu ma promesse :
Ce mot d'enlèvement me faisait de l'horreur;
Mes sens, embarrassés dans cette vaine erreur,
N'avaient plus la raison de leur intelligence;
En plaignant ton malheur je blâmais ta vengeance;
Et l'ombre d'un forfait amusant ma pitié.
Retardait les effets dus à notre amitié.
Pardonne un vain scrupule à mon âme inquiète;
Prends mon bras pour second, mon château pour [retraite.
Le déloyal Philiste, en te volant ton bien,
N'a que trop mérité qu'on le prive du sien :
Après son action la tienne est légitime,
Et l'on venge sans honte un crime par un crime.
ALCIDON.
Tu vois comme il me trompe, et me promet sa sœur,
Pour en faire sous main Florange possesseur.
Ah ciel! fut-il jamais un si noir artifice?
Il lui fait recevoir mes offres de service;
Cette belle m'accepte, et fier de son aveu,
Je me vante partout du bonheur de mon feu;
Cependant il me l'ôte, et par cette pratique,
Plus mon amour est su, plus ma honte est publique.
CÉLIDAN.
Après sa trahison, vois ma fidélité;
Il t'enlève un objet que je t'avais quitté.
Ta Doris fut toujours la reine de mon âme;
J'ai toujours eu pour elle une secrète flamme,
Sans jamais témoigner que j'en étais épris,
Tant que tes feux ont pu te promettre ce prix :
Mais je te l'ai quittée, et non pas à Florange.
Quand je t'aurai vengé, contre lui je me venge,
Et je lui fais savoir que jusqu'à mon trépas,
Tout autre qu'Alcidon ne l'emportera pas.
ALCIDON.
Pour moi donc à ce point ta contrainte est venue!
Que je te veux de mal de cette retenue!
Est-ce ainsi qu'entre amis on vit à cœur ouvert?
CÉLIDAN.
Mon feu, qui t'offensait, est demeuré couvert;
Et si cette beauté malgré moi l'a fait naître,
J'ai su pour ton respect l'empêcher de paraître.
ALCIDON.
Hélas! tu m'as perdu, me voulant obliger;
Notre vieille amitié m'en eût fait dégager.
Je souffre maintenant la honte de sa perte,
Et j'aurais eu l'honneur de te l'avoir offerte,
De te l'avoir cédée, et réduit mes désirs
Au glorieux dessein d'avancer tes plaisirs.
Faites, dieux tout-puissants, que Philiste se chan
Et l'inspirant bientôt de rompre avec Florange,
Donnez-moi le moyen de montrer qu'à mon tour
Je sais pour un ami contraindre mon amour.
CÉLIDAN.
Tes souhaits arrivés, nous t'en verrions dédire;
Doris sur ton esprit reprendrait son empire :
Nous donnons aisément ce qui n'est plus à nous.
ALCIDON.
Si j'y manquais, grands dieux! je vous conjure tous
D'armer contre Alcidon vos dextres* vengeresses.
CÉLIDAN.
Un ami tel que toi m'est plus que cent maîtresses;

Il n'y va pas de tant; résolvons seulement
Du jour et des moyens de cet enlèvement.
ALCIDON.
Mon secret n'a besoin que de ton assistance.
Je n'ai point lieu de craindre aucune résistance :
La beauté dont mon traître adore les attraits
Chaque soir au jardin va prendre un peu de frais;
J'en ai su de lui-même ouvrir la fausse porte;
Étant seule, et de nuit, le moindre effort l'emporte.
Allons-y dès ce soir; le plus tôt vaut le mieux :
Et surtout déguisés, dérobons à ses yeux,
Et de nous, et du coup, l'entière connaissance.
CÉLIDAN.
Si Clarice une fois est en notre puissance,
Crois que c'est un bon gage à moyenner* l'accord,
Et rendre, en le faisant, ton parti le plus fort.
Mais pour la sûreté d'une telle surprise,
Aussitôt que chez moi nous pourrons l'avoir mise,
Retournons sur nos pas, et soudain effaçons
Ce que pourrait l'absence engendrer de soupçons.
ALCIDON.
Ton salutaire avis est la même prudence;
Et déjà je prépare une froide impudence
A m'informer demain, avec étonnement,
De l'heure et de l'auteur de cet enlèvement.
CÉLIDAN.
Adieu; j'y vais mettre ordre.
ALCIDON.
                    Estime qu'en revanche
Je n'ai goutte de sang que pour toi je n'épanche.

SCÈNE II

ALCIDON.

Bons dieux! que d'innocence et de simplicité!
Ou, pour la mieux nommer, que de stupidité,
Dont le manque de sens se cache et se déguise
Sous le front spécieux d'une sotte franchise!
Que Célidan est bon! que j'aime sa candeur!
Et que son peu d'adresse oblige mon ardeur!
Oh! qu'il n'est pas de ceux dont l'esprit à la mode
A l'humeur d'un ami jamais ne s'accommode,
Et qui nous font souvent cent protestations,
Et contre les effets ont mille inventions!
Lui, quand il a promis, il meurt qu'il n'effectue,
Et l'attente déjà de me servir le tue.
J'admire cependant par quel secret ressort
Sa fortune et la mienne ont cela de rapport,
Que celle qu'un ami nomme ou tient sa maîtresse
Est l'objet qui tous deux au fond du cœur nous blesse,
Et qu'ayant comme moi caché sa passion,
Nous n'avons différé que de l'intention,
Puisqu'il met pour autrui son bonheur en arrière,
Et pour moi...

SCÈNE III

PHILISTE, ALCIDON.

PHILISTE.
Je t'y prends, rêveur.
ALCIDON.
                    Oui, par derrière.
C'est d'ordinaire ainsi que les traîtres en font.
PHILISTE.
Je te vois accablé d'un chagrin si profond,
Que j'excuse aisément ta réponse un peu crue.
Mais que fais-tu si triste au milieu d'une rue?
Quelque penser fâcheux te servait d'entretien?
ALCIDON.
Je rêvais que le monde en l'âme ne vaut rien,
Du moins pour la plupart; que le siècle où nous som- [mes
A bien dissimuler met la vertu des hommes;
Qu'à peine quatre mots se peuvent échapper
Sans quelque double sens afin de nous tromper;
Et que souvent de bouche un dessein se propose,
Cependant que l'esprit songe à toute autre chose.
PHILISTE.
Et cela t'affligeait? Laissons courir le temps,
Et, malgré ses abus, vivons toujours contents.
Le monde est un chaos, et son désordre excède
Tout ce qu'on y voudrait apporter de remède.
N'ayons l'œil, cher ami, que sur nos actions
Aussi bien, s'offenser de ses corruptions,
A des gens comme nous ce n'est qu'une folie.
Mais, pour te retirer de ta mélancolie,
Je te veux faire part de mes contentements.
Si l'on peut en amour s'assurer aux serments,
Dans trois jours au plus tard par un bonheur étrange,
Clarice est à Philiste.
ALCIDON.
            Et Doris, à Florange.
PHILISTE.
Quelque soupçon frivole en ce point te déçoit;
J'aurai perdu la vie avant que cela soit.
ALCIDON.
Voilà faire le fin de fort mauvaise grâce :
Philiste, vois-tu bien, je sais ce qui se passe.
PHILISTE.
Ma mère en a reçu, de vrai, quelque propos,
Et voulut hier au soir m'en toucher quelques mots.
Les femmes de son âge ont ce mal ordinaire
De régler sur les biens une pareille affaire;
Un si honteux motif leur fait tout décider,
Et l'or qui les aveugle a droit de les guider :
Mais comme son éclat n'éblouit point mon âme,
Que je vois d'un autre œil ton mérite et ta flamme,
Je lui fis bien savoir que mon consentement
Ne dépendrait jamais de son aveuglement,
Et que jusqu'au tombeau, quant à cet hyménée,
Je maintiendrais la foi que je t'avais donnée.
Ma sœur accortement* feignait de l'écouter;
Non pas que son amour n'osât lui résister,
Mais elle voulait bien qu'un peu de jalousie

Sur quelque bruit léger piquât ta fantaisie;
Ce petit aiguillon quelquefois, en passant,
Réveille puissamment un amour languissant.
ALCIDON.
Fais à qui tu voudras ce conte ridicule.
Soit que ta sœur l'accepte, ou qu'elle dissimule,
Le peu que j'y perdrai ne vaut pas m'en fâcher.
Rien de mes sentiments ne saurait approcher.
Comme, alors qu'au théâtre on nous fait voir *Mélite*,
Le discours de Chloris, quand Philandre la quitte,
Ce qu'elle dit de lui, je le dis de ta sœur,
Et je la veux traiter avec même douceur.
Pourquoi m'aigrir contre elle? En cet indigne change*,
Le beau choix qu'elle fait la punit, et me venge;
Et ce sexe imparfait, de soi-même ennemi,
Ne posséda jamais la raison qu'à demi.
J'aurais tort de vouloir qu'elle en eût davantage;
Sa faiblesse la force à devenir volage.
Je n'ai que pitié d'elle en ce manque de foi;
Et mon courroux entier se réserve pour toi,
Toi, qui trahis ma flamme après l'avoir fait naître,
Toi, qui ne m'es ami qu'afin d'être plus traître,
Et que tes lâchetés tirent de leurs excès,
Par ce damnable appât, un facile succès.
Déloyal! ainsi donc de ta vaine promesse
Je reçois mille affronts au lieu d'une maîtresse;
Et ton perfide cœur, masqué jusqu'à ce jour,
Pour assouvir ta haine alluma mon amour!
PHILISTE.
Ces soupçons dissipés par des effets contraires,
Nous renoûrons bientôt une amitié de frères.
Puisse dessus ma tête éclater à tes yeux
Ce qu'a de plus mortel la colère des cieux,
Si jamais ton rival a ma sœur sans ma vie;
A cause de son bien ma mère en meurt d'envie;
Mais malgré...
ALCIDON.
　　　Laisse là ces propos superflus:
Ces protestations ne m'éblouissent plus;
Et ma simplicité, lasse d'être dupée,
N'admet plus de raisons qu'au bout de mon épée.
PHILISTE.
Étrange impression d'une jalouse erreur,
Dont ton esprit atteint ne suit que sa fureur!
Eh bien! tu veux ma vie, et je te l'abandonne;
Ce courroux insensé qui dans ton cœur bouillonne,
Contente-le par là, pousse; mais n'attends pas
Que par le tien je veuille éviter mon trépas.
Trop heureux que mon sang puisse te satisfaire,
Je le veux tout donner au seul bien de te plaire;
Toujours à ces défis j'ai couru sans effroi;
Mais je n'ai point d'épée à tirer contre toi.
ALCIDON.
Voilà bien déguiser un manque de courage.
PHILISTE.
C'est presser un peu trop qu'aller jusqu'à l'outrage.
On n'a point encor vu que ce manque de cœur
M'ait rendu le dernier où vont les gens d'honneur.
Je te veux bien ôter tout sujet de colère;

Et quoi que de ma sœur ait résolu ma mère,
Dût mon peu de respect irriter tous les dieux,
J'affronterai Géron et Florange à ses yeux.
Mais après les efforts de cette déférence,
Si tu gardes encor la même violence,
Peut-être saurons-nous apaiser autrement
Les obstinations de ton emportement.
ALCIDON, *seul*.
Je crains son amitié plus que cette menace.
Sans doute il va chasser Florange de ma place.
Mon prétexte est perdu, s'il ne quitte ces soins.
Dieux! qu'il m'obligerait de m'aimer un peu moins!

SCÈNE IV

CHRYSANTE, DORIS.

CHRYSANTE.
Je meure*, mon enfant, si tu n'es admirable!
Et ta dextérité me semble incomparable:
Tu mérites de vivre après un si bon tour.
DORIS.
Croyez-moi, qu'Alcidon n'en sait guère en amour;
Vous n'eussiez pu m'entendre, et vous garder de rire.
Je me tuais moi-même à tous coups de lui dire
Que mon âme pour lui n'a que de la froideur,
Et que je lui ressemble, en ce que notre ardeur
Ne s'explique à tous deux point du tout par la bouche;
Enfin que je le quitte.
CHRYSANTE.
　　　　Il est donc une souche,
S'il ne peut rien comprendre en ces naïvetés.
Peut-être y mêlais-tu quelques obscurités?
DORIS.
Pas une; en mots exprès je lui rendais son change*,
Et n'ai couvert mon jeu qu'au regard de Florange.
CHRYSANTE.
De Florange! et comment en osais-tu parler?
DORIS.
Je ne me trouvais pas d'humeur à rien celer;
Mais nous nous sûmes lors jeter sur l'équivoque.
CHRYSANTE.
Tu vaux trop. C'est ainsi qu'il faut, quand on se mo-
Que le moqué toujours sorte fort satisfait; [que,
Ce n'est plus autrement qu'un plaisir imparfait,
Qui souvent malgré nous se termine en querelle.
DORIS.
Je lui prépare encore une ruse nouvelle
Pour la première fois qu'il m'en viendra conter.
CHRYSANTE.
Mais, pour en dire trop, tu pourras tout gâter.
N'en ayez pas de peur.
CHRYSANTE.
　　　　Quoi que l'on se propose,
Assez souvent l'issue...
DORIS.
　　　　On vous veut quelque chose,
Madame; je vous laisse.

CHRYSANTE.
Oui, va-t'en; il vaut mieux
Que l'on ne traite point cette affaire à tes yeux.

SCÈNE V

CHRYSANTE, GÉRON.

CHRYSANTE.
Je devine à peu près le sujet qui t'amène ;
Mais, sans mentir, mon fils me donne un peu de peine,
Et s'emporte si fort en faveur d'un ami,
Que je n'ai su gagner son esprit qu'à demi.
Encore une remise ; et que, tandis, Florange
Ne craigne aucunement qu'on lui donne le change ;
Moi-même j'ai tant fait, que ma fille aujourd'hui
(Le croirais-tu, Géron?) a de l'amour pour lui.

GÉRON.
Florange, impatient de n'avoir pas encore
L'entier et libre accès vers l'objet qu'il adore,
Ne pourra consentir à ce retardement.

CHRYSANTE.
Le tout en ira mieux pour son contentement.
Quel plaisir aura-t-il auprès de sa maîtresse,
Si mon fils ne l'y voit que d'un œil de rudesse,
Si sa mauvaise humeur ne daigne lui parler,
Ou ne lui parle enfin que pour le quereller?

GÉRON.
Madame, il ne faut point tant de discours frivoles.
Je ne fus jamais homme à porter des paroles,
Depuis que j'ai connu qu'on ne les peut tenir.
Si monsieur votre fils...

CHRYSANTE.
Je l'aperçois venir.

GÉRON.
Tant mieux. Nous allons voir s'il dédira sa mère.

CHRYSANTE.
Sauve-toi ; ses regards ne sont que de colère.

SCÈNE VI

PHILISTE, CHRYSANTE, LYCAS, GÉRON.

PHILISTE.
Te voilà donc ici, peste du bien public,
Qui réduis les amours en un sale trafic !
Va pratiquer ailleurs tes commerces infâmes.
Ce n'est pas où je suis que l'on surprend des femmes.

GÉRON.
Vous me prenez à tort pour quelque suborneur;
Je ne sortis jamais des termes de l'honneur;
Et madame elle-même a choisi cette voie.

PHILISTE, *lui donnant des coups de plat d'épée.*
Tiens, porte ce revers à celui qui t'envoie ;
Ceux-ci seront pour toi.

SCÈNE VII

CHRYSANTE, PHILISTE, LYCAS.

CHRYSANTE.
Mon fils, qu'avez-vous fait?

PHILISTE.
J'ai mis, grâces aux dieux, ma promesse en effet.

CHRYSANTE.
Ainsi vous m'empêchez d'exécuter la mienne.

PHILISTE.
Je ne puis empêcher que la vôtre ne tienne ;
Mais si jamais je trouve ici ce courratier *,
Je lui saurai, madame, apprendre son métier.

CHRYSANTE.
Il vient sous mon aveu.

PHILISTE.
Votre aveu ne m'importe ;
C'est un fou s'il me voit sans regagner la porte :
Autrement il saura ce que pèsent mes coups.

CHRYSANTE.
Est-ce là le respect que j'attendais de vous?

PHILISTE.
Commandez que le cœur à vos yeux je m'arrache,
Pourvu que mon honneur ne souffre aucune tache :
Je suis prêt d'expier avec mille tourments
Ce que je mets d'obstacle à vos contentements.

CHRYSANTE.
Souffrez que la raison règle votre courage ;
Considérez, mon fils, quel heur *, quel avantage,
L'affaire qui se traite apporte à votre sœur.
Le bien est en ce siècle une grande douceur :
Étant riche, on est tout ; ajoutez qu'elle-même
N'aime point Alcidon, et ne croit pas qu'il l'aime.
Quoi ! voulez-vous forcer son inclination?

PHILISTE.
Vous la forcez vous-même à cette élection *.
Je suis de ses amours le témoin oculaire.

CHRYSANTE.
Elle se contraignait seulement pour vous plaire.

PHILISTE.
Elle doit donc encor se contraindre pour moi.

CHRYSANTE.
Et pourquoi lui prescrire une si dure loi?

PHILISTE.
Puisqu'elle m'a trompé, qu'elle en porte la peine.

CHRYSANTE.
Voulez-vous l'attacher à l'objet de sa haine?

PHILISTE.
Je veux tenir parole à mes meilleurs amis,
Et qu'elle tienne aussi ce qu'elle m'a promis.

CHRYSANTE.
Mais elle ne vous doit aucune obéissance.

PHILISTE.
Sa promesse me donne une entière puissance.

CHRYSANTE.
Sa promesse, sans moi, ne la peut obliger.

PHILISTE.
Que deviendra ma foi, qu'elle a fait engager?

CHRYSANTE.
Il la faut révoquer, comme elle sa promesse.
PHILISTE.
Il faudrait donc, comme elle, avoir l'âme traîtresse.
Lycas, cours chez Florange, et dis-lui de ma part...
CHRYSANTE.
Quel violent esprit!
PHILISTE.
Que s'il ne se départ
D'une place chez nous par surprise occupée,
Je ne le trouve point sans une bonne épée.
CHRYSANTE.
Attends un peu. Mon fils...
PHILISTE, à Lycas.
Marche, mais promptement.
CHRYSANTE, seule.
Dieux! que cet emporté me donne de tourment!
Que je te plains, ma fille! Hélas! pour ta misère
Les destins ennemis t'ont fait naître ce frère;
Déplorable! le ciel te veut favoriser
D'une bonne fortune, et tu n'en peux user.
Rejoignons toutes deux ce naturel sauvage,
Et tâchons par nos pleurs d'amollir son courage.

SCÈNE VIII

CLARICE, dans son jardin.

Chers confidents de mes désirs,
Beaux lieux, secrets témoins de mon inquiétude,
Ce n'est plus avec des soupirs
Que je viens abuser de votre solitude;
Mes tourments sont passés,
Mes vœux sont exaucés,
La joie aux maux succède :
Mon sort en ma faveur change sa dure loi,
Et pour dire en un mot le bien que je possède,
Mon Philiste est à moi.

En vain nos inégalités
M'avaient avantagée à mon désavantage.
L'amour confond nos qualités,
Et nous réduit tous deux sous un même esclavage.
L'aveugle outrecuidé*
Se croirait mal guidé
Par l'aveugle fortune;
Et son aveuglement par miracle fait voir
Que quand il nous saisit, l'autre nous importune,
Et n'a plus de pouvoir.

Cher Philiste, à présent tes yeux,
Que j'entendais si bien sans les vouloir entendre,
Et tes propos mystérieux,
Par leurs rusés détours n'ont plus rien à m'apprendre.
Notre libre entretien
Ne dissimule rien;
Et ces respects farouches
N'exerçant plus sur nous de secrètes rigueurs,
L'amour est maintenant le maître de nos bouches
Ainsi que de nos cœurs.

Qu'il fait bon avoir enduré!
Que le plaisir se goûte au sortir des supplices!
Et qu'après avoir tant duré,
La peine qui n'est plus augmente nos délices!
Qu'un si doux souvenir
M'apprête à l'avenir
D'amoureuses tendresses!
Que mes malheurs finis auront de volupté!
Et que j'estimerai chèrement ces caresses
Qui m'auront tant coûté!
Mon heur me semble sans pareil;
Depuis qu'en liberté notre amour m'en assure,
Je ne crois pas que le soleil...

SCÈNE IX

CÉLIDAN, ALCIDON, CLARICE, LA NOURRICE.

CÉLIDAN dit ces mots derrière le théâtre.
Cocher, attends-nous là.
CLARICE.
D'où provient ce murmure?
ALCIDON.
Il est temps d'avancer; baissons le tapabord*,
Moins nous ferons de bruit, moins il faudra d'effort.
CLARICE.
Aux voleurs! au secours!
LA NOURRICE.
Quoi! des voleurs, madame?
CLARICE.
Oui, des voleurs, nourrice.
LA NOURRICE embrasse les genoux de Clarice, et l'empêche de fuir.
Ah! de frayeur je pâme.
CLARICE.
Laisse-moi, misérable!
CÉLIDAN.
Allons, il faut marcher
Madame; vous viendrez.
CLARICE.
(Célidan lui met la main sur la bouche.)
Aux vo.....
CÉLIDAN.
(Il dit ces mots derrière le théâtre.)
Touche, cocher.

SCÈNE X

LA NOURRICE, DORASTE, POLYMAS, LISTOR.

LA NOURRICE, seule.
Sortons de pâmoison, reprenons la parole;
Il nous faut à grands cris jouer un autre rôle.
Ou je n'y connais rien, ou j'ai bien pris mon temps:
Ils n'en seront pas tous également contents;
Et Philiste demain, cette nouvelle sue,
Sera de belle humeur, ou je suis fort déçue.
Mais par où vont nos gens? Voyons, qu'en sûreté
Je fasse aller après par un autre côté.

A présent il est temps que ma voix s'évertue.
Aux armes! aux voleurs! on m'égorge, on me tue,
On enlève madame! Amis, secourez-nous!
A la force! aux brigands! au meurtre! Accourez tous,
Doraste, Polymas, Listor.
POLYMAS.
Qu'as-tu, nourrice?
LA NOURRICE.
Des voleurs...
POLYMAS.
Qu'ont-ils fait?
LA NOURRICE.
Ils ont ravi Clarice.
POLYMAS.
Comment! ravi Clarice?
LA NOURRICE.
Oui. Suivez promptement.
Bons dieux! que j'ai reçu de coups en un moment!
DORASTE.
Suivons-les : mais dis-nous la route qu'ils ont prise.
LA NOURRICE.
Ils vont tout droit par là. Le ciel vous favorise!
(*Elle est seule.*) [fait;
Oh, qu'ils en vont abattre! ils sont morts, c'en est
Et leur sang, autant vaut, a lavé leur forfait :
Pourvu que le bonheur à leurs souhaits réponde,
Ils les rencontreront s'ils font le tour du monde.
Quant à nous, cependant, subornons quelques pleurs
Qui servent de témoins à nos fausses douleurs.

ACTE QUATRIÈME

SCÈNE I

PHILISTE, LYCAS.

PHILISTE.

Des voleurs cette nuit ont enlevé Clarice!
Quelle preuve en as-tu? quel témoin? quel indice?
Ton rapport n'est fondé que sur quelque faux bruit.

LYCAS.

Je n'en suis par mes yeux, hélas! que trop instruit;
Les cris de sa nourrice en sa maison déserte
M'ont trop suffisamment assuré de sa perte;
Seule en ce grand logis, elle court haut et bas,
Elle renverse tout ce qui s'offre à ses pas,
Et sur ceux qu'elle voit frappe sans reconnaître;
A peine devant elle oserait-on paraître :
De furie elle écume, et fait sans cesse un bruit
Que le désespoir forme, et que la rage suit;
Et parmi ses transports, son hurlement farouche
Ne laisse distinguer que Clarice en sa bouche.

PHILISTE.

Ne t'a-t-elle rien dit?

LYCAS.
Soudain qu'elle m'a vu,
Ces mots ont éclaté d'un transport imprévu :
« Va lui dire qu'il perd sa maîtresse et la nôtre; »
Et puis incontinent, me prenant pour un autre,
Elle m'allait traiter en auteur du forfait;
Mais ma fuite a rendu sa fureur sans effet.
PHILISTE.
Elle nomme du moins celui qu'elle en soupçonne?
LYCAS.
Ses confuses clameurs n'en accusent personne,
Et même les voisins n'en savent que juger.
PHILISTE.
Tu m'apprends seulement ce qui peut m'affliger,
Traître, sans que je sache où, pour mon allégeance*,
Adresser ma poursuite, et porter ma vengeance.
(*Seul.*)
Tu fais bien d'échapper; dessus toi ma douleur,
Faute d'un autre objet, eût vengé ce malheur :
Malheur d'autant plus grand que sa source ignorée
Ne laisse aucun espoir à mon âme éplorée;
Ne laisse à ma douleur, qui va finir mes jours,
Qu'une plainte inutile au lieu d'un prompt secours :
Faible soulagement en un coup si funeste;
Mais il s'en faut servir, puisque seul il nous reste.
Plains, Philiste, plains-toi, mais avec des accents
Plus remplis de fureur qu'ils ne sont impuissants;
Fais qu'à force de cris poussés jusqu'en la nue,
Ton mal soit plus connu que sa cause inconnue;
Fais que chacun le sache, et que par tes clameurs
Clarice, où qu'elle soit, apprenne que tu meurs.
    Clarice, unique objet qui me tiens en servage,
Reçois de mon ardeur ce dernier témoignage;
Vois comme en te perdant je vais perdre le jour,
Et par mon désespoir juge de mon amour.
Hélas! pour en juger, peut-être est-ce ta feinte
Qui me porte à dessein cette cruelle atteinte,
Et ton amour, qui doute encor de mes serments,
Cherche à s'en assurer par mes ressentiments.
Soupçonneuse beauté, contente ton envie,
Et prends cette assurance aux dépens de ma vie.
Si ton feu dure encor, par mes derniers soupirs
Reçois ensemble et perds l'effet de tes désirs;
Alors ta flamme en vain pour Philiste allumée,
Tu lui voudras du mal de t'avoir trop aimée;
Et sûre d'une foi que tu crains d'accepter,
Tu pleureras en vain le bonheur d'en douter.
Que ce penser flatteur me dérobe à moi-même!
Quel charme à mon trépas de penser qu'elle m'aime!
Et dans mon désespoir qu'il m'est doux d'espérer
Que ma mort, à son tour, la fera soupirer!
    Simple, qu'espères-tu? Sa perte volontaire
Ne veut que te punir d'un amour téméraire;
Ton déplaisir lui plaît, et tous autres tourments
Lui sembleraient pour toi de légers châtiments.
Elle en rit maintenant, cette belle inhumaine;
Elle pâme de joie au récit de ta peine,
Et choisit pour objet de son affection
Un amant plus sortable à sa condition.

Pauvre désespéré, que ta raison s'égare!
Et que tu traites mal une amitié si rare!
Après tant de serments de n'aimer rien que toi,
Tu la veux faire heureuse aux dépens de sa foi;
Tu veux seul avoir part à la douleur commune;
Tu veux seul te charger de toute l'infortune,
Comme si tu pouvais en croissant tes malheurs
Diminuer les siens, et l'ôter aux voleurs.
N'en doute plus, Philiste, un ravisseur infâme
A mis en son pouvoir la reine de ton âme,
Et peut-être déjà ce corsaire effronté
Triomphe insolemment de sa fidélité.
Qu'à ce triste penser ma vigueur diminue!
Mais voici de ses gens.

SCÈNE II

PHILISTE, DORASTE, POLYMAS, LISTOR.

PHILISTE.
Qu'est-elle devenue?
Amis, le savez-vous? N'avez-vous rien trouvé
Qui nous puisse éclaircir du malheur arrivé?

DORASTE.
Nous avons fait, monsieur, une vaine poursuite.

PHILISTE.
Du moins vous avez vu des marques de leur fuite.

DORASTE.
Si nous avions pu voir les traces de leurs pas,
Des brigands ou de nous vous sauriez le trépas;
Mais, hélas! quelque soin et quelque diligence...

PHILISTE.
Ce sont là des effets de votre intelligence,
Traîtres; ces feints hélas ne sauraient m'abuser.

POLYMAS.
Vous n'avez point, monsieur, de quoi nous accuser.

PHILISTE.
Perfides, vous prêtez épaule à leur retraite,
Et c'est ce qui vous fait me la tenir secrète.
(*Mettant l'épée à la main.*)
Mais voici... Vous fuyez! vous avez beau courir,
Il faut me ramener ma maîtresse, ou mourir.

DORASTE, *rentrant avec ses compagnons, cependant que Philiste les cherche derrière le théâtre.*
Cédons à sa fureur, évitons-en l'orage.

POLYMAS.
Ne nous présentons plus au transport de sa rage;
Mais plutôt derechef allons si bien chercher,
Qu'il n'ait plus au retour sujet de se fâcher.

LISTOR, *voyant revenir Philiste, et s'enfuyant avec ses compagnons.*
Le voilà.

PHILISTE, *l'épée à la main, et seul.*
Qui les ôte à ma juste colère?
Venez de vos forfaits recevoir le salaire,
Infâmes scélérats, venez, qu'espérez-vous?
Votre fuite ne peut vous sauver de mes coups.

SCÈNE III

ALCIDON, CÉLIDAN, PHILISTE.

ALCIDON *met l'épée à la main.*
Philiste, à la bonne heure, un miracle visible
T'a rendu maintenant à l'honneur plus sensible,
Puisque ainsi tu m'attends les armes à la main.
J'admire avec plaisir ce changement soudain,
Et vais...

CÉLIDAN.
Ne pense pas ainsi...

ALCIDON.
Laisse-nous faire;
C'est en homme de cœur qu'il me va satisfaire.
Crains-tu d'être témoin d'une bonne action?

PHILISTE.
Dieux! ce comble manquait à mon affliction.
Que j'éprouve en mon sort une rigueur cruelle!
Ma maîtresse perdue, un ami me querelle.

ALCIDON.
Ta maîtresse perdue!

PHILISTE.
Hélas! hier, des voleurs...

ALCIDON.
Je n'en veux rien savoir, va le conter ailleurs;
Je ne prends point de part aux intérêts d'un traître;
Et puisqu'il est ainsi, le ciel fait bien connaître
Que son juste courroux a soin de me venger.

PHILISTE.
Quel plaisir, Alcidon, prends-tu de m'outrager?
Mon amitié se lasse, et ma fureur m'emporte;
Mon âme pour sortir ne cherche qu'une porte :
Ne me presse donc plus dans un tel désespoir.
J'ai déjà fait pour toi par delà mon devoir.
Te peux-tu plaindre encor de la place usurpée?
J'ai renvoyé Géron à coups de plat d'épée;
J'ai menacé Florange, et rompu les accords
Qui t'avaient su causer ces violents transports.

ALCIDON.
Entre des cavaliers une offense reçue
Ne se contente point d'une si lâche issue;
Va m'attendre...

CÉLIDAN *à Alcidon.*
Arrêtez, je ne permettrai pas
Qu'un si funeste mot termine vos débats.

PHILISTE.
Faire ici du fendant * tandis qu'on nous sépare,
C'est montrer un esprit lâche autant que barbare.
Adieu, mauvais, adieu : nous nous pourrons trouver;
Et si le cœur t'en dit, au lieu de tant braver,
J'apprendrai seul à seul, dans peu, de tes nouvelles.
Mon honneur souffrirait des taches éternelles
A craindre encor de perdre une telle amitié.

SCÈNE IV

CÉLIDAN, ALCIDON.

CÉLIDAN.

Mon cœur à ses douleurs s'attendrit de pitié ;
Il montre une franchise ici trop naturelle,
Pour ne te pas ôter tout sujet de querelle.
L'affaire se traitait sans doute à son insu,
Et quelque faux soupçon en ce point t'a déçu.
Va retrouver Doris, et rendons-lui Clarice.

ALCIDON.

Tu te laisses donc prendre à ce lourd artifice,
A ce piége, qu'il dresse afin de me duper ?

CÉLIDAN.

Romprait-il ces accords à dessein de tromper ?
Que vois-tu là qui sente une supercherie ?

ALCIDON.

Je n'y vois qu'un effet de sa poltronnerie,
Qu'un lâche désaveu de cette trahison,
De peur d'être obligé de m'en faire raison.
Je l'en pressai dès hier ; mais son peu de courage
Aima mieux pratiquer ce rusé témoignage,
Par où, m'éblouissant, il pût un de ces jours
Renouer sourdement ces muettes amours.
Il en donne en secret des avis à Florange :
Tu ne le connais pas ; c'est un esprit étrange.

CÉLIDAN.

Quelque étrange qu'il soit, si tu prends bien ton [temps,
Malgré lui tes désirs se trouveront contents.
Ses offres acceptés, que rien ne se diffère ;
Après un prompt hymen, tu le mets à pis faire.

ALCIDON.

Cet ordre est infaillible à procurer mon bien ;
Mais ton contentement m'est plus cher que le mien.
Longtemps à mon sujet tes passions contraintes
Ont souffert et caché leurs plus vives atteintes ;
Il me faut à mon tour en faire autant pour toi :
Hier devant tous les dieux je t'en donnai ma foi,
Et pour la maintenir tout me sera possible.

CÉLIDAN.

Ta perte en mon bonheur me serait trop sensible ;
Et je m'en haïrais, si j'avais consenti
Que mon hymen laissât Alcidon sans parti.

ALCIDON.

Eh bien, pour t'arracher ce scrupule de l'âme
(Quoique je n'eus jamais pour elle aucune flamme),
J'épouserai Clarice. Ainsi, puisque mon sort
Veut qu'à mes amitiés je fasse un tel effort,
Que d'un de mes amis j'épouse la maîtresse,
C'est là que par devoir il faut que je m'adresse.
Philiste est un parjure ; et moi, ton obligé :
Il m'a fait un affront, et tu m'en as vengé :
Balancer un tel choix avec inquiétude,
Ce serait me noircir de trop d'ingratitude.

CÉLIDAN.

Mais te priver pour moi de ce que tu chéris !

ALCIDON.

C'est faire mon devoir, te quittant ma Doris,
Et me venger d'un traître épousant sa Clarice.
Mes discours ni mon cœur n'ont aucun artifice.
Je vais, pour confirmer tout ce que je t'ai dit,
Employer vers Doris mon reste de crédit ;
Si je la puis gagner, je te réponds du frère ;
Trop heureux à ce prix d'apaiser ma colère !

CÉLIDAN.

C'est ainsi que tu veux m'obliger doublement.
Vois ce que je pourrai pour ton contentement.

ALCIDON.

L'affaire, à mon avis, deviendrait plus aisée,
Si Clarice apprenait une mort supposée...

CÉLIDAN.

De qui ? de son amant ? Va, tiens pour assuré
Qu'elle croira dans peu ce perfide expiré.

ALCIDON.

Quand elle en aura su la nouvelle funeste,
Nous aurons moins de peine à la résoudre au reste.
On a beau nous aimer, des pleurs sont tôt séchés,
Et les morts soudain mis au rang des vieux péchés.

SCÈNE V

CÉLIDAN.

Il me cède à mon gré Doris de bon courage ;
Et ce nouveau dessein d'un autre mariage,
Pour être fait sur l'heure, et tout nonchalamment
Est conduit, ce me semble, assez accortement*.
Qu'il en sait de moyens ! qu'il a ses raisons prêtes !
Et qu'il trouve à l'instant de prétextes honnêtes
Pour ne point rapprocher de son premier amour !
Plus j'y porte la vue, et moins j'y vois de jour.
M'aurait-il bien caché le fond de sa pensée ?
Oui, sans doute, Clarice a son âme blessée ;
Il se venge en parole, et s'oblige en effet.
On ne le voit que trop, rien ne le satisfait :
Quand on lui rend Doris, il s'aigrit davantage.
Je joùrais, à ce compte, un joli personnage.
Il s'en faut éclaircir. Alcidon ruse en vain,
Tandis que le succès est encore en ma main.
Si mon soupçon est vrai, je lui ferai connaître
Que je ne suis pas homme à seconder un traître.
Ce n'est point avec moi qu'il faut faire le fin,
Et qui me veut duper en doit craindre la fin.
Il ne voulait que moi pour lui servir d'escorte,
Et, si je ne me trompe, il n'ouvrit point la porte ;
Nous étions attendus, on secondait nos coups :
La nourrice parut en même temps que nous,
Et se pâma soudain avec tant de justesse,
Que cette pâmoison nous livra sa maîtresse.
Qui lui pourrait un peu tirer les vers du nez,
Que nous verrions demain des gens bien étonnés !

SCÈNE VI
CÉLIDAN, LA NOURRICE.

LA NOURRICE.
Ah!

CÉLIDAN.
J'entends des soupirs.

LA NOURRICE.
Destins!

CÉLIDAN.
C'est la nourrice;
Qu'elle vient à propos!

LA NOURRICE.
Ou rendez-moi Clarice...

CÉLIDAN.
Il la faut aborder.

LA NOURRICE.
Ou me donnez la mort.

CÉLIDAN.
Qu'est-ce? qu'as-tu, nourrice, à t'affliger si fort?
Quel funeste accident? quelle perte arrivée?

LA NOURRICE.
Perfide! c'est donc toi qui me l'as enlevée?
En quel lieu la tiens-tu? dis-moi, qu'en as-tu fait?

CÉLIDAN.
Ta douleur sans raison m'impute ce forfait;
Car enfin je t'entends, tu cherches ta maîtresse?

LA NOURRICE.
Oui, je te la demande, âme double et traîtresse.

CÉLIDAN.
Je n'ai point eu de part en cet enlèvement;
Mais je t'en dirai bien l'heureux événement.
Il ne faut plus avoir un visage si triste,
Elle est en bonne main.

LA NOURRICE.
De qui?

CÉLIDAN.
De son Philiste.

LA NOURRICE.
Le cœur me le disait, que ce rusé flatteur
Devait être du coup le véritable auteur.

CÉLIDAN.
Je ne dis pas cela, nourrice; du contraire,
Sa rencontre à Clarice était fort nécessaire.

LA NOURRICE.
Quoi! l'a-t-il délivrée?

CÉLIDAN.
Oui.

LA NOURRICE.
Bons dieux!

CÉLIDAN.
Sa valeur
Ote ensemble la vie et Clarice au voleur.

LA NOURRICE.
Vous ne parlez que d'un.

CÉLIDAN.
L'autre ayant pris la fuite,
Philiste a négligé d'en faire la poursuite.

LA NOURRICE.
Leur carrosse roulant, comme est-il avenu*...

CÉLIDAN.
Tu m'en veux informer en vain par le menu.
Peut-être un mauvais pas, une branche, une pierre,
Fit verser leur carrosse, et les jeta par terre;
Et Philiste eut tant d'heur* que de les rencontrer.
Comme eux et ta maîtresse étaient prêts d'y rentrer.

LA NOURRICE.
Cette heureuse nouvelle a mon âme ravie.
Mais le nom de celui qu'il a privé de vie?

CÉLIDAN.
C'est... je l'aurais nommé mille fois en un jour :
Que ma mémoire ici me fait un mauvais tour!
C'est un des bons amis que Philiste eût au monde.
Rêve un peu comme moi, nourrice, et me seconde.

LA NOURRICE.
Donnez-m'en quelque adresse.

CÉLIDAN.
Il se termine en don.
C'est... j'y suis; peu s'en faut; attends, c'est...

LA NOURRICE.
Alcidon?

CÉLIDAN.
T'y voilà justement.

LA NOURRICE.
Est-ce lui? Quel dommage
Qu'un brave gentilhomme à la fleur de son âge...
Toutefois il n'a rien qu'il n'ait bien mérité,
Et grâces aux bons dieux, son dessein avorté...
Mais du moins, en mourant, il nomma son complice?

CÉLIDAN.
C'est là le pis pour toi.

LA NOURRICE.
Pour moi!

CÉLIDAN.
Pour toi, nourrice.

LA NOURRICE.
Ah! le traître!

CÉLIDAN.
Sans doute il te voulait du mal.

LA NOURRICE.
Et m'en pourrait-il faire?

CÉLIDAN.
Oui, son rapport fatal...

LA NOURRICE.
Ne peut rien contenir que je ne le dénie.

CÉLIDAN.
En effet, ce rapport n'est qu'une calomnie.
Écoute cependant : il a dit qu'à ton su
Ce malheureux dessein avait été conçu;
Et que pour empêcher la fuite de Clarice,
Ta feinte pâmoison lui fit un bon office;
Qu'il trouva le jardin par ton moyen ouvert.

LA NOURRICE.
De quels damnables tours cet imposteur se sert!
Non, monsieur; à présent il faut que je le die!
Le ciel ne vit jamais de telle perfidie.
Ce traître aimait Clarice, et brûlant de ce feu,

Il n'amusait Doris que pour couvrir son jeu;
Depuis près de six mois il a tâché sans cesse
D'acheter ma faveur auprès de ma maîtresse;
Il n'a rien épargné qui fût en son pouvoir;
Mais me voyant toujours ferme dans le devoir,
Et que pour moi ses dons n'avaient aucune amorce,
Enfin il a voulu recourir à la force.
Vous savez le surplus, vous voyez son effort
A se venger de moi pour le moins en sa mort!
Piqué de mes refus, il me fait criminelle,
Et mon crime ne vient que d'être trop fidèle.
Mais, monsieur, le croit-on?
CÉLIDAN.
N'en doute aucunement.
Le bruit est qu'on t'apprête un rude châtiment.
LA NOURRICE.
Las! que me dites-vous?
CÉLIDAN.
Ta maîtresse en colère
Jure que tes forfaits recevront leur salaire;
Surtout elle s'aigrit contre ta pâmoison.
Si tu veux éviter une infâme prison,
N'attends pas son retour.
LA NOURRICE.
Où me vois-je réduite,
Si mon salut dépend d'une soudaine fuite!
Et mon esprit confus ne sait où l'adresser.
CÉLIDAN.
J'ai pitié des malheurs qui te viennent presser :
Nourrice, fais chez moi, si tu veux, ta retraite;
Autant qu'en lieu du monde elle y sera secrète.
LA NOURRICE.
Oserais-je espérer que la compassion...
CÉLIDAN.
Je prends ton innocence en ma protection.
Va, ne perds point de temps : être ici davantage
Ne pourrait à la fin tourner qu'à ton dommage.
Je te suivrai de l'œil, et ne dis encor rien
Comme après je saurai m'employer pour ton bien :
Durant l'éloignement ta paix se pourra faire.
LA NOURRICE.
Vous me serez, monsieur, comme un dieu tutélaire.
CÉLIDAN.
Trêve, pour le présent, de ces remerciments;
Va, tu n'as pas loisir de tant de compliments.

SCÈNE VII

CÉLIDAN.

Voilà mon homme pris, et ma vieille attrapée.
Vraiment un mauvais conte aisément l'a dupée.
Je la croyais plus fine, et n'eusse pas pensé
Qu'un discours sur-le-champ par hasard commencé,
Dont la suite non plus n'allait qu'à l'aventure,
Pût donner à son âme une telle torture,
La jeter en désordre, et brouiller ses ressorts;
Mais la raison le veut, c'est l'effet des remords.
Le cuisant souvenir d'une action méchante

Soudain au moindre mot nous donne l'épouvante.
Mettons-la cependant en lieu de sûreté,
D'où nous ne craignions rien de sa subtilité;
Après, nous ferons voir qu'il me faut d'une affaire
Ou du tout ne rien dire, ou du tout ne rien taire,
Et que, depuis qu'on joue à surprendre un ami,
Un trompeur en moi trouve un trompeur et demi.

SCÈNE VIII

ALCIDON, DORIS.

DORIS.
C'est donc pour un ami que tu veux que mon âme
Allume à ta prière une nouvelle flamme?
ALCIDON.
Oui, de tout mon pouvoir je t'en viens conjurer.
DORIS.
A ce coup, Alcidon, voilà te déclarer;
Ce compliment, fort beau pour des âmes glacées,
M'est un aveu bien clair de tes feintes passées.
ALCIDON.
Ne parle point de feinte; il n'appartient qu'à toi
D'être dissimulée, et de manquer de foi;
L'effet l'a trop montré.
DORIS.
L'effet a dû t'apprendre,
Quand on feint avec moi, que je suis bien le rendre.
Mais je reviens à toi. Tu fais donc tant de bruit
Afin qu'après un autre en recueille le fruit;
Et c'est à ce dessein que ta fausse colère
Abuse insolemment de l'esprit de mon frère?
ALCIDON.
Ce qu'il a pris de part en mes ressentiments
Apporte seul du trouble à tes contentements;
Et pour moi, qui vois trop ta haine par ce change
Qui t'a fait sans raison me préférer Florange,
Je n'ose plus t'offrir un service odieux.
DORIS.
Tu ne fais pas tant mal. Mais pour faire encor mieux,
Puisque tu reconnais ma véritable haine,
De moi, ni de mon choix ne te mets point en peine.
C'est trop manquer de sens; je te prie, est-ce à toi,
A l'objet de ma haine, à disposer de moi?
ALCIDON.
Non; mais puisque je vois à mon peu de mérite
De ta possession l'espérance interdite,
Je sentirais mon mal puissamment soulagé,
Si du moins un ami m'en était obligé.
Ce cavalier, au reste, a tous les avantages
Que l'on peut remarquer aux plus braves courages,
Beau de corps et d'esprit, riche, adroit, valeureux,
Et surtout de Doris à l'extrême amoureux.
DORIS.
Toutes ces qualités n'ont rien qui me déplaise;
Mais il en a de plus une autre fort mauvaise,
C'est qu'il est ton ami; cette seule raison
Me le ferait haïr, si j'en savais le nom.
ALCIDON.
Donc, pour le bien servir, il faut ici le taire!

DORIS.

Et de plus lui donner cet avis salutaire, [aimé,
Que, s'il est vrai qu'il m'aime, et qu'il veuille être
Quand il m'entretiendra, tu ne sois point nommé;
Qu'il n'espère autrement de réponse que triste.
J'ai dépit que le sang me lie avec Philiste,
Et qu'ainsi, malgré moi, j'aime un de tes amis.

ALCIDON.

Tu seras quelque jour d'un esprit plus remis.
Adieu. Quoi qu'il en soit, souviens-toi, dédaigneuse,
Que tu hais Alcidon qui te veut rendre heureuse.

DORIS.

Va, je ne veux point d'heur* qui parte de ta main.

SCÈNE IX

DORIS.

Qu'aux filles comme moi le sort est inhumain !
Que leur condition se trouve déplorable !
Une mère aveuglée, un frère inexorable,
Chacun de son côté, prennent sur mon devoir
Et sur mes volontés un absolu pouvoir.
Chacun me veut forcer à suivre son caprice;
L'un a ses amitiés, l'autre a son avarice.
Ma mère veut Florange, et mon frère Alcidon.
Dans leurs divisions mon cœur à l'abandon [dre.
N'attend que leur accord pour souffrir et pour fein-
Je n'ose qu'espérer, et je ne sais que craindre;
Ou plutôt je crains tout et je n'espère rien.
Je n'ose fuir mon mal, ni rechercher mon bien.
Dure sujétion ! étrange tyrannie !
Toute liberté donc à mon choix se dénie !
On ne laisse à mes yeux rien à dire à mon cœur,
Et par force un amant n'a de moi que rigueur.
Cependant il y va du reste de ma vie,
Et je n'ose écouter tant soit peu mon envie.
Il faut que mes désirs, toujours indifférents,
Aillent sans résistance au gré de mes parents,
Qui m'apprêtent peut-être un brutal, un sauvage :
Et puis cela s'appelle une fille bien sage !
Ciel, qui vois ma misère et qui fais les heureux,
Prends pitié d'un devoir qui m'est si rigoureux !

ACTE CINQUIÈME

SCÈNE I

CÉLIDAN, CLARICE.

CÉLIDAN.

N'esperez pas, madame, avec cet artifice,
Apprendre du forfait l'auteur ni le complice:
Je chéris l'un et l'autre, et crois qu'il m'est permis
De conserver l'honneur de mes plus chers amis.
L'un, aveuglé d'amour, ne jugea point de blâme
A ravir la beauté qui lui ravissait l'âme;
Et l'autre l'assista par importunité;
C'est ce que vous saurez de leur témérité.

CLARICE.

Puisque vous le voulez, monsieur, je suis contente
De voir qu'un bon succès a trompé leur attente;
Et me résolvant même à perdre à l'avenir
De toute ma douleur l'odieux souvenir,
J'estime que la perte en sera plus aisée,
Si j'ignore les noms de ceux qui l'ont causée.
C'est assez que je sais qu'à votre heureux secours
Je dois tout le bonheur du reste de mes jours.
Philiste autant que moi vous en est redevable;
S'il a su mon malheur, il est inconsolable;
Et, dans son désespoir, sans doute qu'aujourd'hui
Vous lui rendez la vie en me rendant à lui.
Disposez du pouvoir et de l'un et de l'autre;
Ce que vous y verrez, tenez-le comme au vôtre,
Et souffrez cependant qu'on le puisse avertir
Que nos maux en plaisirs se doivent convertir.
La douleur trop longtemps règne sur son courage.

CÉLIDAN.

C'est à moi qu'appartient l'honneur de ce message;
Mon secours sans cela, comme de nul effet,
Ne vous aurait rendu qu'un service imparfait.

CLARICE.

Après avoir rompu les fers d'une captive,
C'est tout de nouveau prendre une peine excessive,
Et l'obligation que j'en vais vous avoir
Met à la revanche hors de mon peu de pouvoir.
Ainsi dorénavant, quelque espoir qui me flatte,
Il faudra malgré moi que j'en demeure ingrate.

CÉLIDAN.

En quoi que mon service oblige votre amour,
Vos seuls remercîments me mettent à retour.

SCÈNE II

CÉLIDAN.

Qu'Alcidon maintenant soit de feu pour Clarice,
Qu'il ait de son parti sa traîtresse nourrice,
Que d'un ami trop simple il fasse un ravisseur,
Qu'il querelle Philiste, et néglige sa sœur,
Enfin qu'il aime, dupe, enlève, feigne, abuse,
Je trouve mieux que lui mon compte dans sa ruse.
Son artifice m'aide, et succède si bien,
Qu'il me donne Doris, et ne lui laisse rien.
Il semble n'enlever qu'à dessein que je rende,
Et que Philiste, après une faveur si grande,
N'ose me refuser celle dont ses transports
Et ses faux mouvements font rompre les accords.
Ne m'offre plus Doris, elle m'est toute acquise;
Je ne la veux devoir, traître, qu'à ma franchise;
Il suffit que ta ruse ait dégagé sa foi :
Cesse tes compliments, je l'aurai bien sans toi.
Mais, pour voir ces effets, allons trouver le frère:
Notre heur* s'accorde mal avecque sa misère,
Et ne peut s'avancer qu'en lui disant le sien.

SCÈNE III

ALCIDON, CÉLIDAN.

CÉLIDAN.
Ah! je cherchais une heure avec toi d'entretien;
Ta rencontre jamais ne fut plus opportune.
ALCIDON.
En quel point as-tu mis l'état de ma fortune?
CÉLIDAN.
Tout va le mieux du monde. Il ne se pouvait pas
Avec plus de succès supposer un trépas;
Clarice au désespoir croit Philiste sans vie.
ALCIDON.
Et l'auteur de ce coup?
CÉLIDAN.
Celui qui l'a ravie,
Un amant inconnu dont je lui fais parler.
ALCIDON.
Elle a donc bien jeté des injures en l'air?
CÉLIDAN.
Cela s'en va sans dire.
ALCIDON.
Ainsi rien ne l'apaise?
CÉLIDAN.
Si je te disais tout, tu mourrais de trop d'aise.
ALCIDON.
Je n'en veux point qui porte une si dure loi.
CÉLIDAN.
Dans ce grand désespoir elle parle de toi.
ALCIDON.
Elle parle de moi!
CÉLIDAN.
« J'ai perdu ce que j'aime,
« Dit-elle; mais du moins si cet autre lui-même,
« Son fidèle Alcidon m'en consolait ici! »
ALCIDON.
Tout de bon?
CÉLIDAN.
Son esprit en paraît adouci.
ALCIDON.
Je ne me pensais pas si fort dans sa mémoire.
Mais non, cela n'est point, tu m'en donnes à croire.
CÉLIDAN.
Tu peux, dans ce jour même, en voir la vérité.
ALCIDON.
J'accepte le parti par curiosité.
Dérobons-nous ce soir pour lui rendre visite.
CÉLIDAN.
Tu verras à quel point elle met ton mérite.
ALCIDON.
Si l'occasion s'offre, on peut la disposer,
Mais comme sans dessein...
CÉLIDAN.
J'entends, à t'épouser.
ALCIDON.
Nous pourrons feindre alors que par ma diligence
Le concierge, rendu de mon intelligence *,
Me donne un accès libre aux lieux de sa prison;
Que déjà quelque argent m'en a fait la raison,
Et que, s'il en faut croire une juste espérance,
Les pistoles dans peu feront sa délivrance,
Pourvu qu'un prompt hymen succède à mes désirs.
CÉLIDAN.
Que cette invention t'assure de plaisirs!
Une subtilité si dextrement* tissue
Ne peut jamais avoir qu'une admirable issue.
ALCIDON.
Mais l'exécution ne s'en doit point surseoir.
CÉLIDAN.
Ne diffère donc point. Je t'attends vers le soir;
N'y manque pas. Adieu. J'ai quelque affaire en ville.
ALCIDON, *seul*.
O l'excellent ami! qu'il a l'esprit docile!
Pouvais-je faire un choix plus commode pour moi?
Je trompe tout le monde avec sa bonne foi;
Et quant à sa Doris, si sa poursuite est vaine,
C'est de quoi maintenant je ne suis guère en peine;
Puisque j'aurai mon compte, il m'importe fort peu
Si la coquette agrée ou néglige son feu.
Mais je ne songe pas que ma joie imprudente
Laisse en perplexité ma chère confidente;
Avant que de partir, il faudra sur le tard
De nos heureux succès lui faire quelque part.

SCÈNE IV

CHRYSANTE, PHILISTE, DORIS.

CHRYSANTE.
Je ne le puis celer, bien que j'y compatisse;
Je trouve en ton malheur quelque peu de justice:
Le ciel venge ta sœur; ton fol emportement
A rompu sa fortune, et chassé son amant;
Et tu vois aussitôt la tienne renversée;
Ta maîtresse par force en d'autres mains passée:
Cependant Alcidon, que tu crois rappeler,
Toujours de plus en plus s'obstine à quereller.
PHILISTE.
Madame, c'est à vous que nous devons nous prendre
De tous les déplaisirs qu'il nous en faut attendre.
D'un si honteux affront le cuisant souvenir
Éteint toute autre ardeur que celle de punir.
Ainsi mon mauvais sort m'a bien ôté Clarice;
Mais du reste accusez votre seule avarice.
Madame, nous perdons, par votre aveuglement,
Votre fils, un ami; votre fille, un amant.
DORIS.
Otez ce nom d'amant: le fard de son langage
Ne m'empêcha jamais de voir dans son courage*;
Et nous étions tous deux semblables en ce point,
Que nous feignions d'aimer ce que nous n'aimions [point.
PHILISTE.
Ce que vous n'aimiez point! Jeune dissimulée,
Fallait-il donc souffrir d'en être cajolée*?
DORIS.
Il le fallait souffrir, ou vous désobliger.

PHILISTE.
Dites qu'il vous fallait un esprit moins léger.
CHRYSANTE.
Célidan vient d'entrer : fais un peu de silence,
Et du moins à ses yeux cache ta violence.

SCÈNE V

PHILISTE, CHRYSANTE, CÉLIDAN, DORIS.

PHILISTE, à Célidan.
Eh bien ! que dit, que fait, notre amant irrité ?
Persiste-t-il encor dans sa brutalité ?
CÉLIDAN.
Quitte pour aujourd'hui le soin de tes querelles :
J'ai bien à te conter de meilleures nouvelles.
Les ravisseurs n'ont plus Clarice en leur pouvoir.
PHILISTE.
Ami, que me dis-tu ?
CÉLIDAN.
Ce que je viens de voir.
PHILISTE.
Et de grâce, où voit-on le sujet que j'adore ?
Dis-moi le lieu.
CÉLIDAN.
Le lieu ne se dit pas encore.
Celui qui te la rend te veut faire une loi...
PHILISTE.
Après cette faveur, qu'il dispose de moi ;
Mon possible est à lui.
CÉLIDAN.
Donc, sous cette promesse,
Tu peux dans son logis aller voir ta maîtresse :
Ambassadeur exprès...

SCÈNE VI

CHRYSANTE, CÉLIDAN, DORIS.

CHRYSANTE.
Son feu précipité
Lui fait faire envers vous une incivilité ;
Vous la pardonnerez à cette ardeur trop forte
Qui, sans vous dire adieu, vers son objet l'emporte.
CÉLIDAN.
C'est comme doit agir un véritable amour.
Un feu moindre eût souffert quelque plus long séjour ;
Et nous voyons assez par cette expérience
Que le sien est égal à son impatience.
Mais puisque ainsi le ciel rejoint ces deux amants,
Et que tout se dispose à vos contentements,
Pour m'avancer aux miens, oserais-je, madame,
Offrir à tant d'appas un cœur qui n'est que flamme,
Un cœur sur qui ses yeux de tout temps absolus
Ont imprimé des traits qui ne s'effacent plus ?
J'ai cru par le passé qu'une ardeur mutuelle
Unissait les esprits et d'Alcidon et d'elle,
Et qu'en ce cavalier son désir arrêté
Prendrait tous autres vœux pour importunité.

Cette seule raison m'obligeant à me taire,
Je trahissais mon feu de peur de lui déplaire ;
Mais aujourd'hui qu'un autre en sa place reçu
Me fait voir clairement combien j'étais déçu,
Je ne condamne plus mon amour au silence,
Et viens faire éclater toute sa violence.
Souffrez que mes désirs, si longtemps retenus,
Rendent à sa beauté des vœux qui lui sont dus ;
Et du moins, par pitié d'un si cruel martyre,
Permettez quelque espoir à ce cœur qui soupire.
CHRYSANTE.
Votre amour pour Doris est un si grand bonheur
Que je voudrais sur l'heure en accepter l'honneur ;
Mais vous voyez le point où me réduit Philiste,
Et comme son caprice à mes souhaits résiste.
Trop chaud ami qu'il est, il s'emporte à tous coups
Pour un fourbe insolent qui se moque de nous.
Honteuse qu'il me force à manquer de promesse,
Je n'ose vous donner une réponse expresse,
Tant je crains de sa part un désordre nouveau.
CÉLIDAN.
Vous me tuez, madame, et cachez le couteau :
Sous ce détour discret un refus se colore.
CHRYSANTE.
Non, monsieur ; croyez-moi, votre offre nous honore.
Aussi dans le refus j'aurais peu de raison ;
Je connais votre bien, je sais votre maison.
Votre père jadis (hélas ! que cette histoire
Encor sur mes vieux ans m'est douce en la mémoire !)
Votre feu père, dis-je, eut de l'amour pour moi ;
J'étais son cher objet ; et maintenant je voi
Que, comme par un droit successif de famille,
L'amour qu'il eut pour moi, vous l'avez pour ma fille.
S'il m'aimait, je l'aimais ; et les seules rigueurs
De ses cruels parents divisèrent nos cœurs :
On l'éloigna de moi par ce maudit usage
Qui n'a d'égard qu'aux biens pour faire un mariage ;
Et son père jamais ne souffrit son retour
Que ma foi n'eût ailleurs engagé mon amour :
En vain à cet hymen j'opposai ma constance ;
La volonté des miens vainquit ma résistance.
Mais je reviens à vous, en qui je vois portraits
De ses perfections les plus aimables traits.
Afin de vous ôter désormais toute crainte
Que dessous mes discours se cache aucune feinte,
Allons trouver Philiste, et vous verrez alors
Comme en votre faveur je ferai mes efforts.
CÉLIDAN.
Si de ce cher objet j'avais même assurance,
Rien ne pourrait jamais troubler mon espérance.
DORIS.
Je ne sais qu'obéir, et n'ai point de vouloir.
CÉLIDAN.
Employer contre vous un absolu pouvoir !
Ma flamme d'y penser se tiendrait criminelle.
CHRYSANTE.
Je connais bien ma fille, et je vous réponds d'elle.
Dépêchons seulement d'aller vers ces amants.

CÉLIDAN.

Allons: mon heur* dépend de vos commandements.

SCÈNE VII

PHILISTE, CLARICE.

PHILISTE.

Ma douleur, qui s'obstine à combattre ma joie,
Pousse encor des soupirs, bien que je vous revoie;
Et l'excès des plaisirs qui me viennent charmer
Mêle dans ces douceurs je ne sais quoi d'amer :
Mon âme en est ensemble et ravie et confuse.
D'un peu de lâcheté votre retour m'accuse,
Et votre liberté me reproche aujourd'hui
Que mon amour la doit à la pitié d'autrui.
Elle me comble d'aise et m'accable de honte;
Celui qui vous la rend, en m'obligeant, m'affronte :
Un coup si glorieux n'appartenait qu'à moi.

CLARICE.

Vois-tu dans mon esprit des doutes de ta foi?
Y vois-tu des soupçons qui blessent ton courage,
Et disposent ta bouche à ce fâcheux langage?
Ton amour et tes soins trompés par mon malheur,
Ma prison inconnue a bravé ta valeur.
Que t'importe à présent qu'un autre m'en délivre,
Puisque c'est pour toi seul que Clarice veut vivre,
Et que d'un tel orage en bonace* réduit
Célidan a la peine, et Philiste le fruit?

PHILISTE.

Mais vous ne dites pas que le point qui m'afflige
C'est la reconnaissance où l'honneur vous oblige :
Il vous faut être ingrate, ou bien à l'avenir
Lui garder en votre âme un peu de souvenir.
La mienne en est jalouse, et trouve ce partage,
Quelque inégal qu'il soit, à son désavantage;
Je ne puis le souffrir. Nos pensers à tous deux
Ne devraient, à mon gré, parler que de nos feux.
Tout autre objet que moi dans votre esprit me pique.

CLARICE.

Ton humeur, à ce compte, est un peu tyrannique.
Penses-tu que je veuille un amant si jaloux?

PHILISTE.

Je tâche d'imiter ce que je vois en vous ;
Mon esprit amoureux, qui vous tient pour sa reine,
Fait de vos actions sa règle souveraine.

CLARICE.

Je ne puis endurer ces propos outrageux :
Où me vois-tu jalouse, afin d'être ombrageux?

PHILISTE.

Quoi! ne l'étiez-vous point l'autre jour qu'en visite
J'entretins quelque temps Bélinde et Chrysolithe?

CLARICE.

Ne me reproche point l'excès de mon amour.

PHILISTE.

Mais permettez-moi donc cet excès à mon tour :
Est-il rien de plus juste, ou de plus équitable?

CLARICE.

Encor pour un jaloux tu seras fort traitable,
Et n'es pas maladroit, en ces doux entretiens,
D'accuser mes défauts pour excuser les tiens ;
Par cette liberté tu me fais bien paraître
Que tu crois que l'hymen t'ait déjà rendu maître,
Puisque, laissant les vœux et les submissions*,
Tu me dis seulement mes imperfections.
Philiste, c'est douter trop peu de ta puissance,
Et prendre avant le temps un peu trop de licence.
Nous avions notre hymen à demain arrêté ;
Mais, pour te bien punir de cette liberté,
De plus de quatre jours ne crois pas qu'il s'achève.

PHILISTE.

Mais si durant ce temps quelque autre vous enlève,
Avez-vous sûreté que, pour votre secours,
Le même Célidan se rencontre toujours?

CLARICE.

Il faut savoir de lui s'il prendrait cette peine.
Vois ta mère et ta sœur que vers nous il amène.
Sa réponse rendra nos débats terminés.

PHILISTE.

Ah! mère, sœur, ami, que vous m'importunez!

SCÈNE VIII

CHRYSANTE, DORIS, CÉLIDAN, CLARICE, PHILISTE.

CHRYSANTE, à *Clarice.*

Je viens, après mon fils, vous rendre une assurance
De la part que je prends en votre délivrance ;
Et mon cœur tout à vous ne saurait endurer
Que mes humbles devoirs osent se différer.

CLARICE, à *Chrysante.*

N'usez point de ce mot vers celle dont l'envie
Est de vous obéir le reste de sa vie,
Que son retour rend moins à soi-même qu'à vous.
Ce brave cavalier accepté pour époux,
C'est à moi désormais, entrant dans sa famille,
A vous rendre un devoir de servante et de fille;
Heureuse mille fois, si le peu que je vaux
Ne vous empêche point d'excuser mes défauts,
Et si votre bonté d'un tel choix se contente!

CHRYSANTE, à *Clarice.*

Dans ce bien excessif, qui passe mon attente,
Je soupçonne mes sens d'une infidélité,
Tant ma raison s'oppose à ma crédulité.
Surprise que je suis d'une telle merveille,
Mon esprit tout confus savoir si je veille,
Mon âme en est ravie, et ces ravissements
M'ôtent la liberté de tous remercîments.

DORIS, à *Clarice.*

Souffrez qu'en ce bonheur mon zèle m'enhardisse
A vous offrir, madame, un fidèle service.

CLARICE, à *Doris.*

Et moi, sans compliment qui vous farde mon cœur,
Je vous offre et demande une amitié de sœur.

PHILISTE, à *Célidan.*

Toi, sans qui mon malheur était inconsolable,
Ma douleur sans espoir, ma perte irréparable,

Qui m'as seul obligé plus que tous mes amis,
Puisque je te dois tout, que je t'ai tout promis,
Cesse de me tenir dedans l'incertitude :
Dis-moi par où je puis sortir d'ingratitude ;
Donne-moi le moyen, après un tel bienfait,
De réduire pour toi ma parole en effet.
CÉLIDAN, à Philiste.
S'il est vrai que ta flamme et celle de Clarice
Doivent leur bonne issue à mon peu de service,
Qu'un bon succès par moi réponde à tous vos vœux,
J'ose t'en demander un pareil à mes feux.
(montrant Chrysante.)
J'ose te demander, sous l'aveu de madame,
Ce digne et seul objet de ma secrète flamme,
Cette sœur que j'adore, et qui pour faire un choix
Attend de ton vouloir les favorables lois.
PHILISTE, à Célidan.
Ta demande m'étonne ensemble et m'embarrasse :
Sur ton meilleur ami tu brigues cette place ;
Et tu sais que ma foi la réserve pour lui.
CHRYSANTE, à Philiste.
Si tu n'as entrepris de m'accabler d'ennui,
Ne te fais point ingrat pour une âme si double.
PHILISTE, à Célidan.
Mon esprit divisé de plus en plus se trouble ;
Dispense-moi, de grâce, et songe qu'avant toi
Ce bizarre Alcidon tient en gage ma foi.
Si ton amour est grand, l'excuse t'est sensible ;
Mais je ne t'ai promis que ce qui m'est possible ;
Et cette foi donnée ôte de mon pouvoir
Ce qu'à notre amitié je me sais trop devoir.
CHRYSANTE, à Philiste.
Ne te ressouviens plus d'une vieille promesse ;
Et juge, en regardant cette belle maîtresse,
Si celui qui pour toi l'ôte à son ravisseur
N'a pas bien mérité l'échange de ta sœur.
CLARICE, à Chrysante.
Je ne saurais souffrir qu'en ma présence on die
Qu'il doive m'acquérir par une perfidie :
Et pour un tel ami lui voir si peu de foi
Me ferait redouter qu'il en eût moins pour moi.
Mais Alcidon survient ; nous l'allons voir lui-même
Contre un rival et vous disputer ce qu'il aime.

SCÈNE IX

CLARICE, ALCIDON, PHILISTE, CHRYSANTE, CÉLIDAN, DORIS.

CLARICE, à Alcidon.
Mon abord t'a surpris, tu changes de couleur ;
Tu me croyais sans doute encor dans le malheur :
Voici qui m'en délivre ; et n'était que Philiste
A ces nouveaux desseins en ta faveur résiste,
Cet ami si parfait qu'entre nous tu chéris
T'aurait pour récompense enlevé ta Doris.
ALCIDON.
Le désordre éclatant qu'on voit sur mon visage
N'est que l'effet trop prompt d'une soudaine rage.
Je forcène* de voir que sur votre retour
Ce traître assure ainsi ma perte et son amour.
Perfide ! à mes dépens tu veux donc des maîtresses ?
Et mon honneur perdu te gagne leurs caresses !
CÉLIDAN, à Alcidon.
Quoi ! j'ai su jusqu'ici cacher tes lâchetés,
Et tu m'oses couvrir de ces indignités !
Cesse de m'outrager, ou le respect des dames
N'est plus pour contenir celui que tu diffames.
PHILISTE, à Alcidon.
Cher ami, ne crains rien et demeure assuré
Que je sais maintenant ce que je t'ai juré ;
Pour t'enlever ma sœur, il faut m'arracher l'âme.
ALCIDON, à Philiste.
Non, non, il n'est plus temps de déguiser ma flamme,
Il te faut, malgré moi, faire un honteux aveu
Que si mon cœur brûlait, c'était d'un autre feu.
Ami, ne cherche plus qui t'a ravi Clarice ;
(Il se montre.) *(Il montre Célidan.)*
Voici l'auteur du coup, et voilà le complice.
(à Philiste.)
Adieu. Ce mot lâché, je te suis en horreur.

SCÈNE X

CHRYSANTE, CLARICE, PHILISTE, CÉLIDAN, DORIS.

CHRYSANTE, à Philiste.
Eh bien ! rebelle, enfin sortiras-tu d'erreur ?
CÉLIDAN, à Philiste.
Puisque son désespoir vous découvre un mystère
Que ma discrétion vous avait voulu taire,
C'est à moi de montrer quel était mon dessein.
Il est vrai qu'en ce coup je lui prêtai la main.
La peur que j'eus alors qu'après ma résistance
Il ne trouvât ailleurs trop fidèle assistance...
PHILISTE, à Célidan.
Quittons là ce discours, puisqu'en cette action
La fin m'éclaircit trop de ton intention,
Et ta sincérité se fait assez connaître.
Je m'obstinais tantôt dans le parti d'un traître ;
Mais au lieu de t'affaiblir vers toi mon amitié,
Un tel aveuglement te doit faire pitié.
Plains-moi, plains mon malheur, plains mon trop de franchise,
Qu'un ami déloyal a tellement surprise ;
Vois par là comme j'aime, et ne te souviens plus
Que j'ai voulu te faire un injuste refus.
Fais, malgré mon erreur, que ton feu persévère ;
Ne punis point la sœur de la faute du frère ;
Et reçois de ma main celle que ton désir,
Avant mon imprudence, avait daigné choisir.
CLARICE, à Célidan.
Une pareille erreur me rend toute confuse :
Mais ici mon amour me servira d'excuse ;
Il serre nos esprits d'un trop étroit lien
Pour permettre à mon sens de s'éloigner du sien.
CÉLIDAN.
Si vous croyez encor que cette erreur me touche,

Un mot me satisfait de cette belle bouche ;
Mais, hélas ! quel espoir ose rien présumer,
Quand on n'a pu servir, et qu'on n'a fait qu'aimer ?

DORIS.

Réunir les esprits d'une mère et d'un frère,
Du choix qu'ils m'avaient fait avoir su me défaire,
M'arracher à Florange et m'ôter Alcidon,
Et d'un cœur généreux me faire l'heureux don,
C'est avoir su me rendre un assez grand service
Pour espérer beaucoup avec quelque justice.
Et, puisqu'on me l'ordonne, on peut vous assurer
Qu'alors que j'obéis, c'est sans en murmurer.

CÉLIDAN.

A ces mots enchanteurs tout mon cœur se déploie,
Et s'ouvre tout entier à l'excès de ma joie.

CHRYSANTE.

Que la mienne est extrême ! et que sur mes vieux ans

Le favorable ciel me fait de doux présents !
Qu'il conduit mon bonheur par un ressort étrange !
Qu'à propos sa faveur m'a fait perdre Florange !
Puisse-t-elle, pour comble, accorder à mes vœux
Qu'une éternelle paix suive de si beaux nœuds,
Et rendre, par les fruits de ce double hyménée,
Ma dernière vieillesse à jamais fortunée !

CLARICE, à *Chrysante*.

Cependant pour ce soir ne me refusez pas
L'heur* de vous voir ici prendre un mauvais repas,
Afin qu'à ce qui reste ensemble on se prépare,
Tant qu'un mystère saint deux à deux nous sépare.

CHRYSANTE, à *Clarice*.

Nous éloigner de vous avant ce doux moment,
Ce serait me priver de tout contentement.

EXAMEN DE LA VEUVE

Cette comédie n'est pas plus régulière que *Mélite* en ce qui regarde l'unité de lieu, et a le même défaut au cinquième acte, qui se passe en compliments pour venir à la conclusion d'un amour épisodique ; avec cette différence toutefois que le mariage de Célidan avec Doris a plus de justesse dans celle-ci que celui d'Éraste avec Chloris dans l'autre. Elle a quelque chose de mieux ordonné pour le temps en général, qui n'est pas si vague que dans *Mélite*, et a ses intervalles mieux proportionnés par cinq jours consécutifs. C'était un tempérament que je croyais lors fort raisonnable entre la rigueur des vingt et quatre heures et cette étendue libertine qui n'avait aucunes bornes. Mais elle a ce même défaut dans le particulier de la durée de chaque acte, que souvent celle de l'action y excède de beaucoup celle de la représentation. Dans le commencement du premier, Philiste quitte Alcidon pour aller faire des visites avec Clarice, et paraît en la dernière scène avec elle au sortir de ces visites, qui doivent avoir consumé toute l'après-dînée, ou du moins la meilleure partie. La même chose se trouve au cinquième : Alcidon y fait partie avec Célidan d'aller voir Clarice sur le soir dans son château, où il la croit encore prisonnière, pour se résout de faire part de sa joie à la nourrice, qu'il n'oserait voir de jour, de peur de faire soupçonner l'intelligence secrète et criminelle qu'ils ont ensemble ; et environ cent vers après, il vient chercher cette confidente chez Clarice, dont il ignore le retour. Il ne pouvait être qu'environ midi quand il en a formé le dessein, puisque Célidan venait de ramener Clarice (ce que vraisemblablement il a fait le plus tôt qu'il a pu, ayant un intérêt d'amour qui le pressait de lui rendre ce service en faveur de son amant) ; et quand il vient pour exécuter cette résolution, la nuit doit avoir déjà assez d'obscurité pour cacher cette visite qu'il lui va rendre. L'excuse qu'on pourrait y donner, aussi bien qu'à ce que j'ai remarqué de Tircis dans *Mélite*, c'est qu'il n'y a point de liaisons de scènes, et par conséquent point de continuité d'action. Ainsi, on pourrait dire que ces scènes détachées qui sont placées l'une après l'autre ne s'entre-suivent pas immédiatement, et qu'il se consume un temps notable entre la fin de l'une et le commencement de l'autre ; ce qui n'arrive point quand elles sont liées ensemble, cette liaison étant cause que l'une commence nécessairement au même instant que l'autre finit.

Cette comédie peut faire connaître l'aversion naturelle que j'ai toujours eue pour les *à parte*. Elle m'en donnait de belles occasions, m'étant proposé d'y peindre un amour réciproque qui parût dans les entretiens de deux personnes qui ne parlent point d'amour ensemble, et de mettre des compliments d'amour suivis entre deux gens qui n'en ont point du tout l'un pour l'autre, et qui sont toutefois obligés, par des considérations particulières, de s'en rendre des témoignages mutuels. C'était un beau jeu pour ces discours à part, si fréquents chez les anciens et chez les modernes de toutes les langues ; cependant j'ai si bien fait, par le moyen des confidences qui ont précédé ces scènes artificieuses, et des réflexions qui les ont suivies, que, sans emprunter ce secours, l'amour a paru entre ceux qui n'en parlent point, et le mépris a été visible entre ceux qui se font des protestations d'amour. La sixième scène du quatrième acte semble commencer par ces *à parte*, et n'en a toutefois aucun. Célidan et la nourrice y parlent véritablement chacun à part, mais en sorte que chacun des deux veut bien que l'autre entende ce qu'il dit. La nourrice cherche à donner à Célidan des marques d'une douleur très-vive qu'elle n'a point, et en affecte d'autant plus les dehors qu'elle veut l'éblouir ; et Célidan, de son côté, veut qu'elle ait lieu de croire qu'il la cherche pour la tirer du péril où il feint qu'elle est, et qu'ainsi il la rencontre fort à propos. Le reste de cette scène est fort adroit, par la manière dont il dupe cette vieille, et lui arrache l'aveu d'une fourbe* où on le voulait prendre lui-même pour dupe. Il l'enferme, de peur qu'elle ne fasse encore quelque pièce qui trouble son dessein ; et quelques-uns ont trouvé à dire qu'on ne parle point d'elle au cinquième : mais ces sortes de personnages, qui n'agissent que pour l'intérêt des autres, ne sont pas assez d'importance pour faire naître une curiosité légitime de savoir leurs sentiments sur l'événement de la comédie, où ils n'ont plus que faire quand on n'y a plus affaire d'eux ; et d'ailleurs, Clarice y a trop de satisfaction de se voir hors du pouvoir de ses ravisseurs et rendue à son amant, pour penser en sa présence à cette nourrice, et prendre garde si elle est en sa maison, ou si elle n'y est pas.

Le style n'est pas plus élevé ici que dans *Mélite*, mais il est plus net et plus dégagé des pointes dont l'autre est semé, qui ne sont, à en bien parler, que de fausses lumières, dont le brillant marque bien quelque vivacité d'esprit, mais sans aucune solidité de raisonnement. L'intrigue y est aussi beaucoup plus raisonnable que dans l'autre ; et Alcidon a lieu d'espérer un bien plus heureux succès de sa fourbe* qu'Éraste de la sienne.

FIN DE LA VEUVE.

LA
GALERIE DU PALAIS

COMÉDIE — 1634

A MADAME DE LIANCOUR

Madame,

Je vous demande pardon si je vous fais un mauvais présent ; non pas que j'aie si mauvaise opinion de cette pièce, que je veuille condamner les applaudissements qu'elle a reçus, mais parce que je ne croirai jamais qu'un ouvrage de cette nature soit digne de vous être présenté. Aussi vous supplierai-je très-humblement de ne prendre pas tant garde à la qualité de la chose, qu'au pouvoir de celui dont elle part : c'est tout ce que vous peut offrir un homme de ma sorte ; et Dieu ne m'ayant pas fait naître assez considérable pour être utile à votre service, je me tiendrai trop récompensé d'ailleurs si je puis contribuer en quelque façon à vos divertissements. De six comédies qui me sont échappées, si celle-ci n'est la meilleure, c'est la plus heureuse, et toutefois la plus malheureuse en ce point, que n'ayant pas eu l'honneur d'être vue de vous, il lui manque votre approbation, sans laquelle sa gloire est encore douteuse, et n'ose s'assurer sur les acclamations publiques. Elle vous la vient demander, Madame, avec cette protection qu'autrefois *Mélite* a trouvée si favorable. J'espère que votre bonté ne lui refusera pas l'une et l'autre, ou que, si vous désapprouvez sa conduite, du moins vous agréerez mon zèle, et me permettrez de me dire toute ma vie,

Madame,

Votre très-humble, très-obéissant, et très-obligé serviteur,

CORNEILLE.

PERSONNAGES.

PLEIRANTE, père de Célidée.
LYSANDRE, amant de Célidée.
DORIMANT, amoureux d'Hippolyte.
CHRYSANTE, mère d'Hippolyte.
CÉLIDÉE, fille de Pleirante.
HIPPOLYTE, fille de Chrysante.

PERSONNAGES.

ARONTE, écuyer de Lysandre.
CLÉANTE, écuyer de Dorimant.
FLORICE, suivante d'Hippolyte.
Le Libraire du palais.
Le Mercier du palais.
La Lingère du palais.

La scène est à Paris.

ACTE PREMIER

SCÈNE I

ARONTE, FLORICE.

ARONTE.

Enfin je ne le puis : que veux-tu que j'y fasse ?
Pour tout autre sujet mon maître n'est que glace ;
Elle est trop dans son cœur ; on ne l'en peut chasser,
Et c'est folie à nous que de plus y penser.
J'ai beau devant les yeux lui remettre Hippolyte,
Parler de ses attraits, élever son mérite,
Sa grâce, son esprit, sa naissance, son bien ;
Je n'avance non plus qu'à ne lui dire rien :
L'amour, dont malgré moi son âme est possédée,
Fait qu'il en voit autant, ou plus, en Célidée.

FLORICE.

Ne quittons pas pourtant ; à la longue on fait tout.
La gloire suit la peine : espérons jusqu'au bout.
Je veux que Célidée ait charmé son courage,
L'amour le plus parfait n'est pas un mariage ;
Fort souvent moins que rien cause un grand change-
Et les occasions naissent en un moment. [ment,

ARONTE.

Je les prendrai toujours quand je les verrai naître.

FLORICE.

Hippolyte, en ce cas, saura le reconnaître.

ARONTE.

Tout ce que j'en prétends, c'est un entier secret.
Adieu : je vais trouver Célidée à regret.

FLORICE.

De la part de ton maître ?

ARONTE.

Oui.

FLORICE.

Si j'ai bonne vue,
La voilà que son père amène vers la rue.
Tirons-nous à quartier* ; nous jouerons mieux nos jeux,
S'ils n'aperçoivent point que nous parlions nous deux.

SCÈNE II

PLEIRANTE, CÉLIDÉE.

PLEIRANTE.

Ne pense plus, ma fille, à me cacher ta flamme ;

N'en conçois point de honte, et n'en crains point de blâme :
Le sujet qui l'allume a des perfections
Dignes de posséder tes inclinations ;
Et, pour mieux te montrer le fond de mon courage*,
J'aime autant son esprit que tu fais son visage.
Confesse donc, ma fille, et crois qu'un si beau feu
Veut être mieux traité que par un désaveu.

CÉLIDÉE.

Monsieur, il est tout vrai*, son ardeur légitime
A tant gagné sur moi, que j'en fais de l'estime ;
J'honore son mérite, et n'ai pu m'empêcher
De prendre du plaisir à m'en voir rechercher ;
J'aime son entretien, je chéris sa présence :
Mais cela n'est enfin qu'un peu de complaisance,
Qu'un mouvement léger qui passe en moins d'un jour.
Vos seuls commandements produiront mon amour ;
Et votre volonté, de la mienne suivie...

PLEIRANTE.

Favorisant ses vœux, seconde ton envie.
Aime, aime ton Lysandre ; et puisque je consens
Et que je t'autorise à ces feux innocents,
Donne-lui hardiment une entière assurance
Qu'un mariage heureux suivra son espérance ;
Engage-lui ta foi. Mais j'aperçois venir
Quelqu'un qui de sa part te vient entretenir.
Ma fille, adieu : les yeux d'un homme de mon âge
Peut-être empêcheraient la moitié du message.

CÉLIDÉE.

Il ne vient rien de lui qu'il faille vous celer.

PLEIRANTE.

Mais tu seras, sans moi, plus libre à lui parler ;
Et ta civilité, sans doute un peu forcée,
Me fait un compliment qui trahit ta pensée.

SCÈNE III

CÉLIDÉE, ARONTE.

CÉLIDÉE.

Que fait ton maître, Aronte ?

ARONTE.

Il m'envoie aujourd'hui
Voir ce que sa maîtresse a résolu de lui,
Et comment vous voulez qu'il passe la journée.

CÉLIDÉE.

Je serai chez Daphnis toute l'après-dînée ;
Et s'il m'aime, je crois que nous l'y pourrons voir.
Autrement...

ARONTE.

Ne pensez qu'à l'y bien recevoir.

CÉLIDÉE.

S'il y manque, il verra sa paresse punie.
Nous y devons dîner fort bonne compagnie ;
J'y mène, du quartier, Hippolyte et Chloris.

ARONTE.

Après elles et vous il n'est rien dans Paris ;
Et je n'en sache point, pour belles qu'on les nomme,
Qui puissent attirer les yeux d'un honnête homme.

CÉLIDÉE.

Je ne suis pas d'humeur bien propre à t'écouter
Et ne prends pas plaisir à m'entendre flatter.
Sans que ton bel esprit tâche plus d'y paraître,
Mêle-toi de porter ma réponse à ton maître.

ARONTE, seul.

Quelle superbe humeur ! quel arrogant maintien !
Si mon maître me croit, vous ne tenez plus rien ;
Il changera d'objet, ou j'y perdrai ma peine :
Aussi bien son amour ne vous rend que trop vaine.

SCÈNE IV

LA LINGÈRE, LE LIBRAIRE.

(*On tire un rideau, et l'on voit le libraire, la lingère et le mercier, chacun dans sa boutique.*)

LA LINGÈRE.

Vous avez fort la presse à ce livre nouveau :
C'est pour vous faire riche.

LE LIBRAIRE.

On le trouve si beau,
Que c'est, pour mon profit, le meilleur qui se voie.
(*à la lingère.*)
Mais vous, que vous vendez de ces toiles de soie !

LA LINGÈRE.

De vrai, bien que d'abord on en vendît fort peu,
A présent Dieu nous aime, on y court comme au feu ;
Je n'en saurais fournir autant qu'on m'en demande :
Elle sied mieux aussi que celle de Hollande,
Découvre moins le fard dont un visage est peint,
Et donne, ce me semble, un plus grand lustre au teint.
Je perds bien à gagner, de ce que ma boutique,
Pour être trop étroite, empêche ma pratique ;
A peine y puis-je avoir deux chalands à la fois :
Je veux changer de place avant qu'il soit un mois ;
J'aime mieux en payer le double et davantage
Et voir ma marchandise en un bel étalage.

LE LIBRAIRE.

Vous avez bien raison ; mais, à ce que j'entends...

SCÈNE V

DORIMANT, CLÉANTE, LE LIBRAIRE.

LE LIBRAIRE, à Dorimant.

Monsieur, vous plaît-il voir quelques livres du temps ?

DORIMANT.

Montrez-m'en quelques-uns.

LE LIBRAIRE.

Voici ceux de la mode.

DORIMANT.

Otez-moi cet auteur, son nom seul m'incommode ;
C'est un impertinent, ou je n'y connais rien.

LE LIBRAIRE.

Ses œuvres toutefois se vendent assez bien.

DORIMANT.

Quantité d'ignorants ne songent qu'à la rime.

LE LIBRAIRE.
Monsieur, en voici deux dont on fait grande estime;
Considérez ce trait, on le trouve divin.
DORIMANT.
Il n'est que mal traduit du cavalier Marin[1];
Sa veine, au demeurant, me semble assez hardie.
LE LIBRAIRE.
Ce fut son coup d'essai que cette comédie.
DORIMANT.
Cela n'est pas tant mal pour un commencement;
La plupart de ses vers coulent fort doucement :
Qu'il a de mignardise à décrire un visage!

SCÈNE VI

HIPPOLYTE, FLORICE, DORIMANT, CLÉANTE,
LE LIBRAIRE, LA LINGÈRE.

HIPPOLYTE, à la lingère.
Madame, montrez-nous quelques collets* d'ouvrage.
LA LINGÈRE.
Je vous en vais montrer de toutes les façons.
DORIMANT, au libraire.
Ce visage vaut mieux que toutes vos chansons.
LA LINGÈRE, à Hippolyte.
(Elle ouvre une boîte.)
Voilà du point d'esprit* de Gênes et d'Espagne.
HIPPOLYTE.
Ceci n'est guère bon qu'à des gens de campagne.
LA LINGÈRE.
Voyez bien; s'il en est deux pareils dans Paris...
HIPPOLYTE.
Ne les vantez point tant, et dites-nous le prix.
LA LINGÈRE.
Quand vous aurez choisi.
HIPPOLYTE.
Que t'en semble, Florice?
FLORICE.
Ceux-là sont assez beaux, mais de mauvais service;
En moins de trois savons on ne les connaît plus.
HIPPOLYTE.
Celui-ci, qu'en dis-tu?
FLORICE.
L'ouvrage en est confus,
Bien que l'invention de près soit assez belle.
Voici bien votre fait, n'était que la dentelle
Est fort mal assortie avec le passement;
Cet autre n'a de beau que le couronnement.
LA LINGÈRE.
Si vous pouviez avoir deux jours de patience,
Il m'en vient, mais qui sont dans la même excellence.
(Dorimant parle au libraire à l'oreille.)
FLORICE.
Il vaudrait mieux attendre.
HIPPOLYTE.
Eh bien, nous attendrons;

1. *La Sampogna*, imprimée en 1620, est, selon toute apparence, la pièce indiquée ici. — J.-B. Marini, connu sous le nom de *Cavalier Marin*, naquit à Naples le 18 Octobre 1569.

Dites-nous au plus tard quel jour nous reviendrons.
LA LINGÈRE.
Mercredi j'en attends de certaines nouvelles.
Cependant vous faut-il quelques autres dentelles?
HIPPOLYTE.
J'en ai ce qu'il m'en faut pour ma provision.
LE LIBRAIRE, à Dorimant.
J'en vais subtilement prendre l'occasion.
(à la lingère.)
La connais-tu, voisine?
LA LINGÈRE.
Oui, quelque peu de vue:
Quant au reste, elle m'est tout à fait inconnue.
(Dorimant tire Cléante au milieu du théâtre, et lui parle à l'oreille.)
Ce cavalier, sans doute, y trouve plus d'appas
Que dans tous vos auteurs?
CLÉANTE, à Dorimant.
Je n'y manquerai pas.
DORIMANT.
Si tu ne me vois là, je serai dans la salle.
(Il prend un livre sur la boutique du libraire.)
Je connais celui-ci; sa veine est fort égale;
Il ne fait point de vers qu'on ne trouve charmants,
Mais on ne parle plus qu'on fasse de romans;
J'ai vu que notre peuple en était idolâtre.
LE LIBRAIRE.
La mode est à présent des pièces de théâtre.
DORIMANT.
De vrai, chacun s'en pique; et tel y met la main,
Qui n'eut jamais l'esprit d'ajuster un quatrain.

SCÈNE VII

LYSANDRE, DORIMANT, LE LIBRAIRE,
LE MERCIER.

LYSANDRE.
Je te prends sur le livre.
DORIMANT.
Eh bien, qu'en veux-tu dire?
Tant d'excellents esprits, qui se mêlent d'écrire,
Valent bien qu'on leur donne une heure de loisir.
LYSANDRE.
Y trouves-tu toujours une heure de plaisir?
Beaucoup font bien des vers, mais peu la comédie.
DORIMANT.
Ton goût, je m'en assure, est pour la Normandie.
LYSANDRE.
Sans rien spécifier, peu méritent le voir;
Souvent leur entreprise excède leur pouvoir :
Et tel parle d'amour sans aucune pratique.
DORIMANT.
On n'y sait guère alors que la vieille rubrique :
Faute de le connaître, on l'habille en fureur;
Et loin d'en faire envie, on nous en fait horreur.
Lui seul de ses effets a droit de nous instruire;
Notre plume à lui seul doit se laisser conduire :

LA GALERIE DU PALAIS, ACTE I, SCÈNE IX.

Pour en bien discourir, il faut l'avoir bien fait;
Un bon poëte ne vient que d'un amant parfait.
LYSANDRE.
Il n'en faut point douter, l'amour a des tendresses
Que nous n'apprenons point qu'auprès de nos maî-
[tresses.
Tant de sortes d'appas, de doux saisissements,
D'agréables langueurs et de ravissements,
Jusques où d'un bel œil peut s'étendre l'empire,
Et mille autres secrets que l'on ne saurait dire,
Quoi que tous nos rimeurs en mettent par écrit,
Ne se surent jamais par un effort d'esprit;
Et je n'ai jamais vu de cervelles bien faites
Qui traitassent l'amour à la façon des poëtes :
C'est tout un autre jeu. Le style d'un sonnet
Est fort extravagant dedans un cabinet;
Il y faut bien louer la beauté qu'on adore,
Sans mépriser Vénus, sans médire de Flore,
Sans que l'éclat des lis, des roses, d'un beau jour,
Ait rien à démêler avecque notre amour.
O pauvre comédie, objet de tant de veines,
Si tu n'es qu'un portrait des actions humaines,
On te tire souvent sur un original
A qui, pour dire vrai, tu ressembles fort mal!
DORIMANT.
Laissons la muse en paix, de grâce; à la pareille,
Chacun fait ce qu'il peut, et ce n'est pas merveille
Si, comme avec bon droit on perd bien un procès,
Souvent un bon ouvrage a de faibles succès.
Le jugement de l'homme, ou plutôt son caprice,
Pour quantité d'esprits n'a que de l'injustice :
J'en admire beaucoup dont on fait peu d'état;
Leurs fautes, tout au pis, ne sont pas coups d'État,
La plus grande est toujours de peu de conséquence.
LE LIBRAIRE.
Vous plairait-il de voir des pièces d'éloquence?
LYSANDRE, *ayant regardé le titre d'un livre que le libraire lui présente.*
J'en lus hier la moitié; mais son vol est si haut,
Que presque à tous moments je me trouve en défaut.
DORIMANT.
Voici quelques auteurs dont j'aime l'industrie.
Mettez ces trois à part, mon maître, je vous prie;
Tantôt un de mes gens vous les viendra payer.
LYSANDRE, *se retirant d'auprès les boutiques.*
Le reste du matin où veux-tu l'employer?
LE MERCIER.
Voyez deçà, messieurs; vous plaît-il rien du nôtre?
Voyez, je vous ferai meilleur marché qu'un autre,
Des gants, des baudriers, des rubans, des castors.

SCÈNE VIII

DORIMANT, LYSANDRE.

DORIMANT.
Je ne saurais encor te suivre si tu sors :
Faisons un tour de salle, attendant mon Cléante.

LYSANDRE.
Qui te retient ici?
DORIMANT.
L'histoire en est plaisante :
Tantôt, comme j'étais sur le livre occupé,
Tout proche on est venu choisir du point-coupé*.
LYSANDRE.
Qui?
DORIMANT.
C'est la question; mais s'il faut s'en remettre
A ce qu'à mes regards sa coiffe a pu permettre,
Je n'ai rien vu d'égal : mon Cléante la suit,
Et ne reviendra point qu'il n'en soit bien instruit,
Qu'il n'en sache le nom, le rang et la demeure.
LYSANDRE.
Ami, le cœur t'en dit.
DORIMANT.
Nullement, ou je meure;
Voyant je ne sais quoi de rare en sa beauté,
J'ai voulu contenter ma curiosité.
LYSANDRE.
Ta curiosité deviendra bientôt flamme;
C'est par là que l'amour se glisse dans une âme.
A la première vue, un objet qui nous plaît
N'inspire qu'un désir de savoir quel il est;
On en veut aussitôt apprendre davantage,
Voir si son entretien répond à son visage,
S'il est civil ou rude, importun ou charmeur,
Éprouver son esprit, connaître son humeur :
De là cet examen se tourne en complaisance;
On cherche si souvent le bien de sa présence,
Qu'on en fait habitude, et qu'au point d'en sortir,
Quelque regret commence à se faire sentir :
On revient tout rêveur; et notre âme blessée,
Sans prendre garde à rien, cajole* sa pensée.
Ayant rêvé le jour, la nuit à tout propos
On sent je ne sais quoi qui trouble le repos;
Un sommeil inquiet, sur de confus nuages,
Élève incessamment de flatteuses images;
Et, sur leur vain rapport, fait naître des souhaits
Que le réveil admire et ne dédit jamais :
Tout le cœur court en hâte après de si doux guides;
Et le moindre larcin que font ses vœux timides
Arrête le larron, et le met dans les fers.
DORIMANT.
Ainsi tu fus épris de celle que tu sers?
LYSANDRE.
C'est un autre discours; à présent je ne touche
Qu'aux ruses de l'amour contre un esprit farouche,
Qu'il faut apprivoiser presque insensiblement,
Et contre ses froideurs combattre finement.
Des naturels plus doux...

SCÈNE IX

DORIMANT, LYSANDRE, CLÉANTE.

DORIMANT.
Eh bien, elle s'appelle?

CLÉANTE.
Ne m'informez de rien qui touche cette belle.
Trois filous rencontrés vers le milieu du pont,
Chacun l'épée au poing, m'ont voulu faire affront,
Et sans quelques amis qui m'ont tiré de peine,
Contre eux ma résistance eût peut-être été vaine;
Ils ont tourné le dos, me voyant secouru :
Mais ce que je suivais tandis est disparu.
DORIMANT.   [dre!
Les traîtres! trois contre un! t'attaquer! te surpren-
Quels insolents vers moi s'osent ainsi méprendre?
CLÉANTE.
Je ne connais qu'un d'eux, et c'est là le retour
De quelques tours de main qu'il reçut l'autre jour,
Lorsque, m'ayant tenu quelques propos d'ivrogne,
Nous eûmes prise ensemble à l'hôtel de Bourgogne.
DORIMANT.
Qu'on le trouve où qu'il soit; qu'une grêle de bois
Assemble sur lui seul le châtiment des trois;
Et que sous l'étrivière il puisse tôt connaître,
Quand on se prend aux miens, qu'on s'attaque à leur
LYSANDRE.   [maître!
J'aime à te voir ainsi décharger ton courroux :
Mais voudrais-tu parler franchement entre nous?
DORIMANT.
Quoi! tu doutes encor de ma juste colère?
LYSANDRE.
En ce qui le regarde, elle n'est que légère :
En vain pour son sujet tu fais l'intéressé;
Il a paré des coups dont ton cœur est blessé :
Cet accident fâcheux te vole une maîtresse;
Confesse ingénument, c'est là ce qui te presse.
DORIMANT.
Pourquoi te confesser ce que tu vois assez?
Au point de se former, mes desseins renversés,
Et mon désir trompé, poussent dans ces contraintes,
Sous de faux mouvements, de véritables plaintes.
LYSANDRE.
Ce désir, à vrai dire, est un amour naissant
Qui ne sait où se prendre, et demeure impuissant;
Il s'égare et se perd dans cette incertitude ;
Et renaissant toujours de ton inquiétude,
Il te montre un objet d'autant plus souhaité,
Que plus sa connaissance a de difficulté.
C'est par là que ton feu davantage s'allume :
Moins on l'a pu connaître, et plus on en présume;
Notre ardeur curieuse en augmente le prix.
DORIMANT.
Que tu sais, cher ami, lire dans les esprits!
Et que, pour bien juger d'une secrète flamme,
Tu pénètres avant dans les ressorts d'une âme!
LYSANDRE.
Ce n'est pas encor tout, je veux te secourir.
DORIMANT.
Oh, que je ne suis pas en état de guérir!
L'amour use sur moi de trop de tyrannie.
LYSANDRE.
Souffre que je te mène en une compagnie
Où l'objet de mes vœux m'a donné rendez-vous;

Les divertissements t'y sembleront si doux.
Ton âme en un moment en sera si charmée,
Que, tous ses déplaisirs dissipés en fumée,
On gagnera sur toi fort aisément ce point
D'oublier un objet que tu ne connais point.
Mais garde-toi surtout d'une jeune voisine
Que ma maîtresse y mène; elle est et belle et fine,
Et sait si dextrement * ménager ses attraits,
Qu'il n'est pas bien aisé d'en éviter les traits.
DORIMANT.
Au hasard, fais de moi tout ce que bon te semble.
LYSANDRE.
Donc, en attendant l'heure, allons dîner ensemble.

SCÈNE X

HIPPOLYTE, FLORICE.

HIPPOLYTE.
Tu me railles toujours.
FLORICE.
                S'il ne vous veut du bien,
Dites assurément que je n'y connais rien.
Je le considérais tantôt chez ce libraire;
Ses regards de sur vous ne pouvaient se distraire,
Et son maintien était dans une émotion
Qui m'instruisait assez de son affection.
Il voulait vous parler, et n'osait l'entreprendre.
HIPPOLYTE.
Toi, ne me parle point, ou parle de Lysandre :
C'est le seul dont la vue excita mon ardeur.
FLORICE.
Et le seul qui pour vous n'a que de la froideur.
Célidée est son âme, et tout autre visage   [rage*;
N'a point d'assez beaux traits pour toucher son cou-
Son brasier est trop grand, rien ne peut l'amortir :
En vain son écuyer tâche à l'en divertir,
En vain, jusques aux cieux portant votre louange,
Il tâche à lui jeter quelque amorce du change*,
Et lui dit jusque-là que dans votre entretien
Vous témoignez souvent de lui vouloir du bien;
Tout cela n'est qu'autant de paroles perdues.
HIPPOLYTE.
Faute d'être, sans doute, assez bien entendues!
FLORICE.
Ne le présumez pas, il faut avoir recours
A de plus hauts secrets qu'à ces faibles discours.
Je fus fine autrefois, et depuis mon veuvage,
Ma ruse chaque jour s'est accrue avec l'âge :
Je me connais en monde, et sais mille ressorts
Pour débaucher une âme et brouiller des accords.
HIPPOLYTE.
Dis promptement, de grâce.
FLORICE.
                 A présent l'heure presse,
Et je ne vous saurais donner qu'un mot d'adresse.
Cette voisine et vous... Mais déjà la voici

SCÈNE XI

CÉLIDÉE, HIPPOLYTE, FLORICE.

CÉLIDÉE.

A force de tarder, tu m'as mis en souci :
Il est temps, et Daphnis par un page me mande
Que pour faire servir on n'attend que ma bande*;
Le carrosse est tout prêt : allons, veux-tu venir?
HIPPOLYTE.
Lysandre après dîner t'y vient entretenir?
CÉLIDÉE.
S'il osait y manquer, je te donne promesse
Qu'il pourrait bien ailleurs chercher une maîtresse.

ACTE DEUXIÈME

SCÈNE I

HIPPOLYTE, DORIMANT.

HIPPOLYTE.

Ne me contez point tant que mon visage est beau :
Ces discours n'ont pour moi rien du tout de nou-
Je le sais bien sans vous, et j'ai cet avantage, [veau;
Quelque perfection qui soit sur mon visage,
Que je suis la première à m'en apercevoir :
Pour me les bien apprendre, il ne faut qu'un miroir;
J'y vois en un moment tout ce que vous me dites.
DORIMANT.
Mais vous n'y voyez pas tous vos rares mérites;
Cet esprit tout divin, et ce doux entretien,
Ont des charmes puissants dont il ne montre rien.
HIPPOLYTE.
Vous les montrez assez par cette après-dînée
Qu'à causer avec moi vous vous êtes donnée;
Si mon discours n'avait quelque charme caché,
Il ne vous tiendrait pas si longtemps attaché.
Je vous juge plus sage, et plus aimer votre aise,
Que d'y tarder ainsi sans que rien vous y plaise.
Et si je présumais qu'il vous plût sans raison,
Je me ferais moi-même un peu de trahison;
Et par ce trait badin qui sentirait l'enfance,
Votre beau jugement recevrait trop d'offense.
Je suis un peu timide, et, dût-on me jouer,
Je n'ose démentir ceux qui m'osent louer.
DORIMANT.
Aussi vous n'avez pas le moindre lieu de craindre
Qu'on puisse, en vous louant, ni vous flatter, ni
On voit un tel éclat en vos brillants appas, [feindre;
Qu'on ne peut l'exprimer, ni ne l'adorer pas.
HIPPOLYTE.
Ni ne l'adorer pas! Par là vous voulez dire...
DORIMANT.
Que mon cœur désormais vit dessous votre empire.

Et que tous mes desseins de vivre en liberté
N'ont eu rien d'assez fort contre votre beauté.
HIPPOLYTE.
Quoi! mes perfections vous donnent dans la vue?
DORIMANT.
Les rares qualités dont vous êtes pourvue
Vous ôtent tout sujet de vous en étonner.
HIPPOLYTE.
Cessez aussi, monsieur, de vous l'imaginer.
Si vous brûlez pour moi, ce ne sont pas merveilles;
J'ai de pareils discours chaque jour aux oreilles,
Et tous les gens d'esprit en font autant que vous.
DORIMANT.
En amour, toutefois, je les surpasse tous.
Je n'ai point consulté pour vous donner mon âme;
Votre premier aspect sut allumer ma flamme,
Et je sentis mon cœur, par un secret pouvoir,
Aussi prompt à brûler que mes yeux à vous voir.
HIPPOLYTE.
Avoir connu d'abord combien je suis aimable,
Encor qu'à votre avis il soit inexprimable,
Ce grand et prompt effet m'assure puissamment
De la vivacité de votre jugement.
Pour moi que la nature a faite un peu grossière,
Mon esprit, qui n'a pas cette vive lumière,
Conduit trop pesamment toutes ses functions*
Pour m'avertir sitôt de vos perfections
Je vois bien que vos feux méritent récompense :
Mais de les seconder ce défaut me dispense.
DORIMANT.
Railleuse!
HIPPOLYTE.
Excusez-moi, je parle tout de bon.
DORIMANT.
Le temps de cet orgueil me fera la raison;
Et nous verrons un jour, à force de services,
Adoucir vos rigueurs et finir mes supplices.

SCÈNE II

DORIMANT, LYSANDRE, HIPPOLYTE, FLORICE.

(*Lysandre sort de chez Célidée, et passe sans s'arrêter, leur donnant seulement un coup de chapeau.*)

HIPPOLYTE, à *Lysandre*.

Peut-être l'avenir... Tout beau, coureur, tout beau!
On n'est pas quitte ainsi pour un coup de chapeau :
Vous aimez l'entretien de votre fantaisie;
Mais, pour un cavalier, c'est peu de courtoisie,
Et cela messied fort à des hommes de cour,
De n'accompagner pas leur salut d'un bonjour.
LYSANDRE.
Puisque auprès d'un sujet capable de nous plaire
La présence d'un tiers n'est jamais nécessaire,
De peur qu'il en reçût quelque importunité,
J'ai mieux aimé manquer à la civilité.
HIPPOLYTE.
Voilà parer mon coup d'un galant artifice,

Comme si je pouvais... Que me veux-tu, Florice?
(*Florice sort, et parle à Hippolyte à l'oreille.*)
Dis-lui que je m'en vais. Messieurs, pardonnez-moi :
On me vient d'apporter une fâcheuse loi ;
Incivile à mon tour, il faut que je vous quitte.
Une mère m'appelle.

DORIMANT.
     Adieu, belle Hippolyte,
Adieu : souvenez-vous...

HIPPOLYTE.
     Mais vous, n'y songez plus.

SCÈNE III

LYSANDRE, DORIMANT.

LYSANDRE.
Quoi ! Dorimant, ce mot t'a rendu tout confus !
DORIMANT.
Ce mot à mes désirs laisse peu d'espérance.
LYSANDRE.
Tu ne la vois encor qu'avec indifférence?
DORIMANT.
Comme toi Célidée.
LYSANDRE.
     Elle eut donc chez Daphnis,
Hier, dans son entretien, des charmes infinis?
Je te l'avais bien dit que ton âme, à sa vue,
Demeurerait ou prise, ou puissamment émue ;
Mais tu n'as pas sitôt oublié la beauté
Qui fit naître au palais ta curiosité?
Du moins ces deux objets balancent ton courage*?
DORIMANT.
Sais-tu bien que c'est là justement mon visage,
Celui que j'avais vu le matin au palais?
LYSANDRE.
A ce compte...
DORIMANT.
   J'en tiens, ou l'on n'en tint jamais.
LYSANDRE.
C'est consentir bientôt à perdre ta franchise.
DORIMANT.
C'est rendre un prompt hommage aux yeux qui me
LYSANDRE.   [l'ont prise.
Puisque tu les connais, je ne plains plus ton mal.
DORIMANT.
Leur coup, pour les connaître, en est-il moins fatal?
LYSANDRE.
Non, mais du moins ton cœur n'est plus à la torture
De voir tes vœux forcés d'aller à l'aventure ;
Et cette belle humeur de l'objet qui t'a pris...
DORIMANT.
Sous un accueil riant cache un subtil mépris.
Ah, que tu ne sais pas de quel air on me traite !
LYSANDRE.
Je t'en avais jugé l'âme fort satisfaite :
Et cette gaie humeur, qui brillait dans ses yeux,
N'en promettait pour toi quelque chose de mieux.

DORIMANT.
Cette belle, de vrai, quoique toute de glace,
Mêle dans ses froideurs je ne sais quelle grâce,
Par où tout de nouveau je me laisse gagner,
Et consens, peu s'en faut, à m'en voir dédaigner.
Loin de s'en affaiblir, mon amour s'en augmente ;
Je demeure charmé de ce qui me tourmente.
Je pourrais de toute autre être le possesseur,
Que sa possession aurait moins de douceur.
Je ne suis plus à moi quand je vois Hippolyte
Rejeter ma louange et vanter son mérite,
Négliger mon amour ensemble et l'approuver,
Me remplir tout d'un temps d'espoir et m'en priver,
Me refuser son cœur en acceptant mon âme,
Faire état de mon choix en méprisant ma flamme.
Hélas ! en voilà trop : le moindre de ces traits
A pour me retenir de trop puissants attraits ;
Trop heureux d'avoir vu sa froideur enjouée
Ne se point offenser d'une ardeur avouée !
LYSANDRE.
Son adieu toutefois te défend d'y songer,
Et ce commandement t'en devrait dégager.
DORIMANT.
Qu'un plus capricieux d'un tel adieu s'offense ;
Il me donne un conseil plutôt qu'une défense,
Et par ce mot d'avis, son cœur sans amitié
Du temps que j'y perdrai montre quelque pitié.
LYSANDRE.
Soit défense ou conseil, de rien ne desespere ;
Je te réponds déjà de l'esprit de sa mere :
Pleirante son voisin lui parlera pour toi ;
Il peut beaucoup sur elle, et fera tout pour moi.
Tu sais qu'il m'a donné sa fille pour maîtresse.
Tâche à vaincre Hippolyte avec un peu d'adresse,
Et n'appréhende pas qu'il en faille beaucoup :
Tu verras sa froideur se perdre tout d'un coup.
Elle ne se contraint à cette indifférence
Que pour rendre une entière et pleine déférence,
Et cherche, en déguisant son propre sentiment,
La gloire de n'aimer que par commandement.
DORIMANT.
Tu me flattes, ami, d'une attente frivole.
LYSANDRE.
L'effet suivra de près.
DORIMANT.
     Mon cœur, sur ta parole,
Ne se résout qu'à peine à vivre plus content.
LYSANDRE.
Il se peut assurer du bonheur qu'il prétend ;
J'y donnerai bon ordre. Adieu : le temps me presse,
Et je viens de sortir d'auprès de ma maîtresse ;
Quelques commissions dont elle m'a chargé
M'obligent maintenant à prendre ce congé.

SCÈNE IV

DORIMANT, FLORICE.

DORIMANT, *seul.*

Dieux! qu'il est mal aisé qu'une âme bien atteinte
Conçoive de l'espoir qu'avec un peu de crainte!
Je dois toute croyance à la foi d'un ami,
Et n'ose cependant m'y fier qu'à demi.
Hippolyte, d'un mot, chasserait ce caprice.
Est-elle encore en haut?

FLORICE.
Encore.
DORIMANT.
Adieu, Florice.
Nous la verrons demain.

SCÈNE V

HIPPOLYTE, FLORICE.

FLORICE.
Il vient de s'en aller.
Sortez.
HIPPOLYTE.
Mais fallait-il ainsi me rappeler,
Me supposer ainsi des ordres d'une mère?
Sans mentir, contre toi j'en suis toute en colère :
A peine ai-je attiré Lysandre en nos discours,
Que tu viens, par plaisir, en arrêter le cours.

FLORICE.
Eh bien! prenez-vous-en à mon impatience
De vous communiquer un trait de ma science :
Cet avis important, tombé dans mon esprit,
Méritait qu'aussitôt Hippolyte l'apprît;
Je vais sans perdre temps y disposer Aronte.

HIPPOLYTE.
J'ai la mine, après tout, d'y trouver mal mon compte.

FLORICE.
Je sais ce que je fais, et ne perds point mes pas;
Mais de votre côté ne vous épargnez pas;
Mettez tout votre esprit à bien mener la ruse.

HIPPOLYTE.
Il ne faut point par là te préparer d'excuse.
Va, suivant le succès, je veux à l'avenir
Du mal que tu m'as fait perdre le souvenir.

SCÈNE VI

HIPPOLYTE, CÉLIDÉE.

HIPPOLYTE, *frappant à la porte de Célidée.*
Célidée, es-tu là?

CÉLIDÉE.
Que me veut Hippolyte?

HIPPOLYTE.
Délasser mon esprit une heure en ta visite.
Que j'ai depuis un jour un importun amant!
Et que, pour mon malheur, je plais à Dorimant!

CÉLIDÉE.
Ma sœur, que me dis-tu? Dorimant t'importune!
Quoi! j'enviais déjà ton heureuse fortune,
Et déjà dans l'esprit je sentais quelque ennui
D'avoir connu Lysandre auparavant que lui.

HIPPOLYTE.
Ah! ne me raille point. Lysandre, qui t'engage,
Est le plus accompli des hommes de son âge.

CÉLIDÉE.
Je te jure, à mes yeux l'autre l'est bien autant.
Mon cœur a de la peine à demeurer constant;
Et pour te découvrir jusqu'au fond de mon âme,
Ce n'est plus que ma foi qui conserve ma flamme :
Lysandre me déplaît de me vouloir du bien.
Plût aux dieux que son change* autorisât le mien,
Ou qu'il usât vers moi de tant de négligence,
Que ma légèreté se pût nommer vengeance!
Si j'avais un prétexte à me mécontenter,
Tu me verrais bientôt résoudre à le quitter.

HIPPOLYTE.
Simple! présumes-tu qu'il devienne volage
Tant qu'il verra l'amour régner sur ton visage?
Ta flamme trop visible entretient ses ferveurs,
Et ses feux dureront autant que tes faveurs.

CÉLIDÉE.
Il semble, à t'écouter, que rien ne le retienne
Que parce que sa flamme a l'aveu de la mienne.

HIPPOLYTE.
Que sais-je? Il n'a jamais éprouvé tes rigueurs;
L'amour en même temps sut embraser vos cœurs;
Et même j'ose dire, après beaucoup de monde,
Que sa flamme vers toi ne fut que la seconde.
Il se vit accepter avant que de s'offrir;
Il ne vit rien à craindre, et n'eut rien à souffrir;
Il vit sa récompense acquise avant la peine,
Et devant le combat sa victoire certaine :
Un homme est bien cruel, quand il ne donne pas
Un cœur qu'on lui demande avec autant d'appas.
Qu'à ce prix la constance est une chose aisée!
Et qu'autrefois par là je me vis abusée!
Alcidor, que mes yeux avaient si fort épris,
Courut au changement dès le premier mépris.
La force de l'amour paraît dans la souffrance.
Je le tiens fort douteux, s'il a tant d'assurance.
Qu'on en voit s'affaiblir pour un peu de longueur!
Et qu'on en voit céder à la moindre rigueur!

CÉLIDÉE.
Je connais mon Lysandre, et sa flamme est trop forte
Pour tomber en soupçon qu'il m'aime de la sorte.
Toutefois un dédain éprouvera ses feux
Ainsi, quoi qu'il en soit, j'aurai ce que je veux;
Il me rendra constante, ou me fera volage :
S'il m'aime, il me retient; s'il change, il me dégage.
Suivant ce qu'il aura d'amour ou de froideur,
Je suivrai ma nouvelle ou ma première ardeur.

HIPPOLYTE.
En vain tu t'y résous : ton âme, un peu contrainte,
Au travers de tes yeux lui trahira ta feinte.

L'un d'eux dédira l'autre, et toujours un souris
Lui fera voir assez combien tu le chéris.
CÉLIDÉE.
Ce n'est qu'un faux soupçon qui te le persuade ;
J'armerai de rigueurs jusqu'à la moindre œillade,
Et réglerai si bien toutes mes actions,
Qu'il ne pourra juger de mes intentions.
HIPPOLYTE.
Pour le moins aussitôt que par cette conduite
Tu seras de son cœur suffisamment instruite,
S'il demeure constant, l'amour et la pitié,
Avant que dire adieu, renoûront l'amitié.
CÉLIDÉE.
Il va bientôt venir. Va-t'en, et sois certaine
De ne voir d'aujourd'hui Lysandre hors de peine.
HIPPOLYTE.
Et demain ?
CÉLIDÉE.
Je t'irai conter ses mouvements,
Et touchant l'avenir prendre tes sentiments.
O dieux ! si je pouvais changer sans infamie !
HIPPOLYTE.
Adieu. N'épargne en rien ta plus fidèle amie.

SCÈNE VII
CÉLIDÉE.
Quel étrange combat ! Je meurs de le quitter,
Et mon reste d'amour ne le peut maltraiter.
Mon âme veut et n'ose, et, bien que refroidie,
N'aura trait de mépris si je ne l'étudie.
Tout ce que mon Lysandre a de perfections
Se vient offrir en foule à mes affections.
Je vois mieux ce qu'il vaut lorsque je l'abandonne,
Et déjà la grandeur de ma perte m'étonne.
Pour régler sur ce point mon esprit balancé,
J'attends ses mouvements sur mon dédain forcé ;
Ma feinte éprouvera si son amour est vraie.
Hélas ! ses yeux me font une nouvelle plaie.
Prépare-toi, mon cœur, et laisse à mes discours
Assez de liberté pour trahir mes amours.

SCÈNE VIII
LYSANDRE, CÉLIDÉE.
CÉLIDÉE.
Quoi ! j'aurai donc de vous encore une visite !
Vraiment, pour aujourd'hui je m'en estimais quitte.
LYSANDRE.
Une par jour suffit, si tu veux endurer
Qu'autant comme le jour je la fasse durer.
CÉLIDÉE.
Pour douce que nous soit l'ardeur qui nous consume,
Tant d'importunité n'est point sans amertume.
LYSANDRE.
Au lieu de me donner ces appréhensions,
Apprends ce que j'ai fait sur tes commissions.
CÉLIDÉE.
Je ne vous en chargeai qu'afin de me défaire
D'un entretien chargeant*, et qui m'allait déplaire.
LYSANDRE.
Depuis quand donnez-vous ces qualités aux miens ?
CÉLIDÉE.
Depuis que mon esprit n'est plus dans vos liens.
LYSANDRE.
Est-ce donc par gageure, ou par galanterie ?
CÉLIDÉE.
Ne vous flattez point tant que ce soit raillerie.
Ce que j'ai dans l'esprit, je ne le puis celer,
Et ne suis pas d'humeur à rien dissimuler.
LYSANDRE.
Quoi ! que vous ai-je fait ? d'où provient ma disgrâce ?
Quel sujet avez-vous d'être pour moi de glace ?
Ai-je manqué de soins ? ai-je manqué de feux ?
Vous ai-je dérobé le moindre de mes vœux ?
Ai-je trop peu cherché l'heur* de votre présence ?
Ai-je eu pour d'autres yeux la moindre complaisance ?
CÉLIDÉE.
Tout cela n'est qu'autant de propos superflus.
Je voulus vous aimer, et je ne le veux plus ;
Mon feu fut sans raison, ma glace l'est de même ;
Si l'un eut quelque excès, je rendrai l'autre extrême.
LYSANDRE.
Par cette extrémité, vous avancez ma mort.
CÉLIDÉE.
Il m'importe fort peu quel sera votre sort.
LYSANDRE.
Quelle nouvelle amour, ou plutôt quel caprice
Vous porte à me traiter avec cette injustice,
Vous de qui le serment m'a reçu pour époux ?
CÉLIDÉE.
J'en perds le souvenir aussi bien que de vous.
LYSANDRE.
Évitez-en la honte, et fuyez-en le blâme.
CÉLIDÉE.
Je les veux accepter pour peines de ma flamme.
LYSANDRE.
Un reproche éternel suit ce tour inconstant.
CÉLIDÉE.
Si vous me voulez plaire, il en faut faire autant.
LYSANDRE.
Est-ce donc là le prix de vous avoir servie ?
Ah ! cessez vos mépris, ou me privez de vie.
CÉLIDÉE.
Eh bien ! soit, un adieu les va faire cesser ;
Aussi bien ce discours ne fait que me lasser.
LYSANDRE.
Ah ! redouble plutôt ce dédain qui me tue,
Et laisse-moi le bien d'expirer à ta vue ;
Que j'adore tes yeux, tout cruels qu'ils me sont ;
Qu'ils reçoivent mes vœux pour le mal qu'ils me font.
Invente à me gêner quelque rigueur nouvelle ;
Traite, si tu le veux, mon âme en criminelle :
Dis que je suis ingrat, appelle-moi léger ;
Impute à mes amours la honte de changer ;
Dedans mon désespoir fais éclater ta joie ;

Et tout me sera doux, pourvu que je te voie.
Tu verras tes mépris n'ébranler point ma foi,
Et mes derniers soupirs ne voler qu'après toi.
Ne crains point de ma part de reproche ou d'injure;
Je ne t'appellerai ni lâche, ni parjure,
Mon feu supprimera ces titres odieux;
Mes douleurs céderont au pouvoir de tes yeux;
Et mon fidèle amour, malgré leur vive atteinte,
Pour t'adorer encore étouffera ma plainte.
CÉLIDÉE.
Adieu. Quelques encens que tu veuilles m'offrir,
Je ne me saurais plus résoudre à les souffrir.

SCÈNE IX

LYSANDRE.

Célidée! Ah, tu fuis! tu fuis donc, et tu n'oses
Faire tes yeux témoins d'un trépas que tu causes!
Ton esprit, insensible à mes feux innocents,
Craint de ne l'être pas aux douleurs que je sens :
Tu crains que la pitié qui se glisse en ton âme
N'y rejette un rayon de ta première flamme,
Et qu'elle ne t'arrache un soudain repentir,
Malgré tout cet orgueil qui n'y peut consentir.
Tu vois qu'un désespoir dessus mon front exprime
En mille traits de feu mon ardeur et ton crime;
Mon visage t'accuse, et tu vois dans mes yeux
Un portrait que mon cœur conserve beaucoup mieux.
Tous mes soins, tu le sais, furent pour Célidée;
La nuit ne m'a jamais retracé d'autre idée,
Et tout ce que Paris a d'objets ravissants
N'a jamais ébranlé le moindre de mes sens.
Ton exemple en vain me sollicite;
Dans ta volage humeur j'adore ton mérite;
Et mon amour, plus fort que mes ressentiments,
Conserve sa vigueur au milieu des tourments.
Reviens, mon cher souci*, puisque après tes défenses
Mes plus vives ardeurs sont pour toi des offenses.
Vois comme je persiste à te désobéir,
Et par là, si tu peux, prends droit de me haïr.
Fol, je présume ainsi rappeler l'inhumaine,
Qui ne veut pas avoir de raisons à sa haine :
Puisqu'elle a sur mon cœur un pouvoir absolu,
Il lui suffit de dire : « Ainsi je l'ai voulu. »
Cruelle, tu le veux! C'est donc ainsi qu'on traite
Les sincères ardeurs d'une amour si parfaite?
Tu me veux donc trahir? Tu le veux, et ta foi
N'est qu'un gage frivole à qui vit sous ta loi?
Mais je veux l'endurer sans bruit, sans résistance;
Tu verras ma langueur, et non mon inconstance;
Et de peur de t'ôter un captif par ma mort,
J'attendrai ce bonheur de mon funeste sort.
Jusque-là mes douleurs, publiant ta victoire,
Sur mon front pâlissant élèveront ta gloire,
Et sauront en tous lieux hautement témoigner
Que, sans me refroidir, tu m'as pu dédaigner.

ACTE TROISIÈME

SCÈNE I

LYSANDRE, ARONTE.

LYSANDRE.
Tu me donnes, Aronte, un étrange remède.
ARONTE.
Souverain toutefois au mal qui vous possède.
Croyez-moi, j'en ai vu des succès merveilleux
A remettre au devoir ces esprits orgueilleux :
Quand on leur sait donner un peu de jalousie,
Ils ont bientôt quitté ces traits de fantaisie;
Car enfin tout l'éclat de ces emportements
Ne peut avoir pour but de perdre leurs amants.
LYSANDRE.
Que voudrait donc par là mon ingrate maîtresse?
ARONTE.
Elle vous joue un tour de la plus haute adresse.
Avez-vous bien pris garde au temps de ses mépris?
Tant qu'elle vous a cru légèrement épris,
Que votre chaîne encor n'était pas assez forte,
Vous a-t-elle jamais gouverné de la sorte?
Vous ignoriez alors l'usage des soupirs;
Ce n'étaient que douceurs, ce n'étaient que plaisirs :
Son esprit avisé voulait, par cette ruse,
Établir un pouvoir dont maintenant elle use.
Remarquez-en l'adresse; elle fait vanité
De voir dans ses dédains votre fidélité.
Votre humeur endurante à ces rigueurs l'invite.
On voit par là vos feux, par vos feux son mérite;
Et cette fermeté de vos affections
Montre un effet puissant de ses perfections.
Osez-vous espérer qu'elle soit plus humaine,
Puisque sa gloire augmente, augmentant votre peine?
Rabattez cet orgueil, faites-lui soupçonner
Que vous vous en piquez jusqu'à l'abandonner.
La crainte d'en voir naître une si juste suite
A vivre comme il faut l'aura bientôt réduite;
Elle en fuira la honte, et ne souffrira pas
Que ce change* s'impute à son manque d'appas.
Il est de son honneur d'empêcher qu'on présume
Qu'on éteigne aisément les flammes qu'elle allume.
Feignez d'aimer quelque autre, et vous verrez alors
Combien à vous reprendre elle fera d'efforts.
LYSANDRE.
Pourrais tu me juger capable d'une feinte?
ARONTE.
Pourriez-vous trouver rude un moment de contrain-
LYSANDRE. [te?
Je trouve ses mépris plus doux à supporter.
ARONTE.
Pour les faire finir, il faut les imiter.
LYSANDRE.
Faut-il être inconstant, pour la rendre fidèle?

ARONTE.
Il faut souffrir toujours, ou déguiser comme elle.
LYSANDRE.
Que de raisons, Aronte, à combattre mon cœur,
Qui ne peut adorer que son premier vainqueur !
Du moins, auparavant que l'effet en éclate,
Fais un effort pour moi ; va trouver mon ingrate :
Mets-lui devant les yeux mes services passés,
Mes feux si bien reçus, si mal récompensés,
L'excès de mes tourments et de ses injustices ;
Emploie à la gagner tes meilleurs artifices.
Que n'obtiendras-tu point par ta dextérité,
Puisque tu viens à bout de ma fidélité !
ARONTE.
Mais, mon possible fait, si cela ne succède*?
LYSANDRE.
Je feindrai dès demain qu'Aminte me possède.
ARONTE.
Aminte ! Ah ! commencez la feinte dès demain ;
Mais n'allez point courir au faubourg Saint-Germain.
Et quand penseriez-vous que cette âme cruelle
Dans le fond du Marais en reçût la nouvelle?
Vous seriez tout un siècle à lui vouloir du bien,
Sans que votre arrogante en apprît jamais rien.
Puisque vous voulez feindre, il faut feindre à sa vue ;
Qu'aussitôt votre feinte en puisse être aperçue,
Qu'elle blesse les yeux de son esprit jaloux,
Et porte jusqu'au vôtre d'inévitables coups.
Ce sera faire au vôtre un peu de violence ;
Mais tout le fruit consiste à feindre en sa présence.
LYSANDRE.
Hippolyte, en ce cas, serait fort à propos ;
Mais je crains qu'un ami n'en perdît le repos.
Dorimant, dont ses yeux ont charmé le courage*,
Autant que Célidée en aurait de l'ombrage.
ARONTE.
Vous verrez si soudain rallumer son amour,
Que la feinte n'est pas pour durer plus d'un jour ;
Et vous aurez après un sujet de risée
Des soupçons mal fondés de son âme abusée.
LYSANDRE.
Va trouver Célidée, et puis nous résoudrons,
En ces extrémités, quel avis nous prendrons.

SCÈNE II

ARONTE, FLORICE.

ARONTE, *seul*.
Sans que pour l'apaiser je me rompe la tête,
Mon message est tout fait, et sa réponse prête.
Bien loin que mon discours pût la persuader,
Elle n'aura jamais voulu me regarder.
Une prompte retraite au seul nom de Lysandre,
C'est par où ses dédains se seront fait entendre.
Mes amours du passé ne m'ont que trop appris
Avec quelles couleurs il faut peindre un mépris.
A peine faisait-on semblant de me connaître,
De sorte...

FLORICE.
Aronte, eh bien, qu'as-tu fait vers ton maître?
Le verrons-nous bientôt?
ARONTE.
N'en sois plus en souci ;
Dans une heure au plus tard je te le rends ici.
FLORICE.
Prêt à lui témoigner...
ARONTE.
Tout prêt. Adieu. Je tremble
Que de chez Célidée on ne nous voie ensemble.

SCÈNE III

HIPPOLYTE, FLORICE.

HIPPOLYTE.
D'où vient que mon abord l'oblige à te quitter ?
FLORICE.
Tant s'en faut qu'il vous fuie, il vient de me conter...
Toutefois je ne sais si je vous le dois dire.
HIPPOLYTE.
Que tu te plais, Florice, à me mettre en martyre !
FLORICE.
Il faut vous préparer à des ravissements...
HIPPOLYTE.
Ta longueur m'y prépare avec bien des tourments.
Dépêche ; ces discours font mourir Hippolyte.
FLORICE.
Mourez donc promptement, que je vous ressuscite.
HIPPOLYTE.
L'insupportable femme ! Enfin diras-tu rien ?
FLORICE.
L'impatiente fille ! Enfin tout ira bien.
HIPPOLYTE.
Enfin tout ira bien ? Ne saurai-je autre chose ?
FLORICE.
Il faut que votre esprit là-dessus se repose.
Vous ne pouviez tantôt souffrir de longs propos,
Et, pour vous obliger, j'ai tout dit en trois mots ;
Mais ce que maintenant vous n'en pouvez apprendre,
Vous l'apprendrez bientôt plus au long de Lysandre.
HIPPOLYTE.
Tu ne flattes mon cœur que d'un espoir confus.
FLORICE.
Parlez à votre amie, et ne vous fâchez plus.

SCÈNE IV

CÉLIDÉE, HIPPOLYTE, FLORICE.

CÉLIDÉE.
Mon abord importun rompt votre conférence :
Tu m'en voudras du mal.
HIPPOLYTE.
Du mal? et l'apparence?
Je ne sais pas aimer de si mauvaise foi ;
Et tout à l'heure encor je lui parlais de toi.

CÉLIDÉE.
Je me retire donc, afin que sans contrainte...
HIPPOLYTE.
Quitte cette grimace, et mets à part la feinte.
Tu fais la réservée en ces occasions,
Mais tu meurs de savoir ce que nous en disions.
CÉLIDÉE.
Tu meurs de le conter plus que moi de l'apprendre,
Et tu prendrais pour crime un refus de l'entendre.
Puis donc que tu le veux, ma curiosité...
HIPPOLYTE.
Vraiment, tu me confonds de ta civilité.
CÉLIDÉE.
Voilà de tes détours, et comme tu diffères
A me dire en quel point vous teniez mes affaires.
HIPPOLYTE.
Nous parlions du dessein d'éprouver ton amant.
Tu l'as vu réussir à ton contentement?
CÉLIDÉE.
Je viens te voir exprès pour t'en dire l'issue :
Que je m'en suis trouvée heureusement déçue !
Je présumais beaucoup de ses affections,
Mais je n'attendais pas tant de submissions*.
Jamais le désespoir qui saisit son courage
N'en put tirer un mot à mon désavantage;
Il tenait mes dédains encor trop précieux,
Et ses reproches même étaient officieux.
Aussi ce grand amour a rallumé ma flamme :
Le change* n'a plus rien qui chatouille mon âme;
Il n'a plus de douceurs pour mon esprit flottant,
Aussi ferme à présent qu'il le croit inconstant.
FLORICE.
Quoi que vous ayez vu de sa persévérance,
N'en prenez pas encore une entière assurance.
L'espoir de vous fléchir a pu, le premier jour,
Jeter sur son dépit ces beaux dehors d'amour;
Mais vous verrez bientôt que pour qui le méprise
Toute légèreté lui semblera permise.
J'ai vu des amoureux de toutes les façons.
HIPPOLYTE.
Cette bizarre humeur n'est jamais sans soupçons.
L'avantage qu'elle a d'un peu d'expérience
Tient éternellement son âme en défiance;
Mais ce qu'elle te dit ne vaut pas l'écouter.
CÉLIDÉE.
Et je ne suis pas fille à m'en épouvanter.
Je veux que ma rigueur à tes yeux continue,
Et lors sa fermeté te sera mieux connue;
Tu ne verras des traits que d'un amour si fort,
Que Florice elle-même avoûra qu'elle a tort.
HIPPOLYTE.
Ce sera trop longtemps lui paraître cruelle.
CÉLIDÉE.
Tu connaîtras par là combien il m'est fidèle.
Le ciel à ce dessein nous l'envoie à propos.
HIPPOLYTE.
Et quand te résous-tu de le mettre en repos?
CÉLIDÉE.
Trouve bon, je te prie, après un peu de feinte,
Que mes feux violents s'expliquent sans contrainte;
Et pour le rappeler des portes du trépas,
Si j'en dis un peu trop, ne t'en offense pas.

SCÈNE V

LYSANDRE, CÉLIDÉE, HIPPOLYTE, FLORICE.

LYSANDRE.
Merveille des beautés, seul objet qui m'engage...
CÉLIDÉE.
N'oublirez-vous jamais cet importun langage?
Vous obstiner encore à me persécuter,
C'est prendre du plaisir à vous voir maltraiter.
Perdez mon souvenir avec votre espérance,
Et ne m'accablez plus de cette déférence.
Il faut, pour m'arrêter, des entretiens meilleurs.
LYSANDRE.
Quoi! vous prenez pour vous ce que j'adresse ailleurs?
Adore qui voudra votre rare mérite,
Un change* heureux me donne à la belle Hippolyte :
Mon sort en cela seul a voulu me trahir
Qu'en ce change* mon cœur semble vous obéir,
Et que mon feu passé vous va rendre si vaine
Que vous imputerez ma flamme à votre haine,
A votre orgueil nouveau mes nouveaux sentiments,
L'effet de ma raison à vos commandements.
CÉLIDÉE.
Tant s'en faut que je prenne une si triste gloire ;
Je chasse mes dédains même de ma mémoire,
Et dans leur souvenir rien ne me semble doux,
Puisqu'en le conservant je penserais à vous.
LYSANDRE, à Hippolyte.
Beauté de qui les yeux, nouveaux rois de mon âme,
Me font être léger sans en craindre le blâme...
HIPPOLYTE.
Ne vous emportez point à ces propos perdus,
Et cessez de m'offrir des vœux qui lui sont dus;
Je pense mieux valoir que le refus d'une autre.
Si vous voulez venger son mépris par le vôtre,
Ne venez point du moins m'enrichir de son bien.
Elle vous traite mal, mais elle n'aime rien.
Vous, faites-en autant, sans chercher de retraite
Aux importunités dont elle s'est défaite.
LYSANDRE.
Que son exemple encor réglât mes actions!
Cela fut bon du temps de mes affections;
A présent que mon cœur adore une autre reine,
A présent qu'Hippolyte en est la souveraine...
HIPPOLYTE.
C'est elle seulement que vous voulez flatter.
LYSANDRE.
C'est elle seulement que je dois imiter.
HIPPOLYTE.
Savez-vous donc à quoi la raison vous oblige?
C'est à me négliger, comme je vous néglige.
LYSANDRE.
Je ne puis imiter ce mépris de mes feux,
A moins qu'à votre tour vous m'offriez des vœux :

7

Donnez-m'en les moyens, vous en verrez l'issue.
HIPPOLYTE.
J'appréhenderais fort d'être trop bien reçue,
Et qu'au lieu du plaisir de me voir imiter
Je n'eusse que l'honneur de me faire écouter,
Pour n'avoir que la honte après de me dédire.
LYSANDRE.
Souffrez donc que mon cœur sans exemple soupire,
Qu'il aime sans exemple, et que mes passions
S'égalent seulement à vos perfections.
Je vaincrai vos rigueurs par mon humble service,
Et ma fidélité...
CÉLIDÉE.
Viens avec moi, Florice :
J'ai des nippes en haut que je veux te montrer.

SCÈNE VI

HIPPOLYTE, LYSANDRE.

HIPPOLYTE.
Quoi! sans la retenir, vous la laissez rentrer!
Allez, Lysandre, allez; c'est assez de contraintes;
J'ai pitié du tourment que vous donnent ces feintes.
Suivez ce bel objet dont les charmes puissants
Sont et seront toujours absolus sur vos sens.
Quoi qu'après ses dédains un peu d'orgueil publie,
Son mérite est trop grand pour souffrir qu'on l'oublie;
Elle a des qualités et de corps et d'esprit,
Dont pas un cœur donné jamais ne se reprit.
LYSANDRE.
Mon change* fera voir l'avantage des vôtres,
Qu'en la comparaison des unes et des autres
Les siennes désormais n'ont qu'un éclat terni,
Que son mérite est grand, et le vôtre infini.
HIPPOLYTE.
Que j'emporte sur elle aucune préférence!
Vous tenez des discours qui sont hors d'apparence;
Elle me passe en tout; et dans ce changement,
Chacun vous blâmerait de peu de jugement.
LYSANDRE.
M'en blâmer en ce cas c'est en manquer soi-même,
Et choquer la raison, qui veut que je vous aime.
Nous sommes hors du temps de cette vieille erreur
Qui faisait de l'amour une aveugle fureur,
Et l'ayant aveuglé, lui donnait pour conduite
Le mouvement d'une âme et surprise et séduite. [pas;
Ceux qui l'ont peint sans yeux ne le connaissaient
C'est par les yeux qu'il entre, et nous dit vos appas :
Lors notre esprit en juge; et, suivant le mérite,
Il fait croître une ardeur que cette vue excite.
Si la mienne pour vous se relâche un moment,
C'est lors que je croirai manquer de jugement;
Et la même raison qui vous rend admirable
Doit rendre, comme vous, ma flamme incomparable.
HIPPOLYTE.
Épargnez avec moi ces propos affectés.
Encore hier Célidée avait ses qualités;
Encore hier en mérite elle était sans pareille.

Si je suis aujourd'hui cette unique merveille,
Demain quelque autre objet, dont vous suivrez la loi,
Gagnera votre cœur et ce titre sur moi.
Un esprit inconstant a toujours cette adresse.

SCÈNE VII

CHRYSANTE, PLEIRANTE, HIPPOLYTE, LYSANDRE.

CHRYSANTE.
Monsieur, j'aime ma fille avec trop de tendresse
Pour la vouloir contraindre en ses affections.
PLEIRANTE.
Madame, vous saurez ses inclinations;
Elle voudra vous plaire, et je l'en vois sourire.
(à Lysandre.)
Allons, mon cavalier, j'ai deux mots à vous dire.
CHRYSANTE.
Vous en aurez réponse avant qu'il soit trois jours.

SCÈNE VIII

CHRYSANTE, HIPPOLYTE.

CHRYSANTE.
Devinerais-tu bien quels étaient nos discours?
HIPPOLYTE.
Il vous parlait d'amour peut-être?
CHRYSANTE.
Oui : que t'en semble!
HIPPOLYTE.
D'âge presque pareils, vous seriez bien ensemble.
CHRYSANTE.
Tu me donnes vraiment un gracieux détour;
C'était pour ton sujet qu'il me parlait d'amour.
HIPPOLYTE.
Pour moi? Ces jours passés, un poëte qui m'adore,
Du moins à ce qu'il dit, m'égalait à l'aurore;
Je me raillais alors de sa comparaison :
Mais, si cela se fait, il avait bien raison.
CHRYSANTE.
Avec tout ce babil, tu n'es qu'une étourdie.
Le bon homme est bien loin de cette maladie;
Il veut te marier, mais c'est à Dorimant :
Vois si tu te résous d'accepter cet amant.
HIPPOLYTE.
Dessus tous mes désirs vous êtes absolue,
Et si vous le voulez, m'y voilà résolue.
Dorimant vaut beaucoup, je vous le dis sans fard;
Mais remarquez un peu le trait de ce vieillard :
Lysandre si longtemps a brûlé pour sa fille,
Qu'il en faisait déjà l'appui de sa famille;
A présent que ses feux ne sont plus que pour moi,
Il voudrait bien qu'un autre eût engagé ma foi,
Afin que, sans espoir dans cette amour nouvelle,
Un nouveau changement le ramenât vers elle.
N'avez-vous point pris garde, en vous disant adieu,
Qu'il a presque arraché Lysandre de ce lieu?

CHRYSANTE.
Simple ! ce qu'il en fait, ce n'est qu'à sa prière ;
Et Lysandre tient même à faveur singulière...
HIPPOLYTE.
Je sais que Dorimant est un de ses amis ;
Mais vous voyez d'ailleurs que le ciel a permis
Que, pour mieux vous montrer que tout n'est qu'arti-
Lysandre me faisait ses offres de service. [fice,
CHRYSANTE.
Aucun des deux n'est homme à se jouer de nous :
Quelque secret mystère est caché là-dessous.
Allons, pour en tirer la vérité plus claire,
Seules dedans ma chambre examiner l'affaire ;
Ici quelque importun pourrait nous aborder.

SCÈNE IX

HIPPOLYTE, FLORICE.

HIPPOLYTE.
J'aurai bien de la peine à la persuader :
Ah, Florice ! en quel point laisses-tu Célidée ?
FLORICE.
De honte et de dépit tout à fait possédée.
HIPPOLYTE.
Que t'a-t-elle montré ?
FLORICE.
Cent choses à la fois,
Selon que le hasard les mettait sous ses doigts :
Ce n'était qu'un prétexte à faire sa retraite.
HIPPOLYTE.
Elle t'a témoigné d'être fort satisfaite ?
FLORICE.
Sans que je vous amuse en discours superflus,
Son visage suffit pour juger du surplus.
HIPPOLYTE *regarde Célidée qui entre.*
Ses pleurs ne se sauraient empêcher de descendre ;
Et j'en aurais pitié, si je n'aimais Lysandre.

SCÈNE X

CÉLIDÉE.

Infidèles témoins d'un feu mal allumé,
Soyez-le de ma honte ; et vous fondant en larmes,
Punissez-vous, mes yeux, d'avoir trop présumé
Du pouvoir de vos charmes.

De quoi vous a servi d'avoir su me flatter,
D'avoir pris le parti d'un ingrat qui me trompe,
S'il ne fit le constant qu'afin de me quitter
Avecque plus de pompe ?

Quand je m'en veux défaire, il est parfait amant ;
Quand je veux le garder, il n'en fait plus de compte ;
Et n'ayant pu le perdre avec contentement,
Je le perds avec honte.

Ce que j'eus lors de joie augmente mon regret ;
Par là mon désespoir davantage se pique.
Quand je le crus constant, mon plaisir fut secret,
Et ma honte est publique.

Le traître avait senti qu'alors me négliger
C'était à Dorimant livrer toute mon âme ;
Et la constance plut à cet esprit léger
Pour amortir ma flamme.

Autant que j'eus de peine à l'éteindre en naissant,
Autant m'en faudra-t-il à la faire renaître :
De peur qu'a cet amour d'être encore impuissant,
Il n'ose plus paraître.

Outre que, de mon cœur pleinement exilé,
Et n'y conservant plus aucune intelligence,
Il est trop glorieux pour n'être rappelé
Qu'à servir ma vengeance.

Mais j'aperçois celui qui le porte en ses yeux.
Courage donc, mon cœur ; espérons un peu mieux.
Je sens bien que déjà devers lui tu t'envoles ;
Mais pour t'accompagner je n'ai point de paroles :
Ma honte et ma douleur, surmontant mes désirs,
N'en laissent le passage ouvert qu'à mes soupirs.

SCÈNE XI

DORIMANT, CÉLIDÉE, CLÉANTE.

DORIMANT.
Dans ce profond penser, pâle, triste, abattue,
Ou quelque grand malheur de Lysandre vous tue,
Ou bientôt vos douleurs l'accableront d'ennuis.
CÉLIDÉE.
Il est cause en effet de l'état où je suis,
Non pas en la façon qu'un ami s'imagine,
Mais...
DORIMANT.
Vous n'achevez point, faut-il que je devine ?
CÉLIDÉE.
Permettez que je cède à la confusion,
Qui m'étouffe la voix en cette occasion.
J'ai d'incroyables traits de Lysandre à vous dire ;
Mais ce reste du jour souffrez que je respire,
Et m'obligez demain que je vous puisse voir.
(*Elle sort.*)
DORIMANT.
De sorte qu'à présent on n'en peut rien savoir ?
Dieux ! elle se dérobe, et me laisse en un doute...
Poursuivons toutefois notre première route ;
Peut-être ces beaux yeux, dont l'éclat me surprit,
De ce fâcheux soupçon purgeront mon esprit.
(*à Cléante.*)
Frappe.

SCÈNE XII

DORIMANT, FLORICE, CLÉANTE.

FLORICE.
Que vous plaît-il?
DORIMANT.
Peut-on voir Hippolyte?
FLORICE.
Elle vient de sortir pour faire une visite.
DORIMANT.
Ainsi, tout aujourd'hui mes pas ont été vains.
Florice, à ce défaut, fais-lui mes baise mains*.
FLORICE, *seule*.
Ce sont des compliments qu'il fait mauvais lui faire.
Depuis que ce Lysandre a tâché de lui plaire,
Elle ne veut plus être au logis que pour lui,
Et tous autres devoirs lui donnent de l'ennui.

ACTE QUATRIÈME

SCÈNE I

HIPPOLYTE, ARONTE.

HIPPOLYTE.
A cet excès d'amour qu'il me faisait paraître,
Je me croyais déjà maîtresse de ton maître;
Tu m'as fait grand dépit de me désabuser.
Qu'il a l'esprit adroit, quand il veut déguiser!
Et que, pour mettre en jour ces compliments frivoles,
Il sait bien ajuster ses yeux à ses paroles!
Mais je me promets tant de ta dextérité,
Qu'il tournera bientôt la feinte en vérité.
ARONTE.
Je n'ose l'espérer : sa passion trop forte
Déjà vers son objet malgré moi le remporte;
Et comme s'il avait reconnu son erreur,
Vos yeux lui sont à charge, et sa feinte en horreur :
Même il m'a commandé d'aller vers sa cruelle
Lui jurer que son cœur n'a brûlé que pour elle,
Attaquer son orgueil par des submissions*...
HIPPOLYTE.
J'entends assez le but de tes commissions.
Tu vas tâcher pour lui d'amollir son courage?
ARONTE.
J'emploie auprès de vous le temps de ce message,
Et la ferai parler tantôt à mon retour
D'une façon mal propre à donner de l'amour;
Mais, après mon rapport, si son ardeur extrême
Le résout à porter son message lui-même,
Je ne réponds de rien. L'amour qu'ils ont tous deux
Vaincra notre artifice, et parlera pour eux.
HIPPOLYTE.
Sa maîtresse éblouie ignore encor ma flamme,
Et laisse à mes conseils tout pouvoir sur son âme.
Ainsi tout est à nous, s'il ne faut qu'empêcher
Qu'un si fidèle amant n'en puisse rapprocher.
ARONTE.
Qui pourrait toutefois en détourner Lysandre,
Ce serait le plus sûr.
HIPPOLYTE.
N'oses-tu l'entreprendre?
ARONTE.
Donnez-moi les moyens de le rendre jaloux,
Et vous verrez après frapper d'étranges coups.
HIPPOLYTE.
L'autre jour Dorimant toucha fort ma rivale,
Jusque-là qu'entre eux deux son âme était égale;
Mais Lysandre depuis, endurant sa rigueur,
Lui montra tant d'amour qu'il regagna son cœur.
ARONTE.
Donc à voir Célidée et Dorimant ensemble,
Quelque dieu qui vous aime aujourd'hui les assemble.
HIPPOLYTE.
Fais-les voir à ton maître, et ne perds point ce temps,
Puisque de là dépend le bonheur que j'attends.

SCÈNE II

DORIMANT, CÉLIDÉE, ARONTE.

DORIMANT.
Aronte, un mot. Tu fuis? Crains-tu que je te voie?
ARONTE.
Non; mais pressé d'aller où mon maître m'envoie,
J'avais doublé le pas sans vous apercevoir.
DORIMANT.
D'où viens-tu?
ARONTE.
D'un logis vers la Croix-du-Tiroir.
DORIMANT.
C'est donc en ce Marais que finit ton voyage?
ARONTE.
Non; je cours au Palais faire encore un message.
DORIMANT.
Et c'en est le chemin de passer par ici.
ARONTE.
Souffrez que j'aille ôter mon maître de souci;
Il meurt d'impatience à force de m'attendre.
DORIMANT.
Et touchant mes amours ne peux-tu rien m'appren-
As-tu vu depuis peu l'objet que je chéris?   [dre?
ARONTE.
Oui, tantôt en passant j'ai rencontré Chloris.
DORIMANT.
Tu cherches des détours : je parle d'Hippolyte.
CÉLIDÉE.
Et c'est là seulement le discours qu'il évite.
Tu t'enferres, Aronte; et, pris au dépourvu,
En vain tu veux cacher ce que nous avons vu.
Va, ne sois point honteux des crimes de ton maître :
Pourquoi désavouer ce qu'il fait trop paraître?

Il la sert à mes yeux, cet infidèle amant,
Et te vient d'envoyer lui faire un compliment.
(Aronte sort.)

SCÈNE III

DORIMANT, CÉLIDÉE.

CÉLIDÉE.
Après cette retraite et ce morne silence,
Pouvez-vous bien encor demeurer en balance?

DORIMANT.
Je n'en ai que trop vu, mes yeux m'en ont trop dit.
Aronte, en me parlant, était tout interdit,
Et sa confusion portait sur son visage
Assez et trop de jour pour lire son message.
Traître, traître Lysandre, est-ce là donc le fruit
Qu'en faveur de mes feux ton amitié produit?

CÉLIDÉE.
Connaissez tout à fait l'humeur de l'infidèle,
Votre amour seulement la lui fait trouver belle :
Cet objet, tout aimable et tout parfait qu'il est,
N'a de charmes pour lui que depuis qu'il vous plaît;
Et votre affection, de la sienne suivie,
Montre que c'est par là qu'il en a pris envie,
Qu'il veut moins l'acquérir que vous la dérober.

DORIMANT, montrant son épée.
Voici, dans ce larcin, qui le fait succomber.
En ce dessein commun de servir Hippolyte
Il faut voir seul à seul qui des deux la mérite :
Son sang me répondra de son manque de foi,
Et me fera raison, et pour vous, et pour moi.
Notre vieille union ne fait qu'aigrir mon âme,
Et mon amitié meurt voyant naître sa flamme.

CÉLIDÉE.
Vouloir quelque mesure entre un perfide et vous,
Est-ce faire justice à ce juste courroux?
Pouvez-vous présumer, après sa tromperie,
Qu'il ait dans les combats moins de supercherie?
Certes, pour le punir, c'est trop vous négliger,
Et chercher à vous perdre au lieu de vous venger.

DORIMANT.
Pourriez-vous approuver que je prisse avantage
Pour immoler ce traître à mon peu de courage?
J'achèterais trop cher la mort du suborneur,
Si, pour avoir sa vie, il m'en coûtait l'honneur,
Et montrerais une âme et trop basse et trop noire
De ménager mon sang aux dépens de ma gloire.

CÉLIDÉE.
Sans les voir l'un ni l'autre en péril exposés,
Il est pour vous venger des moyens plus aisés.
Pour peu que vous fussiez de mon intelligence,
Vous auriez bientôt pris une juste vengeance;
Et vous pourriez sans bruit ôter à l'inconstant...

DORIMANT.
Quoi! ce qu'il m'a volé?

CÉLIDÉE.
     Non, mais du moins autant.

DORIMANT.
La faiblesse du sexe en ce point vous conseille;
Il se croit trop vengé, quand il rend la pareille :
Mais suivre le chemin que vous voulez tenir,
C'est imiter son crime au lieu de le punir;
Au lieu de lui ravir une belle maîtresse,
C'est prendre, à son refus, une beauté qu'il laisse.
(Lysandre vient avec Aronte, qui lui fait voir Dorimant avec Célidée.)
C'est lui faire plaisir, au lieu de l'affliger,
C'est souffrir un affront, et non pas se venger.
J'en perds ici le temps. Adieu : je me retire;
Mais, avant qu'il soit peu, si vous entendez dire
Qu'un coup fatal et juste ait puni l'imposteur,
Vous pourrez aisément en deviner l'auteur.

CÉLIDÉE.
De grâce, encore un mot. Hélas! il m'abandonne
Aux cuisants déplaisirs que ma douleur me donne.
Rentre, pauvre abusé, et dedans tes malheurs,
Si tu ne les retiens, cache du moins tes pleurs!

SCÈNE IV

LYSANDRE, ARONTE.

ARONTE.
Eh bien, qu'en dites-vous? et que vous semble d'elle?

LYSANDRE.
Hélas! pour mon malheur, tu n'es que trop fidèle.
N'exerce plus tes soins à me faire endurer;
Ma plus douce fortune est de tout ignorer :
Je serais trop heureux sans le rapport d'Aronte.

ARONTE.
Encor pour Dorimant, il en a quelque honte;
Vous voyant, il a fui.

LYSANDRE.
    Mais mon ingrate alors,
Pour empêcher sa fuite, a fait tous ses efforts,
Aronte, et tu prenais ses dédains pour des feintes!
Tu croyais que son cœur n'eût point d'autres attein-
Que son esprit entier se conservait à moi, [tes,
Et parmi ses rigueurs n'oubliait point sa foi!

ARONTE.
A vous dire le vrai, j'en suis trompé moi-même.
Après deux ans passés dans un amour extrême,
Que sans occasion elle vînt à changer,
Je me fusse tenu coupable d'y songer;
Mais puisque sans raison la volage vous change,
Faites qu'avec raison un changement vous venge,
Pour punir comme il faut son infidélité,
Vous n'avez qu'à tourner la feinte en vérité.

LYSANDRE.
Misérable! est-ce ainsi qu'il faut qu'on me soulage?
Ai-je trop peu souffert sous cette humeur volage?
Et veux-tu désormais que par un second choix
Je m'engage à souffrir encore une autre fois?
Qui t'a dit qu'Hippolyte à cette amour nouvelle
Se rendrait plus sensible, ou serait plus fidèle?

ARONTE.
Vous en devez, monsieur, présumer beaucoup mieux.
LYSANDRE.
Conseiller importun, ôte-toi de mes yeux.
ARONTE.
Son âme...
LYSANDRE.
Ote-toi, dis-je; et dérobe ta tête
Aux violents effets que ma colère apprête :
Ma bouillante fureur ne cherche qu'un objet;
Va, tu l'attirerais sur un sang trop abjet*.

SCÈNE V

LYSANDRE.

Il faut à mon courroux de plus nobles victimes :
Il faut qu'un même coup me venge de deux crimes;
Qu'après les trahisons de ce couple indiscret,
L'un meure de ma main, et l'autre de regret.
Oui, la mort de l'amant punira la maîtresse;
Et mes plaisirs alors naîtront de sa tristesse.
Mon cœur, à qui mes yeux apprendront ses tour-
Permettra le retour à mes contentements; [ments,
Ce visage si beau, si bien pourvu de charmes,
N'en aura plus pour moi, s'il n'est couvert de larmes.
Ses douleurs seulement ont droit de me guérir;
Pour me résoudre à vivre, il faut la voir mourir.
Frénétiques transports, avec quelle insolence
Portez-vous mon esprit à tant de violence!
Allez, vous avez pris trop d'empire sur moi;
Dois-je être sans raison, parce qu'ils sont sans foi?
Dorimant, Célidée, ami, chère maîtresse,
Suivrais-je contre vous la fureur qui me presse?
Quoi! vous ayant aimés, pourrais-je vous haïr? [hir?
Mais vous pourrais-je aimer, quand vous m'osez tra-
Qu'un rigoureux combat déchire mon courage!
Ma jalousie augmente, et redouble ma rage;
Mais, quelques fiers projets qu'elle jette en mon cœur,
L'amour... Ah! ce mot seul me range à la douceur.
Celle que nous aimons jamais ne nous offense :
Un mouvement secret prend toujours sa défense :
L'amant souffre tout d'elle; et dans son changement,
Quelque irrité qu'il soit, il est toujours amant.
Toutefois, si l'amour contre elle m'intimide,
Revenez, mes fureurs, pour punir le perfide;
Arrachez-lui mon bien; une telle beauté
N'est pas le juste prix d'une déloyauté.
Souffrirais-je, à mes yeux, que par ses artifices
Il recueillit les fruits dus à mes longs services?
S'il vous faut épargner le sujet de mes feux,
Que ce traître du moins réponde pour tous deux.
Vous me devez son sang pour expier son crime :
Contre sa lâcheté tout vous est légitime;   [ici?
Et quelques châtiments... Mais, dieux! que vois-je

SCÈNE VI

HIPPOLYTE, LYSANDRE.

HIPPOLYTE.
Vous avez dans l'esprit quelque pesant souci;
Ce visage enflammé, ces yeux pleins de colère,
En font voir au dehors une marque trop claire.
Je prends assez de part en tous vos intérêts
Pour vouloir en aveugle y mêler mes regrets.
Mais si vous me disiez ce qui cause vos peines...
LYSANDRE.
Ah! ne m'imposez point de si cruelles gênes;
C'est irriter mes maux que de me secourir;
La mort, la seule mort a droit de me guérir.
HIPPOLYTE.
Si vous vous obstinez à m'en taire la cause,
Tout mon pouvoir sur vous n'est que fort peu de chose.
LYSANDRE.
Vous l'avez souverain, hormis en ce seul point.
HIPPOLYTE.
Laissez-le-moi partout, ou ne m'en laissez point.
C'est n'aimer qu'à demi qu'aimer avec réserve;
Et ce n'est pas ainsi que je veux qu'on me serve :
Il faut m'apprendre tout, et lorsque je vous vois,
Être de belle humeur, ou n'être plus à moi.
LYSANDRE.
Ne perdez point d'efforts à vaincre mon silence :
Vous useriez sur moi de trop de violence.
Adieu : je vous ennuie, et les grands déplaisirs
Veulent en liberté s'exhaler en soupirs.

SCÈNE VII

HIPPOLYTE.

C'est donc là tout l'état que tu fais d'Hippolyte!
Après des vœux offerts, c'est ainsi qu'on me quitte!
Qu'Aronte jugeait bien que ses feintes amours,
Avant qu'il fût longtemps, interrompraient leur
Dans ce peu de succès des ruses de Florice, [cours!
J'ai manqué de bonheur, mais non pas de malice;
Et si j'en puis jamais trouver l'occasion,
J'y mettrai bien encor de la division.
Si notre pauvre amant est plein de jalousie,
Ma rivale, qui sort, n'en est pas moins saisie.

SCÈNE VIII

HIPPOLYTE, CÉLIDÉE.

CÉLIDÉE.
N'ai-je pas tantôt vu mon perfide avec vous?
Il a bientôt quitté des entretiens si doux.
HIPPOLYTE.
Qu'y ferait-il, ma sœur? Ta fidèle Hippolyte
Traite cet inconstant ainsi qu'il le mérite.
Il a beau m'en conter de toutes les façons,
Je le renvoie ailleurs pratiquer ses leçons.

CÉLIDÉE.
Le parjure à présent est fort sur ta louange?
HIPPOLYTE.
Il ne tient pas à lui que je ne sois un ange;
Et quand il vient ensuite à parler de ses feux,
Aucune passion jamais n'approcha d'eux.
Par tous ces vains discours il croit fort qu'il m'oblige,
Mais non la moitié tant qu'alors qu'il te néglige;
C'est par là qu'il me pense acquérir puissamment :
Et moi, qui t'ai toujours chérie uniquement,
Je te laisse à juger alors si je l'endure.
CÉLIDÉE.
C'est trop prendre, ma sœur, de part en mon injure;
Laisse-le mépriser celle dont les mépris
Sont cause maintenant que d'autres yeux l'ont pris.
Si Lysandre te plaît, possède le volage,
Mais ne me traite point avec désavantage;
Et si tu te résous d'accepter mon amant,
Relâche-moi du moins le cœur de Dorimant.
HIPPOLYTE.
Pourvu que leur vouloir se range sous le nôtre,
Je te donne le choix et de l'un et de l'autre;
Ou, si l'un ne suffit à ton jeune désir,
Défais-moi de tous deux, tu me feras plaisir.
J'estimai fort Lysandre avant que le connaître;
Mais, depuis cet amour que mes yeux ont fait naître,
Je te répute heureuse après l'avoir perdu.
Que son humeur est vaine! et qu'il fait l'entendu!
Que son discours est fade avec ses flatteries!
Qu'on est importuné de ses afféteries!
Vraiment, si tout le monde était fait comme lui,
Je crois qu'avant deux jours je sécherais d'ennui.
CÉLIDÉE.
Qu'en cela du destin l'ordonnance fatale
A pris pour nos malheurs une route inégale!
L'un et l'autre me fuit, et je brûle pour eux,
L'un et l'autre t'adore, et tu les fuis tous deux.
HIPPOLYTE.
Si nous changions de sort, que nous serions contentes!
CÉLIDÉE.
Outre, hélas! que le ciel s'oppose à nos attentes,
Lysandre n'a plus rien à rengager ma foi.
HIPPOLYTE.
Mais l'autre, tu voudrais...

SCÈNE IX

PLEIRANTE, HIPPOLYTE, CÉLIDÉE.

PLEIRANTE.
Ne rompez pas pour moi;
Craignez-vous qu'un ami sache de vos nouvelles?
HIPPOLYTE.
Nous causions de mouchoirs, de rabats, de dentelles,
De ménage de fille.
PLEIRANTE.
Et parmi ces discours,
Vous conferiez ensemble un peu de vos amours?
Eh bien, ce serviteur, l'aura-t-on agréable?

HIPPOLYTE.
Vous m'attaquez toujours par quelque trait semblable.
Des hommes comme vous ne sont que des conteurs.
Vraiment c'est bien à moi d'avoir des serviteurs!
PLEIRANTE.
Parlons, parlons français*. Enfin, pour cette affaire,
Nous en remettrons-nous à l'avis d'une mère?
HIPPOLYTE.
J'obéirai toujours à son commandement.
Mais, de grâce, monsieur, parlez plus clairement :
Je ne puis deviner ce que vous voulez dire.
PLEIRANTE.
Un certain cavalier pour vos beaux yeux soupire...
HIPPOLYTE.
Vous en voulez par là...
PLEIRANTE.
Ce n'est point fiction
Que ce que je vous dis de son affection.
Votre mère sut hier à quel point il vous aime,
Et veut que ce soit vous qui vous donniez vous-même.
HIPPOLYTE.
Et c'est ce que ma mère, afin de m'expliquer,
Ne m'a point fait l'honneur de me communiquer;
Mais, pour l'amour de vous, je vais le savoir d'elle

SCÈNE X

PLEIRANTE, CÉLIDÉE.

PLEIRANTE.
Ta compagne est du moins aussi fine que belle.
CÉLIDÉE.
Elle a bien su, de vrai, se défaire de vous.
PLEIRANTE.
Et fort habilement se parer de mes coups.
CÉLIDÉE.
Peut-être innocemment, faute d'y rien comprendre.
PLEIRANTE.
Mais faute, bien plutôt, d'y vouloir rien entendre.
Je suis des plus trompés si Dorimant lui plaît.
CÉLIDÉE.
Y prenez-vous, monsieur, pour lui quelque intérêt
PLEIRANTE.
Lysandre m'a prié d'en porter la parole.
CÉLIDÉE.
Lysandre !
PLEIRANTE.
Oui, ton Lysandre.
CÉLIDÉE.
Et lui-même cajole*.
PLEIRANTE.
Quoi? que cajole-t-il*?
CÉLIDÉE.
Hippolyte, à mes yeux.
PLEIRANTE.
Folle, il n'aima jamais que toi dessous les cieux;
Et nous sommes tout prêts de choisir la journée
Qui bientôt de vous deux termine l'hyménée.
Il se plaint toutefois un peu de ta froideur

Mais, pour l'amour de moi, montre-lui plus d'ardeur ;
Parle : ma volonté sera-t-elle obéie ?
CÉLIDÉE.
Hélas ! qu'on vous abuse après m'avoir trahie !
Il vous fait, cet ingrat, parler pour Dorimant,
Tandis qu'au même objet il s'offre pour amant,
Et traverse par là tout ce qu'à sa prière
Votre vaine entremise avance vers la mère.
Cela, qu'est-ce, monsieur, que se jouer de vous ?
PLEIRANTE.
Qu'il est peu de raison dans ces esprits jaloux !
Eh quoi ? pour un ami, s'il rend une visite,
Faut-il s'imaginer qu'il cajole* Hippolyte ?
CÉLIDÉE.
Je sais ce que j'ai vu.
PLEIRANTE.
Je sais ce qu'il m'a dit,
Et ne veux plus du tout souffrir de contredit.
Mon choix de votre hymen en sa faveur dispose.
CÉLIDÉE.
Commandez-moi plutôt, monsieur, toute autre chose.
PLEIRANTE.
Quelle bizarre humeur ! quelle inégalité
De rejeter un bien qu'on a tant souhaité !
La belle, voyez-vous ! qu'on perde ces caprices ;
Il faut pour m'éblouir de meilleurs artifices.
Quelque nouveau venu vous tient dans les yeux,
Quelque jeune étourdi qui vous flatte un peu mieux,
Et parce qu'il vous fait quelque feinte caresse,
Il faut que nous manquions, vous et moi, de promesse ?
Quittez, pour votre bien, ces fantasques refus.
CÉLIDÉE.
Monsieur...
PLEIRANTE.
Quittez-les, dis-je, et ne contestez plus.

SCÈNE XI

CÉLIDÉE.

Fâcheux commandement d'un incrédule père !
Qu'il me fut doux jadis, et qu'il me désespère !
J'avais, auparavant qu'on m'eût manqué de foi,
Le devoir et l'amour tout d'un parti chez moi,
Et ma flamme, d'accord avecque ma puissance,
Unissait mes désirs à mon obéissance ;
Mais, hélas ! que depuis cette infidélité
Je trouve d'injustice en son autorité !
Mon esprit s'en révolte, et ma flamme bannie
Fait qu'un pouvoir si saint m'est une tyrannie.
Dures extrémités où mon sort est réduit !
On donne mes faveurs à celui qui les fuit ;
Nous avons l'un pour l'autre une pareille haine,
Et l'on m'attache à lui d'une éternelle chaîne.
Mais, s'il ne m'aimait plus, parlerait-il d'amour
A celui dont je tiens la lumière du jour ?
Mais, s'il m'aimait encor, verrait-il Hippolyte ?
Mon cœur en même temps se retient et s'excite.

Je ne sais quoi me flatte, et je sens déjà bien
Que mon feu ne dépend que de croire le sien.
Tout beau, ma passion, c'est déjà trop paraître ;
Attends, attends du moins la sienne pour renaître.
A quelle folle erreur me laissé-je emporter !
Il fait tout à dessein de me persécuter.
L'ingrat cherche ma peine, et veut par sa malice
Que l'ordre qu'on me donne augmente mon supplice.
Rentrons, que son objet présenté par hasard
De mon cœur ébranlé ne reprenne une part :
C'est bien assez qu'un père à souffrir me destine,
Sans que mes yeux encore aident à ma ruine.

SCÈNE XII

LA LINGÈRE, LE MERCIER.

LA LINGÈRE, *après qu'ils se sont entre-poussé une boîte qui est entre leurs boutiques.*

J'enverrai tout à bas, puis après on verra.
Ardez* vraiment, c'est-mon*, on vous l'endurera !
Vous êtes un bel homme, et je dois fort vous craindre !
LE MERCIER.
Tout est sur mon tapis, qu'avez-vous à vous plaindre ?
LA LINGÈRE.
Aussi votre tapis est tout sur mon battant* ;
Je ne m'étonne plus de quoi je gagne tant.
LE MERCIER.
Là, là, criez bien haut, faites bien l'étourdie,
Et puis on vous jouera dedans la comédie.
LA LINGÈRE.
Je voudrais l'avoir vu que quelqu'un s'y fût mis !
Pour en avoir raison nous manquerions d'amis ?
On joue ainsi le monde ?
LE MERCIER.
Après tout ce langage,
Ne me repoussez pas mes boîtes davantage.
Votre caquet m'enlève à tous coups mes chalands ;
Vous vendez dix rabats contre moi deux galands*.
Pour conserver la paix, depuis six mois j'endure
Sans vous en dire mot, sans le moindre murmure ;
Et vous me harcelez et sans cause et sans fin.
Qu'une femme hargneuse est un mauvais voisin !
Nous n'apaiserons point cette humeur qui vous pique
Que par un entre-deux mis à votre boutique ;
Alors n'ayant plus rien ensemble à démêler,
Vous n'aurez plus aussi sur quoi me quereller.
LA LINGÈRE.
Justement.

SCÈNE XIII

LA LINGÈRE, FLORICE, LE MERCIER, LE LIBRAIRE, CLÉANTE.

LA LINGÈRE.
De tout loin je vous ai reconnue.
FLORICE.
Vous vous doutez donc bien pourquoi je suis venue ?

Les avez-vous reçus ces points-coupés* nouveaux?
LA LINGÈRE.
Ils viennent d'arriver.
FLORICE.
Voyons donc les plus beaux.
LE MERCIER, à *Cléante qui passe*.
Ne vous vendrai-je rien, monsieur? des bas de soie,
Des gants en broderie, ou quelque petite oie*?
CLÉANTE, *au libraire*.
Ces livres que mon maître avait fait mettre à part,
Les avez-vous encore?
LE LIBRAIRE, *empaquetant ses livres*.
Ah! que vous venez tard!
Encore un peu, ma foi, je m'en allais les vendre.
Trois jours sans revenir! je m'ennuyais d'attendre.
CLÉANTE.
Je l'avais oublié. Le prix?
LE LIBRAIRE.
Chacun le sait;
Autant de quarts d'écu[1], c'est un marché tout fait.
LA LINGÈRE, *à Florice*.
Eh bien, qu'en dites-vous?
FLORICE.
J'en suis toute ravie,
Et n'ai rien encor vu de pareil en ma vie.
Vous aurez notre argent, si l'on croit mon rapport.
Que celui-ci me semble et délicat et fort!
Que cet autre me plaît! que j'en aime l'ouvrage!
Montrez-m'en cependant quelqu'un à mon usage.
LA LINGÈRE.
Voici de quoi vous faire un assez beau collet*.
FLORICE.
Je pense, en vérité, qu'il ne serait pas laid;
Que me coûtera-t-il?
LA LINGÈRE.
Allez, faites-moi vendre,
Et pour l'amour de vous, je n'en voudrai rien prendre,
Mais avisez alors à me récompenser.
FLORICE.
L'offre n'est pas mauvaise, et vaut bien y penser.
Vous me verrez demain avecque ma maîtresse.

SCÈNE XIV

FLORICE, ARONTE, LE MERCIER,
LA LINGÈRE.

FLORICE.
Aronte, eh bien! quels fruits produira notre adresse?
ARONTE.
De fort mauvais pour moi. Mon maître, au désespoir,
Fuit les yeux d'Hippolyte, et ne veut plus me voir.
FLORICE.
Nous sommes donc ainsi bien loin de notre compte?
ARONTE.
Oui, mais tout le malheur en tombe sur Aronte.

1. *Quart d'écu*. C'était la quatrième partie d'une pièce d'or, dont la valeur fut fixée à 5 l. 4 s. par l'ordonnance de 1636.

FLORICE.
Ne te débauche point, je veux faire ta paix.
ARONTE.
Son courroux est trop grand pour s'apaiser jamais.
FLORICE.
S'il vient encor chez nous, ou chez sa Célidée,
Je te rends aussitôt l'affaire accommodée.
ARONTE.
Si tu fais ce coup-là, que ton pouvoir est grand!
Viens, je te veux donner tout à l'heure un galand*.
LE MERCIER.
Voyez, monsieur; j'en ai des plus beaux de la terre :
En voilà de Paris, d'Avignon, d'Angleterre.
ARONTE, *après avoir regardé une boîte de rubans*.
Tous vos rubans n'ont point d'assez vives couleurs.
Allons, Florice, allons, il en faut voir ailleurs.
LA LINGÈRE.
Ainsi, faute d'avoir de belle marchandise,
Des hommes comme vous perdent leur chalandise*.
LE MERCIER.
Vous ne la perdez pas, vous, mais Dieu sait comment;
Du moins, si je vends peu, je vends loyalement,
Et je n'attire point, avec une promesse,
De suivante qui m'aide à tromper sa maîtresse.
LA LINGÈRE.
Quand il faut dire tout, on s'entre-connaît bien
Chacun sait son métier, et... Mais je ne dis rien
LE MERCIER.
Vous ferez un grand coup, si vous pouvez vous taire.
LA LINGÈRE.
Je ne réplique point à des gens en colère.

ACTE CINQUIÈME

SCÈNE I

LYSANDRE.

Indiscrète vengeance, imprudentes chaleurs,
Dont l'impuissance ajoute un comble à mes malheurs,
Ne me conseillez plus la mort de ce faussaire.
J'aime encor Célidée, et n'ose lui déplaire :
Priver de la clarté ce qu'elle aime le mieux,
Ce n'est pas le moyen d'agréer à ses yeux.
L'amour, en la perdant, me retient en balance;
Il produit ma fureur, et rompt sa violence,
Et me laissant trahi, confus et méprisé,
Ne veut que triompher de mon cœur divisé.
Amour, cruel auteur de ma longue misère,
Ou permets, à la fin, d'agir à ma colère,
Ou, sans m'embarrasser d'inutiles transports,
Auprès de ce bel œil fais tes derniers efforts;
Viens, accompagne-moi chez ma belle inhumaine,
Et comme de mon cœur, triomphe de sa haine!
Contre toi ma vengeance a mis les armes bas,

Contre ses cruautés rends les mêmes combats;
Exerce ta puissance à fléchir la farouche;
Montre-toi dans mes yeux, et parle par ma bouche :
Si tu te sens trop faible, appelle à ton secours
Le souvenir de mille et de mille heureux jours
Où ses désirs, d'accord avec mon espérance,
Ne laissaient à nos vœux aucune différence.
Je pense avoir encor ce qui la sut charmer,
Les mêmes qualités qu'elle voulut aimer.
Peut-être mes douleurs ont changé mon visage;
Mais, en revanche aussi, je l'aime davantage.
Mon respect s'est accru pour un objet si cher;
Je ne me venge point, de peur de la fâcher.
Un infidèle ami tient son âme captive,
Je le sais, je le vois, et je souffre qu'il vive.
 Je tarde trop; allons, ou vaincre ses refus,
Ou me venger sur moi de ne lui plaire plus,
Et tirons de son cœur, malgré sa flamme éteinte,
La pitié par ma mort, ou l'amour par ma plainte :
Ses rigueurs par ce fer me perceront le sein.

SCÈNE II

DORIMANT, LYSANDRE.

DORIMANT.

Eh quoi! pour m'avoir vu, vous changez de dessein?
Ne craignez point pour moi d'entrer chez Hippolyte;
Vous ne m'apprendrez rien en lui faisant visite;
Mes yeux, mes propres yeux n'ont que trop découvert
Comme un ami si rare d'elle me sert.

LYSANDRE.

Parlez plus franchement : ma rencontre importune
Auprès d'un autre objet trouble votre fortune;
Et vous montrez assez, par ces faibles détours,
Qu'un témoin comme moi déplaît à vos amours;
Vous voulez seul à seul cajoler* Célidée;
La querelle entre nous sera bientôt vidée :
Ma mort vous donnera chez elle un libre accès,
Ou ma juste vengeance un funeste succès.

DORIMANT.

Qu'est-ce ci, déloyal? quelle fourbe* est la vôtre?
Vous m'en disputez une, afin d'acquérir l'autre!
Après ce que chacun a vu de votre feu,
C'est une lâcheté d'en faire un désaveu.

LYSANDRE.

Je ne me connais point à combattre d'injures.

DORIMANT.

Aussi veux-je punir autrement tes parjures :
Le ciel, le juste ciel, ennemi des ingrats,
Qui pour ton châtiment a destiné mon bras,
T'apprendra qu'à moi seul Hippolyte est gardée.

LYSANDRE.

Garde ton Hippolyte.

DORIMANT.

Et toi, ta Célidée.

LYSANDRE.

Voilà faire le fin, de crainte d'un combat.

DORIMANT.

Tu m'imputes la crainte, et ton cœur s'en abat!

LYSANDRE.

Laissons à part les noms; disputons la maîtresse,
Et pour qui que ce soit, montre ici ton adresse.

DORIMANT.

C'est comme je l'entends.

(*Lysandre et Dorimant mettent l'épée à la main.*)

SCÈNE III

CÉLIDÉE, LYSANDRE, DORIMANT.

CÉLIDÉE.

O dieux! ils sont aux coups!
(*à Lysandre.*)
Ah! perfide! sur moi détourne ton courroux;
La mort de Dorimant me serait trop funeste.

DORIMANT.

Lysandre, une autre fois nous viderons le reste.

CÉLIDÉE, *à Dorimant.*

Arrête, cher ingrat!

LYSANDRE.

Tu recules, voleur!

DORIMANT.

Je fuis cette importune, et non pas ta valeur.

SCÈNE IV

LYSANDRE, CÉLIDÉE.

LYSANDRE.

Ne suivez pas du moins ce perfide à ma vue :
Avez-vous résolu que sa fuite me tue,
Et qu'ayant su braver son plus vaillant effort,
Par sa retraite infâme il me donne la mort?
Pour en frapper le coup, vous n'avez qu'à le suivre.

CÉLIDÉE.

Je tiens des gens sans foi si peu dignes de vivre,
Qu'on ne verra jamais que je recule un pas
De crainte de causer un si juste trépas.

LYSANDRE.

Eh bien, voyez-le donc; ma lame toute prête
N'attendait que vos yeux pour immoler ma tête.
Vous lirez dans mon sang, à vos pieds répandu,
Ce que valait l'amant que vous aurez perdu;
Et sans vous reprocher un si cruel outrage,
Ma main de vos rigueurs achèvera l'ouvrage.
Trop heureux mille fois si je plais en mourant
A celle à qui j'ai pu déplaire en l'adorant;
Et si ma prompte mort, secondant son envie,
L'assure du pouvoir qu'elle avait sur ma vie!

CÉLIDÉE.

Moi, du pouvoir sur vous! vos yeux se sont mépris
Et quelque illusion qui trouble vos esprits
Vous fait imaginer d'être auprès d'Hippolyte.
Allez, volage, allez où l'amour vous invite;
Dans ses doux entretiens recherchez vos plaisirs,
Et ne m'empêchez plus de suivre mes désirs.

LYSANDRE.
Ce n'est pas sans raison que ma feinte passée
A jeté cette erreur dedans votre pensée.
Il est vrai, devant vous forçant mes sentiments,
J'ai présenté des vœux, j'ai fait des compliments;
Mais c'étaient compliments qui partaient d'une bou-
[che,
Mon cœur, que vous teniez, désavouait ma bouche.
Pleirante, qui rompit ces ennuyeux discours,
Sait bien que mon amour n'en changea point de
[cours;
Contre votre froideur une modeste plainte
Fut tout notre entretien au sortir de la feinte;
Et je le priai lors...
CÉLIDÉE.
D'user de son pouvoir?
Ce n'était pas par là qu'il me fallait avoir.
Les mauvais traitements ne font qu'aigrir les âmes.
LYSANDRE.
Confus, désespéré du mépris de mes flammes,
Sans conseil, sans raison, pareil aux matelots
Qu'un naufrage abandonne à la merci des flots,
Je me suis pris à tout, ne sachant où me prendre :
Ma douleur par mes cris d'abord s'est fait entendre;
J'ai cru que vous seriez d'un naturel plus doux,
Pourvu que votre esprit devînt un peu jaloux;
J'ai fait agir pour moi l'autorité d'un père,
J'ai fait venir aux mains celui qu'on me préfère;
Et puisque ces efforts n'ont réussi qu'en vain,
J'aurai de vous ma grâce, ou la mort de ma main :
Choisissez, l'une ou l'autre achèvera mes peines;
Mon sang brûle déjà de sortir de mes veines :
Il faut, pour l'arrêter, me rendre votre amour;
Je n'ai plus rien sans lui qui me retienne au jour.
CÉLIDÉE.
Volage, fallait-il, pour un peu de rudesse,
Vous porter si soudain à changer de maîtresse?
Que je vous croyais bien un jugement plus meur*!
Ne pouviez-vous souffrir de ma mauvaise humeur?
Ne pouviez-vous juger que c'était une feinte
A dessein d'éprouver quelle était votre atteinte?
Les dieux m'en soient témoins, et ce nouveau sujet
Que vos feux inconstants ont choisi pour objet,
Si jamais j'eus pour vous de dédain véritable,
Avant que votre amour parût si peu durable!
Qu'Hippolyte vous die avec quels sentiments
Je lui fus raconter vos premiers mouvements,
Avec quelles douceurs je m'étais préparée
A redonner la joie à votre âme éplorée!
Dieux! que je fus surprise, et mes sens éperdus,
Quand je vis vos devoirs à sa beauté rendus!
Votre légèreté fut soudain imitée :
Non pas que Dorimant m'en eût sollicitée;
Au contraire, il me fuit, et l'ingrat ne veut pas
Que sa franchise cède au peu que j'ai d'appas;
Mais, hélas! plus il fuit, plus son portrait s'efface.
Je vous sens, malgré moi, reprendre votre place.
L'aveu de votre erreur désarme mon courroux;
Ne redoutez plus rien, l'amour combat pour vous.

Si nous avons failli de feindre l'un et l'autre,
Pardonnez à ma feinte, et j'oublirai la vôtre.
Moi-même je l'avoue à ma confusion,
Mon imprudence a fait notre division.
Tu ne méritais pas de si rudes alarmes :
Accepte un repentir accompagné de larmes;
Et souffre que le tien nous fasse tour à tour
Par ce petit divorce augmenter notre amour.
LYSANDRE.
Que vous me surprenez! O ciel! est-il possible
Que je vous trouve encore à mes désirs sensible?
Que j'aime ces dédains qui finissent ainsi!
CÉLIDÉE.
Et pour l'amour de toi, que je les aime aussi!
LYSANDRE.
Que ce soit toutefois sans qu'il vous prenne envie
De les plus essayer au péril de ma vie.
CÉLIDÉE.
J'aime trop désormais ton repos et le mien;
Tous mes soins n'iront plus qu'à notre commun bien.
Voudrais-je, après ma faute, une plus douce amende
Que l'effet d'un hymen qu'un père me commande?
Je t'accusais en vain d'une infidélité :
Il agissait pour toi de pleine autorité,
Me traitait de parjure et de fille rebelle :
Mais allons lui porter cette heureuse nouvelle;
Ce que pour mes froideurs il témoigne d'horreur
Mérite bien qu'en hâte on le tire d'erreur.
LYSANDRE.
Vous craignez qu'à vos yeux cette belle Hippolyte
N'ait encore de ma bouche un hommage hypocrite?
CÉLIDÉE.
Non : je fuis Dorimant qu'ensemble j'aperçoi;
Je ne veux plus le voir, puisque je suis à toi.

SCÈNE V

DORIMANT, HIPPOLYTE.

DORIMANT.
Autant que mon esprit adore vos mérites,
Autant veux-je du mal à vos longues visites.
HIPPOLYTE.
Que vous ont-elles fait, pour vous mettre en cour-
DORIMANT. [roux?
Elles m'ôtent le bien de vous trouver chez vous.
J'y fais à tous moments une course inutile;
J'apprends cent fois le jour que vous êtes en ville :
En voici presque trois que je n'ai pu vous voir,
Pour rendre à vos beautés ce que je sais devoir;
Et n'était qu'aujourd'hui cette heureuse rencontre,
Sur le point de rentrer, par hasard me les montre,
Je crois que ce jour même aurait encor passé
Sans moyen de m'en plaindre aux yeux qui m'ont
HIPPOLYTE. [blessé.
Ma libre et gaie humeur hait le ton de la plainte;
Je n'en puis écouter qu'avec de la contrainte.
Si vous prenez plaisir dedans mon entretien,
Pour le faire durer ne vous plaignez de rien.

DORIMANT.
Vous me pouvez ôter tout sujet de me plaindre.
HIPPOLYTE.
Et vous pouvez aussi vous empêcher d'en feindre.
DORIMANT.
Est-ce en feindre un sujet qu'accuser vos rigueurs?
HIPPOLYTE.
Pour vous en plaindre à faux, vous feignez des lan-
DORIMANT. [gueurs.
Verrais-je sans languir ma flamme qu'on néglige?
HIPPOLYTE.
Éteignez cette flamme où rien ne vous oblige.
DORIMANT.
Vos charmes trop puissants me forcent à ces vœux.
HIPPOLYTE.
Oui, mais rien ne vous force à vous approcher d'eux.
DORIMANT.
Ma présence vous fâche et vous est odieuse.
HIPPOLYTE.
Non; mais tout ce discours la peut rendre en-
DORIMANT. [nuyeuse.
Je vois bien ce que c'est; je lis dans votre cœur :
Il a reçu les traits d'un plus heureux vainqueur;
Un autre, regardé d'un œil plus favorable,
A mes submissions* vous fait inexorable;
C'est pour lui seulement que vous voulez brûler.
HIPPOLYTE.
Il est vrai; je ne puis vous le dissimuler :
Il faut que je vous traite avec toute franchise.
Alors que je vous pris, un autre m'avait prise,
Un autre captivait mes inclinations.
Vous devez présumer de vos perfections
Que si vous attaquiez un cœur qui fût à prendre,
Il serait malaisé qu'il s'en pût bien défendre.
Vous auriez eu le mien, s'il n'eût été donné;
Mais, puisque les destins ainsi l'ont ordonné,
Tant que ma passion aura quelque espérance,
N'attendez rien de moi que de l'indifférence.
DORIMANT.
Vous ne m'apprenez point le nom de cet amant :
Sans doute que Lysandre est cet objet charmant
Dont les discours flatteurs vous ont préoccupée.
HIPPOLYTE.
Cela ne se dit point à des hommes d'épée :
Vous exposer aux coups d'un duel hasardeux,
Ce serait le moyen de vous perdre tous deux.
Je vous veux, si je puis, conserver l'un et l'autre;
Je chéris sa personne, et hais si peu la vôtre,
Qu'ayant perdu l'espoir de le voir mon époux,
Si ma mère y consent, Hippolyte est à vous.
Mais aussi jusque-là plaignez votre infortune.
DORIMANT.
Permettez pour ce nom que je vous importune;
Ne me refusez plus de me le déclarer :
Que je sache en quel temps j'aurai droit d'espérer.
Un mot me suffira pour me tirer de peine;
Et lors j'étoufferai si bien toute ma haine,
Que vous me trouverez vous-même trop remis.

SCÈNE VI

PLEIRANTE, LYSANDRE, CÉLIDÉE, DORIMANT, HIPPOLYTE.

PLEIRANTE.
Souffrez, mon cavalier, que je vous rende amis.
Vous ne lui voulez pas quereller Célidée?
DORIMANT.
L'affaire, à cela près, peut être décidée.
Voici le seul objet de nos affections,
Et l'unique motif de nos dissensions.
LYSANDRE.
Dissipe, cher ami, cette jalouse atteinte;
C'est l'objet de tes feux, et celui de ma feinte.
Mon cœur fut toujours ferme, et moi je me dédis
Des vœux que de ma bouche elle reçut jadis.
Piqué d'un faux dédain, j'avais pris fantaisie
De mettre Célidée en quelque jalousie;
Mais, au lieu d'un esprit, j'en ai fait deux jaloux.
PLEIRANTE.
Vous pouvez désormais achever entre vous :
Je vais dans ce logis dire un mot à madame.

SCÈNE VII

DORIMANT, LYSANDRE, CÉLIDÉE, HIPPOLYTE.

DORIMANT.
Ainsi, loin de m'aider, tu traversais ma flamme!
LYSANDRE.
Les efforts que Pleirante à ma prière a faits
T'auraient acquis déjà le but de tes souhaits;
Mais tu dois accuser les glaces d'Hippolyte,
Si ton bonheur n'est pas égal à ton mérite.
HIPPOLYTE.
Qu'aurai-je cependant pour satisfaction
D'avoir servi d'objet à votre fiction?
Dans votre différend je suis la plus blessée,
Et me trouve, à l'accord, entièrement laissée.
CÉLIDÉE.
N'y songe plus, de grâce; et, pour l'amour de moi,
Trouve bon qu'il ait feint de vivre sous ta loi.
Veux-tu le quereller lorsque je lui pardonne?
Le droit de l'amitié tout autrement ordonne.
Tout prêts d'être assemblés d'un lien conjugal,
Tu ne le peux haïr sans me vouloir du mal.
J'ai feint par ton conseil; lui, par celui d'un autre,
Et bien qu'amour jamais ne fût égal au nôtre,
Je m'étonne comment cette confusion
Laisse finir si tôt notre division.
HIPPOLYTE.
De sorte qu'à présent le ciel y remédie?
CÉLIDÉE.
Tu vois; mais après tout, s'il faut que je le die*,
Ton conseil est fort bon, mais un peu dangereux.
HIPPOLYTE.
Excuse, chère amie, un esprit amoureux.
Lysandre me plaisait, et tout mon artifice

N'allait qu'à détourner son cœur de ton service.
J'ai fait ce que j'ai pu pour brouiller vos esprits;
J'ai, pour me l'attirer, pratiqué tes mépris;
Mais puisque ainsi le ciel rejoint votre hyménée...
DORIMANT.
Votre rigueur vers moi doit être terminée.
Sans chercher de raisons pour vous persuader,
Votre amour hors d'espoir fait qu'il me faut céder;
Vous savez trop à quoi la parole vous lie.
HIPPOLYTE.
A vous dire le vrai, j'ai fait une folie :
Je les croyais encor loin de se réunir,
Et moi, par conséquent, loin de vous la tenir.
DORIMANT.
Auriez-vous, pour la rompre, une âme assez légère?
HIPPOLYTE.
Puisque je l'ai promis, vous pouvez voir ma mère.
LYSANDRE.
Si tu juges Pleirante à cela suffisant,
Je crois qu'eux deux ensemble en parlent à présent.
DORIMANT.
Après cette faveur qu'on me vient de promettre,
Je crois que mes devoirs ne se peuvent remettre :
J'espère tout de lui; mais, pour un bien si doux,
Je ne saurais...
LYSANDRE.
Arrête; ils s'avancent vers nous.

SCÈNE VIII

PLEIRANTE, CHRYSANTE, LYSANDRE,
DORIMANT, CÉLIDÉE, HIPPOLYTE, FLORICE.

DORIMANT, à Chrysante.
Madame, un pauvre amant, captif de cette belle,
Implore le pouvoir que vous avez sur elle;
Tenant ses volontés, vous gouvernez mon sort.
J'attends de votre bouche ou la vie ou la mort.
CHRYSANTE, à Dorimant.
Un homme tel que vous, et de votre naissance,
Ne peut avoir besoin d'implorer ma puissance.
Si vous avez gagné ses inclinations,
Soyez sûr du succès de vos affections :
Mais je ne suis pas femme à forcer son courage;
Je sais ce que la force est en un mariage.
Il me souvient encor de tous mes déplaisirs
Lorsqu'un premier hymen contraignit mes désirs;

Et, sage à mes dépens, je veux bien qu'Hippolyte
Prenne ou laisse, à son choix, un homme de mérite.
Ainsi présumez tout de mon consentement,
Mais ne prétendez rien de mon commandement.
DORIMANT, à Hippolyte.
Après un tel aveu serez-vous inhumaine?
HIPPOLYTE, à Chrysante.
Madame, un mot de vous me mettrait hors de peine.
Ce que vous remettez à mon choix d'accorder,
Vous feriez beaucoup mieux de me le commander.
PLEIRANTE, à Chrysante.
Elle vous montre assez où son désir se porte.
CHRYSANTE.
Puisqu'elle s'y résout, le reste ne m'importe.
DORIMANT.
Ce favorable mot me rend le plus heureux
De tout ce que jamais on a vu d'amoureux.
LYSANDRE.
J'en sens croître la joie au milieu de mon âme,
Comme si de nouveau l'on acceptait ma flamme.
HIPPOLYTE, à Lysandre.
Ferez-vous donc enfin quelque chose pour moi?
LYSANDRE.
Tout, hormis ce seul point, de lui manquer de foi.
HIPPOLYTE.
Pardonnez donc à ceux qui, gagnés par Florice,
Lorsque je vous aimais, m'ont fait quelque service.
LYSANDRE.
Je vous entends assez; soit. Aronte impuni
Pour ses mauvais conseils ne sera point banni;
Tu le souffriras bien, puisqu'elle m'en supplie.
CÉLIDÉE.
Il n'est rien que pour elle et pour toi je n'oublie.
PLEIRANTE.
Attendant que demain ces deux couples d'amants
Soient mis au plus haut point de leurs contentements,
Allons chez moi, madame, achever la journée.
CHRYSANTE.
Mon cœur est tout ravi de ce double hyménée.
FLORICE.
Mais, afin que la joie en soit égale à tous,
(montrant Pleirante.)
Faites encor celui de monsieur et de vous.
CHRYSANTE.
Outre l'âge* en tous deux un peu trop refroidie,
Cela sentirait trop sa fin de comédie.

EXAMEN DE LA GALERIE DU PALAIS

Ce titre serait tout à fait irrégulier, puisqu'il n'est fondé que sur le spectacle du premier acte, où commence l'amour de Dorimant pour Hippolyte, s'il n'était autorisé par l'exemple des anciens, qui étaient sans doute encore bien plus licencieux*, quand ils ne donnaient à leurs tragédies que le nom des chœurs qui n'étaient que témoins de l'action, comme les *Trachiniennes* et les *Phéniciennes*. L'*Ajax* même de Sophocle ne porte pas pour titre *la Mort d'Ajax*, qui est sa principale action, mais *Ajax porte-fouet*, qui n'est que l'action du premier acte. Je ne parle point des *Nuées*, des *Guêpes* et des *Grenouilles* d'Aristophane; ceci doit suffire pour montrer que les Grecs, nos premiers maîtres, ne s'attachaient point à la principale action pour en faire porter le nom à leurs ouvrages, et qu'ils ne gardaient aucune règle sur cet article. J'ai donc pris ce titre de *la Galerie du Palais*, parce que la promesse de ce spectacle extraordinaire et agréable pour sa naïveté, devait exciter vraisemblablement la curiosité des auditeurs; et ç'a été pour leur plaire plus d'une fois, que j'ai fait paraître ce même spectacle à la fin du quatrième acte, où il est entièrement inutile, et n'est renoué avec celui du premier que par des valets qui viennent prendre dans les boutiques ce que leurs maîtres y avaient acheté, ou voir si les marchands ont reçu les nippes qu'ils attendaient. Cette espèce de renouement lui était nécessaire, afin qu'il eût quelque liaison qui lui fit trouver sa place, et qu'il ne fût pas tout à fait hors d'œuvre. La rencontre que j'y fais faire d'Aronte et de Florice est ce qui le fixe particulièrement en ce lieu-là; et sans cet incident, il eût été aussi propre à la fin du second ou du troisième, qu'en la place qu'il occupe. Sans cet agrément la pièce aurait été très-régulière pour l'unité de lieu et la liaison des scènes, qui n'est interrompue que par là. Célidée et Hippolyte sont deux voisines dont les demeures ne sont séparées que par le travers d'une rue, et ne sont pas d'une condition trop élevée pour souffrir que leurs amants les entretiennent à leur porte. Il est vrai que ce qu'elles y disent serait mieux dit dans une chambre ou dans une salle, et même ce n'est que pour se faire voir aux spectateurs qu'elles quittent cette porte où elles devraient être retranchées, et viennent parler au milieu de la scène; mais c'est un accommodement de théâtre qu'il faut souffrir pour trouver cette rigoureuse unité de lieu qu'exigent les grands réguliers. Il sort un peu de l'exacte vraisemblance et de la bienséance même; mais il est presque impossible d'en user autrement; et les spectateurs y sont si accoutumés, qu'ils n'y trouvent rien qui les blesse. Les anciens, sur les exemples desquels on a formé les règles, se donnaient cette liberté; ils choisissaient pour le lieu de leurs comédies, et même de leurs tragédies, une place publique; mais je m'assure qu'à les bien examiner, il y a plus de la moitié de ce qu'ils font dire qui serait mieux dit dans la maison qu'en cette place. Je n'en produirai qu'un exemple, sur qui le lecteur en pourra trouver d'autres.

L'*Andrienne* de Térence commence par le vieillard Simon, qui revient du marché avec des valets chargés de ce qu'il vient d'acheter pour les noces de son fils; il leur commande d'entrer dans sa maison avec leur charge, et retient avec lui Sosie, pour lui apprendre que ces noces ne sont que des noces feintes, à dessein de voir ce qu'en dira son fils, qu'il croit engagé dans une autre affection dont il lui conte l'histoire. Je ne pense pas qu'aucun me dénie qu'il serait mieux dans sa salle à lui faire confidence de ce secret que dans une rue. Dans la seconde scène, il menace Davus de le maltraiter, s'il fait aucune fourbe* pour troubler ses noces : il le menacerait plus à propos dans sa maison qu'en public ; et la seule raison qui le fait parler devant son logis, c'est afin que ce Davus, demeuré seul, puisse voir Mysis sortir de chez Glycère, et qu'il se fasse une liaison d'œil entre ces deux scènes ; ce qui ne regarde pas l'action présente de cette première, qui se passerait mieux dans la maison, mais une action future qu'ils ne prévoient point, et qui est plutôt du dessein du poëte, qui force un peu la vraisemblance pour observer les règles de son art, que du choix des acteurs qui ont à parler, et qui ne seraient pas où les met le poëte, s'il n'était question que de dire ce qu'il leur fait dire. Je laisse aux curieux à examiner le reste de cette comédie de Térence ; et je veux croire qu'à moins que d'avoir l'esprit fort préoccupé d'un sentiment contraire, ils demeureront d'accord de ce que je dis.

Quant à la durée de cette pièce, elle est dans le même ordre que la précédente, c'est-à-dire dans cinq jours consécutifs. Le style en est plus fort et plus dégagé des pointes dont j'ai parlé, qui s'y trouveront assez rares. Le personnage de nourrice, qui est de la vieille comédie, et que le manque d'actrices sur nos théâtres y avait conservé jusqu'alors, afin qu'un homme le pût représenter sous le masque, se trouve ici métamorphosé en celui de suivante, qu'une femme représente sur son visage. Le caractère des deux amantes a quelque chose de choquant, en ce qu'elles sont toutes deux amoureuses d'hommes qui ne le sont point d'elles, et Célidée particulièrement s'emporte jusqu'à s'offrir elle-même. On la pourrait excuser sur le violent dépit qu'elle a de s'être vue méprisée par son amant, qui, en sa présence même, a conté des fleurettes à une autre ; et j'aurais de plus à dire que nous ne mettons pas sur la scène des personnages si parfaits, qu'ils ne soient sujets à des défauts et aux faiblesses qu'impriment les passions ; mais je veux bien avouer que cela va trop avant, et passe trop la bienséance et la modestie du sexe, bien qu'absolument il ne soit pas condamnable. En récompense, le cinquième acte est moins traînant que celui des précédentes, et conclut deux mariages sans laisser aucun mécontent ; ce qui n'arrive pas dans celles-là.

FIN DE LA GALERIE DU PALAIS.

LA SUIVANTE

COMÉDIE — 1634

ÉPITRE

Monsieur,

Je vous présente une comédie qui n'a pas été également aimée de toutes sortes d'esprits; beaucoup et de fort bons n'en ont pas fait grand état, et beaucoup d'autres l'ont mise au-dessus du reste des miennes. Pour moi, je laisse dire tout le monde, et fais mon profit des bons avis, de quelque part que je les reçoive. Je traite toujours mon sujet le moins mal qu'il m'est possible; et après y avoir corrigé ce qu'on m'y fait connaître d'inexcusable, je l'abandonne au public. Si je ne fais bien, qu'un autre fasse mieux; je ferai des vers à sa louange, au lieu de la censurer. Chacun a sa méthode; je ne blâme point celle des autres, et me tiens à la mienne: jusqu'à présent je m'en suis trouvé fort bien; j'en chercherai une meilleure quand je commencerai à m'en trouver mal. Ceux qui se font presser à la représentation de mes ouvrages m'obligent infiniment; ceux qui ne les approuvent pas peuvent se dispenser d'y venir gagner la migraine; ils épargneront de l'argent, et me feront plaisir. Les jugements sont libres en ces matières, et les goûts divers. J'ai vu des personnes de fort bon sens admirer des endroits sur qui j'aurais passé l'éponge, et j'en connais dont les poëmes réussissent au théâtre avec éclat, et qui, pour principaux ornements, y emploient des choses que j'évite dans les miens. Ils pensent avoir raison, et moi aussi: qui d'eux ou de moi se trompe? c'est ce qui n'est pas aisé à juger. Chez les philosophes, tout ce qui n'est point de la foi ni des principes est disputable: et souvent ils soutiendront, à votre choix, le pour et le contre d'une même proposition: marques certaines de l'excellence de l'esprit humain, qui trouve des raisons à défendre tout; ou plutôt de sa faiblesse, qui n'en peut trouver de convaincantes, ni qui ne puissent être combattues et détruites par de contraires. Ainsi ce n'est pas merveille, si les critiques donnent de mauvaises interprétations à nos vers, et de mauvaises faces à nos personnages. « Qu'on me donne, dit M. de « Montaigne, au chapitre XXXVI du premier livre, l'action la plus « excellente et pure, je m'en vais y fournir vraisemblablement cin- « quante vicieuses intentions. » C'est au lecteur désintéressé à prendre la médaille par le beau revers. Comme il nous a quelque obligation d'avoir travaillé à le divertir, j'ose dire que, pour reconnaissance, il nous doit un peu de faveur, et qu'il commet une espèce d'ingratitude, s'il ne se montre plus ingénieux à nous défendre qu'à nous condamner, et s'il n'applique la subtilité de son esprit plutôt à colorer et justifier en quelque sorte nos véritables défauts, qu'à en trouver où il n'y en a point. Nous pardonnons beaucoup de choses aux anciens; nous admirons quelquefois dans leurs écrits ce que nous ne souffririons pas dans les nôtres; nous faisons des mystères de leurs imperfections, et couvrons leurs fautes du nom de licences poétiques. Le docte Scaliger a remarqué des taches dans tous les latins, et de moins savants que lui en remarqueraient bien dans les grecs, et dans son Virgile même, à qui il dresse des autels sur le mépris des autres. Je vous laisse donc à penser qu'à notre présomption ne serait pas ridicule, de prétendre qu'une exacte censure ne pût mordre sur nos ouvrages, puisque ceux de ces grands génies de l'antiquité ne se peuvent pas soutenir contre un rigoureux examen. Je ne me suis jamais imaginé avoir rien mis au jour de parfait, je n'espère pas même y pouvoir jamais arriver; je fais néanmoins mon possible pour en approcher, et les plus beaux succès des autres ne produisent en moi qu'une vertueuse émulation, qui me fait redoubler mes efforts, afin d'en avoir de pareils:

Je vois d'un œil égal croître le nom d'autrui,
Et tâche à m'élever aussi haut comme lui,
Sans hasarder ma peine à le faire descendre.
La gloire a des trésors qu'on ne peut épuiser;
Et plus elle en prodigue à nous favoriser,
Plus elle en garde encore où chacun peut prétendre.

Pour venir à cette *Suivante* que je vous dédie, elle est d'un genre qui demande plutôt un style naïf que pompeux. Les fourbes* et les intrigues sont principalement du jeu de la comédie; les passions n'y entrent que par accident. Les règles des anciens sont assez religieusement observées en celle-ci. Il n'y a qu'une action principale à qui toutes les autres aboutissent; son lieu n'a point plus d'étendue que celle du théâtre, et le temps n'en est point plus long que celui de la représentation, si vous en exceptez l'heure du dîner, qui se passe entre le premier et le second acte. La liaison même des scènes, qui n'est qu'un embellissement, et non pas un précepte, y est gardée; et si vous prenez la peine de compter les vers, vous n'en trouverez pas en un acte plus qu'en l'autre. Ce n'est pas que je me sois assujetti depuis aux mêmes rigueurs. J'aime à suivre les règles; mais, loin de me rendre leur esclave, je les élargis et resserre selon le besoin qu'en a mon sujet, et je romps même sans scrupule celle qui regarde la durée de l'action, quand sa sévérité me semble absolument incompatible avec les beautés des événements que je décris. Savoir les règles, et entendre le secret de les apprivoiser adroitement avec notre théâtre, ce sont deux sciences bien différentes; et peut-être pour faire maintenant réussir une pièce, ce n'est pas assez d'avoir étudié dans les livres d'Aristote et d'Horace. J'espère un jour traiter ces matières plus à fond, et montrer de quelle espèce est la vraisemblance qu'ont suivie ces grands maîtres des autres siècles, en faisant parler des bêtes et des choses qui n'ont point de corps. Cependant mon avis est celui de Térence. Puisque nous faisons des poëmes pour être représentés, notre premier but doit être de plaire à la cour et au peuple, et d'attirer un grand monde à leurs représentations. Il faut, s'il se peut, y ajouter les règles, afin de ne déplaire pas aux savants, et recevoir un applaudissement universel; mais surtout gagnons la voix publique; autrement notre pièce aura beau être régulière, si elle est sifflée au théâtre, les savants n'oseront se déclarer en notre faveur, et aimeront mieux dire que nous aurons mal entendu les règles, que de nous donner des louanges quand nous serons décriés par le consentement général de ceux qui ne voient la comédie que pour se divertir.

Je suis, Monsieur, votre très-humble serviteur,

CORNEILLE.

PERSONNAGES.

GÉRASTE, père de Daphnis.
POLÉMON, oncle de Clarimond.
CLARIMOND, amoureux de Daphnis.
FLORAME, amant de Daphnis.
THÉANTE, aussi amoureux de Daphnis.

PERSONNAGES.

DAMON, ami de Florame et de Théante.
DAPHNIS, maîtresse de Florame, aimée de Clarimond et de Théante.
AMARANTE, suivante de Daphnis.
CÉLIE, voisine de Géraste et sa confidente.
CLÉON, domestique de Damon.

La scène est à Paris.

ACTE PREMIER

SCÈNE I

DAMON, THÉANTE.

DAMON.

Ami, j'ai beau rêver, toute ma rêverie
Ne me fait rien comprendre en ta galanterie.
Auprès de ta maîtresse engager un ami,
C'est, à mon jugement, ne l'aimer qu'à demi.
Ton humeur qui s'en lasse au changement l'invite ;
Et n'osant la quitter, tu veux qu'elle te quitte.

THÉANTE.

Ami, n'y rêve plus ; c'est en juger trop bien
Pour t'oser plaindre encor de n'y comprendre rien.
Quelques puissants appas que possède Amarante,
Je trouve qu'après tout ce n'est qu'une suivante ;
Et je ne puis songer à sa condition
Que mon amour ne cède à mon ambition.
Ainsi, malgré l'ardeur qui pour elle me presse,
A la fin j'ai levé les yeux sur sa maîtresse,
Où mon dessein, plus haut et plus laborieux,
Se promet des succès beaucoup plus glorieux.
Mais lors, soit qu'Amarante eût pour moi quelque
 [flamme,
Soit qu'elle pénétrât jusqu'au fond de mon âme,
Et que, malicieuse, elle prît du plaisir
A rompre les effets de mon nouveau désir,
Elle savait toujours m'arrêter auprès d'elle
A tenir des propos d'une suite éternelle.
L'ardeur qui me brûlait de parler à Daphnis
Me fournissait en vain des détours infinis ;
Elle usait de ses droits, et toute impérieuse,
D'une voix demi-gaie et demi-sérieuse,
« Quand j'ai des serviteurs, c'est pour m'entretenir,
« Disait-elle ; autrement, je les sais bien punir,
« Leurs devoirs près de moi n'ont rien qui les excuse. »

DAMON.

Maintenant je devine à peu près une ruse
Que tout autre en ta place à peine entreprendrait.

THÉANTE.

Écoute, et tu verras si je suis maladroit.
Tu sais comme Florame à tous les beaux visages
Fait par civilité toujours de feints hommages,
Et sans avoir d'amour, offrant partout des vœux,
Traite de peu d'esprit les véritables feux.
Un jour qu'il se vantait de cette humeur étrange,
A qui chaque objet plaît, et que pas un ne range,
Et reprochait à tous que leur peu de beauté
Lui laissait si longtemps garder sa liberté :
« Florame, dis-je alors, ton âme indifférente
« Ne tiendrait que fort peu contre mon Amarante. »
« Théante, me dit-il, il faudrait l'éprouver ;
« Mais l'éprouvant, peut-être on te ferait rêver :
« Mon feu, qui ne serait que pure courtoisie,
« La remplirait d'amour, et toi de jalousie. »
Je réplique, il repart, et nous tombons d'accord
Qu'au hasard du succès il y ferait effort.
Ainsi je l'introduis ; et par ce tour d'adresse,
Qui me fait pour un temps lui céder ma maîtresse,
Engageant Amarante et Florame au discours,
J'entretiens à loisir mes nouvelles amours.

DAMON.

Fut-elle, sur ce point, ou fâcheuse, ou facile?

THÉANTE.

Plus que je n'espérais je l'y trouvai docile ;
Soit que je lui donnasse une fort douce loi,
Et qu'il fût à ses yeux plus aimable que moi ;
Soit qu'elle fît dessein sur ce fameux rebelle,
Qu'une simple gageure attachait auprès d'elle,
Elle perdit pour moi son importunité,
Et n'en demanda plus tant d'assiduité.
La douceur d'être seule à gouverner Florame
Ne souffrit plus chez elle aucun soin de ma flamme,
Et ce qu'elle goûtait avec lui de plaisirs
Lui fit abandonner mon âme à mes désirs.

DAMON.

On t'abuse, Théante ; il faut que je te die
Que Florame est atteint de même maladie,
Qu'il roule en son esprit mêmes desseins que toi,
Et que c'est à Daphnis qu'il veut donner sa foi.
A servir Amarante il met beaucoup d'étude ;
Mais ce n'est qu'un prétexte à faire une habitude :
Il accoutume ainsi ta Daphnis à le voir,
Et ménage un accès qu'il ne pouvait avoir.
Sa richesse l'attire, et sa beauté le blesse ;
Elle le passe en biens, il l'égale en noblesse,
Et cherche, ambitieux, par sa possession,
A relever l'éclat de son extraction.
Il a peu de fortune, et beaucoup de courage ;
Et hors cette espérance, il hait le mariage.
C'est ce que l'autre jour en secret il m'apprit ;
Tu peux, sur cet avis, lire dans son esprit.
Parmi ses hauts projets il manque de prudence,
Puisqu'il traite avec toi de telle confidence.

DAMON.

Crois qu'il m'éprouvera fidèle au dernier point,
Lorsque ton intérêt ne s'y mêlera point.

THÉANTE.

Je dois l'attendre ici. Quitte-moi, je te prie,
De peur qu'il n'ait soupçon de ta supercherie.

DAMON.

Adieu. Je suis à toi.

SCÈNE II

THÉANTE.

Par quel malheur fatal
Ai-je donné moi-même entrée à mon rival?
De quelque trait rusé que mon esprit se vante,
Je me trompe moi-même en trompant Amarante,
Et choisis un ami qui ne veut que m'ôter
Ce que par lui je tâche à me faciliter.

Qu'importe toutefois qu'il brûle et qu'il soupire ?
Je sais trop comme il faut l'empêcher d'en rien dire.
Amarante l'arrête, et j'arrête Daphnis :
Ainsi tous entretiens d'entre eux deux sont bannis :
Et tant d'heur* se rencontre en ma sage conduite,
Qu'au langage des yeux son amour est réduite.
Mais n'est-ce pas assez pour se communiquer ?
Que faut-il aux amants de plus pour s'expliquer ?
Même ceux de Daphnis à tous coups lui répondent :
L'un dans l'autre, à tous coups, leurs regards se
[confondent ;
Et, d'un commun aveu, ces muets truchements*
Ne se disent que trop leurs amoureux tourments.
 Quelles vaines frayeurs troublent ma fantaisie !
Que l'amour aisément penche à la jalousie !
Qu'on croit tôt ce qu'on craint en ces perplexités,
Où les moindres soupçons passent pour vérités !
Daphnis est tout aimable ; et si Florame l'aime,
Dois-je m'imaginer qu'il soit aimé de même ?
Florame avec raison adore tant d'appas,
Et Daphnis sans raison s'abaisserait trop bas.
Ce feu, si juste en l'un, en l'autre inexcusable,
Rendrait l'un glorieux, et l'autre méprisable.
 Simple ! l'amour peut-il écouter la raison ?
Et même ces raisons sont-elles de saison ?
Si Daphnis doit rougir en brûlant pour Florame,
Qui l'en affranchirait en secondant ma flamme ?
Étant tous deux égaux, il faut bien que nos feux
Lui fassent même honte, ou même honneur tous
[deux :
Ou tous deux nous formons un dessein téméraire,
Ou nous avons tous deux même droit de lui plaire.
Si l'espoir m'est permis, il y peut aspirer ;
Et s'il prétend trop haut, je dois désespérer.
Mais le voici venir.

SCÈNE III

THÉANTE, FLORAME.

THÉANTE.
 Tu me fais bien attendre.
FLORAME.
Encore est-ce à regret qu'ici je viens me rendre,
Et comme un criminel qu'on traîne à sa prison.
THÉANTE.
Tu ne fais qu'en raillant cette comparaison.
FLORAME.
Elle n'est que trop vraie.
THÉANTE.
 Et ton indifférence ?
FLORAME.
La conserver encor ! le moyen ? l'apparence ?
Je m'étais plu toujours d'aimer en mille lieux :
Voyant une beauté, mon cœur suivait mes yeux ;
Mais de quelques attraits que le ciel l'eût pourvue,
J'en perdais la mémoire aussitôt que la vue ;
Et bien que mes discours lui donnassent ma foi,
De retour au logis, je me trouvais à moi.

Cette façon d'aimer me semblait fort commode ;
Et maintenant encor je vivrais à ma mode :
Mais l'objet d'Amarante est trop embarrassant ;
Ce n'est point un visage à ne voir qu'en passant ;
Un je ne sais quel charme auprès d'elle m'attache
Je ne la puis quitter que le jour ne se cache ;
Même alors, malgré moi, son image me suit,
Et me vient au lieu d'elle entretenir la nuit.
Le sommeil n'oserait me peindre une autre idée ;
J'en ai l'esprit rempli, j'en ai l'âme obsédée.
Théante, ou permets-moi de n'en plus approcher,
Ou songe que mon cœur n'est pas fait d'un rocher ;
Tant de charmes enfin me rendraient infidèle.
THÉANTE.
Deviens-le, si tu veux, je suis assuré d'elle ;
Et quand il te faudra tout de bon l'adorer,
Je prendrai du plaisir à te voir soupirer,
Tandis que pour tout fruit tu porteras la peine
D'avoir tant persisté dans une humeur si vaine.
Quand tu ne pourras plus te priver de la voir,
C'est alors que je veux t'en ôter le pouvoir ;
Et j'attends de pied ferme à reprendre ma place,
Qu'il ne soit plus en toi de retrouver ta glace.
Tu te défends encore, et n'en tiens qu'à demi.
FLORAME.
Cruel, est-ce là donc me traiter en ami ?
Garde, pour châtiment de cet injuste outrage,
Qu'Amarante pour toi ne change de courage,
Et se rendant sensible à l'ardeur de mes vœux...
THÉANTE.
A cela près, poursuis ; gagne-la si tu peux :
Je ne m'en prendrai lors qu'à ma seule imprudence ;
Et demeurant ensemble en bonne intelligence,
En dépit du malheur que j'aurai mérité,
J'aimerai le rival qui m'aura supplanté.
FLORAME.
Ami, qu'il vaut bien mieux ne tomber point en peine
De faire à tes dépens cette épreuve incertaine ?
Je me confesse pris, je quitte, j'ai perdu :
Que veux-tu plus de moi ? Reprends ce qui t'est dû.
Séparer plus longtemps une amour si parfaite !
Continuer encor la faute que j'ai faite !
Elle n'est que trop grande, et pour la réparer,
J'empêcherai Daphnis de vous plus séparer.
Pour peu qu'à mes discours je la trouve accessible,
Vous jouirez vous deux d'un entretien paisible ;
Je saurai l'amuser, et vos feux redoublés
Par son fâcheux abord ne seront plus troublés.
THÉANTE.
Ce serait prendre un soin qui n'est pas nécessaire.
Daphnis sait d'elle-même assez bien se distraire ;
Et jamais son abord ne trouble nos plaisirs,
Tant elle est complaisante à nos chastes désirs.

8

SCÈNE IV

AMARANTE, FLORAME, THÉANTE.

THÉANTE, à *Amarante*.

Déploie, il en est temps tes meilleurs artifices,
Sans mettre toutefois en oubli mes services.
Je t'amène un captif qui te veut échapper.

AMARANTE.

J'en ai vu d'échappés que j'ai su rattraper.

THÉANTE.

Vois qu'en sa liberté ta gloire se hasarde.

AMARANTE.

Allez, laissez-le-moi, j'en ferai bonne garde.
Daphnis est au jardin.

FLORAME.

Sans plus vous désunir,
Souffre qu'au lieu de toi je l'aille entretenir.

SCÈNE V

AMARANTE, FLORAME.

AMARANTE.

Laissez, mon cavalier, laissez aller Théante :
Il porte assez au cœur le portrait d'Amarante;
Je n'appréhende point qu'on l'en puisse effacer :
C'est au vôtre à présent que je le veux tracer;
Et la difficulté d'une telle victoire
M'en augmente l'ardeur comme elle en croît la gloire.

FLORAME.

Aurez-vous quelque gloire à me faire souffrir?

AMARANTE.

Plus que de tous les vœux qu'on me pourrait offrir.

FLORAME.

Vous plaisez-vous à ceux d'une âme si contrainte,
Qu'une vieille amitié retient toujours en crainte?

AMARANTE.

Vous n'êtes pas encore au point où je vous veux :
Et toute amitié meurt où naissent de vrais feux.

FLORAME.

De vrai, contre ses droits mon esprit se rebelle* :
Mais feriez-vous état d'un amant infidèle?

AMARANTE.

Je ne prendrai jamais pour un manque de foi
D'oublier un ami pour se donner à moi.

FLORAME.

Encor si je pouvais former quelque espérance
De vous voir favorable à ma persévérance,
Que vous pussiez m'aimer après tant de tourment,
Et d'un mauvais ami faire un heureux amant!
Mais, hélas! je vous sers, je vis sous votre empire,
Et je ne puis prétendre où mon désir aspire.
Théante! (ah, nom fatal pour me combler d'ennui!)
Vous demandez mon cœur, et le vôtre est à lui!
Souffrez qu'en autre lieu j'adresse mes services,
Que du manque d'espoir j'évite les supplices,
Qui ne peut rien prétendre a droit d'abandonner.

AMARANTE.

S'il ne tient qu'à l'espoir, je vous en veux donner.
Apprenez que chez moi c'est un faible avantage
De m'avoir de ses vœux le premier fait hommage :
Le mérite y fait tout; et tel plaît à mes yeux,
Que je négligerais près de qui vaudrait mieux.
Lui seul de mes amants règle la différence,
Sans que le temps leur donne aucune préférence.

FLORAME.

Vous ne flattez mes sens que pour m'embarrasser.

AMARANTE.

Peut-être; mais enfin il faut le confesser,
Vous vous trouveriez mieux auprès de ma maîtresse.

FLORAME.

Ne pensez pas...

AMARANTE.

Non, non, c'est là ce qui vous presse.
Allons dans le jardin ensemble la chercher.
(à part.)
Que j'ai su dextrement* à ses yeux la cacher!

SCÈNE VI

DAPHNIS, THÉANTE.

DAPHNIS.

Voyez comme tous deux ont fui notre rencontre!
Je vous l'ai déjà dit, et l'effet vous le montre :
Vous perdez Amarante, et cet ami fardé*
Se saisit finement d'un bien si mal gardé :
Vous devez vous lasser de tant de patience,
Et votre sûreté n'est qu'en la défiance.

THÉANTE.

Je connais Amarante, et ma facilité
Établit mon repos sur sa fidélité :
Elle rit de Florame et de ses flatteries,
Qui ne sont après tout que des galanteries.

DAPHNIS.

Amarante, de vrai, n'aime pas à changer;
Mais votre peu de soin l'y pourrait engager.
On néglige aisément un homme qui néglige.
Son naturel est vain; et qui la sert l'oblige :
D'ailleurs les nouveautés ont de puissants appas.
Théante, croyez-moi, ne vous y fiez pas.
J'ai su me faire jour jusqu'au fond de son âme,
Où j'ai peu remarqué de sa première flamme;
Et s'il tournait la feinte en véritable amour,
Elle serait bien fille à vous jouer d'un tour.
Mais afin que l'issue en soit pour vous meilleure,
Laissez-moi ce causeur à gouverner une heure;
J'ai tant de passion pour tous vos intérêts,
Que j'en saurai bientôt pénétrer les secrets.

THÉANTE.

C'est un trop bas emploi pour de si hauts mérites;
Et quand elle aimerait à souffrir ses visites,
Quand elle aurait pour lui quelque inclination,
Vous m'en verriez toujours sans appréhension.
Qu'il se mette à loisir, s'il peut, dans son courage;
Un moment de ma vue en efface l'image.

Nous nous ressemblons mal; et pour ce changement,
Elle a de trop bons yeux et trop de jugement.
                    DAPHNIS.
Vous le méprisez trop : je trouve en lui des charmes
Qui vous devraient du moins donner quelques alar-
Clarimond n'a de moi que haine et que rigueur; [mes.
Mais s'il lui ressemblait, il gagnerait mon cœur.
                    THÉANTE.
Vous en parlez ainsi, faute de le connaître.
                    DAPHNIS.
J'en parle et juge ainsi sur ce qu'on voit paraître.
                    THÉANTE.
Quoi qu'il en soit, l'honneur de vous entretenir...
                    DAPHNIS.
Brisons là ce discours; je l'aperçois venir.
Amarante, ce semble, en est fort satisfaite.

SCÈNE VII

DAPHNIS, FLORAME, THÉANTE, AMARANTE.

                    THÉANTE.
Je t'attendais, ami, pour faire la retraite.
L'heure du dîner presse, et nous incommodons
Celles qu'en nos discours ici nous retardons.
                    DAPHNIS.
Il n'est pas encor tard.
                    THÉANTE.
                    Nous ferions conscience*
D'abuser plus longtemps de votre patience.
                    FLORAME.
Madame, excusez donc cette incivilité,
Dont l'heure nous impose une nécessité.
                    DAPHNIS.
Sa force vous excuse, et je lis dans votre âme
Qu'à regret vous quittez l'objet de votre flamme.

SCÈNE VIII

DAPHNIS, AMARANTE.

                    DAPHNIS.
Cette assiduité de Florame avec vous
A la fin a rendu Théante un peu jaloux.
Aussi de vous y voir tous les jours attachée,
Quelle puissante amour n'en serait point touchée?
Je viens d'examiner son esprit en passant;
Mais vous ne croiriez pas l'ennui qu'il en ressent.
Vous y devez pourvoir; et, si vous êtes sage,
Il faut à cet ami faire mauvais visage,
Lui fausser compagnie, éviter ses discours :
Ce sont pour l'apaiser les chemins les plus courts;
Sinon, faites état qu'il va courir au change*.
                    AMARANTE.
Il serait, en ce cas, d'une humeur bien étrange.
A sa prière seule, et pour le contenter,
J'écoute cet ami quand il m'en vient conter;
Et, pour vous dire tout, cet amant infidèle
Ne m'aime pas assez pour en être en cervelle*.

Il forme des desseins beaucoup plus relevés,
Et de plus beaux portraits en son cœur sont gravés.
Mes yeux pour l'asservir ont de trop faibles armes;
Il voudrait, pour m'aimer, que j'eusse d'autres char-
                                            [mes;
Que l'éclat de mon sang, mieux soutenu de biens,
Ne fût point ravalé par le rang que je tiens;
Enfin (que servirait aussi bien de le taire?)
Sa vanité le porte au souci de vous plaire.
                    DAPHNIS.
En ce cas, il verra que je sais comme il faut
Punir des insolents qui prétendent trop haut.
                    AMARANTE.   [flamme,
Je lui veux quelque bien, puisque, changeant de
Vous voyez, par pitié, qu'il me laisse Florame,
Qui, n'étant pas si vain, a plus de fermeté.
                    DAPHNIS.
Amarante, après tout, disons la vérité :
Théante n'est si vain qu'en votre fantaisie;
Et sa froideur pour vous naît de sa jalousie : [rien;
Mais, soit qu'il change ou non, il ne m'importe er.
Et ce que je vous dis n'est que pour votre bien.

SCÈNE IX

AMARANTE.

Pour peu savant qu'on soit aux mouvements de l'âme,
On devine aisément qu'elle en veut à Florame.
Sa fermeté pour moi, que je vantais à faux,
Lui portait dans l'esprit de terribles assauts.
Sa surprise à ce mot a paru manifeste,
Son teint en a changé, sa parole, son geste :
L'entretien que j'en ai lui semblerait bien doux;
Et je crois que Théante en est le moins jaloux.
Ce n'est pas d'aujourd'hui que je m'en suis doutée.
Être toujours des yeux sur un homme arrêtée,
Dans son manque de biens déplorer son malheur,
Juger à sa façon qu'il a de la valeur,
Demander si l'esprit en répond à la mine,
Tout cela de ses feux eût instruit la moins fine.
Florame en est de même, il meurt de lui parler;
Et s'il peut d'avec moi jamais se démêler,
C'en est fait, je le perds. L'impertinente crainte!
Que m'importe de perdre une amitié si feinte?
Et que me peut servir un ridicule feu,
Où jamais de son cœur sa bouche n'a l'aveu?
Je m'en veux mal en vain; l'amour a tant de force
Qu'il attache mes sens à cette fausse amorce,
Et fera son possible à toujours conserver
Ce doux extérieur dont on me veut priver.

ACTE DEUXIÈME

SCÈNE I
GÉRASTE, CÉLIE.

CÉLIE.
Eh bien, j'en parlerai ; mais songez qu'à votre âge
Mille accidents fâcheux suivent le mariage.
On aime rarement de si sages époux ;
Et leur moindre malheur, c'est d'être un peu jaloux.
Convaincus au dedans de leur propre faiblesse,
Une ombre leur fait peur, une mouche les blesse ;
Et cet heureux hymen, qui les charmait si fort,
Devient souvent pour eux un fourrier* de la mort.
GÉRASTE.
Excuse, ou pour le moins pardonne à ma folie ;
Le sort en est jeté : va, ma chère Célie,
Va trouver la beauté qui me tient sous sa loi,
Flatte-la de ma part, promets-lui tout de moi :
Dis-lui que si l'amour d'un vieillard l'importune,
Elle fait une planche* à sa bonne fortune ;
Que l'excès de mes biens, à force de présents,
Répare la vigueur qui manque à mes vieux ans ;
Qu'il ne lui peut échoir de meilleure aventure.
CÉLIE.
Ne m'importunez point de votre tablature* :
Sans vos instructions, je sais bien mon métier ;
Et je n'en laisserai pas un trait à quartier*.
GÉRASTE.
Je ne suis point ingrat quand on me rend office.
Peins-lui bien mon amour, offre bien mon service,
Dis bien que mes beaux jours ne sont pas si passés
Qu'il ne me reste encor...
CÉLIE.
Que vous m'étourdissez !
N'est-ce point assez dit que votre âme est éprise ?
Que vous allez mourir, si vous n'avez Florise ?
Reposez-vous sur moi.
GÉRASTE.
Que voilà froidement
Me promettre ton aide à finir mon tourment !
CÉLIE.
S'il faut aller plus vite, allons, je vois son frère,
Et vais, tout devant vous, lui proposer l'affaire.
GÉRASTE.
Ce serait tout gâter ; arrête, et, par douceur,
Essaie auparavant d'y résoudre la sœur.

SCÈNE II
FLORAME.

Jamais ne verrai-je finie
Cette incommode affection,
Dont l'impitoyable manie
Tyrannise ma passion ?
Je feins, et je fais naître un feu si véritable,
Qu'à force d'être aimé je deviens misérable.

Toi qui m'assièges tout le jour,
Fâcheuse cause de ma peine,
Amarante, de qui l'amour
Commence à mériter ma haine,
Cesse de te donner tant de soins superflus ;
Je te voudrai du bien de ne m'en vouloir plus.

Dans une ardeur si violente,
Près de l'objet de mes désirs,
Penses-tu que je me contente
D'un regard et de deux soupirs ?
Et que je souffre encor cet injuste partage
Où tu tiens mes discours, et Daphnis mon courage ?

Si j'ai feint pour toi quelques feux,
C'est à quoi plus rien ne m'oblige :
Quand on a l'effet de ses vœux,
Ce qu'on adorait se néglige.
Je ne voulais de toi qu'un accès chez Daphnis :
Amarante, je l'ai ; mes amours sont finis.

Théante, reprends ta maîtresse ;
N'ôte plus à mes entretiens
L'unique sujet qui me blesse,
Et qui peut-être est las des tiens.
Et toi, puissant Amour, fais enfin que j'obtienne
Un peu de liberté pour lui donner la mienne

SCÈNE III
AMARANTE, FLORAME.

AMARANTE.
Que vous voilà soudain de retour en ces lieux !
FLORAME.
Vous jugerez par là du pouvoir de vos yeux.
AMARANTE.
Autre objet que mes yeux devers nous vous attire.
FLORAME.
Autre objet que vos yeux ne cause mon martyre.
AMARANTE.
Votre martyre donc est de perdre avec moi
Un temps dont vous voulez faire un meilleur emploi.

SCÈNE IV
DAPHNIS, AMARANTE, FLORAME.

DAPHNIS.
Amarante, allez voir si dans la galerie
Ils ont bientôt tendu cette tapisserie :
Ces gens-là ne font rien, si l'on n'a l'œil sur eux.
(Amarante rentre, et Daphnis continue.)
Je romps pour quelque temps le discours de vos feux.
FLORAME.
N'appelez point des feux un peu de complaisance
Que détruit votre abord, qu'éteint votre présence

DAPHNIS.
Votre amour est trop forte, et vos cœurs trop unis,
Pour l'oublier soudain à l'abord de Daphnis;
Et vos civilités, étant dans l'impossible,
Vous rendent bien flatteur, mais non pas insensible.
FLORAME.
Quoi que vous estimiez de ma civilité,
Je ne me pique point d'insensibilité.
J'aime, il n'est que trop vrai; je brûle, je soupire :
Mais un plus haut sujet me tient sous son empire.
DAPHNIS.
Le nom ne s'en dit point?
FLORAME.
Je ris de ces amants
Dont le trop de respect redouble les tourments,
Et qui, pour les cacher se faisant violence,
Se promettent beaucoup d'un timide silence.
Pour moi, j'ai toujours cru qu'un amour vertueux
N'avait point à rougir d'être présomptueux.
Je veux bien vous nommer le bel œil qui me dompte,
Et ma témérité ne me fait point de honte.
Ce rare et haut sujet...
AMARANTE, *revenant brusquement.*
Tout est presque tendu.
DAPHNIS.
Vous n'avez auprès d'eux guère de temps perdu.
AMARANTE.
J'ai vu qu'ils l'employaient, et je suis revenue.
DAPHNIS.
J'ai peur de m'enrhumer au froid qui continue.
Allez au cabinet me quérir un mouchoir :
J'en ai laissé les clefs autour de mon miroir,
Vous les trouverez là.
(*Amarante rentre, et Daphnis continue.*)
J'ai cru que cette belle
Ne pouvait à propos se nommer devant elle,
Qui, recevant par là quelque espèce d'affront,
En aurait eu soudain la rougeur sur le front.
FLORAME.
Sans affront je la quitte, et lui préfère une autre
Dont le mérite égal, le rang pareil au vôtre,
L'esprit et les attraits également puissants,
Ne devraient de ma part avoir que de l'encens :
Oui, sa perfection, comme la vôtre extrême,
N'a que vous de pareille; en un mot, c'est...
DAPHNIS.
Moi-même.
Je vois bien que c'est là que vous voulez venir,
Non tant pour m'obliger, comme pour me punir.
Ma curiosité, devenue indiscrète,
A voulu trop savoir d'une flamme secrète :
Mais, bien qu'elle en reçoive un juste châtiment,
Vous pouviez me traiter un peu plus doucement.
Sans me faire rougir, il vous devait suffire
De me taire l'objet dont vous aimez l'empire,
Mettre en sa place un nom qui ne vous touche pas,
C'est un cruel reproche au peu que j'ai d'appas.
FLORAME.
Vu le peu que je suis, vous dédaignez de croire

Une si malheureuse et si basse victoire.
Mon cœur est un captif si peu digne de vous,
Que vos yeux en voudraient désavouer leurs coups;
Ou peut-être mon sort me rend si méprisable,
Que ma témérité vous devient incroyable.
Mais, quoi que désormais il m'en puisse arriver,
Je fais serment...
AMARANTE, *revenant.*
Vos clefs ne sauraient se trouver.
DAPHNIS.
Faute d'un plus exquis, et comme par bravade,
Ceci servira donc de mouchoir de parade.
Enfin, ce cavalier que nous vîmes au bal,
Vous trouvez comme moi qu'il ne danse pas mal?
FLORAME.
Je ne le vis jamais mieux sur sa bonne mine.
DAPHNIS.
Il s'était si bien mis pour l'amour de Clarine.
(*à Amarante.*)
A propos de Clarine, il m'était échappé
Qu'elle en a deux à moi d'un nouveau point-coupé*.
Allez, et dites-lui qu'elle me les renvoie.
AMARANTE.
Il est hors d'apparence aujourd'hui qu'on la voie;
Dès une heure au plus tard elle devait sortir.
DAPHNIS.
Son cocher n'est jamais si tôt prêt à partir;
Et d'ailleurs son logis n'est pas au bout du monde;
Vous perdrez peu de pas. Quoi qu'elle vous réponde
Dites-lui nettement que je les veux avoir.
AMARANTE.
A vous les rapporter je ferai mon pouvoir.

SCÈNE V

FLORAME, DAPHNIS.

FLORAME.
C'est à vous maintenant d'ordonner mon supplice,
Sûre que sa rigueur n'aura point d'injustice.
DAPHNIS.
Vous voyez qu'Amarante a pour vous de l'amour,
Et ne manquera pas d'être tôt de retour.
Bien que je pusse encore user de ma puissance,
Il vaut mieux ménager le temps de son absence.
Donc, pour n'en perdre point en discours superflus,
Je crois que vous m'aimez; n'attendez rien de plus :
Florame, je suis fille, et je dépens d'un père.
FLORAME.
Mais de votre côté que faut-il que j'espère?
DAPHNIS.
Si ma jalouse encor vous rencontrait ici,
Ce qu'elle a de soupçons serait trop éclairci.
Laissez-moi seule, allez.
FLORAME.
Se peut-il que Florame
Souffre d'être si tôt séparé de son âme?
Oui, l'honneur d'obéir à vos commandements
Lui doit être plus cher que ses contentements.

SCÈNE VI

DAPHNIS.

Mon amour, par ses yeux plus forte devenue,
L'eut bientôt emporté dessus ma retenue ;
Et je sentais mon feu tellement s'augmenter,
Qu'il n'était plus en moi de le pouvoir dompter.
J'avais peur d'en trop dire ; et cruelle à moi-même,
Parce que j'aime trop, j'ai banni ce que j'aime.
Je me trouve captive en de si beaux liens,
Que je meurs qu'il le sache, et j'en fuis les moyens.
Quelle importune loi que cette modestie,
Par qui notre apparence en glace convertie
Étouffe dans la bouche, et nourrit dans le cœur,
Un feu dont la contrainte augmente la vigueur !
Que ce penser m'est doux ! que je t'aime, Florame !
Et que je songe peu, dans l'excès de ma flamme,
A ce qu'en nos destins contre nous irrités
Le mérite et les biens font d'inégalités !
Aussi par celle-là de bien loin tu me passes,
Et l'autre seulement est pour les âmes basses ;
Et ce penser flatteur me fait croire aisément
Que mon père sera de même sentiment.
Hélas ! c'est en effet bien flatter mon courage,
D'accommoder son sens aux désirs de mon âge ;
Il voit par d'autres yeux, et veut d'autres appas.

SCÈNE VII

AMARANTE, DAPHNIS.

AMARANTE.
Je vous l'avais bien dit qu'elle n'y serait pas.
DAPHNIS.
Que vous avez tardé pour ne trouver personne !
AMARANTE.
Ce reproche vraiment ne peut qu'il ne m'étonne,
Pour revenir plus vite, il eût fallu voler.
DAPHNIS.
Florame cependant, qui vient de s'en aller,
A la fin, malgré moi, s'est ennuyé d'attendre.
AMARANTE.
C'est chose toutefois que je ne puis comprendre.
Des hommes de mérite et d'esprit comme lui
N'ont jamais avec vous aucun sujet d'ennui ;
Votre âme généreuse a trop de courtoisie.
DAPHNIS.
Et la vôtre amoureuse un peu de jalousie.
AMARANTE.
De vrai, je goûtais mal de faire tant de tours,
Et perdais à regret ma part de ses discours.
DAPHNIS.
Aussi je me trouvais si promptement servie,
Que je me doutais bien qu'on me portait envie.
En un mot, l'aimez-vous ?
AMARANTE.
Je l'aime aucunement,
Non pas jusqu'à troubler votre contentement ;
Mais, si son entretien n'a point de quoi vous plaire,
Vous m'obligerez fort de ne m'en plus distraire.
DAPHNIS.
Mais au cas qu'il me plût ?
AMARANTE.
Il faudrait vous céder.
C'est ainsi qu'avec vous je ne puis rien garder.
Au moindre feu pour moi qu'un amant fait paraître,
Par curiosité vous le voulez connaître,
Et, quand il a goûté d'un si doux entretien,
Je puis dire dès lors que je ne tiens plus rien.
C'est ainsi que Théante a négligé ma flamme.
Encor tout de nouveau vous m'enlevez Florame.
Si vous continuez à rompre ainsi mes coups,
Je ne sais tantôt plus comment vivre avec vous.
DAPHNIS.
Sans colère, Amarante ; il semble, à vous entendre,
Qu'en même lieu que vous je voulusse prétendre.
Allez, assurez-vous que mes contentements
Ne vous déroberont aucun de vos amants ;
Et pour vous en donner la preuve plus expresse,
Voilà votre Théante, avec qui je vous laisse.

SCÈNE VIII

THÉANTE, AMARANTE.

THÉANTE.
Tu me vois sans Florame : un amoureux ennui
Assez adroitement m'a dérobé de lui.
Las de céder ma place à son discours frivole,
Et n'osant toutefois lui manquer de parole,
Je pratique un quart d'heure à mes affections.
AMARANTE.
Ma maîtresse lisait dans tes intentions.
Tu vois à ton abord comme elle a fait retraite,
De peur d'incommoder une amour si parfaite.
THÉANTE.
Je ne la saurais croire obligeante à ce point.
Ce qui la fait partir ne se dira-t-il point ?
AMARANTE.
Veux-tu que je t'en parle avec toute franchise ?
C'est la mauvaise humeur où Florame l'a mise.
THÉANTE.
Florame ?
AMARANTE.
Oui. Ce causeur voulait l'entretenir ;
Mais il aura perdu le goût d'y revenir :
Elle n'a que fort peu souffert sa compagnie,
Et l'en a chassé presque avec ignominie.
De dépit cependant ses mouvements aigris
Ne veulent aujourd'hui traiter que de mépris ;
Et l'unique raison qui fait qu'elle me quitte,
C'est l'estime où te met près d'elle ton mérite :
Elle ne voudrait pas te voir mal satisfait,
Ni rompre sur-le-champ le dessein qu'elle a fait.
THÉANTE.
J'ai regret que Florame ait reçu cette honte :
Mais enfin auprès d'elle il trouve mal son compte ?

AMARANTE.
Aussi c'est un discours ennuyeux que le sien;
Il parle incessamment sans dire jamais rien;
Et n'était que pour toi je me fais ces contraintes,
Je l'enverrais bientôt porter ailleurs ses feintes.
THÉANTE.
Et je m'assure aussi tellement en ta foi,
Que, bien que tout le jour il cajole* avec toi,
Mon esprit te conserve une amitié si pure,
Que, sans être jaloux, je le vois et l'endure.
AMARANTE.
Comment le serais-tu pour un si triste objet?
Ses imperfections t'en ôtent tout sujet.
C'est à toi d'admirer qu'encor qu'un beau visage
Dedans ses entretiens à toute heure t'engage,
J'ai pour toi tant d'amour et si peu de soupçon,
Que je n'en suis jalouse en aucune façon.
C'est aimer puissamment que d'aimer de la sorte;
Mais mon affection est bien encor plus forte.
Tu sais (et je le dis sans te mésestimer)
Que quand notre Daphnis aurait su te charmer,
Ce qu'elle est plus que toi mettrait hors d'espérance
Les fruits qui seraient dus à ta persévérance.
Plût à Dieu que le ciel te donnât assez d'heur*
Pour faire naître en elle autant que j'ai d'ardeur!
Voyant ainsi la porte à ta fortune ouverte,
Je pourrais librement consentir à ma perte.
THÉANTE.
Je te souhaite un change* autant avantageux.
Plût à Dieu que le sort te fût moins outrageux,
Ou que jusqu'à ce point il t'eût favorisée,
Que Florame fût prince, et qu'il t'eût épousée!
Je prise, auprès des tiens, si peu mes intérêts,
Que, bien que j'en sentisse au cœur mille regrets,
Et que de déplaisir il m'en coûtât la vie,
Je me la tiendrais lors heureusement ravie.
AMARANTE.
Je ne voudrais point d'heur* qui vînt avec ta mort,
Et Damon que voilà n'en serait pas d'accord.
THÉANTE.
Il a mine d'avoir quelque chose à me dire.
AMARANTE.
Ma présence y nuirait : adieu, je me retire.
THÉANTE.
Arrête; nous pourrons nous voir tout à loisir :
Rien ne le presse.

SCÈNE IX

DAMON, THÉANTE.

THÉANTE.
Ami, que tu m'as fait plaisir!
J'étais fort à la gêne avec cette suivante.
DAMON.
Celle qui te charmait te devient bien pesante.
THÉANTE.
Je l'aime encor pourtant; mais mon ambition
Ne laisse point agir mon inclination.
Ma flamme sur mon cœur en vain est la plus forte
Tous mes désirs ne vont qu'où mon dessein les porte
Au reste, j'ai sondé l'esprit de mon rival.
DAMON.
Et connu...
THÉANTE.
Qu'il n'est pas pour me faire grand mal.
Amarante m'en vient d'apprendre une nouvelle
Qui ne me permet plus que j'en sois en cervelle*.
Il a vu...
DAMON.
Qui?
THÉANTE.
Daphnis, et n'en a remporté
Que ce qu'elle devait à sa témérité.
DAMON.
Comme quoi?
THÉANTE.
Des mépris, des rigueurs sans pareilles.
DAMON.
As-tu beaucoup de foi pour de telles merveilles?
THÉANTE.
Celle dont je les tiens en parle assurément.
DAMON.
Pour un homme si fin, on te dupe aisément.
Amarante elle-même en est mal satisfaite,
Et ne t'a rien conté que ce qu'elle souhaite :
Pour seconder Florame en ses intentions,
On l'avait écartée à des commissions.
Je viens de le trouver, tout ravi dans son âme
D'avoir eu les moyens de déclarer sa flamme,
Et qui présume tant de ses prospérités,
Qu'il croit ses vœux reçus, puisqu'ils sont écoutés;
Et certes son espoir n'est pas hors d'apparence;
Après ce bon accueil et cette conférence,
Dont Daphnis elle-même a fait l'occasion,
J'en crains fort un succès à ta confusion.
Tâchons d'y donner ordre; et, sans plus de langage,
Avise en quoi tu veux employer mon courage.
THÉANTE.
Lui disputer un bien où j'ai si peu de part,
Ce serait m'exposer pour quelque autre au hasard.
Le duel est fâcheux, et quoi qu'il en arrive,
De sa possession l'un et l'autre il nous prive,
Puisque de deux rivaux, l'un mort, l'autre s'enfuit,
Tandis que de sa peine un troisième a le fruit.
A croire son courage, en amour on s'abuse;
La valeur d'ordinaire y sert moins que la ruse.
DAMON.
Avant que passer outre, un peu d'attention.
THÉANTE.
Te viens-tu d'aviser de quelque invention?
DAMON.
Oui, ta seule maxime en fonde l'entreprise.
Clarimond voit Daphnis, il l'aime, il la courtise;
Et quoiqu'il n'en reçoive encor que des mépris,
Un moment de bonheur lui peut gagner ce prix.
THÉANTE.
Ce rival est bien moins à redouter qu'à plaindre.

DAMON.
Je veux que de sa part tu ne doives rien craindre;
N'est-ce pas le plus sûr qu'un duel hasardeux
Entre Florame et lui les en prive tous deux?
THÉANTE.
Crois-tu qu'avec Florame aisément on l'engage?
DAMON.
Je l'y résoudrai trop avec un peu d'ombrage.
Un amant dédaigné ne voit pas de bon œil
Ceux qui du même objet ont un plus doux accueil.
Des faveurs qu'on leur fait il forme ses offenses,
Et pour peu qu'on le pousse, il court aux violences.
Nous les verrions par là, l'un et l'autre écartés,
Laisser la place libre à tes félicités.
THÉANTE.
Oui; mais s'il t'obligeait d'en porter la parole?
DAMON.
Tu te mets en l'esprit une crainte frivole.
Mon péril de ces lieux ne te bannira pas;
Et moi, pour te servir je courrais au trépas.
THÉANTE.
En même occasion dispose de ma vie,
Et sois sûr que pour toi j'aurai la même envie
DAMON.
Allons, ces compliments en retardent l'effet.
THÉANTE.
Le ciel ne vit jamais un ami si parfait.

ACTE TROISIÈME

SCÈNE I

FLORAME, CÉLIE.

FLORAME.
Enfin, quelque froideur qui paraisse en Florise,
Aux volontés d'un frère elle s'en est remise.
CÉLIE.
Quoiqu'elle s'en rapporte à vous entièrement,
Vous lui feriez plaisir d'en user autrement.
Les amours d'un vieillard sont d'une faible amorce.
FLORAME.
Que veux-tu? son esprit se fait un peu de force;
Elle se sacrifie à mes contentements,
Et pour mes intérêts contraint ses sentiments.
Assure donc Géraste, en me donnant sa fille,
Qu'il gagne en un moment toute notre famille.
Et que, tout vieil qu'il est, cette condition
Ne laisse aucun obstacle à son affection.
Mais aussi de Florise il ne doit rien prétendre,
A moins que se résoudre à m'accepter pour gendre.
CÉLIE.
Plaisez-vous à Daphnis? c'est là le principal.
FLORAME.
Elle a trop de bonté pour me vouloir du mal;
D'ailleurs sa résistance obscurcirait sa gloire;
Je la mériterais si je la pouvais croire.
La voilà qu'un rival m'empêche d'aborder;
Le rang qu'il tient sur moi m'oblige à lui céder;
Et la pitié que j'ai d'un amant si fidèle
Lui veut donner loisir d'être dédaigné d'elle.

SCÈNE II

DAPHNIS, CLARIMOND.

CLARIMOND.
Ces dédains rigoureux dureront-ils toujours?
DAPHNIS.
Non, ils ne dureront qu'autant que vos amours.
CLARIMOND.
C'est prescrire à mes feux des lois bien inhumaines.
DAPHNIS.
Faites finir vos feux, je finirai leurs peines.
CLARIMOND.
Le moyen de forcer mon inclination?
DAPHNIS.
Le moyen de souffrir votre obstination?
CLARIMOND.
Qui ne s'obstinerait en vous voyant si belle?
DAPHNIS.
Qui pourrait vous aimer, vous voyant si rebelle?
CLARIMOND.
Est-ce rébellion que d'avoir trop de feu?
DAPHNIS.
C'est avoir trop d'amour, et m'obéir trop peu.
CLARIMOND.
La puissance sur moi que je vous ai donnée...
DAPHNIS.
D'aucune exception ne doit être bornée.
CLARIMOND.
Essayez autrement ce pouvoir souverain.
DAPHNIS.
Cet essai me fait voir que je commande en vain.
CLARIMOND.
C'est un injuste essai qui ferait ma ruine.
DAPHNIS.
Ce n'e plus obéir depuis qu'on examine.
CLARIMOND.
Mais l'amour vous défend un tel commandement.
DAPHNIS.
Et moi je me défends un plus doux traitement.
CLARIMOND.
Avec ce beau visage avoir le cœur de roche!
DAPHNIS.
Si le mien s'endurcit, ce n'est qu'à votre approche.
CLARIMOND.
Que je sache du moins d'où naissent vos froideurs.
DAPHNIS.
Peut-être du sujet qui produit vos ardeurs.
CLARIMOND.
Si je brûle, Daphnis, c'est de nous voir ensemble.
DAPHNIS.
Et c'est de nous y voir, Clarimond, que je tremble.

CLARIMOND.
Votre contentement n'est qu'à me maltraiter.
DAPHNIS.
Comme le vôtre n'est qu'à me persécuter.
CLARIMOND.
Quoi! l'on vous persécute à force de services!
DAPHNIS.
Non, mais de votre part ce me sont des supplices.
CLARIMOND.
Hélas! et quand pourra venir ma guérison?
DAPHNIS.
Lorsque le temps chez vous remettra la raison.
CLARIMOND.
Ce n'est pas sans raison que mon âme est éprise.
DAPHNIS.
Ce n'est pas sans raison aussi qu'on vous méprise.
CLARIMOND.
Juste ciel! et que dois-je espérer désormais?
DAPHNIS.
Que je ne suis pas fille à vous aimer jamais.
CLARIMOND.
C'est donc perdre mon temps que de plus y prétendre?
DAPHNIS.
Comme je perds ici le mien à vous entendre.
CLARIMOND.
Me quittez-vous si tôt sans me vouloir guérir?
DAPHNIS.
Clarimond sans Daphnis peut et vivre et mourir.
CLARIMOND.
Je mourrai toutefois, si je ne vous possède.
DAPHNIS.
Tenez-vous donc pour mort, s'il vous faut ce remède.

SCÈNE III

CLARIMOND.

Tout dédaigné, je l'aime; et malgré sa rigueur,
Ses charmes plus puissants lui conservent mon cœur.
Par un contraire effet dont mes maux s'entretiennent,
Sa bouche le refuse, et ses yeux le retiennent.
Je ne puis, tant elle a de mépris et d'appas,
Ni le faire accepter, ni ne le donner pas;
Et comme si l'amour faisait naître sa haine,
Ou qu'elle mesurât ses plaisirs à ma peine,
On voit paraître ensemble, et croître également,
Ma flamme et ses froideurs, sa joie et mon tourment.
Je tâche à m'affranchir de ce malheur extrême;
Et je ne saurais plus disposer de moi-même.
Mon désespoir trop lâche obéit à mon sort;
Et mes ressentiments n'ont qu'un débile effort.
Mais, pour faibles qu'ils soient, aidons leur impuissance;
Donnons-leur le secours d'une éternelle absence.
Adieu, cruelle ingrate; adieu : je fuis ces lieux
Pour dérober mon âme au pouvoir de tes yeux.

SCÈNE IV

AMARANTE, CLARIMOND.

AMARANTE.
Monsieur, monsieur, un mot. L'air de votre visage
Témoigne un déplaisir caché dans le courage.
Vous quittez ma maîtresse un peu mal satisfait.
CLARIMOND.
Ce que voit Amarante en est le moindre effet.
Je porte, malheureux, après de tels outrages,
Des douleurs sur le front, et dans le cœur, des rages.
AMARANTE.
Pour un peu de froideur, c'est trop désespérer.
CLARIMOND.
Que ne dis-tu plutôt que c'est trop endurer?
Je devrais être las d'un si cruel martyre,
Briser les fers honteux où me tient son empire,
Sans irriter mes maux avec un vain regret.
AMARANTE.
Si je vous croyais homme à garder un secret,
Vous pourriez sur ce point apprendre quelque chose
Que je meurs de vous dire, et toutefois je n'ose.
L'erreur où je vous vois me fait compassion;
Mais pourriez-vous avoir de la discrétion?
CLARIMOND.
Prends-en ma foi pour gage, avec... Laisse-moi faire.
(*Il veut tirer un diamant de son doigt pour le lui donner,
et elle l'en empêche.*)
AMARANTE.
Vous voulez justement m'obliger à me taire;
Aux filles de ma sorte il suffit de la foi :
Réservez vos présents pour quelque autre que moi.
CLARIMOND.
Souffre...
AMARANTE.
Gardez-les, dis-je, ou je vous abandonne.
Daphnis a des rigueurs dont l'excès vous étonne;
Mais vous aurez bien plus de quoi vous étonner
Quand vous saurez comment il faut la gouverner.
A force de douceurs vous la rendez cruelle,
Et vos submissions* vous perdent auprès d'elle :
Épargnez désormais tous ces pas superflus;
Parlez-en au bon homme, et ne la voyez plus.
Toutes ses cruautés ne sont qu'en apparence.
Du côté du vieillard tournez votre espérance;
Quand il aura pour elle accepté quelque amant,
Un prompt amour naîtra de son commandement.
Elle vous fait tandis cette galanterie,
Pour s'acquérir le bruit de fille bien nourrie,
Et gagner d'autant plus de réputation
Qu'on la croira forcer son inclination.
Nommez cette maxime ou prudence ou sottise,
C'est la seule raison qui fait qu'on vous méprise.
CLARIMOND.
Hélas! Et le moyen de croire tes discours?
AMARANTE.
De grâce, n'usez point si mal de mon secours :
Croyez les bons avis d'une bouche fidèle,

Et songeant seulement que je viens d'avec elle,
Derechef épargnez tous ces pas superflus;
Parlez-en au bon homme, et ne la voyez plus.
CLARIMOND.
Tu ne flattes mon cœur que d'un espoir frivole.
AMARANTE.
Hasardez seulement deux mots sur ma parole,
Et n'appréhendez point la honte d'un refus.
CLARIMOND.
Mais si j'en recevais, je serais bien confus.
Un oncle pourra mieux concerter cette affaire.
AMARANTE.
Ou par vous, ou par lui, ménagez bien le père.

SCÈNE V
AMARANTE.

Qu'aisément un esprit qui se laisse flatter
S'imagine un bonheur qu'il pense mériter!
Clarimond est bien vain ensemble et bien crédule
De se persuader que Daphnis dissimule,
Et que ce grand dédain déguise un grand amour,
Que le seul choix d'un père a droit de mettre au jour.
Il s'en pâme de joie, et dessus ma parole
De tant d'affronts reçus son âme se console;
Il les chérit peut-être, et les tient à faveurs :
Tant ce trompeur espoir redouble ses ferveurs!
S'il rencontrait le père, et que mon entreprise...

SCÈNE VI
GÉRASTE, AMARANTE.

GÉRASTE.
Amarante!
AMARANTE.
Monsieur!
GÉRASTE.
Vous faites la surprise,
Encor que de si loin vous m'ayez vu venir,
Que Clarimond n'est plus à vous entretenir!
Je donne ainsi la chasse à ceux qui vous en content!
AMARANTE.
A moi? mes vanités jusque-là ne se montent.
GÉRASTE.
Il semblait toutefois parler d'affection.
AMARANTE.
Oui; mais qu'estimez-vous de son intention?
GÉRASTE.
Je crois que ses desseins tendent au mariage.
AMARANTE.
Il est vrai.
GÉRASTE.
Quelque foi qu'il vous donne pour gage,
Il cherche à vous surprendre, et, sous ce faux appas
Il cache des projets que vous n'entendez pas.
AMARANTE.
Votre âge soupçonneux a toujours des chimères
Qui le font mal juger des cœurs les plus sincères.
GÉRASTE.
Où les conditions n'ont point d'égalité,
L'amour ne se fait guère avec sincérité.
AMARANTE.
Posé que cela soit : Clarimond me caresse;
Mais si je vous disais que c'est pour ma maîtresse,
Et que le seul besoin qu'il a de mon secours,
Sortant d'avec Daphnis, l'arrête en mes discours?
GÉRASTE.
S'il a besoin de toi pour avoir bonne issue,
C'est signe que sa flamme est assez mal reçue.
AMARANTE.
Pas tant qu'elle paraît, et que vous présumez.
D'un mutuel amour leurs cœurs sont enflammés;
Mais Daphnis se contraint, de peur de vous déplaire,
Et sa bouche est toujours à ses désirs contraire,
Hormis lorsque avec moi s'ouvrant confidemment,
Elle trouve à ses maux quelque soulagement.
Clarimond cependant, pour fondre tant de glaces,
Tâche par tous moyens d'avoir mes bonnes grâces;
Et moi je l'entretiens toujours d'un peu d'espoir.
GÉRASTE.
A ce compte, Daphnis est fort dans le devoir :
Je n'en puis souhaiter un meilleur témoignage;
Et ce respect m'oblige à l'aimer davantage.
Je lui serai bon père; et puisque ce parti
A sa condition se rencontre assorti,
Bien qu'il pût encore un peu plus haut atteindre,
Je la veux enhardir à ne se plus contraindre.
AMARANTE.
Vous n'en pourrez jamais tirer la vérité.
Honteuse de l'aimer sans votre autorité,
Elle s'en défendra de toute sa puissance;
N'en cherchez point d'aveu que dans l'obéissance.
Quand vous aurez fait choix de cet heureux amant,
Vos ordres produiront un prompt consentement.
Mais on ouvre la porte. Hélas! je suis perdue,
Si j'ai tant de malheur qu'elle m'ait entendue.
(Elle rentre dans le jardin.)
GÉRASTE.
Lui procurant du bien, elle croit la fâcher,
Et cette vaine peur la fait ainsi cacher.
Que ces jeunes cerveaux ont de traits de folie!
Mais il faut aller voir ce qu'aura fait Célie.
Toutefois disons-lui quelque mot en passant,
Qui la puisse guérir du mal qu'elle ressent.

SCÈNE VII
DAPHNIS, GÉRASTE.

GÉRASTE.
Ma fille, c'est en vain que tu fais la discrète;
J'ai découvert enfin ta passion secrète.
Je ne t'en parle point sur des avis douteux :
N'en rougis point, Daphnis, ton choix n'est pas hon-
[teux;
Moi-même je l'agrée, et veux bien que ton âme.

A cet amant si cher ne cache plus sa flamme.
Tu pouvais en effet prétendre un peu plus haut;
Mais on ne peut assez estimer ce qu'il vaut :
Ses belles qualités, son crédit et sa race,
Auprès des gens d'honneur sont trop dignes de grâce.
Adieu. Si tu le vois, tu peux lui témoigner
Que sans beaucoup de peine on me pourra gagner.

SCÈNE VIII

DAPHNIS.

D'aise et d'étonnement je demeure immobile.
D'où lui vient cette humeur de m'être si facile?
D'où me vient ce bonheur où je n'osais penser?
Florame, il m'est permis de te récompenser;
Et, sans plus déguiser ce qu'un père autorise,
Je puis me revancher* du don de ta franchise;
Ton mérite le rend, malgré ton peu de biens,
Indulgent à mes feux, et favorable aux tiens :
Il trouve en tes vertus des richesses plus belles.
Mais est-il vrai, mes sens? m'êtes-vous bien fidèles?
Mon heur* me rend confuse, et ma confusion
Me fait tout soupçonner de quelque illusion.
Je ne me trompe point, ton mérite et ta race
Auprès des gens d'honneur sont trop dignes de grâce.
Florame, il est tout vrai, dès lors que je te vis,
Un battement de cœur me fit de cet avis;
Et mon père aujourd'hui souffre que dans son âme
Les mêmes sentiments...

SCÈNE IX

FLORAME, DAPHNIS.

DAPHNIS.
Quoi! vous voilà, Florame?
Je vous avais prié tantôt de me quitter.
FLORAME.
Et je vous ai quittée aussi sans contester.
DAPHNIS.
Mais revenir si tôt, c'est me faire une offense.
FLORAME.
Quand j'aurais sur ce point reçu quelque défense,
Si vous saviez quels feux ont pressé mon retour,
Vous en pardonneriez le crime à mon amour.
DAPHNIS.
Ne vous préparez point à dire des merveilles,
Pour me persuader des flammes sans pareilles.
Je crois que vous m'aimez, et c'est en croire plus
Que n'en exprimeraient vos discours superflus.
FLORAME.
Mes feux, qu'ont redoublés ces propos adorables,
A force d'être crus deviennent incroyables;
Et vous n'en croyez rien qui ne soit au-dessous :
Que ne m'est-il permis d'en croire autant de vous !
DAPHNIS.
Votre croyance est libre.

FLORAME.
Il me la faudrait vraie.
DAPHNIS.
Mon cœur par mes regards vous fait trop voir sa plaie.
Un homme si savant au langage des yeux
Ne doit pas demander que je m'explique mieux.
Mais, puisqu'il vous en faut un aveu de ma bouche,
Allez, assurez-vous que votre amour me touche.
Depuis tantôt je parle un peu plus librement,
Ou, si vous le voulez, un peu plus hardiment :
Aussi j'ai vu mon père; et s'il vous faut tout dire,
Avec tous nos désirs sa volonté conspire.
FLORAME.
Surpris, ravi, confus, je n'ai que repartir.
Être aimé de Daphnis! un père y consentir!
Dans mon affection ne trouver plus d'obstacles!
Mon espoir n'eût osé concevoir ces miracles.
DAPHNIS.
Miracles toutefois qu'Amarante a produits;
De sa jalouse humeur nous tirons ces doux fruits.
Au récit de nos feux, malgré son artifice,
La bonté de mon père a trompé sa malice;
Du moins je le présume, et ne puis soupçonner
Que mon père sans elle ait pu rien deviner.
FLORAME.
Les avis d'Amarante, en trahissant ma flamme,
N'ont point gagné Géraste en faveur de Florame.
Les ressorts d'un miracle ont un plus haut moteur,
Et tout autre qu'un dieu n'en peut être l'auteur.
DAPHNIS.
C'en est un que l'Amour.
FLORAME.
Et vous verrez peut-être
Que son pouvoir divin se fait ici paraître, [temps,
Dont quelques grands effets, avant qu'il soit long-
Vous rendront étonnée, et nos désirs contents.
DAPHNIS.
Florame, après vos feux et l'aveu de mon père,
L'Amour n'a point d'effets capables de me plaire.
FLORAME.
Aimez-en le premier, et recevez la foi
D'un bienheureux amant qu'il met sous votre loi.
DAPHNIS.
Vous, prisez le dernier qui vous donne la mienne.
FLORAME.
Quoique dorénavant Amarante survienne,
Je crois que nos discours iront d'un pas égal,
Sans donner sur le rhume*, ou gauchir* sur le bal.
DAPHNIS.
Si je puis tant soit peu dissimuler ma joie,
Et que dessus mon front son excès ne se voie,
Je me joûrai bien d'elle, et des empêchements
Que son adresse apporte à nos contentements.
FLORAME.
J'en apprendrai de vous l'agréable nouvelle.
Un ordre nécessaire au logis me rappelle,
Et doit fort avancer le succès de nos vœux.
DAPHNIS. [deux.
Nous n'avons plus qu'une âme et qu'un vouloir tous

Bien que vous éloigner ce me soit un martyre,
Puisque vous le voulez, je n'y puis contredire.
Mais quand dois-je espérer de vous revoir ici?
FLORAME.
Dans une heure au plus tard.
DAPHNIS.
Allez donc : la voici.

SCÈNE X
AMARANTE, DAPHNIS.
DAPHNIS.
Amarante, vraiment vous êtes fort jolie;
Vous n'égayez pas mal votre mélancolie.
Votre jaloux chagrin a de beaux agréments,
Et choisit assez bien ses divertissements :
Votre esprit pour vous-même a force complaisance
De me faire l'objet de votre médisance;
Et, pour donner couleur à vos détractions*,
Vous lisez fort avant dans mes intentions.
AMARANTE.
Moi! que de vous j'osasse aucunement médire!
DAPHNIS.
Voyez-vous, Amarante, il n'est plus temps de rire.
Vous avez vu mon père, avec qui vos discours
M'ont fait à votre gré de frivoles amours.
Quoi! souffrir un moment l'entretien de Florame,
Vous le nommez bientôt une secrète flamme?
Cette jalouse humeur dont vous suivez la loi
Vous fait en mes secrets plus savante que moi.
Mais passe pour le croire, il fallait que mon père
De votre confidence apprît cette chimère?
AMARANTE.
S'il croit que vous l'aimez, c'est sur quelque soupçon
Où je ne contribue en aucune façon.
Je sais trop que le ciel, avec de telles grâces,
Vous donne trop de cœur pour des flammes si basses;
Et quand je vous croirais dans cet indigne choix,
Je sais ce que je suis et ce que je vous dois.
DAPHNIS.
Ne tranchez point ainsi de la respectueuse:
Votre peine, après tout, vous est bien fructueuse;
Vous la devez chérir, et son heureux succès
Qui chez nous à Florame interdit tout accès.
Mon père le bannit et de l'une et de l'autre.
Pensant nuire à mon feu, vous ruinez le vôtre.
Je lui viens de parler, mais c'était seulement
Pour lui dire l'arrêt de son bannissement.
Vous devez cependant être fort satisfaite
Qu'à votre occasion un père me maltraite;
Pour fruits de vos labeurs si cela vous suffit,
C'est acquérir ma haine avec peu de profit.
AMARANTE.
Si touchant vos amours on sait rien de ma bouche,
Que je puisse à vos yeux devenir une souche!
Que le ciel...
DAPHNIS.
Finissez vos imprécations.
J'aime votre malice et vos délations.
Ma mignonne, apprenez que vous êtes déçue :
C'est par votre rapport que mon ardeur est sue;
Mais mon père y consent, et vos avis jaloux
N'ont fait que me donner Florame pour époux.

SCÈNE XI
AMARANTE.
Ai-je bien entendu? Sa belle humeur se joue,
Et par plaisir soi-même elle se désavoue.
Son père la maltraite, et consent à ses vœux!
Ai-je nommé Florame en parlant de ses feux?
Florame, Clarimond, ces deux noms, ce me semble,
Pour être confondus, n'ont rien qui se ressemble.
Le moyen que jamais on entendît si mal
Que l'un de ces amants fût pris pour son rival?
Je ne sais où j'en suis, et toutefois j'espère;
Sous ces obscurités je soupçonne un mystère,
Et mon esprit confus, à force de douter,
Bien qu'il n'ose rien croire, ose encor se flatter.

ACTE QUATRIÈME

SCÈNE I
DAPHNIS.
Qu'en l'attente de ce qu'on aime
Une heure est fâcheuse à passer!
Qu'elle ennuie une amour extrême
Dont la joie est réduite aux douceurs d'y penser

Le mien, qui fuit la défiance,
La trouve trop longue à venir,
Et s'accuse d'impatience,
Plutôt que mon amant de peu de souvenir

Ainsi moi-même je m'abuse,
De crainte d'un plus grand ennui,
Et je ne cherche plus de ruse
Qu'à m'ôter tout sujet de me plaindre de lui.

Aussi bien, malgré ma colère,
Je brûlerais de m'apaiser,
Et sa peine la plus sévère
Ne serait tout au plus qu'un mot pour l'excuser.

Je dois rougir de ma faiblesse;
C'est être trop bonne en effet.
Daphnis, fais un peu la maîtresse,
Et souviens-toi du moins...

SCÈNE II

GÉRASTE, CÉLIE, DAPHNIS.

GÉRASTE, à Célie.
　　　　　　　Adieu, cela vaut fait,
Tu l'en peux assurer.
(Célie rentre, et Géraste continue de parler à Daphnis.)
　　　　　Ma fille, je présume,
Quelques feux dans ton cœur que ton amant allume,
Que tu ne voudrais pas sortir de ton devoir.
DAPHNIS.
C'est ce que le passé vous a pu faire voir.
GÉRASTE.
Mais si, pour en tirer une preuve plus claire,
Je disais qu'il faut prendre un sentiment contraire,
Qu'une autre occasion te donne un autre amant?
DAPHNIS.
Il serait un peu tard pour un tel changement.
Sous votre autorité j'ai dévoilé mon âme;
J'ai découvert mon cœur à l'objet de ma flamme
Et c'est sous votre aveu qu'il a reçu ma foi.
GÉRASTE.
Oui; mais je viens de faire un autre choix pour toi.
DAPHNIS.
Ma foi ne permet plus une telle inconstance.
GÉRASTE.
Et moi, je ne saurais souffrir de résistance.
Si ce gage est donné par mon consentement,
Il faut le retirer par mon commandement.
Vous soupirez en vain : vos soupirs et vos larmes
Contre ma volonté sont d'impuissantes armes.
Rentrez; je ne puis voir qu'avec mille douleurs
Votre rébellion s'exprimer par vos pleurs.
(Daphnis rentre, et Géraste continue.)
La pitié me gagnait. Il m'était impossible
De voir encor ses pleurs, et n'être pas sensible :
Mon injuste rigueur ne pouvait plus tenir;
Et de peur de me rendre, il la fallait bannir.
N'importe toutefois, la parole me lie;
Et mon amour ainsi l'a promis à Célie;
Florise ne se peut acquérir qu'à ce prix,
Si Florame...

SCÈNE III

AMARANTE, GÉRASTE.

AMARANTE.
　　　Monsieur, vous vous êtes mépris;
C'est Clarimond qu'elle aime.
GÉRASTE.
　　　　　　　Et ma plus grande peine
N'est que d'en avoir eu la preuve trop certaine;
Dans sa rébellion à mon autorité,
L'amour qu'elle a pour lui n'a que trop éclaté.
Si pour ce cavalier elle avait moins de flamme,
Elle agréerait le choix que je fais de Florame,
Et prenant désormais un mouvement plus sain,
Ne s'obstinerait pas à rompre mon dessein.
AMARANTE.
C'est ce choix inégal qui vous la fait rebelle;
Mais pour tout autre amant n'appréhendez rien d'elle.
GÉRASTE.
Florame a peu de biens, mais pour quelque raison
C'est lui seul dont je fais l'appui de ma maison.
Examiner mon choix, c'est un trait d'imprudence.
Toi, qu'à présent Daphnis traite de confidence*,
Et dont le seul avis gouverne ses secrets,
Je te prie, Amarante, adoucis ses regrets,
Résous-la, si tu peux, à contenter un père;
Fais qu'elle aime Florame, ou craigne ma colère.
AMARANTE.
Puisque vous le voulez, j'y ferai mon pouvoir;
C'est chose toutefois dont j'ai si peu d'espoir,
Que je craindrais plutôt de l'aigrir davantage.
GÉRASTE.
Il est tant de moyens de fléchir un courage*!
Trouve pour la gagner quelque subtil appas;
La récompense après ne te manquera pas.

SCÈNE IV

AMARANTE.

Accorde qui pourra le père avec la fille ;
L'égarement d'esprit règne sur la famille.
Daphnis aime Florame, et son père y consent :
D'elle-même j'ai su l'aise qu'elle en ressent;
Et si j'en crois ce père, elle ne porte en l'âme
Que révolte, qu'orgueil, que mépris pour Florame.
Peut-elle s'opposer à ses propres désirs,
Démentir tout son cœur, détruire ses plaisirs?
S'ils sont sages tous deux, il faut que je sois folle.
Leur mécompte pourtant, quel qu'il soit, me console;
Et bien qu'il me réduise au bout de mon latin,
Un peu plus en repos j'en attendrai la fin.

SCÈNE V

FLORAME, DAMON, CLÉON.

FLORAME.
Sans me voir elle rentre, et quelque bon génie
Me sauve de ses yeux et de sa tyrannie.
Je ne me croyais pas quitte de ses discours,
A moins que sa maîtresse en vînt rompre le cours.
DAMON.
Je voudrais t'avoir vu dedans cette contrainte.
FLORAME.
Peut-être voudrais-tu qu'elle empêchât ma plainte?
DAMON.
Si Théante sait tout, sans raison tu t'en plains.
Je t'ai dit ses secrets, comme à lui tes desseins.
Il voit dedans ton cœur, tu lis dans son courage*;
Et je vous fais combattre ainsi sans avantage.

FLORAME.
Toutefois au combat tu n'as pu l'engager.
DAMON.
Sa générosité n'en craint pas le danger;
Mais cela choque un peu sa prudence amoureuse,
Vu que la fuite en est la fin la plus heureuse,
Et qu'il faut que, l'un mort, l'autre tire pays*.
FLORAME.
Malgré le déplaisir de mes secrets trahis,
Je ne puis, cher ami, qu'avec toi je ne rie
Des subtiles raisons de sa poltronnerie.
Nous faire ce duel sans s'exposer aux coups,
C'est véritablement en savoir plus que nous,
Et te mettre en sa place avec assez d'adresse.
DAMON.
Qu'importe à quels périls il gagne une maîtresse?
Que ses rivaux entre eux fassent mille combats,
Que j'en porte parole, ou ne la porte pas,
Tout lui semblera bon, pourvu que sans en être
Il puisse de ces lieux les faire disparaître.
FLORAME.
Mais ton service offert hasardait bien ta foi,
Et, s'il eût eu du cœur, t'engageait contre moi.
DAMON.
Je savais trop que l'offre en serait rejetée.
Depuis plus de dix ans je connais sa portée;
Il ne devient mutin que fort malaisément,
Et préfère la ruse à l'éclaircissement.
FLORAME.
Les maximes qu'il tient pour conserver sa vie
T'ont donné des plaisirs où je te porte envie.
DAMON.
Tu peux incontinent les goûter si tu veux.
Lui, qui doute fort peu du succès de ses vœux,
Et qui croit que déjà Clarimond et Florame
Disputent loin d'ici le sujet de leur flamme,
Serait-il homme à perdre un temps si précieux,
Sans aller chez Daphnis faire le gracieux,
Et seul, à la faveur de quelque mot pour rire,
Prendre l'occasion de conter son martyre?
FLORAME.
Mais s'il nous trouve ensemble, il pourra soupçonner
Que nous prenons plaisir tous deux à le berner.
DAMON.
De peur que nous voyant il conçût quelque ombrage,
J'avais mis tout exprès Cléon sur le passage.
(à Cléon.)
Théante approche-t-il?
CLÉON.
Il est en ce carfour*.
DAMON.
Adieu donc, nous pourrons le jouer tour à tour.
FLORAME, seul.
Je m'étonne comment tant de belles parties
En cet illustre amant sont si mal assorties,
Qu'il a si mauvais cœur avec de si bons yeux,
Et fait un si beau choix sans le défendre mieux.
Pour tant d'ambition, c'est bien peu de courage.

SCÈNE VI

THÉANTE, FLORAME.

FLORAME.
Quelle surprise, ami, paraît sur ton visage?
THÉANTE.
T'ayant cherché longtemps, je demeure confus
De t'avoir rencontré quand je n'y pensais plus.
FLORAME.
Parle plus franchement. Fâché de ta promesse,
Tu veux et n'oserais reprendre ta maîtresse?
Ta passion, qui souffre une trop dure loi,
Pour la gouverner seul te dérobait de moi?
THÉANTE.
De peur que ton esprit formât cette croyance,
De l'aborder sans toi je faisais conscience.
FLORAME.
C'est ce qui t'obligeait sans doute à me chercher?
Mais ne te prive plus d'un entretien si cher.
Je te cède Amarante, et te rends ta parole :
J'aime ailleurs; et lassé d'un compliment frivole,
Et de feindre une ardeur qui blesse mes amis,
Ma flamme est véritable, et son effet permis.
J'adore une beauté qui peut disposer d'elle,
Et seconder mes feux sans se rendre infidèle.
THÉANTE.
Tu veux dire Daphnis?
FLORAME.
Je ne puis te celer
Qu'elle est l'unique objet pour qui je veux brûler.
THÉANTE.
Le bruit vole déjà qu'elle est pour toi sans glace,
Et déjà d'un cartel Clarimond te menace.
FLORAME.
Qu'il vienne, ce rival, apprendre, à son malheur,
Que s'il me passe en biens, il me cède en valeur :
Que sa vaine arrogance, en ce duel trompée,
Me fasse mériter Daphnis à coups d'épée.
Par là je gagne tout; ma générosité
Suppléera ce qui fait notre inégalité;
Et son père, amoureux du bruit de ma vaillance,
La fera sur ses biens emporter la balance.
THÉANTE.
Tu n'en peux espérer un moindre événement :
L'heur* suit dans les duels le plus heureux amant;
Le glorieux succès d'une action si belle,
Ton sang mis au hasard, ou répandu pour elle,
Ne peut laisser au père aucun lieu de refus.
Tiens ta maîtresse acquise, et ton rival confus;
Et sans t'épouvanter d'une vaine fortune
Qui soutient lâchement d'une valeur commune,
Ne fais de son orgueil qu'un sujet de mépris,
Et pense que Daphnis ne s'acquiert qu'à ce prix.
Adieu : puisse le ciel à ton amour parfaite
Accorder un succès tel que je le souhaite!
FLORAME.
Ce cartel, ce me semble, est trop long à venir :
Mon courage bouillant ne se peut contenir;

Enflé par tes discours, il ne saurait attendre
Qu'un insolent défi l'oblige à se défendre.
Va donc, et de ma part appelle Clarimond ;
Dis-lui que pour demain il choisisse un second,
Et que nous l'attendrons au château de Bissetre.
THÉANTE.
J'adore ce grand cœur qu'ici tu fais paraître,
Et demeure ravi du trop d'affection
Que tu m'as témoigné par cette élection*.
Prends-y garde pourtant ; pense à quoi tu t'engages.
Si Clarimond, lassé de souffrir tant d'outrages,
Éteignant son amour, te cédait ce bonheur,
Quel besoin serait-il de le piquer d'honneur ?
Peut-être qu'un faux bruit nous apprend sa menace :
C'est à toi seulement de défendre ta place.
Ces coups du désespoir des amants méprisés
N'ont rien d'avantageux pour les favorisés.
Qu'il recoure, s'il veut, à ces fâcheux remèdes ;
Ne lui querelle point un bien que tu possèdes :
Ton amour, que Daphnis ne saurait dédaigner,
Court risque d'y tout perdre, et n'y peut rien gagner.
Avise encore un coup ; ta valeur inquiète
En d'extrêmes périls un peu trop tôt te jette.
FLORAME.
Quels périls ? L'heur* y suit le plus heureux amant.
THÉANTE.
Quelquefois le hasard en dispose autrement.
FLORAME.
Clarimond n'eut jamais qu'une valeur commune.
THÉANTE.
La valeur aux duels fait moins que la fortune.
FLORAME.
C'est par là seulement qu'on mérite Daphnis.
THÉANTE.
Mais plutôt de ses yeux par là tu te bannis.
FLORAME.
Cette belle action pourra gagner son père.
THÉANTE.
Je le souhaite ainsi, plus que je ne l'espère.
FLORAME.
Acceptant ce cartel, suis-je plus assuré ?
THÉANTE.
Où l'honneur souffrirait, rien n'est considéré.
FLORAME.
Je ne puis résister à des raisons si fortes :
Sur ma bouillante ardeur malgré moi tu l'emportes.
J'attendrai qu'on m'attaque.
THÉANTE.
Adieu donc.
FLORAME.
En ce cas,
Souviens-t'en, cher ami, tu me promets ton bras ?
THÉANTE.
Dispose de ma vie.
FLORAME, seul.
Elle est fort assurée,
Si rien que ce duel n'empêche sa durée.
Il en parle des mieux ; c'est un jeu qui lui plaît ;
Mais il devient fort sage aussitôt qu'il en est,

Et montre cependant des grâces peu vulgaires
A battre ses raisons par des raisons contraires.

SCÈNE VII

DAPHNIS, FLORAME.

DAPHNIS.
Je n'osais t'aborder les yeux baignés de pleurs,
Et devant ce rival t'apprendre nos malheurs.
FLORAME.
Vous me jetez, madame, en d'étranges alarmes.
Dieux ! et d'où peut venir ce déluge de larmes ?
Le bon homme est-il mort ?
DAPHNIS.
Non, mais il se dédit :
Tout amour désormais pour toi m'est interdit :
Si bien qu'il me faut être ou rebelle ou parjure,
Forcer les droits d'amour, ou ceux de la nature,
Mettre un autre en ta place, ou lui désobéir.
L'irriter, ou moi-même avec toi me trahir.
A moins que de changer, sa haine inévitable
Me rend de tous côtés ma perte indubitable ;
Je ne puis conserver mon devoir et ma foi,
Ni sans crime brûler pour d'autres ni pour toi.
FLORAME.
Le nom de cet amant, dont l'indiscrète envie
A mes ressentiments vient apporter sa vie ?
Le nom de cet amant, qui, par sa prompte mort,
Doit, au lieu du vieillard, me réparer ce tort,
Et qui, sur quelque orgueil que son amour se fonde,
N'a que jusqu'à ma vue à demeurer au monde ?
DAPHNIS.
Je n'aime pas si mal que de m'en informer ;
Je t'aurais fait trop voir que j'eusse pu l'aimer.
Si j'en savais le nom, ta juste défiance
Pourrait à ses défauts imputer ma constance,
A son peu de mérite attacher mon dédain,
Et croire qu'un plus digne aurait reçu ma main.
J'atteste ici le bras qui lance le tonnerre,
Que tout ce que le ciel a fait paraître en terre
De mérites, de biens, de grandeurs, et d'appas,
En même objet uni, ne m'ébranlerait pas :
Florame a droit lui seul de captiver mon âme ;
Florame vaut lui seul à ma pudique flamme
Tout ce que peut le monde offrir à mes ardeurs
De mérites, d'appas, de biens, et de grandeurs.
FLORAME.
Qu'avec des mots si doux vous m'êtes inhumaine !
Vous me comblez de joie, et redoublez ma peine.
L'effet d'un tel amour, hors de votre pouvoir,
Irrite d'autant plus mon sanglant désespoir.
L'excès de votre ardeur ne sert qu'à mon supplice.
Devenez-moi cruelle, afin que je guérisse.
Guérir ! ah ! qu'ai-je dit ? ce mot me fait horreur.
Pardonnez aux transports d'une aveugle fureur ;
Aimez toujours Florame ; et quoi qu'il ait pu dire,
Croissez de jour en jour vos feux et son martyre.

Peut-il rendre sa vie à de plus heureux coups,
Ou mourir plus content que pour vous et par vous?
DAPHNIS.
Puisque de nos destins la rigueur trop sévère
Oppose à nos désirs l'autorité d'un père,
Que veux-tu que je fasse en l'état où je suis?
Être à toi malgré lui? c'est ce que je ne puis;
Mais je puis empêcher qu'un autre me possède,
Et qu'un indigne amant à Florame succède :
Le cœur me manque. Adieu. Je sens faillir ma voix.
Florame, souviens-toi de ce que tu me dois.
Si nos feux sont égaux, mon exemple t'ordonne
Ou d'être à ta Daphnis, ou de n'être à personne.

SCÈNE VIII

FLORAME.

Dépourvu de conseil comme de sentiment,
L'excès de ma douleur m'ôte le jugement.
De tant de biens promis je n'ai plus que sa vue
Et mes bras impuissants ne l'ont pas retenue ;
Et même je lui laisse abandonner ce lieu
Sans trouver de parole à lui dire un adieu.
Ma fureur pour Daphnis a de la complaisance;
Mon désespoir n'osait agir en sa présence,
De peur que mon tourment aigrît ses déplaisirs ;
Une pitié secrète étouffait mes soupirs :
Sa douleur, par respect, faisait taire la mienne;
Mais ma rage à présent n'a rien qui la retienne.
Sors, infâme vieillard, dont le consentement
Nous a vendu si cher le bonheur d'un moment;
Sors, que tu sois puni de cette humeur brutale
Qui rend ta volonté pour nos feux inégale.
A nos chastes amours qui t'a fait consentir,
Barbare? mais plutôt qui t'en fait repentir?
Crois-tu qu'aimant Daphnis, le titre de son père
Débilite ma force, ou rompe ma colère?
Un nom si glorieux, lâche, ne t'est plus dû ;
En lui manquant de foi, ton crime l'a perdu.
Plus j'ai d'amour pour elle, et plus pour toi de haine
Enhardit ma vengeance et redouble ta peine :
Tu mourras ; et je veux, pour finir mes ennuis,
Mériter par ta mort celle où tu me réduis.
Daphnis, à ma fureur ma bouche abandonnée
Parle d'ôter la vie à qui te l'a donnée!
Je t'aime, et je m'oblige à m'avoir en horreur,
Et ne connais encor qu'à peine mon erreur !
Si je suis sans respect pour ce que tu respectes,
Que mes affections ne t'en soient pas suspectes;
De plus réglés transports me feraient trahison ;
Si j'avais moins d'amour, j'aurais de la raison :
C'est peu que de la perdre, après t'avoir perdue ;
Rien ne sert plus de guide à mon âme éperdue :
Je condamne à l'instant ce que j'ai résolu;
Je veux, et ne veux plus sitôt que j'ai voulu.
Je menace Géraste, et pardonne à ton père;
Ainsi rien ne me venge, et tout me désespère.

SCÈNE IX

FLORAME, CÉLIE.

FLORAME, *en soupirant*.
Célie...

CÉLIE.
Eh bien, Célie? Enfin elle a tant fait
Qu'à vos désirs Géraste accorde leur effet.
Quel visage avez-vous? votre aise vous transporte.

FLORAME.
Cesse d'aigrir ma flamme en raillant de la sorte,
Organe d'un vieillard qui croit faire un bon tour
De se jouer de moi par une feinte amour.
Si tu te veux du bien, fais-lui tenir promesse :
Vous me rendrez tous deux la vie, ou ma maîtresse;
Et ce jour expiré, je vous ferai sentir
Que rien de ma fureur ne vous peut garantir.

CÉLIE.
Florame!

FLORAME.
Je ne puis parler à des perfides.

SCÈNE X

CÉLIE.

Il veut donner l'alarme à mes esprits timides,
Et prend plaisir lui-même à se jouer de moi.
Géraste a trop d'amour pour n'avoir point de foi,
Et s'il pouvait donner trois Daphnis pour Florise,
Il la tiendrait encore heureusement acquise.
D'ailleurs ce grand courroux pourrait-il être feint?
Aurait-il pu si tôt falsifier son teint,
Et si bien ajuster ses yeux et son langage
A ce que sa fureur marquait sur son visage?
Quelqu'un des deux me joue ; épions tous les deux,
Et nous éclaircissons sur un point si douteux.

ACTE CINQUIÈME

SCÈNE I

THÉANTE, DAMON.

THÉANTE.
Croirais-tu qu'un moment m'ait pu changer de sorte
Que je passe à regret par-devant cette porte?

DAMON.
Que ton humeur n'a-t-elle un peu plus tôt changé!
Nous aurions vu l'effet où tu m'as engagé.
Tantôt quelque démon, ennemi de ta flamme,
Te faisait en ces lieux accompagner Florame :
Sans la crainte qu'alors il te prit pour second,

Je l'allais appeler au nom de Clarimond;
Et comme si depuis il était invisible,
Sa rencontre pour moi s'est rendue impossible.
THÉANTE.
Ne le cherche donc plus. A bien considérer,
Qu'ils se battent, ou non, je n'en puis qu'espérer.
Daphnis, que son adresse a malgré moi séduite,
Ne pourrait l'oublier, quand il serait en fuite.
Leur amour est trop forte; et d'ailleurs son trépas
Le privant d'un tel bien, ne me le donne pas.
Inégal en fortune à ce qu'est cette belle,
Et déjà par malheur assez mal voulu d'elle,
Que pourrais-je, après tout, prétendre de ses pleurs?
Et quel espoir pour moi naîtrait de ses douleurs?
Deviendrais-je par là plus riche ou plus aimable?
Que si de l'obtenir je me trouve incapable,
Mon amitié pour lui, qui ne peut expirer,
A tout autre qu'à moi me le fait préférer;
Et j'aurais peine à voir un troisième en sa place.
DAMON.
Tu t'avises trop tard; que veux-tu que je fasse?
J'ai poussé Clarimond à lui faire un appel;
J'ai charge de sa part de lui rendre un cartel.
Le puis-je supprimer?
THÉANTE.
Non; mais tu pourrais faire...
DAMON.
Quoi?
THÉANTE.
Que Clarimond prît un sentiment contraire.
DAMON.
Le détourner d'un coup où seul je l'ai porté!
Mon courage est mal propre à cette lâcheté.
THÉANTE.
A de telles raisons je n'ai de repartie
Sinon que c'est à moi de rompre la partie.
J'en vais semer le bruit.
DAMON.
Et sur ce bruit tu veux...
THÉANTE.
Qu'on leur donne dans peu des gardes à tous deux,
Et qu'une main puissante arrête leur querelle.
Qu'en dis-tu, cher ami?
DAMON.
L'invention est belle,
Et le chemin bien court à les mettre d'accord;
Mais souffrez auparavant que j'y fasse un effort:
Peut-être mon esprit trouvera quelque ruse
Par où, sans en rougir, du cartel je m'excuse.
Ne donnons point sujet de tant parler de nous,
Et sachons seulement à quoi tu te résous.
THÉANTE.
A les laisser en paix, et courir l'Italie
Pour divertir le cours de ma mélancolie,
Et ne voir point Florame emporter à mes yeux
Le prix où prétendait mon cœur ambitieux.
DAMON.
Amarante, à ce compte, est hors de ta pensée?

THÉANTE.
Son image du tout n'en est pas effacée:
Mais...
DAMON.
Tu crains que pour elle on te fasse un duel.
THÉANTE.
Railler un malheureux, c'est être trop cruel.
Bien que ses yeux encor règnent sur mon courage*,
Le bonheur de Florame à la quitter m'engage;
Le ciel ne nous fit point et pareils et rivaux,
Pour avoir des succès tellement inégaux.
C'est me perdre d'honneur, et par cette poursuite,
D'égal que je lui suis, me ranger à sa suite.
Je donne désormais des règles à mes feux;
De moindres que Daphnis sont incapables d'eux;
Et rien dorénavant n'asservira mon âme
Qui ne me puisse mettre au-dessus de Florame.
Allons; je ne puis voir sans mille déplaisirs
Ce possesseur du bien où tendaient mes désirs.
DAMON.
Arrête. Cette fuite est hors de bienséance,
Et je n'ai point d'appel à faire en ta présence.

(*Théante le retire du théâtre comme par force.*)

SCÈNE II

FLORAME.

Jetterai-je toujours des menaces en l'air,
Sans que je sache enfin à qui je dois parler?
Aurait-on jamais cru qu'elle me fût ravie,
Et qu'on me pût ôter Daphnis avant la vie?.
Le possesseur du prix de ma fidélité,
Bien que je sois vivant, demeure en sûreté;
Tout inconnu qu'il m'est, il produit ma misère:
Tout mon rival qu'il est, il rit de ma colère.
Rival! ah, quel malheur! j'en ai pour me bannir,
Et cesse d'en avoir quand je le veux punir.
 Grands dieux, qui m'enviez cette juste allégeance*
Qu'un amant supplanté tire de la vengeance,
Et me cachez le bras dont je reçois les coups,
Est-ce votre dessein que je m'en prenne à vous?
Est-ce votre dessein d'attirer mes blasphèmes,
Et qu'ainsi que mes maux mes crimes soient extrêmes,
Qu'à mille impiétés osant me dispenser,
A votre foudre* oisif je donne où se lancer?
Ah! souffrez qu'en l'état de mon sort déplorable
Je demeure innocent, encor que misérable:
Destinez à vos feux d'autres objets que moi;
Vous n'en sauriez manquer, quand on manque de foi.
Employez le tonnerre à punir les parjures,
Et prenez intérêt vous-même à mes injures:
Montrez, en me vengeant, que vous êtes des dieux,
Ou conduisez mon bras, puisque je n'ai point d'yeux,
Et qu'on sait dérober d'un rival qui me tue
Le nom à mon oreille, et l'objet à ma vue.
Rival, qui que tu sois, dont l'insolent amour
Idolâtre un soleil, et n'ose voir le jour,

N'oppose plus ta crainte à l'ardeur qui te presse;
Fais-toi, fais-toi connaître allant voir ta maîtresse.

SCÈNE III

FLORAME, AMARANTE.

FLORAME.
Amarante (aussi bien te faut-il confesser
Que la seule Daphnis avait su me blesser),
Dis-moi qui me l'enlève; apprends-moi quel mystère
Me cache le rival qui possède son père;
A quel heureux amant Géraste a destiné
Ce beau prix que l'amour m'avait si bien donné.

AMARANTE.
Ce dut vous être assez de m'avoir abusée,
Sans faire encor de moi vos sujets de risée.
Je sais que le vieillard favorise vos feux,
Et que rien que Daphnis n'est contraire à vos vœux.

FLORAME.
Que me dis-tu? Lui seul et sa rigueur nouvelle
Empêchent les effets d'une ardeur mutuelle.

AMARANTE.
Pensez-vous me duper avec ce feint courroux?
Lui-même il m'a prié de lui parler pour vous.

FLORAME.
Vois-tu, ne t'en ris plus; ta seule jalousie
A mis à ce vieillard ce change* en fantaisie.
Ce n'est pas avec moi que tu te dois jouer,
Et ton crime redouble à le désavouer;
Mais sache qu'aujourd'hui, si tu ne fais en sorte
Que mon fidèle amour sur ce rival l'emporte,
J'aurai trop de moyens de te faire sentir
Qu'on ne m'offense point sans un prompt repentir.

SCÈNE IV

AMARANTE.

Voilà de quoi tomber dans un nouveau dédale.
O ciel! qui vit jamais confusion égale?
Si j'écoute Daphnis, j'apprends qu'un feu puissant
La brûle pour Florame, et qu'un père y consent;
Si j'écoute Géraste, il lui donne Florame,
Et se plaint que Daphnis en rejette la flamme;
Et si Florame est cru, ce vieillard aujourd'hui
Dispose de Daphnis pour un autre que lui.
Sous un tel embarras je me trouve accablée;
Eux moi, nous avons la cervelle troublée,
Si ce n'est qu'à dessein ils se soient concertés
Pour me faire enrager par ces diversités. [dre-
Mon faible esprit s'y perd, et n'y peut rien compren-
Pour en venir à bout il me les faut surprendre,
Et, quand ils se verront, écouter leurs discours,
Pour apprendre par là le fond de ces détours.
Voici mon vieux rêveur; fuyons de sa présence,
Qu'il ne m'embrouille encor de quelque confidence :
De crainte que j'en ai, d'ici je me bannis,
Tant qu'avec lui je voie ou Florame, ou Daphnis.

SCÈNE V

GÉRASTE, POLÉMON.

POLÉMON.
J'ai grand regret, monsieur, que la foi qui vous lie
Empêche que chez vous mon neveu ne s'allie,
Et que son feu m'emploie aux offres qu'il vous fait,
Lorsqu'il n'est plus en vous d'en accepter l'effet.

GÉRASTE.
C'est un rare trésor que mon malheur me vole;
Et si l'honneur souffrait un manque de parole,
L'avantageux parti que vous me présentez
Me verrait aussitôt prêt à ses volontés.

POLÉMON.
Mais si quelque hasard rompait cette alliance?

GÉRASTE.
N'ayez lors, je vous prie, aucune défiance;
Je m'en tiendrais heureux, et ma foi vous répond
Que Daphnis, sans tarder, épouse Clarimond.

POLÉMON.
Adieu. Faites état* de mon humble service.

GÉRASTE.
Et vous pareillement, d'un cœur sans artifice.

SCÈNE VI

CÉLIE, GÉRASTE.

CÉLIE.
De sorte qu'à mes yeux votre foi lui répond
Que Daphnis, sans tarder, épouse Clarimond!

GÉRASTE.
Cette vaine promesse en un cas impossible
Adoucit un refus, et le rend moins sensible;
C'est ainsi qu'on oblige un homme à peu de frais.

CÉLIE.
Ajouter l'impudence à vos perfides traits!
Il vous faudrait du charme au lieu de cette ruse,
Pour me persuader que qui promet refuse.

GÉRASTE.
J'ai promis, et tiendrais ce que j'ai protesté,
Si Florame rompait le concert arrêté.
Pour Daphnis, c'est en vain qu'elle fait la rebelle;
J'en viendrai trop à bout.

CÉLIE.
　　　　Impudence nouvelle!
Florame, que Daphnis fait maître de son cœur,
De votre seul caprice accuse la rigueur :
Et je sais que sans vous leur mutuelle flamme
Unirait deux amants qui n'ont déjà qu'une âme.
Vous m'osez cependant effrontément conter
Que Daphnis sur ce point aime à vous résister!
Vous m'en aviez promis une toute autre issue :
J'en ai porté parole après l'avoir reçue.
Qu'avais-je, contre vous, ou fait, ou projeté,
Pour me faire tremper en votre lâcheté?
Ne pouviez-vous trahir que par mon entremise?
Avisez : il y va de plus que de Florise.

Ne vous estimez pas quitte pour la quitter,
Ni que de cette sorte on se laisse affronter.
GÉRASTE.
Me prends-tu donc pour homme à manquer de parole
En faveur d'un caprice où s'obstine une folle?
Va, fais venir Florame; à ses yeux, tu verras
Que pour lui mon pouvoir ne s'épargnera pas,
Que je maltraiterai Daphnis en sa présence
D'avoir pour son amour si peu de complaisance.
Qu'il vienne seulement voir un père irrité,
Et joindre sa prière à mon autorité;
Et lors, soit que Daphnis y résiste ou consente,
Crois que ma volonté sera la plus puissante.
CÉLIE.
Croyez que nous tromper ce n'est pas votre mieux.
GÉRASTE.
Me foudroie en ce cas la colère des cieux!
GÉRASTE, seul.
Géraste, sur-le-champ il te fallait contraindre
Celle que ta pitié ne pouvait ouïr plaindre.
Tu n'as pu refuser du temps à ses douleurs;
Ton cœur s'attendrissait de voir couler ses pleurs;
Et pour avoir usé trop peu de ta puissance,
On t'impute à forfait sa désobéissance.
Un traitement trop doux te fait croire sans foi.

SCÈNE VII

GÉRASTE, DAPHNIS.

GÉRASTE.
Faudra-t-il que de vous je reçoive la loi,
Et que l'aveuglement d'une amour obstinée
Contre ma volonté règle votre hyménée?
Mon extrême indulgence a donné, par malheur,
A vos rébellions quelque faible couleur;
Et pour quelque moment que vos feux m'ont su plaire,
Vous pensez avoir droit de braver ma colère :
Mais sachez qu'il fallait, ingrate, en vos amours,
Ou ne m'obéir point, ou m'obéir toujours.
DAPHNIS.
Si dans mes premiers feux je vous semble obstinée,
C'est l'effet de ma foi sous votre aveu donnée.
Quoi que mette en avant votre injuste courroux,
Je ne veux opposer à vous-même que vous.
Votre permission doit être irrévocable :
Devenez seulement à vous-même semblable.
Il vous fallait, monsieur, vous-même à mes amours,
Ou ne consentir point, ou consentir toujours.
Je choisirai la mort plutôt que le parjure;
M'y voulant obliger, vous vous faites injure.
Ne veuillez point combattre ainsi hors de saison
Votre vouloir, ma foi, mes pleurs, et la raison.
Que vous a fait Daphnis? que vous a fait Florame,
Que pour lui vous vouliez que j'éteigne ma flamme?
GÉRASTE.
Mais que vous a-t-il fait, que pour lui seulement
Vous vous rendiez rebelle à mon commandement?
Ma foi n'est-elle rien au-dessus de la vôtre?
Vous vous donnez à l'un; ma foi vous donne à l'autre,
Qui le doit emporter ou de vous ou de moi?
Et qui doit de nous deux plutôt manquer de foi?
Quand vous en manquerez, mon vouloir vous excuse.
Mais à trop raisonner moi-même je m'abuse :
Il n'est point de raison valable entre nous deux,
Et pour toute raison il suffit que je veux.
DAPHNIS.
Un parjure jamais ne devient légitime;
Une excuse ne peut justifier un crime.
Malgré vos changements, mon esprit résolu
Croit suffire à mes feux que vous ayez voulu.

SCÈNE VIII

GÉRASTE, DAPHNIS, FLORAME, CÉLIE,
AMARANTE.

DAPHNIS.
Voici ce cher amant qui me tient engagée,
A qui sous votre aveu ma foi s'est obligée.
Changez de volonté pour un objet nouveau;
Daphnis épousera Florame, ou le tombeau.
GÉRASTE.
Que vois-je ici, bons dieux?
DAPHNIS.
　　　　　Mon amour, ma constance.
GÉRASTE.
Et sur quoi donc fonder ta désobéissance?
Quel envieux démon, et quel charme assez fort,
Faisait entre-choquer deux volontés d'accord?
C'est lui que tu chéris, et que je te destine;
Et ta rébellion dans un refus s'obstine!
FLORAME.
Appelez-vous refus, de me donner sa foi,
Quand votre volonté se déclara pour moi?
Et cette volonté, pour une autre tournée,
Vous peut-elle obéir après la foi donnée?
GÉRASTE.
C'est pour vous que je change, et pour vous seulement
Je veux qu'elle renonce à son premier amant.
Lorsque je consentis à sa secrète flamme,
C'était pour Clarimond qui possédait son âme;
Amarante du moins me l'avait dit ainsi.
DAPHNIS.
Amarante, approchez; que tout soit éclairci.
Une telle imposture est-elle pardonnable?
AMARANTE.
Mon amour pour Florame en est le seul coupable :
Mon esprit l'adorait; et vous étonnez-vous
S'il devint inventif, puisqu'il était jaloux?
GÉRASTE.
Et par là tu voulais...
AMARANTE.
　　　　　Que votre âme déçue
Donnât à Clarimond une si bonne issue,
Que Florame, frustré de l'objet de ses vœux,
Fût réduit désormais à seconder mes feux.

FLORAME.
Pardonnez-lui, monsieur; et vous, daignez, madame,
Justifier son feu par votre propre flamme.
Si vous m'aimez encor, vous devez estimer
Qu'on ne peut faire un crime à force de m'aimer.
DAPHNIS.
Si je t'aime, Florame? Ah! ce doute m'offense.
D'Amarante avec toi je prendrai la défense.
GÉRASTE.
Et moi dans ce pardon je vous veux prévenir;
Votre hymen aussi bien saura trop la punir.
DAPHNIS.
Qu'un nom tu par hasard nous a donné de peine!
CÉLIE.
Mais que, su maintenant, il rend sa ruse vaine,
Et donne un prompt succès à vos contentements.
FLORAME, à Géraste.
Vous, de qui je les tiens...
GÉRASTE.
Trêve de compliments :
Ils nous empêcheraient de parler de Florise.
FLORAME.
Il n'en faut point parler; elle vous est acquise.
GÉRASTE.
Allons donc la trouver : que cet échange heureux
Comble d'aise à son tour un vieillard amoureux.
DAPHNIS.
Quoi! je ne savais rien d'une telle partie !
FLORAME.
Je pense toutefois vous avoir avertie
Qu'un grand effet d'amour, avant qu'il fût longtemps
Vous rendrait étonnée, et nos désirs contents.
Mais différez, monsieur, une telle visite;
Mon feu ne souffre point que si tôt je la quitte;
Et d'ailleurs je sais trop que la loi du devoir
Veut que je sois chez nous pour vous y recevoir.
GÉRASTE, à Célie.
Va donc lui témoigner le désir qui me presse.
FLORAME.
Plutôt fais-la venir saluer ma maîtresse :
Ainsi tout à la fois nous verrons satisfaits
Vos feux et mon devoir, ma flamme et vos souhaits.
GÉRASTE.
Je dois être honteux d'attendre qu'elle vienne.
CÉLIE.
Attendez-la, monsieur, et qu'à cela ne tienne :
Je cours exécuter cette commission.
GÉRASTE.
Le temps en sera long à mon affection.
FLORAME.
Toujours l'impatience à l'amour est mêlée.
GÉRASTE.
Allons dans le jardin faire deux tours d'allée,
Afin que cet ennui que j'en pourrai sentir
Parmi votre entretien trouve à se divertir.

SCÈNE IX

AMARANTE.

Je le perds donc, l'ingrat, sans que mon artifice
Ait tiré de ses maux aucun soulagement,
Sans que pas un effet ait suivi ma malice,
Où ma confusion n'égalât son tourment.

Pour agréer ailleurs il tâchait à me plaire;
Un amour dans la bouche, un autre dans le sein :
J'ai servi de prétexte à son feu téméraire,
Et je n'ai pu servir d'obstacle à son dessein.

Daphnis me le ravit, non par son beau visage,
Non par son bel esprit ou ses doux entretiens,
Non que sur moi sa race ait aucun avantage,
Mais par le seul éclat qui sort d'un peu de biens.

Filles que la nature a si bien partagées,
Vous devez présumer fort peu de vos attraits;
Quelque charmants qu'ils soient, vous êtes négligées,
A moins que la fortune en rehausse les traits.

Mais encor que Daphnis eût captivé Florame,
Le moyen qu'inégal il en fût possesseur?
Destin, pour rendre aisé le succès de sa flamme,
Fallait-il qu'un vieux fou fût épris de sa sœur?

Pour tromper mon attente, et me faire un supplice,
Deux fois l'ordre commun se renverse en un jour;
Un jeune amant s'attache aux lois de l'avarice,
Et ce vieillard pour lui suit celles de l'amour.

Un discours amoureux n'est qu'une fausse amorce :
Et Théante et Florame ont feint pour moi des feux;
L'un m'échappe de gré, comme l'autre de force;
J'ai quitté l'un pour l'autre, et je les perds tous deux.

Mon cœur n'a point d'espoir dont je ne sois séduite.
Si je prends quelque peine, une autre en a les fruits;
Et dans le triste état où le ciel m'a réduite,
Je ne sens que douleurs, et ne prévois qu'ennuis.

Vieillard, qui de ta fille achètes une femme
Dont peut-être aussitôt tu seras mécontent,
Puisse le ciel, aux soins qui te vont ronger l'âme,
Dénier le repos du tombeau qui t'attend !

Puisse le noir chagrin de ton humeur jalouse
Me contraindre moi-même à déplorer ton sort,
Te faire un long trépas, et cette jeune épouse
User toute sa vie à souhaiter ta mort !

EXAMEN DE LA SUIVANTE

Je ne dirai pas grand mal de celle-ci, que je tiens assez régulière, bien qu'elle ne soit pas sans taches. Le style en est plus faible que celui des autres. L'amour de Géraste pour Florise n'est point marqué dans le premier acte : ainsi la protase comprend la première scène du second, où il se présente avec sa confidente Célie, sans qu'on les connaisse ni l'un ni l'autre. Cela ne serait pas vicieux s'il ne s'y présentait que comme père de Daphnis, et qu'il ne s'expliquât que sur les intérêts de sa fille ; mais, il en a de si notables pour lui, qu'ils font le nœud et le dénoûment. Ainsi, c'est un défaut, selon moi, qu'on ne le connaisse pas dès ce premier acte. Il pourrait être encore souffert, comme Célidan dans la *Veuve*, si Florame l'allait voir pour le faire consentir à son mariage avec sa fille, et que, par occasion, il lui proposât celui de sa sœur pour lui-même ; car alors ce serait Florame qui l'introduirait dans la pièce, et il y serait appelé par un acteur agissant dès le commencement. Clarimond, qui ne paraît qu'au troisième, est insinué dès le premier, où Daphnis parle de l'amour qu'il a pour elle, et avoue qu'elle ne le dédaignerait pas, s'il ressemblait à Florame. Ce même Clarimond fait venir son oncle Polémon au cinquième ; et ces deux acteurs sont ainsi exempts du défaut que je remarque en Géraste. L'entretien de Daphnis, au troisième, avec cet amant dédaigné, a une affectation assez dangereuse, de ne dire que chacun un vers à la fois ; cela sort tout à fait du vraisemblable, puisque naturellement on ne peut être si mesuré en ce qu'on s'entredit. Les exemples d'Euripide et de Sénèque pourraient autoriser cette affectation, qu'ils pratiquent si souvent, et même par discours si généraux, qu'il semble que leurs acteurs ne viennent quelquefois sur la scène que pour s'y battre à coups de sentences : mais c'est une beauté qu'il ne leur faut pas envier, elle est trop fardée pour donner un amour raisonnable à ceux qui ont de bons yeux, et ne prendre pas assez de soin de cacher l'artifice de ses parures, comme l'ordonne Aristote.

Géraste n'agit pas mal en vieillard amoureux, puisqu'il ne traite l'amour que par tierce personne, qu'il prétend être considérable que par son bien, et qu'il ne se produit point aux yeux de sa maîtresse, de peur de lui donner du dégoût par sa présence. On peut douter s'il ne sort point du caractère des vieillards, qui sont d'ordinaire naturellement avares, à considérer le bien plus que toute autre chose dans les mariages de leurs enfants, et que celui-ci donne assez libéralement sa fille à Florame, malgré son peu de fortune, pourvu qu'il en obtienne sa sœur. En cela, j'ai suivi la peinture que fait Quintilien d'un vieux mari qui a épousé une jeune femme, et n'ai point fait de scrupule de l'appliquer à un vieillard qui veut se marier. Les termes en sont si beaux, que je n'ose les gâter par ma traduction : *Genus infirmissimæ servitutis est senex maritus, et flagrantius uxoriæ charitatis ardorem frigidis concipimus affectibus.* C'est sur ces deux lignes que je me suis cru bien fondé à faire dire de ce bon homme que,

> S'il pouvait donner trois Daphnis pour Florise,
> Il la tiendrait encore heureusement acquise.

Il peut naître encore une autre difficulté sur ce que Théante et Amarante forment chacun un dessein pour traverser les amours de Florame et Daphnis, et qu'ainsi ce sont deux intrigues qui rompent l'unité d'action. A quoi je réponds, premièrement, que ces deux desseins formés en même temps, et continués tous deux jusqu'au bout, font une concurrence qui n'empêche pas cette unité ; ce qui ne serait pas, si après celui de Théante avorté, Amarante en formait un nouveau de sa part ; en second lieu, que ces deux desseins ont une espèce d'unité entre eux, en ce que tous deux sont fondés sur l'amour que Clarimond a pour Daphnis, qui sert de prétexte à l'un et à l'autre ; et enfin, que de ces deux desseins il n'y en a qu'un qui fasse effet, l'autre se détruisant de soi-même ; et qu'ainsi la fourbe d'Amarante est le seul véritable nœud de cette comédie, où le dessein de Théante ne sert qu'à un agréable épisode de deux honnêtes gens qui jouent tour à tour un poltron, et le tournent en ridicule.

Il y avait ici un aussi beau jeu pour les *à parte* qu'en la *Veuve* mais j'y en fais voir la même aversion, avec cet avantage, qu'une seule scène qui ouvre le théâtre donne ici l'intelligence du sens caché de ce que disent mes acteurs, et qu'en l'autre j'en emploie quatre ou cinq pour l'éclaircir.

L'unité de lieu est assez exactement gardée en cette comédie, avec ce passe-droit toutefois dont j'ai déjà parlé, que tout ce que dit Daphnis à sa porte ou en la rue serait mieux dit dans sa chambre, où les scènes qui se font sans elle et sans Amarante ne peuvent se placer. C'est ce qui m'oblige à la faire sortir au dehors, afin qu'il puisse y avoir et unité de lieu entière, et liaison de scène perpétuelle dans la pièce ; ce qui ne pourrait être, si elle parlait dans sa chambre, et les autres dans la rue.

J'ai déjà dit que je tiens impossible de choisir une place publique pour le lieu de la scène que cet inconvénient n'arrive ; j'en parlerai encore plus au long, quand je m'expliquerai sur l'unité de lieu. J'ai dit que la liaison de scène est ici perpétuelle, et j'y en ai mis de deux sortes, de présence et de vue. Quelques-uns ne veulent pas que quand un acteur sort du théâtre pour n'être point vu de celui qui y vient, cela fasse une liaison ; je ne puis être de leur avis sur ce point, et tiens que c'en est une suffisante quand l'acteur qui entre sur le théâtre voit celui qui en sort, ou que celui qui sort voit celui qui entre, soit qu'il le cherche, soit qu'il le fuie, soit qu'il le voie simplement, sans avoir intérêt à le chercher ni à le fuir. Aussi j'appelle en général une liaison de vue ce qu'ils nomment une liaison de recherche. J'avoue que cette liaison est beaucoup plus imparfaite que celle de présence et de discours, qui se fait lorsqu'un acteur ne sort point du théâtre sans y laisser un autre à qui il ait parlé ; et dans mes derniers ouvrages, je me suis arrêté à celle-ci sans me servir de l'autre ; mais enfin je crois qu'on s'en peut contenter, et je la préférerais de beaucoup à celle qu'on appelle liaison de bruit, qui ne me semble pas supportable, s'il n'y a de très-justes et de très-importantes occasions qui obligent un acteur à sortir du théâtre quand il en entend : car d'y venir simplement par curiosité pour savoir ce que veut dire ce bruit, c'est une si faible liaison, que je ne conseillerais jamais personne de s'en servir.

La durée de l'action ne passerait point en cette comédie celle de la représentation, si l'heure du dîner n'y séparait point les deux premiers actes. Le reste n'emporte que ce temps-là ; et je n'aurais pu lui en donner davantage que mes acteurs n'eussent le loisir de s'éclaircir ; ce qui les brouille n'étant qu'un malentendu qui ne peut subsister qu'autant que Géraste, Florame et Daphnis ne se trouvent point tous trois ensemble. Je n'ose dire que je m'y suis asservi à faire les actes si égaux, qu'aucun n'a pas un vers plus que l'autre ; c'est une affectation qui ne fait aucune beauté. Il faut, à la vérité, les rendre les plus égaux qu'il se peut ; mais il n'est pas besoin de cette exactitude ; il suffit qu'il n'y ait point d'inégalité notable qui fatigue l'attention de l'auditeur en quelques-uns, et ne la remplisse pas dans les autres.

FIN DE LA SUIVANTE.

LA PLACE ROYALE

COMÉDIE. — 1635

A MONSIEUR ***

Monsieur,

J'observe religieusement la loi que vous m'avez prescrite, et vous rends mes devoirs avec le même secret que je traiterais un amour, si j'étais homme à bonne fortune. Il me suffit que vous sachiez que je m'acquitte, sans le faire connaître à tout le monde, et sans que, par cette publication, je vous mette en mauvaise odeur auprès d'un sexe dont vous conservez les bonnes grâces avec tant de soin. Le héros de cette pièce ne traite pas bien les dames, et tâche d'établir des maximes qui leur sont trop désavantageuses pour nommer son protecteur; elles s'imagineraient que vous ne pourriez l'approuver sans avoir grande part à ses sentiments, et que toute sa morale serait plutôt un portrait de votre conduite qu'un effort de mon imagination; et véritablement, Monsieur, cette possession de vous-même, que vous conservez si parfaite parmi tant d'intrigues où vous semblez embarrassé, en approche beaucoup. C'est de vous que j'ai appris que l'amour d'un honnête homme doit être toujours volontaire; qu'on ne doit jamais aimer en un point qu'on ne puisse n'aimer pas; que si on en vient jusque-là, c'est une tyrannie dont il faut secouer le joug; et qu'enfin la personne aimée nous a beaucoup plus d'obligation de notre amour, alors qu'elle est toujours l'effet de notre choix et de son mérite, que quand elle vient d'une inclination aveugle, et forcée par quelque ascendant de naissance à qui nous ne pouvons résister. Nous ne sommes point redevables à celui de qui nous recevons un bienfait par contrainte, et on ne nous donne point ce qu'on ne saurait nous refuser. Mais je vais trop avant pour une épître : il semblerait que j'entreprendrais la justification de mon *Alidor* : et ce n'est pas mon dessein de mériter, par cette défense, la haine de la plus belle moitié du monde, et qui domine si puissamment sur les volontés de l'autre. Un poëte n'est jamais garant des fantaisies qu'il donne à ses acteurs; et si les dames trouvent ici quelques discours qui les blessent, je les supplie de se souvenir que j'appelle extravagant celui dont ils partent, et que, par d'autres poëmes, j'ai assez relevé leur gloire, et soutenu leur pouvoir, pour effacer les mauvaises idées que celui-ci leur pourra faire concevoir de mon esprit. Trouvez bon que j'achève par là, et que je n'ajoute à cette prière que je leur fais, que la protestation d'être éternellement,

Monsieur,

Votre très-humble et très-obéissant serviteur,
CORNEILLE.

PERSONNAGES.

ALIDOR, amant d'Angélique.
CLÉANDRE, ami d'Alidor.
DORASTE, amoureux d'Angélique.
LYSIS, amoureux de Phylis.

PERSONNAGES.

ANGÉLIQUE, maîtresse d'Alidor et de Doraste.
PHYLIS, sœur de Doraste.
POLYMAS, domestique d'Alidor.
LYCANTE, domestique de Doraste.

La scène est à Paris, dans la place Royale.

ACTE PREMIER

SCÈNE I

ANGÉLIQUE, PHYLIS.

ANGÉLIQUE.

Ton frère, je l'avoue, a beaucoup de mérite;
Mais souffre qu'envers lui cet éloge m'acquitte,
Et ne m'entretiens plus des feux qu'il a pour moi.

PHYLIS.

C'est me vouloir prescrire une trop dure loi.
Puis-je sans étouffer la voix de la nature,
Dénier mon secours aux tourments qu'il endure?
Quoi! tu m'aimes, il meurt, et tu peux le guérir!
Et sans t'importuner je le verrais périr!
Ne me diras-tu point que j'ai tort de le plaindre?

ANGÉLIQUE.

C'est un mal bien léger qu'un feu qu'on peut éteindre.

PHYLIS.

Je sais qu'il le devrait; mais avec tant d'appas,
Le moyen qu'il te voie, et ne t'adore pas?
Ses yeux ne souffrent point que son cœur soit de glace;
On ne pourrait aussi m'y résoudre, en sa place;
Et tes regards, sur moi plus forts que tes mépris,
Te sauraient conserver ce que tu m'aurais pris.

ANGÉLIQUE.

S'il veut garder encor cette humeur obstinée,
Je puis bien m'empêcher d'en être importunée;
Feindre un peu de migraine, ou me faire celer,
C'est un moyen bien court de ne lui plus parler :
Mais ce qui m'en déplaît, et qui me désespère,
C'est de perdre la sœur pour éviter le frère,
Et me violenter à fuir ton entretien,
Puisque te voir encor c'est m'exposer au sien.
Du moins, s'il faut quitter cette douce pratique,
Ne mets point en oubli l'amitié d'Angélique,

Et crois que ses effets auront leur premier cours
Aussitôt que ton frère aura d'autres amours.
PHYLIS.
Tu vis d'un air étrange, et presque insupportable.
ANGÉLIQUE.
Que toi-même pourtant dois trouver équitable :
Mais la raison sur toi ne saurait l'emporter ;
Dans l'intérêt d'un frère on ne peut l'écouter.
PHYLIS.
Et par quelle raison négliger son martyre ?
ANGÉLIQUE.
Vois-tu, j'aime Alidor, et c'est assez te dire.
Le reste des mortels pourrait m'offrir des vœux,
Je suis aveugle, sourde, insensible pour eux ;
La pitié de leurs maux ne peut toucher mon âme
Que par des sentiments dérobés à ma flamme.
On ne doit point avoir des amants par quartier ;
Alidor a mon cœur, et l'aura tout entier ;
En aimer deux, c'est être à tous deux infidèle.
PHYLIS.
Qu'Alidor seul te rende à tout autre cruelle,
C'est avoir pour le reste un cœur trop endurci.
ANGÉLIQUE.
Pour aimer comme il faut, il faut aimer ainsi.
PHYLIS.
Dans l'obstination où je te vois réduite,
J'admire ton amour, et ris de ta conduite.
Fasse état qui voudra de ta fidélité,
Je ne me pique point de cette vanité ;
Et l'exemple d'autrui m'a trop fait reconnaître
Qu'au lieu d'un serviteur c'est accepter un maître.
Quand on n'en souffre qu'un, qu'on ne pense qu'à lui,
Tous autres entretiens nous donnent de l'ennui ;
Il nous faut de tout point vivre à sa fantaisie,
Souffrir de son humeur, craindre sa jalousie,
Et, de peur que le temps n'emporte ses ferveurs,
Le combler chaque jour de nouvelles faveurs :
Notre âme, s'il s'éloigne, est chagrine, abattue ;
Sa mort nous désespère, et son change* nous tue.
Et de quelque douceur que nos feux soient suivis,
On dispose de nous sans prendre notre avis ;
C'est rarement qu'un père à nos goûts s'accommode ;
Et lors, juge quels fruits on a de ta méthode.
Pour moi, j'aime un chacun, et sans rien négliger,
Le premier qui m'en conte a de quoi m'engager :
Ainsi tout contribue à ma bonne fortune ;
Tout le monde me plaît et rien ne m'importune.
De mille que je rends l'un de l'autre jaloux,
Mon cœur n'est à pas un, et se promet à tous ;
Ainsi tous à l'envi s'efforcent à me plaire ;
Tous vivent d'espérance, et briguent leur salaire ;
L'éloignement d'aucun ne saurait m'affliger,
Mille encore présents m'empêchent d'y songer.
Je n'en crains point la mort, je n'en crains point le [change*;
Un monde m'en console aussitôt, ou m'en venge.
Le moyen que de tant et de si différents [rents?
Quelqu'un n'ait assez d'heur* pour plaire à mes pa-
Et si quelque inconnu m'obtient d'eux pour maîtres-
Ne crois pas que j'en tombe en profonde tristesse ; [se,
Il aura quelques traits de tant que je chéris,
Et je puis avec joie accepter tous maris.
ANGÉLIQUE.
Voilà fort plaisamment tailler cette matière,
Et donner à ta langue une libre carrière ;
Ce grand flux de raisons dont tu viens m'attaquer
Est bon à faire rire, et non à pratiquer.
Simple ! tu ne sais pas ce que c'est que tu blâmes,
Et ce qu'a de douceur l'union de deux âmes,
Tu n'éprouvas jamais de quels contentements
Se nourrissent les feux des fidèles amants.
Qui peut en avoir mille en est plus estimée ;
Mais qui les aime tous de pas un n'est aimée ;
Elle voit leur amour soudain se dissiper.
Qui veut tout retenir laisse tout échapper.
PHYLIS.
Défais-toi, défais-toi de tes fausses maximes ;
Ou, si ces vieux abus te semblent légitimes,
Si le seul Alidor te plaît dessous les cieux,
Conserve-lui ton cœur, mais partage tes yeux :
De mon frère par là soulage un peu les plaies ;
Accorde un faux remède à des douleurs si vraies ;
Feins, déguise avec lui, trompe-le par pitié,
Ou du moins par vengeance et par inimitié.
ANGÉLIQUE.
Le beau prix qu'il aurait de m'avoir tant chérie,
Si je ne le payais que d'une tromperie !
Pour salaire des maux qu'il endure en m'aimant,
Il aura qu'avec lui je vivrai franchement.
PHYLIS.
Franchement, c'est-à-dire avec mille rudesses
Le mépriser, le fuir, et par quelques adresses
Qu'il tâche d'adoucir... Quoi, me quitter ainsi !
Et sans me dire adieu ! le sujet ?

SCÈNE II

DORASTE, PHYLIS.

DORASTE.
Le voici.
Ma sœur, ne cherche plus une chose trouvée :
Sa fuite n'est l'effet que de mon arrivée ;
Ma présence la chasse ; et son muet départ
A presque devancé son dédaigneux regard.
PHYLIS.
Juge par là quels fruits produit mon entremise.
Je m'acquitte des mieux de la charge commise ;
Je te fais plus parfait mille fois que tu n'es :
Ton feu ne peut aller au point où je le mets ;
J'invente des raisons à combattre sa haine ;
Je blâme, flatte, prie, et perds toujours ma peine,
En grand péril d'y perdre encor son amitié,
Et d'être en tes malheurs avec toi de moitié.
DORASTE.
Ah ! tu ris de mes maux.

PHYLIS.

Que veux-tu que je fasse ?
Ris des miens, si jamais tu me vois en ta place.
Que serviraient mes pleurs ? Veux-tu qu'à tes tour-
J'ajoute la pitié de mes ressentiments ?   [ments
Après mille mépris qu'a reçus ta folie,
Tu n'es que trop chargé de ta mélancolie ;
Si j'y joignais la mienne, elle t'accablerait,
Et de mon déplaisir le tien redoublerait ;
Contraindre mon humeur me serait un supplice
Qui me rendrait moins propre à te faire service.
Vois-tu ? par tous moyens je te veux soulager ;
Mais j'ai bien plus d'esprit que de m'en affliger.
Il n'est point de douleur si forte en un courage
Qui ne perde sa force auprès de mon visage ;
C'est toujours de tes maux autant de rabattu :
Confesse, ont-ils encor le pouvoir qu'ils ont eu ?
Ne sens-tu point déjà ton âme un peu plus gaie ?

DORASTE.

Tu me forces à rire en dépit que j'en aie.
Je souffre tout de toi, mais à condition
D'employer tous tes soins à mon affection.
Dis-moi par quelle ruse il faut...

PHYLIS.

Rentrons, mon frère :
Un de mes amants vient, qui pourrait nous distraire.

SCÈNE III

CLÉANDRE.

Que je dois bien faire pitié
De souffrir les rigueurs d'un sort si tyrannique !
J'aime Alidor, j'aime Angélique ;
Mais l'amour cède à l'amitié,
Et jamais on n'a vu sous les lois d'une belle
D'amant si malheureux, ni d'ami si fidèle.

Ma bouche ignore mes désirs,
Et de peur de se voir trahi par imprudence,
Mon cœur n'a point de confidence
Avec mes yeux ni mes soupirs :
Tous mes vœux sont muets, et l'ardeur de ma flamme
S'enferme tout entière au dedans de mon âme.

Je feins d'aimer en d'autres lieux ;
Et pour en quelque sorte alléger mon supplice,
Je porte du moins mon service
A celle qu'elle aime le mieux.
Phylis, à qui j'en conte, a beau faire la fine ;
Son plus charmant appât, c'est d'être sa voisine.

Esclave d'un œil si puissant,
Jusque-là seulement me laisse aller ma chaîne ;
Trop récompensé, dans ma peine,
D'un de ses regards en passant.
Je n'en veux à Phylis que pour voir Angélique ;
Et mon feu, qui vient d'elle, auprès d'elle s'explique.

Ami, mieux aimé mille fois,
Faut-il, pour m'accabler de douleurs infinies,
Que nos volontés soient unies
Jusqu'à faire le même choix ?
Viens quereller mon cœur d'avoir tant de faiblesse
Que de se laisser prendre au même œil qui te blesse.

Mais plutôt vois te préférer
A celle que le tien préfère à tout le monde,
Et ton amitié sans seconde
N'aura plus de quoi murmurer.
Ainsi je veux punir ma flamme déloyale ;
Ainsi...

SCÈNE IV

ALIDOR, CLÉANDRE.

ALIDOR.

Te rencontrer dans la place Royale,
Solitaire, et si près de ta douce prison,
Montre bien que Phylis n'est pas à la maison
CLÉANDRE.
Mais voir de ce côté ta démarche avancée
Montre bien qu'Angélique est fort dans ta pensée.
ALIDOR.
Hélas ! c'est mon malheur ! son objet trop charmant,
Quoi que je puisse faire, y règne absolument.
CLÉANDRE.
De ce pouvoir peut-être elle use en inhumaine ?
ALIDOR.
Rien moins, et c'est par là que redouble ma peine :
Ce n'est qu'en m'aimant trop qu'elle me fait mourir;
Un moment de froideur, et je pourrais guérir ;
Une mauvaise œillade, un peu de jalousie,
Et j'en aurais soudain passé ma fantaisie :
Mais las ! elle est parfaite, et sa perfection
N'approche point encor de son affection ;
Point de refus pour moi, point d'heures inégales ;
Accablé de faveurs à mon repos fatales,
Sitôt qu'elle voit jour à d'innocents plaisirs,
Je vois qu'elle devine et prévient mes désirs ;
Et si j'ai des rivaux, sa dédaigneuse vue
Les désespère autant que son ardeur me tue.
CLÉANDRE.
Vit-on jamais amant de la sorte enflammé,
Qui se tînt malheureux pour être trop aimé ?
ALIDOR.
Comptes-tu mon esprit entre les ordinaires ?
Penses-tu qu'il s'arrête aux sentiments vulgaires ?
Les règles que je suis ont un air tout divers ;
Je veux la liberté dans le milieu des fers.
Il ne faut point servir d'objet qui nous possède ;
Il ne faut point nourrir d'amour qui ne nous cède :
Je le hais, s'il me force : et quand j'aime, je veux
Que de ma volonté dépendent tous mes vœux ;
Que mon feu m'obéisse, au lieu de me contraindre ;
Que je puisse à mon gré l'enflammer et l'éteindre,
Et, toujours en état de disposer de moi,

Donner, quand il me plaît, et retirer ma foi.
Pour vivre de la sorte Angélique est trop belle :
Mes pensers ne sauraient m'entretenir que d'elle ;
Je sens de ses regards mes plaisirs se borner ;
Mes pas d'autre côté n'oseraient se tourner ;
Et de tous mes soucis la liberté bannie
Me soumet en esclave à trop de tyrannie.
J'ai honte de souffrir les maux dont je me plains,
Et d'éprouver ses yeux plus forts que mes desseins.
Je n'ai que trop langui sous de si rudes gênes ;
A tel prix que ce soit, il faut rompre mes chaînes,
De crainte qu'un hymen, m'en ôtant le pouvoir,
Fît d'un amour par force un amour par devoir.

CLÉANDRE.
Crains-tu de posséder un objet qui te charme ?

ALIDOR.
Ne parle point d'un nœud dont le seul nom m'alarme.
J'idolâtre Angélique : elle est belle aujourd'hui,
Mais sa beauté peut-elle autant durer que lui ?
Et pour peu qu'elle dure, aucun me peut-il dire
Si je pourrai l'aimer jusqu'à ce qu'elle expire ?
Du temps, qui change tout, les révolutions
Ne changent-elles pas nos résolutions ?
Est-ce une humeur égale et ferme que la nôtre ?
N'a-t-on point d'autres goûts en un âge qu'en l'autre ?
Juge alors le tourment que c'est d'être attaché,
Et de ne pouvoir rompre un si fâcheux marché.
Cependant Angélique, à force de me plaire,
Me flatte doucement de l'espoir du contraire ;
Et si d'autre façon je ne me sais garder,
Je sens que ses attraits m'en vont persuader.
Mais, puisque son amour me donne tant de peine,
Je la veux offenser pour acquérir sa haine,
Et mériter enfin un doux commandement
Qui prononce l'arrêt de mon bannissement.
Ce remède est cruel, mais pourtant nécessaire :
Puisqu'elle me plaît trop, il me faut lui déplaire.
Tant que j'aurai chez elle encor le moindre accès,
Mes desseins de guérir n'auront point de succès.

CLÉANDRE.
Étrange humeur d'amant !

ALIDOR.
Étrange, mais utile.
Je me procure un mal pour en éviter mille.

CLÉANDRE.
Tu ne prévois donc pas ce qui t'attend de maux,
Quand un rival aura le fruit de tes travaux ?
Pour se venger de toi, cette belle offensée
Sous les lois d'un mari sera bientôt passée ;
Et lors, que de soupirs et de pleurs répandus
Ne te rendront aucun de tant de biens perdus !

ALIDOR.
Dis mieux, que pour rentrer dans mon indifférence,
Je perdrai mon amour avec mon espérance,
Et qu'y trouvant alors sujet d'aversion,
Ma liberté naîtra de ma punition.

CLÉANDRE.
Après cette assurance, ami, je me déclare.
Amoureux dès longtemps d'une beauté si rare,
Toi seul de la servir me pouvais empêcher ;
Et je n'aimais Phylis que pour m'en approcher.
Souffre donc maintenant que, pour mon allégeance*,
Je prenne, si je puis, le temps de sa vengeance ;
Que des ressentiments qu'elle aura contre toi
Je tire un avantage en lui portant ma foi ;
Et que cette colère en son âme conçue
Puisse de mes désirs faciliter l'issue.

ALIDOR.
Si ce joug inhumain, ce passage trompeur,
Ce supplice éternel, ne te fait point de peur.
A moi ne tiendra pas que la beauté que j'aime
Ne me quitte bientôt pour un autre moi-même.
Tu portes en bon lieu tes désirs amoureux ;
Mais songe que l'hymen fait bien des malheureux.

CLÉANDRE. [pense,
J'en veux bien faire essai ; mais d'ailleurs, quand j'y
Peut-être seulement le nom d'époux t'offense ;
Et tu voudrais qu'un autre...

ALIDOR.
Ami, que me dis-tu ?
Connais mieux Angélique et sa haute vertu ;
Et sache qu'une fille a beau toucher mon âme,
Je ne la connais plus dès l'heure qu'elle est femme.
De mille qu'autrefois tu m'as vu caresser
En pas une un mari pouvait-il s'offenser ?
J'évite l'apparence autant comme le crime ;
Je fuis un compliment qui semble illégitime ;
Et le jeu m'en déplaît, quand on fait à tous coups
Causer un médisant, et rêver un jaloux.
Encor que dans mon feu mon cœur ne s'intéresse,
Je veux pouvoir prétendre où ma bouche l'adresse,
Et garder, si je puis, parmi ces fictions,
Un renom aussi pur que mes intentions.
Ami, soupçon à part, et sans plus de réplique,
Si tu veux en ma place être aimé d'Angélique
Allons tout de ce pas ensemble imaginer
Les moyens de la perdre, et de te la donner,
Et quelle invention sera la plus aisée.

CLÉANDRE.
Allons. Ce que j'ai dit n'était que par risée.

ACTE DEUXIÈME

SCÈNE I

ANGÉLIQUE, POLYMAS.

ANGÉLIQUE, *tenant une lettre ouverte.*
De cette trahison ton maître est donc l'auteur ?

POLYMAS.
Assez imprudemment il m'en fait le porteur.
Comme il se rend par là digne qu'on le prévienne,
Je veux bien en faire une en haine de la sienne ;

Et mon devoir, mal propre à de si lâches coups,
Manque aussitôt vers lui que son amour vers vous.
ANGÉLIQUE.
Contre ce que je vois le mien encor s'obstine.
Qu'Alidor ait écrit cette lettre à Clarine!
Et qu'ainsi d'Angélique il se voulût jouer!
POLYMAS.
Il n'aura pas le front de le désavouer.
Opposez-lui ses traits, battez-le de ses armes; [mes;
Pour s'en pouvoir défendre il lui faudrait des char-
Mais surtout cachez-lui ce que je fais pour vous,
Et ne m'exposez point aux traits de son courroux;
Que je vous puisse encor trahir son artifice,
Et, pour mieux vous servir, rester à son service.
ANGÉLIQUE.
Rien ne m'échappera qui te puisse toucher;
Je sais ce qu'il faut dire, et ce qu'il faut cacher.
POLYMAS.
Feignez d'avoir reçu ce billet de Clarine,
Et que...
ANGÉLIQUE.
Ne m'instruis point; et va, qu'il ne devine.
POLYMAS.
Mais...
ANGÉLIQUE.
Ne réplique plus, et va-t'en.
POLYMAS.
J'obéis.
ANGÉLIQUE, *seule*.
Mes feux, il est donc vrai que l'on vous a trahis?
Et ceux dont Alidor montrait son âme atteinte
Ne sont plus que fumée, ou n'étaient qu'une feinte?
Que la foi des amants est un gage pipeur*! [peur!
Que leurs serments sont vains, et notre espoir trom-
Qu'on est peu dans leur cœur pour être dans leur bou-
Et que malaisément on sait ce qui les touche! [che!
Mais voici l'infidèle. Ah! qu'il se contraint bien!

SCÈNE II

ALIDOR, ANGÉLIQUE.

ALIDOR.
Puis-je avoir un moment de ton cher entretien?
Mais j'appelle un moment, de même qu'une année
Passe entre deux amants pour moins qu'une journée.
ANGÉLIQUE.
Avec de tels discours oses-tu m'aborder,
Perfide, et sans rougir peux-tu me regarder?
As-tu cru que le ciel consentît à ma perte
Jusqu'à souffrir encor ta lâcheté couverte? [reur;
Apprends, perfide, apprends que je suis hors d'er-
Tes yeux ne me sont plus que des objets d'horreur.
Je ne suis plus charmée; et mon âme, plus saine,
N'eut jamais tant d'amour qu'elle a pour toi de haine.
ALIDOR.
Voilà me recevoir avec des compliments
Qui seraient pour tout autre un peu moins que char-
Quel en est le sujet? [mants!

ANGÉLIQUE.
Le sujet? lis, parjure;
Et puis accuse-moi de te faire une injure!
ALIDOR *lit la lettre entre les mains d'Angélique.*
« Clarine, je suis tout à vous;
« Ma liberté vous rend les armes :
« Angélique n'a point de charmes
« Pour me défendre de vos coups;
« Ce n'est qu'une idole mouvante;
« Ses yeux sont sans vigueur, sa bouche sans appas
« Alors que je l'aimais, je ne la connus pas;
« Et, de quelques attraits que le monde vous vante,
« Vous devez mes affections
« Autant à ses défauts qu'à vos perfections. »
ANGÉLIQUE.
Eh bien, ta perfidie est-elle en évidence?
ALIDOR.
Est-ce là tant de quoi?
ANGÉLIQUE.
Tant de quoi? l'impudence!
Après mille serments il me manque de foi,
Et me demande encor si c'est là tant de quoi!
Change, si tu le veux; je n'y perds qu'un volage :
Mais, en m'abandonnant, laisse en paix mon visage;
Oublie avec ta foi ce que j'ai de défauts;
N'établis point tes feux sur le peu que je vaux;
Fais que, sans m'y mêler, ton compliment s'explique,
Et ne le grossis point du mépris d'Angélique.
ALIDOR.
Deux mots de vérité vous mettent bien aux champs!
ANGÉLIQUE.
Ciel, tu ne punis point des hommes si méchants!
Ce traître vit encore, il me voit, il respire,
Il m'affronte, il l'avoue, il rit quand je soupire.
ALIDOR.
Vraiment le ciel a tort de ne vous pas donner,
Lorsque vous tempêtez, sa foudre à gouverner;
Il devrait avec vous être d'intelligence.
(*Angélique déchire la lettre, et en jette les morceaux.*)
Le digne et grand objet d'une haute vengeance!
Vous traitez du papier avec trop de rigueur.
ANGÉLIQUE.
Que n'en puis-je autant faire à ton perfide cœur!
ALIDOR.
Qui ne vous flatte point puissamment vous irrite.
Pour dire franchement votre peu de mérite,
Commet-on des forfaits si grands et si nouveaux
Qu'on doive tout à l'heure être mis en morceaux?
Si ce crime autrement ne saurait se remettre,
(*Il lui présente aux yeux un miroir qu'elle porte à sa ceinture.*)
Cassez; ceci vous dit encor pis que ma lettre.
ANGÉLIQUE.
S'il me dit mes défauts autant ou plus que toi,
Déloyal, pour le moins il n'en dit rien qu'à moi :
C'est dedans son cristal que je les étudie;
Mais après il s'en tait, et moi j'y remédie;
Il m'en donne un avis sans me les reprocher.

Et, me les découvrant, il m'aide à les cacher.
ALIDOR.
Vous êtes en colère, et vous dites des pointes !
Ne présumiez-vous point que j'irais, à mains jointes
Les yeux enflés de pleurs, et le cœur de soupirs,
Vous faire offre à genoux de mille repentirs?
Que vous êtes à plaindre étant si fort déçue !
ANGÉLIQUE.
Insolent ! ôte-toi pour jamais de ma vue.
ALIDOR.
Me défendre vos yeux après mon changement,
Appelez-vous cela du nom de châtiment?
Ce n'est que me bannir du lieu de mon supplice ;
Et ce commandement est si plein de justice,
Que, bien que je renonce à vivre sous vos lois,
Je vais vous obéir pour la dernière fois.

SCÈNE III

ANGÉLIQUE.

Commandement honteux, où ton obéissance
N'est qu'un signe trop clair de mon peu de puissance,
Où ton bannissement a pour toi des appas,
Et me devient cruel de ne te l'être pas !
A quoi se résoudra désormais ma colère,
Si ta punition te tient lieu de salaire?
Que mon pouvoir me nuit ! et qu'il m'est cher vendu !
Voilà ce que me vaut d'avoir trop attendu :
Je devais prévenir ton outrageux caprice ;
Mon bonheur dépendait de te faire injustice.
Je chasse un fugitif avec trop de raison,
Et lui donne les champs quand il rompt sa prison.
Ah ! que n'ai-je eu des bras à suivre mon courage !
Qu'il m'eût bien autrement réparé cet outrage !
Que j'eusse retranché de ses propos railleurs !
Le traître n'eût jamais porté son cœur ailleurs ;
Puisqu'il m'était donné, je m'en fusse saisie ;
Et sans prendre conseil que de ma jalousie,
Puisqu'un autre portrait en efface le mien,
Cent coups auraient chassé ce voleur de mon bien.
Vains projets, vains discours, vaine et fausse allé-
[geance*!
Et mes bras et son cœur manquent à ma vengeance !
  Ciel, qui m'en vois donner de si justes sujets,
Donne-m'en des moyens, donne-m'en des objets.
Où me dois-je adresser? Qui doit porter sa peine?
Qui doit à son défaut m'éprouver inhumaine?
De mille désespoirs mon cœur est assailli ;
Je suis seule punie, et je n'ai point failli.
Mais j'ose faire au ciel une injuste querelle ;
Je n'ai que trop failli d'aimer un infidèle,
De recevoir un traître, un ingrat, sous ma loi,
Et trouver du mérite en qui manquait de foi.
Ciel, encore une fois, écoute mon envie ;
Fais que de mon esprit je puisse le bannir,
Ote-m'en la mémoire, ou le prive de vie;
Ou ne l'avoir que mort dedans mon souvenir !
  Que je m'anime en vain contre un objet aimable !
Tout criminel qu'il est, il me semble adorable ;
Et mes souhaits, qu'étouffe un soudain repentir,
En demandant sa mort, n'y sauraient consentir.
  Restes impertinents d'une flamme insensée,
Ennemis de mon heur*, sortez de ma pensée ;
Ou, si vous m'en peignez encore quelques traits,
Laissez là ses vertus, peignez-moi ses forfaits.

SCÈNE IV

ANGÉLIQUE, PHYLIS.

ANGÉLIQUE.

Le croirais-tu, Phylis ? Alidor m'abandonne.
PHYLIS.
Pourquoi non? je n'y vois rien du tout qui m'étonne,
Rien qui ne soit possible, et, de plus, fort commun.
La constance est un bien qu'on ne voit en pas un.
Tout change sous les cieux, mais partout bon remède.
ANGÉLIQUE.
Le ciel n'en a point fait au mal qui me possède.
PHYLIS.
Choisis de mes amants, sans t'affliger si fort,
Et n'appréhende pas de me faire grand tort ;
J'en pourrais, au besoin, fournir toute la ville,
Qu'il m'en demeurerait encor plus de deux mille.
ANGÉLIQUE.
Tu me ferais mourir avec de tels propos ;
Ah ! laisse-moi plutôt soupirer en repos,
Ma sœur.
PHYLIS.
    Plût au bon Dieu que tu voulusses l'être !
ANGÉLIQUE.
Eh quoi ! tu ris encor ? C'est bien faire paraître...
PHYLIS.
Que je ne saurais voir d'un visage affligé
Ta cruauté punie, et mon frère vengé.
Après tout, je connais quelle est ta maladie ;
Tu vois comme Alidor est plein de perfidie ;
Mais je mets dans deux jours ma tête à l'abandon
Au cas qu'un repentir n'obtienne son pardon.
ANGÉLIQUE.
Après que cet ingrat me quitte pour Clarine ?
PHYLIS.
De le garder longtemps elle n'a pas la mine ;
Et j'estime si peu ces nouvelles amours,
Que je te pleige* encor son retour dans deux jours;
Et lors ne pense pas, quoi que tu te proposes,
Que de tes volontés devant lui tu disposes.
Prépare tes dédains, arme-toi de rigueur,
Une larme, un soupir, te percera le cœur ;
Et je serai ravie alors de voir vos flammes
Brûler mieux que devant, et rejoindre vos âmes.
Mais j'en crains un succès à ta confusion :
Qui change une fois, change à toute occasion ;
Et nous verrons toujours, si Dieu le laisse vivre,
Un change*, un repentir, un pardon, s'entre-suivre.
Ce dernier est souvent l'amorce d'un forfait ;
Et l'on cesse de craindre un courroux sans effet.

ANGÉLIQUE.
Sa faute a trop d'excès pour être rémissible,
Ma sœur ; je ne suis pas de la sorte insensible :
Et si je présumais que mon trop de bonté
Pût jamais se résoudre à cette lâcheté,
Qu'un si honteux pardon pût suivre cette offense,
J'en préviendrais le coup, m'en ôtant la puissance.
Adieu : dans la colère où je suis aujourd'hui,
J'accepterais plutôt un barbare que lui.
PHYLIS, *seule*.
Il faut donc se hâter qu'elle ne refroidisse.

SCÈNE V

PHYLIS, DORASTE.

PHYLIS *frappe à la porte de son logis pour faire sortir son frère.*
Frère, quelque inconnu t'a fait un bon office :
Il ne tiendra qu'à toi d'être un second Médor ;
On a fait qu'Angélique...
DORASTE.
Eh bien ?
PHYLIS.
Hait Alidor.
DORASTE.
Elle hait Alidor ! Angélique !
PHYLIS.
Angélique.
DORASTE.
D'où lui vient cette humeur ? qui les a mis en pique ?
PHYLIS.
Si tu prends bien ton temps, il y fait bon pour toi.
Va, ne t'amuse point à savoir le pourquoi ;
Parle au père d'abord : tu sais qu'il te souhaite ;
Et s'il ne s'en dédit, tiens l'affaire pour faite.
DORASTE.
Bien qu'un si bon avis ne soit à mépriser,
Je crains...
PHYLIS.
Lysis m'aborde, et tu me veux causer !
Entre chez Angélique, et pousse ta fortune :
Quand je vois un amant, un frère m'importune.

SCÈNE VI

LYSIS, PHYLIS.

LYSIS.
Comme vous le chassez !
PHYLIS.
Qu'eût-il fait avec nous ?
Mon entretien sans lui te semblera plus doux ;
Tu pourras t'expliquer avec moins de contrainte ;
Me conter de quels feux tu te sens l'âme atteinte,
Et ce que tu croiras propre à te soulager.
Regarde maintenant si je sais t'obliger.
LYSIS.
Cette obligation serait bien plus extrême,
Si vous vouliez traiter tous mes rivaux de même ;
Et vous feriez bien plus pour mon contentement,
De souffrir avec vous vingt frères qu'un amant.
PHYLIS. [traire :
Nous sommes donc, Lysis, d'une humeur bien con-
J'y souffrirais plutôt cinquante amants qu'un frère ;
Et puisque nos esprits ont si peu de rapport,
Je m'étonne comment nous nous aimons si fort.
LYSIS.
Vous êtes ma maîtresse ; et mes flammes discrètes
Doivent un tel respect aux lois que vous me faites,
Que pour leur obéir mes sentiments domptés
N'osent plus se régler que sur vos volontés.
PHYLIS.
J'aime des serviteurs qui pour une maîtresse
Souffrent ce qui leur nuit, aiment ce qui les blesse.
Si tu vois quelque jour tes feux récompensés,
Souviens-toi... Qu'est-ce ci? Cléandre, vous passez?
(*Cléandre va pour entrer chez Angélique, et Phylis l'arrête.*)

SCÈNE VII

CLÉANDRE, PHYLIS, LYSIS

CLÉANDRE.
Il me faut bien passer, puisque la place est prise.
PHYLIS.
Venez ; cette raison est de mauvaise mise.
D'un million d'amants je puis flatter les vœux,
Et n'aurais pas l'esprit d'en entretenir deux ?
Sortez de cette erreur, et souffrant ce partage,
Ne faites pas ici l'entendu davantage.
CLÉANDRE.
Le moyen que je sois insensible à ce point?
PHYLIS.
Quoi! pour l'entretenir, ne vous aimé-je point?
CLÉANDRE.
Encor que votre ardeur à la mienne réponde,
Je ne veux plus d'un bien commun à tout le monde.
PHYLIS.
Si vous nommez ma flamme un bien commun à tous,
Je n'aime, pour le moins, personne plus que vous ;
Cela vous doit suffire.
CLÉANDRE.
Oui bien, à des volages
Qui peuvent en un jour adorer cent visages ;
Mais ceux dont un objet possède tous les soins,
Se donnant tout entiers, n'en méritent pas moins.
PHYLIS.
De vrai, si vous valiez beaucoup plus que les autres,
Je devrais dédaigner leurs vœux auprès des vôtres ;
Mais mille aussi bien faits ne sont pas mieux traités,
Et ne murmurent point contre mes volontés.
Est-ce à moi, s'il vous plaît, de vivre à votre mode?
Votre amour, en ce cas, serait fort incommode :
Loin de la recevoir, vous me feriez la loi.
Qui m'aime de la sorte, il s'aime, et non pas moi.

LYSIS, *à Cléandre.*
Persiste en ton humeur, je te prie, et conseille
A tous nos concurrents d'en prendre une pareille.
CLÉANDRE.
Tu seras bientôt seul, s'ils veulent m'imiter.
PHYLIS.
Quoi donc! c'est tout de bon que tu me veux quitter!
Tu ne dis mot, rêveur, et pour toute réplique,
Tu tournes tes regards du côté d'Angélique :
Est-elle donc l'objet de tes légèretés?
Veux-tu faire d'un coup deux infidélités,
Et que dans mon offense Alidor s'intéresse?
Cléandre, c'est assez de trahir ta maîtresse;
Dans ta nouvelle flamme épargne tes amis,
Et ne l'adresse point en lieu qui soit promis.
CLÉANDRE.
De la part d'Alidor je vais voir cette belle;
Laisse-m'en avec lui démêler la querelle,
Et ne t'informe point de mes intentions.
PHYLIS.
Puisqu'il me faut résoudre en mes afflictions,
Et que pour te garder j'ai trop peu de mérite,
Du moins, avant l'adieu, demeurons quitte à quitte,
Que ce que j'ai du tien je te le rende ici :
Tu m'as offert des vœux, que je t'en offre aussi;
Et faisons entre nous toutes choses égales.
LYSIS.
Et moi, durant ce temps, je garderai les balles*?
PHYLIS.
Je te donne congé d'une heure, si tu veux.
LYSIS.
Je l'accepte, au hasard de le prendre pour deux.
PHYLIS.
Pour deux, pour quatre, soit; ne crains pas qu'il
[m'ennuie.

SCÈNE VIII
CLEANDRE, PHYLIS.

PHYLIS, *arrête Cléandre, qui tâche de s'échapper pour entrer chez Angélique.*

Mais je ne consens pas cependant qu'on me fuie;
Tu perds temps d'y tâcher, si tu n'as mon congé.
Inhumain! est-ce ainsi que je t'ai négligé?
Quand tu m'offrais des vœux, prenais-je ainsi la fuite?
Et rends-tu la pareille à ma juste poursuite?
Avec tant de douceur tu te vis écouter!
Et tu tournes le dos quand je t'en veux conter!
CLÉANDRE.
Va te jouer d'un autre avec tes railleries;
J'ai l'oreille mal faite à ces galanteries :
Ou cesse de m'aimer, ou n'aime plus que moi.
PHYLIS.
Je ne t'impose pas une si dure loi;
Avec moi, si tu veux, aime toute la terre,
Sans craindre que jamais je t'en fasse la guerre.
Je reconnais assez mes imperfections;
Et quelque part que j'aie en tes affections,

C'est encor trop pour moi; seulement ne rejette
La parfaite amitié d'une fille imparfaite.
CLÉANDRE.
Qui te rend obstinée à me persécuter?
PHYLIS.
Qui te rend si cruel que de me rebuter?
CLÉANDRE.
Il faut que de tes mains un adieu me délivre.
PHYLIS.
Si tu sais t'en aller, je saurai bien te suivre;
Et quelque occasion qui t'amène en ces lieux,
Tu ne lui diras pas grand secret à mes yeux.
Je suis plus incommode encor qu'il ne te semble.
Parlons plutôt d'accord, et composons ensemble.
Hier un peintre excellent m'apporta mon portrait :
Tandis qu'il t'en demeure encore quelque trait,
Qu'encor tu me connais, et que de ta pensée
Mon image n'est pas tout à fait effacée,
Ne m'en refuse point ton petit jugement.
CLÉANDRE.
Je le tiens pour bien fait.
PHYLIS.
Plains-tu tant un moment!
Et m'attachant à toi, si je te désespère,
A ce prix trouves-tu ta liberté trop chère?
CLÉANDRE.
Allons, puisque autrement je ne te puis quitter,
A tel prix que ce soit il me faut racheter.

ACTE TROISIÈME

SCÈNE I
PHYLIS, CLÉANDRE.

CLÉANDRE.
En ce point il ressemble à ton humeur volage,
Qu'il reçoit tout le monde avec même visage;
Mais d'ailleurs ce portrait ne te ressemble pas,
En ce qu'il ne dit mot, et ne suit point mes pas.
PHYLIS.
En quoi que désormais ma présence te nuise,
La civilité veut que je te reconduise.
CLÉANDRE.
Mets enfin quelque borne à ta civilité,
Et, suivant notre accord, me laisse en liberté.

SCÈNE II
DORASTE, PHYLIS, CLÉANDRE.

DORASTE *sort de chez Angélique.*
Tout est gagné, ma sœur; la belle m'est acquise :
Jamais occasion ne se trouva mieux prise;

Je possède Angelique.
CLÉANDRE.
Angélique?
DORASTE.
Oui, tu peux
Avertir Alidor du succès de mes vœux,
Et qu'au sortir du bal, que je donne chez elle,
Demain un sacré nœud m'unit à cette belle;
Dis-lui qu'il s'en console. Adieu : je vais pourvoir
A tout ce qu'il me faut préparer pour ce soir.
PHYLIS.
Ce soir j'ai bien la mine, en dépit de la glace,
D'en trouver là cinquante à qui donner ta place.
Va-t'en, si bon te semble, ou demeure en ces lieux:
Je ne t'arrêtais pas ici pour tes beaux yeux;
Mais jusqu'à maintenant j'ai voulu te distraire,
De peur que ton abord interrompît mon frère.
Quelque fin que tu sois, tiens-toi pour affiné*.

SCÈNE III

CLÉANDRE.

Ciel, à tant de malheurs m'aviez-vous destiné!
Faut-il que d'un dessein si juste que le nôtre
La peine soit pour nous, et les fruits pour un autre?
Et que notre artifice ait si mal succédé,
Qu'il me dérobe un bien qu'Alidor m'a cédé?
Officieux ami d'un amant déplorable,
Que tu m'offres en vain cet objet adorable!
Qu'en vain de m'en saisir ton adresse entreprend!
Ce que tu m'as donné, Doraste le surprend.
Tandis qu'il me supplante, une sœur me cajole*;
Elle me tient les mains cependant qu'il me vole.
On me joue, on me brave, on me tue, on s'en rit.
L'un me vante son heur*, l'autre son trait d'esprit.
L'un et l'autre à la fois me perd, me désespère :
Et je puis épargner ou la sœur ou le frère!
Être sans Angélique, et sans ressentiment!
Avec si peu de cœur aimer si puissamment!
Cléandre, est-ce un forfait que l'ardeur qui te presse?
Craignais-tu d'avouer une telle maîtresse?
Et cachais-tu l'excès de ton affection
Par honte, par dépit, ou par discrétion?
Pouvais-tu désirer occasion plus belle
Que le nom d'Alidor à venger ta querelle?
Si pour tes feux cachés tu n'oses t'émouvoir,
Laisse leurs intérêts; suis ceux de ton devoir.
On supplante Alidor, du moins en apparence,
Et sans ressentiment tu souffres cette offense!
Ton courage est muet, et ton bras endormi!
Pour être amant discret, tu parais lâche ami!
C'est trop abandonner la renommée au blâme ;
Il faut sauver d'un coup ton honneur et ta flamme,
Et l'un et l'autre ici marchent d'un pas égal;
Soutenant un ami, tu t'ôtes un rival.
Ne diffère donc plus ce que l'honneur commande;
Et lui gagne Angélique, afin qu'il te la rende.
Il faut...

SCÈNE IV

ALIDOR, CLÉANDRE.

ALIDOR.
Eh bien, Cléandre, ai-je su t'obliger?
CLÉANDRE.
Pour m'avoir obligé, que je vais t'affliger!
Doraste a pris le temps des dépits d'Angélique.
ALIDOR.
Après?
CLÉANDRE.
Après cela tu veux que je m'explique?
ALIDOR.
Qu'en a-t-il obtenu?
CLÉANDRE.
Par delà son espoir;
Il l'épouse demain, lui donne bal ce soir :
Juge, juge par là si mon mal est extrême.
ALIDOR.
En es-tu bien certain?
CLÉANDRE.
J'ai tout su de lui-même.
ALIDOR.
Que je serais heureux si je ne t'aimais point!
Ton malheur aurait mis mon bonheur à son point;
La prison d'Angélique aurait rompu la mienne.
Quelque empire sur moi que son visage obtienne,
Ma passion fût morte avec sa liberté;
Et trop vain pour souffrir qu'en sa captivité
Les restes d'un rival m'eussent enchaîné l'âme,
Les feux de son hymen auraient éteint ma flamme.
Pour forcer sa colère à de si doux effets,
Quels efforts, cher ami, ne me suis-je point faits!
Malgré tout mon amour, prendre un orgueil farouche,
L'adorer dans le cœur, et l'outrager de bouche;
J'ai souffert ce supplice, et me suis feint léger,
De honte et de dépit de ne pouvoir changer.
Et je vois, près du but où je voulais prétendre,
Les fruits de mon travail n'être pas pour Cléandre!
A ces conditions mon bonheur me déplaît.
Je ne puis être heureux, si Cléandre ne l'est.
Ce que je t'ai promis ne peut être à personne;
Il faut que je périsse, ou que je te le donne.
J'aurai trop de moyens de te garder ma foi;
Et malgré les destins Angélique est à toi.
CLÉANDRE.
Ne trouble point pour moi le repos de ton âme;
Il t'en coûterait trop pour avancer ma flamme.
Sans que ton amitié fasse un second effort,
Voici de qui j'aurai ma maîtresse ou la mort.
Si Doraste a du cœur, il faut qu'il la défende,
Et que l'épée au poing il la gagne ou la rende.
ALIDOR.
Simple! par le chemin que tu penses tenir,
Tu la lui peux ôter, mais non pas l'obtenir.
La suite des duels ne fut jamais plaisante :
C'était ces jours passés ce que disait Théante.
Je veux prendre un moyen et plus court et plus seur*,

Et, sans aucun péril, t'en rendre possesseur.
Va-t'en donc, et me laisse auprès de ta maîtresse
De mon reste d'amour faire jouer l'adresse.
CLÉANDRE.
Cher ami...
ALIDOR.
Va-t'en, dis-je, et par tes compliments
Cesse de t'opposer à tes contentements;
Désormais en ces lieux tu ne fais que me nuire.
CLÉANDRE.
Je vais donc te laisser ma fortune à conduire.
Adieu. Puissé-je avoir les moyens à mon tour
De faire autant pour toi que toi pour mon amour!
ALIDOR, seul.
Que pour ton amitié je vais souffrir de peine!
Déjà presque échappé, je rentre dans ma chaîne.
Il faut encore un coup, m'exposant à ses yeux,
Reprendre de l'amour, afin d'en donner mieux.
Mais reprendre un amour dont je veux me défaire,
Qu'est-ce qu'à mes desseins un chemin tout contraire?
Allons-y toutefois, puisque je l'ai promis :
Et que la peine est douce à qui sert ses amis!

SCÈNE V

ANGÉLIQUE, dans son cabinet.

Quel malheur partout m'accompagne!
Qu'un indiscret hymen me venge à mes dépens!
Que de pleurs en vain je répands,
Moins pour ce que je perds que pour ce que je gagne!
L'un m'est plus doux que l'autre, et j'ai moins de tour-
Du crime d'Alidor que de son châtiment. [ment
Ce traître alluma donc ma flamme!
Je puis donc consentir à ces tristes accords!
Hélas! par quelques vains efforts
Que je me fasse jour jusqu'au fond de mon âme,
J'y trouve seulement, afin de me punir,
Le dépit du passé, l'horreur de l'avenir.

SCÈNE VI

ANGELIQUE, ALIDOR.

ANGÉLIQUE.
Où viens-tu, déloyal? avec quelle impudence
Oses-tu redoubler mes maux par ta présence!
Qui te donne le front de surprendre mes pleurs?
Cherches-tu de la joie à même* mes douleurs?
Et peux-tu conserver une âme assez hardie
Pour voir ce qu'à mon cœur coûte ta perfidie?
Après que tu m'as fait un insolent aveu
De n'avoir plus pour moi ni de foi ni de feu,
Tu te mets à genoux, et tu veux, misérable,
Que ton feint repentir me donne un véritable?
Va, va, n'espère rien de tes submissions*;
Porte-les à l'objet de tes affections;
Ne me présente plus les traits qui m'ont déçue;
N'attaque point mon cœur en me blessant la vue.
Penses-tu que je sois, après ton changement,
Ou sans ressouvenir, ou sans ressentiment?
S'il te souvient encor de ton brutal caprice,
Dis-moi, que viens-tu faire au lieu de ton supplice?
Garde un exil si cher à tes légèretés.
Je ne veux plus savoir de toi mes vérités.
Quoi! tu ne me dis mot! Crois-tu que ton silence
Puisse de tes discours réparer l'insolence?
Des pleurs effacent-ils un mépris si cuisant?
Et ne t'en dédis-tu, traître, qu'en te taisant?
Pour triompher de moi veux-tu, pour toutes armes,
Employer des soupirs et de muettes larmes?
Sur notre amour passé c'est trop te confier;
Du moins dis quelque chose à te justifier;
Demande le pardon que tes regards m'arrachent,
Explique leurs discours, dis-moi ce qu'ils me cachent.
Que mon courroux est faible! et que leurs traits puis-
Rendent des criminels aisément innocents! [sants
Je n'y puis résister, quelque effort que je fasse;
Et, de peur de me rendre, il faut quitter la place.
ALIDOR la retient, comme elle veut s'en aller.
Quoi! votre amour renaît, et vous m'abandonnez!
C'est bien là me punir quand vous me pardonnez.
Je sais ce que j'ai fait, et qu'après tant d'audace
Je ne mérite pas de jouir de ma grâce;
Mais demeurez du moins, tant que vous ayez su
Que par un feint mépris votre amour fut déçu,
Que je vous fus fidèle en dépit de ma lettre,
Qu'en vos mains seulement on la devait remettre;
Que mon dessein n'allait qu'à voir vos mouvements
Et juger de vos feux par vos ressentiments.
Dites, quand je la vis entre vos mains remise,
Changeai-je de couleur? eus-je quelque surprise?
Ma parole plus ferme et mon port assuré
Ne vous montraient-ils pas un esprit préparé?
Que Clarine vous die*, à la première vue,
Si jamais de mon change* elle s'est aperçue.
Ce mauvais compliment flattait mal ses appas;
Il vous faisait outrage, et ne l'obligeait pas;
Et ses termes piquants, mal conçus pour lui plaire,
Au lieu de son amour, cherchaient votre colère.
ANGÉLIQUE.
Cesse de m'éclaircir sur ce triste secret;
En te montrant fidèle, il accroît mon regret:
Je perds moins, si je crois ne perdre qu'un volage,
Et je ne puis sortir d'erreur qu'à mon dommage.
Que me sert de savoir que tes vœux sont constants?
Que te sert d'être aimé, quand il n'en est plus temps?
ALIDOR.
Aussi je ne viens pas pour regagner votre âme :
Préférez-moi Doraste, et devenez sa femme.
Je vous viens, par ma mort, en donner le pouvoir:
Moi vivant, votre foi ne le peut recevoir,
Elle m'est engagée, et, quoi que l'on vous die,
Sans crime elle ne peut durer moins que ma vie*.
Mais voici qui vous rend l'une et l'autre à la fois.
ANGÉLIQUE.
Ah! ce cruel discours me réduit aux abois.

Ma colère a rendu ma perte inévitable,
Et je déteste en vain ma faute irréparable.
ALIDOR.
Si vous avez du cœur, on la peut réparer.
ANGÉLIQUE.
On nous doit dès demain pour jamais séparer.
Que puis-je à de tels maux appliquer pour remède?
ALIDOR.
Ce qu'ordonne l'amour aux âmes qu'il possède.
Si vous m'aimez encor, vous saurez dès ce soir
Rompre les noirs effets d'un juste désespoir.
Quittez avec le bal vos malheurs pour me suivre,
Ou soudain à vos yeux je vais cesser de vivre.
Mettez-vous en ma mort votre contentement?
ANGÉLIQUE.
Non; mais que dira-t-on d'un tel emportement?
ALIDOR.
Est-ce là donc le prix de vous avoir servie?
Il y va de votre heur*, il y va de ma vie;
Et vous vous arrêtez à ce qu'on en dira!
Mais faites désormais tout ce qu'il vous plaira :
Puisque vous consentez plutôt à vos supplices
Qu'à l'unique moyen de payer mes services,
Ma mort va me venger de votre peu d'amour;
Si vous n'êtes à moi, je ne veux plus du jour.
ANGÉLIQUE.
Retiens ce coup fatal; me voilà résolue :
Use sur tout mon cœur de puissance absolue :
Puisqu'il est tout à toi, tu peux tout commander;
Et contre nos malheurs j'ose tout hasarder.
Cet éclat du dehors n'a rien qui m'embarrasse :
Mon honneur seulement te demande une grâce;
Accorde à ma pudeur que deux mots de ta main
Puissent justifier ma fuite et ton dessein;
Que mes parents surpris trouvent ici ce gage
Qui les rende assurés d'un heureux mariage;
Et que je sauve ainsi ma réputation
Par la sincérité de ton intention.
Ma faute en sera moindre, et mon trop de constance
Paraîtra seulement fuir une violence.
ALIDOR.
Enfin, par ce dessein vous me ressuscitez :
Agissez pleinement dessus mes volontés.
J'avais pour votre honneur la même inquiétude;
Et ne pourrais d'ailleurs qu'avec ingratitude,
Voyant ce que pour moi votre flamme résout,
Dénier quelque chose à qui m'accorde tout.
Donnez-moi; sur-le-champ je vous veux satisfaire.
ANGÉLIQUE.
Il vaut mieux que l'effet à tantôt se diffère.
Je manque ici de tout, et j'ai le cœur transi
De crainte que quelqu'un ne te découvre ici :
Mon dessein généreux fait naître cette crainte;
Depuis qu'il est formé, j'en ai senti l'atteinte.
Quitte-moi, je te prie, et coule-toi* sans bruit.
ALIDOR.
Puisque vous le voulez, adieu jusqu'à minuit.

ANGÉLIQUE.
(*Alidor s'en va, et Angélique continue.*)
Que promets-tu, pauvre aveuglée?
A quoi t'engage ici ta folle passion!
Et de quelle indiscrétion
Ne s'accompagne point ton ardeur déréglée?
Tu cours à ta ruine, et vas tout hasarder
Sur la foi d'un amant qui n'en saurait garder.
Je me trompe, il n'est point volage;
J'ai vu sa fermeté, j'en ai cru ses soupirs;
Et si je flatte mes désirs,
Une si douce erreur n'est qu'à mon avantage.
Me manquât-il de foi, je la lui dois garder,
Et pour perdre Doraste il faut tout hasarder.

ALIDOR, *sortant de la maison d'Angélique, traversant le théâtre.*
Cléandre, elle est à toi; j'ai fléchi son courage*.
Que ne peut l'artifice, et le fard du langage?
Et si pour un ami ces effets je produis,
Lorsque j'agis pour moi, qu'est-ce que je ne puis?

SCÈNE VII

PHYLIS.

Alidor à mes yeux sort de chez Angélique,
Comme s'il y gardait encor quelque pratique;
Et même, à son visage, il semble assez content.
Aurait-il regagné cet esprit inconstant?
Oh! qu'il ferait bon voir que cette humeur volage
Deux fois, en moins d'une heure, eût changé de cou- [rage*!
Que mon frère en tiendrait, s'ils s'étaient mis d'ac- [cord!
Il faut qu'à le savoir je fasse mon effort.
Ce soir, je sonderai les secrets de son âme;
Et si son entretien ne me trahit sa flamme,
J'aurai l'œil de si près dessus ses actions,
Que je m'éclaircirai de ses intentions.

SCÈNE VIII

PHYLIS, LYSIS.

PHYLIS.
Quoi! Lysis, ta retraite est de peu de durée!
LYSIS.
L'heure de mon congé n'est qu'à peine expirée;
Mais vous voyant ici sans frère et sans amant...
PHYLIS.
N'en présume pas mieux pour ton contentement.
LYSIS.
Et d'où vient à Phylis une humeur si nouvelle?
PHYLIS.
Vois-tu, je ne sais quoi me brouille la cervelle.
Va, ne me conte rien de ton affection;
Elle en aurait fort peu de satisfaction.
LYSIS.
Cependant sans parler il faut que je soupire?

PHYLIS.
Réserve pour le bal ce que tu me veux dire
LYSIS.
Le bal, où le tient-on?
PHYLIS.
Là dedans.
LYSIS.
Il suffit
De votre bon avis je ferai mon profit.

ACTE QUATRIEME

SCÈNE I

ALIDOR, CLÉANDRE, TROUPE D'HOMMES ARMÉS.

(*L'acte est dans la nuit, et Alidor dit ce premier vers à Cléandre; et l'ayant fait retirer avec sa troupe, il continue seul.*)

ALIDOR.
Attends, sans faire bruit, que je t'en avertisse.
Enfin la nuit s'avance, et son voile propice
Me va faciliter le succès que j'attends
Pour rendre heureux Cléandre, et mes désirs contents.
Mon cœur, las de porter un joug si tyrannique,
Ne sera plus qu'une heure esclave d'Angélique.
Je vais faire un ami possesseur de mon bien :
Aussi dans son bonheur je rencontre le mien.
C'est moins pour l'obliger que pour me satisfaire,
Moins pour le lui donner qu'afin de m'en défaire.
Ce trait paraîtra lâche et plein de trahison;
Mais cette lâcheté m'ouvrira ma prison.
Je veux bien, à ce prix, avoir l'âme traîtresse,
Et que ma liberté me coûte une maîtresse.
Que lui fais-je, après tout, qu'elle n'ait mérité
Pour avoir, malgré moi, fait ma captivité?
Qu'on ne m'accuse point d'aucune ingratitude;
Ce n'est que me venger d'un an de servitude,
Que rompre son dessein, comme elle a fait le mien,
Qu'user de mon pouvoir, comme elle a fait du sien,
Et ne lui pas laisser un si grand avantage
De suivre son humeur, et forcer mon courage *.
Le forcer! mais, hélas! que mon consentement,
Par un si doux effort, fut surpris aisément!
Quel excès de plaisir goûta mon imprudence
Avant que réfléchir sur cette violence!
Examinant mon feu, qu'est-ce que je ne perds?
Et qu'il m'est cher vendu de connaître mes fers!
Je soupçonne déjà mon dessein d'injustice,
Et je doute s'il est ou raison ou caprice.
Je crains un pire mal après ma guérison,
Et d'aller au supplice en rompant ma prison.
Alidor, tu consens qu'un autre la possède!
Tu t'exposes sans crainte à des maux sans remède!
Ne romps point les effets de son intention,
Et laisse un libre cours à ton affection.
Fais ce beau coup pour toi; suis l'ardeur qui te presse.
Mais trahir ton ami! mais trahir ta maîtresse!
Je n'en veux obliger pas un à me haïr,
Et ne sais qui des deux ou servir, ou trahir.
Quoi! je balance encor, je m'arrête, je doute!
Mes résolutions, qui vous met en déroute?
Revenez, mes desseins, et ne permettez pas
Qu'on triomphe de vous avec un peu d'appas.
En vain pour Angélique ils prennent la querelle;
Cléandre, elle est à toi, nous sommes deux contre elle.
Ma liberté conspire avecque tes ardeurs;
Les miennes désormais vont tourner en froideurs;
Et, lassé de souffrir un si rude servage,
J'ai l'esprit assez fort pour combattre un visage.
Ce coup n'est qu'un effet de générosité,
Et je ne suis honteux que d'en avoir douté.
Amour, que ton pouvoir tâche en vain de paraître!
Fuis, petit insolent, je veux être le maître;
Il ne sera pas dit qu'un homme tel que moi
En dépit qu'il en ait, obéisse à ta loi.
Je ne me résoudrai jamais à l'hyménée
Que d'une volonté franche et déterminée,
Et celle à qui ses nœuds m'uniront pour jamais
M'en sera redevable, et non à ses attraits;
Et ma flamme...

SCÈNE II

ALIDOR, CLÉANDRE.

CLÉANDRE.
Alidor!
ALIDOR.
Qui m'appelle?
CLÉANDRE.
Cléandre.
ALIDOR.
Tu t'avances trop tôt.
CLÉANDRE.
Je me lasse d'attendre.
ALIDOR.
Laisse-moi, cher ami, le soin de t'avertir
En quel temps de ce coin il te faudra sortir.
CLÉANDRE.
Minuit vient de sonner; et, par expérience,
Tu sais comme l'amour est plein d'impatience.
ALIDOR.
Va donc tenir tout prêt à faire un si beau coup;
Ce que nous attendons ne peut tarder beaucoup.
Je livre entre tes mains cette belle maîtresse,
Sitôt que j'aurai pu lui rendre ta promesse :
Sans lumière, et d'ailleurs s'assurant en ma foi,
Rien ne l'empêchera de la croire de moi.
Après, achève seul; je ne puis, sans supplice,
Forcer ici mon bras à te faire service;
Et mon reste d'amour, en cet enlèvement,
Ne peut contribuer que mon consentement.

CLÉANDRE.
Ami, ce m'est assez.
ALIDOR.
Va donc là-bas attendre
Que je te donne avis du temps qu'il faudra prendre.
Cléandre, encore un mot. Pour de pareils exploits
Nous nous ressemblons mal, et de taille et de voix;
Angélique soudain pourra te reconnaître;
Regarde après ses cris si tu serais le maître.
CLÉANDRE.
Ma main dessus sa bouche y saura trop pourvoir.
ALIDOR.
Ami, séparons-nous, je pense l'entrevoir.
CLÉANDRE
Adieu. Fais promptement.

SCÈNE III

ALIDOR, ANGÉLIQUE.

ANGÉLIQUE.
Que la nuit est obscure!
Alidor n'est pas loin, j'entends quelque murmure.
ALIDOR.
De peur d'être connu, je défends à mes gens
De paraître en ces lieux avant qu'il en soit temps.
Tenez.
(*Il lui donne la promesse de Cléandre.*)
ANGÉLIQUE.
Je prends sans lire; et ta foi m'est si claire,
Que je la prends bien moins pour moi que pour mon pè-
Je la porte à ma chambre : épargnons les discours; [re;
Fais avancer tes gens, et dépêche.
ALIDOR.
J'y cours.
(*seul.*)
Lorsque de son honneur je lui rends l'assurance,
C'est quand je trompe mieux sa crédule espérance :
Mais, puisqu'au lieu de moi je lui donne un ami,
A tout prendre, ce n'est la tromper qu'à demi.

SCÈNE IV

PHYLIS.

Angélique! c'est fait, mon frère en a dans l'aile*;
La voyant échapper, je courais après elle;
Mais un maudit galant m'est venu brusquement
Servir à la traverse un mauvais compliment,
Et par ses vains discours m'embarrasser de sorte
Qu'Angélique à son aise a su gagner la porte.
Sa perte est assurée, et le traître Alidor
La posséda jadis, et la possède encor.
Mais jusques à ce point serait-elle imprudente?
Il n'en faut point douter, sa perte est évidente;
Le cœur me le disait, le voyant en sortir,
Et mon frère dès lors se devait avertir.

Je te trahis, mon frère, et par ma négligence,
Étant sans y penser de leur intelligence...
(*Alidor paraît avec Cléandre, accompagné d'une troupe; et après lui avoir montré Philis, qu'il croit être Angélique, il se retire en un coin du théâtre, et Cléandre enlève Phylis, et lui met d'abord la main sur la bouche.*)

SCÈNE V

ALIDOR.

On l'enlève, et mon cœur, surpris d'un vain regret,
Fait à ma perfidie un reproche secret;
Il tient pour Angélique, il la suit, le rebelle!
Parmi mes trahisons il veut être fidèle;
Je le sens, malgré moi, de nouveaux feux épris,
Refuser de ma main sa franchise à ce prix,
Désavouer mon crime, et, pour mieux s'en défendre,
Me demander son bien, que je cède à Cléandre.
Hélas! qui me prescrit cette brutale loi
De payer tant d'amour avec si peu de foi?
Qu'envers cette beauté ma flamme est inhumaine!
Si mon feu la trahit, que lui ferait ma haine?
Juge, juge, Alidor, en quelle extrémité
La va précipiter ton infidélité.
Écoute ses soupirs, considère ses larmes,
Laisse-toi vaincre enfin à de si fortes armes;
Et va voir si Cléandre, à qui tu sers d'appui,
Pourra faire pour toi ce que tu fais pour lui.
Mais mon esprit s'égare, et quoi qu'il se figure,
Faut-il que je me rende à des pleurs en peinture,
Et qu'Alidor, de nuit plus faible que de jour,
Redonne à la pitié ce qu'il ôte à l'amour?
Ainsi donc mes desseins se tournent en fumée!
J'ai d'autres repentirs que de l'avoir aimée!
Suis-je encor Alidor après ces sentiments?
Et ne pourrai-je enfin régler mes mouvements?
Vaine compassion des douleurs d'Angélique,
Qui pense triompher d'un cœur mélancolique!
Téméraire avorton d'un impuissant remords,
Va, va porter ailleurs tes débiles efforts.
Après de tels appas, qui ne m'ont pu séduire,
Qui te fait espérer ce qu'ils n'ont su produire?
Pour un méchant soupir que tu m'as dérobé,
Ne me présume pas tout à fait succombé :
Je sais trop maintenir ce que je me propose,
Et souverain sur moi, rien que moi n'en dispose.
En vain un peu d'amour me déguise en forfait
Du bien que je me veux le généreux effet,
De nouveau j'y consens, et prêt à l'entreprendre...

SCÈNE VI

ANGÉLIQUE, ALIDOR.

ANGÉLIQUE.
Je demande pardon de t'avoir fait attendre;
D'autant qu'en l'escalier on faisait quelque bruit,
Et qu'un peu de lumière en effaçait la nuit,

Je n'osais avancer, de peur d'être aperçue.
Allons, tout est-il prêt? Personne ne m'a vue :
De grâce, dépêchons, c'est trop perdre de temps,
Et les moments ici nous sont trop importants;
Fuyons vite, et craignons les yeux d'un domestique.
Quoi! tu ne réponds rien à la voix d'Angélique?

ALIDOR.
Angélique? mes gens vous viennent d'enlever;
Qui vous a fait si tôt de leurs mains vous sauver?
Quel soudain repentir, quelle crainte de blâme,
Et quelle ruse enfin vous dérobe à ma flamme?
Ne vous suffit-il point de me manquer de foi,
Sans prendre encor plaisir à vous jouer de moi?

ANGÉLIQUE.
Que tes gens cette nuit m'ayent vue, ou saisie,
N'ouvre point ton esprit à cette fantaisie.

ALIDOR.
Autant que l'ont permis les ombres de la nuit,
Je l'ai vu de mes yeux.

ANGÉLIQUE.
　　　　　　Tes yeux t'ont donc séduit :
Et quelque autre sans doute, après moi descendue,
Se trouve entre les mains dont j'étais attendue.
Mais, ingrat, pour toi seul j'abandonne ces lieux,
Et tu n'accompagnais ma fuite que des yeux!
Pour marque d'un amour que je croyais extrême,
Tu remets ma conduite à d'autres qu'à toi-même!
Et je suis un larcin indigne de tes mains!

ALIDOR.
Quand vous aurez appris le fond de mes desseins,
Vous n'attribûrez plus, voyant mon innocence,
A peu d'affection l'effet de ma prudence.

ANGÉLIQUE.
Pour ôter tout soupçon et tromper ton rival,
Tu diras qu'il fallait te montrer dans le bal.
Faible ruse!

ALIDOR.
　　　　Ajoutez, et vaine, et sans adresse,
Puisque je ne pouvais démentir ma promesse.

ANGÉLIQUE.
Quel était donc ton but?

ALIDOR.
　　　　　　　　D'attendre ici le bruit
Que les premiers soupçons auront bientôt produit,
Et d'un autre côté me jetant à la fuite,
Divertir de vos pas leur plus chaude poursuite.

ANGÉLIQUE, *en pleurant.*
Mais enfin, Alidor, tes gens se sont mépris.

ALIDOR.
Dans ce coup de malheur, et confus, et surpris,
Je vois tous mes desseins succéder à ma honte;
Mais il me faut donner quelque ordre à ce mécompte:
Permettez...

ANGÉLIQUE.
　　　　Cependant, à qui me laisses-tu?
Tu frustres donc mes vœux de l'espoir qu'ils ont eu,
Et ton manque d'amour, de mes malheurs complice,
M'abandonnant ici, me livre à mon supplice!
L'hymen (ah, ce mot seul me réduit aux abois!)
D'un amant odieux me va soumettre aux lois;
Et tu peux m'exposer à cette tyrannie!
De l'erreur de tes gens je me verrai punie!

ALIDOR.
Nous préserve le ciel d'un pareil désespoir!
Mais votre éloignement n'est plus en mon pouvoir.
J'en ai manqué le coup; et, ce que je regrette,
Mon carrosse est parti, mes gens ont fait retraite.
A Paris, et de nuit, une telle beauté,
Suivant un homme seul, est mal en sûreté :
Doraste, ou, par malheur, quelque rencontre pire,
Me pourrait arracher le trésor où j'aspire :
Évitons ces périls en différant d'un jour.

ANGÉLIQUE.
Tu manques de courage aussi bien que d'amour,
Et tu me fais trop voir, par ta bizarrerie,
Le chimérique effet de ta poltronnerie,
Alidor (quel amant!) n'ose me posséder.

ALIDOR.
Un bien si précieux se doit-il hasarder?
Et ne pouvez-vous point d'une seule journée
Retarder le malheur de ce triste hyménée?
Peut-être le désordre et la confusion
Qui naîtront dans le bal de cette occasion
Le remettront pour vous; et l'autre nuit, je jure...

ANGÉLIQUE.
Que tu seras encore ou timide, ou parjure.
Quand tu m'as résolue à tes intentions,
Lâche, t'ai-je opposé tant de précautions?
Tu m'adores, dis-tu! tu le fais bien paraître,
Rejetant mon bonheur ainsi sur un peut-être.

ALIDOR.
Quoi qu'ose mon amour appréhender pour vous,
Puisque vous le voulez, fuyons, je m'y résous;
Et malgré ces périls... Mais on ouvre la porte;
C'est Doraste qui sort, et nous suit à main-forte.
(*Alidor, s'échappe et Angélique le veut suivre ; mais Doraste
l'arrête.*)

SCÈNE VII

ANGÉLIQUE, DORASTE, LYCANTE,
TROUPE D'AMIS.

DORASTE.
Quoi! ne m'attendre pas? c'est trop me dédaigner;
Je ne viens qu'à dessein de vous accompagner;
Car vous n'entreprenez si matin ce voyage
Que pour vous préparer à notre mariage.
Encor que vous partiez beaucoup devant le jour,
Vous ne serez jamais assez tôt de retour;
Vous vous éloignez trop, vu que l'heure nous presse.
Infidèle! est-ce là me tenir ta promesse?

ANGÉLIQUE.
Eh bien, c'est te trahir. Penses-tu que mon feu
D'un généreux dessein te fasse un désaveu?
Je t'acquis par dépit, et perdrais avec joie.
Mon désespoir à tous m'abandonnait en proie,
Et lorsque d'Alidor je me vis outrager,

Je fis armes de tout afin de me venger.
Tu t'offris par hasard, je t'acceptai de rage ;
Je te donnai son bien, et non pas mon courage*.
Ce change* à mon courroux jetait un faux appas,
Je le nommais sa peine, et c'était mon trépas :
Je prenais pour vengeance une telle injustice ;
Et dessous ces couleurs j'adorais mon supplice.
Aveugle que j'étais ! mon peu de jugement
Ne se laissait guider qu'à mon ressentiment.
Mais, depuis, Alidor m'a fait voir que son âme,
En feignant un mépris, n'avait pas moins de flamme.
Il a repris mon cœur en me rendant les yeux ;
Et soudain mon amour m'a fait haïr ces lieux.

DORASTE.

Tu suivais Alidor !

ANGÉLIQUE.

Ta funeste arrivée,
En arrêtant mes pas, de ce bien m'a privée ;
Mais si...

DORASTE.

Tu le suivais !

ANGÉLIQUE.

Oui : fais tous tes efforts ;
Lui seul aura mon cœur, tu n'auras que le corps.

DORASTE.

Impudente, effrontée autant comme traîtresse,
De ce cher Alidor tiens-tu cette promesse ?
Est-elle de sa main, parjure ? De bon cœur
J'aurais cédé ma place à ce premier vainqueur ;
Mais suivre un inconnu ! me quitter pour Cléandre !

ANGÉLIQUE.

Pour Cléandre !

DORASTE.

J'ai tort ; je tâche à te surprendre.
Vois ce qu'en te cherchant m'a donné le hasard ;
C'est ce que dans ta chambre a laissé ton départ :
C'est là qu'au lieu de toi j'ai trouvé sur ta table
De ta fidélité la preuve indubitable.
Lis, mais ne rougis point ; et me soutiens encor
Que tu ne fuis ces lieux que pour suivre Alidor.

BILLET DE CLÉANDRE A ANGÉLIQUE.

(Angélique lit.)

« Angélique, reçois ce gage
« De la foi que je te promets
« Qu'un prompt et sacré mariage
« Unira nos jours désormais.
« Quittons ces lieux, chère maîtresse ;
« Rien ne peut que ta fuite assurer mon bonheur ;
« Mais laisse aux tiens cette promesse
« Pour sûreté de ton honneur,
« Afin qu'ils en puissent apprendre
« Que tu suis ton mari lorsque tu suis Cléandre.

« CLÉANDRE. »

Que je suis mon mari lorsque je suis Cléandre ?
Alidor est perfide, ou Doraste imposteur.

Je vois la trahison, et doute de l'auteur.
Mais pour m'en éclaircir ce billet doit suffire ;
Je le pris d'Alidor, et le pris sans le lire ;
Et puisqu'à m'enlever son bras se refusait,
Il ne prétendait rien au larcin qu'il faisait.
Le traître ! J'étais donc destinée à Cléandre
Hélas ! Mais qu'à propos le ciel l'a fait méprendre,
Et ne consentant point à ses lâches desseins,
Met au lieu d'Angélique une autre entre ses mains !

DORASTE.

Que parles-tu d'une autre en ta place ravie ?

ANGÉLIQUE.

J'en ignore le nom, mais elle m'a suivie ;
Et ceux qui m'attendaient dans l'ombre de la nuit...

DORASTE.

C'en est assez, mes yeux du reste m'ont instruit.
Autre n'est que Phylis entre leurs mains tombée ;
Après toi de la salle elle s'est dérobée.
J'arrête une maîtresse, et je perds une sœur :
Mais allons promptement après le ravisseur.

SCÈNE VIII

ANGÉLIQUE.

Dure condition de mon malheur extrême !
Si j'aime, on me trahit ; je trahis, si l'on m'aime.
Qu'accuserai-je ici d'Alidor ou de moi ?
Nous manquons l'un et l'autre également de foi.
Si j'ose l'appeler lâche, traître, parjure,
Ma rougeur aussitôt prendra part à l'injure ;
Et les mêmes couleurs qui peindront ses forfaits
Des miens en même temps exprimeront les traits.
Mais quel aveuglement nos deux crimes égale,
Puisque c'est pour lui seul que je suis déloyale ?
L'amour m'a fait trahir (qui n'en trahirait pas ?),
Et la trahison seule a pour lui des appas.
Son crime est sans excuse, et le mien pardonnable :
Il est deux fois, que dis-je ? il est le seul coupable ;
Il m'a prescrit la loi, je n'ai fait qu'obéir ;
Il me trahit lui-même, et me force à trahir.
Déplorable Angélique, en malheurs sans seconde,
Que veux-tu désormais, que peux-tu faire au monde,
Si ton ardeur sincère et ton peu de beauté
N'ont pu te garantir d'une déloyauté ?
Doraste tient ta foi ; mais si ta perfidie
A jusqu'à le quitter son âme refroidie,
Suis, suis dorénavant de plus saines raisons,
Et sans plus t'exposer à tant de trahisons,
Puisque de ton amour on fait si peu de compte,
Va cacher dans un cloître et tes pleurs et ta honte.

ACTE CINQUIÈME

SCÈNE I

CLÉANDRE, PHYLIS.

CLÉANDRE.
Accordez-moi ma grâce avant qu'entrer chez vous.
PHYLIS.
Vous voulez donc enfin d'un bien commun à tous?
Craignez-vous qu'à vos feux ma flamme ne réponde?
Et puis-je vous haïr si j'aime tout le monde?
CLÉANDRE.
Votre bel esprit raille, et pour moi seul cruel,
Du rang de vos amants sépare un criminel :
Toutefois mon amour n'est pas moins légitime,
Et mon erreur du moins me rend vers vous sans crime.
Soyez, quoi qu'il en soit, d'un naturel plus doux :
L'amour a pris le soin de me punir pour vous ;
Les traits que cette nuit il trempait dans vos larmes
Ont triomphé d'un cœur invincible à vos charmes.
PHYLIS.
Puisque vous ne m'aimez que par punition,
Vous m'obligez fort peu de cette affection.
CLÉANDRE.
Après votre beauté, sans raison négligée,
Il me punit bien moins qu'il ne vous a vengée.
Avez-vous jamais vu dessein plus renversé?
Quand j'ai la force en main, je me trouve forcé ;
Je crois prendre une fille, et suis pris par une autre ;
J'ai tout pouvoir sur vous, et me remets au vôtre.
Angélique me perd, quand je crois l'acquérir ;
Je gagne un nouveau mal, quand je pense guérir.
Dans un enlèvement je hais la violence ;
Je suis respectueux après cette insolence ;
Je commets un forfait, et n'y saurais user ;
Je ne suis criminel que pour m'en accuser.
Je m'expose à ma peine ; et négligeant ma fuite,
Aux vôtres offensés j'épargne la poursuite.
Ce que j'ai pu ravir, je viens le demander ;
Et pour vous devoir tout, je veux tout hasarder.
PHYLIS.
Vous ne me devez rien, du moins si j'en suis crue ;
Et si mes propres yeux vous donnent dans la vue,
Si votre propre cœur soupire après ma main,
Vous courez grand hasard de soupirer en vain.
Toutefois, après tout, mon humeur est si bonne,
Que je ne puis jamais désespérer personne.
Sachez que mes désirs, toujours indifférents,
Iront sans résistance au gré de mes parents ;
Leur choix sera le mien : c'est vous parler sans feinte.
CLÉANDRE.
Je vois de leur côté mêmes sujets de crainte ;
Si vous me refusez, m'écouteront-ils mieux?
PHYLIS.
Le monde vous croit riche, et mes parents sont vieux.

CLÉANDRE.
Puis-je sur cet espoir...
PHYLIS.
C'est assez vous en dire.

SCÈNE II

ALIDOR, CLÉANDRE, PHYLIS.

ALIDOR.
Cléandre a-t-il enfin ce que son cœur désire?
Et ses amours, changés par un heureux hasard,
De celui de Phylis ont-ils pris quelque part?
CLÉANDRE.
Cette nuit tu l'as vue en un mépris extrême,
Et maintenant, ami, c'est encore elle-même :
Son orgueil se redouble étant en liberté,
Et devient plus hardi, d'agir en sûreté.
J'espère toutefois, à quelque point qu'il monte,
Qu'à la fin...
PHYLIS.
Cependant que vous lui rendrez compte,
Je vais voir mes parents, que ce coup de malheur
A mon occasion accable de douleur.
Je n'ai tardé que trop à les tirer de peine.
ALIDOR, *retenant Cléandre qui la veut suivre*.
Est-ce donc tout de bon qu'elle t'est inhumaine?
CLÉANDRE.
Il la faut suivre. Adieu. Je te puis assurer
Que je n'ai pas sujet de me désespérer.
Va voir ton Angélique, et la compte pour tienne,
Si tu la vois d'humeur qui ressemble à la sienne.
ALIDOR.
Tu me la rends enfin?
CLÉANDRE.
Doraste tient sa foi :
Tu possèdes son cœur ; qu'aurait-elle pour moi?
Quelques charmants appas qui soient sur son visage,
Je n'y saurais avoir qu'un fort mauvais partage :
Peut-être croirait-elle qu'il lui serait permis
De ne me rien garder, ne m'ayant rien promis ;
Il vaut mieux que ma flamme à son tour te la cède.
Mais, derechef, adieu.

SCÈNE III

ALIDOR.

Ainsi tout me succède*;
Ses plus ardents désirs se règlent sur mes vœux :
Il accepte Angélique, et la rend quand je veux ;
Quand je tâche à la perdre, il meurt de m'en défaire ;
Quand je l'aime, elle cesse aussitôt de lui plaire.
Mon cœur prêt à guérir, le sien se trouve atteint ;
Et mon feu rallumé, le sien se trouve éteint :
Il aime quand je quitte, il quitte alors que j'aime ;
Et sans être rivaux, nous aimons en lieu même.
C'en est fait, Angélique, et je ne saurais plus
Rendre contre tes yeux des combats superflus.

De ton affection cette preuve dernière
Reprend sur tous mes sens une puissance entière.
Les ombres de la nuit m'ont redonné le jour :
Que j'eus de perfidie, et que je vis d'amour!
Quand je sus que Cléandre avait manqué sa proie,
Que j'en eus de regret, et que j'en ai de joie!
Plus je t'étais ingrat, plus tu me chérissais;
Et ton ardeur croissait plus je te trahissais.
Aussi j'en fus honteux; et confus dans mon âme,
La honte et le remords rallumèrent ma flamme.
Que l'amour pour nous vaincre a de chemins divers,
Et que malaisément on rompt de si beaux fers!
C'est en vain qu'on résiste aux traits d'un beau visage;
En vain, à son pouvoir refusant son courage,
On veut éteindre un feu par ses yeux allumé,
Et ne le point aimer quand on s'en voit aimé :
Sous ce dernier appas l'amour a trop de force;
Il jette dans nos cœurs une trop douce amorce,
Et ce tyran secret de nos affections
Saisit trop puissamment nos inclinations.
Aussi ma liberté n'a plus rien qui me flatte ;
Le grand soin que j'en eus partait d'une âme ingrate;
Et mes desseins, d'accord avecque mes désirs,
A servir Angélique ont mis tous mes plaisirs.
Mais, hélas! ma raison est-elle assez hardie
Pour croire qu'on me souffre après ma perfidie?
Quelque secret instinct, à mon bonheur fatal,
Ne la porte-t-il point à me vouloir du mal ?
Que de mes trahisons elle serait vengée,
Si comme mon humeur la sienne était changée!
Mais qui la changerait, puisqu'elle ignore encor
Tous les lâches complots du rebelle Alidor?
Que dis-je, malheureux? ah! c'est trop me méprendre.
Elle en a trop appris du billet de Cléandre ;
Son nom au lieu du mien en ce papier souscrit
Ne lui montre que trop le fond de mon esprit.
Sur ma foi toutefois elle le prit sans lire ;
Et si le ciel vengeur contre moi ne conspire,
Elle s'y fie assez pour n'en avoir rien lu.
Entrons, quoi qu'il en soit, d'un esprit résolu;
Dérobons à ses yeux le témoin de mon crime :
Et si pour l'avoir lu sa colère s'anime,
Et qu'elle veuille user d'une juste rigueur,
Nous savons les moyens de regagner son cœur.

SCÈNE IV

DORASTE, LYCANTE.

DORASTE.

Ne sollicite plus mon âme refroidie.
Je méprise Angélique après sa perfidie,
Mon cœur s'est révolté contre ses lâches traits ;
Et qui n'a point de foi n'a point pour moi d'attraits.
Veux-tu qu'on me trahisse et que mon amour dure?
J'ai souffert sa rigueur, mais je hais son parjure,
Et tiens sa trahison indigne à l'avenir
D'occuper aucun lieu dedans mon souvenir.
Qu'Alidor la possède; il est traître comme elle :

Jamais pour ce sujet nous n'aurons de querelle.
Pourrais-je avec raison lui vouloir quelque mal
De m'avoir délivré d'un esprit déloyal?
Ma colère l'épargne, et n'en veut qu'à Cléandre :
Il verra que son pire était de se méprendre ;
Et si je puis jamais trouver ce ravisseur,
Il me rendra soudain et la vie et ma sœur.

LYCANTE.

Faites mieux : puisqu'à peine elle pourrait prétendre
Une fortune égale à celle de Cléandre,
En faveur de ses biens calmez votre courroux,
Et de son ravisseur faites-en son époux.
Bien qu'il eût fait dessein sur une autre personne,
Faites-lui retenir ce qu'un hasard lui donne ;
Je crois que cet hymen pour satisfaction
Plaira mieux à Phylis que sa punition.

DORASTE.

Nous consultons en vain, ma poursuite étant vaine.

LYCANTE.

Nous le rencontrerons, n'en soyez point en peine;
Où que soit sa retraite, il n'est pas toujours nuit :
Et ce qu'un jour nous cache, un autre le produit.
Mais, dieux ! voilà Phylis qu'il a déjà rendue.

SCÈNE V

PHYLIS, DORASTE, LYCANTE.

DORASTE.

Ma sœur, je te retrouve après t'avoir perdue.
Et, de grâce, quel lieu me cache le voleur
Qui, pour s'être mépris, a causé ton malheur?
Que son trépas...

PHYLIS.

Tout beau ; peut-être ta colère,
Au lieu de ton rival, en veut à ton beau-frère.
En un mot, tu sauras qu'en cet enlèvement
Mes larmes m'ont acquis Cléandre pour amant;
Son cœur m'est demeuré pour peine de son crime,
Et veut changer un rapt en amour légitime.
Il fait tous ses efforts pour gagner mes parents,
Et s'il les peut fléchir, quant à moi, je me rends;
Non, à dire le vrai, que son objet me tente ;
Mais mon père content, je dois être contente.
Tandis, par la fenêtre ayant vu ton retour,
Je t'ai voulu sur l'heure apprendre cet amour,
Pour te tirer de peine, et rompre ta colère.

DORASTE.

Crois-tu que cet hymen puisse me satisfaire?

PHYLIS.

Si tu n'es ennemi de mes contentements,
Ne prends mes intérêts que dans mes sentiments,
Ne fais point le mauvais, si je ne suis mauvaise,
Et ne condamne rien à moins qu'il me déplaise.
En cette occasion, si tu me veux du bien,
C'est à toi de régler ton esprit sur le mien.
Je respecte mon père, et le tiens assez sage
Pour ne résoudre rien à mon désavantage.

Si Cléandre le gagne, et m'en peut obtenir,
Je crois de mon devoir...
LYCANTE.
Je l'aperçois venir.
Résolvez-vous, monsieur, à ce qu'elle désire.

SCÈNE VI
CLÉANDRE, DORASTE, PHYLIS, LYCANTE.

CLÉANDRE.
Si vous n'êtes d'humeur, madame, à vous dédire,
Tout me rit désormais, j'ai leur consentement.
Mais excusez, monsieur, le transport d'un amant;
Et souffrez qu'un rival, confus de son offense,
Pour en perdre le nom entre en votre alliance.
Ne me refusez point un oubli du passé ;
Et son ressouvenir à jamais effacé,
Bannissant toute aigreur, recevez un beau-frère
Que votre sœur accepte après l'aveu d'un père.

DORASTE.
Quand j'aurais sur ce point des avis différents,
Je ne puis contredire au choix de mes parents;
Mais, outre leur pouvoir, votre âme généreuse,
Et ce franc procédé qui rend ma sœur heureuse,
Vous acquièrent les biens qu'ils vous ont accordés,
Et me font souhaiter ce que vous demandez.
Vous m'avez obligé, de m'ôter Angélique ;
Rien de ce qui la touche à présent ne me pique :
Je n'y prends plus de part, après sa trahison.
Je l'aimai par malheur, et la hais par raison.
Mais la voici qui vient, de son amant suivie.

SCÈNE VII
ALIDOR, ANGÉLIQUE, DORASTE, CLÉANDRE,
PHYLIS, LYCANTE.

ALIDOR.
Finissez vos mépris, ou m'arrachez la vie.

ANGÉLIQUE.
Ne m'importune plus, infidèle. Ah, ma sœur !
Comme as-tu pu si tôt tromper ton ravisseur?

PHYLIS, à Angélique.
Il n'en a plus le nom; et son feu légitime,
Autorisé des miens, en efface le crime;
Le hasard me le donne, et changeant ses desseins,
Il m'a mise en son cœur aussi bien qu'en ses mains.
Son erreur fut soudain de son amour suivie;
Et je ne l'ai ravi qu'après qu'il m'a ravie.
Jusque-là tes beautés ont possédé ses vœux ;
Mais l'amour d'Alidor faisait taire ses feux.
De peur de l'offenser te cachant son martyre,
Il me venait conter ce qu'il ne t'osait dire;
Mais nous changeons de sort par cet enlèvement :
Tu perds un serviteur, et j'y gagne un amant.

DORASTE, à Phylis.
Dis-lui qu'elle en perd deux ; mais qu'elle s'en console,
Puisque avec Alidor je lui rends sa parole.

(à Angélique.)
Satisfaites sans crainte à vos intentions;
Je ne mets plus d'obstacle à vos affections.
Si vous faussez déjà la parole donnée,
Que ne feriez-vous point après notre hyménée?
Pour moi, malaisément on me trompe deux fois :
Vous l'aimez, j'y consens, et lui cède mes droits.

ALIDOR, à Angélique.
Puisque vous me pouvez accepter sans parjure,
Pouvez-vous consentir que votre rigueur dure?
Vos yeux sont-ils changés, vos feux sont-ils éteints?
Et quand mon amour croît, produit-il vos dédains?
Voulez-vous...

ANGÉLIQUE.
Déloyal, cesse de me poursuivre;
Si je t'aime jamais je veux cesser de vivre.
Quel espoir mal conçu te rapproche de moi?
Aurais-je de l'amour pour qui n'a point de foi?

DORASTE.
Quoi ! le bannissez-vous parce qu'il vous ressemble ?
Cette union d'humeurs vous doit unir ensemble
Pour ce manque de foi c'est trop le rejeter :
Il ne l'a pratiqué que pour vous imiter.

ANGÉLIQUE.
Cessez de reprocher à mon âme troublée
La faute où la porta son ardeur aveuglée.
Vous seul avez ma foi, vous seul à l'avenir
Pouvez à votre gré me la faire tenir
Si toutefois, après ce que j'ai pu commettre,
Vous me pouvez haïr jusqu'à me la remettre,
Un cloître désormais bornera mes desseins ;
C'est là que je prendrai des mouvements plus sains ;
C'est là que, loin du monde et de sa vaine pompe,
Je n'aurai qui tromper, non plus que qui me trompe.

ALIDOR.
Mon souci*!

ANGÉLIQUE.
Tes soucis doivent tourner ailleurs.

PHYLIS, à Angélique.
De grâce, prends pour lui des sentiments meilleurs.

DORASTE, à Phylis.
Nous leur nuisons, ma sœur; hors de notre présence
Elle se porterait à plus de complaisance ;
L'amour seul, assez fort pour la persuader,
Ne veut point d'autres tiers à les raccommoder.

CLÉANDRE, à Doraste.
Mon amour, ennuyé des yeux de tant de monde,
Adore la raison où votre avis se fonde.
Adieu, belle Angélique, adieu; c'est justement
Que votre ravisseur vous cède à votre amant.

DORASTE, à Angélique.
Je vous eus par dépit, lui seul il vous mérite
Ne lui refusez point ma part que je lui quitte.

PHYLIS.
Si tu m'aimes, ma sœur, fais-en autant que moi,
Et laisse à tes parents à disposer de toi.
Ce sont des jugements imparfaits que les nôtres :
Le cloître a ses douceurs, mais le monde en a d'autres
Qui, pour avoir un peu moins de solidité,

N'accommodent que mieux notre instabilité.
Je crois qu'un bon dessein dans le cloître te porte :
Mais un dépit d'amour n'en est pas bien la porte;
Et l'on court grand hasard d'un cuisant repentir
De se voir en prison sans espoir d'en sortir.
　　　　　CLÉANDRE, à *Phylis*.
N'achèverez-vous point?
　　　　　PHYLIS.
　　　　　　　　J'ai fait, et vous vais suivre.
Adieu. Par mon exemple apprends comme il faut vi-
Et prends pour Alidor un naturel plus doux.　[vre,
　　(*Cléandre*, *Doraste*, *Phylis* et *Lycante rentrent*.)
　　　　　ANGÉLIQUE.
Rien ne rompra le coup à quoi je me résous :
Je me veux exempter de ce honteux commerce
Où la déloyauté si pleinement s'exerce;
Un cloître est désormais l'objet de mes désirs :
L'âme ne goûte point ailleurs de vrais plaisirs.
Ma foi qu'avait Doraste engageait ma franchise;
Et je ne vois plus rien, puisqu'il me l'a remise,
Qui me retienne au monde, ou m'arrête en ce lieu :
Cherche une autre à trahir; et pour jamais adieu.

SCÈNE VIII

　　　　　ALIDOR.

Que par cette retraite elle me favorise!
Alors que mes desseins cèdent à mes amours,
Et qu'ils ne sauraient plus défendre ma franchise,
Sa haine et ses refus viennent à leur secours.

J'avais beau la trahir, une secrète amorce
Rallumait dans mon cœur l'amour par la pitié;
Mes feux en recevaient une nouvelle force,
Et toujours leur ardeur en croissait de moitié.

Ce que cherchait par là mon âme peu rusée,
De contraires moyens me l'ont fait obtenir;
Je suis libre à présent qu'elle est désabusée,
Et je ne l'abusais que pour le devenir.

Impuissant ennemi de mon indifférence,
Je brave, vain Amour, ton débile pouvoir
Ta force ne venait que de mon espérance,
Et c'est ce qu'aujourd'hui m'ôte son désespoir.

Je cesse d'espérer et commence de vivre;
Je vis dorénavant, puisque je vis à moi;
Et quelques doux assauts qu'un autre objet me livre,
C'est de moi seulement que je prendrai la loi.

Beautés, ne pensez point à rallumer ma flamme;
Vos regards ne sauraient asservir ma raison;
Et ce sera beaucoup emporté sur mon âme
S'ils me font curieux d'apprendre votre nom.

Nous feindrons toutefois, pour nous donner carrière,
Et pour mieux déguiser nous en prendrons un peu;
Mais nous saurons toujours rebrousser en arrière,
Et, quand il nous plaira, nous retirer du jeu.

Cependant Angélique enfermant dans un cloître
Ses yeux, dont nous craignons la fatale clarté,
Les murs qui garderont ces tyrans de paraître
Serviront de remparts à notre liberté.

Je suis hors de péril qu'après son mariage
Le bonheur d'un jaloux augmente mon ennui;
Et ne serai jamais sujet à cette rage
Qui naît de voir son bien entre les mains d'autrui.

Ravi qu'aucun n'en ait ce que j'ai pu prétendre,
Puisqu'elle dit au monde un éternel adieu,
Comme je la donnais sans regret à Cléandre,
Je verrai sans regret qu'elle se donne à Dieu.

EXAMEN DE LA PLACE ROYALE

Je ne puis dire tant de bien de celle-ci que de la précédente. Les vers en sont plus forts; mais il y a manifestement une duplicité d'action. Alidor, dont l'esprit extravagant se trouve incommodé d'un amour qui l'attache trop, veut faire en sorte qu'Angélique sa maîtresse se donne à son ami Cléandre; et c'est pour cela qu'il lui fait rendre une fausse lettre qui le convainc de légèreté, et qu'il joint à cette supposition des mépris assez piquants pour l'obliger dans sa colère à accepter les affections d'un autre. Ce dessein avorte, et la donne à Doraste contre son intention; et cela l'oblige à en faire un nouveau pour la porter à un enlèvement. Ces deux desseins, formés ainsi l'un après l'autre, font deux actions, et donnent deux âmes au poëme, qui d'ailleurs finit assez mal par un mariage de deux personnes épisodiques, qui ne tiennent que le second rang dans la pièce. Les premiers acteurs y achèvent bizarrement, et tout ce qui les regarde fait languir le cinquième acte, où ils ne paraissent plus, à le bien prendre, que comme seconds acteurs. L'épilogue d'Alidor n'a pas la grâce de celui de la *Suivante*, qui, ayant été très-intéressée dans l'action principale, et demeurant enfin sans amant, n'ose expliquer ses sentiments en la présence de sa maîtresse et de son père, qui ont tous deux leur compte, et les laisse rentrer pour pester en liberté contre eux et contre sa mauvaise fortune, dont elle se plaint en elle-même, et fait par là connaître au spectateur l'assiette de son esprit après un effet si contraire à ses souhaits.

Alidor est sans doute trop bon ami pour être si mauvais amant. Puisque sa passion l'importune tellement qu'il veut bien outrager sa maîtresse pour s'en défaire, il devrait se contenter de ce premier effort, qui la fait obtenir à Doraste, sans s'embarrasser de nouveau pour l'intérêt d'un ami, et hasarder en sa considération un repos qui lui est si précieux. Cet amour de son repos n'empêche point qu'au cinquième acte il ne se montre encore passionné pour cette maîtresse, malgré la résolution qu'il avait prise de s'en défaire, et les trahisons qu'il lui a faites; de sorte qu'il semble ne commencer à l'aimer véritablement que quand il lui a donné sujet de le haïr. Cela fait une inégalité de mœurs qui est vicieuse.

Le caractère d'Angélique sort de la bienséance, en ce qu'elle est trop amoureuse, et se résout trop tôt à se faire enlever par un homme qui lui doit être suspect. Cet enlèvement lui réussit mal; et il a été bon de lui donner un mauvais succès, bien qu'il ne soit pas besoin que les grands crimes soient punis dans la tragédie, parce que leur peinture imprime assez d'horreur pour en détourner les spectateurs. Il n'en est pas de même des fautes de cette nature, et elles pourraient engager un esprit jeune et amoureux à les imiter, si l'on voyait que ceux qui les commettent viussent à bout, par ce mauvais moyen, de ce qu'ils désirent.

Malgré cet abus, introduit par la nécessité, et légitimé par l'usage, de faire dire dans la rue à nos amantes de comédie ce que vraisemblablement elles diraient dans leur chambre, je n'ai osé y placer Angélique durant la réflexion douloureuse qu'elle fait sur la promptitude et l'imprudence de ses ressentiments, qui la font consentir à épouser l'objet de sa haine : j'ai mieux aimé rompre la liaison des scènes, et l'unité de lieu qui se trouve assez exacte en ce poëme, à cela près, afin de la faire soupirer dans son cabinet avec plus de bienséance pour elle, et plus de sûreté pour l'entretien d'Alidor. Phylis, qui le voit sortir de chez elle, en aurait trop vu si elle les avait aperçus tous deux sur le théâtre : et au lieu du soupçon de quelque intelligence renouée entre eux qui la porte à l'observer durant le bal, elle aurait eu sujet d'en prendre une entière certitude, et d'y donner un ordre qui eût rompu tout le nouveau dessein d'Alidor et l'intrigue de la pièce.

FIN DE LA PLACE ROYALE

MÉDÉE

TRAGÉDIE — 1635

ÉPITRE DE CORNEILLE A MONSIEUR P. T. N. G.

Monsieur,

Je vous donne *Médée* toute méchante qu'elle est, et ne vous dirai rien pour sa justification. Je vous la donne pour telle que vous la voudrez prendre, sans tâcher à prévenir ou violenter vos sentiments par un étalage des préceptes de l'art, qui doivent être fort mal entendus et fort mal pratiqués quand ils ne nous font pas arriver au but que l'art se propose. Celui de la poésie dramatique est de plaire, et les règles qu'elle nous prescrit ne sont que des adresses pour en faciliter les moyens au poëte, et non pas des raisons qui puissent persuader aux spectateurs qu'une chose soit agréable quand elle leur déplaît. Ici vous trouverez le crime en son char de triomphe, et peu de personnages sur la scène dont les mœurs ne soient plus mauvaises que bonnes ; mais la peinture et la poésie ont cela de commun entre beaucoup d'autres choses, que l'une fait souvent de beaux portraits d'une femme laide, et l'autre de belles imitations d'une action qu'il ne faut pas imiter. Dans la portraiture*, il n'est pas question si un visage est beau, mais s'il ressemble : et dans la poésie, il ne faut pas considérer si les mœurs sont vertueuses, mais si elles sont pareilles à celles de la personne qu'elle introduit. Aussi nous décrit-elle indifféremment les bonnes et les mauvaises actions, sans nous proposer les dernières pour exemple ; et si elle nous en veut faire quelque horreur, ce n'est point par leur punition, qu'elle n'affecte pas de nous faire voir, mais par leur laideur, qu'elle s'efforce de nous représenter au naturel. Il n'est pas besoin d'avertir ici le public que celles de cette tragédie ne sont pas à imiter : elles paraissent assez à découvert pour n'en faire envie à personne. Je n'examine point si elles sont vraisemblables ou non : cette difficulté, qui est la plus délicate de la poésie, et peut-être la moins entendue, demanderait un discours trop long pour une épître : il me suffit qu'elles sont autorisées ou par la vérité de l'histoire, ou par l'opinion commune des anciens. Elles vous ont agréé autrefois sur le théâtre ; j'espère qu'elles vous satisferont encore aucunement* sur e papier ; et demeure,

Monsieur,

Votre très-humble serviteur,
CORNEILLE.

PERSONNAGES

CRÉON, roi de Corinthe.
ÆGÉE, roi d'Athènes.
JASON, mari de Médée.
POLLUX, argonaute, ami de Jason.
CRÉUSE, fille de Créon.

PERSONNAGES

MÉDÉE, femme de Jason.
CLÉONE, gouvernante de Créuse.
NÉRINE, suivante de Médée.
THEUDAS, domestique de Créon.
Troupe des gardes de Créon.

La scène est à Corinthe.

ACTE PREMIER

SCÈNE I

POLLUX, JASON.

POLLUX.

Que je sens à la fois de surprise et de joie!
Se peut-il qu'en ces lieux enfin je vous revoie,
Que Pollux dans Corinthe ait rencontré Jason?

JASON.

Vous n'y pouviez venir en meilleure saison ;
Et pour vous rendre encor l'âme plus étonnée,
Préparez-vous à voir mon second hyménée.

POLLUX.

Quoi! Médée est donc morte, ami?

JASON.

Non, elle vit ;
Mais un objet plus beau la chasse de mon lit.

POLLUX.

Dieux! et que fera-t-elle?

JASON.

Et que fit Hypsipile,
Que pousser les éclats d'un courroux inutile?
Elle jeta des cris, elle versa des pleurs,
Elle me souhaita mille et mille malheurs ;
Dit que j'étais sans foi, sans cœur, sans conscience :
Et lasse de le dire, elle prit patience.
Médée en son malheur en pourra faire autant :
Qu'elle soupire, pleure, et me nomme inconstant ;
Je la quitte à regret, mais je n'ai point d'excuse
Contre un pouvoir plus fort qui me donne à Créuse.

POLLUX.

Créuse est donc l'objet qui vous vient d'enflammer?
Je l'aurais deviné, sans l'entendre nommer.
Jason ne fit jamais de communes maîtresses ;
Il est né seulement pour charmer les princesses,
Et haïrait l'amour, s'il avait sous sa loi
Rangé de moindres cœurs que des filles de roi.
Hypsipile à Lemnos, sur le Phase Médée,
Et Créuse à Corinthe, autant vaut, possédée,

Font bien voir qu'en tous lieux, sans le secours de
　　　　　　　　　　　　　　　　　　　　　　　[Mars,
Les sceptres sont acquis à ses moindres regards.
　　　　　　　　　　JASON.
Aussi je ne suis pas de ces amants vulgaires ;
J'accommode ma flamme au bien de mes affaires ;
Et sous quelque climat que me jette le sort,
Par maxime d'état je me fais cet effort.
　Nous voulant à Lemnos rafraîchir dans la ville,
Qu'eussions-nous fait, Pollux, sans l'amour d'Hyp-
Et depuis à Colchos, que fit votre Jason,　[sipile ?
Que cajoler* Médée, et gagner la toison ?
Alors, sans mon amour, qu'eût fait votre vaillance ?
Eût-elle du dragon trompé la vigilance ?
Ce peuple que la terre enfantait tout armé,
Qui de vous l'eût défait, si Jason n'eût aimé ?
Maintenant qu'un exil m'interdit ma patrie,
Créuse est le sujet de mon idolâtrie ;
Et j'ai trouvé l'adresse, en lui faisant la cour,
De relever mon sort sur les ailes d'Amour.
　　　　　　　　　　POLLUX.
Que parlez-vous d'exil ? La haine de Pélie...
　　　　　　　　　　JASON.
Me fait, tout mort qu'il est, fuir de sa Thessalie.
　　　　　　　　　　POLLUX.
Il est mort !
　　　　　　　　　　JASON.
　　　　　　　　Écoutez, et vous saurez comment
Son trépas seul m'oblige à cet éloignement.
Après six ans passés, depuis notre voyage,
Dans les plus grands plaisirs qu'on goûte au mariage,
Mon père, tout caduc, émouvant ma pitié,
Je conjurai Médée, au nom de l'amitié...
　　　　　　　　　　POLLUX.
J'ai su comme son art, forçant les destinées,
Lui rendit la vigueur de ses jeunes années :
Ce fut, s'il m'en souvient, ici que je l'appris ;
D'où soudain un voyage en Asie entrepris
Fait que, nos deux séjours divisés par Neptune,
Je n'ai point su depuis quelle est votre fortune ;
Je n'en fais qu'arriver.
　　　　　　　　　　JASON.
　　　　　　　　　Apprenez donc de moi
Le sujet qui m'oblige à lui manquer de foi.
　Malgré l'aversion d'entre nos deux familles,
De mon tyran Pélie elle gagne les filles,
Et leur feint de ma part tant d'outrages reçus,
Que ces faibles esprits sont aisément déçus.
Elle fait amitié, leur promet des merveilles,
Du pouvoir de son art leur remplit les oreilles ;
Et pour mieux leur montrer comme il est infini,
Leur étale surtout mon père rajeuni.
Pour épreuve elle égorge un bélier à leurs vues,
Le plonge en un bain d'eaux et d'herbes inconnues,
Lui forme un nouveau sang avec cette liqueur,
Et lui rend d'un agneau la taille et la vigueur.
Les sœurs crient miracle, et chacune ravie
Conçoit pour son vieux père une pareille envie,
Veut un effet pareil, le demande, et l'obtient ;

Mais chacun a son but. Cependant la nuit vient :
Médée, après le coup d'une si belle amorce,
Prépare de l'eau pure et des herbes sans force,
Redouble le sommeil des gardes et du roi :
La suite au seul récit me fait trembler d'effroi.
A force de pitié ces filles inhumaines
De leur père endormi vont épuiser les veines :
Leur tendresse crédule, à grands coups de couteau,
Prodigue ce vieux sang, et fait place au nouveau ;
Le coup le plus mortel s'impute à grand service ;
On nomme piété ce cruel sacrifice ;
Et l'amour paternel qui fait agir leurs bras
Croirait commettre un crime à n'en commettre pas.
Médée est éloquente à leur donner courage :
Chacune toutefois tourne ailleurs son visage ;
Une secrète horreur condamne leur dessein,
Et refuse leurs yeux à conduire leur main.
　　　　　　　　　　POLLUX.
A me représenter ce tragique spectacle,
Qui fait un parricide, et promet un miracle,
J'ai de l'horreur moi-même, et ne puis concevoir
Qu'un esprit jusque-là se laisse décevoir.
　　　　　　　　　　JASON.
Ainsi mon père Æson recouvra sa jeunesse.
Mais oyez* le surplus. Ce grand courage cesse ;
L'épouvante les prend ; Médée en raille, et fuit.
Le jour découvre à tous les crimes de la nuit ;
Et pour vous épargner un discours inutile,
Acaste, nouveau roi, fait mutiner la ville,
Nomme Jason l'auteur de cette trahison,
Et pour venger son père assiège ma maison.
Mais j'étais déjà loin, aussi bien que Médée ;
Et ma famille enfin à Corinthe abordée,
Nous saluons Créon, dont la bénignité
Nous promet contre Acaste un lieu de sûreté.
Que vous dirai-je plus ? mon bonheur ordinaire
M'acquiert les volontés de la fille et du père ;
Si bien que de tous deux également chéri,
L'un me veut pour son gendre, et l'autre pour mari.
D'un rival couronné les grandeurs souveraines,
La majesté d'Ægée, et le sceptre d'Athènes,
N'ont rien, à leur avis, de comparable à moi,
Et banni que je suis, je leur suis plus qu'un roi.
Je vois trop ce bonheur, mais je le dissimule ;
Et bien que pour Créuse un pareil feu me brûle,
Du devoir conjugal je combats mon amour,
Et je ne l'entretiens que pour faire ma cour.
　Acaste cependant menace d'une guerre
Qui doit perdre Créon et dépeupler sa terre ;
Puis, changeant tout à coup ses résolutions,
Il propose la paix sous des conditions.
Il demande d'abord et Jason et Médée :
On lui refuse l'un, et l'autre est accordée ;
Je l'empêche, on débat, et je fais tellement,
Qu'enfin il se réduit à son bannissement.
De nouveau, je l'empêche, et Créon me refuse ;
Et pour m'en consoler il m'offre sa Créuse.
Qu'eussé-je fait, Pollux, en cette extrémité
Qui commettait* ma vie avec ma loyauté ?

Car, sans doute, a quitter l'utile pour l'honnête,
La paix allait se faire aux dépens de ma tête;
Le mépris insolent des offres d'un grand roi
Aux mains d'un ennemi livrait Médée et moi.
Je l'eusse fait pourtant, si je n'eusse été père :
L'amour de mes enfants m'a fait l'âme légère;
Ma perte était la leur; et cet hymen nouveau
Avec Médée et moi les tire du tombeau :
Eux seuls m'ont fait résoudre, et la paix s'est conclue.
POLLUX.
Bien que de tous côtés l'affaire résolue
Ne laisse aucune place aux conseils d'un ami,
Je ne puis toutefois l'approuver qu'à demi.
Sur quoi que vous fondiez un traitement si rude,
C'est montrer pour Médée un peu d'ingratitude;
Ce qu'elle a fait pour vous est mal récompensé.
Il faut craindre après tout son courage offensé :
Vous savez mieux que moi ce que peuvent ses char-
JASON.   [mes.
Ce sont à sa fureur d'épouvantables armes;
Mais son bannissement nous en va garantir.
POLLUX.
Gardez d'avoir sujet de vous en repentir.
JASON.
Quoi qu'il puisse arriver, ami, c'est chose faite.
POLLUX.
La termine le ciel comme je le souhaite!
Permettez cependant qu'afin de m'acquitter,
J'aille trouver le roi pour l'en féliciter.
JASON.
Je vous y conduirais, mais j'attends ma princesse
Qui va sortir du temple.
POLLUX.
          Adieu : l'amour vous presse,
Et je serais marri* qu'un soin officieux
Vous fît perdre pour moi des temps si précieux.

SCÈNE II

JASON.

Depuis que mon esprit est capable de flamme,
Jamais un trouble égal n'a confondu mon âme.
Mon cœur, qui se partage en deux affections,
Se laisse déchirer à mille passions.
Je dois tout à Médée, et je ne puis sans honte
Et d'elle et de ma foi tenir si peu de compte :
Je dois tout à Créon, et d'un si puissant roi
Je fais un ennemi, si je garde ma foi :
Je regrette Médée, et j'adore Créuse;
Je vois mon crime en l'une, en l'autre mon excuse;
Et dessus mon regret mes désirs triomphants
Ont encor le secours du soin de mes enfants.
 Mais la princesse vient; l'éclat d'un tel visage
Du plus constant du monde attirerait l'hommage,
Et semble reprocher à ma fidélité
D'avoir osé tenir contre tant de beauté.

SCÈNE III

CRÉUSE, JASON, CLÉONE.

JASON.
Que votre zèle est long, et que d'impatience
Il donne à votre amant, qui meurt en votre absence!
CRÉUSE.
Je n'ai pas fait pourtant au ciel beaucoup de vœux;
Ayant Jason à moi, j'ai tout ce que je veux.
JASON.
Et moi, puis-je espérer l'effet d'une prière
Que ma flamme tiendrait à faveur singulière?
Au nom de notre amour, sauvez deux jeunes fruits
Que d'un premier hymen la couche m'a produits;
Employez-vous pour eux, faites auprès d'un père
Qu'ils ne soient point compris en l'exil de leur mère;
C'est lui seul qui bannit ces petits malheureux,
Puisque dans les traités il n'est point parlé d'eux.
CRÉUSE.
J'avais déjà parlé de leur tendre innocence,
Et vous y servirai de toute ma puissance,
Pourvu qu'à votre tour vous m'accordiez un point
Que jusques à tantôt je ne vous dirai point.
JASON.
Dites, et, quel qu'il soit, que ma reine en dispose.
CRÉUSE.
Si je puis sur mon père obtenir quelque chose,
Vous le saurez après; je ne veux rien pour rien.
CLÉONE.
Vous pourrez au palais suivre cet entretien.
On ouvre chez Médée, ôtez-vous de sa vue;
Vos présences rendraient sa douleur plus émue;
Et vous seriez marris que cet esprit jaloux
Mêlât son amertume à des plaisirs si doux.

SCÈNE IV

MÉDÉE.

Souverains protecteurs des lois de l'hyménée,
Dieux garants de la foi que Jason m'a donnée,
Vous qu'il prit à témoin d'une immortelle ardeur
Quand par un faux serment il vainquit ma pudeur,
Voyez de quel mépris vous traite son parjure,
Et m'aidez à venger cette commune injure :
S'il me peut aujourd'hui chasser impunément,
Vous êtes sans pouvoir ou sans ressentiment.
 Et vous, troupe savante en noires barbaries,
Filles de l'Achéron, pestes, larves, furies,
Fières sœurs, si jamais notre commerce étroit
Sur vous et vos serpents me donna quelque droit,
Sortez de vos cachots avec les mêmes flammes
Et les mêmes tourments dont vous gênez* les âmes;
Laissez-les quelque temps reposer dans leurs fers;
Pour mieux agir pour moi faites trêve aux enfers;

Apportez-moi du fond des antres de Mégère
La mort de ma rivale, et celle de son père;
Et, si vous ne voulez mal servir mon courroux,
Quelque chose de pis pour mon perfide époux;
Qu'il coure vagabond de province en province,
Qu'il fasse lâchement la cour à chaque prince;
Banni de tous côtés, sans bien et sans appui,
Accablé de frayeur, de misère, d'ennui,
Qu'à ses plus grands malheurs aucun ne compatisse;
Qu'il ait regret à moi pour son dernier supplice;
Et que mon souvenir jusque dans le tombeau
Attache à son esprit un éternel bourreau.
Jason me répudie! et qui l'aurait pu croire?
S'il a manqué d'amour, manque-t-il de mémoire?
Me peut-il bien quitter après tant de bienfaits?
M'ose-t-il bien quitter après tant de forfaits?
Sachant ce que je puis, ayant vu ce que j'ose,
Croit-il que m'offenser ce soit si peu de chose?
Quoi! mon père trahi, les éléments forcés,
D'un frère dans la mer les membres dispersés,
Lui font-ils présumer mon audace épuisée?
Lui font-ils présumer qu'à mon tour méprisée,
Ma rage contre lui n'ait pas où s'assouvir,
Et que tout mon pouvoir se borne à le servir?
Tu t'abuses, Jason, je suis encor moi-même.
Tout ce qu'en ta faveur fit mon amour extrême,
Je le ferai par haine; et je veux pour le moins
Qu'un forfait nous sépare, ainsi qu'il nous a joints;
Que mon sanglant divorce, en meurtres, en carnage,
S'égale aux premiers jours de notre mariage,
Et que notre union, que rompt ton changement,
Trouve une fin pareille à son commencement.
Déchirer par morceaux l'enfant aux yeux du père
N'est que le moindre effet qui suivra ma colère;
Des crimes si légers furent mes coups d'essai;
Il faut bien autrement montrer ce que je sai;
Il faut faire un chef-d'œuvre, et qu'un dernier ouvrage
Surpasse de bien loin ce faible apprentissage.
 Mais, pour exécuter tout ce que j'entreprends,
Quels dieux me fourniront des secours assez grands?
Ce n'est plus vous, enfers, qu'ici je sollicite:
Vos feux sont impuissants pour ce que je médite.
Auteur de ma naissance, aussi bien que du jour,
Qu'à regret tu dépars* à ce fatal séjour,
Soleil, qui vois l'affront qu'on va faire à ta race,
Donne-moi tes chevaux à conduire en ta place:
Accorde cette grâce à mon désir bouillant.
Je veux choir sur Corinthe avec ton char brûlant:
Mais ne crains pas de chute à l'univers funeste;
Corinthe consumé garantira le reste;
De mon juste courroux les implacables vœux
Dans ses odieux murs arrêteront tes feux;
Créon en est le prince, et prend Jason pour gendre:
C'est assez mériter d'être réduit en cendre,
D'y voir réduit tout l'isthme, afin de l'en punir,
Et qu'il n'empêche plus les deux mers de s'unir.

SCÈNE V

MÉDÉE, NÉRINE.

MÉDÉE.

Eh bien? Nérine, à quand, à quand cet hyménée?
En ont-ils choisi l'heure? en sais-tu la journée?
N'en as-tu rien appris? n'as-tu point vu Jason?
N'appréhende-t-il rien après sa trahison?
Croit-il qu'en cet affront je m'amuse à me plaindre?
S'il cesse de m'aimer, qu'il commence à me craindre.
Il verra, le perfide, à quel comble d'horreur
De mes ressentiments peut monter la fureur.

NÉRINE.

Modérez les bouillons de cette violence;
Et laissez déguiser vos douleurs au silence.
Quoi! madame, est-ce ainsi qu'il faut dissimuler?
Et faut-il perdre ainsi des menaces en l'air?
Les plus ardents transports d'une haine connue
Ne sont qu'autant d'éclairs avortés dans la nue,
Qu'autant d'avis à ceux que vous voulez punir,
Pour repousser vos coups, ou pour les prévenir.
Qui peut, sans s'émouvoir, supporter une offense,
Peut mieux prendre à son point le temps de sa ven-
Et sa feinte douceur, sous un appât mortel, [geance;
Mène insensiblement sa victime à l'autel.

MÉDÉE.

Tu veux que je me taise et que je dissimule!
Nérine, porte ailleurs ce conseil ridicule;
L'âme en est incapable en de moindres malheurs,
Et n'a point où cacher de pareilles douleurs.
Jason m'a fait trahir mon pays et mon père,
Et me laisse au milieu d'une terre étrangère,
Sans support*, sans amis, sans retraite, sans bien,
La fable de son peuple et la haine du mien:
Nérine, après cela tu veux que je me taise!
Ne dois-je point encore en témoigner de l'aise,
De ce royal hymen souhaiter l'heureux jour,
Et forcer tous mes soins à servir son amour?

NÉRINE.

Madame, pensez mieux à l'éclat que vous faites.
Quelque juste qu'il soit, regardez où vous êtes,
Considérez qu'à peine un esprit plus remis
Vous tient en sûreté parmi vos ennemis.

MÉDÉE.

L'âme doit se roidir plus elle est menacée,
Et contre la fortune aller tête baissée,
La choquer hardiment, et, sans craindre la mort,
Se présenter de front à son plus rude effort.
Cette lâche ennemie a peur des grands courages,
Et sur ceux qu'elle abat redouble ses outrages.

NÉRINE.

Que sert ce grand courage où l'on est sans pouvoir?

MÉDÉE.

Il trouve toujours lieu de se faire valoir.

NÉRINE.

Forcez l'aveuglement dont vous êtes séduite,
Pour voir en quel état le sort vous a réduite.

Votre pays vous hait, votre époux est sans foi :
Dans un si grand revers que vous reste-t-il ?
NÉRINE.
MÉDÉE.
Moi,
Moi, dis-je, et c'est assez.
NÉRINE.
Quoi ! vous seule, madame ?
MÉDÉE.
Oui, tu vois en moi seule et le fer et la flamme,
Et la terre, et la mer, et l'enfer, et les cieux,
Et le sceptre des rois, et le foudre des dieux.
NÉRINE.
L'impétueuse ardeur d'un courage sensible
A vos ressentiments figure tout possible :
Mais il faut craindre un roi fort de tant de sujets.
MÉDÉE.
Mon père, qui l'était, rompit-il mes projets ?
NÉRINE.
Non ; mais il fut surpris, et Créon se défie :
Fuyez, qu'à ses soupçons il ne vous sacrifie.
MÉDÉE.
Las ! je n'ai que trop fui ; cette infidélité
D'un juste châtiment punit ma lâcheté.
Si je n'eusse point fui pour la mort de Pélie,
Si j'eusse tenu bon dedans la Thessalie,
Il n'eût point vu Créuse, et cet objet nouveau
N'eût point de notre hymen étouffé le flambeau.
NÉRINE.
Fuyez encor, de grâce.
MÉDÉE.
Oui, je fuirai, Nérine ;
Mais, avant, de Créon on verra la ruine.
Je brave la fortune ; et toute sa rigueur,
En m'ôtant un mari, ne m'ôte pas le cœur ;
Sois seulement fidèle, et sans te mettre en peine,
Laisse agir pleinement mon savoir et ma haine.
NÉRINE, seule.
Madame... Elle me quitte au lieu de m'écouter.
Ces violents transports la vont précipiter ;
D'une trop juste ardeur l'inexorable envie
Lui fait abandonner le souci de sa vie.
Tâchons, encore un coup, d'en divertir* le cours.
Apaiser sa fureur, c'est conserver ses jours.

ACTE DEUXIÈME

SCÈNE I

MÉDÉE, NÉRINE.

NÉRINE.
Bien qu'un péril certain suive votre entreprise,
Assurez-vous sur moi, je vous suis toute acquise ;
Employez mon service aux flammes, au poison,
Je ne refuse rien ; mais épargnez Jason.
Votre aveugle vengeance une fois assouvie,
Le regret de sa mort vous coûterait la vie ;
Et les coups violents d'un rigoureux ennui...
MÉDÉE.
Cesse de m'en parler et ne crains rien pour lui :
Ma fureur jusque-là n'oserait me séduire ;
Jason m'a trop coûté pour le vouloir détruire ;
Mon courroux lui fait grâce, et ma première ardeur
Soutient son intérêt au milieu de mon cœur.
Je crois qu'il m'aime encore, et qu'il nourrit en l'âme
Quelques restes secrets d'une si belle flamme :
Il ne fait qu'obéir aux volontés d'un roi
Qui l'arrache à Médée en dépit de sa foi.
Qu'il vive, et s'il se peut, que l'ingrat me demeure ;
Sinon, ce m'est assez que sa Créuse meure ;
Qu'il vive cependant, et jouisse du jour
Que lui conserve encor mon immuable amour
Créon seul et sa fille ont fait la perfidie ;
Eux seuls termineront toute la tragédie ;
Leur perte achèvera cette fatale paix.
NÉRINE.
Contenez-vous, madame ; il sort de son palais.

SCÈNE II

CRÉON, MÉDÉE, NÉRINE, SOLDATS.

CRÉON.
Quoi ! je te vois encore ! Avec quelle impudence
Peux-tu, sans t'effrayer, soutenir ma présence ?
Ignores-tu l'arrêt de ton bannissement ?
Fais-tu si peu de cas de mon commandement ?
Voyez comme elle s'enfle et d'orgueil et d'audace !
Ses yeux ne sont que feu ; ses regards, que menace !
Gardes, empêchez-la de s'approcher de moi.
Va, purge mes États d'un monstre tel que toi ;
Délivre mes sujets et moi-même de crainte.
MÉDÉE.
De quoi m'accuse-t-on ? quel crime, quelle plainte
Pour mon bannissement vous donne tant d'ardeur ?
CRÉON.
Ah ! l'innocence même, et la même candeur.
Médée est un miroir de vertu signalée :
Quelle inhumanité de l'avoir exilée !
Barbare, as-tu si tôt oublié tant d'horreurs ?
Repasse tes forfaits, repasse tes fureurs,
Et de tant de pays nomme quelque contrée
Dont tes méchancetés te permettent l'entrée.
Toute la Thessalie en armes te poursuit :
Ton père te déteste, et l'univers te fuit ;
Me dois-je en ta faveur charger de tant de haines,
Et sur mon peuple et moi faire tomber tes peines ?
Va pratiquer ailleurs tes noires actions.
J'ai racheté la paix à ces conditions.
MÉDÉE.
Lâche paix, qu'entre vous, sans m'avoir écoutée,
Pour m'arracher mon bien vous avez complotée !
Paix, dont le déshonneur vous demeure éternel !
Quiconque sans l'ouïr condamne un criminel

MÉDÉE, ACTE II, SCÈNE II.

Son crime eût-il cent fois mérité le supplice,
D'un juste châtiment il fait une injustice.
CRÉON.
Au regard de Pélie, il fut bien mieux traité ;
Avant que l'égorger tu l'avais écouté?
MÉDÉE.
Écouta-t-il Jason, quand sa haine couverte
L'envoya sur nos bords se livrer à sa perte?
Car comment voulez-vous que je nomme un dessein
Au-dessus de sa force et du pouvoir humain?
Apprenez quelle était cette illustre conquête,
Et de combien de morts j'ai garanti sa tête.
Il fallait mettre au joug deux taureaux furieux ;
Des tourbillons de feux s'élançaient de leurs yeux,
Et leur maître Vulcain poussait par leur haleine
Un long embrasement dessus toute la plaine ;
Eux domptés, on entrait en de nouveaux hasards ;
Il fallait labourer les tristes champs de Mars,
Et des dents d'un serpent ensemencer la terre,
Dont la stérilité, fertile pour la guerre,
Produisait à l'instant des escadrons armés
Contre la même main qui les avait semés.
Mais, quoi qu'eût fait contre eux une valeur parfaite,
La toison n'était pas au bout de leur défaite :
Un dragon, enivré des plus mortels poisons
Qu'enfantent les péchés de toutes les saisons,
Vomissant mille traits de sa gorge enflammée,
La gardait beaucoup mieux que toute cette armée ;
Jamais étoile, lune, aurore, ni soleil,
Ne virent abaisser sa paupière au sommeil :
Je l'ai seule assoupi ; seule, j'ai par mes charmes
Mis à son joug les taureaux, et défait les gendarmes.
Si lors à mon devoir mon désir limité
Eût conservé ma gloire et ma fidélité,
Si j'eusse eu de l'horreur de tant d'énormes fautes,
Que devenaient Jason et tous vos Argonautes?
Sans moi, ce vaillant chef, que vous m'avez ravi,
Eût péri le premier, et tous l'auraient suivi.
Je ne me repens point d'avoir, par mon adresse,
Sauvé le sang des dieux et la fleur de la Grèce;
Zéthès, et Calaïs, et Pollux, et Castor,
Et le charmant Orphée, et le sage Nestor,
Tous vos héros enfin tiennent de moi la vie;
Je vous les verrai tous posséder sans envie :
Je vous les ai sauvés, je vous les cède tous;
Je n'en veux qu'un pour moi, n'en soyez point jaloux.
Pour de si bons effets laissez-moi l'infidèle :
Il est mon crime seul, si je suis criminelle ;
Aimer cet inconstant, c'est tout ce que j'ai fait :
Si vous me punissez, rendez-moi mon forfait.
Est-ce user comme il faut d'un pouvoir légitime,
Que me faire coupable et jouir de mon crime?
CRÉON.
Va te plaindre à Colchos.
MÉDÉE.
Le retour m'y plaira.
Que Jason m'y remette ainsi qu'il m'en tira :
Je suis prête à partir sous la même conduite
Qui de ces lieux aimés précipita ma fuite.

O d'un injuste affront les coups les plus cruels !
Vous faites différence entre deux criminels !
Vous voulez qu'on l'honore, et que de deux complices
L'un ait votre couronne, et l'autre des supplices!
CRÉON.
Cesse de plus mêler ton intérêt au sien.
Ton Jason, pris à part, est trop homme de bien :
Le séparant de toi, sa défense est facile ;
Jamais il n'a trahi son père ni sa ville ;
Jamais sang innocent n'a fait rougir ses mains ;
Jamais il n'a prêté son bras à tes desseins ;
Son crime, s'il en a, c'est de t'avoir pour femme.
Laisse-le s'affranchir d'une honteuse flamme ;
Rends-lui son innocence en t'éloignant de nous ;
Porte en d'autres climats ton insolent courroux ;
Tes herbes, tes poisons, ton cœur impitoyable,
Et tout ce qui jamais a fait Jason coupable.
MÉDÉE.
Peignez mes actions plus noires que la nuit ;
Je n'en ai que la honte, il en a tout le fruit ;
Ce fut en sa faveur que ma savante audace
Immola son tyran par les mains de sa race ;
Joignez-y mon pays et mon frère : il suffit
Qu'aucun de tant de maux ne va qu'à son profit.
Mais vous les saviez tous quand vous m'avez reçue ;
Votre simplicité n'a point été déçue ;
En ignoriez-vous un quand vous m'avez promis
Un rempart assuré contre mes ennemis?
Ma main, saignante encor du meurtre de Pélie,
Soulevait contre moi toute la Thessalie,
Quand votre cœur, sensible à la compassion,
Malgré tous mes forfaits, prit ma protection.
Si l'on me peut depuis imputer quelque crime,
C'est trop peu que l'exil, ma mort est légitime :
Sinon, à quel propos me traitez-vous ainsi?
Je suis coupable ailleurs, mais innocente ici
CRÉON.
Je ne veux plus ici d'une telle innocence,
Ni souffrir en ma cour ta fatale présence.
Va...
MÉDÉE.
Dieux justes, vengeurs...
CRÉON.
Va, dis-je, en d'autres lieux
Par tes cris importuns solliciter les dieux.
Laisse-nous tes enfants : je serais trop sévère,
Si je les punissais des crimes de leur mère :
Et, bien que je le pusse avec juste raison,
Ma fille les demande en faveur de Jason.
MÉDÉE.
Barbare humanité, qui m'arrache à moi-même,
Et feint de la douceur pour m'ôter ce que j'aime!
Si Jason et Créuse ainsi l'ont ordonné,
Qu'ils me rendent le sang que je leur ai donné.
CRÉON.
Ne me réplique plus, suis la loi qui t'est faite ;
Prépare ton départ, et pense à ta retraite.
Pour en délibérer, et choisir le quartier,
De grâce ma bonté te donne un jour entier.

MÉDÉE.

Quelle grâce!

CRÉON.

Soldats, remettez-la chez elle;
Sa contestation deviendrait éternelle.

(Médée rentre, et Créon continue.)

Quel indomptable esprit! quel arrogant maintien
Accompagnait l'orgueil d'un si long entretien!
A-t-elle rien fléchi de son humeur altière?
A-t-elle pu descendre à la moindre prière?
Et le sacré respect de ma condition
En a-t-il arraché quelque soumission?

SCÈNE III

CRÉON, JASON, CRÉUSE, CLÉONE, SOLDATS.

CRÉON.

Te voilà sans rivale, et mon pays sans guerres,
Ma fille : c'est demain qu'elle sort de nos terres.
Nous n'avons désormais que craindre de sa part;
Acaste est satisfait d'un si proche départ;
Et si tu peux calmer le courage d'Ægée,
Qui voit par notre choix son ardeur négligée,
Fais état que demain nous assure à jamais
Et dedans et dehors une profonde paix.

CRÉUSE.

Je ne crois pas, seigneur, que ce vieux roi d'Athènes,
Voyant aux mains d'autrui le fruit de tant de peines,
Mêle tant de faiblesse à son ressentiment,
Que son premier courroux se dissipe aisément.
J'espère toutefois qu'avec un peu d'adresse
Je pourrai le résoudre à perdre une maîtresse
Dont l'âge peu sortable et l'inclination
Répondaient assez mal à son affection.

JASON.

Il doit vous témoigner par son obéissance
Combien sur son esprit vous avez de puissance;
Et s'il s'obstine à suivre un injuste courroux,
Nous saurons, ma princesse, en rabattre les coups;
Et nos préparatifs contre la Thessalie
Ont trop de quoi punir sa flamme et sa folie.

CRÉON.

Nous n'en viendrons pas là : regarde seulement
A le payer d'estime et de remercîment.
Je voudrais pour tout autre un peu de raillerie;
Un vieillard amoureux mérite qu'on en rie :
Mais le trône soutient la majesté des rois
Au-dessus des mépris, comme au-dessus des lois.
On doit toujours respect au sceptre, à la couronne.
Remets tout, si tu veux, aux ordres que je donne;
Je saurai l'apaiser avec facilité,
Si tu ne te défends qu'avec civilité.

SCÈNE IV

JASON, CRÉUSE, CLÉONE.

JASON.

Que ne vous dois-je point pour cette préférence,
Où mes désirs n'osaient porter mon espérance!
C'est bien me témoigner un amour infini,
De mépriser un roi pour un pauvre banni!
A toutes ses grandeurs préférer ma misère!
Tourner en ma faveur les volontés d'un père!
Garantir mes enfants d'un exil rigoureux!

CRÉUSE.

Qu'a pu faire de moindre un courage* amoureux?
La fortune a montré dedans votre naissance
Un trait de son envie, ou de son impuissance;
Elle devait un sceptre au sang dont vous naissez.
Et sans lui vos vertus le méritaient assez.
L'amour, qui n'a pu voir une telle injustice,
Supplée à son défaut, ou punit sa malice.
Et vous donne, au plus fort de vos adversités,
Le sceptre que j'attends, et que vous méritez.
La gloire m'en demeure; et les races futures
Comptant notre hyménée entre vos aventures,
Vanteront à jamais mon amour généreux,
Qui d'un si grand héros rompt le sort malheureux.
Après tout cependant, riez de ma faiblesse;
Prête de posséder le phénix de la Grèce,
La fleur de nos guerriers, le sang de tant de dieux,
La robe de Médée a donné dans mes yeux;
Mon caprice, à son lustre attachant mon envie,
Sans elle trouve à dire au bonheur de ma vie;
C'est ce qu'ont prétendu mes desseins relevés,
Pour le prix des enfants que je vous ai sauvés.

JASON.

Que ce prix est léger pour un si bon office!
Il y faut toutefois employer l'artifice :
Ma jalouse en fureur n'est pas femme à souffrir
Que ma main l'en dépouille, afin de vous l'offrir;
Des trésors dont son père épuise la Scythie,
C'est tout ce qu'elle a pris quand elle en est sortie.

CRÉUSE.

Qu'elle a fait un beau choix! jamais éclat pareil
Ne sema dans la nuit les clartés du soleil;
Les perles avec l'or confusément mêlées,
Mille pierres de prix sur ses bords étalées,
D'un mélange divin éblouissent les yeux;
Jamais rien d'approchant ne se fit en ces lieux.
Pour moi, tout aussitôt que je l'en vis parée,
Je ne fis plus d'état de la toison dorée;
Et, dussiez-vous vous-même en être un peu jaloux,
J'en eus presques envie aussitôt que de vous.
Pour apaiser Médée et réparer sa perte,
L'épargne de mon père, entièrement ouverte,
Lui met à l'abandon tous les trésors du roi,
Pourvu que cette robe et Jason soient à moi.

JASON.

N'en doutez point, ma reine, elle vous est acquise.
Je vais chercher Nérine, et, par son entremise,

Obtenir de Médée avec dextérité*
Ce que refuserait son courage irrité.
Pour elle, vous savez que j'en fuis les approches;
J'aurais peine à souffrir l'orgueil de ses reproches;
Et je me connais mal, ou dans notre entretien
Son courroux s'allumant allumerait le mien.
Je n'ai point un esprit complaisant à sa rage,
Jusques à supporter sans réplique un outrage;
Et ce seraient pour moi d'éternels déplaisirs
De reculer par là l'effet de vos désirs.
Mais sans plus de discours, d'une maison voisine
Je vais prendre le temps que sortira Nérine.
Souffrez, pour avancer votre contentement,
Que, malgré mon amour, je vous quitte un moment.

CLÉONE.
Madame, j'aperçois venir le roi d'Athènes.

CRÉUSE.
Allez donc, votre vue augmenterait ses peines.

CLÉONE.
Souvenez-vous de l'air dont il le faut traiter.

CRÉUSE.
Ma bouche accortement* saura s'en acquitter.

SCÈNE V

ÆGÉE, CRÉUSE, CLÉONE.

ÆGÉE.
Sur un bruit qui m'étonne, et que je ne puis croire,
Madame, mon amour, jaloux de votre gloire,
Vient savoir s'il est vrai que vous soyez d'accord,
Par un honteux hymen, de l'arrêt de ma mort.
Votre peuple en frémit, votre cour en murmure;
Et tout Corinthe enfin s'impute à grande injure
Qu'un fugitif, un traître, un meurtrier de rois,
Lui donne à l'avenir des princes et des lois;
Il ne peut endurer que l'horreur de la Grèce
Pour prix de ses forfaits épouse sa princesse,
Et qu'il faille ajouter à vos titres d'honneur :
« Femme d'un assassin et d'un empoisonneur. »

CRÉUSE.
Laissez agir, grand roi, la raison sur votre âme,
Et ne le chargez point des crimes de sa femme.
J'épouse un malheureux et mon père y consent,
Mais prince, mais vaillant, et surtout innocent.
Non pas que je ne faille* en cette préférence:
De votre rang au sien je sais la différence :
Mais si vous connaissez l'amour et ses ardeurs,
Jamais pour son objet il ne prend les grandeurs;
Avouez que son feu n'en veut qu'à la personne,
Et qu'en moi vous n'aimiez rien moins que ma couron-
Souvent je ne sais quoi qu'on ne peut exprimer [ne.
Nous surprend, nous emporte, et nous force d'aimer;
Et souvent, sans raison, les objets de nos flammes
Frappent nos yeux ensemble et saisissent nos âmes.
Ainsi nous avons vu le souverain des dieux,
Au mépris de Junon, aimer en ces bas lieux;
Vénus quitter son Mars et négliger sa prise*,
Tantôt pour Adonis, et tantôt pour Anchise;
Et c'est peut-être encore avec moins de raison
Que, bien que vous m'aimiez, je me donne à Jason.
D'abord dans mon esprit vous eûtes ce partage :
Je vous estimai plus, et l'aimai davantage.

ÆGÉE.
Gardez ces compliments pour de moins enflammés,
Et ne m'estimez point qu'autant que vous m'aimez.
Que me sert cet aveu d'une erreur volontaire?
Si vous croyez faillir, qui vous force à le faire?
N'accusez point l'amour ni son aveuglement;
Quand on connaît sa faute, on manque doublement.

CRÉUSE.
Puis donc que vous trouvez la mienne inexcusable,
Je ne veux plus, seigneur, me confesser coupable.
L'amour de mon pays et le bien de l'État
Me défendaient l'hymen d'un si grand potentat.
Il m'eût fallu soudain vous suivre en vos provinces,
Et priver mes sujets de l'aspect de leurs princes.
Votre sceptre pour moi n'est qu'un pompeux exil:
Que me sert son éclat? et que me donne-t-il?
M'élève-t-il d'un rang plus haut que souveraine?
Et sans le posséder ne me vois-je pas reine?
Grâces aux immortels, dans ma condition
J'ai de quoi m'assouvir de cette ambition : [tre;
Je ne veux point changer mon sceptre contre un au-
Je perdrais ma couronne en acceptant la vôtre.
Corinthe est bon sujet, mais il veut voir son roi;
Et d'un prince éloigné rejetterait la loi.
Joignez à ces raisons qu'un père un peu sur l'âge,
Dont ma seule présence adoucit le veuvage,
Ne saurait se résoudre à séparer de lui
De ses débiles ans l'espérance et l'appui,
Et vous reconnaîtrez que je ne vous préfère
Que le bien de l'État, mon pays et mon père.
Voilà ce qui m'oblige au choix d'un autre époux;
Mais, comme ces raisons font peu d'effet sur vous,
Afin de redonner le repos à votre âme,
Souffrez que je vous quitte.

ÆGÉE, seul.
　　　　　　　　　Allez, allez, madame,
Étaler vos appas et vanter vos mépris
A l'infâme sorcier qui charme vos esprits.
De cette indignité faites un mauvais conte;
Riez de mon ardeur, riez de votre honte;
Favorisez celui de tous vos courtisans
Qui raillera le mieux le déclin de mes ans;
Vous jouirez fort peu d'une telle insolence;
Mon amour outragé court à la violence;
Mes vaisseaux à la rade, assez proches du port,
N'ont que trop de soldats à faire un coup d'effort.
La jeunesse me manque, et non pas le courage :
Les rois ne perdent point les forces avec l'âge;
Et l'on verra, peut-être avant ce jour fini,
Ma passion vengée, et votre orgueil puni.

ACTE TROISIÈME

SCÈNE I

NÉRINE.

Malheureux instrument du malheur qui nous presse,
Que j'ai pitié de toi, déplorable princesse !
Avant que le soleil ait fait encore un tour,
Ta perte inévitable achève ton amour.
   Ton destin te trahit, et ta beauté fatale
Sous l'appât d'un hymen t'expose à ta rivale;
Ton sceptre est impuissant à vaincre son effort;
Et le jour de sa fuite est celui de ta mort.
Sa vengeance à la main elle n'a qu'à résoudre,
Un mot du haut des cieux fait descendre le foudre*;
Les mers, pour noyer tout, n'attendent que sa loi;
La terre offre à s'ouvrir sous le palais du roi;
L'air tient les vents tout prêts à suivre sa colère,
Tant la nature esclave a peur de lui déplaire;
Et, si ce n'est assez de tous les éléments,
Les enfers vont sortir à ses commandements.
Moi, bien que mon devoir m'attache à son service,
Je lui prête à regret un silence complice;
D'un louable désir mon cœur sollicité
Lui ferait avec joie une infidélité :
Mais, loin de s'arrêter, sa rage découverte,
A celle de Créuse ajouterait ma perte;
Et mon funeste avis ne servirait de rien
Qu'à confondre mon sang dans les bouillons du sien.
D'un mouvement contraire à celui de mon âme,
La crainte de la mort m'ôte celle du blâme;
Et ma timidité s'efforce d'avancer
Ce que hors du péril je voudrais traverser.

SCÈNE II

JASON, NÉRINE.

JASON.

Nérine, eh bien, que dit, que fait notre exilée?
Dans ton cher entretien s'est-elle consolée?
Veut-elle bien céder à la nécessité?

NÉRINE.

Je trouve en son chagrin moins d'animosité;
De moment en moment son âme plus humaine
Abaisse sa colère, et rabat de sa haine :
Déjà son déplaisir ne nous veut plus de mal.

JASON.

Fais-lui prendre pour tous un sentiment égal.
Toi, qui de mon amour connaissais la tendresse,
Tu peux connaître aussi quelle douleur me presse.
Je me sens déchirer le cœur à son départ :
Créuse en ses malheurs prend même quelque part,
Ses pleurs en ont coulé; Créon même en soupire,
Lui préfère à regret le bien de son empire;
Et si, dans son adieu, son cœur moins irrité
En voulait mériter la libéralité;
Si jusque-là Médée apaisait ses menaces,
Qu'elle eût soin de partir avec ses bonnes grâces,
Je sais (comme il est bon) que ses trésors ouverts
Lui seraient, sans réserve, entièrement offerts
Et, malgré les malheurs où le sort l'a réduite,
Soulageraient sa peine et soutiendraient sa fuite.

NÉRINE.

Puisqu'il faut se résoudre à ce bannissement,
Il faut en adoucir le mécontentement.
Cette offre y peut servir; et par elle j'espère,
Avec un peu d'adresse, apaiser sa colère;
Mais, d'ailleurs, toutefois n'attendez rien de moi,
S'il faut prendre congé de Créuse et du roi;
L'objet de votre amour et de sa jalousie
De toutes ses fureurs l'aurait tôt ressaisie.

JASON.

Pour montrer sans les voir son courage apaisé,
Je te dirai, Nérine, un moyen fort aisé;
Et de si longue main je connais ta prudence,
Que je t'en fais sans peine entière confidence.
   Créon bannit Médée, et ses ordres précis
Dans son bannissement enveloppaient ses fils :
La pitié de Créuse a tant fait vers son père,
Qu'ils n'auront point de part au malheur de leur mère.
Elle lui doit par eux quelque remercîment;
Qu'un présent de sa part suive leur compliment :
Sa robe, dont l'éclat sied mal à sa fortune,
Et n'est à son exil qu'une charge importune,
Lui gagnerait le cœur d'un prince libéral,
Et de tous ses trésors l'abandon général.
D'une vaine parure, inutile à sa peine,
Elle peut acquérir de quoi faire la reine :
Créuse, ou je me trompe, en a quelque désir,
Et je ne pense pas qu'elle pût mieux choisir.
Mais la voici qui sort; souffre que je l'évite :
Ma rencontre la trouble, et mon aspect l'irrite.

SCÈNE III

MÉDÉE, JASON, NÉRINE.

MÉDÉE.

Ne fuyez pas, Jason, de ces funestes lieux.
C'est à moi d'en partir : recevez mes adieux.
Accoutumée à fuir, l'exil m'est peu de chose;
Sa rigueur n'a pour moi de nouveau que sa cause.
C'est pour vous que j'ai fui, c'est vous qui me chassez.
Où me renvoyez-vous, si vous me bannissez?
Irai-je sur le Phase, où j'ai trahi mon père,
Apaiser de mon sang les mânes de mon frère?
Irai-je en Thessalie, où le meurtre d'un roi
Pour victime aujourd'hui ne demande que moi?
Il n'est point de climat dont mon amour fatale
N'ait acquis à mon nom la haine générale;
Et ce qu'ont fait pour vous mon savoir et ma main
M'a fait un ennemi de tout le genre humain.
Ressouviens-t'en, ingrat; remets-toi dans la plaine

MÉDÉE, ACTE III, SCÈNE III.

Que ces taureaux affreux brûlaient de leur haleine ;
Revois ce champ guerrier dont les sacrés sillons
Élevaient contre toi de soudains bataillons ;
Ce dragon qui jamais n'eut les paupières closes ;
Et lors préfère-moi Créuse, si tu l'oses.
Qu'ai-je épargné depuis qui fût en mon pouvoir ?
Ai-je auprès de l'amour écouté mon devoir ?
Pour jeter un obstacle à l'ardente poursuite
Dont mon père en fureur touchait déjà ta fuite,
Semai-je avec regret mon frère par morceaux ?
A ce funeste objet épandu* sur les eaux,
Mon père, trop sensible aux droits de la nature,
Quitta tous autres soins que de sa sépulture ;
Et par ce nouveau crime émouvant sa pitié,
J'arrêtai les effets de son inimitié.
Prodigue de mon sang, honte de ma famille,
Aussi cruelle sœur que déloyale fille,
Ces titres glorieux plaisaient à mes amours ;
Je les pris sans horreur pour conserver tes jours.
Alors, certes, alors mon mérite était rare ;
Tu n'étais point honteux d'une femme barbare.
Quand à ton père usé je rendis la vigueur,
J'avais encor tes vœux, j'étais encor ton cœur ;
Mais cette affection mourant avec Pélie,
Dans le même tombeau se vit ensevelie.
L'ingratitude en l'âme, et l'impudence au front,
Une Scythe en ton lit te fut lors un affront ;
Et moi, que tes désirs avaient tant souhaitée,
Le dragon assoupi, la toison emportée,
Ton tyran massacré, ton père rajeuni,
Je devins un objet digne d'être banni.
Tes desseins achevés, j'ai mérité ta haine,
Il t'a fallu sortir d'une honteuse chaîne,
Et prendre une moitié qui n'a rien plus que moi,
Que le bandeau royal, que j'ai quitté pour toi.

JASON.

Ah ! que n'as-tu des yeux à lire dans mon âme,
Et voir les purs motifs de ma nouvelle flamme !
Les tendres sentiments d'un amour paternel
Pour sauver mes enfants me rendent criminel,
Si l'on peut nommer crime un malheureux divorce,
Où le soin que j'ai d'eux me réduit et me force.
Toi-même, furieuse, ai-je peu fait pour toi
D'arracher ton trépas aux vengeances d'un roi ?
Sans moi ton insolence allait être punie ;
A ma seule prière on ne t'a que bannie.
C'est rendre la pareille à tes grands coups d'effort :
Tu m'as sauvé la vie, et j'empêche ta mort.

MÉDÉE.

On ne m'a que bannie ! ô bonté souveraine !
C'est donc une faveur, et non pas une peine !
Je reçois une grâce au lieu d'un châtiment !
Et mon exil encor doit un remercîment !
Ainsi l'avare soif d'un brigand assouvie,
Il s'impute à pitié de nous laisser la vie ;
Quand il n'égorge point il croit nous pardonner,
Et ce qu'il n'ôte pas, il pense le donner.

JASON.

Tes discours, dont Créon de plus en plus s'offense,

Le forceraient enfin à quelque violence.
Éloigne-toi d'ici tandis qu'il t'est permis :
Les rois ne sont jamais de faibles ennemis.

MÉDÉE.

A travers tes conseils je vois assez ta ruse :
Ce n'est là m'en donner qu'en faveur de Créuse.
Ton amour, déguisé d'un soin officieux,
D'un objet importun veut délivrer ses yeux.

JASON.

N'appelle point amour un change* inévitable,
Où Créuse fait moins que le sort qui m'accable.

MÉDÉE.

Peux-tu bien, sans rougir, désavouer tes feux ?

JASON.

Eh bien, soit ; ses attraits captivent tous mes vœux :
Toi, qu'un amour furtif souilla de tant de crimes,
M'oses-tu reprocher des ardeurs légitimes ?

MÉDÉE.

Oui, je te les reproche, et de plus...

JASON.

      Quels forfaits ?

MÉDÉE.

La trahison, le meurtre, et tous ceux que j'ai faits.

JASON.

Il manque encor ce point à mon sort déplorable,
Que de tes cruautés on me fasse coupable.

MÉDÉE.

Tu présumes en vain de t'en mettre à couvert ;
Celui-là fait le crime à qui le crime sert.
Que chacun, indigné contre ceux de ta femme,
La traite en ses discours de méchante et d'infâme,
Toi seul, dont ses forfaits ont fait tout le bonheur,
Tiens-la pour innocente, et défends son honneur.

JASON.

J'ai honte de ma vie, et je hais son usage,
Depuis que je la dois aux effets de ta rage.

MÉDÉE.

La honte généreuse, et la haute vertu !
Puisque tu la hais tant, pourquoi la gardes-tu ?

JASON.

Au bien de nos enfants, dont l'âge faible et tendre
Contre tant de malheurs ne saurait se défendre :
Deviens en leur faveur d'un naturel plus doux.

MÉDÉE.

Mon âme à leur sujet redouble son courroux.
Faut-il ce déshonneur pour comble à mes misères,
Qu'à mes enfants Créuse enfin donne des frères !
Tu vas mêler, impie, et mettre en rang pareil,
Des neveux de Sisyphe avec ceux du Soleil !

JASON.

Leur grandeur soutiendra la fortune des autres ;
Créuse et ses enfants conserveront les nôtres.

MÉDÉE.

Je l'empêcherai bien ce mélange odieux,
Qui déshonore ensemble et ma race et les dieux.

JASON.

Lassés de tant de maux, cédons à la fortune.

MÉDÉE.

Ce corps n'enferme pas une âme si commune ;

Je n'ai jamais souffert qu'elle me fît la loi,
Et toujours ma fortune a dépendu de moi.
JASON.
La peur que j'ai d'un sceptre...
MÉDÉE.
Ah ! cœur rempli de feinte,
Tu masques tes désirs d'un faux titre de crainte;
Un sceptre est l'objet seul qui fait ton nouveau choix.
JASON.
Veux-tu que je m'expose aux haines de deux rois,
Et que mon imprudence attire sur nos têtes,
D'un et d'autre côté, de nouvelles tempêtes?
MÉDÉE.
Fuis-les, fuis-les tous deux, suis Médée à ton tour,
Et garde au moins ta foi, si tu n'as plus d'amour.
JASON.
Il est aisé de fuir, mais il n'est pas facile
Contre deux rois aigris de trouver un asile.
Qui leur résistera s'ils viennent à s'unir ?
MÉDÉE.
Qui me résistera, si je te veux punir,
Déloyal? Auprès d'eux crains-tu si peu Médée?
Que toute leur puissance, en armes débordée,
Dispute contre moi ton cœur qu'ils m'ont surpris,
Et ne sois du combat que le juge et le prix !
Joins-leur, si tu le veux, mon père et la Scythie,
En moi seule ils n'auront que trop forte partie.
Bornes-tu mon pouvoir à celui des humains? [mains;
Contre eux, quand il me plaît, j'arme leurs propres
Tu le sais, tu l'as vu, quand ces fils de la Terre
Par leurs coups mutuels terminèrent leur guerre.
  Misérable ! je puis adoucir des taureaux;
La flamme m'obéit, et je commande aux eaux;
L'enfer tremble, et les cieux, sitôt que je les nomme :
Et je ne puis toucher les volontés d'un homme !
Je t'aime encor, Jason, malgré ta lâcheté;
Je ne m'offense plus de ta légèreté :
Je sens à tes regards décroître ma colère;
De moment en moment ma fureur se modère :
Et je cours sans regret à mon bannissement,
Puisque j'en vois sortir ton établissement.
Je n'ai plus qu'une grâce à demander ensuite :
Souffre que mes enfants accompagnent ma fuite ;
Que je t'admire encore en chacun de leurs traits,
Que je t'aime et te baise en ces petits portraits,
Et que leur cher objet, entretenant ma flamme,
Te présente à mes yeux aussi bien qu'à mon âme.
JASON.
Ah ! reprends ta colère, elle a moins de rigueur.
M'enlever mes enfants, c'est m'arracher le cœur;
Et Jupiter tout prêt à m'écraser du foudre*,
Mon trépas à la main, ne pourrait m'y résoudre.
C'est pour eux que je change ; et la Parque, sans eux,
Seule de notre hymen pourrait rompre les nœuds.
MÉDÉE.
Cet amour paternel, qui te fournit d'excuses,
Me fait souffrir aussi que tu me les refuses;
Je ne t'en presse plus ; et prête à me bannir,
Je ne veux plus de toi qu'un léger souvenir.
JASON.
Ton amour vertueux fait ma plus grande gloire;
Ce serait me trahir qu'en perdre la mémoire :
Et le mien envers toi, qui demeure éternel,
T'en laisse en cet adieu le serment solennel.
Puissent briser mon chef les traits les plus sévères
Que lancent des grands dieux les plus âpres colères;
Qu'ils s'unissent ensemble afin de me punir,
Si je ne perds la vie avant ton souvenir !

SCÈNE IV

MÉDÉE, NÉRINE.

MÉDÉE.
J'y donnerai bon ordre : il est en ta puissance
D'oublier mon amour, mais non pas ma vengeance;
Je la saurai graver en tes esprits glacés
Par des coups trop profonds pour en être effacés.
Il aime ses enfants, ce courage inflexible :
Son faible est découvert; par eux il est sensible,
Par eux mon bras, armé d'une juste rigueur,
Va trouver des chemins à lui percer le cœur.
NÉRINE.
Madame, épargnez-les, épargnez vos entrailles;
N'avancez point par là vos propres funérailles
Contre un sang innocent pourquoi vous irriter,
Si Créuse en vos lacs se vient précipiter ?
Elle-même s'y jette, et Jason vous la livre.
MÉDÉE.
Tu flattes mes désirs.
NÉRINE.
Que je cesse de vivre,
Si ce que je vous dis n'est pure vérité!
MÉDÉE.
Ah ! ne me tiens donc plus l'âme en perplexité !
NÉRINE.
Madame, il faut garder que quelqu'un ne nous voie
Et du palais du roi découvre notre joie :
Un dessein éventé succède* rarement.
MÉDÉE.
Rentrons donc, et mettons nos secrets sûrement.

ACTE QUATRIÈME

SCÈNE I

MÉDÉE, NÉRINE.

MÉDÉE, *seule dans sa grotte magique.*
C'est trop peu de Jason que ton œil me dérobe,
C'est trop peu de mon lit, tu veux encor ma robe,
Rivale insatiable ; et c'est encor trop peu,
Si, la force à la main, tu l'as sans mon aveu;

Il faut que par moi-même elle te soit offerte,
Que, perdant mes enfants, j'achète encor leur perte ;
Il en faut un hommage à tes divins attraits,
Et des remercîments au vol que tu me fais.
Tu l'auras ; mon refus serait un nouveau crime :
Mais je t'en veux parer pour être ma victime,
Et sous un faux semblant de libéralité,
Soûler* et ma vengeance et ton avidité.
Le charme est achevé, tu peux entrer, Nérine.

(*Nérine entre, et Médée continue.*)

Mes maux dans ces poisons trouvent leur médecine :
Vois combien de serpents à mon commandement
D'Afrique jusqu'ici n'ont tardé qu'un moment,
Et, contraints d'obéir à mes clameurs funestes,
Ont sur ce don fatal vomi toutes leurs pestes.
L'amour à tous mes sens ne fut jamais si doux
Que ce triste appareil à mon esprit jaloux.
Ces herbes ne sont pas d'une vertu commune ;
Moi-même en les cueillant je fis pâlir la lune,
Quand, les cheveux flottants, le bras et le pied nu,
J'en dépouillai jadis un climat inconnu.
Vois mille autres venins : cette liqueur épaisse
Mêle du sang de l'hydre avec celui de Nesse ;
Python eut cette langue ; et ce plumage noir
Est celui qu'une harpie en fuyant laissa choir ;
Par ce tison Althée assouvit sa colère,
Trop pitoyable sœur et trop cruelle mère ;
Ce feu tomba du ciel avecque Phaéthon,
Cet autre vient des flots du pierreux Phlégéthon ;
Et celui-ci jadis remplit en nos contrées
Des taureaux de Vulcain les gorges ensoufrées.
Enfin, tu ne vois là, poudres, racines,
Dont le pouvoir mortel n'ouvrît mille tombeaux ;
Ce présent déceptif* a vu toute leur force,
Et bien mieux que mon bras vengera mon divorce.
Mes tyrans par leur perte apprendront que jamais...
Mais d'où vient ce grand bruit que j'entends au palais ?

NÉRINE.

Du bonheur de Jason et du malheur d'Ægée :
Madame, peu s'en faut qu'il ne vous ait vengée.
Ce généreux vieillard ne pouvant supporter
Qu'on lui vole à ses yeux ce qu'il croit mériter,
Et que sur sa couronne et sa persévérance
L'exil de votre époux ait eu la préférence,
A tâché, par la force, à repousser l'affront
Que ce nouvel hymen lui porte sur le front.
Comme cette beauté, pour lui toute de glace,
Sur les bords de la mer contemplait la bonace*,
Il la voit mal suivie, et prend un si beau temps
A rendre ses désirs et les vôtres contents.
De ses meilleurs soldats une troupe choisie
Enferme la princesse, et sert sa jalousie ;
L'effroi qui la surprend la jette en pâmoison ;
Et tout ce qu'elle peut c'est de nommer Jason.
Ses gardes à l'abord font quelque résistance,
Et le peuple leur prête une faible assistance ;
Mais l'obstacle léger de ces débiles cœurs
Laissait honteusement Créuse à leurs vainqueurs :
Déjà presque en leur bord elle était enlevée...

MÉDÉE.

Je devine la fin, mon traître l'a sauvée.

NÉRINE.

Oui, madame, et de plus Ægée est prisonnier ;
Votre époux à son myrte ajoute ce laurier :
Mais apprenez comment.

MÉDÉE.

N'en dis pas davantage :
Je ne veux point savoir ce qu'a fait son courage ;
Il suffit que son bras a travaillé pour nous,
Et rend une victime à mon juste courroux.
Nérine, mes douleurs auraient peu d'allégeance*,
Si cet enlèvement l'ôtait à ma vengeance ;
Pour quitter son pays en est-on malheureux ?
Ce n'est pas son exil, c'est sa mort que je veux ;
Elle aurait trop d'honneur de n'avoir que ma peine,
Et de verser des pleurs pour être deux fois reine.
Tant d'invisibles feux enfermés dans ce don,
Que d'un titre plus vrai j'appelle ma rançon,
Produiront des effets bien plus doux à ma haine.

NÉRINE.

Par là vous vous vengez, et sa perte est certaine
Mais contre la fureur de son père irrité
Où pensez-vous trouver un lieu de sûreté ?

MÉDÉE.

Si la prison d'Ægée a suivi sa défaite,
Tu peux voir qu'en l'ouvrant je m'ouvre une retraite,
Et que ses fers brisés, malgré leurs attentats,
A ma protection engagent ses États.
Dépêche seulement, et cours vers ma rivale
Lui porter de ma part cette robe fatale :
Mène-lui mes enfants, et fais-les, si tu peux,
Présenter par leur père à l'objet de ses vœux.

NÉRINE.

Mais, madame, porter cette robe empestée,
Que de tant de poisons vous avez infectée,
C'est pour votre Nérine un trop funeste emploi :
Avant que sur Créuse ils agiraient sur moi.

MÉDÉE.

Ne crains pas leur vertu, mon charme la modère,
Et lui défend d'agir que sur elle et son père ;
Pour un si grand effet prends un cœur plus hardi,
Et, sans me répliquer, fais ce que je te di.

SCÈNE II

CRÉON, POLLUX, SOLDATS.

CRÉON.

Nous devons bien chérir cette valeur parfaite
Qui de nos ravisseurs nous donne la défaite.
Invincible héros, c'est à votre secours
Que je dois désormais le bonheur de mes jours ;
C'est vous seul aujourd'hui dont la main vengeresse
Rend à Créon sa fille, à Jason sa maîtresse,
Met Ægée en prison et son orgueil à bas,
Et fait mordre la terre à ses meilleurs soldats.

POLLUX.

Grand roi, l'heureux succès de cette délivrance
Vous est beaucoup mieux dû qu'à mon peu de vaillan-
C'est vous seul et Jason, dont les bras indomptés [ce.
Portaient avec effroi la mort de tous côtés ;
Pareils à deux lions dont l'ardente furie
Dépeuple en un moment toute une bergerie.
L'exemple glorieux de vos faits plus qu'humains
Échauffait mon courage et conduisait mes mains :
J'ai suivi, mais de loin, des actions si belles,
Qui laissaient à mon bras tant d'illustres modèles.
Pourrait-on reculer en combattant sous vous,
Et n'avoir point de cœur à seconder vos coups?

CRÉON.

Votre valeur, qui souffre en cette repartie,
Ote toute croyance à votre modestie :
Mais puisque le refus d'un honneur mérité
N'est pas un petit trait de générosité,
Je vous laisse en jouir. Auteur de la victoire,
Ainsi qu'il vous plaira, départez-en* la gloire;
Comme elle est votre bien, vous pouvez la donner.
Que prudemment les dieux savent tout ordonner !
Voyez, brave guerrier, comme votre arrivée
Au jour de nos malheurs se trouve réservée,
Et qu'au point que le sort osait nous menacer,
Ils nous ont envoyé de quoi le terrasser.
   Digne sang de leur roi, demi-dieu magnanime,
Dont la vertu ne peut recevoir trop d'estime,
Qu'avons-nous plus à craindre? et quel destin jaloux,
Tant que nous vous aurons, s'osera prendre à nous?

POLLUX.

Appréhendez pourtant, grand prince.

CRÉON.

                           Et quoi ?

POLLUX.

                             Médée,
Qui par vous de son lit se voit dépossédée.
Je crains qu'il ne vous soit malaisé d'empêcher
Qu'un gendre valeureux ne vous coûte bien cher.
Après l'assassinat d'un monarque et d'un frère,
Peut-il être de sang qu'elle épargne ou révère ?
Accoutumée au meurtre, et savante en poison,
Voyez ce qu'elle a fait pour acquérir Jason ;
Et ne présumez pas, quoi que Jason vous die*,
Que pour le conserver elle soit moins hardie.

CRÉON.

C'est de quoi mon esprit n'est plus inquiété ;
Par son bannissement j'ai fait ma sûreté;
Elle n'a que fureur et que vengeance en l'âme :
Mais, en si peu de temps, que peut faire une femme?
Je n'ai prescrit qu'un jour de terme à son départ.

POLLUX.

C'est peu pour une femme, et beaucoup pour son art :
Sur le pouvoir humain ne réglez pas les charmes.

CRÉON.   [larmes;
Quelque puissants qu'ils soient, je n'en ai point d'a-
Et quand bien ce délai devrait tout hasarder,
Ma parole est donnée, et je la veux garder.

SCÈNE III

CRÉON, POLLUX, CLÉONE.

CRÉON.

Que font nos deux amants, Cléone?

CLÉONE.

                         La princesse,
Seigneur, près de Jason reprend son allégresse;
Et ce qui sert beaucoup à son contentement,
C'est de voir que Médée est sans ressentiment.

CRÉON.

Et quel dieu si propice a calmé son courage*?

CLÉONE.

Jason, et ses enfants, qu'elle vous laisse en gage.
La grâce que pour eux Créuse obtient de vous
A calmé les transports de son esprit jaloux.
Le plus riche présent qui fût en sa puissance
A ses remercîments joint sa reconnaissance.
Sa robe sans pareille, et sur qui nous voyons
Du Soleil son aïeul briller mille rayons,
Que la princesse même avait tant souhaitée,
Par ces petits héros lui vient d'être apportée,
Et fait voir clairement les merveilleux effets
Qu'en un cœur irrité produisent les bienfaits.

CRÉON. [craindre?
Eh bien, qu'en dites-vous? Qu'avons-nous plus à

POLLUX.

Si vous ne craignez rien, que je vous trouve à plaindre!

CRÉON.

Un si rare présent montre un esprit remis.

POLLUX.

J'eus toujours pour suspects les dons des ennemis,
Ils font assez souvent ce que n'ont pu leurs armes.
Je connais de Médée et l'esprit et les charmes,
Et veux bien m'exposer au plus cruel trépas,
Si ce rare présent n'est un mortel appas.

CRÉON.

Ses enfants, si chéris, qui nous servent d'otages,
Nous peuvent-ils laisser quelque sorte d'ombrages?

POLLUX.

Peut-être que contre eux s'étend sa trahison,
Qu'elle ne les prend plus que pour ceux de Jason,
Et qu'elle s'imagine, en haine de leur père,
Que n'étant plus sa femme, elle n'est plus leur mère.
Renvoyez-lui, seigneur, ce don pernicieux,
Et ne vous chargez point d'un poison précieux.

CLÉONE.

Créuse cependant en est toute ravie,
Et de s'en voir parée elle brûle d'envie.

POLLUX.

Où le péril égale et passe le plaisir,
Il faut se faire force, et vaincre son désir.
Jason, dans son amour, a trop de complaisance
De souffrir qu'un tel don s'accepte en sa présence.

CRÉON.

Sans rien mettre au hasard, je saurai dextrement*
Accorder vos soupçons et son contentement.
Nous verrons dès ce soir, sur une criminelle,

Si ce présent nous cache une embûche mortelle.
Nise, pour ses forfaits destinée à mourir,
Ne peut par cette épreuve injustement périr;
Heureuse, si sa mort nous rendait ce service,
De nous en découvrir le funeste artifice!
Allons-y de ce pas, et ne consumons plus
De temps ni de discours en débats superflus.

SCÈNE IV

ÆGÉE, *en prison.*

Demeure affreuse des coupables,
Lieux maudits, funeste séjour,
Dont jamais avant mon amour
Les sceptres n'ont été capables,
Redoublez puissamment votre mortel effroi,
Et joignez à mes maux une si vive atteinte,
Que mon âme chassée, ou s'enfuyant de crainte,
Dérobe à mes vainqueurs le supplice d'un roi.

Le triste bonheur où j'aspire!
Je ne veux que hâter ma mort,
Et n'accuse mon mauvais sort
Que de souffrir que je respire.
Puisqu'il me faut mourir, que je meure à mon choix;
Le coup m'en sera doux, s'il est sans infamie :
Prendre l'ordre à mourir d'une main ennemie,
C'est mourir, pour un roi, beaucoup plus d'une fois.

Malheureux prince, on te méprise
Quand tu t'arrêtes à servir :
Si tu t'efforces de ravir,
Ta prison suit ton entreprise.
Ton amour qu'on dédaigne, et ton vain attentat,
D'un éternel affront vont souiller ta mémoire :
L'un t'a déjà coûté ton repos et ta gloire;
L'autre te va coûter ta vie et ton État.

Destin, qui punis mon audace,
Tu n'as que de justes rigueurs;
Et s'il est d'assez tendres cœurs
Pour compatir à ma disgrâce,
Mon feu de leur tendresse étouffe la moitié,
Puisqu'à bien comparer mes fers avec ma flamme,
Un vieillard amoureux mérite plus de blâme
Qu'un monarque en prison n'est digne de pitié.

Cruel auteur de ma misère,
Peste des cœurs, tyran des rois,
Dont les impérieuses lois
N'épargnent pas même ta mère,
Amour, contre Jason tourne ton trait fatal;
Au pouvoir de tes dards je remets ma vengeance :
Atterre son orgueil, et montre ta puissance
A perdre également l'un et l'autre rival.

Qu'une implacable jalousie
Suive son nuptial flambeau;
Que sans cesse un objet nouveau
S'empare de sa fantaisie;
Que Corinthe à sa vue accepte un autre roi;
Qu'il puisse voir sa race à ses yeux égorgée;
Et, pour dernier malheur, qu'il ait le sort d'Ægée,
Et devienne à mon âge amoureux comme moi!
Mais d'où vient ce bruit sourd? quelle pâle lumière
Dissipe ces horreurs et frappe ma paupière?

SCÈNE V

ÆGÉE, MÉDÉE.

ÆGÉE.

Mortel, qui que tu sois, détourne ici tes pas,
Et, de grâce, m'apprends l'arrêt de mon trépas,
L'heure, le lieu, le genre; et si ton cœur sensible
A la compassion peut se rendre accessible,
Donne-moi les moyens d'un généreux effort
Qui des mains des bourreaux affranchisse ma mort.

MÉDÉE.

Je viens l'en affranchir. Ne craignez plus, grand prin-
Ne pensez qu'à revoir votre chère province ;   [ce;
(*Elle donne un coup de baguette sur la porte de la prison,
qui s'ouvre aussitôt; et en ayant tiré Ægée, elle en donne
encore un sur ses fers, qui tombent.*)
Ni grilles ni verrous ne tiennent contre moi.
Cessez, indignes fers, de captiver un roi;
Est-ce à vous de presser les bras d'un tel monarque?
Et vous, reconnaissez Médée à cette marque,
Et fuyez un tyran dont le forcènement *
Joindrait votre supplice à mon bannissement;
Avec la liberté reprenez le courage.

ÆGÉE.

Je les reprends tous deux pour vous en faire homma-
Princesse, de qui l'art propice aux malheureux [ge,
Oppose un tel miracle à mon sort rigoureux;
Disposez de ma vie, et du sceptre d'Athènes;
Je dois et l'un et l'autre à qui brise mes chaînes.
Si votre heureux secours me tire de danger,
Je ne veux en sortir qu'afin de vous venger;
Et si je puis jamais, avec votre assistance,
Arriver jusqu'aux lieux de mon obéissance,
Vous me verrez, suivi de mille bataillons,
Sur ces murs renversés planter mes pavillons,
Punir leur traître roi de vous avoir bannie,
Dedans le sang des siens noyer sa tyrannie,
Et remettre en vos mains et Créuse et Jason,
Pour venger votre exil plutôt que ma prison.

MÉDÉE.

Je veux une vengeance et plus haute et plus prompte;
Ne l'entreprenez pas, votre offre me fait honte :
Emprunter le secours d'aucun pouvoir humain,
D'un reproche éternel diffamerait * ma main.
En est-il, après tout, aucun qui ne me cède?
Qui force la nature, a-t-il besoin qu'on l'aide?
Laissez-moi le souci de venger mes ennuis,
Et par ce que j'ai fait, jugez ce que je puis;

L'ordre en est tout donné, n'en soyez point en peine :
C'est demain que mon art fait triompher ma haine ;
Demain je suis Médée, et je tire raison
De mon bannissement et de votre prison.

ÆGÉE.

Quoi! madame, faut-il que mon peu de puissance
Empêche les devoirs de ma reconnaissance?
Mon sceptre ne peut-il être employé pour vous?
Et vous serai-je ingrat autant que votre époux?

MÉDÉE.

Si je vous ai servi, tout ce que j'en souhaite,
C'est de trouver chez vous une sûre retraite,
Où de mes ennemis menaces ni présents
Ne puissent plus troubler le repos de mes ans.
Non pas que je les craigne ; eux et toute la terre
A leur confusion me livreraient la guerre ;
Mais je hais ce désordre, et n'aime pas à voir
Qu'il me faille pour vivre user de mon savoir.

ÆGÉE.

L'honneur de recevoir une si grande hôtesse
De mes malheurs passés efface la tristesse.
Disposez d'un pays qui vivra sous vos lois,
Si vous l'aimez assez pour lui donner des rois ;
Si mes ans ne vous font mépriser ma personne,
Vous y partagerez mon lit et ma couronne :
Sinon, sur mes sujets faites état * d'avoir,
Ainsi que sur moi-même, un absolu pouvoir.
Allons, madame, allons ; et par votre conduite
Faites la sûreté que demande ma fuite.

MÉDÉE.

Ma vengeance n'aurait qu'un succès imparfait :
Je ne me venge pas, si je n'en vois l'effet ;
Je dois à mon courroux l'heur * d'un si doux spectacle.
Allez, prince, et sans moi ne craignez point d'obsta-
Je vous suivrai demain par un chemin nouveau. [cle ;
Pour votre sûreté conservez cet anneau ;
Sa secrète vertu, qui vous fait invisible,
Rendra votre départ de tous côtés paisible.
Ici, pour empêcher l'alarme que le bruit
De votre délivrance aura bientôt produit,
Un fantôme pareil et de taille et de face,
Tandis que vous fuirez, remplira votre place.
Partez sans plus tarder, prince chéri des dieux,
Et quittez pour jamais ces détestables lieux.

ÆGÉE.

J'obéis sans réplique, et je pars sans remise.
Puisse d'un prompt succès votre grande entreprise
Combler nos ennemis d'un mortel désespoir,
Et me donner bientôt le bien de vous revoir !

ACTE CINQUIÈME

SCÈNE I

MÉDÉE, THEUDAS.

THEUDAS.

Ah, déplorable prince! ah, fortune cruelle!
Que je porte à Jason une triste nouvelle!

MÉDÉE, *lui donnant un coup de baguette qui le fait demeurer immobile.*

Arrête, misérable, et m'apprends quel effet
A produit chez le roi le présent que j'ai fait.

THEUDAS.

Dieux! je suis dans les fers d'une invisible chaîne!

MÉDÉE.

Dépêche, ou ces longueurs t'attireront ma haine.

THEUDAS.

Apprenez donc l'effet le plus prodigieux
Que jamais la vengeance ait offert à nos yeux.
Votre robe a fait peur, et sur Nise éprouvée,
En dépit des soupçons, sans péril s'est trouvée ;
Et cette épreuve a su si bien les assurer,
Qu'incontinent Créuse a voulu s'en parer.
Mais cette infortunée à peine l'a vêtue,
Qu'elle sent aussitôt une ardeur qui la tue :
Un feu subtil s'allume, et ses brandons épars
Sur votre don fatal courent de toutes parts ;
Et Cléone et le roi s'y jettent pour l'éteindre :
Mais (ô nouveau sujet de pleurer et de plaindre!)
Ce feu saisit le roi ; ce prince en un moment
Se trouve enveloppé du même embrasement.

MÉDÉE.

Courage ; enfin il faut que l'un et l'autre meure.

THEUDAS.

La flamme disparaît, mais l'ardeur leur demeure ;
Et leurs habits charmés, malgré nos vains efforts,
Sont des brasiers secrets attachés à leurs corps ;
Qui veut les dépouiller, lui-même les déchire,
Et ce nouveau secours est un nouveau martyre.

MÉDÉE.

Que dit mon déloyal? que fait-il là dedans?

THEUDAS.

Jason, sans rien savoir de tous ces accidents,
S'acquitte des devoirs d'une amitié civile
A conduire Pollux hors des murs de la ville,
Qui va se rendre en hâte aux noces de sa sœur,
Dont bientôt Ménélas doit être possesseur ;
Et j'allais lui porter ce funeste message.

MÉDÉE, *lui donnant un autre coup de baguette.*

Va, tu peux maintenant achever ton voyage.

SCÈNE II

MÉDÉE.

[morts?
Est-ce assez, ma vengeance, est-ce assez de deux
Consulte avec loisir tes plus ardents transports.
Des bras de mon perfide arracher une femme,
Est-ce pour assouvir les fureurs de mon âme?
Que n'a-t-elle déjà des enfants de Jason,
Sur qui plus pleinement venger sa trahison!
Suppléons-y des miens; immolons avec joie
Ceux qu'à me dire adieu Créuse me renvoie :
Nature, je le puis sans violer ta loi;
Ils viennent de sa part, et ne sont plus à moi.
Mais ils sont innocents; aussi l'était mon frère :
Ils sont trop criminels d'avoir Jason pour père;
Il faut que leur trépas redouble son tourment;
Il faut qu'il souffre en père aussi bien qu'en amant.
Mais quoi! j'ai beau contre eux animer mon audace,
La pitié la combat, et se met en sa place:
Puis, cédant tout à coup la place à ma fureur,
J'adore les projets qui me faisaient horreur :
De l'amour aussitôt je passe à la colère,
Des sentiments de femme aux tendresses de mère.
Cessez dorénavant, pensers irrésolus,
D'épargner des enfants que je ne verrai plus.
Chers fruits de mon amour, si je vous ai fait naître,
Ce n'est pas seulement pour caresser un traître :
Il me prive de vous, et je l'en vais priver.
Mais ma pitié renaît, et revient me braver;
Je n'exécute rien, et mon âme éperdue
Entre deux passions demeure suspendue.
N'en délibérons plus, mon bras en résoudra.
Je vous perds, mes enfants; mais Jason vous perdra;
Il ne vous verra plus... Créon sort tout en rage;
Allons à son trépas joindre ce triste ouvrage.

SCÈNE III

CRÉON, DOMESTIQUES.

CRÉON.

Loin de me soulager vous croissez mes tourments;
Le poison à mon corps unit mes vêtements;
Et ma peau, qu'avec eux votre secours m'arrache,
Pour suivre votre main de mes os se détache.
Voyez comme mon sang en coule à gros ruisseaux:
Ne me déchirez plus, officieux bourreaux;
Votre pitié pour moi s'est assez hasardée;
Fuyez, ou ma fureur vous prendra pour Médée.
C'est avancer ma mort que de me secourir;
Je ne veux que moi-même à m'aider à mourir.
Quoi! vous continuez, canailles infidèles!
Plus je vous le défends, plus vous m'êtes rebelles!
Traîtres, vous sentirez encor ce que je puis;
Je serai votre roi, tout mourant que je suis:

Si mes commandements ont trop peu d'efficace,
Ma rage pour le moins me fera faire place :
Il faut ainsi payer votre cruel secours.
(Il se défait d'eux et les chasse à coups d'épée.)

SCÈNE IV

CRÉON, CRÉUSE, CLÉONE.

CRÉUSE.

Où fuyez-vous de moi, cher auteur de mes jours?
Fuyez-vous l'innocente et malheureuse source
D'où prennent tant de maux leur effroyable course?
Ce feu qui me consume et dehors et dedans
Vous venge-t-il trop peu de mes vœux imprudents?
Je ne puis excuser mon indiscrète envie
Qui donne le trépas à qui je dois la vie :
Mais soyez satisfait des rigueurs de mon sort,
Et cessez d'ajouter votre haine à ma mort.
L'ardeur qui me dévore, et que j'ai méritée,
Surpasse en cruauté l'aigle de Prométhée,
Et je crois qu'Ixion au choix des châtiments
Préférerait sa roue à mes embrasements.

CRÉON.

Si ton jeune désir eut beaucoup d'imprudence,
Ma fille, j'y devais opposer ma défense.
Je n'impute qu'à moi l'excès de mes malheurs,
Et j'ai part en ta faute ainsi qu'en tes douleurs.
Si j'ai quelque regret, ce n'est pas à ma vie,
Que le déclin des ans m'aurait bientôt ravie :
La jeunesse des tiens, si beaux, si florissants,
Me porte au fond du cœur des coups bien plus pres-
Ma fille, c'est donc là ce royal hyménée [sants.
Dont nous pensions toucher la pompeuse journée!
La Parque impitoyable en éteint le flambeau,
Et pour lit nuptial il te faut un tombeau!
Ah! rage, désespoir, destins, feux, poisons, charmes,
Tournez tous contre moi vos plus cruelles armes :
S'il faut vous assouvir par la mort de deux rois,
Faites en ma faveur que je meure deux fois,
Pourvu que mes deux morts emportent cette grâce
De laisser ma couronne à mon unique race,
Et cet espoir si doux, qui m'a toujours flatté,
De revivre à jamais en sa postérité.

CRÉUSE.

Cléone, soutenez, je chancelle, je tombe;
Mon reste de vigueur sous mes douleurs succombe;
Je sens que je n'ai plus à souffrir qu'un moment.
Ne me refusez pas ce triste allégement,
Seigneur; et si pour moi quelque amour vous demeu-
Entre vos bras mourants permettez que je meure. [re.
Mes pleurs arroseront vos mortels déplaisirs;
Je mêlerai leurs eaux à vos brûlants soupirs.
Ah! je brûle, je meurs, je ne suis plus que flamme;
De grâce, hâtez-vous de recevoir mon âme.
Quoi! vous vous éloignez!

CRÉON.

Oui, je ne verrai pas,
Comme un lâche témoin, ton indigne trépas :

Il faut, ma fille, il faut que ma main me délivre
De l'infâme regret de t'avoir pu survivre.
Invisible ennemi, sors avecque mon sang.
(*Il se tue avec un poignard.*)
CRÉUSE.
Courez à lui, Cléone; il se perce le flanc.
CRÉON.
Retourne; c'en est fait. Ma fille, adieu; j'expire,
Et ce dernier soupir met fin à mon martyre :
Je laisse à ton Jason le soin de nous venger.
CRÉUSE.
Vain et triste confort*! soulagement léger!
Mon père...
CLÉONE.
Il ne vit plus; sa grande âme est partie.
CRÉUSE.
Donnez donc à la mienne une même sortie;
Apportez-moi ce fer qui, de ses maux vainqueur,
Est déjà si savant à traverser le cœur.
Ah! je sens fers et feux, et poison, tout ensemble;
Ce que souffrait mon père à mes peines s'assemble.
Hélas! que de douceur aurait un prompt trépas!
Dépêchez-vous, Cléone; aidez mon faible bras.
CLÉONE.
Ne désespérez point : les dieux, plus pitoyables,
A nos justes clameurs se rendront exorables*,
Et vous conserveront, en dépit du poison,
Et pour reine à Corinthe, et pour femme à Jason.
Il arrive, et, surpris, il change de visage;
Je lis dans sa pâleur une secrète rage,
Et son étonnement va passer en fureur.

SCÈNE V

JASON, CRÉUSE, CLÉONE, THEUDAS.

JASON.
Que vois-je ici, grands dieux! quel spectacle d'horreur!
Où que puissent mes yeux porter ma vue errante,
Je vois ou Créon mort, ou Créuse mourante.
Ne t'en va pas, belle âme; attends encore un peu,
Et le sang de Médée éteindra tout ce feu;
Prends le triste plaisir de voir punir son crime,
De te voir immoler cette infâme victime;
Et que ce scorpion, sur la plaie écrasé,
Fournisse le remède au mal qu'il a causé.
CRÉUSE.
Il n'en faut point chercher au poison qui me tue :
Laisse-moi le bonheur d'expirer à ta vue,
Souffre que j'en jouisse en ce dernier moment :
Mon trépas fera place à ton ressentiment;
Le mien cède à l'ardeur dont je suis possédée;
J'aime mieux voir Jason que la mort de Médée.
Approche, cher amant, et retiens ces transports :
Mais garde de toucher ce misérable corps;
Ce brasier, que le charme ou répand ou modère,
A négligé Cléone, et dévoré mon père :
Au gré de ma rivale il est contagieux.
Jason, ce m'est assez de mourir à tes yeux :

Empêche les plaisirs qu'elle attend de ta peine;
N'attire point ces feux esclaves de sa haine.
Ah, quel âpre tourment! quels douloureux abois!
Et que je sens de morts sans mourir une fois!
JASON.
Quoi! vous m'estimez donc si lâche que de vivre?
Et de si beaux chemins sont ouverts pour vous suivre!
Ma reine, si l'hymen n'a pu joindre nos corps,
Nous joindrons nos esprits, nous joindrons nos deux [morts;
Et l'on verra Caron passer chez Rhadamante,
Dans une même barque, et l'amant et l'amante.
Hélas! vous recevez, par ce présent charmé,
Le déplorable prix de m'avoir trop aimé;
Et puisque cette robe a causé votre perte,
Je dois être puni de vous l'avoir offerte.
Quoi! ce poison m'épargne, et ces feux impuissants
Refusent de finir les douleurs que je sens!
Il faut donc que je vive, et vous m'êtes ravie!
Justes dieux! quel forfait me condamne à la vie?
Est-il quelque tourment plus grand pour mon amour
Que de la voir mourir, et de souffrir le jour?
Non, non; si par ces feux mon attente est trompée,
J'ai de quoi m'affranchir au bout de mon épée;
Et l'exemple du roi, de sa main transpercé,
Qui nage dans les flots du sang qu'il a versé,
Instruit suffisamment un généreux courage
Des moyens de braver le destin qui l'outrage.
CRÉUSE.
Si Créuse eut jamais sur toi quelque pouvoir,
Ne t'abandonne point aux coups du désespoir.
Vis pour sauver ton nom de cette ignominie
Que Créuse soit morte, et Médée impunie;
Vis pour garder le mien en ton cœur affligé,
Et du moins ne meurs point que tu ne sois vengé.
Adieu : donne la main; que, malgré ta jalouse,
J'emporte chez Pluton le nom de ton épouse.
Ah, douleurs! c'en est fait, je meurs à cette fois,
Et perds en ce moment la vie avec la voix.
Si tu m'aimes...
JASON.
Ce mot lui coupe la parole;
Et je ne suivrai pas son âme qui s'envole!
Mon esprit, retenu par ses commandements,
Réserve encor ma vie à de pires tourments!
Pardonne, chère épouse, à mon obéissance;
Mon déplaisir mortel défère à ta puissance,
Et de mes jours maudits tout prêt de triompher,
De peur de te déplaire, il n'ose m'étouffer.
Ne perdons point de temps, courons chez la sorcière
Délivrer par sa mort mon âme prisonnière.
Vous autres, cependant, enlevez ces deux corps :
Contre tous ses démons mes bras sont assez forts,
Et la part que votre aide aurait en ma vengeance
Ne m'en permettrait pas une entière allégeance*.
Préparez seulement des gênes*, des bourreaux;
Devenez inventifs en supplices nouveaux,
Qui la fassent mourir tant de fois sur leur tombe,
Que son coupable sang leur vaille une hécatombe;
Et si cette victime, en mourant mille fois,

N'apaise point encor les mânes de deux rois,
Je serai la seconde; et mon esprit fidèle
Ira gêner* là-bas son âme criminelle,
Ira faire assembler pour sa punition
Les peines de Tityе à celle d'Ixion.
(On emporte les corps de Créon et de Créuse, et Jason
continue seul.)
Mais leur puis-je imputer ma mort en sacrifice?
Elle m'est un plaisir, et non pas un supplice.
Mourir, c'est seulement auprès d'eux me ranger,
C'est rejoindre Créuse, et non pas la venger.
Instruments des fureurs d'une mère insensée,
Indignes rejetons de mon amour passée,
Quel malheureux destin vous avait réservés
A porter le trépas à qui vous a sauvés!
C'est vous, petits ingrats, que, malgré la nature,
Il me faut immoler dessus leur sépulture.
Que la sorcière en vous commence de souffrir;
Que son premier tourment soit de vous voir mourir.
Toutefois qu'ont-ils fait, qu'obéir à leur mère?

SCÈNE VI

MÉDÉE, JASON.

MÉDÉE, *en haut sur un balcon*.
Lâche, ton désespoir encore en délibère?
Lève les yeux, perfide, et reconnais ce bras
Qui t'a déjà vengé de ces petits ingrats;
Ce poignard que tu vois vient de chasser leurs âmes,
Et noyer dans leur sang les restes de nos flammes.
Heureux père et mari, ma fuite et leur tombeau
Laissent la place vide à ton hymen nouveau.
Réjouis-t'en, Jason, va posséder Créuse :
Tu n'auras plus ici personne qui t'accuse;
Ces gages de nos feux ne feront plus pour moi
De reproches secrets à ton manque de foi.

JASON.
Horreur de la nature, exécrable tigresse!

MÉDÉE.
Va, bienheureux amant, cajoler* ta maîtresse :
A cet objet si cher tu dois tous tes discours;
Parler encore à moi, c'est trahir tes amours.
Va lui, va lui conter tes rares aventures,
Et contre mes effets ne combats point d'injures.

JASON.
Quoi! tu m'oses braver, et ta brutalité
Pense encore échapper à mon bras irrité?
Tu redoubles ta peine avec cette insolence.

MÉDÉE.
Et que peut contre moi ta débile vaillance?
Mon art faisait ta force, et tes exploits guerriers
Tiennent de mon secours ce qu'ils ont de lauriers.

JASON.
Ah! c'est trop en souffrir; il faut qu'un prompt sup-
De tant de cruautés à la fin te punisse.   [plice
Sus, sus, brisons la porte, enfonçons la maison;
Que des bourreaux soudain m'en fassent la raison.
Ta tête répondra de tant de barbaries.

MÉDÉE, *en l'air dans un char tiré par deux dragons*.
Que sert de t'emporter à ces vaines furies?
Épargne, cher époux, des efforts que tu perds;
Vois les chemins de l'air qui me sont tous ouverts;
C'est par là que je fuis, et que je t'abandonne
Pour courir à l'exil que ton change* m'ordonne.
Suis-moi, Jason, et trouve en ces lieux désolés
Des postillons pareils à mes dragons ailés.
Enfin je n'ai pas mal employé la journée
Que la bonté du roi, de grâce, m'a donnée;
Mes désirs sont contents. Mon père et mon pays,
Je ne me repens plus de vous avoir trahis;
Avec cette douceur j'en accepte le blâme.
Adieu, parjure : apprends à connaître ta femme,
Souviens-toi de sa fuite, et songe une autre fois,
Lequel est plus à craindre ou d'elle ou de deux rois.

SCÈNE VII

JASON.

O dieux! ce char volant, disparu dans la nue,
La dérobe à sa peine, aussi bien qu'à ma vue;
Et son impunité triomphe arrogamment
Des projets avortés de mon ressentiment.
Créuse, enfants, Médée, amour, haine, vengeance,
Où dois-je, désormais, chercher quelque allégeance*?
Où suivre l'inhumaine, et dessous quels climats
Porter les châtiments de tant d'assassinats?
Va, furie exécrable, en quelque coin de terre
Que t'emporte ton char, j'y porterai la guerre.
J'apprendrai ton séjour de tes sanglants effets,
Et te suivrai partout au bruit de tes forfaits.
Mais que me servira cette vaine poursuite,
Si l'air est un chemin toujours libre à ta fuite,
Si toujours tes dragons sont prêts à t'enlever,
Si toujours tes forfaits ont de quoi me braver?
Malheureux, ne perds point contre une telle audace
De ta juste fureur l'impuissante menace;
Ne cours point à ta honte, et fuis l'occasion
D'accroître sa victoire et ta confusion.
Misérable! perfide! ainsi donc ta faiblesse
Épargne la sorcière, et trahit ta princesse!
Est-ce là le pouvoir qu'ont sur toi ses désirs,
Et ton obéissance à ses derniers soupirs?
Venge-toi, pauvre amant, Créuse le commande;
Ne lui refuse point un sang qu'elle demande,
Écoute les accents de sa mourante voix,
Et vole sans rien craindre à ce que tu lui dois.
A qui sait bien aimer il n'est rien d'impossible.
Eusses-tu pour retraite un roc inaccessible,
Tigresse, tu mourras; et malgré ton savoir,
Mon amour te verra soumise à son pouvoir;
Mes yeux se repaîtront des horreurs de ta peine :
Ainsi le veut Créuse, ainsi le veut ma haine.
Mais quoi! je vous écoute, impuissantes chaleurs!
Allez, n'ajoutez plus de comble à mes malheurs.
Entreprendre une mort que le ciel s'est gardée,

C'est préparer encore un triomphe à Médée.
Tourne avec plus d'effet sur toi-même ton bras,
Et punis-toi, Jason, de ne la punir pas.
Vains transports, où sans fruit mon désespoir s'amu-
Cessez de m'empêcher de rejoindre Créuse.   [se,
Ma reine, ta belle âme, en partant de ces lieux,

M'a laissé la vengeance, et je la laisse aux dieux;
Eux seuls, dont le pouvoir égale la justice,
Peuvent de la sorcière achever le supplice.
Trouve-le bon, chère ombre, et pardonne à mes feux
Si je vais te revoir plus tôt que tu ne veux.

(*Il se tue.*)

EXAMEN DE MÉDÉE

Cette tragédie a été traitée en grec par Euripide, et en latin par Sénèque; et c'est sur leur exemple que je me suis autorisé à en mettre le lieu dans une place publique, quelque peu de vraisemblance qu'il y ait à y faire parler des rois, et à y voir Médée prendre les desseins de sa vengeance. Elle en fait confidence, chez Euripide, à tout le chœur, composé de Corinthiennes, sujettes de Créon, et qui devaient être du moins au nombre de quinze, à qui elle dit hautement qu'elle fera périr leur roi, leur princesse et son mari, sans qu'aucune d'elles ait la moindre pensée d'en donner avis à ce prince.

Pour Sénèque, il y a quelque apparence qu'il ne lui fait pas prendre ces résolutions violentes en présence du chœur, qui n'est pas toujours sur le théâtre, et n'y parle jamais aux autres acteurs : mais je ne puis comprendre comme, dans son quatrième acte, il lui fait achever ses enchantements en place publique; et j'ai mieux aimé rompre l'unité exacte du lieu, pour faire voir Médée dans le même cabinet où elle a fait ses charmes, que de l'imiter en ce point.

Tous les deux m'ont semblé donner trop peu de défiance à Créon des présents de cette magicienne, offensée au dernier point, qu'il témoigne craindre chez l'un et chez l'autre, et dont il a d'autant plus de lieu de se défier, qu'elle lui demande instamment un jour de délai pour se préparer à partir, et qu'il croit qu'elle ne le demande que pour machiner quelque chose contre lui, et troubler les noces de sa fille.

J'ai cru mettre la chose dans un peu plus de justesse, par quelques précautions que j'y ai apportées : la première, en ce que Créuse souhaite avec passion cette robe que Médée empoisonne, et qu'elle oblige Jason à la tirer d'elle par adresse ; ainsi, bien que les présents des ennemis doivent être suspects, celui-ci ne le doit pas être, parce que ce n'est pas tant un don qu'elle fait qu'un payement qu'on lui arrache de la grâce que ses enfants reçoivent; la seconde, en ce que ce n'est pas Médée qui demande ce jour de délai qu'elle emploie à sa vengeance, mais Créon qui le lui donne de son mouvement, comme pour diminuer quelque chose de l'injuste violence qu'il lui fait, dont il semble avoir honte en lui-même ; et la troisième enfin, en ce qu'après les défiances que Pollux lui en fait prendre presque par force, il en fait faire l'épreuve sur une autre, avant que de permettre à sa fille de s'en parer.

L'épisode d'Ægée n'est pas tout à fait de mon invention ; Euripide l'introduit en son troisième acte, mais seulement comme en passant à qui Médée fait ses plaintes, et qui l'assure d'une retraite chez lui à Athènes, en considération d'un service qu'elle promet de lui rendre. En quoi je trouve deux choses à dire : l'une, qu'Ægée étant dans la cour de Créon, ne parle point du tout de le voir ; l'autre, que, bien qu'il promette à Médée de la recevoir et protéger à Athènes après qu'elle se sera vengée, ce qu'elle fait dès ce jour-là même, il lui témoigne toutefois qu'à sortir de Corinthe il va trouver Pitthéus à Trézène, pour consulter avec lui sur le sens de l'oracle qu'on venait de lui rendre à Delphes, et qu'ainsi Médée serait demeurée en assez mauvaise posture dans Athènes en l'attendant, puisqu'il tarda manifestement quelque temps chez Pitthéus, où il fit l'amour à sa fille Æthra, qu'il laissa grosse de Thésée, et n'en partit plus que sa grossesse ne fût constante. Pour donner un peu plus d'intérêt à ce monarque dans l'action de cette tragédie, je le fais amoureux de Créuse, qui lui préfère Jason, et je porte les ressentiments d'Athènes à l'enlever, afin qu'en cette entreprise, demeurant prisonnier de ceux qui la sauvent de ses mains, il ait obligation à Médée de sa délivrance, et que la reconnaissance qu'il lui en doit l'engage plus fortement à sa protection, et même à l'épouser, comme l'histoire le marque.

Pollux est de ces personnages protatiques qui ne sont introduits que pour écouter la narration du sujet. Je pense l'avoir déjà dit, et j'ajoute que ces personnages sont d'ordinaire assez difficiles à imaginer dans la tragédie, parce que les événements publics et éclatants dont elle est composée sont connus de tout le monde, et que s'il est aisé de trouver des gens qui les sachent pour les raconter, il n'est pas aisé d'en trouver qui les ignorent pour les entendre ; c'est ce qui m'a fait avoir recours à cette fiction, que Pollux, depuis son retour de Colchos, avait toujours été en Asie, où il n'avait rien appris de ce qui s'était passé dans la Grèce, que la mer en sépare. Le contraire arrive en la comédie : comme elle n'est que d'intrigues particulières, il n'est rien si facile que de trouver des gens qui les ignorent ; mais souvent il n'y a qu'une seule personne qui les puisse expliquer : ainsi l'on n'y manque jamais de confident quand il y a matière à confidence.

Dans la narration que fait Nérine au quatrième acte, on peut considérer que, quand ceux qui l'écoutent ont quelque chose d'important dans l'esprit, ils n'ont pas assez de patience pour écouter le détail de ce qu'on leur vient raconter, et que c'est assez pour eux d'en apprendre l'événement en un mot : c'est ce que fait voir ici Médée, qui ayant su que Jason a arraché Créuse à ses ravisseurs, et pris Ægée prisonnier, ne veut point qu'on lui explique comment cela s'est fait. Lorsqu'on a affaire à un esprit tranquille, comme Achorée à Cléopâtre dans la *Mort de Pompée*, pour qui elle ne s'intéresse que par un sentiment d'honneur, on prend le loisir d'exprimer toutes les particularités ; mais avant que d'y descendre, j'estime qu'il est bon même alors d'en dire tout l'effet en deux mots dès l'abord.

Surtout, dans les narrations ornées et pathétiques, il faut très-soigneusement prendre garde en quelle assiette est l'âme de celui qui parle et de celui qui écoute, et se passer de cet ornement, qui ne va guère sans étalage ambitieux, s'il y a la moindre apparence que l'un des deux soit trop en péril, ou dans une passion trop violente pour avoir toute la patience nécessaire au récit qu'on se propose.

J'oubliais à remarquer que la prison où je mets Ægée est un spectacle désagréable, que je conseillerais d'éviter ; ces grilles qui éloignent l'acteur du spectateur, et lui cachent toujours plus de la moitié de sa personne, ne manquent jamais à rendre son action fort languissante. Il arrive quelquefois des occasions indispensables de faire arrêter prisonniers sur nos théâtres quelques-uns de nos principaux acteurs ; mais alors il vaut mieux se contenter de leur donner des gardes qui les suivent, et qui n'affaiblissent ni le spectacle ni l'action, comme dans *Polyeucte* et dans *Héraclius*. J'ai voulu rendre visible ici l'obligation qu'Ægée avait à Médée ; mais cela se fût mieux fait par un récit.

Je serai bien aise encore qu'on remarque la civilité de Jason envers Pollux à son départ : il l'accompagne jusque hors de la ville ; et c'est une adresse de théâtre assez heureusement pratiquée pour éloigner de Créon et de Créuse mourants, et n'en avoir que deux à la fois à faire parler. Un auteur est bien embarrassé quand il en a trois, et qu'ils ont tous trois une assez forte passion dans l'âme pour leur donner une juste impatience de la pousser au dehors ; c'est ce qui m'a obligé à faire mourir ce roi malheureux avant l'arrivée de Jason, afin qu'il n'ait à parler qu'à Créuse ; et à faire aussi mourir cette princesse avant que Médée se montre sur le balcon, afin que cet amant en colère n'ait plus à qui s'adresser qu'à elle ; mais on aurait eu lieu de trouver à dire qu'il ne fût pas auprès de sa maîtresse dans un si grand malheur, si je n'eusse rendu raison de son éloignement.

J'ai feint que les feux que produit la robe de Médée, et qui font périr Créon et Créuse, étaient invisibles, parce que j'ai mis leurs personnes sur la scène dans la catastrophe. Ce spectacle de mourant m'était nécessaire pour remplir mon cinquième acte, qui sans cela n'eût pu atteindre à la longueur ordinaire des nôtres; mais, à dire le vrai, il n'a pas l'effet que demande la tragédie, et ces deux mourants importunent plus par leurs cris et par leurs gémissements, qu'ils ne font pitié par leur malheur. La raison en est qu'ils semblent l'avoir mérité par l'injustice qu'ils ont faite à Médée, qui attire si bien de son côté toute la faveur de l'auditoire, qu'on excuse sa vengeance après l'indigne traitement qu'elle a reçu de Créon et de son mari; et qu'on a plus de compassion du désespoir où ils l'ont réduite, que de tout ce qu'elle leur fait souffrir.

Quant au style, il est fort inégal en ce poëme : et ce que j'y ai mêlé du mien approche si peu de ce que j'ai traduit de Sénèque, qu'il n'est point besoin d'en mettre le texte en marge pour faire discerner au lecteur ce qui est de lui ou de moi. Le temps m'a donné le moyen d'amasser assez de force pour ne laisser pas cette différence si visible dans le *Pompée*, où j'ai beaucoup pris de Lucain, et ne crois pas être demeuré fort au-dessous de lui quand il a fallu me passer de son secours.

FIN DE MÉDÉE

L'ILLUSION

COMÉDIE. — 1636

A MADEMOISELLE M. F. D. R.

Mademoiselle,

Voici un étrange monstre que je vous dédie. Le premier acte n'est qu'un prologue; les trois suivants font une comédie imparfaite, le dernier est une tragédie : et tout cela, cousu ensemble, fait une comédie. Qu'on en nomme l'invention bizarre et extravagante tant qu'on voudra, elle est nouvelle ; et souvent la grâce de la nouveauté, parmi nos Français, n'est pas un petit degré de bonté. Son succès ne m'a point fait de honte sur le théâtre, et j'ose dire que la représentation de cette pièce capricieuse ne vous a point déplu, puisque vous m'avez commandé de vous en adresser l'épître quand elle irait sous la presse. Je suis au désespoir de vous la présenter en si mauvais état, qu'elle en est méconnaissable : la quantité de fautes que l'imprimeur a ajoutées aux miennes la déguise, ou, pour mieux dire, la change entièrement. C'est l'effet de mon absence de Paris, d'où mes affaires m'ont rappelé sur le point qu'il l'imprimait, et m'ont obligé d'en abandonner les épreuves à sa discrétion. Je vous conjure de ne la lire point que vous n'ayez pris la peine de corriger ce que vous trouverez marqué en suite de cette épitre. Ce n'est pas que j'y aie employé toutes les fautes qui s'y sont coulées; le nombre en est si grand, qu'il eût épouvanté le lecteur : j'ai seulement choisi celles qui peuvent apporter quelq corruption notable au sens, et qu'on ne peut pas deviner aisément. Pour les autres, qui ne sont que contre la rime, ou l'orthographe, ou la ponctuation, j'ai cru que le lecteur judicieux y suppléerait sans beaucoup de difficulté, et qu'ainsi il n'était pas besoin d'en charger cette première feuille. Cela m'apprendra à ne hasarder plus de pièces à l'impression durant mon absence. Ayez assez de bonté pour ne dédaigner pas celle-ci, toute déchirée qu'elle est ; et vous m'obligerez d'autant plus à demeurer toute ma vie,

Mademoiselle,

Le plus fidèle et le plus passionné de vos serviteurs,

CORNEILLE.

PERSONNAGES.

ALCANDRE, magicien.
PRIDAMANT, père de Clindor.
DORANTE, ami de Pridamant.
MATAMORE, capitan gascon, amoureux d'Isabelle.
CLINDOR, suivant du capitan, et amant d'Isabelle.
ADRASTE, gentilhomme, amoureux d'Isabelle.
GÉRONTE, père d'Isabelle.
ISABELLE, fille de Géronte.
LYSE, servante d'Isabelle.

PERSONNAGES.

GEÔLIER de Bordeaux.
PAGE du capitan.
CLINDOR, représentant Théagène, seigneur anglais.
ISABELLE, représentant Hippolyte, femme de Théagène.
LYSE, représentant Clarine, suivante d'Hippolyte.
ÉRASTE, écuyer de Florilame.
TROUPE de domestiques d'Adraste.
TROUPE de domestiques de Florilame.

La scène est en Touraine, en une campagne proche de la grotte d'un magicien.

ACTE PREMIER

SCÈNE I

PRIDAMANT, DORANTE.

DORANTE.

Ce mage, qui d'un mot renverse la nature,
N'a choisi pour palais que cette grotte obscure.
La nuit qu'il entretient sur cet affreux séjour
N'ouvrant son voile épais qu'aux rayons d'un faux
 jour,
De leur éclat douteux n'admet en ces lieux sombres
Que ce qu'en peut souffrir le commerce des ombres.
N'avancez pas : son art au pied de ce rocher
A mis de quoi punir qui s'en ose approcher;
Et cette large bouche est un mur invisible,
Où l'air en sa faveur devient inaccessible,
Et lui fait un rempart, dont les funestes bords
Sur un peu de poussière étalent mille morts.
Jaloux de son repos plus que de sa défense,
Il perd qui l'importune, ainsi que qui l'offense;
Malgré l'empressement d'un curieux désir,
Il faut, pour lui parler, attendre son loisir :
Chaque jour il se montre, et nous touchons à l'heure
Où, pour se divertir, il sort de sa demeure.

PRIDAMANT.

J'en attends peu de chose, et brûle de le voir.
J'ai de l'impatience, et je manque d'espoir.
Ce fils, ce cher objet de mes inquiétudes,
Qu'ont éloigné de moi des traitements trop rudes,
Et que depuis dix ans en tant de lieux,
A caché pour jamais sa présence à mes yeux.
Sous ombre qu'il prenait un peu trop de licence,
Contre ses libertés je roidis ma puissance;
Je croyais le dompter à force de punir,

Et ma sévérité ne fit que le bannir.
Mon âme vit l'erreur dont elle était séduite :
Je l'outrageais présent, et je pleurai sa fuite;
Et l'amour paternel me fit bientôt sentir
D'une injuste rigueur un juste repentir.
Il l'a fallu chercher : j'ai vu dans mon voyage
Le Pô, le Rhin, la Meuse, et la Seine, et le Tage :
Toujours le même soin travaille mes esprits;
Et ces longues erreurs ne m'en ont rien appris.
Enfin, au désespoir de perdre tant de peine,
Et n'attendant plus rien de la prudence humaine,
Pour trouver quelque borne à tant de maux soufferts,
J'ai déjà sur ce point consulté les enfers;
J'ai vu les plus fameux en la haute science
Dont vous dites qu'Alcandre a tant d'expérience :
On m'en faisait l'état que vous faites de lui,
Et pas un d'eux n'a pu soulager mon ennui.
L'enfer devient muet quand il me faut répondre,
Ou ne me répond rien qu'afin de me confondre.

DORANTE.
Ne traitez pas Alcandre en homme du commun,
Ce qu'il sait en son art n'est connu de pas un.
Je ne vous dirai point qu'il commande au tonnerre,
Qu'il fait enfler les mers, qu'il fait trembler la terre,
Que de l'air qu'il mutine en mille tourbillons,
Contre ses ennemis il fait des bataillons;
Que de ses mots savants les forces inconnues
Transportent les rochers, font descendre les nues,
Et briller dans la nuit l'éclat de deux soleils;
Vous n'avez pas besoin de miracles pareils :
Il suffira pour vous qu'il lit dans les pensées,
Qu'il connaît l'avenir et les choses passées;
Rien n'est secret pour lui dans tout cet univers,
Et pour lui nos destins sont des livres ouverts.
Moi-même, ainsi que vous, je ne pouvais le croire :
Mais sitôt qu'il me vit, il me dit mon histoire;
Et je fus étonné d'entendre le discours
Des traits les plus cachés de toutes mes amours.

PRIDAMANT.
Vous m'en dites beaucoup.

DORANTE.
J'en ai vu davantage.

PRIDAMANT.
Vous essayez en vain de me donner courage;
Mes soins et mes travaux verront, sans aucun fruit,
Clore mes tristes jours d'une éternelle nuit.

DORANTE.
Depuis que j'ai quitté le séjour de Bretagne
Pour venir faire ici le noble de campagne,
Et que deux ans d'amour, par une heureuse fin,
M'ont acquis Silvérie et ce château voisin,
De pas un, que je sache, il n'a déçu l'attente :
Quiconque le consulte en sort l'âme contente.
Croyez-moi, son secours n'est pas à négliger :
D'ailleurs, il est ravi quand il peut m'obliger;
Et j'ose me vanter qu'un peu de mes prières
Vous obtiendra de lui des faveurs singulières.

PRIDAMANT.
Le sort m'est trop cruel pour devenir si doux.

DORANTE.
Espérez mieux : il sort, et s'avance vers nous.
Regardez-le marcher; ce visage si grave,
Dont le rare savoir tient la nature esclave,
N'a sauvé toutefois des ravages du temps
Qu'un peu d'os et de nerfs qu'ont décharnés cent ans.
Son corps, malgré son âge, a les forces robustes,
Le mouvement facile, et les démarches justes :
Des ressorts inconnus agitent le vieillard,
Et font de tous ses pas des miracles de l'art.

SCÈNE II

ALCANDRE, PRIDAMANT, DORANTE.

DORANTE.
Grand démon du savoir, de qui les doctes veilles
Produisent chaque jour de nouvelles merveilles,
A qui rien n'est secret dans nos intentions,
Et qui vois, sans nous voir, toutes nos actions;
Si de ton art divin le pouvoir admirable
Jamais en ma faveur se rendit secourable,
De ce père affligé soulage les douleurs;
Une vieille amitié prend part en ses malheurs.
Rennes, ainsi qu'à moi, lui donna la naissance,
Et presque entre ses bras j'ai passé mon enfance;
Là son fils, pareil d'âge et de condition,
S'unissant avec moi d'étroite affection...

ALCANDRE.
Dorante, c'est assez, je sais ce qui l'amène;
Ce fils est aujourd'hui le sujet de sa peine.
Vieillard, n'est-il pas vrai que son éloignement
Par un juste remords te gêne incessamment?
Qu'une obstination à te montrer sévère
L'a banni de ta vue, et cause ta misère?
Qu'en vain, au repentir de ta sévérité,
Tu cherches en tous lieux ce fils si maltraité?

PRIDAMANT.
Oracle de nos jours, qui connais toutes choses,
En vain de ma douleur je cacherais les causes;
Tu sais trop quelle fut mon injuste rigueur,
Et vois trop clairement les secrets de mon cœur.
Il est vrai, j'ai failli; mais, pour mes injustices,
Tant de travaux en vain sont d'assez grands supplices :
Donne enfin quelque borne à mes regrets cuisants,
Rends-moi l'unique appui de mes débiles ans.
Je le tiendrai rendu, si j'en ai des nouvelles;
L'amour pour le trouver me fournira des ailes.
Où fait-il sa retraite? en quels lieux dois-je aller?
Fût-il au bout du monde, on m'y verra voler.

ALCANDRE.
Commencez d'espérer; vous saurez par mes charmes
Ce que le ciel vengeur refusait à vos larmes.
Vous reverrez ce fils plein de vie et d'honneur :
De son bannissement il tire son bonheur.
C'est peu de vous le dire : en faveur de Dorante
Je veux vous faire voir sa fortune éclatante.
Les novices de l'art, avec tous leurs encens,
Et leurs mots inconnus, qu'ils feignent tout-puissants,

Leurs herbes, leurs parfums et leurs cérémonies,
Apportent au métier des longueurs infinies,
Qui ne sont, après tout, qu'un mystère pipeur*,
Pour se faire valoir, et pour vous faire peur :
Ma baguette à la main, j'en ferai davantage.

(*Il donne un coup de baguette, et on tire un rideau, derrière lequel sont en parade les plus beaux habits des comédiens.*)

Jugez de votre fils par un tel équipage :
Eh bien, celui d'un prince a-t-il plus de splendeur?
Et pouvez-vous encor douter de sa grandeur?

PRIDAMANT.

D'un amour paternel vous flattez les tendresses;
Mon fils n'est point de rang à porter ces richesses,
Et sa condition ne saurait consentir
Que d'une telle pompe il s'ose revêtir.

ALCANDRE.

Sous un meilleur destin sa fortune rangée,
Et sa condition avec le temps changée,
Personne maintenant n'a de quoi murmurer
Qu'en public de la sorte il aime à se parer.

PRIDAMANT.

A cet espoir si doux j'abandonne mon âme :
Mais parmi ces habits je vois ceux d'une femme;
Serait-il marié?

ALCANDRE.

Je vais de ses amours
Et de tous ses hasards vous faire le discours.
   Toutefois, si votre âme était assez hardie,
Sous une illusion vous pourriez voir sa vie,
Et tous ces accidents devant vous exprimés
Par des spectres pareils à des corps animés;
Il ne leur manquera ni geste ni parole.

PRIDAMANT.

Ne me soupçonnez point d'une crainte frivole;
Le portrait de celui que je cherche en tous lieux
Pourrait-il, par sa vue, épouvanter mes yeux?

ALCANDRE, *à Dorante.*

Mon cavalier, de grâce, il faut faire retraite,
Et souffrir qu'entre nous l'histoire en soit secrète.

PRIDAMANT.

Pour un si bon ami je n'ai point de secrets.

DORANTE, *à Pridamant.*

Il nous faut, sans réplique, accepter ses arrêts;
Je vous attends chez moi.

ALCANDRE, *à Dorante.*

Ce soir, si bon lui semble,
Il vous apprendra tout quand vous serez ensemble.

SCÈNE III

ALCANDRE, PRIDAMANT.

ALCANDRE.

Votre fils tout d'un coup ne fut pas grand seigneur;
Toutes ses actions ne vous font pas honneur,
Et je serais marri* d'exposer sa misère
En spectacle à des yeux autres que ceux d'un père.
Il vous prit quelque argent, mais ce petit butin
A peine lui dura du soir jusqu'au matin;
Et, pour gagner Paris, il vendit par la plaine
Des brevets* à chasser la fièvre et la migraine
Dit la bonne aventure, et s'y rendit ainsi.
Là, comme on vit d'esprit, il en vécut aussi.
Dedans Saint-Innocent il se fit secrétaire :
Après, montant d'état, il fut clerc d'un notaire.
Ennuyé de la plume, il la quitta soudain,
Et fit danser un singe au faubourg Saint-Germain.
Il se mit sur la rime, et l'essai de sa veine
Enrichit les chanteurs de la Samaritaine.
Son style prit après de plus beaux ornements;
Il se hasarda même à faire des romans,
Des chansons pour Gautier, des pointes pour Guillau-
Depuis, il trafiqua de chapelets, de baume, [me.
Vendit du mithridate* en maître opérateur,
Revint dans le palais, et fut solliciteur.
Enfin, jamais Buscon, Lazarille de Tormes,
Sayavèdre, et Gusman, ne prirent tant de formes.
C'était là pour Dorante un honnête entretien!

PRIDAMANT.

Que je vous suis tenu de ce qu'il n'en sait rien!

ALCANDRE.

Sans vous faire rien voir, je vous en fais un conte,
Dont le peu de longueur épargne votre honte.
Las de tant de métiers sans honneur et sans fruit,
Quelque meilleur destin à Bordeaux l'a conduit;
Et là, comme il pensait au choix d'un exercice,
Un brave du pays l'a pris à son service.
Ce guerrier amoureux en a fait son agent :
Cette commission l'a remeublé d'argent;
Il sait avec adresse, en portant les paroles,
De la vaillante dupe attraper les pistoles;
Même de son agent il s'est fait son rival,
Et la beauté qu'il sert ne lui veut point de mal.
Lorsque de ses amours vous aurez vu l'histoire,
Je vous le veux montrer plein d'éclat et de gloire,
Et la même action qu'il pratique aujourd'hui.

PRIDAMANT.

Que déjà cet espoir soulage mon ennui!

ALCANDRE.

Il a caché son nom en battant la campagne,
Et s'est fait de Clindor le sieur de la Montagne;
C'est ainsi que tantôt vous l'entendrez nommer.
Voyez tout sans rien dire, et sans vous alarmer.
   Je tarde un peu beaucoup pour votre impatience :
N'en concevez pourtant aucune défiance :
C'est qu'un charme ordinaire a trop peu de pouvoir
Sur les spectres parlants qu'il faut vous faire voir.
Entrons dedans ma grotte, afin que j'y prépare
Quelques charmes nouveaux pour un effet si rare.

ACTE DEUXIÈME

SCÈNE I

ALCANDRE, PRIDAMANT.

ALCANDRE.

Quoi qui s'offre à vos yeux, n'en ayez point d'effroi;
De ma grotte, surtout, ne sortez qu'après moi;
Sinon, vous êtes mort. Voyez déjà paraître
Sous deux fantômes vains votre fils et son maître.

PRIDAMANT.

O dieux! je sens mon âme après lui s'envoler.

ALCANDRE.

Faites-lui du silence, et l'écoutez parler.

(*Alcandre et Pridamant se retirent dans un des côtés du théâtre.*)

SCÈNE II

MATAMORE, CLINDOR.

CLINDOR.

Quoi! monsieur, vous rêvez! et cette âme hautaine,
Après tant de beaux faits, semble être encore en peine!
N'êtes-vous point lassé d'abattre des guerriers?
Et vous faut-il encor quelques nouveaux lauriers?

MATAMORE.

Il est vrai que je rêve, et ne saurais résoudre
Lequel je dois des deux le premier mettre en poudre,
Du grand sophi de Perse, ou bien du grand mogor*.

CLINDOR.

Eh! de grâce, monsieur, laissez-les vivre encor.
Qu'ajouterait leur perte à votre renommée?
D'ailleurs, quand auriez-vous rassemblé votre armée?

MATAMORE.

Mon armée? Ah, poltron! ah, traître! pour leur mort
Tu crois donc que ce bras ne soit pas assez fort?
Le seul bruit de mon nom renverse les murailles,
Défait les escadrons, et gagne les batailles.
Mon courage invaincu* contre les empereurs
N'arme que la moitié de ses moindres fureurs,
D'un seul commandement que je fais aux trois Par-[ques,
Je dépeuple l'État des plus heureux monarques;
Le foudre* est mon canon, les Destins mes soldats :
Je couche d'un revers mille ennemis à bas.
D'un souffle je réduis leurs projets en fumée;
Et tu m'oses parler cependant d'une armée!
Tu n'auras plus l'honneur de voir un second Mars;
Je vais t'assassiner d'un seul de mes regards,
Veillaque* : toutefois, je songe à ma maîtresse;
Ce penser m'adoucit. Va, ma colère cesse,
Et ce petit archer qui dompte tous les dieux
Vient de chasser la mort qui logeait dans mes yeux.
Regarde, j'ai quitté cette effroyable mine
Qui massacre, détruit, brise, brûle, extermine;
Et pensant au bel œil qui tient ma liberté,
Je ne suis plus qu'amour, que grâce, que beauté.

CLINDOR.

O dieux! en un moment que tout vous est possible!
Je vous vois aussi beau que vous étiez terrible,
Et ne crois point d'objet si ferme en sa rigueur,
Qu'il puisse constamment vous refuser son cœur.

MATAMORE.

Je te le dis encor, ne sois plus en alarme :
Quand je veux, j'épouvante; et quand je veux, je char-[me;
Et, selon qu'il me plaît, je remplis tour à tour
Les hommes de terreur, et les femmes d'amour.
Du temps que ma beauté m'était inséparable,
Leurs persécutions me rendaient misérable;
Je ne pouvais sortir sans les faire pâmer;
Mille mouraient par jour à force de m'aimer :
J'avais des rendez-vous de toutes les princesses;
Les reines, à l'envi, mendiaient mes caresses;
Celle d'Éthiopie, et celle du Japon, [nom.
Dans leurs soupirs d'amour ne mêlaient que mon
De passion pour moi deux sultanes troublèrent*;
Deux autres, pour me voir, du sérail s'échappèrent :
J'en fus mal quelque temps avec le Grand Seigneur.

CLINDOR.

Son mécontentement n'allait qu'à votre honneur.

MATAMORE.

Ces pratiques nuisaient à mes desseins de guerre,
Et pouvaient m'empêcher de conquérir la terre.
D'ailleurs, j'en devins las; et pour les arrêter,
J'envoyai le Destin dire à son Jupiter
Qu'il trouvât un moyen qui fit cesser les flammes
Et l'importunité dont m'accablaient les dames :
Qu'autrement ma colère irait dedans les cieux
Le dégrader soudain de l'empire des dieux,
Et donnerait à Mars à gouverner son foudre.
La frayeur qu'il en eut le fit bientôt résoudre :
Ce que je demandais fut prêt en un moment;
Et depuis, je suis beau quand je veux seulement.

CLINDOR.

Que j'aurais, sans cela, de poulets à vous rendre!

MATAMORE.

De quelle que ce soit, garde-toi bien d'en prendre,
Sinon de... Tu m'entends? Que dit-elle de moi?

CLINDOR.

Que vous êtes des cœurs et le charme et l'effroi;
Et que si quelque effet peut suivre vos promesses,
Son sort est plus heureux que celui des déesses.

MATAMORE.

Écoute. En ce temps-là, dont tantôt je parlois,
Les déesses aussi se rangeaient sous mes lois;
Et je te veux conter une étrange aventure
Qui jeta du désordre en toute la nature,
Mais désordre aussi grand qu'on en voie arriver.
Le Soleil fut un jour sans se pouvoir lever,
Et ce visible dieu, que tant de monde adore,
Pour marcher devant lui ne trouvait point d'Aurore :
On la cherchait partout, au lit du vieux Tithon,
Dans les bois de Céphale, au palais de Memnon;

Et faute de trouver cette belle fourrière,
Le jour jusqu'à midi se passa sans lumière.
           CLINDOR.
Où pouvait être alors la reine des clartés?
           MATAMORE.
Au milieu de ma chambre à m'offrir ses beautés :
Elle y perdit son temps, elle y perdit ses larmes;
Mon cœur fut insensible à ses plus puissants charmes;
Et tout ce qu'elle obtint par son frivole amour
Fut un ordre précis d'aller rendre le jour.
           CLINDOR.
Cet étrange accident me revient en mémoire;
J'étais lors en Mexique, où j'en appris l'histoire,
Et j'entendis conter que la Perse en courroux
De l'affront de son dieu murmurait contre vous.
           MATAMORE.
J'en ouïs quelque chose, et je l'eusse punie;
Mais j'étais engagé dans la Transylvanie,
Où ses ambassadeurs, qui vinrent l'excuser,
A force de présents me surent apaiser.
           CLINDOR.
Que la clémence est belle en un si grand courage!
           MATAMORE.
Contemple, mon ami, contemple ce visage;
Tu vois un abrégé de toutes les vertus.
D'un monde d'ennemis sous mes pieds abattus,
Dont la race est périe, et la terre déserte,
Pas un qu'à son orgueil n'a jamais dû sa perte.
Tous ceux qui font hommage à mes perfections
Conservent leurs États par leurs submissions*.
En Europe, où les rois sont d'une humeur civile,
Je ne leur rase point de château ni de ville;
Je les souffre régner : mais, chez les Africains,
Partout où j'ai trouvé des rois un peu trop vains,
J'ai détruit les pays pour punir leurs monarques,
Et leurs vastes déserts en sont de bonnes marques;
Ces grands sables qu'à peine on passe sans horreur
Sont d'assez beaux effets de ma juste fureur.
           CLINDOR.
Revenons à l'amour : voici votre maîtresse.
           MATAMORE.
Ce diable de rival l'accompagne sans cesse.
           CLINDOR.
Où vous retirez-vous?
           MATAMORE.
           Ce fat n'est pas vaillant,
Mais il a quelque humeur qui le rend insolent.
Peut-être qu'orgueilleux d'être avec cette belle,
Il serait assez vain pour me faire querelle.
           CLINDOR.
Ce serait bien courir lui-même à son malheur.
           MATAMORE.
Lorsque j'ai ma beauté, je n'ai point de valeur.
           CLINDOR.
Cessez d'être charmant, et faites-vous terrible.
           MATAMORE.
Mais tu n'en prévois pas l'accident infaillible :
Je ne saurais me faire effroyable à demi;
Je tûrais ma maîtresse avec mon ennemi.

Attendons en ce coin l'heure qui les sépare.
           CLINDOR.
Comme votre valeur, votre prudence est rare.

SCÈNE III

ADRASTE, ISABELLE.

           ADRASTE.
Hélas! s'il est ainsi, quel malheur est le mien!
Je soupire, j'endure, et je n'avance rien;
Et malgré les transports de mon amour extrême,
Vous ne voulez pas croire encor que je vous aime.
           ISABELLE.
Je ne sais pas, monsieur, de quoi vous me blâmez.
Je me connais aimable, et crois que vous m'aimez :
Dans vos soupirs ardents j'en vois trop d'apparence;
Et quand bien de leur part j'aurais moins d'assu-
                               [rance,
Pour peu qu'un honnête homme ait vers moi de
Je lui fais la faveur de croire ce qu'il dit. [crédit,
Rendez-moi la pareille; et puisqu'à votre flamme
Je ne déguise rien de ce que j'ai dans l'âme,
Faites-moi la faveur de croire sur ce point
Que, bien que vous m'aimiez, je ne vous aime point.
           ADRASTE.
Cruelle, est-ce là donc ce que vos injustices
Ont réservé de prix à de si longs services?
Et mon fidèle amour est-il si criminel
Qu'il doive être puni d'un mépris éternel?
           ISABELLE.   [choses:
Nous donnons bien souvent de divers noms aux
Des épines pour moi, vous les nommez des roses.
Ce que vous appelez service, affection,
Je l'appelle supplice et persécution.
Chacun dans sa croyance également s'obstine.
Vous pensez m'obliger d'un feu qui m'assassine
Et ce que vous jugez digne du plus haut prix
Ne mérite, à mon gré, que haine et que mépris.
           ADRASTE.
N'avoir que du mépris pour des flammes si saintes
Dont j'ai reçu du ciel les premières atteintes!
Oui, le ciel, au moment qu'il me fit respirer,
Ne me donna de cœur que pour vous adorer.
Mon âme vint au jour pleine de votre idée;
Avant que de vous voir vous l'avez possédée;
Et quand je me rendis à des regards si doux,
Je ne vous donnai rien qui ne fût tout à vous,
Rien que l'ordre du ciel n'eût déjà fait tout vôtre.
           ISABELLE.
Le ciel m'eût fait plaisir d'en enrichir une autre;
Il vous fit pour m'aimer, et moi pour vous haïr :
Gardons-nous bien tous deux de lui désobéir.
Vous avez, après tout, bonne part à sa haine,
Ou d'un crime secret il vous livre à la peine;
Car je ne pense pas qu'il soit tourment égal
Au supplice d'aimer qui vous traite si mal.

ADRASTE.

La grandeur de mes maux vous étant si connue,
Me refuserez-vous la pitié qui m'est due?

ISABELLE.

Certes j'en ai beaucoup, et vous plains d'autant plus
Que je vois ces tourments tout à fait superflus,
Et n'avoir pour tout fruit d'une longue souffrance
Que l'incommode honneur d'une triste constance.

ADRASTE.

Un père l'autorise, et mon feu maltraité
Enfin aura recours à son autorité.

ISABELLE.

Ce n'est pas le moyen de trouver votre compte;
Et d'un si beau dessein vous n'aurez que la honte.

ADRASTE.

J'espère voir pourtant, avant la fin du jour,
Ce que peut son vouloir au défaut de l'amour.

ISABELLE.

Et moi, j'espère voir, avant que le jour passe.
Un amant accablé de nouvelle disgrâce.

ADRASTE.

Eh quoi! cette rigueur ne cessera jamais?

ISABELLE.

Allez trouver mon père, et me laissez en paix.

ADRASTE.

Votre âme, au repentir de sa froideur passée,
Ne la veut point quitter sans être un peu forcée;
J'y vais tout de ce pas, mais avec des serments
Que c'est pour obéir à vos commandements.

ISABELLE.

Allez continuer une vaine poursuite.

SCÈNE IV

MATAMORE, ISABELLE, CLINDOR.

MATAMORE.

Eh bien, dès qu'il m'a vu, comme a-t-il pris la fuite!
M'a-t-il bien su quitter la place au même instant!

ISABELLE.

Ce n'est pas honte à lui, les rois en font autant,
Du moins si ce grand bruit qui court de vos merveilles
N'a trompé mon esprit en frappant mes oreilles.

MATAMORE.

Vous le pouvez bien croire; et pour le témoigner,
Choisissez en quels lieux il vous plaît de régner;
Ce bras tout aussitôt vous conquête un empire:
J'en jure par lui-même, et cela c'est tout dire.

ISABELLE.

Ne prodiguez pas tant ce bras toujours vainqueur;
Je ne veux point régner que dessus votre cœur:
Toute l'ambition que me donne ma flamme,
C'est d'avoir pour sujets les désirs de votre âme.

MATAMORE.

Ils vous sont tout acquis, et pour vous faire voir
Que vous avez sur eux un absolu pouvoir,
Je n'écouterai plus cette humeur de conquête;
Et laissant tous les rois leurs couronnes en tête,
J'en prendrai seulement deux ou trois pour valets,
Qui viendront à genoux vous rendre mes poulets.

ISABELLE.

L'éclat de tels suivants attirerait l'envie
Sur le rare bonheur où je coule ma vie;
Le commerce discret de nos affections
N'a besoin que de lui pour ces commissions.

MATAMORE.

Vous avez, Dieu me sauve! un esprit à ma mode;
Vous trouvez comme moi la grandeur incommode.
Les sceptres les plus beaux n'ont rien pour moi d'ex-
Je les rends aussitôt que je les ai conquis, [quis;
Et me suis vu charmer quantité de princesses,
Sans que jamais mon cœur les voulût pour maîtresses.

ISABELLE.

Certes, en ce point seul je manque un peu de foi.
Que vous ayez quitté des princesses pour moi!
Que vous leur refusiez un cœur dont je dispose!

MATAMORE, *montrant Clindor*.

Je crois que la Montagne en saura quelque chose.
Viens çà. Lorsqu'en la Chine, en ce fameux tournoi,
Je donnai dans la vue aux deux filles du roi,
Que te dit-on en cour de cette jalousie
Dont pour moi toutes deux eurent l'âme saisie?

CLINDOR.

Par vos mépris enfin l'une et l'autre mourut.
J'étais lors en Égypte, où le bruit en courut;
Et ce fut en ce temps que la peur de vos armes
Fit nager le grand Caire en un fleuve de larmes.
Vous veniez d'assommer dix géants en un jour;
Vous aviez désolé les pays d'alentour,
Rasé quinze châteaux, aplani deux montagnes,
Fait passer par le feu villes, bourgs et campagnes,
Et défait, vers Damas, cent mille combattants.

MATAMORE.

Que tu remarques bien et les lieux et les temps!
Je l'avais oublié.

ISABELLE.

Des faits si pleins de gloire
Vous peuvent-ils ainsi sortir de la mémoire?

MATAMORE.

Trop pleine de lauriers remportés sur les rois,
Je ne la charge point de ces menus exploits.

SCÈNE V

MATAMORE, ISABELLE, CLINDOR, UN PAGE

LE PAGE.

Monsieur.

MATAMORE.

Que veux-tu, page?

LE PAGE.

Un courrier vous demande.

MATAMORE.

D'où vient-il?

LE PAGE.

De la part de la reine d'Islande.

MATAMORE.
Ciel, qui sais comme quoi j'en suis persécuté,
Un peu plus de repos avec moins de beauté;
Fais qu'un si long mépris enfin la désabuse.
CLINDOR.
Voyez ce que pour vous ce grand guerrier refuse.
ISABELLE.
Je n'en puis plus douter.
CLINDOR.
Il vous le disait bien.
MATAMORE.
Elle m'a beau prier, non, je n'en ferai rien.
Et quoi qu'un fol espoir ose encor lui promettre,
Je lui vais envoyer sa mort dans une lettre,
Trouvez-le bon, ma reine, et souffrez cependant
Une heure d'entretien de ce cher confident,
Qui, comme de ma vie il sait toute l'histoire,
Vous fera voir sur qui vous avez la victoire.
ISABELLE.
Tardez encore moins; et par ce prompt retour,
Je jugerai quel est envers moi votre amour.

SCÈNE VI

CLINDOR, ISABELLE.

CLINDOR.
Jugez plutôt par là l'humeur du personnage :
Ce page n'est chez lui que pour ce badinage,
Et venir d'heure en heure avertir sa grandeur
D'un courrier, d'un agent, ou d'un ambassadeur.
ISABELLE.
Ce message me plaît bien plus qu'il ne lui semble;
Il me défait d'un fou pour nous laisser ensemble.
CLINDOR.
Ce discours favorable enhardira mes feux
A bien user d'un temps si propice à mes vœux.
ISABELLE.
Que m'allez-vous conter?
CLINDOR.
Que j'adore Isabelle,
Que je n'ai plus de cœur ni d'âme que pour elle;
Que ma vie...
ISABELLE.
Épargnez ces propos superflus;
Je les sais, je les crois : que voulez-vous de plus?
Je néglige à vos yeux l'offre d'un diadème;
Je dédaigne un rival : en un mot, je vous aime.
C'est aux commencements des faibles passions
A s'amuser encore aux protestations :
Il suffit de nous voir au point où sont les nôtres;
Un coup d'œil vaut pour vous tous les discours des au-
CLINDOR. [tres.
Dieu! qui l'eût jamais cru que mon sort rigoureux
Se rendît si facile à mon cœur amoureux !
Banni de mon pays par la rigueur d'un père,
Sans support*, sans amis, accablé de misère,
Et réduit à flatter le caprice arrogant,
Et les vaines humeurs d'un maître extravagant;
Ce pitoyable état de ma triste fortune
N'a rien qui vous déplaise ou qui vous importune;
Et d'un rival puissant les biens et la grandeur
Obtiennent moins sur vous que ma sincère ardeur.
ISABELLE.
C'est comme il faut choisir. Un amour véritable
S'attache seulement à ce qu'il voit aimable.
Qui regarde les biens ou la condition
N'a qu'un amour avare, ou plein d'ambition,
Et souille lâchement par ce mélange infâme
Les plus nobles désirs qu'enfante une belle âme.
Je sais bien que mon père a d'autres sentiments,
Et mettra de l'obstacle à nos contentements :
Mais l'amour sur mon cœur a pris trop de puissance
Pour écouter encor les lois de la naissance.
Mon père peut beaucoup, mais bien moins que ma foi.
Il a choisi pour lui, je veux choisir pour moi.
CLINDOR.
Confus de voir donner à mon peu de mérite...
ISABELLE.
Voici mon importun, souffrez que je l'évite.

SCÈNE VII

ADRASTE, CLINDOR.

ADRASTE.
Que vous êtes heureux! et quel malheur me suit!
Ma maîtresse vous souffre, et l'ingrate me fuit.
Quelque goût qu'elle prenne en votre compagnie,
Sitôt que j'ai paru, son abord l'a bannie.
CLINDOR.
Sans avoir vu vos pas s'adresser en ce lieu,
Lasse de mes discours, elle m'a dit adieu.
ADRASTE.
Lasse de vos discours! votre humeur est trop bonne,
Et votre esprit trop beau pour ennuyer personne.
Mais que lui contiez-vous qui pût l'importuner?
CLINDOR.
Des choses qu'aisément vous pouvez deviner.
Les amours de mon maître, ou plutôt ses sottises,
Ses conquêtes en l'air, ses hautes entreprises.
ADRASTE.
Voulez-vous m'obliger? votre maître, ni vous,
N'êtes pas gens tous deux à me rendre jaloux;
Mais, si vous ne pouvez arrêter ses saillies,
Divertissez ailleurs le cours de ses folies.
CLINDOR.
Que craignez-vous de lui, dont tous les compliments
Ne parlent que de morts et de saccagements
Qu'il bat, terrasse, brise, étrangle, brûle, assomme?
ADRASTE.
Pour être son valet, je vous trouve honnête homme;
Vous n'êtes point de taille à servir sans dessein
Un fanfaron plus fou que son discours n'est vain.
Quoi qu'il en soit, depuis que je vous vois chez elle,
Toujours de plus en plus je l'éprouve cruelle :
Ou vous servez quelque autre, ou votre qualité
Laisse dans vos projets trop de témérité.

Je vous tiens fort suspect de quelque haute adresse.
Que votre maître, enfin, fasse une autre maîtresse ;
Ou, s'il ne peut quitter un entretien si doux,
Qu'il se serve du moins d'un autre que de vous.
Ce n'est pas qu'après tout les volontés d'un père,
Qui sait ce que je suis, ne terminent l'affaire ;
Mais purgez-moi l'esprit de ce petit souci,
Et si vous vous aimez, bannissez-vous d'ici ;
Car si je vous vois plus regarder cette porte,
Je sais comme traiter les gens de votre sorte.
   CLINDOR.
Me prenez-vous pour homme à nuire à votre feu ?
   ADRASTE.
Sans réplique, de grâce, ou nous verrons beau jeu.
Allez ; c'est assez dit.
   CLINDOR.
      Pour un léger ombrage,
C'est trop indignement traiter un bon courage.
Si le ciel en naissant ne m'a fait grand seigneur,
Il m'a fait le cœur ferme et sensible à l'honneur :
Et je pourrais bien rendre un jour ce qu'on me prête.
   ADRASTE.
Quoi ! vous me menacez !
   CLINDOR.
      Non, non, je fais retraite.
D'un si cruel affront vous aurez peu de fruit ;
Mais ce n'est pas ici qu'il faut faire du bruit.

SCÈNE VIII

ADRASTE, LYSE.

   ADRASTE.
Ce bélître insolent me fait encor bravade.
   LYSE.
A ce compte, monsieur, votre esprit est malade ?
   ADRASTE.
Malade, mon esprit !
   LYSE.
      Oui, puisqu'il est jaloux
Du malheureux agent de ce prince des fous.
   ADRASTE.
Je sais ce que je suis, et ce qu'est Isabelle,
Et crains peu qu'un valet me supplante auprès d'elle.
Je ne puis toutefois souffrir sans quelque ennui
Le plaisir qu'elle prend à causer avec lui.
   LYSE.
C'est dénier ensemble et confesser la dette.
   ADRASTE.
Nomme, si tu le veux, ma boutade indiscrète,
Et trouve mes soupçons bien ou mal à propos,
Je l'ai chassé d'ici pour me mettre en repos.
En effet, qu'en est-il ?
   LYSE.
      Si j'ose vous le dire,
Ce n'est plus que pour lui qu'Isabelle soupire.
   ADRASTE.
Lyse, que me dis-tu !

   LYSE.
      Qu'il possède son cœur,
Que jamais feux naissants n'eurent tant de vigueur,
Qu'ils meurent l'un pour l'autre, et n'ont qu'une pen-
   ADRASTE.   [sée.
Trop ingrate beauté, déloyale, insensée,
Tu m'oses donc ainsi préférer un maraud ?
   LYSE.
Ce rival orgueilleux le porte bien plus haut,
Et je vous en veux faire entière confidence :
Il se dit gentilhomme, et riche.
   ADRASTE.
      Ah ! l'impudence !
   LYSE.
D'un père rigoureux fuyant l'autorité,
Il a couru longtemps d'un et d'autre côté ;
Enfin, manque d'argent peut-être, ou par caprice
De notre fier-à-bras il s'cst mis au service,
Et, sous ombre d'agir pour ses folles amours,
Il a su pratiquer de si rusés détours,
Et charmer tellement cette pauvre abusée,
Que vous en avez vu votre ardeur méprisée :
Mais parlez à son père, et bientôt son pouvoir
Remettra son esprit aux termes du devoir.
   ADRASTE.
Je viens tout maintenant d'en tirer assurance
De recevoir les fruits de ma persévérance,
Et devant qu'il soit peu nous en verrons l'effet :
Mais écoute, il me faut obliger tout à fait.
   LYSE.
Où je vous puis servir j'ose tout entreprendre.
   ADRASTE.
Peux-tu dans leurs amours me les faire surprendre ?
   LYSE.
Il n'est rien plus aisé ; peut-être dès ce soir.
   ADRASTE.
Adieu donc. Souviens-toi de me les faire voir.
   (Il lui donne un diamant.)
Cependant prends ceci seulement par avance.
   LYSE.
Que le galant alors soit frotté d'importance !
   ADRASTE.
Crois-moi qu'il se verra, pour te mieux contenter,
Chargé d'autant de bois qu'il en pourra porter.

SCÈNE IX

LYSE.

L'arrogant croit déjà tenir ville gagnée ;
Mais il sera puni de m'avoir dédaignée.
Parce qu'il est aimable, il fait le petit dieu,
Et ne veut s'adresser qu'aux filles de bon lieu,
Je ne mérite pas l'honneur de ses caresses :
Vraiment c'est pour son nez, il lui faut des maîtresses ;
Je ne suis que servante : et qu'est-il que valet ?
Si son visage est beau, le mien n'est pas trop laid :
Il se dit riche et noble, et cela me fait rire ;
Si loin de son pays, qui n'en peut autant dire !

Qu'il le soit ; nous verrons ce soir, si je le tiens,
Danser sous le cotret* sa noblesse et ses biens.

SCÈNE X

ALCANDRE, PRIDAMANT.

ALCANDRE.
Le cœur vous bat un peu.
PRIDAMANT.
Je crains cette menace.
ALCANDRE.
Lyse aime trop Clindor pour causer sa disgrâce.
PRIDAMANT.
Elle en est méprisée, et cherche à se venger.
ALCANDRE.
Ne craignez point : l'amour la fera bien changer.

ACTE TROISIÈME

SCÈNE I

GÉRONTE, ISABELLE.

GÉRONTE.
Apaisez vos soupirs et tarissez vos larmes ;
Contre ma volonté ce sont de faibles armes :
Mon cœur, quoique sensible à toutes vos douleurs,
Écoute la raison, et néglige vos pleurs. [même.
Je sais ce qu'il vous faut beaucoup mieux que vous
Vous dédaignez Adraste à cause que je l'aime ;
Et parce qu'il me plaît d'en faire votre époux,
Votre orgueil n'y voit rien qui soit digne de vous.
Quoi ! manque-t-il de bien, de cœur ou de noblesse ?
En est-ce le visage ou l'esprit qui vous blesse ?
Il vous fait trop d'honneur.
ISABELLE.
Je sais qu'il est parfait,
Et que je réponds mal à l'honneur qu'il me fait ;
Mais si votre bonté me permet en ma cause,
Pour me justifier, de dire quelque chose,
Par un secret instinct, que je ne puis nommer,
J'en fais beaucoup d'état, et ne le puis aimer.
Souvent je ne sais quoi que le ciel nous inspire
Soulève tout le cœur contre ce qu'on désire,
Et ne nous laisse pas en état d'obéir
Quand on choisit pour nous ce qu'il nous faut haïr.
Il attache ici-bas avec des sympathies
Les âmes que son ordre a là-haut assorties :
On n'en saurait unir sans ses avis secrets ;
Et cette chaîne manque où manquent ses décrets.
Aller contre les lois de cette providence,
C'est le prendre à partie, et blâmer sa prudence,
L'attaquer en rebelle, et s'exposer aux coups
Des plus âpres malheurs qui suivent son courroux.

GÉRONTE.
Insolente, est-ce ainsi que l'on se justifie ?
Quel maître vous apprend cette philosophie ?
Vous en savez beaucoup ; mais tout votre savoir
Ne m'empêchera pas d'user de mon pouvoir.
Si le ciel pour mon choix vous donne tant de haine,
Vous a-t-il mise en feu pour ce grand capitaine ?
Ce guerrier valeureux vous tient-il dans ses fers ?
Et vous a-t-il domptée avec tout l'univers ?
Ce fanfaron doit-il relever ma famille ?
ISABELLE.
Eh ! de grâce, monsieur, traitez mieux votre fille !
GÉRONTE.
Quel sujet donc vous porte à me désobéir ?
ISABELLE.
Mon heur* et mon repos, que je ne puis trahir.
Ce que vous appelez un heureux hyménée
N'est pour moi qu'un enfer si j'y suis condamnée.
GÉRONTE.
Ah ! qu'il en est encor de mieux faites que vous
Qui se voudraient bien voir dans un enfer si doux.
Après tout, je le veux ; cédez à ma puissance.
ISABELLE.
Faites un autre essai de mon obéissance.
GÉRONTE.
Ne me répliquez plus quand j'ai dit : *Je le veux*.
Rentrez ; c'est désormais trop contester nous deux.

SCÈNE II

GÉRONTE.

Qu'à présent la jeunesse a d'étranges manies !
Les règles du devoir lui sont des tyrannies ;
Et les droits les plus saints deviennent impuissants
Contre cette fierté qui l'attache à son sens.
Telle est l'humeur du sexe ; il aime à contredire,
Rejette obstinément le joug de notre empire,
Ne suit que son caprice en ses affections,
Et n'est jamais d'accord de nos élections.
N'espère pas pourtant, aveugle et sans cervelle,
Que ma prudence cède à ton esprit rebelle.
Mais ce fou viendra-t-il toujours m'embarrasser ?
Par force ou par adresse il me le faut chasser.

SCÈNE III

GÉRONTE, MATAMORE, CLINDOR.

MATAMORE, *à Clindor*.
Ne doit-on pas avoir pitié de ma fortune ?
Le grand vizir encor de nouveau m'importune ;
Le Tartare, d'ailleurs, m'appelle à son secours ;
Narsingue et Calicut m'en pressent tous les jours :
Si je ne les refuse, il me faut mettre en quatre.
CLINDOR.
Pour moi, je suis d'avis que vous les laissiez battre.
Vous emploîriez trop mal vos invincibles coups
Si pour en servir un vous faisiez trois jaloux.

MATAMORE.
Tu dis bien; c'est assez de telles courtoisies;
Je ne veux qu'en amour donner des jalousies.
　Ah! monsieur, excusez, si, faute de vous voir,
Bien que si près de vous, je manquais au devoir.
Mais quelle émotion paraît sur ce visage?
Où sont vos ennemis, que j'en fasse carnage:

GÉRONTE.
Monsieur, grâces aux dieux, je n'ai point d'ennemis.

MATAMORE.
Mais grâces à ce bras qui vous les a soumis.

GÉRONTE.
C'est une grâce encor que j'avais ignorée.

MATAMORE.
Depuis que ma faveur pour vous s'est déclarée,
Ils sont tous morts de peur, ou n'ont osé branler.

GÉRONTE.
C'est ailleurs, maintenant, qu'il vous faut signaler:
Il fait beau voir ce bras, plus craint que le tonnerre,
Demeurer si paisible en un temps plein de guerre;
Et c'est pour acquérir un nom bien relevé,
D'être dans une ville à battre le pavé.
Chacun croit votre gloire à faux titre usurpée,
Et vous ne passez plus que pour traîneur d'épée.

MATAMORE.
Ah, ventre*! il est tout vrai que vous avez raison;
Mais le moyen d'aller, si je suis en prison?
Isabelle m'arrête, et ses yeux pleins de charmes
Ont captivé mon cœur et suspendu mes armes

GÉRONTE.
Si rien que son sujet ne vous tient arrêté,
Faites votre équipage en toute liberté;
Elle n'est pas pour vous; n'en soyez point en peine.

MATAMORE.
Ventre! que dites-vous? je la veux faire reine.

GÉRONTE.
Je ne suis pas d'humeur à rire tant de fois
Du grotesque récit de vos rares exploits.
La sottise ne plaît qu'alors qu'elle est nouvelle:
En un mot, faites reine une autre qu'Isabelle.
Si pour l'entretenir vous venez plus ici...

MATAMORE.
Il a perdu le sens de me parler ainsi.
Pauvre homme, sais-tu bien que mon nom effroyable
Met le Grand Turc en fuite, et fait trembler le diable;
Que pour t'anéantir je ne veux qu'un moment?

GÉRONTE.
J'ai chez moi des valets à mon commandement,
Qui, n'ayant pas l'esprit de faire des bravades,
Répondraient de la main à vos rodomontades.

MATAMORE, à Clindor.
Dis-lui ce que j'ai fait en mille et mille lieux.

GÉRONTE.
Adieu. Modérez-vous, il vous en prendra mieux.
Bien que je ne sois pas de ceux qui vous haïssent,
J'ai le sang un peu chaud, et mes gens m'obéissent.

SCÈNE IV
MATAMORE, CLINDOR.

MATAMORE.
Respect de ma maîtresse, incommode vertu,
Tyran de ma vaillance, à quoi me réduis-tu?
Que n'ai-je eu cent rivaux en la place d'un père,
Sur qui, sans t'offenser, laisser choir ma colère!
Ah! visible démon, vieux spectre décharné,
Vrai suppôt de Satan, médaille de damné,
Tu m'oses donc bannir, et même avec menaces,
Moi, de qui tous les rois briguent les bonnes grâces.

CLINDOR.
Tandis qu'il est dehors, allez, dès aujourd'hui,
Causer de vos amours, et vous moquer de lui.

MATAMORE.
Cadédiou! ses valets feraient quelque insolence.

CLINDOR.
Ce fer a trop de quoi dompter leur violence.

MATAMORE.
Oui, mais les feux qu'il jette en sortant de prison
Auraient en un moment embrasé la maison,
Dévoré tout à l'heure ardoises et gouttières,
Faîtes, lattes, chevrons, montants, courbes, filières,
Entretoises, sommiers, colonnes, soliveaux,
Pannes, soles, appuis, jambages, travetaux,
Portes, grilles, verrous, serrures, tuiles, pierres,
Plomb, fer, plâtre, ciment, peinture, marbre, verres,
Caves, puits, cours, perrons, salles, chambres, gre-
Offices, cabinets, terrasses, escaliers.　　[niers,
Juge un peu quel désordre aux yeux de ma charmeuse;
Ces feux étoufferaient son ardeur amoureuse.
Va lui parler pour moi, toi qui n'est pas vaillant;
Tu puniras à moins un valet insolent.

CLINDOR.
C'est m'exposer...

MATAMORE.
　　　Adieu: je vois ouvrir la porte,
Et crains que sans respect cette canaille sorte.

SCÈNE V
CLINDOR, LYSE.

CLINDOR, seul.
Le souverain poltron, à qui pour faire peur
Il ne faut qu'une feuille, une ombre, une vapeur!
Un vieillard le maltraite, il fuit pour une fille,
Et tremble à tous moments de crainte qu'on l'étrille.
Lyse, que ton abord doit être dangereux!
Il donne l'épouvante à ce cœur généreux,
Cet unique vaillant, la fleur des capitaines,
Qui dompte autant de rois qu'il captive de reines

LYSE.
Mon visage est ainsi malheureux en attraits;
D'autres charment de loin, le mien fait peur de près.

CLINDOR.
S'il fait peur à des fous, il charme les plus sages.

Il n'est pas quantité de semblables visages.
Si l'on brûle pour toi, ce n'est pas sans sujet;
Je ne connus jamais un si gentil objet; [leuse,
L'esprit beau, prompt, accort, l'humeur un peu rail-
L'embonpoint ravissant, la taille avantageuse,
Les yeux doux, le teint vif, et les traits délicats :
Qui serait le brutal qui ne t'aimerait pas?

LYSE.

De grâce, et depuis quand me trouvez-vous si belle?
Voyez bien, je suis Lyse et non pas Isabelle.

CLINDOR.

Vous partagez vous deux mes inclinations :
J'adore sa fortune et tes perfections.

LYSE.

Vous en embrassez trop, c'est assez pour vous d'une,
Et mes perfections cèdent à sa fortune.

CLINDOR.

Quelque effort que je fasse à lui donner ma foi,
Penses-tu qu'en effet je l'aime plus que toi?
L'amour et l'hyménée ont diverse méthode;
L'un court au plus aimable, et l'autre au plus com-
Je suis dans la misère, et tu n'as point de bien; [mode.
Un rien s'ajuste mal avec un autre rien;
Et malgré les douceurs que l'amour y déploie,
Deux malheureux ensemble ont toujours courte joie.
Ainsi j'aspire ailleurs, pour vaincre mon malheur;
Mais je ne puis te voir sans un peu de douleur,
Sans qu'un soupir échappe à ce cœur qui murmure
De ce qu'à ses désirs ma raison fait d'injure.
A tes moindres coups d'œil je me laisse charmer.
Ah! que je t'aimerais, s'il ne fallait qu'aimer!
Et que tu me plairais, s'il ne fallait que plaire!

LYSE.

Que vous auriez d'esprit, si vous saviez vous taire,
Ou remettre du moins en quelque autre saison
A montrer tant d'amour avec tant de raison!
Le grand trésor pour moi qu'un amoureux si sage,
Qui, par compassion, n'ose me rendre hommage,
Et porte ses désirs à des partis meilleurs,
De peur de m'accabler sous mes communs malheurs!
Je n'oublirai jamais de si rares mérites.
Allez continuer cependant vos visites.

CLINDOR.

Que j'aurais avec toi l'esprit bien plus content!

LYSE.

Ma maîtresse là-haut est seule, et vous attend.

CLINDOR.

Tu me chasses ainsi!

LYSE.

Non, mais je vous envoie
Aux lieux où vous aurez une plus longue joie.

CLINDOR.

Que même tes dédains me semblent gracieux!

LYSE.

Ah, que vous prodiguez un temps si précieux!
Allez.

CLINDOR.

Souviens-toi donc que si j'en aime une autre...

LYSE.

C'est de peur d'ajouter ma misère à la vôtre.
Je vous l'ai déjà dit, je ne l'oublirai pas.

CLINDOR.

Adieu. Ta raillerie a pour moi tant d'appas,
Que mon cœur à tes yeux de plus en plus s'engage,
Et je t'aimerai trop à tarder davantage.

SCÈNE VI

LYSE.

L'ingrat! il trouve enfin mon visage charmant,
Et pour se divertir il contrefait l'amant!
Qui néglige mes feux m'aime par raillerie,
Me prend pour le jouet de sa galanterie,
Et, par un libre aveu de me voler sa foi,
Me jure qu'il m'adore, et ne veut point de moi.
Aime en tous lieux, perfide, et partage ton âme;
Choisis qui tu voudras pour maîtresse ou pour fem-
Donne à tes intérêts à ménager tes vœux; [me;
Mais ne crois plus tromper aucune de nous deux.
Isabelle vaut mieux qu'un amour politique,
Et je vaux mieux qu'un cœur où cet amour s'applique.
J'ai raillé comme toi, mais c'était seulement
Pour ne t'avertir pas de mon ressentiment.
Qu'eût produit son éclat, que de la défiance?
Qui cache sa colère assure sa vengeance;
Et ma feinte douceur prépare beaucoup mieux
Ce piège où tu vas choir, et bientôt, à mes yeux.
Toutefois qu'as-tu fait qui te rende coupable?
Pour chercher sa fortune est-on si punissable?
Tu m'aimes, mais le bien te fait être inconstant :
Au siècle où nous vivons, qui n'en ferait autant?
Oublions des mépris où par force il s'excite,
Et laissons-le jouir du bonheur qu'il mérite.
S'il m'aime, il se punit en m'osant dédaigner,
Et si je l'aime encor, je le dois épargner.
Dieux! à quoi me réduit ma folle inquiétude,
De vouloir faire grâce à tant d'ingratitude?
Digne soif de vengeance, à quoi m'exposez-vous,
De laisser affaiblir un si juste courroux?
Il m'aime, et de mes yeux je m'en vois méprisée!
Je l'aime, et ne lui sers que d'objet de risée!
Silence, amour, silence; il est temps de punir.
J'en ai donné ma foi, laisse-moi la tenir;
Puisque ton faux espoir ne fait qu'aigrir ma peine,
Fais céder tes douceurs à celles de la haine.
Il est temps qu'en mon cœur elle règne à son tour,
Et l'amour outragé ne doit plus être amour.

SCÈNE VII

MATAMORE.

Les voilà, sauvons-nous. Non, je ne vois personne.
Avançons hardiment. Tout le corps me frissonne.
Je les entends, fuyons. Le vent faisait ce bruit.
Marchons sous la faveur des ombres de la nuit.

Vieux rêveur, malgré toi j'attends ici ma reine.
 Ces diables de valets me mettent bien en peine.
De deux mille ans et plus, je ne tremblai si fort.
C'est trop me hasarder; s'ils sortent, je suis mort;
Car j'aime mieux mourir que leur donner bataille,
Et profaner mon bras contre cette canaille.
Que le courage expose à d'étranges dangers!
Toutefois, en tous cas, je suis des plus légers;
S'il ne faut que courir, leur attente est dupée :
J'ai le pied pour le moins aussi bon que l'épée.
Tout de bon, je les vois : c'est fait, il faut mourir :
J'ai le corps si glacé, que je ne puis courir.
Destin, qu'à ma valeur tu te montres contraire!...
C'est ma reine elle-même, avec mon secrétaire!
Tout mon corps se déglace : écoutons leurs discours,
Et voyons son adresse à traiter mes amours.

SCÈNE VIII

CLINDOR, ISABELLE, MATAMORE.

ISABELLE.
(Matamore écoute caché.)
Tout se prépare mal du côté de mon père;
Je ne le vis jamais d'une humeur si sévère :
Il ne souffrira plus votre maître, ni vous;
Votre rival, d'ailleurs, est devenu jaloux :
C'est par cette raison que je vous fais descendre;
Dedans mon cabinet ils pourraient nous surprendre;
Ici nous parlerons de plus de sûreté :
Vous pourrez vous couler * d'un et d'autre côté;
Et si quelqu'un survient, ma retraite est ouverte.

CLINDOR.
C'est trop prendre de soin pour empêcher ma perte.

ISABELLE.
Je n'en puis prendre trop pour m'assurer un bien
Sans qui tous autres biens à mes yeux ne sont rien,
Un bien qui vaut pour moi la terre tout entière,
Et pour qui seul enfin j'aime à voir la lumière.
Un rival par mon père attaque en vain ma foi;
Votre amour seul a droit de triompher de moi :
Des discours de tous deux je suis persécutée;
Mais pour vous je me plais à me voir maltraitée;
Et des plus grands malheurs je bénirais les coups,
Si ma fidélité les endurait pour vous.

CLINDOR.
Vous me rendez confus, et mon âme ravie
Ne vous peut, en revanche, offrir rien que ma vie :
Mon sang est le seul bien qui me reste en ces lieux,
Trop heureux de le perdre en servant vos beaux yeux!
Mais si mon astre un jour, changeant son influence,
Me donne un accès libre au lieu de ma naissance,
Vous verrez que ce choix n'est pas fort inégal,
Et que, tout balancé, je vaux bien mon rival.
Mais, avec ces douceurs, permettez-moi de craindre
Qu'un père et ce rival ne veuillent vous contraindre.

ISABELLE.
N'en ayez point d'alarme, et croyez qu'en ce cas
L'un aura moins d'effet que l'autre n'a d'appas.

Je ne vous dirai point où je suis résolue :
Il suffit que sur moi je me rends absolue.
Ainsi tous leurs projets sont des projets en l'air.
Ainsi...

MATAMORE.
Je n'en puis plus : il est temps de parler.

ISABELLE.
Dieux! on nous écoutait.

CLINDOR.
 C'est notre capitaine :
Je vais bien l'apaiser; n'en soyez pas en peine.

SCÈNE IX

MATAMORE, CLINDOR.

MATAMORE.
Ah, traître!

CLINDOR.
 Parlez bas; ces valets...

MATAMORE.
 Eh bien, quoi?

CLINDOR.
Ils fondront tout à l'heure et sur vous et sur moi.

MATAMORE *le tire en un coin du théâtre.*
Viens çà. Tu sais ton crime, et qu'à l'objet que j'aime,
Loin de parler pour moi, tu parlais pour toi-même?

CLINDOR.
Oui, pour me rendre heureux j'ai fait quelques efforts.

MATAMORE.
Je te donne le choix de trois ou quatre morts;
Je vais, d'un coup de poing, te briser comme verre,
Ou t'enfoncer tout vif au centre de la terre,
Ou te fendre en dix parts d'un seul coup de revers,
Ou te jeter si haut au-dessus des éclairs,
Que tu sois dévoré des feux élémentaires.
Choisis donc promptement, et pense à tes affaires.

CLINDOR.
Vous-même choisissez.

MATAMORE.
 Quel choix proposes-tu?

CLINDOR.
De fuir en diligence, ou d'être bien battu.

MATAMORE.
Me menacer encore! ah, ventre *! quelle audace!
Au lieu d'être à genoux, et d'implorer ma grâce!...
Il a donné le mot, ces valets vont sortir...
Je m'en vais commander aux mers de t'engloutir.

CLINDOR.
Sans vous chercher si loin un si grand cimetière,
Je vous vais, de ce pas, jeter dans la rivière.

MATAMORE.
Ils sont d'intelligence. Ah, tête!

CLINDOR.
 Point de bruit :
J'ai déjà massacré dix hommes cette nuit;
Et, si vous me fâchez, vous en croîtrez le nombre.

MATAMORE.
Cadédiou! ce coquin a marché dans mon ombre;

Il s'est fait tout vaillant d'avoir suivi mes pas :
S'il avait du respect, j'en voudrais faire cas,
  Écoute : je suis bon, et ce serait dommage
De priver l'univers d'un homme de courage.
Demande-moi pardon, et cesse par tes feux
De profaner l'objet digne seul de mes vœux ;
Tu connais ma valeur, éprouve ma clémence.
CLINDOR.
Plutôt, si votre amour a tant de véhémence,
Faisons deux coups d'épée au nom de sa beauté.
MATAMORE.
Parbieu, tu me ravis de générosité.
Va, pour la conquérir n'use plus d'artifices,
Je te la veux donner pour prix de tes services ;
Plains-toi dorénavant d'avoir un maître ingrat !
CLINDOR.
A ce rare présent, d'aise le cœur me bat.
Protecteur des grands rois, guerrier trop magnani-
Puisse tout l'univers bruire de votre estime ! [me,

SCÈNE X

ISABELLE, MATAMORE, CLINDOR.

ISABELLE.
Je rends grâces au ciel de ce qu'il a permis
Qu'à la fin, sans combat, je vous vois bons amis.
MATAMORE.
Ne pensez plus, ma reine, à l'honneur que ma flamme
Vous devait faire un jour de vous prendre pour fem-
Pour quelque occasion j'ai changé de dessein : [me;
Mais je vous veux donner un homme de ma main ;
Faites-en de l'état* ; il est vaillant lui-même ;
Il commandait sous moi.
ISABELLE.
              Pour vous plaire, je l'aime.
CLINDOR.
Mais il faut du silence à notre affection.
MATAMORE.
Je vous promets silence, et ma protection.
Avouez-vous de moi par tous les coins du monde.
Je suis craint à l'égal sur la terre et sur l'onde ;
Allez, vivez contents sous une même loi.
ISABELLE.
Pour vous mieux obéir je lui donne ma foi.
CLINDOR.
Commandez que sa foi de quelque effet suivie...

SCÈNE XI

GÉRONTE, ADRASTE, MATAMORE, CLINDOR, ISABELLE, LYSE, TROUPE DE DOMESTIQUES.

ADRASTE.
Cet insolent discours te coûtera la vie,
Suborneur.
MATAMORE.
       Ils ont pris mon courage en défaut.

Cette porte est ouverte, allons gagner le haut*.
(*Il entre chez Isabelle après qu'elle et Lyse y sont entrées.*)
CLINDOR.
Traître ! qui te fais fort d'une troupe brigande*,
Je te choisirai bien au milieu de la bande.
GÉRONTE.
Dieux ! Adraste est blessé, courez au médecin.
Vous autres, cependant, arrêtez l'assassin.
CLINDOR.
Ah, ciel ! je cède au nombre. Adieu, chère Isabelle ;
Je tombe au précipice où mon destin m'appelle.
GÉRONTE.
C'en est fait, emportez ce corps à la maison ;
Et vous, conduisez tôt ce traître à la prison.

SCÈNE XII

ALCANDRE, PRIDAMANT.

PRIDAMANT.
Hélas ! mon fils est mort.
ALCANDRE.
              Que vous avez d'alarmes !
PRIDAMANT.
Ne lui refusez point le secours de vos charmes.
ALCANDRE.
Un peu de patience, et, sans un tel secours,
Vous le verrez bientôt heureux en ses amours.

ACTE QUATRIÈME

SCÈNE I

ISABELLE.

Enfin le terme approche ; un jugement inique
Doit abuser demain d'un pouvoir tyrannique,
A son propre assassin immoler mon amant,
Et faire une vengeance au lieu d'un châtiment.
Par un décret injuste autant comme sévère,
Demain doit triompher la haine de mon père,
La faveur du pays, la qualité du mort,
Le malheur d'Isabelle, et la rigueur du sort.
Hélas ! que d'ennemis, et de quelle puissance,
Contre le faible appui que donne l'innocence,
Contre un pauvre inconnu, de qui tout le forfait
Est de m'avoir aimée, et d'être trop parfait !
Oui, Clindor, tes vertus et ton feu légitime,
T'ayant acquis mon cœur, ont fait aussi ton crime.
Mais en vain, après toi, l'on me laisse le jour ;
Je veux perdre la vie en perdant mon amour :
Prononçant ton arrêt, c'est de moi qu'on dispose ;
Je veux suivre ta mort, puisque j'en suis la cause

Et le même moment verra par deux trépas
Nos esprits amoureux se rejoindre là-bas.
Ainsi, père inhumain, ta cruauté déçue
De nos saintes ardeurs verra l'heureuse issue :
Et si ma perte alors fait naître tes douleurs,
Auprès de mon amant je rirai de tes pleurs.
Ce qu'un remords cuisant te coûtera de larmes
D'un si doux entretien augmentera les charmes ;
Ou s'il n'a pas assez de quoi te tourmenter,
Mon ombre chaque jour viendra t'épouvanter,
S'attacher à tes pas dans l'horreur des ténèbres,
Présenter à tes yeux mille images funèbres,
Jeter dans ton esprit un éternel effroi,
Te reprocher ma mort, t'appeler après moi,
Accabler de malheurs ta languissante vie,
Et te réduire au point de me porter envie.
Enfin...

SCÈNE II

ISABELLE, LYSE.

LYSE.
Quoi ! chacun dort, et vous êtes ici ?
Je vous jure, monsieur en est en grand souci.
ISABELLE.
Quand on n'a plus d'espoir, Lyse, on n'a plus de crain-
Je trouve des douceurs à faire ici ma plainte. [te.
Ici je vis Clindor pour la dernière fois ;
Ce lieu me redit mieux les accents de sa voix,
Et remet plus avant en mon âme éperdue
L'aimable souvenir d'une si chère vue.
LYSE.
Que vous prenez de peine à grossir vos ennuis !
ISABELLE.
Que veux-tu que je fasse en l'état où je suis ?
LYSE.
De deux amants parfaits dont vous étiez servie,
L'un doit mourir demain, l'autre est déjà sans vie :
Sans perdre plus de temps à soupirer pour eux,
Il en faut trouver un qui les vaille tous deux.
ISABELLE.
De quel front oses-tu me tenir ces paroles ?
LYSE.
Quel fruit espérez-vous de vos douleurs frivoles ?
Pensez-vous, pour pleurer et ternir vos appas,
Rappeler votre amant des portes du trépas ?
Songez plutôt à faire une illustre conquête ;
Je sais pour vos liens une âme toute prête,
Un homme incomparable.
ISABELLE.
Ote-toi de mes yeux.
LYSE.
Le meilleur jugement ne choisirait pas mieux.
ISABELLE.
Pour croître mes douleurs faut-il que je te voie ?
LYSE.
Et faut-il qu'à vos yeux je déguise ma joie ?

ISABELLE.
D'où te vient cette joie ainsi hors de saison ?
LYSE.
Quand je vous l'aurai dit, jugez si j'ai raison.
ISABELLE.
Ah ! ne me conte rien.
LYSE.
Mais l'affaire vous touche.
ISABELLE.
Parle-moi de Clindor, ou n'ouvre point la bouche.
LYSE.
Ma belle humeur, qui rit au milieu des malheurs,
Fait plus en un moment qu'un siècle de vos pleurs ;
Elle a sauvé Clindor.
ISABELLE.
Sauvé Clindor ?
LYSE.
Lui-même :
Jugez après cela comme quoi je vous aime.
ISABELLE.
Eh ! de grâce, où faut-il que je l'aille trouver ?
LYSE.
Je n'ai que commencé, c'est à vous d'achever.
ISABELLE.
Ah ! Lyse !
LYSE.
Tout de bon, seriez-vous pour le suivre ?
ISABELLE.
Si je suivrais celui sans qui je ne puis vivre ?
Lyse, si ton esprit ne le tire des fers,
Je l'accompagnerai jusque dans les enfers.
Va, ne demande plus si je suivrais sa fuite.
LYSE.
Puisqu'à ce beau dessein l'amour vous a réduite,
Écoutez où j'en suis, et secondez mes coups ;
Si votre amant n'échappe, il ne tiendra qu'à vous.
La prison est tout proche.
ISABELLE.
Eh bien ?
LYSE.
Ce voisinage
Au frère du concierge a fait voir mon visage ;
Et comme c'est tout un que me voir et m'aimer,
Le pauvre malheureux s'en est laissé charmer.
ISABELLE.
Je n'en avais rien su !
LYSE.
J'en avais tant de honte
Que je mourais de peur qu'on vous en fît le conte ;
Mais depuis quatre jours votre amant arrêté
A fait que l'allant voir je l'ai mieux écouté.
Des yeux et du discours flattant son espérance,
D'un mutuel amour j'ai formé l'apparence.
Quand on aime une fois, et qu'on se croit aimé,
On fait tout pour l'objet dont on est enflammé.
Par là j'ai sur son âme assuré mon empire,
Et l'ai mis en état de ne m'oser dédire.
Quand il n'a plus douté de mon affection,
J'ai fondé mes refus sur sa condition ;

Et lui, pour m'obliger, jurait de s'y déplaire,
Mais que malaisément il s'en pouvait défaire;
Que les clefs des prisons qu'il gardait aujourd'hui
Étaient le plus grand bien de son frère et de lui.
Moi de dire soudain que sa bonne fortune
Ne lui pouvait offrir d'heure plus opportune;
Que, pour se faire riche, et pour me posséder,
Il n'avait seulement qu'à s'en accommoder;
Qu'il tenait dans les fers un seigneur de Bretagne
Déguisé sous le nom du sieur de la Montagne;
Qu'il fallait le sauver, et le suivre chez lui;
Qu'il nous ferait du bien, et serait notre appui.
Il demeure étonné; je le presse, il s'excuse;
Il me parle d'amour, et moi je le refuse;
Je le quitte en colère; il me suit tout confus,
Me fait nouvelle excuse, et moi nouveau refus.

ISABELLE.
Mais enfin?

LYSE.
J'y retourne, et le trouve fort triste;
Je le juge ébranlé; je l'attaque, il résiste.
Ce matin : « En un mot, le péril est pressant, »
Ai-je dit; « tu peux tout, et ton frère est absent. »
« Mais il faut de l'argent pour un si long voyage, »
M'a-t-il dit; « il en faut pour faire l'équipage;
« Ce cavalier en manque. »

ISABELLE.
Ah, Lyse! tu devais
Lui faire offre aussitôt de tout ce que j'avais,
Perles, bagues, habits.

LYSE.
J'ai bien fait davantage,
J'ai dit qu'à vos beautés ce captif rend hommage,
Que vous l'aimez de même, et fuirez avec nous.
Ce mot me l'a rendu si traitable et si doux,
Que j'ai bien reconnu qu'un peu de jalousie
Touchant votre Clindor brouillait sa fantaisie,
Et que tous ces détours provenaient seulement
D'une vaine frayeur qu'il ne fût mon amant.
Il est parti soudain après votre amour sue,
A trouvé tout aisé, m'en a promis l'issue,
Et vous mande par moi qu'environ à minuit
Vous soyez toute prête à déloger sans bruit.

ISABELLE.
Que tu me rends heureuse!

LYSE.
Ajoutez-y, de grâce,
Qu'accepter un mari pour qui je suis de glace,
C'est me sacrifier à vos contentements.

ISABELLE.
Aussi...

LYSE.
Je ne veux point de vos remercîments.
Allez plier* bagage; et pour grossir la somme,
Joignez à vos bijoux les écus du bon homme.
Je vous vends ses trésors, mais à fort bon marché;
J'ai dérobé ses clefs depuis qu'il est couché;
Je vous les livre.

ISABELLE.
Allons y travailler ensemble.

LYSE.
Passez-vous de mon aide.

ISABELLE.
Eh quoi! le cœur te tremble?

LYSE.
Non, mais c'est un secret tout propre à l'éveiller;
Nous ne nous garderions jamais de babiller.

ISABELLE.
Folle, tu ris toujours.

LYSE.
De peur d'une surprise,
Je dois attendre ici le chef de l'entreprise;
S'il tardait à la rue, il serait reconnu:
Nous vous irons trouver dès qu'il sera venu.
C'est là sans raillerie.

ISABELLE.
Adieu donc. Je te laisse,
Et consens que tu sois aujourd'hui la maîtresse.

LYSE.
C'est du moins...

ISABELLE.
Fais bon guet.

LYSE.
Vous, faites bon butin.

SCÈNE III

LYSE.

Ainsi, Clindor, je fais moi seule ton destin;
Des fers où je t'ai mis c'est moi qui te délivre,
Et te puis, à mon choix, faire mourir ou vivre.
On me vengeait de toi par delà mes désirs;
Je n'avais de dessein que contre tes plaisirs.
Ton sort trop rigoureux m'a fait changer d'envie;
Je te veux assurer tes plaisirs et ta vie;
Et mon amour éteint, te voyant en danger,
Renaît pour m'avertir que c'est trop me venger.
J'espère aussi, Clindor, que, pour reconnaissance,
De ton ingrat amour étouffant la licence...

SCÈNE IV

MATAMORE, ISABELLE, LYSE.

ISABELLE.
Quoi! chez nous, et de nuit!

MATAMORE.
L'autre jour...

ISABELLE.
Qu'est ceci,
L'autre jour? est-il temps que je vous trouve ici?

LYSE.
C'est ce grand capitaine. Où s'est-il laissé prendre?

ISABELLE.
En montant l'escalier je l'en ai vu descendre.

MATAMORE.
L'autre jour, au défaut de mon affection,
J'assurai vos appas de ma protection.
ISABELLE.
Après?
MATAMORE.
On vint ici faire une brouillerie;
Vous rentrâtes voyant cette forfanterie;
Et, pour vous protéger, je vous suivis soudain.
ISABELLE.
Votre valeur prit lors un généreux dessein.
Depuis?
MATAMORE.
Pour conserver une dame aussi belle,
Au plus haut du logis j'ai fait la sentinelle.
ISABELLE.
Sans sortir?
MATAMORE.
Sans sortir.
LYSE.
C'est-à-dire, en deux mots,
Que la peur l'enfermait dans la chambre aux fagots.
MATAMORE.
La peur?
LYSE.
Oui, vous tremblez; la vôtre est sans égale.
MATAMORE.
Parce qu'elle a bon pas, j'en fais mon Bucéphale;
Lorsque je la domptai, je lui fis cette loi;
Et depuis, quand je marche, elle tremble sous moi.
LYSE.
Votre caprice est rare à choisir des montures.
MATAMORE.
C'est pour aller plus vite aux grandes aventures.
ISABELLE.
Vous en exploitez bien : mais changeons de discours:
Vous avez demeuré là dedans quatre jours?
MATAMORE.
Quatre jours.
ISABELLE.
Et vécu?
MATAMORE.
De nectar, d'ambrosie*.
LYSE.
Je crois que cette viande aisément rassasie?
MATAMORE.
Aucunement.
ISABELLE.
Enfin vous étiez descendu...
MATAMORE.
Pour faire qu'un amant en vos bras fût rendu,
Pour rompre sa prison, en fracasser les portes,
Et briser en morceaux ses chaînes les plus fortes.
LYSE.
Avouez franchement que, pressé de la faim,
Vous veniez bien plutôt faire la guerre au pain.
MATAMORE.
L'un et l'autre, parbieu. Cette ambrosie* est fade,
J'en eus au bout d'un jour l'estomac tout malade.
C'est un mets délicat, et de peu de soutien;
A moins que d'être un dieu l'on n'en vivrait pas bien;
Il cause mille maux, et dès l'heure qu'il entre,
Il allonge les dents, et rétrécit le ventre.
LYSE.
Enfin c'est un ragoût qui ne vous plaisait pas?
MATAMORE.
Quitte pour chaque nuit faire deux tours en bas;
Et là, m'accommodant des reliefs de cuisine,
Mêler la viande humaine avecque la divine.
ISABELLE.
Vous aviez, après tout, dessein de nous voler.
MATAMORE.
Vous-mêmes, après tout, m'osez-vous quereller?
Si je laisse une fois échapper ma colère...
ISABELLE.
Lyse, fais-moi sortir les valets de mon père.
MATAMORE.
Un sot les attendrait.

SCÈNE V

ISABELLE, LYSE.

LYSE.
Vous ne le tenez pas.
ISABELLE.
Il nous avait bien dit que la peur a bon pas.
LYSE.
Vous n'avez cependant rien fait, ou peu de chose.
ISABELLE.
Rien du tout. Que veux-tu? sa rencontre en est cause.
LYSE.
Mais vous n'aviez alors qu'à le laisser aller.
ISABELLE.
Mais il m'a reconnue, et m'est venu parler.
Moi qui, seule et de nuit, craignais son insolence,
Et beaucoup plus encor de troubler le silence,
J'ai cru, pour m'en défaire, et m'ôter de souci,
Que le meilleur était de l'amener ici.
Vois quand j'ai ton secours que je me tiens vaillante,
Puisque j'ose affronter cette humeur violente.
LYSE.
J'en ai ri comme vous, mais non sans murmurer:
C'est bien du temps perdu.
ISABELLE.
Je vais le réparer.
LYSE.
Voici le conducteur de notre intelligence
Sachez auparavant toute sa diligence.

SCÈNE VI

ISABELLE, LYSE, LE GEÔLIER.

ISABELLE.
Eh bien! mon grand ami, braverons-nous le sort?
Et viens-tu m'apporter ou la vie ou la mort?
Ce n'est plus qu'en toi seul que mon espoir se fonde.

LE GEÔLIER.
Bannissez vos frayeurs, tout va le mieux du monde;
Il ne faut que partir, j'ai des chevaux tout prêts,
Et vous pourrez bientôt vous moquer des arrêts.
ISABELLE.
Je te dois regarder comme un dieu tutélaire,
Et ne sais point pour toi d'assez digne salaire.
LE GEÔLIER.
Voici le prix unique où tout mon cœur prétend.
ISABELLE.
Lyse, il faut te résoudre à le rendre content.
LYSE.
Oui, mais tout son apprêt nous est fort inutile;
Comment ouvrirons-nous les portes de la ville?
LE GEÔLIER.
On nous tient des chevaux en main sûre aux fau-
[bourgs;
Et je sais un vieux mur qui tombe tous les jours:
Nous pourrons aisément sortir par ses ruines.
ISABELLE.
Ah! que je me trouvais sur d'étranges épines!
LE GEÔLIER.
Mais il faut se hâter.
ISABELLE.
Nous partirons soudain.
Viens nous aider là-haut à faire notre main.

SCÈNE VII

CLINDOR, *en prison.*

Aimables souvenirs de mes chères délices,
Qu'on va bientôt changer en d'infâmes supplices,
Que, malgré les horreurs de ce mortel effroi,
Vos charmants entretiens ont de douceurs pour moi!
Ne m'abandonnez point, soyez-moi plus fidèles
Que les rigueurs du sort ne se montrent cruelles;
Et lorsque du trépas les plus noires couleurs
Viendront à mon esprit figurer mes malheurs,
Figurez aussitôt à mon âme interdite
Combien je fus heureux par delà mon mérite.
Lorsque je me plaindrai de leur sévérité,
Redites-moi l'excès de ma témérité;
Que d'un si haut dessein ma fortune incapable
Rendait ma flamme injuste, et mon espoir coupable;
Que je fus criminel quand je devins amant,
Et que ma mort en est le juste châtiment.
Quel bonheur m'accompagne à la fin de ma vie!
Isabelle, je meurs pour vous avoir servie;
Et de quelque tranchant que je souffre les coups,
Je meurs trop glorieux, puisque je meurs pour vous.
Hélas! que je me flatte, et que j'ai d'artifice
A me dissimuler la honte d'un supplice!
En est-il de plus grand que de quitter ces yeux
Dont le fatal amour me rend si glorieux?
L'ombre d'un meurtrier creuse ici ma ruine;
Il succomba vivant, et mort, il m'assassine;
Son nom fait contre moi ce que n'a pu son bras;
Mille assassins nouveaux naissent de son trépas;

Et je vois de son sang, fécond en perfidies,
S'élever contre moi des âmes plus hardies,
De qui les passions s'armant d'autorité,
Font un meurtre public avec impunité.
Demain de mon courage on doit faire un grand crime,
Donner au déloyal ma tête pour victime;
Et tous pour le pays prennent tant d'intérêt,
Qu'il ne m'est pas permis de douter de l'arrêt.
Ainsi de tous côtés ma perte était certaine.
J'ai repoussé la mort, je la reçois pour peine.
D'un péril évité je tombe en un nouveau,
Et des mains d'un rival en celles d'un bourreau.
Je frémis à penser à ma triste aventure;
Dans le sein du repos je suis à la torture;
Au milieu de la nuit, et du temps du sommeil,
Je vois de mon trépas le honteux appareil;
J'en ai devant les yeux les funestes ministres;
On me lit du sénat les mandements* sinistres;
Je sors les fers aux pieds; j'entends déjà le bruit
De l'amas insolent d'un peuple qui me suit;
Je vois le lieu fatal où ma mort se prépare :
Là mon esprit se trouble, et ma raison s'égare;
Je ne découvre rien qui m'ose secourir,
Et la peur de la mort me fait déjà mourir.
Isabelle, toi seule, en réveillant ma flamme,
Dissipes ces terreurs, et rassures mon âme;
Et sitôt que je pense à tes divins attraits,
Je vois évanouir ces infâmes portraits.
Quelques rudes assauts que le malheur me livre,
Garde mon souvenir, et je croirai revivre.
Mais d'où vient que de nuit on ouvre ma prison?
Ami, que viens-tu faire ici hors de saison?

SCÈNE VIII

CLINDOR, LE GEÔLIER.

LE GEÔLIER, *cependant qu'Isabelle et Lyse paraissent à quartier*.*

Les juges assemblés pour punir votre audace,
Mus de compassion, enfin vous ont fait grâce.
CLINDOR.
M'ont fait grâce, bons dieux!
LE GEÔLIER.
Oui, vous mourrez de nuit.
CLINDOR.
De leur compassion est-ce là tout le fruit?
LE GEÔLIER.
Que de cette faveur vous tenez peu de compte!
D'un supplice public c'est vous sauver la honte.
CLINDOR.
Quels encens puis-je offrir aux maîtres de mon sort,
Dont l'arrêt me fait grâce, et m'envoie à la mort?
LE GEÔLIER.
Il la faut recevoir avec meilleur visage.
CLINDOR.
Fais ton office, ami, sans causer davantage.

LE GEÔLIER.
Une troupe d'archers là dehors vous attend ;
Peut-être en les voyant serez-vous plus content.

SCÈNE IX

CLINDOR, ISABELLE, LYSE, LE GEÔLIER.

ISABELLE *dit ces mots à Lyse, pendant que le geôlier ouvre la prison à Clindor.*
Lyse, nous l'allons voir.
LYSE.
Que vous êtes ravie !
ISABELLE.
Ne le serais-je point de recevoir la vie?
Son destin et le mien prennent un même cours,
Et je mourrais du coup qui trancherait ses jours.
LE GEÔLIER.
Monsieur, connaissez-vous beaucoup d'archers sem-
CLINDOR.   [blables?
Ah ! madame, est-ce vous ? surprises adorables !
Trompeur trop obligeant ! tu disais bien vraiment
Que je mourrais de nuit, mais de contentement.
ISABELLE.
Clindor !
LE GEÔLIER.
Ne perdons point de temps à ces caresses.
Nous aurons tout loisir de flatter nos maîtresses.
CLINDOR.
Quoi ! Lyse est donc la sienne ?
ISABELLE.
Écoutez le discours
De votre liberté qu'ont produit leurs amours.
LE GEÔLIER.
En lieu de sûreté le babil est de mise,
Mais ici ne songeons qu'à nous ôter de prise.
ISABELLE.
Sauvons-nous : mais avant, promettez-nous tous deux
Jusqu'au jour d'un hymen de modérer vos feux :
Autrement, nous rentrons.
CLINDOR.
Que cela ne vous tienne,
Je vous donne ma foi.
LE GEÔLIER.
Lyse, reçois la mienne.
ISABELLE.
Sur un gage si beau j'ose tout hasarder.
LE GEÔLIER.
Nous nous amusons trop, il est temps d'évader*.

SCÈNE X

ALCANDRE, PRIDAMANT.

ALCANDRE.
Ne craignez plus pour eux ni périls ni disgrâces !
Beaucoup les poursuivront, mais sans trouver leurs
PRIDAMANT.   [traces.
A la fin je respire.

ALCANDRE.
Après un tel bonheur,
Deux ans les ont montés en haut degré d'honneur.
Je ne vous dirai point le cours de leurs voyages,
S'ils ont trouvé le calme, ou vaincu les orages,
Ni par quel art non plus ils se sont élevés ;
Il suffit d'avoir vu comme ils se sont sauvés,
Et que, sans vous en faire une histoire importune,
Je vous les vais montrer en leur haute fortune.
Mais, puisqu'il faut passer à des effets plus beaux,
Rentrons pour évoquer des fantômes nouveaux !
Ceux que vous avez vus représenter de suite
A vos yeux étonnés leur amour et leur fuite,
N'étant pas destinés aux hautes fonctions,
N'ont point assez d'éclat pour leurs conditions.

ACTE CINQUIÈME

SCÈNE I

ALCANDRE, PRIDAMANT.

PRIDAMANT.
Qu'Isabelle est changée et qu'elle est éclatante !
ALCANDRE.
Lyse marche après elle, et lui sert de suivante ;
Mais derechef surtout n'ayez aucun effroi,
Et de ce lieu fatal ne sortez qu'après moi ;
Je vous le dis encore, il y va de la vie.
PRIDAMANT.
Cette condition m'en ôte assez l'envie.

SCÈNE II

ISABELLE, *représentant Hippolyte* ; LYSE, *représentant Clarine.*

LYSE.
Ce divertissement n'aura-t-il point de fin?
Et voulez-vous passer la nuit dans ce jardin?
ISABELLE.
Je ne puis plus cacher le sujet qui m'amène ;
C'est grossir mes douleurs que te taire ma peine.
Le prince Florilame...
LYSE.
Eh bien, il est absent.
ISABELLE.
C'est la source des maux que mon âme ressent ;
Nous sommes ses voisins, et l'amour qu'il nous porte
Dedans son grand jardin nous permet cette porte.
La princesse Rosine, et mon perfide époux,
Durant qu'il est absent en font leur rendez-vous :
Je l'attends au passage, et lui ferai connaître
Que je ne suis pas femme à rien souffrir d'un traître.

LYSE.
Madame, croyez-moi, loin de le quereller,
Vous ferez beaucoup mieux de tout dissimuler.
Il nous vient peu de fruit de telles jalousies;
Un homme en court plus tôt après ses fantaisies;
Il est toujours le maître, et tout notre discours
Par un contraire effet l'obstine en ses amours.

ISABELLE.
Je dissimulerai son adultère flamme!
Une autre aura son cœur, et moi le nom de femme!
Sans crime, d'un hymen peut-il rompre la loi?
Et ne rougit-il point d'avoir si peu de foi?

LYSE.
Cela fut bon jadis; mais au temps où nous sommes,
Ni l'hymen ni la foi n'obligent plus les hommes :
Leur gloire a son brillant et ses règles à part;
Où la nôtre se perd, la leur est sans hasard;
Elle croît aux dépens de nos lâches faiblesses;
L'honneur d'un galant homme est d'avoir des maî-
ISABELLE.   [tresses.
Ote-moi cet honneur et cette vanité,
De se mettre en crédit par l'infidélité.
Si, pour haïr le change * et vivre sans amie,
Un homme tel que lui tombe dans l'infamie,
Je le tiens glorieux d'être infâme à ce prix;
S'il en est méprisé, j'estime ce mépris.
Le blâme qu'on reçoit d'aimer trop une femme
Aux maris vertueux est un illustre blâme.

LYSE.
Madame, il vient d'entrer; la porte a fait du bruit.

ISABELLE.
Retirons-nous, qu'il passe.

LYSE.
          Il vous voit et vous suit.

SCÈNE III

CLINDOR, *représentant Théagène*; ISABELLE, *représentant Hippolyte*; LYSE, *représentant Clarine.*

CLINDOR.
Vous fuyez, ma princesse, et cherchez des remises * :
Sont-ce là les douceurs que vous m'aviez promises?
Est-ce ainsi que l'amour ménage un entretien?
Ne fuyez plus, madame, et n'appréhendez rien :
Florilame est absent, ma jalouse endormie.

ISABELLE.
En êtes-vous bien sûr?

CLINDOR.
          Ah! fortune ennemie!

ISABELLE.
Je veille, déloyal : ne crois plus m'aveugler;
Au milieu de la nuit je ne vois que trop clair.
Je vois tous mes soupçons passer en certitudes,
Et ne puis plus douter de tes ingratitudes!
Toi-même, par ta bouche, as trahi ton secret.
O l'esprit avisé pour un amant discret!
Et que c'est en amour une haute prudence
D'en faire avec sa femme entière confidence!

Où sont tant de serments de n'aimer rien que moi?
Qu'as-tu fait de ton cœur? qu'as-tu fait de ta foi?
Lorsque je la reçus, ingrat, qu'il te souvienne
De combien différaient ta fortune et la mienne,
De combien de rivaux je dédaignai les vœux,
Ce qu'un simple soldat pouvait être auprès d'eux;
Quelle tendre amitié je recevais d'un père!
Je le quittai pourtant pour suivre ta misère;
Et je tendis les bras à mon enlèvement,
Pour soustraire ma main à son commandement.
En quelle extrémité depuis ne m'ont réduite
Les hasards dont le sort a traversé ta fuite?
Et que n'ai-je souffert avant que le bonheur
Élevât ta bassesse à ce haut rang d'honneur!
Si, pour te voir heureux, ta foi s'est relâchée,
Remets-moi dans le sein dont tu m'as arrachée.
L'amour que j'ai pour toi m'a fait tout hasarder
Non pas pour des grandeurs, mais pour te posséder.

CLINDOR.
Ne me reproche plus ta fuite ni ta flamme.
Que ne fait point l'amour quand il possède une âme?
Son pouvoir à ma vue attachait tes plaisirs,
Et tu me suivais moins que tes propres désirs.
J'étais lors peu de chose, oui; mais qu'il te souvienne
Que ta fuite égala ta fortune à la mienne,
Et que pour t'enlever c'était un faible appas
Que l'éclat de tes biens qui ne te suivaient pas.
Je n'eus, de mon côté, que l'épée en partage,
Et ta flamme, du tien, fut mon seul avantage :
Celle-là m'a fait grand en ces bords étrangers,
L'autre exposa ma tête à cent et cent dangers.
  Regrette maintenant ton père et ses richesses;
Fâche-toi de marcher à côté des princesses;
Retourne en ton pays chercher avec tes biens
L'honneur d'un rang pareil à celui que tu tiens.
De quel manque, après tout, as-tu lieu de te plaindre?
En quelle occasion m'as-tu vu te contraindre?
As-tu reçu de moi ni froideurs, ni mépris?
Les femmes, à vrai dire, ont d'étranges esprits!
Qu'un mari les adore, et qu'un amour extrême
A leur bizarre humeur le soumette lui-même,
Qu'il les comble d'honneurs et de bons traitements,
Qu'il ne refuse rien à leurs contentements :
S'il fait la moindre brèche à la foi conjugale,
Il n'est point à leur gré de crime qui l'égale;
C'est vol, c'est perfidie, assassinat, poison,
C'est massacrer son père, et brûler sa maison :
Et jadis des Titans l'effroyable supplice
Tomba sur Encelade avec moins de justice.

ISABELLE.
Je te l'ai déjà dit, que toute ta grandeur
Ne fut jamais l'objet de ma sincère ardeur.
Je ne suivais que toi, quand je quittai mon père;
Mais puisque ces grandeurs t'ont fait l'âme légère,
Laisse mon intérêt; songe à qui tu les dois.
  Florilame lui seul t'a mis où tu te vois;
A peine il te connut qu'il te tira de peine;
De soldat vagabond il te fit capitaine :
Et le rare bonheur qui suivit cet emploi

Joignit à ses faveurs les faveurs de son roi.
Quelle forte amitié n'a-t-il point fait paraître
A cultiver depuis ce qu'il avait fait naître?
Par ses soins redoublés n'es-tu pas aujourd'hui
Un peu moindre de rang, mais plus puissant que lui?
Il eût gagné par là l'esprit le plus farouche;
Et pour remercîment tu veux souiller sa couche!
Dans ta brutalité trouve quelques raisons,
Et contre ses faveurs défends tes trahisons.
Il t'a comblé de biens, tu lui voles son âme!
Il t'a fait grand seigneur, et tu le rends infâme!
Ingrat, c'est donc ainsi que tu rends les bienfaits?
Et ta reconnaissance a produit ces effets?

CLINDOR.

Mon âme (car encor ce beau nom te demeure,
Et te demeurera jusqu'à tant que je meure),
Crois-tu qu'aucun respect ou crainte du trépas
Puisse obtenir sur moi ce que tu n'obtiens pas?
Dis que je suis ingrat, appelle-moi parjure;
Mais à nos feux sacrés ne fais plus tant d'injure :
Ils conservent encor leur première vigueur;
Et si le fol amour qui m'a surpris le cœur
Avait pu s'étouffer au point de sa naissance,
Celui que je te porte eût eu cette puissance.
Mais en vain mon devoir tâche à lui résister;
Toi-même as éprouvé qu'on ne le peut dompter.
Ce dieu qui te força d'abandonner ton père,
Ton pays et tes biens, pour suivre ma misère,
Ce dieu même aujourd'hui force tous mes désirs
A te faire un larcin de deux ou trois soupirs.
A mon égarement souffre cette échappée,
Sans craindre que ta place en demeure usurpée.
L'amour dont la vertu n'est point le fondement
Se détruit de soi-même, et passe en un moment;
Mais celui qui nous joint est un amour solide,
Où l'honneur a son lustre, où la vertu préside;
Sa durée a toujours quelques nouveaux appas,
Et ses fermes liens durent jusqu'au trépas.
Mon âme, derechef pardonne à la surprise
Que ce tyran des cœurs a faite à ma franchise;
Souffre une folle ardeur qui ne vivra qu'un jour,
Et qui n'affaiblit point le conjugal amour.

ISABELLE.

Hélas! que j'aime bien à m'abuser moi-même!
Je vois qu'on me trahit, et veux croire qu'on m'aime;
Je me laisse charmer à ce discours flatteur,
Et j'excuse un forfait dont j'adore l'auteur.
Pardonne, cher époux, au peu de retenue
Où d'un premier transport la chaleur est venue :
C'est en ces accidents manquer d'affection
Que de les voir sans trouble et sans émotion.
Puisque mon teint se fane et ma beauté se passe,
Il est bien juste aussi que ton amour se lasse;
Et même je croirai que ce feu passager
En l'amour conjugal ne pourra rien changer.
Songe un peu toutefois à qui ce feu s'adresse,
En quel péril te jette une telle maîtresse.
Dissimule, déguise, et sois amant discret.
Les grands en leur amour n'ont jamais de secret;
Ce grand train qu'à leurs pas leur grandeur propre [attache
N'est qu'un grand corps tout d'yeux à qui rien ne se [cache,
Et dont il n'est pas un qui ne fît son effort
A se mettre en faveur par un mauvais rapport.
Tôt ou tard Florilame apprendra tes pratiques,
Ou de sa défiance, ou de ses domestiques;
Et lors (à ce penser je frissonne d'horreur)
A quelle extrémité n'ira point sa fureur?
Puisqu'à ces passe-temps ton humeur te convie,
Cours après tes plaisirs, mais assure ta vie.
Sans aucun sentiment je te verrai changer,
Lorsque tu changeras sans te mettre en danger.

CLINDOR.

Encore une fois donc tu veux que je te die
Qu'auprès de mon amour je méprise ma vie?
Mon âme est trop atteinte, et mon cœur trop blessé,
Pour craindre les périls dont je suis menacé.
Ma passion m'aveugle, et pour cette conquête
Croit hasarder trop peu de hasarder ma tête.
C'est un feu que le temps pourra seul modérer;
C'est un torrent qui passe et ne saurait durer.

ISABELLE.

Eh bien, cours au trépas, puisqu'il a tant de charmes
Et néglige ta vie aussi bien que mes larmes.
Penses-tu que ce prince, après un tel forfait,
Par ta punition se tienne satisfait?
Qui sera mon appui lorsque ta mort infâme
A sa juste vengeance exposera ta femme,
Et que sur la moitié d'un perfide étranger
Une seconde fois il croira se venger?
Non, je n'attendrai pas que ta perte certaine
Puisse attirer sur moi les restes de ta peine,
Et que de mon honneur, gardé si chèrement,
Il fasse un sacrifice à son ressentiment.
Je préviendrai la honte où ton malheur me livre,
Et saurai bien mourir, après avoir su vivre.
Ce corps, dont mon amour t'a fait le possesseur,
Ne craindra plus bientôt l'effort d'un ravisseur.
J'ai vécu pour t'aimer, mais non pour l'infamie
De servir au mari de ton illustre amie.
Adieu; je vais du moins, en mourant avant toi,
Diminuer ton crime, et dégager ta foi.

CLINDOR. [change]

Ne meurs pas, chère épouse, et dans un second
Vois l'effet merveilleux où ta vertu me range.
M'aimer malgré mon crime, et vouloir par ta mort
Éviter le hasard de quelque indigne effort!
Je ne sais qui je dois admirer davantage,
Ou de ce grand amour, ou de ce grand courage;
Tous les deux m'ont vaincu : je reviens sous tes lois,
Et ma brutale ardeur va rendre les abois;
C'en est fait, elle expire, et mon âme plus saine
Vient de rompre les nœuds de sa honteuse chaîne
Mon cœur, quand il fut pris, s'était mal défendu;
Perds-en le souvenir.

ISABELLE.

Je l'ai déjà perdu.

13

CLINDOR.
Que les plus beaux objets qui soient dessus la terre
Conspirent désormais à me faire la guerre ;
Ce cœur, inexpugnable aux assauts de leurs yeux
N'aura plus que les tiens pour maîtres et pour dieux.

LYSE.
Madame, quelqu'un vient.

SCÈNE IV

CLINDOR, *représentant Théagène*; ISABELLE, *représentant Hippolyte*; LYSE, *représentant Clarine*; ÉRASTE; TROUPE DE DOMESTIQUES DE FLORILAME.

ÉRASTE, *poignardant Clindor*.
Reçois, traître, avec joie
Les faveurs que par nous ta maîtresse t'envoie.

PRIDAMANT, *à Alcandre*.
On l'assassine, ô dieux ! daignez le secourir.

ÉRASTE.
Puissent les suborneurs ainsi toujours périr !

ISABELLE.
Qu'avez-vous fait, bourreaux ?

ÉRASTE.
Un juste et grand exemple,
Qu'il faut qu'avec effroi tout l'avenir contemple,
Pour apprendre aux ingrats, aux dépens de son sang,
A n'attaquer jamais l'honneur d'un si haut rang.
Notre main a vengé le prince Florilame,
La princesse outragée, et vous-même, madame,
Immolant à tous trois un déloyal époux,
Qui ne méritait pas la gloire d'être à vous.
D'un si lâche attentat souffrez le prompt supplice,
Et ne vous plaignez point quand on vous rend justice.
Adieu.

ISABELLE.
Vous ne l'avez massacré qu'à demi,
Il vit encore en moi ; soûlez* son ennemi :
Achevez, assassins, de m'arracher la vie.
Cher époux, en mes bras on te l'a donc ravie !
Et de mon cœur jaloux les secrets mouvements
N'ont pu rompre ce coup par leurs pressentiments !
Ô clarté trop fidèle, hélas ! et trop tardive,
Qui ne fait voir le mal qu'au moment qu'il arrive !
Fallait-il... Mais j'étouffe, et, dans un tel malheur,
Mes forces et ma voix cèdent à ma douleur ;
Son vif excès me tue ensemble et me console,
Et puisqu'il nous rejoint...

LYSE.
Elle perd la parole.
Madame... Elle se meurt ; épargnons les discours,
Et courons au logis appeler du secours.

(*Ici on rabaisse une toile qui couvre le jardin et les corps de Clindor et d'Isabelle, et le magicien et le père sortent de la grotte.*)

SCÈNE V

ALCANDRE, PRIDAMANT.

ALCANDRE.
Ainsi de notre espoir la fortune se joue :
Tout s'élève ou s'abaisse au branle de sa roue ;
Et son ordre inégal, qui régit l'univers,
Au milieu du bonheur a ses plus grands revers.

PRIDAMANT.
Cette réflexion, mal propre pour un père,
Consolerait peut-être une douleur légère ;
Mais, après avoir vu mon fils assassiné,
Mes plaisirs foudroyés, mon espoir ruiné,
J'aurais d'un si grand coup l'âme bien peu blessée,
Si de pareils discours m'entraient dans la pensée.
Hélas ! dans sa misère il ne pouvait périr ;
Et son bonheur fatal lui seul l'a fait mourir.
N'attendez pas de moi des plaintes davantage :
La douleur qui se plaint cherche qu'on la soulage ;
La mienne court après son déplorable sort.
Adieu ; je vais mourir, puisque mon fils est mort.

ALCANDRE.
D'un juste désespoir l'effort est légitime,
Et de le détourner je croirais faire un crime.
Oui, suivez ce cher fils sans attendre à demain ;
Mais épargnez du moins ce coup à votre main ;
Laissez faire aux douleurs qui rongent vos entrailles ;
Et pour les redoubler voyez ces funérailles.

(*Ici on relève la toile, et tous les comédiens paraissent avec leur portier : ils comptent de l'argent sur une table, et en prennent chacun leur part.*)

PRIDAMANT.
Que vois-je ? chez les morts compte-t-on de l'argent ?

ALCANDRE.
Voyez si pas un d'eux s'y montre négligent.

PRIDAMANT.
Je vois Clindor ! ah dieux ! quelle étrange surprise !
Je vois ses assassins, je vois sa femme et Lyse !
Quel charme en un moment étouffe leurs discords,
Pour assembler ainsi les vivants et les morts ?

ALCANDRE.
Ainsi tous les acteurs d'une troupe comique,
Leur poëme récité, partagent leur pratique :
L'un tue, et l'autre meurt, l'autre vous fait pitié ;
Mais la scène préside à leur inimitié. [paroles,
Leurs vers font leurs combats, leur mort suit leurs
Et, sans prendre intérêt en pas un de leurs rôles,
Le traître et le trahi, le mort et le vivant,
Se trouvent à la fin amis comme devant.
Votre fils et son train ont bien su, par leur fuite,
D'un père et d'un prévôt éviter la poursuite ;
Mais tombant dans les mains de la nécessité,
Ils ont pris le théâtre en cette extrémité.

PRIDAMANT.
Mon fils comédien !

ALCANDRE.
D'un art si difficile
Tous les quatre, au besoin, ont fait un doux asile ;

Et, depuis sa prison, ce que vous avez vu,
Son adultère amour, son trépas imprévu,
N'est que la triste fin d'une pièce tragique
Qu'il expose aujourd'hui sur la scène publique,
Par où ses compagnons en ce noble métier
Ravissent à Paris un peuple tout entier.
Le gain leur en demeure, et ce grand équipage,
Dont je vous ai fait voir le superbe étalage,
Est bien à votre fils, mais non pour s'en parer
Qu'alors que sur la scène il se fait admirer.

PRIDAMANT.

J'ai pris sa mort pour vraie, et ce n'était que feinte ;
Mais je trouve partout même sujet de plainte.
Est-ce là cette gloire, et ce haut rang d'honneur
Où le devait monter l'excès de son bonheur ?

ALCANDRE.

Cessez de vous en plaindre. A présent le théâtre
Est en un point si haut que chacun l'idolâtre ;
Et ce que votre temps voyait avec mépris
Est aujourd'hui l'amour de tous les bons esprits,
L'entretien de Paris, le souhait des provinces,
Le divertissement le plus doux de nos princes,
Les délices du peuple, et le plaisir des grands ;
Il tient le premier rang parmi leurs passe-temps :
Et ceux dont nous voyons la sagesse profonde
Par ses illustres soins conserver tout le monde,
Trouvent dans les douceurs d'un spectacle si beau
De quoi se délasser d'un si pesant fardeau.
Même notre grand roi, ce foudre de la guerre, [re,
Dont le nom se fait craindre aux deux bouts de la ter-
Le front ceint de lauriers, daigne bien quelquefois
Prêter l'œil et l'oreille au Théâtre-Français :
C'est là que le Parnasse étale ses merveilles ;
Les plus rares esprits lui consacrent leurs veilles ;
Et tous ceux qu'Apollon voit d'un meilleur regard
De leurs doctes travaux lui donnent quelque part.
D'ailleurs, si par les biens on prise les personnes,
Le théâtre est un fief dont les rentes sont bonnes ;
Et votre fils rencontre en un métier si doux
Plus d'accommodement qu'il n'eût trouvé chez vous.
Défaites-vous enfin de cette erreur commune,
Et ne vous plaignez plus de sa bonne fortune.

PRIDAMANT.

Je n'ose plus m'en plaindre, et vois trop de combien
Le métier qu'il a pris est meilleur que le mien.
Il est vrai que d'abord mon âme s'est émue :
J'ai cru la comédie au point où je l'ai vue ;
J'en ignorais l'éclat, l'utilité, l'appas,
Et la blâmais ainsi, ne la connaissant pas ;
Mais, depuis vos discours, mon cœur plein d'allégres-
A banni cette erreur avecque sa tristesse. [se
Clindor a fort bien fait.

ALCANDRE.

N'en croyez que vos yeux.

PRIDAMANT.

Demain, pour ce sujet, j'abandonne ces lieux ;
Je vole vers Paris. Cependant, grand Alcandre,
Quelles grâces ici ne vous dois-je point rendre ?

ALCANDRE.

Servir les gens d'honneur est mon plus grand désir.
J'ai pris ma récompense en vous faisant plaisir.
Adieu. Je suis content, puisque je vous vois l'être.

PRIDAMANT.

Un si rare bienfait ne se peut reconnaître :
Mais, grand mage, du moins croyez qu'à l'avenir
Mon âme en gardera l'éternel souvenir.

EXAMEN DE L'ILLUSION

Je dirai peu de chose de cette pièce : c'est une galanterie extravagante qui a tant d'irrégularités, qu'elle ne vaut pas la peine de la considérer, bien que la nouveauté de ce caprice en ait rendu le succès assez favorable pour ne me repentir pas d'y avoir perdu quelque temps. Le premier acte ne semble qu'un prologue ; les trois suivants forment une pièce, que je ne sais comment nommer : le succès en est tragique ; Adraste y est tué, et Clindor en péril de mort ; mais le style et les personnages sont entièrement de la comédie. Il y en a même un qui n'a d'être que dans l'imagination, inventé exprès pour faire rire, et dont il ne se trouve point d'original parmi les hommes : c'est un capitan qui soutient assez son caractère de fanfaron, pour me permettre de croire qu'on en trouvera peu, dans quelque langue que ce soit, qui s'en acquittent mieux. L'action n'y est pas complète, puisqu'on ne sait, à la fin du quatrième acte qui la termine, ce que deviennent les principaux acteurs, et qu'ils se dérobent plutôt au péril qu'ils n'en triomphent. Le lieu y est assez régulier, mais l'unité de jour n'y est pas observée. Le cinquième est une tragédie assez courte pour n'avoir pas la juste grandeur que demande Aristote et que j'ai tâché d'expliquer. Clindor et Isabelle, étant devenus comédiens sans qu'on le sache, y représentent une histoire qui a du rapport avec la leur, et semble en être la suite. Quelques-uns ont attribué cette conformité à un manque d'invention, mais c'est un trait d'art pour mieux abuser par une fausse mort le père de Clindor qui les regarde, et rendre son retour de la douleur à la joie plus surprenant et plus agréable.

Tout cela cousu ensemble fait une comédie dont l'action n'a pour durée que celle de sa représentation, mais sur quoi il ne serait pas sûr de prendre exemple. Les caprices de cette nature ne se hasardent qu'une fois ; et quand l'original aurait passé pour merveilleux, la copie n'en peut jamais rien valoir. Le style semble assez proportionné aux matières, si ce n'est que Lyse, en la septième scène du troisième acte, semble s'élever un peu trop au-dessus du caractère de servante. Ces deux vers d'Horace lui serviront d'excuse, aussi bien qu'au père du Menteur, quand il se met en colère contre son fils au cinquième acte :

Interdum tamen et vocem comœdia tollit,
Iratusque Chremes tumido delitigat ore.

Je ne m'étendrai pas davantage sur ce poëme : tout irrégulier qu'il est, il faut qu'il ait quelque mérite, puisqu'il a surmonté l'injure des temps, et qu'il paraît encore sur nos théâtres ; bien qu'il y ait plus de trente années qu'il est au monde, et qu'une si longue révolution en ait enseveli beaucoup sous la poussière, qui semblaient avoir plus de droit que lui de prétendre à une si heureuse durée.

FIN DE L'ILLUSION.

LE CID

TRAGÉDIE. — 1636

A MADAME LA DUCHESSE D'AIGUILLON

Madame,

Ce portrait vivant que je vous offre représente un héros assez reconnaissable aux lauriers dont il est couvert. Sa vie a été une suite continuelle de victoires ; son corps, porté dans son armée, a gagné des batailles après sa mort ; et son nom, au bout de six cents ans, vient encore triompher en France. Il y a trouvé une réception trop favorable pour se repentir d'être sorti de son pays, et d'avoir appris à parler une autre langue que la sienne. Ce succès a passé mes plus ambitieuses espérances, et m'a surpris d'abord ; mais il a cessé de m'étonner depuis que j'ai vu la satisfaction que vous avez témoignée quand il a paru devant vous. Alors j'ai osé me promettre de lui tout ce qui en est arrivé, et j'ai cru qu'après les éloges dont vous l'avez honoré, cet applaudissement universel ne lui pouvait manquer. Et véritablement, Madame, on ne peut douter avec raison de ce que vaut une chose qui a le bonheur de vous plaire ; le jugement que vous en faites est la marque assurée de son prix : et comme vous donnez toujours libéralement aux véritables beautés l'estime qu'elles méritent, les fausses n'ont jamais le pouvoir de vous éblouir. Mais votre générosité ne s'arrête pas à des louanges stériles pour les ouvrages qui vous agréent ; elle prend plaisir à s'étendre utilement sur ceux qui les produisent, et ne dédaigne point d'employer en leur faveur ce grand crédit que votre qualité et vos vertus vous ont acquis. J'en ai ressenti des effets qui me tiennent assez avantageux pour m'en taire, et je ne vous dois pas moins de remercîments pour moi que pour le Cid. C'est une reconnaissance qui m'est glorieuse, puisqu'il m'est impossible de publier que je vous ai de grandes obligations, sans publier en même temps que vous m'avez assez estimé pour vouloir que je vous en eusse. Aussi, Madame, si je souhaite quelque durée pour cet heureux effort de ma plume, ce n'est point pour apprendre mon nom à la postérité, mais seulement pour laisser les marques éternelles de ce que je vous dois, et faire lire à ceux qui naîtront dans les autres siècles la protestation que je fais d'être toute ma vie,

Madame,

Votre très-humble, très-obéissant et très-obligé serviteur,

CORNEILLE.

AVERTISSEMENT

« Abia pocos dias antes hecho campo con D. Gomez
« conde de Gormaz. Vencióle, y dióle la muerte. Lo que
« resultó de este caso, fué que casó con doña Ximena, hija
« y heredera del mismo conde. Ella misma requirió al rey
« que se le diesse por marido (ya estaba muy prendada
« de sus partes), ó le castigasse conforme á las leyes, por
« la muerte que dió á su padre. Hizóse el casamiento,
« que á todos estaba á cuento, con el qual por el gran
« dote de su esposa, que se allegó al estado que él tenia
« de su padre, se aumentó en poder y riquezas. »

(Fragment de l'historien Mariana, *Historia de España*, l. IV, c. 50.)

Voilà ce qu'a prêté l'histoire à D. Guillem de Castro, qui a mis ce fameux événement sur le théâtre avant moi. Ceux qui entendent l'espagnol y remarqueront deux circonstances : l'une, que Chimène ne pouvant s'empêcher de reconnaître et d'aimer les belles qualités qu'elle voyait en D. Rodrigue, quoiqu'il lui eût tué son père (*estaba prendada de sus partes*), alla proposer elle-même au roi cette généreuse alternative, ou qu'il le lui donnât pour mari, ou qu'il le fît punir suivant les lois ; l'autre, que ce mariage se fit au gré de tout le monde (*á todos estaba á cuento*). Deux chroniques du Cid ajoutent qu'il fut célébré par l'archevêque de Séville, en présence du roi et de toute sa cour ; mais je me suis contenté du texte de l'historien, parce que toutes les deux ont quelque chose qui sent le roman, et peuvent ne persuader pas davantage que celles que nos Français ont faites de Charlemagne et de Roland. Ce que j'ai rapporté de Mariana suffit pour faire voir l'état qu'on fit de Chimène et de son mariage dans son siècle même, où elle vécut en un tel éclat, que les rois d'Aragon et de Navarre tinrent à honneur d'être ses gendres, en épousant ses deux filles. Quelques-unes ne l'ont pas si bien traitée dans le nôtre ; et sans parler de ce qu'on a dit de la Chimène du théâtre, celui qui a composé l'histoire d'Espagne en français l'a notée, dans son livre, de s'être tôt et aisément consolée de la mort de son père, et a voulu taxer de légèreté une action qui fut imputée à grandeur de courage par ceux qui en furent les témoins. Deux romances espagnoles, que je vous donnerai ensuite de cet avertissement, parlent encore plus en sa faveur. Ces sortes de petits poëmes sont comme des originaux décousus de leurs anciennes histoires ; et je serais ingrat envers la mémoire de cette héroïne, si, après l'avoir fait connaître en France, et m'y être fait connaître par elle, je ne tâchais de la tirer de la honte qu'on lui a voulu faire, parce qu'elle a passé par mes mains. Je vous donne donc ces pièces justificatives de la réputation où elle a vécu, sans dessein de justifier la façon dont je l'ai fait parler français. Le temps l'a fait pour moi, et les traductions qu'on en a faites en toutes les langues qui servent aujourd'hui à la scène, et chez tous les peuples où l'on voit des théâtres, je veux dire en italien, flamand et anglais, sont d'assez glorieuses apologies contre tout ce qu'on en a dit. Je n'y ajouterai pour toute chose qu'environ une douzaine de vers espagnols qui semblent faits exprès pour la défendre. Ils sont du même auteur qui l'a traitée avant moi, D. Guillem de Castro, qui, dans une autre comédie qu'il intitule *Engañarse engañando*, fait dire à une princesse de Béarn :

A mirar
Bien el mundo, que el tener
Apetitos que vencer,
Y ocasiones que dexar.
Examinan el valor
En la muger, yo dixera
Lo que siento, porque fuera
Luzimiento de mi honor.
Pero malicias fundadas
En honras mal entendidas
De tentaciones vencidas

Hazen culpas declaradas:
Y assi, la que el dessear
Con el resistir apunta,
Vence dos vezes, si junta
Con el resistir el callar.

C'est, si je ne me trompe, comme agit Chimène dans mon ouvrage, en présence du roi et de l'infante. Je dis en présence du roi et de l'infante, parce que quand elle est seule, ou avec sa confidente, ou avec son amant, c'est une autre chose. Ses mœurs sont inégalement égales, pour parler en termes de notre Aristote, et changent suivant les circonstances des lieux, des personnes, des temps et des occasions, en conservant toujours le même principe.

Au reste, je me sens obligé de désabuser le public de deux erreurs qui s'y sont glissées touchant cette tragédie ; et qui semblent avoir été autorisées par mon silence. La première est que j'aie convenu de juges touchant son mérite, et m'en sois rapporté au sentiment de ceux qu'on a priés d'en juger. Je m'en tairais encore, si ce faux bruit n'avait été jusque chez M. de Balzac dans sa province, ou, pour me servir de ses paroles mêmes, dans son désert, et si je n'en avais vu depuis lui les marques dans cette admirable lettre qu'il a écrite sur ce sujet, et qui ne fait pas la moindre richesse des deux derniers trésors qu'il nous a donnés. Or, comme tout ce qui part de sa plume regarde toute la postérité, maintenant que mon nom est assuré de passer jusqu'à elle dans cette lettre incomparable, il me serait honteux qu'il y passât avec cette tache, et qu'on pût à jamais me reprocher d'avoir compromis de ma réputation. C'est une chose qui jusqu'à présent est sans exemple ; et de tous ceux qui ont été attaqués comme moi, aucun que je sache n'a eu assez de faiblesse pour convenir d'arbitres avec ses censeurs ; et s'ils ont laissé tout le monde dans la liberté publique d'en juger, ainsi que j'ai fait, ç'a été sans s'obliger, non plus que moi, à en croire personne. Outre que, dans la conjoncture où étaient lors les affaires du *Cid*, il ne fallait pas être grand devin pour prévoir ce que nous en avons vu arriver. A moins que d'être tout à fait stupide, on ne pouvait pas ignorer que, comme les questions de cette nature ne concernent ni la religion, ni l'État, on en peut décider par les règles de la prudence humaine, aussi bien que par celles du théâtre, et tourner sans scrupule le sens du bon Aristote du côté de la politique. Ce n'est pas que je sache si ceux qui ont jugé du *Cid* en ont jugé suivant leur sentiment ou non, ni même que je veuille dire qu'ils en aient bien ou mal jugé, mais seulement que ce n'a jamais été de mon consentement qu'ils en ont jugé, et que peut-être je l'aurais justifié sans beaucoup de peine, si la même raison qui les a fait parler ne m'avait obligé à me taire. Aristote ne s'est pas expliqué si clairement dans sa Poétique, que nous n'en puissions faire ainsi que les philosophes, qui le tirent chacun à leur parti dans leurs opinions contraires ; et comme c'est un pays inconnu pour beaucoup de monde, les plus zélés partisans du *Cid* en ont cru ses censeurs sur leur parole, et se sont imaginé avoir pleinement satisfait à toutes leurs objections, quand ils ont soutenu qu'il importait peu qu'il fût selon les règles d'Aristote, et qu'Aristote en avait fait pour son siècle et pour des Grecs, et non pas pour le nôtre et pour des Français.

Cette seconde erreur, que mon silence a affermie, n'est pas moins injurieuse à Aristote qu'à moi. Ce grand homme a traité la poétique avec tant d'adresse et de jugement, que les préceptes qu'il nous en a laissés sont de tous les temps et de tous les peuples ; et bien loin de s'amuser au détail des bienséances et des agréments, qui peuvent être divers, selon que ces deux circonstances sont diverses, il a été droit aux mouvements de l'âme dont la nature ne change point. Il a montré quelles passions la tragédie doit exciter dans celle de ses auditeurs ; il a cherché quelles conditions sont nécessaires, et aux personnes qu'on introduit, et aux événements qu'on représente, pour les y faire naître : il en a laissé des moyens qui auraient produit leur effet partout dès la création du monde, et qui seront capables de le produire encore partout, tant qu'il y aura des théâtres et des acteurs ; et pour le reste, que les lieux et les temps peuvent changer, il l'a négligé et n'a pas même prescrit le nombre des actes, qui n'a été réglé que par Horace beaucoup après lui.

Et certes, je serais le premier qui condamnerais le *Cid*, s'il péchait contre ces grandes et souveraines maximes que nous tenons de ce philosophe ; mais, bien loin d'en demeurer d'accord, j'ose dire que cet heureux poëme n'a si extraordinairement réussi que parce qu'on y voit les deux maîtresses conditions (permettez-moi cette épithète) que demande ce grand maître aux excellentes tragédies, et qui se trouvent si rarement assemblées dans un même ouvrage, qu'un des plus doctes commentateurs de ce divin traité, qu'il en a fait, soutient que toute l'antiquité ne les a vues se rencontrer que dans le seul *Œdipe*. La première est que celui qui souffre et est persécuté ne soit ni tout méchant ni tout vertueux, mais un homme plus vertueux que méchant, qui, par quelque trait de faiblesse humaine qui ne soit pas un crime, tombe dans un malheur qu'il ne mérite pas ; l'autre, que la persécution et le péril ne viennent point d'un ennemi, ni d'un indifférent, mais d'une personne qui doive aimer celui qui souffre et en être aimée. Et voilà, pour en parler pleinement, la véritable et seule cause de tout le succès du *Cid*, en qui l'on ne peut méconnaître ces deux conditions, sans s'aveugler soi-même pour lui faire injustice. J'achève donc en m'acquittant de ma parole ; et après vous avoir dit en passant ces deux mots pour le Cid du théâtre, je vous donne, en faveur de la Chimène de l'histoire, les deux romances que je vous ai promises.

ROMANCE PRIMERO

Delante el rey de Leon
Doña Ximena una tarde
Se pone ó pedir justicia
Por la muerte de su padre,
Para contra el Cid la pide,
Don Rodrigo de Bivare,
Que huerfana la dexó,
Niña, y de muy poca edade.
Si tengo razon, o non,
Bien, rey, lo alcanzas y sabes,
Que los negocios de honra
No pueden disimularse.
Cada dia que amanece
Veo al lobo de mi sangre
Caballero en un caballo
Por darme mayor pesare.
Mandale, buen rey, pues puedes
Que no me ronde mi calle,
Que no se venga en mugeres
El hombre que mucho vale.
Si mi padre afrentó al suyo,
Bien ha vengado á su padre,
Que si honras pagaron muertes,
Para su disculpa basten.
Encomendada me tienes,
No consientas que me agravien.
Que el que á mí se fiziere,
A tu corona se faze.
Calledes, doña Ximena,
Que me dades pena grande,
Que yo dare buen remedio
Para todos vuestros males.
Al Cid no le he de ofender,
Que es hombre que mucho vale,
Y me defienda mis reynos,
Y quiero que me los guarde.

Pero yo faré un partido
Con el, que no os esté male,
De tomalle la palabra
Para que con vos se case.
Contenta quedó Ximena,
Con la merced que le faze,
Que quien huerfana la fizó
Aquesse mesmo la ampare.

ROMANCE SEGUNDO

A Ximena y á Rodrigo
Prendió el rey palabra, y mano,
De juntarlos para en uno
En presencia de Layn Calvo
Las enemistades viejas
Con amor se conformaron,
Que donde preside el amor

Se olvidan muchos agravios.
. . . .
Llegaron juntos los novios,
Y al dar la mano, y abrazo,
El Cid mirando á la novia,
Le dixó todo turbado :
Maté á tu padre, Ximena,
Pero no á desaguisado,
Matéle de hombre á hombre,
Para vengar cierto agravio.
Maté hombre, y hombre doy,
Aqui estoy á tu mandado,
Y en lugar del muerto padre
Cobraste un marido honrado.
A todos pareció bien,
Su discrecion alabaron,
Y assi se hizieron las bodas
De Rodrigo el Castellano.

PERSONNAGES.

D. FERNAND, premier roi de Castille.
Dª. URRAQUÉ, infante de Castille.
D. DIÈGUE, père de don Rodrigue.
D. GOMÈS, comte de Gormas, père de Chimène.
D RODRIGUE, fils de D. Dièque, et amant de Chimène.
D. SANCHE, amoureux de Chimène.

PERSONNAGES.

D. ARIAS, } gentilshommes castillans.
D. ALONSE,
CHIMÈNE, fille de don Gomès.
LÉONOR, gouvernante de l'infante.
ELVIRE, gouvernante de Chimène.
UN PAGE de l'infante.

La scène est à Séville.

ACTE PREMIER

SCÈNE I

CHIMÈNE, ELVIRE.

CHIMÈNE.
Elvire, m'as-tu fait un rapport bien sincère ?
Ne déguises-tu rien de ce qu'a dit mon père ?
ELVIRE.
Tous mes sens à moi-même en sont encor char- [més :
Il estime Rodrigue autant que vous l'aimez ;
Et si je ne m'abuse à lire dans son âme,
Il vous commandera de répondre à sa flamme.
CHIMÈNE.
Dis-moi donc, je te prie, une seconde fois
Ce qui te fait juger qu'il approuve mon choix ; [dre ;
Apprends-moi de nouveau quel espoir j'en dois pren-
Un si charmant discours ne se peut trop entendre ;
Tu ne peux trop promettre aux feux de notre amour
La douce liberté de se montrer au jour.
Que t'a-t-il répondu sur la secrète brigue
Que font auprès de toi don Sanche et don Rodrigue ?
N'as-tu point trop fait voir quelle inégalité
Entre ces deux amants me penche d'un côté ?
ELVIRE.
Non, j'ai peint votre cœur dans une indifférence
Qui n'enfle d'aucun d'eux ni détruit l'espérance,
Et, sans les voir d'un œil trop sévère ou trop doux,
Attend l'ordre d'un père à choisir un époux.
Ce respect l'a ravi, sa bouche et son visage
M'en ont donné sur l'heure un digne témoignage.
Et puisqu'il vous en faut encor faire un récit,
Voici d'eux et de vous ce qu'en hâte il m'a dit :
« Elle est dans le devoir, tous deux sont dignes d'elle,
« Tous deux formés d'un sang noble, vaillant, fidèle,
« Jeunes, mais qui font lire aisément dans leurs yeux
« L'éclatante vertu de leurs braves aïeux.
« Don Rodrigue surtout n'a trait en son visage
« Qui d'un homme de cœur ne soit la haute image,
« Et sort d'une maison si féconde en guerriers,
« Qu'ils y prennent naissance au milieu des lauriers.
« La valeur de son père en son temps sans pareille,
« Tant qu'a duré sa force, a passé pour merveille ;
« Ses rides sur son front ont gravé ses exploits.
« Et nous disent encor ce qu'il fut autrefois.
« Je me promets du fils ce que j'ai vu du père ;
« Et ma fille, en un mot, peut l'aimer et me plaire. »
Il allait au conseil, dont l'heure qui pressait
A tranché ce discours qu'à peine il commençait ;
Mais à ce peu de mots je crois que sa pensée
Entre vos deux amants n'est pas fort balancée.
Le roi doit à son fils élire un gouverneur,
Et c'est lui que regarde un tel degré d'honneur ;
Ce choix n'est pas douteux, et sa rare vaillance
Ne peut souffrir qu'on craigne aucune concurrence.
Comme ses hauts exploits le rendent sans égal,
Dans un espoir si juste il sera sans rival :
Et puisque don Rodrigue a résolu son père
Au sortir du conseil à proposer l'affaire,
Je vous laisse à juger s'il prendra bien son temps,
Et si tous vos désirs seront bientôt contents.
CHIMÈNE.
Il semble toutefois que mon âme troublée

Refuse cette joie, et s'en trouve accablée.
Un moment donne au sort des visages divers,
Et dans ce grand bonheur je crains un grand revers.
ELVIRE.
Vous verrez cette crainte heureusement déçue.
CHIMÈNE.
Allons, quoi qu'il en soit, en attendre l'issue.

SCÈNE II

L'INFANTE, LÉONOR, UN PAGE.

L'INFANTE.
Page, allez avertir Chimène de ma part
Qu'aujourd'hui pour me voir elle attend un peu tard,
Et que mon amitié se plaint de sa paresse.
(Le page rentre.)
LÉONOR.
Madame, chaque jour même désir vous presse;
Et dans son entretien je vous vois chaque jour
Demander en quel point se trouve son amour.
L'INFANTE.
Ce n'est pas sans sujet; je l'ai presque forcée
A recevoir les traits dont son âme est blessée :
Elle aime don Rodrigue, et le tient de ma main,
Et par moi don Rodrigue a vaincu son dédain;
Ainsi de ces amants ayant formé les chaînes,
Je dois prendre intérêt à voir finir leurs peines.
LÉONOR.
Madame, toutefois parmi leurs bons succès
Vous montrez un chagrin qui va jusqu'à l'excès.
Cet amour, qui tous deux les comble d'allégresse,
Fait-il de ce grand cœur la profonde tristesse?
Et ce grand intérêt que vous prenez pour eux
Vous rend-il malheureuse alors qu'ils sont heureux?
Mais je vais trop avant, et deviens indiscrète.
L'INFANTE.
Ma tristesse redouble à la tenir secrète.
Écoute, écoute enfin comme j'ai combattu,
Et plaignant ma faiblesse, admire ma vertu.
L'amour est un tyran qui n'épargne personne.
Ce jeune cavalier, cet amant que je donne,
Je l'aime.
LÉONOR.
Vous l'aimez!
L'INFANTE.
Mets la main sur mon cœur,
Et vois comme il se trouble au nom de son vainqueur,
Comme il le reconnaît.
LÉONOR.
Pardonnez-moi, madame.
Si je sors du respect pour blâmer cette flamme.
Une grande princesse à ce point s'oublier
Que d'admettre en son cœur un simple cavalier!
Et que dirait le roi, que dirait la Castille?
Vous souvient-il encor de qui vous êtes fille?
L'INFANTE.
Il m'en souvient si bien que j'épandrai* mon sang,
Avant que je m'abaisse à démentir mon rang.

Je te répondrais bien que dans les belles âmes,
Le seul mérite a droit de produire des flammes;
Et si ma passion cherchait à s'excuser,
Mille exemples fameux pourraient l'autoriser :
Mais je n'en veux point suivre où ma gloire s'engage;
La surprise des sens n'abat point mon courage;
Un noble orgueil m'apprend qu'étant fille de roi,
Tout autre qu'un monarque est indigne de moi.
Quand je vis que mon cœur ne se pouvait défendre,
Moi-même je donnai ce que je n'osais prendre.
Je mis, au lieu de moi, Chimène en ses liens,
Et j'allumai leurs feux pour éteindre les miens.
Ne t'étonne donc plus si mon âme gênée
Avec impatience attend leur hyménée;
Tu vois que mon repos en dépend aujourd'hui.
Si l'amour vit d'espoir, il périt avec lui;
C'est un feu qui s'éteint, faute de nourriture;
Et malgré la rigueur de ma triste aventure,
Si Chimène a jamais Rodrigue pour mari,
Mon espérance est morte, et mon esprit guéri.
Je souffre cependant un tourment incroyable.
Jusques à cet hymen Rodrigue m'est aimable :
Je travaille à le perdre, et le perds à regret;
Et de là prend son cours mon déplaisir secret.
Je vois avec chagrin que l'amour me contraigne
A pousser des soupirs pour ce que je dédaigne;
Je sens en deux partis mon esprit divisé.
Si mon courage est haut, mon cœur est embrasé.
Cet hymen m'est fatal, je le crains, et souhaite :
Je n'ose en espérer qu'une joie imparfaite.
Ma gloire et mon amour ont pour moi tant d'appas,
Que je meurs s'il s'achève ou ne s'achève pas.
LÉONOR.
Madame, après cela je n'ai rien à vous dire,
Sinon que de vos maux avec vous je soupire :
Je vous blâmais tantôt, je vous plains à présent :
Mais puisque dans un mal si doux et si cuisant
Votre vertu combat et son charme et sa force,
En repousse l'assaut, en rejette l'amorce,
Elle rendra le calme à vos esprits flottants.
Espérez donc tout d'elle, et du secours du temps :
Espérez tout du ciel; il a trop de justice
Pour laisser la vertu dans un si long supplice.
L'INFANTE.
Ma plus douce espérance est de perdre l'espoir.
LE PAGE.
Par vos commandements Chimène vous vient voir.
L'INFANTE, à Léonor.
Allez l'entretenir en cette galerie.
LÉONOR.
Voulez-vous demeurer dedans la rêverie?
L'INFANTE.
Non, je veux seulement, malgré mon déplaisir,
Remettre mon visage un peu plus à loisir.
Je vous suis.

SCÈNE III

L'INFANTE, seule.

Juste ciel, d'où j'attends mon remède,
Mets enfin quelque borne au mal qui me possède,
Assure mon repos, assure mon honneur.
Dans le bonheur d'autrui je cherche mon bonheur.
Cet hyménée à trois également importe;
Rends son effet plus prompt, ou mon âme plus forte.
D'un lien conjugal joindre ces deux amants,
C'est briser tous mes fers et finir mes tourments.
Mais je tarde un peu trop, allons trouver Chimène,
Et par son entretien soulager notre peine.

SCÈNE IV

LE COMTE, D. DIÈGUE.

LE COMTE.

Enfin vous l'emportez, et la faveur du roi
Vous élève en un rang qui n'était dû qu'à moi;
Il vous fait gouverneur du prince de Castille.

D. DIÈGUE.

Cette marque d'honneur qu'il met dans ma famille
Montre à tous qu'il est juste, et fait connaître assez
Qu'il sait récompenser les services passés.

LE COMTE. [sommes :
Pour grands que soient les rois, ils sont ce que nous
Ils peuvent se tromper comme les autres hommes;
Et ce choix sert de preuve à tous les courtisans
Qu'ils savent mal payer les services présents.

D. DIÈGUE.

Ne parlons plus d'un choix dont votre esprit s'irrite;
La faveur l'a pu faire autant que le mérite.
Mais on doit ce respect au pouvoir absolu,
De n'examiner rien quand un roi l'a voulu.
A l'honneur qu'il m'a fait ajoutez-en un autre;
Joignons d'un sacré nœud ma maison à la vôtre.
Rodrigue aime Chimène, et ce digne sujet
De ses affections est le plus cher objet.
Consentez-y, Monsieur, et l'acceptez pour gendre.

LE COMTE.

A des partis plus hauts Rodrigue doit prétendre;
Et le nouvel éclat de votre dignité
Lui doit enfler le cœur d'une autre vanité.
Exercez-la, monsieur, et gouvernez le prince;
Montrez-lui comme il faut régir une province,
Faire trembler partout les peuples sous sa loi,
Remplir les bons d'amour et les méchants d'effroi;
Joignez à ces vertus celles d'un capitaine :
Montrez-lui comme il faut s'endurcir à la peine,
Dans le métier de Mars se rendre sans égal,
Passer les jours entiers et les nuits à cheval,
Reposer tout armé, forcer une muraille,
Et ne devoir qu'à soi le gain d'une bataille :
Instruisez-le d'exemple, et rendez-le parfait,
Expliquant à ses yeux vos leçons par l'effet.

D. DIÈGUE.

Pour s'instruire d'exemple, en dépit de l'envie,
Il lira seulement l'histoire de ma vie.
Là, dans un long tissu de belles actions,
Il verra comme il faut dompter des nations,
Attaquer une place, ordonner une armée,
Et sur de grands exploits bâtir sa renommée.

LE COMTE.

Les exemples vivants ont bien plus de pouvoir;
Un prince dans un livre apprend mal son devoir.
Et qu'a fait, après tout, ce grand nombre d'années,
Que ne puisse égaler une de mes journées?
Si vous fûtes vaillant, je le suis aujourd'hui;
Et ce bras du royaume est le plus ferme appui.
Grenade et l'Aragon tremblent quand ce fer brille;
Mon nom sert de rempart à toute la Castille :
Sans moi, vous passeriez bientôt sous d'autres lois,
Et vous auriez bientôt vos ennemis pour rois.
Chaque jour, chaque instant, pour rehausser ma gloi-
Met lauriers sur lauriers, victoire sur victoire : [re,
Le prince à mes côtés ferait dans les combats
L'essai de son courage à l'ombre de mon bras;
Il apprendrait à vaincre en me regardant faire;
Et pour répondre en hâte à son grand caractère,
Il verrait...

D. DIÈGUE.

Je le sais, vous servez bien le roi.
Je vous ai vu combattre et commander sous moi :
Quand l'âge dans mes nerfs a fait couler sa glace,
Votre rare valeur a bien rempli ma place :
Enfin, pour épargner les discours superflus,
Vous êtes aujourd'hui ce qu'autrefois je fus.
Vous voyez toutefois qu'en cette concurrence
Un monarque entre nous met quelque différence.

LE COMTE.

Ce que je méritais, vous l'avez emporté.

D. DIÈGUE.

Qui l'a gagné sur vous l'avait mieux mérité.

LE COMTE.

Qui peut mieux l'exercer en est bien le plus digne.

D. DIÈGUE.

En être refusé n'en est pas un bon signe.

LE COMTE.

Vous l'avez eu par brigue, étant vieux courtisan.

D. DIÈGUE.

L'éclat de mes hauts faits fut mon seul partisan*.

LE COMTE.

Parlons-en mieux, le roi fait honneur à votre âge.

D. DIÈGUE.

Le roi, quand il en fait, le mesure au courage.

LE COMTE.

Et par là cet honneur n'était dû qu'à mon bras.

D. DIÈGUE.

Qui n'a pu l'obtenir ne le méritait pas.

LE COMTE.

Ne le méritait pas! moi?

D. DIÈGUE.

Vous.

LE CID, ACTE I, SCÈNE VII.

LE COMTE.
Ton impudence,
Téméraire vieillard, aura sa récompense.
(*Il lui donne un soufflet.*)
D. DIÈGUE, *mettant l'épée à la main.*
Achève, et prends ma vie après un tel affront,
Le premier dont ma race ait vu rougir son front.
LE COMTE.
Et que penses-tu faire avec tant de faiblesse?
D. DIÈGUE.
O Dieu! ma force usée en ce besoin me laisse!
LE COMTE.
Ton épée est à moi; mais tu serais trop vain,
Si ce honteux trophée avait chargé ma main.
Adieu. Fais lire au prince, en dépit de l'envie,
Pour son instruction, l'histoire de ta vie;
D'un insolent discours ce juste châtiment
Ne lui servira pas d'un petit ornement.

SCÈNE V

D. DIÈGUE.

O rage! ô désespoir! ô vieillesse ennemie!
N'ai-je donc tant vécu que pour cette infamie?
Et ne suis-je blanchi dans les travaux guerriers
Que pour voir en un jour flétrir tant de lauriers?
Mon bras, qu'avec respect toute l'Espagne admire,
Mon bras qui tant de fois a sauvé cet empire,
Tant de fois affermi le trône de son roi,
Trahit donc ma querelle, et ne fait rien pour moi?
O cruel souvenir de ma gloire passée!
Œuvre de tant de jours en un jour effacée!
Nouvelle dignité, fatale à mon bonheur!
Précipice élevé d'où tombe mon honneur!
Faut-il de votre éclat voir triompher le comte,
Et mourir sans vengeance, ou vivre dans la honte?
Comte, sois de mon prince à présent gouverneur;
Ce haut rang n'admet point un homme sans honneur;
Et ton jaloux orgueil, par cet affront insigne,
Malgré le choix du roi, m'en a su rendre indigne.
Et toi, de mes exploits glorieux instrument,
Mais d'un corps tout de glace inutile ornement,
Fer jadis tant à craindre, et qui, dans cette offense,
M'as servi de parade, et non pas de défense,
Va, quitte désormais le dernier des humains,
Passe, pour me venger, en de meilleures mains.

SCÈNE VI

D. DIÈGUE, D. RODRIGUE.

D. DIÈGUE.
Rodrigue, as-tu du cœur?
D. RODRIGUE.
Tout autre que mon père
L'éprouverait sur l'heure.
D. DIÈGUE.
Agréable colère!

Digne ressentiment à ma douleur bien doux!
Je reconnais mon sang à ce noble courroux;
Ma jeunesse revit en cette ardeur si prompte.
Viens, mon fils, viens, mon sang, viens réparer ma
Viens me venger. [honte;
D. RODRIGUE.
De quoi?
D. DIÈGUE.
D'un affront si cruel,
Qu'à l'honneur de tous deux il porte un coup mortel;
D'un soufflet. L'insolent en eût perdu la vie;
Mais mon âge a trompé ma généreuse envie;
Et ce fer que mon bras ne peut plus soutenir,
Je le remets au tien pour venger et punir.
Va contre un arrogant éprouver ton courage :
Ce n'est que dans le sang qu'on lave un tel outrage;
Meurs, ou tue. Au surplus, pour ne te point flatter,
Je te donne à combattre un homme à redouter;
Je l'ai vu, tout couvert de sang et de poussière,
Porter partout l'effroi dans une armée entière.
J'ai vu par sa valeur cent escadrons rompus;
Et pour t'en dire encor quelque chose de plus,
Plus que brave soldat, plus que grand capitaine,
C'est...
D. RODRIGUE.
De grâce, achevez.
D. DIÈGUE.
Le père de Chimène.
D. RODRIGUE.
Le...
D. DIÈGUE.
Ne réplique point, je connais ton amour :
Mais qui peut vivre infâme est indigne du jour;
Plus l'offenseur est cher, et plus grande est l'offense.
Enfin tu sais l'affront, et tu tiens la vengeance :
Je ne te dis plus rien. Venge-moi, venge-toi;
Montre-toi digne fils d'un père tel que moi.
Accablé des malheurs où le destin me range,
Je vais les déplorer. Va, cours, vole, et nous venge.

SCÈNE VII

D. RODRIGUE.

Percé jusques au fond du cœur,
D'une atteinte imprévue aussi bien que mortelle,
Misérable vengeur d'une juste querelle,
Et malheureux objet d'une injuste rigueur,
Cède au coup qui me tue.
Si près de voir mon feu récompensé,
O Dieu, l'étrange peine!
En cet affront mon père est l'offensé,
Et l'offenseur le père de Chimène!

Que je sens de rudes combats!
Contre mon propre honneur mon amour s'intéresse :
Il faut venger un père, et perdre une maîtresse.
L'un m'anime le cœur, l'autre retient mon bras.

Réduit au triste choix ou de trahir ma flamme,
    Ou de vivre en infâme,
Des deux côtés mon mal est infini.
    O Dieu, l'étrange peine!
Faut-il laisser un affront impuni?
Faut-il punir le père de Chimène?

    Père, maîtresse, honneur, amour,
Noble et dure contrainte, aimable tyrannie,
Tous mes plaisirs sont morts, ou ma gloire ternie.
L'un me rend malheureux, l'autre indigne du jour.
Cher et cruel espoir d'une âme généreuse,
    Mais ensemble amoureuse,
Digne ennemi de mon plus grand bonheur,
    Fer qui causes ma peine,
M'es-tu donné pour venger mon honneur?
M'es-tu donné pour perdre ma Chimène?

    Il vaut mieux courir au trépas.
Je dois à ma maîtresse aussi bien qu'à mon père;
J'attire en me vengeant sa haine et sa colère;
J'attire ses mépris en ne me vengeant pas.
A mon plus doux espoir l'un me rend infidèle,
    Et l'autre indigne d'elle.
Mon mal augmente à le vouloir guérir;
    Tout redouble ma peine.
Allons, mon âme; et puisqu'il faut mourir,
Mourons du moins sans offenser Chimène.

    Mourir sans tirer ma raison!
Rechercher un trépas si mortel à ma gloire,
Endurer que l'Espagne impute à ma mémoire
D'**avoir** mal soutenu l'honneur de ma maison!
Respecter un amour dont mon âme égarée
    Voit la perte assurée!
N'écoutons plus ce penser suborneur,
    Qui ne sert qu'à ma peine.
Allons, mon bras, sauvons du moins l'honneur,
Puisqu'aussi bien il faut perdre Chimène.

    Oui, mon esprit s'était déçu.
Je dois tout à mon père avant qu'à ma maîtresse :
Que je meure au combat, ou meure de tristesse,
Je rendrai mon sang pur comme je l'ai reçu.
Je m'accuse déjà de trop de négligence;
    Courons à la vengeance;
Et, tout honteux d'avoir tant balancé,
    Ne soyons plus en peine,
Puisqu'aujourd'hui mon père est l'offensé,
Si l'offenseur est père de Chimène.

ACTE DEUXIÈME

SCÈNE I

D. ARIAS, LE COMTE.

LE COMTE.

Je l'avoue entre nous, mon sang un peu trop chaud
S'est trop ému d'un mot, et l'a porté trop haut,
Mais, puisque c'en est fait, le coup est sans remède.

D. ARIAS.

Qu'aux volontés du roi ce grand courage cède :
Il y prend grande part; et son cœur irrité
Agira contre vous de pleine autorité.
Aussi vous n'avez point de valable défense.
Le rang de l'offensé, la grandeur de l'offense,
Demandent des devoirs et des submissions
Qui passent le commun des satisfactions.

LE COMTE.

Le roi peut, à son gré, disposer de ma vie.

D. ARIAS.

De trop d'emportement votre faute est suivie.
Le roi vous aime encore; apaisez son courroux.
Il a dit : JE LE VEUX; désobéirez-vous?

LE COMTE.

Monsieur, pour conserver ma gloire et mon estime,
Désobéir un peu n'est pas un si grand crime;
Et quelque grand qu'il soit, mes services présents
Pour le faire abolir sont plus que suffisants.

D. ARIAS.

Quoi qu'on fasse d'illustre et de considérable,
Jamais à son sujet un roi n'est redevable.
Vous vous flattez beaucoup, et vous devez savoir
Que qui sert bien son roi ne fait que son devoir.
Vous vous perdrez, monsieur, sur cette confiance.

LE COMTE.

Je ne vous en croirai qu'après l'expérience.

D. ARIAS.

Vous devez redouter la puissance d'un roi.

LE COMTE.

Un jour seul ne perd pas un homme tel que moi.
Que toute sa grandeur s'arme pour mon supplice,
Tout l'État périra, s'il faut que je périsse.

D. ARIAS.

Quoi! vous craignez si peu le pouvoir souverain...

LE COMTE.

D'un sceptre qui sans moi tomberait de sa main.
Il a trop d'intérêt lui-même en ma personne,
Et ma tête en tombant ferait choir sa couronne.

D. ARIAS.

Souffrez que la raison remette vos esprits.
Prenez un bon conseil.

LE COMTE.
             Le conseil en est pris.

D. ARIAS.

Que lui dirai-je enfin? je lui dois rendre compte.

LE COMTE.
Que je ne puis du tout consentir à ma honte.
D. ARIAS.
Mais songez que les rois veulent être absolus.
LE COMTE.
Le sort en est jeté, monsieur, n'en parlons plus.
D. ARIAS.
Adieu donc, puisqu'en vain je tâche à vous résoudre :
Avec tous vos lauriers, craignez encor la foudre.
LE COMTE.
Je l'attendrai sans peur.
D. ARIAS.
Mais non pas sans effet.
LE COMTE.
Nous verrons donc par là don Diègue satisfait.
(Il est seul.)
Qui ne craint point la mort ne craint point les mena-
J'ai le cœur au-dessus des plus fières disgrâces; [ces.
Et l'on peut me réduire à vivre sans bonheur,
Mais non pas me résoudre à vivre sans honneur.

SCÈNE II

LE COMTE, D. RODRIGUE.

D. RODRIGUE.
A moi, comte, deux mots.
LE COMTE.
Parle.
D. RODRIGUE.
Ote-moi d'un doute.
Connais-tu bien don Diègue ?
LE COMTE.
Oui.
D. RODRIGUE.
Parlons bas; écoute.
Sais-tu que ce vieillard fut la même vertu,
La vaillance et l'honneur de son temps? le sais-tu?
LE COMTE.
Peut-être.
D. RODRIGUE.
Cette ardeur que dans les yeux je porte,
Sais-tu que c'est son sang? le sais-tu?
LE COMTE.
Que m'importe?
D. RODRIGUE.
A quatre pas d'ici je te le fais savoir.
LE COMTE.
Jeune présomptueux!
D. RODRIGUE.
Parle sans t'émouvoir.
Je suis jeune, il est vrai; mais aux âmes bien nées
La valeur n'attend pas le nombre des années.
LE COMTE.
Te mesurer à moi! qui t'a rendu si vain,
Toi qu'on n'a jamais vu les armes à la main?

D. RODRIGUE.
Mes pareils à deux fois ne se font point connaître,
Et pour leurs coups d'essai veulent des coups de maî-
LE COMTE. [tre.
Sais-tu bien qui je suis?
D. RODRIGUE.
Oui; tout autre que moi
Au seul bruit de ton nom pourrait trembler d'effroi.
Les palmes dont je vois ta tête si couverte
Semblent porter écrit le destin de ma perte.
J'attaque en téméraire un bras toujours vainqueur;
Mais j'aurai trop de force, ayant assez de cœur.
A qui venge son père il n'est rien d'impossible.
Ton bras est invaincu*, mais non pas invincible.
LE COMTE.
Ce grand cœur qui paraît aux discours que tu tiens
Par tes yeux, chaque jour, se découvrait aux miens;
Et croyant voir en toi l'honneur de la Castille,
Mon âme avec plaisir te destinait ma fille.
Je sais ta passion, et suis ravi de voir
Que tous ses mouvements cèdent à ton devoir;
Qu'ils n'ont point affaibli cette ardeur magnanime;
Que ta haute vertu répond à mon estime;
Et que, voulant pour gendre un cavalier parfait,
Je ne me trompais point au choix que j'avais fait.
Mais je sens que pour toi ma pitié s'intéresse;
J'admire ton courage, et je plains ta jeunesse.
Ne cherche point à faire un coup d'essai fatal;
Dispense ma valeur d'un combat inégal.
Trop peu d'honneur pour moi suivrait cette victoire.
A vaincre sans péril, on triomphe sans gloire.
On te croirait toujours abattu sans effort;
Et j'aurais seulement le regret de ta mort.
D. RODRIGUE.
D'une indigne pitié ton audace est suivie :
Qui m'ose ôter l'honneur craint de m'ôter la vie!
LE COMTE.
Retire-toi d'ici.
D. RODRIGUE.
Marchons sans discourir.
LE COMTE.
Es-tu si las de vivre?
D. RODRIGUE.
As-tu peur de mourir?
LE COMTE.
Viens, tu fais ton devoir, et le fils dégénère
Qui survit un moment à l'honneur de son père.

SCÈNE III

L'INFANTE, CHIMÈNE, LÉONOR.

L'INFANTE.
Apaise, ma Chimène, apaise ta douleur;
Fais agir ta constance en ce coup de malheur;
Tu reverras le calme après ce faible orage;
Ton bonheur n'est couvert que d'un peu de nuage,
Et tu n'as rien perdu pour le voir différer.

CHIMÈNE.

Mon cœur outré d'ennuis n'ose rien espérer.
Un orage si prompt qui trouble une bonace*
D'un naufrage certain nous porte la menace;
Je n'en saurais douter, je péris dans le port.
J'aimais, j'étais aimée, et nos pères d'accord;
Et je vous en contais la première nouvelle
Au malheureux moment que naissait leur querelle,
Dont le récit fatal, sitôt qu'on vous l'a fait,
D'une si douce attente a ruiné l'effet.
Maudite ambition, détestable manie,
Dont les plus généreux souffrent la tyrannie!
Impitoyable honneur, mortel à mes plaisirs,
Que tu vas me coûter de pleurs et de soupirs!

L'INFANTE.

Tu n'as dans leur querelle aucun sujet de craindre :
Un moment l'a fait naître, un moment va l'éteindre.
Elle a fait trop de bruit pour ne pas s'accorder,
Puisque déjà le roi les veut accommoder;
Et tu sais que mon âme, à tes ennuis sensible,
Pour en tarir la source y fera l'impossible.

CHIMÈNE.

Les accommodements ne font rien en ce point :
Les affronts à l'honneur ne se réparent point.
En vain on fait agir la force ou la prudence;
Si l'on guérit le mal, ce n'est qu'en apparence.
La haine que les cœurs conservent au dedans
Nourrit des feux cachés, mais d'autant plus ardents.

L'INFANTE.

Le saint nœud qui joindra don Rodrigue et Chimène
Des pères ennemis dissipera la haine;
Et nous verrons bientôt votre amour le plus fort
Par un heureux hymen étouffer ce discord*.

CHIMÈNE.

Je le souhaite ainsi plus que je ne l'espère :
Don Diègue est trop altier, et je connais mon père.
Je sens couler des pleurs que je veux retenir;
Le passé me tourmente, et je crains l'avenir.

L'INFANTE.

Que crains-tu? d'un vieillard l'impuissante faiblesse?

CHIMÈNE.

Rodrigue a du courage.

L'INFANTE.

Il a trop de jeunesse.

CHIMÈNE.

Les hommes valeureux le sont du premier coup.

L'INFANTE.

Tu ne dois pas pourtant le redouter beaucoup;
Il est trop amoureux pour te vouloir déplaire;
Et deux mots de ta bouche arrêtent sa colère.

CHIMÈNE.

S'il ne m'obéit point, quel comble à mon ennui!
Et s'il peut m'obéir, que dira-t-on de lui?
Étant né ce qu'il est, souffrir un tel outrage!
Soit qu'il cède ou résiste au feu qui me l'engage,
Mon esprit ne peut qu'être ou honteux ou confus
De son trop de respect, ou d'un juste refus.

L'INFANTE.

Chimène a l'âme haute, et, quoique intéressée,
Elle ne peut souffrir une basse pensée;
Mais si jusques au jour de l'accommodement
Je fais mon prisonnier de ce parfait amant,
Et que j'empêche ainsi l'effet de son courage,
Ton esprit amoureux n'aura-t-il point d'ombrage?

CHIMÈNE.

Ah! madame, en ce cas je n'ai plus de souci.

SCÈNE IV

L'INFANTE, CHIMÈNE, LÉONOR, LE PAGE.

L'INFANTE.

Page, cherchez Rodrigue, et l'amenez ici.

LE PAGE.

Le comte de Gormas et lui...

CHIMÈNE.

Bon Dieu! je tremble.

L'INFANTE.

Parlez.

LE PAGE.

De ce palais ils sont sortis ensemble.

CHIMÈNE.

Seuls?

LE PAGE.

Seuls, et qui semblaient tout bas se quereller.

CHIMÈNE.

Sans doute ils sont aux mains, il n'en faut plus parler.
Madame, pardonnez à cette promptitude.

SCÈNE V

L'INFANTE, LÉONOR.

L'INFANTE.

Hélas! que dans l'esprit je sens d'inquiétude!
Je pleure ses malheurs, son amant me ravit;
Mon repos m'abandonne, et ma flamme revit.
Ce qui va séparer Rodrigue de Chimène
Fait renaître à la fois mon espoir et ma peine;
Et leur division, que je vois à regret,
Dans mon esprit charmé jette un plaisir secret.

LÉONOR.

Cette haute vertu qui règne dans votre âme
Se rend-elle si tôt à cette lâche flamme?

L'INFANTE.

Ne la nomme point lâche, à présent que chez moi
Pompeuse et triomphante elle me fait la loi;
Porte-lui du respect, puisqu'elle m'est si chère.
Ma vertu la combat, mais, malgré moi, j'espère;
Et d'un si fol espoir mon cœur mal défendu
Vole après un amant que Chimène a perdu.

LÉONOR.

Vous laissez choir ainsi ce glorieux courage,
Et la raison chez vous perd ainsi son usage.

L'INFANTE.

Ah! qu'avec peu d'effet on entend la raison,
Quand le cœur est atteint d'un si charmant poison!

Et lorsque le malade aime sa maladie,
Qu'il a peine à souffrir que l'on y remédie!
LÉONOR.
Votre espoir vous séduit, votre mal vous est doux;
Mais enfin ce Rodrigue est indigne de vous.
L'INFANTE.
Je ne le sais que trop; mais si ma vertu cède, [de :
Apprends comme l'amour flatte un cœur qu'il possè-
Si Rodrigue une fois sort vainqueur du combat,
Si dessous sa valeur ce grand guerrier s'abat,
Je puis en faire cas, je puis l'aimer sans honte.
Que ne fera-t-il point, s'il peut vaincre le comte!
J'ose m'imaginer qu'à ses moindres exploits
Les royaumes entiers tomberont sous ses lois;
Et mon amour flatteur déjà se persuade
Que je le vois assis au trône de Grenade,
Les Maures subjugués trembler en l'adorant,
L'Aragon recevoir ce nouveau conquérant,
Le Portugal se rendre, et ses nobles journées
Porter de là les mers ses hautes destinées,
Du sang des Africains arroser ses lauriers;
Enfin tout ce qu'on dit des plus fameux guerriers,
Je l'attends de Rodrigue après cette victoire,
Et fais de son amour un sujet de ma gloire.
LÉONOR.
Mais, madame, voyez où vous portez son bras,
Ensuite d'un combat qui peut-être n'est pas.
L'INFANTE.
Rodrigue est offensé, le comte a fait l'outrage;
Ils sont sortis ensemble, en faut-il davantage?
LÉONOR.
Eh bien! ils se battront, puisque vous le voulez;
Mais Rodrigue ira-t-il si loin que vous allez?
L'INFANTE.
Que veux-tu? je suis folle, et mon esprit s'égare;
Tu vois par là quels maux cet amour me prépare.
Viens dans mon cabinet consoler mes ennuis;
Et ne me quitte point dans le trouble où je suis.

SCÈNE VI

D. FERNAND, D. ARIAS, D. SANCHE.

D. FERNAND.
Le comte est donc si vain et si peu raisonnable!
Ose-t-il croire encor son crime pardonnable?
D. ARIAS.
Je l'ai de votre part longtemps entretenu.
J'ai fait mon pouvoir*, sire, et n'ai rien obtenu.
D. FERNAND.
Justes cieux! ainsi donc un sujet téméraire
A si peu de respect et de soin de me plaire!
Il offense don Diègue, et méprise son roi!
Au milieu de ma cour il me donne la loi!
Qu'il soit brave guerrier, qu'il soit grand capitaine,
Je saurai bien rabattre une humeur si hautaine;
Fût-il la valeur même, et le dieu des combats,
Il verra ce que c'est que de n'obéir pas.
Quoi qu'ait pu mériter une telle insolence,
Je l'ai voulu d'abord traiter sans violence;
Mais puisqu'il en abuse, allez dès aujourd'hui,
Soit qu'il résiste ou non, vous assurer de lui.
D. SANCHE.
Peut-être un peu de temps le rendrait moins rebelle;
On l'a pris tout bouillant encor de sa querelle;
Sire, dans la chaleur d'un premier mouvement,
Un cœur si généreux se rend malaisément.
Il voit bien qu'il a tort, mais une âme si haute
N'est pas si tôt réduite à confesser sa faute.
D. FERNAND.
Don Sanche, taisez-vous, et soyez averti
Qu'on se rend criminel à prendre son parti.
D. SANCHE.
J'obéis, et me tais; mais, de grâce encor, sire,
Deux mots en sa défense.
D. FERNAND.
        Et que pourrez-vous dire?
D. SANCHE.
Qu'une âme accoutumée aux grandes actions
Ne se peut abaisser à des submissions* :
Elle n'en conçoit point qui s'expliquent sans honte;
Et c'est à ce mot seul qu'a résisté le comte.
Il trouve en son devoir un peu trop de rigueur,
Et vous obéirait, s'il avait moins de cœur.
Commandez que son bras, nourri dans les alarmes,
Répare cette injure à la pointe des armes;
Il satisfera, sire; et vienne qui voudra,
Attendant qu'il l'ait su, voici qui répondra.
D. FERNAND.
Vous perdez le respect : mais je pardonne à l'âge,
Et j'excuse l'ardeur en un jeune courage.
Un roi dont la prudence a de meilleurs objets
Est meilleur ménager du sang de ses sujets :
Je veille pour les miens, mes soucis les conservent,
Comme le chef a soin des membres qui le servent.
Ainsi votre raison n'est pas raison pour moi;
Vous parlez en soldat, je dois agir en roi;
Et quoi qu'on veuille dire, et quoi qu'il ose croire,
Le comte à m'obéir ne peut perdre sa gloire.
D'ailleurs l'affront me touche; il a perdu d'honneur
Celui que de mon fils j'ai fait le gouverneur;
S'attaquer à mon choix, c'est se prendre à moi-même,
Et faire un attentat sur le pouvoir suprême.
N'en parlons plus. Au reste, on a vu dix vaisseaux
De nos vieux ennemis arborer les drapeaux;
Vers la bouche du fleuve ils ont osé paraître.
D. ARIAS.
Les Maures ont appris par force à vous connaître,
Et tant de fois vaincus, ils ont perdu le cœur
De se plus hasarder contre un si grand vainqueur.
D. FERNAND.
Ils ne verront jamais, sans quelque jalousie,
Mon sceptre, en dépit d'eux, régir l'Andalousie;
Et ce pays si beau, qu'ils ont trop possédé,
Avec un œil d'envie est toujours regardé.
C'est l'unique raison qui m'a fait dans Séville
Placer depuis dix ans le trône de Castille,

Pour les voir de plus près, et d'un ordre plus prompt
Renverser aussitôt ce qu'ils entreprendront.
D. ARIAS.
Sire, ils ont trop appris, aux dépens de leurs têtes,
Combien votre présence assure vos conquêtes :
Vous n'avez rien à craindre.
D. FERNAND.
Et rien à négliger.
Le trop de confiance attire le danger ;
Et vous n'ignorez pas qu'avec fort peu de peine
Un flux de pleine mer jusqu'ici les amène.
Toutefois j'aurais tort de jeter dans les cœurs,
L'avis étant mal sûr, de paniques terreurs.
L'effroi que produirait cette alarme inutile,
Dans la nuit qui survient troublerait trop la ville :
Faites doubler la garde aux murs et sur le port.
C'est assez pour ce soir.

SCÈNE VII
D. FERNAND, D. ALONSE, D. SANCHE, D. ARIAS.

D. ALONSE.
Sire, le comte est mort.
Don Diègue, par son fils, a vengé son offense.
D. FERNAND.
Dès que j'ai su l'affront, j'ai prévu la vengeance ;
Et j'ai voulu dès lors prévenir ce malheur.
D. ALONSE.
Chimène à vos genoux apporte sa douleur ;
Elle vient toute en pleurs vous demander justice.
D. FERNAND.
Bien qu'à ses déplaisirs mon âme compatisse,
Ce que le comte a fait semble avoir mérité
Ce digne châtiment de sa témérité.
Quelque juste pourtant que puisse être sa peine,
Je ne puis sans regret perdre un tel capitaine,
Après un long service à mon État rendu,
Après son sang pour moi mille fois répandu,
A quelques sentiments que son orgueil m'oblige,
Sa perte m'affaiblit, et son trépas m'afflige.

SCÈNE VIII
D. FERNAND, D. DIÈGUE, CHIMÈNE, D. SANCHE,
D. ARIAS, D. ALONSE.

CHIMÈNE.
Sire, sire, justice.
D. DIÈGUE.
Ah ! sire, écoutez-nous.
CHIMÈNE.
Je me jette à vos pieds.
D. DIÈGUE.
J'embrasse vos genoux.
CHIMÈNE.
Je demande justice.
D. DIÈGUE.
Entendez ma défense.

CHIMÈNE.
D'un jeune audacieux punissez l'insolence :
Il a de votre sceptre abattu le soutien,
Il a tué mon père.
D. DIÈGUE.
Il a vengé le sien.
CHIMÈNE.
Au sang de ses sujets un roi doit la justice.
D. DIÈGUE.
Pour la juste vengeance il n'est point de supplice.
D. FERNAND.
Levez-vous l'un et l'autre, et parlez à loisir.
Chimène, je prends part à votre déplaisir ;
D'une égale douleur je sens mon âme atteinte.
(à D. Diègue.)
Vous parlerez après ; ne troublez pas sa plainte.
CHIMÈNE.
Sire, mon père est mort ; mes yeux ont vu son sang
Couler à gros bouillons de son généreux flanc ;
Ce sang qui tant de fois garantit vos murailles,
Ce sang qui tant de fois vous gagna des batailles,
Ce sang qui tout sorti fume encor de courroux
De se voir répandu pour d'autres que pour vous,
Qu'au milieu des hasards n'osait verser la guerre,
Rodrigue en votre cour vient d'en couvrir la terre.
J'ai couru sur le lieu, sans force et sans couleur ;
Je l'ai trouvé sans vie. Excusez ma douleur,
Sire, la voix me manque à ce récit funeste ;
Mes pleurs et mes soupirs vous diront mieux le reste.
D. FERNAND.
Prends courage, ma fille, et sache qu'aujourd'hui
Ton roi te veut servir de père au lieu de lui.
CHIMÈNE.
Sire, de trop d'honneur ma misère est suivie.
Je vous l'ai déjà dit, je l'ai trouvé sans vie ;
Son flanc était ouvert ; et, pour mieux m'émouvoir,
Son sang sur la poussière écrivait mon devoir ;
Ou plutôt sa valeur en cet état réduite
Me parlait par sa plaie, et hâtait ma poursuite ;
Et, pour se faire entendre au plus juste des rois,
Par cette triste bouche elle empruntait ma voix.
Sire, ne souffrez pas que sous votre puissance
Règne devant vos yeux une telle licence ;
Que les plus valeureux, avec impunité,
Soient exposés aux coups de la témérité ;
Qu'un jeune audacieux triomphe de leur gloire,
Se baigne dans leur sang, et brave leur mémoire.
Un si vaillant guerrier qu'on vient de vous ravir
Éteint, s'il n'est vengé, l'ardeur de vous servir.
Enfin mon père est mort, j'en demande vengeance,
Plus pour votre intérêt que pour mon allégeance.
Vous perdez en la mort d'un homme de son rang ;
Vengez-la par une autre, et le sang par le sang.
Immolez, non à moi, mais à votre couronne,
Mais à votre grandeur, mais à votre personne ;
Immolez, dis-je, sire, au bien de tout l'État
Tout ce qu'enorgueillit un si grand attentat.

D. FERNAND.

Don Diègue, répondez.

D. DIÈGUE.

Qu'on est digne d'envie
Lorsqu'en perdant la force on perd aussi la vie!
Et qu'un long âge apprête aux hommes généreux,
Au bout de leur carrière, un destin malheureux!
Moi, dont les longs travaux ont acquis tant de gloire,
Moi, que jadis partout a suivi la victoire,
Je me vois aujourd'hui, pour avoir trop vécu,
Recevoir un affront et demeurer vaincu.
Ce que n'a pu jamais combat, siége, embuscade,
Ce que n'a pu jamais Aragon ni Grenade,
Ni tous vos ennemis, ni tous mes envieux,
Le comte en votre cour l'a fait presque à vos yeux,
Jaloux de votre choix, et fier de l'avantage
Que lui donnait sur moi l'impuissance de l'âge.
Sire, ainsi ces cheveux blanchis sous le harnois,
Ce sang pour vous servir prodigué tant de fois,
Ce bras, jadis l'effroi d'une armée ennemie,
Descendaient au tombeau tout chargés d'infamie,
Si je n'eusse produit un fils digne de moi,
Digne de son pays et digne de son roi.
Il m'a prêté sa main, il a tué le comte;
Il m'a rendu l'honneur, il a lavé ma honte.
Si montrer du courage et du ressentiment,
Si venger un soufflet mérite un châtiment,
Sur moi seul doit tomber l'éclat de la tempête :
Quand le bras a failli, l'on en punit la tête.
Du crime glorieux qui cause nos débats,
Sire, j'en suis la tête, il n'en est que le bras.
Si Chimène se plaint qu'il a tué son père,
Il ne l'eût jamais fait si je l'eusse pu faire.
Immolez donc ce chef que les ans vont ravir,
Et conservez pour vous le bras qui peut servir.
Aux dépens de mon sang satisfaites Chimène :
Je n'y résiste point, je consens à ma peine;
Et, loin de murmurer d'un rigoureux décret,
Mourant sans déshonneur, je mourrai sans regret.

D. FERNAND.

L'affaire est d'importance, et, bien considérée,
Mérite en plein conseil d'être délibérée.
Don Sanche, remettez Chimène en sa maison.
Don Diègue aura ma cour et sa foi pour prison.
Qu'on me cherche son fils. Je vous ferai justice.

CHIMÈNE.

Il est juste, grand roi, qu'un meurtrier périsse.

D. FERNAND.

Prends du repos, ma fille, et calme tes douleurs.

CHIMÈNE.

M'ordonner du repos, c'est croître* mes malheurs.

ACTE TROISIÈME

SCÈNE I

D. RODRIGUE, ELVIRE.

ELVIRE.

Rodrigue, qu'as-tu fait? où viens-tu, misérable?

D. RODRIGUE.

Suivre le triste cours de mon sort déplorable.

ELVIRE.

Où prends-tu cette audace et ce nouvel orgueil
De paraître en des lieux que tu remplis de deuil?
Quoi! viens-tu jusqu'ici braver l'ombre du comte?
Ne l'as-tu pas tué?

D. RODRIGUE.

Sa vie était ma honte;
Mon honneur de ma main a voulu cet effort.

ELVIRE.

Mais chercher ton asile en la maison du mort!
Jamais un meurtrier en fit-il son refuge?

D. RODRIGUE.

Et je n'y viens aussi que m'offrir à mon juge.
Ne me regarde plus d'un visage étonné;
Je cherche le trépas après l'avoir donné.
Mon juge est mon amour, mon juge est ma Chimène:
Je mérite la mort de mériter sa haine,
Et j'en viens recevoir, comme un bien souverain,
Et l'arrêt de sa bouche, et le coup de sa main.

ELVIRE.

Fuis plutôt de ses yeux, fuis de sa violence;
A ses premiers transports dérobe ta présence.
Va, ne t'expose point aux premiers mouvements
Que poussera l'ardeur de ses ressentiments.

D. RODRIGUE.

Non, non, ce cher objet à qui j'ai pu déplaire
Ne peut pour mon supplice avoir trop de colère;
Et j'évite cent morts qui me vont accabler,
Si pour mourir plus tôt je la puis redoubler.

ELVIRE.

Chimène est au palais, de pleurs toute baignée,
Et n'en reviendra point que bien accompagnée.
Rodrigue, fuis, de grâce, ôte-moi de souci.
Que ne dira-t-on point si l'on te voit ici?
Veux-tu qu'un médisant, pour comble à sa misère,
L'accuse d'y souffrir l'assassin de son père?
Elle va revenir; elle vient, je la vois :
Du moins, pour son honneur, Rodrigue, cache-toi.

SCÈNE II

D. SANCHE, CHIMÈNE, ELVIRE.

D. SANCHE.

Oui, madame, il vous faut de sanglantes victimes :
Votre colère est juste, et vos pleurs légitimes;

Et je n'entreprends pas, à force de parler,
Ni de vous adoucir, ni de vous consoler.
Mais si de vous servir je puis être capable,
Employez mon épée à punir le coupable;
Employez mon amour à venger cette mort :
Sous vos commandements mon bras sera trop fort.

CHIMÈNE.
Malheureuse!

D. SANCHE.
De grâce, acceptez mon service.

CHIMÈNE.
J'offenserais le roi, qui m'a promis justice.

D. SANCHE.
Vous savez qu'elle marche avec tant de langueur,
Que bien souvent le crime échappe à sa longueur;
Son cours lent et douteux fait trop perdre de larmes.
Souffrez qu'un cavalier vous venge par les armes :
La voie en est plus sûre, et plus prompte à punir.

CHIMÈNE.
C'est le dernier remède; et s'il y faut venir,
Et que de mes malheurs cette pitié vous dure,
Vous serez libre alors de venger mon injure.

D. SANCHE.
C'est l'unique bonheur où mon âme prétend;
Et pouvant l'espérer, je m'en vais trop content.

SCÈNE III

CHIMÈNE, ELVIRE.

CHIMÈNE.
Enfin je me vois libre, et je puis, sans contrainte,
De mes vives douleurs te faire voir l'atteinte;
Je puis donner passage à mes tristes soupirs,
Je puis t'ouvrir mon âme et tous mes déplaisirs.
Mon père est mort, Elvire; et la première épée
Dont s'est armé Rodrigue, a sa trame coupée.
Pleurez, pleurez, mes yeux, et fondez-vous en eau!
La moitié de ma vie a mis l'autre au tombeau,
Et m'oblige à venger, après ce coup funeste,
Celle que je n'ai plus sur celle qui me reste.

ELVIRE.
Reposez-vous, madame.

CHIMÈNE.
Ah! que mal à propos
Dans un malheur si grand tu parles de repos!
Par où sera jamais ma douleur apaisée,
Si je ne puis haïr la main qui l'a causée?
Et que dois-je espérer qu'un tourment éternel,
Si je poursuis un crime, aimant le criminel!

ELVIRE.
Il vous prive d'un père, et vous l'aimez encore!

CHIMÈNE.
C'est peu de dire aimer, Elvire, je l'adore;
Ma passion s'oppose à mon ressentiment;
Dedans mon ennemi je trouve mon amant;
Et je sens qu'en dépit de toute ma colère,
Rodrigue dans mon cœur combat encor mon père :

Il l'attaque, il le presse, il cède, il se défend,
Tantôt fort, tantôt faible, et tantôt triomphant :
Mais, en ce dur combat de colère et de flamme,
Il déchire mon cœur sans partager mon âme;
Et quoi que mon amour ait sur moi de pouvoir,
Je ne consulte point pour suivre mon devoir;
Je cours sans balancer où mon honneur m'oblige.
Rodrigue m'est bien cher, son intérêt m'afflige;
Mon cœur prend son parti; mais, malgré son effort,
Je sais ce que je suis, et que mon père est mort.

ELVIRE.
Pensez-vous le poursuivre?

CHIMÈNE.
Ah! cruelle pensée!
Et cruelle poursuite où je me vois forcée!
Je demande sa tête, et crains de l'obtenir :
Ma mort suivra la sienne, et je le veux punir!

ELVIRE.
Quittez, quittez, madame, un dessein si tragique;
Ne vous imposez point de loi si tyrannique.

CHIMÈNE.
Quoi! mon père étant mort et presque entre mes bras,
Son sang criera vengeance, et je ne l'orrai pas!
Mon cœur, honteusement surpris par d'autres char-
Croira ne lui devoir que d'impuissantes larmes! [mes,
Et je pourrai souffrir qu'un amour suborneur
Sous un lâche silence étouffe mon honneur!

ELVIRE.
Madame, croyez-moi, vous serez excusable
D'avoir moins de chaleur contre un objet aimable,
Contre un amant si cher : vous avez assez fait;
Vous avez vu le roi, n'en pressez point l'effet :
Ne vous obstinez point en cette humeur étrange.

CHIMÈNE.
Il y va de ma gloire, il faut que je me venge;
Et de quoi que nous flatte un désir amoureux,
Toute excuse est honteuse aux esprits généreux.

ELVIRE.
Mais vous aimez Rodrigue, il ne vous peut déplaire.

CHIMÈNE.
Je l'avoue.

ELVIRE.
Après tout que pensez-vous donc faire?

CHIMÈNE.
Pour conserver ma gloire et finir mon ennui,
Le poursuivre, le perdre et mourir après lui.

SCÈNE IV

D. RODRIGUE, CHIMÈNE, ELVIRE.

D. RODRIGUE.
Eh bien! sans vous donner la peine de poursuivre,
Assurez-vous l'honneur de m'empêcher de vivre.

CHIMÈNE.
Elvire, où sommes-nous, et qu'est-ce que je vois?
Rodrigue en ma maison! Rodrigue devant moi!

LE CID, ACTE III, SCÈNE IV.

D. RODRIGUE.
N'épargnez point mon sang; goûtez, sans résistance,
La douceur de ma perte et de votre vengeance.
CHIMÈNE.
Hélas!
D. RODRIGUE.
Écoute-moi.
CHIMÈNE.
Je me meurs.
D. RODRIGUE.
Un moment.
CHIMÈNE.
Va, laisse-moi mourir.
D. RODRIGUE.
Quatre mots seulement;
Après, ne me réponds qu'avecque cette épée.
CHIMÈNE.
Quoi! du sang de mon père encor toute trempée!
D. RODRIGUE.
Ma Chimène...
CHIMÈNE.
Ote-moi cet objet odieux,
Qui reproche ton crime et ta vie à mes yeux.
D. RODRIGUE.
Regarde-le plutôt pour exciter ta haine,
Pour croître ta colère, et pour hâter ma peine.
CHIMÈNE.
Il est teint de mon sang.
D. RODRIGUE.
Plonge-le dans le mien;
Et fais-lui perdre ainsi la teinture du tien.
CHIMÈNE.
Ah! quelle cruauté, qui tout en un jour tue
Le père par le fer, la fille par la vue!
Ote-moi cet objet, je ne puis le souffrir :
Tu veux que je t'écoute, et tu me fais mourir!
D. RODRIGUE.
Je fais ce que tu veux, mais sans quitter l'envie
De finir par tes mains ma déplorable vie;
Car enfin n'attends pas de mon affection
Un lâche repentir d'une bonne action.
De la main de ton père un coup irréparable
Déshonorait du mien la vieillesse honorable.
Tu sais comme un soufflet touche un homme de cœur,
J'avais part à l'affront, j'en ai cherché l'auteur :
Je l'ai vu, j'ai vengé mon honneur et mon père;
Je le ferais encor, si j'avais à le faire :
Ce n'est pas qu'en effet, contre mon père et moi,
Ma flamme assez longtemps n'ait combattu pour toi;
Juge de son pouvoir : dans une telle offense
J'ai pu délibérer si j'en prendrais vengeance.
Réduit à te déplaire, ou souffrir un affront,
J'ai pensé qu'à son tour mon bras était trop prompt,
Je me suis accusé de trop de violence;
Et ta beauté, sans doute, emportait la balance,
Si je n'eusse opposé contre tous tes appas
Qu'un homme sans honneur ne te méritait pas;
Que malgré cette part que j'avais en ton âme,
Qui m'aima généreux me haïrait infâme;
Qu'écouter ton amour, obéir à sa voix,
C'était m'en rendre indigne et diffamer ton choix.
Je te le dis encore, et, quoique j'en soupire,
Jusqu'au dernier soupir je veux bien le redire;
Je t'ai fait une offense, et j'ai dû m'y porter
Pour effacer ma honte, et pour te mériter;
Mais, quitte envers l'honneur, et quitte envers mon [père,
C'est maintenant à toi que je viens satisfaire :
C'est pour t'offrir mon sang qu'en ce lieu tu me vois.
J'ai fait ce que j'ai dû, je fais ce que je dois.
Je sais qu'un père mort t'arme contre mon crime;
Je ne t'ai pas voulu dérober ta victime :
Immole avec courage au sang qu'il a perdu
Celui qui met sa gloire à l'avoir répandu.
CHIMÈNE.
Ah! Rodrigue! il est vrai, quoique ton ennemie,
Je ne te puis blâmer d'avoir fui l'infamie;
Et, de quelque façon qu'éclatent mes douleurs,
Je ne t'accuse point, je pleure mes malheurs.
Je sais ce que l'honneur, après un tel outrage,
Demandait à l'ardeur d'un généreux courage :
Tu n'as fait le devoir que d'un homme de bien;
Mais aussi, le faisant, tu m'as appris le mien.
Ta funeste valeur m'instruit par ta victoire;
Elle a vengé ton père et soutenu ta gloire :
Même soin me regarde, et j'ai, pour m'affliger,
Ma gloire à soutenir, et mon père à venger.
Hélas! ton intérêt ici me désespère.
Si quelque autre malheur m'avait ravi mon père,
Mon âme aurait trouvé dans le bien de te voir
L'unique allégement qu'elle eût pu recevoir;
Et contre ma douleur j'aurais senti des charmes,
Quand une main si chère eût essuyé mes larmes.
Mais il me faut te perdre après l'avoir perdu;
Cet effort sur ma flamme à mon honneur est dû;
Et cet affreux devoir, dont l'ordre m'assassine,
Me force à travailler moi-même à ta ruine.
Car enfin n'attends pas de mon affection
De lâches sentiments pour ta punition.
De quoi qu'en ta faveur notre amour m'entretienne,
Ma générosité doit répondre à la tienne :
Tu t'es, en m'offensant, montré digne de moi;
Je me dois, par ta mort, montrer digne de toi.
D. RODRIGUE.
Ne différe donc plus ce que l'honneur t'ordonne;
Il demande ma tête, et je te l'abandonne;
Fais-en un sacrifice à ce noble intérêt.
Le coup m'en sera doux, aussi bien que l'arrêt.
Attendre après mon crime une lente justice,
C'est reculer ta gloire autant que mon supplice.
Je mourrai trop heureux mourant d'un coup si beau.
CHIMÈNE.
Va, je suis ta partie, et non pas ton bourreau.
Si tu m'offres ta tête, est-ce à moi de la prendre?
Je la dois attaquer, mais tu dois la défendre;
C'est d'un autre que toi qu'il me faut l'obtenir,
Et je dois te poursuivre, et non pas te punir.
D. RODRIGUE.
De quoi qu'en ma faveur notre amour t'entretienne,

14

Ta générosité doit répondre à la mienne;
Et pour venger un père emprunter d'autres bras,
Ma Chimène, crois-moi, c'est n'y répondre pas;
Ma main seule du mien a su venger l'offense,
Ta main seule du tien doit prendre la vengeance.

CHIMÈNE.

Cruel! à quel propos sur ce point t'obstiner?
Tu t'es vengé sans aide, et tu m'en veux donner!
Je suivrai ton exemple, et j'ai trop de courage
Pour souffrir qu'avec toi ma gloire se partage.
Mon père et mon honneur ne veulent rien devoir
Aux traits de ton amour ni de ton désespoir.

D. RODRIGUE.

Rigoureux point d'honneur! hélas! quoi que je fasse,
Ne pourrai-je à la fin obtenir cette grâce?
Au nom d'un père mort, ou de notre amitié,
Punis-moi par vengeance, ou du moins par pitié.
Ton malheureux amant aura bien moins de peine
A mourir par ta main qu'à vivre avec ta haine.

CHIMÈNE.

Va, je ne te hais point.

D. RODRIGUE.

Tu le dois.

CHIMÈNE.

Je ne puis.

D. RODRIGUE.

Crains-tu si peu le blâme et si peu les faux bruits?
Quand on saura mon crime et que ta flamme dure,
Que ne publiront point l'envie et l'imposture!
Force-les au silence, et, sans plus discourir,
Sauve ta renommée en me faisant mourir.

CHIMÈNE.

Elle éclate bien mieux en te laissant la vie;
Et je veux que la voix de la plus noire envie
Élève au ciel ma gloire et plaigne mes ennuis,
Sachant que je t'adore et que je te poursuis.
Va-t'en, ne montre plus à ma douleur extrême
Ce qu'il faut que je perde, encore que je l'aime.
Dans l'ombre de la nuit cache bien ton départ;
Si l'on te voit sortir, mon honneur court hasard.
La seule occasion qu'aura la médisance,
C'est de savoir qu'ici j'ai souffert ta présence :
Ne lui donne point lieu d'attaquer ma vertu.

D. RODRIGUE.

Que je meure!

CHIMÈNE.

Va-t'en.

D. RODRIGUE.

A quoi te résous-tu?

CHIMÈNE.

Malgré des feux si beaux qui troublent ma colère,
Je ferai mon possible à bien venger mon père;
Mais, malgré la rigueur d'un si cruel devoir,
Mon unique souhait est de ne rien pouvoir.

D. RODRIGUE.

O miracle d'amour!

CHIMÈNE.

O comble de misères!

D. RODRIGUE.

Que de maux et de pleurs nous coûteront nos pères!

CHIMÈNE.

Rodrigue, qui l'eût cru...

D. RODRIGUE.

Chimène, qui l'eût dit...

CHIMÈNE.

Que notre heur* fût si proche, et si tôt se perdît?

D. RODRIGUE.

Et que si près du port, contre toute apparence,
Un orage si prompt brisât notre espérance?

CHIMÈNE.

Ah! mortelles douleurs!

D. RODRIGUE.

Ah! regrets superflus.

CHIMÈNE.

Va-t'en, encore un coup, je ne t'écoute plus.

D. RODRIGUE.

Adieu; je vais traîner une mourante vie,
Tant que par ta poursuite elle me soit ravie.

CHIMÈNE.

Si j'en obtiens l'effet, je t'engage ma foi
De ne respirer pas un moment après toi.
Adieu; sors, et surtout garde bien qu'on te voie.

ELVIRE.

Madame, quelques maux que le ciel nous envoie...

CHIMÈNE.

Ne m'importune plus, laisse-moi soupirer,
Je cherche le silence et la nuit pour pleurer.

SCÈNE V

D. DIÈGUE.

Jamais nous ne goûtons de parfaite allégresse :
Nos plus heureux succès sont mêlés de tristesse;
Toujours quelques soucis en ces événements
Troublent la pureté de nos contentements.
Au milieu du bonheur mon âme en sent l'atteinte:
Je nage dans la joie, et je tremble de crainte.
J'ai vu mort l'ennemi qui m'avait outragé;
Et je ne saurais voir la main qui m'a vengé.
En vain je m'y travaille, et d'un soin inutile,
Tout cassé que je suis, je cours toute la ville :
Ce peu que mes vieux ans m'ont laissé de vigueur
Se consume sans fruit à chercher ce vainqueur.
A toute heure, en tous lieux, dans une nuit si sombre,
Je pense l'embrasser, et n'embrasse qu'une ombre;
Et mon amour, déçu par cet objet trompeur,
Se forme des soupçons qui redoublent ma peur.
Je ne découvre point de marques de sa fuite;
Je crains du comte mort les amis et la suite;
Leur nombre m'épouvante, et confond ma raison.
Rodrigue ne vit plus, ou respire en prison.
Justes cieux! me trompé-je encore à l'apparence,
Ou si je vois enfin mon unique espérance!
C'est lui, n'en doutons plus; mes vœux sont exaucés,
Ma crainte est dissipée, et mes ennuis cessés.

SCÈNE VI

D. DIÈGUE, D. RODRIGUE.

D. DIÈGUE.

Rodrigue, enfin le ciel permet que je te voie!

D. RODRIGUE.

Hélas!

D. DIÈGUE.

Ne mêle point de soupirs à ma joie;
Laisse-moi prendre haleine afin de te louer.
Ma valeur n'a point lieu de te désavouer;
Tu l'as bien imitée, et ton illustre audace
Fait bien revivre en toi les héros de ma race :
C'est d'eux que tu descends, c'est de moi que tu viens;
Ton premier coup d'épée égale tous les miens :
Et d'une belle ardeur ta jeunesse animée
Par cette grande épreuve atteint ma renommée.
Appui de ma vieillesse, et comble de mon heur*,
Touche ces cheveux blancs à qui tu rends l'honneur,
Viens baiser cette joue, et reconnais la place
Où fut empreint l'affront que ton courage efface.

D. RODRIGUE. [moins,

L'honneur vous en est dû; les cieux me sont té-
Qu'étant sorti de vous je ne pouvais pas moins.
Je me tiens trop heureux, et mon âme est ravie
Que mon coup d'essai plaise à qui je dois la vie :
Mais parmi vos plaisirs ne soyez point jaloux
Si je m'ose à mon tour satisfaire après vous.
Souffrez qu'en liberté mon désespoir éclate;
Assez et trop longtemps votre discours le flatte;
Je ne me repens point de vous avoir servi;
Mais rendez-moi le bien que ce coup m'a ravi.
Mon bras pour vous venger, armé contre ma flamme,
Par ce coup glorieux m'a privé de mon âme;
Ne me dites plus rien; pour vous j'ai tout perdu;
Ce que je vous devais, je vous l'ai bien rendu.

D. DIÈGUE.

Porte, porte plus haut le fruit de ta victoire.
Je t'ai donné la vie, et tu me rends ma gloire;
Et d'autant que l'honneur m'est plus cher que le jour,
D'autant plus maintenant je te dois de retour.
Mais d'un cœur magnanime éloigne ces faiblesses;
Nous n'avons qu'un honneur, il est tant de maîtresses!
L'amour n'est qu'un plaisir, l'honneur est un devoir.

D. RODRIGUE.

Ah! que me dites-vous?

D. DIÈGUE.

Ce que tu dois savoir.

D. RODRIGUE.

Mon honneur offensé sur moi-même se venge;
Et vous m'osez pousser à la honte du change*!
L'infamie est pareille, et suit également
Le guerrier sans courage, et le perfide amant.
A ma fidélité ne faites point d'injure;
Souffrez-moi généreux sans me rendre parjure,
Mes liens sont trop forts pour être ainsi rompus;
Ma foi m'engage encor si je n'espère plus;

Et ne pouvant quitter ni posséder Chimène,
Le trépas que je cherche est ma plus douce peine.

D. DIÈGUE.

Il n'est pas temps encor de chercher le trépas;
Ton prince et ton pays ont besoin de ton bras.
La flotte qu'on craignait, dans ce grand fleuve entrée,
Croit surprendre la ville et piller la contrée.
Les Maures vont descendre; et le flux et la nuit
Dans une heure à nos murs les amènent sans bruit.
La cour est en désordre, et le peuple en alarmes;
On n'entend que des cris, on ne voit que des larmes.
Dans ce malheur public mon bonheur a permis
Que j'ai trouvé chez moi cinq cents de mes amis,
Qui sachant mon affront, poussés d'un même zèle,
Se venaient tous offrir à venger ma querelle.
Tu les as prévenus; mais leurs vaillantes mains
Se tremperont bien mieux au sang des Africains.
Va marcher à leur tête où l'honneur te demande;
C'est toi que veut pour chef leur généreuse bande.
De ces vieux ennemis va soutenir l'abord :
Là, si tu veux mourir, trouve une belle mort;
Prends-en l'occasion, puisqu'elle t'est offerte;
Fais devoir à ton roi son salut à ta perte;
Mais reviens-en plutôt les palmes sur le front.
Ne borne pas ta gloire à venger un affront,
Porte-la plus avant; force par ta vaillance
Ce monarque au pardon, et Chimène au silence;
Si tu l'aimes, apprends que revenir vainqueur
C'est l'unique moyen de regagner son cœur.
Mais le temps est trop cher pour le perdre en paroles;
Je t'arrête en discours, et je veux que tu voles.
Viens, suis-moi, va combattre, et montrer à ton roi
Que ce qu'il perd au comte il le recouvre en toi.

ACTE QUATRIEME

SCÈNE I

CHIMÈNE, ELVIRE.

CHIMÈNE.

N'est-ce point un faux bruit? le sais-tu bien, Elvire?

ELVIRE.

Vous ne croiriez jamais comme chacun l'admire,
Et porte jusqu'au ciel, d'une commune voix,
De ce jeune héros, les glorieux exploits.
Les Maures devant lui n'ont paru qu'à leur honte;
Leur abord* fut bien prompt, leur fuite encor plus
[prompte;
Trois heures de combat laissent à nos guerriers
Une victoire entière et deux rois prisonniers.
La valeur de leur chef ne trouvait point d'obstacles.

CHIMÈNE.

Et la main de Rodrigue a fait tous ces miracles!

ELVIRE.
De ses nobles efforts ces deux rois sont le prix ;
Sa main les a vaincus, et sa main les a pris.
CHIMÈNE.
De qui peux-tu savoir ces nouvelles étranges?
ELVIRE.
Du peuple, qui partout fait sonner ses louanges,
Le nomme de sa joie et l'objet et l'auteur,
Son ange tutélaire, et son libérateur.
CHIMÈNE.
Et le roi, de quel œil voit-il tant de vaillance?
ELVIRE.
Rodrigue n'ose encor paraître en sa présence ;
Mais don Diègue ravi lui présente enchaînés,
Au nom de ce vainqueur, ces captifs couronnés,
Et demande pour grâce à ce généreux prince
Qu'il daigne voir la main qui sauve la province.
CHIMÈNE.
Mais n'est-il point blessé ?
ELVIRE.
Je n'en ai rien appris.
Vous changez de couleur ! reprenez vos esprits.
CHIMÈNE.
Reprenons donc aussi ma colère affaiblie :
Pour avoir soin de lui faut-il que je m'oublie?
On le vante, on le loue, et mon cœur y consent !
Mon honneur est muet, mon devoir impuissant !
Silence, mon amour, laisse agir ma colère ;
S'il a vaincu deux rois, il a tué mon père ;
Ces tristes vêtements, où je lis mon malheur,
Sont les premiers effets qu'ait produits sa valeur ;
Et quoi qu'on die * ailleurs d'un cœur si magnanime,
Ici tous les objets me parlent de son crime.
Vous qui rendez la force à mes ressentiments,
Voile, crêpes, habits, lugubres ornements,
Pompe où m'ensevelit sa première victoire,
Contre ma passion soutenez bien ma gloire ;
Et lorsque mon amour prendra trop de pouvoir,
Parlez à mon esprit de mon triste devoir,
Attaquez sans rien craindre une main triomphante.
ELVIRE.
Modérez ces transports, voici venir l'infante.

SCÈNE II

L'INFANTE, CHIMÈNE, LÉONOR, ELVIRE.

L'INFANTE.
Je ne viens pas ici consoler tes douleurs ;
Je viens plutôt mêler mes soupirs à tes pleurs.
CHIMÈNE.
Prenez bien plutôt part à la commune joie,
Et goûtez le bonheur que le ciel vous envoie,
Madame : autre que moi n'a droit de soupirer.
Le péril dont Rodrigue a su vous retirer,
Et le salut public que vous rendent ses armes,
A moi seule aujourd'hui souffrent encor les larmes :
Il a sauvé la ville, il a servi son roi ;
Et son bras valeureux n'est funeste qu'à moi.

L'INFANTE.
Ma Chimène, il est vrai qu'il a fait des merveilles.
CHIMÈNE.
Déjà ce bruit fâcheux a frappé mes oreilles ;
Et je l'entends partout publier hautement
Aussi brave guerrier que malheureux amant.
L'INFANTE.
Qu'a de fâcheux pour toi ce discours populaire?
Ce jeune Mars qu'il loue a su jadis te plaire ;
Il possédait ton âme, il vivait sous tes lois :
Et vanter sa valeur, c'est honorer ton choix ;
CHIMÈNE.
Chacun peut la vanter avec quelque justice,
Mais pour moi sa louange est un nouveau supplice.
On aigrit ma douleur en l'élevant si haut :
Je vois ce que je perds quand je vois ce qu'il vaut.
Ah ! cruels déplaisirs à l'esprit d'une amante !
Plus j'apprends son mérite, et plus mon feu s'augmente :
Cependant mon devoir est toujours le plus fort,
Et malgré mon amour à poursuivre sa mort.
L'INFANTE.
Hier ce devoir te mit en une haute estime ;
L'effort que tu te fis parut si magnanime,
Si digne d'un grand cœur, que chacun à la cour
Admirait ton courage et plaignait ton amour.
Mais croirais-tu l'avis d'une amitié fidèle ?
CHIMÈNE.
Ne vous obéir pas me rendrait criminelle.
L'INFANTE.
Ce qui fut juste alors ne l'est plus aujourd'hui.
Rodrigue maintenant est notre unique appui,
L'espérance et l'amour d'un peuple qui l'adore,
Le soutien de Castille, et la terreur du Maure.
Le roi même est d'accord de cette vérité,
Que ton père en lui seul se voit ressuscité ;
Et si tu veux enfin qu'en deux mots je m'explique,
Tu poursuis en sa mort la ruine publique.
Quoi ! pour venger un père est-il jamais permis
De livrer sa patrie aux mains des ennemis ?
Contre nous ta poursuite est-elle légitime?
Et pour être punis avons-nous part au crime?
Ce n'est pas qu'après tout tu doives épouser
Celui qu'un père mort t'obligeait d'accuser :
Je te voudrais moi-même en arracher l'envie :
Ote-lui ton amour, mais laisse-nous sa vie.
CHIMÈNE.
Ah ! ce n'est pas à moi d'avoir tant de bonté ;
Le devoir qui m'aigrit n'a rien de limité.
Quoique pour ce vainqueur mon amour s'intéresse,
Quoiqu'un peuple l'adore et qu'un roi le caresse,
Qu'il soit environné des plus vaillants guerriers,
J'irai sous mes cyprès accabler ses lauriers.
L'INFANTE.
C'est générosité quand, pour venger un père,
Notre devoir attaque une tête si chère ;
Mais c'en est une encor d'un plus illustre rang,
Quand on donne au public les intérêts du sang.
Non, crois-moi, c'est assez que d'éteindre ta flamme ;
Il sera trop puni s'il n'est plus dans ton âme.

Que le bien du pays t'impose cette loi :
Aussi bien que crois-tu que t'accorde le roi?
CHIMÈNE.
Il peut me refuser, mais je ne puis me taire.
L'INFANTE.
Pense bien, ma Chimène, à ce que tu veux faire.
Adieu : tu pourras seule y penser à loisir.
CHIMÈNE.
Après mon père mort, je n'ai point à choisir.

SCÈNE III
D. FERNAND, D. DIÉGUE, D. ARIAS,
D. RODRIGUE, D. SANCHE.

D. FERNAND.
Généreux héritier d'une illustre famille
Qui fut toujours la gloire et l'appui de Castille,
Race de tant d'aïeux en valeur signalés,
Que l'essai de la tienne a si tôt égalés,
Pour te récompenser ma force est trop petite;
Et j'ai moins de pouvoir que tu n'as de mérite.
Le pays délivré d'un si rude ennemi,
Mon sceptre dans ma main par la tienne affermi,
Et les Maures défaits avant qu'en ces alarmes
J'eusse pu donner ordre à repousser leurs armes,
Ne sont point des exploits qui laissent à ton roi
Le moyen ni l'espoir de s'acquitter vers toi.
Mais deux rois tes captifs feront ta récompense :
Ils t'ont nommé tous deux leur Cid en ma présence.
Puisque Cid en leur langue est autant que seigneur,
Je ne t'envirai pas ce beau titre d'honneur.
Sois désormais le Cid; qu'à ce grand nom tout cède,
Qu'il comble d'épouvante et Grenade et Tolède,
Et qu'il marque à tous ceux qui vivent sous mes lois
Et ce que tu me vaux, et ce que je te dois.
D. RODRIGUE.
Que votre majesté, sire, épargne ma honte.
D'un si faible service elle fait trop de compte,
Et me force à rougir devant un si grand roi
De mériter si peu l'honneur que j'en reçoi.
Je sais trop que je dois au bien de votre empire,
Et le sang qui m'anime, et l'air que je respire;
Et quand je les perdrai pour un si digne objet,
Je ferai seulement le devoir d'un sujet.
D. FERNAND.
Tous ceux que ce devoir à mon service engage
Ne s'en acquittent pas avec même courage;
Et lorsque la valeur ne va point dans l'excès,
Elle ne produit point de si rares succès.
Souffre donc qu'on te loue, et de cette victoire
Apprends-moi plus au long la véritable histoire.
D. RODRIGUE.
Sire, vous avez su qu'en ce danger pressant,
Qui jeta dans la ville un effroi si puissant,
Une troupe d'amis chez mon père assemblée
Sollicita mon âme encor toute troublée...
Mais, sire, pardonnez à ma témérité,
Si j'osai l'employer sans votre autorité;

Le péril approchait; leur brigade était prête;
Me montrant à la cour, je hasardais ma tête :
Et, s'il fallait la perdre, il m'était bien plus doux
De sortir de la vie en combattant pour vous.
D. FERNAND.
J'excuse ta chaleur à venger ton offense;
Et l'État défendu me parle en ta défense :
Crois que dorénavant Chimène a beau parler,
Je ne l'écoute plus que pour la consoler.
Mais poursuis.
D. RODRIGUE.
Sous moi donc cette troupe s'avance,
Et porte sur le front une mâle assurance.
Nous partîmes cinq cents; mais, par un prompt ren-
Nous nous vîmes trois mille en arrivant au port, [fort,
Tant, à nous voir marcher avec un tel visage,
Les plus épouvantés reprenaient de courage!
J'en cache les deux tiers, aussitôt qu'arrivés,
Dans le fond des vaisseaux qui lors furent trouvés :
Le reste, dont le nombre augmentait à toute heure,
Brûlant d'impatience, autour de moi demeure,
Se couche contre terre, et sans faire aucun bruit,
Passe une bonne part d'une si belle nuit.
Par mon commandement la garde en fait de même,
Et se tenant cachée, aide à mon stratagème;
Et je feins hardiment d'avoir reçu de vous
L'ordre qu'on me voit suivre et que je donne à tous.
Cette obscure clarté qui tombe des étoiles
Enfin avec le flux nous fait voir trente voiles;
L'onde s'enfle dessous, et d'un commun effort
Les Maures et la mer montent jusques au port.
On les laisse passer; tout leur paraît tranquille;
Point de soldats au port, point aux murs de la ville.
Notre profond silence abusant leurs esprits,
Ils n'osent plus douter de nous avoir surpris;
Ils abordent sans peur, ils ancrent, ils descendent,
Et courent se livrer aux mains qui les attendent.
Nous nous levons alors, et tous en même temps
Poussons jusques au ciel mille cris éclatants.
Les nôtres, à ces cris, de nos vaisseaux répondent;
Ils paraissent armés, les Maures se confondent,
L'épouvante les prend à demi descendus.
Avant que de combattre ils s'estiment perdus.
Ils couraient au pillage, et rencontrent la guerre;
Nous les pressons sur l'eau, nous les pressons sur ter-
Et nous faisons courir des ruisseaux de leur sang, [re;
Avant qu'aucun résiste ou reprenne son rang.
Mais bientôt, malgré nous, leurs princes les rallient,
Leur courage renaît, et leurs terreurs s'oublient :
La honte de mourir sans avoir combattu
Arrête leur désordre, et leur rend leur vertu.
Contre nous de pied ferme ils tirent leurs épées;
Des plus braves soldats les trames sont coupées,
Et la terre, et le fleuve, et leur flotte, et le port,
Sont des champs de carnage où triomphe la mort.
O combien d'actions, combien d'exploits célèbres
Sont demeurés sans gloire au milieu des ténèbres,
Où chacun, seul témoin des grands coups qu'il don-
Ne pouvait discerner où le sort inclinait ! [nait,

J'allais de tous côtés encourager les nôtres,
Faire avancer les uns et soutenir les autres,
Ranger ceux qui venaient, les pousser à leur tour;
Et ne l'ai pu savoir jusques au point du jour.
Mais enfin sa clarté montre notre avantage;
Le Maure voit sa perte, et perd soudain courage :
Et voyant un renfort qui nous vient secourir,
L'ardeur de vaincre cède à la peur de mourir.
Ils gagnent leurs vaisseaux, ils en coupent les câbles,
Poussent jusques aux cieux des cris épouvantables,
Font retraite en tumulte, et sans considérer
Si leurs rois avec eux peuvent se retirer.
Pour souffrir ce devoir leur frayeur est trop forte;
Le flux les apporta, le reflux les remporte;
Cependant que leurs rois, engagés parmi nous,
Et quelque peu des leurs, tous percés de nos coups,
Disputent vaillamment et vendent bien leur vie.
A se rendre moi-même en vain je les convie;
Le cimeterre au poing ils ne m'écoutent pas :
Mais voyant à leurs pieds tomber tous leurs soldats,
Et que seuls désormais en vain ils se défendent,
Ils demandent le chef; je me nomme, ils se rendent.
Je vous les envoyai tous deux en même temps;
Et le combat cessa faute de combattants.
C'est de cette façon que pour votre service...

SCÈNE IV

D. FERNAND, D. DIÈGUE, D. RODRIGUE,
D. ARIAS, D. ALONSE, D. SANCHE.

D. ALONSE.
Sire, Chimène vient vous demander justice.
D. FERNAND.
La fâcheuse nouvelle et l'importun devoir!
Va, je ne la veux pas obliger à te voir.
Pour tous remercîments il faut que je te chasse :
Mais avant que sortir, viens, que ton roi t'embrasse.
(*D. Rodrigue rentre.*)
D. DIÈGUE.
Chimène le poursuit, et voudrait le sauver.
D. FERNAND.
On m'a dit qu'elle l'aime, et je vais l'éprouver.
Montrez un œil plus triste.

SCÈNE V

D. FERNAND, D. DIÈGUE, D. ARIAS,
D. SANCHE, D. ALONSE, CHIMÈNE, ELVIRE.

D. FERNAND.
            Enfin soyez contente,
Chimène, le succès répond à votre attente.
Si de nos ennemis Rodrigue a le dessus,
Il est mort à nos yeux des coups qu'il a reçus;
Rendez grâces au ciel, qui vous en a vengée.
(*à D. Diègue.*)
Voyez comme déjà sa couleur est changée.

D. DIÈGUE.
Mais voyez qu'elle pâme, et d'un amour parfait,
Dans cette pâmoison, sire, admirez l'effet.
Sa douleur a trahi les secrets de son âme,
Et ne vous permet plus de douter de sa flamme.
CHIMÈNE.
Quoi! Rodrigue est donc mort?
D. FERNAND.
               Non, non, il voit le jour,
Et te conserve encore un immuable amour :
Calme cette douleur qui pour lui s'intéresse.
CHIMÈNE.
Sire, on pâme de joie, ainsi que de tristesse :
Un excès de plaisir nous rend tout languissants;
Et quand il surprend l'âme, il accable les sens.
D. FERNAND.
Tu veux qu'en ta faveur nous croyions l'impossible?
Chimène, ta douleur a paru trop visible.
CHIMÈNE.
Eh bien, sire, ajoutez ce comble à mon malheur,
Nommez ma pâmoison l'effet de ma douleur :
Un juste déplaisir à ce point m'a réduite;
Son trépas dérobait sa tête à ma poursuite;
S'il meurt des coups reçus pour le bien du pays,
Ma vengeance est perdue et mes desseins trahis :
Une si belle fin m'est trop injurieuse.
Je demande sa mort, mais non pas glorieuse,
Non pas dans un éclat qui l'élève si haut,
Non pas au lit d'honneur, mais sur un échafaud;
Qu'il meure pour mon père, et non pour la patrie;
Que son nom soit taché, sa mémoire flétrie.
Mourir pour le pays n'est pas un triste sort;
C'est s'immortaliser par une belle mort.
J'aime donc sa victoire, et je le puis sans crime;
Elle assure l'État, et me rend ma victime,
Mais noble, mais fameuse entre tous les guerriers,
Le chef, au lieu de fleurs, couronné de lauriers;
Et pour dire en un mot ce que j'en considère,
Digne d'être immolée aux mânes de mon père...
Hélas! à quel espoir me laissé-je emporter!
Rodrigue de ma part n'a rien à redouter;
Que pourraient contre lui des larmes qu'on méprise?
Pour lui tout votre empire est un lieu de franchise;
Là, sous votre pouvoir, tout lui devient permis;
Il triomphe de moi comme des ennemis.
Dans leur sang répandu la justice étouffée
Au crime du vainqueur sert d'un nouveau trophée.
Nous en croissons la pompe, et le mépris des lois
Nous fait suivre son char au milieu de deux rois.
D. FERNAND.
Ma fille, ces transports ont trop de violence,
Quand on rend la justice on met tout en balance.
On a tué ton père, il était l'agresseur;
Et la même équité m'ordonne la douceur.
Avant que d'accuser ce que j'en fais paraître,
Consulte bien ton cœur; Rodrigue en est le maître,
Et ta flamme en secret rend grâces à ton roi,
Dont la faveur conserve un tel amant pour toi.

CHIMÈNE.
Pour moi! mon ennemi! l'objet de ma colère!
L'auteur de mes malheurs! l'assassin de mon père!
De ma juste poursuite on fait si peu de cas
Qu'on me croit obliger en ne m'écoutant pas!
Puisque vous refusez la justice à mes larmes,
Sire, permettez-moi de recourir aux armes;
C'est par là seulement qu'il a su m'outrager,
Et c'est aussi par là que je me dois venger.
A tous vos cavaliers je demande sa tête;
Oui, qu'un d'eux me l'apporte, et je suis sa conquête;
Qu'ils le combattent, sire; et le combat fini,
J'épouse le vainqueur, si Rodrigue est puni.
Sous votre autorité souffrez qu'on le publie.
D. FERNAND.
Cette vieille coutume en ces lieux établie,
Sous couleur de punir un injuste attentat,
Des meilleurs combattants affaiblit un État;
Souvent de cet abus le succès déplorable
Opprime l'innocent et soutient le coupable.
J'en dispense Rodrigue; il m'est trop précieux
Pour l'exposer aux coups d'un sort capricieux;
Et quoi qu'ait pu commettre un cœur si magnanime,
Les Maures en fuyant ont emporté son crime.
D. DIÈGUE.
Quoi! sire, pour lui seul vous renversez des lois
Qu'a vu toute la cour observer tant de fois!
Que croira votre peuple, et que dira l'envie,
Si sous votre défense il ménage sa vie,
Et s'en fait un prétexte à ne paraître pas
Où tous les gens d'honneur cherchent un beau trépas?
De pareilles faveurs terniraient trop sa gloire :
Qu'il goûte sans rougir le fruit de sa victoire.
Le comte eut de l'audace, il l'en a su punir :
Il l'a fait en brave homme, et le doit maintenir.
D. FERNAND.
Puisque vous le voulez, j'accorde qu'il le fasse :
Mais d'un guerrier vaincu mille prendraient la place,
Et le prix que Chimène au vainqueur a promis
De tous mes cavaliers ferait ses ennemis :
L'opposer seul à tous serait trop d'injustice;
Il suffit qu'une fois il entre dans la lice.
Choisis qui tu voudras, Chimène, et choisis bien;
Mais après ce combat ne demande plus rien.
D. DIÈGUE.
N'excusez point par là ceux que son bras étonne;
Laissez un champ ouvert où n'entrera personne.
Après ce que Rodrigue a fait voir aujourd'hui,
Quel courage assez vain s'oserait prendre à lui?
Qui se hasarderait contre un tel adversaire?
Qui serait ce vaillant, ou bien ce téméraire?
D. SANCHE.
Faites ouvrir le champ : vous voyez l'assaillant;
Je suis ce téméraire, ou plutôt ce vaillant.
Accordez cette grâce à l'ardeur qui me presse.
Madame, vous savez quelle est votre promesse.
D. FERNAND.
Chimène, remets-tu ta querelle en sa main?

CHIMÈNE.
Sire, je l'ai promis.
D. FERNAND.
Soyez prêt à demain.
D. DIÈGUE.
Non, sire, il ne faut pas différer davantage :
On est toujours tout prêt quand on a du courage.
D. FERNAND.
Sortir d'une bataille, et combattre à l'instant!
D. DIÈGUE.
Rodrigue a pris haleine en vous la racontant.
D. FERNAND. [lasse;
Du moins une heure ou deux je veux qu'il se dé-
Mais de peur qu'en exemple un tel combat ne passe,
Pour témoigner à tous qu'à regret je permets
Un sanglant procédé qui ne me plut jamais,
De moi ni de ma cour il n'aura la présence.
(à D. Arias.)
Vous seul des combattants jugerez la vaillance,
Ayez soin que tous deux fassent en gens de cœur,
Et, le combat fini, m'amenez le vainqueur.
Quel qu'il soit, même prix est acquis à sa peine;
Je le veux de ma main présenter à Chimène,
Et que pour récompense il reçoive sa foi.
CHIMÈNE.
Quoi! sire, m'imposer une si dure loi!
D. FERNAND.
Tu t'en plains; mais ton feu, loin d'avouer ta plainte,
Si Rodrigue est vainqueur, l'accepte sans contrainte.
Cesse de murmurer contre un arrêt si doux;
Qui que ce soit des deux, j'en ferai ton époux.

ACTE CINQUIÈME

SCÈNE I

D. RODRIGUE, CHIMÈNE.

CHIMÈNE.
Quoi! Rodrigue, en plein jour! d'où te vient cette au-
Va, tu me perds d'honneur; retire-toi, de grâce. [dace?
D. RODRIGUE.
Je vais mourir, madame, et vous viens en ce lieu,
Avant le coup mortel, dire un dernier adieu;
Cet immuable amour qui sous vos lois m'engage
N'ose accepter ma mort sans vous en faire hommage.
CHIMÈNE.
Tu vas mourir!
D. RODRIGUE.
Je cours à ces heureux moments
Qui vont livrer ma vie à vos ressentiments.
CHIMÈNE.
Tu vas mourir! Don Sanche est-il si redoutable
Qu'il donne l'épouvante à ce cœur indomptable?
Qui t'a rendu si faible? ou qui le rend si fort?

Rodrigue va combattre, et se croit déjà mort.
Celui qui n'a pas craint les Maures, ni mon père,
Va combattre don Sanche, et déjà désespère!
Ainsi donc au besoin ton courage s'abat!

D. RODRIGUE.

Je cours à mon supplice, et non pas au combat;
Et ma fidèle ardeur sait bien m'ôter l'envie,
Quand vous cherchez ma mort, de défendre ma vie.
J'ai toujours même cœur; mais je n'ai point de bras
Quand il faut conserver ce qui ne vous plaît pas;
Et déjà cette nuit m'aurait été mortelle,
Si j'eusse combattu pour ma seule querelle;
Mais défendant mon roi, son peuple et mon pays,
A me défendre mal je les aurais trahis.
Mon esprit généreux ne hait pas tant la vie,
Qu'il en veuille sortir par une perfidie:
Maintenant qu'il s'agit de mon seul intérêt,
Vous demandez ma mort, j'en accepte l'arrêt.
Votre ressentiment choisit la main d'un autre;
Je ne méritais pas de mourir de la vôtre.
On ne me verra point en repousser les coups;
Je dois plus de respect à qui combat pour vous;
Et, ravi de penser que c'est de vous qu'ils viennent,
Puisque c'est votre honneur que ses armes soutien-
Je lui vais présenter mon estomac ouvert, [nent,
Adorant en sa main la vôtre qui me perd.

CHIMÈNE.

Si d'un triste devoir la juste violence,
Qui me fait malgré moi poursuivre ta vaillance,
Prescrit à ton amour une si forte loi
Qu'il te rend sans défense à qui combat pour moi,
En cet aveuglement ne perds pas la mémoire
Qu'ainsi que de ta vie il y va de ta gloire,
Et que, dans quelque éclat que Rodrigue ait vécu,
Quand on le saura mort, on le croira vaincu.
Ton honneur t'est plus cher que je ne te suis chère,
Puisqu'il trempe tes mains dans le sang de mon père,
Et te fait renoncer, malgré ta passion,
A l'espoir le plus doux de ma possession:
Je t'en vois cependant faire si peu de compte,
Que sans rendre combat tu veux qu'on te surmonte.
Quelle inégalité ravale ta vertu?
Pourquoi ne l'as-tu plus? ou pourquoi l'avais-tu?
Quoi! n'es-tu généreux que pour me faire outrage?
S'il faut m'offenser, n'as-tu point de courage?
Et traites-tu mon père avec tant de rigueur,
Qu'après l'avoir vaincu tu souffres un vainqueur?
Va, sans vouloir mourir, laisse-moi te poursuivre,
Et défends ton honneur, si tu ne veux plus vivre.

D. RODRIGUE.

Après la mort du comte, et les Maures défaits,
Faudrait-il à ma gloire encor d'autres effets?
Elle peut dédaigner le soin de me défendre;
On sait que mon courage ose tout entreprendre,
Que ma valeur peut tout, et que dessous les cieux,
Auprès de mon honneur, rien ne m'est précieux.
Non, non, en ce combat, quoi que vous veuilliez croire,
Rodrigue peut mourir sans hasarder sa gloire,
Sans qu'on l'ose accuser d'avoir manqué de cœur,
Sans passer pour vaincu, sans souffrir un vainqueur.
On dira seulement : « Il adorait Chimène;
« Il n'a pas voulu vivre et mériter sa haine;
« Il a cédé lui-même à la rigueur du sort
« Qui forçait sa maîtresse à poursuivre sa mort :
« Elle voulait sa tête; et son cœur magnanime,
« S'il l'en eût refusée, eût pensé faire un crime.
« Pour venger son honneur il perdit son amour,
« Pour venger sa maîtresse il a quitté le jour,
« Préférant (quelque espoir qu'eût son âme asservie)
« Son honneur à Chimène, et Chimène à sa vie. »
Ainsi donc vous verrez ma mort en ce combat,
Loin d'obscurcir ma gloire, en rehausser l'éclat;
Et cet honneur suivra mon trépas volontaire,
Que tout autre que moi n'eût pu vous satisfaire.

CHIMÈNE.

Puisque, pour t'empêcher de courir au trépas,
Ta vie et ton honneur sont de faibles appas,
Si jamais je t'aimai, cher Rodrigue, en revanche,
Défends-toi maintenant pour m'ôter à don Sanche;
Combats pour m'affranchir d'une condition
Qui me donne à l'objet de mon aversion.
Te dirai-je encor plus? va, songe à ta défense,
Pour forcer mon devoir, pour m'imposer silence;
Et si tu sens pour moi ton cœur encore épris,
Sors vainqueur d'un combat dont Chimène est le prix.
Adieu : ce mot lâché me fait rougir de honte.

D. RODRIGUE, seul.

Est-il quelque ennemi qu'à présent je ne dompte?
Paraissez, Navarrois, Maures et Castillans,
Et tout ce que l'Espagne a nourri de vaillants;
Unissez-vous ensemble, et faites une armée,
Pour combattre une main de la sorte animée :
Joignez tous vos efforts contre un espoir si doux;
Pour en venir à bout, c'est trop peu que de vous.

SCÈNE II

L'INFANTE.

T'écouterai-je encor, respect de ma naissance,
 Qui fais un crime de mes feux?
T'écouterai-je, amour, dont la douce puissance
Contre ce fier tyran fait révolter mes vœux?
 Pauvre princesse! auquel des deux
 Dois-tu prêter obéissance?
Rodrigue, ta valeur te rend digne de moi;
Mais, pour être vaillant, tu n'es pas fils de roi.

Impitoyable sort, dont la rigueur sépare
 Ma gloire d'avec mes désirs,
Est-il dit que le choix d'une vertu si rare
Coûte à ma passion de si grands déplaisirs?
 O cieux! à combien de soupirs
 Faut-il que mon cœur se prépare,
Si jamais il n'obtient sur un si long tourment
Ni d'éteindre l'amour, ni d'accepter l'amant!

Mais c'est trop de scrupule, et ma raison s'étonne
Du mépris d'un si digne choix :
Bien qu'aux monarques seuls ma naissance me donne,
Rodrigue, avec honneur je vivrai sous tes lois.
Après avoir vaincu deux rois,
Pourrais-tu manquer de couronne?
Et ce grand nom de Cid que tu viens de gagner
Ne fait-il pas trop voir sur qui tu dois régner?

Il est digne de moi, mais il est à Chimène;
Le don que j'en ai fait me nuit.
Entre eux la mort d'un père a si peu mis de haine,
Que le devoir du sang à regret le poursuit :
Ainsi n'espérons aucun fruit
De son crime, ni de ma peine,
Puisque pour me punir le destin a permis
Que l'amour dure même entre deux ennemis.

SCÈNE III

L'INFANTE, LÉONOR.

L'INFANTE.

Où viens-tu, Léonor?

LÉONOR.

Vous applaudir, madame,
Sur le repos qu'enfin a retrouvé votre âme.

L'INFANTE.

D'où viendrait ce repos dans un comble d'ennui?

LÉONOR.

Si l'amour vit d'espoir, et s'il meurt avec lui,
Rodrigue ne peut plus charmer votre courage.
Vous savez le combat où Chimène l'engage;
Puisqu'il faut qu'il y meure, ou qu'il soit son mari,
Votre espérance est morte, et votre esprit guéri.

L'INFANTE.

Ah! qu'il s'en faut encor!

LÉONOR.

Que pouvez-vous prétendre?

L'INFANTE.

Mais plutôt quel espoir me pourrais-tu défendre?
Si Rodrigue combat sous ces conditions,
Pour en rompre l'effet j'ai trop d'inventions.
L'amour, ce doux auteur de mes cruels supplices,
Aux esprits des amants apprend trop d'artifices.

LÉONOR.

Pourrez-vous quelque chose, après qu'un père mort
N'a pu, dans leurs esprits, allumer de discord*?
Car Chimène aisément montre, par sa conduite,
Que la haine aujourd'hui ne fait pas sa poursuite.
Elle obtient un combat, et pour son combattant
C'est le premier offert qu'elle accepte à l'instant :
Elle n'a point recours à ces mains généreuses
Que tant d'exploits fameux rendent si glorieuses;
Don Sanche lui suffit, et mérite son choix
Parce qu'il va s'armer pour la première fois;
Elle aime en ce duel son peu d'expérience;
Comme il est sans renom, elle est sans défiance;

Et sa facilité vous doit bien faire voir
Qu'elle cherche un combat qui force son devoir,
Qui livre à son Rodrigue une victoire aisée,
Et l'autorise enfin à paraître apaisée.

L'INFANTE.

Je le remarque assez, et toutefois mon cœur
A l'envi de Chimène adore ce vainqueur.
A quoi me résoudrai-je, amante infortunée?

LÉONOR.

A vous mieux souvenir de qui vous êtes née :
Le ciel vous doit un roi, vous aimez un sujet!

L'INFANTE.

Mon inclination a bien changé d'objet.
Je n'aime plus Rodrigue, un simple gentilhomme;
Non, ce n'est plus ainsi que mon amour le nomme :
Si j'aime, c'est l'auteur de tant de beaux exploits,
C'est le valeureux Cid, le maître de deux rois.
Je me vaincrai pourtant, non de peur d'aucun blâme,
Mais pour ne troubler pas une si belle flamme;
Et quand pour m'obliger on l'aurait couronné,
Je ne veux point reprendre un bien que j'ai donné.
Puisqu'en un tel combat sa victoire est certaine,
Allons encore un coup le donner à Chimène.
Et toi, qui vois les traits dont mon cœur est percé,
Viens me voir achever comme j'ai commencé.

SCÈNE IV

CHIMÈNE, ELVIRE.

CHIMÈNE.

Elvire, que je souffre! et que je suis à plaindre!
Je ne sais qu'espérer, et je vois tout à craindre;
Aucun vœu ne m'échappe où j'ose consentir;
Je ne souhaite rien sans un prompt repentir.
A deux rivaux pour moi je fais prendre les armes :
Le plus heureux succès me coûtera des larmes;
Et quoi qu'en ma faveur en ordonne le sort,
Mon père est sans vengeance, ou mon amant est mort.

ELVIRE.

D'un et d'autre côté je vous vois soulagée :
Ou vous avez Rodrigue, ou vous êtes vengée;
Et quoi que le destin puisse ordonner de vous,
Il soutient votre gloire, et vous donne un époux.

CHIMÈNE.

Quoi! l'objet de ma haine, ou bien de ma colère!
L'assassin de Rodrigue, ou celui de mon père!
De tous les deux côtés on me donne un mari
Encor tout teint du sang que j'ai le plus chéri.
De tous les deux côtés mon âme se rebelle'.
Je crains plus que la mort la fin de ma querelle.
Allez, vengeance, amour, qui troublez mes esprits,
Vous n'avez point pour moi de douceurs à ce prix :
Et toi, puissant moteur du destin qui m'outrage,
Termine ce combat sans aucun avantage,
Sans faire aucun des deux ni vaincu ni vainqueur.

ELVIRE.

Ce serait vous traiter avec trop de rigueur.
Ce combat pour votre âme est un nouveau supplice,
S'il vous laisse obligée à demander justice,

A témoigner toujours ce haut ressentiment,
Et poursuivre toujours la mort de votre amant.
Madame, il vaut bien mieux que sa rare vaillance,
Lui couronnant le front, vous impose silence;
Que la loi du combat étouffe vos soupirs,
Et que le roi vous force à suivre vos désirs.

CHIMÈNE.

Quand il sera vainqueur, crois-tu que je me rende?
Mon devoir est trop fort, et ma perte trop grande;
Et ce n'est pas assez, pour leur faire la loi,
Que celle du combat et le vouloir du roi.
Il peut vaincre don Sanche avec fort peu de peine,
Mais non pas avec lui la gloire de Chimène;
Et, quoi qu'à sa victoire un monarque ait promis,
Mon honneur lui fera mille autres ennemis.

ELVIRE.

Gardez, pour vous punir de cet orgueil étrange,
Que le ciel à la fin ne souffre qu'on vous venge.
Quoi! vous voulez encor refuser le bonheur
De pouvoir maintenant vous taire avec honneur?
Que prétend ce devoir, et qu'est-ce qu'il espère?
La mort de votre amant vous rendra-t-elle un père?
Est-ce trop peu pour vous que d'un coup de malheur?
Faut-il perte sur perte, et douleur sur douleur?
Allez, dans le caprice où votre humeur s'obstine,
Vous ne méritez pas l'amant qu'on vous destine;
Et nous verrons du ciel l'équitable courroux
Vous laisser, par sa mort, don Sanche pour époux.

CHIMÈNE.

Elvire, c'est assez des peines que j'endure,
Ne les redouble point par ce funeste augure.
Je veux, si je le puis, les éviter tous deux;
Sinon, en ce combat Rodrigue a tous mes vœux :
Non qu'une folle ardeur de son côté me penche;
Mais, s'il était vaincu, je serais à don Sanche.
Cette appréhension fait naître mon souhait...
Que vois-je! malheureuse! Elvire, c'en est fait.

SCÈNE V

D. SANCHE, CHIMÈNE, ELVIRE.

D. SANCHE.

Madame, à vos genoux j'apporte cette épée...

CHIMÈNE.

Quoi! du sang de Rodrigue encor toute trempée?
Perfide, oses-tu bien te montrer à mes yeux,
Après m'avoir ôté ce que j'aimais le mieux?
Éclate, mon amour, tu n'as plus rien à craindre;
Mon père est satisfait, cesse de te contraindre;
Un même coup a mis ma gloire en sûreté,
Mon âme au désespoir, ma flamme en liberté.

D. SANCHE.

D'un esprit plus rassis...

CHIMÈNE.

Tu me parles encore,
Exécrable assassin d'un héros que j'adore!
Va, tu l'as pris en traître; un guerrier si vaillant
N'eût jamais succombé sous un tel assaillant.

N'espère rien de moi, tu ne m'as point servie!
En croyant me venger, tu m'as ôté la vie.

D. SANCHE.

Étrange impression, qui, loin de m'écouter...

CHIMÈNE.

Veux-tu que de sa mort je t'écoute vanter,
Que j'entende à loisir avec quelle insolence
Tu peindras son malheur, mon crime et ta vaillance?

SCÈNE VI

**D. FERNAND, D. DIÈGUE, D. ARIAS, D. SANCHE,
D. ALONSE, CHIMÈNE, ELVIRE.**

CHIMÈNE.

Sire, il n'est plus besoin de vous dissimuler
Ce que tous mes efforts ne vous ont pu celer.
J'aimais, vous l'avez su; mais, pour venger mon père,
J'ai bien voulu proscrire une tête si chère :
Votre majesté, sire, elle-même a pu voir
Comme j'ai fait céder mon amour au devoir.
Enfin Rodrigue est mort, et sa mort m'a changée
D'implacable ennemie en amante affligée.
J'ai dû cette vengeance à qui m'a mise au jour,
Et je dois maintenant ces pleurs à mon amour.
Don Sanche m'a perdue en prenant ma défense;
Et du bras qui me perd je suis la récompense!
Sire, si la pitié peut émouvoir un roi,
De grâce, révoquez une si dure loi;
Pour prix d'une victoire où je perds ce que j'aime,
Je lui laisse mon bien; qu'il me laisse à moi-même;
Qu'en un cloître sacré je pleure incessamment,
Jusqu'au dernier soupir, mon père et mon amant.

D. DIÈGUE.

Enfin elle aime, sire, et ne croit plus un crime
D'avouer par sa bouche un amour légitime.

D. FERNAND.

Chimène, sors d'erreur, ton amant n'est pas mort,
Et don Sanche vaincu t'a fait un faux rapport.

D. SANCHE.

Sire, un peu trop d'ardeur malgré moi l'a déçue :
Je venais du combat lui raconter l'issue.
Ce généreux guerrier, dont son cœur est charmé,
« Ne crains rien (m'a-t-il dit, quand il m'a désarmé);
« Je laisserais plutôt la victoire incertaine,
« Que de répandre un sang hasardé pour Chimène;
« Mais puisque mon devoir m'appelle auprès du roi,
« Va de notre combat l'entretenir pour moi,
« De la part du vainqueur lui porter ton épée. »
Sire, j'y suis venu : cet objet l'a trompée;
Elle m'a cru vainqueur, me voyant de retour,
Et soudain sa colère a trahi son amour
Avec tant de transport et tant d'impatience,
Que je n'ai pu gagner un moment d'audience.
Pour moi, bien que vaincu, je me répute heureux;
Et, malgré l'intérêt de mon cœur amoureux,
Perdant infiniment, j'aime encor ma défaite,
Qui fait le beau succès d'une amour si parfaite.

D. FERNAND.

Ma fille, il ne faut point rougir d'un si beau feu,
Ni chercher les moyens d'en faire un désaveu;
Une louable honte en vain t'en sollicite;
Ta gloire est dégagée, et ton devoir est quitte;
Ton père est satisfait, et c'était le venger
Que mettre tant de fois ton Rodrigue en danger.
Tu vois comme le ciel autrement en dispose.
Ayant tant fait pour lui, fais pour toi quelque chose,
Et ne sois point rebelle à mon commandement,
Qui te donne un époux aimé si chèrement.

SCÈNE VII

D. FERNAND, D. DIÈGUE, D. ARIAS, D. RODRIGUE,
D. ALONSE, D. SANCHE, L'INFANTE, CHIMÈNE,
LÉONOR, ELVIRE.

L'INFANTE.

Sèche tes pleurs, Chimène, et reçois sans tristesse
Ce généreux vainqueur des mains de ta princesse.

D. RODRIGUE.

Ne vous offensez point, sire, si devant vous
Un respect amoureux me jette à ses genoux.
Je ne viens point ici demander ma conquête;
Je viens tout de nouveau vous apporter ma tête,
Madame; mon amour n'emploîra point pour moi
Ni la loi du combat, ni le vouloir du roi.
Si tout ce qui s'est fait est trop peu pour un père,
Dites par quels moyens il vous faut satisfaire.
Faut-il combattre encor mille et mille rivaux,
Aux deux bouts de la terre étendre mes travaux,
Forcer moi seul un camp, mettre en fuite une armée,
Des héros fabuleux passer la renommée?
Si mon crime par là se peut enfin laver,
J'ose tout entreprendre, et puis tout achever:
Mais si ce fier honneur, toujours inexorable,
Ne se peut apaiser sans la mort du coupable,
N'armez plus contre moi le pouvoir des humains;
Ma tête est à vos pieds, vengez-vous par vos mains;
Vos mains seules ont droit de vaincre un invincible,
Prenez une vengeance à tout autre impossible;
Mais du moins que ma mort suffise à me punir.
Ne me bannissez point de votre souvenir;
Et, puisque mon trépas conserve votre gloire,
Pour vous en revancher* conservez ma mémoire,
Et dites quelquefois, en déplorant mon sort:
« S'il ne m'avait aimée, il ne serait pas mort. »

CHIMÈNE.

Relève-toi, Rodrigue. Il faut l'avouer, sire,
Je vous en ai trop dit pour m'en pouvoir dédire.
Rodrigue a des vertus que je ne puis haïr;
Et quand un roi commande on lui doit obéir.
Mais, à quoi que déjà vous m'ayez condamnée,
Pourrez-vous à vos yeux souffrir cet hyménée?
Et quand de mon devoir vous voulez cet effort,
Toute votre justice en est-elle d'accord?
Si Rodrigue à l'État devient si nécessaire,
De ce qu'il fait pour vous dois-je être le salaire,
Et me livrer moi-même au reproche éternel
D'avoir trempé mes mains dans le sang paternel?

D. FERNAND.

Le temps assez souvent a rendu légitime
Ce qui semblait d'abord ne se pouvoir sans crime.
Rodrigue t'a gagnée, et tu dois être à lui.
Mais, quoique sa valeur t'ait conquise aujourd'hui,
Il faudrait que je fusse ennemi de ta gloire
Pour lui donner si tôt le prix de sa victoire.
Cet hymen différé ne rompt point une loi
Qui, sans marquer de temps, lui destine ta foi.
Prends un an, si tu veux, pour essuyer tes larmes.
Rodrigue, cependant il faut prendre les armes.
Après avoir vaincu les Maures sur nos bords,
Renversé leurs desseins, repoussé leurs efforts,
Va jusqu'en leur pays leur reporter la guerre,
Commander mon armée, et ravager leur terre.
A ce seul nom de Cid ils trembleront d'effroi;
Ils t'ont nommé seigneur, et te voudront pour roi.
Mais parmi tes hauts faits sois-lui toujours fidèle:
Reviens-en, s'il se peut, encor plus digne d'elle;
Et par tes grands exploits fais-toi si bien priser,
Qu'il lui soit glorieux alors de t'épouser.

D. RODRIGUE.

Pour posséder Chimène, et pour votre service, [se?
Que peut-on m'ordonner que mon bras n'accomplis-
Quoi qu'absent de ses yeux il me faille endurer,
Sire, ce m'est trop d'heur* de pouvoir espérer.

D. FERNAND.

Espère en ton courage, espère en ma promesse;
Et possédant déjà le cœur de ta maîtresse,
Pour vaincre un point d'honneur qui combat contre
Laisse faire le temps, ta vaillance et ton roi. [toi,

EXAMEN DU CID

Ce poëme a tant d'avantages du côté du sujet et des pensées brillantes dont il est semé, que la plupart de ses auditeurs n'ont pas voulu voir les défauts de sa conduite, et ont laissé enlever leurs suffrages au plaisir que leur a donné sa représentation. Bien que ce soit celui de tous mes ouvrages réguliers où je me suis permis le plus de licence, il passe encore pour le plus beau auprès de ceux qui ne s'attachent pas à la dernière sévérité des règles; et depuis cinquante ans qu'il tient sa place sur nos théâtres, l'histoire ni l'effort de l'imagination n'y ont rien fait voir qui en ait effacé l'éclat.

Aussi a-t-il les deux grandes conditions que demande Aristote aux tragédies parfaites, et dont l'assemblage se rencontre si rarement chez les anciens et chez les modernes; il les assemble même plus fortement et plus noblement que les espèces* que pose ce philosophe. Une maîtresse que son devoir force à poursuivre la mort de son amant, qu'elle tremble d'obtenir, a les passions plus vives et plus allumées que tout ce qui peut se passer entre un mari et sa femme, une mère et son fils, un frère et sa sœur; et la haute vertu dans un naturel sensible à ses passions, qu'elle dompte sans les affaiblir, et à qui elle laisse toute leur force pour en triompher plus glorieusement, a quelque chose de plus touchant, de plus élevé et de plus aimable que cette médiocre bonté, capable d'une faiblesse, et même d'un crime, où nos anciens étaient contraints d'arrêter le caractère le plus parfait des rois et des princes dont ils faisaient leurs héros, afin que ces taches et ces forfaits défigurant ce qu'ils leur laissaient de vertu, s'accommodassent au goût et aux souhaits de leurs spectateurs, et fortifiassent l'horreur qu'ils avaient conçue de leur domination et de la monarchie.

Rodrigue suit ici son devoir sans rien relâcher de sa passion : Chimène fait la même chose à son tour, sans laisser ébranler son dessein par la douleur où elle se voit abîmée par là; et si la présence de son amant lui fait faire quelque faux pas, c'est une glissade dont elle se relève à l'heure même, et non-seulement elle connaît si bien sa faute, qu'elle nous en avertit; mais elle fait un prompt désaveu de tout ce qu'une vue si chère lui a pu arracher. Il n'est point besoin qu'on lui reproche qu'il lui est honteux de souffrir l'entretien de son amant après qu'il a tué son père ; elle avoue que c'est la seule prise que la médisance aura sur elle. Si elle s'emporte jusqu'à lui dire qu'elle veut qu'on sache qu'elle l'adore et le poursuit, ce n'est point une résolution si ferme, qu'elle l'empêche de cacher son amour de tout son possible lorsqu'elle est en la présence du roi. S'il lui échappe de l'encourager au combat contre don Sanche par ces paroles :

Sors vainqueur d'un combat dont Chimène est le prix,

elle ne se contente pas de s'enfuir de honte au même moment; mais sitôt qu'elle est avec Elvire, à qui elle ne déguise rien de ce qui se passe dans son âme, et que la vue de ce cher objet ne lui fait plus de violence, elle forme un souhait plus raisonnable, qui satisfait sa vertu et son amour tout ensemble, et demande au ciel que le combat se termine

Sans faire aucun des deux ni vaincu ni vainqueur.

Si elle ne dissimule point qu'elle penche du côté de Rodrigue, de peur d'être à don Sanche, pour qui elle a de l'aversion, cela ne détruit point la protestation qu'elle a faite un peu auparavant que, malgré la loi de ce combat, et les promesses que le roi a faites à Rodrigue, elle lui fera mille autres ennemis, s'il en sort victorieux. Ce grand éclat même qu'elle laisse faire à son amour après qu'elle le croit mort, est suivi d'une opposition vigoureuse à l'exécution de cette loi qui la donne à son amant, et elle ne se tait qu'après que le roi l'a différée, et lui a laissé lieu d'espérer qu'avec le temps il y pourra survenir quelque obstacle. Je sais bien que le silence passe d'ordinaire pour une marque de consentement ; mais quand les rois parlent, c'en est une de contradiction : on ne manque jamais à leur applaudir quand on entre dans leurs sentiments ; et le seul moyen de leur contredire avec le respect qui leur est dû, c'est de se taire, quand leurs ordres ne sont pas si pressants qu'on ne puisse remettre à s'excuser de leur obéir lorsque le temps en sera venu, et conserver cependant une espérance légitime d'un empêchement qu'on ne peut encore déterminément prévoir.

Il est vrai que, dans ce sujet, il faut se contenter de tirer Rodrigue de péril, sans le pousser jusqu'à son mariage avec Chimène. Il est historique, et a plu en son temps ; mais bien sûrement il déplairait au nôtre, et j'ai peine à voir que Chimène y consente chez l'auteur espagnol, bien qu'il donne plus de trois ans de durée à la comédie qu'il en a faite. Pour ne pas contredire l'histoire, j'ai cru ne me pouvoir dispenser d'en jeter quelque idée, mais avec incertitude de l'effet : et ce n'était que par là que je pouvais accorder la bienséance du théâtre avec la vérité de l'événement.

Les deux visites que Rodrigue fait à sa maîtresse ont quelque chose qui choque cette bienséance de la part de celle qui les souffre ; la rigueur du devoir voulait qu'elle refusât de lui parler, et s'enfermât dans son cabinet au lieu de l'écouter ; mais permettez-moi de dire avec un des premiers esprits de notre siècle, « que leur « conversation est remplie de si beaux sentiments, que plusieurs « n'ont pas connu ce défaut, et que ceux qui l'ont connu l'ont to- « léré. » J'irai plus outre, et dirai que presque tous ont souhaité que ces entretiens se fissent ; et j'ai remarqué aux premières représentations qu'alors que ce malheureux amant se présentait devant elle, il s'élevait un certain frémissement dans l'assemblée, qui marquait une curiosité merveilleuse, et un redoublement d'attention pour ce qu'ils avaient à se dire dans un état si pitoyable. Aristote dit « qu'il y a des absurdités qu'il faut laisser dans un poëme, « quand on peut espérer qu'elles seront bien reçues ; et il est du « devoir du poëte, en ce cas, de les couvrir de tant de brillants, « qu'elles puissent éblouir. » Je laisse au jugement de mes auditeurs si je me suis assez bien acquitté de ce devoir pour justifier par là ces deux scènes. Les pensées de la première des deux sont quelquefois trop spirituelles pour partir de personnes fort affligées; mais, outre que je n'ai fait que la paraphraser de l'espagnol, nous ne nous permettrions quelque chose de plus ingénieux que le cours ordinaire de la passion, nos poëmes ramperaient souvent, et les grandes douleurs ne mettraient dans la bouche de nos acteurs que des exclamations et des hélas. Pour ne déguiser rien, cette offre que fait Rodrigue de son épée à Chimène, et cette protestation de se laisser tuer par don Sanche, ne me plairaient pas maintenant. Ces beautés étaient de mise en ce temps-là, et ne le seraient plus en celui-ci. La première est dans l'original espagnol; et l'autre est tirée sur ce modèle. Toutes les deux ont fait leur effet en ma faveur; mais je ferais scrupule d'en étaler de pareilles à l'avenir sur notre théâtre.

J'ai dit ailleurs ma pensée touchant l'infante et le roi; il reste néanmoins quelque chose à examiner sur la manière dont ce dernier agit, qui ne paraît pas assez vigoureuse, en ce qu'il ne fait point arrêter le comte après le soufflet donné, et n'envoie pas des gardes à don Diègue et à son fils. Sur quoi on peut considérer que don Fernand étant le premier roi de Castille, et ceux qui en avaient été maîtres auparavant lui n'ayant eu titre que de comtes, il n'était peut-être pas assez absolu sur les grands seigneurs de son royaume pour le pouvoir faire. Chez don Guillem de Castro, qui a traité ce sujet avant moi, et qui devait mieux connaître que moi quelle était l'autorité de ce premier monarque de son pays, le soufflet se donne en sa présence et en celle de deux ministres d'État, qui lui conseillent, après que le comte s'est retiré fièrement et avec bravade, et que don Diègue a fait la même chose en soupirant, de ne le pousser point à bout, parce qu'il a quantité d'amis dans les Asturies, qui se pourraient révolter, et prendre parti avec les Maures dont son État est environné : ainsi il se résout d'accommoder l'affaire sans bruit, et recommande le secret à ses deux ministres, qui ont été seuls témoins de l'action. C'est sur cet exemple que je me suis cru bien fondé à le faire agir plus mollement qu'on ne ferait en ce temps-ci, où l'autorité royale est plus absolue. Je ne pense pas non plus qu'il fasse une faute bien grande de ne jeter point l'alarme, de nuit, dans sa ville, sur l'avis incertain qu'il a du dessein des Maures, puisqu'on faisait bonne garde sur les murs et sur le port ; il est inexcusable de n'y donner aucun ordre après leur arrivée, et de laisser tout faire à Rodrigue. La loi du combat qu'il propose à Chimène avant que de le permettre à don Sanche contre Rodrigue, n'est pas si injuste que quelques-uns ont voulu le dire, parce qu'elle est plutôt une menace pour la faire dédire de la demande de ce combat, qu'un arrêt qu'il lui veuille faire exécuter. Cela paraît en ce qu'après la victoire de Rodrigue il n'en exige pas précisément l'effet de sa parole, et la laisse en état d'espérer que cette condition n'aura point de lieu.

Je ne puis dénier que la règle des vingt et quatre heures presse trop les incidents de cette pièce. La mort du comte et l'arrivée des Maures s'y pouvaient entre-suivre d'aussi près qu'elles font, parce que cette arrivée est une surprise qui n'a point de communication, ni de mesures à prendre avec le reste ; mais il n'en va pas ainsi du combat de don Sanche, dont le roi choisit le maître, et pouvait lui choisir un autre temps que deux heures après la fuite des Maures. Leur défaite avait assez fatigué Rodrigue toute la nuit pour mériter deux ou trois jours de repos, et même il y avait quelque apparence qu'il n'en était pas échappé sans blessures, quoique je n'en aie rien dit, parce qu'elles n'auraient fait que nuire à la conclusion de l'action.

Cette même règle presse aussi trop Chimène de demander justice au roi la seconde fois. Il l'avait fait le soir d'auparavant, et n'avait aucun sujet d'y retourner le lendemain matin pour en importuner le roi, dont elle n'avait encore aucun lieu de se plaindre, puisqu'elle ne pouvait encore dire qu'il lui eût manqué de promesse. Le roman lui aurait donné sept ou huit jours de patience avant que de l'en presser de nouveau ; mais les vingt et quatre heures ne l'ont pas permis ; c'est l'incommodité de la règle. Passons à celle de l'unité de lieu, qui ne m'a pas donné moins de gêne en cette pièce.

Je l'ai placé dans Séville, bien que don Fernand n'en ait jamais été le maître ; et j'ai été obligé à cette falsification, pour donner quelque vraisemblance à la descente des Maures, dont l'armée ne pouvait venir si vite par terre que par eau. Je ne voudrais pas assurer toutefois que le flux de la mer monte effectivement jusque-là ; mais, comme dans notre Seine, il fait encore plus de chemin qu'il ne lui en faut faire sur la Guadalquivir pour battre les murailles de cette ville, cela peut suffire à fonder quelque probabilité parmi nous, pour ceux qui n'ont point été sur le lieu même.

Cette arrivée des Maures ne laisse pas d'avoir ce défaut, que j'ai marqué ailleurs, qu'ils se présentent d'eux-mêmes, sans être appelés dans la pièce directement ni indirectement par aucun acteur du premier acte. Ils ont plus de justesse dans l'irrégularité de l'auteur espagnol. Rodrigue n'osant plus se montrer à la cour, les va combattre sur la frontière, et ainsi le premier acteur les va chercher, et leur donne place dans le poëme; au contraire de ce qui arrive ici, où ils semblent se venir faire de fête* exprès pour en être battus, et lui donner moyen de rendre à son roi un service d'importance qui lui fasse obtenir sa grâce. C'est une seconde incommodité de la règle dans cette tragédie.

Tout s'y passe donc dans Séville, et garde ainsi quelque espèce d'unité de lieu en général : mais le lieu particulier change de scène en scène, et tantôt c'est le palais du roi, tantôt l'appartement de l'infante, tantôt la maison de Chimène, et tantôt une rue ou place publique. On le détermine aisément pour les scènes détachées; mais pour celles qui ont leur liaison ensemble, comme les quatre dernières du premier acte, il est malaisé d'en choisir un qui convienne à toutes. Le comte et don Diègue se querellent au sortir du palais; cela se peut passer dans une rue ; mais, après le soufflet reçu, don Diègue ne peut pas demeurer en cette rue à faire ses plaintes, en attendant que son fils survienne, qu'il ne soit tout aussitôt environné de peuple, et ne reçoive l'offre de quelques amis. Ainsi il serait plus à propos qu'il se plaignit dans sa maison, où le met l'espagnol, pour laisser aller ses sentiments en liberté; mais, en ce cas, il faudrait délier les scènes comme il a fait. En l'état où elles sont ici, on peut dire qu'il faut quelquefois aider au théâtre, et suppléer favorablement ce qui ne s'y peut représenter. Deux personnes s'y arrêtent pour parler, et quelquefois il faut présumer qu'ils marchent, ce qu'on ne peut exposer sensiblement à la vue, parce qu'ils échapperaient aux yeux avant que d'avoir pu dire ce qu'il est nécessaire qu'ils fassent savoir à l'auditeur. Ainsi, par une fiction de théâtre, on peut s'imaginer que don Diègue et le comte, sortant du palais du roi, avancent toujours en se querellant, et sont arrivés devant la maison de ce premier lorsqu'il reçoit le soufflet qui l'oblige à y entrer pour y chercher du secours. Si cette fiction poétique ne vous satisfait point, laissons-le dans la place publique, et disons que le concours du peuple autour de lui après cette offense, et les offres de service que lui font les premiers amis qui s'y rencontrent, sont des circonstances que le roman ne doit pas oublier ; mais que ces menues actions ne servant de rien à la principale, il n'est besoin que le poète s'en embarrasse sur la scène. Horace l'en dispense par ces vers :

Hoc amet, hoc spernat promissi carminis auctor ;
Pleraque negligat.

Et ailleurs,
Semper ad eventum festinet.

C'est ce qui m'a fait négliger, au troisième acte, de donner à don Diègue, pour aide à chercher son fils, aucun des cinq cents amis qu'il avait chez lui. Il y a grande apparence que quelques-uns d'eux l'y accompagnaient, et même que quelques autres le cherchaient pour lui d'un autre côté ; mais ces accompagnements inutiles de personnes qui n'ont rien à dire, puisque celui qu'ils accompagnent a seul tout l'intérêt à l'action, ces sortes d'accompagnements, dis-je, ont toujours mauvaise grâce au théâtre, et d'autant plus que les comédiens n'emploient à ces personnages muets que leurs moucheurs de chandelles et leurs valets, qui ne savent quelle posture tenir.

Les funérailles du comte étaient encore une chose fort embarrassante, soit qu'elles se soient faites avant la fin de la pièce, soit que le corps ait demeuré en présence dans son hôtel, en attendant qu'on y donnât ordre. Le moindre mot que j'en eusse laissé dire, pour en prendre soin, eût rompu toute la chaleur de l'attention, et rempli l'auditeur d'une fâcheuse idée. J'ai cru plus à propos de les dérober à son imagination par mon silence, aussi bien que le lieu précis de ces quatre scènes du premier acte dont je viens de parler; et je m'assure que cet artifice m'a si bien réussi, que peu de personnes ont pris garde à l'un ni à l'autre, et que la plupart des spectateurs, laissant emporter leurs esprits à ce qu'ils ont vu et entendu de pathétique en ce poëme, ne se sont point avisés de réfléchir sur ces deux considérations.

J'achève par une remarque sur ce que dit Horace, que ce qu'on expose à la vue touche bien plus que ce qu'on n'apprend que par un récit[1].

C'est sur quoi je me suis fondé pour faire voir le soufflet que reçoit don Diègue, et cacher aux yeux la mort du comte, afin d'acquérir et conserver à mon premier acteur l'amitié des auditeurs, si nécessaire pour réussir au théâtre. L'indignité d'un affront fait à un vieillard, chargé d'années et de victoires, les jette aisément dans le parti de l'offensé ; et cette mort, qu'on vient dire au roi tout simplement sans aucune narration touchante, n'excite point en eux la commisération qu'y eût fait naître le spectacle de son sang, et ne leur donne aucune aversion pour ce malheureux amant, qu'ils ont vu forcé, par ce qu'il devait à son honneur, d'en venir à cette extrémité, malgré l'intérêt et la tendresse de son amour.

1. *Segnius irritant animos demissa per aurem,*
Quam quæ sunt oculis subjecta fidelibus.

DE ARTE POETICA, V. 180.

FIN DU CID

HORACE

TRAGÉDIE — 1639

A MONSEIGNEUR LE CARDINAL DUC DE RICHELIEU

MONSEIGNEUR,

Je n'aurais jamais eu la témérité de présenter à Votre Éminence ce mauvais portrait d'Horace, si je n'eusse considéré qu'après tant de bienfaits que j'ai reçus d'elle, le silence où mon respect m'a retenu jusqu'à présent passerait pour ingratitude, et que, quelque juste défiance que j'aie de mon travail, je dois avoir encore plus de confiance en votre bonté. C'est d'elle que je tiens tout ce que je suis; et ce n'est pas sans rougir que, pour toute reconnaissance, je vous fais un présent si peu digne de vous, et si peu proportionné à ce que je vous dois. Mais, dans cette confusion, qui m'est commune avec tous ceux qui écrivent, j'ai cet avantage qu'on ne peut, sans quelque injustice, condamner mon choix, et que ce généreux Romain, que je mets aux pieds de Votre Éminence, eût pu paraître devant elle avec moins de honte, s'il eût été traité d'une main plus savante, à la dignité de la matière : j'en ai pour garant l'auteur dont je l'ai tirée, qui commence à décrire cette fameuse histoire par ce glorieux éloge, « qu'il n'y a presque aucune chose plus noble dans « toute l'antiquité. » Je voudrais que ce qu'il a dit de l'action se pût dire de la peinture que j'en ai faite, non pour en tirer plus de vanité, mais seulement pour vous offrir quelque chose un peu moins indigne de vous être offert. Le sujet était capable de plus de grâces, s'il eût été traité d'une main plus savante; mais du moins il a reçu de la mienne toutes celles qu'elle était capable de lui donner, et qu'on pouvait raisonnablement attendre d'une muse de province, qui, n'étant pas assez heureuse pour jouir souvent des regards de Votre Éminence, n'a pas les mêmes lumières à se conduire qu'ont celles qui en sont continuellement éclairées. Et certes, MONSEIGNEUR, ce changement visible qu'on remarque en mes ouvrages depuis que j'ai l'honneur d'être à Votre Éminence, qu'est-ce autre chose qu'un effet des grandes idées qu'elle m'inspire quand elle daigne souffrir que je lui rende mes devoirs; et à quoi peut-on attribuer ce qui s'y mêle de mauvais, qu'aux teintures grossières que je reprends quand je demeure abandonné à ma propre faiblesse? Il faut, MONSEIGNEUR, que tous ceux qui donnent leurs veilles au théâtre publient hautement avec moi que nous vous avons deux obligations très-signalées : l'une, d'avoir ennobli le but de l'art; l'autre, de nous en avoir facilité les connaissances. Vous avez ennobli le but de l'art, puisque, au lieu de celui de plaire au peuple que nous préscrivent nos maîtres, et dont les deux plus honnêtes gens de leur siècle, Scipion et Lælie, ont autrefois protesté de se contenter, vous nous avez donné celui de vous plaire et de vous divertir; et qu'ainsi nous ne rendons pas un petit service à l'État, puisque, contribuant à vos divertissements, nous contribuons à l'entretien d'une santé qui lui est si précieuse et si nécessaire. Vous nous en avez facilité les connaissances, puisque nous n'avons plus besoin d'autre étude pour les acquérir que d'attacher nos yeux sur Votre Éminence quand elle honore de sa présence et de son attention le récit de nos poëmes. C'est là que, lisant sur son visage ce qui lui plaît et ce qui ne lui plaît pas, nous nous instruisons avec certitude de ce qui est bon et de ce qui est mauvais, et tirons des règles infaillibles de ce qu'il faut suivre et de ce qu'il faut éviter : c'est là que j'ai souvent appris en deux heures ce que mes livres n'eussent pu m'apprendre en dix ans; c'est là que j'ai puisé ce qui m'a valu l'applaudissement du public; et c'est là qu'avec votre faveur j'espère puiser assez pour être un jour une œuvre digne de vos mains. Ne trouvez donc pas mauvais, MONSEIGNEUR, que, pour vous remercier de ce que j'ai de réputation, dont je vous suis entièrement redevable, j'emprunte quatre vers d'un autre Horace que celui que je vous présente, et que je vous exprime par eux les plus véritables sentiments de mon âme :

> *Totum muneris hoc tui est,*
> *Quod monstror digito prætereuntium*
> *Scenæ non levis artifex :*
> *Quod spiro et placeo, si placeo, tuum est.*

Je n'ajouterai qu'une vérité à celle-ci, en vous suppliant de croire que je suis et serai toute ma vie, très-passionnément,

MONSEIGNEUR,

DE VOTRE ÉMINENCE,

Le très-humble, très-obéissant et très-fidèle serviteur,

CORNEILLE.

PERSONNAGES.

TULLE, roi de Rome.
LE VIEIL HORACE, chevalier romain.
HORACE, son fils.
CURIACE, gentilhomme d'Albe, amant de Camille.
VALÈRE, chevalier romain, amoureux de Camille.
SABINE, femme d'Horace et sœur de Curiace.
CAMILLE, amante de Curiace et sœur d'Horace.
JULIE, dame romaine, confidente de Sabine et de Camille.
FLAVIAN, soldat de l'armée d'Albe.
PROCULE, soldat de l'armée de Rome.

La scène est à Rome, dans une salle de la maison d'Horace.

ACTE PREMIER

SCÈNE I

SABINE, JULIE.

SABINE.

Approuvez ma faiblesse, et souffrez ma douleur;
Elle n'est que trop juste en un si grand malheur :
Si près de voir sur soi fondre de tels orages,
L'ébranlement sied bien aux plus fermes courages;
Et l'esprit le plus mâle et le moins abattu
Ne saurait sans désordre exercer sa vertu.
Quoique le mien s'étonne à ces rudes alarmes,
Le trouble de mon cœur ne peut rien sur mes lar-
Et parmi les soupirs qu'il pousse vers les cieux, [mes,
Ma constance du moins règne encor sur mes yeux :
Quand on arrête là les déplaisirs d'une âme, [femme;
Si l'on fait moins qu'un homme, on fait plus qu'une

Commander à ses pleurs en cette extrémité,
C'est montrer pour le sexe assez de fermeté.
JULIE.
C'en est peut-être assez pour une âme commune
Qui du moindre péril se fait une infortune;
Mais de cette faiblesse un grand cœur est honteux;
Il ose espérer tout dans un succès douteux.
Les deux camps sont rangés au pied de nos murailles;
Mais Rome ignore encor comme on perd des batail-
Loin de trembler pour elle, il lui faut applaudir : [les.
Puisqu'elle va combattre, elle va s'agrandir.
Bannissez, bannissez une frayeur si vaine,
Et concevez des vœux dignes d'une Romaine.
SABINE.
Je suis Romaine, hélas! puisque Horace est Romain;
J'en ai reçu le titre en recevant sa main;
Mais ce nœud me tiendrait en esclave enchaînée,
S'il m'empêchait de voir en quels lieux je suis née.
Albe, où j'ai commencé de respirer le jour,
Albe, mon cher pays, et mon premier amour;
Lorsque entre nous et toi je vois la guerre ouverte,
Je crains notre victoire autant que notre perte.
Rome, si tu te plains que c'est là te trahir,
Fais-toi des ennemis que je puisse haïr.
Quand je vois de tes murs leur armée et la nôtre,
Mes trois frères dans l'une, et mon mari dans l'autre,
Puis-je former des vœux, et sans impiété
Importuner le ciel pour ta félicité?
Je sais que ton État, encor en sa naissance,
Ne saurait, sans la guerre, affermir sa puissance;
Je sais qu'il doit s'accroître, et que tes grands destins
Ne le borneront pas chez les peuples latins;
Que les dieux t'ont promis l'empire de la terre,
Et que tu n'en peux voir l'effet que par la guerre :
Bien loin de m'opposer à cette noble ardeur
Qui suit l'arrêt des dieux et court à ta grandeur,
Je voudrais déjà voir tes troupes couronnées,
D'un pas victorieux franchir les Pyrénées.
Va jusqu'en l'Orient pousser tes bataillons;
Va sur les bords du Rhin planter tes pavillons;
Fais trembler sous tes pas les colonnes d'Hercule,
Mais respecte une ville à qui tu dois Romule.
Ingrate, souviens-toi que du sang de ses rois
Tu tiens ton nom, tes murs, et tes premières lois.
Albe est ton origine; arrête et considère
Que tu portes le fer dans le sein de ta mère.
Tourne ailleurs les efforts de tes bras triomphants;
Sa joie éclatera dans l'heur* de ses enfants;
Et, se laissant ravir à l'amour maternelle,
Ses vœux seront pour toi, si tu n'es plus contre elle.
JULIE.
Ce discours me surprend, vu que depuis le temps
Qu'on a contre son peuple armé nos combattants,
Je vous ai vu pour elle autant d'indifférence
Que si d'un sang romain vous aviez pris naissance.
J'admirais la vertu qui réduisait en vous
Vos plus chers intérêts à ceux de votre époux;
Et je vous consolais au milieu de vos plaintes,
Comme si notre Rome eût fait toutes vos craintes.

SABINE.
Tant qu'on ne s'est choqué qu'en de légers combats,
Trop faibles pour jeter un des partis à bas,
Tant qu'un espoir de paix a pu flatter ma peine,
Oui, j'ai fait vanité d'être toute Romaine.
Si j'ai vu Rome heureuse avec quelque regret,
Soudain j'ai condamné ce mouvement secret;
Et si j'ai ressenti, dans ses destins contraires,
Quelque maligne joie en faveur de mes frères,
Soudain, pour l'étouffer rappelant ma raison,
J'ai pleuré quand la gloire entrait dans leur maison.
Mais aujourd'hui qu'il faut que l'une ou l'autre tombe,
Qu'Albe devienne esclave, ou que Rome succombe,
Et qu'après la bataille il ne demeure plus
Ni d'obstacle aux vainqueurs, ni d'espoir aux vain-
J'aurais pour mon pays une cruelle haine, [cus,
Si je pouvais encore être toute Romaine,
Et si je demandais votre triomphe aux dieux,
Au prix de tant de sang qui m'est si précieux.
Je m'attache un peu moins aux intérêts d'un homme :
Je ne suis point pour Albe, et ne suis plus pour Rome;
Je crains pour l'une et l'autre en ce dernier effort,
Et serai du parti qu'affligera le sort.
Égale à tous les deux jusques à la victoire,
Je prendrai part aux maux sans en prendre à la gloire;
Et je garde, au milieu de tant d'âpres rigueurs,
Mes larmes aux vaincus, et ma haine aux vainqueurs.
JULIE.
Qu'on voit naître souvent de pareilles traverses*,
En des esprits divers, des passions diverses!
Et qu'à nos yeux Camille agit bien autrement!
Son frère est votre époux, le vôtre est son amant :
Mais elle voit d'un œil bien différent du vôtre
Son sang dans une armée, et son amour dans l'autre.
Lorsque vous conserviez un esprit tout romain,
Le sien irrésolu, le sien tout incertain,
De la moindre mêlée appréhendait l'orage,
De tous les deux partis détestait l'avantage,
Au malheur des vaincus donnait toujours ses pleurs,
Et nourrissait ainsi d'éternelles douleurs.
Mais hier, quand elle sut qu'on avait pris journée,
Et qu'enfin la bataille allait être donnée,
Une soudaine joie éclatant sur son front...
SABINE.
Ah! que je crains, Julie, un changement si prompt!
Hier dans sa belle humeur elle entretint Valère;
Pour ce rival, sans doute elle quitte mon frère;
Son esprit, ébranlé par les objets présents;
Ne trouve point d'absent aimable après deux ans.
Mais excusez l'ardeur d'une amour fraternelle;
Le soin que j'ai de lui me fait craindre tout d'elle :
Je forme des soupçons d'un trop léger sujet.
Près d'un jour si funeste on change peu d'objet.
Les âmes rarement sont de nouveau blessées;
Et dans un si grand trouble on a d'autres pensées :
Mais on n'a pas aussi de si doux entretiens,
Ni de contentements qui soient pareils aux siens.
JULIE. [res.
Les causes, comme à vous, m'en semblent fort obscu-

Je ne me satisfais d'aucunes conjectures.
C'est assez de constance en un si grand danger
Que de le voir, l'attendre, et ne point s'affliger ;
Mais certes c'en est trop d'aller jusqu'à la joie.
####### SABINE.
Voyez qu'un bon génie à propos nous l'envoie.
Essayez sur ce point à la faire parler,
Elle vous aime assez pour ne vous rien celer.
Je vous laisse. Ma sœur, entretenez Julie :
J'ai honte de montrer tant de mélancolie,
Et mon cœur, accablé de mille déplaisirs,
Cherche la solitude à cacher ses soupirs.

SCÈNE II

CAMILLE, JULIE.

####### CAMILLE.
Qu'elle a tort de vouloir que je vous entretienne !
Croit-elle ma douleur moins vive que la sienne,
Et que, plus insensible à de si grands malheurs,
A mes tristes discours je mêle moins de pleurs ?
De pareilles frayeurs mon âme est alarmée ;
Comme elle je perdrai dans l'une et l'autre armée.
Je verrai mon amant, mon plus unique bien,
Mourir pour son pays, ou détruire le mien ;
Et cet objet d'amour devenir, pour ma peine,
Digne de mes soupirs, ou digne de ma haine.
Hélas !
####### JULIE.
Elle est pourtant plus à plaindre que vous.
On peut changer d'amant mais non changer d'époux.
Oubliez Curiace, et recevez Valère,
Vous ne tremblerez plus pour le parti contraire,
Vous serez toute nôtre, et votre esprit remis
N'aura plus rien à perdre au camp des ennemis.
####### CAMILLE.
Donnez-moi des conseils qui soient plus légitimes,
Et plaignez mes malheurs sans m'ordonner des cri-
Quoiqu'à peine à mes maux je puisse résister, [mes.
J'aime mieux les souffrir que de les mériter.
####### JULIE.
Quoi ! vous appelez crime un change* raisonnable !
####### CAMILLE.
Quoi ! le manque de foi vous semble pardonnable ?
####### JULIE.
Envers un ennemi qui peut nous obliger ?
####### CAMILLE.
D'un serment solennel qui peut nous dégager ?
####### JULIE.
Vous déguisez en vain une chose trop claire :
Je vous vis encore hier entretenir Valère ;
Et l'accueil gracieux qu'il recevait de vous
Lui permet de nourrir un espoir assez doux.
####### CAMILLE.
Si je l'entretins hier et lui fis bon visage,
N'en imaginez rien qu'à son désavantage ;
De mon contentement un autre était l'objet.
Mais pour sortir d'erreur sachez-en le sujet ;
Je garde à Curiace une amitié trop pure
Pour souffrir plus longtemps qu'on m'estime parjure.
 Il vous souvient qu'à peine on voyait de sa sœur
Par un heureux hymen mon frère possesseur,
Quand pour comble de joie, il obtint de mon père
Que de ses chastes feux je serais le salaire.
Ce jour nous fut propice et funeste à la fois ;
Unissant nos maisons, il désunit nos rois ;
Un même instant conclut notre hymen et la guerre,
Fit naître notre espoir et le jeta par terre,
Nous ôta tout, sitôt qu'il nous eut tout promis ;
Et, nous faisant amants, il nous fit ennemis.
Combien nos déplaisirs parurent lors extrêmes !
Combien contre le ciel il vomit de blasphèmes !
Et combien de ruisseaux coulèrent de mes yeux !
Je ne vous le dis point, vous vîtes nos adieux ;
Vous avez vu depuis les troubles de mon âme :
Vous savez pour la paix quels vœux a faits ma flamme,
Et quels pleurs j'ai versés à chaque événement,
Tantôt pour mon pays, tantôt pour mon amant.
Enfin mon désespoir parmi ces longs obstacles,
M'a fait avoir recours à la voix des oracles.
Écoutez si celui qui me fut hier rendu
Eut droit de rassurer mon esprit éperdu.
Ce Grec si renommé, qui depuis tant d'années
Au pied de l'Aventin prédit nos destinées,
Lui qu'Apollon jamais n'a fait parler à faux,
Me promit par ces vers la fin de mes travaux :
« Albe et Rome demain prendront une autre face ;
« Tes vœux sont exaucés, elles auront la paix,
« Et tu seras unie avec ton Curiace,
« Sans qu'aucun mauvais sort t'en sépare jamais. »
Je pris sur cet oracle une entière assurance,
Et comme le succès passait mon espérance,
J'abandonnai mon âme à des ravissements
Qui passaient les transports des plus heureux amants.
Jugez de leur excès : je rencontrai Valère,
Et, contre sa coutume, il ne put me déplaire,
Il me parla d'amour sans me donner d'ennui :
Je ne m'aperçus pas que je parlais à lui ;
Je ne lui pus montrer de mépris ni de glace :
Tout ce que je voyais me semblait Curiace ;
Tout ce qu'on me disait me parlait de ses feux ;
Tout ce que je disais l'assurait de mes vœux.
Le combat général aujourd'hui se hasarde ;
J'en sus hier la nouvelle, et je n'y pris pas garde ;
Mon esprit rejetait ces funestes objets,
Charmé des doux pensers d'hymen et de la paix.
La nuit a dissipé des erreurs si charmantes ;
Mille songes affreux, mille images sanglantes,
Ou plutôt mille amas de carnage et d'horreur
M'ont arraché ma joie et rendu ma terreur.
J'ai vu du sang, des morts, et n'ai rien vu de suite ;
Un spectre en paraissant prenait soudain la fuite ;
Ils s'effaçaient l'un l'autre ; et chaque illusion
Redoublait mon effroi par sa confusion.
####### JULIE.
C'est en contraire sens qu'un songe s'interprète.

CAMILLE.

Je le dois croire ainsi, puisque je le souhaite ;
Mais je me trouve enfin, malgré tous mes souhaits,
Au jour d'une bataille, et non pas d'une paix.

JULIE.

Par là finit la guerre, et la paix lui succède.

CAMILLE.

Dure à jamais le mal, s'il y faut ce remède !
Soit que Rome y succombe ou qu'Albe ait le dessous,
Cher amant, n'attends plus d'être un jour mon époux ;
Jamais, jamais ce nom ne sera pour un homme
Qui soit ou le vainqueur, ou l'esclave de Rome.
  Mais quel objet nouveau se présente en ces lieux ?
Est-ce toi, Curiace ? en croirai-je mes yeux ?

SCÈNE III

CURIACE, CAMILLE, JULIE.

CURIACE.

N'en doutez point, Camille, et revoyez un homme
Qui n'est ni le vainqueur ni l'esclave de Rome ;
Cessez d'appréhender de voir rougir mes mains
Du poids honteux des fers ou du sang des Romains.
J'ai cru que vous aimiez assez Rome et la gloire
Pour mépriser ma chaîne et haïr ma victoire ;
Et comme également en cette extrémité
Je craignais la victoire et la captivité...

CAMILLE.

Curiace, il suffit, je devine le reste :
Tu fuis une bataille à tes vœux si funeste,
Et ton cœur, tout à moi, pour ne me perdre pas,
Dérobe à ton pays le secours de ton bras.
Qu'un autre considère ici ta renommée,
Et te blâme, s'il veut, de m'avoir trop aimée.
Ce n'est point à Camille à t'en mésestimer ;
Plus ton amour paraît, plus elle doit t'aimer ;
Et, si tu dois beaucoup aux lieux qui t'ont vu naître,
Plus tu quittes pour moi, plus tu le fais paraître.
Mais as-tu vu mon père ? et peut-il endurer
Qu'ainsi dans sa maison tu t'oses retirer,
Ne préfère-t-il point l'État à sa famille ?
Ne regarde-t-il point Rome plus que sa fille ?
Enfin notre bonheur est-il bien affermi ?
T'a-t-il vu comme gendre ou bien comme ennemi ?

CURIACE.

Il m'a vu comme gendre, avec une tendresse
Qui témoignait assez une entière allégresse ;
Mais il ne m'a point vu, par une trahison,
Indigne de l'honneur d'entrer dans sa maison.
Je n'abandonne point l'intérêt de ma ville,
J'aime encor mon honneur en adorant Camille.
Tant qu'a duré la guerre, on m'a vu constamment
Aussi bon citoyen que véritable amant.
D'Albe avec mon amour j'accordais la querelle ;
Je soupirais pour vous en combattant pour elle ;
Et s'il fallait encor que l'on en vînt aux coups,
Je combattrais pour elle en soupirant pour vous.

Oui, malgré les désirs de mon âme charmée,
Si la guerre durait, je serais dans l'armée :
C'est la paix qui chez vous me donne un libre accès,
La paix à qui nos feux doivent ce beau succès.

CAMILLE.

La paix ! Et le moyen de croire un tel miracle ?

JULIE.

Camille, pour le moins croyez-en votre oracle,
Et sachons pleinement par quels heureux effets
L'heure d'une bataille a produit cette paix.

CURIACE.

L'aurait-on jamais cru ! Déjà les deux armées,
D'une égale chaleur au combat animées,
Se menaçaient des yeux, et marchant fièrement,
N'attendaient, pour donner, que le commandement ;
Quand notre dictateur devant les rangs s'avance,
Demande à votre prince un moment de silence ;
Et l'ayant obtenu : « Que faisons-nous, Romains,
« Dit-il, et quel démon nous fait venir aux mains ?
« Souffrons que la raison éclaire enfin nos âmes :
« Nous sommes vos voisins, nos filles sont vos femmes,
« Et l'hymen nous a joints par tant et tant de nœuds,
« Qu'il est peu de nos fils qui ne soient vos neveux ;
« Nous ne sommes qu'un sang et qu'un peuple en
  [deux villes :
« Pourquoi nous déchirer par des guerres civiles,
« Où la mort des vaincus affaiblit les vainqueurs,
« Et le plus beau triomphe est arrosé de pleurs ?
« Nos ennemis communs attendent avec joie
« Qu'un des partis défait leur donne l'autre en proie,
« Lassé, demi-rompu, vainqueur, mais, pour tout
  [fruit,
« Dénué d'un secours par lui-même détruit.
« Ils ont assez longtemps joui de nos divorces,
« Contre eux dorénavant joignons toutes nos forces,
« Et noyons dans l'oubli ces petits différends
« Qui de si bons guerriers font de mauvais parents.
« Que si l'ambition de commander aux autres
« Fait marcher aujourd'hui vos troupes et les nôtres,
« Pourvu qu'à moins de sang nous voulions l'apaiser,
« Elle nous unira, loin de nous diviser.
« Nommons des combattants pour la cause commune ;
« Que chaque peuple aux siens attache sa fortune ;
« Et suivant ce que d'eux ordonnera le sort,
« Que le parti plus faible obéisse au plus fort :
« Mais sans indignité pour des guerriers si braves,
« Qu'ils deviennent sujets sans devenir esclaves,
« Sans honte, sans tribut, et sans autre rigueur
« Que de suivre en tous lieux les drapeaux du vain-
  [queur.
« Ainsi nos deux États ne feront qu'un empire. »
Il semble qu'à ces mots notre discorde expire :
Chacun, jetant les yeux dans un rang ennemi,
Reconnaît un beau-frère, un cousin, un ami ;
Ils s'étonnent comment leurs mains, de sang avides,
Volaient, sans y penser, à tant de parricides,
Et font paraître un front couvert tout à la fois
D'horreur pour la bataille, et d'ardeur pour ce choix
Enfin l'offre s'accepte, et la paix désirée

Sous ces conditions est aussitôt jurée : [choisir,
Trois combattront pour tous ; mais pour les mieux
Nos chefs ont voulu prendre un peu plus de loisir :
Le vôtre est au sénat, le nôtre dans sa tente.
CAMILLE.
O dieux, que ce discours rend mon âme contente !
CURIACE.
Dans deux heures au plus, par un commun accord,
Le sort de nos guerriers réglera notre sort. [me :
Cependant tout est libre, attendant qu'on les nom-
Rome est dans notre camp, et notre camp dans Rome;
D'un et d'autre côté l'accès étant permis,
Chacun va renouer avec ses vieux amis.
Pour moi, ma passion m'a fait suivre vos frères ;
Et mes désirs ont eu des succès si prospères,
Que l'auteur de vos jours m'a promis à demain
Le bonheur sans pareil de vous donner la main.
Vous ne deviendrez pas rebelle à sa puissance ?
CAMILLE.
Le devoir d'une fille est dans l'obéissance.
CURIACE.
Venez donc recevoir ce doux commandement,
Qui doit mettre le comble à mon contentement.
CAMILLE.
Je vais suivre vos pas, mais pour revoir mes frères,
Et savoir d'eux encore la fin de nos misères.
JULIE.
Allez, et cependant au pied de nos autels
J'irai rendre pour vous grâces aux immortels.

ACTE DEUXIÈME

SCÈNE I

HORACE, CURIACE.

CURIACE.

Ainsi Rome n'a point séparé son estime;
Elle eût cru faire ailleurs un choix illégitime :
Cette superbe ville en vos frères et vous
Trouve les trois guerriers qu'elle préfère à tous;
Et son illustre ardeur d'oser plus que les autres,
D'une seule maison brave toutes les nôtres :
Nous croirons, à la voir tout entière en vos mains,
Que hors les fils d'Horace il n'est point de Romains.
Ce choix pouvait combler trois familles de gloire,
Consacrer hautement leurs noms à la mémoire :
Oui, l'honneur que reçoit la vôtre par ce choix
En pouvait à bon titre immortaliser trois ;   [me,
Et puisque c'est chez vous que mon heur* et ma flam-
M'ont fait placer ma sœur et choisir une femme,
Ce que je vais vous être et ce que je vous suis
Me font y prendre part autant que je le puis :
Mais un autre intérêt tient ma joie en contrainte,
Et parmi ses douceurs mêle beaucoup de crainte.

La guerre en tel éclat a mis votre valeur,
Que je tremble pour Albe et prévois son malheur ;
Puisque vous combattez, sa perte est assurée ;
En vous faisant nommer, le destin l'a jurée.
Je vois trop dans ce choix ses funestes projets,
Et me compte déjà pour un de vos sujets.
HORACE. [Rome,
Loin de trembler pour Albe, il vous faut plaindre
Voyant ceux qu'elle oublie, et les trois qu'elle nomme.
C'est un aveuglement pour elle bien fatal
D'avoir tant à choisir, et de choisir si mal.
Mille de ses enfants beaucoup plus dignes d'elle
Pouvaient bien mieux que nous soutenir sa querelle ;
Mais quoique ce combat me promette un cercueil,
La gloire de ce choix m'enfle d'un juste orgueil ;
Mon esprit en conçoit une mâle assurance;
J'ose espérer beaucoup de mon peu de vaillance ;
Et du sort envieux quels que soient les projets,
Je ne me compte point pour un de vos sujets.
Rome a trop cru de moi ; mais mon âme ravie
Remplira son attente ou quittera la vie.
Qui veut mourir, ou vaincre, est vaincu rarement;
Ce noble désespoir périt malaisément.
Rome, quoi qu'il en soit, ne sera point sujette
Que mes derniers soupirs n'assurent ma défaite.
CURIACE.
Hélas ! c'est bien ici que je dois être plaint.
Ce que veut mon pays, mon amitié le craint.
Dures extrémités, de voir Albe asservie,
Ou sa victoire au prix d'une si chère vie,
Et que l'unique bien où tendent ses désirs
S'achète seulement par vos derniers soupirs !
Quels vœux puis-je former, et quel bonheur attendre?
De tous les deux côtés j'ai des pleurs à répandre ;
De tous les deux côtés mes désirs sont trahis.
HORACE.
Quoi ! vous me pleureriez mourant pour mon pays !
Pour un cœur généreux ce trépas a des charmes ;
La gloire qui le suit ne souffre point de larmes,
Et je le recevrais en bénissant mon sort,
Si Rome et tout l'État perdaient moins en ma mort.
CURIACE.
A vos amis pourtant permettez de le craindre ;
Dans un si beau trépas ils sont seuls à plaindre :
La gloire en est pour vous, et la perte pour eux ;
Il vous fait immortel, et les rend malheureux :
On perd tout quand on perd un ami si fidèle.
Mais Flavian m'apporte ici quelque nouvelle.

SCÈNE II

HORACE, CURIACE, FLAVIAN.

CURIACE.
Albe de trois guerriers a-t-elle fait le choix ?
FLAVIAN.
Je viens pour vous l'apprendre.
CURIACE.
Eh bien, qui sont les trois ?

FLAVIAN.
Vos deux frères et vous.
CURIACE.
Qui?
FLAVIAN.
Vous et vos deux frères.
Mais pourquoi ce front triste et ces regards sévères?
Ce choix vous déplaît-il?
CURIACE.
Non, mais il me surprend;
Je m'estimais trop peu pour un honneur si grand.
FLAVIAN.
Dirai-je au dictateur, dont l'ordre ici m'envoie,
Que vous le recevez avec si peu de joie?
Ce morne et froid accueil me surprend à mon tour.
CURIACE.
Dis-lui que l'amitié, l'alliance et l'amour
Ne pourront empêcher que les trois Curiaces
Ne servent leur pays contre les trois Horaces.
FLAVIAN.
Contre eux! Ah! c'est beaucoup me dire en peu de [mots.
CURIACE.
Porte-lui ma réponse, et nous laisse en repos.

SCÈNE III

HORACE, CURIACE.

CURIACE.
Que désormais le ciel, les enfers et la terre
Unissent leurs fureurs à nous faire la guerre;
Que les hommes, les dieux, les démons et le sort
Préparent contre nous un général effort :
Je mets à faire pis, en l'état où nous sommes,
Le sort, et les démons, et les dieux, et les hommes.
Ce qu'ils ont de cruel, et d'horrible et d'affreux,
L'est bien moins que l'honneur qu'on nous fait à tous
HORACE.   [deux.
Le sort qui de l'honneur nous ouvre la barrière
Offre à notre constance une illustre matière;
Il épuise sa force à former un malheur
Pour mieux se mesurer avec notre valeur;
Et comme il voit en nous des âmes peu communes,
Hors de l'ordre commun il nous fait des fortunes.
Combattre un ennemi pour le salut de tous,
Et contre un inconnu s'exposer seul aux coups,
D'une simple vertu c'est l'effet ordinaire,
Mille déjà l'ont fait, mille pourraient le faire;
Mourir pour le pays est un si digne sort,
Qu'on briguerait en foule une si belle mort.
Mais vouloir au public immoler ce qu'on aime,
S'attacher au combat contre un autre soi-même,
Attaquer un parti qui prend pour défenseur
Le frère d'une femme et l'amant d'une sœur;
Et, rompant tous ces nœuds, s'armer pour la patrie
Contre un sang qu'on voudrait racheter de sa vie,
Une telle vertu n'appartenait qu'à nous.
L'éclat de son grand nom lui fait peu de jaloux,

Et peu d'hommes au cœur l'ont assez imprimée
Pour oser aspirer à tant de renommée.
CURIACE.
Il est vrai que nos noms ne sauraient plus périr.
L'occasion est belle, il nous la faut chérir.
Nous serons les miroirs d'une vertu bien rare :
Mais votre fermeté tient un peu du barbare;
Peu, même des grands cœurs, tireraient vanité
D'aller par ce chemin à l'immortalité :
A quelque prix qu'on mette une telle fumée,
L'obscurité vaut mieux que tant de renommée.
Pour moi, je l'ose dire, et vous l'avez pu voir,
Je n'ai point consulté pour suivre mon devoir;
Notre longue amitié, l'amour, ni l'alliance,
N'ont pu mettre un moment mon esprit en balance;
Et puisque par ce choix Albe montre en effet
Qu'elle m'estime autant que Rome vous a fait,
Je crois faire pour elle autant que vous pour Rome;
J'ai le cœur aussi bon, mais enfin je suis homme :
Je vois que votre honneur demande tout mon sang,
Que tout le mien consiste à vous percer le flanc,
Près d'épouser la sœur, qu'il faut tuer le frère,
Et que pour mon pays j'ai le sort si contraire.
Encor qu'à mon devoir je coure sans terreur,
Mon cœur s'en effarouche, et j'en frémis d'horreur;
J'ai pitié de moi-même, et jette un œil d'envie
Sur ceux dont notre guerre a consumé la vie,
Sans souhait toutefois de pouvoir reculer.
Ce triste et fier honneur m'émeut sans m'ébranler :
J'aime ce qu'il me donne, et je plains ce qu'il m'ôte;
Et si Rome demande une vertu plus haute,
Je rends grâces aux dieux de n'être pas Romain,
Pour conserver encor quelque chose d'humain.
HORACE.
Si vous n'êtes Romain, soyez digne de l'être.
Et si vous m'égalez, faites-le mieux paraître.
La solide vertu dont je fais vanité
N'admet point de faiblesse avec sa fermeté,
Et c'est mal de l'honneur entrer dans la carrière
Que dès le premier pas regarder en arrière.
Notre malheur est grand; il est au plus haut point;
Je l'envisage entier, mais je n'en frémis point :
Contre qui que ce soit que mon pays m'emploie,
J'accepte aveuglément cette gloire avec joie;
Celle de recevoir de tels commandements
Doit étouffer en nous tous autres sentiments.
Qui, près de le servir, considère autre chose,
A faire ce qu'il doit lâchement se dispose;
Ce droit saint et sacré rompt tout autre lien.
Rome a choisi mon bras, je n'examine rien.
Avec une allégresse aussi pleine et sincère
Que j'épousai la sœur, je combattrai le frère;
Et, pour trancher enfin ces discours superflus,
Albe vous a nommé, je ne vous connais plus.
CURIACE.
Je vous connais encore et c'est ce qui me tue;
Mais cette âpre vertu ne m'était pas connue;
Comme notre malheur elle est au plus haut point :
Souffrez que je l'admire et ne l'imite point.

HORACE.

Non, non, n'embrassez pas de vertu par contrainte ;
Et, puisque vous trouvez plus de charme à la plainte,
En toute liberté goûtez un bien si doux.
Voici venir ma sœur pour se plaindre avec vous.
Je vais revoir la vôtre, et résoudre son âme
A se bien souvenir qu'elle est toujours ma femme,
A vous aimer encor, si je meurs par vos mains,
Et prendre en son malheur des sentiments romains.

SCÈNE IV

HORACE, CURIACE, CAMILLE.

HORACE.

Avez-vous su l'état qu'on fait de Curiace,
Ma sœur ?

CAMILLE.

Hélas ! mon sort a bien changé de face.

HORACE.

Armez-vous de constance, et montrez-vous ma sœur ;
Et si par mon trépas il retourne vainqueur,
Ne le recevez point en meurtrier d'un frère,
Mais en homme d'honneur qui fait ce qu'il doit faire,
Qui sert bien son pays, et sait montrer à tous,
Par sa haute vertu, qu'il est digne de vous.
Comme si je vivais, achevez l'hyménée ;
Mais si ce fer aussi tranche sa destinée,
Faites à ma victoire un pareil traitement,
Ne me reprochez point la mort de votre amant.
Vos larmes vont couler, et votre cœur se presse,
Consumez avec lui toute cette faiblesse,
Querellez ciel et terre, et maudissez le sort ;
Mais après le combat ne pensez plus au mort.

(à Curiace.)

Je ne vous laisserai qu'un moment avec elle,
Puis nous irons ensemble où l'honneur nous appelle.

SCÈNE V

CURIACE, CAMILLE.

CAMILLE.

Iras-tu, Curiace ? et ce funeste honneur
Te plaît-il aux dépens de tout notre bonheur ?

CURIACE.

Hélas ! je vois trop bien qu'il faut, quoi que je fasse,
Mourir, ou de douleur, ou de la main d'Horace.
Je vais comme au supplice à cet illustre emploi ;
Je maudis mille fois l'état qu'on fait de moi :
Je hais cette valeur qui fait qu'Albe m'estime ;
Ma flamme au désespoir passe jusques au crime,
Elle se prend au ciel, et l'ose quereller.
Je vous plains, je me plains ; mais il y faut aller.

CAMILLE.

Non ; je te connais mieux, tu veux que je te prie,
Et qu'ainsi mon pouvoir t'excuse à ta patrie.
Tu n'es que trop fameux par tes autres exploits :
Albe a reçu par eux tout ce que tu lui dois.

Autre n'a mieux que toi soutenu cette guerre ;
Autre de plus de morts n'a couvert notre terre :
Ton nom ne peut plus croître, il ne lui manque rien ;
Souffre qu'un autre aussi puisse ennoblir le sien.

CURIACE.

Que je souffre à mes yeux qu'on ceigne une autre tête
Des lauriers immortels que la gloire m'apprête,
Ou que tout mon pays reproche à ma vertu
Qu'il aurait triomphé si j'avais combattu,
Et que sous moi mon amour ma valeur endormie
Couronne tant d'exploits d'une telle infamie !
Non, Albe, après l'honneur que j'ai reçu de toi,
Tu ne succomberas ni vaincras que par moi ;
Tu m'as commis ton sort, je t'en rendrai bon compte,
Et vivrai sans reproche, ou périrai sans honte.

CAMILLE.

Quoi ! tu ne veux pas voir qu'ainsi tu me trahis !

CURIACE.

Avant que d'être à vous je suis à mon pays.

CAMILLE.

Mais te priver pour lui toi-même d'un beau-frère,
Ta sœur de son mari ?

CURIACE.

Telle est notre misère,
Le choix d'Albe et de Rome ôte toute douceur
Aux noms jadis si doux de beau-frère et de sœur.

CAMILLE.

Tu pourras donc, cruel, me présenter sa tête,
Et demander ma main pour prix de ta conquête !

CURIACE.

Il n'y faut plus penser ; en l'état où je suis,
Vous aimer sans espoir, c'est tout ce que je puis.
Vous en pleurez, Camille ?

CAMILLE.

Il faut bien que je pleure :
Mon insensible amant ordonne que je meure ;
Et quand l'hymen pour nous allume son flambeau,
Il l'éteint de sa main pour m'ouvrir le tombeau.
Ce cœur impitoyable à ma perte s'obstine,
Et dit qu'il m'aime encore alors qu'il m'assassine.

CURIACE.   [cours !

Que les pleurs d'une amante ont de puissants dis-
Et qu'un bel œil est fort avec un tel secours !
Que mon cœur s'attendrit à cette triste vue !
Ma constance contre elle à regret s'évertue.
N'attaquez plus ma gloire avec tant de douleurs,
Et laissez-moi sauver ma vertu de vos pleurs ;
Je sens qu'elle chancelle, et défend mal la place.
Plus je suis votre amant, moins je suis Curiace.
Faible d'avoir déjà combattu l'amitié,
Vaincrait-elle à la fois l'amour et la pitié ?
Allez, ne m'aimez plus, ne versez plus de larmes,
Ou j'oppose l'offense à de si fortes armes ;
Je me défendrai mieux contre votre courroux,
Et, pour le mériter, je n'ai plus d'yeux pour vous :
Vengez-vous d'un ingrat, punissez un volage.
Vous ne vous montrez point sensible à cet outrage !
Je n'ai plus d'yeux pour vous, vous en avez pour moi !
En faut-il plus encor ? je renonce à ma foi.

Rigoureuse vertu dont je suis la victime,
Ne peux-tu résister sans le secours d'un crime?
CAMILLE.
Ne fais point d'autre crime, et j'atteste les dieux
Qu'au lieu de t'en haïr, je t'en aimerai mieux;
Oui, je te chérirai, tout ingrat et perfide,
Et cesse d'aspirer au nom de fratricide.
Pourquoi suis-je Romaine, ou que n'es-tu Romain?
Je te préparerais des lauriers de ma main;
Je t'encouragerais, au lieu de te distraire;
Et je te traiterais comme j'ai fait mon frère.
Hélas! j'étais aveugle en mes vœux aujourd'hui,
J'en ai fait contre toi quand j'en ai fait pour lui.
Il revient : quel malheur, si l'amour de sa femme
Ne peut non plus sur lui que le mien sur ton âme!

SCÈNE VI

HORACE, SABINE, CURIACE, CAMILLE.

CURIACE.
Dieux, Sabine le suit! Pour ébranler mon cœur,
Est-ce peu de Camille? y joignez-vous ma sœur?
Et, laissant à ses pleurs vaincre ce grand courage,
L'amenez-vous ici chercher même avantage?
SABINE.
Non, non, mon frère, non, je ne viens en ce lieu
Que pour vous embrasser et pour vous dire adieu.
Votre sang est trop bon, n'en craignez rien de lâche,
Rien dont la fermeté de ces grands cœurs se fâche :
Si ce malheur illustre ébranlait l'un de vous,
Je le désavoûrais pour frère ou pour époux.
Pourrai-je toutefois vous faire une prière
Digne d'un tel époux et digne d'un tel frère?
Je veux d'un coup si noble ôter l'impiété,
A l'honneur qui l'attend rendre sa pureté,
La mettre en son éclat sans mélange de crimes;
Enfin, je vous veux faire ennemis légitimes.
Du saint nœud qui vous joint je suis le seul lien :
Quand je ne serai plus, vous ne vous serez rien.
Brisez votre alliance, et rompez-en la chaîne;
Et puisque votre honneur veut des effets de haine,
Achetez par ma mort le droit de vous haïr :
Albe le veut, et Rome; il faut leur obéir.
Qu'un de vous deux me tue, et que l'autre me venge :
Alors votre combat n'aura plus rien d'étrange,
Et du moins l'un des deux sera juste agresseur,
Ou pour venger sa femme, ou pour venger sa sœur.
Mais quoi! vous souilleriez une gloire si belle,
Si vous vous animiez par quelque autre querelle :
Le zèle du pays vous défend de tels soins;
Vous feriez peu pour lui si vous vous étiez moins.
Il lui faut, et sans haine, immoler un beau-frère.
Ne différez donc plus ce que vous devez faire;
Commencez par sa sœur à répandre son sang,
Commencez par sa femme à lui percer le flanc,
Commencez par Sabine à faire de vos vies
Un digne sacrifice à vos chères patries :
Vous êtes ennemis en ce combat fameux,

Vous d'Albe, vous de Rome, et moi de toutes deux.
Quoi! me réservez-vous à voir une victoire
Où, pour haut appareil d'une pompeuse gloire,
Je verrai les lauriers d'un frère ou d'un mari
Fumer encor d'un sang que j'aurai tant chéri?
Pourrai-je entre vous deux régler alors mon âme,
Satisfaire aux devoirs et de sœur et de femme,
Embrasser le vainqueur en pleurant le vaincu?
Non, non, avant ce coup Sabine aura vécu :
Ma mort le préviendra, de qui que je l'obtienne;
Le refus de vos mains y condamne la mienne.
Sus donc, qui vous retient! Allez, cœurs inhumains,
J'aurai trop de moyens pour y forcer vos mains;
Vous ne les aurez point au combat occupées,
Que ce corps au milieu n'arrête vos épées;
Et, malgré vos refus, il faudra que leurs coups
Se fassent jour ici pour aller jusqu'à vous.
HORACE.
O ma femme!
CURIACE.
O ma sœur!
CAMILLE.
Courage! ils s'amollissent.
SABINE.
Vous poussez des soupirs; vos visages pâlissent :
Quelle peur vous saisit? Sont-ce là ces grands cœurs,
Ces héros qu'Albe et Rome ont pris pour défenseurs?
HORACE.
Que t'ai-je fait, Sabine? et quelle est mon offense,
Qui t'oblige à chercher une telle vengeance?
Que t'a fait mon honneur? et par quel droit viens-tu
Avec toute ta force attaquer ma vertu?
Du moins contente-toi de l'avoir étonnée,
Et me laisse achever cette grande journée.
Tu me viens de réduire en un étrange point.
Aime assez ton mari pour n'en triompher point.
Va-t'en, et ne rends plus la victoire douteuse;
La dispute déjà m'en est assez honteuse.
Souffre qu'avec honneur je termine mes jours.
SABINE.
Va, cesse de me craindre; on vient à ton secours.

SCÈNE VII

LE VIEIL HORACE, HORACE, CURIACE, SABINE, CAMILLE.

LE VIEIL HORACE.
Qu'est-ce ci, mes enfants? écoutez-vous vos flammes?
Et perdez-vous encor le temps avec des femmes?
Prêts à verser du sang, regardez-vous des pleurs?
Fuyez, et laissez-les déplorer leurs malheurs.
Leurs plaintes ont pour vous trop d'art et de tendres-
Elles vous feraient part enfin de leur faiblesse, [se;
Et ce n'est qu'en fuyant qu'on pare de tels coups.
SABINE.
N'appréhendez rien d'eux, ils sont dignes de vous.
Malgré tous nos efforts vous en devez attendre
Ce que vous souhaitez et d'un fils et d'un gendre;

Et si notre faiblesse ébranlait leur honneur,
Nous vous laissons ici pour leur rendre du cœur.
Allons, ma sœur, allons, ne perdons plus de larmes ;
Contre tant de vertus ce sont de faibles armes.
Ce n'est qu'au désespoir qu'il nous faut recourir.
Tigres, allez combattre, et nous, allons mourir.

SCÈNE VIII

LE VIEIL HORACE, HORACE, CURIACE.

HORACE.

Mon père, retenez des femmes qui s'emportent,
Et, de grâce, empêchez surtout qu'elles ne sortent.
Leur amour importun viendrait avec éclat
Par des cris et des pleurs troubler notre combat ;
Et ce qu'elles nous sont ferait qu'avec justice
On nous imputerait ce mauvais artifice ;
L'honneur d'un si beau choix serait trop acheté,
Si l'on nous soupçonnait de quelque lâcheté.

LE VIEIL HORACE.

J'en aurai soin. Allez, vos frères vous attendent ;
Ne pensez qu'aux devoirs que vos pays demandent.

CURIACE.

Quel adieu vous dirai-je ? et par quels compliments...

LE VIEIL HORACE.

Ah ! n'attendrissez point ici mes sentiments ;
Pour vous encourager ma voix manque de termes ;
Mon cœur ne forme point de pensers assez fermes ;
Moi-même en cet adieu j'ai les larmes aux yeux.
Faites votre devoir, et laissez faire aux dieux.

ACTE TROISIÈME

SCÈNE I

SABINE.

Prenons parti, mon âme, en de telles disgrâces ;
Soyons femme d'Horace, ou sœur des Curiaces ;
Cessons de partager nos inutiles soins ;
Souhaitons quelque chose, et craignons un peu moins.
Mais las ! quel parti prendre en un sort si contraire ?
Quel ennemi choisir, d'un époux ou d'un frère ?
La nature ou l'amour parle pour chacun d'eux,
Et la loi du devoir m'attache à tous les deux.
Sur leurs hauts sentiments réglons plutôt les nôtres ;
Soyons femme de l'un ensemble et sœur des autres :
Regardons leur honneur comme un souverain bien ;
Imitons leur constance, et ne craignons plus rien.
La mort qui les menace est une mort si belle,
Qu'il en faut sans frayeur attendre la nouvelle.
N'appelons point alors les destins inhumains ;
Songeons pour quelle cause, et non par quelles mains ;
Revoyons les vainqueurs, sans penser qu'à la gloire

Que toute leur maison reçoit de leur victoire ;
Et sans considérer aux dépens de quel sang
Leur vertu les élève en cet illustre rang,
Faisons nos intérêts de ceux de leur famille :
En l'une je suis femme, en l'autre je suis fille ;
Et tiens à toutes deux par de si forts liens,
Qu'on ne peut triompher que par les bras des miens.
Fortune, quelques maux que ta rigueur m'envoie,
J'ai trouvé les moyens d'en tirer de la joie,
Et puis voir aujourd'hui le combat sans terreur,
Les morts sans désespoir, les vainqueurs sans hor-
Flatteuse illusion, erreur douce et grossière, [reur.
Vain effort de mon âme, impuissante lumière,
De qui le faux brillant prend droit de m'éblouir,
Que tu sais peu durer, et tôt t'évanouir !
Pareille à ces éclairs qui, dans le fort des ombres,
Poussent un jour qui fuit, et rend les nuits plus som-
[bres,
Tu n'as frappé mes yeux d'un moment de clarté
Que pour les abîmer dans plus d'obscurité.
Tu charmais trop ma peine, et le ciel, qui s'en fâche,
Me vend déjà bien cher ce moment de relâche.
Je sens mon triste cœur percé de tous les coups
Qui m'ôtent maintenant un frère ou mon époux.
Quand je songe à leur mort, quoi que je me propose,
Je songe par quels bras, et non pour quelle cause,
Et ne vois les vainqueurs en leur illustre rang
Que pour considérer aux dépens de quel sang.
La maison des vaincus touche seule mon âme ;
En l'une je suis fille, en l'autre je suis femme,
Et tiens à toutes deux par de si forts liens,
Qu'on ne peut triompher que par la mort des miens.
C'est là donc cette paix que j'ai tant souhaitée !
Trop favorables dieux, vous m'avez écoutée !
Quels foudres lancez-vous quand vous vous irritez,
Si même vos faveurs ont tant de cruautés ?
Et de quelle façon punissez-vous l'offense,
Si vous traitez ainsi les vœux de l'innocence ?

SCÈNE II

SABINE, JULIE.

SABINE.

En est-ce fait, Julie ? et que m'apportez-vous ?
Est-ce la mort d'un frère, ou celle d'un époux ?
Le funeste succès de leurs armes impies
De tous les combattants a-t-il fait des hosties* ?
Et m'enviant l'horreur que j'aurais des vainqueurs,
Pour tous tant qu'ils étaient demande-t-il mes pleurs ?

JULIE.

Quoi ! ce qui s'est passé, vous l'ignorez encore ?

SABINE.

Vous faut-il étonner de ce que je l'ignore ?
Et ne savez-vous point que de cette maison
Pour Camille et pour moi l'on fait une prison ?
Julie, on nous renferme, on a peur de nos larmes ;
Sans cela nous serions au milieu de leurs armes,

Et, par les désespoirs d'une chaste amitié,
Nous aurions des deux camps tiré quelque pitié.

JULIE.

Il n'était pas besoin d'un si tendre spectacle;
Leur vue à leur combat apporte assez d'obstacle.
Sitôt qu'ils ont paru prêts à se mesurer,
On a dans les deux camps entendu murmurer :
A voir de tels amis, des personnes si proches,
Venir pour leur patrie aux mortelles approches,
L'un s'émeut de pitié, l'autre est saisi d'horreur,
L'autre d'un si grand zèle admire la fureur;
Tel porte jusqu'aux cieux leur vertu sans égale,
Et tel l'ose nommer sacrilége et brutale.
Ces divers sentiments n'ont pourtant qu'une voix;
Tous accusent leurs chefs, tous détestent leur choix;
Et ne pouvant souffrir un combat si barbare,
On s'écrie, on s'avance, enfin on les sépare.

SABINE.

Que je vous dois d'encens, grands dieux, qui m'exau- [cez!

JULIE.

Vous n'êtes pas, Sabine, encore où vous pensez :
Vous pouvez espérer, vous avez moins à craindre;
Mais il vous reste encore assez de quoi vous plaindre.
En vain d'un sort si triste on les veut garantir;
Ces cruels généreux n'y peuvent consentir :
La gloire de ce choix leur est si précieuse,
Et charme tellement leur âme ambitieuse,
Qu'alors qu'on les déplore ils s'estiment heureux,
Et prennent pour affront la pitié qu'on a d'eux.
Le trouble des deux camps souille leur renommée;
Ils combattront plutôt et l'une et l'autre armée,
Et mourront par les mains qui leur font d'autres lois,
Que pas un d'eux renonce aux honneurs d'un tel [choix.

SABINE.

Quoi! dans leur dureté ces cœurs d'acier s'obstinent!

JULIE.

Oui, mais d'autre côté les deux camps se mutinent,
Et leurs cris des deux parts poussés en même temps
Demandent la bataille, ou d'autres combattants.
La présence des chefs à peine est respectée,
Leur pouvoir est douteux, leur voix mal écoutée,
Le roi même s'étonne; et pour dernier effort :
« Puisque chacun, dit-il, s'échauffe en ce discord*,
« Consultons des grands dieux la majesté sacrée,
« Et voyons si ce change* à leurs bontés agrée.
« Quel impie osera se prendre à leur vouloir,
« Lorsqu'en un sacrifice ils nous l'auront fait voir?»
Il se tait, et ces mots semblent être des charmes;
Même aux six combattants ils arrachent les armes;
Et ce désir d'honneur qui leur ferme les yeux,
Tout aveugle qu'il est, respecte encore les dieux.
Leur plus bouillante ardeur cède à l'avis de Tulle;
Et, soit par déférence, ou par un prompt scrupule,
Dans l'une et l'autre armée on s'en fait une loi,
Comme si toutes deux le connaissaient pour roi.
Le reste s'apprendra par la mort des victimes.

SABINE. [mes;

Les dieux n'avoûront point un combat plein de cri-
J'en espère beaucoup, puisqu'il est différé,
Et je commence à voir ce que j'ai désiré.

SCÈNE III

CAMILLE, SABINE, JULIE.

SABINE.

Ma sœur, que je vous die* une bonne nouvelle.

CAMILLE.

Je pense la savoir, s'il faut la nommer telle;
On l'a dite à mon père, et j'étais avec lui :
Mais je n'en conçois rien qui flatte mon ennui :
Ce délai de nos maux rendra leurs coups plus rudes;
Ce n'est qu'un plus long terme à nos inquiétudes;
Et tout l'allégement qu'il en faut espérer,
C'est de pleurer plus tard ceux qu'il faudra pleurer.

SABINE.

Les dieux n'ont pas en vain inspiré ce tumulte.

CAMILLE.

Disons plutôt, ma sœur, qu'en vain on les consulte.
Ces mêmes dieux à Tulle ont inspiré ce choix;
Et la voix du public n'est pas toujours leur voix;
Ils descendent bien moins dans de si bas étages,
Que dans l'âme des rois, leurs vivantes images,
De qui l'indépendante et sainte autorité
Est un rayon secret de leur divinité.

JULIE.

C'est vouloir sans raison vous former des obstacles
Que de chercher leur voix ailleurs qu'en leurs oracles;
Et vous ne vous pouvez figurer tout perdu,
Sans démentir celui qui vous fut hier rendu.

CAMILLE.

Un oracle jamais ne se laisse comprendre;
On l'entend d'autant moins que plus on croit l'enten-
Et, loin de s'assurer sur un pareil arrêt, [dre;
Qui n'y voit rien d'obscur doit croire que tout l'est.

SABINE.

Sur ce qu'il a fait pour nous prenons plus d'assurance,
Et souffrons les douceurs d'une juste espérance.
Quand la faveur du ciel ouvre à demi ses bras,
Qui ne s'en promet rien ne la mérite pas;
Il empêche souvent qu'elle ne se déploie;
Et lorsqu'elle descend, son refus la renvoie.

CAMILLE.

Le ciel agit sans nous en ces événements,
Et ne les règle point dessus nos sentiments.

JULIE.

Il ne vous a fait peur que pour vous faire grâce.
Adieu : je vais savoir comme enfin tout se passe.
Modérez vos frayeurs; j'espère à mon retour
Ne vous entretenir que de propos d'amour;
Et que nous n'emploirons la fin de la journée
Q'aux doux préparatifs d'un heureux hyménée.

SABINE.

J'ose encor l'espérer.

CAMILLE.

Moi, je n'espère rien.

JULIE.
L'effet vous fera voir que nous en jugeons bien.

SCÈNE IV

SABINE, CAMILLE.

SABINE.

Parmi nos déplaisirs souffrez que je vous blâme :
Je ne puis approuver tant de trouble en votre âme.
Que feriez-vous, ma sœur, au point où je me vois,
Si vous aviez à craindre autant que je le dois,
Et si vous attendiez de leurs armes fatales
Des maux pareils aux miens, et des pertes égales?

CAMILLE.

Parlez plus sainement de vos maux et des miens :
Chacun voit ceux d'autrui d'un autre œil que les siens,
Mais, à bien regarder ceux où le ciel me plonge,
Les vôtres auprès d'eux vous sembleront un songe.
La seule mort d'Horace est à craindre pour vous.
Des frères ne sont rien à l'égal d'un époux ;
L'hymen qui nous attache en une autre famille
Nous détache de celle où l'on a vécu fille ;
On voit d'un œil divers des nœuds si différents,
Et pour suivre un mari l'on quitte ses parents :
Mais, si près d'un hymen, l'amant que donne un père
Nous est moins qu'un époux, et non pas moins qu'un [frère ;
Nos sentiments entre eux demeurent suspendus,
Notre choix impossible, et nos vœux confondus.
Ainsi, ma sœur, du moins vous avez dans vos plaintes
Où porter vos souhaits et terminer vos craintes ;
Mais si le ciel s'obstine à nous persécuter,
Pour moi j'ai tout à craindre, et rien à souhaiter.

SABINE.

Quand il faut que l'un meure et par les mains de l'au-
C'est un raisonnement bien mauvais que le vôtre. [tre,
Quoique ce soient, ma sœur, des nœuds bien diffé-
C'est sans les oublier qu'on quitte ses parents : [rents,
L'hymen n'efface point ces profonds caractères ;
Pour aimer un mari, l'on ne hait pas ses frères ;
La nature en tout temps garde ses premiers droits ;
Aux dépens de leur vie on ne fait point de choix :
Aussi bien qu'un époux ils sont d'autres nous-mêmes ;
Et tous maux sont pareils alors qu'ils sont extrêmes :
Mais l'amant qui vous charme et pour qui vous brûlez
Ne vous est, après tout, que ce que vous voulez ;
Une mauvaise humeur, un peu de jalousie,
En fait assez souvent passer la fantaisie.
Ce que peut le caprice, osez-le par raison,
Et laissez votre sang hors de comparaison :
C'est crime qu'opposer des liens volontaires
A ceux que la naissance a rendus nécessaires.
Si donc le ciel s'obstine à nous persécuter,
Seule j'ai tout à craindre, et rien à souhaiter ;
Mais pour vous, le devoir vous donne, dans vos plain-
Où porter vos souhaits, et terminer vos craintes. [tes,

CAMILLE.

Je le vois bien, ma sœur, vous n'aimâtes jamais :

Vous ne connaissez point ni l'amour ni ses traits :
On peut lui résister quand il commence à naître,
Mais non pas le bannir quand il s'est rendu maître,
Et que l'aveu d'un père, engageant notre foi,
A fait de ce tyran un légitime roi :
Il entre avec douceur, mais il règne par force ;
Et quand l'âme une fois a goûté son amorce,
Vouloir ne plus aimer, c'est ce qu'elle ne peut,
Puisqu'elle ne peut plus vouloir que ce qu'il veut :
Ses chaînes sont pour nous aussi fortes que belles.

SCÈNE V

LE VIEIL HORACE, SABINE, CAMILLE.

LE VIEIL HORACE.

Je viens vous apporter de fâcheuses nouvelles,
Mes filles ; mais en vain je voudrais vous celer
Ce qu'on ne vous saurait longtemps dissimuler :
Vos frères sont aux mains, les dieux ainsi l'ordonnent.

SABINE.

Je veux bien l'avouer, ces nouvelles m'étonnent ;
Et je m'imaginais dans la divinité
Beaucoup moins d'injustice, et bien plus de bonté.
Ne nous consolez point : contre tant d'infortune
La pitié parle en vain, la raison importune.
Nous avons en nos mains la fin de nos douleurs,
Et qui veut bien mourir peut braver les malheurs.
Nous pourrions aisément faire en votre présence
De notre désespoir une fausse constance ;
Mais quand on peut sans honte être sans fermeté,
L'affecter au dehors, c'est une lâcheté ;
L'usage d'un tel art, nous le laissons aux hommes,
Et ne voulons passer que pour ce que nous sommes.
Nous ne demandons point qu'un courage si fort
S'abaisse à notre exemple à se plaindre du sort.
Recevez sans frémir ces mortelles alarmes ;
Voyez couler nos pleurs sans y mêler vos larmes ;
Enfin, pour toute grâce, en de tels déplaisirs,
Gardez votre constance, et souffrez nos soupirs.

LE VIEIL HORACE.

Loin de blâmer les pleurs que je vous vois répandre,
Je crois faire beaucoup de m'en pouvoir défendre,
Et céderais peut-être à de si rudes coups,
Si je prenais ici même intérêt que vous :
Non qu'Albe par son choix m'ait fait haïr vos frères,
Tous trois me sont encor des personnes bien chères ;
Mais enfin l'amitié n'est pas du même rang,
Et n'a point les effets de l'amour ni du sang ;
Je ne sens point pour eux la douleur qui tourmente
Sabine comme sœur, Camille comme amante :
Je puis les regarder comme nos ennemis,
Et donne sans regrets mes souhaits à mes fils.
Ils sont, grâces aux dieux, dignes de leur patrie ;
Aucun étonnement n'a leur gloire flétrie ;
Et j'ai vu leur honneur croître de la moitié,
Quand ils ont des deux camps refusé la pitié.
Si par quelque faiblesse ils l'avaient mendiée,
Si leur haute vertu ne l'eût répudiée,

Ma main bientôt sur eux m'eût vengé hautement
De l'affront que m'eût fait ce mol consentement.
Mais lorsqu'en dépit d'eux on en a voulu d'autres,
Je ne le cèle point, j'ai joint mes vœux aux vôtres.
Si le ciel pitoyable eût écouté ma voix,
Albe serait réduite à faire un autre choix;
Nous pourrions voir tantôt triompher les Horaces
Sans voir leurs bras souillés du sang des Curiaces,
Et de l'événement d'un combat plus humain
Dépendrait maintenant l'honneur du nom romain :
La prudence des dieux autrement en dispose;
Sur leur ordre éternel mon esprit se repose :
Il s'arme en ce besoin de générosité,
Et du bonheur public fait sa félicité.
Tâchez d'en faire autant pour soulager vos peines,
Et songez toutes deux que vous êtes Romaines :
Vous, l'êtes devenue, et vous, l'êtes encor;
Un si glorieux titre est un digne trésor.
Un jour, un jour viendra que par toute la terre
Rome se fera craindre à l'égal du tonnerre,
Et que, tout l'univers tremblant dessous ses lois,
Ce grand nom deviendra l'ambition des rois :
Les dieux à notre Ænée ont promis cette gloire.

SCÈNE VI

LE VIEIL HORACE, SABINE, CAMILLE, JULIE.

LE VIEIL HORACE.
Nous venez-vous, Julie, apprendre la victoire?

JULIE.
Mais plutôt du combat les funestes effets.
Rome est sujette d'Albe, et vos fils sont défaits;
Des trois les deux sont morts, son époux seul vous reste.

LE VIEIL HORACE.
O d'un triste combat effet vraiment funeste!
Rome est sujette d'Albe, et pour l'en garantir
Il n'a pas employé jusqu'au dernier soupir!
Non, non, cela n'est point, on vous trompe Julie;
Rome n'est point sujette, ou mon fils est sans vie :
Je connais mieux mon sang, il sait mieux son devoir.

JULIE.
Mille, de nos remparts, comme moi l'ont pu voir.
Il s'est fait admirer tant qu'ont duré ses frères;
Mais comme il s'est vu seul contre trois adversaires,
Près d'être enfermé d'eux sa fuite l'a sauvé.

LE VIEIL HORACE.
Et nos soldats trahis ne l'ont point achevé!
Dans leurs rangs à ce lâche ils ont donné retraite!

JULIE.
Je n'ai rien voulu voir après cette défaite.

CAMILLE.
O mes frères!

LE VIEIL HORACE.
Tout beau, ne les pleurez pas tous;
Deux jouissent d'un sort dont leur père est jaloux;
Que des plus nobles fleurs leur tombe soit couverte;
La gloire de leur mort m'a payé de leur perte :
Ce bonheur a suivi leur courage invaincu *,
Qu'ils ont vu Rome libre autant qu'ils ont vécu,
Et ne l'auront point vue obéir qu'à son prince,
Ni d'un État voisin devenir la province.
Pleurez l'autre, pleurez l'irréparable affront
Que sa fuite honteuse imprime à notre front;
Pleurez le déshonneur de toute notre race,
Et l'opprobre éternel qu'il laisse au nom d'Horace.

JULIE.
Que vouliez-vous qu'il fît contre trois?

LE VIEIL HORACE.
Qu'il mourût,
Ou qu'un beau désespoir alors le secourût.
N'eût-il que d'un moment reculé sa défaite,
Rome eût été du moins un peu plus tard sujette;
Il eût avec honneur laissé mes cheveux gris,
Et c'était de sa vie un assez digne prix.
Il est de tout son sang comptable à sa patrie,
Chaque goutte épargnée a sa gloire flétrie,
Chaque instant de sa vie, après ce lâche tour,
Met d'autant plus ma honte avec la sienne au jour.
J'en romprai bien le cours, et ma juste colère,
Contre un indigne fils usant des droits d'un père,
Saura bien faire voir, dans sa punition,
L'éclatant désaveu d'une telle action.

SABINE.
Écoutez un peu moins ces ardeurs généreuses,
Et ne nous rendez point tout à fait malheureuses.

LE VIEIL HORACE.
Sabine, votre cœur se console aisément;
Nos malheurs jusqu'ici vous touchent faiblement
Vous n'avez point encor de part à nos misères;
Le ciel vous a sauvé votre époux et vos frères :
Si nous sommes sujets, c'est de votre pays :
Vos frères sont vainqueurs quand nous sommes trahis;
Et voyant le haut point où leur gloire se monte, [bis;
Vous regardez fort peu ce qui nous vient de honte.
Mais votre trop d'amour pour cet infâme époux
Vous donnera bientôt à plaindre comme à nous :
Vos pleurs en sa faveur sont de faibles défenses;
J'atteste des grands dieux les suprêmes puissances,
Qu'avant ce jour fini, ces mains, ces propres mains
Laveront dans son sang la honte des Romains.

SABINE.
Suivons-le promptement, la colère l'emporte.
Dieux! verrons-nous toujours des malheurs de la sorte?
Nous faudra-t-il toujours en craindre de plus grands,
Et toujours redouter la main de nos parents?

ACTE QUATRIÈME

SCÈNE I

LE VIEIL HORACE, CAMILLE.

LE VIEIL HORACE.
Ne me parlez jamais en faveur d'un infâme;
Qu'il me fuie à l'égal des frères de sa femme :
Pour conserver un sang qu'il tient si précieux,
Il n'a rien fait encor s'il n'évite mes yeux.
Sabine y peut mettre ordre, ou derechef j'atteste
Le souverain pouvoir de la troupe céleste...

CAMILLE.
Ah ! mon père, prenez un plus doux sentiment;
Vous verrez Rome même en user autrement;
Et de quelque malheur que le ciel l'ait comblée,
Excuser la vertu sous le nombre accablée.

LE VIEIL HORACE.
Le jugement de Rome est peu pour mon regard,
Camille; je suis père, et j'ai mes droits à part.
Je sais trop comme agit la vertu véritable :
C'est sans en triompher que le nombre l'accable;
Et sa mâle vigueur, toujours en même point,
Succombe sous la force, et ne lui cède point.
Taisez-vous, et sachons ce que nous veut Valère.

SCÈNE II

LE VIEIL HORACE, VALÈRE, CAMILLE.

VALÈRE.
Envoyé par le roi pour consoler un père,
Et pour lui témoigner...

LE VIEIL HORACE.
N'en prenez aucun soin :
C'est un soulagement dont je n'ai pas besoin;
Et j'aime mieux voir morts que couverts d'infamie
Ceux que vient de m'ôter une main ennemie.
Tous deux pour leur pays sont morts en gens d'hon-
Il me suffit. [neur;

VALÈRE.
Mais l'autre est un rare bonheur;
De tous les trois chez vous il doit tenir la place.

LE VIEIL HORACE.
Que n'a-t-on vu périr en lui le nom d'Horace!

VALÈRE.
Seul vous le maltraitez après ce qu'il a fait.

LE VIEIL HORACE.
C'est à moi seul aussi de punir son forfait.

VALÈRE.
Quel forfait trouvez-vous en sa bonne conduite?

LE VIEIL HORACE.
Quel éclat de vertu trouvez-vous en sa fuite?

VALÈRE.
La fuite est glorieuse en cette occasion.

LE VIEIL HORACE.
Vous redoublez ma honte et ma confusion.
Certes, l'exemple est rare et digne de mémoire
De trouver dans la fuite un chemin à la gloire.

VALÈRE.
Quelle confusion, et quelle honte à vous
D'avoir produit un fils qui nous conserve tous,
Qui fait triompher Rome, et lui gagne un empire?
A quels plus grands honneurs faut-il qu'un père aspi-

LE VIEIL HORACE. [re?
Quels honneurs, quel triomphe, et quel empire enfin,
Lorsque Albe sous ses lois range notre destin?

VALÈRE.
Que parlez-vous ici d'Albe et de sa victoire?
Ignorez-vous encor la moitié de l'histoire?

LE VIEIL HORACE.
Je sais que par sa fuite il a trahi l'État.

VALÈRE.
Oui, s'il eût en fuyant terminé le combat;
Mais on a bientôt vu qu'il ne fuyait qu'en homme
Qui savait ménager l'avantage de Rome.

LE VIEIL HORACE.
Quoi, Rome donc triomphe!

VALÈRE.
Apprenez, apprenez
La valeur de ce fils qu'à tort vous condamnez.
Resté seul contre trois, mais en cette aventure
Tous trois étant blessés, et lui seul sans blessure,
Trop faible pour eux tous, trop fort pour chacun d'eux,
Il sait bien se tirer d'un pas si hasardeux;
Il fuit pour mieux combattre, et cette prompte ruse
Divise adroitement trois frères qu'elle abuse.
Chacun le suit d'un pas ou plus ou moins pressé,
Selon qu'il se rencontre ou plus ou moins blessé;
Leur ardeur est égale à poursuivre sa fuite;
Mais leurs coups inégaux séparent leur poursuite.
Horace les voyant l'un de l'autre écartés,
Se retourne, et déjà les croit demi-domptés :
Il attend le premier, et c'était votre gendre.
L'autre, tout indigné qu'il ait osé l'attendre,
En vain en l'attaquant fait paraître un grand cœur,
Le sang qu'il a perdu ralentit sa vigueur.
Albe à son tour commence à craindre un sort contrai-
Elle crie au second qu'il secoure son frère : [re;
Il se hâte et s'épuise en efforts superflus;
Il trouve en les joignant que son frère n'est plus.

CAMILLE.
Hélas!

VALÈRE.
Tout hors d'haleine il prend pourtant sa place,
Et redouble bientôt la victoire d'Horace :
Son courage sans force est un débile appui;
Voulant venger son frère, il tombe auprès de lui.
L'air résonne des cris qu'au ciel chacun envoie;
Albe en jette d'angoisse, et les Romains de joie.
Comme notre héros se voit près d'achever,
C'est peu pour lui de vaincre, il veut encor braver.
« J'en viens d'immoler deux aux mânes de mes frères,
« Rome aura le dernier de mes trois adversaires,

« C'est à ses intérêts que je vais l'immoler, »
Dit-il; et tout d'un temps on le voit y voler.
La victoire entre eux deux n'était pas incertaine;
L'Albain percé de coups ne se traînait qu'à peine,
Et, comme une victime aux marches de l'autel,
Il semblait présenter sa gorge au coup mortel :
Aussi le reçoit-il, peu s'en faut, sans défense,
Et son trépas de Rome établit la puissance.

LE VIEIL HORACE.

O mon fils! ô ma joie! ô l'honneur de nos jours!
O d'un État penchant l'inespéré secours!
Vertu digne de Rome, et sang digne d'Horace!
Appui de ton pays, et gloire de ta race!
Quand pourrai-je étouffer dans tes embrassements
L'erreur dont j'ai formé de si faux sentiments?
Quand pourra mon amour baigner avec tendresse
Ton front victorieux de larmes d'allégresse?

VALÈRE.

Vos caresses bientôt pourront se déployer;
Le roi dans un moment vous le va renvoyer,
Et remet à demain la pompe qu'il prépare
D'un sacrifice aux dieux pour un bonheur si rare;
Aujourd'hui seulement on s'acquitte vers eux
Par des chants de victoire et par de simples vœux.
C'est où le roi le mène, et tandis* il m'envoie
Faire office* vers vous de douleur et de joie;
Mais cet office encor n'est pas assez pour lui;
Il y viendra lui-même, et peut-être aujourd'hui :
Il croit mal reconnaître une vertu si pure,
Si de sa propre bouche il ne vous en assure,
S'il ne vous dit chez vous combien vous doit l'État.

LE VIEIL HORACE.

De tels remercîments ont pour moi trop d'éclat,
Et je me tiens déjà trop payé par les vôtres
Du service d'un fils et du sang des deux autres.

VALÈRE.

Il ne sait ce que c'est d'honorer à demi;
Et son sceptre arraché des mains de l'ennemi
Fait qu'il tient cet honneur qu'il lui plaît de vous faire
Au-dessous du mérite et du fils et du père.
Je vais lui témoigner quels nobles sentiments
La vertu vous inspire en tous vos mouvements,
Et combien vous montrez d'ardeur pour son service.

LE VIEIL HORACE.

Je vous devrai beaucoup pour un si bon office.

SCÈNE III

LE VIEIL HORACE, CAMILLE.

LE VIEIL HORACE.

Ma fille, il n'est plus temps de répandre des pleurs,
Il sied mal d'en verser où l'on voit tant d'honneurs;
On pleure injustement des pertes domestiques,
Quand on en voit sortir des victoires publiques.
Rome triomphe d'Albe, et c'est assez pour nous;
Tous nos maux à ce prix doivent nous être doux.
En la mort d'un amant vous ne perdez qu'un homme
Dont la perte est aisée à réparer dans Rome;
Après cette victoire, il n'est point de Romain
Qui ne soit glorieux de vous donner la main.
Il me faut à Sabine en porter la nouvelle;
Ce coup sera sans doute assez rude pour elle,
Et ses trois frères morts par la main d'un époux
Lui donneront des pleurs bien plus justes qu'à vous;
Mais j'espère aisément en dissiper l'orage,
Et qu'un peu de prudence aidant son grand courage
Fera bientôt régner sur un si noble cœur
Le généreux amour qu'elle doit au vainqueur.
Cependant étouffez cette lâche tristesse;
Recevez-le, s'il vient, avec moins de faiblesse;
Faites-vous voir sa sœur, et qu'en un même flanc
Le ciel vous a tous deux formés d'un même sang.

SCÈNE IV

CAMILLE.

Oui, je lui ferai voir, par d'infaillibles marques,
Qu'un véritable amour brave la main des Parques,
Et ne prend point de lois de ces cruels tyrans
Qu'un astre injurieux nous donne pour parents.
Tu blâmes ma douleur, tu l'oses nommer lâche;
Je l'aime d'autant plus que plus elle te fâche,
Impitoyable père, et par un juste effort
Je la veux rendre égale aux rigueurs de mon sort.
En vit-on jamais un dont les rudes traverses*
Prissent en moins de rien tant de faces diverses?
Qui fût doux tant de fois, et tant de fois cruel,
Et portât tant de coups avant le coup mortel?
Vit-on jamais une âme en un jour plus atteinte
De joie et de douleur, d'espérance et de crainte,
Asservie en esclave à plus d'événements,
Et le piteux jouet de plus de changements?
Un oracle m'assure, un songe me travaille;
La paix calme l'effroi que me fait la bataille;
Mon hymen se prépare, et presque en un moment
Pour combattre mon frère on choisit mon amant;
Ce choix me désespère, et tous le désavouent,
La partie est rompue, et les dieux la renouent;
Rome semble vaincue, et seul des trois Albains,
Curiace en mon sang n'a point trempé ses mains.
O dieux! sentais-je alors des douleurs trop légères
Pour le malheur de Rome et la mort de deux frères?
Et me flattais-je trop quand je croyais pouvoir
L'aimer encor sans crime et nourrir quelque espoir?
Sa mort m'en punit bien, et la façon cruelle
Dont mon âme éperdue en reçoit la nouvelle;
Son rival me l'apprend, et, faisant à mes yeux
D'un si triste succès le récit odieux,
Il porte sur le front une allégresse ouverte,
Que le bonheur public fait bien moins que ma perte,
Et bâtissant en l'air sur le malheur d'autrui,
Aussi bien que mon frère il triomphe de lui.
Mais ce n'est rien encore au prix de ce qui reste :
On demande ma joie en un jour si funeste,
Il me faut applaudir aux exploits du vainqueur,
Et baiser une main qui me perce le cœur.

En un sujet de pleurs si grand, si légitime,
Se plaindre est une honte, et soupirer un crime;
Leur brutale vertu veut qu'on s'estime heureux,
Et si l'on n'est barbare on n'est point généreux.
Dégénérons, mon cœur, d'un si vertueux père;
Soyons indigne sœur d'un si généreux frère :
C'est gloire de passer pour un cœur abattu,
Quand la brutalité fait la haute vertu.
Éclatez, mes douleurs; à quoi bon vous contraindre?
Quand on a tout perdu, que saurait-on plus craindre?
Pour ce cruel vainqueur n'ayez point de respect;
Loin d'éviter ses yeux, croissez à son aspect;
Offensez sa victoire, irritez sa colère,
Et prenez, s'il se peut, plaisir à lui déplaire.
Il vient; préparons-nous à montrer constamment
Ce que doit une amante à la mort d'un amant.

SCÈNE V

HORACE, CAMILLE, PROCULE.

(*Procule porte en sa main les trois épées des Curiaces.*)

HORACE.

Ma sœur, voici le bras qui venge nos deux frères,
Le bras qui rompt le cours de nos destins contraires,
Qui nous rend maîtres d'Albe; enfin voici le bras
Qui seul fait aujourd'hui le sort de deux États;
Vois ces marques d'honneur, ces témoins de ma gloi-
Et rends ce que tu dois à l'heur* de ma victoire. [re,

CAMILLE.

Recevez donc mes pleurs, c'est ce que je lui dois.

HORACE.

Rome n'en veut point voir après de tels exploits,
Et nos deux frères morts dans le malheur des armes
Sont trop payés de sang pour exiger des larmes :
Quand la perte est vengée, on n'a plus rien perdu.

CAMILLE.

Puisqu'ils sont satisfaits par le sang épandu*,
Je cesserai pour eux de paraître affligée,
Et j'oublirai leur mort que vous avez vengée;
Mais qui me vengera de celle d'un amant
Pour me faire oublier sa perte en un moment?

HORACE.

Que dis-tu, malheureuse?

CAMILLE.

O mon cher Curiace !

HORACE.

O d'une indigne sœur insupportable audace !
D'un ennemi public dont je reviens vainqueur
Le nom est dans ta bouche et l'amour dans ton cœur !
Ton ardeur criminelle à la vengeance aspire !
Ta bouche la demande, et ton cœur la respire !
Suis moins ta passion, règle mieux tes désirs,
Ne me fais plus rougir d'entendre tes soupirs;
Tes flammes désormais doivent être étouffées;
Bannis-les de ton âme, et songe à mes trophées;
Qu'ils soient dorénavant ton unique entretien.

CAMILLE.

Donne-moi donc, barbare, un cœur comme le tien;
Et si tu veux enfin que je t'ouvre mon âme,
Rends-moi mon Curiace, ou laisse agir ma flamme :
Ma joie et mes douleurs dépendaient de son sort;
Je l'adorais vivant, et je le pleure mort.
Ne cherche plus ta sœur où tu l'avais laissée;
Tu ne revois en moi qu'une amante offensée,
Qui, comme une furie attachée à tes pas,
Te veut incessamment reprocher son trépas.
Tigre altéré de sang, qui me défends les larmes,
Qui veux que dans sa mort je trouve encor des char-
Et que jusques au ciel élevant tes exploits,   [mes,
Moi-même je le tue une seconde fois!
Puissent tant de malheurs accompagner ta vie,
Que tu tombes au point de me porter envie !
Et toi bientôt souiller par quelque lâcheté
Cette gloire si chère à ta brutalité !

HORACE.

O ciel ! qui vit jamais une pareille rage !
Crois-tu donc que je sois insensible à l'outrage,
Que je souffre en mon sang ce mortel déshonneur?
Aime, aime cette mort qui fait notre bonheur,
Et préfère du moins au souvenir d'un homme
Ce que doit ta naissance aux intérêts de Rome.

CAMILLE.

Rome, l'unique objet de mon ressentiment !
Rome, à qui vient ton bras d'immoler mon amant!
Rome qui t'a vu naître, et que ton cœur adore !
Rome enfin que je hais parce qu'elle t'honore !
Puissent tous ses voisins ensemble conjurés
Saper ses fondements encor mal assurés !
Et si ce n'est assez de toute l'Italie,
Que l'Orient contre elle à l'Occident s'allie;
Que cent peuples unis des bouts de l'univers
Passent pour la détruire et les monts et les mers!
Qu'elle-même sur soi renverse ses murailles,
Et de ses propres mains déchire ses entrailles;
Que le courroux du ciel allumé par mes vœux
Fasse pleuvoir sur elle un déluge de feux !
Puissé-je de mes yeux y voir tomber ce foudre,
Voir ses maisons en cendre, et tes lauriers en poudre,
Voir le dernier Romain à son dernier soupir,
Moi seule en être cause, et mourir de plaisir!

HORACE, *mettant l'épée à la main, et poursuivant sa sœur, qui s'enfuit.*

C'est trop, ma patience à la raison fait place;
Va dedans les enfers plaindre ton Curiace!

CAMILLE, *blessée, derrière le théâtre.*

Ah, traître !

HORACE, *revenant sur le théâtre.*

        Ainsi reçoive un châtiment soudain
Quiconque ose pleurer un ennemi romain!

SCÈNE VI

HORACE, PROCULE.

PROCULE.
Que venez-vous de faire?
HORACE.
Un acte de justice;
Un semblable forfait veut un pareil supplice.
PROCULE.
Vous deviez la traiter avec moins de rigueur.
HORACE.
Ne me dis point qu'elle est et mon sang et ma sœur.
Mon père ne peut plus l'avouer pour sa fille :
Qui maudit son pays renonce à sa famille;
Des noms si pleins d'amour ne lui sont plus permis;
De ses plus chers parents il fait ses ennemis;
Le sang même les arme en haine de son crime.
La plus prompte vengeance en est plus légitime;
Et ce souhait impie, encore qu'impuissant,
Est un monstre qu'il faut étouffer en naissant.

SCÈNE VII

SABINE, HORACE, PROCULE.

SABINE.
A quoi s'arrête ici ton illustre colère?
Viens voir mourir ta sœur dans les bras de ton père,
Viens repaître tes yeux d'un spectacle si doux :
Ou, si tu n'es point las de ces généreux coups,
Immole au cher pays des vertueux Horaces
Ce reste malheureux du sang des Curiaces.
Si prodigue du tien, n'épargne pas le leur;
Joins Sabine à Camille, et ta femme à ta sœur.
Nos crimes sont pareils, ainsi que nos misères;
Je soupire comme elle, et déplore mes frères :
Plus coupable en ce point contre tes dures lois,
Qu'elle n'en pleurait qu'un, et que j'en pleure trois,
Qu'après son châtiment ma faute continue.
HORACE.
Sèche tes pleurs, Sabine, ou les cache à ma vue.
Rends-toi digne du nom de ma chaste moitié,
Et ne m'accable point d'une indigne pitié.
Si l'absolu pouvoir d'une pudique flamme
Ne nous laisse à tous deux qu'un penser et qu'une âme,
C'est à toi d'élever tes sentiments aux miens,
Non à moi de descendre à la honte des tiens.
Je t'aime, et je connais la douleur qui te presse;
Embrasse ma vertu pour vaincre ta faiblesse,
Participe à ma gloire au lieu de la souiller.
Tâche à t'en revêtir, non à m'en dépouiller.
Es-tu de mon honneur si mortelle ennemie,
Que je te plaise mieux couvert d'une infamie?
Sois plus femme que sœur, et te réglant sur moi,
Fais-toi de mon exemple une immuable loi.
SABINE.
Cherche pour t'imiter des âmes plus parfaites.
Je ne t'impute point les pertes que j'ai faites,
J'en ai les sentiments que je dois en avoir,
Et je m'en prends au sort plutôt qu'à ton devoir;
Mais enfin, je renonce à la vertu romaine,
Si, pour la posséder, je dois être inhumaine,
Et ne puis voir en moi la femme du vainqueur
Sans y voir des vaincus la déplorable sœur.
Prenons part en public aux victoires publiques,
Pleurons dans la maison nos malheurs domestiques,
Et ne regardons point des biens communs à tous,
Quand nous voyons des maux qui ne sont que pour
[nous.
Pourquoi veux-tu, cruel, agir d'une autre sorte?
Laisse en entrant ici tes lauriers à la porte,
Mêle tes pleurs aux miens. Quoi! ces lâches discours
N'arment point ta vertu contre mes tristes jours?
Mon crime redoublé n'émeut point ta colère?
Que Camille est heureuse! elle a pu te déplaire;
Elle a reçu de toi ce qu'elle a prétendu,
Et recouvre là-bas tout ce qu'elle a perdu.
Cher époux, cher auteur du tourment qui me presse,
Écoute la pitié, si ta colère cesse;
Exerce l'une ou l'autre, après de tels malheurs,
A punir ma faiblesse, ou finir mes douleurs :
Je demande la mort pour grâce, ou pour supplice;
Qu'elle soit un effet d'amour ou de justice,
N'importe; tous ses traits n'auront rien que de doux,
Si je les vois partir de la main d'un époux.
HORACE.
Quelle injustice aux dieux d'abandonner aux femmes
Un empire si grand sur les plus belles âmes,
Et de se plaire à voir de si faibles vainqueurs
Régner si puissamment sur les plus nobles cœurs!
A quel point ma vertu devient-elle réduite!
Rien ne la saurait plus garantir que la fuite.
Adieu. Ne me suis point, ou retiens tes soupirs.
SABINE, seule.
O colère, ô pitié, sourdes à mes désirs,
Vous négligez mon crime, et ma douleur vous lasse,
Et je n'obtiens de vous ni supplice, ni grâce!
Allons-y par nos pleurs faire encore un effort,
Et n'employons après que nous à notre mort.

ACTE CINQUIÈME

SCÈNE I

LE VIEIL HORACE, HORACE.

LE VIEIL HORACE.
Retirons nos regards de cet objet funeste,
Pour admirer ici le jugement céleste :
Quand la gloire nous enfle, il sait bien comme il faut
Confondre notre orgueil qui s'élève trop haut :
Nos plaisirs les plus doux ne vont point sans tristesse;
Il mêle à nos vertus des marques de faiblesse,

Et rarement accorde à notre ambition
L'entier et pur honneur d'une bonne action.
Je ne plains point Camille; elle était criminelle;
Je me tiens plus à plaindre, et je te plains plus qu'elle:
Moi, d'avoir mis au jour un cœur si peu romain;
Toi, d'avoir par sa mort déshonoré ta main.
Je ne la trouve point injuste ni trop prompte;
Mais tu pouvais, mon fils, t'en épargner la honte;
Son crime, quoique énorme et digne du trépas,
Était mieux impuni que puni par ton bras.

HORACE.

Disposez de mon sang, les lois vous en font maître;
J'ai cru devoir le sien aux lieux qui m'ont vu naître.
Si dans vos sentiments mon zèle est criminel,
S'il m'en faut recevoir un reproche éternel,
Si ma main en devient honteuse et profanée,
Vous pouvez d'un seul mot trancher ma destinée :
Reprenez tout ce sang de qui ma lâcheté
A si brutalement souillé la pureté.
Ma main n'a pu souffrir de crime en votre race;
Ne souffrez point de tache en la maison d'Horace.
C'est en ces actions dont l'honneur est blessé
Qu'un père tel que vous se montre intéressé :
Son amour doit se taire où toute excuse est nulle;
Lui-même il y prend part lorsqu'il les dissimule ;
Et de sa propre gloire il fait trop peu de cas
Quand il ne punit point ce qu'il n'approuve pas.

LE VIEIL HORACE.

Il n'use pas toujours d'une rigueur extrême ;
Il épargne ses fils bien souvent pour soi-même;
Sa vieillesse sur eux aime à se soutenir,
Et ne les punit point de peur de se punir.
Je te vois d'un autre œil que tu ne te regardes;
Je sais... Mais le roi vient, je vois entrer ses gardes.

SCÈNE II

TULLE, VALÈRE, LE VIEIL HORACE,
HORACE, TROUPE DE GARDES.

LE VIEIL HORACE.

Ah! sire, un tel honneur a trop d'excès pour moi;
Ce n'est point en ce lieu que je dois voir mon roi :
Permettez qu'à genoux...

TULLE.

Non, levez-vous, mon père.
Je fais ce qu'en ma place un bon prince doit faire.
Un si rare service et si fort important
Veut l'honneur le plus rare et le plus éclatant.
    (*montrant Valère.*)
Vous en aviez déjà sa parole pour gage;
Je ne l'ai pas voulu différer davantage.
   J'ai su par son rapport, et je n'en doutais pas,
Comme de vos deux fils vous portez le trépas,
Et que, déjà votre âme étant trop résolue,
Ma consolation vous serait superflue :
Mais je viens de savoir quel étrange malheur
D'un fils victorieux a suivi la valeur,
Et que son trop d'amour pour la cause publique,
Par ses mains, à son père ôte une fille unique.
Ce coup est un peu rude à l'esprit le plus fort;
Et je doute comment vous portez cette mort.

LE VIEIL HORACE.

Sire, avec déplaisir, mais avec patience.

TULLE.

C'est l'effet vertueux de votre expérience.
Beaucoup par un long âge ont appris comme vous
Que le malheur succède au bonheur le plus doux :
Peu savent comme vous s'appliquer ce remède,
Et dans leur intérêt toute leur vertu cède.
Si vous pouvez trouver dans ma compassion
Quelque soulagement pour votre affliction,
Ainsi que votre mal sachez qu'elle est extrême,
Et que je vous en plains autant que je vous aime.

VALÈRE.

Sire, puisque le ciel entre les mains des rois
Dépose sa justice et la force des lois,
Et que l'État demande aux princes légitimes
Des prix pour les vertus, des peines pour les crimes,
Souffrez qu'un bon sujet vous fasse souvenir
Que vous plaignez beaucoup ce qu'il vous faut punir.
Souffrez...

LE VIEIL HORACE.

Quoi! qu'on envoie un vainqueur au supplice?

TULLE.

Permettez qu'il achève, et je ferai justice :
J'aime à la rendre à tous, à toute heure, en tout lieu,
C'est par elle qu'un roi se fait un demi-dieu;
Et c'est dont je vous plains qu'après un tel service
On puisse contre lui me demander justice.

VALÈRE.

Souffrez donc, ô grand roi, le plus juste des rois,
Que tous les gens de bien vous parlent par ma voix.
Non que nos cœurs jaloux de ses honneurs s'irritent;
S'il en reçoit beaucoup, ses hauts faits les méritent;
Ajoutez-y plutôt que d'en diminuer;
Nous sommes tous encor prêts d'y contribuer :
Mais puisque d'un tel crime il s'est montré capable,
Qu'il triomphe en vainqueur, et périsse en coupable.
Arrêtez sa fureur, et sauvez de ses mains,
Si vous voulez régner, le reste des Romains;
Il y va de la perte ou du salut du reste.
   La guerre avait un cours si sanglant, si funeste,
Et les nœuds de l'hymen, durant nos bons destins,
Ont tant de fois uni des peuples si voisins,
Qu'il est peu de Romains que le parti contraire
N'intéresse en la mort d'un gendre ou d'un beau-frère,
Et qui ne soient forcés de donner quelques pleurs,
Dans le bonheur public, à leurs propres malheurs.
Si c'est offenser Rome, et que l'heur* de ses armes
L'autorise à punir ce crime de nos larmes,
Quel sang épargnera ce barbare vainqueur,
Qui ne pardonne pas à celui de sa sœur,
Et ne peut excuser cette douleur pressante
Que la mort d'un amant jette au cœur d'une amante,
Quand, près d'être éclairés du nuptial flambeau,
Elle voit avec lui son espoir au tombeau?

Faisant triompher Rome, il se l'est asservie ;
Il a sur nous un droit et de mort et de vie ;
Et nos jours criminels ne pourront plus durer
Qu'autant qu'à sa clémence il plaira l'endurer.
 Je pourrais ajouter aux intérêts de Rome.
Combien un pareil coup est indigne d'un homme ;
Je pourrais demander qu'on mît devant vos yeux
Ce grand et rare exploit d'un bras victorieux :
Vous verriez un beau sang, pour accuser sa rage,
D'un frère si cruel rejaillir au visage :
Vous verriez des horreurs qu'on ne peut concevoir ;
Son âge et sa beauté vous pourraient émouvoir :
Mais je hais ces moyens qui sentent l'artifice.
Vous avez à demain remis le sacrifice ;
Pensez-vous que les dieux, vengeurs des innocents,
D'une main parricide acceptent de l'encens ?
Sur vous ce sacrilége attirerait sa peine ;
Ne le considérez qu'en objet de leur haine,
Et croyez en nous qu'en tous ses trois combats
Le bon destin de Rome a plus fait que son bras,
Puisque ces mêmes dieux, auteurs de sa victoire,
Ont permis qu'aussitôt il en souillât la gloire,
Et qu'un si grand courage, après ce noble effort,
Fût digne en même jour de triomphe et de mort.
Sire, c'est ce qu'il faut que votre arrêt décide.
En ce lieu Rome a vu le premier parricide,
La suite en est à craindre, et la haine des cieux.
Sauvez-nous de sa main, et redoutez les dieux.

TULLE.

Défendez-vous, Horace.

HORACE.

A quoi bon me défendre ?
Vous savez l'action, vous la venez d'entendre ;
Ce que vous en croyez me doit être une loi.
Sire, on se défend mal contre l'avis d'un roi ;
Et le plus innocent devient soudain coupable,
Quand aux yeux de son prince il paraît condamnable.
C'est crime qu'envers lui se vouloir excuser.
Notre sang est son bien, il en peut disposer ;
Et c'est à nous de croire, alors qu'il en dispose,
Qu'il ne s'en prive point sans une juste cause.
Sire, prononcez donc, je suis prêt d'obéir :
D'autres aiment la vie, et je la dois haïr.
Je ne reproche point à l'ardeur de Valère
Qu'en amant de la sœur il accuse le frère :
Mes vœux avec les siens conspirent aujourd'hui ;
Il demande ma mort, je la veux comme lui.
Un seul point entre nous met cette différence,
Que mon honneur par là cherche son assurance,
Et qu'à ce même but nous voulons arriver,
Lui pour flétrir ma gloire, et moi pour la sauver.
 Sire, c'est rarement qu'il s'offre une matière
A montrer d'un grand cœur la vertu tout entière.
Suivant l'occasion elle agit plus ou moins,
Et paraît forte ou faible aux yeux de ses témoins.
Le peuple, qui voit tout seulement par l'écorce,
S'attache à son effet pour juger de sa force ;
Il veut que ses dehors gardent un même cours,
Qu'ayant fait un miracle, elle en fasse toujours :

Après une action pleine, haute, éclatante,
Tout ce qui brille moins remplit mal son attente :
Il veut qu'on soit égal en tout temps, en tous lieux,
Il n'examine point si lors on pouvait mieux,
Ni que, s'il ne voit pas sans cesse une merveille,
L'occasion est moindre, et la vertu pareille :
Son injustice accable et détruit les grands noms ;
L'honneur des premiers faits se perd par les seconds ;
Et quand la renommée a passé l'ordinaire,
Si l'on n'en veut déchoir, il ne faut plus rien faire.
 Je ne vanterai point les exploits de mon bras ;
Votre majesté, sire, a vu mes trois combats :
Il est bien malaisé qu'un pareil les seconde,
Qu'une autre occasion à celle-ci réponde,
Et que tout mon courage, après de si grands coups,
Parvienne à des succès qui n'aillent au-dessous ;
Si bien que, pour laisser une illustre mémoire,
La mort seule aujourd'hui peut conserver ma gloire :
Encor la fallait-il sitôt que j'eus vaincu,
Puisque pour mon honneur j'ai déjà trop vécu.
Un homme tel que moi voit sa gloire ternie,
Quand il tombe en péril de quelque ignominie ;
Et ma main aurait su déjà m'en garantir :
Mais sans votre congé* mon sang n'ose sortir ;
Comme il vous appartient, votre aveu doit se prendre ;
C'est vous le dérober qu'autrement le répandre.
Rome ne manque point de généreux guerriers ;
Assez d'autres sans moi soutiendront vos lauriers ;
Que votre majesté désormais m'en dispense :
Et si ce que j'ai fait vaut quelque récompense,
Permettez, ô grand roi, que de ce bras vainqueur
Je m'immole à ma gloire, et non pas à ma sœur.

SCÈNE III

TULLE, VALÈRE, LE VIEIL HORACE,
HORACE, SABINE.

SABINE.

Sire, écoutez Sabine, et voyez dans son âme
Les douleurs d'une sœur, et celles d'une femme,
Qui, toute désolée, à vos sacrés genoux,
Pleure pour sa famille, et craint pour son époux.
Ce n'est pas que je veuille avec cet artifice
Dérober un coupable au bras de la justice ;
Quoi qu'il ait fait pour vous, traitez-le comme tel,
Et punissez en moi ce noble criminel ;
De mon sang malheureux expiez tout son crime :
Vous ne changerez point pour cela de victime ;
Ce n'en sera point prendre une injuste pitié,
Mais en sacrifier la plus chère moitié.
Les nœuds de l'hyménée, et son amour extrême,
Font qu'il vit plus en moi qu'il ne vit en lui-même ;
Et si vous m'accordez de mourir aujourd'hui,
Il mourra plus en moi qu'il ne mourrait en lui ;
La mort que je demande, et qu'il faut que j'obtienne,
Augmentera sa peine, et finira la mienne.
Sire, voyez l'excès de mes tristes ennuis,
Et l'effroyable état où mes jours sont réduits.

Quel horreur d'embrasser un homme dont l'épée
De toute ma famille a la trame coupée !
Et quelle impiété de haïr un époux
Pour avoir bien servi les siens, l'État, et vous !
Aimer un bras souillé du sang de tous mes frères !
N'aimer pas un mari qui finit nos misères !
Sire, délivrez-moi, par un heureux trépas,
Des crimes de l'aimer et de ne l'aimer pas ;
J'en nommerai l'arrêt une faveur bien grande.
Ma main peut me donner ce que je vous demande ;
Mais ce trépas enfin me sera bien plus doux,
Si je puis de sa honte affranchir mon époux ;
Si je puis par mon sang apaiser la colère
Des dieux qu'a pu fâcher sa vertu trop sévère,
Satisfaire, en mourant, aux mânes de sa sœur,
Et conserver à Rome un si bon défenseur.

LE VIEIL HORACE.

Sire, c'est donc à moi de répondre à Valère.
Mes enfants avec lui conspirent contre un père ;
Tous trois veulent me perdre, et s'arment sans raison
Contre si peu de sang qui reste en ma maison.

(à Sabine.)

Toi qui, par des douleurs à ton devoir contraires,
Veux quitter un mari pour rejoindre tes frères,
Va plutôt consulter leurs mânes généreux ;
Ils sont morts, mais pour Albe, et s'en tiennent heu-
Puisque le ciel voulait qu'elle fût asservie, [reux.
Si quelque sentiment demeure après la vie,
Ce malheur semble moindre, et moins rudes ses coups,
Voyant que tout l'honneur en retombe sur nous ;
Tous trois désavoûront la douleur qui te touche,
Les larmes de tes yeux, les soupirs de ta bouche,
L'horreur que tu fais voir d'un mari vertueux.
Sabine, sois leur sœur, suis ton devoir comme eux.

(au roi.)

Contre ce cher époux Valère en vain s'anime :
Un premier mouvement ne fut jamais un crime ;
Et la louange est due, au lieu du châtiment,
Quand la vertu produit ce premier mouvement.
Aimer nos ennemis avec idolâtrie,
De rage en leur trépas maudire la patrie,
Souhaiter à l'État un malheur infini,
C'est ce qu'on nomme crime, et ce qu'il a puni.
Le seul amour de Rome a sa main animée ;
Il serait innocent s'il l'avait moins aimée.
Qu'ai-je dit, sire ? il l'est, et ce bras paternel
L'aurait déjà puni s'il était criminel.
J'aurais su mieux user de l'entière puissance
Que me donnent sur lui les droits de la naissance ;
J'aime trop l'honneur, sire, et ne suis point de rang
A souffrir ni d'affront ni de crime en mon sang.
C'est dont je ne veux point de témoin que Valère ;
Il a vu quel accueil lui gardait ma colère,
Lorsque ignorant encor la moitié du combat,
Je croyais que sa fuite avait trahi l'État.
Qui le fait se charger des soins de ma famille ?
Qui le fait, malgré moi, vouloir venger ma fille ?
Et par quelle raison, dans son juste trépas,
Prend-il un intérêt qu'un père ne prend pas ?

On craint qu'après sa sœur il n'en maltraite d'autres !
Sire, nous n'avons part qu'à la honte des nôtres,
Et, de quelque façon qu'un autre puisse agir,
Qui ne nous touche point ne nous fait point rougir.

(à Valère.)

Tu peux pleurer, Valère, et même aux yeux d'Horace ;
Il ne prend intérêt qu'aux crimes de sa race :
Qui n'est point de son sang ne peut faire d'affront
Aux lauriers immortels qui lui ceignent le front.
Lauriers, sacrés rameaux qu'on veut réduire en pou-
Vous qui mettez sa tête à couvert de la foudre, [dre,
L'abandonnerez-vous à l'infâme couteau [reau?
Qui fait choir les méchants sous la main d'un bour-
Romains, souffrirez-vous qu'on vous immole un
[homme
Sans qui Rome aujourd'hui cesserait d'être Rome,
Et qu'un Romain s'efforce à tacher le renom
D'un guerrier à qui tous doivent un si beau nom ?
Dis, Valère, dis-nous, si tu veux qu'il périsse,
Où tu penses choisir un lieu pour son supplice :
Sera-ce entre ces murs que mille et mille voix
Font résonner encor du bruit de ses exploits ?
Sera-ce hors des murs, au milieu de ces places
Qu'on voit fumer encor du sang des Curiaces,
Entre leurs trois tombeaux, et dans ce champ d'hon-
Témoins de sa vaillance et de notre bonheur ? [neur
Tu ne saurais cacher sa peine à sa victoire ;
Dans les murs, hors des murs, tout parle de sa gloire,
Tout s'oppose à l'effort de ton injuste amour,
Qui veut d'un si beau sang souiller un si beau jour.
Albe ne pourra pas souffrir un tel spectacle,
Et Rome par ses pleurs y mettra trop d'obstacle.
Vous les préviendrez, sire : et par un juste arrêt
Vous saurez embrasser bien mieux son intérêt.
Ce qu'il a fait pour elle il peut encor le faire ;
Il peut la garantir encor d'un sort contraire ;
Sire, ne donnez rien à mes débiles ans :
Rome aujourd'hui m'a vu père de quatre enfants ;
Trois en ce même jour sont morts pour sa querelle :
Il m'en reste encore un, conservez-le pour elle :
N'ôtez pas à ses murs un si puissant appui ;
Et souffrez, pour finir, que je m'adresse à lui.
Horace, ne crois pas que le peuple stupide
Soit le maître absolu d'un renom bien solide.
Sa voix tumultueuse assez souvent fait bruit,
Mais un moment l'élève, un moment le détruit ;
Et ce qu'il contribue à notre renommée
Toujours en moins de rien se dissipe en fumée.
C'est aux rois, c'est aux grands, c'est aux esprits bien
A voir la vertu pleine en ses moindres effets ; [faits
C'est d'eux seuls qu'on reçoit la véritable gloire ;
Eux seuls des vrais héros assurent la mémoire.
Vis toujours en Horace ; et toujours auprès d'eux
Ton nom demeurera grand, illustre, fameux,
Bien que l'occasion moins haute ou moins brillante,
D'un vulgaire ignorant trompe l'injuste attente.
Ne hais donc plus la vie, et du moins vis pour moi,
Et pour servir encor ton pays et ton roi.
Sire, j'en ai trop dit : mais l'affaire vous touche ;

Et Rome tout entière a parlé par ma bouche.
VALÈRE.
Sire, permettez-moi...
TULLE.
Valère, c'est assez ;
Vos discours par les leurs ne sont pas effacés ;
J'en garde en mon esprit les forces plus pressantes,
Et toutes vos raisons me sont encor présentes.
Cette énorme action faite presque à nos yeux
Outrage la nature, et blesse jusqu'aux dieux.
Un premier mouvement qui produit un tel crime
Ne saurait lui servir d'excuse légitime :
Les moins sévères lois en ce point sont d'accord ;
Et si nous les suivons, il est digne de mort.
Si d'ailleurs nous voulons regarder le coupable,
Ce crime, quoique grand, énorme, inexcusable,
Vient de la même épée et part du même bras
Qui me fait aujourd'hui maître de deux États.
Deux sceptres en ma main, Albe à Rome asservie,
Parlent bien hautement en faveur de sa vie :
Sans lui j'obéirais où je donne la loi,
Et je serais sujet où je suis deux fois roi.
Assez de bons sujets dans toutes les provinces [ces
Par des vœux impuissants s'acquittent vers leurs prin-
Tous les peuvent aimer, mais tous ne peuvent pas
Par d'illustres effets assurer leurs États ;
Et l'art et le pouvoir d'affermir des couronnes
Sont des dons que le ciel fait à peu de personnes.
De pareils serviteurs sont les forces des rois,
Et de pareils aussi sont au-dessus des lois.
Qu'elles se taisent donc, que Rome dissimule
Ce que dès sa naissance elle vit en Romule ;
Elle peut bien souffrir en son libérateur
Ce qu'elle a bien souffert en son premier auteur.
Vis donc, Horace, vis, guerrier trop magnanime :
Ta vertu met ta gloire au-dessus de ton crime ;
Sa chaleur généreuse a produit ton forfait ;
D'une cause si belle il faut souffrir l'effet.
Vis pour servir l'État ; vis, mais aime Valère :
Qu'il ne reste entre vous ni haine ni colère ;
Et soit qu'il ait suivi l'amour ou le devoir,
Sans aucun sentiment résous-toi de le voir.
Sabine, écoutez moins la douleur qui vous presse ;
Chassez de ce grand cœur ces marques de faiblesse :
C'est en séchant vos pleurs que vous vous montrerez
La véritable sœur de ceux que vous pleurez.
Mais nous devons aux dieux demain un sacrifice ;
Et nous aurions le ciel à nos vœux mal propice,
Si nos prêtres, avant que de sacrifier,
Ne trouvaient les moyens de le purifier :
Son père en prendra soin ; il lui sera facile
D'apaiser tout d'un temps les mânes de Camille.
Je la plains ; et pour rendre à son sort rigoureux
Ce que peut souhaiter son esprit amoureux,
Puisqu'en un même jour l'ardeur d'un même zèle
Achève le destin de son amant et d'elle,
Je veux qu'un même jour, témoin de leurs deux morts,
En un même tombeau voie enfermer leurs corps.

EXAMEN D'HORACE

C'est une croyance assez générale que cette pièce pourrait passer pour la plus belle des miennes, si les derniers actes répondaient aux premiers. Tous veulent que la mort de Camille en gâte la fin, et j'en demeure d'accord ; mais je ne sais si tous en savent la raison. On l'attribue communément à ce qu'on voit cette mort sur la scène ; ce qui serait plutôt la faute de l'actrice que la mienne, parce que, quand elle voit son frère mettre l'épée à la main, la frayeur, si naturelle au sexe, lui doit faire prendre la fuite, et recevoir le coup derrière le théâtre, comme je le marque dans cette impression. D'ailleurs, si c'est une règle de ne le point ensanglanter, il n'est pas du temps d'Aristote, qui nous apprend que pour émouvoir puissamment il faut de grands déplaisirs, des blessures et des morts en spectacle. Horace ne veut pas que nous y hasardions les événements trop dénaturés, comme de Médée qui tue ses enfants ; mais je ne vois pas qu'il en fasse une règle générale pour toutes sortes de morts, ni que l'emportement d'un homme passionné pour sa patrie contre une sœur qui le maudit en sa présence avec des imprécations horribles, soit de même nature que la cruauté de cette mère. Sénèque l'expose aux yeux du peuple, en dépit d'Horace ; et, chez Sophocle, Ajax ne se cache point au spectateur lorsqu'il se tue. L'adoucissement que j'apporte dans le second de ces discours pour rectifier la mort de Clytemnestre ne peut être propre ici à celle de Camille. Quand elle s'enferrerait d'elle-même par désespoir en voyant son frère l'épée à la main, ce frère ne laisserait pas d'être criminel de l'avoir tirée contre elle, puisqu'il n'y a point de troisième personne sur le théâtre à qui il pût adresser le coup qu'elle recevrait, comme peut faire Oreste à Ægisthe. D'ailleurs, l'histoire est trop connue pour retrancher le péril qu'il court d'une mort infâme après l'avoir tuée ; et la défense que lui prête son père pour obtenir sa grâce n'aurait plus de lieu, s'il demeurait innocent. Quoi qu'il en soit, voyons si cette action n'a pu causer la chute de ce poëme que par là, et si elle n'a point d'autre irrégularité que de blesser les yeux.

Comme je n'ai point accoutumé de dissimuler mes défauts, j'en trouve ici deux ou trois assez considérables. Le premier est que cette action, qui devient la principale de la pièce, est momentanée, et n'a point cette grandeur que lui demande Aristote, et qui consiste en un commencement, un milieu, et une fin. Elle surprend tout d'un coup ; et toute la préparation que j'y ai donnée par la peinture de la vertu farouche d'Horace, et par la défense qu'il fait à sa sœur de regretter qui que ce soit de lui ou de son amant qui meure au combat, n'est point suffisante pour faire attendre un emportement si extraordinaire, et servir de commencement à cette action.

Le second défaut est que cette mort fait une action double par le second péril où tombe Horace après être sorti du premier. L'unité de péril d'un héros dans la tragédie fait l'unité d'action ; et quand il en est garanti, la pièce est finie, si ce n'est que la sortie même de ce péril l'engage si nécessairement dans un autre, que la liaison et la continuité des deux n'en fasse qu'une action ; ce qui n'arrive point ici, où Horace revient triomphant sans aucun besoin de tuer sa sœur, ni même de parler à elle ; et l'action serait suffisamment terminée à sa victoire. Cette chute d'un péril en l'autre, sans nécessité, fait ici un effet d'autant plus mauvais, que d'un péril public, où il y va de tout l'État, il tombe en un péril particulier, où il n'y va que de sa vie ; et, pour dire encore plus, d'un péril illustre, où il ne peut succomber que glorieusement, en un péril infâme, dont il ne peut sortir sans tache. Ajoutez, pour troisième imperfection, que Camille, qui ne tient que le second rang dans les trois premiers actes, et y laisse le premier à Sabine, prend le premier en ces deux derniers, où cette Sabine n'est plus considérable ; et qu'ainsi s'il y a égalité dans les mœurs, il n'y en a point dans

16

la dignité des personnages, où se doit étendre ce précepte d'Horace :

Servetur ad imum
Qualis ab incepto processerit, et sibi constet.

Ce défaut en Rodelinde a été une des principales causes du mauvais succès de *Perthurite*, et je n'ai point encore vu sur nos théâtres cette inégalité de rang en un même acteur, qui n'ait produit un très-méchant effet. Il serait bon d'en établir une règle inviolable.

Du côté du temps, l'action n'est point trop pressée, et n'a rien qui ne me semble vraisemblable. Pour le lieu, bien que l'unité y soit exacte, elle n'est pas sans quelque contrainte. Il est constant qu'Horace et Curiace n'ont point de raison de se séparer du reste de la famille pour commencer le second acte ; et c'est une adresse de théâtre de n'en donner aucune, quand on n'en peut donner de bonnes. L'attachement de l'auditeur à l'action présente souvent ne lui permet pas de descendre à l'examen sévère de cette justesse, et ce n'est pas un crime que de s'en prévaloir pour l'éblouir, quand il est malaisé de le satisfaire.

Le personnage de Sabine est assez heureusement inventé, et trouve sa vraisemblance aisée dans le rapport à l'histoire, qui marque assez d'amitié et d'égalité entre les deux familles pour avoir pu faire cette double alliance.

Elle ne sert pas davantage à l'action que l'Infante à celle du *Cid*, et ne fait que se laisser toucher diversement, comme elle, à la diversité des événements. Néanmoins on a généralement approuvé celle-ci, et condamné l'autre. J'en ai cherché la raison, et j'en ai trouvé deux : l'une est la liaison des scènes, qui semble, s'il m'est permis de parler ainsi, incorporer Sabine dans cette pièce, au lieu que, dans le *Cid*, toutes celles de l'Infante sont détachées, et paraissent hors d'œuvre :

Tantum series juncturaque pollet.

L'autre, qu'ayant une fois posé Sabine pour femme d'Horace, il est nécessaire que tous les incidents de ce poëme lui donnent les sentiments qu'elle en témoigne avoir, par l'obligation qu'elle a de prendre intérêt à ce qui regarde son mari et ses frères ; mais l'Infante n'est point obligée de prendre aucune part en ce qui touche le Cid ; et si elle a quelque inclination secrète pour lui, il n'est point besoin qu'elle en fasse rien paraître, puisqu'elle ne produit aucun effet.

L'oracle qui est proposé au premier acte trouve son vrai sens à la conclusion du cinquième. Il semble clair d'abord, et porte l'imagination à un sens contraire ; et je les aimerais mieux de cette sorte sur nos théâtres, que ceux qu'on fait entièrement obscurs, parce que la surprise de leur véritable effet en est plus belle. J'en ai usé ainsi encore dans l'*Andromède* et dans l'*Œdipe*. Je ne dis pas la même chose des songes, qui peuvent faire encore un grand ornement dans la protase, pourvu qu'on ne s'en serve pas souvent. Je voudrais qu'ils eussent l'idée de la fin véritable de la pièce, mais avec quelque confusion qu'en permît pas l'intelligence entière. C'est ainsi que je m'en suis servi deux fois, ici et dans *Polyeucte*, mais avec plus d'éclat et d'artifice dans ce dernier poëme, où il marque toutes les particularités de l'événement, qu'en celui-ci, où il ne fait qu'exprimer une ébauche tout à fait informe de ce qui doit arriver de funeste.

Il passe pour constant que le second acte est un des plus pathétiques qui soient sur la scène, et le troisième un des plus artificieux. Il est soutenu de la seule narration de la moitié du combat des trois frères, qui est coupée très-heureusement pour laisser Horace le père dans la colère et le déplaisir, et lui donner ensuite un beau retour à la joie dans le quatrième. Il a été à propos, pour le jeter dans cette erreur, de se servir de l'impatience d'une femme qui suit brusquement sa première idée, et présume le combat achevé, parce qu'elle a vu deux des Horaces par terre, et le troisième en fuite. Un homme, qui doit être plus posé et plus judicieux, n'eût pas été propre à donner cette fausse alarme ; il eût dû prendre plus de patience, afin d'avoir plus de certitude de l'événement, et n'eût pas été excusable de se laisser emporter si légèrement, par les apparences, à présumer le mauvais succès d'un combat dont il n'eût pas vu la fin.

Bien que le roi n'y paraisse qu'au cinquième, il y est mieux dans sa dignité que dans le *Cid,* parce qu'il a intérêt pour tout son État dans le reste de la pièce ; et, bien qu'il n'y parle point, il ne laisse pas d'y agir comme roi. Il vient aussi dans ce cinquième comme roi qui veut honorer par cette visite un père dont les fils lui ont conservé sa couronne, et acquis celle d'Albe au prix de leur sang. S'il y fait l'office de juge, ce n'est que par accident ; et il le fait dans ce logis même d'Horace, par la seule contrainte qu'impose la règle de l'unité de lieu. Tout ce cinquième est encore une des causes du peu de satisfaction que laisse cette tragédie : il est tout en plaidoyers ; et ce n'est pas là la place des harangues ni des longs discours : ils peuvent être supportés en un commencement de pièce, où l'action n'est pas encore échauffée ; mais le cinquième acte doit plus agir que discourir. L'attention de l'auditeur, déjà lassée, se rebute de ces conclusions qui traînent et tirent la fin en longueur.

Quelques-uns ne veulent pas que Valère y soit un digne accusateur d'Horace, parce que, dans la pièce il n'a pas fait voir assez de passion pour Camille ; à quoi je réponds que ce n'est pas à dire qu'il n'en eût une très-forte, mais qu'un amant mal voulu ne pouvait se montrer de bonne grâce à sa maîtresse dans le jour qui la rejoignait à un amant aimé. Il n'y avait point de place pour lui au premier acte, et encore moins au second : il fallait qu'il fût son rang à l'armée pendant le troisième ; et il se montre au quatrième, sitôt que la mort de son rival fait quelque ouverture à son espérance : il tâche à gagner les bonnes grâces du père par la commission qu'il prend du roi de lui apporter les glorieuses nouvelles de l'honneur que ce prince lui veut faire ; et, par occasion, il lui apprend la victoire de son fils, qu'il ignorait. Il ne manque pas d'amour durant les trois premiers actes, mais d'un temps propre à le témoigner ; et, dès la première scène de la pièce, il paraît bien qu'il avait assez de soins à Camille, puisque Sabine s'en alarme pour son frère. S'il ne prend pas le procédé de France, il faut considérer qu'il est Romain, et dans Rome, où il n'aurait pu entreprendre un duel contre un autre Romain sans faire un crime d'État, et que j'en aurais fait un de théâtre, si j'avais habillé un Romain à la française.

FIN D'HORACE.

CINNA

ou

LA CLÉMENCE D'AUGUSTE

TRAGÉDIE — 1639

A MONSIEUR DE MONTAURON

Monsieur,

Je vous présente un tableau d'une des plus belles actions d'Auguste. Ce monarque était tout généreux, et sa générosité n'a jamais paru avec tant d'éclat que dans les effets de sa clémence et de sa libéralité. Ces deux rares vertus lui étaient si naturelles et si inséparables en lui, qu'il semble qu'en cette histoire que j'ai mise sur notre théâtre, elles se soient tour à tour entre-produites dans son âme. Il avait été si libéral envers Cinna, que sa conjuration ayant fait voir une ingratitude extraordinaire, il eut besoin d'un extraordinaire effort de clémence pour lui pardonner : et le pardon qu'il lui donna fut la source de nouveaux bienfaits dont il lui fut prodigue, pour vaincre tout à fait cet esprit qui n'avait pu être gagné par les premiers; de sorte qu'il est vrai de dire qu'il eût été moins clément envers lui s'il eût été moins libéral, et qu'il eût été moins libéral s'il eût été moins clément. Cela étant, à qui pourrais-je plus justement donner le portrait de l'une de ces héroïques vertus, qu'à celui qui possède l'autre en un si haut degré, puisque, dans cette action, ce grand prince les a si bien attachées et comme unies l'une à l'autre, qu'elles ont été tout ensemble et la cause et l'effet l'une de l'autre? Vous avez des richesses, mais vous savez en jouir, et vous en jouissez d'une façon si noble, si relevée, et tellement illustre, que vous forcez la voix publique d'avouer que la fortune a consulté la raison quand elle a répandu ses faveurs sur vous, et qu'on a plus de sujet de vous en souhaiter le redoublement que de vous en envier l'abondance. J'ai vécu si éloigné de la flatterie, que je pense être en possession de me faire croire quand je dis du bien de quelqu'un ; et lorsque je donne des louanges (ce qui m'arrive assez rarement), c'est avec tant de retenue, que je supprime toujours quantité de glorieuses vérités, pour ne me rendre pas suspect d'étaler de ces mensonges obligeants que beaucoup de nos modernes savent débiter de si bonne grâce. Aussi je ne dirai rien des avantages de votre naissance, ni de votre courage, qui l'a si dignement soutenue dans la profession des armes, à qui vous avez donné vos premières années; ce sont des choses trop connues de tout le monde. Je ne dirai rien de ce prompt et puissant secours que reçoivent chaque jour de votre main tant de bonnes familles ruinées par les désordres de nos guerres; ce sont des choses que vous voulez tenir cachées. Je dirai seulement un mot de ce que vous avez particulièrement de commun avec Auguste : c'est que cette générosité qui compose la meilleure partie de votre âme et règne sur l'autre, et qu'à juste titre on peut nommer l'âme de votre âme, puisqu'elle en fait mouvoir toutes les puissances ; c'est, dis-je, que cette générosité, à l'exemple de ce grand empereur, prend plaisir à s'étendre sur les gens de lettres, en un temps où beaucoup pensent avoir trop récompensé leurs travaux quand ils les ont honorés d'une louange stérile. Et certes, vous avez traité quelques-unes de nos muses avec tant de magnanimité, qu'en elles vous avez obligé toutes les autres, et qu'il n'en est point qui ne vous en doive un remerciement. Trouvez donc bon, Monsieur, que je m'acquitte de celui que je reconnais vous en devoir, par le présent que je vous fais de ce poëme, que j'ai choisi comme le plus durable des miens, pour apprendre plus longtemps à ceux qui le liront que le généreux M. DE MONTAURON, par une libéralité inouïe en ce siècle, s'est rendu toutes les muses redevables, et que je prends tant de part aux bienfaits dont vous avez surpris quelques-unes d'elles, que je m'en dirai toute ma vie,

Monsieur,

Votre très-humble et très-obligé serviteur,

CORNEILLE.

PERSONNAGES.

OCTAVE-CÉSAR-AUGUSTE, empereur de Rome.
LIVIE, impératrice.
CINNA, fils d'une fille de Pompée, chef de la conjuration contre Auguste.
MAXIME, autre chef de la conjuration.

PERSONNAGES.

ÆMILIE, fille de C. Toranius, tuteur d'Auguste, et proscrit par lui durant le triumvirat.
FULVIE, confidente d'Æmilie.
POLYCLÈTE, affranchi d'Auguste.
ÉVANDRE, affranchi de Cinna.
EUPHORBE, affranchi de Maxime.

La scène est à Rome

ACTE PREMIER

SCÈNE I

ÆMILIE.

Impatients désirs d'une illustre vengeance
Dont la mort de mon père a formé la naissance,
Enfants impétueux de mon ressentiment,
Que ma douleur séduite embrasse aveuglément,
Vous prenez sur mon âme un trop puissant empire ;
Durant quelques moments souffrez que je respire,
Et que je considère, en l'état où je suis,
Et ce que je hasarde, et ce que je poursuis.
Quand je regarde Auguste au milieu de sa gloire,
Et que vous reprochez à ma triste mémoire
Que par sa propre main mon père massacré

Du trône où je le vois fait le premier degré;
Quand vous me présentez cette sanglante image,
La cause de ma haine, et l'effet de sa rage,
Je m'abandonne toute à vos ardents transports,
Et crois, pour une mort, lui devoir mille morts.
Au milieu toutefois d'une fureur si juste,
J'aime encor plus Cinna que je ne hais Auguste,
Et je sens refroidir ce bouillant mouvement
Quand il faut, pour le suivre, exposer mon amant.
Oui, Cinna, contre moi moi-même je m'irrite
Quand je songe aux dangers où je te précipite.
Quoique pour me servir tu n'appréhendes rien,
Te demander du sang, c'est exposer le tien :
D'une si haute place on n'abat point de têtes
Sans attirer sur soi mille et mille tempêtes;
L'issue en est douteuse, et le péril certain :
Un ami déloyal peut trahir ton dessein;
L'ordre mal concerté, l'occasion mal prise,
Peuvent sur son auteur renverser l'entreprise,
Tourner sur toi les coups dont tu le veux frapper,
Dans sa ruine même il peut t'envelopper;
Et quoi qu'en ma faveur ton amour exécute,
Il te peut, en tombant, écraser sous sa chute.
Ah! cesse de courir à ce mortel danger;
Te perdre en me vengeant, ce n'est pas me venger.
Un cœur est trop cruel quand il trouve des charmes
Aux douceurs que corrompt l'amertume des larmes ;
Et l'on doit mettre au rang des plus cuisants malheurs
La mort d'un ennemi qui coûte tant de pleurs.
Mais peut-on en verser alors qu'on venge un père?
Est-il perte à ce prix qui ne semble légère?
Et quand son assassin tombe sous notre effort,
Doit-on considérer ce que coûte sa mort?
Cessez, vaines frayeurs, cessez, lâches tendresses,
De jeter dans mon cœur vos indignes faiblesses ;
Et toi qui les produis par tes soins superflus,
Amour, sers mon devoir, et ne le combats plus :
Lui céder, c'est ta gloire; et le vaincre, ta honte :
Montre-toi généreux, souffrant qu'il te surmonte;
Plus tu lui donneras, plus il te va donner,
Et ne triomphera que pour te couronner.

SCÈNE II

ÆMILIE, FULVIE.

ÆMILIE.

Je l'ai juré, Fulvie, et je le jure encore,
Quoique j'aime Cinna, quoique mon cœur l'adore,
S'il me veut posséder, Auguste doit périr;
Sa tête est le seul prix dont il peut m'acquérir.
Je lui prescris la loi que mon devoir m'impose.

FULVIE.

Elle a pour la blâmer une trop juste cause;
Par un si grand dessein vous vous faites juger
Digne sang de celui que vous voulez venger :
Mais encore une fois souffrez que je vous die
Qu'une si juste ardeur devrait être attiédie.
Auguste chaque jour, à force de bienfaits,
Semble assez réparer les maux qu'il vous a faits;
Sa faveur envers vous paraît si déclarée,
Que vous êtes chez lui la plus considérée;
Et de ses courtisans souvent les plus heureux
Vous pressent à genoux de lui parler pour eux.

ÆMILIE.

Toute cette faveur ne me rend pas mon père;
Et de quelque façon que l'on me considère,
Abondante en richesse, ou puissante en crédit,
Je demeure toujours la fille d'un proscrit.
Les bienfaits ne font pas toujours ce que tu penses;
D'une main odieuse ils tiennent lieu d'offenses :
Plus nous en prodiguons à qui nous peut haïr,
Plus d'armes nous donnons à qui nous veut trahir.
Il m'en fait chaque jour sans changer mon courage ;
Je suis ce que j'étais, et je puis davantage,
Et des mêmes présents qu'il verse dans mes mains
J'achète contre lui les esprits des Romains;
Je recevrais de lui la place de Livie
Comme un moyen plus sûr d'attenter à sa vie.
Pour qui venge son père il n'est point de forfaits,
Et c'est vendre son sang que se rendre aux bienfaits.

FULVIE.

Quel besoin toutefois de passer pour ingrate?
Ne pouvez-vous haïr sans que la haine éclate?
Assez d'autres sans vous n'ont pas mis en oubli
Par quelles cruautés son trône est établi;
Tant de braves Romains, tant d'illustres victimes,
Qu'à son ambition ont immolés ses crimes,
Laissent à leurs enfants d'assez vives douleurs
Pour venger votre perte en vengeant leurs malheurs.
Beaucoup l'ont entrepris, mille autres vont les suivre:
Qui vit haï de tous ne saurait longtemps vivre :
Remettez à leurs bras les communs intérêts,
Et n'aidez leurs desseins que par des vœux secrets.

ÆMILIE.

Quoi! je le haïrai sans tâcher de lui nuire?
J'attendrai du hasard qu'il ose le détruire?
Et je satisferai des devoirs si pressants
Par une haine obscure et des vœux impuissants?
Sa perte, que je veux, me deviendrait amère,
Si quelqu'un l'immolait à d'autres qu'à mon père;
Et tu verrais mes pleurs couler pour son trépas,
Qui, le faisant périr, ne me vengerait pas.
C'est une lâcheté que de remettre à d'autres
Les intérêts publics qui s'attachent aux nôtres.
Joignons à la douceur de venger nos parents
La gloire qu'on remporte à punir les tyrans,
Et faisons publier par toute l'Italie :
« La liberté de Rome est l'œuvre d'Æmilie;
« On a touché son âme, et son cœur s'est épris:
« Mais elle n'a donné son amour qu'à ce prix. »

FULVIE.

Votre amour à ce prix n'est qu'un présent funeste
Qui porte à votre amant sa perte manifeste.
Pensez mieux, Æmilie, à quoi vous l'exposez,
Combien à cet écueil se sont déjà brisés;
Ne vous aveuglez point quand sa mort est visible.

CINNA, ACTE I, SCÈNE III.

ÆMILIE.

Ah! tu sais me frapper par où je suis sensible.
Quand je songe aux dangers que je lui fais courir,
La crainte de sa mort me fait déjà mourir;
Mon esprit en désordre à soi-même s'oppose :
Je veux et ne veux pas, je m'emporte et je n'ose;
Et mon devoir confus, languissant, étonné,
Cède aux rébellions de mon cœur mutiné.
Toutbeau, ma passion, deviens un peu moinsforte;
Tu vois bien des hasards, ils sont grands, mais n'importe;
Cinna n'est pas perdu pour être hasardé.
De quelques légions qu'Auguste soit gardé,
Quelque soin qu'il se donne et quelque ordre qu'il tienne,
Qui méprise la vie est maître de la sienne.
Plus le péril est grand, plus doux en est le fruit;
La vertu nous y jette, et la gloire le suit :
Quoi qu'il en soit, qu'Auguste ou que Cinna périsse,
Aux mânes paternels je dois ce sacrifice;
Cinna me l'a promis en recevant ma foi :
Et ce coup seul aussi le rend digne de moi.
Il est tard, après tout, de m'en vouloir dédire.
Aujourd'hui l'on s'assemble, aujourd'hui l'on conspire;
L'heure, le lieu, le bras se choisit aujourd'hui ;
Et c'est à faire enfin à mourir après lui.
Mais le voici qui vient.

SCÈNE III

CINNA, ÆMILIE, FULVIE.

ÆMILIE.

Cinna, votre assemblée
Par l'effroi du péril n'est-elle point troublée?
Et reconnaissez-vous au front de vos amis
Qu'ils soient prêts à tenir ce qu'ils vous ont promis?

CINNA.

Jamais contre un tyran entreprise conçue
Ne permit d'espérer une si belle issue;
Jamais de telle ardeur on n'en jura la mort,
Et jamais conjurés ne furent mieux d'accord;
Tous s'y montrent portés avec tant d'allégresse,
Qu'ils semblent, comme moi, servir une maîtresse;
Et tous font éclater un si puissant courroux,
Qu'ils semblent tous venger un père comme vous.

ÆMILIE.

Je l'avais bien prévu, que, pour un tel ouvrage,
Cinna saurait choisir des hommes de courage,
Et ne remettrait pas en de mauvaises mains
L'intérêt d'Æmilie et celui des Romains.

CINNA.

Plût aux dieux que vous-même eussiez vu de quel zèle
Cette troupe entreprend une action si belle !
Au seul nom de César, d'Auguste, et d'empereur,
Vous eussiez vu leurs yeux s'enflammer de fureur,
Et dans un même instant, par un effet contraire,
Leur front pâlir d'horreur et rougir de colère.
« Amis, leur ai-je dit, voici le jour heureux
« Qui doit conclure enfin nos desseins généreux ;
« Le ciel entre nos mains a mis le sort de Rome,

« Et son salut dépend de la perte d'un homme,
« Si l'on doit le nom d'homme à qui n'a rien d'humain-
« A ce tigre altéré de tout le sang romain.
« Combien pour le répandre a-t-il formé de brigues !
« Combien de fois changé de partis et de ligues,
« Tantôt ami d'Antoine, et tantôt ennemi,
« Et jamais insolent ni cruel à demi ! »
Là, par un long récit de toutes les misères
Que durant notre enfance ont enduré nos pères,
Renouvelant leur haine avec leur souvenir,
Je redouble en leurs cœurs l'ardeur de le punir.
Je leur fais des tableaux de ces tristes batailles
Où Rome par ses mains déchirait ses entrailles,
Où l'aigle abattait l'aigle, et de chaque côté
Nos légions s'armaient contre leur liberté;
Où les meilleurs soldats et les chefs les plus braves
Mettaient toute leur gloire à devenir esclaves;
Où, pour mieux assurer la honte de leurs fers,
Tous voulaient à leur chaîne attacher l'univers ;
Et l'exécrable honneur de lui donner un maître
Faisant aimer à tous l'infâme nom de traître,
Romains contre Romains, parents contre parents,
Combattaient seulement pour le choix des tyrans.
J'ajoute à ces tableaux la peinture effroyable
De leur concorde impie, affreuse, inexorable;
Funeste aux gens de bien, aux riches, au sénat;
Et, pour tout dire enfin, de leur triumvirat ;
Mais je ne trouve point de couleurs assez noires
Pour en représenter les tragiques histoires.
Je les peins dans le meurtre à l'envi triomphants,
Rome entière noyée au sang de ses enfants :
Les uns assassinés dans les places publiques,
Les autres dans le sein de leurs dieux domestiques:
Le méchant par le prix au crime encouragé,
Le mari par sa femme en son lit égorgé,
Le fils tout dégouttant du meurtre de son père,
Et sa tête à la main demandant son salaire,
Sans pouvoir exprimer par tant d'horribles traits
Qu'un crayon imparfait de leur sanglante paix.
Vous dirai-je les noms de ces grands personnages
Dont j'ai dépeint les morts pour aigrir leurs courages,
De ces fameux proscrits, ces demi-dieux mortels,
Qu'on a sacrifiés jusque sur les autels?
Mais pourrai-je vous dire à quelle impatience,
A quels frémissements, à quelle violence,
Ces indignes trépas, quoique mal figurés,
Ont porté les esprits de tous nos conjurés?
Je n'ai point perdu temps, et voyant leur colère
Au point de ne rien craindre, en état de tout faire,
J'ajoute en peu de mots : « Toutes ces cruautés,
« La perte de nos biens et de nos libertés,
« Le ravage des champs, le pillage des villes,
« Et les proscriptions, et les guerres civiles,
« Sont les degrés sanglants dont Auguste a fait choix
« Pour monter sur le trône et nous donner des lois.
« Mais nous pouvons changer un destin si funeste,
« Puisque de trois tyrans c'est le seul qui nous reste,
« Et que, juste une fois, il s'est privé d'appui,
« Perdant, pour régner seul, deux méchants comme lui:

« Lui mort, nous n'avons point de vengeur ni de maî-
« Avec la liberté Rome s'en va renaître ;   [tre,
« Et nous mériterons le nom de vrais Romains,
« Si le joug qui l'accable est brisé par nos mains.
« Prenons l'occasion tandis qu'elle est propice :
« Demain au Capitole il fait un sacrifice ;
« Qu'il en soit la victime, et faisons en ces lieux
« Justice à tout le monde, à la face des dieux :
« Là presque pour sa suite il n'a que notre troupe ;
« C'est de ma main qu'il prend et l'encens et la coupe,
« Et je veux pour signal que cette même main
« Lui donne, au lieu d'encens, d'un poignard dans le
« Ainsi d'un coup mortel la victime frappée   [sein.
« Fera voir si je suis du sang du grand Pompée ;
« Faites voir, après moi, si vous vous souvenez
« Des illustres aïeux de qui vous êtes nés. »
A peine ai-je achevé, que chacun renouvelle,
Par un noble serment, le vœu d'être fidèle :
L'occasion leur plaît ; mais chacun veut pour soi
L'honneur du premier coup que j'ai choisi pour moi.
La raison règle enfin l'ardeur qui les emporte :
Maxime et la moitié s'assurent de la porte ;
L'autre moitié me suit, et doit l'environner,
Prête au moindre signal que je voudrai donner.
Voilà, belle Æmilie, à quel point nous en sommes.
Demain j'attends la haine ou la faveur des hommes,
Le nom de parricide ou de libérateur,
César celui de prince ou d'un usurpateur.
Du succès qu'on obtient contre la tyrannie
Dépend ou notre gloire ou notre ignominie ;
Et le peuple, inégal à l'endroit des tyrans,
S'il les déteste morts, les adore vivants.
Pour moi, soit que le ciel me soit dur ou propice,
Qu'il m'élève à la gloire ou me livre au supplice,
Que Rome se déclare ou pour ou contre nous,
Mourant pour vous servir tout me semblera doux.

ÆMILIE.

Ne crains point de succès qui souille ta mémoire :
Le bon et le mauvais sont égaux pour ta gloire ;
Et, dans un tel dessein, le manque de bonheur
Met en péril ta vie, et non pas ton honneur.
Regarde le malheur de Brute et de Cassie ;
La splendeur de leurs noms en est-elle obscurcie ?
Sont-ils morts tout entiers avec leurs grands desseins ?
Ne les compte-t-on plus pour les derniers Romains ?
Leur mémoire dans Rome est encor précieuse,
Autant que de César la vie est odieuse,
Si leur vainqueur y règne, ils y sont regrettés,
Et par les vœux de tous leurs pareils souhaités.
Va marcher sur leurs pas où l'honneur te convie ;
Mais ne perds pas le soin de conserver ta vie ;
Souviens-toi du beau feu dont nous sommes épris,
Qu'aussi bien que la gloire Æmilie est ton prix ;
Que tu me dois ton cœur, que mes faveurs t'attendent,
Que tes jours me sont chers, que les miens en dépen-
                                                    [dent.
Mais quelle occasion mène Évandre vers nous ?

SCÈNE IV

CINNA, ÆMILIE, ÉVANDRE, FULVIE.

ÉVANDRE.

Seigneur, César vous mande, et Maxime avec vous.

CINNA.

Et Maxime avec moi ! Le sais-tu bien, Évandre ?

ÉVANDRE.

Polyclète est encor chez vous à vous attendre,
Et fût venu lui-même avec moi vous chercher,
Si ma dextérité n'eût su l'en empêcher ;
Je vous en donne avis, de peur d'une surprise.
Il presse fort.

ÆMILIE.

        Mander les chefs de l'entreprise !
Tous deux ! en même temps ! Vous êtes découverts.

CINNA.

Espérons mieux, de grâce.

ÆMILIE.

            Ah, Cinna ! je te perds !
Et les dieux, obstinés à nous donner un maître,
Parmi tes vrais amis ont mêlé quelque traître.
Il n'en faut point douter, Auguste a tout appris.
Quoi, tous deux ! et sitôt que le conseil est pris !

CINNA.

Je ne vous puis celer que son ordre m'étonne ;
Mais souvent il m'appelle auprès de sa personne ;
Maxime est comme moi de ses plus confidents,
Et nous nous alarmons peut-être en imprudents.

ÆMILIE.

Sois moins ingénieux à te tromper toi-même,
Cinna, ne porte point des maux jusqu'à l'extrême ;
Et, puisque désormais tu ne peux me venger,
Dérobe au moins ta tête à ce mortel danger ;
Fuis d'Auguste irrité l'implacable colère.
Je verse assez de pleurs pour la mort de mon père ;
N'aigris point ma douleur par un nouveau tourment ;
Et ne me réduis point à pleurer mon amant.

CINNA.

Quoi ! sur l'illusion d'une terreur panique,
Trahir vos intérêts et la cause publique !
Par cette lâcheté moi-même m'accuser,
Et tout abandonner quand il faut tout oser !
Que feront nos amis si vous êtes déçue ?

ÆMILIE.

Mais que deviendras-tu si l'entreprise est sue ?

CINNA.

S'il est pour me trahir des esprits assez bas,
Ma vertu pour le moins ne me trahira pas ;
Vous la verrez, brillante au bord des précipices,
Se couronner de gloire en bravant les supplices,
Rendre Auguste jaloux du sang qu'il répandra,
Et le faire trembler alors qu'il me perdra.
Je deviendrais suspect à tarder davantage.
Adieu. Raffermissez ce généreux courage.
S'il faut subir le coup d'un destin rigoureux,
Je mourrai tout ensemble heureux et malheureux

Heureux pour vous servir de perdre ainsi la vie,
Malheureux de mourir sans vous avoir servie.
ÆMILIE.
Oui, va, n'écoute plus ma voix qui te retient ;
Mon trouble se dissipe, et ma raison revient.
Pardonne à mon amour cette indigne faiblesse.
Tu voudrais fuir en vain, Cinna, je le confesse ;
Si tout est découvert, Auguste a su pourvoir
A ne te laisser pas ta fuite en ton pouvoir.
Porte, porte chez lui cette mâle assurance,
Digne de notre amour, digne de ta naissance ;
Meurs, s'il y faut mourir, en citoyen romain,
Et par un beau trépas couronne un beau dessein.
Ne crains pas qu'après toi rien ici me retienne ;
Ta mort emportera mon âme vers la tienne ;
Et mon cœur, aussitôt percé des mêmes coups...
CINNA.
Ah ! souffrez que tout mort je vive encore en vous ;
Et du moins en mourant permettez que j'espère
Que vous saurez venger l'amant avec le père.
Rien n'est pour vous à craindre ; aucun de nos amis
Ne sait ni vos desseins, ni ce qui m'est promis ;
Et, leur parlant tantôt des misères romaines,
Je leur ai tu la mort qui fait naître nos haines,
De peur que mon ardeur, touchant vos intérêts,
D'un si parfait amour ne trahît les secrets ;
Il n'est su que d'Évandre et de votre Fulvie.
ÆMILIE.
Avec moins de frayeur je vais donc chez Livie,
Puisque dans ton péril il me reste un moyen
De faire agir pour toi son crédit et le mien :
Mais si mon amitié par là ne te délivre,
N'espère pas qu'enfin je veuille te survivre.
Je fais de ton destin des règles à mon sort,
Et j'obtiendrai ta vie, ou je suivrai ta mort.
CINNA.
Soyez en ma faveur moins cruelle à vous-même.
ÆMILIE.
Va-t'en, et souviens-toi seulement que je t'aime.

ACTE DEUXIÈME

SCÈNE I

AUGUSTE, CINNA, MAXIME, TROUPE DE COURTISANS.

AUGUSTE.
Que chacun se retire, et qu'aucun n'entre ici.
Vous, Cinna, demeurez, et vous, Maxime, aussi.
(*Tous se retirent, à la réserve de Cinna et de Maxime.*)
Cet empire absolu sur la terre et sur l'onde,
Ce pouvoir souverain que j'ai sur tout le monde,
Cette grandeur sans borne et cet illustre rang,
Qui m'a jadis coûté tant de peine et de sang,
Enfin tout ce qu'adore en ma haute fortune
D'un courtisan flatteur la présence importune,
N'est que de ces beautés dont l'éclat éblouit,
Et qu'on cesse d'aimer sitôt qu'on en jouit.
L'ambition déplaît quand elle est assouvie,
D'une contraire ardeur son ardeur est suivie ;
Et comme notre esprit, jusqu'au dernier soupir,
Toujours vers quelque objet pousse quelque désir,
Il se ramène en soi, n'ayant plus où se prendre,
Et, monté sur le faîte, il aspire à descendre.
J'ai souhaité l'empire, et j'y suis parvenu ;
Mais, en le souhaitant, je ne l'ai pas connu :
Dans sa possession j'ai trouvé pour tous charmes
D'effroyables soucis, d'éternelles alarmes,
Mille ennemis secrets, la mort à tous propos,
Point de plaisir sans trouble, et jamais de repos.
Sylla m'a précédé dans ce pouvoir suprême :
Le grand César mon père en a joui de même ;
D'un œil si différent tous deux l'ont regardé,
Que l'un s'en est démis, et l'autre l'a gardé :
Mais l'un, cruel, barbare, est mort aimé, tranquille,
Comme un bon citoyen dans le sein de sa ville ;
L'autre, tout débonnaire, au milieu du sénat,
A vu trancher ses jours par un assassinat.
Ces exemples récents suffiraient pour m'instruire,
Si par l'exemple seul on se devait conduire :
L'un m'invite à le suivre, et l'autre me fait peur ;
Mais l'exemple souvent n'est qu'un miroir trompeur ;
Et l'ordre du destin qui gêne nos pensées
N'est pas toujours écrit dans les choses passées :
Quelquefois l'un se brise où l'autre s'est sauvé,
Et par où l'un périt, un autre est conservé.
 Voilà, mes chers amis, ce qui me met en peine.
Vous, qui me tenez lieu d'Agrippe et de Mécène,
Pour résoudre ce point avec eux débattu,
Prenez sur mon esprit le pouvoir qu'ils ont eu :
Ne considérez point cette grandeur suprême,
Odieuse aux Romains, et pesante à moi-même ;
Traitez-moi comme ami, non comme souverain ;
Rome, Auguste, l'État, tout est en votre main :
Vous mettrez et l'Europe, et l'Asie, et l'Afrique,
Sous les lois d'un monarque, ou d'une république ;
Votre avis est ma règle, et, par ce seul moyen,
Je veux être empereur, ou simple citoyen.
CINNA.
Malgré notre surprise, et mon insuffisance,
Je vous obéirai, seigneur, sans complaisance,
Et mets bas le respect qui pourrait m'empêcher
De combattre un avis où vous semblez pencher :
Souffrez-le d'un esprit jaloux de votre gloire,
Que vous allez souiller d'une tache trop noire,
Si vous ouvrez votre âme à ces impressions
Jusques à condamner toutes vos actions.
 On ne renonce point aux grandeurs légitimes ;
On garde sans remords ce qu'on acquiert sans crimes ;
Et plus le bien qu'on quitte est noble, grand, exquis,
Plus qui l'ose quitter le juge mal acquis.
N'imprimez pas, seigneur, cette honteuse marque
A ces rares vertus qui vous ont fait monarque ;

Vous l'êtes justement, et c'est sans attentat
Que vous avez changé la forme de l'État.
Rome est dessous vos lois par le droit de la guerre
Qui sous les lois de Rome a mis toute la terre;
Vos armes l'ont conquise, et tous les conquérants
Pour être usurpateurs ne sont pas des tyrans;
Quand ils ont sous leurs lois asservi des provinces,
Gouvernant justement, ils s'en font justes princes :
C'est ce que fit César; il vous faut aujourd'hui
Condamner sa mémoire, ou faire comme lui.
Si le pouvoir suprême est blâmé par Auguste,
César fut un tyran, et son trépas fut juste,
Et vous devez aux dieux compte de tout le sang
Dont vous l'avez vengé pour monter à son rang.
N'en craignez point, seigneur, les tristes destinées;
Un plus puissant démon veille sur vos années :
On a dix fois sur vous attenté sans effet,
Et qui l'a voulu perdre au même instant l'a fait.
On entreprend assez, mais aucun n'exécute;
Il est des assassins, mais il n'est plus de Brute :
Enfin, s'il faut attendre un semblable revers,
Il est beau de mourir maître de l'univers.
C'est ce qu'en peu de mots j'ose dire; et j'estime
Que ce peu que j'ai dit est l'avis de Maxime.

MAXIME.

Oui, j'accorde qu'Auguste a droit de conserver
L'empire où sa vertu l'a fait seule arriver,
Et qu'au prix de son sang, au péril de sa tête,
Il a fait de l'État une juste conquête :
Mais que, sans se noircir, il ne puisse quitter
Le fardeau que sa main est lasse de porter,
Qu'il accuse par là César de tyrannie,
Qu'il approuve sa mort, c'est ce que je dénie.
Rome est à vous, seigneur, l'empire est votre bien.
Chacun en liberté peut disposer du sien;
Il le peut à son choix garder, ou s'en défaire :
Vous seul ne pourriez pas ce que peut le vulgaire,
Et seriez devenu, pour avoir tout dompté,
Esclave des grandeurs où vous êtes monté!
Possédez-les, seigneur, sans qu'elles vous possèdent.
Loin de vous captiver, souffrez qu'elles vous cèdent;
Et faites hautement connaître enfin à tous
Que tout ce qu'elles ont est au-dessous de vous.
Votre Rome autrefois vous donna la naissance;
Vous lui voulez donner votre toute-puissance;
Et Cinna vous impute à crime capital
La libéralité vers le pays natal!
Il appelle remords l'amour de la patrie!
Par la haute vertu la gloire est donc flétrie,
Et ce n'est qu'un objet digne de nos mépris,
Si de ses pleins effets l'infamie est le prix!
Je veux bien avouer qu'une action si belle
Donne à Rome bien plus que vous ne tenez d'elle;
Mais commet-on un crime indigne de pardon,
Quand la reconnaissance est au-dessus du don?
Suivez, suivez, seigneur, le ciel qui vous inspire :
Votre gloire redouble à mépriser l'empire;
Et vous serez fameux chez la postérité,
Moins pour l'avoir conquis que pour l'avoir quitté.

Le bonheur peut conduire à la grandeur suprême,
Mais pour y renoncer il faut la vertu même;
Et peu de généreux vont jusqu'à dédaigner,
Après un sceptre acquis, la douceur de régner.
Considérez d'ailleurs que vous régnez dans Rome,
Où, de quelque façon que votre cour vous nomme,
On hait la monarchie; et le nom d'empereur,
Cachant celui de roi, ne fait pas moins d'horreur.
Ils passent pour tyran quiconque s'y fait maître;
Qui le sert, pour esclave, et qui l'aime, pour traître;
Qui le souffre a le cœur lâche, mol, abattu,
Et pour s'en affranchir tout s'appelle vertu.
Vous en avez, seigneur, des preuves trop certaines :
On a fait contre vous dix entreprises vaines;
Peut-être que l'onzième est prête d'éclater,
Et que ce mouvement qui vous vient d'agiter
N'est qu'un avis secret que le ciel vous envoie,
Qui pour vous conserver n'a plus que cette voie.
Ne vous exposez plus à ces fameux revers :
Il est beau de mourir maître de l'univers;
Mais la plus belle mort souille notre mémoire,
Quand nous avons pu vivre et croître notre gloire.

CINNA.

Si l'amour du pays doit ici prévaloir,
C'est son bien seulement que vous devez vouloir;
Et cette liberté, qui lui semble si chère,
N'est pour Rome, seigneur, qu'un bien imaginaire,
Plus nuisible qu'utile, et qui n'approche pas
De celui qu'un bon prince apporte à ses États :
Avec ordre et raison les honneurs il dispense,
Avec discernement punit et récompense,
Et dispose de tout en juste possesseur,
Sans rien précipiter, de peur d'un successeur.
Mais quand le peuple est maître, on n'agit qu'en tu-
La voix de la raison jamais ne se consulte; [multe.
Les honneurs sont vendus aux plus ambitieux,
L'autorité livrée aux plus séditieux.
Ces petits souverains qu'il fait pour une année,
Voyant d'un temps si court leur puissance bornée,
Des plus heureux desseins font avorter le fruit,
De peur de le laisser à celui qui les suit; [nent,
Comme ils ont peu de part aux biens dont ils ordon-
Dans le champ du public largement ils moissonnent,
Assurés que chacun leur pardonne aisément,
Espérant à son tour un pareil traitement :
Le pire des États, c'est l'État populaire.

AUGUSTE.

Et toutefois le seul qui dans Rome peut plaire.
Cette haine des rois que depuis cinq cents ans
Avec le premier lait sucent tous ses enfants,
Pour l'arracher des cœurs, est trop enracinée.

MAXIME.

Oui, seigneur, dans son mal Rome est trop obstinée;
Son peuple, qui s'y plaît, en fuit la guérison :
Sa coutume l'emporte, et non pas la raison;
Et cette vieille erreur, que Cinna veut abattre,
Est une heureuse erreur dont il est idolâtre,
Par qui le monde entier, asservi sous ses lois,
L'a vu cent fois marcher sur la tête des rois.

Son épargne s'enfler du sac de leurs provinces.
Que lui pouvaient de plus donner les meilleurs prin-
J'ose dire, seigneur, que par tous les climats [ces?
Ne sont pas bien reçus toutes sortes d'États;
Chaque peuple a le sien conforme à sa nature,
Qu'on ne saurait changer sans lui faire une injure :
Telle est la loi du ciel, dont la sage équité
Sème dans l'univers cette diversité.
Les Macédoniens aiment le monarchique,
Et le reste des Grecs la liberté publique :
Les Parthes, les Persans veulent des souverains;
Et le seul consulat est bon pour les Romains.

CINNA.

Il est vrai que du ciel la prudence infinie
Départ à chaque peuple un différent génie;
Mais il n'est pas moins vrai que cet ordre des cieux
Change selon les temps comme selon les lieux.
Rome a reçu des rois ses murs et sa naissance;
Elle tient des consuls sa gloire et sa puissance,
Et reçoit maintenant de vos rares bontés
Le comble souverain de ses prospérités.
Sous vous, l'État n'est plus en pillage aux armées;
Les portes de Janus par vos mains sont fermées,
Ce que sous ses consuls on n'a vu qu'une fois,
Et qu'a fait voir comme eux le second de ses rois.

MAXIME.

Les changements d'État que fait l'ordre céleste
Ne coûtent point de sang, n'ont rien qui soit funeste.

CINNA.

C'est un ordre des dieux qui jamais ne se rompt,
De nous vendre bien cher les grands biens qu'ils
[nous font.
L'exil des Tarquins même ensanglanta nos terres,
Et nos premiers consuls nous ont coûté des guerres.

MAXIME.

Donc votre aïeul Pompée au ciel a résisté
Quand il a combattu pour notre liberté?

CINNA.

Si le ciel n'eût voulu que Rome l'eût perdue,
Par les mains de Pompée il l'aurait défendue :
Il a choisi sa mort pour servir dignement
D'une marque éternelle à ce grand changement,
Et devait cette gloire aux mânes d'un tel homme,
D'emporter avec eux la liberté de Rome.
Ce nom depuis longtemps ne sert qu'à l'éblouir,
Et sa propre grandeur l'empêche d'en jouir.
Depuis qu'elle se voit la maîtresse du monde,
Depuis que la richesse entre ses murs abonde,
Et que son sein, fécond en glorieux exploits,
Produit des citoyens plus puissants que des rois,
Les grands, pour s'affermir achetant les suffrages,
Tiennent pompeusement leurs maîtres à leurs gages,
Qui, par des fers dorés se laissant enchaîner,
Reçoivent d'eux les lois qu'ils pensent leur donner.
Envieux l'un de l'autre, ils mènent tout par brigues,
Que leur ambition tourne en sanglantes ligues.
Ainsi de Marius Sylla devint jaloux;
César, de mon aïeul; Marc-Antoine, de vous :
Ainsi la liberté ne peut plus être utile
Qu'à former les fureurs d'une guerre civile,
Lorsque, par un désordre à l'univers fatal,
L'un ne veut point de maître, et l'autre point d'égal.
Seigneur, pour sauver Rome, il faut qu'elle s'unisse
En la main d'un bon chef à qui tout obéisse.
Si vous aimez encore à la favoriser,
Otez-lui les moyens de se plus diviser.
Sylla, quittant la place enfin bien usurpée,
N'a fait qu'ouvrir le champ à César et Pompée,
Que le malheur des temps ne nous eût pas fait voir,
S'il eût dans sa famille assuré son pouvoir.
Qu'a fait du grand César le cruel parricide,
Qu'élever contre vous Antoine avec Lépide,
Qui n'eussent pas détruit Rome par les Romains,
Si César eût laissé l'empire entre vos mains?
Vous la replongerez, en quittant cet empire,
Dans les maux dont à peine encore elle respire,
Et de ce peu, seigneur, qui lui reste de sang,
Une guerre nouvelle épuisera son flanc.
Que l'amour du pays, que la pitié vous touche;
Votre Rome à genoux vous parle par ma bouche.
Considérez le prix que vous avez coûté :
Non pas qu'elle vous croie avoir trop acheté,
Des maux qu'elle a soufferts elle est trop bien payée;
Mais une juste peur tient son âme effrayée :
Si, jaloux de son heur*, et las de commander,
Vous lui rendez un bien qu'elle ne peut garder,
S'il lui faut à ce prix en acheter un autre,
Si vous ne préférez son intérêt au vôtre,
Si ce funeste don la met au désespoir,
Je n'ose dire ici ce que j'ose prévoir.
Conservez-vous, seigneur, en lui laissant un maître
Sous qui son vrai bonheur commence de renaître;
Et pour mieux assurer le bien commun de tous,
Donnez un successeur qui soit digne de vous.

AUGUSTE.

N'en délibérons plus, cette pitié l'emporte.
Mon repos m'est bien cher, mais Rome est la plus forte;
Et quelque grand malheur qui m'en puisse arriver,
Je consens à me perdre afin de la sauver.
Pour ma tranquillité mon cœur en vain soupire :
Cinna, par vos conseils je retiendrai l'empire;
Mais je le retiendrai pour vous en faire part. [fard,
Je vois trop que vos cœurs n'ont point pour moi de
Et que chacun de vous, dans l'avis qu'il me donne,
Regarde seulement l'État et ma personne :
Votre amour en tous deux fait ce combat d'esprits,
Et vous allez tous deux en recevoir le prix.
Maxime, je vous fais gouverneur de Sicile,
Allez donner mes lois à ce terroir fertile :
Songez que c'est pour moi que vous gouvernerez,
Et que je répondrai de ce que vous ferez.
Pour épouse, Cinna, je vous donne Æmilie;
Vous savez peu qu'elle tient la place de Julie,
Et que si nos malheurs et la nécessité
M'ont fait traiter son père avec sévérité,
Mon épargne* depuis en sa faveur ouverte
Doit avoir adouci l'aigreur de cette perte.
Voyez-la de ma part, tâchez de la gagner :

Vous n'êtes point pour elle un homme à dédaigner;
De l'offre de vos vœux elle sera ravie.
Adieu : j'en veux porter la nouvelle à Livie.

SCÈNE II

CINNA, MAXIME.

MAXIME.
Quel est votre dessein après ces beaux discours?
CINNA.
Le même que j'avais, et que j'aurai toujours.
MAXIME.
Un chef de conjurés flatte la tyrannie!
CINNA.
Un chef de conjurés la veut voir impunie!
MAXIME.
Je veux voir Rome libre.
CINNA.
Et vous pouvez juger
Que je veux l'affranchir ensemble et la venger.
Octave aura donc vu ses fureurs assouvies,
Pillé jusqu'aux autels, sacrifié nos vies,
Rempli les champs d'horreur, comblé Rome de morts,
Et sera quitte après pour l'effet d'un remords!
Quand le ciel par nos mains à le punir s'apprête,
Un lâche repentir garantira sa tête!
C'est trop semer d'appâts, et c'est trop inviter
Par son impunité quelque autre à l'imiter.
Vengeons nos citoyens, et que sa peine étonne
Quiconque après sa mort aspire à la couronne.
Que le peuple aux tyrans ne soit plus exposé :
S'il eût puni Sylla, César eût moins osé.
MAXIME.
Mais la mort de César, que vous trouvez si juste,
A servi de prétexte aux cruautés d'Auguste.
Voulant nous affranchir, Brute s'est abusé;
S'il n'eût puni César, Auguste eût moins osé.
CINNA.
La faute de Cassie, et ses terreurs paniques,
Ont fait rentrer l'État sous des lois tyranniques;
Mais nous ne verrons point de pareils accidents,
Lorsque Rome suivra des chefs moins imprudents.
MAXIME.
Nous sommes encor loin de mettre en évidence
Si nous nous conduirons avec plus de prudence;
Cependant c'en est peu que de n'accepter pas
Le bonheur qu'on recherche au péril du trépas.
CINNA.
C'en est encor bien moins, alors qu'on s'imagine
Guérir un mal si grand sans couper la racine;
Employer la douceur à cette guérison,
C'est, en fermant la plaie, y verser du poison.
MAXIME.
Vous la voulez sanglante, et la rendez douteuse.
CINNA.
Vous la voulez sans peine, et la rendez honteuse.
MAXIME.
Pour sortir de ses fers jamais on ne rougit.
CINNA.
On en sort lâchement, si la vertu n'agit.
MAXIME.
Jamais la liberté ne cesse d'être aimable;
Et c'est toujours pour Rome un bien inestimable
CINNA.
Ce ne peut être un bien qu'elle daigne estimer,
Quand il vient d'une main lasse de l'opprimer :
Elle a le cœur trop bon pour se voir avec joie
Le rebut du tyran dont elle fut la proie;
Et tout ce que la gloire a de vrais partisans
Le hait trop puissamment pour aimer ses présents.
MAXIME.
Donc pour vous Æmilie est un objet de haine?
CINNA.
La recevoir de lui me serait une gêne;
Mais quand j'aurai vengé Rome des maux soufferts,
Je saurai le braver jusque dans les enfers.
Oui, quand par son trépas je l'aurai méritée,
Je veux joindre à sa main ma main ensanglantée,
L'épouser sur sa cendre, et qu'après notre effort
Les présents du tyran soient le prix de sa mort.
MAXIME.
Mais l'apparence, ami, que vous puissiez lui plaire
Teint du sang de celui qu'elle aime comme un père?
Car vous n'êtes pas homme à la violenter.
CINNA.
Ami, dans ce palais on peut nous écouter,
Et nous parlons peut-être avec trop d'imprudence
Dans un lieu si mal propre à notre confidence :
Sortons; qu'en sûreté j'examine avec vous,
Pour en venir à bout, les moyens les plus doux.

ACTE TROISIÈME

SCÈNE I

MAXIME, EUPHORBE.

MAXIME.
Lui-même il m'a tout dit; leur flamme est mutuelle;
Il adore Æmilie, il est adoré d'elle;
Mais sans venger son père il n'y peut aspirer;
Et c'est pour l'acquérir qu'il nous fait conspirer.
EUPHORBE.
Je ne m'étonne plus de cette violence
Dont il contraint Auguste à garder sa puissance :
La ligue se romprait s'il s'en était démis,
Et tous vos conjurés deviendraient ses amis.
MAXIME.
Ils servent à l'envi la passion d'un homme
Qui n'agit que pour soi, feignant d'agir pour Rome;
Et moi, par un malheur qui n'eut jamais d'égal,
Je pense servir Rome, et je sers mon rival!

EUPHORBE.
Vous êtes son rival?
MAXIME.
Oui, j'aime sa maîtresse,
Et l'ai caché toujours avec assez d'adresse;
Mon ardeur inconnue, avant que d'éclater,
Par quelque grand exploit la voulait mériter :
Cependant par mes mains je vois qu'il me l'enlève;
Son dessein fait ma perte, et c'est moi qui l'achève;
J'avance des succès dont j'attends le trépas,
Et pour m'assassiner je lui prête mon bras.
Que l'amitié me plonge en un malheur extrême
EUPHORBE.
L'issue en est aisée, agissez pour vous-même;
D'un dessein qui vous perd rompez le coup fatal,
Gagnez une maîtresse, accusant un rival.
Auguste, à qui par là vous sauverez la vie,
Ne vous pourra jamais refuser Æmilie.
MAXIME.
Quoi! trahir mon ami!
EUPHORBE.
L'amour rend tout permis;
Un véritable amant ne connaît point d'amis,
Et même avec justice on peut trahir un traître,
Qui pour une maîtresse ose trahir son maître :
Oubliez l'amitié, comme lui les bienfaits.
MAXIME.
C'est un exemple à fuir que celui des forfaits.
EUPHORBE.
Contre un si noir dessein tout devient légitime;
On n'est point criminel quand on punit un crime.
MAXIME.
Un crime par qui Rome obtient sa liberté!
EUPHORBE.
Craignez tout d'un esprit si plein de lâcheté.
L'intérêt du pays n'est point ce qui l'engage;
Le sien, et non la gloire, anime son courage.
Il aimerait César, s'il n'était amoureux,
Et n'est enfin qu'ingrat, et non pas généreux.
Pensez-vous avoir lu jusqu'au fond de son âme?
Sous la cause publique il vous cachait sa flamme,
Et peut cacher encor sous cette passion
Les détestables feux de son ambition.
Peut-être qu'il prétend, après la mort d'Octave,
Au lieu d'affranchir Rome, en faire son esclave,
Qu'il vous compte déjà pour un de ses sujets,
Ou que sur votre perte il fonde ses projets.
MAXIME.
Mais comment l'accuser sans nommer tout le reste?
A tous nos conjurés l'avis serait funeste,
Et par là nous verrions indignement trahis
Ceux qu'engage avec nous le seul bien du pays.
D'un si lâche dessein mon âme est incapable;
Il perd trop d'innocents pour punir un coupable.
J'ose tout contre lui, mais je crains tout pour eux.
EUPHORBE.
Auguste s'est lassé d'être si rigoureux;
En ces occasions, ennuyé de supplices,
Ayant puni les chefs, il pardonne aux complices.
Si toutefois pour eux vous craignez son courroux,
Quand vous lui parlerez, parlez au nom de tous.
Nous disputons en vain, et ce n'est que folie
De vouloir par sa perte acquérir Æmilie;
Ce n'est pas le moyen de plaire à ses beaux yeux
Que de priver du jour ce qu'elle aime le mieux.
Pour moi j'estime peu qu'Auguste me la donne;
Je veux gagner son cœur plutôt que sa personne,
Et ne fais point d'état de sa possession,
Si je n'ai point de part à son affection.
Puis-je la mériter par une triple offense?
Je trahis son amant, je détruis sa vengeance;
Je conserve le sang qu'elle veut voir périr;
Et j'aurais quelque espoir qu'elle me pût chérir !
EUPHORBE.
C'est ce qu'à dire vrai je vois fort difficile.
L'artifice pourtant vous y peut être utile;
Il en faut trouver un qui la puisse abuser,
Et du reste le temps en pourra disposer.
MAXIME.
Mais si pour s'excuser il nomme sa complice,
S'il arrive qu'Auguste avec lui la punisse,
Puis-je lui demander, pour prix de mon rapport,
Celle qui nous oblige à conspirer sa mort?
EUPHORBE.
Vous pourriez m'opposer tant et de tels obstacles,
Que pour les surmonter il faudrait des miracles;
J'espère, toutefois, qu'à force d'y rêver...
MAXIME.
Éloigne-toi; dans peu j'irai te retrouver :
Cinna vient, et je veux en tirer quelque chose,
Pour mieux résoudre après ce que je me propose.

SCÈNE II

CINNA, MAXIME.

MAXIME.
Vous me semblez pensif.
CINNA.
Ce n'est pas sans sujet.
MAXIME.
Puis-je d'un tel chagrin savoir quel est l'objet?
CINNA.
Æmilie et César, l'un et l'autre me gêne;
L'un me semble trop bon, l'autre trop inhumaine.
Plût aux dieux que César employât mieux ses soins,
Et s'en fît plus aimer, ou m'aimât un peu moins;
Que sa bonté touchât la beauté qui me charme,
Et la pût adoucir comme elle me désarme!
Je sens au fond du cœur mille remords cuisants
Qui rendent à mes yeux tous ses bienfaits présents;
Cette faveur si pleine, et si mal reconnue,
Par un mortel reproche à tous moments me tue.
Il me semble surtout incessamment le voir
Déposer en nos mains son absolu pouvoir,
Écouter nos avis, m'applaudir, et me dire :
« Cinna, par vos conseils je retiendrai l'empire,

« Mais je le retiendrai pour vous en faire part. »
Et je puis dans son sein enfoncer un poignard!
Ah! plutôt... Mais, hélas! j'idolâtre Æmilie;
Un serment exécrable à sa haine me lie :
L'horreur qu'elle a de lui me le rend odieux :
Des deux côtés j'offense et ma gloire et les dieux;
Je deviens sacrilége, ou je suis parricide,
Et vers l'un ou vers l'autre il faut être perfide.

MAXIME.

Vous n'aviez point tantôt ces agitations,
Vous paraissiez plus ferme en vos intentions;
Vous ne sentiez au cœur ni remords, ni reproche.

CINNA.

On ne les sent aussi que quand le coup approche,
Et l'on ne reconnaît de semblables forfaits
Que quand la main s'apprête à venir aux effets.
L'âme, de son dessein jusque-là possédée,
S'attache aveuglément à sa première idée :
Mais alors quel esprit n'en devient point troublé?
Ou plutôt quel esprit n'en est point accablé?
Je crois que Brute même, à tel point qu'on le prise,
Voulut plus d'une fois rompre son entreprise,
Qu'avant que de frapper elle lui fit sentir
Plus d'un remords en l'âme, et plus d'un repentir.

MAXIME.

Il eut trop de vertu pour tant d'inquiétude;
Il ne soupçonna point sa main d'ingratitude,
Et fut contre un tyran d'autant plus animé
Qu'il en reçut de biens et qu'il s'en vit aimé.
Comme vous l'imitez, faites la même chose,
Et formez vos remords d'une plus juste cause,
De vos lâches conseils, qui seuls ont arrêté
Le bonheur renaissant de notre liberté :
C'est vous seul aujourd'hui qui nous l'avez ôtée,
De la main de César Brute l'eût acceptée,
Et n'eût jamais souffert qu'un intérêt léger
De vengeance ou d'amour l'eût remise en danger.
N'écoutez plus la voix d'un tyran qui vous aime,
Et vous veut faire part de son pouvoir suprême;
Mais entendez crier Rome à son côté :
« Rends-moi, rends-moi, Cinna, ce que tu m'as ôté;
« Et, si tu m'as tantôt préféré ta maîtresse,
« Ne me préfère pas le tyran qui m'oppresse. »

CINNA.

Ami, n'accable plus un esprit malheureux
Qui ne forme qu'en lâche un dessein généreux.
Envers nos citoyens je sais quelle est ma faute,
Et leur rendrai bientôt tout ce que je leur ôte;
Mais pardonne aux abois d'une vieille amitié
Qui ne peut expirer sans me faire pitié,
Et laisse-moi, de grâce, attendant Æmilie,
Donner un libre cours à ma mélancolie :
Mon chagrin t'importune, et le trouble où je suis
Veut de la solitude à calmer tant d'ennuis.

MAXIME.

Vous voulez rendre compte à l'objet qui vous blesse
De la bonté d'Octave et de votre faiblesse;
L'entretien des amants veut un entier secret.
Adieu. Je me retire en confident discret.

SCÈNE III

CINNA.

Donne un plus digne nom au glorieux empire
Du noble sentiment que la vertu m'inspire,
Et que l'honneur oppose au coup précipité
De mon ingratitude et de ma lâcheté;
Mais plutôt continue à le nommer faiblesse,
Puisqu'il devient si faible auprès d'une maîtresse,
Qu'il respecte un amour qu'il devrait étouffer,
Ou que, s'il le combat, il n'ose en triompher.
En ces extrémités quel conseil dois-je prendre?
De quel côté pencher? à quel parti me rendre?
Qu'une âme généreuse a de peine à faillir!
Quelque fruit que par là j'espère de cueillir,
Les douceurs de l'amour, celles de la vengeance,
La gloire d'affranchir le lieu de ma naissance,
N'ont point assez d'appâts pour flatter ma raison
S'il les faut acquérir par une trahison,
S'il faut percer le flanc d'un prince magnanime
Qui du peu que je suis fait une telle estime,
Qui me comble d'honneurs, qui m'accable de biens,
Qui ne prend pour régner de conseils que les miens.
O coup! ô trahison trop indigne d'un homme!
Dure, dure à jamais l'esclavage de Rome!
Périsse mon amour, périsse mon espoir,
Plutôt que de ma main parte un crime si noir!
Quoi! ne m'offre-t-il pas tout ce que je souhaite,
Et qu'au prix de son sang ma passion achète?
Pour jouir de ses dons faut-il l'assassiner?
Et faut-il lui ravir ce qu'il me veut donner?
Mais je dépends de vous, ô serment téméraire!
O haine d'Æmilie! ô souvenir d'un père!
Ma foi, mon cœur, mon bras, tout vous est engagé,
Et je ne puis plus rien que par votre congé * :
C'est à vous à régler ce qu'il faut que je fasse;
C'est à vous, Æmilie, à lui donner sa grâce;
Vos seules volontés président à son sort,
Et tiennent en mes mains sa vie et sa mort.
O dieux, qui comme vous la rendez adorable,
Rendez-la, comme vous, à mes vœux exorable *;
Et, puisque de ses lois je ne puis m'affranchir,
Faites qu'à mes désirs je la puisse fléchir.
Mais voici de retour cette aimable inhumaine.

SCÈNE IV

ÆMILIE, CINNA, FULVIE.

ÆMILIE.

Grâces aux dieux, Cinna, ma frayeur était vaine;
Aucun de tes amis ne t'a manqué de foi,
Et je n'ai point eu lieu de m'employer pour toi.
Octave en ma présence a tout dit à Livie,
Et par cette nouvelle il m'a rendu la vie.

CINNA.

Le désavoûrez-vous? et du don qu'il me fait
Voudrez-vous retarder le bienheureux effet?

CINNA, ACTE III, SCÈNE IV.

ÆMILIE.
L'effet est en ta main.

CINNA.
Mais plutôt en la vôtre.

ÆMILIE.
Je suis toujours moi-même, et mon cœur n'est point
Me donner à Cinna, c'est ne lui donner rien, [autre;
C'est seulement lui faire un présent de son bien.

CINNA.
Vous pouvez toutefois... ô ciel! l'osé-je dire?

ÆMILIE.
Que puis-je? et que crains-tu?

CINNA.
Je tremble, je soupire,
Et vois que si nos cœurs avaient mêmes désirs,
Je n'aurais pas besoin d'expliquer mes soupirs.
Ainsi je suis trop sûr que je vais vous déplaire;
Mais je n'ose parler, et je ne puis me taire.

ÆMILIE.
C'est trop me gêner, parle.

CINNA.
Il faut vous obéir.
Je vais donc vous déplaire, et vous m'allez haïr.
Je vous aime, Æmilie, et le ciel me foudroie
Si cette passion ne fait toute ma joie,
Et si je ne vous aime avec toute l'ardeur
Que peut un digne objet attendre d'un grand cœur!
Mais voyez à quel prix vous me donnez votre âme :
En me rendant heureux vous me rendez infâme;
Cette bonté d'Auguste...

ÆMILIE.
Il suffit, je t'entends,
Je vois ton repentir et tes vœux inconstants :
Les faveurs du tyran emportent tes promesses;
Tes feux et tes serments cèdent à ses caresses;
Et ton esprit crédule ose s'imaginer
Qu'Auguste pouvant tout, peut aussi me donner;
Tu me veux de sa main plutôt que de la mienne;
Mais ne crois pas qu'ainsi jamais je t'appartienne :
Il peut faire trembler la terre sous ses pas,
Mettre un roi hors du trône, et donner ses États,
De ses proscriptions rougir la terre et l'onde,
Et changer à son gré l'ordre de tout le monde;
Mais le cœur d'Æmilie est hors de son pouvoir.

CINNA.
Aussi n'est-ce qu'à vous que je veux le devoir.
Je suis toujours moi-même, et ma foi toujours pure;
La pitié que je sens ne me rend point parjure;
J'obéis sans réserve à tous vos sentiments,
Et prends vos intérêts par delà mes serments.
J'ai pu, vous le savez, sans parjure et sans crime,
Vous laisser échapper cette illustre victime.
César se dépouillant du pouvoir souverain
Nous ôtait tout prétexte à lui percer le sein;
La conjuration s'en allait dissipée,
Vos desseins avortés, votre haine trompée;
Moi seul j'ai raffermi son esprit étonné,
Et pour vous l'immoler ma main l'a couronné.

ÆMILIE.
Pour me l'immoler, traître! et tu veux que moi-même
Je retienne ta main! qu'il vive, et que je l'aime!
Que je sois le butin de qui l'ose épargner,
Et le prix du conseil qui le force à régner!

CINNA.
Ne me condamnez point quand je vous ai servie :
Sans moi, vous n'auriez plus de pouvoir sur sa vie;
Et, malgré ses bienfaits, je rends tout à l'amour,
Quand je veux qu'il périsse ou vous doive le jour.
Avec les premiers vœux de mon obéissance
Souffrez ce faible effort de ma reconnaissance,
Que je tâche de vaincre un indigne courroux,
Et vous donner pour lui l'amour qu'il a pour vous.
Une âme généreuse, et que la vertu guide,
Fuit la honte des noms d'ingrate et de perfide;
Elle en hait l'infamie attachée au bonheur,
Et n'accepte aucun bien aux dépens de l'honneur.

ÆMILIE.
Je fais gloire, pour moi, de cette ignominie :
La perfidie est noble envers la tyrannie;
Et quand on rompt le cours d'un sort si malheureux,
Les cœurs les plus ingrats sont les plus généreux.

CINNA.
Vous faites des vertus au gré de votre haine.

ÆMILIE.
Je me fais des vertus dignes d'une Romaine.

CINNA.
Un cœur vraiment romain...

ÆMILIE.
Ose tout pour ravir
Une odieuse vie à qui le fait servir;
Il fuit plus que la mort la honte d'être esclave.

CINNA.
C'est l'être avec honneur que de l'être d'Octave;
Et nous voyons souvent des rois à nos genoux
Demander pour appui tels esclaves que nous;
Il abaisse à nos pieds l'orgueil des diadèmes,
Il nous fait souverains sur leurs grandeurs suprêmes;
Il prend d'eux les tributs dont il nous enrichit,
Et leur impose un joug dont il nous affranchit.

ÆMILIE.
L'indigne ambition que ton cœur se propose!
Pour être plus qu'un roi, tu te crois quelque chose;
Aux deux bouts de la terre en est-il un si vain
Qu'il prétende égaler un citoyen romain?
Antoine sur sa tête attira notre haine
En se déshonorant par l'amour d'une reine;
Attale, ce grand roi, dans la pourpre blanchi,
Qui du peuple romain se nommait l'affranchi,
Quand de toute l'Asie il se fût vu l'arbitre,
Eût encor moins prisé son trône que ce titre.
Souviens-toi de ton nom, soutiens sa dignité;
Et prenant d'un Romain la générosité,
Sache qu'il n'en est point que le ciel n'ait fait naître
Pour commander aux rois, et pour vivre sans maître.

CINNA.
Le ciel a trop fait voir en de tels attentats
Qu'il hait les assassins et punit les ingrats;

Et quoi qu'on entreprenne, et quoi qu'on exécute,
Quand il élève un trône, il en venge la chute;
Il se met du parti de ceux qu'il fait régner;
Le coup dont on les tue est longtemps à saigner;
Et quand à les punir il a pu se résoudre,   [dre*.
De pareils châtiments n'appartiennent qu'au fou-

ÆMILIE.

Dis que de leur parti toi-même tu te rends,
De te remettre au foudre à punir les tyrans.
  Je ne t'en parle plus, va, sers la tyrannie;
Abandonne ton âme à son lâche génie;
Et pour rendre le calme à ton esprit flottant,
Oublie et ta naissance et le prix qui t'attend.
Sans emprunter ta main pour servir ma colère,
Je saurai bien venger mon pays et mon père.
J'aurais déjà l'honneur d'un si fameux trépas,
Si l'amour jusqu'ici n'eût arrêté mon bras;
C'est lui qui, sous tes lois me tenant asservie,
M'a fait en ta faveur prendre soin de ma vie :
Seule contre un tyran, en le faisant périr,
Par les mains de sa garde il me fallait mourir.
Je t'eusse par ma mort dérobé ta captive;
Et comme pour toi seul l'amour veut que je vive,
J'ai voulu, mais en vain, me conserver pour toi,
Et te donner moyen d'être digne de moi.
  Pardonnez-moi, grands dieux, si je me suis trompée
Quand j'ai pensé chérir un neveu de Pompée,
Et si d'un faux semblant mon esprit abusé
A fait choix d'un esclave en son lieu supposé.
Je t'aime toutefois, quel que tu puisses être;
Et si pour me gagner il faut trahir ton maître,
Mille autres à l'envi recevraient cette loi,
S'ils pouvaient m'acquérir à même prix que toi.
Mais n'appréhende pas qu'un autre ainsi m'obtienne.
Vis pour ton cher tyran, tandis que je meurs tienne :
Mes jours avec les siens se vont précipiter,
Puisque ta lâcheté n'ose me mériter.
Viens me voir, dans son sang et dans le mien baignée,
De ma seule vertu mourir accompagnée,
Et te dire en mourant d'un esprit satisfait :
« N'accuse point mon sort, c'est toi seul qui l'as fait:
« Je descends dans la tombe où tu m'as condamnée,
« Où la gloire me suit qui t'était destinée :
« Je meurs en détruisant un pouvoir absolu;
« Mais je vivrais à toi si tu l'avais voulu. »

CINNA.

Eh bien! vous le voulez, il faut vous satisfaire,
Il faut affranchir Rome, il faut venger un père,
Il faut sur un tyran porter de justes coups;
Mais apprenez qu'Auguste est moins tyran que vous.
S'il nous ôte à son gré nos biens, nos jours, nos fem-
Il n'a point jusqu'ici tyrannisé nos âmes;   [mes,
Mais l'empire inhumain qu'exercent vos beautés
Force jusqu'aux esprits et jusqu'aux volontés.
Vous me faites priser ce qui me déshonore;
Vous me faites haïr ce que mon âme adore;
Vous me faites répandre un sang pour qui je dois
Exposer tout le mien et mille et mille fois :
Vous le voulez, j'y cours, ma parole est donnée;
Mais ma main, aussitôt contre mon sein tournée,
Aux mânes d'un tel prince immolant votre amant,
A mon crime forcé joindra mon châtiment
Et par cette action dans l'autre confondue,
Recouvrera ma gloire aussitôt que perdue.
Adieu.

SCÈNE V

ÆMILIE, FULVIE.

FULVIE.

Vous avez mis son âme au désespoir.

ÆMILIE.

Qu'il cesse de m'aimer, ou suive son devoir.

FULVIE.

Il va vous obéir aux dépens de sa vie :
Vous en pleurez!

ÆMILIE.

            Hélas! cours après lui, Fulvie,
Et si ton amitié daigne me secourir,
Arrache-lui du cœur ce dessein de mourir;
Dis-lui...

FULVIE.

  Qu'en sa faveur vous laissez vivre Auguste?

ÆMILIE.

Ah! c'est faire à ma haine une loi trop injuste.

FULVIE.

Et quoi donc?

ÆMILIE.

       Qu'il achève, et dégage sa foi,
Et qu'il choisisse après de la mort, ou de moi.

ACTE QUATRIÈME

SCÈNE I

AUGUSTE, EUPHORBE, POLYCLÈTE,
GARDES.

AUGUSTE.

Tout ce que tu me dis, Euphorbe, est incroyable.

EUPHORBE.

Seigneur, le récit même en paraît effroyable :
On ne conçoit qu'à peine une telle fureur,
Et la seule pensée en fait frémir d'horreur.

AUGUSTE.

Quoi! mes plus chers amis! quoi! Cinna! quoi! Maxi-
Les deux que j'honorais d'une si haute estime, [me!
A qui j'ouvrais mon cœur, et dont j'avais fait choix
Pour les plus importants et plus nobles emplois!
Après qu'entre leurs mains j'ai remis mon empire,
Pour m'arracher le jour l'un et l'autre conspire!
Maxime a vu sa faute, et m'en fait avertir

Et montre un cœur touché d'un juste repentir;
Mais Cinna!

EUPHORBE.

Cinna seul dans sa rage s'obstine,
Et contre vos bontés d'autant plus se mutine;
Lui seul combat encor les vertueux efforts
Que sur les conjurés fait ce juste remords,
Et, malgré les frayeurs à leurs regrets mêlées,
Il tâche à raffermir leurs âmes ébranlées.

AUGUSTE.

Lui seul les encourage, et lui seul les séduit!
O le plus déloyal que la terre ait produit!
O trahison conçue au sein d'une furie!
O trop sensible coup d'une main si chérie!
Cinna, tu me trahis! Polyclète, écoutez.
    (*Il lui parle à l'oreille.*)

POLYCLÈTE.

Tous vos ordres, seigneur, seront exécutés.

AUGUSTE.

Qu'Éraste en même temps aille dire à Maxime
Qu'il vienne recevoir le pardon de son crime.
    (*Polyclète rentre.*)

EUPHORBE.

Il l'a jugé trop grand pour ne pas s'en punir.
A peine du palais il a pu revenir,
Que, les yeux égarés, et le regard farouche,
Le cœur gros de soupirs, les sanglots à la bouche,
Il déteste sa vie et ce complot maudit,
M'en apprend l'ordre entier tel que je vous l'ai dit;
Et m'ayant commandé que je vous avertisse,
Il ajoute : « Dis-lui que je me fais justice,
« Que je n'ignore point ce que j'ai mérité. »
Puis soudain dans le Tibre il s'est précipité ;
Et l'eau grosse et rapide, et la nuit assez noire,
M'ont dérobé la fin de sa tragique histoire.

AUGUSTE.

Sous ce pressant remords il a trop succombé,
Il s'est à mes bontés lui-même dérobé;
Il n'est crime envers moi qu'un repentir n'efface :
Mais puisqu'il a voulu renoncer à ma grâce,
Allez pourvoir au reste, et faites qu'on ait soin
De tenir en lieu sûr ce fidèle témoin.

SCÈNE II

AUGUSTE.

Ciel, à qui voulez-vous désormais que je fie
Les secrets de mon âme et le soin de ma vie?
Reprenez le pouvoir que vous m'avez commis,
Si donnant des sujets il ôte les amis,
Si tel est le destin des grandeurs souveraines
Que leurs plus grands bienfaits n'attirent que des
Et si votre rigueur les condamne à chérir [haines,
Ceux que vous animez à les faire périr. [dre.
Pour elles rien n'est sûr ; qui peut tout doit tout crain-
Rentre en toi-même, Octave, et cesse de te plaindre.
Quoi! tu veux qu'on t'épargne, et n'as rien épargné!

Songe aux fleuves de sang où ton bras s'est baigné,
De combien ont rougi les champs de Macédoine,
Combien en a versé la défaite d'Antoine,
Combien celle de Sexte, et revois tout d'un temps
Pérouse au sien noyée, et tous ses habitants;
Remets dans ton esprit, après tant de carnages,
De tes proscriptions les sanglantes images,
Où toi-même, des tiens devenu le bourreau,
Au sein de ton tuteur enfonças le couteau,
Et puis ose accuser le destin d'injustice
Quand tu vois que les tiens s'arment pour ton suppli-
Et que, par ton exemple à ta perte guidés, [ce!
Ils violent des droits que tu n'as pas gardés!
Leur trahison est juste, et le ciel l'autorise :
Quitte ta dignité comme tu l'as acquise;
Rends un sang infidèle à l'infidélité,
Et souffre des ingrats après l'avoir été.
    Mais que mon jugement au besoin m'abandonne!
Quelle fureur, Cinna, m'accuse et te pardonne?
Toi, dont la trahison me force à retenir
Ce pouvoir souverain dont tu me veux punir,
Me traite en criminel, et fait seule mon crime,
Relève pour l'abattre un trône illégitime,
Et, d'un zèle effronté couvrant son attentat,
S'oppose, pour me perdre, au bonheur de l'État?
Donc jusqu'à l'oublier je pourrais me contraindre!
Tu vivrais en repos après m'avoir fait craindre!
Non, non, je me trahis moi-même d'y penser :
Qui pardonne aisément invite à l'offenser;
Punissons l'assassin, proscrivons les complices.
    Mais quoi ! toujours du sang, et toujours des sup-
Ma cruauté se lasse, et ne peut s'arrêter ; [plices!
Je veux me faire craindre, et ne fais qu'irriter.
Rome a pour ma ruine une hydre trop fertile ;
Une tête coupée en fait renaître mille,
Et le sang répandu de mille conjurés
Rend mes jours plus maudits, et non plus assurés.
Octave, n'attends plus le coup d'un nouveau Brute ;
Meurs, et dérobe-lui la gloire de ta chute;
Meurs; tu ferais pour vivre un lâche et vain effort,
Si tant de gens de cœur font des vœux pour ta mort,
Et si tout ce que Rome a d'illustre jeunesse
Pour te faire périr tour à tour s'intéresse
Meurs, puisque c'est un mal que tu ne peux guérir ;
Meurs enfin, puisqu'il faut ou tout perdre, ou mourir.
La vie est peu de chose, et le peu qui t'en reste
Ne vaut pas l'acheter par un prix si funeste ;
Meurs, mais quitte du moins la vie avec éclat,
Éteins-en le flambeau dans le sang de l'ingrat,
A toi-même en mourant immole ce perfide;
Contentant ses désirs, punis son parricide;
Fais un tourment pour lui de ton propre trépas,
En faisant qu'il le voie et n'en jouisse pas :
Mais jouissons plutôt nous-même de sa peine ;
Et si Rome nous hait, triomphons de sa haine.
    O Romains! ô vengeance! ô pouvoir absolu!
O rigoureux combat d'un cœur irrésolu
Qui fuit en même temps tout ce qu'il se propose!
D'un prince malheureux ordonnez quelque chose.

Qui des deux dois-je suivre, et duquel m'éloigner?
Ou laissez-moi périr, ou laissez-moi régner.

SCÈNE III

AUGUSTE, LIVIE.

AUGUSTE.
Madame, on me trahit, et la main qui me tue
Rend sous mes déplaisirs ma constance abattue.
Cinna, Cinna le traître...

LIVIE.
　　　　　　Euphorbe m'a tout dit,
Seigneur, et j'ai pâli cent fois à ce récit.
Mais écouteriez-vous les conseils d'une femme?

AUGUSTE.
Hélas! de quel conseil est capable mon âme?

LIVIE.
Votre sévérité, sans produire aucun fruit,
Seigneur, jusqu'à présent a fait beaucoup de bruit;
Par les peines d'un autre aucun ne s'intimide :
Salvidien à bas a soulevé Lépide;
Murène a succédé, Cépion l'a suivi :
Le jour à tous les deux dans les tourments ravi
N'a point mêlé de crainte à la fureur d'Égnace,
Dont Cinna maintenant ose prendre la place;
Et dans les plus bas rangs les noms les plus abjects
Ont voulu s'ennoblir par de si hauts projets.
Après avoir en vain puni leur insolence,
Essayez sur Cinna ce que peut la clémence,
Faites son châtiment de sa confusion,
Cherchez le plus utile en cette occasion :
Sa peine peut aigrir une ville animée,
Son pardon peut servir à votre renommée;
Et ceux que vos rigueurs ne font qu'effaroucher
Peut-être à vos bontés se laisseront toucher.

AUGUSTE.
Gagnons-les tout à fait en quittant cet empire
Qui nous rend odieux, contre qui l'on conspire.
J'ai trop par vos avis consulté là-dessus;
Ne m'en parlez jamais, je ne consulte plus.
　Cesse de soupirer, Rome, pour ta franchise;
Si je t'ai mise aux fers, moi-même je les brise,
Et te rends ton État, après l'avoir conquis,
Plus paisible et plus grand que je ne te l'ai pris :
Si tu me veux haïr, hais-moi sans plus rien feindre;
Si tu me veux aimer, aime-moi sans me craindre :
De tout ce qu'eut Sylla de puissance et d'honneur,
Lassé comme il en fut, j'aspire à son bonheur.

LIVIE.
Assez et trop longtemps son exemple vous flatte;
Mais gardez que sur vous le contraire n'éclate :
Ce bonheur sans pareil qui conserva ses jours
Ne serait pas bonheur s'il arrivait toujours.

AUGUSTE.
Eh bien! s'il est trop grand, si j'ai tort d'y prétendre,
J'abandonne mon sang à qui voudra l'épandre*.
Après un long orage il faut trouver un port;
Et je n'en vois que deux, le repos, ou la mort.

LIVIE.
Quoi! vous voulez quitter le fruit de tant de peines!

AUGUSTE.
Quoi! vous voulez garder l'objet de tant de haines!

LIVIE.
Seigneur, vous emporter à cette extrémité,
C'est plutôt désespoir que générosité.

AUGUSTE.
Régner et caresser une main si traîtresse,
Au lieu de sa vertu, c'est montrer sa faiblesse.

LIVIE.
C'est régner sur vous-même, et, par un noble choix,
Pratiquer la vertu la plus digne des rois.

AUGUSTE.
Vous m'aviez bien promis des conseils d'une femme;
Vous me tenez parole, et c'en sont là, madame.
　Après tant d'ennemis à mes pieds abattus,
Depuis vingt ans je règne, et j'en sais les vertus;
Je sais leur divers ordre, et de quelle nature
Sont les devoirs d'un prince en cette conjoncture :
Tout son peuple est blessé par un tel attentat,
Et la seule pensée est un crime d'État,
Une offense qu'on fait à toute sa province,
Dont il faut qu'il la venge, ou cesse d'être prince.

LIVIE.
Donnez moins de croyance à votre passion.

AUGUSTE.
Ayez moins de faiblesse, ou moins d'ambition.

LIVIE.
Ne traitez plus si mal un conseil salutaire.

AUGUSTE.
Le ciel m'inspirera ce qu'ici je dois faire.
Adieu : nous perdons temps.

LIVIE.
　　　　　　Je ne vous quitte point,
Seigneur, que mon amour n'ait obtenu ce point.

AUGUSTE.
C'est l'amour des grandeurs qui vous rend importu-
　　　　　　　　　　　　　　　　　　[ne.
LIVIE.
J'aime votre personne, et non votre fortune.
　　　　(Elle est seule.)
Il m'échappe; suivons, et forçons-le de voir
Qu'il peut, en faisant grâce, affermir son pouvoir;
Et qu'enfin la clémence est la plus belle marque
Qui fasse à l'univers connaître un vrai monarque.

SCÈNE IV

ÆMILIE, FULVIE.

ÆMILIE.
D'où me vient cette joie, et que mal à propos
Mon esprit malgré moi goûte un entier repos!
César mande Cinna sans me donner d'alarmes!
Mon cœur est sans soupirs, mes yeux n'ont point de
　　　　　　　　　　　　　　　　　　[larmes:
Comme si j'apprenais d'un secret mouvement
Que tout doit succéder à mon contentement!
Ai-je bien entendu? me l'as-tu dit, Fulvie?

FULVIE.

J'avais gagné sur lui qu'il aimerait la vie,
Et je vous l'amenais, plus traitable et plus doux,
Faire un second effort contre votre courroux;
Je m'en applaudissais, quand soudain Polyclète,
Des volontés d'Auguste ordinaire interprète,
Est venu l'aborder et sans suite et sans bruit,
Et de sa part sur l'heure au palais l'a conduit.
Auguste est fort troublé, l'on ignore la cause;
Chacun diversement soupçonne quelque chose;
Tous présument qu'il ait un grand sujet d'ennui,
Et qu'il mande Cinna pour prendre avis de lui.
Mais ce qui m'embarrasse, et que je viens d'apprendre
C'est que deux inconnus se sont saisis d'Évandre,
Qu'Euphorbe est arrêté sans qu'on sache pourquoi,
Que même de son maître on dit je ne sais quoi :
On lui veut imputer un désespoir funeste;
On parle d'eaux, de Tibre, et l'on se tait du reste.

ÆMILIE.

Que de sujets de craindre et de désespérer,
Sans que mon triste cœur en daigne murmurer!
A chaque occasion le ciel y fait descendre
Un sentiment contraire à celui qu'il doit prendre :
Une vaine frayeur tantôt m'a pu troubler;
Et je suis insensible alors qu'il faut trembler.
Je vous entends, grands dieux! vos bontés que j'a-
Ne peuvent consentir que je me déshonore; [dore
Et ne me permettant soupirs, sanglots, ni pleurs,
Soutiennent ma vertu contre de tels malheurs.
Vous voulez que je meure avec ce grand courage
Qui m'a fait entreprendre un si fameux ouvrage;
Et je veux bien périr comme vous l'ordonnez,
Et dans la même assiette où vous me retenez.
O liberté de Rome! ô mânes de mon père!
J'ai fait de mon côté tout ce que j'ai pu faire :
Contre votre tyran j'ai ligué ses amis,
Et plus osé pour vous qu'il ne m'était permis.
Si l'effet a manqué, ma gloire n'est pas moindre;
N'ayant pu vous venger, je vous irai rejoindre,
Mais si fumante encor d'un généreux courroux,
Par un trépas si noble et si digne de vous,
Qu'il vous fera sur l'heure aisément reconnaître
Le sang des grands héros dont vous m'avez fait naître.

SCÈNE V

MAXIME, ÆMILIE, FULVIE.

ÆMILIE.

Mais je vous vois, Maxime, et l'on vous faisait mort!

MAXIME.

Euphorbe trompe Auguste avec ce faux rapport;
Se voyant arrêté, la trame découverte,
Il a feint ce trépas pour empêcher ma perte.

ÆMILIE.

Que dit-on de Cinna?

MAXIME.

Que son plus grand regret
C'est de voir que César sait tout votre secret;
En vain il le dénie et le veut méconnaître,
Évandre a tout conté pour excuser son maître,
Et par l'ordre d'Auguste on vient vous arrêter.

ÆMILIE.

Celui qui l'a reçu tarde à l'exécuter;
Je suis prête à le suivre et lasse de l'attendre.

MAXIME.

Il vous attend chez moi.

ÆMILIE.

Chez vous!

MAXIME.

C'est vous surprendre :
Mais apprenez le soin que le ciel a de vous;
C'est un des conjurés qui va fuir avec nous.
Prenons notre avantage avant qu'on nous poursuive;
Nous avons pour partir un vaisseau sur la rive.

ÆMILIE.

Me connais-tu, Maxime, et sais-tu qui je suis?

MAXIME.

En faveur de Cinna je fais ce que je puis,
Et tâche à garantir de ce malheur extrême
La plus belle moitié qui reste de lui-même.
Sauvons-nous, Æmilie, et conservons le jour,
Afin de le venger par un heureux retour.

ÆMILIE.

Cinna dans son malheur est de ceux qu'il faut suivre,
Qu'il ne faut pas venger, de peur de leur survivre;
Quiconque après sa perte aspire à se sauver
Est indigne du jour qu'il tâche à conserver.

MAXIME.

Quel désespoir aveugle à ces fureurs vous porte?
O dieux! que de faiblesse en une âme si forte!
Ce cœur si généreux rend si peu de combat,
Et du premier revers la fortune l'abat!
Rappelez, rappelez cette vertu sublime,
Ouvrez enfin les yeux, et connaissez Maxime;
C'est un autre Cinna qu'en lui vous regardez;
Le ciel vous rend en lui l'amant que vous perdez;
Et puisque l'amitié n'en faisait plus qu'une âme,
Aimez en cet ami l'objet de votre flamme;
Avec la même ardeur il saura vous chérir,
Que...

ÆMILIE.

Tu m'oses aimer, et tu n'oses mourir!
Tu prétends un peu trop; mais quoi que tu prétendes,
Rends-toi digne du moins de ce que tu demandes;
Cesse de fuir en lâche un glorieux trépas,
Ou de m'offrir un cœur que tu fais voir si bas;
Fais que je porte envie à ta vertu parfaite;
Ne te pouvant aimer, fais que je te regrette;
Montre d'un vrai Romain la dernière vigueur,
Et mérite mes pleurs au défaut de mon cœur.
Quoi! si ton amitié pour Cinna s'intéresse,
Crois-tu qu'elle consiste à flatter sa maîtresse!
Apprends, apprends de moi quel en est le devoir,
Et donne-m'en l'exemple, ou viens le recevoir.

MAXIME.

Votre juste douleur est trop impétueuse.

ÆMILIE.

La tienne en ta faveur est trop ingénieuse.

Tu me parles déjà d'un bienheureux retour,
Et dans tes déplaisirs tu conçois de l'amour !
MAXIME.
Cet amour en naissant est toutefois extrême ;
C'est votre amant en vous, c'est mon ami que j'aime ;
Et des mêmes ardeurs dont il fut embrasé...
ÆMILIE.
Maxime, en voilà trop pour un homme avisé.
Ma perte m'a surprise, et ne m'a point troublée ;
Mon noble désespoir ne m'a point aveuglée.
Ma vertu tout entière agit sans s'émouvoir,
Et je vois malgré moi plus que je ne veux voir.
MAXIME.
Quoi ! vous suis-je suspect de quelque perfidie ?
ÆMILIE.
Oui, tu l'es, puisque enfin tu veux que je le die * ;
L'ordre de notre fuite est trop bien concerté
Pour ne te soupçonner d'aucune lâcheté :
Les dieux seraient pour nous prodigues en miracles,
S'ils en avaient sans toi levé tous les obstacles.
Fuis sans moi, tes amours sont ici superflus.
MAXIME.
Ah ! vous m'en dites trop.
ÆMILIE.
                     J'en présume encor plus.
Ne crains pas toutefois que j'éclate en injures ;
Mais n'espère non plus m'éblouir de parjures.
Si c'est te faire tort que de m'en défier,
Viens mourir avec moi pour te justifier.
MAXIME.
Vivez, belle Æmilie, et souffrez qu'un esclave...
ÆMILIE.
Je ne t'écoute plus qu'en présence d'Octave.
Allons, Fulvie, allons.

SCÈNE VI

MAXIME.

Désespéré, confus,
Et digne, s'il se peut, d'un plus cruel refus,
Que résous-tu, Maxime ? et quel est le supplice
Que ta vertu prépare à ton vain artifice ?
Aucune illusion ne te doit plus flatter ;
Æmilie en mourant va tout faire éclater ;
Sur un même échafaud la perte de sa vie
Étalera sa gloire et ton ignominie,
Et sa mort va laisser à la postérité
L'infâme souvenir de ta déloyauté.
Un même jour t'a vu, par une fausse adresse,
Trahir ton souverain, ton ami, ta maîtresse,
Sans que de tant de droits en un jour violés,
Sans que de deux amants au tyran immolés,
Il te reste aucun fruit que la honte et la rage
Qu'un remords inutile allume en ton courage.
Euphorbe, c'est l'effet de tes lâches conseils ;
Mais que peut-on attendre enfin de tes pareils ?
Jamais un affranchi n'est qu'un esclave infâme ;
Bien qu'il change d'état, il ne change point d'âme ;

La tienne, encor servile, avec la liberté
N'a pu prendre un rayon de générosité :
Tu m'as fait relever une injuste puissance ;
Tu m'as fait démentir l'honneur de ma naissance ;
Mon cœur te résistait, et tu l'as combattu
Jusqu'à ce que ta fourbe * ait souillé sa vertu.
Il m'en coûte la vie, il m'en coûte la gloire,
Et j'ai tout mérité pour t'avoir voulu croire ;
Mais les dieux permettront à mes ressentiments
De te sacrifier aux yeux des deux amants,
Et j'ose m'assurer qu'en dépit de mon crime
Mon sang leur servira d'assez pure victime,
Si dans le tien mon bras, justement irrité,
Peut laver le forfait de t'avoir écouté.

ACTE CINQUIÈME

—

SCÈNE I

AUGUSTE, CINNA.

AUGUSTE.

Prends un siége, Cinna, prends, et sur toute chose
Observe exactement la loi que je t'impose :
Prête, sans me troubler, l'oreille à mes discours ;
D'aucun mot, d'aucun cri, n'en interromps le cours ;
Tiens ta langue captive ; et si ce grand silence
A ton émotion fait quelque violence,
Tu pourras me répondre après tout à loisir :
Sur ce point seulement contente mon désir.

CINNA.

Je vous obéirai, seigneur.

AUGUSTE.

                       Qu'il te souvienne
De garder ta parole, et je tiendrai la mienne.
Tu vois le jour, Cinna ; mais ceux dont tu le tiens
Furent les ennemis de mon père, et les miens :
Au milieu de leur camp tu reçus la naissance ;
Et lorsque après leur mort tu vins en ma puissance,
Leur haine enracinée au milieu de ton sein
T'avait mis contre moi les armes à la main ;
Tu fus mon ennemi même avant que de naître,
Et tu le fus encor quand tu me pus connaître,
Et l'inclination jamais n'a démenti
Ce sang qui t'avait fait du contraire parti :
Autant que tu l'as pu les effets l'ont suivie ;
Je ne m'en suis vengé qu'en te donnant la vie ;
Je te fis prisonnier pour te combler de biens ;
Ma cour fut ta prison, mes faveurs tes liens ;
Je te restituai d'abord ton patrimoine ;
Je t'enrichis après des dépouilles d'Antoine,
Et tu sais que depuis, à chaque occasion,
Je suis tombé pour toi dans la profusion ;
Toutes les dignités que tu m'as demandées,
Je te les ai sur l'heure et sans peine accordées ;

Je t'ai préféré même à ceux dont les parents
Ont jadis dans mon camp tenu les premiers rangs,
A ceux qui de leur sang m'ont acheté l'empire,
Et qui m'ont conservé le jour que je respire;
De la façon enfin qu'avec toi j'ai vécu,
Les vainqueurs sont jaloux du bonheur du vaincu.
Quand le ciel me voulut, en rappelant Mécène,
Après tant de faveur montrer un peu de haine,
Je te donnai sa place en ce triste accident,
Et te fis, après lui, mon plus cher confident;
Aujourd'hui même encor, mon âme irrésolue
Me pressant de quitter ma puissance absolue,
De Maxime et de toi j'ai pris les seuls avis,
Et ce sont, malgré lui, les tiens que j'ai suivis;
Bien plus, ce même jour je te donne Æmilie,
Le digne objet des vœux de toute l'Italie,
Et qu'ont mise si haut mon amour et mes soins,
Qu'en te couronnant roi je t'aurais donné moins.
Tu t'en souviens, Cinna, tant d'heur et tant de gloire
Ne peuvent pas si tôt sortir de ta mémoire;
Mais ce qu'on ne pourrait jamais s'imaginer,
Cinna, tu t'en souviens, et veux m'assassiner.

CINNA.

Moi, seigneur! moi, que j'eusse une âme si traîtresse!
Qu'un si lâche dessein...

AUGUSTE.

Tu tiens mal ta promesse:
Sieds-toi, je n'ai pas dit encor ce que je veux;
Tu te justifieras après, si tu le peux.
Écoute cependant, et tiens mieux ta parole.
Tu veux m'assassiner demain, au Capitole,
Pendant le sacrifice, et ta main pour signal
Me doit, au lieu d'encens, donner le coup fatal;
La moitié de tes gens doit occuper la porte,
L'autre moitié te suivre et te prêter main-forte.
Ai-je de bons avis, ou de mauvais soupçons?
De tous ces meurtriers te dirai-je les noms?
Procule, Glabrion, Virginian, Rutile,
Marcel, Plaute, Lénas, Pompone, Albin, Icile,
Maxime, qu'après toi j'avais le plus aimé;
Le reste ne vaut pas l'honneur d'être nommé;
Un tas d'hommes perdus de dettes et de crimes,
Que pressent de mes lois les ordres légitimes,
Et qui, désespérant de les plus éviter,
Si tout n'est renversé, ne sauraient subsister.
Tu te tais maintenant, et gardes le silence,
Plus par confusion que par obéissance.
Quel était ton dessein, et que prétendais-tu
Après m'avoir au temple à tes pieds abattu?
Affranchir ton pays d'un pouvoir monarchique!
Si j'ai bien entendu tantôt ta politique,
Son salut désormais dépend d'un souverain,
Qui pour tout conserver tienne tout en sa main;
Et si sa liberté te faisait entreprendre,
Tu ne m'eusses jamais empêché de la rendre;
Tu l'aurais acceptée au nom de tout l'État,
Sans vouloir l'acquérir par un assassinat.
Quel était donc ton but? d'y régner en ma place?
D'un étrange malheur son destin le menace,
Si pour monter au trône et lui donner la loi
Tu ne trouves dans Rome autre obstacle que moi,
Si jusques à ce point son sort est déplorable,
Que tu sois après moi le plus considérable,
Et que ce grand fardeau de l'empire romain
Ne puisse après ma mort tomber mieux qu'en ta main.
Apprends à te connaître, et descends en toi-même:
On t'honore dans Rome, on te courtise, on t'aime,
Chacun tremble sous toi, chacun t'offre des vœux,
Ta fortune est bien haut, tu peux ce que tu veux:
Mais tu ferais pitié même à ceux qu'elle irrite,
Si je t'abandonnais à ton peu de mérite.
Ose me démentir, dis-moi ce que tu vaux,
Conte-moi tes vertus, tes glorieux travaux,
Les rares qualités par où tu m'as dû plaire,
Et tout ce qui t'élève au-dessus du vulgaire.
Ma faveur fait ta gloire, et ton pouvoir en vient;
Elle seule t'élève, et seule te soutient;
C'est elle qu'on adore, et non pas ta personne;
Tu n'as crédit ni rang qu'autant qu'elle t'en donne;
Et pour te faire choir je n'aurais aujourd'hui
Qu'à retirer la main qui seule est ton appui.
J'aime mieux toutefois céder à ton envie;
Règne, si tu le peux, aux dépens de ma vie;
Mais oses-tu penser que les Serviliens,
Les Cosses, les Métels, les Pauls, les Fabiens,
Et tant d'autres enfin de qui les grands courages
Des héros de leur sang sont les vives images,
Quittent le noble orgueil d'un sang si généreux
Jusqu'à pouvoir souffrir que tu règnes sur eux?
Parle, parle, il est temps.

CINNA.

Je demeure stupide;
Non que votre colère ou la mort m'intimide:
Je vois qu'on m'a trahi, vous m'y voyez rêver,
Et j'en cherche l'auteur sans le pouvoir trouver.
Mais c'est trop y tenir toute l'âme occupée:
Seigneur, je suis Romain, et du sang de Pompée.
Le père et les deux fils lâchement égorgés,
Par la mort de César étaient trop peu vengés;
C'est là d'un beau dessein l'illustre et seule cause.
Et puisqu'à vos rigueurs la trahison m'expose,
N'attendez point de moi d'infâmes repentirs,
D'inutiles regrets, ni de honteux soupirs;
Le sort vous est propice autant qu'il m'est contraire;
Je sais ce que j'ai fait, et ce qu'il vous faut faire.
Vous devez un exemple à la postérité,
Et mon trépas importe à votre sûreté.

AUGUSTE.

Tu me braves, Cinna, tu fais le magnanime,
Et, loin de t'excuser, tu couronnes ton crime.
Voyons si ta constance ira jusques au bout,
Tu sais ce qui t'est dû, tu vois que je sais tout;
Fais ton arrêt toi-même, et choisis tes supplices.

SCÈNE II

LIVIE, AUGUSTE, CINNA, ÆMILIE, FULVIE.

LIVIE.

Vous ne connaissez pas encor tous les complices;
Votre Æmilie en est, seigneur, et la voici.

CINNA.

C'est elle-même, ô dieux!

AUGUSTE.

Et toi, ma fille, aussi!

ÆMILIE.

Oui, tout ce qu'il a fait, il l'a fait pour me plaire,
Et j'en étais, seigneur, la cause et le salaire.

AUGUSTE.

Quoi! l'amour qu'en ton cœur j'ai fait naître aujour-
T'emporte-t-il déjà jusqu'à mourir pour lui! [d'hui
Ton âme à ces transports un peu trop s'abandonne,
Et c'est trop tôt aimer l'amant que je te donne.

ÆMILIE.

Cet amour qui m'expose à vos ressentiments
N'est point le prompt effet de vos commandements;
Ces flammes dans nos cœurs sans votre ordre étaient
Et ce sont des secrets de plus de quatre années; [nées,
Mais, quoique je l'aimasse, et qu'il brûlât pour moi,
Une haine plus forte à tous deux fit la loi;
Je ne voulus jamais lui donner d'espérance,
Qu'il ne m'eût de mon père assuré la vengeance.
Je la lui fis jurer; il chercha des amis :
Le ciel rompt le succès que je m'étais promis,
Et je vous viens, seigneur, offrir une victime,
Non pour sauver sa vie en me chargeant du crime :
Son trépas est trop juste après son attentat,
Et toute excuse est vaine en un crime d'État :
Mourir en sa présence, et rejoindre mon père,
C'est tout ce qui m'amène, et tout ce que j'espère.

AUGUSTE.

Jusques à quand, ô ciel, et par quelle raison
Prendrez-vous contre moi des traits dans ma maison?
Pour ses débordements j'en ai chassé Julie;
Mon amour en sa place a fait choix d'Æmilie,
Et je la vois comme elle indigne de ce rang.
L'une m'ôtait l'honneur, l'autre a soif de mon sang;
Et prenant toutes deux leur passion pour guide,
L'une fut impudique, et l'autre est parricide.
O ma fille! est-ce là le prix de mes bienfaits?

ÆMILIE.

Ceux de mon père en vous firent mêmes effets.

AUGUSTE.

Songe avec quel amour j'élevai ta jeunesse.

ÆMILIE.

Il éleva la vôtre avec même tendresse;
Il fut votre tuteur, et vous son assassin;
Et vous m'avez au crime enseigné le chemin :
Le mien d'avec le vôtre en ce point seul diffère,
Que votre ambition s'est immolé mon père,
Et qu'un juste courroux dont je me sens brûler
A son sang innocent voulait vous immoler.

LIVIE.

C'en est trop, Æmilie, arrête, et considère
Qu'il t'a trop bien payé les bienfaits de ton père :
Sa mort, dont la mémoire allume ta fureur,
Fut un crime d'Octave, et non de l'empereur.
Tous ces crimes d'État qu'on fait pour la couronne,
Le ciel nous en absout alors qu'il nous la donne,
Et dans le sacré rang où sa faveur l'a mis,
Le passé devient juste et l'avenir permis.
Qui peut y parvenir ne peut être coupable;
Quoi qu'il ait fait ou fasse, il est inviolable :
Nous lui devons nos biens, nos jours sont en sa main;
Et jamais on n'a droit sur ceux du souverain.

ÆMILIE.

Aussi, dans le discours que vous venez d'entendre,
Je parlais pour l'aigrir, et non pour me défendre.
Punissez donc, seigneur, ces criminels appas
Qui de vos favoris font d'illustres ingrats;
Tranchez mes tristes jours pour assurer les vôtres.
Si j'ai séduit Cinna, j'en séduirai bien d'autres;
Et je suis plus à craindre, et vous plus en danger,
Si j'ai l'amour ensemble et le sang à venger.

CINNA.

Que vous m'ayez séduit, et que je souffre encore
D'être déshonoré par celle que j'adore!
Seigneur, la vérité doit ici s'exprimer :
J'avais fait ce dessein avant que de l'aimer;
A mes plus saints désirs la trouvant inflexible,
Je crus qu'à d'autres soins elle serait sensible;
Je parlai de son père et de votre rigueur,
Et l'offre de mon bras suivit celle du cœur.
Que la vengeance est douce à l'esprit d'une femme!
Je l'attaquai par là, par là je pris son âme;
Dans mon peu de mérite elle me négligeait,
Et ne put négliger le bras qui la vengeait :
Elle n'a conspiré que par mon artifice;
J'en suis le seul auteur, elle n'est que complice.

ÆMILIE.

Cinna, qu'oses-tu dire? est-ce là me chérir,
Que de m'ôter l'honneur quand il me faut mourir?

CINNA.

Mourez, mais en mourant ne souillez point ma gloire.

ÆMILIE.

La mienne se flétrit, si César te veut croire.

CINNA.

Et la mienne se perd, si vous tirez à vous
Toute celle qui suit de si généreux coups.

ÆMILIE.

Eh bien! prends-en ta part, et me laisse la mienne;
Ce serait l'affaiblir que d'affaiblir la tienne :
La gloire et le plaisir, la honte et les tourments,
Tout doit être commun entre de vrais amants.
Nos deux âmes, seigneur, sont deux âmes romai-
Unissant nos désirs, nous unîmes nos haines; [nes;
De nos parents perdus le vif ressentiment
Nous apprit nos devoirs en un même moment;
En ce noble dessein nos cœurs se rencontrèrent;
Nos esprits généreux ensemble le formèrent;

Ensemble nous cherchons l'honneur d'un beau tré-
Vous vouliez nous unir, ne nous séparez pas. [pas :

AUGUSTE.

Oui, je vous unirai, couple ingrat et perfide,
Et plus mon ennemi qu'Antoine ni Lépide,
Oui, je vous unirai, puisque vous le voulez :
Il faut bien satisfaire aux feux dont vous brûlez ;
Et que tout l'univers, sachant ce qui m'anime,
S'étonne du supplice aussi bien que du crime.
Mais enfin le ciel m'aime, et ses bienfaits nouveaux
Ont arraché Maxime à la fureur des eaux.

SCÈNE III

AUGUSTE, LIVIE, CINNA, MAXIME, ÆMILIE,
FULVIE.

AUGUSTE.

Approche, seul ami que j'éprouve fidèle.

MAXIME.

Honorez moins, seigneur, une âme criminelle.

AUGUSTE.

Ne parlons plus de crime après ton repentir,
Après que du péril tu m'as su garantir ;
C'est à toi que je dois et le jour et l'empire.

MAXIME.

De tous vos ennemis connaissez mieux le pire :
Si vous régnez encor, seigneur, si vous vivez,
C'est ma jalouse rage à qui vous le devez.
Un vertueux remords n'a point touché mon âme ;
Pour perdre mon rival, j'ai découvert sa trame ;
Euphorbe vous a feint que je m'étais noyé
De crainte qu'après moi vous n'eussiez envoyé :
Je voulais avoir lieu d'abuser Æmilie,
Effrayer son esprit, la tirer d'Italie,
Et pensais la résoudre à cet enlèvement
Sous l'espoir du retour pour venger son amant ;
Mais, au lieu de goûter ces grossières amorces,
Sa vertu combattue a redoublé ses forces,
Elle a lu dans mon cœur ; vous savez le surplus,
Et je vous en ferais des récits superflus.
Vous voyez le succès de mon lâche artifice :
Si pourtant quelque grâce est due à mon indice,
Faites périr Euphorbe au milieu des tourments,
Et souffrez que je meure aux yeux de ces amants.
J'ai trahi mon ami, ma maîtresse, mon maître,
Ma gloire, mon pays, par l'avis de ce traître ;
Et croirai toutefois mon bonheur infini,
Si je puis m'en punir après l'avoir puni.

AUGUSTE.

En est-ce assez, ô ciel ! et le sort, pour me nuire,
A-t-il quelqu'un des miens qu'il veuille encor sédui-
Qu'il joigne à ses efforts le secours des enfers ; [re ?
Je suis maître de moi comme de l'univers ;
Je le suis, je veux l'être. O siècles ! ô mémoire !
Conservez à jamais ma dernière victoire ;
Je triomphe aujourd'hui du plus juste courroux
De qui le souvenir puisse aller jusqu'à vous.
Soyons amis, Cinna, c'est moi qui t'en convie :
Comme à mon ennemi je t'ai donné la vie,
Et, malgré la fureur de ton lâche dessein,
Je te la donne encor comme à mon assassin.
Commençons un combat qui montre par l'issue
Qui l'aura mieux de nous ou donnée ou reçue.
Tu trahis mes bienfaits, je les veux redoubler ;
Je t'en avais comblé, je t'en veux accabler :
Avec cette beauté que je t'avais donnée,
Reçois le consulat pour la prochaine année.
Aime Cinna, ma fille, en cet illustre rang,
Préfères-en la pourpre à celle de mon sang ;
Apprends sur mon exemple à vaincre ta colère :
Te rendant un époux, je te rends plus qu'un père.

ÆMILIE.

Et je me rends, seigneur, à ces hautes bontés ;
Je recouvre la vue auprès de leurs clartés :
Je connais mon forfait qui me semblait justice ;
Et (ce que n'avait pu la terreur du supplice)
Je sens naître en mon âme un repentir puissant,
Et mon cœur en secret me dit qu'il y consent.
Le ciel a résolu votre grandeur suprême ;
Et pour preuve, seigneur, je n'en veux que moi-mê-
J'ose avec vanité me donner cet éclat, [me :
Puisqu'il change mon cœur, qu'il veut changer l'État.
Ma haine va mourir, que j'ai crue immortelle ;
Elle est morte, et ce cœur devient sujet fidèle ;
Et prenant désormais cette haine en horreur,
L'ardeur de vous servir succède à sa fureur.

CINNA.

Seigneur, que vous dirai-je après que nos offenses
Au lieu de châtiments trouvent des récompenses ?
O vertu sans exemple ! ô clémence, qui rend
Votre pouvoir plus juste, et mon crime plus grand !

AUGUSTE.

Cesse d'en retarder un oubli magnanime ;
Et tous deux avec moi faites grâce à Maxime :
Il nous a trahis tous ; mais ce qu'il a commis
Vous conserve innocents, et me rend mes amis.
(à Maxime.)
Reprends auprès de moi ta place accoutumée ;
Rentre dans ton crédit et dans ta renommée ;
Qu'Euphorbe de tous trois ait sa grâce à son tour
Et que demain l'hymen couronne leur amour.
Si tu l'aimes encor, ce sera ton supplice.

MAXIME.

Je n'en murmure point, il a trop de justice ;
Et je suis plus confus, seigneur, de vos bontés
Que je ne suis jaloux du bien que vous m'ôtez.

CINNA.

Souffrez que ma vertu dans mon cœur rappelée
Vous consacre une foi lâchement violée,
Mais si ferme à présent, si loin de chanceler,
Que la chute du ciel ne pourrait l'ébranler.
Puisse le grand moteur des belles destinées,
Pour prolonger vos jours, retrancher nos années ;
Et moi, par un bonheur dont chacun soit jaloux,
Perdre pour vous cent fois ce que je tiens de vous !

LIVIE.

Ce n'est pas tout, seigneur; une céleste flamme
D'un rayon prophétique illumine mon âme.
Oyez* ce que les dieux vous font savoir par moi;
De votre heureux destin c'est l'immuable loi.

 Après cette action vous n'avez rien à craindre;
On portera le joug désormais sans se plaindre;
Et les plus indomptés renversant leurs projets,
Mettront toute leur gloire à mourir vos sujets;
Aucun lâche dessein, aucune ingrate envie
N'attaquera le cours d'une si belle vie;
Jamais plus d'assassins, ni de conspirateurs :
Vous avez trouvé l'art d'être maître des cœurs.
Rome, avec une joie et sensible et profonde,
Se démet en vos mains de l'empire du monde;
Vos royales vertus lui vont trop enseigner
Que son bonheur consiste à vous faire régner :
D'une si longue erreur pleinement affranchie,
Elle n'a plus de vœux que pour la monarchie,
Vous prépare déjà des temples, des autels,
Et le ciel une place entre les immortels;
Et la postérité, dans toutes les provinces,
Donnera votre exemple aux plus généreux princes

AUGUSTE.

J'en accepte l'augure, et j'ose l'espérer :
Ainsi toujours les dieux vous daignent inspirer!
 Qu'on redouble demain les heureux sacrifices
Que nous leur offrirons sous de meilleurs auspices,
Et que vos conjurés entendent publier
Qu'Auguste a tout appris, et veut tout oublier.

EXAMEN DE CINNA

 Ce poëme a tant d'illustres suffrages qui lui donnent le premier rang parmi les miens, que je me ferais trop d'importants ennemis si j'en disais du mal : je ne le suis pas assez de moi-même pour chercher des défauts où ils n'en ont point voulu voir, et accuser le jugement qu'ils en ont fait, pour obscurcir la gloire qu'ils m'en ont donnée. Cette approbation si forte et si générale vient sans doute de ce que la vraisemblance s'y trouve si heureusement conservée aux endroits où la vérité lui manque, qu'il n'a jamais besoin de recourir au nécessaire. Rien n'y contredit l'histoire, bien que beaucoup de choses y soient ajoutées; rien n'y est violenté par les incommodités de la représentation, ni par l'unité de jour, ni par celle de lieu.

 Il est vrai qu'il s'y rencontre une duplicité de lieu particulière. La moitié de la pièce se passe chez Émilie, et l'autre dans le cabinet d'Auguste. J'aurais été ridicule si j'avais prétendu que cet empereur délibérât avec Maxime et Cinna s'il quitterait l'empire ou non, précisément dans la même place où ce dernier vient de rendre compte à Émilie de la conspiration qu'il a formée contre lui. C'est ce qui m'a fait rompre la liaison des scènes au quatrième acte, n'ayant pu me résoudre à faire que Maxime vînt donner l'alarme à Émilie de la conjuration découverte au lieu même où Auguste en venait de recevoir l'avis par son ordre, et dont il ne faisait pas de sortir avec tant d'inquiétude et d'irrésolution. C'eût été une impudence extraordinaire, et tout à fait hors du vraisemblable, de se présenter dans son cabinet un moment après qu'il lui avait fait révéler le secret de cette entreprise, dont il était un des chefs, et porter la nouvelle de sa fausse mort. Bien loin de pouvoir surprendre Émilie par la peur de se voir arrêtée, c'eût été se faire arrêter lui-même, et se précipiter dans un obstacle invincible au dessein qu'il voulait exécuter. Émilie ne parle donc pas où parle Auguste, à la réserve du cinquième acte; mais cela n'empêche pas qu'à considérer tout le poëme ensemble, il n'ait son unité de lieu, puisque tout s'y peut passer, non-seulement dans Rome ou dans un quartier de Rome, mais dans le seul palais d'Auguste, pourvu que vous y vouliez donner un appartement à Émilie qui soit éloigné du

 Le compte que Cinna lui rend de sa conspiration justifie ce que j'ai dit ailleurs, que pour faire souffrir une narration ornée, il faut que celui qui la fait et celui qui l'écoute aient l'esprit assez tranquille, et s'y plaisent assez pour lui prêter toute la patience qui lui est nécessaire. Émilie a de la joie d'apprendre de la bouche de son amant avec quelle chaleur il a suivi ses intentions; et Cinna n'en a pas moins de lui pouvoir donner de si belles espérances de l'effet qu'elle en souhaite : c'est pourquoi, quelque longue que soit cette narration, sans interruption aucune, elle n'ennuie point. Les ornements de rhétorique dont j'ai tâché de l'enrichir ne la font point condamner de trop d'artifice, et la diversité de ses figures ne fait point regretter le temps que j'y perds ; mais si j'avais attendu à la commencer qu'Évandre eût troublé ces deux amants par la nouvelle qu'il leur apporte, Cinna eût été obligé de s'en taire ou de la conclure en six vers, et Émilie n'en eût pu supporter davantage.

 Comme les vers de ma tragédie d'*Horace* ont quelque chose de plus net et de moins guindé pour les pensées que ceux du *Cid*, on peut dire que ceux de cette pièce ont quelque chose de plus achevé que ceux d'*Horace*, et qu'enfin la facilité de concevoir le sujet, qui n'est ni trop chargé d'incidents, ni trop embarrassé des récits de ce qui s'est passé avant le commencement de la pièce, est une des causes sans doute de la grande approbation qu'il a reçue. L'auditeur aime à s'abandonner à l'action présente, et à n'être point obligé, pour l'intelligence de ce qu'il voit, de réfléchir sur ce qu'il a déjà vu, et de fixer sa mémoire sur les premiers actes, pendant que les derniers sont devant ses yeux. C'est l'incommodité des pièces embarrassées, qu'en termes de l'art on nomme *implexes*, par un mot emprunté du latin, telles que sont *Rodogune* et *Héraclius*. Elle ne se rencontre pas dans les simples; mais comme celles-là ont sans doute besoin de plus d'esprit pour les imaginer, et de plus d'art pour les conduire, celles-ci, n'ayant pas le même secours du côté du sujet, demandent plus de force de vers, de raisonnement, et de sentiments pour les soutenir.

FIN DE CINNA.

POLYEUCTE

MARTYR

TRAGÉDIE CHRÉTIENNE. — 1640

A LA REINE-RÉGENTE

Madame,

Quelque connaissance que j'aie de ma faiblesse, quelque profond respect qu'imprime Votre Majesté dans les âmes de ceux qui l'approchent, j'avoue que je me jette à ses pieds sans timidité, sans défiance, et que je me tiens assuré de lui plaire, parce que je suis assuré de lui parler de ce qu'elle aime le mieux. Ce n'est qu'une pièce de théâtre que je lui présente, mais qui l'entretiendra de Dieu : la dignité de la matière est si haute, que l'impuissance de l'artisan ne la peut ravaler; et votre âme royale se plaît trop à cette sorte d'entretien pour s'offenser des défauts d'un ouvrage où elle rencontrera les délices de son cœur. C'est par là, Madame, que j'espère obtenir de Votre Majesté le pardon du long temps que j'ai attendu à lui rendre cette sorte d'hommage. Toutes les fois que j'ai mis sur notre scène des vertus morales ou politiques, j'en ai toujours cru les tableaux trop peu dignes de paraître devant elle, quand j'ai considéré qu'avec quelque soin que je les pusse choisir dans l'histoire, et quelques ornements dont l'artifice les pût enrichir, elle en voyait de plus grands exemples dans elle-même. Pour rendre les choses proportionnées, il fallait aller à la plus haute espèce, et n'entreprendre pas de rien offrir de cette nature à une reine très-chrétienne, et qui l'est beaucoup plus encore par ses actions que par son titre, à moins que de lui offrir un portrait des vertus chrétiennes dont l'amour et la gloire de Dieu formassent les plus beaux traits, et qui rendît les plaisirs qu'elle y pourra prendre aussi propres à exercer sa piété qu'à délasser son esprit. C'est à cette extraordinaire et admirable piété, Madame, que la France est redevable des bénédictions qu'elle voit tomber sur les premières armes de son roi; les heureux succès qu'elles ont obtenus en sont les rétributions éclatantes, et les coups du ciel, qui répand abondamment sur tout le royaume les récompenses et les grâces que Votre Majesté a méritées. Notre perte semblait infaillible après celle de notre grand monarque; toute l'Europe avait déjà pitié de nous, et s'imaginait que nous nous allions précipiter dans un extrême désordre, parce qu'elle nous voyait dans une extrême désolation : cependant la prudence et les soins de Votre Majesté, les bons conseils qu'elle a pris, les grands courages qu'elle a choisis pour les exécuter, ont agi si puissamment dans tous les besoins de l'État, que cette première année de sa régence a non-seulement égalé les plus glorieuses de l'autre règne, mais a même effacé, par la prise de Thionville, le souvenir du malheur qui, devant ses murs, avait interrompu une si longue suite de victoires. Permettez que je me laisse emporter au ravissement que me donne cette pensée, et que je m'écrie dans ce transport :

> Que vos soins, grande reine, enfantent de miracles !
> Bruxelles et Madrid en sont tout interdits;
> Et si notre Apollon me les avait prédits,
> J'aurais moi-même osé douter de ses oracles.

> Sous vos commandements on force tous obstacles;
> On porte l'épouvante aux cœurs les plus hardis.
> Et par des coups d'essai vos États agrandis
> Des drapeaux ennemis font d'illustres spectacles.

> La victoire elle-même accourant à mon roi,
> Et mettant à ses pieds Thionville et Rocroy,
> Fait retentir ces vers sur les bords de la Seine :

> France, attends tout d'un règne ouvert en triomphant,
> Puisque tu vois déjà les ordres de la reine
> Faire un foudre en tes mains des armes d'un enfant.

Il ne faut point douter que des commencements si merveilleux ne soient soutenus par des progrès encore plus étonnants. Dieu ne laisse point ses ouvrages imparfaits : il les achèvera, Madame, et rendra non-seulement la régence de Votre Majesté, mais encore toute sa vie, un enchaînement continuel de prospérités. Ce sont les vœux de toute la France, et ce sont ceux que fait avec plus de zèle,

Madame,

De Votre Majesté,

Le très-humble, très-obéissant, très-fidèle serviteur et sujet,

CORNEILLE.

ABRÉGÉ DU MARTYRE DE SAINT POLYEUCTE

ÉCRIT PAR SIMÉON MÉTAPHRASTE ET RAPPORTÉ PAR SURIUS

L'ingénieuse tissure des fictions avec la vérité, où consiste le plus beau secret de la poésie, produit d'ordinaire deux sortes d'effets, selon la diversité des esprits qui la voient. Les uns se laissent si bien persuader à cet enchaînement, qu'aussitôt qu'ils ont remarqué quelques événements véritables, ils s'imaginent la même chose des motifs qui les font naître et des circonstances qui les accompagnent; les autres, mieux avertis de notre artifice, soupçonnent de fausseté tout ce qui n'est pas de leur connaissance; si bien que quand nous traitons quelque histoire écartée dont ils ne trouvent rien dans leur souvenir, ils l'attribuent tout entière à l'effort de notre imagination, et la prennent pour une aventure de roman.

L'un et l'autre de ces effets serait dangereux en cette rencontre : il y va de la gloire de Dieu, qui se plaît dans celle de ses saints, dont la mort si précieuse devant ses yeux ne doit pas passer pour fabuleuse devant ceux des hommes. Au lieu de sanctifier notre théâtre par sa représentation, nous y profanerions la sainteté de leurs souffrances, si nous permettions que la crédulité des uns et la défiance des autres, également abusées par ce mélange, se méprissent également en la vénération qui leur est due, et que les premiers la rendissent mal à propos à ceux qui ne la méritent pas, pendant que les autres la dénieraient à ceux à qui elle appartient.

Saint Polyeucte est un martyr dont, s'il m'est permis de parler ainsi, beaucoup ont plutôt appris le nom à la comédie qu'à l'église. Le *Martyrologe romain* en fait mention sur le 13 de février, mais en deux mots, suivant sa coutume; Baronius, dans ses *Annales*, n'en écrit qu'une ligne ; le seul Surius, ou plutôt Mosander, qui l'a augmenté dans les dernières impressions, en rapporte la mort assez au long sur le neuvième de janvier : et j'ai cru qu'il était de mon devoir d'en mettre ici l'abrégé. Comme il a été à propos d'en rendre la représentation agréable, afin que le plaisir pût en insinuer plus doucement l'utilité, et lui servir comme de véhicule pour la porter dans l'âme du peuple, il est juste aussi de lui donner cette lumière pour démêler la vérité d'avec ses ornements, et lui faire reconnaître ce qui lui doit imprimer du respect comme saint, et ce qui le doit seulement divertir comme industrieux. Voici donc ce que ce dernier nous apprend :

Polyeucte et Néarque étaient deux cavaliers étroitement liés ensemble d'amitié ; ils vivaient en l'an 250, sous l'empire de Décius ; leur demeure était dans Mélitène, capitale d'Arménie ; leur religion différente. Néarque était chrétien, et Polyeucte suivait encore la secte des gentils, mais ayant toutes les qualités dignes d'un chrétien, et une grande inclination à le devenir. L'empereur ayant fait publier un édit très-rigoureux contre les chrétiens, cette publication donna un grand trouble à Néarque, non par la crainte des supplices dont il était menacé, mais pour l'appréhension qu'il eut que leur amitié ne souffrît quelque séparation ou refroidissement par cet édit, vu les peines qui y étaient proposées à ceux de sa religion, et les honneurs promis à ceux du parti contraire ; il en conçut un si profond déplaisir, que son ami s'en aperçut ; et l'ayant obligé de lui en dire la cause, il prit de là occasion de lui ouvrir son cœur : Ne craignez point, lui dit-il, que l'édit de l'empereur nous désunisse ; j'ai vu cette nuit le Christ que vous adorez ; il m'a dépouillé d'une robe sale pour me revêtir d'une autre toute lumineuse, et m'a fait monter sur un cheval ailé pour le suivre : cette vision m'a résolu entièrement à faire ce qu'il y a longtemps que je médite ; le seul nom de chrétien me manque ; et vous-même, toutes les fois que vous m'avez parlé de votre grand Messie, vous avez pu remarquer que je vous ai toujours écouté avec respect ; et quand vous m'avez lu sa vie et ses enseignements, j'ai toujours admiré la sainteté de ses actions et de ses discours. O Néarque ! si je ne me croyais pas indigne d'aller à lui sans être initié de ses mystères et avoir reçu la grâce de ses sacrements, que vous verriez éclater l'ardeur que j'ai de mourir pour sa gloire et le soutien de ses éternelles vérités ! Néarque l'ayant éclairci sur l'illusion du scrupule où il était par l'exemple du bon larron, qui en un moment mérita le ciel, bien qu'il n'eût pas reçu le baptême, aussitôt notre martyr, plein d'une sainte ferveur, prend l'édit de l'empereur, crache dessus, et le déchire en morceaux qu'il jette au vent ; et voyant des idoles que le peuple portait sur les autels pour les adorer, il les arrache à ceux qui les portaient, les brise contre terre et les foule aux pieds, étonnant tout le monde et son ami même par la chaleur de ce zèle qu'il n'avait pas espéré.

Son beau-père Félix, qui avait la commission de l'empereur pour persécuter les chrétiens, ayant vu lui-même ce qu'avait fait son gendre, saisi de douleur de voir l'espoir et l'appui de sa famille perdus, tâche d'ébranler sa constance, premièrement par de belles paroles, ensuite par des menaces, enfin par des coups qu'il lui fait donner par ses bourreaux sur tout le visage : mais n'en ayant pu venir à bout, pour dernier effort il lui envoie sa fille Pauline, afin de voir si ses larmes n'auraient point plus de pouvoir sur l'esprit d'un mari que n'avaient eu ses artifices et ses rigueurs. Il n'avance rien davantage par là ; au contraire, voyant que sa fermeté convertissait beaucoup de païens, il le condamne à perdre la tête. Cet arrêt fut exécuté sur l'heure ; et le saint martyr, sans autre baptême que de son sang, s'en alla prendre possession de la gloire que Dieu a promise à ceux qui renonceraient à eux-mêmes pour l'amour de lui.

Voilà en peu de mots ce qu'en dit Surius : le songe de Pauline, l'amour de Sévère, le baptême effectif de Polyeucte, le sacrifice pour la victoire de l'empereur, la dignité de Félix que je fais gouverneur d'Arménie, la mort de Néarque, la conversion de Félix et de Pauline, sont des inventions et des embellissements de théâtre. La seule victoire de l'empereur contre les Perses a quelque fondement dans l'histoire ; et sans chercher d'autres auteurs, elle est rapportée par M. Coeffeteau dans son *Histoire romaine* ; mais il ne dit pas, ni qu'il leur imposa tribut, ni qu'il envoya faire des sacrifices de remerciement en Arménie.

Si j'ai ajouté ces incidents et ces particularités selon l'art, ou non, les savants en jugeront ; mon but ici n'est pas de les justifier, mais seulement d'avertir le lecteur de ce qu'il en peut croire.

PERSONNAGES.

FÉLIX, sénateur romain, gouverneur d'Arménie.
POLYEUCTE, seigneur arménien, gendre de Félix.
SÉVÈRE, chevalier romain, favori de l'empereur Décie.
NÉARQUE, seigneur arménien, ami de Polyeucte.
PAULINE, fille de Félix et femme de Polyeucte.

PERSONNAGES.

STRATONICE, confidente de Pauline.
ALBIN, confident de Félix.
FABIAN, domestique de Sévère.
CLÉON, domestique de Félix.
TROIS GARDES.

La scène est à Mélitène, capitale d'Arménie, dans le palais de Félix.

ACTE PREMIER

SCÈNE I

POLYEUCTE, NÉARQUE.

NÉARQUE.

Quoi ! vous vous arrêtez aux songes d'une femme !
De si faibles sujets troublent cette grande âme !
Et ce cœur tant de fois dans la guerre éprouvé
S'alarme d'un péril qu'une femme a rêvé !

POLYEUCTE.

Je sais ce qu'est un songe, et le peu de croyance
Qu'un homme doit donner à son extravagance,
Qui d'un amas confus des vapeurs de la nuit
Forme de vains objets que le réveil détruit ;
Mais vous ne savez pas ce que c'est qu'une femme ;
Vous ignorez quels droits elle a sur toute l'âme [mer,
Quand, après un long temps qu'elle a su nous char-

POLYEUCTE, ACTE I, SCÈNE I.

Les flambeaux de l'hymen viennent de s'allumer.
Pauline, sans raison dans la douleur plongée,
Craint et croit déjà voir ma mort qu'elle a songée;
Elle oppose ses pleurs au dessein que je fais,
Et tâche à m'empêcher de sortir du palais.
Je méprise sa crainte, et je cède à ses larmes;
Elle me fait pitié sans me donner d'alarmes;
Et mon cœur, attendri sans être intimidé,
N'ose déplaire aux yeux dont il est possédé.
L'occasion, Néarque, est-elle si pressante
Qu'il faille être insensible aux soupirs d'une amante?
Par un peu de remise épargnons son ennui,
Pour faire en plein repos ce qu'il trouble aujourd'hui.

NÉARQUE.

Avez-vous cependant une pleine assurance
D'avoir assez de vie ou de persévérance?
Et Dieu, qui tient votre âme et vos jours dans sa main,
Promet-il à vos vœux de le vouloir demain?
Il est toujours tout juste et tout bon; mais sa grâce
Ne descend pas toujours avec même efficace*;
Après certains moments que perdent nos longueurs,
Elle quitte ces traits qui pénètrent les cœurs;
Le nôtre s'endurcit, la repousse, l'égare :
Le bras qui la versait en devient plus avare,
Et cette sainte ardeur qui doit porter au bien
Tombe plus rarement, ou n'opère plus rien.
Celle qui vous pressait de courir au baptême,
Languissante déjà, cesse d'être la même,
Et pour quelques soupirs qu'on vous a fait ouïr,
Sa flamme se dissipe, et va s'évanouir.

POLYEUCTE.

Vous me connaissez mal : la même ardeur me brûle,
Et le désir s'accroît quand l'effet se recule.
Ces pleurs, que je regarde avec un œil d'époux,
Me laissent dans le cœur aussi chrétien que vous;
Mais pour en recevoir le sacré caractère
Qui lave nos forfaits dans une eau salutaire,
Et qui, purgeant notre âme et dessillant nos yeux,
Nous rend le premier droit que nous avions aux cieux,
Bien que je le préfère aux grandeurs de l'empire,
Comme le bien suprême et le seul où j'aspire,
Je crois, pour satisfaire un juste et saint amour,
Pouvoir un peu remettre, et différer d'un jour.

NÉARQUE.

Ainsi du genre humain l'ennemi vous abuse :
Ce qu'il ne peut de force, il l'entreprend de ruse.
Jaloux des bons desseins qu'il tâche d'ébranler,
Quand il ne les peut rompre, il pousse à reculer;
D'obstacle sur obstacle il va troubler le vôtre,
Aujourd'hui par des pleurs; chaque jour par quelque [autre;
Et ce songe rempli de noires visions
N'est que le coup d'essai de ses illusions;
Il met tout en usage, et prière, et menace,
Il attaque toujours, et jamais ne se lasse;
Il croit pouvoir enfin ce qu'encore il n'a pu,
Et que ce qu'on diffère est à demi rompu. [ne.
Rompez ses premiers coups; laissez pleurer Pauli-
Dieu ne veut point d'un cœur où le monde domine,

Qui regarde en arrière, et, douteux en son choix,
Lorsque sa voix l'appelle, écoute une autre voix.

POLYEUCTE.

Pour se donner à lui faut-il n'aimer personne?

NÉARQUE.

Nous pouvons tout aimer, il le souffre, il l'ordonne;
Mais, à vous dire tout, ce Seigneur des seigneurs
Veut le premier amour et les premiers honneurs.
Comme rien n'est égal à sa grandeur suprême,
Il ne faut rien aimer qu'après lui, qu'en lui-même,
Négliger, pour lui plaire, et femme, et biens et rang,
Exposer pour sa gloire et verser tout son sang.
Mais que vous êtes loin de cette ardeur parfaite
Qui vous est nécessaire, et que je vous souhaite!
Je ne puis vous parler que les larmes aux yeux.
Polyeucte, aujourd'hui qu'on nous hait en tous lieux,
Qu'on croit servir l'État quand on nous persécute,
Qu'aux plus âpres tourments un chrétien est en butte,
Comment en pourrez-vous surmonter les douleurs,
Si vous ne pouvez pas résister à des pleurs?

POLYEUCTE.

Vous ne m'étonnez point; la pitié qui me blesse
Sied bien aux plus grands cœurs, et n'a point de fai-
[blesse.
Sur mes pareils, Néarque, un bel œil est bien fort :
Tel craint de le fâcher qui ne craint pas la mort;
Et s'il faut affronter les plus cruels supplices,
Y trouver des appas, en faire mes délices,
Votre Dieu, que je n'ose encor nommer le mien,
M'en donnera la force en me faisant chrétien.

NÉARQUE.

Hâtez-vous donc de l'être.

POLYEUCTE.

Oui, j'y cours, cher Néarque,
Je brûle d'en porter la glorieuse marque.
Mais Pauline s'afflige, et ne peut consentir,
Tant ce songe la trouble, à me laisser sortir.

NÉARQUE.

Votre retour pour elle en aura plus de charmes;
Dans une heure au plus tard vous essuirez ses larmes;
Et l'heur* de vous revoir lui semblera plus doux,
Plus elle aura pleuré pour un si cher époux.
Allons, on nous attend.

POLYEUCTE.

Apaisez donc sa crainte,
Et calmez la douleur dont son âme est atteinte.
Elle revient.

NÉARQUE.

Fuyez.

POLYEUCTE.

Je ne puis.

NÉARQUE.

Il le faut;
Fuyez un ennemi qui sait votre défaut,
Qui trouve aisément, qui blesse par la vue,
Et dont le coup mortel vous plaît quand il vous tue.

SCÈNE II

POLYEUCTE, NÉARQUE, PAULINE, STRATONICE.

POLYEUCTE.
Fuyons, puisqu'il le faut. Adieu, Pauline, adieu.
Dans une heure au plus tard je reviens en ce lieu.
PAULINE.
Quel sujet si pressant à sortir vous convie?
Y va-t-il de l'honneur? y va-t-il de la vie?
POLYEUCTE.
Il y va de bien plus.
PAULINE.
Quel est donc ce secret?
POLYEUCTE.
Vous le saurez un jour : je vous quitte à regret;
Mais enfin il le faut.
PAULINE.
Vous m'aimez?
POLYEUCTE.
Je vous aime,
Le ciel m'en soit témoin, cent fois plus que moi-
Mais... [même;
PAULINE.
Mais mon déplaisir ne vous peut émouvoir!
Vous avez des secrets que je ne puis savoir!
Quelle preuve d'amour! Au nom de l'hyménée,
Donnez à mes soupirs cette seule journée.
POLYEUCTE.
Un songe vous fait peur?
PAULINE.
Ses présages sont vains,
Je le sais; mais enfin je vous aime, et je crains.
POLYEUCTE.
Ne craignez rien de mal pour une heure d'absence.
Adieu : vos pleurs sur moi prennent trop de puissan-
Je sens déjà mon cœur prêt à se révolter, [ce;
Et ce n'est qu'en fuyant que j'y puis résister.

SCÈNE III

PAULINE, STRATONICE.

PAULINE.
Va, néglige mes pleurs, cours, et te précipite
Au-devant de la mort que les dieux m'ont prédite;
Suis cet agent fatal de tes mauvais destins,
Qui peut-être te livre aux mains des assassins.
Tu vois, ma Stratonice, en quel siècle nous som-
[mes :
Voilà notre pouvoir sur les esprits des hommes;
Voilà ce qui nous reste, et l'ordinaire effet [fait.
De l'amour qu'on nous offre, et des vœux qu'on nous
Tant qu'ils ne sont qu'amants nous sommes souve-
[raines,
Et jusqu'à la conquête ils nous traitent de reines;
Mais après l'hyménée ils sont rois à leur tour.
STRATONICE.
Polyeucte pour vous ne manque point d'amour;
S'il ne vous traite ici d'entière confidence,
S'il part malgré vos pleurs, c'est un trait de prudence;
Sans vous en affliger, présumez avec moi
Qu'il est plus à propos qu'il vous cèle pourquoi,
Assurez-vous sur lui qu'il en a juste cause.
Il est bon qu'un mari nous cache quelque chose,
Qu'il soit quelquefois libre, et ne s'abaisse pas
A nous rendre toujours compte de tous ses pas :
On n'a tous deux qu'un cœur qui sent mêmes tra-
[verses;
Mais ce cœur a pourtant ses fonctions diverses,
Et la loi de l'hymen qui vous tient assemblés
N'ordonne pas qu'il tremble alors que vous tremblez:
Ce qui fait vos frayeurs ne peut le mettre en peine;
Il est Arménien, et vous êtes Romaine,
Et vous pouvez savoir que nos deux nations
N'ont pas sur ce sujet mêmes impressions.
Un songe en notre esprit passe pour ridicule,
Il ne nous laisse espoir, ni crainte ni scrupule;
Mais il passe dans Rome avec autorité
Pour fidèle miroir de la fatalité.
PAULINE.
Quelque peu de crédit que chez vous il obtienne,
Je crois que ta frayeur égalerait la mienne,
Si de telles horreurs t'avaient frappé l'esprit,
Si je t'en avais fait seulement le récit.
STRATONICE.
A raconter ses maux souvent on les soulage.
PAULINE.
Écoute; mais il faut te dire davantage,
Et que, pour mieux comprendre un si triste discours,
Tu saches ma faiblesse et mes autres amours :
Une femme d'honneur peut avouer sans honte
Ces surprises des sens que la raison surmonte;
Ce n'est qu'en ces assauts qu'éclate la vertu,
Et l'on doute d'un cœur qui n'a point combattu.
Dans Rome, où je naquis, ce malheureux visage
D'un chevalier romain captiva le courage;
Il s'appelait Sévère : excuse les soupirs
Qu'arrache encore un nom trop cher à mes désirs.
STRATONICE.
Est-ce lui qui naguère aux dépens de sa vie
Sauva des ennemis votre empereur Décie,
Qui leur tira mourant la victoire des mains,
Et fit tourner le sort des Perses aux Romains?
Lui, qu'entre tant de morts immolés à son maître,
On ne put rencontrer, ou du moins reconnaître;
A qui Décie enfin, pour des exploits si beaux,
Fit si pompeusement dresser de vains tombeaux!
PAULINE.
Hélas! c'était lui-même, et jamais notre Rome
N'a produit plus grand cœur, ni vu plus honnête hom-
Puisque tu le connais, je ne t'en dirai rien. [me.
Je l'aimai, Stratonice; il le méritait bien.
Mais que sert le mérite où manque la fortune?
L'un était grand en lui, l'autre faible et commune;
Trop invincible obstacle, et dont trop rarement
Triomphe auprès d'un père un vertueux amant!

STRATONICE.
La digne occasion d'une rare constance !
PAULINE.
Dis plutôt d'une indigne et folle résistance.
Quelque fruit qu'une fille en puisse recueillir,
Ce n'est une vertu que pour qui veut faillir.
 Parmi ce grand amour que j'avais pour Sévère,
J'attendais un époux de la main de mon père,
Toujours prête à le prendre ; et jamais ma raison
N'avoua de mes yeux l'aimable trahison :
Il possédait mon cœur, mes désirs, ma pensée ;
Je ne lui cachais point combien j'étais blessée ;
Nous soupirions ensemble, et pleurions nos malheurs ;
Mais au lieu d'espérance il n'avait que des pleurs ;
Et malgré des soupirs si doux, si favorables,
Mon père et mon devoir étaient inexorables.
Enfin je quittai Rome et ce parfait amant,
Pour suivre ici mon père en son gouvernement ;
Et lui, desespéré, s'en alla dans l'armée
Chercher d'un beau trépas l'illustre renommée.
Le reste, tu le sais. Mon abord en ces lieux
Me fit voir Polyeucte, et je plus à ses yeux ;
Et comme il est ici le chef de la noblesse,
Mon père fut ravi qu'il me prît pour maîtresse,
Et par son alliance il se crut assuré
D'être plus redoutable et plus considéré ;
Il approuva sa flamme, et conclut l'hyménée ;
Et moi, comme à son lit je me vis destinée,
Je donnai par devoir à son affection
Tout ce que l'autre avait par inclination.
Si tu peux en douter, juge-le par la crainte
Dont en ce triste jour tu me vois l'âme atteinte.
STRATONICE.
Elle fait assez voir à quel point vous l'aimez.
Mais quel songe, après tout, tient vos sens alarmés ?
PAULINE.
Je l'ai vu cette nuit ce malheureux Sévère,
La vengeance à la main, l'œil ardent de colère :
Il n'était point couvert de ces tristes lambeaux
Qu'une ombre désolée emporte des tombeaux ;
Il n'était point percé de ces coups pleins de gloire
Qui, retranchant sa vie, assurent sa mémoire ;
Il semblait triomphant, et tel que sur son char
Victorieux dans Rome entre notre César.
Après un peu d'effroi que m'a donné sa vue,
« Porte à qui tu voudras la faveur qui m'est due,
« Ingrate, m'a-t-il dit ; et, ce jour expiré,
« Pleure à loisir l'époux que tu m'as préféré. »
A ces mots j'ai frémi, mon âme s'est troublée :
Ensuite des chrétiens une impie assemblée,
Pour avancer l'effet de ce discours fatal,
A jeté Polyeucte aux pieds de son rival.
Soudain à son secours j'ai réclamé mon père ;
Hélas ! c'est de tout point ce qui me désespère,
J'ai vu mon père même, un poignard à la main,
Entrer le bras levé pour lui percer le sein :
Là, ma douleur trop forte a brouillé ces images ;
Le sang de Polyeucte a satisfait leurs rages.
Je ne sais ni comment ni quand ils l'ont tué,
Mais je sais qu'à sa mort tous ont contribué.
Voilà quel est mon songe.
STRATONICE.
 Il est vrai qu'il est triste ;
Mais il faut que votre âme à ces frayeurs résiste :
La vision, de soi, peut faire quelque horreur,
Mais non pas vous donner une juste terreur. [un père
Pouvez-vous craindre un mort, pouvez-vous craindre
Qui chérit votre époux, que votre époux révère,
Et dont le juste choix vous a donnée à lui
Pour s'en faire en ces lieux un ferme et sûr appui ?
PAULINE.
Il m'en a dit autant, et rit de mes alarmes ;
Mais je crains des chrétiens les complots et les char-
Et que sur mon époux leur troupeau ramassé [mes,
Ne venge tant de sang que mon père a versé.
STRATONICE.
Leur secte est insensée, impie et sacrilége,
Et dans son sacrifice use de sortilége ;
Mais sa fureur ne va qu'à briser nos autels.
Elle n'en veut qu'aux dieux, et non pas aux mortels.
Quelque sévérité que sur eux on déploie,
Ils souffrent sans murmure, et meurent avec joie ;
Et, depuis qu'on les traite en criminels d'État,
On ne peut les charger d'aucun assassinat.
PAULINE.
Tais-toi, mon père vient.

SCÈNE IV

FÉLIX, ALBIN, PAULINE, STRATONICE.

FÉLIX.
 Ma fille, que ton songe
En d'étranges frayeurs ainsi que toi me plonge !
Que j'en crains les effets, qui semblent s'approcher !
PAULINE.
Quelle subite alarme ainsi vous peut toucher ?
FÉLIX.
Sévère n'est point mort.
PAULINE.
 Quel mal nous fait sa vie ?
FÉLIX.
Il est le favori de l'empereur Décie.
PAULINE.
Après l'avoir sauvé des mains des ennemis,
L'espoir d'un si haut rang lui devenait permis ;
Le destin aux grands cœurs si souvent mal propice,
Se résout quelquefois à leur faire justice.
FÉLIX.
Il vient ici lui-même.
PAULINE.
 Il vient !
FÉLIX.
 Tu le vas voir.
PAULINE.
C'en est trop ; mais comment le pouvez-vous savoir ?
FÉLIX.
Albin l'a rencontré dans la proche campagne ;

Un gros de courtisans en foule l'accompagne,
Et montre assez quel est son rang et son crédit :
Mais, Albin, redis-lui ce que ses gens t'ont dit.

ALBIN.

Vous savez quelle fut cette grande journée
Que sa perte pour nous rendit si fortunée,
Où l'empereur captif, par sa main dégagé,
Rassura son parti déjà découragé,
Tandis que sa vertu succomba sous le nombre ;
Vous savez les honneurs qu'on fit faire à son ombre,
Après qu'entre les morts on ne put le trouver :
Le roi de Perse aussi l'avait fait enlever.
Témoin de ses hauts faits et de son grand courage,
Ce monarque en voulut connaître le visage ;
On le mit dans sa tente, où, tout percé de coups,
Tout mort qu'il paraissait, il fit mille jaloux ;
Là, bientôt il montra quelque signe de vie :
Ce prince généreux en eut l'âme ravie,
Et sa joie, en dépit de son dernier malheur,
Du bras qui le causait honora la valeur ;
Il en fit prendre soin, la cure en fut secrète ;
Et comme au bout d'un mois sa santé fut parfaite,
Il offrit dignités, alliance, trésors,
Et pour gagner Sévère il fit cent vains efforts.
Après avoir comblé ses refus de louange,
Il envoie à Décie en proposer l'échange ;
Et soudain l'empereur, transporté de plaisir,
Offre au Perse son frère, et cent chefs à choisir.
Ainsi revint au camp le valeureux Sévère
De sa haute vertu recevoir le salaire ;
La faveur de Décie en fut le digne prix.
De nouveau l'on combat, et nous sommes surpris.
Ce malheur toutefois sert à croître sa gloire :
Lui seul rétablit l'ordre, et gagne la victoire,
Mais si belle, et si pleine, et par tant de beaux faits,
Qu'on nous offre tribut, et nous faisons la paix.
L'empereur, qui lui montre une amour infinie,
Après ce grand succès l'envoie en Arménie ;
Il vient en apporter la nouvelle en ces lieux,
Et par un sacrifice en rendre hommage aux dieux.

FÉLIX.

O ciel ! en quel état ma fortune est réduite !

ALBIN.

Voilà ce que j'ai su d'un homme de sa suite,
Et j'ai couru, seigneur, pour vous y disposer.

FÉLIX.

Ah ! sans doute, ma fille, il vient pour t'épouser ;
L'ordre d'un sacrifice est pour lui peu de chose,
C'est un prétexte faux dont l'amour est la cause.

PAULINE.

Cela pourrait bien être ; il m'aimait chèrement.

FÉLIX.

Que ne permettra-t-il à son ressentiment ?
Et jusques à quel point ne porte sa vengeance
Une juste colère avec tant de puissance ?
Il nous perdra, ma fille.

PAULINE.
    Il est trop généreux.

FÉLIX.

Tu veux flatter en vain un père malheureux ;
Il nous perdra, ma fille. Ah ! regret qui me tue
De n'avoir pas aimé la vertu toute nue !
Ah, Pauline ! en effet, tu m'as trop obéi ;
Ton courage était bon, ton devoir l'a trahi :
Que ta rébellion m'eût été favorable !
Qu'elle m'eût garanti d'un état déplorable !
Si quelque espoir me reste, il n'est plus aujourd'hui
Qu'en l'absolu pouvoir qu'il te donnait sur lui ;
Ménage en ma faveur l'amour qui le possède,
Et d'où provient mon mal fais sortir le remède.

PAULINE.

Moi ! moi ! que je revoie un si puissant vainqueur,
Et m'expose à des yeux qui me percent le cœur !
Mon père, je suis femme, et je sais ma faiblesse ;
Je sens déjà mon cœur qui pour lui s'intéresse,
Et poussera sans doute, en dépit de ma foi,
Quelque soupir indigne et de vous et de moi.
Je ne le verrai point.

FÉLIX.
    Rassure un peu ton âme.

PAULINE.

Il est toujours aimable, et je suis toujours femme ;
Dans le pouvoir sur moi que ses regards ont eu,
Je n'ose m'assurer de toute ma vertu.
Je ne le verrai point.

FÉLIX.
    Il faut le voir, ma fille,
Ou tu trahis ton père et toute ta famille.

PAULINE.

C'est à moi d'obéir, puisque vous commandez ;
Mais voyez les périls où vous me hasardez.

FÉLIX.

Ta vertu m'est connue.

PAULINE.
    Elle vaincra sans doute ;
Ce n'est pas le succès que mon âme redoute :
Je crains ce dur combat et ces troubles puissants
Que fait déjà chez moi la révolte des sens ;
Mais puisqu'il faut combattre un ennemi que j'aime,
Souffrez que je me puisse armer contre moi-même,
Et qu'un peu de loisir me prépare à le voir.

FÉLIX.

Jusqu'au-devant des murs je vais le recevoir ;
Rappelle cependant tes forces étonnées,
Et songe qu'en tes mains tu tiens nos destinées.

PAULINE.

Oui, je vais de nouveau dompter mes sentiments,
Pour servir de victime à vos commandements.

ACTE DEUXIÈME

SCÈNE I

SÉVÈRE, FABIAN.

SÉVÈRE.
Cependant que Félix donne ordre au sacrifice,
Pourrai-je prendre un temps à mes vœux si propice?
Pourrai-je voir Pauline, et rendre à ses beaux yeux
L'hommage souverain que l'on va rendre aux dieux?
Je ne t'ai point celé que c'est ce qui m'amène,
Le reste est un prétexte à soulager ma peine;
Je viens sacrifier, mais c'est à ses beautés
Que je viens immoler toutes mes volontés.

FABIAN.
Vous la verrez, seigneur.

SÉVÈRE.
Ah, quel comble de joie!
Cette chère beauté consent que je la voie!
Mais ai-je sur son âme encor quelque pouvoir?
Quelque reste d'amour s'y fait-il encor voir?
Quel trouble, quel transport lui cause ma venue?
Puis-je tout espérer de cette heureuse vue?
Car je voudrais mourir plutôt que d'abuser
Des lettres de faveur que j'ai pour l'épouser;
Elles sont pour Félix, non pour triompher d'elle :
Jamais à ses désirs mon cœur ne fut rebelle;
Et si mon mauvais sort avait changé le sien,
Je me vaincrais moi-même, et ne prétendrais rien.

FABIAN.
Vous la verrez, c'est tout ce que je vous puis dire.

SÉVÈRE.
D'où vient que tu frémis, et que ton cœur soupire?
Ne m'aime-t-elle plus? éclaircis-moi ce point.

FABIAN.
M'en croirez-vous, seigneur? ne la revoyez point;
Portez en lieu plus haut l'honneur de vos caresses :
Vous trouverez à Rome assez d'autres maîtresses;
Et dans ce haut degré de puissance et d'honneur,
Les plus grands y tiendront votre amour à bonheur.

SÉVÈRE.
Qu'à des pensers si bas mon âme se ravale!
Que je tienne Pauline à mon sort inégale!
Elle en a mieux usé, je la dois imiter;
Je n'aime mon bonheur que pour la mériter.
Voyons-la, Fabian, ton discours m'importune;
Allons mettre à ses pieds cette haute fortune :
Je l'ai dans les combats trouvée heureusement,
En cherchant une mort digne de son amant;
Ainsi ce rang est sien, cette faveur est sienne,
Et je n'ai rien enfin que d'elle je ne tienne.

FABIAN.
Non, mais encore un coup ne la revoyez point.

SÉVÈRE.
Ah! c'en est trop, enfin éclaircis-moi ce point;
As-tu vu des froideurs quand tu l'en as priée?

FABIAN.
Je tremble à vous le dire; elle est...

SÉVÈRE.
Quoi?

FABIAN.
Mariée.

SÉVÈRE.
Soutiens-moi, Fabian; ce coup de foudre est grand,
Et frappe d'autant plus, que plus il me surprend.

FABIAN.
Seigneur, qu'est devenu ce généreux courage?

SÉVÈRE.
La constance est ici d'un difficile usage;
De pareils déplaisirs accablent un grand cœur;
La vertu la plus mâle en perd toute vigueur;
Et quand d'un feu si beau les âmes sont éprises,
La mort les trouble moins que de telles surprises.
Je ne suis plus à moi quand j'entends ce discours.
Pauline est mariée!

FABIAN.
Oui, depuis quinze jours;
Polyeucte, un seigneur des premiers d'Arménie,
Goûte de son hymen la douceur infinie.

SÉVÈRE.
Je ne la puis du moins blâmer d'un mauvais choix,
Polyeucte a du nom, et sort du sang des rois :
Faibles soulagements d'un malheur sans remède!
Pauline, je verrai qu'un autre vous possède!
O ciel, qui malgré moi me renvoyez au jour,
O sort, qui redonniez l'espoir à mon amour,
Reprenez la faveur que vous m'avez prêtée,
Et rendez-moi la mort que vous m'avez ôtée!
Voyons-la toutefois, et dans ce triste lieu
Achevons de mourir en lui disant adieu;
Que mon cœur, chez les morts emportant son image,
De son dernier soupir puisse lui faire hommage.

FABIAN.
Seigneur, considérez...

SÉVÈRE.
Tout est considéré.
Quel désordre peut craindre un cœur désespéré?
N'y consent-elle pas?

FABIAN.
Oui, seigneur, mais...

SÉVÈRE.
N'importe.

FABIAN.
Cette vive douleur en deviendra plus forte.

SÉVÈRE.
Et ce n'est pas un mal que je veuille guérir;
Je ne veux que la voir, soupirer, et mourir.

FABIAN.
Vous vous échapperez sans doute en sa présence;
Un amant qui perd tout n'a plus de complaisance;
Dans un tel entretien il suit sa passion,
Et ne pousse qu'injure et qu'imprécation.

SÉVÈRE.
Juge autrement de moi, mon respect dure encore;
Tout violent qu'il est, mon désespoir l'adore.

Quels reproches aussi peuvent m'être permis?
De quoi puis-je accuser qui ne m'a rien promis?
Elle n'est point parjure, elle n'est point légère;
Son devoir m'a trahi, mon malheur, et son père.
Mais son devoir fut juste, et son père eut raison;
J'impute à mon malheur toute la trahison;
Un peu moins de fortune, et plus tôt arrivée,
Eût gagné l'un par l'autre, et me l'eût conservée;
Trop heureux, mais trop tard, je n'ai pu l'acquérir:
Laisse-la-moi donc voir, soupirer et mourir.

FABIAN.

Oui, je vais l'assurer qu'en ce malheur extrême
Vous êtes assez fort pour vous vaincre vous-même.
Elle a craint comme moi ces premiers mouvements
Qu'une perte imprévue arrache aux vrais amants,
Et dont la violence excite assez de trouble,
Sans que l'objet présent l'irrite et le redouble.

SÉVÈRE.

Fabian, je la vois.

FABIAN.

Seigneur, souvenez-vous...

SÉVÈRE.

Hélas! elle aime un autre, un autre est son époux.

SCÈNE II

SÉVÈRE, PAULINE, STRATONICE, FABIAN.

PAULINE.

Oui, je l'aime, Sévère, et n'en fais point d'excuse;
Que tout autre que moi vous flatte et vous abuse,
Pauline a l'âme noble, et parle à cœur ouvert.
Le bruit de votre mort n'est point ce qui vous perd;
Si le ciel en mon choix eût mis mon hyménée,
A vos seules vertus je me serais donnée,
Et toute la rigueur de votre premier sort
Contre votre mérite eût fait un vain effort;
Je découvrais en vous d'assez illustres marques
Pour vous préférer même aux plus heureux monar-
  [ques :
Mais puisque mon devoir m'imposait d'autres lois,
De quelque amant pour moi que mon père eût fait
  [choix,
Quand à ce grand pouvoir que la valeur vous donne
Vous auriez ajouté l'éclat d'une couronne,
Quand je vous aurais vu, quand je l'aurais haï,
J'en aurais soupiré, mais j'aurais obéi,
Et sur mes passions ma raison souveraine
Eût blâmé mes soupirs et dissipé ma haine.

SÉVÈRE.

Que vous êtes heureuse! et qu'un peu de soupirs
Fait un aisé remède à tous vos déplaisirs!
Ainsi, de vos désirs toujours reine absolue,
Les plus grands changements vous trouvent résolue;
De la plus forte ardeur vous portez vos esprits
Jusqu'à l'indifférence, et peut-être au mépris;
Et votre fermeté fait succéder sans peine
La faveur au dédain, et l'amour à la haine.
Qu'un peu de votre humeur ou de votre vertu
Soulagerait les maux de ce cœur abattu!
Un soupir, une larme à regret épandue
M'aurait déjà guéri de vous avoir perdue;
Ma raison pourrait tout sur l'amour affaibli,
Et de l'indifférence irait jusqu'à l'oubli,
Et mon feu désormais se réglant sur le vôtre,
Je me tiendrais heureux entre les bras d'une autre.
O trop aimable objet, qui m'avez trop charmé,
Est-ce là comme on aime, et m'avez-vous aimé?

PAULINE.

Je vous l'ai trop fait voir, seigneur; et si mon âme
Pouvait bien étouffer les restes de sa flamme,
Dieux, que j'éviterais de rigoureux tourments!
Ma raison, il est vrai, dompte mes sentiments :
Mais, quelque autorité que sur eux elle ait prise,
Elle n'y règne pas, elle les tyrannise;
Et quoique le dehors soit sans émotion,
Le dedans n'est que trouble et que sédition :
Un je ne sais quel charme encor vers vous m'emporte;
Votre mérite est grand, si ma raison est forte :
Je le vois, encor tel qu'il alluma mes feux,
D'autant plus puissamment solliciter mes vœux
Qu'il est environné de puissance et de gloire,
Qu'en tous lieux après vous il traîne la victoire,
Que j'en sais mieux le prix, et qu'il n'a point déçu
Le généreux espoir que j'en avais conçu.
Mais ce même devoir qui le vainquit dans Rome,
Et qui me range ici dessous les lois d'un homme,
Repousse encor si bien l'effort de tant d'appas,
Qu'il déchire mon âme et ne l'ébranle pas;
C'est cette vertu même, à nos desirs cruelle,
Que vous louiez alors en blasphémant contre elle :
Plaignez-vous-en encor; mais louez sa rigueur
Qui triomphe à la fois de vous et de mon cœur,
Et voyez qu'un devoir moins ferme et moins sincère
N'aurait pas mérité l'amour du grand Sévère.

SÉVÈRE.

Ah! madame, excusez une aveugle douleur
Qui ne connaît plus rien que l'excès du malheur :
Je nommais inconstance, et prenais pour un crime,
De ce juste devoir l'effort le plus sublime.
De grâce, montrez moins à mes sens désolés
La grandeur de ma perte et ce que vous valez;
Et cachant par pitié cette vertu si rare,
Qui redouble mes feux lorsqu'elle nous sépare,
Faites voir des défauts qui puissent à leur tour
Affaiblir ma douleur avecque mon amour.

PAULINE.

Hélas! cette vertu, quoique enfin invincible,
Ne laisse que trop voir une âme trop sensible.
Ces pleurs en sont témoins, et ces lâches soupirs
Qu'arrachent de nos feux les cruels souvenirs :
Trop rigoureux effets d'une aimable présence
Contre qui mon devoir a trop peu de défense!
Mais si vous estimez ce vertueux devoir,
Conservez-m'en la gloire, et cessez de me voir.
Épargnez-moi des pleurs qui coulent à ma honte;
Épargnez-moi des feux qu'à regret je surmonte;

Enfin épargnez-moi ces tristes entretiens,
Qui ne font qu'irriter vos tourments et les miens.
SÉVÈRE.
Que je me prive ainsi du seul bien qui me reste !
PAULINE.
Sauvez-vous d'une vue à tous les deux funeste.
SÉVÈRE.
Quel prix de mon amour ! quel fruit de mes travaux !
PAULINE.
C'est le remède seul qui peut guérir nos maux.
SÉVÈRE.
Je veux mourir des miens ; aimez-en la mémoire.
PAULINE.
Je veux guérir des miens ; ils souilleraient ma gloire.
SÉVÈRE.
Ah ! puisque votre gloire en prononce l'arrêt,
Il faut que ma douleur cède à son intérêt.
Est-il rien que sur moi cette gloire n'obtienne ?
Elle me rend les soins que je dois à la mienne.
Adieu : je vais chercher au milieu des combats
Cette immortalité que donne un beau trépas,
Et remplir dignement, par une mort pompeuse,
De mes premiers exploits l'attente avantageuse,
Si toutefois, après ce coup mortel du sort,
J'ai de la vie assez pour chercher une mort.
PAULINE.
Et moi, dont votre vue augmente le supplice,
Je l'éviterai même en votre sacrifice ;
Et, seule dans ma chambre enfermant mes regrets,
Je vais pour vous aux dieux faire des vœux secrets.
SÉVÈRE.
Puisse le juste ciel, content de ma ruine,
Combler d'heur* et de jours Polyeucte et Pauline !
PAULINE.
Puisse trouver Sévère, après tant de malheur,
Une félicité digne de sa valeur !
SÉVÈRE.
Il la trouvait en vous.
PAULINE.
Je dépendais d'un père.
SÉVÈRE.
O devoir qui me perd et qui me désespère !
Adieu, trop vertueux objet, et trop charmant.
PAULINE.
Adieu, trop malheureux et trop parfait amant.

SCÈNE III

PAULINE, STRATONICE.

STRATONICE.   [mes ;
Je vous ai plaints tous deux, j'en verse encor des lar-
Mais du moins votre esprit est hors de ses alarmes :
Vous voyez clairement que votre songe est vain ;
Sévère ne vient pas la vengeance à la main.
PAULINE.
Laisse-moi respirer du moins, si tu m'as plainte :
Au fort de ma douleur tu rappelles ma crainte ;
Souffre un peu de relâche à mes esprits troublés,
Et ne m'accable point par des maux redoublés.
STRATONICE.
Quoi ! vous craignez encor ?
PAULINE.
              Je tremble, Stratonice ;
Et bien que je m'effraie avec peu de justice,
Cette injuste frayeur sans cesse reproduit
L'image des malheurs que j'ai vus cette nuit.
STRATONICE.
Sévère est généreux.
PAULINE.
              Malgré sa retenue,
Polyeucte sanglant frappe toujours ma vue.
STRATONICE.
Vous voyez ce rival faire des vœux pour lui.
PAULINE.
Je crois même au besoin qu'il serait son appui :
Mais, soit cette croyance ou fausse, ou véritable,
Son séjour en ce lieu m'est toujours redoutable ;
A quoi que sa vertu puisse le disposer,
Il est puissant, il m'aime, et vient pour m'épouser.

SCÈNE IV

POLYEUCTE, NÉARQUE, PAULINE, STRATONICE.

POLYEUCTE.   [sent ;
C'est trop verser de pleurs ; il est temps qu'ils taris-
Que votre douleur cesse, et vos craintes finissent ;
Malgré les faux avis par vos dieux envoyés,
Je suis vivant, madame, et vous me revoyez.
PAULINE.
Le jour est encor long, et, ce qui plus m'effraie,
La moitié de l'avis se trouve déjà vraie ;
J'ai cru Sévère mort, et je le vois ici.
POLYEUCTE.
Je le sais ; mais enfin j'en prends peu de souci.
Je suis dans Mélitène, et, quel que soit Sévère,
Votre père y commande, et l'on m'y considère ;
Et je ne pense pas qu'on puisse avec raison
D'un cœur tel que le sien craindre une trahison :
On m'avait assuré qu'il vous faisait visite,
Et je venais lui rendre un honneur qu'il mérite.
PAULINE.
Il vient de me quitter assez triste et confus ;
Mais j'ai gagné sur lui qu'il ne me verra plus.
POLYEUCTE.
Quoi ! vous me soupçonnez déjà de quelque ombrage ?
PAULINE.
Je ferais à tous trois un trop sensible outrage.
J'assure mon repos, que troublent ses regards :
La vertu la plus ferme évite les hasards ;
Qui s'expose au péril veut bien trouver sa perte :
Et pour vous en parler avec une âme ouverte,
Depuis qu'un vrai mérite a pu nous enflammer,
Sa présence toujours a droit de nous charmer.
Outre qu'on doit rougir de s'en laisser surprendre,
On souffre à résister, on souffre à s'en défendre ;

Et bien que la vertu triomphe de ces feux,
La victoire est pénible, et le combat honteux.
POLYEUCTE.
O vertu trop parfaite, et devoir trop sincère,
Que vous devez coûter de regrets à Sévère !
Qu'aux dépens d'un beau feu vous me rendez heu-
Et que vous êtes doux à mon cœur amoureux ! [reux !
Plus je vois mes défauts et plus je vous contemple,
Plus j'admire...

SCÈNE V

POLYEUCTE, PAULINE, NÉARQUE, STRATONICE.
 CLÉON.

CLÉON.
Seigneur, Félix vous mande au temple ;
La victime est choisie, et le peuple à genoux ;
Et pour sacrifier on n'attend plus que vous.
POLYEUCTE.
Va, nous allons te suivre. Y venez-vous, madame ?
PAULINE.
Sévère craint ma vue, elle irrite sa flamme ;
Je lui tiendrai parole, et ne veux plus le voir.
Adieu : vous l'y verrez ; pensez à son pouvoir,
Et ressouvenez-vous que sa faveur est grande.
POLYEUCTE.
Allez, tout son crédit n'a rien que j'appréhende ;
Et comme je connais sa générosité,
Nous ne nous combattrons que de civilité.

SCÈNE VI

POLYEUCTE, NÉARQUE.

NÉARQUE.
Où pensez-vous aller ?
POLYEUCTE.
Au temple, où l'on m'appelle.
NÉARQUE.
Quoi ! vous mêler aux vœux d'une troupe infidèle !
Oubliez-vous déjà que vous êtes chrétien ?
POLYEUCTE.
Vous, par qui je le suis, vous en souvient-il bien ?
NÉARQUE.
J'abhorre les faux dieux.
POLYEUCTE.
Et moi, je les déteste.
NÉARQUE.
Je tiens leur culte impie.
POLYEUCTE.
Et je le tiens funeste.
NÉARQUE.
Fuyez donc leurs autels.
POLYEUCTE.
Je les veux renverser,
Et mourir dans leur temple, ou les y terrasser.
Allons, mon cher Néarque, allons aux yeux des hom-
Braver l'idolâtrie, et montrer qui nous sommes : [mes

C'est l'attente du ciel, il nous la faut remplir ;
Je viens de le promettre, et je vais l'accomplir.
Je rends grâces au Dieu que tu m'as fait connaître
De cette occasion qu'il a si tôt fait naître,
Où déjà sa bonté, prête à me couronner,
Daigne éprouver la foi qu'il vient de me donner.
NÉARQUE.
Ce zèle est trop ardent, souffrez qu'il se modère.
POLYEUCTE.
On n'en peut avoir trop pour le Dieu qu'on révère.
NÉARQUE.
Vous trouverez la mort.
POLYEUCTE.
Je la cherche pour lui.
NÉARQUE.
Et si ce cœur s'ébranle ?
POLYEUCTE.
Il sera mon appui.
NÉARQUE.
Il ne commande point que l'on s'y précipite.
POLYEUCTE.
Plus elle est volontaire, et plus elle mérite.
NÉARQUE.
Il suffit, sans chercher, d'attendre et de souffrir.
POLYEUCTE.
On souffre avec regret quand on n'ose s'offrir.
NÉARQUE.
Mais dans ce temple enfin la mort est assurée.
POLYEUCTE.
Mais dans le ciel déjà la palme est préparée.
NÉARQUE.
Par une sainte vie il faut la mériter.
POLYEUCTE.
Mes crimes, en vivant, me la pourraient ôter.
Pourquoi mettre au hasard ce que la mort assure ?
Quand elle ouvre le ciel, peut-elle sembler dure ?
Je suis chrétien, Néarque, et le suis tout à fait ;
La foi que j'ai reçue aspire à son effet.
Qui fuit croit lâchement, et n'a qu'une foi morte.
NÉARQUE.
Ménagez votre vie, à Dieu même elle importe ;
Vivez pour protéger les chrétiens en ces lieux.
POLYEUCTE.
L'exemple de ma mort les fortifiera mieux.
NÉARQUE.
Vous voulez donc mourir ?
POLYEUCTE.
Vous aimez donc à vivre ?
NÉARQUE.
Je ne puis déguiser que j'ai peine à vous suivre.
Sous l'horreur des tourments je crains de succomber.
POLYEUCTE.
Qui marche assurément n'a point peur de tomber :
Dieu fait part, au besoin, de sa force infinie.
Qui craint de le nier, dans son âme le nie,
Il croit le pouvoir faire, et doute de sa foi.
NÉARQUE.
Qui n'appréhende rien présume trop de soi.

POLYEUCTE.
J'attends tout de sa grâce, et rien de ma faiblesse.
Mais, loin de me presser, il faut que je vous presse !
D'où vient cette froideur ?
NÉARQUE.
Dieu même a craint la mort.
POLYEUCTE.
Il s'est offert pourtant ; suivons ce saint effort ;
Dressons-lui des autels sur des monceaux d'idoles.
Il faut (je me souviens encor de vos paroles)
Négliger, pour lui plaire, et femme, et biens, et rang ;
Exposer pour sa gloire et verser tout son sang.
Hélas ! qu'avez-vous fait de cette amour parfaite
Que vous me souhaitiez, et que je vous souhaite ?
S'il vous en reste encor, n'êtes-vous point jaloux
Qu'à grand'peine chrétien j'en montre plus que vous ?
NÉARQUE.
Vous sortez du baptême, et ce qui vous anime,
C'est sa grâce qu'en vous n'affaiblit aucun crime ;
Comme encor tout entière, elle agit pleinement,
Et tout semble possible à son feu véhément :
Mais cette même grâce en moi diminuée,
Et par mille péchés sans cesse exténuée,
Agit aux grands effets avec tant de langueur,
Que tout semble impossible à son peu de vigueur :
Cette indigne mollesse et ces lâches défenses
Sont des punitions qu'attirent mes offenses ;
Mais Dieu, dont on ne doit jamais se défier,
Me donne votre exemple à me fortifier.
Allons, cher Polyeucte, allons aux yeux des hommes
Braver l'idolâtrie, et montrer qui nous sommes ;
Puissé-je vous donner l'exemple de souffrir,
Comme vous me donnez celui de vous offrir !
POLYEUCTE.
A cet heureux transport que le ciel vous envoie,
Je reconnais Néarque, et j'en pleure de joie.
Ne perdons plus de temps ; le sacrifice est prêt ;
Allons-y du vrai Dieu soutenir l'intérêt ;
Allons fouler aux pieds ce foudre ridicule
Dont arme un bois pourri ce peuple trop crédule ;
Allons en éclairer l'aveuglement fatal ;
Allons briser ces dieux de pierre et de métal :
Abandonnons nos jours à cette ardeur céleste ;
Faisons triompher Dieu : qu'il dispose du reste.
NÉARQUE.
Allons faire éclater sa gloire aux yeux de tous,
Et répondre avec zèle à ce qu'il veut de nous.

ACTE TROISIÈME

SCÈNE I

PAULINE.
Que de soucis flottants, que de confus nuages
Présentent à mes yeux d'inconstantes images !
Douce tranquillité, que je n'ose espérer,
Que ton divin rayon tarde à les éclairer !
Mille agitations, que mes troubles produisent,
Dans mon cœur ébranlé tour à tour se détruisent ;
Aucun espoir n'y coule où j'ose persister ;
Aucun effroi n'y règne où j'ose m'arrêter.
Mon esprit, embrassant tout ce qu'il s'imagine,
Voit tantôt mon bonheur, et tantôt ma ruine,
Et suit leur vaine idée avec si peu d'effet
Qu'il ne peut espérer ni craindre tout à fait.
Sévère incessamment brouille ma fantaisie :
J'espère en sa vertu, je crains sa jalousie ;
Et je n'ose penser que d'un œil bien égal
Polyeucte en ces lieux puisse voir son rival.
Comme entre deux rivaux la haine est naturelle,
L'entrevue aisément se termine en querelle ;
L'un voit aux mains d'autrui ce qu'il croit mériter,
L'autre un désespéré qui peut trop attenter.
Quelque haute raison qui règle leur courage,
L'un conçoit de l'envie, et l'autre de l'ombrage ;
La honte d'un affront que chacun d'eux croit voir
Ou de nouveau reçue, ou prête à recevoir,
Consumant dès l'abord toute leur patience,
Forme de la colère et de la défiance ;
Et, saisissant ensemble et l'époux et l'amant,
En dépit d'eux les livre à leur ressentiment.
Mais que je me figure une étrange chimère !
Et que je traite mal Polyeucte et Sévère,
Comme si la vertu de ces fameux rivaux
Ne pouvait s'affranchir de ces communs défauts !
Leurs âmes à tous deux d'elles-mêmes maîtresses
Sont d'un ordre trop haut pour de telles bassesses :
Ils se verront au temple en hommes généreux.
Mais las ! ils se verront, et c'est beaucoup pour eux.
Que sert à mon époux d'être dans Mélitène,
Si contre lui Sévère arme l'aigle romaine,
Si mon père y commande, et craint ce favori,
Et se repent déjà du choix de mon mari ?
Si peu que j'ai d'espoir ne luit qu'avec contrainte :
En naissant il avorte, et fait place à la crainte ;
Ce qui doit l'affermir sert à le dissiper.
Dieux ! faites que ma peur puisse enfin se tromper !
Mais sachons-en l'issue.

SCÈNE II

PAULINE, STRATONICE.

PAULINE.
Eh bien ! ma Stratonice,
Comment s'est terminé ce pompeux sacrifice ?
Ces rivaux généreux au temple se sont vus ?
STRATONICE.
Ah, Pauline !
PAULINE.
Mes vœux ont-ils été déçus ?
J'en vois sur ton visage une mauvaise marque,
Se sont-ils querellés ?
STRATONICE.
Polyeucte, Néarque,
Les chrétiens...

PAULINE.
Parle donc : les chrétiens...
STRATONICE.
Je ne puis.
PAULINE.
Tu prépares mon âme à d'étranges ennuis.
STRATONICE.
Vous n'en sauriez avoir une plus juste cause.
PAULINE.
L'ont-ils assassiné?
STRATONICE.
Ce serait peu de chose.
Tout votre songe est vrai, Polyeucte n'est plus...
PAULINE.
Il est mort!
STRATONICE.
Non, il vit; mais, ô pleurs superflus !
Ce courage si grand, cette âme si divine,
N'est plus digne du jour, ni digne de Pauline.
Ce n'est plus cet époux si charmant à vos yeux ;
C'est l'ennemi commun de l'État et des dieux,
Un méchant, un infâme, un rebelle, un perfide,
Un traître, un scélérat, un lâche, un parricide,
Une peste exécrable à tous les gens de bien,
Un sacrilége impie, en un mot, un chrétien.
PAULINE.
Ce mot aurait suffi sans ce torrent d'injures.
STRATONICE.
Ces titres aux chrétiens sont-ce des impostures?
PAULINE.
Il est ce que tu dis, s'il embrasse leur foi ;
Mais il est mon époux, et tu parles à moi.
STRATONICE.
Ne considérez plus que le Dieu qu'il adore.
PAULINE.
Je l'aimai par devoir ; ce devoir dure encore.
STRATONICE.
Il vous donne à présent sujet de le haïr ;
Qui trahit tous nos dieux aurait pu vous trahir.
PAULINE.
Je l'aimerais encor, quand il m'aurait trahie;
Et si de tant d'amour tu peux être ébahie,
Apprends que mon devoir ne dépend point du sien :
Qu'il y manque, s'il veut ; je dois faire le mien.
Quoi! s'il aimait ailleurs, serais-je dispensée
A suivre, à son exemple, une ardeur insensée?
Quelque chrétien qu'il soit, je n'en ai point d'horreur;
Je chéris sa personne, et je hais son erreur.
Mais quel ressentiment en témoigne mon père?
STRATONICE.
Une secrète rage, un excès de colère,
Malgré qui toutefois un reste d'amitié
Montre pour Polyeucte encor quelque pitié.
Il ne veut point sur lui faire agir sa justice,
Que du traître Néarque il n'ait vu le supplice.
PAULINE.
Quoi! Néarque en est donc?
STRATONICE.
Néarque l'a séduit;

De leur vieille amitié c'est là l'indigne fruit.
Ce perfide, tantôt, en dépit de lui-même,
L'arrachant de vos bras, le traînait au baptême.
Voilà ce grand secret et si mystérieux
Que n'en pouvait tirer votre amour curieux.
PAULINE.
Tu me blâmais alors d'être trop importune.
STRATONICE.
Je ne prévoyais pas une telle infortune.
PAULINE.
Avant qu'abandonner mon âme à mes douleurs,
Il me faut essayer la force de mes pleurs ;
En qualité de femme ou de fille, j'espère
Qu'ils vaincront un époux, ou fléchiront un père.
Que si sur l'un et l'autre ils manquent de pouvoir,
Je ne prendrai conseil que de mon désespoir.
Apprends-moi cependant ce qu'ils ont fait au temple.
STRATONICE.
C'est une impiété qui n'eut jamais d'exemple.
Je ne puis y penser sans frémir à l'instant,
Et crains de faire un crime en vous la racontant.
Apprenez en deux mots leur brutale insolence.
Le prêtre avait à peine obtenu du silence,
Et devers l'orient assuré son aspect,
Qu'ils ont fait éclater leur manque de respect.
A chaque occasion de la cérémonie,
A l'envi l'un et l'autre étalait sa manie,
Des mystères sacrés hautement se moquait,
Et traitait de mépris les dieux qu'on invoquait.
Tout le peuple en murmure, et Félix s'en offense ;
Mais tous deux s'emportant à plus d'irrévérence :
« Quoi ! lui dit Polyeucte en élevant sa voix,
« Adorez-vous des dieux ou de pierre ou de bois? »
Ici dispensez-moi du récit des blasphèmes
Qu'ils ont vomis tous deux contre Jupiter mêmes :
L'adultère et l'inceste en étaient les plus doux.
« Oyez *, dit-il ensuite, oyez, peuple, oyez tous :
« Le Dieu de Polyeucte et celui de Néarque
« De la terre et du ciel est l'absolu monarque.
« Seul être indépendant, seul maître du destin,
« Seul principe éternel, et souveraine fin.
« C'est ce Dieu des chrétiens qu'il faut qu'on remercie
« Des victoires qu'il donne à l'empereur Décie ;
« Lui seul tient en sa main le succès des combats ;
« Il le peut élever, il le peut mettre à bas ;
« Sa bonté, son pouvoir, sa justice est immense ;
« C'est lui seul qui punit, lui seul qui récompense.
« Vous adorez en vain des monstres impuissants. »
Se jetant à ces mots sur le vin et l'encens,
Après en avoir mis les saints vases par terre,
Sans crainte de Félix, sans crainte du tonnerre,
D'une fureur pareille ils courent à l'autel.
Cieux! a-t-on vu jamais, a-t-on rien vu de tel!
Du plus puissant des dieux nous voyons la statue
Par une main impie à leurs pieds abattue ;
Les mystères troublés, le temple profané,
La fuite et les clameurs d'un peuple mutiné
Qui craint d'être accablé sous le courroux céleste.
Félix... Mais le voici qui vous dira le reste.

SCÈNE III

FÉLIX, PAULINE, STRATONICE.

PAULINE.
Que son visage est sombre et plein d'émotion !
Qu'il montre de tristesse et d'indignation !

FÉLIX.
Une telle insolence avoir osé paraître !
En public ! à ma vue ! Il en mourra, le traître.

PAULINE.
Souffrez que votre fille embrasse vos genoux.

FÉLIX.
Je parle de Néarque et non de votre époux.
Quelque indigne qu'il soit de ce doux nom de gendre,
Mon âme lui conserve un sentiment plus tendre ;
La grandeur de son crime et de mon déplaisir
N'a pas éteint l'amour qui me l'a fait choisir.

PAULINE.
Je n'attendais pas moins de la bonté d'un père.

FÉLIX.
Je pouvais l'immoler à ma juste colère :
Car vous n'ignorez pas à quel comble d'horreur
De son audace impie a monté la fureur ;
Vous l'avez pu savoir du moins de Stratonice.

PAULINE.
Je sais que de Néarque il doit voir le supplice.

FÉLIX.
Du conseil qu'il doit prendre il sera mieux instruit,
Quand il verra punir celui qui l'a séduit.
 Au spectacle sanglant d'un ami qu'il faut suivre,
La crainte de mourir et le désir de vivre
Ressaisissent une âme avec tant de pouvoir,
Que qui voit le trépas cesse de le vouloir.
L'exemple touche plus que ne fait la menace :
Cette indiscrète ardeur tourne bientôt en glace,
Et nous verrons bientôt son cœur inquiété
Me demander pardon de tant d'impiété.

PAULINE.
Vous pouvez espérer qu'il change de courage ?

FÉLIX.
Aux dépens de Néarque il doit se rendre sage.

PAULINE.
Il le doit ; mais, hélas ! où me renvoyez-vous ?
Et quels tristes hasards ne court point mon époux,
Si de son inconstance il faut qu'enfin j'espère
Le bien que j'espérais de la bonté d'un père ?

FÉLIX.
Je vous en fais trop voir, Pauline, à consentir
Qu'il évite la mort par un prompt repentir.
Je devais même peine à des crimes semblables ;
Et, mettant différence entre ces deux coupables,
J'ai trahi la justice à l'amour paternel ;
Je me suis fait pour lui moi-même criminel ;
Et j'attendais de vous, au milieu de vos craintes,
Plus de remercîments que je n'entends de plaintes.

PAULINE.
De quoi remercier qui ne me donne rien ?
Je sais quelle est l'humeur et l'esprit d'un chrétien.
Dans l'obstination jusqu'au bout il demeure :
Vouloir son repentir, c'est ordonner qu'il meure.

FÉLIX.
Sa grâce est en sa main, c'est à lui d'y rêver.

PAULINE.
Faites-la tout entière.

FÉLIX.
Il la peut achever.

PAULINE.
Ne l'abandonnez pas aux fureurs de sa secte.

FÉLIX.
Je l'abandonne aux lois, qu'il faut que je respecte.

PAULINE.
Est-ce ainsi que d'un gendre un beau-père est l'appui ?

FÉLIX.
Qu'il fasse autant pour soi comme je fais pour lui.

PAULINE.
Mais il est aveuglé.

FÉLIX.
Mais il se plaît à l'être.
Qui chérit son erreur ne la veut pas connaître.

PAULINE.
Mon père, au nom des dieux...

FÉLIX.
Ne les réclamez pas,
Ces dieux dont l'intérêt demande son trépas.

PAULINE.
Ils écoutent nos vœux.

FÉLIX.
Eh bien ! qu'il leur en fasse.

PAULINE.
Au nom de l'empereur dont vous tenez la place...

FÉLIX.
J'ai son pouvoir en main ; mais, s'il me l'a commis,
C'est pour le déployer contre ses ennemis.

PAULINE.
Polyeucte l'est-il ?

FÉLIX.
Tous chrétiens sont rebelles.

PAULINE.
N'écoutez point pour lui ces maximes cruelles ;
En épousant Pauline il s'est fait votre sang.

FÉLIX.
Je regarde sa faute, et ne vois plus son rang.
Quand le crime d'État se mêle au sacrilège,
Le sang ni l'amitié n'ont plus de privilége.

PAULINE.
Quel excès de rigueur !

FÉLIX.
Moindre que son forfait.

PAULINE.
O de mon songe affreux trop véritable effet !
Voyez-vous qu'avec lui vous perdez votre fille ?

FÉLIX.
Les dieux et l'empereur sont plus que ma famille.

PAULINE.
La perte de tous deux ne vous peut arrêter !

FÉLIX.

J'ai les dieux et Décie ensemble à redouter.
Mais nous n'avons encore à craindre rien de triste :
Dans son aveuglement pensez-vous qu'il persiste?
S'il nous semblait tantôt courir à son malheur,
C'est d'un nouveau chrétien la première chaleur.

PAULINE.

Si vous l'aimez encor, quittez cette espérance
Que deux fois en un jour il change de croyance :
Outre que les chrétiens ont plus de dureté,
Vous attendez de lui trop de légèreté.
Ce n'est point une erreur avec le lait sucée,
Que sans l'examiner son âme ait embrassée :
Polyeucte est chrétien parce qu'il l'a voulu,
Et vous portait au temple un esprit résolu.
Vous devez présumer de lui comme du reste :
Le trépas n'est pour eux ni honteux ni funeste;
Ils cherchent de la gloire à mépriser nos dieux;
Aveugles pour la terre, ils aspirent aux cieux;
Et croyant que la mort leur en ouvre la porte,
Tourmentés, déchirés, assassinés, n'importe,
Les supplices leur sont ce qu'à nous les plaisirs,
Et les mènent au but où tendent leurs désirs ;
La mort la plus infâme ils l'appellent martyre.

FÉLIX.

Eh bien donc! Polyeucte aura ce qu'il désire :
N'en parlons plus.

PAULINE.

Mon père...

SCÈNE IV

FÉLIX, ALBIN, PAULINE, STRATONICE.

FÉLIX.

Albin, en est-ce fait?

ALBIN.

Oui, seigneur ; et Néarque a payé son forfait.

FÉLIX.

Et notre Polyeucte a vu trancher sa vie?

ALBIN.

Il l'a vu, mais, hélas! avec un œil d'envie.
Il brûle de le suivre, au lieu de reculer,
Et son cœur s'affermit au lieu de s'ébranler.

PAULINE.

Je vous le disais bien. Encore un coup, mon père,
Si jamais mon respect a pu vous satisfaire,
Si vous l'avez prisé, si vous l'avez chéri...

FÉLIX.

Vous aimez trop, Pauline, un indigne mari.

PAULINE.

Je l'ai de votre main : mon amour est sans crime ;
Il est de votre choix la glorieuse estime;
Et j'ai, pour l'accepter, éteint le plus beau feu
Qui d'une âme bien née ait mérité l'aveu.
   Au nom de cette aveugle et prompte obéissance
Que j'ai toujours rendue aux lois de la naissance,
Si vous avez pu tout sur moi, sur mon amour,
Que je puisse sur vous quelque chose à mon tour!
Par ce juste pouvoir à présent trop à craindre,
Par ces beaux sentiments qu'il m'a fallu contraindre,
Ne m'ôtez pas vos dons; ils sont chers à mes yeux,
Et m'ont assez coûté pour m'être précieux.

FÉLIX.

Vous m'importunez trop : bien que j'aie un cœur tendre,
Je n'aime la pitié qu'au prix que j'en veux prendre
Employez mieux l'effort de vos justes douleurs;
Malgré moi m'en toucher, c'est perdre et temps et pleurs;
J'en veux être le maître, et je veux bien qu'on sache
Que je la désavoue alors qu'on me l'arrache.
Préparez-vous à voir ce malheureux chrétien,
Et faites votre effort quand j'aurai fait le mien.
Allez; n'irritez plus un père qui vous aime,
Et tâchez d'obtenir votre époux de lui-même.
Tantôt jusqu'en ce lieu je le ferai venir :
Cependant quittez-nous, je veux l'entretenir.

PAULINE.

De grâce, permettez...

FÉLIX.

Laissez-nous seuls, vous dis-je;
Votre douleur m'offense autant qu'elle m'afflige.
A gagner Polyeucte appliquez tous vos soins ;
Vous avancerez plus en m'importunant moins.

SCÈNE V

FÉLIX, ALBIN.

FÉLIX.

Albin, comme est-il mort?

ALBIN.

En brutal, en impie,
En bravant les tourments, en dédaignant la vie,
Sans regret, sans murmure, et sans étonnement,
Dans l'obstination et l'endurcissement,
Comme un chrétien enfin, le blasphème à la bouche.

FÉLIX.

Et l'autre?

ALBIN.

Je l'ai dit déjà, rien ne le touche,
Loin d'en être abattu, son cœur en est plus haut;
On l'a violenté pour quitter l'échafaud :
Il est dans la prison où je l'ai vu conduire ;
Mais vous êtes bien loin encor de le réduire.

FÉLIX.

Que je suis malheureux!

ALBIN.

Tout le monde vous plaint.

FÉLIX.

On ne sait pas les maux dont mon cœur est atteint;
De pensers sur pensers mon âme est agitée,
De soucis sur soucis elle est inquiétée ;
Je sens l'amour, la haine, et la crainte, et l'espoir,
La joie et la douleur tour à tour l'émouvoir ;
J'entre en des sentiments qui ne sont pas croyables;
J'en ai de violents, j'en ai de pitoyables ;
J'en ai de généreux qui n'oseraient agir :
J'en ai même de bas, et qui me font rougir.

J'aime ce malheureux que j'ai choisi pour gendre,
Je hais l'aveugle erreur qui le vient de surprendre;
Je déplore sa perte, et, le voulant sauver,
J'ai la gloire des dieux ensemble à conserver;
Je redoute leur foudre et celui de Décie;
Il y va de ma charge, il y va de ma vie.
Ainsi tantôt pour lui je m'expose au trépas,
Et tantôt je le perds pour ne me perdre pas.

ALBIN.
Décie excusera l'amitié d'un beau-père;
Et d'ailleurs Polyeucte est d'un sang qu'on révère.

FÉLIX.
A punir les chrétiens son ordre est rigoureux;
Et plus l'exemple est grand, plus il est dangereux :
On ne distingue point quand l'offense est publique;
Et lorsqu'on dissimule un crime domestique,
Par quelle autorité peut-on, par quelle loi,
Châtier en autrui ce qu'on souffre chez soi?

ALBIN.
Si vous n'osez avoir d'égard à sa personne,
Écrivez à Décie afin qu'il en ordonne.

FÉLIX.
Sévère me perdrait, si j'en usais ainsi :
Sa haine et son pouvoir font mon plus grand souci.
Si j'avais différé de punir un tel crime,
Quoiqu'il soit généreux, quoiqu'il soit magnanime,
Il est homme, et sensible, et je l'ai dédaigné;
Et de tant de mépris son esprit indigné,
Que met au désespoir cet hymen de Pauline,
Du courroux de Décie obtiendrait ma ruine.
Pour venger un affront tout semble être permis,
Et les occasions tentent les plus remis.
Peut-être (et ce soupçon n'est pas sans apparence)
Il rallume en son cœur déjà quelque espérance;
Et, croyant bientôt voir Polyeucte puni,
Il rappelle un amour à grand'peine banni.
Juge si sa colère, en ce cas implacable,
Me ferait innocent de sauver un coupable,
Et s'il m'épargnerait, voyant par mes bontés
Une seconde fois ses desseins avortés.
Te dirai-je un penser indigne, bas et lâche?
Je l'étouffe, il renaît; il me flatte, et me fâche :
L'ambition toujours me le vient présenter.
Et tout ce que je puis, c'est de le détester.
Polyeucte est ici l'appui de ma famille;
Mais si, par son trépas, l'autre épousait ma fille,
J'acquerrais bien par là de plus puissants appuis
Qui me mettraient plus haut cent fois que je ne suis.
Mon cœur en prend par force une maligne joie :
Mais que plutôt le ciel à tes yeux me foudroie,
Qu'à des pensers si bas je puisse consentir,
Que jusque-là ma gloire ose se démentir!

ALBIN.
Votre cœur est trop bon, et votre âme trop haute.
Mais vous résolvez-vous à punir cette faute?

FÉLIX.
Je vais dans la prison faire tout mon effort
A vaincre cet esprit par l'effroi de la mort;
Et nous verrons après ce que pourra Pauline.

ALBIN.
Que ferez-vous enfin, si toujours il s'obstine?

FÉLIX.
Ne me presse point tant; dans un tel déplaisir
Je ne puis que résoudre, et ne sais que choisir.

ALBIN.
Je dois vous avertir, en serviteur fidèle,
Qu'en sa faveur déjà la ville se rebelle*,
Et ne peut voir passer par la rigueur des lois
Sa dernière espérance et le sang de ses rois.
Je tiens sa prison même assez mal assurée;
J'ai laissé tout autour une troupe éplorée;
Je crains qu'on ne la force.

FÉLIX.
             Il faut donc l'en tirer,
Et l'amener ici pour nous en assurer.

ALBIN.
Tirez-l'en donc vous-même, et d'un espoir de grâce
Apaisez la fureur de cette populace.

FÉLIX.
Allons, et s'il persiste à demeurer chrétien,
Nous en disposerons sans qu'elle en sache rien.

ACTE QUATRIÈME

SCÈNE I

POLYEUCTE, CLÉON, TROIS AUTRES GARDES.

POLYEUCTE.
Gardes, que me veut-on?

CLÉON.
             Pauline vous demande.

POLYEUCTE.
O présence, ô combat que surtout j'appréhende!
Félix, dans la prison j'ai triomphé de toi,
J'ai ri de ta menace, et t'ai vu sans effroi :
Tu prends pour t'en venger de plus puissantes armes;
Je craignais beaucoup moins tes bourreaux que ses
                                          [larmes.
Seigneur, qui vois ici les périls que je cours,
En ce pressant besoin redouble ton secours;
Et toi qui, tout sortant encor de la victoire,
Regardes mes travaux du séjour de la gloire,
Cher Néarque, pour vaincre un si fort ennemi,
Prête du haut du ciel la main à ton ami.
Gardes, oseriez-vous me rendre un bon office?
Non pour me dérober aux rigueurs du supplice,
Ce n'est pas mon dessein qu'on me fasse évader;
Mais comme il suffira de trois à me garder,
L'autre m'obligerait d'aller querir Sévère;
Je crois que sans péril on peut me satisfaire :
Si j'avais pu lui dire un secret important,
Il vivrait plus heureux, et je mourrais content.

CLÉON.
Si vous me l'ordonnez, j'y cours en diligence.
POLYEUCTE.
Sévère à mon défaut fera ta récompense.
Va, ne perds point de temps, et reviens promptement.
CLÉON.
Je serai de retour, seigneur, dans un moment.

SCÈNE II

POLYEUCTE.

(*Les gardes se retirent aux coins du théâtre.*)

Source délicieuse, en misères féconde,
Que voulez-vous de moi, flatteuses voluptés?
Honteux attachements de la chair et du monde,
Que ne me quittez-vous, quand je vous ai quittés?
Allez, honneurs, plaisirs, qui me livrez la guerre :
    Toute votre félicité,
    Sujette à l'instabilité,
    En moins de rien tombe par terre;
    Et comme elle a l'éclat du verre,
    Elle en a la fragilité.

Ainsi n'espérez pas qu'après vous je soupire.
Vous étalez en vain vos charmes impuissants;
Vous me montrez en vain par tout ce vaste empire
Les ennemis de Dieu pompeux et florissants.
Il étale à son tour des revers équitables
    Par qui les grands sont confondus;
    Et les glaives qu'il tient pendus
    Sur les plus fortunés coupables
    Sont d'autant plus inévitables,
    Que leurs coups sont moins attendus.

Tigre altéré de sang, Décie impitoyable,
Ce Dieu t'a trop longtemps abandonné les siens :
De ton heureux destin vois la suite effroyable;
Le Scythe va venger la Perse et les chrétiens.
Encore un peu plus outre, et ton heure est venue;
    Rien ne t'en saurait garantir;
    Et la foudre qui va partir,
    Toute prête à crever la nue,
    Ne peut plus être retenue
    Par l'attente du repentir.

Que cependant Félix m'immole à ta colère;
Qu'un rival plus puissant éblouisse ses yeux;
Qu'aux dépens de ma vie il s'en fasse beau-père,
Et qu'à titre d'esclave il commande en ces lieux :
Je consens, ou plutôt j'aspire à ma ruine.
    Monde, pour moi tu n'as plus rien :
    Je porte en un cœur tout chrétien
    Une flamme toute divine;
    Et je ne regarde Pauline
    Que comme un obstacle à mon bien.

Saintes douceurs du ciel, adorables idées,
Vous remplissez un cœur qui vous peut recevoir :
De vos sacrés attraits les âmes possédées
Ne conçoivent plus rien qui les puisse émouvoir.
Vous promettez beaucoup, et donnez davantage :
    Vos biens ne sont point inconstants;
    Et l'heureux trépas que j'attends
    Ne vous sert que d'un doux passage
    Pour nous introduire au partage
    Qui nous rend à jamais contents.

C'est vous, ô feu divin que rien ne peut éteindre,
Qui m'allez faire voir Pauline sans la craindre.
Je la vois : mais mon cœur, d'un saint zèle enflammé,
N'en goûte plus l'appas dont il était charmé;
Et mes yeux, éclairés des célestes lumières,
Ne trouvent plus aux siens leurs grâces coutumières.

SCÈNE III

POLYEUCTE, PAULINE, GARDES.

POLYEUCTE.

Madame, quel dessein vous fait me demander?
Est-ce pour me combattre, ou pour me seconder?
Cet effort généreux de votre amour parfaite
Vient-il à mon secours, vient-il à ma défaite?
Apportez-vous ici la haine, ou l'amitié,
Comme mon ennemie, ou ma chère moitié?

PAULINE.

Vous n'avez point ici d'ennemis que vous-même;
Seul vous vous haïssez, lorsque chacun vous aime;
Seul vous exécutez tout ce que j'ai rêvé :
Ne veuillez pas vous perdre, et vous êtes sauvé.
A quelque extrémité que votre crime passe,
Vous êtes innocent si vous vous faites grâce.
Daignez considérer le sang dont vous sortez,
Vos grandes actions, vos rares qualités;
Chéri de tout le peuple, estimé chez le prince,
Gendre du gouverneur de toute la province,
Je ne vous compte à rien le nom de mon époux;
C'est un bonheur pour moi qui n'est pas grand pour
[vous :
Mais après vos exploits, après votre naissance,
Après votre pouvoir, voyez notre espérance;
Et n'abandonnez pas à la main d'un bourreau
Ce qu'à nos justes vœux promet un sort si beau.

POLYEUCTE.

Je considère plus; je sais mes avantages,
Et l'espoir que sur eux forment les grands courages.
Ils n'aspirent enfin qu'à des biens passagers,
Que troublent les soucis, que suivent les dangers,
La mort nous les ravit, la fortune s'en joue;
Aujourd'hui dans le trône, et demain dans la boue;
Et leur plus haut éclat fait tant de mécontents,
Que peu de vos Césars en ont joui longtemps.
    J'ai de l'ambition, mais plus noble et plus belle :
Cette grandeur périt, j'en veux une immortelle,
Un bonheur assuré, sans mesure et sans fin,
Au-dessus de l'envie, au-dessus du destin.
Est-ce trop l'acheter que d'une triste vie

POLYEUCTE, ACTE IV, SCÈNE III.

Qui tantôt, qui soudain me peut être ravie;
Qui ne me fait jouir que d'un instant qui fuit,
Et ne peut m'assurer de celui qui le suit?
PAULINE.
Voilà de vos chrétiens les ridicules songes; [ges;
Voilà jusqu'à quel point vous charment leurs menson-
Tout votre sang est peu pour un bonheur si doux!
Mais, pour en disposer, ce sang est-il à vous?
Vous n'avez pas la vie ainsi qu'un héritage;
Le jour qui vous la donne en même temps l'engage:
Vous la devez au prince, au public, à l'État.
POLYEUCTE.
Je la voudrais pour eux perdre dans un combat;
Je sais quel en est l'heur*, et quelle en est la gloire.
Des aïeux de Décie on vante la mémoire;
Et ce nom, précieux encore à vos Romains,
Au bout de six cents ans lui met l'empire aux mains.
Je dois ma vie au peuple, au prince, à sa couronne;
Mais je la dois bien plus au Dieu qui me la donne:
Si mourir pour son prince est un illustre sort,
Quand on meurt pour son Dieu, quelle sera la mort!
PAULINE.
Quel Dieu!
POLYEUCTE.
　　　　Tout beau, Pauline : il entend vos paroles,
Et ce n'est pas un Dieu comme vos dieux frivoles;
Insensibles et sourds, impuissants, mutilés,
De bois, de marbre, ou d'or, comme vous les voulez;
C'est le Dieu des chrétiens, c'est le mien, c'est le vôtre;
Et la terre et le ciel n'en connaissent point d'autre.
PAULINE.
Adorez-le dans l'âme, et n'en témoignez rien.
POLYEUCTE.
Que je sois tout ensemble idolâtre et chrétien!
PAULINE.
Ne feignez qu'un moment, laissez partir Sévère,
Et donnez lieu d'agir aux bontés de mon père.
POLYEUCTE.
Les bontés de mon Dieu sont bien plus à chérir :
Il m'ôte des périls que j'aurais pu courir,
Et, sans me laisser lieu de tourner en arrière,
Sa faveur me couronne entrant dans la carrière;
Du premier coup de vent il me conduit au port,
Et, sortant du baptême, il m'envoie à la mort.
Si vous pouviez comprendre, et le peu qu'est la vie,
Et de quelles douceurs cette mort est suivie!...
Mais que sert de parler de ces trésors cachés
A des esprits que Dieu n'a pas encor touchés?
PAULINE.
Cruel! car il est temps que ma douleur éclate,
Et qu'un juste reproche accable une âme ingrate;
Est-ce là ce beau feu? sont-ce là tes serments?
Témoignes-tu pour moi les moindres sentiments?
Je ne te parlais point de l'état déplorable
Où ta mort va laisser ta femme inconsolable;
Je croyais que l'amour t'en parlerait assez,
Et je ne voulais pas de sentiments forcés :
Mais cette amour si ferme et si bien méritée
Que tu m'avais promise, et que je t'ai portée,

Quand tu me veux quitter, quand tu me fais mourir,
Te peut-elle arracher une larme, un soupir?
Tu me quittes, ingrat, et le fais avec joie;
Tu ne la caches pas, tu veux que je la voie;
Et ton cœur, insensible à ces tristes appas,
Se figure un bonheur où je ne serai pas!
C'est donc là le dégoût qu'apporte l'hyménée?
Je te suis odieuse après m'être donnée!
POLYEUCTE.
Hélas!
PAULINE.
　　Que cet hélas a de peine à sortir!
Encor s'il commençait un heureux repentir,
Que, tout forcé qu'il est, j'y trouverais de charmes!
Mais courage, il s'émeut, je vois couler des larmes.
POLYEUCTE.
J'en verse, et plût à Dieu qu'à force d'en verser
Ce cœur trop endurci se pût enfin percer!
Le déplorable état où je vous abandonne
Est bien digne des pleurs que mon amour vous donne;
Et si l'on peut au ciel sentir quelques douleurs,
J'y pleurerai pour vous l'excès de vos malheurs :
Mais si dans ce séjour de gloire et de lumière,
Ce Dieu tout juste et bon peut souffrir ma prière;
S'il y daigne écouter un conjugal amour,
Sur votre aveuglement il répandra le jour.
Seigneur, de vos bontés il faut que je l'obtienne:
Elle a trop de vertus pour n'être pas chrétienne :
Avec trop de mérite il vous plut la former,
Pour ne vous pas connaître et ne vous pas aimer,
Pour vivre des enfers esclave infortunée,
Et sous leur triste joug mourir comme elle est née.
PAULINE.
Que dis-tu, malheureux? qu'oses-tu souhaiter?
POLYEUCTE.
Ce que de tout mon sang je voudrais acheter.
PAULINE.
Que plutôt...
POLYEUCTE.
　　　　C'est en vain qu'on se met en défense :
Ce Dieu touche les cœurs lorsque moins on y pense.
Ce bienheureux moment n'est pas encor venu;
Il viendra, mais le temps ne m'en est pas connu.
PAULINE.
Quittez cette chimère, et m'aimez.
POLYEUCTE.
　　　　　　　　　　　Je vous aime,
Beaucoup moins que mon Dieu, mais bien plus que
PAULINE.　　　　　　　　　　　[moi-même.
Au nom de cet amour, ne m'abandonnez pas.
POLYEUCTE.
Au nom de cet amour, daignez suivre mes pas.
PAULINE.
C'est peu de me quitter, tu veux donc me séduire?
POLYEUCTE.
C'est peu d'aller au ciel, je vous y veux conduire.
PAULINE.
Imaginations!
POLYEUCTE.
　　　　Célestes vérités!

PAULINE.
Étrange aveuglement!
POLYEUCTE.
Éternelles clartés!
PAULINE.
Tu préfères la mort à l'amour de Pauline!
POLYEUCTE.
Vous préférez le monde à la bonté divine!
PAULINE.
Va, cruel, va mourir; tu ne m'aimas jamais.
POLYEUCTE.
Vivez heureuse au monde, et me laissez en paix.
PAULINE.
Oui, je t'y vais laisser; ne t'en mets plus en peine;
Je vais...

SCÈNE IV

POLYEUCTE, PAULINE, SÉVÈRE, FABIAN,
GARDES.

PAULINE

Mais quel dessein en ce lieu vous amène,
Sévère? Aurait-on cru qu'un cœur si généreux
Pût venir jusqu'ici braver un malheureux?
POLYEUCTE.
Vous traitez mal, Pauline, un si rare mérite;
A ma seule prière il rend cette visite.
Je vous ai fait, seigneur, une incivilité,
Que vous pardonnerez à ma captivité.
Possesseur d'un trésor dont je n'étais pas digne,
Souffrez avant ma mort que je vous le résigne,
Et laisse la vertu la plus rare à nos yeux
Qu'une femme jamais pût recevoir des cieux
Aux mains du plus vaillant et du plus honnête homme
Qu'ait adoré la terre et qu'ait vu naître Rome.
Vous êtes digne d'elle, elle est digne de vous;
Ne la refusez pas de la main d'un époux :
S'il vous a désunis, sa mort vous va rejoindre.
Qu'un feu jadis si beau n'en devienne pas moindre;
Rendez-lui votre cœur, et recevez sa foi :
Vivez heureux ensemble, et mourez comme moi;
C'est le bien qu'à tous deux Polyeucte désire.
Qu'on me mène à la mort, je n'ai plus rien à dire.
Allons, gardes, c'est fait.

SCÈNE V

SÉVÈRE, PAULINE, FABIAN.

SÉVÈRE.

Dans mon étonnement,
Je suis confus pour lui de son aveuglement;
Sa résolution a si peu de pareilles,
Qu'à peine je me fie encore à mes oreilles.
Un cœur qui vous chérit (mais quel cœur assez bas
Aurait pu vous connaître, et ne vous chérir pas?),
Un homme aimé de vous, sitôt qu'il vous possède,
Sans regret il vous quitte : il fait plus, il vous cède;
Et comme si vos feux étaient un don fatal,
Il en fait un présent lui-même à son rival!
Certes, ou les chrétiens ont d'étranges manies,
Ou leurs félicités doivent être infinies,
Puisque, pour y prétendre, ils osent rejeter
Ce que de tout l'empire il faudrait acheter.
Pour moi, si mes destins, un peu plus tôt propices,
Eussent de votre hymen honoré mes services,
Je n'aurais adoré que l'éclat de vos yeux,
J'en aurais fait mes rois, j'en aurais fait mes dieux;
On m'aurait mis en poudre, on m'aurait mis en cen-
Avant que... [dre,
PAULINE.
Brisons là; je crains de trop entendre,
Et que cette chaleur, qui sent vos premiers feux,
Ne pousse quelque suite indigne de tous deux.
Sévère, connaissez Pauline tout entière.
Mon Polyeucte touche à son heure dernière;
Pour achever de vivre il n'a plus qu'un moment;
Vous en êtes la cause encor qu'innocemment.
Je ne sais si votre âme, à vos désirs ouverte,
Aurait osé former quelque espoir sur sa perte :
Mais sachez qu'il n'est point de si cruel trépas
Où d'un front assuré je ne porte mes pas,
Qu'il n'est point aux enfers d'horreurs que je n'en-
Plutôt que de souiller une gloire si pure, [dure,
Que d'épouser un homme, après son triste sort,
Qui de quelque façon soit cause de sa mort :
Et si vous me croyiez d'une âme si peu saine,
L'amour que j'eus pour vous tournerait tout en haine.
Vous êtes généreux; soyez-le jusqu'au bout.
Mon père est en état de vous accorder tout,
Il vous craint; et j'avance encor cette parole,
Que s'il perd mon époux, c'est à vous qu'il l'immole.
Sauvez ce malheureux, employez-vous pour lui;
Faites-vous un effort pour lui servir d'appui.
Je sais que c'est beaucoup que ce que je demande;
Mais plus l'effort est grand, plus la gloire en est
Conserver un rival dont vous êtes jaloux, [grande.
C'est un trait de vertu qui n'appartient qu'à vous;
Et si ce n'est assez de votre renommée,
C'est beaucoup qu'une femme autrefois tant aimée,
Et dont l'amour peut-être encor vous peut toucher,
Doive à votre grand cœur ce qu'elle a de plus cher:
Souvenez-vous enfin que vous êtes Sévère.
Adieu. Résolvez seul ce que vous devez faire;
Si vous n'êtes pas tel que je l'ose espérer,
Pour vous priser encor je le veux ignorer.

SCÈNE VI

SÉVÈRE, FABIAN.

SÉVÈRE.

Qu'est-ce ci, Fabian? quel nouveau coup de foudre
Tombe sur mon bonheur, et le réduit en poudre!
Plus je l'estime près, plus il est éloigné;
Je trouve tout perdu quand je crois tout gagné;
Et toujours la fortune, à me nuire obstinée,

Tranche mon espérance aussitôt qu'elle est née ;
Avant qu'offrir des vœux je reçois des refus :
Toujours triste, toujours et honteux et confus
De voir que lâchement elle ait osé renaître,
Qu'encor plus lâchement elle ait osé paraître ;
Et qu'une femme enfin dans la calamité
Me fasse des leçons de générosité.
 Votre belle âme est haute autant que malheureuse,
Mais elle est inhumaine autant que généreuse,
Pauline ; et vos douleurs avec trop de rigueur
D'un amant tout à vous tyrannisent le cœur.
C'est donc peu de vous perdre, il faut que je vous don-
Que je serve un rival lorsqu'il vous abandonne ; [ne ;
Et que, par un cruel et généreux effort,
Pour vous rendre en ses mains je l'arrache à la mort.
FABIAN.
Laissez à son destin cette ingrate famille ;
Qu'il accorde, s'il veut, le père avec la fille,
Polyeucte et Félix, l'épouse avec l'époux :
D'un si cruel effort quel prix espérez-vous ?
SÉVÈRE.
La gloire de montrer à cette âme si belle
Que Sévère l'égale, et qu'il est digne d'elle ;
Qu'elle m'était bien due, et que l'ordre des cieux
En me la refusant m'est trop injurieux.
FABIAN.
Sans accuser le sort ni le ciel d'injustice,
Prenez garde au péril qui suit un tel service ;
Vous hasardez beaucoup, seigneur, pensez-y bien.
Quoi ! vous entreprenez de sauver un chrétien !
Pouvez-vous ignorer pour cette secte impie
Quelle est et fut toujours la haine de Décie ?
C'est un crime vers lui si grand, si capital,
Qu'à votre faveur même il peut être fatal.
SÉVÈRE.
Cet avis serait bon pour quelque âme commune.
S'il tient entre ses mains ma vie et ma fortune,
Je suis encor Sévère ; et tout ce grand pouvoir
Ne peut rien sur ma gloire, et rien sur mon devoir.
Ici l'honneur m'oblige, et j'y veux satisfaire ;
Qu'après le sort se montre ou propice ou contraire,
Comme son naturel est toujours inconstant,
Périssant glorieux, je périrai content.
 Je te dirai bien plus, mais avec confidence,
La secte des chrétiens n'est pas ce que l'on pense :
On les hait ; la raison, je ne la connais point ;
Et je ne vois Décie injuste qu'en ce point.
Par curiosité j'ai voulu les connaître.
On les tient pour sorciers dont l'enfer est le maître ;
Et sur cette croyance on punit du trépas
Des mystères secrets que nous n'entendons pas.
Mais Cérès Éleusine, et la bonne déesse,
Ont leurs secrets comme eux à Rome et dans la Grèce ;
Encore impunément nous souffrons en tous lieux,
Leur Dieu seul excepté, toute sorte de dieux : [Rome ;
Tous les monstres d'Égypte ont leurs temples dans
Nos aïeux à leur gré faisaient un dieu d'un homme ;
Et leur sang parmi nous conservant leurs erreurs,
Nous remplissons le ciel de tous nos empereurs :

Mais, à parler sans fard de tant d'apothéoses,
L'effet est bien douteux de ces métamorphoses.
 Les chrétiens n'ont qu'un Dieu, maître absolu de
De qui le seul vouloir fait tout ce qu'il résout : [tout,
Mais, si j'ose entre nous dire ce qu'il me semble,
Les nôtres bien souvent s'accordent mal ensemble ;
Et, me dût leur colère écraser à tes yeux,
Nous en avons beaucoup pour être de vrais dieux.
Enfin chez les chrétiens les mœurs sont innocentes,
Les vices détestés, les vertus florissantes ;
Ils font des vœux pour nous qui les persécutons,
Et, depuis tant de temps que nous les tourmentons,
Les a-t-on vus mutins ? les a-t-on vus rebelles ?
Nos princes ont-ils eu des soldats plus fidèles ?
Furieux dans la guerre, ils souffrent nos bourreaux ;
Et, lions en combat, ils meurent en agneaux.
J'ai trop de pitié d'eux pour ne les pas défendre.
Allons trouver Félix ; commençons par son gendre ;
Et contentons ainsi, d'une seule action,
Et Pauline, et ma gloire, et ma compassion.

ACTE CINQUIÈME

SCÈNE I

FÉLIX, ALBIN, CLÉON.

FÉLIX.
Albin, as-tu bien vu la fourbe de Sévère ?
As-tu bien vu sa haine ? et vois-tu ma misère ?
ALBIN.
Je n'ai vu rien en lui qu'un rival généreux,
Et ne vois rien en vous qu'un père rigoureux.
FÉLIX.
Que tu discernes mal le cœur d'avec la mine !
Dans l'âme il hait Félix et dédaigne Pauline !
Et, s'il l'aima jadis, il estime aujourd'hui
Les restes d'un rival trop indignes de lui.
Il parle en sa faveur, il me prie, il menace,
Et me perdra, dit-il, si je ne lui fais grâce ;
Tranchant du généreux, il croit m'épouvanter :
L'artifice est trop lourd pour ne pas l'éventer.
Je sais des gens de cour quelle est la politique,
J'en connais mieux que lui la plus fine pratique.
C'est en vain qu'il tempête et feint d'être en fureur :
Je vois ce qu'il prétend auprès de l'empereur.
De ce qu'il me demande il m'y ferait un crime
Épargnant son rival, je serais sa victime ;
Et s'il avait affaire à quelque maladroit,
Le piège est bien tendu, sans doute il le perdroit :
Mais un vieux courtisan est un peu moins crédule ;
Il voit quand on le joue, et quand on dissimule ;
Et moi j'en ai tant vu de toutes les façons,
Qu'à lui-même au besoin j'en ferais des leçons.

ALBIN.

Dieux ! que vous vous gênez par cette défiance !

FÉLIX.

Pour subsister en cour c'est la haute science.
Quand un homme une fois a droit de nous haïr,
Nous devons présumer qu'il cherche à nous trahir ;
Toute son amitié nous doit être suspecte.
Si Polyeucte enfin n'abandonne sa secte,
Quoi que son protecteur ait pour lui dans l'esprit,
Je suivrai hautement l'ordre qui m'est prescrit.

ALBIN.

Grâce, grâce, seigneur, que Pauline l'obtienne !

FÉLIX.

Celle de l'empereur ne suivrait pas la mienne ;
Et, loin de le tirer de ce pas dangereux,
Ma bonté ne ferait que nous perdre tous deux.

ALBIN.

Mais Sévère promet...

FÉLIX.

Albin, je m'en défie,
Et connais mieux que lui la haine de Décie ;
En faveur des chrétiens s'il choquait son courroux,
Lui-même assurément se perdrait avec nous.
Je veux tenter pourtant encore une autre voie.
Amenez Polyeucte ; et si je le renvoie,
S'il demeure insensible à ce dernier effort,
Au sortir de ce lieu qu'on lui donne la mort.

ALBIN.

Votre ordre est rigoureux.

FÉLIX.

Il faut que je le suive,
Si je veux empêcher qu'un désordre n'arrive.
Je vois le peuple ému pour prendre son parti :
Et toi-même tantôt tu m'en as averti :
Dans ce zèle pour lui qu'il fait déjà paraître,
Je ne sais si longtemps j'en pourrais être maître ;
Peut-être dès demain, dès la nuit, dès ce soir,
J'en verrais des effets que je ne veux pas voir ;
Et Sévère aussitôt, courant à sa vengeance,
M'irait calomnier de quelque intelligence.
Il faut rompre ce coup, qui me serait fatal.

ALBIN.

Que tant de prévoyance est un étrange mal !
Tout vous nuit, tout vous perd, tout vous fait de l'ombrage ;
Mais voyez que sa mort mettra ce peuple en rage ;
Que c'est mal le guérir que le désespérer.

FÉLIX.

En vain après sa mort il voudra murmurer ;
Et s'il ose venir à quelque violence,
C'est à faire à céder deux jours à l'insolence :
J'aurai fait mon devoir, quoi qu'il puisse arriver.
Mais Polyeucte vient, tâchons à le sauver.
Soldats, retirez-vous, et gardez bien la porte.

SCÈNE II

FÉLIX, POLYEUCTE, ALBIN.

FÉLIX.

As-tu donc pour la vie une haine si forte,
Malheureux Polyeucte ? et la loi des chrétiens
T'ordonne-t-elle ainsi d'abandonner les tiens ?

POLYEUCTE.

Je ne hais point la vie, et j'en aime l'usage,
Mais sans attachement qui sente l'esclavage,
Toujours prêt à la rendre au Dieu dont je la tiens ;
La raison me l'ordonne, et la loi des chrétiens ;
Et je vous montre à tous par là comme il faut vivre,
Si vous avez le cœur assez bon pour me suivre.

FÉLIX.

Te suivre dans l'abîme où tu te veux jeter ?

POLYEUCTE.

Mais plutôt dans la gloire où je m'en vais monter.

FÉLIX.

Donne-moi pour le moins le temps de la connaître ;
Pour me faire chrétien, sers-moi de guide à l'être ;
Et ne dédaigne pas de m'instruire en ta foi,
Ou toi-même à ton Dieu tu répondras de moi.

POLYEUCTE.

N'en riez point, Félix, il sera votre juge ;
Vous ne trouverez point devant lui de refuge ;
Les rois et les bergers y sont d'un même rang :
De tous les siens sur vous il vengera le sang.

FÉLIX.

Je n'en répandrai plus, et, quoi qu'il en arrive,
Dans la foi des chrétiens je souffrirai qu'on vive ;
J'en serai protecteur.

POLYEUCTE.

Non, non, persécutez,
Et soyez l'instrument de nos félicités :
Celle d'un vrai chrétien n'est que dans les souffrances ;
Les plus cruels tourments lui sont des récompenses.
Dieu, qui rend le centuple aux bonnes actions,
Pour comble donne encor les persécutions :
Mais ces secrets pour vous sont fâcheux à comprendre ;
Ce n'est qu'à ses élus que Dieu les fait entendre.

FÉLIX.

Je te parle sans fard, et veux être chrétien.

POLYEUCTE.

Qui peut donc retarder l'effet d'un si grand bien ?

FÉLIX.

La présence importune...

POLYEUCTE.

Et de qui ? de Sévère ?

FÉLIX.

Pour lui seul contre toi j'ai feint tant de colère :
Dissimule un moment jusques à son départ.

POLYEUCTE.

Félix, c'est donc ainsi que vous parlez sans fard ?
Portez à vos païens, portez à vos idoles,
Le sucre empoisonné que sèment vos paroles.
Un chrétien ne craint rien, ne dissimule rien ;
Aux yeux de tout le monde il est toujours chrétien.

FÉLIX.
Ce zèle de ta foi ne sert qu'à te séduire,
Si tu cours à la mort plutôt que de m'instruire.
POLYEUCTE.
Je vous en parlerais ici hors de saison ;
Elle est un don du ciel, et non de la raison ;
Et c'est là que bientôt, voyant Dieu face à face,
Plus aisément pour vous j'obtiendrai cette grâce.
FÉLIX.
Ta perte cependant me va désespérer.
POLYEUCTE.
Vous avez en vos mains de quoi la réparer ;
En vous ôtant un gendre, on vous en donne un autre
Dont la condition répond mieux à la vôtre ;
Ma perte n'est pour vous qu'un change* avantageux.
FÉLIX.
Cesse de me tenir ce discours outrageux.
Je t'ai considéré plus que tu ne mérites ;
Mais, malgré ma bonté, qui croit plus tu l'irrites,
Cette insolence enfin te rendrait odieux,
Et je me vengerais aussi bien que nos dieux.
POLYEUCTE.
Quoi ! vous changez bientôt d'humeur et de langage !
Le zèle de vos dieux rentre en votre courage !
Celui d'être chrétien s'échappe ! et par hasard
Je vous viens d'obliger à me parler sans fard !
FÉLIX.
Va, ne présume pas que, quoi que je te jure,
De tes nouveaux docteurs je suive l'imposture.
Je flattais ta manie afin de t'arracher
Du honteux précipice où tu vas trébucher ;
Je voulais gagner temps pour ménager ta vie
Après l'éloignement d'un flatteur de Décie :
Mais j'ai trop fait d'injure à nos dieux tout-puissants,
Choisis de leur donner ton sang, ou de l'encens.
POLYEUCTE.
Mon choix n'est point douteux. Mais j'aperçois Pau-
O ciel ! [line :

SCÈNE III

FÉLIX, POLYEUCTE, PAULINE, ALBIN.

PAULINE.
Qui de vous deux aujourd'hui m'assassine ?
Sont-ce tous deux ensemble ou chacun à son tour ?
Ne pourrai-je fléchir la nature ou l'amour ?
Et n'obtiendrai-je rien d'un époux ni d'un père ?
FÉLIX.
Parlez à votre époux.
POLYEUCTE.
Vivez avec Sévère.
PAULINE.
Tigre, assassine-moi du moins sans m'outrager.
POLYEUCTE.
Mon amour, par pitié, cherche à vous soulager ;
Il voit quelle douleur dans l'âme vous possède,
Et sait qu'un autre amour en est le seul remède.
Puisqu'un si grand mérite a pu vous enflammer,

Sa présence toujours a droit de vous charmer :
Vous l'aimiez, il vous aime, et sa gloire augmentée...
PAULINE.
Que t'ai-je fait, cruel, pour être ainsi traitée,
Et pour me reprocher, au mépris de ma foi,
Un amour si puissant que j'ai vaincu pour toi ?
Vois, pour te faire vaincre un si fort adversaire,
Quels efforts à moi-même il a fallu me faire ;
Quels combats j'ai donnés pour te donner un cœur
Si justement acquis à son premier vainqueur ;
Et si l'ingratitude en ton cœur ne domine,
Fais quelque effort sur toi pour te rendre à Pauline :
Apprends d'elle à forcer ton propre sentiment ;
Prends sa vertu pour guide en ton aveuglement ;
Souffre que de toi-même elle obtienne ta vie,
Pour vivre sous tes lois à jamais asservie.
Si tu peux rejeter de si justes désirs,
Regarde au moins ses pleurs, écoute ses soupirs ;
Ne désespère pas une âme qui t'adore.
POLYEUCTE.
Je vous l'ai déjà dit, et vous le dis encore,
Vivez avec Sévère, ou mourez avec moi.
Je ne méprise point vos pleurs, ni votre foi ; [ne,
Mais, de quoi que pour vous notre amour m'entretien-
Je ne vous connais plus, si vous n'êtes chrétienne.
C'en est assez, Félix, reprenez ce courroux,
Et sur cet insolent vengez vos dieux, et vous.
PAULINE.
Ah ! mon père, son crime à peine est pardonnable ;
Mais s'il est insensé, vous êtes raisonnable :
La nature est trop forte, et ses aimables traits
Imprimés dans le sang ne s'effacent jamais :
Un père est toujours père, et sur cette assurance
J'ose appuyer encore un reste d'espérance.
Jetez sur votre fille un regard paternel :
Ma mort suivra la mort de ce cher criminel ;
Et les dieux trouveront sa peine illégitime,
Puisqu'elle confondra l'innocence et le crime,
Et qu'elle changera, par ce redoublement,
En injuste rigueur un juste châtiment ;
Nos destins, par vos mains rendus inséparables,
Nous doivent rendre heureux ensemble, ou miséra-
Et vous seriez cruel jusques au dernier point, [bles
Si vous désunissiez ce que vous avez joint.
Un cœur à l'autre uni jamais ne se retire ;
Et pour l'en séparer il faut qu'on le déchire.
Mais vous êtes sensible à mes justes douleurs,
Et d'un œil paternel vous regardez mes pleurs.
FÉLIX.
Oui, ma fille, il est vrai qu'un père est toujours père,
Rien n'en peut effacer le sacré caractère ;
Je porte un cœur sensible et vous l'avez percé.
Je me joins avec vous contre cet insensé.
Malheureux Polyeucte, es-tu seul insensible ?
Et veux-tu rendre seul ton crime irrémissible ?
Peux-tu voir tant de pleurs d'un œil si détaché ?
Peux-tu voir tant d'amour sans en être touché ?
Ne reconnais-tu plus ni beau-père, ni femme,
Sans amitié pour l'un, et pour l'autre sans flamme

Pour reprendre les noms et de gendre et d'époux,
Veux-tu nous voir tous deux embrasser tes genoux?
POLYEUCTE.
Que tout cet artifice est de mauvaise grâce!
Après avoir deux fois essayé la menace,
Après m'avoir fait voir Néarque dans la mort,
Après avoir tenté l'amour et son effort,
Après m'avoir montré cette soif du baptême,
Pour opposer à Dieu l'intérêt de Dieu même,
Vous vous joignez ensemble! Ah, ruses de l'enfer!
Faut-il tant de fois vaincre avant que triompher!
Vos résolutions usent trop de remise *;
Prenez la vôtre enfin, puisque la mienne est prise.
Je n'adore qu'un Dieu, maître de l'univers,
Sous qui tremblent le ciel, la terre, et les enfers;
Un Dieu qui, nous aimant d'une amour infinie,
Voulut mourir pour nous avec ignominie,
Et qui, par un effort de cet excès d'amour,
Veut pour nous en victime être offert chaque jour.
Mais j'ai tort d'en parler à qui ne peut m'entendre.
Voyez l'aveugle erreur que vous osez défendre :
Des crimes les plus noirs vous souillez tous vos dieux;
Vous n'en punissez point qui n'ait son maître aux cieux;
La prostitution, l'adultère, l'inceste,
Le vol, l'assassinat et tout ce qu'on déteste,
C'est exemple qu'à suivre offrent vos immortels.
J'ai profané leur temple, et brisé leurs autels;
Je le ferais encor, si j'avais à le faire,
Même aux yeux de Félix, même aux yeux de Sévère,
Même aux yeux du sénat, aux yeux de l'empereur.
FÉLIX.
Enfin ma bonté cède à ma juste fureur :
Adore-les, ou meurs!
POLYEUCTE.
Je suis chrétien.
FÉLIX.
Impie!
Adore-les, te dis-je; ou renonce à la vie.
POLYEUCTE.
Je suis chrétien.
FÉLIX.
Tu l'es? O cœur trop obstiné!
Soldats, exécutez l'ordre que j'ai donné.
PAULINE.
Où le conduisez-vous?
FÉLIX.
A la mort.
POLYEUCTE.
A la gloire.
Chère Pauline, adieu; conservez ma mémoire.
PAULINE.
Je te suivrai partout, et mourrai si tu meurs.
POLYEUCTE.
Ne suivez point mes pas, ou quittez vos erreurs.
FÉLIX.
Qu'on l'ôte de mes yeux, et que l'on m'obéisse.
Puisqu'il aime à périr, je consens qu'il périsse.

SCÈNE IV

FÉLIX, ALBIN.

FÉLIX.
Je me fais violence, Albin, mais je l'ai dû;
Ma bonté naturelle aisément m'eût perdu.
Que la rage du peuple à présent se déploie,
Que Sévère en fureur tonne, éclate, foudroie,
M'étant fait cet effort, j'ai fait ma sûreté.
Mais n'es-tu point surpris de cette dureté?
Vois-tu comme le sien des cœurs impénétrables,
Ou des impiétés à ce point exécrables?
Du moins j'ai satisfait mon esprit affligé :
Pour amollir son cœur je n'ai rien négligé;
J'ai feint même à tes yeux des lâchetés extrêmes :
Et certes, sans l'horreur de ses derniers blasphèmes,
Qui m'ont rempli soudain de colère et d'effroi,
J'aurais eu de la peine à triompher de moi.

ALBIN.
Vous maudirez peut-être un jour cette victoire,
Qui tient je ne sais quoi d'une action trop noire,
Indigne de Félix, indigne d'un Romain,
Répandant votre sang par votre propre main.

FÉLIX.
Ainsi l'ont autrefois versé Brute et Manlie;
Mais leur gloire en a crû, loin d'en être affaiblie;
Et quand nos vieux héros avaient de mauvais sang,
Ils eussent, pour le perdre, ouvert leur propre flanc.

ALBIN.
Votre ardeur vous séduit; mais quoi qu'elle vous die,
Quand vous la sentirez une fois refroidie,
Quand vous verrez Pauline, et que son désespoir
Par ses pleurs et ses cris saura vous émouvoir...

FÉLIX.
Tu me fais souvenir qu'elle a suivi ce traître,
Et que ce désespoir qu'elle fera paraître
De mes commandements pourra troubler l'effet :
Va donc y donner ordre, et voir ce qu'elle fait;
Romps ce que ses douleurs y donneraient d'obstacle
Tire-la, si tu peux, de ce triste spectacle;
Tâche à la consoler. Va donc; qui te retient?

ALBIN.
Il n'en est pas besoin, seigneur, elle revient.

SCÈNE V

FÉLIX, PAULINE, ALBIN.

PAULINE.
Père barbare, achève, achève ton ouvrage;
Cette seconde hostie * est digne de ta rage :
Joins ta fille à ton gendre; ose: que tardes-tu?
Tu vois le même crime, ou la même vertu :
Ta barbarie en elle a les mêmes matières.
Mon époux en mourant m'a laissé ses lumières;
Son sang, dont tes bourreaux viennent de me couvrir,
M'a dessillé les yeux, et me les vient d'ouvrir.
Je vois, je sais, je crois, je suis désabusée :
De ce bienheureux sang tu me vois baptisée;
Je suis chrétienne enfin, n'est-ce point assez dit?

Conserve en me perdant ton rang et ton crédit;
Redoute l'empereur, appréhende Sévère:
Si tu ne veux périr, ma perte est nécessaire;
Polyeucte m'appelle à cet heureux trépas;
Je vois Néarque et lui qui me tendent les bras.
Mène, mène-moi voir tes dieux que je déteste;
Ils n'en ont brisé qu'un, je briserai le reste.
On m'y verra braver tout ce que vous craignez,
Ces foudres impuissants qu'en leurs mains vous pei-
Et, saintement rebelle aux lois de la naissance, [gnez,
Une fois envers toi manquer d'obéissance.
Ce n'est point ma douleur que par là je fais voir;
C'est la grâce qui parle, et non le désespoir.
Le faut-il dire encor, Félix? je suis chrétienne;
Affermis par ma mort ta fortune et la mienne;
Le coup à l'un et l'autre en sera précieux,
Puisqu'il t'assure en terre en m'élevant aux cieux.

SCÈNE VI

FÉLIX, SÉVÈRE, PAULINE, ALBIN, FABIAN.

SÉVÈRE.

Père dénaturé, malheureux politique,
Esclave ambitieux d'une peur chimérique;
Polyeucte est donc mort! et par vos cruautés
Vous pensez conserver vos tristes dignités!
La faveur que pour lui je vous avais offerte,
Au lieu de le sauver, précipite sa perte!
J'ai prié, menacé, mais sans vous émouvoir;
Et vous m'avez cru fourbe, ou de peu de pouvoir!
Eh bien! à vos dépens vous verrez que Sévère
Ne se vante jamais que de ce qu'il peut faire;
Et par votre ruine il vous fera juger
Que qui peut bien vous perdre eût pu vous protéger.
Continuez aux dieux ce service fidèle,
Par de telles horreurs montrez-leur votre zèle.
Adieu; mais quand l'orage éclatera sur vous,
Ne doutez point du bras dont partiront les coups.

FÉLIX.

Arrêtez-vous, seigneur, et d'une âme apaisée
Souffrez que je vous livre une vengeance aisée.
Ne me reprochez plus que par mes cruautés
Je tâche à conserver mes tristes dignités;
Je dépose à vos pieds l'éclat de leur faux lustre :
Celle où j'ose aspirer est d'un rang plus illustre;
Je m'y trouve forcé par un secret appas;
Je cède à des transports que je ne connais pas;
Et par un mouvement que je ne puis entendre,
De ma fureur je passe au zèle de mon gendre.
C'est lui, n'en doutez point, dont le sang innocent
Pour son persécuteur prie un Dieu tout-puissant;
Son amour épandu * sur toute la famille
Tire après lui le père aussi bien que la fille.
J'en ai fait un martyr, sa mort me fait chrétien :
J'ai fait tout son bonheur, il veut faire le mien.
C'est ainsi qu'un chrétien se venge et se courrouce :
Heureuse cruauté dont la suite est si douce!
Donne la main, Pauline. Apportez des liens;
Immolez à vos dieux ces deux nouveaux chrétiens.
Je le suis, elle l'est, suivez votre colère.

PAULINE.

Qu'heureusement enfin je retrouve mon père!
Cet heureux changement rend mon bonheur parfait.

FÉLIX.

Ma fille, il n'appartient qu'à la main qui le fait.

SÉVÈRE.

Qui ne serait touché d'un si tendre spectacle!
De pareils changements ne vont point sans miracle :
Sans doute vos chrétiens qu'on persécute en vain
Ont quelque chose en eux qui surpasse l'humain :
Ils mènent une vie avec tant d'innocence,
Que le ciel leur en doit quelque reconnaissance :
Se relever plus forts, plus ils sont abattus,
N'est pas aussi l'effet des communes vertus.
Je les aimai toujours, quoi qu'on m'en ait pu dire;
Je n'en vois point mourir que mon cœur n'en soupire;
Et peut-être qu'un jour je les connaîtrai mieux.
J'approuve cependant que chacun ait ses dieux,
Qu'il les serve à sa mode, et sans peur de la peine.
Si vous êtes chrétien ne craignez plus ma haine;
Je les aime, Félix, et de leur protecteur
Je n'en veux pas sur vous faire un persécuteur.
Gardez votre pouvoir, reprenez-en la marque:
Servez bien votre Dieu, servez votre monarque.
Je perdrai mon crédit envers sa majesté,
Ou vous verrez finir cette sévérité :
Par cette injuste haine il se fait trop d'outrage.

FÉLIX.

Daigne le ciel en vous achever son ouvrage,
Et pour vous rendre un jour ce que vous méritez,
Vous inspirer bientôt toutes ses vérités!
Nous autres, bénissons notre heureuse aventure :
Allons à nos martyrs donner la sépulture,
Baiser leurs corps sacrés, les mettre en digne lieu,
Et faire retentir partout le nom de Dieu.

EXAMEN DE POLYEUCTE

Ce martyre est rapporté par Surius sur le neuvième de janvier. Polyeucte vivait en l'année 250, sous l'empereur Décius. Il était Arménien, ami de Néarque, et gendre de Félix, qui avait la commission de l'empereur pour faire exécuter ses édits contre les chrétiens. Cet ami l'ayant résolu à se faire chrétien, il déchira ces édits qu'on publiait, arracha les idoles des mains de ceux qui les portaient sur les autels pour les adorer, les brisa contre terre, résista aux larmes de sa femme Pauline, que Félix employa auprès de lui pour le ramener à leur culte, et perdit la vie par l'ordre de son beau-père, sans autre baptême que celui de son sang. Voilà ce que m'a prêté l'histoire; le reste est de mon invention.

Pour donner plus de dignité à l'action, j'ai fait Félix gouverneur d'Arménie, et pratiqué un sacrifice publique, afin de rendre l'occasion plus illustre, et donner un prétexte à Sévère de venir en cette province, sans faire éclater son amour avant qu'il en eût l'aveu de Pauline. Ceux qui veulent arrêter nos héros dans une médiocre bonté, où quelques interprètes d'Aristote bornent leur vertu, ne trouveront pas ici leur compte, puisque celle de Polyeucte va jusqu'à la sainteté, et n'a aucun mélange de faiblesse. J'en ai déjà parlé ailleurs ; et pour confirmer ce que j'en ai dit par quelques autorités, j'ajouterai ici que Minturnus, dans son *Traité du Poëte*, agite cette question, *si la Passion de Jésus-Christ et les martyres des saints doivent être exclus du théâtre à cause qu'ils passent cette médiocre bonté*, et résout en ma faveur. Le célèbre Heinsius, qui non-seulement a traduit la *Poétique* de notre philosophe, mais a fait un *Traité de la Constitution de la Tragédie* selon sa pensée, nous en a donné une sur le martyre des Innocents. L'illustre Grotius a mis sur la scène la Passion même de Jésus-Christ et l'histoire de Joseph ; et le savant Buchanan a fait la même chose de celle de Jephté, et de la mort de saint Jean-Baptiste. C'est sur ces exemples que j'ai hasardé ce poëme, où je me suis donné des licences qu'ils n'ont pas prises, de changer l'histoire en quelque chose, et d'y mêler des épisodes d'invention : aussi m'était-il plus permis sur cette matière qu'à eux sur celle qu'ils ont choisie. Nous ne devons qu'une croyance pieuse à la vie des saints, et nous avons le même droit que ceux qui en tirent des poëmes pour le porter sur le théâtre, que sur ce que nous empruntons des autres histoires ; mais nous devons une foi chrétienne et indispensable à tout ce qui est dans la *Bible*, qui ne nous laisse aucune liberté d'y rien changer. J'estime toutefois qu'il ne nous est pas défendu d'y ajouter quelque chose, pourvu qu'il ne détruise rien de ces vérités dictées par le Saint-Esprit. Buchanan ni Grotius ne l'ont pas fait dans leurs poëmes, mais aussi ne les ont-ils pas rendus assez fournis pour notre théâtre, et ne s'y sont proposé pour exemple que la constitution la plus simple des anciens. Heinsius a plus osé qu'eux dans celui que j'ai nommé : les anges qui bercent l'enfant Jésus, et l'ombre de Mariamne avec les furies qui agitent l'esprit d'Hérode, sont des agréments qu'il n'a pas trouvés dans l'Évangile. Je crois même qu'on en peut supprimer quelque chose, quand il y a apparence qu'il ne plairait pas sur le théâtre, pourvu qu'on ne mette rien en la place ; car alors ce serait changer l'histoire, ce que le respect que nous devons à l'Écriture ne permet point. Si j'avais à exposer celle de David et de Bethsabée, je ne décrirais pas comme il en devint amoureux en la voyant se baigner dans une fontaine, que peur que l'image de cette nudité ne fit une impression trop chatouilleuse dans l'esprit de l'auditeur ; mais je me contenterais de le peindre avec de l'amour pour elle, sans parler aucunement de quelle manière cet amour se serait emparé de son cœur.

Je reviens à *Polyeucte*, dont le succès a été très-heureux. Le style n'en est pas si fort ni si majestueux que celui de *Cinna* et de *Pompée*, mais il a quelque chose de plus touchant, et les tendresses de l'amour humain y font un si agréable mélange avec la fermeté du divin, que sa représentation a satisfait tout ensemble les dévots et les gens du monde. A mon gré, je n'ai point fait de pièce où l'ordre du théâtre soit plus beau et l'enchaînement des scènes mieux ménagé. L'unité d'action, et celle de jour et de lieu, y ont leur justesse ; et les scrupules qui peuvent naître touchant ces deux dernières se dissiperont aisément, pour peu qu'on me veuille prêter de cette faveur que l'auditeur nous doit toujours, quand l'occasion s'en offre, en reconnaissance de la peine que nous avons prise à le divertir.

Il est hors de doute que, si nous appliquons ce poëme à nos coutumes, le sacrifice se fait trop tôt après la venue de Sévère ; et cette précipitation sortira de la vraisemblable par la nécessité d'obéir à la règle. Quand le roi envoie ses ordres dans les villes pour y faire rendre des actions de grâces pour ses victoires, ou pour d'autres bénédictions qu'il reçoit du ciel, on ne les exécute pas dès le jour même ; mais aussi il faut du temps pour assembler le clergé, les magistrats et les corps de ville, et c'est ce qui en fait différer l'exécution. Nos acteurs n'avaient ici aucune de ces assemblées à faire.

Il suffisait de la présence de Sévère et de Félix, et du ministère du grand prêtre ; ainsi nous n'avons eu aucun besoin de remettre ce sacrifice à un autre jour. D'ailleurs comme Félix craignait ce favori, qu'il croyait irrité du mariage de sa fille, il était bien aise de lui donner le moins d'occasion de tarder qu'il lui était possible, et de tâcher, durant son peu de séjour, à gagner son esprit par une prompte complaisance, et montrer tout ensemble une impatience d'obéir aux volontés de l'empereur.

L'autre scrupule regarde l'unité de lieu, qui est assez exacte, puisque tout s'y passe dans une salle ou antichambre commune aux appartements de Félix et de sa fille. Il semble que la bienséance y soit un peu forcée pour conserver cette unité au second acte, en ce que Pauline vient jusque dans cette antichambre pour trouver Sévère, dont elle devrait attendre la visite dans son cabinet. A quoi je réponds qu'elle a eu deux raisons de venir au-devant de lui : l'une, pour faire plus d'honneur à un homme dont son père redoutait l'indignation, et qu'il lui avait commandé d'adoucir en sa faveur ; l'autre, pour rompre plus aisément la conversation avec lui, en se retirant dans ce cabinet, s'il ne voulait pas la quitter à sa prière, et se délivrer, par cette retraite, d'un entretien dangereux pour elle ; ce qu'elle n'eût pu faire, si elle eût reçu sa visite dans son appartement.

Sa confidence avec Stratonice, touchant l'amour qu'elle avait eu pour ce cavalier, me fait faire une réflexion sur le temps qu'elle prend pour cela. Il s'en fait beaucoup sur nos théâtres d'affections qui ont déjà duré deux ou trois ans, dont on attend le secret justement au jour de l'action qui se représente, et non-seulement sans aucune raison de choisir ce jour-là plutôt qu'un autre pour le déclarer, mais lors même que vraisemblablement on s'en fait confidence. Ce sont choses dont il faut instruire le spectateur en les faisant apprendre par un des acteurs à l'autre ; mais il faut prendre garde avec soin que celui à qui on l'apprend ait eu lieu de les ignorer jusque-là aussi bien que le spectateur, et que quelque occasion tirée du sujet oblige celui qui les récite à rompre enfin un silence qu'il a gardé si longtemps. L'Infante, dans le *Cid*, avoue à Léonor l'amour secret qu'elle a pour lui, et l'aurait pu faire dès six mois plus tôt. Cléopâtre, dans *Pompée*, ne prend pas des mesures plus justes avec Charmion ; elle lui conte la passion de César pour elle, et comme

Chaque jour ses courriers
Lui portent en tribut ses vœux et ses lauriers.

Cependant, comme il ne paraît personne avec qui elle ait plus d'ouverture de cœur qu'avec cette Charmion, il y a grande apparence que c'était elle-même dont cette reine se servait pour introduire ces courriers, et qu'ainsi elle devait savoir déjà tout ce commerce entre César et sa maîtresse. Du moins il fallait marquer quelque raison qui lui eût laissé ignorer jusque-là tout ce qu'elle lui apprend, et de quel autre ministère cette princesse s'était servie pour recevoir ces courriers. Il n'en va pas de même ici. Pauline ne s'ouvre avec Stratonice que pour lui faire entendre le songe qui la trouble, et les sujets qu'elle a de s'en alarmer ; et comme elle n'a fait ce songe que la nuit d'auparavant, et qu'elle ne lui eût jamais révélé son secret sans cette occasion qui l'y oblige, on peut dire qu'elle n'a point eu lieu de lui faire cette confidence plus tôt qu'elle ne l'a faite.

Je n'ai point fait de narration de la mort de Polyeucte, parce que je n'avais personne pour la faire ni pour l'écouter, que des païens qui ne la pouvaient ni écouter, ni faire que comme ils avaient fait et écouté celle de Néarque, ce qui aurait été une répétition et marque de stérilité, et, en outre, n'aurait pas répondu à la dignité de l'action principale, qui est terminée par là. Ainsi j'ai mieux aimé la faire connaître par un saint emportement de Pauline, que cette mort a convertie, que par un récit qui n'eût point eu de grâce dans une bouche indigne de le prononcer. Félix son père se convertit après elle ; et ces deux conversions, quoique miraculeuses, sont si ordinaires dans les martyres, qu'elles ne sortent point de la vraisemblance, parce qu'elles ne sont pas de ces événements rares et singuliers qu'on ne peut tirer en exemple ; et elles servent à remettre le calme dans les esprits de Félix, de Sévère et de Pauline, que sans cela j'aurais eu bien de la peine à retirer du théâtre dans un état qui rendît la pièce complète, en ne laissant rien à souhaiter à la curiosité de l'auditeur.

FIN DE POLYEUCTE

LA MORT DE POMPÉE

TRAGÉDIE — 1641

A MONSEIGNEUR L'ÉMINENTISSIME CARDINAL MAZARIN

Monseigneur,

Je présente le grand Pompée à Votre Éminence, c'est-à-dire le plus grand personnage de l'ancienne Rome au plus illustre de la nouvelle ; je mets sous la protection du premier ministre de notre jeune roi un héros qui, dans sa bonne fortune, fut le protecteur de beaucoup de rois, et qui, dans sa mauvaise, eut encore des rois pour ses ministres. Il espère de la générosité de Votre Éminence qu'elle ne dédaignera pas de lui conserver cette seconde vie que j'ai tâché de lui redonner, et que, lui rendant cette justice qu'elle fait rendre par tout le royaume, elle le vengera pleinement de la mauvaise politique de la cour d'Égypte. Il l'espère, et avec raison, puisque dans le peu de séjour qu'il a fait en France, il a déjà su de la voix publique que les maximes dont vous vous servez pour la conduite de cet État, ne sont point fondées sur d'autres principes que ceux de la vertu. Il a su d'elle les obligations que vous a la France de l'avoir choisie pour votre seconde mère, qui vous est d'autant plus redevable, que les grands services que vous lui rendez sont de purs effets de votre inclination et de votre zèle, et non pas des devoirs de votre naissance. Il a su d'elle que Rome s'est acquittée envers notre jeune monarque de ce qu'elle devait à ses prédécesseurs, par le présent qu'elle lui a fait de votre personne. Il a su d'elle enfin que la solidité de votre prudence et la netteté de vos lumières enfantent des conseils si avantageux pour le gouvernement, qu'il semble que ce soit vous à qui, par un esprit de prophétie, notre Virgile ait adressé ce vers il y a plus de seize siècles :

Tu regere imperio populos, Romane, memento.

Voilà, Monseigneur, ce que ce grand homme a appris en apprenant à parler français :

Pauca, sed a pleno venientia pectore veri.

Et comme la gloire de Votre Éminence est assez assurée sur la fidélité de cette voix publique, je n'y mêlerai point la faiblesse de mes pensées, ni la rudesse de mes expressions, qui pourraient diminuer quelque chose de son éclat ; et je n'ajouterai rien aux célèbres témoignages qu'elle vous rend, qu'une profonde vénération pour les hautes qualités qui vous les ont acquis, avec une protestation très-sincère et très-inviolable d'être toute ma vie,

Monseigneur,

De Votre Éminence,

Le très-humble, très-obéissant, et très-fidèle serviteur,

CORNEILLE.

AU LECTEUR

Si je voulais faire ici ce que j'ai fait en mes derniers ouvrages, et te donner le texte ou l'abrégé des auteurs dont cette histoire est tirée, afin que tu pusses remarquer en quoi je m'en serais écarté pour l'accommoder au théâtre, je ferais un avant-propos dix plus long que mon poëme, et j'aurais à rapporter des livres entiers de presque tous ceux qui ont écrit l'histoire romaine. Je me contenterai de t'avertir que celui dont je me suis le plus servi a été le poëte Lucain, dont la lecture m'a rendu si amoureux de la force de ses pensées et de la majesté de son raisonnement, qu'afin d'en enrichir notre langue, j'ai fait cet effort pour réduire en poëme dramatique ce qu'il a traité en épique. Tu trouveras ici cent ou deux cents vers traduits ou imités de lui, que tu reconnaîtras aux mêmes marques que tu as déjà reconnu ceux que j'ai emprunté de D. Guillem de Castro dans *le Cid*. J'ai tâché de suivre ce grand homme dans le reste, et de prendre son caractère quand son exemple m'a manqué : si je suis demeuré bien loin derrière, tu en jugeras. Cependant j'ai cru ne te déplaire pas de te donner ici trois passages qui ne viennent pas mal à mon sujet. Le premier est un épitaphe * de Pompée, prononcé par Caton dans Lucain. Les deux autres sont deux peintures de Pompée et de César, tirées de Velleius Paterculus. Je les laisse en latin, de peur que ma traduction n'ôte trop de leur grâce et de leur force. Les dames se les feront expliquer.

EPITAPHIUM POMPEII MAGNI
(Cato, apud Lucanum, lib. IX.)

Civis obit, inquit, multum majoribus impar

Nosse modum juris, sed in hoc tamen utilis ævo,
Cui non ulla fuit justi reverentia : salva
Libertate potens, et solus plebe parata
Privatus servire sibi, rectorque senatus,
Sed regnantis, erat. Nil belli jure poposcit :
Quæque dari voluit, voluit sibi posse negari.
Immodicas possedit opes, sed plura retentis
Intulit : invasit ferrum ; sed ponere norat.
Prætulit arma togæ, sed pacem armatus amavit.
Juvit sumpta ducem, juvit dimissa potestas.
Casta domus, luxuque carens, corruptaque nunquam
Fortuna domini. Clarum et venerabile nomen
Gentibus, et multum nostræ quod proderat urbi.
Olim vera fides, Sylla Marioque receptis,
Libertatis obit : Pompeio rebus adempto
Nunc et ficta perit. Non jam regnare pudebit :
Nec color imperii, nec frons erit ulla senatus.
O felix, cui summa dies fuit obvia victo,
Et cui quærendis Pharium scelus obtulit enses !
Forsitan in soceri potuisset vivere regno.
Scire mori, sors prima viris, sed proxima cogi.
Et mihi, si fatis aliena in jura veniuus,
Da talem, Fortuna, Jubam : non deprecor hosti
Servari, dum me servet cervice recisa.

ICON POMPEII MAGNI
(Velleius Paterculus, lib. II, cap. xxix.)

Fuit hic genitus matre Lucilia, stirpis senatoriæ, forma excellens, non ea qua flos commendatur ætatis, sed dignitate et constantia : quæ in illam conveniens amplitudinem, fortunam quoque ejus ad ultimum vitæ comitata est diem : innocentia eximius, sanctitate præcipuus ; eloquentia medius ; potentiæ quæ honoris causa ad eum deferretur, non ut ab eo occuparetur, cupidissimus : dux bello peritissimus : civis in toga (nisi ubi vereretur ne quem haberet parem) modestissimus, amicitiarum tenax, in offensis exorabilis, in reconcilianda gratia fidelissimus, in accipienda satisfactione facillimus, potentia sua nunquam aut raro ad impotentiam usus, pene omnium votorum expers, nisi numeraretur inter maxima, in civitate libera dominaque gentium, indignari, cum omnes cives jure haberet pares, quemquam æqualem dignitate conspicere.

ICON C. J. CÆSARIS

(Velleius Paterculus, lib. II, cap. XLI.)

Hic nobilissima Juliorum genitus familia, et, quod inter omnes antiquissimos constabat, ab Anchise ac Venere deducens genus, forma omnium civium excellentissimus, vigore animi acerrimus, munificentia effusissimus, animo super humanam et naturam et fidem evectus, magnitudine cogitationum, celeritate bellandi, patientia periculorum, Magno illi Alexandro, sed sobrio, neque iracundo, simillimus : qui denique semper et somno et cibo in vitam, non in voluptatem uteretur.

PERSONNAGES.

JULES-CÉSAR.
MARC-ANTOINE.
LÉPIDE.
CORNÉLIE, femme de Pompée.
PTOLOMÉE, roi d'Égypte.
CLÉOPATRE, sœur de Ptolomée.
PHOTIN, chef du conseil d'Égypte.

PERSONNAGES.

ACHILLAS, lieutenant général des armées du roi d'Égypte.
SEPTIME, tribun romain, à la solde du roi d'Égypte.
CHARMION, dame d'honneur de Cléopâtre.
ACHORÉE, écuyer de Cléopâtre.
PHILIPPE, affranchi de Pompée.
TROUPE DE ROMAINS.
TROUPE D'ÉGYPTIENS.

La scène est à Alexandrie, dans le palais de Ptolomée.

ACTE PREMIER

SCÈNE I

PTOLOMÉE, PHOTIN, ACHILLAS, SEPTIME.

PTOLOMÉE.

Le destin se déclare, et nous venons d'entendre
Ce qu'il a résolu du beau-père et du gendre.
Quand les dieux étonnés semblaient se partager,
Pharsale a décidé ce qu'ils n'osaient juger.
Ses fleuves teints de sang, et rendus plus rapides
Par le débordement de tant de parricides,
Cet horrible débris d'aigles, d'armes, de chars,
Sur ses champs empestés confusément épars,
Ces montagnes de morts privés d'honneurs suprêmes,
Que la nature force à se venger eux-mêmes,
Et dont les troncs pourris exhalent dans les vents
De quoi faire la guerre au reste des vivants,
Sont les titres affreux dont le droit de l'épée,
Justifiant César, a condamné Pompée.
Ce déplorable chef du parti le meilleur,
Que sa fortune lasse abandonne au malheur,
Devient un grand exemple, et laisse à la mémoire
Des changements du sort une éclatante histoire.
Il fuit, lui qui, toujours triomphant et vainqueur,
Vit ses prospérités égaler son grand cœur ;
Il fuit, et dans nos ports, dans nos murs, dans nos villes,
Et, contre son beau-père ayant besoin d'asiles, [les,
Sa déroute orgueilleuse en cherche aux mêmes lieux
Où contre les Titans en trouvèrent les dieux :

Il croit que ce climat, en dépit de la guerre,
Ayant sauvé le ciel, sauvera bien la terre,
Et dans son désespoir à la fin se mêlant,
Pourra prêter l'épaule au monde chancelant.
Oui, Pompée avec lui porte le sort du monde,
Et veut que notre Égypte, en miracles féconde,
Serve à sa liberté de sépulcre ou d'appui,
Et relève sa chute, ou trébuche sous lui.
C'est de quoi, mes amis, nous avons à résoudre,
Il apporte en ces lieux les palmes ou la foudre :
S'il couronna le père, il hasarde le fils ;
Et, nous l'ayant donnée, il expose Memphis.
Il faut le recevoir, ou hâter son supplice,
Le suivre, ou le pousser dedans le précipice.
L'un me semble peu sûr, l'autre peu généreux ;
Et je crains d'être injuste, ou d'être malheureux.
Quoi que je fasse enfin, la fortune ennemie
M'offre bien des périls, ou beaucoup d'infamie :
C'est à moi de choisir, c'est à vous d'aviser
A quel choix vos conseils me doivent disposer.
Il s'agit de Pompée, et nous aurons la gloire
D'achever de César ou troubler la victoire ;
Et je puis dire enfin que jamais potentat
N'eut à délibérer d'un si grand coup d'État

PHOTIN.

Seigneur, quand par le fer les choses sont vidées,
La justice et le droit sont de vaines idées ;
Et qui veut être juste en de telles saisons
Balance le pouvoir, et non pas les raisons.
Voyez donc votre force ; et regardez Pompée,
Sa fortune abattue, et sa valeur trompée.
César n'est pas le seul qu'il fuie en cet état :
Il fuit et le reproche et les yeux du sénat,
Dont plus de la moitié piteusement étale

Une indigne curée aux vautours de Pharsale;
Il fuit Rome perdue, il fuit tous les Romains,
A qui par sa défaite il met les fers aux mains;
Il fuit le désespoir des peuples et des princes
Qui vengeraient sur lui le sang de leurs provinces,
Leurs États et d'argent et d'hommes épuisés,
Leurs trônes mis en cendre, et leurs sceptres brisés.
Auteur des maux de tous, il est à tous en butte,
Et fuit le monde entier écrasé sous sa chute.
Le défendrez-vous seul contre tant d'ennemis?
L'espoir de son salut en lui seul était mis,
Lui seul pouvait pour soi : cédez alors qu'il tombe.
Soutiendrez-vous un faix sous qui Rome succombe,
Sous qui tout l'univers se trouve foudroyé,
Sous qui le grand Pompée a lui-même ployé?
Quand on veut soutenir ceux que le sort accable,
A force d'être juste on est souvent coupable :
Et la fidélité qu'on garde imprudemment,
Après un peu d'éclat, traîne un long châtiment,
Trouve un noble revers, dont les coups invincibles,
Pour être glorieux, ne sont pas moins sensibles.
    Seigneur, n'attirez point le tonnerre en ces lieux;
Rangez-vous du parti des destins et des dieux;
Et sans les accuser d'injustice ou d'outrage,
Puisqu'ils font les heureux, adorez leur ouvrage;
Quels que soient leurs décrets, déclarez-vous pour eux,
Et, pour leur obéir, perdez le malheureux.
Pressé de toutes parts des colères célestes,
Il en vient dessus vous faire fondre les restes;
Et sa tête, qu'à peine il a pu dérober,
Toute prête de choir*, cherche avec qui tomber.
Sa retraite chez vous en effet n'est qu'un crime;
Elle marque sa haine, et non pas son estime;
Il ne vient que vous perdre en venant prendre port,
Et vous pouvez douter s'il est digne de mort!
Il devait mieux remplir nos vœux et notre attente,
Faire voir sur ses nefs la victoire flottante;
Il n'eût ici trouvé que joie et que festins :
Mais, puisqu'il est vaincu, qu'il s'en prenne aux destins.
J'en veux à sa disgrâce, et non à sa personne :
J'exécute à regret ce que le ciel ordonne;
Et du même poignard pour César destiné
Je perce en soupirant son cœur infortuné.
Vous ne pouvez enfin qu'aux dépens de sa tête
Mettre à l'abri la vôtre, et parer la tempête.
Laissez nommer sa mort un injuste attentat :
La justice n'est pas une vertu d'État.
Le choix des actions ou mauvaises ou bonnes
Ne fait qu'anéantir la force des couronnes :
Le droit des rois consiste à ne rien épargner;
La timide équité détruit l'art de régner.
Quand on craint d'être injuste, on a toujours à craindre
Et qui veut tout pouvoir doit oser tout enfreindre,
Fuir comme un déshonneur la vertu qui le perd,
Et voler sans scrupule au crime qui le sert.
C'est là mon sentiment. Achillas et Septime
S'attacheront peut-être à quelque autre maxime.
Chacun a son avis; mais quel que soit le leur,
Qui punit le vaincu ne craint point le vainqueur.

ACHILLAS.

Seigneur, Photin dit vrai; mais quoique de Pompée
Je voie et la fortune et la valeur trompée,
Je regarde son sang comme un sang précieux,
Qu'au milieu de Pharsale ont respecté les dieux.
Non qu'en un coup d'État je n'approuve le crime;
Mais, s'il n'est nécessaire, il n'est point légitime :
Et quel besoin ici d'une extrême rigueur?
Qui n'est point au vaincu ne craint point le vainqueur.
Neutre jusqu'à présent, vous pouvez l'être encore;
Vous pouvez adorer César, si l'on l'adore :
Mais, quoique vos encens le traitent d'immortel,
Cette grande victime est trop pour son autel;
Et sa tête immolée au dieu de la victoire
Imprime à votre nom une tache trop noire :
Ne pas secourir suffit sans l'opprimer.
En usant de la sorte, on ne vous peut blâmer.
Vous lui devez beaucoup; par lui Rome animée
A fait rendre le sceptre au feu roi Ptolomée :
Mais la reconnaissance et l'hospitalité
Sur les âmes des rois n'ont qu'un droit limité.
Quoi que doive un monarque, et dût-il sa couronne,
Il doit à ses sujets encor plus qu'à personne,
Et cesse de devoir quand la dette est d'un rang
A ne point l'acquitter qu'aux dépens de leur sang
S'il est juste d'ailleurs que tout se considère,
Que hasardait Pompée en servant votre père?
Il se voulut par là faire voir tout-puissant,
Et vit croître sa gloire en le rétablissant.
Il le servit enfin, mais ce fut de la langue;
La bourse de César fit plus que sa harangue.
Sans ses mille talents, Pompée et ses discours
Pour rentrer en Égypte étaient un froid secours.
Qu'il ne vante donc plus ses mérites frivoles,
Les effets de César valent bien ses paroles :
Et si c'est un bienfait qu'il faut rendre aujourd'hui,
Comme il parla pour vous, vous parlerez pour lui.
Ainsi vous le pouvez et devez reconnaître.
Le recevoir chez vous, c'est recevoir un maître,
Qui, tout vaincu qu'il est, bravant le nom de roi,
Dans vos propres États vous donnerait la loi.
    Fermez-lui donc vos ports, mais épargnez sa tête.
S'il le faut toutefois, ma main est toute prête;
J'obéis avec joie, et je serais jaloux
Qu'autre bras que le mien portât les premiers coups.

SEPTIME.

Seigneur, je suis Romain, je connais l'un et l'autre.
Pompée a besoin d'aide, il vient chercher la vôtre :
Vous pouvez, comme maître absolu de son sort,
Le servir, le chasser, le livrer vif ou mort.
Des quatre le premier vous serait trop funeste;
Souffrez donc qu'en deux mots j'examine le reste.
Le chasser, c'est vous faire un puissant ennemi,
Sans obliger par là le vainqueur qu'à demi,
Puisque c'est lui laisser et sur mer et sur terre
La suite d'une longue et difficile guerre,
Dont peut-être tous deux également lassés
Se vengeraient sur vous de tous les maux passés.
Le livrer à César n'est que la même chose :

Il lui pardonnera, s'il faut qu'il en dispose,
Et s'armant à regret de générosité,
D'une fausse clémence il fera vanité;
Heureux de l'asservir en lui donnant la vie,
Et de plaire par là même à Rome asservie!
Cependant que, forcé d'épargner son rival,
Aussi bien que Pompée il vous voudra du mal.
  Il faut le délivrer du péril et du crime,
Assurer sa puissance, et sauver son estime,
Et du parti contraire en ce grand chef détruit,
Prendre sur vous la honte, et lui laisser le fruit;
C'est là mon sentiment, ce doit être le vôtre :
Par là vous gagnez l'un, et ne craignez plus l'autre.
Mais suivant d'Achillas le conseil hasardeux,
Vous n'en gagnez aucun, et les perdez tous deux.

PTOLOMÉE.

N'examinons donc plus la justice des causes,
Et cédons au torrent qui roule toutes choses.
Je passe au plus de voix, et de mon sentiment
Je veux bien avoir part à ce grand changement.
  Assez et trop longtemps l'arrogance de Rome
A cru qu'être Romain c'était être plus qu'homme.
Abattons sa superbe avec sa liberté;
Dans le sang de Pompée éteignons sa fierté;
Tranchons l'unique espoir où tant d'orgueil se fonde,
Et donnons un tyran à ces tyrans du monde.
Secondons le destin qui les veut mettre aux fers,
Et prêtons-lui la main pour venger l'univers.
Rome, tu serviras; et ces rois que tu braves,
Et que ton insolence ose traiter d'esclaves,
Adoreront César avec moins de douleur,
Puisqu'il sera ton maître aussi bien que le leur.
  Allez donc, Achillas, allez avec Septime
Nous immortaliser par cet illustre crime.
Qu'il plaise au ciel ou non, laissez-m'en le souci.
Je crois qu'il veut sa mort, puisqu'il l'amène ici.

ACHILLAS.

Seigneur, je crois tout juste alors qu'un roi l'ordonne.

PTOLOMÉE.

Allez, et hâtez-vous d'assurer ma couronne;
Et vous ressouvenez que je mets en vos mains
Le destin de l'Égypte et celui des Romains.

SCÈNE II

PTOLOMÉE, PHOTIN.

PTOLOMÉE.

Photin, ou je trompe, ou ma sœur est déçue.
De l'abord de Pompée elle espère autre issue.
Sachant que de mon père il a le testament,
Elle ne doute point de son couronnement;
Elle se croit déjà souveraine maîtresse
D'un sceptre partagé que sa bonté lui laisse,
Et, se promettant tout de leur vieille amitié,
De mon trône en son âme elle prend la moitié,
Où de son vain orgueil les cendres rallumées
Poussent déjà dans l'air de nouvelles fumées.

PHOTIN.

Seigneur, c'est un motif que je ne disais pas,
Qui devait de Pompée avancer le trépas.
Sans doute il jugerait de la sœur et du frère
Suivant le testament du feu roi votre père,
Son hôte et son ami, qui l'en daigna saisir :
Jugez après cela de votre déplaisir.
Ce n'est pas que je veuille, en vous parlant contre elle,
Rompre les sacrés nœuds d'une amour fraternelle;
Du trône et non du cœur je la veux éloigner,
Car c'est ne régner pas qu'être deux à régner :
Un roi qui s'y résout est mauvais politique;
Il détruit son pouvoir quand il le communique;
Et les raisons d'État... Mais, seigneur, la voici.

SCÈNE III

PTOLOMÉE, CLÉOPATRE, PHOTIN.

CLÉOPATRE.

Seigneur, Pompée arrive, et vous êtes ici!

PTOLOMÉE.

J'attends dans mon palais ce guerrier magnanime,
Et lui viens d'envoyer Achillas et Septime.

CLÉOPATRE.

Quoi! Septime à Pompée, à Pompée Achillas!

PTOLOMÉE.

Si ce n'est assez d'eux, allez, suivez leurs pas.

CLÉOPATRE.

Donc pour le recevoir c'est trop que de vous-même?

PTOLOMÉE.

Ma sœur, je dois garder l'honneur du diadème.

CLÉOPATRE.

Si vous en portez un, ne vous en souvenez
Que pour baiser la main de qui vous le tenez,
Que pour en faire hommage aux pieds d'un si grand
PTOLOMÉE.   [homme.
Au sortir de Pharsale est-ce ainsi qu'on le nomme?

CLÉOPATRE.

Fût-il dans son malheur de tous abandonné,
Il est toujours Pompée, et vous a couronné.

PTOLOMÉE.

Il n'en est plus que l'ombre, et couronna mon père,
Dont l'ombre et non pas moi lui doit ce qu'il espère;
Il peut aller, s'il veut, dessus son monument
Recevoir ses devoirs et son remercîment.

CLÉOPATRE.

Après un tel bienfait, c'est ainsi qu'on le traite!

PTOLOMÉE.

Je m'en souviens, ma sœur, et je vois sa défaite.

CLÉOPATRE.

Vous la voyez de vrai, mais d'un œil de mépris.

PTOLOMÉE.

Le temps de chaque chose ordonne et fait le prix.
Vous qui l'estimez tant, allez lui rendre hommage;
Mais songez qu'au port même il peut faire naufrage.

CLÉOPATRE.

Il peut faire naufrage, et même dans le port!
Quoi! vous auriez osé lui préparer la mort!

PTOLOMÉE.
J'ai fait ce que les dieux m'ont inspiré de faire,
Et que pour mon État j'ai jugé nécessaire.
CLÉOPATRE.
Je ne le vois que trop, Photin et ses pareils
Vous ont empoisonné de leurs lâches conseils :
Ces âmes que le ciel ne forma que de boue...
PHOTIN.
Ce sont de nos conseils, oui, madame, et j'avoue...
CLÉOPATRE.
Photin, je parle au roi; vous répondrez pour tous
Quand je m'abaisserai jusqu'à parler à vous.
PTOLOMÉE, à Photin.
Il faut un peu souffrir de cette humeur hautaine.
Je sais votre innocence, et je connais sa haine;
Après tout, c'est ma sœur, oyez* sans repartir.
CLÉOPATRE.
Ah! s'il est encor temps de vous en repentir,
Affranchissez-vous d'eux et de leur tyrannie,
Rappelez la vertu par leurs conseils bannie,
Cette haute vertu dont le ciel et le sang
Enflent toujours les cœurs de ceux de notre rang.
PTOLOMÉE.
Quoi! d'un frivole espoir déjà préoccupée,
Vous me parlez en reine en parlant de Pompée;
Et d'un faux zèle ainsi votre orgueil revêtu
Fait agir l'intérêt sous le nom de vertu!
Confessez-le, ma sœur, vous sauriez vous en taire,
N'était le testament du feu roi notre père;
Vous savez qu'il le garde.
CLÉOPATRE.
Et vous saurez aussi
Que la seule vertu me fait parler ainsi,
Et que, si l'intérêt m'avait préoccupée,
J'agirais pour César et non pas pour Pompée.
Apprenez un secret que je voulais cacher,
Et cessez désormais de me rien reprocher.
Qand ce peuple insolent qu'enferme Alexandrie
Fit quitter au feu roi son trône et sa patrie,
Et que jusque dans Rome il alla du sénat
Implorer la pitié contre un tel attentat,
Il nous mena tous deux pour toucher son courage*,
Vous, assez jeune encor, moi déjà dans un âge
Où ce peu de beauté que m'ont donné les cieux
D'un assez vif éclat faisait briller mes yeux.
César en fut épris, et du moins j'eus la gloire
De le voir hautement donner lieu de le croire:
Mais voyant contre lui le sénat irrité,
Il fit agir Pompée et son autorité.
Ce dernier nous servit à sa seule prière,
Qui de leur amitié fut la preuve dernière :
Vous en savez l'effet, et vous en jouissez.
Mais pour un tel amant ce ne fut pas assez :
Après avoir pour nous employé ce grand homme,
Qui nous gagna soudain toutes les voix de Rome,
Son amour en voulut seconder les efforts,
Et nous ouvrant son cœur, nous ouvrit ses trésors :
Nous eûmes de ses feux, encore en leur naissance,
Et les nerfs de la guerre, et ceux de la puissance ;

Et les mille talents qui lui sont encor dus
Remirent en nos mains tous nos États perdus.
Le roi, qui s'en souvint à son heure fatale,
Me laissa comme à vous la dignité royale,
Et, par son testament, il vous fit cette loi
Pour me rendre une part de ce qu'il tint de moi.
C'est ainsi qu'ignorant d'où vint ce bon office,
Vous appelez faveur ce qui n'est que justice,
Et l'osez accuser d'une aveugle amitié,
Quand du tout qu'il me doit il me rend la moitié.
PTOLOMÉE.
Certes, ma sœur, le conte est fait avec adresse.
CLÉOPATRE.
César viendra bientôt, et j'en ai lettre expresse;
Et peut-être aujourd'hui vos yeux seront témoins
De ce que votre esprit s'imagine le moins.
Ce n'est pas sans sujet que je parlais en reine.
Je n'ai reçu de vous que mépris et que haine;
Et, de ma part du sceptre indigne ravisseur,
Vous m'avez plus traitée en esclave qu'en sœur;
Même, pour éviter des effets plus sinistres,
Il m'a fallu flatter vos insolents ministres,
Dont j'ai craint jusqu'ici le fer ou le poison.
Mais Pompée ou César m'en va faire raison,
Et quoi qu'avec Photin Achillas en ordonne,
Ou l'une ou l'autre main me rendra ma couronne.
Cependant mon orgueil vous laisse à démêler
Quel était l'intérêt qui me faisait parler.

SCÈNE IV

PTOLOMÉE, PHOTIN.

PTOLOMÉE.
Que dites-vous, ami, de cette âme orgueilleuse?
PHOTIN.
Seigneur, cette surprise est pour moi merveilleuse;
Je n'en sais que penser, et mon cœur étonné
D'un secret que jamais il n'aurait soupçonné,
Inconstant et confus dans son incertitude,
Ne se résout à rien qu'avec inquiétude.
PTOLOMÉE.
Sauverons-nous Pompée?
PHOTIN.
Il faudrait faire effort,
Si nous l'avions sauvé, pour conclure sa mort.
Cléopâtre vous hait; elle est fière, elle est belle;
Et si l'heureux César a de l'amour pour elle,
La tête de Pompée est l'unique présent
Qui vous fasse contre elle un rempart suffisant.
PTOLOMÉE.
Ce dangereux esprit a beaucoup d'artifice.
PHOTIN.
Son artifice est peu contre un si grand service.
PTOLOMÉE.
Mais si, tout grand qu'il est, il cède à ses appas?
PHOTIN.
Il la faudra flatter : mais ne m'en croyez pas,

Et pour mieux empêcher qu'elle ne vous opprime,
Consultez-en encore Achillas et Septime.
PTOLOMÉE.
Allons donc les voir faire, et montons à la tour;
Et nous en résoudrons ensemble à leur retour.

ACTE DEUXIÈME

SCÈNE I

CLÉOPATRE, CHARMION.

CLÉOPATRE.
Je l'aime, mais l'éclat d'une si belle flamme,
Quelque brillant qu'il soit, n'éblouit point mon âme,
Et toujours ma vertu retrace dans mon cœur
Ce qu'il doit au vaincu, brûlant pour le vainqueur.
Aussi qui l'ose aimer porte une âme trop haute
Pour souffrir seulement le soupçon d'une faute;
Et je le traiterais avec indignité
Si j'aspirais à lui par une lâcheté.
CHARMION.
Quoi! vous aimez César, et si vous étiez crue,
L'Égypte pour Pompée armerait à sa vue,
En prendrait la défense, et, par un prompt secours,
Du destin de Pharsale arrêterait le cours?
L'amour certes sur vous a bien peu de puissance.
CLÉOPATRE.
Les princes ont cela de leur haute naissance;
Leur âme dans leur sang prend des impressions
Qui dessous leur vertu rangent leurs passions;
Leur générosité soumet tout à leur gloire :
Tout est illustre en eux quand ils daignent se croire;
Et si le peuple y voit quelques déréglements,
C'est quand l'avis d'autrui corrompt leurs sentiments.
Ce malheur de Pompée achève la ruine.
Le roi l'eût secouru, mais Photin l'assassine :
Il croit cette âme basse, et se montre sans foi;
Mais, s'il croyait la sienne, il agirait en roi.
CHARMION.
Ainsi donc de César l'amante et l'ennemie...
CLÉOPATRE.
Je lui garde une flamme exempte d'infamie,
Un cœur digne de lui.
CHARMION.
    Vous possédez le sien?
CLÉOPATRE.
Je crois le posséder.
CHARMION.
    Mais le savez-vous bien?
CLÉOPATRE.
Apprends qu'une princesse aimant sa renommée,
Quand elle dit qu'elle aime, est sûre d'être aimée,
Et que les plus beaux feux dont son cœur soit épris
N'oseraient l'exposer aux hontes d'un mépris.

Notre séjour à Rome enflamma son courage* :
Là j'eus de son amour le premier témoignage,
Et depuis jusqu'ici chaque jour ses courriers
M'apportent en tribut ses vœux et ses lauriers.
Partout, en Italie, aux Gaules, en Espagne,
La fortune le suit, et l'amour l'accompagne.
Son bras ne dompte point de peuples ni de lieux
Dont il ne rende hommage au pouvoir de mes yeux,
Et de la même main dont il quitte l'épée
Fumante encor du sang des amis de Pompée,
Il trace des soupirs, et d'un style plaintif
Dans son champ de victoire il se dit mon captif.
Oui, tout victorieux il m'écrit de Pharsale;
Et si sa diligence à ses feux est égale,
Ou plutôt si la mer ne s'oppose à ses feux,
L'Égypte le va voir me présenter ses vœux.
Il vient, ma Charmion, jusque dans nos murailles,
Chercher auprès de moi le prix de ses batailles,
M'offrir toute sa gloire, et soumettre à mes lois
Ce cœur et cette main qui commandent aux rois :
Et ma rigueur, mêlée aux faveurs de la guerre,
Ferait un malheureux du maître de la terre.
CHARMION.
J'oserais bien jurer que vos divins appas
Se vantent d'un pouvoir dont ils n'useront pas,
Et que le grand César n'a rien qui l'importune
Si vos seules rigueurs ont droit sur sa fortune.
Mais quelle est votre attente, et que prétendez-vous,
Puisque d'une autre femme il est déjà l'époux,
Et qu'avec Calphurnie un paisible hyménée
Par des liens sacrés tient son âme enchaînée?
CLÉOPATRE.
Le divorce, aujourd'hui si commun aux Romains,
Peut rendre en ma faveur tous ces obstacles vains;
César en sait l'usage et la cérémonie;
Un divorce chez lui fit place à Calphurnie.
CHARMION.
Par cette même voie il pourra vous quitter.
CLÉOPATRE.
Peut-être mon bonheur saura mieux l'arrêter,
Peut-être mon amour aura quelque avantage
Qui saura mieux que moi ménager son courage.
Mais laissons au hasard ce qui peut arriver;
Achevons cet hymen, s'il se peut achever;
Ne durât-il qu'un jour, ma gloire est sans seconde
D'être au moins un jour la maîtresse du monde.
J'ai de l'ambition, et soit vice ou vertu,
Mon cœur sous son fardeau veut bien être abattu;
J'en aime la chaleur, et la nomme sans cesse
La seule passion digne d'une princesse.
Mais je ne veux que la gloire anime ses ardeurs,
Qu'elle mène sans honte au faîte des grandeurs;
Et je la désavoue alors que sa manie
Nous présente le trône avec ignominie.
Ne t'étonne donc plus, Charmion, de me voir
Défendre encor Pompée et suivre mon devoir;
Ne pouvant rien de plus pour sa vertu séduite,
Dans mon âme en secret je l'exhorte à la fuite,
Et voudrais qu'un orage, écartant ses vaisseaux

Malgré lui l'enlevât aux mains de ses bourreaux.
Mais voici de retour le fidèle Achorée,
Par qui j'en apprendrai la nouvelle assurée.

SCÈNE II

CLÉOPATRE, ACHORÉE, CHARMION.

CLÉOPATRE.

En est-ce déjà fait, et nos bords malheureux
Sont-ils déjà souillés d'un sang si généreux?

ACHORÉE.

Madame, j'ai couru par votre ordre au rivage;
J'ai vu la trahison, j'ai vu toute sa rage;
Du plus grand des mortels j'ai vu trancher le sort:
J'ai vu dans son malheur la gloire de sa mort;
Et puisque vous voulez qu'ici je vous raconte
La gloire d'une mort qui nous couvre de honte,
Écoutez, admirez, et plaignez son trépas.
  Ses trois vaisseaux en rade avaient mis voiles bas;
Et voyant dans le port préparer nos galères,
Il croyait que le roi, touché de ses misères,
Par un beau sentiment d'honneur et de devoir,
Avec toute sa cour le venait recevoir;
Mais voyant que ce prince, ingrat à ses mérites,
N'envoyait qu'un esquif rempli de satellites,
Il soupçonne aussitôt son manquement de foi
Et se laisse surprendre à quelque peu d'effroi;
Enfin, voyant nos bords et notre flotte en armes,
Il condamne en son cœur ces indignes alarmes,
Et réduit tous les soins d'un si pressant ennui
A ne hasarder pas Cornélie avec lui :
« N'exposons, lui dit-il, que cette seule tête
« A la réception que l'Égypte m'apprête;
« Et tandis que moi seul j'en courrai le danger,
« Songe à prendre la fuite afin de me venger.
« Le roi Juba nous garde une foi plus sincère;
« Chez lui tu trouveras et mes fils, et ton père;
« Mais quand tu les verrais descendre chez Pluton,
« Ne désespère point, du vivant de Caton. »
Tandis que leur amour en cet adieu conteste,
Achillas à son bord joint son esquif funeste.
Septime se présente, et lui tendant la main,
Le salue empereur en langage romain;
Et comme député de ce jeune monarque,
« Passez, seigneur, dit-il, passez dans cette barque,
« Les sables et les bancs cachés dessous les eaux
« Rendent l'accès mal sûr à de plus grands vais-
  [seaux. »
  Ce héros voit la fourbe* et s'en moque dans l'âme :
Il reçoit les adieux des siens et de sa femme,
Leur défend de le suivre, et s'avance au trépas
Avec le même front qu'il donnait les États;
La même majesté sur son visage empreinte
Entre ces assassins montre un esprit sans crainte;
Sa vertu tout entière à la mort le conduit;
Son affranchi Philippe est le seul qui le suit;
C'est de lui que j'ai su ce que je viens de dire;
Mes yeux ont vu le reste, et mon cœur en soupire,

Et croit que César même à de si grands malheurs
Ne pourra refuser des soupirs et des pleurs.

CLÉOPATRE.

N'épargnez pas les miens; achevez, Achorée,
L'histoire d'une mort que j'ai déjà pleurée.

ACHORÉE.

On l'amène; et du port nous le voyons venir,
Sans que pas un d'entre eux daigne l'entretenir.
Ce mépris lui fait voir ce qu'il en doit attendre.
Sitôt qu'on a pris terre on l'invite à descendre :
Il se lève; et soudain pour signal Achillas,
Derrière ce héros, tirant son coutelas,
Septime et trois des siens, lâches enfants de Rome,
Percent à coups pressés les flancs de ce grand homme,
Tandis qu'Achillas même, épouvanté d'horreur,
De ces quatre enragés admire la fureur.

CLÉOPATRE.

Vous qui livrez la terre aux discordes civiles,
Si vous vengez sa mort, dieux, épargnez nos villes!
N'imputez rien aux lieux, reconnaissez les mains;
Le crime de l'Égypte est fait par des Romains.
Mais que fait et que dit ce généreux courage?

ACHORÉE.

D'un des pans de sa robe il couvre son visage,
A son mauvais destin en aveugle obéit,
Et dédaigne de voir le ciel qui le trahit,
De peur que d'un coup d'œil contre une telle offense
Il ne semble implorer son aide ou sa vengeance.
Aucun gémissement à son cœur échappé
Ne le montre, en mourant, digne d'être frappé :
Immobile à leurs coups, en lui-même il rappelle
Ce qu'eut de beau sa vie, et ce qu'on dira d'elle;
Et tient la trahison que le roi leur prescrit
Trop au-dessous de lui pour y prêter l'esprit.
Sa vertu dans leur crime augmente ainsi son lustre;
Et son dernier soupir est un soupir illustre,
Qui, de cette grande âme achevant les destins,
Étale tout Pompée aux yeux des assassins.
Sur les bords de l'esquif sa tête enfin penchée,
Par le traître Septime indignement tranchée,
Passe au bout d'une lance en la main d'Achillas,
Ainsi qu'un grand trophée après de grands combats ;
On descend, et pour comble à sa noire aventure
On donne à ce héros la mer pour sépulture,
Et le tronc sous les flots roule dorénavant
Au gré de la fortune, et de l'onde, et du vent.
La triste Cornélie, à cet affreux spectacle,
Par de longs cris aigus tâche d'y mettre obstacle,
Défend ce cher époux de la voix et des yeux,
Puis, n'espérant plus rien, lève les mains aux cieux,
Et cédant tout à coup à la douleur plus forte,
Tombe, dans sa galère, évanouie, ou morte.
Les siens en ce désastre, à force de ramer,
L'éloignent de la rive, et regagnent la mer.
Mais sa fuite est mal sûre : et l'infâme Septime,
Qui se voit dérober la moitié de son crime,
Afin de l'achever, prend six vaisseaux au port,
Et poursuit sur les eaux Pompée après sa mort.
  Cependant Achillas porte au roi sa conquête :

Tout le peuple tremblant en détourne la tête;
Un effroi général offre à l'un sous ses pas
Des abîmes ouverts pour venger ce trépas;
L'autre entend le tonnerre; et chacun se figure
Un désordre soudain de toute la nature;
Tant l'excès du forfait, troublant leurs jugements,
Présente à leur terreur l'excès des châtiments!
　　Philippe, d'autre part, montrant sur le rivage
Dans une âme servile un généreux courage,
Examine d'un œil et d'un soin curieux
Où les vagues rendront ce dépôt précieux,　[dre-
Pour lui rendre, s'il peut, ce qu'aux morts on doit ren-
Dans quelque urne chétive en ramasser la cendre,
Et d'un peu de poussière élever un tombeau
A celui qui du monde eut le sort le plus beau.
Mais comme vers l'Afrique on poursuit Cornélie,
On voit d'ailleurs César venir de Thessalie :
Une flotte paraît, qu'on a peine à compter...

CLÉOPATRE.

C'est lui-même, Achorée, il n'en faut point douter.
Tremblez, tremblez, méchants, voici venir la foudre;
Cléopâtre a de quoi vous mettre tous en poudre :
César vient, elle est reine, et Pompée est vengé;
La tyrannie est bas, et le sort a changé.
　　Admirons cependant le destin des grands hommes,
Plaignons-les, et par eux jugeons ce que nous som-
　　Ce prince d'un sénat maître de l'univers,　[mes.
Dont le bonheur semblait au-dessus du revers,
Lui que sa Rome a vu plus craint que le tonnerre,
Triompher en trois fois des trois parts de la terre,
Et qui voyait encore en ces derniers hasards
L'un et l'autre consul suivre ses étendards,
Sitôt que d'un malheur sa fortune est suivie,
Les monstres de l'Égypte ordonnent de sa vie :
On voit un Achillas, un Septime, un Photin,
Arbitres souverains d'un si noble destin;
Un roi qui de ses mains a reçu la couronne
A ces pestes de cour lâchement l'abandonne.
Ainsi finit Pompée; et peut-être qu'un jour
César éprouvera même sort à son tour.
Rendez l'augure faux, dieux, qui voyez mes larmes,
Et secondez partout et mes vœux et ses armes!

CHARMION.

Madame, le roi vient, qui pourra vous ouïr.

SCÈNE III

PTOLOMÉE, CLÉOPATRE, CHARMION.

PTOLOMÉE.

Savez-vous le bonheur dont nous allons jouir,
Ma sœur?

CLÉOPATRE.

　　　　Oui, je le sais, le grand César arrive :
Sous les lois de Photin je ne suis plus captive.

PTOLOMÉE.

Vous haïssez toujours ce fidèle sujet?

CLÉOPATRE.

Non, mais en liberté je ris de son projet.

PTOLOMÉE.

Quel projet faisait-il dont vous pussiez vous plaindre?

CLÉOPATRE.

J'en ai souffert beaucoup, et j'avais plus à craindre.
Un si grand politique est capable de tout;
Et vous donnez les mains à tout ce qu'il résout.

PTOLOMÉE.

Si je suis ses conseils, j'en connais la prudence.

CLÉOPATRE.

Si j'en crains les effets, j'en vois la violence.

PTOLOMÉE.

Pour le bien de l'État tout est juste en un roi.

CLÉOPATRE.

Ce genre de justice est à craindre pour moi;
Après ma part du sceptre, à ce titre usurpée,
Il en coûte la vie et la tête à Pompée.

PTOLOMÉE.

Jamais un coup d'État ne fut mieux entrepris.
Le voulant secourir, César nous eût surpris;
Vous voyez sa vitesse; et l'Égypte troublée
Avant qu'être en défense en serait accablée;
Mais je puis maintenant à cet heureux vainqueur
Offrir en sûreté mon trône et votre cœur.

CLÉOPATRE.

Je ferai mes présents, n'ayez soin que des vôtres,
Et dans vos intérêts n'en confondez point d'autres.

PTOLOMÉE.

Les vôtres sont les miens, étant de même sang.

CLÉOPATRE.

Vous pouvez dire encore, étant de même rang,
Étant rois l'un et l'autre; et toutefois je pense
Que nos deux intérêts ont quelque différence.

PTOLOMÉE.

Oui, ma sœur; car l'État, dont mon cœur est content,
Sur quelques bords du Nil à grand'peine s'étend :
Mais César, à vos lois soumettant son courage,
Vous va faire régner sur le Gange et le Tage.

CLÉOPATRE.

J'ai de l'ambition, mais je la sais régler :
Elle peut m'éblouir, et non pas m'aveugler.
Ne parlons point ici du Tage, ni du Gange;
Je connais ma portée, et ne prends point le change.

PTOLOMÉE.

L'occasion vous rit, et vous en userez.

CLÉOPATRE.

Si je n'en use bien, vous m'en accuserez.

PTOLOMÉE.

J'en espère beaucoup, vu l'amour qui l'engage.

CLÉOPATRE.

Vous la craignez peut-être encore davantage;
Mais, quelque occasion qui me rie aujourd'hui,
N'ayez aucune peur, je ne veux rien d'autrui;
Je ne garde pour vous ni haine, ni colère;
Et je suis bonne sœur, si vous n'êtes bon frère.

PTOLOMÉE.

Vous montrez cependant un peu bien du mépris.

CLÉOPATRE.

Le temps de chaque chose ordonne et fait le prix.

PTOLOMÉE.
Votre façon d'agir le fait assez connaître.
CLÉOPATRE.
Le grand César arrive, et vous avez un maître.
PTOLOMÉE.
Il l'est de tout le monde, et je l'ai fait le mien.
CLÉOPATRE.
Allez lui rendre hommage, et j'attendrai le sien.
Allez, ce n'est pas trop pour lui que de vous-même :
Je garderai pour vous l'honneur du diadème.
Photin vous vient aider à le bien recevoir ;
Consultez avec lui quel est votre devoir.

SCÈNE IV

PTOLOMÉE, PHOTIN.

PTOLOMÉE.
J'ai suivi tes conseils ; mais plus je l'ai flattée,
Et plus dans l'insolence elle s'est emportée ;
Si bien qu'enfin, outré de tant d'indignités,
Je m'allais emporter dans les extrémités :
Mon bras, dont ses mépris forçaient la retenue,
N'eût plus considéré César ni sa venue,
Et l'eût mise en état, malgré tout son appui,
De s'en plaindre à Pompée auparavant qu'à lui.
L'arrogante ! à l'ouïr elle est déjà ma reine,
Et si César en croit son orgueil et sa haine,
Si, comme elle s'en vante, elle est son cher objet,
De son frère et son roi je deviens son sujet.
Non, non ; prévenons-la : c'est faiblesse d'attendre
Le mal qu'on voit venir sans vouloir s'en défendre :
Otons-lui les moyens de nous plus dédaigner,
Otons-lui les moyens de plaire et de régner ;
Et ne permettons pas qu'après tant de bravades,
Mon sceptre soit le prix d'une de ses œillades.

PHOTIN.
Seigneur, ne donnez point de prétexte à César
Pour attacher l'Égypte aux pompes de son char.
Ce cœur ambitieux, qui, par toute la terre,
Ne cherche qu'à porter l'esclavage et la guerre,
Enflé de sa victoire, et des ressentiments
Qu'une perte pareille imprime aux vrais amants,
Quoique vous ne rendiez que justice à vous-même,
Prendrait l'occasion de venger ce qu'il aime ;
Et, pour s'assujettir et vos États et vous,
Imputerait à crime un si juste courroux.

PTOLOMÉE.
Si Cléopâtre vit, s'il la voit, elle est reine.

PHOTIN.
Si Cléopâtre meurt, votre perte est certaine.

PTOLOMÉE.
Je perdrai qui me perd, ne pouvant me sauver.

PHOTIN.
Pour la perdre avec joie il faut vous conserver.

PTOLOMÉE.
Quoi ! pour voir sur sa tête éclater ma couronne ?
Sceptre, s'il faut enfin que ma main t'abandonne,
Passe, passe plutôt en celle du vainqueur.

PHOTIN.
Vous l'arracherez mieux de celle d'une sœur.
Quelques feux que d'abord il lui fasse paraître,
Il partira bientôt, et vous serez le maître.
L'amour à ses pareils ne donne point d'ardeur
Qui ne cède aisément aux soins de leur grandeur :
Il voit encor l'Afrique et l'Espagne occupées
Par Juba, Scipion, et les jeunes Pompées ;
Et le monde à ses lois n'est point assujetti,
Tant qu'il verra durer ces restes du parti.
Au sortir de Pharsale un si grand capitaine
Saurait mal son métier s'il laissait prendre haleine,
Et s'il donnait loisir à des cœurs si hardis
De relever du coup dont ils sont étourdis :
S'il les vainc, s'il parvient où son désir aspire,
Il faut qu'il aille à Rome établir son empire,
Jouir de sa fortune et de son attentat,
Et changer à son gré la forme de l'État.
Jugez durant ce temps ce que vous pourrez faire.
Seigneur, voyez César, forcez-vous à lui plaire,
Et lui déférant tout, veuillez vous souvenir
Que les événements régleront l'avenir.
Remettez en ses mains trône, sceptre, couronne,
Et, sans en murmurer, souffrez qu'il en ordonne :
Il en croira sans doute ordonner justement,
En suivant du feu roi l'ordre et le testament ;
L'importance d'ailleurs de ce dernier service
Ne permet pas d'en craindre une entière injustice.
Quoi qu'il en fasse enfin, feignez d'y consentir,
Louez son jugement, et laissez-le partir.
Après, quand nous verrons le temps propre aux ven-
Nous aurons et la force et les intelligences, [geances,
Jusque-là réprimez ces transports violents
Qu'excitent d'une sœur les mépris insolents :
Les bravades enfin sont des discours frivoles,
Et qui songe aux effets néglige les paroles.

PTOLOMÉE.
Ah ! tu me rends la vie et le sceptre à la fois :
Un sage conseiller est le bonheur des rois.
Cher appui de mon trône, allons, sans plus attendre,
Offrir tout à César, afin de tout reprendre ;
Avec toute ma flotte allons le recevoir,
Et par ces vains honneurs séduire son pouvoir.

ACTE TROISIÈME

SCÈNE I

CHARMION, ACHORÉE.

CHARMION.
Oui, tandis que le roi va lui-même en personne
Jusqu'aux pieds de César prosterner sa couronne,
Cléopâtre s'enferme en son appartement,
Et, sans s'en émouvoir, attend son compliment.

Comment nommerez-vous une humeur si hautaine?
ACHORÉE.
Un orgueil noble et juste, et digne d'une reine
Qui soutient avec cœur et magnanimité
L'honneur de sa naissance et de sa dignité :
Lui pourrai-je parler?
CHARMION.
Non; mais elle m'envoie
Savoir à cet abord ce qu'on a vu de joie;
Ce qu'à ce beau présent César a témoigné;
S'il a paru content, ou s'il l'a dédaigné;
S'il traite avec douceur, s'il traite avec empire;
Ce qu'à nos assassins enfin il a pu dire.
ACHORÉE.
La tête de Pompée a produit des effets
Dont ils n'ont pas sujet d'être fort satisfaits.
Je ne sais si César prendrait plaisir à feindre;
Mais pour eux jusqu'ici je trouve lieu de craindre :
S'ils aimaient Ptolomée, ils l'ont fort mal servi.
Vous l'avez vu partir, et moi je l'ai suivi.
Ses vaisseaux en bon ordre ont éloigné la ville,
Et pour joindre César n'ont avancé qu'un mille :
Il venait à plein voile*; et si dans les hasards
Il éprouva toujours pleine faveur de Mars,
Sa flotte, qu'à l'envi favorisait Neptune,
Avait le vent en poupe ainsi que sa fortune.
Dès le premier abord notre prince étonné
Ne s'est plus souvenu de son front couronné;
Sa frayeur a paru sous sa fausse allégresse;
Toutes ses actions ont senti la bassesse :
J'en ai rougi moi-même, et me suis plaint à moi
De voir là Ptolomée, et n'y voir point de roi;
Et César, qui lisait sa peur sur son visage,
Le flattait par pitié pour lui donner courage.
Lui, d'une voix tombante offrant ce don fatal :
« Seigneur, vous n'avez plus, lui dit-il, de rival;
« Ce que n'ont pu les dieux dans votre Thessalie,
« Je vais mettre en vos mains Pompée et Cornélie :
« En voici déjà l'un, et pour l'autre, elle fuit;
« Mais avec six vaisseaux un des miens la poursuit. »
A ces mots Achillas découvre cette tête :
Il semble qu'à parler encore elle s'apprête;
Qu'à ce nouvel affront un reste de chaleur
En sanglots mal formés exhale sa douleur;
Sa bouche encore ouverte et sa vue égarée
Rappellent sa grande âme à peine séparée;
Et son courroux mourant fait un dernier effort
Pour reprocher aux dieux sa défaite et sa mort.
César, à cet aspect, comme frappé du foudre,
Et comme ne sachant que croire ou que résoudre,
Immobile, et les yeux sur l'objet attachés,
Nous tient assez longtemps ses sentiments cachés;
Et je dirai, si j'ose en faire conjecture,
Que, par un mouvement commun à la nature,
Quelque maligne joie en son cœur s'élevait,
Dont sa gloire indignée à peine le sauvait.
L'aise de voir la terre à son pouvoir soumise
Chatouillait malgré lui son âme avec surprise,
Et de cette douceur son esprit combattu

Avec un peu d'effort rassurait sa vertu.
S'il aime sa grandeur, il hait la perfidie;
Il se juge en autrui, se tâte, s'étudie,
Examine en secret sa joie et ses douleurs,
Les balance, choisit, laisse couler des pleurs;
Et, forçant sa vertu d'être encor la maîtresse,
Se montre généreux par un trait de faiblesse :
Ensuite il fait ôter ce présent de ses yeux,
Lève les mains ensemble et les regards aux cieux,
Lâche deux ou trois mots contre cette insolence,
Puis tout triste et pensif il s'obstine au silence,
Et même à ses Romains ne daigne repartir
Que d'un regard farouche et d'un profond soupir.
Enfin ayant pris terre avec trente cohortes,
Il se saisit du port, il se saisit des portes,
Met des gardes partout et des ordres secrets,
Fait voir sa défiance, ainsi que ses regrets,
Parle d'Égypte en maître et de son adversaire,
Non plus comme ennemi, mais comme son beau-père.
Voilà ce que j'ai vu.
CHARMION.
Voilà ce qu'attendait,
Ce qu'au juste Osiris la reine demandait.
Je vais bien la ravir avec cette nouvelle.
Vous, continuez-lui ce service fidèle.
ACHORÉE.
Qu'elle n'en doute point. Mais César vient. Allez,
Peignez-lui bien nos gens pâles et désolés;
Et moi, soit que l'issue en soit douce ou funeste,
J'irai l'entretenir quand j'aurai vu le reste.

SCÈNE II

CÉSAR, PTOLOMÉE, LÉPIDE, PHOTIN, ACHORÉE;
SOLDATS ROMAINS, SOLDATS ÉGYPTIENS.

PTOLOMÉE.
Seigneur, montez au trône, et commandez ici.
CÉSAR.
Connaissez-vous César, de lui parler ainsi?
Que m'offrirait de pis la fortune ennemie,
A moi qui tiens le trône égal à l'infamie!
Certes, Rome à ce coup pourrait bien se vanter
D'avoir en juste lieu de me persécuter;
Elle qui d'un même œil les donne et les dédaigne,
Qui ne voit rien aux rois qu'elle aime ou qu'elle crai-
Et qui verse en nos cœurs avec l'âme et le sang, [gne,
Et la haine du nom, et le mépris du rang.
C'est ce que de Pompée il vous fallait apprendre :
S'il eût aimé l'offre, il eût su s'en défendre;
Et le trône et le roi se seraient ennoblis
A soutenir la main qui les a rétablis.
Vous eussiez pu tomber, mais tout couvert de gloire;
Votre chute eût valu la plus haute victoire;
Et si votre destin n'eût pu vous en sauver,
César eût pris plaisir à vous en relever.
Vous n'avez pu former une si noble envie.
Mais quel droit aviez-vous sur cette illustre vie?
Que vous devait son sang pour y tremper vos mains,

LA MORT DE POMPÉE, ACTE III, SCÈNE II.

Vous qui devez respect au moindre des Romains?
Ai-je vaincu pour vous dans les champs de Pharsale?
Et, par une victoire aux vaincus trop fatale,
Vous ai-je acquis sur eux, en ce dernier effort,
La puissance absolue et de vie et de mort?
Moi qui n'ai jamais pu la souffrir à Pompée,
La souffrirai-je en vous sur lui-même usurpée,
Et que de mon bonheur vous ayez abusé
Jusqu'à plus attenter que je n'aurais osé?
De quel nom, après tout, pensez-vous que je nomme
Ce coup où vous tranchez du souverain de Rome,
Et qui sur un seul chef lui fait bien plus d'affront
Que sur tant de milliers ne fit le roi de Pont?
Pensez-vous que j'ignore ou que je dissimule
Que vous n'auriez pas eu pour moi plus de scrupule,
Et que, s'il m'eût vaincu, votre esprit complaisant
Lui faisait de ma tête un semblable présent?
Grâces à ma victoire, on me rend des hommages
Où ma fuite eût reçu toutes sortes d'outrages;
Au vainqueur, non à moi, vous faites tout l'honneur :
Si César en jouit, ce n'est que par bonheur.
Amitié dangereuse, et redoutable zèle,
Que règle la fortune, et qui tourne avec elle!
Mais parlez, c'est trop être interdit et confus.

PTOLOMÉE.

Je le suis, il est vrai, si jamais je le fus;
Et vous-même avouerez que j'ai sujet de l'être.
    Étant né souverain, je vois ici mon maître :
Ici, dis-je, où ma cour tremble en me regardant,
Où je n'ai point encore agi qu'en commandant,
Je vois une autre cour sous une autre puissance,
Et ne puis plus agir qu'avec obéissance.
De votre seul aspect je me suis vu surpris :
Jugez si vos discours rassurent mes esprits;
Jugez par quels moyens je puis sortir d'un trouble
Que forme le respect, que la crainte redouble,
Et ce que vous peut dire un prince épouvanté
De voir tant de colère et tant de majesté.
Dans ces étonnements dont mon âme est frappée
De rencontrer en vous le vengeur de Pompée,
Il me souvient pourtant que s'il fut notre appui,
Nous vous dûmes dès lors autant et plus qu'à lui :
Votre faveur pour nous éclata la première,
Tout ce qu'il fit après fut à votre prière :
Il émut le sénat pour des rois outragés,
Que sans cette prière il aurait négligés;
Mais de ce grand sénat les saintes ordonnances
Eussent peu fait pour nous, seigneur, sans vos finan-
Par là de nos mutins le feu roi vint à bout; [ces;
Et pour en bien parler, nous vous devons le tout.
Nous avons honoré votre ami, votre gendre,
Jusqu'à ce qu'à vous-même il ait osé se prendre;
Mais voyant son pouvoir, de vos succès jaloux,
Passer en tyrannie, et s'armer contre vous...

CÉSAR.

Tout beau : que votre haine en son sang assouvie
N'aille point à sa gloire; il suffit de sa vie.
N'avancez rien ici que Rome ose nier;
Et justifiez-vous, sans le calomnier.

PTOLOMÉE.

Je laisse donc aux dieux à juger ses pensées.
Et dirai seulement qu'en vos guerres passées,
Où vous fûtes forcé par tant d'indignités,
Tous nos vœux ont été pour vos prospérités,
Que, comme il vous traitait en mortel adversaire,
J'ai cru sa mort pour vous un malheur nécessaire;
Et que sa haine injuste, augmentant tous les jours,
Jusque dans les enfers chercherait du secours;
Ou qu'enfin, s'il tombait dessous votre puissance,
Il nous fallait pour vous craindre votre clémence;
Et que le sentiment d'un cœur trop généreux,
Usant mal de vos droits, vous rendît malheureux.
    J'ai donc considéré qu'en ce péril extrême
Nous vous devions, seigneur, servir malgré vous-mê-
Et sans attendre d'ordre en cette occasion,   [me;
Mon zèle ardent l'a prise à ma confusion.
Vous m'en désavouez, vous l'imputez à crime :
Mais pour servir César rien n'est illégitime.
J'en ai souillé mes mains pour vous en préserver :
Vous pouvez en jouir, et le désapprouver;
Et j'ai plus fait pour vous, plus l'action est noire,
Puisque c'est d'autant plus vous immoler ma gloire,
Et que ce sacrifice, offert par mon devoir,
Vous assure la vôtre avec votre pouvoir.

CÉSAR.

Vous cherchez, Ptolomée, avecque trop de ruses
De mauvaises couleurs et de froides excuses.
Votre zèle était faux, si seul il redoutait
Ce que le monde entier à pleins vœux souhaitait;
Et s'il vous a donné de ces craintes trop subtiles,
Qui m'ôtent tout le fruit de nos guerres civiles,
Où l'honneur seul m'engage, et que pour terminer
Je ne veux que celui de vaincre et pardonner,
Où mes plus dangereux et plus grands adversaires,
Sitôt qu'ils sont vaincus, ne sont plus que mes frères;
Et mon ambition ne va qu'à les forcer,
Ayant dompté leur haine, à vivre et m'embrasser.
    O combien d'allégresse une si triste guerre
Aurait-elle laissé dessus toute la terre,
Si Rome avait pu voir marcher en même char,
Vainqueurs de leur discorde, et Pompée et César!
Voilà ces grands malheurs que craignait votre zèle.
O crainte ridicule autant que criminelle!
Vous craigniez ma clémence! ah! n'ayez plus ce soin;
Souhaitez-la plutôt, vous en avez besoin.
Si je n'avais égard qu'aux lois de la justice,
Je m'apaiserais Rome avec votre supplice,
Sans que ni vos respects, ni votre repentir,
Ni votre dignité, vous pussent garantir;
Votre trône lui-même en serait le théâtre :
Mais, voulant épargner le sang de Cléopâtre,
J'impute à vos flatteurs toute la trahison,
Et je veux voir comment vous m'en ferez raison;
Suivant les sentiments dont vous serez capable
Je saurai vous tenir innocent ou coupable.
Cependant à Pompée élevez des autels;
Rendez-lui les honneurs qu'on rend aux immortels;
Par un prompt sacrifice expiez tous vos crimes;

Et surtout pensez bien au choix de vos victimes.
Allez y donner ordre, et me laissez ici
Entretenir les miens sur quelque autre souci.

SCÈNE III
CÉSAR, ANTOINE, LÉPIDE.

CÉSAR.
Antoine, avez-vous vu cette reine adorable?

ANTOINE.
Oui, seigneur, je l'ai vue : elle est incomparable;
Le ciel n'a point encor, par de si doux accords,
Uni tant de vertus aux grâces d'un beau corps.
Une majesté douce épand* sur son visage
De quoi s'assujettir le plus noble courage;
Ses yeux savent ravir, son discours sait charmer;
Et si j'étais César, je la voudrais aimer.

CÉSAR.
Comme a-t-elle reçu les offres de ma flamme?

ANTOINE.
Comme n'osant la croire, et la croyant dans l'âme;
Par un refus modeste et fait pour inviter,
Elle s'en dit indigne, et la croit mériter.

CÉSAR.
En pourrai-je être aimé?

ANTOINE.
Douter qu'elle vous aime,
Elle qui de vous seul attend son diadème,
Qui n'espère qu'en vous! douter de ses ardeurs,
Vous qui la pouvez mettre au faîte des grandeurs!
Que votre amour sans crainte à son amour prétende;
Au vainqueur de Pompée il faut que tout se rende;
Et vous l'éprouverez. Elle craint toutefois
L'ordinaire mépris que Rome fait des rois;
Et surtout elle craint l'amour de Calphurnie :
Mais l'une et l'autre crainte à votre aspect bannie,
Vous ferez succéder un espoir assez doux,
Lorsque vous daignerez lui dire un mot pour vous.

CÉSAR.
Allons donc l'affranchir de ces frivoles craintes,
Lui montrer de mon cœur les sensibles atteintes;
Allons, ne tardons plus.

ANTOINE.
Avant que de la voir,
Sachez que Cornélie est en votre pouvoir;
Septime vous l'amène, orgueilleux de son crime,
Et pense auprès de vous se mettre en haute estime:
Dès qu'ils ont abordé, vos chefs, par vous instruits,
Sans leur rien témoigner, les ont ici conduits.

CÉSAR.
Qu'elle entre. Ah! l'importune et fâcheuse nouvelle!
Qu'à mon impatience elle semble cruelle!
O ciel! et ne pourrai-je enfin à mon amour
Donner en liberté ce qui reste du jour?

SCÈNE IV
CÉSAR, CORNÉLIE, ANTOINE, LÉPIDE, SEPTIME.

SEPTIME.
Seigneur...

CÉSAR.
Allez, Septime, allez vers votre maître;
César ne peut souffrir la présence d'un traître,
D'un Romain lâche assez pour servir sous un roi,
Après avoir servi sous Pompée et sous moi.
(Septime rentre.)

CORNÉLIE.
César, car le destin, que dans tes fers je brave,
Me fait ta prisonnière et non pas ton esclave,
Et tu ne prétends pas qu'il m'abatte le cœur
Jusqu'à te rendre hommage, et te nommer seigneur;
De quelque rude trait qu'il m'ose avoir frappée,
Veuve du jeune Crasse, et veuve de Pompée,
Fille de Scipion, et, pour dire encor plus,
Romaine, mon courage est encore au-dessus;
Et de tous les assauts que sa rigueur me livre,
Rien ne me fait rougir que la honte de vivre.
J'ai vu mourir Pompée, et ne l'ai pas suivi;
Et bien que le moyen m'en ait été ravi,
Qu'une pitié cruelle à mes douleurs profondes
M'ait ôté le secours et du fer et des ondes,
Je dois rougir pourtant, après un tel malheur,
De n'avoir pu mourir d'un excès de douleur :
Ma mort était ma gloire, et le destin m'en prive
Pour croître mes malheurs, et me voir ta captive.
Je dois bien toutefois rendre grâces aux dieux
De ce qu'en arrivant je te trouve en ces lieux,
Que César y commande, et non pas Ptolomée.
Hélas! et sous quel astre, ô ciel! m'as-tu formée,
Si je leur dois des vœux de ce qu'ils ont permis
Que je rencontre ici mes plus grands ennemis, [prince
Et tombe entre leurs mains plutôt qu'aux mains d'un
Qui doit à mon époux son trône et sa province?
César, de ta victoire écoute moins le bruit;
Elle n'est que l'effet du malheur qui me suit;
Je l'ai porté pour dot chez Pompée et chez Crasse;
Deux fois du monde entier j'ai causé la disgrâce,
Deux fois de mon hymen le nœud mal assorti
A chassé tous les dieux du plus juste parti :
Heureuse en mes malheurs, si ce triste hyménée,
Pour le bonheur de Rome, à César m'eût donnée!
Et si j'eusse avec moi porté dans ta maison
D'un astre envenimé l'invincible poison!
Car enfin n'attends que je j'abaisse ma haine.
Je te l'ai déjà dit, César, je suis Romaine,
Et quoique ta captive, un cœur comme le mien,
De peur de s'oublier, ne te demande rien.
Ordonne; et sans vouloir qu'il tremble, ou s'humilie,
Souviens-toi seulement que je suis Cornélie.

CÉSAR.
O d'un illustre époux noble et digne moitié,
Dont le courage étonne, et le sort fait pitié!
Certes, vos sentiments font assez reconnaître

Qui vous donna la main, et qui vous donna l'être ;
Et l'on juge aisément, au cœur que vous portez,
Où vous êtes entrée, et de qui vous sortez.
L'âme du jeune Crasse, et celle de Pompée,
L'une et l'autre vertu par le malheur trompée,
Le sang des Scipions protecteur de nos dieux,
Parlent par votre bouche et brillent dans vos yeux ;
Et Rome dans ses murs ne voit point de famille
Qui soit plus honorée ou de femme ou de fille.
Plût au grand Jupiter, plût à ces mêmes dieux
Qu'Annibal eût bravés jadis sans vos aïeux,
Que ce héros si cher dont le ciel vous sépare
N'eût pas si mal connu la cour d'un roi barbare,
Ni mieux aimé tenter une incertaine foi,
Que la vieille amitié qu'il eût trouvée en moi ;
Qu'il eût voulu souffrir qu'un bonheur de mes armes
Eût vaincu ses soupçons, dissipé ses alarmes ;
Et qu'enfin, m'attendant sans plus se défier,
Il m'eût donné moyen de me justifier !
Alors, foulant aux pieds la discorde et l'envie,
Je l'eusse conjuré de se donner la vie,
D'oublier ma victoire, et d'aimer un rival
Heureux d'avoir vaincu pour vivre son égal :
J'eusse alors regagné son âme satisfaite
Jusqu'à lui faire aux dieux pardonner sa défaite ;
Il eût fait à son tour, en me rendant son cœur,
Que Rome eût pardonné la victoire au vainqueur.
Mais puisque par sa perte, à jamais sans seconde,
Le sort a dérobé cette allégresse au monde,
César s'efforcera de s'acquitter vers vous
De ce qu'il voudrait rendre à cet illustre époux.
Prenez donc en ces lieux liberté tout entière :
Seulement pour deux jours soyez ma prisonnière,
Afin d'être témoin comme, après nos débats,
Je chéris sa mémoire et venge son trépas,
Et de pouvoir apprendre à toute l'Italie
De quel orgueil nouveau m'enfle la Thessalie.
Je vous laisse à vous-même et vous quitte un moment.
Choisissez-lui, Lépide, un digne appartement ;
Et qu'on l'honore ici, mais en dame romaine,
C'est-à-dire un peu plus qu'on n'honore la reine.
Commandez, et chacun aura soin d'obéir.

CORNÉLIE.

O ciel ! que de vertus vous me faites haïr !

ACTE QUATRIÈME

SCÈNE I

PTOLOMÉE, ACHILLAS, PHOTIN.

PTOLOMÉE.

Quoi ! de la même main et de la même épée
Dont il vient d'immoler le malheureux Pompée,
Septime, par César indignement chassé,
Dans un tel désespoir à vos yeux a passé ?

ACHILLAS.

Oui, seigneur ; et sa mort a de quoi vous apprendre
La honte qu'il prévient et qu'il vous faut attendre.
Jugez quel est César à ce courroux si lent.
Un moment pousse et rompt un transport violent ;
Mais l'indignation qu'on prend avec étude
Augmente avec le temps, et porte un coup plus rude ;
Ainsi n'espérez pas de le voir modéré ;
Par adresse il se fâche après s'être assuré.
Sa puissance établie, il a soin de sa gloire.
Il poursuivait Pompée, et chérit sa mémoire ;
Et veut tirer à soi, par un courroux accort*,
L'honneur de sa vengeance et le fruit de sa mort.

PTOLOMÉE.

Ah ! si je t'avais cru, je n'aurais pas de maître ;
Je serais dans le trône où le ciel m'a fait naître :
Mais c'est une imprudence assez commune aux rois
D'écouter trop d'avis, et se tromper au choix ;
Le destin les aveugle au bord du précipice ;
Ou si quelque lumière en leur âme se glisse,
Cette fausse clarté, dont il les éblouit,
Les plonge dans un gouffre, et puis s'évanouit.

PHOTIN.

J'ai mal connu César ; mais puisqu'en son estime
Un si rare service est un énorme crime,
Il porte dans son flanc de quoi nous en laver ;
C'est là qu'est notre grâce, il nous l'y faut trouver.
Je ne vous parle plus de souffrir sans murmure,
D'attendre son départ pour venger cette injure ;
Je sais mieux conformer les remèdes au mal :
Justifions sur lui la mort de son rival ;
Et notre main alors également trempée
Et du sang de César et du sang de Pompée,
Rome, sans leur donner de titres différents,
Se croira par vous seul libre de deux tyrans.

PTOLOMÉE.

Oui, par là seulement ma perte est évitable* ;
C'est trop craindre un tyran que j'ai fait redoutable :
Montrons que sa fortune est l'œuvre de nos mains ;
Deux fois en même jour disposons des Romains ;
Faisons leur liberté comme leur esclavage.
César, que tes exploits n'enflent plus ton courage ;
Considère les miens, tes yeux en sont témoins.
Pompée était mortel, et tu ne l'es pas moins :
Il pouvait plus que toi ; tu lui portais envie :
Tu n'as, non plus que lui, qu'une âme et qu'une vie ;
Et son sort que tu plains te doit faire penser
Que ton cœur est sensible, et qu'on peut le percer.
Tonne, tonne à ton gré, fais peur de ta justice :
C'est à moi d'apaiser Rome par ton supplice,
C'est à moi de punir ta cruelle douceur,
Qui n'épargne en un roi que le sang de sa sœur.
Je n'abandonne plus ma vie et ma puissance
Au hasard de sa haine, ou de ton inconstance ;
Ne crois pas que jamais tu puisses à ce prix
Récompenser sa flamme, ou punir ses mépris :
J'emploierai contre toi de plus nobles maximes.
Tu m'as prescrit tantôt de choisir des victimes,

De bien penser au choix; j'obéis et je voi
Que je n'en puis choisir de plus digne que toi,
Ni dont le sang offert, la fumée et la cendre,
Puissent mieux satisfaire aux mânes de ton gendre.

Mais ce n'est pas assez, amis, de s'irriter;
Il faut voir quels moyens on a d'exécuter:
Toute cette chaleur est peut-être inutile;
Les soldats du tyran sont maîtres de la ville;
Que pouvons-nous contre eux? et pour les prévenir,
Quel temps devons-nous prendre, et quel ordre tenir?

ACHILLAS.

Nous pouvons tout, seigneur, en l'état où nous som- [mes.
A deux milles d'ici vous avez six mille hommes,
Que depuis quelques jours, craignant des remue-
Je faisais tenir prêts à tous événements; [ments,
Quelques soins qu'ait César, sa prudence est déçue.
Cette ville a sous terre une secrète issue,
Par où fort aisément on les peut cette nuit
Jusque dans le palais introduire sans bruit:
Car contre sa fortune aller à force ouverte,
Ce serait trop courir vous-même à votre perte.
Il nous le faut surprendre au milieu du festin,
Enivré des douceurs de l'amour et du vin.
Tout le peuple est pour nous. Tantôt, à son entrée,
J'ai remarqué l'horreur que ce peuple a montrée
Lorsque avec tant de faste il a vu ses faisceaux
Marcher arrogamment, et braver nos drapeaux:
Au spectacle insolent de ce pompeux outrage
Ses farouches regards étincelaient de rage:
Je voyais sa fureur à peine se dompter;
Et pour peu qu'on le pousse, il est prêt d'éclater:
Mais surtout les Romains que commandait Septime,
Pressés de la terreur que sa mort leur imprime,
Ne cherchent qu'à venger par un coup généreux
Le mépris qu'en leur chef ce superbe a fait d'eux.

PTOLOMÉE.

Mais qui pourra de nous approcher sa personne,
Si durant le festin sa garde l'environne?

PHOTIN.

Les gens de Cornélie, entre qui vos Romains
Ont déjà reconnu des frères, des germains,
Dont l'âpre déplaisir leur a laissé paraître
Une soif d'immoler leur tyran à leur maître:
Ils ont donné parole, et peuvent, mieux que nous,
Dans les flancs de César porter les premiers coups;
Son faux art de clémence, ou plutôt sa folie,
Qui pense gagner Rome en flattant Cornélie,
Leur donnera sans doute un assez libre accès
Pour de ce grand dessein assurer le succès.

Mais voici Cléopâtre: agissez avec feinte,
Seigneur, et ne montrez que faiblesse et que crainte.
Nous allons vous quitter, comme objets odieux
Dont l'aspect importun offenserait ses yeux.

PTOLOMÉE.

Allez, je vous rejoins.

SCÈNE II

PTOLOMÉE, CLÉOPATRE, ACHORÉE,
CHARMION.

CLÉOPATRE.

J'ai vu César, mon frère,
Et de tout mon pouvoir combattu sa colère.

PTOLOMÉE.

Vous êtes généreuse; et j'avais attendu
Cet office de sœur que vous m'avez rendu.
Mais cet illustre amant vous a bientôt quittée.

CLÉOPATRE.

Sur quelque brouillerie, en la ville excitée,
Il a voulu lui-même apaiser les débats
Qu'avec nos citoyens ont eus quelques soldats;
Et moi, j'ai bien voulu moi-même vous redire
Que vous ne craigniez rien pour vous ni votre empire;
Et que le grand César blâme votre action
Avec moins de courroux que de compassion.
Il vous plaint d'écouter ces lâches politiques
Qui n'inspirent aux rois que des mœurs tyranniques.
Ainsi que la naissance, ils ont les esprits bas;
En vain on les élève à régir des États: [mande;
Un cœur né pour servir sait mal comme on com-
Sa puissance l'accable alors qu'elle est trop grande.
Et sa main, que le crime en vain fait redouter,
Laisse choir le fardeau qu'elle ne peut porter.

PTOLOMÉE.

Vous dites vrai, ma sœur, et ces effets sinistres
Me font bien voir ma faute au choix de mes ministres.
Si j'avais écouté de plus nobles conseils,
Je vivrais dans la gloire où vivent mes pareils:
Je mériterais mieux cette amitié si pure
Que pour un frère ingrat vous donne la nature;
César embrasserait Pompée en ce palais;
Notre Égypte à la terre aurait rendu la paix,
Et verrait son monarque encore à juste titre
Ami de tous les deux, et peut-être l'arbitre.
Mais, puisque le passé ne se peut révoquer,
Trouvez bon qu'avec vous mon cœur s'ose expliquer.

Je vous ai maltraitée, et vous êtes si bonne,
Que vous me conservez la vie et la couronne.
Vainquez-vous tout à fait; et, par un digne effort,
Arrachez Achillas et Photin à la mort;
Elle leur est bien due; ils vous ont offensée;
Mais ma gloire en leur perte est trop intéressée:
Si César les punit des crimes de leur roi,
Toute l'ignominie en rejaillit sur moi:
Il me punit en eux; leur supplice est ma peine.
Forcez, en ma faveur, une trop juste haine.
De quoi peut satisfaire un cœur si généreux
Le sang abject et vil de ces deux malheureux?
Que je vous doive tout: César cherche à vous plaire,
Et vous pouvez d'un mot désarmer sa colère.

CLÉOPATRE.

Si j'avais en mes mains leur vie et leur trépas,
Je les méprise assez pour ne m'en venger pas;
Mais sur le grand César je puis fort peu de chose,

Quand le sang de Pompée à mes désirs s'oppose.
Je ne me vante pas de le pouvoir fléchir;
J'en ai déjà parlé, mais il a su gauchir*;
Et tournant le discours sur une autre matière;
Il n'a ni refusé, ni souffert ma prière.
Je veux bien toutefois encor m'y hasarder,
Mes efforts redoublés pourront mieux succéder
Et j'ose croire...
PTOLOMÉE.
Il vient; souffrez que je l'évite :
Je crains que ma présence à vos yeux ne l'irrite,
Que son courroux ému ne s'aigrisse à me voir;
Et vous agirez seule avec plus de pouvoir.

SCÈNE III

CÉSAR, CLÉOPATRE, ANTOINE, LÉPIDE, CHARMION, ACHORÉE, ROMAINS.

CÉSAR.

Reine, tout est paisible; et la ville calmée,
Qu'un trouble assez léger avait trop alarmée,
N'a plus à redouter le divorce intestin
Du soldat insolent et du peuple mutin.
Mais, ô dieux ! ce moment que je vous ai quittée
D'un trouble bien plus grand a mon âme agitée !
Et ces soins importuns, qui m'arrachaient de vous,
Contre ma grandeur même allumaient mon courroux.
Je lui voulais du mal de m'être si contraire,
De rendre ma présence ailleurs si nécessaire;
Mais je lui pardonnais, au simple souvenir
Du bonheur qu'à ma flamme elle fait obtenir.
C'est elle dont je tiens cette haute espérance
Qui flatte mes désirs d'une illustre apparence,
Et fait croire à César qu'il peut former des vœux,
Qu'il n'est pas tout à fait indigne de vos feux,
Et qu'il en peut prétendre une juste conquête,
N'ayant plus que les dieux au-dessus de sa tête.
Oui, reine, si quelqu'un dans ce vaste univers
Pouvait porter plus haut la gloire de vos fers;
S'il était quelque trône où vous pussiez paraître
Plus dignement assise en captivant son maître,
J'irais, j'irais à lui, moins pour le lui ravir,
Que pour lui disputer le droit de vous servir;
Et je n'aspirerais au bonheur de vous plaire
Qu'après avoir mis bas un si grand adversaire.
C'était pour acquérir un droit si précieux
Que combattait partout mon bras ambitieux;
Et dans Pharsale même il a tiré l'épée
Plus pour le conserver que pour vaincre Pompée.
Je l'ai vaincu, princesse : et le dieu des combats
M'y favorisait moins que vos divins appas;
Ils conduisaient ma main, ils enflaient mon courage,
Cette pleine victoire est leur dernier ouvrage :
C'est l'effet des ardeurs qu'ils daignaient m'inspirer;
Et vos beaux yeux enfin m'ayant fait soupirer,
Pour faire que votre âme avec gloire y réponde,
M'ont rendu le premier et de Rome et du monde.
C'est ce glorieux titre, à présent effectif,

Que je viens anoblir par celui de captif :
Heureux, si mon esprit gagne tant sur le vôtre,
Qu'il en estime l'un et me permette l'autre !

CLÉOPATRE.

Je sais ce que je dois au souverain bonheur
Dont me comble et m'accable un tel excès d'honneur.
Je ne vous tiendrai plus mes passions secrètes :
Je sais ce que je suis; je sais ce que vous êtes.
Vous daignâtes m'aimer dès mes plus jeunes ans;
Le sceptre que je porte est un de vos présents;
Vous m'avez par deux fois rendu le diadème :
J'avoue, après cela, seigneur, que je vous aime,
Et que mon cœur n'est point à l'épreuve des traits,
Ni de tant de vertus, ni de tant de bienfaits.
Mais, hélas ! ce haut rang, cette illustre naissance,
Cet État de nouveau rangé sous ma puissance,
Ce sceptre par vos mains dans les miennes remis,
A mes vœux innocents sont autant d'ennemis.
Ils allument contre eux une implacable haine :
Ils me font méprisable alors qu'ils me font reine;
Et si Rome est encor telle qu'auparavant,
Le trône où je me sieds m'abaisse en m'élevant;
Et ces marques d'honneur, comme titres infâmes,
Me rendent à jamais indigne de vos flammes.
J'ose encor toutefois, voyant votre pouvoir,
Permettre à mes désirs un généreux espoir.
Après tant de combats, je sais qu'un si grand homme
A droit de triompher des caprices de Rome,
Et que l'injuste horreur qu'elle eut toujours des rois
Peut céder, par votre force, à de plus justes lois.
Je sais que vous pouvez forcer d'autres obstacles :
Vous me l'avez promis, et j'attends ces miracles.
Votre bras dans Pharsale a fait de plus grands coups,
Et je ne les demande à d'autres dieux qu'à vous.

CÉSAR.

Tout miracle est facile où mon amour s'applique.
Je n'ai plus qu'à courir les côtes de l'Afrique,
Qu'à montrer mes drapeaux au reste épouvanté
Du parti malheureux qui m'a persécuté;
Rome, n'ayant plus lors d'ennemis à me faire,
Par impuissance enfin prendra soin de me plaire;
Et vos yeux la verront, par un superbe accueil,
Immoler à vos pieds sa haine et son orgueil.
Encore une défaite, et dans Alexandrie
Je veux que cette ingrate en ma faveur vous prie;
Et qu'un juste respect, conduisant ses regards,
A votre chaste amour demande des Césars.
C'est l'unique bonheur où mes désirs prétendent;
C'est le fruit que j'attends des lauriers qui m'atten-
[dent :
Heureux, si mon destin, encore un peu plus doux,
Me les faisait cueillir sans m'éloigner de vous !
Mais, las! contre mon feu mon feu me sollicite.
Si je veux être à vous, il faut que je vous quitte.
En quelques lieux qu'on fuie, il me faut y courir
Pour achever de vaincre et de vous conquérir.
Permettez cependant qu'à ses douces amorces
Je prenne un nouveau cœur et de nouvelles forces,
Pour faire dire encore, aux peuples pleins d'effroi,

Que venir, voir, et vaincre, est même chose en moi.

CLÉOPATRE.

C'est trop, c'est trop, seigneur, souffrez que j'en abu-
Votre amour fait ma faute, il fera mon excuse. [se :
Vous me rendez le sceptre, et peut-être le jour ;
Mais, si j'ose abuser de cet excès d'amour, [mes,
Je vous conjure encor, par ces plus puissants char-
Par ce juste bonheur qui suit toujours vos armes,
Par tout ce que j'espère et que vous attendez,
De n'ensanglanter pas ce que vous me rendez.
Faites grâce, seigneur, ou souffrez que j'en fasse,
Et montre à tous par là que j'ai repris ma place.
Achillas et Photin sont gens à dédaigner ;
Ils sont assez punis en me voyant régner :
Et leur crime...

CÉSAR.

Ah ! prenez d'autres marques de reine :
Dessus mes volontés vous êtes souveraine ;
Mais, si mes sentiments peuvent être écoutés,
Choisissez des sujets dignes de vos bontés.
Ne vous donnez sur moi qu'un pouvoir légitime,
Et ne me rendez point complice de leur crime.
C'est beaucoup que pour vous j'ose épargner le roi,
Et si mes feux n'étaient...

SCÈNE IV

CÉSAR, CORNÉLIE, CLÉOPATRE, ACHORÉE,
ANTOINE, LÉPIDE, CHARMION,
ROMAINS.

CORNÉLIE.

César, prends garde à toi :
Ta mort est résolue, on la jure, on l'apprête ;
A celle de Pompée on veut joindre ta tête.
Prends-y garde, César, ou ton sang répandu
Bientôt parmi le sien se verra confondu.
Mes esclaves en sont ; apprends de leurs indices
L'auteur de l'attentat, et l'ordre, et les complices :
Je te les abandonne.

CÉSAR.

O cœur vraiment romain,
Et digne du héros qui vous donna la main !
Ses mânes, qui du ciel ont vu de quel courage
Je préparais la mienne à venger son outrage,
Mettant leur haine bas, me sauvent aujourd'hui
Par la moitié qu'en terre il nous laisse de lui.
Il vit, il vit encore en l'objet de sa flamme,
Il parle par sa bouche, il agit dans son âme ;
Il la pousse, et l'oppose à cette indignité,
Pour me vaincre par elle en générosité.

CORNÉLIE.

Tu te flattes, César, de mettre en ta croyance
Que la haine ait fait place à la reconnaissance :
Ne le présume plus ; le sang de mon époux
A rompu pour jamais tout commerce entre nous.
J'attends la liberté qu'ici tu m'as offerte,
Afin de l'employer tout entière à ta perte ;

Et je te chercherai partout des ennemis,
Si tu m'oses tenir ce que tu m'as promis.
Mais, avec cette soif que j'ai de ta ruine,
Je me jette au-devant du coup qui t'assassine,
Et forme des désirs avec trop de raison
Pour en aimer l'effet par une trahison :
Qui la sait et la souffre a part à l'infamie.
Si je veux ton trépas, c'est en juste ennemie :
Mon époux a des fils ; il aura des neveux :
Quand ils te combattront, c'est là que je le veux,
Et qu'une digne main par moi-même animée,
Dans ton champ de bataille, aux yeux de ton armée,
T'immole noblement et par un digne effort
Aux mânes du héros dont tu venges la mort.
Tous mes soins, tous mes vœux hâtent cette vengean-
Ta perte la recule, et ton salut l'avance. [ce,
Quelque espoir qui d'ailleurs me l'ose ou puisse of-
Ma juste impatience aurait trop à souffrir : [frir
La vengeance éloignée est à demi perdue ;
Et quand il faut l'attendre, elle est trop cher vendue.
Je n'irai point chercher sur les bords africains
Le foudre souhaité que je vois en tes mains :
La tête qu'il menace en doit être frappée.
J'ai pu donner la tienne au lieu d'elle à Pompée ;
Ma haine avait le choix ; mais cette haine enfin
Sépare son vainqueur d'avec son assassin,
Et ne croit avoir droit de punir ta victoire
Qu'après le châtiment d'une action si noire.
Rome le veut ainsi ; son adorable front
Aurait de quoi rougir d'un trop honteux affront,
De voir en même jour, après tant de conquêtes,
Sous un indigne fer ses deux plus nobles têtes.
Son grand cœur qu'à tes lois en vain tu crois soumis,
En veut aux criminels plus qu'à ses ennemis,
Et tiendrait à malheur le bien de se voir libre,
Si l'attentat du Nil affranchissait le Tibre.
Comme autre qu'un Romain n'a pu l'assujettir,
Autre aussi qu'un Romain ne l'en doit garantir.
Tu tomberais ici sans être sa victime ;
Au lieu d'un châtiment ta mort serait un crime ;
Et sans que tes pareils en conçussent d'effroi,
L'exemple que tu dois périrait avec toi.
Venge-la de l'Égypte à son appui fatale,
Et je la vengerai, si je puis, de Pharsale.
Va, ne perds point de temps, il presse. Adieu : tu peux
Te vanter qu'une fois j'ai fait pour toi des vœux.

SCÈNE V

CÉSAR, CLÉOPATRE, ANTOINE, LÉPIDE,
ACHORÉE, CHARMION.

CÉSAR.

Son courage m'étonne autant que leur audace.
Reine, voyez pour qui vous me demandiez grâce !

CLÉOPATRE.

Je n'ai rien à vous dire : allez, seigneur, allez
Venger sur ces méchants tant de droits violés. [rent,
On m'en veut plus qu'à vous : c'est ma mort qu'ils respi-

C'est contre mon pouvoir que les traîtres conspirent;
Leur rage, pour l'abattre, attaque mon soutien,
Et par votre trépas cherche un passage au mien.
Mais, parmi ces transports d'une juste colère,
Je ne puis oublier que leur chef est mon frère.
Le saurez-vous, seigneur? et pourrai-je obtenir
Que ce cœur irrité daigne s'en souvenir?

CÉSAR.

Oui, je me souviendrai que ce cœur magnanime
Au bonheur de son sang veut pardonner son crime.
Adieu, ne craignez rien : Achillas et Photin
Ne sont pas gens à vaincre un si puissant destin;
Pour les mettre en déroute, eux, et tous leurs compli-
Je n'ai qu'à déployer l'appareil des supplices, [ces,
Et, pour soldats choisis, envoyer des bourreaux
Qui portent hautement mes haches pour drapeaux.

(*César rentre avec les Romains.*)

CLÉOPATRE.

Ne quittez pas César; allez, cher Achorée,
Repousser avec lui ma mort qu'on a jurée;
Et quand il punira nos lâches ennemis,
Faites-le souvenir de ce qu'il m'a promis.
Ayez l'œil sur le roi dans la chaleur des armes,
Et conservez son sang pour épargner mes larmes.

ACHORÉE.

Madame, assurez-vous qu'il ne peut y périr,
Si mon zèle et mes soins peuvent le secourir.

ACTE CINQUIÈME

SCÈNE I

CORNÉLIE, *tenant une petite urne en sa main;*
PHILIPPE.

CORNÉLIE. [songe
Mes yeux, puis-je vous croire, et n'est-ce point un
Qui sur mes tristes vœux a formé ce mensonge?
Te revois-je, Philippe, et cet époux si cher
A-t-il reçu de toi les honneurs du bûcher?
Cette urne que je tiens contient-elle sa cendre?
O vous, à ma douleur objet terrible et tendre,
Éternel entretien de haine et de pitié,
Reste du grand Pompée, écoutez sa moitié.
N'attendez point de moi de regrets, ni de larmes;
Un grand cœur à ses maux applique d'autres char-
Les faibles déplaisirs s'amusent à parler, [mes.
Et quiconque se plaint cherche à se consoler.
Moi, je jure des dieux la puissance suprême,
Et, pour dire encor plus, je jure par vous-même;
Car vous pouvez bien plus sur ce cœur affligé
Que le respect des dieux qui l'ont mal protégé :
Je jure donc par vous, ô pitoyable reste,
Ma divinité seule après ce coup funeste,

Par vous, qui seul ici pouvez me soulager,
De n'éteindre jamais l'ardeur de le venger.
Ptolomée à César, par un lâche artifice,
Rome, de ton Pompée a fait un sacrifice;
Et je n'entrerai point dans tes murs désolés,
Que le prêtre et le dieu ne lui soient immolés.
Faites-m'en souvenir, et soutenez ma haine,
O cendres, mon espoir aussi bien que ma peine;
Et, pour m'aider un jour à perdre son vainqueur,
Versez dans tous les cœurs ce que ressent mon cœur.
Toi qui l'as honoré sur cette infâme rive
D'une flamme pieuse autant comme chétive,
Dis-moi, quel bon démon a mis en ton pouvoir
De rendre à ce héros ce funèbre devoir?

PHILIPPE.

Tout couvert de son sang, et plus mort que lui-même,
Après avoir cent fois maudit le diadème,
Madame, j'ai porté mes pas et mes sanglots
Du côté que le vent poussait encor les flots.
Je cours longtemps en vain; mais enfin d'une roche
J'en découvre le tronc vers un sable assez proche,
Où la vague en courroux semblait prendre plaisir
A feindre de le rendre, et puis s'en ressaisir.
Je m'y jette, et l'embrasse, et le pousse au rivage;
Et, ramassant sous lui le débris d'un naufrage,
Je lui dresse un bûcher à la hâte et sans art,
Tel que je pus sur l'heure, et qu'il plut au hasard.
A peine brûlait-il que le ciel plus propice
M'envoie un compagnon en ce pieux office :
Cordus, un vieux Romain qui demeure en ces lieux,
Retournant de la ville, y détourne les yeux;
Et, n'y voyant qu'un tronc dont la tête est coupée,
A cette triste marque il reconnaît Pompée.
Soudain la larme à l'œil : « O toi, qui que tu sois,
« A qui le ciel permet de si dignes emplois,
« Ton sort est bien, dit-il, autre que tu ne penses;
« Tu crains des châtiments, attends des récompenses.
« César est en Égypte, et venge hautement
« Celui pour qui ton zèle a tant de sentiment. [dre,
« Tu peux faire éclater le soin qu'on t'en voit pren-
« Tu peux même à sa veuve en reporter la cendre.
« Son vainqueur l'a reçue avec tout le respect
« Qu'un dieu pourrait ici trouver à son aspect.
« Achève, je reviens. » Il part et m'abandonne,
Et rapporte aussitôt ce vase qu'il me donne,
Où sa main et la mienne enfin ont renfermé
Ces restes d'un héros par le feu consumé.

CORNÉLIE.

O que sa piété mérite de louanges!

PHILIPPE.

En entrant j'ai trouvé des désordres étranges.
J'ai vu fuir tout le peuple en foule vers le port,
Où le roi, disait-on, s'était fait le plus fort.
Les Romains poursuivaient; et César, dans la place
Ruisselante du sang de cette populace,
Montrait de sa justice un exemple assez beau,
Faisant passer Photin par les mains d'un bourreau.
Aussitôt qu'il me voit, il daigne me connaître;
Et prenant de ma main les cendres de mon maître :

« Restes d'un demi-dieu, dont à peine je puis
« Égaler le grand nom, tout vainqueur que j'en suis,
« De vos traîtres, dit-il, voyez punir les crimes :
« Attendant des autels, recevez ces victimes;
« Bien d'autres vont les suivre. Et toi, cours au palais
« Porter à sa moitié ce don que je lui fais;
« Porte à ses déplaisirs cette faible allégeance*,
« Et dis-lui que je cours achever sa vengeance. »
Ce grand homme à ces mots me quitte en soupirant,
Et baise avec respect ce vase qu'il me rend.

CORNÉLIE.

O soupirs, ô respect! oh! qu'il est doux de plaindre
Le sort d'un ennemi quand il n'est plus à craindre!
Qu'avec chaleur, Philippe, on court à le venger
Lorsqu'on s'y voit forcé par son propre danger,
Et quand cet intérêt qu'on prend pour sa mémoire
Fait notre sûreté comme il croit notre gloire!
César est **généreux**, j'en veux être d'accord;
Mais le roi le veut perdre, et son rival est mort.
Sa vertu laisse lieu de douter à l'envie
De ce qu'elle ferait s'il le voyait en vie :
Pour grand qu'en soit le prix, son péril en rabat;
Cette ombre qui la couvre en affaiblit l'éclat;
L'amour même s'y mêle, et le force à combattre :
Quand il venge Pompée, il défend Cléopâtre.
Tant d'intérêts sont joints à ceux de mon époux,
Que je ne devrais rien à ce qu'il fait pour nous,
Si comme par soi-même un grand cœur juge un au-
Je n'aimais mieux juger sa vertu par la nôtre, [tre,
Et croire que nous seuls armons ce combattant,
Parce qu'au point qu'il est j'en voudrais faire autant.

SCÈNE II

CLÉOPATRE, CORNÉLIE, PHILIPPE, CHARMION.

CLÉOPATRE.

Je ne viens pas ici pour troubler une plainte
Trop juste à la douleur dont vous êtes atteinte;[ros
Je viens pour rendre hommage aux cendres d'un hé-
Qu'un fidèle affranchi vient d'arracher aux flots,
Pour le plaindre avec vous, et vous jurer, madame,
Que j'aurais conservé ce maître de votre âme,
Si le ciel, qui vous traite avec trop de rigueur,
M'en eût donné la force aussi bien que le cœur.
Si pourtant, à l'aspect de ce qu'il vous renvoie,
Vos douleurs laissaient place à quelque peu de joie;
Si la vengeance avait de quoi vous soulager,
Je vous dirais aussi qu'on vient de vous venger,
Que le traître Photin... Vous le savez peut-être?

CORNÉLIE.

Oui, princesse, je sais qu'on a puni ce traître.

CLÉOPATRE.

Un si prompt châtiment vous doit être bien doux.

CORNÉLIE.

S'il a quelque douceur, elle n'est que pour vous.

CLÉOPATRE. [rent.

Tous les cœurs trouvent doux le succès qu'ils espè-

CORNÉLIE.

Comme nos intérêts, nos sentiments diffèrent.
Si César à sa mort joint celle d'Achillas,
Vous êtes satisfaite, et je ne la suis pas.
Aux mânes de Pompée il faut une autre offrande :
La victime est trop basse, et l'injure est trop grande;
Et ce n'est pas un sang que pour la réparer
Son ombre et ma douleur daignent considérer;
L'ardeur de le venger, dans mon âme allumée,
En attendant César demande Ptolomée.
Tout indigne qu'il est de vivre et de régner,
Je sais bien que César se force à l'épargner;
Mais, quoi que son amour ait osé vous promettre,
Le ciel, plus juste enfin, n'osera le permettre;
Et, s'il peut une fois écouter tous mes vœux,
Par la main l'un de l'autre ils périront tous deux.
Mon âme à ce bonheur, si le ciel me l'envoie,
Oubliera ses douleurs pour s'ouvrir à la joie;
Mais si ce grand souhait demande trop pour moi,
Si vous n'en perdez qu'un, ô ciel! perdez le roi.

CLÉOPATRE.

Le ciel sur nos souhaits ne règle pas les choses.

CORNÉLIE.

Le ciel règle souvent les effets sur les causes,
Et rend aux criminels ce qu'ils ont mérité.

CLÉOPATRE.

Comme de la justice, il a de la bonté.

CORNÉLIE.

Oui; mais il fait juger, à voir comme il commence,
Que sa justice agit, et non pas sa clémence.

CLÉOPATRE.

Souvent de la justice il passe à la douceur.

CORNÉLIE.

Reine, je parle en veuve, et vous parlez en sœur.
Chacune a son sujet d'aigreur ou de tendresse,
Qui dans le sort du roi justement l'intéresse.
Apprenons par le sang qu'on aura répandu
A quels souhaits le ciel a le mieux répondu.
Voici votre Achorée.

SCÈNE III

CORNÉLIE, CLÉOPATRE, ACHORÉE, PHILIPPE, CHARMION.

CLÉOPATRE.

                Hélas! sur son visage
Rien ne s'offre à mes yeux que de mauvais présage.
Ne nous déguisez rien, parlez sans me flatter :
Qu'ai-je à craindre, Achorée? ou qu'ai-je à regret-

ACHORÉE. [ter?

Aussitôt que César eut su la perfidie...

CLÉOPATRE.

Ce ne sont pas ses soins que je veux qu'on me die*,
Je sais qu'il fit trancher et clore ce conduit
Par où ce grand secours devait être introduit;
Qu'il manda tous les siens pour s'assurer la place
Où Photin a reçu le prix de son audace;

Que d'un si prompt supplice Achillas étonné
S'est aisément saisi du port abandonné;
Que le roi l'a suivi; qu'Antoine a mis à terre
Ce qui dans ses vaisseaux restait de gens de guerre;
Que César l'a rejoint; et je ne doute pas
Qu'il n'ait su vaincre encore, et punir Achillas.
ACHORÉE.
Oui, madame, on a vu son bonheur ordinaire...
CLÉOPATRE.
Dites-moi seulement s'il a sauvé mon frère,
S'il m'a tenu promesse.
ACHORÉE.
Oui, de tout son pouvoir.
CLÉOPATRE.
C'est là l'unique point que je voulais savoir.
Madame, vous voyez, les dieux m'ont écoutée.
CORNÉLIE.
Ils n'ont que différé la peine méritée.
CLÉOPATRE.
Vous la vouliez sur l'heure, ils l'en ont garanti.
ACHORÉE.
Il faudrait qu'à nos vœux il eût mieux consenti.
CLÉOPATRE.
Que disiez-vous naguère? et que viens-je d'entendre?
Accordez ces discours que j'ai peine à comprendre.
ACHORÉE.
Aucuns ordres ni soins n'ont pu le secourir;
Malgré César et nous il a voulu périr :
Mais il est mort, madame, avec toutes les marques
Que puissent laisser d'eux les plus dignes monarques;
Sa vertu rappelée a soutenu son rang,
Et sa perte aux Romains a coûté bien du sang.
  Il combattait Antoine avec tant de courage,
Qu'il emportait déjà sur lui quelque avantage;
Mais l'abord de César a changé le destin;
Aussitôt Achillas suit le sort de Photin :
Il meurt, mais d'une mort trop belle pour un traître,
Les armes à la main, en défendant son maître.
Le vainqueur crie en vain qu'on épargne le roi;
Ces mots au lieu d'espoir lui donnent de l'effroi;
Son esprit alarmé les croit un artifice
Pour réserver sa tête à l'affront d'un supplice.
Il pousse dans nos rangs, il les perce, et fait voir
Ce que peut la vertu qu'arme le désespoir;
Et son cœur emporté par l'erreur qui l'abuse,
Cherche partout la mort, que chacun lui refuse.
Enfin perdant haleine après ces grands efforts,
Près d'être environné, ses meilleurs soldats morts,
Il voit quelques fuyards sauter dans une barque;
Il s'y jette, et les siens, qui suivent leur monarque,
D'un si grand nombre en foule accablent ce vaisseau,
Que la mer l'engloutit avec tout son fardeau.
  C'est ainsi que sa mort lui rend toute sa gloire,
A vous toute l'Égypte, à César la victoire.
Il vous proclame reine; et, bien qu'aucun Romain
Du sang que vous pleurez n'ait vu rougir sa main,
Il nous fait voir à tous un déplaisir extrême,
Il soupire, il gémit. Mais le voici lui-même,

Qui pourra mieux que moi vous montrer la douleur
Que lui donne du roi l'invincible malheur.

SCÈNE IV

CÉSAR, CORNÉLIE, CLÉOPATRE, ANTOINE,
LÉPIDE, ACHORÉE, CHARMION, PHILIPPE.

CORNÉLIE.
César, tiens-moi parole, et me rends mes galères.
Achillas et Photin ont reçu leurs salaires;
Leur roi n'a pu jouir de ton cœur adouci;
Et Pompée est vengé ce qu'il peut l'être ici.
Je n'y saurais plus voir qu'un funeste rivage
Qui de leur attentat m'offre l'horrible image,
Ta nouvelle victoire, et le bruit éclatant
Qu'aux changements de roi pousse un peuple inconstant;
Et, parmi ces objets, ce qui le plus m'afflige,
C'est d'y revoir toujours l'ennemi qui m'oblige.
Laisse-moi m'affranchir de cette indignité,
Et souffre que ma haine agisse en liberté.
A cet empressement j'ajoute une requête :
Vois l'urne de Pompée; il y manque sa tête :
Ne me la retiens plus; c'est l'unique faveur
Dont je te puis encor prier avec honneur.
CÉSAR.
Il est juste, et César est tout prêt de vous rendre
Ce reste où vous avez tant de droit de prétendre;
Mais il est juste aussi qu'après tant de sanglots
A ses mânes errants nous rendions le repos,
Qu'un bûcher allumé par ma main et la vôtre
Le venge pleinement de la honte de l'autre;
Que son ombre s'apaise en voyant notre ennui,
Et qu'une urne plus digne et de vous et de lui,
Après la flamme éteinte et les pompes finies,
Renferme avec éclat ses cendres réunies.
De cette même main dont il fut combattu
Il verra des autels dressés à sa vertu :
Il recevra des vœux, de l'encens, des victimes,
Sans recevoir par là d'honneurs que légitimes :
Pour ces justes devoirs je ne veux que demain;
Ne me refusez pas ce bonheur souverain.
Faites un peu de force à votre impatience;
Vous êtes libre après; partez en diligence;
Portez à notre Rome un si digne trésor;
Portez...
CORNÉLIE.
Non pas, César, non pas à Rome encor :
Il faut que ta défaite et que tes funérailles
A cette cendre aimée en ouvrent les murailles;
Et quoiqu'elle la tienne aussi chère que moi,
Elle n'y doit rentrer qu'en triomphant de toi.
Je la porte en Afrique; et c'est là que j'espère
Que les fils de Pompée, et Caton et mon père,
Secondés par l'effort d'un roi plus généreux,
Ainsi que la justice auront le sort pour eux.
C'est là que tu verras sur la terre et sur l'onde
Le débris de Pharsale armer un autre monde;
Et c'est là que j'irai, pour hâter tes malheurs,

Porter de rang en rang ces cendres et mes pleurs.
Je veux que de ma haine ils reçoivent des règles,
Qu'ils suivent au combat des urnes au lieu d'aigles;
Et que ce triste objet porte en leur souvenir
Les soins de le venger, et ceux de te punir.
Tu veux à ce héros rendre un devoir suprême;
L'honneur que tu lui rends rejaillit sur toi-même :
Tu m'en veux pour témoin; j'obéis au vainqueur;
Mais ne présume pas toucher par là mon cœur.
La perte que j'ai faite est trop irréparable;
La source de ma haine est trop inépuisable :
A l'égal de mes jours je la ferai durer;
Je veux vivre avec elle, avec elle expirer.

    Je t'avoûrai pourtant, comme vraiment Romaine,
Que pour toi mon estime est égale à ma haine;
Que l'une et l'autre est juste, et montre le pouvoir,
L'une de ta vertu, l'autre de mon devoir;
Que l'une est généreuse, et l'autre intéressée,
Et que dans mon esprit l'une et l'autre est forcée.
Tu vois que ta vertu, qu'en vain on veut trahir,
Me force de priser ce que je dois haïr :
Juge ainsi de la haine où mon devoir me lie,
La veuve de Pompée y force Cornélie.
J'irai, n'en doute point, au sortir de ces lieux,
Soulever contre toi les hommes et les dieux; [pée;
Ces dieux qui t'ont flatté, ces dieux qui m'ont trom-
Ces dieux qui dans Pharsale ont mal servi Pompée,
Qui, la foudre à la main, l'ont pu voir égorger;
Ils connaîtront leur faute, et le voudront venger.
Mon zèle, à leur refus, aidé de sa mémoire,
Te saura bien sans eux arracher la victoire :
Et quand tout mon effort se trouvera rompu,
Cléopâtre fera ce que je n'aurai pu.
Je sais quelle est ta flamme et quelles sont ses forces,
Que tu n'ignores pas comme on fait les divorces,
Que ton amour t'aveugle, et que pour l'épouser
Rome n'a point de lois que tu n'oses briser :
Mais sache aussi qu'alors la jeunesse romaine
Se croira tout permis sur l'époux d'une reine,
Et que de cet hymen tes amis indignés
Vengeront sur ton sang leurs avis dédaignés.
J'empêche ta ruine, empêchant tes caresses.
Adieu : j'attends demain l'effet de tes promesses.

SCÈNE V

CÉSAR, CLÉOPATRE, ANTOINE, LÉPIDE,
ACHORÉE, CHARMION.

CLÉOPATRE.

Plutôt qu'à ces périls je vous puisse exposer,
Seigneur, perdez en moi ce qui les peut causer :
Sacrifiez ma vie au bonheur de la vôtre;
Le mien sera trop grand, et je n'en veux point d'autre,
Indigne que je suis d'un César pour époux,
Que de vivre en votre âme, étant morte pour vous.

CÉSAR.

Reine, ces vains projets sont le seul avantage
Qu'un grand cœur impuissant a du ciel en partage :
Comme il a peu de force, il a beaucoup de soins;
Et, s'il pouvait plus faire, il souhaiterait moins.
Les dieux empêcheront l'effet de ces augures,
Et mes félicités n'en seront pas moins pures,
Pourvu que votre amour gagne sur vos douleurs,
Qu'en faveur de César vous tarissiez vos pleurs,
Et que votre bonté, sensible à ma prière,
Pour un fidèle amant oublie un mauvais frère.
    On aura pu vous dire avec quel déplaisir
J'ai vu le désespoir qu'il a voulu choisir;
Avec combien d'efforts j'ai voulu le défendre
Des paniques terreurs qui l'avaient pu surprendre!
Il s'est de mes bontés jusqu'au bout défendu,
Et de peur de se perdre il s'est enfin perdu.
O honte pour César, qu'avec tant de puissance,
Tant de soins pour vous rendre entière obéissance
Il n'ait pu toutefois, en ces événements,
Obéir au premier de vos commandements!
Prenez-vous-en au ciel, dont les ordres sublimes
Malgré tous nos efforts savent punir les crimes;
Sa rigueur envers lui vous ouvre un sort plus doux,
Puisque par cette mort l'Égypte est toute à vous.

CLÉOPATRE.

Je sais que j'en reçois un nouveau diadème,
Qu'on n'en peut accuser que les dieux et lui-même;
Mais comme il est, seigneur, de la fatalité
Que l'aigreur soit mêlée à la félicité,
Ne vous offensez pas si cet heur de vos armes,
Qui me rend tant de biens, me coûte un peu de larmes,
Et si, voyant sa mort due à sa trahison,
Je donne à la nature ainsi qu'à la raison.
Je n'ouvre point les yeux sur ma grandeur si proche,
Qu'aussitôt à mon cœur mon sang ne le reproche;
J'en ressens dans mon âme un murmure secret,
Et ne puis remonter au trône sans regret.

ACHORÉE.

Un grand peuple, seigneur, dont cette cour est pleine,
Par des cris redoublés demande à voir sa reine,
Et, tout impatient, déjà se plaint aux cieux
Qu'on lui donne trop tard un bien si précieux.

CÉSAR.

Ne lui refusons plus le bonheur qu'il désire :
Princesse, allons par là commencer votre empire.
    Fasse le juste ciel, propice à mes désirs,
Que ces longs cris de joie étouffent vos soupirs,
Et puissent ne laisser dedans votre pensée
Que l'image des traits dont mon âme est blessée!
Cependant qu'à l'envi ma suite et votre cour
Préparent pour demain la pompe d'un beau jour,
Où, dans un digne emploi l'une et l'autre occupée,
Couronne Cléopâtre et m'apaise Pompée,
Élève à l'une un trône, à l'autre des autels,
Et jure à tous les deux des respects immortels.

EXAMEN DE LA MORT DE POMPÉE

A bien considérer cette pièce, je ne crois pas qu'il y en ait sur le théâtre où l'histoire soit plus conservée et plus falsifiée tout ensemble. Elle est si connue, que je n'ai osé en changer les événements ; mais il s'y en trouvera peu qui soient arrivés comme je les fais arriver. Je n'y ai ajouté que ce qui regarde Cornélie, qui semble s'y offrir d'elle-même, puisque, dans la vérité historique, elle était dans le même vaisseau que son mari lorsqu'il aborda en Égypte, qu'elle le vit descendre dans la barque, où il fut assassiné à ses yeux par Septime, et qu'elle fut poursuivie sur mer par les ordres de Ptolomée. C'est ce qui m'a donné occasion de feindre qu'on l'atteignit, et qu'elle fut ramenée devant César, bien que l'histoire n'en parle point. La diversité des lieux où les choses se sont passées, et la longueur du temps qu'elles ont consumé dans la vérité historique, m'ont réduit à cette falsification pour les ramener dans l'unité de jour et de lieu. Pompée fut massacré devant les murs de Pelusium, qu'on appelle aujourd'hui Damiette, et César prit terre à Alexandrie. Je n'ai nommé ni l'une ni l'autre ville, de peur que le nom de l'une n'arrêtât l'imagination de l'auditeur, et ne lui fît remarquer malgré lui la fausseté de ce qui s'est passé ailleurs. Le lieu particulier est, comme dans *Polyeucte*, un grand vestibule commun à tous les appartements du palais royal ; et cette unité n'a rien de vraisemblable, pourvu qu'on se détache de la vérité historique. Le premier, le troisième, et le quatrième acte, y ont leur justesse manifeste ; il y peut avoir quelque difficulté pour le second et le cinquième, dont Cléopâtre ouvre l'un et Cornélie l'autre. Elles sembleraient toutes deux avoir plus de raison de parler dans leur appartement ; mais l'impatience de la curiosité féminine les en peut faire sortir : l'une pour apprendre plus tôt les nouvelles de la mort de Pompée, ou par Achorée, qu'elle a envoyé en être témoin, ou par le premier qui entrera dans ce vestibule ; et l'autre, pour en savoir du combat de César et des Romains contre Ptolomée et les Égyptiens, pour empêcher que ce héros n'en aille donner à Cléopâtre avant qu'à elle, et pour obtenir de lui d'autant plus tôt la permission de partir. En quoi on peut remarquer que, comme elle sait qu'il est amoureux de cette reine, et qu'elle peut douter qu'au retour de son combat, les trouvant ensemble, il ne lui fasse le premier compliment, le soin qu'elle a de conserver la dignité romaine lui fait prendre la parole la première, et obliger par là César à lui répondre avant qu'il puisse rien dire à sa personne.

Pour le temps, il m'a fallu réduire en soulèvement tumultuaire une guerre qui n'a pu durer guère moins d'un an, puisque Plutarque rapporte qu'incontinent après que César fut parti d'Alexandrie, Cléopâtre accoucha de Césarion. Quand Pompée se présenta pour entrer en Égypte, le roi son frère avaient chacun leur armée prête à en venir aux mains l'une contre l'autre, et n'avaient garde de loger dans le même palais. César, dans ses *Commentaires*, ne parle point de ses amours avec elle, ni que la tête de Pompée lui fut présentée quand il arriva : c'est Plutarque et Lucain qui nous l'apprennent l'un et l'autre ; mais ils ne lui font présenter cette tête que par un des ministres du roi, nommé Théodote, et non par le roi même, comme je l'ai fait.

Il y a quelque chose d'extraordinaire dans le titre de ce poëme, qui porte le nom d'un héros qui n'y parle point ; mais il ne laisse pas d'en être, en quelque sorte, le principal acteur, puisque sa mort est la cause unique de tout ce qui s'y passe. J'ai justifié ailleurs l'unité d'action qui s'y rencontre, par cette raison que les événements y ont une telle dépendance l'un de l'autre, que la tragédie n'aurait pas été complète, si je ne l'eusse poussée jusqu'au terme où je la fais finir. C'est à ce dessein que, dès le premier acte, je fais connaître la venue de César, à qui la cour d'Égypte immole Pompée pour gagner les bonnes grâces du victorieux ; et ainsi il m'a fallu nécessairement faire voir quelle réception il ferait à leur lâche et cruelle politique. J'ai avancé l'âge de Ptolomée, afin qu'il pût agir, et que, portant le titre de roi, il tâchât d'en soutenir le caractère. Bien que les historiens et le poëte Lucain l'appellent communément *rex puer, le roi enfant*, il ne l'était pas à tel point qu'il ne fût en état d'épouser sa sœur Cléopâtre, comme l'avait ordonné son père. Hirtius dit qu'il était *puer jam adulta ætate* ; et Lucain appelle Cléopâtre incestueuse, dans ce vers qu'il adresse à ce roi par apostrophe :

Incesta sceptris cessura sororis ;

soit qu'elle eût déjà contracté ce mariage incestueux, soit à cause qu'après la guerre d'Alexandrie et la mort de Ptolomée, César la fît épouser à son jeune frère, qu'il rétablit dans le trône : d'où l'on peut tirer une conséquence infaillible, que si le plus jeune des deux frères était en âge de se marier quand César partit d'Égypte, l'aîné en était capable quand il y arriva, puisqu'il n'y tarda pas plus d'un an.

Le caractère de Cléopâtre garde une ressemblance ennoblie par ce qu'on y peut imaginer de plus illustre. Je ne la fais amoureuse que par ambition, en sorte qu'elle semble n'avoir point d'amour qu'en tant qu'il peut servir à sa grandeur. Quoique la réputation qu'elle a laissée la fasse passer pour une femme lascive et abandonnée à ses plaisirs, et que Lucain, peut-être en haine de César, la nomme en quelque endroit *meretrix regina*, et fasse dire ailleurs à l'eunuque Photin, qui gouvernait sous le nom de son frère Ptolomée :

*Quem non e nobis credit Cleopatra nocentem,
A quo casta fuit ?*

je trouve qu'à bien examiner l'histoire, elle n'avait que de l'ambition sans amour, et que, par politique, elle se servait des avantages de sa beauté pour affermir sa fortune. Cela paraît visible, en ce que les historiens ne marquent point qu'elle se soit donnée qu'aux deux premiers hommes du monde, César et Antoine, et qu'après la déroute de ce dernier, elle n'épargna aucun artifice pour engager Auguste dans la même passion qu'ils avaient eue pour elle, et fît voir par là qu'elle ne s'était attachée qu'à la haute puissance d'Antoine, et non pas à sa personne.

Pour le style, il est plus élevé en ce poëme qu'en aucun des miens, et ce sont, sans contredit, les vers les plus pompeux que j'aie faits. La gloire n'en est pas toute à moi ; j'ai traduit de Lucain tout ce que j'y ai trouvé de propre à mon sujet ; et comme je n'ai point fait de scrupule d'enrichir notre langue de ce que j'ai pu faire chez lui, j'ai tâché, pour le reste, à entrer si bien dans sa manière de former ses pensées et de s'expliquer, que ce qu'il m'a fallu y joindre du mien sentît son génie, et ne fût pas indigne d'être pris pour un larcin que je lui eusse fait. J'ai parlé, en l'examen de *Polyeucte*, de ce que je trouve à dire en la confidence que fait Cléopâtre à Charmion au second acte ; il ne me reste qu'un mot touchant les narrations d'Achorée, qui ont toujours passé pour fort belles : en quoi je ne veux pas aller contre le jugement du public, mais seulement faire remarquer de nouveau que celui qui les fait et les personnes qui les écoutent ont l'esprit assez tranquille pour avoir toute la patience qu'il y faut donner. Celle du troisième acte, qui est à mon gré la plus magnifique, a été accusée de n'être pas reçue par une personne digne de la recevoir : mais bien que Charmion qui l'écoute ne soit qu'une domestique de Cléopâtre, qu'on peut toutefois prendre pour sa dame d'honneur, étant envoyée exprès par cette reine pour l'écouter, elle tient lieu de cette reine même, qui cependant montre un orgueil digne d'elle, d'attendre la visite de César dans sa chambre sans aller au-devant de lui. D'ailleurs Cléopâtre eût rompu tout le reste de ce troisième acte, si elle s'y fût montrée ; et il m'a fallu la cacher par adresse de théâtre, et trouver pour cela dans l'action un prétexte qui fût glorieux pour elle, et qui ne laissât point paraître le secret de l'art qui m'obligeait à l'empêcher de se produire.

FIN DE LA MORT DE POMPÉE.

LE MENTEUR

COMÉDIE — 1642

ÉPITRE

Monsieur,

Je vous présente une pièce de théâtre d'un style si éloigné de ma dernière, qu'on aura de la peine à croire qu'elles soient parties toutes deux de la même main, dans le même hiver. Aussi les raisons qui m'ont obligé à y travailler ont été bien différentes. J'ai fait *Pompée* pour satisfaire à ceux qui ne trouvaient pas les vers de *Polyeucte* si puissants que ceux de *Cinna*, et leur montrer que j'en saurais bien retrouver la pompe quand le sujet le pourrait souffrir; j'ai fait *le Menteur* pour contenter les souhaits de beaucoup d'autres qui, suivant l'humeur des Français, aiment le changement, et, après tant de poëmes graves dont nos meilleures plumes ont enrichi la scène, m'ont demandé quelque chose de plus enjoué qui ne servît qu'à les divertir. Dans le premier, j'ai voulu faire un essai de ce que pouvaient la majesté du raisonnement et la force des vers dénués de l'agrément du sujet; dans celui-ci, j'ai voulu tenter ce que pourrait l'agrément du sujet dénué de la force des vers. Et d'ailleurs, étant obligé au genre comique de ma première réputation, je ne pouvais l'abandonner tout à fait sans quelque espèce d'ingratitude. Il est vrai que, comme alors que je me hasardai à le quitter, je n'osai me fier à mes seules forces, et que, pour m'élever à la dignité du tragique, je pris l'appui du grand Sénèque, à qui j'empruntai tout ce qu'il avait donné de rare à sa *Médée* : ainsi, quand je me suis résolu de repasser du héroïque au naïf, je n'ai osé descendre de si haut sans m'assurer d'un guide, et me suis laissé conduire au fameux Lope de Vega, de peur de m'égarer dans les détours de tant d'intrigues que fait notre Menteur. En un mot, ce n'est ici qu'une copie d'un excellent original qu'il a mis au jour sous le titre de *la Verdad sospechosa*; et, me fiant sur notre Horace, qui donne liberté de tout oser aux poëtes ainsi qu'aux peintres, j'ai cru que, nonobstant la guerre des deux couronnes, il m'était permis de trafiquer en Espagne. Si cette sorte de commerce était un crime, il y a longtemps que je serais coupable, je ne dis pas seulement pour *le Cid*, où je me suis aidé de dom Guillem de Castro, mais aussi pour *Médée*, dont je viens de parler, et pour *Pompée* même, où, pensant me fortifier du secours de deux Latins, j'ai pris celui de deux Espagnols, Sénèque et Lucain étant tous deux de Cordoue. Ceux qui ne voudront pas me pardonner cette intelligence avec nos ennemis approuveront du moins que je pille chez eux; et, soit qu'on fasse passer ceci pour un larcin ou pour un emprunt, je m'en suis trouvé si bien, que je n'ai pas envie que ce soit le dernier que je ferai chez eux. Je crois que vous en serez d'avis, et ne m'en estimerez pas moins.

Je suis,

Monsieur,

Votre très-humble serviteur,

CORNEILLE.

AU LECTEUR

Bien que cette comédie et celle qui la suit soient toutes deux de l'invention de Lope de Vega, je ne vous les donne point dans le même ordre que je vous ai donné *le Cid* et *Pompée*, dont en l'un vous avez vu les vers espagnols; et en l'autre les latins, que j'ai traduits ou imités de Guillem de Castro et de Lucain. Ce n'est pas que je n'aie ici emprunté beaucoup de choses de cet admirable original; mais, comme j'ai entièrement dépaysé les sujets pour les habiller à la française, vous trouveriez si peu de rapport entre l'Espagnol et le Français, qu'au lieu de satisfaction vous n'en recevriez que de l'importunité.

Par exemple, tout ce que je fais conter à notre Menteur des guerres d'Allemagne, où il se vante d'avoir été, l'Espagnol le lui fait dire du Pérou et des Indes, dont il fait le nouveau revenu; et ainsi de la plupart des autres incidents, qui, bien qu'ils soient imités de l'original, n'ont presque point de ressemblance avec lui pour les pensées, ni pour les termes qui les expriment. Je me contenterai donc de vous avouer que les sujets sont entièrement de qui, comme vous les trouverez dans la vingt et deuxième partie de ses comédies. Pour le reste, j'en ai pris tout ce qui s'est pu accomoder à notre usage; et s'il m'est permis de dire mon sentiment touchant une chose où j'ai si peu de part, je vous avouerai en même temps que l'invention de celle-ci me charme tellement que je ne trouve rien à mon gré qui lui soit comparable en ce genre, ni parmi les anciens, ni parmi les modernes. Elle est toute spirituelle depuis le commencement jusqu'à la fin, et les incidents si justes et si gracieux, qu'il faut être, à mon avis, de bien mauvaise humeur pour n'en approuver pas la conduite, et n'en aimer pas la représentation.

Je me défierais peut-être de l'estime extraordinaire que j'ai pour ce poëme, si je n'y étais confirmé par celle qu'en a faite un des premiers hommes de ce siècle, et qui non-seulement est le protecteur des savantes muses dans la Hollande, mais fait voir encore par son propre exemple que les grâces de la poésie ne sont pas incompatibles avec les plus hauts emplois de la politique et les plus nobles fonctions d'un homme d'État. Je parle de M. de Zuylichem, secrétaire des commandements de monseigneur le prince d'Orange. C'est lui que MM. Heinsius et Balzac ont pris comme pour arbitre de leur fameuse querelle, puisqu'ils lui ont adressé l'un et l'autre leurs doctes dissertations, et qui n'a pas dédaigné de montrer au public l'état qu'il fait de cette comédie par deux épigrammes*, l'un français et l'autre latin, qu'il a mis au-devant de l'impression qu'en ont faite les Elzeviers, à Leyden. Je vous les donne ici d'autant plus volontiers que, n'ayant pas l'honneur d'être connu de lui, son témoignage ne peut être suspect, et qu'on n'aura pas lieu de m'accuser de beaucoup de vanité pour en avoir fait parade, puisque toute la gloire qu'il m'y donne doit être attribuée au grand Lope de Vega, que peut-être il ne connaissait pas pour le premier auteur de cette merveille du théâtre.

IN PRÆSTANTISSIMI POETÆ GALLICI CORNELII

COMŒDIAM QUÆ INSCRIBITUR MENDAX.

Gravi cothurno torvus, orchestra truci
Dudum cruentus, Galliæ justus stupor,
Audivit et vatum decus Cornelius.
Laudem poëtæ num mereret comici
Pari nitore et elegantiâ, fuit
Qui disputaret, et negârunt inscii ;
Et mos gerendus insciis semel fuit.
Et, ecce, gessit, mentiendi gratiâ
Facetiisque, quas Terentius, pater

Amœnitatum, quas Menander, quas merum
Nectar deorum Plautus et mortalium,
Si sæculo reddantur, agnoscant suas,
Et quas negare non graventur non suas.
Tandem poëta est : fraude, fuco, fabulâ,
Mendace scenâ vindicavit se sibi.
Cui Stagitæ venit in mentem, putas,
Quis quâ præivit supputator algebrâ,
Quis cogitavit illud Euclides prior,
Probare rem verissimam mendacio?

Constanter. 1645.

A M. CORNEILLE

SUR SA COMÉDIE : LE MENTEUR.

Eh bien, ce beau *Menteur*, cette pièce fameuse,
Qui étonne le Rhin, et fait rougir la Meuse,
Et le Tage et le Pô, et le Tibre romain,
De n'avoir rien produit d'égal à cette main,
A ce Plaute rené, à ce nouveau Térence ;
La trouve-t-on si loin ou de l'indifférence,
Ou du juste mépris des savants d'aujourd'hui ?
Je tiens, tout au rebours, qu'elle a besoin d'appui,
De grâce, de pitié, de faveur affétée,
D'extrême charité, de louange empruntée.
Elle est plate, elle est fade, elle manque de sel,
De pointe et de vigueur ; et n'y a carrousel
Où la rage et le vin n'enfantent des Corneilles
Capables de fournir de plus fortes merveilles.
Qu'ai-je dit ? ah ! Corneille, aime mon repentir ;
Ton excellent *Menteur* m'a porté à mentir.
Il m'a rendu le faux si doux et si aimable,
Que, sans m'en aviser, j'ai vu le véritable
Ruiné de crédit, et si cru constamment
N'y avoir plus d'honneur qu'à mentir vaillamment.
Après tout, le moyen de s'en pouvoir dédire ?
A moins que d'en mentir, on ne peut rien dire ;
La plus haute pensée au bas de sa valeur
Devenait injustice et injure à l'auteur.
Qu'importe donc qu'on mente, ou que d'un faible éloge
A toi et ton *Menteur* faussement on déroge ?
Qu'importe que les dieux se trouvent irrités
De mensonges ou bien de fausses vérités ?

Constanter.

PERSONNAGES.

GÉRONTE, père de Dorante.
DORANTE, fils de Géronte.
ALCIPPE, ami de Dorante et amant de Clarice.
PHILISTE, ami de Dorante et d'Alcippe.
CLARICE, maîtresse d'Alcippe.

PERSONNAGES.

LUCRÈCE, amie de Clarice.
ISABELLE, suivante de Clarice.
SABINE, femme de chambre de Lucrèce.
CLITON, valet de Dorante.
LYCAS, valet d'Alcippe.

La scène est à Paris.

ACTE PREMIER

SCÈNE I

DORANTE, CLITON.

DORANTE.
A la fin j'ai quitté la robe pour l'épée :
L'attente où j'ai vécu n'a point été trompée ;
Mon père a consenti que je suive mon choix,
Et j'ai fait banqueroute à ce fatras de lois.
Mais puisque nous voici dedans les Tuileries,
Le pays du beau monde et des galanteries,
Dis-moi, me trouves-tu bien fait en cavalier ?
Ne vois-tu rien en moi qui sente l'écolier ?
Comme il est malaisé qu'aux royaumes du code
On apprenne à se faire un visage à la mode,
J'ai lieu d'appréhender...

CLITON.
Ne craignez rien pour vous,
Vous ferez en une heure ici mille jaloux.
Ce visage et ce port n'ont point l'air de l'école,
Et jamais comme vous on ne peignit Barthole :
Je prévois du malheur pour beaucoup de maris.
Mais que vous semble encor maintenant de Paris ?

DORANTE.
J'en trouve l'air bien doux, et cette loi bien rude
Qui m'en avait banni sous prétexte d'étude.
Toi, qui sais les moyens de s'y bien divertir,
Ayant eu le bonheur de n'en jamais sortir,
Dis-moi comme en ce lieu l'on gouverne les dames.

CLITON.
C'est là le plus beau soin qui vienne aux belles âmes,
Disent les beaux esprits. Mais, sans faire le fin,
Vous avez l'appétit ouvert de bon matin !
D'hier au soir seulement vous êtes dans la ville,
Et vous vous ennuyez déjà d'être inutile !
Votre humeur sans emploi ne peut passer un jour !
Et déjà vous cherchez à pratiquer l'amour !
Je suis auprès de vous en fort bonne posture
De passer pour un homme à donner tablature ;
J'ai la taille d'un maître en ce noble métier,
Et je suis, tout au moins, l'intendant du quartier.

DORANTE.
Ne t'effarouche point : je ne cherche, à vrai dire,
Que quelque connaissance où l'on se plaise à rire,
Qu'on puisse visiter par divertissement,
Où l'on puisse en douceur couler quelque moment.
Pour me connaître mal, tu prends mon sens à gauche.

CLITON.
J'entends, vous n'êtes pas un homme de débauche,
Et tenez celles-là trop indignes de vous
Que le son d'un écu rend traitables à tous :
Aussi que vous cherchiez de ces sages coquettes
Où peuvent tous venants débiter leurs fleurettes,
Mais qui ne font l'amour que de babil et d'yeux,
Vous êtes d'encolure à vouloir un peu mieux.

Loin de passer son temps, chacun le perd chez elles;
Et le jeu, comme on dit, n'en vaut pas les chandelles.
Mais ce serait pour vous un bonheur sans égal
Que ces femmes de bien qui se gouvernent mal,
Et de qui la vertu, quand on leur fait service,
N'est pas incompatible avec un peu de vice.
Vous en verrez ici de toutes les façons.
Ne me demandez point cependant de leçons;
Ou je me connais mal à voir votre visage,
Ou vous n'en êtes pas à votre apprentissage :
Vos lois ne régiaient pas si bien tous vos desseins
Que vous eussiez toujours un portefeuille aux mains.

DORANTE.

A ne rien déguiser, Cliton, je te confesse
Qu'à Poitiers j'ai vécu comme vit la jeunesse;
J'étais en ces lieux-là de beaucoup de métiers :
Mais Paris, après tout, est bien loin de Poitiers.
Le climat différent veut une autre méthode :
Ce qu'on admire ailleurs est ici hors de mode;
La diverse façon de parler et d'agir
Donne aux nouveaux venus souvent de quoi rougir.
Chez les provinciaux on prend ce qu'on rencontre;
Et là, faute de mieux, un sot passe à la montre*.
Mais il faut à Paris bien d'autres qualités;
On ne s'éblouit point de ces fausses clartés;
Et tant d'honnêtes gens, que l'on y voit ensemble,
Font qu'on est mal reçu, si l'on ne leur ressemble.

CLITON.

Connaissez mieux Paris, puisque vous en parlez.
Paris est un grand lieu plein de marchands mêlés :
L'effet n'y répond pas toujours à l'apparence;
On s'y laisse duper autant qu'en lieu de France;
Et parmi tant d'esprits plus polis et meilleurs,
Il y croît des badauds autant et plus qu'ailleurs.
Dans la confusion que ce grand monde apporte,
Il y vient de tous lieux des gens de toute sorte;
Et dans toute la France il est fort peu d'endroits
Dont il n'ait le rebut aussi bien que le choix.
Comme on s'y connaît mal, chacun s'y fait de mise*,
Et vaut communément autant comme il se prise :
De bien pires que vous s'y font assez valoir.
Mais, pour venir au point que vous voulez savoir,
Êtes-vous libéral ?

DORANTE.

Je ne suis point avare.

CLITON.

C'est un secret d'amour et bien grand et bien rare;
Mais il faut de l'adresse à le bien débiter,
Autrement on s'y perd au lieu d'en profiter.
Tel donne à pleines mains qui n'oblige personne :
La façon de donner vaut mieux que ce qu'on donne.
L'un perd exprès au jeu son présent déguisé;
L'autre oublie un bijou qu'on aurait refusé.
Un lourdaud libéral auprès d'une maîtresse
Semble donner l'aumône alors qu'il fait largesse;
Et d'un tel contre-temps il fait tout ce qu'il fait,
Que, quand il tâche à plaire, il offense en effet.

DORANTE.

Laissons là ces lourdauds contre qui tu déclames,
Et me dis seulement si tu connais ces dames.

CLITON.

Non : cette marchandise est de trop bon aloi;
Ce n'est point là gibier à des gens comme moi;
Il est aisé pourtant d'en savoir des nouvelles,
Et bientôt leur cocher m'en dira des plus belles.

DORANTE.

Penses-tu qu'il t'en die*?

CLITON.

Assez pour en mourir;
Puisque c'est un cocher, il aime à discourir.

SCÈNE II

DORANTE, CLARICE, LUCRÈCE,
ISABELLE.

CLARICE, *faisant un faux pas, et comme se laissant choir.*

Ay !

DORANTE, *lui donnant la main.*

Ce malheur me rend un favorable office,
Puisqu'il me donne lieu de ce petit service;
Et c'est pour moi, madame, un bonheur souverain
Que cette occasion de vous donner la main.

CLARICE.

L'occasion ici fort peu vous favorise,
Et ce faible bonheur ne vaut pas qu'on le prise.

DORANTE.

Il est vrai, je le dois tout entier au hasard;
Mes soins ni vos désirs n'y prennent point de part;
Et sa douceur mêlée avec cette amertume
Ne me rend pas le sort plus doux que de coutume,
Puisque enfin ce bonheur, que j'ai si fort prisé,
A mon peu de mérite eût été refusé.

CLARICE.

S'il a perdu si tôt ce qui pouvait lui plaire,
Je veux être à mon tour d'un sentiment contraire,
Et crois qu'on doit trouver plus de félicité
A posséder un bien sans l'avoir mérité.
J'estime plus un don qu'une reconnaissance :
Qui nous donne fait plus que qui nous récompense;
Et le plus grand bonheur au mérite rendu
Ne fait que nous payer de ce qui nous est dû.
La faveur qu'on mérite est toujours achetée;
L'heur* en croît d'autant plus, moins elle est méritée;
Et le bien où sans peine elle fait parvenir
Par le mérite à peine aurait pu s'obtenir.

DORANTE.

Aussi ne croyez pas que jamais je prétende
Obtenir par mérite une faveur si grande :
J'en sais mieux le haut prix; et mon cœur amoureux,
Moins il s'en connaît digne, et plus s'en tient heureux.
On me l'a pu toujours dénier sans injure;
Et si la recevant ce cœur même en murmure,
Il se plaint du malheur de ses félicités,
Que le hasard lui donne, et non vos volontés.
Un amant a fort peu de quoi se satisfaire
Des faveurs qu'on lui fait sans dessein de les faire :
Comme l'intention seule en forme le prix,

LE MENTEUR, ACTE I, SCÈNE IV.

Assez souvent sans elle on les joint au mépris.
Jugez par là quel bien peut recevoir ma flamme
D'une main qu'on me donne en me refusant l'âme.
Je la tiens, je la touche et je la touche en vain,
Si je ne puis toucher le cœur avec la main.

CLARICE.

Cette flamme, monsieur, est pour moi fort nouvelle,
Puisque j'en viens de voir la première étincelle.
Si votre cœur ainsi s'embrase en un moment,
Le mien ne sut jamais brûler si promptement ;
Mais peut-être, à présent que j'en suis avertie,
Le temps donnera place à plus de sympathie.
Confessez cependant qu'à tort vous murmurez
Du mépris de vos feux, que j'avais ignorés.

SCÈNE III

DORANTE, CLARICE, LUCRÈCE, ISABELLE, CLITON.

DORANTE.

C'est l'effet du malheur qui partout m'accompagne.
Depuis que j'ai quitté les guerres d'Allemagne,
C'est-à-dire du moins depuis un an entier,
Je suis et jour et nuit dedans votre quartier ; [des ;
Je vous cherche en tous lieux, aux bals, aux promena-
Vous n'avez que de moi reçu des sérénades ;
Et je n'ai pu trouver que cette occasion
A vous entretenir de mon affection.

CLARICE.

Quoi ! vous avez donc vu l'Allemagne et la guerre ?

DORANTE.

Je m'y suis fait quatre ans craindre comme un ton-
CLITON.   [nerre.
Que lui va-t-il conter ?

DORANTE.

Et durant ces quatre ans
Il ne s'est fait combats, ni siéges importants,
Nos armes n'ont jamais remporté de victoire,
Où cette main n'ait eu bonne part à la gloire :
Et même la gazette a souvent divulgué...

CLITON, *le tirant par la basque.*

Savez-vous bien, monsieur, que vous extravaguez ?

DORANTE.

Tais-toi.

CLITON.

Vous rêvez, dis-je, ou...

DORANTE.

Tais-toi, misérable.

CLITON.

Vous venez de Poitiers, ou je me donne au diable ;
Vous en revîntes hier.

DORANTE, *à Cliton.*

Te tairas-tu, maraud ?

(*à Clarice.*)

Mon nom dans nos succès s'était mis assez haut
Pour faire quelque bruit sans beaucoup d'injustice ;
Et je suivrais encore un si noble exercice,

N'était que l'autre hiver, faisant ici ma cour,
Je vous vis, et je fus retenu par l'amour.
Attaqué par vos yeux, je leur rendis les armes ;
Je me fis prisonnier de tant d'aimables charmes ;
Je leur livrai mon âme ; et ce cœur généreux
Dès ce premier moment oublia tout pour eux.
Vaincre dans les combats, commander dans l'armée,
De mille exploits fameux enfler ma renommée,
Et tous ces nobles soins qui m'avaient su ravir,
Cédèrent aussitôt à ceux de vous servir.

ISABELLE, *à Clarice, tout bas.*

Madame, Alcippe vient ; il aura de l'ombrage.

CLARICE.

Nous en saurons, monsieur, quelque jour davantage.
Adieu.

DORANTE.

Quoi ! me priver si tôt de tout mon bien ?

CLARICE.

Nous n'avons pas loisir d'un plus long entretien ;
Et malgré la douceur de me voir cajolée*,
Il faut que nous fassions seules deux tours d'allée.

DORANTE.

Cependant accordez à mes vœux innocents
La licence d'aimer des charmes si puissants.

CLARICE.

Un cœur qui veut aimer, et qui sait comme on aime
N'en demande jamais licence qu'à soi-même.

SCÈNE IV

DORANTE, CLITON.

DORANTE.

Suis-les, Cliton.

CLITON.

J'en sais ce qu'on en peut savoir.
La langue du cocher a bien fait son devoir.
« La plus belle des deux, dit-il, est ma maîtresse ;
« Elle loge à la place, et son nom est Lucrèce. »

DORANTE.

Quelle place ?

CLITON.

Royale, et l'autre y loge aussi.
Il n'en sait pas le nom, mais j'en prendrai souci.

DORANTE.

Ne te mets point, Cliton, en peine de l'apprendre.
Celle qui m'a parlé, celle qui m'a su prendre,
C'est Lucrèce, ce l'est sans aucun contredit :
Sa beauté m'en assure, et mon cœur me le dit.

CLITON.

Quoique mon sentiment doive respect au vôtre,
La plus belle des deux, je crois que ce soit l'autre.

DORANTE.

Quoi ! celle qui s'est tue et qui dans nos propos
N'a jamais eu l'esprit de mêler quatre mots ?

CLITON.

Monsieur, quand une femme a le don de se taire,
Elle a des qualités au-dessus du vulgaire ;

C'est un effort du ciel qu'on a peine à trouver :
Sans un petit miracle il ne peut l'achever ;
Et la nature souffre extrême violence
Lorsqu'il en fait d'humeur à garder le silence.
Pour moi, jamais l'amour n'inquiète mes nuits ;
Et, quand le cœur m'en dit, j'en prends par où je puis.
Mais naturellement femme qui se peut taire
A sur moi tel pouvoir et tel droit de me plaire,
Qu'eût-elle en vrai magot tout le corps fagoté,
Je lui voudrais donner le prix de la beauté.
C'est elle assurément qui s'appelle Lucrèce :
Cherchez un autre nom pour l'objet qui vous blesse ;
Ce n'est point là le sien : celle qui n'a dit mot,
Monsieur, c'est la plus belle, ou je ne suis qu'un sot.

DORANTE.
Je t'en crois sans jurer avec tes incartades.
Mais voici les plus chers de mes vieux camarades :
Ils semblent étonnés, à voir leur action.

SCÈNE V

DORANTE, ALCIPPE, PHILISTE, CLITON.

PHILISTE, à *Alcippe*.
Quoi ! sur l'eau la musique et la collation ?
ALCIPPE, à *Philiste*.
Oui, la collation avecque la musique.
PHILISTE, à *Alcippe*.
Hier au soir ?
ALCIPPE, à *Philiste*.
Hier au soir.
PHILISTE, à *Alcippe*.
Et belle ?
ALCIPPE, à *Philiste*.
Magnifique.
PHILISTE, à *Alcippe*.
Et par qui ?
ALCIPPE, à *Philiste*.
C'est de quoi je suis mal éclairci.
DORANTE, *les saluant*.
Que mon bonheur est grand de vous revoir ici !
ALCIPPE.
Le mien est sans pareil, puisque je vous embrasse.
DORANTE.
J'ai rompu vos discours d'assez mauvaise grâce :
Vous le pardonnerez à l'aise de vous voir.
PHILISTE.
Avec nous, de tout temps, vous avez tout pouvoir.
DORANTE.
Mais de quoi parliez-vous ?
ALCIPPE.
D'une galanterie.
DORANTE.
D'amour ?
ALCIPPE.
Je le présume.
DORANTE.
Achevez, je vous prie,
Et souffrez qu'à ce mot ma curiosité
Vous demande sa part de cette nouveauté.
ALCIPPE.
On dit qu'on a donné musique à quelque dame.
DORANTE.
Sur l'eau ?
ALCIPPE.
Sur l'eau.
DORANTE.
Souvent l'onde irrite la flamme.
PHILISTE.
Quelquefois.
DORANTE.
Et ce fut hier au soir ?
ALCIPPE.
Hier au soir.
DORANTE.
Dans l'ombre de la nuit le feu se fait mieux voir.
Le temps était bien pris. Cette dame, elle est belle ?
ALCIPPE.
Aux yeux de bien du monde elle passe pour telle.
DORANTE.
Et la musique ?
ALCIPPE.
Assez pour n'en rien dédaigner.
DORANTE.
Quelque collation a pu l'accompagner ?
ALCIPPE.
On le dit.
DORANTE.
Fort superbe ?
ALCIPPE.
Et fort bien ordonnée.
DORANTE.
Et vous ne savez point celui qui l'a donnée ?
ALCIPPE.
Vous en riez !
DORANTE.
Je ris de vous voir étonné
D'un divertissement que je me suis donné.
ALCIPPE.
Vous ?
DORANTE.
Moi-même.
ALCIPPE.
Et déjà vous avez fait maîtresse ?
DORANTE.
Si je n'en avais fait, j'aurais bien peu d'adresse,
Moi qui depuis un mois suis ici de retour.
Il est vrai que je sors fort peu souvent de jour ;
De nuit, *incognito*, je rends quelques visites ;
Ainsi...
CLITON, *à Dorante, à l'oreille*.
Vous ne savez, monsieur, ce que vous dites.
DORANTE.
Tais-toi ; si jamais plus tu me viens avertir...
CLITON.
J'enrage de me taire et d'entendre mentir !

PHILISTE, à *Alcippe*.

Voyez qu'heureusement dedans cette rencontre
Votre rival lui-même à vous-même se montre.

DORANTE, *revenant à eux*.

Comme à mes chers amis je vous veux tout conter.
  J'avais pris cinq bateaux pour mieux tout ajuster;
Les quatre contenaient quatre chœurs de musique,
Capables de charmer le plus mélancolique.
Au premier, violons; en l'autre, luths et voix;
Des flûtes, au troisième; au dernier, des hautbois,
Qui tour à tour dans l'air poussaient des harmonies
Dont on pouvait nommer les douceurs infinies.
Le cinquième était grand, tapissé tout exprès
De rameaux enlacés pour conserver le frais,
Dont chaque extrémité portait un doux mélange
De bouquets de jasmin, de grenade, et d'orange.
Je fis de ce bateau la salle du festin :
Là je menai l'objet qui fait seul mon destin;
De cinq autres beautés la sienne fut suivie,
Et la collation fut aussitôt servie.
Je ne vous dirai point les différents apprêts,
Le nom de chaque plat, le rang de chaque mets :
Vous saurez seulement qu'en ce lieu de délices
On servit douze plats, et qu'on fit six services;
Cependant que les eaux, les rochers, et les airs
Répondaient aux accents de nos quatre concerts.
Après qu'on eut mangé, mille et mille fusées,
S'élançant vers les cieux, ou droites ou croisées,
Firent un nouveau jour, d'où tant de serpenteaux
D'un déluge de flamme attaquèrent les eaux,
Qu'on crut que, pour leur faire une plus rude guerre,
Tout l'élément du feu tombait du ciel en terre.
Après ce passe-temps on dansa jusqu'au jour,
Dont le soleil jaloux avança le retour :
S'il eût pris notre avis, sa lumière importune
N'eût pas troublé si tôt ma petite fortune;
Mais, n'étant pas d'humeur à suivre nos désirs,
Il sépara la troupe, et finit nos plaisirs.

ALCIPPE.

Certes, vous avez grâce à conter ces merveilles;
Paris, tout grand qu'il est, en voit peu de pareilles.

DORANTE.

J'avais été surpris; et l'objet de mes vœux
Ne m'avait tout au plus donné qu'une heure ou deux.

PHILISTE.

Cependant l'ordre est rare, et la dépense belle.

DORANTE.

Il s'est fallu passer à cette bagatelle :
Alors que le temps presse, on n'a pas à choisir.

ALCIPPE.

Adieu : nous nous verrons avec plus de loisir.

DORANTE.

Faites état de moi *.

  ALCIPPE, *à Philiste, en s'en allant*.

Je meurs de jalousie!

PHILISTE, *à Alcippe*.

Sans raison toutefois votre âme en est saisie;
Les signes du festin ne s'accordent pas bien.

ALCIPPE, *à Philiste*.

Le lieu s'accorde, et l'heure : et le reste n'est rien.

SCÈNE VI

DORANTE, CLITON.

CLITON.

Monsieur, puis-je à présent parler sans vous déplaire?

DORANTE.

Je remets à ton choix de parler ou te taire;
Mais quand tu vois quelqu'un, ne fais plus l'insolent.

CLITON.

Votre ordinaire est-il de rêver en parlant?

DORANTE.

Où me vois-tu rêver?

CLITON.

    J'appelle rêveries
Ce qu'en d'autres qu'un maître on nomme menteries.
Je parle avec respect.

DORANTE.

    Pauvre esprit!

CLITON.

        Je le perds
Quand je vous ois* parler de guerre et de concerts.
Vous voyez sans péril nos batailles dernières,
Et faites des festins qui ne vous coûtent guères.
Pourquoi depuis un an vous feindre de retour?

DORANTE.

J'en montre plus de flamme, et j'en fais mieux ma [cour.

CLITON.

Qu'a de propre la guerre à montrer votre flamme?

DORANTE.

O le beau compliment à charmer une dame,
De lui dire d'abord : « J'apporte à vos beautés
« Un cœur nouveau venu des universités;
« Si vous avez besoin de lois et de rubriques,
« Je sais le Code entier avec les Authentiques,
« Le Digeste nouveau, le vieux, l'Infortiat,
« Ce qu'en a dit Jason, Balde, Accurse, Alciat! »
Qu'un si riche discours nous rend considérables!
Qu'on amollit par là de cœurs inexorables!
Qu'un homme à paragraphe est un joli galant!
On s'introduit bien mieux à titre de vaillant :
Tout le secret ne gît qu'en un peu de grimace,
A mentir à propos, jurer de bonne grâce,
Étaler force mots qu'elles n'entendent pas;
Faire sonner Lamboy, Jean de Vert, et Galas[1];
Nommer quelques châteaux de qui les noms barbares,
Plus ils blessent l'oreille, et plus leur semblent rares;
Avoir toujours en bouche angles, lignes, fossés,
Vedette, contrescarpes, et travaux avancés :
Sans ordre et sans raison, n'importe, on les étonne;
On leur fait admirer les baies* qu'on leur donne :
Et tel, à la faveur d'un semblable débit,
Passe pour homme illustre, et se met en crédit.

1. Généraux de l'empereur Ferdinand III.

CLITON.
A qui vous veut ouïr, vous en faites bien croire ;
Mais celle-ci bientôt peut savoir votre histoire.
DORANTE.
J'aurai déjà gagné chez elle quelque accès ;
Et, loin d'en redouter un malheureux succès,
Si jamais un fâcheux nous nuit par sa présence,
Nous pourrons sous ces mots être d'intelligence.
Voilà traiter l'amour, Cliton, et comme il faut.
CLITON.
A vous dire le vrai, je tombe de bien haut.
Mais parlons du festin : Urgande et Mélusine
N'ont jamais sur-le-champ mieux fourni leur cuisine,
Vous allez au delà de leurs enchantements :
Vous seriez un grand maître à faire des romans ;
Ayant si bien en main le festin et la guerre,
Vos gens en moins de rien courraient toute la terre,
Et ce serait pour vous des travaux fort légers
Que d'y mêler partout la pompe et les dangers.
Ces hautes fictions vous sont bien naturelles.
DORANTE.
J'aime à braver ainsi les conteurs de nouvelles ;
Et sitôt que j'en vois quelqu'un s'imaginer
Que ce qu'il veut m'apprendre a de quoi m'étonner,
Je le sers aussitôt d'un conte imaginaire
Qui l'étonne lui-même, et le force à se taire.
Si tu pouvais savoir quel plaisir on a lors
De leur faire rentrer leurs nouvelles au corps...
CLITON.
Je le juge assez grand ; mais enfin ces pratiques
Vous peuvent engager en de fâcheux intrigues*.
DORANTE.
Nous nous en tirerons ; mais tous ces vains discours
M'empêchent de chercher l'objet de mes amours ;
Tâchons de le rejoindre, et sache qu'à me suivre
Je t'apprendrai bientôt d'autres façons de vivre.

ACTE DEUXIÈME

SCÈNE I

GÉRONTE, CLARICE, ISABELLE.

CLARICE.
Je sais qu'il vaut beaucoup étant sorti de vous ;
Mais, monsieur, sans le voir, accepter un époux,
Par quelque haut récit qu'on en soit conviée,
C'est grande avidité de se voir mariée :
D'ailleurs, en recevoir visite et compliment,
Et lui permettre accès en qualité d'amant,
A moins qu'à vos projets un plein effet réponde,
Ce serait trop donner à discourir au monde.
Trouvez donc un moyen de me le faire voir,
Sans m'exposer au blâme et manquer au devoir.

GÉRONTE.
Oui, vous avez raison, belle et sage Clarice ;
Ce que vous m'ordonnez est la même justice ;
Et comme c'est à nous à subir votre loi,
Je reviens tout à l'heure, et Dorante avec moi.
Je le tiendrai longtemps dessous votre fenêtre,
Afin qu'avec loisir vous puissiez le connaître,
Examiner sa taille, et sa mine, et son air,
Et voir quel est l'époux que je vous veux donner.
Il vint hier de Poitiers, mais il sent peu l'école ;
Et si l'on pouvait croire un père à sa parole,
Quelque écolier qu'il soit, je dirais qu'aujourd'hui
Peu de nos gens de cour sont mieux taillés que lui.
Mais vous en jugerez après la voix publique.
Je cherche à l'arrêter, parce qu'il m'est unique*,
Et je brûle surtout de le voir sous vos lois.
CLARICE.
Vous m'honorez beaucoup d'un si glorieux choix.
Je l'attendrai, monsieur, avec impatience,
Et je l'aime déjà sur cette confiance.

SCÈNE II

CLARICE, ISABELLE.

ISABELLE.
Ainsi vous le verrez, et sans vous engager.
CLARICE.
Mais pour le voir ainsi qu'en pourrai-je juger ?
J'en verrai le dehors, la mine, l'apparence ;
Mais du reste, Isabelle, où prendre l'assurance ?
Le dedans paraît mal en ces miroirs flatteurs ;
Les visages souvent sont de doux imposteurs.
Que de défauts d'esprit se couvrent de leurs grâces !
Et que de beaux semblants cachent des âmes basses !
Les yeux en ce grand choix ont la première part ;
Mais leur déférer tout, c'est tout mettre au hasard :
Qui veut vivre en repos ne doit pas leur déplaire,
Mais, sans leur obéir, il les doit satisfaire,
En croire leur refus, et non pas leur aveu,
Et sur d'autres conseils laisser naître son feu.
Cette chaîne, qui dure autant que notre vie,
Et qui devrait donner plus de peur que d'envie,
Si l'on n'y prend bien garde, attache assez souvent
Le contraire au contraire, et le mort au vivant :
Et pour moi, puisqu'il faut qu'elle me donne un maî-
Avant que l'accepter je voudrais le connaître, [tre,
Mais connaître dans l'âme.
ISABELLE.
          Eh bien ! qu'il parle à vous.
CLARICE.
Alcippe le sachant en deviendrait jaloux.
ISABELLE.
Qu'importe qu'il le soit, si vous avez Dorante ?
CLARICE.
Sa perte ne m'est pas encore indifférente ;
Et l'accord de l'hymen entre nous concerté,
Si son père venait, serait exécuté.
Depuis plus de deux ans il promet et diffère ;

Tantôt c'est maladie, et tantôt quelque affaire;
Le chemin est mal sûr, ou les jours sont trop courts;
Et le bon homme enfin ne peut sortir de Tours.
Je prends tous ces délais pour une résistance,
Et ne suis pas d'humeur à mourir de constance.
Chaque moment d'attente ôte de notre prix,
Et fille qui vieillit tombe dans le mépris :
C'est un nom glorieux qui se garde avec honte;
Sa défaite est fâcheuse à moins que d'être prompte.
Le temps n'est pas un dieu qu'elle puisse braver,
Et son honneur se perd à le trop conserver.

ISABELLE.
Ainsi vous quitteriez Alcippe pour un autre
De qui l'humeur aurait de quoi plaire à la vôtre?

CLARICE.
Oui, je le quitterais ; mais pour ce changement
Il me faudrait en main avoir un autre amant,
Savoir qu'il me fût propre, et que son hyménée
Dût bientôt à la sienne unir ma destinée.
Mon humeur sans cela ne s'y résout pas bien,
Car Alcippe, après tout, vaut toujours mieux que rien;
Son père peut venir, quelque longtemps qu'il tarde.

ISABELLE.
Pour en venir à bout sans que rien s'y hasarde,
Lucrèce est votre amie et peut beaucoup pour vous ;
Elle n'a point d'amants qui deviennent jaloux :
Qu'elle écrive à Dorante, et lui fasse paraître
Qu'elle veut cette nuit le voir par sa fenêtre.
Comme il est jeune encore, on l'y verra voler ;
Et là, sous ce faux nom, vous pourrez lui parler,
Sans qu'Alcippe jamais en découvre l'adresse,
Ni que lui-même pense à d'autre qu'à Lucrèce.

CLARICE.
L'invention est belle ; et Lucrèce aisément
Se résoudra pour moi d'écrire un compliment :
J'admire ton adresse à trouver cette ruse.

ISABELLE.
Puis-je vous dire encor que, si je ne m'abuse,
Tantôt cet inconnu ne vous déplaisait pas?

CLARICE.
Ah! bon Dieu! si Dorante avait autant d'appas,
Que d'Alcippe aisément il obtiendrait la place !

ISABELLE.
Ne parlez point d'Alcippe ; il vient.

CLARICE.
Qu'il m'embarrasse !
Va pour moi chez Lucrèce, et lui dis mon projet,
Et tout ce qu'on peut dire en un pareil sujet.

SCÈNE III

CLARICE, ALCIPPE.

ALCIPPE.
Ah! Clarice! ah! Clarice! inconstante! volage !

CLARICE, *à part, le premier vers.*
Aurait-il deviné déjà ce mariage ?
Alcippe, qu'avez-vous? qui vous fait soupirer?

ALCIPPE.
Ce que j'ai, déloyale ! eh! peux-tu l'ignorer ?
Parle à ta conscience, elle devrait t'apprendre...

CLARICE.
Parlez un peu plus bas, mon père va descendre.

ALCIPPE.
Ton père va descendre, âme double et sans foi !
Confesse que tu n'as un père que pour moi.
La nuit, sur la rivière...

CLARICE.
Eh bien ! sur la rivière ?
La nuit ! quoi ? qu'est-ce enfin ?

ALCIPPE.
Oui, la nuit tout entière.

CLARICE.
Après?

ALCIPPE.
Quoi ! sans rougir ?...

CLARICE.
Rougir ! à quel propos ?

ALCIPPE.
Tu ne meurs pas de honte, entendant ces deux mots !

CLARICE.
Mourir pour les entendre ! et qu'ont-ils de funeste ?

ALCIPPE.
Tu peux donc les ouïr et demander le reste ?
Ne saurais-tu rougir, si je ne te dis tout ?

CLARICE.
Quoi, tout ?

ALCIPPE.
Tes passe-temps, de l'un à l'autre bout.

CLARICE.
Je meure*, en vos discours si je puis rien comprendre !

ALCIPPE.
Quand je te veux parler, ton père va descendre,
Il t'en souvient alors ; le tour est excellent !
Mais pour passer la nuit auprès de ton galant...

CLARICE.
Alcippe, êtes-vous fou?

ALCIPPE.
Je n'ai plus lieu de l'être,
A présent que le ciel me fait te mieux connaître.
Oui, pour passer la nuit en danses et festin,
Être avec ton galant du soir jusqu'au matin
(Je ne parle que d'hier), tu n'as point lors de père.

CLARICE.
Rêvez-vous? raillez-vous? et quel est ce mystère ?

ALCIPPE.
Ce mystère est nouveau, mais non pas fort secret.
Choisis une autre fois un amant plus discret;
Lui-même il m'a tout dit.

CLARICE.
Qui, lui-même?

ALCIPPE.
Dorante.

CLARICE.
Dorante !

ALCIPPE.
Continue, et fais bien l'ignorante.

CLARICE.
Si je le vis jamais, et si je le connoi...
ALCIPPE.
Ne viens-je pas de voir son père avecque toi ?
Tu passes, infidèle, âme ingrate et légère,
La nuit avec le fils, le jour avec le père !
CLARICE.
Son père, de vieux temps, est grand ami du mien.
ALCIPPE.
Cette vieille amitié faisait votre entretien ?
Tu te sens convaincue, et tu m'oses répondre !
Te faut-il quelque chose encor pour te confondre ?
CLARICE.
Alcippe, si je sais quel visage a le fils...
ALCIPPE.
La nuit était fort noire alors que tu le vis
Il ne t'a pas donné quatre chœurs de musique,
Une collation superbe et magnifique,
Six services de rang, douze plats à chacun !
Son entretien alors t'était fort importun,
Quand ses feux d'artifice éclairaient le rivage,
Tu n'eus pas le loisir de le voir au visage ?
Tu n'as pas avec lui dansé jusques au jour ?
Et tu ne l'as pas vu pour le moins au retour ?
T'en ai-je dit assez ? Rougis, et meurs de honte !
CLARICE.
Je ne rougirai point pour le récit d'un conte.
ALCIPPE.
Quoi ! je suis donc un fourbe, un bizarre, un jaloux ?
CLARICE.
Quelqu'un a pris plaisir à se jouer de vous,
Alcippe, croyez-moi.
ALCIPPE.
Ne cherche point d'excuses ;
Je connais tes détours, et devine tes ruses.
Adieu : suis ton Dorante, et l'aime désormais ;
Laisse en repos Alcippe, et n'y pense jamais.
CLARICE.
Écoutez quatre mots.
ALCIPPE.
Ton père va descendre.
CLARICE.
Non, il ne descend point, et ne peut nous entendre ;
Et j'aurai tout loisir de vous désabuser.
ALCIPPE.
Je ne t'écoute point, à moins que m'épouser,
A moins qu'en attendant le jour du mariage,
M'en donner ta parole et deux baisers pour gage.
CLARICE.
Pour me justifier vous demandez de moi,
Alcippe ?
ALCIPPE.
Deux baisers, et ta main, et ta foi.
CLARICE.
Que cela ?
ALCIPPE.
Résous-toi, sans plus me faire attendre.
CLARICE.
Je n'ai pas le loisir, mon père va descendre.

SCÈNE IV

ALCIPPE.

Va, ris de ma douleur alors que je te perds ;
Par ces indignités romps toi-même mes fers ;
Aide mes feux trompés à se tourner en glace ;
Aide un juste courroux à se mettre en leur place.
Je cours à la vengeance, et porte à ton amant
Le vif et prompt effet de mon ressentiment.
S'il est homme de cœur, ce jour même nos armes
Régleront par leur sort tes plaisirs ou tes larmes ;
Et plutôt que le voir possesseur de mon bien,
Puissé-je dans son sang voir couler tout le mien !
Le voici ce rival, que son père t'amène :
Ma vieille amitié cède à ma nouvelle haine ;
Sa vue accroît l'ardeur dont je me sens brûler :
Mais ce n'est pas ici qu'il le faut quereller.

SCÈNE V

GÉRONTE, DORANTE, CLITON.

GÉRONTE.

Dorante, arrêtons-nous ; le trop de promenade
Me mettrait hors d'haleine, et me ferait malade.
Que l'ordre est rare et beau de ces grands bâtiments !

DORANTE.

Paris semble à mes yeux un pays de romans.
J'y croyais ce matin voir une île enchantée :
Je la laissais déserte, et la trouve habitée ;
Quelque Amphion nouveau, sans l'aide des maçons,
En superbes palais a changé ses buissons.

GÉRONTE.

Paris voit tous les jours de ces métamorphoses :
Dans tout le Pré-aux-Clercs tu verras mêmes choses ;
Et l'univers entier ne peut rien voir d'égal
Aux superbes dehors du palais Cardinal.
Toute une ville entière, avec pompe bâtie,
Semble d'un vieux fossé par miracle sortie,
Et nous fait présumer, à ses superbes toits,
Que tous ses habitants sont des dieux ou des rois.
Mais changeons de discours. Tu sais combien je t'ai-
DORANTE. [me ?
Je chéris cet honneur bien plus que le jour même

GÉRONTE.

Comme de mon hymen il n'est sorti que toi,
Et que je te vois prendre un périlleux emploi,
Où l'ardeur pour la gloire à tout oser convie,
Et force à tout moment de négliger la vie,
Avant qu'aucun malheur te puisse être avenu *,
Pour te faire marcher un peu plus retenu,
Je te veux marier.

DORANTE, à part.

O ma chère Lucrèce

GÉRONTE.

Je t'ai voulu choisir moi-même une maîtresse,
Honnête, belle, riche.

DORANTE.
Ah! pour la bien choisir,
Mon père, donnez-vous un peu plus de loisir.
GÉRONTE.
Je la connais assez. Clarice est belle et sage
Autant que dans Paris il en soit de son âge;
Son père de tout temps est mon plus grand ami,
Et l'affaire est conclue.
DORANTE.
Ah! monsieur, j'en frémi;
D'un fardeau si pesant accabler ma jeunesse!
GÉRONTE.
Fais ce que je t'ordonne.
DORANTE, *à part*.
Il faut jouer d'adresse.
(*haut*.)
Quoi! monsieur, à présent qu'il faut dans les combats
Acquérir quelque nom, et signaler mon bras...
GÉRONTE.
Avant qu'être au hasard qu'un autre bras t'immole,
Je veux dans ma maison avoir qui m'en console;
Je veux qu'un petit-fils puisse y tenir ton rang,
Soutenir ma vieillesse, et réparer mon sang.
En un mot, je le veux.
DORANTE.
Vous êtes inflexible?
GÉRONTE.
Fais ce que je te dis.
DORANTE.
Mais s'il est impossible?
GÉRONTE.
Impossible! et comment?
DORANTE.
Souffrez qu'aux yeux de tous
Pour obtenir pardon j'embrasse vos genoux.
Je suis...
GÉRONTE.
Quoi?
DORANTE.
Dans Poitiers...
GÉRONTE.
Parle donc, et te lève.
DORANTE.
Je suis donc marié, puisqu'il faut que j'achève.
GÉRONTE.
Sans mon consentement?
DORANTE.
On m'a violenté :
Vous ferez tout casser par votre autorité;
Mais nous fûmes tous deux forcés à l'hyménée
Par la fatalité la plus inopinée...
Ah! si vous le saviez!
GÉRONTE.
Dis, ne me cache rien.
DORANTE.
Elle est de fort bon lieu, mon père; et pour son bien,
S'il n'est du tout si grand que votre humeur souhai-
GÉRONTE. [te...
Sachons, à cela près, puisque c'est chose faite.
Elle se nomme?
DORANTE.
Orphise; et son père, Armédon.
GÉRONTE.
Je n'ai jamais ouï ni l'un ni l'autre nom.
Mais poursuis.
DORANTE.
Je la vis presque à mon arrivée.
Une âme de rocher ne s'en fût pas sauvée,
Tant elle avait d'appas, et tant son œil vainqueur
Par une douce force assujettit mon cœur!
Je cherchai donc chez elle à faire connaissance;
Et les soins obligeants de ma persévérance
Surent plaire de sorte à cet objet charmant,
Que j'en fus en six mois autant aimé qu'amant.
J'en reçus des faveurs secrètes, mais honnêtes;
Et j'étendis si loin mes petites conquêtes,
Qu'en son quartier souvent je me coulais sans bruit,
Pour causer avec elle une part de la nuit.
Un soir que je venais de monter dans sa chambre
(Ce fut, s'il m'en souvient, le second de septembre,
Oui, ce fut ce jour-là que je fus attrapé),
Ce soir même son père en ville avait soupé;
Il monte à son retour, il frappe à la porte : elle
Transit, pâlit, rougit, me cache en sa ruelle,
Ouvre enfin, et d'abord (qu'elle eut d'esprit et d'art!)
Elle se jette au cou de ce pauvre vieillard,
Dérobe en l'embrassant son désordre à sa vue :
Il se sied ; il lui dit qu'il veut la voir pourvue ;
Lui propose un parti qu'on lui venait d'offrir.
Jugez combien mon cœur avait lors à souffrir!
Par sa réponse adroite elle sut si bien faire,
Que sans m'inquiéter elle plut à son père.
Ce discours ennuyeux enfin se termina;
Le bon homme partait quand ma montre sonna;
Et lui, se retournant vers sa fille étonnée :
« Depuis quand cette montre? et qui vous l'a donnée?
« Acaste, mon cousin, me la vient d'envoyer,
« Dit-elle; et veut ici la faire nettoyer,
« N'ayant point d'horlogers au lieu de sa demeure :
« Elle a déjà sonné deux fois en un quart d'heure.
« Donnez-la-moi, dit-il, j'en prendrai mieux le soin.»
Alors pour me la prendre elle vient en mon coin :
Je la lui donne en main; mais, voyez ma disgrâce,
Avec mon pistolet le cordon s'embarrasse,
Fait marcher le déclin : le feu prend, le coup part;
Jugez de notre trouble à ce triste hasard.
Elle tombe par terre; et moi, je la crus morte.
Le père épouvanté gagne aussitôt la porte;
Il appelle au secours, il crie à l'assassin :
Son fils et deux valets me coupent le chemin.
Furieux de ma perte, et combattant de rage,
Au milieu de tous trois je me faisais passage,
Quand un autre malheur de nouveau me perdit;
Mon épée en ma main en trois morceaux rompit.

Désarmé, je recule, et rentre : alors Orphise,
De sa frayeur première aucunement* remise,
Sait prendre un temps si juste en son reste d'effroi,
Qu'elle pousse la porte et s'enferme avec moi.
Soudain nous entassons, pour défenses nouvelles,
Bancs, tables, coffres, lits, et jusqu'aux escabelles;
Nous nous barricadons, et, dans ce premier feu,
Nous croyons gagner tout à différer un peu.
Mais comme à ce rempart l'un et l'autre travaille,
D'une chambre voisine on perce la muraille :
Alors me voyant pris, il fallut composer.

(*Ici Clarice les voit de sa fenêtre; et Lucrèce, avec
Isabelle, les voit aussi de la sienne.*)

GÉRONTE.
C'est-à-dire en français qu'il fallut l'épouser ?
DORANTE.
Les siens m'avaient trouvé de nuit seul avec elle,
Ils étaient les plus forts, elle me semblait belle,
Le scandale était grand, son honneur se perdait;
A ne le faire pas ma tête en répondait;
Ses grands efforts pour moi, son péril, et ses larmes,
A mon cœur amoureux étaient de nouveaux charmes:
Donc, pour sauver ma vie ainsi que son honneur,
Et me mettre avec elle au comble du bonheur,
Je changeai d'un seul mot la tempête en bonace*,
Et fit ce que tout autre aurait fait en ma place.
Choisissez maintenant de me voir ou mourir,
Ou posséder un bien qu'on ne peut trop chérir.
GÉRONTE.
Non, non, je ne suis pas si mauvais que tu penses,
Et trouve en ton malheur de telles circonstances,
Que mon amour t'excuse; et mon esprit touché
Te blâme seulement de l'avoir trop caché.
DORANTE.
Le peu de bien qu'elle a me faisait vous le taire.
GÉRONTE.
Je prends peu garde au bien, afin d'être bon père.
Elle est belle, elle est sage, elle sort de bon lieu,
Tu l'aimes, elle t'aime; il me suffit. Adieu :
Je vais me dégager du père de Clarice.

SCÈNE VI

DORANTE, CLITON.

DORANTE.
Que dis-tu de l'histoire, et de mon artifice ?
Le bon homme en tient-il ? m'en suis-je bien tiré ?
Quelque sot en ma place y serait demeuré ;
Il eût perdu le temps à gémir et se plaindre,
Et, malgré son amour, se fût laissé contraindre.
Oh ! l'utile secret que mentir à propos !
CLITON.
Quoi ! ce que vous disiez n'est pas vrai ?
DORANTE.
Pas deux mots,
Et tu ne viens d'ouïr qu'un trait de gentillesse
Pour conserver mon âme et mon cœur à Lucrèce.

CLITON.
Quoi ! la montre, l'épée, avec le pistolet...
DORANTE.
Industrie.
CLITON.
Obligez, monsieur, votre valet.
Quand vous voudrez jouer de ces grands coups de maî-
Donnez-lui quelque signe à les pouvoir connaître;
Quoique bien averti, j'étais dans le panneau.
DORANTE.
Va, n'appréhende pas d'y tomber de nouveau ;
Tu seras de mon cœur l'unique secrétaire,
Et de tous mes secrets le grand dépositaire.
CLITON.
Avec ces qualités j'ose bien espérer
Qu'assez malaisément je pourrais m'en parer.
Mais parlons de vos feux. Certes cette maîtresse...

SCÈNE VII

DORANTE, CLITON, SABINE.

SABINE.
(*Elle lui donne un billet.*)
Lisez ceci, monsieur.
DORANTE.
D'où vient-il ?
SABINE.
De Lucrèce.
DORANTE, *après l'avoir lu.*
Dis-lui que j'y viendrai.
(*Sabine rentre, et Dorante continue.*)
Doute encore, Cliton,
A laquelle des deux appartient ce beau nom.
Lucrèce sent sa part des feux qu'elle fait naître,
Et me veut cette nuit parler par sa fenêtre.
Dis encor que c'est l'autre, ou que tu n'es qu'un sot.
Qu'aurait l'autre à m'écrire, à qui je n'ai dit mot ?
CLITON.
Monsieur, pour ce sujet n'ayons point de querelle;
Cette nuit, à la voix, vous saurez si c'est elle.
DORANTE.
Coule-toi là dedans, et de quelqu'un des siens
Sache subtilement sa famille et ses biens.

SCÈNE VIII

DORANTE, LYCAS.

LYCAS, *lui présentant un billet.*
Monsieur.
DORANTE.
Autre billet.
(*Il continue, après avoir lu tout bas le billet.*)
J'ignore quelle offense
Peut d'Alcippe avec moi rompre l'intelligence;
Mais n'importe, dis-lui que j'irai volontiers.

Je te suis.
(*Lycas rentre, et Dorante continue seul.*)
Hier au soir je revins de Poitiers,
D'aujourd'hui seulement je produis mon visage,
Et j'ai déjà querelle, amour et mariage.
Pour un commencement ce n'est point mal trouvé.
Vienne encore un procès, et je suis achevé.
Se charge qui voudra d'affaires plus pressantes,
Plus en nombre à la fois et plus embarrassantes,
Je pardonne à qui mieux s'en pourra démêler.
Mais allons voir celui qui m'ose quereller.

ACTE TROISIÈME

SCÈNE I

DORANTE, ALCIPPE, PHILISTE.

PHILISTE.
Oui, vous faisiez tous deux en hommes de courage,
Et n'aviez l'un ni l'autre aucun désavantage.
Je rends grâces au ciel de ce qu'il a permis
Que je sois survenu pour vous refaire amis,
Et que, la chose égale, ainsi je vous sépare :
Mon heur * en est extrême, et l'aventure rare.

DORANTE.
L'aventure est encor bien plus rare pour moi,
Qui lui faisais raison sans avoir su de quoi.
Mais, Alcippe, à présent tirez-moi hors de peine.
Quel sujet aviez-vous de colère ou de haine ?
Quelque mauvais rapport m'aurait-il pu noircir ?
Dites, que devant lui je vous puisse éclaircir.

ALCIPPE.
Vous le savez assez.

DORANTE.
Plus je me considère,
Moins je découvre en moi ce qui vous peut déplaire.

ALCIPPE.
Eh bien ! puisqu'il vous faut parler plus clairement,
Depuis plus de deux ans j'aime secrètement ;
Mon affaire est d'accord, et la chose vaut faite ;
Mais pour quelque raison nous la tenons secrète.
Cependant à l'objet qui me tient sous sa loi,
Et qui sans me trahir ne peut être qu'à moi,
Vous avez donné bal, collation, musique ;
Et vous n'ignorez pas combien cela me pique,
Puisque, pour me jouer un si sensible tour,
Vous m'avez à dessein caché votre retour,
Et n'avez aujourd'hui quitté votre embuscade
Qu'afin de m'en conter l'histoire par bravade.
Ce procédé m'étonne, et j'ai lieu de penser
Que vous n'avez rien fait qu'afin de m'offenser.

DORANTE.
Si vous pouviez encor douter de mon courage,
Je ne vous guérirais ni d'erreur ni d'ombrage,
Et nous nous reverrions, si nous étions rivaux ;
Mais comme vous savez tous deux ce que je vaux,
Écoutez en deux mots l'histoire démêlée :
Celle que cette nuit sur l'eau j'ai régalée
N'a pu vous donner lieu de devenir jaloux,
Car elle est mariée, et ne peut être à vous ;
Depuis peu pour affaire elle est ici venue,
Et je ne pense pas qu'elle vous soit connue.

ALCIPPE.
Je suis ravi, Dorante, en cette occasion,
De voir si tôt finir notre division.

DORANTE.
Alcippe, une autre fois donnez moins de croyance
Aux premiers mouvements de votre défiance ;
Jusqu'à mieux savoir tout sachez vous retenir,
Et ne commencez plus par où l'on doit finir.
Adieu ; je suis à vous.

SCÈNE II

ALCIPPE, PHILISTE.

PHILISTE.
Ce cœur encor soupire ?

ALCIPPE.
Hélas ! je sors d'un mal pour tomber dans un pire
Cette collation, qui l'aura pu donner ?
A qui puis-je m'en prendre ? et que m'imaginer ?

PHILISTE.
Que l'ardeur de Clarice est égale à vos flammes.
Cette galanterie était pour d'autres dames.
L'erreur de votre page a causé votre ennui ;
S'étant trompé lui-même, il vous trompe après lui
J'ai tout su de lui-même, et des gens de Lucrèce.
Il avait vu chez elle entrer votre maîtresse,
Mais il n'avait pas su qu'Hippolyte et Daphné,
Ce jour-là par hasard, chez elle avaient dîné.
Il les en voit sortir, mais à coiffe abattue,
Et sans les approcher il suit de rue en rue ;
Aux couleurs, au carrosse, il ne doute de rien ;
Tout était à Lucrèce, et le dupe si bien,
Que, prenant ces beautés pour Lucrèce et Clarice,
Il rend à votre amour un très-mauvais service.
Il les voit donc aller jusques au bord de l'eau,
Descendre de carrosse, entrer dans un bateau ;
Il voit porter des plats, entend quelque musique,
A ce que l'on m'a dit, assez mélancolique.
Mais cessez d'en avoir l'esprit inquiété,
Car enfin le carrosse avait été prêté :
L'avis se trouve faux ; et ces deux autres belles
Avaient en plein repos passé la nuit chez elles.

ALCIPPE.
Quel malheur est le mien ! Ainsi donc sans sujet
J'ai fait ce grand vacarme à ce charmant objet !

PHILISTE.
Je ferai votre paix. Mais sachez autre chose :
Celui qui de ce trouble est la seconde cause,
Dorante, qui tantôt nous en a tant conté
De son festin superbe et sur l'heure apprêté,

Lui qui, depuis un mois nous cachant sa venue,
La nuit, *incognito*, visite une inconnue,
Il vint hier de Poitiers, et, sans faire aucun bruit,
Chez lui paisiblement a dormi toute nuit.
ALCIPPE.
Quoi! sa collation....?
PHILISTE.
N'est rien qu'un pur mensonge,
Ou bien, s'il l'a donnée, il l'a donnée en songe.
ALCIPPE.
Dorante, en ce combat si peu prémédité,
M'a fait voir trop de cœur pour tant de lâcheté.
La valeur n'apprend point la fourbe* en son école;
Tout homme de courage est homme de parole;
A des vices si bas il ne peut consentir,
Et fuit plus que la mort la honte de mentir.
Cela n'est point.
PHILISTE.
Dorante, à ce que je présume,
Est vaillant par nature, et menteur par coutume.
Ayez sur ce sujet moins d'incrédulité,
Et vous-même admirez notre simplicité.
A nous laisser duper nous sommes bien novices,
Une collation servie à six services,
Quatre concerts entiers, tant de plats, tant de feux,
Tout cela cependant prêt en une heure ou deux,
Comme si l'appareil d'une telle cuisine
Fût descendu du ciel dedans quelque machine.
Quiconque le peut croire ainsi que vous et moi,
S'il a manqué de sens, n'a pas manqué de foi.
Pour moi, je voyais bien que tout ce badinage
Répondait assez mal aux remarques du page;
Mais vous?
ALCIPPE.
La jalousie aveugle un cœur atteint,
Et, sans examiner, croit tout ce qu'elle craint.
Mais laissons là Dorante avecque son audace;
Allons trouver Clarice, et lui demander grâce :
Elle pouvait tantôt m'entendre sans rougir.
PHILISTE.
Attendez à demain, et me laissez agir;
Je veux par ce récit vous préparer la voie,
Dissiper sa colère, et lui rendre sa joie.
Ne vous exposez point, pour gagner un moment,
Aux premières chaleurs de son ressentiment.
ALCIPPE.
Si du jour qui s'enfuit la lumière est fidèle,
Je pense l'entrevoir avec son Isabelle.
Je suivrai tes conseils, et fuirai son courroux
Jusqu'à ce qu'elle ait ri de m'avoir vu jaloux.

SCÈNE III

CLARICE, ISABELLE.

CLARICE.
Isabelle, il est temps, allons trouver Lucrèce.
ISABELLE.
Il n'est pas encor tard, et rien ne vous en presse.
Vous avez un pouvoir bien grand sur son esprit;
A peine ai-je parlé, qu'elle a sur l'heure écrit.
CLARICE.
Clarice à la servir ne serait pas moins prompte.
Mais dis, par sa fenêtre as-tu bien vu Géronte?
Et sais-tu que ce fils qu'il m'avait tant vanté
Est ce même inconnu qui m'en a tant conté?
ISABELLE.
A Lucrèce avec moi je l'ai fait reconnaître;
Et sitôt que Géronte a voulu disparaître,
Le voyant resté seul avec un vieux valet,
Sabine à nos yeux même a rendu le billet.
Vous parlerez à lui.
CLARICE.
Qu'il est fourbe, Isabelle!
ISABELLE.
Eh bien! cette pratique est-elle si nouvelle?
Dorante est-il le seul qui, de jeune écolier,
Pour être mieux reçu s'érige en cavalier?
Que j'en sais comme lui qui parlent d'Allemagne,
Et si l'on veut les croire, ont vu chaque campagne,
Sur chaque occasion tranchent des entendus,
Content quelque défaite, et des chevaux perdus;
Qui, dans une gazette apprenant ce langage,
S'ils sortent de Paris, ne vont qu'à leur village,
Et se donnent ici pour témoins approuvés
De tous ces grands combats qu'ils ont lus ou rêvés!
Il aura cru sans doute (ou je suis fort trompée)
Que les filles de cœur aiment les gens d'épée;
Et vous prenant pour telle, il a jugé soudain [main,
Qu'une plume au chapeau vous plaît mieux qu'à la
Ainsi donc, pour vous plaire, il a voulu paraître,
Non pas pour ce qu'il est, mais pour ce qu'il veut
Et s'est osé promettre un traitement plus doux [être,
Dans la condition qu'il veut prendre pour vous.
CLARICE.
En matière de fourbe* il est maître, il y pipe*;
Après m'avoir dupée, il dupe encore Alcippe.
Ce malheureux jaloux s'est blessé le cerveau
D'un festin qu'hier au soir il m'a donné sur l'eau.
Juge un peu si la pièce a la moindre apparence!
Alcippe cependant m'accuse d'inconstance,
Me fait une querelle où je ne comprends rien.
J'ai, dit-il, toute nuit souffert son entretien;
Il me parle de bal, de danse, de musique,
D'une collation superbe et magnifique,
Servie à tant de plats, tant de fois redoublés,
Que j'en ai la cervelle et les esprits troublés.
ISABELLE.
Reconnaissez par là que Dorante vous aime,
Et que dans son amour son adresse est extrême;
Il aura su qu'Alcippe était bien avec vous,
Et pour l'en éloigner il l'a rendu jaloux.
Soudain à cet effort il en a joint un autre :
Il a fait que son père est venu voir le vôtre.
Un amant peut-il mieux agir en un moment
Que de gagner un père et brouiller l'autre amant?
Votre père l'agrée, et le sien vous souhaite,
Il vous aime, il vous plaît, c'est une affaire faite.

CLARICE.
Elle est faite, de vrai, ce qu'elle se fera.
ISABELLE.
Quoi! votre cœur se change, et désobéira?
CLARICE.
Tu vas sortir de garde*, et perdre tes mesures.
Explique, si tu peux encor ses impostures :
Il était marié sans que l'on en sût rien;
Et son père a repris sa parole du mien,
Fort triste de visage et fort confus dans l'âme.
ISABELLE.
Ah! je dis à mon tour : Qu'il est fourbe, madame!
C'est bien aimer la fourbe*, et l'avoir bien en main,
Que de prendre plaisir à fourber* sans dessein.
Car, pour moi, plus j'y songe, et moins je puis com-
Quel fruit auprès de vous il en ose prétendre. [prendre
Mais qu'allez-vous donc faire? et pourquoi lui parler?
Est-ce à dessein d'en rire, ou de le quereller?
CLARICE.
Je prendrai du plaisir du moins à le confondre.
ISABELLE.
J'en prendrais davantage à le laisser morfondre.
CLARICE.
Je veux l'entretenir par curiosité.
Mais j'entrevois quelqu'un dans cette obscurité,
Et si c'était lui-même, il pourrait me connaître :
Entrons donc chez Lucrèce, allons à sa fenêtre,
Puisque c'est sous son nom que je dois lui parler.
Mon jaloux, après tout, sera mon pis-aller.
Si sa mauvaise humeur déjà n'est apaisée,
Sachant ce que je sais, la chose est fort aisée.

SCÈNE IV

DORANTE, CLITON.

DORANTE.
Voici l'heure et le lieu que marque le billet.
CLITON.
J'ai su tout ce détail d'un ancien valet.
Son père est de la robe, et n'a qu'elle de fille,
Je vous ait dit son bien, son âge, et sa famille.
Mais, monsieur, ce serait pour me bien divertir,
Si comme vous Lucrèce excellait à mentir.
Le divertissement serait rare, ou je meure;
Et je voudrais qu'elle eût ce talent pour une heure;
Qu'elle pût un moment vous piper* en votre art,
Rendre conte pour conte, et martre pour renard :
D'un et d'autre côté j'en entendrais de bonnes.
DORANTE.
Le ciel fait cette grâce à fort peu de personnes :
Il y faut promptitude, esprit, mémoire, soins,
Ne se brouiller jamais, et rougir encor moins.
Mais la fenêtre s'ouvre, approchons.

SCÈNE V

CLARICE, LUCRÈCE, ISABELLE, à la fenêtre;
DORANTE, CLITON, en bas.

CLARICE, à Isabelle.
Isabelle,
Durant notre entretien demeure en sentinelle.
ISABELLE.
Lorsque votre vieillard sera prêt à sortir,
Je ne manquerai pas de vous en avertir.
(Isabelle descend de la fenêtre, et ne se montre plus.)
LUCRÈCE, à Clarice.
Il conte assez au long ton histoire à mon père.
Mais parle sous mon nom, c'est à moi de me taire.
CLARICE.
Êtes-vous là, Dorante?
DORANTE.
Oui, madame, c'est moi,
Qui veux vivre et mourir sous votre seule loi.
LUCRÈCE, à Clarice.
Sa fleurette pour toi prend encor même style.
CLARICE, à Lucrèce.
Il devrait s'épargner cette gêne inutile.
Mais m'aurait-il déjà reconnue à la voix?
CLITON, à Dorante.
C'est elle; et je me rends, monsieur, à cette fois.
DORANTE, à Clarice.
Oui, c'est moi qui voudrais effacer de ma vie
Les jours que j'ai vécu sans vous avoir servie.
Que vivre sans vous voir est un sort rigoureux!
C'est ou ne vivre point, ou vivre malheureux;
C'est une longue mort; et pour moi, je confesse
Que pour vivre il faut être esclave de Lucrèce.
CLARICE, à Lucrèce.
Chère amie, il en conte à chacune à son tour.
LUCRÈCE, à Clarice.
Il aime à promener sa fourbe* et son amour.
DORANTE.
A vos commandements j'apporte donc ma vie;
Trop heureux si pour vous elle m'était ravie!
Disposez-en, madame, et me dites en quoi
Vous avez résolu de vous servir de moi.
CLARICE.
Je vous voulais tantôt proposer quelque chose;
Mais il n'est plus besoin que je vous la propose,
Car elle est impossible.
DORANTE.
Impossible? ah! pour vous
Je pourrai tout, madame, en tous lieux, contre tous.
CLARICE.
Jusqu'à vous marier, quand je sais que vous l'êtes?
DORANTE.
Moi, marié! ce sont pièces qu'on vous a faites;
Quiconque vous l'a dit s'est voulu divertir.
CLARICE, à Lucrèce.
Est-il un plus grand fourbe?
LUCRÈCE, à Clarice.
Il ne sait que mentir.

DORANTE.
Je ne le fus jamais; et si, par cette voie,
On pense...
CLARICE.
Et vous pensez encor que je vous croie?
DORANTE.
Que le foudre* à vos yeux m'écrase si je mens!
CLARICE.
Un menteur est toujours prodigue de serments.
DORANTE.
Non, si vous avez eu pour moi quelque pensée
Qui sur ce faux rapport puisse être balancée,
Cessez d'être en balance, et de vous défier
De ce qu'il m'est aisé de vous justifier.
CLARICE, à *Lucrèce*.
On dirait qu'il dit vrai, tant son effronterie
Avec naïveté pousse une menterie.
DORANTE.
Pour vous ôter de doute, agréez que demain
En qualité d'époux je vous donne la main.
CLARICE.
Hé! vous la donneriez en un jour à deux mille.
DORANTE.
Certes, vous m'allez mettre en crédit par la ville,
Mais en crédit si grand, que j'en crains les jaloux.
CLARICE.
C'est tout ce que mérite un homme tel que vous,
Un homme qui se dit un grand foudre de guerre,
Et n'en a vu qu'à coups d'écritoire ou de verre;
Qui vint hier de Poitiers, et conte, à son retour,
Que depuis une année il fait ici sa cour;
Qui donne toute nuit festin, musique, et danse,
Bien qu'il l'ait dans son lit passée en tout silence;
Qui se dit marié, puis soudain s'en dédit.
Sa méthode est jolie à se mettre en crédit!
Vous-même, apprenez-moi comme il faut qu'on le
CLITON, à *Dorante*. [nomme.
Si vous vous en tirez, je vous tiens habile homme.
DORANTE, à *Cliton*.
Ne t'épouvante point, tout vient en sa saison.
(à *Clarice*.)
De ces inventions chacune a sa raison;
Sur toutes quelque jour je vous rendrai contente;
Mais à présent je passe à la plus importante:
J'ai donc feint cet hymen (pourquoi désavouer
Ce qui vous forcera vous-même à me louer?)
Je l'ai feint, et ma feinte à vos mépris m'expose.
Mais si de ces détours vous seule étiez la cause?
CLARICE.
Moi?
DORANTE.
Vous. Écoutez-moi. Ne pouvant consentir...
CLITON, à *Dorante*.
De grâce, dites-moi si vous allez mentir.
DORANTE, *bas, à Cliton*.
Ah! je t'arracherai cette langue importune.
(à *Clarice*.)
Donc comme à vous servir j'attache ma fortune,

L'amour que j'ai pour vous ne pouvant consentir
Qu'un père à d'autres lois voulût m'assujettir...
CLARICE, *bas, à Lucrèce*.
Il fait pièce nouvelle, écoutons.
DORANTE.
Cette adresse
A conservé mon âme à la belle Lucrèce;
Et par ce mariage au besoin inventé,
J'ai su rompre celui qu'on m'avait apprêté.
Blâmez-moi de tomber en des fautes si lourdes, [des*;
Appelez-moi grand fourbe et grand donneur de bour
Mais louez-moi du moins d'aimer si puissamment,
Et joignez à ces noms celui de votre amant.
Je fais par cet hymen banqueroute à tous autres;
J'évite tous leurs fers pour mourir dans les vôtres;
Et libre pour entrer en des liens si doux,
Je me fais marié pour toute autre que vous.
CLARICE.
Votre flamme en naissant a trop de violence,
Et me laisse toujours en juste défiance.
Le moyen que mes yeux eussent de tels appas
Pour qui m'a si peu vue et ne me connaît pas?
DORANTE.
Je ne vous connais pas! Vous n'avez plus de mère;
Périandre est le nom de monsieur votre père;
Il est homme de robe, adroit et retenu;
Dix mille écus de rente en font le revenu;
Vous perdîtes un frère aux guerres d'Italie;
Vous aviez une sœur qui s'appelait Julie.
Vous connais-je à présent? dites encor que non.
CLARICE, *bas, à Lucrèce*.
Cousine, il te connaît, et t'en veut tout de bon.
LUCRÈCE, *en elle-même*.
Plût à Dieu!
CLARICE, *bas, à Lucrèce*.
Découvrons le fond de l'artifice.
(à *Dorante*.)
J'avais voulu tantôt vous parler de Clarice,
Quelqu'un de vos amis m'en est venu prier.
Dites-moi, seriez-vous pour elle à marier?
DORANTE.
Par cette question n'éprouvez plus ma flamme.
Je vous ai trop fait voir jusqu'au fond de mon âme,
Et vous ne pouvez plus désormais ignorer
Que j'ai feint cet hymen afin de m'en parer.
Je n'ai ni feux ni vœux que pour votre service,
Et ne puis plus avoir que mépris pour Clarice.
CLARICE.
Vous êtes, à vrai dire, un peu bien dégoûté:
Clarice est de maison, et n'est pas sans beauté;
Si Lucrèce à vos yeux paraît un peu plus belle,
De bien mieux faits que vous se contenteraient d'elle.
DORANTE.
Oui, mais un grand défaut ternit tous ses appas.
CLARICE.
Quel est-il ce défaut?
DORANTE.
Elle ne me plaît pas;
Et plutôt que l'hymen avec elle me lie,

Je serai marié si l'on veut en Turquie.
CLARICE.
Aujourd'hui cependant on m'a dit qu'en plein jour
Vous lui serriez la main, et lui parliez d'amour.
DORANTE.
Quelqu'un auprès de vous m'a fait cette imposture.
CLARICE, *bas, à Lucrèce.*
Écoutez l'imposteur; c'est hasard s'il n'en jure.
DORANTE.
Que du ciel...
CLARICE, *bas, à Lucrèce.*
L'ai-je dit?
DORANTE.
J'éprouve le courroux
Si j'ai parlé, Lucrèce, à personne qu'à vous!
CLARICE.
Je ne puis plus souffrir une telle impudence,
Après ce que j'ai vu moi-même en ma présence :
Vous couchez d'imposture*, et vous osez jurer,
Comme si je pouvais vous croire, ou l'endurer?
Adieu : retirez-vous, et croyez, je vous prie,
Que souvent je m'égaie ainsi par raillerie,
Et que, pour me donner des passe-temps si doux,
J'ai donné cette baie* à bien d'autres qu'à vous.

SCÈNE VI

DORANTE, CLITON.

CLITON.
Eh bien! vous le voyez, l'histoire est découverte.
DORANTE.
Ah! Cliton! je me trouve à deux doigts de ma perte.
CLITON.
Vous en avez sans doute un plus heureux succès,
Et vous avez gagné chez elle un grand accès.
Mais je suis ce fâcheux qui nuis par ma présence,
Et vous fais sous ces mots être d'intelligence.
DORANTE.
Peut-être : qu'en crois-tu?
CLITON.
Le peut-être est gaillard.
DORANTE.
Penses-tu qu'après tout j'en quitte encor ma part,
Et tienne tout perdu pour un peu de traverse?
CLITON.
Si jamais cette part tombait dans le commerce,
Et qu'il vous vînt marchand pour ce trésor caché,
Je vous conseillerais d'en faire bon marché.
DORANTE.
Mais pourquoi si peu croire un feu si véritable?
CLITON.
A chaque bout de champ vous mentez comme un dia-
DORANTE. [ble.
Je disais vérité.
CLITON.
Quand un menteur la dit,
En passant par sa bouche elle perd son crédit.

DORANTE.
Il faut donc essayer si par quelque autre bouche
Elle pourra trouver un accueil moins farouche.
Allons sur le chevet rêver quelque moyen
D'avoir de l'incrédule un plus doux entretien.
Souvent leur belle humeur suit le cours de la lune :
Telle rend des mépris qui veut qu'on l'importune;
Et de quelques effets que les siens soient suivis,
Il sera demain jour, et la nuit porte avis.

ACTE QUATRIÈME

SCÈNE I

DORANTE, CLITON.

CLITON.
Mais, monsieur, pensez-vous qu'il soit jour chez Lu-
Pour sortir si matin elle a trop de paresse. [crèce?
DORANTE.
On trouve bien souvent plus qu'on ne croit trouver,
Et ce lieu pour ma flamme est plus propre à rêver :
J'en puis voir sa fenêtre, et de sa chère idée
Mon âme à cet aspect sera mieux possédée.
CLITON.
A propos de rêver, n'avez-vous rien trouvé
Pour servir de remède au désordre arrivé?
Je me suis souvenu d'un secret que toi-même
Me donnais hier pour grand, pour rare, pour suprê-
Un amant obtient tout quand il est libéral. [me.
CLITON.
Le secret est fort beau, mais vous l'appliquez mal:
Il ne fait réussir qu'auprès d'une coquette.
DORANTE.
Je sais ce qu'est Lucrèce, elle est sage et discrète;
A lui faire présent mes efforts seraient vains:
Elle a le cœur trop bon; mais ses gens ont des mains;
Et bien que sur ce point elle les désavoue,
Avec un tel secret leur langue se dénoue :
Ils parlent; et souvent on les daigne écouter.
A tel prix que ce soit, il m'en faut acheter.
Si celle-ci venait qui m'a rendu sa lettre,
Après ce qu'elle a fait j'ose tout m'en promettre;
Et ce sera hasard si, sans beaucoup d'effort,
Je ne trouve moyen de lui payer le port.
CLITON.
Certes, vous dites vrai, j'en juge par moi-même :
Ce n'est point mon humeur de refuser qui m'aime;
Et comme c'est m'aimer que me faire présent,
Je suis toujours alors d'un esprit complaisant.
DORANTE.
Il est beaucoup d'humeurs pareilles à la tienne.
CLITON.
Mais, monsieur, attendant que Sabine survienne,

Et que sur son esprit vos dons fassent vertu,
Il court quelque bruit sourd qu'Alcippe s'est battu.
DORANTE.
Contre qui?
CLITON.
L'on ne sait, mais un confus murmure
D'un air pareil au vôtre à peu près le figure;
Et, si de tout le jour je vous avais quitté,
Je vous soupçonnerais de cette nouveauté.
DORANTE.
Tu ne me quittas point pour entrer chez Lucrèce!
CLITON.
Ah! monsieur, m'auriez-vous joué ce tour d'adresse?
DORANTE.
Nous nous battîmes hier, et j'avais fait serment
De ne parler jamais de cet événement;
Mais à toi, de mon cœur l'unique secrétaire,
A toi, de mes secrets le grand dépositaire,
Je ne célerai rien, puisque je l'ai promis.
Depuis cinq ou six mois nous étions ennemis :
Il passa par Poitiers, où nous prîmes querelle;
Et comme on nous fit alors une paix telle quelle,
Nous sûmes l'un à l'autre en secret protester
Qu'à la première vue il en faudrait tâter.
Hier nous nous rencontrons; cette ardeur se réveille,
Fait de notre embrassade un appel à l'oreille,
Je me défais de toi, j'y cours, je le rejoins,
Nous vidons sur le pré l'affaire sans témoins;
Et le perçant à jour de deux coups d'estocade,
Je le mets hors d'état d'être jamais malade :
Il tombe dans son sang.
CLITON.
A ce compte il est mort?
DORANTE.
Je le laissai pour tel.
CLITON.
Certes, je plains son sort :
Il était honnête homme; et le ciel ne déploie...

SCÈNE II

DORANTE, ALCIPPE, CLITON.

ALCIPPE.
Je te veux, cher ami, faire part de ma joie.
Je suis heureux; mon père...
DORANTE.
Eh bien?
ALCIPPE.
Vient d'arriver.
CLITON, à Dorante.
Cette place pour vous est commode à rêver.
DORANTE.
Ta joie est peu commune, et pour revoir un père
Un homme tel que nous ne se réjouit guère.
ALCIPPE.
Un esprit que la joie entièrement saisit
Présume qu'on l'entend au moindre mot qu'il dit.
Sache donc que je touche à l'heureuse journée
Qui doit avec Clarice unir ma destinée :
On attendait mon père afin de tout signer.
DORANTE.
C'est ce que mon esprit ne pouvait deviner;
Mais je m'en réjouis. Tu vas entrer chez elle?
ALCIPPE.
Oui, je lui vais porter cette heureuse nouvelle;
Et je t'en ai voulu faire part en passant.
DORANTE.
Tu t'acquiers d'autant plus un cœur reconnaissant.
Enfin donc ton amour ne craint plus de disgrâce?
ALCIPPE.
Cependant qu'au logis mon père se délasse,
J'ai voulu par devoir prendre l'heure du sien.
CLITON, bas, à Dorante.
Les gens que vous tuez se portent assez bien.
ALCIPPE.
Je n'ai de part ni d'autre aucune défiance :
Excuse d'un amant la juste impatience.
Adieu.
DORANTE.
Le ciel te donne un hymen sans souci!

SCÈNE III

DORANTE, CLITON.

CLITON.
Il est mort! Quoi! monsieur, vous m'en donnez aussi,
A moi, de votre cœur l'unique secrétaire,
A moi, de vos secrets le grand dépositaire!
Avec ces qualités j'avais lieu d'espérer
Qu'assez malaisément je pourrais m'en parer.
DORANTE.
Quoi! mon combat te semble un conte imaginaire?
CLITON.
Je croirai tout, monsieur, pour ne vous pas déplaire;
Mais vous en contez tant, à toute heure, en tous lieux,
Qu'il faut bien de l'esprit avec vous, et bons yeux.
Maure, juif ou chrétien, vous n'épargnez personne.
DORANTE.
Alcippe te surprend! sa guérison t'étonne!
L'état où je le mis était fort périlleux;
Mais il est à présent des secrets merveilleux :
Ne t'a-t-on point parlé d'une source de vie
Que nomment nos guerriers poudre de sympathie?
On en voit tous les jours des effets étonnants.
CLITON.
Encor ne sont-ils pas du tout si surprenants;
Et je n'ai point appris qu'elle eût tant d'efficace',
Qu'un homme que pour mort on laisse sur la place,
Qu'on a de deux grands coups percé de part en part,
Soit dès le lendemain si frais et si gaillard.
DORANTE.
La poudre que tu dis n'est que de la commune,
On n'en fait plus de cas; mais, Cliton, j'en sais une
Qui rappelle sitôt des portes du trépas,
Qu'en moins d'un tourne-main on ne s'en souvient
Quiconque la sait faire a de grands avantages. [pas;

CLITON.
Donnez-m'en le secret, et je vous sers sans gages.
DORANTE.
Je te le donnerais, et tu serais heureux :
Mais le secret consiste en quelques mots hébreux,
Qui tous à prononcer sont si fort difficiles,
Que ce serait pour toi des trésors inutiles.
CLITON.
Vous savez donc l'hébreu ?
DORANTE.
L'hébreu ! parfaitement :
J'ai dix langues, Cliton, à mon commandement.
CLITON.
Vous auriez bien besoin de dix des mieux nourries,
Pour fournir tour à tour à tant de menteries ;
Vous les hachez menu comme chair à pâtés.
Vous avez tout le corps bien plein de vérités,
Il n'en sort jamais une.
DORANTE.
Ah, cervelle ignorante !
Mais mon père survient.

SCÈNE IV

GÉRONTE, DORANTE, CLITON.

GÉRONTE.
Je vous cherchais, Dorante.
DORANTE, à part.
Je ne vous cherchais pas, moi. Que mal à propos
Son abord importun vient troubler mon repos !
Et qu'un père incommode un homme de mon âge.
GÉRONTE.
Vu l'étroite union que fait le mariage,
J'estime qu'en effet c'est n'y consentir point,
Que laisser désunis ceux que le ciel a joint.
La raison le défend, et je sens dans mon âme
Un violent désir de voir ici ta femme.
J'écris donc à son père ; écris-lui comme moi :
Je lui mande qu'après ce que j'ai su de toi,
Je me tiens trop heureux qu'une si belle fille,
Si sage, et si bien née, entre dans ma famille.
J'ajoute à ce discours que je brûle de voir
Celle qui de mes ans devient l'unique espoir ;
Que pour me l'amener tu t'en vas en personne ;
Car enfin il le faut, et le devoir l'ordonne :
N'envoyer qu'un valet sentirait son mépris.
DORANTE.
De vos civilités il sera bien surpris,
Et pour moi, je suis prêt ; mais je perdrai ma peine :
Il ne souffrira pas encor qu'on vous l'amène ;
Elle est grosse.
GÉRONTE.
Elle est grosse !
DORANTE.
Et de plus de six mois.
GÉRONTE.
Que de ravissements je sens à cette fois !

DORANTE.
Vous ne voudriez pas hasarder sa grossesse.
GÉRONTE.
Non, j'aurai patience autant que d'allégresse ;
Pour hasarder ce gage il m'est trop précieux.
A ce coup ma prière a pénétré les cieux.
Je pense en le voyant que je mourrai de joie.
Adieu : je vais changer la lettre que j'envoie,
En écrire à son père un nouveau compliment,
Le prier d'avoir soin de son accouchement,
Comme du seul espoir où mon bonheur se fonde.
DORANTE, bas, à Cliton.
Le bon homme s'en va le plus content du monde.
GÉRONTE, se retournant.
Écris-lui comme moi.
DORANTE.
Je n'y manquerai pas.
(à Cliton.)
Qu'il est bon !
CLITON.
Taisez-vous, il revient sur ses pas.
GÉRONTE.
Il ne me souvient plus du nom de ton beau-père.
Comment s'appelle-t-il ?
DORANTE.
Il n'est pas nécessaire ;
Sans que vous vous donniez ces soucis superflus,
En fermant le paquet j'écrirai le dessus.
GÉRONTE.
Étant tout d'une main, il sera plus honnête.
DORANTE, à part, le premier vers.
Ne lui pourrai-je ôter ce souci de la tête ?
Votre main ou la mienne, il n'importe des deux.
GÉRONTE.
Ces nobles de province y sont un peu fâcheux.
DORANTE.
Son père sait la cour.
GÉRONTE.
Ne me fais plus attendre,
Dis-moi...
DORANTE, à part.
Que lui dirai-je ?
GÉRONTE.
Il s'appelle ?
DORANTE.
Pyrandre.
GÉRONTE.
Pyrandre ! tu m'as dit tantôt un autre nom :
C'était, je m'en souviens, oui, c'était Armédon.
DORANTE.
Oui, c'est là son nom propre, et l'autre d'une terre ;
Il portait ce dernier quand il fut à la guerre,
Et se sert si souvent de l'un et l'autre nom,
Que tantôt c'est Pyrandre, et tantôt Armédon.
GÉRONTE.
C'est un abus commun qu'autorise l'usage,
Et j'en usais ainsi du temps de mon jeune âge.
Adieu : je vais écrire.

SCÈNE V
DORANTE, CLITON.

DORANTE.
Enfin j'en suis sorti.
CLITON.
Il faut bonne mémoire après qu'on a menti.
DORANTE.
L'esprit a secouru le défaut de mémoire.
CLITON.
Mais on éclaircira bientôt toute l'histoire.
Après ce mauvais pas où vous avez bronché,
Le reste encor longtemps ne peut être caché :
On le sait chez Lucrèce, et chez cette Clarice,
Qui, d'un mépris si grand piquée avec justice,
Dans son ressentiment prendra l'occasion
De vous couvrir de honte et de confusion.
DORANTE.
Ta crainte est bien fondée, et puisque le temps presse
Il faut tâcher en hâte à m'engager Lucrèce.
Voici tout à propos ce que j'ai souhaité.

SCÈNE VI
DORANTE, CLITON, SABINE.

DORANTE.
Chère amie, hier au soir j'étais si transporté,
Qu'en ce ravissement je ne pus me permettre
De bien penser à toi quand j'eus lu cette lettre ;
Mais tu n'y perdras rien, et voici pour le port.
SABINE.
Ne croyez pas, monsieur...
DORANTE.
Tiens.
SABINE.
Vous me faites tort.
Je ne suis pas de...
DORANTE.
Prends.
SABINE.
Hé, monsieur !
DORANTE.
Prends, te dis-je :
Je ne suis point ingrat alors que l'on m'oblige ;
Dépêche, tends la main.
CLITON.
Qu'elle y fait de façons !
Je lui veux par pitié donner quelques leçons.
Chère amie, entre nous, toutes tes révérences
En ces occasions ne sont qu'impertinences ;
Si ce n'est assez d'une, ouvre toutes les deux :
Le métier que tu fais ne veut point de honteux.
Sans te piquer d'honneur, crois qu'il n'est que de
[prendre,
Et que tenir vaut mieux mille fois que d'attendre.
Cette pluie est fort douce ; et, quand j'en vois pleu-
[voir,

J'ouvrirais jusqu'au cœur pour la mieux recevoir.
On prend à toutes mains dans le siècle où nous som-
[mes,
Et refuser n'est plus le vice des grands hommes.
Retiens bien ma doctrine ; et, pour faire amitié,
Si tu veux, avec toi je serai de moitié.
SABINE.
Cet article est de trop.
DORANTE.
Vois-tu, je me propose
De faire avec le temps pour toi toute autre chose.
Mais comme j'ai reçu cette lettre de toi,
En voudrais-tu donner la réponse pour moi ?
SABINE.
Je la donnerai bien, mais je n'ose vous dire
Que ma maîtresse daigne ou la prendre, ou la lire :
J'y ferai mon effort.
CLITON.
Voyez, elle se rend
Plus douce qu'une épouse, et plus souple qu'un gant.
DORANTE.
(*bas, à Cliton.*) (*haut, à Sabine.*)
Le secret a joué. Présente-la, n'importe ;
Elle n'a pas pour moi d'aversion si forte.
Je reviens dans une heure en apprendre l'effet.
SABINE.
Je vous conterai lors tout ce que j'aurai fait.

SCÈNE VII
CLITON, SABINE.

CLITON.
Tu vois que les effets préviennent les paroles ;
C'est un homme qui fait litière de pistoles :
Mais comme auprès de lui je puis beaucoup pour toi...
SABINE.
Fais tomber de la pluie, et laisse faire à moi.
CLITON.
Tu viens d'entrer en goût.
SABINE.
Avec mes révérences,
Je ne suis pas encor si dupe que tu penses.
Je sais bien mon métier, et ma simplicité
Joue aussi bien son jeu que ton avidité.
CLITON.
Si tu sais ton métier, dis-moi quelle espérance
Doit obstiner mon maître à la persévérance.
Sera-t-elle insensible ? en viendrons-nous à bout ?
SABINE.
Puisqu'il est si brave homme, il faut te dire tout.
Pour te désabuser, sache donc que Lucrèce
N'est rien moins qu'insensible à l'ardeur qui le presse ;
Durant toute la nuit elle n'a point dormi ;
Et, si je ne me trompe, elle l'aime à demi.
CLITON.
Mais sur quel privilége est-ce qu'elle se fonde,
Quand elle aime à demi, de maltraiter le monde ?
Il n'en a cette nuit reçu que des mépris.

Chère amie, après tout, mon maître vaut son prix.
Ces amours à demi sont d'une étrange espèce;
Et, s'il me voulait croire, il quitterait Lucrèce.
SABINE.
Qu'il ne se hâte point, on l'aime assurément.
CLITON.
Mais on le lui témoigne un peu bien rudement;
Et je ne vis jamais de méthodes pareilles.
SABINE.
Elle tient, comme on dit, le loup par les oreilles;
Elle l'aime, et son cœur n'y saurait consentir,
Parce que d'ordinaire il ne fait que mentir.
Hier même elle le vit dedans les Tuileries,
Où tout ce qu'il conta n'était que menteries.
Il en a fait autant depuis à deux ou trois.
CLITON.
Les menteurs les plus grands disent vrai quelquefois.
SABINE.
Elle a lieu de douter, et d'être en défiance.
CLITON.
Qu'elle donne à ses feux un peu plus de croyance :
Il n'a fait toute nuit que soupirer d'ennui.
SABINE.
Peut-être que tu mens aussi bien comme lui?
CLITON.
Je suis homme d'honneur; tu me fais injustice.
SABINE.
Mais, dis-moi, sais-tu bien qu'il n'aime plus Clarice?
CLITON.
Il ne l'aima jamais.
SABINE.
Pour certain?
CLITON.
Pour certain.
SABINE.
Qu'il ne craigne donc plus de soupirer en vain.
Aussitôt que Lucrèce a pu le reconnaître,
Elle a voulu qu'exprès je me sois fait paraître,
Pour voir si par hasard il ne me dirait rien;
Et s'il l'aime en effet, tout le reste ira bien.
Va-t'en : et sans te mettre en peine de m'instruire,
Crois que je lui dirai tout ce qu'il lui faut dire.
CLITON.
Adieu; de ton côté si tu fais ton devoir,
Tu dois croire du mien que je ferai pleuvoir.

SCÈNE VIII

SABINE, LUCRÈCE.

SABINE.
Que je vais bientôt voir une fille contente!
Mais la voici déjà; qu'elle est impatiente!
Comme elle a les yeux fins, elle a vu le poulet.
LUCRÈCE.
Eh bien! que t'ont conté le maître et le valet?
SABINE.
Le maître et le valet m'ont dit la même chose,
Le maître est tout à vous, et voici de sa prose.

LUCRÈCE, *après avoir lu.*
Dorante avec chaleur fait le passionné ;
Mais le fourbe qu'il est nous en a trop donné,
Et je ne suis pas fille à croire ses paroles.
SABINE.
Je ne les crois non plus; mais j'en crois ses pistoles.
LUCRÈCE.
Il t'a donc fait présent?
SABINE.
Voyez.
LUCRÈCE.
Et tu l'as pris?
SABINE.
Pour vous ôter du trouble où flottent vos esprits,
Et vous mieux témoigner ses flammes véritables,
J'en ai pris les témoins les plus indubitables ;
Et je remets, madame, au jugement de tous
Si qui donne à vos gens est sans amour pour vous,
Et si ce traitement marque une âme commune.
LUCRÈCE.
Je ne m'oppose pas à ta bonne fortune ;
Mais, comme en l'acceptant tu sors de ton devoir,
Du moins une autre fois ne m'en fais rien savoir.
SABINE.
Mais à ce libéral que pourrai-je promettre?
LUCRÈCE.
Dis-lui que, sans la voir, j'ai déchiré sa lettre.
SABINE.
O ma bonne fortune, où vous enfuyez-vous?
LUCRÈCE.
Mêles-y de ta part deux ou trois mots plus doux;
Conte-lui dextrement * le naturel des femmes;
Dis-lui qu'avec le temps on amollit leurs âmes ;
Et l'avertis surtout des heures et des lieux
Où par rencontre il peut se montrer à mes yeux.
Parce qu'il est grand fourbe, il faut que je m'assure.
SABINE.
Ah! si vous connaissiez les peines qu'il endure,
Vous ne douteriez plus si son cœur est atteint;
Toute nuit il soupire, il gémit, il se plaint.
LUCRÈCE.
Pour apaiser les maux que cause cette plainte,
Donne-lui de l'espoir avec beaucoup de crainte ;
Et sache entre les deux toujours le modérer,
Sans m'engager à lui, ni le désespérer.

SCÈNE IX

CLARICE, LUCRÈCE, SABINE.

CLARICE.
Il t'en veut tout de bon, et m'en voilà défaite;
Mais je souffre aisément la perte que j'ai faite;
Alcippe la répare, et son père est ici.
LUCRÈCE.
Te voilà donc bientôt quitte d'un grand souci?
CLARICE.
M'en voilà bientôt quitte; et toi, te voilà prête

A t'enrichir bientôt d'une étrange conquête.
Tu sais ce qu'il m'a dit.
SABINE.
S'il vous mentait alors,
A présent il dit vrai ; j'en réponds corps pour corps.
CLARICE.
Peut-être qu'il le dit ; mais c'est un grand peut-être.
LUCRÈCE.
Dorante est un grand fourbe, et nous l'a fait connaî-
Mais s'il continuait encore à m'en conter,   [tre ;
Peut-être avec le temps il me ferait douter.
CLARICE.
Si tu l'aimes, du moins, étant bien avertie,
Prends bien garde à ton fait, et fais bien ta partie.
LUCRÈCE.
C'en est trop ; et tu dois seulement présumer
Que je penche à le croire, et non pas à l'aimer.
CLARICE.
De le croire à l'aimer la distance est petite :
Qui fait croire ses feux fait croire son mérite ;
Ces deux points en amour se suivent de si près,
Que qui se croit aimée aime bientôt après.
LUCRÈCE.
La curiosité souvent dans quelques âmes
Produit le même effet que produiraient des flammes.
CLARICE.
Je suis prête à le croire afin de t'obliger.
SABINE.
Vous me feriez ici toutes deux enrager.
Voyez, qu'il est besoin de tout ce badinage !
Faites moins la sucrée, et changez de langage,
Ou vous n'en casserez, ma foi, que d'une dent *.
LUCRÈCE.
Laissons là cette folle, et dis-moi cependant,
Quand nous le vîmes hier dedans les Tuileries
Qu'il te conta d'abord tant de galanteries,
Il fut, ou je me trompe, assez bien écouté.
Était-ce amour alors, ou curiosité ?
CLARICE.
Curiosité pure, avec dessein de rire
De tous les compliments qu'il aurait pu me dire.
LUCRÈCE.
Je fais de ce billet même chose à mon tour ;
Je l'ai pris, je l'ai lu, mais le tout sans amour :
Curiosité pure, avec dessein de rire
De tous les compliments qu'il aurait pu m'écrire.
CLARICE.
Ce sont deux que de lire, et d'avoir écouté :
L'un est grande faveur ; l'autre, civilité ;
Mais trouves-y ton compte, et j'en serai ravie ;
En l'état où je suis j'en parle sans envie.
LUCRÈCE.
Sabine lui dira que je l'ai déchiré.
CLARICE.
Nul avantage ainsi n'en peut être tiré.
Tu n'es que curieuse.
LUCRÈCE.
Ajoute à ton exemple.

CLARICE.
Soit. Mais il est saison * que nous allions au temple.
LUCRÈCE, à Clarice.
Allons.
(à Sabine.)
Si tu le vois, agis comme tu sais.
SABINE.
Ce n'est pas sur ce coup que je fais mes essais :
Je connais à tous deux où tient la maladie ;
Et le mal sera grand si je n'y remédie.
Mais sachez qu'il est homme à prendre sur le vert *.
LUCRÈCE.
Je te croirai.
SABINE.
Mettons cette pluie à couvert.

ACTE CINQUIÈME

SCÈNE I

GÉRONTE, PHILISTE.

GÉRONTE.
Je ne pouvais avoir rencontre plus heureuse
Pour satisfaire ici mon humeur curieuse.
Vous avez feuilleté le Digeste à Poitiers,
Et vu, comme mon fils, les gens de ces quartiers :
Ainsi vous me pouvez facilement apprendre
Quelle est et la famille et le bien de Pyrandre.
PHILISTE.
Quel est-il, ce Pyrandre ?
GÉRONTE.
Un de leurs citoyens :
Noble, à ce qu'on m'a dit, mais un peu mal en biens.
PHILISTE.
Il n'est dans tout Poitiers bourgeois ni gentilhomme
Qui, si je m'en souviens, de la sorte se nomme.
GÉRONTE.
Vous le connaîtrez mieux peut-être à l'autre nom ;
Ce Pyrandre s'appelle autrement Armédon.
PHILISTE.
Aussi peu l'un que l'autre.
GÉRONTE.
Et le père d'Orphise,
Cette rare beauté qu'en ces lieux même on prise ?
Vous connaissez le nom de cet objet charmant
Qui fait de ces cantons le plus digne ornement ?
PHILISTE.
Croyez que cette Orphise, Armédon, et Pyrandre,
Sont gens dont à Poitiers on ne peut rien apprendre.
S'il vous faut sur ce point encor quelque garant...
GÉRONTE.
En faveur de mon fils vous faites l'ignorant ;
Mais je ne sais que trop qu'il aime cette Orphise,
Et qu'après les douceurs d'une longue hantise *,

On l'a seul dans sa chambre avec elle trouvé;
Que par son pistolet un désordre arrivé
L'a forcé sur-le-champ d'épouser cette belle.
Je sais tout; et de plus, ma bonté paternelle
M'a fait y consentir; et votre esprit discret
N'a plus d'occasion de m'en faire un secret.
PHILISTE.
Quoi! Dorante a donc fait un secret mariage?
GÉRONTE.
Et, comme je suis bon, je pardonne à son âge.
PHILISTE.
Qui vous l'a dit?
GÉRONTE.
Lui-même.
PHILISTE.
Ah! puisqu'il vous l'a dit,
Il vous fera du reste un fidèle récit;
Il en sait mieux que moi toutes les circonstances:
Non qu'il vous faille en prendre aucunes défiances;
Mais il a le talent de bien imaginer,
Et moi, je n'eus jamais celui de deviner.
GÉRONTE.
Vous me feriez par là soupçonner son histoire.
PHILISTE.
Non, sa parole est sûre, et vous pouvez l'en croire;
Mais il nous servit hier d'une collation
Qui partait d'un esprit de grande invention;
Et, si ce mariage est de même méthode,
La pièce est fort complète, et des plus à la mode.
GÉRONTE.
Prenez-vous du plaisir à me mettre en courroux?
PHILISTE.
Ma foi, vous en tenez aussi bien comme nous;
Et, pour vous en parler avec toute franchise,
Si vous n'avez jamais pour bru que cette Orphise,
Vos chers collatéraux s'en trouveront fort bien.
Vous m'entendez; adieu: je ne vous dis plus rien.

SCÈNE II
GÉRONTE.
O vieillesse facile! ô jeunesse impudente!
O de mes cheveux gris honte trop évidente!
Est-il dessous le ciel père plus malheureux?
Est-il affront plus grand pour un cœur généreux?
Dorante n'est qu'un fourbe; et cet ingrat que j'aime
Après m'avoir fourbé, me fait fourber* moi-même;
Et d'un discours en l'air, qu'il forge en imposteur,
Il me fait le trompette et le second auteur!
Comme si c'était peu pour mon reste de vie
De n'avoir à rougir que de son infamie,
L'infâme, se jouant de mon trop de bonté,
Me fait encor rougir de ma crédulité!

SCÈNE III
GÉRONTE, DORANTE, CLITON.
GÉRONTE.
Êtes-vous gentilhomme?
DORANTE, à part.
Ah! rencontre fâcheuse!
(haut.)
Étant sorti de vous, la chose est peu douteuse.
GÉRONTE.
Croyez-vous qu'il suffit d'être sorti de moi?
DORANTE.
Avec toute la France aisément je le croi.
GÉRONTE.
Et ne savez-vous point avec toute la France
D'où ce titre d'honneur a tiré sa naissance,
Et que la vertu seule a mis en ce haut rang
Ceux qui l'ont jusqu'à moi fait passer dans leur sang?
DORANTE.
J'ignorerais un point que n'ignore personne,
Que la vertu l'acquiert, comme le sang le donne.
GÉRONTE.
Où le sang a manqué, si la vertu l'acquiert,
Où le sang l'a donné, le vice aussi le perd.
Ce qui naît d'un moyen périt par son contraire;
Tout ce que l'un a fait, l'autre le peut défaire;
Et, dans la lâcheté du vice où je te vois,
Tu n'es plus gentilhomme, étant sorti de moi.
DORANTE.
Moi?
GÉRONTE.
Laisse-moi parler, toi, de qui l'imposture
Souille honteusement ce don de la nature:
Qui se dit gentilhomme, et ment comme tu fais,
Il ment quand il le dit, et ne le fut jamais.
Est-il vice plus bas? est-il tache plus noire,
Plus indigne d'un homme élevé pour la gloire?
Est-il quelque faiblesse, est-il quelque action
Dont un cœur vraiment noble ait plus d'aversion,
Puisqu'un seul démenti lui porte une infamie
Qu'il ne peut effacer s'il n'expose sa vie,
Et si dedans le sang il ne lave l'affront
Qu'un si honteux outrage imprime sur son front?
DORANTE.
Qui vous dit que je mens?
GÉRONTE.
Qui me le dit, infâme?
Dis-moi, si tu le peux, dis le nom de ta femme.
Le conte qu'hier au soir tu m'en fis publier...
CLITON, bas, à Dorante.
Dites que le sommeil vous l'a fait oublier.
GÉRONTE.
Ajoute, ajoute encore avec effronterie
Le nom de ton beau-père et de sa seigneurie;
Invente à m'éblouir quelques nouveaux détours.
CLITON, bas, à Dorante.
Appelez la mémoire ou l'esprit au secours.

GÉRONTE.

De quel front cependant faut-il que je confesse
Que ton effronterie a surpris ma vieillesse,
Qu'un homme de mon âge a cru légèrement
Ce qu'un homme du tien débite impudemment?
Tu me fais donc servir de fable et de risée,
Passer pour esprit faible et pour cervelle usée!
Mais, dis-moi, te portais-je à la gorge un poignard?
Voyais-tu violence ou courroux de ma part?
Si quelque aversion t'éloignait de Clarice,
Quel besoin avais-tu d'un si lâche artifice?
Et pouvais-tu douter que mon consentement
Ne dût tout accorder à ton contentement,
Puisque mon indulgence, au dernier point venue,
Approuvait à tes yeux l'hymen d'une inconnue?
Ce grand excès d'amour que je t'ai témoigné
N'a point touché ton cœur, ou ne l'a point gagné:
Ingrat, tu m'as payé d'une impudente feinte,
Et tu n'as eu pour moi respect, amour, ni crainte.
Va, je te désavoue.

DORANTE.

Eh! mon père, écoutez.

GÉRONTE.

Quoi? des contes en l'air et sur l'heure inventés?

DORANTE.

Non, la vérité pure.

GÉRONTE.

En est-il dans ta bouche?

CLITON, *bas, à Dorante.*

Voici pour votre adresse une assez rude touche.

DORANTE.

Épris d'une beauté qu'à peine j'ai pu voir
Qu'elle a pris sur mon âme un absolu pouvoir,
De Lucrèce, en un mot : vous la pouvez connaître...

GÉRONTE.

Dis vrai : je la connais, et ceux qui l'ont fait naître;
Son père est mon ami.

DORANTE.

Mon cœur en un moment
Étant de ses regards charmé si puissamment,
Le choix que vos bontés avaient fait de Clarice,
Sitôt que je le sus, me parut un supplice;
Mais comme j'ignorais si Lucrèce et son sort
Pouvaient avec le vôtre avoir quelque rapport,
Je n'osai pas encor vous découvrir la flamme
Que venaient ses beautés d'allumer dans mon âme;
Et j'avais ignoré, monsieur, jusqu'à ce jour
Que l'adresse d'esprit fût un crime en amour.
Mais, si je vous osais demander quelque grâce,
A présent que je sais et son bien et sa race,
Je vous conjurerais, par les nœuds les plus doux
Dont l'amour et le sang puissent m'unir à vous,
De seconder mes vœux auprès de cette belle;
Obtenez-la d'un père, et je l'obtiendrai d'elle.

GÉRONTE.

Tu me fourbes* encor.

DORANTE.

Si vous ne m'en croyez,
Croyez-en pour le moins Cliton que vous voyez;
Il sait tout mon secret.

GÉRONTE.

Tu ne meurs pas de honte
Qu'il faille que de lui je fasse plus de compte,
Et que ton père même, en doute de ta foi,
Donne plus de croyance à ton valet qu'à toi!
Écoute : je suis bon, et, malgré ma colère,
Je veux encore un coup montrer un cœur de père;
Je veux encore un coup pour toi me hasarder;
Je connais ta Lucrèce, et la vais demander;
Mais si de ton côté le moindre obstacle arrive...

DORANTE.

Pour vous mieux assurer, souffrez que je vous suive.

GÉRONTE.

Demeure ici, demeure, et ne suis point mes pas :
Je doute, je hasarde, et je ne te crois pas.
Mais sache que tantôt si pour cette Lucrèce
Tu fais la moindre fourbe* ou la moindre finesse,
Tu peux bien fuir mes yeux, et ne me voir jamais;
Autrement souviens-toi du serment que je fais :
Je jure les rayons du jour qui nous éclaire
Que tu ne mourras point que de la main d'un père,
Et que ton sang indigne à mes pieds répandu
Rendra prompte justice à mon honneur perdu.

SCÈNE IV

DORANTE, CLITON.

DORANTE.

Je crains peu les effets d'une telle menace.

CLITON.

Vous vous rendez trop tôt et de mauvaise grâce;
Et cet esprit adroit, qui l'a dupé deux fois,
Devait en galant homme aller jusques à trois :
Toutes tierces, dit-on, sont bonnes ou mauvaises.

DORANTE.

Cliton, ne raille point, que tu ne me déplaises :
D'un trouble tout nouveau j'ai l'esprit agité.

CLITON.

N'est-ce point du remords d'avoir dit vérité?
Si pourtant ce n'est point quelque nouvelle adresse;
Car je doute à présent si vous aimez Lucrèce,
Et vous vois si fertile en semblables détours,
Que, quoi que vous disiez, je l'entends au rebours.

DORANTE.

Je l'aime; et sur ce point ta défiance est vaine;
Mais je hasarde trop, et c'est ce qui me gêne.
Si son père et le mien ne tombent point d'accord,
Tout commerce est rompu, je fais naufrage au port.
Et d'ailleurs, quand l'affaire entre eux serait conclue,
Suis-je sûr que la fille y soit bien résolue?
J'ai tantôt vu passer cet objet si charmant :
Sa compagne, ou je meure*, a beaucoup d'agrément.
Aujourd'hui que mes yeux l'ont mieux examinée,
De mon premier amour j'ai l'âme un peu gênée :
Mon cœur entre les deux est presque partagé;
Et celle-ci l'aurait s'il n'était engagé.

CLITON.
Mais pourquoi donc montrer une flamme si grande,
Et porter votre père à faire une demande?
DORANTE.
Il ne m'aurait pas cru, si je ne l'avais fait.
CLITON.
Quoi! même en disant vrai, vous mentiez en effet.
DORANTE.
C'était le seul moyen d'apaiser sa colère.
Que maudit soit quiconque a détrompé mon père!
Avec ce faux hymen j'aurais eu le loisir
De consulter mon cœur, et je pourrais choisir.
CLITON.
Mais sa compagne enfin n'est autre que Clarice.
DORANTE.
Je me suis donc rendu moi-même un bon office.
Oh! qu'Alcippe est heureux, et que je suis confus!
Mais Alcippe, après tout, n'aura que mon refus.
N'y pensons plus, Cliton, puisque la place est prise.
CLITON.
Vous en voilà défait aussi bien que d'Orphise.
DORANTE.
Reportons à Lucrèce un esprit ébranlé,
Que l'autre à ses yeux même avait presque volé.
Mais Sabine survient.

SCÈNE V

DORANTE, SABINE, CLITON.

DORANTE.
Qu'as-tu fait de ma lettre?
En de si belles mains as-tu su la remettre?
SABINE.
Oui, monsieur, mais...
DORANTE.
Quoi! mais?
SABINE.
Elle a tout déchiré.
DORANTE.
Sans lire?
SABINE.
Sans rien lire.
DORANTE.
Et tu l'as enduré?
SABINE.
Ah! si vous aviez vu comme elle m'a grondée!
Elle me va chasser, l'affaire en est vidée.
DORANTE.
Elle s'apaisera; mais, pour t'en consoler,
Tends la main.
SABINE.
Eh! monsieur!
DORANTE.
Ose encor lui parler.
Je ne perds pas sitôt toutes mes espérances.
CLITON.
Voyez la bonne pièce avec ses révérences!

Comme ses déplaisirs sont déjà consolés,
Elle vous en dira plus que vous n'en voulez.
DORANTE.
Elle a donc déchiré mon billet sans le lire?
SABINE.
Elle m'avait donné charge de vous le dire;
Mais, à parler sans fard...
CLITON.
Sait-elle son métier!
SABINE.
Elle n'en a rien fait, et l'a lu tout entier.
Je ne puis si longtemps abuser un brave homme.
CLITON.
Si quelqu'un l'entend mieux, je l'irai dire à Rome.
DORANTE.
Elle ne me hait pas, à ce compte?
SABINE.
Elle? non.
DORANTE.
M'aime-t-elle?
SABINE.
Non plus.
DORANTE.
Tout de bon?
SABINE.
Tout de bon.
DORANTE.
Aime-t-elle quelque autre?
SABINE.
Encor moins
DORANTE.
Qu'obtiendrai-je?
SABINE.
Je ne sais.
DORANTE.
Mais enfin, dis-moi.
SABINE.
Que vous dirai-je?
DORANTE.
Vérité.
SABINE.
Je la dis.
DORANTE.
Mais elle m'aimera?
SABINE.
Peut-être.
DORANTE.
Et quand encor?
SABINE.
Quand elle vous croira.
DORANTE.
Quand elle me croira? Que ma joie est extrême!
SABINE.
Quand elle vous croira, dites qu'elle vous aime.
DORANTE.
Je le dis déjà donc, et m'en ose vanter,
Puisque ce cher objet n'en saurait plus douter:
Mon père...

SABINE.
La voici qui vient avec Clarice.

SCÈNE VI

CLARICE, LUCRÈCE, DORANTE, SABINE, CLITON.

CLARICE, *bas, à Lucrèce.*
Il peut te dire vrai, mais ce n'est pas son vice.
Comme tu le connais, ne précipite rien.
DORANTE, *à Clarice.*
Beauté qui pouvez seule et mon mal et mon bien...
CLARICE, *bas, à Lucrèce.*
On dirait qu'il m'en veut, et c'est moi qu'il regarde.
LUCRÈCE, *bas, à Clarice.*
Quelques regards sur toi sont tombés par mégarde.
Voyons s'il continue.
DORANTE, *à Clarice.*
Ah! que loin de vos yeux
Les moments à mon cœur deviennent ennuyeux!
Et que je reconnais par mon expérience
Quel supplice aux amants est une heure d'absence!
CLARICE, *bas, à Lucrèce.*
Il continue encor.
LUCRÈCE, *bas, à Clarice.*
Mais vois ce qu'il m'écrit.
CLARICE, *bas, à Lucrèce.*
Mais écoute.
LUCRÈCE, *bas, à Clarice.*
prends pour toi ce qu'il me dit.
CLARICE.
(*bas, à Lucrèce.*)   (*haut, à Dorante.*)
Éclaircissons-nous-en. Vous m'aimez donc, Dorante?
DORANTE, *à Clarice.*
Hélas! que cette amour vous est indifférente!
Depuis que vos regards m'ont mis sous votre loi...
CLARICE, *bas, à Lucrèce.*
Crois-tu que le discours s'adresse encore à toi?
LUCRÈCE, *bas, à Clarice.*
Je ne sais où j'en suis!
CLARICE, *bas, à Lucrèce.*
Oyons* la fourbe entière.
LUCRÈCE, *bas, à Clarice.*
Vu ce que nous savons, elle est un peu grossière.
CLARICE, *bas, à Lucrèce.*
C'est ainsi qu'il partage entre nous son amour;
Il te flatte de nuit, et m'en conte de jour.
DORANTE, *à Clarice.*
Vous consultez ensemble! Ah! quoi qu'elle vous die*,
Sur de meilleurs conseils disposez de ma vie;
Le sien auprès de vous me serait trop fatal;
Elle a quelque sujet de me vouloir du mal.
LUCRÈCE, *en elle-même.*
Ah! je n'en ai que trop, et si je ne me venge...
CLARICE, *à Dorante.*
Ce qu'elle me disait est de vrai fort étrange.
DORANTE.
C'est quelque invention de son esprit jaloux.

CLARICE.
Je le crois : mais enfin me reconnaissez-vous?
DORANTE.
Si je vous reconnais! quittez ces railleries,
Vous que j'entretins hier dedans les Tuileries;
Que je fis aussitôt maîtresse de mon sort.
CLARICE.
Si je veux toutefois en croire son rapport,
Pour une autre déjà votre âme inquiétée...
DORANTE.
Pour une autre déjà je vous aurais quittée?
Que plutôt à vos pieds mon cœur sacrifié...
CLARICE.
Bien plus, si je la crois, vous êtes marié.
DORANTE.
Vous me jouez, madame, et, sans doute, pour rire,
Vous prenez du plaisir à m'entendre redire
Qu'à dessein de mourir en des liens si doux
Je me fais marié pour toute autre que vous.
CLARICE.
Mais avant qu'avec moi le nœud d'hymen vous lie,
Vous serez marié, si l'on veut, en Turquie.
DORANTE.
Avant qu'avec toute autre on me puisse engager,
Je serai marié, si l'on veut, en Alger.
CLARICE.
Mais enfin vous n'avez que mépris pour Clarice?
DORANTE.
Mais enfin vous savez le nœud de l'artifice,
Et que pour être à vous je fais ce que je puis.
CLARICE.
Je ne sais plus moi-même à mon tour où j'en suis.
Lucrèce, écoute un mot.
DORANTE, *bas, à Cliton.*
Lucrèce! que dit-elle?
CLITON, *bas, à Dorante.*
Vous en tenez, monsieur : Lucrèce est la plus belle;
Mais laquelle des deux? J'en ai le mieux jugé,
Et vous auriez perdu si vous aviez gagé.
DORANTE, *bas, à Cliton.*
Cette nuit à la voix j'ai cru la reconnaître.
CLITON, *bas, à Dorante.*
Clarice sous son nom parlait à sa fenêtre;
Sabine m'en a fait un secret entretien.
DORANTE, *bas, à Cliton.*
Bonne bouche! j'en tiens : mais l'autre la vaut bien;
Et comme, dès tantôt je la trouvais bien faite,
Mon cœur déjà penchait où mon erreur le jette.
Ne me découvre point; et dans ce nouveau feu
Tu me vas voir, Cliton, jouer un nouveau jeu.
Sans changer de discours, changeons de batterie.
LUCRÈCE, *bas, à Clarice.*
Voyons le dernier point de son effronterie.
Quand tu lui diras tout, il sera bien surpris.
CLARICE, *à Dorante.*
Comme elle est mon amie, elle m'a tout appris.
Cette nuit vous l'aimiez, et m'avez méprisée.
Laquelle de nous deux avez-vous abusée?
Vous lui parliez d'amour en termes assez doux.

DORANTE.
Moi! depuis mon retour je n'ai parlé qu'à vous.
CLARICE.
Vous n'avez point parlé cette nuit à Lucrèce?
DORANTE.
Vous n'avez point voulu me faire un tour d'adresse?
Et je ne vous ai point reconnue à la voix?
CLARICE.
Nous dirait-il bien vrai pour la première fois?
DORANTE.
Pour me venger de vous j'eus assez de malice
Pour vous laisser jouir d'un si lourd artifice,
Et, vous laissant passer pour ce que vous vouliez,
Je vous en donnai plus que vous ne m'en donniez.
Je vous embarrassai, n'en faites point la fine;
Choisissez un peu mieux vos dupes à la mine;
Vous pensiez me jouer; et moi je vous jouais,
Mais par de faux mépris que je désavouais :
Car enfin je vous aime, et je hais de ma vie
Les jours que j'ai vécu sans vous avoir servie.
CLARICE.
Pourquoi, si vous m'aimez, feindre un hymen en
Quand un père pour vous est venu me parler? [l'air,
Quel fruit de cette fourbe osez-vous vous promettre?
LUCRÈCE, à Dorante.
Pourquoi, si vous l'aimez, m'écrire cette lettre?
DORANTE, à Lucrèce.
J'aime de ce courroux les principes cachés.
Je ne vous déplais pas, puisque vous vous fâchez.
Mais j'ai moi-même enfin assez joué d'adresse;
Il faut vous dire vrai, je n'aime que Lucrèce.
CLARICE, à Lucrèce.
Est-il un plus grand fourbe? et peux-tu l'écouter?
DORANTE, à Lucrèce.
Quand vous m'aurez ouï, vous n'en pourrez douter.
Sous votre nom, Lucrèce, et par votre fenêtre,
Clarice m'a fait pièce, et je l'ai su connaître;
Comme en y consentant vous m'avez affligé,
Je vous ai mise en peine, et je m'en suis vengé.
LUCRÈCE.
Mais que disiez-vous hier dedans les Tuileries?
DORANTE.
Clarice fut l'objet de mes galanteries...
CLARICE, bas, à Lucrèce.
Veux-tu longtemps encore écouter ce moqueur?
DORANTE, à Lucrèce.
Elle avait mes discours, mais vous aviez mon cœur,
Où vos yeux faisaient naître un feu que j'ai fait taire,
Jusqu'à ce que ma flamme ait eu l'aveu d'un père;
Comme tout ce discours n'était que fiction,
Je cachais mon retour et ma condition.
CLARICE, bas, à Lucrèce.
Vois que fourbe sur fourbe à nos yeux il entasse,
Et ne fait que jouer des tours de passe-passe.
DORANTE, à Lucrèce.
Vous seule êtes l'objet dont mon cœur est charmé.

LUCRÈCE, à Dorante.
C'est ce que les effets m'ont fort mal confirmé.
DORANTE.
Si mon père à présent porte parole au vôtre,
Après son témoignage, en voudrez-vous quelque au-
LUCRÈCE. [tre?
Après son témoignage il faudra consulter
Si nous aurons encor quelque lieu d'en douter.
DORANTE, à Lucrèce.
Qu'à de telles clartés votre erreur se dissipe.
(à Clarice.)
Et vous, belle Clarice, aimez toujours Alcippe;
Sans l'hymen de Poitiers il ne tenait plus rien;
Je ne lui ferai pas ce mauvais entretien;
Mais entre vous et moi vous savez le mystère.
Le voici qui s'avance, et j'aperçois mon père.

SCÈNE VII

GÉRONTE, DORANTE, ALCIPPE, CLARICE,
LUCRÈCE, ISABELLE, SABINE, CLITON.

ALCIPPE, sortant de chez Clarice et parlant à elle.
Nos parents sont d'accord, et vous êtes à moi.
GÉRONTE, sortant de chez Lucrèce et parlant à elle.
Votre père à Dorante engage votre foi.
ALCIPPE, à Clarice.
Un mot de votre main, l'affaire est terminée.
GÉRONTE, à Lucrèce.
Un mot de votre bouche achève l'hyménée.
DORANTE, à Lucrèce.
Ne soyez pas rebelle à seconder mes vœux.
ALCIPPE.
Êtes-vous aujourd'hui muettes toutes deux?
CLARICE.
Mon père a sur mes vœux une entière puissance.
LUCRÈCE.
Le devoir d'une fille est dans l'obéissance.
GÉRONTE, à Lucrèce.
Venez donc recevoir ce doux commandement.
ALCIPPE, à Clarice.
Venez donc ajouter ce doux consentement.
(Alcippe rentre chez Clarice avec elle et Isabelle, et le reste rentre chez Lucrèce.)
SABINE, à Dorante, comme il rentre.
Si vous vous mariez, il ne pleuvra plus guères.
DORANTE.
Je changerai pour toi cette pluie en rivières.
SABINE.
Vous n'aurez pas loisir seulement d'y penser.
Mon métier ne vaut rien quand on s'en peut passer.
CLITON, seul.
Comme en sa propre fourbe un menteur s'embarras-
Peu sauraient comme lui s'en tirer avec grâce. [se!
Vous autres qui doutiez s'il en pourrait sortir,
Par un si rare exemple apprenez à mentir.

EXAMEN DU MENTEUR

Cette pièce est en partie traduite, en partie imitée de l'espagnol. Le sujet m'en semble si spirituel et si bien tourné, que j'ai dit souvent que je voudrais avoir donné les deux plus belles que j'aie faites, et qu'il fût de mon invention. On l'a attribué au fameux Lope de Vega; mais il m'est tombé depuis peu entre les mains un volume de don Juan d'Alarcon, où il prétend que cette comédie est à lui, et se plaint des imprimeurs qui l'ont fait courir sous le nom d'un autre. Si c'est son bien, je n'empêche pas qu'il ne s'en ressaisisse. De quelque main que parte cette comédie, il est constant qu'elle est très-ingénieuse; et je n'ai rien vu dans cette langue qui m'ait satisfait davantage. J'ai tâché de la réduire à notre usage et dans nos règles; mais il m'a fallu forcer mon aversion pour les *a parte*, dont je n'aurais pu la purger sans lui faire perdre une bonne partie de ses beautés. Je les ai faits les plus courts que j'ai pu, et je me les suis permis rarement, sans laisser deux acteurs ensemble qui s'entretiennent tout bas cependant que d'autres disent ce que ceux-là ne doivent pas écouter. Cette duplicité d'action particulière ne rompt point l'unité de la principale, mais elle gêne un peu l'attention de l'auditeur, qui ne sait à laquelle s'attacher, et qui se trouve obligé de séparer aux deux ce qu'il est accoutumé de donner à une. L'unité de lieu s'y trouve, en ce que tout s'y passe dans Paris; mais le premier acte est dans les Tuileries, et le reste à la place Royale. Celle de jour n'y est pas forcée pourvu qu'on lui laisse les vingt-quatre heures entières. Quant à celle d'action, je ne sais s'il n'y a point quelque chose à dire, en ce que Dorante aime Clarice dans toute la pièce, et épouse Lucrèce à la fin, qui par là ne répond pas à la protase. L'auteur espagnol lui donne ainsi le change pour punition de ses menteries, et le réduit à épouser par force cette Lucrèce qu'il n'aime point. Comme il se méprend toujours au nom, et croit que Clarice porte celui-là, il lui présente la main quand on lui a accordé l'autre, et dit hautement, lorsqu'on l'avertit de son erreur, que s'il s'est trompé au nom, il ne se trompe point à la personne. Sur quoi, le père de Lucrèce le menace de le tuer s'il n'épouse sa fille après l'avoir demandée et obtenue; et le sien propre lui fait la même menace. Pour moi, j'ai trouvé cette manière de finir un peu dure, et cru qu'un mariage moins violenté serait plus au goût de notre auditoire. C'est ce qui m'a obligé à lui donner une pente vers la personne de Lucrèce au cinquième acte, afin qu'après qu'il a reconnu sa méprise aux noms, il fasse de nécessité vertu de meilleure grâce, et que la comédie se termine avec pleine tranquillité de tous côtés.

FIN DU MENTEUR.

LA SUITE DU MENTEUR

COMÉDIE — 1643

Monsieur,

Je vous avais bien dit que *le Menteur* ne serait pas le dernier emprunt ou larcin que je ferais chez les Espagnols : en voici une suite qui est encore tirée du même original, et dont Lope a traité le sujet sous le titre de *Amar sin saber a quien*. Elle n'a pas été si heureuse au théâtre que l'autre, quoique plus remplie de beaux sentiments et de beaux vers. Ce n'est pas que j'en veuille accuser ni le défaut des acteurs, ni le mauvais jugement du peuple; la faute en est toute à moi, qui devais mieux prendre mes mesures, et choisir des sujets répondants au goût de mon auditoire. Si j'étais de ceux qui tiennent que la poésie a pour but de profiter aussi bien que de plaire, je tâcherais de vous persuader que celle-ci est beaucoup meilleure que l'autre, à cause que Dorante y paraît beaucoup plus honnête homme, et donne des exemples de vertu à suivre ; au lieu qu'en l'autre il ne donne que des imperfections à éviter; mais pour moi, qui tiens avec Aristote et Horace que notre art n'a pour but que le divertissement, j'avoue qu'il est ici bien moins à estimer qu'en la première comédie, puisque, avec ses mauvaises habitudes, il a perdu presque toutes ses grâces, et qu'il semble avoir quitté la meilleure part de ses agréments lorsqu'il a voulu se corriger de ses défauts. Vous me direz que je suis bien injurieux au métier qui me fait connaître, d'en ravaler le but si bas que de le réduire à plaire au peuple, et que je suis bien hardi tout ensemble de prendre pour garants de mon opinion les deux maîtres dont ceux du parti contraire se fortifient. A cela, je vous dirai que ceux-là même qui mettent si haut le but de l'art sont injurieux à l'artisan, dont ils ravalent d'autant plus le mérite, qu'ils pensent relever la dignité de sa profession, parce que, s'il est obligé de prendre soin de l'utile, il évite seulement une faute quand il s'en acquitte, et n'est digne d'aucune louange. C'est mon Horace qui me l'apprend :

Vitavi denique culpam,
Non laudem merui.

En effet, monsieur, vous ne loueriez pas beaucoup un homme pour avoir réduit un poëme dramatique dans l'unité de jour et de lieu, parce que les lois de la poésie le lui prescrivent, et qu'en cela son ouvrage ne serait qu'un monstre. Pour moi, j'estime extrêmement ceux qui mêlent l'utile au délectable, et d'autant plus qu'ils sont obligés par les règles de la poésie : je suis bien aise de dire avec notre docteur :

Omne tulit punctum qui miscuit utile dulci.

Mais je dénie qu'ils faillent contre ces règles, lorsqu'ils n'y mêlent pas, et les blâme seulement de ne s'être pas proposé un objet assez digne d'eux, ou, si vous me permettez de parler un peu chrétiennement, de n'avoir pas eu assez de charité pour prendre l'occasion de donner en passant quelque instruction à ceux qui les écoutent ou qui les lisent ; mais pourvu qu'ils aient trouvé le moyen de plaire, ils sont quittes envers leur art ; et s'ils pèchent, ce n'est pas contre lui, c'est contre les bonnes mœurs et contre leur auditoire. Pour vous faire voir le sentiment d'Horace là-dessus, je n'ai qu'à répéter ce que j'en ai déjà pris ; puisqu'il ne tient pas qu'on soit digne de louange quand on n'a fait que s'acquitter de ce qu'on doit, et qu'il en donne tant à celui qui joint l'utile à l'agréable, il est aisé d'en conclure qu'il tient que celui-là fait plus qu'il n'était obligé de faire. Quant à Aristote, je ne crois pas que ceux du parti contraire aient d'assez bons yeux pour trouver le mot d'utilité dans tout son *Art poétique* : quand il recherche la cause de la poésie, il ne l'attribue qu'au plaisir que les hommes reçoivent de l'imitation; et, comparant l'une à l'autre les parties de la tragédie, il préfère la fable aux mœurs, seulement pour ce qu'elle contient de ce qu'il y a d'agréable dans le poëme, et c'est pour cela qu'il l'appelle l'âme de la tragédie. Cependant, quand on y mêle quelque utilité, ce doit être principalement dans cette partie qui regarde les mœurs, et que ce grand homme toutefois ne tient point du tout nécessaire, puisqu'il permet de la retrancher entièrement, et demeure d'accord qu'on peut faire une tragédie sans mœurs. Or, pour ne vous pas donner mauvaise impression à la comédie du *Menteur*, qui a donné lieu à cette suite, que vous pourriez juger être simplement faite pour plaire, et n'avoir pas ce noble mélange de l'utilité, d'autant qu'elle semble violer une autre maxime, qu'on veut tenir pour indubitable, touchant la récompense des bonnes actions et la punition des mauvaises, il ne sera peut-être pas hors de propos que je vous dise là-dessus ce que j'en pense. Il est certain que les actions de Dorante ne sont pas bonnes moralement, n'étant que fourbes* et menteries; et néanmoins il obtient enfin ce qu'il souhaite, puisque la vraie Lucrèce est en cette pièce sa dernière inclination. Ainsi, si cette maxime est une véritable règle du théâtre, j'ai failli ; et si c'est en ce point seul que consiste l'utilité de la poésie, je n'y en ai point mêlé. Pour le premier, je n'ai qu'à vous dire que cette règle imaginaire est entièrement contre la pratique des anciens ; et, sans aller chercher des exemples parmi les Grecs, Sénèque, qui en a tiré presque tous ses sujets, nous en fournira assez : Médée brave Jason après avoir brûlé le palais royal, fait périr le roi et sa fille et tué ses enfants ; dans *la Troade*, Ulysse précipite Astyanax, et Pyrrhus immole Polyxène, tous deux impunément ; dans *Agamemnon*, il est assassiné par sa femme et par son adultère, qui s'empare de son trône sans qu'on voie tomber de foudre sur leurs têtes ; Atrée même, dans *le Thyeste*, triomphe de son misérable frère, après lui avoir fait manger ses enfants. Et, dans les comédies de Plaute et de Térence, que voyons-nous autre chose que de jeunes fous qui, après avoir, par quelque tromperie, tiré de l'argent de leurs pères, pour dépenser à la suite de leurs amours déréglées, sont enfin richement mariés ; et des esclaves qui, après avoir conduit toute l'intrique*, et servi de ministres à leurs débauches, obtiennent leur liberté pour récompense ? Ce sont des exemples qui ne seraient non plus propres à imiter que les mauvaises finesses de notre Menteur. Vous me demanderez en quoi donc consiste cette utilité de la poésie, qui doit être un des grands ornements, et qui relève si haut le mérite du poëte quand il en enrichit son ouvrage. J'en trouve deux à mon sens : l'une empruntée de la morale, l'autre qui lui est particulière : celle-là se rencontre aux sentences et réflexions que l'on peut adroitement semer presque partout ; celle-ci dans la naïve peinture des vices et des vertus. Pourvu qu'on les sache mettre en leur jour, et les faire connaître par leurs véritables caractères, celles-ci se feront aimer, quoique malheureuses, et ceux-là se feront détester, quoique triomphants. Et comme le portrait d'une laide femme ne laisse pas d'être beau, et qu'il n'est pas besoin d'avertir que l'original n'en est pas aimable pour empêcher qu'on ne l'aime, il en est de même dans notre peinture parlante : quand le crime est bien peint de ses couleurs, quand les imperfections sont bien figurées, il n'est pas besoin d'en faire voir un mauvais succès à la fin pour avertir qu'il ne les faut pas imiter ; et je m'assure que, toutes les fois que *le Menteur* a été représenté, bien qu'on l'ait vu sortir du théâtre pour aller épouser l'objet de ses derniers désirs, il n'y a eu personne qui se soit proposé son exemple pour acquérir une maîtresse, qui n'ait pris toutes ses fourbes*, quoique heureuses, pour des friponneries d'écolier, dont il faut qu'on se corrige avec soin, si l'on veut passer pour honnête homme. Je vous dirais qu'il y a encore une autre utilité propre à la tragédie, qui est la purgation des passions ; mais ce n'est pas ici le lieu d'en parler, puisque ce n'est qu'une comédie que je vous présente. Vous y pourrez rencontrer en quelques endroits ces deux sortes d'utilités dont je vous viens d'entretenir. Je voudrais que le peuple y eût trouvé autant d'agréable, afin que je vous pusse présenter quelque chose qui eût mieux atteint le but de l'art. Telle qu'elle est, je vous la donne, aussi bien que la première, et demeure de tout mon cœur,

Monsieur,

Votre très-humble serviteur,
CORNEILLE.

PERSONNAGES.

DORANTE.
CLITON, valet de Dorante.
CLÉANDRE, gentilhomme de Lyon.
MÉLISSE, sœur de Cléandre.

PERSONNAGES.

PHILISTE, ami de Dorante, et amoureux de Mélisse.
LYSE, femme de chambre de Mélisse.
Un Prévôt.

La scène est à Lyon.

ACTE PREMIER

SCÈNE I

DORANTE, CLITON.

(Dorante paraît écrivant dans une prison, et le geôlier ouvrant la porte à Cliton, et le lui montrant.)

CLITON.
Ah! monsieur, c'est donc vous?
DORANTE.
     Cliton, je te revoi!
CLITON.
Je vous trouve, monsieur, dans la maison du roi!
Quel charme, quel désordre, ou quelle raillerie,
Des prisons de Lyon fait votre hôtellerie?
DORANTE.
Tu le sauras tantôt. Mais qui t'amène ici?
CLITON.
Les soins de vous chercher.
DORANTE.
     Tu prends trop de souci;
Et bien qu'après deux ans ton devoir s'en avise,
Ta rencontre me plaît, j'en aime la surprise;
Ce devoir, quoique tard, enfin s'est éveillé;
CLITON.
Et qui savait, monsieur, où vous étiez allé?
Vous ne nous témoigniez qu'ardeur et qu'allégresse,
Qu'impatients désirs de posséder Lucrèce;
L'argent était touché, les accords publiés;
Le festin commandé, les parents conviés,
Les violons choisis, ainsi que la journée :
Rien ne semblait plus sûr qu'un si proche hyménée;
Et parmi ces apprêts, la nuit d'auparavant,
Vous sûtes faire gille *, et fendîtes le vent.
 Comme il ne fut jamais d'éclipse plus obscure,
Chacun sur ce départ forma sa conjecture;
Tous s'entre-regardaient, étonnés, ébahis;
L'un disait : « Il est jeune, il veut voir le pays; »
L'autre : « Il s'est allé battre, il a quelque querelle; »
L'autre d'une autre idée embrouillait sa cervelle;
Et tel vous soupçonnait de quelque guérison
D'un mal privilégié dont je tairai le nom.
Pour moi, j'écoutais tout, et mis dans mon caprice
Qu'on ne devinait rien que par votre artifice.
Ainsi ce qui chez eux prenait plus de crédit
M'était aussi suspect que si vous l'eussiez dit;
Et tout simple et doucet, sans chercher de finesse,
Attendant le boiteux *, je consolais Lucrèce.

DORANTE.
Je l'aimais, je te jure; et, pour la posséder,
Mon amour mille fois voulut tout hasarder;
Mais quand j'eus bien pensé que j'allais à mon âge
Au sortir de Poitiers entrer au mariage,
Que j'eus considéré ses chaînes de plus près,
Son visage à ce prix n'eut plus pour moi d'attraits:
L'horreur d'un tel lien m'en fit de la maîtresse;
Je crus qu'il fallait mieux employer ma jeunesse,
Et que, quelques appas qui pussent me ravir,
C'était mal en user que sitôt m'asservir.
Je combats toutefois; mais le temps qui s'avance
Me fait précipiter en cette extravagance;
Et la tentation de tant d'argent touché
M'achève de pousser où j'étais trop penché.
Que l'argent est commode à faire une folie!
L'argent me fait résoudre à courir l'Italie.
Je pars de nuit en poste, et d'un soin diligent,
Je quitte la maîtresse, et j'emporte l'argent.
Mais, dis-moi, que fit-elle? et que dit lors son père?
Le mien, ou je me trompe, était fort en colère?
CLITON.
D'abord de part et d'autre on vous attend sans bruit;
Un jour se passe, deux, trois, quatre, cinq, six, huit;
Enfin, n'espérant plus, on éclate, on foudroie :
Lucrèce par dépit témoigne de la joie,
Chante, danse, discourt, rit; mais, sur mon honneur,
Elle enrageait, monsieur, dans l'âme et de bon cœur.
Ce grand bruit s'accommode, et, pour plâtrer l'affaire,
La pauvre délaissée épouse votre père,
Et rongeant dans son cœur son déplaisir secret,
D'un visage content prend le change à regret;
L'éclat d'un tel affront l'ayant trop décriée,
Il n'est à son avis que d'être mariée;
Et comme en un naufrage on se prend où l'on peut,
En fille obéissante elle veut ce qu'on veut.
Voilà donc le bon homme enfin à sa seconde,
C'est-à-dire qu'il prend la poste à l'autre monde;
Un peu moins de deux mois le met dans le cercueil.
DORANTE.
J'ai su sa mort à Rome, où j'en ai pris le deuil.
CLITON.
Elle a laissé chez vous un diable de ménage;
Ville prise d'assaut n'est pas mieux au pillage,
La veuve et les cousins, chacun y fait pour soi,
Comme fait un traitant pour les deniers du roi;
Où qu'ils jettent la main ils font rafles entières;
Ils ne pardonnent pas même au plomb des gouttières;
Et ce sera beaucoup si vous trouvez chez vous,
Quand vous y rentrerez, deux gonds et quatre clous.
J'apprends qu'on vous a vu cependant à Florence.

Pour vous donner avis je pars en diligence ;
Et je suis étonné qu'en entrant dans Lyon
Je vois courir du peuple avec émotion ;
Je veux voir ce que c'est ; et je vois, ce me semble,
Pousser dans la prison quelqu'un qui vous ressemble ;
On m'y permet l'entrée ; et, vous trouvant ici,
Je trouve en même temps mon voyage accourci.
Voilà mon aventure ; apprenez-moi la vôtre.

DORANTE.

La mienne est bien étrange, on me prend pour un au-
CLITON. [tre.
J'eusse osé le gager. Est-ce meurtre, ou larcin ?

DORANTE.

Suis-je fait en voleur, ou bien en assassin ?
Traître, en ai-je l'habit, ou la mine, ou la taille ?

CLITON.

Connaît-on à l'habit aujourd'hui la canaille ?
Et n'est-il point, monsieur, à Paris de filous
Et de taille et de mine aussi bonnes que vous ?

DORANTE.

Tu dis vrai, mais écoute. Après une querelle
Qu'à Florence un jaloux me fit pour quelque belle,
J'eus avis que ma vie y courait du danger :
Ainsi donc sans trompette il fallut déloger.
Je pars seul et de nuit, et prends ma route en France,
Où, sitôt que je suis en pays d'assurance,
Comme d'avoir couru je me sens un peu las,
J'abandonne la poste, et viens au petit pas.
Approchant de Lyon, je vois dans la campagne...

CLITON, bas.

N'aurons-nous point ici de guerres d'Allemagne ?

DORANTE.

Que dis-tu ?

CLITON.

Rien, monsieur, je gronde entre mes dents
Du malheur qui suivra ces rares incidents ;
J'en ai l'âme déjà toute préoccupée.

DORANTE.

Donc à deux cavaliers je vois tirer l'épée ;
Et pour en empêcher l'événement fatal,
Je cours la mienne au poing, et descends de cheval.
L'un et l'autre, voyant à quoi je me prépare,
Se hâte d'achever avant qu'on les sépare,
Presse sans perdre temps, si bien qu'à mon abord
D'un coup que l'un allonge, il blesse l'autre à mort.
Je me jette au blessé, je l'embrasse, et j'essaie
Pour arrêter son sang de lui bander sa plaie ;
L'autre, sans perdre temps en cet événement,
Saute sur mon cheval, le presse vivement,
Disparaît, et mettant à couvert le coupable,
Me laisse auprès du mort faire la charitable.
Ce fut en cet état, les doigts de sang souillés,
Qu'au bruit de ce duel, trois sergents éveillés,
Tout gonflés de l'espoir d'une bonne lippée,
Me découvrirent seul, et la main à l'épée.
Lors, suivant du métier le serment solennel,
Mon argent fut pour eux le premier criminel ;
Et s'en étant saisis aux premières approches,
Ces messieurs pour prison lui donnèrent leurs poches,

Et moi, non sans couleur, encor qu'injustement,
Je fus conduit par eux en cet appartement.
Qui te fait ainsi rire ? et qu'est-ce que tu penses ?

CLITON.

Je trouve ici, monsieur, beaucoup de circonstances :
Vous en avez sans doute un trésor infini ;
Votre hymen de Poitiers n'en fut pas mieux fourni ;
Et le cheval surtout vaut en cette rencontre
Le pistolet ensemble, et l'épée, et la montre.

DORANTE.

Je me suis bien défait de ces traits d'écolier
Dont l'usage autrefois m'était si familier ;
Et maintenant, Cliton, je vis en honnête homme.

CLITON.

Vous êtes amendé du voyage de Rome ;
Et votre âme en ce lieu, réduite au repentir,
Fait mentir le proverbe en cessant de mentir.
Ah ! j'aurais plutôt cru...

DORANTE.

Le temps m'a fait connaître
Quelle indignité c'est, et quel mal en peut naître.

CLITON.

Quoi ! ce duel, ces coups si justement portés,
Ce cheval, ces sergents...

DORANTE.

Autant de vérités.

CLITON.

J'en suis fâché pour vous, monsieur, et surtout d'une,
Que je ne compte pas à petite infortune :
Vous êtes prisonnier, et n'avez point d'argent ;
Vous serez criminel.

DORANTE.

Je suis trop innocent.

CLITON.

Ah ! monsieur, sans argent est-il de l'innocence ?

DORANTE.

Fort peu ; mais dans ces murs Philiste a pris naissance,
Et comme il est parent des premiers magistrats,
Soit d'argent, soit d'amis, nous n'en manquerons pas.
J'ai su qu'il est en ville, et lui venais d'écrire
Lorsqu'ici le concierge est venu t'introduire.
Va lui porter ma lettre.

CLITON.

Avec un tel secours
Vous serez innocent avant qu'il soit deux jours.
Mais je ne comprends rien à ces nouveaux mystères :
Les filles doivent être ici fort volontaires ;
Jusque dans la prison elles cherchent les gens.

SCÈNE II

DORANTE, CLITON, LYSE.

CLITON, à Lyse.

Il ne fait que sortir des mains de trois sergents ;
Je t'en veux avertir : un fol espoir te trouble ;
Il cajole* des mieux, mais il n'a pas le double.

LYSE.

J'en apporte pour lui.

CLITON.
Pour lui! tu m'as dupé;
Et je doute sans toi si nous aurions soupé.
LYSE, *montrant une bourse.*
Avec ce passe-port suis-je la bienvenue?
CLITON.
Tu nous vas à tous deux donner dedans la vue.
LYSE.
Ai-je bien pris mon temps?
CLITON.
Le mieux qu'il se pouvait.
C'est une honnête fille, et Dieu nous la devait.
Monsieur, écoutez-la.
DORANTE.
Que veut-elle?
LYSE.
Une dame
Vous offre en cette lettre un cœur tout plein de
[flamme.
Une dame?
CLITON.
Lisez sans faire de façons : [bons;
Dieu nous aime, monsieur, comme nous sommes
Et ce n'est pas là tout, l'amour ouvre son coffre,
Et l'argent qu'elle tient vaut bien le cœur qu'elle
DORANTE *lit.* [offre.
« Au bruit du monde qui vous conduisait pri-
« sonnier, j'ai mis les yeux à la fenêtre, et vous ai
« trouvé de si bonne mine, que mon cœur est allé
« dans la même prison que vous, et n'en veut point
« sortir tant que vous y serez. Je ferai mon possible
« pour vous en tirer au plus tôt. Cependant obli-
« gez-moi de vous servir de ces cent pistoles que je
« vous envoie; vous en pouvez avoir besoin en l'état
« où vous êtes, et il m'en demeure assez d'autres à
« votre service. »
(*Dorante continue.*)
Cette lettre est sans nom.
CLITON.
Les mots en sont français.
(*à Lyse.*)
Dis-moi, sont-ce louis, ou pistoles de poids?
DORANTE.
Tais-toi.
LYSE, *à Dorante.*
Pour ma maîtresse il est de conséquence
De vous taire deux jours son nom et sa naissance;
Ce secret trop tôt su peut la perdre d'honneur.
DORANTE.
Je serai cependant aveugle en mon bonheur?
Et d'un si grand bienfait j'ignorerai la source?
CLITON, *à Dorante.*
Curiosité bas, prenons toujours la bourse.
Souvent c'est perdre tout que vouloir tout savoir.
LYSE, *à Dorante.*
Puis-je la lui donner?
CLITON, *à Lyse.*
Donne, j'ai tout pouvoir,
Quand même ce serait le trésor de Venise.

DORANTE.
Tout beau, tout beau, Cliton, il nous faut...
CLITON.
Lâcher prise?
Quoi! c'est ainsi, monsieur...
DORANTE.
Parleras-tu toujours?
CLITON.
Et voulez-vous du ciel renvoyer le secours?
DORANTE.
Accepter de l'argent porte en soi quelque honte.
CLITON.
Je m'en charge pour vous, et le prends pour mon
DORANTE, *à Lyse.* [compte.
Écoute un mot.
CLITON, *à part.*
Je tremble, il va la refuser.
DORANTE.
Ta maîtresse m'oblige.
CLITON, *à part.*
Il en veut mieux user.
Oyons*.
DORANTE.
Sa courtoisie est extrême et m'étonne,
Mais...
CLITON, *à part.*
Le diable de mais!
DORANTE.
Mais qu'elle me pardonne...
CLITON, *à part.*
Je me meurs, je suis mort.
DORANTE.
Si j'en change l'effet,
Et reçois comme un prêt le don qu'elle me fait.
CLITON, *à part.*
Je suis ressuscité; prêt ou don, ne m'importe.
DORANTE, *à Cliton, et puis à Lyse.*
Prends. Je le lui rendrai même avant que je sorte.
CLITON, *à Lyse.*
Écoute un mot : tu peux t'en aller à l'instant,
Et revenir demain avec encore autant.
Et vous, monsieur, songez à changer de demeure.
Vous serez innocent avant qu'il soit une heure.
DORANTE, *à Cliton, et puis à Lyse.*
Ne me romps plus la tête; et toi, tarde un moment.
J'écris à ta maîtresse un mot de compliment.
(*Dorante va écrire sur la table.*)
CLITON. [ble?
Dirons-nous cependant deux mots de guerre ensem-
LYSE.
Disons.
CLITON.
Contemple-moi.
LYSE.
Toi?
CLITON.
Oui, moi. Que t'en semble?
Dis.

LYSE.
Que tout vert et rouge, ainsi qu'un perroquet,
Tu n'es que bien en cage, et n'as que du caquet.
CLITON.
Tu ris. Cette action, qu'est-elle?
LYSE.
Ridicule.
CLITON.
Et cette main?
LYSE.
De taille à bien ferrer la mule*.
CLITON.
Cette jambe, ce pied?
LYSE.
Si tu sors des prisons,
Dignes de t'installer aux Petites-Maisons.
CLITON.
Ce front?
LYSE.
Est un peu creux.
CLITON.
Cette tête?
LYSE.
Un peu folle.
CLITON.
Ce ton de voix enfin avec cette parole?
LYSE.
Ah! c'est là que mes sens demeurent étonnés :
Le ton de voix est rare, aussi bien que le nez.
CLITON.
Je meurs*, ton humeur me semble si jolie,
Que tu me vas résoudre à faire une folie.
Touche, je veux t'aimer, tu seras mon souci* :
Nos maîtres font l'amour, nous le ferons aussi.
J'aurai mille beaux mots tous les jours à te dire;
Je coucherai* de feux, de sanglots, de martyre;
Je te dirai : « Je meurs, je suis dans les abois,
« Je brûle... »
LYSE.
Et tout cela de ce beau ton de voix?
Ah! si tu m'entreprends deux jours de cette sorte,
Mon cœur est déconfit, et je me tiens pour morte;
Si tu me veux en vie, affaiblis ces attraits,
Et retiens pour le moins la moitié de leurs traits.
CLITON.
Tu sais même charmer alors que tu te moques.
Gouverne doucement l'âme que tu m'escroques.
On a traité mon maître avec moins de rigueur;
On n'a pris que sa bourse, et tu prends jusqu'au cœur.
LYSE.
Il est riche, ton maître?
CLITON.
Assez.
LYSE.
Et gentilhomme?
CLITON.
Il le dit.
LYSE.
Il demeure?

CLITON.
A Paris.
LYSE.
Et se nomme?
DORANTE, *fouillant dans la bourse.*
Porte-lui cette lettre, et reçois...
CLITON, *lui retenant le bras.*
Sans compter?
DORANTE.
Cette part de l'argent que tu viens d'apporter.
CLITON.
Elle n'en prendra pas, monsieur, je vous proteste.
LYSE.
Celle qui vous l'envoie en a pour moi de reste.
CLITON.
Je vous le disais bien, elle a le cœur trop bon.
LYSE.
Lui pourrai-je, monsieur, apprendre votre nom?
DORANTE.
Il est dans mon billet. Mais prends, je t'en conjure.
CLITON.
Vous faut-il dire encor que c'est lui faire injure?
LYSE.
Vous perdez temps, monsieur, je sais trop mon devoir.
Adieu : dans peu de temps je viendrai vous revoir;
Et porte tant de joie à celle qui vous aime,
Qu'elle rapportera la réponse elle-même.
CLITON.
Adieu, belle railleuse.
LYSE.
Adieu, cher babillard.

SCÈNE III

DORANTE, CLITON.

DORANTE.
Cette fille est jolie, elle a l'esprit gaillard.
CLITON.
J'en estime l'humeur, j'en aime le visage;
Mais plus que tous les deux j'adore son message.
DORANTE.
C'est celle dont il vient qu'il en faut estimer;
C'est elle qui me charme, et que je veux aimer.
CLITON.
Quoi! vous voulez, monsieur, aimer cette inconnue?
DORANTE.
Oui, je la veux aimer, Cliton.
CLITON.
Sans l'avoir vue?
DORANTE.
Un si rare bienfait en un besoin pressant
S'empare puissamment d'un cœur reconnaissant;
Et comme de soi-même il marque un grand mérite,
Dessous cette couleur il parle, il sollicite,
Peint l'objet aussi beau qu'on le voit généreux;
Et si l'on n'est ingrat, il faut être amoureux.
CLITON.
Votre amour va toujours d'un étrange caprice :

Dès l'abord autrefois vous aimâtes Clarice;
Celle-ci, sans la voir; mais, monsieur, votre nom,
Lui deviez-vous l'apprendre, et si tôt?
DORANTE.
Pourquoi non?
J'ai cru le devoir faire, et l'ai fait avec joie.
CLITON.
Il est plus décrié que la fausse monnoie.
DORANTE.
Mon nom?
CLITON.
Oui, dans Paris, en langage commun,
Dorante et le Menteur à présent ce n'est qu'un;
Et vous y possédez ce haut degré de gloire
Qu'en une comédie on a mis votre histoire.
DORANTE.
En une comédie?
CLITON.
Et si naïvement,
Que j'ai cru, la voyant, voir un enchantement.
On y voit un Dorante avec votre visage;
On le prendrait pour vous; il a votre air, votre âge,
Vos yeux, votre action, votre maigre embonpoint,
Et paraît, comme vous, adroit au dernier point.
Comme à l'événement j'ai part à la peinture;
Après votre portrait on produit ma figure.
Le héros de la farce, un certain Jodelet,
Fait marcher après vous votre digne valet;
Il a jusqu'à mon nez et jusqu'à ma parole,
Et nous avons tous deux appris en même école;
C'est l'original même, il vaut ce que je vaux;
Si quelque autre s'en mêle, on peut s'inscrire en faux;
Et tout autre que lui dans cette comédie
N'en fera jamais voir qu'une fausse copie.
Pour Clarice et Lucrèce, elles en ont quelque air.
Philiste avec Alcippe y vient vous accorder.
Votre feu père même est joué sous le masque.
DORANTE.
Cette pièce doit être et plaisante et fantasque.
Mais son nom?
CLITON.
Votre nom de guerre, LE MENTEUR.
DORANTE.
Les vers en sont-ils bons? fait-on cas de l'auteur?
CLITON.
La pièce a réussi, quoique faible de style;
Et d'un nouveau proverbe elle enrichit la ville;
De sorte qu'aujourd'hui presque en tous les quartiers
On dit, quand quelqu'un ment, qu'il revient de Poi-
[tiers.
Et pour moi, c'est bien pis, je n'ose plus paraître.
Ce maraud de farceur m'a fait si bien connaître,
Que les petits enfants, sitôt qu'on m'aperçoit,
Me courent dans la rue et me montrent au doigt;
Et chacun rit de voir les courtauds de boutique,
Grossissant à l'envi leur chienne de musique,
Se rompre le gosier dans cette belle humeur,
A crier après moi : LE VALET DU MENTEUR!
Vous en riez vous-même?

DORANTE.
Il faut bien que j'en rie.
CLITON.
Je n'y trouve que rire, et cela vous décrie,
Mais si bien, qu'à présent, voulant vous marier,
Vous ne trouveriez pas la fille d'un huissier,
Pas celle d'un recors, pas d'un cabaret même.
DORANTE.
Il faut donc avancer près de celle qui m'aime.
Comme Paris est loin, si je ne suis déçu,
Nous pourrons réussir avant qu'elle ait rien su. [re.
Mais quelqu'un vient à nous, et j'entends du murmu-

SCÈNE IV

CLÉANDRE, DORANTE, CLITON, LE PRÉVÔT.

CLÉANDRE, au prévôt.
Ah! je suis innocent; vous me faites injure.
LE PRÉVÔT, à Cléandre.
Si vous l'êtes, monsieur, ne craignez aucun mal;
Mais comme enfin le mort était votre rival,
Et que le prisonnier proteste d'innocence,
Je dois sur ce soupçon vous mettre en sa présence.
CLÉANDRE, au prévôt.
Et si pour s'affranchir il ose me charger?
LE PRÉVÔT, à Cléandre.
La justice entre vous en saura bien juger.
Souffrez paisiblement que l'ordre s'exécute.
(à Dorante.)
Vous avez vu, monsieur, le coup qu'on vous impute;
Voyez ce cavalier; en serait-il l'auteur?
CLÉANDRE, bas.
Il va me reconnaître. Ah! Dieu! je meurs de peur.
DORANTE, au prévôt.
Souffrez que j'examine à loisir son visage.
(bas.)
C'est lui, mais il n'a fait qu'en homme de courage;
Ce serait lâcheté, quoi qu'il puisse arriver,
De perdre un si grand cœur quand je puis le sauver.
Ne le découvrons point.
CLÉANDRE, bas.
Il me connaît; je tremble.
DORANTE, au prévôt.
Ce cavalier, monsieur, n'a rien qui lui ressemble;
L'autre est de moindre taille, il a le poil plus blond,
Le teint plus coloré, le visage plus rond,
Et je le connais moins, tant plus je le contemple.
CLÉANDRE, bas.
O générosité qui n'eut jamais d'exemple!
DORANTE.
L'habit même est tout autre.
LE PRÉVÔT.
Enfin ce n'est pas lui?
DORANTE.
Non, il n'a point de part au duel d'aujourd'hui.
LE PRÉVÔT, à Cléandre.
Je suis ravi, monsieur, de voir votre innocence
Assurée à présent par sa reconnaissance;

Sortez quand vous voudrez, vous avez tout pouvoir.
Excusez la rigueur qu'a voulu mon devoir.
Adieu.
CLÉANDRE, au prévôt.
Vous avez fait le dû de votre office.

SCÈNE V

DORANTE, CLÉANDRE, CLITON.

DORANTE, à Cléandre.
Mon cavalier, pour vous je me fais injustice ;
Je vous tiens pour brave homme, et vous reconnais
Faites votre devoir comme j'ai fait le mien. [bien ;
CLÉANDRE.
Monsieur...
DORANTE.
Point de réplique, on pourrait nous entendre.
CLÉANDRE.
Sachez donc seulement qu'on m'appelle Cléandre,
Que je sais mon devoir, que j'en prendrai souci,
Et que je périrai pour vous tirer d'ici.

SCÈNE VI

DORANTE, CLITON.

DORANTE.
N'est-il pas vrai, Cliton, que c'eût été dommage
De livrer au malheur ce généreux courage ?
J'avais entre mes mains et sa vie et sa mort,
Et je viens de me voir arbitre de son sort.
CLITON.
Quoi ! c'est là donc, monsieur...?
DORANTE.
Oui, c'est là le coupable.
CLITON.
L'homme à votre cheval ?
DORANTE.
Rien n'est si véritable.
CLITON.
Je ne sais où j'en suis, et deviens tout confus.
Ne m'aviez-vous pas dit que vous ne mentiez plus ?
DORANTE.
J'ai vu sur son visage un noble caractère,
Qui, me parlant pour lui, m'a forcé de me taire,
Et d'une voix connue entre les gens de cœur
M'a dit qu'en le perdant je me perdrais d'honneur.
J'ai cru devoir mentir pour sauver un brave homme.
CLITON.
Et c'est ainsi, monsieur, quel'on s'amende à Rome ?
Je me tiens au proverbe ; oui, courez, voyagez ;
Je veux être guenon si jamais vous changez :
Vous mentirez toujours, monsieur, sur ma parole.
Croyez-moi que Poitiers est une bonne école ;
Pour le bien du public je veux le publier ;
Les leçons qu'on y prend ne peuvent s'oublier.

DORANTE.
Je ne mens plus, Cliton, je t'en donne assurance ;
Mais en un tel sujet l'occasion dispense.
CLITON.
Vous en prendrez autant comme vous en verrez.
Menteur vous voulez vivre, et menteur vous mourrez ;
Et l'on dira de vous pour oraison funèbre :
« C'était en menterie un auteur très-célèbre,
« Qui sut y raffiner de si digne façon,
« Qu'aux maîtres du métier il en eût fait leçon ; [que*,
« Et qui, tant qu'il vécut, sans craindre aucune ris-
« Aux plus forts d'après lui put donner quinze et
DORANTE.   [bisque. »
Je n'ai plus qu'à mourir, mon épitaphe est fait*,
Et tu m'érigeras en cavalier parfait :
Tu ferais violence à l'humeur la plus triste.
Mais, sans plus badiner, va-t'en chercher Philiste ;
Donne-lui cette lettre ; et moi, sans plus mentir,
Avec les prisonniers j'irai me divertir.

ACTE DEUXIÈME

SCÈNE I

MÉLISSE, LYSE.

MÉLISSE, tenant une lettre ouverte en sa main.
Certes, il écrit bien ; sa lettre est excellente.
LYSE.
Madame, sa personne est encor plus galante :
Tout est charmant en lui, sa grâce, son maintien.
MÉLISSE.
Il semble que déjà tu lui veuilles du bien.
LYSE.
J'en trouve, à dire vrai, la rencontre si belle,
Que je voudrais l'aimer, si j'étais demoiselle.
Il est riche, et de plus il demeure à Paris,
Où des dames, dit-on, est le vrai paradis ;
Et ce qui vaut bien mieux que toutes ces richesses
Les maris y sont bons, et les femmes maîtresses.
Je vous le dis encor, je m'y passerais bien ;
Et si j'étais son fait, il serait fort le mien.
MÉLISSE.
Tu n'es pas dégoûtée. Enfin, Lyse, sans rire,
C'est un homme bien fait ?
LYSE.
Plus que je ne puis dire.
MÉLISSE.
A sa lettre il paraît qu'il a beaucoup d'esprit ;
Mais, dis-moi, parle-t-il aussi bien qu'il écrit ?
LYSE.
Pour lui faire en discours montrer son éloquence
Il lui faudrait des gens de plus de conséquence ;
C'est à vous d'éprouver ce que vous demandez.

MÉLISSE.
Et que croit-il de moi?

LYSE.
Ce que vous lui mandez;
Que vous l'avez tantôt vu par votre fenêtre,
Que vous l'aimez déjà.

MÉLISSE.
Cela pourrait bien être.

LYSE.
Sans l'avoir jamais vu?

MÉLISSE.
J'écris bien sans le voir.

LYSE.
Mais vous suivez d'un frère un absolu pouvoir,
Qui, vous ayant conté par quel bonheur étrange
Il s'est mis à couvert de la mort de Florange,
Se sert de cette feinte, en cachant votre nom,
Pour lui donner secours dedans cette prison.
L'y voyant en sa place, il fait ce qu'il doit faire.

MÉLISSE.
Je n'écrivais tantôt qu'à dessein de lui plaire.
Mais, Lyse, maintenant j'ai pitié de l'ennui
D'un homme si bien fait qui souffre pour autrui;
Et, par quelques motifs que je vienne d'écrire,
Il est de mon honneur de ne m'en pas dédire.
La lettre est de ma main, elle parle d'amour :
S'il ne sait qui je suis, il peut l'apprendre un jour.
Un tel gage m'oblige à lui tenir parole :
Ce qu'on met par écrit passe une amour frivole.
Puisqu'il a du mérite, on ne m'en peut blâmer;
Et je lui dois mon cœur, s'il daigne l'estimer.
Je m'en forme en idée une image si rare,
Qu'elle pourrait gagner l'âme la plus barbare ;
L'amour en est le peintre, et ton rapport flatteur
En fournit les couleurs à ce doux enchanteur.

LYSE.
Tout comme vous l'aimez vous verrez qu'il vous aime :
Si vous vous engagez, il s'engage de même,
Et se forme de vous un tableau si parfait,
Que c'est lettre pour lettre, et portrait pour portrait.
Il faut que votre amour plaisamment s'entretienne;
Il sera votre idée, et vous serez la sienne.
L'alliance est mignarde, et cette nouveauté,
Surtout dans une lettre, aura grande beauté,
Quand vous y souscrirez, pour Dorante ou Mélisse:
« Votre très-humble idée à vous rendre service. »
Vous vous moquez, madame; et loin d'y consentir,
Vous n'en parlez ainsi que pour vous divertir ?

MÉLISSE.
Je ne me moque point.

LYSE.
Et que fera, madame,
Cet autre cavalier dont vous possédez l'âme,
Votre amant?

MÉLISSE.
Qui?

LYSE.
Philiste.

MÉLISSE.
Ah! ne présume pas
Que son cœur soit sensible au peu que j'ai d'appas;
Il fait mine d'aimer, mais sa galanterie
N'est qu'un amusement et qu'une raillerie.

LYSE.
Il est riche, et parent des premiers de Lyon.

MÉLISSE.
Et c'est ce qui le porte à plus d'ambition.
S'il me voit quelquefois, c'est comme par surprise
Dans ses civilités on dirait qu'il méprise,
Qu'un seul mot de sa bouche est un rare bonheur
Et qu'un de ses regards est un excès d'honneur.
L'amour même d'un roi me serait importune,
S'il fallait la tenir à si haute fortune.
La sienne est un trésor qu'il fait bien d'épargner;
L'avantage est trop grand, j'y pourrais trop gagner
Il n'entre point chez nous; et quand il me rencontre,
Il semble qu'avec peine à mes yeux il se montre,
Et prend l'occasion avec une froideur
Qui craint en me parlant d'abaisser sa grandeur.

LYSE.
Peut-être il est timide, et n'ose davantage.

MÉLISSE.
S'il craint, c'est que l'amour trop avant ne l'engage
Il voit souvent mon frère, et ne parle de rien.

LYSE.
Mais vous le recevez, ce me semble, assez bien.

MÉLISSE.
Comme je ne suis pas en amour des plus fines,
Faute d'autre j'en souffre, et je lui rends ses mines;
Mais je commence à voir que de tels cajoleurs
Ne font qu'effaroucher les partis les meilleurs,
Et ne dois plus souffrir qu'avec cette grimace
D'un véritable amant il occupe la place.

LYSE.
Je l'ai vu pour vous voir faire beaucoup de tours.

MÉLISSE.
Qui l'empêche d'entrer, et me voir tous les jours?
Cette façon d'agir est-elle plus polie?
Croit-il... ?

LYSE.
Les amoureux ont chacun leur folie :
La sienne est de vous voir avec tant de respect,
Qu'il passe pour superbe, et vous devient suspect;
Et la vôtre, un dégoût de cette retenue,
Qui vous fait mépriser la personne connue,
Pour donner votre estime, et chercher avec soin
L'amour d'un inconnu, parce qu'il est de loin.

SCÈNE II

CLÉANDRE, MÉLISSE, LYSE.

CLÉANDRE.
Envers ce prisonnier as-tu fait cette feinte,
Ma sœur?

MÉLISSE.
Sans me connaître, il me croit l'âme atteinte

Que je l'ai vu conduire en ce triste séjour,
Que ma lettre et l'argent sont des effets d'amour ;
Et Lyse, qui l'a vu, m'en dit tant de merveilles,
Qu'elle fait presque entrer l'amour par les oreilles.
CLÉANDRE.
Ah ! si tu savais tout !
MÉLISSE.
Elle ne laisse rien ;
Elle en vante l'esprit, la taille, le maintien,
Le visage attrayant, et la façon modeste.
CLÉANDRE.
Ah ! que c'est peu de chose au prix de ce qui reste !
MÉLISSE.
Que reste-t-il à dire ? Un courage invaincu * ?
CLÉANDRE.
C'est le plus généreux qui jamais ait vécu ;
C'est le cœur le plus noble, et l'âme la plus haute...
MÉLISSE.
Quoi ! vous voulez, mon frère, ajouter à sa faute,
Percer avec ces traits un cœur qu'elle a blessé,
Et vous-même achever ce qu'elle a commencé ?
CLÉANDRE.
Ma sœur, à peine sais-je encor comme il se nomme,
Et je sais qu'on n'a vu jamais plus honnête homme,
Et que son frère enfin périrait aujourd'hui,
Si nous avions affaire à tout autre qu'à lui.
 Quoique notre partie ait été si secrète
Que j'en dusse espérer une sûre retraite,
Et que Florange et moi, comme je t'ai conté,
Afin que ce duel ne pût être éventé,
Sans prendre de seconds, l'eussions faite de sorte
Que chacun pour sortir choisît diverse porte,
Que nous n'eussions ensemble été vus de huit jours,
Que presque tout le monde ignorât nos amours,
Et que l'occasion me fût si favorable
Que je vis l'innocent saisi pour le coupable ;
Je crois te l'avoir dit, qu'il nous vint séparer,
Et que sur son cheval je sus me retirer.
Comme je me montrais, afin que ma présence
Donnât lieu d'en juger une entière innocence,
Sur un bruit épandu * que le défunt et moi
D'une même beauté nous adorions la loi,
Un prévôt soupçonneux me saisit dans la rue,
Me mène au prisonnier, et m'expose à sa vue.
Juge quel trouble j'eus de me voir en ces lieux :
Ce cavalier me voit, m'examine des yeux,
Me reconnaît, je tremble encore à te le dire ;
Mais apprends sa vertu, chère sœur, et l'admire.
Ce grand cœur, se voyant mon destin en la main,
Devient pour me sauver à soi-même inhumain ;
Lui qui souffre pour moi sait mon crime et le nie,
Dit que ce qu'on m'impute est une calomnie,
Dépeint le criminel de toute autre façon,
Oblige le prévôt à sortir sans soupçon,
Me promet amitié, m'assure de se taire.
Voilà ce qu'il a fait ; vois ce que je dois faire.
MÉLISSE.
L'aimer, le secourir, et tous deux avouer
Qu'une telle vertu ne se peut trop louer.

CLÉANDRE.
Si je l'ai plaint tantôt de souffrir pour mon crime,
Cette pitié, ma sœur, était bien légitime ;
Mais ce n'est plus pitié, c'est obligation,
Et le devoir succède à la compassion.
Nos plus puissants secours ne sont qu'ingratitude ;
Mets à les redoubler ton soin et ton étude ;
Sous ce même prétexte et ces déguisements
Ajoute à ton argent perles et diamants ;
Qu'il ne manque de rien ; et pour sa délivrance
Je vais de mes amis faire agir la puissance.
Que si tous leurs efforts ne peuvent le tirer,
Pour m'acquitter vers lui j'irai me déclarer.
Adieu. De ton côté prends souci de me plaire,
Et vois ce que tu dois à qui te sauve un frère.
MÉLISSE.
Je vous obéirai très-ponctuellement.

SCÈNE III

MÉLISSE, LYSE.

LYSE.
Vous pouviez dire encor très-volontairement ;
Et la faveur du ciel vous a bien conservée,
Si ces derniers discours ne vous ont achevée.
Le parti de Philiste a de quoi s'appuyer ;
Je n'en suis plus, madame ; il n'est bon qu'à noyer ;
Il ne valut jamais un cheveu de Dorante.
Je puis vers la prison apprendre une courante ?
MÉLISSE.
Oui, tu peux te résoudre encore à te crotter.
LYSE.
Quels de vos diamants me faut-il lui porter ?
MÉLISSE.
Mon frère va trop vite ; et sa chaleur l'emporte
Jusqu'à connaître mal des gens de cette sorte.
Aussi, comme son but est différent du mien,
Je dois prendre un chemin fort éloigné du sien
Il est reconnaissant, et je suis amoureuse ;
Il a peur d'être ingrat, et je veux être heureuse.
A force de présents il se croit acquitter ;
Mais le redoublement ne fait que rebuter.
Si le premier oblige un homme de mérite,
Le second l'importune, et le reste l'irrite,
Et, passé le besoin, quoi qu'on lui puisse offrir,
C'est un accablement qu'il ne saurait souffrir.
 L'amour est libéral, mais c'est avec adresse :
Le prix de ses présents est en leur gentillesse ;
Et celui qu'à Dorante exprès tu vas porter,
Je veux qu'il le dérobe au lieu de l'accepter.
Écoute une pratique assez ingénieuse.
LYSE.
Elle doit être belle et fort mystérieuse.
MÉLISSE.
Au lieu des diamants dont tu viens de parler,
Avec quelques douceurs il faut le régaler,
Entrer sous ce prétexte, et trouver quelque voie
Par où, sans que j'y sois, tu fasses qu'il me voie :

Porte-lui mon portrait, et comme sans dessein
Fais qu'il puisse aisément le surprendre en ton sein;
Feins lors pour le ravoir un déplaisir extrême :
S'il le rend, c'en est fait; s'il le retient, il m'aime.
LYSE.
A vous dire le vrai, vous en savez beaucoup.
MÉLISSE.
L'amour est un grand maître, il instruit tout d'un [coup.
LYSE.
Il vient de vous donner de belles tablatures*.
MÉLISSE.
Viens querir mon portrait avec des confitures :
Comme pourra Dorante en user bien ou mal,
Nous résoudrons après touchant l'original.

SCÈNE IV

PHILISTE, DORANTE, CLITON,
dans la prison.

DORANTE.
Voilà, mon cher ami, la véritable histoire
D'une aventure étrange et difficile à croire;
Mais puisque je vous vois, mon sort est assez doux.
PHILISTE.
L'aventure est étrange, et bien digne de vous;
Et, si je n'en voyais la fin trop véritable,
J'aurais bien de la peine à la trouver croyable :
Vous me seriez suspect, si vous étiez ailleurs.
CLITON.
Ayez pour lui, monsieur, des sentiments meilleurs :
Il s'est bien converti dans un si long voyage;
C'est tout un autre esprit sous le même visage;
Et tout ce qu'il débite est pure vérité,
S'il ne ment quelquefois par générosité.
C'est le même qui prit Clarice pour Lucrèce,
Qui fit jaloux Alcippe avec sa noble adresse;
Et, malgré tout cela, le même toutefois,
Depuis qu'il est ici n'a menti qu'une fois.
PHILISTE.
En voudrais-tu jurer?
CLITON.
Oui, monsieur, et j'en jure
Par le dieu des menteurs, dont il est créature;
Et, s'il vous faut encore un serment plus nouveau,
Par l'hymen de Poitiers et le festin sur l'eau.
PHILISTE.
Laissant là ce badin, ami, je vous confesse
Qu'il me souvient toujours de vos traits de jeunesse;
Cent fois en cette ville aux meilleures maisons
J'en ai fait un bon conte en déguisant les noms,
J'en ai ri de bon cœur, et j'en ai bien fait rire;
Et quoi que maintenant je vous entende dire,
Ma mémoire toujours me les vient présenter,
Et m'en fait un rapport qui m'invite à douter.
DORANTE.
Formez en ma faveur de plus saines pensées;
Ces petites humeurs sont aussitôt passées;

Et l'air du monde change en bonnes qualités
Ces teintures qu'on prend aux universités.
PHILISTE.
Dès lors, à cela près, vous étiez en estime
D'avoir une âme noble, et grande, et magnanime.
DORANTE.
Je le disais dès lors; sans cette qualité,
Vous n'eussiez pu jamais le payer de bonté.
DORANTE.
Ne te tairas-tu point?
CLITON.
Dis-je rien qu'il ne sache?
Et fais-je à votre nom quelque nouvelle tache?
N'était-il pas, monsieur, avec Alcippe et vous
Quand ce festin en l'air le rendit si jaloux?
Lui qui fut le témoin du conte que vous fîtes,
Lui qui vous sépara lorsque vous vous battîtes,
Ne sait-il pas encor les plus rusés détours
Dont votre esprit adroit bricola* vos amours?
PHILISTE.
Ami, ce flux de langue est trop grand pour se taire;
Mais, sans plus l'écouter, parlons de votre affaire.
Elle me semble aisée, et je vous puis vanter
Qu'assez facilement je pourrai l'emporter :
Ceux dont elle dépend sont de ma connaissance,
Et même à la plupart je touche de naissance;
Le mort était d'ailleurs fort peu considéré,
Et chez les gens d'honneur on ne l'a point pleuré.
Sans perdre plus de temps, souffrez que j'aille appren-
Pour en venir à bout quel chemin il faut prendre. [dre
Ne vous chagrinez point cependant en prison,
On aura soin de vous comme en votre maison;
Le concierge en a l'ordre, il tient de moi sa place,
Et sitôt que je parle il n'est rien qu'il ne fasse.
DORANTE.
Ma joie est de vous voir, vous me l'allez ravir.
PHILISTE.
Je prends congé de vous pour vous aller servir.
Cliton divertira votre mélancolie.

SCÈNE V

DORANTE, CLITON.

CLITON.
Comment va maintenant l'amour ou la folie?
Cette dame obligeante au visage inconnu,
Qui s'empare des cœurs avec son revenu,
Est-elle encore aimable? a-t-elle encor des charmes?
Par générosité lui rendrons-nous les armes?
DORANTE.
Cliton, je la tiens belle, et m'ose figurer
Qu'elle n'a rien en soi qu'on ne puisse adorer.
Qu'en imagines-tu?
CLITON.
J'en fais des conjectures
Qui s'accordent fort mal avecque vos figures.
Vous payer par avance, et vous cacher son nom,
Quoi que vous présumiez, ne marque rien de bon.

LA SUITE DU MENTEUR, ACTE II, SCÈNE VI.

A voir ce qu'elle a fait, et comme elle procède,
Je jurerais, monsieur, qu'elle est ou vieille ou laide,
Peut-être l'une et l'autre, et vous a regardé
Comme un galant commode, et fort incommodé.

DORANTE.
Tu parles en brutal.

CLITON.
Vous en visionnaire.
Mais, si je disais vrai, que prétendez-vous faire?

DORANTE.
Envoyer et la dame et les amours au vent.

CLITON.
Mais vous avez reçu; quiconque prend se vend.

DORANTE.
Quitte pour lui jeter son argent à la tête.

CLITON.
Le compliment est doux et la défaite honnête.
Tout de bon à ce coup vous êtes converti;
Je le soutiens, monsieur, le proverbe a menti.
Sans scrupule autrefois, témoin votre Lucrèce,
Vous emportiez l'argent, et quittiez la maîtresse;
Mais Rome vous a fait si grand homme de bien,
Qu'à présent vous voulez rendre à chacun le sien.
Vous vous êtes instruit des cas de conscience.

DORANTE.
Tu m'embrouilles l'esprit faute de patience. [moins,
Deux ou trois jours peut-être, un peu plus, un peu
Éclairciront ce trouble, et purgeront ces soins.
Tu sais qu'on m'a promis que la beauté qui m'aime
Viendra me rapporter sa réponse elle-même :
Vois déjà sa servante, elle revient.

CLITON.
Tant pis.
Dussiez-vous enrager, c'est ce que je vous dis.
Si fréquente ambassade, et maîtresse invisible,
Sont de ma conjecture une preuve infaillible.
Voyons ce qu'elle veut, et si son passe-port
Est aussi bien fourni comme au premier abord.

DORANTE.
Veux-tu qu'à tous moments il pleuve des pistoles?

CLITON.
Qu'avons-nous sans cela besoin de ses paroles?

SCÈNE VI

DORANTE, LYSE, CLITON.

DORANTE, à Lyse.
Je ne t'espérais pas si soudain de retour.

LYSE.
Vous jugerez par là d'un cœur qui meurt d'amour.
De vos civilités ma maîtresse est ravie :
Elle serait venue, elle en brûle d'envie;
Mais une compagnie au logis la retient :
Elle viendra bientôt, et peut-être elle vient;
Et je me connais mal à l'ardeur qui l'emporte,
Si vous ne la voyez même avant que je sorte.
Acceptez cependant quelque peu de douceurs
Fort propres en ces lieux à conforter les cœurs;
Les sèches sont dessous, celles-ci sont liquides.

CLITON.
Les amours de tantôt me semblaient plus solides.
Si tu n'as autre chose, épargne mieux tes pas;
Cette inégalité ne me satisfait pas.
Nous avons le cœur bon, et, dans nos aventures,
Nous ne fûmes jamais hommes à confitures.

LYSE.
Badin, qui te demande ici ton sentiment?

CLITON.
Ah! tu me fais l'amour un peu bien rudement.

LYSE.
Est-ce à toi de parler? que n'attends-tu ton heure!

DORANTE.
Saurons-nous cette fois son nom, ou sa demeure?

LYSE.
Non pas encor si tôt.

DORANTE.
Mais te vaut-elle bien?
Parle-moi franchement, et ne déguise rien.

LYSE.
A ce compte, monsieur, vous me trouvez passable?

DORANTE.
Je te trouve de taille et d'esprit agréable,
Tant de grâce en l'humeur, et tant d'attraits aux yeux,
Qu'à te dire le vrai, je ne voudrais pas mieux;
Elle me charmera, pourvu qu'elle te vaille.

LYSE.
Ma maîtresse n'est pas tout à fait de ma taille,
Mais elle me surpasse en esprit, en beauté,
Autant et plus encor, monsieur, qu'en qualité.

DORANTE.
Tu sais adroitement couler ta flatterie.
Que ce bout de ruban a de galanterie!
Je veux le dérober. Mais qu'est-ce qui le suit?

LYSE.
Rendez-le-moi, monsieur; j'ai hâte, il s'en va nuit.

DORANTE.
Je verrai ce que c'est.

LYSE.
C'est une miniature.

DORANTE.
Oh, le charmant portrait! l'adorable peinture!
Elle est faite à plaisir?

LYSE.
Après le naturel.

DORANTE.
Je ne crois pas jamais avoir rien vu de tel.

LYSE.
Ces quatre diamants dont elle est enrichie
Ont sous eux quelque feuille, ou mal nette, ou blan- [chie;
Et je cours de ce pas y faire regarder.

DORANTE.
Et quel est ce portrait?

LYSE.
Le faut-il demander?
Et doutez-vous si c'est ma maîtresse elle-même?

DORANTE.
Quoi! celle qui m'écrit?

LYSE.
Oui, celle qui vous aime;
A l'aimer tant soit peu vous l'auriez deviné.
DORANTE.
Un si rare bonheur ne m'est pas destiné;
Et tu me veux flatter par cette fausse joie.
LYSE.
Quand je dis vrai. monsieur, je prétends qu'on me croie.
Mais je m'amuse trop, l'orfévre est loin d'ici;
Donnez-moi, je perds temps.
DORANTE.
Laisse-moi ce souci;
Nous avons un orfévre arrêté pour ses dettes,
Qui saura tout remettre au point que tu souhaites.
LYSE.
Vous m'en donnez, monsieur.
DORANTE.
Je te le ferai voir.
LYSE.
A-t-il la main fort bonne?
DORANTE.
Autant qu'on peut l'avoir.
LYSE.
Sans mentir?
DORANTE.
Sans mentir.
CLITON.
Il est trop jeune, il n'ose.
LYSE.
Je voudrais bien pour vous faire ici quelque chose;
Mais vous le montrerez.
DORANTE.
Non, à qui que ce soit.
LYSE.
Vous me ferez chasser si quelque autre le voit.
DORANTE.
Va, dors en sûreté.
LYSE.
Mais enfin à quand rendre?
DORANTE.
Dès demain.
LYSE.
Demain donc je viendrai le reprendre,
Je ne puis me résoudre à vous désobliger.
CLITON, à Dorante, puis à Lyse.
Elle se met pour vous en un très-grand danger.
Dirons-nous rien nous deux?
LYSE.
Non.
CLITON.
Comme tu méprises!
LYSE.
Je n'ai pas le loisir d'entendre tes sottises.
CLITON.
Avec cette rigueur tu me feras mourir.
LYSE.
Peut-être à mon retour je saurai te guérir;
Je ne puis mieux pour l'heure : adieu.

CLITON.
Tout me succède.

SCÈNE VII

DORANTE, CLITON.

DORANTE.
Viens, Cliton, et regarde. Est-elle vieille ou laide?
Voit-on des yeux plus vifs? voit-on des traits plus doux?
CLITON.
Je suis un peu moins dupe, et plus futé que vous.
C'est un leurre, monsieur, la chose est toute claire;
Elle a fait tout du long les mines qu'il faut faire.
On amorce le monde avec de tels portraits,
Pour les faire surprendre on les apporte exprès;
On s'en fâche, on fait bruit, on vous les redemande,
Mais on tremble toujours de crainte qu'on les rende;
Et pour dernière adresse, une telle beauté
Ne se voit que de nuit et dans l'obscurité,
De peur qu'en un moment l'amour ne s'estropie
A voir l'original si loin de la copie.
Mais laissons ce discours, qui peut vous ennuyer.
Vous ferai-je venir l'orfévre prisonnier?
DORANTE.
Simple! n'as-tu point vu que c'était une feinte,
Un effet de l'amour dont mon âme est atteinte?
CLITON.
Bon; en voici déjà de deux en même jour,
Par devoir d'honnête homme, et par effet d'amour.
Avec un peu de temps nous en verrons bien d'autres.
Chacun a ses talents, et ce sont là les vôtres.
DORANTE.
Tais-toi, tu m'étourdis de tes sottes raisons.
Allons prendre un peu l'air dans la cour des prisons.

ACTE TROISIÈME

SCÈNE I

CLÉANDRE, DORANTE, CLITON.

(L'acte se passe dans la prison.)

DORANTE.
Je vous en prie encor, discourons d'autre chose,
Et sur un tel sujet ayons la bouche close :
On peut nous écouter, et vous surprendre ici;
Et si vous vous perdez, vous me perdez aussi.
La parfaite amitié que pour vous j'ai conçue,
Quoiqu'elle soit l'effet d'une première vue,
Joint mon péril au vôtre, et les unit si bien
Qu'au cours de votre sort elle attache le mien.
CLÉANDRE.
N'ayez aucune peur, et sortez d'un tel doute.
J'ai des gens là dehors qui gardent qu'on n'écoute;

Et je puis vous parler en toute sûreté
De ce que mon malheur doit à votre bonté.
Si d'un bienfait si grand qu'on reçoit sans mérite
Qui s'avoue insolvable aucunement* s'acquitte;
Pour m'acquitter vers vous autant que je le puis,
J'avoue, et hautement, monsieur, que je le suis;
Mais si cette amitié par l'amitié se paie,
Ce cœur qui vous doit tout vous en rend une vraie.
La vôtre la devance à peine d'un moment,
Elle attache mon sort au vôtre également;
Et l'on n'y trouvera que cette différence,
Qu'en vous elle est faveur, en moi reconnaissance.

DORANTE.
N'appelez point faveur ce qui fut un devoir.
Entre les gens de cœur il suffit de se voir.
Par un effort secret de quelque sympathie
L'un à l'autre aussitôt un certain nœud les lie :
Chacun d'eux sur son front porte écrit ce qu'il est;
Et quand on lui ressemble, on prend son intérêt.

CLITON.
Par exemple, voyez, aux traits de ce visage
Mille dames m'ont pris pour homme de courage,
Et sitôt que je parle, on devine à demi
Que le sexe jamais ne fut mon ennemi.

CLÉANDRE.
Cet homme a de l'humeur.

DORANTE.
C'est un vieux domestique
Qui, comme vous voyez, n'est pas mélancolique.
A cause de son âge il se croit tout permis;
Il se rend familier avec tous mes amis,
Mêle partout son mot; et jamais, quoi qu'on die,
Pour donner son avis il n'attend qu'on l'en prie.
Souvent il importune, et quelquefois il plaît.

CLÉANDRE.
J'en voudrais connaître un de l'humeur dont il est.

CLITON.
Croyez qu'à le trouver vous auriez de la peine :
Le monde n'en voit pas quatorze à la douzaine;
Et je jurerais bien, monsieur, en bonne foi,
Qu'en France il n'en est point que Jodelet et moi.

DORANTE.
Voilà de ses bons mots les galantes surprises;
Mais qui parle beaucoup dit beaucoup de sottises;
Et quand il a dessein de se mettre en crédit,
Plus il y fait d'effort, moins il sait ce qu'il dit.

CLITON.
On appelle cela des vers à ma louange.

CLÉANDRE.
Presque insensiblement nous avons pris le change.
Mais revenons, monsieur, à ce que je vous dois.

DORANTE.
Nous en pourrons parler encor quelque autre fois :
il suffit pour ce coup.

CLÉANDRE.
Je ne saurais vous taire
En quel heureux état se trouve votre affaire.
Vous sortirez bientôt, et peut-être demain;
Mais un si prompt secours ne vient pas de ma main;
Les amis de Philiste en ont trouvé la voie :
J'en dois rougir de honte au milieu de ma joie;
Et je ne saurais voir sans être un peu jaloux
Qu'il m'ôte les moyens de m'employer pour vous.
Je cède avec regret à cet ami fidèle;
S'il a plus de pouvoir, il n'a pas plus de zèle;
Et vous m'obligerez, au sortir de prison,
De me faire l'honneur de prendre ma maison.
Je n'attends point le temps de votre délivrance,
De peur qu'encore un coup Philiste me devance;
Comme il m'ôte aujourd'hui l'espoir de vous servir,
Vous loger est un bien que je lui veux ravir.

DORANTE.
C'est un excès d'honneur que vous me voulez rendre;
Et je croirais faillir de m'en vouloir défendre.

CLÉANDRE.
Je vous en reprirai quand vous pourrez sortir;
Et lors nous tâcherons à vous bien divertir,
Et vous faire oublier l'ennui que je vous cause.
Auriez-vous cependant besoin de quelque chose?
Vous êtes voyageur, et pris par des sergents;
Et quoique ces messieurs soient fort honnêtes gens,
Il en est quelques-uns...

CLITON.
Les siens en sont du nombre;
Ils ont en le prenant pillé jusqu'à son ombre;
Et n'était que le ciel a su le soulager,
Vous le verriez encor fort net et fort léger;
Mais comme je pleurais ses tristes aventures,
Nous avons reçu lettre, argent et confitures.

CLÉANDRE.
Et de qui?

DORANTE.
Pour le dire, il faudrait deviner.
Jugez ce qu'en ma place on peut s'imaginer.
Une dame m'écrit, me flatte, me régale,
Me promet une amour qui n'eut jamais d'égale,
Me fait force présents...

CLÉANDRE.
Et vous visite?

DORANTE.
Non.

CLÉANDRE.
Vous savez son logis?

DORANTE.
Non; pas même son nom.
Ne soupçonnez-vous point ce que ce pourrait être?

CLÉANDRE.
A moins que de la voir je ne la puis connaître.

DORANTE.
Pour un si bon ami je n'ai point de secret.
Voyez, connaissez-vous les traits de ce portrait?

CLÉANDRE.
Elle semble éveillée, et passablement belle;
Mais je ne vous en puis dire aucune nouvelle,
Et je ne connais rien à ces traits que je voi.
Je vais vous préparer une chambre chez moi.
Adieu.

SCÈNE II

DORANTE, CLITON.

DORANTE.
Ce brusque adieu marque un trouble dans l'âme.
Sans doute il la connaît.
CLITON.
C'est peut-être sa femme.
DORANTE.
Sa femme?
CLITON.
Oui, c'est sans doute elle qui vous écrit;
Et vous venez de faire un coup de grand esprit.
Voilà de vos secrets et de vos confidences.
DORANTE.
Nomme-les par leur nom, dis de mes imprudences.
Mais serait-ce en effet celle que tu me dis?
CLITON.
Envoyez vos portraits à de tels étourdis,
Ils gardent un secret avec extrême adresse.
C'est sa femme, vous dis-je, ou du moins sa maîtresse.
Ne l'avez-vous pas vu tout changer de couleur?
DORANTE.
Je l'ai vu comme atteint d'une vive douleur,
Faire de vains efforts pour cacher sa surprise.
Son désordre, Cliton, montre ce qu'il déguise.
Il a pris un prétexte à sortir promptement,
Sans se donner loisir d'un mot de compliment.
CLITON.
Qu'il fera dangereux rencontrer sa colère!
Il va tout renverser si l'on le laisse faire,
Et je vous tiens pour mort si sa fureur se croit;
Mais surtout ses valets peuvent bien marcher droit :
Malheureux le premier qui fâchera son maître!
Pour autres cent louis je ne voudrais pas l'être.
DORANTE.
La chose est sans remède, en soit ce qui pourra :
S'il fait tant le mauvais peut-être on le verra.
Ce n'est pas qu'après tout, Cliton, si c'est sa femme,
Je ne sache étouffer cette naissante flamme;
Ce serait lui prêter un fort mauvais secours
Que lui ravir l'honneur en conservant ses jours;
D'une belle action j'en ferais une noire.
J'en ai fait mon ami, je prends part à sa gloire;
Et je ne voudrais pas qu'on pût me reprocher
De servir un brave homme au prix d'un bien si cher.
CLITON.
Et s'il est son amant?
DORANTE.
Puisqu'elle me préfère,
Ce que j'ai fait pour lui vaut bien qu'il me défère;
Sinon, il a du cœur, il en sait bien les lois,
Et je suis résolu de défendre son choix.
Tandis, pour un moment trêve de raillerie,
Je veux entretenir un peu ma rêverie.

(*Il prend le portrait de Mélisse.*)

Merveille qui m'as enchanté,

Portrait à qui je rends les armes,
As-tu bien autant de bonté
Comme tu me fais voir de charmes?
Hélas! au lieu de l'espérer,
Je ne fais que me figurer
Que tu te plains à cette belle,
Que tu lui dis mon procédé,
Et que je te fus infidèle
Sitôt que je t'eus possédé.

Garde mieux le secret que moi,
Daigne en ma faveur te contraindre :
Si j'ai pu te manquer de foi,
C'est m'imiter que de t'en plaindre.
Ta colère en me punissant
Te fait criminel d'innocent;
Sur toi retombent les vengeances...

CLITON, *lui ôtant le portrait.*
Vous ne dites, monsieur, que des extravagances,
Et parlez justement le langage des fous.
Donnez, j'entretiendrai ce portrait mieux que vous;
Je veux vous en montrer de meilleures méthodes,
Et lui faire des vœux plus courts et plus commodes.

Adorable et riche beauté
Qui joins les effets aux paroles,
Merveille qui m'as enchanté
Par tes douceurs et tes pistoles,
Sache un peu mieux les partager;
Et, si tu nous veux obliger
A dépeindre aux races futures
L'éclat de tes faits inouïs,
Garde pour toi les confitures,
Et nous accable de louis.

Voilà parler en homme.

DORANTE.
Arrête tes saillies,
Ou va du moins ailleurs débiter tes folies.
Je ne suis pas toujours d'humeur à t'écouter.
CLITON.
Et je ne suis jamais d'humeur à vous flatter;
Je ne vous puis souffrir de dire une sottise :
Par un double intérêt je prends cette franchise;
L'un, vous êtes mon maître, et j'en rougis pour vous;
L'autre, c'est mon talent, et j'en deviens jaloux.
DORANTE.
Si c'est là ton talent, ma faute est sans exemple.
CLITON.
Ne me l'enviez point, le vôtre est assez ample;
Et puisque enfin le ciel m'a voulu départir
Le don d'extravaguer, comme à vous de mentir,
Comme je ne mens point devant votre excellence,
Ne dites à mes yeux aucune extravagance;
N'entreprenez sur moi, non plus que moi sur vous.
DORANTE.
Tais-toi; le ciel m'envoie un entretien plus doux :
L'ambassade revient.

CLITON.
Que nous apporte-t-elle?
DORANTE.
Maraud, veux-tu toujours quelque douceur nouvelle?
CLITON.
Non pas, mais le passé m'a rendu curieux;
Je lui regarde aux mains un peu plutôt qu'aux yeux.

SCÈNE III

DORANTE, MÉLISSE, *déguisée en servante, cachant son visage sous une coiffe;* CLITON, LYSE.

CLITON, *à Lyse.*
Montre ton passe-port. Quoi! tu viens les mains vi-
(*à Dorante.*) [des!
Ainsi détruit le temps les biens les plus solides;
Et moins d'un jour réduit tout votre heur' et le mien,
Des louis aux douceurs, et des douceurs à rien.
LYSE.
Si j'apportai tantôt, à présent je demande.
DORANTE.
Que veux-tu?
LYSE.
Ce portrait, que je veux qu'on me rende.
DORANTE.
As-tu pris du secours pour faire plus de bruit?
LYSE.
J'amène ici ma sœur, parce qu'il s'en va nuit;
Mais vous pensez en vain chercher une défaite :
Demandez-lui, monsieur, quelle vie on m'a faite.
DORANTE.
Quoi! ta maîtresse sait que tu me l'as laissé!
LYSE.
Elle s'en est doutée, et je l'ai confessé.
DORANTE.
Elle s'en est donc mise en colère?
LYSE.
Et si forte,
Que je n'ose rentrer si je ne le rapporte :
Si vous vous obstinez à me le retenir,
Je ne sais dès ce soir, monsieur, que devenir;
Ma fortune est perdue, et dix ans de service.
DORANTE.
Écoute, il n'est pour toi chose que je ne fisse :
Si je te nuis ici, c'est avec grand regret;
Mais on aura mon cœur avant que ce portrait.
Va dire de ma part à celle qui t'envoie
Qu'il fait tout mon bonheur, qu'il fait toute ma joie,
Que rien n'approcherait de mon ravissement,
Si je le possédais de son consentement;
Qu'il est l'unique bien où mon espoir se fonde,
Qu'il est le seul trésor qui me soit cher au monde.
Et, quant à ta fortune, il est en mon pouvoir
De la faire monter par delà ton espoir.
LYSE.
Je ne veux point de vous, ni de vos récompenses.
DORANTE.
Tu me dédaignes trop.

LYSE.
Je le dois.
CLITON.
Tu l'offenses.
Mais voulez-vous, monsieur, me croire et vous ven-
Rendez-lui son portrait pour la faire enrager. [ger?
LYSE.
O le grand habile homme! il y connaît finesse.
C'est donc ainsi, monsieur, que vous tenez promesse?
Mais puisque auprès de vous j'ai si peu de crédit,
Demandez à ma sœur ce qu'elle m'en a dit,
Et si c'est sans raison que j'ai tant d'épouvante.
DORANTE.
Tu verras que ta sœur sera plus obligeante;
Mais si ce grand courroux lui donne autant d'effroi,
Je ferai tout autant pour elle que pour toi.
LYSE.
N'importe, parlez-lui; du moins vous saurez d'elle
Avec quelle chaleur j'ai pris votre querelle.
DORANTE, *à Mélisse.*
Son ordre est-il si rude?
MÉLISSE.
Il est assez exprès; [près :
Mais, sans mentir, ma sœur vous presse un peu de
Quoi qu'elle ait commandé, la chose a deux visages.
CLITON.
Comme toutes les deux jouent leurs personnages!
MÉLISSE.
Souvent tout cet effort à ravoir un portrait
N'est que pour voir l'amour par l'état qu'on en fait.
C'est peut-être après tout le dessein de madame.
Ma sœur, non plus que moi, ne lit pas dans son âme.
En ces occasions il fait bon hasarder,
Et de force ou de gré je saurais le garder.
Si vous l'aimez, monsieur, croyez qu'en son courage
Elle vous aime assez pour vous laisser ce gage :
Ce serait vous traiter avec trop de rigueur,
Puisque avant ce portrait on aura votre cœur;
Et je la trouverais d'une humeur bien étrange
Si je ne lui faisais accepter cet échange.
Je l'entreprends pour vous, et vous répondrai bien
Qu'elle aimera ce gage autant comme le sien.
DORANTE.
O ciel! et de quel nom faut-il que je te nomme?
CLITON.
Ainsi font deux soldats logés chez le bon homme
Quand l'un veut tout tuer, l'autre rabat les coups;
L'un jure comme un diable, et l'autre file doux.
Les belles, n'en déplaise à tout votre grimoire,
Vous vous entr'entendez comme larrons en foire.
MÉLISSE.
Que dit cet insolent?
DORANTE.
C'est un fou qui me sert.
CLITON.
Vous dites que...
DORANTE, *à Cliton.*
Tais-toi, ta sottise me perd.

(*à Mélisse.*)
Je suivrai ton conseil, il m'a rendu la vie.
LYSE.
Avec sa complaisance à flatter votre envie,
Dans le cœur de madame elle croit pénétrer;
Mais son front en rougit, et n'ose se montrer.
MÉLISSE, *se découvrant.*
Mon front n'en rougit point; et je veux bien qu'il voie
D'où lui vient ce conseil qui lui rend tant de joie.
DORANTE. [teurs?
Mes yeux, que vois-je? où suis-je? êtes-vous des flat-
Si le portrait dit vrai, les habits sont menteurs.
Madame, c'est ainsi que vous savez surprendre?
MÉLISSE.
C'est ainsi que je tâche à ne me point méprendre,
A voir si vous m'aimez, et savez mériter
Cette parfaite amour que je vous veux porter.
Ce portrait est à vous, vous l'avez su défendre,
Et de plus sur mon cœur vous pouvez tout prétendre;
Mais, par quelque motif que vous l'eussiez rendu,
L'un et l'autre à jamais était pour vous perdu.
Je retirais le cœur en retirant ce gage,
Et vous n'eussiez de moi jamais vu que l'image.
Voilà le vrai sujet de mon déguisement.
Pour ne rien hasarder j'ai pris ce vêtement,
Pour entrer sans soupçons, pour en sortir de même,
Et ne me point montrer qu'ayant vu si l'on m'aime.
DORANTE.
Je demeure immobile, et, pour vous répliquer,
Je perds la liberté même de m'expliquer.
Surpris, charmé, confus d'une telle merveille,
Je ne sais si je dors, je ne sais si je veille,
Je ne sais si je vis; et je sais toutefois
Que ma vie est trop peu pour ce que je vous dois;
Que tous mes jours usés à vous rendre service,
Que tout mon sang pour vous offert en sacrifice,
Que tout mon cœur brûlé d'amour pour vos appas,
Envers votre beauté ne m'acquitteraient pas.
MÉLISSE.
Sachez, pour arrêter ce discours qui me flatte,
Que je n'ai pu moins faire, à moins que d'être ingrate.
Vous avez fait pour moi plus que vous ne savez;
Et je vous dois bien plus que vous ne me devez.
Vous m'entendrez un jour; à présent je vous quitte;
Et, malgré mon amour, je romps cette visite:
Le soin de mon honneur veut que j'en use ainsi;
Je crains à tous moments qu'on me surprenne ici;
Encor que déguisée, on pourrait me connaître.
Je vous puis cette nuit parler par ma fenêtre,
Du moins si le concierge est homme à consentir,
A force de présents, que vous puissiez sortir:
Un peu d'argent fait tout chez les gens de sa sorte.
DORANTE.
Mais, après que les dons m'auront ouvert la porte,
Où dois-je vous chercher?
MÉLISSE.
Ayant su la maison,
Vous pourriez aisément vous informer du nom;
Encore un jour ou deux il me faut vous le taire:

Mais vous n'êtes pas homme à me vouloir déplaire.
Je loge en Bellecour, environ au milieu,
Dans un grand pavillon. N'y manquez pas. Adieu.
DORANTE.
Donnez quelque signal pour plus certaine adresse.
LYSE.
Un linge servira de marque plus expresse;
J'en prendrai soin.
MÉLISSE.
On ouvre, et quelqu'un vous vient voir.
Si vous m'aimez, monsieur...
(*Elles baissent toutes deux leurs coiffes.*)
DORANTE.
Je sais bien mon devoir;
Sur ma discrétion prenez toute assurance.

SCÈNE IV

PHILISTE, DORANTE, CLITON.

PHILISTE.
Ami, notre bonheur passe notre espérance.
Vous avez compagnie? Ah! voyons, s'il vous plaît.
DORANTE.
Laissez-les s'échapper, je vous dirai qui c'est.
Ce n'est qu'une lingère: allant en Italie,
Je la vis en passant, et la trouvai jolie;
Nous fîmes connaissance; et me sachant ici,
Comme vous le voyez, elle en a pris souci.
PHILISTE.
Vous trouvez en tous lieux d'assez bonnes fortunes
DORANTE.
Celle-ci pour le moins n'est pas des plus communes
PHILISTE.
Elle vous semble belle, à ce compte?
DORANTE.
A ravir.
PHILISTE.
Je n'en suis point jaloux.
DORANTE.
M'y voulez-vous servir?
PHILISTE.
Je suis trop maladroit pour un si noble rôle.
DORANTE.
Vous n'avez seulement qu'à dire une parole.
PHILISTE.
Qu'une?
DORANTE.
Non. Cette nuit j'ai promis de la voir,
Sûr que vous obtiendrez mon congé pour ce soir.
Le concierge est à vous.
PHILISTE.
C'est une affaire faite.
DORANTE.
Quoi! vous me refusez un mot que je souhaite?
PHILISTE.
L'ordre, tout au contraire, en est déjà donné,
Et votre esprit trop prompt n'a pas bien deviné.
Comme je vous quittais avec peine à vous croire,

Quatre de mes amis m'ont conté votre histoire :
Ils marchaient après vous deux ou trois mille pas ;
Ils vous ont vu courir, tomber le mort à bas,
L'autre vous démonter, et fuir en diligence :
Ils ont vu tout cela de sur une éminence,
Et n'ont connu personne, étant trop éloignés.
Voilà, quoi qu'il en soit, tous nos procès gagnés,
Et plus tôt de beaucoup que je n'osais prétendre.
Je n'ai point perdu temps, et les ai fait entendre ;
Si bien que, sans chercher d'autre éclaircissement,
Vos juges m'ont promis votre élargissement.
Mais, quoiqu'il soit constant qu'on vous prend pour
Il faudra caution, et je serai la vôtre : [un autre,
Ce sont formalités que pour vous dégager
Les juges, disent-ils, sont tenus d'exiger ;
Mais sans doute ils en font ainsi que bon leur semble.
Tandis, ce soir chez moi nous souperons ensemble ;
Dans un moment ou deux vous y pourrez venir ;
Nous aurons tout loisir de nous entretenir,
Et vous prendrez le temps de voir votre lingère.
Ils m'ont dit toutefois qu'il serait nécessaire
De coucher pour la forme un moment en prison,
Et m'en ont sur-le-champ rendu quelque raison ;
Mais c'est si peu mon jeu que de telles matières,
Que j'en perds aussitôt les plus belles lumières.
Vous sortirez demain, il n'est rien de plus vrai ;
C'est tout ce que j'en aime, et tout ce que j'en sai.
DORANTE.
Que ne vous dois-je point pour de si bons offices !
PHILISTE.
Ami, ce ne sont là que de petits services ;
Je voudrais pouvoir mieux, tout me serait fort doux.
Je vais chercher du monde à souper avec vous.
Adieu : je vous attends au plus tard dans une heure.

SCÈNE V

DORANTE, CLITON.

DORANTE.
Tu ne dis mot, Cliton.
CLITON.
Elle est belle, ou je meure.
DORANTE.
Elle te semble belle ?
CLITON.
Et si parfaitement
Que j'en suis même encor dans le ravissement.
Encor dans mon esprit je la vois, et l'admire,
Et je n'ai su depuis trouver le mot à dire.
DORANTE.
Je suis ravi de voir que mon élection
Ait enfin mérité ton approbation.
CLITON.
Ah ! plût à Dieu, monsieur, que ce fût la servante !
Vous verriez comme quoi je la trouve charmante,
Et comme pour l'aimer je ferais le mutin.
DORANTE.
Admire en cet amour la force du destin.

CLITON.
J'admire bien plutôt votre adresse ordinaire,
Qui change en un moment cette dame en lingère.
DORANTE.
C'était nécessité dans cette occasion,
De crainte que Philiste eût quelque vision,
S'en formât quelque idée, et la pût reconnaître.
CLITON.
Cette métamorphose est de vos coups de maître,
Je n'en parlerai plus, monsieur, que cette fois,
Mais en un demi-jour comptez déjà pour trois.
Un coupable honnête homme, un portrait, une dame,
A son premier métier rendent soudain votre âme ;
Et vous savez mentir par générosité.
Par adresse d'amour, et par nécessité.
Quelle conversion !
DORANTE.
Tu fais bien le sévère.
CLITON.
Non, non, à l'avenir je fais vœu de m'en taire :
J'aurais trop à compter.
DORANTE.
Conserver un secret,
Ce n'est pas tant mentir qu'être amoureux discret ;
L'honneur d'une maîtresse aisément y dispose.
CLITON.
Ce n'est qu'autre prétexte, et non pas autre chose.
Croyez-moi, vous mourrez, monsieur, dans votre
Et vous mériterez cet illustre tombeau, [peau,
Cette digne oraison que naguère j'ai faite :
Vous vous en souvenez sans que je la répète.
DORANTE.
Pour de pareils sujets peut-on s'en garantir ?
Et toi-même à ton tour ne crois-tu point mentir ?
L'occasion convie, aide, engage, dispense ;
Et pour servir un autre on ment sans qu'on y pense.
CLITON.
Si vous m'y surprenez, étrillez-y-moi bien.
DORANTE.
Allons trouver Philiste, et ne jurons de rien.

ACTE QUATRIÈME

SCÈNE I

MÉLISSE, LYSE.

MÉLISSE.
J'en tremble encor de peur, et n'en suis pas remise.
LYSE.
Aussi bien comme vous je pensais être prise.
MÉLISSE.
Non, Philiste n'est fait que pour m'incommoder.
Voyez ce qu'en ces lieux il venait demander,
S'il est heure si tard de faire une visite.

LYSE.
Un ami véritable à toute heure s'acquitte;
Mais un amant fâcheux, soit de jour, soit de nuit,
Toujours à contre-temps à nos yeux se produit;
Et depuis qu'une fois il commence à déplaire,
Il ne manque jamais d'occasion contraire :
Tant son mauvais destin semble prendre de soins
A mêler sa présence où l'on la veut le moins!
MÉLISSE.
Quel désordre eût-ce été, Lyse, s'il m'eût connue!
LYSE.
Il vous aurait donné fort avant dans la vue.
MÉLISSE.
Quel bruit et quel éclat n'eût point fait son courroux!
LYSE.
Il eût été peut-être aussi honteux que vous.
Un homme un peu content et qui s'en fait accroire,
Se voyant méprisé, rabat bien de sa gloire,
Et, surpris qu'il en est en telle occasion,
Toute sa vanité tourne en confusion.
Quand il a de l'esprit, il sait rendre le change;
Loin de s'en émouvoir, en raillant il se venge,
Affecte des mépris, comme pour reprocher
Que la perte qu'il fait ne vaut pas s'en fâcher;
Tant qu'il peut, il témoigne une âme indifférente.
Quoi qu'il en soit enfin, vous avez vu Dorante,
Et fort adroitement je vous ai mise en jeu.
MÉLISSE.
Et fort adroitement tu m'as fait voir son feu.
LYSE.
Eh bien! mais que vous semble encor du personnage?
Vous en ai-je trop dit?
MÉLISSE.
J'en ai vu davantage.
LYSE.
Avez-vous du regret d'avoir trop hasardé?
MÉLISSE.
Je n'ai qu'un déplaisir, d'avoir si peu tardé.
LYSE.
Vous l'aimez?
MÉLISSE.
Je l'adore.
LYSE.
Et croyez qu'il vous aime?
MÉLISSE.
Qu'il m'aime, et d'une amour, comme la mienne,
LYSE.   [extrême.
Une première vue, un moment d'entretien,
Vous fait ainsi tout croire, et ne douter de rien!
MÉLISSE.   [tre,
Quand les ordres du ciel nous ont fait l'un pour l'au-
Lyse, c'est un accord bientôt fait que le nôtre :
Sa main entre les cœurs, par un secret pouvoir,
Sème l'intelligence avant que de se voir;
Il prépare si bien l'amant et la maîtresse,
Que leur âme au seul nom s'émeut et s'intéresse.
On s'estime, on se cherche, on s'aime en un moment;
Tout ce qu'on s'entredit persuade aisément;
Et sans s'inquiéter d'aucunes peurs frivoles,

La foi semble courir au-devant des paroles;
La langue en peu de mots en explique beaucoup;
Les yeux, plus éloquents, font tout voir tout d'un coup;
Et de quoi qu'à l'envi tous les deux nous instruisent,
Le cœur en entend plus que tous les deux n'en disent.
LYSE.
Si, comme dit Sylvandre, une âme en se formant,
Ou descendant du ciel, prend d'une autre l'aimant,
La sienne a pris le vôtre, et vous a rencontrée.
MÉLISSE.
Quoi! tu lis les romans?
LYSE.
Je puis bien lire *Astrée;*
Je suis de son village, et j'ai de bons garants
Qu'elle et son Céladon étaient de mes parents.
MÉLISSE.
Quelle preuve en as-tu?
LYSE.
Ce vieux saule, madame,
Où chacun d'eux cachait ses lettres et sa flamme,
Quand le jaloux Sémire en fit un faux témoin.
Du pré de mon grand-père il fait encor le coin;
Et l'on m'a dit que c'est un infaillible signe
Que d'un si rare hymen je viens en droite ligne.
Vous ne m'en croyez pas?
MÉLISSE.
De vrai, c'est un grand point.
LYSE.
Aurais-je tant d'esprit, si cela n'était point?
D'où viendrait cette adresse à faire vos messages,
A jouer avec vous de si bons personnages,
Ce trésor de lumière et de vivacité,
Que d'un sang amoureux que j'ai d'eux hérité?
MÉLISSE.
Tu le disais tantôt, chacun a sa folie;
Les uns l'ont importune, et la tienne est jolie.

SCÈNE II

CLÉANDRE, MÉLISSE, LYSE.

CLÉANDRE.
Je viens d'avoir querelle avec ce prisonnier.
Ma sœur.
MÉLISSE.
Avec Dorante, avec ce cavalier
Dont vous tenez l'honneur, dont vous tenez la vie?
Qu'avez-vous fait!
CLÉANDRE.
Un coup dont tu seras ravie.
MÉLISSE.
Qu'à cette lâcheté je puisse consentir!
CLÉANDRE.
Bien plus, tu m'aideras à le faire mentir.
MÉLISSE.
Ne le présumez pas, quelque espoir qui vous flatte;
Si vous êtes ingrat, je ne puis être ingrate.
CLÉANDRE.
Tu sembles t'en fâcher!

MÉLISSE.
Je m'en fâche pour vous.
D'un mot, il peut vous perdre, et je crains son cour-
CLÉANDRE.   [roux.
Il est trop généreux, et d'ailleurs la querelle,
Dans les termes qu'elle est, n'est pas si criminelle.
Écoute. Nous parlions des dames de Lyon ;
Elles sont assez mal en son opinion :
Il confesse de vrai qu'il a peu vu la ville,
Mais il se l'imagine en beautés fort stérile,
Et ne peut se résoudre à croire qu'en ces lieux
La plus belle ait de quoi captiver de bons yeux.
Pour l'honneur du pays j'en nomme trois ou quatre;
Mais, à moins que de voir, il n'en veut rien rabattre;
Et comme il ne le peut étant dans la prison,
J'ai cru par un portrait le mettre à la raison ;
Et, sans chercher plus loin ces beautés qu'on admire,
Je ne veux que le tien pour le faire dédire.
Me le dénieras-tu, ma sœur, pour un moment?
MÉLISSE.
Vous me jouez, mon frère, assez accortement*;
La querelle est adroite et bien imaginée.
CLÉANDRE.
Non, je m'en suis vanté, ma parole est donnée.
MÉLISSE.
S'il faut ruser ici, j'en sais autant que vous,
Et vous serez bien fin si je ne romps vos coups.
Vous pensez me surprendre, et je n'en fais que rire;
Dites donc tout d'un coup ce que vous voulez dire.
CLÉANDRE.
Eh bien! je viens de voir ton portrait en ses mains.
MÉLISSE.
Et c'est ce qui vous fâche ?
CLÉANDRE.
Et c'est dont je me plains.
MÉLISSE.
J'ai cru vous obliger, et l'ai fait pour vous plaire :
Votre ordre était exprès.
CLÉANDRE.
Quoi! je te l'ai fait faire?
MÉLISSE.
Ne m'avez-vous pas dit : « Sous ces déguisements
« Ajoute à ton argent perles et diamants ? »
Ce sont vos propres mots, et vous en êtes cause.
CLÉANDRE.
Eh quoi ! de ce portrait disent-ils quelque chose?
MÉLISSE.
Puisqu'il est enrichi de quatre diamants,
N'est-ce pas obéir à vos commandements ?
CLÉANDRE.
C'est fort bien expliquer le sens de mes prières.
Mais, ma sœur, ces faveurs sont un peu singulières :
Qui donne le portrait promet l'original.
MÉLISSE.
C'est encore votre ordre, ou je m'y connais mal.
Ne m'avez-vous pas dit : « Prends souci de me plaire,
« Et vois ce que tu dois à qui te sauve un frère ? »
Puisque vous lui devez et la vie et l'honneur,
Pour vous en revancher* dois-je moins que mon cœur?
Et doutez-vous encore à quel point je vous aime,
Quand pour vous acquitter je me donne moi-même?
CLÉANDRE.
Certes, pour m'obéir avec plus de chaleur,
Vous donnez à mon ordre une étrange couleur,
Et prenez un grand soin de bien payer mes dettes :
Non que mes volontés en soient mal satisfaites;
Loin d'éteindre ce feu, je voudrais l'allumer,
Qu'il eût de quoi vous plaire, et voulût vous aimer.
Je tiendrais à bonheur de l'avoir pour beau-frère;
J'en cherche les moyens, j'y fais ce qu'on peut faire;
Et c'est à ce dessein qu'au sortir de prison
Je viens de l'obliger à prendre ma maison,
Afin que l'entretien produise quelques flammes
Qui forment doucement l'union de vos âmes.
Mais vous savez trouver des chemins plus aisés ;
Sans savoir s'il vous plaît, ni si vous lui plaisez,
Vous pensez l'engager en lui donnant ces gages,
Et lui donnez sur vous de trop grands avantages.
Que sera-ce, ma sœur, si, quand vous le verrez,
Vous n'y rencontrez pas ce que vous espérez,
Si quelque aversion vous prend pour son visage,
Si le vôtre le choque, ou qu'un autre l'engage,
Et que de ce portrait, donné légèrement,
Il érige un trophée à quelque objet charmant?
MÉLISSE.
Sans l'avoir jamais vu je connais son courage;
Qu'importe après cela quel en soit le visage?
Tout le reste m'en plaît; si le cœur en est haut,
Et si l'âme est parfaite, il n'a point de défaut.
Ajoutez que vous-même, après votre aventure,
Ne m'en avez pas fait une laide peinture ;
Et, comme vous devez vous y connaître mieux,
Je m'en rapporte à vous, et choisis par vos yeux.
N'en doutez nullement, je l'aimerai, mon frère;
Et si ces faibles traits n'ont point de quoi lui plaire,
S'il aime en autre lieu, n'en appréhendez rien;
Puisqu'il est généreux, il en usera bien.
CLÉANDRE.
Quoi qu'il en soit, ma sœur, soyez plus retenue
Alors qu'à tous moments vous serez à sa vue.
Votre amour me ravit, je veux le couronner;
Mais souffrez qu'il se donne avant que vous donner*.
Il sortira demain, n'en soyez point en peine.
Adieu : je vais une heure entretenir Climène.

SCÈNE III

MÉLISSE, LYSE.

LYSE.
Vous en voilà défaite et quitte à bon marché.
Encore est-il traitable alors qu'il est fâché.
Sa colère a pour vous une douce méthode,
Et sur la remontrance il n'est pas incommode.
MÉLISSE.
Aussi qu'ai-je commis pour en donner sujet?
Me ranger à son choix sans savoir son projet,
Deviner sa pensée, obéir par avance,
Sont-ce, Lyse, envers lui des crimes d'importance ?

LYSE.
Obéir par avance est un jeu délicat
Dont tout autre que lui ferait un mauvais plat.
Mais ce nouvel amant dont vous faites votre âme
Avec un grand secret ménage votre flamme :
Devait-il exposer ce portrait à ses yeux ?
Je le tiens indiscret.

MÉLISSE.
Il n'est que curieux,
Et ne montrerait pas si grande impatience,
S'il me considérait avec indifférence ;
Outre qu'un tel secret peut souffrir un ami.

LYSE.
Mais un homme qu'à peine il connaît à demi !

MÉLISSE.
Mon frère lui doit tant, qu'il a lieu d'en attendre
Tout ce que d'un ami tout autre peut prétendre.

LYSE.
L'amour excuse tout dans un cœur enflammé,
Et tout crime est léger dont l'auteur est aimé.
Je serais plus sévère, et tiens qu'à juste titre
Vous lui pouvez tantôt en faire un bon chapitre.

MÉLISSE.
Ne querellons personne ; et puisque tout va bien,
De crainte d'avoir pis, ne nous plaignons de rien.

LYSE.
Que vous avez de peur que le marché n'échappe !

MÉLISSE.
Avec tant de façons que veux-tu que j'attrappe ?
Je possède son cœur, je ne veux rien de plus,
Et je perdrais le temps en débats superflus.
Quelquefois en amour trop de finesse abuse.
S'excusera-t-il mieux que mon feu ne l'excuse ?
Allons, allons l'attendre ; et, sans en murmurer,
Ne pensons qu'aux moyens de nous en assurer.

LYSE.
Vous ferez-vous connaître ?

MÉLISSE.
Oui, s'il sait de mon frère
Ce que jusqu'à présent j'avais voulu lui taire ;
Sinon, quand il viendra prendre son logement,
Il se verra surpris plus agréablement.

SCÈNE IV

DORANTE, PHILISTE, CLITON.

DORANTE.
Me reconduire encor ! cette cérémonie
D'entre les vrais amis devrait être bannie.

PHILISTE.
Jusques en Bellecour je vous ai reconduit,
Pour voir une maîtresse en faveur de la nuit.
Le temps est assez doux, et je la vois paraître
En de semblables nuits souvent à la fenêtre :
J'attendrai le hasard un moment en ce lieu,
Et vous laisse aller voir votre lingère. Adieu.

DORANTE.
Que je vous laisse ici, de nuit, sans compagnie !

PHILISTE.
C'est faire à votre tour trop de cérémonie.
Peut-être qu'à Paris j'aurais besoin de vous ;
Mais je ne crains ici ni rivaux, ni filous.

DORANTE.
Ami, pour des rivaux, chaque jour en fait naître ;
Vous en pouvez avoir, et ne les pas connaître :
Ce n'est pas que je veuille entrer dans vos secrets ;
Mais nous nous tiendrons loin en confidents discrets.
J'ai du loisir assez.

PHILISTE.
Si l'heure ne vous presse
Vous saurez mon secret touchant cette maîtresse ;
Elle demeure, ami, dans ce grand pavillon.

CLITON, bas.
Tout se prépare mal, à cet échantillon.

DORANTE.
Est-ce où je pense voir un linge qui voltige ?

PHILISTE.
Justement.

DORANTE.
Elle est belle ?

PHILISTE.
Assez.

DORANTE.
Et vous oblige ?

PHILISTE.
Je ne saurais encor, s'il faut tout avouer,
Ni m'en plaindre beaucoup, ni beaucoup m'en louer ;
Son accueil n'est pour moi ni trop doux ni trop rude ;
Il est et sans faveur, et sans ingratitude,
Et je la vois toujours dedans un certain point
Qui ne me chasse pas, et ne l'engage point.
Mais je me trompe fort, ou sa fenêtre s'ouvre.

DORANTE.
Je me trompe moi-même, ou quelqu'un s'y découvre.

PHILISTE.
J'avance ; approchez-vous, mais sans suivre mes pas,
Et prenez un détour qui ne vous montre pas :
Vous jugerez quel fruit je puis espérer d'elle.
Pour Cliton, il peut faire ici la sentinelle.

DORANTE, parlant à Cliton, après que Philiste s'est éloigné.
Que me vient-il de dire ? et qu'est-ce que je vois ?
Cliton, sans doute il aime en même lieu que moi.
O ciel ! que mon bonheur est de peu de durée !

CLITON.
S'il prend l'occasion qui vous est préparée,
Vous pouvez disputer avec votre valet
A qui mieux de vous deux gardera le mulet*.

DORANTE.
Que de confusion et de trouble en mon âme !

CLITON.
Allez prêter l'oreille aux discours de la dame ;
Au bruit que je ferai prenez bien votre temps,
Et nous lui donnerons de jolis passe-temps.

(*Dorante va auprès de Philiste.*)

SCÈNE V

MÉLISSE, LYSE, *à la fenêtre*; PHILISTE, DORANTE, CLITON.

MÉLISSE.
Est-ce vous?

PHILISTE.
Oui, madame.

MÉLISSE.
Ah! que j'en suis ravie!
Que mon sort cette nuit devient digne d'envie!
Certes, je n'osais plus espérer ce bonheur.

PHILISTE.
Manquerais-je à venir où j'ai laissé mon cœur?

MÉLISSE.
Qu'ainsi je sois aimée! et que de vous j'obtienne
Une amour si parfaite, et pareille à la mienne!

PHILISTE.
Ah! s'il en est besoin, j'en jure, et par vos yeux.

MÉLISSE.
Vous revoir en ce lieu m'en persuade mieux;
Et, sans autre serment, cette seule visite
M'assure d'un bonheur qui passe mon mérite.

CLITON.
A l'aide!

MÉLISSE.
J'ois* du bruit.

CLITON.
A la force! au secours!

PHILISTE.
C'est quelqu'un qu'on maltraite; excusez si j'y cours.
Madame, je reviens.

CLITON, *s'éloignant toujours derrière le théâtre*.
On m'égorge, on me tue.
Au meurtre!

PHILISTE.
Il est déjà dans la prochaine rue.

DORANTE.
C'est Cliton; retournez, il suffira de moi.

PHILISTE.
Je ne vous quitte point; allons.
(*Ils sortent tous deux.*)

MÉLISSE.
Je meurs d'effroi.

CLITON, *derrière le théâtre*.
Je suis mort!

MÉLISSE.
Un rival lui fait cette surprise.

LYSE.
C'est plutôt quelque ivrogne, ou quelque autre sot- [tise,
Qui ne méritait pas rompre votre entretien.

MÉLISSE.
Tu flattes mes désirs.

SCÈNE VI

DORANTE, MÉLISSE, LYSE.

DORANTE.
Madame, ce n'est rien:
Des marauds, dont le vin embrouillait la cervelle,
Vidaient à coups de poing une vieille querelle;
Ils étaient trois contre un, et le pauvre battu
A crier de la sorte exerçait sa vertu.
(*bas.*)
Si Cliton m'entendait, il compterait pour quatre.

MÉLISSE.
Vous n'avez donc point eu d'ennemis à combattre?

DORANTE.
Un coup de plat d'épée a tout fait écouler.

MÉLISSE.
Je mourais de frayeur, vous y voyant aller.

DORANTE.
Que Philiste est heureux! qu'il doit aimer la vie!

MÉLISSE.
Vous n'avez pas sujet de lui porter envie.

DORANTE.
Vous lui parliez naguère en termes assez doux.

MÉLISSE.
Je pense d'aujourd'hui n'avoir parlé qu'à vous.

DORANTE.
Vous ne lui parliez pas avant tout ce vacarme?
Vous ne lui disiez pas que son amour vous charme,
Qu'aucuns feux à vos feux ne peuvent s'égaler?

MÉLISSE.
J'ai tenu ce discours, mais j'ai cru vous parler.
N'êtes-vous pas Dorante?

DORANTE.
Oui, je le suis, madame,
Le malheureux témoin de votre peu de flamme.
Ce qu'un moment fit naître, un autre l'a détruit;
Et l'ouvrage d'un jour se perd en une nuit.

MÉLISSE.
L'erreur n'est pas un crime; et votre aimable idée,
Régnant sur mon esprit, m'a si bien possédée,
Que dans ce cher objet le sien s'est confondu,
Et lorsqu'il m'a parlé je vous ai répondu;
En sa place tout autre eût passé pour vous-même:
Vous verrez par la suite à quel point je vous aime.
Pardonnez cependant à mes esprits déçus:
Daignez prendre pour vous les vœux qu'il a reçus
Ou si, manque d'amour, votre soupçon persiste...

DORANTE.
N'en parlons plus, de grâce, et parlons de Philiste;
Il vous sert, et la nuit me l'a trop découvert.

MÉLISSE.
Dites qu'il m'importune, et non pas qu'il me sert;
N'en craignez rien. Adieu, j'ai peur qu'il ne revienne.

DORANTE.
Où voulez-vous demain que je vous entretienne?
Je dois être élargi.

MÉLISSE.
Je vous ferai savoir

Dès demain chez Cléandre où vous me pourrez voir.
DORANTE.
Et qui vous peut si tôt apprendre ces nouvelles?
MÉLISSE.
Et ne savez-vous pas que l'amour a des ailes?
DORANTE.
Vous avez habitude avec ce cavalier?
MÉLISSE.
Non, je sais tout cela d'un esprit familier.
Soyez moins curieux, plus secret, plus modeste,
Sans ombrage, et demain nous parlerons du reste.
DORANTE, seul.
Comme elle est ma maîtresse, elle m'a fait leçon,
Et d'un soupçon je tombe en un autre soupçon.
Lorsque je crains Cléandre, un ami me traverse ;
Mais nous avons bien fait de rompre le commerce.
Je crois l'entendre.

SCÈNE VII

DORANTE, PHILISTE, CLITON.

PHILISTE.
Ami, vous m'avez tôt quitté !
DORANTE.
Sachant fort peu la ville, et dans l'obscurité,
En moins de quatre pas j'ai tout perdu de vue,
Et m'étant égaré dès la première rue,
Comme je sais un peu ce que c'est que l'amour,
J'ai cru qu'il vous fallait attendre en Bellecour ;
Mais je n'ai plus trouvé personne à la fenêtre.
Dites-moi, cependant, qui massacrait ce traître ?
Qui le faisait crier?
PHILISTE.
A quelque mille pas,
Je l'ai rencontré seul tombé sur des plâtres.
DORANTE.
Maraud, ne criais-tu que pour nous mettre en peine?
CLITON.
Souffrez encore un peu que je reprenne haleine.
Comme à Lyon le peuple aime fort les laquais,
Et leur donne souvent de dangereux paquets,
Deux coquins, me trouvant tantôt en sentinelle,
Ont laissé choir sur moi leur haine naturelle ;
Et sitôt qu'ils ont vu mon habit rouge et vert...
DORANTE.
Quand il est nuit sans lune, et qu'il fait temps couvert,
Connaît-on les couleurs? tu donnes une bourde*.
CLITON.
Ils portaient sous le bras une lanterne sourde.
C'était fait de ma vie, ils me traînaient à l'eau ;
Mais sentant du secours, ils ont craint pour leur peau,
Et, jouant des talons tous deux en gens habiles,
Ils m'ont fait trébucher sur un monceau de tuiles,
Chargé de tant de coups et de poing et de pied,
Que je crois tout au moins en être estropié.
Puissé-je voir bientôt la canaille noyée !
PHILISTE.
Si j'eusse pu les joindre, ils me l'eussent payée

L'heureuse occasion dont je n'ai pu jouir,
Et que cette sottise a fait évanouir.
Vous en êtes témoin, cette belle adorable
Ne me pourrait jamais être plus favorable ;
Jamais je n'en reçus d'accueil si gracieux :
Mais j'ai bientôt perdu ces moments précieux.
Adieu. Je prendrai soin demain de votre affaire,
Il est saison* pour vous de voir votre lingère.
Puissiez-vous recevoir dans ce doux entretien
Un plaisir plus solide et plus long que le mien!

SCÈNE VIII

DORANTE, CLITON.

DORANTE.
Cliton, si tu le peux, regarde-moi sans rire.
CLITON.
J'entends à demi-mot, et ne m'en puis dédire.
J'ai gagné votre mal.
DORANTE.
Eh bien? l'occasion?
CLITON.
Elle fait le menteur, ainsi que le larron.
Mais si j'en ai donné, c'est pour votre service.
DORANTE.
Tu l'as bien fait courir avec cet artifice.
CLITON.
Si je ne fusse chu, je l'eusse mené loin :
Mais surtout j'ai trouvé la lanterne au besoin ;
Et, sans ce prompt secours, votre feinte importune
M'eût bien embarrassé de votre nuit sans lune.
Sachez une autre fois que ces difficultés
Ne se proposent point qu'entre gens concertés.
DORANTE.
Pour le mieux éblouir, je faisais le sévère.
CLITON.
C'était un jeu tout propre à gâter le mystère.
Dites-moi cependant, êtes-vous satisfait ?
DORANTE.
Autant comme on peut l'être.
CLITON.
En effet?
DORANTE.
En effet.
CLITON.
Et Philiste?
DORANTE.
Il se tient comblé d'heur* et de gloire :
Mais on l'a pris pour moi dans une nuit si noire ;
On s'excuse du moins avec cette couleur.
CLITON.
Ces fenêtres toujours vous ont porté malheur.
Vous y prîtes jadis Clarice pour Lucrèce :
Aujourd'hui même erreur trompe cette maîtresse ;
Et vous n'avez point eu de pareils rendez-vous
Sans faire une jalouse ou devenir jaloux.
DORANTE.
Je n'ai pas lieu de l'être, et n'en sors pas fort triste.

CLITON.
Vous pourrez maintenant savoir tout de Philiste.
DORANTE.
Cliton, tout au contraire, il me faut l'éviter :
Tout est perdu pour moi s'il me va tout conter.
De quel front oserais-je, après sa confidence,
Souffrir que mon amour se mît en évidence?
Après les soins qu'il prend de rompre ma prison,
Aimer en même lieu semble une trahison.
Voyant cette chaleur qui pour moi l'intéresse,
Je rougis en secret de servir sa maîtresse,
Et crois devoir du moins ignorer son amour
Jusqu'à ce que le mien ait pu paraître au jour.
Déclaré le premier, je l'oblige à se taire;
Ou, si de cette flamme il ne se peut défaire,
Il ne peut refuser de s'en remettre au choix
De celle dont tous deux nous adorons les lois.
CLITON.
Quand il vous préviendra, vous pouvez le défendre
Aussi bien contre lui comme contre Cléandre.
DORANTE.
Contre Cléandre et lui je n'ai pas même droit :
Je dois autant à l'un comme l'autre me doit ;
Et tout homme d'honneur n'est qu'en inquiétude,
Pouvant être suspect de quelque ingratitude.
Allons nous reposer ; la nuit et le sommeil
Nous pourront inspirer quelque meilleur conseil.

ACTE CINQUIÈME

SCÈNE I

LYSE, CLITON.

CLITON.
Nous voici bien logés, Lyse, et sans raillerie,
Je ne souhaitais pas meilleure hôtellerie.
Enfin nous voyons clair à ce que nous faisons,
Et je puis à loisir te conter mes raisons.
LYSE.
Tes raisons? c'est-à-dire autant d'extravagances.
CLITON.
Tu me connais déjà !
LYSE.
Bien mieux que tu ne penses.
CLITON.
J'en débite beaucoup.
LYSE.
Tu sais les prodiguer.
CLITON.
Mais sais-tu que l'amour me fait extravaguer?
LYSE.
En tiens-tu donc pour moi?
CLITON.
J'en tiens, je le confesse.

LYSE.
Autant comme ton maître en tient pour ma maîtresse?
CLITON.
Non pas encor si fort, mais dès ce même instant
Il ne tiendra qu'à toi que je n'en tienne autant :
Tu n'as qu'à l'imiter pour être autant aimée.
LYSE.
Si son âme est en feu, la mienne est enflammée;
Et je crois jusqu'ici ne l'imiter pas mal.
CLITON.
Tu manques, à vrai dire, encore au principal.
LYSE.
Ton secret est obscur.
CLITON.
Tu ne veux pas l'entendre ?
Vois quelle est sa méthode, et tâche de la prendre.
Ses attraits tout-puissants ont des avant-coureurs
Encor plus souverains à lui gagner les cœurs :
Mon maître se rendit à ton premier message.
Ce n'est pas qu'en effet je n'aime ton visage ;
Mais l'amour aujourd'hui dans les cœurs les plus vains
Entre moins par les yeux qu'il ne fait par les mains ;
Et quand l'objet aimé voit les siennes garnies,
Il voit en l'autre objet des grâces infinies :
Pourrais-tu te résoudre à m'attaquer ainsi?
LYSE.
J'en voudrais être quitte à moins d'un grand merci.
CLITON.
Écoute; je n'ai pas une âme intéressée,
Et je te veux ouvrir le fond de ma pensée. [gueur;
Aimons-nous but à but, sans soupçons, sans ri-
Donnons âme pour âme, et rendons cœur pour cœur.
LYSE.
J'en veux bien à ce prix.
CLITON.
Donc, sans plus de langage,
Tu veux bien m'en donner quelques baisers pour
LYSE. [gage?
Pour l'âme et pour le cœur, tant que tu le voudras;
Mais pour le bout du doigt, ne le demande pas :
Un amour délicat hait ces faveurs grossières,
Et je t'ai bien donné des preuves plus entières.
Pourquoi me demander des gages superflus?
Ayant l'âme et le cœur, que te faut-il de plus?
CLITON.
J'ai le goût fort grossier en matière de flamme;
Je sais que c'est beaucoup qu'avoir le cœur et l'âme;
Mais je ne sais pas moins qu'on a fort peu de fruit
Et de l'âme et du cœur, si le reste ne suit.
LYSE.
Eh quoi ! pauvre ignorant, ne sais-tu pas encore
Qu'il faut suivre l'humeur de celle qu'on adore,
Se rendre complaisant, vouloir ce qu'elle veut?
CLITON.
Si tu n'en veux changer, c'est ce qui ne se peut.
De quoi me guériraient ces gages invisibles?
Comme j'ai l'esprit lourd, je les veux plus sensibles;
Autrement, marché nul.

LYSE.
Ne désespère point.
Chaque chose a son ordre, et tout vient à son point;
Peut-être avec le temps nous pourrons nous con-
[naître.
Apprends-moi cependant qu'est devenu ton maître.
CLITON.
Il est **avec** Philiste allé remercier
Ceux que pour son affaire il a voulu prier.
LYSE.
Je crois qu'il est ravi de voir que sa maîtresse
Est la sœur de Cléandre, et devient son hôtesse?
CLITON.
Il a raison de l'être, et de tout espérer.
LYSE.
Avec toute assurance il peut se déclarer;
Autant comme la sœur le frère le souhaite;
Et s'il aime en effet, je tiens la chose faite.
CLITON.
Ne doute point s'il l'aime après qu'il meurt d'amour.
LYSE.
Il semble toutefois fort triste à son retour.

SCÈNE II

DORANTE, CLITON, LYSE.

DORANTE.
Tout est perdu, Cliton; il faut ployer bagage.
CLITON.
Je fais ici, monsieur, l'amour de bon courage;
Au lieu de m'y troubler, allez en faire autant.
DORANTE.
N'en parlons plus.
CLITON.
Entrez, vous dis-je, on vous attend.
DORANTE.
Que m'importe?
CLITON.
On vous aime.
DORANTE.
Hélas!
CLITON.
On vous adore.
DORANTE.
Je le sais.
CLITON.
D'où vient donc l'ennui qui vous dévore?
DORANTE.
Que je te trouve heureux!
CLITON.
Le destin m'est si doux
Que vous avez sujet d'en être fort jaloux :
Alors qu'on vous caresse à grands coups de pistoles
J'obtiens tout doucement paroles pour paroles.
L'avantage est fort rare, et me rend fort heureux.
DORANTE.
Il faut partir, te dis-je.

CLITON.
Oui, dans un an ou deux.
DORANTE.
Sans tarder un moment.
LYSE.
L'amour trouve des charmes
A donner quelquefois de pareilles alarmes.
DORANTE.
Lyse, c'est tout de bon.
LYSE.
Vous n'en avez pas lieu.
DORANTE.
Ta maîtresse survient; il faut lui dire adieu.
Puisse en ses belles mains ma douleur immortelle
Laisser toute mon âme en prenant congé d'elle!

SCÈNE III

DORANTE, MÉLISSE, LYSE, CLITON.

MÉLISSE.
Au bruit de vos soupirs, tremblante et sans couleur,
Je viens savoir de vous mon crime, ou mon malheur;
Si j'en suis le sujet, si j'en suis le remède;
Si je puis le guérir, ou s'il faut que j'y cède;
Si je dois, ou vous plaindre, ou me justifier,
Et de quels ennemis il faut me défier.
DORANTE.
De mon mauvais destin, qui seul me persécute.
MÉLISSE.
A ses injustes lois que faut-il que j'impute?
DORANTE.
Le coup le plus mortel dont il m'eût pu frapper.
MÉLISSE.
Est-ce un mal que mes yeux ne puissent dissiper?
DORANTE.
Votre amour le fait naître, et vos yeux le redoublent.
MÉLISSE.
Si je ne puis calmer les soucis qui vous troublent,
Mon amour avec vous saura les partager.
DORANTE.
Ah! vous les aigrissez, les voulant soulager!
Puis-je voir tant d'amour avec tant de mérite,
Et dire sans mourir qu'il faut que je vous quitte?
MÉLISSE.
Vous me quittez! ô ciel! mais, Lyse, soutenez;
Je sens manquer la force à mes sens étonnés.
DORANTE.
Ne croissez point ma plaie, elle est assez ouverte;
Vous me montrez en vain la grandeur de ma perte,
Ce grand excès d'amour que font voir vos douleurs
Triomphe de mon cœur sans vaincre mes malheurs.
On ne m'arrête pas pour redoubler mes chaînes,
On redouble ma flamme, on redouble mes peines;
Mais tous ces nouveaux feux qui viennent m'embra-
Me donnent seulement plus de fers à briser. [ser.
MÉLISSE.
Donc à m'abandonner votre âme est résolue?

DORANTE.

Je cède à la rigueur d'une force absolue.

MÉLISSE.

Votre manque d'amour vous y fait consentir.

DORANTE.

Traitez-moi de volage, et me laissez partir;
Vous me serez plus douce en m'étant plus cruelle.
Je ne pars toutefois que pour être fidèle;
A quelques lois par là qu'il me faille obéir,
Je m'en révolterais, si je pouvais trahir.
Sachez-en le sujet; et peut-être, madame,
Que vous-même avoûrez, en lisant dans mon âme,
Qu'il faut plaindre Dorante au lieu de l'accuser;
Que plus il quitte en vous, plus il est à priser,
Et que tant de faveurs dessus lui répandues
Sur un indigne objet ne sont pas descendues.
Je ne vous redis point combien il m'était doux
De vous connaître enfin, et de loger chez vous,
Ni comme avec transport je vous ai rencontrée :
Par cette porte, hélas! mes maux ont pris entrée,
Par ce dernier bonheur mon bonheur s'est détruit;
Ce funeste départ en est l'unique fruit,
Et ma bonne fortune, à moi-même contraire,
Me fait perdre la sœur par la faveur du frère.
Le cœur enflé d'amour et de ravissement,
J'allais rendre à Philiste un mot de compliment;
Mais lui tout aussitôt, sans le vouloir entendre :
« Cher ami, m'a-t-il dit, vous logez chez Cléandre,
« Vous aurez vu sa sœur; je l'aime, et vous pouvez
« Me rendre beaucoup plus que vous ne me devez :
« En faveur de mes feux parlez lui comme belle;
« Et comme mon amour a peu d'accès chez elle,
« Faites l'occasion quand je vous irai voir. »
A ces mots j'ai frémi sous l'horreur du devoir.
Par ce que je lui dois, jugez de ma misère;
Voyez ce que je puis, et ce que je dois faire.
Ce qui le trahit, s'il vous aime aujourd'hui,
Ne vous trahit pas moins s'il vous parle pour lui.
Ainsi, pour n'offenser son amour ni le vôtre,
Ainsi, pour n'être ingrat ni vers l'un ni vers l'autre,
J'ôte de votre vue un amant malheureux,
Qui ne peut plus vous voir sans vous trahir tous deux :
Lui, puisque à son amour j'oppose ma présence;
Vous, puisqu'en sa faveur je m'impose silence.

MÉLISSE.

C'est à Philiste donc que vous m'abandonnez?
Ou plutôt c'est Philiste à qui vous me donnez?
Votre amitié trop ferme, ou votre amour trop lâche,
M'ôtant ce qui me plaît, me rend ce qui me fâche.
Que c'est à contre-temps faire l'amant discret,
Qu'en ces occasions conserver un secret!
Il fallait découvrir... mais, simple! je m'abuse;
Un amour si léger eût mal servi d'excuse;
Un bien acquis sans peine est un trésor en l'air;
Ce qui coûte si peu ne vaut pas en parler :
La garde en importune, et la perte en console;
Et pour le retenir, c'est trop qu'une parole.

DORANTE.

Quelle excuse, madame! et quel remercîment!
Et quel compte eût-il fait d'un amour d'un moment,
Allumé d'un coup d'œil? car lui dire autre chose,
Lui conter de vos feux la véritable cause,
Que je vous sauve un frère, et qu'il me doit le jour,
Que la reconnaissance a produit votre amour,
C'était mettre en sa main le destin de Cléandre,
C'était trahir ce frère en voulant vous défendre,
C'était me repentir de l'avoir conservé,
C'était l'assassiner après l'avoir sauvé;
C'était désavouer ce généreux silence
Qu'au péril de mon sang garda mon innocence,
Et perdre, en vous forçant à ne plus m'estimer,
Toutes les qualités qui vous firent m'aimer.

MÉLISSE.

Hélas! tout ce discours ne sert qu'à me confondre.
Je n'y puis consentir, et ne sais qu'y répondre.
Mais je découvre enfin l'adresse de vos coups;
Vous parlez pour Philiste, et vous faites pour vous :
Vos dames de Paris vous rappellent vers elles;
Nos provinces pour vous n'en ont point d'assez belles.
Si dans votre prison vous avez fait l'amant,
Je ne vous y servais que d'un amusement.
A peine en sortez-vous que vous changez de style;
Pour quitter la maîtresse il faut quitter la ville.
Je ne vous retiens plus, allez.

DORANTE.

Puisse à vos yeux
M'écraser à l'instant la colère des cieux,
Si j'adore autre objet que celui de Mélisse,
Si je conçois des vœux que pour votre service,
Et si pour d'autres yeux on m'entend soupirer,
Tant que je pourrai voir quelque lieu d'espérer!
Oui, madame, souffrez que cette amour persiste
Tant que l'hymen engage ou Mélisse, ou Philiste;
Jusque-là les douceurs de votre souvenir
Avec un peu d'espoir sauront m'entretenir :
J'en jure par vous-même, et ne suis point capable
D'un serment ni plus saint ni plus inviolable.
Mais j'offense Philiste avec un tel serment;
Pour guérir vos soupçons je nuis à votre amant.
J'effacerai ce crime avec cette prière :
Si vous devez le cœur à qui vous sauve un frère,
Vous ne devez pas moins au généreux secours
Dont tient le jour celui qui conserva ses jours.
Aimez en ma faveur un ami qui vous aime,
Et possédez Dorante en un autre lui-même.
Adieu. Contre vos yeux c'est assez combattu;
Je sens leurs regards chanceler ma vertu;
Et, dans le triste état où mon âme est réduite,
Pour sauver mon honneur, je n'ai plus que la fuite.

SCÈNE IV

DORANTE, PHILISTE, MÉLISSE, LYSE, CLITON.

PHILISTE.

Ami, je vous rencontre assez heureusement.
Vous sortiez?

DORANTE.
Oui, je sors, ami, pour un moment.
Entrez, Mélisse est seule, et je pourrais vous nuire.
PHILISTE.
Ne m'échappez donc point avant que m'introduire ;
Après, sur le discours vous prendrez votre temps ;
Et nous serons ainsi l'un et l'autre contents.
Vous me semblez troublé !
DORANTE.
J'ai bien raison de l'être ;
Adieu.
PHILISTE.
Vous soupirez, et voulez disparaître !
De Mélisse ou de vous je saurai vos malheurs.
Madame, puis-je... O ciel ! elle-même est en pleurs !
Je ne vois des deux parts que des sujets d'alarmes.
D'où viennent ses soupirs? et d'où naissent vos larmes?
Quel accident vous fâche, et le fait retirer ?
Qu'ai-je à craindre pour vous, ou qu'ai-je à déplorer?
MÉLISSE.
Philiste, il est tout vrai... Mais retenez Dorante,
Sa présence au secret est la plus importante.
DORANTE.
Vous me perdez, madame.
MÉLISSE.
Il faut tout hasarder
Pour un bien qu'autrement je ne puis plus garder.
LYSE.
Cléandre entre.
MÉLISSE.
Le ciel à propos nous l'envoie.

SCÈNE V

DORANTE, PHILISTE, CLÉANDRE, MÉLISSE,
LYSE, CLITON.

CLÉANDRE.
Ma sœur, auriez-vous cru...? Vous montrez peu de [joie!
En si bon entretien qui vous peut attrister ?
MÉLISSE, *à Cléandre.*
J'en contais le sujet, vous pouvez l'écouter.
(*à Philiste.*)
Vous m'aimez, je l'ai su de votre propre bouche,
Je l'ai su de Dorante, et votre amour me touche,
Si trop peu pour vous rendre un amour tout pareil,
Assez pour vous donner un fidèle conseil.
Ne vous obstinez plus à chérir une ingrate ; [flatte.
J'aime ailleurs, c'est en vain qu'un faux espoir vous
J'aime, et je suis aimée, et mon frère y consent ;
Mon choix est aussi beau que mon amour puissant.
Vous l'auriez fait pour moi, si vous étiez mon frère,
C'est Dorante, en un mot, qui seul a pu me plaire.
Ne me demandez point ni quelle occasion,
Ni quel temps entre nous a fait cette union ;
S'il la faut appeler ou surprise, ou constance ;
Je ne vous en puis dire aucune circonstance :
Contentez-vous de voir que mon frère aujourd'hui
L'estime et l'aime assez pour le loger chez lui,
Et d'apprendre de moi que mon cœur se propose
Le change* et le tombeau pour une même chose.
Lorsque notre destin nous semblait le plus doux,
Vous l'avez obligé de me parler pour vous ;
Il l'a fait, et s'en va pour vous quitter la place :
Jugez par ce discours quel malheur nous menace.
Voilà cet accident qui le fait retirer ;
Voilà ce qui le trouble, et qui me fait pleurer ;
Voilà ce que je crains ; et voilà les alarmes
D'où viennent ses soupirs, et d'où naissent mes lar-
PHILISTE. [mes.
Ce n'est pas là, Dorante, agir en cavalier.
Sur ma parole encor vous êtes prisonnier ;
Votre liberté n'est qu'une prison plus large ;
Et je réponds de vous s'il survient quelque charge.
Vous partez cependant, et sans m'en avertir !
Rentrez dans la prison dont vous vouliez sortir.
DORANTE.
Allons, je suis tout prêt d'y laisser une vie
Plus digne de pitié qu'elle n'était d'envie ;
Mais, après le bonheur que je vous ai cédé,
Je méritais peut-être un plus doux procédé.
PHILISTE.
Un ami tel que vous n'en mérite point d'autre.
Je vous dis mon secret, vous me cachez le vôtre,
Et vous ne craignez point d'irriter mon courroux,
Lorsque vous me jugez moins généreux que vous!
Vous pouvez me céder un objet qui vous aime ;
Et j'ai le cœur trop bas pour vous traiter de même,
Pour vous en céder un à qui l'amour me rend
Sinon trop mal voulu, du moins indifférent.
Si vous avez pu naître et noble et magnanime,
Vous ne me deviez pas tenir en moindre estime :
Malgré notre amitié, je m'en dois ressentir.
Rentrez dans la prison dont vous vouliez sortir.
CLÉANDRE.
Vous prenez pour mépris son trop de déférence,
Dont il ne faut tirer qu'une pleine assurance
Qu'un ami si parfait, que vous osez blâmer,
Vous aime plus que lui, sans vous moins estimer.
Si pour lui votre foi sert aux juges d'otage,
Permettez qu'auprès d'eux la mienne la dégage,
Et sortant du péril d'en être inquiété,
Remettez-lui, monsieur, toute sa liberté ;
Ou, si mon mauvais sort vous rend inexorable,
Au lieu de l'innocent arrêtez le coupable :
C'est moi qui me suis hier sauvé sur son cheval
Après avoir donné la mort à mon rival ;
Ce duel fut l'effet de l'amour de Climène,
Et Dorante sans vous se fût tiré de peine,
Si devant le prévôt son cœur trop généreux
N'eût voulu méconnaître un homme malheureux.
PHILISTE.
Je ne demande plus quel secret a pu faire
Et l'amour de la sœur, et l'amitié du frère ;
Ce qu'il a fait pour vous est digne de vos soins.
Vous lui devez beaucoup, vous ne rendez pas moins.
D'un plus haut sentiment la vertu n'est capable ;
Et puisque ce duel vous avait fait coupable,
Vous ne pouviez jamais envers un innocent

Être plus obligé ni plus reconnaissant.
Je ne m'oppose point à votre gratitude;
Et si je vous ai mis en quelque inquiétude,
Si d'un si prompt départ j'ai paru me piquer,
Vous ne m'entendiez pas, et je vais m'expliquer.
 On nomme une prison le nœud de l'hyménée;
L'amour même a des fers dont l'âme est enchaînée;
Vous les rompiez pour moi, je n'y puis consentir.
Rentrez dans la prison dont vous vouliez sortir.
DORANTE.
Ami, c'est là le but qu'avait votre colère?
PHILISTE.
Ami, je fais bien moins que vous ne vouliez faire.
CLÉANDRE.
Comme à lui je vous dois et la vie et l'honneur.

MÉLISSE.
Vous m'avez fait trembler pour croître mon bonheur.
PHILISTE, à Mélisse.
J'ai voulu voir vos pleurs pour mieux voir votre flam-
Et la crainte a trahi les secrets de votre âme. [me,
Mais quittons désormais des compliments si vains.
(à Cléandre.)
Votre secret, monsieur, est sûr entre mes mains;
Recevez-moi pour tiers d'une amitié si belle,
Et croyez qu'à l'envi je vous serai fidèle.
CLITON, seul.
Ceux qui sont las debout se peuvent aller seoir*;
Je vous donne en passant cet avis, et bonsoir.

EXAMEN DE LA SUITE DU MENTEUR

L'effet de cette pièce n'a pas été si avantageux que celui de la précédente, bien qu'elle soit mieux écrite. L'original espagnol est de Lope de Vega sans contredit, et à ce défaut que ce n'est que le valet qui fait rire, au lieu qu'en l'autre les principaux agréments sont dans la bouche du maître. L'on a pu voir par les divers succès quelle différence il y a entre les railleries spirituelles d'un honnête homme de bonne humeur, et les bouffonneries froides d'un plaisant à gages. L'obscurité que fait en celle-ci le rapport à l'autre a pu contribuer quelque chose à sa disgrâce, y ayant beaucoup de choses qu'on ne peut entendre, si l'on n'a l'idée présente du *Menteur*. Elle a encore quelques défauts particuliers. Au second acte, Cléandre raconte à sa sœur la générosité de Dorante qu'on a vue au premier, contre la maxime qu'il ne faut jamais faire raconter ce que le spectateur a déjà vu. Le cinquième est trop sérieux pour une pièce si enjouée, et n'a rien de plaisant que la première scène entre un valet et une servante. Cela plaît si fort en Espagne, qu'ils font souvent parler bas les amants de condition, pour donner lieu à ces sortes de gens de s'entredire des badinages; mais en France, ce n'est pas le goût de l'auditoire. Leur entretien est plus supportable au premier acte, pendant que Dorante écrit; car il ne faut jamais laisser le théâtre sans qu'on y agisse, et l'on n'y agit qu'en parlant. Ainsi Dorante qui écrit ne le remplit pas assez; et toutes les fois que cela arrive, il faut fournir l'action par d'autres gens qui parlent. Le second débute par une adresse digne d'être remarquée, et dont on peut former cette règle, que quand on a quelque occasion de louer une lettre, un billet ou quelque autre pièce éloquente ou spirituelle, il ne faut jamais la faire voir, parce qu'alors c'est une propre louange que le poëte se donne à soi-même; et souvent le mérite de la chose répond si mal aux éloges qu'on en fait, que j'ai vu des stances présentées à une maîtresse, qu'elle vantait d'une haute excellence, bien qu'elles fussent très-médiocres; et cela devenait ridicule. Mélisse loue ici la lettre que Dorante lui a écrite; et comme elle ne la lit point, l'auditeur a lieu de croire qu'elle est aussi bien faite qu'elle le dit. Bien que d'abord cette pièce n'eût pas grande approbation, quatre ou cinq ans après la troupe du Marais la remit sur le théâtre avec un succès plus heureux; mais aucune des troupes qui courent les provinces ne s'en est chargée. Le contraire est arrivé de *Théodore*, que les troupes de Paris n'y ont point rétablie depuis sa disgrâce, mais que celles des provinces y ont fait assez passablement réussir

FIN DE LA SUITE DU MENTEUR.

THÉODORE

VIERGE ET MARTYRE

TRAGÉDIE CHRÉTIENNE — 1645

A MONSIEUR L. P. C. B.

Monsieur,

Je n'abuserai point de votre absence de la cour pour vous imposer touchant cette tragédie : sa représentation n'a pas eu grand éclat ; et, quoique beaucoup en attribuent la cause à diverses conjonctures qui pourraient me justifier aucunement, pour moi je ne m'en veux prendre qu'à ses défauts, et la tiens mal faite, puisqu'elle a été mal suivie. J'aurais tort de m'opposer au jugement du public : il m'a été trop avantageux en mes autres ouvrages pour le désavouer en celui-ci ; et, si je l'accusais d'erreur ou d'injustice pour *Théodore*, mon exemple donnerait lieu à tout le monde de soupçonner des mêmes choses tous les arrêts qu'il a prononcés en ma faveur. Ce n'est toutefois sans quelque sorte de satisfaction que je vois que la meilleure partie de mes juges impute ce mauvais succès à l'idée de la prostitution que l'on n'a pu souffrir, quoiqu'on sût bien qu'elle n'aurait pas d'effet, et que pour en exténuer l'horreur j'aie employé tout ce que l'art et l'expérience m'ont pu fournir de lumières ; et certes, il y a de quoi congratuler à la pureté de notre théâtre, de voir qu'une histoire qui fait le plus bel ornement du second livre des *Vierges* de saint Ambroise, se trouve trop licencieuse pour y être supportée. Qu'eût-on dit, si, comme ce grand docteur de l'Église, j'eusse fait voir Théodore dans le lieu infâme, si j'eusse décrit les diverses agitations de son âme durant ce fut, si j'eusse figuré les troubles qu'elle y ressentit au premier moment qu'elle y vit entrer Didyme ? C'est là-dessus que ce grand saint fait triompher son éloquence, et c'est pour ce spectacle qu'il invite particulièrement les vierges à ouvrir les yeux. Je l'ai dérobé à la vue, et, autant que j'ai pu, à l'imagination de mes auditeurs ; et après y avoir consumé toute mon adresse, la modestie de notre scène a désavoué comme indigne d'elle ce peu que la nécessité de mon sujet m'a forcé d'en faire connaître. Après cela, j'oserai bien dire que ce n'est pas contre des comédies pareilles aux nôtres que déclame saint Augustin, et que ceux qui que le scrupule, ou le caprice, ou le zèle, en rend opiniâtres ennemis, n'ont pas grande raison de s'appuyer de son autorité : c'est avec justice qu'il condamne celles de son temps, qui ne méritaient que trop le nom qu'il leur donne de spectacles de turpitude ; mais c'est avec injustice qu'on veut étendre cette condamnation jusqu'à celles du nôtre, qui ne contiennent, pour l'ordinaire, que des exemples d'innocence, de vertu et de piété. J'aurais mauvaise grâce de vous en entretenir plus au long ; vous êtes déjà trop persuadé de ces vérités, et ce n'est pas mon dessein d'entreprendre ici de désabuser ceux qui ne veulent pas l'être : il est juste qu'on les abandonne à leur aveuglement volontaire, et que, pour peine de la trop facile croyance qu'ils donnent à des invectives mal fondées, ils demeurent privés du plus agréable et du plus utile des divertissements dont l'esprit humain soit capable. Contentons-nous d'en jouir sans leur en faire part ; et souffrez que, sans faire aucun effort pour les guérir de leur faiblesse, je finisse en vous assurant que je suis et serai toute ma vie,

Monsieur,

Votre très-humble et très-obligé serviteur,

CORNEILLE.

PERSONNAGES.

VALENS, gouverneur d'Antioche.
PLACIDE, fils de Valens et amoureux de Théodore.
CLÉOBULE, ami de Placide.
DIDYME, amoureux de Théodore.
PAULIN, confident de Valens.

PERSONNAGES.

LYCANTE, capitaine d'une cohorte romaine.
MARCELLE, femme de Valens.
THÉODORE, princesse d'Antioche.
STÉPHANIE, confidente de Marcelle.

La scène est à Antioche, dans le palais du gouverneur.

ACTE PREMIER

SCÈNE I

PLACIDE, CLÉOBULE.

PLACIDE.

Il est vrai, Cléobule, et je veux l'avouer,
La fortune me flatte assez pour m'en louer :
Mon père est gouverneur de toute la Syrie ;
Et comme si c'était trop peu de flatterie,
Moi-même elle m'embrasse, et vient de me donner,
Tout jeune que je suis, l'Égypte à gouverner.
Certes, si je m'enflais de ces vaines fumées
Dont on voit à la cour tant d'âmes si charmées,
Si l'éclat des grandeurs avait pu me ravir,
J'aurais de quoi me plaire et de quoi m'assouvir.
Au-dessous des Césars, je suis ce qu'on peut être ;
A moins que de leur rang le mien ne saurait croître ;
Et pour haut qu'on ait mis des titres si sacrés,
On y monte souvent par de moindres degrés.
Mais ces honneurs pour moi ne sont qu'un excès d'infamie,
Parce que je les tiens d'une main ennemie,
Et leur plus doux appât qu'un excès de rigueur,

Parce que pour échange on veut avoir mon cœur.
On perd temps toutefois; ce cœur n'est point à vendre.
Marcelle, en vain par là tu crois gagner un gendre;
Ta Flavie à mes yeux fait toujours même horreur.
Ton frère Marcellin peut tout sur l'empereur.
Mon père est ton époux, et tu peux sur son âme
Ce que sur un mari doit pouvoir une femme :
Va plus outre; et par zèle ou par dextérité,
Joins le vouloir des dieux à leur autorité :
Assemble leur faveur, assemble leur colère :
Pour aimer je n'écoute empereur, dieux, ni père,
Et je la trouverais un objet odieux
Des mains de l'empereur, et d'un père, et des dieux.

CLÉOBULE.

Quoique pour vous Marcelle ait le nom de marâtre,
Considérez, seigneur, qu'elle vous idolâtre;
Voyez d'un œil plus sain ce que vous lui devez,
Les biens et les honneurs qu'elle vous a sauvés.
Quand Dioclétian fut maître de l'empire...

PLACIDE.

Mon père était perdu, c'est ce que tu veux dire.
Sitôt qu'à son parti le bonheur eut manqué,
Sa tête fut proscrite, et son bien confisqué;
On vit à Marcellin sa dépouille donnée :
Il sut la racheter par ce triste hyménée;
Et forçant son grand cœur à ce honteux lien,
Lui-même il se livra pour rançon de son bien.
Dès lors on asservit jusques à mon enfance;
De Flavie avec moi l'on conclut l'alliance;
Et depuis ce moment Marcelle a fait chez nous
Un destin que tout autre aurait trouvé fort doux.
La dignité du fils, comme celle du père,
Descend du haut pouvoir que lui donne ce frère;
Mais, à la regarder de l'œil dont je la voi,
Ce n'est qu'un joug pompeux qu'on veut jeter sur moi.
On élève chez nous un trône pour sa fille;
On y sème l'éclat dont on veut qu'elle brille :
Et dans tous ces honneurs je ne vois en effet
Qu'un infâme dépôt des présents qu'on lui fait.

CLÉOBULE.

S'ils ne sont qu'un dépôt du bien qu'on lui veut faire,
Vous en êtes, seigneur, mauvais dépositaire,
Puisqu'avec tant d'effort on vous voit travailler
A mettre ailleurs l'éclat dont elle doit briller.
Vous aimez Théodore, et votre âme ravie
Lui veut donner ce trône élevé pour Flavie :
C'est là le fondement de votre aversion.

PLACIDE.

Ce n'est point un secret que cette passion;
Flavie au lit malade en meurt de jalousie;
Et dans l'âpre dépit dont sa mère est saisie,
Elle tonne, foudroie, et pleine de fureur,
Menace de tout perdre auprès de l'empereur.
Comme de ses faveurs, je ris de sa colère :
Quoi qu'elle ait fait pour moi, quoi qu'elle puisse faire,
Le passé sur mon cœur ne peut rien obtenir,
Et je laisse au hasard le soin de l'avenir.
Je me plais à braver cet orgueilleux courage;
Chaque jour pour l'aigrir je vais jusqu'à l'outrage;

Son âme impérieuse et prompte à fulminer
Ne saurait me haïr jusqu'à m'abandonner :
Souvent elle me flatte alors que je l'offense;
Et quand je l'ai poussée à quelque violence,
L'amour de sa Flavie en rompt tous les effets,
Et l'éclat s'en termine à de nouveaux bienfaits.
Je la plains toutefois; et plus à plaindre qu'elle,
Comme elle aime un ingrat, j'adore une cruelle,
Dont la rigueur la venge, et rejetant ma foi,
Me rend tous les mépris que Flavie a de moi.
Mon sort des deux côtés mérite qu'on le plaigne :
L'une me persécute, et l'autre me dédaigne;
Je hais qui m'idolâtre, et j'aime qui me fuit,
Et je poursuis en vain, ainsi qu'on me poursuit.
Telle est de mon destin la fatale injustice,
Telle est la tyrannie ensemble et le caprice
Du démon aveugle qui sans discrétion
Verse l'antipathie et l'inclination.
Mais puisqu'à d'autres yeux je parais trop aimable,
Que peut voir Théodore en moi de méprisable?
Sans doute elle aime ailleurs, et s'impute à bonheur
De préférer Didyme au fils du gouverneur.

CLÉOBULE.

Comme elle je suis né, seigneur, dans Antioche,
Et par les droits du sang je lui suis assez proche;
Je connais son courage*, et vous répondrai bien
Qu'étant sourde à vos vœux elle n'écoute rien,
Et que cette rigueur dont votre amour l'accuse
Ne donne point ailleurs ce qu'elle vous refuse.
Ce malheureux rival dont vous êtes jaloux
En reçoit chaque jour des mépris que vous :
Mais quand même ses feux répondraient à vos flam-
Qu'une amour mutuelle unirait vos deux âmes, [mes,
Voyez où cette amour vous peut précipiter,
Quel orage sur vous elle doit exciter,
Ce que dira Valens, ce que fera Marcelle.
Souffrez que son parent me dise enfin pour elle...

PLACIDE.

Ah! si je puis encor quelque chose sur toi,
Ne me dis rien pour elle, et dis-lui tout pour moi;
Dis-lui que je suis sûr des bontés de mon père;
Ou que, s'il se rendait d'une humeur trop sévère,
L'Égypte où l'on m'envoie est un asile ouvert
Pour mettre notre flamme et notre heur* à couvert.
Là, saisis d'un rayon des puissances suprêmes,
Nous ne recevrons plus de lois que de nous-mêmes.
Quelques noires vapeurs que puissent concevoir
Et la mère et la fille ensemble au désespoir,
Tout ce qu'elles pourront enfanter de tempêtes,
Sans venir jusqu'à nous crèvera sur leurs têtes,
Et nous érigerons en cet heureux séjour
De leur rage impuissante un trophée à l'amour.
  Parle, parle pour moi, presse, agis, persuade;
Fais quelque chose enfin pour mon esprit malade;
Fais-lui voir mon pouvoir, fais-lui voir mon ardeur :
Son dédain est peut-être un effet de sa peur;
Et, si tu lui pouvais arracher cette crainte,
Tu pourrais dissiper cette froideur contrainte,
Tu pourrais... Mais je vois Marcelle qui survient.

SCÈNE II

MARCELLE, PLACIDE, CLÉOBULE, STÉPHANIE.

MARCELLE.
Ce mauvais conseiller toujours vous entretient!
PLACIDE.
Vous dites vrai, madame, il tâche à me surpendre;
Son conseil est mauvais, mais je sais m'en défendre.
MARCELLE.
Il vous parle d'aimer?
PLACIDE.
   Contre mon sentiment.
MARCELLE.
Levez, levez le masque, et parlez franchement :
De votre Théodore il est l'agent fidèle;
Pour vous mieux engager elle fait la cruelle;
Vous chasse en apparence, et, pour vous retenir,
Par ce parent adroit vous fait entretenir.
PLACIDE.
Par ce fidèle agent elle est donc mal servie :
Loin de parler pour elle, il parle pour Flavie;
Et ce parent adroit en matière d'amour
Agit contre son sang pour mieux faire sa cour.
C'est, madame, en effet le mal qu'il me conseille;
Mais j'ai le cœur trop bon pour lui prêter l'oreille.
MARCELLE.
Dites le cœur trop bas pour aimer en bon lieu.
PLACIDE.
L'objet où vont mes vœux serait digne d'un dieu.
MARCELLE.
Il est digne de vous, d'une âme vile et basse.
PLACIDE.
Je fais donc seulement ce qu'il faut que je fasse.
Ne blâmez que Flavie : un cœur si bien placé
D'une âme vile et basse est trop embarrassé;
D'un choix qui lui fait honte il faut qu'elle s'irrite,
Et me prive d'un bien qui passe mon mérite.
MARCELLE.
Avec quelle arrogance osez-vous me parler!
PLACIDE.
Au-dessous de Flavie ainsi me ravaler,
C'est de cette arrogance un mauvais témoignage.
Je ne me puis, madame, abaisser davantage.
MARCELLE.
Votre respect est rare, et fait voir clairement
Que votre humeur modeste aime l'abaissement.
Eh bien! puisqu'à présent j'en suis mieux avertie,
Il faudra satisfaire à cette modestie;
Avec un peu de temps nous en viendrons à bout.
PLACIDE.
Vous ne m'ôterez rien, puisque je vous dois tout.
Qui n'a que ce qu'il doit a peu de perte à faire.
MARCELLE.
Vous pourrez bientôt prendre un sentiment contrai-
PLACIDE. [re.
Je n'en changerai point pour la perte d'un bien
Qui me rendra celui de ne vous devoir rien.
MARCELLE.
Ainsi l'ingratitude en soi-même se flatte.
Mais je saurai punir cette âme trop ingrate;
Et pour mieux abaisser vos esprits soulevés,
Je vous ôterai plus que vous ne me devez.
PLACIDE.
La menace est obscure; expliquez-la, de grâce.
MARCELLE.
L'effet expliquera le sens de la menace.
Tandis, souvenez-vous, malgré tous vos mépris,
Que j'ai fait ce que sont et le père et le fils :
Vous me devez l'Égypte; et Valens, Antioche.
PLACIDE.
Nous ne vous devons rien après un tel reproche.
Un bienfait perd sa grâce à le trop publier :
Qui veut qu'on s'en souvienne, il le doit oublier.
MARCELLE.
Je l'oublirais, ingrat, si pour tant de puissance
Je recevais de vous quelque reconnaissance.
PLACIDE.
Et je m'en souviendrais jusqu'aux derniers abois,
Si vous vous contentiez de ce que je vous dois.
MARCELLE.
Après tant de bienfaits, osé-je trop prétendre?
PLACIDE.
Ce ne sont plus bienfaits alors qu'on veut les vendre.
MARCELLE.
Que doit donc un grand cœur aux faveurs qu'il reçoit?
PLACIDE.
S'avouant redevable il rend tout ce qu'il doit.
MARCELLE.
Tous les ingrats en foule iront à votre école,
Puisqu'on y devient quitte en payant de parole.
PLACIDE.
Je vous dirai donc plus, puisque vous me pressez :
Nous ne vous devons pas tout ce que vous pensez.
MARCELLE.
Que seriez-vous sans moi?
PLACIDE.
   Sans vous? ce que nous sommes.
Notre empereur est juste, et sait choisir les hommes;
Et mon père, après tout, ne se trouve qu'au rang
Où l'auraient mis sans vous ses vertus et son sang.
MARCELLE.
Ne vous souvient-il plus qu'on proscrivit sa tête?
PLACIDE.
Par là votre artifice en fit votre conquête.
MARCELLE.
Ainsi de ma faveur vous nommez les effets!
PLACIDE.
Un autre ami peut-être aurait bien fait sa paix;
Et si votre faveur pour lui s'est employée,
Par son hymen, madame, il vous a trop payée.
On voit peu d'unions de deux telles moitiés;
Et, la faveur à part, on sait qui vous étiez.
MARCELLE.
L'ouvrage de mes mains avoir tant d'insolence!
PLACIDE.
Elles m'ont mis trop haut pour souffrir une offense.

MARCELLE.
Quoi! vous tranchez ici du nouveau gouverneur?
PLACIDE.
De mon rang en tous lieux je soutiendrai l'honneur.
MARCELLE.
Considérez donc mieux quelle main vous y porte;
L'hymen seul de Flavie en est pour vous la porte.
PLACIDE.
Si je n'y puis entrer qu'acceptant cette loi,
Reprenez votre Égypte, et me laissez à moi.
MARCELLE.
Plus il me doit d'honneurs, plus son orgueil me brave!
PLACIDE.
Plus je reçois d'honneurs, moins je dois être esclave.
MARCELLE.
Conservez ce grand cœur, vous en aurez besoin.
PLACIDE.
Je le conserverai, madame, avec grand soin;
Et votre grand pouvoir en chassera la vie
Avant que d'y surprendre aucun lieu pour Flavie.
MARCELLE.
J'en chasserai du moins l'ennemi qui me nuit.
PLACIDE.
Vous ferez peu d'effet avec beaucoup de bruit.
MARCELLE.
Je joindrai de si près l'effet à la menace,
Que sa perte aujourd'hui me quittera la place.
PLACIDE.
Vous perdrez aujourd'hui...?
MARCELLE.
Théodore à vos yeux.
M'entendez-vous, Placide? Oui, j'en jure les dieux
Qu'aujourd'hui mon courroux, armé contre son cri-
Aux pieds de leurs autels en fera ma victime. [me,
PLACIDE.
Et je jure à vos yeux ces mêmes immortels
Que je la vengerai jusque sur leurs autels.
Je jure plus encor, que, si je pouvais croire
Que vous eussiez dessein d'une action si noire,
Il n'est point de respect qui pût me retenir
D'en punir la pensée et de vous prévenir;
Et que, pour garantir une tête si chère,
Je vous irais chercher jusqu'au lit de mon père.
M'entendez-vous, madame? Adieu. Pensez-y bien.
N'épargnez pas mon sang si vous versez le sien;
Autrement ce beau sang en fera verser d'autre,
Et ma fureur n'est pas pour se borner au vôtre.

SCÈNE III

MARCELLE, STÉPHANIE.

MARCELLE.
As-tu vu, Stéphanie, un plus farouche orgueil?
As-tu vu des mépris plus dignes du cercueil?
Et pourrais-je épargner cette insolente vie,
Si sa perte n'était la perte de Flavie,
Dont le cruel destin prend un si triste cours
Qu'aux jours de ce barbare il attache ses jours?

STÉPHANIE.
Je tremble encor de voir où sa rage l'emporte.
MARCELLE.
Ma colère en devient et plus juste et plus forte;
Et l'aveugle fureur dont ses discours sont pleins
Ne m'arrachera pas ma vengeance des mains.
STÉPHANIE.
Après votre vengeance appréhendez la sienne.
MARCELLE.
Qu'une indigne épouvante à présent me retienne!
De ce feu turbulent l'éclat impétueux
N'est qu'un faible avorton d'un cœur présomptueux.
La menace à grand bruit ne porte aucune atteinte,
Elle n'est qu'un effet d'impuissance et de crainte;
Et qui si près du mal s'amuse à menacer
Veut amollir le coup qu'il ne peut repousser.
STÉPHANIE.
Théodore vivante, il craint votre colère;
Mais voyez qu'il ne craint que parce qu'il espère;
Et c'est à vous, madame, à bien considérer
Qu'il cessera de craindre en cessant d'espérer.
MARCELLE.
Si l'espoir fait sa peur, nous n'avons qu'à l'éteindre :
Il cessera d'aimer aussi bien que de craindre.
L'amour a rarement jusque dans un tombeau
S'unir au reste affreux de l'objet le plus beau.
Hasardons; je ne vois que ce conseil à prendre.
Théodore vivante, il n'en faut rien prétendre;
Et Théodore morte, on peut encor douter
Quel sera le succès que tu veux redouter.
Quoi qu'il arrive enfin, de la sorte outragée,
C'est un plaisir bien doux que de se voir vengée.
Mais dis-moi, ton indice est-il bien assuré?
STÉPHANIE.
J'en réponds sur ma tête et l'ai trop avéré.
MARCELLE.
Ne t'oppose donc plus à ce moment de joie
Qu'aujourd'hui par ta main le juste ciel m'envoie.
Valens vient à propos, et sur tes bons avis
Je vais forcer le père à me venger du fils.

SCÈNE IV

VALENS, MARCELLE, PAULIN, STÉPHANIE.

MARCELLE.
Jusques à quand, seigneur, voulez-vous qu'abusée
Au mépris d'un ingrat je demeure exposée,
Et qu'un fils arrogant sous votre autorité
Outrage votre femme avec impunité?
Sont-ce là les douceurs, sont-ce là les caresses
Qu'en faisaient à ma fille espérer vos promesses?
Et faut-il qu'un amour conçu par votre aveu
Lui coûte enfin la vie, et vous touche si peu?
VALENS.
Plût aux dieux que mon sang eût de quoi satisfaire
Et l'amour de la fille et l'espoir de la mère,
Et qu'en le répandant je lui pusse gagner
Ce cœur dont l'insolence ose la dédaigner!

Mais de ses volontés le ciel est le seul maître.
J'ai promis de l'amour, il le doit faire naître.
Si son ordre n'agit, l'effet ne s'en peut voir,
Et je pense être quitte y faisant mon pouvoir.
MARCELLE.
Faire votre pouvoir avec tant d'indulgence,
C'est avec son orgueil être d'intelligence ;
Aussi bien que le fils le père m'est suspect,
Et vous manquez de foi comme lui de respect.
Ah ! si vous déployiez cette haute puissance
Que donnent aux parents les droits de la naissance...
VALENS.
Si la haine et l'amour lui doivent obéir,
Déployez-la, madame, à le faire haïr.
Quel que soit le pouvoir d'un père en sa famille,
Puis-je plus sur mon fils que vous sur votre fille ?
Et si vous n'en pouvez vaincre la passion,
Dois-je plus obtenir sur tant d'aversion ?
MARCELLE.
Elle tâche à se vaincre et son cœur y succombe ;
Et l'effort qu'elle y fait la jette sous la tombe.
VALENS.
Elle n'a toutefois que l'amour à dompter ;
Et Placide bien moins se pourrait surmonter,
Puisque deux passions le font être rebelle,
L'amour pour Théodore, et la haine pour elle.
MARCELLE.
Otez-lui Théodore ; et, son amour dompté,
Vous dompterez sa haine avec facilité.
VALENS.
Pour l'ôter à Placide il faut qu'elle se donne.
Aime-t-elle quelque autre ?
MARCELLE.
Elle n'aime personne.
Mais qu'importe, seigneur, qu'elle écoute aucuns [vœux ?
Ce n'est pas son hymen, c'est sa mort que je veux.
VALENS.
Quoi ! madame, abuser ainsi de ma puissance !
A votre passion immoler l'innocence !
Les dieux m'en puniraient.
MARCELLE.
Trouvent-ils innocents
Ceux dont l'impiété leur refuse l'encens ?
Prenez leur intérêt : Théodore est chrétienne ;
C'est la cause des dieux, et ce n'est plus la mienne.
VALENS.
Souvent la calomnie...
MARCELLE.
Il n'en faut plus parler,
Si vous vous préparez à la dissimuler.
Devenez protecteur de cette secte impie
Que l'empereur jamais ne crut digne de vie ;
Vous pouvez en ces lieux vous en faire l'appui :
Mais songez qu'il me reste un frère auprès de lui.
VALENS.
Sans en importuner l'autorité suprême,
Si je vous suis suspect, n'en croyez que vous-même,
Agissez en ma place, et faites-la venir :

Quand vous la convaincrez, je saurai la punir ;
Et vous reconnaîtrez que dans le fond de l'âme
Je prends, comme je dois, l'intérêt d'une femme.
MARCELLE.
Puisque vous le voulez, j'oserai la mander :
Allez-y, Stéphanie, allez sans plus tarder.
(*Stéphanie s'en va, et Marcelle continue à parler à Valens.*)
Et si l'on m'a flattée avec un faux indice,
Je vous irai moi-même en demander justice.
VALENS.
N'oubliez pas alors que je la dois à tous,
Et même à Théodore, aussi bien comme à vous.
MARCELLE.
N'oubliez pas non plus quelle est votre promesse.
(*Valens s'en va, et Marcelle continue.*)
Il est temps que Flavie ait part à l'allégresse :
Avec cette espérance allons la soulager.
Et vous, dieux, qu'avec moi j'entreprends de venger,
Agréez ma victime, et pour finir ma peine,
Jetez un peu d'amour où règne tant de haine ;
Ou, si c'est trop pour nous qu'il soupire à son tour,
Jetez un peu de haine où règne tant d'amour.

ACTE DEUXIÈME

SCÈNE I

THÉODORE, CLÉOBULE, STÉPHANIE.

STÉPHANIE.
Marcelle n'est pas loin, et je me persuade
Que son amour l'attache auprès de sa malade ;
Mais je vais l'avertir que vous êtes ici.
THÉODORE.
Vous m'obligerez fort d'en prendre le souci,
Et de lui témoigner avec quelle franchise
A ses commandements vous me voyez soumise.
STÉPHANIE.
Dans un moment ou deux vous la verrez venir.

SCÈNE II

CLÉOBULE, THÉODORE.

CLÉOBULE.
Tandis, permettez-moi de vous entretenir,
Et de blâmer un peu cette vertu farouche,
Cette insensible humeur qu'aucun objet ne touche,
D'où naissent tant de feux sans pouvoir l'enflammer,
Et qui semble haïr quiconque ose l'aimer.
Je veux bien avec vous que dessous votre empire
Toute notre jeunesse en vain brûle et soupire ;
J'approuve les mépris que vous rendez à tous :
Le ciel n'en a point fait qui soient dignes de vous ;
Mais je ne puis souffrir que la grandeur romaine
S'abaissant à vos pieds ait part à cette haine,

Et que vous égaliez par vos durs traitements
Ces maîtres de la terre aux vulgaires amants.
Quoiqu'une âpre vertu du nom d'amour s'irrite,
Elle trouve sa gloire à céder au mérite;
Et sa sévérité ne lui fait point de lois
Qu'elle n'aime à briser pour un illustre choix.
Voyez ce qu'est Valens, voyez ce qu'est Placide,
Voyez sur quels États l'un et l'autre préside,
Où le père et le fils peuvent un jour régner;
Et cessez d'être aveugle, et de le dédaigner.

THÉODORE.

Je ne suis point aveugle, et vois ce qu'est un homme
Qu'élèvent la naissance, et la fortune, et Rome;
Je rends ce que je dois à l'éclat de son sang;
J'honore son mérite, et respecte son rang;
Mais vous connaissez mal cette vertu farouche
De vouloir qu'aujourd'hui l'ambition la touche,
Et qu'une âme insensible aux plus saintes ardeurs
Cède honteusement à l'éclat des grandeurs.
Si cette fermeté dont elle est ennoblie
Par quelques traits d'amour pouvait être affaiblie,
Mon cœur, plus incapable encor de vanité,
Ne ferait point de choix que dans l'égalité;
Et rendant aux grandeurs un respect légitime,
J'honorerais Placide, et j'aimerais Didyme.

CLÉOBULE.

Didyme, que sur tous vous semblez dédaigner!

THÉODORE.

Didyme, que sur tous je tâche d'éloigner,
Et qui verrait bientôt sa flamme couronnée
Si mon âme à mes sens était abandonnée,
Et se laissait conduire à ces impressions
Que forment en naissant les belles passions.
Comme cet avantage est digne qu'on le craigne,
Plus je penche à l'aimer, et plus je le dédaigne;
Et m'arme d'autant plus, que mon cœur en secret
Voudrait s'en laisser vaincre, et combat à regret.
Je me fais tant d'effort lorsque je le méprise,
Que par mes propres sens je crains d'être surprise;
J'en crains une révolte, et que, las d'obéir,
Comme je les trahis, ils ne m'osent trahir.
 Voilà, pour vous montrer mon âme toute nue,
Ce qui m'a fait bannir Didyme de ma vue :
Je crains d'en recevoir quelque coup d'œil fatal,
Et chasse un ennemi dont je me défends mal.
Voilà quelle je suis, et quelle je veux être;
La raison quelque jour s'en fera mieux connaître
Nommez-la cependant vertu, caprice, orgueil,
Ce dessein me suivra jusque dans le cercueil.

CLÉOBULE.

Il peut vous y pousser, si vous n'y prenez garde.
D'un œil envenimé Marcelle vous regarde;
Et se prenant à vous du mauvais traitement
Que sa fille à ses yeux reçoit de votre amant,
Sa jalouse fureur ne peut être assouvie
A moins de votre sang, à moins de votre vie :
Ce n'est plus en secret que frémit son courroux,
Elle en parle tout haut, elle s'en vante à nous,
Elle en jure les dieux, et ce que j'appréhende,
Pour ce triste sujet sans doute elle vous mande.
Dans un péril si grand faites un protecteur.

THÉODORE.

Si je suis en péril, Placide en est l'auteur;
L'amour qu'il a pour moi lui seul m'y précipite;
C'est par là qu'on me hait, c'est par là qu'on s'irrite.
On n'en veut qu'à sa flamme, on n'en veut qu'à son
[choix;
C'est contre lui qu'on arme ou la force ou les lois.
Tous les vœux qu'il m'adresse avancent ma ruine,
Et par une autre main c'est lui qui m'assassine.
Je sais quel est mon crime, et je ne doute pas
Du prétexte qu'aura l'arrêt de mon trépas; [cuse,
Je l'attends sans frayeur : mais, de quoi qu'on m'ac-
S'il portait à Flavie un cœur que je refuse,
Qui veut finir mes jours les voudraient protéger,
Et par ce changement il ferait tout changer.
Mais mon péril le flatte; et son cœur en espère
Ce que jusqu'à présent tous ses soins n'ont pu faire;
Il attend que du mien j'achète son appui :
J'en trouverai peut-être un plus puissant que lui;
Et s'il me faut périr, dites-lui qu'avec joie
Je cours à cette mort où son amour m'envoie,
Et que, par un exemple assez rare à nommer,
Je périrai pour lui, si je ne puis l'aimer.

CLÉOBULE.

Ne vous pas mieux servir d'un amour si fidèle,
C'est...

THÉODORE.

Quittons ce discours, je vois venir Marcelle.

SCÈNE III

MARCELLE, THÉODORE, CLÉOBULE,
STÉPHANIE.

MARCELLE, à *Cléobule*.

Quoi! toujours l'un ou l'autre est par vous obsédé?
Qui vous amène ici? vous avais-je mandé?
Et ne pourrai-je voir Théodore ou Placide,
Sans que vous leur serviez d'interprète ou de guide?
Cette assiduité marque un zèle imprudent,
Et ce n'est pas agir en adroit confident.

CLÉOBULE.

Je crois qu'on me doit voir d'une âme indifférente
Accompagner ici Placide et ma parente.
Je fais ma cour à l'un à cause de son rang,
Et rends à l'autre un soin où m'oblige le sang.

MARCELLE.

Vous êtes bon parent.

CLÉOBULE.

   Elle m'oblige à l'être.

MARCELLE.

Votre humeur généreuse aime à le reconnaître;
Et sensible aux faveurs que vous en recevez,
Vous rendez à tous deux ce que vous leur devez.
Un si rare service aura sa récompense
Plus grande qu'on n'estime et plus tôt qu'on ne pense.

Cependant quittez-nous, que je puisse à mon tour
Servir de confidente à cet illustre amour.
CLÉOBULE.
Ne croyez pas, madame...
MARCELLE.
Obéissez, de grâce.
Je sais ce qu'il faut croire, et vois ce qui se passe.

SCÈNE IV

MARCELLE, THÉODORE, STÉPHANIE.

MARCELLE.
Ne vous offensez pas, objet rare et charmant,
Si ma haine avec lui traite un peu rudement.
Ce n'est point avec vous que je la dissimule :
Je chéris Théodore, et je hais Cléobule ;
Et par un pur effet du bien que je vous veux,
Je ne puis voir ici ce parent dangereux.
Je sais que pour Placide il vous fait tout facile,
Qu'en sa grandeur nouvelle il vous peint un asile,
Et tâche à vous porter jusqu'à la vanité
D'espérer me braver avec impunité ;
Je n'ignore non plus que votre âme plus saine,
Connaissant son devoir ou redoutant ma haine,
Rejette ses conseils, en dédaigne le prix,
Et fait de ces grandeurs un généreux mépris.
Mais comme avec le temps il pourrait vous séduire,
Et vous, changeant d'humeur, me forcer à vous nuire,
J'ai voulu vous parler, pour vous mieux avertir
Qu'il serait malaisé de vous en garantir ;
Que si ce qu'est Placide enflait votre courage,
Je puis en un moment renverser mon ouvrage,
Abattre sa fortune, et détruire avec lui
Quiconque m'oserait opposer son appui.
Gardez donc d'aspirer au rang où je l'élève.
Qui commence le mieux ne fait rien s'il n'achève.
Ne servez point d'obstacle à ce que j'en prétends ;
N'acquérez point ma haine en perdant votre temps.
Croyez que me tromper c'est vous tromper vous-
[même ;
Et si vous vous aimez, souffrez que je vous aime.
THÉODORE.
Je n'ai point vu, madame, encor jusqu'à ce jour
Avec tant de menace expliquer tant d'amour,
Et peu faite à l'honneur de pareilles visites,
J'aurais lieu de douter de ce que vous me dites ;
Mais soit que ce puisse être ou feinte, ou vérité,
Je veux bien vous répondre avec sincérité.
Quoique vous me jugiez l'âme basse et timide,
Je croirais sans faillir pouvoir aimer Placide,
Et si sa passion avait pu me toucher,
J'aurais assez de cœur pour ne le point cacher.
Cette haute puissance à ses vertus rendue
L'égale presque aux rois dont je suis descendue ;
Et si Rome et le temps m'en ont ôté le rang,
Il m'en demeure encor le courage et le sang.
Dans mon sort ravalé je sais vivre en princesse ;
Je fuis l'ambition, mais je hais la faiblesse

Et comme ses grandeurs ne peuvent m'ébranler,
L'épouvante jamais ne me fera parler.
Je l'estime beaucoup, mais en vain il soupire ;
Quand même sur ma tête il ferait choir l'empire,
Vous me verriez répondre à cette illustre ardeur
Avec la même estime et la même froideur.
Sortez d'inquiétude, et m'obligez de croire
Que la gloire où j'aspire est tout une autre gloire
Et que, sans m'éblouir de cet éclat nouveau,
Plutôt que dans son lit j'entrerais au tombeau.
MARCELLE.
Je vous crois ; mais souvent l'amour brûle sans luire :
Dans un profond secret il aime à se conduire ;
Et voyant Cléobule aller tant et venir,
Entretenir Placide, et vous entretenir,
Je sens toujours dans l'âme un reste de scrupule,
Que je blâme moi-même et tiens pour ridicule.
Mais mon cœur soupçonneux ne s'en peut départir.
Vous avez deux moyens de l'en faire sortir :
Épousez ou Didyme, ou Cléante, ou quelque autre,
Ne m'importe pas qui, mon choix suivra le vôtre,
Et je le comblerai de tant de dignités,
Que peut-être il vaudra ce que vous me quittez ;
Ou, si vous ne pouvez si tôt vous y résoudre,
Jurez-moi par ce Dieu qui porte en main la foudre,
Et dont tout l'univers doit craindre le courroux,
Que Placide jamais ne sera votre époux.
Je lui fais pour Flavie offrir un sacrifice :
Peut-être que vos vœux le rendront plus propice ;
Venez les joindre aux miens, et le prendre à témoin.
THÉODORE.
Je veux vous satisfaire ; et, sans aller si loin,
J'atteste ici le Dieu qui lance le tonnerre,
Ce monarque absolu du ciel et de la terre,
Et dont tout l'univers doit craindre le courroux,
Que Placide jamais ne sera mon époux.
En est-ce assez, madame ? êtes-vous satisfaite ?
MARCELLE.
Ce serment à peu près est ce que je souhaite ;
Mais, pour vous dire tout, la sainteté des lieux,
Le respect des autels, la présence des dieux,
Le rendant et plus saint et plus inviolable,
Me le pourraient aussi rendre bien plus croyable.
THÉODORE.
Le Dieu que j'ai juré connaît tout, entend tout ;
Il remplit l'univers de l'un à l'autre bout ;
Sa grandeur est sans borne ainsi que sans exemple :
Il n'est pas moins ici qu'au milieu de son temple,
Et ne m'entend pas mieux dans son temple qu'ici.
MARCELLE.
S'il vous entend partout, je vous entends aussi :
On ne m'éblouit point d'une mauvaise ruse ;
Suivez-moi dans le temple, et tôt, et sans excuse.
THÉODORE.
Votre cœur soupçonneux ne m'y croirait non plus,
Et je vous y ferais des serments superflus.
MARCELLE.
Vous désobéissez ?

THÉODORE.
Je crois vous satisfaire.
MARCELLE.
Suivez, suivez mes pas.
THÉODORE.
Ce serait vous déplaire;
Vos desseins d'autant plus en seraient reculés;
Ma désobéissance est ce que vous voulez.
MARCELLE.
Il faut de deux raisons que l'une vous retienne :
Ou vous aimez Placide, ou vous êtes chrétienne.
THÉODORE.
Oui, je le suis, madame, et le tiens à plus d'heur
Qu'une autre ne tiendrait toute votre grandeur.
Je vois qu'on vous l'a dit, ne cherchez plus de ruse;
J'avoue et hautement, et tôt, et sans excuse.
Armez-vous à ma perte, éclatez, vengez-vous,
Par ma mort à Flavie assurez un époux;
Et noyez dans ce sang, dont vous êtes avide,
Et le mal qui la tue, et l'amour de Placide.
MARCELLE.
Oui, pour vous en punir je n'épargnerai rien;
Et l'intérêt des dieux assurera le mien.
THÉODORE.
Le vôtre en même temps assurera ma gloire;
Triomphant de ma vie, il fera ma victoire,
Mais si grande, si haute, et si pleine d'appas,
Qu'à ce prix j'aimerai les plus cruels trépas.
MARCELLE.
De cette illusion soyez persuadée;
Périssant à mes yeux, triomphez en idée;
Goûtez d'un autre monde à loisir les appas,
Et devenez heureuse où je ne serai pas:
Je n'en suis point jalouse, et toute ma puissance
Vous veut bien d'un tel heur hâter la jouissance;
Mais gardez de pâlir et de vous étonner
A l'aspect du chemin qui vous y doit mener.
THÉODORE.
La mort n'a que douceur pour une âme chrétienne.
MARCELLE.
Votre félicité va donc faire la mienne.
THÉODORE.
Votre haine est trop lente à me la procurer.
MARCELLE.
Vous n'aurez pas longtemps sujet d'en murmurer.
Allez trouver Valens, allez, ma Stéphanie.
Mais demeurez; il vient.

SCÈNE V

VALENS, MARCELLE, THÉODORE, PAULIN, STÉPHANIE.

MARCELLE.
Ce n'est point calomnie,
Seigneur, elle est chrétienne, et s'en ose vanter.
VALENS.
Théodore, parlez sans vous épouvanter.

THÉODORE.
Puisque je suis coupable aux yeux de l'injustice,
Je fais gloire du crime, et j'aspire au supplice;
Et d'un crime si beau si le supplice est si doux,
Que qui peut le connaître en doit être jaloux.
VALENS.
Je ne recherche plus la damnable origine
De cette aveugle amour où Placide s'obstine;
Cette noire magie, ordinaire aux chrétiens,
L'arrête indignement dans vos honteux liens;
Votre charme après lui se répand sur Flavie :
De l'un il prend le cœur, et de l'autre la vie.
Vous osez donc ainsi jusque dans ma maison,
Jusque sur mes enfants verser votre poison?
Vous osez donc tous deux les prendre pour victimes?
THÉODORE.
Seigneur, il ne faut point me supposer de crimes,
C'est à des faussetés sans besoin recourir;
Puisque je suis chrétienne, il suffit pour mourir.
Je suis prête; où faut-il que je porte ma vie?
Où me veut votre haine immoler à Flavie?
Hâtez, hâtez, seigneur, ces heureux châtiments
Qui feront mes plaisirs et vos contentements.
VALENS.
Ah! je rabattrai bien cette fière constance.
THÉODORE.
Craindrais-je des tourments qui font ma récompense?
VALENS.
Oui, j'en sais que peut-être aisément vous craindrez,
Vous en recevrez l'ordre, et vous en résoudrez.
Ce courage toujours ne sera pas si ferme.
Paulin, que la dedans pour prison on l'enferme.
Mettez-y bonne garde.
(*Paulin la conduit avec quelques soldats, et l'ayant enfermée, il revient incontinent.*)

SCÈNE VI

VALENS, MARCELLE, PAULIN, STÉPHANIE.

MARCELLE.
Eh quoi! pour la punir,
Quand le crime est constant, qui vous peut retenir?
VALENS.
Agréerez-vous le choix que je fais d'un supplice?
MARCELLE.
J'agréerai tout, seigneur, pourvu qu'elle périsse :
Choisissez le plus doux, ce sera m'obliger.
VALENS.
Ah! que vous savez mal comme il se faut venger!
MARCELLE.
Je ne suis point cruelle, et n'en veux à sa vie
Que pour rendre Placide à l'amour de Flavie.
Otez-nous cet obstacle à nos contentements;
Mais en faveur du sexe épargnez les tourments;
Qu'elle meure, il suffit.
VALENS.
Oui, sans plus de demeure,
Pour l'intérêt des dieux je consens qu'elle meure:

24

Indigne de la vie, elle doit en sortir ;
Mais pour votre intérêt je n'y puis consentir.
Quoi ! madame, la perdre est-ce gagner Placide ?
Croyez-vous que sa mort le change, ou l'intimide ?
Que ce soit un moyen d'être aimable à ses yeux,
Que de mettre au tombeau ce qu'il aime le mieux ?
Ah ! ne vous flattez point d'une espérance vaine :
En cherchant son amour vous redoublez sa haine ;
Et dans le désespoir où vous l'allez plonger,
Loin d'en aimer la cause, il voudra s'en venger,
Chaque jour à ses yeux cette ombre ensanglantée,
Sortant des tristes nuits où vous l'aurez jetée,
Vous peindra toutes deux avec des traits d'horreur
Qui feront de sa haine une aveugle fureur :
Et lors je ne dis pas tout ce que j'appréhende.
Son âme est violente, et son amour est grande :
Verser le sang aimé ce n'est pas l'en guérir ;
Et le désespérer ce n'est pas l'acquérir.

MARCELLE.

Ainsi donc vous laissez Théodore impunie ?

VALENS.

Non, je la veux punir, mais par l'ignominie ;
Et pour forcer Placide à vous porter ses vœux,
Rendre cette chrétienne indigne de ses feux.

MARCELLE.

Je ne vous entends point.

VALENS.

Contentez-vous, madame,
Que je vois pleinement les désirs de votre âme,
Que de votre intérêt je veux faire le mien.
Allez, et sur ce point ne demandez plus rien.
Si je m'expliquais mieux, quoique son ennemie,
Vous la garantiriez d'une telle infamie ;
Et quelque bon succès qu'il en faille espérer,
Votre haute vertu ne pourrait l'endurer.
Agréez ce supplice, et sans que je le nomme,
Sachez qu'assez souvent on le pratique à Rome ;
Qu'il est craint des chrétiens, qu'il plaît à l'empereur,
Qu'aux filles de sa sorte il fait le plus d'horreur,
Et que ce digne objet de votre juste haine
Voudrait de mille morts racheter cette peine.

MARCELLE.

Soit que vous me vouliez éblouir ou venger,
Jusqu'à l'événement je n'en veux point juger ;
Je vous en laisse faire. Adieu : disposez d'elle.
Mais gardez d'oublier qu'enfin je suis Marcelle,
Et que si vous trompez un si juste courroux,
Je me saurai bientôt venger d'elle et de vous.

SCÈNE VII

VALENS, PAULIN.

VALENS.

L'impérieuse humeur ! vois comme elle me brave,
Comme son fier orgueil m'ose traiter d'esclave.

PAULIN.

Seigneur, j'en suis confus, mais vous le méritez :
Au lieu d'y résister, vous vous y soumettez.

VALENS

Ne t'imagine pas que dans le fond de l'âme
Je préfère à mon fils les fureurs d'une femme ;
L'un m'est plus cher que l'autre, et par ce triste arrêt
Ce n'est que de ce fils que je prends l'intérêt.
Théodore est chrétienne, et ce honteux supplice
Vient moins de ma rigueur que de mon artifice :
Cette haute infamie où je veux la plonger
Est moins pour la punir que pour la voir changer.
Je connais les chrétiens ; la mort la plus cruelle
Affermit leur constance et redouble leur zèle ;
Et sans s'épouvanter de tous nos châtiments,
Ils trouvent des douceurs au milieu des tourments ;
Mais la pudeur peut tout sur l'esprit d'une fille
Dont la vertu répond à l'illustre famille ;
Et j'attends aujourd'hui d'un si puissant effort
Ce que n'obtiendraient pas les frayeurs de la mort.
Après ce grand effet, j'oserai tout pour elle,
En dépit de Flavie, en dépit de Marcelle ;
Et je n'ai rien à craindre auprès de l'empereur,
Si ce cœur endurci renonce à son erreur.
Lui-même il me loûra d'avoir su l'y réduire ;
Lui-même il détruira ceux qui m'en voudraient nuire.
J'aurai lieu de braver Marcelle et ses amis :
Ma vertu me soutient où son crédit m'a mis ;
Mais elle me perdrait, quelque rang que je tienne,
Si j'osais, à ses yeux, sauver cette chrétienne.
Va la voir de ma part, et tâche à l'étonner :
Dis-lui qu'à tout le peuple on va l'abandonner,
Tranche le mot enfin, que je la prostitue ;
Et, quand tu la verras troublée et combattue,
Donne entrée à Placide, et souffre que son feu
Tâche d'en arracher un favorable aveu.
Les larmes d'un amant et l'horreur de sa honte
Pourront fléchir ce cœur qu'aucun péril ne dompte,
Et lors elle n'a point d'ennemis si puissants
Dont elle ne triomphe avec un peu d'encens ;
Et cette ignominie où je l'ai condamnée
Se changera soudain en heureux hyménée.

PAULIN.

Votre prudence est rare, et j'en suivrai les lois.
Daigne le juste ciel seconder votre choix,
Et par une influence un peu moins rigoureuse,
Disposer Théodore à vouloir être heureuse !

ACTE TROISIÈME

SCÈNE I

THÉODORE, PAULIN.

THÉODORE.

Où m'allez-vous conduire ?

PAULIN.

Il est à votre choix

Suivez-moi dans le temple, ou subissez nos lois.
THÉODORE.
De ces indignités vos juges sont capables?
PAULIN.
Ils égalent la peine aux crimes des coupables.
THÉODORE.
Si le mien est trop grand pour le dissimuler,
N'est-il point de tourments qui puissent l'égaler?
PAULIN.
Comme dans les tourments vous trouvez des délices,
Ils ont trouvé pour vous ailleurs de vrais supplices,
Et par un châtiment aussi grand que nouveau,
De votre vertu même ils font votre bourreau.
THÉODORE.
Ah! qu'un si détestable et honteux sacrifice
Est pour elle en effet un rigoureux supplice!
PAULIN.
Ce mépris de la mort qui partout à nos yeux
Brave si hautement et nos lois et nos dieux,
Cette indigne fierté ne serait pas punie
A ne vous ôter rien de plus cher que la vie :
Il faut qu'on leur immole, après de tels mépris,
Ce que chez votre sexe on met à plus haut prix,
Ou que cette fierté, de nos lois ennemie,
Cède aux justes horreurs d'une pleine infamie,
Et que votre pudeur rende à nos immortels
L'encens que votre orgueil refuse à leurs autels.
THÉODORE.
Valens me fait par vous porter cette menace;
Mais, s'il hait les chrétiens, il respecte ma race :
Le sang d'Antiochus n'est pas encor si bas
Qu'on l'abandonne en proie aux fureurs des soldats.
PAULIN.
Ne vous figurez point qu'en un tel sacrilége
Le sang d'Antiochus ait quelque privilége :
Les dieux sont au-dessus des rois dont vous sortez,
Et l'on vous traite ici comme vous les traitez.
Vous les déshonorez, et l'on vous déshonore.
THÉODORE.
Vous leur immolez donc l'honneur de Théodore,
A ces dieux dont enfin la plus sainte action
N'est qu'inceste, adultère, et prostitution?
Pour venger les mépris que je fais de leurs temples,
Je me vois condamnée à suivre leurs exemples,
Et dans vos dures lois, je ne puis éviter
Ou de leur rendre hommage, ou de les imiter!
Dieu de la pureté, que vos lois sont bien autres!
PAULIN.
Au lieu de blasphémer, obéissez aux nôtres,
Et ne redoublez point par vos impiétés
La haine et le courroux de nos dieux irrités :
Après nos châtiments ils ont encor leur foudre.
On vous donne de grâce une heure à vous résoudre;
Vous savez votre arrêt, vous avez à choisir;
Usez utilement de ce peu de loisir.
THÉODORE.
Quelles sont vos rigueurs, si vous le nommez grâce!
Et quel choix voulez-vous qu'une chrétienne fasse,
Réduite à balancer son esprit agité

Entre l'idolâtrie et l'impudicité?
Le choix est inutile où les maux sont extrêmes.
Reprenez votre grâce, et choisissez vous-mêmes :
Quiconque peut choisir consent à l'un des deux,
Et le consentement est seul lâche et honteux.
Dieu, tout juste et tout bon, qui lis dans nos pensées,
N'impute point de crime aux actions forcées!
Soit que vous contraigniez pour vos dieux impuissants
Mon corps à l'infamie, ou ma main à l'encens,
Je saurai conserver d'une âme résolue
A l'époux sans macule* une épouse impollue*.

SCÈNE II

PLACIDE, THÉODORE, PAULIN.

THÉODORE.
Mais que vois-je? Ah! seigneur, est-ce Marcelle ou vous
Dont sur mon innocence éclate le courroux?
L'arrêt qu'a contre moi prononcé votre père,
Est-ce pour la venger, ou pour vous satisfaire?
Est-ce mon ennemie ou mon illustre amant
Qui du nom de vos dieux abuse insolemment?
Vos feux de sa fureur se sont-ils faits complices?
Sont-ils d'intelligence à choisir mes supplices?
Étouffent-ils si bien vos respects généreux
Qu'ils fassent mon bourreau d'un héros amoureux!
PLACIDE.
Retirez-vous, Paulin.
PAULIN.
On me l'a mise en garde.
PLACIDE.
Je sais jusqu'à quel point ce devoir vous regarde;
Prenez soin de la porte, et sans me répliquer :
Ce n'est pas devant vous que je veux m'expliquer.
PAULIN.
Seigneur...
PLACIDE.
Laissez-nous, dis-je, et craignez ma colère.
Je vous garantirai de celle de mon père.

SCÈNE III

PLACIDE, THÉODORE.

THÉODORE.
Quoi! vous chassez Paulin, et vous craignez ses yeux,
Vous qui ne craignez pas la colère des cieux!
PLACIDE.
Redoublez vos mépris, mais bannissez des craintes
Qui portent à mon cœur de plus rudes atteintes;
Ils sont encor plus doux que les indignités
Qu'imputent vos frayeurs à mes témérités;
Et ce n'est pas contre eux que mon âme s'irrite.
Je sais qu'ils font justice à mon peu de mérite;
Et lorsque vous pouviez jouir de vos dédains,
Si j'osais les nommer quelquefois inhumains,
Je les justifiais dedans ma conscience,
Et je n'attendais rien que de ma patience.

Sans que pour ces grandeurs qui font tant de jaloux
Je me sois jamais cru moins indigne de vous.
Aussi ne pensez pas que je vous importune
De payer mon amour, ou de voir ma fortune :
Je ne demande pas un bien qui leur soit dû ;
Mais je viens pour vous rendre un bien presque perdu,
Encor le même amant qu'une rigueur si dure
A toujours vu brûler, et souffrir sans murmure,
Qui plaint du sexe en vous les respects violés,
Votre libérateur enfin, si vous voulez.

THÉODORE.

Pardonnez donc, seigneur, à la première idée
Qu'a jeté dans mon âme une peur mal fondée.
De mille objets d'horreur mon esprit combattu
Aurait tout soupçonné de la même vertu.
Dans un péril si proche et si grand pour ma gloire,
Comme je dois tout craindre, aussi je puis tout croire ;
Et mon honneur timide, entre tant d'ennemis,
Sur les ordres du père a mal jugé du fils.
Je vois, grâces au ciel, par un effet contraire,
Que la vertu du fils soutient celle du père,
Qu'elle ranime en lui la raison qui mourait,
Qu'elle rappelle en lui l'honneur qui s'égarait,
Et le rétablissant dans une âme si belle,
Détruit heureusement l'ouvrage de Marcelle.
Donc à votre prière il s'est laissé toucher ?

PLACIDE.

J'aurais touché plutôt un cœur tout de rocher ;
Soit crainte, soit amour qui possède son âme,
Elle est tout asservie aux fureurs d'une femme.
Je le dis à ma honte, et j'en rougis pour lui,
Il est inexorable, et j'en mourrais d'ennui,
Si nous n'avions l'Égypte où fuir l'ignominie
Dont vous veut lâchement combler sa tyrannie.
Consentez-y, madame, et je suis assez fort
Pour rompre vos prisons et changer votre sort ;
Ou si votre pudeur au peuple abandonnée
S'en peut mieux affranchir que par mon hyménée,
S'il est quelque autre voie à vous sauver l'honneur,
J'y consens, et renonce à mon plus doux bonheur.
Mais si contre un arrêt à cet honneur funeste
Pour en rompre le coup ce moyen seul vous reste,
Si, refusant Placide, il vous faut être à tous,
Fuyez cette infamie en suivant un époux ;
Suivez-moi dans des lieux où je serai le maître,
Où vous serez sans peur ce que vous voudrez être ;
Et peut-être, suivant ce que vous résoudrez,
Je n'y serai bientôt que ce que vous voudrez.
C'est assez m'expliquer ; que rien ne vous retienne :
Je vous aime, madame, et vous aime chrétienne.
Venez me donner lieu d'aimer ma dignité,
Qui fera mon bonheur et votre sûreté.

THÉODORE.

N'espérez pas, seigneur, que mon sort déplorable
Me puisse à votre amour rendre plus favorable,
Et que d'un si grand coup mon esprit abattu
Défère à ses malheurs plus qu'à votre vertu.
Je l'ai toujours connue et toujours estimée ;
Je l'ai plainte souvent d'aimer sans être aimée ;
Et par tous ces dédains où j'ai su recourir,
J'ai voulu vous déplaire afin de vous guérir.
Louez-en le dessein, en apprenant la cause.
Un obstacle éternel à vos désirs s'oppose.
Chrétienne, et sous les lois d'un plus puissant époux...
Mais, seigneur, à ce mot ne soyez point jaloux.
Quelque haute splendeur que vous teniez de Rome,
Il est plus grand que vous ; mais ce n'est point un
  [homme :
C'est le Dieu des chrétiens, c'est le maître des rois,
C'est lui qui tient ma foi, c'est lui dont j'ai fait choix ;
Et c'est enfin à lui que mes vœux ont donnée
Cette virginité que l'on a condamnée.
Que puis-je donc pour vous, n'ayant rien à donner ?
Et par où votre amour se peut-il couronner,
Si pour moi votre hymen n'est qu'un lâche adultère,
D'autant plus criminel qu'il serait volontaire,
Dont le ciel punirait les sacriléges nœuds,
Et que ce Dieu jaloux vengerait sur tous deux ?
Non, non, en quelque état que le sort m'ait réduite,
Ne me parlez, seigneur, ni d'hymen, ni de fuite :
C'est changer d'infamie, et non pas l'éviter,
Loin de m'en garantir, c'est m'y précipiter.
Mais, pour braver Marcelle, et m'affranchir de honte,
Il est une autre voie et plus sûre et plus prompte,
Que dans l'éternité j'aurais lieu de bénir,
La mort ; et c'est de vous que je dois l'obtenir.
Si vous m'aimez encor, comme j'ose le croire,
Vous devez cette grâce à votre propre gloire ;
En m'arrachant la mienne on la va déchirer ;
C'est votre choix, c'est vous qu'on va déshonorer.
L'amant si fortement s'unit à ce qu'il aime,
Qu'il en fait dans son cœur une part de lui-même ;
C'est par là qu'on vous blesse, et c'est par là, seigneur,
Que peut jusques à vous aller mon déshonneur.
Tranchez donc cette part par où l'ignominie
Pourrait souiller l'éclat d'une si belle vie :
Rendez à votre honneur toute sa pureté,
Et mettez par ma mort son lustre en sûreté.
Mille dont votre Rome adore la mémoire
Se sont bien tout entiers immolés à leur gloire ;
Comme eux, en vrai Romain de la vôtre jaloux,
Immolez cette part trop indigne de vous ;
Sauvez-la par sa perte ; ou, si quelque tendresse
A ce bras généreux imprime sa faiblesse,
Si du sang d'une fille il craint de se rougir,
Armez, armez le mien, et le laissez agir.
Ma loi me le défend, mais mon Dieu me l'inspire ;
Il parle et j'obéis à son secret empire ;
Et contre l'ordre exprès de son commandement,
Je sens que c'est de lui que vient ce mouvement.
Pour le suivre, seigneur, souffrez que votre épée
Me puisse...

PLACIDE.

Oui, vous l'aurez, mais dans mon sang trempée ;
Et votre bras du moins en recevra du mien
Le glorieux exemple avant que le moyen.

THÉODORE.

Ah ! ce n'est pas pour vous un mouvement à suivre ;

C'est à moi de mourir, mais c'est à vous de vivre.
PLACIDE.
Ah! faites-moi donc vivre, ou me laissez mourir;
Cessez de me tuer, ou de me secourir.
Puisque vous n'écoutez ni mes vœux ni mes larmes,
Puisque la mort pour vous a plus que moi de charmes,
Souffrez que ce trépas, que vous trouvez si doux,
Ait à son tour pour moi plus de douceur que vous
Puis-je vivre et vous voir morte ou déshonorée,
Vous que de tout mon cœur j'ai toujours adorée,
Vous qui de mon destin réglez le triste cours,
Vous, dis-je, à qui j'attache et ma gloire et mes jours?
Non, non, s'il vous faut voir déshonorée ou morte,
Souffrez un désespoir où la raison me porte;
Renoncer à la vie avant de tels malheurs,
Ce n'est que prévenir l'effet de mes douleurs.
En ces extrémités je vous conjure encore :
Non par ce zèle ardent d'un cœur qui vous adore,
Non par ce vain éclat de tant de dignités,
Trop au-dessous du sang des rois dont vous sortez,
Non par ce désespoir où vous poussez ma vie,
Mais par la sainte horreur que vous fait l'infamie,
Par ce Dieu que j'ignore, et pour qui vous vivez,
Et par ce même bien que vous lui conservez,
Daignez en éviter la perte irréparable,
Et sous les saints liens d'un nœud si vénérable
Mettez en sûreté ce qu'on va vous ravir.
THÉODORE.
Vous n'êtes pas celui dont Dieu s'y veut servir :
Il saura bien sans vous en susciter un autre,
Dont le bras moins puissant, mais plus saint que le vôtre,
Par un zèle plus pur se fera mon appui,
Sans porter ses désirs sur un bien tout à lui.
Mais parlez à Marcelle.

SCÈNE IV

MARCELLE, PLACIDE, THÉODORE, PAULIN, STÉPHANIE.

PLACIDE.
Ah dieux! quelle infortune!
Faut-il qu'à tous moments...
MARCELLE.
Je vous suis importune
De mêler ma présence aux secrets des amants,
Qui n'ont jamais besoin de pareils truchements *.
PAULIN.
Madame, on m'a forcé de puissance absolue.
MARCELLE, à *Paulin*.
L'ayant soufferte ainsi, vous l'avez bien voulue :
Ne me répliquez plus, et me la renfermez.

SCÈNE V

MARCELLE, PLACIDE, STÉPHANIE.

MARCELLE.
Ainsi donc vos désirs en sont toujours charmés?
Et quand un juste arrêt la couvre d'infamie,
Comme de tout l'empire et des dieux ennemie,
Au milieu de sa honte elle plaît à vos yeux,
Et vous fait l'ennemi de l'empire et des dieux;
Tant les illustres noms d'infâme et de rebelle
Vous semblent précieux à les porter pour elle !
Vous trouvez, je m'assure, en un si digne lieu
Cet objet de vos vœux encor digne d'un dieu ?
J'ai conservé son sang de peur de vous déplaire,
Et pour ne forcer pas votre juste colère
A ce serment conçu par tous les immortels
De venger son trépas jusque sur les autels.
Vous vous étiez par là fait une loi si dure,
Que sans moi vous seriez sacrilège ou parjure :
Je vous en ai fait grâce en lui laissant le jour;
Et j'épargne du moins un crime à votre amour.
PLACIDE.
Triomphez-en dans l'âme, et tâchez de paraître
Moins insensible aux maux que vous avez fait naître.
En l'état où je suis, c'est une lâcheté
D'insulter aux malheurs où vous m'avez jeté;
Et l'amertume enfin de cette raillerie
Tournerait aisément ma douleur en furie.
Si quelque espoir arrête et suspend mon courroux,
Il ne peut être grand, puisqu'il n'est plus qu'en vous;
En vous, que j'ai traitée avec tant d'insolence,
En vous de qui la haine a tant de violence,
Contre ces malheurs même où vous m'avez jeté,
J'espère encore en vous trouver quelque bonté;
Je fais plus, je l'implore, et cette âme si fière
Du haut de son orgueil descend à la prière,
Après tant de mépris s'abaisse pleinement,
Et de votre triomphe achève l'ornement.
Voyez ce qu'aucun dieu n'eût osé vous promettre,
Ce que jamais mon cœur n'aurait cru se permettre :
Placide suppliant, Placide à vos genoux,
Vous doit être, madame, un spectacle assez doux;
Et c'est par la douceur de ce même spectacle
Que mon cœur vous demande un aussi grand miracle.
Arrachez Théodore aux hontes d'un arrêt
Qui mêle avec le sien mon plus cher intérêt.
Tout ingrate, inhumaine, inflexible, chrétienne,
Madame, elle est mon choix, et sa gloire est la mienne;
S'il faut qu'elle subisse une si dure loi,
Toute l'ignominie en rejaillit sur moi;
Et je n'ai pas moins qu'elle à rougir d'un supplice
Qui profane l'autel où j'ai fait sacrifice,
Et de l'illustre objet de mes plus saints désirs
Fait l'infâme rebut des plus sales plaisirs.
S'il vous demeure encor quelque espoir pour Flavie,
Conservez-moi l'honneur pour conserver sa vie ;
Et songez que l'affront où vous m'abandonnez
Déshonore l'époux que vous lui destinez.
Je vous le dis encor, sauvez-moi cette honte;
Ne désespérez pas une âme qui se dompte,
Et par le noble effort d'un généreux emploi,
Triomphez de vous-même aussi bien que de moi.
Théodore est pour vous une utile ennemie;
Et si proche qu'elle est de choir dans l'infamie,

Ma plus sincère ardeur n'en peut rien obtenir.
Vous n'avez pas beaucoup à craindre l'avenir.
Le temps ne la rendra que plus inexorable ;
Le temps détrompera peut-être un misérable.
Daignez lui donner lieu de me pouvoir guérir,
Et ne me perdez pas en voulant m'acquérir.

MARCELLE.

Quoi ! vous voulez enfin me devoir votre gloire !
Certes un tel miracle est difficile à croire,
Que vous qui n'aspiriez qu'à ne me devoir rien,
Vous me vouliez devoir un si précieux bien.
Mais comme en ses désirs aisément on se flatte,
Dussé-je contre moi servir une âme ingrate,
Perdre encor mes faveurs, et m'en voir abuser,
Je vous aime encor trop pour vous rien refuser.

Oui, puisque Théodore enfin me rend capable
De vous rendre une fois un office agréable,
Puisque son intérêt vous force à me traiter
Mieux que tous mes bienfaits n'avaient su mériter,
Et par soin de vous plaire, et par reconnaissance,
Je vais pour l'un et l'autre employer ma puissance,
Et pour un peu d'espoir qui m'est en vain rendu,
Rendre à mes ennemis l'honneur presque perdu.
Je vais d'un juste juge adoucir la colère,
Rompre le triste effet d'un arrêt trop sévère,
Répondre à votre attente, et vous faire éprouver
Cette bonté qu'en moi vous espérez trouver.
Jugez par cette épreuve, à mes vœux si cruelle,
Quel pouvoir vous avez sur l'esprit de Marcelle,
Et ce que vous pourriez un peu plus complaisant,
Quand vous y pouvez tout même en la méprisant
Mais pourrai-je à mon tour vous faire une prière ?

PLACIDE.

Madame, au nom des dieux, faites-moi grâce entière :
En l'état où je suis, quoi qu'il puisse avenir*,
Je vous dois tout promettre, et ne puis rien tenir ;
Je ne vous puis donner qu'une attente frivole ;
Ne me réduisez point à manquer de parole :
Je crains, mais j'aime encore, et mon cœur amou-
          MARCELLE.   [reux...
Le mien est raisonnable autant que généreux.
Je ne demande pas que vous cessiez encore
Ou de haïr Flavie, ou d'aimer Théodore :
Ce grand coup doit tomber plus insensiblement,
Et je me défirais d'un si prompt changement.
Il faut languir encor dedans l'incertitude,
Laisser faire le temps et cette ingratitude :
Je ne veux à présent qu'une fausse pitié,
Qu'une feinte douceur, qu'une ombre d'amitié.
Un moment de visite à la triste Flavie
Des portes du trépas rappellerait sa vie.
Cependant pour vous je vais tout obtenir,
Pour soulager ses maux allez l'entretenir ;
Ne lui promettez rien, mais souffrez qu'elle espère,
Et trompez-la du moins pour la rendre à sa mère :
Un coup d'œil y suffit, un mot ou deux plus doux.
Faites un peu pour moi quand je fais tout pour vous ;
Daignez pour Théodore un moment vous contraindre

PLACIDE.

Un moment est bien long à qui ne sait pas feindre ;
Mais vous m'en conjurez par un nom trop puissant
Pour ne rencontrer pas un cœur obéissant.
J'y vais ; mais, par pitié, souvenez-vous vous-même
Des troubles d'un amant qui craint pour ce qu'il aime,
Et qui n'a pas pour feindre assez de liberté
Tant que pour son objet il est inquiété.

MARCELLE.   [celle.
Allez sans plus rien craindre, ayant pour vous Mar-

SCÈNE VI

MARCELLE, STÉPHANIE.

STÉPHANIE.

Enfin vous triomphez de cet esprit rebelle.

MARCELLE.

Quel triomphe ?

STÉPHANIE.

Est-ce peu que de voir à vos pieds
Sa haine et son orgueil enfin humiliés ?

MARCELLE.

Quel triomphe, te dis-je, et qu'il a d'amertumes !
Et que nous sommes loin de ce que tu présumes !
Tu le vois à mes pieds pleurer, gémir, prier ;
Mais ne crois pas pourtant le voir s'humilier,
Ne crois pas qu'il se rende aux bontés qu'il implore ;
Mais vois de quelle ardeur il aime Théodore ;
Et juge quel pouvoir cet amour a sur lui,
Puisqu'il peut le réduire à chercher mon appui.
Que n'oseront ses feux entreprendre pour elle,
S'ils ont pu l'abaisser jusqu'aux pieds de Marcelle ?
Et que dois-je espérer d'un cœur si fort épris,
Qui, même en m'adorant, me fait voir ses mépris ?
Dans ses submissions* vois ce qui l'y convie ;
Mesure à son amour sa haine pour Flavie ;
Et voyant l'un et l'autre en son abaissement,
Juge de mon triomphe un peu plus sainement ;
Vois dans son triste effet sa ridicule pompe.
J'ai peine en triomphant d'obtenir qu'il me trompe,
Qu'il feigne par pitié, qu'il donne un faux espoir.

STÉPHANIE.

Et vous l'allez servir de tout votre pouvoir ?

MARCELLE.

Oui, je vais le servir, mais comme il le mérite.
Toi, va par quelque adresse amuser sa visite,
Et sous un faux appât prolonger l'entretien.

STÉPHANIE.

Donc...

MARCELLE.

Le temps presse ; va, sans t'informer de rien.

ACTE QUATRIÈME

SCÈNE I

PLACIDE, STÉPHANIE, *sortant de chez Marcelle.*

STÉPHANIE.
Seigneur...
PLACIDE.
 Va, Stéphanie, en vain tu me rappelles,
Ces feintes ont pour moi des gênes trop cruelles :
Marcelle en ma faveur agit trop lentement,
Et laisse trop durer cet ennuyeux moment.
Pour souffrir plus longtemps un supplice si rude,
J'ai trop d'impatience et trop d'inquiétude :
Il faut voir Théodore, il faut savoir mon sort,
Il faut...
STÉPHANIE.
 Ah! faites-vous, seigneur, un peu d'effort.
Marcelle, qui vous sert de toute sa puissance,
Mérite bien du moins cette reconnaissance.
Retournez chez Flavie attendre un bien si doux,
Et ne craignez plus rien, puisqu'elle agit pour vous.
PLACIDE.
L'effet tarde beaucoup pour n'avoir rien à craindre :
Elle feignait peut-être en me priant de feindre.
On retire souvent le bras pour mieux frapper.
Qui veut que je la trompe a droit de me tromper.
STÉPHANIE.
Considérez l'humeur implacable d'un père,
Quelle est pour les chrétiens sa haine et sa colère,
Combien il faut de temps afin de l'émouvoir.
PLACIDE.
Hélas! il n'en faut guère à trahir mon espoir.
Peut-être en ce moment qu'ici tu me cajoles*,
Que tu remplis mon cœur d'espérances frivoles,
Ce rare et cher objet, qui fait seul mon destin,
Du soldat insolent est l'indigne butin.
Va flatter, si tu veux, la douleur de Flavie,
Et me laisse éclaircir de l'état de ma vie :
C'est trop l'abandonner à l'injuste pouvoir.
 Ouvrez, Paulin, ouvrez, et me la faites voir.
On ne me répond point, et la porte est ouverte!
Paulin! madame!
STÉPHANIE.
 O dieux! la fourbe* est découverte.
Où fuirai-je?
PLACIDE.
 Demeure, infâme, et ne crains rien.
Je ne veux pas d'un sang abject comme le tien,
Il faut à mon courroux de plus nobles victimes :
Instruis-moi seulement de l'ordre de tes crimes.
Qu'a-t-on fait de mon âme, où la dois-je chercher?
STÉPHANIE.
Vous n'avez pas sujet encor de vous fâcher :
Elle est...
PLACIDE.
Dépêche, dis ce qu'en a fait Marcelle.
STÉPHANIE.
Tout ce que votre amour pouvait attendre d'elle.
Peut-on croire autre chose avec quelque raison,
Quand vous voyez déjà qu'elle est hors de prison?
PLACIDE.
Ah! j'en aurais déjà reçu les assurances;
Et tu veux m'amuser de vaines apparences,
Cependant que Marcelle agit comme il lui plaît,
Et fait sans résistance exécuter l'arrêt.
De ma crédulité Théodore est punie :
Elle est hors de prison, mais dans l'ignominie;
Et je devais juger, dans mon sort rigoureux,
Que l'ennemi qui flatte est le plus dangereux.
Mais souvent on s'aveugle, et, dans des maux ex-
 [trêmes,
Les esprits généreux jugent tout par eux-mêmes;
Et lorsqu'on les trahit...

SCÈNE II

PLACIDE, LYCANTE, STÉPHANIE.

LYCANTE.
 Jugez-en mieux, seigneur :
Marcelle vous renvoie et la joie et l'honneur;
Elle a de l'infamie arraché Théodore.
PLACIDE.
Elle a fait ce miracle!
LYCANTE.
 Elle a fait plus encore.
PLACIDE.
Ne me fais plus languir, dis promptement.
LYCANTE.
 D'abord
Valens changeait l'arrêt en un arrêt de mort...
PLACIDE.
Ah! si de cet arrêt jusqu'à l'effet on passe...
LYCANTE.
Marcelle a refusé cette sanglante grâce :
Elle la veut entière, et tâche à l'obtenir;
Mais Valens irrité s'obstine à la bannir;
Et voulant que cet ordre à l'instant s'exécute,
Quoi qu'en votre faveur Marcelle lui dispute.
Il mande Théodore, et la veut promptement
Faire conduire au lieu de son bannissement.
STÉPHANIE.
Et vous vous alarmiez de voir sa prison vide!
PLACIDE.
Tout fait peur à l'amour, c'est un enfant timide;
Et si tu le connais, tu me dois pardonner.
LYCANTE.
Elle fait ses efforts pour vous la ramener,
Et vous conjure encore un moment de l'attendre.
PLACIDE.
Quelles grâces, bons dieux, ne lui dois-je point rendre
Va, dis-lui que j'attends ici ce grand succès,

Où sa bonté pour moi paraît avec excès.
(*Lycante sort.*)

STÉPHANIE.
Et moi je vais pour vous consoler sa Flavie.

PLACIDE.
Fais-lui donc quelque excuse à flatter son envie,
Et dis-lui de ma part tout ce que tu voudras.
Mon âme n'eut jamais les sentiments ingrats,
Et j'ai honte en secret d'être dans l'impuissance
De montrer plus d'effets de ma reconnaissance.
(*Il est seul.*)
  Certes, une ennemie à qui je dois l'honneur
Méritait dans son choix un peu plus de bonheur,
Devait trouver une âme un peu moins défendue,
Et j'ai pitié de voir tant de bonté perdue :
Mais le cœur d'un amant ne peut se partager;
Elle a beau se contraindre, elle a beau m'obliger,
Je n'ai qu'aversion pour ce qui la regarde.

SCÈNE III

PLACIDE, PAULIN.

PLACIDE.
Vous ne me direz plus qu'on vous l'a mise en garde,
Paulin?

PAULIN.
  Elle n'est plus, seigneur, en mon pouvoir.

PLACIDE.
Quoi! vous en soupirez?

PAULIN.
  Je pense le devoir.

PLACIDE.
Soupirer du bonheur que le ciel me renvoie!

PAULIN.
Je ne vois pas pour vous de grands sujets de joie.

PLACIDE.
Qu'on la bannisse ou non, je la verrai toujours.

PAULIN.
Quel fruit de cette vue espèrent vos amours?

PLACIDE.
Le temps adoucira cette âme rigoureuse.

PAULIN.
Le temps ne rendra pas la vôtre plus heureuse.

PLACIDE.
Sans doute elle aura peine à me laisser périr.

PAULIN.
Qui le peut espérer devait la secourir.

PLACIDE.
Marcelle a fait pour moi tout ce que j'ai dû faire.

PAULIN.
Je n'ai donc rien à dire et dois ici me taire.

PLACIDE.
Non, non, il faut parler avec sincérité,
Et louer hautement sa générosité.

PAULIN.
Si vous me l'ordonnez, je loûrai donc sa rage.
Mais depuis quand, seigneur, changez-vous de cou-
[rage?
Depuis quand pour vertu prenez-vous la fureur?
Depuis quand louez-vous ce qui doit faire horreur?

PLACIDE.
Ah! je tremble à ces mots que j'ai peine à compren-
[dre.
PAULIN.
Je ne sais pas, seigneur, ce qu'on vous fait entendre,
Ou quel puissant motif retient votre courroux;
Mais Théodore enfin n'est plus digne de vous.

PLACIDE.
Quoi! Marcelle en effet ne l'a pas garantie?

PAULIN.
A peine d'avec vous, seigneur, elle est sortie,
Que l'âme tout en feu, les yeux étincelants,
Rapportant elle-même un ordre de Valens,
Avec trente soldats elle a saisi la porte,
Et tirant de ce lieu Théodore à main-forte...

PLACIDE.
O dieux! jusqu'à ses pieds j'ai donc pu m'abaisser
Pour voir trahir des vœux qu'elle a feint d'exaucer,
Et pour en recevoir avec tant d'insolence
De tant de lâcheté la digne récompense!
Mon cœur avait déjà pressenti ce malheur.
Mais achève, Paulin, d'irriter ma douleur;
Et, sans m'entretenir des crimes de Marcelle,
Dis-moi qui je me dois immoler après elle,
Et sur quels insolents, après son châtiment,
Doit choir le reste affreux de mon ressentiment.

PAULIN.
Armez-vous donc, seigneur, d'un peu de patience,
Et forcez vos transports à me prêter silence,
Tandis que le récit d'une injuste rigueur
Peut-être à chaque mot vous percera le cœur.
  Je ne vous dirai point avec quelle tristesse
A ce honteux supplice a marché la princesse :
Forcé de la conduire en ces infâmes lieux,
De honte et de dépit j'en détournais les yeux;
Et pour la consoler ne sachant que lui dire,
Je maudissais tout bas les lois de notre empire;
Et vous étiez le dieu que, dans mes déplaisirs,
En secret pour les rompre invoquaient mes soupirs.

PLACIDE.
Ah! pour gagner ce temps on charmait mon courage
D'une fausse promesse, et puis d'un faux message;
Et j'ai cru dans ces cœurs de la sincérité!
Ne fais plus de reproche à ma crédulité,
Et poursuis.

PAULIN.
  Dans ces lieux à peine on l'a traînée,
Qu'on a vu des soldats la troupe mutinée;
Tous courent à la proie avec avidité;
Tous montrent à l'envi même brutalité.
Je croyais déjà voir de cette ardeur égale
Naître quelque discorde à ces tigres fatale,
Quand Didyme...

PLACIDE.
  Ah! le lâche! ah! le traître!

PAULIN.
  Écoutez.
Ce traître a réuni toutes leurs volontés;

Le front plein d'impudence, et l'œil armé d'audace :
« Compagnons, a-t-il dit, on me doit une grâce ;
« Depuis plus de dix ans je souffre les mépris
» Du plus ingrat objet dont on puisse être épris :
« Ce n'est pas de mes feux que je veux récompense,
« Mais de tant de rigueurs la première vengeance :
« Après, vous punirez à loisir ses dédains. »
Il leur jette de l'or ensuite à pleines mains ;
Et lors, soit par respect qu'on eût pour sa naissance,
Soit qu'ils eussent marché sous son obéissance,
Soit que son or pour lui fît un si prompt effort,
Ces cœurs en sa faveur tombent soudain d'accord ;
Il entre sans obstacle.

PLACIDE.
Il y mourra, l'infâme !
Viens me voir dans ses bras lui faire vomir l'âme,
Viens voir de ma colère un juste et prompt effet
Joindre en ces mêmes lieux la peine à son forfait,
Confondre son triomphe avecque son supplice.

PAULIN.
Ce n'est pas en ces lieux qu'il vous fera justice :
Didyme en est sorti.

PLACIDE.
Quoi ! Paulin, ce voleur
A déjà par sa fuite évité ma douleur !

PAULIN.
Oui ; mais il n'était plus, en sortant, ce Didyme
Dont l'orgueil insolent demandait sa victime ;
Ses cheveux sur son front s'efforçaient de cacher
La rougeur que son crime y semblait attacher,
Et le remords de sorte abattait son courage,
Que même il n'osait plus nous montrer son visage ;
L'œil bas, le pied timide, et le corps chancelant,
Tel qu'un coupable enfin qui s'échappe en tremblant.
A peine il est sorti, que la fière insolence
Du soldat mutiné reprend sa violence ;
Chacun, en sa valeur mettant tout son appui,
S'efforce de montrer qu'il n'a cédé qu'à lui ;
On se pousse, on se presse, on se bat, on se tue :
J'en vois une partie à mes pieds abattue.
Au spectacle sanglant que je m'étais promis,
Cléobule survient avec quelques amis,
Met l'épée à la main, tourne en fuite le reste,
Entre...

PLACIDE.
Lui seul ?

PAULIN.
Lui seul.

PLACIDE.
Ah ! dieux ! quel coup funeste !

PAULIN.
Sans doute il n'est entré que pour l'en retirer.

PLACIDE.
Dis, dis qu'il est entré pour la déshonorer,
Et que le sort cruel, pour hâter ma ruine,
Veut qu'après un rival un ami m'assassine.
Le traître ! Mais, dis-moi, l'en as-tu vu sortir ?
Montrait-il de l'audace ou quelque repentir ?
Qui des siens l'a suivi ?

PAULIN.
Cette troupe fidèle
M'a chassé comme chef des soldats de Marcelle :
Je n'ai rien vu de plus ; mais, loin de le blâmer,
Je présume...

PLACIDE.
Ah ! je sais ce qu'il faut présumer.
Il est entré lui seul.

PAULIN.
Ayant si peu d'escorte,
C'est ainsi qu'il a dû s'assurer de la porte ;
Et si là tous ensemble il ne les eût laissés,
Assez facilement on les aurait forcés.
Mais le voici qui vient pour vous en rendre compte :
A son zèle, de grâce, épargnez cette honte.

SCÈNE IV

PLACIDE, PAULIN, CLÉOBULE.

PLACIDE.
Eh bien ! votre parente ? elle est hors de ces lieux
Où l'on sacrifiait sa pudeur à nos dieux ?

CLÉOBULE.
Oui, seigneur.

PLACIDE.
J'ai regret qu'un cœur si magnanime
Se soit ainsi laissé prévenir par Didyme.

CLÉOBULE.
J'en dois être honteux ; mais je m'étonne fort
Qui vous a pu si tôt en faire le rapport :
J'en croyais apporter les premières nouvelles.

PLACIDE.
Grâces aux dieux, sans vous j'ai des amis fidèles.
Mais ne différez plus à me la faire voir.

CLÉOBULE.
Qui, seigneur ?

PLACIDE.
Théodore.

CLÉOBULE.
Est-elle en mon pouvoir ?

PLACIDE.
Ne me dites-vous pas que vous l'avez sauvée ?

CLÉOBULE.
Je vous le dirais, moi, qui ne l'ai plus trouvée !

PLACIDE.
Quoi ! soudain par un charme elle avait disparu ?

CLÉOBULE.
Puisque déjà ce bruit jusqu'à vous a couru,
Vous savez que sans charme elle a fui sa disgrâce,
Que je n'ai pu trouver que Didyme en sa place :
Quel plaisir prenez-vous à me le déguiser ?

PLACIDE.
Quel plaisir prenez-vous vous-même à m'abuser,
Quand Paulin de ses yeux a vu sortir Didyme ?

CLÉOBULE.
Si ses yeux l'ont trompé, l'erreur est légitime ;
Et si vous n'en savez que ce qu'il vous a dit,
Écoutez-en, seigneur, un fidèle récit.

THÉODORE, ACTE IV, SCÈNE V.

Vous ignorez encor la meilleure partie :
Sous l'habit de Didyme elle-même est sortie.
PLACIDE.
Qui?
CLÉOBULE.
Votre Théodore ; et cet audacieux
Sous le sien au lieu d'elle est resté dans ces lieux.
PLACIDE.
Que dis-tu, Cléobule? ils ont fait cet échange!
CLÉOBULE.
C'est une nouveauté qui doit sembler étrange...
PLACIDE.
Et qui me porte encor de plus étranges coups.
Vois si c'est sans raison que j'en étais jaloux;
Et malgré les avis de la fausse prudence,
Juge de leur amour par leur intelligence.
CLÉOBULE.
J'ose en douter encore, et je ne vois pas bien
Si c'est zèle d'amant ou fureur de chrétien.
PLACIDE.
Non, non, ce téméraire, au péril de sa tête,
A mis en sûreté son illustre conquête :
Par tant de feints mépris elle qui t'abusait
Lui conservait ce cœur qu'elle me refusait,
Et ses dédains cachaient une faveur secrète,
Dont tu n'étais pour moi qu'un aveugle interprète.
L'œil d'un amant jaloux a bien d'autres clartés;
Les cœurs pour ses soupçons n'ont point d'obscurités;
Son amour lui fait jour jusques au fond d'une âme,
Pour y lire sa perte écrite en traits de flamme.
Elle me disait bien, l'ingrate, que son Dieu
Saurait, sans mon secours, la tirer de ce lieu;
Et sûre qu'elle était de celui de Didyme,
A se servir du mien elle eût cru faire un crime.
Mais aurait-on bien pris pour générosité
L'impétueuse ardeur de sa témérité?
Après un tel affront et de telles offenses,
M'aurait-on envié la douceur des vengeances?
CLÉOBULE.
Vous le verriez déjà si j'avais pu souffrir
Qu'en cet habit de fille on vous le vînt offrir.
J'ai cru que sa valeur et l'éclat de sa race
Pouvaient bien mériter cette petite grâce;
Et vous pardonnerez à ma vieille amitié
Si jusque-là, seigneur, elle étend sa pitié.
Le voici qu'Amintas vous amène à main-forte.
PLACIDE.
Pourrai-je retenir la fureur qui m'emporte?
CLÉOBULE.
Seigneur, réglez si bien ce violent courroux,
Qu'il n'en échappe rien trop indigne de vous.

SCÈNE V

PLACIDE, DIDYME, CLÉOBULE, PAULIN,
AMINTAS, TROUPE.

PLACIDE.
Approche, heureux rival, heureux choix d'une ingra-
Dont je vois qu'à ma honte enfin l'amour éclate. [te,
C'est donc pour t'enrichir d'un si noble butin
Qu'elle s'est obstinée à suivre son destin?
Et pour mettre ton âme au comble de sa joie
Cet esprit déguisé n'a point eu d'autre voie?
Dans ces lieux dignes d'elle a reçu ta foi,
Et pris l'occasion de se donner à toi?
DIDYME.
Ah! seigneur, traitez mieux une vertu parfaite.
PLACIDE.
Ah! je sais mieux que toi comme il faut qu'on la trai-
J'en connais l'artifice et de tous ses mépris. [te!
Sur quelle confiance as-tu tant entrepris?
Ma perfide marâtre et mon tyran de père
Auraient-ils contre moi choisi ton ministère?
Et pour mieux t'enhardir à me voler mon bien,
T'auraient-ils promis grâce, appui, faveur, soutien?
Aurais-tu bien uni leurs fureurs à ton zèle,
Son amant tout ensemble et l'agent de Marcelle?
Qu'en as-tu fait enfin? où me la caches-tu?
DIDYME.
Derechef jugez mieux de la même vertu.
Je n'ai rien entrepris, ni comme amant fidèle,
Ni comme impie agent des fureurs de Marcelle,
Ni sous l'espoir flatteur de quelque impunité,
Mais par un pur effet de générosité :
Je le nommerais mieux si vous pouviez comprendre
Par quel zèle un chrétien ose tout entreprendre.
La mort, qu'avec ce nom je ne puis éviter,
Ne laisse aucun lieu de nous inquiéter :
Qui s'apprête à mourir, qui court à ses supplices,
N'abaisse pas son âme à ces molles délices;
Et près de rendre compte à son juge éternel,
Il craint d'y porter même un désir criminel.
J'ai soustrait Théodore à la rage insensée,
Sans blesser sa pudeur de la moindre pensée :
Elle fuit, et sans tache, où l'inspire son Dieu.
Ne m'en demandez point ni l'ordre ni le lieu :
Comme je n'en prétends ni faveur ni salaire,
J'ai voulu l'ignorer, afin de le mieux taire.
PLACIDE.
Ah! tu me fais ici des contes superflus :
J'ai trop été crédule, et je ne le suis plus.
Quoi! sans rien obtenir, sans même rien prétendre,
Un zèle de chrétien t'a fait tout entreprendre?
Quel prodige pareil s'est jamais rencontré?
DIDYME.
Paulin vous aura dit comme je suis entré;
Prêtez l'oreille au reste, et punissez ensuite
Tout ce que vous verrez de coupable en sa fuite.
PLACIDE.
Dis, mais en peu de mots, et sûr que les tourments
M'auront bientôt vengé de tes déguisements.
DIDYME.
La princesse, à ma vue également atteinte
D'étonnement, d'horreur, de colère et de crainte,
A tant de passions exposée à la fois,
A perdu quelque temps l'usage de la voix;
Aussi j'avais l'audace encor sur le visage
Qui parmi ces mutins m'avait donné passage,

Et je portais encor sur le front imprimé
Cet insolent orgueil dont je l'avais armé.
Enfin, reprenant cœur : « Arrête, me dit-elle,
« Arrête; » et m'allait faire une longue querelle;
Mais, pour laisser agir l'erreur qui la surprend,
Le temps était trop cher, et le péril trop grand;
Donc, pour la détromper : « Non, lui dis-je, madame,
« Quelque outrageux mépris dont vous traitiez ma
« Je ne viens point ici comme amant indigné [flamme,
« Me venger de l'objet dont je fus dédaigné;
« Une plus sainte ardeur règne au cœur de Didyme:
« Il vient de votre honneur se faire la victime,
« Le payer de son sang, et s'exposer pour vous
« A tout ce qu'oseront la haine et le courroux.
« Fuyez sous mon habit, et me laissez de grâce,
« Sous le vôtre en ces lieux occuper votre place;
« C'est par ce moyen seul qu'on peut vous garantir :
« Conservez une vierge en faisant un martyr. »
Elle, à cette prière encor demi-tremblante,
Et mêlant à sa joie un reste d'épouvante,
Me demande pardon, d'un visage étonné,
De tout ce que son âme a craint ou soupçonné.
Je m'apprête à l'échange, elle à la mort s'apprête;
Je lui tends mes habits, elle m'offre sa tête,
Et demande à sauver un si précieux bien
Aux dépens de son sang, plutôt qu'au prix du mien;
Mais Dieu la persuade, et notre combat cesse.
Je vois, suivant mes vœux, échapper la princesse.

PAULIN.
C'était donc à dessein qu'elle cachait ses yeux,
Comme rouges de honte, en sortant de ces lieux?

DIDYME.
En lui disant adieu je l'en avais instruite;
Et le ciel a daigné favoriser sa fuite.
Seigneur, ce peu de mots suffit pour vous guérir :
Vivez sans jalousie, et m'envoyez mourir.

PLACIDE.
Hélas! et le moyen d'être sans jalousie,
Lorsque ce cher objet te doit plus que la vie?
Ta courageuse adresse à ses divins appas
Vient de rendre un secours que leur devait mon bras;
Et lorsque je me laisse amuser de paroles,
Tu t'exposes pour elle, ou plutôt tu t'immoles :
Tu donnes tout ton sang pour lui sauver l'honneur;
Et je ne serais pas jaloux de ton bonheur!
Mais ferais-je périr celui qui l'a sauvée,
Celui par qui Marcelle est pleinement bravée,
Qui m'a rendu ma gloire, et préservé mon front
Des infâmes couleurs d'un si mortel affront?
Tu vivras. Toutefois défendrai-je ta tête,
Alors que Théodore est ta juste conquête,
Et que cette beauté qui me tient sous sa loi
Ne saurait plus sans crime être à d'autres qu'à toi?
N'importe, si ta flamme en est mieux écoutée,
Je dirai seulement que tu l'as méritée,
Et sans plus regarder ce que j'aurai perdu,
J'aurai devant les yeux ce que tu m'as rendu.
De mille déplaisirs qui m'arrachaient la vie
Je n'ai plus que celui de te porter envie;

Je saurai bien le vaincre, et garder pour tes feux
Dans une âme jalouse un esprit généreux.
Va donc, heureux rival, rejoindre ta princesse,
Dérobe-toi comme elle aux yeux d'une tigresse :
Tu m'as sauvé l'honneur, j'assurerai tes jours,
Et mourrai, s'il le faut, moi-même à ton secours.

DIDYME.
Seigneur...

PLACIDE.
Ne me dis rien. Après de tels services
Je n'ai rien à prétendre à moins que tu périsses.
Je le sais, je l'ai dit; mais dans ce triste état,
Je te suis redevable, et ne puis être ingrat.

ACTE CINQUIÈME

SCÈNE I

PAULIN, CLÉOBULE.

PAULIN.
Oui, Valens pour Placide a beaucoup d'indulgence;
Il est même en secret de son intelligence :
C'était par cet arrêt lui qu'il considérait;
Et je vous ai conté ce qu'il en espérait.
Mais il hait des chrétiens l'opiniâtre zèle;
Et s'il aime Placide, il redoute Marcelle;
Il en sait le pouvoir, il en voit la fureur,
Et ne veut pas se perdre auprès de l'empereur :
Il ne veut pas périr pour conserver Didyme;
Puisqu'il s'est laissé prendre, il paîra pour son crime
Valens saura punir son illustre attentat
Par inclination et par raison d'État;
Et si quelque malheur ramène Théodore,
A moins qu'elle renonce à ce Dieu qu'elle adore,
Dût Placide lui-même après elle en mourir,
Par les mêmes motifs il la fera périr.
Dans l'âme il est ravi d'ignorer sa retraite,
Il fait des vœux au ciel pour la tenir secrète;
Il craint qu'un indiscret la vienne révéler,
Et n'osera rien plus que de dissimuler.

CLÉOBULE.
Cependant vous savez, pour grand que soit ce crime,
Ce qu'a juré Placide en faveur de Didyme.
Piqué contre Marcelle, il cherche à la braver,
Et hasardera tout afin de le sauver.
Il a des amis prêts, il en assemble encore;
Et si quelque malheur vous rendait Théodore,
Je prévois des transports en lui si violents,
Que je crains pour Marcelle et même pour Valens.
Mais a-t-il condamné ce généreux coupable?

PAULIN.
Il l'interroge encor, mais en juge implacable.

CLÉOBULE.
Il m'a permis pourtant de l'attendre en ce lieu,

Pour tâcher à le vaincre, ou pour lui dire adieu.
Ah! qu'il dissiperait un dangereux orage,
S'il voulait à nos dieux rendre le moindre hommage!
PAULIN.
Quand de sa folle erreur vous l'auriez diverti,
En vain de ce péril vous le croiriez sorti.
Flavie est aux abois, Théodore échappée
D'un mortel désespoir jusqu'au cœur l'a frappée;
Marcelle n'attend plus que son dernier soupir :
Jugez à quelle rage ira son déplaisir;
Et si, comme on ne peut s'en prendre qu'à Didyme,
Son époux lui voudra refuser sa victime.
CLÉOBULE.
Ah! Paulin, un chrétien à nos autels réduit
Fait auprès des Césars un trop précieux bruit ;
Il leur devient trop cher pour souffrir qu'il périsse.
Mais je le vois déjà qu'on amène au supplice.

SCÈNE II

PAULIN, CLÉOBULE, LYCANTE, DIDYME.

CLÉOBULE.
Lycante, souffre ici l'adieu de deux amis,
Et me donne un moment que Valens m'a promis.
LYCANTE.
J'en ai l'ordre, et je vais disposer ma cohorte
A garder cependant les dehors de la porte.
Je ne mets point d'obstacle à vos derniers secrets;
Mais tranchez promptement d'inutiles regrets.

SCÈNE III

CLÉOBULE, DIDYME, PAULIN.

CLÉOBULE.
Ce n'est point, cher ami, le cœur troublé d'alarmes
Que je t'attends ici pour te donner des larmes;
Un astre plus bénin vient d'éclairer tes jours :
Il faut vivre, Didyme, il faut vivre.
DIDYME.
Et j'y cours.
Pour la cause de Dieu s'offrir en sacrifice,
C'est courir à la vie, et non pas au supplice.
CLÉOBULE.
Peut-être dans ta secte est-ce une vision;
Mais l'heur* que je t'apporte est sans illusion.
Théodore est à toi : ce dernier témoignage
Et de ta passion et de ton grand courage
A si bien en amour changé tous ses mépris,
Qu'elle t'attend chez moi pour t'en donner le prix.
DIDYME.
Que me sert son amour et sa reconnaissance,
Alors que leur effet n'est plus en sa puissance?
Et qui t'amène ici par ce frivole attrait
Aux douceurs de ma mort mêler un vain regret,
Empêcher que ma joie à mon heur* ne réponde,
Et m'arracher encore un regard vers le monde?
Ainsi donc Théodore est cruelle à mon sort
Jusqu'à persécuter et ma vie et ma mort ;
Dans sa haine et sa flamme également à craindre,
Et moi dans l'une et l'autre également à plaindre!
CLÉOBULE.
Ne te figure point d'impossibilité
Où tu fais, si tu veux, trop de facilité,
Où tu n'as qu'à te faire un moment de contrainte :
Donne à ton Dieu ton cœur, aux nôtres quelque feinte;
Un peu d'encens offert aux pieds de leurs autels
Peut égaler ton sort au sort des immortels.
DIDYME.
Et pour cela vers moi Théodore t'envoie?
Son esprit adouci me veut par cette voie?
CLÉOBULE.
Non, elle ignore encor que tu sois arrêté;
Mais ose en sa faveur te remettre en liberté;
Ose te dérober aux fureurs de Marcelle,
Et Placide t'enlève en Égypte avec elle,
Où son cœur généreux te laisse entre ses bras
Être avec sûreté tout ce que tu voudras.
DIDYME.
Va, dangereux ami que l'enfer me suscite,
Ton damnable artifice en vain me sollicite:
Mon cœur, inébranlable aux plus cruels tourments,
A presque été surpris de tes chatouillements;
Leur mollesse a plus fait que le fer ni la flamme;
Elle a frappé mes sens, elle a brouillé mon âme;
Ma raison s'est troublée, et mon faible a paru :
Mais j'ai dépouillé l'homme, et Dieu m'a secouru.
Va revoir ta parente, et dis-lui qu'elle quitte
Ce soin de me payer par delà mon mérite.
Je n'ai rien fait pour elle, elle ne me doit rien;
Ce qu'elle juge amour n'est qu'ardeur de chrétien :
C'est la connaître mal que de la reconnaître;
Je n'en veux point de prix que du souverain maître,
Et comme c'est lui seul que j'ai considéré,
C'est lui seul dont j'attends ce qu'il m'a préparé.
Si pourtant elle croit me devoir quelque chose,
Et peut avant ma mort souffrir que j'en dispose,
Qu'elle paie à Placide, et tâche à conserver
Des jours que par les miens je lui viens de sauver;
Qu'elle fuie avec lui, c'est tout ce que veut d'elle
Le souvenir mourant d'une flamme si belle.
Mais elle-même vient, hélas! à quel dessein?

SCÈNE IV

DIDYME, THÉODORE, CLÉOBULE, PAULIN,
LYCANTE.

(*Lycante suit Théodore, et entre incontinent chez Marcelle sans rien dire.*)

DIDYME.
Pensez-vous m'arracher la palme de la main,
Madame, et mieux que lui m'expliquant votre envie,
Par un charme plus fort m'attacher à la vie?

THÉODORE.
Oui, Didyme, il faut vivre et me laisser mourir;
C'est à moi qu'on en veut, c'est à moi de périr.
CLÉOBULE, à Théodore.
O dieux! quelle fureur aujourd'hui vous possède!
(à Paulin.)
Mais prévenons le mal par le dernier remède :
Je cours trouver Placide; et toi, tire en longueur*
De Valens, si tu peux, la dernière rigueur.

SCÈNE V

DIDYME, THÉODORE, PAULIN.

DIDYME.
Quoi! ne craignez-vous point qu'une rage ennemie
Vous fasse de nouveau traîner à l'infamie?
THÉODORE.
Non, non, Flavie est morte, et Marcelle en fureur
Dédaigne un châtiment qui m'a fait tant d'horreur;
Je n'en ai rien à craindre, et Dieu me le révèle :
Ce n'est plus que du sang que veut cette cruelle;
Et quelque cruauté qu'elle veuille essayer,
S'il ne faut que du sang j'ai trop de quoi payer.
Rends-moi, rends-moi ma place assez et trop gardée.
Pour me sauver l'honneur je te l'avais cédée;
Jusque-là seulement j'ai souffert ton secours;
Mais je la viens reprendre alors qu'on veut mes jours.
Rends, Didyme, rends-moi le seul bien où j'aspire,
C'est le droit de mourir, c'est l'honneur du martyre.
A quel titre peux-tu me retenir mon bien?
DIDYME.
A quel droit voulez-vous vous emparer du mien?
C'est à moi qu'appartient, quoi que vous puissiez dire,
Et le droit de mourir, et l'honneur du martyre;
De sort comme d'habits nous avons su changer,
Et l'arrêt de Valens me le vient d'adjuger.
THÉODORE.
Tu t'obstines en vain, la haine de Marcelle...

SCÈNE VI

MARCELLE, THÉODORE, DIDYME, PAULIN,
LYCANTE, STÉPHANIE.

MARCELLE, à Lycante.
Avec quelque douceur j'en reçois la nouvelle;
Non que mes déplaisirs s'en puissent soulager,
Mais c'est toujours beaucoup que se pouvoir venger.
THÉODORE.
Madame, je vous viens rendre votre victime;
Ne le retenez plus, ma fuite est tout son crime :
Ce n'est qu'au lieu de moi qu'on le mène à l'autel;
Et puisque je me montre, il n'est plus criminel.
C'est pour moi que Placide a dédaigné Flavie;
C'est moi par conséquent qui lui coûte la vie.
DIDYME.
Non; c'est moi seul, madame, et vous l'avez pu voir,
Qui, sauvant sa rivale, ai fait son désespoir.

MARCELLE.
O couple de ma perte également coupable!
Sacriléges auteurs du malheur qui m'accable,
Qui dans ce vain débat vous vantez à l'envi,
Lorsque j'ai tout perdu, de me l'avoir ravi!
Donc jusques à ce point vous bravez ma colère
Qu'en vous faisant périr je ne vous puis déplaire,
Et que loin de trembler sous la punition,
Vous y courez tous deux avec ambition!
Elle semble à tous deux porter un diadème;
Vous en êtes jaloux comme d'un bien suprême;
L'un et l'autre de moi s'efforce à l'obtenir :
Je puis vous immoler, et ne puis vous punir;
Et quelque sang qu'épande* une mère affligée,
Ne vous punissant pas, elle n'est pas vengée.
Toutefois Placide aime, et votre châtiment
Portera sur son cœur ses coups plus puissamment;
Dans ce gouffre de maux c'est lui qui m'a plongée,
Et si je l'en punis je suis assez vengée.
THÉODORE, à Didyme.
J'ai donc enfin gagné, Didyme, et tu le vois,
L'arrêt est prononcé; c'est moi dont on fait choix,
C'est moi qu'aime Placide, et ma mort te délivre.
DIDYME.
Non, non, si vous mourez, Didyme vous doit suivre.
MARCELLE.
Tu la suivras, Didyme, et je suivrai tes vœux;
Un déplaisir si grand n'a pas trop de tous deux.
Que ne puis-je aussi bien immoler à Flavie
Tous les chrétiens ensemble, et toute la Syrie!
Ou que ne peut ma haine, avec un plein loisir,
Animer les bourreaux qu'elle saurait choisir,
Repaître mes douleurs d'une mort dure et lente,
Vous la rendre à la fois et cruelle et traînante,
Et parmi les tourments soutenir votre sort,
Pour vous faire sentir chaque jour une mort!
Mais je sais le secours que Placide prépare;
Je sais l'effort pour vous que fera ce barbare,
Et ma triste vengeance a beau se consulter,
Il me faut ou la perdre ou la précipiter.
Hâtons-la donc, Lycante, et courons-y sur l'heure:
La plus prompte des morts est ici la meilleure;
N'avoir pour à descendre à pousser qu'un soupir,
C'est mourir doucement, mais c'est enfin mourir;
Et lorsqu'un grand obstacle à nos fureurs s'oppose,
Se venger à demi c'est du moins quelque chose.
Amenez-les tous deux.
PAULIN.
Sans l'ordre de Valens?
Madame, écoutez moins des transports si bouillants:
Sur son autorité c'est beaucoup entreprendre.
MARCELLE.
S'il en demande compte, est-ce à vous de le rendre?
Paulin, portez ailleurs vos conseils indiscrets,
Et ne prenez souci que de vos intérêts.
THÉODORE, à Didyme.
Ainsi de ce combat que la vertu nous donne.
Nous sortirons tous deux avec une couronne.

DIDYME.

Oui, madame, on exauce et vos vœux et les miens.
Dieu...

MARCELLE.

Vous suivrez ailleurs de si doux entretiens.
Amenez-les tous deux.

PAULIN, *seul*.

Quel orage s'apprête!
Que je vois se former une horrible tempête!
Si Placide survient, que de sang répandu!
Et qu'il en répandra s'il trouve tout perdu!
Allons chercher Valens; qu'à tant de violence
Il oppose, non plus une molle prudence,
Mais un courage mâle, et qui d'autorité,
Sans rien craindre...

SCÈNE VII

VALENS, PAULIN.

VALENS.

Ah! Paulin, est-ce une vérité?
Est-ce une illusion? est-ce une rêverie?
Viens-je d'ouïr la voix de Marcelle en furie?
Ose-t-elle traîner Théodore à la mort?

PAULIN.

Oui, si Valens n'y fait un généreux effort.

VALENS.

Quel effort généreux veux-tu que Valens fasse,
Lorsque de tous côtés il ne voit que disgrâce?

PAULIN.

Faites voir qu'en ces lieux c'est vous qui gouvernez,
Qu'aucun n'y doit périr si vous ne l'ordonnez.
La Syrie à vos lois est-elle assujettie,
Pour souffrir qu'une femme y soit juge et partie?
Jugez de Théodore.

VALENS.

Et qu'en puis-je ordonner
Qui dans mon triste sort ne serve à me gêner?
Ne la condamner pas, c'est me perdre avec elle,
C'est m'exposer en butte aux fureurs de Marcelle,
Au pouvoir de son frère, au courroux des Césars,
Et pour un vain effort courir mille hasards.
La condamner d'ailleurs, c'est faire un parricide,
C'est de ma propre main assassiner Placide,
C'est lui porter au cœur d'inévitables coups.

PAULIN.

Placide donc, seigneur, osera plus que vous.
Marcelle a fait armer Lycante et sa cohorte;
Mais sur elle et sur eux il va fondre à main-forte,
Résolu de forcer pour cet objet charmant
Jusqu'à votre palais et votre appartement.
Prévenez ce désordre, et jugez quel carnage
Produit le désespoir qui s'oppose à la rage,
Et combien des deux parts l'amour et la fureur
Étaleront ici de spectacles d'horreur.

VALENS.

N'importe, laissons faire et Marcelle et Placide.
Que l'amour en furie ou la haine en décide;
Que Théodore en meure ou ne périsse pas,
J'aurai lieu d'excuser sa vie ou son trépas.
S'il la sauve, peut-être on trouvera dans Rome
Plus de cœur que de crime à l'ardeur d'un jeune hom-
Je l'en désavoûrai, j'irai l'en accuser, [me.
Les pousser par ma plainte à le favoriser,
A plaindre son malheur en blâmant son audace:
César même pour lui me demandera grâce;
Et cette illusion de ma sévérité
Augmentera ma gloire et mon autorité.

PAULIN.

Et s'il ne peut sauver cet objet qu'il adore?
Si Marcelle à ses yeux fait périr Théodore?

VALENS.

Marcelle aura sans moi commis cet attentat:
J'en saurai près de lui faire un crime d'État,
A ses ressentiments égaler ma colère,
Lui promettre vengeance, et trancher du sévère,
Et n'ayant point de part en cet événement,
L'en consoler en père un peu plus aisément.
Mes soins avec le temps pourront tarir ses larmes.

PAULIN.

Seigneur, d'un mal si grand c'est prendre peu d'alar-
Placide est violent, et pour la secourir [mes.
Il périra lui-même, ou fera tout périr.
Si Marcelle y succombe, appréhendez son frère,
Et si Placide y meurt, les déplaisirs d'un père.
De grâce, prévenez ce funeste hasard.
Mais que vois-je? peut-être il est déjà trop tard.
Stéphanie entre ici, de pleurs toute trempée.

VALENS.

Théodore à Marcelle est sans doute échappée,
Et l'amour de Placide a bravé son effort.

SCÈNE VIII

ALENS, PAULIN, STÉPHANIE.

VALENS, *à Stéphanie*.

Marcelle a donc osé les traîner à la mort
Sans mon su, sans mon ordre? et son audace extrê-

STÉPHANIE. [me...

Seigneur, pleurez sa perte, elle est morte elle-même.

VALENS.

Elle est morte!

STÉPHANIE.

Elle l'est.

VALENS.

Et Placide a commis...

STÉPHANIE.

Non, ce n'est en effet ni lui ni ses amis;
Mais s'il n'en est l'auteur, du moins il en est cause.

VALENS.

Ah! pour moi l'un et l'autre est une même chose;
Et puisque c'est l'effet de leur inimitié,
Je dois venger sur lui cette chère moitié.
Mais apprends-moi sa mort, du moins si tu l'as vue.

STÉPHANIE.

De l'escalier à peine elle était descendue,

THÉODORE. ACTE V, SCÈNE IX.

Qu'elle aperçoit Placide aux portes du palais,
Suivi d'un gros armé d'amis et de valets,
Sur les bords du perron soudain elle s'avance,
Et pressant sa fureur qu'accroît cette présence,
« Viens, dit-elle, viens voir l'effet de ton secours ; »
Et sans perdre de temps en de plus longs discours,
Ayant fait avancer l'une et l'autre victime,
D'un côté Théodore, et de l'autre Didyme,
Elle lève le bras, et de la même main
Leur enfonce à tous deux un poignard dans le sein.

VALENS.

Quoi ! Théodore est morte ?

STÉPHANIE.
Et Didyme avec elle.

VALENS.

Et l'un et l'autre enfin de la main de Marcelle ?
Ah ! tout est pardonnable aux douleurs d'un amant,
Et quoi qu'ait fait Placide en son ressentiment...

STÉPHANIE.

Il n'a rien fait, seigneur ; mais écoutez le reste :
Il demeure immobile à cet objet funeste ;
Quelque ardeur qui le pousse à venger ce malheur,
Pour en avoir la force il a trop de douleur ;
Il pâlit, il frémit, il tremble, il tombe, il pâme,
Sur son cher Cléobule il semble rendre l'âme.
Cependant, triomphante entre ces deux mourants,
Marcelle les contemple à ses pieds expirants,
Jouit de sa vengeance, et d'un regard avide
En cherche les douceurs jusqu'au cœur de Placide ;
Et tantôt se repaît de leurs derniers soupirs,
Tantôt goûte à pleins yeux ses mortels déplaisirs,
Y mesure sa joie et trouve plus charmante
La douleur de l'amant que la mort de l'amante,
Nous témoigne un dépit qu'après le coup fatal,
Pour être trop sensible il sent trop peu son mal ;
En hait sa pâmoison qui la laisse impunie,
Au péril de ses jours la souhaite finie.
Mais à peine il revit, qu'elle, haussant la voix :
« Je n'ai pas résolu de mourir à ton choix,
« Dit-elle, ni d'attendre à rejoindre Flavie
« Que ta rage insolente ordonne de ma vie. »
A ces mots, furieuse, et se perçant le flanc
De ce même poignard fumant d'un autre sang,
Elle ajoute : « Va, traître, à qui j'épargne un crime ;
« Si tu veux te venger, cherche une autre victime.
« Je meurs, mais j'ai de quoi rendre grâces aux
[dieux,
« Puisque je meurs vengée, et vengée à tes yeux. »
Lors même, dans la mort conservant son audace,
Elle tombe, et tombant elle choisit sa place,
D'où son œil semble encore à longs traits se soûler
Du sang des malheureux qu'elle vient d'immoler.

VALENS.

Et Placide ?

STÉPHANIE.
J'ai fui, voyant Marcelle morte,
De peur qu'une douleur et si juste et si forte
Ne vengeât... Mais, seigneur, je l'aperçois qui vient.

VALENS.

Arrête, de faiblesse à peine il se soutient ;
Et d'ailleurs à ma vue il saura se contraindre.
Ne crains rien. Mais, ô dieux ! que j'ai moi-même à
[craindre !

SCÈNE IX

VALENS, PLACIDE, CLÉOBULE, PAULIN,
STÉPHANIE, TROUPE.

VALENS.

Cléobule, quel sang coule sur ses habits ?

CLÉOBULE.

Le sien propre, seigneur.

VALENS.
Ah ! Placide ! ah ! mon fils !

PLACIDE.

Retire-toi, cruel !

VALENS.
Cet ami si fidèle
N'a pu rompre le coup qui t'immole à Marcelle !
Qui sont les assassins ?

CLÉOBULE.
Son propre désespoir.

VALENS.

Et vous ne deviez pas le craindre et le prévoir.

CLÉOBULE.

Je l'ai craint et prévu jusqu'à saisir ses armes ;
Mais comme après ce soin j'en avais moins d'alar-
Embrassant Théodore, un funeste hasard [mes,
A fait dessous sa main rencontrer ce poignard,
Par où ses déplaisirs trompant ma prévoyance...

VALENS.

Ah ! fallait-il avoir si peu de défiance ?

PLACIDE.

Rends-en grâces au ciel, heureux père et mari :
Par là t'est conservé ce pouvoir si chéri,
Ta dignité dans l'âme à ton fils préférée ;
Ta propre vie enfin par là t'est assurée,
Et ce sang qu'un amour pleinement indigné
Peut-être en ses transports n'aurait pas épargné.
Pour ne point violer les droits de la naissance,
Il fallait que mon bras s'en mît dans l'impuissance :
C'est par là seulement qu'il s'est pu retenir,
Et je me suis puni de peur de te punir.
Je te punis pourtant, c'est ton sang que je verse ;
Si tu m'aimes encor, c'est ton sein que je perce ;
Et c'est pour te punir que je viens en ces lieux,
Pour le moins en mourant te blesser par les yeux.
Daigne ce juste ciel...

VALENS.
Cléobule, il expire !

CLÉOBULE.

Non, seigneur, je l'entends encore qui soupire,
Ce n'est que la douleur qui lui coupe la voix.

VALENS.
Non, non, j'ai tout perdu, Placide est aux abois;
Mais ne rejetons pas une espérance vaine,
Portons-le reposer dans la chambre prochaine
Et vous autres, allez prendre souci des morts,
Tandis que j'aurai soin de calmer ses transports.

EXAMEN DE THÉODORE

La représentation de cette tragédie n'a pas eu grand éclat, et, sans chercher des couleurs à la justifier, je veux bien ne m'en prendre qu'à ses défauts, et la croire mal faite, puisqu'elle a été mal suivie. J'aurais tort de m'opposer au jugement du public ; il m'a été trop avantageux en d'autres ouvrages pour le contredire en celui-ci ; et si je l'accusais d'erreur ou d'injustice pour *Théodore*, mon exemple donnerait lieu à tout le monde de soupçonner des mêmes choses les arrêts qu'il a prononcés en ma faveur. Ce n'est pas toutefois sans quelque satisfaction que je vois la meilleure et la plus saine partie de mes juges imputer ce mauvais succès à l'idée de la prostitution, qu'on n'a pu souffrir, bien qu'on sût assez qu'elle n'aurait point d'effet, et que, pour en extérieur l'horreur, j'aie employé tout ce que l'art et l'expérience m'ont pu fournir de lumière ; pouvant dire du quatrième acte de cette pièce, que je ne crois pas en avoir fait aucun où les diverses passions soient ménagées avec plus d'adresse, et qui donne plus de lieu à faire voir tout le talent d'un excellent acteur. Dans cette disgrâce, j'ai de quoi congratuler à la pureté de notre scène, de voir qu'une histoire qui fait le plus bel ornement du second livre des *Vierges* de saint Ambroise, se trouve trop licencieuse pour y être supportée. Qu'eût-on dit, si, comme ce grand docteur de l'Église, j'eusse fait voir cette vierge dans le lieu infâme ; si j'eusse décrit les diverses agitations de son âme pendant qu'elle y fut ; si j'eusse peint les troubles qu'elle ressentait au premier moment qu'elle y vit entrer Didyme ? C'est là-dessus que ce grand saint fait triompher cette éloquence qui convertit saint Augustin, et c'est pour ce spectacle qu'il invite particulièrement les vierges à ouvrir les yeux. Je l'ai dérobé à la vue, et, autant que je l'ai pu, à l'imagination de mes auditeurs ; et, après y avoir consumé toute mon industrie, la modestie de notre théâtre a désavoué ce peu que la nécessité de mon sujet m'a forcé d'en faire connaître.

Je ne veux pas toutefois me flatter jusqu'à dire que cette fâcheuse idée ait été le seul défaut de ce poëme. A le bien examiner, s'il y a quelques caractères vigoureux et animés, comme ceux de Placide et de Marcelle, il y en a de traînants, qui ne peuvent avoir grand charme ni grand feu sur le théâtre. Celui de Théodore est entièrement froid : elle n'a aucune passion qui l'agite et, là même où son zèle pour Dieu, qui occupe toute son âme, devrait éclater le plus, c'est-à-dire dans sa contestation avec Didyme pour le martyre, je lui ai donné si peu de chaleur, que cette scène, bien que très-courte, ne laisse pas d'ennuyer. Aussi, pour en parler sainement, une vierge et martyre sur un théâtre n'est autre chose qu'un terme qui n'a ni jambes ni bras, et par conséquent point d'action.

Le caractère de Valens ressemble trop à celui de Félix dans *Polyeucte*, et a même quelque chose de plus bas, en ce qu'il se ravale à craindre sa femme, et n'ose s'opposer à ses fureurs, bien que dans l'âme il tienne le parti de son fils. Tout gouverneur qu'il est, il demeure les bras croisés, au cinquième acte, quand il les voit prêts à s'entre-immoler l'un à l'autre, et attend le succès de leur haine mutuelle pour se ranger du côté du plus fort. La connaissance que Placide son fils a de cette bassesse d'âme, fait qu'il le regarde

si bien comme un esclave de Marcelle, qu'il ne daigne pas s'adresser à lui pour obtenir ce qu'il souhaite en faveur de sa maîtresse, sachant bien qu'il le ferait inutilement : il aime mieux se jeter aux pieds de cette marâtre impérieuse, qu'il hait et qu'il a bravée, que de perdre des prières et des soupirs auprès d'un père qui l'aime dans le fond de l'âme et n'oserait lui rien accorder.

Le reste est assez ingénieusement conduit ; et la maladie de Flavie, sa mort, et les violences des désespoirs de sa mère qui la venge, ont assez de justesse. J'avais peint des haines trop envenimées pour finir autrement ; et j'eusse été ridicule, si j'eusse fait faire au sang de ces martyrs le même effet sur les cœurs de Marcelle et de Placide, que fait celui de Polyeucte sur ceux de Félix et de Pauline. La mort de Théodore peut servir de preuves à ce que dit Aristote, *que quand un ennemi tue son ennemi, il ne s'excite par là aucune pitié dans l'âme des spectateurs*. Placide en peut faire naître, et purger ensuite ces forts attachements d'amour qui sont cause de son malheur ; mais les funestes désespoirs de Marcelle et de Flavie, bien que l'une ni l'autre ne fasse de pitié, sont encore plus capables de purger l'opiniâtreté à faire des mariages par force, et à ne se point départir du projet qu'on en fait par un accommodement de famille entre des enfants dont les volontés ne s'y conforment point quand ils sont venus en âge de l'exécuter.

L'unité de jour et de lieu se rencontre en cette pièce ; mais je ne sais s'il n'y a point de duplicité d'action, en ce que Théodore, échappée d'un péril, se rejette dans un autre de son propre mouvement. L'histoire le porte ; mais la tragédie n'est pas obligée de représenter toute la vie de son héros ou de son héroïne, et doit se s'attacher qu'à une action propre au théâtre. Dans l'histoire même, j'ai trouvé toujours quelque chose à dire en cette offre volontaire qu'elle fait de sa vie aux bourreaux de Didyme. Elle venait d'échapper de la prostitution, et n'avait aucune assurance qu'on ne l'y condamnerait point de nouveau, et qu'on accepterait sa vie en échange de sa pudicité qu'on avait voulu sacrifier. Je l'ai sauvée de ce péril, non-seulement par une révélation de Dieu qu'on se contenterait de sa mort, mais encore par une raison assez vraisemblable, que Marcelle, qui vient de voir expirer sa fille unique entre ses bras, voudrait obstinément du sang pour sa vengeance ; mais, avec toutes ces précautions, je ne vois pas comment je pourrais justifier ici cette duplicité de péril, après l'avoir condamnée dans l'*Horace*. La seule couleur qui pourrait y servir de prétexte, c'est que la pièce ne serait pas achevée, si on ne savait ce que devient Théodore après être échappée de l'infamie, et qu'il n'y a point de fin glorieuse ni même raisonnable pour elle que le martyre, qui est historique ; du moins l'imagination ne m'en offre point. Si les maîtres de l'art veulent consentir que cette nécessité de faire connaître ce qu'elle devient suffise pour réunir ce nouveau péril à l'autre, et empêcher qu'il n'y ait duplicité d'action, je ne m'opposerai pas à leur jugement ; mais aussi je n'en appellerai pas quand ils la voudront condamner.

FIN DE THÉODORE.

RODOGUNE

PRINCESSE DES PARTHES

TRAGÉDIE — 1646

A MONSEIGNEUR LE PRINCE

Monseigneur,

Rodogune se présente à Votre Altesse avec quelque sorte de confiance, et ne peut croire qu'après avoir fait sa bonne fortune vous dédaigniez de la prendre en votre protection. Elle a trop de connaissance de votre bonté pour craindre que vous veuilliez laisser votre ouvrage imparfait, et lui dénier la continuation des grâces dont vous lui avez été si prodigue. C'est à votre illustre suffrage qu'elle est obligée de tout ce qu'elle a reçu d'applaudissement; et les favorables regards dont il vous plut fortifier la faiblesse de sa naissance lui donnèrent tant d'éclat et de vigueur, qu'il semblait que vous eussiez pris plaisir à répandre sur elle un rayon de cette gloire qui vous environne, et à lui faire part de cette facilité de vaincre qui vous suit partout. Après cela, Monseigneur, quels hommages peut-elle rendre à Votre Altesse qui ne soient au-dessous de ce qu'elle lui doit? Si elle tâche à lui témoigner quelque reconnaissance par l'admiration de ses vertus, où trouvera-t-elle des éloges dignes de cette main qui fait trembler tous nos ennemis, et dont les coups d'essai furent signalés par la défaite des premiers capitaines de l'Europe? Votre Altesse sut vaincre avant qu'ils se pussent imaginer qu'elle sût combattre; et ce grand courage, qui n'avait encore eu la guerre que dans les livres, effaça tout ce qu'il y avait lu des Alexandre et des César, sitôt qu'il parut à la tête d'une armée. La générale consternation où la perte de notre grand monarque nous avait plongés, enflait l'orgueil de nos adversaires en un tel point qu'ils osaient se persuader que du siége de Rocroi dépendait la prise de Paris; et l'avidité de leur ambition dévorait déjà le cœur d'un royaume dont ils pensaient avoir surpris les frontières. Cependant les premiers miracles de votre valeur renversèrent si pleinement toutes leurs espérances, que ceux-là mêmes qui s'étaient promis tant de conquêtes sur nous virent terminer la campagne de cette même année par celles que vous fîtes sur eux. Ce fut par là, Monseigneur, que vous commençâtes ces grandes victoires que vous avez toujours si bien choisies, qu'elles ont honoré deux règnes tout à la fois, comme si c'eût été trop peu pour Votre Altesse d'étendre les bornes de l'État sous celui-ci, si elle n'eût en même temps effacé quelques-uns des malheurs qui s'étaient mêlés aux longues prospérités de l'autre. Thionville, Philisbourg, et Norlinghen, étaient des lieux funestes pour la France : elle n'en pouvait entendre les noms sans gémir, elle ne pouvait y porter sa pensée sans soupirer; et ces mêmes lieux, dont le souvenir lui arrachait des soupirs et des gémissements, sont devenus les éclatantes marques de sa nouvelle félicité, les dignes occasions de ses feux de joie, et les glorieux sujets des actions de grâce qu'elle a rendues au ciel pour les triomphes que votre courage invincible en a obtenus. Dispensez-moi, Monseigneur, de vous parler de Dunkerque : j'épuise toute les forces de mon imagination, et je ne conçois rien qui réponde à la dignité de ce grand ouvrage, qui nous vient d'assurer l'Océan par la prise de cette fameuse retraite de corsaires. Tous nos havres en étaient comme assiégés ; il n'en pouvait échapper un vaisseau qu'à la merci de leurs brigandages ; et nous en avons vu souvent de pillés à la vue des mêmes ports dont ils venaient de faire voile : et maintenant par la conquête d'une seule ville, je vois, d'un côté, nos mers libres, nos côtes affranchies, notre commerce rétabli, la racine de nos maux publics coupée ; d'autre côté, la Flandre ouverte, l'embouchure de ses rivières captives, la porte de son secours fermée, la source de son abondance en notre pouvoir ; et ce que je vois n'est rien encore au prix de ce que je prévois sitôt que Votre Altesse y reportera la terreur de ses armes. Dispensez-moi donc, Monseigneur, de profaner des effets si merveilleux et des attentes si hautes, par la bassesse de mes idées et par l'impuissance de mes expressions; et trouvez bon que, demeurant dans un respectueux silence, je n'ajoute rien ici qu'une protestation très-inviolable d'être toute ma vie,

Monseigneur,

De Votre Altesse,

Le très-humble, très-obéissant et très-passionné serviteur,

CORNEILLE.

APPIAN ALEXANDRIN

AU LIVRE DES GUERRES DE SYRIE, SUR LA FIN.

« Démétrius, surnommé Nicanor, roi de Syrie, entreprit la guerre contre les Parthes, et, étant devenu leur prisonnier, vécut dans la cour de leur roi Phraates, dont il épousa la sœur, nommée Rodogune. Cependant Diodotus, domestique des rois précédents, s'empara du trône de Syrie; et y fit asseoir un Alexandre encore enfant, fils d'Alexandre le Bâtard, et d'une fille de Ptolomée. Ayant gouverné quelque temps comme son tuteur, il se défit de ce malheureux pupille, et eut l'insolence de prendre lui-même la couronne sous un nouveau nom de Tryphon qu'il se donna. Mais Antiochus, frère du roi prisonnier, ayant appris à Rhodes sa captivité, et les troubles qui l'avaient suivie, revint dans le pays, où, ayant défait Tryphon avec beaucoup de peine, il le fit mourir : de là il porta ses armes contre Phraates, lui redemandant son frère ; et, vaincu dans une bataille, il se tua lui-même. Démétrius, retourné en son royaume, fut tué par sa femme Cléopâtre, qui lui dressa des embûches en haine de cette seconde femme Rodogune qu'il avait épousée, dont elle avait conçu une telle indignation, que, pour s'en venger, elle avait épousé ce même Antiochus, frère de son mari. Elle avait eu deux fils de Démétrius, l'un, nommé Séleucus, et l'autre Antiochus, dont elle tua le premier d'un coup de flèche, sitôt qu'il eut pris le diadème après la mort de son père, soit qu'elle craignît qu'il ne la voulût venger, soit que l'impétuosité de la même fureur la portât à ce nouveau parricide. Antiochus lui succéda, qui contraignit cette mauvaise mère de boire le poison qu'elle lui avait préparé. C'est ainsi qu'elle fut enfin punie. »

Voilà ce que m'a prêté l'histoire, où j'ai changé les

circonstances de quelques incidents, pour leur donner plus de bienséance. Je me suis servi du nom de Nicanor plutôt que de celui de Démétrius, à cause que le vers souffrait plus aisément l'un que l'autre. J'ai supposé qu'il n'avait pas encore épousé Rodogune, afin que ses deux fils pussent avoir de l'amour pour elle, sans choquer les spectateurs, qui eussent trouvé étrange cette passion pour la veuve de leur père, si j'eusse suivi l'histoire. L'ordre de leur naissance incertain, Rodogune prisonnière, quoiqu'elle ne vint jamais en Syrie; la haine de Cléopâtre pour elle, la proposition sanglante qu'elle fait à ses fils, celle que cette princesse est obligée de leur faire pour se garantir, l'inclination qu'elle a pour Antiochus, et la jalouse fureur de cette mère qui se résout plutôt à perdre ses fils qu'à se voir sujette de sa rivale, ne sont que des embellissements, de l'invention, et des acheminements vraisemblables à l'effet dénaturé que me présentait l'histoire, et que les lois du poëme ne me permettaient pas de changer. Je l'ai même adouci tant que j'ai pu en Antiochus, que j'avais fait trop honnête homme dans le reste de l'ouvrage, pour forcer à la fin sa mère à s'empoisonner elle-même.

On s'étonnera peut-être de ce que j'ai donné à cette tragédie le nom de *Rodogune* plutôt que celui de *Cléopâtre*, sur qui tombe toute l'action tragique, et même on pourra douter si la liberté de la poésie peut s'étendre jusqu'à feindre un sujet entier sous des noms véritables, comme j'ai fait ici, où depuis la narration du premier acte, qui sert de fondement au reste, jusques aux effets qui paraissent dans le cinquième, il n'y a rien que l'histoire avoue.

Pour le premier, je confesse ingénument que ce poëme devait plutôt porter le nom de *Cléopâtre* que de *Rodogune*; mais ce qui m'a fait en user ainsi, a été la peur que j'ai eue qu'à se nom le peuple ne se laissât préoccuper des idées de cette fameuse et dernière reine d'Égypte, et ne confondît cette reine de Syrie avec elle, s'il l'entendait prononcer. C'est pour cette même raison que j'ai évité de le mêler dans mes vers, n'ayant jamais fait parler de cette seconde Médée que sous celui de la reine; et je me suis enhardi à cette licence d'autant plus librement, que j'ai remarqué parmi nos anciens maîtres qu'ils se sont fort peu mis en peine de donner à leurs poëmes le nom des héros qu'ils y faisaient paraître, et leur ont souvent fait porter celui des chœurs, qui ont encore bien moins de part dans l'action que les personnages épisodiques, comme Rodogune : témoin les *Trachiniennes* de Sophocle, que nous n'aurions jamais voulu nommer autrement que *la Mort d'Hercule*.

Pour le second point, je le tiens un peu plus difficile à résoudre, et n'en voudrais pas donner mon opinion pour bonne : j'ai cru que, pourvu que nous conservassions les effets de l'histoire, toutes les circonstances, ou, comme je viens de les nommer, les acheminements, étaient en notre pouvoir; au moins je ne pense point avoir vu de règle qui restreigne cette liberté que j'ai prise. Je m'en suis assez bien trouvé en cette tragédie; mais comme je l'ai poussée encore plus loin dans *Héraclius*, que je viens de mettre sur le théâtre, ce sera en le donnant au public que je tâcherai de la justifier, si je vois que les savants s'en offensent, ou que le peuple en murmure. Cependant ceux qui en auront quelque scrupule m'obligeront de considérer les deux *Électre* de Sophocle et d'Euripide, qui, conservant le même effet, y parviennent par des voies si différentes, qu'il faut nécessairement conclure que l'une des deux est tout à fait de l'invention de son auteur. Ils pourront encore jeter l'œil sur l'*Iphigénie in Tauris*[1], que notre Aristote nous donne pour exemple d'une parfaite tragédie, et qui a bien la mine d'être toute de même nature, vu qu'elle n'est fondée que sur cette feinte que Diane enleva Iphigénie du sacrifice dans une nuée, et supposa une biche en sa place. Enfin, ils pourront prendre garde à l'*Hélène* d'Euripide, où la principale action et les épisodes, le nœud et le dénoûment sont entièrement inventés sous des noms véritables.

Au reste, si quelqu'un a la curiosité de voir cette histoire plus au long, qu'il prenne la peine de lire Justin, qui la commence au trente-sixième livre, et, l'ayant quittée, la reprend sur la fin du trente et huitième, et l'achève au trente-neuvième. Il la rapporte un peu autrement, et ne dit pas que Cléopâtre tua son mari, mais qu'elle l'abandonna, et qu'il fut tué par le commandement d'un des capitaines d'un Alexandre qu'il lui oppose. Il varie aussi beaucoup sur ce qui regarde Tryphon et son pupille, qu'il nomme Antiochus, et ne s'accorde avec Appian que sur ce qui se passa entre la mère et les deux fils.

Le premier livre des *Machabées*, aux chapitres 11, 13, 14 et 15, parle de ces guerres de Tryphon et de la prison de Démétrius chez les Parthes; mais il nomme ce pupille Antiochus, ainsi que Justin, et attribue la défaite de Tryphon à Antiochus, fils de Démétrius, et non pas à son frère, comme fait Appian, que j'ai suivi, et ne dit rien du reste.

Josèphe, au treizième livre des *Antiquités judaïques*, nomme encore ce pupille de Tryphon Antiochus, fait marier Cléopâtre à Antiochus, frère de Démétrius, durant la captivité de ce premier mari chez les Parthes, lui attribue la défaite et la mort de Tryphon, s'accorde avec Justin touchant la mort de Démétrius, abandonné et non pas tué par sa femme, et ne parle point de ce qu'Appian et moi avons rapporté d'elle et de ses deux fils, dont j'ai fait cette tragédie.

1. *L'Iphigénie en Tauride.*

PERSONNAGES.

CLÉOPÂTRE, reine de Syrie, veuve de Démétrius Nicanor.
SÉLEUCUS, } fils de Démétrius et de Cléopâtre.
ANTIOCHUS,
RODOGUNE, sœur de Phraates, roi des Parthes.

PERSONNAGES.

TIMAGÈNE, gouverneur des deux princes.
ORONTE, ambassadeur de Phraates.
LAONICE, sœur de Timagène, confidente de Cléopâtre.

La scène est à Séleucie, dans le palais royal.

ACTE PREMIER

SCÈNE I

LAONICE, TIMAGÈNE.

LAONICE.

Enfin ce jour pompeux, cet heureux jour nous luit,
Qui d'un trouble si long doit dissiper la nuit,
Ce grand jour où l'hymen, étouffant la vengeance,
Entre le Parthe et nous remet l'intelligence,
Affranchit sa princesse, et nous fait pour jamais
Du motif de la guerre un lien de la paix ;
Ce grand jour est venu, mon frère, où notre reine
Cessant de plus tenir la couronne incertaine,
Doit rompre aux yeux de tous son silence obstiné,
De deux princes gémeaux * nous déclarer l'aîné :
Et l'avantage seul d'un moment de naissance,
Dont elle a jusqu'ici caché la connaissance,
Mettant au plus heureux le sceptre dans la main,
Va faire l'un sujet, et l'autre souverain.
Mais n'admirez-vous point que cette même reine
Le donne pour époux à l'objet de sa haine,
Et n'en doit faire un roi qu'afin de couronner
Celle que dans les fers elle aimait à gêner *?
Rodogune, par elle en esclave traitée,
Par elle se va voir sur le trône montée,
Puisque celui des deux qu'elle nommera roi
Lui doit donner la main et recevoir sa foi.

TIMAGÈNE.

Pour le mieux admirer trouvez bon, je vous prie,
Que j'apprenne de vous les troubles de Syrie.
J'en ai vu les premiers, et me souviens encor
Des malheureux succès du grand roi Nicanor,
Quand, des Parthes vaincus pressant l'adroite fuite,
Il tomba dans leurs fers au bout de sa poursuite.
Je n'ai pas oublié que cet événement
Du perfide Tryphon fit le soulèvement.
Voyant le roi captif, la reine désolée,
Il crut pouvoir saisir la couronne ébranlée,
Et le sort, favorable à son lâche attentat,
Mit d'abord sous ses lois la moitié de l'État.
La reine, craignant tout de ces nouveaux orages,
En sut mettre à l'abri ses plus précieux gages;
Et, pour n'exposer pas l'enfance de ses fils,
Me les fit chez son frère enlever à Memphis.
Là, nous n'avons rien su que de la renommée,
Qui, par un bruit confus diversement semée,
N'a porté jusqu'à nous ces grands renversements
Que sous l'obscurité de cent déguisements.

LAONICE.

Sachez donc que Tryphon, après quatre batailles,
Ayant su nous réduire à ces seules murailles,
En forma tôt le siége, et, pour comble d'effroi,
Un faux bruit s'y coula touchant la mort du roi.
Le peuple épouvanté, qui déjà dans son âme
Ne suivait qu'à regret les ordres d'une femme,
Voulut forcer la reine à choisir un époux.
Que pouvait-elle faire et seule et contre tous?
Croyant son mari mort, elle épousa son frère.
L'effet montra soudain ce conseil salutaire.
Le prince Antiochus, devenu nouveau roi,
Sembla de tous côtés traîner l'heur * avec soi,
La victoire attachée au progrès de ses armes
Sur nos fiers ennemis rejeta nos alarmes ;
Et la mort de Tryphon dans un dernier combat,
Changeant tout notre sort, lui rendit tout l'État.
Quelque promesse alors qu'il eût faite à la mère
De remettre ses fils au trône de leur père,
Il témoigna si peu de la vouloir tenir,
Qu'elle n'osa jamais les faire revenir.
Ayant régné sept ans, son ardeur militaire
Ralluma cette guerre où succomba son frère :
Il attaqua le Parthe, et se crut assez fort
Pour en venger sur lui la prison et la mort.
Jusque dans ses États il lui porta la guerre ;
Il s'y fit partout craindre à l'égal du tonnerre ;
Il lui donna bataille, où mille beaux exploits...
Je vous achèverai le reste une autre fois,
Un des princes survient.

(*Elle se veut retirer.*)

SCÈNE II

ANTIOCHUS, TIMAGÈNE, LAONICE.

ANTIOCHUS.

Demeurez, Laonice;
Vous pouvez, comme lui, me rendre un bon office.
Dans l'état où je suis, triste et plein de souci,
Si j'espère beaucoup, je crains beaucoup aussi.
Un seul mot aujourd'hui, maître de ma fortune,
M'ôte ou donne à jamais le sceptre et Rodogune,
Et de tous les mortels ce secret révélé
Me rend le plus content ou le plus désolé.
Je vois dans le hasard tous les biens que j'espère.
Et ne puis être heureux sans le malheur d'un frère.
Mais d'un frère si cher, qu'une sainte amitié
Fait sur moi de ses maux rejaillir la moitié. [tendre ;
Donc pour moins hasarder j'aime mieux moins pré-
Et, pour rompre le coup que mon cœur n'ose at-
[tendre,
Lui cédant de deux biens le plus brillant aux yeux,
M'assurer de celui qui m'est plus précieux :
Heureux si, sans attendre un fâcheux droit d'aînesse,
Pour un trône incertain j'en obtiens la princesse,
Et puis par ce partage épargner les soupirs
Qui naîtraient de ma peine ou de ses déplaisirs !
Va le voir de ma part, Timagène, et lui dire
Que pour cette beauté je lui cède l'empire ;
Mais porte-lui si haut la douceur de régner,
Qu'à cet éclat du trône il se laisse gagnei ;
Qu'il s'en laisse éblouir jusqu'à ne pas connaître
A quel prix je consens de l'accepter pour maître.

(*Timagène s'en va, et le prince continue à parler à Laonice.*)

Et vous, en ma faveur voyez ce cher objet,
Et tâchez d'abaisser ses yeux sur un sujet
Qui peut-être aujourd'hui porterait la couronne,
S'il n'attachait les siens à sa seule personne,
Et ne la préférait à cet illustre rang [sang.
Pour qui les plus grands cœurs prodiguent tout leur

(*Timagène rentre sur le théâtre.*)

TIMAGÈNE.
Seigneur, le prince vient; et votre amour lui-même
Lui peut sans interprète offrir le diadème.

ANTIOCHUS.
Ah! je tremble; et la peur d'un trop juste refus
Rend ma langue muette et mon esprit confus.

SCÈNE III

SÉLEUCUS, ANTIOCHUS, TIMAGÈNE, LAONICE.

SÉLEUCUS.
Vous puis-je en confiance expliquer ma pensée?
ANTIOCHUS.
Parlez; notre amitié par ce doute est blessée.
SÉLEUCUS.
Hélas! c'est le malheur que je crains aujourd'hui.
L'égalité, mon frère, en est le ferme appui;
C'en est le fondement, la liaison, le gage,
Et, voyant d'un côté tomber tout l'avantage,
Avec juste raison je crains qu'entre nous deux
L'égalité rompue en rompe les doux nœuds,
Et que ce jour fatal à l'heur* de notre vie
Jette sur l'un de nous trop de honte ou d'envie.
ANTIOCHUS.
Comme nous n'avons eu jamais qu'un sentiment,
Cette peur me touchait, mon frère, également;
Mais, si vous le voulez, j'en sais bien le remède.
SÉLEUCUS.
Si je le veux! bien plus, je l'apporte et vous cède
Tout ce que la couronne a de charmant en soi.
Oui, seigneur, car je parle à présent à mon roi,
Pour le trône cédé, cédez-moi Rodogune,
Et je n'envirai point votre haute fortune.
Ainsi notre destin n'aura rien de honteux,
Ainsi notre bonheur n'aura rien de douteux;
Et nous mépriserons ce faible droit d'aînesse,
Vous, satisfait du trône, et moi, de la princesse.
ANTIOCHUS.
Hélas!
SÉLEUCUS.
Recevez-vous l'offre avec déplaisir?
ANTIOCHUS.
Pouvez-vous nommer offre une ardeur de choisir,
Qui, de la même main qui me cède un empire,
M'arrache un bien plus grand, et le seul où j'aspire?
SÉLEUCUS.
Rodogune?
ANTIOCHUS.
Elle-même; ils en sont les témoins.
SÉLEUCUS.
Quoi! l'estimez-vous tant?
ANTIOCHUS.
Quoi! l'estimez-vous moins?
Elle vaut bien un trône, il faut que je le die*.
ANTIOCHUS.
Elle vaut à mes yeux tout ce qu'en a l'Asie.
SÉLEUCUS.
Vous l'aimez donc, mon frère?
ANTIOCHUS.
Et vous l'aimez aussi;
C'est là tout mon malheur, c'est là tout mon souci.
J'espérais que l'éclat dont le trône se pare
Toucherait vos désirs plus qu'un objet si rare;
Mais aussi bien qu'à moi son prix vous est connu,
Et dans ce juste choix vous m'avez prévenu.
Ah! déplorable prince!
SÉLEUCUS.
Ah! destin trop contraire!
ANTIOCHUS.
Que ne ferais-je point contre un autre qu'un frère!
SÉLEUCUS.
O mon cher frère! ô nom pour un rival trop doux!
Que ne ferais-je point contre un autre que vous!
ANTIOCHUS.
Où nous vas-tu réduire, amitié fraternelle?
Amour, qui doit ici vaincre de vous ou d'elle?
ANTIOCHUS.
L'amour, l'amour doit vaincre, et la triste amitié
Ne doit être à tous deux qu'un objet de pitié.
Un grand cœur cède un trône, et le cède avec gloire:
Cet effort de vertu couronne sa mémoire;
Mais lorsqu'un digne objet a pu nous enflammer,
Qui le cède est un lâche, et ne sait pas aimer.
De tous deux Rodogune a charmé le courage;
Cessons par trop d'amour de lui faire un outrage:
Elle doit épouser, non pas vous, non pas moi,
Mais de moi, mais de vous, quiconque sera roi.
La couronne entre nous flotte encore incertaine;
Mais sans incertitude elle doit être reine.
Cependant, aveuglés dans notre vain projet,
Nous la faisions tous deux la femme d'un sujet!
Régnons; l'ambition ne peut être que belle,
Et pour elle quittée, et reprise pour elle;
Et ce trône, où tous deux nous osions renoncer,
Souhaitons-le tous deux, afin de l'y placer:
C'est dans notre destin le seul conseil à prendre;
Nous pouvons nous en plaindre, et nous devons l'at-
SÉLEUCUS. [tendre.
Il faut encor plus faire, il faut qu'en ce grand jour
Notre amitié triomphe aussi bien que l'amour.
Ces deux siéges fameux de Thèbes et de Troie,
Qui mirent l'une en sang, l'autre aux flammes en
[proie,
N'eurent pour fondements à leurs maux infinis

Que ceux que contre nous le sort a réunis.
Il sème entre nous deux toute la jalousie
Qui dépeupla la Grèce et saccagea l'Asie ;
Un même espoir du sceptre est permis à tous deux ;
Pour la même beauté nous faisons mêmes vœux.
Thèbes périt pour l'un, Troie a brûlé pour l'autre.
Tout va choir en ma main ou tomber en la vôtre.
En vain votre amitié tâchait à partager ;
Et, si j'ose tout dire, un titre assez léger,
Un droit d'aînesse obscur, sur la foi d'une mère,
Va combler l'un de gloire, et l'autre de misère.
Que de sujets de plainte en ce double intérêt
Aura le malheureux contre un si faible arrêt !
Que de sources de haine ! Hélas ! jugez le reste,
Craignez-en avec moi l'événement funeste,
Ou plutôt avec moi faites un digne effort
Pour armer votre cœur contre un si triste sort.
Malgré l'éclat du trône et l'amour d'une femme,
Faisons si bien régner l'amitié sur notre âme,
Qu'étouffant dans leur perte un regret suborneur,
Dans le bonheur d'un frère on trouve son bonheur.
Ainsi ce qui jadis perdit Thèbes et Troie
Dans nos cœurs mieux unis ne versera que joie :
Ainsi notre amitié, triomphante à son tour,
Vaincra la jalousie en cédant à l'amour,
Et de notre destin bravant l'ordre barbare,
Trouvera des douceurs aux maux qu'il nous prépare.

ANTIOCHUS.
Le pourrez-vous, mon frère ?
SÉLEUCUS.
Ah ! que vous me pressez !
Je le voudrais du moins, mon frère, et c'est assez ;
Et ma raison sur moi gardera tant d'empire,
Que je désavoûrai mon cœur s'il en soupire.

ANTIOCHUS.
J'embrasse comme vous ces nobles sentiments.
Mais allons leur donner le secours des serments,
Afin qu'étant témoins de l'amitié jurée
Les dieux contre un tel coup assurent sa durée.

SÉLEUCUS.
Allons, allons l'étreindre au pied de leurs autels
Par des liens sacrés et des nœuds immortels.

SCÈNE IV

LAONICE, TIMAGÈNE.

LAONICE.
Peut-on plus dignement mériter la couronne ?
TIMAGÈNE.
Je ne suis point surpris de ce qui vous étonne ;
Confident de tous deux, prévoyant leur douleur,
J'ai prévu leur constance, et j'ai plaint leur malheur.
Mais, de grâce, achevez l'histoire commencée.
LAONICE.
Pour la reprendre donc où nous l'avons laissée,
Les Parthes, au combat par les nôtres forcés,
Tantôt presque vainqueurs, tantôt presque enfoncés,
Sur l'une et l'autre armée également heureuse,

Virent longtemps voler la victoire douteuse ;
Mais la fortune enfin se tourna contre nous,
Si bien qu'Antiochus, percé de mille coups,
Près de tomber aux mains d'une troupe ennemie,
Lui voulut dérober les restes de sa vie,
Et préférant aux fers la gloire de périr,
Lui-même par sa main acheva de mourir.
La reine ayant appris cette triste nouvelle,
En reçut tôt après une autre plus cruelle :
Que Nicanor vivait ; que, sur un faux rapport,
De ce premier époux elle avait cru la mort ;
Que, piqué jusqu'au vif contre son hyménée,
Son âme à l'imiter s'était déterminée,
Et que, pour s'affranchir des fers de son vainqueur,
Il allait épouser la princesse sa sœur,
C'est cette Rodogune, où l'un et l'autre frère
Trouve encor les appas qu'avait trouvés leur père.
   La reine envoie en vain pour se justifier ;
On a beau la défendre, on a beau le prier,
On ne rencontre en lui qu'un juge inexorable ;
Et son amour nouveau la veut croire coupable :
Son erreur est un crime ; et, pour l'en punir mieux,
Il veut même épouser Rodogune à ses yeux,
Arracher de son front le sacré diadème
Pour ceindre une autre tête en sa présence même,
Soit qu'ainsi sa vengeance eût plus d'indignité,
Soit qu'ainsi cet hymen eût plus d'autorité,
Et qu'il assurât mieux par cette barbarie
Aux enfants qui naîtraient le trône de Syrie.
   Mais tandis qu'animé de colère et d'amour
Il vient déshériter ses fils par son retour,
Et qu'un gros escadron de Parthes pleins de joie
Conduit ces deux amants, et court comme à la proie,
La reine, au désespoir de n'en rien obtenir,
Se résout de se perdre ou de se prévenir.
Elle oublie un mari qui veut cesser de l'être,
Qui ne veut plus la voir qu'en implacable maître ;
Et, changeant à regret son amour en horreur,
Elle abandonne tout à sa juste fureur.
Elle-même leur dresse une embûche au passage,
Se mêle dans les coups, porte partout sa rage,
En pousse jusqu'au bout les furieux effets.
Que vous dirai-je enfin ? les Parthes sont défaits ;
Le roi meurt, et, dit-on, par la main de la reine ;
Rodogune captive est livrée à sa haine.
Tous les maux qu'un esclave endure dans les fers,
Alors sans moi, mon frère, elle les eût soufferts.
La reine, à la gêner prenant mille délices,
Ne commettait qu'à moi l'ordre de ses supplices ;
Mais, quoi que m'ordonnât cette âme toute en feu,
Je promettais beaucoup, et j'exécutais peu.
Le Parthe cependant jure la vengeance ;
Sur nous à main armée il fond en diligence,
Nous surprend, nous assiége, et fait un tel effort,
Que, la ville aux abois, on lui parle d'accord.
Il veut fermer l'oreille, enflé de l'avantage ;
Mais voyant parmi nous Rodogune en otage,
Enfin il craint pour elle et nous daigne écouter ;
Et c'est ce qu'aujourd'hui l'on doit exécuter.

La reine de l'Égypte a rappelé nos princes
Pour remettre à l'aîné son trône et ses provinces.
Rodogune a paru, sortant de sa prison,
Comme un soleil levant dessus notre horizon.
Le Parthe a décampé, pressé par d'autres guerres
Contre l'Arménien qui ravage ses terres;
D'un ennemi cruel il s'est fait notre appui;
La paix finit la haine, et, pour comble aujourd'hui,
Dois-je dire de bonne ou mauvaise fortune?
Nos deux princes tous deux adorent Rodogune.

TIMAGÈNE.

Sitôt qu'ils ont paru tous deux en cette cour,
Ils ont vu Rodogune, et j'ai vu leur amour; [dre,
Mais comme étant rivaux nous les trouvons à plain-
Connaissant leur vertu je n'en vois rien à craindre.
Pour vous qui gouvernez cet objet de leurs vœux...

LAONICE.

Je n'ai point encor vu qu'elle aime aucun des deux.

TIMAGÈNE.

Vous me trouvez mal propre à cette confidence,
Et peut-être à dessein je la vois qui s'avance.
Adieu : je dois au rang qu'elle est prête à tenir
Du moins la liberté de vous entretenir.

SCÈNE V

RODOGUNE, LAONICE.

RODOGUNE.

Je ne sais quel malheur aujourd'hui me menace,
Et coule dans ma joie une secrète glace :
Je tremble, Laonice, et te voulais parler,
Ou pour chasser ma crainte ou pour m'en consoler.

LAONICE.

Quoi! madame, en ce jour pour vous si plein de gloi-
RODOGUNE. [re?
Ce jour m'en promet tant que j'ai peine à tout croire.
La fortune me traite avec trop de respect;
Et le trône et l'hymen, tout me devient suspect.
L'hymen semble à mes yeux cacher quelque supplice,
Le trône sous mes pas creuser un précipice;
Je vois de nouveaux fers après les miens brisés,
Et je prends tous ces biens pour des maux déguisés :
En un mot, je crains tout de l'esprit de la reine.

LAONICE.

La paix qu'elle a jurée en a calmé la haine.

RODOGUNE.

La haine entre les grands se calme rarement;
La paix souvent n'y sert que d'un amusement;
Et, dans l'État où j'entre, à te parler sans feinte,
Elle a lieu de me craindre, et je crains cette crainte.
Non qu'enfin je ne donne au bien des deux États
Ce que j'ai dû de haine à de tels attentats :
J'oublie et pleinement toute mon aventure;
Mais une grande offense est de cette nature,
Que toujours son auteur impute à l'offensé
Un vif ressentiment dont il le croit blessé;
Et, quoique en apparence on les réconcilie,
Il le craint, il le hait, et jamais ne s'y fie;

Et, toujours alarmé de cette illusion,
Sitôt qu'il peut le perdre il prend l'occasion.
Telle est pour moi la reine.

LAONICE.

Ah! madame, je jure
Que par ce faux soupçon vous lui faites injure.
Vous devez oublier un désespoir jaloux
Où força son courage un infidèle époux.
Si, teinte de son sang et toute furieuse,
Elle vous traita lors en rivale odieuse,
L'impétuosité d'un premier mouvement
Engageait sa vengeance à ce dur traitement;
Il fallait un prétexte à vaincre sa colère,
Il y fallait du temps, et, pour ne rien vous taire,
Quand je me dispensais à lui mal obéir,
Quand en votre faveur je semblais la trahir,
Peut-être qu'en son cœur plus douce et repentie
Elle en dissimulait la meilleure partie;
Que, se voyant tromper, elle fermait les yeux,
Et qu'un peu de pitié la satisfaisait mieux.
A présent que l'amour succède à la colère,
Elle ne vous voit plus qu'avec des yeux de mère;
Et si de cet amour je la voyais sortir,
Je jure de nouveau de vous en avertir.
Vous savez comme quoi je vous suis toute acquise.
Le roi souffrirait-il d'ailleurs quelque surprise?

RODOGUNE.

Qui que ce soit des deux qu'on couronne aujourd'hui,
Elle sera sa mère, et pourra tout sur lui.

LAONICE.

Qui que ce soit des deux, je sais qu'il vous adore :
Connaissant leur amour, pouvez-vous craindre en-
RODOGUNE. [core?
Oui, je crains leur hymen, et d'être à l'un des deux.

LAONICE.

Quoi! sont-ils des sujets indignes de vos feux?

RODOGUNE.

Comme ils ont même sang avec pareil mérite,
Un avantage égal pour eux me sollicite;
Mais il est malaisé, dans cette égalité,
Qu'un esprit combattu ne penche d'un côté.
Il est des nœuds secrets, il est des sympathies,
Dont par le doux rapport les âmes assorties
S'attachent l'une à l'autre, et se laissent piquer
Par ces je ne sais quoi qu'on ne peut expliquer.
C'est par là que l'un d'eux obtient la préférence;
Je crois voir l'autre encore avec indifférence;
Mais cette indifférence est une aversion
Lorsque je la compare avec ma passion.
Étrange effet d'amour ! incroyable chimère !
Je voudrais être à lui si je n'aimais son frère;
Et le plus grand des maux toutefois que je crains,
C'est que mon triste sort me livre entre ses mains.

LAONICE.

Ne pourrai-je servir une si belle flamme?

RODOGUNE.

Ne crois pas en tirer le secret de mon âme :
Quelque époux que le ciel veuille me destiner,
C'est à lui pleinement que je veux me donner.

De celui que je crains si je suis le partage,
Je saurai l'accepter avec même visage;
L'hymen me le rendra précieux à son tour,
Et le devoir fera ce qu'aurait fait l'amour,
Sans crainte qu'on reproche à mon humeur forcée
Qu'un autre qu'un mari règne sur ma pensée.
LAONICE.
Vous craignez que ma foi vous l'ose reprocher?
RODOGUNE.
Que ne puis-je à moi-même aussi bien le cacher!
LAONICE.
Quoi que vous me cachiez, aisément je devine;
Et, pour vous dire enfin ce que je m'imagine,
Le prince...
RODOGUNE.
Garde-toi de nommer mon vainqueur :
Ma rougeur trahirait les secrets de mon cœur,
Et je te voudrais mal de cette violence
Que ta dextérité * ferait à mon silence;
Même, de peur qu'un mot par hasard échappé
Te fasse voir ce cœur et quels traits l'ont frappé,
Je romps un entretien dont la suite me blesse.
Adieu : mais souviens-toi que c'est sur ta promesse
Que mon esprit reprend quelque tranquillité.
LAONICE.
Madame, assurez-vous sur ma fidélité.

ACTE DEUXIÈME

SCÈNE I

CLÉOPATRE.

Serments fallacieux, salutaire contrainte,
Que m'imposa la force et qu'accepta ma crainte,
Heureux déguisements d'un immortel courroux,
Vains fantômes d'État, évanouissez-vous !
Si d'un péril pressant la terreur vous fit naître,
Avec ce péril même il vous faut disparaître,
Semblables à ces vœux dans l'orage formés,
Qu'efface un prompt oubli quand les flots sont calmés.
Et vous, qu'avec tant d'art cette feinte a voilée,
Recours des impuissants, haine dissimulée,
Digne vertu des rois, noble secret de cour,
Éclatez, il est temps, et voici notre jour.
Montrons-nous toutes deux, non plus comme sujettes,
Mais telle que je suis et telle que vous êtes.
Le Parthe est éloigné, nous pouvons tout oser :
Nous n'avons rien à craindre, et rien à déguiser;
Je hais, je règne encor. Laissons d'illustres marques
En quittant, s'il le faut, ce haut rang des monarques :
Faisons-en avec gloire un départ * éclatant,
Et rendons-le funeste à celle qui l'attend.
C'est encor, c'est encor cette même ennemie
Qui cherchait ses honneurs dedans mon infamie,
Dont la haine à son tour croit me faire la loi,
Et régner par mon ordre et sur vous et sur moi.
Tu m'estimes bien lâche, imprudente rivale,
Si tu crois que mon cœur jusque-là se ravale,
Qu'il souffre qu'un hymen qu'on t'a promis en vain
Te mette ta vengeance et mon sceptre à la main.
Vois jusqu'où m'emporta l'amour du diadème,
Vois quel sang il me coûte, et tremble pour toi-même :
Tremble, te dis-je; et songe, en dépit du traité,
Que, pour t'en faire un don, je l'ai trop acheté.

SCÈNE II

CLÉOPATRE, LAONICE.

CLÉOPATRE.
Laonice, vois-tu que le peuple s'apprête
Au pompeux appareil de cette grande fête?
LAONICE.
La joie en est publique, et les princes tous deux
Des Syriens ravis emportent tous les vœux;
L'un et l'autre fait voir un mérite si rare,
Que le souhait confus entre les deux s'égare,
Et ce qu'en quelques-uns on voit d'attachement
N'est qu'un faible ascendant d'un premier mouve-
                                          [ment.
Ils penchent d'un côté, prêts à tomber de l'autre :
Leur choix pour s'affermir attend encor le vôtre;
Et de celui qu'ils font ils sont si peu jaloux,
Que votre secret su les réunira tous.
CLÉOPATRE.
Sais-tu que mon secret n'est pas ce que l'on pense?
LAONICE.
J'attends avec eux tous celui de leur naissance.
CLÉOPATRE.
Pour un esprit de cour, et nourri chez les grands,
Tes yeux dans leurs secrets ne bien peu pénétrants.
Apprends, ma confidente, apprends à me connaître.
Si je cache en quel rang le ciel les a fait naître,
Vois, vois que, tant que l'ordre en demeure douteux,
Aucun des deux ne règne, et je règne pour eux :
Quoique ce soit un bien que l'un et l'autre attende,
De crainte de le perdre aucun ne le demande;
Cependant je possède, et leur droit incertain
Me laisse avec leur sort leur sceptre dans la main :
Voilà mon grand secret. Sais-tu par quel mystère
Je les laissais tous deux en dépôt chez mon frère?
LAONICE.
J'ai cru qu'Antiochus les tenait éloignés
Pour jouir des États qu'il avait regagnés.
CLÉOPATRE.
Il occupait leur trône, et craignait leur présence,
Et cette juste crainte assurait ma puissance.
Mes ordres en étaient de point en point suivis
Quand je le menaçais du retour de mes fils :
Voyant ce foudre prêt à suivre ma colère,
Quoi qu'il me plût oser, il n'osait me déplaire;
Et content malgré lui du vain titre de roi,
S'il régnait au lieu d'eux, ce n'était que sous moi.

Je te dirai bien plus. Sans violence aucune
J'aurais vu Nicanor épouser Rodogune,
Si, content de lui plaire et de me dédaigner,
Il eût vécu chez elle en me laissant régner.
Son retour me fâchait plus que son hyménée,
Et j'aurais pu l'aimer s'il ne l'eût couronnée.
Tu vis comme il y fit des efforts superflus :
Je fis beaucoup alors, et ferais encor plus
S'il était quelque voie, infâme ou légitime,
Que m'enseignât la gloire, ou que m'ouvrît le crime,
Qui me pût conserver un bien que j'ai chéri
Jusqu'à verser pour lui tout le sang d'un mari.
Dans l'état pitoyable où m'en réduit la suite,
Délices de mon cœur, il faut que je te quitte ;
On m'y force, il le faut : mais on verra quel fruit
En recevra bientôt celle qui m'y réduit.
L'amour que j'ai pour toi tourne en haine pour elle :
Autant que l'un fut grand l'autre sera cruelle ;
Et puisqu'en te perdant j'ai sur qui m'en venger,
Ma perte est supportable, et mon mal est léger.

LAONICE.

Quoi ! vous parlez encor de vengeance et de haine
Pour celle dont vous-même allez faire une reine !

CLÉOPATRE.

Quoi ! je ferais un roi pour être son époux,
Et m'exposer aux traits de son juste courroux !
N'apprendras-tu jamais, âme basse et grossière,
A voir par d'autres yeux que les yeux du vulgaire ?
Toi qui connais ce peuple, et sais qu'aux champs de
[Mars
Lâchement d'une femme il suit les étendards ;
Que, sans Antiochus, Tryphon m'eût dépouillée ;
Que sous lui son ardeur fût soudain réveillée ;
Ne saurais-tu juger que si je nomme un roi,
C'est pour le commander, et combattre pour moi ?
J'en ai le choix en main avec le droit d'aînesse,
Et puisqu'il en faut faire une aide à ma faiblesse,
Que la guerre sans lui ne peut se rallumer,
J'userai bien du droit que j'ai de le nommer.
On ne montera point au rang dont je dévale *,
Qu'en épousant ma haine au lieu de ma rivale :
Ce n'est qu'en me vengeant qu'on me le peut ravir,
Et je ferai régner qui me voudra servir.

LAONICE.

Je vous connaissais mal.

CLÉOPATRE.

Connais-moi tout entière.
Quand je mis Rodogune en tes mains prisonnière,
Ce ne fut ni pitié, ni respect de son rang
Qui m'arrêta le bras, et conserva son sang.
La mort d'Antiochus me laissait sans armée,
Et d'une troupe en hâte à me suivre animée,
Beaucoup dans ma vengeance ayant fini leurs jours,
M'exposaient à son frère, et faible et sans secours.
Je me voyais perdue à moins d'un tel otage :
Il vint, et sa fureur craignit pour ce cher gage ;
Il m'imposa des lois, exigea des serments,
Et moi, j'accordai tout pour obtenir du temps.

Le temps est un trésor plus grand qu'on ne peut croi-
J'en obtins, et je crus obtenir la victoire. [re :
J'ai pu reprendre haleine, et sous de faux apprêts...
Mais voici mes deux fils que j'ai mandés exprès.
Écoute, et tu verras quel est cet hyménée
Où se doit terminer cette illustre journée.

SCÈNE III

CLÉOPATRE, ANTIOCHUS, SÉLEUCUS, LAONICE.

CLÉOPATRE.

Mes enfants, prenez place. Enfin voici le jour
Si doux à mes souhaits, si cher à mon amour,
Où je puis voir briller sur une de vos têtes
Ce que j'ai conservé parmi tant de tempêtes,
Et vous remettre un bien, après tant de malheurs,
Qui m'a coûté pour vous tant de soins et de pleurs.
Il peut vous souvenir quelles furent mes larmes
Quand Tryphon me donna de si rudes alarmes,
Que, pour ne vous pas voir exposés à ses coups,
Il fallut me résoudre à me priver de vous.   [tes !
Quelles peines depuis, grands dieux ! n'ai-je souffer-
Chaque jour redoubla mes douleurs et mes pertes.
Je vis votre royaume entre ces murs réduit ;
Je crus mort votre père ; et sur un si faux bruit
Le peuple mutiné voulut avoir un maître.
J'eus beau le nommer lâche, ingrat, parjure, traître,
Il fallut satisfaire à son brutal désir,
Et de peur qu'il n'en prît, il m'en fallut choisir.
Pour vous sauver l'État que n'eussé-je pu faire ?
Je choisis un époux avec des yeux de mère,
Votre oncle Antiochus, et j'espérai qu'en lui
Votre trône tombant trouverait un appui ;
Mais à peine son bras en relève la chute,
Que par lui de nouveau le sort me persécute :
Maître de votre État par sa valeur sauvé,
Il s'obstine à remplir ce trône relevé :
Qui lui parle de vous attire sa menace.
Il n'a défait Tryphon que pour prendre sa place ;
Et de dépositaire et de libérateur
Il s'érige en tyran et lâche usurpateur.
Sa main l'en a puni : pardonnons à son ombre ;
Aussi bien en un seul voici des maux sans nombre.
Nicanor votre père, et mon premier époux...
Mais pourquoi lui donner encor des noms si doux,
Puisque, l'ayant cru mort, il sembla ne revivre
Que pour s'en dépouiller afin de nous poursuivre ?
Passons ; je ne me puis souvenir sans trembler
Du coup dont j'empêchai qu'il nous pût accabler :
Je ne sais s'il est digne ou d'horreur ou d'estime,
S'il plut aux dieux ou non, s'il fut justice ou crime ;
Mais, soit crime ou justice, il est certain, mes fils,
Que mon amour pour vous fit tout ce que je fis :
Ni celui des grandeurs, ni celui de la vie
Ne jeta dans mon cœur cette aveugle furie.
J'étais lasse d'un trône où d'éternels malheurs
Me comblaient chaque jour de nouvelles douleurs.
Ma vie est presque usée, et ce reste inutile

Chez mon frère avec vous trouvait un sûr asile :
Mais voir, après douze ans et de soins et de maux,
Un père vous ôter le fruit de mes travaux!
Mais voir votre couronne après lui destinée
Aux enfants qui naîtraient d'un second hyménée!
A cette indignité je ne connus plus rien;
Je me crus tout permis pour garder votre bien.
Recevez donc, mes fils, de la main d'une mère,
Un trône racheté par le malheur d'un père.
Je crus qu'il fît lui-même un crime en vous l'ôtant,
Et si j'en ai fait un en vous le rachetant,
Daigne du juste ciel la bonté souveraine,
Vous en laissant le fruit, m'en réserver la peine,
Ne lancer que sur moi les foudres mérités,
Et n'épandre* sur vous que des prospérités!

ANTIOCHUS.

Jusques-ici, madame, aucun ne met en doute
Les longs et grands travaux que notre amour vous
Et nous croyons tenir des soins de cet amour [coûte;
Ce doux espoir du trône aussi bien que le jour;
Le récit nous en charme, et nous fait mieux com-
[prendre
Quelles grâces tous deux nous vous en devons rendre:
Mais afin qu'à jamais nous les puissions bénir,
Épargnez le dernier à notre souvenir;
Ce sont fatalités dont l'âme embarrassée
A plus qu'elle ne veut se voit souvent forcée.
Sur les noires couleurs d'un si triste tableau
Il faut passer l'éponge, ou tirer le rideau :
Un fils est criminel quand il les examine;
Et quelque suite enfin que le ciel y destine,
J'en rejette l'idée, et crois qu'en ces malheurs
Le silence ou l'oubli nous sied mieux que les pleurs.
Nous attendons le sceptre avec même espérance;
Mais si nous l'attendons, c'est sans impatience :
Nous pouvons sans régner vivre tous deux contents;
C'est le fruit de vos soins, jouissez-en longtemps :
Il tombera sur nous quand nous en serez lasse;
Nous le recevrons lors de bien meilleure grâce;
Et l'accepter si tôt semble nous reprocher
De n'être revenus que pour vous l'arracher.

SÉLEUCUS.

J'ajouterai, madame, à ce qu'a dit mon frère
Que, bien qu'avec plaisir et l'un et l'autre espère,
L'ambition n'est pas notre plus grand désir.
Régnez, nous le verrons tous deux avec plaisir;
Et c'est bien la raison que pour tant de puissance
Nous vous rendions du moins un peu d'obéissance,
Et que celui de nous dont le ciel a fait choix
Sous votre illustre exemple apprenne l'art des rois.

CLÉOPATRE.

Dites tout, mes enfants : vous fuyez la couronne,
Non que son trop d'éclat ou son poids vous étonne;
L'unique fondement de cette aversion,
C'est la honte attachée à sa possession.
Elle passe à vos yeux pour la même infamie,
S'il faut la partager avec notre ennemie,
Et qu'un indigne hymen la fasse retomber
Sur celle qui venait pour vous la dérober.

O nobles sentiments d'une âme généreuse!
O fils vraiment mes fils! ô mère trop heureuse!
Le sort de votre père enfin est éclairci :
Il était innocent, et je puis l'être aussi;
Il vous aima toujours et ne fut mauvais père
Que charmé par la sœur ou forcé par le frère;
Et dans cette embuscade où son effort fut vain,
Rodogune, mes fils, le tua par ma main.
Ainsi de cet amour la fatale puissance
Vous coûte votre père, à moi mon innocence;
Et si ma main pour vous n'avait tout attenté,
L'effet de cet amour vous aurait tout coûté.
Ainsi vous me rendrez l'innocence et l'estime,
Lorsque vous punirez la cause de mon crime.
De cette même main qui vous a tout sauvé,
Dans son sang odieux je l'aurais bien lavé;
Mais comme vous aviez votre part aux offenses,
Je vous ai réservé votre part aux vengeances;
Et, pour ne tenir plus en suspens vos esprits,
Si vous voulez régner, le trône est à ce prix.
Entre deux fils que j'aime avec même tendresse
Embrasser ma querelle est le seul droit d'aînesse :
La mort de Rodogune en nommera l'aîné.
Quoi! vous montrez tous deux un visage étonné!
Redoutez-vous son frère? Après la paix infâme
Que même en la jurant je détestais dans l'âme,
J'ai fait lever des gens par des ordres secrets
Qu'à vous suivre en tous lieux vous trouverez tout
Et tandis qu'il fait tête aux princes d'Arménie, [prêts;
Nous pouvons sans péril briser sa tyrannie.
Qui vous fait donc pâlir à cette juste loi?
Est-ce pitié pour elle ? est-ce haine pour moi ?
Voulez-vous l'épouser afin qu'elle me brave,
Et mettre mon destin aux mains de mon esclave?
Vous ne répondez point! Allez, enfants ingrats,
Pour qui je crus en vain conserver ces États :
J'ai fait votre oncle roi, j'en ferai bien un autre;
Et mon nom peut encore ici plus que le vôtre.

SÉLEUCUS.

Mais, madame, voyez que pour premier exploit...

CLÉOPATRE.

Mais que chacun de vous pense à ce qu'il me doit.
Je sais bien que le sang qu'à vos mains je demande
N'est pas le digne essai d'une valeur bien grande;
Mais si vous me devez et le sceptre et le jour,
Ce doit être envers moi le sceau de votre amour :
Sans ce gage ma haine à jamais s'en défie;
Ce n'est qu'en m'imitant que l'on me justifie.
Rien ne vous sert ici de faire les surpris :
Je vous le dis encor, le trône est à ce prix;
Je puis en disposer comme de ma conquête;
Point d'aîné, point de roi, qu'en m'apportant sa tête;
Et puisque mon seul choix vous y peut élever,
Pour jouir de mon crime il le faut achever.

SCÈNE IV

SÉLEUCUS, ANTIOCHUS.

SÉLEUCUS.

Est-il une constance à l'épreuve du foudre
Dont ce cruel arrêt met notre espoir en poudre?

ANTIOCHUS.

Est-il un coup de foudre à comparer aux coups
Que ce cruel arrêt vient de lancer sur nous?

SÉLEUCUS.

O haines, ô fureurs dignes d'une Mégère!
O femme, que je n'ose appeler encor mère!
Après que tes forfaits ont régné pleinement,
Ne saurais-tu souffrir qu'on règne innocemment?
Quels attraits penses-tu qu'ait pour nous la couronne,
S'il faut qu'un crime égal par ta main nous la donne?
Et de quelles horreurs nous doit-elle combler,
Si pour monter au trône il faut te ressembler?

ANTIOCHUS.

Gardons plus de respect aux droits de la nature,
Et n'imputons qu'au sort notre triste aventure :
Nous le nommions cruel, mais il nous était doux
Quand il ne nous donnait à combattre que nous.
Confidents tout ensemble et rivaux l'un de l'autre,
Nous ne concevions point de mal pareil au nôtre;
Cependant, à nous voir l'un de l'autre rivaux,
Nous ne concevions pas la moitié de nos maux.

SÉLEUCUS.

Une douleur si sage et si respectueuse,
Ou n'est guère sensible, ou guère impétueuse,
Et c'est en de tels maux avoir l'esprit bien fort
D'en connaître la cause, et l'imputer au sort.
Pour moi, je sens les miens avec plus de faiblesse;
Plus leur cause m'est chère et plus l'effet m'en blesse :
Non que pour m'en venger j'ose entreprendre rien;
Je donnerais encor tout mon sang pour le sien :
Je sais ce que je dois; mais dans cette contrainte,
Si je retiens mon bras, je laisse aller ma plainte;
Et j'estime qu'au point qu'elle nous a blessés
Qui ne fait que s'en plaindre a du respect assez.
Voyez-vous bien quel est le ministère infâme
Qu'ose exiger de nous la haine d'une femme?
Voyez-vous qu'aspirant à des crimes nouveaux,
De deux princes ses fils elle fait ses bourreaux?
Si vous pouvez le voir, pouvez-vous vous en taire?

ANTIOCHUS.

Je vois bien plus encor, je vois qu'elle est ma mère;
Et plus je vois son crime indigne de ce rang,
Plus je lui vois souiller la source de mon sang.
J'en sens de ma douleur croître la violence;
Mais ma confusion m'impose le silence,
Lorsque dans ses forfaits sur nos fronts imprimés
Je vois les traits honteux dont nous sommes formés.
Je tâche à cet objet d'être aveugle ou stupide;
J'ose me déguiser jusqu'à son parricide;
Je me cache à moi-même un excès de malheur
Où notre ignominie égale ma douleur;
Et, détournant les yeux d'une mère cruelle,
J'impute tout au sort qui m'a fait naître d'elle.
Je conserve pourtant encore un peu d'espoir :
Elle est mère, et le sang a beaucoup de pouvoir;
Et le sort l'eût-il faite encor plus inhumaine,
Une larme d'un fils peut amollir sa haine.

SÉLEUCUS.

Ah! mon frère, l'amour n'est guère véhément
Pour des fils élevés dans un bannissement,
Et qu'ayant fait nourrir presque dans l'esclavage
Elle n'a rappelés que pour servir sa rage.
De ses pleurs tant vantés je découvre le fard;
Nous avons en son cœur vous et moi peu de part.
Elle fait bien sonner ce grand amour de mère;
Mais elle seule enfin s'aime et se considère;
Et, quoi que nous étale un langage si doux,
Elle a tout fait pour elle, et n'a rien fait pour nous.
Ce n'est qu'un faux amour que la haine domine;
Nous ayant embrassés, elle nous assassine,
En veut au cher objet dont nous sommes épris,
Nous demande son sang, met le trône à ce prix.
Ce n'est plus de sa main qu'il nous le faut attendre;
Il est, il est à nous, si nous osons le prendre.
Notre révolte ici n'a rien que d'innocent;
Il est à l'un de nous, si l'autre le consent :
Régnons, et son courroux ne sera que faiblesse;
C'est l'unique moyen de sauver la princesse.
Allons la voir, mon frère, et demeurons unis,
C'est l'unique moyen de voir nos maux finis.
Je forme un beau dessein que son amour m'inspire;
Mais il faut qu'avec lui notre union conspire :
Notre amour, aujourd'hui si digne de pitié,
Ne saurait triompher que par notre amitié.

ANTIOCHUS.

Cet avertissement marque une défiance
Que la mienne pour vous souffre avec patience.
Allons, et soyez sûr que même le trépas
Ne peut rompre des nœuds que l'amour ne rompt pas.

ACTE TROISIÈME

SCÈNE I

RODOGUNE, ORONTE, LAONICE.

RODOGUNE.

Voilà comme l'amour succède à la colère,
Comme elle ne me voit qu'avec des yeux de mère,
Comme elle aime la paix, comme elle fait un roi,
Et comme elle use enfin de ses fils et de moi.
Et tantôt mes soupçons lui faisaient une offense?
Elle n'avait rien fait qu'en sa juste défense?
Lorsque tu la trompais elle fermait les yeux?
Ah! que ma défiance en jugeait beaucoup mieux!
Tu le vois, Laonice.

LAONICE.
Et vous voyez, madame,
Quelle fidélité vous conserve mon âme,
Et qu'ayant reconnu sa haine et mon erreur,
Le cœur gros de soupirs, et frémissant d'horreur,
Je romps une foi due aux secrets de ma reine,
Et vous viens découvrir mon erreur et sa haine.
RODOGUNE.
Cet avis salutaire est l'unique secours
A qui je crois devoir le reste de mes jours.
Mais ce n'est pas assez de m'avoir avertie;
Il faut de ces périls m'aplanir la sortie;
Il faut que tes conseils m'aident à repousser..
LAONICE.
Madame, au nom des dieux, veuillez m'en dispenser;
C'est assez que pour vous je lui sois infidèle,
Sans m'engager encore à des conseils contre elle.
Oronte est avec vous, qui, comme ambassadeur,
Devait de cet hymen honorer la splendeur;
Comme c'est en ses mains que le roi votre frère
A déposé le soin d'une tête si chère,
Je vous laisse avec lui pour en délibérer.
Quoi que vous résolviez, laissez-moi l'ignorer.
Au reste, assurez-vous de l'amour des deux princes;
Plutôt que de vous perdre ils perdront leurs provin-
Mais je ne réponds pas que ce cœur inhumain [ces:
Ne veuille à leur refus s'armer d'une autre main.
Je vous parle en tremblant; si j'étais ici vue,
Votre péril croîtrait, et je serais perdue.
Fuyez, grande princesse, et souffrez cet adieu.
RODOGUNE.
Va, je reconnaîtrai ce service en son lieu.

SCÈNE II

RODOGUNE, ORONTE.

RODOGUNE.
Que ferons-nous, Oronte, en ce péril extrême,
Où l'on fait de mon sang le prix d'un diadème?
Fuirons-nous chez mon frère? attendrons-nous la
Ou ferons-nous contre elle un généreux effort? [mort,
ORONTE.
Notre fuite, madame, est assez difficile;
J'ai vu des gens de guerre épandus* par la ville.
Si l'on veut votre perte, on vous fait observer;
Ou, s'il vous est permis encor de vous sauver,
L'avis de Laonice est sans doute une adresse :
Feignant de vous servir elle sert sa maîtresse.
La reine, qui surtout craint de vous voir régner,
Vous donne ces terreurs pour vous faire éloigner;
Et pour rompre un hymen qu'avec peine elle endure,
Elle en veut à vous-même imputer la rupture.
Elle obtiendra par vous le but de ses souhaits,
Et vous accusera de violer la paix;
Et le roi, plus piqué contre vous que contre elle,
Vous voyant lui porter une guerre nouvelle,
Blâmera vos frayeurs et nos légèretés,
D'avoir osé douter de la foi des traités;
Et peut-être, pressé des guerres d'Arménie,
Vous laissera moquée, et la reine impunie.
A ces honteux moyens gardez de recourir.
C'est ici qu'il vous faut ou régner ou périr.
Le ciel pour vous ailleurs n'a point fait de couronne;
Et l'on s'en rend indigne alors qu'on l'abandonne.
RODOGUNE.
Ah! que de vos conseils j'aimerais la vigueur
Si nous avions la force égale à ce grand cœur!
Mais pourrons-nous braver une reine en colère
Avec ce peu de gens que m'a laissés mon frère?
ORONTE.
J'aurais perdu l'esprit si j'osais me vanter
Qu'avec ce peu de gens nous pussions résister.
Nous mourrons à vos pieds, c'est toute l'assistance
Que vous peut en ces lieux offrir notre impuissance :
Mais pouvez-vous trembler quand dans ces mêmes
[lieux
Vous portez le grand maître et des rois et des dieux?
L'amour fera lui seul tout ce qu'il vous faut faire.
Faites-vous un rempart des fils contre la mère;
Ménagez bien leur flamme, ils voudront tout pour
Et ces astres naissants sont adorés de tous. [vous;
Quoi que puisse en ces lieux une reine cruelle,
Pouvant tout sur ses fils, vous y pouvez plus qu'elle.
Cependant trouvez bon qu'en ces extrémités
Je tâche à rassembler nos Parthes écartés;
Ils sont peu, mais vaillants, et peuvent de sa rage
Empêcher la surprise et le premier outrage.
Craignez moins, et surtout, madame, en ce grand
Si vous voulez régner, faites régner l'amour. [jour,

SCÈNE III

RODOGUNE.

Quoi! je pourrais descendre à ce lâche artifice
D'aller de mes amants mendier le service,
Et sous l'indigne appât d'un coup d'œil affété*,
J'irais jusqu'en leur cœur chercher ma sûreté!
Celles de ma naissance ont horreur des bassesses;
Leur sang tout généreux hait ces molles adresses.
Quel que soit le secours qu'ils me puissent offrir,
Je croirai faire assez de le daigner souffrir :
Je verrai leur amour, j'éprouverai sa force,
Sans flatter leurs désirs, sans leur jeter d'amorce;
Et, s'il est assez fort pour me servir d'appui,
Je le ferai régner, mais en régnant sur lui.
Sentiments étouffés de colère et de haine,
Rallumez vos flambeaux à celles de la reine,
Et d'un oubli contraint rompez la dure loi,
Pour rendre enfin justice aux mânes d'un grand roi;
Rapportez à mes yeux son image sanglante,
D'amour et de fureur encore étincelante,
Telle que je le vis, quand tout percé de coups
Il me cria : « Vengeance ! Adieu ; je meurs pour vous ! »
Chère ombre, hélas ! bien loin de l'avoir poursuivie,
J'allais baiser la main qui t'arracha la vie,
Rendre un respect de fille à qui versa ton sang !

Mais pardonne au devoir que m'impose mon rang :
Plus la haute naissance approche des couronnes,
Plus cette grandeur même asservit nos personnes ;
Nous n'avons point de cœur pour aimer ni haïr,
Toutes nos passions ne savent qu'obéir.
Après avoir armé pour venger cet outrage,
D'une paix mal conçue on m'a faite le gage ;
Et moi, fermant les yeux sur ce noir attentat,
Je suivais mon destin en victime d'État :
Mais aujourd'hui qu'on voit cette main parricide,
Des restes de ta vie insolemment avide,
Vouloir encor percer ce sein infortuné,
Pour y chercher le cœur que tu m'avais donné,
De la paix qu'elle rompt je ne suis plus le gage ;
Je brise avec honneur mon illustre esclavage ;
J'ose reprendre un cœur pour aimer et haïr,
Et ce n'est plus qu'à toi que je veux obéir.
　Le consentiras-tu cet effort sur ma flamme,
Toi, son vivant portrait, que j'adore dans l'âme,
Cher prince, dont je n'ose en mes plus doux souhaits
Fier encor le nom aux murs de ce palais ?
Je sais quelles seront tes douleurs et tes craintes ;
Je vois déjà tes maux, j'entends déjà tes plaintes :
Mais pardonne aux devoirs qu'exige enfin un roi
A qui tu dois le jour qu'il a perdu pour moi.
J'aurai mêmes douleurs, j'aurai mêmes alarmes ;
S'il t'en coûte un soupir, j'en verserai des larmes.
　Mais, dieux ! que je me trouble en les voyant tous
　　　　　　　　　　　　　　　　　　　[deux !
Amour, qui me confonds, cache du moins tes feux,
Et content de mon cœur dont je te fais le maître,
Dans mes regards surpris garde-toi de paraître.

SCÈNE IV

ANTIOCHUS, SÉLEUCUS, RODOGUNE.

ANTIOCHUS.

Ne vous offensez pas, princesse, de nous voir
De vos yeux à vous-même expliquer le pouvoir. [rent ;
Ce n'est pas d'aujourd'hui que nos cœurs en soupi-
A vos premiers regards tous deux ils se rendirent ;
Mais un profond respect nous fit taire et brûler ;
Et ce même respect nous force de parler.
　L'heureux moment approche où votre destinée
Semble être aucunement* à la nôtre enchaînée,
Puisque d'un droit d'aînesse incertain parmi nous
La nôtre attend un sceptre, et la vôtre un époux.
C'est trop d'indignité que notre souveraine
De l'un de ses captifs tienne le nom de reine ;
Notre amour s'en offense, et, changeant cette loi,
Remet à notre reine à nous choisir un roi.
Ne vous abaissez plus à suivre la couronne ;
Donnez-la, sans souffrir qu'avec elle on vous donne ;
Réglez notre destin qu'ont mal réglé les dieux ;
Notre seul droit d'aînesse est de plaire à vos yeux :
L'ardeur qu'allume en nous une flamme si pure
Préfère votre choix au choix de la nature,
Et vient sacrifier à votre élection*
Toute notre espérance et notre ambition.

　Prononcez donc, madame, et faites un monarque :
Nous céderons sans honte à cette illustre marque ;
Et celui qui perdra votre divin objet
Demeurera du moins votre premier sujet ;
Son amour immortel saura toujours lui dire
Que ce rang près de vous vaut ailleurs un empire ;
Il y mettra sa gloire, et, dans un tel malheur,
L'heur* de vous obéir flattera sa douleur.

RODOGUNE.

Princes, je dois beaucoup à cette déférence
De votre ambition et de votre espérance ;
Et j'en recevrais l'offre avec quelque plaisir,
Si celles de mon rang avaient droit de choisir.
Comme sans leur avis les rois disposent d'elles
Pour affermir leur trône ou finir leurs querelles,
Le destin des États est arbitre du leur,
Et l'ordre des traités règle tout dans leur cœur.
C'est lui qui suit le mien, et non pas la couronne :
J'aimerai l'un de vous, parce qu'il me l'ordonne ;
Du secret révélé j'en prendrai le pouvoir,
Et mon amour pour naître attendra mon devoir.
N'attendez rien de plus, ou votre attente est vaine.
Le choix que vous m'offrez appartient à la reine ;
J'entreprendrais sur elle à l'accepter de vous.
Peut-être on vous a tu jusqu'où va son courroux,
Mais je dois par épreuve assez bien le connaître
Pour fuir l'occasion de le faire renaître.
Que n'en ai-je souffert, et que n'a-t-elle osé !
Je veux croire avec vous que tout est apaisé ;
Mais craignez avec moi que ce choix ne ranime
Cette haine mourante à quelque nouveau crime :
Pardonnez-moi ce mot qui viole un oubli
Que la paix entre nous doit avoir établi.
Le feu qui semble éteint souvent dort sous la cendre ;
Qui l'ose réveiller peut s'en laisser surprendre ;
Et je mériterais qu'il me pût consumer,
Si je lui fournissais de quoi se rallumer.

SÉLEUCUS.

Pouvez-vous redouter sa haine renaissante,
S'il est en votre main de la rendre impuissante ?
Faites un roi, madame, et régnez avec lui ;
Son courroux désarmé demeure sans appui,
Et toutes ses fureurs sans effet rallumées
Ne pousseront en l'air que de vaines fumées.
Mais a-t-elle intérêt au choix que vous ferez,
Pour en craindre les maux que vous vous figurez ?
La couronne est à nous ; et, sans lui faire injure,
Sans manquer de respect aux droits de la nature,
Chacun de nous à l'autre en peut céder sa part,
Et rendre à votre choix ce qu'il doit au hasard.
Qu'un si faible scrupule en notre faveur cesse :
Votre inclination vaut bien un droit d'aînesse,
Dont vous seriez traitée avec trop de rigueur,
S'il se trouvait contraire aux vœux de votre cœur.
On vous applaudirait quand vous seriez à plaindre ;
Pour vous faire régner ce serait vous contraindre,
Vous donner la couronne en vous tyrannisant,
Et verser du poison sur ce noble présent.
Au nom de ce beau feu qui tous deux nous consume,

Princesse, à notre espoir ôtez cette amertume;
Et permettez que l'heur* qui suivra votre époux
Se puisse redoubler à le tenir de vous.
RODOGUNE.
Ce beau feu vous aveugle autant comme il vous brûle;
Et, tâchant d'avancer, son effort vous recule.
Vous croyez que ce choix que l'un et l'autre attend
Pourra faire un heureux sans faire un mécontent;
Et moi, quelque vertu que votre cœur prépare,
Je crains d'en faire deux si le mien se déclare :
Non que de l'un et l'autre il dédaigne les vœux;
Je tiendrais à bonheur d'être à l'un de vous deux;
Mais souffrez que je suive enfin ce qu'on m'ordonne :
Je me mettrai trop haut s'il faut que je me donne;
Quoique aisément je cède aux ordres de mon roi,
Il n'est pas bien aisé de m'obtenir de moi.
Savez-vous quels devoirs, quels travaux, quels servi-
Voudront de mon orgueil exiger les caprices? [ces,
Par quels degrés de gloire on me peut mériter?
En quels affreux périls il faudra vous jeter?
Ce cœur vous est acquis après le diadème,
Princes; mais gardez-vous de le rendre à lui-même;
Vous y renoncerez peut-être pour jamais
Quand je vous aurai dit à quel prix je le mets.
SÉLEUCUS.
Quels seront les devoirs, quels travaux, quels services
Dont nous ne vous fassions d'amoureux sacrifices?
Et quels affreux périls pourrons-nous redouter,
Si c'est par ces degrés qu'on peut vous mériter?
ANTIOCHUS.
Princesse, ouvrez ce cœur, et jugez mieux du nôtre,
Jugez mieux du beau feu qui brûle l'un et l'autre,
Et dites hautement à quel prix votre choix
Veut faire l'un de nous le plus heureux des rois.
RODOGUNE.
Princes, le voulez-vous?
ANTIOCHUS.
C'est notre unique envie.
RODOGUNE.
Je verrai cette ardeur d'un repentir suivie.
SÉLEUCUS.
Avant ce repentir tous deux nous périrons.
RODOGUNE.
Enfin vous le voulez?
SÉLEUCUS.
Nous vous en conjurons.
RODOGUNE.
Eh bien donc! il est temps de me faire connaître.
J'obéis à mon roi, puisqu'un de vous doit l'être;
Mais quand j'aurai parlé, si vous vous en plaignez,
J'atteste tous les dieux que vous m'y contraignez,
Et que c'est malgré moi qu'à moi-même rendue
J'écoute une chaleur qui m'était défendue;
Qu'un devoir rappelé me rend un souvenir
Que la foi des traités ne doit plus retenir.
Tremblez, princes, tremblez au nom de votre père :
Il est mort, et pour moi, par les mains d'une mère.
Je l'avais oublié, sujette à d'autres lois;
Mais libre, je lui rends enfin ce que je dois.

C'est à vous de choisir mon amour ou ma haine.
J'aime les fils du roi, je hais ceux de la reine :
Réglez-vous là-dessus; et, sans plus me presser,
Voyez auquel des deux vous voulez renoncer.
Il faut prendre parti, mon choix suivra le vôtre :
Je respecte autant l'un que je déteste l'autre.
Mais ce que j'aime en vous du sang de ce grand roi,
S'il n'est digne de lui, n'est pas digne de moi.
Ce sang que vous portez, ce trône qu'il vous laisse,
Valent bien que pour lui votre cœur s'intéresse.
Votre gloire le veut, l'amour vous le prescrit.
Qui peut contre elle et lui soulever votre esprit?
Si vous leur préférez une mère cruelle,
Soyez cruels, ingrats, parricides comme elle :
Vous devez la punir, si vous la condamnez;
Vous devez l'imiter, si vous la soutenez.
Quoi! cette ardeur s'éteint! l'un et l'autre soupire!
J'avais su le prévoir, j'avais su le prédire.
ANTIOCHUS.
Princesse...
RODOGUNE.
Il n'est plus temps, le mot en est lâché.
Quand j'ai voulu me taire, en vain je l'ai tâché.
Appelez ce devoir haine, rigueur, colère;
Pour gagner Rodogune il faut venger un père;
Je me donne à ce prix : osez me mériter;
Et voyez qui de vous daignera m'accepter.
Adieu, princes.

SCÈNE V

ANTIOCHUS, SÉLEUCUS.

ANTIOCHUS.
Hélas! c'est donc ainsi qu'on traite
Les plus profonds respects d'une amour si parfaite!
SÉLEUCUS.
Elle nous fuit, mon frère, après cette rigueur.
ANTIOCHUS.
Elle fuit, mais en Parthe, en nous perçant le cœur.
SÉLEUCUS.
Que le ciel est injuste! Une âme si cruelle
Méritait notre mère, et devait naître d'elle.
ANTIOCHUS.
Plaignons-nous sans blasphème.
SÉLEUCUS.
Ah! que vous me gênez
Par cette retenue où vous vous obstinez!
Faut-il encor régner? faut-il l'aimer encore?
ANTIOCHUS.
Il faut plus de respect pour celle qu'on adore.
SÉLEUCUS.
C'est ou d'elle ou du trône être ardemment épris,
Que vouloir ou l'aimer ou régner à ce prix.
ANTIOCHUS.
C'est et d'elle et de lui tenir bien peu de compte,
Que faire une révolte et si pleine et si prompte.

SÉLEUCUS.
Lorsque l'obéissance a tant d'impiété,
La révolte devient une nécessité.
ANTIOCHUS.
La révolte, mon frère, est bien précipitée
Quand la loi qu'elle rompt peut être rétractée;
Et c'est à nos désirs trop de témérité
De vouloir de tels biens avec facilité :
Le ciel par les travaux veut qu'on monte à la gloire;
Pour gagner un triomphe il faut une victoire.
Mais que je tâche en vain de flatter nos tourments!
Nos malheurs sont plus forts que ces déguisements.
Leur excès à mes yeux paraît un noir abîme
Où la haine s'apprête à couronner le crime,
Où la gloire est sans nom, la vertu sans honneur,
Où sans un parricide il n'est point de bonheur;
Et voyant de ces maux l'épouvantable image,
Je me sens affaiblir quand je vous encourage;
Je frémis, je chancelle; et mon cœur abattu
Suit tantôt sa douleur, et tantôt sa vertu.
Mon frère, pardonnez à des discours sans suite,
Qui font trop voir le trouble où mon âme est réduite.
SÉLEUCUS.
J'en ferais comme vous, si mon esprit troublé
Ne secouait le joug dont il est accablé.
Dans mon ambition, dans l'ardeur de ma flamme,
Je vois ce qu'est un trône, et ce qu'est une femme;
Et jugeant par leur prix de leur possession,
J'éteins enfin ma flamme et mon ambition,
Et je vous céderais l'un et l'autre avec joie,
Si, dans la liberté que le ciel me renvoie,
La crainte de vous faire un funeste présent
Ne me jetait dans l'âme un remords trop cuisant.
Dérobons-nous, mon frère, à ces âmes cruelles,
Et laissons-les sans nous achever leurs querelles.
ANTIOCHUS.
Comme j'aime beaucoup, j'espère encore un peu.
L'espoir ne peut s'éteindre où brûle tant de feu;
Et son reste confus me rend quelques lumières
Pour juger mieux que vous de ces âmes si fières.
Croyez-moi, l'une et l'autre a redouté nos pleurs :
Leur fuite à nos soupirs a dérobé leurs cœurs;
Et si tantôt leur haine eût attendu nos larmes,
Leur haine à nos douleurs aurait rendu les armes.
SÉLEUCUS.
Pleurez donc à leurs yeux, gémissez, soupirez,
Et je craindrai pour vous ce que vous espérez.
Quoi qu'en votre faveur vos pleurs obtiennent d'elles,
Il vous faudra parer leurs haines mutuelles,
Sauver l'une de l'autre; et peut-être leurs coups,
Vous trouvant au milieu, ne perceront que vous :
C'est ce qu'il faut pleurer. Ni maîtresse ni mère
N'ont plus de choix ici ni de lois à nous faire ;
Quoi que leur rage exige ou de vous ou de moi,
Rodogune est à vous, puisque je vous fais roi.
Épargnez vos soupirs près de l'une et de l'autre :
J'ai trouvé mon bonheur, saisissez-vous du vôtre :
Je n'en suis point jaloux; et ma triste amitié
Ne le verra jamais que d'un œil de pitié.

SCÈNE VI

ANTIOCHUS.

Que je serais heureux si je n'aimais un frère !
Lorsqu'il ne veut pas voir le mal qu'il se veut faire,
Mon amitié s'oppose à son aveuglement :
Elle agira pour vous, mon frère, également,
Et n'abusera point de cette violence
Que l'indignation fait à votre espérance.
La pesanteur du coup souvent nous étourdit :
On le croit repoussé quand il s'approfondit;
Et quoique un juste orgueil sur l'heure persuade,
Qui ne sent point son mal est d'autant plus malade;
Ces ombres de santé cachent mille poisons,
Et la mort suit de près ces fausses guérisons.
Daignent les justes dieux rendre vain ce présage!
Cependant allons voir si nous vaincrons l'orage,
Et si, contre l'effort d'un si puissant courroux,
La nature et l'amour voudront parler pour nous.

ACTE QUATRIÈME

SCÈNE I

ANTIOCHUS, RODOGUNE.

RODOGUNE.
Prince, qu'ai-je entendu? parce que je soupire,
Vous présumez que j'aime, et vous m'osez le dire!
Est-ce un frère, est-ce vous dont la témérité
S'imagine...
ANTIOCHUS.
Apaisez ce courage irrité,
Princesse; aucun de nous ne serait téméraire
Jusqu'à s'imaginer qu'il eût l'heur de vous plaire;
Je vois votre mérite et le peu que je vaux,
Et ce rival si cher connaît mieux ses défauts.
Mais si tantôt ce cœur parlait par votre bouche,
Il veut que nous croyions qu'un peu d'amour le touche,
Et qu'il daigne écouter quelques-uns de nos vœux,
Puisqu'il tient à bonheur d'être à l'un de nous deux.
Si c'est présomption de croire ce miracle,
C'est une impiété de douter de l'oracle,
Et mériter les maux où vous nous condamnez,
Qu'éteindre un bel espoir que vous nous ordonnez.
Princesse, au nom des dieux, au nom de cette flam...
RODOGUNE.
Un mot ne fait pas voir jusques au fond d'une âme,
Et votre espoir trop prompt prend trop de vanité
Des termes obligeants de ma civilité.
Je l'ai dit, il est vrai; mais, quoi qu'il en puisse être,
Méritez cet amour que vous voulez connaître.
Lorsque j'ai soupiré, ce n'était pas pour vous;
J'ai donné ces soupirs aux mânes d'un époux :

Et ce sont les effets du souvenir fidèle
Que sa mort à toute heure en mon âme rappelle.
Princes, soyez ses fils, et prenez son parti.

ANTIOCHUS.

Recevez donc son cœur en nous deux réparti ; [re,
Ce cœur, qu'un saint amour rangea sous votre empi-
Ce cœur, pour qui le vôtre à tous moments soupire,
Ce cœur, en vous aimant indignement percé,
Reprend pour vous aimer le sang qu'il a versé ;
Il le reprend en nous, il revit, il vous aime,
Et montre, en vous aimant, qu'il est encor le même.
Ah ! princesse, en l'état où le sort nous a mis,
Pouvons-nous mieux montrer que nous sommes ses

RODOGUNE. [fils ?

Si c'est son cœur en vous qui revit et qui m'aime,
Faites ce qu'il ferait s'il vivait en lui-même ;
A ce cœur qu'il vous laisse osez prêter un bras :
Pouvez-vous le porter et ne l'écouter pas ?
S'il vous explique mal ce qu'il en doit attendre,
Il emprunte ma voix pour mieux se faire entendre.
Une seconde fois il vous le dit par moi :
Prince, il faut le venger.

ANTIOCHUS.

J'accepte cette loi.
Nommez les assassins, et j'y cours.

RODOGUNE.

Quel mystère
Vous fait, en l'acceptant, méconnaître une mère ?

ANTIOCHUS.

Ah ! si vous ne voulez voir finir nos destins,
Nommez d'autres vengeurs ou d'autres assassins.

RODOGUNE.

Ah ! je vois trop régner son parti dans votre âme ;
Prince, vous le prenez.

ANTIOCHUS.

Oui, je le prends, madame ;
Et j'apporte à vos pieds le plus pur de son sang
Que la nature enferme en ce malheureux flanc.
Satisfaites vous-même à cette voix secrète
Dont la vôtre envers nous daigne être l'interprète :
Exécutez son ordre ; et hâtez-vous sur moi
De punir une reine et de venger un roi ;
Mais quitte par ma mort d'un devoir si sévère,
Écoutez-en un autre en faveur de mon frère.
De deux princes unis à soupirer pour vous
Prenez l'un pour victime, et l'autre pour époux.
Punissez un des fils des crimes de la mère,
Mais payez l'autre aussi des services du père ;
Et laissez un exemple à la postérité
Et de rigueur entière, et d'entière équité.
Quoi ! n'écouterez-vous ni l'amour ni la haine ?
Ne pourrai-je obtenir ni salaire ni peine ?
Ce cœur qui vous adore, et que vous dédaignez...

RODOGUNE.

Hélas, prince !

ANTIOCHUS.

Est-ce encor le roi que vous plaignez ?
Ce soupir ne va-t-il que vers l'ombre d'un père ?

RODOGUNE.

Allez, ou pour le moins rappelez votre frère :
Le combat pour mon âme était moins dangereux
Lorsque je vous avais à combattre tous deux ;
Vous êtes plus fort seul que vous n'étiez ensemble,
Je vous bravais tantôt, et maintenant je tremble.
J'aime ; n'abusez pas, prince, de mon secret ;
Au milieu de ma haine il m'échappe à regret ;
Mais enfin il m'échappe, et cette retenue
Ne peut plus soutenir l'effort de votre vue.
Oui, j'aime un de vous deux malgré ce grand cour-
Et ce dernier soupir dit assez que c'est vous. [roux,
Un rigoureux devoir à cet amour s'oppose :
Ne m'en accusez point, vous en êtes la cause ;
Vous l'avez fait renaître en me pressant d'un choix
Qui rompt de vos traités les favorables lois.
D'un père mort pour moi voyez le sort étrange :
Si vous me laissez libre, il faut que je le venge ;
Et mes feux dans mon âme ont beau s'en mutiner,
Ce n'est qu'à ce prix seul que je puis me donner :
Mais ce n'est pas de vous qu'il faut que je l'attende ;
Votre refus est juste autant que ma demande.
A force de respect votre amour s'est trahi.
Je voudrais vous haïr s'il m'avait obéi.
Et je n'estime pas l'honneur d'une vengeance
Jusqu'à vouloir d'un crime être la récompense.
Rentrons donc sous les lois que m'impose la paix.
Puisque m'en affranchir c'est vous perdre à jamais.
Prince, en votre faveur je ne puis davantage :
L'orgueil de ma naissance enfle encor mon courage,
Et quelque grand pouvoir que l'amour ait sur moi,
Je n'oublîrai jamais que je me dois un roi.
Oui, malgré mon amour, j'attendrai d'une mère
Que le trône me donne ou vous ou votre frère.
Attendant son secret vous aurez mes désirs ;
Et s'il le fait régner, vous aurez mes soupirs :
C'est tout ce qu'à mes feux ma gloire peut permettre,
Et tout ce qu'à vos feux les miens osent promettre.

ANTIOCHUS.

Que voudrais-je de plus ? son bonheur et le mien ;
Rendez heureux ce frère, et je ne perdrai rien.
L'amitié le consent, si l'amour l'appréhende.
Je bénirai le ciel d'une perte si grande ;
Et quittant les douceurs de cet espoir flottant,
Je mourrai de douleur, mais je mourrai content.

RODOGUNE.

Et moi, si mon destin entre ses mains me livre,
Pour un autre que vous s'il m'ordonne de vivre,
Mon amour... Mais adieu ; mon esprit se confond.
Prince, si votre flamme à la mienne répond,
Si vous n'êtes ingrat à ce cœur qui vous aime,
Ne me revoyez point qu'avec le diadème.

SCÈNE II

ANTIOCHUS.

Les plus doux de mes vœux enfin sont exaucés.
Tu viens de vaincre, amour ; mais ce n'est pas assez

Si tu veux triompher en cette conjoncture,
Après avoir vaincu, fais vaincre la nature ;
Et prête-lui pour nous ces tendres sentiments
Que ton ardeur inspire aux cœurs des vrais amants,
Cette pitié qui force, et ces dignes faiblesses
Dont la vigueur détruit les fureurs vengeresses.
Voici la reine. Amour, nature, justes dieux,
Faites-la-moi fléchir, ou mourir à ses yeux.

SCÈNE III

CLÉOPATRE, ANTIOCHUS, LAONICE.

CLÉOPATRE.

Eh bien ! Antiochus, vous dois-je la couronne ?

ANTIOCHUS.

Madame, vous savez si le ciel me la donne.

CLÉOPATRE.

Vous savez mieux que moi si vous la méritez.

ANTIOCHUS.

Je sais que je péris si vous ne m'écoutez.

CLÉOPATRE.

Un peu trop lent peut-être à servir ma colère,
Vous vous êtes laissé prévenir par un frère :
Il a su me venger quand vous délibériez,
Et je dois à son bras ce que vous espériez.
Je vous en plains, mon fils, ce malheur est extrême ;
C'est périr en effet que perdre un diadème.
Je n'y sais qu'un remède, encore est-il fâcheux,
Étonnant, incertain, et triste pour tous deux ;
Je périrais moi-même avant que de le dire :
Mais enfin on perd tout quand on perd un empire.

ANTIOCHUS.

Le remède à nos maux est tout en votre main,
Et n'a rien de fâcheux, d'étonnant, d'incertain ;
Votre seule colère a fait notre infortune.
Nous perdons tout, madame, en perdant Rodogune.
Nous l'adorons tous deux ; jugez en quels tourments
Nous jette la rigueur de vos commandements.
L'aveu de cet amour sans doute vous offense ;
Mais enfin nos malheurs croissent par le silence,
Et votre cœur qu'aveugle un peu d'inimitié,
S'il ignore nos maux, n'en peut prendre pitié.
Au point où je les vois, c'en est le seul remède.

CLÉOPATRE.

Quelle aveugle fureur vous-même vous possède !
Avez-vous oublié que vous parlez à moi ?
Ou si vous présumez être déjà mon roi ?

ANTIOCHUS.

Je tâche avec respect à vous faire connaître
Les forces d'un amour que vous avez fait naître.

CLÉOPATRE.

Moi, j'aurais allumé cet insolent amour ?

ANTIOCHUS.

Et quel autre prétexte a fait notre retour ?
Nous avez-vous mandés qu'afin qu'un droit d'aînesse
Donnât à l'un de nous le trône et la princesse ?
Vous avez bien fait plus, vous nous l'avez fait voir ;
Et c'était par vos mains nous mettre en son pouvoir.
Qui de nous deux, madame, eût osé s'en défendre,
Quand vous nous ordonniez à tous deux d'y prétendre,
Si sa beauté dès lors n'eût allumé nos feux,
Le devoir auprès d'elle eût attaché nos vœux ;
Le désir de régner eût fait la même chose ;
Et dans l'ordre des lois que la paix nous impose,
Nous devions aspirer à sa possession
Par amour, par devoir, ou par ambition.
Nous avons donc aimé, nous avons cru vous plaire ;
Chacun de nous n'a craint que le bonheur d'un frère ;
Et cette crainte enfin cédant à l'amitié,
J'implore pour tous deux un moment de pitié.
Avons-nous dû prévoir cette haine cachée,
Que la foi des traités n'avait point arrachée ?

CLÉOPATRE.

Non, mais vous avez dû garder le souvenir
Des hontes que pour vous j'avais su prévenir,
Et de l'indigne état où votre Rodogune
Sans moi, sans mon courage, eût mis votre fortune.
Je croyais que vos cœurs, sensibles à ces coups,
En sauraient conserver un généreux courroux ;
Et je le retenais avec ma douceur feinte,
Afin que, grossissant sous un peu de contrainte,
Ce torrent de colère et de ressentiment
Fût plus impétueux en son débordement.
Je fais plus maintenant : je presse, sollicite,
Je commande, menace, et rien ne vous irrite.
Le sceptre, dont ma main vous doit récompenser,
N'a point de quoi vous faire un moment balancer ;
Vous ne considérez ni lui ni mon injure ;
L'amour étouffe en vous la voix de la nature :
Et je pourrais aimer des fils dénaturés !

ANTIOCHUS.

La nature et l'amour ont leurs droits séparés ;
L'un n'ôte point à l'autre une âme qu'il possède.

CLÉOPATRE.

Non, non ; où l'amour règne il faut que l'autre cède.

ANTIOCHUS.

Leurs charmes à nos cœurs sont également doux,
Nous périrons tous deux s'il faut périr pour vous
Mais aussi...

CLÉOPATRE.

Poursuivez, fils ingrat et rebelle.

ANTIOCHUS.

Nous périrons tous deux s'il faut périr pour elle.

CLÉOPATRE.

Périssez, périssez, votre rébellion
Mérite plus d'horreur que de compassion.
Mes yeux sauront le voir sans verser une larme,
Sans regarder en vous que l'objet qui vous charme ;
Et je triompherai, voyant périr mes fils,
De ses adorateurs et de mes ennemis.

ANTIOCHUS.

Eh bien ! triomphez-en, que rien ne vous retienne ;
Votre main tremble-t-elle ? y voulez-vous la mienne ?
Madame, commandez, je suis prêt d'obéir ;
Je percerai ce cœur qui vous ose trahir ;
Heureux si par ma mort je puis vous satisfaire,
Et noyer dans mon sang toute votre colère.

Mais si la dureté de votre aversion
Nomme encor notre amour une rébellion,
Du moins souvenez-vous qu'elle n'a pris pour armes
Que de faibles soupirs et d'impuissantes larmes.
CLÉOPATRE.
Ah! que n'a-t-elle pris et la flamme et le fer!
Que bien plus aisément j'en saurais triompher!
Vos larmes dans mon cœur ont trop d'intelligence;
Elles ont presque éteint cette ardeur de vengeance!
Je ne puis refuser des soupirs à vos pleurs;
Je sens que je suis mère auprès de vos douleurs.
C'en est fait, je me rends, et ma colère expire.
Rodogune est à vous aussi bien que l'empire;
Rendez grâces aux dieux qui vous ont fait l'aîné :
Possédez-la, régnez.
ANTIOCHUS.
O moment fortuné!
O trop heureuse fin de l'excès de ma peine!
Je rends grâces aux dieux qui calment votre haine.
Madame, est-il possible?
CLÉOPATRE.
En vain j'ai résisté,
La nature est trop forte, et mon cœur s'est dompté.
Je ne vous dis plus rien, vous aimez votre mère,
Et votre amour pour moi taira ce qu'il faut taire.
ANTIOCHUS.
Quoi! je triomphe donc sur le point de périr!
La main qui me blessait a daigné me guérir!
CLÉOPATRE.
Oui, je veux couronner une flamme si belle.
Allez à la princesse en porter la nouvelle;
Son cœur comme le vôtre en deviendra charmé :
Vous n'aimeriez pas tant si vous n'étiez aimé.
ANTIOCHUS.
Heureux Antiochus! heureuse Rodogune!
Oui, madame, entre nous la joie en est commune.
CLÉOPATRE.
Allez donc; ce qu'ici vous perdez de moments
Sont autant de larcins à vos contentements;
Et ce soir, destiné pour la cérémonie,
Fera voir pleinement si ma haine est finie.
ANTIOCHUS.
Et nous vous ferons voir tous nos désirs bornés
A vous donner en nous des sujets couronnés.

SCÈNE IV

CLÉOPATRE, LAONICE.

LAONICE.
Enfin ce grand courage a vaincu sa colère.
CLÉOPATRE.
Que ne peut point un fils sur le cœur d'une mère!
LAONICE.
Vos pleurs coulent encore, et ce cœur adouci...
CLÉOPATRE.
Envoyez-moi son frère, et nous laissez ici.
Sa douleur sera grande, à ce que je présume;
Mais j'en saurai sur l'heure adoucir l'amertume.

Ne lui témoignez rien : il lui sera plus doux
D'apprendre tout de moi, qu'il ne serait de vous.

SCÈNE V

CLÉOPATRE.

Que tu pénètres mal le fond de mon courage *!
Si je verse des pleurs, ce sont des pleurs de rage;
Et ma haine, qu'en vain tu crois s'évanouir,
Ne les a fait couler qu'afin de t'éblouir.
Je ne veux plus que moi dedans ma confidence.
Et toi, crédule amant, que charme l'apparence,
Et dont l'esprit léger s'attache avidement
Aux attraits captieux de mon déguisement,
Va, triomphe en idée avec ta Rodogune,
Au sort des immortels préfère ta fortune,
Tandis que mieux instruite en l'art de me venger,
En de nouveaux malheurs je saurai te plonger. [che:
Ce n'est pas tout d'un coup que tant d'orgueil trébu-
De qui se rend trop tôt on doit craindre une embûche;
Et c'est mal démêler le cœur d'avec le front,
Que prendre pour sincère un changement si prompt.
L'effet te fera voir comme je suis changée.

SCÈNE VI

CLÉOPATRE, SÉLEUCUS.

CLÉOPATRE.
Savez-vous, Séleucus, que je me suis vengée?
SÉLEUCUS.
Pauvre princesse, hélas!
CLÉOPATRE.
Vous déplorez son sort!
Quoi! l'aimiez-vous?
SÉLEUCUS.
Assez pour regretter sa mort.
CLÉOPATRE.
Vous lui pouvez servir encor d'amant fidèle;
Si j'ai su me venger, ce n'a pas été d'elle.
SÉLEUCUS.
O ciel! et de qui donc, madame?
CLÉOPATRE.
C'est de vous,
Ingrat, qui n'aspirez qu'à vous voir son époux;
De vous, qui l'adorez en dépit d'une mère;
De vous, qui dédaignez de servir ma colère;
De vous, de qui l'amour, rebelle à mes désirs,
S'oppose à ma vengeance, et détruit mes plaisirs.
SÉLEUCUS.
De moi?
CLÉOPATRE.
De toi, perfide! Ignore, dissimule
Le mal que tu dois craindre et le feu qui te brûle;
Et si pour l'ignorer tu crois t'en garantir,
Du moins en l'apprenant commence à le sentir.
Le trône était à toi par le droit de naissance;
Rodogune avec lui tombait en ta puissance;

Tu devais l'épouser, tu devais être roi !
Mais comme ce secret n'est connu que de moi,
Je puis, comme je veux, tourner le droit d'aînesse,
Et donner à ton rival ton sceptre et ta maîtresse.

SÉLEUCUS.
A mon frère ?

CLÉOPATRE.
C'est lui que j'ai nommé l'aîné.

SÉLEUCUS.
Vous ne m'affligez point de l'avoir couronné :
Et par une raison qui vous est inconnue,
Mes propres sentiments vous avaient prévenue : [doux
Les biens que vous m'ôtez n'ont point d'attraits si
Que mon cœur n'ait donnés à ce frère avant vous ;
Et si vous bornez là toute votre vengeance,
Vos désirs et les miens seront d'intelligence.

CLÉOPATRE.
C'est ainsi qu'on déguise un violent dépit ;
C'est ainsi qu'une feinte au dehors l'assoupit,
Et qu'on croit amuser de fausses patiences
Ceux dont en l'âme on craint les justes défiances.

SÉLEUCUS.
Quoi ! je conserverais quelque courroux secret !

CLÉOPATRE.
Quoi ! lâche, tu pourrais la perdre sans regret,
Elle de qui les dieux te donnaient l'hyménée,
Elle dont tu plaignais la perte imaginée ?

SÉLEUCUS.
Considérer sa perte avec compassion,
Ce n'est pas aspirer à sa possession.

CLÉOPATRE.
Que la mort la ravisse, ou qu'un rival l'emporte,
La douleur d'un amant est également forte ;
Et tel qui se console après l'instant fatal,
Ne saurait voir son bien aux mains de son rival :
Piqué jusques au vif, il tâche à le reprendre ;
Il fait de l'insensible, afin de mieux surprendre ;
D'autant plus animé, que ce qu'il a perdu
Par rang ou par mérite à sa flamme était dû.

SÉLEUCUS.
Peut-être ; mais enfin par quel amour de mère
Pressez-vous tellement ma douleur contre un frère ?
Prenez-vous intérêt à la faire éclater ?

CLÉOPATRE.
J'en prends à la connaître, et la faire avorter ;
J'en prends à conserver malgré toi mon ouvrage
Des jaloux attentats de ta secrète rage.

SÉLEUCUS.
Je le veux croire ainsi ; mais quel autre intérêt
Nous fait tous deux aînés quand et comme il vous plaît ?
Qui des deux vous doit croire, et par quelle justice
Faut-il que sur moi seul tombe tout le supplice,
Et que du même amour dont nous sommes blessés
Il soit récompensé, quand vous m'en punissez ?

CLÉOPATRE.
Comme reine, à mon choix je fais justice ou grâce,
Et je m'étonne fort d'où vous vient cette audace,
D'où vient qu'un fils, vers moi noirci de trahison,
Ose de mes faveurs me demander raison.

SÉLEUCUS.
Vous pardonnerez donc ces chaleurs indiscrètes :
Je ne suis point jaloux du bien que vous lui faites ;
Et je vois quel amour vous avez pour tous deux,
Plus que vous ne pensez, et plus que je ne veux :
Le respect me défend d'en dire davantage.
Je n'ai ni faute d'yeux ni faute de courage,
Madame ; mais enfin n'espérez voir en moi
Qu'amitié pour mon frère, et zèle pour mon roi.
Adieu.

SCÈNE VII

CLÉOPATRE.

De quel malheur suis-je encore capable !
Leur amour m'offensait, leur amitié m'accable ;
Et contre mes fureurs je trouve en mes deux fils
Deux enfants révoltés et deux rivaux unis.
Quoi ! sans émotion perdre trône et maîtresse !
Quel est ici ton charme, odieuse princesse ?
Et par quel privilége, allumant de tels feux,
Peux-tu n'en prendre qu'un et m'ôter tous les deux ?
N'espère pas pourtant triompher de ma haine :
Pour régner sur deux cœurs, tu n'es pas encor reine.
Je sais bien qu'en l'état où tous deux je les voi
Il me les faut percer pour aller jusqu'à toi ;
Mais n'importe : mes mains sur le père enhardies
Pour un bras refusé sauront prendre deux vies ;
Leurs jours également sont pour moi dangereux :
J'ai commencé par lui, j'achèverai par eux. [seut :
Sors de mon cœur, nature, ou fais qu'ils m'obéis-
Fais-les servir ma haine, ou consens qu'ils périssent.
Mais déjà l'un a vu que je les veux punir.
Souvent qui tarde trop se laisse prévenir.
Allons chercher le temps d'immoler mes victimes,
Et de me rendre heureuse à force de grands crimes.

ACTE CINQUIÈME

SCÈNE I

CLÉOPATRE.

Enfin, grâces aux dieux, j'ai moins d'un ennemi.
La mort de Séleucus m'a vengée à demi ;
Son ombre, en attendant Rodogune et son frère,
Peut déjà de ma part les promettre à son père :
Ils le suivront de près, et j'ai tout préparé
Pour réunir bientôt ce que j'ai séparé.
O toi, qui n'attends plus que la cérémonie
Pour jeter à mes pieds ma rivale punie,
Et par qui deux amants vont d'un seul coup du sort
Recevoir l'hyménée, et le trône, et la mort ;

Poison, me sauras-tu rendre ton diadème?
Le fer m'a bien servie, en feras-tu de même?
Me seras-tu fidèle? Et toi, que me veux-tu,
Ridicule retour d'une sotte vertu,
Tendresse dangereuse autant comme importune;
Je ne veux point pour fils l'époux de Rodogune,
Et ne vois plus en lui les restes de mon sang,
S'il m'arrache du trône et la met en mon rang.
 Reste du sang ingrat d'un époux infidèle,
Héritier d'une flamme envers moi criminelle,
Aime mon ennemie, et péris comme lui.
Pour la faire tomber j'abattrai son appui :
Aussi bien sous mes pas c'est creuser un abîme
Que retenir ma main sur la moitié du crime;
Et, te faisant mon roi, c'est trop me négliger,
Que te laisser sur moi père et frère à venger.
Qui se venge à demi court lui-même à sa peine :
Il faut ou condamner ou couronner sa haine.
Dût le peuple en fureur pour ses maîtres nouveaux
De mon sang odieux arroser leurs tombeaux,
Dût le Parthe vengeur me trouver sans défense,
Dût le ciel égaler le supplice à l'offense,
Trône, à t'abandonner je ne puis consentir;
Par un coup de tonnerre il vaut mieux en sortir;
Il vaut mieux mériter le sort le plus étrange.
Tombe sur moi le ciel, pourvu que je me venge!
J'en recevrai le coup d'un visage remis :
Il est doux de périr après ses ennemis;
Et, de quelque rigueur que le destin me traite,
Je perds moins à mourir qu'à vivre leur sujette.
Mais voici Laonice; il faut dissimuler
Ce que le seul effet doit bientôt révéler.

SCÈNE II

CLÉOPATRE, LAONICE.

CLÉOPATRE.
Viennent-ils, nos amants?
                LAONICE.
                    Ils approchent, madame :
On lit dessus leur front l'allégresse de l'âme;
L'amour s'y fait paraître avec la majesté,
Et, suivant le vieil ordre en Syrie usité,
D'une grâce en tous deux tout auguste et royale,
Ils viennent prendre ici la coupe nuptiale,
Pour s'en aller au temple, au sortir du palais,
Par les mains du grand prêtre être unis à jamais :
C'est là qu'il les attend pour bénir l'alliance.
Le peuple tout ravi par ses vœux les devance,
Et pour eux à grands cris demande aux immortels
Tout ce qu'on leur souhaite au pied de leurs autels,
Impatient pour eux que la cérémonie
Ne commence bientôt, ne soit bientôt finie.
Les Parthes à la foule aux Syriens mêlés,
Tous nos vieux différends de leur âme exilés,
Font leur suite assez grosse, et d'une voix commune
Bénissent à l'envi le prince et Rodogune.
Mais je les vois déjà : madame, c'est à vous
A commencer ici des spectacles si doux.

SCÈNE III

CLÉOPATRE, ANTIOCHUS, RODOGUNE, ORONTE,
LAONICE, TROUPE DE PARTHES ET DE SYRIENS.

CLÉOPATRE.
Approchez, mes enfants; car l'amour maternelle,
Madame, dans mon cœur, vous tient déjà pour telle
Et je crois que ce nom ne vous déplaira pas.
RODOGUNE.
Je le chérirai même au delà du trépas.
Il m'est trop doux, madame; et tout l'heur* que j'es-
C'est de vous obéir et respecter en mère.   [père.
CLÉOPATRE.
Aimez-moi seulement; vous allez être rois,
Et s'il faut du respect, c'est moi qui vous le dois.
ANTIOCHUS.
Ah! si nous recevons la suprême puissance,
Ce n'est pas pour sortir de votre obéissance :
Vous régnerez ici quand nous y régnerons,
Et ce seront vos lois que nous y donnerons.
CLÉOPATRE.
J'ose le croire ainsi; mais prenez votre place :
Il est temps d'avancer ce qu'il faut que je fasse.

(*Ici Antiochus s'assied dans un fauteuil, Rodogune à sa gauche, en même rang, et Cléopâtre à sa droite, mais en rang inférieur, et qui marque quelque inégalité. Oronte s'assied aussi à la gauche de Rodogune, avec la même différence; et Cléopâtre, pendant qu'ils prennent leurs places, parle à l'oreille de Laonice, qui s'en va quérir une coupe pleine de vin empoisonné. Après qu'elle est partie, Cléopâtre continue :*)

Peuple qui m'écoutez, Parthes et Syriens,
Sujets du roi son frère, ou qui fûtes les miens,
Voici de mes deux fils celui qu'un droit d'aînesse
Élève dans le trône, et donne à la princesse.
Je lui rends cet État que j'ai sauvé pour lui;
Je cesse de régner, il commence aujourd'hui.
Qu'on ne me traite plus ici de souveraine :
Voici votre roi, peuple, et voilà votre reine.
Vivez pour les servir, respectez-les tous deux,
Aimez-les, et mourez, s'il est besoin, pour eux.
Oronte, vous voyez avec quelle franchise
Je leur rends ce pouvoir dont je me suis démise
Prêtez les yeux au reste, et voyez les effets
Suivre de point en point les traités de la paix.

(*Laonice revient avec une coupe à la main.*)

ORONTE.
Votre sincérité s'y fait assez paraître,
Madame; et j'en ferai récit au roi mon maître.
CLÉOPATRE.
L'hymen est maintenant notre plus cher souci.
L'usage veut, mon fils, qu'on le commence ici :
Recevez de ma main la coupe nuptiale,
Pour être après unis sous la foi conjugale;
Puisse-t-elle être un gage, envers votre moitié,
De votre amour ensemble et de mon amitié!

ANTIOCHUS, *prenant la coupe.*
Ciel ! que ne dois-je point aux bontés d'une mère !
CLÉOPATRE. [frère.
Le temps presse, et votre heur' d'autant plus se dif-
ANTIOCHUS, *à Rodogune.*
Madame, hâtons donc ces glorieux moments :
Voici l'heureux essai de nos contentements.
Mais si mon frère était le témoin de ma joie...
CLÉOPATRE.
C'est être trop cruel de vouloir qu'il la voie :
Ce sont des déplaisirs qu'il fait bien d'épargner ;
Et sa douleur secrète a droit de l'éloigner.
ANTIOCHUS.
Il m'avait assuré qu'il la verrait sans peine.
Mais n'importe, achevons.

SCÈNE IV

CLÉOPATRE, ANTIOCHUS, RODOGUNE, ORONTE, TIMAGÈNE, LAONICE, TROUPE.

TIMAGÈNE.
    Ah ! seigneur !
CLÉOPATRE.
          Timagène,
Quelle est votre insolence !
TIMAGÈNE.
      Ah ! madame !
ANTIOCHUS, *rendant la coupe à Laonice.*
           Parlez.
TIMAGÈNE.
Souffrez pour un moment que mes sens rappelés...
ANTIOCHUS.
Qu'est-il donc arrivé ?
TIMAGÈNE.
    Le prince votre frère...
ANTIOCHUS.
Quoi ! se voudrait-il rendre à mon bonheur contraire ?
TIMAGÈNE.
L'ayant cherché longtemps afin de divertir
L'ennui que de sa perte il pouvait ressentir,
Je l'ai trouvé, seigneur, au bout de cette allée
Où la clarté du ciel semble toujours voilée.
Sur un lit de gazon, de faiblesse étendu,
Il semblait déplorer ce qu'il avait perdu ;
Son âme à ce penser paraissait attachée ;
Sa tête sur un bras languissamment penchée,
Immobile et rêveur, en malheureux amant...
ANTIOCHUS.
Enfin, que faisait-il ? achevez promptement.
TIMAGÈNE.
D'une profonde plaie en l'estomac ouverte
Son sang à gros bouillons sur cette couche verte...
CLÉOPATRE.
Il est mort ?
TIMAGÈNE.
Oui, madame.

CLÉOPATRE.
      Ah ! destins ennemis,
Qui m'enviez le bien que je m'étais promis,
Voilà le coup fatal que je craignais dans l'âme,
Voilà le désespoir où l'a réduit sa flamme.
Pour vivre en vous perdant il avait trop d'amour,
Madame, et de sa main il s'est privé du jour.
TIMAGÈNE, *à Cléopâtre.*
Madame, il a parlé ; sa main est innocente.
CLÉOPATRE, *à Timagène.*
La tienne est donc coupable, et ta rage insolente,
Par une lâcheté qu'on ne peut égaler,
L'ayant assassiné, le fait encor parler !
ANTIOCHUS.
Timagène, souffrez la douleur d'une mère,
Et les premiers soupçons d'une aveugle colère.
Comme ce coup fatal n'a point d'autres témoins,
J'en ferais autant qu'elle, à vous connaître moins,
Mais que vous a-t-il dit ? achevez, je vous prie.
TIMAGÈNE.
Surpris d'un tel spectacle, à l'instant je m'écrie ;
Et soudain à mes cris, ce prince, en soupirant,
Avec assez de peine entr'ouvre un œil mourant ;
Et ce reste égaré de lumière incertaine
Lui peignant son cher frère au lieu de Timagène,
Rempli de votre idée, il m'adresse pour vous
Ces mots où l'amitié règne sur le courroux :
« Une main qui nous fut bien chère
« Venge ainsi le refus d'un coup trop inhumain.
« Régnez ; et surtout, mon cher frère,
« Gardez-vous de la même main.
« C'est... » La Parque à ce mot lui coupe la parole ;
Sa lumière s'éteint, et son âme s'envole ;
Et moi, tout effrayé d'un si tragique sort,
J'accours pour vous en faire un funeste rapport.
ANTIOCHUS.
Rapport vraiment funeste, et sort vraiment tragique,
Qui va changer en pleurs l'allégresse publique.
O frère, plus aimé que la clarté du jour !
O rival, aussi cher que m'était mon amour !
Je te perds, et je trouve en ma douleur extrême
Un malheur dans ta mort plus grand que la mort
O de ses derniers mots fatale obscurité ! [même.
En quel gouffre d'horreur m'as-tu précipité ?
Quand j'y pense chercher la main qui l'assassine,
Je m'impute à forfait tout ce que j'imagine ;
Mais aux marques enfin que tu m'en viens donner,
Fatale obscurité ! qui dois-je en soupçonner ?
« Une main qui nous fut bien chère ! »
Madame, est-ce la vôtre, ou celle de ma mère ?
Vous vouliez toutes deux un coup trop inhumain ;
Nous vous avons tous deux refusé notre main :
Qui de vous s'est vengée ? est-ce l'une, est-ce l'autre,
Qui fait agir la sienne au refus de la nôtre ?
Est-ce vous qu'en coupable il me faut regarder ?
Est-ce vous désormais dont je me dois garder ?
CLÉOPATRE.
Quoi ! vous me soupçonnez ?

RODOGUNE.
Quoi! je vous suis suspecte?
ANTIOCHUS.
Je suis amant et fils, je vous aime et respecte;
Mais quoi que sur mon cœur puissent des noms si
A ces marques enfin je ne connais que vous. [doux,
As-tu bien entendu? dis-tu vrai, Timagène?
TIMAGÈNE.
Avant qu'en soupçonner la princesse ou la reine,
Je mourrais mille fois; mais enfin mon récit
Contient, sans rien de plus, ce que le prince a dit.
ANTIOCHUS.
D'un et d'autre côté l'action est si noire,
Que n'en pouvant douter, je n'ose encor la croire.
O quiconque des deux avez versé son sang,
Ne vous préparez plus à me percer le flanc.
Nous avons mal servi vos haines mutuelles,
Aux jours l'une de l'autre également cruelles;
Mais si j'ai refusé ce détestable emploi,
Je veux bien vous servir toutes deux contre moi :
Qui que vous soyez donc, recevez une vie
Que déjà vos fureurs m'ont à demi ravie.
(Il tire son épée, et veut se tuer.)
RODOGUNE.
Ah! seigneur, arrêtez.
TIMAGÈNE.
Seigneur, que faites-vous?
ANTIOCHUS.
Je sers ou l'une ou l'autre, et je préviens ses coups.
CLÉOPATRE.
Vivez, régnez heureux.
ANTIOCHUS.
Otez-moi donc de doute,
Et montrez-moi la main qu'il faut que je redoute,
Qui pour m'assassiner ose me secourir,
Et me sauve de moi pour me faire périr.
Puis-je vivre et traîner cette gêne éternelle,
Confondre l'innocente avec la criminelle,
Vivre, et ne pouvoir plus vous voir sans m'alarmer?
Vous craindre toutes deux, toutes deux vous aimer?
Vivre avec ce tourment, c'est mourir à toute heure.
Tirez-moi de ce trouble, ou souffrez que je meure,
Et que mon déplaisir, par un coup généreux,
Épargne un parricide ou me venge de vous deux.
CLÉOPATRE.
Puisque le même jour que ma main vous couronne
Je perds un de mes fils, et l'autre me soupçonne;
Qu'au milieu de mes pleurs, qu'il devrait essuyer,
Son peu d'amour me force à me justifier;
Si vous n'en pouvez mieux consoler une mère
Qu'en la traitant d'égale avec une étrangère,
Je vous dirai, seigneur (car ce n'est plus à moi
A nommer autrement et mon juge et mon roi),
Que vous voyez l'effet de cette vieille haine
Qu'en dépit de la paix me garde l'inhumaine,
Qu'en son cœur du passé soutient le souvenir,
Et que j'avais raison de vouloir prévenir.
Elle a soif de mon sang, elle a voulu l'épandre * :
J'ai prévu d'assez loin ce que j'en viens d'apprendre;

Mais je vous ai laissé désarmer mon courroux.
(à Rodogune.)
Sur la foi de ses pleurs je n'ai rien craint de vous,
Madame; mais ô dieux! quelle rage est la vôtre!
Quand je vous donne un fils, vous assassinez l'autre,
Et m'enviez soudain l'unique et faible appui
Qu'une mère opprimée eût pu trouver en lui!
Quand vous m'accablerez, où sera mon refuge?
Si je m'en plains au roi, vous possédez mon juge;
Et s'il m'ose écouter, peut-être, hélas! en vain
Il voudra se garder de cette même main.
Enfin je suis leur mère, et vous leur ennemie;
J'ai recherché leur gloire, et vous leur infamie;
Et si je n'eusse aimé ces fils que vous m'ôtez,
Votre abord en ces lieux les eût déshérités.
C'est à lui maintenant, en cette concurrence,
A régler ses soupçons sur cette différence,
A voir de qui des deux il doit se défier,
Si vous n'avez un charme à vous justifier.
RODOGUNE, à Cléopâtre.
Je me défendrai mal : l'innocence étonnée
Ne peut s'imaginer qu'elle soit soupçonnée;
Et n'ayant rien prévu d'un attentat si grand,
Qui l'en veut accuser sans peine la surprend.
Je ne m'étonne point de voir que votre haine
Pour me faire coupable a quitté Timagène.
Au moindre jour ouvert de tout jeter sur moi,
Son récit s'est trouvé digne de votre foi.
Vous l'accusiez pourtant, quand votre âme alarmée
Craignait qu'en expirant ce fils vous eût nommée :
Mais de ses derniers mots voyant le sens douteux,
Vous avez pris soudain le crime entre nous deux.
Certes, si vous voulez passer pour véritable
Que l'une de nous deux de sa mort soit coupable,
Je veux bien par respect ne vous imputer rien;
Mais votre bras au crime est plus fait que le mien;
Et qui sur un époux fit son apprentissage
A bien pu sur un fils achever son ouvrage.
Je ne dénirai point, puisque vous le savez,
De justes sentiments dans mon âme élevés :
Vous demandiez mon sang; j'ai demandé le vôtre :
Le roi sait quels motifs ont poussé l'une et l'autre;
Comme par sa prudence il a tout adouci,
Il vous connaît peut-être, et me connaît aussi.
(à Antiochus.)
Seigneur, c'est un moyen de vous être bien chère
Que pour don nuptial vous immoler un frère;
On fait plus; on m'impute un coup si plein d'horreur,
Pour me faire un passage à vous percer le cœur.
(à Cléopâtre.)
Où fuirais-je de vous après tant de furie,
Madame? et que ferait toute votre Syrie,
Où seule et sans appui contre mes attentats,
Je verrais...? Mais, seigneur, vous ne m'écoutez pas :
ANTIOCHUS.
Non, je n'écoute rien; et dans la mort d'un frère
Je ne veux point juger entre vous et ma mère :
Assassinez un fils, massacrez un époux,
Je ne veux me garder ni d'elle ni de vous.

Suivons aveuglément ma triste destinée ;
Pour m'exposer à tout achevons l'hyménée.
Cher frère, c'est pour moi le chemin du trépas ;
La main qui t'a percé ne m'épargnera pas ;
Je cherche à te rejoindre, et non à m'en défendre,
Et lui veux bien donner tout lieu de me surprendre :
Heureux si sa fureur qui me prive de toi
Se fait bientôt connaître en achevant sur moi,
Et si du ciel, trop lent à la réduire en poudre
Son crime redoublé peut arracher la foudre !
Donnez-moi...

RODOGUNE, *l'empêchant de prendre la coupe.*

Quoi ! seigneur !

ANTIOCHUS.

Vous m'arrêtez en vain :
Donnez.

RODOGUNE.

Ah ! gardez-vous de l'une et l'autre main !
Cette coupe est suspecte, elle vient de la reine ;
Craignez de toutes deux quelque secrète haine.

CLÉOPATRE.

Qui m'épargnait tantôt ose enfin m'accuser !

RODOGUNE.

De toutes deux, madame, il doit tout refuser.
Je n'accuse personne, et vous tiens innocente ;
Mais il en faut sur l'heure une preuve évidente :
Je veux bien à mon tour subir les mêmes lois.
On ne peut craindre trop pour le salut des rois.
Donnez donc cette preuve ; et, pour toute réplique,
Faites-en faire essai par quelque domestique.

CLÉOPATRE, *prenant la coupe.*

Je le ferai moi-même. Eh bien ! redoutez-vous
Quelque sinistre effet encor de mon courroux ?
J'ai souffert cet outrage avecque patience.

ANTIOCHUS, *prenant la coupe des mains de Cléopatre, après qu'elle a bu.*

Pardonnez-lui, madame, un peu de défiance :
Comme vous l'accusez, elle fait son effort
A rejeter sur vous l'horreur de cette mort ;
Et soit amour pour moi, soit adresse pour elle,
Ce soin la fait paraître un peu moins criminelle.
Pour moi, qui ne vois rien, dans le trouble où je suis,
Qu'un gouffre de malheurs, qu'un abîme d'ennuis,
Attendant qu'en plein jour ces vérités paraissent,
J'en laisse la vengeance aux dieux qui les connaissent.
Et vais sans plus tarder...

RODOGUNE.

Seigneur, voyez ses yeux
Déjà tout égarés, troubles et furieux,
Cette affreuse sueur qui court sur son visage,
Cette gorge qui s'enfle. Ah ! bons dieux ! quelle rage !
Pour vous perdre après elle, elle a voulu périr.

ANTIOCHUS, *rendant la coupe à Laonice.*

N'importe, elle est ma mère, il faut la secourir.

CLÉOPATRE.

Va, tu me veux en vain rappeler à la vie ;
Ma haine est trop fidèle, et m'a trop bien servie :
Elle a paru trop tôt pour te perdre avec moi ;
C'est le seul déplaisir qu'en mourant je reçoi ;
Mais j'ai cette douceur dedans cette disgrâce
De ne voir point régner ma rivale en ma place.
Règne ; de crime en crime enfin te voilà roi.
Je t'ai défait d'un père et d'un frère, et de moi :
Puisse le ciel tous deux vous prendre pour victimes,
Et laisser choir sur vous les peines de mes crimes !
Puissiez-vous ne trouver dedans votre union
Qu'horreur, que jalousie, et que confusion !
Et, pour vous souhaiter tous les malheurs ensemble,
Puisse naître de vous un fils qui me ressemble !

ANTIOCHUS.

Ah ! vivez pour changer cette haine en amour.

CLÉOPATRE.

Je maudirais les dieux s'ils me rendaient le jour
Qu'on m'emporte d'ici : je me meurs. Laonice,
Si tu veux m'obliger par un dernier service,
Après les vains efforts de mes inimitiés,
Sauve-moi de l'affront de tomber à leurs pieds.

(*Elle s'en va, et Laonice lui aide à marcher.*)

ORONTE.

Dans les justes rigueurs d'un sort si déplorable,
Seigneur, le juste ciel vous est bien favorable ;
Il vous a préservé, sur le point de périr,
Du danger le plus grand que vous puissiez courir ;
Et par un digne effet de ses faveurs puissantes,
La coupable est punie et vos mains innocentes.

ANTIOCHUS.

Oronte, je ne sais, dans son funeste sort,
Qui m'afflige le plus, ou sa vie, ou sa mort ;
L'une et l'autre a pour moi des malheurs sans exemple :
Plaignez mon infortune. Et vous, allez au temple
Y changer l'allégresse en un deuil sans pareil,
La pompe nuptiale en funèbre appareil ;
Et nous verrons après, par d'autres sacrifices,
Si les dieux voudront être à nos vœux plus propices.

EXAMEN DE RODOGUNE

Le sujet de cette tragédie est tiré d'Appian Alexandrin, dont voici les paroles, sur la fin du livre qu'il a fait des *Guerres de Syrie* : « Démétrius, surnommé Nicanor, entreprit la guerre contre les Parthes, et vécut quelque temps prisonnier dans la cour de leur roi Phraates, dont il épousa la sœur, nommée Rodogune. Cependant Diodotus, domestique des rois précédents, s'empara du trône de Syrie, et y fit asseoir un Alexandre, encore enfant, fils d'Alexandre le Bâtard et d'une fille de Ptolomée. Ayant gouverné quelque temps comme tuteur sous le nom de ce pupille, il s'en défit, et prit lui-même la couronne sous un nouveau nom de Tryphon qu'il se donna. Antiochus, frère du roi prisonnier, ayant appris sa captivité à Rhodes, et les troubles qui l'avaient suivie, revint dans la Syrie, où, ayant défait Tryphon, il le fit mourir. De là, il porta ses armes contre Phraates, et, vaincu dans une bataille, il se tua lui-même. Démétrius, retournant en son royaume, fut tué par sa femme Cléopâtre, qui lui dressa des embûches sur le chemin, en haine de cette Rodogune qu'il avait épousée, dont elle avait conçu une telle indignation, qu'elle avait épousé ce même Antiochus, frère de son mari. Elle avait deux fils de Démétrius, dont elle tua Séleucus, l'aîné, d'un coup de flèche, sitôt qu'il eut pris le diadème après la mort de son père, soit qu'elle craignit qu'il ne la voulût venger sur elle, soit que la même fureur l'emportât à ce nouveau parricide. Antiochus son frère lui succéda, et contraignit cette mère dénaturée de prendre le poison qu'elle lui avait préparé. »

Justin, en son trente-sixième, trente-huitième et trente-neuvième livre, raconte cette histoire plus au long, avec quelques autres circonstances. Le premier des *Machabées*, et Josèphe, au treizième des *Antiquités judaïques*, en disent aussi quelque chose qui ne s'accorde pas tout à fait avec Appian. C'est à lui que je me suis attaché pour la narration que j'ai mise au premier acte, et pour l'effet du cinquième, que j'ai adouci du côté d'Antiochus. J'en ai dit la raison ailleurs. Le reste sont des épisodes d'invention, qui ne sont pas incompatibles avec l'histoire, puisqu'elle ne dit point ce que devint Rodogune après la mort de Démétrius, qui vraisemblablement l'amenait en Syrie prendre possession de sa couronne. J'ai fait porter à la pièce le nom de cette princesse plutôt que celui de Cléopâtre, que je n'ai moi-même osé nommer dans mes vers, de peur qu'on ne confondît cette reine de Syrie avec cette fameuse princesse d'Égypte qui portait le même nom, et dont l'idée de celle-ci, beaucoup plus connue que l'autre, ne semât une dangereuse préoccupation parmi les auditeurs.

On m'a souvent fait une question à la cour : quel était celui de mes poëmes que j'estimais le plus ; et j'ai trouvé tous ceux qui me l'ont faite si prévenus en faveur de *Cinna* ou du *Cid*, que je n'ai jamais osé déclarer toute la tendresse que j'ai toujours eue pour celui-ci, à qui j'aurais volontiers donné mon suffrage, si je n'avais craint de manquer, en quelque sorte, au respect que je devais à ceux que je voyais pencher d'un autre côté. Cette préférence est peut-être en moi un effet de ces inclinations aveugles qu'ont beaucoup de pères pour quelques-uns de leurs enfants plus que pour les autres ; peut-être y entre-t-il un peu d'amour-propre, en ce que cette tragédie me semble être un peu plus à moi que celles qui l'ont précédée, à cause des incidents surprenants qui sont purement de mon invention, et n'avaient jamais été vus au théâtre ; et peut-être enfin y a-t-il un peu de vrai mérite qui fait que cette inclination n'est pas tout à fait injuste. Je veux bien laisser chacun en liberté de ses sentiments ; mais certainement on peut dire que mes autres pièces ont peu d'avantages qui ne se rencontrent en celle-ci : elle a tout ensemble la beauté du sujet, la nouveauté des fictions, la force des vers, la facilité de l'expression, la solidité du raisonnement, la chaleur des passions, les tendresses de l'amour et de l'amitié, et cet heureux assemblage est si ménagé de sorte qu'elle s'élève d'acte en acte. Le second passe le premier, le troisième est au-dessus du second, et le dernier l'emporte sur tous les autres. L'action en est une, grande, complète ; sa durée ne va point, ou fort peu, au delà de celle de la représentation. Le jour en est le plus illustre qu'on puisse imaginer, et l'unité de lieu s'y rencontre en la manière que je l'explique dans le troisième de mes discours, et avec l'indulgence que j'ai demandée pour le théâtre.

Ce n'est pas que je me flatte assez pour présumer qu'elle soit sans taches. On a fait tant d'objections contre la narration de Laonice au premier acte, qu'il est malaisé de ne donner pas les mains à quelques-unes. Je ne la tiens pas toutefois si inutile qu'on l'a dit. Il est hors de doute que Cléopâtre, dans le second, ferait connaître beaucoup de choses par sa confidence avec cette Laonice, et par le récit qu'elle en fait à ses deux fils, pour leur remettre devant les yeux combien ils lui ont d'obligation ; mais ces deux scènes demeureraient assez obscures, si cette narration ne les avait précédées, et du moins les justes défiances de Rodogune à la fin du premier acte, et la peinture que Cléopâtre fait d'elle-même dans son monologue qui ouvre le second, n'auraient pu se faire entendre sans ce secours.

J'avoue qu'elle est sans artifice, et qu'on la fait de sang-froid à un personnage protatique, qui se pourrait toutefois justifier par les deux exemples de Térence que j'ai cités sur ce sujet au premier discours. Timagène, qui l'écoute, n'est introduit que pour l'écouter, bien que je l'emploie au cinquième à faire celle de la mort de Séleucus, qui se pouvait faire par un autre. Il l'écoute sans avoir aucun intérêt notable, et par simple curiosité d'apprendre ce qu'il pouvait avoir su déjà en la cour d'Égypte, où il était en assez bonne posture, étant gouverneur des neveux du roi, pour entendre des nouvelles assurées de tout ce qui se passait dans la Syrie, qui en est si voisine. D'ailleurs, ce qui ne peut recevoir d'excuse, c'est que, comme il y avait déjà quelque temps qu'il était de retour avec les princes, il n'y a pas d'apparence qu'il ait attendu ce grand jour de cérémonie pour s'informer de sa sœur comment se sont passés tous ces troubles, qu'il dit ne savoir que confusément. Pollux, dans *Médée*, n'est qu'un personnage protatique qui écoute beaucoup comme lui ; mais sa surprise de voir Jason à Corinthe, où il vient d'arriver, et son séjour en Asie, que la mer en sépare, lui donnent juste sujet d'ignorer ce qu'il en apprend. La narration ne laisse pas de demeurer froide comme celle-ci, parce qu'il ne s'est encore rien passé dans la pièce qui excite la curiosité de l'auditeur, ni qui lui puisse donner quelque émotion en l'écoutant ; mais si vous voulez réfléchir sur celle de Curiace dans *Horace*, vous trouverez qu'elle fait tout un autre effet. Camille, qui l'écoute, a intérêt, comme lui, à savoir comment s'est faite une paix dont dépend leur mariage ; et l'auditeur, que Sabine et elle n'ont entretenu que de leurs malheurs et des appréhensions d'une bataille qui se va donner entre deux partis, où elles voient leurs frères dans l'un et leur amour dans l'autre, n'a pas moins d'avidité qu'elles d'apprendre comment une paix si surprenante s'est pu conclure.

Ces défauts dans cette narration confirment ce que j'ai dit ailleurs, que, lorsque la tragédie a son fondement sur des guerres entre deux États, ou sur d'autres affaires publiques, il est très-malaisé d'introduire un acteur qui les ignore, ni qui puisse recevoir le récit qui en doit instruire les spectateurs en parlant de lui.

J'ai déguisé quelque chose de la vérité historique dans celui-ci : Cléopâtre n'épousa Antiochus qu'en haine de ce que son mari avait épousé Rodogune chez les Parthes, et je fais qu'elle ne l'épouse que par la nécessité de ses affaires, sur un faux bruit de la mort de Démétrius, tant pour la faire pas méchante sans nécessité, comme Ménélas dans l'*Oreste* d'Euripide, que pour avoir lieu de feindre que Démétrius n'avait pas encore épousé Rodogune, et venait l'épouser dans son royaume pour la mieux établir en la place de l'autre, par le consentement de ses peuples, et assurer la couronne aux enfants qui naîtraient de ce mariage. Cette fiction m'était absolument nécessaire, afin qu'il fût lui permis de l'avoir épousée, et que l'amour que ses deux fils ont pour elle ne fit point d'horreur aux spectateurs, qui n'auraient pas manqué d'en prendre une assez forte, s'ils les eussent vus amoureux de la veuve de leur père, tant cette affection incestueuse répugne à nos mœurs !

Cléopâtre a lieu d'attendre ce jour-là à faire confidence à Laonice de ses desseins et des véritables raisons de tout ce qu'elle a fait. Elle eût pu trahir son secret aux princes ou à Rodogune, si elle l'eût su plus tôt ; et cette ambitieuse mère ne lui en fait part qu'au moment où elle veut bien qu'il éclate, par la cruelle proposition qu'elle va faire à ses fils. On a trouvé celle que Rodogune leur fait à son tour indigne d'une personne vertueuse, comme je la peins ; mais on n'a pas considéré qu'elle ne la fait pas, comme Cléopâtre, avec espoir de la voir exécuter par les princes, mais seulement pour s'exempter d'en choisir aucun, et les attacher tous deux à sa protection par une espérance égale. Elle était avertie par Laonice de celle que la reine leur avait faite, et devait prévoir que, si elle se fût déclarée pour Antiochus qu'elle aimait, son ennemie, qui avait seule le secret de leur naissance, n'eût pas manqué de nommer Séleucus pour l'aîné afin de les commettre l'un contre l'autre, et d'exciter une guerre civile qui eût pu causer sa perte. Ainsi elle devait s'exempter de choisir, pour les contenir tous deux dans l'égalité de prétention, et elle n'en avait point de meilleur moyen que de rappeler le souvenir de ce qu'elle devait à la mémoire de leur père, qui avait perdu la vie pour elle, et leur faire cette proposition qu'elle savait bien qu'ils n'accepteraient pas. Si le traité de paix l'avait forcée à se départir de ce juste sentiment de reconnaissance, la liberté qu'ils lui rendaient la rejetait dans cette obligation. Il était de son devoir de venger cette mort; mais il était de celui des princes de ne se pas charger de cette vengeance. Elle avoue elle-même à Antiochus qu'elle les haïrait, s'ils lui avaient obéi ; que, comme elle a fait ce qu'elle a dû par cette demande, ils font ce qu'ils doivent par leur refus; qu'elle aime trop la vertu pour vouloir être le prix d'un crime, et que la justice qu'elle demande de la mort de leur père serait un parricide, si elle la recevait de leurs mains.

Je dirai plus : quand cette proposition serait tout à fait condamnable en sa bouche, elle mériterait quelque grâce et pour l'éclat que la nouveauté de l'invention a fait au théâtre, et pour l'embarras surprenant où elle jette les princes, et pour l'effet qu'elle produit dans le reste de la pièce qu'elle conduit à l'action historique.

Elle est cause que Séleucus, par dépit, renonce au trône et à la possession de cette princesse ; que la reine, le voulant animer contre son frère, n'en peut rien obtenir, et qu'enfin elle se résout par désespoir de les perdre tous deux, plutôt que de se voir sujette de son ennemie.

Elle commence par Séleucus, tant pour suivre l'ordre de l'histoire, que parce que, s'il fût demeuré en vie après Antiochus et Rodogune, qu'elle voulait empoisonner publiquement, il les aurait pu venger. Elle ne craint pas la même chose d'Antiochus pour son frère, d'autant qu'elle espère que le poison violent qu'elle lui a préparé fera un effet assez prompt pour le faire mourir avant qu'il ait pu rien savoir de cette autre mort, ou du moins avant qu'il l'en puisse convaincre, puisqu'elle a si bien pris son temps pour l'assassiner, que ce parricide n'a point eu de témoins. J'ai parlé ailleurs de l'adoucissement que j'ai apporté pour empêcher qu'Antiochus n'en commit un en la forçant de prendre le poison qu'elle lui présente, et du peu d'apparence qu'il y avait qu'un moment après qu'elle a expiré presque à sa vue, il parlât d'amour et de mariage à Rodogune. Dans l'état où ils rentrent derrière le théâtre, ils peuvent le résoudre quand ils le jugeront à propos. L'action est complète, puisqu'ils sont hors de péril ; et la mort de Séleucus m'a exempté de développer le secret du droit d'aînesse entre les deux frères, qui d'ailleurs n'eût jamais été croyable, ne pouvant être éclairci que par une bouche en qui l'on n'a pas vu assez de sincérité pour prendre aucune assurance sur son témoignage.

FIN DE RODOGUNE.

HÉRACLIUS

TRAGÉDIE — 1647

A MONSEIGNEUR SÉGUIER, CHANCELIER DE FRANCE

Monseigneur,

Je sais que cette tragédie n'est pas d'un genre assez relevé pour espérer légitimement que vous y daigniez jeter les yeux, et que, pour offrir quelque chose à Votre Grandeur qui n'en fût pas entièrement indigne, j'aurais eu besoin d'une parfaite peinture de toute la vertu d'un Caton ou d'un Sénèque ; mais comme je tâchais d'amasser des forces pour ce grand dessein, les nouvelles faveurs que j'ai reçues de vous m'ont donné une juste impatience de les publier ; et les applaudissements qui ont suivi les représentations de ce poëme m'ont fait présumer que sa bonne fortune pourrait suppléer à son peu de mérite. La curiosité que son récit a laissée dans les esprits pour sa lecture m'a flatté aisément, jusques à me persuader que je ne pouvais prendre une plus heureuse occasion de leur faire savoir combien je vous suis redevable ; et j'ai précipité ma reconnaissance, quand j'ai considéré qu'autant que je la différerais pour m'en acquitter plus dignement, autant je demeurerais dans les apparences d'une ingratitude inexcusable envers vous. Mais quand même les dernières obligations que je vous ai ne m'auraient pas fait cette glorieuse violence, il faut que je vous avoue ingénument que les intérêts de ma propre réputation m'en imposaient une très-pressante nécessité. Le bonheur de mes ouvrages ne la porte en aucun lieu où elle ne demeure fort douteuse, et où l'on ne se défie, avec raison, de ce qu'en dit la voix publique, parce qu'aucun d'eux n'y fait connaître l'honneur que j'ai d'être connu de vous. Cependant on sait par toute l'Europe l'accueil favorable que Votre Grandeur fait aux gens de lettres ; que l'accès auprès de vous est ouvert et libre à tous ceux que les sciences ou les talents de l'esprit élèvent au-dessus du commun ; que les caresses dont vous les honorez sont les marques les plus indubitables et les plus solides de ce qu'ils valent ; et qu'enfin nos plus belles muses, que feu monseigneur le cardinal de Richelieu avait choisies de sa main pour en composer un corps tout d'esprit, seraient encore inconsolables de sa perte, si elles n'avaient trouvé chez Votre Grandeur la même protection qu'elles rencontraient chez Son Éminence. Quelle apparence donc qu'en quelque climat où notre langue puisse avoir entrée, on puisse croire qu'un homme mérite quelque véritable estime, si ses travaux n'y portent les assurances de l'état que vous en faites dans les hommages qu'il vous en doit ? Trouvez bon, Monseigneur, que celui-ci, plus heureux que le reste des miens, affranchisse mon nom de ne vous en avoir point encore rendu, et que, pour affermir ce peu de réputation qu'ils m'ont acquis, il tire mes lecteurs d'un doute si légitime, en leur apprenant non-seulement que je ne vous suis pas tout à fait inconnu, mais aussi même que votre bonté ne dédaigne pas de répandre sur moi votre bienveillance et vos grâces : de sorte que, quand votre vertu ne me donnerait pas toutes les passions imaginables pour votre service, je serais le plus ingrat de tous les hommes, si je n'étais toute ma vie très-véritablement,

Monseigneur,

Votre très-humble, très-obéissant, et très-fidèle serviteur

CORNEILLE.

AU LECTEUR

Voici une hardie entreprise sur l'histoire, dont vous ne reconnaîtrez aucune chose dans cette tragédie, que l'ordre de la succession des empereurs Tibère, Maurice, Phocas, et Héraclius. J'ai falsifié la naissance de ce dernier ; mais ce n'a été qu'en sa faveur, et pour lui en donner une plus illustre, le faisant fils de l'empereur Maurice, bien qu'il ne le fût que d'un préteur d'Afrique de même nom que lui. J'ai prolongé la durée de l'empire de son prédécesseur de douze années, et lui ai donné un fils, quoique l'histoire n'en parle point, mais seulement d'une fille nommée Domitia, qu'il maria à un Priscus ou Crispus. J'ai prolongé de même la vie de l'impératrice Constantine, et comme j'ai fait régner ce tyran vingt ans au lieu de huit, je n'ai fait mourir cette princesse que dans la quinzième année de sa tyrannie, quoiqu'il l'eût sacrifiée à sa sûreté avec ses filles dès la cinquième. Je ne me mettrai pas en peine de justifier cette licence que j'ai prise ; l'événement l'a assez justifiée, et les exemples des anciens que j'ai rapportés sur *Rodogune* semblent l'autoriser suffisamment : mais, à parler sans fard, je ne voudrais pas conseiller à personne de la tirer en exemple. C'est beaucoup hasarder, et l'on n'est pas toujours heureux ; et, dans un dessein de cette nature, ce qu'un bon succès fait passer pour une ingénieuse hardiesse, un mauvais le fait prendre pour une témérité ridicule.

Baronius, parlant de la mort de l'empereur Maurice, et de celle de ses fils, que Phocas faisait immoler à sa vue, rapporte une circonstance très-rare, dont j'ai pris l'occasion de former le nœud de cette tragédie, à qui elle sert de fondement. Cette nourrice eut tant de zèle pour ce malheureux prince, qu'elle exposa son propre fils au supplice, au lieu d'un des siens qu'on lui avait donné à nourrir. Maurice reconnut l'échange, et l'empêcha par une considération pieuse que cette extermination de toute sa famille était un juste jugement de Dieu, auquel il n'eût pas cru satisfaire, s'il eût souffert que le sang d'un autre eût payé pour celui d'un de ses fils. Mais quant à ce qui était de la mère, elle avait surmonté l'affection maternelle en faveur de son prince, et l'on peut dire que son enfant était mort pour son regard. Comme j'ai cru que cette action était assez généreuse pour mériter une personne plus illustre à la produire, j'ai fait de cette nourrice une gouvernante. J'ai supposé que l'échange avait eu son effet ; et de cet enfant sauvé par la supposition d'un autre, j'en ai fait Héraclius, le successeur de Phocas. Bien plus, j'ai feint que cette Léontine ne croyant pas pouvoir cacher longtemps cet enfant que Maurice avait commis à sa fidélité, vu la recherche exacte que Phocas en faisait faire ; et se voyant même déjà soupçonnée et prête à être découverte, se voulut mettre dans les bonnes grâces de ce tyran, en lui allant offrir ce petit prince dont il était en peine, au lieu duquel elle lui livra son propre fils Léonce. J'ai ajouté que par cette action Phocas fut tellement gagné, qu'il crut ne pouvoir remettre son fils Martian aux mains d'une personne qui lui fût plus acquise, d'autant que ce qu'elle venait de faire l'avait jetée, à ce qu'il croyait, dans une haine irréconciliable avec les amis de Maurice, qu'il avait seuls à craindre. Cette faveur où je le mets auprès de lui donne lieu à un second échange d'Héraclius, qu'elle nourrissait comme son fils sous le nom de Léonce, avec Martian, que Phocas lui avait confié. Je lui fais prendre l'occasion de l'éloignement de ce tyran, que j'arrête trois ans, sans revenir à la guerre contre les Perses; et à son retour, je fais qu'elle lui donne Héraclius pour son fils, qui est dorénavant élevé auprès de lui sous le nom de Martian, pendant qu'elle retient le vrai Martian auprès d'elle, et le nourrit sous le nom de son Léonce, qu'elle avait exposé pour l'autre. Comme ces deux princes sont grands, et que Phocas, abusé par ce dernier échange, presse Héraclius d'épouser Pulchérie, fille de Maurice, qu'il avait réservée exprès seule de toute sa famille, afin qu'elle portât par ce mariage le droit et les titres de l'empire dans sa maison, Léontine, pour empêcher cette alliance incestueuse du frère et de la sœur, avertit Héraclius de sa naissance. Je serais trop long si je voulais ici toucher le reste des incidents d'un poëme si embarrassé, et me contenterai de vous avoir donné ces lumières, afin que vous en puissiez commencer la lecture avec moins d'obscurité. Vous vous souviendrez seulement qu'Héraclius passe pour Martian, fils de Phocas, et Martian pour Léonce, fils de Léontine, et qu'Héraclius sait qui il est, et qui est ce faux Léonce; mais que le vrai Martian, Phocas, ni Pulchérie, n'en savent rien, non plus que le reste des acteurs, hormis Léontine et sa fille Eudoxe.

On m'a fait quelque scrupule de ce qu'il n'est pas vraisemblable qu'une mère expose son fils à la mort pour en préserver un autre : à quoi j'ai deux réponses à faire : la première, que notre unique docteur Aristote nous permet de mettre quelquefois des choses qui même soient contre la raison et l'apparence, pourvu que ce soit hors de l'action, ou, pour me servir des termes latins de ses interprètes, *extrà fabulam*, comme est ici cette supposition d'enfant, et nous donne pour exemple OEdipe, qui, ayant tué un roi de Thèbes, l'ignore encore vingt ans après;

l'autre, que l'action étant vraie du côté de la mère, comme je l'ai remarqué tantôt, il ne faut plus s'informer si elle est vraisemblable, étant certain que toutes les vérités sont recevables dans la poésie, quoiqu'elle ne soit pas obligée à les suivre. La liberté qu'elle a de s'en écarter n'est pas une nécessité, et la vraisemblance n'est qu'une condition nécessaire à la disposition, et non pas au choix du sujet, ni des incidents qui sont appuyés de l'histoire. Tout ce qui entre dans le poëme doit être croyable; et il l'est, selon Aristote, par l'un de ces trois moyens, la vérité, la vraisemblance, ou l'opinion commune. J'irai plus outre; et, quoique peut-être on voudra prendre cette proposition pour un paradoxe, je ne craindrai pas d'avancer que le sujet d'une belle tragédie doit n'être pas vraisemblable. La preuve en est aisée par le même Aristote, qui ne veut pas qu'on en compose une d'un ennemi qui tue son ennemi, parce que, bien que cela soit fort vraisemblable, il n'excite dans l'âme des spectateurs ni pitié ni crainte, qui sont les deux passions de la tragédie; mais il nous renvoie la choisir dans les événements extraordinaires qui se passent entre personnes proches, comme d'un père qui tue son fils, une femme son mari, un frère sa sœur; ce qui, n'étant jamais vraisemblable, doit avoir l'autorité de l'histoire ou de l'opinion commune pour être cru : si bien qu'il n'est pas permis d'inventer un sujet de cette nature. C'est la raison qu'il donne de ce que les anciens traitaient presque les mêmes sujets, d'autant qu'ils rencontraient peu de familles où fussent arrivés de pareils désordres, qui font les belles et puissantes oppositions du devoir et de la passion.

Ce n'est pas ici le lieu de m'étendre plus au long sur cette matière; j'en ai dit ces deux mots en passant, par une nécessité de me défendre d'une objection qui détruirait tout mon ouvrage, puisqu'elle va en saper le fondement, et non par ambition d'étaler mes maximes, qui peut-être ne sont pas généralement avouées des savants. Aussi n'ai-je ici mes opinions qu'à la mode de M. de Montaigne, non pour bonnes, mais pour miennes. Je m'en suis bien trouvé jusqu'à présent; mais je ne tiens pas impossible qu'on réussisse mieux en suivant les contraires.

PERSONNAGES.

PHOCAS, empereur d'Orient.
HÉRACLIUS, fils de l'empereur Maurice, cru Martian, fils de Phocas, amant d'Eudoxe.
MARTIAN, fils de Phocas, cru Léonce, fils de Léontine, amant de Pulchérie.
PULCHÉRIE, fille de l'empereur Maurice, maîtresse de Martian.

PERSONNAGES.

LÉONTINE, dame de Constantinople, autrefois gouvernante d'Héraclius et de Martian.
EUDOXE, fille de Léontine et maîtresse d'Héraclius.
CRISPE, gendre de Phocas.
EXUPÈRE, patricien de Constantinople.
AMINTAS, ami d'Exupère.
UN PAGE de Léontine.

La scène est à Constantinople.

ACTE PREMIER

SCÈNE I

PHOCAS, CRISPE.

PHOCAS.

Crispe, il n'est que trop vrai, la plus belle couronne
N'a que de faux brillants dont l'éclat l'environne;
Et celui dont le ciel pour un sceptre fait choix,
Jusqu'à ce qu'il le porte, en ignore le poids.
Mille et mille douceurs y semblent attachées,
Qui ne sont qu'un amas d'amertumes cachées:
Qui croit les posséder les sent s'évanouir;
Et la peur de les perdre empêche d'en jouir :
Surtout qui, comme moi, d'une obscure naissance
Monte par la révolte à la toute-puissance,
Qui de simple soldat à l'empire élevé
Ne l'a que par le crime acquis et conservé;
Autant que sa fureur s'est immolé de têtes,

Autant dessus la sienne il croit voir de tempêtes ;
Et comme il n'a semé qu'épouvante et qu'horreur,
Il n'en recueille enfin que trouble et que terreur.
J'en ai semé beaucoup ; et depuis quatre lustres
Mon trône n'est fondé que sur des morts illustres ;
Et j'ai mis au tombeau, pour régner sans effroi,
Tout ce que j'en ai vu de plus digne que moi.
Mais le sang répandu de l'empereur Maurice,
Ses cinq fils à ses yeux envoyés au supplice,
En vain en ont été les premiers fondements,
Si pour m'ôter ce trône ils servent d'instruments.
On en fait revivre un au bout de vingt années :
Bysance ouvre, dis-tu, l'oreille à ces menées ;
Et le peuple, amoureux de tout ce qui me nuit,
D'une croyance avide embrasse ce faux bruit,
Impatient déjà de se laisser séduire
Au premier imposteur armé pour me détruire,
Qui s'osant revêtir de ce fantôme aimé,
Voudra servir d'idole à son zèle charmé.
Mais sais-tu sous quel nom ce fâcheux bruit s'excite ?
CRISPE.
Il nomme Héraclius celui qu'il ressuscite.
PHOCAS.
Quiconque en est l'auteur devait mieux l'inventer.
Le nom d'Héraclius doit peu m'épouvanter ;
Sa mort est trop certaine, et fut trop remarquable
Pour craindre un grand effet d'une si vaine fable.
Il n'avait que six mois ; et, lui perçant le flanc,
On en fit dégoutter plus de lait que de sang ;
Et ce prodige affreux, dont je tremblai dans l'âme,
Fut aussitôt suivi de la mort de ma femme.
Il me souvient encor qu'il fut deux jours caché,
Et que sans Léontine on l'eût longtemps cherché :
Il fut livré par elle, à qui, pour récompense,
Je donnai de mon fils à gouverner l'enfance,
Du jeune Martian, qui d'âge presque égal,
Était resté sans mère en ce moment fatal.
Juge par là combien ce conte est ridicule.
CRISPE.
Tout ridicule il plaît, et le peuple est crédule ;
Mais avant qu'à ce conte il se laisse emporter,
Il vous est trop aisé de le faire avorter.
Quand vous fîtes périr Maurice et sa famille,
Il vous en plut, seigneur, réserver une fille,
Et résoudre dès lors qu'elle aurait pour époux
Ce prince destiné pour régner après vous.
Le peuple en sa personne aime encore et révère
Et son père Maurice et son aïeul Tibère,
Et vous verra sans trouble en occuper le rang
S'il voit tomber leur sceptre au reste de leur sang.
Non, il ne courra plus après l'ombre du frère,
S'il voit monter la sœur sur le trône du père.
Mais pressez cet hymen : le prince aux champs de [Mars,
Chaque jour, chaque instant, s'offre à mille hasards ;
Et n'eût été Léonce, en la dernière guerre,
Ce dessein avec lui serait tombé par terre,
Puisque, sans la valeur de ce jeune guerrier,
Martian demeurait ou mort ou prisonnier.
Avant que d'y périr, s'il faut qu'il y périsse.

Qu'il vous laisse un neveu qui le soit de Maurice,
Et qui, réunissant l'une et l'autre maison,
Tire chez vous l'amour qu'on garde pour son nom.
PHOCAS.
Hélas ! de quoi me sert ce dessein salutaire,
Si pour en voir l'effet tout me devient contraire ?
Pulchérie et mon fils ne se montrent d'accord
Qu'à fuir cet hyménée à l'égal de la mort ;
Et les aversions entre eux deux mutuelles
Les font d'intelligence à se montrer rebelles.
La princesse surtout frémit à mon aspect ;
Et, quoiqu'elle étudie un peu de faux respect,
Le souvenir des siens, l'orgueil de sa naissance,
L'emporte à tous moments à braver ma puissance.
Sa mère, que longtemps je voulus épargner,
Et qu'en vain par douceur j'espérai de gagner,
L'a de la sorte instruite ; et ce que je vois suivre
Me punit bien du trop que je la laissai vivre.
CRISPE.
Il faut agir de force avec de tels esprits,
Seigneur ; et qui les flatte endurcit leurs mépris :
La violence est juste où la douceur est vaine.
PHOCAS.
C'est par là qu'aujourd'hui je veux dompter sa haine.
Je l'ai mandée exprès, non plus pour la flatter,
Mais pour prendre mon ordre et pour l'exécuter.
CRISPE.
Elle entre.

SCÈNE II

PHOCAS, PULCHÉRIE, CRISPE

PHOCAS.
Enfin, madame, il est temps de vous rendre.
Le besoin de l'État défend de plus attendre ;
Il lui faut des Césars, et je me suis promis
D'en voir naître bientôt de vous et de mon fils.
Ce n'est pas exiger grande reconnaissance
Des soins que mes bontés ont pris de votre enfance,
De vouloir qu'aujourd'hui, pour prix de mes bien-
Vous daigniez accepter les dons que je vous fais. [faits,
Ils ne font point de honte au rang le plus sublime ;
Ma couronne et mon fils valent bien quelque estime :
Je vous les offre encore après tant de refus ;
Mais apprenez aussi que je n'en souffre plus ;
Que de force ou de gré je me veux satisfaire ;
Qu'il me faut craindre en maître, ou me chérir en [père,
Et que, si votre orgueil s'obstine à me haïr,
Qui ne peut être aimé se peut faire obéir.
PULCHÉRIE.
J'ai rendu jusqu'ici cette reconnaissance
A ces soins tant vantés d'élever mon enfance,
Que, tant qu'on m'a laissée en quelque liberté,
J'ai voulu me défendre avec civilité ;
Mais, puisqu'on use enfin d'un pouvoir tyrannique,
Je vois bien qu'à mon tour il faut que je m'explique,
Que je me montre entière à l'injuste fureur,
Et parle à mon tyran en fille d'empereur.

Il fallait me cacher avec quelque artifice
Que j'étais Pulchérie et fille de Maurice,
Si tu faisais dessein de m'éblouir les yeux
Jusqu'à prendre tes dons pour des dons précieux.
Vois quels sont ces présents dont le refus t'étonne :
Tu me donnes, dis-tu, ton fils et ta couronne;
Mais que me donnes-tu, puisque l'une est à moi,
Et l'autre en est indigne, étant sorti de toi ?
  Ta libéralité me fait peine à comprendre :
Tu parles de donner, quand tu ne fais que rendre;
Et puisqu'avecque moi tu veux le couronner,
Tu ne me rends mon bien que pour te le donner.
Tu veux que cet hymen que tu m'oses prescrire
Porte dans ta maison les titres de l'empire,
Et de cruel tyran, d'infâme ravisseur,
Te fasse vrai monarque, et juste possesseur.
Ne reproche donc plus à mon âme indignée
Qu'en perdant tous les miens tu m'as seule épargnée :
Cette feinte douceur, cette ombre d'amitié,
Vint de ta politique, et non de ta pitié.
Ton intérêt dès lors fit seul cette réserve :
Tu m'as laissé la vie afin qu'elle te serve;
Et mal sûr dans un trône où tu crains l'avenir,
Tu ne m'y veux placer que pour t'y maintenir;
Tu ne m'y fais monter que de peur d'en descendre :
Mais connais Pulchérie, et cesse de prétendre.
Je sais qu'il m'appartient ce trône où tu te sieds,
Que c'est à moi d'y voir tout le monde à mes pieds;
Mais comme il est encor teint du sang de mon père,
S'il n'est lavé du tien, il ne saurait me plaire;
Et ta mort, que mes vœux s'efforcent de hâter,
Est l'unique degré par où j'y veux monter :
Voilà quelle je suis, et quelle je veux être.
Qu'un autre t'aime en père, ou te redoute en maître,
Le cœur de Pulchérie est trop haut et trop franc
Pour craindre ou pour flatter le bourreau de son sang.

PHOCAS.

J'ai forcé ma colère à te prêter silence,
Pour voir à quel excès irait ton insolence :
J'ai vu ce qui t'abuse et me fait mépriser,
Et t'aime encore assez pour te désabuser.
  N'estime plus mon sceptre usurpé sur ton père,
Ni que pour l'appuyer ta main soit nécessaire.
Depuis vingt ans je règne, et je règne sans toi;
Et j'en eus tout le droit du choix qu'on fit de moi.
Le trône où je me sieds n'est pas un bien de race :
L'armée a ses raisons pour remplir cette place;
Son choix en est le titre ; et tel est notre sort
Qu'une autre élection nous condamne à la mort.
Celle qu'on fit de moi fut l'arrêt de Maurice;
J'en vis avec regret le triste sacrifice :
Au repos de l'État il fallut l'accorder;
Mon cœur, qui résistait, fut contraint de céder;
Mais pour remettre un jour l'empire en sa famille
Je fis ce que je pus, je conservai sa fille,
Et, sans avoir besoin de titres ni d'appui,
Je te fais part d'un bien qui n'était plus à lui.

PULCHÉRIE.

Un chétif centenier des troupes de Mysie,
Qu'un gros de mutinés élut par fantaisie,
Oser arrogamment se vanter à mes yeux
D'être juste seigneur du bien de mes aïeux !
Lui qui n'a pour l'empire autre droit que ses crimes,
Lui qui de tous les miens fit autant de victimes,
Croire s'être lavé d'un si noir attentat
En imputant leur perte au repos de l'État !
Il fait plus, il me croit digne de cette excuse !
Souffre, souffre à ton tour que je te désabuse :
Apprends que si jadis quelques séditions
Usurpèrent le droit de ces élections,
L'empire était chez nous un bien héréditaire;
Maurice ne l'obtint qu'en gendre de Tibère;
Et l'on voit depuis lui remonter mon destin
Jusqu'au grand Théodose, et jusqu'à Constantin,
Et je pourrais avoir l'âme assez abattue...

PHOCAS.

Eh bien ! si tu le veux, je te le restitue
Cet empire, et consens encor que ta fierté
Impute à mes remords l'effet de ma bonté;
Dis que je te le rends et te fais des caresses
Pour apaiser des tiens les ombres vengeresses,
Et tout ce qui pourra sous quelque autre couleur
Autoriser ta haine et flatter ta douleur;
Par un dernier effort je veux souffrir la rage
Qu'allume dans ton cœur cette sanglante image.
Mais que t'a fait mon fils? était-il, au berceau,
Des tiens que je perdis le juge ou le bourreau?
Tant de vertus qu'en lui le monde entier admire
Ne l'ont-elles pas fait trop digne de l'empire?
En ai-je eu quelque espoir qu'il n'ait assez rempli?
Et voit-on sous le ciel prince plus accompli?
Un cœur comme le tien, si grand, si magnanime...

PULCHÉRIE.

Va, je ne confonds point ses vertus et ton crime;
Comme ma haine est juste, et ne m'aveugle pas,
J'en vois assez en lui pour les plus grands États;
J'admire chaque jour les preuves qu'il en donne;
J'honore sa valeur, j'estime sa personne,
Et penche d'autant plus à lui vouloir du bien
Que s'en voyant indigne il ne demande rien,
Que ses longues froideurs témoignent qu'il s'irrite
De ce qu'on veut de moi par delà son mérite,
Et que de tes projets son cœur triste et confus
Pour m'en faire justice approuve mes refus.
Ce fils si vertueux d'un père si coupable,
S'il ne devait régner, me pourrait être aimable;
Et cette grandeur même où tu le veux porter
Est l'unique motif qui m'y fait résister.
Après l'assassinat de ma famille entière,
Quand tu ne m'as laissé père, mère, ni frère,
Que j'en fasse ton fils légitime héritier !
Que j'assure par là leur trône au meurtrier !
Non, non; si tu me crois le cœur si magnanime
Qu'il ose séparer ses vertus de ton crime,
Sépare tes présents, et ne m'offre aujourd'hui
Que ton fils sans le sceptre, ou le sceptre sans lui.
Avise; et si tu crains qu'il fût trop infâme
De remettre l'empire en la main d'une femme,

Tu peux dès aujourd'hui le voir mieux occupé.
Le ciel me rend un frère à ta rage échappé;
On dit qu'Héraclius est tout prêt de paraître :
Tyran, descends du trône, et fais place à ton maître.
PHOCAS.
A ce compte, arrogante, un fantôme nouveau,
Qu'un murmure confus fait sortir du tombeau,
Te donne cette audace et cette confiance!
Ce bruit s'est fait déjà digne de ta croyance.
Mais...
PULCHÉRIE.
Je sais qu'il est faux; pour t'assurer ce rang
Ta rage eut trop de soin de verser tout mon sang;
Mais la soif de ta perte en cette conjoncture
Me fait aimer l'auteur d'une belle imposture.
Au seul nom de Maurice il te fera trembler :
Puisqu'il se dit son fils, il veut lui ressembler;
Et cette ressemblance où son courage aspire
Mérite mieux que toi de gouverner l'empire.
J'irai par mon suffrage affermir cette erreur,
L'avouer pour mon frère et pour mon empereur,
Et dedans son parti jeter tout l'avantage
Du peuple convaincu par mon premier hommage.
Toi, si quelque remords te donne un juste effroi,
Sors du trône, et te laisse abuser comme moi;
Prends cette occasion de te faire justice.
PHOCAS.
Oui, je me la ferai bientôt par ton supplice :
Ma bonté ne peut plus arrêter mon devoir;
Ma patience a fait par delà son pouvoir.
Qui se laisse outrager mérite qu'on l'outrage;
Et l'audace impunie enfle trop un courage.
Tonne, menace, brave, espère en de faux bruits,
Fortifie, affermis ceux qu'ils auront séduits;
Dans ton âme à ton gré change ma destinée;
Mais choisis pour demain la mort ou l'hyménée.
PULCHÉRIE.
Il n'est pas pour ce choix besoin d'un grand effort
A qui hait l'hyménée, et ne craint point la mort.
PHOCAS.
Dis, si tu veux encor, que ton cœur la souhaite.
(*Dans les deux scènes suivantes, Héraclius passe pour Martian, et Martian pour Léonce. Héraclius se connaît, mais Martian ne se connaît pas.*)

SCÈNE III

PHOCAS, PULCHÉRIE, HÉRACLIUS, CRISPE.

PHOCAS, à *Héraclius*.
Approche, Martian, que je te le répète :
Cette ingrate furie, après tant de mépris,
Conspire encor la perte et du père et du fils :
Elle-même a semé cette erreur populaire
D'un faux Héraclius qu'elle accepte pour frère;
Mais quoi qu'à ces mutins elle puisse imposer,
Demain ils la verront mourir, ou t'épouser.
HÉRACLIUS.
Seigneur...

PHOCAS.
Garde sur toi d'attirer ma colère.
HÉRACLIUS.
Dussé-je mal user de cet amour de père,
Étant ce que je suis, je me dois quelque effort
Pour vous dire, seigneur, que c'est vous faire tort,
Et que c'est trop montrer d'injuste défiance
De ne pouvoir régner que par son alliance :
Sans prendre un nouveau droit du nom de son époux,
Ma naissance suffit pour régner après vous.
J'ai du cœur, et tiendrais l'empire même infâme
S'il fallait le tenir de la main d'une femme.
PHOCAS.
Eh bien! elle mourra, tu n'en as pas besoin.
HÉRACLIUS. [soin.
De vous-même, seigneur, daignez mieux prendre
Le peuple aime Maurice; en perdre ce qui reste
Nous rendrait ce tumulte au dernier point funeste.
Au nom d'Héraclius à demi soulevé,
Vous verriez par sa mort le désordre achevé.
Il vaut mieux la priver du rang qu'elle rejette,
Faire régner une autre, et la laisser sujette;
Et d'un parti plus bas punissant son orgueil...
PHOCAS.
Quand Maurice peut tout du creux de son cercueil,
A ce fils supposé, dont il me faut défendre,
Tu parles d'ajouter un véritable gendre!
HÉRACLIUS.
Seigneur, j'ai des amis chez qui cette moitié...
PHOCAS.
A l'épreuve d'un sceptre il n'est point d'amitié,
Point qui ne s'éblouisse à l'éclat de sa pompe,
Point qu'après son hymen sa haine ne corrompe.
Elle mourra, te dis-je.
PULCHÉRIE, à *Héraclius*.
Ah! ne m'empêchez pas
De rejoindre les miens par un heureux trépas.
La vapeur de mon sang ira grossir la foudre
Que Dieu tient déjà prête à le réduire en poudre;
Et ma mort, en servant de comble à tant d'horreurs...
PHOCAS.
Par ses remercîments juge de ses fureurs.
J'ai prononcé l'arrêt, il faut que l'effet suive.
Résous-la de t'aimer, si tu veux qu'elle vive;
Sinon, j'en jure encore, et ne t'écoute plus :
Son trépas dès demain punira ses refus.

SCÈNE IV

PULCHÉRIE, HÉRACLIUS, MARTIAN.

HÉRACLIUS.
En vain il se promet que, sous cette menace,
J'espère en votre cœur surprendre quelque place :
Votre refus est juste, et j'en sais les raisons.
Ce n'est pas à nous deux d'unir les deux maisons;
D'autres destins, madame, attendent l'un et l'autre :
Ma foi m'engage ailleurs aussi bien que la vôtre.

Vous aurez en Léonce un digne possesseur;
Je serai trop heureux d'en posséder la sœur.
Ce guerrier vous adore, et vous l'aimez de même;
Je suis aimé d'Eudoxe autant comme je l'aime.
Léontine leur mère est propice à nos vœux; [nœuds,
Et quelque effort qu'on fasse à rompre ces beaux
D'un amour si parfait les chaînes sont si belles,
Que nos captivités doivent être éternelles.

PULCHÉRIE.
Seigneur, vous connaissez ce cœur infortuné :
Léonce y peut beaucoup; vous me l'avez donné,
Et votre main illustre augmente le mérite
Des vertus dont l'éclat pour lui me sollicite;
Mais à d'autres pensers il me faut recourir :
Il n'est plus temps d'aimer alors qu'il faut mourir;
Et quand à ce départ une âme se prépare...

HÉRACLIUS.
Redoutez un peu moins les rigueurs d'un barbare :
Pardonnez-moi ce mot; pour vous servir d'appui
J'ai peine à reconnaître encore un père en lui.
Résolu de périr pour vous sauver la vie,
Je sens tous mes respects céder à cette envie;
Je ne suis plus son fils, s'il en veut à vos jours,
Et mon cœur tout entier vole à votre secours.

PULCHÉRIE.
C'est donc avec raison que je commence à craindre,
Non la mort, non l'hymen où l'on me veut contrain-
Mais ce péril extrême où pour me secourir [dre,
Je vois votre grand cœur aveuglément courir.

MARTIAN.
Ah! mon prince! ah! madame! il vaut mieux vous ré-
Par un heureux hymen, à dissiper ce foudre*. [soudre,
Au nom de votre amour et de votre amitié,
Prenez de votre sort tous deux quelque pitié.
Que la vertu du fils, si pleine et si sincère,
Vainque la juste horreur que vous avez du père,
Et, pour mon intérêt, n'exposez pas tous deux...

HÉRACLIUS.
Que me dis-tu, Léonce? et qu'est-ce que tu veux?
Tu m'as sauvé la vie; et, pour reconnaissance,
Je voudrais à tes feux ôter leur récompense;
Et, ministre insolent d'un prince furieux,
Couvrir de cette honte un nom si glorieux;
Ingrat à mon ami, perfide à ce que j'aime,
Cruel à la princesse, odieux à moi-même!
Je te connais, Léonce, et mieux que tu ne crois;
Je sais ce que tu vaux, et ce que je te dois.
Son bonheur est le mien, madame; et je vous donne
Léonce et Martian en la même personne;
C'est Martian en lui que vous favorisez.
Opposons la constance aux périls opposés.
Je vais près de Phocas essayer la prière;
Et si je n'en obtiens la grâce tout entière,
Malgré le nom de père, et le titre de fils,
Je deviens le plus grand de tous ses ennemis.
Oui, si sa cruauté s'obstine à votre perte,
J'irai pour l'empêcher jusqu'à la force ouverte;
Et puisse, si le ciel m'y voit rien épargner,

Un faux Héraclius en ma place régner!
Adieu, madame.

PULCHÉRIE.
    Adieu, prince trop magnanime.
(*Héraclius s'en va, et Pulchérie continue.*)
Prince digne en effet d'un trône acquis sans crime,
Digne d'un autre père. Ah! Phocas! ah! tyran!
Se peut-il que ton sang ait formé Martian?
    Mais allons, cher Léonce, admirant son courage,
Tâcher de notre part à repousser l'orage.
Tu t'es fait des amis, je sais des mécontents;
Le peuple est ébranlé, ne perdons point de temps :
L'honneur te le commande, et l'amour t'y convie.

MARTIAN.
Pour otage en ses mains ce tigre a votre vie;
Et je n'oserai rien qu'avec un juste effroi
Qu'il ne venge sur vous ce qu'il craindra de moi.

PULCHÉRIE.
N'importe; à tout oser le péril doit contraindre.
Il ne faut craindre rien quand on a tout à craindre.
Allons examiner pour ce coup généreux
Les moyens les plus prompts et les moins dangereux.

ACTE DEUXIÈME

SCÈNE I

LÉONTINE, EUDOXE.

LÉONTINE.
Voilà ce que j'ai craint de son âme enflammée.

EUDOXE.
S'il m'eût caché son sort, il m'aurait mal aimée.

LÉONTINE.
Avec trop d'imprudence il vous l'a révélé.
Vous êtes fille, Eudoxe, et vous avez parlé ·
Vous n'avez pu savoir cette grande nouvelle
Sans la dire à l'oreille à quelque âme infidèle,
A quelque esprit léger, ou de votre heur* jaloux,
A qui ce grand secret a pesé comme à vous.
C'est par là qu'il est su, c'est par là qu'on publie
Ce prodige étonnant d'Héraclius en vie;
C'est par là qu'un tyran, plus instruit que troublé
De l'ennemi secret qui l'aurait accablé,
Ajoutera bientôt sa mort à tant de crimes,
Et se sacrifira pour nouvelles victimes
Ce prince dans son sein pour son fils élevé,
Vous qu'adore son âme, et moi qui l'ai sauvé.
Voyez combien de maux pour n'avoir su vous taire!

EUDOXE.
Madame, mon respect souffre tout d'une mère,
Qui, pour peu qu'elle veuille écouter la raison,
Ne m'accusera plus de cette trahison;
Car c'en est une enfin bien digne de supplice
Qu'avoir d'un tel secret donné le moindre indice.

LÉONTINE.

Et qui donc aujourd'hui le fait connaître à tous?
Est-ce le prince, ou moi?

EUDOXE.

Ni le prince, ni vous.
De grâce, examinez ce bruit qui vous alarme.
On dit qu'il est en vie, et son nom seul les charme :
On ne dit point comment vous trompâtes Phocas,
Livrant un de vos fils pour ce prince au trépas,
Ni comme après, du sien étant la gouvernante,
Par une tromperie encor plus importante,
Vous en fîtes l'échange, et, prenant Martian,
Vous laissâtes pour fils ce prince à son tyran :
En sorte que le sien passe ici pour mon frère,
Cependant que de l'autre il croit être le père,
Et voit en Martian Léonce qui n'est plus,
Tandis que sous ce nom il aime Héraclius.
On dirait tout cela si, par quelque imprudence,
Il m'était échappé d'en faire confidence;
Mais pour toute nouvelle on dit qu'il est vivant;
Aucun n'ose pousser l'histoire plus avant.
Comme ce sont pour tous des routes inconnues,
Il semble à quelques-uns qu'il doit tomber des nues;
Et j'en sais tel qui croit, dans sa simplicité,
Que pour punir Phocas Dieu l'a ressuscité.
Mais le voici.

SCÈNE II

HÉRACLIUS, LÉONTINE, EUDOXE.

HÉRACLIUS.

Madame, il n'est plus temps de taire
D'un si profond secret le dangereux mystère :
Le tyran, alarmé du bruit qui le surprend,
Rend ma crainte trop juste, et le péril trop grand.
Non que de ma naissance il fasse conjecture;
Au contraire, il prend tout pour grossière imposture.
Et me connaît si peu, que, pour la renverser,
A l'hymen qu'il souhaite il prétend me forcer.
Il m'oppose à mon nom qui le vient de surprendre :
Je suis fils de Maurice; il m'en veut faire gendre,
Et s'acquérir les droits d'un prince si chéri
En me donnant moi-même à ma sœur pour mari.
En vain nous résistons à son impatience,
Elle par haine aveugle, et moi par connaissance :
Lui, qui ne conçoit rien de l'obstacle éternel
Qu'oppose la nature à ce nœud criminel,
Menace Pulchérie, au refus obstinée,
Lui propose à demain la mort ou l'hyménée.
J'ai fait pour le fléchir un inutile effort;
Pour éviter l'inceste, elle n'a que la mort.
Jugez s'il n'est pas temps de montrer qui nous sommes,
De cesser d'être fils du plus méchant des hommes,
D'immoler mon tyran aux périls de ma sœur,
Et de rendre à mon père un juste successeur.

LÉONTINE.

Puisque vous ne craignez que sa mort, ou l'inceste,
Je rends grâce, seigneur, à la bonté céleste
De ce qu'en ce grand bruit le sort nous est si doux
Que nous n'avons encor rien à craindre pour vous.
Votre courage seul nous donne lieu de craindre :
Modérez-en l'ardeur, daignez vous y contraindre;
Et puisqu'aucun soupçon ne dit rien à Phocas,
Soyez encor son fils, et ne vous montrez pas.
De quoi que ce tyran menace Pulchérie,
J'aurai trop de moyens d'arrêter sa furie,
De rompre cet hymen, ou de le retarder,
Pourvu que vous veuilliez ne vous point hasarder.
Répondez-moi de vous, et je vous réponds d'elle.

HÉRACLIUS.

Jamais l'occasion ne s'offrira si belle.
Vous voyez un grand peuple à demi révolté,
Sans qu'on sache l'auteur de cette nouveauté.
Il semble que de Dieu la main appesantie,
Se faisant du tyran l'effroyable partie,
Veuille avancer par là son juste châtiment;
Que, par un si grand bruit semé confusément,
Il dispose les cœurs à prendre un nouveau maître,
Et presse Héraclius de se faire connaître.
C'est à nous de répondre à ce qu'il en prétend :
Montrons Héraclius au peuple qui l'attend;
Évitons le hasard qu'un imposteur l'abuse,
Et qu'après s'être armé d'un nom que je refuse,
De mon trône, à Phocas sous ce titre arraché,
Il puisse me punir de m'être trop caché.
Il ne sera pas temps, madame, de lui dire
Qu'il me rende mon nom, ma naissance et l'empire,
Quand il se prévaudra de ce nom déjà pris
Pour me joindre au tyran dont je passe pour fils.

LÉONTINE.

Sans vous donner pour chef à cette populace,
Je romprai bien encor ce coup, s'il vous menace;
Mais gardons jusqu'au bout ce secret important;
Fiez-vous plus à moi qu'à ce peuple inconstant.
Ce que j'ai fait pour vous depuis votre naissance,
Semble digne, seigneur, de cette confiance :
Je ne laisserai point mon ouvrage imparfait,
Et bientôt mes desseins auront leur plein effet.
Je punirai Phocas, je vengerai Maurice;
Mais aucun n'aura part à ce grand sacrifice :
J'en veux toute la gloire, et vous me la devez.
Vous régnerez par moi, si par moi vous vivez.
Laissez entre mes mains mûrir vos destinées,
Et ne hasardez point le fruit de vingt années.

EUDOXE.

Seigneur, si votre amour peut écouter mes pleurs,
Ne vous exposez point au dernier des malheurs.
La mort de ce tyran, quoique trop légitime,
Aura dedans vos mains l'image d'un grand crime :
Le peuple pour miracle osera maintenir
Que le ciel par son fils l'aura voulu punir;
Et sa haine obstinée après cette chimère
Vous croira parricide en vengeant votre père;
La vérité n'aura ni le nom ni l'effet
Que d'un adroit mensonge à couvrir ce forfait;
Et d'une telle erreur l'ombre sera trop noire

Pour ne pas obscurcir l'éclat de votre gloire.
Je sais bien que l'ardeur de venger vos parents...
HÉRACLIUS.
Vous en êtes aussi, madame, et je me rends ;
Je n'examine rien, et n'ai pas la puissance
De combattre l'amour et la reconnaissance ;
Le secret est à vous, et je serais ingrat
Si sans votre congé* j'osais en faire éclat,
Puisque, sans votre aveu, toute mon aventure
Passerait pour un songe ou pour une imposture.
Je dirai plus : l'empire est plus à vous qu'à moi,
Puisqu'à Léonce mort tout entier je le doi ;
C'est le prix de son sang, c'est pour y satisfaire
Que je rends à la sœur ce que je tiens du frère :
Non que pour m'acquitter par cette élection*
Mon devoir ait forcé mon inclination ;
Il présenta mon cœur aux yeux qui le charmèrent ;
Il prépara mon âme aux feux qu'ils allumèrent ;
Et ces yeux tout divins, par un soudain pouvoir,
Achevèrent sur moi l'effet de ce devoir.
Oui, mon cœur, cher Eudoxe, à ce trône n'aspire
Que pour vous voir bientôt maîtresse de l'empire.
Je ne me suis voulu jeter dans le hasard
Que par la seule soif de vous en faire part ;
C'était là tout mon but. Pour éviter l'inceste
Je n'ai qu'à m'éloigner de ce climat funeste ;
Mais si je me dérobe au rang qui vous est dû,
Ce sera par moi seul que vous l'aurez perdu ;
Seul je vous ôterai ce que je vous dois rendre.
Disposez des moyens et du temps de le prendre.
Quand vous voudrez régner, faites-m'en possesseur :
Mais, comme enfin j'ai lieu de craindre pour ma sœur,
Tirez-la dans ce jour de ce péril extrême,
Ou demain je ne prends conseil que de moi-même.
LÉONTINE.
Reposez-vous sur moi, seigneur, de tout son sort,
Et n'en appréhendez ni l'hymen ni la mort.

SCÈNE III

LÉONTINE, EUDOXE.

LÉONTINE.
Ce n'est plus avec vous qu'il faut que je déguise ;
A ne vous rien cacher son amour m'autorise :
Vous saurez les desseins de tout ce que j'ai fait,
Et pourrez me servir à presser leur effet.
Notre vrai Martian adore la princesse :
Animons toutes deux l'amant pour la maîtresse ;
Faisons que son amour nous venge de Phocas,
Et de son propre fils arme pour nous le bras.
Si j'ai pris soin de lui, si je l'ai laissé vivre,
Si je perdis Léonce et ne le fis pas suivre,
Ce fut sur l'espoir seul qu'un jour, pour s'agrandir,
A ma pleine vengeance il pourrait s'enhardir.
Je ne l'ai conservé que pour ce parricide.

EUDOXE.
Ah ! madame !

LÉONTINE.
Ce mot déjà vous intimide !
C'est à de telles mains qu'il nous faut recourir ;
C'est par là qu'un tyran est digne de périr ;
Et le courroux du ciel, pour en purger la terre,
Nous doit un parricide au refus du tonnerre.
C'est à nous qu'il remet de l'y précipiter :
Phocas le commettra s'il le peut éviter ;
Et nous immolerons au sang de votre frère
Le père par le fils ou le fils par le père.
L'ordre est digne de nous ; le crime est digne d'eux ;
Sauvons Héraclius au péril de tous deux.

EUDOXE.
Je sais qu'un parricide est digne d'un tel père ;
Mais faut-il qu'un tel fils soit en péril d'en faire ?
Et sachant sa vertu, pouvez-vous justement
Abuser jusque-là de son aveuglement ?
Dans le fils d'un tyran l'odieuse naissance
Mérite que l'erreur arrache l'innocence,
Et que, de quelque éclat qu'il se soit revêtu,
Un crime qu'il ignore en souille la vertu.

SCÈNE IV

LÉONTINE, EUDOXE, UN PAGE.

LE PAGE.
Exupère, madame, est là qui vous demande.

LÉONTINE.
Exupère ! à ce nom que ma surprise est grande !
Qu'il entre. A quel dessein vient-il parler à moi,
Lui que je ne vois point, qu'à peine je connoi ?
Dans l'âme il hait Phocas, qui s'immola son père ;
Et sa venue ici cache quelque mystère.
Je vous l'ai déjà dit, votre langue nous perd.

SCÈNE V

EXUPÈRE, LÉONTINE, EUDOXE.

EXUPÈRE.
Madame, Héraclius vient d'être découvert.

LÉONTINE, *à Eudoxe.*
Eh bien ?

EUDOXE.
Si...

LÉONTINE.
(*à Eudoxe.*) (*à Exupère.*)
Taisez-vous. Depuis quand ?

EXUPÈRE.
Tout à l'heure.

LÉONTINE.
Et déjà l'empereur a commandé qu'il meure ?

EXUPÈRE.
Le tyran est bien loin de s'en voir éclairci.

LÉONTINE.
Comment ?

EXUPÈRE.
Ne craignez rien, madame, le voici.
LÉONTINE.
Je ne vois que Léonce.
EXUPÈRE.
Ah! quittez l'artifice.

SCÈNE VI

MARTIAN, LÉONTINE, EXUPÈRE, EUDOXE.

MARTIAN.
Madame, dois-je croire un billet de Maurice?
Voyez si c'est sa main, ou s'il est contrefait ;
Dites s'il me détrompe, ou m'abuse en effet,
Si je suis votre fils, ou s'il était mon père :
Vous en devez connaître encor le caractère.

LÉONTINE, *lit le billet.*

« Léontine a trompé Phocas,
« Et, livrant pour mon fils un des siens au trépas,
« Dérobe à sa fureur l'héritier de l'empire.
« O vous qui me restez de fidèles sujets,
« Honorez son grand zèle, appuyez ses projets !
« Sous le nom de Léonce Héraclius respire.
« MAURICE. »

(*Elle rend le billet à Exupère, qui le lui a donné, et continue.*)

Seigneur, il vous dit vrai : vous étiez en mes mains
Quand on ouvrit Byzance au pire des humains.
Maurice m'honora de cette confiance ;
Mon zèle y répondit par delà sa croyance.
Le voyant prisonnier et ses quatre autres fils,
Je cachai quelques jours ce qu'il m'avait commis ;
Mais enfin, toute prête à me voir découverte,
Ce zèle sur mon sang détourna votre perte.
J'allai pour vous sauver vous offrir à Phocas ;
Mais j'offris votre nom, et ne vous donnai pas.
La généreuse ardeur de sujette fidèle
Me rendit pour mon prince à moi-même cruelle :
Mon fils fut, pour mourir, le fils de l'empereur.
J'éblouis le tyran, je trompai sa fureur :
Léonce, au lieu de vous, lui servit de victime.

(*Elle fait un soupir.*)

Ah ! pardonnez, de grâce ; il m'échappe sans crime.
J'ai pris pour vous sa vie, et lui rends un soupir ;
Ce n'est pas trop, seigneur, pour un tel souvenir :
A cet illustre effort par mon devoir réduite,
J'ai dompté la nature, et ne l'ai pas détruite.
Phocas, ravi de joie à cette illusion,
Me combla de faveurs avec profusion,
Et nous fit de sa main cette haute fortune
Dont il n'est pas besoin que je vous importune.
Voilà ce que mes soins vous laissaient ignorer ;
Et j'attendais, seigneur, à vous le déclarer,
Que, par vos grands exploits, votre rare vaillance
Pût faire à l'univers croire votre naissance,
Et qu'une occasion pareille à ce grand bruit
Nous pût de son aveu promettre quelque fruit ;
Car, comme j'ignorais que notre grand monarque
En eût pu rien savoir, ou laisser quelque marque,
Je doutai qu'un secret, n'étant su que de moi,
Sous un tyran si craint pût trouver quelque foi.

EXUPÈRE.
Comme sa cruauté, pour mieux gêner Maurice,
Le forçait de ses fils à voir le sacrifice,
Ce prince vit l'échange, et l'allait empêcher ;
Mais l'acier des bourreaux fut plus prompt à tran-
La mort de votre fils arrêta cette envie, [cher :
Et prévint d'un moment le refus de sa vie.
Maurice, à quelque espoir se laissant lors flatter,
S'en ouvrit à Félix, qui vint le visiter,
Et trouva les moyens de lui donner ce gage [ge.
Qui vous en pût un jour rendre un plein témoigna-
Félix est mort, madame, et naguère en mourant
Il remit ce dépôt à son plus cher parent ;
Et m'ayant tout conté : « Tiens, dit-il, Exupère,
« Sers ton prince, et venge ton père. »
Armé d'un tel secret, seigneur, j'ai voulu voir
Combien parmi le peuple il aurait de pouvoir.
J'ai fait semer ce bruit sans vous faire connaître ;
Et, voyant tous les cœurs vous souhaiter pour maître,
J'ai ligué du tyran les secrets ennemis,
Mais sans leur découvrir plus qu'il ne m'est permis ;
Ils aiment votre nom, sans savoir davantage ;
Et cette seule joie anime leur courage,
Sans qu'autres que les deux qui vous parlaient là-bas
De tout ce qu'elle a fait sachent plus que Phocas.
Vous venez de savoir ce que vous vouliez d'elle ;
C'est à vous de répondre à son généreux zèle.
Le peuple est mutiné, nos amis assemblés,
Le tyran effrayé, ses confidents troublés.
Donnez l'aveu du prince à sa mort qu'on apprête,
Et ne dédaignez pas d'ordonner de sa tête.

MARTIAN.
Surpris des nouveautés d'un tel événement,
Je demeure à vos yeux muet d'étonnement.
Je sais ce que je dois, madame, au grand service
Dont vous avez sauvé l'héritier de Maurice.
Je croyais, comme fils, devoir tout à vos soins,
Et je vous dois bien plus lorsque je vous suis moins ;
Mais, pour vous expliquer toute ma gratitude,
Mon âme a trop de trouble et trop d'inquiétude.
J'aimais, vous le savez, et mon cœur enflammé
Trouve enfin une sœur dedans l'objet aimé.
Je perds une maîtresse en gagnant un empire :
Mon amour en murmure, et mon cœur en soupire ;
Et de mille pensers mon esprit agité
Paraît enseveli dans la stupidité.
Il est temps d'en sortir, l'honneur nous le commande.
Il faut donner un chef à votre illustre bande :
Allez, brave Exupère, allez, je vous rejoins ;
Souffrez que je lui parle un moment sans témoins.
Disposez cependant vos amis à bien faire ;
Surtout sauvons le fils en immolant le père :

27

Il n'eut rien du tyran qu'un peu de mauvais sang,
Dont la dernière guerre a trop purgé son flanc.
               EXUPÈRE.
Nous vous rendons, seigneur, entière obéissance,
Et vous allons attendre avec impatience.

SCÈNE VII

MARTIAN, LÉONTINE, EUDOXE.

               MARTIAN.
Madame, pour laisser toute sa dignité
A ce dernier effort de générosité,
Je crois que les raisons que vous m'avez données
M'en ont seules caché le secret tant d'années.
D'autres soupçonneraient qu'un peu d'ambition,
Du prince Martian voyant la passion,
Pour lui voir sur le trône élever votre fille,
Aurait voulu laisser l'empire en sa famille,
Et me faire trouver un tel destin bien doux
Dans l'éternelle erreur d'être sorti de vous :
Mais je tiendrais à crime une telle pensée.
Je me plains seulement d'une ardeur insensée,
D'un détestable amour que pour ma propre sœur
Vous-même vous avez allumé dans mon cœur.
Quel dessein faisiez-vous sur cet aveugle inceste?
               LÉONTINE.
Je vous aurais tout dit avant ce nœud funeste ;
Et je le craignais peu, trop sûre que Phocas,
Ayant d'autres desseins, ne le souffrirait pas.
   Je voulais donc, seigneur, qu'une flamme si belle
Portât votre courage aux vertus dignes d'elle,
Et que votre valeur l'ayant su mériter,
Le refus du tyran vous pût mieux irriter.
Vous n'avez pas rendu mon espérance vaine :
J'ai vu dans votre amour une source de haine ;
Et j'ose dire encor qu'un bras si renommé
Peut-être aurait moins fait si le cœur n'eût aimé.
Achevez donc, seigneur; et puisque Pulchérie
Doit craindre l'attentat d'une aveugle furie...
               MARTIAN.
Peut-être il vaudrait mieux moi-même la porter
A ce que le tyran témoigne en souhaiter :
Son amour qui pour moi résiste à sa colère,
N'y résistera plus quand je serai son frère.
Pourrais-je lui trouver un plus illustre époux?
               LÉONTINE.
Seigneur, qu'allez-vous faire? et que me dites-vous?
               MARTIAN.
Que peut-être, pour rompre un si digne hyménée,
J'expose à tort sa tête avec ma destinée,
Et fais d'Héraclius un chef de conjurés
Dont je vois les complots encor mal assurés.
Aucun d'eux du tyran n'approche la personne ;
Et quand même l'issue en pourrait être bonne,
Peut-être il m'est honteux de reprendre l'État
Par l'infâme succès d'un lâche assassinat ;
Peut-être il vaudrait mieux en tête d'une armée
Faire parler pour moi toute ma renommée,

Et trouver à l'empire un chemin glorieux
Pour venger mes parents d'un bras victorieux.
C'est dont je vais résoudre avec cette princesse,
Pour qui non plus l'amour, mais le sang m'intéresse.
Vous, avec votre Eudoxe...
               LÉONTINE.
                        Ah! seigneur, écoutez.
               MARTIAN.
J'ai besoin de conseils dans ces difficultés ;
Mais, à parler sans fard, pour écouter les vôtres,
Outre mes intérêts, vous en avez trop d'autres.
Je ne soupçonne point vos vœux ni votre foi ;
Mais je ne veux d'avis que d'un cœur tout à moi.
Adieu.

SCÈNE VIII

LÉONTINE, EUDOXE.

               LÉONTINE.
   Tout me confond, tout me devient contraire,
Je ne fais rien du tout, quand je pense tout faire ;
Et, lorsque le hasard me flatte avec excès,
Tout mon dessein avorte au milieu du succès :
Il semble qu'un démon funeste à sa conduite
Des beaux commencements empoisonne la suite.
Ce billet, dont je vois Martian abusé,
Fait plus en ma faveur que je n'aurais osé :
Il arme puissamment le fils contre le père ;
Mais, comme il a levé le bras en qui j'espère,
Sur le point de frapper, je vois avec regret
Que la nature y forme un obstacle secret.
La vérité le trompe, et ne peut le séduire ;
Il sauve en reculant ce qu'il croit mieux détruire ;
Il doute, et, du côté que je le vois pencher,
Il va presser l'inceste au lieu de l'empêcher.
               EUDOXE.
Madame, pour le moins vous avez connaissance
De l'auteur de ce bruit, et de mon innocence ;
Mais je m'étonne fort de voir à l'abandon
Du prince Héraclius les droits avec le nom.
Ce billet, confirmé par votre témoignage,
Pour monter dans le trône est un grand avantage.
Si Martian le peut sous ce titre occuper,
Pensez-vous qu'il se laisse aisément détromper,
Et qu'au premier moment qu'il vous verra dédire
Aux mains de son vrai maître il remette l'empire?
               LÉONTINE.
Vous êtes curieuse, et voulez trop savoir.
N'ai-je pas déjà dit que j'y saurai pourvoir?
Tâchons, sans plus tarder, à revoir Exupère,
Pour prendre en ce désordre un conseil salutaire.

ACTE TROISIÈME

SCÈNE I

MARTIAN, PULCHÉRIE.

MARTIAN.

Je veux bien l'avouer, madame, car mon cœur
A de la peine encore à vous nommer ma sœur,
Quand, malgré ma fortune à vos pieds abaissée,
J'osai jusques à vous élever ma pensée,
Plus plein d'étonnement que de timidité,
J'interrogeais ce cœur sur sa témérité ;
Et dans ses mouvements, pour secrète réponse,
Je sentais quelque chose au-dessus de Léonce,
Dont, malgré ma raison, l'impérieux effort
Emportait mes désirs au delà de mon sort.

PULCHÉRIE.

Moi-même assez souvent j'ai senti dans mon âme
Ma naissance en secret me reprocher ma flamme.
Mais quoi ! l'impératrice, à qui je dois le jour,
Avait innocemment fait naître cet amour :
J'approchais de quinze ans, alors qu'empoisonnée
Pour avoir contredit mon indigne hyménée,
Elle mêla ces mots à ses derniers soupirs :
« Le tyran veut surprendre ou forcer vos désirs,
« Ma fille, et sa fureur à son fils vous destine ;
« Mais prenez un époux des mains de Léontine :
« Elle garde un trésor qui vous sera bien cher. »
Cet ordre en sa faveur me sut si bien toucher,
Qu'au lieu de la haïr d'avoir livré mon frère
J'en tins le bruit pour faux, elle me devint chère ;
Et confondant ces mots de trésor et d'époux,
Je crus les bien entendre, expliquant tout de vous.
J'opposais de la sorte à ma fière naissance
Les favorables lois de mon obéissance ;
Et je m'imputais même à trop de vanité
De trouver entre nous quelque inégalité.
La race de Léonce étant patricienne,
L'éclat de vos vertus l'égalait à la mienne ;
Et je me laissais dire en mes douces erreurs :
« C'est de pareils héros qu'on fait les empereurs,
« Tu peux bien sans rougir aimer un grand courage
« A qui le monde entier peut rendre un juste hom-
J'écoutais sans dédain ce qui m'autorisait : [mage. »
L'amour pensait le dire, et le sang le disait ;
Et de ma passion la flatteuse imposture
S'emparait dans mon cœur des droits de la nature.

MARTIAN.

Ah ! ma sœur ! puisque enfin mon destin éclairci
Veut que je m'accoutume à vous nommer ainsi,
Qu'aisément l'amitié jusqu'à l'amour nous mène !
C'est un penchant si doux qu'on y tombe sans peine ;
Mais quand il faut changer l'amour en amitié,
Que l'âme qui s'y force est digne de pitié !
Et qu'on doit plaindre un cœur qui, n'osant s'en dé-
Se laisse déchirer avant que de se rendre ! [fendre,
Ainsi donc la nature à l'espoir le plus doux
Fait succéder l'horreur, et l'horreur d'être à vous !
Ce que je suis m'arrache à ce que j'aimais d'être !
Ah ! s'il m'était permis de ne me pas connaître,
Qu'un si charmant abus serait à préférer
A l'âpre vérité qui vient de m'éclairer !

PULCHÉRIE.

J'eus pour vous trop d'amour pour ignorer ses forces.
Je sais quelle amertume aigrit de tels divorces ;
Et la haine à mon gré les fait plus doucement
Que quand il faut aimer, mais aimer autrement.
J'ai senti comme vous une douleur bien vive
En brisant les beaux fers qui me tenaient captive ;
Mais j'en condamnerais le plus doux souvenir
S'il avait à mon cœur coûté plus d'un soupir.
Ce grand coup m'a surprise, et ne m'a point troublée ;
Mon âme l'a reçu sans en être accablée ;
Et comme tous mes feux n'avaient rien que de saint,
L'honneur les alluma, le devoir les éteint.
Je ne vois plus d'amant où je rencontre un frère ;
L'un ne peut me toucher, ni l'autre me déplaire ;
Et je tiendrai toujours mon bonheur infini,
Si les miens sont vengés, et le tyran puni.
Vous, que va sur le trône élever la naissance,
Régnez sur votre cœur avant que sur Byzance ;
Et, domptant comme moi ce dangereux mutin,
Commencez à répondre à ce noble destin.

MARTIAN.

Ah ! vous fûtes toujours l'illustre Pulchérie,
En fille d'empereur dès le berceau nourrie ;
Et ce grand nom sans peine a pu vous enseigner
Comment dessus vous-même il vous fallait régner ;
Mais pour moi, qui, caché sous une autre aventure,
D'une âme plus commune ai pris quelque teinture,
Il n'est pas merveilleux si ce que je me crus
Mêle un peu de Léonce au cœur d'Héraclius.
A mes confus regrets soyez donc moins sévère :
C'est Léonce qui parle, et non pas votre frère ;
Mais si l'un parle mal, l'autre va bien agir,
Et l'un ni l'autre enfin ne vous fera rougir.
Je vais des conjurés embrasser l'entreprise,
Puisqu'une âme si haute à frapper m'autorise,
Et tiens que, pour répandre un si coupable sang,
L'assassinat est noble et digne de mon rang.
Pourrai-je cependant vous faire une prière ?

PULCHÉRIE.

Prenez sur Pulchérie une puissance entière.

MARTIAN.

Puisqu'un amant si cher ne peut plus être à vous,
Ni vous, mettre l'empire en la main d'un époux,
Épousez Martian comme un autre moi-même ;
Ne pouvant être à moi, soyez à ce que j'aime.

PULCHÉRIE.

Ne pouvant être à vous, je pourrais justement
Vouloir n'être à personne, et fuir tout autre amant ;
Mais on pourrait nommer cette fermeté d'âme
Un reste mal éteint d'incestueuse flamme.
Afin donc qu'à ce choix j'ose tout accorder,
Soyez mon empereur pour me le commander.

Martian vaut beaucoup, sa personne m'est chère;
Mais purgez sa vertu des crimes de son père,
Et donnez à mes feux pour légitime objet
Dans le fils du tyran votre premier sujet.

MARTIAN.

Vous le voyez, j'y cours; mais enfin, s'il arrive
Que l'issue en devienne ou funeste ou tardive,
Votre perte est jurée; et d'ailleurs nos amis
Au tyran immolé voudront joindre ce fils.
Sauvez d'un tel péril et sa vie et la vôtre;
Par cet heureux hymen conservez l'un et l'autre;
Garantissez ma sœur des fureurs de Phocas,
Et mon ami de suivre un tel père au trépas.
Faites qu'en ce grand jour la troupe d'Exupère
Dans un sang odieux respecte mon beau-frère;
Et donnez au tyran, qui n'en pourra jouir,
Quelques moments de joie afin de l'éblouir.

PULCHÉRIE.

Mais durant ces moments, unie à sa famille,
Il deviendra mon père, et je serai sa fille;
Je lui devrai respect, amour, fidélité;
Ma haine n'aura plus d'impétuosité;
Et tous mes vœux pour vous seront mols et timides
Quand mes vœux contre lui seront des parricides.
Outre que le succès est encore à douter,
Que l'on peut vous trahir, qu'il peut vous résister,
Si vous y succombez, pourrai-je me dédire
D'avoir porté chez lui les titres de l'empire?
Ah! combien ces moments de quoi vous me flattez
Alors pour mon supplice auraient d'éternités!
Votre haine voit peu l'erreur de sa tendresse;
Comme elle vient de naître, elle n'est que faiblesse :
La mienne a plus de force, et les yeux mieux ouverts;
Et, se dût avec moi perdre tout l'univers,
Jamais un seul moment, quoi que l'on puisse faire,
Le tyran n'aura droit de me traiter de père.
Je ne refuse au fils ni mon cœur ni ma foi :
Vous l'aimez, je l'estime, il est digne de moi :
Tout son crime est un père à qui le sang l'attache;
Quand il n'en aura plus, il n'aura plus de tache;
Et cette mort, propice à former ces beaux nœuds,
Purifiant l'objet, justifira mes feux.
   Allez donc préparer cette heureuse journée;
Et du sang du tyran signez cet hyménée.
Mais quel mauvais démon devers nous le conduit?

MARTIAN.

Je suis trahi, madame, Exupère le suit.

SCÈNE II

PHOCAS, EXUPÈRE, AMINTAS, MARTIAN,
PULCHÉRIE, CRISPE.

PHOCAS.

Quel est votre entretien avec cette princesse?
Des noces que je veux?

MARTIAN.

C'est de quoi je la presse.

PHOCAS.

Et vous l'avez gagnée en faveur de mon fils?

MARTIAN.

Il sera son époux, elle me l'a promis.

PHOCAS.

C'est beaucoup obtenu d'une âme si rebelle.
Mais quand?

MARTIAN.

C'est un secret que je n'ai pas su d'elle.

PHOCAS.

Vous pouvez m'en dire un dont je suis plus jaloux.
On dit qu'Héraclius est fort connu de vous :
Si vous aimez mon fils, faites-le-moi connaître.

MARTIAN.

Vous le connaissez trop, puisque je vois ce traître.

EXUPÈRE.

Je sers mon empereur, et je sais mon devoir

MARTIAN.

Chacun te l'avoûra; tu le fais assez voir.

PHOCAS.

De grâce éclaircissez ce que je vous propose.
Ce billet à demi m'en dit bien quelque chose;
Mais, Léonce, c'est peu si vous ne l'achevez.

MARTIAN.

Nommez-moi par mon nom, puisque vous le savez;
Dites Héraclius; il n'est plus de Léonce,
Et j'entends mon arrêt sans qu'on me le prononce

PHOCAS.

Tu peux bien t'y résoudre après ton vain effort
Pour m'arracher le sceptre et conspirer ma mort.

MARTIAN.

J'ai fait ce que j'ai dû. Vivre sous ta puissance,
C'eût été démentir mon nom et ma naissance,
Et ne point écouter le sang de mes parents,
Qui ne crie en mon cœur que la mort des tyrans.
Quiconque pour l'empire eut la gloire de naître
Renonce à cet honneur s'il peut souffrir un maître :
Hors le trône ou la mort, il doit tout dédaigner;
C'est un lâche, s'il n'ose ou se perdre ou régner.
   J'entends donc mon arrêt sans qu'on me le pro-
Héraclius mourra comme a vécu Léonce, [nonce.
Bon sujet, meilleur prince; et ma vie et ma mort
Rempliront dignement et l'un et l'autre sort.
La mort n'a rien d'affreux pour une âme bien née :
A mes côtés pour toi je l'ai cent fois traînée;
Et mon dernier exploit contre tes ennemis
Fut d'arrêter son bras qui tombait sur ton fils.

PHOCAS.

Tu prends pour me toucher un mauvais artifice :
Héraclius n'eut point de part à ce service;
J'en ai payé Léonce, à qui seul était dû
L'inestimable honneur de me l'avoir rendu.
Mais, sous des noms divers à soi-même contraire,
Qui conserva le fils attente sur le père;
Et se désavouant d'un aveugle secours,
Sitôt qu'il se connaît il en veut à mes jours.
Je me devais sa vie, et je me dois justice.
Léonce est effacé par le fils de Maurice.

Contre un tel attentat rien n'est à balancer,
Et je saurai punir comme récompenser.

MARTIAN.

Je sais trop qu'un tyran est sans reconnaissance
Pour en avoir conçu la honteuse espérance;
Et suis trop au-dessus de cette indignité
Pour te vouloir piquer de générosité.
Que ferais-tu pour moi de me laisser la vie,
Si pour moi sans le trône elle n'est qu'infamie?
Héraclius vivrait pour te faire la cour!
Rends-lui, rends-lui son sceptre, ou prive-le du jour.
Pour ton propre intérêt sois juge incorruptible :
Ta vie avec la sienne est trop incompatible;
Un si grand ennemi ne peut être gagné,
Et je te punirais de m'avoir épargné.
Si de ton fils sauvé j'ai rappelé l'image,
J'ai voulu de Léonce étaler le courage,
Afin qu'en le voyant tu ne doutasses plus
Jusques où doit aller celui d'Héraclius.
Je me tiens plus heureux de périr en monarque,
Que de vivre en éclat sans en porter la marque;
Et puisque, pour jouir d'un si glorieux sort,
Je n'ai que ce moment qu'on destine à ma mort,
Je la rendrai si belle et si digne d'envie,
Que ce moment vaudra la plus illustre vie.
M'y faisant donc conduire, assure ton pouvoir,
Et délivre mes yeux de l'horreur de te voir.

PHOCAS.

Nous verrons la vertu de cette âme hautaine.
Faites-le retirer en la chambre prochaine,
Crispe; et qu'on me l'y garde, attendant que mon choix
Pour punir son forfait vous donne d'autres lois.

MARTIAN, à Pulchérie.

Adieu, madame, adieu, je n'ai pu davantage.
Ma mort vous va laisser encor dans l'esclavage :
Le ciel par d'autres mains vous en daigne affranchir!

SCÈNE III

PHOCAS, PULCHÉRIE, EXUPÈRE, AMINTAS.

PHOCAS.

Et toi, n'espère pas désormais me fléchir.
Je tiens Héraclius, et n'ai plus rien à craindre,
Plus lieu de te flatter, plus lieu de me contraindre,
Ce frère et ton espoir vont entrer au cercueil,
Et j'abattrai d'un coup sa tête et ton orgueil.
Mais ne te contrains point dans ces rudes alarmes;
Laisse aller tes soupirs, laisse couler tes larmes.

PULCHÉRIE.

Moi, pleurer! moi, gémir, tyran! J'aurais pleuré
Si quelques lâchetés l'avaient déshonoré,
S'il n'eût pas emporté sa gloire tout entière,
S'il m'avait fait rougir par la moindre prière,
Si quelque infâme espoir qu'on lui dût pardonner
Eût mérité la mort que tu lui vas donner.
Sa vertu jusqu'au bout ne s'est point démentie.
Il n'a point pris le ciel ni le sort à partie,
Point querellé le bras qui fait ces lâches coups,
Point daigné contre lui perdre un juste courroux.
Sans te nommer ingrat, sans trop le nommer traître,
De tous deux, de soi-même il s'est montré le maître;
Et dans cette surprise il a bien su courir
A la nécessité qu'il voyait de mourir.
Je goûtais cette joie en un sort si contraire.
Je l'aimai comme amant, je l'aime comme frère;
Et dans ce grand revers je l'ai vu hautement
Digne d'être mon frère, et d'être mon amant.

PHOCAS.

Explique, explique mieux le fond de ta pensée;
Et, sans plus te parer d'une vertu forcée,
Pour apaiser le père, offre le cœur au fils,
Et tâche à racheter ce cher frère à ce prix.

PULCHÉRIE.

Crois-tu que sur la foi de tes fausses promesses
Mon âme ose descendre à de telles bassesses!
Prends mon sang pour le sien; mais, s'il y faut mon
Périsse Héraclius avec sa triste sœur! [cœur,

PHOCAS.

Eh bien! il va périr; ta haine en est complice.

PULCHÉRIE.

Et je verrai du ciel bientôt choir ton supplice.
Dieu, pour le réserver à ses puissantes mains,
Fait avorter exprès tous les moyens humains;
Il veut frapper le coup sans notre ministère.
Si l'on t'a bien donné Léonce pour mon frère,
Les quatre autres peut-être, à tes yeux abusés,
Ont été comme lui des Césars supposés.
L'État, qui, dans leur mort, voyait trop sa ruine,
Avait des généreux autres que Léontine;
Ils trompaient d'un barbare aisément la fureur,
Qui n'avait jamais vu la cour ni l'empereur.
Crains, tyran, crains encor tous les quatre peut-être :
L'un après l'autre enfin se vont faire paraître;
Et, malgré tous tes soins, malgré tout ton effort,
Tu ne les connaîtras qu'en recevant la mort.
Moi-même, à leur défaut, je serai la conquête
De quiconque à mes pieds apportera ta tête;
L'esclave le plus vil qu'on puisse imaginer
Sera digne de moi, s'il peut t'assassiner.
Va perdre Héraclius, et quitte la pensée
Que je me pare ici d'une vertu forcée;
Et, sans m'importuner de répondre à tes vœux,
Si tu prétends régner, défais-toi de tous deux.

SCÈNE IV

PHOCAS, EXUPÈRE, AMINTAS.

PHOCAS.

J'écoute avec plaisir ces menaces frivoles;
Je ris d'un désespoir qui n'a que des paroles;
Et, de quelque façon qu'elle m'ose outrager,
Le sang d'Héraclius m'en doit assez venger.
Vous donc, mes vrais amis, qui me tirez de peine,
Vous, dont je vois l'amour quand j'en craignais la
Vous, qui m'avez livré mon secret ennemi, [haine,

Ne soyez point vers moi fidèles à demi :
Résolvez avec moi des moyens de sa perte :
La ferons-nous secrète, ou bien à force ouverte?
Prendrons-nous le plus sûr, ou le plus glorieux?

EXUPÈRE.

Seigneur, n'en doutez point, le plus sûr vaut le mieux ;
Mais le plus sûr pour vous est que sa morte éclate,
De peur qu'en l'ignorant le peuple ne se flatte,
N'attende encor ce prince, et n'ait quelque raison
De courir en aveugle à qui prendra son nom.

PHOCAS.

Donc, pour ôter tout doute à cette populace,
Nous enverrons sa tête au milieu de la place.

EXUPÈRE.

Mais si vous la coupez dedans votre palais,
Ces obstinés mutins ne le croiront jamais ;
Et, sans que pas un d'eux à son erreur renonce,
Ils diront qu'on impute un faux nom à Léonce,
Qu'on en fait un fantôme afin de les tromper,
Prêts à suivre toujours qui voudra l'usurper.

PHOCAS.

Lors nous leur ferons voir ce billet de Maurice.

EXUPÈRE.

Ils le tiendront pour faux, et pour un artifice :
Seigneur, après vingt ans vous espérez en vain
Que ce peuple ait des yeux pour connaître sa main.
Si vous voulez calmer toute cette tempête,
Il faut en pleine place abattre cette tête,
Et qu'il die*, en mourant, à ce peuple confus :
« Peuple, n'en doute point, je suis Héraclius. »

PHOCAS.

Il le faut, je l'avoue ; et déjà je destine
A ce même échafaud l'infâme Léontine.
Mais si ces insolents l'arrachent de nos mains?

EXUPÈRE.

Qui l'osera, seigneur?

PHOCAS.

Ce peuple que tu crains.

EXUPÈRE.

Ah ! souvenez-vous mieux des désordres qu'enfante
Dans un peuple sans chef la première épouvante.
Le seul bruit de ce prince au palais arrêté
Dispersera soudain chacun de son côté ;
Les plus audacieux craindront votre justice,
Et le reste en tremblant ira voir son supplice.
Mais ne leur donnez pas, tardant trop à punir,
Le temps de se remettre et de se réunir :
Envoyez des soldats à chaque coin des rues ;
Saisissez l'Hippodrome avec ses avenues ;
Dans tous les lieux publics rendez-vous le plus fort.
Pour nous, qu'un tel indice intéresse à sa mort,
De peur que d'autres mains ne se laissent séduire,
Jusques à l'échafaud laissez-nous le conduire.
Nous aurons trop d'amis pour en venir à bout ;
J'en réponds sur ma tête, et j'aurai l'œil à tout.

PHOCAS.

C'en est trop, Exupère : allez, je m'abandonne
Aux fidèles conseils que votre ardeur me donne.
C'est l'unique moyen de dompter nos mutins,
Et d'éteindre à jamais ces troubles intestins.
Je vais, sans différer, pour cette grande affaire
Donner à tous mes chefs un ordre nécessaire.
Vous, pour répondre aux soins que vous m'avez pro-
Allez de votre part assembler vos amis, [mis,
Et croyez qu'après moi, jusqu'à ce qu'expire,
Ils seront, eux et vous, les maîtres de l'empire.

SCÈNE V

EXUPÈRE, AMINTAS.

EXUPÈRE.

Nous sommes en faveur, ami, tout est à nous :
L'heur* de notre destin va faire des jaloux.

AMINTAS.

Quelque allégresse ici que vous fassiez paraître,
Trouvez-vous doux les noms de perfide et de traître?

EXUPÈRE.

Je sais qu'aux généreux ils doivent faire horreur ;
Ils m'ont frappé l'oreille, ils m'ont blessé le cœur :
Mais bientôt, par l'effet que nous devons attendre,
Nous serons en état de ne les plus entendre.
Allons ; pour un moment qu'il faut les endurer,
Ne fuyons pas les biens qu'ils nous font espérer.

ACTE QUATRIÈME

SCÈNE I

HÉRACLIUS, EUDOXE.

HÉRACLIUS.

Vous avez grand sujet d'appréhender pour elle :
Phocas au dernier point la tiendra criminelle ;
Et je le connais mal, ou, s'il la peut trouver,
Il n'est moyen humain qui puisse la sauver.
Je vous plains, chère Eudoxe, et non pas votre mère :
Elle a bien mérité ce qu'a fait Exupère ;
Il trahit justement qui voulait me trahir.

EUDOXE.

Vous croyez qu'à ce point elle ait pu vous haïr,
Vous pour qui son amour a forcé la nature ?

HÉRACLIUS.

Comment voulez-vous donc nommer son imposture?
M'empêcher d'entreprendre, et, par un faux rapport,
Confondre en Martian et mon nom et mon sort ;
Abuser d'un billet que le hasard lui donne ;
Attacher de sa main mes droits à sa personne,
Et le mettre en état, dessous sa bonne foi,
De régner en ma place, ou de périr pour moi :
Madame, est-ce en effet me rendre un grand service?

EUDOXE.

Eût-elle démenti ce billet de Maurice ?

Et l'eût-elle pu faire, à moins que révéler
Ce que surtout alors il lui fallait celer?
Quand Martian par là n'eût pas connu son père,
C'était vous hasarder sur la foi d'Exupère :
Elle en doutait, seigneur; et, par l'événement,
Vous voyez que son zèle en doutait justement.
Sûre en soi des moyens de vous rendre l'empire,
Qu'à vous-même jamais elle n'a voulu dire,
Elle a sur Martian tourné le coup fatal
De l'épreuve d'un cœur qu'elle connaissait mal.
Seigneur, où seriez-vous sans ce nouveau service?

HÉRACLIUS.

Qu'importe qui des deux on destine au supplice?
Qu'importe, Martian, vu ce que je te doi,
Qui trahisse mon sort, d'Exupère ou de moi?
Si l'on ne me découvre, il faut que je m'expose;
Et l'un et l'autre enfin ne sont que même chose,
Sinon qu'étant trahi je mourrai malheureux,
Et que, m'offrant pour toi, je mourrai généreux.

EUDOXE.

Quoi! pour désabuser une aveugle furie,
Rompre votre destin, et donner votre vie!

HÉRACLIUS.

Vous êtes plus aveugle encore en votre amour.
Périra-t-il pour moi quand je lui dois le jour?
Et lorsque sous mon nom il se livre à sa perte,
Tiendrai-je sous le sien ma fortune couverte?
S'il s'agissait ici de le faire empereur,
Je pourrais lui laisser mon nom et son erreur;
Mais conniver en lâche à ce nom qu'on me vole,
Quand son père à mes yeux au lieu de moi l'immole !
Souffrir qu'il se trahisse aux rigueurs de mon sort!
Vivre par son supplice, et régner par sa mort !

EUDOXE.

Ah! ce n'est pas, seigneur, ce que je vous demande;
De cette lâcheté l'infamie est trop grande.
Montrez-vous pour sauver ce héros du trépas;
Mais montrez-vous en maître, et ne vous perdez pas :
Rallumez cette ardeur où s'opposait ma mère,
Garantissez le fils par la perte du père :
Et, prenant à l'empire un chemin éclatant,
Montrez Héraclius au peuple qui l'attend.

HÉRACLIUS.

Il n'est plus temps, madame, un autre a pris ma pla-
Sa prison a rendu le peuple tout de glace : [ce.
Déjà préoccupé d'un autre Héraclius,
Dans l'effroi qui le trouble il ne me croira plus ;
Et ne me regardant que comme un fils perfide,
Il aura de l'horreur de suivre un parricide.
Mais quand même il voudrait seconder mes desseins,
Le tyran tient déjà Martian en ses mains.
S'il voit qu'en sa faveur je marche à force ouverte,
Piqué de ma révolte, il hâtera sa perte,
Et croira qu'en m'ôtant l'espoir de le sauver
Il m'ôtera l'ardeur qui me fait soulever.
N'en parlons plus; en vain votre amour me retarde,
Le sort d'Héraclius tout entier me regarde,
Soit qu'il faille régner, soit qu'il faille périr,

Au tombeau comme au trône on me verra courir.
Mais voici le tyran, et son traître Exupère.

SCÈNE II

PHOCAS, HÉRACLIUS, EXUPÈRE, EUDOXE,
TROUPE DE GARDES.

PHOCAS, *montrant Eudoxe à ses gardes.*
Qu'on la tienne en lieu sûr en attendant sa mère.

HÉRACLIUS.
A-t-elle quelque part...?

PHOCAS.
Nous verrons à loisir :
Il est bon cependant de la faire saisir.

EUDOXE, *s'en allant.*
Seigneur, ne croyez rien de ce qu'il vous va dire.

PHOCAS, *à Eudoxe.*
Je croirai ce qu'il faut pour le bien de l'empire
(*à Héraclius.*)
Ses pleurs pour ce coupable imploraient ta pitié?

HÉRACLIUS.
Seigneur...

PHOCAS.
Je sais pour lui quelle est ton amitié ;
Mais je veux que toi-même, ayant bien vu son crime,
Tiennes ton zèle injuste, et sa mort légitime.
(*aux gardes.*)
Qu'on le fasse venir. Pour en tirer l'aveu
Il ne sera besoin ni du fer ni du feu.
Loin de s'en repentir, l'orgueilleux en fait gloire.
Mais que me diras-tu qu'il ne me faut pas croire ?
Eudoxe m'en conjure, et l'avis me surprend.
Aurais-tu découvert quelque crime plus grand?

HÉRACLIUS.
Oui, sa mère a plus fait contre votre service
Que ne sait Exupère, et que n'a vu Maurice.

PHOCAS.
La perfide ! Ce jour lui sera le dernier.
Parle.

HÉRACLIUS.
J'achèverai devant le prisonnier.
Trouvez bon qu'un secret d'une telle importance,
Puisque vous le mandez, s'explique en sa présence.

PHOCAS.
Le voici. Mais surtout ne me dis rien pour lui.

SCÈNE III

PHOCAS, HÉRACLIUS, MARTIAN, EXUPÈRE,
TROUPE DE GARDES.

HÉRACLIUS.
Je sais qu'en ma prière il aurait peu d'appui ;
Et loin de me donner une inutile peine,
Tout ce que je demande à votre juste haine,
C'est que de tels forfaits ne soient pas impunis ;
Perdez Héraclius, et sauvez votre fils :

Voilà tout mon souhait et toute ma prière.
M'en refuserez-vous?
PHOCAS.
Tu l'obtiendras entière :
Ton salut en effet est douteux sans sa mort.
MARTIAN.
Ah! prince! j'y courais sans me plaindre du sort;
Son indigne rigueur n'est pas ce qui me touche :
Mais en ouïr l'arrêt sortir de votre bouche!
Je vous ai mal connu jusques à mon trépas.
HÉRACLIUS.
Et même en ce moment tu ne me connais pas.
Écoute, père aveugle, et toi, prince crédule,
Ce que l'honneur défend que plus je dissimule.
Phocas, connais ton sang, et tes vrais ennemis :
Je suis Héraclius, et Léonce est ton fils.
MARTIAN.
Seigneur, que dites-vous?
HÉRACLIUS.
Que je ne puis plus taire
Que deux fois Léontine osa tromper ton père;
Et semant de nos noms un insensible abus,
Fit un faux Martian du jeune Héraclius.
PHOCAS.
Maurice te dément, lâche! tu n'as qu'à lire :
« Sous le nom de Léonce Héraclius respire. »
Tu fais après cela des contes superflus.
HÉRACLIUS.
Si ce billet fut vrai, seigneur, il ne l'est plus :
J'étais Léonce alors, et j'ai cessé de l'être
Quand Maurice immolé n'en a pu rien connaître.
S'il laissa par écrit ce qu'il avait pu voir,
Ce qui suivit sa mort fut hors de son pouvoir.
Vous portâtes soudain la guerre dans la Perse,
Où vous eûtes trois ans la fortune diverse,
Cependant Léontine, étant dans le château
Reine de nos destins et de notre berceau,
Pour me rendre le rang qu'occupait votre race,
Prit Martian pour elle, et me mit en sa place.
Ce zèle en ma faveur lui succéda* si bien,
Que vous-même au retour vous n'en connûtes rien;
Et ces informes traits qu'à six mois a l'enfance,
Ayant mis entre nous fort peu de différence,
Le faible souvenir en trois ans s'en perdit :
Vous prîtes aisément ce qu'elle vous rendit :
Nous vécûmes tous deux sous le nom l'un de l'autre :
Il passa pour son fils, je passai pour le vôtre;
Et je ne jugeais pas ce chemin criminel
Pour remonter sans meurtre au trône paternel.
Mais voyant cette erreur fatale à cette vie
Sans qui déjà la mienne aurait été ravie,
Je me croirais, seigneur, coupable infiniment
Si je souffrais encore un tel aveuglement.
Je viens reprendre un nom qui seul a fait son crime.
Conservez votre haine, et changez de victime.
Je ne demande rien que ce qui m'est promis :
Perdez Héraclius, et sauvez votre fils.
MARTIAN.
Admire de quel fils le ciel t'a fait le père,
Admire quel effort sa vertu vient de faire,
Tyran; et ne prends pas pour une vérité
Ce qu'invente pour moi sa générosité.
(à Héraclius.)
C'est trop, prince, c'est trop pour ce petit service
Dont honora mon bras ma fortune propice :
Je vous sauvai la vie, et ne la perdis pas;
Et pour moi vous cherchez un assuré trépas!
Ah! si vous m'en devez quelque reconnaissance,
Prince, ne m'ôtez pas l'honneur de ma naissance :
Avoir tant de pitié d'un sort si glorieux,
De crainte d'être ingrat, c'est m'être injurieux.
PHOCAS.
En quel trouble me jette une telle dispute!
A quels nouveaux malheurs m'expose-t-elle en butte
Lequel croire, Exupère, et lequel démentir?
Tombé-je dans l'erreur, ou si j'en vais sortir?
Si ce billet est vrai, le reste est vraisemblable
EXUPÈRE.
Mais qui sait si ce reste est faux ou véritable?
PHOCAS.
Léontine deux fois a pu tromper Phocas.
EXUPÈRE.
Elle a pu les changer, et ne les changer pas,
Et plus que vous, seigneur, dedans l'inquiétude,
Je ne vois que du trouble et de l'incertitude.
HÉRACLIUS.
Ce n'est pas d'aujourd'hui que je sais qui je suis :
Vous voyez quels effets en ont été produits.
Depuis plus de quatre ans vous voyez quelle adresse
J'apporte à rejeter l'hymen de la princesse,
Où sans doute aisément mon cœur eût consenti,
Si Léontine alors ne m'en eût averti.
MARTIAN.
Léontine?
HÉRACLIUS.
Elle-même.
MARTIAN.
Ah! ciel! quelle est sa ruse!
Martian aime Eudoxe, et sa mère l'abuse.
Par l'horreur d'un hymen qu'il croit incestueux,
De ce prince à sa fille elle assure les vœux;
Et son ambition, adroite à le séduire,
Le plonge en une erreur dont elle attend l'empire.
Ce n'est que d'aujourd'hui que je sais qui je suis;
Mais de mon ignorance elle espérait ces fruits,
Et me tiendrait encor la vérité cachée,
Si tantôt ce billet ne l'en eût arrachée.
PHOCAS.
La méchante l'abuse aussi bien que Phocas.
EXUPÈRE.
Elle a pu l'abuser, et ne l'abuser pas.
PHOCAS.
Tu vois comme la fille a part au stratagème.
EXUPÈRE.
Et que la mère a pu l'abuser elle-même.
PHOCAS.
Que de pensers divers! que de soucis flottants!

EXUPÈRE.
Je vous en tirerai, seigneur, dans peu de temps.
PHOCAS.
Dis-moi, tout est-il prêt pour ce juste supplice?
EXUPÈRE.
Oui, si nous connaissions le vrai fils de Maurice.
HÉRACLIUS.
Pouvez-vous en douter après ce que j'ai dit?
MARTIAN.
Donnez-vous à l'erreur encor quelque crédit?
HÉRACLIUS, à Martian.
Ami, rends-moi mon nom : la faveur n'est pas grande;
Ce n'est que pour mourir que je te le demande.
Reprends ce triste jour que tu m'as racheté,
Ou rends-moi cet honneur que tu m'as presque ôté.
MARTIAN.
Pourquoi, de mon tyran volontaire victime,
Précipiter vos jours pour me noircir d'un crime?
Prince, qui que je sois, j'ai conspiré sa mort,
Et nos noms au dessein donnent un divers sort :
Dedans Héraclius il a gloire solide,
Et dedans Martian il devient parricide.
Puisqu'il faut que je meure illustre, ou criminel,
Couvert ou de louange, ou d'opprobre éternel,
Ne souillez point ma mort, et ne veuillez pas faire
Du vengeur de l'empire un assassin d'un père.
HÉRACLIUS.
Mon nom seul est coupable, et, sans plus disputer,
Pour te faire innocent tu n'as qu'à le quitter;
Il conspire lui seul, tu n'en es point complice.
Ce n'est qu'Héraclius qu'on envoie au supplice :
Sois son fils, tu vivras.
MARTIAN.
Si je l'avais été,
Seigneur, ce traître en vain m'aurait sollicité ;
Et, lorsque contre vous il m'a fait entreprendre,
La nature en secret aurait su m'en défendre.
HÉRACLIUS.
Apprends donc qu'en secret mon cœur t'a prévenu.
J'ai voulu conspirer, mais on m'a retenu ;
Et dedans mon péril Léontine timide...
MARTIAN.
N'a pu voir Martian commettre un parricide.
HÉRACLIUS.
Toi que de Pulchérie elle a fait amoureux,
Juge sous les deux noms ton dessein et tes feux.
Elle a rendu pour toi l'un et l'autre funeste,
Martian parricide, Héraclius inceste, [fait,
Et n'eût pas eu pour moi d'horreur d'un grand for-
Puisque dans ta personne elle en pressait l'effet.
Mais elle m'empêchait de hasarder ma tête,
Espérant par ton bras me livrer ma conquête.
Ce favorable aveu dont elle t'a séduit
T'exposant aux périls pour m'en donner le fruit;
Et c'était ton succès qu'attendait sa prudence,
Pour découvrir au peuple ou cacher ma naissance.
PHOCAS.
Hélas ! je ne puis voir qui des deux est mon fils;
Et je vois que tous deux ils sont mes ennemis.
En ce piteux état quel conseil dois-je suivre ?
J'ai craint un ennemi, mon bonheur me le livre ;
Je sais que de mes mains il ne se peut sauver,
Je sais que je le vois et ne puis le trouver.
La nature tremblante, incertaine, étonnée,
D'un nuage confus couvre sa destinée :
L'assassin sous cette ombre échappe à ma rigueur.
Et, présent à mes yeux, il se cache en mon cœur.
Martian ! à ce nom aucun ne veut répondre,
Et l'amour paternel ne sert qu'à me confondre.
Trop d'un Héraclius en mes mains est remis ;
Je tiens mon ennemi, mais je n'ai plus de fils.
Que veux-tu donc, nature, et que prétends-tu faire?
Si je n'ai plus de fils, puis-je encore être père ?
De quoi parle à mon cœur ton murmure imparfait?
Ne me dis rien du tout, ou parle tout à fait.
Qui que ce soit des deux que mon sang ait fait naître,
Ou laisse-moi le perdre, ou fais-le-moi connaître.
O toi, qui que tu sois, enfant dénaturé,
Et trop digne du sort que tu t'es procuré, [ce ?
Mon trône est-il pour toi plus honteux qu'un suppli-
O malheureux Phocas ! ô trop heureux Maurice !
Tu recouvres deux fils pour mourir après toi,
Et je n'en puis trouver pour régner après moi !
Qu'aux honneurs de ta mort je dois porter envie,
Puisque mon propre fils les préfère à sa vie !

SCÈNE IV

PHOCAS, HÉRACLIUS, MARTIAN, CRISPE,
EXUPÈRE, LÉONTINE, GARDES.

CRISPE, à Phocas.
Seigneur, ma diligence enfin a réussi :
J'ai trouvé Léontine, et je l'amène ici.
PHOCAS, à Léontine.
Approche, malheureuse.
HÉRACLIUS, à Léontine.
Avouez tout, madame.
J'ai tout dit.
LÉONTINE, à Héraclius.
Quoi, seigneur?
PHOCAS.
Tu l'ignores, infâme !
Qui des deux est mon fils?
LÉONTINE.
Qui vous en fait douter ?
HÉRACLIUS, à Léontine.
Le nom d'Héraclius que son fils veut porter :
Il en croit ce billet et votre témoignage ;
Mais ne le laissez pas dans l'erreur davantage.
PHOCAS.
N'attends pas les tourments, ne me déguise rien.
M'as-tu livré ton fils? as-tu changé le mien ?
LÉONTINE.
Je t'ai livré mon fils; et j'en aime la gloire.
Si je parle du reste, oseras-tu m'en croire?
Et qui t'assurera que pour Héraclius,
Moi qui t'ai tant trompé, je ne te trompe plus?

PHOCAS.

N'importe, fais-nous voir quelle haute prudence
En des temps si divers leur en fait confidence,
A l'un depuis quatre ans, à l'autre d'aujourd'hui.

LÉONTINE.

Le secret n'en est su ni de lui, ni de lui ;
Tu n'en sauras non plus les véritables causes :
Devine, si tu peux, et choisis, si tu l'oses.
  L'un des deux est ton fils, l'autre est ton empereur.
Tremble dans ton amour, tremble dans ta fureur.
Je te veux toujours voir, quoi que ta rage fasse,
Craindre ton ennemi dedans ta propre race,
Toujours aimer ton fils dedans ton ennemi,
Sans être ni tyran, ni père qu'à demi.
Tandis qu'autour des deux tu perdras ton étude,
Mon âme jouira de ton inquiétude ;
Je rirai de ta peine ; ou si tu m'en punis,
Tu perdras avec moi le secret de ton fils.

PHOCAS.

Et si je les punis tous deux sans les connaître,
L'un comme Héraclius, l'autre pour vouloir l'être?

LÉONTINE.

Je m'en consolerai quand je verrai Phocas
Croire affermir son sceptre en se coupant le bras,
Et de la même main son ordre tyrannique
Venger Héraclius dessus son fils unique.

PHOCAS.

Quelle reconnaissance, ingrate ! tu me rends
Des bienfaits répandus sur toi, sur tes parents,
De t'avoir confié ce fils que tu me caches,
D'avoir mis en tes mains ce cœur que tu m'arraches,
D'avoir mis à tes pieds ma cour qui t'adorait !
Rends-moi mon fils, ingrate.

LÉONTINE.
                            Il m'en désavoûrait ;
Et ce fils, quel qu'il soit, que tu ne peux connaître,
A le cœur assez bon pour ne vouloir pas l'être.
Admire sa vertu qui trouble ton repos.
C'est du fils d'un tyran que j'ai fait ce héros ;
Tant ce qu'il a reçu d'heureuse nourriture*
Dompte ce mauvais sang qu'il eut de la nature !
C'est assez dignement répondre à tes bienfaits
Que d'avoir dégagé ton fils de tes forfaits.
Séduit par ton exemple et par sa complaisance,
Il t'aurait ressemblé, s'il eût su sa naissance :
Il serait lâche, impie, inhumain comme toi !
Et tu me dois ainsi plus que je ne te doi.

EXUPÈRE.

L'impudence et l'orgueil suivent les impostures.
Ne vous exposez plus à ce torrent d'injures,
Qui, ne faisant qu'aigrir votre ressentiment,
Vous donne peu de jour pour ce discernement.
Laissez-la-moi, seigneur, quelques moments en gar-
Puisque j'ai commencé, le reste me regarde : [de,
Malgré l'obscurité de son illusion,
J'espère démêler cette confusion.
Vous savez à quel point l'affaire m'intéresse.

PHOCAS.

Achève, si tu peux, par force ou par adresse,

Exupère ; et sois sûr que je te devrai tout,
Si l'ardeur de ton zèle en peut venir à bout.
Je saurai cependant prendre à part l'un et l'autre,
Et peut-être qu'enfin nous trouverons le nôtre.
Agis de ton côté ; je la laisse avec toi :
Gêne, flatte, surprends. Vous autres, suivez-moi.

SCÈNE V

EXUPÈRE, LÉONTINE.

EXUPÈRE.

On ne peut nous entendre. Il est juste, madame,
Que je vous ouvre enfin jusqu'au fond de mon âme ;
C'est passer trop longtemps pour traître auprès de
Vous haïssez Phocas ; nous le haïssons tous... [vous.

LÉONTINE.

Oui, c'est bien lui montrer ta haine et ta colère,
Que lui vendre ton prince et le sang de ton père.

EXUPÈRE.

L'apparence vous trompe, et je suis en effet...

LÉONTINE.

L'homme le plus méchant que la nature ait fait.

EXUPÈRE.

Ce qui passe à vos yeux pour une perfidie...

LÉONTINE.

Cache une intention fort noble et fort hardie!

EXUPÈRE.

Pouvez-vous en juger, puisque vous l'ignorez?
Considérez l'état de tous nos conjurés.
Il n'est aucun de nous à qui sa violence
N'ait donné trop de lieu d'une juste vengeance :
Et nous en croyant tous dans notre âme indignés,
Le tyran du palais nous a tous éloignés.
Il y fallait rentrer par quelque grand service.

LÉONTINE.

Et tu crois m'éblouir avec cet artifice ?

EXUPÈRE.

Madame, apprenez tout. Je n'ai rien hasardé.
Vous savez de quel nombre il est toujours gardé ;
Pouvions-nous le surprendre, ou forcer les cohortes
Qui de jour et de nuit tiennent toutes ses portes?
Pouvions-nous mieux sans bruit nous en approcher de
Vous voyez la posture où j'y suis aujourd'hui : [lui?
Il me parle, il m'écoute, il me croit ; et lui-même
Se livre entre mes mains, aide à mon stratagème.
C'est par mes seuls conseils qu'il veut publiquement
Du prince Héraclius faire le châtiment ;
Que sa milice, éparse à chaque coin des rues,
A laissé du palais les portes presque nues :
Je puis en un moment m'y rendre le plus fort ;
Mes amis sont tout prêts ; c'en est fait, il est mort ;
Et j'userai si bien de l'accès qu'il me donne,
Qu'aux pieds d'Héraclius je mettrai sa couronne.
Mais après mes desseins pleinement découverts,
De grâce, faites-moi connaître qui je sers ;
Et ne le cachez plus à ce cœur qui n'aspire
Qu'à le rendre aujourd'hui maître de tout l'empire

LÉONTINE.
Esprit lâche et grossier, quelle brutalité
Te fait juger en moi tant de crédulité?
Va, d'un piége si lourd l'appât est inutile,
Traître, et si tu n'as point de ruse plus subtile...
EXUPÈRE.
Je vous dis vrai, madame, et vous dirai de plus...
LÉONTINE.
Ne me fais point ici de contes superflus :
L'effet à tes discours ôte toute croyance.
EXUPÈRE.
Eh bien! demeurez donc dans votre défiance.
Je ne demande plus, et ne vous dis plus rien;
Gardez votre secret, je garderai le mien.
Puisque je passe encor pour homme à vous séduire,
Venez dans la prison où je vais vous conduire :
Si vous ne me croyez, craignez ce que je puis.
Avant la fin du jour vous saurez qui je suis.

ACTE CINQUIÈME

SCÈNE I

HÉRACLIUS.

Quelle confusion étrange
De deux princes fait un mélange
Qui met en discord deux amis!
Un père ne sait où se prendre;
Et plus tous deux s'osent défendre
Du titre infâme de son fils,
Plus eux-mêmes cessent d'entendre
Les secrets qu'on leur a commis.

Léontine avec tant de ruse
Ou me favorise ou m'abuse,
Qu'elle brouille tout notre sort :
Ce que j'en eus de connaissance
Brave une orgueilleuse puissance
Qui n'en croit pas mon vain effort;
Et je doute de ma naissance
Quand on me refuse la mort.

Ce fier tyran qui me caresse
Montre pour moi tant de tendresse
Que mon cœur s'en laisse alarmer :
Lorsqu'il me prie et me conjure,
Son amitié paraît si pure,
Que je ne saurais présumer
Si c'est par instinct de nature,
Ou par coutume de m'aimer.

Dans cette croyance incertaine,
J'ai pour lui des transports de haine
Que je ne conserve pas bien :

Cette grâce qu'il veut me faire
Étonne et trouble ma colère;
Et je n'ose résoudre rien,
Quand je trouve un amour de père
En celui qui m'ôta le mien.

Retiens, grande ombre de Maurice,
Mon âme au bord du précipice
Que cette obscurité lui fait,
Et m'aide à faire mieux connaître
Qu'en ton fils Dieu n'a pas fait naître
Un prince à ce point imparfait,
Ou que je méritais de l'être,
Si je ne le suis en effet.

Soutiens ma haine qui chancelle,
Et redoublant pour ta querelle
Cette noble ardeur de mourir,
Fais voir... Mais il m'exauce; on vient me secourir.

SCÈNE II

HÉRACLIUS, PULCHÉRIE.

HÉRACLIUS.
O ciel! quel bon démon devers moi vous envoie,
Madame?
PULCHÉRIE.
 Le tyran, qui veut que je vous voie,
Et met tout en usage afin de s'éclaircir.
HÉRACLIUS.
Par vous-même en ce trouble il pense réussir!
PULCHÉRIE.
Il le pense, seigneur, et ce brutal espère
Mieux qu'il ne trouve un fils que je découvre un frère :
Comme si j'étais fille à ne lui rien celer
De tout ce que le sang pourrait me révéler!
HÉRACLIUS.
Puisse-t-il par un trait de lumière fidèle
Vous le mieux révéler qu'il ne me le révèle!
Aidez-moi cependant, madame, à repousser
Les indignes frayeurs dont je me sens presser...
PULCHÉRIE.
Ah! prince, il ne faut point d'assurance plus claire;
Si vous craignez la mort, vous n'êtes point mon frère :
Ces indignes frayeurs vous ont trop découvert.
HÉRACLIUS.
Moi, la craindre, madame! Ah! je m'y suis offert.
Qu'il me traite en tyran, qu'il m'envoie au supplice,
Je suis Héraclius, je suis fils de Maurice;
Sous ces noms précieux je cours m'ensevelir,
Et m'étonne si peu que je l'en fais pâlir.
Mais il me traite en père, il me flatte, il m'embrasse;
Je n'en puis arracher une seule menace :
J'ai beau faire et beau dire afin de l'irriter,
Il m'écoute si peu qu'il me force à douter.
Malgré moi comme fils toujours il me regarde;
Au lieu d'être en prison, je n'ai pas même un garde.

Je ne sais qui je suis, et crains de le savoir;
Je veux ce que je dois, et cherche mon devoir :
Je crains de le haïr, si j'en tiens la naissance;
Je le plains de m'aimer, si je m'en dois vengeance;
Et mon cœur, indigné d'une telle amitié,
En frémit de colère, et tremble de pitié.
De tous ses mouvements mon esprit se défie;
Il condamne aussitôt tout ce qu'il justifie.
La colère, l'amour, la haine et le respect,
Ne me présentent rien qui ne me soit suspect.
Je crains tout, je fuis tout; et, dans cette aventure,
Des deux côtés en vain j'écoute la nature.
Secourez donc un frère en ces perplexités.

PULCHÉRIE.
Ah! vous ne l'êtes point, puisque vous en doutez.
Celui qui, comme vous, prétend à cette gloire,
D'un courage plus ferme en croit ce qu'il doit croire.
Comme vous on le flatte, il y sait résister;
Rien ne le touche assez pour le faire douter;
Et le sang par un double et secret artifice,
Parle en vous pour Phocas, comme en lui pour Mau-
HÉRACLIUS. [rice.
A ces marques en lui connaissez Martian;
Il a le cœur plus dur étant fils d'un tyran.
La générosité suit la belle naissance :
La pitié l'accompagne et la reconnaissance.
Dans cette grandeur d'âme un vrai prince affermi
Est sensible aux malheurs même d'un ennemi;
La haine qu'il lui doit ne saurait le défendre,
Quand il s'en voit aimé, de s'en laisser surprendre;
Et trouve assez souvent son devoir arrêté
Par l'effort naturel de sa propre bonté.
Cette digne vertu de l'âme la mieux née,
Madame, ne doit pas souiller ma destinée.
Je doute; et si ce doute a quelque crime en soi,
C'est assez m'en punir que douter comme moi;
Et mon cœur, qui sans cesse en sa faveur se flatte,
Cherche qui le soutienne, et non pas qui l'abatte;
Il demande secours pour mes sens étonnés,
Et non le coup mortel dont vous m'assassinez.

PULCHÉRIE.
L'œil le mieux éclairé sur de telles matières
Peut prendre de faux jours pour de vives lumières;
Et comme notre sexe ose assez promptement
Suivre l'impression d'un premier mouvement,
Peut-être qu'en faveur de ma première idée
Ma haine pour Phocas m'a trop persuadée.
Son amour est pour vous un poison dangereux;
Et quoique la pitié montre un cœur généreux,
Celle qu'on a pour lui de ce rang dégénère.
Vous le devez haïr, et, fût-il votre père,
Si ce titre est douteux, son crime ne l'est pas.
Qu'il vous offre sa grâce, ou vous livre au trépas,
Il n'est pas moins tyran quand il vous favorise,
Puisque c'est ce cœur même alors qu'il tyrannise,
Et que votre devoir, par là mieux combattu,
Prince, met en péril jusqu'à votre vertu.
Doutez, mais haïssez; et, quoi qu'il exécute,
Je douterai d'un nom qu'un autre vous dispute :
En douter lorsqu'en moi vous cherchez quelque ap-
Si c'est trop peu pour vous, c'est assez contre lui, [pui,
L'un de vous est mon frère, et l'autre y peut préten-
Entre tant de vertus mon choix se peut méprendre; [dre :
Mais je ne puis faillir, dans votre sort douteux,
A chérir l'un et l'autre, et vous plaindre tous deux.
J'espère encor pourtant; on murmure, on menace;
Un tumulte, dit-on, s'élève dans la place;
Exupère est allé fondre sur ces mutins;
Et peut-être de là dépendent nos destins.
Mais Phocas entre.

SCÈNE III

PHOCAS, HÉRACLIUS, MARTIAN, PULCHÉRIE,
GARDES.

PHOCAS.
Eh bien! se rendra-t-il, madame?

PULCHÉRIE.
Quelque effort que je fasse à lire dans son âme,
Je n'en vois que l'effet que je m'étais promis :
Je trouve trop d'un frère, et vous trop peu d'un fils.

PHOCAS.
Ainsi le ciel vous veut enrichir de ma perte.

PULCHÉRIE.
Il tient en ma faveur leur naissance couverte :
Ce frère qu'il me rend serait déjà perdu
Si dedans votre sang il ne l'eût confondu.

PHOCAS, à Pulchérie.
Cette confusion peut perdre l'un et l'autre.
En faveur de mon sang je ferai grâce au vôtre :
Mais je veux le connaître, et ce n'est qu'à ce prix
Qu'en lui donnant la vie il me rendra mon fils.
(à Héraclius.)
Pour la dernière fois, ingrat, je t'en conjure;
Car enfin c'est vers toi que penche la nature.
Et je n'ai point pour lui ces doux empressements
Qui d'un cœur paternel font les vrais mouvements.
Ce cœur s'attache à toi par d'invincibles charmes.
En crois-tu mes soupirs? en croiras-tu mes larmes?
Songe avec quel amour mes soins t'ont élevé,
Avec quelle valeur son bras t'a conservé;
Tu nous dois à tous deux.

HÉRACLIUS.
Et pour reconnaissance
Je vous rends votre fils, je lui rends sa naissance.

PHOCAS.
Tu me l'ôtes, cruel, et le laisses mourir.

HÉRACLIUS.
Je meurs pour vous le rendre, et pour le secourir.

PHOCAS.
C'est me l'ôter assez que ne vouloir plus l'être.

HÉRACLIUS.
C'est vous le rendre assez que le faire connaître.

PHOCAS.
C'est me l'ôter assez que me le supposer.

HÉRACLIUS.
C'est vous le rendre assez que vous désabuser.
PHOCAS.
Laisse-moi mon erreur, puisqu'elle m'est si chère.
Je t'adopte pour fils, accepte-moi pour père :
Fais vivre Héraclius sous l'un ou l'autre sort ;
Pour moi, pour toi, pour lui, fais-toi ce peu d'effort.
HÉRACLIUS.
Ah ! c'en est trop enfin, et ma gloire blessée
Dépouille un vieux respect où je l'avais forcée.
De quelle ignominie osez-vous me flatter ?
Toutes les fois, tyran, qu'on se laisse adopter,
On veut une maison illustre autant qu'amie,
On cherche de la gloire et non de l'infamie ;
Et ce serait un monstre horrible à vos États
Que le fils de Maurice adopté par Phocas.
PHOCAS.
Va, cesse d'espérer la mort que tu mérites ;
Ce n'est que contre lui, lâche, que tu m'irrites :
Tu te veux rendre en vain indigne de ce rang,
Je m'en prends à la cause, et j'épargne mon sang.
Puisque ton amitié de ma foi se défie
Jusqu'à prendre son nom pour lui sauver la vie,
Soldats, sans plus tarder, qu'on l'immole à ses yeux ;
Et sois après sa mort mon fils, si tu le veux.
HÉRACLIUS.
Perfides, arrêtez !
MARTIAN.
Ah ! que voulez-vous faire,
Prince ?
HÉRACLIUS.
Sauver le fils de la fureur du père.
MARTIAN.
Conservez-lui ce fils qu'il ne cherche qu'en vous ;
Ne troublez point un sort qui lui semble si doux.
C'est avec assez d'heur* qu'Héraclius expi re,
Puisque c'est en vos mains que tombe son empire.
Le ciel daigne bénir votre sceptre et vos jours !
PHOCAS.
C'est trop perdre de temps à souffrir ces discours.
Dépêche, Octavian.
HÉRACLIUS.
N'attente rien, barbare !
Je suis...
PHOCAS.
Avoue enfin.
HÉRACLIUS.
Je tremble, je m'égare,
Et mon cœur...
PHOCAS, à Héraclius.
Tu pourras à loisir y penser.
(a Octavian.)
Frappe.
HÉRACLIUS.
Arrête ; je suis... Puis-je le prononcer ?
PHOCAS.
Achève, ou...
HÉRACLIUS.
Je suis donc, s'il faut que je le die*,

Ce qu'il faut que je sois pour lui sauver la vie.
Oui, je lui dois assez, seigneur, quoi qu'il en soit,
Pour vous payer pour lui de l'amour qu'il vous doit ;
Et je vous le promets entier, ferme, sincère,
Et tel qu'Héraclius l'aurait pour son vrai père.
J'accepte en sa faveur ses parents pour les miens ;
Mais sachez que vos jours me répondront des siens :
Vous me serez garant des hasards de la guerre,
Des ennemis secrets, de l'éclat du tonnerre ;
Et de quelque façon que le courroux des cieux
Me prive d'un ami qui m'est si précieux,
Je vengerai sur vous, et fussiez-vous mon père,
Ce qu'aura fait sur lui leur injuste colère.
PHOCAS.
Ne crains rien : de tous deux je ferai mon appui ;
L'amour qu'il a pour toi m'assure trop de lui :
Mon cœur pâme de joie, et mon âme n'aspire
Qu'à vous associer l'un et l'autre à l'empire.
J'ai retrouvé mon fils : mais sois-le tout à fait,
Et donne-m'en pour marque un véritable effet ;
Ne laisse plus de place à la supercherie :
Pour achever ma joie, épouse Pulchérie.
HÉRACLIUS.
Seigneur, elle est ma sœur.
PHOCAS.
Tu n'es donc point mon fils,
Puisque si lâchement déjà tu t'en dédis ?
PULCHÉRIE.
Qui te donne, tyran, une attente si vaine ?
Quoi ! son consentement étoufferait ma haine !
Pour l'avoir étonné tu m'aurais fait changer !
J'aurais pour cette honte un cœur assez léger !
Je pourrais épouser ou ton fils ou mon frère !

SCÈNE IV

PHOCAS, HÉRACLIUS, PULCHÉRIE, MARTIAN, CRISPE, GARDES.

CRISPE.
Seigneur, vous devez tout au grand cœur d'Exupère ;
Il est l'unique auteur de nos meilleurs destins :
Lui seul et ses amis ont dompté vos mutins ;
Il a fait prisonnier leur chef qu'il vous amène.
PHOCAS.
Dis-lui qu'il me les garde en la salle prochaine ;
Je vais de leurs complots m'éclaircir avec eux.
(Crispe s'en va, et Phocas parle à Héraclius.)
Toi, cependant, ingrat, sois mon fils si tu veux.
En l'état où je suis, je n'ai plus lieu de feindre.
Les mutins sont domptés, et je cesse de craindre.
(a Pulchérie.)
Je vous laisse tous trois. Use bien du moment
Que je prends pour en faire un juste châtiment ;
Et, si tu n'aimes mieux que l'un et l'autre meure,
Trouve, ou choisis mon fils, et l'épouse sur l'heure ;
Autrement, si leur sort demeure encor douteux,
Je jure à mon retour qu'ils périront tous deux.

Je ne veux point d'un fils dont l'implacable haine
Prend ce nom pour affront, et mon amour pour gêne.
Toi...

PULCHÉRIE.

Ne menace point ; je suis prête à mourir.

PHOCAS.

A mourir ! jusque-là je pourrais te chérir !
N'espère pas de moi cette faveur suprême ;
Et pense...

PULCHÉRIE.

A quoi, tyran ?

PHOCAS.

A m'épouser moi-même
Au milieu de leur sang à tes pieds répandu.

PULCHÉRIE.

Quel supplice !

PHOCAS.

Il est grand pour toi ; mais il t'est dû.
Tes mépris de la mort bravaient trop ma colère.
Il est en toi de perdre ou de sauver ton frère ;
Et du moins, quelque erreur qui puisse me troubler,
J'ai trouvé les moyens de te faire trembler.

SCÈNE V

HÉRACLIUS, MARTIAN, PULCHÉRIE.

PULCHÉRIE.

Le lâche, il vous flattait lorsqu'il tremblait dans l'â-
Mais tel est d'un tyran le naturel infâme : [me.
Sa douceur n'a jamais qu'un mouvement contraint ;
S'il ne craint, il opprime ; et s'il n'opprime, il craint.
L'une et l'autre fortune en montre la faiblesse ;
L'une n'est qu'insolence, et l'autre que bassesse.
A peine est-il sorti de ses lâches terreurs
Qu'il a trouvé pour moi le comble des horreurs. [tre.
Mes frères, puisque enfin vous voulez tous deux l'ê-
Si vous m'aimez en sœur, faites-le-moi paraître.

HÉRACLIUS.   [jours ?
Que pouvons-nous tous deux, lorsqu'on tranche nos

PULCHÉRIE.

Un généreux conseil est un puissant secours.

MARTIAN.

Il n'est point de conseil qui vous soit salutaire
Que d'épouser le fils pour éviter le père :
L'horreur d'un mal plus grand vous y doit disposer.

PULCHÉRIE.

Qui me le montrera, si je veux l'épouser ?
Et, dans cet hyménée à ma gloire funeste,
Qui me garantira des périls de l'inceste ?

MARTIAN.

Je le vois trop à craindre et pour vous et pour nous ;
Mais, madame, on peut prendre un vain titre d'époux,
Abuser du tyran la rage forcenée,
Et vivre en frère et sœur sous un feint hyménée.

PULCHÉRIE.

Feindre et nous abaisser à cette lâcheté !

HÉRACLIUS.

Pour tromper un tyran, c'est générosité,
Et c'est mettre, en faveur d'un frère qu'il vous donne,
Deux ennemis secrets auprès de sa personne,
Qui, dans leur juste haine animés et constants,
Sur l'ennemi commun sauront prendre leur temps,
Et terminer bientôt la feinte avec sa vie.

PULCHÉRIE.

Pour conserver vos jours et fuir mon infamie,
Feignons, vous le voulez, et j'y résiste en vain.
Sus donc, qui de vous deux me prêtera la main ?
Qui veut feindre avec moi ? qui sera mon complice ?

HÉRACLIUS.

Vous, prince, à qui le ciel inspire l'artifice.

MARTIAN.

Vous, que veut le tyran pour fils obstinément.

HÉRACLIUS.

Vous, qui depuis quatre ans la servez en amant.

MARTIAN.

Vous saurez mieux que moi surprendre sa tendresse.

HÉRACLIUS.

Vous saurez mieux que moi la traiter de maîtresse.

MARTIAN.

Vous aviez commencé tantôt d'y consentir.

PULCHÉRIE.

Ah ! princes, votre cœur ne peut se démentir ;
Et vous l'avez tous deux trop grand, trop magnanime,
Pour souffrir sans horreur l'ombre même d'un crime.
Je vous connaissais trop pour juger autrement,
Et de votre conseil, et de l'événement ;
Et je n'y déférais que pour vous voir dédire. [pire.
Toute fourbe est honteuse aux cœurs nés pour l'em-
Princes, attendons tout, sans consentir à rien.

HÉRACLIUS.

Admirez cependant quel malheur est le mien :
L'obscure vérité que de mon sang je signe,
Du grand nom qui me perd ne me peut rendre digne ;
On n'en croit pas ma mort ; et je perds mon trépas,
Puisque mourant pour lui je ne le sauve pas.

MARTIAN.

Voyez d'autre côté quelle est ma destinée,
Madame : dans le cours d'une seule journée,
Je suis Héraclius, Léonce et Martian ;
Je sors d'un empereur, d'un tribun, d'un tyran.
De tous trois ce désordre en un jour me fait naître,
Pour me faire mourir enfin sans me connaître.

PULCHÉRIE.

Cédez, cédez tous deux aux rigueurs de mon sort ;
Il a fait contre vous un violent effort.
Votre malheur est grand ; mais, quoi qu'il en succède,
La mort qu'on me refuse en sera le remède ;
Et moi... Mais que nous veut ce perfide ?

SCÈNE VI

HÉRACLIUS, PULCHÉRIE, MARTIAN, AMINTAS.

AMINTAS.

Mon bras
Vient de laver ce nom dans le sang de Phocas.

HÉRACLIUS.
Que nous dis-tu ?
AMINTAS.
Qu'à tort vous nous prenez pour traîtres ;
Qu'il n'est plus de tyran ; que vous êtes les maîtres.
HÉRACLIUS.
De quoi ?
AMINTAS.
De tout l'empire.
MARTIAN.
Et par toi ?
AMINTAS.
Non, seigneur ;
Un autre en a la gloire, et j'ai part à l'honneur.
HÉRACLIUS.
Et quelle heureuse main finit notre misère ?
AMINTAS.
Princes, l'auriez-vous cru ? c'est la main d'Exupère.
MARTIAN.
Lui, qui me trahissait ?
AMINTAS.
C'est de quoi s'étonner :
Il ne vous trahissait que pour vous couronner.
HÉRACLIUS.
N'a-t-il pas des mutins dissipé la furie ?
AMINTAS.
Son ordre excitait seul cette mutinerie.
MARTIAN.
Il en a pris les chefs, toutefois ?
AMINTAS.
Admirez
Que ces prisonniers même avec lui conjurés
Sous cette illusion couraient à leur vengeance :
Tous contre ce barbare étant d'intelligence,
Suivis d'un gros d'amis nous passons librement
Au travers du palais à son appartement.
La garde y restait faible, et sans aucun ombrage ;
Crispe même à Phocas porte notre message :
Il vient ; à ses genoux on met les prisonniers,
Qui tirent pour signal leurs poignards les premiers.
Le reste, impatient dans sa noble colère,
Enferme la victime ; et soudain Exupère :
« Qu'on arrête, dit-il ; le premier coup m'est dû :
« C'est lui qui me rendra l'honneur presque perdu. »
Il frappe, et le tyran tombe aussitôt sans vie,
Tant de nos mains la sienne est promptement suivie.
Il s'élève un grand bruit, et mille cris confus
Ne laissent discerner que Vive Héraclius !
Nous saisissons la porte, et les gardes se rendent.
Mêmes cris aussitôt de tous côtés s'entendent ;
Et de tant de soldats qui lui servaient d'appui,
Phocas, après sa mort, n'en a pas un pour lui.
PULCHÉRIE.
Quel chemin Exupère a pris pour sa ruine !
AMINTAS.
Le voici qui s'avance avecque Léontine.

SCÈNE VII

HÉRACLIUS, MARTIAN, LÉONTINE, PULCHÉRIE,
EUDOXE, EXUPÈRE, AMINTAS, TROUPE.

HÉRACLIUS, *à Léontine.*
Est-il donc vrai, madame ? et changeons-nous de sort ?
Amintas nous fait-il un fidèle rapport ?
LÉONTINE.
Seigneur, un tel succès à peine est concevable ;
Et d'un si grand dessein la conduite admirable...
HÉRACLIUS, *à Exupère.*
Perfide généreux, hâte-toi d'embrasser
Deux princes impuissants à te récompenser.
EXUPÈRE, *à Héraclius.*
Seigneur, il me faut grâce ou de l'un ou de l'autre :
J'ai répandu son sang, si j'ai vengé le vôtre.
MARTIAN.
Qui que ce soit des deux, il doit se consoler
De la mort d'un tyran qui voulait l'immoler :
Je ne sais quoi pourtant dans mon cœur en murmure.
HÉRACLIUS.
Peut-être en vous par là s'explique la nature :
Mais, prince, votre sort n'en sera pas moins doux.
Si l'empire est à moi, Pulchérie est à vous.
Puisque le père est mort, le fils est digne d'elle.
(*à Léontine.*)
Terminez donc, madame, enfin notre querelle.
LÉONTINE.
Mon témoignage seul peut-il en décider ?
MARTIAN.
Quelle autre sûreté pourrions-nous demander ?
LÉONTINE.
Je vous puis être encor suspecte d'artifice.
Non, ne m'en croyez pas ; croyez l'impératrice.
(*à Pulchérie, lui donnant un billet.*)
Vous connaissez sa main, madame ; et c'est à vous
Que je remets le sort d'un frère et d'un époux.
Voyez ce qu'en mourant me laissa votre mère.
PULCHÉRIE.
J'en baise en soupirant le sacré caractère.
LÉONTINE.
Apprenez d'elle enfin quel sang vous a produits,
Princes.
HÉRACLIUS, *à Eudoxe.*
Qui que je sois, c'est à vous que je suis.

BILLET DE CONSTANTINE.

PULCHÉRIE *lit.*
« Parmi tant de malheurs mon bonheur est étrange :
« Après avoir donné son fils au lieu du mien,
« Léontine à mes yeux par un second échange,
« Donne encore à Phocas mon fils au lieu du sien.
   « Vous qui pourrez douter d'un si rare service,
« Sachez qu'elle a deux fois trompé notre tyran :
« Celui qu'on croit Léonce est le vrai Martian,
« Et le faux Martian est vrai fils de Maurice.
                            « CONSTANTINE. »

PULCHÉRIE, à *Héraclius*.
Ah! vous êtes mon frère!
HÉRACLIUS, à *Pulchérie*.
Et c'est heureusement
Que le trouble éclairci vous rend à votre amant.
LÉONTINE, à *Héraclius*.
Vous en saviez assez pour éviter l'inceste,
Et non pas pour vous rendre un tel secret funeste.
(à *Martian*.)
Mais pardonnez, seigneur, à mon zèle parfait
Ce que j'ai voulu faire, et ce qu'un autre a fait.
MARTIAN.
Je ne m'oppose point à la commune joie;
Mais souffrez des soupirs que la nature envoie.
Quoique jamais Phocas n'ait mérité d'amour,
Un fils ne peut moins rendre à qui l'a mis au jour:

Ce n'est pas tout d'un coup qu'à ce titre on renonce.
HÉRACLIUS.
Donc, pour mieux l'oublier, soyez encor Léonce;
Sous ce nom glorieux aimez ses ennemis,
Et meure du tyran jusqu'au nom de son fils!
(à *Eudoxe*.)
Vous, madame, acceptez et ma main et l'empire
En échange d'un cœur pour qui le mien soupire.
EUDOXE, à *Héraclius*.
Seigneur, vous agissez en prince généreux.
HÉRACLIUS, à *Exupère et Amintas*.
Et vous dont la vertu me rend ce trouble heureux,
Attendant les effets de ma reconnaissance,
Reconnaissons, amis, la céleste puissance;
Allons lui rendre hommage, et, d'un esprit content,
Montrer Héraclius au peuple qui l'attend.

EXAMEN D'HÉRACLIUS

Cette tragédie a encore plus d'efforts d'invention que celle de *Rodogune*, et je puis dire que c'est un heureux original dont il s'est fait beaucoup de belles copies sitôt qu'il a paru. Sa conduite diffère de celle-là, en ce que les narrations qui lui donnent jour sont pratiquées par occasion en divers lieux avec adresse, et toujours dites et écoutées avec intérêt, sans qu'il y en ait pas une de sang-froid, comme celle de Laonice. Elles sont éparses ici dans tout le poëme, et ne font connaître à la fois que ce qu'il est besoin qu'on sache pour l'intelligence de la scène qui suit. Ainsi, dès la première, Phocas, alarmé du bruit qui court qu'Héraclius est vivant, récite les particularités de sa mort pour montrer la fausseté de ce bruit; et Crispe, son gendre, en lui proposant un remède aux troubles qu'il appréhende, fait connaître comme, en perdant toute la famille de Maurice, il a réservé Pulchérie pour la faire épouser à son fils Martian, et le pousse d'autant plus à presser ce mariage, que ce prince court chaque jour de grands périls à la guerre, et que sans Léonce il fût demeuré au dernier combat. C'est par là qu'il instruit les auditeurs de l'obligation qu'a le vrai Héraclius, qui passe pour Martian, au vrai Martian, qui passe pour Léonce; et cela sert de fondement à l'offre volontaire qu'il fait de sa vie au quatrième acte, pour le sauver du péril où l'expose cette erreur de noms. Sur cette proposition, Phocas, se plaignant de l'aversion que les deux parties témoignent à ce mariage, impute celle de Pulchérie à l'instruction qu'elle a reçue de sa mère, et apprend ainsi aux spectateurs, comme en passant, qu'il l'a laissée trop vivre après la mort de l'empereur Maurice, son mari. Il fallait tout cela pour faire entendre la scène qui suit entre Pulchérie et lui; mais je n'ai pu avoir assez d'adresse pour faire entendre les équivoques ingénieux dont est rempli tout ce que dit Héraclius à la fin de ce premier acte; et on ne les peut comprendre par une réflexion après que la pièce est finie, et qu'il est entièrement reconnu, ou dans une seconde représentation.

Surtout, la manière dont Eudoxe fait connaître, au second acte, le double échange que sa mère a fait des deux princes, est une des choses les plus spirituelles qui soient sorties de ma plume. Léontine l'accuse d'avoir révélé le secret d'Héraclius et d'être cause du bruit qui court, qui le met en péril de sa vie; pour s'en justifier, elle explique tout ce qu'elle en sait, et conclut que, puisqu'on n'en publie pas tant, il faut que ce bruit ait pour auteur quelqu'un qui n'en sache pas tant qu'elle. Il est vrai que cette narration est si courte, qu'elle laisserait beaucoup d'obscurité si Héraclius ne l'expliquait plus au long, au quatrième acte, quand il est besoin que cette vérité fasse son plein effet; mais elle n'en pouvait pas dire davantage à une personne qui savait cette histoire mieux qu'elle,

et ce peu qu'elle en dit suffit à jeter une lumière imparfaite de ces échanges, qu'il n'est pas besoin alors d'éclaircir plus entièrement.

L'artifice de la dernière scène de ce quatrième acte passe encore celui-ci : Exupère y fait connaître tout son dessein à Léontine, mais d'une façon qui n'empêche point cette femme avisée de le soupçonner de fourberie, et de n'avoir d'autre dessein que de tirer d'elle le secret d'Héraclius pour le perdre. L'auditeur lui-même en demeure dans la défiance, et ne sait qu'en juger; mais après que la conspiration a eu son effet par la mort de Phocas, cette confidence anticipée exempte Exupère de se purger de tous les justes soupçons qu'on avait eus de lui, et délivre l'auditeur d'un récit qui lui aurait été fort ennuyeux après le dénoûment de la pièce, où toute la patience que peut avoir sa curiosité se borne à savoir qui est le vrai Héraclius des deux qui prétendent l'être.

Le stratagème d'Exupère, avec tout son industrie, a quelque chose d'un peu délicat, et d'une nature à ne se faire qu'au théâtre, où l'auteur est maître des événements qu'il tient dans sa main, et non pas dans la vie civile, où les hommes en disposent selon leurs intérêts et leur pouvoir. Quand il découvre Héraclius à Phocas, et le fait arrêter prisonnier, son intention est fort bonne, et lui réussit; mais il n'y avait que moi qui lui pût répondre du succès. Il acquiert la confiance du tyran par là, et se fait remettre entre les mains la garde d'Héraclius et sa conduite au supplice : mais le contraire pouvait arriver; et Phocas, au lieu de déférer à ses avis qu'il le résolvent à faire couper la tête à ce prince en la place publique, pouvait s'en défaire sur l'heure, et se défier de lui et de ses amis comme de gens qu'il avait offensés, et dont il ne devait jamais espérer un zèle bien sincère à le servir. La mutinerie qu'il excite, dont il lui amène les chefs comme prisonniers pour le poignarder, est imaginée avec justesse; mais jusque-là toute sa conduite a quelque chose qu'il faut souffrir au théâtre, parce qu'elles ont un éclat dont la surprise éblouit, et qu'il ne ferait pas bon tirer en exemple pour conduire une action véritable sur leur plan.

Je ne sais si on voudra me pardonner d'avoir fait une pièce d'invention sous des noms véritables; mais je ne crois pas qu'Aristote le défende, et j'en trouve assez d'exemples chez les anciens. Les deux *Électres* de Sophocle et d'Euripide aboutissent à la même action par des moyens si divers, qu'il faut de nécessité que l'une des deux soit entièrement inventée : l'*Iphigénie in Tauris* a la mine d'être de même nature; et l'*Hélène*, où Euripide suppose qu'elle n'a jamais été à Troie, et que Pâris n'y a enlevé qu'un fantôme qui lui ressemblait, ne peut avoir aucune action épisodique ni principale qui ne parte de la seule imagination de son auteur.

Je n'ai conservé ici, pour toute vérité historique, que l'ordre de la succession des empereurs Tibère, Maurice, Phocas et Héraclius ; j'ai falsifié la naissance de ce dernier pour lui en donner une plus illustre, en le faisant fils de Maurice, bien qu'il ne le fût que d'un préteur d'Afrique qui portait même nom que lui. J'ai prolongé de douze ans la durée de l'empire de Phocas, et lui ai donné Martian pour fils, quoique l'histoire ne parle que d'une fille nommée Domitia, qu'il maria à Crispe, dont je fais un de mes personnages. Ce fils et Héraclius, qui sont confondus l'un avec l'autre par les échanges de Léontine, n'auraient pas été en état d'agir, si je ne l'eusse fait régner que les huit ans qu'il régna, puisque, pour faire ces échanges, il fallait qu'ils fussent tous deux au berceau quand il commença de régner. C'est par cette même raison que j'ai prolongé la vie de l'impératrice Constantine, que je n'ai fait mourir qu'en la quinzième année de sa tyrannie, bien qu'il l'eût immolée à sa sûreté dès la cinquième ; et je l'ai fait, afin qu'elle pût avoir une fille capable de recevoir ses instructions en mourant, et d'un âge proportionné à celui du prince qu'on lui voulait faire épouser.

La supposition que fait Léontine d'un de ses fils pour mourir au lieu d'Héraclius n'est point vraisemblable, mais elle est historique, et n'a point besoin de vraisemblance, puisqu'elle a l'appui de la vérité qui la rend croyable, quelque répugnance qu'y veuillent apporter les difficiles. Baronius attribue cette action à une nourrice ; et je l'ai trouvée assez généreuse pour la faire produire à une personne plus illustre, et qui soutint mieux la dignité du théâtre. L'empereur Maurice reconnut cette supposition, et l'empêcha d'avoir son effet, pour ne s'opposer pas au juste jugement de Dieu, qui voulait exterminer toute sa famille ; mais, quant à ce qui est de la mère, elle avait surmonté l'affection maternelle en faveur de son prince ; et comme on pouvait dire que son fils était mort pour son regard, je me suis cru assez autorisé par ce qu'elle avait voulu faire à rendre cet échange effectif, et à le faire servir de fondement aux nouveautés surprenantes de ce sujet.

Il lui faut la même indulgence pour l'unité de lieu qu'à *Rodogune*. La plupart des poëmes qui suivent en ont besoin, et je me dispenserai de le répéter en les examinant. L'unité de jour n'a rien de violenté, et l'action se pourrait passer en cinq ou six heures ; mais le poëme est si embarrassé qu'il demande une merveilleuse attention. J'ai vu de fort bons esprits et des personnes des plus qualifiées de la cour, se plaindre de ce que sa représentation fatiguait autant l'esprit qu'une étude sérieuse. Elle n'a pas laissé de plaire ; mais je crois qu'il l'a fallu voir plus d'une fois pour en emporter une entière intelligence.

FIN D'HÉRACLIUS.

ANDROMÈDE

TRAGÉDIE — 1650

A M. M. M. M.

Madame,

C'est vous rendre un hommage bien secret que de vous le rendre ainsi, et je m'assure que vous aurez de la peine vous-même à reconnaître que c'est à vous à qui je dédie cet ouvrage. Ces quatre lettres hiéroglyphiques vous embarrasseront aussi bien que les autres, et vous ne vous apercevrez jamais qu'elles parlent de vous, jusqu'à ce que je vous les explique ; alors vous m'avouerez sans doute que je suis fort exact à ma parole, et fort ponctuel à l'exécution de vos commandements. Vous l'avez voulu, et j'obéis ; je vous l'ai promis, et je m'acquitte. C'est peut-être vous en dire trop pour un homme qui se veut cacher quelque temps à vous-même ; et pour peu que vous fassiez de réflexion sur mes dernières visites, vous devinerez à demi que c'est à vous que ce compliment s'adresse. N'achevez pas, je vous prie, et laissez-moi la joie de vous surprendre par la confidence que je vous en dois. Je vous en conjure par tout le mérite de mon obéissance, et ne vous dis point en quoi les belles qualités d'Andromède approchent de vos perfections, ni quel rapport ses aventures ont avec les vôtres ; ce serait vous faire un miroir où vous vous verriez trop aisément, et vous ne pourriez plus rien ignorer de ce que j'ai à vous dire. Préparez-vous seulement à la recevoir, non pas tant comme un des plus beaux spectacles que la France ait vus, que comme une marque respectueuse de l'attachement inviolable à votre service, dont fait vœu,

Madame,

Votre très-humble, très-obéissant et très-obligé serviteur,

CORNEILLE.

ARGUMENT

TIRÉ DU QUATRIÈME ET DU CINQUIÈME LIVRE DES MÉTAMORPHOSES D'OVIDE

« Cassiope, femme de Céphée, roi d'Éthiopie, fut si « vaine de sa beauté, qu'elle osa la disputer à celle des « Néréides, dont ces nymphes irritées firent sortir de la « mer un monstre, qui fit de si étranges ravages sur les « terres de l'obéissance du roi son mari, que les forces hu-« maines ne pouvant donner aucun remède à des misères « si grandes, on recourut à l'oracle de Jupiter Ammon. « La réponse qu'en reçurent ces malheureux princes fut « un commandement d'exposer à ce monstre Andromède, « leur fille unique, pour en être dévorée. Il fallut exécuter « ce triste arrêt ; et cette illustre victime fut attachée à un « rocher, où elle n'attendait que la mort, lorsque Persée, « fils de Jupiter et de Danaé, passant par hasard, jeta les « yeux sur elle : il revenait de la conquête glorieuse de la « tête de Méduse, qu'il portait sous son bouclier, et volait « au milieu de l'air au moyen des ailes qu'il avait attachées « aux deux pieds, de la façon qu'on nous peint Mercure. « Ce fut de cette infortunée princesse même qu'il apprit la « cause de sa disgrâce ; et l'amour que ses premiers regards « lui donnèrent lui fit en même temps former le dessein de « combattre ce monstre qui la devait dévorer, pour con-« server des jours qui lui étaient devenus précieux.

« Avant que d'entrer au combat, il eut loisir de tirer « parole de ses parents que les fruits en seraient pour lui, « et reçut les effets de cette promesse sitôt qu'il eut tué « le monstre.

« Le roi et la reine donnèrent avec grande joie leur fille « à son libérateur ; mais la magnificence des noces fut « troublée par la violence que voulut faire Phinée, frère « du roi, et oncle de la princesse, à qui elle avait été pro-« mise avant son malheur. Il se jeta dans le palais royal « avec une troupe de gens armés ; et Persée s'en défendit « quelque temps sans autre secours que celui de sa valeur « et de quelques amis généreux : mais, se voyant près de « succomber sous le nombre, il se servit enfin de cette « horrible tête de Méduse, qu'il tira de dessous son bouclier ; « et l'exposant aux yeux de Phinée et des assassins qui le « suivaient, cette fatale vue les convertit en autant de « statues de pierre, qui servirent d'ornement au même « palais qu'ils voulaient teindre du sang de ce héros. »

Voilà comme Ovide raconte cette fable, où j'ai changé beaucoup de choses, tant par la liberté de l'art que par la nécessité des ordres du théâtre, et pour lui donner plus d'agrément.

En premier lieu, j'ai cru plus à propos de faire Cassiope vaine de la beauté de sa fille que de la sienne propre, d'autant qu'il est extraordinaire qu'une femme dont la fille est en âge d'être mariée ait encore d'assez beaux restes pour en vanter si hautement ; et qu'il n'est pas vraisemblable que cet orgueil de Cassiope pour elle-même eût attendu si tard à éclater, vu que c'est dans la jeunesse que la beauté étant plus parfaite et le jugement moins formé, l'une et l'autre donnent plus de lieu à des vanités de cette nature, et non pas alors que cette même beauté commence d'être sur le retour, et que l'âge a mûri l'esprit de la personne qui s'en serait enorgueillie en un autre temps.

Ensuite, j'ai supposé que l'oracle d'Ammon n'avait pas condamné précisément Andromède à être dévorée par le monstre, mais qu'il avait ordonné seulement qu'on lui exposât tous les mois une fille, qu'on tirerait au sort pour voir celle qui lui devait être livrée, et que, cet ordre ayant déjà été exécuté cinq fois, on était au jour qu'il le fallait suivre pour la sixième.

J'ai introduit Persée comme un chevalier errant qui s'est arrêté depuis un mois dans la cour de Céphée, et non pas comme se rencontrant par hasard dans le temps qu'Andromède est attachée au rocher. Je lui ai donné de l'amour pour elle, qu'il n'ose découvrir, parce qu'il l'avait promise à Phinée, mais qu'il nourrit toutefois d'un peu d'espoir, parce qu'il voit leur mariage différé jusqu'à la fin des malheurs publics. Je l'ai fait plus généreux qu'il n'est dans Ovide, où il n'entreprend la délivrance de cette princesse qu'après que ses parents l'ont assuré qu'elle l'épouserait sitôt qu'il l'aurait délivrée. J'ai changé aussi avec beaucoup de sagesse la qualité de Phinée, que j'ai fait seulement neveu du roi, dont Ovide le nomme frère ; le mariage de deux cousins me semblant plus supportable, dans nos façons de vivre, que celui de l'oncle et de la nièce, qui eût pu sembler un peu plus étrange à mes auditeurs.

Les peintres, qui cherchent à faire paraître leur art dans les nudités, ne manquent jamais à nous représenter Andromède nue au pied du rocher, où elle est attachée, quoique Ovide n'en parle point. Ils me pardonneront si je ne les ai pas suivis en cette invention, comme j'ai fait en celle du cheval Pégase, sur lequel ils montent Persée pour combattre le monstre, quoique Ovide ne lui donne que des ailes aux talons. Ce changement donne lieu à une machine tout extraordinaire et merveilleuse, et empêche même que Persée ne soit pris pour Mercure ; outre qu'ils ne le mettent pas en cet équipage sans fondement, vu que le même Ovide raconte que sitôt que Persée eut coupé la monstrueuse tête de Méduse, Pégase tout ailé sortit de cette Gorgone, et que Persée s'en put saisir dès lors pour faire ses courses par le milieu de l'air.

Nos globes célestes, où l'on marque pour constellations Céphée, Cassiope, Persée et Andromède, m'ont donné jour à les faire enlever tous quatre au ciel sur la fin de la pièce, pour y faire les noces de ces amants, comme si la terre n'en était plus digne.

Au reste, comme Ovide ne nomme point la ville où il fait arriver cette aventure, je ne me suis non plus enhardi à la nommer : il dit pour toute chose que Céphée régnait en Éthiopie, sans désigner sous quel climat. La topographie moderne de ces contrées-là n'est pas fort connue, et celle du temps de Céphée encore moins : je me contenterai donc de vous dire qu'il fallait que Céphée régnât en quelque pays maritime, que sa ville capitale fût sur le bord de la mer, et que ses peuples fussent blancs, quoique Éthiopiens. Ce n'est pas que les Maures les plus noirs n'aient leurs beautés à leur mode ; mais il n'est pas vraisemblable que Persée, qui était Grec, et né dans Argos, fût devenu amoureux d'Andromède, si elle eût été de leur teint. J'ai pour moi le consentement de tous les peintres, et surtout l'autorité du grand Héliodore, qui ne fonde la blancheur de sa divine Chariclée que sur un tableau d'Andromède. Ma scène sera donc, s'il vous plaît, dans la ville capitale de Céphée, proche de la mer ; et pour le nom, vous le lui donnerez qu'il vous plaira.

Vous trouverez cet ordre gardé dans les changements de théâtre, que chaque acte, aussi bien que le prologue, a sa décoration particulière, et du moins une machine volante, avec un concert de musique, que je n'ai employée qu'à satisfaire les oreilles des spectateurs, tandis que leurs yeux sont arrêtés à voir descendre ou remonter une machine, ou s'attachent à quelque chose qui leur empêche de prêter attention à ce que pourraient dire les acteurs, comme fait le combat de Persée contre le monstre : mais je me suis bien gardé de faire rien chanter qui fût nécessaire à l'intelligence de la pièce, parce que communément les paroles qui se chantent étant mal entendues des auditeurs, pour la confusion qu'y apporte la diversité des voix qui les prononcent ensemble, elles auraient fait une grande obscurité dans le corps de l'ouvrage, si elles avaient eu à instruire l'auditeur de quelque chose d'important. Il n'en va pas de même des machines, qui ne sont pas, dans cette tragédie, comme les agréments détachés ; elles en font le nœud et le dénoûment, et y sont si nécessaires, que vous n'en sauriez retrancher aucune que vous ne fassiez tomber tout l'édifice. J'ai été assez heureux à les inventer et à leur donner place dans la tissure de ce poëme ; mais aussi faut-il que j'avoue que le sieur Torrelli s'est surmonté lui-même à en exécuter les dessins, et qu'il a eu des inventions admirables pour les faire agir à propos ; de sorte que s'il m'est dû quelque gloire pour avoir introduit cette Vénus dans le premier acte, qui fait le nœud de cette tragédie par l'oracle ingénieux qu'elle prononce, il lui en est dû bien davantage pour l'avoir fait venir de si loin, et descendre au milieu de l'air dans cette magnifique étoile, avec tant d'art et de pompe qu'elle remplit tout le monde d'étonnement et d'admiration. Il en faut dire autant des autres que j'ai introduites, et dont il a inventé l'exécution, qui en a rendu le spectacle si merveilleux qu'il sera malaisé d'en faire un plus beau de cette nature. Pour moi, je confesse ingénument que, quelque effort d'imagination que j'aie fait depuis, je n'ai pu découvrir encore aucun sujet capable de tant d'ornements extérieurs, et où les machines pussent être distribuées avec tant de justesse ; je n'en désespère pas toutefois, et peut-être que le temps en fera éclater quelqu'un assez brillant et assez heureux pour me faire dédire de ce que j'avance. En attendant, recevez celui-ci comme le plus achevé qui ait encore paru sur nos théâtres ; et souffrez que la beauté de la représentation supplée au manque des beaux vers, que vous n'y trouverez pas en si grande quantité que dans *Cinna* ou dans *Rodogune*, parce que mon principal but ici a été de satisfaire la vue par l'éclat et la diversité du spectacle, et non pas de toucher l'esprit par la force du raisonnement, ou le cœur par la délicatesse des passions. Ce n'est pas que j'en aie fui ou négligé aucunes occasions ; mais il s'en est rencontré si peu, que j'aime mieux avouer que cette pièce n'est que pour les yeux.

PERSONNAGES.

DIEUX DANS LES MACHINES.

JUPITER.
JUNON.
NEPTUNE.
MERCURE.
LE SOLEIL.
VÉNUS.
MELPOMÈNE.
ÉOLE.
CYMODOCE, }
ÉPHYRE, } Néréides.
CYDIPPE, }
HUIT VENTS.

PERSONNAGES.

HOMMES.

CÉPHÉE, roi d'Éthiopie, père d'Andromède.
CASSIOPE, reine d'Éthiopie.
ANDROMÈDE, fille de Céphée et de Cassiope.
PHINÉE, prince d'Éthiopie.
PERSÉE, fils de Jupiter et de Danaé.
TIMANTE, capitaine des gardes du roi.
AMMON, ami de Phinée.
AGLANTE, }
CÉPHALIE, } Nymphes d'Andromède.
LIRIOPE, }
UN PAGE DE PHINÉE.
CHŒUR DE PEUPLE.
SUITE DU ROI.

La scène est en Éthiopie, dans la ville capitale du royaume de Céphée, proche de la mer.

PROLOGUE

L'ouverture du théâtre présente de front aux yeux des spectateurs une vaste montagne, dont les sommets inégaux, s'élevant les uns sur les autres, portent le faîte jusque dans les nues. Le pied de cette montagne est percé à jour par une grotte profonde qui laisse voir la mer en éloignement. Les deux côtés du théâtre sont occupés par une forêt d'arbres touffus et entrelacés les uns dans les autres. Sur un des sommets de la montagne paraît Melpomène, la muse de la tragédie ; et, à l'opposite, dans le ciel, on voit le Soleil s'avancer dans un char tout lumineux, tiré par les quatre chevaux qu'Ovide lui donne.

LE SOLEIL, MELPOMÈNE, CHŒUR DE PEUPLE.

MELPOMÈNE.

Arrête un peu ta course impétueuse ;
Mon théâtre, Soleil, mérite bien tes yeux ;
    Tu n'en vis jamais en ces lieux
    La pompe plus majestueuse :
    J'ai réuni, pour la faire admirer,
Tout ce qu'ont de plus beau la France et l'Italie ;
    De tous leurs arts mes sœurs l'ont embellie :
Prête-moi tes rayons pour la mieux éclairer.
Daigne à tant de beautés, par ta propre lumière,
    Donner un parfait agrément,
    Et rends cette merveille entière
    En lui servant toi-même d'ornement.

LE SOLEIL.

    Charmante muse de la scène,
    Chère et divine Melpomène,
Tu sais de mon destin l'inviolable loi ;
    Je donne l'âme à toutes choses,
    Je fais agir toutes les causes ;
Mais quand je puis le plus, je suis le moins à moi ;
    Par une puissance plus forte
    Le char que je conduis m'emporte :
Chaque jour sans repos doit et naître et mourir.
J'en suis esclave alors que j'y préside ;
Et ce frein que je tiens aux chevaux que je guide
Ne règle que leur route, et les laisse courir.

MELPOMÈNE.

La naissance d'Hercule et le festin d'Atrée
    T'ont fait rompre ces lois,
Et tu peux faire encor ce qu'on t'a vu deux fois
    Faire en même contrée.
Je dis plus ; tu le dois en faveur du spectacle
Qu'au monarque des lis je prépare aujourd'hui ;
    Le ciel n'a fait que miracles en lui ;
    Lui voudrais-tu refuser un miracle ?

LE SOLEIL.

Non, mais je le réserve à ces bienheureux jours
    Qu'ennoblira sa première victoire ;
    Alors j'arrêterai mon cours
Pour être plus longtemps le témoin de sa gloire.
Prends cependant le soin de le bien divertir,
Pour lui faire avec joie attendre les années
Qui feront éclater les belles destinées
Des peuples que son bras lui doit assujettir.

Calliope, ta sœur, déjà d'un œil avide
Cherche dans l'avenir les faits de ce grand roi,
Dont les hautes vertus lui donneront emploi
Pour plus d'une Iliade et plus d'une Énéide.

MELPOMÈNE.

Que je porte d'envie à cette illustre sœur,
    Quoique j'aie à craindre pour elle
Que sous ce grand fardeau sa force ne chancelle !
Mais, quel qu'en soit enfin le mérite et l'honneur,
    J'aurai du moins cet avantage
Que déjà je le vois, que déjà je lui plais,
Et que de ses vertus, et que de ses hauts faits
Déjà dans ses pareils je lui trace une image.
Je lui montre Pompée, Alexandre, César,
Mais comme des héros attachés à son char ;
Et tout ce haut éclat où je les fais paraître
Lui peint plus qu'ils n'étaient, et moins qu'il ne doit
        LE SOLEIL. [être.

Il en effacera les plus glorieux noms
Dès qu'il pourra lui-même animer son armée ;
Et tout ce que d'eux tous a dit la renommée
Te fera voir en lui le plus grand des Bourbons.
Son père et son aïeul tout rayonnants de gloire,
Ces grands rois qu'en tous lieux a suivis la Victoire,
Lui voyant emporter sur eux le premier rang,
En deviendraient jaloux s'il n'était pas leur sang.
Mais vole dans mon char, muse ; je veux t'apprendre
Tout l'avenir d'un roi qui t'est si précieux.

MELPOMÈNE.

Je sais déjà ce qu'on doit en attendre,
Et je lis chaque jour son destin dans les cieux.

LE SOLEIL.

Viens donc, viens avec moi faire le tour du monde ;
Qu'unissant ensemble nos voix,
Nous fassions résonner sur la terre et sur l'onde
Qu'il est et le plus jeune et le plus grand des rois.

MELPOMÈNE.

Soleil, j'y vole ; attends-moi donc, de grâce.

LE SOLEIL.

Viens, je t'attends, et te fais place.

MELPOMÈNE *vole dans le char du Soleil, et, y ayant pris place auprès de lui, ils unissent leurs voix, et chantent cet air à la louange du roi. Le dernier vers de chaque couplet est répété par le chœur de la musique.*

Cieux, écoutez ; écoutez, mers profondes ;
    Et vous, antres et bois,
    Affreux déserts, rochers battus des ondes,
Redites après nous d'une commune voix :
Louis est le plus jeune et le plus grand des rois.
    La majesté qui déjà l'environne
    Charme tous ses François ;
Il est lui seul digne de sa couronne ;
Et quand même le ciel l'aurait mise à leur choix,
Il serait le plus jeune et le plus grand des rois.

C'est à vos soins, reine, qu'on doit la gloire
    De tant de grands exploits ;
Ils sont partout suivis de la victoire ;

Et l'ordre merveilleux dont vous donnez ses lois
Le rend et le plus jeune et le plus grand des rois.
LE SOLEIL.
Voilà ce que je dis sans cesse
Dans tout mon large tour.
Mais c'est trop retarder le jour ;
Allons, muse, l'heure me presse,
Et ma rapidité
Doit regagner le temps que sur cette province
Pour contempler ce prince
Je me suis arrêté.

(Le Soleil part avec rapidité, et enlève Melpomène avec lui dans son char, pour aller publier ensemble la même chose au reste de l'univers.)

ACTE PREMIER

Cette grande masse de montagnes et ces rochers élevés les uns sur les autres qui la composaient, ayant disparu en un moment par un merveilleux artifice, laissent voir en leur place la ville capitale du royaume de Céphée, ou plutôt la place publique de cette ville. Les deux côtés et le fond du théâtre sont des palais magnifiques, tous différents de structure, mais qui gardent admirablement l'égalité et les justesses de la perspective. Après que les yeux ont eu le loisir de se satisfaire à considérer leur beauté, la reine Cassiope paraît comme passant par cette place pour aller au temple ; elle est conduite par Persée, encore inconnu, mais qui passe pour un cavalier de grand mérite qu'elle entretient des malheurs publics, attendant que le roi la rejoigne pour aller à ce temple de compagnie.

SCÈNE I

CASSIOPE, PERSÉE, SUITE DE LA REINE.

CASSIOPE.
Généreux inconnu qui chez tous les monarques
Portez de vos vertus les éclatantes marques,
Et dont l'aspect suffit à convaincre nos yeux
Que vous sortez du sang ou des rois ou des dieux,
Puisque vous avez vu le sujet de ce crime
Que chaque mois expie une telle victime,
Cependant qu'en ce lieu nous attendrons le roi,
Soyez-y juste juge entre les dieux et moi.
Jugez de mon forfait, jugez de leur colère ;
Jugez s'ils ont eu droit d'en punir une mère,
S'ils ont dû faire agir leur haine au même instant.
PERSÉE.
J'en ai déjà jugé, reine, en vous imitant ;
Et si de vos malheurs la cause ne procède
Que d'avoir fait justice aux beautés d'Andromède,
Si c'est là ce forfait digne d'un tel courroux,
Je veux être à jamais coupable comme vous. [me,
Mais comme un bruit confus m'apprend ce mal extrê-
Ne le puis-je, madame, apprendre de vous-même,
Pour mieux renouveler ce crime glorieux
Où soudain la raison est complice des yeux ?

CASSIOPE.
Écoutez : la douleur se soulage à se plaindre ;
Et quelques maux qu'on souffre ou que l'on ait à crain-
Ce qu'un cœur généreux en montre de pitié [dre,
Semble en notre faveur en prendre la moitié.
Ce fut ce même jour qui conclut l'hyménée
De ma chère Andromède avec l'heureux Phinée :
Nos peuples, tout ravis de ces illustres nœuds,
Sur les bords de la mer dressèrent force jeux ;
Elle en donnait les prix. Dispensez ma tristesse
De vous dépeindre ici la publique allégresse ;
On décrit mal la joie au milieu des malheurs ;
Et sa plus douce idée est un sujet de pleurs.
O jour, que ta mémoire encore m'est cruelle !
Andromède jamais ne me parut si belle ;
Et voyant ses regards s'épandre sur les eaux
Pour jouir et juger d'un combat de vaisseaux,
« Telle, dis-je, Vénus sortit du sein de l'onde,
« Et promit à ses yeux la conquête du monde
« Quand elle eut consulté sur leur éclat nouveau
« Les miroirs vagabonds de son flottant berceau. »
A ce fameux spectacle on vit les Néréides
Lever leurs moites fronts de leurs palais liquides,
Et pour nouvelle pompe à ces nobles ébats
A l'envi de la terre étaler leurs appas.
Elles virent ma fille ; et leurs regards à peine
Rencontrèrent les siens sur cette humide plaine,
Que par des traits plus forts se sentant effacer,
Éblouis et confus je les vis s'abaisser,
Examiner les leurs, et sur tous leurs visages
En chercher d'assez vifs pour braver nos rivages.
Je les vis se choisir jusqu'à cinq et six fois,
Et rougir aussitôt nous comparant leur choix ;
Et cette vanité qu'en toutes les familles
On voit si naturelle aux mères pour leurs filles,
Leur cria par ma bouche : « En est-il parmi vous,
« O nymphes ! qui ne cède à des attraits si doux ?
« Et pourrez-vous nier, vous autres immortelles,
« Qu'entre nous la nature en forme de plus belles ? »
Je m'emportais sans doute, et c'en était trop dit :
Je les vis s'en cacher de honte et de dépit ;
J'en vis dedans leurs yeux les vives étincelles :
L'onde qui les reçut s'en irrita pour elles ;
J'en vis enfler la vague, et la mer en courroux
Rouler à gros bouillons ses flots jusques à nous.
C'eût été peu des flots ; la soudaine tempête,
Qui trouble notre joie et dissipe la fête,
Enfante en moins d'une heure et pousse sur nos bords
Un monstre contre nous armé de mille morts.
Nous fuyons, mais en vain ; il suit, il brise, il tue ;
Chaque victime est morte aussitôt qu'abattue.
Nous ne voyons qu'horreur, que sang de toutes parts :
Son haleine est poison, et poison ses regards :
Il ravage, il désole et nos champs et nos villes,
Et contre sa fureur il n'est aucuns asiles.
Après beaucoup d'efforts et de vœux superflus,
Ayant souffert beaucoup, et craignant encor plus,
Nous courons à l'oracle en de telles alarmes ;
Et voici ce qu'Ammon répondit à nos larmes :

« Pour apaiser Neptune, exposez tous les mois
« Au monstre qui le venge une fille à son choix,
« Jusqu'à ce que le calme à l'orage succède;
  « Le sort vous montrera
  « Celle qu'il agréera :
« Différez cependant les noces d'Andromède. »
Comme dans un grand mal un moindre semble doux,
Nous prenons pour faveur ce reste de courroux.
Le monstre disparu nous rend un peu de joie :
On ne le voit qu'aux jours qu'on lui livre sa proie.
Mais ce remède enfin n'est qu'un amusement :
Si l'on souffre un peu moins, on craint également;
Et toutes nous tremblons devant une infortune
Qui toutes nous menace avant qu'en frapper une.
La peur s'en renouvelle au bout de chaque mois;
J'en ai cru de frayeur déjà mourir cinq fois.
Déjà nous avons vu cinq beautés dévorées,
Mais des beautés, hélas! dignes d'être adorées,
Et de qui tous les traits, pleins d'un céleste feu,
Ne cédaient qu'à ma fille, et lui cédaient bien peu;
Comme si, choisissant de plus belle en plus belle,
Le sort par ces degrés tâchait d'approcher d'elle,
Et que, pour élever ses traits jusques à nous,
Il essayât sa force, et mesurât ses coups.
  Rien n'a pu jusqu'ici toucher ce dieu barbare;
Et le sixième choix aujourd'hui se prépare :
On le va faire au temple; et je sens malgré moi
Des mouvements secrets redoubler mon effroi.
Je fis hier à Vénus offrir un sacrifice,
Qui jamais à mes vœux ne parut si propice;
Et toutefois mon cœur à force de trembler
Semble prévoir le coup qui le doit accabler.
  Vous donc, qui connaissez et mon crime et sa peine,
Dites-moi s'il a pu mériter tant de haine,
Et si le ciel devait tant de sévérité
Aux premiers mouvements d'un peu de vanité.

PERSÉE.

Oui, madame, il est juste; et j'avoûrai moi-même
Qu'en le blâmant tantôt j'ai commis un blasphème.
Mais vous ne voyez pas, dans votre aveuglement,
Quel grand crime il punit d'un si grand châtiment.
  Les nymphes de la mer ne lui sont pas si chères
Qu'il veuille s'abaisser à suivre leurs colères;
Et quand votre mépris en fit comparaison,
Il voyait mieux que vous que vous aviez raison.
Il venge, et c'est de là que votre mal procède,
L'injustice rendue aux beautés d'Andromède.
Sous les lois d'un mortel votre choix l'asservit!
Cette injure est sensible aux dieux qu'elle ravit,
Aux dieux qu'elle captive; et ces rivaux célestes
S'opposent à des nœuds à sa gloire funestes,
En sauvent les appas qui les ont éblouis,
Punissent vos sujets qui s'en sont réjouis.
Jupiter, résolu de l'ôter à Phinée,
Exprès par son oracle en défend l'hyménée.
A sa flamme peut-être il veut la réserver;
Ou, s'il peut se résoudre enfin à s'en priver,
A quelqu'un de ses fils sans doute il la destine;
Et voilà de vos maux la secrète origine.

Faites cesser l'offense, et le même moment
Fera cesser ici son juste châtiment.

CASSIOPE.

Vous montrez pour ma fille une trop haute estime,
Quand pour la mieux flatter vous me faites un crime,
Dont la civilité me force de juger
Que vous ne m'accusez qu'afin de m'obliger.
Si quelquefois les dieux pour des beautés mortelles
Quittent de leur séjour les clartés éternelles,
Ces mêmes dieux aussi, de leur grandeur jaloux,
Ne font pas chaque jour ce miracle pour nous :
Et, quand pour l'espérer je serais assez folle,
Le roi, dont tout dépend, est homme de parole;
Il a promis sa fille, et verra tout périr
Avant qu'à se dédire il veuille recourir,
Il tient cette alliance et glorieuse et chère :
Phinée est de son sang, il est fils de son frère.

PERSÉE.

Reine, le sang des dieux vaut bien celui des rois
Mais nous en parlerons encor quelque autre fois.
Voici le roi qui vient.

SCÈNE II

CÉPHÉE, CASSIOPE, PHINÉE, PERSÉE,
SUITE DU ROI ET DE LA REINE.

CÉPHÉE.

  N'en parlons plus, Phinée,
Et laissons d'Andromède aller la destinée.
Votre amour fait pour elle un inutile effort;
Je la dois comme une autre au triste choix du sort.
Elle est cause du mal, puisqu'elle l'est du crime :
Peut-être qu'il la veut pour dernière victime,
Et que nos châtiments deviendraient éternels,
S'ils ne pouvaient tomber sur les vrais criminels.

PHINÉE.

Est-ce un crime en ces lieux, seigneur, que d'être belle?

CÉPHÉE.

Elle a rendu par là sa mère criminelle.

PHINÉE.

C'est donc un crime ici que d'avoir de bons yeux
Qui sachent bien juger d'un tel présent des cieux.

CÉPHÉE.

Qui veut en bien juger n'a point le privilége
D'aller jusqu'au blasphème et jusqu'au sacrilége.

CASSIOPE.

Ce blasphème, seigneur, de quoi vous m'accusez...

CÉPHÉE.

Madame, après les maux que vous avez causés,
C'est à vous à pleurer, et non à vous défendre.
Voyez, voyez quel sang vous avez fait répandre;
Et ne laissez paraître en cette occasion
Que larmes, que soupirs, et que confusion.
  (à Phinée.)
Je vous le dis encore, elle la crut trop belle;
Et peut-être le sort l'en veut punir en elle :
Dérober Andromède à cette élection,
C'est dérober sa mère à sa punition.

PHINÉE.
Déjà cinq fois, seigneur, à ce choix exposée,
Vous voyez que cinq fois le sort l'a refusée.
CÉPHÉE.
Si le courroux du ciel n'en veut point à ses jours,
Ce qu'il a fait cinq fois il le fera toujours.
PHINÉE.
Le tenter si souvent, c'est lasser sa clémence :
Il pourra vous punir de trop de confiance;
Vouloir toujours faveur, c'est trop lui demander,
Et c'est un crime enfin que de tant hasarder.
Mais quoi! n'est-il, seigneur, ni bonté paternelle,
Ni tendresse du sang qui vous parle pour elle?
CÉPHÉE.
Ah! ne m'arrachez point mon sentiment secret.
Phinée, il est tout vrai, je l'expose à regret.
J'aime que votre amour en sa faveur me presse;
La nature en mon cœur avec lui s'intéresse;
Mais elle ne saurait mettre d'accord en moi
Les tendresses d'un père et les devoirs d'un roi;
Et par une justice à moi-même sévère,
Je vous refuse en roi ce que je veux en père.
PHINÉE.
Quelle est cette justice, et quelles sont ces lois
Dont l'aveugle rigueur s'étend jusques aux rois?
CÉPHÉE. [sommes,
Celles que font les dieux, qui, tout rois que nous
Punissent nos forfaits ainsi que ceux des hommes,
Et qui ne nous font part de leur sacré pouvoir
Que pour le mesurer aux règles du devoir.
Que diraient mes sujets si je me faisais grâce,
Et si, durant qu'au monstre on expose leur race,
Ils voyaient, par un droit tyrannique et honteux,
Le crime en ma maison, et la peine sur eux?
PHINÉE.
Heureux sont les sujets, heureuses les provinces
Dont le sang peut payer pour celui de leurs princes!
CÉPHÉE.
Mais heureux est le prince, heureux sont ses projets,
Quand il se fait justice ainsi qu'à ses sujets!
Notre oracle, après tout, n'excepte point ma fille,
Ses termes généraux comprennent ma famille;
Et ne confondre pas ce qu'il a confondu,
C'est se mettre au-dessus du dieu qui l'a rendu.
PERSÉE.
Seigneur, s'il m'est permis d'entendre votre oracle,
Je crois qu'à sa prière il donne peu d'obstacle;
Il parle d'Andromède, il la nomme, il suffit,
Arrêtez-vous pour elle à ce qu'il vous en dit;
La séparer longtemps d'un amant si fidèle,
C'est tout le châtiment qu'il semble vouloir d'elle.
Différez son hymen sans l'exposer au choix.
Le ciel assez souvent, doux aux crimes des rois,
Quand il leur a montré quelque légère haine,
Répand sur leurs sujets le reste de leur peine.
CÉPHÉE.
Vous prenez mal l'oracle; et pour l'expliquer mieux,
Sachez... Mais quel éclat vient de frapper mes yeux?
D'où partent ces longs traits de nouvelles lumières?

(Le ciel s'ouvre durant cette contestation du roi avec Phinée, et fait voir dans un profond éloignement l'étoile de Vénus qui sert de machine pour apporter cette déesse jusqu'au milieu du théâtre. Elle s'avance lentement sans que l'œil puisse découvrir à quoi elle est suspendue; et cependant le peuple a le loisir de lui adresser ses vœux par cet hymne que chantent les musiciens.)

PERSÉE.
Du ciel qui vient d'ouvrir ses luisantes barrières,
D'où quelque déité vient, ce semble, ici-bas
Terminer elle-même entre vous ces débats.
CASSIOPE.
Ah! je la reconnais, la déesse d'Éryce;
C'est elle, c'est Vénus, à mes vœux si propice :
Je vois dans ses regards mon bonheur renaissant.
Peuple, faites des vœux, tandis qu'elle descend.

SCÈNE III

VÉNUS, CÉPHÉE, CASSIOPE, PERSÉE, PHINÉE,
CHŒUR DE MUSIQUE, SUITE DU ROI ET DE LA REINE.

CHŒUR.
Reine de Paphe et d'Amathonte,
Mère d'Amour, et fille de la mer,
Peux-tu voir sans un peu de honte
Que contre nous elle ait voulu s'armer,
Et que du même sein qui fut ton origine
Sorte notre ruine?

Peux-tu voir que de la même onde
Il ose naître un tel monstre après toi?
Que d'où vint tant de bien au monde
Il vienne enfin tant de mal et d'effroi.
Et que l'heureux berceau de ta beauté suprême
Enfante l'horreur même?

Venge l'honneur de ta naissance
Qu'on a souillé par un tel attentat;
Rends-lui sa première innocence;
Et tu rendras le calme à tout l'État :
Et nous dirons enfin que d'où le mal procède
Part aussi le remède.

CASSIOPE.
Peuple, elle veut parler; silence à la déesse;
Silence, et préparez vos cœurs à l'allégresse.
Elle a reçu nos vœux, et les daigne exaucer;
Écoutez-en l'effet qu'elle va prononcer.
VÉNUS, *au milieu de l'air.*
Ne tremblez plus, mortels; ne tremble plus, ô mère!
On va jeter le sort pour la dernière fois,
Et le ciel ne veut plus qu'un choix
Pour apaiser de tout point sa colère.
Andromède ce soir aura l'illustre époux
Qui seul est digne d'elle, et dont seule elle est digne.
Préparez son hymen, où pour faveur insigne,
Les dieux ont résolu de se joindre avec vous.
PHINÉE, *à Céphée.*
Souffrez que sans tarder je porte à ma princesse,
Seigneur, l'heureux arrêt qu'a donné la déesse.

CÉPHÉE.
Allez, l'impatience est trop juste aux amants.
CASSIOPE, *voyant remonter Vénus.*
Suivons-la dans le ciel par nos remercîments;
Et, d'une voix commune adorant sa puissance,
Montrons à ses faveurs notre reconnaissance.

CHOEUR.
Ainsi toujours sur tes autels
Tous les mortels
Offrent leurs cœurs en sacrifice!
Ainsi le zéphyr en tout temps
Sur tes palais de Cythère et d'Éryce
Fasse régner les grâces du printemps!

Daigne affermir l'heureuse paix
Qu'à nos souhaits
Vient de promettre ton oracle;
Et fais pour ces jeunes amants,
Pour qui tu viens de faire ce miracle,
Un siècle entier de doux ravissements.

Dans nos campagnes et nos bois
Toutes nos voix
Béniront tes douces atteintes;
Et dans les rochers d'alentour
La même écho * qui redisait nos plaintes
Ne redira que des soupirs d'amour.

CÉPHÉE.
C'est assez... la déesse est déjà disparue;
Ses dernières clartés se perdent dans la nue;
Allons jeter le sort pour la dernière fois.
Malheureux le dernier que foudroîra son choix,
Et dont en ce grand jour la perte domestique
Souillera de ses pleurs l'allégresse publique!
Madame, cependant, songez à préparer
Cet hymen que les dieux veulent tant honorer :
Rendez-en l'appareil digne de ma puissance,
Et digne, s'il se peut, d'une telle présence.
CASSIOPE.
J'obéis avec joie, et c'est me commander
Ce qu'avec passion j'allais vous demander.

SCÈNE IV

CASSIOPE, PERSÉE, SUITE DE LA REINE.

CASSIOPE.
Eh bien! vous le voyez, ce n'était pas un crime,
Et les dieux ont trouvé cet hymen légitime,
Puisque leur ordre exprès nous le fait achever,
Et que par leur présence ils doivent l'approuver.
Mais quoi! vous soupirez?
PERSÉE.
J'en ai bien lieu, madame.
CASSIOPE.
Le sujet?
PERSÉE.
Votre joie.

CASSIOPE.
Elle vous gêne l'âme?
PERSÉE.
Après ce que j'ai dit, douter d'un si beau feu,
Reine, c'est ou m'entendre ou me croire bien peu.
Mais ne me forcez pas du moins à vous le dire,
Quand mon âme en frémit et mon cœur en soupire
Pouvais-je avoir des yeux et ne pas l'adorer?
Et pourrais-je la perdre et n'en pas soupirer?
CASSIOPE.
Quel espoir formiez-vous, puisqu'elle était promise,
Et qu'en vain son bonheur domptait votre franchise?
PERSÉE.
Vouloir que la raison règne sur un amant,
C'est être plus que lui dedans l'aveuglement.
Un cœur digne d'aimer court à l'objet aimable
Sans penser au succès dont sa flamme est capable;
Il s'abandonne entier, et n'examine rien;
Aimer est tout son but, aimer est tout son bien;
Il n'est difficulté ni péril qui l'étonne.
« Ce qui n'est point à moi n'est encore à personne.
« Disais-je; et ce rival qui possède sa foi,
« S'il espère un peu plus, n'obtient pas plus que moi.»
Voilà durant vos maux de quoi vivait ma flamme,
Et les douces erreurs dont je flattais mon âme.
Pour nourrir des désirs d'un beau feu trop contents,
C'était assez d'espoir que d'espérer au temps;
Lui qui fait chaque jour tant de métamorphoses
Pouvait en ma faveur faire beaucoup de choses.
Mais enfin la déesse a prononcé ma mort,
Et je suis ce dernier sur qui tombe le sort.
J'étais indigne d'elle et de son hyménée,
Et toutefois, hélas! je valais bien Phinée.
CASSIOPE.
Vous plaindre en cet état, c'est tout ce que je puis.
PERSÉE.
Vous vous plaindrez peut-être apprenant qui je suis.
Vous ne vous trompiez point touchant mon origine,
Lorsque vous la jugiez ou royale ou divine :
Mon père est... Mais pourquoi contre vous l'animer?
Puisqu'il nous faut mourir, mourons sans le nommer;
Il vengerait ma mort, si j'avais fait connaître
De quel illustre sang j'ai la gloire de naître;
Et votre grand bonheur serait mal assuré,
Si vous m'aviez connu sans m'avoir préféré.
C'est trop perdre de temps, courons à votre joie,
Courons à ce bonheur que le ciel vous envoie;
J'en veux être témoin, afin que mon tourment
Puisse par ce poison finir plus promptement.
CASSIOPE.
Le temps vous fera voir pour souverain remède
Le peu que vous perdez en perdant Andromède;
Et les dieux, dont pour nous vous voyez la bonté,
Vous rendront bientôt plus qu'ils ne vous ont ôté.
PERSÉE.
Ni le temps ni les dieux ne feront ce miracle.
Mais allons : à votre heur * je ne mets point d'obsta-
Reine; c'est l'affaiblir, que de le retarder; [cle,
Et les dieux ont parlé, c'est à moi de céder.

ACTE DEUXIÈME

Cette place publique s'évanouit en un instant pour faire place à un jardin délicieux ; et ces grands palais sont changés en autant de vases de marbre blanc, qui portent alternativement, les unes des statues d'où sortent autant de jets d'eau, les autres des myrtes, des jasmins et d'autres arbres de cette nature. De chaque côté se détache un rang d'orangers dans de pareils vases, qui viennent former un admirable berceau jusqu'au milieu du théâtre, et le séparent ainsi en trois allées, que l'artifice ingénieux de la perspective fait paraître longues de plus de mille pas. C'est là qu'on voit Andromède avec ses nymphes qui cueillent des fleurs, et en composent une guirlande dont cette princesse veut couronner Phinée, pour le récompenser, par cette galanterie, de la bonne nouvelle qu'il lui vient d'apporter.

SCÈNE I

ANDROMÈDE, CHŒUR DE NYMPHES, UN PAGE.

ANDROMÈDE.

Nymphes, notre guirlande est encor mal ornée ;
Et devant qu'il soit peu nous reverrons Phinée,
Que de ma propre main j'en voulais couronner
Pour les heureux avis qu'il vient de me donner.
Toutefois la faveur ne serait pas bien grande,
Et mon cœur après tout vaut bien une guirlande.
Dans l'état où le ciel nous a mis aujourd'hui,
C'est l'unique présent qui soit digne de lui.
Quittez, nymphes, quittez ces peines inutiles ;
L'augure déplairait de tant de fleurs stériles ;
Il faut à notre hymen des présages plus doux.
Dites-moi cependant laquelle d'entre vous...
Mais il faut me le dire, et sans faire les fines.

AGLANTE.

Quoi, madame ?

ANDROMÈDE.

A tes yeux je vois que tu devines.
Dis-moi donc d'entre vous laquelle a retenu
En ces lieux jusqu'ici cet illustre inconnu.
Car enfin ce n'est point sans un peu de mystère
Qu'un tel héros s'attache à la cour de mon père.
Quelque chaîne l'arrête et le force à tarder.
Qu'on ne perde point temps à s'entre-regarder.
Parlez, et d'un seul mot éclaircissez mes doutes.
Aucune ne répond, et vous rougissez toutes !
Quoi ! toutes l'aimez-vous ? Un si parfait amant
Vous a-t-il su charmer toutes également ?
Il n'en faut point rougir, il est digne qu'on l'aime :
Si je n'aimais ailleurs, peut-être que moi-même,
Oui, peut-être, à le voir si bien fait, si bien né,
Il aurait eu mon cœur, s'il n'eût été donné.
Mais j'aime trop Phinée, et le change* est un crime.

AGLANTE.

Ce héros vaut beaucoup puisqu'il a votre estime ;
Mais il sait ce qu'il vaut, et n'a jusqu'à ce jour
A pas une de nous daigné montrer d'amour.

ANDROMÈDE.

Que dis-tu ?

AGLANTE.

Pas fait même une offre de service.

ANDROMÈDE.

Ah ! c'est de quoi rougir toutes avec justice ;
Et la honte à vos fronts doit bien cette couleur,
Si tant de si beaux yeux ont pu manquer son cœur.

CÉPHALIE.

Où les vôtres, madame, épandent* leur lumière,
Cette honte pour nous est assez coutumière.
Les plus vives clartés s'éteignent auprès d'eux,
Comme auprès du soleil meurent les autres feux :
Et pour peu qu'on vous voie et qu'on vous considère,
Vous ne nous laissez point de conquêtes à faire.

ANDROMÈDE.

Vous êtes une adroite ; achevez, achevez :
C'est peut-être en effet vous qui le captivez ;
Car il aime, et j'en vois la preuve trop certaine.
Chaque fois qu'il me parle il semble être à la gêne ;
Son visage et sa voix changent à tout propos ;
Il hésite, il s'égare au bout de quatre mots ;
Ses discours vont sans ordre ; et plus je les écoute,
Plus j'entends des soupirs dont j'ignore la route.
Où vont-ils, Céphalie ? où vont-ils ? répondez.

CÉPHALIE.

C'est à vous d'en juger, vous qui les entendez.

UN PAGE, *chantant sans être vu.*

Qu'elle est lente cette journée !

ANDROMÈDE.

Taisons-nous : cette voix me parle pour Phinée ;
Sans doute il n'est pas loin, et veut à son retour
Que des accents si doux m'expliquent son amour.

LE PAGE.

Qu'elle est lente cette journée
Dont la fin me doit rendre heureux !
Chaque moment à mon cœur amoureux
Semble durer plus d'une année.
O ciel ! quel est l'heur* d'un amant,
Si, quand il en a l'assurance,
  Sa juste impatience
  Est un nouveau tourment ?
Je dois posséder Andromède :
Juge, Soleil, quel est mon bien !
Vis-tu jamais amour égal au mien ?
Vois-tu beauté qui ne lui cède ?
Puis donc que la longueur du jour
De mon nouveau mal est la source,
  Précipite ta course,
  Et tarde ton retour.

Tu luis encore, et ta lumière
Semble se plaire à m'affliger.
Ah ! mon amour te va bien obliger
A quitter soudain ta carrière.
Viens, Soleil, viens voir la beauté
Dont le divin éclat me dompte ;
  Et tu fuiras de honte
  D'avoir moins de clarté.

SCÈNE II

PHINÉE, ANDROMÈDE, UN PAGE, CHŒUR DE NYMPHES, SUITE DE PHINÉE.

PHINÉE.
Ce n'est pas mon dessein, madame, de surprendre,
Puisque avant que d'entrer je me suis fait entendre.
ANDROMÈDE.
Vos vœux pour les cacher n'étaient pas criminels,
Puisqu'ils suivent des dieux les ordres éternels.
PHINÉE.
Que me direz-vous donc de leur galanterie ?
ANDROMÈDE.
Que je vais vous payer de votre flatterie.
PHINÉE.
Comment ?
ANDROMÈDE.
En vous donnant de semblables témoins,
Si vous aimez beaucoup, que je n'aime pas moins.
Approchez, Liriope, et rendez-lui son change *;
C'est vous, c'est votre voix que je veux qui me venge.
De grâce, écoutez-la ; nous avons écouté,
Et demandons silence après l'avoir prêté.

LIRIOPE *chante.*
Phinée est plus aimé qu'Andromède n'est belle,
  Bien qu'ici-bas tout cède à ses attraits ;
    Comme il n'est point de si doux traits,
    Il n'est point de cœur si fidèle
  De mille appas son visage semé
    La rend une merveille :
  Mais quoiqu'elle soit sans pareille,
    Phinée est encor plus aimé.

Bien que le juste ciel fasse voir que sans crime
  On la préfère aux nymphes de la mer,
    Ce n'est que de savoir aimer
    Qu'elle-même veut qu'on l'estime ;
  Chacun, d'amour pour elle consumé,
    D'un cœur lui fait un temple :
  Mais quoiqu'elle soit sans exemple,
    Phinée est encor plus aimé.

Enfin, si ses beaux yeux passent pour un miracle,
  C'est un miracle aussi que son amour,
    Pour qui Vénus en ce beau jour
    A prononcé ce digne oracle :
  Le ciel lui-même, en la voyant, charmé,
    La juge incomparable ;
  Mais, quoiqu'il l'ait fait adorable,
    Phinée est encor plus aimé.

(Cet air chanté, le page de Phinée et cette nymphe font un dialogue en musique, dont chaque couplet a pour refrain l'oracle que Vénus a prononcé au premier acte en faveur de ces deux amants, chanté par les deux voix unies, et répété par le chœur entier de la musique.)

LE PAGE.
Heureux amant !
LIRIOPE.
Heureuse amante !
LE PAGE.
Ils n'ont qu'une âme.
LIRIOPE.
Ils n'ont tous deux qu'un cœur.
LE PAGE.
Joignons nos voix pour chanter leur bonheur.
LIRIOPE.
Joignons nos voix pour bénir leur attente.
LE PAGE ET LIRIOPE.
Andromède ce soir aura l'illustre époux
Qui seul est digne d'elle, et dont seule elle est digne.
Préparons son hymen, où, pour faveur insigne,
Les dieux ont résolu de se joindre avec nous.
CHŒUR.
Préparons son hymen, où, pour faveur insigne,
Les dieux ont résolu de se joindre avec nous.
LE PAGE.
  Le ciel le veut.
LIRIOPE.
    Vénus l'ordonne.
LE PAGE.
L'amour les joint.
LIRIOPE.
    L'hymen va les unir.
LE PAGE.
Douce union que chacun doit bénir !
LIRIOPE.
Heureuse amour qu'un tel succès couronne !
LE PAGE ET LIRIOPE.
Andromède ce soir aura l'illustre époux
Qui seul est digne d'elle, et dont seule elle est digne.
Préparons son hymen, où, pour faveur insigne,
Les dieux ont résolu de se joindre avec nous.
CHŒUR.
Préparons son hymen, où, pour faveur insigne,
Les dieux ont résolu de se joindre avec nous.
ANDROMÈDE.
Il n'en faut point mentir, leur accord m'a surprise.
PHINÉE.
Madame, c'est ainsi que tout me favorise,
Et que tous vos sujets soupirent en ces lieux
Après l'heureux effet de cet arrêt des dieux,
Que leurs souhaits unis...

SCÈNE III

PHINÉE, ANDROMÈDE, TIMANTE, UN PAGE, CHŒUR DE NYMPHES, SUITE DE PHINÉE.

TIMANTE.
  Ah, seigneur ! ah, madame !
PHINÉE.
Que nous veux-tu, Timante, et qui trouble ton âme ?
TIMANTE.
Le pire des malheurs.
PHINÉE.
  Le roi serait-il mort ?

ANDROMÈDE, ACTE II, SCÈNE IV.

TIMANTE.
Non, seigneur ; mais enfin le triste choix du sort
Vient de tomber... Hélas ! pourrai-je vous le dire ?

ANDROMÈDE.
Est-ce sur quelque objet pour qui ton cœur soupire ?

TIMANTE.
Soupirer à vos yeux du pire de ses coups,
N'est-ce pas dire assez qu'il est tombé sur vous ?

PHINÉE.
Qui te fait nous donner de si vaines alarmes ?

TIMANTE.
Si vous n'en croyez pas mes soupirs et mes larmes,
Vous en croirez le roi, qui bientôt à vos yeux
La va livrer lui-même aux ministres des dieux.

PHINÉE.
C'est nous faire, Timante, un conte ridicule ;
Et je tiendrais le roi bien simple et bien crédule,
Si plus qu'une déesse il en croyait le sort.

TIMANTE.
Le roi non plus que vous ne l'a pas cru d'abord ;
Il a fait par trois fois essayer sa malice,
Et l'a vu par trois fois faire même injustice ;
Du vase par trois fois ce beau nom est sorti.

PHINÉE.
Et toutes les trois fois le sort en a menti.
Le ciel a fait pour vous une autre destinée ;
Son ordre est immuable, il veut notre hyménée :
Il le veut, il y met le bonheur de ces lieux ;
Et ce n'est pas au sort à démentir les dieux.

ANDROMÈDE.
Assez souvent le ciel par quelque fausse joie
Se plaît à prévenir les maux qu'il nous envoie ;
Du moins il m'a rendu quelques moments bien doux,
Par ce flatteur espoir que j'allais être à vous.
Mais puisque ce n'était qu'une trompeuse attente,
Gardez mon souvenir, et je mourrai contente.

PHINÉE.
Et vous mourrez contente ! Et j'ai pu mériter
Qu'avec contentement vous puissiez me quitter.
Détacher sans regret votre âme de la mienne !
Vouloir que je le voie, et que je m'en souvienne !
Et mon fidèle amour qui reçut votre foi
Vous trouve indifférente entre la mort et moi !
Oui, je m'en souviendrai, vous le voulez, madame ;
J'accepte le supplice où vous livrez mon âme :
Mais, quelque peu d'amour que vous me fassiez voir,
Le mien n'oubliera pas les lois de son devoir.
Je dois malgré le sort, je dois malgré vous-même,
Si vous aimez si mal, vous montrer comme on aime,
Et faire reconnaître aux yeux qui m'ont charmé
Que j'étais digne au moins d'être un peu mieux aimé.
Vous l'avoûrez bientôt, et j'aurai cette gloire
Qui dans tout l'avenir suivra notre mémoire,
Que pour se voir quitter avec contentement
Un amant tel que moi n'en est pas moins amant.

ANDROMÈDE.
C'est donc trop peu pour moi que des malheurs si pro-
Si vous ne les croissez par d'injustes reproches ! [ches,
Vous quitter sans regret ! les dieux me sont témoins
Que j'en montrerais plus si je vous aimais moins.
C'est pour vous trop aimer que je parais tout autre ;
J'étouffe ma douleur pour n'aigrir pas la vôtre ;
Je retiens mes soupirs de peur de vous fâcher,
Et me montre insensible afin de moins toucher.
Hélas ! si vous savez faire voir comme on aime,
Du moins vous voyez mal quand l'amour est extrême ;
Oui, Phinée, et je doute, en courant à la mort,
Lequel m'est plus cruel, ou de vous, ou du sort.

PHINÉE.
Hélas ! qu'il était grand quand je l'ai cru s'éteindre,
Votre amour ! et qu'à tort ma flamme osait s'en plain-
Princesse, vous pouvez me quitter sans regret ; [dre !
Vous ne perdez en moi qu'un amant indiscret,
Qu'un amant téméraire, et qui même a l'audace
D'accuser votre amour quand vous lui faites grâce.
Mais pour moi, dont la perte est sans comparaison,
Qui perds en vous perdant et lumière et raison,
Je n'ai que ma douleur qui m'aveugle et me guide ;
Dessus toute mon âme elle seule préside ;
Elle y règne, et je cède entier à son transport ;
Mais je ne cède pas aux caprices du sort.
Que le roi par scrupule à sa rigueur défère,
Qu'une indigne équité le fasse injuste père,
La reine et mon amour sauront bien empêcher
Qu'un choix si criminel ne coûte un sang si cher
J'ose tout, je puis tout après un tel oracle.

TIMANTE.
La reine est hors d'état d'y joindre aucun obstacle ;
Surprise comme vous d'un tel événement,
Elle en a de douleur perdu tout sentiment ;
Et sans doute le roi livrera la princesse
Avant qu'on l'ait pu voir sortir de sa faiblesse.

PHINÉE.
Eh bien ! mon amour seul saura jusqu'au trépas,
Malgré tous...

ANDROMÈDE.
Le roi vient ; ne vous emportez pas.

SCÈNE IV

CÉPHÉE, PHINÉE, ANDROMÈDE, PERSÉE,
TIMANTE, CHŒUR DE NYMPHES, UN PAGE,
SUITE DU ROI ET DE PHINÉE.

CÉPHÉE.
Ma fille, si tu sais les nouvelles funestes
De ce dernier effort des colères célestes,
Si tu sais de ton sort l'impitoyable cours,
Qui fait le plus cruel du plus beau de nos jours,
Épargne ma douleur, juges-en par sa cause,
Et va sans me forcer à te dire autre chose.

ANDROMÈDE.
Seigneur, je vous l'avoue, il est bien rigoureux
De tout perdre au moment qu'on se doit croire heu-
Et le coup qui surprend un espoir légitime [reux ;
Porte plus d'une mort au cœur de la victime.
Mais enfin il est juste, et je le dois bénir ;
La cause des malheurs les doit faire finir.

Le ciel, qui se repent sitôt de ses caresses,
Verra plus de constance en moi qu'en ses promesses;
Heureuse, si mes jours un peu précipités
Satisfont à ces dieux pour moi seule irrités,
Si je suis la dernière à leur courroux offerte,
Si le salut public peut naître de ma perte!
Malheureuse pourtant de ce qu'un si grand bien
Vous a déjà coûté d'autre sang que le mien,
Et que je ne suis pas la première et l'unique
Qui rende à votre état la sûreté publique!

PHINÉE.

Quoi! vous vous obstinez encore à me trahir?

ANDROMÈDE.

Je vous plains, je me plains, mais je dois obéir.

PHINÉE.

Honteuse obéissance à qui votre amour cède!

CÉPHÉE.

Obéissance illustre, et digne d'Andromède!
Son nom comblé par là d'un immortel honneur...

PHINÉE.

Je l'empêcherai bien, ce funeste bonheur.
Andromède est à moi, vous me l'avez donnée;
Le ciel pour notre hymen a pris cette journée;
Vénus l'a commandé : qui me la peut ôter?
Le sort auprès des dieux se doit-il écouter?
Ah! si j'en vois ici les infâmes ministres
S'apprêter aux effets de ses ordres sinistres...

CÉPHÉE.

Apprenez que le sort n'agit que sous les dieux,
Et souffrez comme moi le bonheur de ces lieux.
Votre perte n'est rien au prix de ma misère;
Vous n'êtes qu'amoureux, Phinée, et je suis père.
Il est d'autres objets dignes de votre foi;
Mais il n'est point ailleurs d'autres filles pour moi.
Songez donc mieux qu'un père à ces affreux ravages
Que partout de ce monstre épandirent* les rages;
Et n'en rappelez pas l'épouvantable horreur,
Pour trop croire et trop suivre une aveugle fureur.

PHINÉE.

Que de nouveau ce monstre entré dessus vos terres
Fasse à tous vos sujets d'impitoyables guerres;
Le sang de tout un peuple est trop bien employé
Quand celui de ses rois en peut être payé;
Et je ne connais point d'autre perte publique
Que celle où vous condamne un sort si tyrannique.

CÉPHÉE.

Craignez ces mêmes dieux qui président au sort.

PHINÉE.   [cord.

Qu'entre eux-mêmes ces dieux se montrent donc d'ac-
Quelle crainte après tout me pourrait y résoudre?
S'ils m'ôtent Andromède, ont-ils quelque autre fou-
Il n'est plus de respect qui puisse rien sur moi; [dre?
Andromède est mon sort, et mes dieux, et mon roi;
Punissez un impie, et perdez un rebelle;
Satisfaites le sort en m'exposant pour elle;
J'y cours : mais autrement je jure ses beaux yeux,
Et mes uniques rois, et mes uniques dieux...

(Ici le tonnerre commence à rouler avec un si grand bruit, et accompagné d'éclairs redoublés avec tant de promptitude, que
cette feinte donne de l'épouvante aussi bien que de l'admiration,
tant elle approche du naturel. On voit cependant descendre Éole
avec huit vents, dont quatre sont à ses deux côtés, en sorte toutefois que les deux plus proches sont portés sur le même nuage
que lui, et les deux plus éloignés sont comme volant en l'air tout
contre ce même nuage. Les quatre autres paraissent deux à deux
au milieu de l'air sur les ailes du théâtre, deux à la main gauche
et deux à la droite; ce qui n'empêche pas Phinée de continuer
ses blasphèmes.)

SCÈNE V

ÉOLE, HUIT VENTS, CÉPHÉE, PERSÉE, PHINÉE,
ANDROMÈDE, CHŒUR DE NYMPHES, SUITE DU ROI
ET DE PHINÉE.

CÉPHÉE.

Arrêtez; ce nuage enferme une tempête
Qui peut-être déjà menace votre tête.
N'irritez plus les dieux déjà trop irrités.

PHINÉE.

Qu'il crève, ce nuage, et que ces déités...

CÉPHÉE.

Ne les irritez plus, vous dis-je, et prenez garde...

PHINÉE.

A les trop irriter qu'est-ce que je hasarde?
Que peut craindre un amant quand il voit tout perdu?
Tombe, tombe sur moi leur foudre, s'il m'est dû;
Mais s'il est quelque main assez lâche et traîtresse
Pour suivre leur caprice et saisir ma princesse,
Seigneur, encore un coup, je jure ses beaux yeux,
Et mes uniques rois, et mes uniques dieux...

ÉOLE, *au milieu de l'air.*

Téméraire mortel, n'en dis pas davantage;
Tu n'obliges que trop les dieux à te haïr :
Quoi que pense attenter l'orgueil de ton courage,
Ils ont trop de moyens de se faire obéir.
  Connais-moi, pour ton infortune;
  Je suis Éole, rois des vents.
  Partez, mes orageux suivants,
  Faites ce qu'ordonne Neptune.

(Ce commandement d'Éole produit un spectacle étrange et merveilleux tout ensemble. Les deux vents qui étaient à ses côtés
suspendus en l'air s'envolent, l'un à gauche et l'autre à droite :
deux autres remontent avec lui dans le ciel sur le même nuage
qui les vient d'apporter; deux autres, qui étaient à sa main
gauche sur les ailes du théâtre, s'avancent au milieu de l'air, où,
ayant fait un tour, ainsi que deux tourbillons, ils passent au côté
droit du théâtre, d'où les deux derniers fondent sur Andromède,
et, l'ayant saisie chacun par un bras, ils l'enlèvent de l'autre
côté jusque dans les nues.)

ANDROMÈDE.

O ciel!

CÉPHÉE.

Ils l'ont saisie, et l'enlèvent en l'air.

PHINÉE.

Ah! ne présumez pas ainsi me la voler;
Je vous suivrai partout malgré votre surprise.

SCÈNE VI

CÉPHÉE, PERSÉE, SUITE DU ROI.

PERSÉE.

Seigneur, un tel péril ne veut point de remise ;
Mais espérez encor, je vole à son secours,
Et vais forcer le sort à prendre un autre cours.

CÉPHÉE.

Vingt amants pour Nérée en firent l'entreprise ;
Mais il n'est point d'effort que ce monstre ne brise.
Tous voulurent sauver ses attraits adorés,
Tous furent avec elle à l'instant dévorés.

PERSÉE.

Le ciel aime Andromède, il veut son hyménée,
Seigneur ; et si les vents l'arrachent à Phinée,
Ce n'est que pour la rendre à quelque illustre époux
Qui soit plus digne d'elle, et plus digne de vous ;
A quelque autre par là les dieux l'ont réservée.
Vous saurez qui je suis quand je l'aurai sauvée.
Adieu. Par des chemins aux hommes inconnus
Je vais mettre en effet l'oracle de Vénus.
Le temps nous est trop cher pour le perdre en paroles.

CÉPHÉE.

Moi, qui ne puis former d'espérances frivoles,
Pour ne voir point courir ce grand cœur au trépas,
Je vais faire des vœux qu'on n'écoutera pas.

ACTE TROISIÈME

Il se fait ici une si étrange métamorphose, qu'il semble qu'avant que de sortir de ce jardin Persée ait découvert cette monstrueuse tête de Méduse qu'il porte partout sous son bouclier. Les myrtes et les jasmins qui le composaient sont devenus des rochers affreux, dont les masses inégalement escarpées et bossues suivent si parfaitement le caprice de la nature, qu'il semble qu'elle ait plus contribué que l'art à les placer ainsi des deux côtés du théâtre : c'est en quoi l'artifice de l'ouvrier est merveilleux, et se fait voir d'autant plus, qu'il prend soin de se cacher. Les vagues s'emparent de toute la scène, à la réserve de cinq ou six pieds qu'elles laissent pour leur servir de rivage ; elles sont dans une agitation continuelle, et composent comme un golfe enfermé entre ces deux rangs de falaises : on en voit l'embouchure se dégorger dans la pleine mer, qui paraît si vaste et d'une si grande étendue, qu'on jurerait que les vaisseaux qui flottent près de l'horizon, dont la vue est bornée, sont éloignés de plus de six lieues de ceux qui les considèrent. Il n'y a personne qui ne juge que cet horrible spectacle est le funeste appareil de l'injustice des dieux et du supplice d'Andromède ; aussi la voit-on au haut des nues, d'où les deux vents qui l'ont enlevée l'apportent avec impétuosité et l'attachent au pied d'un de ces rochers.

SCÈNE I

ANDROMÈDE *au pied d'un rocher* ; DEUX VENTS *qui l'y attachent*, TIMANTE, CHŒUR DE PEUPLE *sur le rivage*.

TIMANTE.

Allons voir, chers amis, ce qu'elle est devenue,
La princesse, et mourir, s'il se peut, à sa vue.

CHŒUR.

La voilà que ces vents achèvent d'attacher,
En infâmes bourreaux, à ce fatal rocher.

TIMANTE.

Oui, c'est elle sans doute. Ah ! l'indigne spectacle !

CHŒUR.

Si le ciel n'est injuste, il lui doit un miracle.

(*Les vents s'envolent.*)

TIMANTE.

Il en fera voir un, s'il en croit nos désirs.

ANDROMÈDE.

O dieux !

TIMANTE.

Avec respect écoutons ses soupirs ;
Et puissent les accents de ses premières plaintes
Porter dans tous nos cœurs de mortelles atteintes !

ANDROMÈDE.

Affreuse image du trépas
Qu'un triste honneur m'avait fardée,
Surprenantes horreurs, épouvantable idée,
Qui tantôt ne m'ébranliez pas,
Que l'on vous conçoit mal quand on vous envisage
Avec un peu d'éloignement !
Qu'on vous méprise alors ! qu'on vous brave aisément !
Mais que la grandeur de courage
Devient d'un difficile usage
Lorsqu'on touche au dernier moment !
Ici seule, et de toutes parts
A mon destin abandonnée ;
Ici que je n'ai plus ni parents, ni Phinée,
Sur qui détourner mes regards,
L'attente de la mort de tout mon cœur s'empare.
Il n'a qu'elle à considérer ;
Et, quoi que de ce monstre il s'ose figurer,
Ma constance qui s'y prépare
Le trouve d'autant plus barbare
Qu'il diffère à me dévorer.

Étrange effet de mes malheurs !
Mon âme traînante, abattue,
N'a qu'un moment à vivre, et ce moment me tue
A force de vives douleurs.
Ma frayeur a pour moi mille mortelles feintes,
Cependant que la mort me fuit ;
Je pâme au moindre vent, je meurs au moindre bruit ;
Et mes espérances éteintes
N'attendent la fin de mes craintes
Que du monstre qui les produit.

Qu'il tarde à suivre mes désirs ;
Et que sa cruelle paresse
A ce cœur dont ma flamme est encor la maîtresse
Goûte d'amers et longs soupirs !
O toi, dont jusqu'ici la douceur m'a suivie,
Va-t'en, souvenir indiscret ;
Et, cessant de me faire un entretien secret
De ce prince qui m'a servie,
Laisse-moi sortir de la vie
Avec un peu moins de regret.

C'est assez que tout l'univers
Conspire à faire mes supplices;
Ne les redouble point, toi qui fus mes délices,
En me montrant ce que je perds;
Laisse-moi...

SCÈNE II

CASSIOPE, ANDROMÈDE, TIMANTE,
CHŒUR DE PEUPLE.

CASSIOPE.

Me voici, qui seule ai fait le crime;
Me voici, justes dieux, prenez votre victime;
S'il est quelque justice encore parmi vous,
C'est à moi seule, à moi qu'est dû votre courroux.
Punir les innocents, et laisser les coupables,
Inhumains! est-ce en être, est-ce en être capable?
A moi tout le supplice, à moi tout le forfait.
Que faites-vous, cruels? qu'avez-vous presque fait?
Andromède est ici votre plus rare ouvrage;
Andromède est ici votre plus digne image;
Elle rassemble en soi vos attraits divisés :
On vous connaîtra moins si vous la détruisez.
Ah! je découvre enfin d'où provient tant de haine;
Vous en êtes jaloux plus que je n'en fus vaine;
Si vous la laissiez vivre, envieux tout-puissants,
Elle aurait plus que vous et d'autels et d'encens;
Chacun préférerait le portrait au modèle,
Et bientôt l'univers n'adorerait plus qu'elle.

ANDROMÈDE.

En l'état où je suis le sort m'est-il trop doux,
Si vous ne me donnez de quoi craindre pour vous?
Faut-il encore ce comble à des malheurs extrêmes?
Qu'espérez-vous, madame, à force de blasphèmes?

CASSIOPE.

Attirer et leur monstre et leur foudre sur moi :
Mais je ne les irrite, hélas! que contre toi;
Sur ton sang innocent retombent tous mes crimes;
Seule tu leur tiens lieu de mille autres victimes,
Et pour punir ta mère ils n'ont, ces cruels dieux,
Ni monstre dans la mer, ni foudre dans les cieux.
Aussi savent-ils bien que se prendre à ta vie,
C'est percer de mon cœur la plus tendre partie;
Que je souffre bien plus en te voyant périr,
Et qu'ils me feraient grâce en me faisant mourir.
Ma fille, c'est donc là cet heureux hyménée,
Cette illustre union par Vénus ordonnée
Qu'avecque tant de pompe il fallait préparer,
Et que ces mêmes dieux devaient tant honorer!
Ce que nos yeux ont vu n'était-ce donc qu'un songe,
Déesse? ou ne viens-tu que pour dire un mensonge?
Nous aurais-tu parlé sans l'aveu du Destin?
Est-ce ainsi qu'à nos maux le ciel trouve une fin?
Est-ce ainsi qu'Andromède en reçoit les caresses?
Si contre elle l'envie émeut quelques déesses,
L'amour en sa faveur n'arme-t-il point de dieux?
Sont-ils tous devenus, ou sans cœur, ou sans yeux?
Le maître souverain de toute la nature

Pour de moindres beautés a changé de figure;
Neptune a soupiré pour de moindres appas;
Elle en montre à Phœbus que Daphné n'avait pas;
Et l'Amour en Psyché voyait bien moins de charmes.
Quand pour elle il daigna se blesser de ses armes.
Qui dérobe à tes yeux le droit de tout charmer,
Ma fille? au vif éclat qu'ils sèment dans la mer,
Les tritons amoureux, malgré leurs néréides,
Devraient déjà sortir de leurs grottes humides,
Aux fureurs de leur monstre à l'envi s'opposer,
Contre ce même écueil eux-mêmes l'écraser,
Et de ses os brisés, de sa rage étouffée,
Au pied de ton rocher t'élever un trophée.

ANDROMÈDE, *voyant venir le monstre de loin.*

Renouveler le crime, est-ce pour les fléchir?
Vous hâtez mon supplice au lieu de m'affranchir.
Vous appelez le monstre. Ah! du moins à sa vue
Quittez la vanité qui m'a déjà perdue.
Il n'est mortel ni dieu qui m'ose secourir.
Il vient; consolez-vous, et me laissez mourir.

CASSIOPE.

Je le vois, c'en est fait. Parais du moins, Phinée,
Pour sauver la beauté qui t'était destinée;
Parais. Il en est temps, viens en dépit des dieux
Sauver ton Andromède, ou périr à ses yeux;
L'amour te le commande, et l'honneur t'en convie
Peux-tu, si tu la perds, aimer encor la vie?

ANDROMÈDE.

Il n'a manqué d'amour, ni manqué de valeur;
Mais, sans doute, madame, il est mort de douleur
Et comme il a du cœur et sait que je l'adore,
Il périrait ici, s'il respirait encore.

CASSIOPE.

Dis plutôt que l'ingrat n'ose te mériter.
Toi donc, qui plus que lui t'osais tantôt vanter,
Viens, amant inconnu, dont la haute origine,
Si nous t'en voulons croire, est royale ou divine;
Viens en donner la preuve, et par un prompt secours,
Fais-nous voir quelle foi l'on doit à tes discours;
Supplante ton rival par une illustre audace;
Viens à droit de conquête en occuper la place :
Andromède est à toi si tu l'oses gagner.
Quoi! lâches, le péril vous la fait dédaigner!
Il éteint en tous deux ces flammes sans secondes!
Allons, mon désespoir, jusqu'au milieu des ondes
Faire servir l'effort de nos bras impuissants
D'exemple et de reproche à leurs feux languissants;
Faisons ce que tous deux devraient faire avec joie
Détournons sa fureur dessus une autre proie :
Heureuse si mon sang la pouvait assouvir !
Allons. Mais qui m'arrête? Ah! c'est mal me servir

(*On voit ici Persée descendre du haut des nues.*)

SCÈNE III

ANDROMÈDE, *attachée au rocher*; PERSÉE, *en l'air, sur le cheval Pégase*; CASSIOPE, TIMANTE ET LE CHŒUR, *sur le rivage.*

TIMANTE, *montrant Persée à Cassiope, et l'empêchant de se jeter dans la mer.*
Courez-vous à la mort quand on vole à votre aide ?
Voyez par quels chemins on secourt Andromède ;
Quel héros, ou quel dieu sur ce cheval ailé...
CASSIOPE.
Ah ! c'est cet inconnu par mes cris appelé,
C'est lui-même, seigneur, que mon âme étonnée...
PERSÉE, *en l'air, sur le Pégase.*
Reine, voyez par là si je vaux bien Phinée,
Si j'étais moins que lui digne de votre choix,
Et si le sang des dieux cède à celui des rois.
CASSIOPE.
Rien n'égale, seigneur, un amour si fidèle ;
Combattez donc pour vous en combattant pour elle :
Vous ne trouverez point de sentiments ingrats.
PERSÉE, *à Andromède.*
Adorable princesse, avouez-en mon bras.
CHŒUR DE MUSIQUE, *cependant que Persée combat le monstre.*
Courage, enfant des dieux, elle est votre conquête ;
   Et jamais amant ni guerrier
   Ne vit ceindre sa tête
D'un si beau myrte ou d'un si beau laurier.
UNE VOIX *seule.*
Andromède est le prix qui suit votre victoire :
   Combattez, combattez ;
   Et vos plaisirs et votre gloire
Rendront jaloux les dieux dont vous sortez.
LE CHŒUR *répète.*
Courage, enfant des dieux, elle est votre conquête ;
   Et jamais amant ni guerrier
   Ne vit ceindre sa tête
D'un si beau myrte ou d'un si beau laurier.
TIMANTE, *à la reine.*
Voyez de quel effet notre attente est suivie,
Madame ; elle est sauvée, et le monstre est sans vie.
PERSÉE, *ayant tué le monstre.*
Rendez grâces au dieu qui m'en a fait vainqueur.
CASSIOPE.
O ciel ! que ne vous puis-je assez ouvrir mon cœur !
L'oracle de Vénus enfin s'est fait entendre :
Voilà ce dernier choix qui nous devait tout rendre ;
Et vous êtes, seigneur, l'incomparable époux
Par qui le sang des dieux se doit joindre avec nous.
Ne pense plus, ma fille, à ton ingrat Phinée ;
C'est à ce grand héros que le sort t'a donnée ;
C'est pour lui que le ciel te destine aujourd'hui ;
Il est digne de toi, rends-toi digne de lui.
PERSÉE.
Il faut la mériter par mille autres services ;
Un peu d'espoir suffit pour de tels sacrifices.
Princesse, cependant quittez ces tristes lieux,
Pour rendre à votre cœur tout l'éclat de vos yeux.
Ces vents, ces mêmes vents qui vous ont enlevée,
Vont rendre de tout point ma victoire achevée :
L'ordre que leur prescrit mon père Jupiter
Jusqu'en votre palais les force à vous porter,
Les force à vous remettre où tantôt leur surprise...
ANDROMÈDE.
D'une frayeur mortelle à peine encore remise,
Pardonnez, grand héros, si mon étonnement
N'a pas la liberté d'aucun remercîment.
PERSÉE.
Venez, tyrans des mers, réparer votre crime,
Venez restituer cette illustre victime ;
Méritez votre grâce, impétueux mutins,
Par votre obéissance au maître des destins.

(*Les vents obéissent aussitôt à ce commandement de Persée ; et on les voit en un moment détacher cette princesse, et la reporter par-dessus les flots jusqu'aux lieux d'où ils l'avaient apportée au commencement de cet acte. En même temps Persée revole en haut sur son cheval ailé ; et, après avoir fait un caracol* admirable au milieu de l'air, il tire du même côté qu'on a vu disparaître la princesse : tandis qu'il vole, tout le rivage retentit de cris de joie et de chants de victoire.*)

CASSIOPE, *voyant Persée revoler en haut après sa victoire.*
Peuple, qu'à pleine voix l'allégresse publique
Après un tel miracle en triomphe s'explique,
Et fasse retentir sur ce rivage heureux
L'immortelle valeur d'un bras si généreux.
CHŒUR.
   Le monstre est mort, crions victoire,
   Victoire tous, victoire à pleine voix ;
   Que nos campagnes et nos bois
   Ne résonnent que de sa gloire.
Princesse, elle vous donne enfin l'illustre époux
   Qui seul était digne de vous.

   Vous êtes sa digne conquête.
   Victoire tous, victoire à son amour !
   C'est lui qui nous rend ce beau jour,
   C'est lui qui calme la tempête :
Et c'est lui qui vous donne enfin l'illustre époux
   Qui seul était digne de vous.

CASSIOPE, *après que Persée est disparu.*
Dieux ! j'étais sur ces bords immobile de joie !
Allons voir où ces vents ont reporté leur proie,
Embrasser ce vainqueur, et demander au roi
L'effet du juste espoir qu'il a reçu de moi.

SCÈNE IV

CYMODOCE, ÉPHYRE, CYDIPPE.

(*Ces trois néréides s'élèvent du milieu des flots.*)

CYMODOCE.
Ainsi notre colère est de tout point bravée !
Ainsi notre victime à nos yeux enlevée
Va croître les douceurs de ses contentements
Par le juste mépris de nos ressentiments.

ÉPHYRE.

Toute notre fureur, toute notre vengeance
Semble avec son destin être d'intelligence,
N'agir qu'en sa faveur; et ses plus rudes coups
Ne font que lui donner un plus illustre époux.

CYDIPPE.

Le sort, qui jusqu'ici nous a donné le change,
Immole à ses beautés le monstre qui nous venge;
Du même sacrifice, et dans le même lieu,
De victime qu'elle est, elle devient le dieu.
  Cessons dorénavant, cessons d'être immortelles,
Puisque les immortels trahissent nos querelles,
Qu'une beauté commune est plus chère à leurs yeux;
Car son libérateur est sans doute un des dieux.
Autre qu'un dieu n'eût pu nous ôter cette proie,
Autre qu'un dieu n'eût pu prendre une telle voie;
Et ce cheval ailé fût péri mille fois
Avant que de voler sous un indigne poids.

CYMODOCE.

Oui, c'est sans doute un dieu qui vient de la défendre.
Mais il n'est pas, mes sœurs, encor temps de nous ren-
Et puisqu'un dieu pour elle ose nous outrager, [dre;
Il faut trouver aussi des dieux à nous venger,
Du sang de notre monstre encore toutes teintes,
Au palais de Neptune allons porter nos plaintes,
Lui demander raison de l'immortel affront
Qu'une telle défaite imprime à notre front.

CYDIPPE.

Je crois qu'il nous prévient; les ondes en bouillonnent;
Les conques des tritons dans ces rochers résonnent :
C'est lui-même, parlons.

SCÈNE V

NEPTUNE, LES TROIS NÉRÉIDES.

NEPTUNE, dans son char formé d'une grande conque de nacre, et tiré par deux chevaux marins.

                    Je sais vos déplaisirs,
Mes filles; et je viens au bruit de vos soupirs,
De l'affront qu'on vous fait plus que vous en colère.
C'est moi que tyrannise un superbe de frère,
Qui dans mon propre État m'osant faire la loi,
M'envoie un de ses fils pour triompher de moi.
Qu'il règne dans le ciel, qu'il règne sur la terre;
Qu'il gouverne à son gré l'éclat de son tonnerre;
Que même du Destin il soit indépendant,
Mais qu'il me laisse à moi gouverner mon trident.
C'est bien assez pour lui d'un si grand avantage,
Sans me venir braver encor dans mon partage.
Après cet attentat sur l'empire des mers,
Même honte à leur tour menace les enfers;
Aussi leur souverain prendra notre querelle :
Je vais l'intéresser avec Junon pour elle;
Et tous trois, assemblant notre pouvoir en un,
Nous saurons bien dompter notre tyran commun.
Adieu. Consolez-vous, nymphes trop outragées;
Je périrai moi-même, ou vous serez vengées :
Et j'ai su du Destin, qui se ligue avec nous,
Qu'Andromède ici-bas n'aura jamais d'époux.

(*Il fond au milieu de la mer.*)

CYMODOCE.

Après le doux espoir d'une telle promesse
Reprenons, chères sœurs, une entière allégresse.

(*Les néréides se plongent aussi dans la mer.*)

ACTE QUATRIÈME

Les vagues fondent sous le théâtre; et ces hideuses masses de pierres dont elles battaient le pied font place à la magnificence d'un palais royal. On ne le voit pas tout entier, on n'en voit que le vestibule, ou plutôt la grande salle, qui doit servir aux noces de Persée et d'Andromède. Deux rangs de colonnes de chaque côté, l'un de rondes et l'autre de carrées, en font les ornements : elles sont enrichies de statues de marbre blanc d'une grandeur naturelle, et leurs bases, corniches, amortissements, étalent tout ce que peut la justesse de l'architecture. Le frontispice suit le même ordre; et, par trois portes dont il est percé, il fait voir trois allées de cyprès où l'œil s'enfonce à perte de vue.

SCÈNE I

ANDROMÈDE, PERSÉE, CHOEUR DE NYMPHES, SUITE DE PERSÉE.

PERSÉE.

Que me permettez-vous, madame, d'espérer?
Mon amour jusqu'à vous a-t-il lieu d'aspirer?
Et puis-je, en cette illustre et charmante journée,
Prétendre jusqu'au cœur que possédait Phinée?

ANDROMÈDE.

Laissez-moi l'oublier, puisqu'on me donne à vous;
Et s'il i'a possédé n'en soyez point jaloux.
Le choix du roi l'y mit, le choix du roi l'en chasse,
Ce même choix du roi vous y donne sa place;
N'exigez rien de plus : je ne sais point haïr;
Je ne sais point aimer, mais je sais obéir :
Je sais porter ce cœur à tout ce qu'on m'ordonne,
Il suit aveuglément la main qui vous le donne;
De sorte, grand héros, qu'après le choix du roi,
Ce que vous demandez est plus à vous qu'à moi.

PERSÉE.

Que je puisse abuser ainsi de sa puissance!
Hasarder vos plaisirs sur votre obéissance!
Et de libérateur de vos rares beautés
M'élever en tyran dessus vos volontés!
Princesse, mon bonheur vous aurait mal servie,
S'il vous faisait esclave en vous rendant la vie;
Et s'il n'avait sauvé des jours si précieux
Que pour les attacher sous un joug odieux.
C'est aux courages bas, c'est aux amants vulgaires
A faire agir pour eux l'autorité des pères.
Souffrez à mon amour des chemins différents.
J'ai vu parler pour moi les dieux et vos parents;

Je sens que mon espoir s'enfle de leur suffrage;
Mais je n'en veux enfin tirer autre avantage
Que de pouvoir ici faire hommage à vos yeux
Du choix de vos parents, et du vouloir des dieux.
Ils vous donnent à moi, je vous rends à vous-même;
Et comme enfin c'est vous et non pas moi que j'aime,
J'aime mieux m'exposer à perdre un bien si doux
Que de vous obtenir d'un autre que de vous.
Je garde cet espoir, et hasarde le reste;
Et, me soit votre choix ou propice ou funeste,
Je bénirai l'arrêt qu'en feront vos désirs,
Si ma mort vous épargne un peu de déplaisirs.
Remplissez mon espoir ou trompez mon attente,
Je mourrai sans regret, si vous vivez contente;
Et mon trépas n'aura que d'aimables moments,
S'il vous ôte un obstacle à vos contentements.

ANDROMÈDE.

C'est trop d'être vainqueur dans la même journée
Et de ma retenue et de ma destinée.
Après que par le roi vos vœux sont exaucés,
Vous parler d'obéir c'était vous dire assez:
Mais vous voulez douter, afin que je m'explique,
Et que votre victoire en devienne publique.
Sachez donc...

PERSÉE.

Non, madame: où j'ai tant d'intérêt,
Ce n'est pas devant moi qu'il faut faire l'arrêt.
L'excès de vos bontés pourrait en ma présence
Faire à vos sentiments un peu de violence;
Ce bras vainqueur du monstre, et qui vous rend le jour,
Pourrait en ma faveur séduire votre amour;
La pitié de mes maux pourrait même surprendre
Ce cœur trop généreux pour s'en vouloir défendre;
Et le moyen qu'un cœur ou séduit ou surpris
Fût juste en ses faveurs, ou juste en ses mépris?
De tout ce que j'ai fait ne voyez qu'une flamme;
De tout ce qu'on vous dit ne croyez que votre âme;
Ne me répondez point, et consultez-la bien;
Faites votre bonheur sans aucun soin du mien:
Je lui voudrais du mal s'il retranchait du vôtre,
S'il vous pouvait coûter un soupir pour quelque autre,
Et si, quittant pour moi quelques destins meilleurs,
Votre devoir laissait votre tendresse ailleurs.
Je vous le dis encor dans ma plus douce attente,
Je mourrai trop content, si vous vivez contente,
Et si, l'heur* de ma vie ayant sauvé vos jours,
La gloire de ma mort assure vos amours.
Adieu, je vais attendre ou triomphe ou supplice,
L'un comme effet de grâce, et l'autre de justice.

ANDROMÈDE.

A ces profonds respects qu'ici vous me rendez
Je ne réplique point, vous me le défendez;
Mais, quoique votre amour me condamne au silence,
Je vous dirai, seigneur, malgré votre défense,
Qu'un héros tel que vous ne saurait ignorer
Qu'ayant tout mérité l'on doit tout espérer.

SCÈNE II
ANDROMÈDE, CHŒUR DE NYMPHES.

ANDROMÈDE.

Nymphes, l'auriez-vous cru qu'en moins d'une journée
J'aimasse de la sorte un autre que Phinée?
Le roi l'a commandé, mais de mon sentiment
Je m'offrais en secret à son commandement.
Ma flamme impatiente invoquait sa puissance,
Et courait au-devant de mon obéissance.
Je fais plus; au seul nom de mon premier vainqueur,
L'amour à la colère abandonne mon cœur;
Et ce captif rebelle, ayant brisé sa chaîne,
Va jusques au dédain, s'il ne passe à la haine.
Que direz-vous d'un change* et si prompt et si grand,
Qui dans ce même cœur moi-même me surprend?

AGLANTE.

Que pour faire un bonheur promis par tant d'oracles
Cette grande journée est celle des miracles,
Et qu'il n'est pas aux dieux besoin de plus d'effort
A changer votre cœur qu'à changer votre sort.
Cet empire absolu qu'ils ont dessus nos âmes
Éteint comme il leur plaît et rallume nos flammes,
Et verse dans nos cœurs, pour se faire obéir,
Des principes secrets d'aimer et de haïr.
Nous en voyons au vôtre en cette haute estime
Que vous nous témoigniez pour ce bras magnanime;
Au défaut de l'amour que Phinée emportait,
Il lui donnait dès lors tout ce qui lui restait;
Dès lors ces mêmes dieux, dont l'ordre s'exécute,
Le penchaient du côté qu'ils préparaient sa chute;
Et cette haute estime attendant ce beau jour
N'était qu'un beau degré pour monter à l'amour.

CÉPHALIE.

Un digne amour succède à cette haute estime:
Si je puis toutefois vous le dire sans crime,
C'est hasarder beaucoup que croire entièrement
L'impétuosité d'un si prompt changement.
Comme pour vous Phinée eut toujours quelques charmes,
Peut-être il ne lui faut qu'un soupir et deux larmes
Pour dissiper un peu de cette avidité
Qui d'un si gros torrent suit la rapidité.
Deux amants que sépare une légère offense
Rentrent d'un seul coup d'œil en pleine intelligence.
Vous reverrez en lui ce qui le fit aimer,
Les mêmes qualités qu'il vous plut estimer...

ANDROMÈDE.

Et j'y verrai de plus cette âme lâche et basse
Jusqu'à m'abandonner à toute ma disgrâce;
Cet ingrat trop aimé qui n'osa me sauver,
Qui, me voyant périr, voulut se conserver,
Et crut s'être acquitté devant ce que nous sommes
En querellant les dieux et menaçant les hommes.
S'il eût... Mais le voici; voyons si ses discours
Rompront de ce torrent ou grossiront le cours.

SCÈNE III

ANDROMÈDE, PHINÉE, AMMON, CHŒUR DE NYMPHES,
SUITE DE PHINÉE.

PHINÉE.

Sur un bruit qui m'étonne, et que je ne puis croire,
Madame, mon amour, jaloux de votre gloire,
Vient savoir s'il est vrai que vous soyez d'accord,
Par un change* honteux, de l'arrêt de ma mort.
Je ne suis point surpris que le roi, que la reine,
Suivent les mouvements d'une faiblesse humaine;
Tout ce qui me surprend, ce sont vos volontés.
On vous donne à Persée, et vous y consentez!
Et toute votre foi demeure sans défense
Alors que de mon bien on fait sa récompense!

ANDROMÈDE.

Oui, j'y consens, Phinée, et j'y dois consentir;
Et quel que soit ce bien qu'il a su garantir,
Sans vous faire injustice on en fait son salaire,
Quand il a fait pour moi ce que vous deviez faire.
De quel front osez-vous me nommer votre bien,
Vous qu'on a vu tantôt n'y prétendre plus rien ?
Quoi! vous consentirez qu'un monstre me dévore,
Et ce monstre étant mort je suis à vous encore!
Quand je sors de péril vous revenez à moi!
Vous avez de l'amour, et je vous dois ma foi!
C'était de sa fureur qu'il me fallait défendre,
Si vous vouliez garder quelque droit d'y prétendre:
Ce demi-dieu n'a fait, quoi que vous prétendiez,
Que m'arracher au monstre à qui vous me cédiez.
Quittez donc cette vaine et téméraire idée ;
Ne me demandez plus quand vous m'avez cédée.
Ce doit être pour vous même chose aujourd'hui,
Ou de me voir au monstre ou de me voir à lui.

PHINÉE.

Qu'ai-je oublié pour vous de ce que j'ai pu faire?
N'ai-je pas des dieux même attiré la colère?
Lorsque je vis Éole armé pour m'en punir,
Fut-il en mon pouvoir de vous mieux retenir?
N'eurent-ils pas besoin d'un éclat de tonnerre,
Ses ministres ailés, pour me jeter par terre ?
Et voyant mes efforts avorter sans effets,
Quels pleurs n'ai-je versés, et quels vœux n'ai-je faits?

ANDROMÈDE.

Vous avez donc pour moi daigné verser des larmes,
Lorsque pour me défendre un autre a pris les armes!
Et dedans mon péril vos sentiments ingrats
S'amusaient à des vœux quand il fallait des bras !

PHINÉE.

Que pouvais-je de plus ayant vu pour Nérée
De vingt amants armés la troupe dévorée?
Devais-je encor promettre un succès à ma main,
Qu'on voyait au-dessus de tout l'effort humain?
Devais-je me flatter de l'espoir d'un miracle ?

ANDROMÈDE.

Vous deviez l'espérer sous la foi d'un oracle :
Le ciel l'avait promis par un arrêt si doux!
Il l'a fait par un autre, et l'aurait fait par vous.
Mais quand vous auriez cru votre perte assurée,
Du moins ces vingt amants dévorés pour Nérée
Vous laissaient un exemple et noble et glorieux,
Si vous n'eussiez pas craint de périr à mes yeux.
Ils voyaient de leur mort la même certitude;
Mais avec plus d'amour et moins d'ingratitude,
Tous voulurent mourir pour leur objet mourant.
Que leur amour du vôtre était bien différent!
L'effort de leur courage a produit vos alarmes,
Vous a réduit aux vœux, vous a réduit aux larmes;
Et, quoique plus heureuse en un semblable sort,
Je vois d'un œil jaloux la gloire de sa mort.
Elle avait vingt amants qui voulurent la suivre,
Et je n'en avais qu'un qui m'a voulu survivre.
Encor ces vingt amants qui vous ont alarmé
N'étaient pas tous aimés, et vous étiez aimé :
Ils n'avaient la plupart qu'une faible espérance,
Et vous aviez, Phinée, une entière assurance ;
Vous possédiez mon cœur, vous possédiez ma foi;
N'était-ce point assez pour mourir avec moi?
Pouviez-vous...?

PHINÉE.

Ah! de grâce, imputez-moi, madame,
Les crimes les plus noirs dont soit capable une âme;
Mais ne soupçonnez point ce malheureux amant
De vous pouvoir jamais survivre un seul moment.
J'épargnais à mes yeux un funeste spectacle, [cle,
Où mes bras impuissants n'avaient pu mettre obsta-
Et tenais ma main prête à servir ma douleur [heur.
Au moindre et premier bruit qu'eût fait votre mal-

ANDROMÈDE.

Et vos respects trouvaient une digne matière
A me laisser l'honneur de périr la première!
Ah! c'était à mes yeux qu'il fallait y courir,
Si vous aviez pour moi cette ardeur de mourir.
Vous ne me deviez pas envier cette joie
De voir offrir au monstre une première proie;
Vous m'auriez de la mort adouci les horreurs;
Vous m'auriez fait du monstre adorer les fureurs;
Et lui voyant ouvrir ce gouffre épouvantable,
Je l'aurais regardé comme un port favorable,
Comme un vivant sépulcre où mon cœur amoureux
Eût brûlé de rejoindre un amant généreux.
J'aurais désavoué la valeur de Persée ;
En me sauvant la vie il m'aurait offensée;
Et de ce même bras qu'il m'aurait conservé
Je vous immolerais ce qu'il m'aurait sauvé.
Ma mort aurait déjà couronné votre perte,
Et la bonté du ciel ne l'aurait pas soufferte;
C'est à votre refus que les dieux ont remis
En de plus dignes mains ce qu'ils m'avaient promis.
Mon cœur eût mieux aimé le tenir de la vôtre ;
Mais je vis par un autre, et vivrai pour un autre.
Vous n'avez aucun lieu d'en devenir jaloux,
Puisque sur ce rocher j'étais morte pour vous :
Qui pouvait le souffrir peut me voir sans envie
Vivre pour un héros de qui je tiens la vie;
Et quand l'amour encor me parlerait pour lui,

Je ne puis disposer des conquêtes d'autrui.
Adieu.

SCÈNE IV

PHINÉE, AMMON, SUITE DE PHINÉE.

PHINÉE.

Vous voulez donc que j'en fasse la mienne,
Cruelle, et que ma foi de mon bras vous obtienne ?
Eh bien! nous l'irons voir, ce bienheureux vainqueur,
Qui, triomphant d'un monstre, a dompté votre cœur.
C'était trop peu pour lui d'une seule victoire,
S'il n'eût dedans ce cœur triomphé de ma gloire!
Mais si sa main au monstre arrache un bien si cher,
La mienne à son bonheur saura bien l'arracher;
Et vainqueur de tous deux en une seule tête,
De ce qui fut mon bien je ferai ma conquête.
La force me rendra ce que ne peut l'amour.
Allons-y, chers amis, et montrons dès ce jour...

AMMON.

Seigneur, auparavant d'une âme plus remise
Daignez voir le succès d'une telle entreprise.
Savez-vous que Persée est fils de Jupiter,
Et qu'ainsi vous avez le foudre* à redouter?

PHINÉE.

Je sais que Danaé fut son indigne mère;
L'or qui plut dans son sein l'y forma d'adultère :
Mais le pur sang des rois n'est pas moins précieux,
Ni moins chéri du ciel que les crimes des dieux.

AMMON.

Mais vous ne savez pas, seigneur, que son épée
De l'horrible Méduse a la tête coupée,
Que sous son bouclier il la porte en tous lieux,
Et que c'est fait de vous, s'il en frappe vos yeux.

PHINÉE.

On dit que ce prodige est pire qu'un tonnerre,
Qu'il ne faut que le voir pour n'être plus que pierre,
Et que naguère Atlas, qui ne s'en put cacher,
A cet aspect fatal devint un grand rocher.
Soit une vérité, soit un conte, n'importe;
Si la valeur ne peut, que le nombre l'emporte.
Puisque Andromède enfin voulait me voir périr,
Ou triompher d'un monstre afin de m'acquérir,
Que, fière de se voir l'objet de tant d'oracles,
Elle veut que pour elle on fasse des miracles,
Cette tête est un monstre aussi bien que celui
Dont cet heureux rival la délivre aujourd'hui ;
Et nous aurons ainsi dans un seul adversaire
Et monstres à combattre, et miracles à faire.
Peut-être quelques dieux prendront notre parti,
Quoique de leur monarque il se dise sorti;
Et Junon pour le moins prendra notre querelle
Contre l'amour furtif d'un époux infidèle.

(Junon se fait voir dans un char superbe tiré par deux paons, et si bien enrichi, qu'il paraît digne de l'orgueil de la déesse qui s'y fait porter. Elle se promène au milieu de l'air, dont nos poëtes lui attribuent l'empire, et y fait plusieurs tours, tantôt à droite et tantôt à gauche, cependant qu'elle assure Phinée de sa protection.)

SCÈNE V

JUNON, *dans son char, au milieu de l'air;* PHINÉE, AMMON, SUITE DE PHINÉE.

JUNON.

N'en doute point, Phinée, et cesse d'endurer.

PHINÉE.

Elle-même paraît pour nous en assurer.

JUNON.

Je ne serai pas seule; ainsi que moi Neptune
S'intéresse en ton infortune;
Et déjà la noire Alecton,
Du fond des enfers déchaînée,
A, par les ordres de Pluton,
De mille cœurs pour toi la fureur mutinée :
Fort de tant de seconds, ose, et sers mon courroux
Contre l'indigne sang de mon perfide époux.

PHINÉE.

Nous te suivons, déesse; et dessous tes auspices,
Nous franchirons sans peur les plus noirs précipices.
Que craindrons-nous, amis? nous avons dieux pour
Oracle pour oracle ; et la faveur des cieux   [dieux,
D'un contre-poids égal dessus nous balancée
N'est pas entièrement du côté de Persée.

JUNON.

Je te le dis encor, ose, et sers mon courroux
Contre l'indigne sang de mon perfide époux.

AMMON.

Sous tes commandements nous y courons, déesse,
Le cœur plein d'espérance, et l'âme d'allégresse.
Allons, seigneur, allons assembler vos amis;
Courons au grand succès qu'elle vous a promis :
Aussi bien le roi vient, il faut quitter la place,
De peur...

PHINÉE.

Non, demeurez pour voir ce qui se passe ;
Et songez à m'en faire un fidèle rapport,
Tandis que je m'apprête à cet illustre effort.

SCÈNE VI

CÉPHÉE, CASSIOPE, ANDROMÈDE, PERSÉE, AMMON, TIMANTE, CHŒUR DE PEUPLE.

TIMANTE.

Seigneur, le souvenir des plus âpres supplices,
Quand un tel bien les suit, n'a jamais que délices.
Si d'un mal sans pareil nous nous vîmes surpris,
Nous bénissons le ciel d'un tel mal à ce prix ;
Et voyant quel époux il donne à la princesse,
La douleur s'en termine en ces chants d'allégresse.

LE CHŒUR *chante.*

Vivez, vivez, heureux amants,
  Dans les douceurs que l'amour vous inspire ;
Vivez heureux, et vivez si longtemps,
Qu'au bout d'un siècle entier on puisse encor vous
  Vivez, heureux amants.   dire :

Que les plaisirs les plus charmants
Fassent les jours d'une si belle vie ;
Qu'ils soient sans tache, et que tous leurs moments
Fassent redire même à la voix de l'envie :
　　Vivez, heureux amants.

Que les peuples les plus puissants,
　Dans nos souhaits à pleins vœux nous secondent !
Qu'aux dieux pour vous ils prodiguent l'encens,
Et des bouts de la terre à l'envi nous répondent :
　　Vivez, heureux amants.

CÉPHÉE.

Allons, amis, allons, dans ce comble de joie
Rendre grâces au ciel de l'heur* qu'il nous envoie.
Allons dedans le temple avecque mille vœux
De cet illustre hymen achever les beaux nœuds.
Allons sacrifier à Jupiter son père,
Le prier de souffrir ce que nous pensons faire,
Et ne s'offenser pas que ce noble lien
Fasse un mélange heureux de son sang et du mien.

CASSIOPE.

Souffrez qu'auparavant par d'autres sacrifices
Nous nous rendions des eaux les déités propices.
Neptune est irrité ; les nymphes de la mer
Ont de nouveaux sujets encor de s'animer ;
Et comme mon orgueil fit naître leur colère,
Par mes submissions* je dois leur satisfaire.
Sur leur sables, témoins de tant de vanités,
Je vais sacrifier à leurs divinités ;
Et conduisant ma fille à ce même rivage,
De ces mêmes beautés leur rendre un plein hommage,
Joindre nos vœux au sang des taureaux immolés :
Puis nous vous rejoindrons au temple où vous allez.

PERSÉE.

Souffrez qu'en même temps de ma fière marâtre
Je tâche d'apaiser la haine opiniâtre ;
Qu'un pareil sacrifice et de semblables vœux
Tirent d'elle l'aveu qui peut me rendre heureux.
Vous savez que Junon à ce lien préside,
Que sans elle l'hymen marche d'un pied timide,
Et que sa jalousie aime à persécuter
Quiconque ainsi que moi sort de son Jupiter.

CÉPHÉE.

Je suis ravi de voir qu'au milieu de vos flammes
De si dignes respects règnent dessus vos âmes.
　Allez, j'immolerai pour vous à Jupiter,
Et je ne vois plus rien enfin à redouter.
Des dieux les moins bénins l'éternelle puissance
Ne veut de nous qu'amour et que reconnaissance ;
Et jamais leur courroux ne montre de rigueurs
Que n'abatte aussitôt l'abaissement des cœurs.

ACTE CINQUIÈME

L'architecte ne s'est pas épuisé en la structure de ce palais royal. Le temple qui lui succède a tant d'avantage sur lui, qu'il fait mépriser ce qu'on admirait : aussi est-il juste que la demeure des dieux l'emporte sur celle des hommes ; et l'art du sieur Torelli est ici d'autant plus merveilleux, qu'il fait paraître une grande diversité en ces deux décorations, quoiqu'elles soient presque la même chose. On voit encore en celle-ci deux rangs de colonnes comme en l'autre, mais d'un ordre si différent, qu'on n'y remarque aucun rapport. Celles-ci sont de porphyre ; et tous les accompagnements qui les soutiennent et qui les finissent, de bronze ciselé, dont la gravure représente quantité de dieux et de déesses. La réflexion des lumières sur ce bronze en fait sortir un jour tout extraordinaire. Un grand et superbe dôme couvre le milieu de ce temple magnifique ; il est partout enrichi du même métal ; et, au devant de ce dôme, l'artifice de l'ouvrier jette une galerie toute brillante d'or et d'azur. Le dessous de cette galerie laisse voir le dedans du temple par trois portes d'argent ouvragées à jour : on y verrait Céphée sacrifiant à Jupiter pour le mariage de sa fille, n'était que l'attention que les spectateurs prêteraient à ce sacrifice les détournerait de celle qu'ils doivent à ce qui se passe dans le parvis que représente le théâtre.

SCÈNE I

PHINÉE, AMMON.

AMMON.

Vos amis assemblés brûlent tous de vous suivre,
Et Junon dans son temple entre vos mains le livre.
Ce rival, presque seul au pied de son autel,
Semble attendre à genoux l'honneur du coup mortel.
Là, comme la déesse agréera la victime,
Plus les lieux seront saints, moindre en sera le crime ;
Et son aveu changeant de nom à l'attentat,
Ce sera sacrifice au lieu d'assassinat.

PHINÉE.

Que me sert que Junon, que Neptune propice,
Que tous les dieux ensemble aiment ce sacrifice,
Si la seule déesse à qui je fais des vœux
Ne m'en voit que d'un œil d'autant plus rigoureux,
Et si ce coup, sensible au cœur de l'inhumaine,
D'un injuste mépris fait une juste haine ?
　Ami, quelque fureur qui puisse m'agiter,
Je cherche à l'acquérir, et non à l'irriter.
Et m'immoler l'objet de sa nouvelle flamme,
Ce n'est pas le chemin de rentrer dans son âme.

AMMON.

Mais, seigneur, vous touchez à ce moment fatal
Qui pour jamais la donne à cet heureux rival.
En cette extrémité que prétendez-vous faire ?

PHINÉE.

Tout, hormis l'irriter ; tout, hormis lui déplaire :
Soupirer à ses pieds, pleurer à ses genoux,
Trembler devant sa haine, adorer son courroux.

AMMON.

Quittez, quittez, seigneur, un respect si funeste
Otez-vous ce rival, et hasardez le reste :
En dût-elle à jamais dédaigner vos soupirs,
La vengeance elle seule a de si doux plaisirs...

ANDROMÈDE, ACTE V, SCÈNE II.

PHINÉE.
N'en cherchons les douceurs, ami, que les dernières.
Rarement un amant les peut goûter entières ;
Et, quand de sa vengeance elles sont tout le fruit,
Ce sont fausses douceurs que l'amertume suit.
La mort de son rival, les pleurs de son ingrate,
Ont bien je ne sais quoi qui dans l'abord le flatte ;
Mais de ce cher objet s'en voyant plus haï,
Plus il s'en est flatté, plus il s'en croit trahi.
Sous d'éternels regrets son âme est abattue,
Et sa propre vengeance incessamment le tue.
Ce n'est pas que je veuille enfin la négliger :
Si je ne puis fléchir, je cours à me venger ;
Mais souffre à mon amour, mais souffre à ma faibles-
Encore un peu d'effort auprès de ma princesse. [se
Un amant véritable espère jusqu'au bout
Tant qu'il voit un moment qui peut lui rendre tout.
L'inconstante, peut-être encor tout étonnée,
N'était pas bien à soi quand elle s'est donnée :
Et la reconnaissance a fait plus que l'amour
En faveur d'une main qui lui rendait le jour.
Au sortir du péril, pâle encore et tremblante,
L'image de la mort devant ses yeux errante,
Elle a cru tout devoir à son libérateur :
Mais souvent le devoir ne donne pas le cœur ;
Il agit rarement sans un peu d'imposture,
Et fait que de présents dont ce cœur ne murmure.
Peut-être ami, peut-être après ce grand effroi
Son amour en secret aura parlé pour moi :
Les traits mal effacés de tant d'heureux services,
Les douceurs d'un beau feu qui furent ses délices,
D'un regret amoureux touchant son souvenir,
Auront en ma faveur surpris quelque soupir,
Qui, s'échappant d'un cœur qu'elle force à ma perte,
M'en aura pu laisser la porte encore ouverte.
Ah ! si ce triste hymen se pouvait éloigner !

AMMON.
Quoi ! vous voulez encor vous faire dédaigner ?
Sous ce honteux espoir votre fureur se dompte ?

PHINÉE.
Que veux-tu ? ne sois point le témoin de ma honte :
Andromède revient ; va trouver nos amis,
Va préparer leurs bras à ce qu'ils m'ont promis.
Ou mes nouveaux respects fléchiront l'inhumaine,
Ou ses nouveaux mépris animeront ma haine ;
Et tu verras mes feux, changés en juste horreur,
Armer mes désespoirs, et hâter ma fureur.

AMMON.
Je vous plains ; mais enfin j'obéis, et vous laisse.

SCÈNE II

CASSIOPE, ANDROMÈDE, PHINÉE,
SUITE DE LA REINE.

PHINÉE.
Une seconde fois, adorable princesse,
Malgré de vos rigueurs l'impérieuse loi...

ANDROMÈDE.
Quoi ! vous voyez la reine, et vous parlez à moi !

PHINÉE.
C'est de vous seule aussi que j'ai droit de me plaindre.
Je serais trop heureux de la voir vous contraindre,
Et n'accuserais plus votre infidélité
Si vous vous excusiez sur son autorité.
Au nom de cette amour autrefois si puissante,
Aidez un peu la mienne à vous faire innocente ;
Dites-moi que votre âme à regret obéit,
Qu'un rigoureux devoir malgré vous me trahit ;
Donnez-moi lieu de dire : « Elle-même elle en pleure,
« Elle change forcée, et son cœur me demeure ; »
Et soudain, de la reine embrassant les genoux,
Vous m'y verrez mourir sans me plaindre de vous.
Mais que lui puis-je, hélas ! demander pour remède
Quand la main qui me tue est celle d'Andromède,
Et que son cœur léger ne court au changement
Qu'avec la vanité d'y courir justement ?

CASSIOPE.
Et quel droit sur ce cœur pouvait garder Phinée
Quand Persée a trouvé la place abandonnée,
Et n'a fait autre chose, en prenant son parti,
Que s'emparer d'un lieu dont vous étiez sorti ;
Mais sorti, le dirai-je, et pouvez-vous l'entendre ?
Oui, sorti lâchement, de peur de le défendre ?
Ainsi nous n'avons fait que le récompenser
D'un bien où votre bras venait de renoncer,
Que vous cédiez au monstre, à lui-même, à tout autre :
Si c'est une injustice, examinons la vôtre.
La voyant exposée aux rigueurs de son sort,
Vous vous étiez déjà consolé de sa mort ;
Et, quand par un héros le ciel l'a garantie,
Vous ne vous pouvez plus consoler de sa vie.

PHINÉE.
Ah ! madame !

CASSIOPE.
Eh bien ! soit, vous avez soupiré
Autant que l'a pu faire un cœur désespéré.
Jamais aucun tourment n'égala votre peine ;
Certes quelque douleur dont votre âme fût pleine,
Ce désespoir illustre et ces nobles regrets
Lui devaient un peu plus que des soupirs secrets.
A ce défaut, Persée...

PHINÉE.
Ah ! c'en est trop, madame ;
Ce nom rend, malgré moi, la fureur à mon âme :
Je me force au respect ; mais toujours le vanter,
C'est me forcer moi-même à ne rien respecter.
Qu'a-t-il fait, après tout, si digne de vous plaire,
Qu'avec un tel secours tout autre n'eût pu faire ?
Et, tout héros qu'il est, qu'eût-il osé pour vous,
S'il n'eût eu que sa flamme et son bras comme nous ?
Mille et mille auraient fait des actions plus belles,
Si le ciel comme à lui leur eût prêté des ailes ;
Et vous les auriez vus encor plus généreux,
S'ils eussent vu le monstre et le péril sous eux.
On s'expose aisément quand on n'a rien à craindre.
Combattre un ennemi qui ne pouvait l'atteindre,

Voir sa victoire sûre et daigner l'accepter,
C'est tout le rare exploit dont il se peut vanter;
Et je ne comprends point ni quelle en est la gloire,
Ni quel grand prix mérite une telle victoire.
CASSIOPE.
Et votre aveuglement sera bien moins compris,
Qui d'un sujet d'estime en fait un de mépris.
 Le ciel, qui mieux que nous connaît ce que nous
Mesure ses faveurs au mérite des hommes; [sommes,
Et d'un pareil secours vous auriez eu l'appui,
S'il eût pu voir en vous mêmes vertus qu'en lui.
Ce sont grâces d'en haut rares et singulières,
Qui n'en descendent point pour des âmes vulgaires;
Ou, pour en mieux parler, la justice des cieux
Garde ce privilége au digne sang des dieux :
C'est par là que leur roi vient d'avouer sa race.
ANDROMÈDE.
Je dirai plus, Phinée; et, pour vous faire grâce,
Je veux ne rien devoir à cet heureux secours
Dont ce vaillant guerrier a conservé mes jours;
Je veux fermer les yeux sur toute cette gloire,
Oublier mon péril, oublier sa victoire,
Et, quel qu'en soit enfin le mérite ou l'éclat,
Ne juger entre vous que depuis le combat.
 Voyez ce qu'il a fait, lorsque après ces alarmes,
Me voyant tout acquise au bonheur de ses armes,
Ayant pour lui les dieux, ayant pour lui le roi,
Dans sa victoire même il s'est vaincu pour moi.
Il m'a sacrifié tout ce haut avantage ;
De toute sa conquête il m'a fait un hommage ;
Il m'en a fait un don ; et fort de tant de voix,
Au péril de tout perdre, il met tout à mon choix :
Il veut tenir pour grâce un si juste salaire ;
Il réduit son bonheur à me point déplaire ;
Préférant mes refus, préférant son trépas
A l'effet de ses vœux qui ne me plairait pas.
 En usez-vous de même? et votre violence
Garde-t-elle pour moi la même déférence ?
Vous avez contre vous et les dieux et le roi,
Et vous voulez encor m'obtenir malgré moi !
Sous ombre d'une foi qui se tient en réserve,
Je dois à votre amour ce qu'un autre conserve ;
A moins que d'être ingrate à mon libérateur,
A moins que d'adorer un lâche adorateur,
Que d'être à mes parents, aux dieux même rebelle,
Vous crirez après moi sans cesse : A l'infidèle !
 C'était aux yeux du monstre, au pied de ce rocher,
Que l'effet de ma foi se devait rechercher;
Mon âme, encor pour vous de même ardeur pressée,
Vous eût tendu la main au mépris de Persée,
Et cru plus glorieux qu'on m'eût vue aujourd'hui
Expirer avec vous que régner avec lui.
Mais puisque vous m'avez envié cette joie,
Cessez de m'envier ce que le ciel m'envoie,
Et souffrez que je tâche enfin à mériter,
Au refus de Phinée, un fils de Jupiter.
PHINÉE.
Je perds donc temps, madame; et votre âme obstinée
N'a plus amour, ni foi, ni pitié pour Phinée?

Un peu de vanité qui flatte vos parents,
Et d'un rival adroit les respects apparents,
Font plus en un moment, avec leurs artifices,
Que n'ont fait en six ans ma flamme et mes services?
Je ne vous dirai point que de pareils respects
A tout autre que vous pourraient être suspects,
Que qui peut se priver de la personne aimée
N'a qu'une ardeur civile et fort mal allumée,
Que dans ma violence on doit voir plus d'amour :
C'est un présent des cieux, faites-lui votre cour;
Plus fidèle qu'à moi, tenez-lui mieux parole :
J'en vais rougir pour vous, cependant qu'il me vole;
Mais ce rival peut-être, après m'avoir volé,
Ne sera pas toujours sur ce cheval ailé.
ANDROMÈDE.
Il n'en a pas besoin s'il n'a que vous à craindre.
PHINÉE.
Il peut avec le temps être le plus à plaindre.
ANDROMÈDE.
Il porte à son côté de quoi l'en garantir.
PHINÉE.
Vous l'attendez ici, je vais l'en avertir.
CASSIOPE.
Son amour peut sans vous nous rendre cet office.
PHINÉE.
Le mien s'efforcera pour ce dernier service.
Vous pouvez cependant divertir vos esprits
A rendre compte au roi de vos justes mépris.

SCÈNE III
CÉPHÉE, CASSIOPE, ANDROMÈDE,
SUITE DU ROI ET DE LA REINE.
CÉPHÉE.
Que faisait là Phinée? est-il si téméraire
Que ce que font les dieux il pense à le défaire?
CASSIOPE.
Après avoir prié, soupiré, menacé,
Il vous a vu, seigneur, et l'orage a passé.
CÉPHÉE.
Et vous prêtiez l'oreille à ses discours frivoles?
CASSIOPE.
Un amant qui perd tout peut perdre des paroles;
Et l'écouter sans trouble et sans rien hasarder,
C'est la moindre faveur qu'on lui puisse accorder.
Mais, seigneur, dites-nous si Jupiter propice
Se déclare en faveur de votre sacrifice,
Si de notre famille il se rend le soutien,
S'il consent l'union de notre sang au sien.
CÉPHÉE.
Jamais le feu sacré et la mort des victimes
N'ont daigné mieux répondre à des vœux légitimes.
Tous auspices heureux; et le grand Jupiter
Par des signes plus clairs ne pouvait l'accepter, [ce,
A moins qu'y joindre encor l'honneur de sa présen-
Et de sa propre bouche assurer l'alliance.
CASSIOPE.
Les nymphes de la mer nous en ont fait autant;
Toutes ont hors des flots paru presque à l'instant :

Et leurs benins regards envoyés au rivage
Avecque notre encens ont reçu notre hommage;
Après le sacrifice honoré de leurs yeux,
Où Neptune à l'envi mêlait ses demi-dieux
Toutes ont témoigné d'un penchement de tête
Consentir au bonheur que le ciel nous apprête:
Et nos submissions désarmant leurs dédains,
Toutes ont pour adieu battu l'onde des mains.
Que si même bonheur suit les vœux de Persée,
Qu'il ait vu de Junon sa prière exaucée,
Nous n'avons plus à craindre aucun sinistre effet.

CÉPHÉE.

Les dieux ne laissent point leur ouvrage imparfait;
N'en doutez point, madame, aussi bien que Neptune,
Junon consentira notre bonne fortune.
Mais que nous veut Aglante?

SCÈNE IV

CÉPHÉE, CASSIOPE, ANDROMÈDE, AGLANTE,
SUITE DU ROI ET DE LA REINE.

AGLANTE.

Ah! seigneur, au secours!
Du généreux Persée on attaque les jours.
Presque au sortir du temple une troupe mutine
Vient de l'environner, et déjà l'assassine.
Phinée en les joignant, furieux et jaloux,
Leur a crié : Main basse! à lui seul, donnez tous!
Ceux qui l'accompagnaient tout aussitôt se rendent;
Clyte et Nylée encor vaillamment le défendent;
Mais ce sont vains efforts de peu d'autres suivis,
Et je viens tout en pleurs vous en donner avis.

CASSIOPE.

Dieux! est-ce là l'effet de tant d'heureux présages?
Allez, gardes, allez signaler vos courages,
Allez perdre ce traître et punir ce voleur
Qui prétend sous le nombre accabler la valeur.

CÉPHÉE.

Modérez vos frayeurs, et vous, séchez vos larmes.
Le ciel n'a pas besoin du secours de nos armes;
Il a de ce héros trop pris les intérêts,
Pour n'avoir pas pour lui des miracles tout prêts :
Et peut-être bientôt sur ce lâche adversaire
Vous entendrez tomber le foudre de son père.
Jugez de l'avenir par ce qui s'est passé;
Les dieux achèveront ce qu'ils ont commencé;
Oui, les dieux à leur sang doivent ce privilége :
Y mêler notre main, c'est faire un sacrilége.

CASSIOPE.

Seigneur, sur cet espoir hasarder ce héros,
C'est trop...

SCÈNE V

CÉPHÉE, CASSIOPE, ANDROMÈDE,
PHORBAS, AGLANTE,
SUITE DU ROI ET DE LA REINE.

PHORBAS.

Mettez, grand roi, votre esprit en repos;
La tête de Méduse a puni tous ces traîtres.

CÉPHÉE.

Le ciel n'est point menteur, et les dieux sont nos
[maîtres.
PHORBAS.
Aussitôt que Persée a pu voir son rival :
« Descendons, a-t-il dit, en un combat égal;
« Quoique j'aie en ma main un entier avantage,
« Je ne veux que mon bras, ne prends que ton cou-
[rage. »
« Prends, prends cet avantage, et j'userai du mien, »
Dit Phinée; et soudain, sans plus répondre rien,
Les siens donnent en foule, et leur troupe pressée
Fait choir Ménale et Clyte aux pieds du grand Per-
Il s'écrie aussitôt : « Amis, fermez les yeux, [sée.
« Et sauvez vos regards de ce présent des cieux :
« J'atteste qu'on m'y force, et n'en fais plus d'excuse.»
Il découvre à ces mots la tête de Méduse.
Soudain j'entends des cris qu'on ne peut achever;
J'entends gémir les uns, les autres se sauver;
J'entends le repentir succéder à l'audace;
J'entends Phinée enfin qui lui demande grâce.
« Perfide, il n'est plus temps, » lui dit Persée. Il fuit :
J'entends comme à grands pas ce vainqueur le pour-
[suit,
Comme il court se venger de qui l'osait surprendre;
Je l'entends s'éloigner, puis je cesse d'entendre.
Alors, ouvrant les yeux par son ordre fermés,
Je vois tous ces méchants en pierre transformés :
Mais l'un plein de fureur, et l'autre plein de crainte,
En porte sur le front l'image encore empreinte;
Et tel voulait frapper, dont le coup suspendu
Demeure en sa statue à demi descendu;
Tant cet affreux prodige...

SCÈNE VI

CÉPHÉE, CASSIOPE, ANDROMÈDE, PERSÉE,
PHORBAS, AGLANTE,
SUITE DU ROI ET DE LA REINE.

CÉPHÉE, à Persée.

Est-il puni, ce lâche,
Cet impie?

PERSÉE.

Oui, seigneur; et si sa mort vous fâche,
Si c'est de votre sang avoir fait peu d'état...

CÉPHÉE.

Il n'est plus de ma race après son attentat;
Ce crime l'en dégrade, et ce coup téméraire
Efface de mon sang l'illustre caractère.

Perdons-en la mémoire, et faisons-la céder
A l'heur* de vous revoir et de vous posséder,
Vous que le juste ciel, remplissant son oracle,
Par miracle nous donne, et nous rend par miracle.
Entrons dedans ce temple, où l'on n'attend que vous
Pour nous unir aux dieux par des liens si doux;
Entrons sans différer.

(Les portes se ferment comme ils veulent entrer.)

Mais quel nouveau prodige
Dans cet excès de joie à craindre nous oblige?
Qui nous ferme la porte, et nous défend d'entrer
Où tout notre bonheur se devait rencontrer?

PERSÉE.

Puissant maître du foudre, est-il quelque tempête
Que le destin jaloux à dissiper m'apprête?
Quelle nouvelle épreuve attaque ma vertu?
Après ce qu'elle a fait la désavoûrais-tu?
Ou si c'est que le prix dont tu la vois suivie
Au bonheur de ton fils te fait porter envie?

SCÈNE VII

MERCURE, CÉPHÉE, CASSIOPE, ANDROMÈDE, PERSÉE, PHORBAS, AGLANTE, SUITE DU ROI ET DE LA REINE.

MERCURE, *au milieu de l'air.*

Roi, reine, et vous princesse, et vous heureux vain-
Que Jupiter mon père   [queur,
Tient pour mon digne frère,
Ne craignez plus du sort la jalouse rigueur.
Ces portes du temple fermées,
Dont vos âmes sont alarmées,
Vous marquent des faveurs où tout le ciel consent :
Tous les dieux sont d'accord de ce bonheur suprême ;
Et leur monarque tout-puissant
Vous le vient apprendre lui-même.

(Mercure revole en haut après avoir parlé.)

CASSIOPE.

Redoublons donc nos vœux, redoublons nos ferveurs
Pour mériter du ciel ces nouvelles faveurs.

CHŒUR DE MUSIQUE.

Maître des dieux, hâte-toi de paraître,
Et de verser sur ton sang et nos rois
Les grâces que garde ton choix
A ceux que tu fais naître.
Fais choir sur eux de nouvelles couronnes,
Et fais-nous voir, par un heur* accompli,
Qu'ils ont tous dignement rempli
Le rang que tu leur donnes.

(Tandis qu'on chante, Jupiter descend du ciel dans un trône tout éclatant d'or et de lumières, enfermé dans un nuage qui l'environne. A ses deux côtés, deux autres nuages apportent jusqu'à terre Junon et Neptune, apaisés par les sacrifices des amants; ils se déploient en rond autour de celui de Jupiter, et, occupant toute la face du théâtre, ils font le plus agréable spectacle de toute cette représentation.)

SCÈNE VIII

JUPITER, JUNON, NEPTUNE, CÉPHÉE, CASSIOPE, ANDROMÈDE, PERSÉE, PHORBAS, AGLANTE, SUITE DU ROI ET DE LA REINE.

JUPITER, *dans son trône au milieu de l'air.*

Des noces de mon fils la terre n'est pas digne,
   La gloire en appartient aux cieux,
   Et c'est là ce bonheur insigne   [dieux
Qu'en vous fermant mon temple ont annoncé les
Roi, reine, et vous amants, venez sans jalousie
   Vivre à jamais en ce brillant séjour,
   Où le nectar et l'ambroisie
Vous seront comme à nous prodigués chaque jour.
   Et quand la nuit aura tendu ses voiles,
   Vos corps semés de nouvelles étoiles,
   Du haut du ciel éclairant aux mortels,
   Leur apprendront qu'il vous faut des autels.

JUNON, *à Persée.*

Junon même y consent, et votre sacrifice
A calmé les fureurs de son esprit jaloux.

NEPTUNE, *à Cassiope.*

   Neptune n'est pas moins propice,
   Et vos encens désarment son courroux

JUNON.

Venez, héros, et vous, Céphée,
Prendre là-haut vos places de ma main.

NEPTUNE.

Reine, venez; que ma haine étouffée
Vous conduise elle-même à cet heur* souverain.

PERSÉE.

Accablés et surpris d'une faveur si grande...

JUNON.

Arrêtez là votre remercîment :
L'obéissance est le seul compliment
Qu'agrée un dieu quand il commande.

(Sitôt que Junon a dit ces vers, elle fait prendre place au roi et à Persée auprès d'elle. Neptune fait le même honneur à la reine et à la princesse Andromède; et tous ensemble remontent dans le ciel qui les attend, cependant que le peuple, pour acclamation publique, chante ces vers qui viennent d'être prononcés par Jupiter.)

CHŒUR.

Allez, amants, allez sans jalousie
   Vivre à jamais en ce brillant séjour,
   Où le nectar et l'ambroisie
Vous seront comme aux dieux prodigués chaque jour:
   Et quand la nuit aura tendu ses voiles,
   Vos corps semés de nouvelles étoiles,
   Du haut du ciel éclairant aux mortels,
   Leur apprendront qu'il vous faut des autels.

EXAMEN D'ANDROMÈDE

Le sujet de cette pièce est si connu par ce qu'en dit Ovide au quatrième et cinquième livre de ses *Métamorphoses*, qu'il n'est point besoin d'en importuner le lecteur. Je me contenterai de lui rendre compte de ce que j'y ai changé, tant par la liberté de l'art, que par la nécessité de l'ordre du théâtre, et pour donner plus d'éclat à sa représentation.

En premier lieu, j'ai cru plus à propos de faire Cassiope vaine de la beauté de sa fille que de la sienne propre, d'autant qu'il est fort extraordinaire qu'une femme dout la fille est en âge d'être mariée ait encore d'assez beaux restes pour s'en vanter si hautement, et qu'il n'est pas vraisemblable que cet orgueil de Cassiope pour elle-même eût attendu si tard à éclater, vu que c'est dans la jeunesse que la beauté est plus parfaite, et que le jugement étant moins formé donne plus de lieu à des vanités de cette nature, et non pas alors que cette même beauté commence d'être sur le retour, et que l'âge a mûri l'esprit de la personne qui s'en serait enorgueillie en un autre temps.

Ensuite, j'ai supposé que l'oracle d'Ammon n'avait pas condamné précisément Andromède à être dévorée par le monstre, mais qu'il avait ordonné seulement qu'on lui exposât tous les mois une fille, qu'on jetât le sort pour voir celle qui lui devait être livrée; et que, cet ordre ayant déjà été exécuté cinq fois, on était au jour qu'il le fallait suivre pour la sixième, qui par là devient un jour illustre, remarquable, et attendu, non-seulement par tous les acteurs de la tragédie, mais par tous les sujets d'un roi.

J'ai introduit Persée comme un chevalier errant qui s'est arrêté depuis un mois dans la cour de Céphée, et non pas comme se rencontrant par hasard dans le temps qu'Andromède est attachée au rocher. Je lui ai donné de l'amour pour elle, qu'il n'ose découvrir, parce qu'il la voit promise à Phinée, mais qu'il nourrit toutefois d'un peu d'espoir, parce qu'il voit son mariage différé jusqu'à la fin des malheurs publics. Je l'ai fait plus généreux qu'il n'est dans Ovide, où il n'entreprend la délivrance de cette princesse qu'après que ses parents l'ont assuré qu'elle l'épouserait sitôt qu'il l'aurait délivrée. J'ai changé aussi la qualité de Phinée, que j'ai fait seulement neveu du roi, dont Ovide le nomme frère, le mariage des deux cousins me semblant plus supportable dans nos façons de vivre que celui de l'oncle et de la nièce, qui eût paru un peu plus étrange à mes auditeurs.

Les peintres, qui cherchent à faire voir leur art dans les nudités, ne manquent jamais à nous représenter Andromède nue au pied du rocher où elle est attachée, quoique Ovide n'en parle point. Ils me pardonneront si je ne les ai pas suivis en cette invention, comme j'ai fait en celle du cheval Pégase, sur lequel ils montent Persée pour combattre le monstre, quoique Ovide ne lui donne que des ailes aux talons. Ce changement donne lieu à une machine tout extraordinaire, merveilleuse, et empêche que Persée ne soit pris pour Mercure; outre qu'ils ne le mettent pas en cet équipage sans fondement, vu que le même Ovide raconte que sitôt que Persée eut coupé la monstrueuse tête de Méduse, Pégase tout ailé sortit de cette Gorgone, et que Persée s'en put saisir dès lors pour faire ses courses par le milieu de l'air.

Nos globes célestes où l'on marque pour constellations Céphée, Cassiope, Persée et Andromède, m'ont donné jour à les faire enlever tous quatre au ciel sur la fin de la pièce, pour y faire les noces de ces amants, quoique la terre n'en était pas digne.

Au reste, comme Ovide ne nomme point la ville où il fait arriver cette aventure, je ne me suis non plus enhardi à la nommer. Il dit pour toute chose que Céphée régnait en Éthiopie, sans désigner sous quel climat. La topographie moderne de ces contrées-là n'est pas fort connue, et celle du temps de Céphée encore moins. Je me contenterai donc de vous dire qu'il fallait que Céphée régnât en quelque pays maritime, et que sa ville capitale fût sur le bord de la mer.

Je sais bien qu'au rapport de Pline, les habitants de Joppé, qu'on nomme aujourd'hui Jaffa dans la Palestine, ont prétendu que cette histoire s'était passée chez eux : ils envoyèrent à Rome des os de poisson d'une grandeur extraordinaire, qu'ils disaient être du monstre à qui Andromède avait été exposée. Ils montraient un rocher proche de leur ville où ils assuraient qu'elle avait été attachée; et on le montre maintenant à ce qui se vantent des marques d'antiquité à nos pèlerins qui vont en Jérusalem, et prennent terre en leur port. Il se peut faire que cela parte d'une affectation autrefois assez ordinaire aux peuples du paganisme, qui s'attribuaient à haute gloire d'avoir chez eux ces vestiges de la vieille fable, que l'erreur commune y faisait passer pour histoire. Ils se croyaient peut là bien fondés à se donner cette prérogative d'être d'une origine plus ancienne que leurs voisins, et prenaient avidement toute sorte d'occasions de satisfaire à cette ambition. Ainsi il n'a fallu que la rencontre par hasard de ces os monstrueux que la mer avait jetés sur leurs rivages, pour leur donner lieu de s'emparer de cette fiction, et de placer la scène de cette aventure au pied de leurs rochers. Pour moi, je me suis attaché à Ovide, qui la fait arriver en Éthiopie, où il met le royaume de Céphée par ces vers :

> *Æthiopum populos, Cepheaque conspicit arva;*
> *Illic immeritam maternæ pendere linguæ*
> *Andromedam pœnas,* etc.

Il se pouvait faire que Céphée eût conquis cette ville de Joppé, et la Syrie même, où elle est située. Pline l'assure au vingt-neuvième chapitre du sixième livre, par cette raison que l'histoire d'Andromède s'y est passée, *Æthiopiam imperitasse Syriæ Cephei regis ætate patet Andromedæ fabulis.* Mais ceux qui voudront contester cette opinion peuvent répondre que ce n'est que pour prouver une erreur par une autre erreur, et éclaircir une chose douteuse par une encore plus incertaine. Quoi qu'il en soit, celle d'Ovide ne peut subsister avec celle-là ; et, quelque bons yeux qu'eût Persée, il est impossible qu'il découvrît d'une seule vue l'Éthiopie et Joppé ; ce qu'il aurait dû faire, si ce qu'entend ce poëte par *Cephea arva* n'était autre chose que son territoire.

Le même Ovide, dans quelqu'une de ses épîtres, ne fait pas Andromède blanche, mais basanée,

> *Andromede patriæ fusca colore suæ.*

Néanmoins, dans la métamorphose, il nous en donne une autre idée à former, lorsqu'il dit que, n'eût été ses cheveux qui voltigeaient au gré du vent, et les larmes qui lui coulaient des yeux, Persée l'eût prise pour une statue de marbre :

> *Marmoreum ratus esset opus.*

Ce qui semble ne se pouvoir entendre que du marbre blanc, étant assez inouï que l'on compare la beauté d'une fille à une autre sorte de marbre. D'ailleurs, pour la préférer à celle des Néréides que jamais on n'a faites noires, il fallait que son teint eût quelque rapport avec le leur, et que, par conséquent, elle n'eût pas celui que communément nous donnons aux Éthiopiens. Disons donc qu'elle était blanche, puisqu'à moins de cela il n'aurait pas été vraisemblable que Persée, qui était né dans la Grèce, fût devenu amoureux d'elle. Nous aurons de ce parti le consentement de tous les peintres, et l'autorité du grand Héliodore, qui a fondé la blancheur de sa Chariclée que sur un tableau d'Andromède. Pline, au huitième chapitre de son cinquième livre, fait mention de certains peuples d'Afrique qu'il appelle *Leuco-Æthiopes.* Si l'on s'arrête à l'étymologie de leur nom, ces peuples devaient être blancs, et nous en pouvons faire les sujets de Céphée, pour donner à cette tragédie toute la justesse dont elle a besoin touchant la couleur des personnages qu'elle introduit sur la scène.

Vous y trouverez cet ordre gardé dans les changements de théâtre, que chaque acte, aussi bien que le prologue, a sa décoration particulière, du moins une machine volante, avec quelque concert de musique que je n'ai employé qu'à satisfaire les oreilles des spectateurs, tandis que leurs yeux sont arrêtés à voir descendre ou remonter une machine, ou s'attachent à quelque chose qui les empêche de prêter attention à ce que pourraient dire les acteurs, comme fait le combat de Persée contre le monstre. Mais je me suis bien gardé de faire rien chanter qui fût nécessaire à l'intelligence de la pièce, parce que communément les paroles qui se chantent étant mal entendues des auditeurs, pour la confusion qu'y apporte la diversité des voix qui les prononcent ensemble, elles auraient fait une grande obscurité dans le corps de l'ouvrage, si elles avaient eu à les instruire de quelque chose qui fût important. Il n'en va pas de même des machines, qui ne sont pas dans cette tragédie comme des agréments détachés ; elles en font en quelque sorte le nœud et le dénoûment, et y sont si nécessaires que vous n'en sauriez retrancher aucune que vous ne fassiez tomber tout l'édifice.

Les diverses décorations dont les pièces de cette nature ont besoin, nous obligeant à placer les parties de l'action en divers lieux particuliers, nous forcent de pousser un peu au delà de l'ordinaire l'étendue du lieu général qui les renferme ensemble, et en constitue l'unité. Il est malaisé qu'une ville y suffise : il y faut ajouter quelques dehors voisins, comme est ici le rivage de la mer. C'est là la seule décoration que la fable m'a fournie ; les quatre autres sont de pure invention. Il aurait été superflu de les spécifier dans les vers, puisqu'elles sont présentes à la vue ; et je ne tiens pas qu'il soit besoin qu'elles soient si propres à ce qui s'y passe, qu'il ne se soit pu passer ailleurs aussi commodément ; il suffit qu'il n'y ait pas de raison pourquoi il se doive plutôt passer ailleurs qu'au lieu où il se passe. Par exemple, le premier acte est une place publique proche du temple, où se doit jeter le sort pour savoir quelle victime on doit ce jour-là livrer au monstre : tout ce qui s'y dit se dirait aussi bien dans un palais ou dans un jardin ; mais il se dit aussi bien dans cette place qu'en ce jardin ou dans ce palais. Nous pouvons choisir un lieu suivant le vraisemblable ou le nécessaire ; et il suffit qu'il n'y ait aucune répugnance du côté de l'action au choix que nous en faisons pour le rendre vraisemblable, puisque cette action ne nous présente pas toujours un lieu nécessaire, comme est la mer et ses rochers au troisième acte, où l'on voit l'exposition d'Andromède, et le combat de Persée contre le monstre, qui ne pouvait se faire ailleurs. Il faut néanmoins prendre garde à choisir d'ordinaire un lieu découvert, à cause des apparitions des dieux qu'on introduit. Andromède, au second acte, serait aussi bien dans son cabinet que dans le jardin, où je la fais s'entretenir avec ses nymphes et avec son amant ; mais comment se ferait l'apparition d'Éole dans ce cabinet ? et comment les vents l'en pourraient-ils enlever, à moins que de la faire passer par la cheminée, comme nos sorciers ? Par cette raison, il y peut avoir quelque chose à dire à celle de Junon, au quatrième acte, qui se passe dans la salle du palais royal ; mais comme ce n'est qu'une apparition simple d'une déesse, qui peut se montrer et disparaître où et quand il lui plaît, et ne fait que parler aux acteurs, rien n'empêche qu'elle ne soit faite dans un lieu fermé. J'ajoute que quand il y aurait quelque contradiction de ce côté-là, la disposition de nos théâtres serait cause qu'elle ne serait pas sensible aux spectateurs. Bien qu'ils présentent en effet des lieux fermés, comme une chambre ou une salle, ils ne sont fermés par le haut que de nuages ; et quand on voit descendre le char de Junon du milieu de ces nuages, qui ont été continuellement en vue, on ne fait pas une réflexion assez prompte ni assez sévère sur le lieu, qui devrait être fermé d'un lambris, pour y trouver quelque manque de justesse.

L'oracle de Vénus, au premier acte, est inventé avec assez d'artifice pour porter les esprits dans un sens contraire à sa vraie intelligence ; mais il ne faut pas prendre pour le vrai nœud de la pièce, autrement elle serait achevée dès le troisième, où l'on en verrait le dénoûment. L'action principale est le mariage de Persée avec Andromède ; son nœud consiste en l'obstacle qui s'y rencontre du côté de Phinée, à qui elle est promise, et son dénoûment en la mort de ce malheureux amant, après laquelle il n'y a plus d'obstacle. Je puis dire toutefois à ceux qui voudront prendre absolument cet oracle de Vénus pour le nœud de cette tragédie, que le troisième acte n'en éclaircit que les premiers vers, et que les derniers ne se font entendre que par l'apparition de Jupiter et des autres dieux, qui termine la pièce.

La diversité de la mesure et de la croisure des vers que j'y ai mêlés me donne occasion de tâcher à les justifier, et particulièrement les stances dont je me suis servi en beaucoup d'autres poëmes, et contre qui je vois quantité de gens d'esprit et savants au théâtre témoigner aversion. Leurs raisons sont diverses. Les uns ne les improuvent pas tout à fait, mais ils disent que c'est trop mendier l'acclamation populaire en faveur d'une antithèse, ou d'un trait spirituel qui ferme chacun de leurs couplets, et que cette affectation est une espèce de bassesse qui ravale trop la dignité de la tragédie. Je demeure d'accord que c'est quelque espèce de fard ; mais puisqu'il embellit notre ouvrage, et nous aide à mieux atteindre le but de notre art, qui est de plaire, pourquoi devons-nous renoncer à cet avantage ? Les anciens se servaient sans scrupule, et même dans les choses extérieures, de tout ce qui les y pouvait faire arriver ; Euripide vêtait ses héros malheureux d'habits déchirés, afin qu'ils fissent plus de pitié ; et Aristophane fait commencer sa comédie des *Grenouilles* par Xanthias monté sur un âne, afin d'exciter plus aisément l'auditeur à rire. Cette objection n'est donc pas d'assez d'importance pour nous interdire l'usage d'une chose qui tout à la fois nous donne de la gloire, et de la satisfaction à nos spectateurs.

Il est vrai qu'il faut leur plaire selon les règles ; et c'est ce qui rend l'objection des autres plus considérable, en ce qu'ils veulent trouver quelque chose d'irrégulier dans cette sorte de vers. Ils disent que, bien qu'on parle en vers on est présumé ne parler qu'en prose ; qu'il n'y a que cette sorte de vers que nous appelons alexandrins à qui l'usage laisse tenir nature de prose ; que les stances ne sauraient passer pour vers ; et que, par conséquent, nous n'en pouvons mettre avec vraisemblance en la bouche d'un acteur, s'il n'a eu le loisir d'en faire, ou d'en faire faire par un autre, et de les apprendre par cœur.

J'avoue que les vers qu'on récite sur le théâtre sont présumés être prose : nous nous parlons pas d'ordinaire en vers, et sans cette fiction leur mesure et leur rime sortiraient du vraisemblable. Mais par quelle raison peut-on dire que les vers alexandrins tiennent nature de prose, et que ceux des stances n'en peuvent faire autant ? Si nous en croyons Aristote, il faut se servir au théâtre des vers qui sont les moins vers, et qui se mêlent au langage commun, sans y penser, plus souvent que les autres. C'est par cette raison que les poëtes tragiques ont choisi l'iambique, plutôt que l'hexamètre, qu'ils ont laissé aux épopées, parce qu'en parlant sans dessein d'en faire, il se mêle dans notre discours plus d'iambiques que d'hexamètres. Par cette même raison les vers de stances sont moins vers que les alexandrins, parce que parmi notre langage commun il se coule plus de ces vers inégaux, les uns courts, les autres longs, avec des rimes croisées et éloignées les unes des autres, que de ceux dont la mesure est toujours égale, et les rimes toujours mariées. Si nous nous en rapportons à nos poëtes grecs, ils ne se sont pas tellement arrêtés aux iambiques, qu'ils ne se soient servis d'anapestiques, de trochaïques et d'hexamètres même, quand ils l'ont jugé à propos. Sénèque en a fait autant qu'eux ; et les Espagnols, ses compatriotes, changent aussi souvent de genre de vers que de scènes. Mais l'usage de France est autre, à ce qu'on prétend, et ne souffre que les alexandrins à tenir lieu de prose. Sur quoi je ne puis m'empêcher de demander qui sont les maîtres de cet usage, et qui peut l'établir sur le théâtre, que ceux qui l'ont occupé avec gloire depuis trente ans, dont pas un ne s'est défendu de mêler des stances dans quelques-uns des poëmes qu'ils y ont donnés ; je ne dis pas dans tous, car il ne s'en offre pas d'occasion en tous, et elles n'ont pas bonne grâce à exprimer tout : la colère, la fureur, la menace, et tels autres mouvements violents, leur sont pas propres ; mais les déplaisirs, les irrésolutions, les inquiétudes, les douces rêveries, et généralement tout ce qui peut souffrir à un acteur de prendre haleine, et de penser à ce qu'il doit dire ou résoudre, s'accommode merveilleusement avec leurs cadences inégales, et les pauses qu'elles font faire à la fin de chaque couplet. La surprise agréable que fait à l'oreille ce changement de cadences imprévu, rappelle aisément les attentions égarées ; mais il y faut éviter le trop d'affectation. C'est par là que les stances du *Cid* sont inexcusables, et les mots de *peine* et *Chimène*, qui font la dernière rime de chaque strophe, marquent un jeu du côté du poëte, qui n'a rien de naturel du côté de l'acteur. Pour les écarter moins, il serait bon de ne régler point toutes les strophes sur la même mesure, ni sur les mêmes croisures de rimes, ni sur le même nombre de vers. Leur inégalité en ces trois articles approcherait davantage du discours imprévu, et sentirait l'emportement et les élans d'un esprit qui n'a que sa passion pour guide, et non pas la régularité d'un auteur qui les arrondit sur le même tour. J'y ai hasardé celles de la Paix dans le prologue de la *Toison d'Or*, et tout le dialogue de celui de cette pièce, qui ne m'a pas mal réussi. Dans tout ce que je fais dire aux dieux dans les machines, on trouvera le même ordre, ou le même désordre. Mais je ne pourrais approuver qu'un acteur, touché fortement de ce qui lui vient d'arriver dans la tragédie, se donnât la patience de faire des stances, ou prît soin d'en faire faire par un autre, et de les apprendre par cœur, pour exprimer son déplaisir devant les spectateurs. Ce sentiment étudié ne les toucherait pas beaucoup, parce que cette étude marquerait un esprit tranquille, et un effort de mémoire plutôt qu'un effet de passion ; outre que ce ne serait plus le sentiment présent de la personne qui parlerait, mais tout au plus celui qu'elle aurait en composant ses vers, et qui serait assez ralenti par cet effort de mémoire, pour faire que l'état de son âme ne répondît plus à ce qu'elle prononcerait. L'auditeur ne s'y laisserait pas émouvoir, et le verrait trop prémédité pour le croire véritable ; du moins c'est l'opinion de Perse, avec lequel je finis cette remarque :

Nec nocte paratum
Plorabit, qui me volet incurvasse querela.

FIN D'ANDROMÈDE.

DON SANCHE D'ARAGON

COMÉDIE HÉROÏQUE — 1651

A MONSIEUR DE ZUILICHEM

CONSEILLER ET SECRÉTAIRE DE MONSEIGNEUR LE PRINCE D'ORANGE.

Monsieur,

Voici un poëme d'une espèce nouvelle, et qui n'a point d'exemple chez les anciens. Vous connaissez l'humeur de nos Français; ils aiment la nouveauté; et je hasarde *non tam meliora quam nova*, sur l'espérance de les mieux divertir. C'était l'humeur des Grecs dès le temps d'Eschyle :

> *Apud quos
> Illecebris erat et grata novitate morandus
> Spectator.*

Et, si je ne me trompe, c'était aussi celle des Romains :

> *Nec minimum meruere decus, vestigia græca
> Ausi deserere...
> Vel qui prætextas, vel qui docuere togatas.*

Ainsi j'ai du moins des exemples d'avoir entrepris une chose qui n'en a point. Je vous avouerai toutefois qu'après l'avoir faite je me suis trouvé fort embarrassé à lui choisir un nom. Je n'ai jamais pu me résoudre à celui de tragédie, n'y voyant que les personnages qui en fussent dignes. Cela eût suffi au bon homme Plaute, qui n'y cherchait point d'autre finesse : parce qu'il y a des dieux et des rois dans son *Amphitryon*, il veut que c'en soit une, et parce qu'il y a des valets qui bouffonnent, il veut que ce soit aussi une comédie, et lui donne l'un et l'autre nom, par un composé qu'il forme exprès, de peur de ne lui donner pas tout ce qu'il croit lui appartenir. Mais c'est trop déférer aux personnages, et considérer trop peu l'action. Aristote en use autrement dans la définition qu'il fait de la tragédie, où il décrit les qualités que doit avoir celle-ci, et les effets qu'elle doit produire, sans parler aucunement de ceux-là : et j'ose m'imaginer que ceux qui ont restreint cette sorte de poëme aux personnes illustres n'en ont décidé que sur l'opinion qu'ils ont eue qu'il n'y avait que la fortune des rois et des princes qui fût capable d'une action telle que ce grand maître de l'art nous prescrit. Cependant, quand il examine lui-même les qualités nécessaires au héros de la tragédie, il ne touche point du tout à sa naissance, et ne s'attache qu'aux incidents de sa vie et à ses mœurs. Il demande un homme qui ne soit ni tout méchant ni tout bon; il le demande persécuté par quelqu'un de ses plus proches; il demande qu'il tombe en danger de mourir par une main obligée à le conserver : et je ne vois point pourquoi cela ne puisse arriver qu'à un prince, et que dans un moindre rang on soit à couvert de ces malheurs. L'histoire dédaigne de les marquer, à moins qu'ils aient accablé quelqu'une de ces grandes têtes, et c'est sans doute pourquoi jusqu'à présent la tragédie s'y est arrêtée. Elle a besoin de son appui pour les événements qu'elle traite; et comme ils n'ont de l'éclat que parce qu'ils sont hors de la vraisemblance ordinaire, ils ne peuvent être croyables sans son autorité, qui agit avec empire, et semble commander de croire ce qu'elle veut persuader. Mais je ne comprends point ce qui lui défend de descendre plus bas, quand il s'y rencontre des actions qui méritent qu'elle prenne soin de les imiter; et je ne puis croire que l'hospitalité violée en la personne des filles de Scédase, qui n'était qu'un paysan de Leuctres, soit moins digne d'elle que l'assassinat d'Agamemnon par sa femme, ou la vengeance de cette mort par Oreste sur sa propre mère; quitte pour chausser le cothurne un peu plus bas :

> *Et tragicus plerumque dolet sermone pedestri.*

Je dirai plus, monsieur : la tragédie doit exciter de la pitié et de la crainte, et cela est de ses parties essentielles, puisqu'il entre dans sa définition. Or, s'il est vrai que ce dernier sentiment ne s'excite en nous par sa représentation que quand nous voyons souffrir nos semblables, et que leurs infortunes nous en font appréhender de pareilles, n'est-il pas vrai aussi qu'il y pourrait être excité plus fortement par la vue des malheurs arrivés aux personnes de notre condition, à qui nous ressemblons tout à fait, que par l'image de ceux qui font trébucher de leurs trônes les plus grands monarques, avec qui nous n'avons aucun rapport qu'en tant que nous sommes susceptibles des passions qui les ont jetés dans ce précipice; ce qui ne se rencontre pas toujours? Que si vous trouvez quelque apparence en ce raisonnement, et ne désapprouvez pas qu'on puisse faire une tragédie entre des personnes médiocres, quand leurs infortunes ne sont pas au-dessous de sa dignité, permettez-moi de conclure, *à simili*, que nous pouvons faire une comédie entre des personnes illustres, quand nous nous en proposons quelque aventure qui ne s'élève point au-dessus de sa portée. Et certes, après avoir lu dans Aristote que la tragédie est une imitation des actions, et non pas des hommes, je pense avoir quelque droit de dire la même chose de la comédie, et de prendre pour maxime que c'est par la seule considération des actions, sans aucun égard aux personnages, qu'on doit déterminer de quelle espèce est un poëme dramatique. Voilà, monsieur, bien du discours, dont il n'était pas besoin pour vous attirer à mon parti, et gagner votre suffrage en faveur du titre que j'ai donné à *Don Sanche*. Vous savez mieux que moi ce que je vous dis, mais comme j'en fais confidence au public, j'ai cru que vous ne vous offenseriez pas que je vous fisse souvenir des choses dont je lui dois quelque lumière. Je continuerai donc, s'il vous plaît, et lui dirai que *Don Sanche* est une véritable comédie, quoique tous les acteurs y soient ou rois ou grands d'Espagne, puisqu'on n'y voit naître aucun péril qui nous puissions être portés à la pitié ou à la crainte. Notre aventurier Carlos n'y court aucune risque*. Deux de ses rivaux sont trop jaloux de leur rang pour se commettre avec lui, et trop généreux pour lui dresser quelque supercherie. Le mépris qu'ils en font, sur l'incertitude que leur opinion ne détruit point en eux l'estime de sa valeur, et se change en respect sitôt qu'ils peuvent soupçonner d'être ce qu'il est véritablement, quoiqu'il ne le sache pas. Le troisième lie la partie avec lui, mais elle est incontinent rompue par la reine; et quand même elle s'achèverait par la perte de sa vie, la mort d'un ennemi par un ennemi n'a rien de pitoyable ni de terrible, et par conséquent rien de tragique. Il a de grands déplaisirs, et qui semblent vouloir quelque pitié de nous, lorsqu'il dit lui-même à une de ses maîtresses,

> Je plaindrais un amant qui souffrirait mes peines;

mais nous ne voyons autre chose dans les comédies que des amants qui vont mourir, s'ils ne possèdent ce qu'ils aiment, et de semblables douleurs ne préparent aucun effet tragique, on ne peut dire qu'elles aillent au-dessus de la comédie. Il tombe dans l'unique malheur qu'il appréhende : il est découvert pour fils d'un pêcheur; mais, en cet état même, il n'a garde de nous demander notre pitié, puisqu'il s'offense de celle de ses rivaux. Ce n'est point un héros à la mode d'Euripide, qui les habillait de lambeaux pour mendier les larmes des spectateurs; celui-ci soutient sa disgrâce avec tant de fermeté, qu'il nous imprime plus d'admiration de son grand courage, que de compassion pour son infortune. Nous le craignons pour lui avant qu'elle arrive, mais cette crainte n'a sa source que dans l'intérêt que nous prenons d'ordinaire à ce qui touche le premier acteur, et se peut ranger *inter communia utriusque dramatis*, aussi bien que la reconnaissance qui fait le dénoûment de cette pièce. La crainte tragique ne devance pas le malheur du héros, elle le suit, elle n'est pas pour lui, elle est pour nous; et se produisant par une prompte application que la vue des malheurs nous fait faire sur nous-mêmes, elle purge en nous les passions que nous en voyons être la cause. Enfin je ne vois rien en ce poëme qui puisse mériter le nom de tragédie, si nous ne voulons nous contenter de la définition qu'en donne Averroès[1] qui l'appelle simplement un art de louer. En ce cas, nous ne lui pourrons dénier ce titre sans nous aveugler volontairement, et ne vouloir pas voir que toutes ses parties ne sont qu'une peinture des puissantes impressions que les rares qualités d'un honnête homme font sur toutes sortes d'esprits, qui est une façon de louer assez ingénieuse et hors du commun des panégyriques. Mais j'aurais mauvaise grâce de me prévaloir d'un auteur arabe, que je ne connais que sur la foi d'une traduction latine ; et, puisque sa paraphrase abrége le texte d'Aristote en cet article, au lieu de l'étendre, je ferai mieux d'en croire ce dernier, qui ne permet point à cet ouvrage de prendre un nom plus relevé que celui de comédie. Ce n'est pas que je n'aie hésité quelque temps, sur ce que je n'y voyais rien qui pût émouvoir à rire. Cet agrément a été jusqu'ici tellement de la pratique de la comédie, que beaucoup ont cru qu'il était aussi de son essence ; et je serais encore dans ce scrupule, si je n'en avais été guéri par votre M. Heinsius, de qui je viens d'apprendre heureusement que *movere risum non constituit comœdiam, sed plebis aucupium est, et abusus*. Après l'autorité d'un si grand homme, je serais coupable de chercher d'autres raisons, et de craindre d'être mal fondé à soutenir que la comédie se peut passer

1. Commentateur d'Aristote. Il vivait au douzième siècle.

du ridicule. J'ajoute à celle-ci l'épithète de héroïque, pour satisfaire aucunement à la dignité de ses personnages, qui pourrait sembler profanée par la bassesse d'un titre que jamais on n'a appliqué si haut. Mais, après tout, monsieur, ce n'est qu'un *interim*, jusqu'à ce que vous m'ayez appris comme j'ai dû l'intituler. Je ne vous l'adresse que pour vous l'abandonner entièrement : et si vous Elzéviers se saisissent de ce poëme, comme ils ont fait de quelques-uns des miens qui l'ont précédé, ils peuvent le faire voir à vos provinces sous le titre que vous lui jugerez plus convenable, et nous exécuterons le mérite l'arrêt que vous en aurez donné. J'attends de vous cette instruction avec impatience, pour m'affermir dans mes premières pensées, ou les rejeter comme de mauvaises tentations : elles flotteront jusque-là ; et si vous ne me pouvez accorder la gloire d'avoir appuyé une nouveauté, vous me laisserez du moins celle d'avoir passablement défendu un paradoxe. Mais quand même vous m'ôteriez toutes les deux, je m'en consolerai fort aisément, parce que je suis très-assuré que vous ne sauriez m'en ôter une qui m'est beaucoup plus précieuse ; c'est celle d'être toute ma vie,

MONSIEUR,

Votre très-humble et très-obéissant serviteur,
CORNEILLE.

ARGUMENT

Don Fernand, roi d'Aragon, chassé de ses États par la révolte de D. Garcie d'Ayala, comte de Fuensalida, n'avait plus sous son obéissance que la ville de Calataiud et le territoire des environs, lorsque la reine Dª Léonor, sa femme, accoucha d'un fils, qui fut nommé D. Sanche. Ce déplorable prince, craignant qu'il ne demeurât exposé aux fureurs de ce rebelle, le fit aussitôt enlever par D. Raymond de Moncade, son confident, afin de le faire nourrir secrètement. Ce cavalier, trouvant dans le village de Bubierça la femme d'un pêcheur nouvellement accouchée d'un enfant mort, lui donna celui-ci à nourrir, sans lui dire qui il était ; mais seulement qu'un jour le roi et la reine d'Aragon le feraient Grand lorsqu'elle lui ferait présenter par lui un petit écrin, qu'en même temps il lui donna. Le mari de cette pauvre femme était pour lors à la guerre, si bien que, revenant au bout d'un an, il prit aisément cet enfant pour sien, et l'éleva comme s'il en eût été le père. La reine ne put jamais savoir du roi où il avait fait porter son fils ; et tout ce qu'elle en tira, après beaucoup de prières, fut qu'elle le reconnaîtrait un jour quand on lui présenterait cet écrin où il avait mis leurs deux portraits, avec un billet de sa main et quelques autres pièces de remarque : mais, voyant qu'elle continuait toujours à en vouloir savoir davantage, il arrêta sa curiosité tout d'un coup, et lui dit qu'il était mort. Il soutint bien cela cette malheureuse guerre encore trois ou quatre ans, ayant toujours quelque nouveau désavantage, et mourut enfin de déplaisir et de fatigue, laissant ses affaires désespérées, et la reine grosse, à qui il conseilla d'abandonner entièrement l'Aragon et de se réfugier en Castille : elle exécuta ses ordres, et y accoucha d'une fille nommée Dª Elvire, qu'elle y éleva jusqu'à l'âge de vingt ans. Cependant le jeune prince D. Sanche, qui se croyait fils d'un pêcheur, dès qu'il en eut atteint seize, se dérobe de ses parents, et se jette dans les armées du roi de Castille, où il fit de grandes guerres contre les Maures ; et, de peur d'être connu pour ce qu'il pensait être, il quitte le nom de Sanche qu'on lui avait laissé, et prend celui de Carlos. Sous ce faux nom, il fait tant de merveilles, qu'il entre en grande considération auprès du roi D. Alphonse, à qui il sauve la vie en un jour de bataille : mais comme ce monarque était prêt de le récompenser, il est surpris de la mort, et ne lui laisse autre chose que les favorables regards de la reine Dª Isabelle, sa sœur et son héritière, et de la jeune princesse d'Aragon, Dª Elvire, que l'admiration de ses belles actions avait portées toutes deux jusques à l'aimer, mais d'un amour étouffé par le souvenir de ce qu'elles devaient à la dignité de leur naissance. Lui-même avait conçu aussi de la passion pour toutes deux, sans oser prétendre à pas une, se croyant si fort indigne d'elles. Cependant tous les grands de Castille ne voyant point de rois voisins qui pussent épouser leur reine, prétendant à l'envi l'un de l'autre à son mariage, et étant près de former une guerre civile pour ce sujet, les États du royaume la supplient de choisir un mari, pour éviter les malheurs qu'ils en prévoyaient devoir naître. Elle s'en excuse néanmoins connaissant pas assez particulièrement le mérite de ses prétendants, et leur commande de choisir eux-mêmes les trois qu'ils en jugent les plus dignes, les assurant que, s'il se rencontre quelqu'un entre ces trois pour qui elle puisse prendre quelque inclination, elle l'épousera. Ils obéissent, et lui nomment D. Maurice de Lare, D. Lope de Gusman, et D. Alvar de Lune, qui, bien que passionné pour la princesse D. Elvire, eût cru faire une lâcheté, et offenser sa reine, s'il eût rejeté l'honneur qu'il recevait de son pays par cette nomination. D'autre côté, les Aragonais, sentant la tyrannie de D. Garcie et de Dª Ramire, son fils, les chassent de Saragosse, et, les ayant assiégés dans la forteresse de Jaca, envoient des députés à leurs princesses, réfugiées en Castille, pour les prier de revenir prendre possession d'un royaume qui leur appartenait. Depuis leur départ, ces deux tyrans ayant été tués en la prise de Jaca, D. Raymond, qu'ils y tenaient prisonnier depuis six ans, apprend à ces peuples que D. Sanche, leur prince, était vivant, et part aussitôt pour le chercher à Bubierça, où il apprend que le pêcheur, qui le croyait son fils, l'avait perdu depuis huit ans, et était allé chercher en Castille, sur quelques nouvelles qu'il en avait eues par un soldat qui avait servi sous lui contre les Maures. Il pousse aussitôt de ce côté-là, et joint les députés comme ils étaient près d'arriver. C'est par son arrivée que l'aventurier Carlos est reconnu pour le prince D. Sanche ; après quoi la reine Dª Isabelle se donne à lui, du consentement même des trois que les États lui avaient nommés, et D. Alvar en obtient la princesse Dª Elvire, qui, par cette reconnaissance, se trouve être sa sœur.

PERSONNAGES.

Dª ISABELLE, reine de Castille.
Dª LÉONOR, reine d'Aragon.
Dª ELVIRE, princesse d'Aragon.
BLANCHE, dame d'honneur de la reine de Castille.
D. RAYMOND DE MONCADE, favori du défunt roi d'Aragon.

PERSONNAGES.

CARLOS, cavalier inconnu, qui se trouve être D. Sanche, roi d'Aragon.
D. LOPE DE GUSMAN,
D. MANRIQUE DE LARE,
D. ALVAR DE LUNE,   } Grands de Castille.

La scène est à Valladolid.

ACTE PREMIER

SCÈNE I

D. LÉONOR, D. ELVIRE.

D. LÉONOR.

Après tant de malheurs, enfin le ciel propice
S'est résolu, ma fille, à nous faire justice :
Notre Aragon, pour nous presque tout révolté,
Enlève à nos tyrans ce qu'ils nous ont ôté,
Brise les fers honteux de leurs injustes chaînes,
Se remet sous nos lois, et reconnaît ses reines;
Et par ses députés, qu'aujourd'hui l'on attend,
Rend d'un si long exil le retour éclatant.
Comme nous, la Castille attend cette journée
Qui lui doit de sa reine assurer l'hyménée :
Nous l'allons voir ici faire choix d'un époux.
Que ne puis-je, ma fille, en dire autant de vous !
Nous allons en des lieux sur qui vingt ans d'absence
Nous laissent une faible et douteuse puissance :
Le trouble règne encor où vous devez régner;
Le peuple vous rappelle, et peut vous dédaigner,
Si vous ne lui portez, au retour de Castille,
Que l'avis d'une mère, et le nom d'une fille.
D'un mari valeureux les ordres et le bras
Sauraient bien mieux que nous assurer vos États,
Et par des actions nobles, grandes et belles,
Dissiper les mutins, et dompter les rebelles.
Vous ne pouvez manquer d'amants dignes de vous;
On aime votre sceptre, on vous aime; et sur tous,
Du comte don Alvar la vertu non commune
Vous aima dans l'exil et durant l'infortune.
Qui vous aima sans sceptre, et se fit votre appui,
Quand vous le recouvrez, est bien digne de lui.

D. ELVIRE.

Ce comte est généreux, et me l'a fait paraître;
Aussi le ciel pour moi l'a voulu reconnaître,
Puisque les Castillans l'ont mis entre les trois
Dont à leur grande reine ils demandent le choix;
Et comme ses rivaux lui cèdent en mérite,
Un espoir à présent plus doux le sollicite :
Il régnera sans nous. Mais, madame, après tout,
Savez-vous à quel choix l'Aragon se résout,
Et quels troubles nouveaux j'y puis faire renaître
S'il voit que je lui mène un étranger pour maître?
Montons, de grâce au trône; et de là beaucoup mieux
Sur le choix d'un époux nous baisserons les yeux.

D. LÉONOR.

Vous les abaissez trop ; une secrète flamme
A déjà malgré moi fait ce choix dans votre âme :
De l'inconnu Carlos l'éclatante valeur
Aux mérites du comte a fermé votre cœur.
Tout est illustre en lui, moi-même je l'avoue;
Mais son sang, que le ciel n'a formé que de boue,
Et dont il cache exprès la source obstinément...

D. ELVIRE.

Vous pourriez en juger plus favorablement;
Sa naissance inconnue est peut-être sans tache :
Vous la présumez basse à cause qu'il la cache;
Mais combien a-t-on vu de princes déguisés
Signaler leur vertu sous des noms supposés,
Dompter des nations, gagner des diadèmes, [mes!
Sans qu'aucun les connût, sans se connaître eux-mê-

D. LÉONOR.

Quoi! voilà donc enfin de quoi vous vous flattez !

D. ELVIRE.

J'aime et prise en Carlos ses rares qualités.
Il n'est point d'âme noble en qui tant de vaillance
N'arrache cette estime et cette bienveillance?
Et l'innocent tribut de ces affections,
Que doit toute la terre aux belles actions,
N'a rien qui déshonore une jeune princesse.
En cette qualité, je l'aime et le caresse;
En cette qualité, ses devoirs assidus
Me rendent les respects à ma naissance dus.
Il fait sa cour chez moi comme un autre peut faire :
Il a trop de vertus pour être téméraire;
Et si jamais ses vœux s'échappaient jusqu'à moi,
Je sais ce que je suis, et ce que je me dois.

D. LÉONOR.

Daigne le juste ciel vous donner le courage
De vous en souvenir et le mettre en usage !

D. ELVIRE.

Vos ordres sur mon cœur sauront toujours régner.

D. LÉONOR.

Cependant ce Carlos vous doit accompagner,
Doit venir jusqu'aux lieux de votre obéissance
Vous rendre ces respects dus à votre naissance,
Vous faire, comme ici, sa cour tout simplement?

D. ELVIRE.

De ses pareils la guerre est l'unique élément :
Accoutumés d'aller de victoire en victoire,
Ils cherchent en tous lieux les dangers et la gloire,
La prise de Séville, et les Maures défaits,
Laissent à la Castille une profonde paix :
S'y voyant sans emploi, sa grande âme inquiète
Veut bien de don Garcie achever la défaite,
Et contre les efforts d'un reste de mutins
De toute sa valeur hâter nos bons destins.

D. LÉONOR.

Mais quand il vous aura dans le trône affermie,
Et jeté sous vos pieds la puissance ennemie,
S'en ira-t-il soudain aux climats étrangers
Chercher tout de nouveau la gloire et les dangers ?

D. ELVIRE.

Madame, la reine entre.

SCÈNE II

D. ISABELLE, D. LÉONOR, D. ELVIRE, BLANCHE.

D. LÉONOR.

Aujourd'hui donc, madame,
Vous allez d'un héros rendre heureuse la flamme,

Et, d'un mot, satisfaire aux plus ardents souhaits
Que poussent vers le ciel vos fidèles sujets.
D. ISABELLE.
Dites, dites plutôt qu'aujourd'hui, grandes reines,
Je m'impose à vos yeux la plus dure des gênes,
Et fais dessus moi-même un illustre attentat
Pour me sacrifier au repos de l'État.
Que c'est un sort fâcheux et triste que le nôtre
De ne pouvoir régner que sous les lois d'un autre,
Et qu'un sceptre soit cru d'un si grand poids pour [nous,
Que pour le soutenir il nous faille un époux!
   A peine ai-je deux mois porté le diadème,
Que de tous les côtés j'entends dire qu'on m'aime,
Si toutefois sans crime et sans m'en indigner
Je puis nommer amour une ardeur de régner.
L'ambition des grands à cet espoir ouverte
Semble pour m'acquérir s'apprêter à ma perte;
Et pour trancher le cours de leurs dissensions,
Il faut fermer la porte à leurs prétentions;
Il m'en faut choisir un; eux-mêmes m'en convient,
Mon peuple m'en conjure, et mes États m'en prient;
Et même par mon ordre ils m'en proposent trois,
Dont mon cœur à leur gré peut faire un digne choix.
Don Lope de Gusman, don Manrique de Lare,
Et don Alvar de Lune, ont un mérite rare :
Mais que me sert ce choix qu'on fait en leur faveur,
Si pas un d'eux enfin n'a celui de mon cœur?
D. LÉONOR.
On vous les a nommés, mais sans vous les prescrire;
On vous obéira, quoi qu'il vous plaise élire :
Si le cœur a choisi, vous pouvez faire un roi.
D. ISABELLE.
Madame, je suis reine, et dois régner sur moi.
Le rang que nous tenons, jaloux de notre gloire,
Souvent dans un tel choix nous défend de nous croire,
Jette sur nos désirs un joug impérieux,
Et dédaigne l'avis et du cœur et des yeux.
Qu'on ouvre. Juste ciel, vois ma peine, et m'inspire
Et ce que je dois faire, et ce que je dois dire!

SCÈNE III

D. ISABELLE, D. LÉONOR, D. ELVIRE, BLANCHE,
D. LOPE, D. MANRIQUE, D. ALVAR, CARLOS.

D. ISABELLE.
Avant que de choisir je demande un serment,
Comtes, qu'on agréra mon choix aveuglément;
Que les deux méprisés, et tous les trois peut-être,
De ma main, quel qu'il soit, accepteront un maître.
Car enfin je suis libre à disposer de moi;
Le choix de mes États ne m'est point une loi;
D'une troupe importune il m'a débarrassée,
Et d'eux tous sur vous trois détourné ma pensée,
Mais sans nécessité de l'arrêter sur vous.
J'aime à savoir par là vous préfère à tous;
Vous m'en êtes plus chers et plus considérables;
J'y vois de vos vertus les preuves honorables,
J'y vois la haute estime où sont vos grands exploits :
Mais quoique mon dessein soit d'y borner mon choix,
Le ciel en un moment quelquefois nous éclaire.
Je veux, en le faisant, pouvoir ne le pas faire,
Et que vous avouiez que pour devenir roi,
Quiconque me plaira n'a besoin que de moi.
D. LOPE.
C'est une autorité qui vous demeure entière;
Votre État avec vous n'agit que par prière,
Et ne vous a pour nous fait voir ses sentiments
Que par obéissance à vos commandements.
Ce n'est point ni son choix ni l'éclat de ma race
Qui me font, grande reine, espérer cette grâce :
Je l'attends de vous seule et de votre bonté
Comme on attend un bien qu'on n'a pas mérité,
Et dont, sans regarder service, ni famille,
Vous pouvez faire part au moindre de Castille.
C'est à nous d'obéir, et non d'en murmurer :
Mais vous nous permettrez toutefois d'espérer
Que vous ne ferez choir cette faveur insigne,
Ce bonheur d'être à vous, que sur le moins indigne;
Et que votre vertu vous fera trop savoir
Qu'il n'est pas bon d'user de tout votre pouvoir.
Voilà mon sentiment.
D. ISABELLE.
      Parlez, vous, don Manrique.
D. MANRIQUE.
Madame, puisqu'il faut qu'à vos yeux je m'explique,
Quoique votre discours nous ait fait des leçons
Capables d'ouvrir l'âme à de justes soupçons,
Je vous dirai pourtant, comme à ma souveraine,
Que pour faire un vrai roi vous le fassiez en reine;
Que vous laisser borner c'est vous-même affaiblir
La dignité du rang qui le doit ennoblir;
Et qu'à prendre pour loi le choix qu'on vous propose,
Le roi que vous feriez vous devrait peu de chose,
Puisqu'il tiendrait les noms de monarque et d'époux
Du choix de vos États aussi bien que de vous. [ronne,
   Pour moi, qui vous aimai sans sceptre et sans cou-
Qui n'ai jamais eu d'yeux que pour votre personne,
Que même le feu roi daigna considérer
Jusqu'à souffrir ma flamme et me faire espérer,
J'oserai me promettre un sort assez propice
De cet aveu d'un frère et quatre ans de service;
Et sur ce doux espoir dussé-je me trahir,
Puisque vous le voulez, je jure d'obéir.
D. ISABELLE.
C'est comme il faut m'aimer. Et don Alvar de Lune?
D. ALVAR.
Je ne vous ferai point de harangue importune.
Choisissez hors des trois, tranchez absolument;
Je jure d'obéir, madame, aveuglément.
D. ISABELLE.
Sous les profonds respects de cette déférence
Vous nous cachez peut-être un peu d'indifférence;
Et comme votre cœur n'est pas sans autre amour,
Vous savez des deux parts faire bien votre cour.
D. ALVAR.
Madame...

D. ISABELLE.
C'est assez; que chacun prenne place.
(Ici les trois reines prennent chacune un fauteuil, et, après que les trois comtes et le reste des grands qui sont présents se sont assis sur des bancs préparés exprès, Carlos y voyant une place vide, s'y veut seoir, et don Manrique l'en empêche.)

D. MANRIQUE.
Tout beau, tout beau, Carlos! d'où vous vient cette audace?
Et quel titre en ce rang a pu vous établir?

CARLOS.
J'ai vu la place vide, et cru la bien remplir.

D. MANRIQUE.
Un soldat bien remplir une place de comte!

CARLOS.
Seigneur, ce que je suis ne me fait point de honte.
Depuis plus de six ans il ne s'est fait combat
Qui ne m'ait bien acquis ce grand nom de soldat :
J'en avais pour témoin le feu roi votre frère,
Madame; et par trois fois...

D. MANRIQUE.
Nous vous avons vu faire,
Et savons mieux que vous ce que peut votre bras.

D. ISABELLE.
Vous en êtes instruits; et je ne la suis pas;
Laissez-le me l'apprendre. Il importe aux monarques
Qui veulent aux vertus rendre de dignes marques
De les savoir connaître, et ne pas ignorer
Ceux d'entre leurs sujets qu'ils doivent honorer.

D. MANRIQUE.
Je ne me croyais pas être ici pour l'entendre?

D. ISABELLE.
Comte, encore une fois laissez-le me l'apprendre.
Nous aurons temps pour tout. Et vous, parlez, Carlos.

CARLOS.
Je dirai qui je suis, madame, en peu de mots.
On m'appelle soldat : je fais gloire de l'être;
Au feu roi par trois fois je le fis bien paraître.
L'étendard de Castille, à ses yeux enlevé,
Des mains des ennemis par moi seul fut sauvé :
Cette seule action rétablit la bataille,
Fit rechasser le Maure au pied de sa muraille,
Et, rendant le courage aux plus timides cœurs,
Rappela les vaincus, et défit les vainqueurs.
Ce même roi me vit dedans l'Andalousie
Dégager sa personne en prodiguant ma vie,
Quand, tout percé de coups, sur un monceau de morts,
Je lui fis si longtemps bouclier de mon corps,
Qu'enfin autour de lui ses troupes ralliées,
Celles qui l'enfermaient furent sacrifiées;
Et le même escadron qui vint le secourir
Le ramena vainqueur et moi prêt à mourir.
Je montai le premier sur les murs de Séville,
Et tint la brèche ouverte aux troupes de Castille.
Je ne vous parle point d'assez d'autres exploits,
Qui n'ont pas pour témoins eu les yeux de mes rois.
Tel me voit et m'entend, et me méprise encore,
Qui gémirait sans moi dans les prisons du Maure.

D. MANRIQUE.
Nous parlez-vous, Carlos, pour don Lope et pour moi?

CARLOS.
Je parle seulement de ce qu'a vu le roi,
Seigneur; et qui voudra parle à sa conscience.
Voilà dont le feu roi me promit récompense;
Mais la mort le surprit comme il la résolvait.

D. ISABELLE.
Il se fût acquitté de ce qu'il vous devait;
Et moi, comme héritant son sceptre et sa couronne,
Je prends sur moi sa dette, et je vous la fais bonne!
Seyez-vous, et quittons ces petits différends.

D. LOPE.
Souffrez qu'auparavant il nomme ses parents.
Nous ne contestons point l'honneur de sa vaillance,
Madame; et s'il en faut notre reconnaissance,
Nous avoûrons tous deux qu'en ces combats derniers
L'un et l'autre, sans lui, nous étions prisonniers;
Mais enfin la valeur, sans l'éclat de la race,
N'eut jamais aucun droit d'occuper cette place.

CARLOS.
Se pare qui voudra du nom de ses aïeux :
Moi, je ne veux porter que moi-même en tous lieux;
Je ne veux rien devoir à ceux qui m'ont fait naître,
Et suis assez connu sans les faire connaître.
Mais, pour en quelque sorte obéir à vos lois,
Seigneur, pour mes parents je nomme mes exploits;
Ma valeur est ma race, et mon bras est mon père.

D. LOPE.
Vous le voyez, madame, et la preuve en est claire;
Sans doute il n'est pas noble.

D. ISABELLE.
Eh bien! je l'anoblis,
Quelle que soit sa race et de qui qu'il soit fils.
Qu'on ne conteste plus.

D. MANRIQUE.
Encore un mot, de grâce.

D. ISABELLE.
Don Manrique à la fin c'est prendre trop d'audace.
Ne puis-je l'anoblir si vous n'y consentez?

D. MANRIQUE.
Oui, mais ce rang n'est dû qu'aux hautes dignités;
Tout autre qu'un marquis ou comte le profane.

D. ISABELLE, *à Carlos.*
Eh bien! seyez-vous donc, marquis de Santillane,
Comte de Penafiel, gouverneur de Burgos.
Don Manrique, est-ce assez pour faire seoir Carlos?
Vous reste-t-il encor quelque scrupule en l'âme?
(D. Manrique et D. Lope se lèvent, et Carlos se sied.)

D. MANRIQUE.
Achevez, achevez; faites-le roi, madame :
Par ces marques d'honneur l'élever jusqu'à nous,
C'est moins nous l'égaler que l'approcher de vous.
Ce préambule adroit n'était pas sans mystère;
Et ces nouveaux serments qu'il nous a fallu faire
Montraient bien dans votre âme un tel choix préparé.
Enfin vous le pouvez, et nous l'avons juré.
Je suis prêt d'obéir; et loin d'y contredire,
Je laisse entre ses mains et votre sceptre et votre empire.
Je sors avant ce choix, non que j'en sois jaloux,
Mais de peur que mon front n'en rougisse pour vous.

D. ISABELLE.
Arrêtez, insolent : votre reine pardonne
Ce qu'une indigne crainte imprudemment soupçon-
Et, pour la démentir, veut bien vous assurer [ne;
Qu'aux choix de ses États elle veut demeurer;
Que vous tenez encor même rang dans son âme;
Qu'elle prend vos transports pour un excès de flamme;
Et qu'au lieu d'en punir le zèle injurieux,
Sur un crime d'amour elle ferme les yeux.
D. MANRIQUE.
Madame, excusez donc si quelque antipathie...
D. ISABELLE.
Ne faites point ici de fausse modestie;
J'ai trop vu votre orgueil pour le justifier,
Et sais bien les moyens de vous humilier.
Soit que j'aime Carlos, soit que par simple estime
Je rende à ses vertus un honneur légitime,
Vous devrez respecter, quels que soient mes desseins,
Ou le choix de mon cœur, ou l'œuvre de mes mains.
Je l'ai fait votre égal; et quoiqu'on s'en mutine,
Sachez qu'à plus encor ma faveur le destine.
Je veux qu'aujourd'hui même il puisse plus que moi :
J'en ai fait un marquis, je veux qu'il fasse un roi.
S'il a tant de valeur que vous-mêmes le dites,
Il sait quelle est la vôtre, et connaît vos mérites,
Et jugera de vous avec plus de raison
Que moi, qui n'en connais que la race et le nom.
Marquis, prenez ma bague, et la donnez pour marque
Au plus digne des trois, que j'en fasse un monarque.
Je vous laisse y penser tout ce reste du jour.
Rivaux ambitieux, faites-lui votre cour :
Qui me rapportera l'anneau que je lui donne
Recevra sur-le-champ ma main et ma couronne.
Allons, reines, allons, et laissons-les juger
De quel côté l'amour avait su m'engager.

SCÈNE IV

D. MANRIQUE, D. LOPE, D. ALVAR, CARLOS.

D. LOPE.
Eh bien! seigneur marquis, nous direz-vous, de grâce,
Ce que, pour vous gagner, il est besoin qu'on fasse?
Vous êtes notre juge, il faut vous adoucir.
CARLOS.
Vous y pourriez peut-être assez mal réussir.
Quittez ces contre-temps de froide raillerie.
D. MANRIQUE.
Il n'en est pas saison, quand il faut qu'on vous prie.
CARLOS.
Ne raillons, ni prions, et demeurons amis.
Je sais ce que la reine en mes mains a remis;
J'en userai fort bien : vous n'avez rien à craindre;
Et pas un de vous trois n'aura lieu de se plaindre.
Je n'entreprendrai point de juger entre vous
Qui mérite le mieux le nom de son époux;
Je serais téméraire, et m'en sens incapable;
Et peut-être quelqu'un m'en tiendrait récusable.
Je m'en récuse donc, afin de vous donner
Un juge que sans honte on ne peut soupçonner;
Ce sera votre épée, et votre bras lui-même.
Comtes, de cet anneau dépend le diadème :
Il vaut bien un combat; vous avez tous du cœur :
Et je le garde...
D. LOPE.
A qui, Carlos?
CARLOS.
A mon vainqueur
Qui pourra me l'ôter l'ira rendre à la reine;
Ce sera du plus digne une preuve certaine.
Prenez entre vous l'ordre et du temps et du lieu;
Je m'y rendrai sur l'heure, et vais l'attendre. Adieu.

SCÈNE V

D. MANRIQUE, D. LOPE, D. ALVAR.

D. LOPE.
Vous voyez l'arrogance.
D. ALVAR.
Ainsi les grands courages
Savent en généreux repousser les outrages.
D. MANRIQUE.
Il se méprend pourtant s'il pense qu'aujourd'hui
Nous daignions mesurer notre épée avec lui.
D. ALVAR.
Refuser un combat!
D. LOPE.
Des généraux d'armée,
Jaloux de leur honneur et de leur renommée,
Ne se commettent point contre un aventurier.
D. ALVAR.
Ne mettez point si bas un si vaillant guerrier :
Qu'il soit ce qu'en voudra présumer votre haine,
Il doit être pour nous ce qu'a voulu la reine.
D. LOPE.
La reine qui nous brave, et, sans égard au sang,
Ose souiller ainsi l'éclat de notre rang!
D. ALVAR.
Les rois de leurs faveurs ne sont jamais comptables,
Ils font, comme il leur plaît, et défont nos sembla-
D. MANRIQUE. [bles.
Envers les majestés vous êtes bien discret.
Voyez-vous cependant qu'elle l'aime en secret?
D. ALVAR.
Dites, si vous voulez, qu'ils sont d'intelligence,
Qu'elle a de sa valeur si haute confiance,
Qu'elle espère par là faire approuver son choix,
Et se rendre avec gloire au vainqueur de tous trois;
Qu'elle nous hait dans l'âme autant qu'elle l'adore :
C'est à nous d'honorer ce que la reine honore.
D. MANRIQUE.
Vous la respectez fort : mais y prétendez-vous?
On dit que l'Aragon a des charmes si doux...
D. ALVAR.
Qu'ils me soient doux ou non, je ne crois pas sans
Pouvoir de mon pays désavouer l'estime; [crime
Et puisqu'il m'a jugé digne d'être son roi,

Je soutiendrai partout l'état qu'il fait de moi.
Je vais donc disputer, sans que rien me retarde,
Au marquis don Carlos cet anneau qu'il nous garde;
Et si sur sa valeur je le puis emporter,
J'attendrai de vous deux qui voudra me l'ôter :
Le champ vous sera libre.

D. LOPE.

A la bonne heure, comte;
Nous vous irons alors le disputer sans honte;
Nous ne dédaignons point un si digne rival :
Mais pour votre marquis, qu'il cherche son égal.

ACTE DEUXIÈME

SCÈNE I

D. ISABELLE, BLANCHE.

D. ISABELLE.

Blanche, as-tu rien connu d'égal à ma misère?
Tu vois tous mes désirs condamnés à se taire,
Mon cœur faire un beau choix sans l'oser accepter,
Et nourrir un beau feu sans l'oser écouter.
Vois par là ce que c'est, Blanche, que d'être reine :
Comptable de moi-même au nom de souveraine,
Et sujette à jamais du trône où je me vois,
Je puis tout pour tout autre, et ne puis rien pour moi.
   O sceptres! s'il est vrai que tout vous soit possible,
Pourquoi ne pouvez-vous rendre un cœur insensible?
Pourquoi permettez-vous qu'il soit d'autres appas,
Ou que l'on ait des yeux pour ne les croire pas?

BLANCHE.

Je présumais tantôt que vous les alliez croire;
J'en ai plus d'une fois tremblé pour votre gloire.
Ce qu'à vos trois amants vous avez fait jurer
Au choix de don Carlos semblait tout préparer :
Je le nommais pour vous. Mais enfin par l'issue
Ma crainte s'est trouvée heureusement déçue;
L'effort de votre amour a su se modérer;
Vous l'avez honoré sans vous déshonorer,
Et satisfait ensemble, en trompant mon attente,
La grandeur d'une reine et l'ardeur d'une amante.

D. ISABELLE.

Dis que pour honorer sa générosité,
Mon amour s'est joué de mon autorité,
Et qu'il a fait servir, en trompant ton attente,
Le pouvoir de la reine au courroux de l'amante.
   D'abord par ce discours, qui t'a semblé suspect,
Je voulais seulement essayer leur respect,
Soutenir jusqu'au bout la dignité de reine;
Et comme enfin ce choix me donnait de la peine,
Perdre quelques moments, choisir un peu plus tard :
J'allais nommer pourtant, et nommer au hasard :
Mais tu sais quel orgueil ont lors montré les comtes,

Combien d'affronts pour lui, combien pour moi de
Certes, il est bien dur à qui se voit régner [hontes,
De montrer quelque estime, et la voir dédaigner.
Sous ombre de venger sa grandeur méprisée,
L'amour à la faveur trouve une pente aisée :
A l'intérêt du sceptre aussitôt attaché,
Il agit d'autant plus qu'il se croit bien caché,
Et s'ose imaginer qu'il ne fait rien paraître
Que ce change de nom ne fasse méconnaître.
J'ai fait Carlos marquis, et comte, et gouverneur;
Il doit à ses jaloux tous ces titres d'honneur :
M'en voulant faire avare, ils m'en faisaient prodigue,
Ce torrent grossissait, rencontrant cette digue :
C'était plus les punir que le favoriser.
L'amour me parlait trop, j'ai voulu l'amuser;
Par ces profusions j'ai cru le satisfaire,
Et l'ayant satisfait, l'obliger à se taire;
Mais, hélas! en mon cœur il avait tant d'appui,
Que je n'ai pu jamais prononcer contre lui,
Et n'ai mis en ses mains ce don du diadème
Qu'afin de l'obliger à s'exclure lui-même.
Ainsi, pour apaiser les murmures du cœur,
Mon refus a porté les marques de faveur;
Et, revêtant de gloire un invisible outrage,
De peur d'en faire un roi je l'ai fait davantage :
Outre qu'indifférente aux vœux de tous les trois
J'espérais que l'amour pourrait suivre son choix,
Et que le moindre d'eux, de soi-même estimable,
Recevrait de sa main la qualité d'aimable.
   Voilà, Blanche, où j'en suis; voilà ce que j'ai fait;
Voilà les vrais motifs dont tu voyais l'effet :
Car mon âme pour lui, quoique ardemment pressée,
Ne saurait se permettre une indigne pensée;
Et je mourrais encore avant que m'accorder
Ce qu'en secret mon cœur ose me demander.
Mais enfin je vois bien que je me suis trompée
De m'en être remise à qui porte une épée,
Et trouve occasion, dessous cette couleur,
De venger le mépris qu'on fait de sa valeur.
Je devais par mon choix étouffer cent querelles;
Et l'ordre que j'y tiens en forme de nouvelles,
Et jette entre les grands, amoureux de mon rang,
Une nécessité de répandre du sang.
Mais j'y saurai pourvoir.

BLANCHE.

C'est un pénible ouvrage
D'arrêter un combat qu'autorise l'usage,
Que les lois ont réglé, que les rois vos aïeux
Daignaient assez souvent honorer de leurs yeux :
On ne s'en dédit point sans quelque ignominie ;
Et l'honneur aux grands cœurs est plus cher que la
D. ISABELLE. [vie.
Je sais ce que tu dis, et n'irai pas de front
Faire un commandement qu'ils prendraient pour af-
Lorsque le déshonneur souille l'obéissance, [front.
Les rois peuvent douter de leur toute-puissance :
Qui la hasarde alors n'en sait pas bien user :
Et qui veut pouvoir tout ne doit pas tout oser.
Je romprai ce combat feignant de le permettre,

30

Et je le tiens rompu si je le puis remettre.
Les reines d'Aragon pourront même m'aider.
Voici déjà Carlos que je viens de mander :
Demeure, et tu verras avec combien d'adresse
Ma gloire de mon âme est toujours la maîtresse.

SCÈNE II

D. ISABELLE, CARLOS, BLANCHE.

D. ISABELLE.

Vous avez bien servi, marquis, et jusqu'ici
Vos armes ont pour nous dignement réussi :
Je pense avoir aussi bien payé vos services.
Malgré vos envieux et leurs mauvais offices,
J'ai fait beaucoup pour vous, et tout ce que j'ai fait
Ne vous a pas coûté seulement un souhait.
Si cette récompense est pourtant si petite
Qu'elle ne puisse aller jusqu'à votre mérite,
S'il vous en reste encor quelque autre à souhaiter,
Parlez, et donnez-moi moyen de m'acquitter.

CARLOS.

Après tant de faveurs à pleines mains versées,
Dont mon cœur n'eût osé concevoir les pensées,
Surpris, troublé, confus, accablé de bienfaits,
Que j'osasse former encor quelques souhaits !

D. ISABELLE.

Vous êtes donc content ; et j'ai lieu de me plaindre.

CARLOS.

De moi?

D. ISABELLE.

De vous, marquis. Je vous parle sans feindre ;
Écoutez. Votre bras a bien servi l'État,
Tant que vous n'avez eu que le nom de soldat ;
Dès que je vous fais grand, sitôt que je vous donne
Le droit de disposer de ma propre personne,
Ce même bras s'apprête à troubler son repos,
Comme si le marquis cessait d'être Carlos,
Ou que cette grandeur ne fût qu'un avantage
Qui dût à sa ruine armer votre courage.
Les trois comtes en sont les plus fermes soutiens :
Vous attaquez en eux ses appuis et les miens ;
C'est son sang le plus pur que vous voulez répandre :
Et vous pouvez juger l'honneur qu'on leur doit ren-
Puisque ce même État me demandant un roi, [dre,
Les a jugés eux trois les plus dignes de moi.
Peut-être un peu d'orgueil vous a mis dans la tête
Qu'à venger leur mépris ce prétexte est honnête ;
Vous en avez suivi la première chaleur :
Mais leur mépris va-t-il jusqu'à votre valeur?
N'en ont-ils pas rendu témoignage à ma vue?
Ils ont fait peu d'état d'une race inconnue,
Ils ont douté d'un sort que vous voulez cacher :
Quand un doute si juste aurait dû vous toucher,
J'avais pris quelque soin de vous venger moi-même.
Remettre entre vos mains le don du diadème,
Ce n'était pas, marquis, vous venger à demi.
Je vous ai fait leur juge, et non leur ennemi ;

Et si sous votre choix j'ai voulu les réduire,
C'est pour vous faire honneur et non pour les détruire.
C'est votre seul avis, non leur sang que je veux ;
Et c'est m'entendre mal que vous armer contre eux.
N'auriez-vous point pensé que, si ce grand courage
Vous pouvait sur tous trois donner quelque avantage,
On dirait que l'État, me cherchant un époux,
N'en aurait pu trouver de comparable à vous?
Ah! si je vous croyais si vain, si téméraire...

CARLOS.

Madame, arrêtez là votre juste colère ;
Je suis assez coupable, et n'ai que trop osé,
Sans choisir pour me perdre un crime supposé.
Je ne me défends point des sentiments d'estime
Que vos moindres sujets auraient pour vous sans cri-
Lorsque je vois en vous les célestes accords [me.
Des grâces de l'esprit et des beautés du corps,
Je puis, de tant d'attraits l'âme toute ravie,
Sur l'heur* de votre époux jeter un œil d'envie,
Je puis contre le ciel en secret murmurer
De n'être pas né roi pour pouvoir espérer ;
Et, les yeux éblouis de cet éclat suprême,
Baisser soudain la vue et rentrer en moi-même :
Mais que je laisse aller d'ambitieux soupirs,
Un ridicule espoir, de criminels désirs !...
Je vous aime, madame, et vous estime en reine ;
Et quand j'aurais des feux dignes de votre haine,
Si votre âme, sensible à ces indignes feux,
Se pouvait oublier jusqu'à souffrir mes vœux ;
Si, par quelque malheur que je ne puis comprendre,
Du trône jusqu'à moi je la voyais descendre,
Commençant aussitôt à vous moins estimer,
Je cesserais sans doute aussi de vous aimer.
L'amour que j'ai pour vous est tout à votre gloire :
Je ne vous prétends point pour fruit de ma victoire ;
Je combats vos amants, sans dessein d'acquérir
Que l'heur* d'en faire voir le plus digne, et mourir ;
Et tiendrais mon destin assez digne d'envie,
S'il le faisait connaître aux dépens de ma vie.
Serait-ce à vos faveurs répondre pleinement
Que hasarder ce choix à mon seul jugement?
Il vous doit un époux, à la Castille un maître :
Je puis en mal juger, je puis les mal connaître.
Je sais qu'ainsi que moi le démon des combats
Peut donner au moins digne et vous et vos États ;
Mais du moins si le sort des armes journalières
En laisse par ma mort de mauvaises lumières,
Elle m'en ôtera la honte et le regret ;
Et même, si votre âme en aime un en secret,
Et que ce triste choix rencontre mal le vôtre,
Je ne vous verrai point, entre les bras d'un autre,
Reprocher à Carlos par de muets soupirs
Qu'il est l'unique auteur de tous vos déplaisirs.

D. ISABELLE.

Ne cherchez point d'excuse à douter de ma flamme,
Marquis ; je puis aimer, puisque enfin je suis femme,
Mais, si j'aime, c'est mal me faire votre cour
Qu'exposer au trépas l'objet de mon amour ;
Et toute votre ardeur se serait modérée

A m'avoir dans ce doute assez considérée :
Je le veux éclaircir, et vous mieux éclairer,
Afin de vous apprendre à me considérer.
　Je ne le cèle point; j'aime, Carlos, oui, j'aime;
Mais l'amour de l'État, plus fort que de moi-même,
Cherche, au lieu de l'objet le plus doux à mes yeux,
Le plus digne héros de régner en ces lieux;
Et craignant que mes feux osassent me séduire,
J'ai voulu m'en remettre à vous pour m'en instruire.
Mais je crois qu'il suffit que cet objet d'amour
Perde le trône et moi, sans perdre encor le jour :
Et mon cœur qu'on lui vole en souffre assez d'alarmes,
Sans que sa mort pour moi me demande des larmes.
　　　　　　CARLOS.
Ah! si le ciel tantôt me daignait inspirer
En quel heureux amant je vous dois révérer,
Que par une facile et soudaine victoire...
　　　　　D. ISABELLE.
Ne pensez qu'à défendre et vous et votre gloire.
Quel qu'il soit, les respects qui l'auraient épargné
Lui donneraient un prix qu'il aurait mal gagné;
Et céder à mes feux plutôt qu'à son mérite
Ne serait que me rendre au juge que j'évite.
　Je n'abuserai point du pouvoir absolu
Pour défendre un combat entre vous résolu;
Je blesserais par là l'honneur de tous les quatre :
Les lois vous l'ont permis, je vous verrai combattre;
C'est à moi, comme reine, à nommer le vainqueur.
Dites-moi, cependant, qui montre plus de cœur?
Qui des trois le premier éprouve la fortune?
　　　　　　CARLOS.
Don Alvar.
　　　　　D. ISABELLE.
　　Don Alvar!
　　　　　　CARLOS.
　　　　　Oui, don Alvar de Lune.
　　　　　D. ISABELLE.
On dit qu'il aime ailleurs.
　　　　　　CARLOS.
　　　　　　On le dit, mais enfin
Lui seul jusqu'ici tente un si noble destin.
　　　　　D. ISABELLE.
Je devine à peu près quel intérêt l'engage;
Et nous verrons demain quel sera son courage.
　　　　　　CARLOS.
Vous ne m'avez donné que ce jour pour ce choix.
　　　　　D. ISABELLE.
J'aime mieux, au lieu d'un, vous en accorder trois.
　　　　　　CARLOS.
Madame, son cartel marque cette journée.
　　　　　D. ISABELLE.
C'est peu que son cartel, si je ne l'ai donnée :
Qu'on le fasse venir pour la voir différer.
Je vais pour vos combats faire tout préparer.
Adieu. Souvenez-vous surtout de ma défense;
Et vous aurez demain l'honneur de ma présence.

SCÈNE III

CARLOS.

Consens-tu qu'on diffère, honneur? le consens-tu?
Cet ordre n'a-t-il rien qui souille ma vertu?
N'ai-je point à rougir de cette déférence
Que d'un combat illustre achète la licence?
Tu murmures, ce semble? Achève; explique-toi.
La reine a-t-elle droit de te faire la loi?
Tu n'es point son sujet, l'Aragon m'a vu naître.
O ciel! je m'en souviens, et j'ose encor paraître!
Et je puis, sous les noms de comte et de marquis,
D'un malheureux pêcheur reconnaître le fils!
　Honteuse obscurité, qui seule me fais craindre!
Injurieux destin, qui seul me rends à plaindre!
Plus on m'en fait sortir, plus je crains d'y rentrer;
Et crois ne t'avoir fui que pour te rencontrer.
Ton cruel souvenir sans fin me persécute;
Du rang où l'on m'élève il me montre la chute.
Lasse-toi désormais de me faire trembler;
Je parle à mon honneur, ne viens point le troubler.
Laisse-le sans remords m'approcher des couronnes,
Et ne viens point m'ôter plus que tu ne me donnes.
Je n'ai plus rien à toi : la guerre a consumé
Tout cet indigne sang dont tu m'avais formé;
J'ai quitté jusqu'au nom que je tiens de ta haine,
Et ne puis... Mais voici ma véritable reine.

SCÈNE IV

D. ELVIRE, CARLOS.

D. ELVIRE.

Ah! Carlos, car j'ai peine à vous nommer marquis,
Non qu'un titre si beau ne vous soit bien acquis,
Non qu'avecque justice il ne vous appartienne,
Mais parce qu'il vous vient d'autre main que la mien[ne,
Et que je présumais n'appartenir qu'à moi
D'élever votre gloire au rang où je la voi.
Je me consolerais toutefois avec joie
Des faveurs que sans moi le ciel sur vous déploie,
Et verrais sans envie agrandir un héros,
Si le marquis tenait ce qu'a promis Carlos,
S'il avait comme lui son bras à mon service.
Je venais à la reine en demander justice;
Mais, puisque je vous vois, vous m'en ferez raison.
　Je vous accuse donc, non pas de trahison,
Pour un cœur généreux cette tache est trop noire,
Mais d'un peu seulement de manque de mémoire.
　　　　　　CARLOS.
Moi, madame?
　　　　　D. ELVIRE.
　　　Écoutez mes plaintes en repos.
Je me plains du marquis, et non pas de Carlos.
Carlos de tout son cœur me tiendrait sa parole :
Mais ce qu'il m'a donné, le marquis me le vole;
C'est lui seul qui dispose ainsi du bien d'autrui,
Et prodigue son bras quand il n'est plus à lui.

Carlos se souviendrait que sa haute vaillance
Doit ranger don Garcie à mon obéissance;
Qu'elle doit affermir mon sceptre dans ma main;
Qu'il doit m'accompagner peut-être dès demain :
Mais ce Carlos n'est plus, le marquis lui succède,
Qu'une autre soif de gloire, un autre objet possède,
Et qui, du même bras que m'engageait sa foi,
Entreprend trois combats pour une autre que moi.
Hélas ! si ces honneurs dont vous comble la reine
Réduisent mon espoir en une attente vaine;
Si les nouveaux desseins que vous en concevez
Vous ont fait oublier ce que vous me devez,
Rendez-lui ces honneurs qu'un tel oubli profane,
Rendez-lui Penafiel, Burgos, et Santillane;
L'Aragon a de quoi vous payer ces refus,
Et vous donner encor quelque chose de plus.

CARLOS.

Et Carlos, et marquis, je suis à vous, madame;
Le changement de rang ne change point mon âme :
Mais vous trouverez bon que, par ces trois défis,
Carlos tâche à payer ce que doit le marquis.
Vous réserver mon bras noirci d'une infamie,
Attirerait sur vous la fortune ennemie,
Et vous hasarderait, par cette lâcheté,
Au juste châtiment qu'il aurait mérité.
Quand deux occasions pressent un grand courage,
L'honneur à la plus proche avidement l'engage,
Et lui fait préférer, sans le rendre inconstant,
Celle qui se présente à celle qui l'attend.
Ce n'est pas toutefois, madame, qu'il l'oublie :
Mais bien que je vous doive immoler don Garcie,
J'ai vu que vers la reine on perdait le respect,
Que d'un indigne amour son cœur était suspect;
Pour m'avoir honoré je l'ai vue outragée,
Et ne puis m'acquitter qu'après l'avoir vengée.

D. ELVIRE.

C'est me faire une excuse où je ne comprends rien,
Sinon que son service est préférable au mien,
Qu'avant que de me suivre on doit mourir pour elle,
Et qu'étant son sujet il faut m'être infidèle.

CARLOS.

Ce n'est point en sujet que je cours au combat;
Peut-être suis-je né dedans quelque autre état :
Mais, par un zèle entier et pour l'une et pour l'autre,
J'embrasse également son service et le vôtre;
Et les plus grands périls n'ont rien de hasardeux
Que j'ose refuser pour aucune des deux.
Quoique engagé demain à combattre pour elle,
S'il fallait aujourd'hui venger votre querelle,
Tout ce que je lui dois ne m'empêcherait pas
De m'exposer pour vous à plus de trois combats.
Je voudrais toutes deux pouvoir vous satisfaire,
Vous, sans manquer vers elle; elle, sans vous déplaire:
Cependant je ne puis servir elle ni vous
Sans de l'une ou de l'autre allumer le courroux.
Je plaindrais un amant qui souffrirait mes peines,
Et, tel pour deux beautés que je suis pour deux reines,
Se verrait déchiré par un égal amour,
Tel que sont mes respects dans l'une et l'autre cour :

L'âme d'un tel amant, tristement balancée,
Sur d'éternels soucis voit flotter sa pensée;
Et, ne pouvant résoudre à quels vœux se borner,
N'ose rien acquérir, ni rien abandonner :
Il n'aime qu'avec trouble, il ne voit qu'avec crainte;
Tout ce qu'il entreprend donne sujet de plainte;
Ses hommages partout ont de fausses couleurs,
Et son plus grand service est un grand crime ailleurs.

D. ELVIRE.

Aussi sont-ce d'amour les premières maximes,
Que partager son âme est le plus grand des crimes.
Un cœur n'est à personne alors qu'il est à deux;
Aussitôt qu'il les offre il dérobe ses vœux;
Ce qu'il a de constance, à choisir trop timide,
Le rend vers l'une ou l'autre incessamment perfide;
Et, comme il n'est enfin ni rigueurs, ni mépris
Qui d'un pareil amour ne soient un digne prix,
Il ne peut mériter d'aucun œil qui le charme,
En servant, un regard, en mourant, une larme.

CARLOS.

Vous seriez bien sévère envers un tel amant.

D. ELVIRE.

Allons voir si la reine agirait autrement,
S'il en devrait attendre un plus léger supplice.
Cependant don Alvar le premier entre en lice;
Et vous savez l'amour qu'il m'a toujours fait voir.

CARLOS.

Je sais combien sur lui vous avez de pouvoir.

D. ELVIRE.

Quand vous le combattrez, pensez à ce que j'aime,
Et ménagez son sang comme le vôtre même.

CARLOS.

Quoi ! m'ordonneriez-vous qu'ici j'en fisse un roi?

D. ELVIRE.

Je vous dis seulement que vous pensiez à moi.

ACTE TROISIÈME

SCÈNE I

D. ELVIRE, D. ALVAR.

D. ELVIRE.

Vous pouvez donc m'aimer, et d'une âme bien saine
Entreprendre un combat pour acquérir la reine!
Quel astre agit sur vous avec tant de rigueur,
Qu'il force votre bras à trahir votre cœur?
L'honneur, me dites-vous, vers l'amour vous excuse :
Ou cet honneur se trompe, ou cet amour s'abuse;
Et je ne comprends point, dans un si mauvais tour,
Ni quel est cet honneur, ni quel est cet amour.
Tout l'honneur d'un amant, c'est d'être amant fidèle;
Si vous m'aimez encor, que prétendez-vous d'elle?
Et si vous l'acquérez, que voulez-vous de moi?

Aurez-vous droit alors de lui manquer de foi?
La mépriserez-vous quand vous l'aurez acquise?
D. ALVAR.
Qu'étant né son sujet jamais je la méprise!
D. ELVIRE.
Que me voulez-vous donc? Vaincu par don Carlos,
Aurez-vous quelque grâce à troubler mon repos?
En serez-vous plus digne? et, par cette victoire,
Répandra-t-il sur vous un rayon de sa gloire?
D. ALVAR.
Que j'ose présenter ma défaite à vos yeux!
D. ELVIRE.
Que me veut donc enfin ce cœur ambitieux?
D. ALVAR.
Que vous preniez pitié de l'état déplorable
Où votre long refus réduit un misérable.
Mes vœux mieux écoutés, par un heureux effet,
M'auraient su garantir de l'honneur qu'on m'a fait;
Et l'État par son choix ne m'eût pas mis en peine
De manquer à ma gloire, ou d'acquérir ma reine.
Votre refus m'expose à cette dure loi
D'entreprendre un combat qui n'est que contre moi;
J'en crains également l'une et l'autre fortune.
Et le moyen aussi que j'en souhaite aucune?
Ni vaincu, ni vainqueur, je ne puis être à vous:
Vaincu, j'en suis indigne, et vainqueur, son époux;
Et le destin m'y traite avec tant d'injustice,
Que son plus beau succès me tient lieu de supplice.
Aussi, quand mon devoir ose la disputer,
Je ne veux l'acquérir que pour vous mériter,
Que pour montrer qu'en vous j'adorais la personne,
Et me pouvais ailleurs promettre une couronne.
Fasse le juste ciel que j'y puisse, ou mourir,
Ou ne la mériter que pour vous acquérir!
D. ELVIRE.
Ce sont vœux superflus de vouloir un miracle
Où votre gloire oppose un invincible obstacle,
Et la reine pour moi vous saura bien payer
Du temps qu'un peu d'amour vous fit mal employer.
Ma couronne est douteuse, et la sienne affermie;
L'avantage du change * en ôte l'infamie.
Allez; n'en perdez pas la digne occasion,
Poursuivez-la sans honte et sans confusion.
La légèreté même où tant d'honneur engage
Est moins légèreté que grandeur de courage :
Mais gardez que Carlos ne me venge de vous.
D. ALVAR.
Ah! laissez-moi, madame, adorer ce courroux.
J'avais cru jusqu'ici mon combat magnanime;
Mais je suis trop heureux s'il passe pour un crime,
Et si, quand de vos lois l'honneur me fait sortir,
Vous m'estimez assez pour vous en ressentir.
De ce crime vers vous quels que soient les supplices,
Du moins il m'a valu plus que tous mes services,
Puisqu'il me fait connaître, alors qu'il vous déplaît,
Que vous daignez en moi prendre quelque intérêt.
D. ELVIRE.
Le crime, don Alvar, dont je semble irritée,
C'est qu'on me persécute après m'avoir quittée;
Et, pour vous dire encor quelque chose de plus,
Je me fâche d'entendre accuser mes refus.
Je suis reine sans sceptre, et n'en ai que le titre;
Le pouvoir m'en est dû, le temps en est l'arbitre.
Si vous m'avez servie en généreux amant
Quand j'ai reçu du ciel le plus dur traitement,
J'ai tâché d'y répondre avec toute l'estime
Que pouvait en attendre un cœur si magnanime.
Pouvais-je en cet exil davantage sur moi?
Je ne veux point d'époux que je n'en fasse un roi;
Et je n'ai pas une âme assez basse et commune
Pour en faire un appui de ma triste fortune.
C'est chez moi, don Alvar, dans la pompe et l'éclat,
Que me le doit choisir le bien de mon État.
Il fallait arracher mon sceptre à mon rebelle,
Le remettre en ma main pour le recevoir d'elle;
Je vous aurais peut-être alors considéré
Plus que ne m'a permis un sort si déploré :
Mais une occasion plus prompte et plus brillante
A surpris cependant votre amour chancelante;
Et, soit que votre cœur s'y trouvât disposé,
Soit qu'un si long refus l'y laissât exposé,
Je ne vous blâme point de l'avoir acceptée :
De plus constants que vous l'auraient bien écoutée.
Quelle qu'en soit pourtant la cause ou la couleur,
Vous pouviez l'embrasser avec moins de chaleur,
Combattre le dernier, et, par quelque apparence,
Témoigner que l'honneur vous faisait violence;
De cette illusion l'artifice secret
M'eût forcée à vous plaindre et vous perdre à regret:
Mais courir au-devant, et vouloir bien qu'on voie
Que vos vœux mal reçus m'échappent avec joie!
D. ALVAR.
Vous auriez donc voulu que l'honneur d'un tel choix
Eût montré votre amant le plus lâche des trois?
Que pour lui cette gloire eût eu trop peu d'amorces,
Jusqu'à ce qu'un rival eût épuisé ses forces?
Que...
D. ELVIRE.
Vous achèverez au sortir du combat,
Si toutefois Carlos vous en laisse en état.
Voilà vos deux rivaux avec qui je vous laisse,
Et vous dirai demain pour qui je m'intéresse.
D. ALVAR.
Hélas! pour le bien voir je n'ai que trop de jour.

SCÈNE II

D. MANRIQUE, D. LOPE, D. ALVAR.

D. MANRIQUE.
Qui vous traite le mieux, la fortune, ou l'amour?
La reine charme-t-elle auprès de done Elvire?
D. ALVAR.
Si j'emporte la bague, il faudra vous le dire.
D. LOPE.
Carlos vous nuit partout, du moins à ce qu'on croit.
D. ALVAR.
Il fait plus d'un jaloux, du moins à ce qu'on voit.

D. LOPE.
Il devrait par pitié vous céder l'une ou l'autre.
D. ALVAR.
Plaignant mon intérêt, n'oubliez pas le vôtre.
D. MANRIQUE.
De vrai, la presse est grande à qui le fera roi.
D. ALVAR.
Je vous plains fort tous deux, s'il vient à bout de moi.
D. MANRIQUE.
Mais si vous le vainquez, serons-nous fort à plaindre?
D. ALVAR.
Quand je l'aurai vaincu, vous aurez fort à craindre.
D. LOPE.
Oui, de vous voir longtemps hors de combat pour nous.
D. ALVAR.
Nous aurons essuyé les plus dangereux coups.
D. MANRIQUE.
L'heure nous tardera d'en voir l'expérience.
D. ALVAR.
On pourra vous guérir de cette impatience.
D. LOPE.
De grâce, faites donc que ce soit promptement.

SCÈNE III

D. ISABELLE, D. MANRIQUE, D. ALVAR,
D. LOPE.

D. ISABELLE.
Laissez-moi, don Alvar, leur parler un moment :
Je n'entreprendrai rien à votre préjudice;
Et mon dessein ne va qu'à vous faire justice,
Qu'à vous favoriser plus que vous ne voulez.

D. ALVAR.
Je ne sais qu'obéir alors que vous parlez.

SCÈNE IV

D. ISABELLE, D. MANRIQUE, D. LOPE.

D. ISABELLE.
Comtes, je ne veux plus donner lieu qu'on murmure
Que choisir par autrui c'est me faire une injure;
Et puisque de ma main le choix sera plus beau,
Je veux choisir moi-même, et reprendre l'anneau.
Je ferai plus pour vous : des trois qu'on me propose,
J'en exclus don Alvar; vous en savez la cause :
Je ne veux point gêner un cœur plein d'autres feux,
Et vous ôte un rival pour le rendre à ses vœux.
Qui n'aime que par force aime qu'on le néglige;
Et mon refus du moins autant que vous l'oblige.
Vous êtes donc les seuls que je veux regarder :
Mais avant qu'à choisir j'ose me hasarder,
Je voudrais voir en vous quelque preuve certaine
Qu'en moi c'est moi qu'on aime, et non l'éclat de reine.
L'amour n'est, ce dit-on, qu'une union d'esprits;
Et je tiendrais des deux celui-là mieux épris
Qui favoriserait ce que je favorise,
Et ne mépriserait que ce que je méprise,
Qui prendrait en m'aimant même cœur, mêmes yeux:
Si vous ne m'entendez, je vais m'expliquer mieux
Aux vertus de Carlos j'ai paru libérale :
Je voudrais en tous deux voir une estime égale,
Qu'il trouvât même honneur, même justice en vous,
Car ne présumez pas que je prenne un époux
Pour m'exposer moi-même à ce honteux outrage
Qu'un roi fait de ma main détruise mon ouvrage;
N'y pensez l'un ni l'autre, à moins qu'un digne effet
Suive de votre part ce que pour lui j'ai fait;
Et que par cet aveu je demeure assurée
Que tout ce qui m'a plu doit être de durée.

D. MANRIQUE.
Toujours Carlos, madame ! et toujours son bonheur
Fait dépendre de lui le nôtre et votre cœur!
Mais puisque c'est par là qu'il faut enfin vous plaire,
Vous-même apprenez-nous ce que nous pouvons faire.
Nous l'estimons tous deux un des braves guerriers
A qui jamais la guerre ait donné des lauriers :
Notre liberté même est due à sa vaillance;
Et, quoiqu'il ait tantôt montré quelque insolence,
Dont nous a dû piquer l'honneur de notre rang,
Vous avez suppléé l'obscurité du sang.
Ce qu'il vous plaît qu'il soit, il est digne de l'être.
Nous lui devons beaucoup, et l'allions reconnaître
L'honorer en soldat, et lui faire du bien :
Mais après vos faveurs nous ne pouvons plus rien
Qui pouvait pour Carlos ne peut rien pour un comte;
Il n'est rien en nos mains qu'il en reçût sans honte;
Et vous avez pris soin de le payer pour nous.

D. ISABELLE.
Il en est en vos mains des présents assez doux,
Qui purgeraient vos noms de toute ingratitude,
Et mon âme pour lui de toute inquiétude;
Il en est dont sans honte il serait possesseur :
En un mot, vous avez l'un et l'autre une sœur;
Et je veux que le roi qu'il me plaira de faire,
En recevant ma main, le fasse son beau-frère;
Et que par cet hymen son destin affermi
Ne puisse en mon époux trouver son ennemi.
Ce n'est pas, après tout, que j'en craigne la haine :
Je sais qu'en cet État je serai toujours reine,
Et qu'un tel roi jamais, quel que soit son projet,
Ne sera sous ce nom que mon premier sujet;
Mais je ne me plais pas à contraindre personne,
Et moins que tous un cœur à qui le mien se donne.
Répondez donc tous deux : n'y consentez-vous pas?

D. MANRIQUE.
Oui, madame, au plus long et plus cruel trépas,
Plutôt qu'à voir jamais de pareils hyménées
Ternir en un moment l'éclat de mille années.
Ne cherchez point par là cette union d'esprits :
Votre sceptre, madame, est trop cher à ce prix;
Et jamais...

D. ISABELLE.
Ainsi donc vous me faites connaître
Que ce que je l'ai fait il est digne de l'être,
Que je puis suppléer l'obscurité du sang?

D. MANRIQUE.

Oui, bien pour l'élever jusques à notre rang.
Jamais un souverain ne doit compte à personne
Des dignités qu'il fait, et des grandeurs qu'il donne :
S'il est d'un sort indigne ou l'auteur ou l'appui,
Comme il le fait lui seul, la honte est toute à lui.
Mais disposer d'un sang que j'ai reçu sans tache !
Avant que le souiller il faut qu'on me l'arrache ;
J'en dois compte aux aïeux dont il est hérité,
A toute leur famille, à la postérité.

D. ISABELLE.

Et moi, Manrique, et moi, qui n'en dois aucun compte,
J'en disposerai seule, et j'en aurai la honte.
Mais quelle extravagance a pu vous figurer
Que je me donne à vous pour vous déshonorer,
Que mon sceptre en vos mains porte quelque infamie?
Si je suis jusque-là de moi-même ennemie,
En quelle qualité, de sujet, ou d'amant,
M'osez-vous expliquer ce noble sentiment ?
Ah ! si vous n'apprenez à parler d'autre sorte...

D. LOPE.

Madame, pardonnez à l'ardeur qui l'emporte ;
Il devait s'excuser avec plus de douceur.
Nous avons, en effet, l'un et l'autre une sœur ;
Mais, si j'ose en parler avec quelque franchise,
A d'autres qu'au marquis l'une et l'autre est promise.

D. ISABELLE.

A qui, don Lope ?

D. MANRIQUE.

A moi, madame.

D. ISABELLE.

Et l'autre ?

D. LOPE.

A moi.

D. ISABELLE.

J'ai donc tort parmi vous de vouloir faire un roi.
Allez, heureux amants, allez voir vos maîtresses ;
Et, parmi les douceurs de vos dignes caresses,
N'oubliez pas de dire à ces jeunes esprits
Que vous faites du trône un généreux mépris.
Je vous l'ai déjà dit, je ne force personne,
Et rends grâce à l'État des amants qu'il me donne.

D. LOPE.

Ecoutez-nous, de grâce.

D. ISABELLE.

Et que me direz-vous ?
Que la constance est belle au jugement de tous ?
Qu'il n'est point de grandeurs qui la doivent séduire?
Quelques autres que vous m'en sauront mieux in-
Et, si cette vertu ne se doit point forcer, [struire ;
Peut-être qu'à mon tour je saurai l'exercer.

D. LOPE.

Exercez-la, madame, et souffrez qu'on s'explique.
Vous connaîtrez du moins don Lope et don Manrique,
Qu'un vertueux amour qu'ils ont tous deux pour vous,
Ne pouvant rendre heureux sans en faire un jaloux,
Porte à tarir ainsi la source des querelles
Qu'entre les grands rivaux on voit si naturelles.

Ils se sont l'un à l'autre attachés par ces nœuds
Qui n'auront leur effet que pour le malheureux :
Il me devra sa sœur, s'il faut qu'il vous obtienne ;
Et si je suis à vous, je lui devrai la mienne.
Celui qui doit vous perdre, ainsi, malgré son sort,
A s'approcher de vous fait encor son effort :
Ainsi, pour consoler l'une ou l'autre infortune,
L'une et l'autre est promise, et nous n'en devons
Nous ignorons laquelle; et vous la choisirez, [qu'une ;
Puisque enfin c'est la sœur du roi que vous ferez.
Jugez donc si Carlos en peut être beau-frère,
Et si vous devez rompre un nœud si salutaire,
Hasarder un repos à votre État si doux,
Qu'affermit sous vos lois la concorde entre nous.

D. ISABELLE.

Et ne savez-vous point qu'étant ce que vous êtes,
Vos sœurs, par conséquent, mes premières sujettes,
Les donner sans mon ordre, et même malgré moi,
C'est dans mon propre État m'oser faire la loi ?

D. MANRIQUE.

Agissez donc enfin, madame, en souveraine,
Et souffrez qu'on s'excuse, ou commandez en reine ;
Nous vous obéirons, mais sans y consentir ;
Et pour vous dire tout avant que de sortir,
Carlos est généreux, il connaît sa naissance ;
Qu'il se juge en secret sur cette connaissance ;
Et s'il trouve son sang digne d'un tel honneur,
Qu'il vienne, nous tiendrons l'alliance à bonheur ;
Qu'il choisisse des deux, et l'épouse, s'il l'ose.
Nous n'avons plus, madame, à vous dire autre cho-
Mettre en un tel hasard le choix de leur époux, [se :
C'est jusqu'où nous pouvons nous abaisser pour vous;
Mais, encore une fois, que Carlos y regarde,
Et pense à quels périls cet hymen le hasarde.

D. ISABELLE.

Vous-même gardez bien, pour le trop dédaigner,
Que je ne montre enfin comme je sais régner.

SCÈNE V

D. ISABELLE.

Quel est ce mouvement qui tous deux les mutine,
Lorsque l'obéissance au trône les destine?
Est-ce orgueil ? est-ce envie ? est-ce animosité,
Défiance, mépris, ou générosité ?
N'est-ce point que le ciel ne consent qu'avec peine
Cette triste union d'un sujet à sa reine,
Et jette un prompt obstacle aux plus aisés desseins
Qui laissent choir mon sceptre en leurs indignes
[mains ?
Mes yeux n'ont-ils horreur d'une telle bassesse
Que pour s'abaisser trop lorsque je les abaisse ?
Quel destin à ma gloire oppose mon ardeur ?
Quel destin à ma flamme oppose ma grandeur ?
Si ce n'est que par là que je m'en puis défendre,
Ciel, laisse-moi donner ce que je n'ose prendre ;
Et puisque enfin pour moi tu n'as point fait de rois,
Souffre de mes sujets le moins indigne choix.

SCÈNE VI

D. ISABELLE, BLANCHE.

D. ISABELLE.
Blanche, j'ai perdu temps.
BLANCHE.
Je l'ai perdu de même.
D. ISABELLE.
Les comtes à ce prix fuient le diadème.
BLANCHE.
Et Carlos ne veut point de fortune à ce prix.
D. ISABELLE.
Rend-il haine pour haine, et mépris pour mépris?
BLANCHE.
Non, madame, au contraire, il estime ces dames
Dignes des plus grands cœurs et des plus belles flam-
D. ISABELLE. [mes.
Et qui l'empêche donc d'aimer et de choisir?
BLANCHE.
Quelque secret obstacle arrête son désir.
Tout le bien qu'il en dit ne passe point l'estime;
Charmantes qu'elles sont, les aimer c'est un crime.
Il ne s'excuse point sur l'inégalité;
Il semble plutôt craindre une infidélité;
Et ses discours obscurs, sous un confus mélange,
M'ont fait voir malgré lui comme une horreur du chan-
Comme une aversion qui n'a pour fondement [ge*,
Que les secrets liens d'un autre attachement.

D. ISABELLE.
Il aimerait ailleurs!
BLANCHE.
Oui, si je ne m'abuse,
Il aime en lieu plus haut que n'est ce qu'il refuse;
Et si je ne craignais votre juste courroux,
J'oserais deviner, madame, que c'est vous.

D. ISABELLE.
Ah! ce n'est pas pour moi qu'il est si téméraire;
Tantôt dans ses respects j'ai trop vu le contraire:
Si l'éclat de mon sceptre avait pu le charmer,
Il ne m'aurait jamais défendu de l'aimer.
S'il aime en lieu si haut, il aime donc Elvire;
Il doit l'accompagner jusque dans son empire;
Et fait à mes amants ces défis généreux,
Non pas pour m'acquérir, mais pour se venger d'eux.
Je l'ai donc agrandi pour le voir disparaître,
Et qu'une reine, ingrate à l'égal de ce traître,
M'enlève, après vingt ans de refuge en ces lieux,
Ce qu'avait mon État de plus doux à mes yeux!
Non, j'ai pris trop de soin de conserver sa vie.
Qu'il combatte, qu'il meure, et j'en serai ravie.
Je saurai par sa mort à quels vœux m'engager,
Et j'aimerai des trois qui m'en saura venger.

BLANCHE.
Que vous peut offenser sa flamme ou sa retraite,
Puisque vous n'aspirez qu'à vous en voir défaite?
Je ne sais pas s'il aime ou donc Elvire ou vous,
Mais je ne comprends point ce mouvement jaloux.

D. ISABELLE.
Tu ne le comprends point! et c'est ce qui m'étonne:
Je veux donner son cœur, non que son cœur le donne:
Je veux que son respect l'empêche de m'aimer,
Non des flammes qu'une autre a su mieux allumer:
Je veux bien plus; qu'il m'aime, et qu'un juste silence
Fasse à des feux pareils pareille violence;
Que l'inégalité lui donne même ennui;
Qu'il souffre autant pour moi que je souffre pour lui;
Que par le seul dessein d'affermir sa fortune,
Et non point par amour, il se donne à quelqu'une;
Que par mon ordre seul il s'y laisse obliger;
Que ce soit m'obéir, et non me négliger;
Et que voyant ma flamme à l'honorer trop prompte,
Il m'ôte de péril sans me faire de honte.
Car enfin il l'a vue, et la connaît trop bien;
Mais il aspire au trône, et ce n'est pas au mien;
Il me préfère une autre, et cette préférence
Forme de son respect la trompeuse apparence:
Faux respect qui me brave, et veut régner sans moi!

BLANCHE.
Pour aimer donc Elvire, il n'est pas encor roi.

D. ISABELLE.
Elle est reine, et peut tout sur l'esprit de sa mère.

BLANCHE.
Si ce n'est un faux bruit, le ciel lui rend un frère.
Don Sanche n'est point mort, et vient ici, dit-on,
Avec les députés qu'on attend d'Aragon;
C'est ce qu'en arrivant leurs gens ont fait entendre.

D. ISABELLE.
Blanche, s'il est ainsi, que d'heur* j'en dois attendre!
L'injustice du ciel, faute d'autres objets,
Me forçait d'abaisser mes yeux sur mes sujets,
Ne voyant point de prince égal à ma naissance
Qui ne fût sous l'hymen, ou Maure, ou dans l'enfance:
Mais, s'il lui rend un frère, il m'envoie un époux.
Comtes, je n'ai plus d'yeux pour Carlos ni pour
Et, devenant par là reine de ma rivale, [vous;
J'aurai droit d'empêcher qu'elle ne se ravale;
Et ne souffrirai pas qu'elle ait plus de bonheur
Que ne m'en ont permis ces tristes lois d'honneur.

BLANCHE.
La belle occasion que votre jalousie,
Douteuse encor qu'elle est, a promptement saisie!

D. ISABELLE.
Allons l'examiner, Blanche; et tâchons de voir
Quelle juste espérance on peut en concevoir.

ACTE QUATRIÈME

SCÈNE I

D. LÉONOR, D. MANRIQUE, D. LOPE.

D. MANRIQUE.

Quoique l'espoir d'un trône et l'amour d'une reine
Soient des biens que jamais on ne céda sans peine,
Quoiqu'à l'un de nous deux elle ait promis sa foi,
Nous cessons de prétendre où nous voyons un roi.
Dans notre ambition nous savons nous connaître ;
Et bénissant le ciel qui nous donne un tel maître,
Ce prince qu'il vous rend après tant de travaux
Trouve en nous des sujets, et non pas des rivaux :
Heureux si l'Aragon, joint avec la Castille,
Du sang de deux grands rois ne fait qu'une famille !
Nous vous en conjurons, loin d'en être jaloux,
Comme étant l'un et l'autre à l'État plus qu'à nous ;
Et, tous impatients d'en voir la force unie
Des Maures, nos voisins, dompter la tyrannie,
Nous renonçons sans honte à ce choix glorieux,
Qui d'une grande reine abaissait trop les yeux.

D. LÉONOR.

La générosité de votre déférence,
Comtes, flatte trop tôt ma nouvelle espérance :
D'un avis si douteux j'attends fort peu de fruit ;
Et ce grand bruit enfin peut-être n'est qu'un bruit.
Mais jugez-en tous deux, et me daignez apprendre
Ce qu'avecque raison mon cœur en doit attendre.
 Les troubles d'Aragon vous sont assez connus ;
Je vous en ai souvent tous deux entretenus,
Et ne vous redis point quelles longues misères
Chassèrent don Fernand du trône de ses pères.
Il y voyait déjà monter ses ennemis,
Ce prince malheureux, quand j'accouchai d'un fils :
On le nomma don Sanche ; et, pour cacher sa vie
Aux barbares fureurs du traître don Garcie,
A peine eus-je loisir de lui dire un adieu,
Qu'il le fit enlever sans me dire en quel lieu ;
Et je n'en pus jamais savoir que quelques marques,
Pour reconnaître un jour le sang de nos monarques.
Trop inutiles soins contre un si mauvais sort !
Lui-même au bout d'un an m'apprit qu'il était mort.
Quatre ans après il meurt et me laisse une fille
Dont je vins par son ordre accoucher en Castille.
Il me souvient toujours de ses derniers propos ;
Il mourut en mes bras avec ces tristes mots :
« Je meurs, et je vous laisse en un sort déplorable !
« Le ciel vous puisse un jour être plus favorable !
« Don Raimond a pour vous des secrets importants,
« Et vous les apprendra quand il en sera temps ·
« Fuyez dans la Castille. » A ces mot il expire,
Et jamais don Raimond ne me voulut rien dire.
Je partis sans lumière en ces obscurités :
Mais le voyant venir avec ces députés,
Et que c'est par leurs gens que ce grand bruit éclate,
(Voyez qu'en sa faveur aisément on se flatte !)
J'ai cru que du secret le temps était venu,
Et que don Sanche était ce mystère inconnu ;
Qu'il l'amenait ici reconnaître sa mère.
Hélas ! que c'est en vain que mon amour l'espère !
A ma confusion ce bruit s'est éclairci ;
Bien loin de l'amener, ils le cherchent ici :
Voyez quelle apparence, et si cette province
A jamais su le nom de ce malheureux prince.

D. LOPE.

Si vous croyez au nom, vous croirez son trépas,
Et qu'on cherche don Sanche où don Sanche n'est pas ;
Mais si vous en voulez croire la voix publique,
Et que notre pensée avec elle s'explique,
Ou le ciel pour jamais a repris ce héros,
Ou cet illustre prince est le vaillant Carlos.
Nous le dirons tous deux, quoique suspects d'envie,
C'est un miracle pur que le cours de sa vie.
Cette haute vertu qui charme tant d'esprits,
Cette fière valeur qui brave nos mépris,
Ce port majestueux qui, tout inconnu même,
A plus d'accès que nous auprès du diadème ;
Deux reines qu'à l'envi nous voyons l'estimer,
Et qui peut-être ont peine à ne le pas aimer ;
Ce prompt consentement d'un peuple qui l'adore :
Madame, après cela j'ose le dire encore,
Ou le ciel pour jamais a repris ce héros,
Ou cet illustre prince est le vaillant Carlos.
Nous avons méprisé sa naissance inconnue ;
Mais à ce peu de jour nous recouvrons la vue,
Et verrions à regret qu'il fallût aujourd'hui
Céder notre espérance à tout autre qu'à lui.

D. LÉONOR.

Il en a le mérite, et non pas la naissance ;
Et lui-même il en donne assez de connaissance.
Abandonnant la reine à choisir parmi vous
Un roi pour la Castille, et pour elle un époux.

D. MANRIQUE.

Et ne voyez-vous pas que sa valeur s'apprête
A faire sur tous trois cette illustre conquête ?
Oubliez-vous déjà qu'il a dit à vos yeux
Qu'il ne veut rien devoir au nom de ses aïeux ?
Son grand cœur se dérobe à ce haut avantage,
Pour devoir sa grandeur entière à son courage ;
Dans une cour si belle et si pleine d'appas,
Avez-vous remarqué qu'il aime en lieu plus bas ?

D. LÉONOR.

Le voici, nous saurons ce que lui-même en pense.

SCÈNE II

D. LÉONOR, CARLOS, D. MANRIQUE, D. LOPE.

CARLOS.

Madame, sauvez-moi d'un honneur qui m'offense :
Un peuple opiniâtre à m'arracher mon nom
Veut que je sois don Sanche, et prince d'Aragon

Puisque par sa présence il faut que ce bruit meure,
Dois-je être, en l'attendant, le fantôme d'une heure?
Ou, si c'est une erreur qui lui promet ce roi,
Souffrez-vous qu'elle abuse et de vous et de moi?

D. LÉONOR.

Quoi que vous présumiez de la voix populaire,
Par de secrets rayons le ciel souvent l'éclaire :
Vous apprendrez par là du moins les vœux de tous,
Et quelle opinion les peuples ont de vous.

D. LOPE.

Prince, ne cachez plus ce que le ciel découvre;
Ne fermez pas nos yeux quand sa main nous les ouvre.
Vous devez être las de nous faire faillir.
Nous ignorons quel fruit vous en vouliez cueillir,
Mais nous avions pour vous une estime assez haute
Pour n'être pas forcés à commettre une faute;
Et notre honneur, au vôtre en aveugle opposé,
Méritait par pitié d'être désabusé.
Notre orgueil n'est pas tel, qu'il s'attache aux per-
Ou qu'il ose oublier ce qu'il doit aux couronnes ; [sonnes,
Et s'il n'a pas eu d'yeux pour un roi déguisé,
Si l'inconnu Carlos s'en est vu méprisé,
Nous respectons don Sanche, et l'acceptons pour maî-
Sitôt qu'à notre reine il se fera connaître : [tre,
Et sans doute son cœur nous en avouera bien.
Hâtez cette union de votre sceptre au sien,
Seigneur, et, d'un soldat quittant la fausse image,
Recevez, comme roi, notre premier hommage.

CARLOS.

Comtes, ces faux respects dont je me vois surpris
Sont plus injurieux encor que vos mépris.
Je pense avoir rendu mon nom assez illustre [tre.
Pour n'avoir pas besoin qu'on lui donne un faux lus-
Reprenez vos honneurs où je n'ai point de part.
J'imputais ce faux bruit aux fureurs du hasard,
Et doutais qu'il pût être une âme assez hardie
Pour ériger Carlos en roi de comédie :
Mais, puisque c'est un jeu de votre belle humeur,
Sachez que les vaillants honorent la valeur;
Et que tous vos pareils auraient quelque scrupule
A faire de la mienne un éclat ridicule.
Si c'est votre dessein d'en réjouir ces lieux,
Quand vous m'aurez vaincu vous me raillerez mieux :
La raillerie est belle après une victoire;
On la fait avec grâce aussi bien qu'avec gloire.
Mais vous précipitez un peu trop ce dessein :
La bague de la reine est encore en ma main ;
Et l'inconnu Carlos, sans nommer sa famille,
Vous sert encor d'obstacle au trône de Castille.
Ce bras, qui vous sauva de la captivité,
Peut s'opposer encore à votre avidité.

D. MANRIQUE.

Pour n'être que Carlos, vous parlez bien en maître,
Et tranchez bien du prince, en déniant de l'être.
Si nous avons tantôt jusqu'au bout défendu
L'honneur qu'à notre rang nous voyions être dû,
Nous saurons bien encor jusqu'au bout le défendre;
Mais ce que nous devons, nous aimons à le rendre.

Que vous soyez don Sanche, ou qu'un autre le soit,
L'un et l'autre de nous lui rendra ce qu'il doit.
Pour le nouveau marquis, quoique l'honneur l'irrite,
Qu'il sache qu'on l'honore autant qu'il le mérite;
Mais que, pour nous combattre, il faut que le bon sang
Aide un peu sa valeur à soutenir ce rang.
Qu'il n'y prétende point à moins qu'il se déclare:
Non que nous demandions qu'il soit Guzman ou Lare.
Qu'il soit noble, il suffit pour nous traiter d'égal;
Nous le verrons tous deux comme un digne rival;
Et si don Sanche enfin n'est qu'une attente vaine,
Nous lui disputerons cet anneau de la reine.
Qu'il souffre cependant, quoique brave guerrier,
Que notre bras dédaigne un simple aventurier.
  Nous vous laissons, madame, éclaircir ce mystère
Le sang a des secrets qu'entend mieux une mère ;
Et, dans les différends qu'avec lui nous avons,
Nous craignons d'oublier ce que nous vous devons.

SCÈNE III

D. LÉONOR, CARLOS.

CARLOS.

Madame, vous voyez comme l'orgueil me traite;
Pour me faire un honneur on veut que je l'achète:
Mais, s'il faut qu'il m'en coûte un secret de vingt ans,
Cet anneau dans mes mains pourra briller longtemps.

D. LÉONOR.

Laissons là ce combat, et parlons de don Sanche.
Ce bruit est grand pour vous, toute la cour y penche:
De grâce, dites-moi, vous connaissez-vous bien?

CARLOS.

Plût à Dieu qu'en mon sort je ne connusse rien!
Si j'étais quelque enfant épargné des tempêtes,
Livré dans un désert à la merci des bêtes,
Exposé par la crainte ou par l'inimitié,
Rencontré par hasard, et nourri par pitié,
Mon orgueil à ce bruit prendrait quelque espérance
Sur votre incertitude, et sur mon ignorance;
Je me figurerais ces destins merveilleux,
Qui tiraient du néant les héros fabuleux,
Et me revêtirais des brillantes chimères
Qu'osa former pour eux le loisir de nos pères :
Car enfin je suis vain, et mon ambition
Ne peut s'examiner sans indignation ;
Je ne puis regarder sceptre ni diadème
Qu'ils n'emportent mon âme au delà d'elle-même :
Inutiles élans d'un vol impétueux
Que pousse vers le ciel un cœur présomptueux,
Que soutiennent en l'air quelques exploits de guerre,
Et qu'un coup d'œil sur moi rabat soudain à terre!
Je ne suis point don Sanche, et connais mes parents;
Ce bruit me donne en vain un nom que je vous rends;
Gardez-le pour ce prince : une heure ou deux peut-
Avec vos députés vous le feront connaître. [être
Laissez-moi cependant à cette obscurité
Qui ne fait que justice à ma témérité.

D. LÉONOR.

En vain donc je me flatte, et ce que j'aime à croire
N'est qu'une illusion que me fait votre gloire.
Mon cœur vous en dédit; un secret mouvement,
Qui le penche vers vous, malgré moi vous dément:
Mais je ne puis juger quelle source l'anime,
Si c'est l'ardeur du sang, ou l'effort de l'estime;
Si la nature agit, ou si c'est le désir;
Si c'est vous reconnaître, ou si c'est vous choisir.
Je veux bien toutefois étouffer ce murmure
Comme de vos vertus une aimable imposture,
Condamner, pour vous plaire, un bruit qui m'est si [doux;
Mais où sera mon fils s'il ne vit point en vous?
On veut qu'il soit ici; je n'en vois aucun signe :
On connaît, hormis vous, quiconque en serait digne;
Et le vrai sang des rois, sous le sort abattu,
Peut cacher sa naissance, et non pas sa vertu ;
Il porte sur le front un luisant caractère
Qui parle malgré lui de tout ce qu'il veut taire;
Et celui que le ciel sur le vôtre avait mis
Pouvait seul m'éblouir si vous l'eussiez permis.
    Vous ne l'êtes donc point, puisque vous me le dites;
Mais vous êtes à craindre avec tant de mérites.
Souffrez que j'en demeure à cette obscurité.
Je ne condamne point votre témérité;
Mon estime, au contraire, est pour vous si puissante,
Qu'il ne tiendra qu'à vous que mon cœur n'y consente:
Votre sang avec moi n'a qu'à se déclarer,
Et je vous donne après liberté d'espérer.
Que si même à ce prix vous cachez votre race,
Ne me refusez point du moins une autre grâce :
Ne vous préparez plus à nous accompagner;
Nous n'avons plus besoin de secours pour régner.
La mort de don Garcie a puni tous ses crimes,
Et rendu l'Aragon à ses rois légitimes;
N'en cherchez plus la gloire, et quels que soient vos [vœux,
Ne me contraignez point à plus que je ne veux.
Le prix de la valeur doit avoir ses limites;
Et je vous crains enfin avec tant de mérites.
C'est assez vous en dire. Adieu : pensez-y bien,
Et faites-vous connaître, ou n'aspirez à rien.

SCÈNE IV

CARLOS, BLANCHE.

BLANCHE.

Qui ne vous craindra point, si les reines vous crai-
CARLOS.   [gnent?
Elles se font raison lorsqu'elles me dédaignent.
BLANCHE.
Dédaigner un héros qu'on reconnaît pour roi !
CARLOS.
N'aide point à l'envie à se jouer de moi,
Blanche, et si tu te plais à seconder sa haine,
Du moins respecte en moi l'ouvrage de ta reine.
BLANCHE.
La reine même en vous ne voit plus aujourd'hui
Qu'un prince que le ciel nous montre malgré lui.

Mais c'est trop la tenir dedans l'incertitude,
Ce silence vers elle est une ingratitude :
Ce qu'a fait pour Carlos sa générosité
Méritait de don Sanche une civilité.

CARLOS.

Ah! nom fatal pour moi, que tu me persécutes,
Et prépares mon âme à d'effroyables chutes!

SCÈNE V

D. ISABELLE, CARLOS, BLANCHE.

CARLOS.

Madame, commandez qu'on me laisse en repos,
Qu'on ne confonde plus don Sanche avec Carlos ;
C'est faire au nom d'un prince une trop longue injure:
Je ne veux que celui de votre créature ;
Et si le sort jaloux, qui semble me flatter,
Veut m'élever plus haut pour m'en précipiter,
Souffrez qu'en m'éloignant je dérobe ma tête
A l'indigne revers que sa fureur m'apprête.
Je le vois de trop loin pour l'attendre en ce lieu;
Souffrez que je l'évite en vous disant adieu;
Souffrez...

D. ISABELLE.

    Quoi! ce grand cœur redoute une couronne!
Quand on le croit monarque, il frémit, il s'étonne!
Il veut fuir cette gloire, et se laisse alarmer
De ce que sa vertu force d'en présumer!

CARLOS.

Ah! vous ne voyez pas que cette erreur commune
N'est qu'une trahison de ma bonne fortune;
Que déjà mes secrets sont à demi trahis?
Je lui cachais en vain ma race et mon pays;
En vain sous un faux nom je me faisais connaître,
Pour lui faire oublier ce qu'elle m'a fait naître ;
Elle a déjà trouvé mon pays et mon nom.
Je suis Sanche, madame, et né dans l'Aragon;
Et je crois déjà voir sa malice funeste
Détruire votre ouvrage en découvrant le reste,
Et faire voir ici, par un honteux effet,
Quel comte et quel marquis votre faveur a fait.

D. ISABELLE.

Pourrais-je alors manquer de force ou de courage
Pour empêcher le sort d'abattre mon ouvrage?
Ne me dérobez point ce qu'il ne peut ternir;
Et la main qui l'a fait saura le soutenir.
Mais vous vous en formez une vaine menace
Pour faire un beau prétexte à l'amour qui vous [chasse.
Je ne demande plus d'où partait ce dédain,
Quand j'ai voulu vous faire un hymen de ma main.
Allez dans l'Aragon suivre votre princesse,
Mais allez-y du moins sans feindre une faiblesse,
Et puisque ce grand cœur s'attache à ses appas,
Montrez, en la suivant, que vous ne fuyez pas.

CARLOS.

Ah! madame, plutôt apprenez tous mes crimes
Ma tête est à vos pieds, s'il vous faut des victimes.

Tout chétif que je suis, je dois vous avouer
Qu'en me plaignant du sort j'ai de quoi m'en louer :
S'il m'a fait en naissant quelque désavantage,
Il m'a donné d'un roi le nom et le courage;
Et, depuis que mon cœur est capable d'aimer,
A moins que d'une reine, il n'a pu s'enflammer;
Voilà mon premier crime, et je ne puis vous dire
Qui m'a fait infidèle, ou vous, ou donc Elvire;
Mais je sais que ce cœur, des deux parts engagé,
Se donnant à vous deux, ne s'est point partagé,
Toujours prêt d'embrasser son service et le vôtre,
Toujours prêt à mourir et pour l'une et pour l'autre.
Pour n'en adorer qu'une, il eût fallu choisir ;
Et ce choix eût été du moins quelque désir,
Quelque espoir outrageux d'être mieux reçu d'elle,
Et j'ai cru moins de crime à paraître infidèle.
Qui n'a rien à prétendre en peut bien aimer deux,
Et perdre en plus d'un lieu des soupirs et des vœux;
Voilà mon second crime : et quoique ma souffrance
Jamais à ce beau feu n'ait permis d'espérance,
Je ne puis sans mourir d'un désespoir jaloux,
Voir dans les bras d'un autre, ou donc Elvire, ou vous.
Voyant que votre choix m'apprêtait ce martyre,
Je voulais m'y soustraire en suivant donc Elvire,
Et languir auprès d'elle, attendant que le sort,
Par un semblable hymen, m'eût envoyé la mort.
Depuis, l'occasion que vous-même avez faite,
M'a fait quitter le soin d'une telle retraite.
Ce trouble a quelque temps amusé ma douleur,
J'ai cru par ces combats reculer mon malheur.
Le coup de votre perte est devenu moins rude,
Lorsque j'en ai vu l'heure en quelque incertitude,
Et que j'ai pu me faire une si douce loi
Que ma mort vous donnât un plus vaillant que moi.
Mais je n'ai plus, madame, aucun combat à faire.
Je vois pour vous don Sanche un époux nécessaire :
Car ce n'est point l'amour qui fait l'hymen des rois;
Les raisons de l'État règlent toujours leur choix :
Leur sévère grandeur jamais ne se ravale,
Ayant devant les yeux un prince qui l'égale,
Et, puisque le saint nœud qui le fait votre époux
Arrête comme sœur donc Elvire avec vous,
Que je ne puis la voir sans voir ce qui me tue,
Permettez que j'évite une fatale vue,
Et que je porte ailleurs les criminels soupirs
D'un reste malheureux de tant de déplaisirs.

D. ISABELLE.

Vous m'en dites assez pour mériter ma haine,
Si je laissais agir les sentiments de reine;
Par un trouble secret et les sens confondus;
Partez, je le consens, et ne les troublez plus.
Mais non : pour fuir don Sanche, attendez qu'on le
Ce bruit peut être faux, et me rendre ma joie. [voie;
Que dis-je? Allez, marquis, j'y consens de nouveau ;
Mais, avant que partir, donnez-lui mon anneau :
Si ce n'est toutefois une faveur trop grande
Que pour tant de faveurs une reine demande.

CARLOS.

Vous voulez que je meure, et je dois obéir,
Dût cette obéissance à mon sort me trahir :
Je recevrai pour grâce un si juste supplice,
S'il en rompt la menace, et prévient la malice,
Et souffre que Carlos, en donnant cet anneau,
Emporte ce faux nom et sa gloire au tombeau.
C'est l'unique bonheur où ce coupable aspire.

D. ISABELLE.

Que n'êtes-vous don Sanche ! Ah ciel ! qu'osé-je dire?
Adieu : ne croyez pas ce soupir indiscret.

CARLOS.

Il m'en a dit assez pour mourir sans regret.

ACTE CINQUIÈME

SCÈNE I

D. ALVAR, D. ELVIRE.

D. ALVAR.

Enfin, après un sort à mes vœux si contraire,
Je dois bénir le ciel qui vous renvoie un frère;
Puisque de notre reine il doit être l'époux,
Cette heureuse union me laisse tout à vous.
Je me vois affranchi d'un honneur tyrannique,
D'un joug que m'imposait cette faveur publique,
D'un choix qui me forçait à vouloir être roi :
Je n'ai plus de combat à faire contre moi,
Plus à craindre le prix d'une triste victoire,
Et l'infidélité que vous faisait ma gloire
Consent que mon amour, de ses lois dégagé,
Vous rende un inconstant qui n'a jamais changé.

D. ELVIRE.

Vous êtes généreux, mais votre impatience
Sur un bruit incertain prend trop de confiance;
Et cette prompte ardeur de rentrer dans mes fers
Me console trop tôt d'un trône que je perds.
Ma perte n'est encor qu'une rumeur confuse
Qui du nom de Carlos, malgré Carlos, abuse;
Et vous ne savez pas, à vous en bien parler,
Par quelle offre et quels vœux on m'en peut consoler.
Plus que vous ne pensez, la couronne m'est chère;
Je perds plus qu'on ne croit, si Carlos est mon frère.
Attendez les effets que produiront ces bruits;
Attendez que je sache au vrai ce que je suis,
Si le ciel m'ôte ou laisse enfin le diadème,
S'il vous faut m'obtenir d'un frère ou de moi-même,
Si, par l'ordre d'autrui, je vous dois écouter,
Ou si j'ai seulement mon cœur à consulter.

D. ALVAR.

Ah! ce n'est qu'à ce cœur que le mien vous demande.
Madame, c'est lui seul que je veux qui m'entende;
Et mon propre bonheur m'accablerait d'ennui
Si je n'étais à vous que par l'ordre d'autrui.
Pourrais-je de ce frère implorer la puissance
Pour ne vous obtenir que par obéissance ;

Et, par un lâche abus de son autorité,
M'élever en tyran sur votre volonté?

D. ELVIRE.

Avec peu de raison vous craignez qu'il arrive
Qu'il ait des sentiments que mon âme ne suive :
Le digne sang des rois n'a point d'yeux que leurs yeux,
Et leurs premiers sujets obéissent le mieux.
Mais vous êtes étrange avec vos déférences,
Dont les submissions* cherchent des assurances.
Vous ne craignez d'agir contre ce que je veux,
Que pour tirer de moi que j'accepte vos vœux,
Et vous obstineriez dans ce respect extrême
Jusques à me forcer à dire « Je vous aime. »
Ce mot est un peu rude à prononcer pour nous;
Souffrez qu'à m'expliquer j'en trouve de plus doux.
Je vous dirai beaucoup, sans pourtant vous rien dire.
 Je sais depuis quel temps vous aimez donc Elvire;
Je sais ce que je dois, je sais ce que je puis :
Mais, encore une fois, sachons ce que je suis;
Et, si vous n'aspirez qu'au bonheur de me plaire,
Tâchez d'approfondir ce dangereux mystère.
Carlos a tant de lieu de vous considérer,
Que, s'il devient mon roi, vous devez espérer.

D. ALVAR.

Madame...

D. ELVIRE.

En ma faveur donnez-vous cette peine,
Et me laissez, de grâce, entretenir la reine.

D. ALVAR.

J'obéis avec joie, et ferai mon pouvoir
A vous dire bientôt ce qui s'en peut savoir.

SCÈNE II

D. LÉONOR, D. ELVIRE.

D. LÉONOR.

Don Alvar me fuit-il?

D. ELVIRE.

Madame, à ma prière,
Il va dans tous ces bruits chercher quelque lumière.
J'ai craint, en vous voyant, un secours pour ses feux,
Et de défendre mal mon cœur contre vous deux.

D. LÉONOR.

Ne pourra-t-il jamais gagner votre courage*?

D. ELVIRE.

Il peut tout obtenir, ayant votre suffrage.

D. LÉONOR.

Je lui puis donc enfin promettre votre foi?

D. ELVIRE.

Oui, si vous lui gagnez celui du nouveau roi.

D. LÉONOR.

Et si ce bruit est faux, si vous demeurez reine?

D. ELVIRE.

Que vous puis-je répondre, en étant incertaine?

D. LÉONOR.

En cette incertitude on peut faire espérer.

D. ELVIRE.

On peut attendre aussi pour en délibérer :
On agit autrement quand le pouvoir suprême...

SCÈNE III

D. ISABELLE, D. LÉONOR, D. ELVIRE.

D. ISABELLE.

J'interromps vos secrets, mais j'y prends part moi-même;
Et j'ai tant d'intérêt de connaître ce fils,
Que j'ose demander ce qui s'en est appris.

D. LÉONOR.

Vous ne m'en voyez point davantage éclaircie.

D. ISABELLE.

Mais de qui tenez-vous la mort de don Garcie,
Vu que, depuis un mois qu'il vient des députés,
On parlait seulement de peuples révoltés?

D. LÉONOR.

Je vous puis sur ce point aisément satisfaire;
Leurs gens m'en ont donné la raison assez claire.
 On assiégeait encor, alors qu'ils sont partis,
Dedans leur dernier fort don Garcie et son fils :
On l'a pris tôt après; et soudain par sa prise
Don Raimond prisonnier recouvrant sa franchise,
Les voyant tous deux morts, publie à haute voix
Que nous avions un roi du vrai sang de nos rois,
Que don Sanche vivait, et part en diligence
Pour rendre à l'Aragon le bien de sa présence :
Il joint nos députés, hier, sur la fin du jour,
Et leur dit que ce prince était en votre cour.
 C'est tout ce que j'ai pu tirer d'un domestique :
Outre qu'avec ces gens rarement on s'explique,
Comme ils entendent mal, leur rapport est confus :
Mais bientôt don Raimond vous dira le surplus.
Que nous veut cependant Blanche tout étonnée?

SCÈNE IV

D. ISABELLE, D. LÉONOR, D. ELVIRE, BLANCHE.

BLANCHE.

Ah! madame!

D. ISABELLE.

Qu'as-tu?

BLANCHE.

La funeste journée!

Votre Carlos...

D. ISABELLE.

Eh bien?

BLANCHE.

Son père est en ces lieux.

Et n'est...

D. ISABELLE.

Quoi?

BLANCHE.

Qu'un pêcheur.

D. ISABELLE.
Qui te l'a dit?
BLANCHE.
Mes yeux.
D. ISABELLE.
Tes yeux!
BLANCHE.
Mes propres yeux.
D. ISABELLE.
Que j'ai peine à les croire!
D. LÉONOR.
Voudriez-vous, madame, en apprendre l'histoire?
D. ELVIRE.
Que le ciel est injuste!
D. ISABELLE.
Il l'est, et nous fait voir,
Par cet injuste effet, son absolu pouvoir,
Qui du sang le plus vil tire une âme si belle,
Et forme une vertu qui n'a lustre que d'elle.
Parle, Blanche, et dis-nous comme il voit ce mal-
BLANCHE.   [heur.
Avec beaucoup de honte, et plus encor de cœur.
Du haut de l'escalier je le voyais descendre;
En vain de ce faux bruit il se voulait défendre;
Votre cour, obstinée à lui changer de nom,
Murmurait tout autour : « Don Sanche d'Aragon! »
Quand un chétif vieillard le saisit et l'embrasse.
Lui qui le reconnaît frémit de sa disgrâce;
Puis, laissant la nature à ses pleins mouvements,
Répond avec tendresse à ses embrassements.
Ses pleurs mêlent aux siens une fierté sincère; [père!
On n'entend que soupirs : « Ah, mon fils! ah, mon
« O jour trois fois heureux! moment trop attendu!
« Tu m'as rendu la vie! » et, « Vous m'avez perdu! »
   Chose étrange! à ces cris de douleur et de joie,
Un grand peuple accouru ne veut pas qu'on les croie;
Il s'aveugle soi-même : et ce pauvre pêcheur,
En dépit de Carlos, passe pour imposteur.
Dans les bras de ce fils on lui fait mille hontes;
C'est un fourbe, un méchant suborné par les comtes.
Eux-mêmes (admirez leur générosité)
S'efforcent d'affermir cette incrédulité :
Non qu'ils prennent sur eux de si lâches pratiques;
Mais ils en font auteur un de leurs domestiques,
Qui, pensant bien leur plaire, a si mal à propos
Instruit ce malheureux pour affronter Carlos.
Avec avidité cette histoire est reçue;
Chacun la tient trop vraie aussitôt qu'elle est sue;
Et pour plus de croyance à cette trahison,
Les comtes font traîner ce bon homme en prison.
Carlos rend témoignage en vain contre soi-même;
Les vérités qu'il dit cèdent au stratagème :
Et, dans le déshonneur qui l'accable aujourd'hui,
Ses plus grands envieux l'en sauvent malgré lui.
Il tempête, il menace, et, bouillant de colère,
Il crie à pleine voix qu'on lui rende son père :
On tremble devant lui, sans croire son courroux;
Et rien... Mais le voici qui vient s'en plaindre à vous.

SCÈNE V

D. ISABELLE, D. LÉONOR, D. ELVIRE, BLANCHE, CARLOS, D. MANRIQUE, D. LOPE.

CARLOS.
Eh bien! madame, enfin on connaît ma naissance;
Voilà le digne fruit de mon obéissance.
J'ai prévu ce malheur, et l'aurais évité
Si vos commandements ne m'eussent arrêté.
Ils m'ont livré, madame, à ce moment funeste;
Et l'on m'arrache encor le seul bien qui me reste,
On me vole mon père! on le fait criminel!
On attache à son nom un opprobre éternel!
   Je suis fils d'un pêcheur, mais non pas d'un infâme;
La bassesse du sang ne va point jusqu'à l'âme,
Et je renonce aux noms de comte et de marquis
Avec bien plus d'honneur qu'aux sentiments de fils;
Rien n'en peut effacer le sacré caractère.
De grâce, commandez qu'on me rende mon père.
Ce doit leur être assez de savoir qui je suis,
Sans m'accabler encor par de nouveaux ennuis.

D. MANRIQUE.
Forcez ce grand courage à conserver sa gloire,
Madame, et l'empêchez lui-même de se croire.
Nous n'avons pu souffrir qu'un bras qui tant de fois
A fait trembler le Maure, et triompher nos rois,
Reçût de sa naissance une tache éternelle;
Tant de valeur mérite une source plus belle.
Aidez ainsi que nous ce peuple à s'abuser;
Il aime son erreur, daignez l'autoriser :
A tant de beaux exploits rendez cette justice,
Et de notre pitié soutenez l'artifice.

CARLOS.
Je suis bien malheureux si je vous fais pitié;
Reprenez votre orgueil et votre inimitié.
Après que ma fortune a soûlé votre envie,
Vous plaignez aisément mon entrée à la vie;
Et me croyant par elle à jamais abattu,
Vous exercez sans peine une haute vertu.
Peut-être elle ne fait qu'une embûche à la mienne;
La gloire de mon nom vaut bien qu'on la retienne;
Mais son plus bel éclat serait trop acheté,
Si je le retenais par une lâcheté.   [che :
Si ma naissance est basse, elle est du moins sans ta-
Puisque vous la savez, je veux bien qu'on la sache.
   Sanche, fils d'un pêcheur, et non d'un imposteur,
De deux comtes jadis fut le libérateur;
Sanche, fils d'un pêcheur, mettait naguère en peine
Deux illustres rivaux sur le choix de leur reine;
Sanche, fils d'un pêcheur, tient encore en sa main
De quoi faire bientôt tout l'heur d'un souverain;
Sanche enfin, malgré lui, dedans cette province,
Quoique fils d'un pêcheur, a passé pour un prince.
Voilà ce qu'a pu faire, et qu'a fait à vos yeux
Un cœur que ravalait le nom de ses aïeux.
La gloire qui m'en reste après cette disgrâce
Éclate encore assez pour honorer ma race,

Et paraîtra plus grande à qui comprendra bien
Qu'à l'exemple du ciel j'ai fait beaucoup de rien.

D. LOPE.

Cette noble fierté désavoue un tel père,
Et, par un témoignage à soi-même contraire,
Obscurcit de nouveau ce qu'on voit éclairci.
Non, le fils d'un pêcheur ne parle point ainsi,
Et son âme paraît si dignement formée,
Que j'en crois plus que lui l'erreur que j'ai semée.
Je le soutiens, Carlos, vous n'êtes point son fils :
La justice du ciel ne peut l'avoir permis ;
Les tendresses du sang vous font une imposture,
Et je démens pour vous la voix de la nature.
Ne vous repentez point de tant de dignités
Dont il vous plut orner ses rares qualités :
Jamais plus digne main ne fit plus digne ouvrage,
Madame ; il les relève avec ce grand courage ;
Et vous ne leur pouviez trouver plus haut appui,
Puisque même le sort est au-dessous de lui.

D. ISABELLE.

La générosité qu'en tous les trois j'admire
Me met en un état de n'avoir que leur dire,
Et, dans la nouveauté de ces événements,
Par un illustre effort prévient mes sentiments.
Ils paraîtront en vain, comtes, s'ils vous excitent
A lui rendre l'honneur que ces hauts faits méritent,
Et ne dédaigner pas l'illustre et rare objet
D'une haute valeur qui part d'un sang abject :
Vous courez au-devant avec tant de franchise,
Qu'autant que du pêcheur je m'en trouve surprise.
   Et vous, que par mon ordre ici j'ai retenu,
Sanche, puisqu'à ce nom vous êtes reconnu,
Miraculeux héros, dont la gloire refuse
L'avantageuse erreur d'un peuple qui s'abuse,
Parmi les déplaisirs que vous en recevez,
Puis-je vous consoler d'un sort que vous bravez ?
Puis-je vous demander ce que je vous vois faire ?
Je vous tiens malheureux d'être né d'un tel père ;
Mais je vous tiens ensemble heureux au dernier point
D'être né d'un tel père, et de n'en rougir point,
Et de ce qu'un grand cœur, mis dans l'autre balance,
Emporte encor si haut une telle naissance.

SCÈNE VI

D. ISABELLE, D. LÉONOR, D. ELVIRE, CARLOS,
D. MANRIQUE, D. LOPE, D. ALVAR, BLANCHE,
UN GARDE.

D. ALVAR.

Princesses, admirez l'orgueil d'un prisonnier,
Qu'en faveur de son fils on veut calomnier.
   Ce malheureux pêcheur, par promesse ni crainte,
Ne saurait se résoudre à souffrir une feinte.
J'ai voulu lui parler, et n'en fais que sortir ;
J'ai tâché mais en vain de lui faire sentir
Combien mal à propos sa présence importune
D'un fils si généreux renverse la fortune,
Et qu'il le perd d'honneur, à moins que d'avouer
Que c'est un lâche tour qu'on le force à jouer ;
J'ai même à ces raisons ajouté la menace :
Rien ne peut l'ébranler, Sanche est toujours sa race :
Et quant à ce qu'il perd de fortune et d'honneur,
Il dit qu'il a de quoi le faire grand seigneur,
Et que plus de cent fois il a su de sa femme
(Voyez qu'il est crédule et simple au fond de l'âme)
Que voyant ce présent, qu'en mes mains il a mis,
La reine d'Aragon agrandirait son fils.
       (à D. Léonor.)
Si vous le recevez avec autant de joie,
Madame, que par moi ce vieillard vous l'envoie,
Vous donnerez sans doute à cet illustre fils
Un rang encor plus haut que celui du marquis.
Ce bon homme en paraît l'âme toute comblée.
(Don Alvar présente à D. Léonor un petit écrin qui s'ouvre
sans clef, au moyen d'un ressort secret.)

D. ISABELLE.

Madame, à cet aspect vous paraissez troublée.

D. LÉONOR.

J'ai bien sujet de l'être en recevant ce don,
Madame, j'en saurai si mon fils vit, ou non ;
Et c'est où le feu roi, déguisant sa naissance,
D'un sort si précieux mit la reconnaissance.
Disons ce qu'il enferme avant que de l'ouvrir.
Ah ! Sanche, si par là je puis le découvrir,
Vous pouvez être sûr d'un entier avantage
Dans les lieux dont le ciel a fait notre partage ;
Et qu'après ce trésor que vous m'aurez rendu
Vous recevrez le prix qui vous en sera dû.
Mais à ce doux transport c'est déjà trop permettre.
Trouvons notre bonheur avant que d'en promettre.
   Ce présent donc enferme un tissu de cheveux
Que reçut don Fernand pour arrhes de mes vœux,
Son portrait et le mien, deux pierres les plus rares
Que forme le soleil sous les climats barbares,
Et, pour un témoignage encore plus certain,
Un billet que lui-même écrivit de sa main.

UN GARDE.

Madame, don Raimond vous demande audience.

D. LÉONOR.

Qu'il entre. Pardonnez à mon impatience
Si l'ardeur de le voir et de l'entretenir
Avant votre congé l'ose faire venir.

D. ISABELLE.

Vous pouvez commander dans toute la Castille,
Et je ne vous vois plus qu'avec des yeux de fille.

SCÈNE VII

D. ISABELLE, D. LÉONOR, D. ELVIRE, CARLOS,
D. MANRIQUE, D. LOPE, D. ALVAR, BLANCHE,
D. RAIMOND.

D. LÉONOR.

Laissez là, don Raimond, la mort de nos tyrans,
Et rendez seulement don Sanche à ses parents.
Vit-il ? peut-il braver nos fières destinées ?

D. RAIMOND.

Sortant d'une prison de plus de six années,
Je l'ai cherché, madame, où, pour les mieux braver,
Par l'ordre du feu roi je le fis élever,
Avec tant de secret, que même un second père
Qui l'estime son fils ignore ce mystère.
Ainsi qu'en votre cour Sanche y fut son vrai nom,
Et l'on n'en retrancha que cet illustre Don.
Là j'ai su qu'à seize ans son généreux courage
S'indigna des emplois de ce faux parentage ;
Qu'impatient déjà d'être si mal tombé,
A sa fausse bassesse il s'était dérobé ;
Que déguisant son nom, et cachant sa famille,
Il avait fait merveille aux guerres de Castille,
D'où quelque sien voisin, depuis peu de retour,
L'avait vu plein de gloire, et fort bien à la cour ;
Que du bruit de son nom elle était toute pleine,
Qu'il était connu même et chéri de la reine :
Si bien que ce pêcheur, d'aise tout transporté,
Avait couru chercher ce fils si fort vanté.

D. LÉONOR.

Don Raimond, si vos yeux pouvaient le reconnaître..

D. RAIMOND.

Oui, je le vois, madame. Ah ! seigneur ! Ah ! mon [maître !

D. LOPE.

Nous l'avions bien jugé : grand prince, rendez-vous ;
La vérité paraît, cédez aux vœux de tous.

D. LÉONOR.

Don Sanche, voulez-vous être seul incrédule ?

CARLOS.

Je crains encor du sort un revers ridicule :
Mais, madame, voyez si le billet du roi
Accorde à don Raimond ce qu'il vous dit de moi.

D. LÉONOR *ouvre l'écrin, et en tire un billet qu'elle lit.*

« Pour tromper un tyran je vous trompe vous-même.
« Vous reverrez ce fils que je vous fais pleurer :
« Cette erreur lui peut rendre un jour le diadème ;
« Et je vous l'ai caché pour le mieux assurer.
« Si ma feinte vers vous passe pour criminelle,
« Pardonnez-moi les maux qu'elle vous fait souffrir,
« De crainte que les soins de l'amour maternelle
« Par leurs empressements le fissent découvrir.
« Nugne, un pauvre pêcheur, s'en croit être le père ;
« Sa femme en son absence accouchant d'un fils mort,
« Elle reçut le vôtre, et sut si bien se taire,
« Que le père et le fils en ignorent le sort.
« Elle-même l'ignore ; et d'un si grand échange
« Elle sait seulement qu'il n'est pas de son sang,
« Et croit que ce présent, par un miracle étrange,
« Doit un jour par vos mains lui rendre son vrai [rang.
« A ces marques, un jour, daignez le reconnaître ;
« Et puisse l'Aragon, retournant sous vos lois,

« Apprendre ainsi que vous, de moi qui l'ai vu naître,
« Que Sanche, fils de Nugne, est le sang de ses rois!
   « DON FERNAND D'ARAGON. »

D. LÉONOR, *après avoir lu.*

Ah ! mon fils, s'il en faut encore davantage,
Croyez-en vos vertus et votre grand courage.

CARLOS, *à D. Léonor.*

Ce serait mal répondre à ce rare bonheur
Que vouloir me défendre encor d'un tel honneur.
    (à D. Isabelle.)
Je reprends toutefois Nugne pour mon vrai père,
Si vous ne m'ordonnez, madame, que j'espère.

D. ISABELLE.

C'est trop peu d'espérer, quand tout vous est acquis.
Je vous avais fait tort en vous faisant marquis ;
Et vous n'aurez pas lieu désormais de vous plaindre
De ce retardement où j'ai su vous contraindre.
Et pour moi, que le ciel destinait pour un roi,
Digne de la Castille, et digne encor de moi,
J'avais mis cette bague en des mains assez bonnes
Pour la rendre à don Sanche, et joindre nos couron-

D. CARLOS.   [nes.

Je ne m'étonne plus de l'orgueil de mes vœux
Qui, sans le partager, donnaient mon cœur à deux ;
Dans les obscurités d'une telle aventure,
L'amour se confondait avecque la nature.

D. ELVIRE.

Le nôtre y répondait sans faire honte au rang,
Et le mien vous payait ce que devait le sang.

CARLOS, *à D. Elvire.*

Si vous m'aimez encore, et m'honorez en frère,
Un époux de ma main pourrait-il vous déplaire ?

D. ELVIRE.

Si don Alvar de Lune est cet illustre époux,
Il vaut bien à mes yeux tout ce qui n'est point vous.

CARLOS, *à D. Elvire.*

Il honorait en moi la vertu toute nue.
    (à D. Manrique et à D. Lope.)
Et vous, qui dédaigniez ma naissance inconnue,
Comtes, et les premiers en cet événement
Jugiez en ma faveur si véritablement,
Votre dédain fut juste autant que son estime ;
C'est la même vertu sous une autre maxime.

D. RAIMOND, *à D. Isabelle.*

Souffrez qu'à l'Aragon il daigne se montrer.
Nos députés, madame, impatients d'entrer...

D. ISABELLE.

Il vaut mieux leur donner audience publique,
Afin qu'aux yeux de tous ce miracle s'explique.
Allons ; et cependant qu'on mette en liberté
Celui par qui tant d'heur nous vient d'être apporté ;
Et qu'on amène ici, plus heureux qu'il ne pense,
Recevoir de ses soins la digne récompense.

EXAMEN DE DON SANCHE D'ARAGON

Cette pièce est toute d'invention, mais elle n'est pas toute de la mienne. Ce qu'a de fastueux le premier acte est tiré d'une comédie espagnole, intitulée *El Palacio confuso*; et la double reconnaissance qui finit le cinquième est prise du roman de don Pélage. Elle eut d'abord grand éclat sur le théâtre; mais une disgrâce particulière fit avorter toute sa bonne fortune. Le refus d'un illustre suffrage dissipa les applaudissements que le public lui avait donnés trop libéralement, et anéantit si bien tous les arrêts que Paris et le reste de la cour avaient prononcés en sa faveur, qu'au bout de quelque temps elle se trouva reléguée dans les provinces, où elle conserve encore son premier lustre.

Le sujet n'a pas grand artifice. C'est un inconnu, assez honnête homme pour se faire aimer de deux reines. L'inégalité des conditions met un obstacle au bien qu'elles lui veulent durant quatre actes et demi; et quand il faut de nécessité finir la pièce, un bon homme semble tomber des nues pour faire développer le secret de sa naissance, qui le rend mari de l'une, et le fa sant reconnaître pour frère de l'autre :

Hæc eadem a summo exspectes minimoque poetâ.

D. Raimond et ce pêcheur ne suivent point la règle que j'ai voulu établir, de n'introduire aucun acteur qui ne fût insinué dès le premier acte, ou appelé par quelqu'un de ceux qu'on y a connus. Il m'était aisé d'y faire dire à la reine D^e Léonor ce qu'elle dit à l'entrée du quatrième; mais si elle eût fait savoir qu'elle eût eu un fils, et que le roi, son mari, lui eût appris en mourant que D. Raimond avait un secret à lui révéler, on eût trop tôt deviné que Carlos était ce prince. On peut dire de D. Raimond qu'il vient avec les députés d'Aragon dont il est parlé au premier acte, et qu'ainsi il satisfait aucunement* à cette règle; mais ce n'est que par hasard qu'il vient avec eux. C'était le pêcheur qu'il était allé chercher, et non pas eux; et il ne les joint sur le chemin qu'à cause de ce qu'il a appris chez ce pêcheur, qui, de son côté vient en Castille de son seul mouvement, sans y être amené par aucun incident dont on ait parlé dans la protase; et il n'a point de raison d'arriver ce jour-là plutôt qu'un autre, sinon que la pièce n'aurait pu finir s'il ne fût arrivé.

L'unité de jour y est si peu violentée, qu'on peut soutenir que l'action ne demande pour sa durée que le temps de sa représentation. Pour celle de lieu, j'ai déjà dit que je n'en parlerais plus sur les pièces qui restaient à examiner. Les sentiments du second acte ont autant ou plus de délicatesse qu'aucuns que j'ai mis sur le théâtre. L'amour des deux reines pour Carlos y paraît très visible, malgré le soin et l'adresse que toutes les deux apportent à le cacher dans leurs différents caractères, dont l'un marque plus d'orgueil, et l'autre plus de tendresse. La confidence qu'y fait celle de Castille avec Blanche est assez ingénieuse; et, par une réflexion sur ce qui s'est passé au premier acte, elle prend occasion de faire savoir aux spectateurs sa passion pour ce brave inconnu, qu'elle a si bien vengé du mépris qu'en ont fait les comtes. Ainsi on ne peut dire qu'elle choisisse sans raison ce jour-là plutôt qu'un autre pour lui en confier le secret, puisqu'il paraît qu'elle le sait déjà, et qu'elles ne font que raisonner ensemble sur ce qu'on vient de voir représenter.

FIN DE DON SANCHE D'ARAGON.

NICOMÈDE

TRAGÉDIE — 1652

AU LECTEUR

Voici une pièce d'une constitution assez extraordinaire : aussi est-ce la vingt et unième que j'ai fait voir sur le théâtre ; et, après y avoir fait réciter quarante mille vers, il est bien malaisé de trouver quelque chose de nouveau, sans s'écarter un peu du grand chemin, et se mettre au hasard de s'égarer. La tendresse et les passions, qui doivent être l'âme des tragédies, n'ont aucune part en celle-ci ; la grandeur de courage y règne seule, et regarde son malheur d'un œil si dédaigneux qu'il n'en saurait arracher une plainte. Elle y est combattue par la politique, et n'oppose à ses artifices qu'une prudence généreuse, qui marche à visage découvert, qui prévoit le péril sans s'émouvoir, et qui ne veut point d'autre appui que celui de sa vertu et de l'amour qu'elle imprime dans les cœurs de tous les peuples. L'histoire qui m'a prêté de quoi la faire paraître en ce haut degré est tirée de Justin ; et voici comme il la raconte à la fin de son trente-quatrième livre :

« En même temps Prusias, roi de Bithynie, prit des« sein de faire assassiner son fils Nicomède, pour avancer « ses autres fils qu'il avait eus d'une autre femme, et « qu'il faisait élever à Rome : mais ce dessein fut décou« vert à ce jeune prince par ceux même qui l'avaient en« trepris : ils firent plus, ils l'exhortèrent à rendre la « pareille à un père si cruel, et à faire retomber sur sa « tête les embûches qu'il lui avait préparées, et n'eurent « pas grande peine à le persuader. Sitôt donc qu'il fut « entré dans le royaume de son père, qui l'avait appelé « auprès de lui, il fut proclamé roi ; et Prusias, chassé du « trône, et délaissé même de ses domestiques, quelque « soin qu'il prit à se cacher, fut enfin tué par ce fils, et « perdit la vie par un crime aussi grand que celui qu'il « avait commis en donnant les ordres de l'assassiner. »

J'ai ôté de ma scène l'horreur d'une catastrophe si barbare, et n'ai donné ni au père ni au fils aucun dessein de parricide. J'ai fait ce dernier amoureux de Laodice, afin que l'union d'une couronne voisine donnât plus d'ombrage aux Romains, et leur fît prendre plus de soin d'y mettre plus d'obstacle de leur part. J'ai approché de cette histoire celle de la mort d'Annibal, qui arriva un peu auparavant chez ce même roi, et dont le nom n'est pas un petit ornement à mon ouvrage ; j'en ai fait Nicomède disciple, pour lui prêter plus de valeur et de fierté contre les Romains ; et, prenant l'occasion de l'ambassade où Flaminius fut envoyé par eux vers ce roi leur allié pour demander qu'on remit entre leurs mains ce vieil ennemi de leur grandeur, je l'ai chargé d'une commission secrète de traverser ce mariage, qui leur devait donner de la jalousie. J'ai fait que, pour gagner l'esprit de la reine, qui, suivant l'ordinaire des secondes femmes, avait tout pouvoir sur celui de son vieux mari, il lui ramène un de ses fils, que mon auteur m'apprend avoir été nourri à Rome. Cela fait deux effets ; car, d'un côté, il obtient la perte d'Annibal par le moyen de cette mère ambitieuse, et, de l'autre, il oppose à Nicomède un rival appuyé de toute la faveur des Romains, jaloux de sa gloire et de sa grandeur naissante.

Les assassins qui découvrirent à ce prince les sanglants desseins de son père m'ont donné jour à d'autres artifices pour le faire tomber dans les embûches que sa belle-mère lui avait préparées ; et pour la fin, je l'ai réduite en sorte que tous mes personnages y agissent avec générosité, et que les uns rendant ce qu'ils doivent à la vertu, et les autres demeurant dans la fermeté de leur devoir, laissent un exemple assez illustre, et une conclusion assez agréable.

La représentation n'en a point déplu ; et, comme ce ne sont pas les moindres vers qui soient partis de ma main, j'ai sujet d'espérer que la lecture n'ôtera rien à cet ouvrage de la réputation qu'il s'est acquise jusqu'ici, et ne le fera point juger indigne de suivre ceux qui l'ont précédé. Mon principal but a été de peindre la politique des Romains au dehors, et comme ils agissaient impérieusement avec les rois leurs alliés ; leurs maximes pour les empêcher de s'accroître, et les soins qu'ils prenaient de traverser leur grandeur, quand elle commençait à leur devenir suspecte à force de s'augmenter et de se rendre considérable par de nouvelles conquêtes. C'est le caractère que j'ai donné à leur république en la personne de son ambassadeur Flaminius, qui rencontre un prince intrépide, qui voit sa perte assurée sans s'ébranler, et brave l'orgueilleuse masse de leur puissance, lors même qu'il en est accablé. Ce héros de ma façon sort un peu des règles de la tragédie en ce qu'il ne cherche point à faire pitié par l'excès de ses malheurs : mais le succès a montré que la fermeté des grands cœurs, qui n'excite que de l'admiration dans l'âme du spectateur, est quelquefois aussi agréable que la compassion que notre art nous commande de mendier pour leurs misères. Il est bon de hasarder un peu, et ne s'attacher pas toujours si servilement à ces préceptes, ne fût-ce que pour pratiquer celui de notre Horace :

Et mihi res, non me rebus, submittere conor.

Mais il faut que l'événement justifie cette hardiesse ; et dans une liberté de cette nature on demeure coupable, à moins que d'être fort heureux.

PERSONNAGES.

PRUSIAS, roi de Bithynie.
FLAMINIUS, ambassadeur de Rome.
ARSINOÉ, seconde femme de Prusias.
LAODICE, reine d'Arménie.

PERSONNAGES.

NICOMÈDE, fils aîné de Prusias, sorti du premier lit.
ATTALE, fils de Prusias et d'Arsinoé.
ARASPE, capitaine des gardes de Prusias.
CLÉONE, confidente d'Arsinoé.

La scène est à Nicomédie.

ACTE PREMIER

SCÈNE I

NICOMÈDE, LAODICE.

LAODICE.

Après tant de hauts faits, il m'est bien doux, seigneur,
De voir encor mes yeux régner sur votre cœur ;
De voir, sous les lauriers qui vous couvrent la tête,
Un si grand conquérant être encor ma conquête,
Et de toute la gloire acquise à ses travaux
Faire un illustre hommage à ce peu que je vaux.
Quelques biens toutefois que le ciel me renvoie,
Mon cœur épouvanté se refuse à la joie :
Je vous vois à regret, tant mon cœur amoureux
Trouve la cour pour vous un séjour dangereux.
Votre marâtre y règne, et le roi votre père
Ne voit que par ses yeux, seule la considère,
Pour souveraine loi n'a que sa volonté :
Jugez après cela de votre sûreté.
La haine que pour vous elle a si naturelle
A mon occasion encor se renouvelle.
Votre frère son fils, depuis peu de retour...

NICOMÈDE.

Je le sais, ma princesse, et qu'il vous fait la cour.
Je sais que les Romains, qui l'avaient en otage,
L'ont enfin renvoyé pour un plus digne ouvrage ;
Que ce don à ma mère était le prix fatal
Dont leur Flaminius marchandait Annibal ;
Que le roi par son ordre eût livré ce grand homme,
S'il n'eût par le poison lui-même évité Rome,
Et rompu par sa mort les spectacles pompeux
Où l'effroi de son nom le destinait chez eux.
Par mon dernier combat je voyais réunie
La Cappadoce entière avec la Bithynie,
Lorsque à cette nouvelle, enflammé de courroux
D'avoir perdu mon maître, et de craindre pour vous,
J'ai laissé mon armée aux mains de Théagène,
Pour voler en ces lieux au secours de ma reine.
Vous en aviez besoin, madame, et je le voi,
Puisque Flaminius obsède encor le roi.
Si de son arrivée Annibal fut la cause,
Lui mort, ce long séjour prétend quelque autre cho-
Et je ne vois que vous qui le puisse arrêter, [se ;
Pour aider à mon frère à vous persécuter.

LAODICE.

Je ne veux point douter que sa vertu romaine
N'embrasse avec chaleur l'intérêt de la reine :
Annibal, qu'elle vient de lui sacrifier,
L'engage en sa querelle, et m'en fait défier. [dre :
Mais, seigneur, jusqu'ici j'aurais tort de m'en plain-
Et, quoi qu'il entreprenne, avez-vous lieu de craindre ?
Ma gloire et mon amour peuvent bien peu sur moi,
S'il faut votre présence à soutenir ma foi,
Et si je puis tomber en cette frénésie
De préférer Attale au vainqueur de l'Asie ;

Attale, qu'en otage ont nourri les Romains,
Ou plutôt qu'en esclave ont façonné leurs mains,
Sans lui rien mettre au cœur qu'une crainte servile
Qui tremble à voir un aigle, et respecte un édile !

NICOMÈDE.

Plutôt, plutôt la mort, que mon esprit jaloux
Forme des sentiments si peu dignes de vous.
Je crains la violence, et non votre faiblesse ;
Et si Rome une fois contre nous s'intéresse...

LAODICE.

Je suis reine, seigneur ; et Rome a beau tonner,
Elle ni votre roi n'ont rien à m'ordonner :
Si de mes jeunes ans il est dépositaire,
C'est pour exécuter les ordres de mon père :
Il m'a donnée à vous, et nul autre que moi
N'a droit de l'en dédire, et me choisir un roi.
Par son ordre et le mien, la reine d'Arménie
Est due à l'héritier du roi de Bithynie,
Et ne prendra jamais un cœur assez abject
Pour se laisser réduire à l'hymen d'un sujet.
Mettez-vous en repos.

NICOMÈDE.

Et le puis-je, madame,
Vous voyant exposée aux fureurs d'une femme
Qui, pouvant tout ici, se croira tout permis
Pour se mettre en état de voir régner son fils ?
Il n'est rien de si saint qu'elle ne fasse enfreindre.
Qui livrait Annibal pourra bien vous contraindre,
Et saura vous garder même fidélité
Qu'elle a gardée aux droits de l'hospitalité.

LAODICE.

Mais ceux de la nature ont-ils un privilége
Qui vous assure d'elle après ce sacrilége ?
Seigneur, votre retour, loin de rompre ses coups,
Vous expose vous-même, et m'expose après vous.
Comme il est fait sans ordre, il passera pour crime ;
Et vous serez bientôt la première victime
Que la mère et le fils, ne pouvant m'ébranler,
Pour m'ôter mon appui se voudront immoler.
Si j'ai besoin de vous de peur qu'on me contraigne,
J'ai besoin que le roi, qu'elle-même vous craigne.
Retournez à l'armée, et pour me protéger
Montrez cent mille bras tout prêts à me venger.
Parlez la force en main, et hors de leur atteinte :
S'ils vous tiennent ici, tout est pour eux sans crainte ;
Et ne vous flattez point ni sur votre grand cœur,
Ni sur l'éclat d'un nom cent et cent fois vainqueur ;
Quelque haute valeur que puisse être la vôtre,
Vous n'avez en ces lieux que deux bras comme un au-
Et fussiez-vous du monde et l'amour et l'effroi, [tre ;
Quiconque entre au palais porte sa tête au roi.
Je vous le dis encor, retournez à l'armée ;
Ne montrez à la cour que votre renommée ;
Assurez votre sort pour assurer le mien ;
Faites que l'on vous craigne, et je ne craindrai rien.

NICOMÈDE.

Retourner à l'armée ! ah ! sachez que la reine
La sème d'assassins achetés par sa haine :
Deux s'y sont découverts que j'amène avec moi

Afin de la convaincre et détromper le roi.
Quoiqu'il soit son époux, il est encor mon père;
Et, quand il forcera la nature à se taire,
Trois sceptres à son trône attachés par mon bras
Parleront au lieu d'elle, et ne se tairont pas.
Que si notre fortune à ma perte animée
La prépare à la cour aussi bien qu'à l'armée,
Dans ce péril égal qui me suit en tous lieux,
M'envirez-vous l'honneur de mourir à vos yeux?

LAODICE.

Non, je ne vous dis plus désormais que je tremble,
Mais que, s'il faut périr, nous périrons ensemble.
 Armons-nous de courage, et nous ferons trembler
Ceux dont les lâchetés pensent nous accabler.
Le peuple ici vous aime, et hait ces cœurs infâmes;
Et c'est être bien fort que régner sur tant d'âmes.
Mais votre frère Attale adresse ici ses pas.

NICOMÈDE.

Il ne m'a jamais vu; ne me découvrez pas.

SCÈNE II

LAODICE, NICOMÈDE, ATTALE.

ATTALE.

Quoi! madame, toujours un front inexorable!
Ne pourrai-je surprendre un regard favorable,
Un regard désarmé de toutes ses rigueurs,
Et tel qu'il est enfin quand il gagne les cœurs?

LAODICE.

Si ce front est mal propre à m'acquérir le vôtre,
Quand j'en aurai dessein, j'en saurai prendre un au-
ATTALE. [tre.
Vous ne l'acquerrez point, puisqu'il est tout à vous.

LAODICE.

Je n'ai donc pas besoin d'un visage plus doux.

ATTALE.

Conservez-le, de grâce, après l'avoir su prendre.
LAODICE. [dre.
C'est un bien mal acquis que j'aime mieux vous ren-

ATTALE.

Vous l'estimez trop peu pour le vouloir garder.

LAODICE.

Je vous estime trop pour vouloir rien farder.
Votre rang et le mien ne sauraient le permettre :
Pour garder votre cœur je n'ai pas où le mettre;
La place est occupée : et je vous l'ai tant dit,
Prince, que ce discours vous dût être interdit :
On le souffre d'abord, mais la suite importune.

ATTALE.

Que celui qui l'occupe a de bonne fortune!
Et que serait heureux qui pourrait aujourd'hui
Disputer cette place, et l'emporter sur lui!

NICOMÈDE.

La place à l'emporter coûterait bien des têtes,
Seigneur : ce conquérant garde bien ses conquêtes,
Et l'on ignore encor parmi ses ennemis
L'art de reprendre un fort qu'une fois il a pris.

ATTALE.

Celui-ci toutefois peut s'attaquer de sorte
Que, tout vaillant qu'il est, il faudra qu'il en sorte.

LAODICE.

Vous pourriez vous méprendre.

ATTALE.

     Et si le roi le veut?

LAODICE.

Le roi, juste et prudent, ne veut que ce qu'il peut.

ATTALE.

Et que ne peut ici la grandeur souveraine?

LAODICE.

Ne parlez pas si haut : s'il est roi, je suis reine;
Et vers moi tout l'effort de son autorité
N'agit que par prière et par civilité.

ATTALE.

Non; mais agir ainsi souvent c'est beaucoup dire
Aux reines comme vous qu'on voit dans son empire :
Et, si ce n'est assez des prières d'un roi,
Rome qui m'a nourri vous parlera pour moi.

NICOMÈDE.

Rome, seigneur!

ATTALE.

   Oui, Rome; en êtes-vous en doute?
NICOMÈDE. [écoute:
Seigneur, je crains pour vous qu'un Romain vous
Et si Rome savait de quels feux vous brûlez,
Bien loin de vous prêter l'appui dont vous parlez,
Elle s'indignerait de voir sa créature
A l'éclat de son nom faire une telle injure,
Et vous dégraderait peut-être dès demain
Du titre glorieux de citoyen romain.
Vous l'a-t-elle donné pour mériter sa haine
En le déshonorant par l'amour d'une reine?
Et ne savez-vous plus qu'il n'est princes ni rois
Qu'elle daigne égaler à ses moindres bourgeois?
Pour avoir tant vécu chez ces cœurs magnanimes,
Vous en avez bientôt oublié les maximes.
Reprenez un orgueil digne d'elle et de vous; [tous;
Remplissez mieux un nom sous qui nous tremblons
Et, sans plus l'abaisser à cette ignominie
D'idolâtrer en vain la reine d'Arménie,
Songez qu'il faut du moins, pour toucher votre cœur,
La fille d'un tribun ou celle d'un préteur;
Que Rome vous permet cette haute alliance,
Dont vous aurait exclu le défaut de naissance,
Si l'honneur souverain de son adoption
Ne vous autorisait à tant d'ambition.
Forcez, rompez, brisez de si honteuses chaînes;
Aux rois qu'elle méprise abandonnez les reines;
Et concevez enfin des vœux plus élevés,
Pour mériter les biens qui vous sont réservés.

ATTALE.

Si cet homme est à vous, imposez-lui silence,
Madame, et retenez une telle insolence.
Pour voir jusqu'à quel point elle pourrait aller,
J'ai forcé ma colère à le laisser parler;
Mais je crains qu'elle échappe, et que, s'il continue,
Je ne m'obstine plus à tant de retenue.

NICOMÈDE.
Seigneur, si j'ai raison, qu'importe à qui je sois?
Perd-elle de son prix pour emprunter ma voix?
Vous-même, amour à part, je vous en fais arbitre.
Ce grand nom de Romain est un précieux titre;
Et la reine et le roi l'ont assez acheté
Pour ne se plaire pas à le voir rejeté,
Puisqu'ils se sont privés, pour ce nom d'importance,
Des charmantes douceurs d'élever votre enfance.
Dès l'âge de quatre ans ils vous ont éloigné;
Jugez si c'est pour voir ce titre dédaigné,
Pour vous voir renoncer, par l'hymen d'une reine,
A la part qu'ils avaient à la grandeur romaine.
D'un si rare trésor l'un et l'autre jaloux...

ATTALE.
Madame, encore un coup, cet homme est-il à vous?
Et pour vous divertir est-il si nécessaire
Que vous ne lui puissiez ordonner de se taire?

LAODICE.
Puisqu'il vous a déplu vous traitant de Romain,
Je veux bien vous traiter de fils de souverain.
  En cette qualité vous devez reconnaître
Qu'un prince votre aîné doit être votre maître,
Craindre de lui déplaire, et savoir que le sang
Ne vous empêche pas de différer de rang,
Lui garder le respect qu'exige sa naissance,
Et, loin de lui voler son bien en son absence...

ATTALE.
Si l'honneur d'être à vous est maintenant son bien,
Dites un mot, madame, et ce sera le mien;
Et si l'âge à mon rang fait quelque préjudice,
Vous en corrigerez la fatale injustice;
Mais, si je lui dois tant en fils de souverain,
Permettez qu'une fois je vous parle en Romain.
  Sachez qu'il n'en est point que le ciel n'ait fait naître
Pour commander aux rois, et pour vivre sans maître;
Sachez que mon amour est un noble projet
Pour éviter l'affront de me voir son sujet;
Sachez...

LAODICE.
Je m'en doutais, seigneur, que ma couronne
Vous charmait bien du moins autant que ma person-
Mais, telle que je suis, et ma couronne et moi, [ne;
Tout est à cet aîné qui sera votre roi;
Et s'il était ici, peut-être en sa présence
Vous penseriez deux fois à lui faire une offense.

ATTALE.
Que ne puis-je l'y voir! mon courage amoureux...
NICOMÈDE.   [reux,
Faites quelques souhaits qui soient moins dange-
Seigneur; s'il les savait, il pourrait bien lui-même
Venir d'un tel amour venger l'objet qu'il aime.

ATTALE.
Insolent! est-ce enfin le respect qui m'est dû?

NICOMÈDE.
Je ne sais de nous deux, seigneur, qui l'a perdu.

ATTALE.
Peux-tu bien me connaître et tenir ce langage?

NICOMÈDE.
Je sais à qui je parle, et c'est mon avantage
Que, n'étant point connu, prince, vous ne savez
Si je vous dois respect, ou si vous m'en devez.

ATTALE.
Ah! madame, souffrez que ma juste colère...

LAODICE.
Consultez-en, seigneur, la reine votre mère;
Elle entre.

SCÈNE III

NICOMÈDE, ARSINOÉ, LAODICE, ATTALE, CLÉONE.

NICOMÈDE.
  Instruisez mieux le prince votre fils,
Madame, et dites-lui, de grâce, qui je suis :
Faute de me connaître, il s'emporte, il s'égare;
Et ce désordre est mal dans une âme si rare :
J'en ai pitié.

ARSINOÉ.
  Seigneur, vous êtes donc ici?

NICOMÈDE.
Oui, madame, j'y suis, et Métrobate aussi.

ARSINOÉ.
Métrobate! ah! le traître!

NICOMÈDE.
  Il n'a rien dit, madame,
Qui vous doive jeter aucun trouble dans l'âme

ARSINOÉ.
Mais qui cause, seigneur, ce retour surprenant?
Et votre armée?

NICOMÈDE.
  Elle est sous un bon lieutenant;
Et quant à mon retour, peu de chose le presse.
  J'avais ici laissé mon maître et ma maîtresse :
Vous m'avez ôté l'un, vous, dis-je, ou les Romains;
Et je viens sauver l'autre et d'eux et de vos mains.

ARSINOÉ.
C'est ce qui vous amène?

NICOMÈDE.
  Oui, madame; et j'espère
Que vous m'y servirez auprès du roi mon père.

ARSINOÉ.
Je vous y servirai comme vous l'espérez.

NICOMÈDE.
De votre bon vouloir nous sommes assurés.

ARSINOÉ.
Il ne tiendra qu'au roi qu'aux effets je ne passe.

NICOMÈDE.
Vous voulez à tous deux nous faire cette grâce?

ARSINOÉ.
Tenez-vous assuré que je n'oublierai rien.

NICOMÈDE.
Je connais votre cœur, ne doutez pas du mien.

ATTALE.
Madame, c'est donc là le prince Nicomède?

NICOMÈDE.
Oui, c'est moi qui viens voir s'il faut que je vous cède.
ATTALE.
Ah! seigneur, excusez si, vous connaissant mal...
NICOMÈDE.
Prince, faites-moi voir un plus digne rival.
Si vous aviez dessein d'attaquer cette place,
Ne vous départez point d'une si noble audace :
Mais, comme à son secours je n'amène que moi,
Ne la menacez plus de Rome ni du roi.
Je la défendrai seul; attaquez-la de même,
Avec tous les respects qu'on doit au diadème.
Je veux bien mettre à part, avec le nom d'aîné,
Le rang de votre maître où je suis destiné;
Et nous verrons ainsi qui fait mieux un brave homme,
Des leçons d'Annibal, ou de celles de Rome.
Adieu; pensez-y bien, je vous laisse y rêver.

SCÈNE IV

ARSINOÉ, ATTALE, CLÉONE.

ARSINOÉ.
Quoi! tu faisais excuse à qui m'osait braver!
ATTALE.
Que ne peut point, madame, une telle surprise?
Ce prompt retour me perd, et rompt votre entreprise.
ARSINOÉ.
Tu l'entends mal, Attale; il la met dans ma main.
Va trouver de ma part l'ambassadeur romain;
Dedans mon cabinet amène-le sans suite,
Et de ton heureux sort laisse-moi la conduite.
ATTALE.
Mais, madame, s'il faut...
ARSINOÉ.
Va, n'appréhende rien;
Et pour avancer tout, hâte cet entretien.

SCÈNE V

ARSINOÉ, CLÉONE.

CLÉONE.
Vous lui cachez, madame, un dessein qui le touche!
ARSINOÉ.
Je crains qu'en l'apprenant son cœur ne s'effarouche;
Je crains qu'à la vertu dont les Romains instruit
De ce que je prépare il ne m'ôte le fruit,
Et ne conçoive mal qu'il n'est fourbe* ni crime
Qu'un trône acquis par là ne rende légitime.
CLÉONE.
J'aurais cru les Romains un peu moins scrupuleux,
Et la mort d'Annibal m'eût fait mal juger d'eux.
ARSINOÉ.
Ne leur impute pas une telle injustice;
Un Romain seul l'a faite, et par mon artifice.
Rome l'eût laissé vivre, et sa légalité
N'eût point forcé les lois de l'hospitalité.
Savante à ses dépens de ce qu'il savait faire,
Elle le souffrait mal auprès d'un adversaire,
Mais quoique, par ce triste et prudent souvenir,
De chez Antiochus elle l'ait fait bannir,
Elle aurait vu couler sans crainte et sans envie
Chez un prince allié les restes de sa vie.
Le seul Flaminius, trop piqué de l'affront
Que son père défait lui laisse sur le front;
Car je crois que tu sais que, quand l'aigle romaine
Vit choir ses légions au bord du Trasimène,
Flaminius son père en était général,
Et qu'il y tomba mort de la main d'Annibal;
Ce fils donc, qu'a pressé la soif de la vengeance,
S'est aisément rendu de mon intelligence :
L'espoir d'en voir l'objet entre ses mains remis
A pratiqué par lui le retour de mon fils;
Par lui j'ai jeté Rome en haute jalousie
De ce que Nicomède a conquis dans l'Asie,
Et de voir Laodice unir tous ses États,
Par l'hymen de ce prince, à ceux de Prusias :
Si bien que le sénat prenant un juste ombrage
D'un empire si grand sous un si grand courage,
Il s'en est fait nommer lui-même ambassadeur,
Pour rompre cet hymen, et borner sa grandeur;
Et voilà le seul point où Rome s'intéresse.
CLÉONE.
Attale à ce dessein entreprend sa maîtresse!
Mais que n'agissait Rome avant que le retour
De cet amant si cher affermît son amour?
ARSINOÉ.
Irriter un vainqueur en tête d'une armée
Prête à suivre en tous lieux sa colère allumée,
C'était trop hasarder; et j'ai cru pour le mieux
Qu'il fallait de son fort l'attirer en ces lieux.
Métrobate l'a fait, par des terreurs paniques,
Feignant de lui trahir mes ordres tyranniques,
Et, pour l'assassiner se disant suborné,
Il l'a, grâces aux dieux, doucement amené.
Il vient s'en plaindre au roi, lui demander justice;
Et sa plainte le jette au bord du précipice.
Sans prendre aucun souci de m'en justifier,
Je saurai m'en servir à me fortifier.
Tantôt en le voyant j'ai fait de l'effrayée,
J'ai changé de couleur, je me suis écriée;
Il a cru me surprendre, et l'a cru bien en vain,
Puisque son retour même est l'œuvre de ma main.
CLÉONE.
Mais, quoi que Rome fasse, et qu'Attale prétende,
Le moyen qu'à ses yeux Laodice se rende?
ARSINOÉ.
Et je n'engage aussi mon fils en cet amour
Qu'à dessein d'éblouir le roi, Rome et la cour.
Je n'en veux pas, Cléone, au sceptre d'Arménie:
Je cherche à m'assurer celui de Bithynie;
Et, si ce diadème une fois est à nous,
Que cette reine après se choisisse un époux.
Je ne la vais presser que pour la voir rebelle,
Que pour aigrir les cœurs de son amant et d'elle.
Le roi, que le Romain poussera vivement,
De peur d'offenser Rome agira chaudement,

Et ce prince, piqué d'une juste colère,
S'emportera sans doute, et bravera son père.
S'il est prompt et bouillant, le roi ne l'est pas moins;
Et, comme à l'échauffer j'appliquerai mes soins,
Pour peu qu'à de tels coups cet amant soit sensible,
Mon entreprise est sûre, et sa perte infaillible.
Voilà mon cœur ouvert, et tout ce qu'il prétend.
Mais dans mon cabinet Flaminius m'attend.
Allons et garde bien le secret de ta reine.
CLÉONE.
Vous me connaissez trop pour vous en mettre en peine.

ACTE DEUXIÈME

SCÈNE I

PRUSIAS, ARASPE.

PRUSIAS.
Revenir sans mon ordre, et se montrer ici !
ARASPE.
Seigneur, vous auriez tort d'en prendre aucun souci,
Et la haute vertu du prince Nicomède
Pour ce qu'on peut en craindre est un puissant remède;
Mais tout autre que lui devrait être suspect :
Un retour si soudain manque un peu de respect,
Et donne lieu d'entrer en quelque défiance
Des secrètes raisons de tant d'impatience.
PRUSIAS.
Je ne les vois que trop, et sa témérité
N'est qu'un pur attentat sur mon autorité :
Il n'en veut plus dépendre, et crois que ses conquêtes
Au-dessus de son bras ne laissent point de têtes;
Qu'il est lui seul sa règle, et que sans se trahir
Des héros tels que lui ne sauraient obéir.
ARASPE.
C'est d'ordinaire ainsi que ses pareils agissent.
A suivre leur devoir leurs hauts faits se ternissent;
Et ces grands cœurs, enflés du bruit de leurs combats,
Souverains dans l'armée, et parmi leurs soldats,
Font du commandement une douce habitude,
Pour qui l'obéissance est un métier bien rude.
PRUSIAS.
Dis tout, Araspe, dis que le nom de sujet
Réduit toute leur gloire en un rang trop abject;
Que, bien que leur naissance au trône les destine,
Si son ordre est trop lent, leur grand cœur s'en mutine;
Qu'un père garde trop un bien qui leur est dû,
Et qui perd ce bon prix étant trop attendu;
Qu'on voit naître de là mille sourdes pratiques
Dans le gros de son peuple, et dans ses domestiques;
Et que, si l'on ne va jusqu'à trancher le cours
De son règne ennuyeux et de ses tristes jours,
Du moins une insolente et fausse obéissance,
Lui laissant un vain titre, usurpe sa puissance.

ARASPE.
C'est ce que de tout autre il faudrait redouter,
Seigneur, et qu'en tout autre il faudrait arrêter.
Mais ce n'est pas pour vous un avis nécessaire;
Le prince est vertueux, et vous êtes bon père.
PRUSIAS.
Si je n'étais bon père, il serait criminel :
Il doit son innocence à l'amour paternel;
C'est lui seul qui l'excuse, et qui le justifie.
Ou lui seul qui me trompe, et qui me sacrifie !
Car je dois craindre enfin que sa haute vertu
Contre l'ambition n'ait en vain combattu,
Qu'il ne force en son cœur la nature à se taire.
Qui se lasse d'un roi peut se lasser d'un père;
Mille exemples sanglants nous peuvent l'enseigner:
Il n'est rien qui ne cède à l'ardeur de régner;
Et depuis qu'une fois elle nous inquiète,
La nature est aveugle, et la vertu muette.
Te le dirai-je, Araspe? il m'a trop bien servi;
Augmentant mon pouvoir, il me l'a tout ravi :
Il n'est plus mon sujet qu'autant qu'il le veut être;
Et qui me fait régner en effet est mon maître.
Pour paraître à mes yeux son mérite est trop grand:
On n'aime point à voir ceux à qui l'on doit tant.
Tout ce qu'il a fait parle au moment qu'il m'approche;
Et sa seule présence est un secret reproche :
Elle me dit toujours qu'il m'a fait trois fois roi;
Que je tiens plus de lui qu'il ne tiendra de moi;
Et que, si je lui laisse un jour une couronne,
Ma tête en porte trois que sa valeur me donne.
J'en rougis dans mon âme; et ma confusion,
Qui renouvelle et croît à chaque occasion,
Sans cesse offre à mes yeux cette vue importune,
Que qui m'en donne trois peut bien m'en ôter une;
Qu'il n'a qu'à l'entreprendre, et peut tout ce qu'il veut.
Juge, Araspe, où j'en suis s'il veut tout ce qu'il peut.
ARASPE.
Pour tout autre que lui je sais comme s'explique
La règle de la vraie et saine politique.
Aussitôt qu'un sujet s'est rendu trop puissant,
Encor qu'il soit sans crime, il n'est pas innocent :
On n'attend point alors qu'il s'ose tant permettre;
C'est un crime d'État que d'en pouvoir commettre;
Et qui sait bien régner l'empêche prudemment
De mériter un juste et plus grand châtiment,
Et prévient, par un ordre à tous deux salutaire,
Ou les maux qu'il prépare, ou ceux qu'il pourrait faire.
Mais, seigneur, pour le prince, il a trop de vertu;
Je vous l'ai déjà dit.
PRUSIAS.
Et m'en répondras-tu?
Me seras-tu garant de ce qu'il pourra faire
Pour venger Annibal, ou pour perdre son frère,
Et le prends-tu pour homme à voir d'un œil égal
Et l'amour de son frère, et la mort d'Annibal?
Non, ne nous flattons point, il court à sa vengeance;
Il en a le prétexte, il en a la puissance;
Il est l'astre naissant qu'adorent mes États;

Il est le dieu du peuple, et celui des soldats.
Sûr de ceux-ci, sans doute il vient soulever l'autre,
Fondre avec son pouvoir sur le reste du nôtre :
Mais ce peu qui m'en reste, encor que languissant,
N'est pas peut-être encor tout à fait impuissant.
Je veux bien toutefois agir avec adresse,
Joindre beaucoup d'honneur à bien peu de rudesse,
Le chasser avec gloire, et mêler doucement
Le prix de son mérite à mon ressentiment :
Mais, s'il ne m'obéit, ou s'il ose s'en plaindre,
Quoi qu'il ait fait pour moi, quoi que j'en voie à crain-
Dussé-je voir par là tout l'État hasardé... [dre,

ARASPE.

Il vient.

SCÈNE II

PRUSIAS, NICOMÈDE, ARASPE.

PRUSIAS.
Vous voilà, prince! et qui vous a mandé?
NICOMÈDE.
La seule ambition de pouvoir en personne
Mettre à vos pieds, seigneur, encore une couronne,
De jouir de l'honneur de vos embrassements,
Et d'être le témoin de vos contentements.
Après la Cappadoce heureusement unie
Aux royaumes du Pont et de la Bithynie,
Je viens remercier et mon père et mon roi
D'avoir eu la bonté de s'y servir de moi,
D'avoir choisi mon bras pour une telle gloire,
Et fait tomber sur moi l'honneur de sa victoire.

PRUSIAS.
Vous pouviez vous passer de mes embrassements,
Me faire par écrit de tels remercîments;
Et vous ne deviez pas envelopper d'un crime
Ce que votre victoire ajoute à votre estime.
Abandonner mon camp est un capital,
Inexcusable en tous, et plus au général;
Et tout autre que vous, malgré cette conquête,
Revenant sans mon ordre, eût payé de sa tête.

NICOMÈDE.
J'ai failli, je l'avoue, et mon cœur imprudent
A trop cru les transports d'un désir trop ardent :
L'amour que j'ai pour vous a commis cette offense,
Lui seul à mon devoir fait cette violence.
Si le bien de vous voir m'était moins précieux,
Je serais innocent, mais si loin de vos yeux, [me,
Que j'aime mieux, seigneur, en perdre un peu d'esti-
Et qu'un bonheur si grand me coûte un petit crime
Qui ne craindra jamais la plus sévère loi,
Si l'amour juge en vous ce qu'il a fait en moi.

PRUSIAS.
La plus mauvaise excuse est assez pour un père,
Et sous le nom d'un fils toute faute est légère.
Je ne veux voir en vous que mon unique appui :
Recevez tout l'honneur qu'on vous doit aujourd'hui.
L'ambassadeur romain me demande audience;
Il verra ce qu'en vous je prends de confiance;
Vous l'écouterez, prince, et répondrez pour moi.
Vous êtes aussi bien le véritable roi;
Je n'en suis plus que l'ombre, et l'âge ne m'en laisse
Qu'un vain titre d'honneur qu'on rend à ma vieillesse;
Je n'ai plus que que deux jours peut-être à le garder :
L'intérêt de l'État vous doit seul regarder.
Prenez-en aujourd'hui la marque la plus haute :
Mais gardez-vous aussi d'oublier votre faute,
Et, comme elle fait brèche au pouvoir souverain,
Pour la bien réparer, retournez dès demain.
Remettez en éclat la puissance absolue :
Attendez-la de moi comme je l'ai reçue,
Inviolable, entière; et n'autorisez pas
De plus méchants que vous à la mettre plus bas.
Le peuple qui vous voit, la cour qui vous contemple,
Vous désobéiraient sur votre propre exemple :
Donnez-leur-en un autre, et montrez à leurs yeux
Que nos premiers sujets obéissent le mieux.

NICOMÈDE.
J'obéirai, seigneur, et plus tôt qu'on ne pense;
Mais je demande un prix de mon obéissance.
La reine d'Arménie est due à ses États,
Et j'en vois les chemins ouverts par nos combats.
Il est temps qu'en son ciel cet astre aille reluire :
De grâce, accordez-moi l'honneur de l'y conduire.

PRUSIAS.
Il n'appartient qu'à vous, et cet illustre emploi
Demande un roi lui-même, ou l'héritier d'un roi;
Mais pour la renvoyer jusqu'en son Arménie
Vous savez qu'il y faut quelque cérémonie :
Tandis que je ferai préparer son départ,
Vous irez dans mon camp l'attendre de ma part.

NICOMÈDE.
Elle est prête à partir sans plus grand équipage.

PRUSIAS.
Je n'ai garde à son rang de faire un tel outrage.
Mais l'ambassadeur entre, il le faut écouter;
Puis nous verrons quel ordre on y doit apporter.

SCÈNE III

PRUSIAS, NICOMÈDE, FLAMINIUS, ARASPE.

FLAMINIUS.
Sur le point de partir, Rome, seigneur, me mande
Que je vous fasse encor pour elle une demande.
Elle a nourri vingt ans un prince votre fils;
Et vous pouvez juger des soins qu'elle en a pris
Par les hautes vertus et les illustres marques
Qui font briller en lui le sang de vos monarques.
Surtout il est instruit en l'art de bien régner :
C'est à vous de le croire, et de le témoigner.
Si vous faites état de cette nourriture [1],
Donnez ordre qu'il règne : elle vous en conjure;
Et vous offenseriez l'estime qu'elle en fait
Si vous le laissiez vivre et mourir en sujet.
Faites donc aujourd'hui que je lui puisse dire
Où vous lui destinez un souverain empire.

PRUSIAS.
Les soins qu'ont pris de lui le peuple et le sénat
Ne trouveront en moi jamais un père ingrat;
Je crois que pour régner il en a les mérites,
Et n'en veux point douter après ce que vous dites;
Mais vous voyez, seigneur, le prince son aîné,
Dont le bras généreux trois fois m'a couronné ;
Il ne fait que sortir encor d'une victoire ;
Et pourtant de hauts faits je lui dois quelque gloire :
Souffrez qu'il ait l'honneur de répondre pour moi.

NICOMÈDE.
Seigneur, c'est à vous seul de faire Attale roi.

PRUSIAS.
C'est votre intérêt seul que sa demande touche.

NICOMÈDE.
Le vôtre toutefois m'ouvrira seul la bouche.
De quoi se mêle Rome, et d'où prend le sénat,
Vous vivant, vous régnant, ce droit sur votre État ?
Vivez, régnez, seigneur, jusqu'à la sépulture,
Et laissez faire après, ou Rome, ou la nature.

PRUSIAS.
Pour de pareils amis il faut se faire effort.

NICOMÈDE.
Qui partage vos biens aspire à votre mort;
Et de pareils amis, en bonne politique...

PRUSIAS.
Ah ! ne me brouillez point avec la république;
Portez plus de respect à de tels alliés.

NICOMÈDE.
Je ne puis voir sous eux les rois humiliés ;
Et, quel que soit ce fils que Rome vous renvoie,
Seigneur, je lui rendrais son présent avec joie.
S'il est si bien instruit en l'art de commander,
C'est un rare trésor qu'elle devrait garder,
Et conserver chez soi sa chère nourriture*,
Ou pour le consulat, ou pour la dictature.

FLAMINIUS, à Prusias.
Seigneur, dans ce discours qui nous traite si mal,
Vous voyez un effet des leçons d'Annibal ;
Ce perfide ennemi de la grandeur romaine
N'en a mis en son cœur que mépris et que haine.

NICOMÈDE.
Non, mais il m'a surtout laissé ferme en ce point,
D'estimer beaucoup Rome, et ne la craindre point.
On me croit son disciple, et je le tiens à gloire ;
Et quand Flaminius attaque sa mémoire,
Il doit savoir qu'un jour il me fera raison
D'avoir réduit mon maître au secours du poison,
Et n'oublier jamais qu'autrefois ce grand homme
Commença par son père à triompher de Rome.

FLAMINIUS.
Ah ! c'est trop m'outrager !

NICOMÈDE.
N'outragez plus les morts.

PRUSIAS.
Et vous, ne cherchez point à former de discords* ;
Parlez et nettement sur ce qu'il me propose.

NICOMÈDE.
Eh bien ! s'il est besoin de répondre autre chose,
Attale doit régner, Rome l'a résolu ;
Et, puisqu'elle a partout un pouvoir absolu,
C'est aux rois d'obéir alors qu'elle commande.
Attale a le cœur grand, l'esprit grand, l'âme grande,
Et toutes les grandeurs dont se fait un grand roi.
Mais c'est trop que d'en croire un Romain sur sa foi,
Par quelque grand effet voyons s'il en est digne,
S'il a cette vertu, cette valeur insigne :
Donnez-lui votre armée, et voyons ces grands coups;
Qu'il en fasse pour lui ce que j'ai fait pour vous ;
Qu'il règne avec éclat sur sa propre conquête,
Et que de sa victoire il couronne sa tête.
Je lui prête mon bras, et veux dès maintenant,
S'il daigne s'en servir, être son lieutenant.
L'exemple des Romains m'autorise à le faire ;
Le fameux Scipion le fut bien de son frère ;
Et lorsque Antiochus fut par eux détrôné,
Sous les lois du plus jeune on vit marcher l'aîné.
Les bords de l'Hellespont, ceux de la mer Égée,
Le reste de l'Asie à nos côtés rangée,
Offrent une matière à son ambition...

FLAMINIUS.
Rome prend tout ce reste en sa protection ;
Et vous n'y pouvez plus étendre vos conquêtes
Sans attirer sur vous d'effroyables tempêtes.

NICOMÈDE.
J'ignore sur ce point les volontés du roi :
Mais peut-être qu'un jour je dépendrai de moi ;
Et nous verrons alors l'effet de ces menaces.
Vous pouvez cependant faire munir ces places,
Préparer un obstacle à mes nouveaux desseins,
Disposer de bonne heure un secours de Romains,
Et si Flaminius en est le capitaine,
Nous pourrons lui trouver un lac de Trasimène.

PRUSIAS.
Prince, vous abusez trop tôt de ma bonté :
Le rang d'ambassadeur doit être respecté ;
Et l'honneur souverain qu'ici je vous défère...

NICOMÈDE.
Ou laissez-moi parler, sire, ou faites-moi taire.
Je ne sais point répondre autrement pour un roi
A qui dessus son trône on veut faire la loi.

PRUSIAS.
Vous m'offensez moi-même en parlant de la sorte ;
Et vous devez dompter l'ardeur qui vous emporte.

NICOMÈDE.
Quoi ! je verrai, seigneur, qu'on borne vos États,
Qu'au milieu de ma course on m'arrête le bras,
Que de vous menacer on a même l'audace,
Et je ne rendrai point menace pour menace !
Et je remercîrai qui me dit hautement
Qu'il ne m'est plus permis de vaincre impunément !

PRUSIAS, à Flaminius.
Seigneur, vous pardonnez aux chaleurs de son âge ;
Le temps et la raison pourront le rendre sage.

NICOMÈDE.
La raison et le temps m'ouvrent assez les yeux,
Et l'âge ne fera que me les ouvrir mieux.
Si j'avais jusqu'ici vécu comme ce frère,

Avec une vertu qui fût imaginaire
(Car je l'appelle ainsi quand elle est sans effets ;
Et l'admiration de tant d'hommes parfaits
Dont il a vu dans Rome éclater le mérite,
N'est pas grande vertu si l'on ne les imite) ;
Si j'avais donc vécu dans ce même repos
Qu'il a vécu dans Rome auprès de ses héros,
Elle me laisserait la Bithynie entière,
Telle que de tout temps l'aîné la tient d'un père,
Et s'empresserait moins à le faire régner,
Si vos armes sous moi n'avaient su rien gagner :
Mais parce qu'elle voit avec la Bithynie
Par trois sceptres conquis trop de puissance unie,
Il faut la diviser ; et, dans ce beau projet,
Ce prince est trop bien né pour vivre mon sujet !
Puisqu'il peut la servir à me faire descendre,
Il a plus de vertu que n'en eut Alexandre ;
Et je lui dois quitter, pour le mettre en mon rang,
Le bien de mes aïeux, ou le prix de mon sang.
Grâces aux immortels, l'effort de mon courage
Et ma grandeur future ont mis Rome en ombrage :
Vous pouvez l'en guérir, seigneur, et promptement ;
Mais n'exigez d'un fils aucun consentement :
Le maître qui prit soin d'instruire ma jeunesse
Ne m'a jamais appris à faire une bassesse.

FLAMINIUS.

A ce que je puis voir, vous avez combattu,
Prince, par intérêt, plutôt que par vertu.
Les plus rares exploits que vous ayez pu faire
N'ont jeté qu'un dépôt sur la tête d'un père ;
Il n'est que gardien de leur illustre prix,
Et ce n'est que pour vous que vous avez conquis,
Puisque cette grandeur à son trône attachée
Sur nul autre que vous ne peut être épanchée.
Certes, je vous croyais un peu plus généreux :
Quand les Romains le sont, ils ne font rien pour eux.
Scipion, dont tantôt vous vantiez le courage,
Ne voulait point régner sur les murs de Carthage ;
Et de tout ce qu'il fit pour l'empire romain
Il n'en eut que la gloire et le nom d'Africain.
Mais on ne voit qu'à Rome une vertu si pure ;
Le reste de la terre est d'une autre nature.
Quant aux raisons d'État qui vous font concevoir
Que nous craignons en vous l'union du pouvoir,
Si vous en consultiez des têtes bien sensées,
Elles vous déferaient de ces belles pensées :
Par respect pour le roi je ne dis rien de plus,
Prenez quelque loisir de rêver là-dessus ;
Laissez moins de fumée à vos feux militaires,
Et vous pourrez avoir des visions plus claires.

NICOMÈDE.

Le temps pourra donner quelque décision
Si la pensée est belle ou si c'est vision.
Cependant...

FLAMINIUS.

Cependant, si vous trouvez des charmes
A pousser plus avant la gloire de vos armes,
Nous ne la bornons point ; mais comme il est permis
Contre qui que ce soit de servir ses amis,
Si vous ne le savez, je veux bien vous l'apprendre,
Et vous en donne avis pour ne vous pas surprendre.
Au reste, soyez sûr que vous posséderez
Tout ce qu'en votre cœur déjà vous dévorez ;
Le Pont sera pour vous avec la Galatie,
Avec la Cappadoce, avec la Bithynie.
Ce bien de vos aïeux, ce prix de votre sang,
Ne mettront point Attale en votre illustre rang ;
Et, puisque leur partage est pour vous un supplice,
Rome n'a pas dessein de vous faire injustice.
Ce prince régnera sans rien prendre sur vous.

(à Prusias.)

La reine d'Arménie a besoin d'un époux,
Seigneur, l'occasion ne peut être plus belle ;
Elle vit sous vos lois, et vous disposez d'elle.

NICOMÈDE.

Voilà le vrai secret de faire Attale roi,
Comme vous l'avez dit, sans rien prendre sur moi.
La pièce est délicate, et ceux qui l'ont tissue,
A de si longs détours font une digne issue.
Je n'y réponds qu'un mot, étant sans intérêt.
Traitez cette princesse en reine comme elle est :
Ne touchez point en elle aux droits du diadème ;
Ou pour les maintenir je périrai moi-même.
Je vous en donne avis, et que jamais les rois,
Pour vivre en nos États, ne vivent sous nos lois ;
Qu'elle seule en ces lieux d'elle-même dispose.

PRUSIAS.

N'avez-vous, Nicomède, à lui dire autre chose ?

NICOMÈDE.

Non, seigneur, si ce n'est que la reine, après tout,
Sachant ce que je puis, me pousse trop à bout.

PRUSIAS.

Contre elle, dans ma cour, que peut votre insolence ?

NICOMÈDE.

Rien du tout, que garder ou rompre le silence.
Une seconde fois, avisez, s'il vous plait,
A traiter Laodice en reine comme elle est ;
C'est moi qui vous en prie.

SCÈNE IV

PRUSIAS, FLAMINIUS, ARASPE.

FLAMINIUS.

Eh quoi ! toujours obstacle ?

PRUSIAS.

De la part d'un amant ce n'est pas grand miracle.
Cet orgueilleux esprit, enflé de ses succès,
Pense bien de son cœur nous empêcher l'accès :
Mais il faut que chacun suive sa destinée.
L'amour entre les rois ne fait pas l'hyménée,
Et les raisons d'État, plus fortes que ses nœuds,
Trouvent bien les moyens d'en éteindre les feux.

FLAMINIUS.

Comme elle a de l'amour, elle aura du caprice.

PRUSIAS.

Non, non ; je vous réponds, seigneur, de Laodice :
Mais enfin elle est reine, et cette qualité
Semble exiger de nous quelque civilité.

J'ai sur elle après tout une puissance entière,
Mais j'aime à la cacher sous le nom de prière.
Rendons-lui donc visite; et, comme ambassadeur,
Proposez cet hymen vous-même à sa grandeur.
Je seconderai Rome, et veux vous introduire.
Puisqu'elle est en nos mains, l'amour ne nous peut [nuire.
Allons de sa réponse à votre compliment
Prendre l'occasion de parler hautement.

ACTE TROISIÈME

SCÈNE I

PRUSIAS, FLAMINIUS, LAODICE.

PRUSIAS.
Reine, puisque ce titre a pour vous tant de charmes,
Sa perte vous devrait donner quelques alarmes :
Qui tranche trop du roi ne règne pas longtemps.
LAODICE.
J'observerai, seigneur, ces avis importants;
Et, si jamais je règne, on verra la pratique
D'une si salutaire et noble politique.
PRUSIAS.
Vous vous mettez fort mal au chemin de régner.
LAODICE.
Seigneur, si je m'égare, on peut me l'enseigner.
PRUSIAS.
Vous méprisez trop Rome, et vous devriez faire
Plus d'estime d'un roi qui vous tient lieu de père.
LAODICE.
Vous verriez qu'à tous deux je rends ce que je dois,
Si vous vouliez mieux voir ce que c'est qu'être roi.
Recevoir ambassade en qualité de reine,
Ce serait à vos yeux faire la souveraine,
Entreprendre sur vous, et dedans votre État
Sur votre autorité commettre un attentat :
Je la refuse donc, seigneur, et me dénie
L'honneur qui ne m'est dû que dans mon Arménie.
C'est là que sur mon trône avec plus de splendeur
Je puis honorer Rome en son ambassadeur,
Faire réponse en reine, et comme le mérite
Et de qui l'on me parle, et qui m'en sollicite.
Ici c'est un métier que je n'entends pas bien,
Car hors de l'Arménie enfin je ne suis rien;
Et ce grand nom de reine ailleurs ne m'autorise
Qu'à n'y voir point de trône à qui je sois soumise,
A vivre indépendante, et n'avoir en tous lieux
Pour souverains que moi, la raison, et les dieux.
PRUSIAS.
Ces dieux vos souverains, et le roi votre père,
De leur pouvoir sur vous m'ont fait dépositaire;
Et vous pourrez peut-être apprendre une autre fois
Ce que c'est en tous lieux que la raison des rois.

Pour en faire l'épreuve allons en Arménie;
Je vais vous y remettre en bonne compagnie;
Partons; et dès demain, puisque vous le voulez,
Préparez-vous à voir vos pays désolés;
Préparez-vous à voir par toute votre terre
Ce qu'ont de plus affreux les fureurs de la guerre,
Des montagnes de morts, des rivières de sang.
LAODICE.
Je perdrai mes Etats, et garderai mon rang;
Et ces vastes malheurs où mon orgueil me jette
Me feront votre esclave, et non votre sujette :
Ma vie est en vos mains, mais non ma dignité.
PRUSIAS.
Nous ferons bien changer ce courage indompté,
Et quand vos yeux, frappés de toutes ces misères,
Verront Attale assis au trône de vos pères,
Alors, peut-être, alors vous le prîrez en vain
Que pour y remonter il vous donne la main.
LAODICE.
Si jamais jusque-là votre guerre m'engage,
Je serai bien changée et d'âme et de courage.
Mais peut-être, seigneur, vous n'irez pas si loin :
Les dieux de ma fortune auront un peu de soin;
Ils vous inspireront, ou trouveront un homme
Contre tant de héros que vous prêtera Rome.
PRUSIAS.
Sur un présomptueux vous fondez votre appui;
Mais il court à sa perte, et vous traîne avec lui.
Pensez-y bien, madame, et faites-vous justice,
Choisissez d'être reine, ou d'être Laodice;
Et, pour dernier avis que vous aurez de moi,
Si vous voulez régner faites Attale roi.
Adieu.

SCÈNE II

FLAMINIUS, LAODICE.

FLAMINIUS.
Madame, enfin une vertu parfaite...
LAODICE.
Suivez le roi, seigneur, votre ambassade est faite;
Et je vous dis encor, pour ne vous point flatter,
Qu'ici je ne la dois ni la veux écouter.
FLAMINIUS.
Et je vous parle aussi, dans ce péril extrême,
Moins en ambassadeur qu'en homme qui vous aime,
Et qui, touché du sort que vous vous préparez,
Tâche à rompre le cours des maux où vous courez.
J'ose donc comme ami vous dire en confidence
Qu'une vertu parfaite a besoin de prudence,
Et doit considérer, pour son propre intérêt,
Et les temps où l'on vit, et les lieux où l'on est.
La grandeur de courage en une âme royale
N'est sans cette vertu qu'une vertu brutale,
Que son mérite aveugle, et qu'un faux jour d'honneur
Jette en un tel divorce avec le vrai bonheur,
Qu'elle-même se livre à ce qu'elle doit craindre,
Ne se fait admirer que pour se faire plaindre,

Que pour nous pouvoir dire, après un grand soupir,
« J'avais droit de régner, et n'ai su m'en servir. »
Vous irritez un roi dont vous voyez l'armée
Nombreuse, obéissante, à vaincre accoutumée;
Vous êtes en ses mains, vous vivez dans sa cour.

LAODICE.

Je ne sais si l'honneur eut jamais un faux jour,
Seigneur; mais je veux bien vous répondre en amie.
 Ma prudence n'est pas tout à fait endormie;
Et, sans examiner par quel destin jaloux
La grandeur de courage est si mal avec vous,
Je veux vous faire voir que celle que j'étale
N'est pas tant qu'il vous semble une vertu brutale;
Que, si j'ai droit au trône, elle s'en veut servir,
Et sait bien repousser qui me le veut ravir.
 Je vois sur la frontière une puissante armée,
Comme vous l'avez dit, à vaincre accoutumée;
Mais par quelle conduite, et sous quel général?
Le roi, s'il s'en fait fort, pourrait s'en trouver mal,
Et, s'il voulait passer de son pays au nôtre,
Je lui conseillerais de s'assurer d'un autre.
Mais je vis dans sa cour, je suis dans ses États,
Et j'ai peu de raison de ne le craindre pas.
Seigneur, dans sa cour même, et hors de l'Arménie
La vertu trouve appui contre la tyrannie.
Tout son peuple a des yeux pour voir quel attentat
Font sur le bien public les maximes d'État :
Il connaît Nicomède, il connaît sa marâtre,
Il en sait, il en voit la haine opiniâtre;
Il voit la servitude où le roi s'est soumis,
Et connaît d'autant mieux les dangereux amis.
 Pour moi, que vous croyez au bord du précipice,
Bien loin de mépriser Attale par caprice,
J'évite les mépris qu'il recevrait de moi
S'il tenait de ma main la qualité de roi.
Je le regarderais comme une âme commune,
Comme un homme mieux né pour une autre fortune,
Plus mon sujet qu'époux, et le nœud conjugal
Ne le tirerait pas de ce rang inégal.
Mon peuple à mon exemple en ferait peu d'estime.
Ce serait trop, seigneur, pour un cœur magnanime :
Mon refus lui fait grâce, et, malgré ses désirs,
J'épargne à sa vertu d'éternels déplaisirs.

FLAMINIUS.

Si vous me dites vrai, vous êtes ici reine :
Sur l'armée et la cour je vous vois souveraine;
Le roi n'est qu'une idée, et n'a de son pouvoir
Que ce que par pitié vous lui laissez avoir.
Quoi! même vous allez jusques à faire grâce!
Après cela, madame, excusez mon audace;
Souffrez que Rome enfin vous parle par ma voix :
Recevoir ambassade est encor de vos droits;
Ou, si ce nom vous choque ailleurs qu'en Arménie,
Comme simple Romain souffrez que je vous die
Qu'être allié de Rome, et s'en faire un appui,
C'est l'unique moyen de régner aujourd'hui;
Que c'est par là qu'on tient ses voisins en contrainte,
Ses peuples en repos, ses ennemis en crainte;
Qu'un prince est dans son trône à jamais affermi

Quand il est honoré du nom de son ami;
Qu'Attale avec ce titre est plus roi, plus monarque
Que tous ceux dont le front ose en porter la marque;
Et qu'enfin...

LAODICE.

Il suffit; je vois bien ce que c'est :
Tous les rois ne sont rois qu'autant comme il vous [plaît;
Mais si de leurs États Rome à son gré dispose,
Certes pour son Attale elle fait peu de chose;
Et qui tient en sa main tant de quoi lui donner
A mendier pour lui devrait moins s'obstiner?
Pour un prince si cher sa réserve m'étonne :
Que ne me l'offre-t-elle avec une couronne?
C'est trop m'importuner en faveur d'un sujet,
Moi qui tiendrais un roi pour un indigne objet,
S'il venait par votre ordre, et si votre alliance
Souillait entre ses mains la suprême puissance.
Ce sont des sentiments que je ne puis trahir :
Je ne veux point de rois qui sachent obéir;
Et, puisque vous voyez mon âme tout entière,
Seigneur, ne perdez plus menace ni prière

FLAMINIUS.

Puis-je ne pas vous plaindre en cet aveuglement?
Madame, encore un coup, pensez-y mûrement.
Songez mieux ce qu'est Rome et ce qu'elle peut faire;
Et, si vous vous aimez, craignez de lui déplaire.
Carthage étant détruite, Antiochus défait,
Rien de nos volontés ne peut troubler l'effet;
Tout fléchit sur la terre et tout tremble sur l'onde;
Et Rome est aujourd'hui la maîtresse du monde.

LAODICE.

La maîtresse du monde! Ah! vous me feriez peur
S'il ne s'en fallait pas l'Arménie et mon cœur,
Si le grand Annibal n'avait su la défendre,
S'il ne revivait pas au prince Nicomède,
Et s'il n'avait laissé dans de si dignes mains
L'infaillible secret de vaincre les Romains.
Un si vaillant disciple aura bien le courage
D'en mettre jusqu'au bout les leçons en usage :
L'Asie en fait l'épreuve, où trois sceptres conquis
Font voir en quelle école il en a tant appris. [être
Ce sont des coups d'essai, mais si grands que peut-
Le Capitole a droit d'en craindre un coup de maître,
Et qu'il ne puisse un jour...

FLAMINIUS.

Ce jour est encor loin,
Madame, et quelques-uns vous diront, au besoin,
Quels dieux du haut en bas renversent les profanes,
Et que, même au sortir de Trébie et de Cannes,
Son ombre épouvanta votre grand Annibal.
Mais le voici ce bras à Rome si fatal.

SCÈNE III

NICOMÈDE, LAODICE, FLAMINIUS.

NICOMÈDE.

Ou Rome à ses agents donne un pouvoir bien large,

Ou vous êtes bien long à faire votre charge.
FLAMINIUS.
Je sais quel est mon ordre; et, si j'en sors ou non,
C'est à d'autres qu'à vous que j'en rendrai raison.
NICOMÈDE.
Allez-y donc, de grâce, et laissez à ma flamme
Le bonheur à son tour d'entretenir madame :
Vous avez dans son cœur fait de si grands progrès,
Et vos discours pour elle ont de si grands attraits,
Que sans de grands efforts je n'y pourrai détruire
Ce que votre harangue y voulait introduire.
FLAMINIUS.
Les malheurs où la plonge une indigne amitié
Me faisaient lui donner un conseil par pitié.
NICOMÈDE.
Lui donner de la sorte un conseil charitable,
C'est être ambassadeur et tendre et pitoyable.
Vous a-t-il conseillé beaucoup de lâchetés,
Madame ?
FLAMINIUS.
Ah! c'en est trop ; et vous vous emportez.
NICOMÈDE.
Je m'emporte ?
FLAMINIUS.
Sachez qu'il n'est point de contrée
Où d'un ambassadeur la dignité sacrée...
NICOMÈDE.
Ne nous vantez plus tant son rang et sa splendeur:
Qui fait le conseiller n'est plus ambassadeur,
Il excède sa charge, et lui-même y renonce.
Mais dites-moi, madame, a-t-il eu sa réponse ?
LAODICE.
Oui, seigneur.
NICOMÈDE.
Sachez donc que je ne vous prends plus
Que pour l'agent d'Attale, et pour Flaminius;
Et, si vous me fâchiez, j'ajouterais peut-être
Que pour l'empoisonneur d'Annibal, de mon maître.
Voilà tous les honneurs que vous aurez de moi:
S'ils ne vous satisfont, allez vous plaindre au roi.
FLAMINIUS.
Il me fera justice, encor qu'il soit bon père;
Ou Rome à son refus se la saura bien faire.
NICOMÈDE.
Allez de l'un et l'autre embrasser les genoux.
FLAMINIUS.
Les effets répondront; prince, pensez à vous.
NICOMÈDE.
Cet avis est plus propre à donner à la reine.

SCÈNE IV

NICOMÈDE, LAODICE.

NICOMÈDE.
Ma générosité cède enfin à sa haine :
Je l'épargnais assez pour ne découvrir pas
Les infâmes projets de ses assassinats ;
Mais enfin on m'y force, et tout son crime éclate.

J'ai fait entendre au roi Zénon et Métrobate;
Et, comme leur rapport a de quoi l'étonner,
Lui-même il prend le soin de les examiner.
LAODICE.
Je ne sais pas, seigneur, quelle en sera la suite;
Mais je ne comprends point toute cette conduite,
Ni comme à cet éclat la reine vous contraint.
Plus elle vous doit craindre, et moins elle vous craint,
Et plus vous la pouvez accabler d'infamie,
Plus elle vous attaque en mortelle ennemie.
NICOMÈDE.
Elle prévient ma plainte, et cherche adroitement
A la faire passer pour un ressentiment;
Et ce masque trompeur de fausse hardiesse
Nous déguise sa crainte, et couvre sa faiblesse.
LAODICE.
Les mystères de cour souvent sont si cachés
Que les plus clairvoyants y sont bien empêchés.
Lorsque vous n'étiez point ici pour me défendre,
Je n'avais contre Attale aucun combat à rendre;
Rome ne songeait point à troubler notre amour :
Bien plus, on ne vous souffre ici que ce seul jour;
Et dans ce même jour Rome, en votre présence,
Avec chaleur pour lui presse mon alliance.
Pour moi, je ne vois goutte en ce raisonnement
Qui n'attend point le temps de votre éloignement,
Et j'ai devant les yeux toujours quelque nuage
Qui m'offusque la vue, et m'y jette un ombrage.
Le roi chérit sa femme, il craint Rome, et pour vous,
S'il ne voit vos hauts faits d'un œil un peu jaloux,
Du moins, à dire tout, je ne saurais vous taire
Qu'il est trop bon mari pour être assez bon père.
Voyez quel contre-temps Attale prend ici !
Qui l'appelle avec nous ? quel projet ? quel souci ?
Je conçois mal, seigneur, ce qu'il faut que j'en pense;
Mais j'en romprai le coup, s'il y faut ma présence.
Je vous quitte.

SCÈNE V

NICOMÈDE, ATTALE, LAODICE.

ATTALE.
Madame, un si doux entretien
N'est plus charmant pour vous quand j'y mêle le mien.
LAODICE.
Votre importunité, que j'ose dire extrême,
Me peut entretenir en un autre moi-même :
Il connaît tout mon cœur, et répondra pour moi,
Comme à Flaminius il a fait pour le roi.

SCÈNE VI

NICOMÈDE, ATTALE.

ATTALE.
Puisque c'est la chasser, seigneur, je me retire.
NICOMÈDE.
Non, non; j'ai quelque chose aussi bien à vous dire,
Prince. J'avais mis bas, avec le nom d'aîné,

L'avantage du trône où je suis destiné ;
Et voulant seul ici défendre ce que j'aime,
Je vous avais prié de l'attaquer de même,
Et de ne mêler point surtout dans vos desseins
Ni le secours du roi, ni celui des Romains.
Mais, ou vous n'avez pas la mémoire fort bonne,
Ou vous n'y mettez rien de ce qu'on vous ordonne.
ATTALE.
Seigneur, vous me forcez à m'en souvenir mal,
Quand vous n'achevez pas de rendre tout égal.
Vous vous défaites bien de quelques droits d'aînesse :
Mais vous défaites-vous du cœur de la princesse,
De toutes les vertus qui vous en font aimer,
Des hautes qualités qui savent tout charmer,
De trois sceptres conquis, du gain de six batailles,
Des glorieux assauts de plus de cent murailles?
Avec de tels seconds rien n'est pour vous douteux.
Rendez donc la princesse égale entre nous deux :
Ne lui laissez plus voir ce long amas de gloire
Qu'à pleines mains sur vous a versé la victoire ;
Et faites qu'elle puisse oublier une fois
Et vos rares vertus et vos fameux exploits ;
Ou contre son amour, contre votre vaillance,
Souffrez Rome et le roi dedans l'autre balance :
Le peu qu'ils ont gagné vous fait assez juger
Qu'ils n'y mettront jamais qu'un contre-poids léger.
NICOMÈDE.
C'est n'avoir pas perdu tout votre temps à Rome,
Que vous savoir ainsi défendre en galant homme :
Vous avez de l'esprit, si vous n'avez du cœur.

SCÈNE VII

ARSINOÉ, NICOMÈDE, ATTALE, ARASPE.

ARASPE.
Seigneur, le roi vous mande.
NICOMÈDE.
          Il me mande?
ARASPE.
                   Oui, seigneur.
ARSINOÉ.
Prince, la calomnie est aisée à détruire.
NICOMÈDE.
J'ignore à quel sujet vous m'en venez instruire,
Moi qui ne doute point de cette vérité,
Madame.
ARSINOÉ.
      Si jamais vous n'en aviez douté,
Prince, vous n'auriez pas, sous l'espoir qui vous flat-
Amené de si loin Zénon et Métrobate. [te,
NICOMÈDE.
Je m'obstinais, madame, à tout dissimuler :
Mais vous m'avez forcé de les faire parler.
ARSINOÉ.
La vérité les force, et mieux que vos largesses. [ses ;
Ces hommes du commun tiennent mal leurs promes-
Tous deux en ont plus dit qu'ils n'avaient résolu.
NICOMÈDE.
J'en suis fâché pour vous, mais vous l'avez voulu.
ARSINOÉ.
Je le veux bien encor, et je n'en suis fâchée
Que d'avoir vu par là votre vertu tachée,
Et qu'il faille ajouter à vos titres d'honneur
La noble qualité de mauvais suborneur.
NICOMÈDE.
Je les ai subornés contre vous à ce compte?
ARSINOÉ.
J'en ai le déplaisir, vous en aurez la honte.
NICOMÈDE.
Et vous pensez par là leur ôter tout crédit?
ARSINOÉ.
Non, seigneur ; je me tiens à ce qu'ils en ont dit.
NICOMÈDE.
Qu'ont-ils dit qui vous plaise, et que vous vouliez
ARSINOÉ. [croire?
Deux mots de vérité qui vous comblent de gloire.
NICOMÈDE.
Peut-on savoir de vous ces deux mots importants?
ARASPE.
Seigneur, le roi s'ennuie, et vous tardez longtemps.
ARSINOÉ.
Vous les saurez de lui, c'est trop le faire attendre.
NICOMÈDE.
Je commence, madame, enfin à vous entendre :
Son amour conjugal, chassant le paternel,
Vous fera l'innocente, et moi le criminel.
Mais...
ARSINOÉ.
    Achevez, seigneur ; ce mais, que veut-il dire?
NICOMÈDE.
Deux mots de vérité qui font que je respire.
ARSINOÉ.
Peut-on savoir de vous ces deux mots importants?
NICOMÈDE.
Vous les saurez du roi ; je tarde trop longtemps.

SCÈNE VIII

ARSINOÉ, ATTALE.

ARSINOÉ.
Nous triomphons, Attale ; et ce grand Nicomède
Voit quelle digne issue à ses fourbes succède.
Les deux accusateurs que lui-même a produits,
Que pour l'assassiner je dois avoir séduits,
Pour me calomnier subornés par lui-même,
N'ont su bien soutenir un si noir stratagème.
Tous deux m'ont accusée, et tous deux avoué
L'infâme et lâche tour qu'un prince m'a joué.
Qu'en présence des rois les vérités sont fortes !
Que pour sortir d'un cœur elles trouvent de portes!
Qu'on en voit le mensonge aisément confondu ! [du.
Tous deux voulaient me perdre, et tous deux l'ont per-
ATTALE.
Je suis ravi de voir qu'une telle imposture
Ait laissé votre gloire et plus grande et plus pure ;

Mais pour l'examiner, et bien voir ce que c'est,
Si vous pouviez vous mettre un peu hors d'intérêt,
Vous ne pourriez jamais, sans un peu de scrupule,
Avoir pour deux méchants une âme si crédule.
Ces perfides tous deux se sont dits aujourd'hui
Et subornés par vous, et subornés par lui :
Contre tant de vertus, contre tant de victoires,
Doit-on quelque croyance à des âmes si noires ?
Qui se confesse traître est indigne de foi.

ARSINOÉ.
Vous êtes généreux, Attale, et je le vois ;
Même de vos rivaux la gloire vous est chère.

ATTALE.
Si je suis son rival, je suis aussi son frère ;
Nous ne sommes qu'un sang, et ce sang dans mon
A peine à le passer pour calomniateur.   [cœur

ARSINOÉ.
Et vous en avez moins à me croire assassine,
Moi, dont la perte est sûre à moins que sa ruine ?

ATTALE.
Si contre lui j'ai peine à croire ces témoins,
Quand ils vous accusaient je les croyais bien moins.
Votre vertu, madame, est au-dessus du crime.
Souffrez donc que pour lui je garde un peu d'estime :
La sienne dans la cour lui fait mille jaloux,
Dont quelqu'un a voulu le perdre auprès de vous ;
Et ce lâche attentat n'est qu'un trait de l'envie
Qui s'efforce à noircir une si belle vie.
  Pour moi, si par soi-même on peut juger d'autrui,
Ce que je sens en moi, je le présume en lui.
Contre un si grand rival j'agis à force ouverte,
Sans blesser son honneur, sans pratiquer sa perte.
J'emprunte du secours, et le fais hautement ;
Je crois qu'il n'agit pas moins généreusement,
Qu'il n'a que les desseins où sa gloire l'invite,
Et n'oppose à mes vœux que son propre mérite.

ARSINOÉ.
Vous êtes peu du monde, et savez mal la cour.

ATTALE.
Est-ce autrement qu'en prince on doit traiter l'amour ?

ARSINOÉ.
Vous le traitez, mon fils, et parlez en jeune homme.

ATTALE.
Madame, je n'ai vu que des vertus à Rome.

ARSINOÉ.
Le temps vous apprendra, par de nouveaux emplois,
Quelles vertus il faut à la suite des rois.
Cependant, si le prince est encor votre frère,
Souvenez-vous aussi que je suis votre mère ;
Et, malgré les soupçons que vous avez conçus,
Venez savoir du roi ce qu'il croit là-dessus.

ACTE QUATRIÈME

SCÈNE I

PRUSIAS, ARSINOÉ, ARASPE

PRUSIAS.
Faites venir le prince, Araspe.
           (*Araspe rentre.*)
                    Et vous, madame,
Retenez des soupirs dont vous me percez l'âme.
Quel besoin d'accabler mon cœur de vos douleurs,
Quand vous y pouvez tout sans le secours des pleurs ?
Quel besoin que ces pleurs prennent votre défense ?
Douté-je de son crime ou de votre innocence ?
Et reconnaissez-vous que tout ce qu'il m'a dit
Par quelque impression ébranle mon esprit ?

ARSINOÉ.
Ah ! seigneur, est-il rien qui répare l'injure
Que fait à l'innocence un moment d'imposture ?
Et peut-on voir mensonge assez tôt avorté
Pour rendre à la vertu toute sa pureté ?
Il en reste toujours quelque indigne mémoire
Qui porte une souillure à la plus haute gloire.
Combien en votre cour est-il de médisants !
Combien le prince a-t-il d'aveugles partisans,
Qui, sachant une fois qu'on m'a calomniée,
Croiront que votre amour m'a seul justifiée !
Et si la moindre tache en demeure à mon nom,
Si le moindre du peuple en conserve un soupçon,
Suis-je digne de vous ? et de telles alarmes
Touchent-elles trop peu pour mériter mes larmes ?

PRUSIAS.
Ah ! c'est trop de scrupule, et trop mal présumer
D'un mari qui vous aime, et qui vous doit aimer.
La gloire est plus solide après la calomnie,
Et brille d'autant mieux qu'elle s'en vit ternie.
Mais voici Nicomède, et je veux qu'aujourd'hui...

SCÈNE II

PRUSIAS, ARSINOÉ, NICOMÈDE, ARASPE,
GARDES.

ARSINOÉ.
Grâce, grâce, seigneur, à notre unique appui !
Grâce à tant de lauriers en sa main si fertiles !
Grâce à ce conquérant, à ce preneur de villes !
Grâce...

NICOMÈDE.
    De quoi, madame ? est-ce d'avoir conquis
Trois sceptres, que ma perte expose à votre fils ?
D'avoir porté si loin vos armes dans l'Asie,
Que même votre Rome en a pris jalousie ?
D'avoir trop soutenu la majesté des rois ?
Trop rempli votre cour du bruit de mes exploits ?
Trop du grand Annibal pratiqué les maximes ?

S'il faut grâce pour moi, choisissez de mes crimes,
Les voilà tous, madame; et si vous y joignez
D'avoir cru des méchants par quelque autre gagnés,
D'avoir une âme ouverte, une franchise entière,
Qui, dans leur artifice, a manqué de lumière,
C'est gloire et non pas crime à qui ne voit le jour
Qu'au milieu d'une armée, et loin de votre cour,
Qui n'a que la vertu de son intelligence,
Et, vivant sans remords, marche sans défiance.

ARSINOÉ.

Je m'en dédis, seigneur; il n'est point criminel.
S'il m'a voulu noircir d'un opprobre éternel,
Il n'a fait qu'obéir à la haine ordinaire
Qu'imprime à ses pareils le nom de belle-mère.
De cette aversion son cœur préoccupé
M'impute tous les traits dont il se sent frappé.
Que son maître Annibal, malgré la foi publique,
S'abandonne aux fureurs d'une terreur panique;
Que ce vieillard confie et gloire et liberté
Plutôt au désespoir qu'à l'hospitalité;
Ces terreurs, ces fureurs sont de mon artifice.
Quelque appas que lui-même il trouve en Laodice,
C'est moi qui fais qu'Attale a des yeux comme lui ;
C'est moi qui force Rome à lui servir d'appui ;
De cette seule main part tout ce qui le blesse;
Et pour venger ce maître et sauver sa maîtresse,
S'il a tâché, seigneur, de m'éloigner de vous,
Tout est trop excusable en un amant jaloux.
Ce faible et vain effort ne touche point mon âme.
Je sais que tout mon crime est d'être votre femme;
Que ce nom seul l'oblige à me persécuter :
Car enfin hors de là que peut-il m'imputer?
Ma voix, depuis dix ans qu'il commande une armée,
A-t-elle refusé d'enfler sa renommée?
Et lorsqu'il l'a fallu puissamment secourir,
Que la moindre longueur l'aurait laissé périr,
Quel autre a mieux pressé les secours nécessaires?
Qui l'a mieux dégagé de ses destins contraires?
A-t-il eu près de vous un plus soigneux agent
Pour hâter les renforts et d'hommes et d'argent?
Vous le savez, seigneur, et pour reconnaissance,
Après l'avoir servi de toute ma puissance,
Je vois qu'il a voulu me perdre auprès de vous:
Mais tout est excusable en un amant jaloux ;
Je vous l'ai déjà dit.

PRUSIAS.

Ingrat! que peux-tu dire?

NICOMÈDE.

Que la reine a pour moi des bontés que j'admire.
Je ne vous dirai point que ces puissants secours
Dont elle a conservé mon honneur et mes jours,
Et qu'avec tant de pompe à vos yeux elle étale,
Travaillaient par ma main à la grandeur d'Attale;
Que par mon propre bras elle amassait pour lui,
Et préparait dès lors ce qu'on voit aujourd'hui.
Par quelques sentiments qu'elle ait été poussée,
J'en laisse le ciel juge, il connaît sa pensée;
Il sait pour mon salut comme elle a fait des vœux;
Il lui rendra justice, et peut-être à tous deux.

Cependant, puisque enfin l'apparence est si belle,
Elle a parlé pour moi, je dois parler pour elle,
Et pour son intérêt vous faire souvenir
Que vous laissez longtemps deux méchants à punir.
Envoyez Métrobate et Zénon au supplice.
Sa gloire attend de vous ce digne sacrifice :
Tous deux l'ont accusée; et s'ils s'en sont dédits
Pour la faire innocente et charger votre fils,
Ils n'ont rien fait pour eux, et leur mort est trop juste
Après s'être joués d'une personne auguste.
L'offense une fois faite à ceux de notre rang
Ne se répare point que par des flots de sang :
On n'en fut jamais quitte ainsi pour s'en dédire.
Il faut sous les tourments que l'imposture expire;
Ou vous exposeriez tout votre sang royal
A la légèreté d'un esprit déloyal.
L'exemple est dangereux et hasarde nos vies,
S'il met en sûreté de telles calomnies.

ARSINOÉ.

Quoi! seigneur, les punir de la sincérité
Qui soudain dans leur bouche a mis la vérité,
Qui vous a contre moi sa fourbe* découverte,
Qui vous rend votre femme et m'arrache à ma perte,
Qui vous a retenu d'en prononcer l'arrêt;
Et couvrir tout cela de mon seul intérêt!
C'est être trop adroit, prince, et trop bien l'entendre.

PRUSIAS.

Laisse là Métrobate, et songe à te défendre.
Purge-toi d'un forfait si honteux et si bas.

NICOMÈDE.

M'en purger! moi, seigneur! vous ne le croyez pas!
Vous ne savez que trop qu'un homme de ma sorte,
Quand il se rend coupable, un peu plus haut se porte,
Qu'il lui faut un grand crime à tenter son devoir,
Où sa gloire se sauve à l'ombre du pouvoir.
Soulever votre peuple, et jeter votre armée
Dedans les intérêts d'une reine opprimée;
Venir, le bras levé, la tirer de vos mains,
Malgré l'amour d'Attale et l'effort des Romains,
Et fondre en vos pays contre leur tyrannie
Avec tous vos soldats et toute l'Arménie :
C'est ce que pourrait faire un homme tel que moi,
S'il pouvait se résoudre à vous manquer de foi.
La fourbe* n'est le jeu que des petites âmes,
Et c'est là proprement le partage des femmes.
Punissez donc, seigneur, Métrobate et Zénon;
Pour la reine, ou pour moi, faites-vous-en raison.
A ce dernier moment la conscience presse;
Pour rendre compte aux dieux tout respect humain
Et ces esprits légers, approchant des abois, [cesse;
Pourraient bien se dédire une seconde fois.

ARSINOÉ.

Seigneur...

NICOMÈDE.

Parlez, madame, et dites quelle cause
A leur juste supplice obstinément s'oppose;
Ou laissez-nous penser qu'aux portes du trépas
Ils auraient des remords qui ne vous plairaient pas.

ARSINOÉ.

Vous voyez à quel point sa haine m'est cruelle ;
Quand je le justifie, il me fait criminelle :
Mais sans doute, seigneur, ma présence l'aigrit,
Et mon éloignement remettra son esprit ;
Il rendra quelque calme à son cœur magnanime,
Et lui pourra sans doute épargner plus d'un crime.
  Je ne demande point que par compassion
Vous assuriez un sceptre à ma protection,
Ni que, pour garantir la personne d'Attale,
Vous partagiez entre eux la puissance royale ;
Si vos amis de Rome en ont pris quelque soin,
C'était sans mon aveu, je n'en ai pas besoin.
Je n'aime point si mal que de ne vous pas suivre,
Sitôt qu'entre mes bras vous cesserez de vivre ;
Et sur votre tombeau mes premières douleurs
Verseront tout ensemble et mon sang et mes pleurs.

PRUSIAS.

Ah ! madame !

ARSINOÉ.

  Oui, seigneur, cette heure infortunée
Par mes derniers soupirs clora ma destinée ;
Et, puisque ainsi jamais il ne sera mon roi,
Qu'ai-je à craindre de lui, que peut-il contre moi ?
Tout ce que je demande en faveur de ce gage,
De ce fils qui déjà lui donne tant d'ombrage,
C'est que chez les Romains il retourne achever
Des jours que dans leur sein vous fîtes élever,
Qu'il retourne y traîner, sans péril et sans gloire,
De votre amour pour moi l'impuissante mémoire.
Ce grand prince vous sert, et vous servira mieux
Quand il n'aura plus rien qui lui blesse les yeux :
Et n'appréhendez point Rome, ni sa vengeance ;
Contre tout son pouvoir il a trop de vaillance :
Il sait tous les secrets du fameux Annibal,
De ce héros à Rome en tous lieux si fatal.
Que l'Asie et l'Afrique admirent l'avantage
Qu'en tire Antiochus, et qu'en reçut Carthage.
Je me retire donc afin qu'en liberté
Les tendresses du sang pressent votre bonté
Et je ne veux plus voir, ni qu'en votre présence
Un prince que j'estime indignement m'offense,
Ni que je sois forcée à vous mettre en courroux
Contre un fils si vaillant et si digne de vous.

SCÈNE III

PRUSIAS, NICOMÈDE, ARASPE.

PRUSIAS.

Nicomède, en deux mots, ce désordre me fâche.
Quoi qu'on t'ose imputer, je ne te crois point lâche.
Mais donnons quelque chose à Rome qui se plaint,
Et tâchons d'assurer la reine qui te craint.
J'ai tendresse pour toi, j'ai passion pour elle ;
Et je ne veux pas voir cette haine éternelle,
Ni que des sentiments que j'aime à voir durer
Ne règnent dans mon cœur que pour le déchirer.
J'y veux mettre d'accord l'amour et la nature,
Être père et mari dans cette conjoncture...

NICOMÈDE.

Seigneur, voulez-vous bien vous en fier à moi ?
Ne soyez l'un ni l'autre.

PRUSIAS.

Et que dois-je être ?

NICOMÈDE.

Roi.

Reprenez hautement ce noble caractère.
Un véritable roi n'est ni mari ni père ;
Il regarde son trône, et rien de plus. Régnez ;
Rome vous craindra plus que vous ne la craignez.
Malgré cette puissance et si vaste et si grande,
Vous pouvez déjà voir comme elle m'appréhende,
Combien en me perdant elle espère gagner,
Parce qu'elle prévoit que je saurai régner.

PRUSIAS.

Je règne donc, ingrat ! puisque tu me l'ordonnes ;
Choisis, ou Laodice, ou mes quatre couronnes :
Ton roi fait ce partage entre ton frère et toi ;
Je ne suis plus ton père, obéis à ton roi.

NICOMÈDE.

Si vous étiez aussi le roi de Laodice,
Pour l'offrir à mon choix avec quelque justice,
Je vous demanderais le loisir d'y penser :
Mais enfin pour vous plaire, et ne pas l'offenser,
J'obéirai, seigneur, sans répliques frivoles,
A vos intentions, et non à vos paroles.
  A ce frère si cher transportez tous mes droits,
Et laissez Laodice en liberté du choix.
Voilà quel est le mien.

PRUSIAS.

Quelle bassesse d'âme !
Quelle fureur t'aveugle en faveur d'une femme !
Tu la préfères, lâche ! à ces rois glorieux
Que ta valeur unit au bien de tes aïeux !
Après cette infamie es-tu digne de vivre ?

NICOMÈDE.

Je crois que votre exemple est glorieux à suivre.
Ne préférez-vous pas une femme à ce fils
Par qui tous ces États aux vôtres sont unis ?

PRUSIAS.

Me vois-tu renoncer pour elle au diadème ?

NICOMÈDE.

Me voyez-vous pour l'autre y renoncer moi-même ?
Que cédé-je à mon frère en cédant vos États ?
Ai-je droit d'y prétendre avant votre trépas ?
Pardonnez-moi ce mot, il est fâcheux à dire :
Mais un monarque enfin comme un autre homme ex-
Et vos peuples alors, ayant besoin d'un roi, [pire,
Voudront choisir peut-être entre ce prince et moi.
Seigneur, nous n'avons pas si grande ressemblan-
Qu'il faille de bons yeux pour y voir différence ; [ce,
Et ce vieux droit d'aînesse est souvent si puissant,
Que pour remplir un trône il rappelle un absent.
Que si leurs sentiments se règlent sur les vôtres,
Sous le joug de vos lois j'en ai bien rangé d'autres ;

32

Et, dussent vos Romains en être encor jaloux,
Je ferai bien pour moi ce que j'ai fait pour vous.
PRUSIAS.
J'y donnerai bon ordre.
NICOMÈDE.
Oui, si leur artifice
De votre sang par vous se fait un sacrifice;
Autrement vos États à ce prince livrés
Ne seront en ses mains qu'autant que vous vivrez.
Ce n'est point en secret que je vous le déclare;
Je le dis à lui-même, afin qu'il s'y prépare :
Le voilà qui m'entend.
PRUSIAS.
Va, sans verser mon sang,
Je saurai bien, ingrat! l'assurer en ce rang;
Et demain...

SCÈNE IV

PRUSIAS, NICOMÈDE, ATTALE, FLAMINIUS,
ARASPE, GARDES.

FLAMINIUS.
Si pour moi vous êtes en colère,
Seigneur, je n'ai reçu qu'une offense légère :
Le sénat en effet pourra s'en indigner;
Mais j'ai quelques amis qui sauront le gagner.
PRUSIAS.
Je lui ferai raison; et dès demain Attale
Recevra de ma main la puissance royale :
Je le fais roi de Pont, et mon seul héritier.
Et quant à ce rebelle, à ce courage fier,
Rome entre vous et lui jugera de l'outrage :
Je veux qu'au lieu d'Attale il lui serve d'otage;
Et pour l'y mieux conduire, il vous sera donné,
Sitôt qu'il aura vu son frère couronné.
NICOMÈDE.
Vous m'enverrez à Rome!
PRUSIAS.
On t'y fera justice.
Va, va lui demander ta chère Laodice.
NICOMÈDE.
J'irai, j'irai, seigneur, vous le voulez ainsi;
Et j'y serai plus roi que vous n'êtes ici.
FLAMINIUS.
Rome sait vos hauts faits, et déjà vous adore.
NICOMÈDE.
Tout beau, Flaminius! je n'y suis pas encore :
La route en est mal sûre, à tout considérer :
Et qui m'y conduira pourrait bien s'égarer.
PRUSIAS.
Qu'on le remène, Araspe; et redoublez sa garde.
(à Attale.)
Toi, rends grâces à Rome, et sans cesse regarde
Que, comme son pouvoir est la source du tien,
En perdant son appui tu ne seras plus rien.
Vous, seigneur, excusez si, me trouvant en peine
De quelques déplaisirs que m'a fait voir la reine,
Je vais l'en consoler, et vous laisse avec lui.
Attale, encore un coup, rends grâce à ton appui.

SCÈNE V

FLAMINIUS, ATTALE.

ATTALE.
Seigneur, que vous dirai-je après des avantages
Qui sont même trop grands pour les plus grands cou-
Vous n'avez point de borne, et votre affection [rages?
Passe votre promesse et mon ambition.
Je l'avoûrai pourtant, le trône de mon père
Ne fait pas le bonheur que plus je considère :
Ce qui touche mon cœur, ce qui charme mes sens,
C'est Laodice acquise à mes vœux innocents.
La qualité de roi qui me rend digne d'elle...
FLAMINIUS.
Ne rendra pas son cœur à vos vœux moins rebelle.
ATTALE.
Seigneur, l'occasion fait un cœur différent :
D'ailleurs, c'est l'ordre exprès de son père mourant;
Et par son propre aveu la reine d'Arménie
Est due à l'héritier du roi de Bithynie.
FLAMINIUS.
Ce n'est pas loi pour elle; et, reine comme elle est,
Cet ordre, à bien parler, n'est que ce qui lui plaît.
Aimerait-elle en vous l'éclat d'un diadème
Qu'on vous donne aux dépens d'un grand prince
 [qu'elle aime;
En vous qui la privez d'un si cher protecteur;
En vous qui de sa chute êtes l'unique auteur?
ATTALE.
Ce prince hors d'ici, seigneur, que fera-t-elle?
Qui contre Rome et nous soutiendra sa querelle?
Car j'ose me promettre encor votre secours.
FLAMINIUS.
Les choses quelquefois prennent un autre cours;
Pour ne vous point flatter, je n'en veux pas répondre.
ATTALE.
Ce serait bien, seigneur, de tout point me confondre.
Et je serais moins roi qu'un objet de pitié
Si le bandeau royal m'ôtait votre amitié.
Mais je m'alarme trop, et Rome est plus égale :
N'en avez-vous pas l'ordre?
FLAMINIUS.
Oui, pour le prince Attale,
Pour un homme en son sein nourri dès le berceau;
Mais pour le roi de Pont il faut ordre nouveau.
ATTALE.
Il faut ordre nouveau! Quoi! se pourrait-il faire
Qu'à l'œuvre de ses mains Rome devînt contraire;
Que ma grandeur naissante y fît quelque jaloux?
FLAMINIUS.
Que présumez-vous, prince? et que me dites-vous?
ATTALE.
Vous-même dites-moi comme il faut que j'explique
Cette inégalité de votre république.

NICOMÈDE, ACTE V, SCÈNE I.

FLAMINIUS.
Je vais vous l'expliquer, et veux bien vous guérir
D'une erreur dangereuse où vous semblez courir.
 Rome, qui vous servait auprès de Laodice,
Pour vous donner son trône eût fait une injustice;
Son amitié pour vous lui faisait cette loi :
Mais par d'autres moyens elle vous a fait roi;
Et le soin de sa gloire à présent la dispense
De se porter pour vous à cette violence.
Laissez donc cette reine en pleine liberté,
Et tournez vos désirs de quelque autre côté.
Rome de votre hymen prendra soin elle-même.

ATTALE.
Mais s'il arrive enfin que Laodice m'aime?

FLAMINIUS.
Ce serait mettre encor Rome dans le hasard
Que l'on crût artifice ou force de sa part;
Cet hymen jetterait une ombre sur sa gloire.
Prince, n'y pensez plus, si vous m'en pouvez croire.
Ou, si de mes conseils vous faites peu d'état,
N'y pensez plus du moins sans l'aveu du sénat.

ATTALE.
A voir quelle froideur à tant d'amour succède,
Rome ne m'aime pas; elle hait Nicomède :
Et lorsque à mes désirs elle a feint d'applaudir,
Elle a voulu le perdre, et non pas m'agrandir.

FLAMINIUS.
Pour ne vous faire pas de réponse trop rude
Sur ce beau coup d'essai de votre ingratitude,
Suivez votre caprice, offensez vos amis;
Vous êtes souverain, et tout vous est permis :
Mais puisque enfin ce jour vous doit faire connaître
Que Rome vous a fait ce que vous allez être,
Que perdant son appui, vous ne serez plus rien,
Que le roi vous l'a dit, souvenez-vous-en bien.

SCÈNE VI

ATTALE.

Attale, était-ce ainsi que régnaient tes ancêtres?
Veux-tu le nom de roi pour avoir tant de maîtres?
Ah! ce titre à ce prix déjà m'est importun :
S'il nous en faut avoir, du moins n'en ayons qu'un.
Le ciel nous l'a donné trop grand, trop magnanime,
Pour souffrir qu'aux Romains il serve de victime.
Montrons-leur hautement que nous avons des yeux,
Et d'un si rude joug affranchissons ces lieux.
Puisque à leurs intérêts tout ce qu'ils font s'applique,
Que leur vaine amitié cède à leur politique,
Soyons à notre tour de leur grandeur jaloux,
Et comme ils font pour eux faisons aussi pour nous.

ACTE CINQUIÈME

SCÈNE I

ARSINOÉ, ATTALE.

ARSINOÉ.
J'ai prévu ce tumulte, et n'en vois rien à craindre;
Comme un moment l'allume, un moment peut l'é-
Et, si l'obscurité laisse croître ce bruit,   [teindre,
Le jour dissipera les vapeurs de la nuit.
Je me fâche bien moins qu'un peuple se mutine
Que de voir que ton cœur dans son amour s'obstine,
Et d'une indigne ardeur lâchement embrasé,
Ne rend point de mépris à qui t'a méprisé.
Venge-toi d'une ingrate, et quitte une cruelle,
A présent que le sort t'a mis au-dessus d'elle.
Son trône, et non ses yeux, avait dû te charmer :
Tu vas régner sans elle; à quel propos l'aimer?
Porte, porte ce cœur à de plus douces chaînes.
Puisque te voilà roi, l'Asie a d'autres reines,
Qui, loin de te donner des rigueurs à souffrir,
T'épargneront bientôt la peine de t'offrir.

ATTALE.
Mais, madame...

ARSINOÉ.
 Eh bien! soit, je veux qu'elle se rende :
Prévois-tu les malheurs qu'ensuite j'appréhende?
Sitôt que d'Arménie elle t'aura fait roi,
Elle t'engagera dans sa haine pour moi.
Mais, ô dieux! pourra-t-elle y borner sa vengeance?
Pourras-tu dans son lit dormir en assurance?
Et refusera-t-elle à son ressentiment
Le fer ou le poison pour venger son amant?
Qu'est-ce qu'en sa fureur une femme n'essaie!

ATTALE.
Que de fausses raisons pour me cacher la vraie!
Rome, qui n'aime pas à voir un puissant roi,
L'a craint en Nicomède, et le craindrait en moi.
Je ne dois plus prétendre à l'hymen d'une reine,
Si je ne veux déplaire à notre souveraine;
Et puisque la fâcher ce serait me trahir,
Afin qu'elle me souffre, il vaut mieux obéir.
Je sais par quels moyens sa sagesse profonde
S'achemine à grands pas à l'empire du monde.
Aussitôt qu'un État devient un peu trop grand,
Sa chute doit guérir l'ombrage qu'elle en prend.
C'est blesser les Romains que faire une conquête,
Que mettre trop de bras sous une seule tête;
Et leur guerre est trop juste après cet attentat
Que fait sur leur grandeur un tel crime d'État. [mes,
Eux, qui pour gouverner sont les premiers des hom-
Veulent que sous leur ordre on soit ce que nous som-
Veulent sur tous les rois un si haut ascendant [mes,
Que leur empire seul demeure indépendant.
 Je les connais, madame, et j'ai vu cet ombrage
Détruire Antiochus, et renverser Carthage.

De peur de choir comme eux, je veux bien m'abaisser,
Et cède à des raisons que je ne puis forcer.
D'autant plus justement mon impuissance y cède,
Que je vois qu'en leurs mains on livre Nicomède.
Un si grand ennemi leur répond de ma foi;
C'est un lion tout prêt à déchaîner sur moi.

ARSINOÉ.

C'est de quoi je voulais vous faire confidence :
Mais vous me ravissez d'avoir cette prudence.
Le temps pourra changer; cependant prenez soin
D'assurer des jaloux dont vous avez besoin.

SCÈNE II

FLAMINIUS, ARSINOÉ, ATTALE.

ARSINOÉ.

Seigneur, c'est remporter une haute victoire
Que de rendre un amant capable de me croire :
J'ai su le ramener aux termes du devoir,
Et sur lui la raison a repris son pouvoir.

FLAMINIUS.

Madame, voyez donc si vous serez capable
De rendre également ce peuple raisonnable.
Le mal croît; il est temps d'agir de votre part,
Ou, quand vous le voudrez, vous le voudrez trop tard.
Ne vous figurez plus que ce soit le confondre
Que de le laisser faire, et ne lui point répondre.
Rome autrefois a vu de ces émotions,
Sans embrasser jamais vos résolutions.
Quand il fallait calmer toute une populace,
Le sénat n'épargnait promesse ni menace,
Et rappelait par là son escadron mutin
Et du mont Quirinal et du mont Aventin,
Dont il aurait vu faire une horrible descente,
S'il eût traité longtemps sa fureur d'impuissante,
Et l'eût abandonnée à sa confusion,
Comme vous semblez faire en cette occasion.

ARSINOÉ.

Après ce grand exemple en vain on délibère :
Ce qu'a fait le sénat montre ce qu'il faut faire;
Et le roi... Mais il vient.

SCÈNE III

PRUSIAS, ARSINOÉ, FLAMINIUS, ATTALE.

PRUSIAS.

Je ne puis plus douter,
Seigneur, d'où vient le mal que je vois éclater :
Ces mutins ont pour chefs les gens de Laodice.

FLAMINIUS.

J'en avais soupçonné déjà son artifice.

ATTALE.

Ainsi votre tendresse et vos soins sont payés!

FLAMINIUS.

Seigneur, il faut agir; et, si vous m'en croyez...

SCÈNE IV

PRUSIAS, ARSINOÉ, FLAMINIUS, ATTALE, CLÉONE.

CLÉONE.

Tout est perdu, madame, à moins d'un prompt remède :
Tout le peuple à grands cris demande Nicomède;
Il commence lui-même à se faire raison,
Et vient de déchirer Métrobate et Zénon.

ARSINOÉ.

Il n'est donc plus à craindre, il a pris ses victimes :
Sa fureur sur leur sang va consumer ses crimes;
Elle s'applaudira de cet illustre effet,
Et croira Nicomède amplement satisfait.

FLAMINIUS.

Si ce désordre était sans chefs et sans conduite,
Je voudrais, comme vous en craindre moins la suite;
Le peuple par leur mort pourrait s'être adouci;
Mais un dessein formé ne tombe pas ainsi :
Il suit toujours son but jusqu'à ce qu'il l'emporte;
Le premier sang versé rend sa fureur plus forte;
Il l'amorce, il l'acharne, il en éteint l'horreur,
Et ne lui laisse plus ni pitié ni terreur.

SCÈNE V

PRUSIAS, FLAMINIUS, ARSINOÉ, ATTALE, CLÉONE, ARASPE.

ARASPE.

Seigneur, de tous côtés le peuple vient en foule;
De moment en moment votre garde s'écoule;
Et, suivant les discours qu'ici même j'entends,
Le prince entre mes mains ne sera pas longtemps;
Je n'en puis plus répondre.

PRUSIAS.

Allons, allons le rendre,
Ce précieux objet d'une amitié si tendre.
Obéissons, madame, à ce peuple sans foi,
Qui, las de m'obéir, en veut faire son roi;
Et du haut d'un balcon, pour calmer la tempête,
Sur ces nouveaux sujets faisons voler sa tête.

ATTALE.

Ah, seigneur!

PRUSIAS.

C'est ainsi qu'il lui sera rendu :
A qui le cherche ainsi, c'est ainsi qu'il est dû.

ATTALE.

Ah! seigneur, c'est tout perdre, et livrer à sa rage
Tout ce qui de plus près touche votre courage;
Et j'ose dire ici que votre majesté
Aura peine elle-même à trouver sûreté.

PRUSIAS.

Il faut donc se résoudre à tout ce qu'il m'ordonne,
Lui rendre Nicomède avecque ma couronne :
Je n'ai point d'autre choix; et, s'il est le plus fort,
Je dois à son idole ou mon sceptre ou la mort.

FLAMINIUS.
Seigneur, quand ce dessein aurait quelque justice,
Est-ce à vous d'ordonner que ce prince périsse?
Quel pouvoir sur ses jours vous demeure permis?
C'est l'otage de Rome, et non plus votre fils :
Je dois m'en souvenir quand son père l'oublie.
C'est attenter sur nous qu'ordonner de sa vie;
J'en dois compte au sénat, et n'y puis consentir.
Ma galère est au port toute prête à partir;
Le palais y répond par la porte secrète :
Si vous le voulez perdre, agréez ma retraite;
Souffrez que mon départ fasse connaître à tous
Que Rome a des conseils plus justes et plus doux;
Et ne l'exposez pas à ce honteux outrage
De voir à ses yeux même immoler son otage.

ARSINOÉ.
Me croirez-vous, seigneur, et puis-je m'expliquer?

PRUSIAS.
Ah! rien de votre part ne saurait me choquer;
Parlez.

ARSINOÉ.
Le ciel m'inspire un dessein dont j'espère
Et satisfaire Rome et ne vous pas déplaire.
S'il est prêt à partir, il peut en ce moment
Enlever avec lui son otage aisément :
Cette porte secrète ici nous favorise.
Mais, pour faciliter d'autant mieux l'entreprise,
Montrez-vous à ce peuple, et flattant son courroux,
Amusez-le du moins à débattre avec vous;
Faites-lui perdre temps, tandis qu'en assurance
La galère s'éloigne avec son espérance.
S'il force le palais, et ne l'y trouve plus,
Vous ferez comme lui le surpris, le confus;
Vous accuserez Rome, et promettrez vengeance
Sur quiconque sera de son intelligence.
Vous enverrez après, sitôt qu'il sera jour,
Et vous lui donnerez l'espoir d'un prompt retour,
Ou mille empêchements que vous ferez vous-même
Pourront de toutes parts aider au stratagème.
Quelque aveugle transport qu'il témoigne aujour-
Il n'attentera rien tant qu'il craindra pour lui, [d'hui,
Tant qu'il présumera son effort inutile.
Ici la délivrance en paraît trop facile;
Et s'il l'obtient, seigneur, il faut fuir vous et moi :
S'il le voit à sa tête, il en fera son roi;
Vous le jugez vous-même.

PRUSIAS.
Ah! j'avoûrai, madame,
Que le ciel a versé ce conseil dans votre âme.
Seigneur, se peut-il voir rien de mieux concerté?

FLAMINIUS.
Il vous assure et vie, et gloire, et liberté;
Et vous avez d'ailleurs Laodice en otage :
Mais qui perd temps ici perd tout son avantage.

PRUSIAS.
Il n'en faut donc plus perdre : allons-y de ce pas.

ARSINOÉ.
Ne prenez avec vous qu'Araspe et trois soldats :
Peut-être un plus grand nombre aurait quelque in-
J'irai chez Laodice, et m'assurerai d'elle. [fidèle.
Attale, où courez-vous?

ATTALE.
Je vais de mon côté
De ce peuple mutin amuser la fierté,
A votre stratagème en ajouter quelque autre.

ARSINOÉ.
Songez que ce n'est qu'un que mon sort et le vôtre,
Que vos seuls intérêts vous mettent en danger.

ATTALE.
Je vais périr, madame, ou vous en dégager.

ARSINOÉ.
Allez donc. J'aperçois la reine d'Arménie.

SCÈNE VI

ARSINOÉ, LAODICE, CLÉONE.

ARSINOÉ.
La cause de nos maux doit-elle être impunie?

LAODICE.
Non, madame; et, pour peu qu'elle ait d'ambition,
Je vous réponds déjà de sa punition.

ARSINOÉ.
Vous qui savez son crime, ordonnez de sa peine.

LAODICE.
Un peu d'abaissement suffit pour une reine :
C'est déjà trop de voir son dessein avorté.

ARSINOÉ.
Dites, pour châtiment de sa témérité,
Qu'il lui faudrait du front tirer le diadème.

LAODICE.
Parmi les généreux il n'en va pas de même;
Ils savent oublier quand ils ont le dessus,
Et ne veulent que voir leurs ennemis confus.

ARSINOÉ.
Ainsi qui peut vous croire, aisément se contente

LAODICE.
Le ciel ne m'a pas fait l'âme plus violente.

ARSINOÉ.
Soulever des sujets contre leur souverain,
Leur mettre à tous le fer et la flamme en la main,
Jusque dans le palais pousser leur insolence,
Vous appelez cela fort peu de violence?

LAODICE.
Nous nous entendons mal, madame; et je le voi,
Ce que je dis pour vous, vous l'expliquez pour moi.
Je suis hors de souci pour ce qui me regarde;
Et je viens vous chercher pour vous prendre en ma
Pour ne hasarder pas en vous la majesté [garde,
Au manque de respect d'un grand peuple irrité.
Faites venir le roi, rappelez votre Attale;
Que je conserve en eux la dignité royale;
Ce peuple en sa fureur peut les connaître mal.

ARSINOÉ.
Peut-on voir un orgueil à votre orgueil égal!
Vous, par qui seule ici tout ce désordre arrive;
Vous, qui dans ce palais vous voyez ma captive;

Vous, qui me répondrez au prix de votre sang
De tout ce qu'un tel crime attente sur mon rang,
Vous me parlez encor avec la même audace
Que si j'avais besoin de vous demander grâce !
LAODICE.
Vous obstiner, madame, à me parler ainsi,
C'est ne vouloir pas voir que je commande ici,
Que, quand il me plaira, vous serez ma victime.
Et ne m'imputez point ce grand désordre à crime :
Votre peuple est coupable, et dans tous vos sujets
Ces cris séditieux sont autant de forfaits ;   [les,
Mais, pour moi qui suis reine, et qui, dans nos querel-
Pour triompher de vous, vous ai fait ces rebelles,
Par le droit de la guerre il fut toujours permis
D'allumer la révolte entre ses ennemis ;
M'enlever mon époux, c'est vous faire la mienne.
ARSINOÉ.
Je la suis donc, madame ; et quoi qu'il en avienne*,
Si ce peuple une fois enfonce le palais,
C'est fait de votre vie, et je vous le promets.
LAODICE.
Vous tiendrez mal parole, ou bientôt sur ma tombe
Tout le sang de vos rois servira d'hécatombe.
Mais avez-vous encor parmi votre maison
Quelque autre Métrobate, ou quelque autre Zénon ?
N'appréhendez-vous point que tous vos domestiques
Ne soient déjà gagnés par mes sourdes pratiques ?
En savez-vous quelqu'un si prêt à se trahir,
Si las de voir le jour, que de vous obéir ?
Je ne veux point régner sur votre Bithynie :
Ouvrez-moi seulement les chemins d'Arménie ;
Et pour voir tout d'un coup vos malheurs terminés,
Rendez-moi cet époux qu'en vain vous retenez.
ARSINOÉ.
Sur le chemin de Rome il vous faut l'aller prendre ;
Flaminius l'y mène, et pourra vous le rendre :
Mais hâtez-vous, de grâce, et faites bien ramer,
Car déjà sa galère a pris le large en mer.
LAODICE.
Ah ! si je le croyais !...
ARSINOÉ.
N'en doutez point, madame.
LAODICE.
Fuyez donc les fureurs qui saisissent mon âme :
Après le coup fatal de cette indignité,
Je n'ai plus ni respect ni générosité.
Mais plutôt demeurez pour me servir d'otage
Jusqu'à ce que ma main de ses fers le dégage.
J'irai jusque dans Rome en briser les liens,
Avec tous vos sujets, avecque tous les miens ;
Aussi bien Annibal nommait une folie
De présumer la vaincre ailleurs qu'en Italie.
Je veux qu'elle me voie au cœur de ses États
Soutenir ma fureur d'un million de bras ;
Et sous mon désespoir rangeant sa tyrannie...
ARSINOÉ.
Vous voulez donc enfin régner en Bithynie ?
Et dans cette fureur qui vous trouble aujourd'hui,
Le roi pourra souffrir que vous régniez pour lui ?

LAODICE.
J'y régnerai, madame, et sans lui faire injure.
Puisque le roi veut bien n'être roi qu'en peinture,
Que lui doit importer qui donne ici la loi,
Et qui règne pour lui des Romains ou de moi ?
Mais un second otage entre mes mains se jette.

SCÈNE VII

ARSINOÉ, LAODICE, ATTALE, CLÉONE.

ARSINOÉ.
Attale, avez-vous su comme ils ont fait retraite ?
ATTALE.
Ah, madame !
ARSINOÉ.
Parlez.
ATTALE.
Tous les dieux irrités
Dans les derniers malheurs nous ont précipités.
Le prince est échappé.
LAODICE.
Ne craignez plus, madame ;
La générosité déjà rentre en mon âme.
ARSINOÉ.
Attale, prenez-vous plaisir à m'alarmer ?
ATTALE.
Ne vous flattez point tant que de le présumer.
Le malheureux Araspe avec sa faible escorte,
L'avait déjà conduit à cette fausse porte ;
L'ambassadeur de Rome était déjà passé,
Quand dans le sein d'Araspe un poignard enfoncé
Le jette aux pieds du prince. Il s'écrie ; et sa suite,
De peur d'un pareil sort, prend aussitôt la fuite.
ARSINOÉ.
Et qui dans cette porte a pu le poignarder ?
ATTALE.
Dix ou douze soldats qui semblaient la garder.
Et ce prince...
ARSINOÉ.
Ah, mon fils ! qu'il est partout de traîtres !
Qu'il est peu de sujets fidèles à leurs maîtres !
Mais de qui savez-vous un désastre si grand ?
ATTALE.
Des compagnons d'Araspe, et d'Araspe mourant.
Mais écoutez encor ce qui me désespère.
J'ai couru me ranger auprès du roi mon père ;
Il n'en était plus temps : ce monarque étonné
A ses frayeurs déjà s'était abandonné,
Avait pris un esquif pour tâcher de rejoindre
Ce Romain dont l'effroi peut-être n'est pas moindre.

SCÈNE VIII

PRUSIAS, FLAMINIUS, ARSINOÉ, LAODICE,
ATTALE, CLÉONE.

PRUSIAS.
Non, non, nous revenons l'un et l'autre en ces lieux

Défendre votre gloire, ou mourir à vos yeux.
ARSINOÉ.
Mourons, mourons, seigneur, et dérobons nos vies
A l'absolu pouvoir des fureurs ennemies ;
N'attendons pas leur ordre, et montrons-nous jaloux
De l'honneur qu'ils auraient à disposer de nous.
LAODICE.
Ce désespoir, madame, offense un si grand homme
Plus que vous n'avez fait en l'envoyant à Rome :
Vous devez le connaître ; et puisqu'il a ma foi,
Vous devez présumer qu'il est digne de moi.
Je le désavoûrais s'il n'était magnanime,
S'il manquait à remplir l'effort de mon estime,
S'il ne faisait paraître un cœur toujours égal.
Mais le voici ; voyez si je le connais mal.

SCÈNE IX

PRUSIAS, NICOMÈDE, ARSINOÉ, LAODICE, FLAMINIUS, ATTALE, CLÉONE.

NICOMÈDE.
Tout est calme, seigneur ; un moment de ma vue
A soudain apaisé la populace émue.
PRUSIAS.
Quoi ! me viens-tu braver jusque dans mon palais,
Rebelle ?
NICOMÈDE.
C'est un nom que je n'aurai jamais.
Je ne viens point ici montrer à votre haine
Un captif insolent d'avoir brisé sa chaîne ;
Je viens en bon sujet vous rendre le repos
Que d'autres intérêts troublaient mal à propos.
Non que je veuille à Rome imputer quelque crime :
Du grand art de régner elle suit la maxime ;
Et son ambassadeur ne fait que son devoir,
Quand il veut entre nous partager le pouvoir.
Mais ne permettez pas qu'elle vous y contraigne ;
Rendez-moi votre amour, afin qu'elle vous craigne ;
Pardonnez à ce peuple un peu trop de chaleur
Qu'à sa compassion a donné mon malheur ;
Pardonnez un forfait qu'il a cru nécessaire,
Et qui ne produira qu'un effet salutaire.
Faites-lui grâce aussi, madame, et permettez
Que jusques au tombeau j'adore vos bontés.
Je sais par quel motif vous m'êtes si contraire :
Votre amour maternel veut voir régner mon frère ;
Et je contribûrai moi-même à ce dessein,
Si vous pouvez souffrir qu'il soit roi de ma main.
Oui, l'Asie à mon bras offre encor des conquêtes ;
Et pour l'en couronner mes mains sont toutes prêtes :
Commandez seulement, choisissez en quels lieux ;
Et j'en apporterai la couronne à vos yeux.
ARSINOÉ.
Seigneur, faut-il si loin pousser votre victoire,
Et qu'ayant en vos mains et mes jours et ma gloire,
La haute ambition d'un si puissant vainqueur
Veuille encor triompher jusque dedans mon cœur ?

Contre tant de vertu je ne puis le défendre ;
Il est impatient lui-même de se rendre.
Joignez cette conquête à trois sceptres conquis,
Et je croirai gagner en vous un second fils.
PRUSIAS.
Je me rends donc aussi, madame ; et je veux croire
Qu'avoir un fils si grand est ma plus grande gloire.
Mais, parmi les douceurs qu'enfin nous recevons,
Faites-nous savoir, prince, à qui nous vous devons.
NICOMÈDE.
L'auteur d'un si grand coup m'a caché son visage ;
Mais il m'a demandé mon diamant pour gage,
Et me le doit ici rapporter dès demain.
ATTALE.
Le voulez-vous, seigneur, reprendre de ma main
NICOMÈDE.
Ah ! laissez-moi toujours à cette digne marque
Reconnaître en mon sang un vrai sang de monarque.
Ce n'est plus des Romains l'esclave ambitieux,
C'est le libérateur d'un sang si précieux.
Mon frère, avec mes fers vous en brisez bien d'autres,
Ceux du roi, de la reine, et les siens et les vôtres.
Mais pourquoi vous cacher en sauvant tout l'État ?
ATTALE.
Pour voir votre vertu dans son plus haut éclat ;
Pour la voir seule agir contre notre injustice,
Sans la préoccuper par ce faible service ;
Et me venger enfin ou sur vous ou sur moi.
Si j'eusse mal jugé de tout ce que je voi.
Mais, madame...
ARSINOÉ.
Il suffit, voilà le stratagème
Que vous m'aviez promis pour moi contre moi-même.
(à Nicomède.)
Et j'ai l'esprit, seigneur, d'autant plus satisfait,
Que mon sang rompt le cours du mal que j'avais fait.
NICOMÈDE, à Flaminius.
Seigneur, à découvert, toute âme généreuse
D'avoir votre amitié doit se tenir heureuse ;
Mais nous n'en voulons plus avec ces dures lois
Qu'elle jette toujours sur la tête des rois :
Nous vous la demandons hors de la servitude ;
Ou le nom d'ennemi nous semblera moins rude.
FLAMINIUS, à Nicomède.
C'est de quoi le sénat pourra délibérer :
Mais cependant pour lui j'ose vous assurer,
Prince, qu'à ce défaut vous aurez son estime,
Telle que doit l'attendre un cœur si magnanime ;
Et qu'il croira se faire un illustre ennemi,
S'il ne vous reçoit pas pour généreux ami.
PRUSIAS.
Nous autres, réunis sous de meilleurs auspices,
Préparons à demain de justes sacrifices ;
Et demandons aux dieux, nos dignes souverains,
Pour comble de bonheur l'amitié des Romains.

EXAMEN DE NICOMÈDE

Voici une pièce d'une constitution assez extraordinaire : aussi est-ce la vingt et unième que j'ai mise sur le théâtre ; et après y avoir fait réciter quarante mille vers, il est bien malaisé de trouver quelque chose de nouveau, sans s'écarter un peu du grand chemin, et se mettre au hasard de s'égarer. La tendresse et les passions, qui doivent être l'âme des tragédies, n'ont aucune part en celle-ci ; la grandeur de courage y règne seule, et regarde son malheur d'un œil si dédaigneux, qu'il n'en saurait arracher une plainte. Elle y est combattue par la politique, et n'oppose à ses artifices qu'une prudence généreuse, qui marche à visage découvert, qui prévoit le péril sans s'émouvoir, et qui ne veut point d'autre appui que celui de sa vertu et de l'amour qu'elle imprime dans les cœurs de tous les peuples.

L'histoire qui m'a prêté de quoi la faire paraître en ce haut degré est tirée du trente-quatrième livre de Justin. J'ai ôté de ma scène l'horreur de sa catastrophe, où le fils fait assassiner son père qui lui en avait voulu faire autant, et n'ai donné ni à Prusias ni à Nicomède aucun dessein de parricide. J'ai fait ce dernier amoureux de Laodice, reine d'Arménie, afin que l'union d'une couronne voisine à la sienne donnât plus d'ombrage aux Romains, et leur fît prendre plus de soin d'y mettre un obstacle de leur part. J'ai approché de cette histoire celle de la mort d'Annibal, qui arriva un peu auparavant chez ce même roi, et dont le nom n'est pas un petit ornement à mon ouvrage. J'en ai fait Nicomède disciple, pour lui prêter plus de valeur et plus de fierté contre les Romains ; et prenant l'occasion de l'ambassade où Flaminius fut envoyé par eux vers ce roi leur allié pour demander qu'on remît entre leurs mains cet ennemi de leur grandeur, je l'ai chargé d'une commission secrète de traverser ce mariage, qui devait donner de la jalousie. J'ai fait que pour gagner l'esprit de la reine, qui, suivant l'ordinaire des secondes femmes, avait tout pouvoir sur celui de son vieux mari, il lui ramène un de ses fils, que mon auteur m'apprend avoir été nourri à Rome. Cela fait deux effets ; car, d'un côté, il obtient la perte d'Annibal par le moyen de cette mère ambitieuse, et, de l'autre, il oppose à Nicomède un rival appuyé de toute la faveur des Romains, jaloux de sa gloire et de sa grandeur naissante.

Les assassins qui découvrirent à ce prince les sanglants desseins de son père, m'ont donné jour à d'autres artifices pour le faire tomber dans les embûches que sa belle-mère lui avait préparées ; et pour lui, je l'ai réduite à sorte que tous mes personnages y agissent avec générosité, et que les uns rendant ce qu'ils doivent à la vertu, et les autres demeurant dans la fermeté de leur devoir, laissent un exemple assez illustre et une conclusion assez agréable.

La représentation n'en a point déplu, et ce ne sont pas les moindres qui soient partis de ma main. Mon principal but a été de peindre la politique des Romains au dehors, et comme ils agissaient impérieusement avec les rois leurs alliés ; leurs maximes pour les empêcher de s'accroître, et les soins qu'ils prenaient de traverser leur grandeur quand elle commençait à leur devenir suspecte à force de s'augmenter et de se rendre considérable par de nouvelles conquêtes. C'est le caractère que j'ai donné à leur république en la personne de son ambassadeur Flaminius à qui j'oppose un prince intrépide, qui voit sa perte assurée sans s'ébranler, et qui brave l'orgueilleuse masse de leur puissance, lors même qu'il en est accablé. Ce héros de ma façon sort un peu des règles de la tragédie, en ce qu'il ne cherche point à faire pitié par l'excès de ses infortunes : mais le succès a montré que la fermeté des grands cœurs, qui n'excite que de l'admiration dans l'âme du spectateur, est quelquefois aussi agréable que la compassion que notre art nous ordonne d'y produire par la représentation de leurs malheurs. Il en fait naître toutefois quelqu'une, mais elle ne va pas jusqu'à tirer des larmes. Son effet se borne à mettre les auditeurs dans les intérêts de ce prince, et à leur faire former des souhaits pour ses prospérités.

Dans l'admiration qu'on a pour sa vertu, je trouve une manière de purger les passions, dont n'a point parlé Aristote, et qui est peut-être plus sûre que celle qu'il prescrit à la tragédie par le moyen de la pitié et de la crainte. L'amour qu'elle nous donne pour cette vertu que nous admirons, nous imprime de la haine pour le vice contraire. La grandeur de courage de Nicomède nous laisse une aversion de la pusillanimité ; et la généreuse reconnaissance d'Héraclius qui expose sa vie pour Martian, à qui il est redevable de la sienne, nous jette dans l'horreur de l'ingratitude.

Je ne veux point dissimuler que cette pièce est une de celles pour qui j'ai le plus d'amitié. Aussi n'y remarquerai-je que ce défaut de la fin qui va trop vite, comme je l'ai dit ailleurs, et où l'on peut même trouver quelque inégalité de mœurs en Prusias et Flaminius, qui, après avoir pris la fuite sur la mer, s'avisent tout d'un coup de rappeler leur courage, et viennent se ranger auprès de la reine Arsinoé, pour mourir avec elle en la défendant. Flaminius y demeure en assez méchante posture, voyant réunir toute la famille royale, malgré les soins qu'il avait pris de la diviser, et les instructions qu'il en avait apportées de Rome. Il s'y voit enlever par Nicomède les affections de cette reine et du prince Attale, qu'il avait choisis pour instruments à traverser sa grandeur, et semble n'être revenu que pour être témoin du triomphe qu'il remporte sur lui. D'abord j'avais fini la pièce sans les faire revenir, et m'étais contenté de faire témoigner par Nicomède à sa belle-mère un grand déplaisir de ce que la fuite du roi ne lui permettait pas de lui rendre ses obéissances.

Cela ne démentait point l'effet historique, puisqu'il laissait sa mort en incertitude ; mais le goût des spectateurs, que nous avons accoutumés à voir rassembler tous nos personnages à la conclusion de cette sorte de poëmes, fut cause de ce changement, où je me résolus, pour leur donner plus de satisfaction, bien qu'avec moins de régularité.

FIN DE NICOMÈDE.

PERTHARITE
ROI DES LOMBARDS
TRAGÉDIE — 1653

AU LECTEUR

La mauvaise réception que le public a faite à cet ouvrage m'avertit qu'il est temps que je sonne la retraite, et que des préceptes de mon Horace je ne songe plus à pratiquer que celui-ci :

Solve senescentem maturè sanus equum, ne
Peccet ad extremum ridendus et ilia ducat.

Il vaut mieux que je prenne congé de moi-même que d'attendre qu'on me le donne tout à fait; et il est juste qu'après vingt années de travail je commence à m'apercevoir que je deviens trop vieux pour être encore à la mode. J'en remporte cette satisfaction, que je laisse le théâtre français en meilleur état que je ne l'ai trouvé, et du côté de l'art, et du côté des mœurs : les grands génies qui lui ont prêté leurs veilles, de mon temps, y ont beaucoup contribué; et je me flatte jusqu'à penser que mes soins n'y ont pas nui : il en viendra de plus heureux après nous qui le mettront à sa perfection, et qui achèveront de l'épurer; je le souhaite de tout mon cœur. Cependant agréez que je joigne ce malheureux poëme aux vingt et un qui l'ont précédé avec plus d'éclat; ce sera la dernière importunité que je vous ferai de cette nature : non que j'en fasse une résolution si forte qu'elle ne se puisse rompre; mais il y a grande apparence que j'y demeurerai là. Je ne vous dirai rien touchant la justification de *Pertharite*; ce n'est pas ma coutume de m'opposer au jugement du public : mais vous ne serez pas fâché que je vous fasse voir à mon ordinaire les originaux dont j'ai tiré cet événement, afin que vous puissiez séparer le faux d'avec le vrai, et les embellissements de nos feintes d'avec la pureté de l'histoire. Celui qui l'a écrite le premier a été Paul, diacre, à la fin de son quatrième livre, et au commencement du cinquième, *des Gestes des Lombards*; et, pour n'y mêler rien du mien, je vous en donne la traduction fidèle qu'en a faite Antoine du Verdier dans ses diverses leçons : j'y ajoute un mot d'Erycius Puteanus, pour quelques circonstances en quoi ils diffèrent, et je le laisse en latin de peur de corrompre la beauté de son langage par la faiblesse de mes expressions. Flavius Blondus, dans son *Histoire de la décadence de l'Empire romain*, parle encore de Pertharite; mais comme il le fait chasser de son royaume étant encore enfant, sans nommer Rodelinde qu'à la fin de sa vie, je n'ai pas cru qu'il fût à propos de vous produire un témoin qui ne dit rien de ce que je traite.

ANTOINE DU VERDIER
Livre IV de ses diverses leçons, chap. XII.

Pertharite fut fils d'Aripert, roi des Lombards, lequel, après la mort du père, régna à Milan; et Gundebert, son frère, à Pavie : et étant survenue quelque noise et querelle entre les deux frères, Gondebert envoya Garibalde, duc de Turin, par devers Grimoald, comte de Bénévent, capitaine généreux, le priant de le vouloir secourir contre Pertharite, avec promesse de lui donner une sienne sœur en mariage. Mais Garibalde, usant de trahison envers son seigneur, persuada à Grimoald d'y venir pour occuper le royaume, qui, par la discorde des frères, était en fort mauvais état, et prochain de sa ruine. Ce qu'entendant, Grimoald se dépouilla de sa comté de Bénévent, de laquelle il fit comte son fils, et, avec le plus de force qu'il put assembler, se mit en chemin pour aller à Pavie, et par toutes les cités où il passa s'acquit plusieurs amis pour s'en aider à prendre le royaume. Étant arrivé à Pavie, et parlé qu'il eut à Gondebert, il le tua par l'intelligence et moyen de Garibalde, et occupa le royaume. Pertharite, entendant ces nouvelles, abandonna Rodelinde sa femme et un sien petit-fils, lesquels Grimoald confina à Bénévent, et s'enfuit et retira vers Cacan, roi des Avarriens ou Huns. Grimoald ayant confirmé et établi son royaume à Pavie, entendant que Pertharite s'étoit sauvé vers Cacan, lui envoya ambassadeurs pour lui faire entendre que s'il gardoit Pertharite en son royaume, il ne jouiroit plus de la paix qu'il avoit eue avec les Lombards, et qu'il auroit un roi pour ennemi. Suivant laquelle ambassade, le roi des Avarriens appela en secret Pertharite, lui disant qu'il allât la part où il voudroit, afin que par lui les Avarriens ne tombassent en l'inimitié des Lombards : ce qu'ayant entendu, Pertharite s'en retournant en Italie, vint trouver Grimoald, soy fiant en sa clémence; et, comme il fut près de la ville de Lodi, il envoya devant un sien gentilhomme nommé Unulphe, auquel il se fioit grandement, pour advertir Grimoald de sa venue. Unulphe se présentant au nouveau roi, lui donna avis que Pertharite avoit recours à sa bonté, à laquelle il se venoit librement soumettre, s'il lui plaisoit l'accepter. Quoi entendant, Grimoald lui promit et jura de ne faire aucun déplaisir à son maître, lequel pouvoit venir sûrement, quand il voudroit, sur sa foi. Unulphe ayant rapporté telle réponse à son seigneur Pertharite, icelui vint se présenter devant Grimoald, et se prosterner à ses pieds, lequel le reçut gracieusement, et le baisa. Quoi fait, Pertharite lui dit : « Je vous suis servi-« teur; et, sachant que vous êtes très-chrétien et ami de « piété, bien que je pusse vivre entre les païens, néan-« moins, me confiant en votre douceur et débonnaireté, « me suis venu rendre à vos pieds. » Lors Grimoald, usant de ses serments accoutumés, lui promit, disant : « Par « celui qui m'a fait naître, puisque vous avez recours à « ma foi, vous ne souffrirez mal aucun en chose qui soit, « et donneraî ordre que vous pourrez honnêtement vivre.» Ce dit, lui ayant fait donner un bon logis, commanda qu'il fût entretenu selon sa qualité, et que toutes choses à lui nécessaires lui fussent abondamment baillées. Or, comme Pertharite eut prins congé du roi, et se fut retiré en son logis, advint que soudain les citoyens de Pavie à grandes troupes accoururent pour le voir et saluer, comme l'ayant auparavant connu et honoré. Mais voici de combien peut nuire une mauvaise langue. Quelques flatteurs et malins, ayant pris garde aux caresses faites par le peuple à Pertharite, vinrent trouver Grimoald, et lui firent entendre que si bientôt il ne faisoit tuer Pertharite, il étoit en branle de perdre le royaume et la vie, lui assurant qu'à cette fin tous ceux de la ville lui faisoient la cour. Grimoald, homme facile à croire, et bien souvent trop de léger, s'étonna aucunement, et, atteint de défiance, ayant mis en oubli sa promesse, s'enflamma subitement de colère, et dès lors jura la mort de l'innocent Pertharite, commençant à prendre avis en soi par quel moyen et en quelle sorte il lui pourroit le lendemain ôter la vie, pour ce que lors étoit trop tard; et à ce soir lui envoya diverses sortes de viandes, et vins des plus friands en grande abondance pour le faire enivrer, afin que par trop boire et manger, et étant enseveli en vin et à dormir, il ne pût penser aucunement à son salut; mais un gentilhomme qui avoit jadis été serviteur du père de Pertharite, qui lui portoit de la viande de la part du roi, baissant la tête sous la table, comme s'il lui eût voulu faire la révérence et embrasser le genouil, lui fit savoir secrètement que Grimoald avait délibéré de le faire mourir; dont Pertharite commanda à l'instant à son échanson qu'il ne lui versât autre breuvage durant le repas qu'un peu d'eau dans sa coupe d'argent. Tellement qu'étant Pertharite invité par les courtisans, qui lui présentoient les viandes de diverses sortes, de faire brindes, et ne laisser rien dans sa coupe pour l'amour du roi; lui, pour l'honneur et révérence de Grimoald, promettoit de la vider du tout, et toutefois ce n'étoit qu'eau qu'il buvoit. Les gentilshommes et serviteurs rapportèrent à Grimoald comme Pertharite haussoit le gobelet, et buvoit à sa bonne grâce démesurément : de quoi se réjouissant, Grimoald dit en riant : « Cet yvrongne boive son saoul seulement, car demain il rendra le « vin mêlé avec son sang. » Le soir même il envoya ses gardes entourer la maison de Pertharite, afin qu'il ne s'en pût fuir; lequel, après qu'il eut soupé, et que tous furent sortis de la chambre, lui demeuré seul avec Unulphe, et le page qui avoit accoutumé le vêtir, lesquels étoient les deux plus fidèles serviteurs qu'il eût, leur découvrit comme Grimoald avoit entreprise de le faire mourir : pour à quoi obvier, Unulphe lui chargea sur les épaules les couvertes d'un lit, une coutre, et une peau d'ours qui lui couvroit le dos et le visage; et comme si c'eût été quelque rustique ou faquin, commença de grande affection à le chasser à grands coups de bâton hors de la chambre, et à lui faire plusieurs outrages et vilainies, tellement que chassé, et ainsi battu, il se laissoit choir souvent en terre : ce que voyant les gardes de Grimoald qui étoient en sentinelle à l'entour de la maison, demandèrent à Unulphe que c'étoit : « C'est, répondit-il, un maraud de valet que j'ai, « qui, outre mon commandement, m'avoit dressé mon lit « en la chambre de cet yvrongne Pertharite, lequel est « tellement rempli de vin qu'il dort comme mort; et partant, je le frappe. » Eux entendant ces paroles, les croyant véritables, se réjouirent tous, et ne pensant que Pertharite fût ce valet, lui firent place et à Unulphe, et les laissèrent aller. La même nuit Pertharite arriva en la ville d'Ast, et de là passa les monts, et vint en France. Or, comme il fut sorti, et Unulphe escorte, le fidèle page avoit diligemment fermé la porte après lui, et demeura seul dedans la chambre, là où le lendemain les messagers du roi vinrent pour mener Pertharite au palais, et, ayant frappé à l'huis, le page prioit d'attendre, disant : « Pour Dieu, « ayez pitié de lui, et laissez-le achever de dormir; car, « étant encore lassé du chemin, il dort de profond som« meil. » Ce que lui ayant accordé le rapportèrent à Grimoald, lequel dit que tant mieux, et commanda que, quoi que ce fût, on y retournât, et qu'ils l'amenassent; auquel commandement les soldats revinrent heurter de plus fort à l'huis de la chambre; et le page les pria de permettre qu'il reposât encore un peu : mais ils croient et tempêtoient de tant plus, disant : « N'aura meshuy dormi assez cet yvron« gne? » Et en un même temps rompirent à coups de pied la porte, et entrés dedans cherchèrent Pertharite dans le lit; mais, ne le trouvant point, demandèrent au page où il étoit, lequel leur dit qu'il s'en étoit fui. Lors ils prindrent la page par les cheveux, et le menèrent en grande furie au palais; et comme ils furent devant le roi, dirent que Pertharite avoit fait vie, à quoi le page avoit tenu la main, dont il méritoit la mort. Grimoald demanda par ordre par quel moyen Pertharite s'étoit sauvé ; et le page lui conta le fait de la sorte qu'il étoit advenu. Grimoald, connoissant la fidélité de ce jeune homme, voulut qu'il fût un de ses pages, l'exhortant à lui garder cette foi qu'il avoit à Pertharite, lui promettant en outre de lui faire beaucoup de bien. Il fit venir en après Unulphe devant lui, auquel il pardonna de même, lui recommandant sa foi et sa prudence : quelques jours après, il lui demanda s'il ne vouloit pas être bientôt avec Pertharite ; à quoi Unulphe, avec serment, répondit que plutôt il auroit voulu mourir avec Pertharite que vivre en tout autre lieu en tout plaisir et délices. Le roi fit pareille demande au page, à savoir-mon s'il trouvoit meilleur de demeurer avec soi au palais que de vivre avec Pertharite en exil; mais le page lui ayant répondu comme Unulphe avoit fait, le roi, prenant en bonne part leurs paroles, et louant la foi de tous deux, commanda à Unulphe demander tout ce qu'il voudroit de sa maison, et qu'il s'en allât en toute sûreté trouver Pertharite. Il licencia et donna congé de même au page, lequel avec Unulphe, portant avec eux, fors la courtoisie et libéralité du roi, ce qui leur étoit de besoin pour leur voyage, s'en allèrent en France trouver leur désiré seigneur Pertharite.

ERYCIUS PUTEANUS

Historiæ barbaricæ, lib. II, nº xv.

Tàm tragico nuncio obstupefactus Pertharitus, ampliusque tyrannum quam fratrem timens, fugam ad Cacanum Hunnorum regem arripuit, Rodelindâ uxore et filio Cuniperto Mediolani relictis : sed jam magnâ sui parte miser, et in carissimis pignoribus captus, cùm a rege hospite rejiceretur, ad hostem redire statuit, et cujus sævitiam timuerat, clementiam experiri. Quid votis obesset? non regnum, sed incolumitas quærebatur. Etenim Pertharitus, quasi pati jam fortunæ contumeliam posset, fratre occiso, supplex esse sustinuit : et quia ampliùs putavit Grimoaldûs, reddere vitam, quam regnum eripere, facilis fuit. Longè tamen aliud fata ordiebantur : ut nec securus esset, qui parcere voluit; nec liber à discrimine, qui salutem duntaxat pactus erat. Atque intereà novus, destinatis nuptiis potentiam firmaturus, desponsam sibi virginem tori sceptrique sociam assumit. Et sic in familiâ Ariperti regium permanere nomen videbatur; quippè post filios gener diadema sumpserat. Venit igitur Ticinum Pertharitus, et, suæ oblitus appellationis, sororem reginam salutavit. Plenus mutuæ benevolentiæ hic congressus fuit, ac planè redire ad felicitatem profugus videbatur, nisi quòd non imperaret. Domus et familia quasi proximam nupero splendori vitam acturo datur. Quid fit? Visendi et salutandi causâ cùm frequentes confluerent, partim Longobardi, partim Insubres, humanitatis regem pœnituit. Sic officia nocuere : et quia in exemplum benignitas miserantis valuit, extincta est. A populo coli, et regnum moliri, juxtà habitum. Itaque, ut rex metu solveretur, secundum parricidium non exhorruit.

Nuper manu, nunc imperio cruentus, morti Pertharitum destinat. Sed nihil insidiæ, nihil percussores immissi potuère : elapsus est. Amicâ et ingeniosâ Unulphi fraude beneficium salutis stetit, qui inclusum et obsessum ursinâ pelle circumtegens, et tanquam pro mancipio pellens, cubiculo ejecit. Dolum ingesta quoque verbera vestiebant : et quia nox erat, falli satellites potuère. Facinus quemadmodùm regi displicuit, ità fidei exemplum laudatum est.

PERSONNAGES.

PERTHARITE, roi des Lombards.
GRIMOALD, comte de Bénévent, ayant conquis le royaume des Lombards sur Pertharite.
GARIBALDE, duc de Turin.

PERSONNAGES.

UNULPHE, seigneur lombard.
RODELINDE, femme de Pertharite.
ÉDUIGE, sœur de Pertharite.
SOLDATS.

La scène est à Milan.

ACTE PREMIER

SCÈNE I

RODELINDE, UNULPHE.

RODELINDE.

Oui, l'honneur qu'il me rend ne fait que m'outrager,
Je vous le dis encor, rien ne peut me changer;
Ses conquêtes pour moi sont des objets de haine;
L'hommage qu'il m'en fait renouvelle ma peine,
Et, comme son amour redouble mon tourment,
Si je le hais vainqueur, je le déteste amant.
Voilà quelle je suis, et quelle je veux être,
Et ce que vous direz au comte votre maître.

UNULPHE.

Dites : au roi, madame.

RODELINDE.

Ah! je ne pense pas
Que de moi Grimoald exige un cœur si bas;
S'il m'aime, il doit aimer cette digne arrogance
Qui brave ma fortune et remplit ma naissance.
Si d'un roi malheureux et la fuite et la mort
L'assurent dans son trône à titre du plus fort,
Ce n'est point à sa veuve à traiter de monarque
Un prince qui ne l'est qu'à cette triste marque.
Qu'il ne se flatte point d'un espoir décevant :
Il est toujours pour moi comte de Bénévent,
Toujours l'usurpateur du sceptre de nos pères,
Et toujours, en un mot, l'auteur de mes misères.

UNULPHE.

C'est ne connaître pas la source de vos maux,
Que de les imputer à ses nobles travaux :
Laissez à sa vertu le prix qu'elle mérite,
Et n'en accusez plus que votre Pertharite.
Son ambition seule...

RODELINDE.

Unulphe, oubliez-vous
Que vous parlez à moi, qu'il était mon époux?

UNULPHE.

Non : mais vous oubliez que, bien que la naissance
Donnât à son aîné la suprême puissance,
Il osa toutefois partager avec lui
Un sceptre dont son bras devait être l'appui;
Qu'on vit alors deux rois en votre Lombardie,
Pertharite à Milan, Gundebert à Pavie,
Dont ce dernier, piqué par un tel attentat,
Voulut entre ses mains réunir son État,
Et ne put voir longtemps en celles de son frère...

RODELINDE.

Dites qu'il fut rebelle aux ordres de son père.
Le roi, qui connaissait ce qu'ils valaient tous deux,
Mourant entre leurs bras, fit ce partage entre eux :
Il vit en Pertharite une âme trop royale
Pour ne lui pas laisser une fortune égale;
Et vit en Gundebert un cœur assez abject
Pour ne mériter pas son frère pour sujet.
Ce n'est pas attenter aux droits d'une couronne
Qu'en conserver la part qu'un père nous en donne;
De son dernier vouloir c'est se faire des lois,
Honorer sa mémoire, et défendre son choix.

UNULPHE.

Puisque vous le voulez, j'excuse son courage;
Mais condamnez du moins l'auteur de ce partage,
Dont l'amour indiscret pour des fils généreux,
Les faisant tous deux rois, les a perdus tous deux.
Ce mauvais politique avait dû reconnaître
Que le plus grand État ne peut souffrir qu'un maître,
Que les rois n'ont qu'un trône et qu'une majesté,
Que leurs enfants entre eux n'ont point d'égalité,
Et qu'enfin la naissance a son ordre infaillible
Qui fait de leur couronne un point indivisible.

RODELINDE.

Et toutefois le ciel par les événements
Fit voir qu'il approuvait ses justes sentiments.
Du jaloux Gundebert l'ambitieuse haine
Fondant sur Pertharite y trouva tôt sa peine.
Une bataille entre eux vidait leur différend;
Il en sortit défait, il en sortit mourant :
Son trépas nous laissait toute la Lombardie,
Dont il nous enviait une faible partie;
Et j'ai versé des pleurs, qui n'auraient pas coulé,
Si votre Grimoald ne s'en fût point mêlé.
Il lui promit vengeance, et sa main plus vaillante
Rendit après sa mort sa haine triomphante :
Quand nous croyions le sceptre en la nôtre affermi,

Nous changeâmes de sort en changeant d'ennemi ;
Et, le voyant régner où régnaient les deux frères,
Jugez à qui je puis imputer nos misères.
UNULPHE.
Excusez un amour que vos yeux ont éteint :
Son cœur pour Éduige en était lors atteint ;
Et, pour gagner la sœur à ses désirs trop chère,
Il fallut épouser les passions du frère.
Il arma ses sujets, plus pour la conquérir,
Qu'à dessein de vous nuire ou de le secourir.
Alors qu'il arriva, Gundebert rendait l'âme,
Et sut en ce moment abuser de sa flamme.
« Bien, dit-il, que je touche à la fin de mes jours,
« Vous n'avez pas en vain amené du secours ;
« Ma mort vous va laisser ma sœur et ma querelle ;
« Si vous l'osez aimer, vous combattrez pour elle. »
Il la proclame reine ; et sans retardement
Les chefs et les soldats ayant prêté serment,
Il en prend d'elle un autre, et de mon prince même :
« Pour montrer à tous deux à quel point je vous aime,
« Je vous donne, dit-il, Grimoald pour époux ;
« Mais à condition qu'il soit digne de vous ; [rite,
« Et vous ne croirez point, ma sœur, qu'il vous mé-
« Qu'il n'ait vengé ma mort, et détruit Pertharite,
« Qu'il n'ait conquis Milan, qu'il n'y donne la loi.
« A la main d'une reine il faut celle d'un roi. »
Voilà ce qu'il voulut, voilà ce qu'ils jurèrent,
Voilà sur quoi tous deux contre vous s'animèrent.
Non que souvent mon prince, impatient amant,
N'ait voulu prévenir l'effet de son serment :
Mais contre son amour la princesse obstinée
A toujours opposé la parole donnée ;
Si bien que, ne voyant autre espoir de guérir,
Il a fallu sans cesse et vaincre et conquérir.
Enfin, après deux ans, Milan par sa conquête
Lui donnait Éduige en couronnant sa tête,
Si ce même Milan dont elle était le prix
N'eût fait perdre à ses yeux ce qu'ils avaient conquis.
Avec un autre sort il prit un cœur tout autre ;
Vous fûtes sa captive, et le fîtes le vôtre ;
Et la princesse alors, par un bizarre effet,
Pour l'avoir voulu roi, le perdit tout à fait.
Nous le vîmes quitter ses premières pensées,
N'avoir plus pour l'hymen ces ardeurs empressées,
Éviter Éduige, à peine lui parler,
Et sous divers prétexte à son tour reculer.
Ce n'est pas que longtemps il n'ait tâché d'éteindre
Un feu dont vos vertus avaient lieu de se plaindre ;
Et tant que dans sa fuite a vécu votre époux,
N'étant plus à sa sœur, il n'osait être à vous :
Mais sitôt que sa mort eut rendu légitime
Cette ardeur qui n'était jusque-là qu'un doux crime...

SCÈNE II

RODELINDE, ÉDUIGE, UNULPHE.

ÉDUIGE.
Madame, si j'étais d'un naturel jaloux,
Je m'inquiéterais de le voir avec vous,
Je m'imaginerais, ce qui pourrait bien être,
Que ce fidèle agent vous parle pour son maître :
Mais comme mon esprit n'est pas si peu discret
Qu'il vous veuille envier la douceur du secret,
De cette opinion j'aime mieux me défendre,
Pour mettre en votre choix celle que je dois prendre,
La régler par votre ordre, et croire avec respect
Tout ce qu'il vous plaira d'un entretien suspect.
RODELINDE.
Le secret n'est pas grand qu'aisément on devine,
Et l'on peut croire alors tout ce qu'on s'imagine.
Oui, madame, son maître a de fort mauvais yeux ;
Et, s'il m'en pouvait croire, il en userait mieux.
ÉDUIGE.
Il a beau s'éblouir alors qu'il vous regarde,
Il vous échappera si vous n'y prenez garde.
Il lui faut obéir, tout amoureux qu'il est,
Et vouloir ce qu'il veut, quand et comme il lui plaît.
RODELINDE.
Avez-vous reconnu par votre expérience
Qu'il faille déférer à son impatience ?
ÉDUIGE.
Vous ne savez que trop ce que c'est que sa foi.
RODELINDE.
Autre est celle d'un comte, autre celle d'un roi ;
Et, comme un nouveau rang forme une âme nouvelle,
D'un comte déloyal il fait un roi fidèle.
ÉDUIGE.
Mais quelquefois, madame, avec facilité
On croit des maris morts qui sont pleins de santé ;
Et, lorsqu'on se prépare aux seconds hyménées,
On voit par leur retour des veuves étonnées.
RODELINDE.
Qu'avez-vous vu, madame, ou que vous a-t-on dit ?
ÉDUIGE.
Ce mot un peu trop tôt vous alarme l'esprit.
Je ne vous parle pas de sa mort Pertharite :
Mais il se pourra faire enfin qu'il ressuscite,
Qu'il rende à vos désirs leur juste possesseur ;
Et c'est dont je vous donne avis en bonne sœur.
RODELINDE.
N'abusez point d'un nom que votre orgueil rejette.
Si vous étiez ma sœur, vous seriez ma sujette ;
Mais un sceptre vaut mieux que les titres du sang,
Et la nature cède à la splendeur du rang.
ÉDUIGE.
La nouvelle vous fâche, et du moins importune
L'espoir déjà formé d'une bonne fortune.
Consolez-vous, madame, il peut n'en être rien ;
Et souvent on nous dit ce qu'on ne sait pas bien.
RODELINDE.
Il sait mal ce qu'il dit, quiconque vous fait croire
Qu'aux feux de Grimoald je trouve quelque gloire.
Il est vaillant, il règne, et comme il faut régner ;
Mais toutes ses vertus me le font dédaigner.
Je hais dans sa valeur l'effort qui le couronne ;
Je hais dans sa bonté les cœurs qu'elle lui donne ;
Je hais dans sa prudence un grand peuple charmé ;

Je hais dans sa justice un tyran trop aimé;
Je hais ce grand secret d'assurer sa conquête,
D'attacher fortement ma couronne à sa tête;
Et le hais d'autant plus que je vois moins de jour
A détruire un vainqueur qui règne avec amour.
ÉDUIGE.
Cette haine qu'en vous sa vertu même excite
Est fort ingénieuse à voir tout son mérite;
Et qui nous parle ainsi d'un objet odieux
En dirait bien du mal s'il plaisait à ses yeux.
RODELINDE.
Qui hait brutalement permet tout à sa haine;
Il s'emporte, il se jette où sa fureur l'entraîne;
Il ne veut avoir d'yeux que pour ses faux portraits :
Mais qui hait par devoir ne s'aveugle jamais;
C'est sa raison qui hait, qui, toujours équitable,
Voit en l'objet haï ce qu'il a d'estimable,
Et verrait en l'aimé ce qu'il y faut blâmer,
Si ce même devoir lui commandait d'aimer.
ÉDUIGE.
Vous en savez beaucoup.
RODELINDE.
Je sais comme il faut vivre.
ÉDUIGE.
Vous êtes donc, madame, un grand exemple à suivre
RODELINDE.
Pour vivre l'âme saine on n'a qu'à m'imiter.
ÉDUIGE.
Et qui veut vivre aimé n'a qu'à vous en conter?
RODELINDE.
J'aime en vous un soupçon qui vous sert de supplice;
S'il me fait quelque outrage, il m'en fait bien justice.
ÉDUIGE.
Quoi! vous refuseriez Grimoald pour époux?
RODELINDE.
Si je veux l'accepter, m'en empêcherez-vous?
Ce qui jusqu'à présent vous donne tant d'alarmes,
Sitôt qu'il me plaira, vous coûtera des larmes;
Et, quelque grand pouvoir que vous preniez sur moi,
Je n'ai qu'à dire un mot pour vous faire la loi.
N'aspirez point, madame, où je voudrai prétendre;
Tout son cœur est à moi, si je daigne le prendre:
Consolez-vous pourtant, il m'en fait l'offre en vain;
Je veux bien sa couronne, et ne veux point sa main.
Faites, si vous pouvez, revivre Pertharite,
Pour l'opposer aux feux dont votre amour s'irrite.
Produisez un fantôme, ou semez un faux bruit,
Pour remettre en vos fers un prince qui vous fuit;
J'aiderai votre feinte, et ferai mon possible
Pour tromper avec vous ce monarque invincible,
Pour renvoyer chez vous les vœux qu'on vient m'of-
Et n'avoir plus chez moi d'importuns à souffrir. [frir,
ÉDUIGE.
Qui croit déjà ce bruit un tour de mon adresse,
De son effet sans doute aurait peu d'allégresse,
Et, loin d'aider la feinte avec sincérité,
Pourrait fermer les yeux même à la vérité.
RODELINDE.
Après m'avoir fait perdre époux et diadème,

C'est trop que d'attenter jusqu'à ma gloire même,
Qu'ajouter l'infamie à de si rudes coups.
Connaissez-moi, madame, et désabusez-vous.
Je ne vous cèle point qu'ayant l'âme royale,
L'amour du sceptre encor me fait votre rivale,
Et que je ne puis voir d'un cœur lâche et soumis
La sœur de mon époux déshériter mon fils.
Mais que dans mes malheurs jamais je me dispose
A les vouloir finir m'unissant à leur cause,
A remonter au trône où vont tous mes désirs,
En épousant l'auteur de tous mes déplaisirs!
Non, non, vous présumez en vain que je m'apprête
A faire de ma main sa dernière conquête;
Unulphe peut vous dire en fidèle témoin
Combien à me gagner il perd d'art et de soin.
Si, malgré la parole et donnée et reçue,
Il cessa d'être à vous au moment qu'il m'eut vue,
Aux cendres d'un mari tous mes feux réservés
Lui rendent les mépris que vous en recevez.

SCÈNE III

GRIMOALD, RODELINDE, ÉDUIGE, GARIBALDE,
UNULPHE.

RODELINDE.
Approche, Grimoald, et dis à ta jalouse,
A qui du moins ta foi doit le titre d'épouse,
Si, depuis que pour moi je t'ai vu soupirer,
Jamais d'un seul coup d'œil je t'ai fait espérer;
Ou, si tu veux laisser pour éternelle gêne
A cette ambitieuse une frayeur si vaine,
Dis-moi de mon époux le déplorable sort :
Il vit, il vit encor, si j'en crois son rapport;
De ses derniers honneurs les magnifiques pompes
Ne sont qu'illusions avec quoi tu me trompes;
Et ce riche tombeau que lui fait son vainqueur
N'est qu'un appât superbe à surprendre mon cœur.
GRIMOALD.
Madame, vous savez ce qu'on m'est venu dire,
Qu'allant de ville en ville et d'empire en empire
Contre Éduige et moi mendier du secours,
Auprès du roi des Huns il a fini ses jours :
Et si depuis sa mort j'ai tâché de vous rendre...
RODELINDE.
Qu'elle soit vraie ou non, tu n'en dois rien attendre.
Je dois à sa mémoire, à moi-même, à son fils,
Ce que je dus aux nœuds qui nous avaient unis;
Ce n'est qu'à le venger que tout mon cœur s'applique:
Et, puisqu'il faut enfin que tout ce cœur s'explique,
Si je puis une fois échapper de tes mains,
J'irai porter partout de si justes desseins;
J'irai dessus ses pas aux deux bouts de la terre
Chercher des ennemis à te faire la guerre :
Ou, s'il me faut languir prisonnière en ces lieux,
Mes vœux demanderont cette vengeance aux cieux,
Et ne cesseront point jusqu'à ce que leur foudre
Sur mon trône usurpé brise ta tête en poudre.
Madame, vous voyez avec quels sentiments

Je mets ce grand obstacle à vos contentements.
Adieu. Si vous pouvez, conservez ma couronne,
Et regagnez un cœur que je vous abandonne.

SCÈNE IV

GRIMOALD, ÉDUIGE, GARIBALDE, UNULPHE.

GRIMOALD.

Qu'avez-vous dit, madame, et que supposez-vous
Pour la faire douter du sort de son époux?
Depuis quand et de qui savez-vous qu'il respire?

ÉDUIGE.

Ce confident si cher pourra vous le redire.

GRIMOALD.

M'auriez-vous accusé d'avoir feint son trépas?

ÉDUIGE.

Ne vous alarmez point, elle ne m'en croit pas;
Son destin est plus doux veuve que mariée,
Et de croire sa mort vous l'avez trop priée.

GRIMOALD.

Mais enfin?

ÉDUIGE.

Mais enfin chacun sait ce qu'il sait;
Et quand il sera temps nous en verrons l'effet.
Épouse-la, parjure, et fais-en une infâme :
Qui ravit un État peut ravir une femme;
L'adultère et le rapt sont du droit des tyrans.

GRIMOALD.

Vous me donniez jadis des titres différents.
Quand pour vous acquérir je gagnais des batailles,
Que mon bras de Milan foudroyait les murailles,
Que je semais partout la terreur et l'effroi,
J'étais un grand héros, j'étais un digne roi;
Mais depuis que je règne en prince magnanime,
Qui chérit la vertu, qui sait punir le crime,
Que le peuple sous moi voit ses destins meilleurs,
Je ne suis qu'un tyran, parce que j'aime ailleurs.
Ce n'est plus la valeur, ce n'est plus la naissance
Qui donne quelque droit à la toute-puissance;
C'est votre amour lui seul qui fait, des conquérants,
Suivant qu'ils sont à vous, des rois ou des tyrans.
Si ce titre odieux s'acquiert à vous déplaire,
Je n'ai qu'à vous aimer si je veux m'en défaire;
Et ce même moment, de lâche usurpateur,
Me fera vrai monarque en vous rendant mon cœur.

ÉDUIGE.

Ne prétends plus au mien après ta perfidie.
J'ai mis entre tes mains toute la Lombardie :
Mais ne t'aveugle point dans ton nouveau souci;
Ce n'est que sous mon nom que tu règnes ici,
Et le peuple bientôt montrera par sa haine
Qu'il n'adorait en toi que l'amant de sa reine,
Qu'il ne respectait qu'elle, et ne veut point d'un roi
Qui commence par elle à violer sa foi.

GRIMOALD.

Si vous étiez, madame, au milieu de Pavie,
Dont vous fit reine un frère en sortant de la vie,
Ce discours, quoique même un peu hors de saison,
Pourrait avoir du moins quelque ombre de raison.
Mais ici, dans Milan, dont j'ai fait ma conquête,
Où ma seule valeur a couronné ma tête,
Au milieu d'un État où tout le peuple à moi
Ne saurait craindre en vous que l'amour de son roi,
La menace impuissante est de mauvaise grâce;
Avec tant de faiblesse il faut la voix plus basse.
J'y règne, et régnerai malgré votre courroux;
J'y fais à tous justice, et commence par vous.

ÉDUIGE.

Par moi?

GRIMOALD.

Par vous, madame.

ÉDUIGE.

Après la foi reçue!
Après deux ans d'amour si lâchement déçue!

GRIMOALD.

Dites après deux ans de haine et de mépris,
Qui de toute ma flamme ont été le seul prix.

ÉDUIGE.

Appelles-tu mépris une amitié sincère?

GRIMOALD.

Une amitié fidèle à la haine d'un frère,
Un long orgueil armé d'un frivole serment,
Pour s'opposer sans cesse au bonheur d'un amant.
Si vous m'aviez aimé, vous n'auriez pas eu honte
D'attacher votre sort à la valeur d'un comte :
Jusqu'à ce qu'il fût roi vous plaire à le gêner,
C'était vouloir vous vendre, et non pas vous donner.
Je me suis donc fait roi pour plaire à votre envie;
J'ai conquis votre cœur au péril de ma vie :
Mais alors qu'il m'est dû, je suis en liberté
De vous laisser un bien que j'ai trop acheté,
Et votre ambition est justement punie
Quand j'affranchis un roi de votre tyrannie.
Un roi doit pouvoir tout; et je ne suis pas roi,
S'il ne m'est pas permis de disposer de moi.
C'est quitter, c'est trahir les droits du diadème,
Que sur le haut d'un trône être esclave moi-même;
Et dans ce même trône où vous m'avez voulu,
Sur moi comme sur tous je dois être absolu :
C'est le prix de mon sang; souffrez que j'en dispose,
Et n'accusez que vous du mal que je vous cause.

ÉDUIGE.

Pour un grand conquérant que tu te défends mal!
Et quel étrange roi tu fais de Grimoald!
Ne dis plus que ce rang veut que tu m'abandonnes,
Et que la trahison est un droit des couronnes;
Mais, si tu veux trahir, trouve du moins, ingrat,
De plus belles couleurs dans les raisons d'État.
Dis qu'un usurpateur doit amuser la haine
Des peuples mal domptés en épousant leur reine,
Leur faire présumer qu'il veut rendre à son fils
Un sceptre sur le père injustement conquis,
Qu'il ne veut gouverner que durant son enfance,
Qu'il ne veut qu'en dépôt la suprême puissance,
Qu'il ne veut autre titre en leur donnant la loi,
Que d'époux de la reine et de tuteur du roi;

Dis que sans cet hymen ta puissance t'échappe,
Qu'un vieil amour des rois la détruit et la sape,
Dis qu'un tyran qui règne en pays ennemi
N'y saurait voir son trône autrement affermi.
De cette illusion l'apparence plausible
Rendrait ta lâcheté peut-être moins visible ;
Et l'on pourrait donner à la nécessité
Ce qui n'est qu'un effet de ta légèreté.
GRIMOALD.
J'embrasse un bon avis, de quelque part qu'il vienne.
Unulphe, allez trouver la reine, de la mienne,
Et tâchez par cette offre à vaincre sa rigueur.
Madame, c'est à vous que je devrai son cœur ;
Et, pour m'en revancher*, je prendrai soin moi-même
De faire choix pour vous d'un mari qui vous aime,
Qui soit digne de vous, et puisse mériter
L'amour que, malgré moi, vous voulez me porter.
ÉDUIGE.
Traître! je n'en veux point que ta mort ne me donne,
Point qui n'ait par ton sang affermi ma couronne.
GRIMOALD.
Vous pourrez à ce prix en trouver aisément.
Remettez la princesse à son appartement,
Duc ; et tâchez à rompre un dessein sur ma vie,
Qui me ferait trembler si j'étais à Pavie.
ÉDUIGE.
Crains-moi, crains-moi partout : et Pavie, et Milan,
Tout lieu, tout bras est propre à punir un tyran ;
Et tu n'as point de forts où vivre en assurance,
Si de ton sang versé je suis la récompense.
GRIMOALD.
Dissimulez du moins ce violent courroux :
Je deviendrais tyran, mais ce serait pour vous.
ÉDUIGE.
Va, je n'ai point le cœur assez lâche pour feindre.
GRIMOALD.
Allez donc ; et craignez, si vous me faites craindre.

ACTE DEUXIÈME

SCÈNE I

ÉDUIGE, GARIBALDE.

ÉDUIGE.
Je l'ai dit à mon traître, et je vous le redis,
Je me dois cette joie après de tels mépris ;
Et mes ardents souhaits de voir punir son change*
Assurent ma conquête à quiconque me venge.
Suivez le mouvement d'un si juste courroux,
Et sans perdre de vœux obtenez-moi de vous.
Pour gagner mon amour il faut servir ma haine ;
A ce prix est le sceptre, à ce prix une reine ;
Et Grimoald puni rendra digne de moi
Quiconque ose m'aimer, ou se veut faire roi.

GARIBALDE.
Mettre à ce prix vos feux et votre diadème,
C'est ne connaître pas votre haine et vous-même,
Et qui, sous cet espoir, voudrait vous obéir,
Chercherait les moyens de se faire haïr.
Grimoald inconstant n'a plus pour vous de charmes,
Mais Grimoald puni vous coûterait des larmes.
A cet objet sanglant l'effort de la pitié
Reprendrait tous les droits d'une vieille amitié ;
Et son crime en son sang éteint avec sa vie [mort,
Passerait en celui qui vous aurait servie.
Quels que soient ses mépris, peignez-vous bien sa
Madame, et votre cœur n'en sera pas d'accord.
Quoi qu'un amant volage excite de colère,
Son change* est odieux, mais sa personne est chère ;
Et ce qu'a joint l'amour a beau se désunir,
Pour le rejoindre mieux il ne faut qu'un soupir.
Ainsi n'espérez pas que jamais on s'assure
Sur les bouillants transports qu'arrache son parjure.
Si le ressentiment de sa légèreté
Aspire à la vengeance avec sincérité,
En quelques dignes mains qu'il veuille la remettre,
Il vous faut vous donner et non pas vous promettre,
Attacher votre sort, avec le nom d'époux,
A la valeur du bras qui s'armera pour vous.
Tant qu'on verra ce prix en quelque incertitude,
L'oserait-on punir de son ingratitude ?
Votre haine tremblante est un mauvais appui
A quiconque pour vous entreprendrait sur lui,
Et, quelque doux espoir qu'offre cette colère,
Une plus forte haine en serait le salaire.
Donnez-vous donc, madame, et faites qu'un vengeur
N'ait plus à redouter le désaveu du cœur.

ÉDUIGE.
Que vous m'êtes cruel en faveur d'un infâme
De vouloir, malgré moi, lire au fond de mon âme,
Où mon amour trahi, que j'éteins à regret,
Lui fait contre ma haine un partisan secret !
Quelques justes arrêts que ma bouche prononce,
Ce sont de vains efforts où tout mon cœur renonce.
Ce lâche malgré moi l'ose encor protéger,
Et veut mourir du coup qui m'en pourrait venger.
Vengez-moi toutefois, mais d'une autre manière.
Pour conserver mes jours, laissez-lui la lumière.
Quelque mort que je doive à son manque de foi,
Otez-lui Rodelinde, et c'est assez pour moi ;
Faites qu'elle aime ailleurs, et punissez son crime
Par ce désespoir même où son change* m'abîme.
Faites plus : s'il est vrai que je puis tout sur vous,
Ramenez cet ingrat tremblant à mes genoux,
Le repentir au cœur, les pleurs sur le visage,
De tant de lâchetés me faire un plein hommage,
Implorer le pardon qu'il ne mérite pas,
Et remettre en mes mains sa vie et son trépas.

GARIBALDE.
Ajoutez-y, madame, encor qu'à vos yeux même
Cette odieuse main perce mon cœur qui vous aime,
Et que l'amant fidèle au volage immolé
Expie au lieu de lui ce qu'il a violé.

L'ordre en sera moins rude, et moindre le supplice,
Que celui qu'à mes feux prescrit votre injustice :
Et le trépas en soi n'a rien de rigoureux
A l'égal de vous rendre un rival plus heureux.

ÉDUIGE.

Duc, vous vous alarmez faute de me connaître ;
Mon cœur n'est pas si bas qu'il puisse aimer un traître.
Je veux qu'il se repente, et se repente en vain,
Rendre haine pour haine, et dédain pour dédain.
Je veux qu'en vain son âme, esclave de la mienne,
Me demande sa grâce, et jamais ne l'obtienne,
Qu'il soupire sans fruit ; et pour le punir mieux,
Je veux même à mon tour vous aimer à ses yeux.

GARIBALDE.

Le pourrez-vous, madame, et savez-vous vos forces ?
Savez-vous de l'amour quelles sont les amorces ?
Savez-vous ce qu'il peut, et qu'un visage aimé
Est toujours trop aimable à ce qu'il a charmé ?
Si vous ne m'abusez, votre cœur vous abuse.
L'inconstance jamais n'a de mauvaise excuse ;
Et, comme l'amour seul fait le ressentiment,
Le moindre repentir obtient grâce à l'amant.

ÉDUIGE.

Quoi qu'il puisse arriver, donnez-vous cette gloire
D'avoir sur cet ingrat rétabli ma victoire ;
Sans songer qu'à me plaire exécutez mes lois,
Et que l'événement laissez tout à mon choix :
Souffrez qu'en liberté je l'aime ou le néglige.
L'amant est trop payé quand son service oblige ;
Et quiconque en aimant aspire à d'autres prix
N'a qu'un amour servile et digne de mépris.
Le véritable amour jamais n'est mercenaire,
Il n'est jamais souillé de l'espoir du salaire,
Il ne veut que servir, et n'a point d'intérêt
Qu'il n'immole à celui de l'objet qui lui plaît.
Voyez donc Grimoald, tâchez à le réduire ;
Faites-moi triompher au hasard de vous nuire :
Et, si je prends pour lui des sentiments plus doux,
Vous m'aurez faite heureuse, et c'est assez pour vous.
Je verrai par l'effort de votre obéissance
Où doit aller celui de ma reconnaissance.
Cependant, s'il est vrai que j'ai pu vous charmer,
Aimez-moi plus que vous, ou cessez de m'aimer :
C'est par là seulement qu'on mérite Éduige.
e veux bien qu'on espère, et non pas qu'on exige.
e ne veux rien devoir ; mais, lorsqu'on me sert bien,
On peut attendre tout de qui ne promet rien.

SCÈNE II

GARIBALDE.

Quelle confusion ! et quelle tyrannie
M'ordonne d'espérer ce qu'elle me dénie !
Et de quelle façon est-ce écouter des vœux,
Qu'obliger un amant à travailler contre eux ?
Simple ! ne prétends pas, sur cet espoir frivole,
Que je tâche à te rendre un cœur que je te vole.

Je t'aime, mais enfin je n'aime plus que toi.
C'est moi seul qui le porte à ce manque de foi ;
Auprès d'un autre objet c'est moi seul qui l'engage :
Je ne détruirai pas moi-même mon ouvrage.
Il m'a choisi pour toi, de peur qu'un autre époux
Avec trop de chaleur n'embrasse ton courroux ;
Mais lui-même il se trompe en l'amant qu'il te donne.
Je t'aime, et puissamment, mais moins que la cou-
Et mon ambition, qui tâche à te gagner,   [ronne ;
Ne cherche en ton hymen que le droit de régner.
De tes ressentiments s'il faut que je l'obtienne,
Je saurai joindre encor cent haines à la tienne,
L'ériger en tyran par mes propres conseils,
De sa perte par lui dresser les appareils,
Mêler si bien l'adresse avec un peu d'audace,
Qu'il ne faille qu'oser pour me mettre en sa place ;
Et, comme en t'épousant j'en aurai droit de toi,
Je t'épouserai lors, mais pour me faire roi.
Mais voici Grimoald.

SCÈNE III

GRIMOALD, GARIBALDE.

GRIMOALD.

Eh bien ! quelle espérance,
Duc, et qu'obtiendrons-nous de ta persévérance ?

GARIBALDE.

Ne me commandez plus, seigneur, de l'adorer,
Ou ne lui laissez plus aucun lieu d'espérer.

GRIMOALD.

Quoi ! de tout mon pouvoir je l'avais irritée
Pour faire que ta flamme en fût mieux écoutée,
Qu'un dépit redoublé la pressant contre moi
La rendît plus facile à recevoir ta foi,
Et fît tomber ainsi par ses ardeurs nouvelles
Le dépôt de sa haine en des mains si fidèles :
Cependant son espoir à mon trône attaché
Par aucun de nos soins n'en peut être arraché !
Mais as-tu bien promis ma tête à sa vengeance ?
Ne l'as-tu point offerte avecque négligence,
Avec quelque froideur qui l'ait fait soupçonner
Que tu la promettais sans la vouloir donner ?

GARIBALDE.

Je n'ai rien oublié de ce qui peut séduire
Un vrai ressentiment qui voudrait vous détruire ;
Mais son feu mal éteint ne se peut déguiser :
Son plus ardent courroux brûle de s'apaiser ;
Et je n'obtiendrai point, seigneur, qu'elle m'écoute,
Jusqu'à ce qu'elle ait vu votre hymen hors de doute,
Et que de Rodelinde étant l'illustre époux
Vous chassiez de son cœur tout espoir d'être à vous.

GRIMOALD.

Hélas ! je mets en vain toute chose en usage ;
Ni prières ni vœux n'ébranlent son courage.
Malgré tous mes respects je vois de jour en jour
Croître sa résistance autant que mon amour ;
Et si l'offre d'Unulphe à présent ne la touche,
Si l'intérêt d'un fils ne la rend moins farouche,

Désormais je renonce à l'espoir d'amollir
Un cœur que tant d'efforts ne font qu'enorgueillir.
GARIBALDE.
Non, non, seigneur, il faut que cet orgueil vous cède;
Mais un mal violent veut un pareil remède.
Montrez-vous tout ensemble amant et souverain;
Et sachez commander, si vous priez en vain.
Que sert ce grand pouvoir qui suit le diadème,
Si l'amant couronné n'en use pour soi-même?
Un roi n'est pas moins roi pour se laisser charmer,
Et doit faire obéir qui ne veut pas aimer.
GRIMOALD.
Porte, porte aux tyrans tes damnables maximes;
Je hais l'art de régner qui se permet des crimes.
De quel front donnerais-je un exemple aujourd'hui
Que mes lois dès demain puniraient en autrui?
Le pouvoir absolu n'a rien de redoutable
Dont à sa conscience un roi ne soit comptable.
L'amour l'excuse mal, s'il règne injustement,
Et l'amant couronné doit n'agir qu'en amant.
GARIBALDE.
Si vous n'osez forcer, du moins faites-vous craindre :
Daignez, pour être heureux, un moment vous con-
Et s'il l'offre d'Unulphe en reçoit des mépris, [traindre;
Menacez hautement de la mort de son fils.
GRIMOALD.
Que par ces lâchetés j'ose me satisfaire!
GARIBALDE.
Si vous n'osez parler, du moins laissez-nous faire :
Nous saurons vous servir, seigneur, et malgré vous.
Prêtez-nous seulement un moment de courroux,
Et permettez après qu'on l'explique et qu'on feigne
Ce que vous n'osez dire, et qu'il faut qu'elle craigne.
Vous désavouerez tout. Après de tels projets,
Les rois impunément dédisent leurs sujets.
GRIMOALD.
Sachons ce qu'il a fait avant que de résoudre
Si je dois en tes mains laisser gronder ce foudre.

SCÈNE IV

GRIMOALD, GARIBALDE, UNULPHE.

GRIMOALD.
Que faut-il faire, Unulphe? est-il temps de mourir?
N'as-tu vu pour ton roi nul espoir de guérir?
UNULPHE.
Rodelinde, seigneur, enfin plus raisonnable,
Semble avoir dépouillé cet orgueil indomptable;
Elle a reçu votre offre avec tant de douceur...
GRIMOALD.
Mais l'a-t-elle acceptée? as-tu touché son cœur?
A-t-elle montré joie? en paraît-elle émue?
Peut-elle s'abaisser jusqu'à souffrir ma vue?
Qu'a-t-elle dit enfin?
UNULPHE.
Beaucoup, sans dire rien.
Elle a paisiblement souffert mon entretien.
Son âme à mes discours surprise, mais tranquille...

GRIMOALD.
Ah! c'est m'assassiner d'un discours inutile :
Je ne veux rien savoir de sa tranquillité;
Dis seulement un mot de sa facilité.
Quand veut-elle à son fils donner mon diadème?
UNULPHE.
Elle en veut apporter la réponse elle-même.
GRIMOALD.
Quoi! tu n'as su pour moi plus avant l'engager?
UNULPHE.
Seigneur, c'est assez dire à qui veut bien juger;
Vous n'en sauriez avoir une preuve plus claire.
Qui demande à vous voir ne veut pas vous déplaire;
Ses refus se seraient expliqués avec moi,
Sans chercher la présence et le courroux d'un roi.
GRIMOALD.
Mais touchant cet époux qu'Éduige ranime?...
UNULPHE.
De ce discours en l'air elle fait peu d'estime;
L'artifice est si lourd, qu'il ne peut l'émouvoir,
Et d'une main suspecte il n'a point de pouvoir.
GARIBALDE.
Éduige elle-même est mal persuadée
D'un retour dont elle aime à vous donner l'idée;
Et ce n'est qu'un faux jour qu'elle a voulu jeter
Pour lui troubler la vue, et vous inquiéter.
Mais déjà Rodelinde apporte sa réponse.
GRIMOALD.
Ah! j'entends mon arrêt sans qu'on me le prononce.
Je vais mourir, Unulphe, et ton zèle pour moi
T'abuse le premier, et m'abuse après toi.
UNULPHE.
Espérez mieux, seigneur.
GRIMOALD.
Tu le veux, et j'espère.
Mais que cette douceur va devenir amère!
Et que ce peu d'espoir où tu me viens forcer
Rendra rudes les coups dont on va me percer!

SCÈNE V

GRIMOALD, RODELINDE, GARIBALDE, UNULPHE.

GRIMOALD.
Madame, il est donc vrai que votre âme sensible
A la compassion s'est rendue accessible;
Qu'elle fait succéder dans ce cœur plus humain
La douceur à la haine et l'estime au dédain,
Et que, laissant agir une bonté cachée,
A de si longs mépris elle s'est arrachée?
RODELINDE.
Ce cœur dont tu te plains, de ta plainte est surpris;
Comte, je n'eus pour toi jamais aucun mépris;
Et ma haine elle-même aurait cru faire un crime
De t'avoir dérobé ce qu'on te doit d'estime.
Quand je vois ta conduite en mes propres États
Achever sur les cœurs l'ouvrage de ton bras,
Avec ces mêmes cœurs qu'un si grand art te donne
Je dis que la vertu règne dans ta personne;

33

Avec eux je te loue, et je doute avec eux
Si sous leur vrai monarque ils seraient plus heureux,
Tant ces hautes vertus qui fondent ta puissance
Réparent ce qui manque à l'heur* de ta naissance !
Mais, quoi qu'on en ait vu d'admirable et de grand,
Ce que m'en dit Unulphe aujourd'hui me surprend.
 Un vainqueur dans le trône, un conquérant qu'on aime,
Faisant justice à tous, se la fait à soi-même ! [aime,
Se croit usurpateur sur ce trône conquis !
Et ce qu'il ôte au père, il veut le rendre au fils !
Comte, c'est un effort à dissiper la gloire
Des noms les plus fameux dont se pare l'histoire,
Et que le grand Auguste ayant osé tenter,
N'osa prendre du cœur jusqu'à l'exécuter.
Je viens donc y répondre, et de toute mon âme
Te rendre pour mon fils...

GRIMOALD.
     Ah ! c'en est trop, madame;
Ne vous abaissez point à des remerciments :
C'est moi qui vous dois tout; et si mes sentiments...

RODELINDE.
Souffre les miens, de grâce, et permets que je mette
Cet effort merveilleux en sa gloire parfaite,
Et que ma propre main tâche d'en arracher
Tout ce mélange impur dont tu le veux tacher.
Car enfin cet effort est de telle nature,
Que la source en doit être à nos yeux toute pure :
La vertu doit régner dans un si grand projet,
En être seule cause, et l'honneur seul objet ;
Et depuis qu'on le souille ou d'espoir de salaire,
Ou de chagrin d'amour, ou de souci de plaire,
Il part indignement d'un courage abattu
Où la passion règne, et non pas la vertu.
 Comte, penses-y bien, et, pour m'avoir aimée,
N'imprime point de tache à tant de renommée ;
Ne crois que ta vertu, laisse-la seule agir,
De peur qu'un tel effort ne te donne à rougir.
On publierait de toi que les yeux d'une femme,
Plus que ta propre gloire, auraient touché ton âme ;
On dirait qu'un héros si grand, si renommé,
Ne serait qu'un tyran s'il n'avait point aimé.

GRIMOALD.
Donnez-moi cette honte, et je la tiens à gloire ;
Faites de vos mépris ma dernière victoire,
Et souffrez qu'on impute à ce bras trop heureux
Que votre seul amour l'a rendu généreux.
Souffrez que cet amour, par un effort si juste,
Ternisse le grand nom et les hauts faits d'Auguste,
Qu'il ait plus de pouvoir que ses vertus n'ont eu.
Qui n'adore que vous n'aime que la vertu.
Cet effort merveilleux est de telle nature,
Qu'il ne saurait partir d'une source plus pure ;
Et la plus noble enfin des belles passions
Ne peut faire de tache aux grandes actions.

RODELINDE.
Comte, ce qu'elle jette à tes yeux de poussière
Pour voir ce que tu fais les laisse sans lumière.
A ces conditions rendre un sceptre conquis,
C'est asservir la mère en couronnant le fils ;
Et, pour en bien parler, ce n'est pas tant le rendre,
Qu'au prix de mon honneur indignement le vendre.
Ta gloire en pourrait croître, et tu le veux ainsi ;
Mais l'éclat de la mienne en serait obscurci.
 Quel que soit ton amour, quel que soit ton mérite,
La défaite et la mort de mon cher Pertharite,
D'un sanglant caractère ébauchant tes hauts faits,
Les peignent à mes yeux comme autant de forfaits ;
Et, ne pouvant les voir que d'un œil d'ennemie,
Je n'y puis prendre part sans entière infamie.
Ce sont des sentiments que je ne puis trahir ;
Je te dois estimer, mais je te dois haïr :
Je dois agir en veuve autant qu'en magnanime,
Et porter cette haine aussi loin que l'estime.

GRIMOALD.
Ah ! forcez-vous, de grâce, à des termes plus doux
Pour des crimes qui seuls m'ont fait digne de vous ;
Par eux seuls ma valeur en tête d'une armée
A des plus grands héros atteint la renommée ;
Par eux seuls j'ai vaincu, par eux seuls j'ai régné,
Par eux seuls ma justice a tant de cœurs gagné,
Par eux seuls j'ai paru digne du diadème,
Par eux seuls je vous vois, par eux seuls je vous aime,
Et par eux seuls enfin mon amour tout parfait
Ose faire pour vous ce qu'on n'a jamais fait.

RODELINDE.
Tu ne fais que pour toi, s'il t'en faut récompense ;
Et je te dis encor que toute ta vaillance,
T'ayant fait vers moi seule à jamais criminel,
A mis entre nous deux un obstacle éternel.
 Garde donc ta conquête, et me laisse ma gloire ;
Respecte d'un époux et l'ombre et la mémoire :
Tu l'as chassé du trône, et non pas de mon cœur.

GRIMOALD.
Unulphe, c'est donc là toute cette douceur !
C'est là comme son âme, enfin plus raisonnable,
Semble avoir dépouillé cet orgueil indomptable !

GARIBALDE.
Seigneur, souvenez-vous qu'il est temps de parler.

GRIMOALD.
Oui, l'affront est trop grand pour le dissimuler :
Elle en sera punie, et, puisqu'on me méprise,
Je deviendrai tyran de qui me tyrannise,
Et ne souffrirai plus qu'une indigne fierté
Se joue impunément de mon trop de bonté.

RODELINDE.
Eh bien ! deviens tyran : renonce à ton estime ;
Renonce au nom de juste, au nom de magnanime...

GRIMOALD.
La vengeance est plus douce enfin que ces vains noms ;
S'ils me font malheureux, à quoi me sont-ils bons ?
Je me ferai justice en domptant qui me brave.
Qui ne veut point régner mérite d'être esclave.
Allez, sans irriter plus longtemps mon courroux,
Attendre ce qu'un maître ordonnera de vous.

RODELINDE. [donne.
Qui ne craint point la mort craint peu quoi qu'il or-

GRIMOALD. [sonne.
Vous la craindrez peut-être en quelque autre per-

RODELINDE.
Quoi! tu voudrais...
GRIMOALD.
Allez, et ne me pressez point;
On vous pourra trop tôt éclaircir sur ce point.
(*Rodelinde rentre.*)
Voilà tous les efforts qu'enfin j'ai pu me faire.
Tout ingrate qu'elle est, je tremble à lui déplaire;
Et ce peu que j'ai fait, suivi d'un désaveu,
Gêne autant ma vertu comme il trahit mon feu.
Achève, Garibalde; Unulphe est trop crédule,
Il prend trop aisément un espoir ridicule :
Menace, puisque enfin c'est perdre temps qu'offrir.
Toi qui m'as trop flatté, viens m'aider à souffrir.

ACTE TROISIÈME

SCÈNE I

GARIBALDE, RODELINDE.

GARIBALDE.
Ce n'est plus seulement l'offre d'un diadème
Que vous fait pour un fils un prince qui vous aime,
Et de qui le refus ne puisse être imputé
Qu'à fermeté de haine ou magnanimité :
Il y va de sa vie, et la juste colère
Où jettent cet amant les mépris de la mère,
Veut punir sur le sang de ce fils innocent
La dureté d'un cœur si peu reconnaissant.
C'est à vous d'y penser; tout le choix qu'on vous don- [ne,
C'est d'accepter pour lui la mort ou la couronne :
Son sort est en vos mains; aimer ou dédaigner
Le va faire périr ou le faire régner.
RODELINDE.
S'il me faut faire un choix d'une telle importance,
On me donnera bien le loisir que j'y pense.
GARIBALDE.
Pour en délibérer vous n'avez qu'un moment,
J'en ai l'ordre pressant; et sans retardement,
Madame, il faut résoudre, et s'expliquer sur l'heure :
Un mot est bientôt dit. Si vous voulez qu'il meure,
Prononcez-en l'arrêt, et j'en prendrai la loi
Pour faire exécuter les volontés du roi.
RODELINDE.
Un mot est bientôt dit; mais dans un tel martyre
On n'a pas bientôt vu quel mot c'est qu'il faut dire;
Et le choix qu'on m'ordonne est pour moi si fatal,
Qu'à mes yeux des deux parts le supplice est égal.
Puisqu'il faut obéir, fais-moi venir ton maître.
GARIBALDE.
Quel choix avez-vous fait?
RODELINDE.
Je lui ferai connaître
Que si...

GARIBALDE.
C'est avec moi qu'il vous faut achever :
Il est las désormais de s'entendre braver;
Et si je ne lui porte une entière assurance
Que vos désirs enfin suivent son espérance,
Sa vue est un honneur qui vous est défendu.
RODELINDE.
Que me dis-tu, perfide? ai-je bien entendu?
Tu crains donc qu'une femme à force de se plaindre
Ne sauve une vertu que tu tâches d'éteindre,
Ne remette un héros au rang de ses pareils,
Dont tu veux l'arracher par tes lâches conseils?
Oui, je l'épouserai, ce trop aveugle maître,
Tout cruel, tout tyran que tu le forces d'être :
Va, cours l'en assurer; mais penses-y deux fois.
Crains-moi, crains son amour, s'il accepte mon choix.
Je puis beaucoup sur lui; j'y pourrai davantage,
Et régnerai peut-être après cet esclavage.
GARIBALDE.
Vous régnerez, madame, et je serai ravi
De mourir glorieux pour l'avoir bien servi.
RODELINDE.
Va, je lui ferai voir que de pareils services
Sont dignes seulement des plus cruels supplices,
Et que de tous les maux dont les rois sont auteurs
Ils s'en doivent venger sur de tels serviteurs.
Tu peux en attendant lui donner cette joie,
Que pour gagner mon cœur il a trouvé la voie.
Que ton zèle insolent et ton mauvais destin
A son amour barbare en ouvrent le chemin.
Dis-lui, puisqu'il le faut, qu'à l'hymen je m'apprête;
Mais fuis-nous, s'il s'achève, et tremble pour ta tête.
GARIBALDE.
Je veux bien à ce prix vous donner un grand roi.
RODELINDE.
Qu'à ce prix donc il vienne, et m'apporte sa foi.

SCÈNE II

RODELINDE, ÉDUIGE.

ÉDUIGE.
Votre félicité sera mal assurée
Dessus un fondement de si peu de durée.
Vous avez toutefois de si puissants appas...
RODELINDE.
Je sais quelques secrets que vous ne savez pas;
Et si j'ai moins que vous d'attraits et de mérite,
J'ai des moyens plus sûrs d'empêcher qu'on me quitte.
ÉDUIGE.
Mon exemple...
RODELINDE.
Souffrez que je n'en craigne rien,
Et par votre malheur ne jugez pas du mien.
Chacun à ses périls peut suivre sa fortune,
Et j'ai quelques soucis que l'exemple importune.
ÉDUIGE.
Ce n'est pas mon dessein de vous importuner.

RODELINDE.
Ce n'est pas mon dessein aussi de vous gêner;
Mais votre jalousie un peu trop inquiète
Se donne malgré moi cette gêne secrète.
ÉDUIGE.
Je ne suis point jalouse, et l'infidélité...
RODELINDE.
Eh bien! soit jalousie ou curiosité,
Depuis quand sommes-nous en telle intelligence
Que tout mon cœur vous doive entière confidence?
ÉDUIGE.
Je n'en prétends aucune, et c'est assez pour moi
D'avoir bien entendu comme il accepte un roi.
RODELINDE.
On n'entend pas toujours ce qu'on croit bien enten-
ÉDUIGE.   [dre.
De vrai, dans un discours difficile à comprendre
Je ne devine point, et n'en ai pas l'esprit;
Mais l'esprit n'a que faire où l'oreille suffit.
RODELINDE.
Il faudrait que l'oreille entendît la pensée.
ÉDUIGE.
J'entends assez la vôtre : on vous aura forcée;
On vous aura fait peur, ou de la mort d'un fils,
Ou de ce qu'un tyran se croit être permis,
Et l'on fera courir quelque mauvaise excuse
Dont la cour s'éblouisse et le peuple s'abuse.
Mais cependant ce cœur que vous m'abandonniez...
RODELINDE.
Il n'est pas temps encor que vous vous en plaigniez :
Comme il m'a fait des lois, j'ai des lois à lui faire.
ÉDUIGE.
Il les acceptera pour ne vous pas déplaire;
Prenez-en sa parole, il sait bien la garder.
RODELINDE.
Pour remonter au trône on peut tout hasarder.
Laissez-m'en, quoi qu'il fasse, ou la gloire ou la honte,
Puisque ce n'est qu'à moi que j'en dois rendre compte.
Si votre cœur souffrait ce que souffre le mien,
Vous ne vous plairiez pas en un tel entretien;
Et votre âme à ce prix voyant un diadème
Voudrait en liberté se consulter soi-même.
ÉDUIGE.
Je demande pardon si je vous fais souffrir,
Et vais me retirer pour ne vous plus aigrir.
RODELINDE.
Allez, et demeurez dans cette erreur confuse;
Vous ne méritez pas que je vous désabuse.
ÉDUIGE.
Ce cher amant sans moi vous entretiendra mieux,
Et je n'ai plus besoin du rapport de mes yeux.

SCÈNE III

GRIMOALD, RODELINDE, GARIBALDE.

RODELINDE.
Je me rends, Grimoald, mais non pas à la force :
Le titre que tu prends m'est une douce amorce,
Et s'empare si bien de mon affection,
Qu'elle ne veut de toi qu'une condition.
Si je n'ai pu t'aimer et juste et magnanime,
Quand tu deviens tyran je t'aime dans le crime;
Et pour moi ton hymen est un souverain bien,
S'il rend ton nom infâme aussi bien que le mien.
GRIMOALD.
Que j'aimerai, madame, une telle infamie
Qui vous fera cesser d'être mon ennemie!
Achevez, achevez, et sachons à quel prix
Je puis mettre une borne à de si longs mépris :
Je ne veux qu'une grâce, et disposez du reste.
Je crains pour Garibalde une haine funeste,
Je la crains pour Unulphe : à cela près, parlez.
RODELINDE.
Va, porte cette crainte à des cœurs ravalés;
Je ne m'abaisse point aux faiblesses des femmes
Jusques à me venger de ces petites âmes.
Si leurs mauvais conseils me forcent de régner,
Je les en dois haïr, et sais les dédaigner.
Le ciel, qui punit tout, choisira pour leur peine
Quelque moyen plus bas que cette illustre haine.
Qu'ils vivent cependant, et que leur lâcheté
A l'ombre d'un tyran trouve sa sûreté.
Ce que je veux de toi porte le caractère
D'une vertu plus haute et digne de te plaire.
Tes offres n'ont point eu d'exemple jusqu'ici,
Et ce que je demande est sans exemple aussi :
Mais je veux qu'il te donne une marque infaillible
Que l'intérêt d'un fils ne me rend point sensible,
Que je veux être à toi sans le considérer,
Sans regarder en lui que craindre ou qu'espérer.
GRIMOALD.
Madame, achevez donc de m'accabler de joie.
Par quels heureux moyens faut-il que je vous croie?
Expliquez-vous, de grâce, et j'atteste les cieux
Que tout suivra sur l'heure un bien si précieux.
RODELINDE.
Après un tel serment, j'obéis et m'explique.
Je veux donc d'un tyran un acte tyrannique;
Puisqu'il en veut le nom, qu'il le soit tout à fait;
Que toute sa vertu meure en un grand forfait,
Qu'il renonce à jamais aux glorieuses marques
Qui le mettaient au rang des plus dignes monarques;
Et pour le voir méchant, lâche, impie, inhumain,
Je veux voir ce fils même immolé de sa main.
GRIMOALD.
Juste ciel!
RODELINDE.
Que veux-tu pour marque plus certaine
Que l'intérêt d'un fils n'amollit point ma haine,
Que je me donne à toi sans le considérer,
Sans regarder en lui que craindre ou qu'espérer?
Tu trembles! tu pâlis! il semble que tu n'oses
Toi-même exécuter ce que tu me proposes!
S'il te faut du secours, je n'y recule pas,
Et veux bien te prêter l'exemple de mon bras.
Fais, fais venir ce fils, qu'avec toi je l'immole.
Dégage ton serment, je tiendrai ma parole.

PERTHARITE, ACTE III, SCÈNE IV.

Il faut bien que le crime unisse à l'avenir
Ce que trop de vertus empêchait de s'unir.
Qui tranche du tyran doit se résoudre à l'être.
Pour remplir ce grand nom as-tu besoin d'un maître?
Et faut-il qu'une mère, aux dépens de son sang,
T'apprenne à mériter cet effroyable rang?
N'en souffre pas la honte, et prends toute la gloire
Que cet illustre effort attache à ta mémoire.
Fais voir à tes flatteurs, qui te font trop oser,
Que tu sais mieux que moi l'art de tyranniser;
Et, par une action aux seuls tyrans permise,
Deviens le vrai tyran de qui te tyrannise.
A ce prix je me donne, à ce prix je me rends;
Ou, si tu l'aimes mieux, à ce prix je me vends,
Et consens à ce prix que ton amour m'obtienne,
Puisqu'il souille ta gloire aussi bien que la mienne.

GRIMOALD.
Garibalde, est-ce là ce que tu m'avais dit ?

GARIBALDE.
Avec votre jalouse elle a changé d'esprit;
Et je l'avais laissée à l'hymen toute prête,
Sans que son déplaisir menaçât que ma tête.
Mais ses fureurs enfin ne sont qu'illusion,
Pour vous donner, seigneur, quelque confusion;
Ne vous étonnez point, vous l'en verrez dédire.

GRIMOALD.
Vous l'ordonnez, madame, et je dois y souscrire :
J'en ferai ma victime, et ne suis point jaloux
De vous voir sur ce fils porter les premiers coups.
Quelque honneur qui par là s'attache à ma mémoire,
Je veux bien avec vous en partager la gloire,
Et que tout l'avenir ait de quoi m'accuser
D'avoir appris de vous l'art de tyranniser.
Vous devriez pourtant régler mieux ce courage,
N'en pousser point l'effort jusqu'aux bords de la rage,
Ne lui permettre rien qui sentit la fureur,
Et le faire admirer sans en donner d'horreur.
Faire la furieuse et la désespérée,
Paraître avec éclat mère dénaturée,
Sortir hors de vous-même, et montrer à grand bruit
A quelle extrémité mon amour vous réduit,
C'est mettre avec trop d'art la douleur en parade;
Qui fait le plus de bruit n'est pas le plus malade :
Les plus grands déplaisirs sont les moins éclatants;
Et l'on sait qu'un grand cœur se possède en tout
[temps.
Vous le savez, madame, et que les grandes âmes
Ne s'abaissent jamais aux faiblesses des femmes,
Ne s'aveuglent jamais ainsi hors de saison;
Que leur désespoir même agit avec raison,
Et que...

RODELINDE.
C'en est assez, sois-moi juge équitable,
Et dis-moi si le mien agit en raisonnable,
Si je parle en aveugle, ou si j'ai de bons yeux.
Tu veux rendre à mon fils le bien de ses aïeux,
Et toute ta vertu jusque-là t'abandonne,
Que tu mets en mon choix sa mort ou ta couronne !
Quand j'aurai satisfait tes vœux désespérés,

Dois-je croire ses jours beaucoup plus assurés?
Cet offre*, ou, si tu veux, ce don du diadème
N'est, à le bien nommer, qu'un faible stratagème.
Faire un roi d'un enfant pour être son tuteur,
C'est quitter pour ce nom celui d'usurpateur;
C'est choisir pour régner un favorable titre;
C'est du sceptre et de lui te faire seul arbitre,
Et mettre sur le trône un fantôme pour roi,
Jusques au premier fils qui te naîtra de moi,
Jusqu'à ce qu'on nous craigne, et que le temps arrive
De remettre en ses mains la puissance effective.
Qui veut bien l'immoler à son affection
L'immolerait sans peine à son ambition.
On se lasse bientôt de l'amour d'une femme;
Mais la soif de régner règne toujours sur l'âme;
Et, comme la grandeur a d'éternels appas,
L'Italie est sujette à de soudains trépas.
Il est des moyens sourds pour lever un obstacle,
Et faire un nouveau roi sans bruit et sans miracle :
Quitte pour te forcer à deux ou trois soupirs,
Et peindre alors ton front d'un peu de déplaisirs.
La porte à ma vengeance en serait moins ouverte :
Je perdrais avec lui tout le fruit de sa perte.
Puisqu'il faut qu'il périsse, il vaut mieux tôt que tard;
Que sa mort soit un crime, et non pas un hasard;
Que cette ombre innocente à toute heure m'anime,
Me demande à toute heure une grande victime;
Que ce jeune monarque, immolé de ta main,
Te rende abominable à tout le genre humain;
Qu'il excite partout des haines immortelles;
Que de tous tes sujets il fasse des rebelles.
Je t'épouserai lors et m'y viens d'obliger, [ger,
Pour mieux servir ma haine, et pour mieux me ven-
Pour moins perdre de vœux contre ta barbarie,
Pour être à tous moments maîtresse de ta vie,
Pour avoir l'accès libre à pousser ma fureur,
Et mieux choisir la place à te percer le cœur.
Voilà mon désespoir, voilà ses justes causes :
A ces conditions prends ma main si tu l'oses.

GRIMOALD.
Oui, je la prends, madame, et veux auparavant...

SCÈNE IV

PERTHARITE, GRIMOALD, RODELINDE,
GARIBALDE, UNULPHE.

UNULPHE.
Que faites-vous, seigneur? Pertharite est vivant;
Ce n'est plus un bruit sourd, le voilà qu'on amène:
Des chasseurs l'ont surpris dans la forêt prochaine,
Où, caché dans un fort, il attendait la nuit.

GRIMOALD.
Je vois trop clairement quelle main le produit.

RODELINDE.
Est-ce donc vous, seigneur? et les bruits infidèles
N'ont-ils semé de vous que de fausses nouvelles?

PERTHARITE.
Oui, cet époux si cher à vos chastes désirs,

Qui vous a tant coûté de pleurs et de soupirs...
GRIMOALD.
Va, fantôme insolent, retrouver qui t'envoie,
Et ne te mêle point d'attenter à ma joie.
Il est encore ici des supplices pour toi,
Si tu viens y montrer la vaine ombre d'un roi.
Pertharite n'est plus.
PERTHARITE.
Pertharite respire,
Il te parle, il te voit régner dans son empire.
Que ton ambition ne s'effarouche pas
Jusqu'à me supposer toi-même un faux trépas :
Il est honteux de feindre où l'on peut toutes choses.
Je suis mort, si tu veux : je suis mort, si tu l'oses.
Si toute ta vertu peut demeurer d'accord
Que le droit de régner me rend digne de mort.
Je ne viens point ici par de noirs artifices
De mon cruel destin forcer les injustices,
Pousser des assassins contre tant de valeur,
Et t'immoler en lâche à mon trop de malheur.
Puisque le sort trahit ce droit de ma naissance
Jusqu'à te faire un don de ma toute-puissance,
Règne sur mes États que le ciel t'a soumis;
Peut-être un autre temps me rendra des amis.
Use mieux cependant de la faveur céleste;
Ne me dérobe pas le seul bien qui me reste,
Un bien où je te suis un obstacle éternel,
Et dont le seul désir est pour toi criminel.
Rodelinde n'est pas du droit de ta conquête :
Il faut pour être à toi qu'il m'en coûte la tête;
Puisqu'on m'a découvert, elle dépend de toi;
Prends-la comme tyran, ou l'attaque en vrai roi.
J'en garde hors du trône encor les caractères,
Et ton bras t'a saisi de celui de mes pères.
Je veux bien qu'il supplée au défaut de ton sang,
Pour mettre entre nous deux égalité de rang.
Si Rodelinde enfin tient ton âme charmée,
Pour voir qui la mérite il ne faut point d'armée.
Je suis roi, je suis seul, j'en suis maître, et tu peux
Par un illustre effort faire place à tes vœux.
GRIMOALD.
L'artifice grossier n'a rien qui m'épouvante.
Éduige à fourber n'est pas assez savante;
Quelque adresse qu'elle ait, elle t'a mal instruit,
Et d'un si haut dessein elle a fait trop de bruit.
Elle en fait avorter l'effet par la menace,
Et ne te produit plus que de mauvaise grâce.
PERTHARITE.
Quoi! je passe à tes yeux pour un homme attitré*?
GRIMOALD.
Tu l'avouras toi-même ou de force ou de gré.
Il faut plus de secret alors qu'on veut surprendre,
Et l'on ne surprend point quand on se fait attendre.
PERTHARITE.
Parlez, parlez, madame; et faites voir à tous
Que vous avez des yeux pour connaître un époux.
GRIMOALD.
Tu veux qu'en ta faveur j'écoute ta complice!
Eh bien! parlez, madame; achevez l'artifice.
Est-ce là votre époux?
RODELINDE.
Toi qui veux en douter,
Par quelle illusion m'oses-tu consulter?
Si tu démens tes yeux, croiras-tu mon suffrage?
Et ne peux-tu sans moi connaître son visage?
Tu l'as vu tant de fois, au milieu des combats,
Montrer, à tes périls, ce que pesait son bras,
Et, l'épée à la main, disputer en personne,
Contre tout ton bonheur, sa vie et sa couronne!
Si tu cherches un aide à traiter d'imposteur
Un roi qui t'a fermé la porte de mon cœur,
Consulte Garibalde, il tremble à voir son maître :
Qui l'osa bien trahir l'osera méconnaître ;
Et tu peux recevoir de son mortel effroi
L'assurance qu'enfin tu n'attends pas de moi.
Un service si haut veut une âme plus basse;
Et tu sais...
GRIMOALD.
Oui, je sais jusqu'où va votre audace.
Sous l'espoir de jouir de ma perplexité,
Vous cherchez à me voir l'esprit inquiété;
Et ces discours en l'air que l'orgueil vous inspire
Veulent persuader ce que vous n'osez dire,
Brouiller la populace, et lui faire après vous
En un fourbe impudent respecter votre époux.
Poussez donc jusqu'au bout, devenez plus hardie;
Dites-nous hautement...
RODELINDE.
Que veux-tu que je die?
Il ne peut être ici que ce que tu voudras;
Tes flatteurs en croiront ce que tu résoudras.
Je n'ai pas pour t'instruire assez de complaisance;
Et, puisque son malheur l'a mis en ta puissance,
Je sais ce que je dois, si tu ne me le rends.
Achève de te mettre au rang des vrais tyrans.

SCÈNE V

GRIMOALD, PERTHARITE, GARIBALDE,
UNULPHE.

GRIMOALD.
Que cet événement de nouveau m'embarrasse!
GARIBALDE.
Pour un fourbe chez vous la pitié trouve place!
GRIMOALD.
Non, l'échafaud bientôt m'en fera la raison.
Que ton appartement lui serve de prison;
Je te le donne en garde, Unulphe.
PERTHARITE.
Prince, écoute:
Mille et mille témoins te mettront hors de doute;
Tout Milan, tout Pavie...
GRIMOALD.
Allez, sans contester,
Vous aurez tout loisir de vous faire écouter.

(à Garibalde.)
Toi, va voir Éduige, et jette dans son âme
Un si flatteur espoir du retour de ma flamme,
Qu'elle-même, déjà s'assurant de ma foi,
Te nomme l'imposteur qu'elle déguise en roi.

SCÈNE VI

GARIBALDE.

Quel revers imprévu! quel éclat de tonnerre
Jette en moins d'un moment tout mon espoir par terre!
Ce funeste retour, malgré tout mon projet,
Va rendre Grimoald à son premier objet;
Et, s'il traite ce prince en héros magnanime,
N'ayant plus de tyran, je n'ai plus de victime;
Je n'ai rien à venger, et ne puis le trahir
S'il m'ôte les moyens de le faire haïr.
N'importe toutefois, ne perdons pas courage.
Forçons notre fortune à changer de visage;
Obstinons Grimoald, par maxime d'État,
A le croire imposteur, ou craindre un attentat;
Accablons son esprit de terreurs chimériques
Pour lui faire embrasser des conseils tyranniques;
De son trop de vertu sachons le dégager,
Et perdons Pertharite afin de le venger.
Peut-être qu'Éduige, à regret plus sévère,
N'osera l'accepter teint du sang de son frère,
Et que l'effet suivra notre prétention
Du côté de l'amour et de l'ambition.
Tâchons, quoi qu'il en soit, d'en achever l'ouvrage;
Et pour régner un jour mettons tout en usage.

ACTE QUATRIÈME

SCÈNE I

GRIMOALD, GARIBALDE.

GARIBALDE.

Je ne m'en dédis point, seigneur; ce prompt retour
N'est qu'une illusion qu'on fait à votre amour.
Je ne l'ai vu que trop aux discours d'Éduige;
Comme sensiblement votre change* l'afflige,
Et qu'avec le feu roi ce fourbe a du rapport,
Sa flamme au désespoir fait ce dernier effort.
Rodelinde, comme elle, aime à vous mettre en peine :
L'une sert son amour et l'autre sert sa haine;
Ce que l'une produit, l'autre ose l'avouer : [dre,
Et leur inimitié s'accorde à vous jouer.
L'imposteur cependant, quoi qu'on lui donne à fein-
Le soutient d'autant mieux qu'il ne voit rien à
 [craindre;
Car, soit que ses discours puissent vous émouvoir
Jusqu'à rendre Éduige à son premier pouvoir,
Soit que, malgré sa fourbe* et vaine et languissante,
Rodelinde sur vous reste toute-puissante,
A l'une ou l'autre enfin votre âme à l'abandon
Ne lui pourra jamais refuser ce pardon.

GRIMOALD.

Tu dis vrai, Garibalde; et déjà je le donne
A qui voudra des deux partager ma couronne.
Non que j'espère encore amollir ce rocher
Que ni respects ni vœux n'ont jamais su toucher :
Si j'aimai Rodelinde, et si pour n'aimer qu'elle
Mon âme à qui m'aimait s'est rendue infidèle;
Si d'éternels dédains, si d'éternels ennuis,
Les bravades, la haine, et le trouble où je suis,
Ont été jusqu'ici toute la récompense
De cet amour parjure où mon cœur se dispense,
Il est temps désormais que, par un juste effort,
J'affranchisse mon cœur de cet indigne sort.
Prenons l'occasion que nous fait Éduige;
Aimons cette imposture où son amour l'oblige.
Elle plaint un ingrat de tant de maux soufferts,
Et lui prête la main pour le tirer des fers.
Aimons, encore un coup, aimons son artifice,
Aimons-en le secours, et rendons-lui justice.
Soit qu'elle en veuille au trône ou n'en veuille qu'à
Qu'elle aime Grimoald ou qu'elle aime le roi, [moi,
Qu'elle ait beaucoup d'amour ou beaucoup de coura-
Je dois tout à la main qui rompt mon esclavage. [ge,
Toi qui ne la servais qu'afin de m'obéir,
Qui tâchais par mon ordre à m'en faire haïr,
Duc, ne t'y force plus, et rends-moi ma parole;
Que je rende à ses feux tout ce que je leur vole,
Et que je puisse ainsi d'une même action
Récompenser sa flamme ou son ambition.

GARIBALDE.

Je vous la rends, seigneur; mais enfin prenez garde
A quels nouveaux périls cet effort vous hasarde,
Et si ce n'est point croire un peu trop promptement
L'impétueux transport d'un premier mouvement.
L'imposteur impuni passera pour monarque;
Tout le peuple en prendra votre bonté pour marque;
Et, comme il est ardent après la nouveauté,
Il s'imaginera son rang seul respecté.
Je sais bien qu'aussitôt votre haute vaillance
De ce peuple mutin domptera l'insolence.
Mais tenez-vous fort sûr ce que vous prétendez
Du côté d'Éduige, à qui vous vous rendez?
J'ai pénétré, seigneur, jusqu'au fond de son âme,
Où je n'ai vu pour vous aucun reste de flamme;
Sa haine seule agit, et cherche à vous ôter
Ce que tous vos désirs s'efforcent d'emporter.
Elle veut, il est vrai, vous rappeler vers elle;
Mais pour faire à son tour l'ingrate et la cruelle,
Pour vous traiter de lâche, et vous rendre soudain
Parjure pour parjure, et dédain pour dédain.
Elle veut que votre âme esclave de la sienne,
Lui demande sa grâce, et jamais ne l'obtienne.
Ce sont ses mots exprès; et pour vous punir mieux,
Elle me veut aimer, et m'aimer à vos yeux :
Elle me l'a promis...

SCÈNE II

GRIMOALD, GARIBALDE, ÉDUIGE.

ÉDUIGE.
　　　　　Je te l'ai promis, traître !
Oui, je te l'ai promis, et l'aurais fait peut-être,
Si ton âme, attachée à mes commandements,
Eût pu dans ton amour suivre mes sentiments.
J'avais mis mes secrets en bonne confidence !
　Vois par là, Grimoald, quelle est ton imprudence ;
Et juge, par les miens lâchement déclarés,
Comme les tiens sur lui peuvent être assurés.
Qui trahit sa maîtresse aisément fait connaître
Que sans aucun scrupule il trahirait son maître ;
Et que, des deux côtés laissant flotter sa foi,
Son cœur n'aime en effet ni son maître ni moi.
Il a son but à part, Grimoald, prends-y garde ;
Quelque dessein qu'il ait, c'est toi seul qu'il regarde.
Examine ce cœur, juges-en comme il faut.
Qui m'aime et me trahit aspire encor plus haut.

GARIBALDE.
Vous le voyez, seigneur, avec quelle injustice
On me fait criminel quand je vous rends service.
Mais de quoi n'est capable un malheureux amant
Que la peur de vous perdre agite incessamment,
Madame ? Vous voulez que le roi vous adore,
Et pour l'en empêcher je ferais plus encore.
Je m'en défends point, et mon esprit jaloux
Cherche tous les moyens de l'éloigner de vous.
Je ne vous saurais voir entre les bras d'un autre ;
Mon amour, si c'est crime, a l'exemple du vôtre.
Que ne faites-vous point pour obliger le roi
A quitter Rodelinde, et vous rendre sa foi ?
Est-il rien en ces lieux que n'ait mis en usage
L'excès de votre ardeur ou de votre courage ?
Pour être tout à vous, j'ai fait tous mes efforts ;
Mais je n'ai point encor fait revivre les morts :
J'ai dit des vérités dont votre cœur murmure ;
Mais je n'ai point été jusques à l'imposture,
Et je n'ai point poussé des sentiments si beaux
Jusqu'à faire sortir les ombres des tombeaux.
Ce n'est point mon amour qui produit Pertharite ;
Ma flamme ignore encor cet art qui ressuscite ;
Et je ne vois en elle enfin rien à blâmer,
Sinon que je trahis si c'est trahir qu'aimer.

ÉDUIGE.
De quel front et de quoi cet insolent m'accuse ?

GRIMOALD.
D'un mauvais artifice et d'une faible ruse.
Votre dessein, madame, était mal concerté.
On ne m'a point surpris quand on s'est présenté.
Vous m'aviez préparé vous-même à m'en défendre,
Et, me l'ayant promis, j'avais lieu de l'attendre.
Consolez-vous pourtant, il a fait son effet :
Je suis à vous, madame, et j'y suis tout à fait.
　Si je vous ai trahie, et si mon cœur volage
Vous a volé longtemps un légitime hommage,
Si pour un autre objet le vôtre en fut banni,
Les maux que j'ai soufferts m'en ont assez puni.
Je recouvre la vue, et reconnais mon crime :
A mes feux rallumés ce cœur s'offre en victime ;
Oui, princesse, et, pour être à vous jusqu'au trépas,
Il demande un pardon qu'il ne mérite pas.
Votre propre bonté qui vous en sollicite
Obtient déjà celui de ce faux Pertharite.
Un si grand attentat blesse la majesté ;
Mais s'il est criminel, je l'ai moi-même été.
Faites grâce, et j'en fais ; oubliez, et j'oublie.
Il reste seulement que lui-même il publie
Par un aveu sincère, et sans rien déguiser,
Que pour me rendre à vous il voulait m'abuser,
Qu'il n'empruntait ce nom que par votre ordre même.
Madame, assurez-vous par là mon diadème,
Et ne permettez pas que cette illusion
Aux mutins contre nous prête d'occasion.
Faites donc qu'il l'avoue, et que ma grâce offerte,
Tout imposteur qu'il est, le dérobe à sa perte ;
Et délivrez par là de ces troubles soudains
Le sceptre qu'avec moi je remets en vos mains.

ÉDUIGE.
J'avais eu jusqu'ici ce respect pour ta gloire
Qu'en te nommant tyran j'avais peine à me croire ;
Je me tenais suspecte, et sentais que mon feu
Faisait de ce reproche un secret désaveu :
Mais tu lèves le masque, et m'ôtes de scrupule ;
Je ne puis plus garder ce respect ridicule ;
Et je vois clairement, le masque étant levé,
Que jamais on n'a vu tyran plus achevé.
Tu fais adroitement le doux et le sévère,
Afin que la sœur t'aide à massacrer le frère :
Tu fais plus, et tu veux qu'en trahissant son sort
Lui-même il se condamne et se livre à la mort :
Comme s'il pouvait être amoureux de la vie
Jusqu'à la racheter par une ignominie,
Ou qu'un frivole espoir de se revoir à moi
Me pût rendre perfide et lâche comme toi.
　Aime-moi, si tu veux, déloyal ; mais n'espère
Aucun secours de moi pour t'immoler mon frère.
Si je te menaçais tantôt de son retour,
Si j'en donnais l'alarme à ton nouvel amour,
C'étaient discours en l'air inventés par ma flamme
Pour brouiller ton esprit et celui de sa femme.
J'avais peine à te perdre, et parlais au hasard
Pour te perdre du moins quelques moments plus tard ;
Et, quand par ce retour il a su nous surprendre,
Le ciel m'a plus rendu que je n'osais attendre.

GRIMOALD.
Madame...

ÉDUIGE.
　　　　Tu perds temps ; je n'écoute plus rien,
Et j'attends ton arrêt pour résoudre le mien.
Agis, si tu le veux, en vainqueur magnanime ;
Agis comme tyran, et prends cette victime :
Je suivrai ton exemple, et sur tes actions
Je réglerai ma haine ou mes affections.
Il suffit à présent que je te désabuse

Pour payer ton amour ou pour punir ta ruse.
Adieu.

SCÈNE III

GRIMOALD, GARIBALDE, UNULPHE.

GRIMOALD.
Que veut Unulphe?
UNULPHE.
Il est de mon devoir
De vous dire, seigneur, que chacun le vient voir.
J'ai permis à fort peu de lui rendre visite;
Mais tous l'ont reconnu pour le vrai Pertharite :
Le peuple même parle, et déjà sourdement
On entend des discours semés confusément...
GARIBALDE.
Voyez en quels périls vous jette l'imposture!
Le peuple déjà parle, et sourdement murmure :
Le feu va s'allumer si vous ne l'éteignez.
Pour perdre un imposteur qu'est-ce que vous crai-
La haine d'Éduige, elle qui ne prépare   [gnez?
A vos submissions* qu'une fierté barbare,
Elle que vos mépris ayant mise en fureur
Rendent opiniâtre à vous mettre en erreur,
Elle qui n'a plus soif que de votre ruine,
Elle dont la main seule en conduit la machine?
De semblables malheurs se doivent dédaigner,
Et la vertu timide est mal propre à régner.
Épousez Rodelinde, et, malgré son fantôme,
Assurez-vous l'État, et calmez le royaume;
Et, livrant l'imposteur à ses mauvais destins,
Otez dès aujourd'hui tout prétexte aux mutins.
GRIMOALD.
Oui, je te croirai, duc; et dès demain sa tête
Abattue à mes pieds calmera la tempête.
Qu'on le fasse venir, et qu'on mande avec lui
Celle qui de sa fourbe* est le second appui,
La reine qui me brave, et qui par grandeur d'âme
Semble avoir quelque gêne à se nommer sa femme.
GARIBALDE.
Ses pleurs vous toucheront.
GRIMOALD.
Je suis armé contre eux.
GARIBALDE.
L'amour vous séduira.
GRIMOALD.
Je n'en crains point les feux;
Ils ont peu de pouvoir quand l'âme est résolue.
GARIBALDE.
Agissez donc, seigneur, de puissance absolue;
Soutenez votre sceptre avec l'autorité
Qu'imprime au front des rois leur propre majesté.
Un roi doit pouvoir tout, et ne sait pas bien l'être
Quand au fond de son cœur il souffre un autre maître.

SCÈNE IV

GRIMOALD, PERTHARITE, RODELINDE, GARIBALDE, UNULPHE.

GRIMOALD.
Viens, fourbe, viens, méchant, éprouver ma bonté,
Et ne la réduis pas à la sévérité.
Je veux te faire grâce : avoue et me confesse
D'un si hardi dessein qui t'a fourni l'adresse,
Qui des deux l'a formé, qui t'a le mieux instruit;
Tu m'entends : et surtout fais cesser ce faux bruit;
Détrompe mes sujets, ta prison est ouverte;
Sinon, prépare-toi dès demain à ta perte :
N'y force pas ton prince; et, sans plus t'obstiner,
Mérite le pardon qu'il cherche à te donner.
PERTHARITE.
Que tu perds lâchement de ruse et d'artifice
Pour trouver à me perdre une ombre de justice,
Et sauver les dehors d'une adroite vertu
Dont aux yeux éblouis tu parais revêtu !
Le ciel te livre exprès une grande victime,
Pour voir si tu peux être et juste et magnanime;
Mais il ne t'abandonne après tout que son sang;
Tu ne lui peux ôter ni son nom ni son rang.
Je mourrai comme roi né pour le diadème;
Et bientôt mes sujets, détrompés par toi-même,
Connaîtront par ma mort qu'ils n'adorent en toi
Que de fausses couleurs qui se peignent en roi.
Hâte donc cette mort, elle t'est nécessaire;
Car puisque enfin tu veux la vérité sincère,
Tout ce qu'entre tes mains je forme de souhaits,
C'est d'affranchir bientôt ces malheureux sujets.
Crains-moi si je t'échappe; et sois sûr de ta perte
Si par ton mauvais sort la prison m'est ouverte.
Mon peuple aura des yeux pour connaître son roi,
Et mettra différence entre un tyran et moi :
Il n'a point de fureur que soudain je n'excite.
Voilà dedans tes fers l'espoir de Pertharite;
Voilà des vérités qu'il ne peut déguiser,
Et l'aveu qu'il te faut pour te désabuser.
RODELINDE.
Veux-tu pour t'éclaircir de plus illustres marques?
Veux-tu mieux voir le sang de nos premiers monar-
Ce grand cœur...   [ques?
GRIMOALD.
Oui, madame, il est fort bien instruit
A montrer de l'orgueil, et fourber* à grand bruit.
Mais si par son aveu la fourbe* reconnue
Ne détrompe aujourd'hui la populace émue,
Qu'il prépare sa tête, et vous-même en ce lieu
Ne pensez qu'à lui dire un éternel adieu.
Laissons-les seuls, Unulphe, et demeure à la porte;
Qu'avant que je l'ordonne aucun n'entre ni sorte.

SCÈNE V

PERTHARITE, RODELINDE.

PERTHARITE.

Madame, vous voyez où l'amour m'a conduit.
J'ai su que de ma mort il courait un faux bruit,
Des désirs du tyran j'ai su la violence;
J'en ai craint sur ce bruit la dernière insolence,
Et n'ai pu faire moins que de tout exposer
Pour vous revoir encore et vous désabuser.
J'ai laissé hasarder à cette digne envie
Les restes languissants d'une importune vie,
A qui l'ennui mortel d'être éloigné de vous
Semblait à tous moments porter les derniers coups.
Car, je vous l'avoûrai, dans l'état déplorable
Où m'abîme du sort la haine impitoyable,
Où tous mes alliés me refusent leurs bras,
Mon plus cuisant chagrin est de ne vous voir pas.
Je bénis mon destin, quelques maux qu'il m'envoie,
Puisqu'il peut consentir à ce moment de joie;
Et, bien qu'il ose encor de nouveau me trahir,
En un moment si doux je ne le puis haïr.

RODELINDE.

C'était donc peu, seigneur, pour mon âme affligée,
De toute la misère où je me vois plongée;
C'était peu des rigueurs de ma captivité,
Sans celle où votre amour vous a précipité :
Et pour dernier outrage où son excès m'expose,
Il faut vous voir mourir et m'en savoir la cause !
Je ne vous dirai point que ce moment m'est doux,
Il met à trop haut prix ce qu'il me rend de vous;
Et votre souvenir m'aurait bien su défendre
De tout ce qu'un tyran aurait osé prétendre.
N'attendez point de moi de soupirs ni de pleurs ;
Ce sont amusements de légères douleurs.
L'amour que j'ai pour vous hait ces molles bassesses
Où d'un sexe craintif descendent les faiblesses;
Et contre vos malheurs j'ai trop su m'affermir,
Pour ne dédaigner pas l'usage de gémir.
D'un déplaisir si grand la noble violence
Se résout tout entière en ardeur de vengeance,
Et, méprisant l'éclat, porte tout son effort
A sauver votre vie, ou venger votre mort.
Je ferai l'un ou l'autre, ou périrai moi-même.

PERTHARITE.

Aimez plutôt, madame, un vainqueur qui vous aime.
Vous avez assez fait pour moi, pour votre honneur ;
Il est temps de tourner du côté du bonheur,
De ne plus embrasser des destins trop sévères,
Et de laisser finir mes jours et vos misères.
Le ciel, qui vous destine à régner en ces lieux,
M'accorde au moins le bien de mourir à vos yeux.
J'aime à lui voir briser une importune chaîne
De qui les nœuds rompus vous font heureuse reine;
Et sous votre destin je veux bien succomber,
Pour remettre en vos mains ce que j'en fis tomber.

RODELINDE.

Est-ce là donc, seigneur, la digne récompense
De ce que pour votre ombre on m'a vu de constance?
Quand je vous ai cru mort, et qu'un si grand vain-
[queur,
Sa conquête à mes pieds, m'a demandé mon cœur,
Quand toute autre en ma place eût peut-être fait gloi-
De cet hommage entier de toute sa victoire... [re

PERTHARITE.

Je sais que vous avez dignement combattu :
Le ciel va couronner aussi votre vertu;
Il va vous affranchir de cette inquiétude
Que pouvait de ma mort former l'incertitude,
Et vous mettre sans trouble en pleine liberté
De monter au plus haut de la félicité.

RODELINDE.

Que dis-tu, cher époux ?

PERTHARITE.

Que je vois sans murmure
Naître votre bonheur de ma triste aventure.
L'amour me ramenait sans pouvoir rien pour vous
Que vous envelopper dans l'exil d'un époux,
Vous dérober sans bruit à cette ardeur infâme
Où s'opposent ma vie et le nom de ma femme.
Pour changer avec gloire il vous faut mon trépas;
Et s'il vous fait régner, je ne le perdrai pas.
Après tant de malheurs que mon amour vous cause,
Il est temps que ma mort vous serve à quelque chose,
Et qu'un victorieux à vos pieds abattu
Cesse de renoncer à toute sa vertu.
D'un conquérant si grand et d'un héros si rare
Vous faites trop longtemps un tyran, un barbare ;
Il l'est, mais seulement sans pouvoir vaincre vos refus
Soyez à lui, madame, il ne le sera plus ;
Et je tiendrai ma vie heureusement perdue,
Puisque...

RODELINDE.

N'achève point un discours qui me tue,
Et ne me force point à mourir de douleur,
Avant qu'avoir pu rompre ou venger ton malheur.
Moi qui l'ai dédaigné dans son char de victoire
Couronné de vertus encor plus que de gloire,
Magnanime, vaillant, juste, bon, généreux,
Pour m'attacher à l'ombre, au nom d'un malheureux,
Je pourrais à ta vue, aux dépens de ta vie,
Épouser d'un tyran l'horreur et l'infamie,
Et trahir mon honneur, ma naissance, mon rang,
Pour baiser une main fumante de ton sang !
Ah ! tu me connais mieux, cher époux.

PERTHARITE.

Non, madame,
Il ne faut point souffrir ce scrupule en votre âme.
Quand ces devoirs communs ont d'importunes lois,
La majesté du trône en dispense les rois ;
Leur gloire est au-dessus des règles ordinaires,
Et cet honneur n'est beau que pour les cœurs vul-
[gaires.
Sitôt qu'un roi vaincu tombe aux mains du vain-
Il a trop mérité la dernière rigueur. [queur,
Ma mort pour Grimoald ne peut avoir de crime :
Le soin de s'affermir lui rend tout légitime

Quand j'aurai dans ses fers cessé de respirer,
Donnez-lui votre main sans rien considérer ;
Épargnez les efforts d'une impuissante haine,
Et permettez au ciel de vous faire encor reine.
RODELINDE.
Épargnez-moi, seigneur, ce cruel sentiment,
Vous qui savez...

SCÈNE VI

PERTHARITE, RODELINDE, UNULPHE.

UNULPHE.
Madame, achevez promptement :
Le roi, de plus en plus se rendant intraitable,
Mande vers lui ce prince, ou faux, ou véritable.
PERTHARITE.
Adieu, puisqu'il le faut, et croyez qu'un époux
A tous les sentiments qu'il doit avoir de vous.
Il voit tout votre amour et tout votre mérite ;
Et, mourant sans regret, à regret il vous quitte.
RODELINDE.
Adieu, puisqu'on m'y force ; et recevez ma foi
Que l'on me verra digne et de vous et de moi.
PERTHARITE.
Ne vous exposez point au même précipice.
RODELINDE.
Le ciel hait les tyrans, et nous fera justice.
PERTHARITE.
Hélas ! s'il était juste, il vous aurait donné
Un plus puissant monarque, ou moins infortuné.

ACTE CINQUIÈME

SCÈNE I

ÉDUIGE, UNULPHE.

ÉDUIGE.
Quoi ! Grimoald s'obstine à perdre ainsi mon frère !
D'imposture et de fourbe* il traite sa misère !
Et, feignant de me rendre et son cœur et sa foi,
Il n'a point d'yeux pour lui ni d'oreilles pour moi !
UNULPHE.
Madame, n'accusez que le duc qui l'obsède :
Le mal, s'il en est cru, deviendra sans remède ;
Et si le roi suivait ses conseils violents,
Vous n'en verriez déjà que des effets sanglants.
ÉDUIGE.
Jadis pour Grimoald il quitta Pertharite ;
Et, s'il le laisse vivre, il craint ce qu'il mérite.
UNULPHE.
Ajoutez qu'il vous aime, et veut par tous moyens
Rattacher ce vainqueur à ses derniers liens ;

Que Rodelinde à lui, par amour ou par force,
Assure entre vous deux un éternel divorce ;
Et, s'il peut une fois jusque-là l'irriter,
Par force ou par amour il croit vous emporter.
Mais vous n'avez, madame, aucun sujet de crainte ;
Ce héros est à vous sans réserve et sans feinte,
Et...
ÉDUIGE.
S'il quitte sans feinte un objet si chéri,
Sans doute au fond de l'âme il connaît son mari.
Mais s'il le connaissait, en dépit de ce traître,
Qui pourrait l'empêcher de le faire paraître ?
UNULPHE.
Sur le trône conquis il craint quelque attentat,
Et ne le méconnaît que par raison d'État.
C'est un aveuglement qu'il a cru nécessaire ;
Et comme Garibalde animait sa colère,
De ses mauvais conseils sans cesse combattu,
Il donnait lieu de craindre enfin pour sa vertu.
Mais, madame, il n'est plus en état de le croire.
Je n'ai pu voir longtemps ce péril pour sa gloire.
Quelque fruit que le duc espère en recueillir,
Je viens d'ôter au roi les moyens de faillir.
Pertharite, en un mot, n'est plus en sa puissance.
Mais ne présumez pas que j'aie eu l'imprudence
De laisser à sa fuite un libre et plein pouvoir
De se montrer au peuple et d'oser l'émouvoir.
Pour fuir en sûreté je lui prête main-forte,
Ou plutôt je lui donne une fidèle escorte,
Qui, sous cette couleur de lui servir d'appui,
Le met hors du royaume, et me répond de lui.
J'empêche ainsi le duc d'achever son ouvrage,
Et j'en donne à mon roi ma tête pour otage.
Votre bonté, madame, en prendra quelque soin.
ÉDUIGE.
Oui, je serai pour toi criminelle au besoin ;
Je prendrai, s'il le faut, sur moi toute la faute.
UNULPHE.
Ou je connais fort mal une vertu si haute,
Ou, s'il revient à soi, lui-même tout ravi
M'avoûra le premier que je l'ai bien servi.

SCÈNE II

GRIMOALD, ÉDUIGE, UNULPHE.

GRIMOALD.
Que voulez-vous enfin, madame, que j'espère ?
Qu'ordonnez-vous de moi ?
ÉDUIGE.
Que fais-tu de mon frère ?
Qu'ordonnes-tu de lui ? prononce ton arrêt.
GRIMOALD.
Toujours d'un imposteur prendrez-vous l'intérêt ?
ÉDUIGE.
Veux-tu suivre toujours le conseil tyrannique
D'un traître qui te livre à la haine publique ?
GRIMOALD.
Qu'en faveur de ce fourbe à tort vous m'accusez !

Je vous offre sa grâce, et vous la refusez !
ÉDUIGE.
Cette offre est un supplice aux princes qu'on opprime,
Il ne faut point de grâce à qui se voit sans crime :
Et tes yeux, malgré toi, ne te font que trop voir
Que c'est à lui d'en faire, et non d'en recevoir.
  Ne t'obstine donc plus à t'aveugler toi-même :
Sois tel que je t'aimais, si tu veux que je t'aime ;
Sois tel que tu parus quand tu conquis Milan :
J'aime encor son vainqueur, mais non pas son tyran.
Rends-toi cette vertu pleine, haute, sincère,
Qui t'affermit si bien au trône de mon frère ;
Rends-lui du moins son nom, si tu me rends ton cœur.
Qui peut feindre pour lui peut feindre pour la sœur ;
Et tu ne vois en moi qu'une amante incrédule
Quand je vois qu'avec lui ton âme dissimule.
Quitte, quitte en vrai roi les vertus des tyrans,
Et ne me cache plus un cœur que tu me rends.
GRIMOALD.
Lisez-y donc vous-même ; il est à vous, madame :
Vous en voyez le trouble aussi bien que la flamme.
Sans plus me demander ce que vous connaissez,
De grâce croyez-en tout ce que vous pensez.
C'est redoubler ensemble et mes maux et ma honte
Que de forcer ma bouche à vous en rendre compte.
Quand je n'aurais point d'yeux, chacun en a pour moi.
Garibalde lui seul a méconnu son roi ;
Et par un intérêt qu'aisément je devine,
Ce lâche, tant qu'il peut, par ma main l'assassine.
Mais que plutôt le ciel me foudroie à vos yeux
Que je songe à répandre un sang si précieux !
  Madame, cependant mettez-vous en ma place :
Si je le reconnais, que faut-il que j'en fasse ?
Le tenir dans les fers avec le nom de roi,
C'est soulever pour lui ses peuples contre moi.
Le mettre en liberté, c'est le mettre à leur tête,
Et moi-même hâter l'orage qui s'apprête.
Puis-je m'assurer d'eux et souffrir son retour ?
Puis-je occuper son trône et le voir dans ma cour ?
Un roi, quoique vaincu, garde son caractère ;
Aux fidèles sujets sa vue est toujours chère ;
Au moment qu'il paraît, les plus grands conquérants,
Pour vertueux qu'ils soient, ne sont que des tyrans ;
Et dans le fond des cœurs sa présence fait naître
Un mouvement secret qui les rend à leur maître.
  Ainsi mon mauvais sort a de quoi me punir
Et de le délivrer et de le retenir.
Je vois dans mes prisons sa personne enfermée
Plus à craindre pour moi qu'en tête d'une armée.
Là, mon bras animé de toute ma valeur
Chercherait avec gloire à lui percer le cœur ;
Mais ici, sans défense, hélas ! qu'en puis-je faire ?
Si je pense régner, sa mort m'est nécessaire :
Mais soudain ma vertu s'arme si bien pour lui,
Qu'en mille bataillons il aurait moins d'appui.
Pour conserver sa vie et m'assurer l'empire
Je fais ce que je puis à le faire dédire ;
Des plus cruels tyrans j'emprunte le courroux
Pour tirer cet aveu de la reine ou de vous :

Mais partout je perds temps, partout même constance
Rend à tous mes efforts pareille résistance.
Encor s'il ne fallait qu'éteindre ou dédaigner
En des troubles si grands la douceur de régner,
Et que, pour vous aimer et ne vous point déplaire,
Ce grand titre de roi ne fût pas nécessaire,
Je me vaincrais moi-même ; et lui rendant l'État,
Je mettrais ma vertu dans son plus haut éclat.
Mais je vous perds, madame, en quittant la couronne ;
Puisqu'il vous faut un roi, c'est vous que j'abandonne ;
Et dans ce cœur à vous par vos yeux combattu
Tout mon amour s'oppose à toute ma vertu.
  Vous pour qui je m'aveugle avec tant de lumières,
Si vous êtes sensible encore à mes prières,
Daignez servir de guide à mon aveuglement,
Et faites le destin d'un frère et d'un amant.
Mon amour de tous deux vous fait la souveraine :
Ordonnez-en vous-même, et prononcez en reine.
Je périrai content, et tout me sera doux,
Pourvu que vous croyiez que je suis tout à vous.
ÉDUIGE.
Que tu me connais mal, si tu connais mon frère !
Tu crois donc qu'à ce point la couronne m'est chère,
Que j'ose mépriser un comte généreux
Pour m'attacher au sort d'un tyran trop heureux ?
Aime-moi si tu veux, mais crois-moi magnanime ;
Avec tout cet amour garde-moi ton estime, [sang,
Crois-moi quelque tendresse encor pour mon vrai
Qu'une haute vertu me plaît mieux qu'un haut rang,
Et que vers Gundebert je crois ton serment quitte
Quand tu n'aurais qu'un jour régné pour Pertharite.
Milan qui l'a vu fuir, et t'a nommé son roi,
De la haine d'un mort a dégagé ma foi.
A présent je suis libre, et comme vraie amante
Je secours malgré toi ta vertu chancelante,
Et dérobe mon frère à ta soif de régner
Avant que tout ton cœur s'en soit laissé gagner.
Oui, j'ai brisé ses fers, j'ai corrompu ses gardes,
J'ai mis en sûreté tout ce que tu hasardes.
Il fuit, et tu n'as plus à traiter d'imposteur
De tes troubles secrets le redoutable auteur.
Il fuit, et tu n'as plus à craindre de tempête.
Secourant ta vertu, j'assure ta conquête ;
Et les soins que j'ai pris... Mais la reine survient.

SCÈNE III

GRIMOALD, RODELINDE, ÉDUIGE, UNULPHE.

GRIMOALD, à *Rodelinde*.
Que tardez-vous, madame ? et quel soin vous retient ?
Suivez de votre époux le nom, l'image, ou l'ombre ;
De ceux qui m'ont trahi croissez l'indigne nombre,
Et délivrez mes yeux, trop aisés à charmer,
Du péril de vous voir et de vous trop aimer.
Suivez ; votre captif ne vous tient plus captive.
RODELINDE.
Rends-le-moi donc, tyran, afin que je le suive.
A quelle indigne feinte oses-tu recourir,

De m'ouvrir sa prison quand tu l'as fait mourir!
Lâche! presumes-tu qu'un faux bruit de sa fuite
Cache de tes fureurs la barbare conduite? [fais,
Crois-tu qu'on n'ait point d'yeux pour voir ce que tu
Et jusque dans ton cœur découvrir tes forfaits?

ÉDUIGE.
Madame...
RODELINDE.
Eh bien! madame, êtes-vous sa complice?
Vous chargez-vous pour lui de toute l'injustice?
Et sa main qu'il vous tend vous plaît-elle à ce prix?

ÉDUIGE.
Vous la vouliez tantôt teinte du sang d'un fils,
Et je puis l'accepter teinte du sang d'un frère
Si je veux être sœur comme vous étiez mère.

RODELINDE.
Ne me reprochez point une juste fureur
Où des feux d'un tyran me réduisait l'horreur;
Et puisque de sa foi vous êtes ressaisie,
Faites cesser l'aigreur de votre jalousie.

ÉDUIGE.
Ne me reprochez point des sentiments jaloux,
Quand je hais les tyrans autant et plus que vous.

RODELINDE.
Vous pouvez les haïr quand Grimoald vous aime!

ÉDUIGE.
J'aime en lui sa vertu plus que son diadème;
Et voyant quels motifs le font encore agir,
Je ne vois rien en lui qui me fasse rougir.

RODELINDE, à Grimoald.
Rougis-en donc toi seul, toi qui caches ton crime,
Qui t'immolant un roi dérobes ta victime,
Et d'un grand ennemi déguisant tout le sort
Le fais fourbe en sa vie et fuir après sa mort.
De tes fausses vertus les brillantes pratiques
N'élevaient que pour toi ces tombeaux magnifiques;
C'étaient de vains éclats de générosité
Pour rehausser ta gloire avec impunité.
Tu n'accablais son nom de tant d'honneurs funèbres
Que pour ensevelir sa mort dans les ténèbres,
Et lui tendre avec pompe un piége illustre et beau,
Pour le priver un jour des honneurs du tombeau.
Soûle-toi de son sang; mais rends-moi ce qui reste,
Attendant ma vengeance, ou le courroux céleste,
Que je puisse...

GRIMOALD, à Éduige.
Ah! madame, où me réduisez-vous
Pour un fourbe qu'elle aime à nommer son époux?
Votre pitié ne sert qu'à me couvrir de honte,
Si, quand vous me l'ôtez, il m'en faut rendre compte,
Et si la cruauté de mon triste destin
De ce que vous sauvez me nomme l'assassin.

UNULPHE.
Seigneur, je crois savoir la route qu'il a prise;
Et si sa majesté veut que je l'y conduise,
Au péril de ma tête, en moins d'une heure ou deux,
Je m'offre de la rendre à l'objet de ses vœux.

Allons, allons, madame; et souffrez que je tâche...

RODELINDE, à Unulphe.
O d'un lâche tyran ministre encor plus lâche,
Qui, sous un faux semblant d'un peu d'humanité,
Penses contre mes pleurs faire sa sûreté!
Que ne dis-tu plutôt que ses justes alarmes
Aux yeux des bons sujets veulent cacher mes larmes,
Qu'il lui faut me bannir, de crainte que mes cris
Du peuple et de la cour n'émeuvent les esprits?
Traître! si tu n'étais de son intelligence,
Pourrait-il refuser ta tête à sa vengeance?
Que devient, Grimoald, que devient ton courroux?
Tes ordres en sa garde avaient mis mon époux;
Il a brisé ses fers, il sait où va sa fuite :
Si je le veux rejoindre, il s'offre à ma conduite;
Et quand son sang devrait te répondre du sien,
Il te voit, il te parle, et n'appréhende rien!

GRIMOALD, à Rodelinde.
Quand ce qu'il fait pour vous hasarderait ma vie,
Je ne puis le punir de vous avoir servie.
Si j'avais cependant quelque peur que vos cris
De la cour et du peuple émussent les esprits,
Sans vous prier de fuir pour finir mes alarmes,
J'aurais trop de moyens de leur cacher vos larmes.
Mais vous êtes, madame, en pleine liberté;
Vous pouvez faire agir toute votre fierté,
Porter dans tous les cœurs ce qui règne en votre âme:
Le vainqueur du mari ne peut craindre la femme.
Mais que veut ce soldat?

SCÈNE IV

GRIMOALD, RODELINDE, ÉDUIGE, UNULPHE,
UN SOLDAT.

LE SOLDAT.
Vous avertir, seigneur,
D'un grand malheur ensemble et d'un rare bonheur.
Garibalde n'est plus, et l'imposteur infâme
Qui tranche ici du roi lui vient d'arracher l'âme;
Mais ce même imposteur est en votre pouvoir.

GRIMOALD.
Que dis-tu, malheureux?
LE SOLDAT.
Ce que vous allez voir.
GRIMOALD.
O ciel! en quel état ma fortune est réduite,
S'il ne m'est pas permis de jouir de sa fuite!
Faut-il que de nouveau mon cœur embarrassé
Ne puisse... Mais dis-nous comment tout s'est passé.

LE SOLDAT.
Le duc, ayant appris quelles intelligences
Dérobaient un tel fourbe à vos justes vengeances,
L'attendait à main-forte, et lui fermant le pas,
« A lui seul, nous dit-il; mais ne le blessons pas.
« Réservons tout son sang aux rigueurs des supplices,
« Et laissons par pitié fuir ses lâches complices. »
Ceux qui le conduisaient, du grand nombre étonnés,
Et par mes compagnons soudain environnés,

Acceptent la plupart ce qu'on leur facilite,
Et s'écartent sans bruit de ce faux Pertharite.
Lui, que l'ordre reçu nous forçait d'épargner
Jusqu'à baisser l'épée, et le trop dédaigner,
S'ouvre en son désespoir parmi nous un passage,
Jusque sur notre chef pousse toute sa rage,
Et lui plonge trois fois un poignard dans le sein
Avant qu'aucun de nous ait pu voir son dessein.
Nos bras étaient levés pour l'en punir sur l'heure;
Mais le duc par nos mains ne consent pas qu'il meure,
Et son dernier soupir est un ordre nouveau
De garder tout son sang à celle d'un bourreau.
Ainsi ce fugitif retombe dans sa chaîne,
Et vous pouvez, seigneur, ordonner de sa peine :
Le voici.

GRIMOALD.

Quel combat pour la seconde fois !

SCÈNE V

PERTHARITE, GRIMOALD, RODELINDE, ÉDUIGE, UNULPHE, soldats.

PERTHARITE.

Tu me revois, tyran qui méconnais les rois;
Et j'ai payé pour toi d'un si rare service
Celui qui rend ma tête à ta fausse justice.
Pleure, pleure ce bras qui t'a si bien servi;
Pleure ce bon sujet que le mien t'a ravi.
Hâte-toi de venger ce ministre fidèle;
C'est toi qu'à sa vengeance en mourant il appelle.
Signale ton amour, et parais aujourd'hui,
S'il fut digne de toi, plus digne encor de lui.
Mais cesse désormais de traiter d'imposture
Les traits que sur mon front imprime la nature.
Milan m'a vu passer, et partout en passant
J'ai vu couler ses pleurs pour son prince impuissant;
Tu lui déguiserais en vain ta tyrannie:
Pousses-en jusqu'au bout l'insolente manie;
Et quoi que ta fureur te prescrive pour moi,
Ordonne de mes jours comme de ceux d'un roi.

GRIMOALD.

Oui, tu l'es en effet, et j'ai su te connaître
Dès le premier moment que je t'ai vu paraître.
Si j'ai fermé les yeux, si j'ai voulu gauchir*,
Des maximes d'État j'ai voulu t'affranchir,
Et ne voir pas ma gloire indignement trahie
Par la nécessité de m'immoler ta vie.
De cet aveuglement les soins mystérieux
Empruntaient les dehors d'un tyran furieux,
Et forçaient ma vertu d'en souffrir l'artifice,
Pour t'arracher ton nom par l'effroi du supplice.
Mais mon dessein n'était que de t'intimider,
Ou d'obliger quelqu'un à te faire évader.
Unulphe a bien compris, en serviteur fidèle,
Ce que ma violence attendait de son zèle;
Mais un traître pressé par d'autres intérêts
A rompu tout l'effet de mes désirs secrets.

Ta main, grâces au ciel, nous en a fait justice.
Cependant ton retour m'est un nouveau supplice.
Car enfin que veux-tu que je fasse de toi ?
Puis-je porter ton sceptre, et te traiter de roi ?
Ton peuple qui t'aimait pourra-t-il te connaître,
Et souffrir à tes yeux les lois d'un autre maître ?
Toi-même pourras-tu, sans entreprendre rien,
Me voir jusqu'au trépas possesseur de ton bien ?
Pourras-tu négliger l'occasion offerte,
Et refuser ta main ou ton ordre à ma perte ?
Si tu n'étais qu'un lâche, on aurait quelque espoir
Qu'enfin tu pourrais vivre, et ne rien émouvoir;
Mais qui me croit tyran, et hautement me brave,
Quelque faible qu'il soit, n'a point le cœur d'esclave,
Et montre une grande âme au-dessus du malheur,
Qui manque de fortune et non pas de valeur.
Je vois donc malgré moi ma victoire asservie
A te rendre le sceptre, ou prendre encor ta vie :
Et plus l'ambition trouble ce grand effort,
Plus ceux de ma vertu me refusent ta mort.
Mais c'est trop retenir ma vertu prisonnière;
Je lui dois comme à toi liberté tout entière :
Et mon ambition a beau s'en indigner,
Cette vertu triomphe, et tu t'en vas régner. [tre,
Milan, revois ton prince, et reprends ton vrai maî-
Qu'en vain pour t'aveugler j'ai voulu méconnaître,
Et vous que d'imposteur à regret j'ai traité...

PERTHARITE.

Ah ! c'est porter trop loin la générosité.
Rendez-moi Rodelinde, et gardez ma couronne,
Que pour sa liberté sans regret j'abandonne.
Avec ce cher objet tout destin m'est trop doux.

GRIMOALD.

Rodelinde, et Milan, et mon cœur, sont à vous;
Et je vous remettrais toute la Lombardie,
Si comme dans Milan je régnais dans Pavie.
Mais vous n'ignorez pas, seigneur, que le feu roi
En fit reine Éduige; et, lui donnant ma foi,
Je promis...

ÉDUIGE, à Grimoald.

Si ta foi t'oblige à la défendre,
Ton exemple m'oblige encor plus à la rendre;
Et je mériterais un nouveau changement,
Si mon cœur n'égalait celui de mon amant.

PERTHARITE, à Éduige.

Son exemple, ma sœur, en vain vous y convie.
Avec ce grand héros je vous laisse Pavie;
Et me croirais moi-même aujourd'hui malheureux,
Si je voyais sans sceptre un bras si généreux.

RODELINDE, à Grimoald.

Pardonnez si ma haine a trop cru l'apparence.
Je présumais beaucoup de votre violence;
Mais je n'aurais osé, seigneur, en présumer
Que vous m'eussiez forcée enfin à vous aimer.

GRIMOALD, à Rodelinde.

Vous m'avez outragé sans me faire injustice.

RODELINDE.

Qu'une amitié si ferme aujourd'hui nous unisse,

Que l'un et l'autre État en admire les nœuds,
Et doute avec raison qui règne de vous deux.
PERTHARITE.
Pour en faire admirer la chaîne fortunée,

Allons mettre en éclat cette grande journée,
Et montrer à ce peuple, heureusement surpris,
Que des hautes vertus la gloire est le seul prix.

EXAMEN DE PERTHARITE

Le succès de cette tragédie a été si malheureux, que, pour m'épargner le chagrin de m'en souvenir, je n'en dirai presque rien. Le sujet est écrit par Paul Diacre, aux quatrième et cinquième livres des *Gestes des Lombards*; et, depuis lui, par Erycius Puteanus, au second livre de son *Histoire des invasions de l'Italie par les Barbares*. Ce qui l'a fait avorter au théâtre a été l'événement extraordinaire qui me l'avait fait choisir : on n'y a pu supporter qu'un roi dépouillé de son royaume, après avoir fait tout son possible pour y rentrer, se voyant sans forces et sans amis, en cède à son vainqueur les droits inutiles, afin de retirer sa femme prisonnière de ses mains ; tant les vertus de bon mari sont peu à la mode ! On n'y a pas aimé la surprise avec laquelle Pertharite se présente au troisième acte, quoique le bruit de son retour soit épandu dès le premier, ni que Grimoald reporte toutes ses affections à Éduige, sitôt qu'il a reconnu que la vie de Pertharite, qu'il avait cru mort jusque-là, le mettait dans l'impossibilité de réussir auprès de Rodelinde. J'ai parlé ailleurs de l'inégalité de l'emploi des personnages, qui donne à Rodelinde le premier rang dans les trois premiers actes, et la réduit au second ou au troisième dans les deux derniers. J'ajoute ici, malgré sa disgrâce, que les sentiments en sont assez vifs et nobles, les vers assez bien tournés, et que la façon dont le sujet s'explique dans la première scène ne manque pas d'artifice.

FIN DE PERTHARITE.

OEDIPE

TRAGÉDIE — 1659

VERS PRÉSENTÉS A MONSEIGNEUR LE PROCUREUR GÉNÉRAL FOUQUET
SURINTENDANT DES FINANCES.

Laisse aller ton essor jusqu'à ce grand génie
Qui te rappelle au jour dont les ans t'ont bannie,
Muse, et n'oppose plus un silence obstiné
A l'ordre surprenant que sa main t'a donné.
De ton âge importun la timide faiblesse
A trop et trop longtemps déguisé ta paresse,
Et fourni des couleurs à la raison d'État
Qui mutine ton cœur contre le siècle ingrat.
L'ennui de voir toujours ses louanges frivoles
Rendre à tes longs travaux paroles pour paroles,
Et le stérile honneur d'un éloge impuissant
Terminer son accueil le plus reconnaissant ;
Ce légitime ennui qu'au fond de l'âme excite
L'excusable fierté d'un peu de vrai mérite,
Par un juste dégoût ou par ressentiment,
Lui pouvait de tes vers envier l'agrément :
Mais aujourd'hui qu'on voit un héros magnanime
Témoigner pour ton nom une tout autre estime,
Et répandre l'éclat de sa propre bonté
Sur l'endurcissement de ton oisiveté,
Il te serait honteux d'affermir ton silence
Contre une si pressante et douce violence ;
Et tu ferais un crime à lui dissimuler
Que ce qu'il fait pour toi te condamne à parler.
Oui, généreux appui de tout notre Parnasse,
Tu me rends ma vigueur lorsque tu me fais grâce ;
Et je veux bien apprendre à tout notre avenir
Que tes regards bénins ont su me rajeunir.
Je m'élève sans crainte avec de si bons guides :
Depuis que je t'ai vu, je ne vois plus mes rides ;
Et, plein d'une plus claire et noble vision,
Je prends mes cheveux gris pour une illusion.
Je sens le même feu, je sens la même audace,
Qui fit plaindre le Cid, qui fit combattre Horace ;
Et je me trouve encor la main qui crayonna
L'âme du grand Pompée et l'esprit de Cinna.
Choisis-moi seulement quelque nom dans l'histoire
Pour qui tu veuilles place au temple de la Gloire,
Quelque nom favori qu'il te plaise arracher
A la nuit de la tombe, aux cendres du bûcher.
Soit qu'il faille ternir ceux d'Énée et d'Achille
Par un noble attentat sur Homère et Virgile,

Soit qu'il faille obscurcir par un dernier effort
Ceux que j'ai sur la scène affranchis de la mort ;
Tu me verras le même et je te ferai dire,
Si jamais pleinement ta grande âme m'inspire,
Que dix lustres et plus n'ont pas tout emporté
Cet assemblage heureux de force et de clarté,
Ces prestiges secrets de l'aimable imposture
Qu'à l'envi m'ont prêtée et l'art et la nature.
N'attends pas toutefois que j'ose m'enhardir
Ou jusqu'à te dépeindre, ou jusqu'à t'applaudir :
Ce serait présumer que d'une seule vue
J'aurais vu de ton cœur la plus vaste étendue ;
Qu'un moment suffirait à mes débiles yeux
Pour démêler en toi ces dons brillants des cieux
De qui l'inépuisable et perçante lumière,
Sitôt que tu parais, fait baisser la paupière.
J'ai déjà vu beaucoup en ce moment heureux,
Je t'ai vu magnanime, affable, généreux ;
Et, ce qu'on voit à peine après dix ans d'excuses,
Je t'ai vu tout d'un coup libéral pour les muses.
Mais pour te voir entier, il faudrait un loisir
Que tes délassements daignassent me choisir,
C'est lors que je verrais la saine politique
Soutenir par tes soins la fortune publique,
Ton zèle infatigable à servir ton grand roi,
Ta force et ta prudence à régir ton emploi,
C'est lors que je verrais ton courage intrépide
Unir la vigilance à la vertu solide,
Je verrais cet illustre et haut discernement
Qui le met au-dessus de tant d'accablement ;
Et tout ce dont l'aspect d'un astre salutaire
Pour le bonheur des lis t'a fait dépositaire.
Jusque-là ne crains pas que je gâte un portrait
Dont je ne puis encor tracer qu'un premier trait ;
Je dois être témoin de toutes ces merveilles
Avant que d'en permettre une ébauche à mes veilles ;
Et ce flatteur espoir fera tous mes plaisirs,
Jusqu'à ce que l'effet succède à mes désirs.
Hâte-toi cependant de rendre un vol sublime
Au génie amorti que ta bonté ranime,
Et dont l'impatience attend pour se borner
Tout ce que tes faveurs lui voudront ordonner.

AU LECTEUR

Ce n'est pas sans raison que je fais marcher ces vers à la tête de l'Œdipe, puisqu'ils sont cause que je vous donne l'Œdipe. Ce fut par eux que je tâchai de témoigner à M. le procureur général quelque sentiment de reconnaissance pour une faveur signalée que j'en venais de recevoir ; et bien qu'ils fussent remplis de cette présomption si naturelle à ceux de notre métier, qui manquent rarement d'amour-propre, il me fit cette nouvelle grâce d'accepter les offres qu'ils lui faisaient de ma part, et de me proposer trois sujets pour le théâtre, dont il me laissa le choix. Chacun sait que ce grand ministre n'est pas moins le surintendant des belles-lettres que des finances ; que sa maison est aussi ouverte aux gens d'esprit qu'aux gens d'affaires ;

et que, soit à Paris, soit à la campagne, c'est dans les bibliothèques qu'on attend ces précieux moments qu'il dérobe aux occupations qui l'accablent, pour en gratifier ceux qui ont quelque talent d'écrire avec succès. Ces vérités sont connues de tout le monde ; mais tout le monde ne sait pas que sa bonté s'est étendue jusqu'à ressusciter les muses ensevelies dans un long silence, et qui étaient comme mortes au monde, puisque le monde les avait oubliées. C'est donc à moi à le publier après qu'il a daigné m'y faire revivre si avantageusement. Non que de là j'ose prendre l'occasion de faire ses éloges : nos dernières années ont produit peu de livres considérables, ou pour la profondeur de la doctrine, ou pour la pompe et la netteté de l'expression, ou pour les agréments et la justesse de l'art, dont les auteurs ne se soient mis sous une protection si glorieuse, et ne lui aient rendu les hommages que nous devons tous à ce concert éclatant et merveilleux de rares qualités et de vertus extraordinaires qui laissent une admiration continuelle à ceux qui ont le bonheur de l'approcher. Les téméraires efforts que j'y pourrais faire après eux ne serviraient qu'à montrer combien je suis au-dessous d'eux : la matière est inépuisable, mais nos esprits sont bornés; et, au lieu de travailler à la gloire de mon protecteur, je ne travaillerais qu'à ma honte. Je me contenterai de vous dire simplement que si le public a reçu quelque satisfaction de ce poëme, et s'il en reçoit encore de ceux de cette nature et de ma façon qui pourront le suivre, c'est à lui qu'il en doit imputer le tout, puisque sans ses commandements je n'aurais jamais fait l'*Œdipe*, et que cette tragédie a plu assez au roi pour me faire recevoir de véritables et solides marques de son approbation; je veux dire ses libéralités, que j'ose nommer des ordres tacites, mais pressants, de consacrer aux divertissements de Sa Majesté ce que l'âge et les vieux travaux m'ont laissé d'esprit et de vigueur.

Au reste, je ne vous dissimulerai point qu'après avoir arrêté mon choix sur ce sujet, dans la confiance que j'aurais pour moi les suffrages de tous les savants, qui l'ont regardé comme le chef-d'œuvre de l'antiquité, et que les pensées de ces grands génies qui l'ont traité en grec et en latin me faciliteraient les moyens d'en venir à bout assez tôt pour le faire représenter dans le carnaval, je n'ai pas laissé que de trembler quand je l'ai envisagé de près, et un peu plus à loisir que je n'avais fait en le choisissant. J'ai connu que ce qui avait passé pour miraculeux dans ces siècles éloignés pourrait sembler horrible au nôtre, et que cette éloquente et curieuse description de la manière dont ce malheureux prince se crève les yeux, et le spectacle de ces mêmes yeux crevés dont le sang lui distille sur le visage, qui occupe tout le cinquième acte chez ces incomparables originaux, ferait soulever la délicatesse de nos dames, qui composent la plus belle partie de notre auditoire, et dont le dégoût attire aisément la censure de ceux qui les accompagnent; et qu'enfin l'amour n'ayant point de part dans ce sujet, ni les femmes d'emploi : il était dénué des principaux ornements qui nous gagnent d'ordinaire la voix publique. J'ai tâché de remédier à ces désordres au moins mal que j'ai pu, en épargnant d'un côté à mes auditeurs ce dangereux spectacle, et y ajoutant de l'autre l'heureux épisode des amours de Thésée et de Dircé, que je fais fille de Laïus, et seule héritière de sa couronne, supposé que son frère, qu'on avait exposé aux bêtes sauvages, en eût été dévoré comme on le croyait; j'ai retranché le nombre des oracles, qui pouvait être importun, et donner trop de jour à Œdipe pour se connaître; j'ai rendu la réponse de Laïus, évoqué par Tirésie, assez obscure dans sa clarté pour faire un nouveau nœud, et qui peut-être n'est pas moins beau que celui de nos anciens; j'ai cherché même des raisons pour justifier ce qu'Aristote y trouve sans raison, et qu'il excuse en ce qu'il arrive au commencement de la fable ; et j'ai fait en sorte qu'Œdipe, encore qu'il se souvienne d'avoir combattu trois hommes au lieu même où fut tué Laïus, et dans le même temps de sa mort, bien loin de s'en croire l'auteur, la croit avoir vengée sur trois brigands à qui le bruit commun l'attribue. Cela m'a fait perdre l'avantage que je m'étais promis de n'être souvent que le traducteur de ces grands hommes qui m'ont précédé. Comme j'ai pris une autre route que la leur, il m'a été impossible de me rencontrer avec eux ; mais, en récompense, j'ai eu l'honneur de faire avouer à la plupart de mes auditeurs que je n'ai fait aucune pièce de théâtre où il se trouve tant d'art qu'en celle-ci, bien que ce ne soit qu'un ouvrage de deux mois, que l'impatience française m'a fait précipiter, par un juste empressement d'exécuter les ordres favorables que j'avais reçus.

PERSONNAGES.

ŒDIPE, roi de Thèbes, fils et mari de Jocaste.
THÉSÉE, prince d'Athènes et amant de Dircé.
JOCASTE, reine de Thèbes, femme et mère d'Œdipe.
DIRCÉ, princesse de Thèbes, fille de Laïus et de Jocaste, sœur d'Œdipe et amante de Thésée.
PHORBAS, vieillard thébain.

PERSONNAGES.

CLÉANTE, } confidents d'Œdipe.
DYMAS,
IPHICRATE, vieillard de Corinthe.
NÉRINE, dame d'honneur de la reine.
MÉGARE, fille d'honneur de Dircé.
PAGE.

La scène est à Thèbes.

ACTE PREMIER

SCÈNE I

THÉSÉE, DIRCÉ.

THÉSÉE.

N'écoutez plus, madame, une pitié cruelle,
Qui d'un fidèle amant vous ferait un rebelle :
La gloire d'obéir n'a rien qui me soit doux
Lorsque vous m'ordonnez de m'éloigner de vous.
Quelque ravage affreux qu'étale* ici la peste,
L'absence aux vrais amants est encor plus funeste;
Et d'un si grand péril l'image s'offre en vain
Quand ce péril douteux épargne un mal certain.

DIRCÉ.

Le trouvez-vous douteux quand toute votre suite
Par cet affreux ravage à Phædime est réduite,
De qui même le front déjà pâle et glacé
Porte empreint le trépas dont il est menacé?
Seigneur, toutes ces morts dont il vous environne
Sont des avis pressants que de grâce il vous donne;
Et tant lever le bras avant que de frapper,
C'est vous dire assez haut qu'il est temps d'échapper.

THÉSÉE.

Je le vois comme vous; mais, alors qu'il m'assiége,
Vous laisse-t-il, madame, un plus grand privilége?
Ce palais par la peste est-il plus respecté?

Et l'air auprès du trône est-il moins infecté?
DIRCÉ.
Ah! seigneur, quand l'amour tient une âme alarmée,
Il l'attache aux périls de la personne aimée.
Je vois aux pieds du roi chaque jour des mourants;
J'y vois tomber du ciel les oiseaux expirants;
Je me vois exposée à ces vastes misères;
J'y vois mes sœurs, la reine, et les princes mes frères;
Je sais qu'en ce moment je puis les perdre tous :
Et mon cœur toutefois ne tremble que pour vous,
Tant de cette frayeur les profondes atteintes
Repoussent fortement toutes les autres craintes!
THÉSÉE.
Souffrez donc que l'amour me fasse même loi,
Que je tremble pour vous quand vous tremblez pour [moi;
Et ne m'imposez pas cette indigne faiblesse
De craindre autres périls que ceux de ma princesse :
J'aurais en ma faveur le courage bien bas,
Si je fuyais des maux que vous ne fuyez pas.
Votre exemple est pour moi la seule règle à suivre:
Éviter vos périls c'est vouloir vous survivre;
Je n'ai que cette honte à craindre sous les cieux.
Ici je puis mourir, mais mourir à vos yeux;
Et si, malgré la mort de tous côtés errante,
Le destin me réserve à vous y voir mourante,
Mon bras sur moi du moins enfoncera les coups
Qu'aura son insolence élevés jusqu'à vous,
Et saura me soustraire à cette ignominie
De souffrir après vous quelques moments de vie,
Qui, dans le triste état où le ciel nous réduit,
Seraient de mon départ l'infâme et le seul fruit.
DIRCÉ.
Quoi! Dircé par sa mort deviendrait criminelle
Jusqu'à forcer Thésée à mourir après elle!
Et ce cœur intrépide au milieu du danger
Se défendrait si mal d'un malheur si léger!
M'immoler une vie à tous si précieuse,
Ce serait rendre à tous ma mémoire odieuse,
Et par toute la Grèce animer trop d'horreur
Contre une ombre chérie avec tant de fureur.
Ces infâmes brigands dont vous l'avez purgée,
Ces ennemis publics dont vous l'avez vengée,
Après votre trépas à l'envi renaissants,
Pilleraient sans frayeur les peuples impuissants;
Et chacun maudirait, en les voyant paraître,
La cause d'une mort qui les ferait renaître.
Oserai-je, seigneur, vous dire hautement
Qu'un tel excès d'amour n'est pas d'un tel amant?
S'il est vertus pour nous que le ciel n'a formées
Que pour le doux emploi d'aimer et d'être aimées,
Il faut qu'en vos pareils les belles passions
Ne soient que l'ornement des grandes actions.
Ces hauts emportements qu'un beau feu leur inspire
Doivent les élever, et non pas les détruire;
Et, quelque désespoir que leur cause un trépas,
Leur vertu seule a droit de faire agir leurs bras.
Ces bras, que craint le crime à l'égal du tonnerre,
Sont des dons que le ciel fait à toute la terre;
Et l'univers en eux perd un trop grand secours,

Pour souffrir que l'amour soit maître de leurs jours.
Faites voir, si je meurs, une entière tendresse;
Mais vivez après moi pour toute notre Grèce,
Et laissez à l'amour conserver par pitié
De ce tout désuni la plus digne moitié.
Vivez pour faire vivre en tous lieux ma mémoire,
Pour porter en tous lieux vos soupirs et ma gloire,
Et faire partout dire : « Un si vaillant héros
« Au malheur de Dircé donne encor des sanglots;
« Il en garde en son âme encor toute l'image,
« Et rend à sa chère ombre encor ce triste homma-[ge.
Cet espoir est le seul dont j'aime à me flatter,
Et l'unique douceur que je veux emporter.
THÉSÉE.
Ah! madame, vos yeux combattent vos maximes;
Si j'en crois leur pouvoir, vos conseils sont des crimes.
Je ne vous ferai point ce reproche odieux
Que, si vous aimiez bien, vous conseilleriez mieux:
Je dirai seulement qu'auprès de ma princesse
Aux seuls devoirs d'amant un héros s'intéresse,
Et que, de l'univers fût-il le seul appui,
Aimant un tel objet, il ne doit rien qu'à lui.
Mais ne contestons point, et sauvons l'un et l'autre;
L'hymen justifira ma retraite et la vôtre.
Le roi me pourrait-il en refuser l'aveu,
Si vous en avouez l'audace de mon feu?
Pourrait-il s'opposer à cette illustre envie
D'assurer sur un trône une si belle vie,
Et ne point consentir que des destins meilleurs
Vous exilent d'ici pour commander ailleurs?
DIRCÉ.
Le roi, tout roi qu'il est, seigneur, n'est pas mon maî-[tre :
Et le sang de Laïus, dont j'eus l'honneur de naître,
Dispense trop mon cœur de recevoir la loi
D'un trône que sa mort m'a dû laisser qu'à moi.
Mais comme enfin le peuple et l'hymen de ma mère
Ont mis entre ses mains le sceptre de mon père,
Et qu'en ayant ici toute l'autorité
Je ne puis rien pour vous contre sa volonté,
Pourra-t-il trouver bon qu'on parle d'hyménée
Au milieu d'une ville à périr condamnée,
Où le courroux du ciel, changeant l'air en poison,
Donne lieu de trembler pour toute sa maison?
MÉGARE.
(Elle lui parle à l'oreille.)
Madame.
DIRCÉ.
Adieu, seigneur : la reine, qui m'appelle,
M'oblige à vous quitter pour me rendre auprès d'elle;
Et d'ailleurs le roi vient.
THÉSÉE.
Que ferai-je?
DIRCÉ.
Parlez.
Je ne puis plus vouloir que ce que vous voulez.

SCÈNE II

ŒDIPE, THÉSÉE, CLÉANTE.

ŒDIPE.

Au milieu des malheurs que le ciel nous envoie,
Prince, nous croiriez-vous capable d'une joie,
Et que, nous voyant tous sur les bords du tombeau,
Nous puissions d'un hymen allumer le flambeau?
C'est choquer la raison peut-être et la nature :
Mais mon âme en secret s'en forme un doux augure
Que Delphes, dont j'attends réponse en ce moment,
M'enverra de nos maux le plein soulagement.

THÉSÉE.

Seigneur, si j'avais cru que parmi tant de larmes
La douceur d'un hymen pût avoir quelques charmes,
Que vous en eussiez pu supporter le dessein,
Je vous aurais fait voir un beau feu dans mon sein,
Et tâché d'obtenir cet aveu favorable
Qui peut faire un heureux d'un amant misérable.

ŒDIPE.

Je l'avais bien jugé qu'un intérêt d'amour
Fermait ici vos yeux au péril de ma cour :
Mais je croirais me faire à moi-même un outrage,
Si je vous obligeais d'y tarder davantage,
Et si trop de lenteur à seconder vos feux
Hasardait plus longtemps un cœur si généreux.
Le mien sera ravi que de si nobles chaînes
Unissent les États de Thèbes et d'Athènes.
Vous n'avez qu'à parler, vos vœux sont exaucés :
Nommez ce cher objet, grand prince, et c'est assez.
Un gendre tel que vous m'est plus qu'un nouveau trô-
Et vous pouvez choisir d'Ismène ou d'Antigone; [ne;
Car je n'ose penser que le fils d'un grand roi,
Un si fameux héros, aime ailleurs que chez moi,
Et qu'il veuille en ma cour, au mépris de mes filles,
Honorer de sa main de communes familles.

THÉSÉE.

Seigneur, il est tout vrai, j'aime en votre palais;
Chez vous est la beauté qui fait tous mes souhaits :
Vous l'aimez à l'égal d'Antigone et d'Ismène;
Elle tient même rang chez vous et chez la reine :
En un mot, c'est leur sœur, la princesse Dircé,
Dont les yeux...

ŒDIPE.

Quoi! ses yeux, prince, vous ont blessé!
Je suis fâché pour vous que la reine sa mère
Ait su vous prévenir pour un fils de son frère.
Ma parole est donnée, et je n'y puis plus rien;
Mais je crois qu'après tout ses sœurs la valent bien.

THÉSÉE.

Antigone est parfaite, Ismène est admirable;
Dircé, si vous voulez, n'a rien de comparable;
Elles sont l'une et l'autre un chef-d'œuvre des cieux :
Mais où le cœur est pris on charme en vain les yeux.
Si vous avez aimé, vous avez su connaître
Que l'amour de son choix veut être le seul maître,
Que, s'il ne choisit pas toujours le plus parfait,
Il attache du moins les cœurs au choix qu'il fait;
Et qu'entre cent beautés dignes de notre hommage
Celle qu'il nous choisit plaît toujours davantage.
Ce n'est pas offenser deux si charmantes sœurs,
Que voir en leur aînée aussi quelques douceurs.
J'avoûrai, s'il le faut, que c'est un pur caprice,
Un pur aveuglement qui leur fait injustice;
Mais ce serait trahir tout ce que je leur doi,
Que leur promettre un cœur quand il n'est plus à moi.

ŒDIPE.

Mais c'est m'offenser moi, prince, que de prétendre
A des honneurs plus hauts que le nom de mon gen-
Je veux toutefois être encor de vos amis; [dre.
Mais ne demandez plus un bien que j'ai promis.
Je vous l'ai déjà dit que, pour cet hyménée,
Aux vœux du prince Æmon ma parole est donnée;
Vous avez attendu trop tard à m'en parler,
Et je vous offre assez de quoi vous consoler.
La parole des rois doit être inviolable.

THÉSÉE.

Elle est toujours sacrée et toujours adorable;
Mais ils ne sont jamais esclaves de leur voix,
Et le plus puissant roi doit quelque chose aux rois.
Retirer sa parole à leur juste prière,
C'est honorer en eux son propre caractère;
Et si le prince Æmon ose encor vous parler,
Vous lui pouvez offrir de quoi se consoler.

ŒDIPE. [foudre,

Quoi! prince, quand les dieux tiennent en main leur
Qu'ils ont le bras levé pour nous réduire en poudre,
J'oserai violer un serment solennel,
Dont j'ai pris à témoin leur pouvoir éternel?

THÉSÉE.

C'est pour un grand monarque avoir bien du scrupu-

ŒDIPE. [le.

C'est en votre faveur être un peu bien crédule
De présumer qu'un roi, pour contenter vos yeux,
Veuille pour ennemis les hommes et les dieux.

THÉSÉE.

Je n'ai qu'un mot à dire après un si grand zèle :
Quand vous donnez Dircé, Dircé se donne-t-elle?

ŒDIPE.

Elle sait son devoir.

THÉSÉE.

Savez-vous quel il est?
L'aurait-elle réglé suivant votre intérêt?
A me désobéir l'auriez-vous résolue?

THÉSÉE.

Non, je respecte trop la puissance absolue;
Mais lorsque vous voudrez sans elle en disposer,
N'aura-t-elle aucun droit, seigneur, de s'excuser?

ŒDIPE.

Le temps vous fera voir ce que c'est qu'une excuse.

THÉSÉE.

Le temps me fera voir jusques où je m'abuse;
Et ce sera lui seul qui saura m'éclaircir
De ce que pour Æmon vous ferez réussir.
Je porte peu d'envie à sa bonne fortune;
Mais je commence à voir que je vous importune.

Adieu. Faites, seigneur, de grâce un juste choix;
Et, si vous êtes roi, considérez les rois.

SCÈNE III

OEDIPE, CLÉANTE.

OEDIPE.

Si je suis roi, Cléante! et que me croit-il être?
Cet amant de Dircé déjà me parle en maître!
Vois, vois ce qu'il ferait s'il était son époux.

CLÉANTE.

Seigneur, vous avez lieu d'en être un peu jaloux.
Cette princesse est fière; et, comme sa naissance
Croit avoir quelque droit à la toute-puissance,
Tout est au-dessous d'elle à moins que de régner,
Et sans doute qu'Æmon s'en verra dédaigner.

OEDIPE.

Le sang a peu de droits dans le sexe imbécile;
Mais c'est un grand prétexte à troubler une ville;
Et lorsqu'un tel orgueil se fait un fort appui,
Le roi le plus puissant doit tout craindre de lui.
Toi qui, né dans Argos, et nourri dans Mycènes,
Peux être mal instruit de nos secrètes haines,
Vois-les jusqu'en leur source, et juge entre elle et moi
Si je règne sans titre, et si j'agis en roi.
On t'a parlé du sphinx, dont l'énigme funeste
Ouvrit plus de tombeaux que n'en ouvre la peste.
Ce monstre à voix humaine, aigle, femme et lion,
Se campait fièrement sur le mont Cythéron,
D'où chaque jour ici devait fondre sa rage,
A moins qu'on n'éclaircît un si sombre nuage.
Ne porter qu'un faux jour dans son obscurité,
C'était de ce prodige enhardir la cruauté;
Et les membres épars de mauvais interprètes
Ne laissaient dans ces murs que des bouches muettes.
Mais, comme aux grands périls le salaire enhardit,
Le peuple offre le sceptre, et la reine son lit;
De cent cruelles morts cette offre est tôt suivie :
J'arrive, je l'apprends, j'y hasarde ma vie.
Au pied du roc affreux semé d'os blanchissants,
Je demande l'énigme et j'en cherche le sens ;
Et, ce qu'aucun mortel n'avait encor pu faire,
J'en dévoile l'image et perce le mystère.
Le monstre, furieux de se voir entendu,
Venge aussitôt sur lui tant de sang répandu,
Du roc s'élance en bas, et s'écrase lui-même.
La reine tint parole, et j'eus le diadème.
Dircé fournissait lors à peine un lustre entier,
Et me vit sur le trône avec un œil altier.
J'en vis frémir son cœur, j'en vis couler ses larmes;
J'en pris pour l'avenir dès lors quelques alarmes :
Et, si l'âge en secret a pu la révolter,
Vois ce que mon départ n'en doit point redouter.
La mort du roi mon père à Corinthe m'appelle;
J'en attends aujourd'hui la funeste nouvelle,
Et je hasarde tout à quitter les Thébains
Sans mettre ce dépôt en de fidèles mains.

Æmon serait pour moi digne de la princesse;
S'il a de la naissance, il a quelque faiblesse;
Et le peuple du moins pourrait se partager,
Si dans quelque attentat il osait l'engager :
Mais un prince voisin, tel que tu vois Thésée,
Ferait de ma couronne une conquête aisée,
Si d'un pareil hymen le dangereux lien
Armait pour lui son peuple et soulevait le mien.
Athènes est trop proche, et, durant une absence,
L'occasion qui flatte anime l'espérance;
Et, quand tous mes sujets me garderaient leur foi,
Désolés comme ils sont, que pourraient-ils pour moi?
La reine a pris le soin d'en parler à sa fille.
Æmon est de son sang, et chef de sa famille;
Et l'amour d'une mère a souvent plus d'effet
Que n'ont... Mais la voici; sachons ce qu'elle a fait.

SCÈNE IV

OEDIPE, JOCASTE, CLÉANTE, NÉRINE.

JOCASTE.

J'ai perdu temps, seigneur; et cette âme embrasée
Met trop de différence entre Æmon et Thésée.
Aussi je l'avoûrai, bien que l'un soit mon sang,
Leur mérite diffère encor plus que leur rang;
Et l'on a peu d'éclat auprès d'une personne
Qui joint à de hauts faits celui d'une couronne.

OEDIPE.

Thésée est donc, madame, un dangereux rival ?

JOCASTE.

Æmon est fort à plaindre, ou je devine mal.
J'ai tout mis en usage auprès de la princesse,
Conseil, autorité, reproche, amour, tendresse;
J'en ai tiré des pleurs, arraché des soupirs,
Et n'ai pu de son cœur ébranler les désirs.
J'ai poussé le dépit de m'en voir séparée
Jusques à la nommer fille dénaturée.
« Le sang royal n'a point ces bas attachements
« Qui font les déplaisirs de ces éloignements,
« Et les âmes, dit-elle, au trône destinées,
« Ne doivent aux parents que les jeunes années. »

OEDIPE.

Et ces mots ont soudain calmé votre courroux?

JOCASTE.

Pour les justifier elle ne veut que vous.
Votre exemple lui prête une preuve assez claire
Que le trône est plus doux que le sein d'une mère.
Pour régner en ces lieux vous avez tout quitté.

OEDIPE.

Mon exemple et sa faute ont peu d'égalité.
C'est loin de ses parents qu'un homme apprend à vi-
Hercule m'a donné ce grand exemple à suivre, [vre.
Et c'est pour l'imiter que par tous nos climats
J'ai cherché comme lui la gloire et les combats.
Mais bien que la pudeur par des ordres contraires
Attache de plus près les filles à leurs mères,
La vôtre aime une audace où vous la soutenez.

JOCASTE.
Je la condamnerai, si vous la condamnez ;
Mais, à parler sans fard, si j'étais en sa place,
J'en userais comme elle et j'aurais même audace.
Et vous-même, seigneur, après tout, dites-moi
La condamneriez-vous si vous n'étiez son roi ?
OEDIPE.
Si je condamne en roi son amour ou sa haine,
Vous devez comme moi les condamner en reine.
JOCASTE.
Je suis reine, seigneur, mais je suis mère aussi :
Aux miens, comme à l'État, je dois quelque souci.
Je sépare Dircé de la cause publique,
Je vois qu'ainsi que vous elle a sa politique :
Comme vous agissez en monarque prudent,
Elle agit de sa part en cœur indépendant,
En amante à bon titre, en princesse avisée,
Qui mérite ce trône où l'appelle Thésée.
Je ne puis vous flatter, et croirais vous trahir
Si je vous promettais qu'elle pût obéir.
OEDIPE.
Pourrait-on mieux défendre un esprit si rebelle ?
JOCASTE.   [qu'elle ;
Parlons-en comme il faut ; nous nous aimons plus
Et c'est trop nous aimer que voir d'un œil jaloux
Qu'elle nous rend le change* et s'aime plus que nous.
Un peu trop de lumière à nos désirs s'oppose.
Peut-être avec le temps nous pourrions quelque chose ;
Mais n'espérons jamais qu'on change en moins d'un
Quand la raison soutient le parti de l'amour.   [jour,
OEDIPE.   [donne ;
Souscrivons donc, madame, à tout ce qu'elle or-
Couronnons cet amour de ma propre couronne ;
Cédons de bonne grâce et d'un esprit content ;
Remettons à Dircé tout ce qu'elle prétend.
A mon ambition Corinthe peut suffire,
Et pour les plus grands cœurs c'est assez d'un empire.
Mais vous souvenez-vous que vous avez deux fils
Que le courroux du ciel a fait naître ennemis,
Et qu'il vous en faut craindre un exemple barbare,
A moins que pour régner leur destin les sépare ?
JOCASTE.
Je ne vois rien encor fort à craindre pour eux :
Dircé les aime en sœur, Thésée est généreux ;
Et, si pour un grand cœur c'est assez d'un empire,
A son ambition Athènes doit suffire.
OEDIPE.
Vous mettez une borne à cette ambition !
JOCASTE.
J'en prends, quoi qu'il en soit, peu d'appréhension ;
Et Thèbes et Corinthe ont des bras comme Athènes.
Mais nous touchons peut-être à la fin de nos peines ;
Dymas est de retour, et Delphes a parlé.
OEDIPE.
Que son visage montre un esprit désolé !

SCÈNE V

OEDIPE, JOCASTE, DYMAS, CLÉANTE, NÉRINE.

OEDIPE.
Eh bien ! quand verrons-nous finir notre infortune ?
Qu'apportez-vous, Dymas ? quelle réponse ?
DYMAS.
                        Aucune.
OEDIPE.
Quoi ! les dieux sont muets ?
DYMAS.
                        Ils sont muets et sourds.
Nous avons par trois fois imploré leur secours,
Par trois fois redoublé nos vœux et nos offrandes ;
Ils n'ont pas daigné même écouter nos demandes.
A peine parlions-nous, qu'un murmure confus,
Sortant du fond de l'antre expliquait leur refus ;
Et cent voix tout à coup, sans être articulées,
Dans une nuit subite à nos soupirs mêlées,
Faisaient avec horreur soudain connaître à tous
Qu'ils n'avaient plus ni d'yeux ni d'oreilles pour nous.
OEDIPE.
Ah, madame !
JOCASTE.
        Ah ! seigneur, que marque un tel silence ?
OEDIPE.
Que pourrait-il marquer qu'une juste vengeance ?
Les dieux, qui tôt ou tard savent se ressentir,
Dédaignent de répondre à qui les fait mentir.
Ce fils dont ils avaient prédit les aventures,
Exposé par votre ordre, a trompé leurs augures ;
Et ce sang innocent, et ces dieux irrités,
Se vengent maintenant de vos impiétés.
JOCASTE.
Devions-nous l'exposer à son destin funeste,
Pour le voir parricide et pour le voir inceste ?
Et des crimes si noirs, étouffés au berceau,
Auraient-ils su pour moi faire un crime nouveau ?
Non, non, de tant de maux Thèbes n'est assiégée
Que pour la mort du roi que l'on n'a pas vengée ;
Son ombre incessamment me frappe encor les yeux ;
Je l'entends murmurer à toute heure, en tous lieux,
Et se plaindre en mon cœur de cette ignominie
Qu'imprime à son grand nom cette mort impunie.
OEDIPE.
Pourrions-nous en punir des brigands inconnus,
Que peut-être jamais en ces lieux on n'a vus ?
Si vous m'avez dit vrai, peut-être ai-je moi-même
Sur trois de ces brigands vengé le diadème ;
Au lieu même, au temps même, attaqué seul par trois,
J'en laissai deux sans vie, et mis l'autre aux abois.
Mais ne négligeons rien, et du royaume sombre
Faisons par Tirésie évoquer sa grande ombre.
Puisque le ciel se tait, consultons les enfers :
Sachons à qui de nous sont dus les maux soufferts ;
Sachons-en, s'il se peut, la cause et le remède.
Allons tout de ce pas réclamer tout son aide.

J'irai revoir Corinthe avec moins de souci,
Si je laisse plein calme et pleine joie ici.

ACTE DEUXIÈME

SCÈNE I

ŒDIPE, DIRCÉ, CLÉANTE, MÉGARE.

ŒDIPE.
Je ne le cèle point, cette hauteur m'étonne.
Æmon a du mérite, on chérit sa personne ;
Il est prince ; et de plus étant offert par moi...
DIRCÉ.
Je vous ai déjà dit, seigneur, qu'il n'est pas roi.
ŒDIPE.
Son hymen toutefois ne vous fait point descendre :
S'il n'est pas dans le trône, il a droit d'y prétendre ;
Et, comme il est sorti de même sang que vous,
Je crois vous faire honneur d'en faire votre époux.
DIRCÉ.
Vous pouvez donc sans honte en faire votre gendre ;
Mes sœurs en l'épousant n'auront point à descendre ;
Mais pour moi, vous savez qu'il est ailleurs des rois,
Et même en votre cour, dont je puis faire choix.
ŒDIPE.
Vous le pouvez, madame, et n'en voudrez pas faire
Sans en prendre mon ordre et celui d'une mère.
DIRCÉ.
Pour la reine, il est vrai qu'en cette qualité
Le sang peut lui devoir quelque civilité ;
Je m'en suis acquittée, et ne puis bien comprendre,
Étant ce que je suis, quel ordre je dois prendre.
ŒDIPE.
Celui qu'un vrai devoir prend des fronts couronnés,
Lorsqu'on tient auprès d'eux le rang que vous tenez.
Je pense être ici roi.
DIRCÉ.
Je sais ce que vous êtes :
Mais si vous me comptez au rang de vos sujettes,
Je ne sais si celui qu'on vous a pu donner
Vous asservit un front qu'on a dû couronner.
Seigneur, quoi qu'il en soit, j'ai fait choix de Thé-
Je me suis à ce choix moi-même autorisée. [sée,
J'ai pris l'occasion que m'ont faite les dieux
De fuir l'aspect d'un trône où vous blessez mes yeux,
Et de vous épargner cet importun ombrage
Qu'à des rois comme vous peut donner mon visage.
ŒDIPE.
Le choix d'un si grand prince est bien digne de vous,
Et je l'estime trop pour en être jaloux ;
Mais le peuple au milieu des colères célestes
Aime encor de Laïus les adorables restes,
Et ne pourra souffrir qu'on lui vienne arracher
Ces gages d'un grand roi qu'il tint jadis si cher.

DIRCÉ.
De l'air dont jusqu'ici ce peuple m'a traitée,
Je dois craindre fort peu de m'en voir regrettée.
S'il eût eu pour son roi quelque ombre d'amitié ;
Si mon sexe ou mon âge eût ému sa pitié,
Il n'aurait jamais eu cette lâche faiblesse
De livrer en vos mains l'État et sa princesse,
Et me verra toujours éloigner sans regret,
Puisque c'est l'affranchir d'un reproche secret.
ŒDIPE.
Quel reproche secret lui fait votre présence ?
Et quel crime a commis cette reconnaissance
Qui, par un sentiment et juste et relevé,
L'a consacré lui-même à qui l'a conservé ?
Si vous aviez du sphinx vu le sanglant ravage...
DIRCÉ.
Je puis dire, seigneur, que j'ai vu davantage :
J'ai vu ce peuple ingrat pour l'énigme surprit
Vous payer assez bien d'avoir eu de l'esprit.
Il pouvait toutefois avec quelque justice
Prendre sur lui le prix d'un si rare service :
Mais, quoiqu'il ait osé vous payer de mon bien,
En vous faisant son roi, vous a-t-il fait le mien ?
En se donnant à vous, eut-il droit de me vendre ?
ŒDIPE.
Ah ! c'est trop me forcer, madame, à vous entendre.
La jalouse fierté qui vous enfle le cœur
Me regarde toujours comme un usurpateur ;
Vous voulez ignorer cette juste maxime,
Que le dernier besoin peut faire un roi sans crime,
Qu'un peuple sans défense, et réduit aux abois...
DIRCÉ.   [rois.
Le peuple est trop heureux quand il meurt pour ses
Mais, seigneur, la matière est un peu délicate.
Vous pouvez vous flatter, peut-être je me flatte.
Sans rien approfondir, parlons à cœur ouvert.
Vous régnez en ma place, et les dieux l'ont souffert :
Je dis plus, ils vous ont saisi de ma couronne.
Je n'en murmure point, comme eux je vous la donne ;
J'oublierai qu'à moi seule ils devaient la garder :
Mais, si vous attentez jusqu'à me commander,
Jusqu'à prendre sur moi quelque pouvoir de maître,
Je me souviendrai lors de ce que je dois être ;
Et si je ne le suis pour vous faire la loi,
Je le serai du moins pour me choisir un roi.
Après cela, seigneur, je n'ai rien à vous dire ;
J'ai fait choix de Thésée, et ce mot doit suffire.
Et je veux à mon tour, madame, à cœur ouvert,
Vous apprendre en deux mots que ce grand choix vous
Qu'il vous remplit le cœur d'une attente frivole, [perd,
Qu'au prince Æmon pour vous j'ai donné ma parole,
Que je perdrai le sceptre, ou saurai la tenir.
Puissent, si je la romps, tous les dieux m'en punir !
Puisse de plus de maux m'accabler leur colère
Qu'Apollon n'en prédit jadis pour votre frère !
DIRCÉ.
N'insultez point au sort d'un enfant malheureux,
Et faites des serments qui soient plus généreux.

On ne sait pas toujours ce qu'un serment hasarde ;
Et vous ne voyez pas ce que le ciel vous garde.
OEDIPE.
On se hasarde à tout quand un serment est fait.
DIRCÉ.
Ce n'est pas de vous seul que dépend son effet.
OEDIPE.
Je suis roi, je puis tout.
DIRCÉ.
Je puis fort peu de chose ;
Mais enfin de mon cœur moi seule je dispose,
Et jamais sur ce cœur on n'avancera rien
Qu'en me donnant un sceptre, ou me rendant le mien.
OEDIPE.
Il est quelques moyens de vous faire dédire.
DIRCÉ.
Il en est de braver le plus injuste empire ;
Et, de quoi qu'on menace en de tels différends,
Qui ne craint point la mort ne craint point les tyrans.
Ce mot m'est échappé, je n'en fais point d'excuse ;
J'en ferai, si le temps m'apprend que je m'abuse.
Rendez-vous cependant maître de tout mon sort ;
Mais n'offrez à mon choix que Thésée ou la mort.
OEDIPE.
On pourra vous guérir de cette frénésie.
Mais il faut aller voir ce qu'a fait Tirésie :
Nous saurons au retour encor vos volontés.
DIRCÉ.
Allez savoir de lui ce que vous méritez.

SCÈNE II

DIRCÉ, MÉGARE.

DIRCÉ.

Mégare, que dis-tu de cette violence ?
Après s'être emparé des droits de ma naissance,
Sa haine opiniâtre à croître mes malheurs
M'ose encore envier ce qui me vient d'ailleurs.
Elle empêche le ciel de m'être enfin propice,
De réparer vers moi ce qu'il eut d'injustice,
Et veut lier les mains au destin adouci
Qui m'offre en d'autres lieux ce qu'on me vole ici.

MÉGARE.

Madame, je ne sais ce que je dois vous dire.
La raison vous anime et l'amour vous inspire :
Mais je crains qu'il n'éclate un peu plus qu'il ne faut,
Et que cette raison ne parle un peu trop haut.
Je crains qu'elle n'irrite un peu trop la colère
D'un roi qui jusqu'ici vous a traitée en père,
Et qui vous a rendu tant de preuves d'amour,
Qu'il espère de vous quelque chose à son tour.

DIRCÉ.

S'il a cru m'éblouir par de fausses caresses,
J'ai vu sa politique en former les tendresses ;
Et ces amusements de ma captivité
Ne me font rien devoir à qui m'a tout ôté.

MÉGARE.

Vous voyez que d'Æmon il a pris la querelle,
Qu'il l'estime, chérit.

DIRCÉ.
Politique nouvelle.

MÉGARE.
Mais comment pour Thésée en viendrez-vous à bout ?
Il le méprise, hait.

DIRCÉ.
Politique partout.
Si la flamme d'Æmon en est favorisée,
Ce n'est pas qu'il l'estime, ou méprise Thésée ;
C'est qu'il craint dans son cœur que le droit souverain
(Car enfin il m'est dû) ne tombe en bonne main.
Comme il connaît le mien, sa peur de me voir reine
Dispense à mes amants sa faveur ou sa haine,
Et traiterait ce prince ainsi que ce héros,
S'il portait la couronne ou de Sparte ou d'Argos.

MÉGARE.
Si vous en jugez bien, que vous êtes à plaindre !

DIRCÉ.
Il fera de l'éclat, il voudra me contraindre ;
Mais, quoi qu'il me prépare à souffrir dans sa cour,
Il éteindra ma vie avant que mon amour.

MÉGARE.
Espérons que le ciel vous rendra plus heureuse.
Cependant je vous trouve assez peu curieuse :
Tout le peuple, accablé de mortelles douleurs,
Court voir ce que Laïus dira de nos malheurs ;
Et vous ne suivez point le roi chez Tirésie
Pour savoir ce qu'en juge une ombre si chérie ?

DIRCÉ.
J'ai tant d'autres sujets de me plaindre de lui,
Que je fermais les yeux à ce nouvel ennui.
Il aurait fait trop peu de menacer la fille,
Il faut qu'il soit tyran de toute la famille,
Qu'il porte sa fureur jusqu'aux âmes sans corps,
Et trouble insolemment jusqu'aux cendres des morts.
Mais ces mânes sacrés qu'il arrache au silence
Se vengeront sur lui de cette violence ;
Et les dieux des enfers, justement irrités,
Puniront l'attentat de ses impiétés.

MÉGARE.
Nous ne savons pas bien comme agit l'autre monde ;
Il n'est point d'œil perçant dans cette nuit profonde ;
Et, quand les dieux vengeurs laissent tomber leur [bras,
Il tombe assez souvent sur qui n'y pense pas.

DIRCÉ.
Dût leur décret fatal me choisir pour victime,
Si j'ai part au courroux, je n'en veux point au crime.
Je veux m'offrir sans tache à leur bras tout-puissant,
Et n'avoir à verser que du sang innocent.

SCÈNE III

DIRCÉ, NÉRINE, MÉGARE.

NÉRINE.

Ah ! madame, il en faut de la même innocence

Pour apaiser du ciel l'implacable vengeance ;
Il faut une victime et pure et d'un tel rang,
Que chacun la voudrait racheter de son sang.

DIRCÉ.

Nérine, que dis-tu, serait-ce bien la reine?
Le ciel ferait-il choix d'Antigone, ou d'Ismène ?
Voudrait-il Étéocle, ou Polynice, ou moi?
Car tu me dis assez que ce n'est pas le roi ;
Et, si le ciel demande une victime pure,
Appréhender pour lui, c'est lui faire une injure.
Serait-ce enfin Thésée? Hélas ! si c'était lui...
Mais nomme, et dis quel sang le ciel veut aujourd'hui.

NÉRINE.

L'ombre du grand Laïus, qui lui sert d'interprète,
De honte ou de dépit sur ce nom est muette;
Je n'ose vous nommer ce qu'elle nous a tu :
Mais préparez, madame, une haute vertu,
Prêtez à ce récit une âme généreuse,
Et vous-même jugez si la chose est douteuse.

DIRCÉ.

Ah ! ce sera Thésée, ou la reine.

NÉRINE.

Écoutez,
Et tâchez d'y trouver quelques obscurités.
 Tirésie a longtemps perdu ses sacrifices
Sans trouver ni les dieux ni les ombres propices ;
Et celle de Laïus évoqué par son nom
S'obstinait au silence aussi bien qu'Apollon.
Mais la reine en la place à peine est arrivée,
Qu'une épaisse vapeur s'est du temple élevée,
D'où cette ombre aussitôt sortant jusqu'en plein jour
A surpris tous les yeux du peuple et de la cour.
L'impérieux orgueil de son regard sévère
Sur son visage pâle avait peint la colère;
Tout menaçait en elle; et des restes de sang,
Par un prodige affreux, lui dégouttaient du flanc.
A ce terrible aspect la reine s'est troublée,
La frayeur a couru dans toute l'assemblée ;
Et de vos deux amants j'ai vu les cœurs glacés
A ces funestes mots que l'ombre a prononcés:
« Un grand crime impuni cause votre misère;
« Par le sang de ma race il se doit effacer;
« Mais, à moins que de le verser,
« Le ciel ne se peut satisfaire;
« Et la fin de vos maux ne se fera point voir
« Que mon sang n'ait fait son devoir. »
Ces mots dans tous les cœurs redoublent les alarmes ;
L'ombre, qui disparait, laisse la reine en larmes,
Thésée au désespoir, Æmon tout hors de lui ;
Le roi même arrivant partage leur ennui ;
Et d'une voix commune ils refusent une aide
Qui fait trouver le mal plus doux que le remède.

DIRCÉ.

Peut-être craignent-ils que mon cœur révolté
Ne leur refuse un sang qu'ils n'ont pas mérité;
Mais ma flamme à la mort m'avait trop résolue
Pour ne pas y courir quand les dieux l'ont voulue.
Tu m'as fait sans raison concevoir de l'effroi ;
Je n'ai point dû trembler, s'ils ne veulent que moi.

Ils m'ouvrent une porte à sortir d'esclavage,
Que tient trop précieuse un généreux courage;
Mourir pour sa patrie est un sort plein d'appas
Pour quiconque à des fers préfère le trépas.
 Admire, peuple ingrat, qui m'as déshéritée,
Quelle vengeance en prend ta princesse irritée,
Et connais dans la fin de tes longs déplaisirs
Ta véritable reine à ses derniers soupirs.
Vois comme à tes malheurs je suis tout asservie.
L'un m'a coûté mon trône, et l'autre veut ma vie.
Tu t'es sauvé du sphinx aux dépens de mon rang,
Sauve-toi de la peste aux dépens de mon sang.
Mais, après avoir vu dans la fin de ta peine
Que pour toi le trépas semble doux à ta reine,
Fais-toi de son exemple une adorable loi :
Il est encor plus doux de mourir pour son roi.

MÉGARE.

Madame, aurait-on cru que cette ombre d'un père,
D'un roi dont vous tenez la mémoire si chère,
Dans votre injuste perte eût pris tant d'intérêt
Qu'elle vînt elle-même en prononcer l'arrêt ?

DIRCÉ.

N'appelle point injuste un trépas légitime :
Si j'ai causé sa mort, puis-je vivre sans crime ?

NÉRINE.

Vous, madame?

DIRCÉ.

Oui, Nérine; et tu l'as pu savoir.
L'amour qu'il me portait eut sur lui tel pouvoir,
Qu'il voulut sur mon sort faire parler l'oracle;
Mais, comme à ce dessein la reine mit obstacle,
De peur que cette voix des destins ennemis
Ne fût aussi funeste à la fille qu'au fils,
Il se déroba d'elle, ou plutôt prit la fuite,
Sans vouloir que Phorbas et Nicandre pour suite.
Hélas! sur le chemin il fut assassiné.
Ainsi se vit pour moi son destin terminé;
Ainsi j'en fus la cause.

MÉGARE.

Oui, mais trop innocente
Pour vous faire un supplice où la raison consente;
Et jamais des tyrans les plus barbares lois...

DIRCÉ.

Mégare, tu sais mal ce que l'on doit aux rois.
Un sang si précieux ne saurait se répandre
Qu'à l'innocente cause on n'ait droit de s'en prendre;
Et, de quelque façon que finisse leur sort,
On n'est point innocent quand on cause leur mort.
C'est ce crime impuni qui demande un supplice,
C'est par là que mon père a part au sacrifice;
C'est ainsi qu'un trépas qui me comble d'honneur
Assure sa vengeance et fait votre bonheur,
Et que tout l'avenir chérira la mémoire
D'un châtiment si juste où brille tant de gloire.

SCÈNE IV

THÉSÉE, DIRCÉ, MÉGARE, NÉRINE.

DIRCÉ.

Mais que vois-je! Ah! seigneur! quels que soient vos
Que venez-vous me dire en l'état où je suis? [ennuis,

THÉSÉE.

Je viens prendre de vous l'ordre qu'il me faut suivre;
Mourir, s'il faut mourir, et vivre, s'il faut vivre.

DIRCÉ.

Ne perdez point d'efforts à m'arrêter au jour;
Laissez faire l'honneur.

THÉSÉE.
    Laissez agir l'amour.

DIRCÉ.

Vivez, prince, vivez.

THÉSÉE.
    Vivez donc, ma princesse.

DIRCÉ.

Ne me ravalez point jusqu'à cette bassesse.
Retarder mon trépas, c'est faire tout périr :
Tout meurt si je ne meurs.

THÉSÉE.
    Laissez-moi donc mourir.

DIRCÉ.

Hélas! qu'osez-vous dire?

THÉSÉE.
    Hélas! qu'allez-vous faire?

DIRCÉ.

Finir les maux publics, obéir à mon père,
Sauver tous mes sujets.

THÉSÉE.
    Par quelle injuste loi
Faut-il les sauver tous pour ne perdre que moi,
Eux dont le cœur porte les justes peines
D'un rebelle mépris qu'ils ont fait de vos chaînes,
Qui dans les mains d'un autre ont mis tout votre bien!

DIRCÉ.

Leur devoir violé doit-il rompre le mien?
Les exemples abjects de ces petites âmes
Règlent-ils de leurs rois les glorieuses trames?
Et quel fruit un grand cœur pourrait-il recueillir
A recevoir du peuple un exemple à faillir?
Non, non; s'il m'en faut un, je ne veux que le vôtre;
L'amour que j'ai pour vous n'en reçoit aucun autre.
Pour le bonheur public n'avez-vous pas toujours
Prodigué votre sang et hasardé vos jours?
Quand vous avez défait le Minotaure en Crète,
Quand vous avez puni Damaste et Périphète,
Sinnis, Phæa, Scirron, que faisiez-vous, seigneur,
Que chercher à périr pour le commun bonheur?
Souffrez que pour la gloire une chaleur égale
D'une amante aujourd'hui vous fasse une rivale.
Le ciel offre à mon bras par où me signaler;
S'il ne sait pas combattre, il saura m'immoler;
Et, si cette chaleur ne m'a point abusée,
Je deviendrai par là digne du grand Thésée.

Mon sort en ce point seul du vôtre est différent,
Que je ne puis sauver mon peuple qu'en mourant,
Et qu'au salut du vôtre un bras si nécessaire
A chaque jour pour lui d'autres combats à faire.

THÉSÉE.

J'en ai fait et beaucoup, et d'assez généreux :
Mais celui-ci, madame, est le plus dangereux.
J'ai fait trembler partout, et devant vous je tremble.
L'amant et le héros s'accordent mal ensemble :
Mais enfin après vous tous deux veulent courir :
Le héros ne peut vivre où l'amant doit mourir;
La fermeté de l'un par l'autre est épuisée,
Et, si Dircé n'est plus, il n'est plus de Thésée.

DIRCÉ.

Hélas! c'est maintenant, c'est lorsque je vous voi,
Que ce même combat est dangereux pour moi.
Ma vertu la plus forte à votre aspect chancelle;
Tout mon cœur applaudit à sa flamme rebelle;
Et l'honneur, qui charmait ses plus noirs déplaisirs,
N'est plus que le tyran de mes plus chers désirs.
Allez, prince; et du moins par pitié de ma gloire
Gardez-vous d'achever une indigne victoire;
Et si jamais l'honneur a su vous animer...

THÉSÉE.

Hélas! à votre aspect je ne sais plus qu'aimer.

DIRCÉ.

Par un pressentiment j'ai déjà su vous dire
Ce que ma mort sur vous se réserve d'empire :
Votre bras de la Grèce est le plus ferme appui :
Vivez pour le public, comme je meurs pour lui.

THÉSÉE.

Périsse l'univers, pourvu que Dircé vive!
Périsse le jour même avant qu'elle s'en prive!
Que m'importe la perte ou le salut de tous?
Ai-je rien à sauver, rien à perdre que vous?
Si votre amour, madame, était encor le même,
Si vous saviez encore aimer comme on vous aime...

DIRCÉ.

Ah! faites moins d'outrage à ce cœur affligé
Que pressent les douleurs où vous l'avez plongé.
Laissez vivre du peuple un pitoyable reste
Aux dépens d'un moment que m'a laissé la peste,
Qui peut-être à vos yeux viendra trancher mes jours,
Si mon sang répandu ne lui tranche le cours.
Laissez-moi me flatter de cette triste joie
Que si je ne mourais vous en seriez la proie,
Et que ce sang aimé, que répandront mes mains,
Sera versé pour vous plus que pour les Thébains.
Des dieux mal obéis la majesté suprême
Pourrait en ce moment s'en venger sur vous-même,
Et j'aurais cette honte, en ce funeste sort,
D'avoir prêté mon crime à faire votre mort.

THÉSÉE.

Et ce cœur généreux me condamne à la honte
De voir que ma princesse en amour me surmonte,
Et de n'obéir pas à cette aimable loi
De mourir avec vous quand vous mourez pour moi!
Pour moi, comme pour vous, soyez plus magnanime,
Voyez mieux qu'il y va même de votre estime,

Que le choix d'un amant si peu digne de vous
Souillerait cet honneur qui vous semble si doux,
Et que de ma princesse on dirait d'âge en âge
Qu'elle eut de mauvais yeux pour un si grand courage.
DIRCÉ.
Mais, seigneur, je vous sauve en courant au trépas;
Et mourant avec moi vous ne me sauvez pas.
THÉSÉE.
La gloire de ma mort n'en deviendra pas moindre;
Si ce n'est vous sauver, ce sera vous rejoindre :
Séparer deux amants, c'est tous deux les punir;
Et dans le tombeau même il est doux de s'unir.
DIRCÉ.
Que vous m'êtes cruel de jeter dans mon âme
Un si honteux désordre avec des traits de flamme!
Adieu, prince; vivez, je vous l'ordonne ainsi :
La gloire de ma mort est trop douteuse ici;
Et je hasarde trop une si noble envie
A voir l'unique objet pour qui j'aime la vie.
THÉSÉE.
Vous fuyez, ma princesse! et votre adieu fatal...
DIRCÉ.
Prince, il est temps de fuir quand on se défend mal.
Vivez, encore un coup; c'est moi qui vous l'ordonne.
THÉSÉE.
Le véritable amour ne prend loi de personne;
Et, si ce fier honneur s'obstine à nous trahir,
Je renonce, madame, à vous plus obéir.

ACTE TROISIÈME

SCÈNE I

DIRCÉ.

Impitoyable soif de gloire,
Dont l'aveugle et noble transport
Me fait précipiter ma mort
Pour faire vivre ma mémoire,
Arrête pour quelques moments
Les impétueux sentiments
De cette inexorable envie,
Et souffre qu'en ce triste et favorable jour,
Avant que de donner ma vie,
Je donne un soupir à l'amour.

Ne crains pas qu'une ardeur si belle
Ose te disputer un cœur
Qui de ton illustre rigueur
Est l'esclave le plus fidèle.
Ce regard tremblant et confus,
Qu'attire un bien qu'il n'attend plus,
N'empêche pas qu'il ne se dompte.
Il est vrai qu'il murmure, et se dompte à regret;
Mais, s'il m'en faut rougir de honte,
Je n'en rougirai qu'en secret.

L'éclat de cette renommée
Qu'assure un si brillant trépas
Perd la moitié de ses appas
Quand on aime et qu'on est aimée.
L'honneur en monarque absolu
Soutient ce qu'il a résolu
Contre les assauts qu'on te livre;
Il est beau de mourir pour en suivre les lois;
Mais il est assez doux de vivre
Quand l'amour a fait un beau choix.

Toi qui faisais toute la joie
Dont sa flamme osait me flatter,
Prince que j'ai peine à quitter,
A quelques honneurs qu'on m'envoie,
Accepte ce faible retour
Que vers toi d'un si juste amour
Fait la douloureuse tendresse.
Sur les bords de la tombe où tu me vois courir,
Je crains les maux que je te laisse,
Quand je fais gloire de mourir.

J'en fais gloire, mais je me cache
Un comble affreux de déplaisirs;
Je fais taire tous mes désirs,
Mon cœur à soi-même s'arrache.
Cher prince, dans un tel aveu,
Si tu peux voir quel est mon feu,
Vois combien il se violente.
Je meurs l'esprit content, l'honneur m'en fait la loi;
Mais j'aurais vécu plus contente,
Si j'avais pu vivre pour toi.

SCÈNE II

JOCASTE, DIRCÉ.

DIRCÉ.

Tout est-il prêt, madame, et votre Tirésie
Attend-il aux autels la victime choisie?
JOCASTE.
Non, ma fille; et du moins nous aurons quelques jours
A demander au ciel un plus heureux secours.
On prépare à demain exprès d'autres victimes.
Le peuple ne veut pas que vous payiez ses crimes;
Il aime mieux périr qu'être ainsi conservé :
Et le roi même, encor que vous l'ayez bravé,
Sensible à vos malheurs autant qu'à ma prière,
Vous offre sur ce point liberté tout entière.
DIRCÉ.
C'est assez vainement qu'il m'offre un si grand bien,
Quand le ciel ne veut pas que je lui doive rien :
Et ce n'est pas à lui de mettre des obstacles
Aux ordres souverains que donnent ses oracles.
JOCASTE.
L'oracle n'a rien dit.
DIRCÉ.
　　　　　Mais mon père a parlé;
L'ordre de nos destins par lui s'est révélé :

Et des morts de son rang les ombres immortelles
Servent souvent aux dieux de truchements* fidèles.
JOCASTE.
Laissez la chose en doute, et du moins hésitez
Tant qu'on ait par leur bouche appris leurs volontés.
DIRCÉ.
Exiger qu'avec nous ils s'expliquent eux-mêmes,
C'est trop nous asservir ces majestés suprêmes.
JOCASTE.
Ma fille, il est toujours assez tôt de mourir.
DIRCÉ.
Madame, il n'est jamais trop tôt de secourir;
Et, pour un mal si grand qui réclame notre aide,
Il n'est point de trop sûr ni de trop prompt remède.
Plus nous le différons, plus le mal devient grand.
J'assassine tous ceux que la peste surprend;
Aucun n'en peut mourir qui ne me laisse un crime :
Je viens d'étouffer seule et Sostrate et Phædime;
Et durant ce refus des remèdes offerts,
La Parque se prévaut des moments que je perds.
Hélas! si sa fureur dans ces pertes publiques
Enveloppait Thésée après ses domestiques !
Si nos retardements...
JOCASTE.
Vivez pour lui, Dircé;
Ne lui dérobez point un cœur si bien placé.
Avec tant de courage ayez quelque tendresse;
Agissez en amante aussi bien qu'en princesse.
Vous avez liberté tout entière en ces lieux :
Le roi n'y prend pas garde, et je ferme les yeux.
C'est vous en dire assez : l'amour est un doux maître;
Et quand son choix est beau, son ardeur doit pa-
DIRCÉ.   [raître.
Je n'ose demander si de pareils avis
Portent des sentiments que vous ayez suivis.
Votre second hymen put avoir d'autres causes :
Mais j'oserai vous dire, à bien juger des choses,
Que pour avoir reçu la vie en votre flanc
J'y dois avoir sucé fort peu de votre sang.
Celui du grand Laïus, dont je m'y suis formée,
Trouve bien qu'il est doux d'aimer et d'être aimée;
Mais il ne peut trouver qu'on soit digne du jour
Quand aux soins de sa gloire on préfère l'amour.
Je sais sur les grands cœurs ce qu'il se fait d'empire;
J'avoue, et hautement, que le mien en soupire :
Mais quoi qu'un si beau choix puisse avoir de dou-
                                    [ceurs,
Je garde un autre exemple aux princesses mes sœurs.
JOCASTE.
Je souffre tout de vous en l'état où vous êtes.
Si vous ne savez pas même ce que vous faites,
Le chagrin inquiet du trouble où je vous voi
Vous peut faire oublier que vous parlez à moi.
Mais quittez ces dehors d'une vertu sévère,
Et souvenez-vous mieux que je suis votre mère.
DIRCÉ.
Ce chagrin inquiet, pour se justifier,
N'a qu'à prendre chez vous l'exemple d'oublier.

Quand vous mîtes le sceptre en une autre famille,
Vous souvint-il assez que j'étais votre fille?
JOCASTE.
Vous n'étiez qu'un enfant.
DIRCÉ.
                        J'avais déjà des yeux,
Et sentais dans mon cœur le sang de mes aïeux;
C'était ce même sang dont vous m'avez fait naître
Qui s'indignait dès lors qu'on lui donnât un maître,
Et que vers soi Laïus aime mieux rappeler
Que de voir qu'à vos yeux on l'ose ravaler.
Il oppose ma mort à l'indigne hyménée
Où, par raison d'État, il me voit destinée;
Il la fait glorieuse, et je meurs plus pour moi
Que pour ces malheureux qui se sont fait un roi.
Le ciel en ma faveur prend ce cher interprète
Pour m'épargner l'affront de vivre encor sujette;
Et s'il a quelque foudre, il saura le garder
Pour qui m'a fait des lois où j'ai dû commander.
JOCASTE.
Souffrez qu'à ses éclairs votre orgueil se dissipe.
Ce foudre vous menace un peu plus tôt qu'Œdipe;
Et le roi n'a pas lieu d'en redouter les coups,
Quand parmi tout son peuple ils n'ont choisi que vous.
DIRCÉ.
Madame, il se peut faire encor qu'il me prévienne.
S'il sait ma destinée, il ignore la sienne.
Le ciel pourra venger ses ordres retardés.
Craignez ce changement que vous lui demandez.
Souvent on l'entend mal quand on le croit entendre;
L'oracle le plus clair se fait le moins comprendre.
Moi-même je le dis sans comprendre pourquoi;
Et ce discours en l'air m'échappe malgré moi.
Pardonnez cependant à cette humeur hautaine :
Je veux parler en fille, et je m'explique en reine.
Vous qui l'êtes encor, vous savez ce que c'est,
Et jusqu'où nous emporte un si haut intérêt.
Si je n'en ai le rang, j'en garde la teinture.
Le trône a d'autres droits que ceux de la nature.
J'en parle trop peut-être alors qu'il faut mourir.
Hâtons-nous d'empêcher ce peuple de périr;
Et sans considérer quel fut vers moi son crime,
Puisque le ciel le veut, donnons-lui sa victime.
JOCASTE.
Demain ce juste ciel pourra s'expliquer mieux.
Cependant vous laissez bien du trouble en ces lieux;
Et si votre vertu pouvait croire mes larmes,
Vous nous épargneriez cent mortelles alarmes.
DIRCÉ.
Dussent avec vos pleurs tous vos Thébains s'unir,
Ce que n'a pu l'amour, rien ne doit l'obtenir.

SCÈNE III

OEDIPE, JOCASTE, DIRCÉ.

DIRCÉ.
A quel propos, seigneur, voulez-vous qu'on diffère,
Qu'on dédaigne un remède à tous si salutaire?

Chaque instant que je vis vous enlève un sujet,
Et l'État s'affaiblit par l'affront qu'on me fait.
Cette ombre de pitié n'est qu'un comble d'envie.
Vous m'avez envié le bonheur de ma vie;
Et je vous vois par là jaloux de tout mon sort,
Jusques à m'envier la gloire de ma mort.
OEDIPE.
Qu'on perd de temps, madame, alors qu'on vous fait
DIRCÉ. [grâce!
Le ciel m'en a trop fait pour souffrir qu'on m'en fasse.
JOCASTE.
Faut-il voir votre esprit obstinément aigri,
Quand ce qu'on fait pour vous doit l'avoir attendri!
DIRCÉ.
Fait-il voir son envie à mes vœux opposée,
Quand il ne s'agit plus d'Æmon ni de Thésée!
OEDIPE.
Il s'agit de répandre un sang si précieux,
Qu'il faut un second ordre et plus exprès des dieux.
DIRCÉ.
Doutez-vous qu'à mourir je ne sois toute prête,
Quand les dieux par mon père ont demandé ma tête?
OEDIPE.
Je vous connais, madame, et je n'ai point douté
De cet illustre excès de générosité;
Mais la chose, après tout, n'est pas encor si claire,
Que cet ordre nouveau ne nous soit nécessaire.
DIRCÉ.
Quoi! mon père tantôt parlait obscurément?
OEDIPE.
Je n'en ai rien connu que depuis un moment.
C'est un autre que vous peut-être qu'il menace.
DIRCÉ.
Si l'on ne m'a trompée, il n'en veut qu'à sa race.
OEDIPE.
Je sais qu'on vous a fait un fidèle rapport :
Mais vous pourriez mourir et perdre votre mort;
Et la reine sans doute était bien inspirée,
Alors que par ses pleurs elle l'a différée.
JOCASTE.
Je ne reçois qu'en trouble un si confus espoir.
OEDIPE.
Ce trouble augmentera peut-être avant ce soir.
JOCASTE.
Vous avancez des mots que je ne puis comprendre.
OEDIPE.
Vous vous plaindrez fort peu de ne les point enten-
Nous devons bientôt voir le mystère éclairci. [dre;
Madame, cependant vous êtes libre ici;
La reine vous l'a dit, ou vous a dû le dire;
Et, si vous m'entendez, ce mot vous doit suffire.
DIRCÉ.
Quelque secret motif qui vous ait excité
A ce tardif excès de générosité,
Je n'emporterai point de Thèbes dans Athènes
La colère des dieux et l'amas de leurs haines,
Qui pour premier objet pourraient choisir l'époux
Pour qui j'aurais osé mériter leur courroux.
Vous leur faites demain offrir un sacrifice?

OEDIPE.
J'en espère pour vous un destin plus propice.
DIRCÉ.
J'y trouverai ma place, et ferai mon devoir.
Quant au reste, seigneur, je n'en veux rien savoir;
J'y prends si peu de part, que, sans m'en mettre en
[peine,
Je vous laisse expliquer votre énigme à la reine.
Mon cœur doit être las d'avoir tant combattu,
Et fuit un piége adroit qu'on tend à sa vertu.

SCÈNE IV

JOCASTE, OEDIPE, suite.

OEDIPE.
Madame, quand des dieux la réponse funeste,
De peur d'un parricide et de peur d'un inceste,
Sur le mont Cythéron fit exposer ce fils
Pour qui tant de forfaits avaient été prédits,
Sûtes-vous faire choix d'un ministre fidèle?
JOCASTE.
Aucun pour le feu roi n'a montré plus de zèle,
Et, quand par des voleurs il fut assassiné,
Ce digne favori l'avait accompagné.
Par lui seul on a su cette noire aventure;
On le trouva percé d'une large blessure,
Si baigné dans son sang, et si près de mourir,
Qu'il fallut une année et plus pour l'en guérir.
OEDIPE.
Est-il mort?
JOCASTE.
Non, seigneur; la perte de son maître
Fut cause qu'en la cour il cessa de paraître :
Mais il respire encore, assez vieil et cassé;
Et Mégare, sa fille, est auprès de Dircé.
OEDIPE.
Où fait-il sa demeure?
JOCASTE.
Au pied de cette roche
Que de ces tristes murs nous voyons la plus proche.
OEDIPE.
Tâchez de lui parler.
JOCASTE.
J'y vais tout de ce pas.
Qu'on me prépare un char pour aller chez Phorbas.
Son dégoût de la cour pourrait sur un message
S'excuser par caprice, et prétexter son âge.
Dans une heure au plus tard je saurai vous revoir.
Mais que dois-je lui dire, et qu'en faut-il savoir?
OEDIPE.
Un bruit court depuis peu qu'il vous a mal servie,
Que ce fils qu'on croit mort est encor plein de vie.
L'oracle de Laïus par là devient douteux,
Et tout ce qu'il a dit peut s'étendre sur deux.
JOCASTE.
Seigneur, ou sur ce bruit je suis fort abusée,
Ou ce n'est qu'un effet de l'amour de Thésée.

OEDIPE, ACTE III, SCÈNE V.   541

Pour sauver ce qu'il aime et vous embarrasser,
Jusques à votre oreille il l'aura fait passer :
Mais Phorbas aisément convaincra d'imposture
Quiconque ose à sa foi faire une telle injure.

OEDIPE.
L'innocence de l'âge aura pu l'émouvoir.

JOCASTE.
Je l'ai toujours connu ferme dans son devoir;
Mais, si déjà ce bruit vous met en jalousie,
Vous pouvez consulter le devin Tirésie,
Publier sa réponse, et traiter d'imposteur
De cette illusion le téméraire auteur.

OEDIPE.
Je viens de le quitter, et de là vient ce trouble
Qu'en mon cœur alarmé chaque moment redouble.
« Ce prince, m'a-t-il dit, respire en votre cour;
« Vous pourrez le connaître avant la fin du jour;
« Mais il pourra vous perdre en se faisant connaître.
« Puisse-t-il ignorer quel sang lui donne l'être! »
Voilà ce qu'il m'a dit d'un ton si plein d'effroi,
Qu'il l'a fait rejaillir jusqu'en l'âme d'un roi.
Ce fils, qui devait être inceste et parricide,
Doit avoir un cœur lâche, un courage perfide;
Et, par un sentiment facile à deviner,
Il ne se cache ici que pour m'assassiner :
C'est par là qu'il aspire à devenir monarque,
Et vous le connaîtrez bientôt à cette marque.
    Quoi qu'il en soit, madame, allez trouver Phorbas;
Tirez-en, s'il se peut, les clartés qu'on n'a pas.
Tâchez en même temps de voir aussi Thésée;
Dites-lui qu'il peut faire une conquête aisée.
Qu'il ose pour Dircé, que je n'en verrai rien.
J'admire un changement si confus que le mien :
Tantôt dans leur hymen je croyais voir ma perte,
J'allais pour l'empêcher jusqu'à la force ouverte;
Et, sans savoir pourquoi, je voudrais que tous deux
Fussent, loin de ma vue, au comble de leurs vœux,
Que les emportements d'une ardeur mutuelle
M'eussent débarrassé de son amant et d'elle.
Bien que de leur vertu rien ne me soit suspect,
Je ne sais quelle horreur me trouble à leur aspect;
Ma raison la repousse, et ne m'en peut défendre;
Moi-même en cet état je ne puis me comprendre;
Et l'énigme* du sphinx fut moins obscur pour moi,
Que le fond de mon cœur ne l'est dans cet effroi :
Plus je le considère, et plus je m'en irrite.
Mais ce prince paraît, souffrez que je l'évite;
Et, si vous vous sentez l'esprit moins interdit,
Agissez avec lui comme je vous ai dit.

SCÈNE V

JOCASTE, THÉSÉE.

JOCASTE.
Prince, que faites-vous? quelle pitié craintive,
Quel faux respect des dieux tient votre flamme oisive?
Avez-vous oublié comme il faut secourir?

THÉSÉE.
Dircé n'est plus, madame, en état de périr;
Le ciel vous rend un fils; et ce n'est qu'à ce prince
Qu'est dû le triste honneur de sauver sa province.

JOCASTE.
C'est trop vous assurer sur l'éclat d'un faux bruit.

THÉSÉE.
C'est une vérité dont je suis mieux instruit.

JOCASTE.
Vous le connaissez donc?

THÉSÉE.
            A l'égal de moi-même.

JOCASTE.
De quand?

THÉSÉE.
    De ce moment.

JOCASTE.
            Et vous l'aimez?

THÉSÉE.
                Je l'aime
Jusqu'à mourir du coup dont il sera percé.

JOCASTE.
Mais cette amitié cède à l'amour de Dircé?

THÉSÉE.
Hélas! cette princesse à mes désirs si chère
En un fidèle amant trouve un malheureux frère,
Qui mourrait de douleur d'avoir changé de sort,
N'était le prompt secours d'une plus digne mort,
Et qu'assez tôt connu pour mourir au lieu d'elle
Ce frère malheureux meurt en amant fidèle.

JOCASTE.
Quoi! vous seriez mon fils?

THÉSÉE.
            Et celui de Laïus.

JOCASTE.
Qui vous a pu le dire?

THÉSÉE.
            Un témoin qui n'est plus,
Phædime, qu'à mes yeux vient de ravir la peste :
Non qu'il m'en ait donné la preuve manifeste;
Mais Phorbas, ce vieillard qui m'exposa jadis,
Répondra mieux que lui de ce que je vous dis,
Et vous éclaircira touchant une aventure
Dont je n'ai pu tirer qu'une lumière obscure.
Ce peu qu'en ont pour moi les soupirs d'un mourant
Du grand droit de régner serait mauvais garant.
Mais ne permettez pas que le roi me soupçonne,
Comme si ma naissance ébranlait sa couronne;
Quelque honneur, quelques droits qu'elle ait pu m'ac-
Je ne viens disputer que celui de mourir. [quérir

JOCASTE.
Je ne sais si Phorbas avoûra votre histoire;
Mais, qu'il l'avoue ou non, j'aurai peine à vous croire.
Avec votre mourant Tirésie est d'accord,
A ce que dit le roi, que mon fils n'est point mort :
C'est déjà quelque chose; et toutefois mon âme
Aime à tenir suspecte une si belle flamme.
Je ne sens point pour vous l'émotion du sang,
Je vous trouve en mon cœur toujours en même rang;

J'ai peine à voir un fils où j'ai cru voir un gendre;
La nature avec vous refuse de s'entendre,
Et me dit en secret, sur votre emportement,
Qu'il a bien peu d'un frère, et beaucoup d'un amant :
Qu'un frère a pour des sœurs une ardeur plus remise,
A moins que sous ce titre un amant se déguise,
Et qu'il cherche en mourant la gloire et la douceur
D'arracher à la mort ce qu'il nomme sa sœur.

THÉSÉE.

Que vous connaissez mal ce que peut la nature !
Quand d'un parfait amour elle a pris la teinture,
Et que le désespoir d'un illustre projet
Se joint aux déplaisirs d'en voir périr l'objet,
Il est doux de mourir pour une sœur si chère.
Je l'aimais en amant, je l'aime encore en frère :
C'est sous un autre nom le même empressement;
Je ne l'aime pas moins, mais je l'aime autrement.
L'ardeur sur la vertu fortement établie
Par ces retours du sang ne peut être affaiblie ;
Et ce sang qui prêtait sa tendresse à l'amour
A droit d'en emprunter les forces à son tour.

JOCASTE.

Eh bien ! soyez mon fils, puisque vous voulez l'être;
Mais donnez-moi la marque où je le dois connaître.
Vous n'êtes point ce fils, si vous n'êtes méchant;
Le ciel sur sa naissance imprima ce penchant :
J'en vois quelque partie en ce désir inceste;
Mais, pour ne plus douter, vous chargez-vous du [reste?
Êtes-vous l'assassin et d'un père et d'un roi?

THÉSÉE.

Ah, madame ! ce mot me fait pâlir d'effroi.

JOCASTE.

C'était là de mon fils la noire destinée;
Sa vie à ces forfaits par le ciel condamnée
N'a pu se dégager de cet astre ennemi,
Ni de son ascendant s'échapper à demi.
Si ce fils vit encore, il a tué son père ;
C'en est l'indubitable et le seul caractère;
Et le ciel, qui prit soin de nous en avertir,
L'a dit trop hautement pour se voir démentir.
Sa mort seule pouvait le dérober au crime.
    Prince, renoncez donc à toute votre estime;
Dites que vos vertus sont crimes déguisés;
Recevez tout le sort que vous vous imposez;
Et pour remplir un nom dont vous êtes avide
Acceptez ceux d'inceste et de fils parricide.
J'en croirai ces témoins que le ciel m'a prescrits,
Et ne vous puis donner mon aveu qu'à ce prix.

THÉSÉE.

Quoi ! la nécessité des vertus et des vices
D'un astre impérieux doit suivre les caprices,
Et Delphes, malgré nous, conduit nos actions
Au plus bizarre effet de ses prédictions !
L'âme est donc tout esclave : une loi souveraine
Vers le bien ou le mal incessamment l'entraîne;
Et nous ne recevons ni crainte ni désir,
De cette liberté qui n'a rien à choisir,
Attachés sans relâche à cet ordre sublime,
Vertueux sans mérite, et vicieux sans crime

Qu'on massacre les rois, qu'on brise les autels.
C'est la faute des dieux, et non pas des mortels :
De toute la vertu sur la terre épandue*,
Tout le prix à ces dieux, toute la gloire est due;
Ils agissent en nous quand nous pensons agir;
Alors qu'on délibère on ne fait qu'obéir;
Et notre volonté n'aime, hait, cherche, évite,
Que suivant que d'en haut leur bras la précipite.
    D'un tel aveuglement daignez me dispenser.
Le ciel, juste à punir, juste à récompenser,
Pour rendre aux actions leur peine ou leur salaire,
Doit nous offrir son aide et puis nous laisser faire.
N'enfonçons toutefois ni votre œil ni le mien
Dans ce profond abîme où nous ne voyons rien :
Delphes a pu vous faire une fausse réponse ;
L'argent put inspirer la voix qui les prononce ;
Cet organe des dieux put se laisser gagner
A ceux que ma naissance éloignait de régner;
Et par tous les climats on n'a que trop d'exemples
Qu'il est ainsi qu'ailleurs des méchants dans les
[temples.
    Du moins puis-je assurer que dans tous mes combats
Je n'ai jamais souffert de seconds que mon bras;
Que je n'ai jamais vu ces lieux de la Phocide
Où fut par des brigands commis ce parricide ;
Que la fatalité des plus pressants malheurs
Ne m'aurait pu réduire à suivre les voleurs ;
Que j'en ai trop puni pour en croître le nombre...

JOCASTE.

Mais Laïus a parlé, vous en avez vu l'ombre :
De l'oracle avec elle on voit tant de rapport,
Qu'on ne peut qu'à ce fils en imputer la mort;
Et c'est le dire assez qu'ordonner qu'on efface
Un grand crime impuni par le sang de sa race.
Attendons toutefois ce qu'en dira Phorbas ;
Autre que lui n'a vu ce malheureux trépas ;
Et de ce témoin seul dépend la connaissance
Et de ce parricide et de votre naissance.
Si vous êtes coupable, évitez-en les yeux ;
Et, de peur d'en rougir, prenez d'autres aïeux.

THÉSÉE.

Je le verrai, madame, et sans inquiétude.
Ma naissance confuse a quelque incertitude;
Mais, pour ce parricide, il est plus que certain
Que ce ne fut jamais un crime de ma main.

ACTE QUATRIÈME

SCÈNE I

THÉSÉE, DIRCÉ, MÉGARE.

DIRCÉ.

Oui, déjà sur ce bruit l'amour m'avait flattée;
Mon âme avec plaisir s'était inquiétée;

Et ce jaloux honneur qui ne consentait pas
Qu'un frère me ravît un glorieux trépas,
Après cette douceur fièrement refusée,
Ne me refusait point de vivre pour Thésée,
Et laissait doucement corrompre sa fierté
A l'espoir renaissant de ma perplexité.
Mais si je vois en vous ce déplorable frère,
Quelle faveur du ciel voulez-vous que j'espère,
S'il n'est pas en sa main de m'arrêter au jour
Sans faire soulever et l'honneur et l'amour?
S'il dédaigne mon sang, il accepte le vôtre;
Et si quelque miracle épargne l'un et l'autre,
Pourra-t-il détacher de mon sort le plus doux
L'amertume de vivre, et n'être point à vous?

THÉSÉE.

Le ciel choisit souvent de secrètes conduites
Qu'on ne peut démêler qu'après de longues suites;
Et de mon sort douteux l'obscur événement
Ne défend pas l'espoir d'un second changement.
Je chéris ce premier qui vous est salutaire;
Je ne puis en amant ce que je puis en frère;
J'en garderai le nom tant qu'il faudra mourir :
Mais, si jamais d'ailleurs on peut vous secourir,
Peut-être que le ciel me faisant mieux connaître,
Sitôt que vous vivrez, je cesserai de l'être;
Car je n'aspire point à calmer son courroux,
Et ne veux ni mourir ni vivre que pour vous.

DIRCÉ.

Cet amour mal éteint sied mal au cœur d'un frère :
Où le sang doit parler, c'est à lui de se taire;
Et sitôt que sans crime il ne peut plus durer,
Pour ses feux les plus vifs il est temps d'expirer.

THÉSÉE.

Laissez-lui conserver ces ardeurs empressées
Qui vous faisaient l'objet de toutes mes pensées.
J'ai mêmes yeux encore, et vous mêmes appas :
Si mon sort est douteux, mon souhait ne l'est pas.
Mon cœur n'écoute point ce que le sang veut dire;
C'est d'amour qu'il gémit, c'est d'amour qu'il soupire;
Et pour pouvoir sans crime en goûter la douceur,
Il se révolte exprès contre le nom de sœur,
De mes plus chers désirs ce partisan sincère
En faveur de l'amant tyrannise le frère,
Et partage à tous deux le digne empressement
De mourir comme frère et vivre comme amant.

DIRCÉ.

O du sang de Laïus preuves trop manifestes!
Le ciel, vous destinant à des flammes incestes,
A su de votre esprit déraciner l'horreur
Que doit faire à l'amour le sacré nom de sœur :
Mais si sa flamme y garde une place usurpée,
Dircé dans votre erreur n'est point enveloppée;
Elle se défend mieux de ce trouble intestin;
Et, si c'est votre sort, ce n'est pas son destin.
Non qu'enfin sa vertu vous regarde en coupable;
Puisque le ciel vous force, il vous rend excusable;
Et l'amour pour les sens est un si doux poison,
Qu'on ne peut pas toujours écouter la raison.

Moi-même, en qui l'honneur n'accepte aucune grâce,
J'aime en ce douteux sort tout ce qui m'embarrasse;
Je ne sais quoi m'y plaît qui n'ose s'exprimer,
Et ce confus mélange a de quoi me charmer.
Je n'aime plus qu'en sœur, et malgré moi j'espère.
Ah! prince, s'il se peut, ne soyez point mon frère,
Et laissez-moi mourir avec les sentiments
Que la gloire permet aux illustres amants.

THÉSÉE.

Je vous ai déjà dit, princesse, que peut-être,
Sitôt que vous vivrez, je cesserai de l'être :
Faut-il que je m'explique? et toute votre ardeur
Ne peut-elle sans moi lire au fond de mon cœur?
Puisqu'il est tout à vous, pénétrez-y, madame,
Vous verrez que sans crime il conserve sa flamme.
Si je suis descendu jusqu'à vous abuser,
Un juste désespoir m'aurait fait plus oser;
Et l'amour pour défendre une si chère vie,
Peut faire vanité d'un peu de tromperie.
J'en ai tiré ce fruit, que ce nom décevant
A fait connaître ici que ce prince est vivant.
Phorbas l'a confessé; Tirésie a lui-même
Appuyé de sa voix cet heureux stratagème;
C'est par lui qu'on a su qu'il respire en ces lieux.
Souffrez donc qu'un moment je trompe encor leurs
Et puisque dans ce jour ce frère doit paraître, [yeux;
Jusqu'à ce qu'on l'ait vu permettez-moi de l'être.

DIRCÉ.

Je pardonne un abus que l'amour a formé,
Et rien ne peut déplaire alors qu'on est aimé.
Mais hasardiez-vous tant sans aucune lumière?

THÉSÉE.

Mégare m'avait dit le secret de son père;
Il m'a valu l'honneur de m'exposer pour tous;
Mais je n'en abusais que pour mourir pour vous.
Le succès a passé cette triste espérance;
Ma flamme en vos périls ne voit plus d'apparence.
Si l'on peut à l'oracle ajouter quelque foi,
Ce fils a de sa main versé le sang du roi;
Et son ombre, en parlant de punir un grand crime,
Dit assez que c'est lui qu'elle veut pour victime.

DIRCÉ.

Prince, quoi qu'il en soit, n'empêchez plus ma mort,
Si par le sacrifice on n'éclaircit mon sort.
La reine, qui paraît, fait que je me retire;
Sachant ce que je sais, j'aurais peur d'en trop dire;
Et, comme enfin ma gloire a d'autres intérêts,
Vous saurez mieux sans moi ménager vos secrets :
Mais, puisque vous voulez que mon espoir revive,
Ne tenez pas longtemps la vérité captive.

SCÈNE II

JOCASTE, THÉSÉE, NÉRINE.

JOCASTE.

Prince, j'ai vu Phorbas; et tout ce qu'il m'a dit
A ce que vous croyez peut donner du crédit.

Un passant inconnu, touché de cette enfance
Dont un astre envieux condamnait la naissance,
Sur le mont Cythéron reçut de lui mon fils,
Sans qu'il lui demandât son nom ni son pays,
De crainte qu'à son tour il ne conçût l'envie
D'apprendre dans quel sang il conservait la vie.
Il l'a revu depuis, et presque tous les ans,
Dans le temple d'Élide offrir quelques présents.
Ainsi chacun des deux connaît l'autre au visage,
Sans s'être l'un à l'autre expliqués davantage.
Il a bien su de lui que ce fils conservé
Respire encor le jour dans un rang élevé :
Mais je demande en vain qu'à mes yeux il le montre,
A moins que ce vieillard avec lui se rencontre.
Si Phædime après lui vous eut en son pouvoir,
De cet inconnu même il put vous recevoir,
Et, voyant à Trézène une mère affligée
De la perte du fils qu'elle avait eu d'Égée,
Vous offrir en sa place, elle vous pourrait accepter.
Tout ce qui sur ce point pourrait faire douter,
C'est qu'il vous a souffert dans une flamme inceste,
Et n'a parlé de rien qu'en mourant de la peste.
  Mais d'ailleurs Tirésie a dit que dans ce jour
Nous pourrons voir ce prince, et qu'il vit dans la cour.
Quelques moments après on vous a vu paraître ;
Ainsi vous pouvez l'être, et pouvez ne pas l'être.
Passons outre. A Phorbas ajouteriez-vous foi?
S'il n'a pas vu mon fils, il vit la mort du roi ;
Il connaît l'assassin, voulez-vous qu'il vous voie?

THÉSÉE.
Je le verrai, madame, et l'attends avec joie,
Sûr, comme je l'ai dit, qu'il n'est point de malheurs
Qui m'eussent pu réduire à suivre des voleurs.

JOCASTE.
Ne vous assurez point sur cette conjecture,
Et souffrez qu'elle cède à la vérité pure.
Honteux qu'un homme seul eût triomphé de trois,
Qu'il en eût tué deux, et mis l'autre aux abois,
Phorbas nous supposa ce qu'il nous en fit croire,
Et parla de brigands pour sauver quelque gloire.
Il me vient d'avouer sa faiblesse à genoux.
« D'un bras seul, m'a-t-il dit, partirent tous les coups :
« Un bras seul à tous trois nous ferma le passage,
« Et d'une seule main ce grand crime est l'ouvrage. »

THÉSÉE.
Le crime n'est pas grand s'il fut seul contre trois.
Mais jamais sans forfait on ne se prend aux rois ;
Et, fussent-ils cachés sous un habit champêtre,
Leur propre majesté les doit faire connaître.
L'assassin de Laïus est digne du trépas,
Bien que, seul contre trois, il ne le connût pas.
Pour moi, je l'avoûrai que jamais ma vaillance
A mon bras contre trois n'a commis ma défense.
L'œil de votre Phorbas aura beau me chercher,
Jamais dans la Phocide on ne m'a vu marcher :
Qu'il vienne ; à ses regards sans crainte je m'expose ;
Et c'est un imposteur s'il vous dit autre chose.

JOCASTE.
Faites entrer Phorbas. Prince, pensez-y bien.

THÉSÉE.
S'il est homme d'honneur, je n'en dois craindre rien.

JOCASTE.
Vous voudrez, mais trop tard, en éviter la vue.

THÉSÉE.
Qu'il vienne, il tarde trop, cette lenteur me tue ;
Et, si je le pouvais, sans perdre le respect,
Je me plaindrais un peu de me voir trop suspect.

SCÈNE III

JOCASTE, THÉSÉE, PHORBAS, NÉRINE.

JOCASTE.
Laissez-moi lui parler, et prêtez-nous silence.
Phorbas, envisagez ce prince en ma présence :
Le reconnaissez-vous?

PHORBAS.
              Je crois vous avoir dit
Que je ne l'ai point vu depuis qu'on le perdit,
Madame : un si long temps laisse mal reconnaître
Un prince qui pour lors ne faisait que de naître ;
Et, si je vois en lui l'effet de mon secours,
Je n'y puis voir les traits d'un enfant de deux jours.

JOCASTE.
Je sais, ainsi que vous, que les traits de l'enfance
N'ont avec ceux d'un homme aucune ressemblance ;
Mais comme ce héros, s'il est sorti de moi,
Doit avoir de sa main versé le sang du roi,
Seize ans n'ont pas changé tellement son visage,
Que vous n'en conserviez quelque imparfaite image.

PHORBAS.
Hélas! j'en garde encor si bien le souvenir,
Que je l'aurai présent durant tout l'avenir.
Si pour connaître un fils il vous faut cette marque,
Ce prince n'est point né de notre grand monarque.
Mais désabusez-vous, et sachez que sa mort
Ne fut jamais d'un fils le parricide effort.

JOCASTE.
Et de qui donc, Phorbas? Avez-vous connaissance
Du nom du meurtrier? Savez-vous sa naissance?

PHORBAS.
Et, de plus, sa demeure et son rang. Est-ce assez?

JOCASTE.
Je saurai le punir si vous le connaissez.
Pourrez-vous le convaincre?

PHORBAS.
              Et par sa propre bouche.

JOCASTE.
A nos yeux?

PHORBAS.
       A vos yeux. Mais peut-être il vous touche,
Peut-être y prendrez-vous un peu trop d'intérêt
Pour m'en croire aisément quand j'aurai dit qui c'est.

THÉSÉE.
Ne nous déguisez rien, parlez en assurance ;
Que le fils de Laïus en hâte la vengeance.

JOCASTE.
Il n'est pas assuré, prince, que ce soit vous,

Comme il l'est que Laïus fut jadis mon époux;
Et d'ailleurs, si le ciel vous choisit pour victime,
Vous me devez laisser à punir ce grand crime.
THÉSÉE.
Avant que de mourir, un fils peut le venger.
PHORBAS.
Si vous l'êtes ou non, je ne le puis juger;
Mais je sais que Thésée est si digne de l'être,
Qu'au seul nom qu'il en prend je l'accepte pour maî-
Seigneur, vengez un père, ou ne soutenez plus [tre.
Que nous voyons en vous le vrai sang de Laïus.
JOCASTE.
Phorbas, nommez ce traître, et nous tirez de doute:
Et j'atteste à vos yeux le ciel, qui nous écoute,
Que pour cet assassin il n'est point de tourments
Qui puissent satisfaire à mes ressentiments.
PHORBAS.
Mais, si je vous nommais quelque personne chère,
Æmon votre neveu, Créon votre seul frère,
Ou le prince Lycus, ou le roi votre époux,
Me pourriez-vous en croire, ou garder ce courroux?
JOCASTE.
De ceux que vous nommez je sais trop l'innocence.
PHORBAS.
Peut-être qu'un des quatre a fait plus qu'il ne pense;
Et j'ai lieu de juger qu'un trop cuisant ennui...
JOCASTE.
Voici le roi qui vient; dites tout devant lui.

SCÈNE IV

OEDIPE, JOCASTE, THÉSÉE, PHORBAS, SUITE.

OEDIPE.
Si vous trouvez un fils dans le prince Thésée,
Mon âme en son effroi s'était bien abusée :
Il ne choisira point de chemin criminel
Quand il voudra rentrer au trône paternel,
Madame; et ce sera du moins à force ouverte
Qu'un si vaillant guerrier entreprendra ma perte.
   Mais dessus ce vieillard plus je porte les yeux,
Plus je crois l'avoir vu jadis en d'autres lieux :
Ses rides me font peine à le bien reconnaître.
Ne m'as-tu jamais vu?
PHORBAS.
              Seigneur, cela peut être.
OEDIPE.
Il y pourrait avoir entre quinze et vingt ans.
PHORBAS.
J'ai de confus rapports d'environ même temps.
OEDIPE.
Environ ce temps-là fis-tu quelque voyage?
PHORBAS.
Oui, seigneur, en Phocide; et là, dans un passage...
OEDIPE.
Ah! je te reconnais, ou je suis fort trompé.
C'est un de mes brigands à la mort échappé,

Madame, et vous pouvez lui choisir des supplices;
S'il n'a tué Laïus, il fut un des complices.
JOCASTE.
C'est un de vos brigands! Ah! que me dites-vous!
OEDIPE.
Je le laissai pour mort, et tout percé de coups.
PHORBAS.
Quoi! vous m'auriez blessé? moi, seigneur?
OEDIPE.
              Oui, perfide.
Tu fis, pour ton malheur, ma rencontre en Phocide,
Et tu fus un des trois que je sus arrêter
Dans ce passage étroit qu'il fallut disputer :
Tu marchais le troisième; en faut-il davantage?
PHORBAS.
Si de mes compagnons vous peigniez le visage,
Je n'aurais rien à dire, et ne pourrais nier.
OEDIPE.
Seize ans, à ton avis, m'ont fait les oublier!
Ne le présume pas : une action si belle
En laisse au fond de l'âme une idée immortelle;
Et si dans un combat on ne perd point de temps
A bien examiner les traits des combattants,
Après que celui-ci m'eut tout couvert de gloire,
Je sus tout à loisir contempler ma victoire.
Mais tu niras encore, et n'y connaîtras rien.
PHORBAS.
Je serai convaincu, si vous les peignez bien :
Les deux que je suivis sont connus de la reine.
OEDIPE.
Madame, jugez donc si sa défense est vaine.
Le premier de ces trois que mon bras sut punir
A peine méritait un léger souvenir :
Petit de taille, noir, le regard un peu louche,
Le front cicatrisé, la mine assez farouche,
Mais homme, à dire vrai, de si peu de vertu,
Que dès le premier coup je le vis abattu.
   Le second, je l'avoue, avait un grand courage,
Bien qu'il parût déjà dans le penchant de l'âge :
Le front assez ouvert, l'œil perçant, le teint frais;
On en peut voir en moi la taille et quelques traits;
Chauve sur le devant, mêlé sur le derrière,
Le port majestueux, et la démarche fière.
Il se défendit bien, et me blessa deux fois;
Et tout mon cœur s'émut de le voir aux abois.
Vous pâlissez, madame?
JOCASTE.
              Ah! seigneur, puis-je apprendre
Que vous ayez tué Laïus après Nicandre,
Que vous ayez blessé Phorbas de votre main
Sans en frémir d'horreur, sans en pâlir soudain!
OEDIPE.
Quoi! c'est là ce Phorbas qui vit tuer son maître?
JOCASTE.
Vos yeux, après seize ans, l'ont trop su reconnaître;
Et ses deux compagnons, que vous avez dépeints
De Nicandre et du roi portent les traits empreints.
OEDIPE.
Mais ce furent brigands, dont le bras...

JOCASTE.
C'est un conte
Dont Phorbas au retour voulut cacher sa honte.
Une main seule, hélas! fit ces funestes coups,
Et, par votre rapport, ils partirent de vous.
PHORBAS.
J'en fus presque sans vie un peu plus d'une année.
Avant ma guérison on vit votre hyménée.
Je guéris; et mon cœur, en secret mutiné
De connaître quel roi vous nous aviez donné,
S'imposa cet exil dans un séjour champêtre,
Attendant que le ciel me fît un autre maître.
THÉSÉE.
Seigneur, je suis le frère ou l'amant de Dircé;
Et son père ou le mien, de votre main percé...
ŒDIPE.
Prince, je vous entends, il faut venger ce père;
Et ma perte à l'État semble être nécessaire,
Puisque de nos malheurs la fin ne se peut voir
Si le sang de Laïus ne remplit son devoir.
C'est ce que Tirésie avait voulu me dire.
Mais ce reste du jour souffrez que je respire.
Le plus sévère honneur ne saurait murmurer
De ce peu de moments que j'ose différer;
Et ce coup surprenant permet à votre haine
De faire cette grâce aux larmes de la reine.
THÉSÉE.
Nous nous verrons demain, seigneur, et résoudrons...
ŒDIPE.
Quand il en sera temps, prince, nous répondrons;
Et s'il faut, après tout, qu'un grand crime s'efface
Par le sang que Laïus a transmis à sa race,
Peut-être aurez-vous peine à reprendre son rang,
Qu'il ne vous ait coûté quelque peu de ce sang.
THÉSÉE.
Demain chacun de nous fera sa destinée.

SCÈNE V

ŒDIPE, JOCASTE, suite.

JOCASTE.
Que de maux nous promet cette triste journée!
J'y dois voir ou ma fille ou mon fils s'immoler,
Tout le sang de ce fils de votre main couler,
Ou de la sienne enfin le vôtre se répandre;
Et, ce qu'oracle aucun n'a fait encore entendre,
Rien ne m'affranchira de voir sans cesse en vous,
Sans cesse en un mari, l'assassin d'un époux.
Puis-je plaindre à ce mort la lumière ravie,
Sans haïr le vivant, sans détester ma vie?
Puis-je de ce vivant plaindre l'aveugle sort,
Sans détester ma vie et sans trahir le mort?
ŒDIPE.
Madame, votre haine est pour moi légitime;
Et cet aveugle sort m'a fait vers vous un crime,
Dont ce prince demain me punira pour vous,
Ou mon bras vengera ce fils et cet époux;

Et, m'offrant pour victime à votre inquiétude,
Il vous affranchira de toute ingratitude.
Alors sans balancer vous plaindrez tous les deux,
Vous verrez sans rougir alors vos derniers feux,
Et permettrez sans honte à vos douleurs pressantes
Pour Laïus et pour moi des larmes innocentes.
JOCASTE.
Ah! seigneur, quelque bras qui puisse vous punir,
Il n'effacera rien dedans mon souvenir :
Je vous verrai toujours sa couronne à la tête
De sa place en mon lit faire votre conquête;
Je me verrai toujours vous placer en son rang,
Et baiser votre main fumante de son sang.
Mon ombre même un jour dans les royaumes sombres
Ne recevra des dieux pour bourreaux que vos ombres;
Et, sa confusion l'offrant à toutes deux,
Elle aura pour tourments tout ce qui fit mes feux.
Oracles décevants, qu'osiez-vous me prédire!
Si sur notre avenir vos dieux ont quelque empire,
Quelle indigne pitié divise leur courroux!
Ce qu'elle épargne au fils retombe sur l'époux;
Et, comme si leur haine, impuissante, ou timide,
N'osait le faire ensemble inceste et parricide,
Elle partage à deux un sort si peu commun,
Afin de me donner deux coupables pour un.
ŒDIPE.
O partage inégal de ce courroux céleste!
Je suis le parricide, et ce fils est l'inceste.
Mais mon crime est entier, et le sien imparfait;
Le sien n'est qu'en désirs, et le mien en effet.
Ainsi, quelques raisons qui puissent me défendre,
La veuve de Laïus ne saurait les entendre;
Et les plus beaux exploits passent pour trahisons,
Alors qu'il faut du sang, et non pas des raisons
JOCASTE.
Ah! je n'en vois que trop qui me déchirent l'âme.
La veuve de Laïus est toujours votre femme,
Et n'oppose que trop, pour vous justifier,
A la moitié du mort celle du meurtrier.
Pour toute autre que moi votre erreur est sans crime,
Toute autre admirerait votre bras magnanime;
Et toute autre réduite à punir votre erreur,
La punirait du moins sans trouble et sans horreur.
Mais, hélas! mon devoir aux deux partis m'attache;
Nul espoir d'aucun deux, nul effort ne m'arrache;
Et je trouve toujours dans mon esprit confus
Et tout ce que je suis et tout ce que je fus.
Je vous dois de l'amour, je vous dois de la haine :
L'un et l'autre me plaît, l'un et l'autre me gêne;
Et mon cœur, qui doit tout, et ne voit rien permis,
Souffre tout à la fois deux tyrans ennemis.
La haine aurait l'appui d'un serment qui me lie;
Mais je le romps exprès pour en être punie.
Et, pour finir des maux qu'on ne peut soulager,
J'aime à donner aux dieux un parjure à venger.
C'est votre foudre, ô ciel! qu'à mon secours j'appelle.
OEdipe est innocent, je me fais criminelle;
Par un juste supplice osez me désunir
De la nécessité d'aimer et de punir.

OEDIPE.

Quoi! vous ne voyez pas que sa fausse justice
Ne sait plus ce que c'est que d'un juste supplice,
Et que, par un désordre à confondre nos sens,
Son injuste rigueur n'en veut qu'aux innocents?
Après avoir choisi ma main pour ce grand crime,
C'est le sang de Laïus qu'il choisit pour victime;
Et le bizarre éclat de son discernement
Sépare le forfait d'avec le châtiment.
C'est un sujet nouveau d'une haine implacable
De voir sur votre sang la peine du coupable;
Et les dieux vous en font une éternelle loi,
S'ils punissent en lui ce qu'ils ont fait par moi.
Voyez comme les fils de Jocaste et d'Œdipe
D'une si juste haine ont tous deux le principe :
A voir leurs actions, à voir leur entretien,
L'un n'est que votre sang, l'autre n'est que le mien,
Et leur antipathie inspire à leur colère
Des préludes secrets de ce qu'il vous faut faire.

JOCASTE.

Pourrez-vous me haïr jusqu'à cette rigueur
De souhaiter pour vous même haine en mon cœur?

OEDIPE.

Toujours de vos vertus j'adorerai les charmes,
Pour ne haïr qu'en moi la source de vos larmes.

JOCASTE.

Et je me forcerai toujours à vous blâmer,
Pour ne haïr qu'en moi ce qui vous fit m'aimer.
Mais finissons, de grâce, un discours qui me tue :
L'assassin de Laïus doit me blesser la vue;
Et, malgré ce courroux par sa mort allumé,
Je sens qu'Œdipe enfin sera toujours aimé.

OEDIPE.

Que fera cet amour?

JOCASTE.

Ce qu'il doit à la haine.

OEDIPE.

Qu'osera ce devoir?

JOCASTE.

Croître toujours ma peine.

OEDIPE.

Faudra-t-il pour jamais me bannir de vos yeux?

JOCASTE.

Peut-être que demain nous le saurons des dieux.

ACTE CINQUIÈME

SCÈNE I

OEDIPE, DYMAS.

DYMAS.

Seigneur, il est trop vrai que le peuple murmure,
Qu'il rejette sur vous sa funeste aventure,
Et que de tous côtés on n'entend que mutins
Qui vous nomment l'auteur de leurs mauvais destins
« D'un devin suborné les infâmes prestiges
« De l'ombre, disent-ils, ont fait tous les prodiges:
« L'or mouvait ce fantôme; et, pour perdre Dircé,
« Vos présents lui dictaient ce qu'il a prononcé. »
Tant ils conçoivent mal qu'un si grand roi consente
A venger son trépas sur sa race innocente,
Qu'il assure son sceptre, aux dépens de son sang,
A ce bras impuni qui lui perça le flanc,
Et que, par cet injuste et cruel sacrifice,
Lui-même de sa mort il se fasse justice!

OEDIPE.

Ils ont quelque raison de tenir pour suspect
Tout ce qui s'est montré tantôt à leur aspect;
Et je n'ose blâmer cette horreur que leur donne
L'assassin de leur roi qui porte sa couronne.
Moi-même au fond du cœur, de même horreur frappé,
Je veux fuir le remords de son trône occupé,
Et je dois cette grâce à l'amour de la reine,
D'épargner ma présence aux devoirs de sa haine.
Puisque de notre hymen les liens mal tissus
Par ces mêmes devoirs semblent être rompus.
Je vais donc à Corinthe achever mon supplice.
Mais ce n'est pas au peuple à se faire justice :
L'ordre que tient le ciel à lui choisir des rois
Ne lui permet jamais d'examiner son choix,
Et le devoir aveugle y doit toujours souscrire
Jusqu'à ce que d'en haut on veuille s'en dédire.
Pour chercher mon repos, je veux bien me bannir
Mais s'il me bannissait, je saurais l'en punir;
Ou, si je succombais sous sa troupe mutine,
Je saurais l'accabler du moins sous ma ruine.

DYMAS.

Seigneur, jusques ici ses plus grands déplaisirs
Pour armes contre vous n'ont pris que des soupirs,
Et cet abattement que lui cause la peste,
Ne souffre à son murmure aucun dessein funeste.
Mais il faut redouter que Thésée et Dircé
N'osent pousser plus loin ce qu'il a commencé.
Phorbas même est à craindre, et pourrait le réduire
Jusqu'à se vouloir mettre en état de vous nuire.

OEDIPE.

Thésée a trop de cœur pour une trahison;
Et d'ailleurs j'ai promis de lui faire raison.
Pour Dircé, son orgueil dédaignera sans doute
L'appui tumultueux que ton zèle redoute.
Phorbas est plus à craindre, étant moins généreux;
Mais il nous est aisé de nous assurer d'eux.
Fais-les venir tous trois, que je lise en leur âme
S'ils prêteraient la main à quelque sourde trame.
Commence par Phorbas : je saurai démêler
Quels desseins...

SCÈNE II

ŒDIPE, DYMAS, UN PAGE.

LE PAGE.
Un vieillard demande à vous parler.
Il se dit de Corinthe, et presse.
ŒDIPE.
Il vient me faire
Le funeste rapport du trépas de mon père;
Préparons nos soupirs à ce triste récit.
Qu'il entre. Cependant fais ce que je t'ai dit.

SCÈNE III

ŒDIPE, IPHICRATE, SUITE.

ŒDIPE.
Eh bien! Polybe est mort?
IPHICRATE.
Oui, seigneur.
ŒDIPE.
Mais vous-même
Venir me consoler de ce malheur suprême!
Vous, qui, chef du conseil, devriez maintenant,
Attendant mon retour, être mon lieutenant!
Vous, à qui tant de soins d'élever mon enfance
Ont acquis justement toute ma confiance!
Ce voyage me trouble autant qu'il me surprend.
IPHICRATE.
Le roi Polybe est mort; ce malheur est bien grand :
Mais comme enfin, seigneur, il est suivi d'un pire,
Pour l'apprendre de moi faites qu'on se retire.
OEdipe fait un signe de tête à sa suite, qui l'oblige à se retirer.
ŒDIPE.
Ce jour est donc pour moi le grand jour des malheurs,
Puisque vous apportez un comble à mes douleurs.
J'ai tué le feu roi jadis sans le connaître;
Son fils, qu'on croyait mort, vient ici de renaître;
Son peuple mutiné me voit avec horreur;
Sa veuve mon épouse en est dans la fureur.
Le chagrin accablant qui me dévore l'âme
Me fait abandonner et peuple, et sceptre, et femme,
Pour remettre à Corinthe un esprit éperdu;
Et par d'autres malheurs je m'y vois attendu!
IPHICRATE.
Seigneur, il faut ici faire tête à l'orage;
Il faut faire ici ferme, et montrer du courage.
Le repos à Corinthe en effet serait doux;
Mais il n'est plus de sceptre à Corinthe pour vous.
ŒDIPE.
Quoi! l'on s'est emparé de celui de mon père?
IPHICRATE.
Seigneur, on n'a rien fait que ce qu'on a dû faire;
Et votre amour en moi ne voit plus qu'un banni,
De son amour pour vous trop doucement puni.
ŒDIPE.
Quelle énigme!
IPHICRATE.
Apprenez avec quelle justice
Ce roi vous a dû rendre un si mauvais office.
Vous n'étiez point son fils.
ŒDIPE.
Dieu! qu'entends-je?
IPHICRATE.
A regret
Ses remords en mourant ont rompu le secret.
Il vous gardait encore une amitié fort tendre :
Mais le compte qu'aux dieux la mort force de rendre
A porté dans son cœur un si pressant effroi,
Qu'il a remis Corinthe aux mains de son vrai roi.
ŒDIPE.
Je ne suis point son fils! et qui suis-je, Iphicrate?
IPHICRATE.
Un enfant exposé, dont le mérite éclate,
Et de qui par pitié j'ai dérobé les jours
Aux ongles des lions, aux griffes des vautours.
ŒDIPE.
Et qui m'a fait passer pour le fils de ce prince?
IPHICRATE.
Le manque d'héritiers ébranlait sa province.
Les trois que lui donna le conjugal amour
Perdirent en naissant la lumière du jour :
Et la mort du dernier me fit prendre l'audace
De vous offrir au roi, qui vous mit en sa place.
Ce que l'on se promit de ce fils supposé
Réunit sous ses lois son État divisé;
Mais, comme cet abus finit avec sa vie,
Sa mort de mon supplice aurait été suivie,
S'il n'eût donné cet ordre à son dernier moment
Qu'un juste et prompt exil fût mon seul châtiment.
ŒDIPE.
Ce revers serait dur pour quelque âme commune;
Mais je me fis toujours maître de ma fortune;
Et puisqu'elle a repris l'avantage du sang,
Je ne dois plus qu'à moi tout ce que j'eus de rang.
Mais n'as-tu point appris de qui j'ai reçu l'être?
IPHICRATE.
Seigneur, je ne puis seul vous le faire connaître.
Vous fûtes exposé jadis par un Thébain
Dont la compassion vous remit en ma main,
Et qui, sans m'éclaircir touchant votre naissance,
Me chargea seulement d'éloigner votre enfance.
J'en connais le visage, et l'ai revu souvent
Sans nous être tous deux expliqués plus avant :
Je lui dis qu'en éclat j'avais mis votre vie,
Et lui cachai toujours mon nom et ma patrie,
De crainte, en les sachant, que son zèle indiscret
Ne vint mal à propos troubler notre secret.
Mais, comme de sa part il connaît mon visage,
Si je le trouve ici, nous saurons davantage.
ŒDIPE.
Je serais donc Thébain à ce compte?
IPHICRATE.
Oui, seigneur.
ŒDIPE.
Je ne sais si je dois le tenir à bonheur;

Mon cœur, qui se soulève, en forme un noir augure
Sur l'éclaircissement de ma triste aventure.
Où me reçûtes-vous ?
   IPHICRATE.
    Sur le mont Cythéron.
   OEDIPE.
Ah ! que vous me frappez par ce funeste nom !
Le temps, le lieu, l'oracle, et l'âge de la reine,
Tout semble concerté pour me mettre à la gêne.
Dieux ! serait-il possible ? Approchez-vous, Phorbas.

SCÈNE IV

OEDIPE, IPHICRATE, PHORBAS.

IPHICRATE.

Seigneur, voilà celui qui vous mit en mes bras ;
Permettez qu'à vos yeux je montre un peu de joie.
   (à Phorbas.)
Se peut-il faire, ami, qu'encor je te revoie !
   PHORBAS.
Que j'ai lieu de bénir ton retour fortuné !
Qu'as-tu fait de l'enfant que je t'avais donné ?
Le généreux Thésée a fait gloire de l'être ;
Mais sa preuve est obscure, et tu dois le connaître ;
Parle.
   IPHICRATE.
  Ce n'est point lui, mais il vit en ces lieux.
   PHORBAS.
Nomme-le donc, de grâce.
   IPHICRATE.
    Il est devant tes yeux.
   PHORBAS.
Je ne vois que le roi.
   IPHICRATE.
   C'est lui-même.
   PHORBAS.
    Lui-même !
   IPHICRATE.
Oui : le secret n'est plus d'une importance extrême :
Tout Corinthe le sait. Nomme-lui ses parents.
   PHORBAS.
En fussions-nous tous trois à jamais ignorants !
   IPHICRATE.
Seigneur, lui seul enfin peut dire qui vous êtes.
   OEDIPE.
Hélas ! je le vois trop ; et vos craintes secrètes,
Qui vous ont empêchés de vous entr'éclaircir,
Loin de tromper l'oracle, ont fait tout réussir.
 Voyez où m'a plongé votre fausse prudence :
Vous cachiez ma retraite, il cachait ma naissance :
Vos dangereux secrets, par un commun accord,
M'ont livré tout entier aux rigueurs de mon sort.
Ce sont eux qui m'ont fait l'assassin de mon père :
Ce sont eux qui m'ont fait le mari de ma mère.
D'une indigne pitié le fatal contre-temps
Confond dans mes vertus ces forfaits éclatants :
Elle fait voir en moi, par un mélange infâme,
Le frère de mes fils et le fils de ma femme.

Le ciel l'avait prédit, vous avez achevé ;
Et vous avez tout fait quand vous m'avez sauvé.
   PHORBAS.
Oui, seigneur, j'ai tout fait, sauvant votre personne.
M'en punissent les dieux si je me le pardonne !

SCÈNE V

OEDIPE, IPHICRATE.

OEDIPE.

Que n'obéissais-tu, perfide, à mes parents,
Qui se faisaient pour moi d'équitables tyrans ?
Que ne lui disais-tu ma naissance et l'oracle,
Afin qu'à mes destins il pût mettre un obstacle ?
Car, Iphicrate, en vain j'accuserais ta foi ;
Tu fus dans ces destins aveugle comme moi ;
Et tu ne m'abusais que pour ceindre ma tête
D'un bandeau dont par là tu faisais ma conquête.
   IPHICRATE.
Seigneur, comme Phorbas avait mal obéi,
Que l'ordre de son roi par là se vit trahi,
Il avait lieu de craindre, en me disant le reste,
Que son crime par moi devenu manifeste...
   OEDIPE.
Cesse de l'excuser : que m'importe en effet
S'il est coupable ou non de tout ce que j'ai fait ? [me ?
En ai-je moins de trouble, ou moins d'horreur en l'â-

SCÈNE VI

OEDIPE, DIRCÉ, IPHICRATE.

OEDIPE.

Votre frère est connu ; le savez-vous, madame ?
   DIRCÉ.
Oui, seigneur, et Phorbas m'a tout dit en deux mots.
   OEDIPE.
Votre amour pour Thésée est dans un plein repos.
Vous n'appréhendez plus que le titre de frère
S'oppose à cette ardeur qui vous était si chère :
Cette assurance entière a de quoi vous ravir,
Ou plutôt votre haine a de quoi s'assouvir.
Quand le ciel de mon sort l'aurait faite l'arbitre,
Elle ne m'eût choisi rien de pis que ce titre.
   DIRCÉ.
Ah ! seigneur, pour Æmon j'ai su mal obéir ;
Mais je n'ai point été jusques à vous haïr.
La fierté de mon cœur, qui me traitait de reine,
Vous cédait en ces lieux la couronne sans peine ;
Et cette ambition que me prêtait l'amour
Ne cherchait qu'à régner dans un autre séjour.
 Cent fois de mon orgueil l'éclat le plus farouche
Aux termes odieux a refusé ma bouche :
Pour vous nommer tyran il fallait cent efforts ;
Ce mot ne m'a jamais échappé sans remords.
D'un sang respectueux la puissance inconnue
A mes soulèvements mêlait la retenue ;

Et cet usurpateur dont j'abhorrais la loi,
S'il m'eût donné Thésée, eût eu le nom de roi.
OEDIPE.
C'était ce même sang dont la pitié secrète
De l'ombre de Laïus me faisait l'interprète.
Il ne pouvait souffrir qu'un mot mal entendu
Détournât sur ma sœur un sort qui m'était dû,
Et que votre innocence immolée à mon crime
Se fît de nos malheurs l'inutile victime.
DIRCÉ.
Quel crime avez-vous fait que d'être malheureux ?
OEDIPE.
Mon souvenir n'est plein que d'exploits généreux ;
Cependant je me trouve inceste et parricide,
Sans avoir fait un pas que sur les pas d'Alcide,
Ni recherché partout que lois à maintenir,
Que monstres à détruire, et méchants à punir.
Aux crimes malgré moi l'ordre du ciel m'attache ;
Pour m'y faire tomber à moi-même il me cache ;
Il offre, en m'aveuglant sur ce qu'il a prédit,
Mon père à mon épée, et ma mère à mon lit.
Hélas! qu'il est bien vrai qu'en vain on s'imagine
Dérober notre vie à ce qu'il nous destine!
Les soins de l'éviter font courir au-devant,
Et l'adresse à le fuir y plonge plus avant.
Mais si les dieux m'ont fait la vie abominable,
Ils m'en font par pitié la sortie honorable,
Puisque enfin leur faveur mêlée à leur courroux
Me condamne à mourir pour le salut de tous,
Et qu'en ce même temps qu'il faudrait que ma vie
Des crimes qu'ils m'ont fait traînât l'ignominie,
L'éclat de ces vertus que je ne tiens pas d'eux
Reçoit pour récompense un trépas glorieux.
DIRCÉ.
Ce trépas glorieux comme vous me regarde ;
Le juste choix du ciel peut-être me le garde :
Il fit tout votre crime ; et le malheur du roi
Ne vous rend pas, seigneur, plus coupable que moi.
D'un voyage fatal qui seul causa sa perte
Je fus l'occasion; elle vous fut offerte :
Votre bras contre trois disputa le chemin ;
Mais ce n'était qu'un bras qu'empruntait le destin,
Puisque votre vertu qui servit sa colère
Ne put voir en Laïus ni de roi ni de père.
Ainsi j'espère encor que demain par son choix
Le ciel épargnera le plus grand de nos rois.
L'intérêt des Thébains et de votre famille
Tournera son courroux sur l'orgueil d'une fille
Qui n'a rien que l'État doive considérer,
Et qui contre son roi n'a fait que murmurer.
OEDIPE.
Vous voulez que le ciel, pour montrer à la terre
Qu'on peut innocemment mériter le tonnerre,
Me laisse de sa haine étaler en ces lieux
L'exemple le plus noir et le plus odieux !
Non, non ; vous le verrez demain au sacrifice
Par le choix que j'attends couvrir son injustice,
Et par la peine due à son propre forfait
Désavouer ma main de tout ce qu'elle a fait.

SCÈNE VII
OEDIPE, THÉSÉE, DIRCÉ, IPHICRATE.
OEDIPE.
Est-ce encor votre bras qui doit venger son père?
Son amant en a-t-il plus de droit que son frère
Prince ?
THÉSÉE.
Je vous en plains, et ne puis concevoir
Seigneur...
OEDIPE.
La vérité ne se fait que trop voir
Mais nous pourrons demain être tous deux à plaindre
Si le ciel fait le choix qu'il nous faut tous deux crain-
S'il me choisit, ma sœur, donnez-lui votre foi : [dre.
Je vous en prie en frère, et vous l'ordonne en roi.
Vous, seigneur, si Dircé garde encor sur votre âme
L'empire que lui fit une si belle flamme,
Prenez soin d'apaiser les discords * de mes fils,
Qui par les nœuds du sang vous deviendront unis.
Vous voyez où des dieux nous a réduits la haine.
Adieu : laissez-moi seul en consoler la reine ;
Et ne m'enviez pas un secret entretien,
Pour affermir son cœur sur l'exemple du mien.

SCÈNE VIII
THÉSÉE, DIRCÉ.
DIRCÉ.
Parmi de tels malheurs que sa constance est rare!
Il ne s'emporte point contre un sort si barbare ;
La surprenante horreur de cet accablement
Ne coûte à sa grande âme aucun égarement ;
Et sa haute vertu, toujours inébranlable,
Le soutient au-dessus de tout ce qui l'accable.
THÉSÉE.
Souvent, avant le coup qui doit nous accabler,
La nuit qui l'enveloppe a de quoi nous troubler;
L'obscur pressentiment d'une injuste disgrâce
Combat avec effroi sa confuse menace :
Mais, quand ce coup tombé vient d'épuiser le sort
Jusqu'à n'en pouvoir craindre un plus barbare effort,
Ce trouble se dissipe, et cette âme innocente,
Qui brave impunément la fortune impuissante,
Regarde avec dédain ce qu'elle a combattu,
Et se rend tout entière à toute sa vertu.

SCÈNE IX
THÉSÉE, DIRCÉ, NÉRINE.
NÉRINE.
Madame...
DIRCÉ.
Que veux-tu, Nérine?
NÉRINE.
Hélas ! la reine...

OEDIPE, ACTE V, SCÈNE X.

DIRCÉ.

Que fait-elle ?

NÉRINE.

Elle est morte ; et l'excès de sa peine,
Par un prompt désespoir...

DIRCÉ.

Jusques où portez-vous,
Impitoyables dieux, votre injuste courroux !

THÉSÉE.

Quoi ! même aux yeux du roi son désespoir la tue ?
Ce monarque n'a pu...

NÉRINE.

Le roi ne l'a point vue,
Et quant à son trépas, ses pressantes douleurs
L'ont cru devoir sur l'heure à de si grands malheurs.
Phorbas l'a commencé, sa main a fait le reste.

DIRCÉ.

Quoi ! Phorbas...

NÉRINE.

Oui, Phorbas, par son récit funeste,
Et par son propre exemple, a su l'assassiner.
Ce malheureux vieillard n'a pu se pardonner ;
Il s'est jeté d'abord aux genoux de la reine,
Où, détestant l'effet de sa prudence vaine :
« Si j'ai sauvé ce fils pour être votre époux,
« Et voir le roi son père expirer sous ses coups,
« A-t-il dit, la pitié qui me fit le ministre
« De tout ce que le ciel eut pour vous de sinistre,
« Fait place au désespoir d'avoir si mal servi,
« Pour venger sur mon sang votre ordre mal suivi.
« L'inceste où malgré vous tous deux je vous abime
« Recevra de ma main sa première victime :
« J'en dois le sacrifice à l'innocente erreur [reur.
« Qui vous rend l'un pour l'autre un objet plein d'hor-
Cet arrêt qu'à nos yeux lui-même il se prononce
Est suivi d'un poignard qu'en ses flancs il enfonce.
La reine, à ce malheur si peu prémédité,
Semble le recevoir avec stupidité.
L'excès de sa douleur la fait croire insensible ;
Rien n'échappe au dehors qui la rende visible,
Et tous ses sentiments enfermés dans son cœur
Ramassent en secret leur dernière vigueur.
Nous autres cependant, autour d'elles rangées,
Stupides ainsi qu'elle, ainsi qu'elle affligées,
Nous n'osons rien permettre à nos fiers déplaisirs,
Et nos pleurs par respect attendent ses soupirs.
Mais enfin tout à coup, sans changer de visage,
Du mort qu'elle contemple elle imite la rage,
Se saisit du poignard, et de sa propre main
A nos yeux comme lui s'en traverse le sein.
On dirait que du ciel l'implacable colère
Nous arrête les bras pour lui laisser tout faire.
Elle tombe, elle expire avec ces derniers mots :
« Allez dire à Dircé qu'elle vive en repos,
« Que de ces lieux maudits en hâte elle s'exile ;
« Athènes a pour elle un glorieux asile,
« Si toutefois Thésée est assez généreux [reux. »
« Pour n'avoir point d'horreur d'un sang si malheu-

551

THÉSÉE.

Ah ! ce doute m'outrage ; et si jamais vos charmes...

DIRCÉ.

Seigneur, il n'est saison que de verser des larmes.
La reine, en expirant, a donc pris soin de moi !
Mais tu ne me dis point ce qu'elle a dit du roi ?

NÉRINE.

Son âme en s'envolant, jalouse de sa gloire,
Craignait d'en emporter la honteuse mémoire ;
Et, n'osant le nommer son fils ni son époux,
Sa dernière tendresse a tout été pour vous.

DIRCÉ.

Et je puis vivre encore après l'avoir perdue !

SCÈNE X

THÉSÉE, DIRCÉ, CLÉANTE, DYMAS, NÉRINE.

(*Cléante sort d'un côté, et Dymas de l'autre, environ quatre vers après Cléante.*)

CLÉANTE.

La santé dans ces murs tout d'un coup répandue
Fait crier au miracle et bénir hautement
La bonté de nos dieux d'un si prompt changement.
Tous ces mourants, madame, à qui déjà la peste
Ne laissait qu'un soupir, qu'un seul moment de reste,
En cet heureux moment rappelés des abois,
Rendent grâces au ciel d'une commune voix ;
Et l'on ne comprend point quel remède il applique
A rétablir sitôt l'allégresse publique.

DIRCÉ.

Que m'importe qu'il montre un visage plus doux,
Quand il fait des malheurs qui ne sont que pour nous ?
Avez-vous vu le roi, Dymas ?

DYMAS.

Hélas ! princesse,
On ne doit qu'à son sang la publique allégresse.
Ce n'est plus que pour lui qu'il faut verser des pleurs :
Ses crimes inconnus avaient fait nos malheurs ;
Et sa vertu souillée à peine s'est punie,
Qu'aussitôt de ces lieux la peste s'est bannie.

THÉSÉE.

L'effort de son courage a su nous éblouir :
D'un si grand désespoir il cherchait à jouir,
Et de sa fermeté n'empruntait les miracles
Que pour mieux éviter toutes sortes d'obstacles.

DIRCÉ.

Il s'est rendu par là maître de tout son sort.
Mais achève, Dymas, le récit de sa mort ;
Achève d'accabler une âme désolée.

DYMAS.

Il n'est point mort, madame ; et la sienne, ébranlée
Par les confus remords d'un innocent forfait,
Attend l'ordre des dieux pour sortir tout à fait.

DIRCÉ.

Que nous disais-tu donc ?

DYMAS.

Ce que j'ose encor dire,
Qu'il vit et ne vit plus, qu'il est mort et respire;
Et que son sort douteux, qui seul reste à pleurer,
Des morts et des vivants semble le séparer.
J'étais auprès de lui sans aucunes alarmes;
Son cœur semblait calmé, je le voyais sans armes,
Quand soudain, attachant ses deux mains sur ses
[yeux :
« Prévenons, a-t-il dit, l'injustice des dieux ; [nent ;
« Commençons à mourir avant qu'ils nous l'ordon-
« Qu'ainsi que mes forfaits mes supplices étonnent.
« Ne voyons plus le ciel après sa cruauté :
« Pour nous venger de lui dédaignons sa clarté.
« Refusons-lui nos yeux, et gardons quelque vie
« Qui montre encore à tous quelle est sa tyrannie. »
Là, ses yeux arrachés par ses barbares mains

Font distiller un sang qui rend l'âme aux Thébains.
Ce sang si précieux touche à peine la terre,
Que le courroux du ciel ne leur fait plus la guerre;
Et trois mourants guéris au milieu du palais
De sa part tout d'un coup nous annoncent la paix.
Cléante vous a dit que par toute la ville...

THÉSÉE.

Cessons de nous gêner d'une crainte inutile.
A force de malheurs le ciel fait assez voir
Que le sang de Laïus a rempli son devoir :
Son ombre est satisfaite ; et ce malheureux crime
Ne laisse plus douter du choix de sa victime.

DIRCÉ.

Un autre ordre demain peut nous être donné.
Allons voir cependant ce prince infortuné,
Pleurer auprès de lui notre destin funeste,
Et remettons aux dieux à disposer du reste.

EXAMEN D'OEDIPE

La mauvaise fortune de *Pertharite* m'avait assez dégoûté du théâtre pour m'obliger à faire retraite, et à m'imposer un silence que je garderais encore si M. le procureur général Fouquet me l'eût permis. Comme il n'était pas moins surintendant des belles-lettres que des finances, je ne pus me défendre des ordres qu'il daigna me donner de mettre sur notre scène un des trois sujets qu'il me proposa. Il m'en laissa le choix, et je m'arrêtai à celui-ci, dont le bonheur me vengea bien de la déroute de l'autre, puisque le roi s'en satisfit assez pour me faire recevoir des marques solides de son approbation par ses libéralités, que je pris pour des commandements tacites de consacrer aux divertissements de Sa Majesté ce que l'âge et les vieux travaux m'avaient laissé d'esprit et de vigueur.

Je ne déguiserai point qu'après avoir fait le choix de ce sujet, sur cette confiance que j'aurais pour moi les suffrages de tous les savants, qui le regardent encore comme le chef-d'œuvre de l'antiquité, et que les pensées de Sophocle et de Sénèque, qui l'ont traité en leurs langues, me faciliteraient les moyens d'en venir à bout, je tremblai quand je l'envisageai de près : je reconnus que ce qui avait passé pour merveilleux en leurs siècles pourrait sembler horrible au nôtre; que cette éloquente et sérieuse description de la manière dont ce malheureux prince se crève les yeux, qui occupe tout leur cinquième acte, ferait soulever la délicatesse de nos dames, dont le dégoût attire aisément celui du reste de l'auditoire ; et qu'enfin l'amour n'ayant point de part en cette tragédie, elle était dénuée des principaux agréments qui sont en possession de gagner la voix publique.

Ces considérations m'ont fait cacher aux yeux un si dangereux spectacle, et introduire l'heureux épisode de Thésée et de Dircé. J'ai retranché le nombre des oracles qui pouvait être importun, et donner à OEdipe trop de soupçon de sa naissance. J'ai rendu la réponse de Laïus, évoqué par Tirésie, assez obscure dans sa clarté apparente pour en faire une fausse application à cette princesse; j'ai rectifié ce qu'Aristote y trouve sans raison, et qu'il n'excuse que parce qu'il arrive avant le commencement de la pièce ; et j'ai fait en sorte qu'OEdipe, loin de se croire l'auteur de la mort du roi son prédécesseur, s'imagine l'avoir vengée sur trois brigands, à qui le bruit commun l'attribue; et ce n'est pas un petit artifice qu'il s'en convainque lui-même lorsqu'il en veut convaincre Phorbas.

Ces changements m'ont fait perdre l'avantage que je m'étais promis, de n'être souvent que le traducteur de ces grands génies qui m'ont précédé. La différente route que j'ai prise m'a empêché de me rencontrer avec eux, et de me parer de leur travail ; mais, en récompense, j'ai eu le bonheur de faire avouer qu'il n'est point sorti de pièce de ma main où il se trouve tant d'art qu'en celle-ci. On m'y a fait deux objections : l'une, que Dircé, au troisième acte, manque de respect envers sa mère, ce qui ne peut être une faute de théâtre, puisque nous ne sommes pas obligés de rendre parfaits ceux que nous y faisons voir; outre que cette princesse considère encore tellement ces devoirs de la nature, que, bien qu'elle ait lieu de regarder cette mère comme une personne qui s'est emparée d'un trône qui lui appartient, elle lui demande pardon de cette échappée, et la condamne aussi bien que ceux qui pourraient être ses juges. L'autre objection regarde la guérison publique, sitôt qu'OEdipe s'est puni. La narration s'en fait par Cléante et par Dymas ; et l'on veut qu'il eût pu suffire de l'un des deux pour la faire : à quoi je réponds que ce miracle s'étant fait tout d'un coup, un seul homme n'en pouvait savoir assez tôt tout l'effet, et qu'il a fallu donner à l'un le récit de ce qui s'était passé dans la ville, et à l'autre, de ce qu'il avait vu dans le palais. Je trouve plus à dire à Dircé, qui les écoute, et devrait avoir couru auprès de sa mère sitôt qu'on lui en a dit la mort : mais on peut répondre que si les devoirs de la nature nous appellent auprès de nos parents quand ils meurent, nous nous retirons d'ordinaire d'auprès d'eux quand ils sont morts, afin de nous épargner ce funeste spectacle, et qu'ainsi Dircé n'a pu avoir aucun empressement de voir sa mère, à qui son secours ne pouvait plus être utile, puisqu'elle était morte ; outre que, si elle y eût couru, Thésée l'aurait suivie, et il ne me serait demeuré personne pour entendre ces récits. C'est une incommodité de la représentation qui doit faire souffrir quelque manquement à l'exacte vraisemblance. Les anciens avaient leurs chœurs qui ne sortaient point du théâtre, et étaient toujours prêts d'écouter tout ce qu'on leur voulait apprendre; mais cette facilité était compensée par tant d'autres importunités de leur part, que nous ne devons point nous repentir du retranchement que nous en avons fait.

FIN D'OEDIPE.

LA CONQUÊTE
DE
LA TOISON D'OR

TRAGÉDIE — 1661

ARGUMENT DE LA CONQUÊTE DE LA TOISON D'OR

TRAGÉDIE

REPRÉSENTÉE PAR LA TROUPE ROYALE DU MARAIS, CHEZ M. LE MARQUIS DE SOURDÉAC, EN SON CHATEAU DE NEUBOURG, POUR RÉJOUISSANCE PUBLIQUE DU MARIAGE DU ROI, ET DE LA PAIX AVEC L'ESPAGNE, ET ENSUITE SUR LE THÉATRE ROYAL DU MARAIS.

L'antiquité n'a rien fait passer jusqu'à nous qui soit si généralement connu que le voyage des Argonautes; mais, comme les historiens qui en ont voulu démêler la vérité d'avec la fable qui l'enveloppe ne s'accordent pas en tout, et que les poëtes qui l'ont embelli de leurs fictions n'ont pas pris la même route, j'ai cru que, pour faciliter l'intelligence entière de ce sujet, il était à propos d'avertir le lecteur de quelques particularités où je me suis attaché, qui peut-être ne sont pas connues de tout le monde. Elles sont pour la plupart tirées de Valérius Flaccus, qui en a fait un poëme épique en latin, et de qui, entre autres choses, j'ai emprunté la métamorphose de Junon en Chalciope.

Phryxus était fils d'Athamas, roi de Thèbes, et de Néphélé, qu'il répudia pour épouser Ino. Cette seconde femme persécuta si bien ce jeune prince, qu'il fut obligé de s'enfuir sur un mouton dont la laine était d'or, que sa mère lui donna après l'avoir reçu de Mercure : il le sacrifia à Mars, sitôt qu'il fut abordé à Colchos, et lui en appendit la dépouille dans une forêt qui lui était consacrée. Æetes, fils du Soleil, et roi de cette province, lui donna pour femme Chalciope, sa fille aînée, dont il eut quatre fils, et mourut quelque temps après. Son ombre apparut ensuite à ce monarque, et lui révéla que le destin de son État dépendait de cette toison ; qu'en même temps qu'il la perdrait, il perdrait aussi son royaume ; et qu'il était résolu dans le ciel que Médée, son autre fille, aurait un époux étranger. Cette prédiction fit deux effets. D'un côté, Æetes, pour conserver cette toison, qu'il voyait si nécessaire à sa propre conservation, voulut en rendre la conquête impossible par le moyen des charmes de Circé sa sœur, et de Médée sa fille. Ces deux savantes magiciennes firent en sorte qu'on ne pouvait s'en rendre maître qu'après avoir dompté deux taureaux dont l'haleine était toute de feu, et leur avoir fait labourer le champ de Mars, où ensuite il fallait semer des dents de serpents, dont naissaient aussitôt autant de gens d'armes, qui tous ensemble attaquaient le téméraire qui se hasardait à une si dangereuse entreprise ; et, pour dernier péril, il fallait combattre un dragon qui ne dormait jamais, et qui était le plus fidèle et le plus redoutable gardien de ce trésor. D'autre côté, les rois voisins, jaloux de la grandeur d'Æetes, s'armèrent pour cette conquête, et entre autres, Persès, son frère, roi de la Chersonèse Taurique, et fils du Soleil, comme lui. Comme il s'appuya du secours des Scythes, Æetes emprunta celui de Styrus, roi d'Albanie, à qui il promit Médée, pour satisfaire à l'ordre qu'il croyait en avoir reçu du ciel par cette ombre de Phryxus : ils donnèrent bataille, et la victoire penchait du côté de Persès,

lorsque Jason arriva suivi de ses Argonautes, dont la valeur la fit tourner du parti contraire ; et en moins d'un mois ces héros firent remporter tant d'avantages au roi de Colchos sur ses ennemis, qu'ils furent contraints de prendre la fuite et d'abandonner leur camp. C'est ici que commence la pièce ; mais, avant que d'en venir au détail, il faut dire un mot de Jason, et du dessein qui l'amenait à Colchos.

Il était fils d'Æson, roi de Thessalie, sur qui Pélias, son frère, avait usurpé le royaume. Ce tyran était fils de Neptune et de Tyro, fille de Salmonée, qui épousa ensuite Chrétéus, père d'Æson, que je viens de nommer. Cette usurpation, lui donnant la défiance ordinaire à ceux de sa sorte, lui rendit suspect le courage de Jason, son neveu, et légitime héritier de ce royaume. Un oracle qu'il reçut le confirma dans ses soupçons, si bien que, pour l'éloigner, ou plutôt pour le perdre, il lui commanda d'aller conquérir la toison d'or, dans la croyance que ce prince y périrait, et le laisserait, par sa mort, paisible possesseur de l'État dont il s'était emparé. Jason, par le conseil de Pallas, fit bâtir pour ce fameux voyage le navire Argo, où s'embarquèrent avec lui quarante des plus vaillants de toute la Grèce. Orphée fut du nombre, avec Zéthès et Calaïs, fils du vent Borée et d'Orithie, princesse de Thrace, qui étaient nés avec des ailes, comme leur père, et qui, par ce moyen, délivrèrent Phinée, en passant, des harpies qui fondaient sur ses viandes sitôt que sa table était servie, et leur donnèrent la chasse par le milieu de l'air. Ces héros, durant leur voyage, reçurent beaucoup de faveurs de Junon et de Pallas, et prirent terre à Lemnos, dont était reine Hypsipile, et où ils tardèrent deux ans, pendant lesquels Jason fit l'amour à cette reine, et lui donna parole de l'épouser à son retour ; ce qui ne l'empêcha pas de s'attacher auprès de Médée, et de lui faire les mêmes protestations sitôt qu'il fut arrivé à Colchos, et qu'il eut vu le besoin qu'il en avait. Ce nouvel amour lui réussit si heureusement, qu'il eut d'elle des charmes pour surmonter tous les périls, et enlever la toison d'or, malgré le dragon qui la gardait, et qu'elle assoupit. Un auteur que cite le mythologiste Noël le Comte, et qu'il appelle Denys le Mylésien, dit qu'elle lui porta la toison jusque dans son navire ; et c'est sur son rapport que je me suis autorisé à changer la fin ordinaire de cette fable, pour la rendre plus surprenante et plus merveilleuse. J'aurais été assez par la liberté qu'en donne la poésie en de pareilles rencontres ; mais j'ai cru en avoir encore plus de droit en marchant sur les pas d'un autre, que si j'avais inventé ce changement.

PERSONNAGES DU PROLOGUE.

LA FRANCE.
LA VICTOIRE.
MARS.
LA PAIX.
L'HYMÉNÉE.
LA DISCORDE.
L'ENVIE.
Quatre Amours.

PERSONNAGES DE LA TRAGÉDIE.

JUPITER.
JUNON.
PALLAS.
IRIS.
L'AMOUR.
LE SOLEIL.

PERSONNAGES DE LA TRAGÉDIE.

AÆTES, roi de Colchos, fils du Soleil.
ABSYRTE, fils d'Aætes.
CHALCIOPE, fille d'Aætes, veuve de Phryxus.
MÉDÉE, fille d'Aætes, amante de Jason.
HYPSIPILE, reine de Lemnos.
JASON, prince de Thessalie, chef des Argonautes.
PÉLÉE,
IPHITE, } Argonautes.
ORPHÉE,
ZÉTHÈS, } Argonautes ailés, fils de Borée et d'Ori-
CALAIS, } thie.
GLAUQUE, dieu marin.
Deux Tritons.
Deux Sirènes.
Quatre Vents.

La scène est à Colchos.

PROLOGUE

L'heureux mariage de Sa Majesté, et la paix qu'il lui a plu donner à ses peuples, ayant été les motifs de la réjouissance publique pour laquelle cette tragédie a été préparée, non-seulement il était juste qu'ils servissent de sujet au prologue qui la précède, mais il était même absolument impossible d'en choisir une plus illustre matière.

L'ouverture du théâtre fait voir **un pays ruiné par les guerres, et** terminé dans son enfoncement par une ville qui n'en est pas mieux traitée ; ce qui marque le pitoyable état où la France était réduite avant cette faveur du ciel, qu'elle a si longtemps souhaitée, et dont **la bonté de son généreux monarque la fait jouir à présent.**

SCÈNE I

LA FRANCE, LA VICTOIRE.

LA FRANCE.

Doux charme des héros, immortelle Victoire,
Ame de leur vaillance, et source de leur gloire,
Vous qu'on fait si volage, et qu'on voit toutefois
Si constante à me suivre, et si ferme en ce choix,
Ne vous offensez pas si j'arrose de larmes
Cette illustre union qu'ont avec vous mes armes,
Et si vos faveurs même obstinent mes soupirs
A pousser vers la Paix mes plus ardents désirs.
Vous faites qu'on m'estime aux deux bouts de la terre,
Vous faites qu'on m'y craint : mais il vous faut la
[guerre;
Et quand je vois quel prix me coûtent vos lauriers,
J'en vois avec chagrin couronner mes guerriers.

LA VICTOIRE.

Je ne me repens point, incomparable France,
De vous avoir suivie avec tant de constance;
Je vous prépare encor mêmes attachements :
Mais j'attendais de vous d'autres remerciments.
Vous lassez-vous de moi qui vous comble de gloire,
De moi qui de vos fils assure la mémoire,
Qui fais marcher partout l'effroi devant leurs pas?

LA FRANCE.

Ah! Victoire, pour fils n'ai-je que des soldats?
La gloire qui les couvre, à moi-même funeste,
Sous mes plus beaux succès fait trembler tout le reste;
Ils ne vont aux combats que pour me protéger,
Et n'en sortent vainqueurs que pour me ravager.
S'ils renversent des murs, s'ils gagnent des batailles,
Ils prennent droit de me ronger les entrailles;
Leur retour me punit de mon trop de bonheur,
Et mes bras triomphants me déchirent le cœur.
A vaincre tant de fois mes forces s'affaiblissent :
L'État est florissant, mais les peuples gémissent;
Leurs membres décharnés courbent sous mes hauts
Et la gloire du trône accable les sujets. [faits,
Voyez autour de moi que de tristes spectacles!
Voilà ce qu'en mon sein enfantant vos miracles.
Quelque encens que je doive à cette fermeté
Qui vous fait en tous lieux marcher à mon côté,
Je me lasse de voir mes villes désolées,
Mes habitants pillés, mes campagnes brûlées :
Mon roi, que vous rendez le plus puissant des rois,
En goûte moins le fruit de ses propres exploits;
Du même œil dont il voit ses plus nobles conquêtes,
Il voit ce qu'il leur faut sacrifier de têtes;
De ce glorieux trône où brille sa vertu,
Il tend sa main auguste à son peuple abattu;
Et, comme à tous moments la commune misère
Rappelle en son grand cœur les tendresses de père,
Ce cœur se laisse vaincre aux vœux que j'ai formés,
Pour faire respirer ce que vous opprimez.

LA VICTOIRE.

France, j'opprime donc ce que je favorise!
A ce nouveau reproche excusez ma surprise :
J'avais cru jusqu'ici qu'à vos seuls ennemis
Ces termes odieux pouvaient être permis,

Qu'eux seuls de ma conduite avaient droit de se plain-
                LA FRANCE.   [dre.
Vos dons sont à chérir, mais leur suite est à craindre.
Pour faire deux héros ils font cent malheureux :
Et ce dehors brillant que mon nom reçoit d'eux
M'éclaire à voir les maux qu'à ma gloire il attache,
Le sang dont il m'épuise, et les nerfs qu'il m'arrache.
              LA VICTOIRE.
Je n'ose condamner de si justes ennuis,
Quand je vois quels malheurs malgré moi je produis;
Mais ce dieu dont la main m'a chez vous affermie,
Vous pardonnera-t-il d'aimer son ennemie?
Le voilà qui paraît, c'est lui-même, c'est Mars,
Qui vous lance du ciel de farouches regards;
Il menace, il descend : apaisez sa colère
Par le prompt désaveu d'un souhait téméraire.

(Le ciel s'ouvre et fait voir Mars en posture menaçante, un pied en
l'air, et l'autre porté sur son étoile. Il descend ainsi à un des côtés du théâtre, qu'il traverse en parlant; et, sitôt qu'il a parlé,
il remonte au même lieu dont il est parti.)

SCÈNE II

MARS, LA FRANCE, LA VICTOIRE.

              MARS.
    France ingrate, tu veux la paix!
    Et pour toute reconnaissance
D'avoir en tant de lieux étendu ta puissance,
    Tu murmures de mes bienfaits!
Encore un lustre ou deux, et sous tes destinées
J'aurais rangé le sort des têtes couronnées;
Ton État n'aurait eu pour bornes que ton choix;
Et tu devais tenir pour assuré présage,
Voyant toute l'Europe apprendre ton langage,
Que toute cette Europe allait prendre tes lois.

    Tu renonces à cette gloire,
    La Paix a pour toi plus d'appas!
    Et tu dédaignes la Victoire
Que j'ai de ma main propre attachée à tes pas!
Vois dans quels fers sous moi la Discorde et l'Envie
    Tiennent cette Paix asservie.
La Victoire t'a dit comme on peut m'apaiser;
J'en veux bien faire encor ta compagne éternelle;
    Mais sache que je la rappelle,
    Si tu manques d'en bien user.

(Avant que de disparaître, ce dieu, en colère contre la France, lui
fait voir la Paix, qu'elle demande avec tant d'ardeur, prisonnière
dans son palais, entre les mains de la Discorde et de l'Envie,
qu'il lui a données pour gardes. Ce palais a pour colonnes des
canons, qui ont pour bases des mortiers, et des boulets pour
chapiteaux ; le tout accompagné, pour ornement, de trompettes,
de tambours, et autres instruments de guerre entrelacés ensemble,
et découpés à jour, qui font comme un second ordre de colonnes.
Le lambris est composé de trophées d'armes, et de tout ce qui
peut désigner et embellir la demeure de ce dieu des batailles.)

SCÈNE III

LA PAIX, LA DISCORDE, L'ENVIE, LA FRANCE,
            LA VICTOIRE.

              LA PAIX.
En vain à tes soupirs il est inexorable :
Un dieu plus fort que lui me va rejoindre à toi ;
Et tu devras bientôt ce succès adorable
    A cette reine incomparable [1]
Dont les soins et l'exemple ont formé ton grand roi
Ses tendresses de sœur, ses tendresses de mère,
Peuvent tout sur un fils, peuvent tout sur un frère.
Bénis, France, bénis ce pouvoir fortuné ;
Bénis le choix qu'il fait d'une reine comme elle :
Cent rois en sortiront, dont la gloire immortelle
Fera trembler sous toi l'univers étonné,
Et dans tout l'avenir sur leur front couronné
    Portera l'image fidèle
    De celui qu'elle t'a donné.

    Ce dieu dont le pouvoir suprême
Étouffe d'un coup d'œil les plus vieux différends,
Ce dieu par qui l'amour plaît à la vertu même,
Et qui borne souvent l'espoir des conquérants,
    Le blond et pompeux Hyménée
Prépare en ta faveur l'éclatante journée
    Où sa main doit briser mes fers.
Ces monstres insolents dont je suis prisonnière,
Prisonniers à leur tour au fond de leurs enfers,
Ne pourront mêler d'ombre à sa vive lumière.
    A tes cantons les plus déserts
    Je rendrai leur beauté première;
Et dans les doux torrents d'une allégresse entière
Tu verras s'abîmer tes maux les plus amers.

Tu vois comme déjà ces deux autres puissances
Que Mars semblait plonger en d'immortels discords·
Ont malgré ses fureurs assemblé sur tes bords
    Les sublimes intelligences
Qui de leurs grands États meuvent les vastes corps.
    Les surprenantes harmonies
    De ces miraculeux génies
Savent tout balancer, savent tout soutenir :
    Leur prudence était due à cet illustre ouvrage ;
    Et jamais on n'eût pu fournir
Aux intérêts divers de la Seine et du Tage,
Ni zèle plus savant en l'art de réunir,
Ni savoir mieux instruit du commun avantage.
Par ces organes seuls ces dignes potentats
    Se font eux-mêmes leurs arbitres,
Aux conquêtes par eux ils donnent d'autres titres,
    Et des bornes à leurs États.
Ce dieu même qu'attend ma longue impatience
N'a droit de m'affranchir que par leur conférence ;
Sans elle son pouvoir serait mal reconnu.
Mais enfin je le vois, leur accord me l'envoie.

1. Anne d'Autriche, mère de Louis XIV, sœur de Philippe IV.

France, ouvre ton cœur à la joie ;
Et vous, monstres, fuyez ; ce grand jour est venu.

(L'Hyménée paraît couronné de fleurs, portant en sa main droite un dard semé de lis et de roses, et en la gauche le portrait de la reine peint sur son bouclier.)

SCÈNE IV

L'HYMÉNÉE, LA PAIX, LA DISCORDE, L'ENVIE, LA FRANCE, LA VICTOIRE, CHŒUR DE MUSIQUE.

LA DISCORDE.

En vain tu le veux croire, orgueilleuse captive :
Pourrions-nous fuir le secours qui t'arrive ?

L'ENVIE.

Pourrions-nous craindre un dieu qui contre nos fu-
Ne prend pour armes que des fleurs.   [reurs

L'HYMÉNÉE.

Oui, monstres, oui, craignez cette main vengeresse ;
Mais craignez encor plus cette grande princesse
Pour qui je viens allumer mon flambeau :
Pourriez-vous soutenir les traits de son visage ?
Fuyez, monstres, à son image ;
Fuyez ; et que l'enfer, qui fut votre berceau,
Vous serve à jamais de tombeau.
Et vous, noirs instruments d'un indigne esclavage,
Tombez, fers odieux, à ce divin aspect,
Et, pour lui rendre un prompt hommage,
Anéantissez-vous de honte ou de respect.

(Il présente ce portrait aux yeux de la Discorde et de l'Envie, qui trébuchent aussitôt aux enfers, et ensuite il le présente aux chaînes qui tiennent la Paix prisonnière, lesquelles tombent et se brisent tout à l'heure.)

LA PAIX.

Dieu des sacrés plaisirs, vous venez de me rendre
Un bien dont les dieux même ont lieu d'être jaloux ;
Mais ce n'est pas assez, il est temps de descendre,
Et de remplir les vœux qu'en terre on fait pour nous.

L'HYMÉNÉE.

Il en est temps, déesse, et c'est trop faire attendre
Les effets d'un espoir si doux.
Vous donc, mes ministres fidèles,
Venez, Amours, et prêtez-nous vos ailes.

(Quatre Amours descendent du ciel, deux de chaque côté, et s'attachent à l'Hyménée et à la Paix pour les apporter en terre.)

LA FRANCE.

Peuple, fais voir ta joie à ces divinités
Qui vont tarir le cours de tes calamités.

CHŒUR DE MUSIQUE.

(L'Hyménée, la Paix, et les quatre Amours descendent pendant qu'il chante.)

Descends, Hymen, et ramène sur terre
Les délices avec la paix ;
Descends, objet divin de nos plus doux souhaits,
Et par tes feux éteins ceux de la guerre.

(Après que l'Hyménée et la Paix sont descendus, les quatre Amours remontent au ciel, premièrement de droit fil tous quatre ensemble, et puis se séparant deux à deux et croisant leur vol, en sorte que ceux qui sont au côté droit se retirent à gauche dans les nues, et ceux qui sont à gauche se perdent dans celles du côté droit.)

SCÈNE V

L'HYMÉNÉE, LA PAIX, LA FRANCE, LA VICTOIRE, CHŒUR DE MUSIQUE.

LA FRANCE, à la Paix.

Adorable souhait des peuples gémissants
Féconde sûreté des travaux innocents,
Infatigable appui du pouvoir légitime,
Qui dissipez le trouble et détruisez le crime,
Protectrice des arts, mère des beaux loisirs,
Est-ce une illusion qui flatte mes désirs ?
Puis-je en croire mes yeux, et dans chaque province
De votre heureux retour faire bénir mon prince ?

LA PAIX.

France, apprends que lui-même il aime à le devoir
A ces yeux dont tu vois le souverain pouvoir.
Par un effort d'amour réponds à leurs miracles ;
Fais éclater ta joie en de pompeux spectacles,
Ton théâtre a souvent d'assez riches couleurs
Pour n'avoir pas besoin d'emprunter rien ailleurs.
Ose donc, et fais voir que ta reconnaissance...

LA FRANCE.

De grâce, voyez mieux quelle est mon impuissance.
Est-il effort humain qui jamais ait tiré
Des spectacles pompeux d'un sein si déchiré ?
Il faudrait que vos soins par le cours des années...

L'HYMÉNÉE.

Ces traits divins n'ont pas de forces si bornées.
Mes roses et mes lis par eux en un moment
A ces lieux désolés vont servir d'ornement.
Promets, et tu verras l'effet de ma parole.

LA FRANCE.

J'entreprendrai beaucoup ; mais ce qui m'en console,
C'est que sous votre aveu...

L'HYMÉNÉE.

Va, n'appréhende rien ;
Nous serons à l'envi nous-même ton soutien.
Porte sur ton théâtre une chaleur si belle,
Que des plus heureux temps l'éclat s'y renouvelle :
Nous en partagerons la gloire et le souci.

LA VICTOIRE.

Cependant la Victoire est inutile ici ;
Puisque la Paix y règne, il faut qu'elle s'exile.

LA PAIX.

Non, Victoire ; avec moi tu n'es pas inutile.
Si la France en repos n'a plus où t'employer,
Du moins à ses amis elle peut t'envoyer.
D'ailleurs mon plus grand calme aime l'inquiétude
Des combats de prudence, et des combats d'étude ;
Il ouvre un champ plus large à ces guerres d'esprits :
Tous les peuples sans cesse en disputent le prix ;
Et, comme il fait monter à la plus haute gloire,
Il est bon que la France ait toujours la Victoire.

Fais-lui donc cette grâce, et prends part comme nous
A ce qu'auront d'heureux des spectacles si doux.
LA VICTOIRE.
J'y consens, et m'arrête aux rives de la Seine,
Pour rendre un long hommage à l'une et l'autre reine,
Pour y prendre à jamais les ordres de son roi.
Puissé-je en obtenir, pour mon premier emploi,
Ceux d'aller jusqu'aux bouts de ce vaste hémisphère
Arborer les drapeaux de son généreux frère,
D'aller d'un si grand prince, en mille et mille lieux,
Égaler le grand nom au nom de ses aïeux,
Le conduire au delà de leurs fameuses traces,
Faire un appui de Mars du favori des Grâces,
Et sous d'autres climats couronner ses hauts faits
Des lauriers qu'en ceux-ci lui dérobe la Paix !
L'HYMÉNÉE.
Tu vas voir davantage, et les dieux qui m'ordonnent
Qu'attendant tes lauriers mes myrtes le couronnent,
Lui vont donner un prix de tout autre valeur
Que ceux que tu promets avec tant de chaleur.
Cette illustre conquête a pour lui plus de charmes
Que celles que tu veux assurer à ses armes ;
Et son œil, éclairé par mon sacré flambeau,
Ne voit point de trophée où si noble ou si beau.
Ainsi, France, à l'envi l'Espagne et l'Angleterre
Aiment à t'enrichir quand tu finis la guerre ;
Et la Paix, qui succède à ses tristes efforts,
Te livre par ma main leurs plus rares trésors.
LA PAIX.
Allons sans plus tarder mettre ordre à tes spectacles ;
Et pour les commencer par de nouveaux miracles,
Toi que rend tout-puissant ce chef-d'œuvre des cieux,
Hymen, fais-lui changer la face de ces lieux.
L'HYMÉNÉE, seul.
Naissez à cet aspect, fontaines, fleurs, bocages ;
Chassez de ces débris les funestes images,
Et formez des jardins tels qu'avec quatre mots
Le grand art de Médée en fit naître à Colchos.

(Tout le théâtre se change en un jardin magnifique à la vue du portrait de la reine, que l'Hyménée lui présente.)

ACTE PREMIER

'e grand jardin, qui en fait la scène, est composé de trois rangs de cyprès, à côté desquels on voit alternativement en chaque châssis des statues de marbre blanc à l'antique, qui versent de gros jets d'eau dans de grands bassins, soutenus par des tritons qui leur servent de piédestal, ou trois vases qui portent, l'un des orangers, et les deux autres diverses fleurs en confusion, chantournées et découpées à jour. Les ornements de ces vases et de ces bassins sont rehaussés d'or, et ces statues portent sur leurs têtes des corbeilles d'or treillissées et remplies de pareilles fleurs. Le théâtre est fermé par une grande arcade de verdure, ornée de festons de fleurs avec une grande corbeille d'or sur le milieu, qui en est remplie comme les autres. Quatre autres arcades qui la suivent composent ce qu'elle en découvre, et un berceau qui laisse voir plus loin un autre jardin de cyprès entremêlés avec quantité d'autres statues à l'antique ; et la perspective du fond borne la vue par un parterre encore plus éloigné, au milieu duquel s'élève une fontaine avec divers autres jets d'eau, qui ne font pas le moindre agrément de ce spectacle.

SCÈNE I

CHALCIOPE, MÉDÉE.
MÉDÉE.
Parmi ces grands sujets d'allégresse publique,
Vous portez sur le front un air mélancolique ;
Votre humeur paraît sombre ; et vous semblez, ma
Murmurer en secret contre notre bonheur. [sœur,
La veuve de Phryxus et la fille d'Aæte
Plaint-elle de Persès la honte et la défaite ?
Vous faut-il consoler de ces illustres coups
Qui partent d'un héros parent de votre époux ?
Et le vaillant Jason pourrait-il vous déplaire
Alors que dans son trône il rétablit mon père ?
CHALCIOPE.
Vous m'offensez, ma sœur ; celles de notre rang
Ne savent point trahir leur pays ni leur sang ;
Et j'ai vu les combats de Persès et d'Aæte
Toujours avec des yeux de fille et de sujette.
Si mon front porte empreints quelques troubles se-
Sachez que je n'en ai que pour vos intérêts. [crets,
J'aime autant que je dois cette haute victoire ;
Je veux bien que Jason en ait toute la gloire :
Mais, à tout dire enfin, je crains que ce vainqueur
N'en étende les droits jusque sur votre cœur.
Je sais que sa brigade, à peine descendue,
Rétablit à nos yeux la bataille perdue,
Que Persès triomphait, que Styrus était mort,
Styrus que pour époux vous envoyait le sort.
Jason de tant de maux borna soudain la course ;
Il en dompta la force, il en tarit la source.
Mais avouez aussi qu'un héros si charmant
Vous console bientôt de la mort d'un amant.
L'éclat qu'a répandu le bonheur de ses armes
A vos yeux éblouis ne permet plus de larmes :
Il sait les détourner des horreurs d'un cercueil ;
Et la peur d'être ingrate étouffe votre deuil.
Non que je blâme en vous quelques soins de lui
Tant que la guerre ici l'a rendu nécessaire ; [plaire,
Mais je ne voudrais pas que cet empressement
D'un soin étudié fît un attachement.
Car enfin, aujourd'hui que la guerre est finie,
Votre facilité se trouverait punie ;
Et son départ subit ne vous laisserait plus
Qu'un cœur embarrassé de soucis superflus.
MÉDÉE.
La remontrance est douce, obligeante, civile ;
Mais, à parler sans feinte, elle est fort inutile :
Si je n'ai point d'amour, je n'y prends point de part.
Et si j'aime Jason, l'avis vient un peu tard.
Quoi qu'il en soit, ma sœur, nommeriez-vous un
Un vertueux amour qui suivrait tant d'estime ? [crime
Alors que ses hauts faits lui gagnent tous les cœurs.
Faut-il que ses soupirs excitent mes rigueurs,
Que contre ses exploits moi seule je m'irrite,
Et fonde mes dédains sur son trop de mérite ?
Mais, s'il m'en doit bientôt coûter un repentir,
D'où pouvez-vous savoir qu'il soit prêt à partir ?

LA TOISON D'OR, ACTE I, SCÈNE II.

CHALCIOPE.

Je le sais de mes fils, qu'une ardeur de jeunesse
Emporte malgré moi jusqu'à le suivre en Grèce,
Pour voir en ces beaux lieux la source de leur sang,
Et de Phryxus leur père y reprendre le rang.
Déjà tous ces héros au départ se disposent;
Ils ont peine à souffrir que leurs bras se reposent;
Comme la gloire à tous fait leur plus cher souci,
N'ayant plus à combattre, ils n'en ont plus ici;
Ils brûlent d'en chercher dessus quelque autre rive,
Tant leur valeur rougit sitôt qu'elle est oisive.
Jason veut seulement une grâce du roi.

MÉDÉE.

Cette grâce, ma sœur, n'est sans doute que moi.
Ce n'est plus avec vous qu'il faut que je déguise.
Du chef de ces héros j'asservis la franchise;
De tout ce qu'il a fait de grand, de glorieux,
Il rend un plein hommage au pouvoir de mes yeux :
Il a vaincu Persès, il a servi mon père,
Il a sauvé l'État, sans chercher qu'à me plaire.
Vous l'avez vu, peut-être, et vos yeux sont témoins
De combien chaque jour il y donne de soins,
Avec combien d'ardeur...

CHALCIOPE.

Oui, je l'ai vu moi-même
Que pour plaire à vos yeux il prend un soin extrême ;
Mais je n'ai pas moins vu combien il vous est doux
De vous montrer sensible aux soins qu'il prend pour [vous.
Je vous vois chaque jour avec inquiétude
Chercher ou sa présence ou quelque solitude,
Et dans ces grands jardins sans cesse repasser
Le souvenir des traits qui vous ont su blesser.
En un mot, vous l'aimez, et ce que j'appréhende...

MÉDÉE.

Je suis prête à l'aimer, si le roi le commande;
Mais jusque-là, ma sœur, je ne fais que souffrir
Les soupirs et les vœux qu'il prend soin de m'offrir.

CHALCIOPE.

Quittez ce faux devoir dont l'ombre vous amuse.
Vous irez plus avant si le roi le refuse ;
Et, quoi que votre erreur vous fasse présumer,
Vous obéirez mal s'il vous défend d'aimer.
Je sais... Mais le voici que le prince accompagne.

SCÈNE II

AÆTES, ABSYRTE, CHALCIOPE, MÉDÉE.

AÆTES.

Enfin nos ennemis nous cèdent la campagne,
Et des Scythes défaits le camp abandonné
Nous est de leur déroute un gage fortuné,
Un fidèle témoin d'une victoire entière ;
Mais, comme la fortune est souvent journalière,
Il en faut redouter de funestes retours,
Ou se mettre en état de triompher toujours.
Vous savez de quel poids et de quelle importance
De ce peu d'étrangers s'est fait voir l'assistance.

Quarante, qui l'eût cru ! quarante à leur abord
D'une armée abattue ont relevé le sort,
Du côté des vaincus rappelé la victoire,
Et fait d'un jour fatal un jour brillant de gloire.
Depuis cet heureux jour que n'ont point fait leurs [bras !
Leur chef nous a paru le démon des combats;
Et trois fois sa valeur d'un noble effet suivie
Au péril de son sang a dégagé ma vie.
Que ne lui dois-je point ! et que ne dois-je à tous !
Ah ! si nous les pouvions arrêter parmi nous,
Que ma couronne alors se verrait assurée !
Qu'il faudrait craindre peu pour la toison dorée,
Ce trésor où les dieux attachent nos destins,
Et que veulent ravir tant de jaloux voisins!   [mes
N'y peux-tu rien, Médée, et n'as-tu point de char-
Qui fixent en ces lieux le bonheur de leurs armes?
N'est-il herbes, parfums, ni chants mystérieux,
Qui puissent nous unir ces bras victorieux ?

ABSYRTE.

Seigneur, il est en vous d'avoir cet avantage :
Le charme qu'il y faut est tout sur son visage,
Jason l'aime, et je crois que l'offre de son cœur
N'en serait pas reçue avec trop de rigueur.
Un favorable aveu pour ce digne hyménée
Rendrait ici sa course heureusement bornée ;
Son exemple aurait force, et ferait qu'à l'envi
Tous voudraient imiter le chef qu'ils ont suivi.
Tous sauraient comme lui, pour faire une maîtresse,
Perdre le souvenir des beautés de leur Grèce;
Et tous ainsi que lui permettraient à l'amour
D'obstiner des héros à grossir votre cour.

AÆTES.

Le refus d'un tel heur* aurait trop d'injustice.
Puis-je d'un moindre prix payer un tel service ?
Le ciel, qui veut pour elle un époux étranger,
Sous un plus digne joug ne saurait l'engager.
Oui, j'y consens, Absyrte, et tiendrai même à grâce
Que du roi d'Albanie il remplisse la place,
Que la mort de Styrus permette à votre sœur
L'incomparable choix d'un si grand successeur.
Ma fille, si jamais les droits de la naissance...

CHALCIOPE.

Seigneur, je vous réponds de son obéissance;
Mais je ne réponds pas que vous trouviez les Grecs
Dans la même pensée et les mêmes respects.
Je les connais un peu, veuve d'un de leurs princes:
Ils ont aversion pour toutes nos provinces;
Et leur pays natal leur imprime un amour
Qui partout les rappelle et presse leur retour.
Ainsi n'espérez pas qu'il soit des hyménées
Qui puissent à la vôtre unir leurs destinées.
Ils les accepteront, si leur sort rigoureux
A fait de leur patrie un lieu mal sûr pour eux;
Mais, le péril passé, leur soudaine retraite
Vous fera bientôt voir que rien ne les arrête,
Et qu'il n'est point de nœud qui les puisse obliger
A vivre sous les lois d'un monarque étranger.
Bien que Phryxus m'aimât avec quelque tendresse,
Je l'ai vu mille fois soupirer pour sa Grèce,

Et, quelque illustre rang qu'il tînt dans vos États,
S'il eût eu l'accès libre en ces heureux climats,
Malgré ces beaux dehors d'une ardeur empressée,
Il m'eût fallu l'y suivre, ou m'en voir délaissée.
Il semble après sa mort qu'il revive en ses fils ;
Comme ils ont même sang, ils ont mêmes esprits :
La Grèce en leur idée est un séjour céleste,
Un lieu seul digne d'eux. Par là jugez du reste.

AÆTES.

Faites-les-moi venir, que de leur propre voix
J'apprenne les raisons de cet injuste choix.
Et quant à ces guerriers que nos dieux tutélaires
Au salut de l'État rendent si nécessaires,
Si pour les obliger à vivre mes sujets
Il n'est point dans ma cour d'assez dignes objets,
Si ce nom sur leur front jette tant d'infamie
Que leur gloire en devienne implacable ennemie,
Subornons cette gloire, et voyons dès demain
Ce que pourra sur eux le nom de souverain.
Le trône a ses liens ainsi que l'hyménée,
Et, quand ce double nœud tient une âme enchaînée,
Quand l'ambition marche au secours de l'amour
Elle étouffe aisément tous ces soins du retour.
Elle triomphera de cette idolâtrie [trie.
Que tous ces grands guerriers gardent pour leur pa-
Leur Grèce a des climats plus doux et meilleurs ;
Mais commander ici vaut bien servir ailleurs.
Partageons avec eux l'éclat d'une couronne
Que la bonté du ciel par leurs mains nous redonne :
D'un bien qu'ils ont sauvé je leur dois quelque part ;
Je le perdais sans eux, sans eux il court hasard ;
Et c'est toujours prudence, en un péril funeste,
D'offrir une moitié pour conserver le reste.

ABSYRTE.

Vous les connaissez mal ; ils sont trop généreux
Pour vous vendre à ce prix le besoin qu'on a d'eux.
Après ce grand secours, ce serait pour salaire
Prendre une part du vol qu'on tâchait à vous faire,
Vous piller un peu moins sous couleur d'amitié,
Et vous laisser enfin ce reste par pitié.
C'est là, seigneur, c'est là cette haute infamie
Dont vous verriez leur gloire implacable ennemie.
Le trône a des splendeurs dont les yeux éblouis
Peuvent réduire une âme à l'oubli du pays ;
Mais aussi la Scythie ouverte à nos conquêtes
Offre assez de matière à couronner leurs têtes.
Qu'ils règnent, mais par nous, et sur nos ennemis ;
C'est là qu'il faut trouver un sceptre à nos amis ;
Et lors d'un sacré nœud l'inviolable étreinte
Tirera notre appui d'où partait notre crainte ;
Et l'hymen unira par des liens plus doux
Des rois sauvés par eux à des rois faits par nous.

AÆTES.

Vous regardez trop tôt comme votre héritage
Un trône dont en vain vous craignez le partage.
J'ai d'autres yeux, Absyrte, et vois un peu plus loin.
Je veux bien réserver ce remède au besoin ;
Ne faire point cette offre à moins que nécessaire ;
Mais, s'il y faut venir, rien ne m'en peut distraire.

Les voici, parlons-leur ; et pour les arrêter,
Ne leur refusons rien qu'ils daignent souhaiter.

SCÈNE III

AÆTES, ABSYRTE, MÉDÉE, JASON, PÉLÉE,
IPHITE, ORPHÉE, ARGONAUTES.

AÆTES.

Guerriers par qui mon sort devient digne d'envie,
Héros à qui je dois et le sceptre et la vie,
Après tant de bienfaits et d'un si haut éclat,
Voulez-vous me laisser la honte d'être ingrat ?
Je ne vous fais point d'offre ; et dans ces lieux sau-
Je ne découvre rien digne de vos courages : [vages
Mais si dans mes États, mais si dans mon palais
Quelque chose avait pu mériter vos souhaits,
Le choix qu'en aurait fait cette valeur extrême
Lui donnerait un prix qu'il n'a pas de lui-même ;
Et je croirais devoir à ce précieux choix
L'heur* de vous rendre un peu de ce que je vous dois.

JASON.

Si nos bras, animés par vos destins propices,
Vous ont rendu, seigneur, quelques faibles services,
Et s'il en est encore, après un sort si doux,
Que vos commandements puissent vouloir de nous,
Vous avez en vos mains un trop digne salaire
Et pour ce qu'on a fait, et pour ce qu'on peut faire ;
Et s'il nous est permis de vous le demander...

AÆTES.

Attendez tout d'un roi qui veut tout accorder.
J'en jure le dieu Mars, et le Soleil mon père ;
Et me puisse à vos yeux accabler leur colère, [fets,
Si mes serments pour vous n'ont de si prompts ef-
Que vos vœux dès ce jour se verront satisfaits !

JASON.

Seigneur, j'ose vous dire, après cette promesse,
Que vous voyez la fleur des princes de la Grèce,
Qui vous demandent tous d'une commune voix
Un trésor qui jadis fut celui de ses rois,
La toison d'or, seigneur, que Phryxus, votre gendre,
Phryxus, notre parent...

AÆTES.

Ah ! que viens-je d'entendre !

MÉDÉE, à part.

Ah, perfide !

JASON.

A ce mot vous paraissez surpris ;
Notre peu de secours se met à trop haut prix :
Mais enfin, je l'avoue, un si précieux gage
Est l'unique motif de tout notre voyage.
Telle est la dure loi que nous font nos tyrans,
Que lui seul nous peut rendre au sein de nos parents ;
Et telle est leur rigueur, que, sans cette conquête,
Le retour au pays nous coûterait la tête.

AÆTES.

Ah ! si vous ne pouvez y rentrer autrement,
Dure, dure à jamais votre bannissement !

Prince, tel est mon sort que la toison ravie
Me doit coûter le sceptre et peut-être la vie.
De sa perte dépend celle de tout l'État;
En former un désir c'est faire un attentat;
Et, si jusqu'à l'effet vous pouvez le réduire,
Vous ne m'avez sauvé que pour mieux me détruire.

JASON.
Qui vous l'a dit, seigneur? quel tyrannique effroi
Fait cette illusion aux destins d'un grand roi?

AÆTES.
Votre Phryxus lui-même a servi d'interprète
A ces ordres des dieux dont l'effet m'inquiète.
Son ombre en mots exprès nous les a fait savoir.

JASON.
A des fantômes vains donnez moins de pouvoir.
Une ombre est toujours ombre, et des nuits éternel-
Il ne sort point de jours qui ne soient infidèles. [les
Ce n'est point à l'enfer à disposer des rois;
Et les ordres du ciel n'empruntent point sa voix.
Mais vos bontés par là cherchent à faire grâce
Au trop d'ambition dont vous voyez l'audace;
Et c'est pour colorer un trop juste refus
Que vous faites parler cette ombre de Phryxus.

AÆTES.
Quoi! de mon noir destin la triste certitude
Ne serait qu'un prétexte à mon ingratitude?
Et quand je vous dois tout, je voudrais essayer
Un mauvais artifice à ne vous rien payer?
Quoi que vous en croyiez, quoi que vous puissiez dire,
Pour vous désabuser partageons mon empire.
Cette offre peut-elle être un refus coloré?
Et répond-elle mal à ce que j'ai juré?

JASON.
D'autres l'accepteraient avec pleine allégresse;
Mais elle n'ouvre pas les chemins de la Grèce;
Et ces héros, sortis ou des dieux ou des rois,
Ne sont pas mes sujets pour vivre sous mes lois.
C'est à l'heur* du retour que leur courage aspire,
Et non pas à l'honneur de me faire un empire.

AÆTES.
Rien ne peut donc changer ce rigoureux désir?

JASON.
Seigneur, nous n'avons pas le pouvoir de choisir.
Ce n'est que perdre temps qu'en parler davantage;
Et vous savez à quoi le serment vous engage.

AÆTES.
Téméraire serment que me fait une loi
Dangereuse pour vous, ou funeste pour moi!
La toison est à vous si vous pouvez la prendre;
Car ce n'est pas de moi qu'il vous la faut attendre.
Comme votre Phryxus l'a consacrée à Mars,
Ce dieu même lui fait d'effroyables remparts,
Contre qui tout l'effort de la valeur humaine
Ne peut être suivi que d'une mort certaine;
Il faut pour l'emporter quelque chose au-dessus.
J'ouvrirai la carrière, et ne puis rien de plus.
Il y va de ma vie ou de mon diadème;
Mais je tremble pour vous autant que pour moi-même.
Je croirais faire un crime à vous le déguiser;
Il est en votre choix d'en bien ou mal user.
Ma parole est donnée, il faut que je la tienne;
Mais votre perte est sûre à moins que de la mienne.
Adieu : pensez-y bien. Toi, ma fille, dis-lui
A quels affreux périls il se livre aujourd'hui.

SCÈNE IV

MÉDÉE, JASON, ARGONAUTES

MÉDÉE.
Ces périls sont légers.

JASON.
Ah! divine princesse!

MÉDÉE.
Il n'y faut que du cœur, des forces, de l'adresse;
Vous en avez, Jason; mais peut-être, après tout,
Ce que vous en avez n'en viendra pas à bout.

JASON.
Madame, si jamais...

MÉDÉE.
Ne dis rien, téméraire.
Tu ne savais que trop quel choix pouvait me plaire.
Celui de la toison m'a fait voir tes mépris :
Tu la veux, tu l'auras; mais apprends à quel prix.
Pour voir cette dépouille au dieu Mars consacrée,
A tous dans sa forêt il permet libre entrée;
Mais pour la conquérir qui s'ose hasarder
Trouve un affreux dragon commis à la garder;
Rien n'échappe à sa vue, et le sommeil sans force
Fait avec sa paupière un éternel divorce :
Le combat contre lui ne te sera permis
Qu'après deux fiers taureaux par ta valeur soumis:
Leurs yeux sont tout de flamme, et leur brûlante ha-
D'un long embrasement couvre toute la plaine. [leine
Va leur faire souffrir le joug et l'aiguillon,
Ouvrir du champ de Mars le funeste sillon,
C'est ce qu'il te faut faire, et dans ce champ horrible
Jeter une semence encore plus terrible,
Qui soudain produira des escadrons armés
Contre la même main qui les aura semés;
Tous, sitôt qu'ils naîtront, en voudront à ta vie :
Je vais moi-même à tous redoubler leur furie.
Juge par là, Jason, de la gloire où tu cours,
Et cherche où tu pourras des bras et du secours.

SCÈNE V

JASON, PÉLÉE, IPHITE, ORPHÉE, ARGONAUTES.

JASON.
Amis, voilà l'effet de votre impatience.
Si j'avais eu sur vous un peu plus de croyance,
L'amour m'aurait livré ce précieux dépôt,
Et vous l'avez perdu pour le vouloir trop tôt.

PÉLÉE.
L'amour vous est bien doux, et votre espoir tranquille
Qui vous fit consumer deux ans chez Hypsipile,

En consumerait quatre avec plus de raison
A cajoler* Médée, et gagner la toison.
Après que nos exploits l'ont si bien méritée,
Un mot seul, un souhait dût l'avoir emportée;
Mais, puisqu'on la refuse au service rendu,
Il faut avoir de force un bien qui nous est dû.

JASON.

De Médée en courroux dissipez donc les charmes;
Combattez ce dragon, ces taureaux, ces gens d'armes.

IPHITE.

Les dieux nous ont sauvés de mille autres dangers;
Et sont les mêmes dieux en ces bords étrangers.
Pallas nous a conduits, et Junon de nos têtes
A parmi tant de mers écarté les tempêtes.
Ces grands secours unis auront leur plein effet,
Et ne laisseront point leur ouvrage imparfait.
 Voyez si je m'abuse, amis, quand je l'espère;
Regardez de Junon briller la messagère :
Iris nous vient du ciel dire ses volontés.
En attendant son ordre adorons ses bontés.
Prends ton luth, cher Orphée, et montre à la déesse
Combien ce doux espoir charme notre tristesse.

SCÈNE VI

IRIS, *sur l'arc-en-ciel;* JUNON ET PALLAS, *chacune dans son char;* JASON, ORPHÉE, ARGONAUTES.

ORPHÉE *chante.*

Femme et sœur du maître des dieux,
De qui le seul regard fait nos destins propices,
Nous as-tu jusqu'ici guidés sous tes auspices
 Pour nous voir périr en ces lieux?
Contre des bras mortels tout ce qu'ont pu nos armes,
 Nous l'avons fait dans les combats :
 Contre les monstres et les charmes
C'est à toi maintenant de nous prêter ton bras.

IRIS.

Prince, ne perdez pas courage;
 Les deux mêmes divinités
Qui vous ont garantis sur les flots irrités
Prennent votre défense en ce climat sauvage.

(*Ici Junon et Pallas se montrent dans leurs chars.*)

Les voici toutes deux, qui de leurs propres voix
 Vous apprendront sous quelles lois
Le destin vous promet cette illustre conquête;
 Elles sauront vous la faciliter :
Écoutez leurs conseils, et tenez l'âme prête
 A les exécuter.

JUNON.

 Tous vos bras et toutes vos armes
 Ne peuvent rien contre les charmes
Que Médée en fureur verse sur la toison :
L'amour seul aujourd'hui peut faire ce miracle;
Et dragon ni taureaux ne vous feront obstacle,
Pourvu qu'elle s'apaise en faveur de Jason.
Prête à descendre en terre afin de l'y réduire,
J'ai pris et le visage et l'habit de sa sœur.

Rien ne vous peut servir si vous n'avez son cœur;
Et si vous le gagnez, rien ne vous saurait nuire.

PALLAS.

 Pour vous secourir en ces lieux
Junon change de forme et va descendre en terre;
Et pour vous protéger Pallas remonte aux cieux,
 Où Mars et quelques autres dieux
Vont presser contre vous le maître du tonnerre.
Le Soleil, de son fils embrassant l'intérêt,
Voudra faire changer l'arrêt
Qui vous laisse espérer la toison demandée;
Mais quoi qu'il puisse faire, assurez-vous qu'enfin
 L'amour fera votre destin,
Et vous donnera tout s'il vous donne Médée.

(Ici, tout d'un temps, Iris disparaît; Pallas remonte au ciel, et Junon descend en terre, en traversant toutes deux le théâtre, et faisant croiser leurs chars.)

JASON.

Eh bien! si mes conseils...

PÉLÉE.

 N'en parlons plus, Jason,
Cet oracle l'emporte, et vous aviez raison.
Aimez, le ciel l'ordonne, et c'est l'unique voie
Qu'après tant de travaux il ouvre à notre joie.
N'y perdons point de temps, et sans plus de séjour
Allons sacrifier au tout-puissant Amour.

ACTE DEUXIÈME

La rivière du Phase et le paysage qu'elle traverse succèdent à ce grand jardin, qui disparaît tout d'un coup. On voit tomber de gros torrents des rochers qui servent de rivage à ce fleuve; et l'éloignement qui borne la vue présente aux yeux divers coteaux dont cette campagne est enfermée.

SCÈNE I

JASON, JUNON, *sous le visage de Chalciope.*

JUNON.

Nous pouvons à l'écart, sur ces rives du Phase,
Parler en sûreté du feu qui vous embrase.
Souvent votre Médée y vient prendre le frais,
Et pour y mieux rêver s'échappe du palais.
Il faut venir à bout de cette humeur altière;
De sa sœur tout exprès j'ai pris l'image entière;
Mon visage a même air, ma voix a même ton;
Vous m'en voyez la taille, et l'habit et le nom;
Et je la cache à tous sous un épais nuage,
De peur que son abord ne trouble mon ouvrage.
Sous ces déguisements j'ai déjà rétabli
Presque en toute sa force un amour affaibli.
L'horreur de vos périls, que redoublent les charmes,
Dans cette âme inquiète excite mille alarmes :
Elle blâme déjà son trop d'emportement.
C'est à vous d'achever un si doux changement :

Un soupir poussé juste, en suite d'une excuse,
Perce un cœur bien avant quand lui-même il s'accuse,
Et qu'un secret retour le force à ressentir
De sa fureur trop prompte un tendre repentir.
JASON.
Déesse, quel encens...
JUNON.
Traitez-moi de princesse,
Jason, et laissez là l'encens et la déesse.
Quand vous serez en Grèce il y faudra penser;
Mais ici vos devoirs s'en doivent dispenser :
Par ce respect suprême ils m'y feraient connaître.
Laissez-y-moi passer pour ce que je feins d'être,
Jusqu'à ce que le cœur de Médée adouci...
JASON.
Madame, puisqu'il faut ne vous nommer qu'ainsi,
Vos ordres me seront des lois inviolables;
J'aurai pour les remplir des soins infatigables;
Et mon amour plus fort...
JUNON.
Je sais que vous aimez,
Que Médée a des traits dont vos sens sont charmés;
Mais cette passion est-elle en vous si forte
Qu'à tous autres objets elle ferme la porte?
Ne souffre-t-elle plus l'image du passé?
Le portrait d'Hypsipile est-il tout effacé?
JASON.
Ah !
JUNON.
Vous en soupirez !
JASON.
Un reste de tendresse
M'échappe encore au nom d'une belle princesse :
Mais comme assez souvent la distance des lieux
Affaiblit dans le cœur ce qu'elle cache aux yeux,
Les charmes de Médée ont aisément la gloire
D'abattre dans le mien l'effet de sa mémoire.
JUNON.
Peut-être elle n'est pas si loin que vous pensez.
Ses vœux de vous attendre enfin se sont lassés,
Et n'ont pu résister à cette impatience
Dont tous les vrais amants ont trop d'expérience.
L'ardeur de vous revoir l'a hasardée aux flots;
Elle a pris après vous la route de Colchos :
Et moi, pour empêcher que sa flamme importune
Ne rompît sur ces bords toute votre fortune,
J'ai soulevé les vents, qui, brisant son vaisseau,
Dans les flots mutinés ont ouvert son tombeau.
JASON.
Hélas !
JUNON.
N'en craignez point une funeste issue;
Dans son propre palais Neptune l'a reçue.
Comme il craint pour Pélie, à qui votre retour
Doit coûter la couronne, et peut-être le jour,
Il va tâcher d'y mettre un obstacle par elle,
Et vous la renverra, plus pompeuse et plus belle,
Rattacher votre cœur à des liens si doux,
Ou du moins exciter des sentiments jaloux

Qui vous rendent Médée à tel point inflexible,
Que le pouvoir du charme en demeure invincible,
Et que vous périssiez en le voulant forcer,
Ou qu'à votre conquête il faille renoncer.
Dès son premier abord une soudaine flamme
D'Absyrte à ses beautés livrera toute l'âme;
L'Amour me l'a promis : vous l'en verrez charmé;
Mais vous serez sans doute encor le plus aimé.
Il faut donc prévenir ce dieu qui l'a sauvée,
Emporter la toison avant son arrivée.
Votre amante paraît; agissez en amant
Qui veut en effet vaincre, et vaincre promptement.

SCÈNE II
JUNON, MÉDÉE, JASON.
MÉDÉE.
Que faites-vous, ma sœur, avec ce téméraire ?
Quand son orgueil m'outrage, a-t-il de quoi vous plaire?
Et vous a-t-il réduite à lui servir d'appui,
Vous qui parliez tantôt, et si haut, contre lui?
JUNON.
Je suis toujours sincère; et dans l'idolâtrie
Qu'en tous ces héros grecs je vois pour leur patrie,
Si votre cœur était encore à se donner,
Je ferais mes efforts à vous en détourner :
Je vous dirais encor ce que j'ai su vous dire.
Mais l'amour sur tous deux a déjà trop d'empire;
Il vous aime, et je vois qu'avec les mêmes traits...
MÉDÉE.
Que dites-vous, ma sœur? il ne m'aima jamais.
A quelque complaisance il a pu se contraindre;
Mais s'il feignit d'aimer, il a cessé de feindre,
Et me l'a bien fait voir en demandant au roi,
En ma présence même, un autre prix que moi.
JUNON.
Ne condamnons personne avant que de l'entendre.
Savez-vous les raisons dont il se peut défendre?
Il m'en a dit quelqu'une, et je ne puis nier,
Non pas qu'elle suffise à le justifier,
Il est trop criminel; mais que du moins son crime
N'est pas du tout si noir qu'il l'est dans votre estime;
Et si vous la saviez, peut-être à votre tour
Vous trouveriez moins lieu d'accuser son amour.
MÉDÉE.
Quoi ! ce lâche tantôt ne m'a pas regardée;
Il n'a montré qu'orgueil, que mépris pour Médée,
Et je pourrais encor l'entendre discourir !
JASON.
Le discours siérait mal à qui cherche à mourir.
J'ai mérité la mort si j'ai pu vous déplaire.
Mais cessez contre moi d'armer votre colère :
Vos taureaux, vos dragons, sont ici superflus;
Dites-moi seulement que vous ne m'aimez plus :
Ces deux mots suffiront pour réduire en poussière...
MÉDÉE.
Va, quand il me plaira, j'en sais bien la manière

Et si ma bouche encor n'en fulmine l'arrêt,
Rends grâces à ma sœur qui prend ton intérêt.
Par quel art, par quel charme, as-tu pu la séduire,
Elle qui ne cherchait tantôt qu'à te détruire?
D'où vient que mon cœur même à demi révolté
Semble vouloir s'entendre avec ta lâcheté,
Et, de tes actions favorable interprète,
Ne te peint à mes yeux que tel qu'il te souhaite?
Par quelle illusion lui fais-tu cette loi?
Serais-tu dans mon art plus grand maître que moi?
Tu mets dans tous mes sens le trouble et le divorce :
Je veux ne t'aimer plus, et n'en ai pas la force.
Achève d'éblouir un si juste courroux
Qu'offusquent malgré moi des sentiments trop doux;
Car enfin, et ma sœur l'a bien pu reconnaître,
Tout violent qu'il est, l'amour seul l'a fait naître;
Il va jusqu'à la haine, et toutefois, hélas!
Je te haïrais peu, si je ne t'aimais pas.
Mais parle, et, si tu peux, montre quelque innocence.

JASON.

Je renonce, madame, à toute autre défense.
Si vous m'aimez encore, et si l'amour en vous
Fait naître cette haine, anime ce courroux;
Puisque de tous les deux sa flamme est triomphante,
Le courroux est propice et la haine obligeante.
Oui, puisque cet amour vous parle encor pour moi,
Il ne vous permet pas de douter de ma foi ;
Et pour vous faire voir mon innocence entière
Il éclaire vos yeux de toute sa lumière;
De ses rayons divins le vif discernement
Du chef de ces héros sépare votre amant.
Ces princes, qui pour vous ont exposé leur vie,
Sans qui votre province allait être asservie,
Eux qui de vos destins rompant le cours fatal,
Tous mes égaux qu'ils sont, m'ont fait leur général;
Eux qui de leurs exploits, eux qui de leur victoire,
Ont répandu sur moi la plus brillante gloire;
Eux tous ont par ma voix demandé la toison :
C'étaient eux qui parlaient, ce n'était pas Jason.
Il ne voulait que vous : mais pouvait-il dédire
Ces guerriers dont le bras a sauvé votre empire,
Et, par une bassesse indigne de son rang,
Demander pour lui seul tout le prix de leur sang?
Pouvais-je les trahir, moi, qui de leurs suffrages
De ce rang où je suis tiens tous les avantages?
Pouvais-je avec honneur à ce qu'il a d'éclat
Joindre le nom de lâche et le titre d'ingrat?
Auriez-vous pu m'aimer couvert de cette honte?

JUNON.

Ma sœur, dites le vrai, n'étiez-vous pas trop prompte?
Qu'a-t-il fait qu'un cœur noble et vraiment géné-

MÉDÉE.   [reux...

Ma sœur, je le voulais seulement amoureux.
En qui saurait aimer serait-ce donc un crime, [me?
Pour montrer plus d'amour, de perdre un peu d'esti-
Et malgré les douceurs d'un espoir si charmant,
Faut-il que le héros fasse taire l'amant?
Quel que soit ce devoir, ou ce noble caprice,
Tu me devais, Jason, en faire un sacrifice.

Peut-être j'aurais pu t'en entendre blâmer,
Mais non pas t'en haïr, non pas t'en moins aimer.
Tout oblige en amour, quand l'amour en est cause.

JUNON.

Voyez à quoi pour vous cet amour la dispose.
N'abusez point, Jason, des bontés de ma sœur,
Qui semble se résoudre à vous rendre son cœur;
Et laissez à vos Grecs, au péril de leur vie,
Chercher cette toison si chère à leur envie.

JASON.

Quoi! les abandonner en ce pas dangereux?

MÉDÉE.

N'as-tu point assez fait d'avoir parlé pour eux?

JASON.

Je suis leur chef, madame; et pour cette conquête
Mon honneur me condamne à marcher à leur tête:
J'y dois périr comme eux, s'il leur faut y périr;
Et bientôt à leur tête on m'y verrait courir,
Si j'aimais assez mal pour essayer mes armes
A forcer des périls qu'ont préparés vos charmes,
Et si le moindre espoir de vaincre malgré vous
N'était un attentat contre votre courroux.
Oui, ce que nos destins m'ordonnent que j'obtienne,
Je le veux de vos mains, et non pas de la mienne.
Si ce trésor par vous ne m'est point accordé,
Mon bras me punira d'avoir trop demandé;
Et mon sang à vos yeux, sur ce triste rivage,
De vos justes refus étalera l'ouvrage.
Vous m'en verrez, madame, accepter la rigueur,
Votre nom en la bouche et votre image au cœur,
Et mon dernier soupir, par un pur sacrifice,
Sauver toute ma gloire et vous rendre justice.
Quel heur* de pouvoir dire en terminant mon sort:
« Un respect amoureux a seul causé ma mort! »
Quel heur de voir ma mort charger la renommée
De tout ce digne excès dont vous êtes aimée,
Et dans tout l'avenir...

MÉDÉE.

Va, ne me dis plus rien;
Je ferai mon devoir comme tu fais le tien.
L'honneur doit m'être cher, si la gloire t'est chère:
Je ne trahirai point mon pays et mon père;
Le destin de l'État dépend de la toison,
Et je commence enfin à connaître Jason.
Ces paniques terreurs pour ta gloire flétrie
Nous déguisent en vain l'amour de ta patrie;
L'impatiente ardeur d'en voir le doux climat
Sous ces fausses couleurs ne fait que trop d'éclat.
Mais, s'il faut la toison pour t'en ouvrir l'entrée,
Va traîner ton exil de contrée en contrée;
Et ne présume pas, pour te voir trop aimé,
Abuser en tyran de mon cœur enflammé.
Puisque le tien s'obstine à braver ma colère,
Que tu me fais des lois, à moi qui t'en dois faire,
Je reprends cette foi que tu crains d'accepter,
Et préviens un ingrat qui cherche à me quitter.

JASON.   [naître

Moi, vous quitter, madame! ah! que c'est mal con-
Le pouvoir du beau feu que vos yeux ont fait naître!

Que nos héros en Grèce emportent leur butin,
Jason auprès de vous attache son destin.
Donnez-leur la toison qu'ils ont presque achetée;
Ou si leur sang versé l'a trop peu méritée,
Joignez-y tout le mien, et laissez-moi l'honneur
De leur voir de ma main tenir tout leur bonheur.
Que si le souvenir de vous avoir servie
Me réserve pour vous quelque reste de vie,
Soit qu'il faille à Colchos borner notre séjour,
Soit qu'il vous plaise ailleurs éprouver mon amour,
Sous les climats brûlants, sous les zones glacées,
Les routes me plairont que vous m'aurez tracées;
J'y baiserai partout les marques de vos pas.
Point pour moi de patrie où vous ne serez pas;
Point pour moi...

MÉDÉE.

Quoi! Jason, tu pourrais pour Médée
Étouffer de ta Grèce et l'amour et l'idée?

JASON.

Je le pourrai, madame, et de plus...

SCÈNE III

ABSYRTE, JUNON, JASON, MÉDÉE.

ABSYRTE.

Ah! mes sœurs,
Quel miracle nouveau va ravir tous nos cœurs!
Sur ce fleuve mes yeux ont vu de cette roche
Comme un trône flottant qui de nos bords s'approche.
Quatre monstres marins courbent sous ce fardeau;
Quatre nains emplumés le soutiennent sur l'eau;
Et découpant les airs par un battement d'ailes,
Lui servent de rameurs et de guides fidèles.
Sur cet amas brillant de nacre et de coral
Qui sillonne les flots de ce mouvant cristal,
L'opale étincelante à la perle mêlée
Renvoie un jour pompeux vers la voûte étoilée.
Les nymphes de la mer, les tritons, tout autour,
Semblent au dieu caché faire à l'envi leur cour;
Et sur ces flots heureux, qui tressaillent de joie,
Par mille bonds divers ils lui tracent la voie.
Voyez du fond des eaux s'élever à nos yeux,
Par un commun accord, ces moites demi-dieux.
Puissent-ils sur ces bords arrêter ce miracle!
Admirez avec moi ce merveilleux spectacle.
Le voilà qui les suit. Voyez-le s'avancer.

JASON, à *Junon*.

Ah! madame!

JUNON.

Voyez sans vous embarrasser.

(Ici l'on voit sortir du milieu du Phase le dieu Glauque avec deux tritons et deux sirènes qui chantent, cependant qu'une grande conque de nacre, semée de branches de corail et de pierres précieuses, portée par quatre dauphins, et soutenue par quatre vents en l'air, vient insensiblement s'arrêter au milieu de ce même fleuve. Tandis qu'elles chantent, le devant de cette conque merveilleuse fond dans l'eau, et laisse voir la reine Hypsipile assise comme dans un trône; et soudain Glauque commande aux vents de s'envoler, aux tritons et aux sirènes de disparaître, et au fleuve de retirer une partie de ses eaux pour laisser prendre terre à Hypsipile. Les tritons, le fleuve, les vents et les sirènes obéissent, et Glauque se perd lui-même au fond de l'eau sitôt qu'il a parlé; ensuite de quoi Absyrte donne la main à Hypsipile pour sortir de cette conque, qui s'abîme aussitôt dans le fleuve.)

SCÈNE IV

ABSYRTE, JUNON, MÉDÉE, JASON, GLAUQUE.
SIRÈNES, TRITONS, HYPSIPILE.

CHANT DES SIRÈNES.

Telle Vénus sortit du sein de l'onde
Pour faire régner dans le monde
Les jeux et les plaisirs, les grâces et l'amour;
Telle tous les matins l'Aurore
Sur le sein émaillé de Flore
Verse la rosée et le jour.

Objet divin, qui vas de ce rivage
Bannir ce qu'il a de sauvage,
Pour y faire régner les grâces et l'amour;
Telle et plus adorable encore
Que n'est Vénus, que n'est l'Aurore,
Tu vas y faire un nouveau jour.

ABSYRTE.

Quelle beauté, mes sœurs, dans ce trône enfermée,
De son premier coup d'œil a mon âme charmée?
Quel cœur pourrait tenir contre de tels appas?

HYPSIPILE.

Juste ciel, il me voit, et ne s'avance pas!

GLAUQUE.

Allez, Tritons, allez, Sirènes;
Allez, Vents, et rompez vos chaînes;
Neptune est satisfait,
Et l'ordre qu'il vous donne a son entier effet.
Jason, vois les bontés de ce même Neptune,
Qui, pour achever ta fortune,
A sauvé du naufrage, et renvoie à tes vœux
La princesse qui seule est digne de ta flamme :
A son aspect rallume tous tes feux;
Et pour répondre aux siens, rends-lui toute ton âme.
Et toi, qui jusques à Colchos
Dois à tant de beautés un assuré passage,
Fleuve, pour un moment retire un peu tes flots,
Et laisse approcher ton rivage.

ABSYRTE, à *Hypsipile*.

Princesse, en qui du ciel les merveilleux efforts
Se sont plu d'animer ses plus rares trésors,
Souffrez qu'au nom du roi dont je tiens la naissance
Je vous offre en ces lieux une entière puissance :
Régnez dans ces États, régnez dans son palais;
Et pour premier hommage à vos divins attraits...

HYPSIPILE.

Faites moins d'honneur, prince, à mon peu de mérite :
Je ne cherche en ces lieux qu'un ingrat qui m'évite.
Au lieu de m'aborder, Jason, vous pâlissez!
Dites-moi pour le moins si vous me connaissez.

JASON.

Je sais bien qu'à Lemnos vous étiez Hypsipile;
Mais ici...

HYPSIPILE.

Qui vous rend de la sorte immobile?
Ne suis-je plus la même arrivant à Colchos?

JASON.

Oui; mais je n'y suis pas le même qu'à Lemnos.

HYPSIPILE.

Dieux! que viens-je d'ouïr?

JASON.

J'ai d'autres yeux, madame:
Voyez cette princesse, elle a toute mon âme;
Et pour vous épargner les discours superflus,
Ici je ne connais et ne vois rien de plus.

HYPSIPILE.

O faveurs de Neptune, où m'avez-vous conduite?
Et s'il commence ainsi, quelle sera la suite?

MÉDÉE.

Non, non, madame, non, je ne veux rien d'autrui.
Reprenez votre amant, je vous laisse avec lui.

(à Jason.)

Ne m'offre plus un cœur dont une autre est maîtresse,
Volage, et reçois mieux cette grande princesse.
Adieu. Des yeux si beaux valent bien la toison.

JASON, à Junon.

Ah! madame, voyez qu'avec peu de raison...

JUNON, à Jason.

Suivez sans perdre temps, je saurai vous rejoindre.
(à Hypsipile.) [moindre.
Madame, on vous trahit; mais votre heur* n'est pas
Mon frère, qui s'apprête à vous conduire au roi,
N'a pas moins de mérite, et tiendra mieux sa foi.
Si je le connais bien, vous avez qui vous venge;
Et si vous m'en croyez, vous gagnerez au change*.
Je vous laisse en résoudre, et prends quelques mo-
Pour rétablir le calme entre ces deux amants. [ments

SCÈNE V

ABSYRTE, HYPSIPILE.

ABSYRTE.

Madame, si j'osais, dans le trouble où vous êtes,
Montrer à vos beaux yeux des peines plus secrètes,
Si j'osais faire voir à ces divins tyrans
Ce qu'ont déjà soumis de si doux conquérants,
Je mettrais à vos pieds le trône et la couronne
Où le ciel me destine, et que le sang me donne.
Mais, puisque vos douleurs font taire mes désirs,
Ne vous offensez pas du moins de mes soupirs;
Et tant que le respect m'imposera silence,
Expliquez-vous pour eux toute leur violence.

HYPSIPILE.

Prince, que voulez-vous d'un cœur préoccupé
Sur qui domine encor l'ingrat qui l'a trompé?
Si c'est à mon amour une peine cruelle
Où je cherche un amant de voir un infidèle,
C'est un nouveau supplice à mes tristes appas
De faire une conquête où je n'en cherche pas.
Non que je vous méprise, et que votre personne
N'eût de quoi me toucher plus que votre couronne;
Le ciel me donne un sceptre en des climats plus doux,
Et de tous vos États je ne voudrais que vous.
Mais ne vous flattez point sur ces marques d'estime
Qu'en mon cœur, tel qu'il est, votre présence impri-
Quand l'univers entier vous connaîtrait pour roi, [me;
Que pourrai-je pour vous, si je ne suis à moi?

ABSYRTE.

Vous y serez, madame, et pourrez toute chose:
Le change* de Jason déjà vous y dispose;
Et, pour peu qu'il soutienne encor cette rigueur,
Le dépit, malgré vous, vous rendra votre cœur.
D'un si volage amant que pourriez-vous attendre?

HYPSIPILE.

L'inconstance me l'ôte, elle peut me le rendre.

ABSYRTE.

Quoi! vous pourriez l'aimer, s'il rentrait sous vos lois
En devenant perfide une seconde fois?

HYPSIPILE.

Prince, vous savez mal combien charme un courage
Le plus frivole espoir de reprendre un volage,
De le voir, malgré lui, dans nos fers retombé,
Échapper à l'objet qui nous l'a dérobé,
Et sur une rivale et confuse et trompée
Ressaisir avec gloire une place usurpée.
Si le ciel en courroux m'en refuse l'honneur,
Du moins je servirai d'obstacle à son bonheur.
Cependant éteignez une flamme inutile:
Aimez en d'autres lieux, et plaignez Hypsipile;
Et, s'il vous reste encor quelque bonté pour moi,
Aidez contre un ingrat ma plainte auprès du roi.

ABSYRTE.

Votre plainte, madame, aurait pour toute issue
Un nouveau déplaisir de la voir mal reçue.
Le roi le veut pour gendre, et ma sœur pour époux.

HYPSIPILE.

Il me rendra justice, un roi la doit à tous;
Et qui la sacrifie aux tendresses de père
Est d'un pouvoir si saint mauvais dépositaire.

ABSYRTE.

A quelle rude épreuve engagez-vous ma foi,
De me forcer d'agir contre ma sœur et moi!
Mais n'importe, le temps et quelque heureux service
Pourront à mon amour vous rendre plus propice.
Tandis*, souvenez-vous que jusqu'à se trahir
Ce prince malheureux cherche à vous obéir.

ACTE TROISIÈME

Nos théâtres n'ont encore rien fait paraître de si brillant que le palais du roi Aætes, qui sert de décoration à cet acte. On y voit de chaque côté deux rangs de colonnes de jaspe torses, et environnées de pampres d'or à grands feuillages, chantournées, et découpées à jour, au milieu desquelles sont des statues d'or à l'antique, de grandeur naturelle. Les frises, les festons, les corniches et les chapiteaux sont pareillement d'or, et portent pour finissement des vases de porcelaine d'où sortent de gros bouquets de fleurs aussi au naturel. Les bases et les piédestaux sont enrichis de basses-tailles, où sont peintes diverses fables de l'antiquité. Un grand portique doré, soutenu par quatre autres colonnes dans le même ordre, fait la face du théâtre, et est suivi de cinq ou six autres de même manière, qui forment, par le moyen de ces colonnes, comme cinq galeries, où la vue s'enfonçant découvre ce même jardin de cyprès qui a paru au premier acte.

SCÈNE I

AÆTES, JASON.

AÆTES.

Je vous devais assez pour vous donner Médée,
Jason ; et si tantôt vous l'aviez demandée,
Si vous m'aviez parlé comme vous me parlez,
Vous auriez obtenu le bien que vous voulez.
Mais en est-il saison au jour d'une conquête
Qui doit faire tomber mon trône ou votre tête?
Et vous puis-je accepter pour gendre, et vous chérir,
S'il vous faut, dans une heure, ou me perdre, ou périr?
Prétendre à la toison par l'hymen de ma fille,
C'est pour m'assassiner s'unir à ma famille ;
Et si vous abusez de ce que j'ai promis,
Vous êtes le plus grand de tous mes ennemis.
Je ne m'en puis dédire, et le serment me lie,
Mais si tant de périls vous laissent quelque vie,
Après avoir perdu ce roi que vous bravez,
Allez porter vos vœux à qui vous les devez :
Hypsipile vous aime, elle est reine, elle est belle ;
Fuyez notre vengeance, et régnez avec elle.

JASON.

Quoi ! parler de vengeance, et d'un œil de courroux
Voir l'immuable ardeur de m'attacher à vous!
Vous présumer perdu sur la foi d'un scrupule
Qu'embrasse aveuglément votre âme trop crédule;
Comme si sur la peau d'un chétif animal
Le ciel avait écrit tout votre sort fatal!
Ce que l'ombre a prédit, si vous daignez l'entendre
Ne met aucun obstacle aux prières d'un gendre.
Me donner la princesse, et pour dot la toison,
Ce n'est que l'assurer dedans votre maison,
Puisque par les doux nœuds de ce bonheur suprême
Je deviendrai soudain une part de vous-même,
Et que ce même bras qui vous a pu sauver
Sera toujours armé pour vous la conserver.

AÆTES.

Vous prenez un peu tard une mauvaise adresse.
Nos esprits sont plus lourds que ceux de votre Grèce ;
Mais j'ai d'assez bons yeux, dans un si juste effroi,
Pour démêler sans peine un gendre d'avec moi.
Je sais que l'union d'un époux à ma fille
De mon sang et du sien forme une autre famille ;
Et que si de moi-même elle fait quelque part,
Cette part de moi-même a ses destins à part.
Ce que l'ombre a prédit se fait assez entendre.
Cessez de vous forcer à devenir mon gendre ;
Ce serait un honneur qui ne vous plairait pas,
Puisque la toison seule a pour vous des appas,
Et que si mon malheur vous l'avait accordée,
Vous n'auriez jamais fait aucun vœu pour Médée.

JASON.

C'est trop faire d'outrage à mon cœur enflammé.
Dès l'abord je la vis, dès l'abord je l'aimai ;
Et mon amour n'est pas un amour politique
Que le besoin colore, et que la crainte explique.
Mais n'ayant que moi-même à vous parler pour moi,
Je n'osais espérer d'être écouté d'un roi,
Ni que sur ma parole il me crût de naissance
A porter mes désirs jusqu'à son alliance.
Maintenant qu'une reine a fait voir que mon sang
N'est pas fort au-dessous de cet illustre rang,
Qu'un refus de son sceptre après votre victoire
Montre qu'on peut m'aimer sans hasarder sa gloire,
J'ose, un peu moins timide, offrir, avec ma foi,
Ce que veut une reine, à la fille d'un roi.

AÆTES.

Et cette même reine est un exemple illustre
Qui met tous vos hauts faits en leur plus digne lustre.
L'état où la réduit votre fidélité
Nous instruit hautement de cette vérité,
Que ma fille avec vous serait fort assurée
Sur les gages douteux d'une foi parjurée.
Ce trône refusé dont vous faites le vain
Nous doit donner à tous horreur de votre main.
Il ne faut pas ainsi se jouer des couronnes ;
On doit toujours respect au sceptre, à nos personnes.
Mépriser cette reine en présence d'un roi,
C'est manquer de prudence aussi bien que de foi.
Le ciel nous unit tous en ce grand caractère :
Je ne puis être roi sans être aussi son frère ;
Et si vous étiez né mon sujet ou mon fils,
J'aurais déjà puni l'orgueil d'un tel mépris :
Mais l'unique pouvoir que sur vous je puis prendre,
C'est de vous ordonner de la voir, de l'entendre.
La voilà : pensez bien que tel est votre sort,
Que vous n'avez qu'un choix, Hypsipile, ou la mort.
Car à vous en parler avec pleine franchise,
Ma perte dépend bien de la toison conquise ;
Mais je ne dois pas craindre en ces périls nouveaux
Que votre vie échappe aux feux de nos taureaux.

SCÈNE II

AÆTES, HYPSIPILE, JASON.

AÆTES.

Madame, j'ai parlé ; mais toutes mes paroles

Ne sont auprès de lui que des discours frivoles.
C'est à vous d'essayer ce que pourront vos yeux ;
Comme ils ont plus de force, ils réussiront mieux.
Arrachez-lui du sein cette funeste envie
Qui dans ce même jour lui va coûter la vie :
Je vous devrai beaucoup si vous touchez son cœur
Jusques à le sauver de sa propre fureur :
Devant ce que je dois au secours de ses armes,
Rompre son mauvais sort, c'est épargner nos larmes.

SCÈNE III

HYPSIPILE, JASON.

HYPSIPILE.

Eh bien ! Jason, la mort a-t-elle de tels biens
Qu'elle soit plus aimable à vos yeux que les miens ?
Et sa douceur pour vous serait-elle moins pure
Si vous n'y joigniez l'heur* de mourir en parjure ?
Oui, ce glorieux titre est si doux à porter,
Que de tout votre sang il le faut acheter.
Le mépris qui succède à l'amitié passée
D'une seule douleur m'aurait trop peu blessée :
Pour mieux punir ce cœur d'avoir su vous chérir,
Il faut vous voir ensemble et changer et périr :
Il faut que le tourment d'être trop tôt vengée
Se mêle au déplaisir de me voir outragée ;
Que l'amour, au dépit ne cédant qu'à moitié,
Sitôt qu'il est banni, rentre par la pitié,
Et que ce même feu, que je devrais éteindre,
M'oblige à vous haïr, et me force à vous plaindre.

Je ne t'empêche pas, volage, de changer ;
Mais du moins, en changeant, laisse-moi me venger :
C'est trop cruel, c'est trop croître l'offense
Que m'ôter à la fois ton cœur et ma vengeance :
Le supplice où tu cours la va trop tôt finir.
Ce n'est pas me venger, ce n'est que te punir ;
Et toute sa rigueur n'a rien qui me soulage,
S'il n'a pour son souhait et le choix et l'ouvrage.
Hélas ! si tu pouvais le laisser à mon choix,
Ton supplice, il serait de rentrer sous mes lois,
De m'attacher à toi d'une chaîne plus forte,
Et de prendre en ta main le sceptre que je porte.
Tu n'as qu'à dire un mot, ton crime est effacé :
J'ai déjà, si tu veux, oublié le passé.
Mais qu'inutilement je me montre si bonne
Quand tu cours à la mort de peur qu'on te pardonne !
Quoi ! tu ne réponds rien, et mes plaintes en l'air
N'ont rien d'assez puissant pour te faire parler ?

JASON.

Que voulez-vous, madame, ici que je vous die*?
Je ne connais que trop quelle est ma perfidie ;
Et l'état où je suis ne saurait consentir
Que j'en fasse une excuse, ou montre un repentir :
Après ce que j'ai fait, après ce qui se passe,
Tout ce que je dirais aurait mauvaise grâce.
Laissez dans le silence un coupable obstiné,
Qui se plaît dans son crime, et n'en est point gêné.

HYPSIPILE.

Parle toutefois, parle, et non plus pour me plaire,
Mais pour rendre la force à ma juste colère ;
Parle, pour m'arracher ces tendres sentiments
Que l'amour enracine au cœur des vrais amants ;
Repasse mes bontés et tes ingratitudes ;
Joins-y, si tu le peux, des coups encor plus rudes :
Ce sera m'obliger, ce sera m'obéir.
Je te devrai beaucoup, si je te puis haïr,
Et si de tes forfaits la peinture étendue
Ne laisse plus flotter ma haine suspendue.

JASON.

Que dirai-je, après tout, que ce que vous savez ?
Madame, rendez-vous ce que vous vous devez.
Il n'est pas glorieux pour une grande reine
De montrer de l'amour, et de voir de la haine ;
Et le sexe et le rang se doivent souvenir
Qu'il leur sied bien d'attendre, et non de prévenir ;
Et que c'est profaner la dignité suprême,
Que de lui laisser dire : On me trahit, et j'aime.

HYPSIPILE.

Je le puis dire, ingrat, sans blesser mon devoir ;
C'est mon époux en toi que le ciel me fait voir,
Du moins si la parole et reçue et donnée
A des nœuds assez forts pour faire un hyménée.
Ressouviens-t'en, volage, et des chastes douceurs
Qu'un mutuel amour répandit dans nos cœurs.
Je te laissai partir afin que ta conquête
Remît sous mon empire une plus digne tête,
Et qu'une reine eût droit d'honorer de son choix
Un héros que son bras eût fait égal aux rois.
J'attendais ton retour pour pouvoir avec gloire
Récompenser ta flamme et payer ta victoire ;
Et quand jusques ici je t'apporte ma foi,
Je trouve en arrivant que tu n'es plus à moi !
Hélas ! je ne craignais que tes beautés de Grèce ;
Et je vois qu'une Scythe a rompu ta promesse,
Et qu'un climat barbare a des traits assez doux
Pour m'avoir de mes bras enlevé mon époux !
Mais, dis-moi, ta Médée est-elle si parfaite ?
Ce que cherche Jason vaut-il ce qu'il rejette ?
Malgré ton cœur changé, j'en fais juges tes yeux.
Tu soupires en vain, il faut t'expliquer mieux :
Ce soupir échappé me dit bien quelque chose ;
Tout autre l'entendrait ; mais sans toi je ne l'ose.
Parle donc et sans feinte, où porte-t-il ta foi ?
Va-t-il vers ma rivale, ou revient-il vers moi ?

JASON.

Osez autant qu'une autre ; entendez-le, madame,
Ce soupir que vers vous pousse toute mon âme ;
Et concevez par là jusqu'où vont mes malheurs,
De soupirer pour vous et de prétendre ailleurs.
Il me faut la toison, il y va de la vie
De tous ces demi-dieux que brûle même envie ;
Il y va de ma gloire, et j'ai beau soupirer,
Sous cette tyrannie il me faut expirer.
J'en perds tout mon bonheur, j'en perds toute ma
Mais pour sortir d'ici je n'ai que cette voie ; [joie :

Et le même intérêt qui vous fit consentir,
Malgré tout votre amour, à me laisser partir,
Le même me dérobe ici votre couronne :
Pour faire ma conquête, il faut que je me donne,
Que pour l'objet aimé j'affecte des mépris,
Que je m'offre en esclave et me vende à ce prix :
Voilà ce que mon cœur vous dit quand il soupire.
Ne me condamnez plus, madame, à le redire.
Si vous m'aimez encor, de pareils entretiens
Peuvent aigrir vos maux et redoublent les miens ;
Et cet aveu d'un crime où le destin m'attache
Grossit l'indignité des remords que je cache.
Pour me les épargner, vous voyez qu'en ces lieux
Je fuis votre présence, et j'évite vos yeux. [et belle,
L'amour vous montre aux miens toujours charmante
Chaque moment allume une flamme nouvelle ;
Mais ce qui de mon cœur fait les plus chers désirs,
De mon change* forcé fait tous les déplaisirs ;
Et dans l'affreux supplice où me tient votre vue,
Chaque coup d'œil me perce, et chaque instant me tue.
Vos bontés n'ont pour moi que des traits rigoureux :
Plus je me vois aimé, plus je suis malheureux ;
Plus vous me faites voir d'amour et de mérite,
Plus vous haussez le prix des trésors que je quitte ;
Et l'excès de ma perte allume une fureur
Qui me donne moi-même à moi-même en horreur.
Laissez-moi m'affranchir de la secrète rage
D'être en dépit de moi déloyal et volage ;
Et puisqu'ici le ciel vous offre un autre époux
D'un rang pareil au vôtre, et plus digne de vous,
Ne vous obstinez point à gêner une vie
Que de tant de malheurs vous voyez poursuivie ;
Oubliez un ingrat qui jusques au trépas,
Tout ingrat qu'il paraît ne vous oubliera pas.
Apprenez à quitter un lâche qui vous quitte.

HYPSIPILE.
Tu te confesses lâche et veux que je t'imite ;
Et quand tu fais effort pour te justifier,
Tu veux que je t'oublie, et ne peux m'oublier !
Je vois ton artifice et ce que tu médites ;
Tu veux me conserver, alors que tu me quittes ;
Et par les attentats d'un flatteur entretien
Me dérober ton cœur, et retenir le mien :
Tu veux que je te perde, et que je te regrette,
Que j'approuve en pleurant la perte que j'ai faite,
Que je t'estime et t'aime avec ta lâcheté,
Et me prenne de tout à la fatalité.
 Le ciel l'ordonne ainsi ; ton change* est légitime ;
Ton innocence est sûre au milieu de ton crime ;
Et quand tes trahisons pressent leur noir effet,
Ta gloire, ton devoir, ton destin a tout fait.
 Reprends, reprends, Jason, tes premières rudesses ;
Leur coup m'est bien plus doux que tes fausses ten-
 [dresses ;
Tes remords impuissants aigrissent mes douleurs :
Ne me rends point ton cœur, quand tu te vends ail-
 [leurs.
D'un cœur qu'on ne voit pas l'offre est lâche et barbare
Quand de tout ce qu'on voit un autre objet s'empare ;

Et c'est faire un hommage et ridicule et vain
De présenter le cœur et retirer la main.

JASON.
L'un et l'autre est à vous, si...

HYPSIPILE.
 N'achève pas, traître ;
Ce que tu veux cacher se ferait trop paraître :
Un véritable amour ne parle point ainsi.

JASON.
Trouvez donc les moyens de nous tirer d'ici.
La toison emportée, il agira, madame,
Ce véritable amour qui vous donne mon âme ;
Sinon... Mais, dieux ! que vois-je ? O ciel ! je suis per-
Si j'ai tant de malheur qu'elle m'ait entendu. [du,

SCÈNE IV

MÉDÉE, HYPSIPILE.

MÉDÉE.
Vous l'avez vu, madame ? êtes-vous satisfaite ?

HYPSIPILE.
Vous en pouvez juger par sa prompte retraite.

MÉDÉE.
Elle marque le trouble où son cœur est réduit ;
Mais j'ignore, après tout, s'il vous quitte, ou me fuit.

HYPSIPILE.
Vous pouvez donc, madame, ignorer quelque chose ?

MÉDÉE.
Je sais que s'il me fuit vous en êtes la cause.

HYPSIPILE.
Moi, je n'en sais pas tant ; mais j'avoue entre nous
Que, s'il faut qu'il me quitte, il a besoin de vous.

MÉDÉE.
Ce que vous en pensez me donne peu d'alarmes.

HYPSIPILE.
Je n'ai que des attraits, et vous avez des charmes.

MÉDÉE.
C'est beaucoup en amour que de savoir charmer.

HYPSIPILE.
Et c'est beaucoup aussi que de se faire aimer.

MÉDÉE.
Si vous en avez l'art, j'ai celui d'y contraindre.

HYPSIPILE.
A faute d'être aimée on peut se faire craindre.

MÉDÉE.
Il vous aima jadis ?

HYPSIPILE.
 Peut-être il m'aime encor,
Moins que vous toutefois, ou que la toison d'or.

MÉDÉE.
Du moins, quand je voudrai flatter son espérance,
Il saura de nous deux faire la différence.

HYPSIPILE.
J'en vois la différence assez grande à Colchos ;
Mais elle serait autre et plus grande à Lemnos.
Les lieux aident au choix ; et peut-être qu'en Grèce
Quelque troisième objet surprendrait sa tendresse.

LA TOISON D'OR, ACTE III, SCÈNE V.

MÉDÉE.
J'apppréhende assez peu qu'il me manque de foi.
HYPSIPILE.
Vous êtes plus adroite et plus belle que moi.
Tant qu'il aura des yeux vous n'avez rien à craindre.
MÉDÉE.
J'allume peu de feux qu'une autre puisse éteindre;
Et puisqu'il me promet un cœur ferme et constant...
HYPSIPILE.
Autrefois à Lemnos il m'en promit autant.
MÉDÉE.
D'un amant qui s'en va de quoi sert la parole?
HYPSIPILE.
A montrer qu'on vous peut voler ce qu'on me vole.
Ces beaux feux qu'en mon île il n'osait démentir...
MÉDÉE.
Eurent un peu de tort de le laisser partir.
HYPSIPILE.
Comme vous en aurez, si jamais ce volage
Porte à quelque autre objet ce qu'il vous rend d'hom-
MÉDÉE. [mage.
Les captifs mal gardés ont droit de nous quitter.
HYPSIPILE.
J'avais quelque mérite, et n'ai pu l'arrêter.
MÉDÉE.
J'en ai peu, mais enfin s'il fait plus que le vôtre?
HYPSIPILE.
Vous aurez lieu de croire en valoir bien une autre:
Mais prenez moins d'appui sur un cœur usurpé;
Il peut vous échapper puisqu'il m'est échappé.
MÉDÉE.
Votre esprit n'est rempli que de mauvais augures.
HYPSIPILE.
On peut sur le passé former ses conjectures.
MÉDÉE.
Le passé mal conduit n'est qu'un miroir trompeur,
Où l'œil bien éclairé ne fonde espoir ni peur.
HYPSIPILE.
Si j'ai conçu pour vous des craintes mal fondées...
MÉDÉE.
Laissons faire Jason, et gardons nos idées.
HYPSIPILE.
Avec sincérité je dois vous avouer
Que j'ai quelque sujet encor de m'en louer.
MÉDÉE.
Avec sincérité je dois aussi vous dire
Qu'assez malaisément on sort de mon empire :
Et que, quand jusqu'à moi j'ai permis d'aspirer,
On ne s'abaisse plus à vous considérer.
Profitez des avis que ma pitié vous donne.
HYPSIPILE.
A vous dire le vrai, cette hauteur m'étonne.
Je suis reine, madame, et les fronts couronnés...
MÉDÉE.
Et moi je suis Médée, et vous m'importunez.
HYPSIPILE.
Cet indigne mépris que de mon rang vous faites...
MÉDÉE.
Connaissez-moi, madame, et voyez où vous êtes.

Si Jason pour vos yeux ose encor soupirer,
Il peut chercher des bras à vous en retirer.
Adieu. Souvenez-vous, au lieu de vous en plaindre,
Qu'à faute d'être aimée on peut se faire craindre.

(Ce palais doré se change en un palais d'horreur sitôt que Médée a dit le premier de ces cinq derniers vers, et qu'elle a donné un coup de baguette. Tout ce qu'il y a d'épouvantable en la nature y sert de termes. L'éléphant, le rhinocéros, le lion, l'once, les tigres, les léopards, les panthères, les dragons, les serpents, tous avec leurs antipathies à leurs pieds, y lancent des regards menaçants. Une grotte obscure borne la vue, au travers de laquelle l'œil ne laisse pas de découvrir un éloignement merveilleux que fait la perspective. Quatre monstres ailés et quatre rampants enferment Hypsipile, et semblent prêts à la dévorer.)

SCÈNE V

HYPSIPILE.

Que vois-je? où suis-je? ô dieux! quels abîmes ouverts
Exhalent jusqu'à moi les vapeurs des enfers!
Que d'yeux étincelants sous d'horribles paupières
Mêlent au jour qui fuit d'effroyables lumières!
O toi, qui crois par là te faire redouter,
Si tu l'as espéré, cesse de t'en flatter.
Tu perds de ton grand art la force ou l'imposture,
A t'armer contre moi de toute la nature.
L'amour au désespoir ne peut craindre la mort :
Dans un pareil naufrage elle ouvre un heureux port.
Hâtez, monstres, hâtez votre approche fatale.
Mais immoler ainsi ma vie à ma rivale !
Cette honte est pour moi pire que le trépas.
Je ne veux plus mourir, monstres, n'avancez pas.

UNE VOIX, *derrière le théâtre*.
Monstres, n'avancez pas, une reine l'ordonne;
   Respectez ses appas;
Suivez les lois qu'elle vous donne :
   Monstres, n'avancez pas.

(Les monstres s'arrêtent sitôt que cette voix chante.)

HYPSIPILE.
Quel favorable écho, pendant que je soupire,
Répète mes frayeurs avec un tel empire?
Et d'où vient que, frappés par ces divins accents,
Ces monstres tout à coup deviennent impuissants.

LA VOIX.
  C'est l'amour qui fait ce miracle,
  Et veut plus faire en ta faveur ;
  N'y mets donc point d'obstacle ;
Aime qui t'aime, et donne cœur pour cœur.

HYPSIPILE.
Quel prodige nouveau ! cet amas de nuages
Vient-il dessus ma tête éclater en orages?
Vous qui nous gouvernez, dieux, quel est votre but?
M'annoncez-vous par là ma perte ou mon salut?
Le nuage descend, il s'arrête, il s'entr'ouvre;
Et je vois... Mais, ô dieux, qu'est-ce que j'y découvre?
Serait-ce bien le prince?

(Un nuage descend jusqu'à terre, et, s'y séparant en deux moitiés qui se perdent chacune de son côté, il laisse sur le théâtre le prince Absyrte.)

SCÈNE VI

ABSYRTE, HYPSIPILE.

ABSYRTE.

Oui, madame, c'est lui
Dont l'amour vous apporte un ferme et sûr appui ;
Le même qui, pour vous, courant à son supplice,
Contre un ingrat trop cher a demandé justice ;
Le même vient encor dissiper votre peur.
J'ai parlé contre moi, j'agis contre ma sœur ;
Et, sitôt que je vois quelque espoir de vous plaire,
Je ne me connais plus, je cesse d'être frère.
Monstres, disparaissez ; fuyez de ces beaux yeux
Que vous avez en vain obsédés en ces lieux.

(Tous les monstres s'envolent ou fondent sous terre, et Absyrte continue.)

Et vous, divin objet, n'en ayez plus d'alarmes ;
Pour détruire le reste il faudrait d'autres charmes :
Contre ceux qu'on pressait de vous faire périr,
Je n'avais que les airs par où vous secourir ;
Et d'un art tout-puissant les forces inconnues
Ne me laissent ouvert que le milieu des nues :
Mais le mien, quoique moindre, a pleine autorité
De nous faire sortir d'un séjour enchanté.
Allons, madame.

HYPSIPILE.

Allons, prince trop magnanime,
Prince digne en effet de toute mon estime.

ABSYRTE.

N'aurez-vous rien de plus pour des vœux si constants ?
Et ne pourrai-je...

HYPSIPILE.

Allons, et laissez faire au temps.

ACTE QUATRIÈME

Ce théâtre horrible fait place à un plus agréable : c'est le désert où Médée a de coutume de se retirer pour faire ses enchantements. Il est tout de rochers qui laissent sortir de leurs fentes quelques filaments d'herbes rampantes et quelques arbres moitié verts et moitié secs : ces rochers sont d'une pierre blanche et luisante; de sorte que, comme l'autre théâtre était fort chargé d'ombres, le changement subit de l'un à l'autre fait qu'il semble qu'on passe de la nuit au jour.

SCÈNE I

ABSYRTE, MÉDÉE.

MÉDÉE.

Qui donne cette audace à votre inquiétude,
Prince, de me troubler jusqu'en ma solitude ?
Avez-vous oublié que dans ces tristes lieux
Je ne souffre que moi, les ombres, et les dieux ;
Et qu'étant par mon art consacrés au silence,
Aucun ne peut sans crime y mêler sa présence ?

ABSYRTE.

De vos bontés, ma sœur, c'est sans doute abuser,
Mais l'ardeur d'un amant a droit de tout oser.
C'est elle qui m'amène en ces lieux solitaires,
Où votre art fait agir ses plus secrets mystères,
Vous demander un charme à détacher un cœur,
A dérober une âme à son premier vainqueur.

MÉDÉE.

Hélas! cet art, mon frère, impuissant sur les âmes,
Ne sait que c'est d'éteindre ou d'allumer des flammes;
Et s'il a sur le reste un absolu pouvoir,
Loin de charmer les cœurs, il n'y saurait rien voir.
Mais n'avancez-vous rien sur celui d'Hypsipile ?
Son péril, son effroi vous est-il inutile ?
Après ce stratagème entre nous concerté,
Elle vous croit devoir et vie et liberté ;
Et son ingratitude au dernier point éclate,
Si d'une ombre d'espoir cet effroi ne vous flatte.

ABSYRTE.

Elle croit qu'en votre art aussi savant que vous,
Je prends plaisir pour elle à rabattre vos coups ;
Et, sans rien soupçonner de tout notre artifice,
Elle doit tout, dit-elle, à ce rare service :
Mais à moins toutefois que de perdre l'espoir,
Du côté de l'amour rien ne peut l'émouvoir.

MÉDÉE.

L'espoir qu'elle conserve aura peu de durée,
Puisque Jason en veut à la toison dorée,
Et qu'à la conquérir faire le moindre effort
C'est se livrer soi-même et courir à la mort.
Oui, mon frère, prenez un esprit plus tranquille,
Si la mort d'un rival vous assure Hypsipile ;
Et croyez..

ABSYRTE.

Ah ! ma sœur, ce serait me trahir
Que de perdre Jason sans le faire haïr.
L'âme de cette reine, à la douleur ouverte,
A toute la famille imputerait sa perte,
Et m'envelopperait dans le juste courroux
Qu'elle aurait pour le roi, qu'elle prendrait pour vous.
Faites donc qu'il vous aime, afin qu'on le haïsse,
Qu'on regarde sa mort comme un digne supplice.
Non que je la souhaite ; il s'est vu trop aimé
Pour n'en présumer pas votre esprit alarmé ;
Je ne veux pas non plus chercher jusqu'en votre âme
Les sentiments qu'y laisse une si belle flamme :
Arrêtez seulement ce héros sous vos lois,
Et disposez sans moi du reste à votre choix.
S'il doit mourir, qu'il meure en amant infidèle ;
S'il doit vivre, qu'il vive en esclave rebelle,
Et qu'on n'ait aucun lieu dans l'un ni l'autre sort,
Ni de l'aimer vivant, ni de le plaindre mort.
C'est ce que je demande à cette amitié pure
Qu'avec le jour pour moi vous donna la nature.

MÉDÉE.

Puis-je m'en faire aimer sans l'aimer à mon tour,
Et pour un cœur sans foi me souffrir de l'amour ?
Puis-je l'aimer, mon frère, au moment qu'il n'aspire
Qu'à ce trésor fatal dont dépend votre empire ?

Ou si par nos taureaux il se fait déchirer,
Voulez-vous que je l'aime, afin de le pleurer?

ABSYRTE.

Aimez, ou n'aimez pas, il suffit qu'il vous aime;
Et quant à ces périls pour notre diadème,
Je ne suis pas de ceux dont le crédule esprit
S'attache avec scrupule à ce qu'on leur prédit.
Je sais qu'on n'entend point de telles prophéties
Qu'après que par l'effet elles sont éclaircies;
Et que, quoi qu'il en soit, le sceptre de Lemnos
A de quoi réparer la perte de Colchos.
Ces climats désolés où même la nature
Ne tient que de votre art ce qu'elle a de verdure,
Où nos plus beaux jardins n'ont ni roses ni lis
Dont par votre savoir ils ne soient embellis,
Sont-ils à comparer à ces charmantes îles
Où nos maux trouveraient de glorieux asiles?
Tomber à bas d'un trône est un sort rigoureux;
Mais quitter l'un pour l'autre est un échange heureux.

MÉDÉE.

Un amant tel que vous, pour gagner ce qu'il aime,
Changerait sans remords d'air et de diadème...
Comme j'ai d'autres yeux, j'ai d'autres sentiments,
Et ne me règle pas sur vos attachements.
  Envoyez-moi ma sœur, que je puisse avec elle
Pourvoir au doux succès d'une flamme si belle.
Ménagez cependant un si cher intérêt :
Faites effort à plaire autant comme on vous plaît.
Pour Jason, je saurai de sorte m'y conduire,
Que, soit qu'il vive ou meure, il ne pourra vous nuire.
Allez sans perdre temps, et laissez-moi rêver
Aux beaux commencements que je veux achever.

SCÈNE II

MÉDÉE.

　Tranquille et vaste solitude,
Qu'à votre calme heureux j'ose en vain recourir!
Et que la rêverie est mal propre à guérir
D'une peine qui plaît la flatteuse habitude !
J'en viens soupirer seule au pied de vos rochers;
Et j'y porte avec moi dans mes vœux les plus chers
　Mes ennemis les plus à craindre :
Plus je crois les dompter, plus je leur obéis;
Ma flamme s'en redouble; et plus je veux l'éteindre,
　Plus moi-même je m'y trahis.

　C'est en vain que tout alarmée
J'envisage à quels maux s'expose un inconstant :
L'amour tremble à regret dans mon esprit flottant;
Et, timide à l'aimer, je meurs d'en être aimée.
Ainsi j'adore et crains son manquement de foi,
Je m'offre et me refuse à ce que je prévoi :
　Son change* me plaît et m'étonne.
Dans l'espoir le plus doux j'ai tout à soupçonner;
Et, bien que tout mon cœur obstinément se donne,
　Ma raison n'ose me donner.

　Silence, raison importune;
Est-il temps de parler quand mon cœur s'est donné?
Du bien que tu lui veux ce lâche est si gêné,
Que ton meilleur avis lui tient lieu d'infortune.
Ce que tu mets d'obstacle à ses désirs mutins
Anime leur révolte et le livre aux destins
　Contre qui tu prends sa défense :
Ton effort odieux ne sert qu'à les hâter;
Et ton cruel secours lui porte par avance
　Tous les maux qu'il doit redouter.

　Parle toutefois pour sa gloire;
Donne encor quelques lois à qui te fait la loi;
Tyrannise un tyran qui triomphe de toi,
Et par un faux trophée usurpe sa victoire.
S'il est vrai que l'amour te vole tout mon cœur,
Exile de mes yeux cet insolent vainqueur,
　Dérobe-lui tout mon visage :
Et, si mon âme cède à mes feux trop ardents,
Sauve tout le dehors du honteux esclavage
　Qui t'enlève tout le dedans.

SCÈNE III

JUNON, MÉDÉE.

MÉDÉE.

L'avez-vous vu, ma sœur, cet amant infidèle?
Que répond-il aux pleurs d'une reine si belle?
Souffre-t-il par pitié qu'ils en fassent un roi?
A-t-il encor le front de vous parler de moi?
Croit-il qu'un tel exemple ait su si peu m'instruire,
Qu'il lui laisse encor lieu de me pouvoir séduire?

JUNON.

Modérez ces chaleurs de votre esprit jaloux;
Prenez des sentiments plus justes et plus doux;
Et sans vous emporter souffrez que je vous die*...

MÉDÉE.

Qu'il pense m'acquérir par cette perfidie?
Et que ce qu'il fait voir de tendresse et d'amour,
Si j'ose l'accepter, m'en garde une à mon tour?
Un volage, ma sœur, a beau faire et beau dire,
On peut toujours douter pour qui son cœur soupire;
Sa flamme à tous moments peut prendre un autre
　　　　　　　　　　　　　　　　　　　[cours,
Et qui change une fois peut changer tous les jours.
Vous, qui vous préparez à prendre sa défense,
Savez-vous, après tout, s'il m'aime ou s'il m'offense?
Lisez-vous dans son cœur pour voir ce qui s'y fait,
Et si j'ai de ses feux l'apparence ou l'effet?

JUNON.

Quoi! vous vous offensez d'Hypsipile quittée!
D'Hypsipile pour vous à vos yeux maltraitée!
Vous, son plus cher objet! vous de qui hautement
En sa présence même il s'est nommé l'amant!
C'est mal vous acquitter de la reconnaissance
Qu'une autre croirait due à cette préférence.
Voyez mieux qu'un héros si grand, si renommé,
Aurait peu fait pour vous, s'il n'avait rien aimé.
En ces tristes climats qui n'ont que vous d'aimable,

Où rien ne s'offre aux yeux qui vous soit comparable,
Un cœur qu'un autre objet ne peut vous disputer
Vous porte peu de gloire à se laisser dompter.
Mais Hypsipile est belle, et joint au diadème
Un amour assez fort pour mériter qu'on l'aime;
Et quand, malgré son trône, et malgré sa beauté,
Et malgré son amour, vous l'avez emporté,
Que ne devez-vous point à l'illustre victoire
Dont ce choix obligeant vous assure la gloire?
Peut-il de vos attraits faire mieux voir le prix,
Que par le don d'un cœur qu'Hypsipile avait pris?
Pouvez-vous sans chagrin refuser un hommage
Qu'une autre lui demande avec tant d'avantage?
Pouvez-vous d'un tel don faire si peu d'état,
Sans vouloir être ingrate, et l'être avec éclat?
Si c'est votre dessein, en faisant la cruelle,
D'obliger ce héros à retourner vers elle,
Vous en pourrez avoir un succès assez prompt;
Sinon...

MÉDÉE.

Plutôt la mort qu'un si honteux affront.
Je ne souffrirai point qu'Hypsipile me brave,
Et m'enlève ce cœur que j'ai vu mon esclave.
Je voudrais avec vous en vain le déguiser;
Quand je l'ai vu pour moi tantôt la mépriser,
Qu'à ses yeux, sans nous mettre un moment en ba-
Il m'a si hautement donné la préférence,   [lance,
J'ai senti des transports que mon esprit discret
Par un soudain adieu n'a cachés qu'à regret.
Je ne croirai jamais qu'il soit douceur égale
A celle de se voir immoler sa rivale,
Qu'il soit pareille joie; et je mourrais, ma sœur,
S'il fallait qu'à son tour elle eût même douceur.

JUNON.

Quoi ! pour vous cette honte est un malheur extrême?
Ah ! vous l'aimez encor!

MÉDÉE.

Non; mais je veux qu'il m'aime.
Je veux, pour éviter un si mortel ennui,
Le conserver à moi, sans me donner à lui,
L'arrêter sous mes lois, jusqu'à ce qu'Hypsipile
Lui rende de son cœur la conquête inutile,
Et que le prince Absyrte ayant reçu sa foi,
L'ait mise hors d'état de triompher de moi.
Lors, par un juste exil punissant l'infidèle,
Je n'aurai plus de peur qu'il me traite comme elle,
Et je saurai sur lui nous venger toutes deux,
Sitôt qu'il n'aura plus à qui porter ses vœux.

JUNON.

Vous vous promettez plus que vous ne voudrez faire,
Et vous n'en croirez pas toute cette colère.

MÉDÉE.

Je ferai plus encor que je ne me promets,
Si vous pouvez, ma sœur, quitter ses intérêts.

JUNON.   [traindre;
Quelque chers qu'ils me soient, je veux bien m'y con-
Et, pour mieux vous ôter tout sujet de me craindre,
Le voilà qui paraît, je vous laisse avec lui.
Vous me rappellerez s'il a besoin d'appui.

SCÈNE IV

JASON, MÉDÉE.

MÉDÉE.

Êtes-vous prêt, Jason, d'entrer dans la carrière?
Faut-il du champ de Mars vous ouvrir la barrière,
Vous donner nos taureaux pour tracer des sillons
D'où naîtront contre vous de soudains bataillons?
Pour dompter ces taureaux et vaincre ces gens d'ar-
                                                [mes,
Avez-vous d'Hypsipile emprunté quelques charmes?
Je ne demande point quel est votre souci :
Mais, si vous la cherchez, elle n'est pas ici;
Et, tandis qu'en ces lieux vous perdez votre peine,
Mon frère vous pourrait enlever cette reine.
Jason, prenez-y garde, il faut moins s'éloigner
D'un objet qu'un rival s'efforce de gagner,
Et prêter un peu moins les faveurs de l'absence
A ce qui peut entre eux naître d'intelligence.
Mais j'ai tort, je l'avoue, et je raisonne mal;
Vous êtes trop aimé pour craindre un tel rival;
Vous n'avez qu'à paraître, et, sans autre artifice,
Un coup d'œil détruira ce qu'il rend de service.

JASON.

Qu'un si cruel reproche à mon cœur serait doux
S'il avait pu partir d'un sentiment jaloux,
Et si par cette injuste et douteuse colère
Je pouvais m'assurer de ne vous pas déplaire!
Sans raison toutefois j'ose m'en défier;
Il ne me faut que vous pour me justifier.
Vous avez trop bien vu l'effet de vos mérites
Pour garder un soupçon de ce que vous me dites;
Et du change* nouveau que vous me supposez
Vous me défendez mieux que vous ne m'accusez.
Si vous avez pour moi vu l'amour d'Hypsipile,
Vous n'avez pas moins vu sa constance inutile;
Que ses plus doux attraits, pour qui j'avais brûlé,
N'ont rien que mon amour ne vous ait immolé;
Que toute sa beauté rehausse votre gloire,
Et que son sceptre même enfle votre victoire :
Ce sont des vérités que vous vous dites mieux,
Et j'ai tort de parler où vous avez des yeux.

MÉDÉE.

Oui, j'ai des yeux, ingrat, meilleurs que tu ne penses,
Et vois jusqu'en ton cœur tes fausses préférences.
Hypsipile à ma vue a reçu des mépris;
Mais, quand je n'y suis plus, qu'est-ce que tu lui dis?
Explique, explique encor ce soupir tout de flamme
Qui vers ce cher objet poussait toute ton âme,
Et fais-moi concevoir jusqu'où vont tes malheurs
De soupirer pour elle et de prétendre ailleurs.
Redis-moi les raisons dont tu l'as apaisée,
Dont jusqu'à me braver tu l'as autorisée,
Qu'il te faut la toison pour revoir tes parents;
Qu'à ce prix je te plais, qu'à ce prix tu te vends.
Je tenais cher le don d'une amour si parfaite;
Mais, puisque tu te vends, va chercher qui t'achète,

Perfide, et porte ailleurs cette vénale foi
Qu'obtiendrait ma rivale à même prix que moi.
Il est, il est encor des âmes toutes prêtes
A recevoir mes lois et grossir mes conquêtes;
Il est encor des rois dont je fais le désir;
Et, si parmi tes Grecs il me plaît de choisir,
Il en est d'attachés à ma seule personne,
Qui n'ont jamais su l'art d'être à qui plus leur donne,
Qui, trop contents d'un cœur dont tu fais peu de cas,
Méritent la toison qu'ils ne demandent pas,
Et que pour toi mon âme, hélas! trop enflammée,
Aurait pu te donner, si tu m'avais aimée.

JASON.

Ah! si le pur amour peut mériter ce don,
A qui peut-il, madame, être dû qu'à Jason?
Ce refus surprenant que vous m'avez vu faire,
D'une vénale ardeur n'est pas le caractère.
Le trône qu'à vos yeux j'ai traité de mépris,
En serait pour tout autre un assez digne prix;
Et rejeter pour vous l'offre d'un diadème,
Si ce n'est vous aimer, j'ignore comme on aime.
Je ne me défends point d'une civilité
Que du bandeau royal voulait la majesté.
Abandonnant pour vous une reine si belle,
J'ai poussé par pitié quelques soupirs vers elle :
J'ai voulu qu'elle eût lieu de se dire en secret
Que je change par force et la quitte à regret;
Que, satisfaite ainsi de son propre mérite,
Elle se consolât de tout ce qui l'irrite;
Et que l'appât flatteur de cette illusion
La vengeât un moment de sa confusion.
Mais quel crime ont commis ces compliments frivo-
Des paroles enfin ne sont que des paroles; [les?
Et quiconque possède un cœur comme le mien
Doit se mettre au-dessus d'un pareil entretien.
Je n'examine point, après votre menace,
Quelle foule d'amants brigue chez vous ma place.
Cent rois, si vous voulez, vous consacrent leurs vœux,
Je le crois; mais aussi je suis roi si je veux;
Et je n'avance rien touchant le diadème
Dont il faille chercher de témoins que vous-même.
Si par le choix d'un roi vous pouvez me punir,
Je puis vous imiter, je puis vous prévenir;
Et si je me bannis par là de ma patrie,
Un exil couronné peut faire aimer la vie.
Mille autres en ma place, au lieu de s'alarmer...

MÉDÉE.

Eh bien! je t'aimerai, s'il ne faut que t'aimer :
Malgré tous ces héros, malgré tous ces monarques,
Qui m'ont de leur amour donné d'illustres marques,
Malgré tout ce qu'ils ont et de cœur et de foi,
Je te préfère à tous, si tu ne veux que moi.
Fais voir, en renonçant à ta chère patrie,
Qu'un exil avec moi peut faire aimer la vie;
Ose prendre à ce prix le nom de mon époux.

JASON.

Oui, madame, à ce prix tout exil m'est trop doux,
Mais je veux être aimé, je veux pouvoir le croire;
Et vous ne m'aimez pas, si vous n'aimez ma gloire;
L'ordre de mon destin l'attache à la toison,
C'est d'elle que dépend tout l'honneur de Jason.
Ah! si le ciel l'eût mise au pouvoir d'Hypsipile,
Que j'en aurais trouvé la conquête facile!
Ma passion, pour vous, a beau l'abandonner,
Elle m'offre encor tout ce qu'elle peut donner;
Malgré mon inconstance elle aime sans réserve.

MÉDÉE.

Et moi, je n'aime point, à moins que je te serve?
Cherche un autre prétexte à lui rendre ta foi.
J'aurai soin de ta gloire aussi bien que de toi.
Si ce noble intérêt te donne tant d'alarmes, [mes;
Tiens, voilà de quoi vaincre et taureaux et gens d'ar-
Laisse à tes compagnons combattre le dragon,
Ils veulent comme toi leur part à la toison;
Et comme ainsi qu'à toi la gloire leur est chère,
Ils ne sont pas ici pour te regarder faire.
Zéthès et Calaïs, ces héros emplumés,
Qu'aux routes des oiseaux leur naissance a formés,
Y préparent déjà leurs ailes enhardies
D'avoir pour coup d'essai triomphé des Harpies;
Orphée avec ses chants se promet le bonheur
D'assoupir...

JASON.

Ah! madame, ils auront tout l'honneur,
Ou du moins j'aurai part moi-même à leur défaite,
Si je laisse comme eux la conquête imparfaite :
Il me la faut entière; et je veux vous devoir...

MÉDÉE.

Va, laisse quelque chose, ingrat, en mon pouvoir;
J'en ai déjà trop fait pour une âme infidèle.
Adieu. Je vois ma sœur; délibère avec elle :
Et songe qu'après tout ce cœur que je te rends,
S'il accepte un vainqueur, ne veut point de tyrans;
Que s'il aime ses fers, il hait tout esclavage;
Qu'on perd souvent l'acquis à vouloir davantage,
Qu'il faut subir la loi de qui peut obliger;
Et que qui veut un don ne doit pas l'exiger.
Je ne te dis plus rien : va rejoindre Hypsipile,
Va reprendre auprès d'elle un destin plus tranquille;
Ou si tu peux, volage, encor la dédaigner,
Choisis en d'autres lieux qui te fasse régner,
Je n'ai pour t'acheter sceptres ni diadèmes;
Mais telle que je suis crains-moi, si tu ne m'aimes.

SCÈNE V

JUNON, JASON, L'AMOUR.

L'Amour est dans le ciel de Vénus.

JUNON.

A bien examiner l'éclat de ce grand bruit,
Hypsipile vous sert plus qu'elle ne vous nuit.
Ce n'est pas qu'après tout ce courroux ne m'étonne;
Médée à sa fureur un peu trop s'abandonne.
L'amour tient assez mal ce qu'il m'avait promis,
Et peut-être avez-vous trop de dieux ennemis.
Tous veulent à l'envi faire la destinée
Dont se doit signaler cette grande journée;

Tous se sont assemblés exprès chez Jupiter
Pour en résoudre l'ordre, ou pour le contester;
Et je vous plains, si ceux qui daignaient vous défendre
Au plus nombreux parti sont forcés de se rendre.
Le ciel s'ouvre, et pourra nous donner quelque jour :
C'est celui de Vénus, j'y vois encor l'Amour;
Et puisqu'il n'en est pas, toute cette assemblée
Par sa rébellion pourra se voir troublée.
Il veut parler à nous; écoutez quel appui
Le trouble où je vous vois peut espérer de lui.

(Le ciel s'ouvre, et fait voir le palais de Vénus, composé de termes à face humaine et revêtus de gazes d'or, qui lui servent de colonnes : le lambris n'en est pas moins riche. L'Amour y paraît seul ; et sitôt qu'il a parlé il s'élance en l'air, et traverse le théâtre en volant, non pas d'un côté à l'autre, comme se font les vols ordinaires, mais d'un bout à l'autre, en tirant vers les spectateurs ; ce qui n'a point encore été pratiqué en France de cette manière.)

L'AMOUR.
Cesse de m'accuser, soupçonneuse déesse;
Je sais tenir promesse :
C'est en vain que les dieux s'assemblent chez leur roi ;
Je vais bien leur faire connaître
Que je suis quand je veux leur véritable maître,
Et que de ce grand jour le destin est à moi.
Toi, si tu sais aimer ne crains rien de funeste,
Obéis à Médée, et j'aurai soin du reste.

JUNON.
Ces favorables mots vous ont rendu le cœur.

JASON.
Mon espoir abattu reprend d'eux sa vigueur.
Allons, déesse, allons, et, sûrs de l'entreprise,
Reportons à Médée une âme plus soumise.

JUNON.
Allons, je veux encor seconder vos projets,
Sans remonter au ciel qu'après leurs pleins effets.

ACTE CINQUIÈME

Ce dernier spectacle présente à la vue une forêt épaisse, composée de divers arbres entrelacés ensemble, et si touffus, qu'il est aisé de juger que le respect qu'on porte au dieu Mars, à qui elle est consacrée, fait qu'on n'ose en couper aucune branche, ni même brosser au travers : les trophées d'armes appendus au haut de la plupart de ces arbres marquent encore plus particulièrement qu'elle appartient à ce dieu. La toison d'or est sur le plus élevé, qu'on voit seul de son rang au milieu de cette forêt ; et la perspective du fond fait paraître en éloignement la rivière du Phase, avec le navire Argo, qui semble n'attendre plus que Jason et sa conquête pour partir.

SCÈNE I

ABSYRTE, HYPSIPILE.

ABSYRTE.
Voilà ce prix fameux où votre ingrat aspire,
Ce gage où les destins attachent notre empire,
Cette toison enfin, dont Mars est si jaloux :
Chacun impunément la peut voir comme nous;
Ce monstrueux dragon, dont les fureurs la gardent,
Semble exprès se cacher aux yeux qui la regardent;
Il laisse agir sans crainte un curieux désir,
Et ne fond que sur ceux qui s'en veulent saisir.
Lors, d'un cri qui suffit à punir tout leur crime,
Sous leur pied téméraire il ouvre un noir abîme,
A moins qu'on n'ait déjà mis au joug nos taureaux,
Et fait mordre la terre aux escadrons nouveaux
Que des dents d'un serpent la semence animée
Doit opposer sur l'heure à qui l'aura semée :
Sa voix perdant alors cet effroyable éclat,
Contre les ravisseurs le réduit au combat.
Telles furent les lois que Circé par ses charmes
Sut faire à ce dragon, aux taureaux, aux gens d'armes;
Circé, sœur de mon père, et fille du Soleil,
Circé, de qui ma sœur tient cet art sans pareil
Dont tantôt à vous perdre eût abusé sa rage,
Si ce peu que du ciel j'en eus pour mon partage,
Et que je vous consacre aussi bien que mes jours,
Par le milieu des airs n'eût porté du secours.

HYPSIPILE.
Je n'oublîrai jamais que sa jalouse envie
Se fût sans vos bontés sacrifié ma vie;
Et, pour dire encor plus, ce penser m'est si doux,
Que si j'étais à moi je voudrais être à vous.
Mais un reste d'amour retient dans l'impuissance
Ces sentiments d'estime et de reconnaissance.
J'ai peine, je l'avoue, à me le pardonner ;
Mais enfin je dois tout, et n'ai rien à donner.
Ce qu'à vos yeux surpris Jason m'a fait d'outrage
N'a pas encor rompu cette foi qui m'engage ;
Et, malgré les mépris qu'il en montre aujourd'hui,
Tant qu'il peut être à moi je suis encore à lui.
Mon espoir chancelant dans mon âme inquiète
Ne veut pas lui prêter l'exemple qu'il souhaite,
Ni que cet infidèle ait de quoi se vanter
Qu'il ne se donne ailleurs qu'afin de m'imiter.
Pour changer avec gloire il faut qu'il me prévienne,
Que sa foi violée ait dégagé la mienne,
Et que l'hymen ait joint aux mépris qu'il en fait
D'un entier changement l'irrévocable effet.
Alors, par son parjure à moi-même rendue,
Mes sentiments d'estime auront plus d'étendue,
Et, dans la liberté de faire un second choix,
Je saurai mieux penser à ce que je vous dois.

ABSYRTE.
Je ne sais si ma sœur voudra prendre assurance
Sur des serments trompeurs que rompt son incon-
[stance;
Mais je suis sûr qu'à moins qu'elle rompe son sort,
Ce que ferait l'hymen vous l'aurez par sa mort.
Il combat nos taureaux; et telle est leur furie,
Qu'il faut qu'il y périsse, ou lui doive la vie.

HYPSIPILE.
Il combat vos taureaux ! Ah! que me dites-vous?

ABSYRTE.
Qu'il n'en peut plus sortir que mort, ou son époux.

HYPSIPILE.

Ah! prince, votre sœur peut croire encor qu'il m'aime,
Et sur ce faux soupçon se venger elle-même.
Pour bien rompre le coup d'un malheur si pressant
Peut-être que son art n'est pas assez puissant :
De grâce en ma faveur joignez-y tout le vôtre;
Et si...

ABSYRTE.

Quoi! vous voulez qu'il vive pour une autre?

HYPSIPILE.

Oui, qu'il vive, et laissons tout le reste au hasard.

ABSYRTE.

Ah! reine, en votre cœur il garde trop de part;
Et, s'il faut vous parler avec une âme ouverte
Vous montrez trop d'amour pour empêcher sa perte.
Votre rivale et moi nous en sommes d'accord ;
A moins que vous m'aimiez, votre Jason est mort.
Ma sœur n'a pas pour vous un sentiment si tendre,
Qu'elle aime à le sauver afin de vous le rendre ;
Et je ne suis pas homme à servir mon rival,
Quand vous rendez pour moi mon secours si fatal.
Je ne le vois que trop, pour prix de mes services
Vous destinez mon âme à de nouveaux supplices.
C'est m'immoler à lui que de le secourir ;
Et lui sauver le jour, c'est me faire périr. [vivre,
Puisqu'il faut qu'un des deux cesse aujourd'hui de
Je vais hâter sa perte, où lui-même il se livre :
Je veux bien qu'on l'impute à mon dépit jaloux :
Mais vous, qui m'y forcez, ne l'imputez qu'à vous.

HYPSIPILE.

Ce reste d'intérêt que je prends à sa vie
Donne trop d'aigreur, prince, à votre jalousie.
Ce qu'on a bien aimé on ne peut le haïr
Jusqu'à le vouloir perdre, ou jusqu'à le trahir.
Ce vif ressentiment qu'excite l'inconstance
N'emporte pas toujours jusques à la vengeance :
Et quand même on la cherche, il arrive souvent
Qu'on plaint mort un ingrat qu'on détestait vivant.
Quand je me défendais sur la foi qui m'engage,
Je voulais à vos feux épargner cet ombrage ;
Mais puisque le péril a fait parler l'amour,
Je veux bien qu'il éclate et se montre en plein jour.
Oui j'aime encor Jason, et l'aimerai sans doute
Jusqu'à l'hymen fatal que ma flamme redoute.
Je regarde son cœur encor comme mon bien,
Et donnerais encor tout mon sang pour le sien.
Vous m'aimez, et j'en suis assez persuadée
Pour me donner à vous, s'il se donne à Médée ;
Mais si, par jalousie, ou par raison d'État,
Vous le laissez tous deux périr dans ce combat,
N'attendez rien de moi que ce qu'ose la rage
Quand elle est une fois maîtresse d'un courage*,
Que les pleines fureurs d'un désespoir d'amour.
Vous me faites trembler, tremblez à votre tour ;
Prenez soin de sa vie, ou perdez cette reine ;
Et si je crains sa mort, craignez aussi ma haine.

SCÈNE II

AÆTES, ABSYRTE, HYPSIPILE.

AÆTES.

Ah! madame, est-ce là cette fidélité
Que vous gardez aux droits de l'hospitalité?
Quand pour vous je m'oppose aux destins de ma fille,
A l'espoir de mon fils, aux vœux de ma famille,
Quand je presse un héros de vous rendre sa foi,
Vous prêtez à son bras des charmes contre moi ;
De sa témérité vous vous faites complice
Pour renverser un trône où je vous fais justice ;
Comme si c'était peu de posséder Jason
Si pour don nuptial il n'avait la toison ;
Et que sa foi vous fût indignement offerte,
A moins que son destin éclatât par ma perte!

HYPSIPILE.

Je ne sais pas, seigneur, à quel point vous réduit
Cette témérité de l'ingrat qui me fuit :
Mais je sais que mon cœur ne joint à son envie
Qu'un timide souhait en faveur de sa vie ;
Et que si je savais ce grand art de charmer,
Je ne m'en servirais que pour m'en faire aimer.

AÆTES.

Ah! je n'ai que trop cru vos plaintes ajustées
A des illusions entre vous concertées ;
Et les dehors trompeurs d'un dédain préparé
N'ont que trop ébloui mon œil mal éclairé ;
Oui, trop d'ardeur pour vous, et trop peu de lumière,
M'ont conduit en aveugle à ma ruine entière.
Ce pompeux appareil que soutenaient les vents,
Ces tritons tout autour rangés comme suivants,
Montraient bien qu'en ces lieux vous n'étiez abordée
Que par un art plus fort que celui de Médée.
D'un naufrage affecté, l'histoire, sans raison,
Déguisait le secours amené pour Jason ; [ce
Et vos pleurs ne semblaient m'en demander vengean-
Que pour mieux faire place à votre intelligence.

HYPSIPILE.

Que ne sont vos soupçons autant de vérités!
Et que ne puis-je ici ce que vous m'imputez!

ABSYRTE.

Qu'a fait Jason, seigneur, et quel mal vous menace,
Quand nous voyons encor la toison en sa place?

AÆTES.

Nos taureaux sont domptés, nos gens d'armes défaits,
Absyrte ; après cela crains les derniers effets.

ABSYRTE.

Quoi! son bras...

AÆTES.

Oui, son bras secondé par ses charmes
A dompté nos taureaux et défait nos gens d'armes ;
Juge si le dragon pourra faire plus qu'eux !
Ils ont poussé d'abord de gros torrents de feux,
Ils l'ont enveloppé d'une épaisse fumée,
Dont sur toute la plaine une nuit s'est formée ;
Mais, après ce nuage en l'air évaporé,
On les a vus au joug et le champ labouré :

Lui, sans aucun effroi, comme maître paisible,
Jetait dans les sillons cette semence horrible
D'où s'élève aussitôt un escadron armé,
Par qui de tous côtés il se trouve enfermé.
Tous n'en veulent qu'à lui ; mais son âme plus fière
Ne daigne contre eux tous s'armer que de poussière.
A peine il la répand, qu'une commune erreur
D'eux tous, l'un contre l'autre, anime la fureur,
Ils s'entr'immolent tous au commun adversaire ;
Tous pensent le percer quand ils percent leurs frères :
Leur sang partout regorge, et Jason au milieu
Reçoit ce sacrifice en posture d'un dieu ;
Et la terre, en courroux de n'avoir pu lui nuire,
Rengloutit l'escadron qu'elle vient de produire.

On va bientôt, madame, achever à vos yeux
Ce qu'ébauche par là votre abord en ces lieux.
Soit Jason, soit Orphée, ou les fils de Borée,
Ou par eux ou par lui ma perte est assurée ;
Et l'on va faire hommage à votre heureux secours
Du destin de mon sceptre et de mes tristes jours.

HYPSIPILE.

Connaissez mieux, seigneur, la main qui vous offen- [se ;
Et lorsque je perds tout, laissez-moi l'innocence.
L'ingrat qui me trahit est secouru d'ailleurs.
Ce n'est que de chez vous que partent vos malheurs,
Chez vous en est la source ; et Médée elle-même [me.
Rompt son art par son art, pour plaire à ce qu'elle ai-

ABSYRTE.

Ne l'en accusez point, elle hait trop Jason.
De sa haine, seigneur, vous savez la raison :
La toison préférée aigrit trop son courage
Pour craindre qu'il en tienne un si grand avantage.
Et, si contre son art ce prince a réussi,
C'est qu'on le sait en Grèce autant ou plus qu'ici.

AÆTES.

Ah ! que tu connais mal jusqu'à quelle manie
D'un amour déréglé passe la tyrannie !
Il n'est rang, ni pays, ni père, ni pudeur,
Qu'épargne de ses feux l'impérieuse ardeur.
Jason plut à Médée, et peut encor lui plaire.
Peut-être es-tu toi-même ennemi de ton père,
Et consens que ta sœur, par ce présent fatal,
S'assure d'un amant qui serait ton rival.
Tout mon sang révolté trahit mon espérance :
Je trouve ma ruine où fut mon assurance ;
Le destin ne me perd que par l'ordre des miens,
Et mon trône est brisé par ses propres soutiens.

ABSYRTE.

Quoi ! seigneur, vous croiriez qu'une action si noire...

AÆTES.

Je sais ce qu'il faut craindre, et non ce qu'il faut croi- [re.
Dans cette obscurité tout me devient suspect.
L'amour aux droits du sang garde peu de respect :
Ce même amour d'ailleurs peut forcer cette reine
A répondre à nos soins par des effets de haine ;
Et Jason peut avoir lui-même en ce grand art
Des secrets dont le ciel ne nous fit point de part.

Ainsi, dans les rigueurs de mon sort déplorable,
Tout peut être innocent, tout peut être coupable :
Je ne cherche qu'en vain à qui les imputer ;
Et, ne discernant rien, j'ai tout à redouter.

HYPSIPILE.

La vérité, seigneur, se va faire connaître :
A travers ces rameaux je vois venir mon traître.

SCÈNE III

AÆTES, ABSYRTE, HYPSIPILE, JASON, ORPHÉE,
ZÉTHÈS, CALAIS.

HYPSIPILE.

Parlez, parlez, Jason ; dites sans feinte au roi
Qui vous seconde ici de Médée ou de moi ;
Dites, est-ce elle, ou moi, qui contre lui conspire ?
Est-ce pour elle, ou moi, que votre cœur soupire ?

JASON.

La demande est, madame, un peu hors de saison ;
Je vous y répondrai quand j'aurai la toison.
Seigneur, sans différer permettez que j'achève ;
La gloire où je prétends ne souffre point de trêve ;
Elle veut que du ciel je presse le secours,
Et ce qu'il m'en promet ne descend pas toujours.

AÆTES.

Hâtez à votre gré ce secours de descendre :
Mais encore une fois gardez de vous méprendre.

JASON.

Par ce qu'ont vu vos yeux jugez ce que je puis.
Tout me paraît facile en l'état où je suis ;
Et, si la force enfin répond mal au courage,
Il en est parmi nous qui peuvent davantage.
Souffrez donc que l'ardeur dont je me sens brûler...

SCÈNE IV

AÆTES, ABSYRTE, HYPSIPILE, MÉDÉE, JASON,
ORPHÉE, ZÉTHÈS, CALAIS.

MÉDÉE, *sur le dragon, élevée en l'air à la hauteur d'un homme.*

Arrête, déloyal, et laisse-moi parler,
Que je rende un plein lustre à ma gloire ternie
Par l'outrageux éclat que fait la calomnie.
Qui vous l'a dit, madame, et sur quoi fondez-vous
Ces dignes visions de votre esprit jaloux ?
Si Jason entre nous met quelque différence
Qui flatte malgré moi sa crédule espérance,
Faut-il sur votre exemple aussitôt présumer
Qu'on en peut être aimée et ne le pas aimer ?
Connaissez mieux Médée, et croyez-la trop vaine
Pour vouloir d'un captif marqué d'une autre chaîne.
Je ne puis empêcher qu'on vous manque de foi,
Mais je vaux bien un cœur qui n'ait aimé que moi ;
Et j'aurai soutenu des revers bien funestes
Avant que je me daigne enrichir de vos restes.

HYPSIPILE.

Puissiez-vous conserver ces nobles sentiments !

MÉDÉE.

N'en croyez plus, seigneur, que les événements.

Ce ne sont plus ici ces taureaux, ces gens d'armes
Contre qui son audace a pu trouver des charmes :
Ce n'est point le dragon dont il est menacé;
C'est Médée elle-même, et tout l'art de Circé.

Fidèle gardien des destins de ton maître,
Arbre, que tout exprès mon charme avait fait naître,
Tu nous défendrais mal contre ceux de Jason;
Retourne en ton néant, et rends-moi la toison.

(Elle prend la toison en sa main, et la met sur le cou du dragon. L'arbre où elle était suspendue disparaît, et se retire derrière le théâtre, après quoi Médée continue en parlant à Jason.)

Ce n'est qu'avec le jour qu'elle peut m'être ôtée.
Viens donc, viens, téméraire, elle est à ta portée;
Viens teindre de mon sang cet or qui t'est si cher,
Qu'à travers tant de mers on te force à chercher.
Approche, il n'est plus temps que l'amour te retienne :
Viens m'arracher la vie, ou m'apporter la tienne;
Et, sans perdre un moment en de vains entretiens,
Voyons qui peut le plus de tes dieux, ou des miens.

AÆTES.

A ce digne courroux je reconnais ma fille; [brille;
C'est mon sang : dans ses yeux, c'est son aïeul qui
C'est le Soleil mon père. Avancez donc, Jason,
Et sur cette ennemie emportez la toison.

JASON.

Seigneur, contre ses yeux qui voudrait se défendre?
Il ne faut point combattre où l'on aime à se rendre.
Oui, madame, à vos pieds je mets les armes bas,
J'en fais un prompt hommage à vos divins appas,
Et renonce avec joie à ma plus haute gloire,
S'il faut par ce combat acheter la victoire.
Je l'abandonne, Orphée, aux charmes de ta voix,
Qui traîne les rochers, qui fait marcher les bois;
Assoupis le dragon, enchante la princesse.
Et vous, héros ailés, ménagez votre adresse;
Si pour cette conquête il vous reste du cœur,
Tournez sur le dragon toute votre vigueur.
Je vais dans le navire attendre une défaite,
Qui vous fera bientôt imiter ma retraite.

ZÉTHÈS.

Montrez plus d'espérance et souvenez-vous mieux
Que nous avons dompté des monstres à vos yeux.

SCÈNE V

AÆTES, ABSYRTE, HYPSIPILE, MÉDÉE, ZÉTHÈS, CALAIS, ORPHÉE.

CALAIS.

Élevons-nous, mon frère, au-dessus des nuages.
Du sang dont nous sortons prenons les avantages.
Surtout obéissons aux ordres de Jason :
Respectons la princesse, et donnons au dragon.

(Ici Zéthès et Calaïs s'élèvent au plus haut des nuages en croisant leur vol.)

MÉDÉE, en s'élevant aussi.

Donnez où vous pourrez, ce vain respect m'outrage.
Du sang dont vous sortez prenez tout l'avantage.
Je vais voler moi-même au-devant de vos coups,
Et n'avais que Jason à craindre parmi vous.
Et toi, de qui la voix inspire l'âme aux arbres,
Enchaîne les lions, et déplace les marbres,
D'un pouvoir si divin fais un meilleur emploi,
N'en détruis point la force à l'essayer sur moi.
Mais je n'en parle ainsi que de peur que ses charmes
Ne prêtent un miracle à l'effort de leurs armes
Ne m'en crois pas, Orphée, et prends l'occasion
De partager leur gloire ou leur confusion.

ORPHÉE chante.

Hâtez-vous, enfants de Borée,
Demi-dieux, hâtez-vous,
Et faites voir qu'en tous lieux, contre tous,
A vos exploits la victoire assurée
Suit l'effort de vos moindres coups.

MÉDÉE, voyant qu'aucun des deux ne descend pour la combattre.

Vos demi-dieux, Orphée, ont peine à vous entendre :
Ils ont volé si haut qu'ils n'en peuvent descendre;
De ce nuage épais sachez les dégager,
Et pratiquez mieux l'art de les encourager.

ORPHÉE.

(Il chante ce second couplet pendant que Zéthès et Calaïs fondent l'un après l'autre sur le dragon, et le combattent au milieu de l'air. Ils se relèvent aussitôt qu'ils ont tâché de lui donner une atteinte, et tournent face en même temps pour revenir à la charge. Médée est au milieu des deux, qui pare leurs coups, et fait tourner le dragon vers l'un et vers l'autre, suivant qu'ils se présentent.)

Combattez, race d'Orythie,
Demi-dieux, combattez,
Et faites voir que vos bras indomptés
Se font partout une heureuse sortie
Des périls les plus redoutés.

ZÉTHÈS.

Fuyons, sans plus tarder, la vapeur infernale
Que ce dragon affreux de son gosier exhale;
La valeur ne peut rien contre un air empesté.
Fais comme nous, Orphée, et fuis de ton côté.

(Zéthès, Calaïs et Orphée s'enfuient.)

MÉDÉE.

Allez, vaillants guerriers, envoyez-moi Pelée,
Mopse, Iphite, Échion, Eurydamas, Oilée,
Et tout ce reste enfin pour qui votre Jason
Avec tant de chaleur demandait la toison.
Aucun d'eux ne paraît! ces âmes intrépides
Règlent sur mes vaincus leurs démarches timides;
Et, malgré leur ardeur pour un exploit si beau,
Leur effroi les renferme au fond de leur vaisseau.
Ne laissons pas ainsi la victoire imparfaite;
Par le milieu des airs courons à leur défaite;
Et nous-mêmes portons à leur témérité
Jusque dans ce vaisseau ce qu'elle a mérité.

(Médée s'élève encore plus haut sur le dragon.)

AÆTES.

Que fais-tu? la toison ainsi que toi s'envole!

Ah, perfide! est-ce ainsi que tu me tiens parole,
Toi qui me promettais, même aux yeux de Jason,
Qu'on t'ôterait le jour avant que la toison?

MÉDÉE, *en s'envolant.*

Encor tout de nouveau je vous en fais promesse,
Et vais vous la garder au milieu de la Grèce.
Du pays et du sang l'amour rompt les liens,
Et les dieux de Jason sont plus forts que les miens.
Ma sœur avec ses fils m'attend dans le navire.
Je la suis, et ne fais que ce qu'elle m'inspire;
De toutes deux, madame, ici vous tiendra lieu.
Consolez-vous, seigneur, et pour jamais adieu.

(Elle s'envole avec la toison.)

SCÈNE VI

AÆTES, ABSYRTE, HYPSIPILE, JUNON.

AÆTES.

Ah, madame! ah, mon fils! ah, sort inexorable!
Est-il sur terre un père, un roi plus déplorable!
Mes filles toutes deux contre moi se ranger!
Toutes deux à ma perte à l'envi s'engager!

JUNON, *dans son char.*

On vous abuse, Aæte; et Médée elle-même,
Dans l'amour qui la force à suivre ce qu'elle aime,
S'abuse comme vous.
Chalciope n'a point de part en cet ouvrage;
Dans un coin du jardin sous un épais nuage
Je l'enveloppe encor d'un sommeil assez doux,
Cependant qu'en sa place ayant pris son visage,
Dans l'esprit de sa sœur j'ai porté les grands coups
Qui donnent à Jason ce dernier avantage.
Junon a tout fait seule; et je remonte aux cieux
　　Presser le souverain des dieux
　　D'approuver ce qu'il m'a plu faire.
　　Mettez votre esprit en repos;
　　Si le destin vous est contraire,
Lemnos peut réparer la perte de Colchos.

(Junon remonte au ciel dans ce même char.)

AÆTES.

Qu'ai-je fait, que le ciel contre moi s'intéresse
Jusqu'à faire descendre en terre une déesse?

ABSYRTE.

La désavoûrez-vous, madame, et votre cœur
Dédira-t-il sa voix qui parle en ma faveur?

AÆTES.

Absyrte, il n'est plus temps de parler de ta flamme.
Qu'as-tu pour mériter quelque part en son âme?
Et que lui peut offrir ton ridicule espoir,
Qu'un sceptre qui m'échappe, un trône prêt à choir?
Ne songeons qu'à punir le traître et sa complice.
Nous aurons dieux pour dieux à nous faire justice;
Et déjà le Soleil, pour nous prêter secours,
Fait ouvrir son palais, et détourne son cours.

(Le ciel s'ouvre, et fait paraître le palais du Soleil, où on le voit
dans son char tout brillant de lumière s'avancer vers les spectateurs, et, sortant de ce palais, s'élever en haut pour parler à Jupiter, dont le palais s'ouvre aussi quelques moments après. Ce maître des dieux y paraît sur son trône, avec Junon à son côté. Ces trois théâtres, qu'on voit tout à la fois, font un spectacle tout à fait agréable et majestueux. La sombre verdure de la forêt épaisse, qui occupe le premier, relève d'autant plus la clarté des deux autres, par l'opposition de ses ombres. Le palais du Soleil, qui fait le second, a ses colonnes toutes d'oripeau, et son lambris doré, avec divers grands feuillages à l'arabesque. Le rejaillissement des lumières qui portent sur ces dorures produit un jour merveilleux, qu'augmente celui qui sort du trône de Jupiter, qui n'a pas moins d'ornement. Ses marches ont aux deux bouts et au milieu des aigles d'or, entre lesquelles* on voit peintes en basse-taille toutes les amours de ce dieu. Les deux côtés font voir chacun un rang de piliers enrichis de diverses pierres précieuses, environnées chacune d'un cercle ou d'un carré d'or. Au haut de ces piliers sont d'autres grandes aigles d'or qui soutiennent de leur bec le plafond de ce palais, composé de riches étoffes de diverses couleurs, qui font comme autant de courtines, dont les aigles laissent pendre les bouts en forme d'écharpe. Jupiter a une autre grande aigle à ses pieds, qui porte son foudre; et Junon est à sa gauche, avec un paon aussi à ses pieds, de grandeur et de couleur naturelles.)

SCÈNE VII

LE SOLEIL, JUPITER, JUNON, AÆTES, HYPSIPILE, ABSYRTE.

AÆTES.

Ame de l'univers, auteur de ma naissance,
Dont nous voyons partout éclater la puissance
Souffriras-tu qu'un roi qui tient de toi le jour
Soit lâchement trahi par un indigne amour?
A ces Grecs vagabonds refuse ta lumière,
De leurs climats chéris détourne ta carrière,
N'éclaire point leur fuite après qu'ils m'ont détruit,
Et répands sur leur route une éternelle nuit.
Fais plus, montre-toi père; et, pour venger ta race,
Donne-moi tes chevaux à conduire en ta place;
Prête-moi de tes feux l'éclat étincelant,
Que j'embrase leur Grèce avec ton char brûlant;
Que, d'un de tes rayons lançant sur eux le foudre,
Je les réduise en cendre, et leur butin en poudre;
Et que par mon courroux leur pays désolé
Ait horreur à jamais du bras qui m'a volé.
Je vois que tu m'entends, et ce coup d'œil m'annonce
Que ta bonté m'apprête une heureuse réponse. [ce
Parle donc, et fais voir aux destins ennemis
De quelle ardeur tu prends les intérêts d'un fils.

LE SOLEIL.

Je plains ton infortune, et ne puis davantage.
Un noir destin s'oppose à tes justes desseins;
Et, depuis Phaéton, ce brillant attelage
　　Ne peut passer en d'autres mains;
Sous un ordre éternel qui gouverne ma route,
Je dispense en esclave et les nuits et les jours.
　　Mais enfin ton père t'écoute,
Et joint ses vœux aux tiens pour un plus fort secours.

(Ici s'ouvre le ciel de Jupiter, et le Soleil continue en lui adressant
la parole.)

　　Maître absolu des destinées,
Change leurs dures lois en faveur de mon sang,
　　Et laisse-lui garder son rang

Parmi les têtes couronnées.
C'est toi qui règles les États,
C'est toi qui dépars les couronnes ;
Et quand le sort jaloux met un monarque à bas,
Il détruit ton ouvrage, et fait des attentats
    Qui dérobent ce que tu donnes.

JUNON.

Je ne mets point d'obstacle à de si justes vœux ;
    Mais laissez ma puissance entière ;
Et si l'ordre du sort se rompt à sa prière,
D'un hymen que j'ai fait ne rompez pas les nœuds.
Comme je ne veux point détruire son Aæte,
    Ne détruisez pas mes héros :
Assurez à ses jours gloire, sceptre, repos,
    Assurez-lui tous les biens qu'il souhaite ;
Mais de la même main assurez à Jason
    Médée et la toison.

JUPITER.

Des arrêts du destin l'ordre est invariable,
Rien ne saurait le rompre en faveur de ton fils,
    Soleil ; et ce trésor surpris
Lui rend de ses États la perte inévitable.
    Mais la même légèreté
    Qui donne Jason à Médée
    Servira de supplice à l'infidélité
Où pour lui contre un père elle s'est hasardée.
Persès dans la Scythie arme un bras souverain ;
Sitôt qu'il paraîtra, quittez ces lieux, Aæte,
    Et, par une prompte retraite,
Épargnez tout le sang qui coulerait en vain.
    De Lemnos faites votre asile ;
    Le ciel veut qu'Hypsipile
Réponde aux vœux d'Absyrte, et qu'un sceptre dotal
Adoucisse le cours d'un peu de temps fatal.

Car enfin de votre perfide
Doit sortir un Médus qui vous doit rétablir :
A rentrer dans Colchos il sera votre guide ;
Et mille grands exploits qui doivent l'ennoblir
Feront de tous vos maux les assurés remèdes,
Et donneront naissance à l'empire des Mèdes.

    (Le palais de Jupiter et celui du Soleil se ferment.)

LE SOLEIL.

Ne vous permettez plus d'inutiles soupirs,
Puisque le ciel répare et venge votre perte,
    Et qu'une autre couronne offerte
Ne peut plus vous souffrir de justes déplaisirs,
Adieu. J'ai trop longtemps détourné ma carrière,
Et trop perdu pour vous en ces lieux de moments
    Qui devaient ailleurs ma lumière.
    Allez, heureux amants,
Pour qui Jupiter montre une faveur entière ;
Hâtez-vous d'obéir à ses commandements.

    (Il disparait en baissant, comme pour fondre dans la mer.)

HYPSIPILE.

J'obéis avec joie à tout ce qu'il m'ordonne.
Un prince si bien né vaut mieux qu'une couronne.
Sitôt que je le vis, il en eut mon aveu,
Et ma foi pour Jason nuisait seule à son feu ;
Mais à présent, seigneur, cette foi dégagée...

AÆTES.

Ah, madame ! ma perte est déjà trop vengée ;
Et vous faites trop voir comme un cœur généreux
Se plaît à relever un destin malheureux.
Allons ensemble, allons, sous de si doux auspices,
Préparer à demain de pompeux sacrifices,
Et par nos vœux unis répondre au doux espoir
Que daigne un dieu si grand nous faire concevoir.

EXAMEN DE LA CONQUÊTE DE LA TOISON D'OR

. . . .
. . . .
. . . .

(Comme l'Argument placé en tête de la pièce.)

C'est avec un fondement semblable que j'ai introduit Absyrte en âge d'homme, bien que la commune opinion n'en fasse qu'un enfant, que Médée déchira par morceaux. Ovide et Sénèque le disent ; mais Apollonius Rhodius le fait son aîné ; et si nous voulons l'en croire, Aætes l'avait eu d'Astérodie avant qu'il épousât la mère de cette princesse, qu'il nomme Idye, fille de l'Océan ; il dit, de plus, qu'après la fuite des Argonautes, la vieillesse d'Aætes ne lui permettant pas de les poursuivre, ce prince monta sur mer, et les joignit autour d'une ile située à l'embouchure du Danube, et qu'il appelle Peucé. Ce fut là que Médée, se voyant perdue avec touces Grecs, qu'elle voyait trop faibles pour lui résister, feignit de les vouloir trahir ; et ayant attiré ce frère trop crédule à conférer avec elle de nuit dans le temple de Diane, elle le fit tomber dans une embuscade de Jason, où il fut tué. Valérius Flaccus dit les mêmes choses d'Absyrte que cet auteur grec ; et c'est sur l'autorité de l'un et de l'autre que je me suis enhardi à quitter l'opinion commune, après l'avoir suivie quand j'ai mis Médée sur le théâtre. C'est me contredire moi-même en quelque sorte : mais Sénèque, dont je l'ai tirée, m'en donne l'exemple, lorsque après avoir fait mourir Jocaste dans l'*OEdipe*, il la fait revivre dans la *Thébaïde*, pour se trouver au milieu de ses deux fils comme ils sont près de commencer le funeste duel où ils s'entre-tuent ; si toutefois ces deux pièces sont véritablement du même auteur.

FIN DE LA TOISON D'OR.

SERTORIUS

TRAGÉDIE — 1662

AU LECTEUR

Ne cherchez point dans cette tragédie les agréments qui sont en possession de faire réussir au théâtre les poëmes de cette nature : vous n'y trouverez ni tendresses d'amour ni emportements de passions, ni descriptions pompeuses, ni narrations pathétiques. Je puis dire toutefois qu'elle n'a point déplu, et que la dignité des noms illustres, la grandeur de leurs intérêts, et la nouveauté de quelques caractères, ont suppléé au manque de ces grâces. Le sujet est simple, et du nombre de ces événements connus, où il ne nous est pas permis de rien changer qu'autant que la nécessité indispensable de les réduire dans la règle nous force d'en resserrer les temps et les lieux. Comme il ne m'a fourni aucune femme, j'ai été obligé de recourir à l'invention pour en introduire deux, assez compatibles l'une et l'autre avec les vérités historiques auxquelles je me suis attaché. L'une a vécu de ce temps-là : c'est la première femme de Pompée, qu'il répudia pour entrer dans l'alliance de Sylla, par le mariage d'Æmilie, fille de sa femme. Ce divorce est constant par le rapport de tous ceux qui ont écrit la vie de Pompée, mais aucun d'eux ne nous apprend ce que devint cette malheureuse, qu'ils appellent tous Antistie, à la réserve d'un Espagnol, évêque de Gironne, qui lui donne le nom d'Aristie, que j'ai préféré, comme plus doux à l'oreille. Leur silence m'ayant laissé liberté entière de lui faire un refuge, j'ai cru le lui en pouvoir choisir un avec plus de vraisemblance que chez les ennemis de ceux qui l'avaient outragée : cette retraite en a d'autant plus, qu'elle produit un effet véritable par les lettres des principaux de Rome que je lui fais porter à Sertorius, et que Perpenna remit entre les mains de Pompée, qui en usa comme je le marque. L'autre femme est une pure idée de mon esprit, mais qui ne laisse pas d'avoir aussi quelque fondement dans l'histoire. Elle nous apprend que les Lusitaniens appelèrent Sertorius d'Afrique pour être leur chef contre le parti de Sylla; mais elle ne nous dit point s'ils étaient en république, ou sous une monarchie. Il n'y a donc rien qui répugne à leur donner une reine ; et je ne la pouvais faire sortir d'un rang plus considérable que celui de Viriatus, de qui je lui fais porter le nom, le plus grand homme que l'Espagne ait opposé aux Romains, et le dernier qui leur ait fait tête dans ces provinces avant Sertorius. Il n'était pas roi en effet, mais il en avait toute l'autorité ; et les préteurs et consuls que Rome envoya pour le combattre, et qu'il défit souvent, l'estimèrent assez pour faire des traités de paix avec lui comme avec un souverain et juste ennemi. Sa mort arriva soixante et huit ans avant celle que je traite ; de sorte qu'il aurait pu être aïeul ou bisaïeul de cette reine que je fais parler ici.

Il fut défait par le consul Q. Servilius, et non par Brutus, comme je l'ai fait dire à cette princesse, sur la foi de cet évêque espagnol que je viens de citer, et qui m'a jeté dans l'erreur après lui. Elle est aisée à corriger par le changement d'un mot dans ce vers unique qui en parle, et qu'il faut rétablir ainsi :

Et de Servilius l'astre prédominant.

Je sais bien que Sylla, dont je parle tant dans ce poëme, était mort six ans avant Sertorius ; mais, à le prendre à la rigueur, il est permis de presser les temps pour faire l'unité de jour, et, pourvu qu'il n'y ait point d'impossibilité formelle, je puis faire arriver en six jours, voire en six heures, ce qui s'est passé en six ans. Cela posé, rien n'empêche que Sylla ne meure avant Sertorius, sans rien détruire de ce que je dis ici, puisqu'il a pu mourir depuis qu'Arcas est parti de Rome pour apporter la nouvelle de la démission de sa dictature ; ce qu'il fait en même temps que Sertorius est assassiné. Je dis de plus que, bien que nous devions être assez scrupuleux observateurs de l'ordre des temps, néanmoins, pourvu que ceux que nous faisons parler se soient connus, et aient eu ensemble quelques intérêts à démêler, nous ne sommes pas obligés à nous attacher si précisément à la durée de leur vie. Sylla était mort quand Sertorius fut tué, mais il pouvait vivre encore sans miracle ; et l'auditeur, qui communément n'a qu'une teinture superficielle de l'histoire, s'offense rarement d'une pareille prolongation qui ne sort point de la vraisemblance. Je ne voudrais pas toutefois faire une règle générale de cette licence, sans m'y mettre quelque distinction. La mort de Sylla n'apporta aucun changement aux affaires de Sertorius en Espagne, et lui fut de si peu d'importance, qu'il est malaisé, en lisant la vie de ce héros chez Plutarque, de remarquer lequel des deux est mort le premier, si l'on n'en est instruit d'ailleurs. Autre chose est de celles qui renversent les États, détruisent les partis, et donnent une autre face aux affaires, comme a été celle de Pompée, qui ferait révolter tout l'auditoire contre un auteur, s'il avait l'imprudence de la mettre après celle de César. D'ailleurs il fallait colorer et excuser en quelque sorte la guerre que Pompée et les autres chefs romains continuaient contre Sertorius ; car il est assez malaisé de comprendre pourquoi l'on s'y obstinait, après que la république semblait être rétablie par la démission volontaire et la mort de son tyran. Sans doute que son esprit de souveraineté qu'il avait fait revivre dans Rome n'y était pas mort avec lui, et que Pompée et beaucoup d'autres, aspirant dans l'âme à prendre sa place, craignaient que Sertorius ne leur y fût un puissant obstacle, ou par l'amour qu'il avait toujours pour sa patrie, ou par la grandeur de sa réputation et le mérite de ses actions, qui lui eussent fait donner la préférence, si ce grand ébranlement de la république l'eût mise en état de ne se pouvoir passer de maître. Pour ne pas déshonorer Pompée par cette jalousie secrète de son ambition, qui semait dès lors ce qu'on a vu depuis éclater si hautement, et qui peut-être était le véritable motif de cette guerre, je me suis persuadé qu'il était plus à propos de faire vivre Sylla, afin d'en attribuer l'injustice à la violence de sa domination. Cela m'a servi de plus à arrêter l'effet de ce puissant amour que je lui fais conserver pour son Aristie, avec qui il n'eût pu se défendre de renouer, s'il n'eût eu rien à craindre du côté de Sylla, dont le nom odieux, mais illustre, donne un grand poids aux raisonnements de la politique, qui fait l'âme de toute cette tragédie.

Le même Pompée semble s'écarter un peu de la prudence d'un général d'armée, lorsque, sur la foi de Sertorius, il vient conférer avec lui dans une ville dont le chef du parti contraire est maître absolu ; mais c'est une confiance de généreux à généreux, et de Romain à Romain, qui lui donne quelque droit de ne craindre aucune supercherie de la part d'un si grand homme. Ce n'est pas que je ne veuille bien accorder aux critiques qu'il n'a pas assez pourvu à sa propre sûreté ; mais il m'était impossible de garder l'unité de lieu sans lui faire faire cette échappée, qu'il faut imputer à l'incommodité de la règle, plus qu'à moi qui l'ai bien vue. Si vous ne voulez la pardonner à l'impatience qu'il avait de voir sa femme, dont je le fais encore si passionné, et à la peur qu'elle ne prît un autre mari, faute de savoir ses intentions pour elle, vous la pardonnerez au plaisir qu'on a pris à cette conférence, que quelques-uns des premiers dans la cour et pour la naissance et pour l'esprit ont estimée autant qu'une pièce entière. Vous n'en serez pas désavoué par Aristote, qui souffre qu'on mette quelquefois des choses sans raison sur le théâtre, quand il y a apparence qu'elles seront bien reçues, et qu'on a lieu d'espérer que les avantages que le poëme en retirera pourront mériter cette grâce

PERSONNAGES.

SERTORIUS, général du parti de Marius en Espagne.
PERPENNA, lieutenant de Sertorius.
AUFIDE, tribun de l'armée de Sertorius.
POMPÉE, général du parti de Sylla.
ARISTIE, femme de Pompée.

PERSONNAGES.

VIRIATE, reine de Lusitanie, à présent Portugal.
THAMIRE, dame d'honneur de Viriate.
CELSUS, tribun du parti de Pompée.
ARCAS, affranchi d'Aristius, frère d'Aristie.

La scène est à Nertobrige, ville d'Aragon, conquise par Sertorius, à présent Calatayud

ACTE PREMIER

SCÈNE I

PERPENNA, AUFIDE.

PERPENNA.

D'où me vient ce désordre, Aufide ? et que veut dire
Que mon cœur sur mes vœux garde si peu d'empire ?
L'horreur, que malgré moi, me fait la trahison,
Contre tout mon espoir révolte ma raison ;
Et de cette grandeur sur le crime fondée,
Dont jusqu'à ce moment m'a trop flatté l'idée,
L'image tout affreuse, au point d'exécuter,
Ne trouve plus en moi de bras à lui prêter.
En vain l'ambition, qui presse mon courage,
D'un faux brillant d'honneur pare son noir ouvrage ;
En vain, pour me soumettre à ses lâches efforts,
Mon âme a secoué le joug de cent remords :
Cette âme, d'avec soi tout à coup divisée,
Reprend de ce remords la chaîne mal brisée ;
Et de Sertorius le surprenant bonheur
Arrête une main prête à lui percer le cœur.

AUFIDE.

Quel honteux contre-temps de vertu délicate
S'oppose au beau succès de l'espoir qui vous flatte ?
Et depuis quand, seigneur, la soif du premier rang
Craint-elle de répandre un peu de mauvais sang ?
Avez-vous oublié cette grande maxime,
Que la guerre civile est le règne du crime,
Et qu'aux lieux où le crime a plein droit de régner,
L'innocence timide est seule à dédaigner ?
L'honneur et la vertu sont des noms ridicules :

Marius ni Carbon n'eurent point de scrupules
Jamais Sylla, jamais...

PERPENNA.

Sylla ni Marius
N'ont jamais épargné le sang de leurs vaincus ;
Tour à tour la victoire, autour d'eux en furie,
A poussé leur courroux jusqu'à la barbarie ;
Tour à tour le carnage et les proscriptions
Ont sacrifié Rome à leurs dissensions : [maîtres
Mais leurs sanglants discords qui nous donnent des
Ont fait des meurtriers, et n'ont point fait de traîtres ;
Leurs plus vastes fureurs jamais n'ont consenti
Qu'aucun versât le sang de son propre parti ;
Et dans l'un ni dans l'autre aucun n'a pris l'audace
D'assassiner son chef pour monter en sa place.

AUFIDE.

Vous y renoncez donc, et n'êtes plus jaloux
De suivre les drapeaux d'un chef moindre que vous
Ah ! s'il faut obéir, ne faisons plus la guerre ;
Prenons le même joug qu'a pris toute la terre.
Pourquoi tant de périls ? pourquoi tant de combats
Si nous voulons servir, Sylla nous tend les bras. [me
C'est mal vivre en Romain que prendre loi d'un hom-
Mais, tyran pour tyran, il vaut mieux vivre à Rome.

PERPENNA.

Vois mieux ce que tu dis quand tu parles ainsi.
Du moins la liberté respire encore ici.
De notre république, à Rome anéantie,
On y voit refleurir la plus noble partie ;
Et cet asile, ouvert aux illustres proscrits,
Réunit du sénat le précieux débris.
Par lui Sertorius gouverne ces provinces,
Leur impose tribut, fait des lois à leurs princes,
Maintient de nos Romains le reste indépendant :
Mais comme tout parti demande un commandant,
Ce bonheur imprévu qui partout l'accompagne,

Ce nom qu'il s'est acquis chez les peuples d'Espagne...
####### AUFIDE.
Ah! c'est ce nom acquis avec trop de bonheur
Qui rompt votre fortune, et vous ravit l'honneur :
Vous n'en sauriez douter, pour peu qu'il vous souvien-
Du jour que votre armée alla joindre la sienne, [ne
Lors...

####### PERPENNA.
N'envenime point le cuisant souvenir
Que le commandement devait m'appartenir.
Je le passais en nombre aussi bien qu'en noblesse;
Il succombait sans moi sous sa propre faiblesse :
Mais, sitôt qu'il parut, je vis en moins de rien
Tout mon camp déserté pour repeupler le sien ;
Je vis par mes soldats mes aigles arrachées
Pour se ranger sous lui voler vers ses tranchées;
Et, pour en colorer l'emportement honteux,
Je les suivis de rage, et m'y rangeai comme eux.
L'impérieuse aigreur de l'âpre jalousie
Dont en secret dès lors mon âme fut saisie
Grossit de jour en jour sous une passion
Qui tyrannise encor plus que l'ambition :
J'adore Viriate; et cette grande reine,
Des Lusitaniens l'illustre souveraine,
Pourrait par son hymen me rendre sur les siens
Ce pouvoir absolu qu'il m'ôte sur les miens.
Mais elle-même, hélas! de ce grand nom charmée,
S'attache au bruit heureux que fait sa renommée;
Cependant qu'insensible à ce qu'elle a d'appas
Il me dérobe un cœur qu'il ne demande pas.
De son astre opposé telle est la violence,
Qu'il me vole partout, même sans qu'il y pense,
Et que, toutes les fois qu'il m'enlève mon bien,
Son nom fait tout pour lui sans qu'il en sache rien.
Je sais qu'il peut aimer, et nous cacher sa flamme :
Mais je veux sur ce point lui découvrir mon âme;
Et, s'il peut me céder ce trône où je prétends,
J'immolerai ma haine à mes désirs contents;
Et je n'envirai plus le rang dont il s'empare,
S'il m'en assure autant chez ce peuple barbare,
Qui, formé par nos soins, instruit de notre main,
Sous notre discipline est devenu romain.
####### AUFIDE.
Lorsqu'on fait des projets d'une telle importance,
Les intérêts d'amour entrent-ils en balance?
Et, si ces intérêts vous sont enfin si doux,
Viriate, lui mort, n'est-elle pas à vous?
####### PERPENNA.
Oui ; mais de cette mort la suite m'embarrasse.
Aurai-je sa fortune aussi bien que sa place?
Ceux dont il a gagné la croyance et l'appui
Prendront-ils même joie à m'obéir qu'à lui?
Et pour venger sa trame indignement coupée,
N'arboreront-ils point l'étendard de Pompée?
####### AUFIDE.
C'est trop craindre, et trop tard ; c'est dans votre festin
Que ce soir par votre ordre on tranche son destin.
La trêve a dispersé l'armée à la campagne,
Et vous en commandez ce qui nous accompagne.

L'occasion nous rit dans un si grand dessein ;
Mais tel bras n'est à nous que jusques à demain.
Si vous rompez le coup, prévenez les indices.
Perdez Sertorius ou perdez vos complices.
Craignez ce qu'il faut craindre : il en est parmi nous
Qui pourraient bien avoir mêmes remords que vous;
Et si vous différez... Mais le tyran arrive.
Tâchez d'en obtenir l'objet qui vous captive;
Et je prîrai les dieux que dans cet entretien
Vous ayez assez d'heur* pour n'en obtenir rien.

SCÈNE II
SERTORIUS, PERPENNA.
####### SERTORIUS.
Apprenez un dessein qui me vient de surprendre.
Dans deux heures Pompée en ce lieu se doit rendre :
Il veut sur nos débats conférer avec moi,
Et pour toute assurance il ne prend que ma foi.
####### PERPENNA.
La parole suffit entre les grands courages.
D'un homme tel que vous la foi vaut cent otages;
Je n'en suis point surpris : mais ce qui me surprend,
C'est de voir que Pompée ait pris le nom de Grand,
Pour faire encore au vôtre entière déférence,
Sans vouloir de lieu neutre à cette conférence.
C'est avoir beaucoup fait que d'avoir jusque-là
Fait descendre l'orgueil des héros de Sylla.
####### SERTORIUS.
S'il est plus fort que nous, ce n'est plus en Espagne,
Où nous forçons les siens de quitter la campagne,
Et de se retrancher dans l'empire douteux
Que lui souffre à regret une province ou deux,
Qu'à sa fortune lasse il craint que je n'enlève,
Sitôt que le printemps aura fini la trêve.
C'est l'heureuse union de vos drapeaux aux miens
Qui fait ces beaux succès qu'à toute heure j'obtiens;
C'est à vous que je dois ce que j'ai de puissance :
Attendez tout aussi de ma reconnaissance.
Je reviens à Pompée, et pense deviner
Quels motifs jusqu'ici peuvent nous l'amener.
Comme il trouve avec nous peu de gloire à préten-
Et qu'au lieu d'attaquer il a peine à défendre, [dre,
Il voudrait qu'un accord, avantageux ou non,
L'affranchît d'un emploi qui ternit ce grand nom;
Et chatouillé d'ailleurs par l'espoir qui le flatte,
De faire avec plus d'heur* la guerre à Mithridate,
Il brûle d'être à Rome, afin d'en recevoir
Du maître qu'il s'y donne et l'ordre et le pouvoir.
####### PERPENNA.
J'aurais cru qu'Aristie ici réfugiée,
Que, forcé par ce maître, il a répudiée,
Par un reste d'amour l'attirât en ces lieux
Sous une autre couleur lui faire ses adieux;
Car de son cher tyran l'injustice fut telle,
Qu'il ne lui permit pas de prendre congé d'elle.
####### SERTORIUS.
Cela peut être encore ; ils s'aimaient chèrement :

Mais il pourrait ici trouver du changement.
L'affront pique à tel point le grand cœur d'Aristie,
Que, sa première flamme en haine convertie,
Elle cherche bien moins un asile chez nous
Que la gloire d'y prendre un plus illustre époux.
C'est ainsi qu'elle parle, et m'offre l'assistance
De ce que Rome encore a de gens d'importance,
Dont les uns ses parents, les autres ses amis,
Si je veux l'épouser, ont pour moi tout promis.
Leurs lettres en font foi, qu'elle me vient de rendre.
Voyez avec loisir ce que j'en dois attendre ;
Je veux bien m'en remettre à votre sentiment.

PERPENNA.

Pourriez-vous bien, seigneur, balancer un moment,
A moins d'une secrète et forte antipathie
Qui vous montre un supplice en l'hymen d'Aristie ?
Voyant ce que pour dot Rome lui veut donner,
Vous n'avez aucun lieu de rien examiner.

SERTORIUS.

Il faut donc, Perpenna, vous faire confidence
Et de ce que je crains, et de ce que je pense.
   J'aime ailleurs. A mon âge il sied si mal d'aimer,
Que je le cache même à qui m'a su charmer :
Mais, tel que je puis être, on m'aime, ou, pour mieux
La reine Viriate à mon hymen aspire ; [dire,
Elle veut que ce choix de son ambition
De son peuple avec nous commence l'union,
Et qu'ensuite à l'envi mille autres hyménées
De nos deux nations l'une à l'autre enchaînées
Mêlent si bien le sang et l'intérêt commun,
Qu'ils réduisent bientôt les deux peuples en un.
C'est ce qu'elle prétend pour digne récompense
De nous avoir servis avec cette constance
Qui n'épargne ni biens ni sang de ses sujets
Pour affermir ici nos généreux projets :
Non qu'elle me l'ait dit, ou quelque autre pour elle ;
Mais j'en vois chaque jour quelque marque fidèle ;
Et comme ce dessein n'est plus pour moi douteux,
Je ne puis l'ignorer qu'autant que je le veux.
   Je crains donc de l'aigrir si j'épouse Aristie,
Et que de ses sujets la meilleure partie,
Pour venger ce mépris, et servir son courroux,
Ne tourne obstinément ses armes contre nous.
Auprès d'un tel malheur, pour nous irréparable,
Ce qu'on promet pour l'autre est peu considérable ;
Et, sous un faux espoir de nous mieux établir,
Ce renfort accepté pourrait nous affaiblir.
   Voilà ce qui retient mon esprit en balance.
Je n'ai pour Aristie aucune répugnance ;
Et la reine à tel point n'asservit pas mon cœur,
Qu'il ne fasse encor tout pour le commun bonheur.

PERPENNA.

Cette crainte, seigneur, dont votre âme est gênée
Ne doit pas d'un moment retarder l'hyménée.
Viriate, il est vrai, pourra s'en émouvoir ;
Mais que sert la colère où manque le pouvoir ?
Malgré sa jalousie et ses vaines menaces,
N'êtes-vous pas toujours le maître de ses places ?
Les siens, dont vous craignez le vif ressentiment,
Ont-ils dans votre armée aucun commandement ?
Des plus nobles d'entre eux, et des plus grands cou-
       [rages
N'avez-vous pas les fils dans Osca pour otages !
Tous leurs chefs sont romains ; et leurs propres sol-
       [dats,
Dispersés dans nos rangs, ont fait tant de combats,
Que la vieille amitié qui les attache aux nôtres
Leur fait aimer nos lois et n'en vouloir point d'autres.
Pourquoi donc tant les craindre, et pourquoi refu-
                  SERTORIUS.   [ser..
Vous-même, Perpenna, pourquoi tant déguiser ?
Je vois ce qu'on m'a dit : vous aimez Viriate ;
Et votre amour caché dans vos raisons éclate.
Mais les raisonnements sont ici superflus :
Dites que vous l'aimez, et je ne l'aime plus.
Parlez : je vous dois tant, que ma reconnaissance
Ne peut être sans honte un moment en balance.

PERPENNA.

L'aveu que vous voulez à mon cœur est si doux,
Que j'ose...

SERTORIUS.

       C'est assez : je parlerai pour vous.

PERPENNA.

Ah ! seigneur, c'en est trop ; et...

SERTORIUS.

              Point de repartie :
Tous mes vœux sont déjà du côté d'Aristie ;
Et je l'épouserai, pourvu qu'en même jour
La reine se résolve à payer votre amour :
Car, quoi que vous disiez, je dois craindre sa haine,
Et fuirais à ce prix cette illustre Romaine.
La voici : laissez-moi ménager son esprit ;
Et voyez cependant de quel air on m'écrit.

SCÈNE III

SERTORIUS, ARISTIE.

ARISTIE.

Ne vous offensez pas si dans mon infortune
Ma faiblesse me force à vous être importune ;
Non pas pour mon hymen : les suites d'un tel choix
Méritent qu'on y pense un peu plus d'une fois ;
Mais vous pouvez, seigneur, joindre à mes espérances
Contre un péril nouveau nouvelles assurances.
J'apprends qu'un infidèle, autrefois mon époux,
Vient jusque dans ces murs conférer avec vous :
L'ordre de son tyran, et sa flamme inquiète,
Me pourront envier l'honneur de ma retraite :
L'un en prévoit la suite, et l'autre en craint l'éclat ;
Et tous les deux contre elle ont leur raison d'État.
Je vous demande donc sûreté tout entière
Contre la violence et contre la prière,
Si par l'une ou par l'autre il veut se ressaisir
De ce qu'il ne peut voir ailleurs sans déplaisir

SERTORIUS.

Il en a lieu, madame ; un si rare mérite

Semble croître de prix quand par force on le quitte ;
Mais vous avez ici sûreté contre tous,
Pourvu que vous puissiez en trouver contre vous,
Et que contre un ingrat dont l'amour fut si tendre,
Lorsqu'il vous parlera, vous sachiez vous défendre.
On a peine à haïr ce qu'on a bien aimé,
Et le feu mal éteint est bientôt rallumé.

ARISTIE.

L'ingrat, par son divorce en faveur d'Æmilie,
M'a livrée au mépris de toute l'Italie.
Vous savez à quel point mon courage est blessé :
Mais s'il se dédisait d'un outrage forcé,
S'il chassait Æmilie, et me rendait ma place,
J'aurais peine, seigneur, à lui refuser grâce ;
Et, tant que je serai maîtresse de ma foi,
Je me dois toute à lui s'il revient tout à moi.

SERTORIUS.

En vain donc je me flatte ; en vain j'ose, madame,
Promettre à mon espoir quelque part en votre âme ;
Pompée en est encor l'unique souverain.
Tous vos ressentiments n'offrent que votre main ;
Et, quand par ses refus j'aurai droit d'y prétendre,
Le cœur toujours à lui ne voudra pas se rendre.

ARISTIE.

Qu'importe de mon cœur, si je sais mon devoir,
Et si mon hyménée enfle votre pouvoir ?
Vous ravaleriez-vous jusques à la bassesse
D'exiger de ce cœur des marques de tendresse,
Et de les préférer à ce qu'il fait d'effort
Pour braver mon tyran et relever mon sort ?
Laissons, seigneur, laissons pour les petites âmes
Ce commerce rampant de soupirs et de flammes ;
Et ne nous unissons que pour mieux soutenir
La liberté que Rome est prête à voir finir.
Unissons ma vengeance à votre politique,
Pour sauver des abois toute la république :
L'hymen seul peut unir des intérêts si grands.
Je sais que c'est beaucoup que ce que je prétends ;
Mais, dans ce dur exil que mon tyran m'impose,
Le rebut de Pompée est encor quelque chose ;
Et j'ai des sentiments trop nobles ou trop vains
Pour le porter ailleurs qu'au plus grand des Romains.

SERTORIUS.

Ce nom ne m'est pas dû, je suis...

ARISTIE.

Ce que vous faites
Montre à tout l'univers, seigneur, ce que vous êtes ;
Mais quand même ce nom semblerait trop pour vous,
Du moins mon infidèle est d'un rang au-dessous :
Il sert dans son parti, vous commandez au vôtre ;
Vous êtes chef de l'un, et lui sujet dans l'autre ;
Et son divorce enfin, qui m'arrache sa foi,
L'y laisse par Sylla plus opprimé que moi,
Si votre hymen m'élève à la grandeur sublime
Tandis qu'en l'esclavage un autre hymen l'abîme.
Mais, seigneur, je m'emporte, et l'excès d'un tel heur*
Me fait vous en parler avec trop de chaleur.
Tout mon bien est encor dedans l'incertitude :
Je n'en conçois l'espoir qu'avec inquiétude ;
Et je craindrai toujours d'avoir trop prétendu,
Tant que de cet espoir vous m'ayez répondu.
Vous me pouvez d'un mot assurer ou confondre.

SERTORIUS.

Mais, madame, après tout, que puis-je vous répondre !
De quoi vous assurer, si vous-même parlez
Sans être sûre encor de ce que vous voulez ?
De votre illustre hymen je sais les avantages ;
J'adore les grands noms que j'en ai pour otages,
Et vois que leur secours, nous rehaussant le bras,
Aurait bientôt jeté la tyrannie à bas :
Mais cette attente aussi pourrait se voir trompée
Dans l'offre d'une main qui se garde à Pompée,
Et qui n'étale ici la grandeur d'un tel bien
Que pour me tout promettre et ne me donner rien.

ARISTIE.

Si vous vouliez ma main par choix de ma personne,
Je vous dirais, seigneur : « Prenez, je vous la donne ;
« Quoi que veuille Pompée, il le voudra trop tard. »
Mais, comme en cet hymen l'amour n'a point de part,
Qu'il n'est qu'un pur effet de noble politique,
Souffrez que je vous die*, afin que je m'explique,
Que, quand j'aurais pour dot un million de bras,
Je vous donne encor plus en ne l'achevant pas.
Si je réduis Pompée à chasser Æmilie,
Peut-il, Sylla régnant, regarder l'Italie ?
Ira-t-il se livrer à son juste courroux ?
Non, non ; si je le gagne, il faut qu'il vienne à vous.
Ainsi par mon hymen vous avez assurance
Que mille vrais Romains prendront votre défense :
Mais, si j'en romps l'accord pour lui rendre mes vœux,
Vous aurez ces Romains et Pompée avec eux ;
Vous aurez ses amis par ce nouveau divorce ;
Vous aurez du tyran la principale force,
Son armée, ou du moins ses plus braves soldats,
Qui de leur général voudront suivre les pas ;
Vous marcherez vers Rome à communes enseignes.
Il sera temps alors, Sylla, que tu me craignes.
Tremble, et crois voir bientôt trébucher ta fierté,
Si je puis t'enlever ce que tu m'as ôté.
Pour faire de Pompée un gendre de ta femme,
Tu l'as fait un parjure, un méchant, un infâme :
Mais, s'il me laisse encor quelques droits sur son cœur,
Il reprendra sa foi, sa vertu, son honneur ;
Pour rentrer dans mes fers il brisera tes chaînes ;
Et nous t'accablerons sous nos communes haines.
J'abuse trop, seigneur, d'un précieux loisir :
Voilà vos intérêts ; c'est à vous de choisir.
Si votre amour trop prompt veut borner sa conquête,
Je vous le dis encor, ma main est toute prête.
Je vous laisse y penser : surtout souvenez-vous
Que ma gloire en ces lieux me demande un époux ;
Qu'elle ne peut souffrir que ma fuite m'y range,
En captive de guerre, au péril d'un échange ;
Qu'elle veut un grand homme à recevoir ma foi,
Qu'après vous et Pompée il n'en est point pour moi,
Et que...

SERTORIUS.

Vous le verrez, et saurez sa pensée.

ARISTIE.

Adieu! seigneur : j'y suis la plus intéressée,
Et j'y vais préparer mon reste de pouvoir.
SERTORIUS.
Moi, je vais donner l'ordre à le bien recevoir.
 Dieux, souffrez qu'à mon tour avec vous je m'expli-
Que c'est un sort cruel d'aimer par politique! [que.
Et que ses intérêts sont d'étranges malheurs,
S'ils font donner la main quand le cœur est ailleurs!

ACTE DEUXIÈME

SCÈNE I

VIRIATE, THAMIRE.

VIRIATE.

Thamire, il faut parler, l'occasion nous presse :
Rome jusqu'en ces murs m'envoie une maîtresse;
Et l'exil d'Aristie, enveloppé d'ennuis,
Est prêt à l'emporter sur tout ce que je suis.
En vain de mes regards l'ingénieux langage
Pour découvrir mon cœur a tout mis en usage;
En vain par le mépris des vœux de tous nos rois
J'ai cru faire éclater l'orgueil d'un autre choix :
Le seul pour qui je tâche à le rendre visible,
Ou n'ose en rien connaître, ou demeure insensible,
Et laisse à ma pudeur des sentiments confus,
Que l'amour-propre obstine à douter du refus.
Épargne-m'en la honte, et prends soin de lui dire,
A ce héros si cher... Tu le connais, Thamire; [pui,
Car d'où pourrais-je attendre un trône en lui ap-
Et pour qui mépriser tous nos rois, que pour lui?
Sertorius, lui seul digne de Viriate,
Mérite que pour lui tout mon amour éclate.
Fais-lui, fais-lui savoir le glorieux dessein
De m'affermir au trône en lui donnant la main :
Dis-lui... Mais j'aurais tort d'instruire ton adresse,
Moi qui connais ton zèle à servir ta princesse.
THAMIRE.
Madame, en ce héros tout est illustre et grand;
Mais, à parler sans fard, votre amour me surprend.
Il est assez nouveau qu'un homme de son âge
Ait des charmes si forts pour un jeune courage*,
Et que d'un front ridé les replis jaunissants
Trouvent l'heureux secret de captiver les sens.
VIRIATE.
Ce ne sont pas les sens que mon amour consulte;
Il hait des passions l'impétueux tumulte,
Et son feu que j'attache aux soins de ma grandeur
Dédaigne tout mélange avec leur folle ardeur.
J'aime en Sertorius ce grand art de la guerre
Qui soutient un banni contre toute la terre;
J'aime en lui ces cheveux tout couverts de lauriers,
Ce front qui fait trembler les plus braves guerriers,
Ce bras qui semble avoir la victoire en partage :
L'amour de la vertu n'a jamais d'yeux pour l'âge :
Le mérite a toujours des charmes éclatants;
Et quiconque peut tout est aimable en tout temps.
THAMIRE.
Mais, madame, nos rois, dont l'amour vous irrite,
N'ont-ils tous ni vertu, ni pouvoir, ni mérite?
Et dans votre parti se peut-il qu'aucun d'eux
N'ait signalé son nom par des exploits fameux?
Celui des Turdetans, celui des Celtibères,
Soutiendraient-ils si mal le sceptre de vos pères?...
VIRIATE.
Contre des rois comme eux j'aimerais leur soutien;
Mais contre des Romains tout leur pouvoir n'est rien.
Rome seule aujourd'hui peut résister à Rome :
Il faut pour la braver qu'elle nous prête un homme,
Et que son propre sang en faveur de ces lieux
Balance les destins, et partage les dieux.
Depuis qu'elle a daigné protéger nos provinces,
Et de son amitié faire honneur à leurs princes,
Sous un si haut appui nos rois humiliés
N'ont été que sujets sous le nom d'alliés;
Et ce qu'ils ont osé contre leur servitude
N'en a rendu le joug que plus fort et plus rude.
Qu'a fait Mandonius, qu'a fait Indibilis,
Qu'y plonger plus avant leurs trônes avilis,
Et voir leur fier amas de puissance et de gloire
Brisé contre l'écueil d'une seule victoire?
Le grand Viriatus, de qui je tiens le jour,
D'un sort plus favorable eut un pareil retour.
Il défit trois préteurs, il gagna dix batailles,
Il repoussa l'assaut de plus de cent murailles,
Et de Servilius l'astre prédominant
Dissipa tout d'un coup ce bonheur étonnant.
Ce grand roi fut défait, il en perdit la vie,
Et laissait sa couronne à jamais asservie,
Si pour briser les fers de son peuple captif
Rome n'eût envoyé ce noble fugitif.
Depuis que son courage à nos destins préside,
Un bonheur si constant de nos armes décide,
Que deux lustres de guerre assurent nos climats
Contre ces souverains de tant de potentats,
Et leur laissent à peine, au bout de dix années,
Pour se couvrir de nous, l'ombre des Pyrénées.
Nos rois, sans ce héros, l'un de l'autre jaloux,
Du plus heureux sans cesse auraient rompu les coups;
Jamais ils n'auraient pu choisir entre eux un maître.
THAMIRE.
Mais consentiront-ils qu'un Romain puisse l'être?
VIRIATE.
Il n'en prend pas le titre, et les traite d'égal :
Mais, Thamire, après tout, il est leur général;
Ils combattent sous lui, sous son ordre ils s'unissent,
Et tous ces rois de nom en effet obéissent,
Tandis que de leur rang l'inutile fierté
S'applaudit d'une vaine et fausse égalité.
THAMIRE.
Je n'ose vous rien dire après cet avantage,

Et voudrais comme vous faire grâce à son âge;
Mais enfin ce héros, sujet au cours des ans,
A trop longtemps vaincu pour vaincre encor long-
Et sa mort...   [temps,

VIRIATE.

　　　　Jouissons, en dépit de l'envie,
Des restes glorieux de son illustre vie :
Sa mort me laissera pour ma protection
La splendeur de son ombre et l'éclat de son nom.
Sur ces deux grands appuis ma couronne affermie
Ne redoutera point de puissance ennemie;
Ils feront plus pour moi que ne feraient cent rois.
Mais nous en parlerons encor quelque autre fois.
Je l'aperçois qui vient.

SCÈNE II

SERTORIUS, VIRIATE, THAMIRE.

SERTORIUS.

　　　　　　　Que direz-vous, madame,
Du dessein téméraire où s'échappe mon âme?
N'est-ce point oublier ce qu'on vous doit d'honneur
Que demander à voir le fond de votre cœur?

VIRIATE.

Il est si peu fermé, que chacun y peut lire,
Seigneur, peut-être plus que je ne puis vous dire;
Pour voir ce qui s'y passe, il ne faut que des yeux.

SERTORIUS.

J'ai besoin toutefois qu'il s'explique un peu mieux.
　Tous vos rois à l'envi briguent votre hyménée,
Et comme ces bontés font notre destinée,
Par ces mêmes bontés j'ose vous conjurer,
En faisant ce grand choix, de nous considérer.
Si vous prenez un prince inconstant, infidèle,
Ou qui pour le parti n'ait pas assez de zèle,
Jugez en quel état nous nous verrons réduits,
Si je pourrai longtemps encor ce que je puis,
Si mon bras...

VIRIATE.

　　　　Vous formez des craintes que j'admire.
J'ai mis tous mes États si bien sous votre empire,
Que quand il me plaira faire choix d'un époux,
Quelque projet qu'il fasse, il dépendra de vous.
Mais, pour vous mieux ôter cette frivole crainte,
Choisissez-le vous-même, et parlez-moi sans feinte :
Pour qui de tous ces rois êtes-vous sans soupçon?
A qui d'eux pouvez-vous confier ce grand nom?

SERTORIUS.

Je voudrais faire un choix qui pût aussi vous plaire;
Mais à ce froid accueil que je vous vois leur faire,
Il semble que pour tous sans aucun intérêt...

VIRIATE.

C'est peut-être, seigneur, qu'aucun d'eux ne me plaît,
Et que de leur haut rang la pompe la plus vaine
S'efface au seul aspect de la grandeur romaine.

SERTORIUS.

Si donc je vous offrais pour époux un Romain?...

VIRIATE.

Pourrais-je refuser un don de votre main?

SERTORIUS.

J'ose après cet aveu vous faire offre d'un homme
Digne d'être avoué de l'ancienne Rome.
Il en a la naissance, il en a le grand cœur,
Il est couvert de gloire, il est plein de valeur;
De toute votre Espagne il a gagné l'estime,
Libéral, intrépide, affable, magnanime;
Enfin c'est Perpenna sur qui vous emportez...

VIRIATE.

J'attendais votre nom après ces qualités;
Les éloges brillants que vous daignez y joindre
Ne me permettaient pas d'espérer rien de moindre :
Mais certes le détour est un peu surprenant.
Vous donnez une reine à votre lieutenant!
Si vos Romains ainsi choisissent des maîtresses,
A vos derniers tribuns il faudra des princesses.

SERTORIUS.

Madame...

VIRIATE.

　　　　Parlons net sur le choix d'un époux.
Êtes-vous trop pour moi? suis-je trop peu pour vous?
C'est m'offrir, et ce mot peut blesser les oreilles :
Mais un pareil amour sied bien à mes pareilles :
Et je veux bien, seigneur, qu'on sache désormais
Que j'ai d'assez bons yeux pour voir ce que je fais.
Je le dis donc tout haut, afin que l'on m'entende :
Je veux bien un Romain, mais je veux qu'il com-
Et ne trouverais pas vos rois à dédaigner, [mande;
N'était qu'ils savent mieux obéir que régner.
Mais, si de leur puissance ils vous laissent l'arbitre,
Leur faiblesse du moins en conserve le titre :
Ainsi ce noble orgueil qui vous préfère à tous
En préfère le moindre à tout autre qu'à vous;
Car enfin, pour remplir l'honneur de ma naissance,
Il me faudrait un roi de titre et de puissance :
Mais comme il n'en est plus, je pense m'en devoir
Ou le pouvoir sans nom, ou le nom sans pouvoir.

SERTORIUS.

J'adore ce grand cœur qui rend ce qu'il doit rendre
Aux illustres aïeux dont on vous voit descendre.
A de moindres pensers son orgueil abaissé
Ne soutiendrait pas bien ce qu'ils vous ont laissé.
Mais puisque, pour remplir la dignité royale,
Votre haute naissance en demande une égale,
Perpenna parmi nous est le seul dont le sang
Ne mêlerait point d'ombre à la splendeur du rang;
Il descend de nos rois et de ceux d'Étrurie.
Pour moi qu'un sang moins noble a transmis à la vie,
Je n'ose m'éblouir d'un peu de nom fameux,
Jusqu'à déshonorer le trône par mes vœux.
Cessez de m'estimer jusqu'à lui faire injure :
Je ne veux que le nom de votre créature;
Un si glorieux titre a de quoi me ravir;
Il m'a fait triompher en voulant vous servir;
Et malgré tout le peu que le ciel m'a fait naître...

VIRIATE.

Si vous prenez ce titre, agissez moins en maître,

Ou m'apprenez du moins, seigneur, par quelle loi
Vous n'osez m'accepter, et disposez de moi.
Accordez le respect que mon trône vous donne
Avec cet attentat sur ma propre personne.
Voir toute mon estime, et n'en pas mieux user,
C'on est un qu'aucun art ne saurait déguiser.
Ne m'honorez donc plus jusqu'à me faire injure;
Puisque vous le voulez, soyez ma créature;
Et, me laissant en reine ordonner de vos vœux,
Portez-les jusqu'à moi, parce que je le veux.
  Pour votre Perpenna, que sa haute naissance
N'affranchit point encor de votre obéissance,
Fût-il du sang des dieux aussi bien que des rois,
Ne lui promettez plus la gloire de mon choix.
Rome n'attache point le grade à la noblesse.
Votre grand Marius naquit dans la bassesse;
Et c'est pourtant le seul que le peuple romain
Ait jusques à sept fois choisi pour souverain.
Ainsi pour estimer chacun à sa manière :
Au sang d'un Espagnol je ferais grâce entière;
Mais parmi vos Romains je prends peu garde au sang,
Quand j'y vois la vertu prendre le plus haut rang.
Vous, si vous haïssez comme eux le nom de reine,
Regardez-moi, seigneur, comme dame romaine :
Le droit de bourgeoisie à nos peuples donné
Ne perd rien de son prix sur un front couronné.
Sous ce titre adoptif, étant ce que vous êtes,
Je pense bien valoir une de mes sujettes;
Et, si quelque Romaine a causé vos refus,
Je suis tout ce qu'elle est, et reine encor de plus.
Peut-être la pitié d'une illustre misère...

SERTORIUS.

Je vous entends, madame, et, pour ne vous rien taire,
J'avoûrai qu'Aristie...

VIRIATE.

Elle nous a tout dit;
Je sais ce qu'elle espère et ce qu'on vous écrit.
Sans y perdre de temps, ouvrez votre pensée.

SERTORIUS.

Au seul bien de la cause elle est intéressée :
Mais puisque, pour ôter l'Espagne à nos tyrans,
Nous prenons, vous et moi, des chemins différents,
De grâce, examinez le commun avantage,
Et jugez ce que doit un généreux courage.
Je trahirais, madame, et vous et vos États,
De voir un tel secours, et ne l'accepter pas :
Mais ce même secours deviendrait notre perte,
S'il nous ôtait la main que vous m'avez offerte,
Et qu'un destin jaloux de nos communs desseins
Jetât ce grand dépôt en de mauvaises mains.
Je tiens Sylla perdu, si vous laissez unie
A ce puissant renfort votre Lusitanie.
Mais vous pouvez enfin dépendre d'un époux,
Et le seul Perpenna peut m'assurer de vous.
Voyez ce qu'il a fait; je lui dois tant, madame,
Qu'une juste prière en faveur de sa flamme...

VIRIATE.

Si vous lui devez tant, ne me devez-vous rien?
Et lui faut-il payer vos dettes de mon bien?
Après que ma couronne a garanti vos têtes,
Ne mérité-je point de part en vos conquêtes?
Ne vous ai-je servi que pour servir toujours,
Et m'assurer des fers par mon propre secours?
Ne vous y trompez pas : si Perpenna m'épouse,
Du pouvoir souverain je deviendrai jalouse,
Et le rendrai moi-même assez entreprenant
Pour ne vous pas laisser un roi pour lieutenant.
Je vous avoûrai plus : à qui que je me donne,
Je voudrai hautement soutenir ma couronne;
Et c'est ce qui me force à vous considérer,
De peur de perdre tout, s'il nous faut séparer.
Je ne vois que vous seul qui des mers aux montagnes
Sous un même étendard puisse unir nos Espagnes :
Mais ce que je propose en est le seul moyen;
Et quoi qu'ait fait pour vous ce cher concitoyen,
S'il vous a secouru contre la tyrannie,
Il en est bien payé d'avoir sauvé sa vie.
Les malheurs du parti l'accablaient à tel point,
Qu'il se voyait perdu, s'il ne vous eût pas joint;
Et même, si j'en veux croire la renommée,
Ses troupes, malgré lui, grossirent votre armée.
Rome offre un grand secours, du moins on vous l'é-
Mais, s'armât-elle toute en faveur d'un proscrit, [crit;
Quand nous sommes aux bords d'une pleine victoire,
Quel besoin avons-nous d'en partager la gloire?
Encore une campagne, et nos seuls escadrons
Aux aigles de Sylla font repasser les monts.
Et ces derniers venus auront droit de nous dire
Qu'ils auront en ces lieux établi notre empire!
Soyons d'un tel honneur l'un et l'autre jaloux;
Et quand nous pouvons tout, ne devons rien qu'à
    SERTORIUS.   [nous.
L'espoir le mieux fondé n'a jamais trop de forces.
Le plus heureux destin surprend par les divorces;
Du trop de confiance il aime à se venger;
Et dans un grand dessein rien n'est à négliger.
  Devons-nous exposer à tant d'incertitude
L'esclavage de Rome et notre servitude,
De peur de partager avec d'autres Romains
Un honneur où le ciel veut peut-être leurs mains?
Notre gloire, il est vrai, deviendra sans seconde,
Si nous faisons sans eux la liberté du monde;
Mais si quelque malheur suit tant d'heureux combats,
Quels reproches cruels ne nous ferons-nous pas!
D'ailleurs, considérez que Perpenna vous aime,
Qu'il est ou qu'il se croit digne du diadème,
Qu'il peut ici beaucoup; qu'il s'est vu de tout temps
Qu'en gouvernant le mieux on fait des mécontents;
Que, piqué du mépris, il osera peut-être...

VIRIATE.

Tranchez le mot, seigneur : je vous ai fait mon maître,
Et je dois obéir malgré mon sentiment;
C'est à quoi se réduit tout ce raisonnement.
  Faites, faites entrer ce héros d'importance,
Que je fasse un essai de mon obéissance;
Et si vous le craignez, craignez autant du moins
Un long et vain regret d'avoir prêté vos soins.

SERTORIUS.
Madame, croiriez-vous...
VIRIATE.
Ce mot vous doit suffire.
J'entends ce qu'on me dit, et ce qu'on me veut dire.
Allez, faites-lui place, et ne présumez pas...
SERTORIUS.
Je parle pour un autre, et toutefois, hélas!
Si vous saviez...
VIRIATE.
Seigneur, que faut-il que je sache?
Et quel est le secret que ce soupir me cache?
SERTORIUS.
Ce soupir redoublé...
VIRIATE.
N'achevez point; allez :
Je vous obéirai plus que vous ne voulez.

SCÈNE III

VIRIATE, THAMIRE.

THAMIRE.
Sa dureté m'étonne, et je ne puis, madame...
VIRIATE.
L'apparence t'abuse; il m'aime au fond de l'âme.
THAMIRE.
Quoi! quand pour un rival il s'obstine au refus...
VIRIATE.
Il veut que je l'amuse, et ne veut rien de plus.
THAMIRE.
Vous avez des clartés que mon insuffisance...
VIRIATE.
Parlons à ce rival; le voilà qui s'avance.

SCÈNE IV

VIRIATE, PERPENNA, AUFIDE, THAMIRE.

VIRIATE.
Vous m'aimez, Perpenna; Sertorius le dit :
Je crois sur sa parole, et lui dois tout crédit.
Je sais donc votre amour; mais tirez-moi de peine :
Par où prétendez-vous mériter une reine,
A quel titre lui plaire, et par quel charme un jour
Obliger sa couronne à payer votre amour?
PERPENNA.
Par de sincères vœux, par d'assidus services,
Par de profonds respects, par d'humbles sacrifices;
Et si quelques effets peuvent justifier...
VIRIATE.
Eh bien! qu'êtes-vous prêt à lui sacrifier?
PERPENNA.
Tous mes soins, tout mon sang, mon courage, ma vie.
VIRIATE.
Pourriez-vous la servir dans une jalousie?
PERPENNA.
Ah, madame!...

VIRIATE.
A ce mot en vain le cœur vous bat;
Elle n'est pas d'amour, elle n'est que d'État.
J'ai de l'ambition, et mon orgueil de reine
Ne peut voir sans chagrin une autre souveraine,
Qui, sur mon propre trône à mes yeux s'élevant,
Jusque dans mes États prenne le pas devant.
Sertorius y règne; et dans tout notre empire
Il dispense des lois où j'ai voulu souscrire,
Je ne m'en repens point, il en a bien usé;
Je rends grâces au ciel qui l'a favorisé.
Mais, pour vous dire enfin de quoi je suis jalouse,
Quel rang puis-je garder auprès de son épouse?
Aristie y prétend, et l'offre qu'elle fait,
Ou que l'on fait pour elle, en assure l'effet.
Délivrez nos climats de cette vagabonde,
Qui vient par son exil troubler un autre monde;
Et forcez-la sans bruit d'honorer d'autres lieux
De cet illustre objet qui me blesse les yeux.
Assez d'autres États lui prêteront asile.
PERPENNA.
Quoi que vous m'ordonniez, tout me sera facile :
Mais quand Sertorius ne l'épousera pas,
Un autre hymen vous met dans le même embarras.
Et qu'importe, après tout, d'une autre ou d'Aristie,
Si...
VIRIATE.
Rompons, Perpenna, rompons cette partie;
Donnons ordre au présent; et quant à l'avenir,
Suivant l'occasion nous saurons y fournir. [ses.
Le temps est un grand maître, il règle bien des cho-
Enfin je suis jalouse, et vous en dis les causes.
Voulez-vous me servir?
PERPENNA.
Si je le veux? J'y cours,
Madame, et meurs déjà d'y consacrer mes jours.
Mais pourrai-je espérer que ce faible service
Attirera sur moi quelque regard propice,
Que le cœur attendri fera suivre...
VIRIATE.
Arrêtez,
Vous porteriez trop loin des vœux précipités.
Sans doute un tel service aura droit de me plaire;
Mais laissez-moi, de grâce, arbitre du salaire :
Je ne suis point ingrate, et sais ce que je dois;
Et c'est vous dire assez pour la première fois.
Adieu.

SCÈNE V

PERPENNA, AUFIDE.

AUFIDE.
Vous le voyez, seigneur, comme on vous joue.
Tout son cœur est ailleurs; Sertorius l'avoue,
Et fait auprès de vous l'officieux rival,
Cependant que la reine...
PERPENNA.
Ah! n'en juge point mal.

A lui rendre service elle m'ouvre une voie
Que tout mon cœur embrasse avec excès de joie.
AUFIDE.
Vous ne voyez donc pas que son esprit jaloux
Ne cherche à se servir de vous que contre vous,
Et que, rompant le cours d'une flamme nouvelle,
Vous forcez ce rival à retourner vers elle?
PERPENNA.
N'importe, servons-la, méritons son amour;
La force et la vengeance agiront à leur tour.
Hasardons quelques jours sur l'espoir qui nous flatte,
Dussions-nous pour tout fruit ne faire qu'une ingrate.
AUFIDE.
Mais, seigneur...
PERPENNA.
Épargnons les discours superflus,
Songeons à la servir, et ne contestons plus;
Cet unique souci tient mon âme occupée.
Cependant de nos murs on découvre Pompée;
Tu sais qu'on me l'a dit : allons le recevoir,
Puisque Sertorius m'impose ce devoir.

ACTE TROISIÈME

SCÈNE I

SERTORIUS, POMPÉE, SUITE.

SERTORIUS.
Seigneur, qui des mortels eût jamais osé croire
Que la trêve à tel point dût rehausser ma gloire,
Qu'un nom à qui la guerre a fait trop applaudir
Dans l'ombre de la paix trouvât à s'agrandir?
Certes, je doute encor si ma vue est trompée,
Alors que dans ces murs je vois le grand Pompée;
Et quand il lui plaira, je saurai quel bonheur
Comble Sertorius d'un tel excès d'honneur.
POMPÉE.
Deux raisons. Mais, seigneur, faites qu'on se retire,
Afin qu'en liberté je puisse vous les dire.
(La suite sort).
L'inimitié qui règne entre nos deux partis
N'y rend pas de l'honneur tous les droits amortis.
Comme le vrai mérite a ses prérogatives,
Qui prennent le dessus des haines les plus vives,
L'estime et le respect sont de justes tributs
Qu'aux plus fiers ennemis arrachent les vertus;
Et c'est ce que vient rendre à la haute vaillance,
Dont je ne fais ici que trop d'expérience,
L'ardeur de voir de près un si fameux héros,
Sans lui voir en la main piques ni javelots;
Et le front désarmé de ce regard terrible
Qui dans nos escadrons guide un bras invincible.
Je suis jeune et guerrier, et tant de fois vainqueur,
Que mon trop de fortune a pu m'enfler le cœur;
Mais, et ce franc aveu sied bien aux grands courages,
J'apprends plus contre vous par mes désavantages,
Que les plus beaux succès, qu'ailleurs j'aie emportés
Ne m'ont encore appris par mes prospérités.
Je vois ce qu'il faut faire, à voir ce que vous faites :
Les sièges, les assauts, les savantes retraites,
Bien camper, bien choisir à chacun son emploi,
Votre exemple est partout une étude pour moi.
Ah! si je vous pouvais rendre à la république,
Que je croirais lui faire un présent magnifique!
Et que j'irais, seigneur, à Rome avec plaisir,
Puisque la trêve enfin m'en donne le loisir,
Si j'y pouvais porter quelque faible espérance
D'y conclure un accord d'une telle importance!
Près de l'heureux Sylla ne puis-je rien pour vous?
Et près de vous, seigneur, ne puis-je rien pour tous?
SERTORIUS.
Vous me pourriez sans doute épargner quelque peine,
Si vous vouliez avoir l'âme toute romaine :
Mais, avant que d'entrer en ces difficultés,
Souffrez que je réponde à vos civilités.
Vous ne me donnez rien par cette haute estime
Que vous n'ayez déjà dans le degré sublime.
La victoire attachée à vos premiers exploits,
Un triomphe avant l'âge où le souffrent nos lois,
Avant la dignité qui permet d'y prétendre,
Font trop voir quels respects l'univers vous doit ren-
Si dans l'occasion je ménage un peu mieux   [dre.
L'assiette du pays et la faveur des lieux,
Si mon expérience en prend quelque avantage,
Le grand art de la guerre attend quelquefois l'âge;
Le temps y fait beaucoup; et de mes actions
S'il vous a plu tirer quelques instructions,
Mes exemples un jour ayant fait place aux vôtres,
Ce que je vous apprends, vous l'apprendrez d'au-
Et ceux qu'aura ma mort saisis de mon emploi [tres,
S'instruiront contre vous, comme vous contre moi.
Quant à l'heureux Sylla, je n'ai rien à vous dire.
Je vous ai montré l'art d'affaiblir son empire;
Et, si je puis jamais y joindre des leçons
Dignes de vous apprendre à repasser les monts,
Je suivrai d'assez près votre illustre retraite
Pour traiter avec lui sans besoin d'interprète,
Et sur les bords du Tibre, une pique à la main,
Lui demander raison pour le peuple romain.
POMPÉE.
De si hautes leçons, seigneur; sont difficiles,
Et pourraient vous donner quelques soins inutiles,
Si vous faisiez dessein de me les expliquer
Jusqu'à m'avoir appris à les bien pratiquer.
SERTORIUS.
Aussi me pourriez-vous épargner quelque peine,
Si vous vouliez avoir l'âme toute romaine;
Je vous l'ai déjà dit.
POMPÉE.
Ce discours rebattu
Lasserait une austère et farouche vertu.   [dre
Pour moi qui vous honore assez pour me contrain-
A fuir obstinément tout sujet de m'en plaindre,
Je ne veux rien comprendre en ces obscurités.

SERTORIUS.

Je sais qu'on n'aime point de telles vérités :
Mais, seigneur, étant seuls, je parle avec franchise ;
Bannissant les témoins, vous me l'avez permise :
Et je garde avec vous la même liberté
Que si votre Sylla n'avait jamais été.
Est-ce être tout Romain qu'être chef d'une guerre
Qui veut tenir aux fers les maîtres de la terre ?
Ce nom, sans vous et lui, nous serait encore dû ;
C'est par lui, c'est par vous, que nous l'avons perdu.
C'est vous qui sous le joug traînez des cœurs si braves ;
Ils étaient plus que rois, ils sont moindres qu'esclaves,
Et la gloire qui suit vos plus nobles travaux [
Ne fait qu'approfondir l'abîme de leurs maux :
Leur misère est le fruit de votre illustre peine :
Et vous pensez avoir l'âme toute romaine ?
Vous avez hérité ce nom de vos aïeux ;
Mais, s'il vous était cher, vous le rempliriez mieux.

POMPÉE.   [que
Je crois le bien remplir quand tout mon cœur s'appli-
Aux soins de rétablir un jour la république :
Mais vous jugez, seigneur, de l'âme par le bras ;
Et souvent l'un paraît ce que l'autre n'est pas.
   Lorsque deux factions divisent un empire,
Chacun suit au hasard la meilleure ou la pire,
Suivant l'occasion ou la nécessité
Qui l'emporte vers l'un ou vers l'autre côté.
Le plus juste parti, difficile à connaître,
Nous laisse en liberté de nous choisir un maître ;
Mais, quand ce choix est fait, on ne s'en dédit plus.
J'ai servi sous Sylla du temps de Marius,
Et servirai sous lui tant qu'un destin funeste
De nos divisions soutiendra quelque reste.
Comme je ne vois pas dans le fond de son cœur,
J'ignore quels projets peut former son bonheur :
S'il les pousse trop loin, moi-même je l'en blâme,
Je lui prête mon bras sans engager mon âme ;
Je m'abandonne au cours de sa félicité,
Tandis que tous mes vœux sont pour la liberté ;
Et c'est ce qui me force à garder une place
Qu'usurperaient sans moi l'injustice et l'audace,
Afin que, Sylla mort, ce dangereux pouvoir
Ne tombe qu'en des mains qui sachent leur devoir.
Enfin je sais mon but, et vous savez le vôtre.

SERTORIUS.   [tre-
Mais cependant, seigneur, vous servez comme un au-
Et nous, qui jugeons tout sur la foi de nos yeux,
Et laissons le dedans à pénétrer aux dieux,   [Rome,
Nous craignons votre exemple, et doutons si dans
Il n'instruit point le peuple à prendre loi d'un homme ;
Et si votre valeur, sous le pouvoir d'autrui,
Ne sème point pour vous lorsqu'elle agit pour lui.
   Comme je vous estime, il m'est aisé de croire
Que de la liberté vous feriez votre gloire,
Que votre âme en secret lui donne tous ses vœux ;
Mais, si je m'en rapporte aux esprits soupçonneux,
Vous aidez aux Romains à faire essai d'un maître,
Sous ce flatteur espoir qu'un jour vous pourrez l'être.
La main qui les opprime, et que vous soutenez,
Les accoutume au joug que vous leur destinez ;
Et, doutant s'ils voudront se faire à l'esclavage,
Aux périls de Sylla vous tâtez leur courage.

POMPÉE.

Le temps détrompera ceux qui parlent ainsi ;
Mais justifira-t-il ce que l'on voit ici ?
Permettez qu'à mon tour je parle avec franchise ;
Votre exemple à la fois m'instruit et m'autorise :
Je juge, comme vous, sur la foi de mes yeux,
Et laisse le dedans à pénétrer aux dieux.
   Ne vit-on pas ici sous les ordres d'un homme ?
N'y commandez-vous pas comme Sylla dans Rome ?
Du nom de dictateur, du nom de général,
Qu'importe, si des deux le pouvoir est égal ?
Les titres différents ne font rien à la chose ;
Vous imposez des lois ainsi qu'il en impose ;
Et, s'il est périlleux de s'en faire haïr,
Il ne serait pas sûr de vous désobéir.
   Pour moi, si quelque jour je suis ce que vous êtes,
J'en userai peut-être alors comme vous faites :
Jusque-là...

SERTORIUS.
           Vous pourriez en douter jusque-là,
Et me faire un peu moins ressembler à Sylla.
Si je commande ici, le sénat me l'ordonne.
Mes ordres n'ont encore assassiné personne.
Je n'ai pour ennemis que ceux du bien commun ;
Je leur fais bonne guerre, et n'en proscris pas un.
C'est un asile ouvert que mon pouvoir suprême ;
Et, si l'on m'obéit, ce n'est qu'autant qu'on m'aime.

POMPÉE.

Et votre empire en est d'autant plus dangereux,
Qu'il rend de vos vertus les peuples amoureux,
Qu'en assujettissant vous avez l'air de plaire,
Qu'on croit n'être un rien fers qu'esclave volontaire,
Et que la liberté trouvera peu de jour
A détruire un pouvoir que fait régner l'amour.
   Ainsi parlent, seigneur, les âmes soupçonneuses.
Mais n'examinons point ces questions fâcheuses,
Ni si c'est un sénat qu'un amas de bannis
Que cet asile ouvert sous vous a réunis.
Une seconde fois, n'est-il aucune voie
Par où je puisse à Rome emporter quelque joie ?
Elle serait extrême à trouver les moyens
De rendre un si grand homme à ses concitoyens.
Il est doux de revoir les murs de la patrie :
C'est elle par ma voix, seigneur, qui vous en prie ;
C'est Rome...

SERTORIUS.
           Le séjour de votre potentat,
Qui n'a que ses fureurs pour maximes d'État ?
Je n'appelle plus Rome un enclos de murailles,
Que ses proscriptions comblent de funérailles.
Ces murs, dont le destin fut autrefois si beau,
N'en sont que la prison, ou plutôt le tombeau :
Mais, pour revivre ailleurs dans sa première force,
Avec les faux Romains elle a fait plein divorce ;
Et, comme autour de moi j'ai tous ses vrais appuis,
Rome n'est plus dans Rome, elle est toute où je suis.

Parlons pourtant d'accord. Je ne sais qu'une voie
Qui puisse avec honneur nous donner cette joie.
Unissons-nous ensemble, et le tyran est bas :
Rome à ce grand dessein ouvrira tous ses bras.
Ainsi nous ferons voir l'amour de la patrie,
Pour qui vont les grands cœurs jusqu'à l'idolâtrie;
Et nous épargnerons ces flots de sang romain
Que versent tous les ans votre bras et ma main.
POMPÉE.
Ce projet, qui pour vous est tout brillant de gloire,
N'aurait-il rien pour moi d'une action trop noire?
Moi qui commande ailleurs, puis-je servir sous vous?
SERTORIUS.
Du droit de commander je ne suis point jaloux ;
Je ne l'ai qu'en dépôt, et je vous l'abandonne,
Non jusqu'à vous servir de ma seule personne;
Je prétends un peu plus : mais dans cette union
De votre lieutenant m'enviriez-vous le nom?
POMPÉE.
De pareils lieutenants n'ont des chefs qu'en idée;
Leur nom retient pour eux l'autorité cédée;
Ils n'en quittent que l'ombre; et l'on ne sait que c'est
De suivre ou d'obéir que suivant qu'il leur plaît.
Je sais une autre voie, et plus noble et plus sûre.
Sylla, si vous voulez, quitte sa dictature;
Et déjà de lui-même il s'en serait démis,
S'il voyait qu'en ces lieux il n'eût plus d'ennemis.
Mettez les armes bas, je réponds de l'issue,
J'en donne ma parole après l'avoir reçue.
Si vous êtes Romain, prenez l'occasion.
SERTORIUS.
Je ne m'éblouis point de cette illusion.
Je connais le tyran, j'en vois le stratagème;
Quoi qu'il semble promettre, il est toujours lui-même.
Vous qu'à sa défiance il a sacrifié
Jusques à vous forcer d'être son allié...
POMPÉE.
Hélas! ce mot me tue, et, je le dis sans feinte,
C'est l'unique sujet qu'il m'a donné de plainte.
J'aimais mon Aristie, il m'en vient d'arracher;
Mon cœur frémit encore à me le reprocher :
Vers tant de biens perdus sans cesse il me rappelle
Et je vous rends, seigneur, mille grâces pour elle,
A vous, à ce grand cœur dont la compassion
Daigne ici l'honorer de sa protection.
SERTORIUS.
Protéger hautement les vertus malheureuses,
C'est le moindre devoir des âmes généreuses :
Aussi fais-je encor plus, je lui donne un époux.
POMPÉE.
Un époux! dieux! qu'entends-je! Et qui, seigneur?
SERTORIUS.
Moi.
POMPÉE.
Vous?
Seigneur, toute son âme est à moi dès l'enfance :
N'imitez point Sylla par cette violence ;
Mes maux sont assez grands, sans y joindre celui
De voir tout ce que j'aime entre les bras d'autrui.

SERTORIUS.
(à Aristie, qui entre.)
Tout est encore à vous. Venez, venez, madame,
Faire voir quel pouvoir j'usurpe sur votre âme,
Et montrer, s'il se peut, à tout le genre humain
La force qu'on vous fait pour me donner la main.
POMPÉE.
C'est elle-même, ô ciel!
SERTORIUS.
Je vous laisse avec elle,
Et sais que tout son cœur vous est encor fidèle.
Reprenez votre bien ; ou ne vous plaignez plus,
Si j'ose m'enrichir, seigneur, de vos refus.

SCÈNE II
POMPÉE, ARISTIE.
POMPÉE.
Me dit-on vrai, madame, et serait-il possible...
ARISTIE.
Oui, seigneur, il est vrai que j'ai le cœur sensible;
Suivant qu'on m'aime ou hait, j'aime ou hais à mon
Et ma gloire soutient ma haine et mon amour. [tour,
Mais, si de mon amour elle est la souveraine,
Elle n'est pas toujours maîtresse de ma haine;
Je ne la suis pas même; et je hais quelquefois
Et moins que je ne veux, et moins que je ne dois.
POMPÉE.
Cette haine a pour moi toute son étendue,
Madame, et la pitié ne l'a point suspendue;
La générosité n'a pu la modérer.
ARISTIE.
Vous ne voyez donc pas qu'elle a peine à durer?
Mon feu, qui n'est éteint que parce qu'il doit l'être,
Cherche en dépit de moi le vôtre pour renaître;
Et je sens qu'à vos yeux mon courroux chancelant
Trébuche, perd sa force, et meurt en vous parlant.
M'aimeriez-vous encor, seigneur ?
POMPÉE.
Si je vous aime!
Demandez si je vis, ou si je suis moi-même.
Votre amour est ma vie, et ma vie est à vous.
ARISTIE.
Sortez de mon esprit, ressentiments jaloux :
Noirs enfants du dépit, ennemis de ma gloire,
Tristes ressentiments, je ne veux plus vous croire.
Quoi qu'on m'ait fait d'outrage, il ne m'en souvient
Plus de nouvel hymen, plus de Sertorius; [plus.
Je suis au grand Pompée; et puisqu'il m'aime encore,
Puisqu'il me rend son cœur, de nouveau je l'adore.
Plus de Sertorius. Mais, seigneur, répondez;
Faites parler ce cœur qu'enfin vous me rendez.
Plus de Sertorius. Hélas! quoi que je die,
Vous ne me dites point, seigneur : Plus d'Æmilie.
Rentrez dans mon esprit, jaloux ressentiments,
Fiers enfants de l'honneur, nobles emportements;
C'est vous que je veux croire; et Pompée infidèle
Ne saurait plus souffrir que ma haine chancelle;

Il l'affermit pour moi. Venez, Sertorius;
Il me rend toute à vous par ce muet refus. .
Donnons ce grand témoin à ce grand hyménée;
Son âme toute ailleurs n'en sera point gênée :
Il le verra sans peine, et cette dureté
Passera chez Sylla pour magnanimité.
POMPÉE.
Ce qu'il vous fait d'injure également m'outrage,
Mais enfin je vous aime, et ne puis davantage. [pas,
Vous, si jamais ma flamme eut pour vous quelque ap-
Plaignez-vous, haïssez, mais ne vous donnez pas;
Demeurez en état d'être toujours ma femme,
Gardez jusqu'au tombeau l'empire de mon âme.
Sylla n'a que son temps, il est vieil et cassé;
Son règne passera, s'il n'est déjà passé;
Ce grand pouvoir lui pèse, il s'apprête à le rendre;
Comme à Sertorius, je veux bien vous l'apprendre.
Ne vous jetez donc point, madame, en d'autres bras;
Plaignez-vous, haïssez, mais ne vous donnez pas :
Si vous voulez ma main, n'engagez point la vôtre.
ARISTIE.
Mais quoi ! n'êtes-vous pas entre les bras d'une autre?
POMPÉE.
Non; puisqu'il vous en faut confier le secret,
Æmilie à Sylla n'obéit qu'à regret.
Des bras d'un autre époux ce tyran qui l'arrache
Ne rompt point dans son cœur le saint nœud qui l'at-
Elle porte en ses flancs un fruit de cet amour, [tache,
Que bientôt chez moi-même elle va mettre au jour;
Et, dans ce triste état, sa main qu'il m'a donnée
N'a fait que l'éblouir par un feint hyménée,
Tandis que, tout entière à son cher Glabrion,
Elle paraît ma femme, et n'en a que le nom.
ARISTIE.
Et ce nom seul est tout pour celles de ma sorte.
Rendez-le-moi, seigneur, ce grand nom qu'elle porte.
J'aimai votre tendresse et vos empressements :
Mais je suis au-dessus de ces attachements;
Et tout me sera doux, si ma trame coupée
Me rend à mes aïeux en femme de Pompée,
Et que sur mon tombeau ce grand titre gravé
Montre à tout l'avenir que je l'ai conservé.
J'en fais toute ma gloire et toutes mes délices;
Un moment de sa perte a pour moi des supplices.
Vengez-moi de Sylla, qui me l'ôte aujourd'hui,
Ou souffrez qu'on me venge et de vous et de lui;
Qu'un autre hymen me rende un titre qui l'égale;
Qu'il me relève autant que Sylla me ravale :
Non que je puisse aimer aucun autre que vous;
Mais pour venger ma gloire il me faut un époux,
Il m'en faut un illustre, et dont la renommée...
POMPÉE.
Ah ! ne vous lassez point d'aimer et d'être aimée.
Peut-être touchons-nous au moment désiré
Qui saura réunir ce qu'on a séparé.
Ayez plus de courage et moins d'impatience;
Souffrez que Sylla meure, ou quitte sa puissance...
ARISTIE.
J'attendrai de sa mort ou de son repentir

Qu'à me rendre l'honneur vous daigniez consentir?
Et je verrai toujours votre cœur plein de glace,
Mon tyran impuni, ma rivale en ma place,
Jusqu'à ce qu'il renonce au pouvoir absolu,
Après l'avoir gardé tant qu'il l'aura voulu?
POMPÉE.
Mais tant qu'il pourra tout, que pourrai-je, madame?
ARISTIE.
Suivre en tous lieux, seigneur, l'exil de votre femme,
La ramener chez vous avec vos légions,
Et rendre un heureux calme à nos divisions.
Que ne pourrez-vous point en tête d'une armée,
Partout, hors de l'Espagne, à vaincre accoutumée?
Et quand Sertorius sera joint avec nous,
Que pourra le tyran? qu'osera son courroux?
Ce n'est pas s'affranchir qu'un moment le paraître,
Ni secouer le joug que de changer de maître.
Sertorius pour vous est un illustre appui;
Mais en faire le mien, c'est me ranger sous lui;
Joindre nos étendards, c'est grossir son empire.
Perpenna qui l'a joint saura que vous en dire.
Je sers : mais jusqu'ici l'ordre vient de si loin,
Qu'avant qu'on le reçoive il n'en est plus besoin;
Et ce peu que j'y rends de vaine déférence,
Jaloux du vrai pouvoir, ne sert qu'en apparence.
Je crois n'avoir plus même à servir qu'un moment;
Et, quand Sylla prépare un si doux changement,
Pouvez-vous m'ordonner de me bannir de Rome,
Pour la remettre au joug sous les lois d'un autre
Moi qui ne suis jaloux de mon autorité [homme;
Que pour lui rendre un jour toute sa liberté?
Non, non; si vous m'aimez comme j'aime à le croire,
Vous saurez accorder votre amour et ma gloire,
Céder avec prudence au temps prêt à changer,
Et ne me perdre pas au lieu de vous venger.
ARISTIE.
Si vous m'avez aimée, et qu'il vous en souvienne,
Vous mettrez votre gloire à me rendre la mienne.
Mais il est temps qu'un mot termine ces débats.
Me voulez-vous, seigneur? ne me voulez-vous pas?
Parlez : que votre choix règle ma destinée.
Suis-je encore à l'époux à qui l'on m'a donnée?
Suis-je à Sertorius? C'est assez consulté :
Rendez-moi mes liens, ou pleine liberté...
POMPÉE.
Je le vois bien, madame, il faut rompre la trêve,
Pour briser en vainqueur cet hymen, s'il s'achève;
Et vous savez si peu l'art de vous secourir,
Que, pour vous en instruire, il faut vous conquérir.
ARISTIE.
Sertorius sait vaincre et garder ses conquêtes.
POMPÉE.
La vôtre à la garder coûtera bien des têtes;
Comme elle fermera la porte à tout accord,
Rien ne la peut jamais assurer que ma mort.
Oui, j'en jure les dieux; s'il faut qu'il vous obtienne,
Rien ne peut empêcher sa perte que la mienne;

Et peut-être tous deux, l'un par l'autre percés,
Nous vous ferons connaître à quoi vous nous forcez.
ARISTIE.
Je ne suis pas, seigneur, d'une telle importance.
D'autres soins éteindront cette ardeur de vengeance.
Ceux de vous agrandir vous porteront ailleurs,
Où vous pourrez trouver quelques destins meilleurs ;
Ceux de servir Sylla, d'aimer son Æmilie,
D'imprimer du respect a toute l'Italie,
De rendre à votre Rome un jour sa liberté,
Sauront tourner vos pas de quelque autre côté.
Surtout ce privilége acquis aux grandes âmes,
De changer à leur gré de maris et de femmes,
Mérite qu'on l'étale au bout de l'univers,
Pour en donner l'exemple à cent climats divers.
POMPÉE.
Ah ! c'en est trop, madame, et de nouveau je jure...
ARISTIE.
Seigneur, les vérités font-elles quelque injure ?
POMPÉE.
Vous oubliez trop tôt que je suis votre époux.
ARISTIE.
Ah ! si ce nom vous plaît, je suis encore à vous.
Voilà ma main, seigneur.
POMPÉE.
Gardez-la-moi, madame.
ARISTIE.
Tandis que vous avez à Rome une autre femme ?
Que par un autre hymen vous me déshonorez ?
Me punissent les dieux que vous avez jurés,
Si, passé ce moment et hors de votre vue,
Je vous garde une foi que vous avez rompue !
POMPÉE.
Qu'allez-vous faire ? hélas !
ARISTIE.
Ce que vous m'enseignez.
POMPÉE.
Éteindre un tel amour !
ARISTIE.
Vous-même l'éteignez.
POMPÉE.
La victoire aura droit de le faire renaître.
ARISTIE.
Si ma haine est trop faible, elle la fera croître.
POMPÉE.
Pourrez-vous me haïr ?
ARISTIE.
J'en fais tous mes souhaits.
POMPÉE.
Adieu donc pour deux jours.
ARISTIE.
Adieu pour tout jamais !

ACTE QUATRIÈME

SCÈNE I

SERTORIUS, THAMIRE.

SERTORIUS.
Pourrai-je voir la reine ?
THAMIRE.
Attendant qu'elle vienne,
Elle m'a commandé que je vous entretienne,
Et veut demeurer seule encor quelques moments.
SERTORIUS.
Ne m'apprendrez-vous point où vont ses sentiments,
Ce que doit Perpenna concevoir d'espérance ?
THAMIRE.
Elle ne m'en fait pas beaucoup de confidence ;
Mais j'ose présumer qu'offert de votre main
Il aura peu de peine à fléchir son dédain.
Vous pouvez tout sur elle.
SERTORIUS.
Ah ! j'y puis peu de chose,
Si jusqu'à l'accepter mon malheur la dispose ;
Ou, pour en parler mieux, j'y puis trop, et trop peu.
THAMIRE.
Elle croit fort vous plaire en secondant son feu.
SERTORIUS.
Me plaire ?
THAMIRE.
Oui : mais, seigneur, d'où vient cette surprise ?
Et de quoi s'inquiète un cœur qui la méprise ?
SERTORIUS.
N'appelez point mépris un violent respect
Que sur mes plus doux vœux fait régner son aspect.
THAMIRE.
Il est peu de respects qui ressemblent au vôtre,
S'il ne sait que trouver des raisons pour un autre ;
Et je préfèrerais au peu d'emportement
Aux plus humbles devoirs d'un tel accablement.
SERTORIUS.
Il n'en est rien parti capable de me nuire,
Qu'un soupir échappé ne dût soudain détruire :
Mais la reine, sensible à de nouveaux désirs,
Entendait mes raisons, et non pas mes soupirs.
THAMIRE.
Seigneur, quand un Romain, quand un héros soupire,
Nous n'entendons pas bien ce qu'un soupir veut dire :
Et je vous servirais de meilleur truchement*,
Si vous vous expliquiez un peu plus clairement.
Je sais qu'en ce climat, que vous nommez barbare,
L'amour par un soupir quelquefois se déclare :
Mais la gloire, qui fait toutes vos passions,
Vous met trop au-dessus de ces impressions ;
De tels désirs, trop bas pour les grands cœurs de Ro- [me...
SERTORIUS.
Ah ! pour être Romain, je n'en suis pas moins homme.
J'aime, et peut-être plus qu'on n'a jamais aimé ;

Malgré mon âge et moi, mon cœur s'est enflammé.
J'ai cru pouvoir me vaincre, et toute mon adresse
Dans mes plus grands efforts m'a fait voir ma faibles-
Ceux de la politique, et ceux de l'amitié, [se.
M'ont mis en un état à me faire pitié.
Le souvenir m'en tue, et ma vie incertaine
Dépend d'un peu d'espoir que j'attends de la reine.
Si toutefois...

THAMIRE.
Seigneur, elle a de la bonté;
Mais je vois son esprit fortement irrité;
Et, si vous m'ordonnez de vous parler sans feindre,
Vous pouvez espérer, mais vous avez à craindre.
N'y perdez point de temps, et ne négligez rien;
C'est peut-être un dessein mal ferme que le sien.
La voici. Profitez des avis qu'on vous donne,
Et gardez bien surtout qu'elle ne m'en soupçonne.

SCÈNE II

VIRIATE, SERTORIUS, THAMIRE.

VIRIATE.
On m'a dit qu'Aristie a manqué son projet,
Et que Pompée échappe à cet illustre objet.
Serait-il vrai, seigneur?

SERTORIUS.
Il est trop vrai, madame;
Mais, bien qu'il l'abandonne, il l'adore dans l'âme,
Et rompra, m'a-t-il dit, la trêve dès demain,
S'il voit qu'elle s'apprête à me donner la main.

VIRIATE.
Vous vous alarmez peu d'une telle menace?

SERTORIUS.
Ce n'est pas en effet ce qui plus m'embarrasse.
Mais vous, pour Perpenna qu'avez-vous résolu?

VIRIATE.
D'obéir sans remise au pouvoir absolu;
Et si d'une offre en l'air votre âme encor frappée
Veut bien s'embarrasser du rebut de Pompée,
Il ne tiendra qu'à vous que dès demain tous deux
De l'un et l'autre hymen nous n'assurions les nœuds;
Dût se rompre la trêve, et dût la jalousie
Jusqu'au dernier éclat pousser sa frénésie.

SERTORIUS.
Vous pourrez dès demain...

VIRIATE.
Dès ce même moment.
Ce n'est pas obéir qu'obéir lentement;
Et quand l'obéissance a de l'exactitude,
Elle voit que sa gloire est dans la promptitude.

SERTORIUS.
Mes prières pouvaient souffrir quelques refus.

VIRIATE.
Je les prendrai toujours pour ordres absolus.
Qui peut ce qui lui plaît commande alors qu'il prie.
D'ailleurs Perpenna m'aime avec idolâtrie:
Tant d'amour, tant de rois d'où son sang est venu,
Le pouvoir souverain dont il est soutenu,

Valent bien tous ensemble un trône imaginaire
Qui ne peut subsister que par l'heur* de vous plaire.

SERTORIUS.
Je n'ai donc qu'à mourir en faveur de ce choix:
J'en ai reçu la loi de votre propre voix;
C'est un ordre absolu qu'il est temps que j'entende.
Pour aimer un Romain, vous voulez qu'il commande;
Et comme Perpenna ne le peut sans ma mort,
Pour remplir votre trône il lui faut tout mon sort.
Lui donner votre main, c'est m'ordonner, madame,
De lui céder ma place au camp et dans votre âme.
Il est, il est trop juste, après un tel bonheur
Qu'il ait dans notre armée, ainsi qu'en votre cœur.
J'obéis sans murmure, et veux bien que ma vie...

VIRIATE.
Avant que par cet ordre elle vous soit ravie,
Puis-je me plaindre à vous d'un retour inégal
Qui tient moins d'un ami qu'il ne fait d'un rival?
Vous trouvez ma faveur et trop prompte et trop pleine!
L'hymen où je m'apprête est pour vous une gêne!
Vous m'en parlez enfin comme si vous m'aimiez!

SERTORIUS.
Souffrez, après ce mot, que je meure à vos pieds.
J'y veux bien immoler tout mon bonheur au vôtre;
Mais je ne vous puis voir entre les bras d'un autre,
Et c'est assez vous dire à quelle extrémité
Me réduit mon amour que j'ai mal écouté.
Bien qu'un si digne objet le rendît excusable,
J'ai cru honteux d'aimer quand on n'est plus aimable;
J'ai voulu m'en défendre à voir mes cheveux gris,
Et me suis répondu longtemps de vos mépris.
Mais j'ai vu dans votre âme ensuite une autre idée,
Sur qui mon espérance aussitôt s'est fondée;
Et je me suis promis bien plus qu'à tous vos rois,
Quand j'ai vu que l'amour n'en ferait point le choix.
J'allais me déclarer sans l'offre d'Aristie;
Non que ma passion s'en soit vue alentie*;
Mais je n'ai point douté qu'il ne fût d'un grand cœur
De tout sacrifier pour le commun bonheur.
L'amour de Perpenna s'est joint à ces pensées;
Vous avez vu le reste, et mes raisons forcées.
Je m'étais figuré que de tels déplaisirs
Pourraient ne me coûter que deux ou trois soupirs;
Et, pour m'en consoler, j'envisageais l'estime
Et d'ami généreux et de chef magnanime:
Mais, près d'un coup fatal, je sens par mes ennuis
Que je me promettais bien plus que je ne puis.
Je me rends donc, madame; ordonnez de ma vie:
Encor tout de nouveau je vous la sacrifie.
Aimez-vous Perpenna?

VIRIATE.
Je sais vous obéir,
Mais je ne sais que c'est d'aimer ni de haïr;
Et la part que tantôt vous aviez dans mon âme
Fut un don de ma gloire, et non pas de ma flamme.
Je n'en ai point pour lui, je n'en ai point pour vous;
Je ne veux point d'amant, mais je veux un époux,
Mais je veux un héros qui, par son hyménée,
Sache élever si haut le trône où je suis née

Qu'il puisse de l'Espagne être l'heureux soutien,
Et laisser de vrais rois de mon sang et du sien.
 Je le trouvais en vous, n'eût été la bassesse
Qui pour ce cher rival contre moi s'intéresse,
Et dont, quand je vous mets au-dessus de cent rois,
Une répudiée a mérité le choix.
 Je l'oublîrai pourtant, et veux vous faire grâce.
M'aimez-vous?
SERTORIUS.
Oserai-je en prendre encor l'audace?
VIRIATE.
Prenez-la, j'y consens, seigneur; et dès demain,
Au lieu de Perpenna, donnez-moi votre main.
SERTORIUS.
Que se tiendrait heureux un amour moins sincère
Qui n'aurait d'autre but que de se satisfaire,
Et qui se remplirait de sa félicité
Sans prendre aucun souci de votre dignité!
Mais quand vous oubliez ce que j'ai pu vous dire,
Puis-je oublier les soins d'agrandir votre empire;
Que votre grand projet est celui de régner?
VIRIATE.
Seigneur, vous faire grâce, est-ce m'en éloigner?
SERTORIUS.
Ah! madame, est-il temps que cette grâce éclate?
VIRIATE.
C'est cet éclat, seigneur, que cherche Viriate.
SERTORIUS.
Nous perdons tout, madame, à le précipiter.
L'amour de Perpenna le fera révolter;
Souffrez qu'un peu de temps doucement le ménage,
Qu'auprès d'un autre objet un autre amour l'engage:
Des amis d'Aristie assurons le secours
A force de promettre, en différant toujours.
Détruire tout l'espoir qui les tient en haleine,
C'est les perdre, c'est mettre un jaloux hors de peine,
Dont l'esprit ébranlé ne se doit pas guérir
De cette impression qui peut nous l'acquérir.
Pourrions-nous venger Rome après de telles pertes?
Pourrions-nous l'affranchir des misères souffertes?
Et de ses intérêts un si haut abandon...
VIRIATE.
Et que m'importe à moi si Rome souffre ou non?
Quand j'aurai de ses maux effacé l'infamie,
J'en obtiendrai pour fruit le nom de son amie!
Je vous verrai consul m'en apporter les lois,
Et m'abaisser vous-même au rang des autres rois!
Si vous m'aimez, seigneur, nos mers et nos monta-
 [gnes
Doivent borner nos vœux, ainsi que nos Espagnes:
Nous pouvons nous y faire un assez beau destin,
Sans chercher d'autre gloire au pied de l'Aventin.
Affranchissons le Tage, et laissons faire au Tibre.
La liberté n'est rien quand tout le monde est libre;
Mais il est beau de l'être, et voir tout l'univers
Soupirer sous le joug, et gémir dans les fers;
Il est beau d'étaler cette prérogative
Aux yeux du Rhône esclave et de Rome captive;

Et de voir envier aux peuples abattus
Ce respect que le sort garde pour les vertus.
 Quant au grand Perpenna, s'il est si redoutable,
Remettez-moi le soin de le rendre traitable :
Je sais l'art d'empêcher les grands cœurs de faillir.
SERTORIUS.
Mais quel fruit pensez-vous en pouvoir recueillir?
Je le sais comme vous, et vois quelles tempêtes
Cet ordre surprenant formera sur nos têtes.
Ne cherchons point, madame, à faire des mutins,
Et ne nous brouillons point avec nos bons destins.
Rome nous donnera sans eux assez de peine,
Avant que de souscrire à l'hymen d'une reine;
Et nous n'en fléchirons jamais la dureté,
A moins qu'elle nous doive et gloire et liberté.
VIRIATE.
Je vous avoûrai plus, seigneur : loin d'y souscrire,
Elle en prendra pour vous une haine où j'aspire,
Un courroux implacable, un orgueil endurci;
Et c'est par où je veux vous arrêter ici.   [prie...
Qu'ai-je à faire dans Rome? et pourquoi, je vous
SERTORIUS.
Mais nos Romains, madame, aiment tous leur patrie;
Et de tous leurs travaux l'unique et doux espoir,
C'est de vaincre bientôt assez pour la revoir.
VIRIATE.
Pour les enchaîner tous sur les rives du Tage,
Nous n'avons qu'à laisser Rome dans l'esclavage :
Ils aimeront à vivre et sous vous et sous moi,
Tant qu'ils n'auront qu'un choix d'un tyran ou d'un
SERTORIUS.   [roi.
Ils ont pour l'un et l'autre une pareille haine,
Et n'obéiront point au mari d'une reine.
VIRIATE.
Qu'ils aillent donc chercher des climats à leur choix,
Où le gouvernement n'ait ni tyrans ni rois.
Nos Espagnols, formés à votre art militaire,
Achèveront sans eux ce qui nous reste à faire.
 La perte de Sylla n'est pas ce que je veux;
Rome attire encor moins la fierté de mes vœux :
L'hymen où je prétends ne peut trouver d'amorces
Au milieu d'une ville où règnent les divorces,
Et du haut de mon trône on ne voit point d'attraits
Où l'on n'est roi qu'un an pour n'être rien après.
Enfin, pour achever, j'ai fait pour vous plus qu'elle:
Elle vous a banni, j'ai pris votre querelle;
Je conserve des jours qu'elle veut vous ravir.
Prenez le diadème, et laissez-la servir.
Il est beau de tenter des choses inouïes,
Dût-on voir par l'effet ses volontés trahies.
Pour moi, d'un grand Romain je veux faire un grand
Vous, s'il y faut périr, périssez avec moi;   [roi;
C'est gloire de se perdre en servant ce qu'on aime.
SERTORIUS.
Mais porter dès l'abord les choses à l'extrême,
Madame, et sans besoin faire des mécontents!
Soyons heureux plus tard pour l'être plus longtemps.
Une victoire ou deux jointes à quelque adresse...

VIRIATE.
Vous savez que l'amour n'est pas ce qui me presse,
Seigneur. Mais, après tout, il faut le confesser,
Tant de précaution commence à me lasser.
Je suis reine; et qui sait porter une couronne,
Quand il a prononcé, n'aime point qu'on raisonne.
Je vais penser à moi, vous penserez à vous.
SERTORIUS.
Ah! si vous écoutez cet injuste courroux...
VIRIATE.
Je n'en ai point, seigneur; mais mon inquiétude
Ne veut plus dans mon sort aucune incertitude :
Vous me direz demain où je dois l'arrêter.
Cependant je vous laisse avec qui consulter.

SCÈNE III

SERTORIUS, PERPENNA, AUFIDE.

PERPENNA, à *Aufide.*
Dieux! qui peut faire ainsi disparaître la reine?
AUFIDE, à *Perpenna.*
Lui-même a quelque chose en l'âme qui le gêne,
Seigneur; et notre abord le rend tout interdit.
SERTORIUS.
De Pompée en ces lieux savez-vous ce qu'on dit?
L'avez-vous mis fort loin au delà de la porte?
PERPENNA.
Comme assez près des murs il avait son escorte,
Je me suis dispensé de le mettre plus loin.
Mais de votre secours, seigneur, j'ai grand besoin.
Tout son visage montre une fierté si haute...
SERTORIUS.
Nous n'avons rien conclu, mais ce n'est pas ma faute;
Et vous savez...
PERPENNA.
Je sais qu'en de pareils débats...
SERTORIUS.
Je n'ai point cru devoir mettre les armes bas;
Il n'est pas encor temps.
PERPENNA.
Continuez, de grâce;
Il n'est pas encor temps que l'amitié se lasse.
SERTORIUS.
Votre intérêt m'arrête autant comme le mien :
Si je m'en trouvais mal, vous ne seriez pas bien.
PERPENNA.
De vrai, sans votre appui je serais fort à plaindre;
Mais je ne vois pour vous aucun sujet de craindre.
SERTORIUS.
Je serais le premier dont on serait jaloux;
Mais ensuite le sort pourrait tomber sur vous.
Le tyran après moi vous craint plus qu'aucun autre,
Et ma tête abattue ébranlerait la vôtre.
Nous ferons bien tous deux d'attendre plus d'un an.
PERPENNA.
Que parlez-vous, seigneur, de tête et de tyran?
SERTORIUS.
Je parle de Sylla, vous le devez connaître.

PERPENNA.
Et je parlais des feux que la reine a fait naître.
SERTORIUS.
Nos esprits étaient donc également distraits;
Tout le mien s'attachait au péril de la paix;
Et je vous demandais quel bruit fait par la ville
De Pompée et de moi l'entretien inutile.
Vous le saurez, Aufide.
AUFIDE.
À ne rien déguiser,
Seigneur, ceux de sa suite en ont su mal user;
J'en crains parmi le peuple un insolent murmure;
Ils ont dit que Sylla quitte sa dictature,
Que vous seul refusez les douceurs de la paix,
Et voulez une guerre à ne finir jamais.
Déjà de nos soldats l'âme préoccupée
Montre un peu trop de joie à parler de Pompée,
Et si l'erreur s'épand* jusqu'en nos garnisons,
Elle y pourra semer de dangeureux poisons.
SERTORIUS.
Nous en romprons le coup avant qu'elle grossisse,
Et ferons par nos soins avorter l'artifice.
D'autres plus grands périls le ciel m'a garanti.
PERPENNA.
Ne ferions-nous point mieux d'accepter le parti,
Seigneur? Trouvez-vous l'offre ou honteuse ou mal [sûre?
SERTORIUS.
Sylla peut en effet quitter sa dictature;
Mais il peut faire aussi des consuls à son choix,
De qui la pourpre esclave agira sous ses lois;
Et, quand nous n'en craindrons aucuns ordres sinis-
Nous périrons par ceux de ses lâches ministres. [tres,
Croyez-moi, pour des gens comme vous deux et moi,
Rien n'est si dangereux que trop de bonne foi.
Sylla par politique a pris cette mesure
De montrer aux soldats l'impunité fort sûre;
Mais pour Cinna, Carbon, le jeune Marius,
Il a voulu leur tête, et les a tous perdus. [donne,
Pour moi, que tout mon camp sur ce bruit m'aban-
Qu'il ne reste pour moi que ma seule personne,
Je me perdrais plutôt dans quelque affreux climat,
Qu'aller, tant qu'il vivra, briguer le consulat.
Vous...
PERPENNA.
Ce n'est pas, seigneur, ce qui me tient en peine.
Exclu du consulat par l'hymen d'une reine,
Du moins si vos bontés m'obtiennent ce bonheur,
Je n'attends plus de Rome aucun degré d'honneur;
Et, banni pour jamais dans la Lusitanie,
J'y crois en sûreté les restes de ma vie.
SERTORIUS.
Oui; mais je ne vois pas encor de sûreté
A ce que vous et moi nous avions concerté.
Vous savez que la reine est d'une humeur si fière...
Mais peut-être le temps la rendra moins altière.
Adieu : dispensez-moi de parler là-dessus.
PERPENNA.
Parlez, seigneur : mes vœux sont-ils si mal reçus?
Est-ce en vain que je l'aime, en vain que je soupire?

SERTORIUS.
Sa retraite a plus dit que je ne puis vous dire.
PERPENNA.
Elle m'a dit beaucoup : mais seigneur, achevez,
Et ne me cachez point ce que vous en savez.
Ne m'auriez-vous rempli que d'un espoir frivole?
SERTORIUS.
Non, je vous l'ai cédée et vous tiendrai parole.
Je l'aime, et vous la donne encor malgré mon feu;
Mais je crains que ce don n'ait jamais son aveu,
Qu'il n'attire sur nous d'impitoyables haines.
Que vous dirai-je enfin? L'Espagne a d'autres reines;
Et vous pourriez vous faire un destin bien plus doux,
Si vous faisiez pour moi ce que je fais pour vous.
Celle des Vacéens, celle des Ilergètes,
Rendraient vos volontés bien plus tôt satisfaites;
La reine avec chaleur saurait vous y servir.
PERPENNA.
Vous me l'avez promise, et me l'allez ravir!
SERTORIUS.
Que sert que je promette et que je vous la donne,
Quand son ambition l'attache à ma personne?
Vous savez les raisons de cet attachement,
Je vous en ai tantôt parlé confidemment;
Je vous en fais encor la même confidence.
Faites à votre amour un peu de violence;
J'ai triomphé du mien; j'y suis encor tout prêt :
Mais, s'il faut du parti ménager l'intérêt,
Faut-il pousser à bout une reine obstinée,
Qui veut faire à son choix toute sa destinée,
Et de qui le secours, depuis plus de dix ans,
Nous a mieux soutenus que tous nos partisans?
PERPENNA.
La trouvez-vous, seigneur, en état de vous nuire?
SERTORIUS.
Non, elle ne peut pas tout à fait nous détruire;
Mais, si vous m'enchaînez à ce que j'ai promis,
Dès demain elle traite avec nos ennemis.
Leur camp n'est que trop proche; ici chacun murmure;
Jugez ce qu'il faut craindre en cette conjoncture.
Voyez quel prompt remède on y peut apporter,
Et quel fruit nous aurons de la violenter.
PERPENNA.
C'est à moi de me vaincre, et la raison l'ordonne :
Mais d'un si grand dessein tout mon cœur frissonne...
SERTORIUS.
Ne vous contraignez point; dût m'en coûter le jour,
Je tiendrai ma promesse en dépit de l'amour.
PERPENNA.
Si vos promesses n'ont l'aveu de Viriate...
SERTORIUS.
Je ne puis de sa part rien dire qui vous flatte.
PERPENNA.
Je dois donc me contraindre, et j'y suis résolu.
Oui, sur tous mes désirs je me rends absolu;
J'en veux, à votre exemple, être aujourd'hui le maître,
Et, malgré cet amour que j'ai laissé trop croître,
Vous direz à la reine ..

SERTORIUS.
Eh bien! je lui dirai?
PERPENNA.
Rien, seigneur, rien encor; demain j'y penserai.
Toutefois la colère où s'emporte son âme
Pourrait dès cette nuit commencer quelque trame.
Vous lui direz, seigneur, tout ce que vous voudrez.
Et je suivrai l'avis que pour moi vous prendrez.
SERTORIUS.
Je vous admire et plains.
PERPENNA.
                Que j'ai l'âme accablée!
SERTORIUS.
Je partage les maux dont je la vois comblée.
Adieu : j'entre un moment pour calmer son chagrin,
Et me rendrai chez vous à l'heure du festin.

SCÈNE IV

PERPENNA, AUFIDE.

AUFIDE.
Ce maître si chéri fait pour vous des merveilles;
Votre flamme en reçoit des faveurs sans pareilles!
Son nom seul, malgré lui, vous avait tout volé,
Et la reine se rend sitôt qu'il a parlé.
Quels services faut-il que votre espoir hasarde,
Afin de mériter l'amour qu'elle vous garde? [lieux
Et dans quels temps, seigneur, purgerez-vous ces
De cet illustre objet qui lui blesse les yeux?
Elle n'est point ingrate; et les lois qu'elle impose,
Pour se faire obéir, promettent peu de chose;
Mais on n'a qu'à laisser le salaire à son choix,
Et courir sans scrupule exécuter ses lois.
Vous ne me dites rien? Apprenez-moi, de grâce,
Comment vous résolvez que le festin se passe?
Dissimulerez-vous ce manquement de foi?
Et voulez-vous...
PERPENNA.
Allons en résoudre chez moi.

ACTE CINQUIÈME

SCÈNE I

ARISTIE, VIRIATE.

ARISTIE.
Oui, madame, j'en suis comme vous ennemie.
Vous aimez les grandeurs, et je hais l'infamie.
Je cherche à me venger, vous, à vous établir;
Mais vous pourrez me perdre, et moi vous affaiblir
Si le cœur mieux ouvert ne met d'intelligence
Votre établissement avecque ma vengeance.
On m'a volé Pompée; et moi pour le braver

Cet ingrat que sa foi n'ose me conserver,
Je cherche un autre époux qui le passe, ou l'égale :
Mais je n'ai pas dessein d'être votre rivale,
Et n'ai point dû prévoir, ni que vers un Romain
Une reine jamais daignât pencher sa main,
Ni qu'un héros, dont l'âme a paru si romaine,
Démentît ce grand nom par l'hymen d'une reine.
J'ai cru dans sa naissance et votre dignité
Pareille aversion et contraire fierté.
Cependant on me dit qu'il consent l'hyménée,
Et qu'en vain il s'oppose au choix de la journée,
Puisque, si dès demain il n'a tout son éclat,
Vous allez du parti séparer votre État.
    Comme je n'ai pour but que d'en grossir les forces,
J'aurais grand déplaisir d'y causer des divorces,
Et de servir Sylla mieux que tous ses amis,
Quand je lui veux partout faire des ennemis. [dre,
Parlez donc : quelque espoir que vous m'ayez vu pren-
Si vous y prétendez, je cesse d'y prétendre.
Un reste d'autre espoir, et plus juste, et plus doux,
Saura voir sans chagrin Sertorius à vous.
Mon cœur veut à toute heure immoler à Pompée
Tous les ressentiments de ma place usurpée ;
Et, comme son amour eut peine à me trahir,
J'ai voulu me venger, et n'ai pu le haïr.
Ne me déguisez rien, non plus que je déguise.

VIRIATE.

Viriate à son tour vous doit même franchise,
Madame ; et d'ailleurs même on vous en a trop dit,
Pour vous dissimuler ce que j'ai dans l'esprit.
J'ai fait venir exprès Sertorius d'Afrique
Pour sauver mes États d'un pouvoir tyrannique ;
Et mes voisins domptés m'apprenaient que sans lui
Nos rois contre Sylla n'étaient qu'un vain appui.
Avec un seul vaisseau ce grand héros prit terre :
Avec mes sujets seuls il commença la guerre :
Je mis entre ses mains mes places et mes ports,
Et je lui confiai mon sceptre et mes trésors.
Dès l'abord il sut vaincre, et j'ai vu la victoire
Enfler de jour en jour sa puissance et sa gloire.
Nos rois lassés du joug, et vos persécutés,
Avec tant de chaleur l'ont joint de tous côtés,
Qu'enfin il a poussé nos armes fortunées
Jusques à vous réduire au pied des Pyrénées.
Mais, après l'avoir mis au point où je le voi,
Je ne puis voir que lui qui soit digne de moi ;
Et, regardant sa gloire ainsi que mon ouvrage,
Je périrai plutôt qu'une autre la partage.
Mes sujets valent bien que j'aime à leur donner
Des monarques d'un sang qui sache gouverner,
Qui sache faire tête à vos tyrans du monde,
Et rendre notre Espagne en lauriers si féconde,
Qu'on voie un jour le Pô redouter ses efforts,
Et le Tibre lui-même en trembler pour ses bords.

ARISTIE.

Votre dessein est grand ; mais à quoi qu'il aspire...

VIRIATE.

Il m'a dit les raisons que vous me voulez dire.
Je sais qu'il serait bon de taire et différer

Ce glorieux hymen qu'il me fait espérer : [homme
Mais la paix qu'aujourd'hui l'on offre à ce grand
Ouvre trop les chemins et les portes de Rome.
Je vois que, s'il y rentre, il est perdu pour moi,
Et je l'en veux bannir par le don de ma foi.
Si je hasarde trop de m'être déclarée,
J'aime mieux ce péril que ma perte assurée ;
Et, si tous vos proscrits osent s'en désunir,
Nos bons destins sans eux pourront nous soutenir.
Mes peuples aguerris sous votre discipline
N'auront jamais au cœur de Rome qui domine,
Et ce sont des Romains dont l'unique souci
Est de combattre, vaincre, et triompher ici.
Tant qu'ils verront marcher ce héros à leur tête,
Ils iront sans frayeur de conquête en conquête.
Un exemple si grand dignement soutenu
Saura... Mais que nous veut ce Romain inconnu ?

SCÈNE II

ARISTIE, VIRIATE, ARCAS.

ARISTIE.

Madame, c'est Arcas, l'affranchi de mon frère ;
Sa venue en ces lieux cache quelque mystère.
Parle, Arcas, et dis-nous...

ARCAS.

Ces lettres mieux que moi
Vous diront un succès qu'à peine encor je croi.

ARISTIE, *lit.*

« Chère sœur, pour ta joie il est temps que tu saches
« Que nos maux et les tiens vont finir en effet
« Sylla marche en public sans faisceaux et sans haches,
« Prêt à rendre raison de tout ce qu'il a fait.
    « Il s'est en plein sénat démis de sa puissance ;
« Et si vers toi Pompée a le moindre penchant,
« Le ciel vient de briser sa nouvelle alliance,
« Et la triste Æmilie est morte en accouchant.
    « Sylla même consent, pour calmer tant de haines,
« Qu'un feu qui fut si beau rentre en sa dignité,
« Et que l'hymen te rende à tes premières chaînes,
« En même temps qu'à Rome il rend sa liberté.

« QUINTUS ARISTIUS. »

Le ciel s'est donc lassé de m'être impitoyable !
Ce bonheur, comme à toi, me paraît incroyable.
Cours au camp de Pompée, et dis-lui, cher Arcas...

ARCAS.

Il a cette nouvelle, et revient sur ses pas.
De la part de Sylla chargé de lui remettre
Sur ce grand changement une pareille lettre,
A deux milles d'ici j'ai su le rencontrer.

ARISTIE.

Quel amour, quelle joie a-t-il daigné montrer ?
Que dit-il ? que fait-il ?

ARCAS.

Par votre expérience
Vous pouvez bien juger de son impatience ;
Mais, rappelé vers vous par un transport d'amour

Qui ne lui permet pas d'achever son retour,
L'ordre que pour son camp ce grand effet demande
L'arrête à le donner, attendant qu'il s'y rende.
Il me suivra de près, et m'a fait avancer
Pour vous dire un miracle où vous n'osiez penser.
ARISTIE.
Vous avez lieu d'en prendre une allégresse égale,
Madame ; vous voilà sans crainte et sans rivale.
VIRIATE.
Je n'en ai plus en vous, et je n'en puis douter ;
Mais il m'en reste une autre, et plus à redouter,
Rome, que ce héros aime plus que lui-même,
Et qu'il préférerait sans doute au diadème,
Si contre cet amour...

SCÈNE III

VIRIATE, ARISTIE, THAMIRE, ARCAS.

THAMIRE.
Ah, madame !
VIRIATE.
Qu'as-tu,
Thamire ? et d'où te vient ce visage abattu ?
Que nous disent tes pleurs ?
THAMIRE.
Que vous êtes perdue,
Que cet illustre bras qui vous a défendue...
VIRIATE.
Sertorius ?
THAMIRE.
Hélas ! ce grand Sertorius...
VIRIATE.
N'achèveras-tu point ?
THAMIRE.
Madame, il ne vit plus.
VIRIATE.
Il ne vit plus, ô ciel ! Qui te l'a dit, Thamire ?
THAMIRE.
Ses assassins font gloire eux-mêmes de le dire.
Ces tigres, dont la rage, au milieu du festin,
Par l'ordre d'un perfide a tranché son destin,
Tout couverts de son sang, courent parmi la ville
Émouvoir les soldats et le peuple imbécile ;
Et Perpenna par eux proclamé général
Ne vous fait que trop voir d'où part ce coup fatal.
VIRIATE.
Il m'en fait voir ensemble et l'auteur et la cause.
Par cet assassinat c'est de moi qu'on dispose ;
C'est mon trône, c'est moi qu'on prétend conquérir ;
Et c'est mon juste choix qui seul l'a fait périr.
Madame, après sa perte, et parmi ces alarmes,
N'attendez point de moi de soupirs ni de larmes ;
Ce sont amusements que dédaigne aisément
Le prompt et noble orgueil d'un vif ressentiment :
Qui pleure l'affaiblit, qui soupire l'exhale.
Il faut plus de fierté dans une âme royale ;
Et ma douleur, soumise aux soins de le venger...

ARISTIE.
Mais vous vous aveuglez au milieu du danger.
Songez à fuir, madame.
THAMIRE.
Il n'est plus temps ; Aufide,
Des portes du palais saisi pour ce perfide,
En fait votre prison, et lui répond de vous.
Il vient ; dissimulez un si juste courroux ;
Et jusqu'à ce qu'un temps plus favorable arrive,
Daignez vous souvenir que vous êtes captive.
VIRIATE.
Je sais ce que je suis, et le serai toujours,
N'eussé-je que le ciel et moi pour mon secours.

SCÈNE IV

PERPENNA, ARISTIE, VIRIATE, THAMIRE, ARCAS.

PERPENNA, à Viriate.
Sertorius est mort ; cessez d'être jalouse,
Madame, du haut rang qu'aurait pris son épouse
Et n'appréhendez plus, comme de son vivant,
Qu'en vos propres États elle ait le pas devant.
Si l'espoir d'Aristie a fait ombrage au vôtre,
Je puis vous assurer et d'elle et de tout autre,
Et que ce coup heureux saura vous maintenir
Et contre le présent et contre l'avenir.
C'était un grand guerrier, mais dont le sang ni l'âge
Ne pouvaient avec vous faire un digne assemblage ;
Et malgré ces défauts, ce qui vous en plaisait,
C'était sa dignité qui vous tyrannisait.
Le nom de général vous le rendait aimable ;
A vos rois, à moi-même il était préférable ;
Vous vous éblouissiez du titre et de l'emploi :
Et je viens vous offrir et l'un et l'autre en moi.
Avec des qualités où votre âme hautaine
Trouvera mieux de quoi mériter une reine.
Un Romain qui commande et sort du sang des rois
(Je laisse l'âge à part) peut espérer son choix,
Surtout quand d'un affront son amour l'a vengée,
Et que d'un choix abject son bras l'a dégagée.
ARISTIE.
Après t'être immolé chez toi ton général,
Toi, que faisait trembler l'ombre d'un tel rival,
Lâche, tu viens ici braver encor des femmes,
Vanter insolemment tes détestables flammes,
T'emparer d'une reine en son propre palais,
Et demander sa main pour prix de tes forfaits ! [pée;
Crains les dieux, scélérat; crains les dieux, ou Pom-
Crains leur haine, ou son bras, leur foudre, où son
[épée,
Et, quelque noir orgueil qui te puisse aveugler, [bler.
Apprends qu'il m'aime encore, et commence à trem-
Tu le verras, méchant, plus tôt que tu ne penses ;
Attends, attends de lui tes dignes récompenses.
PERPENNA.
S'il en croit votre ardeur, je suis sûr du trépas ;
Mais peut-être, madame, il ne l'en croira pas ;

Et quand il me verra commander une armée
Contre lui tant de fois à vaincre accoutumée,
Il se rendra facile à conclure une paix
Qui faisait dès tantôt ses plus ardents souhaits.
J'ai même entre mes mains un assez bon otage,
Pour faire mes traités avec quelque avantage.
Cependant vous pourriez, pour votre heur° et le mien,
Ne parler pas si haut à qui ne vous dit rien.
Ces menaces en l'air vous donnent trop de peine.
Après ce que j'ai fait, laissez faire la reine;
Et, sans blâmer des vœux qui ne vont point à vous,
Songez à regagner le cœur de votre époux.

VIRIATE.

Oui, madame, en effet c'est à moi de répondre,
Et mon silence ingrat a droit de me confondre.
Ce généreux exploit, ces nobles sentiments,
Méritent de ma part de hauts remerciments :
Les différer encor c'est lui faire injustice.
　Il m'a rendu sans doute un signalé service ;
Mais il n'en sait encor la grandeur qu'à demi.
Le grand Sertorius fut son parfait ami.
Apprenez-le, seigneur (car je me persuade
Que nous devons ce titre à votre nouveau grade ;
Et pour le peu de temps qu'il pourra vous durer,
Il me coûtera peu de vous le déférer) :
Sachez donc que pour vous il osa me déplaire,
Ce héros ; qu'il osa mériter ma colère ;
Que malgré son amour, que malgré mon courroux,
Il a fait tous efforts pour me donner à vous ;
Et qu'à moins qu'il vous plût lui rendre sa parole,
Tout mon dessein n'était qu'une atteinte frivole ;
Qu'il s'obstinait pour vous au refus de ma main.

ARISTIE.

Et tu peux lui plonger un poignard dans le sein !
Et ton bras...

VIRIATE.

　　　Permettez, madame, que j'estime
La grandeur de l'amour par la grandeur du crime.
　Chez lui-même, à sa table, au milieu d'un festin,
D'un si parfait ami devenir l'assassin,
Et de son général se faire un sacrifice,
Lorsque son amitié lui rend un tel service ;
Renoncer à la gloire, accepter pour jamais
L'infamie, et l'horreur qui suit les grands forfaits ;
Jusqu'en mon cabinet porter sa violence,
Pour obtenir ma main m'y tenir sans défense ;
Tout cela d'autant plus fait voir ce que je doi
A cet excès d'amour qu'il daigne avoir pour moi ;
Tout cela montre une âme au dernier point charmée :
Il serait moins coupable à m'avoir moins aimée ;
Et comme je n'ai point les sentiments ingrats,
Je lui veux conseiller de ne m'épouser pas.
Ce serait en son lit mettre son ennemie,
Pour être à tous moments maîtresse de sa vie ;
Et je me résoudrais à cet excès d'honneur,
Pour mieux choisir la place à lui percer le cœur.
Seigneur, voilà l'effet de ma reconnaissance.
Du reste, ma personne est en votre puissance :

Vous êtes maître ici ; commandez, disposez,
Et recevez enfin ma main si vous l'osez.

PERPENNA.

Moi ! si je l'oserai ? Vos conseils magnanimes
Pouvaient perdre moins d'art à m'étaler mes crimes
J'en connais mieux que vous toute l'énormité,
Et pour la bien connaître ils m'ont assez coûté.
On ne s'attache point, sans un remords bien rude,
A tant de perfidie et tant d'ingratitude :
Pour vous je l'ai dompté, pour vous je l'ai détruit ;
J'en ai l'ignominie, et j'en aurai le fruit.
Menacez mes forfaits et proscrivez ma tête,
De ces mêmes forfaits vous serez la conquête ;
Et n'eût tout mon bonheur que deux jours à durer,
Vous n'avez dès demain qu'à vous y préparer.
J'accepte votre haine, et l'ai bien méritée ;
J'en ai prévu la suite, et j'en sais la portée.
Mon triomphe...

SCÈNE V

PERPENNA, ARISTIE, VIRIATE, AUFIDE, ARCAS, THAMIRE.

AUFIDE.

　　　Seigneur, Pompée est arrivé,
Nos soldats mutinés, le peuple soulevé.
La porte s'est ouverte à son nom, à son ombre.
Nous n'avons point d'amis qui ne cèdent au nombre :
Antoine et Manlius déchiré par morceaux, [reaux.
Tout morts et tout sanglants, ont encor des bour-
On cherche avec chaleur le reste des complices,
Que lui-même il destine à de pareils supplices.
Je défendais mon poste, il l'a soudain forcé,
Et de sa propre main vous me voyez percé ;
Maître absolu de tout, il change ici la garde.
Pensez à vous, je meurs ; la suite vous regarde.

ARISTIE.

Pour quelle heure, seigneur, faut-il se préparer
A ce rare bonheur qu'il vient vous assurer ?
Avez-vous en vos mains un assez bon otage,
Pour faire vos traités avec grand avantage ?

PERPENNA.

C'est prendre en ma faveur un peu trop de souci,
Madame ; et j'ai de quoi le satisfaire ici.

SCÈNE VI

POMPÉE, PERPENNA, VIRIATE, ARISTIE, CELSUS, ARCAS, THAMIRE.

PERPENNA.

Seigneur, vous aurez su ce que je viens de faire.
Je vous ai de la paix immolé l'adversaire,
L'amant de votre femme, et ce rival fameux
Qui s'opposait partout au succès de vos vœux
Je vous rends Aristie, et finis cette crainte
Dont votre âme tantôt se montrait trop atteinte ;

Et je vous affranchis de ce jaloux ennui
Qui ne pouvait la voir entre les bras d'autrui.
　Je fais plus; je vous livre une fière ennemie,
Avec tout son orgueil et sa Lusitanie;
Je vous en ai fait maître, et de tous ces Romains
Que déjà leur bonheur a remis en vos mains.
Comme en un grand dessein, et qui veut prompti-
On ne s'explique pas avec la multitude. [tude,
Je n'ai point cru, seigneur, devoir apprendre à tous
Celui d'aller demain me rendre auprès de vous;
Mais j'en porte sur moi d'assurés témoignages.
Ces lettres de ma foi vous seront de bons gages :
Et vous reconnaîtrez, par leurs perfides traits,
Combien Rome pour vous a d'ennemis secrets,
Qui tous, pour Aristie enflammés de vengeance,
Avec Sertorius étaient d'intelligence.
Lisez.
(*Il lui donne les lettres qu'Aristie avait apportées de Rome
à Sertorius.*)

ARISTIE.
　Quoi, scélérat! quoi, lâche! oses-tu bien...

PERPENNA.
Madame, il est ici votre maître et le mien;
Il faut en sa présence un peu de modestie,
Et si je vous oblige à quelque repartie,
La faire sans aigreur, sans outrages mêlés,
Et ne point oublier devant qui vous parlez.
　Vous voyez là, seigneur, deux illustres rivales,
Que cette perte anime à des haines égales.
Jusques au dernier point elles m'ont outragé;
Mais, puisque je vous vois, je suis assez vengé.
Je vous regarde aussi comme un dieu tutélaire;
Et ne puis... Mais, ô dieux! seigneur, qu'allez-vous
　　　　　　　　　　　　　　　　　　　　　[faire?

POMPÉE, *après avoir brûlé les lettres sans les lire.*
Montrer d'un tel secret ce que je veux savoir.
Si vous m'aviez connu, vous l'auriez su prévoir.
　Rome en deux factions trop longtemps partagée
N'y sera point pour moi de nouveau replongée;
Et quand Sylla lui rend sa gloire et son bonheur,
Je n'y remettrai point le carnage et l'horreur.
Oyez, Celsus.
(*Il lui parle à l'oreille.*)
　　　　　Surtout empêchez qu'il ne nomme
Aucun des ennemis qu'elle m'a faits à Rome.
　(à Perpenna.)
Vous, suivez ce tribun; j'ai quelques intérêts
Qui demandent ici des entretiens secrets.

PERPENNA.
Seigneur, se pourrait-il qu'après un tel service...

POMPÉE.
J'en connais l'importance, et lui rendrai justice.
Allez.

PERPENNA.
Mais cependant leur haine...

POMPÉE.
　　　　　　　C'est assez...
Je suis maître; je parle; allez, obéissez.

SCÈNE VII

POMPÉE, VIRIATE, ARISTIE, THAMIRE, ARCAS.

POMPÉE.
Ne vous offensez pas d'ouïr parler en maître,
Grande reine; ce n'est que pour punir un traître.
　Criminel envers vous d'avoir trop écouté
L'insolence où montait sa noire lâcheté,
J'ai cru devoir sur lui prendre ce haut empire,
Pour me justifier avant que vous rien dire :
Mais je n'abuse point d'un si facile accès,
Et je n'ai jamais su dérober mes succès. [enlève,
　Quelque appui que son crime aujourd'hui vous
Je vous offre la paix, et ne romps point la trêve;
Et ceux de nos Romains qui sont auprès de vous
Peuvent y demeurer sans craindre mon courroux.
　Si de quelque péril je vous ai garantie,
Je ne veux pour tout prix enlever qu'Aristie,
A qui devant vos yeux, enfin maître de moi,
Je rapporte avec joie et ma main et ma foi.
Je ne dis rien du cœur, il tint toujours pour elle.

ARISTIE.
Le mien savait vous rendre une ardeur mutuelle;
Et, pour mieux recevoir ce don renouvelé,
Il oubliera, seigneur, qu'on me l'avait volé.

VIRIATE.
Moi, j'accepte la paix que vous m'avez offerte;
C'est tout ce que je puis, seigneur, après ma perte;
Elle est irréparable : et, comme je ne vois
Ni chefs dignes de vous, ni rois dignes de moi,
Je renonce à la guerre ainsi qu'à l'hyménée;
Mais j'aime encor l'honneur du trône où je suis née.
D'une juste amitié je sais garder les lois,
Et ne sais point régner comme règnent nos rois.
S'il faut que sous votre ordre ainsi qu'eux je domine,
Je m'ensevelirai sous ma propre ruine;
Mais, si je puis régner sans honte et sans époux,
Je ne veux d'héritiers que votre Rome, ou vous;
Vous choisirez, seigneur; ou, si votre alliance
Ne peut voir mes États sous ma seule puissance,
Vous n'avez qu'à garder cette place en vos mains,
Et je m'y tiens déjà captive des Romains.

POMPÉE.
Madame, vous avez l'âme trop généreuse
Pour n'en pas obtenir une paix glorieuse;
Et l'on verra chez eux mon pouvoir abattu,
Ou j'y ferai toujours honorer la vertu.

SCÈNE VIII

POMPÉE, ARISTIE, VIRIATE, CELSUS, ARCAS, THAMIRE.

POMPÉE.
En est-ce fait, Celsus?

CELSUS.
　　　　　Oui, seigneur; le perfide
A vu plus de cent bras punir son parricide;
Et livré par votre ordre à ce peuple irrité,
Sans rien dire...

POMPÉE.
　　　　Il suffit, Rome est en sûreté;
Et ceux qu'à me haïr j'avais trop su contraindre,
N'y craignant rien de moi, n'y donnent rien à crain-
　　　(à *Viriate*.)　　　　　　　　　　　　　　　[dre.
Vous, madame, agréez pour notre grand héros
Que ses mânes vengés goûtent un plein repos.
Allons donner votre ordre à des pompes funèbres
A l'égal de son nom illustres et célèbres,
Et dresser un tombeau, témoin de son malheur,
Qui le soit de sa gloire et de notre douleur.

FIN DE SERTORIUS.

SOPHONISBE

TRAGÉDIE — 1663

AU LECTEUR

Cette pièce m'a fait connaître qu'il n'y a rien de si pénible que de mettre sur le théâtre un sujet qu'un autre y a déjà fait réussir ; mais aussi j'ose dire qu'il n'y a rien de si glorieux quand on s'en acquitte dignement. C'est un double travail d'avoir tout ensemble à éviter les ornements dont s'est saisi celui qui nous a prévenus, et à faire effort pour en trouver d'autres qui puissent tenir leur place. Depuis trente ans que M. Mairet a fait admirer sa *Sophonisbe* sur notre théâtre, elle y dure encore ; et il ne faut point de marque plus convaincante de son mérite que cette durée, qu'on peut nommer une ébauche, ou plutôt des arrhes de l'immortalité qu'elle assure à son illustre auteur et certainement il faut avouer qu'elle a des endroits inimitables, et qu'il serait dangereux de retâter après lui. Le démêlé de Scipion avec Massinisse, et les désespoirs de ce prince, sont de ce nombre : il est impossible de penser rien de plus juste, et très-difficile de l'exprimer plus heureusement. L'un et l'autre sont de son invention : je n'y pouvais toucher sans lui faire un larcin ; et si j'avais été d'humeur à me le permettre, le peu d'espérance de l'égaler me l'aurait défendu. J'ai cru plus à propos de respecter sa gloire, et de ménager la mienne, par une scrupuleuse exactitude à m'écarter de sa route, pour ne laisser aucun lieu de dire, ni que je sois demeuré au-dessous de lui, ni que j'aie prétendu m'élever au-dessus, puisqu'on ne peut faire aucune comparaison entre des choses où l'on ne voit aucune concurrence. Si j'ai conservé les circonstances qu'il a changées, et changé celles qu'il a conservées, ç'a été par le seul dessein de faire autrement, sans ambition de faire mieux. C'est ainsi qu'en usaient nos anciens, qui traitaient d'ordinaire les mêmes sujets. La mort de Clytemnestre peut servir d'exemple : nous la voyons encore chez Eschyle, chez Sophocle et chez Euripide, tuée par son fils Oreste ; mais chacun d'eux a choisi diverses manières pour arriver à cet événement, qu'aucun des trois n'a voulu changer, quelque cruel et dénaturé qu'il fût ; et c'est sur quoi notre Aristote en a établi le précepte. Cette noble et laborieuse émulation a passé de leur siècle jusqu'au nôtre au travers de plus de deux mille ans qui les séparent. Feu M. Tristan a renouvelé *Marianne* et *Panthée* sur les pas du défunt sieur Hardy. Le grand éclat que M. de Scudéry a donné à sa *Didon* n'a point empêché que M. de Boisrobert n'en ait fait voir une autre trois ou quatre ans après, sur une disposition qui lui en avait été donnée, à ce qu'il disait, par M. l'abbé d'Aubignac. A peine la *Cléopâtre* de M. de Benserade a paru, qu'elle a été suivie du *Marc-Antoine* de M. Mairet, qui n'est que le même sujet sous un autre titre. Sa *Sophonisbe* même n'a pas été la première qui ait ennobli les théâtres des derniers temps : celle du Trissin l'avait précédée en Italie, et celle du sieur de Mont-Chrétien en France ; et je voudrais que quelqu'un se voulût divertir à retoucher le *Cid* ou les *Horaces* avec autant de retenue pour ma conduite et pour mes pensées que j'en ai eu pour celles de M. Mairet.

Vous trouverez en cette tragédie les caractères tels que chez Tite-Live ; vous y verrez Sophonisbe avec le même attachement aux intérêts de son pays, et la même haine pour Rome qu'il lui attribue. Je lui prête un peu d'amour ; mais elle règne sur lui, et ne daigne l'écouter qu'autant qu'il peut servir à ces passions dominantes qui règnent sur elle, et à qui elle sacrifie toutes les tendresses de son cœur, Massinisse, Syphax, et sa propre vie. Elle en fait son unique bonheur, et en soutient la gloire avec une fierté si noble et si élevée, que Lælius est contraint d'avouer lui-même qu'elle méritait d'être née romaine. Elle n'avait point abandonné Syphax après deux défaites ; elle était prête à s'ensevelir avec lui sous les ruines de sa capitale, s'il y fût revenu s'enfermer avec elle après la perte d'une troisième bataille : mais elle voulait qu'il mourût plutôt que d'accepter l'ignominie des fers et du triomphe où le réservaient les Romains ; et elle en avait d'autant plus le droit d'attendre de lui cet effort de magnanimité, qu'elle s'était résolue à prendre ce parti pour elle, et qu'en Afrique c'était la coutume des rois de porter toujours sur eux du poison très-violent, pour s'épargner la honte de tomber vivants entre les mains de leurs ennemis. Je ne sais si ceux qui l'ont blâmée de traiter avec trop de hauteur ce malheureux prince après sa disgrâce, ont assez conçu la mortelle horreur qu'a dû exciter en cette grande âme la vue de ces fers qu'il lui apporte à partager ; mais du moins ceux qui ont eu peine à souffrir qu'elle eût deux maris vivants, ne se sont pas souvenus que les lois de Rome voulaient que le mariage se rompît par la captivité. Celles de Carthage nous sont fort peu connues ; mais il y a lieu de présumer, par l'exemple même de Sophonisbe, qu'elles étaient encore plus faciles à ces ruptures. Asdrubal, son père, l'avait mariée à Massinisse avant que d'emmener ce jeune prince en Espagne, où il commandait les armées de cette république ; et néanmoins, durant le séjour qu'ils y firent, les Carthaginois la marièrent de nouveau à Syphax, sans user d'aucune formalité ni envers ce premier mari, ni envers ce père, qui demeura extrêmement surpris et irrité de l'outrage qu'ils avaient fait à sa fille et à son gendre. C'est ainsi que mon auteur appelle Massinisse, et c'est là-dessus que je le fais fonder ici pour se ressaisir de Sophonisbe sans l'autorité des Romains, comme d'une femme qui était déjà à lui, et qu'il avait épousée avant qu'elle fût à Syphax.

On s'est mutiné toutefois contre ces deux maris ; et je m'en suis étonné d'autant plus que l'année dernière je m'aperçus point qu'on se scandalisât de voir, dans le *Sertorius*, Pompée mari de deux femmes vivantes, dont l'une venait chercher un second mari aux yeux mêmes de ce premier. Je ne vois aucune apparence d'imputer cette inégalité de sentiments à l'ignorance du siècle, qui ne peut avoir oublié en moins d'un an cette facilité que les anciens avaient pour leurs divorces, dont il était si bien instruit alors ; mais il y aurait quelque lieu de s'en prendre à ceux qui, sachant mieux la *Sophonisbe* de M. Mairet que celle de Tite-Live, se sont hâtés de condamner d'une femme qui était tout ce qui n'était pas de leur connaissance, et n'ont pu faire cette réflexion, que la mort de Syphax était une fiction de M. Mairet, dont je ne pouvais me servir sans faire un pillage sur lui, et comme un attentat sur sa gloire. Sa *Sophonisbe* est à lui ; c'est son bien, qu'il ne faut pas lui envier : mais celle de Tite-Live est à tout le monde. Le Trissin et Mont-Chrétien, qui l'ont fait revivre avant nous, n'ont assassiné aucun des deux rois : j'ai cru qu'il m'était permis de n'être pas plus cruel, et de garder la même fidélité à une histoire assez connue parmi ceux qui ont quelque teinture des livres, pour nous convier à ne la démentir pas.

J'accorde qu'au lieu d'envoyer du poison à Sophonisbe, Massinisse devait soulever les troupes qu'il commandait dans l'armée, s'attaquer à la personne de Scipion, se faire blesser par ses gardes, et, tout percé de leurs coups, venir rendre les derniers soupirs aux pieds de cette princesse : c'eût été un amant parfait, mais ce n'eût pas été Massinisse. Que sait-on même si la prudence de Scipion n'avait point donné de si bons ordres qu'aucun de ces emportements ne fût en son pouvoir ? Je le marque assez pour en faire naître quelque pensée en l'esprit de l'auditeur judicieux et désintéressé, dont je laisse l'imagination libre sur cet article. S'il aime les héros fabuleux, il croira que Lælius et Éryxe, entrant dans le camp, y trouveront celui-ci mort de douleur ou de sa main. Si les vérités lui plaisent davantage, il ne fera aucun doute qu'il ne s'y soit consolé aussi aisément que l'histoire nous en assure. Ce que je fais dire de son désespoir à Mézétulle s'accommode avec l'une et l'autre de ces idées ; et je n'ai peut-être encore fait rien de plus adroit pour le théâtre que de tirer le rideau sur des déplaisirs qui devaient être si grands, et eurent si peu de durée.

Quoi qu'il en soit, comme je ne sais que les règles d'Aristote et d'Horace, et ne les sais pas même trop bien, je ne hasarde pas volontiers en dépit d'elles ces agréments surnaturels et miraculeux, qui défigurent quelquefois nos personnages autant qu'ils les embellissent, et détruisent l'histoire au lieu de la corriger. Ces grands coups de maître passent ma portée ; je le laisse à ceux qui en savent plus que moi ; et j'aime mieux qu'on me reproche d'avoir fait mes femmes trop héroïnes, par une ignorante et basse affectation de les faire ressembler aux originaux qui en sont venus jusqu'à nous, que de m'entendre louer d'avoir efféminé mes héros par une docte et sublime complaisance au goût de nos délicats, qui veulent de l'amour partout, et ne permettent qu'à lui de faire auprès d'eux la bonne ou mauvaise fortune de nos ouvrages.

Éryxe n'a point ici l'avantage de cette ressemblance qui fait la principale perfection des portraits : c'est une reine de ma façon, de qui ce poëme reçoit un grand ornement, et qui pourrait toutefois y passer en quelque sorte pour inutile, n'était qu'elle ajoute des motifs vraisemblables aux historiques, et sert tout ensemble d'aiguillon à Sophonisbe pour précipiter son mariage, et de prétexte aux Romains pour n'y point consentir. Les protestations d'amour que semble lui faire Massinisse au commencement de leur premier entretien ne sont qu'un équivoque*, dont le sens caché regarde cette autre reine. Ce qu'elle y répond fait voir qu'elle s'y méprend la première ; et tant d'autres ont voulu s'y méprendre après elle, que je me suis cru obligé de vous en avertir.

Quand je ferai joindre cette tragédie à mes recueils, je pourrai l'examiner plus au long, comme j'ai fait les autres ; cependant je vous demande pour sa lecture un peu de cette faveur qui doit toujours pencher du côté de ceux qui travaillent pour le public, avec une attention sincère qui vous empêche d'y voir ce qui n'y est pas, et vous y laisse voir tout ce que j'y fais dire.

PERSONNAGES.

SYPHAX, roi de Numidie.
MASSINISSE, autre roi de Numidie.
LÆLIUS, lieutenant de Scipion, consul de Rome.
LÉPIDE, tribun romain.
BOCCHAR, lieutenant de Syphax.
MÉZÉTULLE, lieutenant de Massinisse.
ALBIN, centenier romain.

PERSONNAGES.

SOPHONISBE, fille d'Asdrubal, général des Carthaginois, et reine de Numidie.
ÉRYXE, reine de Gétulie.
HERMINIE, dame d'honneur de Sophonisbe.
BARCÉE, dame d'honneur d'Éryxe.
PAGE de Sophonisbe.
GARDES.

La scène est à Cyrthe, capitale du royaume de Syphax, dans le palais du roi.

ACTE PREMIER

SCÈNE I

SOPHONISBE, BOCCHAR, HERMINIE.

BOCCHAR.

Madame, il était temps qu'il vous vînt du secours ;
Le siége était formé, s'il eût tardé deux jours :
Les travaux commencés allaient à force ouverte
Tracer autour des murs l'ordre de votre perte ;
Et l'orgueil des Romains se promettait l'éclat
D'asservir par leur prise et vous et tout l'État.
Syphax a dissipé, par sa seule présence,
De leur ambition la plus fière espérance.
Ses troupes, se montrant au lever du soleil,
Ont de votre ruine arrêté l'appareil.
A peine une heure ou deux elles ont pris haleine,
Qu'il les range en bataille au milieu de la plaine.
L'ennemi fait le même, et l'on voit des deux parts
Nos sillons hérissés de piques et de dards,
Et l'une et l'autre armée étaler même audace,
Égale ardeur de vaincre, et pareille menace.
L'avantage du nombre est dans notre parti :
Ce grand feu des Romains en paraît ralenti ;
Du moins de Lælius la prudence inquiète
Sur le point du combat nous envoie un trompette :
On le mène à Syphax, à qui sans différer
De sa part il demande une heure à conférer.
Les otages reçus pour cette conférence,
Au milieu des deux camps l'un et l'autre s'avance ;
Et si le ciel répond à nos communs souhaits,

Le champ de la bataille enfantera la paix.
 Voilà ce que le roi m'a chargé de vous dire,
Et que de tout son cœur à la paix il aspire,
Pour ne plus perdre aucun de ces moments si doux
Que la guerre lui vole en l'éloignant de vous.

SOPHONISBE.

Le roi m'honore trop d'une amour si parfaite.
Dites-lui que j'aspire à la paix qu'il souhaite,
Mais que je le conjure, en cet illustre jour,
De penser à sa gloire encor plus qu'à l'amour.

SCÈNE II

SOPHONISBE, HERMINIE.

HERMINIE.

Madame, ou j'entends mal une telle prière,
Ou vos vœux pour la paix n'ont pas votre âme entière;
Vous devez pourtant craindre un vainqueur irrité.

SOPHONISBE.

J'ai fait à Massinisse une infidélité.
Accepté par mon père, et nourri dans Carthage,
Tu vis en tous les deux l'amour croître avec l'âge.
Il porta dans l'Espagne et mon cœur et ma foi :
Mais durant cette absence on disposa de moi.
J'immolai ma tendresse au bien de ma patrie :
Pour lui gagner Syphax j'eusse immolé ma vie.
Il était aux Romains, et je l'en détachai;
J'étais à Massinisse, et je m'en arrachai.
J'en eus de la douleur, j'en sentis de la gêne;
Mais je servais Carthage, et m'en revoyais reine;
Car, afin que le change* eût pour moi quelque appas,
Syphax de Massinisse envahit les États,
Et mettait à mes pieds l'une et l'autre couronne,
Quand l'autre était réduit à sa seule personne.
Ainsi contre Carthage et contre ma grandeur
Tu me vis n'écouter ni ma foi ni mon cœur.

HERMINIE.

Et vous ne craignez point qu'un amant ne se venge,
S'il faut qu'en son pouvoir sa victoire vous range?

SOPHONISBE.

Nous vaincrons, Herminie; et nos destins jaloux
Voudront faire à leur tour quelque chose pour nous:
Mais si de ce héros je tombe en la puissance,
Peut-être aura-t-il peine à suivre sa vengeance,
Et que ce même amour qu'il m'a plu de trahir
Ne se trahira pas jusques à me haïr.
 Jamais à ce qu'on aime on n'impute d'offense;
Quelque doux souvenir prend toujours sa défense.
L'amant excuse, oublie; et son ressentiment
A toujours, malgré lui, quelque chose d'amant.
Je sais qu'il peut s'aigrir, quand il voit qu'on le quitte
Par l'estime qu'on prend pour un autre mérite :
Mais lorsqu'on lui préfère un prince à cheveux gris,
Ce choix fait sans amour est pour lui sans mépris;
Et l'ordre ambitieux d'un hymen politique
N'a rien que ne pardonne un courage héroïque :
Lui-même il s'en console, et trompe sa douleur
A croire que la main n'a point donné le cœur.

 J'ai donc peu de sujet de craindre Massinisse;
J'en ai peu de vouloir que la guerre finisse;
J'espère en la victoire, ou du moins en l'appui
Que son reste d'amour me saura faire en lui :
Mais le reste du mien, plus fort qu'on ne présume,
Trouvera dans la paix une prompte amertume;
Et d'un chagrin secret la sombre et dure loi
M'y fait voir des malheurs qui ne sont que pour moi.

HERMINIE.

J'ai peine à concevoir que le ciel vous envoie
Des sujets de chagrin dans la commune joie,
Et par quel intérêt un tel reste d'amour
Vous fera des malheurs en ce bienheureux jour.

SOPHONISBE.

Ce reste ne va point à regretter sa perte,
Dont je prendrais encor l'occasion offerte;
Mais il est assez fort pour devenir jaloux
De celle dont la paix le doit faire l'époux.
Éryxe, ma captive, Éryxe, cette reine
Qui des Gétuliens naquit la souveraine,
Eut aussi bien que moi des yeux pour ses vertus,
Et trouva de la gloire à choisir mon refus.
 Ce fut pour empêcher ce fameux hyménée
Que Syphax fit la guerre à cette infortunée,
La surprit dans sa ville, et fit en ma faveur
Ce qu'il n'entreprenait que pour venger sa sœur;
Car tu sais qu'il l'offrit à ce généreux prince,
Et lui voulut pour dot remettre sa province.

HERMINIE.

Je comprends encor moins que vous peut importer
A laquelle des deux il daigne s'arrêter.
Ce fut, s'il m'en souvient votre prière expresse
Qui lui fit par Syphax offrir cette princesse;
Et je ne puis trouver matière à vos douleurs
Dans la perte d'un cœur que vous donniez ailleurs.

SOPHONISBE.

Je le donnais ce cœur où ma rivale aspire;
Ce don, s'il l'eût souffert, eût marqué mon empire;
Eût montré qu'un amant si maltraité par moi
Prenait encor plaisir à recevoir ma loi.
Après m'avoir perdue, il aurait fait connaître
Qu'il voulait m'être encor tout ce qu'il pouvait m'être,
Se rattacher à moi par les liens du sang,
Et tenir de ma main la splendeur de son rang;
Mais s'il épouse Éryxe, il montre un cœur rebelle
Qui me néglige autant qu'il veut brûler pour elle,
Qui brise tous mes fers et brave hautement
L'éclat de sa disgrâce et de mon changement.

HERMINIE.

Certes, si je l'osais, je nommerais caprice
Ce trouble ingénieux à vous faire un supplice,
Et l'obstination des soucis superflus
Dont vous gêne ce cœur quand vous n'en voulez plus.

SOPHONISBE.

Ah! que de notre orgueil tu sais mal la faiblesse,
Quand tu veux que son choix n'ait rien qui m'intéres-
 Des cœurs que la vertu renonce à posséder [se!
La conquête toujours semble douce à garder;
Sa rigueur n'a jamais le dehors si sévère,

Que leur perte au dedans ne lui devienne amère;
Et de quelque façon qu'elle nous fasse agir,
Un esclave échappé nous fait toujours rougir.
Qui rejette un beau feu n'aime point qu'on l'éteigne :
On se plaît à régner sur ce que l'on dédaigne;
Et l'on ne s'applaudit d'un illustre refus
Qu'alors qu'on est aimée après qu'on n'aime plus.
 Je veux donc, s'il se peut, que l'heureux Massinisse
Prenne tout autre hymen pour un affreux supplice;
Qu'il m'adore en secret; qu'aucune nouveauté
N'ose le consoler de ma déloyauté;
Ne pouvant être à moi, qu'il ne soit à personne,
Ou qu'il souffre du moins que mon seul choix le donne.
Je veux penser encor que j'en puis disposer,
Et c'est de quoi la paix me va désabuser.
Juge si j'aurai lieu d'en être satisfaite,
Et par ce que je crains vois ce que je souhaite.
 Mais Éryxe déjà commence mon malheur,
Et me vient par sa joie avancer ma douleur.

SCÈNE III

SOPHONISBE, ÉRIXE, HERMINIE, BARCÉE.

ÉRYXE.
Madame, une captive oserait-elle prendre
Quelque part au bonheur que l'on nous vient d'ap-
    SOPHONISBE.   [prendre?
Le bonheur n'est pas grand tant qu'il est incertain.
ÉRYXE.
On me dit que le roi tient la paix en sa main;
Et je n'ose douter qu'il ne l'ait résolue.
SOPHONISBE.
Pour être proposée, elle n'est pas conclue;
Et les grands intérêts qu'il y faut ajuster
Demandent plus d'une heure à les bien concerter.
ÉRYXE.
Alors que des deux chefs la volonté conspire...
SOPHONISBE.
Que sert la volonté d'un chef qu'on peut dédire?
Il faut l'aveu de Rome, et que d'autre côté
Le sénat de Carthage accepte le traité.
ÉRYXE.
Lælius le propose; et l'on ne doit pas croire
Qu'au désaveu de Rome il hasarde sa gloire.
Quant à votre sénat, le roi n'en dépend point.
SOPHONISBE.
Le roi n'a pas une âme infidèle à ce point;
Il sait à quoi l'honneur, à quoi sa foi l'engage;
Et je l'en dédirais, s'il traitait sans Carthage.
ÉRYXE.
On ne m'avait pas dit qu'il fallût votre aveu.
SOPHONISBE.
Qu'on vous l'ait dit ou non, il m'importe assez peu.
ÉRYXE.
Je le crois; mais enfin donnez votre suffrage,
Et je vous répondrai de celui de Carthage.
SOPHONISBE.
Avez-vous en ces lieux quelque commerce?

ÉRYXE.
          Aucun.
SOPHONISBE.
D'où le savez-vous donc?
ÉRYXE.
      D'un peu de sens commun.
On y doit être las de perdre des batailles,
Et d'avoir à trembler pour ses propres murailles.
SOPHONISBE.
Rome nous aurait donc appris l'art de trembler.
Annibal...
ÉRYXE.
 Annibal a pensé l'accabler :
Mais ce temps-là n'est plus, et la valeur d'un homme...
SOPHONISBE.
On ne voit point d'ici ce qui se passe à Rome.
En ce même moment peut-être qu'Annibal
Lui fait tout de nouveau craindre un assaut fatal,
Et que c'est pour sortir enfin de ces alarmes
Qu'elle nous fait parler de mettre bas les armes.
ÉRYXE.
Ce serait pour Carthage un bonheur signalé.
Mais, madame, les dieux vous l'ont-ils révélé?
A moins que de leur voix, l'âme la plus crédule
D'un miracle pareil ferait quelque scrupule.
SOPHONISBE.
Des miracles pareils arrivent quelquefois :
J'ai vu Rome en état de tomber sous nos lois;
La guerre est journalière, et sa vicissitude
Laisse tout l'avenir dedans l'incertitude.
ÉRYXE.
Le passé le prépare, et le soldat vainqueur
Porte aux nouveaux combats plus de force et de cœur.
SOPHONISBE.
Et, si j'en étais crue, on aurait le courage
De ne rien écouter sur ce désavantage,
Et d'attendre un succès hautement emporté
Qui remît notre gloire en plus d'égalité.
ÉRYXE.
On pourrait fort attendre.
SOPHONISBE.
       Et durant cette attente
Vous pourriez n'avoir pas l'âme la plus contente.
ÉRYXE.
J'ai déjà grand chagrin de voir que de vos mains
Mon sceptre a su passer en celles des Romains;
Et qu'aujourd'hui, de l'air dont s'y prend Massinisse,
Le vôtre a grand besoin que la paix l'affermisse.
SOPHONISBE.
Quand de pareils chagrins voudront paraître au jour,
Si l'honneur vous est cher, cachez tout votre amour;
Et voyez à quel point votre gloire est flétrie
D'aimer un ennemi de sa propre patrie,
Qui sert des étrangers dont par un juste accord
Il pouvait nous aider à repousser l'effort.
ÉRYXE.
Dépouillé par votre ordre, ou par votre artifice,
Il sert vos ennemis pour s'en faire justice.
Mais, si de les servir il doit être honteux,

Syphax sert, comme lui, des étrangers comme eux.
Si nous les voulions tous bannir de notre Afrique,
Il faudrait commencer par votre république,
Et renvoyer à Tyr, d'où vous êtes sortis,
Ceux par qui nos climats sont presque assujettis.
Nous avons lieu d'avoir pareille jalousie
Des peuples de l'Europe et de ceux de l'Asie;
Ou, si le temps a pu vous naturaliser,
Le même cours du temps les peut favoriser.
J'ose vous dire plus. Si le destin s'obstine
A vouloir qu'en ces lieux leur victoire domine,
Comme vos Tyriens passent pour Africains,
Au milieu de l'Afrique il naîtra des Romains :
Et, si de ce qu'on voit nous croyons le présage,
Il en pourra bien naître au milieu de Carthage
Pour qui notre amitié n'aura rien de honteux,
Et qui sauront passer pour Africains comme eux.

SOPHONISBE.
Vous parlez un peu haut.

ÉRYXE.
Je suis amante et reine.

SOPHONISBE.
Et captive, de plus.

ÉRYXE.
On va briser ma chaîne;
Et la captivité ne peut abattre un cœur
Qui se voit assuré de celui du vainqueur.
Il est tel dans vos fers que sous mon diadème :
N'outragez plus ce prince, il a ma foi, je l'aime;
J'ai la sienne, et j'en sais soutenir l'intérêt.
Du reste, si la paix vous plaît, ou vous déplaît,
Ce n'est pas mon dessein d'en pénétrer la cause.
La bataille et la paix sont pour moi même chose.
L'une ou l'autre aujourd'hui finira mes ennuis;
Mais l'une vous peut mettre en l'état où je suis.

SOPHONISBE.
Je pardonne au chagrin d'un si long esclavage,
Qui peut avec raison vous aigrir le courage*,
Et voudrais vous servir malgré ce grand courroux.

ÉRYXE.
Craignez que je ne puisse en dire autant de vous.
Mais le roi vient, adieu; je n'ai pas l'imprudence
De m'offrir pour troisième à votre conférence;
Et d'ailleurs, s'il vous vient demander votre aveu,
Soit qu'il l'obtienne, ou non, il m'importe fort peu.

SCÈNE IV

SYPHAX, SOPHONISBE, HERMINIE, BOCCHAR.

SOPHONISBE.
Eh bien! seigneur, la paix, l'avez-vous résolue?

SYPHAX.
Vous en êtes encor la maîtresse absolue,
Madame; et je n'ai pris trêve pour un moment,
Qu'afin de tout remettre à votre sentiment.
On m'offre le plein calme, on m'offre de me rendre
Ce que dans mes États la guerre a fait surprendre,
L'amitié des Romains que pour vous j'ai trahis.

SOPHONISBE.
Et que vous offre-t-on, seigneur, pour mon pays?

SYPHAX.
Loin d'exiger de moi que j'y porte mes armes,
On me laisse aujourd'hui tout entier à vos charmes ;
On demande que, neutre en ces dissensions,
Je laisse aller le sort de vos deux nations.

SOPHONISBE.
Et ne pourrait-on point vous en faire l'arbitre?

SYPHAX.
Le ciel semblait m'offrir un si glorieux titre,
Alors qu'on vit dans Cyrthe entrer d'un pas égal,
D'un côté Scipion, et de l'autre Asdrubal.
Je vis ces deux héros, jaloux de mon suffrage,
Le briguer, l'un pour Rome, et l'autre pour Carthage,
Je les vis à ma table, et sur un même lit;
Et comme ami commun j'aurais eu tout crédit.
Votre beauté, madame, emporta la balance.
De Carthage pour vous j'embrassai l'alliance;
Et, comme on ne veut point d'arbitre intéressé,
C'est beaucoup aux vainqueurs d'oublier le passé.
En l'état où je suis, deux batailles perdues,
Mes villes la plupart surprises ou rendues,
Mon royaume d'argent et d'hommes affaibli,
C'est beaucoup de me voir tout d'un coup rétabli.
Je reçois sans combat le prix de la victoire;
Je rentre sans péril en ma première gloire;
Et ce qui plus que tout a lieu de m'être doux,
Il m'est permis enfin de vivre auprès de vous.

SOPHONISBE.
Quoi que vous résolviez, c'est à moi d'y souscrire;
J'oserai toutefois m'enhardir à vous dire
Qu'avec plus de plaisir je verrais ce traité,
Si j'y voyais pour vous, ou gloire, ou sûreté.
Mais, seigneur, m'aimez-vous encor?

SYPHAX.
Si je vous aime?

SOPHONISBE.
Oui, m'aimez-vous encor, seigneur?

SYPHAX.
Plus que moi-même.

SOPHONISBE.
Si mon amour égal rend vos jours fortunés,
Vous souvient-il encor de qui vous le tenez?

SYPHAX.
De vos bontés, madame.

SOPHONISBE.
Ah! cessez, je vous prie,
De faire en ma faveur outrage à ma patrie.
Un autre avait le choix de mon père et le mien;
Elle seule pour vous rompit ce doux lien.
Je brûlais d'un beau feu, je promis de l'éteindre;
J'ai tenu ma parole, et j'ai su m'y contraindre.
Mais vous ne tenez pas, seigneur, à vos amis
Ce qu'acceptant leur don vous leur avez promis;
Et pour ne pas user vers vous d'un mot trop rude,
Vous montrez pour Carthage un peu d'ingratitude.
Quoi! vous, qui lui devez ce bonheur de vos jours,
Vous, que mon hyménée engage à son secours,

Vous, que votre serment attache à sa défense,
Vous manquez de parole et de reconnaissance!
Et, pour remerctment de me voir en vos mains,
Vous la livrez vous-même en celles des Romains!
Vous brisez le pouvoir dont vous m'avez reçue,
Et je serai le prix d'une amitié rompue,
Moi qui, pour en étreindre à jamais les grands nœuds,
Ai d'un amour si juste éteint les plus beaux feux!
Moi, que vous protestez d'aimer plus que vous-même!
Ah! seigneur, le dirai-je? est-ce ainsi que l'on m'aime?

SYPHAX.

Si vous m'aimiez, madame, il vous serait bien doux
De voir comme je veux ne vous devoir qu'à vous;
Vous ne vous plairiez pas à montrer dans votre âme
Les restes odieux d'une première flamme,
D'un amour dont l'hymen qu'on a vu nous unir
Devrait avoir éteint jusques au souvenir.
Vantez-moi vos appas, montrez avec courage
Ce prix impérieux dont m'achète Carthage;
Avec tant de hauteur prenez son intérêt,
Qu'il me faille en esclave agir comme il lui plaît;
Au moindre soin des miens traitez-moi d'infidèle,
Et ne me permettez de régner que sous elle :
Mais épargnez ce comble aux malheurs que je crains,
D'entendre aussi vanter ces beaux feux mal éteints,
Et de vous en voir l'âme encor tout obsédée
En ma présence même en caresser l'idée.

SOPHONISBE.

Je m'en souviens, seigneur, lorsque vous oubliez
Quels vœux mon changement vous a sacrifiés,
Et saurai l'oublier, quand vous ferez justice
A ceux qui vous ont fait un si grand sacrifice.
Au reste, pour ouvrir tout mon cœur avec vous,
Je n'aime point Carthage à l'égal d'un époux;
Mais, bien que moins soumise à son destin qu'au
[vôtre,
Je crains également et pour l'un et pour l'autre;
Et ce que je vous suis ne saurait empêcher
Que le plus malheureux ne me soit le plus cher.
Jouissez de la paix qui vous vient d'être offerte,
Tandis que j'irai plaindre et partager sa perte;
J'y mourrai sans regret, si mon dernier moment
Vous laisse en quelque état de régner sûrement.
Mais, Carthage détruite, avec quelle apparence
Oserez-vous garder cette fausse espérance?
Rome, qui vous redoute et vous flatte aujourd'hui,
Vous craindra-t-elle encor, vous voyant sans appui,
Elle qui de la paix ne jette les amorces
Que par le seul besoin de séparer nos forces,
Et qui dans Massinisse, et voisin, et jaloux,
Aura toujours de quoi se brouiller avec vous?
Tous deux vous devront tout. Carthage abandonnée
Vaut pour l'un et pour l'autre une grande journée.
Mais un esprit aigri n'est jamais satisfait
Qu'il n'ait vengé l'injure en dépit du bienfait.
Pensez-y : votre armée est la plus forte en nombre;
Les Romains ont tremblé dès qu'ils en ont vu l'ombre;
Utique à l'assiéger retient leur Scipion :
Un temps bien pris peut tout; pressez l'occasion.
De ce chef éloigné la valeur peu commune
Peut-être à sa personne attache leur fortune :
Il tient auprès de lui la fleur de leurs soldats.
En tout événement Cyrthe vous tend les bras;
Vous tiendrez, et longtemps, dedans cette retraite;
Mon père cependant répare sa défaite;
Hannon a de l'Espagne amené du secours;
Annibal vient lui-même ici dans peu de jours.
Si tout cela vous semble un léger avantage,
Renvoyez-moi, seigneur, me perdre avec Carthage :
J'y périrai sans vous; vous régnerez sans moi.
Vous préserve le ciel de ce que je prévoi!
Et daigne son courroux, me prenant seule en butte,
M'exempter par ma mort de pleurer votre chute!

SYPHAX.

A des charmes si forts joindre celui des pleurs!
Soulever contre moi ma gloire et vos douleurs!
C'est trop, c'est trop, madame; il faut vous satisfaire.
Le plus grand des malheurs serait de vous déplaire,
Et tous mes sentiments veulent bien se trahir
A la douceur de vaincre ou de vous obéir.
La paix eût sur ma tête assuré ma couronne;
Il faut la refuser, Sophonisbe l'ordonne;
Il faut servir Carthage, et hasarder l'État.
Mais que deviendrez-vous, si je meurs au combat?
Qui sera votre appui, si le sort des batailles
Vous rend un corps sans vie au pied de nos murailles?

SOPHONISBE.

Je vous répondrais bien qu'après votre trépas
Ce que je deviendrai ne vous regarde pas :
Mais j'aime mieux, seigneur, pour vous tirer de peine,
Vous dire que je sais vivre et mourir en reine.

SYPHAX.

N'en parlons plus, madame. Adieu : pensez à moi,
Et je saurai pour vous vaincre, ou mourir en roi.

ACTE DEUXIÈME

SCÈNE I

ÉRYXE, BARCÉE.

ÉRYXE.

Quel désordre, Barcée, ou plutôt quel supplice,
M'apprêtait la victoire à revoir Massinisse!
Et que de mon destin l'obscure trahison
Sur mes souhaits remplis a versé de poison!
Syphax est prisonnier; Cyrthe tout éperdue
A ce triste spectacle aussitôt s'est rendue.
Sophonisbe, en dépit de toute sa fierté,
Va gémir à son tour dans la captivité :
Le ciel finit la mienne, et je n'ai plus de chaînes
Que celles qu'avec gloire on voit porter aux reines;
Et, lorsqu'aux mêmes fers je crois voir mon vain-
[queur,

SOPHONISBE, ACTE II, SCÈNE I.

Je doute, en le voyant, si j'ai part en son cœur!
En vain l'impatience à le chercher m'emporte,
En vain de ce palais je cours jusqu'à la porte,
Et m'ose figurer, en cet heureux moment,
Sa flamme impatiente et forte également :
Je l'ai vu, mais surpris, mais troublé de ma vue;
Il n'était point lui-même alors qu'il m'a reçue;
Et ses yeux égarés marquaient un embarras
A faire assez juger qu'il ne me cherchait pas.
J'ai vanté sa victoire, et je me suis flattée
Jusqu'à m'imaginer que j'étais écoutée :
Mais, quand pour me répondre il s'est fait un effort,
Son compliment au mien n'a point eu de rapport;
Et j'ai trop vu par là qu'un si profond silence
Attachait sa pensée ailleurs qu'à ma présence,
Et que l'emportement d'un entretien secret
Sous un front attentif cachait l'esprit distrait.

BARCÉE.

Les soins d'un conquérant vous donnent trop d'alar-
C'est peu que devant lui Cyrthe ait mis bas les armes, [mes.
Qu'elle se soit rendue, et qu'un commun effroi
L'ait fait à tout son peuple accepter pour son roi :
Il lui faut s'assurer des places et des portes,
Pour en demeurer maître y poster ses cohortes :
Ce devoir se préfère aux soucis les plus doux;
Et, s'il en était quitte, il serait tout à vous.

ÉRYXE.

Il me l'a dit lui-même alors qu'il m'a quittée;
Mais j'ai trop vu d'ailleurs son âme inquiétée;
Et de quelque couleur que tu couvres ses soins,
Sa nouvelle conquête en occupe le moins.
Sophonisbe, en un mot, et captive et pleurante,
L'emporte sur Éryxe et reine et triomphante;
Et, si je m'en rapporte à l'accueil différent,
Sa disgrâce peut plus qu'un sceptre qu'on me rend.
Tu l'as pu remarquer. Du moment qu'il l'a vue,
Ses troubles ont cessé, sa joie est revenue :
Ces charmes à Carthage autrefois adorés
Ont soudain réuni ses regards égarés.
Tu l'as vue étonnée, et tout ensemble altière,
Lui demander l'honneur d'être sa prisonnière,
Le prier fièrement qu'elle pût en ses mains
Éviter le triomphe et les fers des Romains.
Son orgueil, que ses pleurs semblaient vouloir dédire,
Trouvait l'art en pleurant d'augmenter son empire;
Et sûre du succès, dont cet art répondait,
Elle priait bien moins qu'elle ne commandait.
Aussi sans balancer il a donné parole
Qu'elle ne serait point traînée au Capitole,
Qu'il en saurait trouver un moyen assuré,
En lui tendant la main sur l'heure il l'a juré,
Et n'eût pas borné là son ardeur renaissante,
Mais il s'est souvenu qu'enfin j'étais présente;
Et les ordres qu'aux siens il avait à donner
Ont servi de prétexte à nous abandonner.
Que dis-je? pour moi seule affectant cette fuite,
Jusqu'au fond du palais des yeux il l'a conduite;
Et, si tu t'en souviens, j'ai toujours soupçonné
Que cet amour jamais ne fut déraciné.
Chez moi, dans Hyarbée, où le mien trop facile
Prêtait à sa déroute un favorable asile,
Détrôné, vagabond, et sans appui que moi,
Quand j'ai voulu parler contre ce cœur sans foi,
Et qu'à cette infidèle imputant sa misère,
J'ai cru surprendre un mot de haine ou de colère,
Jamais son feu secret n'a manqué de détours
Pour me forcer moi-même à changer de discours;
Ou, si je m'obstinais à le faire répondre,
J'en tirais pour tout fruit de quoi mieux me confon-
Et je n'en arrachais que de profonds hélas, [dre,
Et qu'enfin son amour ne la méritait pas.
Juge, par ces soupirs que produisait l'absence,
Ce qu'à leur entrevue a produit la présence.

BARCÉE.

Elle a produit sans doute un effet de pitié
Où se mêle peut-être une ombre d'amitié.
Vous savez qu'un cœur noble et vraiment magnani-
Quand il bannit l'amour, aime à garder l'estime; [me,
Et que, bien qu'offensé par le choix d'un mari,
Il n'insulte jamais à ce qu'il a chéri. [plaindre,
Mais, quand bien vous auriez tout lieu de vous en
Sophonisbe, après tout, n'est point pour vous à crain-
Eût-elle tout son cœur, elle l'aurait en vain, [dre,
Puisqu'elle est hors d'état de recevoir sa main.
Il vous la doit, madame.

ÉRYXE.

Il me la doit, Barcée :
Mais que sert une main par le devoir forcée?
Et qu'en aurait le don pour moi de précieux,
S'il faut que son esclave ait son cœur à mes yeux?
Je sais bien que des rois la fière destinée
Souffre peu que l'amour règle leur hyménée,
Et que leur union, souvent pour leur malheur,
N'est que du sceptre au sceptre, et non du cœur au
Mais je suis au-dessus de cette erreur commune; [cœur :
J'aime en lui sa personne autant que sa fortune;
Et je n'en exigeai qu'il reprît ses États
Que de peur que mon peuple en fît trop peu de cas.
Des actions des rois ce téméraire arbitre
Dédaigne insolemment ceux qui n'ont que le titre.
Jamais d'un roi sans trône il n'eût souffert la loi,
Et ce mépris peut-être eût passé jusqu'à moi.
Il fallait qu'il lui vît sa couronne à la tête,
Et que ma main devînt sa dernière conquête,
Si nous voulions régner avec l'autorité
Que le juste respect doit à la dignité.
J'aime donc Massinisse, et je prétends qu'il m'aime :
Je l'adore, et je veux qu'il m'adore de même;
Et pour moi son hymen serait un long ennui,
S'il n'était tout à moi, comme moi toute à lui.
Ne t'étonne donc point de cette jalousie
Dont, à ce froid abord, mon âme s'est saisie;
Laisse-la-moi souffrir, sans me la reprocher;
Sers-la, si tu le peux, et m'aide à la cacher.
Pour juste aux yeux de tous qu'en puisse être la cause,
Une femme jalouse à cent mépris s'expose;
Plus elle fait de bruit, moins on en fait d'état,

39

Et jamais ses soupçons n'ont qu'un honteux éclat.
Je veux donner aux miens une route diverse,
A ces amants suspects laisser libre commerce,
D'un œil indifférent en regarder le cours,
Fuir toute occasion de troubler leurs discours,
Et d'un hymen douteux éviter le supplice,
Tant que je douterai du cœur de Massinisse.
Le voici : nous verrons, par son empressement,
Si je me suis trompée en ce pressentiment.

SCÈNE II

MASSINISSE, ÉRYXE, BARCÉE, MÉZÉTULLE.

MASSINISSE.

Enfin, maître absolu des murs et de la ville,
Je puis vous rapporter un esprit plus tranquille,
Madame, et voir céder en ce reste du jour
Les soins de la victoire aux douceurs de l'amour.
Je n'aurais plus sujet d'aucune inquiétude,
N'était que je ne puis sortir d'ingratitude,
Et que dans mon bonheur il n'est pas bien en moi
De m'acquitter jamais de ce que je vous doi.
Les forces qu'en mes mains vos bontés ont remises,
Vous ont laissée en proie à de lâches surprises,
Et me rendaient ailleurs ce qu'on m'avait ôté,
Tandis qu'on vous ôtait et sceptre et liberté.
Ma première victoire a fait votre esclavage;
Celle-ci, qui le brise, est encor votre ouvrage;
Mes bons destins par vous ont eu tout leur effet,
Et je suis seulement ce que vous m'avez fait.
Que peut donc tout l'effort de ma reconnaissance,
Lorsque je tiens de vous ma gloire et ma puissance?
Et que vous puis-je offrir que votre propre bien,
Quand je vous offrirai votre sceptre et le mien?

ÉRYXE.

Quoi qu'on puisse devoir, aisément on s'acquitte,
Seigneur, quand on se donne avec tant de mérite :
C'est un rare présent qu'un véritable roi
Qu'a rendu sa victoire enfin digne de moi.
Si dans quelques malheurs pour vous je suis tombée,
Nous pourrons en parler un jour dans Hyarbée,
Lorsqu'on nous y verra dans un rang souverain,
La couronne à la tête, et le sceptre à la main.
Ici nous ne savons encor ce que nous sommes :
Je tiens tout fort douteux tant qu'il dépend des hommes,
Et n'ose m'assurer que nos amis jaloux
Consentent l'union de deux trônes en nous.
Ce qu'avec leurs héros vous avez de pratique
Vous a dû mieux qu'à moi montrer leur politique.
Je ne vous en dis rien : un souci plus pressant,
Et, si je l'ose dire, assez embarrassant,
Où même ainsi que vous la pitié m'intéresse,
Vous doit inquiéter touchant votre promesse.
Dérober Sophonisbe au pouvoir des Romains,
C'est un pénible ouvrage et digne de vos mains :
Vous devez y penser.

MASSINISSE.

Un peu trop téméraire,

Peut-être ai-je promis plus que je ne puis faire.
Les pleurs de Sophonisbe ont surpris ma raison.
L'opprobre du triomphe est pour elle un poison;
Et j'ai cru que le ciel l'avait assez punie,
Sans la livrer moi-même à tant d'ignominie.
Madame, il est bien dur de voir déshonorer
L'autel où tant de fois on s'est plu d'adorer;
Et l'âme ouverte aux biens que le ciel lui renvoie
Ne peut rien refuser dans ce comble de joie.
Mais, quoi que ma promesse ait de difficultés,
L'effet en est aisé, si vous y consentez.

ÉRYXE.

Si j'y consens! bien plus, seigneur, je vous en prie.
Voyez s'il faut agir de force ou d'industrie;
Et concertez ensemble en toute liberté
Ce que dans votre esprit vous avez projeté.
Elle vous cherche exprès.

SCÈNE III

MASSINISSE, SOPHONISBE, ÉRYXE, BARCÉE, HERMINIE, MÉZÉTULLE.

ÉRYXE.

Tout a changé de face,
Madame, et les destins vous ont mis en ma place.
Vous me deviez servir malgré tout mon courroux,
Et je fais à présent même chose pour vous :
Je vous l'avais promis, et je vous tiens parole.

SOPHONISBE.

Je vous suis obligée; et ce qui m'en console,
C'est que tout peut changer une seconde fois;
Et je vous rendrai lors tout ce que je vous dois.

ÉRYXE.

Si le ciel jusque-là vous en laisse incapable,
Vous pourrez quelque temps être ma redevable,
Non tant d'avoir parlé, d'avoir prié pour vous,
Comme de vous céder un entretien si doux.
Voyez si c'est vous rendre un fort méchant office
Que vous abandonner le prince Massinisse.

SOPHONISBE.

Ce n'est pas mon dessein de vous le dérober.

ÉRYXE.

Peut-être en ce dessein pourriez-vous succomber.
Mais, seigneur, quel qu'il soit, je n'y mets point
[d'obstacles :
Un héros, comme un dieu, peut faire des miracles :
Et, s'il faut mon aveu pour en venir à bout,
Soyez sûr de nouveau que je consens à tout.
Adieu.

SCÈNE IV

MASSINISSE, SOPHONISBE, HERMINIE, MÉZÉTULLE.

SOPHONISBE.

Pardonnez-vous à cette inquiétude
Que fait de mon destin la triste incertitude,

Seigneur? et cet espoir que vous m'avez donné
Vous fera-t-il aimer d'en être importuné?
   Je suis Carthaginoise, et d'un sang que vous-même
N'avez que trop jugé digne du diadème :
Jugez par là l'excès de ma confusion
A me voir attachée au char de Scipion;
Et si ce qu'entre nous on vit d'intelligence
Ne vous convaincra pas d'une indigne vengeance,
Si vous écoutez plus de vieux ressentiments
Que le sacré respect de vos derniers serments.
   Je fus ambitieuse, inconstante et parjure :
Plus votre amour fut grand, plus grande en est l'in-
Mais plus il a paru, plus il vous fait de lois   [jure;
Pour défendre l'honneur de votre premier choix;
Et plus l'injure est grande, et d'autant mieux éclate
La générosité de servir une ingrate
Que votre bras lui-même a mise hors d'état
D'en pouvoir dignement reconnaître l'éclat.

MASSINISSE.

Ah! si vous m'en devez quelque reconnaissance,
Cessez de vous en faire une fausse impuissance :
De quelque dur revers que vous sentiez les coups,
Vous pouvez plus pour moi que je ne puis pour vous.
Je dis plus : je ne puis pour vous aucune chose,
A moins qu'à m'y servir ce revers vous dispose.
J'ai promis, mais sans vous j'aurai promis en vain;
J'ai juré, mais l'effet dépend de votre main;
Autre qu'elle en ces lieux ne peut briser vos chaînes:
En un mot le triomphe est un supplice aux reines;
La femme du vaincu ne le peut éviter,
Mais celle du vainqueur n'a rien à redouter.
De l'une il est aisé que vous deveniez l'autre;
Votre main par mon sort peut relever la vôtre: [ment
Mais vous n'avez qu'une heure ou plutôt qu'un mo-
Pour résoudre votre âme à ce grand changement.
Demain Lælius entre, et je ne suis plus maître ;
Et, quelque amour en moi que vous voyiez renaître,
Quelques charmes en vous qui puissent me ravir
Je ne puis que vous plaindre, et non pas vous servir.
C'est vous parler sans doute avec trop de franchise;
Mais le péril...

SOPHONISBE.

   De grâce, excusez ma surprise.
Syphax encor vivant, voulez-vous qu'aujourd'hui...

MASSINISSE.

Vous me fûtes promise auparavant qu'à lui;
Et cette foi donnée et reçue à Carthage,
Quand vous voudrez m'aimer, d'avec lui vous dégage.
Si de votre personne il s'est vu possesseur,
Il en fut moins l'époux que l'heureux ravisseur;
Et sa captivité, qui rompt cet hyménée,
Laisse votre main libre et la sienne enchaînée.
   Rendez-vous à vous-même; et s'il vous peut venir
De notre amour passé quelque doux souvenir,
Si ce doux souvenir peut avoir quelque force...

SOPHONISBE.

Quoi! vous pourriez m'aimer après un tel divorce,
Seigneur, et recevoir de ma légèreté
Ce que vous déroba tant d'infidélité?

MASSINISSE.

N'attendez point, madame, ici que je vous die
Que je ne vous impute aucune perfidie;
Que mon peu de mérite et mon trop de malheur
Ont seuls forcé Carthage à forcer votre cœur;
Que votre changement n'éteignit point ma flamme,
Qu'il ne vous ôta point l'empire de mon âme,
Et que, si j'ai porté la guerre en vos États,
Vous étiez la conquête où prétendait mon bras.
Quand le temps est trop cher pour le perdre en paro-
Toutes ces vérités sont des discours frivoles : [les,
Il faut ménager mieux ce moment de pouvoir.
Demain Lælius entre; il le peut dès ce soir :
Avant son arrivée assurez votre empire.
Je vous aime, madame, et c'est assez vous dire.
   Je n'examine point quels sentiments pour moi
Me rendront les effets d'une première foi :
Que votre ambition, que votre amour choisisse;
L'opprobre est d'un côté, de l'autre Massinisse.
Il faut aller à Rome, ou me donner la main :
Ce grand choix ne se peut différer à demain;
Le péril presse autant que mon impatience;
Et, quoi que mes succès m'offrent de confiance,
Avec tout mon amour je ne puis rien pour vous,
Si demain Rome en moi ne trouve votre époux.

SOPHONISBE.

Il faut donc qu'à mon tour je parle avec franchise,
Puisqu'un péril si grand ne veut point de remise.
L'hymen que vous m'offrez peut rallumer mes feux,
Et pour briser mes fers rompre tous autres nœuds;
Mais, avant qu'il vous rende à votre prisonnière,
Je veux que nous voyiez son âme tout entière,
Et ne puissiez un jour vous plaindre avec sujet
De n'avoir pas bien vu ce que vous aurez fait.
   Quand j'épousai Syphax, je n'y fus point forcée;
De quelques traits pour vous que l'amour m'eût
                                            [blessée,
Je vous quittai sans peine, et tous mes vœux trahis
Cédèrent avec joie au bien de mon pays.
En un mot, j'ai reçu du ciel pour mon partage
L'aversion de Rome et l'amour de Carthage.
Vous aimez Lælius, vous aimez Scipion,
Vous avez lieu d'aimer toute leur nation;
Aimez-la, j'y consens, mais laissez-moi ma haine.
Tant que vous serez roi, souffrez que je sois reine,
Avec la liberté d'aimer et de haïr,
Et sans nécessité de craindre ou d'obéir.
Voilà quelle je suis, et quelle je veux être.
J'accepte votre hymen, mais pour vivre sans maître;
Et ne quitterais point l'époux que j'avais pris,
Si Rome se pouvait éviter qu'à ce prix.
A ces conditions me voulez-vous pour femme?

MASSINISSE.

A ces conditions prenez toute mon âme,
Et s'il vous faut encor quelques nouveaux serments...

SOPHONISBE.

Ne perdez point, seigneur, ces précieux moments;
Et, puisque sans contrainte il m'est permis de vivre,
Faites tout préparer; je m'apprête à vous suivre.

MASSINISSE.
J'y vais; mais de nouveau gardez que Lælius...
SOPHONISBE.
Cessez de vous gêner par des soins superflus;
J'en connais l'importance, et vous rejoins au temple.

SCÈNE V

SOPHONISBE, HERMINIE.

SOPHONISBE.

Tu vois, mon bonheur passe et l'espoir et l'exemple;
Et c'est, pour peu qu'on aime, une extrême douceur
De pouvoir accorder sa gloire avec son cœur :
Mais c'en est une ici bien autre, et sans égale,
D'enlever, et si tôt, ce prince à ma rivale,
De lui faire tomber le triomphe des mains,
Et prendre sa conquête aux yeux de ses Romains.
Peut-être avec le temps j'en aurai l'avantage
De l'arracher à Rome, et le rendre à Carthage;
Je m'en réponds déjà sur le don de sa foi :
Il est à mon pays, puisqu'il est tout à moi.
A ce nouvel hymen c'est ce qui me convie,
Non l'amour, non la peur de me voir asservie.
L'esclavage aux grands cœurs n'est point à redouter,
Alors qu'on sait mourir, on sait tout éviter :
Mais comme enfin la vie est bonne à quelque chose,
Ma patrie elle-même à ce trépas s'oppose,
Et m'en désavoûrait si j'osais me ravir
Les moyens que l'amour m'offre de la servir.
Le bonheur surprenant de cette préférence
M'en donne une assez juste et flatteuse espérance.
Que ne pourrai-je point si, dès qu'il m'a pu voir,
Mes yeux d'une autre reine ont détruit le pouvoir!
Tu l'as vu comme moi, qu'aucun retour vers elle
N'a montré qu'avec peine il lui fût infidèle;
Il ne l'a point nommée, et pas même un soupir
N'en a fait soupçonner le moindre souvenir.

HERMINIE.
Ce sont grandes douceurs que le ciel vous renvoie :
Mais il manque le comble à cet excès de joie,
Dont vous vous sentiriez encor bien mieux saisir,
Si vous voyiez qu'Éryxe en eût du déplaisir.
Elle est indifférente, ou plutôt insensible :
A vous servir contre elle fait son possible :
Quand vous prenez plaisir à troubler son discours,
Elle en prend à laisser au vôtre un libre cours,
Et ce héros enfin que votre soin obsède
Semble ne vous offrir que ce qu'elle vous cède.
Je voudrais qu'elle vît un peu plus son malheur,
Qu'elle en fît hautement éclater la douleur;
Que l'espoir inquiet de se voir son épouse
Jetât un plein désordre en son âme jalouse;
Que son amour pour lui fût sans bonté pour vous.

SOPHONISBE.
Que tu te connais mal en sentiments jaloux!
Alors qu'on l'est si peu qu'on ne pense pas l'être,
On n'y réfléchit point, on laisse tout paraître;
Mais quand on l'est assez pour s'en apercevoir,
On met tout son possible à n'en laisser rien voir.
Éryxe qui connaît et qui hait sa faiblesse
La renferme au dedans, et s'en rend la maîtresse.
Mais cette indifférence où tant d'orgueil se joint
Ne part que d'un dépit jaloux au dernier point;
Et sa fausse bonté se trahit elle-même
Par l'effort qu'elle fait à se montrer extrême :
Elle est étudiée, et ne l'est pas assez
Pour échapper entière aux yeux intéressés.
Allons sans perdre temps l'empêcher de nous nuire,
Et prévenir l'effet qu'elle pourrait produire.

ACTE TROISIÈME

SCÈNE I

MASSINISSE, MÉZÉTULLE.

MÉZÉTULLE.
Oui, seigneur, j'ai donné vos ordres à la porte
Que jusques à demain aucun n'entre, ni sorte,
A moins que Lælius vous dépêche quelqu'un.
Au reste, votre hymen fait le bonheur commun.
Cette illustre conquête est une autre victoire,
Que prennent les vainqueurs pour un surcroît de gloire
Et qui fait aux vaincus bannir tout leur effroi,
Voyant régner leur reine avec leur nouveau roi.
Cette union à tous promet des biens solides,
Et réunit sous vous tous les cœurs des Numides.

MASSINISSE.
Mais Éryxe?

MÉZÉTULLE.
J'ai mis des gens à l'observer,
Et suis allé moi-même après eux la trouver,
De peur qu'un contre-temps de jalouse colère
Allât jusqu'aux autels en troubler le mystère.
D'abord qu'elle a tout su, son visage étonné
Aux troubles du dedans sans doute a tout donné;
Du moins à ce grand coup elle a paru surprise :
Mais un moment après, entièrement remise,
Elle a voulu sourire, et m'a dit froidement :
« Le roi n'use pas mal de mon consentement;
« Allez, et dites-lui que pour reconnaissance... »
Mais, seigneur, devers vous elle-même s'avance,
Et vous expliquera mieux que je n'aurais fait
Ce qu'elle ne m'a pas expliqué tout à fait.

MASSINISSE.
Cependant cours au temple, et presse un peu la reine
D'y terminer des vœux dont la longueur me gêne,
Et dis-lui que c'est trop importuner les dieux,
En un temps où sa vue est si chère à mes yeux.

SCÈNE II

MASSINISSE, ÉRYXE, BARCÉE.

ÉRYXE.

Comme avec vous, seigneur, je ne sus jamais feindre,
Souffrez pour un moment que j'ose ici me plaindre,
Non d'un amour éteint, ni d'un espoir déçu,
L'un fut mal allumé, l'autre fut mal conçu;
Mais d'avoir cru mon âme et si faible et si basse,
Qu'elle pût m'imputer votre hymen à disgrâce,
Et d'avoir envié cette joie à mes yeux
D'en être les témoins aussi bien que les dieux.
Ce plein aveu promis avec tant de franchise
Me préparait assez à voir tout sans surprise;
Et, sûr que vous étiez de mon consentement,
Vous me deviez ma part en cet heureux moment.
J'aurais un peu plus tôt été désabusée;
Et, près du précipice où j'étais exposée,
Il m'eût été, seigneur, et m'est encor bien doux
D'avoir pu vous connaître avant que d'être à vous.
Aussi n'attendez point de reproche ou d'injure.
Je ne vous nommerai ni lâche, ni parjure.
Quel outrage m'a fait votre manque de foi
De me voler un cœur qui n'était pas à moi?
J'en connais le haut prix, j'en vois tout le mérite,
Mais jamais un tel vol n'aura rien qui m'irrite;
Et vous vivrez sans trouble en vos contentements,
S'ils n'ont à redouter que mes ressentiments.

MASSINISSE.

J'avais assez prévu qu'il vous serait facile
De garder dans ma perte un esprit si tranquille :
Le peu d'ardeur pour moi que vos désirs ont eu
Doit s'accorder sans peine avec cette vertu.
Vous avez feint d'aimer, et permis l'espérance;
Mais cet amour traînant n'avait que l'apparence;
Et, quand par votre hymen vous pouviez m'acquérir,
Vous m'avez renvoyé pour vaincre, ou pour périr.
J'ai vaincu par votre ordre, et vois avec surprise
Que je n'en ai pour fruit qu'une froide remise,
Et quelque espoir douteux d'obtenir votre choix [rois.
Quand nous serons chez vous l'un et l'autre en vrais
Dites-moi donc, madame, aimiez-vous ma person-
Ou le pompeux éclat d'une double couronne? [ne,
Et, lorsque vous prêtiez des forces à mon bras,
Était-ce pour unir nos mains, ou nos États?
Je vous l'ai déjà dit, que toute ma vaillance
Tient d'un si grand secours sa gloire et sa puissance.
Je saurai m'acquitter de ce qui vous est dû,
Et je vous rendrai plus que vous n'avez perdu :
Mais comme en mon malheur ce favorable office
En voulait à mon sceptre, et non à Massinisse, [leurs,
Vous pouvez sans chagrin, dans mes destins meil-
Voir mon sceptre en vos mains, et Massinisse ailleurs.
Prenez ce sceptre aimé pour l'attacher au vôtre;
Ma main tant refusée est bonne pour une autre;
Et son ambition a de quoi s'arrêter
En celui de Syphax qu'elle vient d'emporter.
Si vous m'aviez aimé, vous n'auriez pas eu honte
D'en montrer une estime et plus haute et plus promp-
Ni craint de ravaler l'honneur de votre rang [te,
Pour trop considérer le mérite et le sang.
La naissance suffit quand la personne est chère.
Un prince détrôné garde son caractère :
Mais, à vos yeux charmés par de plus forts appas,
Ce n'est point être roi que de ne régner pas.
Vous en vouliez en moi l'effet comme le titre;
Et, quand de votre amour la fortune est l'arbitre,
Le mien, au-dessus d'elle et de tous ses revers,
Reconnaît son objet dans les pleurs, dans les fers.
Après m'être fait roi pour plaire à votre envie,
Aux dépens de mon sang, aux périls de ma vie,
Mon sceptre reconquis me met en liberté
De vous laisser un bien que j'ai trop acheté;
Et ce serait trahir les droits du diadème,
Que sur le haut d'un trône être esclave moi-même.
Un roi doit pouvoir tout; et je ne suis pas roi,
S'il ne m'est pas permis de disposer de moi.

ÉRYXE.

Il est beau de trancher du roi comme vous faites;
Mais n'a-t-on aucun lieu de douter si vous l'êtes?
Et n'est-ce point, seigneur, vous y prendre un peu mal,
Que d'en faire l'épreuve en gendre d'Asdrubal?
Je sais que les Romains vous rendront la couronne,
Vous en avez parole, et leur parole est bonne;
Ils vous nommeront roi : mais vous devez savoir
Qu'ils sont plus libéraux du nom que du pouvoir;
Et que, sous leur appui, ce plein droit de tout faire
N'est que pour qui ne veut que ce qui doit leur plaire.
Vous verrez qu'ils auront pour vous trop d'amitié
Pour vous laisser méprendre au choix d'une moitié.
Ils ont pris trop de part en votre destinée
Pour ne pas l'affranchir d'un pareil hyménée;
Et ne se croiraient pas assez de vos amis,
S'ils n'en désavouaient les dieux qui l'ont permis.

MASSINISSE.

Je m'en dédis, madame; et s'il vous est facile [le,
De garder dans ma perte un cœur vraiment tranquil-
Du moins votre grande âme avec tous ses efforts,
N'en conserve pas bien les fastueux dehors.
Lorsque vous étouffez l'injure et la menace,
Vos illustres froideurs laissent rompre leur glace;
Et cette fermeté de sentiments contraints
S'échappe adroitement du côté des Romains.
Si tant de retenue a pour vous quelque gêne,
Allez jusqu'en leur camp solliciter leur haine;
Traitez-y mon hymen de lâche et noir forfait;
N'épargnez point les pleurs pour en rompre l'effet;
Nommez-y-moi cent fois ingrat, parjure, traître :
J'ai mes raisons pour eux, et je les dois connaître.

ÉRYXE.

Je les connais, seigneur, sans doute moins que vous,
Et les connais assez pour craindre leur courroux.
Ce grand titre de roi que seul je considère,
Étend sur moi l'affront qu'en vous ils vont lui faire;
Et rien ici n'échappe à ma tranquillité
Que par les intérêts de notre dignité.

Dans votre peu de foi c'est tout ce qui me blesse.
Vous allez hautement montrer notre faiblesse,
Dévoiler notre honte, et faire voir à tous
Quels fantômes d'État on fait régner en nous.
Oui, vous allez forcer nos peuples de connaître
Qu'ils n'ont que le sénat pour véritable maître;
Et que ceux qu'avec pompe ils ont vu couronner
En reçoivent les lois qu'ils semblent leur donner.
C'est là mon déplaisir. Si je n'étais pas reine,
Ce que je perds en vous me ferait peu de peine;
Mais je ne puis souffrir qu'un si dangereux choix
Détruise en un moment ce peu qui reste aux rois,
Et qu'en un si grand cœur l'impuissance de l'être
Ait ménagé si mal l'honneur de le paraître.
Mais voici cet objet si charmant à vos yeux,
Dont le cher entretien vous divertira mieux.

SCÈNE III

MASSINISSE, SOPHONISBE, ÉRYXE, MÉZÉTULLE, HERMINIE, BARCÉE.

ÉRYXE.

Une seconde fois tout a changé de face,
Madame, et c'est à moi de vous quitter la place.
Vous n'aviez pas dessein de me le dérober?

SOPHONISBE.

L'occasion qui plaît souvent fait succomber.
ous puis-je en cet état rendre quelque service?

ÉRYXE.

L'occasion qui plaît semble toujours propice;
Mais ce qui vous et moi nous doit mettre en souci,
C'est que ni vous ni moi ne commandons ici.

SOPHONISBE.

Si vous y commandiez, je pourrais être à plaindre.
ÉRYXE. [dre.
Peut-être en auriez-vous quelque peu moins à crain-
Ceux dont avant deux jours nous y prendrons des lois
Regardent d'un autre œil la majesté des rois.
Étant ce que je suis, je redoute un exemple;
Et reine, c'est mon sort en vous que je contemple.

SOPHONISBE.

Vous avez du crédit, le roi n'en manque point;
Et si chez les Romains l'un à l'autre se joint...

ÉRYXE.

Votre félicité sera longtemps parfaite,
S'ils la laissent durer autant que je souhaite.
Seigneur, en cet adieu recevez-en ma foi,
Ou me donnez quelqu'un qui réponde de moi.
La gloire de mon rang, qu'en vous deux je respecte,
Ne saurait consentir que je vous sois suspecte.
Faites-moi donc justice et ne m'imputez rien
Si le ciel à mes vœux ne s'accorde pas bien.

SCÈNE IV

MASSINISSE, SOPHONISBE, MÉZÉTULLE, HERMINIE.

MASSINISSE.

Comme elle voit ma perte aisément réparable
Sa jalousie est faible, et son dépit traitable.
Aucun ressentiment n'éclate en ses discours.

SOPHONISBE.

Non; mais le fond du cœur n'éclate pas toujours.
Qui n'est point irritée, ayant trop de quoi l'être,
L'est souvent d'autant plus qu'on le voit moins paraî-
Et, cachant son dessein pour le mieux assurer, [tre,
Cherche à prendre ce temps qu'on perd à murmurer.
Ce grand calme prépare un dangereux orage.
Prévenez les effets de sa secrète rage;
Prévenez de Syphax l'emportement jaloux,
Avant qu'il ait aigri vos Romains contre vous,
Et portez dans leur camp la première nouvelle
De ce que vient de faire un amour si fidèle.
Vous n'y hasardez rien, s'ils respectent en vous,
Comme nous l'espérons, le nom de mon époux;
Mais je m'attirerais la dernière infamie,
S'ils brisaient malgré vous le saint nœud qui nous lie,
Et qu'ils pussent noircir de quelque indignité
Mon trop de confiance en votre autorité.
Si dès qu'ils paraîtront vous n'êtes plus le maître,
C'est d'eux qu'il faut savoir ce que je vous puis être,
Et puisque Lælius doit entrer dès demain...

MASSINISSE.

Ah! je n'ai pas reçu le cœur avec la main,
Si votre amour...

SOPHONISBE.

Seigneur, je parle avec franchise.
Vous m'avez épousée, et vous suis acquise :
Voyons si vous pourrez me garder plus d'un jour:
Je me rends au pouvoir, et non pas à l'amour;
Et, de quelque façon qu'à présent je vous nomme,
Je ne suis point à vous, s'il faut aller à Rome.

MASSINISSE.

A qui donc? à Syphax, madame?

SOPHONISBE.

D'aujourd'hui,
Puisqu'il porte des fers, je ne suis plus à lui.
En dépit des Romains on voit que je vous aime :
Mais jusqu'à leur aveu je suis toute à moi-même.
Et, pour obtenir plus que mon cœur et ma foi,
Il faut m'obtenir d'eux aussi bien que de moi.
Le nom d'époux suffit pour me tenir parole,
Pour me faire éviter l'aspect du Capitole :
N'exigez rien de plus; perdez quelques moments,
Pour mettre en sûreté l'effet de vos serments :
Afin que vos lauriers me sauvent du tonnerre,
Allez aux dieux du ciel joindre ceux de la terre.
Mais que nous veut Syphax que ce Romain conduit?

SCÈNE V

SYPHAX, MASSINISSE, SOPHONISBE, LÉPIDE,
HERMINIE, MÉZÉTULLE, GARDES.

LÉPIDE.

Touché de cet excès du malheur qui le suit,
Madame, par pitié Lælius vous l'envoie,
Et donne à ses douleurs ce mélange de joie
Avant qu'on le conduise au camp de Scipion.

MASSINISSE.

J'aurai pour ses malheurs même compassion,
Adieu : cet entretien ne veut point ma présence;
J'en attendrai l'issue avec impatience,
Et j'ose en espérer quelques plus douces lois
Quand vous aurez mieux vu le destin des deux rois.

SOPHONISBE.

Je sais ce que je suis et ce que je dois faire,
Et prends pour seul objet ma gloire à satisfaire.

SCÈNE VI

SYPHAX, SOPHONISBE, LÉPIDE, HERMINIE,
GARDES.

SYPHAX.

Madame, à cet excès de générosité,
Je n'ai presque plus d'yeux pour ma captivité;
Et malgré de mon sort la disgrâce éclatante,
Je suis encor heureux quand je vous vois constante.
Un rival triomphant veut place en votre cœur,
Et vous osez pour moi dédaigner ce vainqueur!
Vous préférez mes fers à toute sa victoire,
Et savez hautement soutenir votre gloire!
Je ne vous dirai point aussi que vos conseils
M'ont fait choir de ce rang si cher à nos pareils,
Ni que pour les Romains votre haine implacable
A rendu ma déroute à jamais déplorable,
Puisqu'en vain Massinisse attaque votre foi,
Je règne dans votre âme, et c'est assez pour moi.

SOPHONISBE.

Qui vous dit qu'à ses yeux vous y régniez encore?
Que pour vous je dédaigne un vainqueur qui m'ado-
Et quelle indigne loi m'y pourrait obliger,   [re?
Lorsque vous m'apportez des fers à partager?

SYPHAX.

Ce soin de votre gloire, et de lui satisfaire...

SOPHONISBE.

Quand vous l'entendrez bien, vous dira le contraire.
Ma gloire est d'éviter les fers que vous portez;
D'éviter le triomphe où vous vous soumettez.
Ma naissance ne voit que cette honte à craindre.
Enfin détrompez-vous, il siérait mal de feindre :
Je suis à Massinisse, et le peuple en ces lieux
Vient de voir notre hymen à la face des dieux;
Nous sortons de leur temple.

SYPHAX.
Ah! que m'osez-vous dire?

SOPHONISBE.

Que Rome sur mes jours n'aura jamais d'empire.
J'ai su m'en affranchir par une autre union;
Et vous suivrez sans moi le char de Scipion.

SYPHAX.

Le croirai-je, grands dieux! et le voudra-t-on croire,
Alors que l'avenir en apprendra l'histoire?
Sophonisbe servie avec tant de respect,
Elle que j'adorai dès le premier aspect,
Qui s'est vue à toute heure et partout obéie,
Insulte lâchement à ma gloire trahie,
Met le comble à mes maux par sa déloyauté,
Et d'un crime si noir fait encor vanité!

SOPHONISBE.

Le crime n'est pas grand d'avoir l'âme assez haute
Pour conserver un rang que le destin vous ôte :
Ce n'est point un honneur qui rebute en deux jours,
Et qui règne un moment aime à régner toujours :
Mais si l'essai du trône en fait durer l'envie
Dans l'âme la plus haute à l'égal de la vie,
Un roi né pour la gloire, et digne de son sort,
A la honte des fers sait préférer la mort;
Et vous m'aviez promis en partant...

SYPHAX.
Ah! madame,
Qu'une telle promesse était douce à votre âme!
Ma mort faisait dès lors vos plus ardents souhaits.

SOPHONISBE.

Non; mais je vous tiens mieux ce que je vous promets.
Je vis encore en reine, et je mourrai de même.

SYPHAX.

Dites que votre foi tient toute au diadème,
Que les plus saintes lois ne peuvent rien sur vous.

SOPHONISBE.

Ne m'attachez point tant au destin d'un époux,
Seigneur; les lois de Rome et celles de Carthage
Vous diront que l'hymen se rompt par l'esclavage,
Que vos chaînes du nôtre ont brisé le lien,
Et qu'étant dans les fers vous ne m'êtes plus rien.
Ainsi par les lois même en mon pouvoir remise,
Je me donne au monarque à qui je fus promise,
Et m'acquitte envers lui d'une première foi
Qu'il reçut avant vous de mon père et de moi.
Ainsi mon changement n'a point de perfidie;
J'étais et suis encore au roi de Numidie,
Et laisse à votre sort son flux et son reflux,
Pour régner malgré lui quand vous ne régnez plus.

SYPHAX.

Ah! s'il est quelques lois qui souffrent qu'on étale
Cet illustre mépris de la foi conjugale,
Cette hauteur, madame, a d'étranges effets
Après m'avoir forcé de refuser la paix.
Me le promettiez-vous, alors qu'à ma défaite
Vous montriez dans Cyrthe une sûre retraite,
Et qu'outre le secours de votre général
Nous me vantiez celui d'Hannon et d'Annibal?

Pour vous avoir trop crue, hélas! et trop aimée,
Je me vois sans États, je me vois sans armée;
Et, par l'indignité d'un soudain changement,
La cause de ma chute en fait l'accablement.

SOPHONISBE.

Puisque je vous montrais dans Cyrthe une retraite,
Vous deviez vous y rendre après votre défaite :
S'il eût fallu périr sous un fameux débris,
Je l'eusse appris de vous, ou je vous l'eusse appris,
Moi qui, sans m'ébranler du sort de deux batailles,
Venais de m'enfermer exprès dans ces murailles,
Prête à souffrir un siége, et soutenir pour vous
Quoi que du ciel injuste eût osé le courroux.
Pour mettre en sûreté quelques restes de vie,
Vous avez du triomphe accepté l'infamie ;
Et ce peuple déçu qui vous tendait les mains
N'a revu dans son roi qu'un captif des Romains.
Vos fers, en leur faveur plus forts que leurs cohortes,
Ont abattu les cœurs, ont fait ouvrir les portes,
Et réduit votre femme à la nécessité
De chercher tous moyens d'en fuir l'indignité,
Quand vos sujets ont cru que sans devenir traîtres
Ils pouvaient après vous se livrer à vos maîtres.
Votre exemple est ma loi, vous vivez et je vi;
Et si vous fussiez mort je vous aurais suivi :
Mais si je vis encor, ce n'est pas pour vous suivre,
Je vis pour vous punir de trop aimer à vivre;
Je vis peut-être encor pour quelque autre raison
Qui se justifira dans une autre saison. [croire,
Un Romain nous écoute ; et, quoi qu'on veuille en
Quand il en sera temps je mourrai pour ma gloire.
Cependant, bien qu'un autre ait le titre d'époux,
Sauvez-moi des Romains, je suis encore à vous;
Et je croirai régner malgré votre esclavage,
Si vous pouvez m'ouvrir les chemins de Carthage.
Obtenez de vos dieux ce miracle pour moi,
Et je romps avec lui pour vous rendre ma foi.
Je l'aimai; mais ce feu dont je fus la maîtresse,
Ne met point dans mon cœur de honteuse tendresse;
Toute ma passion est pour la liberté,
Et toute mon horreur pour la captivité.
Seigneur, après cela je n'ai rien à vous dire :
Par ce nouvel hymen vous voyez où j'aspire,
Vous savez les moyens d'en rompre le lien :
Réglez-vous là-dessus sans vous plaindre de rien.

SCÈNE VII

SYPHAX, LÉPIDE, GARDES.

SYPHAX.

A-t-on vu sous le ciel plus infâme injustice?
Ma déroute la jette au lit de Massinisse;
Et, pour justifier ses lâches trahisons,
Les maux qu'elle a causés lui servent de raisons!

LÉPIDE.

Si c'est avec chagrin que vous souffrez sa perte,
Seigneur, quelque espérance encor vous est offerte.
Si je l'ai bien compris, cet hymen imparfait
N'est encor qu'en parole, et n'a point eu d'effet;
Et comme nos Romains le verront avec peine,
Ils pourront mal répondre aux souhaits de la reine.
Je vais m'assurer d'elle, et vous dirai de plus
Que j'en viens d'envoyer avis à Lælius :
J'en attends nouvel ordre, et dans peu je l'espère.

SYPHAX.

Quoi! prendre tant de soin d'adoucir ma misère!
Lépide, il n'appartient qu'à de vrais généreux
D'avoir cette pitié des princes malheureux ;
Autres que les Romains n'en chercheraient la gloire.

LÉPIDE.

Lælius fera voir ce qu'il vous en faut croire.
Vous autres, attendant quel est son sentiment,
Allez garder le roi dans cet appartement.

ACTE QUATRIÈME

SCÈNE I

SYPHAX, LÉPIDE.

LÉPIDE.

Lælius est dans Cyrthe, et s'en est rendu maître:
Bientôt dans ce palais vous le verrez paraître ;
Et, si vous espérez que parmi vos malheurs
Sa présence ait de quoi soulager vos douleurs,
Vous n'avez avec moi qu'à l'attendre au passage.

SYPHAX.

Lépide, que dit-il touchant ce mariage?
En rompra-t-il les nœuds? en sera-t-il d'accord?
Fera-t-il mon rival arbitre de mon sort?

LÉPIDE.

Je ne vous réponds point que sur cette matière
Il veuille vous ouvrir son âme tout entière ;
Mais vous pouvez juger que, puisqu'il vient ici,
Cet hymen comme à vous lui donne du souci.
Sachez-le de lui-même; il entre, et vous regarde.

SCÈNE II

LÆLIUS, SYPHAX, LÉPIDE.

LÆLIUS.

Détachez-lui ses fers, il suffit qu'on le garde.
Prince, je vous ai vu tantôt comme ennemi,
Et vous vois maintenant comme un ancien ami.
Le fameux Scipion, de qui vous fûtes l'hôte,
Ne s'offensera point des fers que je vous ôte,
Et ferait encor plus, s'il nous était permis
De vous remettre au rang de nos plus chers amis.

SYPHAX.

Ah! ne rejetez point dans ma triste mémoire
Le cuisant souvenir de l'excès de ma gloire;

Et ne reprochez point à mon cœur désolé,
A force de bontés, ce qu'il a violé.
Je fus l'ami de Rome, et de ce grand courage
Qu'opposent nos destins aux destins de Carthage ;
Toutes deux, et ce fut le plus beau de mes jours,
Par leurs plus grands héros briguèrent mon secours.
J'eus des yeux assez bons pour remplir votre attente ;
Mais que sert un bon choix dans une âme inconstante ?
Et que peuvent les droits de l'hospitalité
Sur un cœur si facile à l'infidélité ?
J'en suis assez puni par un revers si rude,
Seigneur, sans m'accabler de mon ingratitude ;
Il suffit des malheurs qu'on voit fondre sur moi,
Sans me convaincre encor d'avoir manqué de foi,
Et me faire avouer que le sort qui m'opprime,
Pour cruel qu'il me soit, rend justice à mon crime.

LÆLIUS.

Je ne vous parle aussi qu'avec cette pitié
Que nous laisse pour vous un reste d'amitié :
Elle n'est pas éteinte, et toutes vos défaites
Ont rempli nos succès d'amertumes secrètes.
Nous ne saurions voir même aujourd'hui qu'à regret
Ce gouffre de malheurs que vous vous êtes fait.
Le ciel m'en est témoin, et vos propres murailles,
Qui nous voyaient enflés du gain de deux batailles,
Ont vu cette amitié porter tous nos souhaits
A regagner la vôtre, et vous rendre la paix.
Par quel motif de haine obstinée à vous nuire
Nous avez-vous forcés vous-même à vous détruire ?
Quel astre, de votre heur* et du nôtre jaloux,
Vous a précipité jusqu'à rompre avec nous ?

SYPHAX.

Pourrez-vous pardonner, seigneur, à ma vieillesse,
Si je vous fais l'aveu de toute sa faiblesse ?
Lorsque je vous aimai, j'étais maître de moi ;
Et tant que je le fus je vous gardai ma foi :
Mais dès que Sophonisbe avec son hyménée
S'empara de mon âme et de ma destinée,
Je suivis de ses yeux le pouvoir absolu,
Et n'ai voulu depuis que ce qu'elle a voulu.
Que c'est un imbécile et sévère esclavage
Que celui d'un époux sur le penchant de l'âge,
Quand sous un front ridé qu'on a droit de haïr
Il croit se faire aimer à force d'obéir !
De ce mourant amour les ardeurs ramassées
Jettent un feu plus vif dans nos veines glacées,
Et pensent racheter l'horreur des cheveux gris
Par le présent d'un cœur au dernier point soumis.
Sophonisbe par là devint ma souveraine,
Régla mes amitiés, disposa de ma haine,
M'anima de sa rage, et versa dans mon sein
De toutes ses fureurs l'implacable dessein.
Sous ces dehors charmants qui paraient son visage,
C'était une Alecton que déchaînait Carthage :
Elle avait tout mon cœur, Carthage tout le sien ;
Hors de ses intérêts elle n'écoutait rien ;
Et, malgré cette paix que vous m'avez offerte,
Elle a voulu pour eux me livrer à ma perte.
Vous voyez son ouvrage en ma captivité,
Voyez en un plus rare en sa déloyauté.
Vous trouverez, seigneur, cette même furie
Qui seule m'a perdu pour l'avoir trop chérie,
Vous la trouverez, dis-je, au lit d'un autre roi,
Qu'elle saura séduire et perdre comme moi.
Si vous ne le savez, c'est votre Massinisse,
Qui croit par cet hymen se bien faire justice,
Et que l'infâme vol d'une telle moitié
Le venge pleinement de notre inimitié :
Mais, pour peu de pouvoir qu'elle ait sur son courage,
Ce vainqueur avec elle épousera Carthage ;
L'air qu'un si cher objet se plaît à respirer
A des charmes trop forts pour n'y pas attirer :
Dans ce dernier malheur, c'est ce qui me console.
Je lui cède avec joie un poison qu'il me vole,
Et ne vois point de don si propre à m'acquitter
De tout ce que ma haine ose lui souhaiter.

LÆLIUS.

Je connais Massinisse, et ne vois rien à craindre
D'un amour que lui-même il prendra soin d'éteindre :
Il en sait l'importance ; et, quoi qu'il ait osé,
Si l'hymen fut trop prompt, le divorce est aisé.
Sophonisbe envers vous l'ayant mis en usage
Le recevra de lui sans changer de visage,
Et ne se promet pas de ce nouvel époux
Plus d'amour ou de foi qu'elle n'en eut pour vous.
Vous, puisque cet hymen satisfait votre haine,
De ce qui le suivra ne soyez point en peine,
Et, sans en augurer pour nous ni bien, ni mal,
Attendez sans souci la perte d'un rival,
Et laissez-nous celui de voir quel avantage
Pourrait avec le temps en recevoir Carthage.

SYPHAX.

Seigneur, s'il est permis de parler aux vaincus,
Souffrez encore un mot, et je ne parle plus.
Massinisse de soi pourrait fort peu de chose ;
Il n'a qu'un camp volant dont le hasard dispose ;
Mais joint à vos Romains, joint aux Carthaginois,
Il met dans la balance un redoutable poids,
Et par ma chute enfin sa fortune enhardie
Va traîner après lui toute la Numidie.
Je le hais fortement, mais non pas à l'égal
Des murs que ma perfide eut pour séjour natal.
Le déplaisir de voir que ma ruine en vienne
Craint qu'ils ne durent trop, s'il faut qu'il les soutienne.
Puisse-t-il, ce rival, périr, dès aujourd'hui ! [pare ;
Mais puissé-je les voir trébucher avant lui !
Prévenez donc, seigneur, l'appui qu'on leur pré-
Vengez-moi de Carthage avant qu'il se déclare :
Pressez en ma faveur votre propre courroux,
Et gardez jusque-là Massinisse pour vous.
Je n'ai plus rien à dire, et vous en laisse faire.

LÆLIUS.

Nous saurons profiter d'un avis salutaire.
Allez m'attendre au camp ; je vous suivrai de près.
Je dois ici l'oreille à d'autres intérêts ;
Et ceux de Massinisse...

SYPHAX.

Il osera vous dire...

LÆLIUS.
Ce que vous m'avez dit, seigneur, vous doit suffire.
Encore un coup, allez, sans vous inquiéter;
Ce n'est pas devant vous que je dois l'écouter.

SCÈNE III

MASSINISSE, LÆLIUS, MÉZÉTULLE.

MASSINISSE.
L'avez-vous commandé, seigneur, qu'en ma présen-
Vos tribuns vers la reine usent de violence?   [ce
LÆLIUS.
Leur ordre est d'emmener au camp les prisonniers;
Et comme elle et Syphax s'en trouvent les premiers,
Ils ont suivi cet ordre en commençant par elle.
Mais par quel intérêt prenez-vous sa querelle?
MASSINISSE.
Syphax vous l'aura dit, puisqu'il sort d'avec vous.
Seigneur, elle a reçu son véritable époux;
Et j'ai repris sa foi par force violée
Sur un usurpateur qui me l'avait volée.
Son père et son amour m'en avaient fait le don.
LÆLIUS.
Ce don pour tout effet n'eut qu'un lâche abandon.
Dès que Syphax parut, cet amour sans puissance...
MASSINISSE.
J'étais lors en Espagne, et durant mon absence
Carthage la força d'accepter ce parti :
Mais à présent Carthage en a le démenti.
En reprenant mon bien j'ai détruit son ouvrage,
Et vous fais dès ici triompher de Carthage.
LÆLIUS.
Commencer avant nous un triomphe si haut,
Seigneur, c'est le braver un peu plus qu'il ne faut,
Et mettre entre elle et Rome une étrange balance,
Que de confondre ainsi l'une et l'autre alliance,
Notre ami tout ensemble et gendre d'Asdrubal.
Croyez-moi, ces deux noms s'accordent assez mal;
Et, quelque grand dessein que puisse être le vôtre,
Vous ne pourrez longtemps conserver l'un et l'autre.
Ne vous figurez point qu'une telle moitié
Soit jamais compatible avec notre amitié,
Ni que nous attendions que le même artifice
Qui nous ôta Syphax nous vole Massinisse.
Nous aimons nos amis, et même en dépit d'eux
Nous savons les tirer de ce pas dangereux.
Ne nous forcez à rien qui vous puisse déplaire.
MASSINISSE.
Ne m'ordonnez donc rien que je ne puisse faire;
Et montrez cette ardeur de servir vos amis,
A tenir hautement ce qu'on leur a promis.
Du consul et de vous j'ai la parole expresse;
Et ce grand jour a fait que tout obstacle cesse.
Tout ce qui m'appartient me doit être rendu.
LÆLIUS.
Et par où cet espoir vous est-il défendu?

MASSINISSE.
Quel ridicule espoir en garderait mon âme,
Si votre dureté me refuse ma femme?
Est-il rien plus à moi, rien moins à balancer?
Et du reste par là que me faut-il penser?
Puis-je faire aucun fonds sur la foi qu'on me donne,
Et traité comme esclave attendre ma couronne?
LÆLIUS.
Nous en avons ici les ordres du sénat,
Et même de Syphax il y joint tout l'État :
Mais nous n'en avons point touchant cette captive;
Syphax est son époux, il faut qu'elle le suive.
MASSINISSE.
Syphax est son époux! et que suis-je, seigneur?
LÆLIUS.
Consultez la raison plutôt que votre cœur;
Et, voyant mon devoir, souffrez que je le fasse.
MASSINISSE.
Chargez, chargez-moi donc de vos fers en sa place;
Au lieu d'un conquérant par vos mains couronné,
Traînez à votre Rome un vainqueur enchaîné.
Je suis à Sophonisbe, et mon amour fidèle
Dédaigne et diadème et liberté sans elle;
Je ne veux ni régner, ni vivre qu'en ses bras :
Non, je ne veux...
LÆLIUS.
Seigneur, ne vous emportez pas.
MASSINISSE.
Résolus à ma perte, hélas! que vous importe
Si ma juste douleur se retient ou s'emporte?
Mes pleurs et mes soupirs vous fléchiront-ils mieux?
Et faut-il à genoux vous parler comme aux dieux?
Que j'ai mal employé mon sang et mes services,
Quand je les ai prêtés à vos astres propices,
Si j'ai pu tant de fois hâter votre destin,
Sans pouvoir mériter cette part au butin!
LÆLIUS.
Si vous avez, seigneur, hâté notre fortune,
Je veux bien que la proie entre nous soit commune;
Mais pour la partager, est-ce à vous de choisir?
Est-ce avant notre aveu qu'il vous en faut saisir?
MASSINISSE.
Ah! si vous aviez fait la moindre expérience
De ce qu'un digne amour donne d'impatience, [fait?
Vous sauriez... Mais pourquoi n'en auriez-vous pas
Pour aimer à notre âge en est-on moins parfait?
Les héros des Romains ne sont-ils jamais hommes?
Leur Mars a tant de fois été ce que nous sommes!
Et le maître des dieux, des rois, et des amants,
En ma place aurait eu mêmes empressements.
J'aimais, on l'agréait, j'étais ici le maître;
Vous m'aimiez, ou du moins vous le faisiez paraître.
L'amour en cet état daigne-t-il hésiter,
Faute d'un mot d'aveu dont il n'ose douter?
Voir son bien en sa main et ne le point reprendre,
Seigneur, c'est un respect bien difficile à rendre.
Un roi se souvient-il en des moments si doux
Qu'il a dans votre camp des maîtres parmi vous?

Je l'ai dû toutefois, et je m'en tiens coupable.
Ce crime est-il si grand qu'il soit irréparable?
Et sans considérer mes services passés,
Sans excuser l'amour par qui nos cœurs forcés...
LÆLIUS.
Vous parlez tant d'amour, qu'il faut que je confesse
Que j'ai honte pour vous de voir tant de faiblesse.
N'alléguez point les dieux; si l'on voit quelquefois
Leur flamme s'emporter en faveur de leur choix,
Ce n'est qu'à leurs pareils à suivre leurs exemples;
Et vous ferez comme eux quand vous aurez des tem-
[ples :
Comme ils sont dans le ciel au-dessus du danger,
Ils n'ont là rien à craindre et rien à ménager.
    Du reste, je sais bien que souvent il arrive
Qu'un vainqueur s'adoucit auprès de sa captive.
Les droits de la victoire ont quelque liberté
Qui ne saurait déplaire à notre âge indompté :
Mais quand à cette ardeur un monarque défère,
Il s'en fait un plaisir et non pas une affaire;
Il repousse l'amour comme un lâche attentat,
Dès qu'il veut prévaloir sur la raison d'État;
Et son cœur, au-dessus de ces basses amorces,
Laisse à cette raison toujours toutes ses forces.
Quand l'amour avec elle a de quoi s'accorder,
Tout est beau, tout succède*, on n'a qu'à demander;
Mais, pour peu qu'elle en soit ou doive être alarmée,
Son feu qu'elle dédit doit tourner en fumée.
Je vous en parle en vain : cet amour décevant
Dans votre cœur surpris a passé trop avant;
Vos feux vous plaisent trop pour les vouloir éteindre :
Et tout ce que je puis, seigneur, c'est de vous plaindre.
MASSINISSE.
Me plaindre tout ensemble et me tyranniser!
LÆLIUS.
Vous l'avoûrez un jour, c'est vous favoriser.
MASSINISSE.
Quelle faveur, grands dieux! qui tient lieu de supplice!
LÆLIUS.
Quand vous serez à vous, vous lui ferez justice.
MASSINISSE.
Ah! que cette justice est dure à concevoir!
LÆLIUS.
Je la connais assez pour suivre mon devoir.

SCÈNE IV

LÆLIUS, MASSINISSE, MÉZÉTULLE, ALBIN.

ALBIN.
Scipion vient, seigneur, d'arriver dans vos tentes,
Ravi du grand succès qui prévient ses attentes;
Et, ne vous croyant pas maître en si peu de jours,
Il vous venait lui-même amener du secours,
Tandis que le blocus laissé devant Utique
Répond de cette place à notre république.
Il me donne ordre exprès de vous en avertir.
LÆLIUS, à Massinisse.
Allez à votre hymen le faire consentir :

Allez le voir sans moi; je l'en laisse seul juge.
MASSINISSE.
Oui, contre vos rigueurs il sera mon refuge,
Et j'en rapporterai d'autres ordres pour vous.
LÆLIUS.
Je les suivrai, seigneur, sans en être jaloux.
MASSINISSE.
Mais avant mon retour si l'on saisit la reine...
LÆLIUS.
J'en réponds jusque-là, n'en soyez point en peine
Qu'on la fasse venir. Vous pouvez lui parler,
Pour prendre ses conseils, et pour la consoler.
    Gardes, que sans témoins on le laisse avec elle.
Vous, pour dernier avis d'une amitié fidèle,
Perdez fort peu de temps en ce doux entretien,
Et jusques au retour ne vous vantez de rien.

SCÈNE V

MASSINISSE, SOPHONISBE, MÉZÉTULLE, HERMINIE.

MASSINISSE.
Voyez-la donc, seigneur, voyez tout son mérite,
Voyez s'il est aisé qu'un héros... Il me quitte,
Et d'un premier éclat le barbare alarmé
N'ose exposer son cœur aux yeux qui m'ont charmé.
Il veut être inflexible, et craint de ne plus l'être,
Pour peu qu'il se permît de voir et de connaître.
    Allons, allons, madame, essayer aujourd'hui
Sur le grand Scipion ce qu'il a craint pour lui.
Il vient d'entrer au camp; venez-y par vos charmes
Appuyer mes soupirs, et secourir mes larmes;
Et ces mêmes yeux qui m'ont fait tout oser,
Si j'en suis criminel, servent à m'excuser.
Puissent-ils, et sur l'heure, avoir là tant de force,
Que pour prendre ma place il m'ordonne un divorce,
Qu'il veuille conserver mon bien en me l'ôtant!
J'en mourrai de douleur, mais je mourrai content.
Mon amour, pour vous faire un destin si propice,
Se prépare avec joie à ce grand sacrifice.
Si c'est vous bien servir, l'honneur m'en suffira;
Et si c'est mal aimer, mon bras m'en punira.
SOPHONISBE.
Le trouble de vos sens, dont vous n'êtes plus maître,
Vous a fait oublier, seigneur, à me connaître.
    Quoi! j'irais mendier jusqu'au camp des Romains
La pitié de leur chef qui m'aurait en ses mains!
J'irais déshonorer, par un honteux hommage,
Le trône où j'ai pris place, et le sang de Carthage
Et l'on verrait gémir la fille d'Asdrubal
Aux pieds de l'ennemi pour eux le plus fatal!
Je ne sais si mes yeux auraient là tant de force,
Qu'en sa faveur sur l'heure il pressât un divorce;
Mais je ne me vois pas en état d'obéir,
S'il osait jusque-là cesser de me haïr.
La vieille antipathie entre Rome et Carthage
N'est pas prête à finir par un tel assemblage.
Ne vous préparez point à rien sacrifier

A l'honneur qu'il aurait de vous justifier.
Pour effet de vos feux et de votre parole,
Je ne veux qu'éviter l'aspect du Capitole ;
Que ce soit par l'hymen ou par d'autres moyens,
Que je vive avec vous ou chez vos citoyens,
La chose m'est égale, et je vous tiendrai quitte,
Qu'on nous sépare ou non, pourvu que je l'évite.
Mon amour voudrait plus ; mais je règne sur lui,
Et n'ai changé d'époux que pour prendre un appui.
 Vous m'avez demandé la faveur de ce titre
Pour soustraire mon sort à son injuste arbitre ;
Et, puisqu'à m'affranchir il faut que j'aide un roi,
C'est là tout le secours que vous aurez de moi.
Ajoutez-y des pleurs, mêlez-y des bassesses ;
Mais laissez-moi, de grâce, ignorer vos faiblesses,
Et, si vous souhaitez que l'effet m'en soit doux,
Ne me donnez point lieu d'en rougir après vous.
Je ne vous cèle point que je serais ravie
D'unir à vos destins les restes de ma vie ;
Mais si Rome en vous-même ose braver les rois,
S'il faut d'autres secours, laissez-les à mon choix :
J'en trouverai, seigneur, et j'en sais qui peut-être
N'auront à redouter ni maîtresse ni maître :
Mais mon amour préfère à cette sûreté
Le bien de vous devoir toute ma liberté.
MASSINISSE.
Ah ! si je vous pouvais offrir même assurance,
Que je serais heureux de cette préférence !
SOPHONISBE.
Syphax et Lælius pourront vous prévenir,
Si vous perdez ici le temps de l'obtenir.
Partez.
MASSINISSE.
 M'enviez-vous le seul bien qu'à ma flamme
A souffert jusqu'ici la grandeur de votre âme ?
 Madame, je vous laisse aux mains de Lælius.
Vous avez pu vous-même entendre ses refus ;
Et mon amour ne sait ce qu'il peut se promettre
De celles du consul, où je vais me remettre.
L'un et l'autre est Romain ; et peut-être en ce lieu
Ce peu que je vous dis est le dernier adieu.
Je ne vois rien de sûr que cette triste joie ;
Ne me l'enviez plus, souffrez que je vous voie ;
Souffrez que je vous parle, et vous puisse exprimer
Quelque part des malheurs où l'on peut m'abîmer,
Quelques informes traits de la secrète rage
Que déjà dans mon cœur forme leur sombre image :
Non que je désespère : on m'aime ; mais, hélas !
On m'estime, on m'honore, et l'on ne me craint pas.
M'éloigner de vos yeux en cette incertitude,
Pour un cœur tout à vous c'est un tourment bien rude ;
Et, si j'en ose croire un noir pressentiment, [ment.
C'est vous perdre à jamais que vous perdre en un mo-
Madame, au nom des dieux, rassurez mon courage ;
Dites que vous m'aimez, j'en pourrai davantage ;
J'en deviendrai plus fort auprès de Scipion :
Montrez pour mon bonheur un peu de passion,
Montrez que votre flamme au même bien aspire :
Ne régnez plus sur elle, et laissez-lui me dire...

SOPHONISBE.
Allez, seigneur, allez ; je vous aime en époux,
Et serais à mon tour aussi faible que vous.
MASSINISSE.
Faites, faites-moi voir cette illustre faiblesse ;
Que ses douceurs...
SOPHONISBE.
 Ma gloire en est encor maîtresse.
Adieu. Ce qui m'échappe en faveur de vos feux
Est moins que je ne sens, et plus que je ne veux.
 (*Elle rentre.*)
MÉZÉTULLE.
Douterez-vous encor, seigneur, qu'elle vous aime ?
MASSINISSE.
Mézétulle, il est vrai, son amour est extrême ;
Mais cet extrême amour, au lieu de me flatter,
Ne saurait me servir qu'à mieux me tourmenter ;
Ce qu'elle m'en fait voir redouble ma souffrance.
Reprenons toutefois un moment de constance ;
En faveur de sa flamme espérons jusqu'au bout,
Et pour tout obtenir allons hasarder tout.

ACTE CINQUIÈME

SCÈNE I
SOPHONISBE, HERMINIE.
SOPHONISBE.
Cesse de me flatter d'une espérance vaine.
Auprès de Scipion ce prince perd sa peine.
S'il l'avait pu toucher, il serait revenu ;
Et, puisqu'il tarde tant, il n'a rien obtenu.
HERMINIE.
Si tant d'amour pour vous s'impute à trop d'audace,
Il faut un peu de temps pour en obtenir grâce :
Moins on la rend facile, et plus elle a de poids.
Scipion s'en fera prier plus d'une fois ;
Et peut-être son âme encore irrésolue...
SOPHONISBE.
Sur moi, quoi qu'il en soit, je me rends absolue ;
Contre sa dureté j'ai du secours tout prêt,
Et ferai malgré lui moi seule mon arrêt.
 Cependant de mon feu l'importune tendresse
Aussi bien que la gloire en mon sort s'intéresse,
Veut régner en mon cœur contre ma liberté,
Et n'ose l'avouer de toute sa fierté.
Quelle bassesse d'âme ! ô ma gloire ! ô Carthage !
Faut-il qu'avec vous deux un homme la partage ?
Et l'amour de la vie en faveur d'un époux
Doit-il être en ce cœur aussi puissant que vous ?
Ce héros a trop fait de m'avoir épousée ;
De sa seule pitié s'il m'eût favorisée,
Cette pitié peut-être en ce triste et grand jour
Aurait plus fait pour moi que cet excès d'amour.

Il devait voir que Rome en juste défiance...
HERMINIE.
Mais vous lui témoigniez pareille impatience ;
Et vos feux rallumés montraient de leur côté
Pour ce nouvel hymen égale avidité.
SOPHONISBE.
Ce n'était point l'amour qui la rendait égale ;
C'était la folle ardeur de braver ma rivale ;
J'en faisais mon suprême et mon unique bien :
Tous les cœurs ont leur faible, et c'était là le mien.
La présence d'Éryxe aujourd'hui m'a perdue ;
Je me serais sans elle un peu mieux défendue ;
J'aurais su mieux choisir et les temps et les lieux.
Mais ce vainqueur vers elle eût pu tourner les yeux :
Tout mon orgueil disait à mon âme jalouse
Qu'une heure de remise en eût fait son épouse,
Et que, pour me braver à son tour hautement,
Son feu se fût saisi de ce retardement.
Cet orgueil dure encore, et c'est lui qui l'invite,
Par un message exprès à me rendre visite,
Pour reprendre à ses yeux un si cher conquérant,
Ou, s'il me faut mourir, la braver en mourant.
Mais je vois Mézétulle ; en cette conjoncture,
Son retour sans ce prince est d'un mauvais augure.
Raffermis-toi, mon âme, et prends des sentiments
A te mettre au-dessus de tous événements.

SCÈNE II
SOPHONISBE, MÉZÉTULLE, HERMINIE.

SOPHONISBE.
Quand reviendra le roi ?
MÉZÉTULLE.
Pourrai-je bien vous dire
A quelle extrémité le porte un dur empire ?
Et si je vous le dis, pourrez-vous concevoir
Quel est son déplaisir, quel est son désespoir ?
Scipion ne veut pas même qu'il vous revoie.
SOPHONISBE.
J'ai donc peu de raison d'attendre cette joie ;
Quand son maître a parlé, c'est à lui d'obéir.
Il lui commandera bientôt de me haïr :
Et, dès qu'il recevra cette loi souveraine,
Je ne dois pas douter un moment de sa haine.
MÉZÉTULLE.
Si vous pouviez douter encor de son ardeur,
Si vous n'aviez pas vu jusqu'au fond de son cœur,
Je vous dirais...
SOPHONISBE.
Que Rome à présent l'intimide ?
MÉZÉTULLE.
Madame, vous savez...
SOPHONISBE.
Je sais qu'il est Numide.
Toute sa nation est sujette à l'amour ;
Mais cet amour s'allume et s'éteint en un jour :
J'aurais tort de vouloir qu'il en eût davantage.

MÉZÉTULLE.
Que peut en cet état le plus ferme courage ?
Scipion ou l'obsède ou le fait observer ;
Dès demain vers Utique il le veut enlever...
SOPHONISBE.
N'avez-vous de sa part autre chose à me dire ?
MÉZÉTULLE.
Par grâce on a souffert qu'il ait pu vous écrire,
Qu'il l'ait fait sans témoins ; et par ce peu de mots,
Qu'ont arrosés ses pleurs, qu'ont suivis ses sanglots,
Il vous fera juger...
SOPHONISBE.
Donnez.
MÉZÉTULLE.
Avec sa lettre,
Voilà ce qu'en vos mains j'ai charge de remettre.

BILLET DE MASSINISSE A SOPHONISBE.

SOPHONISBE *lit*.
« Il ne m'est pas permis de vivre votre époux ;
« Mais enfin je vous tiens parole,
« Et vous éviterai l'aspect du Capitole,
« Si vous êtes digne de vous.
« Ce poison que je vous envoie
« En est la seule et triste voie ;
« Et c'est tout ce que peut un déplorable roi
« Pour dégager sa foi. »

(*Après avoir lu.*)
Voilà de son amour une preuve assez ample.
Mais, s'il m'aimait encore, il me devait l'exemple :
Plus esclave en son camp que je ne suis ici,
Il devait de son sort prendre même souci.
Quel présent nuptial d'un époux à sa femme !
Qu'au jour d'un hyménée il lui marque de flamme !
Reportez, Mézétulle, à votre illustre roi
Un secours dont lui-même a plus besoin que moi ;
Il ne manquera pas d'en faire un digne usage
Dès qu'il aura des yeux à voir son esclavage.
Si tous les rois d'Afrique en sont toujours pourvus
Pour dérober leur gloire aux malheurs imprévus,
Comme eux et comme lui j'en dois être munie ;
Et, quand il me plaira de sortir de la vie,
De montrer qu'une femme a plus de cœur que lui,
On ne me verra point emprunter rien d'autrui.

SCÈNE III
SOPHONISBE, ÉRYXE, PAGE, HERMINIE, BARCÉE.

SOPHONISBE, *au page*.
Éryxe viendra-t-elle ? As-tu vu cette reine ?
LE PAGE.
Madame, elle est déjà dans la chambre prochaine,
Surprise d'avoir su que vous la vouliez voir.
Vous la voyez, elle entre.
SOPHONISBE.
Elle va plus savoir.

(à Éryxe.)
Si vous avez connu le prince Massinisse...

ÉRYXE.
N'en parlons plus, madame ; il vous a fait justice.

SOPHONISBE.
Vous n'avez pas connu tout à fait son esprit ;
Pour le connaître mieux, lisez ce qu'il m'écrit.

ÉRYXE.
(Elle lit bas.)
Du côté des Romains je ne suis point surprise ;
Mais ce qui me surprend, c'est qu'il les autorise,
Qu'il passe plus avant qu'ils ne voudraient aller.

SOPHONISBE.
Que voulez-vous, madame ? il faut s'en consoler.

(à Mézétulle.)
Allez, et dites-lui que je m'apprête à vivre,
En faveur du triomphe, en dessein de le suivre ;
Que, puisque son amour ne sait pas mieux agir,
Je m'y réserve exprès pour l'en faire rougir.
Je lui dois cette honte ; et Rome, son amie,
En verra sur son front rejaillir l'infamie :
Elle y verra marcher, ce qu'on n'a jamais vu,
La femme du vainqueur à côté du vaincu,
Et mes pas chancelants sous ces pompes cruelles
Couvrir ses plus hauts faits de taches éternelles.
Portez-lui ma réponse ; allez.

MÉZÉTULLE.
Dans ses ennuis...

SOPHONISBE.
C'est trop m'importuner en l'état où je suis.
Ne vous a-t-il chargé de rien dire à la reine ?

MÉZÉTULLE.
Non, madame.

SOPHONISBE.
Allez donc ; et sans vous mettre en peine
De ce qu'il me plaira croire ou ne croire pas,
Laissez en mon pouvoir ma vie et mon trépas.

SCÈNE IV

SOPHONISBE, ÉRYXE, HERMINIE, BARCÉE.

SOPHONISBE.
Une troisième fois mon sort change de face,
Madame, et c'est mon tour de vous quitter la place.
Je ne m'en défends point, et quel que soit le prix
De ce rare trésor que je vous avais pris,
Quelques marques d'amour que ce héros m'envoie,
Ce que j'en eus pour lui vous le rend avec joie.
Vous le conserverez plus dignement que moi.

ÉRYXE.
Madame, pour le moins j'ai su garder ma foi ;
Et ce que mon espoir en a reçu d'outrage
N'a pu jusqu'à la plainte emporter mon courage.
Aucun de nos Romains sur mes ressentiments...

SOPHONISBE.
Je ne demande point ces éclaircissements,
Et m'en rapporte aux dieux qui savent toutes choses.
Quand l'effet est certain, il n'importe des causes.
Que ce soit mon malheur, que ce soient nos tyrans,
Que ce soit vous, ou lui, je l'ai pris, je le rends.
Il est vrai que l'état où j'ai su vous le prendre
N'est pas du tout le même où je vais vous le rendre :
Je vous l'ai pris vaillant, généreux, plein d'honneur,
Et je vous le rends lâche, ingrat, empoisonneur ;
Je l'ai pris magnanime, et vous le rends perfide ;
Je vous le rends sans cœur, et l'ai pris intrépide ;
Je l'ai pris le plus grand des princes africains,
Et le rends, pour tout dire, esclave des Romains.

ÉRYXE.
Qui me le rend ainsi n'a pas beaucoup d'envie
Que j'attache à l'aimer le bonheur de ma vie.

SOPHONISBE.
Ce n'est pas là, madame, où je prends intérêt.
Acceptez, refusez, aimez-le tel qu'il est,
Dédaignez son mérite, estimez sa faiblesse ;
De tout votre destin vous êtes la maîtresse :
Je la serai du mien, et j'ai cru vous devoir
Ce mot d'avis sincère avant que d'y pourvoir.
S'il part d'un sentiment qui flatte mal les vôtres,
Lælius, que je vois, vous en peut donner d'autres ;
Souffrez que je l'évite, et que dans mon malheur
Je m'ose de sa vue épargner la douleur.

SCÈNE V

LÆLIUS, ÉRYXE, LÉPIDE, BARCÉE.

LÆLIUS.
Lépide, ma présence est pour elle un supplice.

ÉRYXE.
Vous a-t-on dit, seigneur, ce qu'a fait Massinisse ?

LÆLIUS.
J'ai su que pour sortir d'une témérité
Dans une autre plus grande il s'est précipité.
Au bas de l'escalier j'ai trouvé Mézétulle ;
Sur ce qu'a dit la reine il est un peu crédule :
Pour braver Massinisse elle a quelque raison
De refuser de lui le secours du poison ;
Mais ce refus pourrait n'être qu'un stratagème,
Pour faire, malgré nous, son destin elle-même.
Allez l'en empêcher, Lépide ; et dites-lui
Que le grand Scipion veut lui servir d'appui,
Que Rome en sa faveur voudra lui faire grâce,
Qu'un si prompt désespoir sentirait l'âme basse,
Que le temps fait souvent plus qu'on ne s'est promis,
Que nous ferons pour elle agir tous nos amis ;
Enfin, avec douceur tâchez de la réduire
A venir dans le camp, à s'y laisser conduire,
A se rendre à Syphax, qui même en ce moment
L'aime et l'adore encor malgré son changement.
Nous attendrons ici l'effet de votre adresse ;
N'y perdez point de temps.

SCÈNE VI

LÆLIUS, ÉRYXE, BARCÉE.

LÆLIUS.

Et vous, grande princesse,
Si des restes d'amour ont surpris un vainqueur,
Quand il devait au vôtre et son trône et son cœur,
Nous vous en avons fait assez prompte justice
Pour obtenir de vous que ce trouble finisse,
Et que vous fassiez grâce à ce prince inconstant,
Qui se voulait trahir lui-même en vous quittant.

ÉRYXE.

Vous aurait-il prié, seigneur, de me le dire?

LÆLIUS.

De l'effort qu'il s'est fait il gémit, il soupire;
Et je crois que son cœur, encore outré d'ennui,
Pour retourner à vous n'est pas assez à lui:
Mais si cette bonté qu'eut pour lui votre flamme
Aidait à sa raison à rentrer dans son âme,
Nous aurions peu de peine à rallumer des feux
Que n'a pas bien éteints cette erreur de ses vœux.

ÉRYXE.

Quand d'une telle erreur vous punissez l'audace,
Il vous sied mal pour lui de me demander grâce:
Non que je la refuse à ce perfide tour;
L'hymen des rois doit être au-dessus de l'amour;
Et je sais qu'en un prince heureux et magnanime
Mille infidélités ne sauraient faire un crime:
Mais, si tout inconstant il est digne de moi,
Il a cessé de l'être en cessant d'être roi.

LÆLIUS.

Ne l'est-il plus, madame? et si la Gétulie
Par votre illustre hymen à son trône s'allie,
Si celui de Syphax s'y joint dès aujourd'hui,
En est-il sur la terre un plus puissant que lui?

ÉRYXE.

Et de quel front, seigneur, prend-il une couronne,
S'il ne peut disposer de sa propre personne,
S'il lui faut pour aimer attendre votre choix,
Et que jusqu'en son lit vous lui fassiez des lois?
Un sceptre compatible avec un joug si rude
N'a rien à me donner que de la servitude;
Et si votre prudence ose en faire un vrai roi,
Il est à Sophonisbe, et ne peut être à moi.
Jalouse seulement de la grandeur royale,
Je la regarde en reine, et non pas en rivale;
Je vois dans son destin le mien enveloppé,
Et du coup qui la perd tout mon cœur est frappé.
Par votre ordre on la quitte; et cet ami fidèle elle.
Me pourrait, au même ordre, abandonner comme
Disposez de mon sceptre, il est entre vos mains:
Je veux bien le porter au gré de vos Romains.
Je suis femme, et mon sexe accablé d'impuissance
Ne reçoit point d'affront par cette dépendance;
Mais je n'aurai jamais à rougir d'un époux
Qu'on voie ainsi que moi ne régner que sous vous.

LÆLIUS.

Détrompez-vous, madame; et voyez dans l'Asie
Nos dignes alliés régner sans jalousie,
Avec l'indépendance, avec l'autorité
Qu'exige de leur rang toute la majesté.
Regardez Prusias, considérez Attale,
Et ce que souffre en eux la dignité royale:
Massinisse avec vous, et toute autre moitié,
Recevra même honneur et pareille amitié.
Mais quant à Sophonisbe, il m'est permis de dire
Qu'elle est Carthaginoise; et ce mot doit suffire.
Je dirais qu'à la prendre ainsi sans notre aveu,
Tout notre ami qu'il est, il nous bravait un peu;
Mais, comme je lui veux conserver votre estime,
Autant que je le puis je déguise son crime,
Et nomme seulement imprudence d'État
Ce que nous aurions droit de nommer attentat.

SCÈNE VII

LÆLIUS, ÉRYXE, LÉPIDE, BARCÉE.

LÆLIUS.

Mais Lépide déjà revient de chez la reine.
Qu'avez-vous obtenu de cette âme hautaine?

LÉPIDE.

Elle avait trop d'orgueil pour en rien obtenir:
De sa haine pour nous elle a su se punir.

LÆLIUS.

Je l'avais bien prévu, je vous l'ai dit moi-même,
Que ce dessein de vivre était un stratagème,
Qu'elle voudrait mourir: mais ne pouviez-vous pas...

LÉPIDE.

Ma présence n'a fait que hâter son trépas.
A peine elle m'a vu, que d'un regard farouche,
Portant je ne sais quoi de sa main à sa bouche:
« Parlez, m'a-t-elle dit, je suis en sûreté,
« Et recevrai votre ordre avec tranquillité. »
Surpris d'un tel discours, je l'ai pourtant flattée;
J'ai dit qu'en grande reine elle serait traitée,
Que Scipion et vous en prendriez souci;
Et j'en voyais déjà son regard adouci,
Quand d'un souris amer me coupant la parole:
« Qu'aisément, reprend-elle, une âme se console!
« Je sens vers cet espoir tout mon cœur s'échapper,
« Mais il est hors d'état de se laisser tromper;
« Et d'un poison ami le secourable office
« Vient de fermer la porte à tout votre artifice.
« Dites à Scipion qu'il peut dès ce moment
« Chercher à son triomphe un plus rare ornement.
« Pour voir de deux grands rois la lâcheté punie,
« J'ai dû livrer leur femme à cette ignominie;
« C'est ce que méritait leur amour conjugal:
« Mais j'en ai dû sauver la fille d'Asdrubal.
« Leur bassesse aujourd'hui de tous deux me dégage;
« Et n'étant plus qu'à moi, je meurs toute à Carthage:
« Digne sang d'un tel père, et digne de régner,
« Si la rigueur du sort eût voulu m'épargner! »

A ces mots, la sueur lui montant au visage,
Les sanglots de sa voix saisissent le passage;
Une morte pâleur s'empare de son front;
Son orgueil s'applaudit d'un remède si prompt :
De sa haine aux abois la fierté se redouble;
Elle meurt à mes yeux, mais elle meurt sans trouble,
Et soutient en mourant la pompe d'un courroux
Qui semble moins mourir que triompher de nous.

ÉRYXE.

Le dirai-je, seigneur? je la plains et l'admire.
Une telle fierté méritait un empire;
Et j'aurais en sa place eu même aversion
De me voir attachée au char de Scipion.
La fortune jalouse et l'amour infidèle
Ne lui laissaient ici que son grand cœur pour elle :
Il a pris le dessus de toutes les rigueurs,
Et son dernier soupir fait honte à ses vainqueurs.

LÆLIUS.

Je dirai plus, madame : en dépit de sa haine,
Une telle fierté devait naître romaine.
Mais allons consoler un prince généreux,
Que sa seule imprudence a rendu malheureux.
Allons voir Scipion, allons voir Massinisse;
Souffrez qu'en sa faveur le temps vous adoucisse;
Et préparez votre âme à le moins dédaigner,
Lorsque vous aurez vu comme il saura régner.

ÉRYXE.

En l'état où je suis, je fais ce qu'on m'ordonne.
Mais ne disposez point, seigneur, de ma personne.
Et si de ce héros les désirs inconstants...

LÆLIUS.

Madame, encore un coup, laissons-en faire au temps.

FIN DE SOPHONISBE.

OTHON

TRAGÉDIE — 1665

AU LECTEUR

Si mes amis ne me trompent, cette pièce égale ou passe la meilleure des miennes. Quantité de suffrages illustres et solides se sont déclarés pour elle; et, si j'ose y mêler le mien, je vous dirai que vous y trouverez quelque justesse dans la conduite, et un peu de bon sens dans le raisonnement. Quant aux vers, on n'en a point vu de moi que j'aie travaillés avec plus de soin. Le sujet est tiré de Tacite, qui commence ses histoires par celle-ci; et je n'en ai encore mis aucune sur le théâtre à qui j'aie gardé plus de fidélité, et prêté plus d'invention. Les caractères de ceux que j'y fais parler y sont les mêmes que chez cet incomparable auteur, que j'ai traduit tant qu'il m'a été possible. J'ai tâché de faire paraître les vertus de mon héros en tout leur éclat, sans en dissimuler les vices, non plus que lui; et je me suis contenté de les attribuer à une politique de cour, où, quand le souverain se plonge dans les débauches, et que sa faveur n'est qu'à ce prix, il y a presse à qui sera de la partie. J'y ai conservé les événements, et pris la liberté de changer la manière dont ils arrivent, pour en jeter tout le crime sur un méchant homme, qu'on soupçonna dès lors d'avoir donné des ordres secrets pour la mort de Vinius, tant leur inimitié était forte et déclarée! Othon avait promis à ce consul d'épouser sa fille, s'il le pouvait faire choisir à Galba pour successeur; et comme il se vit empereur sans son ministère, il se crut dégagé de cette promesse, et ne l'épousa point. Je n'ai pas voulu aller plus loin que l'histoire; et je puis dire qu'on n'a point encore vu de pièce où il se propose tant de mariages pour n'en conclure aucun. Ce sont intrigues de cabinet qui se détruisent les unes les autres. J'en dirai davantage quand mes libraires joindront celle-ci aux recueils qu'ils ont faits de celles de ma façon qui l'ont précédée.

PERSONNAGES.

GALBA, empereur de Rome.
VINIUS, consul.
OTHON, sénateur romain, amant de Plautine.
LACUS, préfet du prétoire.
CAMILLE, nièce de Galba.
PLAUTINE, fille de Vinius, amante d'Othon.

PERSONNAGES.

MARTIAN, affranchi de Galba.
ALBIN, ami d'Othon.
ALBIANE, sœur d'Albin, et dame d'honneur de Camille.
FLAVIE, amie de Plautine.
ATTICUS,
RUTILE, } soldats romains.

La scène est à Rome, dans le palais impérial.

ACTE PREMIER

SCÈNE I

OTHON, ALBIN.

ALBIN.

Votre amitié, seigneur, me rendra téméraire :
J'en abuse, et je sais que je vais vous déplaire,
Que vous condamnerez ma curiosité;
Mais je croirais vous faire une infidélité,
Si je vous cachais rien de ce que j'entends dire
De votre amour nouveau sous ce nouvel empire.
On s'étonne de voir qu'un homme tel qu'Othon,
Othon, dont les hauts faits soutiennent le grand nom,
Daigne d'un Vinius se réduire à la fille,
S'attache à ce consul, qui ravage, qui pille,
Qui peut tout, je l'avoue, auprès de l'empereur,
Mais dont tout le pouvoir ne sert qu'à faire horreur,
Et détruit d'autant plus, que plus on le voit croître,
Ce que l'on doit d'amour aux vertus de son maître.

OTHON.

Ceux qu'on voit s'étonner de ce nouvel amour
N'ont jamais bien conçu ce que c'est que la cour.
Un homme tel que moi jamais ne s'en détache;
Il n'est point de retraite ou d'ombre qui le cache;
Et, si du souverain la faveur n'est pour lui,
Il faut, ou qu'il périsse, ou qu'il prenne un appui.
Quand le monarque agit par sa propre conduite,
Mes pareils sans péril se rangent à sa suite;
Le mérite et le sang nous y font discerner :
Mais quand le potentat se laisse gouverner,
Et que de son pouvoir les grands dépositaires
N'ont pour raison d'État que leurs propres affaires,
Ces lâches ennemis de tous les gens de cœur
Cherchent à nous pousser avec toute rigueur,
A moins que notre adroite et prompte servitude

Nous dérobe aux fureurs de leur inquiétude.
    Sitôt que de Galba le sénat eut fait choix,
Dans mon gouvernement j'en établis les lois,
Et je fus le premier qu'on vit au nouveau prince
Donner toute une armée et toute une province :
Ainsi je me comptais de ses premiers suivants.
Mais déjà Vinius avait pris les devants;
Martian l'affranchi, dont tu vois les pillages,
Avait avec Lacus fermé tous les passages;
On n'approchait de lui que sous leur bon plaisir.
J'eus donc pour m'y produire un des trois à choisir.
Je les voyais tous trois se hâter sous un maître
Qui, chargé d'un long âge, a peu de temps à l'être,
Et tous trois à l'envi s'empresser ardemment
A qui dévorerait ce règne d'un moment.   [dre,
J'eus horreur des appuis qui restaient seuls à pren-
J'espérai quelque temps de m'en pouvoir défendre;
Mais quand Nymphidius dans Rome assassiné
Fit place au favori qui l'avait condamné,
Que Lacus par sa mort fut préfet du prétoire,
Que pour couronnement d'une action si noire
Les mêmes assassins furent encor percer
Varron, Turpilian, Capiton, et Macer,
Je vis qu'il était temps de prendre mes mesures,
Qu'on perdait de Néron toutes les créatures,
Et que, demeuré seul de toute cette cour,
A moins d'un protecteur j'aurais bientôt mon tour.
Je choisis Vinius dans cette défiance;
Pour plus de sûreté j'en cherchai l'alliance.
Les autres n'ont ni sœur ni fille à me donner;
Et d'eux sans ce grand nœud tout est à soupçonner.

ALBIN.

Vos vœux furent reçus?

OTHON.

Oui; déjà l'hyménée
Aurait avec Plautine uni ma destinée,
Si ces rivaux d'État n'en savaient divertir
Un maître qui sans eux n'ose rien consentir.

ALBIN.

Ainsi tout votre amour n'est qu'une politique?
Et le cœur ne sent point ce que la bouche explique?

OTHON.

Il ne le sentit pas, Albin, du premier jour;
Mais cette politique est devenue amour : [scrupules
Tout m'en plaît, tout m'en charme, et mes premiers
Près d'un si cher objet passent pour ridicules.
Vinius est consul, Vinius est puissant;
Il a de la naissance; et, s'il est agissant,
S'il suit des favoris la pente trop commune,
Plautine hait en lui ces soins de sa fortune :
Son cœur est noble et grand.

ALBIN.

Quoi qu'elle ait de vertu,
Vous devriez dans l'âme être un peu combattu.
La nièce de Galba pour dot aura l'empire,
Et vaut bien que pour elle à ce prix on soupire :
Son oncle doit bientôt lui choisir un époux.
Le mérite et le sang font un éclat en vous,
Qui pour y joindre encor celui du diadème...

OTHON.

Quand mon cœur se pourrait soustraire à ce que j'ai-
Et que pour moi Camille aurait tant de bonté [me,
Que je dusse espérer de m'en voir écouté,
Si, comme tu le dis, sa main doit faire un maître,
Aucun de nos tyrans n'est encor las de l'être,
Et ce serait tous trois les attirer sur moi,
Qu'aspirer sans leur ordre à recevoir sa foi.
Surtout de Vinius le sensible courage
Ferait tout pour me perdre après un tel outrage,
Et se vengerait même à la face des dieux,
Si j'avais sur Camille osé tourner les yeux.

ALBIN.

Pensez-y toutefois : ma sœur est auprès d'elle;
Je puis vous y servir, l'occasion est belle;
Tout autre amant que vous s'en laisserait charmer;
Et je vous dirais plus, si vous osiez l'aimer.

OTHON.

Porte à d'autres qu'à moi cette amorce inutile;
Mon cœur, tout à Plautine, est fermé pour Camille.
La beauté de l'objet, la honte de changer,
Le succès incertain, l'infaillible danger,
Tout fait à tes projets d'invincibles obstacles.

ALBIN.

Seigneur, en moins de rien il se fait des miracles :
A ces deux grands rivaux peut-être il serait doux
D'ôter à Vinius un gendre tel que vous;
Et si l'un par bonheur à Galba vous propose...
Ce n'est pas qu'après tout j'en sache aucune chose;
Je leur suis trop suspect pour s'en ouvrir à moi;
Mais si je vous puis dire enfin ce que j'en croi,
Je vous proposerais, si j'étais en leur place.

OTHON.

Aucun d'eux ne fera ce que tu veux qu'il fasse;
Et s'ils peuvent jamais trouver quelque douceur
A faire que Galba choisisse un successeur,
Ils voudront par ce choix se mettre en assurance,
Et n'en proposeront que de leur dépendance.
Je sais... Mais Vinius que j'aperçois venir...
Laissez-nous seuls, Albin; je veux l'entretenir.

SCÈNE II

VINIUS, OTHON.

VINIUS.

Je crois que vous m'aimez, seigneur, et que ma fille
Vous fait prendre intérêt en toute la famille.
Il en faut une preuve, et non pas seulement
Qui consiste aux devoirs dont s'empresse un amant;
Il la faut plus solide, il la faut d'un grand homme,
D'un cœur digne en effet de commander à Rome.
Il faut ne plus l'aimer.

OTHON.

Quoi! pour preuve d'amour...

VINIUS.

Il faut faire encor plus, seigneur, en ce grand jour;
Il faut aimer ailleurs.

OTHON, ACTE I, SCÈNE II.

OTHON
Ah! que m'osez-vous dire?
VINIUS.
Je sais qu'à son hymen tout votre cœur aspire;
Mais elle, et vous, et moi, nous allons tous périr;
Et votre change * seul nous peut tous secourir.
Vous me devez, seigneur, peut-être quelque chose:
Sans moi, sans mon crédit qu'à leurs desseins j'oppo-
Lacus et Martian vous auraient peu souffert; [se,
Il faut à votre tour rompre un coup qui me perd,
Et qui, si votre cœur ne s'arrache à Plautine,
Vous enveloppera tous deux en ma ruine.
OTHON.
Dans le plus doux espoir de mes vœux acceptés,
M'ordonner que je change! et vous-même!
VINIUS.
Écoutez.
L'honneur que nous ferait votre illustre hyménée
Des deux que j'ai nommés tient l'âme si gênée,
Que jusqu'ici Galba, qu'ils obsèdent tous deux,
A refusé son ordre à l'effet de nos vœux.
L'obstacle qu'ils y font vous peut montrer sans peine
Quelle est pour vous et moi leur envie et leur haine;
Et qu'aujourd'hui, de l'air dont nous nous regardons,
Ils nous perdront bientôt si nous ne les perdons.
C'est une vérité qu'on voit trop manifeste;
Et sur ce fondement, seigneur, je passe au reste.
 Galba, vieil et cassé, qui se voit sans enfants,
Croit qu'on méprise en lui la faiblesse des ans,
Et qu'on ne peut aimer à servir sous un maître
Qui n'aura pas loisir de le bien reconnaître.
Il voit de toutes parts du tumulte excité;
Le soldat en Syrie est presque révolté :
Vitellius avance avec la force unie
Des troupes de la Gaule et de la Germanie;
Ce qu'il a de vieux corps le souffre avec ennui;
Tous les prétoriens murmurent contre lui.
De leur Nymphidius l'indigne sacrifice
De qui se l'immola leur demande justice :
Il le sait, et prétend par un jeune empereur
Ramener les esprits, et calmer leur fureur.
Il espère un pouvoir ferme, plein, et tranquille,
S'il nomme pour César un époux de Camille;
Mais il balance encor sur ce choix d'un époux,
Et je ne puis, seigneur, m'assurer que sur vous.
J'ai donc pour ce grand choix vanté votre courage,
Et Lacus à Pison a donné son suffrage.
Martian n'a parlé qu'en termes ambigus,
Mais sans doute il ira du côté de Lacus,
Et l'unique remède est de gagner Camille :
Si sa voix est pour nous, la leur est inutile.
Nous serons pareil nombre, et dans l'égalité,
Galba pour cette nièce aura de la bonté.
Il a remis exprès à tantôt d'en résoudre.
De nos têtes sur eux détournez cette foudre;
Je vous le dis encor, contre ces grands jaloux
Je ne me puis, seigneur, assurer que sur vous.
De votre premier choix quoi que je doive attendre,

Je vous aime encor mieux pour maître que pour gen-
Et je ne vois pour nous qu'un naufrage certain, [dre;
S'il nous faut recevoir un prince de leur main.
OTHON.
Ah! seigneur, sur ce point c'est trop de confiance;
C'est vous tenir trop sûr de mon obéissance.
Je ne prends plus de lois que de ma passion;
Plautine est l'objet seul de mon ambition;
Et, si votre amitié me veut détacher d'elle,
La haine de Lacus me serait moins cruelle.
Que m'importe, après tout, si tel est mon malheur,
De mourir par son ordre, ou mourir de douleur?
VINIUS.   [me,
Seigneur, un grand courage, à quelque point qu'il ai-
Sait toujours au besoin se posséder soi-même.
Poppée avait pour vous du moins autant d'appas;
Et quand on vous l'ôta vous n'en mourûtes pas.
OTHON.
Non, seigneur; mais Poppée était une infidèle,
Qui n'en voulait qu'au trône, et qui m'aimait moins
 [qu'elle;
Ce peu qu'elle eut d'amour ne fit du lit d'Othon
Qu'un degré pour monter à celui de Néron;
Elle ne m'épousa qu'afin de s'y produire,
D'y ménager sa place au hasard de me nuire :
Aussi j'en fus banni sous un titre d'honneur;
Et pour ne me plus voir on me fit gouverneur.
Mais j'adore Plautine, et je règne en son âme :
Nous ordonner d'éteindre une si belle flamme,
C'est... je n'ose le dire. Il est d'autres Romains,
Seigneur, qui sauront mieux appuyer vos desseins;
Il en est dont le cœur pour Camille soupire,
Et qui seront ravis de vous devoir l'empire.
VINIUS.
Je veux que cet espoir à d'autres soit permis;
Mais êtes-vous fort sûr qu'ils soient de nos amis?
Savez-vous mieux que moi s'ils plairont à Camille?
OTHON.
Et croyez-vous pour moi qu'elle soit plus facile?
Pour moi, que d'autres vœux...
VINIUS.
 A ne vous rien celer,
Sortant d'avec Galba, j'ai voulu lui parler;
J'ai voulu sur ce point pressentir sa pensée;
J'en ai nommé plusieurs pour qui je l'ai pressée. [bas,
A leurs noms, un grand froid, un front triste, un œil
M'ont fait voir aussitôt qu'ils ne lui plaisaient pas.
Au vôtre elle a rougi, puis s'est mise à sourire,
Et m'a soudain quittée sans me vouloir rien dire.
C'est à vous, qui savez ce que c'est que d'aimer,
A juger de son cœur ce qu'on doit présumer.
OTHON.
Je n'en veux rien juger, seigneur; et sans Plautine
L'amour m'est un poison, le bonheur m'assassine;
Et toutes les douceurs du pouvoir souverain
Me sont d'affreux tourments, s'il m'en coûte sa main.
VINIUS.
De tant de fermeté j'aurais l'âme ravie,
Si cet excès d'amour nous assurait la vie:

Mais il nous faut le trône, ou renoncer au jour;
Et quand nous périrons que servira l'amour?
OTHON.
A de vaines frayeurs un noir soupçon vous livre;
Pison n'est point cruel et nous laissera vivre.
VINIUS.
Il nous laissera vivre, et je vous ai nommé!
Si de nous voir dans Rome il n'est point alarmé,
Nos communs ennemis, qui prendront sa conduite,
En préviendront pour lui la dangereuse suite.
Seigneur, quand pour l'empire on s'est vu désigner,
Il faut, quoi qu'il arrive, ou périr, ou régner.
Le posthume Agrippa vécut peu sous Tibère;
Néron n'épargna point le sang de son beau-frère;
Et Pison vous perdra par la même raison,
Si vous ne vous hâtez de prévenir Pison.
Il n'est point de milieu qu'en saine politique...
OTHON.
Et l'amour est la seule où tout mon cœur s'applique.
Rien ne vous a servi, seigneur, de me nommer:
Vous voulez que je règne, et je ne sais qu'aimer.
Je pourrais savoir plus, si l'astre qui domine
Me voulait faire un jour régner avec Plautine;
Mais dérober son âme et de si doux appas,
Pour attacher sa vie à ce qu'on n'aime pas!
VINIUS.
Eh bien, si cet amour a sur vous tant de force,
Régnez: qui fait des lois peut bien faire un divorce.
Du trône on considère enfin ses vrais amis;
Et quand vous pourrez tout, tout vous sera permis.

SCÈNE III

VINIUS, OTHON, PLAUTINE.

PLAUTINE.
Non pas, seigneur, non pas: quoi que le ciel m'envoie,
Je ne veux rien tenir d'une honteuse voie;
Et cette lâcheté qui me rendrait son cœur,
Sentirait le tyran, et non pas l'empereur.
A votre sûreté, puisque le péril presse,
J'immolerai ma flamme et toute ma tendresse;
Et je vaincrai l'horreur d'un si cruel devoir
Pour conserver le jour à qui me l'a fait voir:
Mais ce qu'à mes désirs je fais de violence
Fuit les honteux appas d'une indigne espérance;
Et la vertu qui dompte et bannit mon amour
N'en souffrira jamais qu'un vertueux retour.
OTHON.
Ah! que cette vertu m'apprête un dur supplice,
Seigneur! et le moyen que je vous obéisse?
Voyez; et, s'il se peut, pour voir tout mon tourment,
Quittez vos yeux de père, et prenez-en d'amant.
VINIUS.
L'estime de mon sang ne m'est pas interdite;
Je lui vois des attraits, je lui vois du mérite;
Je crois qu'elle en a même assez pour engager,
Si quelqu'un nous perdait, quelque autre à nous
Par là nos ennemis la tiendront redoutable; [venger.
Et sa perte par là devient inévitable.
Je vois de plus, seigneur, que je n'obtiendrai rien,
Tant que votre œil blessé rencontrera le sien,
Que le temps se va perdre en répliques frivoles;
Et pour les éviter j'achève en trois paroles.
Si vous manquez le trône, il faut périr tous trois.
Prévenez, attendez cet ordre à votre choix.
Je me remets à vous de ce qui vous regarde;
Mais en ma fille et moi ma gloire se hasarde;
De ses jours et des miens je suis maître absolu,
Et j'en disposerai comme j'ai résolu.
Je ne crains point la mort, mais je hais l'infamie
D'en recevoir la loi d'une main ennemie;
Et je saurai verser tout mon sang en Romain,
Si le choix que j'attends ne me retient la main.
C'est dans une heure ou deux que Galba se déclare.
Vous savez l'un et l'autre à quoi je me prépare,
Résolvez-en ensemble.

SCÈNE IV

OTHON, PLAUTINE.

OTHON.
Arrêtez donc, seigneur;
Et, s'il faut prévenir ce mortel déshonneur,
Recevez-en l'exemple, et jugez si la honte...
PLAUTINE.
Quoi! seigneur, à mes yeux une fureur si prompte!
Ce noble désespoir, si digne des Romains,
Tant qu'ils ont du courage est toujours en leurs mains;
Et pour vous et pour moi, fût-il digne d'un temple,
Il n'est pas encor temps de m'en donner l'exemple.
Il faut vivre, et l'amour nous y doit obliger,
Pour me sauver un père, et pour me protéger.
Quand vous voyez ma vie à la vôtre attachée,
Faut-il que malgré moi votre âme effarouchée
Pour m'ouvrir le tombeau hâte votre trépas,
Et m'avance un destin où je ne consens pas?
OTHON.
Quand il faut m'arracher tout cet amour de l'âme,
Puis-je que dans mon sang en éteindre la flamme?
Puis-je sans le trépas...
PLAUTINE.
Et vous ai-je ordonné
D'éteindre tout l'amour que je vous ai donné?
Si l'injuste rigueur de notre destinée
Ne permet plus l'espoir d'un heureux hyménée,
Il est un autre amour dont les vœux innocents,
S'élèvent au-dessus du commerce des sens.
Plus la flamme en est pure, et plus elle est durable;
Il rend de son objet le cœur inséparable;
Il a de vrais plaisirs dont son cœur est charmé,
Et n'aspire qu'au bien d'aimer et d'être aimé.
OTHON.
Qu'un tel épurement demande un grand courage!
Qu'il est même aux plus grands d'un difficile usage!
Madame, permettez que je die* à mon tour
Que tout ce que l'honneur peut souffrir à l'amour

Un amant le souhaite, il en veut l'espérance,
Et se croit mal aimé s'il n'en a l'assurance.
PLAUTINE.
Aimez-moi toutefois sans l'attendre de moi,
Et ne m'enviez pas l'honneur que j'en reçoi.
Quelle gloire à Plautine, ô ciel! de pouvoir dire
Que le choix de son cœur fut digne de l'empire;
Qu'un héros destiné pour maître à l'univers
Voulut borner ses vœux à vivre dans ses fers;
Et qu'à moins que d'un ordre absolu d'elle-même
Il aurait renoncé pour elle au diadème!
OTHON.
Ah! qu'il faut aimer peu pour faire son bonheur,
Pour tirer vanité d'un si fatal honneur!
Si vous m'aimiez, madame, il vous serait sensible
De voir qu'à d'autres vœux mon cœur fût accessible;
Et la nécessité de le porter ailleurs
Vous aurait fait déjà partager mes douleurs.
Mais tout mon désespoir n'a rien qui vous alarme.
Vous pouvez perdre Othon sans verser une larme.
Vous en témoignez joie, et vous-même aspirez
A tout l'excès des maux qui me sont préparés.
PLAUTINE.
Que votre aveuglement a pour moi d'injustice!
Pour épargner vos maux j'augmente mon supplice;
Je souffre, et c'est pour vous que j'ose m'imposer
La gêne de souffrir, et de le déguiser.
Tout ce que vous sentez, je le sens dans mon âme;
J'ai même déplaisir comme j'ai même flamme;
J'ai même désespoir : mais je sais les cacher,
Et paraître insensible afin de moins toucher.
Faites à vos désirs pareille violence,
Retenez-en l'éclat, sauvez-en l'apparence;
Au péril qui nous presse immolez le dehors,
Et pour vous faire aimer montrez d'autres transports.
Je ne vous défends point une douleur muette,
Pourvu que votre front n'en soit point l'interprète,
Et que de votre cœur vos yeux indépendants
Triomphent comme moi des troubles du dedans.
Suivez, passez l'exemple, et portez à Camille
Un visage content, un visage tranquille,
Qui lui laisse accepter ce que vous offrirez,
Et ne démente rien de ce que vous direz.
OTHON.
Hélas! madame, hélas! que pourrai-je lui dire?
PLAUTINE.
Il y va de ma vie, il y va de l'empire;
Réglez-vous là-dessus. Le temps se perd, seigneur.
Adieu : donnez la main, mais gardez-moi le cœur;
Ou, si c'est trop pour moi, donnez-en l'un et l'autre,
Emportez mon amour, et retirez le vôtre :
Mais, dans ce triste état si je vous fais pitié,
Conservez-moi toujours l'estime et l'amitié;
Et n'oubliez jamais, quand vous serez le maître,
Que c'est moi qui vous force et qui vous aide à l'être.
OTHON, seul.
Que ne m'est-il permis d'éviter par ma mort
Les barbares rigueurs d'un si cruel effort!

ACTE DEUXIÈME

SCÈNE I

PLAUTINE, FLAVIE.

PLAUTINE.
Dis-moi donc, lorsque Othon s'est offert à Camille,
A-t-il paru contraint? a-t-elle été facile?
Son hommage auprès d'elle a-t-il eu plein effet?
Comment l'a-t-elle pris, et comment l'a-t-il fait?
FLAVIE.
J'ai tout vu : mais enfin votre humeur curieuse
A vous faire un supplice est trop ingénieuse.
Quelque reste d'amour qui vous parle d'Othon,
Madame, oubliez-en, s'il se peut, jusqu'au nom.
Vous vous êtes vaincue en faveur de sa gloire,
Goûtez un plein triomphe après votre victoire :
Le dangereux récit que vous me commandez
Est un nouveau combat où vous vous hasardez.
Votre âme n'en est pas encor si détachée
Qu'il puisse aimer ailleurs sans qu'elle en soit tou-
Prenez moins d'intérêt à l'y voir réussir, [chée.
Et fuyez le chagrin de vous en éclaircir.
PLAUTINE.
Je le force moi-même à se montrer volage;
Et, regardant son change* ainsi que mon ouvrage,
J'y prends un intérêt qui n'a rien de jaloux :
Qu'on l'accepte, qu'il règne, et tout m'en sera doux
FLAVIE.
J'en doute; et rarement une flamme si forte
Souffre qu'à notre gré ses ardeurs...
PLAUTINE.
                            Que t'importe?
Laisse-m'en le hasard; et, sans dissimuler,
Dis de quelle manière il a su lui parler.
FLAVIE.
N'imputez donc qu'à vous si votre âme inquiète
En ressent malgré moi quelque gêne secrète.
Othon à la princesse a fait un compliment,
Plus en homme de cour qu'en véritable amant.
Son éloquence accorte*, enchaînant avec grâce
L'excuse du silence à celle de l'audace,
En termes trop choisis accusait le respect
D'avoir tant retardé cet hommage suspect.
Ses gestes concertés, ses regards de mesure
N'y laissaient aucun mot aller à l'aventure :
On ne voyait que pompe en tout ce qu'il peignait;
Jusque dans ses soupirs la justesse régnait,
Et suivait pas à pas un effort de mémoire
Qu'il était plus aisé d'admirer que de croire.
Camille semblait même assez de cet avis;
Elle aurait mieux goûté des discours moins suivis;
Je l'ai vu dans ses yeux : mais cette défiance
Avait avec son cœur trop peu d'intelligence.
De ses justes soupçons ses souhaits indignés
Les ont tout aussitôt détruits ou dédaignés;

Elle a voulu tout croire; et quelque retenue
Qu'ait su garder l'amour dont elle est prévenue,
On a vu, par ce peu qu'il laissait échapper,
Qu'elle prenait plaisir à se laisser tromper;
Et que si quelquefois l'horreur de la contrainte
Forçait le triste Othon à soupirer sans feinte,
Soudain l'avidité de régner sur son cœur
Imputait à l'amour ces soupirs de douleur.

PLAUTINE.
Et sa réponse enfin?

FLAVIE.
Elle a paru civile;
Mais la civilité n'est qu'amour en Camille,
Comme en Othon l'amour n'est que civilité.

PLAUTINE.
Et n'a-t-elle rien dit de sa légèreté,
Rien de la foi qu'il semble avoir si mal gardée?

FLAVIE.
Elle a su rejeter cette fâcheuse idée,
Et n'a pas témoigné qu'elle sût seulement
Qu'on l'eût vu pour vos yeux soupirer un moment.

PLAUTINE.
Mais qu'a-t-elle promis?

FLAVIE.
Que son devoir fidèle
Suivrait ce que Galba voudrait ordonner d'elle;
Et, de peur d'en trop dire et d'ouvrir trop son cœur,
Elle l'a renvoyé soudain vers l'empereur.
Il lui parle à présent. Qu'en dites-vous, madame,
Et de cet entretien que souhaite votre âme?
Voulez-vous qu'on l'accepte, ou qu'il n'obtienne rien?

PLAUTINE.
Moi-même, à dire vrai, je ne le sais pas bien.
Comme des deux côtés le coup me sera rude,
J'aimerais à jouir de cette incertitude,
Et tiendrais à bonheur le reste de mes jours
De n'en sortir jamais, et de douter toujours.

FLAVIE.
Mais il faut se résoudre, et vouloir quelque chose.

PLAUTINE.
Souffre sans m'alarmer que le ciel en dispose
Quand son ordre une fois en aura résolu,
Il nous faudra vouloir ce qu'il aura voulu.
Ma raison cependant cède Othon à l'empire :
Il est de mon honneur de ne m'en pas dédire;
Et, soit ce grand souhait volontaire ou forcé,
Il est beau d'achever comme on a commencé.
Mais je vois Martian.

SCÈNE II

MARTIAN, PLAUTINE, FLAVIE.

PLAUTINE.
Que venez-vous m'apprendre?

MARTIAN.
Que de votre seul choix l'empire va dépendre,
Madame.

PLAUTINE.
Quoi, Galba voudrait suivre mon choix?

MARTIAN.
Non : mais de son conseil nous ne sommes que trois,
Et si pour votre Othon vous voulez mon suffrage,
Je vous le viens offrir avec un noble hommage.

PLAUTINE.
Avec?

MARTIAN.
Avec des vœux sincères et soumis,
Qui feront encor plus si l'espoir m'est permis.

PLAUTINE.
Quels vœux, et quel espoir?

MARTIAN.
Cet important service,
Qu'un si profond respect vous offre en sacrifice...

PLAUTINE.
Eh bien, il remplira mes désirs les plus doux;
Mais pour reconnaissance enfin que voulez-vous?

MARTIAN.
La gloire d'être aimé.

PLAUTINE.
De qui?

MARTIAN.
De vous, madame.

PLAUTINE.
De moi-même?

MARTIAN.
De vous : j'ai des yeux; et mon âme..
Votre âme, en me faisant cette civilité,
Devrait l'accompagner de plus de vérité.
On n'a pas grande foi pour tant de déférence,
Lorsqu'on voit que la suite a si peu d'apparence.
L'offre sans doute est belle, et bien digne d'un prix;
Mais en le choisissant vous vous êtes mépris.
Si vous me connaissiez vous feriez mieux paraître..

MARTIAN.
Hélas! mon mal ne vient que de vous trop connaître.
Mais vous-même, après tout, ne vous connaissez pas,
Quand vous croyez si peu l'effet de vos appas.
Si vous daigniez savoir quel est votre mérite,
Vous ne douteriez point de l'amour qu'il excite.
Othon m'en sert de preuve : il n'avait rien aimé
Depuis que de Poppée il s'était vu charmé;
Bien que d'entre ses bras Néron l'eût enlevée,
L'image dans son cœur s'en était conservée;
La mort même, la mort n'avait pu l'en chasser:
A vous seule était dû l'honneur de l'effacer.
Vous seule d'un coup d'œil emportâtes la gloire
D'en faire évanouir la plus douce mémoire,
Et d'avoir su réduire à de nouveaux souhaits
Ce cœur impénétrable aux plus charmants objets.
Et vous vous étonnez que pour vous je soupire!

PLAUTINE.
Je m'étonne bien plus que vous me l'osiez dire,
Je m'étonne de voir qu'il ne vous souvient plus
Que l'heureux Martian fut l'esclave Icélus,
Qu'il a changé de nom sans changer de visage.

MARTIAN.

C'est ce crime du sort qui m'enfle le courage.
Lorsque en dépit de lui je suis ce que je suis,
On voit ce que je vaux, voyant ce que je puis.
Un pur hasard sans nous règle notre naissance ;
Mais comme le mérite est en notre puissance,
La honte d'un destin qu'on vit mal assorti
Fait d'autant plus d'honneur quand on en est sorti.
Quelque tache en mon sang que laissent mes ancêtres,
Depuis que nos Romains ont accepté des maîtres,
Ces maîtres ont toujours fait choix de mes pareils
Pour les premiers emplois et les secrets conseils :
Ils ont mis en nos mains la fortune publique ;
Ils ont soumis la terre à notre politique ;
Patrobe, Polyclète, et Narcisse, et Pallas,
Ont déposé des rois, et donné des États.
On nous élève au trône au sortir de nos chaînes ;
Sous Claude on vit Félix le mari de trois reines :
Et, quand l'amour en moi vous présente un époux,
Vous me traitez d'esclave et d'indigne de vous !
Madame, en quelque rang que vous ayez pu naître,
C'est beaucoup que d'avoir l'oreille du grand maître.
Vinius est consul, et Lacus est préfet ;
Je ne suis l'un ni l'autre, et suis plus en effet ;
Et de ces consulats, et de ces préfectures,
Je puis quand il me plaît faire des créatures :
Galba m'écoute enfin ; et c'est être aujourd'hui,
Quoique sans ces grands noms, le premier d'après lui.

PLAUTINE.

Pardonnez donc, seigneur, si je me suis méprise :
Mon orgueil dans vos fers n'a rien qui l'autorise.
Je viens de me connaître, et me vois à mon tour
Indigne des honneurs qui suivent votre amour.
Avoir brisé ces fers fait un degré de gloire
Au-dessus des consuls, des préfets du prétoire ;
Et si de cet amour je n'ose être le prix,
Le respect m'en empêche, et non plus le mépris.
On m'avait dit pourtant que souvent la nature
Gardait en vos pareils sa première teinture,
Que ceux de nos Césars qui les ont écoutés
Ont tous souillé leurs noms par quelques lâchetés,
Et que pour dérober l'empire à cette honte
L'univers a besoin qu'un vrai héros y monte.
C'est ce qui me faisait y souhaiter Othon :
Mais à ce que j'apprends ce souhait n'est pas bon.
Laissons-en faire aux dieux, et faites-vous justice ;
D'un cœur vraiment romain dédaignez le caprice.
Cent reines à l'envi vous prendront pour époux ;
Félix en eut bien trois, et valait moins que vous.

MARTIAN.

Madame, encore un coup, souffrez que je vous aime.
Songez que dans ma main j'ai le pouvoir suprême,
Qu'entre Othon et Pison mon suffrage incertain,
Suivant qu'il penchera, va faire un souverain.
Je n'ai fait jusqu'ici qu'empêcher l'hyménée
Qui d'Othon avec vous eût joint la destinée ;
J'aurais pu hasarder quelque chose de plus ;
Ne m'y contraignez point à force de refus.
Quand vous cédez Othon, me souffrir en sa place,
Peut-être ce sera faire plus d'une grâce :
Car de vous voir à lui ne l'espérez jamais.

SCÈNE III

PLAUTINE, LACUS, MARTIAN, FLAVIE.

LACUS.

Madame, enfin Galba s'accorde à vos souhaits ;
Et j'ai tant fait sur lui, que, dès cette journée,
De vous avec Othon il consent l'hyménée.

PLAUTINE, à Martian.

Qu'en dites-vous, seigneur ? Pourrez-vous bien souf-
Cet hymen que Lacus de sa part vient m'offrir ? [frir
Le grand maître a parlé, voudrez-vous l'en dédire,
Vous qu'on voit après lui le premier de l'empire ?
Dois-je me ravaler jusques à cet époux ?
Ou dois-je par votre ordre aspirer jusqu'à vous ?

LACUS.

Quel énigme est-ce ci, madame ?

PLAUTINE.

Sa grande âme
Me faisait tout à l'heure un présent de sa flamme ;
Il m'assurait qu'Othon jamais ne m'obtiendrait,
Et disait à demi qu'un refus nous perdrait.
Vous m'osez cependant assurer du contraire ;
Et je ne sais pas bien quelle réponse y faire.
Comme en de certains temps il fait bon s'expliquer,
En d'autres il vaut mieux ne s'y point embarquer.
Grands ministres d'État, accordez-vous ensemble,
Et je pourrai vous dire après ce qui m'en semble.

SCÈNE IV

LACUS, MARTIAN.

LACUS.

Vous aimez donc Plautine, et c'est là cette foi
Qui contre Vinius vous attachait à moi ?

MARTIAN.

Si les yeux de Plautine ont pour moi quelque charme,
Y trouvez-vous, seigneur, quelque sujet d'alarme ?
Le moment bienheureux qui m'en ferait l'époux
Réunirait par moi Vinius avec vous.
Par là de nos trois cœurs l'amitié ressaisie,
En déracinerait et haine et jalousie.
Le pouvoir de tous trois, par tous trois affermi,
Aurait pour nœud commun son gendre en votre ami :
Et quoi que contre vous il osât entreprendre...

LACUS.

Vous seriez mon ami, mais vous seriez son gendre ;
Et c'est un faible appui des intérêts de cour
Qu'une vieille amitié contre un nouvel amour.
Quoi que veuille exiger une femme adorée,
La résistance est vaine ou de peu de durée ;
Elle choisit ses temps, et les choisit si bien,
Qu'on se voit hors d'état de lui refuser rien.
Vous-même êtes-vous sûr que ce nœud la retienne
D'ajouter, s'il le faut, votre perte à la mienne ?

Apprenez que des cœurs séparés à regret
Trouvent de se rejoindre aisément le secret.
Othon n'a pas pour elle éteint toutes ses flammes ;
Il sait comme aux maris on arrache les femmes ;
Cet art sur son exemple est commun aujourd'hui,
Et son maître Néron l'avait appris de lui.
Après tout, je me trompe, ou près de cette belle...

MARTIAN.

J'espère en Vinius, si je n'espère en elle ;
Et l'offre pour Othon de lui donner ma voix
Soudain en ma faveur emportera son choix.

LACUS.

Quoi ! vous nous donneriez vous-même Othon pour [maître ?

MARTIAN.

Et quel autre dans Rome est plus digne de l'être ?

LACUS.

Ah ! pour en être digne, il l'est, et plus que tous ;
Mais aussi, pour tout dire, il en sait trop pour nous.
Il sait trop ménager ses vertus et ses vices.
Il était sous Néron de toutes ses délices ;
Et la Lusitanie a vu ce même Othon
Gouverner en César et juger en Caton.
Tout favori dans Rome, et tout maître en province,
De lâche courtisan il s'y montra grand prince ;
Et son âme ployant, attendant l'avenir,
Sait faire également sa cour et la tenir.
Sous un tel souverain nous sommes peu de chose ;
Son soin jamais sur nous tout à fait ne repose :
Sa main seule départ ses libéralités ;
Son choix seul distribue États et dignités.
Du timon qu'il embrasse il se fait le seul guide,
Consulte et résout seul, écoute et seul décide ;
Et, quoi que nos emplois puissent faire de bruit,
Sitôt qu'il nous veut perdre, un coup d'œil nous détruit.
    Voyez d'ailleurs Galba, quel pouvoir il nous laisse,
En quel poste sous lui nous a mis sa faiblesse.
Nos ordres règlent tout, nous donnons, retranchons ;
Rien n'est exécuté dès que nous l'empêchons :
Comme par un de nous il faut que tout s'obtienne,
Nous voyons notre cour plus grosse que la sienne ;
Et notre indépendance irait au dernier point,
Si l'heureux Vinius ne la partageait point :
Notre unique chagrin est qu'il nous la dispute.
L'âge met cependant Galba près de sa chute.
De peur qu'il nous entraîne il faut un autre appui,
Mais il le faut pour nous aussi faible que lui.
Il nous en faut prendre un qui, satisfait des titres,
Nous laisse du pouvoir les suprêmes arbitres.
Pison a l'âme simple et l'esprit abattu ;
S'il a grande naissance, il a peu de vertu ;
Non de cette vertu qui déteste le crime ;
Sa probité sévère est digne qu'on l'estime ;
Elle a tout ce qui fait un grand homme de bien :
Mais en un souverain c'est peu de chose, ou rien.
Il faut de la prudence, il faut de la lumière,
Il faut de la vigueur adroite autant que fière,
Qui pénètre, éblouisse, et sème des appas...
Il faut mille vertus enfin qu'il n'aura pas.

Lui-même il nous priera d'avoir soin de l'empire,
Et saura seulement ce qu'il nous plaira dire :
Plus nous l'y tiendrons bas, plus il nous mettra haut
Et c'est là justement le maître qu'il nous faut.

MARTIAN.

Mais, seigneur, sur le trône élever un tel homme,
C'est mal servir l'État, et faire opprobre à Rome.

LACUS.

Et qu'importe à tous deux de Rome et de l'État ?
Qu'importe qu'on leur voie ou plus ou moins d'éclat ?
Faisons nos sûretés, et moquons-nous du reste.
Point, point de bien public s'il nous devient funeste.
De notre grandeur seule ayons des cœurs jaloux ;
Ne vivons que pour nous, et ne pensons qu'à nous.
Je vous le dis encor : mettre Othon sur nos têtes,
C'est nous livrer tous deux à d'horribles tempêtes.
Si nous l'en voulons croire, il nous devra le tout ;
Mais de ce grand projet s'il vient par nous à bout,
Vinius en aura lui seul tout l'avantage.
Comme il l'a proposé, ce sera son ouvrage ;
Et la mort, ou l'exil, ou les abaissements,
Seront pour vous et moi ses vrais remerciments.

MARTIAN.

Oui, notre sûreté veut que Pison domine :
Obtenez-en pour moi qu'il m'assure Plautine ;
Je vous promets pour lui mon suffrage à ce prix.
La violence est juste après de son mépris.
Commençons à jouir par là de son empire,
Et voyons s'il est homme à nous oser dédire.

LACUS.

Quoi ! votre amour toujours fera son capital
Des attraits de Plautine et du nœud conjugal ?
Eh bien ! il faudra voir qui sera plus utile
D'en croire... Mais voici la princesse Camille.

SCÈNE V

CAMILLE, LACUS, MARTIAN, ALBIANE.

CAMILLE.

Je vous rencontre ensemble ici fort à propos,
Et voulais à tous deux vous dire quatre mots.
Si j'en crois certain bruit que je ne puis vous taire,
Vous poussez un peu loin l'orgueil du ministère :
On dit que sur mon rang vous étendez sa loi,
Et que vous vous mêlez de disposer de moi.

MARTIAN.

Nous, madame ?

CAMILLE.

    Faut-il que je vous obéisse,
Moi, dont Galba prétend faire une impératrice ?

LACUS.

L'un et l'autre sait trop quel respect vous est dû

CAMILLE.

Le crime en est plus grand si vous l'avez perdu.
Parlez, qu'avez-vous dit à Galba l'un et l'autre ?

MARTIAN.

Sa pensée a voulu s'assurer sur la nôtre ;

Et s'étant proposé le choix d'un successeur,
Pour laisser à l'empire un digne possesseur,
Sur ce don imprévu qu'il fait du diadème,
Vinius a parlé, Lacus a fait de même.
CAMILLE.
Et ne savez-vous point, et Vinius, et vous,
Que ce grand successeur doit être mon époux?
Que le don de ma main suit ce don de l'empire?
Galba, par vos conseils, voudrait-il s'en dédire?
LACUS.
Il est toujours le même, et nous avons parlé
Suivant ce qu'à tous deux le ciel a révélé :
En ces occasions, lui qui tient les couronnes
Inspire les avis sur le choix des personnes.
Nous avons cru d'ailleurs pouvoir sans attentat
Faire vos intérêts de ceux de tout l'État.
Vous ne voudriez pas en avoir de contraires.
CAMILLE.
Vous n'avez, vous ni lui, pensé qu'à vos affaires;
Et nous offrir Pison, c'est assez témoigner...
LACUS.
Le trouvez-vous, madame, indigne de régner?
Il a de la vertu, de l'esprit, du courage;
Il a de plus...
CAMILLE.
De plus, il a votre suffrage,
Et c'est assez de quoi mériter mes refus.
Par respect de son sang, je ne dis rien de plus.
MARTIAN.
Aimeriez-vous Othon, que Vinius propose,
Othon, dont vous savez que Plautine dispose,
Et qui n'aspire ici qu'à lui donner sa foi?
CAMILLE.
Qu'il brûle encor pour elle, ou la quitte pour moi,
Ce n'est pas votre affaire; et votre exactitude
Se charge en ma faveur de trop d'inquiétude.
LACUS.
Mais l'empereur consent qu'il l'épouse aujourd'hui;
Et moi-même je viens de l'obtenir pour lui.
CAMILLE.
Vous en a-t-il prié? dites, ou si l'envie...
LACUS.
Un véritable ami n'attend point qu'on le prie.
CAMILLE.
Cette amitié me charme, et je dois avouer
Qu'Othon a jusqu'ici tout lieu de s'en louer,
Que l'heureux contre-temps d'un si rare service...
LACUS.
Madame...
CAMILLE.
Croyez-moi, mettez bas l'artifice.
Ne vous hasardez point à faire un empereur.
Galba connaît l'empire et je connais mon cœur :
Je sais ce qui m'est propre; il voit ce qu'il doit faire,
Et quel prince à l'État est le plus salutaire.
Si le ciel vous inspire, il aura soin de nous,
Et saura sur ce point nous accorder sans vous.
LACUS.
Si Pison vous déplaît, il en est quelques autres...

CAMILLE.
N'attachez point ici mes intérêts aux vôtres
Vous avez de l'esprit, mais j'ai des yeux perçants.
Je vois qu'il vous est doux d'être les tout-puissants,
Et je n'empêche point qu'on ne vous continue
Votre toute-puissance au point qu'elle est venue :
Mais quant à cet époux, vous me ferez plaisir
De trouver bon qu'enfin je puisse le choisir.
Je m'aime un peu moi-même, et n'ai pas grande envie
De vous sacrifier le repos de ma vie.
MARTIAN.
Puisqu'il doit avec vous régir tout l'univers...
CAMILLE.
Faut-il vous dire encor que j'ai des yeux ouverts?
Je vois jusqu'en vos cœurs, et m'obstine à me taire;
Mais je pourrais enfin dévoiler le mystère.
MARTIAN.
Si l'empereur nous croit...
CAMILLE.
Sans doute il vous croira;
Sans doute je prendrai l'époux qu'il m'offrira,
Soit qu'il plaise à mes yeux, soit qu'il me choque en [l'âme.
Il sera votre maître, et je serai sa femme;
Le temps me donnera sur lui quelque pouvoir,
Et vous pourrez alors vous en apercevoir.
Voilà les quatre mots que j'avais à vous dire,
Pensez-y.

SCÈNE VI

LACUS, MARTIAN.

MARTIAN.
Ce courroux que Pison nous attire...
LACUS.
Vous vous en alarmez? Laissons-la discourir,
Et ne nous perdons pas de crainte de périr.
MARTIAN.
Vous voyez quel orgueil contre nous l'intéresse.
LACUS.
Plus elle m'en fait voir, plus je vois sa faiblesse.
Faisons régner Pison; et, malgré ce courroux,
Vous verrez qu'elle-même aura besoin de nous.

ACTE TROISIÈME

SCÈNE I

CAMILLE, ALBIANE.

CAMILLE.
Ton frère te l'a dit, Albiane?
ALBIANE.
Oui, madame;
Galba choisit Pison, et vous êtes sa femme,

Ou, pour en mieux parler, l'esclave de Lacus,
A moins d'un éclatant et généreux refus.
CAMILLE.
Et que devient Othon ?
ALBIANE.
Vous allez voir sa tête
De vos trois ennemis affermir la conquête ;
Je veux dire assurer votre main à Pison,
Et l'empire aux tyrans qui font régner son nom.
Car, comme il n'a pour lui qu'une suite d'ancêtres,
Lacus et Martian vont être nos vrais maîtres ;
Et Pison ne sera qu'un idole sacré*
Qu'ils tiendront sur l'autel pour répondre à leur gré.
Sa probité stupide autant comme farouche
A prononcer leurs lois asservira sa bouche ;
Et le premier arrêt qu'ils lui feront donner
Les défera d'Othon qui les peut détrôner.
CAMILLE.
O dieux ! que je le plains !
ALBIANE.
Il est sans doute à plaindre
Si vous l'abandonnez à tout ce qu'il doit craindre ;
Mais comme enfin la mort finira son ennui,
Je crains fort de vous voir plus à plaindre que lui.
CAMILLE.
L'hymen sur un époux donne quelque puissance.
ALBIANE.
Octavie a péri sur cette confiance.
Son sang qui fume encor vous montre à quel destin
Peut exposer vos jours un nouveau Tigellin. [ble ;
Ce grand choix vous en donne à craindre deux ensem-
Et pour moi, plus j'y songe, et plus pour vous je
[tremble.
CAMILLE.
Quel remède, Albiane ?
ALBIANE.
Aimer, et faire voir...
CAMILLE.
Que l'amour est sur moi plus fort que le devoir ?
ALBIANE.
Songez moins à Galba qu'à Lacus qui vous brave,
Et qui vous fait encor braver par un esclave.
Songez à vos périls ; et peut-être à son tour
Ce devoir passera du côté de l'amour.
Bien que nous devions tout aux puissances suprêmes,
Madame, nous devons quelque chose à nous-mêmes,
Surtout quand nous voyons des ordres dangereux,
Sous ces grands souverains, partir d'autres que d'eux.
CAMILLE.
Mais Othon m'aime-t-il ?
ALBIANE.
S'il vous aime ? ah, madame !
CAMILLE.
On a cru que Plautine avait toute son âme.
ALBIANE.
On l'a dû croire aussi, mais on s'est abusé ;
Autrement, Vinius l'aurait-il proposé ?
Aurait-il pu trahir l'espoir d'en faire un gendre ?

CAMILLE.
En feignant de l'aimer que pouvait-il prétendre ?
ALBIANE.
De s'approcher de vous, et se faire en la cour
Un accès libre et sûr pour un plus digne amour.
De Vinius par là gagnant la bienveillance,
Il a su le jeter dans une autre espérance,
Et le flatter d'un rang plus haut et plus certain,
S'il devenait par vous empereur de sa main.
Vous voyez à ces soins que Vinius s'applique,
En même temps qu'Othon auprès de vous s'explique.
CAMILLE.
Mais à se déclarer il a bien attendu.
ALBIANE.
Mon frère jusque-là vous en a répondu.
CAMILLE.
Tandis*, tu m'as réduite à faire un peu d'avance,
A consentir qu'Albin combattît son silence ;
Et même Vinius, dès qu'il me l'a nommé,
A pu voir aisément qu'il pourrait être aimé.
ALBIANE.
C'est la gêne où réduit celles de votre sorte
La scrupuleuse loi du respect qu'on leur porte.
Il arrête les vœux, captive les désirs,
Abaisse les regards, étouffe les soupirs,
Dans le milieu du cœur enchaîne la tendresse ;
Et tel est en aimant le sort d'une princesse,
Que, quelque amour qu'elle ait, et qu'elle ait pu don-
Il faut qu'elle devine, et force à deviner. [ner,
Quelque peu qu'on lui die*, on craint de lui trop dire ;
A peine on se hasarde à jurer qu'on l'admire,
Et, pour apprivoiser ce respect ennemi,
Il faut qu'en dépit d'elle elle s'offre à demi.
Voyez-vous comme Othon saurait encor se taire,
Si je ne l'avais fait enhardir par mon frère ?
CAMILLE.
Tu le crois donc, qu'il m'aime ?
ALBIANE.
Et qu'il lui serait doux
Que vous eussiez pour lui l'amour qu'il a pour vous.
CAMILLE.
Hélas ! que cet amour croit tôt ce qu'il souhaite !
En vain la raison parle, en vain elle inquiète,
En vain la défiance ose ce qu'elle peut ;
Il veut croire, et ne croit que parce qu'il le veut.
Pour Plautine ou pour moi je vois du stratagème,
Et m'obstine avec joie à m'aveugler moi-même.
Je plains cette abusée, et c'est moi qui le suis
Peut-être, et qui me livre à d'éternels ennuis ;
Peut-être, en ce moment qu'il m'est doux de te croire,
De ses vœux à Plautine il assure la gloire :
Peut-être...

SCÈNE II

CAMILLE, ALBIN, ALBIANE.

ALBIN.
L'empereur vient ici vous trouver

Pour vous dire son choix, et le faire approuver.
S'il vous déplaît, madame, il faut de la constance;
Il faut une fidèle et noble résistance;
Il faut...

CAMILLE.

De mon devoir je saurai prendre soin.
Allez chercher Othon pour en être témoin.

SCÈNE III

GALBA, CAMILLE, ALBIANE.

GALBA.

Quand la mort de mes fils désola ma famille,
Ma nièce, mon amour vous prit dès lors pour fille;
Et regardant en vous les restes de mon sang,
Je flattai ma douleur en vous donnant leur rang.
Rome, qui m'a depuis chargé de son empire,
Quand sous le poids de l'âge à peine je respire,
A vu ce même amour me le faire accepter,
Moins pour me seoir si haut, que pour vous y porter.
Non que si jusque-là Rome pouvait renaître,
Qu'elle fût en état de se passer de maître,
Je ne me crusse digne, en cet heureux moment,
De commencer par moi son rétablissement :
Mais cet empire immense est trop vaste pour elle :
A moins que d'une tête un si grand corps chancelle;
Et pour le nom des rois son invincible horreur
S'est d'ailleurs si bien faite aux lois d'un empereur,
Qu'elle ne peut souffrir, après cette habitude,
Ni pleine liberté, ni pleine servitude.
Elle veut donc un maître, et Néron condamné
Fait voir ce qu'elle veut en un front couronné.
Vindex, Rufus, ni moi, n'avons causé sa perte;
Ses crimes seuls l'ont faite; et le ciel l'a soufferte,
Pour marque aux souverains qu'ils doivent par l'effet
Répondre dignement au grand choix qu'il en fait.
Jusques à ce grand coup, un honteux esclavage
D'une seule maison nous faisait l'héritage.
Rome n'en a repris, au lieu de liberté,
Qu'un droit de mettre ailleurs la souveraineté;
Et laisser après moi dans le trône un grand homme,
C'est tout ce qu'aujourd'hui je puis faire pour Rome.
Prendre un si noble soin, c'est en prendre de vous.
Ce maître qu'il lui faut vous est dû pour époux;
Et mon zèle s'unit à l'amour paternelle
Pour vous en donner un digne de vous et d'elle.
Jule et le grand Auguste ont choisi dans leur sang,
Ou dans leur alliance, à qui laisser ce rang.
Moi, sans considérer aucun nœud domestique,
J'ai fait ce choix comme eux, mais dans la république:
Je l'ai fait de Pison; c'est le sang de Crassus,
C'est celui de Pompée, il en a les vertus,
Et ces fameux héros dont il suivra la trace [race,
Joindront de si grands noms aux grands noms de ma
Qu'il n'est point d'hyménée en qui l'égalité
Puisse élever l'empire à plus de dignité.

CAMILLE.

J'ai tâché de répondre à cet amour de père
Par un tendre respect qui chérit et révère,
Seigneur; et je vois mieux encor par ce grand choix,
Et combien vous m'aimez, et combien je vous dois.
Je sais ce qu'est Pison et quelle est sa noblesse;
Mais, si j'ose à vos yeux montrer quelque faiblesse,
Quelque digne qu'il soit et de Rome et de moi,
Je tremble à lui promettre et mon cœur et ma foi;
Et j'avoûrai, seigneur, que pour mon hyménée
Je crois tenir un peu de Rome où je suis née.
Je ne demande point la pleine liberté,
Puisqu'elle en a mis bas l'intrépide fierté;
Mais si vous m'imposez la pleine servitude,
J'y trouverai, comme elle, un joug un peu bien rude.
Je suis trop ignorante en matière d'État
Pour savoir quel doit être un si grand potentat;
Mais Rome dans ses murs n'a-t-elle qu'un seul hom-
N'a-t-elle que Pison qui soit digne de Rome? [me,
Et dans tous ses États n'en saurait-on voir deux
Que puissent vos bontés hasarder à mes vœux?
Néron fit aux vertus une cruelle guerre,
S'il en a dépeuplé les trois parts de la terre,
Et si, pour nous donner de dignes empereurs,
Pison seul avec vous échappe à ses fureurs,
Il est d'autres héros dans un si vaste empire;
Il en est qu'après vous on se plairait d'élire,
Et qui sauraient mêler, sans vous faire rougir,
L'art de gagner les cœurs au grand art de régir.
D'une vertu sauvage on craint un dur empire,
Souvent on s'en dégoûte au moment qu'on l'admire;
Et, puisque ce grand choix me doit faire un époux,
Il serait bon qu'il eût quelque chose de doux;
Qu'on vit en sa personne également paraître
Les grâces d'un amant, et les hauteurs d'un maître,
Et qu'il fût aussi propre à donner de l'amour
Qu'à faire ici trembler sous lui toute sa cour. [ques
Souvent un peu d'amour dans les cœurs des monar-
Accompagne assez bien leurs plus illustres marques.
Ce n'est pas qu'après tout je pense à résister;
J'aime à vous obéir, seigneur, sans contester.
Pour prix d'un sacrifice où mon cœur se dispose,
Permettez qu'un époux me doive quelque chose.
Dans cette servitude où se plaît mon désir,
C'est quelque liberté qu'un ou deux à choisir.
Votre Pison peut-être aura de quoi me plaire
Quand il ne sera plus un mari nécessaire;
Et son amour pour moi sera plus assuré,
S'il voit à quels rivaux je l'aurai préféré.

GALBA.

Ce long raisonnement dans sa délicatesse
A vos tendres respects mêle beaucoup d'adresse.
Si le refus n'est juste, il est doux et civil.
Parlez donc, et sans feinte, Othon vous plairait-il?
On me l'a proposé, qu'y trouvez-vous à dire?

CAMILLE.

L'avez-vous cru d'abord indigne de l'empire,
Seigneur?

GALBA.

Non : mais depuis, consultant ma raison,
J'ai trouvé qu'il fallait lui préférer Pison.
Sa vertu plus solide et tout inébranlable
Nous fera, comme Auguste, un siècle incomparable
Où l'autre, par Néron dans le vice abîmé,
Ramènera ce luxe où sa main l'a formé,
Et tous les attentats de l'infâme licence
Dont il osa souiller la suprême puissance.

CAMILLE.

Othon près d'un tel maître a su se ménager,
Jusqu'à ce que le temps ait pu l'en dégager.
Qui sait faire sa cour se fait aux mœurs du prince;
Mais il fut tout à soi quand il fut en province;
Et sa haute vertu par d'illustres effets
Y dissipa soudain ces vices contrefaits.
Chaque jour a sous vous grossi sa renommée;
Mais Pison n'eut jamais de charge ni d'armée;
Et comme il a vécu jusqu'ici sans emploi,
On ne sait ce qu'il vaut que sur sa bonne foi.
Je veux croire, en faveur des héros de sa race,
Qu'il en a les vertus, qu'il en suivra la trace,
Qu'il en égalera les plus illustres noms;
Mais j'en croirais bien mieux de grandes actions.
Si dans un long exil il a paru sans vice,
La vertu des bannis souvent n'est qu'artifice.
Sans vous avoir servi vous l'avez ramené :
Mais l'autre est le premier qui vous ait couronné;
Dès qu'il vit deux partis, il se rangea du vôtre :
Ainsi l'un vous doit tout, et vous devez à l'autre.

GALBA.

Vous prendrez donc le soin de m'acquitter vers lui;
Et comme pour l'empire il faut un autre appui,
Vous croirez que Pison est plus digne de Rome;
Pour ne plus en douter suffit que je le nomme.

CAMILLE.

Pour Rome et son empire, après vous je le croi;
Mais je doute si l'autre est moins digne de moi.

GALBA.

Doutez-en; un tel doute est bien digne d'une âme
Qui voudrait de Néron revoir le siècle infâme,
Et qui voyant qu'Othon lui ressemble le mieux...

CAMILLE.

Choisissez de vous-même, et je ferme les yeux.
Que vos seules bontés de tout mon sort ordonnent :
Je me donne en aveugle à qui qu'elles me donnent.
Mais quand vous consultez Lacus et Martian,
Un époux de leur main me paraît un tyran;
Et, si j'ose tout dire en cette conjoncture,
Je regarde Pison comme leur créature,
Qui, régnant par leur ordre et leur prêtant sa voix,
Me forcera moi-même à recevoir leurs lois.
Je ne veux point d'un trône où je sois leur captive,
Où leur pouvoir m'enchaîne, et, quoi qu'il en arrive,
J'aime mieux un mari qui sache être empereur,
Qu'un mari qui le soit et souffre un gouverneur.

GALBA.

Ce n'est pas mon dessein de contraindre les âmes.
N'en parlons plus : dans Rome il sera d'autres femmes
A qui Pison en vain n'offrira pas sa foi.
Votre main est à vous, mais l'empire est à moi.

SCÈNE IV

GALBA, OTHON, CAMILLE, ALBIN, ALBIANE.

GALBA.

Othon, est-il bien vrai que vous aimiez Camille?

OTHON.

Cette témérité m'est sans doute inutile :
Mais si j'osais, seigneur, dans mon sort adouci...

GALBA.

Non, non; si vous l'aimez, elle vous aime aussi.
Son amour près de moi vous rend de tels offices,
Que je vous en fais don pour prix de vos services.
Ainsi, bien qu'à Lacus j'aie accordé pour lui
Qu'aujourd'hui de Plautine on vous verra l'époux,
L'illustre et digne ardeur d'une flamme si belle
M'en fait révoquer l'ordre, et vous obtient pour elle.

OTHON.

Vous m'en voyez de joie interdit et confus.
Quand je me prononçais moi-même un prompt refus,
Que j'attendais l'effet d'une juste colère,
Je suis assez heureux pour ne vous pas déplaire!
Et loin de condamner des vœux trop élevés...

GALBA.

Vous savez mal encor combien vous lui devez
Son cœur de telle force à votre hymen aspire,
Que pour mieux être à vous il renonce à l'empire.
Choisissez donc ensemble, à communs sentiments,
Des charges dans ma cour, ou des gouvernements;
Vous n'avez qu'à parler.

OTHON.

Seigneur, si la princesse...

GALBA.

Pison n'en voudra pas dédire ma promesse.
Je l'ai nommé César, pour le faire empereur :
Vous savez ses vertus, je réponds de son cœur.
Adieu. Pour observer la forme accoutumée,
Je le vais de ma main présenter à l'armée.
Pour Camille, en faveur de cet heureux lien,
Tenez-vous assuré qu'elle aura tout mon bien :
Je la fais dès ce jour mon unique héritière.

SCÈNE V

OTHON, CAMILLE, ALBIN, ALBIANE.

CAMILLE.

Vous pouvez voir par là mon âme tout entière,
Seigneur; et je voudrais en vain la déguiser
Après ce que pour vous l'amour me fait oser.
Ce que Galba pour moi prend le soin de vous dire...

OTHON.

Quoi donc, madame! Othon vous coûterait l'empire?
Il sait mieux ce qu'il vaut, et n'est pas d'un tel prix
Qu'il le faille acheter par ce noble mépris.

Il se doit opposer à cet effort d'estime
Où s'abaisse pour lui ce cœur trop magnanime,
Et, par un même effort de magnanimité,
Rendre une âme si haute au trône mérité.
D'un si parfait amour quelles que soient les causes...

CAMILLE.

Je ne sais point, seigneur, faire valoir les choses : [més,
Et dans ce prompt succès dont nos cœurs sont char-
Vous me devez bien moins que vous ne présumez.
Il semble que pour vous je renonce à l'empire,
Et qu'un amour aveugle ait su me le prescrire.
Je vous aime, il est vrai ; mais si l'empire est doux,
Je crois m'en assurer quand je me donne à vous.
Tant que vivra Galba, le respect de son âge,
Du moins apparemment, soutiendra son suffrage ;
Pison croira régner : mais peut-être qu'un jour
Rome se permettra de choisir à son tour.
A faire un empereur alors quoi qui l'excite,
Qu'elle en veuille la race, ou cherche le mérite,
Notre union aura des voix de tous côtés,
Puisque j'en ai le sang, et vous les qualités.
Sous un nom si fameux qui vous rend préférable,
L'héritier de Galba sera considérable ;
On aimera ce titre en un si digne époux ;
Et l'empire est à moi si l'on me voit à vous.

OTHON.

Ah, madame ! quittez cette vaine espérance
De nous voir quelque jour remettre en la balance :
S'il faut que de Pison on accepte la loi,
Rome, tant qu'il vivra, n'aura plus d'yeux pour moi.
Elle a beau murmurer contre un indigne maître ;
Elle en souffre, pour lâche ou méchant qu'il puisse
Tibère était cruel, Caligule brutal, [être.
Claude faible, Néron en forfaits sans égal.
Il se perdit lui-même à force de grands crimes ;
Mais le reste a passé pour princes légitimes.
Claude même, ce Claude et sans cœur et sans yeux
A peine les ouvrit qu'il devint furieux ;
Et Narcisse et Pallas l'ayant mis en furie,
Firent sous son aveu régner la barbarie.
Il régna toutefois, bien qu'il se fît haïr,
Jusqu'à ce que Néron se fâchât d'obéir.
Et ce monstre ennemi de la vertu romaine
N'a succombé que tard sous la commune haine.
Par ce qu'ils ont osé, jugez sur vos refus
Ce qu'osera Pison gouverné par Lacus.
Il aura peine à voir, lui qui pour vous soupire,
Que votre hymen chez moi laisse un droit à l'empire.
Chacun sur ce penchant voudra faire sa cour ;
Et le pouvoir suprême enhardit bien l'amour.
Si Néron qui m'aimait osa m'ôter Poppée,
Jugez, pour ressaisir votre main usurpée,
Quel scrupule on aura du plus noir attentat
Contre un rival ensemble et d'amour et d'État.
Il n'est point ni d'exil, ni de Lusitanie,
Qui dérobe à Pison le reste de ma vie ;
Et je sais trop la cour pour douter un moment,
Ou des soins de sa haine, ou de l'événement.

CAMILLE.

Et c'est là ce grand cœur qu'on croyait intrépide !
Le péril, comme un autre, à mes yeux l'intimide !
Et pour monter au trône, et pour me posséder,
Son espoir le plus beau n'ose rien hasarder !
Il redoute Pison ! Dites-moi donc, de grâce,
Si d'aimer en lieu même on vous a vu l'audace,
Si pour vous et pour lui le trône eut même appas,
Êtes-vous moins rivaux pour ne m'épouser pas ?
A quel droit voulez-vous que cette haine cesse
Pour qui lui disputa ce trône et sa maîtresse,
Et qu'il veuille oublier, se voyant souverain,
Que vous pouvez dans l'âme en garder le dessein ?
Ne vous y trompez plus : il a vu dans cette âme
Et votre ambition et toute votre flamme,
Et peut tout contre vous, à moins que contre lui
Mon hymen chez Galba vous assure un appui.

OTHON.

Eh bien, il me perdra pour vous avoir aimée ;
Sa haine sera douce à mon âme enflammée ;
Et tout mon sang n'a rien que je veuille épargner,
Si ce n'est que par là que vous pouvez régner.
Permettez cependant à cet amour sincère
De vous redire encor ce qu'il n'ose vous taire.
En l'état qu'est Pison, il vous faut aujourd'hui
Renoncer à l'empire, ou le prendre avec lui.
Avant qu'en décider, pensez-y bien, madame ;
C'est votre intérêt seul qui fait parler ma flamme.
Il est mille douceurs dans un grade si haut
Où peut-être avez-vous moins pensé qu'il ne faut.
Peut-être en un moment serez-vous détrompée ;
Et si j'osais encor vous parler de Poppée,
Je dirais que sans doute elle m'aimait un peu,
Et qu'un trône alluma bientôt un autre feu.
Le ciel vous a fait l'âme et plus grande et plus belle ;
Mais vous êtes princesse, et femme enfin comme elle.
L'horreur de voir une autre au rang qui vous est dû,
Et le juste chagrin d'avoir trop descendu,
Presseront en secret cette âme de se rendre
Même au plus faible espoir de le pouvoir reprendre.
Les yeux ne veulent pas en tout temps se fermer ;
Mais l'empire en tout temps a de quoi les charmer.
L'amour passe, ou languit ; et, pour fort qu'il puisse
De la soif de régner il n'est pas toujours maître. [être,

CAMILLE.

Je ne sais quel amour je vous ai pu donner,
Seigneur ; mais sur l'empire il aime à raisonner :
Je l'y trouve assez fort, et même d'une force
A montrer qu'il connaît tout ce qu'il a d'amorce,
Et qu'à ce qu'il me dit touchant un si grand choix,
Il a daigné penser un peu plus d'une fois.
Je veux croire avec vous qu'il est ferme et sincère,
Qu'il me dit seulement ce qu'il n'ose me taire ;
Mais, à parler sans feinte...

OTHON.

Ah, madame ! croyez...

CAMILLE.

Oui, j'en croirai Pison à qui vous m'envoyez ;

Et vous, pour vous donner quelque peu plus de joie,
Vous en croirez Plautine à qui je vous renvoie.
Je n'en suis point jalouse, et le dis sans courroux :
Vous n'aimez que l'empire, et je n'aimais que vous.
N'en appréhendez rien, je suis femme, et princesse,
Sans en avoir pourtant l'orgueil ni la faiblesse;
Et votre aveuglement me fait trop de pitié
Pour l'accabler encor de mon inimitié.

(*Camille et Albiane sortent.*)

OTHON.

Que je vois d'appareils, Albin, pour ma ruine!

ALBIN.

Seigneur, tout est perdu, si vous voyez Plautine.

Allons-y toutefois : le trouble où je me voi
Ne peut souffrir d'avis que d'un cœur tout à moi.

ACTE QUATRIÈME

SCÈNE I

OTHON, PLAUTINE.

PLAUTINE.

Que voulez-vous, seigneur, qu'enfin je vous conseil-
Je sens un trouble égal d'une douleur pareille; [le?
Et mon cœur tout à vous n'est pas assez à soi
Pour trouver un remède aux maux que je prévoi.
Je ne sais que pleurer, je ne sais que vous plaindre.
Le seul choix de Pison nous donne tout à craindre.
Mon père vous a dit qu'il ne laisse à tous trois
Que l'espoir de mourir ensemble à notre choix;
Et nous craignons de plus une amante irritée
D'une offre en moins d'un jour reçue et rétractée,
D'un hommage où la suite a si peu répondu,
Et d'un trône qu'en vain pour vous elle a perdu.
Pour vous avec ce trône elle était adorable,
Pour vous elle y renonce, et n'a plus rien d'aimable.
Où ne portera point un si juste courroux
La honte de se voir sans l'empire et sans vous?
Honte d'autant plus grande, et d'autant plus sensible,
Qu'elle s'y promettait un retour infaillible,
Et que sa main par vous croyait tôt regagner
Ce que son cœur pour vous paraissait dédaigner!

OTHON.

Je n'ai donc qu'à mourir. Je l'ai voulu, madame,
Quand je l'ai pu sans crime, en faveur de ma flamme;
Et je le dois vouloir, quand votre arrêt cruel
Pour mourir justement m'a rendu criminel.
Vous m'avez commandé de m'offrir à Camille;
Grâces à nos malheurs ce crime est inutile.
Je mourrai tout à vous ; et si pour obéir
J'ai paru mal aimer, j'ai semblé vous trahir,
Ma main, par ce même ordre à vos yeux enhardie,
Lavera dans mon sang ma fausse perfidie.

N'enviez pas, madame, à mon sort inhumain
La gloire de finir du moins en vrai Romain,
Après qu'il vous a plu de me rendre incapable
Des douceurs de mourir en amant véritable.

PLAUTINE.

Bien loin d'en condamner la noble passion,
J'y veux borner ma joie et mon ambition.
Pour de moindres malheurs on renonce à la vie,
Soyez sûr de ma part de l'exemple d'Arrie;
J'ai la main aussi ferme et le cœur aussi grand,
Et quand il le faudra, je sais comme on s'y prend.
Si vous daigniez, seigneur, jusque-là vous contrain-
Peut-être espérerais-je en voyant tout à craindre. [dre,
Camille est irritée et se peut apaiser.

OTHON.

Me condamneriez-vous, madame, à l'épouser?

PLAUTINE.

Que n'y puis-je moi-même opposer ma défense!
Mais si vos jours enfin n'ont point d'autre assurance,
S'il n'est point d'autre asile...

OTHON.

Ah! courons à la mort;
Ou, si pour l'éviter il nous faut faire effort,
Subissons de Lacus toute la tyrannie,
Avant que me soumettre à cette ignominie.
J'en saurai préférer les plus barbares coups
A l'affront de me voir sans l'empire et sans vous,
Aux hontes d'un hymen qui me rendrait infâme,
Puisqu'on fait pour Camille un crime de sa flamme,
Et qu'on lui vole un trône en haine d'une foi
Qu'a voulu son amour ne promettre qu'à moi. [mes;
Non que pour moi sans vous ce trône eût aucuns char-
Pour vous je le cherchais, mais non pas sans alar-
Et si tantôt Galba ne m'eût point dédaigné, [mes;
J'aurais porté le sceptre, et vous auriez régné;
Vos seules volontés, mes dignes souveraines,
D'un empire si vaste auraient tenu les rênes.
Vos lois...

PLAUTINE.

C'est donc à moi de vous faire empereur.
Je l'ai pu : les moyens d'abord m'ont fait horreur;
Mais je saurai la vaincre, et, me donnant moi-même,
Vous assurer ensemble et vie et diadème,
Et réparer par là le crime d'un orgueil
Qui vous dérobe un trône, et vous ouvre un cercueil.
De Martian pour vous j'aurais eu le suffrage,
Si j'avais pu souffrir son insolent hommage.
Son amour...

OTHON.

Martian se connaîtrait si peu
Que d'oser...

PLAUTINE.

Il n'a pas encore éteint son feu;
Et du choix de Pison quelles que soient les causes,
Je n'ai qu'à dire un mot pour brouiller bien des choses.

OTHON.

Vous vous ravaleriez jusques à l'écouter?

OTHON, ACTE IV, SCÈNE III.

PLAUTINE.
Pour vous j'irai, seigneur, jusques à l'accepter.
OTHON.
Consultez votre gloire, elle saura vous dire...
PLAUTINE.
Qu'il est de mon devoir de vous rendre l'empire.
OTHON.
Qu'un front encor marqué des fers qu'il a portés...
PLAUTINE.
A droit de me charmer, s'il fait vos sûretés.
OTHON.
En concevez-vous bien toute l'ignominie ?
PLAUTINE.
Je n'en puis voir, seigneur, à vous sauver la vie.
OTHON.
L'épouser à ma vue ! et pour comble d'ennui...
PLAUTINE.
Donnez-vous à Camille, ou je me donne à lui.
OTHON.
Périssons, périssons, madame, l'un pour l'autre,
Avec toute ma gloire, avec toute la vôtre.
Pour nous faire un trépas dont les dieux soient jaloux,
Rendez-vous toute à moi, comme moi tout à vous ;
Ou si, pour conserver en vous tout ce que j'aime,
Mon malheur obstine à vous donner vous-même,
Du moins de votre gloire ayez un soin égal,
Et ne me préférez qu'un illustre rival.
J'en mourrai de douleur ; mais je mourrais de rage,
Si vous me préfériez un reste d'esclavage.

SCÈNE II

VINIUS, OTHON, PLAUTINE.

OTHON.
Ah ! seigneur, empêchez que Plautine...
VINIUS.
       Seigneur,
Vous empêcherez tout si vous avez du cœur.
Malgré de nos destins la rigueur importune,
Le ciel met en vos mains toute notre fortune.
PLAUTINE.
Seigneur, que dites-vous ?
VINIUS.
     Ce que je viens de voir,
Que pour être empereur il n'a qu'à le vouloir.
OTHON.
Ah ! seigneur, plus d'empire, à moins qu'avec Plau-
VINIUS.   [tine.
Saisissez-vous d'un trône où le ciel vous destine ;
Et pour choisir vous-même avec qui le remplir,
A vos heureux destins aidez à s'accomplir.
 L'armée a vu Pison, mais avec un murmure
Qui semblait mal goûter ce qu'on vous fait d'injure.
Galba ne l'a produit qu'avec sévérité,
Sans faire aucun espoir de libéralité.
Il pouvait, sous l'appât d'une feinte promesse,
Jeter dans les soldats un moment d'allégresse ;

Mais il a mieux aimé hautement protester
Qu'il savait les choisir, et non les acheter..
Ces hautes duretés, à contre-temps poussées,
Ont rappelé l'horreur des cruautés passées,
Lorsque d'Espagne à Rome il sema son chemin
De Romains immolés à son nouveau destin,
Et qu'ayant de leur sang souillé chaque contrée,
Par un nouveau carnage il y fit son entrée.
Aussi, durant le temps qu'a harangué Pison,
Ils ont de rang en rang fait courir votre nom.
Quatre des plus zélés sont venus me le dire,
Et m'ont promis pour vous les troupes et l'empire.
Courez donc à la place, où vous les trouverez ;
Suivez-les dans leur camp, et vous en assurez :
Un temps bien pris peut tout.
OTHON.
      Si cet astre contraire
Qui m'a...
VINIUS.
  Sans discourir, faites ce qu'il faut faire ;
Un moment de séjour peut tout déconcerter,
Et le moindre soupçon vous va faire arrêter.
OTHON.
Avant que de partir souffrez que je proteste...
VINIUS.
Partez ; en empereur vous nous direz le reste.

SCÈNE III

VINIUS, PLAUTINE.

VINIUS.
Ce n'est pas tout, ma fille, un bonheur plus certain,
Quoi qu'il puisse arriver, met l'empire en ta main.
PLAUTINE.
Flatteriez-vous Othon d'une vaine chimère ?
VINIUS.
Non ; tout ce que j'ai dit n'est qu'un rapport sincère.
Je crois te voir régner avec ce cher Othon :
Mais n'espère pas moins du côté de Pison ;
Galba te donne à lui. Piqué contre Camille,
Dont l'amour a rendu son projet inutile,
Il veut que cet hymen, punissant ses refus,
Réunisse avec moi Martian et Lacus,
Et trompe heureusement les présages sinistres
De la division qu'il voit en ses ministres.
Ainsi des deux côtés on combattra pour toi.
Le plus heureux des chefs t'apportera sa foi.
Sans part à ses périls tu l'auras à sa gloire,
Et verras à tes pieds l'une ou l'autre victoire.
PLAUTINE.
Quoi ! mon cœur, par vous-même à ce héros donné,
Pourrait ne l'aimer plus s'il n'est point couronné ?
Et s'il faut qu'à Pison son mauvais sort nous livre,
Pour ce même Pison je pourrais vouloir vivre ?
VINIUS.
Si nos communs souhaits ont un contraire effet,
Tu te peux faire encor l'effort que t'es fait ;

Et qui vient de donner Othon au diadème,
Pour régner à son tour, peut se donner soi-même.
PLAUTINE.
Si pour le couronner j'ai fait un noble effort,
Dois-je en faire un honteux pour jouir de sa mort ?
Je me privais de lui sans me vendre à personne,
Et vous voulez, seigneur, que son trépas me donne,
Que mon cœur, entraîné par la splendeur du rang,
Vole après une main fumante de son sang,
Et que de ses malheurs triomphante et ravie
Je sois l'infâme prix d'avoir tranché sa vie !
Non, seigneur : nous aurons même sort aujourd'hui ;
Vous me verrez régner ou périr avec lui.
Ce n'est qu'à l'un des deux que tout ce cœur aspire.
VINIUS.
Que tu vois mal encor ce que c'est que l'empire !
Si deux jours seulement tu pouvais l'essayer,
Tu ne croirais jamais le pouvoir trop payer ;
Et tu verrais périr mille amants avec joie,
S'il fallait tout leur sang pour t'y faire une voie.
Aime Othon, si tu peux t'en faire un sûr appui ;
Mais, s'il en est besoin, aime-toi plus que lui ;
Et sans t'inquiéter où fondra la tempête,
Laisse aux dieux à leur choix écraser une tête.
Prends le sceptre aux dépens de qui succombera,
Et règne sans scrupule avec qui régnera.
PLAUTINE.
Que votre politique a d'étranges maximes !
Mon amour, s'il l'osait, y trouverait des crimes.
Je sais aimer, seigneur, je sais garder ma foi,
Je sais pour un amant faire ce que je doi,
Je sais à son bonheur m'offrir en sacrifice,
Et je saurai mourir si je vois qu'il périsse :
Mais je ne sais point l'art de forcer ma douleur
A pouvoir recueillir les fruits de son malheur.
VINIUS.
Tiens pourtant l'âme prête à le mettre en usage ;
Change de sentiments, ou du moins de langage ;
Et, pour mettre d'accord ta fortune et ton cœur,
Souhaite pour l'amant, et te garde au vainqueur.
Adieu : je vois entrer la princesse Camille.
Quelque trouble où tu sois, montre une âme tranquil-
Profite de sa faute, et tiens l'œil mieux ouvert [le,
Au vif et doux éclat du trône qu'elle perd.

SCÈNE IV

CAMILLE, PLAUTINE, ALBIANE.

CAMILLE.
Agréerez-vous, madame, un fidèle service
Dont je viens faire hommage à mon impératrice ?
PLAUTINE.
Je crois n'avoir pas droit de vous en empêcher ;
Mais ce n'est pas ici qu'il vous la faut chercher.
CAMILLE.
Lorsque Galba vous donne à Pison pour épouse...
PLAUTINE.
Il n'est pas encor temps de vous en voir jalouse.
CAMILLE.
Si j'aimais toutefois ou l'empire ou Pison,
Je pourrais déjà l'être avec quelque raison.
PLAUTINE.
Et si j'aimais, madame, ou Pison ou l'empire,
J'aurais quelque raison de ne m'en pas dédire.
Mais votre exemple apprend aux cœurs comme le
[mien
Qu'un généreux mépris quelquefois leur sied bien.
CAMILLE.
Quoi ! l'empire et Pison n'ont rien pour vous d'ai-
[mable ?
Ce que vous dédaignez je le tiens méprisable ;
Ce qui plaît à vos yeux aux miens semble aussi doux :
Tant je trouve de gloire à me régler sur vous !
CAMILLE.
Donc si j'aimais Othon...
PLAUTINE.
Je l'aimerais de même,
Si ma main avec moi donnait le diadème.
CAMILLE.
Ne peut-on sans le trône être digne de lui ?
PLAUTINE.
Je m'en rapporte à vous qu'il aime d'aujourd'hui.
CAMILLE.
Vous pouvez mieux qu'une autre en dire des nou-
Et comme vos ardeurs ont été mutuelles, [velles,
Votre exemple ne laisse à personne à douter
Qu'à moins de la couronne on peut le mériter.
PLAUTINE.
Mon exemple ne laisse à douter à personne
Qu'il pourra vous quitter à moins de la couronne.
CAMILLE.
Il a trouvé sans elle à vos yeux tant d'appas...
PLAUTINE.
Toutes les passions ne se ressemblent pas.
CAMILLE.
En effet, vous avez un mérite si rare...
PLAUTINE.
Mérite à part, l'amour est quelquefois bizarre ;
Selon l'objet divers le goût est différent :
Aux unes on se donne, aux autres on se vend.
CAMILLE.
Qui connaissait Othon pouvait à la pareille
M'en donner en amie un avis à l'oreille.
PLAUTINE.
Et qui l'estime assez pour l'élever si haut
Peut, quand il lui plaira, m'apprendre ce qu'il vaut ;
Afin que si mes feux ont ordre de renaître...
CAMILLE.
J'en ai fait quelque estime avant que le connaître,
Et vous l'ai renvoyé dès que je l'ai connu.
PLAUTINE.
Qui vient de votre part est toujours bien venu.
J'accepte le présent, et crois pouvoir sans honte,
L'ayant de votre main, en tenir quelque compte.
CAMILLE.
Pour vous rendre son âme il vous est venu voir ?

PLAUTINE.
Pour négliger votre ordre il sait trop son devoir.
CAMILLE.
Il vous a tôt quittée, et son ingratitude...
PLAUTINE.
Vous met-elle, madame, en quelque inquiétude?
CAMILLE.
Non; mais j'aime à savoir comment on m'obéit.
PLAUTINE.
La curiosité quelquefois nous trahit;
Et par un demi-mot que du cœur elle tire,
Souvent elle dit plus qu'elle ne pense dire.
CAMILLE.
La mienne ne dit pas tout ce que vous pensez.
PLAUTINE.
Sur tout ce que je pense elle s'explique assez.
CAMILLE.
Souvent trop d'intérêt que l'amour force à prendre
Entend plus qu'on ne dit et qu'on ne doit entendre.
Si vous saviez quel est mon plus ardent désir...
PLAUTINE.
D'Othon et de Pison je vous donne à choisir.
Mon peu d'ambition vous rend l'un avec joie :
Et pour l'autre, s'il faut que je vous le renvoie,
Mon amour, je l'avoue, en pourra murmurer;
Mais vous savez qu'au vôtre il aime à déférer.
CAMILLE.
Je pourrai me passer de cette déférence.
PLAUTINE.
Sans doute; et toutefois, si j'en crois l'apparence...
CAMILLE.
Brisons là; ce discours deviendrait ennuyeux.
PLAUTINE.
Martian que je vois vous entretiendra mieux.
Agréez ma retraite, et souffrez que j'évite
Un esclave insolent de qui l'amour m'irrite.

SCÈNE V

CAMILLE, MARTIAN, ALBIANE.

CAMILLE.
A ce qu'elle me dit, Martian, vous l'aimez?
MARTIAN.
Malgré ses fiers mépris mes yeux en sont charmés.
Cependant pour l'empire, il est à vous encore :
Galba s'est laissé vaincre, et Pison vous adore.
CAMILLE.
De votre haut crédit c'est donc un pur effet?
MARTIAN.
Ne désavouez point ce que mon zèle a fait.
Mes soins de l'empereur ont fléchi la colère,
Et renvoyé Plautine obéir chez son père.
Notre nouveau César la voulait épouser;
Mais j'ai su le résoudre à s'en désabuser;
Et Galba, que le sang presse pour sa famille,
Permet à Vinius de mettre ailleurs sa fille.
L'un vous rend la couronne, et l'autre tout son cœur.
Voyez mieux quelle en est la gloire et la douceur,

Quelle félicité vous vous étiez ôtée
Par une aversion un peu précipitée;
Et pour vos intérêts daignez considérer...
CAMILLE.
Je vois quelle est ma faute, et puis la réparer;
Mais je veux, car jamais on ne m'a vue ingrate,
Que ma reconnaissance auparavant éclate,
Et n'accorderai rien qu'on ne vous fasse heureux.
Vous aimez, dites-vous, cet objet rigoureux;
Et Pison dans sa main ne verra point la mienne
Qu'il n'ait réduit Plautine à vous donner la sienne,
Si pourtant le mépris qu'elle fait de vos feux
Ne vous a pu contraindre à former d'autres vœux.
MARTIAN.
Ah! madame, l'hymen a de si douces chaînes,
Qu'il lui faut peu de temps pour calmer bien des hai-
Et du moins mon bonheur saurait avec éclat [nes;
Vous venger de Plautine et punir un ingrat.
CAMILLE.
Je l'avais préféré, cet ingrat, à l'empire;
Je l'ai dit, et trop haut pour m'en pouvoir dédire;
Et l'amour, qui m'apprend le faible des amants,
Unit vos plus doux vœux à mes ressentiments,
Pour me faire ébaucher ma vengeance en Plautine,
Et l'achever bientôt par sa propre ruine.
MARTIAN.
Ah! si vous la voulez, je sais des bras tout prêts;
Et j'ai tant de chaleur pour tous vos intérêts...
CAMILLE.
Ah! que c'est me donner une sensible joie!
Ces bras que vous m'offrez, faites que je les voie,
Que je leur donne l'ordre et prescrive le temps.
Je veux qu'aux yeux d'Othon vos désirs soient con-
Que lui-même il ait vu l'hymen de sa maîtresse [tents,
Livrer entre vos bras l'objet de sa tendresse,
Qu'il ait ce désespoir avant que de mourir :
Après, à son trépas vous me verrez courir.
Jusque-là gardez-vous de rien faire entreprendre.
Du pouvoir qu'on me rend vous devez tout attendre.
Allez vous préparer à ces heureux moments;
Mais n'exécutez rien sans mes commandements.

SCÈNE VI

CAMILLE, ALBIANE.

ALBIANE.
Vous voulez perdre Othon! vous le pouvez, madame.
CAMILLE.
Que tu pénètres mal dans le fond de mon âme!
De son lâche rival voyant le noir projet,
J'ai su par cette adresse en arrêter l'effet,
M'en rendre la maîtresse; et je serai ravie
S'il peut savoir les soins que je prends de sa vie.
Va me chercher ton frère, et fais que de ma part
Il apprenne par lui ce qu'il court de hasard,
A quoi va l'exposer son aveugle conduite,
Et qu'il n'est plus pour lui de salut qu'en la fuite.

41

C'est tout ce qu'à l'amour peut souffrir mon courroux.
ALBIANE.
Du courroux à l'amour le retour serait doux.

SCÈNE VII

CAMILLE, RUTILE, ALBIANE.

RUTILE.
Ah! madame, apprenez quel malheur nous menace.
Quinze ou vingt révoltés au milieu de la place
Viennent de proclamer Othon pour empereur.
CAMILLE.
Et de leur insolence Othon n'a point d'horreur,
Lui qui sait qu'aussitôt ces tumultes avortent?
RUTILE.
Ils le mènent au camp, ou plutôt ils l'y portent :
Et ce qu'on voit de peuple autour d'eux s'amasser
Frémit de leur audace, et les laisse passer.
CAMILLE.
L'empereur le sait-il?
RUTILE.
Oui, madame; il vous mande:
Et pour un prompt remède à ce qu'on appréhende,
Pison de ces mutins va courir sur les pas
Avec ce qu'on pourra lui trouver de soldats.
CAMILLE.
Puisque Othon veut périr, consentons qu'il périsse;
Allons presser Galba pour son juste supplice.
Du courroux à l'amour si le retour est doux,
On repasse aisément de l'amour au courroux

ACTE CINQUIÈME

SCÈNE I

GALBA, CAMILLE, RUTILE, ALBIANE.

GALBA.
Je vous le dis encor, redoutez ma vengeance,
Pour peu que vous soyez de son intelligence.
On ne pardonne point en matière d'État;
Plus on chérit la main, plus on hait l'attentat;
Et lorsque la fureur va jusqu'au sacrilége,
Le sexe ni le sang n'ont point de privilége.
CAMILLE.
Cet indigne soupçon serait bientôt détruit,
Si vous voyiez du crime où doit aller le fruit.
Othon, pour qui Plautine au fond du cœur soupire,
Othon, qui me dédaigne à moins que de l'empire,
S'il en fait sa conquête, et vous peut détrôner,
Laquelle de nous deux voudra-t-il couronner?
Pourrais-je de Pison conspirer la ruine
Qui m'arrachant du trône y porterait Plautine?
Croyez mes intérêts, si vous doutez de moi;
Et sur de tels garants, assuré de ma foi,
Tournez sur Vinius toute la défiance
Dont veut ternir ma gloire une injuste croyance.
GALBA.
Vinius par son zèle est trop justifié.
Voyez ce qu'en un jour il m'a sacrifié :
Il m'offre Othon pour vous qu'il souhaitait pour gendre;
Je le rends à sa fille, il aime à le reprendre;
Je la veux pour Pison, mon vouloir est suivi;
Je vous mets en sa place, et l'en trouve ravi;
Son ami se révolte, il presse ma colère;
Il donne à Martian Plautine à ma prière :
Et je soupçonnerais un crime dans les vœux
D'un homme qui s'attache à tout ce que je veux?
CAMILLE.
Qui veut également tout ce qu'on lui propose,
Dans le secret du cœur souvent veut autre chose,
Et maître de son âme, il n'a point d'autre foi
Que celle qu'en soi-même il ne donne qu'à soi.
GALBA.
Cet hymen toutefois est l'épreuve dernière
D'une foi toujours pure, inviolable, entière.
CAMILLE.
Vous verrez à l'effet comment elle agira,
Seigneur, et comme enfin Plautine obéira.
Sûr de sa résistance, et se flattant, peut-être
De voir bientôt ici son cher Othon le maître
Dans l'état où pour vous il a mis l'avenir,
Il promet aisément plus qu'il ne veut tenir.
GALBA.
Le devoir désunit l'amitié la plus forte,
Mais l'amour aisément sur ce devoir l'emporte;
Et son feu, qui jamais ne s'éteint qu'à demi,
Intéresse un amant autrement qu'un ami.
J'aperçois Vinius. Qu'on m'amène sa fille :
J'en punirai le crime en toute la famille,
Si jamais je puis voir par où n'en point douter;
Mais aussi jusque-là j'aurais tort d'éclater.
Je vois d'ailleurs Lacus.

SCÈNE II

GALBA, CAMILLE, VINIUS, LACUS, ALBIANE.

GALBA.
Eh bien, quelles nouvelles?
Qu'apprenez-vous tous deux du camp de nos rebelles?
VINIUS.
Que ceux de la marine et les Illyriens
Se sont avec chaleur joints aux prétoriens,
Et que des bords du Nil les troupes rappelées
Seules par leurs fureurs ne sont point ébranlées.
LACUS.
Tous ces mutins ne sont que de simples soldats;
Aucun des chefs ne trempe en leurs vains attentats;
Ainsi ne craignez rien d'une masse d'armée
Où déjà la discorde est peut-être allumée.
Sitôt qu'on y saura que le peuple à grands cris

Veut que de ces complots les auteurs soient pros-
Que du perfide Othon il demande la tête, [crits,
La consternation calmera la tempête;
Et vous n'avez, seigneur, qu'à vous y faire voir
Pour rendre d'un coup d'œil chacun à son devoir.

GALBA.
Irons-nous, Vinius, hâter par ma présence
L'effet d'une si douce et si juste espérance?

VINIUS.
Ne hasardez, seigneur, que dans l'extrémité,
Le redoutable effet de votre autorité.
Alors qu'il réussit, tout fait jour, tout lui cède;
Mais aussi quand il manque, il n'est plus de remède.
Il faut, pour déployer le souverain pouvoir,
Sûreté tout entière, ou profond désespoir;
Et nous ne sommes pas, seigneur, à ne rien feindre,
En état d'oser tout, non plus que de tout craindre.
Si l'on court au grand crime avec avidité,
Laissez-en ralentir l'impétuosité :
D'elle-même elle avorte, et la peur des supplices
Arme contre le chef ses plus zélés complices.
Un salutaire avis agit avec lenteur.

LACUS.
Un véritable prince agit avec hauteur :
Et je ne conçois point cet avis salutaire,
Quand on couronne Othon, de le regarder faire.
Si l'on court au grand crime avec avidité,
Il en faut réprimer l'impétuosité
Avant que les esprits, qu'un juste effroi balance,
S'y puissent enhardir sur notre nonchalance
Et prennent le dessus de ces conseils prudents,
Dont on cherche l'effet quand il n'en est plus temps.

VINIUS.
Vous détruirez toujours mes conseils par les vôtres;
Le seul ton de ma voix vous en inspire d'autres;
Et tant que vous aurez ce rare et haut crédit,
Je n'aurai qu'à parler pour être contredit.
Pison, dont l'heureux choix est votre digne ouvrage,
Ne serait que Pison s'il eût eu mon suffrage:
Vous n'avez soulevé Martian contre Othon
Que parce que ma bouche a proféré son nom;
Et verriez comme un autre une preuve assez claire
De combien votre avis est le plus salutaire,
Si vous n'aviez fait vœu d'être jusqu'au trépas
L'ennemi des conseils que vous ne donnez pas.

LACUS.
Et vous l'ami d'Othon, c'est tout dire; et peut-être
Qui le voulait pour gendre et l'a choisi pour maître
Ne veut encor des vœux qu'en faveur de ce choix,
Pour l'avoir et pour maître et pour gendre à la fois.

VINIUS.
J'étais l'ami d'Othon, et le tenais à gloire
Jusqu'à l'indignité d'une action si noire,
Que d'autres nommeront l'effet du désespoir
Où j'ai, malgré mes soins, plongé votre pouvoir.
Je l'ai voulu pour gendre, et choisi pour l'empire;
A l'un ni l'autre choix vous n'avez pu souscrire.
Par là de tout l'État le bonheur s'agrandit;
Et vous voyez aussi comme il vous applaudit.

GALBA.
Qu'un prince est malheureux quand de ceux qu'il
Le zèle cherche à prendre une diverse route, [écoute
Et que l'attachement qu'ils ont au propre sens
Pousse jusqu'à l'aigreur des conseils différents!
Ne me trompé-je point? et puis-je nommer zèle
Cette haine à tous deux obstinément fidèle,
Qui peut-être, en dépit des maux qu'elle prévoit,
Seule en mes intérêts se consulte et se croit?
Faites mieux; et croyez, en ce péril extrême,
Vous, que Lacus me sert, vous, que Vinius m'aime :
Ne haïssez qu'Othon, et songez qu'aujourd'hui
Vous n'avez à parler tous deux que contre lui.

VINIUS.
J'ose donc vous redire, en serviteur sincère,
Qu'il fait mauvais pousser tant de gens en colère,
Qu'il faut donner aux bons, pour s'entre-soutenir,
Le temps de se remettre et de se réunir,
Et laisser aux méchants celui de reconnaître
Quelle est l'impiété de se prendre à son maître.
Pison peut cependant amuser leur fureur,
De vos ressentiments leur donner la terreur,
Y joindre avec adresse un espoir de clémence
Au moindre repentir d'une telle insolence;
Et s'il vous faut enfin aller à son secours,
Ce qu'on veut à présent on le pourra toujours.

LACUS.
J'en doute, et crois parler en serviteur sincère,
Moi qui n'ai point d'amis dans le parti contraire
Attendrons-nous, seigneur, que Pison repoussé
Nous vienne ensevelir sous l'État renversé,
Qu'on descende en la place en bataille rangée,
Qu'on tienne en ce palais votre cour assiégée,
Que jusqu'au Capitole Othon aille à vos yeux
De l'empire usurpé rendre grâces aux dieux,
Et que, le front paré de votre diadème,
Ce traître trop heureux ordonne de vous-même?
Allons, allons, seigneur, les armes à la main,
Soutenir le sénat et le peuple romain :
Cherchons aux yeux d'Othon un trépas à leur tête
Pour lui plus odieux, et pour nous plus honnête;
Et par un noble effort allons lui témoigner...

GALBA.
Eh bien, ma nièce, eh bien, est-il doux de régner.
Est-il doux de tenir le timon d'un empire
Pour en voir les soutiens toujours se contredire?

CAMILLE.
Plus on voit aux avis de contrariétés,
Plus à faire un bon choix on reçoit de clartés.
C'est ce que je dirais, si je n'étais suspecte:
Mais je suis à Pison, seigneur, et vous respecte,
Et ne puis toutefois retenir ces deux mots,
Que si l'on m'avait crue on serait en repos.
Plautine qu'on amène aura même pensée :
D'une vive douleur elle paraît blessée...

SCÈNE III

GALBA, CAMILLE, VINIUS, LACUS, PLAUTINE, RUTILE, ALBIANE.

PLAUTINE.

Je ne m'en défends point, madame, Othon est mort;
De quiconque entre ici c'est le commun rapport;
Et son trépas pour vous n'aura pas tant de charmes,
Qu'à vos yeux comme aux miens il n'en coûte des
GALBA. [larmes.
Dit-elle vrai, Rutile, ou m'en flatté-je en vain?
RUTILE.
Seigneur, le bruit est grand, et l'auteur incertain.
Tous veulent qu'il soit mort, et c'est la voix publique;
Mais comment, et par qui, c'est ce qu'aucun n'ex-
GALBA. [plique.
Allez, allez, Lacus, vous-même prendre soin
De nous en faire voir un assuré témoin,
Et si de ce grand coup l'auteur se peut connaître...

SCÈNE IV

GALBA, VINIUS, LACUS, CAMILLE, PLAUTINE, MARTIAN, ATTICUS, RUTILE, ALBIANE.

MARTIAN.

Qu'on ne le cherche plus, vous le voyez paraître.
Seigneur, c'est par sa main qu'un rebelle puni...
GALBA.
Par celle d'Atticus ce grand trouble a fini!
ATTICUS.
Mon zèle l'a poussée, et les dieux l'ont conduite;
Et c'est à vous, seigneur, d'en arrêter la suite,
D'empêcher le désordre, et borner les rigueurs
Où contre des vaincus s'emportent des vainqueurs.
GALBA.
Courons-y. Cependant consolez-vous, Plautine;
Ne pensez qu'à l'époux que mon choix vous destine;
Vinius vous le donne, et vous l'accepterez
Quand vos premiers soupirs seront évaporés.
C'est à vous, Martian, que je la laisse en garde :
Comme c'est votre main que son hymen regarde,
Ménagez son esprit, et ne l'aigrissez pas.
Vous pouvez, Vinius, ne suivre point mes pas ;
Et la vieille amitié, pour peu qu'il vous en reste...
VINIUS.
Ah ! c'est une amitié, seigneur, que je déteste.
Mon cœur est tout à vous, et n'a point eu d'amis
Qu'autant qu'on les a vus à vos ordres soumis.
GALBA.
Suivez; mais gardez-vous de trop de complaisance.
CAMILLE.
L'entretien des amants hait toute autre présence,
Madame; et je retourne en mon appartement
Rendre grâces aux dieux d'un tel événement.

SCÈNE V

MARTIAN, PLAUTINE, ATTICUS, SOLDATS.

PLAUTINE.

Allez-y renfermer les pleurs qui vous échappent;
Les désastres d'Othon ainsi que moi vous frappent;
Et, si l'on avait cru vos souhaits les plus doux,
Ce grand jour le verrait couronner avec vous.
Voilà, voilà le fruit de m'avoir trop aimée ;
Voilà quel est l'effet...
MARTIAN.
Si votre âme enflammée...
PLAUTINE.
Vil esclave, est-ce à toi de troubler ma douleur?
Est-ce à toi de vouloir adoucir mon malheur,
A toi, de qui l'amour m'ose en offrir un pire ?
MARTIAN.
Il est juste d'abord qu'un si grand cœur soupire;
Mais il est juste aussi de ne pas trop pleurer
Une perte facile et prête à réparer.
Il est temps qu'un sujet à son prince fidèle
Remplisse heureusement la place d'un rebelle :
Un monarque le veut; un père en est d'accord.
Vous devez pour tous deux vous faire un peu d'effort,
Et bannir de ce cœur la honteuse mémoire
D'un amour criminel qui souille votre gloire.
PLAUTINE.
Lâche ! tu ne vaux pas que pour te démentir
Je daigne m'abaisser jusqu'à te repartir.
Tais-toi : laisse en repos une âme possédée
D'une plus agréable encor que triste idée ;
N'interromps plus mes pleurs.
MARTIAN.
Tournez vers moi les yeux:
Après la mort d'Othon, que pouvez-vous de mieux?
PLAUTINE, *cependant que deux soldats entrent et parlent à Atticus à l'oreille.*
Quelque insolent espoir qu'ait ta folle arrogance,
Apprends que j'en saurai punir l'extravagance,
Et percer de ma main ou ton cœur ou le mien,
Plutôt que de souffrir cet infâme lien.
Connais-toi, si tu peux, ou connais-moi.
ATTICUS.
De grâce,
Souffrez...
PLAUTINE.
De me parler tu prends aussi l'audace,
Assassin d'un héros que je verrais sans toi
Donner des lois au monde, et les prendre de moi ;
Toi, dont la main sanglante au désespoir me livre!
ATTICUS.
Si vous aimez Othon, madame, il va revivre;
Et vous verrez longtemps sa vie en sûreté,
S'il ne meurt que des coups dont je me suis vanté
PLAUTINE.
Othon vivrait encore ?

ATTICUS.
Il triomphe, madame;
Et maître de l'État, comme vous de son âme,
Vous l'allez bientôt voir lui-même à vos genoux
Vous faire offre d'un sort qu'il n'aime que pour vous,
Et dont sa passion dédaignerait la gloire,
Si vous ne vous faisiez le prix de sa victoire.
L'armée à son mérite enfin a fait raison;
On porte devant lui la tête de Pison;
Et Camille tient mal ce qu'elle vient de dire,
Ou rend grâces pour vous aux dieux d'un autre em-
Et fatigue le ciel par des vœux superflus [pire,
En faveur d'un parti qu'il ne regarde plus.

MARTIAN
Exécrable! ainsi donc ta promesse frivole...

ATTICUS.
Qui promet de trahir peut manquer de parole.
Si je n'eusse promis ce lâche assassinat,
Un autre par ton ordre eût commis l'attentat;
Et tout ce que j'ai dit n'était qu'un stratagème
Pour livrer en ses mains Lacus et Galba même.
Galba n'a rien à craindre : on respecte son nom;
Et ce n'est que sous lui que veut régner Othon.
Quant à Lacus et toi, je vois peu d'apparence
Que vos jours à tous deux soient en même assurance,
Si ce n'est que madame ait assez de bonté
Pour fléchir un vainqueur justement irrité.
Autour de ce palais nous avions deux cohortes
Qui déjà pour Othon en ont saisi les portes;
J'y commande, madame; et mon ordre aujourd'hui
Est de vous obéir, et m'assurer de lui.
Qu'on l'emmène, soldats! il blesse ici la vue.

MARTIAN.
Fut-il jamais disgrâce, ô dieux! plus imprévue?

PLAUTINE, *seule*.
Je me trouble, et ne sais par quel pressentiment
Mon cœur n'ose goûter ce bonheur pleinement;
Il semble avec chagrin se livrer à la joie;
Et bien qu'en ses douceurs mon déplaisir se noie,
Je ne passe de l'une à l'autre extrémité
Qu'avec un reste obscur d'esprit inquiété.
Je sens... Mais que me veut Flavie épouvantée?

SCÈNE VI

PLAUTINE, FLAVIE.

FLAVIE.
Vous dire que du ciel la colère irritée,
Ou plutôt du destin la jalouse fureur...

PLAUTINE.
Auraient-ils mis Othon aux fers de l'empereur?
Et dans ce grand succès la fortune inconstante
Aurait-elle trompé notre plus douce attente?

FLAVIE.
Othon est libre, il règne; et toutefois, hélas!...

PLAUTINE.
Serait-il si blessé qu'on craignît son trépas?

FLAVIE.
Non, partout à sa vue on a mis bas les armes;
Mais enfin son bonheur vous va coûter des larmes.

PLAUTINE.
Explique, explique donc ce que je dois pleurer.

FLAVIE.
Vous voyez que je tremble à vous le déclarer.

PLAUTINE.
Le mal est-il si grand?

FLAVIE.
D'un balcon, chez mon frère,
J'ai vu... Que ne peut-on, madame, vous le taire!
Ou qu'à voir ma douleur n'avez-vous deviné
Que Vinius...

PLAUTINE.
Eh bien?

FLAVIE.
Vient d'être assassiné!

PLAUTINE.
Juste ciel!

FLAVIE.
De Lacus l'inimitié cruelle...

PLAUTINE.
O d'un trouble inconnu présage trop fidèle!
Lacus...

FLAVIE.
C'est de sa main que part ce coup fatal.
Tous deux près de Galba marchaient d'un pas égal,
Lorsque, tournant ensemble à la première rue,
Ils découvrent Othon, maître de l'avenue.
Cet effroi ne les fait reculer quelques pas
Que pour voir ce palais saisi par vos soldats;
Et Lacus aussitôt étincelant de rage
De voir qu'Othon partout leur ferme le passage,
Lance sur Vinius un furieux regard,
L'approche sans parler, et, tirant un poignard.

PLAUTINE.
Le traître! Hélas! Flavie, où me vois-je réduite!

FLAVIE.
Vous m'entendez, madame, et je passe à la suite.
Ce lâche sur Galba portant même fureur :
« Mourez, seigneur, dit-il, mais mourez empereur;
« Et recevez ce coup comme un dernier hommage
« Que doit à votre gloire un généreux courage. »
Galba tombe; et ce monstre, enfin s'ouvrant le flanc,
Mêle un sang détestable à leur illustre sang.
En vain le triste Othon, à cet affreux spectacle,
Précipite ses pas pour y mettre un obstacle;
Tout ce que peut l'effort de ce cher conquérant,
C'est de verser des pleurs sur Vinius mourant,
De l'embrasser tout mort. Mais le voilà, madame,
Qui vous fera mieux voir les troubles de son âme.

SCÈNE VII

OTHON, PLAUTINE, FLAVIE.

OTHON.
Madame, savez-vous les crimes de Lacus?

PLAUTINE.

J'apprends en ce moment que mon père n'est plus.
Fuyez, seigneur, fuyez un objet de tristesse;
D'un jour si beau pour vous goûtez mieux l'allé-
Vous êtes empereur, épargnez-vous l'ennui [gresse.
De voir qu'un père...

OTHON.

Hélas! je suis plus mort que lui,
Et si votre bonté ne me rend une vie
Qu'en lui perçant le cœur un traître m'a ravie,
Je ne reviens ici qu'en malheureux amant,
Faire hommage à vos yeux de mon dernier moment.
Mon amour pour vous seule a cherché la victoire;
Ce même amour sans vous n'en peut souffrir la gloire,
Et n'accepte le nom de maître des Romains,
Que pour mettre avec moi l'univers en vos mains.
C'est à vous d'ordonner ce qui lui reste à faire.

PLAUTINE.

C'est à moi de gémir, et de pleurer mon père.
Non que je vous impute, en ma vive douleur,
Les crimes de Lacus et de notre malheur;
Mais enfin...

OTHON.

Achevez, s'il se peut, en amante :
Nos feux...

PLAUTINE.

Ne pressez point un trouble qui s'augmente.

Vous voyez mon devoir, et connaissez ma foi :
En ce funeste état répondez-vous pour moi?
Adieu, seigneur.

OTHON.

De grâce, encore une parole,
Madame.

SCÈNE VIII

OTHON, ALBIN.

ALBIN.

On vous attend, seigneur, au Capitole,
Et le sénat en corps vient exprès d'y monter
Pour jurer sur vos lois aux yeux de Jupiter.

OTHON.   [destine,

J'y cours : mais quelque honneur, Albin, qu'on m'y
Comme il n'aurait pour moi rien de doux sans Plau-
             [tine,
Souffrez du moins que j'aille, en faveur de mon feu,
Prendre pour y courir son ordre ou son aveu;
Afin qu'à mon retour, l'âme un peu plus tranquille,
Je puisse faire effort à consoler Camille,
Et lui jurer moi-même, en ce malheureux jour,
Une amitié fidèle au défaut de l'amour.

AGÉSILAS

TRAGÉDIE — 1666

AU LECTEUR

Il ne faut que parcourir les vies d'Agésilas et de Lysander chez Plutarque, pour démêler ce qu'il y a d'historique dans cette tragédie. La manière dont je l'ai traitée n'a point d'exemple parmi nos Français, ni dans ces précieux restes de l'antiquité qui sont venus jusqu'à nous; et c'est ce qui me l'a fait choisir. Les premiers qui ont travaillé pour le théâtre, ont travaillé sans exemple; et ceux qui les ont suivis y ont fait voir quelques nouveautés de temps en temps. Nous n'avons pas moins de privilège. Aussi notre Horace, qui nous recommande tant la lecture des poëtes grecs par ces paroles,

Vos exemplaria græca
Nocturnâ versate manu, versate diurnâ,

ne laisse pas de louer hautement les Romains d'avoir osé quitter les traces de ces mêmes Grecs, et pris d'autres routes :

Nil intentatum nostri liquére poetæ;
Nec minimum meruére decus, vestigia græca
Ausi deserere.

Leurs règles sont bonnes; mais leur méthode n'est pas de notre siècle : et qui s'attacherait à ne marcher que sur leurs pas, ferait sans doute peu de progrès et divertirait mal son auditoire. On court, à la vérité, quelque risque de s'égarer, et même on s'égare assez souvent, quand on s'écarte du chemin battu; mais on ne s'égare pas toutes les fois qu'on s'en écarte : quelques-uns en arrivent plus tôt où ils prétendent, et chacun peut hasarder à ses périls.

PERSONNAGES

AGÉSILAS, roi de Sparte.
LYSANDER, fameux capitaine de Sparte.
COTYS, roi de Paphlagonie.
SPITRIDATE, grand seigneur persan.

PERSONNAGES.

MANDANE, sœur de Spitridate.
ELPINICE, }
AGLATIDE, } filles de Lysander.
XÉNOCLÈS, lieutenant d'Agésilas.
CLÉON, orateur grec, natif d'Halicarnasse.

La scène est à Éphèse.

ACTE PREMIER

SCÈNE I

ELPINICE, AGLATIDE.

AGLATIDE.

Ma sœur, depuis un mois nous voilà dans Éphèse,
Prêtes à recevoir ces illustres époux
Que Lysander, mon père, a su choisir pour nous;
Et ce choix bienheureux n'a rien qui ne vous plaise.
Dites-moi toutefois, et parlons librement :
  Vous semble-t-il que votre amant
Cherche avec grande ardeur votre chère présence?
Et trouvez-vous qu'il montre, attendant ce grand
  Cette obligeante impatience   [jour,
Que donne, à ce qu'on dit, le véritable amour?

ELPINICE.

Cotys est roi, ma sœur; et comme sa couronne
Parle suffisamment pour lui,
Assuré de mon cœur, que son trône lui donne,
De le trop demander il s'épargne l'ennui.
Ce me doit être assez qu'en secret il soupire,
Que je puis deviner ce qu'il craint de trop dire
Et que moins son amour a d'importunité,
  Plus il a de sincérité.
Mais vous ne dites rien de votre Spitridate;
Prend-il autant de peine à mériter vos feux
  Que l'autre à retenir mes vœux?

AGLATIDE.

C'est environ ainsi que son amour éclate :
Il m'obsède à peu près comme l'autre vous sert.
On dirait que tous deux agissent de concert,
Qu'ils ont juré de n'être importuns l'un ni l'autre :
Ils en font grand scrupule; et la sincérité
Dont mon amant se pique, à l'exemple du vôtre,
Ne met pas son bonheur en l'assiduité.
Ce n'est pas qu'à vrai dire, il ne soit excusable
Je préparai pour lui, dès Sparte, une froideur
  Qui, dès l'abord, était capable
  D'éteindre la plus vive ardeur;

Et j'avoue entre nous qu'alors qu'il me néglige,
Qu'il se montre à son tour si froid, si retenu,
  Loin de m'offenser, il m'oblige,
Et me remet un cœur qu'il n'eût pas obtenu.

ELPINICE.

J'admire cette antipathie
Qui vous l'a fait haïr avant que de le voir,
Et croirais que sa vue aurait eu le pouvoir
  D'en dissiper une partie.
Car enfin Spitridate a l'entretien charmant,
L'œil vif, l'esprit aisé, le cœur bon, l'âme belle.
A tant de qualités s'il joignait un vrai zèle...

AGLATIDE.

Ma sœur, il n'est pas roi, comme l'est votre amant.

ELPINICE.

Mais au parti des Grecs il unit deux provinces;
Et ce Perse vaut bien la plupart de nos princes.

AGLATIDE.

Il n'est pas roi, vous dis-je, et c'est un grand défaut.
Ce n'est point avec vous que je le dissimule,
  J'ai peut-être le cœur trop haut;
Mais aussi bien que vous je sors du sang d'Hercule;
Et lorsqu'on vous destine un roi pour votre époux,
  J'en veux un aussi bien que vous.
J'aurais quelque chagrin à vous traiter de reine,
A vous voir dans un trône assise en souveraine,
S'il me fallait ramper dans un degré plus bas;
  Et je porte une âme assez vaine
Pour vouloir jusque-là vous suivre pas à pas.
Vous êtes mon aînée, et c'est un avantage
Qui me fait vous devoir grande civilité;
Aussi veux-je céder le pas devant à l'âge,
Mais je ne puis souffrir autre inégalité.

ELPINICE.

Vous êtes donc jalouse, et ce trône vous gêne
Où la main de Cotys a droit de me placer!
Mais si je renonçais au rang de souveraine,
  Voudriez-vous y renoncer?

AGLATIDE.

  Non, pas si tôt; j'ai quelque vue
  Qui me peut encore amuser.
Mariez-vous, ma sœur; quand vous serez pourvue,
On trouvera peut-être un roi pour m'épouser.
J'en aurais un déjà, n'était ce rang d'aînée
Qui demandait pour vous ce qu'il voulait m'offrir,
Ou s'il eût reconnu qu'un père eût pu souffrir
Qu'à l'hymen avant vous on me vît destinée.
Si ce roi jusqu'ici ne s'est point déclaré,
Peut-être qu'après tout il n'a que différé,
Qu'il attend votre hymen pour rompre son silence.
Je pense avoir encor ce qui le sut charmer;
Et s'il faut vous en faire entière confidence,
Agésilas m'aimait, et peut encor m'aimer.

ELPINICE.

Que dites-vous, ma sœur? Agésilas vous aime!

AGLATIDE.

Je vous dis qu'il m'aimait, et que sa passion
Pourrait bien être encor la même;

Mais cet amusement de mon ambition
  Peut n'être qu'une illusion.
Ce prince tient son trône et sa haute puissance
De ce même héros dont nous tenons le jour;
Et si ce n'était lors que par reconnaissance
  Qu'il me témoignait de l'amour,
  Puis-je être sans inquiétude
Quand il n'a plus pour lui que de l'ingratitude,
Qu'il n'écoute plus rien qui vienne de sa part?
Je ne sais si sa flamme est pour moi faible ou forte;
  Mais, la reconnaissance morte,
  L'amour doit courir grand hasard.

ELPINICE.

Ah! s'il n'avait voulu que par reconnaissance
  Être gendre de Lysander,
Son choix aurait suivi l'ordre de la naissance
Et Sparte au lieu de vous l'eût vu me demander;
Mais pour mettre chez nous l'éclat de sa couronne
Attendre que l'hymen m'ait engagée ailleurs,
C'est montrer que le cœur s'attache à la personne;
Ayez, ayez pour lui des sentiments meilleurs.
Ce cœur qu'il vous donna, ce choix qui considère
Autant et plus encor la fille que le père,
Feront que le devoir aura bientôt son tour;
Et pour vous faire seoir où vos désirs aspirent,
Vous verrez, et dans peu, comme pour vous conspi-
  La reconnaissance et l'amour.   [rent

AGLATIDE.

Vous voyez cependant qu'à peine il me regarde,
Depuis notre arrivée il ne m'a point parlé;
Et quand ses yeux vers moi se tournent par mégar-

ELPINICE.   [de...

Comme avec lui mon père a quelque démêlé,
  Cette petite négligence,
  Qui vous fait douter de sa foi,
  Vient de leur mésintelligence,
Et dans le fond de l'âme il vit sous votre loi.

AGLATIDE.

A tous hasards, ma sœur, comme j'en suis mal sûre,
Si vous me pouviez faire un don de votre amant,
Je crois que je pourrais l'accepter sans murmure.
Vous venez de parler du mien si dignement...

ELPINICE.

Aimeriez-vous Cotys, ma sœur?

AGLATIDE.

            Moi? nullement.

ELPINICE.

Pourquoi donc vouloir qu'il vous aime?

AGLATIDE.

Les hommages qu'Agésilas
Daigna rendre en secret au peu que j'ai d'appas,
M'ont si bien imprimé l'amour du diadème,
  Que, pourvu qu'un amant soit roi,
  Il est trop aimable pour moi.
Mais sans trône on perd temps: c'est la première idée
Qu'à l'amour en mon cœur il ait plu de tracer;
  Il l'a fidèlement gardée,
  Et rien ne peut plus l'effacer.

ELPINICE.
Chacune a son humeur : la grandeur souveraine,
Quelque main qui vous l'offre, est digne de vos feux :
  Et vous ne ferez point d'heureux
  Qui de vous ne fasse une reine.
Moi, je m'éblouis moins de la splendeur du rang;
Son éclat au respect plus qu'à l'amour m'invite :
Cet heureux avantage ou du sort ou du sang
Ne tombe pas toujours sur le plus de mérite.
Si mon cœur, si mes yeux, en étaient consultés,
  Leur choix irait à la personne,
  Et les hautes vertus, les rares qualités,
  L'emporteraient sur la couronne.
AGLATIDE.
Avouez tout, ma sœur; Spitridate vous plaît.
ELPINICE.
Un peu plus que Cotys; et si votre intérêt
  Vous pouvait résoudre à l'échange...
AGLATIDE.
Qu'en pouvons-nous ici résoudre vous et moi?
  En l'état où le ciel nous range,
Il faut l'ordre d'un père, il faut l'aveu d'un roi,
Que je plaise à Cotys, et vous à Spitridate.
ELPINICE.
  Pour l'un je ne sais quoi m'en flatte,
  Pour l'autre je n'en réponds pas;
  Et je craindrais fort que Mandane,
  Cette incomparable Persane
N'eût pour lui des attraits plus forts que vos appas.
AGLATIDE.
Ma sœur, Spitridate est son frère,
Et si jamais sur lui vous aviez du pouvoir...
ELPINICE.
Le voilà qui nous considère.
AGLATIDE.
Est-ce vous ou moi qu'il vient voir?
Voulez-vous que je vous le laisse?
ELPINICE.
Ma sœur, auparavant, engagez l'entretien;
Et s'il s'en offre lieu, jouez d'un peu d'adresse
  Pour votre intérêt et le mien.
AGLATIDE.
Il est juste en effet, puisqu'il n'a su me plaire,
  Que je vous aide à m'en défaire.

SCÈNE II

SPITRIDATE, ELPINICE, AGLATIDE.

ELPINICE.
Seigneur, je me retire; entre les vrais amants
Leur amour seul a droit d'être de confidence,
Et l'on ne peut mêler d'agréable présence
  A de si précieux moments.
SPITRIDATE.
Un vertueux amour n'a rien d'incompatible
  Avec les regards d'une sœur.
  Ne m'enviez point la douceur
De pouvoir à vos yeux convaincre une insensible;

Soyez juge et témoin de l'indigne succès
  Qui se prépare pour ma flamme;
  Voyez jusqu'au fond de mon âme
D'une si pure ardeur où va le digne excès,
Voyez tout mon espoir au bord du précipice;
Voyez des maux sans nombre et hors de guérison;
Et quand vous aurez vu toute cette injustice,
  Faites-m'en un peu de raison.
AGLATIDE.
Si vous me permettez, seigneur, de vous entendre,
De l'air dont votre amour commence à m'accuser,
  Je crains que pour en bien user
  Je ne me doive mal défendre.
Je sais bien que j'ai tort, j'avoue et hautement
  Que ma froideur doit vous déplaire;
Mais en cette froideur un heureux changement
  Pourrait-il fort vous satisfaire?
SPITRIDATE.
En doutez-vous, madame, et peut-on concevoir...?
AGLATIDE.
Je vous entends, seigneur, et vois ce qu'il faut voir :
Un aveu plus précis est d'une conséquenc
  Qui pourrait vous embarrasser;
Et même à notre sexe il est de bienséance
  De ne pas trop vous en presser.
A Lysander mon père il vous plut de promettre
D'unir par notre hymen votre sang et le sien;
La raison, à peu près, seigneur, je la pénètre,
Bien qu'aux raisons d'État je ne connaisse rien.
Vous ne m'aviez point vue, et facile ou cruelle,
  Petite ou grande, laide ou belle,
Qu'à votre humeur ou non je pusse m'accorder,
La chose était égale à votre ardeur nouvelle,
Pourvu que vous fussiez gendre de Lysander.
Ma sœur vous aurait plu s'il vous l'eût proposée;
J'eusse agréé Cotys s'il me l'eût proposé :
Vous trouvâtes tous deux la politique aisée;
Nous crûmes toutes deux notre devoir aisé.
  Comme à traiter cette alliance
Les tendresses des cœurs n'eurent aucune part,
Le vôtre avec le mien a peu d'intelligence,
Et l'amour en tous deux pourra naître un peu tard.
  Quand il faudra que je vous aime,
Que je l'aurai promis à la face des dieux,
  Vous deviendrez cher à mes yeux;
  Et j'espère de vous le même :
Jusque-là votre amour assez mal se fait voir
Celui que je vous garde encor plus mal s'explique
Vous attendez le temps de votre politique,
  Et moi celui de mon devoir.
  Voilà, seigneur, quel est mon crime;
Vous m'en vouliez convaincre, il n'en est plus besoin
J'en ai fait comme vous ma sœur juge et témoin :
Que ma froideur lui semble injuste ou légitime,
La raison que vous peut en faire sa bonté
  Je consens qu'elle vous la fasse;
Et pour vous en laisser tous deux en liberté,
  Je veux bien lui quitter la place.

SCÈNE III

SPITRIDATE, ELPINICE.

SPITRIDATE.

Elle ne s'y fait pas, madame, un grand effort,
Et ferait grâce entière à mon peu de mérite,
Si votre âme avec elle était assez d'accord
Pour se vouloir saisir de ce qu'elle vous quitte.
Pour peu que vous daigniez écouter la raison,
    Vous me devez cette justice,
Et prendre autant de part à voir ma guérison,
Qu'en ont eu vos attraits à faire mon supplice.

ELPINICE.

Quoi! seigneur, j'aurais part...

SPITRIDATE.

                    C'est trop dissimuler
La cause et la grandeur du mal qui me possède;
Et je me dois, madame, au défaut du remède,
    La vaine douceur d'en parler.
    Oui, vos yeux ont part à ma peine,
    Ils en font plus de la moitié;
Et s'il n'est point d'amour pour en finir la gêne,
Il est pour l'adoucir des regards de pitié.
Quand je quittai la Perse, et brisai l'esclavage
Où, m'envoyant au jour, le ciel m'avait soumis,
Je crus qu'il me fallait parmi ses ennemis
D'un protecteur puissant assurer l'avantage.
Cotys eut, comme moi, besoin de Lysander;
Et quand pour l'attacher lui-même à nos familles
    Nous demandâmes ses deux filles,
Ce fut les obtenir que de les demander.
Par déférence au trône il lui promit l'aînée;
    La jeune me fut destinée :
Comme nous ne cherchions tous deux que son appui,
Nous acceptâmes tout sans regarder que lui.
J'avais su qu'Aglatide était des plus aimables,
On m'avait dit qu'à Sparte elle savait charmer;
    Et sur des bruits si favorables
    Je me répondais de l'aimer.
Que l'amour aime peu ces folles confiances!
Et que, pour affermir son empire en tous lieux,
Il laisse choir souvent de cruelles vengeances
Sur qui promet son cœur sans l'aveu de ses yeux!
    Ce sont les conseillers fidèles
Dont il prend les avis pour ajuster ses coups;
Leur rapport inégal vous fait plus ou moins belles,
Et les plus beaux objets ne le sont pas pour tous.
A ce moment fatal qui nous permit la vue
    Et de vous et de cette sœur,
    Mon âme devint tout émue,
Et le trouble aussitôt s'empara de mon cœur;
    Je le sentis pour elle tout de glace,
    Je le sentis tout de flamme pour vous;
    Vous y régnâtes en sa place,
Et ses regards aux miens n'offrirent rien de doux.
Il faut pourtant l'aimer, du moins il faut le feindre;
    Il faut vous voir aimer ailleurs :
Voyez s'il fut jamais un amant plus à plaindre,

Un cœur plus accablé de mortelles douleurs.
C'est un malheur sans doute égal au trépas même,
Que d'attacher sa vie à ce qu'on n'aime pas;
Et voir en d'autres mains passer tout ce qu'on aime.
C'est un malheur encor plus grand que le trépas.

ELPINICE.

Je vous en plains, seigneur, et ne puis davantage.
    Je ne sais aimer ni haïr;
Mais dès qu'un père parle il porte en mon courage
Toute l'impression qu'il faut pour obéir.
Voyez avec Cotys si ses vœux les plus tendres
Voudraient rendre à ma sœur l'hommage qu'il me [rend.
Tout doit être à mon père assez indifférent,
Pourvu que vous et lui vous demeuriez ses gendres.
Mais, à vous dire tout, je crains qu'Agésilas
N'y refuse l'aveu qui vous est nécessaire :
C'est notre souverain.

SPITRIDATE.

              S'il en dédit un père,
Peut-être ai-je une sœur qu'il n'en dédira pas.
Ce grand prince pour elle a tant de complaisance,
Qu'à sa moindre prière il ne refuse rien;
Et si son cœur voulait s'entendre avec le mien...

ELPINICE.

Reposez-vous, seigneur, sur mon obéissance,
    Et contentez-vous de savoir
Qu'aussi bien que ma sœur j'écoute mon devoir.
Allez trouver Cotys, et sans aucun scrupule...

SPITRIDATE.

Perdriez-vous pour moi son trône sans ennui?

ELPINICE.

Le voilà qui paraît. Quelque ardeur qui vous brûle,
Mettez d'accord mon père, Agésilas, et lui.

SCÈNE IV

COTYS, SPITRIDATE.

COTYS.

Vous voyez de quel air Elpinice me traite,
Comme elle disparaît, seigneur, à mon abord.

SPITRIDATE.

Si votre âme, seigneur, en est mal satisfaite,
Mon sort est bien à plaindre autant que votre sort.

COTYS.

Ah ! s'il n'était honteux de manquer de promesse!

SPITRIDATE.

Si la foi sans rougir pouvait se dégager!

COTYS.

Qu'une autre de mon cœur serait bientôt maîtresse!

SPITRIDATE.

Que je serais ravi, comme vous, de changer!

COTYS.

Elpinice pour moi montre une telle glace,
Que je me tiendrais sûr de son consentement.

SPITRIDATE.

Aglatide verrait qu'une autre prît sa place
    Sans en murmurer un moment.

COTYS.

Que nous sert qu'en secret l'une et l'autre engagée
Peut-être ainsi que nous porte son cœur ailleurs?
Pour voir notre infortune entre elles partagée
　　Vos destins n'en sont pas meilleurs.

SPITRIDATE.

Elles aiment ailleurs, ces belles dédaigneuses;
　　Et peut-être, en dépit du sort,
Il serait un moyen et de les rendre heureuses,
Et de nous rendre heureux par un commun accord.

COTYS.

Souffrez donc qu'avec vous tout mon cœur se déploie.
Ah! si vous le vouliez, que mon sort serait doux!
Vous seul pouvez me mettre au comble de ma joie.

SPITRIDATE.

Et ma félicité dépend toute de vous.

COTYS.

Vous me pouvez donner l'objet qui me possède.

SPITRIDATE.

Vous me pouvez donner celui de tous mes vœux:
Elpinice me charme.

COTYS.

　　　Et si je vous la cède?

SPITRIDATE.

Je céderai de même Aglatide à vos feux.

COTYS.

Aglatide, seigneur! Ce n'est pas là m'entendre,
　　Et vous ne feriez rien pour moi.

SPITRIDATE.

Ne vous devez-vous pas à Lysander pour gendre?

COTYS.

Oui; mais l'amour ici me fait une autre loi.

SPITRIDATE.

L'amour! il n'en faut point écouter qui le blesse,
　　Et qui nous ôte son appui.
L'échange des deux sœurs n'a rien qui l'intéresse,
　　Nous n'en serons pas moins à lui;
Mais de porter ailleurs la main qui leur est due,
Seigneur, au dernier point ce sera l'irriter,
　　Et, sa protection perdue,
　　N'avons-nous rien à redouter?

COTYS.

Si je n'en juge mal, sa faveur n'est pas grande,
　　Seigneur, auprès d'Agésilas;
Il n'obtient presque rien de quoi qu'il lui demande.

SPITRIDATE.

Je vois qu'assez souvent il ne l'écoute pas:
　　Mais pour un différend frivole,
　　Dont nous ignorons le secret,
Ce prince avoûrait-il un amour indiscret
　　D'un tel manquement de parole?
Lui qui lui doit son trône, et cet illustre rang
D'unique général des troupes de la Grèce,
Pourrait-il le haïr avec tant de bassesse,
Qu'il pût autoriser le mépris de son sang?
Si nous manquons de foi, qu'aura-t-il lieu de croire?
En aurions-nous pour lui plus que pour Lysander?
Pensez-y bien, seigneur, avant qu'y hasarder
　　Nos sûretés, et votre gloire

COTYS.

Et si ce différend, que vous craignez si peu,
Lui fait pour notre hymen refuser un aveu?

SPITRIDATE.

Ma sœur n'a qu'à parler, je m'en tiens seur* par elle.

COTYS.

Seigneur, l'aimerait-il?

SPITRIDATE.

　　　Il la trouve assez belle,
Il en parle avec joie, et se plaît à la voir:
Je tâche d'affermir ces douces apparences:
　　Et si vous voulez tout savoir,
Je pense avoir de quoi flatter mes espérances.
Prenez-y part, seigneur, pour l'intérêt commun
Quand nous aurons tous deux Lysander pour beau-
　　　　　　　　　　　　　　　　　[père,
Ce roi s'allie à vous, s'il devient mon beau-frère;
Et nous aurons ainsi deux appuis au lieu d'un.

COTYS.

Et Mandane y consent?

SPITRIDATE

　　　Mandane est trop bien née
Pour dédire un devoir qui la met sous ma loi

COTYS.

Et vous avez donné pour elle votre foi?

SPITRIDATE.

Non; mais, à dire vrai, je la tiens pour donnée.

COTYS.

Ah! ne la donnez point, seigneur, si vous m'aimez,
　　Ou si vous aimez Elpinice.
Mandane a tout mon cœur, mes yeux en sont charmés;
Et ce n'est qu'à ce prix que je vous rends justice.

SPITRIDATE.

Elpinice ne rend votre foi qu'à sa sœur,
Et ce n'est qu'à ce prix qu'elle-même se donne.

COTYS.

Hélas! et si l'amour autrement en ordonne,
　　Le moyen d'y forcer mon cœur?

SPITRIDATE.

Rendez-vous-en le maître.

COTYS.

　　　Et l'êtes-vous du vôtre:

SPITRIDATE.

J'y ferai mon effort, si je vous parle en vain;
Et du moins, si ma sœur vous dérobe à toute autre,
　　Je serai maître de ma main.

COTYS.

Je ne le puis celer, qui que l'on me propose,
Toute autre que Mandane est pour moi même chose.

SPITRIDATE.

Il vous est donc facile, et doit même être doux,
Puisqu'enfin Elpinice aime un autre que vous,
　　De lui préférer qui vous aime;
　　Et du moins vous auriez l'honneur,
　　Par un peu d'effort sur vous-même
　　De faire le commun bonheur.

COTYS.

Je ferais trois heureux qui m'empêchent de l'être
J'ose, j'ose vous faire une plus juste loi.

Ou faites mon bonheur dont vous êtes le maître,
Ou demeurez tous trois malheureux comme moi.
SPITRIDATE.
Eh bien, épousez Elpinice ;
Je renonce à tout mon bonheur,
Plutôt que de me voir complice
D'un manquement de foi qui vous perdrait d'hon-
COTYS. [neur.
Rendez-vous à votre Aglatide,
Puisque votre cœur endurci
Veut suivre obstinément un faux devoir pour guide.
Je serai malheureux, vous le serez aussi.

ACTE DEUXIÈME

SCÈNE I

SPITRIDATE, MANDANE.

SPITRIDATE.
Que nous avons, ma sœur, brisé de rudes chaînes !
En Perse il n'est point de sujets ;
Ce ne sont qu'esclaves abjects,
Qu'écrasent d'un coup d'œil les têtes souveraines :
Le monarque, ou plutôt le tyran général,
N'y suit pour loi que son caprice,
N'y veut point d'autre règle et point d'autre justice,
Et souvent même impute à crime capital
Le plus rare mérite et le plus grand service ;
Il abat à ses pieds les plus hautes vertus,
S'immole insolemment les plus illustres vies,
Et ne laisse aujourd'hui que les cœurs abattus
À couvert de ses tyrannies.
Vous autres, s'il vous daigne honorer de son lit,
Ce sont indignités égales ;
La gloire s'en partage entre tant de rivales,
Qu'elle est moins un honneur qu'un sujet de dépit.
Toutes n'ont pas le nom de reines,
Mais toutes portent mêmes chaînes,
Et toutes, à parler sans fard,
Servent à ses plaisirs sans part à son empire ;
Et même en ses plaisirs elles n'ont d'autre part
Que celle qu'à son cœur brutalement inspire
Ou le caprice, ou le hasard.
Voilà, ma sœur, à quoi vous avait destinée,
A quel infâme honneur vous avait condamnée
Pharnabase son lieutenant :
Il aurait fait de vous un présent à son prince,
Si pour nous affranchir mon soin le prévenant
N'eût à sa tyrannie arraché ma province.
La Grèce a de plus saintes lois,
Elle a des peuples et des rois
Qui gouvernent avec justice :
La raison y préside, et la sage équité ;
Le pouvoir souverain, par elles limité,

N'y laisse aucun droit de caprice.
L'hymen de ses rois même y donne cœur pour cœur ;
Et si vous aviez le bonheur
Que l'un d'eux vous offrît son trône avec son âme,
Vous seriez, par ce nœud charmant,
Et reine véritablement,
Et véritablement sa femme.
MANDANE.
Je veux bien l'espérer, tout est facile aux dieux ;
Et peut-être que de bons yeux
En auraient déjà vu quelque flatteuse marque ;
Mais il en faut de bons pour faire un si grand choix.
Si le roi dans la Perse est un peu trop monarque,
En Grèce il est des rois qui ne sont pas trop rois
Il en est dont le peuple est le suprême arbitre ;
Il en est d'attachés aux ordres d'un sénat ;
Il en est qui ne sont enfin, sous ce grand titre,
Que premiers sujets de l'État.
Je ne sais si le ciel pour régner m'a fait naître,
Et, quoi qu'en ma faveur j'aie encor vu paraître,
Je doute si l'on m'aime ou non ;
Mais je pourrais être assez vaine
Pour dédaigner le nom de reine
Que m'offrirait un roi qui n'en eût que le nom.
SPITRIDATE.
Vous en savez beaucoup, ma sœur, et vos mérites
Vous ouvrent fort les yeux sur ce que vous valez.
MANDANE.
Je réponds simplement à ce que vous me dites,
Et parle en général comme vous me parlez.
SPITRIDATE.
Cependant et des rois et de leur différence
Je vous trouve en effet plus instruite que moi.
MANDANE.
Puisque vous m'ordonnez qu'ici j'espère un roi,
Il est juste, seigneur, que quelquefois j'y pense.
SPITRIDATE.
N'y pensez-vous point trop ?
MANDANE.
Je sais que c'est à vous
A régler mes désirs sur le choix d'un époux :
Mon devoir n'en fera point d'autre ;
Mais, quand vous daignerez choisir pour une sœur,
Daignez songer, de grâce, à faire son bonheur
Mieux que vous n'avez fait le vôtre.
D'un choix que vous m'aviez vous-même tant loué
Votre cœur et vos yeux vous ont désavoué ;
Et si j'ai, comme vous, quelques pentes secrètes,
Seigneur, si c'est ainsi que vous les rencontrez,
Jugez, par le trouble où vous êtes,
De l'état où vous me mettrez.
SPITRIDATE.
Je le vois bien, ma sœur, il faut vous laisser faire :
Qui choisit mal pour soi choisit mal pour autrui ;
Et votre cœur, instruit par le malheur d'un frère,
A déjà fait son choix sans lui.
MANDANE.
Peut-être ; mais enfin vous suis-je nécessaire ?
Parlez ; il n'est désirs ni tendres sentiments

Que je ne sacrifie a vos contentements.
Faut-il donner ma main pour celle d'Elpinice?
SPITRIDATE.
Que sert de m'en offrir un entier sacrifice,
Si je n'ose et ne puis même déterminer
A qui pour mon bonheur vous devez la donner?
Cotys me la demande, Agésilas l'espère.
MANDANE.
Agésilas, seigneur! Et le savez-vous bien?
SPITRIDATE.
Parler de vous sans cesse, aimer votre entretien,
Vous donner tout crédit, ne chercher qu'à vous plai-
MANDANE. [re...
Ce sont civilités envers une étrangère
Qui font beaucoup d'éclat, et ne produisent rien.
Il jette par là des amorces
A ceux qui, comme nous, voudront grossir ses forces;
Mais, quelque haut crédit qu'il me donne en sa cour,
De toute sa conduite il est si bien le maître,
Qu'au simple nom d'hymen vous verriez disparaître
Tout ce qu'en ses faveurs vous prenez pour amour.
SPITRIDATE.
Vous penchez vers Cotys, et savez qu'Elpinice
Ne veut point être à moi qu'il ne soit à sa sœur.
MANDANE.
Je vous réponds de tout, si vous avez son cœur.
SPITRIDATE.
Et Lysander pourra souffrir cette injustice?
MANDANE.
Lysander est si mal auprès d'Agésilas,
Que ce sera beaucoup s'il en obtient un gendre;
Et peut-être sans moi ne l'obtiendra-t-il pas :
Pour deux, il aurait tort, s'il osait y prétendre.
Mais, seigneur, le voici; tâchez de pressentir
Ce qu'en votre faveur il pourrait consentir.
SPITRIDATE.
Ma sœur, vous êtes plus adroite;
Souffrez que je ménage un moment de retraite.
J'aurais trop à rougir, pour peu que devant moi
Vous fissiez deviner de ce manque de foi.

SCÈNE II

LYSANDER, SPITRIDATE, MANDANE, CLÉON.

LYSANDER.
Quoique, en matière d'hyménées,
L'importune longueur des affaires traînées
Attire assez souvent de fâcheux embarras,
J'ai voulu qu'à loisir vous puissiez voir mes filles
Avant que demander l'aveu d'Agésilas
Sur l'union de nos familles.
Dites-moi donc, seigneur, ce qu'en jugent vos yeux,
S'ils laissent votre cœur d'accord de vos promesses,
Et si vous y sentez plus d'aimables tendresses
Que de justes désirs de pouvoir choisir mieux.
Parlez avec franchise avant que je m'expose
A des refus presque assurés,
Que j'estimerai peu de chose

Quand vous serez plus déclarés :
Et n'appréhendez point l'emportement d'un père;
Je sais trop que l'amour de ses droits est jaloux,
Qu'il dispose de nous sans nous,
Que les plus beaux objets ne sont pas sûrs de plaire :
L'aveugle sympathie est ce qui fait agir
La plupart des feux qu'il excite;
Il ne l'attache pas toujours au vrai mérite;
Et, quand il la dénie, on n'a point à rougir.
SPITRIDATE.
Puisque vous le voulez, je ne puis me défendre,
Seigneur, de vous parler avec sincérité.
Ma seule ambition est d'être votre gendre;
Mais apprenez, de grâce, une autre vérité :
Ce bonheur que j'attends, cette gloire où j'aspire,
Et qui rendrait mon sort égal au sort des dieux,
N'a pour objet... Seigneur, je tremble à vous le dire
Ma sœur vous l'expliquera mieux.

SCÈNE III

LYSANDER, MANDANE, CLÉON.

LYSANDER.
Que veut dire, madame, une telle retraite?
Se plaint-il d'Aglatide, et la jeune indiscrète
Répondrait-elle mal aux honneurs qu'il lui fait?
MANDANE.
Elle y répond, seigneur, ainsi qu'il le souhaite,
Et je l'en vois fort satisfait :
Mais je ne vois pas bien que par les sympathies
Dont vous venez de nous parler,
Leurs âmes soient fort assorties,
Ni que l'amour encore ait daigné s'en mêler.
Ce n'est pas qu'il n'aspire à se voir votre gendre,
Qu'il n'y mette sa gloire, et borne ses plaisirs;
Mais, puisque par son ordre il me faut vous l'appren-
Elpinice est l'objet de ses plus chers désirs. [dre,
LYSANDER.
Elpinice! Et sa main n'est plus en ma puissance.
MANDANE.
Je sais qu'il n'est plus temps de vous la demander;
Mais je vous répondrais de son obéissance,
Si Cotys la voulait céder.
Que sait-on si l'amour, dont la bizarrerie
Se joue assez souvent du fond de notre cœur,
N'aura point fait au sien même supercherie?
S'il n'y préfère point Aglatide à sa sœur?
Cet échange, seigneur, pourrait-il vous déplaire,
S'il les rendait tous quatre heureux?
LYSANDER.
Madame, doutez-vous de la bonté d'un père?
MANDANE.
Voyez donc si Cotys sera plus rigoureux :
Je vous laisse avec lui, de peur que ma présence
N'empêche une sincère et pleine confiance.
(a Cotys.)
Seigneur, ne cachez plus le véritable amour
Dont l'idée en secret vous flatte.

J'ai dit à Lysander celui de Spitridate;
Dites le vôtre à votre tour.

SCÈNE IV

LYSANDER, COTYS, CLÉON.

COTYS.
Puisqu'elle vous l'a dit, pourrais-je vous le taire?
Jugez, seigneur, de mes ennuis;
Une autre qu'Elpinice à mes yeux a su plaire;
Et l'aimer est un crime en l'état où je suis.

LYSANDER.
Ne traitez point, seigneur, ce nouveau feu de crime.
Le choix que font les yeux est le plus légitime;
Et comme un beau désir ne peut bien s'allumer,
S'ils n'instruisent le cœur de ce qu'il doit aimer,
C'est ôter à l'amour tout ce qu'il a d'aimable,
Que les tenir captifs sous une aveugle foi;
Et le don le plus favorable
Que ce cœur sans leur ordre ose faire de soi
Ne fut jamais irrévocable.

COTYS.
Seigneur, ce n'est point par mépris,
Ce n'est point qu'Elpinice aux miens n'ait paru belle;
Mais enfin, le dirai-je? oui, seigneur, on m'a pris,
On m'a volé ce cœur que j'apportais pour elle.
D'autres yeux, malgré moi, s'en sont faits les tyrans,
Et ma foi s'est armée en vain pour ma défense;
Ce lâche, qui s'est mis de leur intelligence,
Les a soudain reçus en justes conquérants.

LYSANDER.
Laissez-leur garder leur conquête.
Peut-être qu'Elpinice avec plaisir s'apprête
A vous laisser ailleurs trouver un sort plus doux,
Quand un autre pour elle a d'autres yeux que vous,
Qu'elle cède ce cœur à celle qui le vole,
Et qu'en ce même instant qu'on vous le surprenait,
Un pareil attentat sur sa propre parole
Lui dérobait celui qu'elle vous destinait.
Surtout ne craignez rien du côté d'Aglatide :
Je puis répondre d'elle; et quand j'aurai parlé,
Vous verrez tout son cœur, où mon pouvoir préside,
Vous payer de celui qu'elle vous a volé.

COTYS.
Ah! seigneur, pour ce vol je ne me plains pas d'elle.

LYSANDER.
Et de qui donc?

COTYS.
L'amour s'y sert d'une autre main.

LYSANDER.
L'amour!

COTYS.
Oui, cet amour qui me rend infidèle...

LYSANDER.
Seigneur, du nom d'amour n'abusez point en vain,
Dites d'Agésilas la haine insatiable;
C'est elle dont l'aigreur auprès de vous m'accable,
Et qui de jour en jour s'animant contre moi,
Pour me perdre d'honneur m'enlève votre foi.

COTYS.
Ah! s'il y va de votre gloire,
Ma parole est donnée, et dussé-je en mourir,
Je la tiendrai, seigneur, jusqu'au dernier soupir;
Mais, quoi que la surprise ait pu vous faire croire,
N'accusez point Agésilas
D'un crime de mon cœur que même il ne sait pas.
Mandane, qui m'ordonne à vos yeux de le dire,
Vous montre assez par là quel souverain empire
L'amour lui donne sur ce cœur.
Ne considérez point si j'aime ou si l'on m'aime;
En matière d'honneur ne voyez que vous-même,
Et disposez de moi comme veut cet honneur.

LYSANDER.
L'amour le fera mieux; ce que j'en viens d'apprendre
M'offre un sujet de joie où j'en voyais d'ennui :
Épouser la sœur de mon gendre
C'est le devenir comme lui.
Aglatide d'ailleurs n'est pas si délaissée
Que votre exemple n'aide à lui trouver un roi;
Et, pour peu que le ciel réponde à ma pensée,
Ce sera plus de gloire et plus d'appui pour moi.
Aussi ferai-je plus : je veux que de moi-même
Vous teniez cet objet qui vous fait soupirer;
Et Spitridate, à moins que de m'en assurer,
N'obtiendra jamais ce qu'il aime.
Je veux dès aujourd'hui savoir d'Agésilas
S'il pourra consentir à ce double hyménée,
Dont ma parole était donnée.
Sa haine apparemment ne m'en avoûra pas :
Si pourtant par bonheur il m'en laisse le maître,
J'en userai, seigneur, comme je le promets;
Sinon, vous lui ferez connaître
Vous-même quels sont vos souhaits.

COTYS.
Ah! que Mandane et moi n'avons-nous mille vies,
Seigneur, pour vous les immoler!
Car, je ne saurais plus vous le dissimuler,
Nos âmes en seront également ravies.
Souffrez-lui donc sa part en ces ravissements,
Et pardonnez, de grâce, à mon impatience...

LYSANDER.
Allez : on m'a vu jeune, et par expérience
Je sais ce qui se passe au cœur des vrais amants.

SCÈNE V

LYSANDER, CLÉON.

CLÉON.
Seigneur, n'êtes-vous point d'une humeur bien facil
D'applaudir à Cotys sur son manque de foi?

LYSANDER.
Je prends pour l'attacher à moi
Ce qui s'offre de plus utile.
D'un emportement indiscret
Je ne voyais rien à prétendre;

Vouloir par force en faire un gendre,
Ce n'est qu'en vouloir faire un ennemi secret.
Je veux me l'acquérir; je veux, s'il m'est possible,
A force d'amitiés si bien le ménager,
  Que, quand je voudrai me venger,
  J'en tire un secours infaillible.
  Ainsi je flatte ses désirs,
J'applaudis, je défère à ses nouveaux soupirs,
  Je me fais l'auteur de sa joie,
Je sers sa passion, et sous cette couleur
Je m'ouvre dans son âme une infaillible voie
A m'en faire à mon tour servir avec chaleur.

CLÉON.
Oui; mais Agésilas, seigneur, aime Mandane;
Du moins toute sa cour ose le deviner :
Et promettre à Cotys cette illustre Persane,
C'est lui promettre tout pour ne lui rien donner.

LYSANDER.
Qu'à ses vœux mon tyran l'accorde ou la refuse,
  De la manière dont j'en use,
  Il ne peut m'ôter son appui;
Et de quelque façon que la chose se passe,
  Ou je fais la première grâce,
Ou j'aigris puissamment ce rival contre lui.
J'ai même à souhaiter que son feu se déclare.
Comme de notre Sparte il choquera les lois,
C'est une occasion que lui-même il prépare,
Et qui peut la résoudre à mieux choisir ses rois.
Nous avons trop longtemps asservi sa couronne
  A la vaine splendeur du sang;
Il est juste à son tour que la vertu la donne,
Et que le seul mérite ait droit à ce haut rang.
Ma ligue est déjà forte, et ta harangue est prête
  A faire éclater la tempête,
Sitôt qu'il aura mis ma patience à bout :
Si pourtant je voyais sa haine enfin bornée
Ne mettre aucun obstacle à ce double hyménée,
Je crois que je pourrais encor oublier tout.
En perdant cet ingrat, je détruis mon ouvrage;
Je vois dans sa grandeur le prix de mon courage,
Le fruit de mes travaux, l'effet de mon crédit.
Un reste d'amitié tient mon âme en balance;
Quand je veux le haïr je me fais violence,
Et me force à regret à ce que je t'ai dit.
Il faut, il faut enfin qu'avec lui je m'explique,
  Que j'en sache qui peut causer
Cette haine si lâche, et qu'il rend si publique,
Et fasse un digne effort à le désabuser.

CLÉON.
Il n'appartient qu'à vous de former ces pensées;
Mais vous ne songez point avec quels sentiments
  Vos deux filles intéressées
  Apprendront de tels changements.

LYSANDER.
Aglatide est d'humeur à rire de sa perte;
Son esprit enjoué ne s'ébranle de rien :
Pour l'autre, elle a, de vrai, l'âme un peu moins ou-
Mais elle n'eut jamais de vouloir que le mien. [verte,
Ainsi je me tiens sûr de leur obéissance.

CLÉON.
Quand cette obéissance a fait un digne choix,
Le cœur, tombé par là sous une autre puissance,
N'obéit pas toujours une seconde fois.

LYSANDER.
Les voici : laisse-nous, afin qu'avec franchise
  Leurs âmes s'en ouvrent à moi.

SCÈNE VI

LYSANDER, ELPINICE, AGLATIDE.

LYSANDER.
  J'apprends avec quelque surprise,
Mes filles, qu'on vous manque à toutes deux de foi;
Cotys aime en secret une autre qu'Elpinice.
  Spitridate n'en fait pas moins.

ELPINICE.
  Si l'on nous fait quelque injustice,
Seigneur, notre devoir s'en remet à vos soins.
Je ne sais qu'obéir.

AGLATIDE.
  J'en sais donc davantage;
Je sais que Spitridate adore d'autres yeux;
Je sais que c'est ma sœur à qui va cet hommage,
Et quelque chose encor qu'elle vous dirait mieux.

ELPINICE.
Ma sœur, qu'aurais-je à dire?

AGLATIDE.
  A quoi bon ce mystere?
Dites ce qu'à ce nom le cœur vous dit tout bas,
Ou je dirai tout haut qu'il ne vous déplaît pas.

ELPINICE.
Moi, je pourrais l'aimer, et sans l'ordre d'un pere.

AGLATIDE.
Vous ne savez que c'est d'aimer ou de haïr,
Mais vous seriez pour lui fort aisé d'obéir.

ELPINICE.
Qu'il faut souffrir de vous, ma sœur!

AGLATIDE.
  Le grand supplice
De voir qu'en dépit d'elle on lui rend du service!

LYSANDER.
Rendez-lui la pareille. Aime-t-elle Cotys?
Et s'il fallait changer entre vous de partis...

AGLATIDE.
Je n'ai pas besoin d'interprète,
Et vous en dirai plus, seigneur, qu'elle n'en sait.
Cotys pourrait me plaire, et plairait en effet,
Si pour toucher son cœur j'étais assez bien faite;
Mais je suis fort trompée, ou cet illustre cœur
  N'est pas plus à moi qu'à ma sœur.

LYSANDER.
Peut-être ce malheur d'assez près te menace.

AGLATIDE.   [place,
J'en connais plus de vingt qui mourraient en ma
Ou qui sauraient du moins hautement quereller
  L'injustice de la fortune;

Mais pour moi, qui n'ai pas une âme si commune,
  Je sais l'art de m'en consoler.
Il est d'autres rois dans l'Asie
Qui seront trop heureux de prendre votre appui ;
Et déjà je ne sais par quelle fantaisie
J'en crois voir à mes pieds de plus puissants que lui.

LYSANDER.

Donc à moins que d'un roi tu ne veux plus te rendre ?

AGLATIDE.

Je crois pour Spitridate avoir déjà fait voir
  Que ma sœur n'a rien à m'apprendre
  Sur le chapitre du devoir.
Elle sait obéir, et je le sais comme elle :
C'est l'ordre ; et je lui garde un cœur assez fidèle
  Pour en subir toutes les lois :
  Mais pour régler ma destinée,
Si vous vous abaissiez jusqu'à prendre ma voix,
  Vous arrêteriez votre choix
  Sur une tête couronnée,
  Et ne m'offririez que des rois.

LYSANDER.

C'est mettre un peu haut ta conquête.

AGLATIDE.

La couronne, seigneur, orne bien une tête.
Je me la figurais sur celle de ma sœur,
  Lorsque Cotys devait l'y mettre ;
Et, quand j'en contemplais la gloire et la douceur,
  Que je ne pouvais me promettre,
Un peu de jalousie et de confusion
Mutinait mes désirs et me soulevait l'âme ;
  Et comme en cette occasion
Mon devoir pour agir n'attendait point ma flamme...

ELPINICE.

La gloire d'obéir à votre grand regret
  Vous faisait pester en secret :
C'est l'ordre ; et du devoir la scrupuleuse idée...

AGLATIDE.

Que dites-vous, ma sœur ? qu'osez-vous hasarder,
Vous qui tantôt...

ELPINICE.

              Ma sœur, laissez-moi vous aider,
  Ainsi que vous m'avez aidée.

AGLATIDE.

Pour bien m'aider à dire ici mes sentiments,
  Vous vous prenez mal aux vôtres ;
Et, si je suis jamais réduite aux truchements *,
  Il m'en faudra bien chercher d'autres.
Seigneur, quoi qu'il en soit, voilà quelle je suis.
J'acceptais Spitridate avec quelques ennuis ;
De ce petit chagrin le ciel m'a dégagée
Sans que mon âme soit changée.
Mon devoir règne encor sur mon ambition ;
Quoi que vous m'ordonniez, j'obéirai sans peine :
  Mais, de mon inclination,
  Je mourrai fille, ou vivrai reine.

ELPINICE.

Achevez donc, ma sœur ; dites qu'Agésilas..

AGLATIDE.

  Ah ! seigneur, ne l'écoutez pas :

Ce qu'elle veut vous dire est une bagatelle ;
Et même, s'il le faut, je le dirai mieux qu'elle.

LYSANDER.

Dis donc. Agésilas...?

AGLATIDE.

              M'aimait jadis un peu,
Du moins lui-même à Sparte il m'en fit confidence,
Et, s'il me disait vrai, sa noble impatience
  De vous en demander l'aveu
  N'attendait qu'après l'hyménée
  De cette aimable et chère aînée.
Mais s'il attendait là que mon tour arrivé
  Autorisât à ma conquête
La flamme qu'en réserve il tenait toute prête,
Son amour est encore ici plus réservé ;
Et, soit que dans Éphèse un autre objet me passe
Soit que par complaisance il cède à son rival,
  Il me fait à présent la grâce
  De ne m'en dire bien ni mal.

LYSANDER.

D'un pareil changement ne cherche point la cause :
Sa haine pour ton père à cet amour s'oppose.
Mais n'importe, il est bon que j'en sois averti :
J'agirai d'autre sorte avec cette lumière ;
Et, suivant qu'aujourd'hui nous l'aurons plus entiè-
  Nous verrons à prendre parti.   [re,

SCÈNE VII

ELPINICE, AGLATIDE.

ELPINICE.

Ma sœur, je vous admire, et ne saurais comprendre
  Cet inépuisable enjoûment,
Qui d'un chagrin trop juste a de quoi vous défendre,
Quand vous êtes si près de vous voir sans amant.

AGLATIDE.

Il est aisé pourtant d'en deviner les causes.
Je sais comme il faut vivre, et m'en trouve fort bien
  La joie est bonne à mille choses,
  Mais le chagrin n'est bon à rien.
Ne perds-je pas assez, sans doubler l'infortune,
Et perdre encor le bien d'avoir l'esprit égal ?
Perte sur perte est importune,
Et je m'aime un peu trop pour me traiter si mal.
Soupirer quand le sort nous rend une injustice,
C'est lui prêter une aide à nous faire un supplice.
Pour moi, qui ne lui puis souffrir tant de pouvoir,
Le bien que je me veux met sa haine à pis faire.
  Mais allons rejoindre mon père ;
J'ai quelque chose encore à lui faire savoir.

ACTE TROISIÈME

SCÈNE I

AGÉSILAS, LYSANDER, XÉNOCLÈS.

LYSANDER.

Je ne suis point surpris qu'à ces deux hyménées
Vous refusiez, seigneur, votre consentement ;
J'aurais eu tort d'attendre un meilleur traitement
Pour le sang odieux dont mes filles sont nées.
Il est le sang d'Hercule en elles comme en vous,
Et méritait par là quelque destin plus doux :
Mais s'il vous peut donner un titre légitime,
Pour être leur maître et leur roi,
C'est pour l'une et pour l'autre une espèce de crime
Que de l'avoir reçu de moi.
J'avais cru toutefois que l'exil volontaire
Où l'amour paternel près d'elles m'eût réduit,
Moi qui de mes travaux ne vois plus d'autre fruit
Que le malheur de vous déplaire,
Comme il délivrerait vos yeux
D'une insupportable présence,
A mes jours presque usés obtiendrait la licence
D'aller finir sous d'autres cieux.
C'était à mon dessein ; mais cette même envie,
Qui me fait près de vous un si malheureux sort,
Ne saurait endurer ni l'éclat de ma vie,
Ni l'obscurité de ma mort.

AGÉSILAS.

Ce n'est pas d'aujourd'hui que l'envie et la haine
Ont persécuté les héros.
Hercule en sert d'exemple, et l'histoire en est pleine :
Nous ne pouvons souffrir qu'ils meurent en repos.
Cependant cet exil, ces retraites paisibles,
Cet unique souhait d'y terminer leurs jours,
Sont des mots bien choisis à remplir leurs discours ;
Ils ont toujours leur grâce, ils sont toujours plausi-
 Mais ils ne sont pas vrais toujours ;   [bles :
Et souvent des périls, ou cachés ou visibles,
Forcent notre prudence à nous mieux assurer
Qu'ils ne veulent que figurer.
Je ne m'étonne point qu'avec tant de lumières
Vous ayez prévu mes refus ;
Mais je m'étonne fort que, les ayant prévus,
Vous n'en ayez pu voir les raisons bien entières.
Vous êtes un grand homme, et de plus, mécontent :
J'avoûrai plus encor, vous avez lieu de l'être.
Ainsi de ce repos où votre ennui prétend
Je dois prévoir en roi quel désordre peut naître,
Et regarde en quels lieux il vous plaît de porter
Des chagrins qu'en leur temps on peut voir éclater.
Ceux que prend pour exil ou choisit pour asile
  Ce dessein d'une mort tranquille,
Des Perses et des Grecs séparent les États.
L'assiette en est heureuse, et l'accès difficile ;
Leurs maîtres ont du cœur, leurs peuples ont des bras ;
Ils viennent de nous joindre avec une puissance
A beaucoup espérer, à craindre beaucoup d'eux ;
Et c'est mettre en leurs mains une étrange balance,
Que de mettre à leur tête un guerrier si fameux.
C'est vous qui les donnez l'un et l'autre à la Grèce :
L'un fut ami de Perse, et l'autre son sujet.
Le service est bien grand, mais aussi je confesse
Qu'on peut ne pas bien voir tout le fond du projet.
Votre intérêt s'y mêle en les prenant pour gendres ;
Et si par des liens et si forts et si tendres
Vous pouvez aujourd'hui les attacher à vous,
Vous vous les donnez plus qu'à nous.
Si malgré le secours, si malgré les services
Qu'un ami doit à l'autre, un sujet à son roi,
Vous les avez tous deux arrachés à leur foi,
Sans aucun droit sur eux, sans aucuns bons offices,
  Avec quelle facilité
N'immoleront-ils point une amitié nouvelle
  A votre courage irrité,
Quand vous ferez agir toute l'autorité
De l'amour conjugale et de la paternelle,
Et que l'occasion aura d'heureux moments
  Qui flattent vos ressentiments?
Vous ne nous laissez aucun gage ;
Votre sang tout entier passe avec vous chez eux.
Voyez donc ce projet comme je l'envisage,
Et dites si pour nous il n'a rien de douteux.
Vous avez jusqu'ici fait paraître un vrai zèle,
Un cœur si généreux, une âme si fidèle,
Que par toute la Grèce on vous loue à l'envi :
Mais le temps quelquefois inspire une autre envie.
Comme vous Thémistocle avait fort bien servi,
Et dans la cour de Perse il a fini sa vie.

LYSANDER.

Si c'est avec raison que je suis mécontent,
Si vous-même avouez que j'ai lieu de me plaindre,
Et si jusqu'à ce point on me croit important
Que mes ressentiments puissent vous être à craindre,
  Oserais-je vous demander
  Ce que vous a fait Lysander
Pour leur donner ici chaque jour de quoi naître,
Seigneur? et s'il est vrai qu'un homme tel que moi
Quand il est mécontent, peut desservir son roi,
  Pourquoi me forcez-vous à l'être?
Quelque avis que je donne, il n'est point écouté ;
Quelque emploi que j'embrasse, il m'est soudain ôté
Me choisir pour appui, c'est courir à sa perte.
Vous changez en tous lieux les ordres que j'ai mis
Et, comme s'il fallait agir à guerre ouverte,
  Vous détruisez tous mes amis,
Ces amis dont pour vous je gagnai les suffrages
Quand il fallut aux Grecs élire un général,
Eux qui vous ont soumis les plus nobles courages,
Et fait ce haut pouvoir qui leur est si fatal :
Leur seul amour pour moi les livre à leur ruine ;
Il leur coûte l'honneur, l'autorité, le bien ;
Cependant plus j'y songe, et plus je m'examine,
Moins je trouve, seigneur, à me reprocher rien.

AGÉSILAS.

Dites tout : vous avez la mémoire trop bonne
Pour avoir oublié que vous me fîtes roi,
   Lorsqu'on balança ma couronne
    Entre Léotychide et moi.
Peut-être n'osez-vous me vanter un service
   Qui ne me rendit que justice,
Puisque nos lois voulaient ce qu'il sut maintenir ;
Mais moi qui l'ai reçu, je veux m'en souvenir.
Vous m'avez donc fait roi, vous m'avez de la Grèce
Contre celui de Perse établi général ;
Et quand je sens dans l'âme une ardeur qui me
   De ne m'en revancher* pas mal,   [presse
A peine sommes-nous arrivés dans Éphèse,
Où de nos alliés j'ai mis le rendez-vous,
Que, sans considérer si j'en serai jaloux,
   Ou s'il se peut que je m'en taise,
   Vous vous saisissez par vos mains
   De plus que votre récompense ;
Et tirant toute à vous la suprême puissance,
Vous me laissez des titres vains.
On s'empresse à vous voir, on s'efforce à vous plaire ;
On croit lire en vos yeux ce qu'il faut qu'on espère ;
On pense avoir tout fait quand on vous a parlé.
Mon palais près du vôtre est un lieu désolé ;
Et le généralat comme le diadème
M'érige sous votre ordre en fantôme éclatant
En colosse d'État qui de vous seul attend
   L'âme qu'il n'a pas de lui-même,
   Et que vous seul faites aller
Où pour vos intérêts il le faut étaler.
Général en idée, et monarque en peinture,
De ces illustres noms pourrais-je faire cas
S'il les fallait porter moins comme Agésilas
   Que comme votre créature,
Et montrer avec pompe au reste des humains
En ma propre grandeur l'ouvrage de vos mains ?
Si vous m'avez fait roi, Lysander, je veux l'être.
Soyez-moi bon sujet, si vous serez bon maitre ;
Mais ne prétendez plus partager avec moi
   Ni la puissance ni l'emploi.
Si vous croyez qu'un sceptre accable qui le porte,
A moins qu'il prenne un aide à soutenir son poids,
   Laissez discerner à mon choix
Quelle main à m'aider pourrait être assez forte.
Vous aurez bonne part à des emplois si doux
   Quand vous pourrez m'en laisser faire ;
Mais soyez sûr aussi d'un succès tout contraire,
Tant que vous ne voudrez les tenir que de vous.
Je passe à vos amis qu'il m'a fallu détruire.
Si dans votre vrai rang je voulais vous réduire,
Et d'un pouvoir surpris saper les fondements,
Ils étaient tout à vous ; et par reconnaissance
   D'en avoir reçu leur puissance,
Ils ne considéraient que vos commandements.
Vous seul les aviez faits souverains dans leurs villes ;
Et j'y verrais encor mes ordres inutiles,
A moins que d'avoir mis leur tyrannie à bas,
Et changé comme vous la face des États.

Chez tous nos Grecs asiatiques
Votre pouvoir naissant trouva des républiques,
Que sous votre cabale il vous plut asservir :
La vieille liberté, si chère à leurs ancêtres,
Y fut partout forcée à recevoir dix maîtres,
Et dès qu'on murmurait de se la voir ravir,
On voyait par votre ordre immoler les plus braves
   A l'empire de vos esclaves.
J'ai tiré de ce joug les peuples opprimés :
En leur premier état j'ai remis toutes choses ;
Et la gloire d'agir par de plus justes causes
A produit des effets plus doux et plus aimés.
J'ai fait, à votre exemple, ici des créatures,
Mais sans verser de sang, sans causer de murmures,
Et comme vos tyrans prenaient de vous la loi,
Comme ils étaient à vous, les peuples sont à moi.
Voilà quelles raisons ôtent à vos services
   Ce qu'ils vous semblent mériter,
   Et colorent ces injustices
Dont vous avez raison de vous mécontenter.
Si d'abord elles ont quelque chose d'étrange,
Repassez-les deux fois au fond de votre cœur ;
Changez, si vous pouvez, de conduite et d'humeur ;
   Mais n'espérez pas que je change.

LYSANDER.

S'il ne m'est pas permis d'espérer rien de tel, [tes
Du moins, grâces aux dieux, je ne vois dans vos plain-
Que des raisons d'État et de jalouses craintes
Qui me font malheureux, et non pas criminel.
Non, seigneur, que je veuille être assez téméraire
Pour oser d'injustice accuser mes malheurs :
L'action la plus belle a diverses couleurs ;
Et lorsqu'un roi prononce, un sujet doit se taire.
Je voudrais seulement vous faire souvenir
Que j'ai près de trente ans commandé nos armées
Sans avoir amassé que ces nobles fumées
   Qui gardent les noms de finir.
Sparte, pour qui j'allais de victoire en victoire,
M'a toujours vu pour fruit n'en vouloir que la gloire,
Et faire en son épargne entrer tous les trésors
Des peuples subjugués par mes heureux efforts.
Vous-même le savez, que, quoi qu'on m'ait vu faire,
Mes filles n'ont pour dot que le nom de leur père ;
Tant il est vrai, seigneur, qu'en un si long emploi
J'ai tout fait pour l'État, et n'ai rien fait pour moi.
Dans ce manque de bien Cotys et Spitridate,
L'un roi, l'autre en pouvoir égal peut-être aux rois,
M'ont assez estimé pour y borner leur choix ;
Et, quand de les pourvoir un doux espoir me flatte,
   Vous semblez m'envier un bien
Qui fait ma récompense, et ne vous coûte rien.

AGÉSILAS.

Il nous serait honteux que des mains étrangères
Vous payassent pour nous de ce qui vous est dû.
Tôt ou tard le mérite a ses justes salaires,
Et son prix croît souvent, plus il est attendu.
D'ailleurs n'aurait-on pas quelque lieu de vous dire,
Si je vous permettais d'accepter ces partis,
Qu'amenant avec nous Spitridate et Cotys,

Vous auriez fait pour vous plus que pour notre em-
Que vos seuls intérêts vous auraient fait agir ? [pire ?
Et pourriez-vous enfin l'entendre sans rougir ?
Vos filles sont d'un sang que Sparte aime et révère
Assez pour les payer des services d'un père.
Je veux bien en répondre, et moi-même au besoin
J'en ferai mon affaire, et prendrai tout le soin.

LYSANDER.

Je n'attendais, seigneur, qu'un mot si favorable
Pour finir envers vous mes importunités ;
Et je ne craindrai plus qu'aucun malheur m'accable,
Puisque vous avez ces bontés.
Aglatide surtout aura l'âme ravie
De perdre un époux à ce prix ;
Et moi, pour me venger de vos plus durs mépris,
Je veux tout de nouveau vous consacrer ma vie.

SCÈNE II

AGÉSILAS, XÉNOCLÈS.

AGÉSILAS.

D'un peu d'amour que j'eus Aglatide a parlé ;
Son père qui l'a su dans son âme s'en flatte ;
Et sur ce vain espoir il part tout consolé
Du refus que j'en fais aux vœux de Spitridate.
Tu l'as vu, Xénoclès, tout d'un coup s'adoucir.

XÉNOCLÈS.

Oui : mais enfin, seigneur, il est temps de le dire,
Tout soumis qu'il paraît, apprenez qu'il conspire,
Et par où sa vengeance espère y réussir.
Ce confident choisi, Cléon d'Halicarnasse,
Dont l'éloquence a tant d'éclat,
Lui vend une harangue à renverser l'État,
Et le mettre bientôt lui-même en votre place.
En voici la copie, et je la viens d'avoir
D'un des siens sur qui l'or me donne tout pouvoir,
De l'esclave Damis, qui sert de secrétaire
A cet orateur mercenaire,
Et plus mercenaire que lui,
Pour être mieux payé vous la livre aujourd'hui.
On y soutient, seigneur, que notre république
Va bientôt voir ses rois devenir ses tyrans
A moins que d'en choisir de trois ans en trois ans,
Et non plus suivant l'ordre antique
Qui règle ce choix par le sang ;
Mais qu'indifféremment elle doit à ce rang
Élever le mérite et les rares services.
J'ignore quels sont les complices :
Mais il pourra d'Éphèse écrire à ses amis ;
Et soudain le paquet entre vos mains remis
Vous instruira de toutes choses.
Cependant j'ai fait mon devoir.
Vous voyez le dessein, vous en savez les causes,
Votre perte en dépend ; c'est à vous d'y pourvoir.

AGÉSILAS.

A te dire le vrai, l'affaire m'embarrasse ;
J'ai peine à démêler ce qu'il faut que je fasse.
Tant la confusion de mes raisonnements
Étonne mes ressentiments.
Lysander m'a servi ; j'aurais une âme ingrate
Si je méconnaissais ce que je tiens de lui ;
Il a servi l'État, et, si son crime éclate,
Il y trouvera de l'appui.
Je sens que ma reconnaissance
Ne cherche qu'un moyen de le mettre à couvert :
Mais enfin il y va de toute ma puissance ;
Si je ne le perds, il me perd.
Ce que veut l'intérêt, la prudence ne l'ose ;
Tu peux juger par là du désordre où je suis.
Je vois qu'il faut le perdre ; et plus je m'y dispose,
Plus je doute si je le puis.
Sparte est un État populaire,
Qui ne donne à ses rois qu'un pouvoir limité ;
On peut y tout dire et tout faire
Sous ce grand nom de liberté.
Si je suis souverain en tête d'une armée,
Je n'ai que ma voix au sénat,
Il faut y rendre compte ; et tant de renommée
Y peut avoir déjà quelque ligue formée
Pour autoriser l'attentat.
Ce prétexte flatteur de la cause publique,
Dont il le couvrira, si je le mets au jour,
Tournera bien des yeux vers cette politique
Qui met chacun en droit de régner à son tour.
Cet espoir y pourra toucher plus d'un courage ;
Et, quand sur Lysander j'aurai fait choir l'orage,
Mille autres, comme lui jaloux ou mécontents,
Se promettront plus d'heur * à mieux choisir leur
Ainsi de toutes parts le péril m'environne. [temps.
Si je veux le punir, j'expose ma couronne ;
Et si je lui fais grâce, ou veux dissimuler,
Je dois craindre...

XÉNOCLÈS.

Cotys, seigneur, vous veut parler.

AGÉSILAS.

Voyons quelle est sa flamme, avant que de résoudre
S'il nous faudra lancer ou retenir la foudre.

SCÈNE III

AGÉSILAS, COTYS, XÉNOCLÈS

AGÉSILAS.

Si vous n'êtes, seigneur, plus mon ami qu'amant,
Vous me voudrez du mal avec quelque justice ;
Mais vous m'êtes trop cher, pour souffrir aisément
Que vous vous attachiez au père d'Elpinice :
Non qu'entre un si grand homme et moi
Ce qu'on voit de froideur prépare aucune haine ;
Mais c'est assez pour voir cet hymen avec peine
Qu'un sujet déplaise à son roi.
D'ailleurs, je n'ai pas cru votre âme fort éprise :
Sans l'avoir jamais vue, elle vous fut promise ;
Et la foi qui ne tient qu'à la raison d'État
Souvent n'est qu'un devoir qui gêne, tyrannise,
Et fait sur tout le cœur un secret attentat.

COTYS.

Seigneur, la personne est aimable :
Je promis de l'aimer, avant que de la voir,
Et sentis à sa vue un accord agréable
  Entre mon cœur et mon devoir.
La froideur toutefois que vous montrez au père
M'en donne un peu pour elle et me la rend moins
  Non que j'ose après vos refus [chère :
Vous assurer encor que je ne l'aime plus :
Comme avec ma parole il nous fallait la vôtre,
Vous dégagez ma foi, mon devoir, mon honneur;
Mais, si vous en voulez dégager tout mon cœur,
  Il faut l'engager à quelque autre.

AGÉSILAS.

Choisissez, choisissez, et s'il est quelque objet
  A Sparte, ou dans toute la Grèce,
Qui puisse de ce cœur mériter la tendresse,
  Tenez-vous sûr d'un prompt effet.
En est-il qui vous touche, en est-il qui vous plaise?

COTYS.

Il en est, oui, seigneur, il en est dans Éphèse;
Et pour faire en ce cœur naître un nouvel amour,
Il ne faut point aller plus loin que votre cour;
L'éclat et les vertus de l'illustre Mandane...

AGÉSILAS.

Que dites-vous, seigneur? et quel est ce désir?
Quand par toute la Grèce on vous donne à choisir,
  Vous choisissez une Persane!
Pensez-y bien, de grâce, et ne nous forcez pas,
Nous qui vous aimons, à connaître
Que, pressé d'un amour qui ne vient pas de naître,
Vous ne venez à moi que pour suivre ses pas.

COTYS.

Mon amour en ces lieux ne cherchait qu'Elpinice ;
Mes yeux ont rencontré Mandane par hasard ;
Et quand ce même amour de vos froideurs complice
S'est voulu pour vous plaire attacher autre part,
Les siens ont attiré toute la déférence
Que j'ai cru devoir rendre à votre aversion;
Et je l'ai regardée, après votre alliance,
  Bien moins Persane de naissance
  Que Grecque par adoption.

AGÉSILAS.

Ce sont subtilités que l'amour vous suggère,
Dont nous voyons pour nous les succès incertains.
Ne pourriez-vous, seigneur, d'une amitié si chère
Mettre le grand dépôt en de plus sûres mains?
Pausanias et moi nous avons des parentes;
Et jamais un vrai roi ne fait un digne choix
  S'il ne s'allie au sang des rois.

COTYS.

Quand on aime on se fait des règles différentes.
Spitridate a du nom et de la qualité;
Sans trône, il a d'un roi le pouvoir en partage :
Votre Grèce en reçoit un pareil avantage;
Et le sang n'y met pas tant d'inégalité,
  Que l'amour où sa sœur m'engage
  Ravale fort ma dignité.
Se peut-il qu'en l'amant ma gloire se hasarde

Après l'exemple d'un grand roi,
Qui, tout grand roi qu'il est, l'estime et la regarde
  Avec les mêmes yeux que moi?
Si ce bruit n'est point faux mon mal est sans remède;
Car enfin c'est un roi dont il me faut l'appui.
  Adieu, seigneur : je la lui cède,
  Mais je ne la cède qu'à lui.

SCÈNE IV

AGÉSILAS, XÉNOCLÈS.

AGÉSILAS.

D'où sait-il, Xénoclès, d'où sait-il que je l'aime?
Je ne l'ai dit qu'à toi; m'aurais-tu découvert?

XÉNOCLÈS.

Si j'ose vous parler, seigneur, à cœur ouvert,
  Il ne le sait que de vous-même.
L'éclat de ces faveurs dont vous enveloppez
De votre faux secret le chatouilleux mystère,
Dit si haut, malgré vous, ce que vous pensez taire,
Que vous êtes ici le seul que vous trompez :
De si brillants dehors font un grand jour dans l'âme;
Et, quelque illusion qui puisse vous flatter,
  Plus ils déguisent votre flamme,
Plus au travers du voile ils la font éclater.

AGÉSILAS.

Quoi! la civilité, l'accueil, la déférence,
Ce que pour le beau sexe on a de complaisance,
Ce qu'on lui rend d'honneur, tout passe pour amour?

XÉNOCLÈS.

Il est bien malaisé qu'aux yeux de votre cour
  Il passe pour indifférence ;
Et c'est l'en avouer assez ouvertement
Que refuser Mandane aux vœux d'un autre amant.
Mais qu'importe, après tout? Si du plus grand courage
Le vrai mérite a droit d'attendre un plein hommage,
  Serait-il honteux de l'aimer?

AGÉSILAS.

Non, et même avec gloire on s'en laisse charmer;
Mais un roi, que son trône à d'autres soins engage,
Doit n'aimer qu'autant qu'il lui plait
Et que de sa grandeur y consent l'intérêt.
  Vois donc si ma peine est légère :
Sparte ne permet point aux fils d'une étrangère
  De porter son sceptre en leur main;
Cependant à mes yeux Mandane a su trop plaire;
Je veux cacher ma flamme, et je le veux en vain.
Empêcher son hymen, c'est lui faire injustice;
  L'épouser, c'est blesser nos lois;
Et même il n'est pas sûr que j'emporte son choix:
La donner à Cotys, c'est me faire un supplice;
M'opposer à ses vœux, c'est le joindre au parti
Que déjà contre moi Lysander a pu faire ;
Et s'il a le bonheur de ne pas lui déplaire,
J'en recevrai peut-être un honteux démenti.
Que ma confusion, que mon trouble est extrême!
  Je me défends d'aimer, et j'aime;
Et je sens tout mon cœur balancé nuit et jour

Entre l'orgueil du diadème
Et les doux espoirs de l'amour.
En qualité de roi, j'ai pour ma gloire à craindre :
En qualité d'amant, je vois mon sort à plaindre :
Mon trône avec mes vœux ne souffre aucun accord ;
Et ce que je me dois me reproche sans cesse
Que je ne suis pas assez fort
Pour triompher de ma faiblesse.

XÉNOCLÈS.
Toutefois il est temps ou de vous déclarer,
Ou de céder l'objet qui vous fait soupirer.

AGÉSILAS.
Le plus sûr, Xénoclès, n'est pas le plus facile.
Cherche-moi Spitridate, et l'amène en ce lieu ;
Et nous verrons après s'il n'est point de milieu
Entre le charmant et l'utile.

ACTE QUATRIÈME

SCÈNE I

SPITRIDATE, ELPINICE.

SPITRIDATE.
Agésilas me mande ; il est temps d'éclater.
Que me permettez-vous, madame, de lui dire ?
M'en désavoûrez-vous si j'ose me vanter
Que c'est pour vous que je soupire,
Que je crois mes soupirs assez bien écoutés
Pour vous fermer le cœur et l'oreille à tous autres,
Et que dans vos regards je vois quelques bontés
Qui semblent m'assurer des vôtres ?

ELPINICE.
Que servirait, seigneur, de vous y hasarder ?
Suis-je moins que ma sœur fille de Lysander ?
Et la raison d'État qui rompt votre hyménée
Regarde-t-elle plus la jeune que l'aînée ?
S'il n'eût point à Cotys refusé votre sœur,
J'eusse osé présumer qu'il eût aimé la mienne ;
Et m'aurais dit moi-même, avec quelque douceur :
« Il se l'est réservée, et veut bien qu'on m'obtienne. »
Mais il aime Mandane ; et ce prince, jaloux
De ce que peut ici le grand nom de mon père,
N'a pour lui qu'une haine obstinée et sévère
Qui ne lui peut souffrir de gendres tels que vous.

SPITRIDATE.
Puisqu'il aime ma sœur, cet amour est un gage
Qui me répond de son suffrage.
Ses désirs prendront loi de mes propres désirs ;
Et son feu pour les satisfaire
N'a pas moins besoin de me plaire
Que j'en ai de lui voir approuver mes soupirs.
Madame, on est bien fort quand on parle soi-mê-
Et qu'on peut dire au souverain : [me,
« J'aime et je suis aimé ; vous aimez comme j'aime,

« Achevez mon bonheur, j'ai le vôtre en ma main. »

ELPINICE.
Vous ne songez qu'à vous, et, dans votre âme éprise,
Vos vœux se tiennent sûrs d'un prompt et plein ef-
Mais que fera Cotys, à qui je suis promise? [fet.
Me rendra-t-il ma foi s'il n'est point satisfait ?

SPITRIDATE.
La perte de ma sœur lui servira de guide
A tourner ses désirs du côté d'Aglatide.
D'ailleurs que pourra-t-il, si contre Agésilas
Ce grand homme ni moi nous ne le servons pas ?

ELPINICE.
Il a parole de mon père [tent :
Que vous n'obtiendrez rien à moins qu'il soit con-
Et mon père n'est pas un esprit inconstant
Qui donne une parole incertaine et légère.
Je vous le dis encor, seigneur, pensez-y bien :
Cotys aura Mandane, ou vous n'obtiendrez rien.

SPITRIDATE.
Dites, dites un mot, et ma flamme enhardie...

ELPINICE.
Que voulez-vous que je vous die* ?
Je suis sujette et fille, et j'ai promis ma foi ;
Je dépends d'un amant, et d'un père, et d'un roi.

SPITRIDATE.
N'importe, ce grand mot produirait des miracles.
Un amant avoué renverse tous obstacles ;
Tout lui devient possible, il fléchit les parents,
Triomphe des rivaux, et brave les tyrans.
Dites donc, m'aimez-vous ?

ELPINICE.
Que ma sœur est heureuse !

SPITRIDATE.
Quand mon amour pour vous la laisse sans amant,
Son destin est-il si charmant
Que vous en soyez envieuse ?

ELPINICE.
Elle est indifférente et ne s'attache à rien.

SPITRIDATE.
Et vous ?

ELPINICE.
Que n'ai-je un cœur qui soit comme le sien !

SPITRIDATE.
Le vôtre est-il moins insensible ?

ELPINICE.
S'il ne tenait qu'à lui que tout vous fût possible,
Le devoir et l'amour...

SPITRIDATE.
Ah ! madame, achevez :
Le devoir et l'amour, que vous feraient-ils faire ?

ELPINICE.
Voyez le roi, voyez Cotys, voyez mon père ;
Fléchissez, triomphez, bravez,
Seigneur, mais laissez-moi me taire.

SPITRIDATE, à Mandane qui entre.
Venez, ma sœur, venez aider mes tristes feux
A combattre un injuste et rigoureux silence.

ELPINICE.
Hélas ! il est si bien de leur intelligence,

Qu'il vous dit plus que je ne veux.
J'en dois rougir. Adieu. Voyez avec madame
Le moyen le plus propre à servir votre flamme.
Des trois dont je dépends elle peut tout sur deux :
L'un hautement l'adore, et l'autre au fond de l'â-
Et son destin lui-même, ainsi que notre sort, [me;
Dépend de les mettre d'accord.

SCÈNE II

SPITRIDATE, MANDANE.

SPITRIDATE.

Il est temps de résoudre avec quel artifice
Vous pourrez en venir à bout,
Vous, ma sœur, qui tantôt me répondiez de tout,
Si j'avais le cœur d'Elpinice.
Il est à moi ce cœur, son silence le dit,
Son adieu le fait voir, sa fuite le proteste;
Et, si je n'obtiens pas le reste,
Vous manquez de parole, ou du moins de crédit.

MANDANE.

Si le don de ma main vous peut donner la sienne,
Je vous sacrifierai tout ce que j'ai promis;
Mais vous, répondez-vous que ce don vous l'obtienne,
Et qu'il mette d'accord de si fiers ennemis?
Le roi qui vous refuse à Lysander pour gendre
Y consentira-t-il si vous m'offrez à lui?
Et, s'il peut à ce prix le permettre aujourd'hui,
Lysander voudra-t-il se rendre?
Lui qui ne vous remet votre première foi
Qu'en faveur de l'amour que Cotys fait paraître,
Ne vous fait-il pas cette loi
Que sans le rendre heureux vous ne le sauriez être?

SPITRIDATE.

Cotys de cet espoir ose en vain se flatter;
L'amour d'Agésilas à son amour s'oppose.

MANDANE.

Et, si vous ne pensez à le mieux écouter,
Lysander d'Elpinice en sa faveur dispose.

SPITRIDATE.

Ne me cachez rien, vous l'aimez.

MANDANE.

Comme vous aimez Elpinice.

SPITRIDATE.

Mais vous m'avez promis un entier sacrifice.

MANDANE.

Oui, s'il peut être utile aux vœux que vous formez.

SPITRIDATE.

Que ne peut point un roi!

MANDANE.

Quels droits n'a point un père!

SPITRIDATE.

Inexorable sœur!

MANDANE.

Impitoyable frère,
Qui voulez que j'éteigne un feu digne de moi,
Et ne sauriez vous faire une pareille loi!

SPITRIDATE.
Hélas! considérez...

MANDANE.
Considérez vous-même...

SPITRIDATE.
Que j'aime, et que je suis aimé.

MANDANE.
Que je suis aimée, et que j'aime.

SPITRIDATE.
N'égalez point au mien un feu mal allumé.
Le sexe vous apprend à régner sur vos âmes.

MANDANE.
Dites qu'il nous apprend à renfermer nos flammes;
Dites que votre ardeur, à force d'éclater,
S'exhale, se dissipe ou du moins s'exténue,
Quand la nôtre grossit sous cette retenue,
Dont le joug odieux ne sert qu'à l'irriter.
Je vous parle, seigneur, avec une âme ouverte:
Et si je vous voyais capable de raison,
Si quand l'amour domine elle était de saison...

SPITRIDATE.
Ah! si quelque lumière enfin vous est offerte,
Expliquez-vous, de grâce, et pour le commun bien,
Vous ni moi ne négligeons rien.

MANDANE.
Notre amour à tous deux ne rencontre qu'obstacles
Presque impossibles à forcer;
Et si pour nous le ciel n'est prodigue en miracles,
Nous espérons en vain nous en débarrasser.
Tirons-nous une fois de cette servitude
Qui nous fait un destin si rude.
Bravons Agésilas, Cotys et Lysander;
Qu'ils s'accordent sans nous s'ils peuvent s'accorder.
Dirai-je tout? cessons d'aimer et de prétendre,
Et nous cesserons d'en dépendre.

SPITRIDATE.
N'aimer plus! Ah! ma sœur!

MANDANE.
J'en soupire à mon tour;
Mais un grand cœur doit-être au-dessus de l'amour.
Quel qu'en soit le pouvoir, quelle qu'en soit l'attein-
Deux ou trois soupirs étouffés, [te,
Un moment de murmure, une heure de contrainte,
Un orgueil noble et ferme, et vous en triomphez.
N'avons-nous secoué le joug de notre prince
Que pour choisir des fers dans une autre province?
Ne cherchons-nous ici que d'illustres tyrans,
Dont les chaînes plus glorieuses
Soumettent nos destins aux obscurs différends
De leurs haines mystérieuses?
Ne cherchons-nous ici que les occasions
De fournir de matière à leurs divisions,
Et de nous imposer un plus rude esclavage
Par la nécessité d'obtenir leur suffrage?
Puisque nous y cherchons tous deux la liberté,
Tâchons de la goûter, seigneur, en sûreté;
Réduisons nos souhaits à la cause publique,
N'aimons plus que par politique;
Et, dans la conjoncture où le ciel nous a mis.

Faisons des protecteurs, sans faire d'ennemis.
A quel propos aimer, quand ce n'est que déplaire
　　A qui nous peut nuire ou servir?
S'il nous en faut l'appui, pourquoi nous le ravir?
Pourquoi nous attirer sa haine et sa colère?
　　　　　SPITRIDATE.
　Oui, ma sœur, et j'en suis d'accord;
Agésilas, ici maître de notre sort,
Peut nous abandonner à la Perse irritée,
Et nous laisser rentrer, malgré tout notre effort,
Sous la captivité que nous avons quittée.
Cotys ni Lysander ne nous soutiendront pas
S'il faut que sa colère à nous perdre s'applique.
Aimez, aimez-le donc, du moins par politique,
　　Ce redoutable Agésilas.
　　　　　MANDANE.
　　Voulez-vous que je le prévienne,
　　Et qu'en dépit de la pudeur
D'un amour commandé l'obéissante ardeur
Fasse éclater ma flamme auparavant la sienne?
On dit que je lui plais, qu'il soupire en secret,
Qu'il retient, qu'il combat ses désirs à regret;
Et cette vanité qui nous est naturelle
Veut croire ainsi que vous qu'on en juge assez bien:
Mais enfin c'est un feu sans aucune étincelle:
J'en crois ce qu'on en dit, et n'en sais encor rien.
S'il m'aime, un tel silence est la marque certaine
　　Qu'il craint Sparte et ses dures lois;
Qu'il voit qu'en m'épousant, s'il peut m'y faire reine,
　　Il ne peut lui donner de rois;
Que sa gloire...
　　　　　SPITRIDATE.
　　　　Ma sœur, l'amour vaincra sans doute;
Ce héros est à vous, quelques lois qu'il redoute;
Et, si par la prière il ne les peut fléchir,
Ses victoires auront de quoi l'en affranchir.
Ces lois, ces mêmes lois s'imposeront silence
　　A l'aspect de tant de vertus;
Ou Sparte l'avoûra d'un peu de violence,
Après tant d'ennemis à ses pieds abattus.
　　　　　MANDANE.
C'est vous flatter beaucoup en faveur d'Elpinice,
Que ce prince après tout ne peut vous accorder
　　Sans une éclatante injustice,
A moins que vous ayez l'aveu de Lysander.
D'ailleurs, en exiger un hymen qui le gêne,
Et lui faire des lois au milieu de sa cour,
N'est-ce point hautement lui demander sa haine,
Quand vous lui promettez l'objet de son amour?
　　　　　SPITRIDATE.
Si vous saviez, ma sœur, aimer autant que j'aime...
　　　　　MANDANE.
Si vous saviez, mon frère, aimer comme je fais,
Vous sauriez ce que c'est que s'immoler soi-même,
Et faire violence à de si doux souhaits.
Je vous en parle en vain. Allez, frère barbare,
Voir à quoi Lysander se résoudra pour vous;
Et si d'Agésilas la flamme se déclare,
　　J'en mourrai, mais je m'y résous-

SCÈNE III

SPITRIDATE, MANDANE, AGLATIDE.

　　　　　AGLATIDE.　　　　　[quitte,
Vous me quittez, seigneur, mais vous croyez-vous
Et que ce soit assez que de me rendre à moi?
　　　　　SPITRIDATE.
Après tant de froideurs pour mon peu de mérite,
Est-ce vous mal servir que reprendre ma foi?
　　　　　AGLATIDE.
Non; mais le pouvez-vous, à moins que je la rende?
Et, si je vous la rends, savez-vous à quel prix?
　　　　　SPITRIDATE.
Je ne crois pas pour vous cette perte si grande,
Que vous en souhaitiez d'autres que vos mépris.
　　　　　AGLATIDE.
Moi, des mépris pour vous!
　　　　　SPITRIDATE.
　　　　　　　　C'est ainsi que j'appelle
Un feu si bien promis, et si mal allumé.
　　　　　AGLATIDE.
Si je ne vous aimais, je vous aurais aimé,
Mon devoir m'en était un garant trop fidèle.
　　　　　SPITRIDATE.
Il ne vous répondait que d'agir un peu tard,
　　Et laissait beaucoup au hasard.
Votre ordre cependant vers une autre me chasse,
Et vous avez quitté la place à votre sœur.
　　　　　AGLATIDE.
Si je vous ai donné de quoi remplir la place,
Ne me devez-vous point de quoi remplir mon cœur?
　　　　　SPITRIDATE.
J'en suis au désespoir; mais je n'ai point de frère
Que je puisse à mon tour vous prier d'accepter.
　　　　　AGLATIDE.
Si vous n'en avez point par qui me satisfaire,
Vous avez une sœur qui vous peut acquitter:
Elle a trop d'un amant; et si sa flamme heureuse
Me renvoyait celui dont elle ne veut plus,
　　Je ne suis point d'humeur fâcheuse,
Et m'accommoderais bientôt de ses refus.
　　　　　SPITRIDATE.
　De tout mon cœur je l'en conjure:
Envoyez-lui Cotys, ou même Agésilas,
Ma sœur, et prenez soin d'apaiser ce murmure
Qui cherche à m'imputer des sentiments ingrats.
Je vous laisse entre vous faire ce grand partage,
Et vais chez Lysander voir quel sera le mien.
Madame, vous voyez, je ne puis davantage;
Et qui fait ce qu'il peut n'est plus garant de rien.

SCÈNE IV

AGLATIDE, MANDANE.

　　　　　AGLATIDE.
Vous pourrez-vous résoudre à payer pour ce frère,
Madame, et de deux rois daignant en choisir un,

Me donner en sa place, ou le plus importun,
Ou le moins digne de vous plaire?
MANDANE.
Hélas!
AGLATIDE.
Je n'entends pas des mieux
Comme il faut qu'un hélas s'explique;
Et lorsqu'on se retranche au langage des yeux,
Je suis muette à la réplique.
MANDANE.
Pourquoi mieux expliquer quel est mon déplaisir?
Il ne se fait que trop entendre.
AGLATIDE.
Si j'avais comme vous de deux rois à choisir,
Mes déplaisirs auraient peu de chose à prétendre.
Parlez donc, et de bonne foi;
Acquittez par ce choix Spitridate envers moi.
Ils sont tous deux à vous.
MANDANE.
Je n'y suis pas moi-même.
AGLATIDE.
Qui des deux est l'aimé?
MANDANE.
Qu'importe lequel j'aime,
Si le plus digne amour, de quoi qu'il soit d'accord,
Ne peut décider de mon sort?
AGLATIDE.
Ainsi je dois perdre espérance
D'obtenir de vous aucun d'eux?
MANDANE.
Donnez-moi votre indifférence,
Et je vous les donne tous deux
AGLATIDE.
C'en serait un peu trop : leur mérite est si rare,
Qu'il en faut être plus avare.
MANDANE.
Il est grand, mais bien moins que la félicité
De votre insensibilité.
AGLATIDE.
Ne me prenez point tant pour une âme insensible :
Je l'ai tendre, et qui souffre aisément de beaux feux;
Mais je sais ne vouloir que ce qui m'est possible,
Quand je ne suis ce que je veux.
MANDANE.
Laissez donc faire au ciel, au temps, à la fortune :
Ne voulez que ce qu'ils voudront;
Et sans prendre d'attache, ou d'idée importune,
Attendez en repos les cœurs qui se rendront.
AGLATIDE.
Il m'en pourrait coûter mes plus belles années
Avant qu'ainsi deux rois en devinssent le prix;
Et j'aime mieux borner mes bonnes destinées
Au plus digne de vos mépris.
MANDANE.
Donnez-moi donc, madame, un cœur comme le vôtre,
Et je vous les redonne une seconde fois;
Ou, si c'est trop de l'un et l'autre,
Laissez-m'en le rebut, et prenez-en le choix.

AGLATIDE.
Si vous leur ordonniez à tous deux de m'en croire,
Et que l'obéissance eût pour eux quelque appas,
Peut-être que mon choix satisferait ma gloire,
Et qu'enfin mon rebut ne vous déplairait pas.
MANDANE.
Qui peut vous assurer de cette obéissance?
Les rois même en amour savent mal obéir;
Et les plus enflammés s'efforcent de haïr
Sitôt qu'on prend sur eux un peu trop de puissance.
Je vois bien ce que c'est, vous voulez tout garder.
Il est honteux de rendre une de vos conquêtes;
Et quoi qu'au plus heureux le cœur veuille accorder,
L'œil règne avec plaisir sur deux si grandes têtes.
Mais craignez que je n'use aussi de tous mes droits,
Peut-être en ai-je encor de garder quelque empire
Sur l'un et l'autre de ces rois,
Bien qu'à l'envi pour vous l'un et l'autre soupire;
Et si j'en laisse faire à mon esprit jaloux,
Quoique la jalousie assez peu m'inquiète,
Je ne sais s'ils pourront l'un ni l'autre pour vous
Tout ce que votre cœur souhaite.

(à Cotys qui entre.)

Seigneur, vous le savez, ma sœur a votre foi,
Et ne vous la rend que pour moi.
Usez-en comme bon vous semble;
Mais sachez que je me promets
De ne vous la rendre jamais,
A moins d'un roi qui vous ressemble.

SCÈNE V

COTYS, MANDANE.

MANDANE.
L'étrange contre-temps que prend sa belle humeur!
Et la froide galanterie
D'affecter par bravade à tourner son malheur
En importune raillerie!
Son cœur l'en désavoue; et murmurant tout bas...
COTYS.
Que cette belle humeur soit véritable ou feinte,
Tout ce qu'elle en prétend ne m'alarmerait pas,
Si le pouvoir d'Agésilas
Ne me portait dans l'âme une plus juste crainte.
Pourrez-vous l'aimer?
MANDANE.
Non.
COTYS.
Pourrez-vous l'épouser?
MANDANE.
Vous-même, dites-moi, puis-je m'en excuser?
Et quel bras, quel secours appeler à mon aide,
Lorsqu'un frère me donne, et qu'un amant me cède?
COTYS.
N'imputez point à crime une civilité
Qu'ici de général voulait l'autorité.

MANDANE.
Souffrez-moi donc, seigneur, la même déférence
Qu'ici de nos destins demande l'assurance.
COTYS.
Vous céder par dépit, et, d'un ton menaçant,
Faire voir qu'on pénètre au cœur du plus puissant,
Qu'on sait de ses refus la plus secrète cause,
Ce n'est pas tant céder l'objet de son amour,
Que presser un rival de paraître en plein jour,
Et montrer qu'à ses vœux hautement on s'oppose.
MANDANE.
Que sert de s'opposer aux vœux d'un tel rival,
Qui n'à qu'à nous protéger mal
Pour nous livrer à notre perte?
Serait-il d'un grand cœur de chercher à périr,
Quand il voit une porte ouverte
A régner avec gloire aux dépens d'un soupir?
COTYS.
Ah! le change* vous plait.
MANDANE.
Non, seigneur. je vous aime;
Mais je dois à mon frère, à ma gloire, à vous-même.
D'un **rival** si puissant si nous perdons l'appui,
Pourrons-nous du Persan nous défendre sans lui?
L'espoir d'un renoûment de la vieille alliance
Flatte en vain votre amour et vos nouveaux desseins.
Si vous ne remettez sa proie entre ses mains,
Oserez-vous y prendre aucune confiance?
Quant à mon frère et moi, si les dieux irrités
Nous font jamais rentrer dessous sa tyrannie,
Comme il nous traitera d'esclaves révoltés,
Le supplice l'attend, et moi l'ignominie.
C'est ce que je saurai prévenir par ma mort :
Mais jusque-là, seigneur, permettez-moi de vivre,
Et que par un illustre et rigoureux effort,
Acceptant les malheurs où mon destin me livre,
Un sacrifice entier de mes vœux les plus doux
Fasse la sûreté de mon frère et de vous.
COTYS.
Cette sûreté malheureuse
A qui vous immolez votre amour et le mien
Peut-elle être si précieuse
Qu'il faille l'acheter de mon unique bien?
Et faut-il que l'amour garde tant de mesure
Avec des intérêts qui lui font tant d'injure?
Laissez, laissez périr ce déplorable roi,
A qui ces intérêts dérobent votre foi.
Que sert que vous l'aimiez? et que fait votre flamme
Qu'augmenter son ardeur pour croître ses malheurs,
Si malgré le don de votre âme
Votre raison vous livre ailleurs?
Armez-vous de dédains; rendez, s'il est possible,
Votre perte pour lui moins grande ou moins sensible;
Et par pitié d'un cœur trop ardemment épris,
Éteignez-en la flamme à force de mépris.
MANDANE.
L'éteindre! Ah! se peut-il que vous m'ayez aimée?
COTYS.
Jamais si digne flamme en un cœur allumée...

MANDANE.
Non, non; vous m'en feriez des serments superflus.
Vouloir ne plus aimer, c'est déjà n'aimer plus;
Et qui peut n'aimer plus ne fut jamais capable
D'une passion véritable.
COTYS.
L'amour au désespoir peut-il encor charmer?
MANDANE.
L'amour au désespoir fait gloire encor d'aimer;
Il en fait de souffrir et souffre avec constance,
Voyant l'objet aimé partager la souffrance;
Il regarde ses maux comme un doux souvenir
De l'union des cœurs qui ne saurait finir;
Et comme n'aimer plus quand l'espoir abandonne,
C'est aimer ses plaisirs et non pas la personne,
Il fuit cette bassesse, et s'affermit si bien,
Que toute sa douleur ne se reproche rien.
COTYS.
Quel indigne tourment, quel injuste supplice
Succède au doux espoir qui m'osait tout offrir!
MANDANE.
Et moi, seigneur, et moi, n'ai-je rien à souffrir?
Ou m'y condamne-t-on avec plus de justice?
Si vous perdez l'objet de votre passion,
Épousez-vous celui de votre aversion?
Attache-t-on vos jours à d'aussi rudes chaines?
Et souffrez-vous enfin la moitié de mes peines?
Cependant mon amour aura tout son éclat
En dépit du supplice où je suis condamnée;
Et si notre tyran par maxime d'État
Ne s'interdit mon hyménée,
Je veux qu'il ait la joie, en recevant ma main,
D'entendre que du cœur vous êtes souverain,
Et que les déplaisirs dont ma flamme est suivie
Ne cesseront qu'avec ma vie.
Allez, seigneur, défendre aux vôtres de durer;
Ennuyez-vous de soupirer,
Craignez de trop souffrir, et trouvez en vous-même
L'art de ne plus aimer dès qu'on perd ce qu'on aime.
Je souffrirai pour vous, et ce nouveau malheur,
De tous mes maux le plus funeste,
D'un trait assez perçant armera ma douleur
Pour trancher de mes jours le déplorable reste.
COTYS.
Que dites-vous, madame? et par quel sentiment...

SCÈNE VI

COTYS, MANDANE, CLÉON.

CLÉON.
Spitridate, seigneur, et Lysander vous prient
De vouloir avec eux conférer un moment.
MANDANE.
Allez, seigneur, allez puisqu'il vous en convient.
Aimez, cédez, souffrez, ou voyez si les dieux
Voudront vous inspirer quelque chose de mieux.

ACTE CINQUIÈME

SCÈNE I

AGÉSILAS, XÉNOCLÈS.

XÉNOCLÈS.

Je remets en vos mains et l'une et l'autre lettre
Que l'esclave Damis aux miennes vient de mettre.
Vous y verrez, seigneur, quels sont les attentats...
(Il lui donne deux lettres, dont il lit l'inscription.)

AGÉSILAS.

AU SÉNATEUR CRATÈS, A L'ÉPHORE ARSIDAS.
Spitridate et Cotys sont de l'intelligence?

XÉNOCLÈS.

Non; il s'est caché d'eux en cette conférence;
Il a plaint leur malheur, et de tout son pouvoir;
Mais sa prudence enfin tous deux vous les renvoie.
Sans leur donner aucun espoir
D'obtenir que de vous ce qui ferait leur joie.

AGÉSILAS.

Par cette déférence il croit les mieux aigrir;
Et rejetant sur moi ce qu'ils ont à souffrir...

XÉNOCLÈS.

Vous avez mandé Spitridate,
Il entre ici.

AGÉSILAS.

Gardons qu'à ses yeux rien n'éclate.

SCÈNE II

AGÉSILAS, SPITRIDATE, XÉNOCLÈS.

AGÉSILAS.

Aglatide, seigneur, a-t-elle encor vos vœux?

SPITRIDATE.

Non, seigneur : mais enfin ils ne vont pas loin d'elle;
Et sa sœur a fait naître une flamme nouvelle
En la place des premiers feux.

AGÉSILAS.

Elpinice?

SPITRIDATE.

Elle-même.

AGÉSILAS.

Ainsi toujours pour gendre
Vous vous donnez à Lysander?

SPITRIDATE.

Seigneur, contre l'amour peut-on bien se défendre?
A peine attaque-t-il qu'on brûle de se rendre.
Le plus ferme courage est ravi de céder;
Et j'ai trouvé ma foi plus facile à reprendre
Que mon cœur à redemander.

AGÉSILAS.

Si vous considériez...

SPITRIDATE.

Seigneur, que considère
Un cœur d'un vrai mérite heureusement charmé?
L'amour n'est plus amour sitôt qu'il délibère;
Et vous le sauriez trop si vous aviez aimé.

AGÉSILAS.

Seigneur, j'aimais à Sparte, et j'aime dans Éphèse.
L'un et l'autre objet est charmant;
Mais bien que l'un m'ait plu, bien que l'autre me plaise,
Ma raison m'en a su défendre également.

SPITRIDATE.

La mienne suivrait mieux un plus commun exemple.
Si vous aimez, seigneur, ne vous refusez rien,
Ou souffrez que je vous contemple
Comme un cœur au-dessus du mien.
Des climats différents la nature est diverse;
La Grèce a des vertus qu'on ne voit point en Perse.
Permettez qu'un Persan n'ose vous imiter,
Que sur votre partage il craigne d'attenter,
Qu'il se contente à moins de gloire,
Et trouve en sa faiblesse un destin assez doux
Pour ne point envier cette haute victoire,
Que vous seul avez droit de remporter sur vous.

AGÉSILAS.

Mais de mon ennemi rechercher l'alliance!

SPITRIDATE.

De votre ennemi!

AGÉSILAS.

Non, Lysander ne l'est pas :
Mais s'il faut vous le dire, il y court à grands pas.

SPITRIDATE.

C'en est assez; je dois me faire violence
Et renonce à plus croire, ou mes yeux, ou mon cœur.
Ne m'ordonnez-vous rien sur l'hymen de ma sœur?
Cotys l'aime.

AGÉSILAS.

Il est roi, je ne suis pas son maître;
Et Mandane ni vous n'êtes pas mes sujets.
L'aime-t-elle?

SPITRIDATE.

Il se peut. Lui ferai-je connaître
Que vous auriez d'autres projets?

AGÉSILAS.

C'est me connaître mal; je ne contrains personne.

SPITRIDATE.

Peut-être qu'elle n'aime encor que sa couronne;
Et je ne sais pas bien où pencherait son choix
Si le ciel lui donnait à choisir de deux rois.
Vous l'avez jusqu'ici de tant d'honneur comblée,
De tant de faveurs accablée,
Qu'à vos ordres ses vœux sans peine assujettis...

AGÉSILAS.

L'ingrate!

SPITRIDATE.

Je réponds de sa reconnaissance,
Et qu'elle ne consent à l'espoir de Cotys
Que pour le maintenir dans votre dépendance.
Pourrait-elle, seigneur, davantage pour vous?

AGÉSILAS.

Non : mais qui la pressait de choisir un époux?

AGÉSILAS, ACTE V, SCÈNE III.

SPITRIDATE.
L'occasion d'un roi, seigneur, est bien pressante.
Les plus dignes objets ne l'ont pas chaque jour;
　Elle échappe à la moindre attente
　Dont on veut éprouver l'amour.
A moins que de la prendre au moment qu'elle arrive,
On s'expose aux périls de l'accepter trop tard;
Et l'asile est si beau pour une fugitive,
Qu'elle ne peut sans crime en rien mettre au hasard.

AGÉSILAS.
Elle eût peu hasardé peut-être pour attendre.

SPITRIDATE.
Voyait-elle en ces lieux un plus illustre espoir?

AGÉSILAS.
Comme l'amour n'entend que ce qu'il veut entendre,
　Il ne voit que ce qu'il veut voir.
Si je l'ai jusqu'ici de tant d'honneur comblée,
　De tant de faveurs accablée,
Ces faveurs, ces honneurs ne lui disaient-ils rien?
Elle les entendait trop bien en dépit d'elle:
　Mais l'ingrate! mais la cruelle!...
Seigneur, à votre tour vous m'entendez trop bien.
Qu'elle aille chez Cotys partager sa couronne;
Je n'y mets point d'obstacle, et n'en veux rien savoir.
Soit que l'ambition, soit que l'amour la donne,
　Vous avez tous deux tout pouvoir.
Si pourtant vous m'aimiez...

SPITRIDATE.
　　　Soyez seur* de mon zèle.
Ma parole à Cotys est encore à donner.
Mais si cet hyménée a de quoi vous gêner,
　Mandane que deviendra-t-elle?

AGÉSILAS.
Allez, encore un coup, allez en d'autres lieux
Épargner par pitié cette gêne à mes yeux;
Sauvez-moi du chagrin de montrer que je l'aime.

SPITRIDATE.
Elle vient recevoir vos ordres elle-même.

SCÈNE III

AGÉSILAS, SPITRIDATE, MANDANE, XÉNOCLÈS.

AGÉSILAS.
O vue! ô sur mon cœur regards trop absolus!
Que vous allez troubler mes vœux irrésolus!
Ne partez pas, madame. O ciel! j'en vais trop dire.

MANDANE.
Je conçois mal, seigneur, de quoi vous me parlez.
Moi partir?

AGÉSILAS.
　　Oui, partez, encor que j'en soupire.
　Que ce mot ne peut-il suffire!

MANDANE.
Je conçois encor moins pourquoi vous m'exilez.

AGÉSILAS.
J'aime trop à vous voir et je vous ai trop vue;
　C'est, madame, ce qui me tue.
Partez, partez, de grâce.

MANDANE.
　　　Où me bannissez-vous?

AGÉSILAS.
Nommez-vous un exil le trône d'un époux?

MANDANE.
Quel trône, et quel époux?

AGÉSILAS.
　　　Cotys...

MANDANE.
　　　　Je crois qu'il m'aime;
Mais si je vous regarde ici comme mon roi,
Et comme un protecteur que j'ai choisi moi-même,
Puis-je sans votre aveu l'assurer de ma foi?
Après tant de bontés et de marques d'estime,
A vous moins déférer je croirais faire un crime;
Et mon âme...

AGÉSILAS.
　　　Ah! c'est trop déférer, et trop peu.
Quoi! pour cet hyménée exiger mon aveu!

MANDANE.
Jusque-là mon bonheur n'aura qu'incertitude.
Et, bien qu'une couronne éblouisse aisément..

SPITRIDATE.
Ma sœur, il faut parler un peu plus clairement.
Le roi s'est plaint à moi de votre ingratitude.

MANDANE.
Et je me plains à lui des inégalités
Qu'il me force de voir lui-même en ses bontés.
Tout ce que pour un autre a voulu ma prière,
Vous me l'avez, seigneur, et sur l'heure accordé;
Et pour mes intérêts ce qu'on a demandé
Prête à de prompts refus une indigne matière!

AGÉSILAS.
　Si vous vouliez avoir des yeux
Pour voir de ces refus la véritable cause...

SPITRIDATE.
N'est-ce pas assez dire, et faut-il autre chose?
Voyez mieux sa pensée, ou répondez-y mieux.
Ces refus obligeants veulent qu'on les entende;
Ils sont de ses faveurs le comble et la plus grande.
Tout roi qu'est votre amant, perdez-le sans ennui
Lorsqu'on vous en destine un plus puissant que lui.
M'en désavoûrez-vous, seigneur?

AGÉSILAS.
　　　　Non, Spitridate.
C'est inutilement que ma raison me flatte:
Comme vous j'ai mon faible, et j'avoue à mon tour
Qu'un si triste secours défend mal de l'amour.
Je vois par mon épreuve avec quelle injustice
　Je vous refusais Elpinice:
Je cesse de vous faire une si dure loi.
Allez; elle est à vous, si Mandane est à moi.
Ce que, pour Lysander je semble avoir de haine
Fera place aux douceurs de cette double chaine
　Dont vous serez le nœud commun;
Et cet heureux hymen, accompagné du vôtre,
Vous rendant entre nous garant de l'un vers l'autre,
　Réduira nos trois cœurs en un.
Madame, parlez donc.

SPITRIDATE.
　　　　Seigneur, l'obéissance
S'exprime assez par le silence;
Trouvez bon que je puisse apprendre à Lysander
La grâce qu'à ma flamme il vous plaît d'accorder.

SCÈNE IV

AGÉSILAS, MANDANE, XÉNOCLÈS.

AGÉSILAS.
En puis-je pour la mienne espérer une égale,
Madame? ou ne sera-ce en effet qu'obéir?
　　　　MANDANE.
　　Seigneur, je croirais vous trahir
Et n'avoir pas pour vous une âme assez royale,
Si je vous cachais rien des justes sentiments
Que m'inspire le ciel pour deux rois mes amants.
　　J'ai vu que vous m'aimiez; et sans autre interprète
J'en ai cru vos faveurs qui m'ont si peu coûté;
J'en ai cru vos bontés, et l'assiduité
Qu'apporte à me chercher votre ardeur inquiète.
　　Ma gloire y voulait consentir,
Mais ma reconnaissance a pris soin de la vôtre.
Vos feux la hasardaient, et pour les amortir
J'ai réduit mes désirs à pencher vers un autre.
　　Pour m'épouser, vous le pouvez,
Je ne saurais former de vœux plus élevés;
Mais, avant que juger ma conquête assez haute,
De l'œil dont il faut voir ce que vous vous devez,
Voyez ce qu'elle donne, ou plutôt ce qu'elle ôte.
Votre Sparte si haut porte sa royauté,
Que tout sang étranger la souille et la profane;
Jalouse de ce trône où vous êtes monté,
　　Y faire seoir une Persane,
C'est pour elle une étrange et dure nouveauté;
Et tout votre pouvoir ne peut m'y donner place
Que vous n'y renonciez pour toute votre race.
Vos éphores peut-être oseront encor plus;
Et si votre sénat avec eux se soulève,
Si de me voir leur reine indignés et confus,
Ils m'arrachent d'un trône où votre choix m'élève...
Pensez bien à la suite avant que d'achever,
Et si ce sont périls que vous deviez braver.
Vous les voyez si bien que j'ai mauvaise grâce
　　De vous en faire souvenir;
Mais mon zèle a voulu cette indiscrète audace,
Et moi je n'ai pas cru devoir la retenir.
Que la suite, après tout, vous flatte ou vous traverse,
Ma gloire est sans pareille aux yeux de l'univers
S'il voit qu'une Persane au vainqueur de la Perse
Donne à son tour des lois, et l'arrête en ses fers.
Comme votre intérêt m'est plus considérable,
Je tâche de vous rendre à des destins meilleurs.
Mon amour peut vous perdre, et je m'attache ailleurs
　　Pour être pour vous moins aimable.
Voilà ce que devait un cœur reconnaissant.
　　Quant au reste, parlez en maître,
　　Vous êtes ici tout-puissant.

AGÉSILAS.
Quand peut-on être ingrat, si c'est là reconnaître?
Et que puis-je sur vous si le cœur n'y consent?
　　　　MANDANE.
Seigneur, il est donné; la main n'est pas donnée;
Et l'inclination ne fait pas l'hyménée :
Au défaut de ce cœur, je vous offre une foi
Sincère, inviolable, et digne enfin de moi.
Voyez si ce partage aura pour vous des charmes.
Contre l'amour d'un roi c'est assez raisonner.
J'aime, et vais toutefois attendre sans alarmes
　　Ce qu'il lui plaira m'ordonner.
Je fais un sacrifice assez noble, assez ample,
　　S'il en veut un en ce grand jour;
Et, s'il peut se résoudre à vaincre son amour,
J'en donne à son grand cœur un assez haut exemple.
Qu'il écoute sa gloire ou suive son désir,
　　Qu'il se fasse grâce ou justice,
Je me tiens prête à tout, et lui laisse à choisir
　　De l'exemple ou du sacrifice.

SCÈNE V

AGÉSILAS, XÉNOCLÈS.

AGÉSILAS.
Qu'une Persane m'ose offrir un si grand choix!
Parmi nous qui traitons la Perse de barbare,
Et méprisons jusqu'à ses rois,
Est-il plus haut mérite, est-il vertu plus rare?
Cependant mon destin à ce point est amer.
Que plus elle mérite, et moins je dois l'aimer;
Et que plus ses vertus sont dignes de l'hommage
Que rend toute mon âme à cet illustre objet,
Plus je la dois fermer à tout autre projet
Qu'à celui d'égaler sa grandeur de courage.
　　　　XÉNOCLÈS.
Du moins vous rendre heureux, ce n'est plus hasar-
Puisqu'un si digne amour fait grâce à Lysander, [der,
Il n'a plus lieu de se contraindre :
Vous devenez par là maître de tout l'État;
Et, ce grand homme à vous, vous n'avez plus à crain-
　　Ni d'éphores ni de sénat. [dre
　　　　AGÉSILAS.
Je n'en suis pas encor d'accord avec moi-même.
J'aime; mais, après tout, je hais autant que j'aime;
Et ces deux passions qui règnent tour à tour
Ont au fond de mon cœur si peu d'intelligence,
Qu'à peine immole-t-il la vengeance à l'amour,
Qu'il voudrait immoler l'amour à la vengeance.
Entre ce digne objet et ce digne ennemi
　　Mon âme incertaine et flottante,
Quoi que l'un me promette, et quoi que l'autre atten-
Ne se peut ni dompter, ni croire qu'à demi : [te,
Et plus des deux côtés je la sens balancée,
Plus je vois clairement que si je veux régner,
Moi qui de Lysander vois toute la pensée,
Il le faut tout à fait ou perdre ou regagner;
Qu'il est temps de choisir.

XÉNOCLÈS.
Qu'il serait magnanime
De vaincre et la vengeance et l'amour à la fois !
AGÉSILAS.
Il faudrait, Xénoclès, une âme plus sublime.
XÉNOCLÈS.
Il ne faut que vouloir : tout est possible aux rois.
AGÉSILAS.
Ah ! si je pouvais tout, dans l'ardeur qui me presse,
Pour ces deux passions qui partagent mes vœux,
Peut-être aurais-je la faiblesse
D'obéir à toutes les deux.

SCÈNE VI

AGÉSILAS, LYSANDER, XÉNOCLÈS.

LYSANDER.
Seigneur, il vous a plu disposer d'Elpinice ;
Nous devons, elle et moi, beaucoup à vos bontés ;
Et je serai ravi qu'elle vous obéisse,
Pourvu que de Cotys les vœux soient acceptés.
J'en ai donné parole, il y va de ma gloire.
Spitridate, sans lui, ne saurait être heureux :
Et donner mon aveu, s'ils ne le sont tous deux,
C'est faire à mon honneur une tache trop noire.
Vous pouvez nous parler en roi.
Ma fille vous doit plus qu'à moi :
Commandez, elle est prête, et je saurai me taire.
N'exigez rien de plus d'un père.
Il a tenu toujours vos ordres à bonheur ;
Mais rendez-lui cette justice
De souffrir qu'il emporte au tombeau cet honneur,
Qui fait l'unique prix de trente ans de service.
AGÉSILAS.
Oui, vous l'y porterez, et du moins de ma part
Ce précieux honneur ne court aucun hasard.
On a votre parole, et j'ai donné la mienne ;
Et, pour faire aujourd'hui que l'une et l'autre tienne,
Il faut vaincre un amour qui m'était aussi doux
Que votre gloire l'est pour vous,
Un amour dont l'espoir ne voyait plus d'obstacle.
Mais enfin il est beau de triompher de soi,
Et de s'accorder ce miracle,
Quand on peut hautement donner à tous la loi,
Et que le juste soin de combler notre gloire
Demande notre cœur pour dernière victoire.
Un roi né pour l'éclat des grandes actions
Dompte jusqu'à ses passions,
Et ne se croit point roi s'il ne fait sur lui-même
Le plus illustre essai de son pouvoir suprême.

(à Xénoclès.)

Allez dire à Cotys que Mandane est à lui,
Que si mes feux aux siens ne l'ont pas accordée,
Pour venger son amour de ce moment d'ennui,
Je veux la lui céder comme il me l'a cédée.
Oyez de plus.

(Il parle à l'oreille à Xénoclès, qui s'en va.)

SCÈNE VII

AGÉSILAS, LYSANDER.

AGÉSILAS.
Eh bien ! vos mécontentements
Me seront-ils encore à craindre ?
Et vous souviendrez-vous des mauvais traitements
Qui vous avaient donné tant de lieu de vous plaindre ?
LYSANDER.
Je vous ai dit, seigneur, que j'étais tout à vous ;
Et j'y suis d'autant plus, que, malgré l'apparence,
Je trouve des bontés qui passent l'espérance
Où je n'avais cru voir que des soupçons jaloux.
AGÉSILAS.
Et que va devenir cette docte harangue
Qui du fameux Cléon doit ennoblir la langue ?
LYSANDER.
Seigneur...
AGÉSILAS.
Nous sommes seuls, j'ai chassé Xénoclès :
Parlons confidemment. Que venez-vous d'écrire
A l'éphore Arsidas, au sénateur Cratès ?
Je vous défère assez pour n'en vouloir rien lire.
Avec moi n'appréhendez rien,
Tout est encor fermé. Voyez.
LYSANDER.
Je suis coupable,
Parce qu'on me trahit, que l'on vous sert trop bien,
Et que, par un effort de prudence admirable,
Vous avez su prévoir de quoi serait capable,
Après tant de mépris, un cœur comme le mien.
Ce dessein toutefois ne passera pour crime
Que parce qu'il est sans effet ;
Et ce qu'on va nommer forfait
N'a rien qu'un plein succès n'eût rendu légitime.
Tout devient glorieux pour qui peut l'obtenir,
Et qui le manque est à punir.
AGÉSILAS.
Non, non ; j'aurais plus fait peut-être en votre place.
Il est naturel aux grands cœurs
De sentir vivement de pareilles rigueurs ;
Et vous m'offenseriez de douter de ma grâce.
Comme roi, je la donne, et comme ami discret,
Je vous assure du secret.
Je remets en vos mains tout ce qui vous peut nuire.
Vous m'avez trop servi pour m'en trouver ingrat ;
Et d'un trop grand soutien je priverais l'État
Pour des ressentiments où j'ai su vous réduire.
Ma puissance établie et mes droits conservés
Ne me laissent point d'yeux pour voir votre entrepri-
Dites-moi seulement avec même franchise, [se.
Vous dois-je encor bien plus que vous ne me devez ?
LYSANDER.
Avez-vous pu, seigneur, me devoir quelque chose ?
Qui sert le mieux son roi ne fait que son devoir.
En vous de tout l'État j'ai défendu la cause
Quand je l'ai fait tomber dessous votre pouvoir.
Le zèle est tout de feu quand ce grand devoir presse :

Et, comme à le moins suivre on s'en acquitte mal,
Le mien vous servit moins qu'il ne servit la Grèce,
Quand j'en sus ménager les cœurs avec adresse
    Pour vous en faire général.
Je vous dois cependant et la vie et ma gloire ;
    Et lorsqu'un dessein malheureux
Peut me coûter le jour et souiller ma mémoire,
La magnanimité de ce cœur généreux...

AGÉSILAS.

Reprochez-moi plutôt toutes mes injustices,
Que de plus ravaler de si rares services.
Elles ont fait le crime, et j'en tire ce bien,
Que j'ai pu m'acquitter, et ne vous dois plus rien.
    A présent que la gratitude
Ne peut passer pour dette en qui s'est acquitté,
Vos services, payés d'un traitement si rude,
Vont recevoir de moi ce qu'ils ont mérité.
S'ils ont su conserver un trône en ma famille,
J'y veux par mon hymen faire seoir votre fille.
C'est ainsi qu'avec vous je puis le partager.

LYSANDER.

Seigneur, à ces bontés que je n'osais attendre,
Que puis-je...

AGÉSILAS.

    Jugez-en comme il faut en juger,
    Et surtout commencez d'apprendre
Que les rois sont jaloux du souverain pouvoir ;
Qu'ils aiment qu'on leur doive, et ne peuvent devoir ;
Que rien à leurs sujets n'acquiert l'indépendance ;
Qu'ils règlent à leur choix l'emploi des plus grands
                                       [cœurs ;
Qu'ils ont pour qui les sert des grâces, des faveurs,
Et qu'on n'a jamais droit sur leur reconnaissance.
Prenons dorénavant, vous et moi, pour objet,
Les devoirs qu'il faudra l'un à l'autre nous rendre ;
    N'oubliez pas ceux d'un sujet,
    Et j'aurai soin de ceux d'un gendre.

SCÈNE VIII

AGÉSILAS, LYSANDER, AGLATIDE
conduite par XÉNOCLÈS.

AGLATIDE.

Sur un ordre, seigneur, reçu de votre part,
    Je viens, étonnée et surprise,
De voir que tout d'un coup un roi m'en favorise,
Qui me daignait à peine honorer d'un regard.

AGÉSILAS.

Sortez d'étonnement. Les temps changent, madame,
Et l'on n'a pas toujours mêmes yeux ni même âme.
Pourriez-vous de ma main accepter un époux ?

AGLATIDE.

Si mon père y consent, mon devoir me l'ordonne ;
Ce me sera trop d'heur* de le tenir de vous.
Mais avant que savoir quelle en est la personne,
Pourrais-je vous parler avec la liberté

Que me souffrait à Sparte un feu trop écouté,
Alors qu'il vous plaisait, ou m'aimer, ou me dire
Qu'en votre cœur mes yeux s'étaient fait un empire?
Non que j'y pense encor ; j'apprends de vous, sei-
                                           [gneur,
Qu'on change avec le temps, d'âme, d'yeux, et de

AGÉSILAS.   [cœur

Rappelez ces beaux jours pour me parler sans feindre
Mais si vous le pouvez, madame, épargnez-moi.

AGLATIDE.

Ce serait sans raison que j'oserais m'en plaindre :
L'amour doit être libre, et vous êtes mon roi. [dre,
Mais, puisque jusqu'à vous vous m'avez fait préten-
N'obligez point, seigneur, cet espoir à descendre,
    Et ne me faites point de lois
Qui profanent l'honneur de votre premier choix.
    J'y trouvais pour moi tant de gloire,
J'en chéris à tel point la flatteuse mémoire,
Que je regarderais comme un indigne époux
Quiconque m'offrirait un moindre rang que vous.
    Si cet orgueil a quelque crime,
Il n'en faut accuser que votre trop d'estime ;
Ce sont des sentiments que je ne puis trahir.
Après cela, parlez : c'est à moi d'obéir.

AGÉSILAS.

Je parlerai, madame, avec même franchise.
J'aime à voir cet orgueil que mon choix autorise
A dédaigner les vœux de tout autre qu'un roi :
J'aime cette hauteur en un jeune courage ;
Et vous n'aurez point lieu de vous plaindre de moi,
Si votre heureux destin dépend de mon suffrage.

SCÈNE IX

**AGÉSILAS, LYSANDER, COTYS, SPITRIDATE,
MANDANE, ELPINICE, AGLATIDE, XÉNOCLÈS.**

COTYS.

Seigneur, à vos bontés nous venons consacrer,
    Et Mandane et moi, notre vie.

SPITRIDATE.

De pareilles faveurs, seigneur, nous font rentrer
    Pour vous faire voir même envie.

AGÉSILAS.

    Je vous ai fait justice à tous,
Et je crois que ce jour vous doit être assez doux
Qui de tous vos souhaits à votre gré décide ; [mant,
Mais, pour le rendre encor plus doux et plus char-
Sachez que Sparte voit sa reine en Aglatide,
A qui le ciel en moi rend son premier amant.

AGLATIDE.

C'est me faire, seigneur, des surprises nouvelles.

AGÉSILAS.

Rendons nos cœurs, madame, à des flammes si bel-
Et tous ensemble allons préparer ce beau jour [les ;
Qui, par un triple hymen, couronnera l'amour.

FIN D'AGÉSILAS.

ATTILA
ROI DES HUNS
TRAGÉDIE — 1667

AU LECTEUR

Le nom d'Attila est assez connu ; mais tout le monde n'en connaît pas tout le caractère. Il était plus homme de tête que de main, tâchait à diviser ses ennemis, ravageait les peuples indéfendus, pour donner de la terreur aux autres, et tirer tribut de leur épouvante, et s'était fait un tel empire sur les rois qui l'accompagnaient, que, quand même il leur eût commandé des parricides, ils n'eussent osé lui désobéir. Il est malaisé de savoir quelle était sa religion : le surnom de *Fléau de Dieu*, qu'il prenait lui-même, montre qu'il n'en croyait pas plusieurs. Je l'estimerais arien, comme les Ostrogoths et les Gépides de son armée, n'était la pluralité des femmes que je lui ai retranchée ici. Il croyait fort aux devins, et c'était peut-être tout ce qu'il croyait. Il envoya demander par deux fois à l'empereur Valentinian sa sœur Honorie avec de grandes menaces ; et, en l'attendant, il épousa Ildione, dont tous les historiens marquent la beauté, sans parler de sa naissance. C'est ce qui m'a enhardi à la faire sœur d'un de nos premiers rois, afin d'opposer la France naissante au déclin de l'empire. Il est constant qu'il mourut la première nuit de son mariage avec elle. Marcellin dit qu'elle le tua elle-même, et je lui en ai voulu donner l'idée, quoique sans effet. Tous les autres rapportent qu'il avait accoutumé de saigner du nez, et que les vapeurs du vin et des viandes dont il se chargea fermèrent le passage à ce sang, qui, après l'avoir étouffé, sortit avec violence par tous les conduits. Je les ai suivis sur la manière de sa mort ; mais j'ai cru plus à propos d'en attribuer la cause à un excès de colère qu'à un excès d'intempérance.

Au reste, on m'a pressé de répondre ici par occasion aux invectives qu'on a publiées depuis quelque temps contre la comédie. Mais je me contenterai d'en dire deux choses, pour fermer la bouche à ces ennemis d'un divertissement si honnête et si utile : l'une, que je soumets tout ce que j'ai fait et ferai à l'avenir à la censure des puissances, tant ecclésiastiques que séculières, sous lesquelles Dieu me fait vivre : je ne sais s'ils en voudraient faire autant ; l'autre, que la comédie est assez justifiée par cette célèbre traduction de la moitié de celles de Térence, que des personnes d'une piété exemplaire et rigide ont donnée au public, et ne l'auraient jamais fait, si elles n'eussent jugé qu'on peut innocemment mettre sur la scène des filles engrossées par leurs amants, et des marchands d'esclaves à prostituer. La nôtre ne souffre point de tels ornements. L'amour en est l'âme pour l'ordinaire ; mais l'amour dans le malheur n'excite que la pitié, et est plus capable de purger en nous cette passion que de nous en faire envie.

Il n'y a point d'homme au sortir de la représentation du *Cid*, qui voulût avoir tué, comme lui, le père de sa maîtresse, pour en recevoir de pareilles douceurs, ni de fille qui souhaitait que son amant eût tué son père, pour avoir la joie de l'aimer en poursuivant sa mort. Les tendresses de l'amour content sont d'une autre nature ; et c'est ce qui m'oblige à les éviter. J'espère un jour traiter cette matière plus au long, et faire voir quelle erreur c'est de dire qu'on peut faire parler sur le théâtre toutes sortes de gens, selon toute l'étendue de leurs caractères.

PERSONNAGES.

ATTILA, roi des Huns.
ARDARIC, roi des Gépides.
VALAMIR, roi des Ostrogoths.
HONORIE, sœur de l'empereur Valentinian.

PERSONNAGES.

ILDIONE, sœur de Méroüée, roi de France.
OCTAR, capitaine des gardes d'Attila.
FLAVIE, dame d'honneur d'Honorie.
GARDES.

La scène est au camp d'Attila, dans la Norique.

ACTE PREMIER

SCÈNE I

ATTILA, OCTAR, SUITE.

ATTILA.

Ils ne sont pas venus, nos deux rois ? qu'on leur die
Qu'ils se font trop attendre, et qu'Attila s'ennuie ;
Qu'alors que je les mande ils doivent se hâter.

OCTAR.

Mais, seigneur, quel besoin de les en consulter ?
Pourquoi de votre hymen les prendre pour arbitres,
Eux qui n'ont de leur trône ici que de vains titres,
Et que vous ne laissez au nombre des vivants
Que pour traîner partout deux rois pour vos suivants ?

ATTILA.

J'en puis résoudre seul, Octar, et les appelle,

Non sous aucun espoir de lumière nouvelle;
Je crois voir avant eux ce qu'ils m'éclairciront,
Et m'être déjà dit tout ce qu'ils me diront :
Mais de ces deux partis lequel que je préfère,
Sa gloire est un affront pour l'autre, et pour son frère;
Et je veux attirer d'un si juste courroux
Sur l'auteur du conseil les plus dangereux coups,
Assurer une excuse à ce manque d'estime,
Pouvoir, s'il est besoin, livrer une victime;
Et c'est ce qui m'oblige à consulter ces rois,
Pour faire à leurs périls éclater ce grand choix :
Car enfin j'aimerais un prétexte à leur perte;
J'en prendrais hautement l'occasion offerte.
Ce titre en eux me choque, et je ne sais pourquoi
Un roi que je commande ose se nommer roi.
Un nom si glorieux marque une indépendance
Que souille, que détruit la moindre obéissance;
Et je suis las de voir que du bandeau royal
Ils prennent droit tous deux de me traiter d'égal.

OCTAR.

Mais, seigneur, se peut-il que pour ces deux princes
Vous ayez mêmes yeux et pareilles tendresses, [ses
Que leur mérite égal dispose sans ennui
Votre âme irrésolue aux sentiments d'autrui?
Ou si vers l'une ou l'autre elle a pris quelque pente,
Dont prennent ces deux rois la route différente,
Voudra-t-elle, aux dépens de ses vœux les plus doux,
Préparer une excuse à ce juste courroux?
Et pour juste qu'il soit, est-il si fort à craindre
Que le grand Attila s'abaisse à se contraindre !

ATTILA.

Non : mais la noble ardeur d'envahir tant d'États
Doit combattre de tête encor plus que de bras,
Entre ses ennemis rompre l'intelligence,
Y jeter du désordre et de la défiance,
Et ne rien hasarder qu'on n'ait de toutes parts,
Autant qu'il est possible, enchaîné les hasards.
 Nous étions aussi forts qu'à présent nous le sommes,
Quand je fondis en Gaule avec cinq cent mille hom-
 [mes.
Dès lors, s'il t'en souvient, je voulus, mais en vain,
D'avec le Visigoth détacher le Romain.
J'y perdis auprès d'eux des soins qui me perdirent;
Loin de se diviser, d'autant mieux ils s'unirent.
La terreur de mon nom pour nouveaux compagnons
Leur donna les Alains, les Francs, les Bourguignons;
Et, n'ayant pu semer entre eux aucuns divorces*,
Je me vis en déroute avec toutes mes forces.
J'ai su les rétablir, et cherche à me venger;
Mais je cherche à le faire avec moins de danger.
 De ces cinq nations contre moi trop heureuses,
J'envoie offrir la paix aux deux plus belliqueuses,
Je traite avec chacune; et comme toutes deux
De mon hymen offert ont accepté les nœuds,
Des princesses qu'ensuite elles en font le gage
L'une sera ma femme et l'autre mon otage.
Si j'offense par là l'un des deux souverains,
Il craindra pour sa sœur qui reste entre mes mains.
Ainsi je les tiendrai l'un et l'autre en contrainte,

L'un par mon alliance, et l'autre par la crainte;
Ou si le malheureux s'obstine à s'irriter,
L'heureux en ma faveur saura lui résister;
Tant que de nos vainqueurs terrassés l'un par l'autre
Les trônes ébranlés tombent au pied du nôtre.
Quant à l'amour, apprends que mon plus doux souci
N'est... Mais Ardaric entre, et Valamir aussi.

SCÈNE II

ATTILA, ARDARIC, VALAMIR, OCTAR.

ATTILA.

Rois, amis d'Attila, soutiens de ma puissance,
Qui rangez tant d'États sous mon obéissance,
Et de qui les conseils, le grand cœur et la main
Me rendent formidable à tout le genre humain,
Vous voyez en mon camp les éclatantes marques
Que de ce vaste effroi nous donnent deux monarques.
En Gaule Méroüée, à Rome l'empereur,
Ont cru par mon hymen éviter ma fureur.
La paix avec tous deux en même temps traitée
Se trouve avec tous deux à ce prix arrêtée;
Et presque sur les pas de mes ambassadeurs
Les siens m'ont amené deux princesses leurs sœurs.
Le choix m'en embarrasse, il est temps de le faire;
Depuis leur arrivée en vain je le diffère;
Il faut enfin résoudre; et, quel que soit ce choix,
J'offense un empereur, ou le plus grand des rois.
 Je le dis, le plus grand, non qu'encor la victoire
Ait porté Méroüée à ce comble de gloire;
Mais, si de nos devins l'oracle n'est point faux,
Sa grandeur doit atteindre aux degrés les plus hauts;
Et de ses successeurs l'empire inébranlable
Sera de siècle en siècle enfin si redoutable,
Qu'un jour toute la terre en recevra des lois,
Ou tremblera du moins au nom de leurs François.
 Vous donc, qui connaissez de combien d'impor-
 [tance
Est pour nos grands projets l'une et l'autre alliance,
Prêtez-moi des clartés pour bien voir aujourd'hui
De laquelle ils auront ou plus ou moins d'appui;
Qui des deux, honoré par ces nœuds domestiques,
Nous vengera le mieux des champs catalauniques,
Et qui des deux enfin, déchu d'un tel espoir,
Sera le plus à craindre à qui veut tout pouvoir.

ARDARIC.

En l'état où le ciel a mis votre puissance,
Nous mettrions en vain leurs forces en balance :
Tout ce qu'on y peut voir ou de plus ou de moins
Ne vaut pas amuser le moindre de vos soins.
L'un et l'autre traité suffit pour nous instruire
Qu'ils vous craignent tous deux et n'osent plus vous
Ainsi, sans perdre temps à vous inquiéter, [nuire.
Vous n'avez que vos yeux, seigneur, à consulter.
Laissez aller ce choix du côté du mérite
Pour qui, sur leur rapport, l'amour vous sollicite;
Croyez ce qu'avec eux votre cœur résoudra;
Et de ces potentats s'offense qui voudra.

ATTILA.

L'amour chez Attila n'est pas un bon suffrage ;
Ce qu'on m'en donnerait me tiendrait lieu d'outrage ;
Et tout exprès ailleurs je porterais ma foi,
De peur qu'on n'eût par là trop de pouvoir sur moi.
Les femmes qu'on adore usurpent un empire
Que jamais un mari n'ose ou ne peut dédire :
C'est au commun des rois à se plaire en leurs fers,
Non à ceux dont le nom fait trembler l'univers.
Que chacun de leurs yeux aime à se faire esclave ;
Moi, je ne veux les voir qu'en tyrans que je brave :
Et par quelques attraits qu'ils captivent un cœur,
Le mien en dépit d'eux est tout à ma grandeur.
Parlez donc seulement du choix le plus utile,
Du courroux à dompter ou plus ou moins facile ;
Et ne me dites point que de chaque côté
Vous voyez comme lui peu d'inégalité.
En matière d'État ne fût-ce qu'un atome,
Sa perte quelquefois importe d'un royaume ;
Il n'est scrupule exact qu'il n'y faille garder,
Et le moindre avantage a droit de décider.

VALAMIR.

Seigneur, dans le penchant que prennent les affaires,
Les grands discours ici ne sont pas nécessaires ;
Il ne faut que des yeux ; et pour tout découvrir,
Pour décider de tout, on n'a qu'à les ouvrir. [ve :
Un grand destin commence, un grand destin s'achè-
L'empire est prêt à choir, et la France s'élève ;
L'une peut avec elle affermir son appui,
Et l'autre en trébuchant l'ensevelir sous lui.
Vos devins vous l'on dit ; n'y mettez point d'obstacles,
Vous qui n'avez jamais douté de leurs oracles :
Soutenir un État chancelant et brisé,
C'est chercher par sa chute à se voir écrasé.
Appuyez donc la France, et laissez tomber Rome ;
Aux grands ordres du ciel prêtez ceux d'un grand
D'un si bel avenir avouez vos devins, [homme :
Avancez le succès, et hâtez les destins.

ARDARIC.

Oui, le ciel, par le choix de ces grands hyménées,
A mis entre vos mains le cours des destinées ;
Mais s'il est glorieux, seigneur, de le hâter,
Il l'est, et plus encor, de si bien l'arrêter,
Que la France, en dépit d'un infaillible augure,
N'aille qu'à pas traînants vers sa grandeur future,
Et que l'aigle, accablé par ce destin nouveau,
Ne puisse trébucher que sur votre tombeau.
Serait-il gloire égale à celle de suspendre
Ce que ces deux États du ciel doivent attendre,
Et de vous faire voir aux plus savants devins
Arbitre des succès et maître des destins ?
J'ose vous dire plus. Tout ce qu'ils vous prédisent,
Avec pleine clarté dans le ciel ils le lisent ;
Mais vous assurent-ils que quelque astre jaloux
N'ait point mis plus d'un siècle entre l'effet et vous ?
Ces éclatants retours que font les destinées
Sont assez rarement l'œuvre de peu d'années ;
Et ce qu'on vous prédit touchant ces deux États
Peut être un avenir qui ne vous touche pas.

Cependant regardez ce qu'est encor l'empire :
Il chancelle, il se brise, et chacun le déchire ;
De ses entrailles même il produit les tyrans ;
Mais il peut encor plus que tous ses conquérants.
Le moindre souvenir des champs catalauniques
En peut mettre à vos yeux des preuves trop publiques :
Singibar, Gondebaut, Méroüée, et Thierri,
Là, sans Aétius, tous quatre auraient péri.
Les Romains firent seuls cette grande journée :
Unissez-les à vous par un digne hyménée.
Puisque déjà sans eux vous pouvez presque tout,
Il n'est rien dont par eux vous ne veniez à bout.
Quand de ces nouveaux rois ils vous auront fait mat-
Vous verrez à loisir de qui vous voudrez l'être, [tre,
Et résoudrez vous seul avec tranquillité
Si vous leur souffrirez encor l'égalité.

VALAMIR.

L'empire, je l'avoue, est encor quelque chose ;
Mais nous ne sommes plus au temps de Théodose ;
Et comme dans sa race il ne revit pas bien,
L'empire est quelque chose, et l'empereur n'est rien.
Ses deux fils n'ont rempli les trônes des deux Romes
Que d'idoles pompeux, que d'ombres au lieu d'hom-
L'imbécile fierté de ces faux souverains, [mes.
Qui n'osait à son aide appeler des Romains,
Parmi des nations qu'ils traitaient de barbares
Empruntaient pour régner des personnes plus rares ;
Et d'un côté Gaïnas, de l'autre Stilicon,
A ces deux majestés ne laissant que le nom,
On voyait dominer d'une hauteur égale
Un Goth dans un empire, et dans l'autre un Vandale.
Comme de tous côtés on s'en est indigné,
De tous côtés aussi pour eux on a régné.
Le second Théodose avait pris leur modèle :
Sa sœur à cinquante ans le tenait en tutelle,
Et fut, tant qu'il régna, l'âme de ce grand corps,
Dont elle fait encor mouvoir tous les ressorts.
Pour Valentinian, tant qu'a vécu sa mère
Il a semblé répondre à ce grand caractère ;
Il a paru régner : mais on voit aujourd'hui
Qu'il régnait par sa mère, ou sa mère pour lui ;
Et depuis son trépas il a trop fait connaître
Que s'il est empereur, Aétius est maître ;
Et c'en serait la sœur qu'il faudrait obtenir,
Si jamais aux Romains vous vouliez vous unir.
Au reste, un prince faible, envieux, mol, stupide,
Qu'un heureux succès enfle, un douteux intimide,
Qui pour unique emploi s'attache à son plaisir,
Et laisse le pouvoir à qui s'en peut saisir.
Mais le grand Méroüée est un roi magnanime,
Amoureux de la gloire, ardent après l'estime,
Qui ne permet aux siens d'emploi, ni de pouvoir,
Qu'autant que par son ordre ils en doivent avoir.
Il sait vaincre et régner ; et depuis sa victoire,
S'il a déjà soumis et la Seine et la Loire, [tants,
Quand vous voudrez aux siens joindre vos combat-
La Garonne et l'Arar ne tiendront pas longtemps.
Alors ces mêmes champs, témoins de notre honte, [te ;
En verront la vengeance et plus haute et plus promp-

Et, pour glorieux prix d'avoir su nous venger,
Vous aurez avec lui la Gaule à partager,
D'où vous ferez savoir à toute l'Italie
Que lorsque la prudence à la valeur s'allie,
Il n'est rien à l'épreuve, et qu'il est temps qu'enfin
Et du Tibre et du Pô vous fassiez le destin.

ARDARIC.

Prenez-en donc le droit des mains d'une princesse
Qui l'apporte pour dot à l'ardeur qui vous presse;
Et paraissez plutôt vous saisir de son bien,
Qu'usurper des États sur qui ne vous doit rien.
Sa mère eut tant de part à la toute-puissance,
Qu'elle fit à l'empire associer Constance;
Et si ce même empire a quelque attrait pour vous,
La fille a même droit en faveur d'un époux.

Allez, la force en main, demander ce partage,
Que d'un père mourant lui laissa le suffrage.
Sous ce prétexte heureux vous verrez des Romains
Se détacher de Rome, et vous tendre les mains.
Aétius n'est pas si maître qu'on veut croire,
Il a jusque chez lui des jaloux de sa gloire,
Et vous aurez pour vous tous ceux qui dans le cœur
Sont mécontents du prince, ou las du gouverneur.
Le débris de l'empire a de belles ruines;
S'il n'a plus de héros, il a des héroïnes.
Rome vous en offre une, et part à ce débris;
Pourriez-vous refuser votre main à ce prix?
Ildione n'apporte ici que sa personne,
Sa dot ne peut s'étendre aux droits d'une couronne,
Ses Francs n'admettent point de femme à dominer;
Mais les droits d'Honorie ont de quoi tout donner.
Attachez-les, seigneur, à vous, à votre race;
Du fameux Théodose assurez-vous la place:
Rome adore la sœur, le frère est sans pouvoir,
On hait Aétius, vous n'avez qu'à vouloir.

ATTILA.

Est-ce comme il me faut tirer d'inquiétude,
Que de plonger mon âme en plus d'incertitude,
Et pour vous prévaloir de mes perplexités,
Choisissez-vous exprès ces contrariétés?
Plus j'entends raisonner, et moins on détermine;
Chacun dans sa pensée également s'obstine;
Et quand par vous je cherche à ne plus balancer,
Vous cherchez l'un et l'autre à mieux m'embarrasser.
Je ne demande point de si diverses routes:
Il me faut des clartés, et non de nouveaux doutes;
Et quand je vous confie un sort tel que le mien,
C'est m'offenser tous deux que ne résoudre rien.

VALAMIR.

Seigneur, chacun de nous vous parle comme il pense,
Chacun de ce grand choix vous fait voir l'importance;
Mais nous ne sommes point jaloux de nos avis.
Croyez-le, croyez-moi, nous en serons ravis;
Ils sont les purs effets d'une amitié fidèle,
De qui le zèle ardent...

ATTILA.

Unissez donc ce zèle,
Et ne me forcez point à voir dans vos débats
Plus que je ne veux voir, et... Je n'achève pas.

Dites-moi seulement ce qui vous intéresse
A protéger ici l'une et l'autre princesse.
Leurs frères vous ont-ils à force de présents,
Chacun de son côté, rendus leurs partisans?
Est-ce amitié pour l'une, est-ce haine pour l'autre,
Qui forme auprès de moi son avis et le vôtre?
Par quel dessein de plaire ou de vous agrandir...
Mais derechef je veux ne rien approfondir,
Et croire qu'où je suis on n'a pas tant d'audace.
Vous, si vous vous aimez, faites-vous une grâce;
Accordez-vous ensemble, et ne contestez plus,
Ou de l'une des deux ménagez un refus,
Afin que nous puissions en cette conjoncture
A son aversion imputer la rupture.
Employez-y tous deux ce zèle et cette ardeur
Que vous dites avoir tous deux pour ma grandeur.
J'en croirai les efforts qu'on fera pour me plaire,
Et veux bien jusque-là suspendre ma colère.

SCÈNE III

ARDARIC, VALAMIR.

ARDARIC.

En serons-nous toujours les malheureux objets?
Et verrons-nous toujours qu'il nous traite en sujets?

VALAMIR.

Fermons les yeux, seigneur, sur de telles disgrâces;
Le ciel en doit un jour effacer jusqu'aux traces:
Mes devins me l'ont dit; et, s'il en est besoin,
Je dirai que ce jour peut-être n'est pas loin:
Ils en ont, disent-ils, un assuré présage.
Je vous confirai plus : ils m'ont dit davantage,
Et qu'un Théodoric qui doit sortir de moi
Commandera dans Rome, et s'en fera le roi;
Et c'est ce qui m'oblige à parler pour la France;
A presser Attila d'en choisir l'alliance,
D'épouser Ildione, afin que par ce choix
Il laisse à mon hymen Honorie et ses droits.
Ne vous opposez plus aux grandeurs d'Ildione,
Souffrez en ma faveur qu'elle monte à ce trône:
Et si jamais pour vous je puis en faire autant...

ARDARIC.

Vous le pouvez, seigneur, et dès ce même instant.
Souffrez qu'à votre exemple en deux mots je m'explique.

Vous aimez; mais ce n'est qu'un amour politique;
Et puisque je vous dois confidence à mon tour,
J'ai pour l'autre princesse un véritable amour;
Et c'est ce qui m'oblige à parler pour l'empire,
Afin qu'on m'abandonne un objet où j'aspire.

Une étroite amitié l'un à l'autre nous joint;
Mais enfin nos désirs ne compatissent point.
Voyons qui se doit vaincre, et s'il faut que mon âme
A votre ambition immole cette flamme,
Ou s'il n'est point plus beau que votre ambition
Elle-même s'immole à cette passion.

VALAMIR.

Ce serait pour mon cœur un cruel sacrifice.

ARDARIC.
Et l'autre pour le mien serait un dur supplice.
Vous aime-t-on?
VALAMIR.
Du moins j'ai lieu de m'en flatter.
Et vous, seigneur?
ARDARIC.
Du moins on me daigne écouter.
VALAMIR.
Qu'un mutuel amour est un triste avantage
Quand ce que nous aimons d'un autre est le partage!
ARDARIC.
Cependant le tyran prendra pour attentat
Cet amour qui fait seul tant de raisons d'État.
Nous n'avons que trop vu jusqu'où va sa colère,
Qui n'a pas épargné le sang même d'un frère,
Et combien après lui de rois ses alliés
A son orgueil barbare il a sacrifiés.
VALAMIR.
Les peuples qui suivaient ces illustres victimes
Suivent encor sous lui l'impunité des crimes;
Et ce ravage affreux qu'il permet aux soldats
Lui gagne tant de cœurs, lui donne tant de bras,
Que nos propres sujets sortis de nos provinces
Sont en dépit de nous plus à lui qu'à leurs princes.
ARDARIC.
Il semble à ses discours déjà nous soupçonner,
Et ce sont des soupçons qu'il nous faut détourner.
A ce refus qu'il veut disposons ma princesse.
VALAMIR.
Pour y porter la mienne il faudra peu d'adresse.
ARDARIC.
Si vous persuadez, quel malheur est le mien!
VALAMIR.
Et si l'on vous en croit, puis-je espérer plus rien?
ARDARIC.
Ah! que ne pouvons-nous être heureux l'un et l'autre!
VALAMIR.
Ah! que n'est mon bonheur plus compatible au vôtre!
ARDARIC.
Allons des deux côtés chacun faire un effort.
VALAMIR.
Allons, et du succès laissons-en faire au sort

ACTE DEUXIÈME

SCÈNE I

HONORIE, FLAVIE.

FLAVIE.
Je ne m'en défends point : oui, madame, Octar m'ai-
Tout ce que je vous dis, je l'ai su de lui-même. [me ;
Ils sont rois, mais c'est tout : ce titre sans pouvoir
N'a rien presque en tous deux de ce qu'il doit avoir;
Et le fier Attila chaque jour fait connaître
Que s'il n'est pas leur roi, du moins il est leur maître,
Et qu'ils n'ont en sa cour le rang de ses amis
Qu'autant qu'à son orgueil ils s'y montrent soumis.
Tous deux ont grand mérite, et tous deux grand cou-
Mais ils sont, à vrai dire, ici comme en otage, [rage;
Tandis que leurs soldats en des camps éloignés
Prennent l'ordre sous lui de gens qu'il a gagnés;
Et si de le servir leurs troupes n'étaient prêtes,
Ces rois, tout rois qu'ils sont, répondraient de leurs
Son frère aîné Vléda, plus rempli d'équité, [têtes,
Les traitait malgré lui d'entière égalité;
Il n'a pu le souffrir, et sa jalouse envie,
Pour n'avoir plus d'égaux, s'est immolé sa vie.
Le sang qu'après avoir mis ce prince au tombeau
On lui voit chaque jour distiller du cerveau,
Punit son parricide, et chaque jour vient faire
Un tribut étonnant à celui de ce frère :
Suivant même qu'il a plus ou moins de courroux,
Ce sang forme un supplice ou plus rude ou plus doux,
S'ouvre une plus féconde ou plus stérile veine;
Et chaque emportement porte avec lui sa peine.
HONORIE.
Que me sert donc qu'on m'aime, et pourquoi m'en-
A souffrir un amour qui ne peut me venger. [gager
L'insolent Attila me donne une rivale;
Par ce choix qu'il balance il la fait mon égale; [roi,
Et quand pour l'en punir je crois prendre un grand
Je ne prends qu'un grand nom qui ne peut rien pour
Juge que de chagrins au cœur d'une princesse [moi.
Qui hait également l'orgueil et la faiblesse;
Et de quel œil je puis regarder un amant
Qui n'aura pas pitié de mon ressentiment,
Qui ne saura qu'aimer, et dont tout le service
Ne m'assure aucun bras à me faire justice.
Jusqu'à Rome Attila m'envoie offrir sa foi,
Pour douter dans son camp entre Ildione et moi.
Hélas! Flavie, hélas! si ce doute m'offense,
Que doit faire une indigne et haute préférence?
Et n'est-ce pas alors le dernier des malheurs,
Qu'un éclat impuissant d'inutiles douleurs?
FLAVIE.
Prévenez-le, madame ; et montrez à sa honte
Combien de tant d'orgueil vous faites peu de compte.
HONORIE.
La bravade est aisée, un mot est bientôt dit :
Mais où fuir un tyran que la bravade aigrit?
Retournerai-je à Rome où j'ai laissé mon frère
Enflammé contre moi de haine et de colère,
Et qui sans la terreur d'un nom si redouté
Jamais n'eût mis de borne à ma captivité :
Moi qui prétends pour dot la moitié de l'empire?...
FLAVIE.
Ce serait d'un malheur vous jeter dans un pire.
Ne vous emportez pas contre vous jusque-là :
Il est d'autres moyens de braver Attila.
Épousez Valamir.
HONORIE.
Est-ce comme on le brave

Que d'épouser un roi dont il fait son esclave?
FLAVIE.
Mais vous l'aimez.
HONORIE.
Eh bien, si j'aime Valamir,
Je ne veux point de rois qu'on force d'obéir;
Et si tu me dis vrai, quelque rang que je tienne,
Cet hymen pourrait être et sa perte et la mienne.
Mais je veux qu'Attila, pressé d'un autre amour,
Endure un tel insulte* au milieu de sa cour :
Ildione par là me verrait à sa suite;
A de honteux respects je m'y verrais réduite;
Et le sang des Césars, qu'on adora toujours,
Ferait hommage au sang d'un roi de quatre jours!
Dis-le-moi toutefois, pencherait-il vers elle?
Que t'en a dit Octar?

FLAVIE.
Qu'il la trouve assez belle,
Qu'il en parle avec joie, et fuit à lui parler.
HONORIE.
Il me parle, et s'il faut ne rien dissimuler,
Ses discours me font voir du respect, de l'estime,
Et même quelque amour sans que le nom s'exprime.
FLAVIE.
C'est un peu plus qu'à l'autre.
HONORIE.
Et peut-être bien moins.
FLAVIE.
Quoi! ce qu'à l'éviter il apporte de soins...
HONORIE.
Peut-être il ne la fuit que de peur de se rendre;
Et s'il ne me fuit pas, il sait mieux s'en défendre.
Oui, sans doute, il la craint, et toute sa fierté
Ménage, pour choisir, un peu de liberté.
FLAVIE.
Mais laquelle des deux voulez-vous qu'il choisisse?
HONORIE.
Mon âme des deux parts attend même supplice :
Ainsi que mon amour, ma gloire a ses appas;
Je meurs s'il me choisit, ou ne me choisit pas;
Et... Mais Valamir entre, et sa vue en mon âme
Fait trembler mon orgueil, enorgueillit ma flamme.
Flavie, il peut sur moi bien plus que je ne veux :
Pour peu que je l'écoute il aura tous mes vœux. [me.
Dis-lui... Mais il vaut mieux faire effort sur moi-mê-

SCÈNE II

VALAMIR, HONORIE, FLAVIE.

HONORIE. [me?
Le savez-vous, seigneur, comment je veux qu'on m'ai-
Et puisque jusqu'à moi vous portez vos souhaits,
Avez-vous su connaître à quel prix je me mets?
Je parle avec franchise, et ne veux point vous taire
Que vos soins me plairaient s'il ne fallait que plaire :
Mais quand cent et cent fois ils seraient mieux reçus,
Il faut pour m'obtenir quelque chose de plus.
Attila m'est promis, j'en ai sa foi pour gage;
La princesse des Francs prétend même avantage;
Et bien que sur le choix il semble hésiter*,
Étant ce que je suis j'aurais tort d'en douter.
Mais qui promet à deux outrage l'une et l'autre.
J'ai du cœur, on m'offense; examinez le vôtre.
Pourrez-vous m'en venger, pourrez-vous l'en punir?
VALAMIR.
N'est-ce que par le sang qu'on peut vous obtenir?
Et faut-il que ma flamme à ce grand cœur réponde
Par un assassinat du plus grand roi du monde,
D'un roi que vous avez souhaité pour époux?
Ne saurait-on sans crime être digne de vous?
HONORIE.
Non, je ne vous dis pas qu'aux dépens de sa tête
Vous vous fassiez aimer, et payiez ma conquête.
De l'aimable façon qu'il vous traite aujourd'hui
Il a trop mérité ces tendresses pour lui. [craigne;
D'ailleurs, s'il faut qu'on l'aime, il est bon qu'on le
Mais c'est cet Attila qu'il faut que je dédaigne.
Pourrez-vous hautement me tirer de ses mains,
Et braver avec moi le plus fier des humains?
VALAMIR.
Il n'en est pas besoin, madame : il vous respecte,
Et bien que sa fierté vous puisse être suspecte,
A vos moindres froideurs, à vos moindres dégoûts,
Je sais que ses respects me donneraient à vous.
HONORIE.
Que j'estime assez peu le sang de Théodose
Pour souffrir qu'en moi-même un tyran en dispose,
Qu'une main qu'il me doit me choisisse un mari,
Et me présente un roi comme son favori! [croire
Pour peu que vous m'aimiez, seigneur, vous devez
Que rien ne m'est sensible à l'égal de ma gloire.
Régnez comme Attila, je vous préfère à lui;
Mais point d'époux qui n'ose en dédaigner l'appui,
Point d'époux qui m'abaisse au rang de ses sujettes.
Enfin, je veux un roi : regardez si vous l'êtes;
Et quoi que sur mon cœur vous ayez d'ascendant,
Sachez qu'il n'aimera qu'un prince indépendant.
Voyez à quoi, seigneur, on connaît les monarques;
Ne m'offrez plus de vœux qui n'en portent les mar-
Et soyez satisfait qu'on vous daigne assurer [ques;
Qu'à tous les rois ce cœur voudrait vous préférer.

SCÈNE III

VALAMIR, FLAVIE.

VALAMIR.
Quelle hauteur, Flavie, et que faut-il qu'espère
Un roi dont tous les vœux...
FLAVIE.
Seigneur, laissez-la faire;
L'amour sera le maître; et la même hauteur
Qui vous dispute ici l'empire de son cœur,
Vous donne en même temps le secours de la haine
Pour triompher bientôt de la fierté romaine.

L'orgueil qui vous dédaigne en dépit de ses feux
Fait haïr Attila de se promettre à deux.
Non que cette fierté n'en soit assez jalouse
Pour ne pouvoir souffrir qu'Ildione l'épouse.
A son frère, à ses Francs faites-la renvoyer;
Vous verrez tout ce cœur soudain se déployer,
Suivre ce qui lui plaît, braver ce qui l'irrite,
Et livrer hautement la victoire au mérite.
Ne vous rebutez point d'un peu d'emportement;
Quelquefois malgré nous il vient un bon moment.
L'amour fait des heureux lorsque moins on y pense;
Et je ne vous dis rien sans beaucoup d'apparence.
Ardaric vous apporte un entretien plus doux.
Adieu. Comme le cœur le temps sera pour vous.

SCÈNE IV

ARDARIC, VALAMIR.

ARDARIC.
Qu'avez-vous obtenu, seigneur, de la princesse?
VALAMIR.
Beaucoup, et rien. J'ai vu pour moi quelque tendresse;
Mais elle sait d'ailleurs si bien ce qu'elle vaut,
Que si celle des Francs a le cœur aussi haut,
Si c'est à même prix, seigneur, qu'elle se donne,
Vous lui pourrez longtemps offrir votre couronne.
Mon rival est haï, je n'en saurais douter;
Tout le cœur est à moi, j'ai lieu de m'en vanter;
Au reste des mortels je sais qu'on me préfère,
Et ne sais toutefois ce qu'il faut que j'espère.
 Voyez votre Ildione; et puissiez-vous, seigneur,
Y trouver plus de jour à lire dans son cœur,
Une âme plus tournée à remplir votre attente,
Un esprit plus facile. Octar sort de sa tente.
Adieu.

SCÈNE V

ARDARIC, OCTAR.

ARDARIC.
 Pourrai-je voir la princesse à mon tour?
OCTAR.
Non, à moins qu'il vous plaise attendre son retour;
Mais, à ce que ses gens, seigneur, m'ont fait entendre,
Vous n'avez en ce lieu qu'un moment à l'attendre.
ARDARIC.
Dites-moi cependant : vous fûtes prisonnier
Du roi des Francs, son frère, en ce combat dernier?
OCTAR.
Le désordre, seigneur, des champs catalauniques
Me donna peu de part aux disgrâces publiques.
Si j'y fus prisonnier de ce roi généreux,
Il me fit dans sa cour un sort assez heureux :
Ma prison y fut libre; et j'y trouvai sans cesse
Une bonté si rare au cœur de la princesse,
Que de retour ici je pense lui devoir
Les plus sacrés respects qu'un sujet puisse avoir.

ARDARIC.
Qu'un monarque est heureux lorsque le ciel lui donne
La main d'une si belle et si rare personne!
OCTAR.
Vous savez toutefois qu'Attila ne l'est pas,
Et combien son trop d'heur* lui cause d'embarras.
ARDARIC.
Ah! puisqu'il a des yeux, sans doute il la préfère.
Mais vous vous louez fort aussi du roi son frère;
Ne me déguisez rien. A-t-il des qualités
A se faire admirer ainsi de tous côtés?
Est-ce une vérité que ce que j'entends dire,
Ou si c'est sans raison que l'univers l'admire?
OCTAR.
Je ne sais pas, seigneur, ce qu'on vous en a dit;
Mais si pour l'admirer ce que j'ai vu suffit,
Je l'ai vu dans la paix, je l'ai vu dans la guerre,
Porter partout un front de maître de la terre.
J'ai vu plus d'une fois de fières nations
Désarmer son courroux par leurs soumissions.
J'ai vu tous les plaisirs de son âme héroïque
N'avoir rien que d'auguste et que de magnifique;
Et ses illustres soins ouvrir à ses sujets
L'école de la guerre au milieu de la paix.
Par ces délassements sa noble inquiétude
De ses justes desseins faisait l'heureux prélude;
Et, si j'ose le dire, il doit nous être doux
Que ce héros les tourne ailleurs que contre nous.
Je l'ai vu, tout couvert de poudre et de fumée,
Donner le grand exemple à toute son armée,
Semer par ses périls l'effroi de toutes parts,
Bouleverser les murs d'un seul de ses regards,
Et sur l'orgueil brisé des plus superbes têtes
De sa course rapide entasser les conquêtes.
Ne me commandez point de peindre un si grand roi;
Ce que j'en ai vu passe un homme tel que moi :
Mais je ne puis, seigneur, m'empêcher de vous dire
Combien son jeune prince est digne qu'on l'admire.
 Il montre un cœur si haut sous un front délicat,
Que dans son premier lustre il est déjà soldat.
Le corps attend les ans, mais l'âme est toute prête.
D'un gros de cavaliers il se met à la tête,
Et, l'épée à la main, anime l'escadron
Qu'enorgueillit l'honneur de marcher sous son nom.
Tout ce qu'a d'éclatant la majesté du père,
Tout ce qu'ont de charmant les grâces de la mère,
Tout brille sur le front, dont l'aimable fierté
Porte empreints et ce charme et cette majesté.
L'amour et le respect qu'un si jeune mérite...
Mais la princesse vient, seigneur; et je vous quitte.

SCÈNE VI

ARDARIC, ILDIONE.

ILDIONE.
On vous a consulté, seigneur; m'apprendrez-vous
Comment votre Attila dispose enfin de nous?

ARDARIC.
Comment disposez-vous vous-même de mon âme?
Attila va choisir; il faut parler, madame :
Si son choix est pour vous, que ferez-vous pour moi?
ILDIONE.
Tout ce que peut un cœur qu'engage ailleurs ma foi.
C'est devers vous qu'il penche; et si je ne vous aime,
Je vous plaindrai du moins à l'égal de moi-même;
J'aurai mêmes ennuis, j'aurai mêmes douleurs;
Mais je n'oublirai point que je me dois ailleurs.
ARDARIC.
Cette foi que peut-être on est près de vous rendre,
Si vous aviez du cœur, vous sauriez la reprendre.
ILDIONE.
J'en ai, s'il faut me vaincre, autant qu'on peut avoir,
Et n'en aurai jamais pour vaincre mon devoir.
ARDARIC.
Mais qui s'engage à deux dégage l'un et l'autre.
ILDIONE.
Ce serait ma pensée aussi bien que la vôtre :
Et si je n'étais pas, seigneur, ce que je suis,
J'en prendrais quelque droit de finir mes ennuis :
Mais l'esclavage fier d'une haute naissance
Où toute autre peut tout, me tient dans l'impuissan-
Et, victime d'État, je dois sans reculer [ce;
Attendre aveuglément qu'on me daigne immoler.
ARDARIC.
Attendre qu'Attila, l'objet de votre haine,
Daigne vous immoler à la fierté romaine?
ILDIONE.
Qu'un pareil sacrifice aurait pour moi d'appas!
Et que je souffrirai s'il ne s'y résout pas!
ARDARIC.
Qu'il serait glorieux de le faire vous-même,
D'en épargner la honte à votre diadème!
J'entends celui des Francs, qu'au lieu de maintenir...
ILDIONE.
C'est à mon frère alors de venger et punir;
Mais ce n'est point à moi de rompre une alliance
Dont il vient d'attacher vos Huns avec sa France,
Et me faire par là, du gage de la paix,
Le flambeau d'une guerre à ne finir jamais.
Il faut qu'Attila parle : et puisse être Honorie
La plus considérée, ou moi la moins chérie!
Puisse-t-il se résoudre à me manquer de foi!
C'est tout ce que je puis et pour vous et pour moi.
S'il vous faut des souhaits, je n'en suis point avare;
S'il vous faut des regrets, tout mon cœur s'y prépare,
Et veut bien...
ARDARIC.
Que feront d'inutiles souhaits
Que laisser à tous deux d'inutiles regrets?
Pouvez-vous espérer qu'Attila vous dédaigne?
ILDIONE.
Rome est encor puissante, il se peut qu'il la craigne.
ARDARIC.
A moins que pour appui Rome n'ait vos froideurs,
Vos yeux l'emporteront sur toutes ses grandeurs;
Je le sens en moi-même, et ne vois point d'empire
Qu'en mon cœur d'un regard ils ne puissent détruire.
Armez-les de rigueurs, madame; et, par pitié,
D'un charme si funeste ôtez-leur la moitié :
C'en sera trop encore; et, pour peu qu'ils éclatent,
Il n'est aucun espoir dont mes désirs se flattent.
Faites donc davantage; allez jusqu'au refus,
Ou croyez qu'Ardaric déjà n'espère plus,
Qu'il ne vit déjà plus, et que votre hyménée
A déjà par vos mains tranché sa destinée.
ILDIONE.
Ai-je si peu de part en de tels déplaisirs,
Que pour m'y voir en prendre il faille vos soupirs?
Me voulez-vous forcer à la honte des larmes?
ARDARIC.
Si contre tant de maux vous m'enviez leurs charmes,
Faites quelque autre grâce à mes sens alarmés,
Madame, et pour le moins dites que vous m'aimez.
ILDIONE.
Ne vouloir pas m'en croire à moins d'un mot si rude,
C'est pour une belle âme un peu d'ingratitude.
De quelques traits pour vous que mon cœur soit frap-
Ce grand mot jusqu'ici ne m'est point échappé; [pé,
Mais haïr un rival, endurer d'être aimée,
Comme vous de ce choix avoir l'âme alarmée,
A votre espoir flottant donner tous mes souhaits,
A votre espoir déçu donner tous mes regrets,
N'est-ce point dire trop ce qui sied mal à dire?
ARDARIC.
Mais vous épouserez Attila.
ILDIONE.
J'en soupire,
Et mon cœur...
ARDARIC.
Que fait-il, ce cœur, que m'abuser,
Si, même en n'osant rien, il craint de trop oser?
Non, si vous en aviez, vous sauriez la reprendre,
Cette foi que peut-être on est près de vous rendre.
Je ne m'en dédis point, et ma juste douleur
Ne peut vous dire assez que vous manquez de cœur.
ILDIONE.
Il faut donc qu'avec vous tout à fait je m'explique.
Écoutez; et surtout, seigneur, plus de réplique.
Je vous aime. Ce mot me coûte à prononcer;
Mais puisqu'il vous plaît tant, je veux bien m'y forcer
Permettez toutefois que je vous die* encore
Que, si votre Attila de ce grand choix m'honore,
Je recevrai sa main d'un œil aussi content
Que si je me donnais ce que mon cœur prétend :
Non que de son amour je ne prenne un tel gage
Pour le dernier supplice et le dernier outrage,
Et que le dur effort d'un si cruel moment
Ne redouble ma haine et mon ressentiment;
Mais enfin mon devoir veut une déférence
Où même il ne soupçonne aucune répugnance.
Je l'épouserai donc, et réserve pour moi
La gloire de répondre à ce que je me doi.
J'ai ma part, comme une autre, à la haine publique
Qu'aime à semer partout son orgueil tyrannique;

Et le hais d'autant plus, que son ambition
A voulu s'asservir toute ma nation;
Qu'en dépit des traités et de tout leur mystère
Un tyran qui déjà s'est immolé son frère,
Si jamais sa fureur ne redoutait plus rien,
Aurait peut-être peine à faire grâce au mien.
Si donc ce triste choix m'arrache à ce que j'aime,
S'il me livre à l'horreur qu'il me fait de lui-même,
S'il m'attache à la main qui veut tout saccager,
Voyez que d'intérêts, que de maux à venger!
Mon amour, et ma haine, et la cause commune,
Criront à la vengeance, en voudront trois pour une;
Et comme j'aurai lors sa vie entre mes mains,
Il a lieu de me craindre autant que je vous plains.
Assez d'autres tyrans ont péri par leurs femmes;
Cette gloire aisément touche les grandes âmes,
Et de ce même coup qui brisera mes fers,
Il est beau que ma main venge tout l'univers.
Voilà quelle je suis, voilà ce que je pense,
Voilà ce que l'amour prépare à qui l'offense.
Vous, faites-moi justice; et songez mieux, seigneur,
S'il faut me dire encor que je manque de cœur.

(*Elle s'en va.*)

ARDARIC.

Vous préserve le ciel de l'épreuve cruelle
Où veut un cœur si grand mettre une âme si belle!
Et puisse Attila prendre un esprit assez doux
Pour vouloir qu'on vous doive autant à lui qu'à vous!

ACTE TROISIÈME

SCÈNE I

ATTILA, OCTAR.

ATTILA.

Octar, as-tu pris soin de redoubler ma garde?

OCTAR.

Oui, seigneur; et déjà chacun s'entre-regarde,
S'entre-demande à quoi ces ordres que j'ai mis...

ATTILA.

Quand on a deux rivaux, manque-t-on d'ennemis?

OCTAR.

Mais, seigneur, jusqu'ici vous en doutez encore.

ATTILA.

Et pour bien éclaircir ce qu'en effet j'ignore,
Je me mets à couvert de ce que de plus noir
Inspire à leurs pareils l'amour au désespoir;
Et ne laissant pour arme à leur douleur pressante
Qu'une haine sans force, une rage impuissante,
Je m'assure un triomphe en ce glorieux jour
Sur leurs ressentiments, comme sur leur amour.
Qu'en disent nos deux rois?

OCTAR.

Leurs âmes alarmées
De voir par ce renfort leurs tentes enfermées
Affectent de montrer une tranquillité...

ATTILA.

De leur tente à la mienne ils ont la liberté.

OCTAR.   [cesses,

Oui, mais seuls, et sans suite; et quant aux deux prin-
Que de leurs actions on laisse encor maîtresses,
On ne permet d'entrer chez elles qu'à leurs gens;
Et j'en bannis par là ces rois et leurs agents.
N'en ayez plus, seigneur, aucune inquiétude:
Je les fais observer avec exactitude;
Et de quelque côté qu'elles tournent leurs pas,
J'ai des yeux tout placés qui ne les manquent pas:
On vous rendra bon compte et des deux rois et d'elles.

ATTILA.

Il suffit sur ce point: apprends d'autres nouvelles.
Ce grand chef des Romains, l'illustre Aétius,
Le seul que je craignais, Octar, il ne vit plus.

OCTAR.

Qui vous en a défait?

ATTILA.

Valentinian même.
Craignant qu'il n'usurpât jusqu'à son diadème,
Et pressé des soupçons où j'ai su l'engager,
Lui-même, à ses yeux même, il l'a fait égorger.
Rome perd en lui seul plus de quatre batailles;
Je me vois l'accès libre au pied de ses murailles;
Et si j'y fais paraître Honorie et ses droits,
Contre un tel empereur j'aurai toutes les voix:
Tant l'effroi de mon nom, et la haine publique
Qu'attire sur sa tête une mort si tragique,
Sauront faire aisément, sans en venir aux mains,
De l'époux d'une sœur un maître des Romains!

OCTAR.

Ainsi donc votre choix tombe sur Honorie?

ATTILA.

J'y fais ce que je puis, et ma gloire m'en prie:
Mais d'ailleurs Ildione a pour moi tant d'attraits,
Que mon cœur étonné flotte plus que jamais.
Je sens combattre encor dans ce cœur qui soupire
Les droits de la beauté contre ceux de l'empire.
L'effort de ma raison qui soutient mon orgueil
Ne peut non plus que lui soutenir un coup d'œil;
Et quand de tout moi-même il m'a rendu le maître,
Pour me rendre à mes fers elle n'a qu'à paraître
O beauté, qui te fais adorer en tous lieux,
Cruel poison de l'âme, et doux charme des yeux,
Que devient, quand tu veux, l'autorité suprême,
Si tu prends malgré moi l'empire de moi-même,
Et si cette fierté qui fait partout la loi
Ne peut me garantir de la prendre de toi?
Va la trouver pour moi, cette beauté charmante
Du plus utile choix donne-lui l'épouvante;
Pour l'obliger à fuir, peins-lui bien tout l'affront
Que va mon hyménée imprimer sur son front.
Ose plus; fais-lui peur d'une prison sévère
Qui me réponde ici du courroux de son frère,
Et retienne tous ceux que l'espoir de sa foi
Pourrait en un moment soulever contre moi.

Mais quelle âme en effet n'en serait pas séduite?
Je vois trop de périls, Octar, en cette fuite;
Ses yeux, mes souverains, à qui tout est soumis,
Me sauraient d'un coup d'œil faire trop d'ennemis.
Pour en sauver mon cœur prends une autre manière,
Fais-m'en haïr, peins-moi d'une humeur noire et
Dis-lui que j'aime ailleurs, et fais-lui prévenir [fière,
La gloire qu'Honorie est prête d'obtenir.
Fais qu'elle me dédaigne, et me préfère un autre
Qui n'ait pour tout pouvoir qu'un faible emprunt du
Ardaric, Valamir, ne m'importe des deux. [nôtre,
Mais voir en d'autres bras l'objet de tous mes vœux!
Vouloir qu'à mes yeux même un autre la possède!
Ah! le mal est encor plus doux que le remède.
Dis-lui, fais-lui savoir...

OCTAR.
Quoi, seigneur?
ATTILA.
Je ne sai :
Tout ce que j'imagine est d'un fâcheux essai.
OCTAR.
A quand remettez-vous, après tout, d'en résoudre?
ATTILA.
Octar, je l'aperçois. Quel nouveau coup de foudre!
O raison confondue, orgueil presque étouffé,
Avant ce coup fatal que n'as-tu triomphé!

SCÈNE II

ILDIONE, ATTILA, OCTAR.

ATTILA.
Venir jusqu'en ma tente enlever mes hommages,
Madame, c'est trop loin pousser vos avantages;
Ne vous suffit-il point que le cœur soit à vous?
ILDIONE.
C'est de quoi faire naître un espoir assez doux.
Ce n'est pas toutefois, seigneur, ce qui m'amène;
Ce sont des nouveautés dont j'ai lieu d'être en peine.
Votre garde est doublée, et par un ordre exprès
Je vois ici deux rois observés de fort près.
ATTILA.
Prenez-vous intérêt ou pour l'un ou pour l'autre?
ILDIONE.
Mon intérêt, seigneur, c'est d'avoir part au vôtre.
J'ai droit en vos périls de m'en mettre en souci,
Et de plus, je me trompe, ou l'on m'observe aussi.
Vous serais-je suspecte? Et de quoi?
ATTILA.
D'être aimée :
Madame, vos attraits, dont j'ai l'âme charmée,
Si j'en crois l'apparence, ont blessé plus d'un roi;
D'autres ont un cœur tendre et des yeux, comme moi;
Et pour vous et pour moi j'en préviens l'insolence,
Qui pourrait sur vous-même user de violence.
ILDIONE.
Il en est des moyens plus doux et plus aisés.

Si je vous charme autant que vous m'en accusez,
ATTILA.
Ah! vous me charmez trop, moi, de qui l'âme altière
Cherche à voir sous mes pas trembler la terre entière;
Moi, qui veut pouvoir tout, sitôt que je vous voi,
Malgré tout cet orgueil, je ne puis rien sur moi.
Je veux, je tâche en vain d'éviter par la fuite
Ce charme dominant qui marche à votre suite :
Mes plus heureux succès ne font qu'enfoncer mieux
L'inévitable trait dont me percent vos yeux.
Un regard imprévu leur fait une victoire;
Leur moindre souvenir l'emporte sur ma gloire;
Il s'empare et du cœur et des soins les plus doux;
Et j'oublie Attila dès que je pense à vous.
Que pourrai-je, madame, après que l'hyménée
Aura mis sous vos lois toute ma destinée?
Quand je voudrai punir, vous saurez pardonner;
Vous refuserez grâce où j'en voudrai donner;
Vous enverrez la paix où je voudrai la guerre;
Vous saurez par mes mains conduire le tonnerre;
Et tout mon amour tremble à s'accorder un bien
Qui me met en état de ne pouvoir plus rien.
Attendez un peu moins sur ce pouvoir suprême,
Madame, et pour un jour cessez d'être vous-même;
Cessez d'être adorable, et laissez-moi choisir
Un objet qui m'en laisse aisément ressaisir.
Défendez à vos yeux cet éclat invincible
Avec qui ma fierté devient incompatible :
Prêtez-moi des refus, prêtez-moi des mépris,
Et rendez-moi vous-même à moi-même à ce prix.
ILDIONE.
Je croyais qu'on me dût préférer Honorie
Avec moins de douceurs et de galanterie;
Et je n'attendais pas une civilité
Qui malgré cette honte enflât ma vanité. [frivoles,
Ses honneurs près des miens ne sont qu'honneurs
Ils n'ont que les effets, j'ai les belles paroles;
Et si de son côté vous tournez tous vos soins,
C'est qu'elle a moins d'attraits, et se fait craindre
[moins
L'aurait-on jamais cru qu'un Attila pût croire
Qu'un si léger éclat eût de quoi l'y contraindre,
Et que de ce grand nom qui remplit tout d'effroi
Il n'osât hasarder tout l'orgueil contre moi?
Avant qu'il porte ailleurs ces timides hommages
Que jusqu'ici j'enlève avec tant d'avantages,
Apprenez-moi, seigneur, pour suivre vos desseins,
Comme il faut dédaigner le plus grand des humains;
Dites-moi quels mépris peuvent le satisfaire.
Ah! si je lui déplais à force de lui plaire,
Si de son trop d'amour sa haine est tout le fruit,
Alors qu'on la mérite, où se voit-on réduit?
Allez, seigneur, allez, où tant d'orgueil aspire.
Honorie a pour dot la moitié de l'empire;
D'un mérite penchant c'est un ferme soutien :
Et cet heureux éclat efface tout le mien :
Je n'ai que ma personne.
ATTILA.
Et c'est plus que l'empire,

Plus qu'un droit souverain sur tout ce qui respire.
Tout ce qu'a cet empire ou de grand ou de doux,
Je veux mettre ma gloire à le tenir de vous.
Faites-moi l'accepter, et pour reconnaissance
Quels climats voulez-vous sous votre obéissance?
Si la Gaule vous plaît, vous la partagerez ;
J'en offre la conquête à vos yeux adorés ;
Et mon amour...
ILDIONE.
A quoi que cet amour s'apprête,
La main du conquérant vaut mieux que sa conquête.
ATTILA.
Quoi ! vous pourriez m'aimer, madame, à votre tour?
Qui sème tant d'horreurs fait naître peu d'amour.
Qu'aimeriez-vous en moi? Je suis cruel, barbare ;
Je n'ai que ma fierté, que ma fureur de rare ;
On me craint, on me hait ; on me nomme en tout
La terreur des mortels, et le fléau de Dieu. [lieu
Aux refus que je veux c'est là trop de matière ;
Et si ce n'est assez d'y joindre la prière,
Si rien ne vous résout à dédaigner ma foi,
Appréhendez pour vous comme je fais pour moi.
Si vos tyrans d'appas retiennent ma franchise,
Je puis l'être comme eux de qui me tyrannise.
Souvenez-vous enfin que je suis Attila,
Et que c'est dire tout que d'aller jusque-là.
ILDIONE.
Il faut donc me résoudre? Eh bien, j'ose... De grâce,
Dispensez-moi du reste, il y faut trop d'audace.
Je tremble comme un autre à l'aspect d'Attila,
Et ne me puis, seigneur, oublier jusque-là.
J'obéis : ce mot seul dit tout ce qu'il souhaite ;
Si c'est m'expliquer mal, qu'il en soit l'interprète.
J'ai tous les sentiments qu'il lui plaît m'ordonner ;
J'accepte cette dot qu'il vient de me donner ;
Je partage déjà la Gaule avec mon frère, [re-
Et veux tout ce qu'il faut pour ne vous plus déplai-
Mais ne puis-je savoir, pour ne manquer à rien,
A qui vous me donnez, quand j'obéis si bien ?
ATTILA.
Je n'ose le résoudre, et de nouveau je tremble
Sitôt que je conçois tant de chagrins ensemble.
C'est trop que de vous perdre et vous donner ail-
Madame, laissez-moi séparer mes douleurs : [leurs.
Souffrez qu'un déplaisir me prépare pour l'autre.
Après mon hyménée on aura soin du vôtre :
Ce grand effort déjà n'est que trop rigoureux
Sans y joindre celui de faire un autre heureux.
Souvent un peu de temps fait plus qu'on n'ose at-
ILDIONE. [tendre.
J'oserai plus que vous, seigneur, et sans en pren-
Et puisque de son bien chacun peut ordonner, [dre ;
Votre cœur est à moi, j'oserai le donner ;
Mais je ne le mettrai qu'en la main qu'il souhaite.
Vous, traitez-moi, de grâce, ainsi que je vous traite ;
Et quand ce coup pour vous sera moins rigoureux,
Avant que me donner consultez-en mes vœux.
ATTILA.
Vous aimeriez quelqu'un !

ILDIONE.
Jusqu'à votre hyménée
Mon cœur est au monarque à qui l'on m'a donnée ;
Mais quand par ce grand choix j'en perdrai tout [espoir,
J'ai des yeux qui verront ce qu'il me faudra voir.

SCÈNE III
HONORIE, ATTILA, ILDIONE, OCTAR.

HONORIE.
Ce grand choix est donc fait, seigneur, et pour le
Vous avez à tel point redouté ma colère, [faire
Que vous n'avez pas cru vous en pouvoir sauver
Sans doubler votre garde, et me faire observer?
Je ne me jugeais pas en ces lieux tant à craindre ;
Et d'un tel attentat j'aurais tort de me plaindre,
Quand je vois que la peur de mes ressentiments
En commence déjà les justes châtiments.
ILDIONE. [âme :
Que ces ordres nouveaux ne troublent point votre
C'était moi qu'on craignait, et non pas vous, mada-
Et ce glorieux choix qui vous met en courroux [me ;
Ne tombe pas sur moi, madame, c'est sur vous.
Il est vrai que sans moi vous n'y pouviez prétendre ;
Son cœur, tant qu'il m'eût plu, s'en aurait su dé-
Il était tout à moi. Ne vous alarmez pas [fendre ;
D'apprendre qu'il était au peu que j'ai d'appas ;
Je vous en fais un don ; recevez-le pour gage
Ou de mes amitiés ou d'un parfait hommage ;
Et, forte désormais de vos droits et des miens,
Donnez à ce grand cœur de plus dignes liens.
HONORIE.
C'est donc de votre main qu'il passe dans la mienne,
Madame, et c'est de vous qu'il faut que je le tienne?
ILDIONE.
Si vous ne le voulez aujourd'hui de ma main,
Craignez qu'il soit trop tard de le vouloir demain.
Elle l'aimera mieux sans doute de la vôtre,
Seigneur, ou vous ferez ce présent à quelque autre.
Pour lui porter ce cœur que je vous avais pris,
Vous m'avez commandé des refus, des mépris ;
Souffrez que des mépris le respect me dispense,
Et voyez pour le reste entière obéissance.
Je vous rends à vous-même, et ne puis rien de plus ;
Et c'est à vous de faire accepter mes refus.

SCÈNE IV
ATTILA, HONORIE, OCTAR.

HONORIE.
Accepter ses refus ! moi, seigneur ?
ATTILA.
Vous, madame.
Peut-il être honteux de devenir ma femme?
Et quand on vous assure un si glorieux nom,
Peut-il vous importer qui vous en fait le don ?

Peut-il vous importer par quelle voie arrive
La gloire dont pour vous Ildione se prive?
Que ce soit son refus, ou que ce soit mon choix,
En marcherez-vous moins sur la tête des rois?
Mes deux traités de paix m'ont donné deux princesses,
Dont l'une aura ma main, si l'autre eut mes ten-
　　　　　　　　　　　　　　　　　　　　　[dresses;
L'une aura ma grandeur, comme l'autre eut mes vœux;
C'est ainsi qu'Attila se partage à vous deux.
N'en murmurez, madame, ici non plus que l'autre;
Sa part la satisfait, recevez mieux la vôtre;
J'en étais idolâtre, et veux vous épouser.
La raison? c'est ainsi qu'il me plaît d'en user.

HONORIE.

Et ce n'est pas ainsi qu'il me plaît qu'on en use :
Je cesse d'estimer ce qu'une autre refuse;
Et, bien que vos traités vous engagent ma foi,
Le rebut d'Ildione est indigne de moi. [gne,
Oui, bien que l'univers ou vous serve ou vous crai-
Je n'ai que des mépris pour ce qu'elle dédaigne.
Quel honneur est celui d'être votre moitié,
Qu'elle cède par grâce, et m'offre par pitié?
Je sais ce que le ciel m'a faite au-dessus d'elle,
Et suis plus glorieuse encor qu'elle n'est belle.

ATTILA.

J'adore cet orgueil, il est égal au mien,
Madame; et nos fiertés se ressemblent si bien,
Que si la ressemblance est par où l'on s'entr'aime,
J'ai lieu de vous aimer comme un autre moi-même.

HONORIE.

Ah! si non plus que vous je n'ai point le cœur bas,
Nos fiertés pour cela ne se ressemblent pas.
La mienne est de princesse, et la vôtre est d'esclave :
Je brave les mépris, vous aimez qu'on vous brave;
Votre orgueil a son faible, et le mien, toujours fort,
Ne peut souffrir d'amour dans ce peu de rapport.
S'il vient de ressemblance, et que d'illustres flammes
Ne puissent que par elle unir les grandes âmes,
D'où naîtrait cet amour, quand je vois en tous lieux
De plus dignes fiertés qui me ressemblent mieux?

ATTILA.

Vous en voyez ici, madame; et je m'abuse,
Ou quelque autre me vole un cœur qu'on me refuse;
Et cette noble ardeur de me désobéir
En garde la conquête à l'heureux Valamir.

HONORIE. [compte;

Ce n'est qu'à moi, seigneur, que j'en dois rendre
Quand je voudrai l'aimer, je le pourrai sans honte;
Il est roi comme vous.

ATTILA.

　　　　　En effet il est roi,
J'en demeure d'accord, mais non pas comme moi.
Même splendeur de sang, même titre nous pare;
Mais de quelques degrés le pouvoir nous sépare;
Et du trône où le ciel a voulu m'affermir
C'est tomber d'assez haut que jusqu'à Valamir.
Chez ses propres sujets ce titre qu'il étale
Ne fait d'entre eux et moi que remplir l'intervalle:

Il reçoit sous ce titre et leur porte mes lois;
Et s'il est roi des Goths, je suis celui des rois.

HONORIE.

Et j'ai de quoi le mettre au-dessus de ta tête,
Sitôt que de ma main j'aurai fait sa conquête.
Tu n'as pour tout pouvoir que des droits usurpés
Sur des peuples surpris et des princes trompés;
Tu n'as d'autorité que ce qu'en font les crimes :
Mais il n'aura de moi que des droits légitimes;
Et fût-il sous ta rage à tes pieds abattu,
Il est plus grand que toi, s'il a plus de vertu.

ATTILA.

Sa vertu ni vos droits ne sont pas de grands charmes,
A moins que pour appui je leur prête mes armes.
Ils ont besoin de moi, s'ils veulent aller loin;
Mais pour être empereur je n'en ai plus besoin.
Aétius est mort, l'empire n'a plus d'homme,
Et je puis trop sans vous me faire place à Rome.

HONORIE.

Aétius est mort! Je n'ai plus de tyran;
Je reverrai mon frère en Valentinian;
Et mille vrais héros qu'opprimait ce faux maître
Pour me faire justice à l'envi vont paraître.
Ils défendront l'empire, et soutiendront mes droits
En faveur des vertus dont j'aurai fait le choix.
Les grands cœurs n'osent rien sous d'aussi grands
　　　　　　　　　　　　　　　　　　　　[ministres;
Leur plus haute valeur n'a d'effets que sinistres;
Leur gloire fait ombrage à ces puissants jaloux
Qui s'estiment perdus s'ils ne les perdent tous.
Mais après leur trépas tous ces grands cœurs revi-
　　　　　　　　　　　　　　　　　　　　[vent;
Et, pour ne plus souffrir des fers qui les captivent,
Chacun reprend sa place et remplit son devoir.
La mort d'Aétius te le fera trop voir :
Si pour leur maître en toi je leur mène un barbare
Tu verras quel accueil leur vertu te prépare ;
Mais si d'un Valamir j'honore un si haut rang,
Aucun pour me servir n'épargnera son sang.

ATTILA.

Vous me faites pitié de si mal vous connaître,
Que d'avoir tant d'amour, et le faire paraître.
Il est honteux, madame, à des rois tels que nous,
Quand ils en sont blessés, d'en laisser voir les coups.
Il a droit de régner sur les âmes communes,
Non sur celles qui font et défont les fortunes;
Et si de tout le cœur on ne peut l'arracher,
Il faut s'en rendre maître, ou du moins le cacher.
Je ne vous blâme point d'avoir eu mes faiblesses,
Mais faites même effort sur ces lâches tendresses,
Et comme je vous tiens seule digne de moi,
Tenez-moi seul aussi digne de votre foi.
Vous aimez Valamir, et j'adore Ildione :
Je me garde pour vous, gardez-vous pour mon trône;
Prenez ainsi que moi des sentiments plus hauts,
Et suivez mes vertus ainsi que mes défauts.

HONORIE.

Parle de tes fureurs et de leur noir ouvrage.
Il s'y mêle peut-être une ombre de courage ;

Mais, bien loin qu'avec gloire on te puisse imiter,
La vertu des tyrans est même à détester.
Irai-je à ton exemple assassiner mon frère?
Sur tous mes alliés répandre ma colère?
Me baigner dans leur sang, et d'un orgueil jaloux...
ATTILA.
Si nous nous emportons, j'irai plus loin que vous,
Madame.
HONORIE.
  Les grands cœurs parlent avec franchise.
ATTILA.
Quand je m'en souviendrai, n'en soyez pas surprise;
Et si je vous épouse avec ce souvenir,
Vous voyez le passé, jugez de l'avenir.
Je vous laisse y penser. Adieu, madame.
HONORIE.
      Ah, traître!
ATTILA.
Je suis encore amant, demain je serai maître.
Remenez la princesse, Octar.
HONORIE.
     Quoi!
ATTILA.
       C'est assez.
Vous me direz tantôt tout ce que vous pensez;
Mais pensez-y deux fois avant que me le dire :
Songez que c'est de moi que vous tiendrez l'empire;
Que vos droits sans ma main ne sont que droits en
HONORIE.   [l'air.
Ciel!
ATTILA.
Allez, et du moins apprenez à parler.
HONORIE.
Apprends, apprends toi-même à changer de langage,
Lorsque au sang des Césars ta parole t'engage.
ATTILA.
Nous en pourrons changer avant la fin du jour.
HONORIE.
Fais ce que tu voudras, tyran; j'aurai mon tour.

ACTE QUATRIÈME

SCÈNE I

HONORIE, OCTAR, FLAVIE.

HONORIE.
Allez, servez-moi bien. Si vous aimez Flavie,
Elle sera le prix de m'avoir bien servie;
J'en donne ma parole; et sa main est à vous
Dès que vous m'obtiendrez Valamir pour époux.
OCTAR.
Je voudrais le pouvoir; j'assurerais, madame,
Sous votre Valamir mes jours avec ma flamme.

Bien qu'Attila me traite assez confidemment,
Ils dépendent sous lui d'un malheureux moment :
Il ne faut qu'un soupçon, un dégoût, un caprice,
Pour en faire à sa haine un soudain sacrifice :
Ce n'est pas un esprit que je porte où je veux.
Faire un peu plus de pente au penchant de ses vœux,
L'attacher un peu plus au parti qu'ils choisissent,
Ce n'est rien qu'avec moi deux mille autres ne puis-
Mais proposer de front, ou vouloir doucement [sent:
Contre ce qu'il résout tourner son sentiment,
Combattre sa pensée en faveur de la vôtre,
C'est ce que nous n'osons, ni moi, ni pas un autre;
Et si je hasardais ce contre-temps fatal,
Je me perdrais, madame, et vous servirais mal.
HONORIE.
Mais qui l'attache à moi, quand pour l'autre il sou
OCTAR.   [pire?
La mort d'Aétius et vos droits sur l'empire.
Il croit s'en voir par là les chemins aplanis;
Et tous autres souhaits de son cœur sont bannis.
Il aime à conquérir, mais il hait les batailles;
Il veut que son nom seul renverse les murailles;
Et plus grand politique encor que grand guerrier,
Il tient que les combats sentent l'aventurier.
Il veut que de ses gens le déluge effroyable
Atterre impunément les peuples qu'il accable;
Et prodigue de sang, il épargne celui
Que tant de combattants exposeraient pour lui.
Ainsi n'espérez pas que jamais il relâche,
Que jamais il renonce à ce choix qui vous fâche :
Si pourtant je vois jour à plus que je n'attends,
Madame, assurez-vous que je prendrai mon temps.

SCÈNE II

HONORIE, FLAVIE.

FLAVIE.
Ne vous êtes-vous point un peu trop déclarée,
Madame, et le chagrin de vous voir préférée
Étouffe-t-il la peur que marquaient vos discours
De rendre hommage au sang d'un roi de quatre jours?
HONORIE.
Je te l'avais bien dit, que mon âme incertaine
De tous les deux côtés attendait même gêne,
Flavie; et de deux maux qu'on craint également
Celui qui nous arrive est toujours le plus grand,
Celui que nous sentons devient le plus sensible.
D'un choix si glorieux la honte est trop visible :
Ildione a su l'art de m'en faire un malheur :
La gloire en est pour elle, et pour moi la douleur;
Elle garde pour soi tout l'effet du mérite,
Et me livre avec joie aux ennuis qu'elle évite.
Vois avec quelle insulte et de quelle hauteur
Son refus en mes mains rejette un si grand cœur.
Cependant que ravie elle assure à son âme
La douceur d'être tout à l'objet de sa flamme;
Car je ne doute point qu'elle n'ait de l'amour.
Ardaric qui s'attache à la voir chaque jour,

Les respects qu'il lui rend, et les soins qu'il se donne...

FLAVIE.

J'ose vous dire plus, Attila l'en soupçonne :
Il est fier et colère; et s'il sait une fois
Qu'Ildione en secret l'honore de son choix,
Qu'Ardaric ait sur elle osé jeter la vue,
Et briguer cette foi qu'à lui seul il croit due,
Je crains qu'un tel espoir, au lieu de s'affermir...

HONORIE.

Que n'ai-je donc mieux tu que j'aimais Valamir!
Mais quand on est bravée et qu'on perd ce qu'on aime,
Flavie, est-on si tôt maîtresse de soi-même?
D'Attila, s'il se peut, tournons l'emportement
Ou contre ma rivale, ou contre son amant;
Accablons leur amour sous ce que j'appréhende;
Promettons à ce prix la main qu'on nous demande;
Et faisons que l'ardeur de recevoir ma foi
L'empêche d'être ici plus heureuse que moi.
Renversons leur triomphe. Étrange frénésie!
Sans aimer Ardaric j'en conçois jalousie !
Mais je me venge, et suis, en ce juste projet,
Jalouse du bonheur, et non pas de l'objet.

FLAVIE.

Attila vient, madame.

HONORIE.

Eh bien, faisons connaître
Que le sang des Césars ne souffre point de maître,
Et peut bien refuser, de pleine autorité,
Ce qu'une autre refuse avec témérité.

SCÈNE III

ATTILA, HONORIE, FLAVIE.

ATTILA.

Tout s'apprête, madame, et ce grand hyménée
Peut dans une heure ou deux terminer la journée,
Mais sans vous y contraindre; et je ne viens que voir
Si vous avez mieux vu quel est votre devoir.

HONORIE.

Mon devoir est, seigneur, de soutenir ma gloire,
Sur qui va s'imprimer une tache trop noire,
Si votre illustre amour pour son premier effet
Ne venge hautement l'outrage qu'on lui fait.
Puis-je voir sans rougir qu'à la belle Ildione
Vous demandiez congé de m'offrir votre trône,
Que...

ATTILA.

Toujours Ildione, et jamais Attila!

HONORIE.

Si vous me préférez, seigneur, punissez-la;
Prenez mes intérêts, et pressez votre flamme
De remettre en honneur le nom de votre femme.
Ildione le traite avec trop de mépris;
Souffrez-en de pareils, ou rendez-lui son prix.
A quel droit voulez-vous qu'un tel manque d'estime,
S'il est gloire pour elle, en moi devienne un crime;
Qu'après que nos refus ont tous deux éclaté,
Le mien soit punissable où le sien est flatté;
Qu'elle brave à vos yeux ce qu'il faut que je craigne,
Et qu'elle me condamne à ce qu'elle dédaigne?

ATTILA.

Pour vous justifier mes ordres et mes vœux,
Je croyais qu'il suffit d'un simple : Je le veux;
Mais voyez, puisqu'il faut mettre tout en balance,
D'Ildione et de vous qui m'oblige ou m'offense.
Quand son refus me sert, le vôtre me trahit;
Il veut me commander, quand le sien m'obéit :
L'un est plein de respect, l'autre est gonflé d'audace;
Le vôtre me fait honte, et le sien me fait grâce.
Faut-il après cela qu'aux dépens de son sang
Je mérite l'honneur de vous mettre en mon rang?

HONORIE.

Ne peut-on se venger à moins qu'on assassine?
Je ne veux point sa mort, ni même sa ruine;
Il est des châtiments plus justes et plus doux,
Qui l'empêcheraient mieux de triompher de nous.
Je dis de nous, seigneur, car l'offense est commune,
Et ce que vous m'offrez des deux n'en ferait qu'une.
Ildione, pour prix de son manque de foi,
Dispose arrogamment et de vous et de moi!
Pour prix de la hauteur dont elle m'a bravée,
A son heureux amant sa main est réservée,
Avec qui, satisfaite, elle goûte l'appas
De m'ôter ce que j'aime, et me mettre en vos bras!

ATTILA.

Quel est-il cet amant?

HONORIE.

Ignorez-vous encore
Qu'elle adore Ardaric, et qu'Ardaric l'adore?

ATTILA.

Qu'on m'amène Ardaric. Mais de qui savez-vous...

HONORIE.

C'est une vision de mes soupçons jaloux;
J'en suis mal éclaircie, et votre orgueil l'avoue,
Et quand elle me brave, et quand elle vous joue;
Même, s'il faut vous croire, on ne vous sert pas mal
Alors qu'on vous dédaigne en faveur d'un rival.

ATTILA.

D'Ardaric et de moi telle est la différence,
Qu'elle en punit assez la folle préférence.

HONORIE.

Quoi! s'il peut moins que vous, ne lui volez-vous pas
Ce pouvoir usurpé sur ses propres soldats?
Un véritable roi qu'opprime un sort contraire,
Tout opprimé qu'il est, garde son caractère;
Ce nom lui reste entier sous les plus dures lois :
Il est dans les fers même égal aux plus grands rois,
Et la main d'Ardaric suffit à ma rivale
Pour lui donner plein droit de me traiter d'égale.
Si vous voulez punir l'affront qu'elle nous fait,
Réduisez-la, seigneur, à l'hymen d'un sujet;
Ne cherchez point pour elle une plus dure peine
Que de voir votre femme être sa souveraine;
Et je pourrai moi-même alors vous demander
Le droit de m'en servir et de lui commander.

ATTILA.

Madame, je saurai lui trouver un supplice :

Agréez cependant pour vous même justice;
Et s'il faut un sujet à qui dédaigne un roi,
Choisissez, dans une heure, ou d'Octar, ou de moi.
HONORIE.
D'Octar, ou...
ATTILA.
Les grands cœurs parlent avec franchise,
C'est une vérité que vous m'avez apprise :
Songez donc sans murmure à cet illustre choix,
Et remerciez-moi de suivre ainsi vos lois.
HONORIE.
Me proposer Octar!
ATTILA.
Qu'y trouvez-vous à dire?
Serait-il à vos yeux indigne de l'empire?
S'il est né sans couronne et n'eut jamais d'États,
On monte à ce grand trône encor d'un lieu plus bas.
On a vu des Césars, et même des plus braves,
Qui sortaient d'artisans, de bandoliers, d'esclaves :
Le temps et leurs vertus les ont rendus fameux,
Et notre cher Octar a des vertus comme eux.
HONORIE.
Va, ne me tourne point Octar en ridicule;
Ma gloire pourrait bien l'accepter sans scrupule,
Tyran, et tu devrais du moins te souvenir
Que, s'il n'en est pas digne, il peut le devenir.
Au défaut d'un beau sang, il est de grands services,
Il est des vœux soumis, il est des sacrifices,
Il est de glorieux et surprenants effets,
Des vertus de héros, et même des forfaits.
L'exemple y peut beaucoup. Instruit par tes maximes,
Il s'est fait de ton ordre une habitude aux crimes :
Comme ta créature, il doit te ressembler.
Quand je l'enhardirai, commence de trembler.
Ta vie est en mes mains dès qu'il voudra me plaire;
Et rien n'est sûr pour toi, si je veux qu'il espère.
Ton rival entre, adieu : délibère avec lui
Si ce cher Octar m'aime, ou sera ton appui.

SCÈNE IV
ATTILA, ARDARIC.

ATTILA.
Seigneur, sur ce grand choix je cesse d'être en peine;
J'épouse dès ce soir la princesse romaine,
Et n'ai plus qu'à prévoir à qui plus sûrement
Je puis confier l'autre et son ressentiment.
Le roi des Bourguignons, par ambassade expresse,
Pour Sigismond, son fils, voulait cette princesse ;
Mais nos ambassadeurs furent mieux écoutés.
Pourrait-il nous donner toutes nos sûretés?
ARDARIC.
Son État sert de borne à ceux de Méroüée;
La partie entre eux deux serait bientôt nouée;
Et vous verriez armer d'une pareille ardeur
Un mari pour sa femme, un frère pour sa sœur :
L'union en serait trop facile et trop grande.

ATTILA.
Celui des Visigoths faisait même demande.
Comme de Méroüée il est plus écarté,
Leur union aurait moins de facilité :
Le Bourguignon d'ailleurs sépare leurs provinces,
Et servirait pour nous de barre à ces deux princes.
ARDARIC.
Oui; mais bientôt lui-même entre eux deux écrasé
Leur ferait à se joindre un chemin trop aisé;
Et ces deux rois, par là maîtres de la contrée,
D'autant plus fortement en défendraient l'entrée
Qu'ils auraient plus à perdre, et qu'un juste courroux
N'aurait plus tant de chefs à liguer contre vous.
La princesse Ildione est orgueilleuse et belle;
Il lui faut un mari qui réponde mieux d'elle,
Dont tous les intérêts aux vôtres soient soumis,
Et ne le pas choisir parmi vos ennemis.
D'une fière beauté la haine opiniâtre
Donne à ce qu'elle hait jusqu'au bout à combattre;
Et pour peu que la veuille écouter un époux...
ATTILA.
Il lui faut donc, seigneur, ou Valamir, ou vous;
La pourriez-vous aimer? parlez sans flatterie.
J'apprends que Valamir est aimé d'Honorie;
Il peut de mon hymen concevoir quelque ennui,
Et je m'assurerais sur vous plus que sur lui.
ARDARIC.
C'est m'honorer, seigneur, de trop de confiance.
ATTILA.
Parlez donc, pourriez-vous goûter cette alliance?
ARDARIC.
Vous savez que vous plaire est mon plus cher souci.
ATTILA.
Qu'on cherche la princesse, et qu'on l'amène ici :
Je veux que de ma main vous receviez la sienne.
Mais dites-moi, de grâce, attendant qu'elle vienne,
Par où me voulez-vous assurer votre foi?
Et que seriez-vous prêt d'entreprendre pour moi?
Car enfin elle est belle, elle peut tout séduire,
Et vous forcer vous-même à me vouloir détruire.
ARDARIC.
Faut-il vous immoler l'orgueil de Torrismond?
Faut-il teindre l'Arar du sang de Sigismond?
Faut-il mettre à vos pieds et l'un et l'autre trône?
ATTILA.
Ne dissimulez point, vous aimez Ildione,
Et proposez bien moins ces glorieux travaux
Contre mes ennemis que contre vos rivaux.
Ce prompt emportement et ces subites haines
Sont d'un amour jaloux les preuves trop certaines :
Les soins de cet amour font ceux de ma grandeur;
Et si vous n'aimiez pas, vous auriez moins d'ardeur.
Voyez comme un rival est soudain haïssable,
Comme vers notre amour ce nom le rend coupable,
Comme sa perte est juste encor qu'il n'ose rien;
Et, sans aller si loin, délivrez-moi du mien.
Différez à punir une offense incertaine,
Et servez ma colère avant que votre haine.

Serait-il sûr pour moi d'exposer ma bonté
A tous les attentats d'un amant supplanté?
Vous-même pourriez-vous épouser une femme,
Et laisser à ses yeux le maître de son âme?

ARDARIC.

S'il était trop à craindre, il faudrait l'en bannir.

ATTILA.

Quand il est trop à craindre, il faut le prévenir.
C'est un roi dont les gens, mêlés parmi les nôtres,
Feraient accompagner son exil de trop d'autres,
Qu'on verrait s'opposer aux soins que nous pren-
Et de nos ennemis grossir les escadrons. [drons,

ARDARIC.

Est-ce un crime pour lui qu'une douce espérance
Que vous pourriez ailleurs porter la préférence?

ATTILA.

Oui, pour lui, pour vous-même, et pour tout autre [roi,
C'en est un que prétendre en même lieu que moi.
S'emparer d'un esprit dont la foi m'est promise,
C'est surprendre une place entre mes mains remise;
Et vous ne seriez pas moins coupable que lui,
Si je ne vous voyais d'un autre œil aujourd'hui.
A des crimes pareils j'ai dû même justice,
Et ne choisis pour vous qu'un amoureux supplice;
Pour un si cher objet que je mets en vos bras,
Est-ce un prix excessif qu'un si juste trépas?

ARDARIC.

Mais c'est déshonorer, seigneur, votre hyménée
Que vouloir d'un tel sang en marquer la journée.

ATTILA.

Est-il plus grand honneur que de voir en mon choix
Qui je veux à ma flamme immoler de deux rois,
Et que du sacrifice où s'expira leur crime,
L'un d'eux soit le ministre, et l'autre la victime?
Si vous n'osez par là satisfaire vos feux,
Craignez que Valamir ne soit moins scrupuleux,
Qu'il ne s'impute pas à tant de barbarie
D'accepter à ce prix son illustre Honorie,
Et n'ait aucune horreur de ses vœux les plus doux
Si leur entier succès ne lui coûte que vous;
Car je puis épouser encor votre princesse,
Et détourner vers lui l'effort de ma tendresse.

SCÈNE V

ATTILA, ARDARIC, ILDIONE.

ATTILA, à Ildione.

Vos refus obligeants ont daigné m'ordonner
De consulter vos vœux avant que vous donner;
Je m'en fais une loi. Dites-moi donc, madame,
Votre cœur d'Ardaric agrérait-il la flamme?

ILDIONE.

C'est à moi d'obéir, si vous le souhaitez;
Mais, seigneur...

ATTILA.

Il y fait quelques difficultés :
Mais je sais que sur lui vous êtes absolue.
Achevez d'y porter son âme irrésolue,
Afin que dans une heure, au milieu de ma cour,
Votre hymen et le mien couronnent ce grand jour.

SCÈNE VI

ARDARIC, ILDIONE.

ILDIONE.

D'où viennent ces soupirs, d'où naît cette tristesse?
Est-ce que la surprise étonne l'allégresse,
Qu'elle en suspend l'effet pour le mieux signaler,
Et qu'aux yeux du tyran il faut dissimuler?
Il est parti, seigneur; souffrez que votre joie,
Souffrez que son excès tout entier se déploie,
Qu'il fasse voir aux miens celui de votre amour.

ARDARIC.

Vous allez soupirer, madame, à votre tour,
A moins que votre cœur malgré vous se prépare
A n'avoir rien d'humain non plus que ce barbare.
Il me choisit pour vous; c'est un honneur bien grand,
Mais qui doit faire horreur par le prix qu'il le vend.
A recevoir ma main pourrez-vous être prête,
S'il faut qu'à Valamir il en coûte la tête?

ILDIONE.

Quoi! seigneur!

ARDARIC.

Attendez à vous en étonner
Que vous sachiez la main qui doit l'assassiner.
C'est à cet attentat la mienne qu'il destine,
Madame.

ILDIONE.

C'est par vous, seigneur, qu'il l'assassine!

ARDARIC.

Il me fait son bourreau pour perdre un autre roi
A qui fait sa fureur la même offre qu'à moi.
Aux dépens de sa tête il veut qu'on vous obtienne,
On lui donne Honorie aux dépens de la mienne;
Sa cruelle faveur m'en a laissé le choix.

ILDIONE.

Quel crime voit sa rage à punir en deux rois?

ARDARIC.

Le crime de tous deux, c'est d'aimer deux princesses,
C'est d'avoir, mieux que lui, mérité leurs tendresses.
De vos bontés pour nous il nous fait un malheur,
Et d'un sujet de joie un excès de douleur.

ILDIONE.

Est-il orgueil plus lâche, ou lâcheté plus noire?
Il veut que je vous coûte ou la vie ou la gloire,
Et serve de prétexte au choix infortuné
D'assassiner vous-même ou d'être assassiné!
Il vous offre ma main comme un bonheur insigne,
Mais à condition de vous en rendre indigne :
Et si vous refusez par là de m'acquérir,
Vous ne sauriez vous-même éviter de périr!

ARDARIC.
Il est beau de périr pour éviter un crime; [time;
Quand on meurt pour sa gloire, on revit dans l'es-
Et triompher ainsi du plus rigoureux sort,
C'est s'immortaliser par une illustre mort.

ILDIONE.
Cette immortalité qui triomphe en idée
Veut être, pour charmer, de plus loin regardée;
Et quand à notre amour ce triomphe est fatal,
La gloire qui le suit nous en console mal.

ARDARIC.
Vous vengerez ma mort; et mon âme ravie...

ILDIONE.
Ah! venger une mort n'est pas rendre une vie :
Le tyran immolé me laisse mes malheurs;
Et son sang répandu ne tarit pas mes pleurs.

ARDARIC.
Pour sauver une vie, après tout, périssable,
En rendrais-je le reste infâme et détestable?
Et ne vaut-il pas mieux assouvir sa fureur,
Et mériter vos pleurs, que de vous faire horreur?

ILDIONE.
Vous m'en feriez sans doute, après cette infamie,
Assez pour vous traiter en mortelle ennemie.
Mais souvent la fortune a d'heureux changements
Qui président sans nous aux grands événements :
Le ciel n'est pas toujours aux méchants si propice;
Après tant d'indulgence, il a de la justice.
Parlez à Valamir, et voyez avec lui
S'il n'est aucun remède à ce mortel ennui.

ARDARIC.
Madame...

ILDIONE.
Allez, seigneur : nos maux et les temps pressent,
Et les mêmes périls tous deux vous intéressent.

ARDARIC.
J'y vais; mais, en l'état qu'est son sort et le mien,
Nous nous plaindrons ensemble et ne résoudrons
[rien.

SCÈNE VII

ILDIONE.

Trêve, mes tristes yeux, trêve aujourd'hui de larmes !
Armez contre un tyran vos plus dangereux charmes;
Voyez si de nouveau vous le pourrez dompter,
Et renverser sur lui ce qu'il ose attenter.
Reprenez en son cœur votre place usurpée;
Ramenez à l'autel ma victime échappée;
Rappelez ce courroux que son choix incertain
En faveur de ma flamme allumait dans mon sein.
Que tout semble facile en cette incertitude !
Mais qu'à l'exécuter tout est pénible et rude !
Et qu'aisément le sexe oppose à sa fierté
Sa douceur naturelle et sa timidité !

Quoi ! ne donner ma foi que pour être perfide !
N'accepter un époux que pour un parricide !
Ciel, qui me vois frémir à ce nom seul d'époux,
Ou rends-moi plus barbare, ou mon tyran plus doux !

ACTE CINQUIÈME

SCÈNE I

ARDARIC, VALAMIR.

(*Ils n'ont point d'épée ni l'un ni l'autre.*)

ARDARIC.
Seigneur, vos devins seuls ont causé notre perte;
Par eux à tous nos maux la porte s'est ouverte;
Et l'infidèle appât de leur prédiction
A jeté trop d'amorce à votre ambition.
C'est de là qu'est venu cet amour politique
Que prend pour attentat un orgueil tyrannique.
Sans le flatteur espoir d'un avenir si doux,
Honorie aurait eu moins de charmes pour vous.
  C'est par là que vos yeux la trouvent adorable
Et que vous faites naître un amour véritable,
Qui, l'attachant à vous, excite des fureurs
Que vous voyez passer aux dernières horreurs.
A moins que je vous perde, il faut que je périsse;
On vous fait même grâce, ou pareille injustice :
Ainsi vos seuls devins nous forcent de périr,
Et ce sont tous les droits qu'ils vous font acquérir.

VALAMIR.
Je viens de les quitter; et, loin de s'en dédire,
Ils assurent ma race encor du même empire.
Ils savent qu'Attila s'aigrit au dernier point :
Et ses emportements ne les émeuvent point;
Quelque loi qu'il nous fasse, ils sont inébranlables.
Le ciel en a donné des arrêts immuables;
Rien n'en rompra l'effet; et Rome aura pour roi
Ce grand Théodoric qui doit sortir de moi.

ARDARIC.
Ils veulent donc, seigneur, qu'aux dépens de ma tête
Vos mains à ce héros préparent sa conquête?

VALAMIR.
Seigneur, c'est m'offenser encor plus qu'Attila.

ARDARIC.
Par où lui pouvez-vous échapper que par là?
Pouvez-vous que par là posséder Honorie?
Et d'où naîtra ce fils si vous perdez la vie?

VALAMIR.
Je me vois comme vous aux portes du trépas;
Mais j'espère, après tout, ce que je n'entends pas.

SCÈNE II

ARDARIC, VALAMIR, HONORIE.

HONORIE.

Savez-vous d'Attila jusqu'où va la furie,
Princes, et quelle en est l'affreuse barbarie?
Cette offre qu'il vous fait d'en rendre l'un heureux
N'est qu'un piége qu'il tend pour vous perdre tous
[deux.
Il veut, sous cet espoir, qu'il donne à l'un et l'autre,
Votre sang de sa main, ou le sien de la vôtre :
Mais qui le servirait serait bientôt livré
Aux troupes de celui qu'il aurait massacré ;
Et par le désaveu de cette obéissance
Ce tigre assouvirait sa rage et leur vengeance.
Octar aime Flavie, et l'en vient d'avertir.

VALAMIR.

Euric son lieutenant ne fait que de sortir :
Le tyran soupçonneux, qui craint ce qu'il mérite,
A pour nous désarmer choisi ce satellite ;
Et comme avec justice il nous croit irrités,
Pour nous parler encore il prend ses sûretés.
Pour peu qu'il eût tardé, nous allions dans sa tente
Surprendre et prévenir sa plus barbare attente,
Tandis qu'il nous laissait encor la liberté
D'y porter l'un et l'autre une épée au côté.
Il promet à tous deux de nous la faire rendre
Dès qu'il saura de nous ce qu'il en doit attendre,
Quel est notre dessein, ou, pour en mieux parler,
Dès que nous résoudrons de nous entr'immoler.
Cependant il réduit à l'entière impuissance
Ce noble désespoir qu'il punit par avance,
Et qui, se faisant droit avant que de mourir,
Croit que se perdre ainsi c'est un peu moins périr :
Car nous aurions péri sous les mains de sa garde,
Mais la mort est plus belle alors qu'on la hasarde.

HONORIE.

Il vient, seigneur.

SCÈNE III

ATTILA, VALAMIR, ARDARIC, HONORIE, OCTAR.

ATTILA.

Eh bien, mes illustres amis,
Contre mes grands rivaux quel espoir m'est permis?
Pas un n'a-t-il pour soi la digne complaisance
D'acquérir sa princesse en perdant qui m'offense?
Quoi ! l'amour, l'amitié, tout va d'un froid égal !
Pas un ne m'aime assez pour haïr mon rival !
Pas un de son objet n'a l'âme assez ravie
Pour vouloir être heureux aux dépens d'une vie !
Quels amis! quels amants! et quelle dureté !
Daignez, daignez du moins la mettre en sûreté :
Si ces deux intérêts n'ont rien qui la fléchisse,
Que l'horreur de mourir, à leur défaut, agisse ;
Et si vous n'écoutez l'amitié ni l'amour,
Faites un noble effort pour conserver le jour.

VALAMIR.

A l'inhumanité joindre la raillerie,
C'est à son dernier point porter la barbarie.
Après l'assassinat d'un frère et de six rois,
Notre tour est venu de subir mêmes lois ;
Et nous méritons bien les plus cruels supplices
De nous être exposés aux mêmes sacrifices,
D'en avoir pu souffrir chaque jour de nouveaux.
Punissez, vengez-vous, mais cherchez des bourreaux ;
Et si vous êtes roi, songez que nous le sommes.

ATTILA.

Vous? devant Attila vous n'êtes que deux hommes ;
Et, dès qu'il m'aura plu d'abattre votre orgueil,
Vos têtes pour tomber n'attendront qu'un coup d'œil.
Je fais grâce à tous deux de n'en demander qu'une :
Faites-en décider l'épée et la fortune ;
Et qui succombera du moins tiendra de moi
L'honneur de ne périr que par la main d'un roi.
Nobles gladiateurs, dont ma colère apprête
Le spectacle pompeux à cette grande fête,
Montrez, montrez un cœur enfin digne du rang.

ARDARIC.

Votre main est plus faite à verser de tel sang;
C'est lui faire un affront que d'emprunter les nôtres.

ATTILA.

Pour me faire justice il s'en trouvera d'autres :
Mais si vous renoncez aux objets de vos vœux,
Le refus d'une tête en pourra coûter deux.
Je révoque ma grâce, et veux bien que vos crimes
De deux rois mes rivaux me fassent deux victimes ;
Et ces rares objets si peu dignes de moi
Seront le digne prix de cet illustre emploi.

(à Ardaric.)

De celui de vos feux je ferai la conquête
De quiconque à mes pieds abattra votre tête.

(à Honorie.)

Et comme vous paîrez celle de Valamir,
Nous aurons à ce prix des bourreaux à choisir ;
Et, pour nouveau supplice à de si belles flammes,
Ce choix ne tombera que sur les plus infâmes.

HONORIE.

Tu pourrais être lâche et cruel jusque-là !

ATTILA.

Encor plus, s'il le faut, mais toujours Attila,
Toujours l'heureux objet de la haine publique,
Fidèle au grand dépôt du pouvoir tyrannique,
Toujours...

HONORIE.

Achève, et dis que tu veux en tout lieu
Être l'effroi du monde, et le fléau de Dieu.
Étale insolemment l'épouvantable image
De ces fleuves de sang où se baignait ta rage.
Fais voir...

ATTILA.

Que vous perdez de mots injurieux

A me faire un reproche et doux et ~~rieux~~ !
Ce Dieu dont vous parlez, de te~~mps~~ en temps sé-
Ne s'arme pas toujours de toute sa colère; [vère,
Mais quand à sa fureur il livre l'univers,
Elle a pour chaque temps des déluges divers.
Jadis, de toutes parts faisant regorger l'onde,
Sous un déluge d'eaux il abîma le monde;
Sa main tient en réserve un déluge de feux
Pour le dernier moment de nos derniers neveux;
Et mon bras, dont il fait aujourd'hui son tonnerre,
D'un déluge de sang couvre pour lui la terre.

HONORIE.

Lorsque par les tyrans il punit les mortels,
Il réserve sa foudre à ces grands criminels
Qu'il donne pour supplice à toute la nature,
Jusqu'à ce que leur rage ait comblé la mesure.
Peut-être qu'il prépare en ce même moment
A de si noirs forfaits l'éclat du châtiment,
Qu'alors que ta fureur à nous perdre s'apprête,
Il tient le bras levé pour te briser la tête,
Et veut qu'un grand exemple oblige de trembler
Quiconque désormais t'osera ressembler.

ATTILA.

Eh bien, en attendant ce changement sinistre
J'oserai jusqu'au bout lui servir de ministre,
Et faire exécuter toutes ses volontés
Sur vous et sur des rois contre moi révoltés.
Par des crimes nouveaux je punirai les vôtres,
Et mon tour à périr ne viendra qu'après d'autres.

HONORIE.

Ton sang, qui chaque jour, à longs flots distillés,
S'échappe vers ton frère, et six rois immolés,
Te dirait-il trop bas que leurs ombres t'appellent?
Faut-il que ces avis par moi se renouvellent?
Vois, vois couler ce sang qui te vient avertir,
Tyran, que pour les joindre il faut bientôt partir.

ATTILA.

Ce n'est rien; et pour moi s'il n'est pas d'autre foudre,
J'aurai pour ce départ du temps à m'y résoudre.
D'autres vous enverraient leur frayer le chemin;
Mais j'en laisserai faire à votre grand destin,
Et trouverai pour vous quelques autres vengeances,
Quand l'humeur me prendra de punir tant d'offenses.

SCÈNE IV

ATTILA, VALAMIR, ARDARIC, HONORIE,
ILDIONE, OCTAR.

ATTILA, à Ildione.

Où venez-vous, madame, et qui vous enhardit
A vouloir voir ma mort qu'ici l'on me prédit?
Venez-vous de deux rois soutenir la querelle,
Vous révolter comme eux, me foudroyer comme elle,
Ou mendier l'appui de mon juste courroux
Contre votre Ardaric qui ne veut plus de vous?

ILDIONE.

Il n'en mériterait ni l'amour ni l'estime,
S'il osait espérer m'acquérir par un crime.

D'un si juste refus j'ai de quoi me louer,
Et ne viens pas ici pour l'en désavouer.
Non, seigneur; c'est du mien que j'y viens me dédire,
Rendre à mes yeux sur vous leur souverain empire,
Rattacher, réunir votre vouloir au mien,
Et reprendre un pouvoir dont vous n'usez pas bien
Seigneur, est-ce là donc cette reconnaissance
Si hautement promise à mon obéissance?
J'ai quitté tous les miens sous l'espoir d'être à vous;
Par votre ordre, mon cœur quitte un espoir si doux;
Je me réduis au choix qu'il vous a plu me faire,
Et votre ordre le met hors d'état de me plaire !
Mon respect qui me livre aux vœux d'un autre roi
N'y voit pour lui qu'opprobre, et que honte pour moi !
Rendez, rendez-le-moi, cet empire suprême
Qui ne vous laissait plus disposer de vous-même :
Rendez toute votre âme à son premier souhait;
Recevez qui vous aime, et fuyez qui vous hait.
Honorie a ses droits : mais celui de vous plaire
N'est pas, vous le savez, un droit imaginaire;
Et, pour vous appuyer, Méroüée a des bras
Qui font taire les droits quand il faut des combats.

ATTILA.

Non, je ne puis plus voir cette ingrate Honorie
Qu'avec la même horreur qu'on voit une furie;
Et tout ce que le ciel a formé de plus doux,
Tout ce qu'il peut de mieux, je crois le voir en vous.
Mais dans votre cœur même un autre amour mur-
Lorsque... [mure,

ILDIONE.

Vous pourriez croire une telle imposture!
Qu'ai-je dit? qu'ai-je fait que de vous obéir?
Et par où jusque-là m'aurais-je pu trahir?

ATTILA.

Ardaric est pour vous un époux adorable.

ILDIONE.

Votre main lui donnait ce qu'il avait d'aimable;
Et je ne l'ai tantôt accepté pour époux
Que par cet ordre exprès que j'ai reçu de vous.
Vous aviez déjà vu qu'en dépit de ma flamme,
Pour vous faire empereur...

ATTILA.

Vous me trompez, madame;
Mais l'amour par vos yeux me sait si bien dompter,
Que je ferme les miens pour n'y plus résister.
N'abusez pas pourtant d'un si puissant empire;
Songez qu'il est encor d'autres biens où j'aspire,
Que la vengeance est douce aussi bien que l'amour;
Et laissez-moi pouvoir quelque chose à mon tour.

ILDIONE.

Seigneur, ensanglanter cette illustre journée !
Grâce, grâce du moins jusqu'après l'hyménée.
A son heureux flambeau souffrez un pur éclat,
Et laissez pour demain les maximes d'État.

ATTILA.

Vous le voulez, madame, il faut vous satisfaire;
Mais ce n'est que grossir d'autant plus ma colère;
Et ce que par votre ordre elle perd de moments
Enfle l'avidité de mes ressentiments.

44

HONORIE.

Voyez, voyez plutôt, par votre exemple même,
Seigneur, jusqu'où s'aveugle un grand cœur quand
[il aime :
Voyez jusqu'où l'amour, qui vous ferme les yeux,
Force et dompte les rois qui résistent le mieux,
Quel empire il se fait sur l'âme la plus fière :
Et, si vous avez vu la mienne trop altière,
Voyez ce même amour immoler pleinement
Son orgueil le plus juste au salut d'un amant,
Et toute sa fierté dans mes larmes éteinte
Descendre à la prière et céder à la crainte.
Avoir su jusque-là réduire mon courroux
Vous doit être, seigneur, un triomphe assez doux.
Que tant d'orgueil dompté suffise pour victime.
Voudriez-vous traiter votre exemple de crime,
Et, quand vous adorez qui ne vous aime pas,
D'un réciproque amour condamner les appas ?

ATTILA.

Non, princesse; il vaut mieux nous imiter l'un l'autre :
Vous suivez mon exemple, et je suivrai le vôtre.
Vous condamniez madame à l'hymen d'un sujet ;
Remplissez au lieu d'elle un si juste projet.
Je vous l'ai déjà dit ; et mon respect, fidèle
A cette digne loi que vous faisiez pour elle,
N'ose prendre autre règle à punir vos mépris.
Si Valamir vous plaît sa vie est à ce prix ;
Disposez à ce prix d'une main qui m'est due.
    Octar, ne perdez pas la princesse de vue.
        (à Ildione.)
Vous qui me commandez de vous donner ma foi,
Madame, allons au temple ; et vous, rois, suivez-
[moi.

SCÈNE V

HONORIE, OCTAR.

HONORIE.

Tu le vois, pour toucher cet orgueilleux courage,
J'ai pleuré, j'ai prié, j'ai tout mis en usage,
Octar ; et, pour tout fruit de tant d'abaissement,
Le barbare me traite encor plus fièrement.
S'il reste quelque espoir, c'est toi seul qu'il regarde.
Prendras-tu bien ton temps ? Tu commandes sa
[garde ;
La nuit et le sommeil vont tout mettre en ton choix ;
Et Flavie est le prix du salut de deux rois.

OCTAR.

Ah ! madame, Attila, depuis votre menace,
Met hors de mon pouvoir l'effet de cette audace.
Ce défiant esprit n'agit plus maintenant,
Dans toutes ses fureurs, que par mon lieutenant ;
C'est par lui qu'aux deux rois il fait ôter les armes,
Et deux mots en son âme ont jeté tant d'alarmes,
Qu'exprès à votre suite il m'attache aujourd'hui
Pour m'ôter tout moyen de m'approcher de lui.
Pour peu que je vous quitte il y va de ma vie,
Et s'il peut découvrir que j'adore Flavie...

HONORIE.

Il le saura de moi, si tu ne veux agir,
Infâme, qui t'en peux excuser sans rougir :
Si tu veux vivre encor, va chercher du courage.
Tu vois ce qu'à toute heure il immole à sa rage ;
Et ta vertu, qui craint de trop paraître au jour,
Attend, les bras croisés, qu'il s'immole à son tour.
Fais périr, ou péris, préviens, lâche, ou succombe;
Venge toute la terre, ou grossis l'hécatombe.
Si la gloire sur toi, si l'amour ne peut rien,
Meurs en traître, et du moins sers de victime au mien.

SCÈNE VI

VALAMIR, HONORIE, OCTAR.

HONORIE, à Valamir.

Mais qui me rend, seigneur, le bien de votre vue?

VALAMIR.

L'impatient transport d'une joie imprévue
Notre tyran n'est plus.

HONORIE.
            Il est mort ?

VALAMIR.
                Écoutez
Comme enfin l'ont puni ses propres cruautés,
Et comme heureusement le ciel vient de souscrire
A ce que nos malheurs vous ont fait lui prédire.
A peine sortions-nous, pleins de trouble et d'horreur,
Qu'Attila recommence à saigner de fureur,
Mais avec abondance ; et le sang qui bouillonne
Forme un si gros torrent, que lui-même il s'étonne.
Tout surpris qu'il en est : « S'il ne veut s'arrêter,
« Dit-il, on me paîra ce qu'il m'en va coûter. »
Il demeure à ces mots sans parole, sans force ;
Tous ses sens d'avec lui font un soudain divorce :
Sa gorge enfle, et du sang dont le cours s'épaissit
Le passage se ferme, ou du moins s'étrécit.
De ce sang renfermé la vapeur enfurie
Semble avoir étouffé sa colère et sa vie ;
Et déjà de son front la funeste pâleur
N'opposait à la mort qu'un reste de chaleur,
Lorsqu'une illusion lui présente son frère,
Et lui rend tout d'un coup la vie et la colère :
Il croit le voir suivi des ombres de six rois,
Qu'il se veut immoler une seconde fois ;
Mais ce retour si prompt de sa plus noire audace
N'est qu'un dernier effort de la nature lasse,
Qui, prête à succomber sous la mort qui l'atteint,
Jette un plus vif éclat et tout d'un coup s'éteint.
C'est en vain qu'il fulmine à cette affreuse vue,
Sa rage qui renaît en même temps le tue.
L'impétueuse ardeur de ces transports nouveaux
A son sang prisonnier ouvre tous les canaux ;
Son élancement perce ou rompt toutes les veines,
Et ces canaux ouverts sont autant de fontaines
Par où l'âme et le sang se pressent de sortir,
Pour terminer sa rage et nous en garantir.

Sa vie à longs ruisseaux se répand sur le sable ;
Chaque instant l'affaiblit, et chaque effort l'accable ;
Chaque pas rend justice au sang qu'il a versé,
Et fait grâce à celui qu'il avait menacé.
Ce n'est plus qu'en sanglots qu'il dit ce qu'il croit dire ;
Il frissonne, il chancelle, il trébuche, il expire ;
Et sa fureur dernière, épuisant tant d'horreurs,
Venge enfin l'univers de toutes ses fureurs.

SCÈNE VII

ARDARIC, VALAMIR, HONORIE, ILDIONE, OCTAR.

ARDARIC.

Ce n'est pas tout, seigneur ; la haine générale,
N'ayant plus à le craindre, avidement s'étale ;
Tous brûlent de servir sous des ordres plus doux,
Tous veulent à l'envi les recevoir de nous.
Ce bonheur étonnant que le ciel nous renvoie
De tant de nations fait la commune joie ;
La fin de nos périls en remplit tous les vœux,
Et, pour être tous quatre au dernier point heureux,
Nous n'avons plus qu'à voir notre flamme avouée
Du souverain de Rome et du grand Méroüée :
La princesse des Francs m'impose cette loi.

HONORIE.
Pour moi, je n'en ai plus à prendre que de moi.

ARDARIC.
Ne perdons point de temps en ce retour d'affaires ;
Allons donner tous deux les ordres nécessaires,
Remplir ce trône vide, et voir sous quelles lois
Tant de peuples voudront nous recevoir pour rois.

VALAMIR.
Me le permettez-vous, madame ? et puis-je croire
Que vous tiendrez enfin ma flamme à quelque gloire ?

HONORIE.
Allez ; et cependant assurez-vous, seigneur, [cœur.
Que nos destins changés n'ont point changé mon

FIN D'ATTILA.

TITE ET BÉRÉNICE

COMÉDIE HÉROÏQUE — 1670

XIPHILINUS EX DIONE

IN VESPASIANO

GUILLELMO BLANCO INTERPRETE.

Vespasianus, a senatu absens, imperator creatur; Titusque et Domitianus cæsares designantur.
Domitianus animum ad amorem Domitiæ filiæ Corbulonis applicuerat, eamque, a Lucio Lamio Æmiliano viro ejus, abductam, secum habebat in numero amicarum, eamdemque postea uxorem duxit.
Per id tempus Berenice maximè florebat, ob eamque causam cum Agrippa fratre Romam venit. Is prætoriis honoribus auctus est; ipsa habitavit in palatio, cœpitque cum Tito coire. Spes erat eam Tito nuptum iri; jam enim omnia, ita ut si esset uxor, gerebat. Sed Titus cùm intelligeret populum romanum id molestè ferre, eam repudiavit, præsertim quòd de iis rebus magni rumores perferrentur.

IN TITO

Titus, ex quo tempore principatum solus obtinuit, nec cædes fecit, nec amoribus inserviit; sed comis, quamvis insidiis peteretur, et continens, Berenice licet in urbem reversa, fuit.
Titus moriens se unius tantum rei pœnitere dixit; id autem quid esset non aperuit, nec quisquam certò novit, aliud aliis conjicientibus. Constans fama fuit, ut nonnulli tradunt, quòd Domitiam uxorem fratris habuisset. Alii putant, quibus ego assentior, quòd Domitianum, a quo certò sciebat sibi insidias parari, non interfecisset, sed id ab eo pati maluisset, et quòd traderet imperium romanum tali viro.

PERSONNAGES.

TITE, empereur de Rome, et amant de Bérénice.
DOMITIAN, frère de Tite, et amant de Domitie.
BÉRÉNICE, reine d'une partie de la Judée.
DOMITIE, fille de Corbulon.

PERSONNAGES.

PLAUTINE, confidente de Domitie.
FLAVIAN, confident de Tite.
ALBIN, confident de Domitian.
PHILON, ministre d'État, confident de Bérénice.

La scène est à Rome, dans le palais impérial.

ACTE PREMIER

SCÈNE I

DOMITIE, PLAUTINE.

DOMITIE.

Laisse-moi mon chagrin, tout injuste qu'il est :
Je le chasse, il revient; je l'étouffe, il renaît;
Et plus nous approchons de ce grand hyménée,
Plus en dépit de moi je m'en trouve gênée :
Il fait toute ma gloire; il fait tous mes désirs :
Ne devrait-il pas faire aussi tous mes plaisirs?
Depuis plus de six mois la pompe s'en apprête,
Rome s'en fait d'avance en l'esprit une fête;
Et tandis qu'à l'envi tout l'empire l'attend,
Mon cœur dans tout l'empire est le seul mécontent.

PLAUTINE.

Que trouvez-vous, madame, ou d'amer ou de rude,
A voir qu'un tel bonheur n'ait plus d'incertitude?
Et quand dans quatre jours vous devez y monter,
Quel importun chagrin pouvez-vous écouter?
Si vous n'en êtes pas tout à fait la maîtresse,
Du moins à l'empereur cachez cette tristesse :
Le dangereux soupçon de n'être pas aimé
Peut le rendre à l'objet dont il fut trop charmé.
Avant qu'il vous aimât, il aimait Bérénice :
Et s'il n'en put alors faire une impératrice,
A présent il est maître; et son père au tombeau
Ne peut plus le forcer d'éteindre un feu si beau.

DOMITIE.

C'est là ce qui me gêne, et l'image importune
Qui trouble les douceurs de toute ma fortune.
J'ambitionne et crains l'hymen d'un empereur
Dont j'ai lieu de douter si j'aurai tout le cœur.
Ce pompeux appareil, où sans cesse il ajoute,
Recule chaque jour un nœud qui le dégoûte.
Il souffre chaque jour que le gouvernement
Vole ce qu'à me plaire il doit d'attachement;
Et ce qu'il en étale agit d'une manière
Qui ne m'assure point d'une âme tout entière.
Souvent même, au milieu des offres de sa foi,

Il semble tout à coup qu'il n'est pas avec moi,
Qu'il a quelque plus douce ou noble inquiétude.
Son feu de sa raison est l'effet et l'étude;
Il s'en fait un plaisir bien moins qu'un embarras,
Et s'efforce à m'aimer; mais il ne m'aime pas.
PLAUTINE.
A cet effort pour vous qui pourrait le contraindre?
Maître de l'univers, a-t-il un maître à craindre?
DOMITIE.
J'ai quelques droits, Plautine, à l'empire romain,
Que le choix d'un époux peut mettre en bonne main :
Mon père, avant le sien, élu pour cet empire,
Préféra... Tu le sais, et c'est assez t'en dire.
C'est par cet intérêt qu'il m'apporte sa foi;
Mais pour le cœur, te dis-je, il n'est pas tout à moi.
PLAUTINE.
La chose est bien égale, il n'a pas tout le vôtre :
S'il aime un autre objet, vous en aimez un autre;
Et comme sa raison vous donne tous ses vœux,
Votre ardeur pour son rang fait pour lui tous vos feux.
DOMITIE.
Ne dis point qu'entre nous la chose soit égale.
Un divorce avec moi n'a rien qui le ravale :
Sans avilir son sort, il me renvoie au mien;
Et du rang qui lui reste il ne me reste rien.
PLAUTINE.
Que ce que vous avez d'ambitieux caprice,
Pardonnez-moi ce mot, vous fait un dur supplice!
Le cœur rempli d'amour, vous prenez un époux,
Sans en avoir pour lui, sans qu'il en ait pour vous.
Aimez pour être aimée, et montrez-lui vous-même,
En l'aimant comme il faut, comme il faut qu'il vous
  [aime;
Et si vous vous aimez, gagnez sur vous ce point,
De vous donner entière, ou ne vous donner point.
DOMITIE.
Si l'amour quelquefois souffre qu'on le contraigne,
Il souffre rarement qu'une autre ardeur l'éteigne;
Et quand l'ambition en met l'empire à bas,
Elle en fait son esclave, et ne l'étouffe pas.
Mais un si fier esclave, ennemi de sa chaîne,
La secoue à toute heure, et la porte avec gêne;
Et, maître de nos sens, qu'il appelle au secours,
Il échappe souvent, et murmure toujours.
Veux-tu que je te fasse un aveu tout sincère?
Je ne puis aimer Tite, ou n'aimer pas son frère;
Et, malgré cet amour, je ne puis m'arrêter
Qu'au degré le plus haut où je puisse monter.
Laisse-moi retracer ma vie en ta mémoire :
Tu me connais assez pour en savoir l'histoire;
Mais tu n'as pu connaître, à chaque événement,
De mon illustre orgueil quel fut le sentiment.
En naissant, je trouvai l'empire en ma famille.
Néron m'eut pour parente, et Corbulon pour fille;
Et le bruit qu'en tous lieux fit sa haute valeur,
Autant que ma naissance, enfla mon jeune cœur.
De l'éclat des grandeurs par là préoccupée,
Je vis d'un œil jaloux Octavie et Poppée;

Et Néron, des mortels et l'horreur et l'effroi,
M'eût paru grand héros, s'il m'eût offert sa foi.
Après tant de forfaits et de morts entassées,
Les troupes du Levant, d'un tel monstre lassées,
Pour césar en sa place élurent Corbulon.
Son austère vertu rejeta ce grand nom :
Un lâche assassinat en fut le prompt salaire.
Mais mon orgueil, sensible à ces honneurs d'un père,
Prit de tout autre rang une assez forte horreur,
Pour me traiter dans l'âme en fille d'empereur.
Néron périt enfin. Trois empereurs de suite
Virent de leur fortune une assez prompte fuite.
L'Orient de leurs noms fut à peine averti,
Qu'il fit Vespasian chef d'un plus fort parti.
Le ciel l'en avoua : ce guerrier magnanime
Par Tite, son aîné, fit assiéger Solime;
Et, tandis qu'en Égypte il prit d'autres emplois,
Domitian ici vint dispenser ses lois.
Je le vis et l'aimai. Ne blâme point ma flamme :
Rien de plus grand que lui n'éblouissait mon âme.
Je ne voyais point Tite, un hymen me l'ôtait.
Mille soupirs aidaient au rang qui me flattait. [père:
Pour remplir tous nos vœux nous n'attendions qu'un
Il vint, mais d'un esprit à nos vœux si contraire,
Que, quoi qu'on lui pût dire, on n'en put arracher
Ce qu'attendait un feu qui nous était si cher.
On n'en sut point la cause; et divers bruits coururent,
Qui tous à notre amour également déplurent.
J'en eus un long chagrin. Tite fit tôt après
De Bérénice à Rome admirer les attraits.
Pour elle avec Martie il avait fait divorce;
Et cette belle reine eut sur lui tant de force,
Que, pour montrer à tous sa flamme, et hautement,
Il lui fit au palais prendre un appartement.
L'empereur, bien qu'en l'âme il prévît quelle haine
Concevrait tout l'État pour l'époux d'une reine,
Sembla voir cet amour d'un œil indifférent,
Et laisser un cours libre aux flots de ce torrent.
Mais, sous les vains dehors de cette complaisance,
On ménagea ce prince avec tant de prudence,
Qu'en dépit de son cœur, que charmaient tant d'ap-
Il l'obligea lui-même à revoir ses États. [pas,
A peine je le vis sans maîtresse et sans femme,
Que mon orgueil vers lui tourna toute mon âme;
Et s'étant emparé des plus doux de mes soins,
Son frère commença de me plaire un peu moins :
Non qu'il ne fût toujours maître de ma tendresse,
Mais je le regardais ainsi qu'une faiblesse,
Comme un honteux effet d'un amour éperdu
Qui me volait un rang que je me croyais dû.
Tite à peine sur moi jetait alors la vue;
Cent fois que douleur je m'en suis aperçue :
Mais ce qui consolait ce juste et long ennui,
C'est que Vespasian me regardait pour lui.
Je commençais pourtant à n'en plus rien attendre,
Quand je vis en ses yeux quelque chose de tendre :
Il me rendit visite, et fit tout ce qu'on fait
Alors qu'on veut aimer, ou qu'on aime en effet.
Je veux bien t'avouer que j'y crus du mystère,

Qu'il ne me disait rien que par l'ordre d'un père;
Mais qui ne pencherait à s'en désabuser,
Lorsque ce père mort, il songe à m'épouser?
Toi, qui vois tout mon cœur, juge de son martyre :
L'ambition l'entraîne, et l'amour le déchire;
Quand je crois m'être mise au-dessus de l'amour,
L'amour vers son objet me ramène à son tour;
Je veux régner, et tremble à quitter ce que j'aime,
Et ne me saurais voir d'accord avec moi-même.

PLAUTINE.

Ah! si Domitian devenait empereur,
Que vous auriez bientôt calmé tout ce grand cœur!
Que bientôt... Mais il vient. Ce grand cœur en soupire.

DOMITIE.

Hélas! plus je le vois, moins je sais que lui dire.
Je l'aime, et le dédaigne; et, n'osant m'attendrir,
Je me veux mal des maux que je lui fais souffrir.

SCÈNE II
DOMITIAN, DOMITIE, ALBIN, PLAUTINE.

DOMITIAN.

Faut-il mourir, madame? et, si proche du terme,
Votre illustre inconstance est-elle encor si ferme,
Que les restes d'un feu que j'avais cru si fort
Puissent dans quatre jours se promettre ma mort?

DOMITIE.

Ce qu'on m'offre, seigneur, me ferait peu d'envie,
S'il en coûtait à Rome une si belle vie;
Et ce n'est pas un mal qui vaille en soupirer,
Que de faire une perte aisée à réparer.

DOMITIAN.

Aisée à réparer! Un choix qui m'a su plaire,
Et qui ne plaît pas moins à l'empereur mon frère,
Charme-t-il l'un et l'autre avec si peu d'appas
Que vous sachiez son prix, et le mettiez si bas?

DOMITIE.

Quoi qu'on ait pour soi-même ou d'amour ou d'estime,
Nes'en croire pas trop n'est pas faire un grand crime.
Mais n'examinons point, en cet excès d'honneur,
Si j'ai quelque mérite, ou n'ai que du bonheur.
Telle que je puis être, obtenez-moi d'un frère.

DOMITIAN.

Hélas! si je n'ai pu vous obtenir d'un père,
Si même je ne puis vous obtenir de vous,
Qu'obtiendrai-je d'un frère amoureux et jaloux?

DOMITIE.

Et moi, résisterai-je à sa toute-puissance,
Quand vous n'y répondez qu'avec obéissance?
Moi qui n'ai sous les cieux que vous seul pour soutien,
Que puis-je contre lui, quand vous n'y pouvez rien?

DOMITIAN.

Je ne puis rien sans vous, et pourrais tout, madame,
Si je pouvais encor m'assurer de votre âme.

DOMITIE.

Pouvez-vous en douter, après deux ans de pleurs
Qu'à vos yeux j'ai donnés à nos communs malheurs?
Durant un déplaisir si long et si sensible
De voir toujours un père à nos vœux inflexible,
Ai-je écouté quelqu'un de tant de soupirants rares
Qui m'accablaient partout de leurs regards mous
Quel que fût leur amour, quel que fût leur mérite.

DOMITIAN.

Oui, vous m'avez aimé jusqu'à l'amour de Tite.
Mais de ces soupirants qui vous offraient leur foi
Aucun ne vous eût mise alors si haut que moi;
Votre âme ambitieuse à mon rang attachée
N'en voyait point en eux dont elle fût touchée :
Ainsi de ces rivaux aucun n'a réussi.
Mais les temps sont changés, madame, et vous aussi.

DOMITIE.

Non, seigneur, je vous aime, et garde au fond de l'âme
Tout ce que j'eus pour vous de tendresse et de flamme.
L'effort que je me fais me tue autant que vous;
Mais enfin l'empereur veut être mon époux.

DOMITIAN.

Ah! si vous n'acceptez sa main qu'avec contrainte
Venez, venez, madame, autoriser ma plainte :
L'empereur m'aime assez pour quitter vos liens
Quand je lui porterai vos vœux avec les miens.
Dites que vous m'aimez, et que tout son empire...

DOMITIE.

C'est ce qu'à dire vrai j'aurai peine à lui dire,
Seigneur; et le respect qui n'y peut consentir...

DOMITIAN.

Non, votre ambition ne se peut démentir.
Ne la déguisez plus, montrez-la tout entière,
Cette âme que le trône a su rendre si fière,
Cette âme dont j'ai fait les plaisirs les plus doux,
Cette âme...

DOMITIE.

Voyez-la cette âme toute à vous,
Voyez-y tout ce feu que vous y fîtes naître;
Et soyez satisfait, si vous le pouvez être.
Je ne veux point, seigneur, vous le dissimuler,
Mon cœur va tout à vous quand je le laisse aller;
Mais sans dissimuler j'ose aussi vous le dire,
Ce n'est pas mon dessein qu'il m'en coûte l'empire;
Et je n'ai point une âme à se laisser charmer
Du ridicule honneur de savoir bien aimer.
La passion du trône est seule toujours belle,
Seule à qui l'âme doive une ardeur immortelle.
J'ignorais de l'amour quel est le doux poison
Quand elle s'empara de toute ma raison.
Comme elle est la première, elle est la dominante.
Non qu'à trahir l'amour je ne me violente;
Mais il est juste enfin que des soupirs secrets
Me punissent d'aimer contre mes intérêts.
Daignez donc voir, seigneur, quelle route il faut
Pour ne point m'imposer la honte de descendre.
Tout mon cœur vous préfère à cet heureux rival;
Pour m'avoir toute à vous, devenez son égal.
Vous dites qu'il vous aime; et je ne le puis croire
Si je ne vois sur vous un rayon de sa gloire.
On vous a vus tous deux sortir d'un même flanc;
Ayez mêmes honneurs ainsi que même sang.

Dites-lui que le droit qu'a ce sang à l'empire...
DOMITIAN.
C'est là ce qu'à mon tour j'aurai peine à lui dire,
Madame; et le devoir qui n'y peut consentir...
DOMITIE.
A mes vives douleurs daignez donc compatir,
Seigneur; j'achète assez le rang d'impératrice,
Sans qu'un reproche injuste augmente mon supplice.
DOMITIAN.
Eh bien, dans cet hymen, qui n'en a que pour moi,
J'applaudirai moi-même à votre peu de foi;
Je dirai que le ciel doit à votre mérite...
DOMITIE.
Non, seigneur; faites mieux, et quittez qui vous
Rome a mille beautés dignes de votre cœur; [quitte;
Mais dans toute la terre il n'est qu'un empereur.
Si mon père avait eu les sentiments du vôtre,
Je vous aurais donné ce que j'attends d'un autre;
Et ma flamme en vos mains eût mis sans balancer
Le sceptre qu'en la mienne il aurait dû laisser.
Laissez à son défaut suppléer la fortune,
Et n'ayez pas une âme assez basse et commune
Pour s'opposer au ciel qui me rend par autrui
Ce que trop de vertu me fit perdre par lui.
Pour peu que vous m'aimiez, aimez mes avantages :
Il n'est point d'autre amour digne des grands cou-
Voilà toute mon âme. Après cela, seigneur, [rages.
Laissez-moi m'épargner les troubles de mon cœur.
Un plus long entretien ne pourrait rien produire
Qui ne pût malgré moi, vous déplaire ou me nuire.

SCÈNE III

DOMITIAN, ALBIN.

ALBIN.
Elle se défend bien, seigneur; et dans la cour...
DOMITIAN.
Aucun n'a plus d'esprit, Albin, et moins d'amour :
J'admire, ainsi que toi, dans ce qu'elle m'oppose,
Son adresse à défendre une mauvaise cause;
Et si, pour m'assurer que son cœur n'est qu'à moi,
Tant d'esprit agissait en faveur de sa foi;
Si sa flamme au secours appliquait cette adresse,
L'empereur convaincu me rendrait ma maîtresse.
ALBIN.
Cependant n'est-ce rien que ce cœur soit à vous?
DOMITIAN.
D'un bonheur si mal sûr je ne suis point jaloux;
Et trouve peu de jour à croire qu'elle m'aime,
Quand elle ne regarde et n'aime que soi-même.
ALBIN.
Seigneur, s'il m'est permis de parler librement,
Dans toute la nature aime-t-on autrement? [tres;
L'amour-propre est la source en nous de tous les au-
C'en est le sentiment qui forme tous les nôtres;
Lui seul allume, éteint, ou change nos désirs :
Les objets de nos vœux le sont de nos plaisirs.

Vous-même, qui brûlez d'une ardeur si fidèle,
Aimez-vous Domitie, ou vos plaisirs en elle?
Et quand vous aspirez à des liens si doux,
Est-ce pour l'amour d'elle ou pour l'amour de vous?
De sa possession l'aimable et chère idée
Tient vos sens enchantés et votre âme obsédée;
Mais si vous conceviez quelques destins meilleurs,
Vous porteriez bientôt toute cette âme ailleurs.
Sa conquête est pour vous le comble des délices;
Vous ne vous figurez ailleurs que des supplices :
C'est par là qu'elle seule a droit de vous charmer;
Et vous n'aimez que vous, quand vous croyez l'aimer.
DOMITIAN.
En l'état où je suis, les maux dont je soupire
M'ôtent la liberté de te rien contredire :
Cherchons-en le remède, au lieu de raisonner
Sur l'amour où le ciel se plaît à m'obstiner.
N'est-il point de secret, n'est-il point d'artifice?...
ALBIN.
Oui, seigneur, il en est : rappelons Bérénice;
Sous le nom de César pratiquons son retour,
Qui retarde l'hymen, et suspende l'amour.
DOMITIAN.
Que je verrais, Albin, ma volage punie,
Si de ces grands apprêts pour la cérémonie,
Que depuis si longtemps on dresse à si grand bruit,
Elle n'avait que l'ombre, et qu'une autre eût le fruit!
Qu'elle serait confuse! et que j'aurais de joie!
Mais il faut que le ciel lui-même la renvoie,
Cette belle rivale; et tout notre discours
Ne la saurait ici rendre dans quatre jours.
ALBIN.
N'importe : en l'attendant préparons sa victoire;
Dans l'esprit d'un rival ranimons sa mémoire;
Retraçons à ses yeux l'image du passé,
Et profitons par là d'un cœur embarrassé.
N'y perdez point de temps; allez, sans plus rien taire,
Tâter jusqu'en ce cœur les tendresses de frère.
Si vous ne l'emportez, il pourra s'ébranler.
S'il ne rompt cet hymen, il pourra reculer :
Je me trompe, ou son âme y penche d'elle-même.
S'il s'émeut, redoublez, dites que l'on vous aime,
Dites qu'un pur respect contraint avec ennui
Une âme toute à vous à se donner à lui.
S'il se trouble, achevez, parlez de Bérénice,
De tant d'amour qu'il traite avec tant d'injustice.
Pour lui donner le temps de venir au secours,
Nous aurons quatre mois au lieu de quatre jours.
DOMITIAN.
Mais j'aime Domitie; et lui parler contre elle
C'est me mettre au hasard d'irriter l'infidèle.
Ne me condamne point, Albin, à la trahir,
A joindre à ses mépris le droit de me haïr :
En vain je veux contre elle écouter ma colère;
Tout ingrate qu'elle est, je tremble à lui déplaire.
ALBIN.
Seigneur, quelle mesure avez-vous à garder?
Quand on voit tout perdu, craint-on de hasarder?

Et si l'ambition vers un autre l'entraîne,
Que vous peut importer son amour ou sa haine?

DOMITIAN.
Qu'un salutaire avis fait une douce loi
A qui peut avoir l'âme aussi libre que toi!
Mais celle d'un amant n'est pas comme une autre âme;
Il ne voit, il n'entend, il ne croit que sa flamme;
Du plus puissant remède il se fait un poison,
Et la raison pour lui n'est pas toujours raison.

ALBIN.
Et si je vous disais que déjà Bérénice
Est dans Rome, inconnue, et par mon artifice;
Qu'elle surprendra Tite, et qu'elle y vient exprès
Pour de ce grand hymen renverser les apprêts?

DOMITIAN.
Albin, serait-il vrai?

ALBIN.
La nouvelle vous flatte :
Peut-être est-elle fausse; attendez qu'elle éclate;
Surtout à l'empereur déguisez-la si bien...

DOMITIAN.
Va, je lui parlerai comme n'en sachant rien.

ACTE DEUXIÈME

SCÈNE I

TITE, FLAVIAN.

TITE.
Quoi! des ambassadeurs que Bérénice envoie
Viennent ici, dis-tu, me témoigner sa joie,
M'apporter son hommage, et me féliciter
Sur ce comble de gloire où je viens de monter?

FLAVIAN.
En attendant votre ordre ils sont au port d'Ostie.

TITE.
Ainsi, grâces aux dieux, sa flamme est amortie;
Et de pareils devoirs sont pour moi des froideurs,
Puisqu'elle s'en rapporte à ses ambassadeurs.
Jusqu'après mon hymen remettons leur venue :
J'aurais trop à rougir si j'y souffrais leur vue,
Et recevais les yeux de ses propres sujets
Pour envieux témoins du vol que je lui fais.
Car mon cœur fut son bien à cette belle reine,
Et pourrait l'être encor, malgré Rome et sa haine,
Si ce divin objet, qui fut tout mon désir,
Par quelque doux regard s'en venait ressaisir. [dre
Mais du haut de son trône elle aime mieux me ren-
Ces froideurs que pour elle on me força de prendre.
Peut-être, en ce moment que toute ma raison
Ne saurait sans désordre entendre son beau nom,
Entre les bras d'un autre un autre amour la livre;
Elle suit mon exemple, et se plaît à le suivre,
Et ne m'envoie ici traiter de souverain
Que pour braver l'amant qu'elle charmait en vain.

FLAVIAN.
Si vous la revoyiez, je plaindrais Domitie.

TITE.
Contre tous ses attraits ma raison endurcie
Ferait de Domitie encor la sûreté,
Mais mon cœur aurait peu de cette dureté.
N'aurais-tu point appris qu'elle fût infidèle,
Qu'elle écoutât les rois qui soupirent pour elle?
Dis-moi que Polémon règne dans son esprit,
J'en aurai du chagrin, j'en aurai du dépit,
D'une vive douleur j'en aurai l'âme atteinte;
Mais j'épouserai l'autre avec moins de contrainte :
Car enfin elle est belle, et digne de ma foi;
Elle aurait tout mon cœur, s'il était tout à moi.
La noblesse du sang, la grandeur de courage,
Font avec son mérite un illustre assemblage :
C'est le choix de mon père, et je connais trop bien
Qu'à choisir en César ce doit être le mien.
Mais tout mon cœur renonce à lui faire justice
Dès que mon souvenir lui rend sa Bérénice.

FLAVIAN.
Si de tels souvenirs vous sont encor si doux,
L'hyménée a, seigneur, peu de charmes pour vous.

TITE.
Si de tels souvenirs ne me faisaient la guerre,
Serait-il potentat plus heureux sur la terre?
Mon nom par la victoire est si bien affermi,
Qu'on me croit dans la paix un lion endormi :
Mon réveil incertain du monde fait l'étude;
Mon repos en tous lieux jette l'inquiétude :
Et tandis qu'en ma cour les aimables loisirs
Ménagent l'heureux choix des jeux et des plaisirs,
Pour envoyer l'effroi sous l'un et l'autre pôle
Je n'ai qu'à faire un pas et hausser la parole.
Que de félicités, si mes vœux imprudents
N'étaient de mon pouvoir les seuls indépendants!
Maître de l'univers sans l'être de moi-même,
Je suis le seul rebelle à ce pouvoir suprême;
D'un feu que je combats je me laisse charmer,
Et n'aime qu'à regret ce que je veux aimer.
En vain de mon hymen Rome presse la pompe :
J'y veux de la lenteur, j'aime qu'on l'interrompe,
Et n'ose résister aux dangereux souhaits
De préparer toujours et n'achever jamais.

FLAVIAN.
Si ce dégoût, seigneur, va jusqu'à la rupture,
Domitie aura peine à souffrir cette injure :
Ce jeune esprit, qu'entête et le sang de Néron
Et le choix qu'en Syrie on fit de Corbulon,
S'attribue à l'empire un droit imaginaire,
Et s'en fait, comme vous, un rang héréditaire.
Si de votre parole un manque surprenant
La jette entre les bras d'un homme entreprenant,
S'il l'unit à quelque âme assez fière et hautaine
Pour servir son orgueil et seconder sa haine,
Un vif ressentiment lui fera tout oser;
En un mot, il vous faut la perdre, ou l'épouser.

TITE.

J'en sais la politique, et cette loi cruelle
A presque fait l'amour qu'il m'a fallu pour elle.
Réduit au triste choix dont tu viens de parler,
J'aime mieux, Flavian, l'aimer que l'immoler,
Et ne puis démentir cette horreur magnanime
Qu'en recevant le jour je conçus pour le crime.
Moi, qui seul des Césars me vois en ce haut rang
Sans qu'il en coûte à Rome une goutte de sang,
Moi, que du genre humain on nomme les délices,
Moi, qui ne puis souffrir les plus justes supplices,
Pourrais-je autoriser une injuste rigueur
A perdre une héroïne à qui je dois mon cœur?
Non : malgré les attraits de sa belle rivale,
Malgré les vœux flottants de mon âme inégale,
Je veux l'aimer, je l'aime ; et sa seule beauté
Pouvait me consoler de ce que j'ai quitté.
Elle seule en ses yeux porte de quoi contraindre
Mes feux à s'assoupir, s'ils ne peuvent s'éteindre,
De quoi flatter mon âme, et forcer mes douleurs
A souhaiter du moins de n'aimer plus ailleurs.
Mais je ne vois pas bien que j'en sois encor maître ;
Dès que ma flamme expire, un mot la fait renaître,
Et mon cœur malgré moi rappelle un souvenir
Que je n'ose écouter et ne saurais bannir.
Ma raison s'en veut faire en vain un sacrifice ;
Tout me ramène ici, tout m'offre Bérénice :
Et même je ne sais par quel pressentiment
Je n'ai souffert personne en son appartement ;
Mais depuis cet adieu, si cruel et si tendre,
Il est demeuré vide, et semble encor l'attendre.
Va, fais porter mon ordre à ses ambassadeurs :
C'est trop entretenir d'inutiles ardeurs ;
Il est temps de chercher qui m'en puisse distraire,
Et le ciel à propos envoie ici mon frère.

FLAVIAN.

Irez-vous au sénat?

TITE.

Non ; il peut s'assembler
Sur ce déluge ardent qui nous a fait trembler,
Et pourvoir sous mon ordre aux affreuses ruines
Dont ses feux ont couvert les campagnes voisines.

SCÈNE II

TITE, DOMITIAN, ALBIN.

DOMITIAN.

Puis-je parler, seigneur, et de votre amitié
Espérer une grâce à force de pitié?
Je me suis jusqu'ici fait trop de violence
Pour augmenter encor mes maux par mon silence.
Ce que je vais vous dire est digne du trépas ;
Mais aussi j'en mourrai si je ne le dis pas.
Apprenez donc mon crime, et voyez s'il faut faire
Justice d'un coupable, ou grâce aux vœux d'un frère.
J'ai vu ce que j'aimais choisi pour être à vous,
Et je l'ai vu longtemps sans en être jaloux.
Vous n'aimiez Domitie alors que par contrainte ;
Vous vous faisiez effort, j'imitais votre feinte ;
Et comme aux lois d'un père il fallait obéir,
Je feignais d'oublier, vous de ne point haïr.
Le ciel, qui dans vos mains met sa toute-puissance,
Ne met-il point de borne à cette obéissance?
La faut-il à son ombre, et que ce même effort
Vous déchire encor l'âme et me donne la mort?

TITE.

Souffrez sur cet effort que je vous désabuse.
Il fut grand, et de ceux que tout le cœur refuse :
Pour en sauver le mien, je fis ce que je pus ;
Mais ce qui fut effort à présent ne l'est plus.
Sachez-en la raison. Sous l'empire d'un père
Je murmurai toujours d'un ordre si sévère,
Et cherchai les moyens de tirer en longueur
Cet hymen qui vous gêne et m'arrachait le cœur.
Son trépas a changé toutes choses de face :
J'ai pris ses sentiments lorsque j'ai pris sa place ;
Je m'impose à mon tour les lois qu'il m'imposait,
Et me dis après lui tout ce qu'il me disait.
J'ai des yeux d'empereur, et n'ai plus ceux de Tite ;
Je vois en Domitie un tout autre mérite,
J'écoute la raison, j'en goûte les conseils,
Et j'aime comme il faut qu'aiment tous mes pareils.
Si dans les premiers jours que vous m'avez vu maître
Votre feu mal éteint avait voulu paraître,
J'aurais pu me combattre et me vaincre pour vous :
Mais si près d'un hymen si souhaité de tous,
Quand Domitie a droit de s'en croire assurée,
Que le jour en est pris, la fête préparée,
Je l'aime, et lui dois trop pour jeter sur son front
L'éternelle rougeur d'un si mortel affront.
Rome entière et ma foi l'appellent à l'empire :
Voyez mieux de quel œil on m'en verrait dédire,
Ce qu'ose se permettre une femme en fureur,
Et combien Rome entière aurait pour moi d'horreur.

DOMITIAN.

Elle n'en aurait point de vous voir pour un frère
Faire autant que pour elle il vous a plu de faire.
Seigneur, à vos bontés laissez un libre cours ;
Qui se vainc une fois peut se vaincre toujours ;
Ce n'est pas un effort que votre âme redoute.

TITE.

Qui se vainc une fois sait bien ce qu'il en coûte ;
L'effort est assez grand pour en craindre un second.

DOMITIAN.

Ah! si votre grande âme à peine s'en répond,
La mienne, qui n'est pas d'une trempe si belle,
Réduite au même effort, seigneur, que fera-t-elle?

TITE.

Ce que je fais, mon frère ; aimez ailleurs.

DOMITIAN.

Hélas!
Ce qui vous fut aisé, seigneur, ne me l'est pas.
Quand vous avez changé, voyiez-vous Bérénice?
De votre changement son départ fut complice ;
Vous l'aviez éloignée, et j'ai devant les yeux,
Je vois presque en vos bras ce que j'aime le mieux.

Jugez de ma douleur par l'excès de la vôtre.
Si vous voyiez la reine entre les bras d'un autre,
Contre un rival heureux épargneriez-vous rien,
A moins que d'un respect aussi grand que le mien?
TITE.
Vengez-vous, j'y consens; que rien ne vous retienne.
Je prends votre maîtresse; allez, prenez la mienne.
Épousez Bérénice, et...
DOMITIAN.
Vous n'achevez point,
Seigneur : me pourriez-vous aimer jusqu'à ce point?
TITE.
Oui, si je ne craignais pour vous l'injuste haine
Que Rome concevrait pour l'époux d'une reine.
DOMITIAN.
Dites, dites, seigneur, qu'il est bien malaisé
De céder ce qu'adore un cœur bien embrasé :
Ne vous contraignez plus, ne gênez plus votre âme,
Satisfaites en maître une si belle flamme :
Quand vous aurez su dire une fois : Je le veux,
D'un seul mot prononcé vous ferez quatre heureux.
Bérénice est toujours digne de votre couche ;
Et Domitie enfin vous parle par ma bouche :
Car, je ne saurais plus vous le taire ; oui, seigneur,
Vous en voulez la main, et j'en ai tout le cœur :
Elle m'en fit le don dès la première vue,
Et ce don fut l'effet d'une force imprévue,
De cet ordre du ciel qui verse en nos esprits
Les principes secrets de prendre et d'être pris.
Je vous dirais, seigneur, quelle en est la puissance,
Si vous ne le saviez par votre expérience.
Ne rompez pas des nœuds et si forts et si doux :
Rien ne les peut briser que le trépas, ou vous :
Et c'est un triste honneur pour une si grande âme,
Que d'accabler un frère et contraindre une femme.
TITE.
Je ne contrains personne ; et de sa propre voix
Nous allons, vous et moi, savoir quel est son choix.

SCÈNE III

TITE, DOMITIAN, DOMITIE, ALBIN, PLAUTINE.

TITE.

Parlez, parlez, madame, et daignez nous apprendre
Où porte votre cœur, ce qu'il sent de plus tendre,
Qui le possède entier de mon frère ou de moi?

DOMITIE.

En doutez-vous, seigneur, quand vous avez ma foi?
TITE. [doute :
J'aime à n'en point douter, mais on veut que j'en
On dit que cette foi ne vous donne pas toute,
Que ce cœur reste ailleurs. Parlez en liberté,
Et n'en consultez point cette noble fierté,
Ce digne orgueil du sang que mon rang sollicite ;
De tout ce que je suis ne regardez que Tite ;
Et pour mieux écouter vos désirs les plus doux,
Entre le prince et moi ne regardez que vous.

DOMITIE.
Qu'avez-vous dit de moi, prince?
DOMITIAN.
Que dans votre âme,
Vous laissez vivre encor notre première flamme ;
Et qu'en faveur du rang, si vous m'osez trahir,
Ce n'est pas tant aimer, madame, qu'obéir.
C'est en dire un peu plus que vous n'aviez envi
Mais il y va de vous, il y va de ma vie ;
Et qui se voit si près de perdre tout son bien,
Se fait armes de tout, et ne ménage rien.
DOMITIE.
Je ne sais de vous deux, seigneur, à ne rien fein
Duquel je dois le plus me louer ou me plaindre.
C'est aimer assez mal, que remettre tous deux
Au choix de mes désirs le succès de vos vœux ;
Et cette liberté, par tous les deux offerte,
Montre que tous les deux peuvent souffrir ma perte,
Et que tout leur amour est prêt à consentir
Que mon cœur ou ma foi veuillent se démentir.
Je me plains de tous deux, et vous plains l'un et l'autre,
Si pour voir tout ce cœur vous m'ouvrez tout le vôtre.
Le prince n'agit pas en amant fort discret ;
S'il ne m'impose rien, il trahit mon secret :
Tout ce qu'il vous en dit m'offense ou vous abuse.
Mais ce que fait l'amour, l'amour aussi l'excuse.
(à Tite.)
Vous, seigneur, je croyais que vous m'aimiez assez
Pour m'épargner le trouble où vous m'embarrassez,
Et laisser pour couleur à mon peu de constance
La gloire d'obéir à la toute-puissance :
Vous m'ôtez cette excuse, et me voulez charger
De ce qu'a d'odieux la honte de changer.
Si le prince en mon cœur garde encor même place,
C'est manquer de respect que vous le dire en face ;
Et si mon choix pour vous n'est point violenté,
C'est trop d'ambition et d'infidélité.
Ainsi des deux côtés tout sert à me confondre.
J'ai cent choses à dire, et rien à vous répondre ;
Et ne voulant déplaire à pas un de vous deux,
Je veux, ainsi que vous, douter où vont mes vœux.
Ce qui le plus m'étonne en cette déférence
Qui veut du cœur entier une entière assurance,
C'est que dans ce haut rang vous ne vouliez pas voir
Qu'il n'importe du cœur quand on sait son devoir,
Et que de vos pareils les hautes destinées
Ne le consultent point sur ces grands hyménées.
TITE.
Si le vôtre, madame, était de moindre prix...
Mais que veut Flavian?

SCÈNE IV

TITE, DOMITIAN, DOMITIE, PLAUTINE,
FLAVIAN, ALBIN.

FLAVIAN.

Vous en serez surpris,

Seigneur, je vous apporte une grande nouvelle :
La reine Bérénice...
TITE.
Eh bien! est infidèle?
Et son esprit, charmé par un plus doux souci...
FLAVIAN.
Elle est dans ce palais, seigneur; et la voici.

SCÈNE V

TITE, DOMITIAN, BÉRÉNICE, DOMITIE, FLAVIAN, ALBIN, PHILON, PLAUTINE.

TITE.
O dieux! est-ce, madame, aux reines de surprendre?
Quel accueil, quels honneurs peuvent-elles attendre,
Quand leur surprise envie au souverain pouvoir
Celui de donner ordre à les bien recevoir?
BÉRÉNICE.
Pardonnez-le, seigneur, à mon impatience.
J'ai fait sous d'autres noms demander audience :
Vous la donniez trop tard à mes ambassadeurs;
Je n'ai pu tant attendre à voir tant de grandeurs ;
Et, quoique par vous-même autrefois exilée,
Sans ordre et sans aveu je me suis rappelée,
Pour être la première à mettre à vos genoux
Le sceptre qu'à présent je ne tiens que de vous,
Et prendre sur les rois cet illustre avantage
De leur donner l'exemple à vous en faire hommage.
Je ne vous dirai point avec quelles langueurs
D'un si cruel exil j'ai souffert les longueurs :
Vous savez trop...
TITE.
Je sais votre zèle, et l'admire,
Madame; et pour me voir possesseur de l'empire,
Pour me rendre vos soins, je ne méritais pas
Que rien vous pût résoudre à quitter vos États,
Qu'une si grande reine en formât la pensée.
Un voyage si long vous doit avoir lassée.
Conduisez-la, mon frère, en son appartement.
(à Flavian et à Albin.)
Vous, faites-l'y servir aussi pompeusement,
Avec le même éclat qu'elle s'y vit servie
Alors qu'elle faisait le bonheur de ma vie.

SCÈNE VI

TITE, DOMITIE, PLAUTINE, PHILON.

DOMITIE.
Seigneur, faut-il ici vous rendre votre foi?
Ne regardez que vous entre la reine et moi; [dre
Parlez sans vous contraindre, et me daignez appren-
Où porte votre cœur ce qu'il sent de plus tendre.
TITE.
Adieu, madame, adieu. Dans le trouble où je suis,
Me taire et vous quitter, c'est tout ce que je puis.

SCÈNE VII

DOMITIE, PLAUTINE.

DOMITIE.
Se taire et me quitter! Après cette retraite,
Crois-tu qu'un tel arrêt ait besoin d'interprète?
PLAUTINE.
Oui, madame; et ce n'est que dérober au jour,
Que vous cacher le trouble où le met ce retour.
DOMITIE.
Non, non. Tu l'as voulu, Plautine, que je vinsse
Désavouer ici les vanités du prince,
Empêcher qu'un amant dont je n'ai pas le cœur
Ne cédât ma conquête à mon premier vainqueur :
Vois la honte qu'ainsi je me suis attirée.
Quand sa reine a paru, m'a-t-il considérée?
A-t-il jeté les yeux sur moi qu'en me quittant?
PLAUTINE.
Pensez-vous que sa reine ait l'esprit plus content?
Avant que vous quitter, lui-même il l'a bannie.
DOMITIE.
Oui, mais avec respect, avec cérémonie,
Avec des yeux enfin qui, l'éloignant des miens,
Lui promettaient assez de plus doux entretiens.
Tu me diras encor que la chose est égale,
Que, s'il m'ose quitter, il chasse ma rivale.
Mais, pour peu qu'il m'aimât, du moins il m'aurait
Que je garde en son âme encor même crédit; [dit
Il m'en aurait donné des sûretés nouvelles,
Il m'en aurait laissé quelques marques fidèles :
S'il me voulait cacher le trouble où je le vois,
La plus mauvaise excuse était bonne pour moi.
Mais, pour toute réponse, il se tait, et me quitte :
Et tu ne peux souffrir que mon cœur s'en irrite!
Tu veux, lorsque lui-même ose se déclarer,
Que je me flatte encore assez pour espérer
C'est avec le perfide être d'intelligence.
Sans me flatter en vain, courons à la vengeance;
Faisons voir ce qu'en moi peut le sang de Néron,
Et que je suis de plus fille de Corbulon.
PLAUTINE.
Vous l'êtes; mais enfin c'est n'être qu'une fille
Que le reste impuissant d'une illustre famille.
Contre un tel empereur où prendrez-vous des bras?
DOMITIE.
Contre un tel empereur nous n'en manquerons pas.
S'il épouse sa reine, il est l'horreur de Rome.
Trouvons alors, trouvons un grand cœur, un grand
[homme,
Un Romain qui réponde au sang de mes aïeux;
Et, pour le révolter, laisse faire à mes yeux.
Juge par le pouvoir de ceux de Bérénice
Si les miens auront peine à s'en faire justice.
Si ceux-là forcent Tite à me manquer de foi,
Ceux-ci feront briser le joug d'un nouveau roi;
Et, si de l'univers les siens charment le maître,
Les miens charmeront ceux qui méritent de l'être.

Dis-le-moi, tu l'as vue, ai-je peu de raison
Quand de mes yeux aux siens je fais comparaison?
Est-elle plus charmante, ai-je moins de mérite?
Suis-je moins digne qu'elle enfin du cœur de Tite?
PLAUTINE.
Madame...
DOMITIE.
　　　　　Je m'emporte, et mes sens interdits
Impriment leur désordre en tout ce que je dis.
Comment saurai-je aussi ce que je te dois dire,
Si je ne sais pas même à quoi mon âme aspire.
Mon aveugle fureur s'égare à tous propos.
Allons penser à tout avec plus de repos.
PLAUTINE.
Vous pourriez hasarder un moment de visite
Pour voir si ce retour est sans l'aveu de Tite,
Ou si c'est de concert qu'il a fait le surpris.
DOMITIE.
Oui; mais auparavant remettons nos esprits

ACTE TROISIÈME

SCÈNE I

DOMITIAN, BÉRÉNICE, PHILON.

DOMITIAN.
Je vous l'ai dit, madame, et j'aime à le redire,
Qu'il est beau qu'à vous plaire un empereur aspire,
Qu'il lui doit être doux qu'un véritable feu
Par de justes soupirs mérite votre vœu.
Serait-ce un crime à moi, serait-ce vous déplaire,
Après un empereur, de vous offrir son frère?
Et voudriez-vous croire, en faveur de ma foi,
Qu'un frère d'empereur pourrait valoir un roi?
BÉRÉNICE.
Si votre âme, seigneur, en veut être éclaircie,
Vous pouvez le savoir de votre Domitie.
De tous les deux aimée, et douce à tous les deux,
Elle sait mieux que moi comme on change de vœux,
Et sait peut-être mal la route qu'il faut prendre
Pour trouver le secret de les faire descendre,
Quelque facilité qu'elle ait eue à trouver,
Malgré sa flamme et vous, l'art de les élever.
Pour moi, qui n'eus jamais l'honneur d'être Romaine,
Et qu'un destin jaloux n'a fait naître que reine,
Sans qu'un de vous descende au rang que je remplis,
Ce me doit être assez d'un de vos affranchis;
Et, si votre empereur suit les traces des autres,
Il suffit d'un tel sort pour relever les nôtres.
Mais changeons de discours, et me dites, seigneur,
Par quel ordre aujourd'hui vous m'offrez votre cœur.
Est-ce pour obliger ou Domitie ou Tite?
N'ose-t-il me quitter à moins que je le quitte?

Et peut-il à son rang si peu se confier,
Qu'il veuille mon exemple à se justifier?
Me donne-t-il à vous alors qu'il m'abandonne?
DOMITIAN.
Il vous respecte trop; c'est à vous qu'il me donne,
Et me fait la justice, en m'enlevant mon bien,
De vouloir que je tâche à m'enrichir du sien :
Mais à peine il le veut, qu'il craint pour moi la haine
Que Rome concevrait pour l'époux d'une reine.
C'est à vous de juger d'où part ce sentiment.
En vain, par politique, il fait ailleurs l'amant;
Il s'y réduit en vain par grandeur de courage :
A ces fausses clartés opposez quelque ombrage;
Et je renonce au jour, s'il ne revient à vous,
Pour peu que vous penchiez à le rendre jaloux.
BÉRÉNICE.
Peut-être. Mais, seigneur, croyez-vous Bérénice
D'un cœur à s'abaisser jusqu'à cet artifice,
Jusques à mendier lâchement le retour
De ce qu'un grand service a mérité d'amour?
DOMITIAN.
Madame, sur ce point je n'ai rien à vous dire.
Vous savez ce que vaut l'empereur et l'empire;
Et, si vous consentez qu'on vous manque de foi,
Vous pouvez remarquer si je vaux bien un roi.
J'aperçois Domitie, et lui cède la place

SCÈNE II

DOMITIE, BÉRÉNICE, DOMITIAN, PHILON.

DOMITIE.
Je vais me retirer, seigneur, si je vous chasse:
Et j'ai des intérêts que vous servez trop bien
Pour arrêter le cours d'un si long entretien.
DOMITIAN.
Je faisais à la reine une offre de service
Qui peut vous assurer le rang d'impératrice,
Madame; et, si j'en suis accepté pour époux,
Tite n'aura plus d'yeux pour d'autres que pour vous.
Est-ce vous mal servir?
DOMITIE.
　　　　　Quoi! madame, il vous aime?
BÉRÉNICE.
Non; mais il me le dit, madame.
DOMITIE.
　　　　　Lui?
BÉRÉNICE.
　　　　　　　Lui-même.
Est-ce vous offenser que m'offrir vos refus?
Et vous doit-il un cœur dont vous ne voulez plus?
DOMITIE.
Je ne sais si je puis vous dire s'il m'offense,
Quand vous vous préparez à prendre sa défense.
BÉRÉNICE.
Et moi je ne sais pas s'il a droit de changer,
Mais je sais que l'amour ne peut désobliger.
DOMITIE.
Du moins ce nouveau feu rend justice au mérite.

TITE ET BÉRÉNICE, ACTE III, SCÈNE III.

DOMITIAN.
Vous m'avez commandé de quitter qui me quitte,
Vous le savez, madame; et, si c'est vous trahir,
Vous m'avoûrez aussi que c'est vous obéir.

DOMITIE.
S'il échappe à l'amour un mot qui le trahisse,
A l'effort qu'il se fait veut-il qu'on obéisse?
Il cherche une révolte, et s'en laisse charmer.
Vous le sauriez, ingrat, si vous saviez aimer,
Et ne vous feriez pas l'indigne violence
De vous offrir ailleurs, et même en ma présence.

DOMITIAN, à *Bérénice*.
Madame, vous voyez ce que je vous ai dit;
La preuve est convaincante, et l'exemple suffit.

BÉRÉNICE.
Il suffit pour vous croire, et non pas pour le suivre.

DOMITIE.
Allez, sous quelques lois qu'il vous plaise de vivre,
Vivez-y, j'y consens; mais vous pouviez, seigneur,
Vous hâter un peu moins de m'ôter votre cœur,
Attendre que l'honneur de ce grand hyménée
Vous renvoyât la foi que vous m'avez donnée.
Si vous vouliez passer pour véritable amant,
Il fallait espérer jusqu'au dernier moment;
Il vous fallait...

DOMITIAN.
Eh bien! puisqu'il faut que j'espère,
Madame, faites grâce à l'empereur mon frère,
A la reine, à vous-même enfin, si vous m'aimez
Autant qu'il le paraît à vos yeux alarmés.
Les scrupules d'État, qu'il fallait mieux combattre,
Assez et trop longtemps nous ont gêné tous quatre :
Réunissez des cœurs de qui rompt l'union
Cette chimère en Tite, en vous l'ambition.
Vous trouverez au mien encor les mêmes flammes
Qui, dès que je vous vis, charmèrent nos deux âmes.
Dès ce premier moment j'adorai vos appas;
Dès ce premier moment je ne vous déplus pas.
Ai-je épargné depuis aucuns soins pour vous plaire?
Est-ce un crime pour moi que l'aînesse d'un frère?
Et faut-il m'accabler d'un éternel ennui
Pour avoir vu le jour deux lustres après lui?
Comme si de mon choix il dépendait de naître
Dans le temps qu'il fallait pour devenir son maître.

(à *Bérénice*.)
Au nom de votre amour et de ce digne amant,
Madame, qui vous aime encor si chèrement,
Prenez quelque pitié d'un amant déplorable;
Faites-la partager à cet inexorable;
Dissipez la fierté d'une injuste rigueur.
Pour juge entre elle et moi je ne veux que son cœur.
Je vous laisse avec elle arbitre de ma vie.

(à *Domitie*.)
Adieu, madame : adieu, trop aimable ennemie.

SCÈNE III

BÉRÉNICE, DOMITIE, PHILON.

BÉRÉNICE.
Les intérêts du prince avancent trop le mien
Pour vous oser, madame, importuner de rien ;
Et l'incivilité de la moindre prière
Semblerait vous presser de me rendre son frère.
Tout ce qu'en sa faveur je crois m'être permis,
Après qu'à votre cœur lui-même il s'est remis,
C'est de vous faire voir ce que hasarde une âme
Qui sacrifie au rang les douceurs de sa flamme,
Et quel long repentir suit ces nobles ardeurs
Qui soumettent l'amour à l'éclat des grandeurs.

DOMITIE.
Quand les choses, madame, auront changé de face,
Je reviendrai savoir ce qu'il faut que je fasse,
Et demander votre ordre avec empressement
Sur le choix ou du prince ou de quelque autre amant.
Agréez cependant un respect qui m'amène
Vous rendre mes devoirs comme à ma souveraine;
Car je n'ose douter que déjà l'empereur
Ne vous ait redonné bonne part en son cœur.
Vous avez sur vos rois pris ce digne avantage
D'être ici la première à rendre un juste hommage;
Et, pour vous imiter, je veux avoir le bien
D'être aussi la première à vous offrir le mien.
Cet exemple qu'aux rois vous donnez pour un hom-
J'aime pour une reine à le donner à Rome, [me;
Et plus il est nouveau, plus j'ai lieu d'espérer
Que de quelques bontés vous voudrez m'honorer.

BÉRÉNICE.
A vous dire le vrai, sa nouveauté m'étonne :
J'aurais eu quelque peine à vous croire si bonne ;
Et je recevrais l'offre avec confusion
Si je n'y soupçonnais un peu d'illusion.
Quoi qu'il en soit, madame, en cette incertitude
Qui nous met l'une et l'autre en quelque inquiétude,
Ce que je puis répondre à vos civilités,
C'est de vous demander pour moi mêmes bontés,
Et que celle des deux qui sera satisfaite
Traite l'autre de l'air qu'elle veut qu'on la traite.
J'ai vu Tite se rendre au peu que j'ai d'appas;
Je ne l'espère plus, et n'y renonce pas.
Il peut se souvenir, dans ce grade sublime,
Qu'il soumit votre Rome en détruisant Solyme,
Qu'en ce siége pour lui je hasardai mon rang,
Prodiguai mes trésors, et mes peuples leur sang,
Et que, s'il me fait part de sa toute-puissance,
Ce sera moins un don qu'une reconnaissance.

DOMITIE.
Ce sont là de grands droits ; et, si l'amour s'y joint,
Je dois craindre une chute à n'en relever point.
Tite y peut ajouter que je n'ai point la gloire
D'avoir sur ma patrie étendu sa victoire,
De l'avoir saccagée et détruite à l'envi,
Et renversé l'autel du dieu que j'ai servi :

C'est par là qu'il vous doit cette haute fortune.
Mais je commence à voir que je vous importune.
Adieu. Quelque autre fois nous suivrons ce discours.

BÉRÉNICE.

Je suis venue ici trop tôt de quatre jours ;
J'en suis au désespoir, et vous en fais excuse.

DOMITIE.

Dans quatre jours, madame, on verra qui s'abuse.

SCÈNE IV

BÉRÉNICE, PHILON.

BÉRÉNICE.

Quel caprice, Philon, l'amène jusqu'ici
M'expliquer elle-même un si cuisant souci ?
Tite après mon départ l'aurait-il maltraitée ?

PHILON.

Après votre départ il l'a soudain quittée,
Madame, et s'est défait de cet esprit jaloux
Avec un compliment encor plus court qu'à vous.

BÉRÉNICE.

Ainsi tout est égal ; s'il me chasse, il la quitte.
Mais ce peu qu'il m'a dit ne peut qu'il ne m'irrite :
Il marque trop pour moi son infidélité.
Vois de ces derniers mots quelle est la dureté :
« Qu'on la serve, a-t-il dit, comme elle fut servie
« Alors qu'elle faisait le bonheur de ma vie. »
Je ne le fais donc plus ! Voilà ce que j'ai craint.
Il fait en liberté ce qu'il faisait contraint.
Cet ordre de sortir, si prompt et si sévère,
N'a plus pour s'excuser l'autorité d'un père ;
Il est libre, il est maître, il veut tout ce qu'il fait.

PHILON.

Du peu qu'il vous a dit j'attends un autre effet.
Le trouble de vous voir auprès d'une rivale
Voulait pour se remettre un moment d'intervalle ;
Et quand il a rompu sitôt vos entretiens,
Je lisais dans ses yeux qu'il évitait les siens,
Qu'il fuyait l'embarras d'une telle présence.
Mais il vient à son tour prendre son audience,
Madame ; et vous voyez si j'en sais bien juger.
Songez de quelle sorte il faut le ménager.

SCÈNE V

TITE, BÉRÉNICE, FLAVIAN, PHILON.

BÉRÉNICE.

Me cherchez-vous, seigneur, après m'avoir chassée ?

TITE.

Vous avez su mieux lire au fond de ma pensée,
Madame ; et votre cœur connaît assez le mien
Pour me justifier sans que j'explique rien.

BÉRÉNICE.

Mais justifira-t-il le don qu'il vous plaît faire
De ma propre personne au prince votre frère ?
Et n'est-ce point assez de me manquer de foi,
Sans prendre encor le droit de disposer de moi ?
Pouvez-vous jusque-là me bannir de votre âme ?
Le pouvez-vous, seigneur ?

TITE.

Le croyez-vous, madame ?

BÉRÉNICE.

Hélas ! que j'ai de peur de vous dire que non !
J'ai voulu vous haïr dès que j'ai su ce don :
Mais à de tels courroux l'âme en vain se confie ;
A peine je vous vois que je vous justifie.
Vous me manquez de foi, vous me donnez, chassez.
Que de crimes ! Un mot les a tous effacés.
Faut-il, seigneur, faut-il que je ne vous accuse
Que pour dire aussitôt que c'est moi qui m'abuse,
Que pour me voir forcée à répondre pour vous ?
Épargnez cette honte à mon dépit jaloux ;
Sauvez-moi du désordre où ma bonté m'expose,
Et du moins par pitié dites-moi quelque chose ;
Accusez-moi plutôt, seigneur, à votre tour,
Et m'imputez pour crime un trop parfait amour.
Vos chimères d'État, vos indignes scrupules,
Ne pourront-ils jamais passer pour ridicules ?
En souffrez-vous encor la tyrannique loi ?
Ont-ils encor sur vous plus de pouvoir que moi ?
Du bonheur de vous voir j'ai l'âme si ravie,
Que, pour peu qu'il durât, j'oublirais Domitie.
Pourrez-vous l'épouser dans quatre jours ? O cieux !
Dans quatre jours ! seigneur, y voudriez-vous mes
Vous plairez-vous à voir qu'en triomphe menée [yeux ?
Je serve de victime à ce grand hyménée ;
Que, traînée avec pompe aux marches de l'autel,
J'aille de votre main attendre un coup mortel ?
M'y verrez-vous mourir sans verser une larme ?
Vous y préparez-vous sans trouble et sans alarme ?
Et si vous concevez l'excès de ma douleur,
N'en rejaillit-il rien jusque dans votre cœur ?

TITE.

Hélas ! madame, hélas ! pourquoi vous ai-je vue !
Et dans quel contre-temps êtes-vous revenue !
Ce qu'on fit d'injustice à de si chers appas
M'avait assez coûté pour ne l'envier pas. [grâce ;
Votre absence et le temps m'avaient fait quelque
J'en craignais un peu moins les malheurs où je passe ;
Je souffrais Domitie, et d'assidus efforts
M'avaient, malgré l'amour, fait maître du dehors.
La contrainte semblait tourner en habitude ;
Le joug que je prenais m'en paraissait moins rude ;
Et j'allais être heureux, du moins aux yeux de tous,
Autant qu'on le peut être en n'étant point à vous.
J'allais...

BÉRÉNICE.

N'achevez point, c'est là ce qui me tue.
Et je pourrais souffrir votre hymen à ma vue,
Si vous aviez choisi quelque objet sans éclat,
Qui ne pût être à vous que par raison d'État,
Qui de ses grands aïeux n'eût reçu rien d'aimable,
Qui n'en eût que le nom qui fût considérable.
« Il s'est assez puni de son manque de foi,
« Me dirais-je, et son cœur n'en est pas moins à moi. »

Mais Domitie est belle, elle a tout l'avantage
Qu'ajoute un vrai mérite à l'éclat du visage;
Et, pour vous épargner les discours superflus,
Elle est digne de vous, si vous ne m'aimez plus.
Elle a toujours charmé le prince votre frère,
Elle a gagné sur vous de ne vous plus déplaire :
L'hymen achèvera de me faire oublier;
Elle aura votre cœur, et l'aura tout entier.
Seigneur, faites-moi grâce; épousez Sulpitie,
Ou Camille, ou Sabine, et non pas Domitie;
Choisissez-en quelqu'une enfin dont le bonheur
Ne m'ôte que la main, et me laisse le cœur.

TITE.

Domitie aisément souffrirait ce partage;
Ma main satisferait l'orgueil de son courage :
Et pour le cœur, à peine il vous sait en ces lieux,
Qu'il revient tout entier faire hommage à vos yeux.

BÉRÉNICE.

N'importe; ayez pitié, seigneur, de ma faiblesse.
Vous avez un cœur fait à changer de maîtresse :
Vous ne savez que trop l'art de manquer de foi;
Ne l'exercerez-vous jamais que contre moi?

TITE.

Domitie est le choix de Rome et de mon père :
Ils crurent à propos de l'ôter à mon frère,
De crainte que ce cœur jeune et présomptueux
Ne rendit téméraire un prince impétueux.
Si pour vous obéir je lui suis infidèle,
Rome, qui l'a choisie, y consentira-t-elle?

BÉRÉNICE.

Quoi! Rome ne veut pas quand vous avez voulu?
Que faites-vous, seigneur, du pouvoir absolu?
N'êtes-vous dans ce trône, où tant de monde aspire,
Que pour assujettir l'empereur à l'empire?
Sur ses plus hauts degrés Rome vous fait la loi!
Elle affermit ou rompt le don de votre foi!
Ah! si j'en puis juger sur ce qu'on voit paraître,
Vous en êtes l'esclave encor plus que le maître.

TITE.

Tel est le triste sort de ce rang souverain,
Qui ne dispense pas d'avoir un cœur romain;
Ou plutôt des Romains tel est le dur caprice
A suivre obstinément une aveugle injustice,
Qui, rejetant d'un roi le nom plus que les lois,
Accepte un empereur plus puissant que cent rois.
C'est ce nom seul qui donne à leurs farouches haines
Cette invincible horreur qui passe jusqu'aux reines,
Jusques à leurs époux; et vos yeux adorés
Verraient de notre hymen naître cent conjurés.
Encor s'il n'y fallait hasarder que ma vie;
Si ma perte aussitôt de la vôtre suivie...

BÉRÉNICE.

Non, seigneur, ce n'est pas aux reines comme moi
A hasarder leurs jours pour signaler leur foi.
La plus illustre ardeur de périr l'un pour l'autre
N'a rien de glorieux pour mon rang et le vôtre :
L'amour de nos pareils la traite de fureur;
Et ces vertus d'amant ne sont pas d'empereur.

Mes secours en Judée achevèrent l'ouvrage
Qu'avait des légions ébauché le suffrage :
Il m'est trop précieux pour le mettre au hasard;
Et j'y pouvais, seigneur, mériter quelque part,
N'était qu'affermissant votre heureuse fortune
Je n'ai fait qu'empêcher qu'elle nous fût commune.
Si j'eusse eu moins pour elle ou de zèle ou de foi,
Vous seriez moins puissant, mais vous seriez à moi;
Vous n'auriez que le nom de général d'armée,
Mais j'aurais pour époux l'amant qui m'a charmée;
Et je posséderais dans ma cour, en repos,
Au lieu d'un empereur le plus grand des héros.

TITE.

Eh bien! madame, il faut renoncer à ce titre
Qui de toute la terre en vain me fait l'arbitre.
Allons dans vos États m'en donner un plus doux;
Ma gloire la plus haute est celle d'être à vous.
Allons où je n'aurai que vous pour souveraine,
Où vos bras amoureux seront ma seule chaîne,
Où l'hymen en triomphe à jamais l'étreindra;
Et soit de Rome esclave et maître qui voudra.

BÉRÉNICE.

Il n'est plus temps : ce nom, si sujet à l'envie,
Ne se quitte jamais, seigneur, qu'avec la vie;
Et des nouveaux Césars la tremblante fierté
N'ose faire de grâce à ceux qui l'ont porté :
Qui l'a pris une fois est toujours punissable.
Ce fut par là qu'Othon se traita de coupable,
Par là Vitellius mérita le trépas;
Et vous n'auriez partout qu'assassins sur vos pas.

TITE.

Que faire donc, madame?

BÉRÉNICE.

Assurer votre vie;
Et s'il y faut enfin la main de Domitie..
Mais adieu. Sur ce point si vous pouvez douter,
Ce n'est pas moi, seigneur, qu'il en faut consulter.

TITE, à Bérénice qui se retire.

Non, madame; et dût-il m'en coûter trône et vie,
Vous ne me verrez point épouser Domitie.
Ciel, si vous ne voulez qu'elle règne en ces lieux,
Que vous m'êtes cruel de la rendre à mes yeux!

ACTE QUATRIÈME

SCÈNE I

BÉRÉNICE, PHILON.

BÉRÉNICE.

Avez-vous su, Philon, quel bruit et quel murmure
Fait mon retour à Rome en cette conjoncture?

PHILON.

Oui, madame; j'ai vu presque tous vos amis,
Et su d'eux quel espoir vous peut être permis.

Il est peu de Romains qui penchent la balance
Vers l'extrême hauteur ou l'extrême indulgence;
La plupart d'eux embrasse un avis modéré
Par qui votre retour n'est pas déshonoré :
Mais à l'hymen de Tite il vous ferme la porte;
La fière Domitie est partout la plus forte;
La vertu de son père et son illustre sang
A son ambition assurent ce haut rang.
Il est peu sur ce point de voix qui se divisent,
Madame; et, quant à vous, voici ce qu'ils en disent :
« Elle a bien servi Rome, il le faut avouer;
« L'empereur et l'empire ont lieu de s'en louer;
« On lui doit des honneurs, des titres sans exemples :
« Mais enfin elle est reine, elle abhorre nos temples,
« Et sert un dieu jaloux qui ne peut endurer
« Qu'aucun autre que lui se fasse révérer;
« Elle traite à nos yeux les nôtres de fantômes.
« On peut lui prodiguer des villes, des royaumes;
« Il est des rois pour elle; et déjà Polémon
« De ce dieu qu'elle adore invoque le seul nom;
« Des nôtres pour lui plaire il dédaigne le culte;
« Qu'elle règne avec lui sans nous faire d'insulte;
« Si ce trône et le sien ne lui suffisent pas,
« Rome est prête d'y joindre encor d'autres États,
« Et de faire éclater avec magnificence
« Un juste et plein effet de sa reconnaissance. »
BÉRÉNICE.
Qu'elle répande ailleurs ces effets éclatants,
Et ne m'enlève point le seul où je prétends.
Elle n'a point de part en ce que je mérite;
Elle ne me doit rien, je n'ai servi que Tite :
Si j'ai vu sans douleur mon pays désolé,
C'est à Tite, à lui seul, que j'ai tout immolé;
Sans lui, sans l'espérance à mon amour offerte,
J'aurais servi Solyme, ou péri dans sa perte;
Et quand Rome s'efforce à m'arracher son cœur,
Elle sert le courroux d'un dieu juste vengeur.
Mais achevez, Philon; ne dit-on autre chose?
PHILON.
On parle des périls où votre amour l'expose :
« De cet hymen, dit-on, les nœuds si désirés
« Serviront de prétexte à mille conjurés;
« Ils pourront soulever jusqu'à son propre frère.
« Il se voulut jadis cantonner* contre un père;
« N'eût été Mucian qui le tint dans Lyon,
« Il se faisait le chef de la rébellion,
« Avouait Civilis, appuyait ses Bataves,
« Des Gaulois belliqueux soulevait les plus braves;
« Et les deux bords du Rhin l'auraient pour empe-
« Pour peu qu'eût Céréal écouté sa fureur. » [reur,
Il aime Domitie, et règne dans son âme;
Si Tite ne l'épouse, il en fera sa femme.
Vous savez de tous deux quelle est l'ambition;
Jugez ce qui peut suivre une telle union.
BÉRÉNICE.
Ne dit-on rien de plus?
PHILON.
    Ah! madame, je tremble
A vous dire encor...

BÉRÉNICE.
Quoi?
PHILON.
  Que le sénat s'assemble.
BÉRÉNICE.
Quelle est l'occasion qui le fait assembler?
PHILON.
L'occasion n'a rien qui vous doive troubler;
Et ce n'est qu'à dessein de pourvoir aux dommages
Que du Vésuve ardent ont causé les ravages;
Mais Domitie aura des amis, des parents,
Qui pourront bien, après, vous mettre sur les rangs.
BÉRÉNICE.
Quoi que sur mes destins ils usurpent d'empire,
Je ne vois pas leur maître en état d'y souscrire.
Philon, laissons-les faire; ils n'ont qu'à me bannir
Pour trouver hautement l'art de me retenir.
Contre toutes leurs voix je ne veux qu'un suffrage,
Et l'ardeur de me nuire achèvera l'ouvrage.
 Ce n'est pas qu'en effet la gloire où je prétends
N'offre trop de prétexte aux esprits mécontents :
Je ne puis jeter l'œil sur ce que je suis née
Sans voir que de périls suivront cet hyménée.
Mais pour y parvenir s'il faut trop hasarder,
Je veux donner le bien que je n'ose garder;
Je veux du moins, je veux ôter à ma rivale
Ce miracle vivant, cette âme sans égale;
Qu'en dépit des Romains, leur digne souverain,
S'il prend une moitié, la prenne de ma main;
Et, pour tout dire enfin, je veux que Bérénice
Ait une créature en leur impératrice.
 Je vois Domitian. Contre tous leurs arrêts
Il n'est pas malaisé d'unir nos intérêts.

SCÈNE II

DOMITIAN, BÉRÉNICE, PHILON, ALBIN.

BÉRÉNICE.
Auriez-vous au sénat, seigneur, assez de brigue
Pour combattre et confondre une insolente ligue?
S'il ne s'assemble pas exprès pour m'exiler,
J'ai quelques envieux qui pourront en parler.
L'exil m'importe peu, j'y suis accoutumée;
Mais vous perdez l'objet dont votre âme est charmée:
L'audacieux décret de mon bannissement
Met votre Domitie aux bras d'un autre amant;
Et vous pouvez juger que, s'il faut qu'on m'exile,
Sa conquête pour vous n'en est pas plus facile.
Voyez si votre amour se veut laisser ravir
Cet unique secours qui pourrait le servir.
DOMITIAN.
On en pourra parler, madame, et mon ingrate
En a déjà conçu quelque espoir qui la flatte :
Mais je puis dire aussi que le rang que je tiens
M'a fait assez d'amis pour opposer aux siens;
Et que, si dès l'abord ils ne les font pas taire,
Ils rompront le grand coup qui seul nous peut déplai-
Non que cet espoir ne coure grand hasard, [re,

Si votre amant volage y prend la moindre part :
On l'aime ; et, si son ordre à nos amis s'oppose,
Leur plus fidèle ardeur osera peu de chose.
BÉRÉNICE.
Ah, prince ! je mourrai de honte et de douleur,
Pour peu qu'il contribue à faire mon malheur :
Mais je n'ai qu'à le voir pour calmer ces alarmes.
DOMITIAN.
N'y perdez point de temps, portez-y tous vos char-
N'en oubliez aucun dans un péril si grand. [mes;
Peut-être, ainsi que vous, ce dessein le surprend ;
Mais je crains qu'après tout son âme irrésolue
Ne relâche un peu trop sa puissance absolue,
Et ne laisse au sénat décider de ses vœux,
Pour se faire une excuse envers l'une des deux.
BÉRÉNICE.
Quelques efforts qu'on fasse, et quelque art qu'on dé-
Je vous réponds de tout, pourvu que je le voie, [ploie,
Et je ne crois pas même au pouvoir de vos dieux
De lui faire épouser Domitie à mes yeux.
Si vous l'aimez encor, ce mot vous doit suffire.
Quant au sénat, qu'il m'ôte ou me donne l'empire,
Je ne vous dirai point à quoi je me résous.
Voici votre inconstante. Adieu. Pensez à vous.

SCÈNE III

DOMITIAN, DOMITIE, ALBIN, PLAUTINE.

DOMITIE.
Prince, si vous m'aimez, l'occasion est belle.
DOMITIAN.
Si je vous aime ! Est-il un amant plus fidèle ?
Mais, madame, sachons ce que vous souhaitez.
DOMITIE.
Vous me servirez mal, puisque vous en doutez.
L'amant digne du cœur de la beauté qu'il aime
Sait mieux ce qu'elle veut que ce qu'il veut lui-même.
Mais, puisque j'ai besoin d'expliquer mon courroux,
J'en veux à Bérénice, à l'empereur, à vous ;
A lui, qui n'ose plus m'aimer en sa présence ;
A vous, qui vous mettez de leur intelligence,
Et dont tous les amis vont servir un amour
Qui me rend à vos yeux la fable de la cour.
Si vous m'aimez, seigneur, il faut sauver ma gloire,
M'assurer par vos soins une pleine victoire.
Il faut...
DOMITIAN.
Si vous croyiez votre bonheur douteux,
Votre retour vers moi serait-il si honteux ?
Suis-je indigne de vous ? suis-je si peu de chose
Que toute votre gloire à mon amour s'oppose ?
Ne voit-on plus en moi ce que vous estimiez ?
Et suis-je moindre enfin qu'alors que vous m'aimiez ?
DOMITIE.
Non : mais un autre espoir va m'accabler de honte,
Quand le trône m'attend, si Bérénice y monte.
Délivrez-en mes yeux, et prêtez-moi la main
Du moins à soutenir l'honneur du nom romain.
De quel œil verrez-vous qu'une reine étrangère...
DOMITIAN.
De l'œil dont je verrais que l'empereur, mon frère,
En prît d'autres pour vous, ranimât mon espoir,
Et, pour se rendre heureux, usât de son pouvoir.
DOMITIE.
Ne vous y trompez pas ; s'il me donne le change *,
Je ne suis point à vous, je suis à qui me venge,
Et trouverai peut-être à Rome assez d'appui
Pour me venger de vous aussi bien que de lui.
DOMITIAN.
Et c'est du nom romain la gloire qui vous touche,
Madame ? et vous l'avez au cœur comme en la bouche?
Ah ! que le nom de Rome est un nom précieux,
Alors qu'en le servant on se sert encor mieux,
Qu'avec nos intérêts ce grand devoir conspire,
Et que pour récompense on se promet l'empire !
Parlons à cœur ouvert, madame, et dites-moi
Quel fruit je dois attendre enfin d'un tel emploi.
DOMITIE.
Voulez-vous pour servir être sûr du salaire,
Seigneur ? et n'avez-vous qu'un amour mercenaire ?
DOMITIAN.
Je n'en connais point d'autre, et ne conçois pas bien
Qu'un amant puisse plaire en ne prétendant rien.
DOMITIE.
Que ces prétentions sentent les âmes basses !
DOMITIAN.
Les dieux à qui les sert font espérer des grâces.
DOMITIE.
Les exemples des dieux s'appliquent mal sur nous.
DOMITIAN.
Je ne veux donc, madame, autre exemple que vous.
N'attendez-vous de Tite, et n'avez-vous pour Tite
Qu'une stérile ardeur qui s'attache au mérite ?
De vos destins aux siens pressez-vous l'union
Sans vouloir aucun fruit de tant de passion ?
DOMITIE.
Peut-être en ce dessein ne suis-je intéressée
Que par l'intérêt seul de ma gloire blessée.
Croyez-moi généreuse, et soyez généreux :
N'aimez plus, ou n'aimez que comme je le veux.
Je sais ce que je dois à l'amant qui m'oblige ;
Mais j'aime qu'on m'attende, et non pas qu'on m'exige;
Et qui peut immoler son intérêt au mien,
Peut se promettre tout de qui ne promet rien.
Peut-être qu'en l'état où je suis avec Tite,
Je veux bien le quitter, mais non pas qu'il me quitte.
Vous en dis-je trop peu pour vous l'imaginer ?
Et depuis quand l'amour n'ose-t-il deviner ?
Tous mes emportements pour la grandeur suprême
Ne vous déguisent point, seigneur, que je vous aime ;
Et l'on ne voit que trop quel droit j'ai de haïr
Un empereur sans foi qui meurt de me trahir.

Me condamnerez-vous à voir que Bérénice
M'enlève de hauteur le rang d'impératrice?
Lui pourrez-vous aider à me perdre d'honneur?

DOMITIAN.
Ne pouvez-vous le mettre à faire mon bonheur?

DOMITIE.
J'ai quelque orgueil encor, seigneur, je le confesse.
De tout ce qu'il attend rendez-moi la maîtresse,
Et laissez à mon choix l'effet de votre espoir :
Que ce soit une grâce, et non pas un devoir;
Et que...

DOMITIAN.
   Me faire grâce après tant d'injustice!
De tant de vains détours je vois trop l'artifice,
Et ne saurais douter du choix que vous ferez
Quand vous aurez par moi ce que vous espérez.
Épousez, j'y consens, le rang de souveraine;
Faites l'impératrice, en donnant une reine;
Disposez de sa main, et, pour première loi,
Madame, ordonnez-lui d'abaisser l'œil sur moi.

DOMITIE.
Cet objet de ma haine a pour vous quelque charme.

DOMITIAN.
Son nom seul prononcé vous a mise en alarme :
Me puis-je mieux venger, si vous me trahissez,
Que d'aimer à vos yeux ce que vous haïssez?

DOMITIE.
Parlons à cœur ouvert. Aimez-vous Bérénice?

DOMITIAN.
Autant qu'il faut l'aimer pour vous faire un supplice.

DOMITIE.
Ce sera donc le vôtre encor plus que le mien.
Après cela, seigneur, je ne vous dis plus rien.
S'il n'a pas pour votre âme une assez rude gêne,
J'y puis joindre au besoin une implacable haine.

DOMITIAN.
Et moi, dût à jamais croître ce grand courroux,
J'épouserai, madame, ou Bérénice, ou vous.

DOMITIE.
Ou Bérénice, ou moi! La chose est donc égale,
Et vous ne m'aimez plus qu'autant que ma rivale?

DOMITIAN.
La douleur de vous perdre, hélas!...

DOMITIE.
      C'en est assez :
Nous verrons cet amour dont vous nous menacez.
Cependant si la reine, aussi fière que belle,
Sait comme il faut répondre aux vœux d'un infidèle,
Ne me rapportez point l'objet de son dédain
Qu'elle n'ait repassé les rives du Jourdain.

SCÈNE IV

DOMITIAN, ALBIN.

DOMITIAN.
Admire ainsi que moi de quelle jalousie
Au seul nom de la reine elle a paru saisie :
Comme s'il importait à ses heureux appas
A qui je donne un cœur dont elle ne veut pas!

ALBIN.
Seigneur, telle est l'humeur de la plupart des femmes.
L'amour sous leur empire eût-il rangé mille âmes,
Elles regardent tout comme leur propre bien,
Et ne peuvent souffrir qu'il leur échappe rien.
Un captif mal gardé leur semble une infamie;
Qui l'ose recevoir devient leur ennemie;
Et sans leur faire un vol on ne peut disposer
D'un cœur qu'un autre choix les force à refuser :
Elles veulent qu'ailleurs par leur ordre il soupire,
Et qu'un don de leur part marque un reste d'empire.
Domitie a pour vous ces communs sentiments
Que les fières beautés ont pour tous leurs amants,
Et craint, si votre main se donne à Bérénice,
Qu'elle ne porte en vain le nom d'impératrice,
Quand d'un côté l'hymen, et de l'autre l'amour,
Feront à cette reine un empire en sa cour.
Voilà sa jalousie, et ce qu'elle redoute,
Seigneur. Pour le sénat, n'en soyez point en doute,
Il aime l'empereur, et l'honore à tel point,
Qu'il servira sa flamme, ou n'en parlera point;
Pour le stupide Claude il eut bien la bassesse
D'autoriser l'hymen de l'oncle avec la nièce :
Il ne fera pas moins pour un prince adoré,
Et je l'y tiens déjà, seigneur, tout préparé.

DOMITIAN.
Tu parles du sénat, et je veux parler d'elle,
De l'ingrate qu'un trône a rendue infidèle.
N'est-il point de moyen, ne vois-tu point de jour,
A mettre enfin d'accord sa gloire et son amour?

ALBIN.
Tout dépendra de Tite et du secret office
Qu'il peut dans le sénat rendre à sa Bérénice.
L'air dont il agira pour un espoir si doux
Tournera l'assemblée ou pour ou contre vous;
Et si sa politique à vos amis s'oppose,
Vous l'avez dit vous-même, ils pourront peu de chose.
Sondez ses sentiments, et réglez-vous sur eux :
Votre bonheur est sûr, s'il consent d'être heureux.
Que si son choix balance, ou flatte mal le vôtre,
Demandez Bérénice afin d'obtenir l'autre.
Vous l'avez déjà vu sensible à de tels coups;
Et c'est un grand ressort qu'un peu d'amour jaloux.
Au moindre empressement pour cette belle reine,
Il vous fera justice et reprendra sa chaîne.
Songez à pénétrer ce qu'il a dans l'esprit.
Le voici.

DOMITIAN.
   Je suivrai ce que ton zèle en dit.

SCÈNE V

TITE, DOMITIAN, FLAVIAN, ALBIN

TITE.
Avez-vous regagné le cœur de votre ingrate,
Mon frère?

TITE ET BÉRÉNICE, ACTE IV, SCÈNE V.

DOMITIAN.
Sa fierté de plus en plus éclate :
Voyez s'il fut jamais orgueil pareil au sien :
Il veut que je la serve et ne prétende rien,
Que j'appuie en l'aimant toute son injustice,
Que je fasse de Rome exiler Bérénice.
Mais, seigneur, à mon tour puis-je vous demander
Ce qu'à vos plus doux vœux il vous plaît d'accorder?
TITE.
J'aurai peine à bannir la reine de ma vue.
Par quels ordres, grands dieux! est-elle revenue?
Je souffrais, mais enfin je vivais sans la voir;
J'allais...
DOMITIAN.
N'avez-vous pas un absolu pouvoir,
Seigneur?
TITE.
Oui : mais j'en suis comptable à tout le monde;
Comme dépositaire, il faut que j'en réponde :
Un monarque a souvent des lois à s'imposer;
Et qui veut pouvoir tout ne doit pas tout oser.
DOMITIAN.
Que refuserez-vous aux désirs de votre âme,
Si le sénat approuve une si belle flamme?
TITE.
Qu'il parle du Vésuve, et ne se mêle pas
De jeter dans mon âme un nouvel embarras.
Est-ce à lui d'abuser de mon inquiétude
Jusqu'à mettre une borne à son incertitude?
Et s'il ose en mon choix prendre quelque intérêt,
Me croit-il en état d'en croire son arrêt?
S'il exile la reine, y pourrai-je souscrire?
DOMITIAN.
S'il parle en sa faveur, pourrez-vous l'en dédire?
Ah! que je vous plaindrais d'avoir si peu d'amour!
TITE.
J'en ai trop, et le mets peut-être trop au jour.
DOMITIAN.
Si vous en aviez tant, vous auriez peu de peine
A rendre Domitie à sa première chaîne.
TITE.
Ah! s'il ne s'agissait que de vous la céder,
Vous auriez peu de peine à me persuader;
Et, pour vous rendre heureux, me rendre à Bérénice
Ne serait pas vous faire un fort grand sacrifice.
Il y va de bien plus.
DOMITIAN.
De quoi, seigneur?
TITE.
De tout.
Il y va d'épouser sa haine jusqu'au bout,
D'en suivre la furie, et d'être le ministre
De ce qu'un noir dépit conçoit de plus sinistre;
Et peut-être l'aigreur de ces inimitiés
Voudra que je vous perde ou que vous me perdiez.
Voilà ce qui peut suivre un si doux hyménée.
Vous voyez dans l'orgueil Domitie obstinée.
Quand pour moi cet orgueil ose vous dédaigner,
Elle ne m'aime pas : elle cherche à régner,

Avec vous, avec moi, n'importe la manière.
Tout plairait, à ce prix, à son humeur altière;
Tout serait digne d'elle; et le nom d'empereur
A mon assassin même attacherait son cœur.
DOMITIAN.
Pouvez-vous mieux choisir un frein à sa colère,
Seigneur, que de la mettre entre les mains d'un frère?
TITE.
Non, je ne puis la mettre en de plus sûres mains;
Mais, plus vous m'êtes cher, prince, et plus je vous
 [crains :
De ceux qu'unit le sang plus douces sont les chaînes,
Plus leur désunion met d'aigreur dans leurs haines;
L'offense en est plus rude, et le courroux plus grand,
La suite plus barbare, et l'effet plus sanglant.
La nature en fureur s'abandonne à tout faire,
Et cinquante ennemis sont moins haïs qu'un frère.
Je ne réveille point des soupçons assoupis,
Et veux bien oublier le temps de Civilis :
Vous étiez encor jeune, et, sans vous bien connaître,
Vous pensiez n'être né que pour vivre sans maître.
Mais les occasions renaissent aisément :
Une femme est flatteuse, un empire est charmant,
Et comme avec plaisir on s'en laisse surprendre,
On néglige bientôt les soins de s'en défendre.
Croyez-moi, séparez vos intérêts des siens.
DOMITIAN.
Eh bien! j'en briserai les dangereux liens.
Pour votre sûreté j'accepte ce supplice;
Mais, pour m'en consoler, donnez-moi Bérénice.
Dût le sénat, dût Rome en frémir de courroux,
Vous n'osez l'épouser, j'oserai plus que vous;
Je l'aime, et l'aimerai si votre âme y renonce.
Quoi! n'osez-vous, seigneur, me faire de réponse?
TITE.
Se donne-t-elle à vous, et ne tient-il qu'à moi?
DOMITIAN.
Elle a droit d'imiter qui lui manque de foi.
TITE.
Elle n'en a que trop; et toutefois je doute
Que son amour trahi prenne la même route
DOMITIAN.
Mais si pour se venger elle répond au mien?
TITE.
Épousez-la, mon frère, et ne m'en dites rien.
DOMITIAN.
Et si je regagnais l'esprit de Domitie?
Si pour moi sa fierté se montrait adoucie?
Si mes vœux, si mes soins en étaient mieux reçus,
Seigneur?
TITE, *en rentrant*.
Épousez-la sans m'en parler non plus.
DOMITIAN.
Allons, et malgré lui rendons-lui Bérénice.
Albin, de nos projets son amour est complice,
Et, puisqu'il l'aime assez pour en être jaloux,
Malgré l'ambition Domitie est à nous.

ACTE CINQUIÈME

SCÈNE I

TITE, FLAVIAN.

TITE.

As-tu vu Bérénice? aime-t-elle mon frère?
Et se plaît-elle à voir qu'il tâche de lui plaire?
Me la demande-t-il de son consentement?

FLAVIAN.

Ne la soupçonnez point d'un si bas sentiment;
Elle n'en peut souffrir non pas même la feinte.

TITE.

As-tu vu dans son cœur encor la même atteinte?

FLAVIAN.

Elle veut vous parler, c'est tout ce que j'en sai.

TITE.

Faut-il de son pouvoir faire un nouvel essai?

FLAVIAN.

M'en croirez-vous, seigneur? évitez sa présence,
Ou mettez-vous contre elle un peu mieux en défense.
Quel fruit espérez-vous de tout son entretien?

TITE.

L'en aimer davantage, et ne résoudre rien.

FLAVIAN.

L'irrésolution doit-elle être éternelle?
Vous ne me dites plus que Domitie est belle,
Seigneur, vous qui disiez que ses seules beautés
Vous peuvent consoler de ce que vous quittez;
Qu'elle seule en ses yeux porte de quoi contraindre
Vos feux à s'assoupir, s'ils ne peuvent s'éteindre.

TITE.

Je l'ai dit, il est vrai; mais j'avais d'autres yeux,
Et je ne voyais pas Bérénice en ces lieux.

FLAVIAN.

Quand aux feux les plus beaux un monarque défère,
Il s'en fait un plaisir, et non pas une affaire,
Et regarde l'amour comme un lâche attentat
Dès qu'il veut prévaloir sur la raison d'État.
Son grand cœur, au-dessus des plus dignes amorces,
A ses devoirs pressants laisse toutes leurs forces;
Et son plus doux espoir n'ose lui demander
Ce que sa dignité ne lui peut accorder.

TITE.

Je sais qu'un empereur doit parler ce langage;
Et, quand il l'a fallu, j'en ai dit davantage:
Mais de ces duretés que j'étale à regret,
Chaque mot à mon cœur coûte un soupir secret;
Et quand à la raison j'accorde un tel empire,
Je le dis seulement parce qu'il le faut dire,
Et qu'étant au-dessus de tous les potentats,
Il me serait honteux de ne le dire pas.

De quoi s'enorgueillit un souverain de Rome,
Si par respect pour elle il doit cesser d'être homme,
Éteindre un feu qui plaît, ou ne le ressentir
Que pour s'en faire honte et pour le démentir?
Cette toute-puissance est bien imaginaire,
Qui s'asservit soi-même à la peur de déplaire,
Qui laisse au goût public régler tous ses projets,
Et prend le plus haut rang pour craindre ses sujets.
Je ne me donne point d'empire sur leurs âmes,
Je laisse en liberté leurs soupirs et leurs flammes:
Et quand d'un bel objet j'en vois quelqu'un charmé,
J'applaudis au bonheur d'aimer et d'être aimé.
Quand je l'obtiens du ciel, me portent-ils envie?
Qu'ont d'amer pour eux tous les douceurs de ma vie?
Et par quel intérêt...

FLAVIAN.

Ils perdraient tout en vous.
Vous faites le bonheur et le salut de tous,
Seigneur; et l'univers de qui vous êtes l'âme...

TITE.

Ne perds plus de raisons à combattre ma flamme;
Les yeux de Bérénice inspirent des avis
Qui persuadent mieux que tout ce que tu dis.

FLAVIAN.

Ne vous exposez donc qu'à ceux de Domitie.

TITE.

Je n'ai plus, Flavian, que quatre jours de vie :
Pourquoi prends-tu plaisir à les tyranniser?

FLAVIAN.

Mais vous savez qu'il faut la perdre où l'épouser?

TITE.

En vain donc à ses vœux tout mon amour s'oppose,
Périr ou faire un crime est pour moi même chose.
Laissons-lui toutefois soulever des mutins;
Hasardons sur la foi de nos heureux destins :
Ils m'ont promis la reine, et doivent à ses charmes
Tout ce qu'ils ont soumis à l'effort de mes armes :
Par elle j'ai vaincu, pour elle il faut périr.

FLAVIAN.

Seigneur...

TITE.

Oui, Flavian, c'est à faire à mourir.
La vie est peu de chose; et tôt ou tard, qu'importe
Qu'un traître me l'arrache, ou que l'âge l'emporte?
Nous mourons à toute heure; et dans le plus doux sort
Chaque instant de la vie est un pas vers la mort.

FLAVIAN.

Flattez mieux les désirs de votre ambitieuse,
Et ne la changez pas de fière en furieuse.
Elle vient vous parler.

TITE.

Dieux! quel comble d'ennuis!

SCÈNE II

DOMITIE, TITE, FLAVIAN, PLAUTINE.

DOMITIE.

Je viens savoir de vous, seigneur, ce que je suis.
J'ai votre foi pour gage, et mes aïeux pour marques
Du grand droit de prétendre au plus grand des
[monarques,
Mais Bérénice est belle, et des yeux si puissants
Renversent aisément des droits si languissants.
Ce grand jour qui devait unir mon sort au vôtre,
Servira-t-il, seigneur, au triomphe d'une autre?

TITE.

J'ai quatre jours encor pour en délibérer,
Madame; jusque-là laissez-moi respirer.
C'est peu de quatre jours pour un tel sacrifice;
Et s'il faut à vos droits immoler Bérénice,
Je ne vous réponds pas que Rome et tous vos droits
Puissent en quatre jours m'en imposer les lois.

DOMITIE.   [soudre
Il n'en faudrait pas tant, seigneur, pour vous ré-
A lancer sur ma tête un dernier coup de foudre,
Si vous ne craigniez point qu'il rejaillît sur vous.

TITE.

Suspendez quelque temps encor ce grand courroux.
Puis-je étouffer sitôt une si belle flamme?

DOMITIE.

Quoi! vous ne pouvez pas ce que peut une femme!
Que vous me rendez mal ce que vous me devez!
J'ai brisé de beaux fers, seigneur; vous le savez;
Et mon âme, sensible à l'amour comme une autre,
En étouffe un peut-être aussi fort que le vôtre.

TITE.

Peut-être auriez-vous peine à le bien étouffer,
Si votre ambition n'en savait triompher.
Moi qui n'ai que les dieux au-dessus de ma tête,
Qui ne vois plus de rang digne de ma conquête,
Du trône où je me sieds puis-je aspirer à rien
Qu'à posséder un cœur qui n'aspire qu'au mien?
C'est là de mes pareils la noble inquiétude :
L'ambition remplie y jette leur étude;
Et sitôt qu'à prétendre elle n'a plus de jour,
Elle abandonne un cœur tout entier à l'amour.

DOMITIE.

Elle abandonne ainsi le vôtre à cette reine,
Qui cherche une grandeur encor plus souveraine.

TITE.

Non, madame : je veux que vous sortiez d'erreur.
Bérénice aime Tite et non pas l'empereur;
Elle en veut à mon cœur et non pas à l'empire.

DOMITIE.

D'autres avaient déjà pris soin de me le dire,
Seigneur; et votre reine a le goût délicat
De n'en vouloir qu'au cœur et non pas à l'éclat.
Cet amour épuré que Tite seul lui donne
Renoncerait au rang pour être à la personne!
Mais on a beau, seigneur, raffiner sur ce point,
La personne et le rang ne se séparent point.
Sous les tendres brillants de cette noble amorce
L'ambition cachée attaque, presse, force;
Par là de ses projets elle vient mieux à bout;
Elle ne prétend rien, et s'empare de tout.
L'art est grand; mais enfin je ne sais s'il mérite
La bouche d'une reine et l'oreille de Tite.   [vous;
Pour moi, j'aime autrement; et tout me charme en
Tout m'en est précieux, seigneur, tout m'en est doux;
Je ne sais point si j'aime ou l'empereur ou Tite,
Si je m'attache au rang ou n'en veux qu'au mérite :
Mais je sais qu'en l'état où je suis aujourd'hui
J'applaudis à mon cœur de n'aspirer qu'à lui.

TITE.

Mais me le donnez-vous tout ce cœur qui n'aspire,
En se tournant vers moi, qu'aux honneurs de l'em-
Suit-il l'ambition en dépit de l'amour,   [pire?
Madame? la suit-il sans espoir de retour?

DOMITIE.

Si c'est à mon égard ce qui vous inquiète,
Le cœur se rend bientôt quand l'âme est satisfaite :
Nous le défendons mal de qui remplit nos vœux.
Un moment dans le trône éteint tous autres feux;
Et donner tout ce cœur, souvent ce n'est que faire
D'un trésor invisible un don imaginaire.
A l'amour vraiment noble il suffit du dehors;
Il veut bien du dedans ignorer les ressorts :
Il n'a d'yeux que pour voir ce qui s'offre à la vue.
Tout le reste est pour eux une terre inconnue;
Et, sans importuner le cœur d'un souverain,
Il a tout ce qu'il veut quand il en a la main.
Ne m'ôtez pas la vôtre, et disposez du reste.
Le cœur a quelque chose en soi de tout céleste;
Il n'appartient qu'aux dieux; et comme c'est leur
[choix,
Je ne veux point, seigneur, attenter sur leurs droits.

TITE.

Et moi, qui suis des dieux la plus visible image,
Je veux ce cœur comme eux, et j'en veux tout l'hom-
[mage.
Mais vous n'en avez plus, madame, à me donner;
Vous ne voulez ma main que pour vous couronner.
D'autres pourront un jour vous rendre ce service.
Cependant, pour régler le sort de Bérénice,
Vous pouvez faire agir tous vos amis au sénat;
Ils peuvent m'y nommer lâche, parjure, ingrat :
J'attendrai son arrêt, et le suivrai peut-être.

DOMITIE.

Suivez-le, mais tremblez s'il flatte trop son maître
Ce grand corps tous les ans change d'âme et de cœurs;
C'est le même sénat, et d'autres sénateurs.
S'il alla pour Néron jusqu'à l'idolâtrie,
Il le traita depuis de traître à sa patrie,
Et réduisit ce prince indigne de son rang
A la nécessité de se percer le flanc.
Vous êtes son amour, craignez d'être sa haine
Après l'indignité d'épouser une reine.

Vous avez quatre jours pour en délibérer.
J'attends le coup fatal que je ne puis parer.
Adieu. Si vous l'osez, contentez votre envie;
Mais en m'ôtant l'honneur n'épargnez pas ma vie.

SCÈNE III

TITE, FLAVIAN.

TITE.

L'impétueux esprit! Conçois-tu, Flavian,
Où pourraient ses fureurs porter Domitian;
Et de quelle importance est pour moi l'hyménée
Où par tous mes désirs je la sens condamnée?

FLAVIAN.

Je vous l'ai déjà dit, seigneur, pensez-y bien,
Et surtout de la reine évitez l'entretien.
Redoutez... Mais elle entre, et sa moindre tendresse
De toutes nos raisons va montrer la faiblesse.

SCÈNE IV

TITE, BÉRÉNICE, PHILON, FLAVIAN.

TITE.

Eh bien, madame! eh bien, faut-il tout hasarder?
Et venez-vous ici pour me le commander?

BÉRÉNICE.

De ce qui m'est permis je sais mieux la mesure,
Seigneur; et j'ai pour vous une flamme trop pure
Pour vouloir, en faveur d'un zèle ambitieux,
Mettre au moindre péril des jours si précieux.
Quelque pouvoir sur moi que notre amour obtienne,
J'ai soin de votre gloire; ayez-en de la mienne.
Je ne demande plus que pour de si beaux feux
Votre absolu pouvoir hasarde un : Je le veux.
Cet amour le voudrait; mais, comme je suis reine,
Je sais des souverains la raison souveraine :
Si l'ardeur de vous voir a voulu l'ignorer,
Si mon indigne exil s'est permis d'espérer,
Si j'ai rentré dans Rome avec quelque imprudence,
Tite à ce trop d'ardeur doit un peu d'indulgence.
Souffrez qu'un peu d'éclat, pour prix de tant d'amour,
Signale ma venue, et marque mon retour.
Voudrez-vous que je parte avec l'ignominie
De ne vous avoir vu que pour me voir bannie?
Laissez-moi la douceur de languir en ces lieux,
D'y soupirer pour vous, d'y mourir à vos yeux :
C'en sera bientôt fait, ma douleur est trop vive
Pour y tenir longtemps votre attente captive;
Et si je tarde trop à mourir de douleur,
J'irai loin de vos yeux terminer mon malheur.
Mais laissez-m'en choisir la funeste journée;
Et du moins jusque-là, seigneur, point d'hyménée.
Pour votre ambitieuse avez-vous tant d'amour
Que vous ne le puissiez différer d'un seul jour?
Pouvez-vous refuser à ma douleur profonde...

TITE.

Hélas! que voulez-vous que la mienne réponde?
Et que puis-je résoudre alors que vous parlez,
Moi qui ne puis vouloir que ce que vous voulez?
Vous parlez de languir, de mourir à ma vue!
Mais, ô dieux! songez-vous que chaque mot me tue,
Et porte dans mon cœur de si sensibles coups,
Qu'il ne m'en faut plus qu'un pour mourir avant vous?
De ceux qui m'ont percé souffrez que je soupire.
Pourquoi partir, madame, et pourquoi me le dire?
Ah! si vous vous forcez d'abandonner ces lieux,
Ne m'assassinez point de vos cruels adieux.
Je vous suivrais, madame; et, flatté de l'idée
D'oser mourir à Rome, et revivre en Judée,
Pour aller de mes feux vous demander le fruit,
Je quitterais l'empire et tout ce qui leur nuit.

BÉRÉNICE.

Daigne me préserver le ciel...

TITE.

De quoi, madame?

BÉRÉNICE.

De voir tant de faiblesse en une si grande âme!
Si j'avais droit par là de vous moins estimer,
Je cesserais peut-être aussi de vous aimer.

TITE.

Ordonnez donc enfin ce qu'il faut que je fasse.

BÉRÉNICE.

S'il faut partir demain, je ne veux qu'une grâce;
Que ce soit vous, seigneur, qui le veuilliez pour moi,
Et non votre sénat qui m'en fasse la loi.
Faites-lui souvenir, quoi qu'il craigne ou projette,
Que je suis son amie, et non pas sa sujette;
Que d'un tel attentat notre rang est jaloux,
Et que tout mon amour ne m'asservit qu'à vous.

TITE.

Mais peut-être, madame...

BÉRÉNICE.

Il n'est point de peut-être;
Seigneur; s'il en décide, il se fait voir mon maître;
Et, dût-il vous porter à tout ce que je veux,
Je ne l'ai point choisi pour juge de mes vœux.

TITE.

Allez dire au sénat, Flavian, qu'il se lève;
Quoi qu'il ait commencé, je défends qu'il achève;
Soit qu'il parle à présent du Vésuve ou de moi,
Qu'il cesse, et que chacun se retire chez soi.
Ainsi le veut la reine; et, comme amant fidèle,
Je veux qu'il obéisse aux lois que je prends d'elle.
Qu'il laisse à notre amour régler notre intérêt.

SCÈNE V

TITE, BÉRÉNICE, DOMITIAN, ALBIN, FLAVIAN, PHILON.

DOMITIAN.

Il n'est plus temps, seigneur; j'en apporte l'arrêt.

TITE ET BÉRÉNICE, ACTE V, SCÈNE V.   711

TITE.
Qu'ose-t-il m'ordonner?
DOMITIAN.
                    Seigneur, il vous conjure
De remplir tout l'espoir d'une flamme si pure.
Des services rendus à vous, à tout l'État,
C'est le prix qu'a jugé lui devoir le sénat :
Et, pour ne vous prier que pour une Romaine,
D'une commune voix Rome adopte la reine;
Et le peuple à grands cris montre sa passion
De voir un plein effet de cette adoption.
TITE.
Madame...
BÉRÉNICE.
                    Permettez, seigneur, que je prévienne
Ce que peut votre flamme accorder à la mienne.
    Grâces au juste ciel, ma gloire en sûreté
N'a plus à redouter aucune indignité.
J'éprouve du sénat l'amour et la justice,
Et n'ai qu'à le vouloir pour être impératrice.
    Je n'abuserai point d'un surprenant respect
Qui semble un peu bien prompt pour n'être point sus-
Souvent on se dédit de tant de complaisance. [pect.
Non que vous ne puissiez en fixer l'inconstance :
Si nous avons trop vu ses flux et ses reflux
Pour Galba, pour Othon, et pour Vitellius,
Rome, dont aujourd'hui vous êtes les délices,
N'aura jamais pour vous ces insolents caprices.
Mais aussi cet amour qu'a pour vous l'univers
Ne vous peut garantir des ennemis couverts :
Un million de bras a beau garder un maître,
Un million de bras ne pare point d'un traître;
Il n'en faut qu'un pour perdre un prince aimé de tous,
Il n'y faut qu'un brutal qui me haïsse en vous.
Aux zèles indiscrets tout paraît légitime,
Et la fausse vertu se fait honneur du crime.
Rome a sauvé ma gloire en me donnant sa voix;
Sauvons-lui, vous et moi, la gloire de ses lois;
Rendons-lui, vous et moi, cette reconnaissance
D'en avoir pour vous plaire affaibli la puissance,
De l'avoir immolée à vos plus doux souhaits.
On nous aime; faisons qu'on nous aime à jamais.
D'autres sur votre exemple épouseraient des reines
Qui n'auraient pas, seigneur, des âmes si romaines,
Et lui feraient peut-être avec trop de raison,
Haïr votre mémoire et détester mon nom.
Un refus généreux de tant de déférence
Contre tous ces périls nous met en assurance.
TITE.
Le ciel de ces périls saura trop nous garder.
BÉRÉNICE.
Je les vois de trop près pour vous y hasarder.
TITE.
Quand Rome vous appelle à la grandeur suprême...
BÉRÉNICE.
Jamais un tendre amour n'expose ce qu'il aime.
TITE.
Mais, madame, tout cède; et nos vœux exaucés...

BÉRÉNICE.
Votre cœur est à moi, j'y règne; c'est assez.
TITE.
Malgré les vœux publics refuser d'être heureuse,
C'est plus craindre qu'aimer.
BÉRÉNICE.
                    La crainte est amoureuse.
Ne me renvoyez pas, mais laissez-moi partir.
Ma gloire ne peut croître, et peut se démentir.
Elle passe aujourd'hui celle du plus grand homme,
Puisque enfin je triomphe et dans Rome et de Rome :
J'y vois à mes genoux le peuple et le sénat;
Plus j'y craignais de honte, et plus j'y prends d'éclat;
J'y tremblais sous sa haine, et la laisse impuissante;
J'y rentrais exilée, et j'en sors triomphante.
TITE.
L'amour peut-il se faire une si dure loi?
BÉRÉNICE.
La raison me la fait malgré vous, malgré moi :
Si je vous en croyais, si je voulais m'en croire,
Nous pourrions vivre heureux, mais avec moins de
    Épousez Domitie : il ne m'importe plus [gloire.
Qui vous enrichissiez d'un si noble refus.
C'est à force d'amour que je m'arrache au vôtre;
Et je serais à vous, si j'aimais comme une autre.
Adieu, seigneur; je pars.
TITE.
                    Ah! madame, arrêtez.
DOMITIAN.
Est-ce là donc pour moi l'effet de vos bontés,
Madame? Est-ce le prix de vous avoir servie?
J'assure votre gloire, et vous m'ôtez la vie!
TITE.
Ne vous alarmez point : quoi que la reine ait dit,
Domitie est à vous, si j'ai quelque crédit.
    Madame, en ce refus un tel amour éclate,
Que j'aurais pour vous l'âme au dernier point ingrate,
Et mériterais mal ce qu'on a fait pour moi,
Si je portais ailleurs la main que je vous doi.
Tout est à vous : l'amour, l'honneur, Rome l'ordon-
Un si noble refus n'enrichira personne. [ne.
J'en jure par l'espoir qui nous fut le plus doux :
Tout est à vous, madame, et ne sera qu'à vous;
Et ce que mon amour doit à l'excès du vôtre
Ne deviendra jamais le partage d'une autre.
BÉRÉNICE.
Le mien vous aurait fait déjà ces beaux serments,
S'il n'eût craint d'inspirer de pareils sentiments :
Vous vous devez des fils, et des Césars à Rome,
Qui fassent à jamais revivre un si grand homme.
TITE.
Pour revivre en des fils nous n'en mourrons pas moins,
Et vous mettez ma gloire au-dessus de ces soins.
Du levant au couchant, du Maure jusqu'au Scythe,
Les peuples vanteront et Bérénice et Tite;
Et l'histoire à l'envi forcera l'avenir
D'en garder à jamais l'illustre souvenir.

Prince, après mon trépas soyez sûr de l'empire;
Prenez-y part en frère, attendant que j'expire.
Allons voir Domitie, et la fléchir pour vous.
Le premier rang dans Rome est pour elle assez doux,
Et je vais lui jurer qu'à moins que je périsse
Elle seule y tiendra celui d'impératrice.
Est-ce là vous l'ôter?

DOMITIAN.
Ah! c'en est trop, seigneur.

TITE, à Bérénice.
Daignez contribuer à faire son bonheur,
Madame, et nous aider à mettre de cette âme
Toute l'ambition d'accord avec sa flamme.

BÉRÉNICE.
Allons, seigneur : ma gloire en croîtra de moitié,
Si je puis remporter chez moi son amitié.

TITE.
Ainsi pour mon hymen la fête préparée
Vous rendra cette foi qu'on vous avait jurée,
Prince; et ce jour, pour nous si noir, si rigoureux,
N'aura d'éclat ici que pour vous rendre heureux.

FIN DE TITE ET BÉRÉNICE.

PULCHÉRIE

COMÉDIE HÉROÏQUE — 1672

AU LECTEUR

Pulchérie, fille de l'empereur Arcadius, et sœur du jeune Théodose, a été une princesse très-illustre, et dont les talents étaient merveilleux : tous les historiens en conviennent. Dès l'âge de quinze ans, elle empiéta le gouvernement sur son frère, dont elle avait reconnu la faiblesse, et s'y conserva tant qu'il vécut, à la réserve d'environ une année de disgrâce, qu'elle passa loin de la cour, et qui coûta cher à ceux qui l'avaient réduite à s'en éloigner. Après la mort de ce prince, ne pouvant retenir l'autorité souveraine en sa personne, ni se résoudre à la quitter, elle proposa son mariage à Martian, à la charge qu'il lui permettrait de garder sa virginité, qu'elle avait vouée et consacrée à Dieu. Comme il était déjà assez avancé dans la vieillesse, il accepta la condition aisément, et elle le nomma pour empereur au sénat, qui ne voulut, ou n'osa l'en dédire. Elle passait alors cinquante ans, et mourut deux ans après. Martian en régna sept, et eut pour successeur Léon, que ses excellentes qualités firent surnommer *le Grand*. Le patrice Aspar le servit à monter au trône, et lui demanda pour récompense l'association à cet empire qu'il lui avait fait obtenir. Le refus de Léon le fit conspirer contre ce maître qu'il s'était choisi ; la conspiration fut découverte, et Léon s'en défit. Voilà ce que m'a prêté l'histoire. Je ne veux point prévenir votre jugement sur ce que j'y ai changé ou ajouté, et me contenterai de vous dire que, bien que cette pièce ait été reléguée dans un lieu où on ne voulait plus se souvenir qu'il y eût un théâtre, bien qu'elle ait passé par des bouches pour qui on n'était prévenu d'aucune estime, bien que ses principaux caractères soient contre le goût du temps, elle n'a pas laissé de peupler le désert, de mettre en crédit des acteurs dont on ne connaissait pas le mérite, et de faire voir qu'on n'a pas toujours besoin de s'assujettir aux entêtements du siècle pour se faire écouter sur la scène. J'aurai de quoi me satisfaire, si cet ouvrage est aussi heureux à la lecture qu'il l'a été à la représentation ; et, si j'ose ne vous dissimuler rien, je me flatte assez pour l'espérer.

PERSONNAGES.

PULCHÉRIE, impératrice d'Orient.
MARTIAN, vieux sénateur, ministre d'État sous
   Théodose le Jeune.
LÉON, amant de Pulchérie.

PERSONNAGES

ASPAR, amant d'Irène.
IRÈNE, sœur de Léon.
JUSTINE, fille de Martian.

La scène est à Constantinople, dans le palais impérial.

ACTE PREMIER

SCÈNE I

PULCHÉRIE, LÉON.

PULCHÉRIE.

Je vous aime, Léon, et n'en fais point mystère ;
Des feux tels que les miens n'ont rien qu'il faille taire :
Je vous aime, et non point de cette folle ardeur
Que les yeux éblouis font maîtresse du cœur,
Non d'un amour conçu par les sens en tumulte,
A qui l'âme applaudit sans qu'elle se consulte,
Et qui, ne concevant que d'aveugles désirs,
Languit dans les faveurs, et meurt dans les plaisirs :
Ma passion pour vous, généreuse et solide,
A la vertu pour âme, et la raison pour guide,
La gloire pour objet, et veut sous votre loi
Mettre en ce jour illustre et l'univers et moi.
   Mon aïeul Théodose, Arcadius mon père,
Cet empire quinze ans gouverné pour un frère,
L'habitude à régner, et l'horreur d'en déchoir,
Voulaient dans un mari trouver même pouvoir.
Je vous en ai cru digne ; et, dans ces espérances,
Dont un penchant flatteur m'a fait des assurances,
De tout ce que sur vous j'ai fait tomber d'emplois
Aucun n'a démenti l'attente de mon choix ;
Vos hauts faits à grands pas nous portaient à l'empire ;
J'avais réduit mon frère à ne m'en point dédire ;
Il vous y donnait part, et j'étais toute à vous :
Mais ce malheureux prince est mort trop tôt pour nous.
L'empire est à donner, et le sénat s'assemble
Pour choisir une tête à ce grand corps qui tremble,
Et dont les Huns, les Goths, les Vandales, les Francs,
Bouleversent la masse et déchirent les flancs.
   Je vois de tous côtés des partis et des ligues ;
Chacun s'entre-mesure et forme ses intrigues.

Procope, Gratian, Aréobinde, Aspar,
Vous peuvent enlever ce grand nom de césar :
Ils ont tous du mérite; et ce dernier s'assure
Qu'on se souvient encor de son père Ardabure,
Qui, terrassant Mitrane en combat singulier,
Nous acquit sur la Perse un avantage entier,
Et, rassurant par là nos aigles alarmées,
Termina seul la guerre aux yeux des deux armées.
 Mes souhaits, mon crédit, mes amis sont pour vous;
Mais, à moins que ce rang, plus d'amour, point d'é-
 [poux ;
Il faut, quelques douceurs que cet amour propose,
Le trône, ou la retraite au sang de Théodose ;
Et, si par le succès mes desseins sont trahis,
Je m'exile en Judée auprès d'Athénaïs.

LÉON.
Je vous suivrais, madame, et du moins sans ombrage
De ce que mes rivaux ont sur moi davantage,
Si vous ne m'y faisiez quelque destin plus doux,
J'y mourrais de douleur d'être indigne de vous ;
J'y mourrais à vos yeux en adorant vos charmes :
Peut-être essuîriez-vous quelqu'une de mes larmes;
Peut-être ce grand cœur, qui n'ose s'attendrir,
S'y défendrait si mal de mon dernier soupir,
Qu'un éclat imprévu de douleur et de flamme
Malgré vous à son tour voudrait suivre mon âme.
La mort, qui finirait à vos yeux mes ennuis,
Aurait plus de douceur que l'état où je suis.
Vous m'aimez; mais, hélas! quel amour est le vôtre,
Qui s'apprête peut-être à pencher vers un autre?
Que servent ces désirs, qui n'auront point d'effet
Si votre illustre orgueil ne se voit satisfait ?
Et que peut cet amour dont vous êtes maîtresse,
Cet amour dont le trône a toute la tendresse,
Esclave ambitieux du suprême degré,
D'un titre qui l'allume et l'éteint à son gré ?
Ah! ce n'est point par là que je vous considère;
Dans le plus triste exil vous me seriez plus chère :
Là, mes yeux, sans relâche attachés à vous voir,
Feraient de mon amour mon unique devoir;
Et mes soins, réunis à ce noble esclavage,
Sauraient de chaque instant vous rendre un plein
 [hommage.
Pour être heureux amant faut-il que l'univers
Ait place dans un cœur qui ne veut que vos fers;
Que les plus dignes soins d'une flamme si pure
Deviennent partagés à toute la nature?
Ah! que ce cœur, madame, a lieu d'être alarmé
Si sans être empereur je ne suis plus aimé !

PULCHÉRIE.
Vous le serez toujours; mais une âme bien née
Ne confond pas toujours l'amour et l'hyménée :
L'amour entre deux cœurs ne veut que les unir;
L'hyménée a de plus leur gloire à soutenir;
Et, je vous l'avouerai, pour les plus belles vies
L'orgueil de la naissance a bien des tyrannies :
Souvent les beaux désirs n'y servent qu'à gêner;
Ce qu'on se doit combat ce qu'on se veut donner :
L'amour gémit en vain sous ce devoir sévère...
Ah! si je n'avais eu qu'un sénateur pour père !
Mais mon sang dans mon sexe a mis les plus grands
Eudoxe et Placidie ont eu des empereurs : [cœurs;
Je n'ose leur céder en grandeur de courage ;
Et malgré mon amour je veux même partage :
Je pense en être sûre, et tremble toutefois
Quand je vois mon bonheur dépendre d'une voix.

LÉON.
 [nomme,
Qu'avez-vous à trembler ? Quelque empereur qu'on
Vous aurez votre amant, ou du moins un grand hom-
Dont le nom, adoré du peuple et de la cour, [me,
Soutiendra votre gloire, et vaincra votre amour.
Procope, Aréobinde, Aspar, et leurs semblables,
Parés de ce grand nom, vous deviendront aimables;
Et l'éclat de ce rang, qui fait tant de jaloux,
En eux, ainsi qu'en moi, sera charmant pour vous.

PULCHÉRIE.
Que vous m'êtes cruel, que vous m'êtes injuste
D'attacher tout mon cœur au seul titre d'auguste!
Quoi que de ma naissance exige la fierté,
Vous seul ferez ma joie et ma félicité ;
De tout autre empereur la grandeur odieuse...

LÉON.
Mais vous l'épouserez, heureuse ou malheureuse?

PULCHÉRIE.
Ne me pressez point tant, et croyez avec moi
Qu'un choix si glorieux vous donnera ma foi,
Ou que, si le sénat à nos vœux est contraire,
Le ciel m'inspirera ce que je devrai faire.

LÉON.
Il vous inspirera quelque sage douleur,
Qui n'aura qu'un soupir à perdre en ma faveur.
Oui, de si grands rivaux...

PULCHÉRIE.
 Ils ont tous des maîtresses.

LÉON.
Le trône met une âme au-dessus des tendresses.
Quand du grand Théodose on aura pris le rang,
Il y faudra placer les restes de son sang :
Il voudra, ce rival, qui que l'on puisse élire,
S'assurer par l'hymen de vos droits à l'empire.
S'il a pu faire ailleurs quelque offre de sa foi,
C'est qu'il a cru ce cœur trop prévenu pour moi.
Mais se voyant au trône et moi dans la poussière,
Il se promettra tout de votre humeur altière;
Et, s'il met à vos pieds ce charme de vos yeux,
Il deviendra l'objet que vous verrez le mieux.

PULCHÉRIE.
Vous pourriez un peu loin pousser ma patience,
Seigneur ; j'ai l'âme fière, et tant de prévoyance
Demande à la souffrir encor plus de bonté
Que vous ne m'avez vu jusqu'ici de fierté.
Je ne condamne point ce que l'amour inspire;
Mais enfin on peut craindre, et ne le point tant dire.
 Je n'en tiendrai pas moins tout ce que j'ai promis.
Vous avez mes souhaits, vous aurez mes amis;
De ceux de Martian vous aurez le suffrage :
Il a, tout vieux qu'il est, plus de vertus que d'âge;

Et, s'il briguait pour lui, ses glorieux travaux
Donneraient fort à craindre à vos plus grands rivaux.
LÉON.   [me :
Notre empire, il est vrai, n'a point de plus grand hom-
Séparez-vous du rang, madame, et je le nomme.
S'il me peut enlever celui de souverain,
Du moins je ne crains pas qu'il m'ôte votre main ;
Ses vertus le pourraient ; mais je vois sa vieillesse.
PULCHÉRIE.
Quoi qu'il en soit, pour vous ma bonté l'intéresse :
Il s'est plu sous mon frère à dépendre de moi,
Et je me viens encor d'assurer de sa foi.
Je vois entrer Irène ; Aspar la trouve belle :
Faites agir pour vous l'amour qu'il a pour elle ;
Et, comme en ce dessein rien n'est à négliger,
Voyez ce qu'une sœur vous pourra ménager.

SCÈNE II

PULCHÉRIE, LÉON, IRÈNE.

PULCHÉRIE.

M'aiderez-vous, Irène, à couronner un frère ?

IRÈNE.

Un si faible secours vous est peu nécessaire,
Madame ; et le sénat...

PULCHÉRIE.

N'en agissez pas moins,
Joignez vos vœux aux miens, et vos soins à mes soins,
Et montrons ce que peut en cette conjoncture
Un amour secondé de ceux de la nature.
Je vous laisse y penser.

SCÈNE III

LÉON, IRÈNE.

IRÈNE.

Vous ne me dites rien,
Seigneur ; attendez-vous que j'ouvre l'entretien ?

LÉON.

A dire vrai, ma sœur, je ne sais que vous dire.
Aspar m'aime, il vous aime : il y va de l'empire ;
Et, s'il faut qu'entre nous on balance aujourd'hui,
La princesse est pour moi, le mérite est pour lui.
Vouloir qu'en ma faveur à ce grade il renonce,
C'est faire une prière indigne de réponse ;
Et de son amitié je ne puis l'exiger,
Sans vous voler un bien qu'il vous doit partager.
C'est là ce qui me force à garder le silence :
Je me répons pour vous à tout ce que je pense,
Et puisque j'ai souffert qu'il ait tout votre cœur
Je dois souffrir aussi vos soins pour sa grandeur.

IRÈNE.

J'ignore encor quel fruit je pourrais en attendre.
Pour le trône, il est sûr qu'il a droit d'y prétendre ;
Sur vous et sur tout autre il le peut emporter :
Mais qu'il m'y donne part, c'est dont j'ose douter.
Il m'aime en apparence, en effet il m'amuse ;
Jamais pour notre hymen il ne manque d'excuse,
Et vous aime à tel point, que, si vous l'en croyez,
Il ne peut être heureux que vous ne le soyez ;
Non que votre bonheur fortement l'intéresse ;
Mais, sachant quel amour a pour vous la princesse,
Il veut voir quel succès aura son grand dessein,
Pour ne point m'épouser qu'en sœur de souverain :
Ainsi depuis deux ans vous voyez qu'il diffère :
Du reste à Pulchérie il prend grand soin de plaire,
Avec exactitude il suit toutes ses lois ;
Et dans ce que sous lui vous avez eu d'emplois
Votre tête aux périls à toute heure exposée
M'a pour vous et pour moi presque désabusée ;
La gloire d'un ami, la haine d'un rival,
La hasardaient peut-être avec un soin égal.
Le temps est arrivé qu'il faut qu'il se déclare ;
Et de son amitié l'effort sera bien rare
Si, mis à cette épreuve, ambitieux qu'il est,
Il cherche à vous servir contre son intérêt. [mette,
Peut-être il promettra ; mais, quoi qu'il vous pro-
N'en ayons pas, seigneur, l'âme moins inquiète ;
Son ardeur trouvera pour vous si peu d'appui,
Qu'on le fera lui-même empereur malgré lui :
Et lors, en ma faveur quoi que l'amour oppose,
Il faudra faire grâce au sang de Théodose ;
Et le sénat voudra qu'il prenne d'autres yeux
Pour mettre la princesse au rang de ses aïeux.
Son cœur suivra le sceptre en quelque main qu'il
Si Martian l'obtient, il aimera sa fille ;   [brille :
Et l'amitié du frère et l'amour de la sœur
Céderont à l'espoir de s'en voir successeur.
En un mot, ma fortune est encor fort douteuse :
Si vous n'êtes heureux, je ne puis être heureuse ;
Et je n'ai plus d'amant non plus que vous d'ami.
A moins que dans le trône il vous voie affermi.

LÉON.

Vous présumez bien mal d'un héros qui vous aime.

IRÈNE.

Je pense le connaître à l'égal de moi-même ;
Mais croyez-moi, seigneur, et l'empire est à vous.

LÉON.

Ma sœur !

IRÈNE.

Oui, vous l'aurez malgré lui, malgré tous.

LÉON.   [struire :
N'y perdons aucun temps : hâtez-vous de m'in-
Hâtez-vous de m'ouvrir la route à m'y conduire ;
Et si votre bonheur peut dépendre du mien...

IRÈNE.

Apprenez le secret de ne hasarder rien.
N'agissez point pour vous, il s'en offre trop d'au-
De qui les actions brillent plus que les vôtres,   [tres
Que leurs emplois plus hauts ont mis en plus d'éclat,
Et qui, s'il faut tout dire, ont plus servi l'État :
Vous les passez peut-être en grandeur de courage ;
Mais il vous a manqué l'occasion et l'âge ;
Vous n'avez commandé que sous des généraux,
Et n'êtes pas encor du poids de vos rivaux.

Proposez la princesse ; elle a des avantages
Que vous verrez sur l'heure unir tous les suffrages :
Tant qu'a vécu son frère, elle a régné pour lui ;
Ses ordres de l'empire ont été tout l'appui ;
On vit depuis quinze ans sous son obéissance :
Faites qu'on la maintienne en sa toute-puissance,
Qu'à ce prix le sénat lui demande un époux ;
Son choix tombera-t-il sur un autre que vous ?
Voudrait-elle de vous une action plus belle
Qu'un respect amoureux qui veut tenir tout d'elle ;
L'amour en deviendra plus fort qu'auparavant,
Et vous vous servirez vous-même en la servant.

LÉON.

Ah ! que c'est me donner un conseil salutaire !
A-t-on jamais vu sœur qui servît mieux un frère ?
Martian avec joie embrassera l'avis :
A peine parle-t-il que les siens sont suivis ;
Et, puisqu'à la princesse il a promis un zèle
A tout oser pour moi sur l'ordre qu'il a d'elle,
Comme sa créature, il fera hautement
Bien plus en sa faveur qu'en faveur d'un amant.

IRÈNE.

Pour peu qu'il vous appuie, allez, l'affaire est sûre.

LÉON.

Aspar vient : faites-lui, ma sœur, quelque ouverture ;
Voyez...

IRÈNE.

C'est un esprit qu'il faut mieux ménager ;
Nous découvrir à lui, c'est tout mettre en danger :
Il est ambitieux, adroit, et d'un mérite...

SCÈNE IV

ASPAR, LÉON, IRÈNE.

LÉON.

Vous me pardonnez bien, seigneur, si je vous quitte ;
C'est suppléer assez à ce que je vous dois
Que vous laisser ma sœur qui vous plaît plus que moi.

ASPAR.

Vous m'obligez, seigneur ; mais en cette occurrence
J'ai besoin avec vous d'un peu de conférence.
Du sort de l'univers nous allons décider :
L'affaire vous regarde, et peut me regarder ;
Et si tous mes amis ne s'unissent aux vôtres,
Nos partis divisés pourront céder à d'autres.
Agissons de concert ; et, sans être jaloux,
En ce grand coup d'État, vous de moi, moi de vous,
Jurons-nous que des deux qui que l'on puisse élire
Fera de son ami son collègue à l'empire ;
Et, pour nous l'assurer, voyons sur qui des deux
Il est plus à propos de jeter tant de vœux ;
Quel nom serait plus propre à s'attirer le reste :
Pour moi, je suis tout prêt, et dès ici j'atteste...

LÉON.

Votre nom pour ce choix est plus fort que le mien,
Et je n'ose douter que vous n'en usiez bien.

Je craindrais de tout autre un dangereux partage ;
Mais de vous je n'ai pas, seigneur, le moindre ombrage,
Et l'amitié voudrait vous en donner ma foi :
Mais c'est à la princesse à disposer de moi ;
Je ne puis que par elle, et n'ose rien sans elle.

ASPAR.

Certes, s'il faut choisir l'amant le plus fidèle,
Vous l'allez emporter sur tous sans contredit :
Mais ce n'est pas, seigneur, le point dont il s'agit ;
Le plus flatteur effort de la galanterie
Ne peut...

LÉON.

Que voulez-vous ? j'adore Pulchérie ;
Et, n'ayant rien d'ailleurs par où la mériter,
J'espère en ce doux titre, et j'aime à le porter

ASPAR.

Mais il y va du trône, et non d'une maîtresse.

LÉON.

Je vais faire, seigneur, votre offre à la princesse ;
Elle sait mieux que moi les besoins de l'État.
Adieu : je vous dirai sa réponse au sénat.

SCÈNE V

ASPAR, IRÈNE.

IRÈNE.

Il a beaucoup d'amour.

ASPAR.

Oui, madame ; et j'avoue
Qu'avec quelque raison la princesse s'en loue :
Mais j'aurais souhaité qu'en cette occasion
L'amour concertât mieux avec l'ambition,
Et que son amitié, s'en laissant moins séduire,
Ne nous exposât point à nous entre-détruire.
Vous voyez qu'avec lui j'ai voulu m'accorder.
M'aimeriez-vous encor si j'osais lui céder,
Moi, qui dois d'autant plus mes soins à ma fortune,
Que l'amour entre nous la doit rendre commune ?

IRÈNE.

Seigneur, lorsque le mien vous a donné mon cœur,
Je n'ai point prétendu la main d'un empereur ;
Vous pouviez être heureux, sans m'apporter ce titre :
Mais du sort de Léon Pulchérie est l'arbitre,
Et l'orgueil de son sang avec quelque raison
Ne peut souffrir d'époux à moins de ce grand nom.
Avant que ce cher frère épouse la princesse,
Il faut que le pouvoir s'unisse à la tendresse,
Et que le plus haut rang mette en leur plus beau jour
La grandeur du mérite et l'excès de l'amour.
M'aimeriez-vous assez pour n'être point contraire
A l'unique moyen de rendre heureux ce frère,
Vous qui, dans votre amour, avez pu sans ennui
Vous défendre de l'être un moment avant lui,
Et qui mériteriez qu'on vous fît mieux connaître
Que, s'il ne le devient, vous aurez peine à l'être ?

ASPAR.

C'est aller un peu vite, et bientôt m'insulter
En sœur de souverain qui cherche à me quitter.

Je vous aime, et jamais une ardeur plus sincère...
            IRÈNE.
Seigneur, est-ce m'aimer que de perdre mon frère?
            ASPAR.
Voulez-vous que pour lui je me perde d'honneur?
Est-ce m'aimer que mettre à ce prix mon bonheur?
Moi, qu'on a vu forcer trois camps et vingt murailles,
Moi qui, depuis dix ans, ai gagné sept batailles,
N'ai-je acquis tant de nom que pour prendre la loi
De qui n'a commandé que sous Procope, ou moi,
Que pour m'en faire un maître, et m'attacher moi-
                            [même
Un joug honteux au front, au lieu d'un diadème?
            IRÈNE.
Je suis plus raisonnable, et ne demande pas
Qu'en faveur d'un ami vous descendiez si bas.
Pylade pour Oreste aurait fait davantage :
Mais de pareils efforts ne sont plus en usage,
Un grand cœur les dédaigne, et le siècle a changé;
A s'aimer de plus près on se croit obligé,
Et des vertus du temps l'âme persuadée
Hait de ces vieux héros la surprenante idée.
            ASPAR.
Il y va de ma gloire, et les siècles passés...
            IRÈNE.
Elle n'est pas, seigneur, peut-être où vous pensez;
Et, quoi qu'un juste espoir ose vous faire croire,
S'exposer au refus, c'est hasarder sa gloire.
La princesse peut tout, ou du moins plus que vous.
Vous vous attirerez sa haine et son courroux.
Son amour l'intéresse, et son âme hautaine...
            ASPAR.
Qu'on me fasse empereur, et je crains peu sa haine.
            IRÈNE.
Mais, s'il faut qu'à vos yeux un autre préféré
Monte, en dépit de vous, à ce rang adoré,
Quel déplaisir! quel trouble! et quelle ignominie
Laissera seul mérite votre gloire ternie!
Non, seigneur, croyez-moi, n'allez point au sénat,
De vos hauts faits pour vous laissez parler l'éclat.
Qu'il sera glorieux que, sans briguer personne,
Ils fassent à vos pieds apporter la couronne,
Que votre seul mérite emporte ce grand choix,
Sans que votre présence ait mendié de voix!
Si Procope, ou Léon, ou Martian, l'emporte,
Vous n'aurez jamais eu d'ambition si forte,
Et vous désavoûrez tous ceux de vos amis
Dont la chaleur pour vous se sera trop permis.
            ASPAR.
A ces hauts sentiments s'il me fallait répondre,
J'aurais peine, madame, à ne me point confondre :
J'y vois beaucoup d'esprit, j'y trouve encor plus d'art;
Et, ce que j'en puis dire à la hâte et sans fard,
Dans ces grands intérêts vous montrer si savante,
C'est être bonne sœur et dangereuse amante.
L'heure me presse : adieu. J'ai des amis à voir
Qui sauront accorder ma gloire et mon devoir;
Le ciel me prêtera par eux quelque lumière
A mettre l'un et l'autre en assurance entière,

Et répondre avec joie à tout ce je doi
A vous, à ce cher frère, à la princesse, à moi.
            IRÈNE, seule.
Perfide, tu n'es pas encore où tu te penses.
J'ai pénétré ton cœur, j'ai vu tes espérances;
De ton amour pour moi je vois l'illusion :
Mais tu n'en sortiras qu'à ta confusion.

ACTE DEUXIÈME

SCENE I

MARTIAN, JUSTINE.

            JUSTINE.
Notre illustre princesse est donc impératrice,
Seigneur?
            MARTIAN.
            A ses vertus on a rendu justice :
Léon l'a proposée; et quand je l'ai suivi,
J'en ai vu le sénat au dernier point ravi;
Il a réduit soudain toutes ses voix en une,
Et s'est débarrassé de la foule importune,
Du turbulent espoir de tant de concurrents
Que la soif de régner avait mis sur les rangs.
            JUSTINE.
Ainsi voilà Léon assuré de l'empire.
            MARTIAN.
Le sénat, je l'avoue, avait peine à l'élire,
Et contre les grands noms de ses compétiteurs
Sa jeunesse eût trouvé d'assez froids protecteurs :
Non qu'il n'ait du mérite, et que son grand courage
Ne se pût tout promettre avec un peu plus d'âge,
On n'a point vu sitôt tant de rares exploits :
Mais l'expérience, et les premiers emplois,
Le titre éblouissant de général d'armée,
Tout ce qui peut enfin grossir la renommée,
Tout cela veut du temps; et l'amour aujourd'hui
Va faire ce qu'un jour son nom ferait pour lui
            JUSTINE.
Hélas, seigneur!
            MARTIAN.
            Hélas! ma fille, quel mystère
T'oblige à soupirer de ce que dit un père?
            JUSTINE.
L'image de l'empire en de si jeunes mains
M'a tiré ce soupir pour l'État que je plains.
            MARTIAN.
Pour l'intérêt public rarement on soupire,
Si quelque ennui secret n'y mêle son martyre :
L'un se cache sous l'autre, et fait un faux éclat;
Et jamais, à ton âge, on ne plaignit l'État.
            JUSTINE.
A mon âge, un soupir semble dire qu'on aime :

Cependant vous avez soupiré tout de même,
Seigneur; et si j'osais vous le dire à mon tour...
            MARTIAN.
Ce n'est point à mon âge à soupirer d'amour,
Je le sais; mais enfin chacun a sa faiblesse.
Aimerais-tu Léon?
            JUSTINE.
            Aimez-vous la princesse?
            MARTIAN.
Oublie en ma faveur que tu l'as deviné,
Et démens un soupçon qu'un soupir t'a donné.
L'amour en mes pareils n'est jamais excusable;
Pour peu qu'on s'examine, on s'en tient méprisable,
On s'en hait; et ce mal, qu'on n'ose découvrir,
Fait encor plus de peine à cacher qu'à souffrir :
Mais t'en faire l'aveu, c'est n'en faire à personne;
La part que le respect, que l'amitié t'y donne,
Et tout ce que le sang en attire sur toi,
T'imposent de le taire une éternelle loi.
    J'aime, et depuis dix ans ma flamme et mon silence
Font à mon triste cœur égale violence :
J'écoute la raison, j'en goûte les avis,
Et les mieux écoutés sont les plus mal suivis.
Cent fois en moins d'un jour je guéris et retombe;
Cent fois je me révolte, et cent fois je succombe :
Tant ce calme forcé, que j'étudie en vain,
Près d'un si rare objet s'évanouit soudain!
            JUSTINE.
Mais pourquoi lui donner vous-même la couronne,
Quand à son cher Léon c'est donner sa personne?
            MARTIAN.
Apprends que dans un âge usé comme le mien,
Qui n'ose souhaiter ni même accepter rien,
L'amour hors d'intérêt s'attache à ce qu'il aime,
Et, n'osant rien pour soi, le sert contre soi-même.
            JUSTINE.
N'ayant rien prétendu, de quoi soupirez-vous?
            MARTIAN.
Pour ne prétendre rien on n'est pas moins jaloux;
Et ces désirs, qu'éteint le déclin de la vie,
N'empêchent pas de voir avec un œil d'envie,
Quand on est d'un mérite à pouvoir faire honneur,
Et qu'il faut qu'un autre âge emporte le bonheur.
Que le moindre retour vers nos belles années
Jette alors d'amertume en nos âmes gênées!
Que n'ai-je vu le jour quelques lustres plus tard!
Disais-je; en ses bontés peut-être aurais-je part,
Si le ciel n'opposait auprès de la princesse
A l'excès de l'amour le manque de jeunesse;
De tant et tant de cœurs qu'il force à l'adorer,
Devais-je être le seul qui ne pût espérer?
    J'aimais quand j'étais jeune, et ne déplaisais guère :
Quelquefois de soi-même on cherchait à me plaire;
Je pouvais aspirer au cœur le mieux placé :
Mais, hélas! j'étais jeune, et ce temps est passé;
Le souvenir en tue, et l'on ne l'envisage
Qu'avec, s'il faut le dire, une espèce de rage;
On le repousse, on fait cent projets superflus :
Le trait qu'on porte au cœur s'enfonce d'autant plus:

Et ce feu, que de honte on s'obstine à contraindre,
Redouble par l'effort qu'on se fait pour l'éteindre.
            JUSTINE.
Instruit que vous étiez des maux que fait l'amour,
Vous en pouviez, seigneur, empêcher le retour,
Contre toute sa ruse cherchait à mieux sur vos gardes.
            MARTIAN.
Et l'ai-je regardé comme tu le regardes,
Moi qui me figurais que ma caducité
Près de la beauté même était en sûreté?
Je m'attachais sans crainte à servir la princesse,
Fier de mes cheveux blancs, et fort de ma faiblesse;
Et, quand je ne pensais qu'à remplir mon devoir,
Je devenais amant sans m'en apercevoir.
Mon âme, de ce feu nonchalamment saisie
Ne l'a point reconnu que par ma jalousie;
Tout ce qui l'approchait voulait me l'enlever,
Tout ce qui lui parlait cherchait à m'en priver;
Je tremblais qu'à leurs yeux elle ne fût trop belle;
Je les haïssais tous comme plus dignes d'elle,
Et ne pouvais souffrir qu'on s'enrichît d'un bien
Que j'enviais à tous sans y prétendre rien.
    Quel supplice d'aimer un objet adorable,
Et de tant de rivaux se voir le moins aimable!
D'aimer plus qu'eux ensemble, et n'oser de ses feux,
Quelques ardents qu'ils soient, se promettre autant
On aurait deviné mon amour par ma peine, [qu'eux!
Si la peur que j'en eus n'avait fui tant de gêne.
L'auguste Pulchérie avait beau me ravir,
J'attendais à la voir qu'il la fallût servir :
Je fis plus, de Léon j'appuyai l'espérance;
La princesse l'aima, j'en eus la confiance,
Et la dissuadai de se donner à lui
Qu'il ne fût de l'empire ou le maître ou l'appui.
Ainsi, pour éviter un hymen si funeste,
Sans rendre heureux Léon, je détruisais le reste;
Et, mettant un long terme au succès de l'amour,
J'espérais de mourir avant ce triste jour.
    Nous y voilà, ma fille, et du moins j'ai la joie
D'avoir à son triomphe ouvert l'unique voie.
J'en mourrai du moment qu'il recevra sa foi,
Mais dans cette douceur qu'ils tiendront tout de moi.
J'ai caché si longtemps l'ennui qui me dévore,
Qu'en dépit que j'en aie enfin il s'évapore;
L'aigreur en diminue à te le raconter :
Fais-en autant du tien; c'est mon tour d'écouter.
            JUSTINE.
Seigneur, un mot suffit pour ne vous en rien taire
Le même astre a vu naître et la fille et le père
Ce mot dit tout. Souffrez qu'une imprudente ardeur,
Prête à s'évaporer, respecte ma pudeur.
Je suis jeune, et l'amour trouvait une âme tendre
Qui n'avait ni le soin ni l'art de se défendre :
La princesse qui m'aime et m'ouvrait ses secrets,
Lui prêtait contre moi d'inévitables traits,
Et toutes les raisons dont s'appuyait sa flamme
Étaient autant de dards qui me traversaient l'âme.
Je pris, sans y penser, son exemple pour loi :
Un amant digne d'elle est trop digne de moi,

Disais-je ; et, s'il brûlait pour moi comme pour elle,
Avec plus de bonté je recevrais son zèle.
Plus elle m'en peignait les rares qualités,
Plus d'une douce erreur mes sens étaient flattés.
D'un illustre avenir l'infaillible présage
Qu'on voit si hautement écrit sur son visage,
Son nom que je voyais croître de jour en jour,
Pour moi comme pour elle étaient dignes d'amour :
Je les voyais d'accord d'un heureux hyménée ;
Mais nous n'en étions pas encore à la journée :
Quelque obstacle imprévu rompra de si doux nœuds,
Ajoutais-je ; et le temps éteint les plus beaux feux.
C'est ce que m'inspirait l'aimable rêverie
Dont jusqu'à ce grand jour ma flamme s'est nourrie ;
Mon cœur, qui ne voulait désespérer de rien,
S'en faisait à toute heure un charmant entretien.
Qu'on rêve avec plaisir, quand notre âme blessée
Autour de ce qu'elle aime est toute ramassée !
Vous le savez, seigneur, et comme à tout propos
Un doux je ne sais quoi trouble notre repos ;
Un sommeil inquiet sur de confus nuages
Élève incessamment de flatteuses images,
Et sur leur vain rapport fait naître des souhaits
Que le réveil admire et ne dédit jamais.
Ainsi, près de tomber dans un malheur extrême,
J'en écartais l'idée en m'abusant moi-même ;
Mais il faut renoncer à des abus si doux ;
Et je me vois, seigneur, au même état que vous.

MARTIAN.

Tu peux aimer ailleurs, et c'est un avantage
Que n'ose se permettre un amant de mon âge.
Choisis qui tu voudras, je saurai l'obtenir.
Mais écoutons Aspar, que j'aperçois venir.

SCÈNE II

MARTIAN, ASPAR, JUSTINE.

ASPAR.

Seigneur, votre suffrage a réuni les nôtres ;
Votre voix a plus fait que n'auraient fait cent autres :
Mais j'apprends qu'on murmure, et doute si le choix
Que fera la princesse aura toutes les voix.

MARTIAN.

Et qui fait présumer de son incertitude
Qu'il aura quelque chose ou d'amer ou de rude ?

ASPAR.

Son amour pour Léon : elle en fait son époux,
Aucun n'en veut douter.

MARTIAN.

Je le crois comme eux tous.
Qu'y trouve-t-on à dire, et quelle défiance...

ASPAR.

Il est jeune, et l'on craint son peu d'expérience.
Considérez, seigneur, combien c'est hasarder :
Qui n'a fait qu'obéir saura mal commander ;
On n'a point vu sous lui d'armée ou de province.

MARTIAN.

Jamais un bon sujet ne devint mauvais prince ;
Et, si le ciel en lui répond mal à nos vœux,
L'auguste Pulchérie en sait assez pour deux.
Rien ne nous surprendra de voir la même chose
Où nos yeux se sont faits quinze ans sous Théodose :
C'était un prince faible, un esprit mal tourné ;
Cependant avec elle il a bien gouverné.

ASPAR.

Cependant nous voyons six généraux d'armée
Dont au commandement l'âme est accoutumée.
Voudront-ils recevoir un ordre souverain
De qui l'a jusqu'ici toujours pris de leur main ?
Seigneur, il est bien dur de se voir sous un maître
Dont on le fut toujours, et dont on devrait l'être.

MARTIAN.

Et qui m'assurera que ces six généraux
Se réuniront mieux sous un de leurs égaux ?
Plus un pareil mérite aux grandeurs nous appelle,
Et plus la jalousie aux grands est naturelle.

ASPAR.

Je les tiens réunis, seigneur, si vous voulez.
Il est, il est encor des noms plus signalés :
J'en sais qui leur plairaient ; et, s'il vous faut plus dire,
Avouez-en mon zèle, et je vous fais élire.

MARTIAN.

Moi, seigneur, dans un âge où la tombe m'attend !
Un maître pour deux jours n'est pas ce qu'on prétend.
Je sais le poids d'un sceptre, et connais trop mes forces
Pour être encor sensible à ces vaines amorces.
Les ans, qui m'ont usé l'esprit comme le corps,
Abattraient tous les deux sous les moindres efforts ;
Et ma mort, que par là vous verriez avancée,
Rendrait à tant d'égaux leur première pensée,
Et ferait une triste et prompte occasion
De rejeter l'État dans la division.

ASPAR.

Pour éviter les maux qu'on en pourrait attendre,
Vous pourriez partager vos soins avec un gendre,
L'installer dans le trône, et le nommer César.

MARTIAN.

Il faudrait que ce gendre eût les vertus d'Aspar ;
Mais vous aimez ailleurs, et ce serait un crime
Que de rendre infidèle un cœur si magnanime.

ASPAR.

J'aime, et ne me sens pas capable de changer ;
Mais d'autres vous diraient que, pour vous soulager,
Quand leur amour irait jusqu'à l'idolâtrie,
Ils le sacrifieraient au bien de la patrie.

JUSTINE.

Certes, qui m'aimerait pour le bien de l'État
Ne me trouverait pas, seigneur, un cœur ingrat,
Et je lui rendrais grâce au nom de tout l'empire :
Mais vous êtes constant ; et, s'il vous faut plus dire,
Quoi que le bien public jamais puisse exiger,
Ce ne sera pas moi qui vous ferai changer.

MARTIAN.

Revenons à Léon. J'ai peine à bien comprendre
Quels malheurs d'un tel choix nous aurions lieu d'at-
Quiconque vous verra le mari de sa sœur, [tendre ;
S'il ne le craint assez, craindra son défenseur ;

Et, si vous me comptez encor pour quelque chose,
Mes conseils agiront comme sous Théodose.

ASPAR.
Nous en pourrons tous deux avoir le démenti.

MARTIAN.
C'est à faire à périr pour le meilleur parti :
Il ne m'en peut coûter qu'une mourante vie,
Que l'âge et ses chagrins m'auront bientôt ravie.
  Pour vous, qui d'un autre œil regardez ce danger,
Vous avez plus à vivre et plus à ménager ;
Et je n'empêche pas qu'auprès de la princesse
Votre zèle n'éclate autant qu'il s'intéresse.
Vous pouvez l'avertir de ce que vous croyez,
Lui dire de ce choix ce que vous prévoyez,
Lui proposer sans fard celui qu'elle doit faire :
La vérité lui plaît, et vous pourrez lui plaire.
Je changerai comme elle alors de sentiments,
Et tiens mon âme prête à ses commandements.

ASPAR.
Parmi les vérités il en est de certaines
Qu'on ne dit point en face aux têtes souveraines,
Et qui veulent de nous un tour, un ascendant,
Qu'aucun ne peut trouver qu'un ministre prudent ;
Vous ferez mieux valoir ces marques d'un vrai zèle :
M'en ouvrant avec vous, je m'acquitte envers elle ;
Et, n'ayant rien de plus qui m'amène en ce lieu,
Je vous en laisse maître, et me retire. Adieu.

SCÈNE III

MARTIAN, JUSTINE.

MARTIAN.
Le dangereux esprit! et qu'avec peu de peine
Il manquerait d'amour et de foi pour Irène !
Des rivaux de Léon il est le plus jaloux,
Et roule des projets qu'il ne dit pas à tous.

JUSTINE.
Il n'a pour but, seigneur, que le bien de l'empire.
Détrônez la princesse, et faites-vous élire :
C'est un amant pour moi que je n'attendais pas,
Qui vous soulagera du poids de tant d'États.

MARTIAN.
C'est un homme, et je veux qu'un jour il t'en souvien-
C'est un homme à tout perdre, à moins qu'on le pré- [ne,
Mais Léon vient déjà nous vanter son bonheur : [vienne.
Arme-toi de constance, et prépare un grand cœur ;
Et, quelque émotion qui trouble ton courage,
Contre tout son désordre affermis ton visage.

SCÈNE IV

LÉON, MARTIAN, JUSTINE.

LÉON.
L'auriez-vous cru jamais, seigneur? je suis perdu.

MARTIAN.
Seigneur, que dites-vous? ai-je bien entendu?

LÉON.
Je le suis sans ressource, et rien plus ne me flatte.
J'ai revu Pulchérie, et n'ai vu qu'une ingrate :
Quand je crois l'acquérir, c'est lorsque je la perds,
Et me détruis moi-même alors que je la sers.

MARTIAN.
Expliquez-vous, seigneur, parlez en confiance ;
Fait-elle un autre choix?

LÉON.
              Non, mais elle balance :
Elle ne me veut pas encor désespérer,
Mais elle prend du temps pour en délibérer.
Son choix n'est plus pour moi, puisqu'elle le diffère :
L'amour n'est point le maître alors qu'on délibère ;
Et je ne saurais plus me promettre sa foi,
Moi qui n'ai que l'amour qui lui parle pour moi.
Ah! madame...

JUSTINE.
       Seigneur...

LÉON.
             Auriez-vous pu le croire?

JUSTINE.
L'amour qui délibère est sûr de sa victoire,
Et quand d'un vrai mérite il s'est fait un appui,
Il n'est point de raisons qui ne parlent pour lui.
Souvent il aime à voir un peu d'impatience,
Et feint de reculer, lorsque plus il avance ;
Ce moment d'amertume en rend les fruits plus doux.
Aimez, et laissez faire une âme toute à vous.

LÉON.
Toute à moi ! mon malheur n'est que trop véritable ;
J'en ai prévu le coup, je le sens qui m'accable.
Plus elle m'assurait de son affection,
Plus je me faisais peur de son ambition ;
Je ne savais des deux quelle était la plus forte :
Mais, il n'est que trop vrai, l'ambition l'emporte ;
Et, si son cœur encor lui parle en ma faveur,
Son trône me dédaigne en dépit de son cœur. [dame ;
Seigneur, parlez pour moi ; parlez pour moi, ma-
Vous pouvez tout sur elle, et lisez dans son âme :
Peignez-lui bien mes feux, retracez-lui les siens ;
Rappelez dans son cœur leurs plus doux entretiens ;
Et, si vous concevez de quelle ardeur je l'aime,
Faites-lui souvenir qu'elle m'aimait de même.
Elle-même a brigué pour me voir souverain ;
J'étais, sans ce grand titre, indigne de sa main :
Mais si je ne l'ai pas ce titre qui l'enchante,
Seigneur, à qui tient-il qu'à son humeur changeante?
Son orgueil contre moi doit-il s'en prévaloir,
Quand pour me voir au trône elle n'a qu'à vouloir?
Le sénat n'a pour elle appuyé mon suffrage
Qu'afin que d'un beau feu ma grandeur fût l'ouvrage :
Il sait depuis quel temps il lui plaît de m'aimer ;
Et, quand il l'a nommée, il a cru me nommer.
Allez, seigneur, allez empêcher son parjure ;
Faites qu'un empereur soit votre créature.
Que je vous céderais ce grand titre aisément,
Si vous pouviez sans lui me rendre heureux amant !

Car enfin mon amour n'en veut qu'à sa personne,
Et n'a d'ambition que ce qu'on m'en ordonne.
MARTIAN.
Nous allons, et tous deux, seigneur, lui faire voir
Qu'elle doit mieux user de l'absolu pouvoir.
Modérez cependant l'excès de votre peine;
Remettez vos esprits dans l'entretien d'Irène.
LÉON.
D'Irène? et ses conseils m'ont trahi, m'ont perdu.
MARTIAN.
Son zèle pour un frère a fait ce qu'il a dû.
Pouvait-elle prévoir cètte supercherie
Qu'a faite à votre amour l'orgueil de Pulchérie?
J'ose en parler ainsi, mais ce n'est qu'entre nous.
Nous lui rendrons l'esprit plus traitable et plus doux,
Et vous rapporterons son cœur et ce grand titre.
Allez.
LÉON.
Entre elle et moi que n'êtes-vous l'arbitre!
Adieu : c'est de vous seul que je puis recevoir
De quoi garder encor quelque reste d'espoir.

SCÈNE V

MARTIAN, JUSTINE.

MARTIAN.
Justine, tu le vois ce bienheureux obstacle
Dont ton amour semblait pressentir le miracle.
Je ne te défends point, en cette occasion,
De prendre un peu d'espoir sur leur division;
Mais garde-toi d'avoir une âme assez hardie
Pour faire à leur amour la moindre perfidie :
Le mien de ce revers s'applique tant de part
Que j'espère en mourir quelques moments plus tard.
Mais de quel front enfin leur donner à connaître
Les périls d'un amour que nous avons vu naître,
Dont nous avons tous deux été les confidents,
Et peut-être formé les traits les plus ardents?
De tous leurs déplaisirs c'est nous rendre coupables :
Servons-les en amis, en amants véritables;
Le véritable amour n'est point intéressé.
Allons, j'achèverai comme j'ai commencé :
Suis l'exemple, et fais voir qu'une âme généreuse
Trouve dans sa vertu de quoi se rendre heureuse,
D'un sincère devoir fait son unique bien,
Et jamais ne s'expose à se reprocher rien.

— — —

ACTE TROISIÈME

SCÈNE I

PULCHÉRIE, MARTIAN, JUSTINE.

PULCHÉRIE.
Je vous ai dit mon ordre : allez, seigneur, de grâce
Sauvez mon triste cœur du coup qui le menace;
Mettez tout le sénat dans ce cher intérêt.
MARTIAN.
Madame, il sait assez combien Léon vous plaît,
Et le nomme assez haut alors qu'il vous défère
Un choix que votre amour vous a déjà fait faire.
PULCHÉRIE.
Que ne m'en fait-il donc une obligeante loi?
Ce n'est pas le choisir que s'en remettre à moi,
C'est attendre l'issue à couvert de l'orage :
Si l'on m'en applaudit, ce sera son ouvrage;
Et, si j'en suis blâmée, il n'y veut point de part.
En doute du succès, il en fuit le hasard;
Et, lorsque je l'en veux garant vers tout le monde,
Il veut qu'à l'univers moi seule j'en réponde.
Ainsi m'abandonnant au choix de mes souhaits,
S'il est des mécontents, moi seule je les fais;
Et je devrai moi seule apaiser le murmure
De ceux à qui ce choix semblera faire injure,
Prévenir leur révolte, et calmer les mutins
Qui porteront envie à nos heureux destins.
MARTIAN.
Aspar vous aura vue, et cette âme chagrine...
PULCHÉRIE.
Il m'a vue, et j'ai vu quel chagrin le domine;
Mais il n'a pas laissé de me faire juger
Du choix que fait mon cœur quel en est le danger.
Il part de bons avis quelquefois de la haine;
On peut tirer du fruit de tout ce qui fait peine;
Et des plus grands desseins qui veut venir à bout
Prête l'oreille à tous, et fait profit de tout.
MARTIAN.
Mais vous avez promis, et la foi qui vous lie...
PULCHÉRIE.
Je suis impératrice, et j'étais Pulchérie.
De ce trône, ennemi de mes plus doux souhaits,
Je regarde l'amour comme un de mes sujets;
Je veux que le respect qu'il doit à ma couronne
Repousse l'attentat qu'il fait sur ma personne;
Je veux qu'il m'obéisse, au lieu de me trahir;
Je veux qu'il donne à tous l'exemple d'obéir;
Et, jalouse déjà de mon pouvoir suprême,
Pour l'affermir sur tous, je le prends sur moi-même.
MARTIAN.
Ainsi donc ce Léon qui vous était si cher...
PULCHÉRIE.
Je l'aime d'autant plus qu'il m'en faut détacher.

MARTIAN.
Serait-il à vos yeux moins digne de l'empire
Qu'alors que vous pressiez le sénat de l'élire?
PULCHÉRIE.
Il fallait qu'on le vît des yeux dont je le voi,
Que de tout son mérite on convînt avec moi,
Et que par une estime éclatante et publique
On mît l'amour d'accord avec la politique.
J'aurais déjà rempli l'espoir d'un si beau feu,
Si le choix du sénat m'en eût donné l'aveu ;
J'aurais pris le parti dont il me faut défendre ;
Et si jusqu'à Léon je n'ose plus descendre,
Il m'était glorieux, le voyant souverain,
De remonter au trône en lui donnant la main.
MARTIAN.
Votre cœur tiendra bon pour lui contre tous autres.
PULCHÉRIE.
S'il a ces sentiments, ce ne sont pas les vôtres;
Non, seigneur, c'est Léon, c'est son juste courroux,
Ce sont ses déplaisirs qui s'expliquent par vous :
Vous prêtez votre bouche, et n'êtes pas capable
De donner à ma gloire un conseil qui l'accable.
MARTIAN.
Mais ses rivaux ont-ils plus de mérite?
PULCHÉRIE.
Non :
Mais ils ont plus d'emploi, plus de rang, plus de nom ;
Et, si de ce grand choix ma flamme est la maîtresse,
Je commence à régner par un trait de faiblesse.
MARTIAN.
Et tenez-vous fort sûr qu'une légèreté
Donnera plus d'éclat à votre dignité?
Pardonnez-moi ce mot, s'il a trop de franchise ;
Le peuple aura peut-être une âme moins soumise :
Il aime à censurer ceux qui lui font la loi,
Et vous reprochera jusqu'au manque de foi.
PULCHÉRIE.
Je vous ai déjà dit ce qui m'en justifie :
Je suis impératrice, et j'étais Pulchérie.
J'ose vous dire plus; Léon a des jaloux,
Qui n'en font pas, seigneur, même estime que nous.
Pour surprenant que soit l'essai de son courage,
Les vertus d'empereur ne sont point de son âge :
Il est jeune, et chez eux c'est un si grand défaut,
Que ce mot prononcé détruit tout ce qu'il vaut,
Si donc j'en fais le choix, je paraîtrai le faire
Pour régner sous son nom ainsi que sous mon frère :
Vous-même, qu'ils ont vu sous lui dans un emploi
Où vos conseils régnaient autant et plus que moi,
Ne donnerez-vous point quelque lieu de vous dire
Que vous n'aurez voulu qu'un fantôme à l'empire,
Et que dans un tel choix vous vous serez flatté
De garder en vos mains toute l'autorité?
MARTIAN.
Ce n'est pas mon dessein, madame ; et s'il faut dire
Sur le choix de Léon ce que le ciel m'inspire,
Dès cet heureux moment qu'il sera votre époux,
J'abandonne Bysance et prends congé de vous,

Pour aller, dans le calme et dans la solitude,
De la mort qui m'attend faire l'heureuse étude.
Voilà comme j'aspire à gouverner l'État.
Vous m'avez commandé d'assembler le sénat;
J'y vais, madame.
PULCHÉRIE.
Quoi ! Martian m'abandonne
Quand il faut sur ma tête affermir la couronne!
Lui, de qui le grand cœur, la prudence, la foi...
MARTIAN.
Tout le prix que j'en veux, c'est de mourir à moi.

SCÈNE II

PULCHÉRIE, JUSTINE.

PULCHÉRIE.
Que me dit-il, Justine, et de quelle retraite
Ose-t-il menacer l'hymen qu'il me souhaite?
De Léon près de moi ne se fait-il l'appui
Que pour mieux dédaigner de me servir sous lui?
Le hait-il? le craint-il? et par quelle autre cause...
JUSTINE.
Qui que vous épousiez, il voudra même chose.
PULCHÉRIE.
S'il était dans un âge à prétendre ma foi,
Comme il serait de tous le plus digne de moi,
Ce qu'il donne à penser aurait quelque apparence:
Mais les ans l'ont dû mettre en entière assurance.
JUSTINE.
Que savons-nous, madame? est-il dessous les cieux
Un cœur impénétrable au pouvoir de vos yeux?
Ce qu'ils ont d'habitude à faire des conquêtes
Trouve à prendre vos fers les âmes toujours prêtes ;
L'âge n'en met aucune à couvert de leurs traits :
Non que sur Martian j'en sache les effets,
Il m'a dit comme à vous que ce grand hyménée
L'enverra loin d'ici finir sa destinée ;
Et, si j'ose former quelque soupçon confus,
Je parle en général, et ne sais rien de plus.
Mais pour votre Léon êtes-vous résolue
A le perdre aujourd'hui de puissance absolue?
Car ne l'épouser pas, c'est le perdre en effet.
PULCHÉRIE.
Pour te montrer la gêne où son nom seul me met,
Souffre que je t'explique en faveur de sa flamme
La tendresse du cœur après la grandeur d'âme.
Léon seul est ma joie, il est mon seul désir ;
Je n'en puis choisir d'autre, et n'ose le choisir :
Depuis trois ans unie à cette chère idée,
J'en ai l'âme à toute heure, en tous lieux, obsédée ;
Rien n'en détachera mon cœur que le trépas,
Encore après ma mort n'en répondrais-je pas ;
Et si dans le tombeau le ciel permet qu'on aime,
Dans le fond du tombeau je l'aimerai de même.
Trône qui m'éblouis, titres qui me flattez,
Pourrez-vous me valoir ce que vous me coûtez?
Et de tout votre orgueil la pompe la plus haute
A-t-elle un bien égal à celui qu'elle m'ôte?

PULCHÉRIE, ACTE III, SCÈNE III.

JUSTINE.
Et vous pouvez penser à prendre un autre époux?
PULCHÉRIE.
Ce n'est pas, tu le sais, à quoi je me résous.
Si ma gloire à Léon me défend de me rendre,
De tout autre que lui l'amour sait me défendre.
Qu'il est fort cet amour! sauve-m'en, si tu peux;
Vois Léon, parle-lui, dérobe-moi ses vœux;
M'en faire un prompt larcin, c'est me rendre un ser-
Qui saura m'arracher des bords du précipice : [vice
Je le crains, je me crains, s'il n'engage sa foi,
Et je suis trop à lui tant qu'il est tout à moi.
Sens-tu d'un tel effort ton amitié capable?
Ce héros n'a-t-il rien qui te paraisse aimable?
Au pouvoir de tes yeux j'unirai mon pouvoir :
Parle, que résous-tu de faire?
JUSTINE.
Mon devoir.
Je sors d'un sang, madame, à me rendre assez vaine
Pour attendre un époux d'une main souveraine;
Et n'ayant point d'amour que pour ma liberté,
S'il la faut immoler à votre sûreté,
J'oserai... Mais voici ce cher Léon, madame;
Voulez-vous...
PULCHÉRIE.
Laisse-moi consulter mieux mon âme,
Je ne sais pas encor trop bien ce que je veux;
Attends un nouvel ordre, et suspends tous tes vœux.

SCÈNE III
PULCHÉRIE, LÉON, JUSTINE.

PULCHÉRIE.
Seigneur, qui vous ramène? est-ce l'impatience
D'ajouter à mes maux ceux de votre présence,
De livrer tout mon cœur à de nouveaux combats;
Et souffré-je trop peu quand je ne vous vois pas?
LÉON.
Je viens savoir mon sort.
PULCHÉRIE.
N'en soyez point en doute;
Je vous aime et nous plains : c'est là me peindre toute,
C'est tout ce que je sens; et si votre amitié
Sentait pour mes malheurs quelque trait de pitié,
Elle m'épargnerait cette fatale vue,
Qui me perd, m'assassine, et vous-même vous tue.
LÉON.
Vous m'aimez, dites-vous?
PULCHÉRIE.
Plus que jamais.
LÉON.
Hélas!
Je souffrirais bien moins si vous ne m'aimiez pas.
Pourquoi m'aimer encor seulement pour me plain-
PULCHÉRIE. [dre?
Comment cacher un feu que je ne puis éteindre?
LÉON.
Vous l'étouffez du moins sous l'orgueil scrupuleux
Qui fait seul tous les maux dont nous mourons tous
Ne vous en plaignez point, le vôtre est volontaire; [deux.
Vous n'avez que celui qu'il vous plaît de vous faire,
Et ce n'est pas pour être aux termes d'en mourir
Que d'en pouvoir guérir dès qu'on s'en veut guérir.
PULCHÉRIE.
Moi seule je me fais les maux dont je soupire!
A-ce été sous mon nom que j'ai brigué l'empire?
Ai-je employé mes soins, mes amis, que pour vous?
Ai-je cherché par là qu'à vous voir mon époux?
Quoi! votre déférence à mes efforts s'oppose!
Elle rompt mes projets, et seule j'en suis cause!
M'avoir fait obtenir plus qu'il ne m'était dû,
C'est ce qui m'a perdue, et qui vous a perdu.
Si vous m'aimiez, seigneur, vous me deviez mieux
Ne pas intéresser mon devoir et ma gloire; [croire,
Ce sont deux ennemis que vous nous avez faits,
Et que tout notre amour n'apaisera jamais.
Vous m'accablez en vain de soupirs, de tendresse;
En vain mon triste cœur en vos maux s'intéresse,
Et vous rend, en faveur de nos communs désirs,
Tendresse pour tendresse, et soupirs pour soupirs :
Lorsqu'à des feux si beaux je rends cette justice,
C'est l'amante qui parle; oyez* l'impératrice.
Ce titre est votre ouvrage, et vous me l'avez dit :
D'un service si grand votre espoir s'applaudit,
Et s'est fait en aveugle un obstacle invincible.
Quand il a cru se faire un succès infaillible.
Appuyé de mes soins, assuré de mon cœur,
Il fallait m'apporter la main d'un empereur,
M'élever jusqu'à vous en heureuse sujette;
Ma joie était entière, et ma gloire parfaite :
Mais puis-je avec ce nom même chose pour vous?
Il faut nommer un maître, et choisir un époux;
C'est la loi qu'on m'impose, ou plutôt c'est la peine
Qu'on attache aux douceurs de me voir souveraine.
Je sais que le sénat, d'une commune voix,
Me laisse avec respect la liberté du choix;
Mais il attend de moi celui du plus grand homme
Qui respire aujourd'hui dans l'une et l'autre Rome
Vous l'êtes, j'en suis sûre, et toutefois, hélas!
Un jour on le croira, mais...
LÉON.
On ne le croit pas,
Madame : il faut encor du temps et des services;
Il y faut du destin quelques heureux caprices,
Et que la renommée, instruite en ma faveur,
Séduisant l'univers, impose à ce grand cœur.
Cependant admirez comme un amant se flatte :
J'avais cru votre gloire un peu moins délicate;
J'avais cru mieux répondre à ce que je vous doi
En tenant tout de vous, qu'en vous l'offrant en moi;
Et qu'auprès d'un objet que l'amour sollicite
Ce même amour pour moi tiendrait lieu de mérite.
PULCHÉRIE.
Oui, mais le tiendra-t-il auprès de l'univers,
Qui sur un si grand choix tient tous ses yeux ouverts?
Peut-être le sénat n'ose encor vous élire,

Et, si je m'y hasarde, osera m'en dédire ;
Peut-être qu'il s'apprête à faire ailleurs sa cour
Du honteux désaveu qu'il garde à notre amour :
Car, ne nous flattons point, ma gloire inexorable
Me doit au plus illustre, et non au plus aimable ;
Et plus ce rang m'élève, et plus sa dignité
M'en fait avec hauteur une nécessité.

LÉON.

Rabattez ces hauteurs où tout le cœur s'oppose,
Madame, et pour tous deux hasardez quelque chose :
Tant d'orgueil et d'amour ne s'accordent pas bien ;
Et c'est ne point aimer que ne hasarder rien.

PULCHÉRIE.

S'il n'y faut que mon sang, je veux bien vous en croire :
Mais c'est trop hasarder qu'y hasarder ma gloire ;
Et plus je suis ferme l'œil aux périls que j'y cours,
Plus je vois que c'est trop qu'y hasarder vos jours.
Ah ! si la voix publique enflait votre espérance
Jusqu'à me demander pour vous la préférence,
Si des noms que la gloire à l'envi me produit
Le plus cher à mon cœur faisait le plus de bruit,
Qu'aisément à ce bruit on me verrait souscrire,
Et remettre en vos mains ma personne et l'empire !
Mais l'empire vous fait trop d'illustres jaloux :
Dans le fond de ce cœur je vous préfère à tous ;
Vous passez les plus grands, mais ils sont plus en
Vos vertus n'ont point eu toute leur étendue ; [vue.
Et le monde, ébloui par des noms trop fameux,
N'ose espérer de vous ce qu'il présume d'eux. [mes ;
   Vous aimez, vous plaisez ; c'est tout auprès des fem-
C'est par là qu'on surprend, qu'on enlève leurs âmes :
Mais, pour remplir un trône et s'y faire estimer,
Ce n'est pas tout, seigneur, que de plaire et d'aimer.
La plus ferme couronne est bientôt ébranlée
Quand un effort d'amour semble l'avoir volée ;
Et, pour garder un rang si cher à nos désirs,
Il faut un plus grand art que celui des soupirs.
Ne vous abaissez pas à la honte des larmes ;
Contre un devoir si fort ce sont de faibles armes ;
Et, si de tels secours vous couronnaient ailleurs,
J'aurais pitié d'un sceptre acheté par des pleurs.

LÉON.

Ah ! madame, aviez-vous de si fières pensées
Quand vos bontés pour moi se sont intéressées ?
Me disiez-vous alors que le gouvernement
Demandait un autre art que celui d'un amant ?
Si le sénat eût joint ses suffrages aux vôtres,
J'en aurais paru digne autant ou plus qu'un autre ;
Ce grand art de régner eût suivi tant de voix ;
Et vous-même...

PULCHÉRIE.

Oui, seigneur, j'aurais suivi ce choix,
Sûre que le sénat, jaloux de son suffrage,
Contre tout l'univers maintiendrait son ouvrage.
Tel contre vous et moi s'osera révolter,
Qui contre un si grand corps craindrait de s'empor-
Et, méprisant en moi ce que l'amour m'inspire, [ter,
Respecterait en lui le démon de l'empire.

LÉON.

Mais l'offre qu'il vous fait d'en croire tous vos vœux...

PULCHÉRIE.

N'est qu'un refus moins rude et plus respectueux.

LÉON.

Quelles illusions de gloire chimérique,
Quels farouches égards de dure politique,
Dans ce cœur tout à moi, mais qu'en vain j'ai char-
Me font le plus aimable et le moins estimé ? [mé,

PULCHÉRIE.

Arrêtez : mon amour ne vient que de l'estime.
Je vous vois un grand cœur, une vertu sublime,
Une âme, une valeur dignes de mes aïeux ;
Et si tout le sénat avait les mêmes yeux...

LÉON.

Laissons là le sénat, et m'apprenez, de grâce,
Madame, à quel heureux je dois quitter la place,
Qui je dois imiter pour obtenir un jour
D'un orgueil souverain le prix d'un juste amour.

PULCHÉRIE.

J'aurai peine à choisir ; choisissez-le vous-même
Cet heureux, et nommez qui vous voulez que j'aime ;
Mais vous souffrez assez, sans devenir jaloux. [vous,
   J'aime ; et, si ce grand choix ne peut tomber sur
Aucun autre du moins, quelque ordre qu'on m'en
Ne se verra jamais maître de ma personne : [donne,
Je le jure en vos mains, et j'y laisse mon cœur.
N'attendez rien de plus, à moins d'être empereur ;
Mais j'entends empereur comme vous devez l'être,
Par le choix d'un sénat qui vous prenne pour maître ;
Qui d'un État si grand vous fasse le soutien,
Et d'un commun suffrage autorise le mien.
Je le fais rassembler exprès pour vous élire.
Ou me laisser moi seule à gouverner l'empire,
Et ne plus m'asservir à ce dangereux choix,
S'il ne me veut pour vous donner toutes ses voix.
   Adieu, seigneur, je crains de n'être plus maîtresse
De ce que vos regards m'inspirent de faiblesse,
Et que ma peine, égale à votre déplaisir,
Ne coûte à mon amour quelque indigne soupir.

SCÈNE IV

LÉON, JUSTINE.

LÉON.

C'est trop de retenue, il est temps que j'éclate.
Je ne l'ai point nommée ambitieuse, ingrate ;
Mais le sujet enfin va céder à l'amant,
Et l'excès du respect au juste emportement.
Dites-le-moi, madame ; a-t-on vu perfidie
Plus noire au fond de l'âme, au dehors plus hardie ?
A-t-on vu plus d'étude attacher la raison
A l'indigne secours de tant de trahison ?
Loin d'en baisser les yeux, l'orgueilleuse en fait
Elle nous l'ose peindre en illustre victoire. [gloire ;
L'honneur et le devoir eux seuls la font agir !
Et, m'étant plus fidèle, elle aurait à rougir !

JUSTINE.
La gêne qu'elle en souffre égale bien la vôtre :
Pour vous, elle renonce à choisir aucun autre ;
Elle-même en vos mains en a fait le serment.
LÉON.
Illusion nouvelle, et pur amusement !
Il n'est, madame, il n'est que trop de conjonctures
Où les nouveaux serments sont de nouveaux parju-
Qui sait l'art de régner les rompt avec éclat, [res.
Et ne manque jamais de cent raisons d'État.
JUSTINE.
Mais si vous la piquiez d'un peu de jalousie,
Seigneur, si vous brouilliez par là sa fantaisie,
Son amour mal éteint pourrait vous rappeler,
Et sa gloire aurait peine à vous laisser aller.
LÉON.
Me soupçonneriez-vous d'avoir l'âme assez basse
Pour employer la feinte à tromper ma disgrâce ?
Je suis jeune, et j'en fais trop mal ici ma cour
Pour joindre à ce défaut un faux éclat d'amour.
JUSTINE.
L'agréable défaut, seigneur, que la jeunesse !
Et que de vos jaloux l'importune sagesse,
Toute fière qu'elle est, le voudrait racheter
De tout ce qu'elle croit et croira mériter !
Mais, si feindre en amour à vos yeux est un crime,
Portez sans feinte ailleurs votre plus tendre estime,
Punissez tant d'orgueil par de justes dédains,
Et mettez votre cœur en de plus sûres mains.
LÉON.
Vous voyez qu'à son rang elle me sacrifie,
Madame, et vous voulez que je la justifie !
Qu'après tous les mépris qu'elle montre pour moi,
Je lui prête un exemple à me voler sa foi !
JUSTINE.
Aimez, à cela près, et, sans vous mettre en peine
Si c'est justifier ou punir l'inhumaine ;
Songez que, si vos vœux en étaient mal reçus,
On pourrait avec joie accepter ses refus.
L'honneur qu'on se ferait à vous détacher d'elle
Rendrait cette conquête et plus noble et plus belle.
Plus il faut de mérite à vous rendre inconstant,
Plus en aurait de gloire un cœur qui vous attend ;
Car peut-être en est-il que la princesse même
Condamne à vous aimer dès que vous direz : J'aime.
Adieu ; c'en est assez pour la première fois.
LÉON.
O ciel, délivre-moi du trouble où tu me vois.

ACTE QUATRIÈME

SCÈNE I

JUSTINE, IRÈNE.

JUSTINE.
Non, votre cher Aspar n'aime point la princesse ;
Ce n'est que pour le rang que tout son cœur s'em-
Et, si l'on eût choisi mon père pour César, [presse ;
J'aurais déjà les vœux de cet illustre Aspar.
Il s'en est expliqué tantôt en ma présence ;
Et tout ce que pour elle il a de complaisance,
Tout ce qu'il lui veut faire ou craindre ou dédaigner,
Ne doit être imputé qu'à l'ardeur de régner.
Pulchérie a des yeux qui percent le mystère,
Et le croit plus rival qu'ami de ce cher frère ;
Mais, comme elle balance, elle écoute aisément
Tout ce qui peut d'abord flatter son sentiment.
Voilà ce que j'en sais.
IRÈNE.
Je ne suis point surprise
De tout ce que d'Aspar m'apprend votre franchise.
Vous ne m'en dites rien que ce que j'en ai dit
Lorsqu'à Léon tantôt j'ai dépeint son esprit ;
Et j'en ai pénétré l'ambition secrète
Jusques à pressentir l'offre qu'il vous a faite.
Puisque en vain je m'attache à qui ne m'aime pas,
Il faut avec honneur franchir ce mauvais pas ;
Il faut, à son exemple, avoir ma politique,
Trouver à ma disgrâce une face héroïque,
Donner à ce divorce une illustre couleur,
Et, sous de beaux dehors, dévorer ma douleur.
Dites-moi cependant que deviendra mon frère ?
D'un si parfait amour que faut-il qu'il espère ?
JUSTINE.
On l'aime, et fortement, et bien plus qu'on ne veut ;
Mais, pour s'en détacher, on fait tout ce qu'on peut.
Faut-il vous dire tout ? On m'a commandé même
D'essayer contre lui l'art et le stratagème.
On me devra beaucoup, si je puis l'ébranler,
On me donne son cœur, si je le puis voler ;
Et déjà, pour essai de mon obéissance,
J'ai porté quelque attaque, et fait un peu d'avance.
Vous pouvez bien juger comme il a rebuté,
Fidèle amant qu'il est, cette importunité ;
Mais, pour peu qu'il vous plût appuyer l'artifice,
Cet appui tiendrait lieu d'un signalé service.
IRÈNE.
Ce n'est point un service à prétendre de moi,
Que de porter mon frère à garder mal sa foi ;
Et, quand à vous aimer j'aurais su le réduire,
Quel fruit son changement pourrait-il lui produire ?
Vous qui ne l'aimez point, pourriez-vous l'accepter ?
JUSTINE.
Léon ne saurait être un homme à rejeter ;

Et l'on voit si souvent, après la foi donnée,
Naître un parfait amour d'un pareil hyménée,
Que, si de son côté j'y voyais quelque jour,
J'espérerais bientôt de l'aimer à mon tour.
IRÈNE.
C'est trop et trop peu dire. Est-il encore à naître
Cet amour? Est-il né?
JUSTINE.
Cela pourrait bien être.
Ne l'examinons point avant qu'il en soit temps;
L'occasion viendra peut-être, et je l'attends.
IRÈNE.
Et vous servez Léon auprès de la princesse?
JUSTINE.
Avec sincérité pour lui je m'intéresse;
Et, si j'en étais crue, il aurait le bonheur
D'en obtenir la main, comme il en a le cœur.
J'obéis cependant aux ordres qu'on me donne.
Et souffrirais ses vœux, s'il perdait la couronne.
Mais la princesse vient.

SCÈNE II

PULCHÉRIE, IRÈNE, JUSTINE.

PULCHÉRIE.
Que fait ce malheureux,
Irène?
IRÈNE.
Ce qu'on fait dans un sort rigoureux :
Il soupire, il se plaint.
PULCHÉRIE.
De moi?
IRÈNE.
De sa fortune.
PULCHÉRIE.
Est-il bien convaincu qu'elle nous est commune,
Qu'ainsi que lui du sort j'accuse la rigueur?
IRÈNE.
Je ne pénètre point jusqu'au fond de son cœur;
Mais je sais qu'au dehors sa douleur vous respecte :
Elle se tait de vous.
PULCHÉRIE.
Ah! qu'elle m'est suspecte!
Un modeste reproche à ses maux siérait bien ;
C'est me trop accuser que de n'en dire rien.
M'aurait-il oubliée, et déjà dans son âme
Effacé tous les traits d'une si belle flamme?
IRÈNE.
C'est par là qu'il devrait soulager ses ennuis,
Madame; et de ma part j'y fais ce que je puis.
PULCHÉRIE.
Ah! ma flamme n'est pas à tel point affaiblie,
Que je puisse endurer, Irène, qu'il m'oublie.
Fais-lui, fais-lui plutôt soulager son ennui
A croire que je souffre autant et plus que lui.
C'est une vérité que j'ai besoin qu'il croie
Pour mêler à mes maux quelque inutile joie,

Si l'on peut nommer joie une triste douceur
Qu'un digne amour conserve en dépit du malheur,
L'âme qui l'a sentie en est toujours charmée,
Et, même en n'aimant plus, il est doux d'être aimée.
JUSTINE.
Vous souvient-il encor de me l'avoir donné,
Madame; et ce doux soin dont votre esprit gêné...
PULCHÉRIE.
Souffre un reste d'amour qui me trouble et m'accable.
Je ne t'en ai point fait un don irrévocable :
Mais, je te le redis, dérobe-moi ses vœux,
Séduis, enlève-moi son cœur, si tu le peux.
J'ai trop mis à l'écart celui d'impératrice ;
Reprenons avec lui ma gloire et mon supplice :
C'en est un, et bien rude, à moins que le sénat
Mette d'accord ma flamme et le bien de l'État.
IRÈNE.
N'est-ce point avilir votre pouvoir suprême
Que mendier ailleurs ce qu'il peut de lui-même?
PULCHÉRIE.
Irène, il te faudrait les mêmes yeux qu'à moi
Pour voir la moindre part de ce que je prévoi.
Épargne à mon amour la douleur de te dire
A quels troubles ce choix hasarderait l'empire :
Je l'ai déjà tant dit, que mon esprit lassé
N'en saurait plus souffrir le portrait retracé.
Ton frère a l'âme grande, intrépide, sublime;
Mais d'un peu de jeunesse on lui fait un tel crime,
Que, si tant de vertus n'ont que moi pour appui,
En faire un empereur, c'est me perdre avec lui.
IRÈNE.
Quel ordre a pu du trône exclure la jeunesse?
Quel astre à nos beaux jours enchaîne la faiblesse?
Les vertus, et non l'âge, ont droit à ce haut rang;
Et, n'était le respect qu'imprime votre sang,
Je dirais que Léon vaudrait bien Théodose.
PULCHÉRIE.
Sans doute; et toutefois ce n'est pas même chose.
Faible qu'était ce prince à régir tant d'États,
Il avait des appuis que ton frère n'a pas:
L'empire en sa personne était héréditaire;
Sa naissance le tint d'un aïeul et d'un père ;
Il régna dès l'enfance, et régna sans jaloux,
Estimé d'assez peu, mais obéi de tous.
Léon peut succéder aux droits de la puissance,
Mais non pas au bonheur de cette obéissance;
Tant ce trône, où l'amour par ma main l'aurait m
Dans mes premiers sujets lui ferait d'ennemis!
Tout ce qu'ont vu d'illustre et la paix et la gue
Aspire à ce grand nom de maître de la terre;
Tous regardent l'empire ainsi qu'un bien comm
Que chacun veut pour soi tant qu'il n'est à pas un.
Pleins de leur renommée, enflés de leurs services,
Combien ce choix pour eux aura-t-il d'injustices,
Si ma flamme obstinée et ses odieux soins
L'arrêtent sur celui qu'ils estiment le moins!
Léon est d'un mérite à devenir leur maître;
Mais, comme c'est l'amour qui m'aide à le connaître,

Tout ce qui contre nous s'osera mutiner
Dira que je suis seule à me l'imaginer.
####### IRÈNE.
C'est donc en vain pour lui qu'on prie et qu'on espère?
####### PULCHÉRIE.
Je l'aime, et sa personne à mes yeux est bien chère;
Mais, si le ciel pour lui n'inspire le sénat,
Je sacrifîrai tout au bonheur de l'État.
####### IRÈNE.
Que pour vous imiter j'aurai l'âme ravie
D'immoler à l'État le bonheur de ma vie !
Madame, ou de Léon faites-nous un César,
Ou portez ce grand choix sur le fameux Aspar :
Je l'aime, et ferais gloire, en dépit de ma flamme,
De faire un maître à tous de celui de mon âme;
Et, pleurant pour le frère en ce grand changement,
Je m'en consolerais à voir régner l'amant.
Des deux têtes qu'au monde on me voit les plus chères
Élevez l'une ou l'autre au trône de vos pères;
Daignez...
####### PULCHÉRIE.
Aspar serait digne d'un tel honneur,
Si vous pouviez, Irène, un peu moins sur son cœur.
J'aurais trop à rougir, si, sous le nom de femme,
Je le faisais régner sans régner dans son âme;
Si j'en avais le titre, et vous tout le pouvoir,
Et qu'entre nous ma cour partageât son devoir.
####### IRÈNE.
Ne l'appréhendez pas; de quelque ardeur qu'il m'ai-
Il est plus à l'État, madame, qu'à lui-même.   [me,
####### PULCHÉRIE.
Je le crois comme vous, et que sa passion
Regarde plus l'État que vous, moi, ni Léon.   [dre:
C'est vous entendre, Irène, et vous parler sans fein-
Je vois ce qu'il projette, et ce qu'il en faut craindre.
L'aimez-vous ?
####### IRÈNE.
Je l'aimai quand je crus qu'il m'aimait;
Je voyais sur son front un air qui me charmait :   [me,
Mais, depuis que le temps m'a fait mieux voir sa flam-
J'ai presque éteint la mienne et dégagé mon âme.
####### PULCHÉRIE.
Achevez. Tel qu'il est voulez-vous l'épouser ?
####### IRÈNE.
Oui, madame, ou du moins le pouvoir refuser.
Après deux ans d'amour il y va de ma gloire :
L'affront serait trop grand, et la tache trop noire,
Si, dans la conjoncture où l'on est aujourd'hui,
Il m'osait regarder comme indigne de lui.
Ses desseins vont plus haut; et voyant qu'il vous aime,
Bien que peut-être moins que votre diadème,
Je n'ai vu rien en moi qui le pût retenir ;
Et je ne vous l'offrais que pour le prévenir.
C'est ainsi que j'ai cru me mettre en assurance
Par l'éclat généreux d'une fausse apparence :
Je vous cédais un bien que je ne puis garder,
Et qu'à vous seule enfin ma gloire peut céder.
####### PULCHÉRIE.
Reposez-vous sur moi. Votre Aspar vient.

SCÈNE III

PULCHÉRIE, ASPAR, IRÈNE, JUSTINE.

####### ASPAR.
Madame.
Déjà sur vos desseins j'ai lu dans plus d'une âme,
Et crois de mon devoir de vous mieux avertir
De ce que sur tous deux on m'a fait pressentir.
J'espère pour Léon, et j'y fais mon possible;
Mais j'en prévois, madame, un murmure infaillible,
Qui pourra se borner à quelque émotion,
Et peut aller plus loin que la sédition.
####### PULCHÉRIE.
Vous en savez l'auteur : parlez, qu'on le punisse;
Que moi-même au sénat j'en demande justice.
####### ASPAR.
Peut-être est-ce quelqu'un que vous pourriez choisir,
S'il vous fallait ailleurs tourner votre désir,
Et dont le choix illustre à tel point saurait plaire,
Que nous n'aurions à craindre aucun parti contraire.
Comme, à vous le nommer, ce serait fait de lui,
Ce serait à l'empire ôter un ferme appui,
Et livrer un grand cœur à sa perte certaine,
Quand il n'est pas encor digne de votre haine.
####### PULCHÉRIE.
On me fait mal sa cour avec de tels avis,
Qui, sans nommer personne, en nomment plus de dix.
Je hais l'empressement de ces devoirs sincères,
Qui ne jette en l'esprit que de vagues chimères,
Et, ne me présentant qu'un obscur avenir,
Me donne tout à craindre, et rien à prévenir.
####### ASPAR.
Le besoin de l'État est souvent un mystère
Dont la moitié se dit, et l'autre est bonne à taire.
####### PULCHÉRIE.
Il n'est souvent aussi qu'un pur fantôme en l'air
Que de secrets ressorts font agir et parler,
Et s'arrête où le fixe une âme prévenue,
Qui, pour ses intérêts, le forme et le remue.
Des besoins de l'État si vous êtes jaloux,
Fiez-vous-en à moi, qui les vois mieux que vous.
Martian, comme vous, à vous parler sans feindre,
Dans le choix de Léon voit quelque chose à craindre :
Mais il m'apprend de qui je dois me défier ;
Et je puis, si je veux, me le sacrifier.
####### ASPAR.
Qui nomme-t-il, madame?
####### PULCHÉRIE.
Aspar, c'est un mystère
Dont la moitié se dit, et l'autre est bonne à taire.
Si l'on hait tant Léon, du moins réduisez-vous
A faire qu'on m'admette à régner sans époux.
####### ASPAR.
Je ne l'obtiendrais point, la chose est sans exemple.
####### PULCHÉRIE.
La matière au vrai zèle en est d'autant plus ample;

Et vous en montrerez de plus rares effets
En obtenant pour moi ce qu'on n'obtint jamais.
ASPAR.
Oui; mais qui voulez-vous que le sénat vous donne,
Madame, si Léon?...
PULCHÉRIE.
Ou Léon, ou personne.
A l'un de ces deux points amenez les esprits.
Vous adorez Irène, Irène est votre prix;
Je la laisse avec vous, afin que votre zèle
S'allume à ce beau feu que vous avez pour elle.
Justine, suivez-moi.

SCÈNE IV

ASPAR, IRÈNE.

IRÈNE.
Ce prix qu'on vous promet
Sur votre âme, seigneur, doit faire peu d'effet.
La mienne, tout acquise à votre ardeur sincère,
Ne peut à ce grand cœur tenir lieu de salaire;
Et l'amour à tel point vous rend maître du mien,
Que me donner à vous, c'est ne vous donner rien.
ASPAR.
Vous dites vrai, madame; et du moins j'ose dire
Que me donner un cœur au-dessous de l'empire,
Un cœur qui me veut faire une honteuse loi,
C'est ne me donner rien qui soit digne de moi.
IRÈNE.
Indigne que je suis d'une foi si douteuse,
Vous fais-je quelque loi qui puisse être honteuse?
Et, si Léon devait l'empire à votre appui,
Lui qui vous y ferait le premier après lui,
Auriez-vous à rougir de l'en avoir fait maître,
Seigneur, vous qui voyez que vous ne pouvez l'être?
Mettez-vous, j'y consens, au-dessus de l'amour,
Si, pour monter au trône, il s'offre quelque jour.
Qu'à ce glorieux titre un amant soit volage,
Je puis l'en estimer, l'en aimer davantage,
Et voir avec plaisir la belle ambition
Triompher d'une ardente et longue passion.
L'objet le plus charmant doit céder à l'empire.
Régnez; j'en dédirai mon cœur s'il en soupire.
Vous ne m'en croyez pas, seigneur; et toutefois
Vous régneriez bientôt si l'on suivait ma voix.
Apprenez à quel point pour vous je m'intéresse.
Je viens de vous offrir moi-même à la princesse;
Et je sacrifiais mes plus chères ardeurs
A l'honneur de vous mettre au faîte des grandeurs,
Vous savez sa réponse : « Ou Léon, ou personne. »
ASPAR.
C'est agir en amante et généreuse et bonne :
Mais, sûre d'un refus qui doit rompre le coup,
La générosité ne coûte pas beaucoup.
IRÈNE.
Vous voyez les chagrins où cette offre m'expose,
Et ne me voulez pas devoir la moindre chose!
Ah! si j'osais, seigneur, vous appeler ingrat!

ASPAR.
L'offre sans doute est rare, et ferait grand éclat,
Si, pour mieux éblouir, vous aviez eu l'adresse
D'ébranler tant soit peu l'esprit de la princesse.
Elle est impératrice, et d'un seul : « Je le veux, »
Elle peut de Léon faire un monarque heureux :
Qu'a-t-il besoin de moi, lui qui peut tout sur elle?
IRÈNE.
N'insultez point, seigneur, une flamme si belle;
L'amour, las de gémir sous les raisons d'État,
Pourrait n'en croire pas tout à fait le sénat.
ASPAR.
L'amour n'a qu'à parler : le sénat, quoi qu'on pense,
N'aura que du respect et de la déférence;
Et de l'air dont la chose a déjà pris son cours,
Léon pourra se voir empereur pour trois jours.
IRÈNE.
Trois jours peuvent suffire à faire bien des choses :
La cour en moins de temps voit cent métamorphoses;
En moins de temps un prince, à qui tout est permis,
Peut rendre ce qu'il doit aux vrais et faux amis.
ASPAR.
L'amour qui parle ainsi ne paraît pas fort tendre.
Mais je vous aime assez pour ne vous pas entendre;
Et dirai toutefois, sans m'en embarrasser,
Qu'il est un peu bien tôt pour vous de menacer.
IRÈNE.
Je ne menace point, seigneur; mais je vous aime
Plus que moi, plus encor que ce cher frère même.
L'amour tendre est timide, et craint pour son objet
Dès qu'il lui voit former un dangereux projet.
ASPAR.
Vous m'aimez, je le crois; du moins cela peut être.
Mais de quelle façon le faites-vous connaître?
L'amour inspire-t-il ce rare empressement
De voir régner un frère aux dépens d'un amant?
IRÈNE.
Il m'inspire à regret la peur de votre perte.
Régnez, je vous l'ai dit, la porte en est ouverte.
Vous avez du mérite, et je manque d'appas;
Dédaignez, quittez-moi; mais ne vous perdez pas.
Pour le salut d'un frère ai-je si peu d'alarmes,
Qu'il y faille ajouter d'autres sujets de larmes?
C'est assez que pour vous j'ose en vain soupirer;
Ne me réduisez point, seigneur, à vous pleurer.
ASPAR. [plaindre :
Gardez, gardez vos pleurs pour ceux qui sont à
Puisque vous m'aimez tant, je n'ai point lieu de
Quelque peine qu'on doive à ma témérité, [craindre.
Votre main qui m'attend fera ma sûreté;
Et contre le courroux le plus inexorable
Elle me servira d'asile inviolable.
IRÈNE.
Vous la voudrez peut-être, et la voudrez trop tard.
Ne vous exposez point, seigneur, à ce hasard;
Je doute si j'aurais toujours même tendresse,
Et pourrais de ma main n'être pas la maîtresse.
Je vous parle sans feindre, et ne sais point railler
Lorsqu'au salut commun il nous faut travailler.

ASPAR.

Et je veux bien aussi vous répondre sans feindre.
J'ai pour vous un amour à ne jamais s'éteindre,
Madame; et, dans l'orgueil que vous-même approu-
L'amitié de Léon a ses droits conservés : [vez,
Mais ni cette amitié, ni cet amour si tendre,
Quelques soins, quelque effort qu'il vous en plaise
Ne me verront jamais l'esprit persuadé [attendre,
Que je doive obéir à qui j'ai commandé,
A qui, si j'en puis croire un cœur qui vous adore,
J'aurai droit, et longtemps, de commander encore.
Ma gloire, qui s'oppose à cet abaissement,
Trouve en tous mes égaux le même sentiment.
Ils ont fait la princesse arbitre de l'empire :
Qu'elle épouse Léon, tous sont prêts d'y souscrire;
Mais je ne réponds pas d'un long respect en tous,
A moins qu'il associe aussitôt l'un de nous.
La chose est peu nouvelle et je ne vous propose
Que ce que l'on a fait pour le grand Théodose.
C'est par là que l'empire a tombé dans ce sang
Si fier de sa naissance et si jaloux du rang.
Songez sur cet exemple à vous rendre justice,
A me faire empereur pour être impératrice :
Vous avez du pouvoir, madame; usez-en bien,
Et pour votre intérêt attachez-vous au mien.

IRÈNE.

Léon dispose-t-il du cœur de la princesse?
C'est un cœur fier et grand; le partage la blesse;
Elle veut tout ou rien; et dans ce haut pouvoir
Elle éteindra l'amour plutôt que d'en déchoir.
Près d'elle avec le temps nous pourrons davantage :
Ne pressons point, seigneur, un si juste partage.

ASPAR.

Vous le voudrez peut-être et le voudrez trop tard :
Ne laissez point longtemps nos destins au hasard.
J'attends de votre amour cette preuve nouvelle.
Adieu, madame.

IRÈNE.

Adieu. L'ambition est belle;
Mais vous n'êtes, seigneur, avec ce sentiment,
Ni véritable ami, ni véritable amant.

ACTE CINQUIÈME

SCÈNE I

PULCHÉRIE, JUSTINE.

PULCHÉRIE.

Justine, plus j'y pense, et plus je m'inquiète :
Je crains de n'avoir plus une amour si parfaite,
Et que, si de Léon on me fait un époux,
Un bien si désiré ne me soit plus si doux.
Je ne sais si le rang m'aurait fait changer d'âme;
Mais je tremble à penser que je serais sa femme,

Et qu'on n'épouse point l'amant le plus chéri
Qu'on ne se fasse un maître aussitôt qu'un mari.
J'aimerais à régner avec l'indépendance
Que des vrais souverains s'assure la prudence;
Je voudrais que le ciel inspirât au sénat
De me laisser moi seule à gouverner l'État,
De m'épargner ce maître, et vois d'un œil d'envie
Toujours Sémiramis, et toujours Zénobie.
On triompha de l'une : et, pour Sémiramis,
Elle usurpa le nom et l'habit de son fils;
Et sous l'obscurité d'une longue tutelle,
Cet habit et ce nom régnaient tous deux plus qu'elle.
Mais mon cœur de leur sort n'en est pas moins jaloux;
C'était régner enfin, et régner sans époux.
Le triomphe n'en fait qu'affermir la mémoire;
Et le déguisement n'en détruit point la gloire.

JUSTINE.

Que les choses bientôt prendraient un autre tour
Si le sénat prenait le parti de l'amour!
Que bientôt... Mais je vois Aspar avec mon père.

PULCHÉRIE.

Sachons d'eux quel destin le ciel vient de me faire.

SCÈNE II

PULCHÉRIE, MARTIAN, ASPAR, JUSTINE.

MARTIAN.

Madame, le sénat nous députe tous deux
Pour vous jurer encor qu'il suivra tous vos vœux.
Après qu'entre vos mains il a remis l'empire,
C'est faire un attentat que de vous rien prescrire;
Et son respect vous prie une seconde fois
De lui donner vous seule un maître à votre choix.

PULCHÉRIE.

Il pouvait le choisir.

MARTIAN.

Il s'en défend l'audace,
Madame; et sur ce point il vous demande grâce.

PULCHÉRIE.

Pourquoi donc m'en fait-il une nécessité?

MARTIAN.

Pour donner plus de force à votre autorité.

PULCHÉRIE.

Son zèle est grand pour elle : il faut le satisfaire,
Et lui mieux obéir qu'il n'a daigné me plaire.
Sexe, tan sort en moi ne peut se démentir :
Pour être souveraine il faut m'assujettir,
En montant sur le trône entrer dans l'esclavage,
Et recevoir des lois de qui me rend hommage.
Allez, dans quelques jours je vous ferai savoir
Le choix que par son ordre aura fait mon devoir.

ASPAR.

Il tiendrait à faveur et bien haute et bien rare
De le savoir, madame, avant qu'il se sépare.

PULCHÉRIE.

Quoi! pas un seul moment pour en délibérer!
Mais je ferais un crime à le plus différer;

Il vaut mieux, pour essai de ma toute-puissance,
Montrer un digne effet de pleine obéissance.
Retirez-vous, Aspar; vous aurez votre tour.

SCÈNE III

PULCHÉRIE, MARTIAN, JUSTINE.

PULCHÉRIE.

On m'a dit que pour moi vous aviez de l'amour,
Seigneur; serait-il vrai?

MARTIAN.

Qui vous l'a dit, madame?

PULCHÉRIE.

Vos services, mes yeux, le trouble de votre âme,
L'exil que mon hymen vous devait imposer;
Sont-ce là des témoins, seigneur, à récuser?

MARTIAN.

C'est donc à moi, madame, à confesser mon crime.
L'amour naît aisément du zèle et de l'estime;
Et l'assiduité près d'un charmant objet
N'attend point notre aveu pour faire son effet.
Il m'est honteux d'aimer; il vous l'est d'être aimée
D'un homme dont la vie est déjà consumée,
Qui ne vit qu'à regret depuis qu'il a pu voir
Jusqu'où ses yeux charmés ont trahi son devoir.
Mon cœur, qu'un si long âge en mettait hors d'alarmes,
S'est vu livré par eux à ces dangereux charmes.
En vain, madame, en vain je m'en suis défendu;
En vain j'ai su me taire après m'être rendu :
On m'a forcé d'aimer, on me force à le dire.
Depuis plus de dix ans je languis, je soupire,
Sans que, de tout l'excès d'un si long déplaisir,
Vous ayez pu surprendre une larme, un soupir :
Mais enfin la langueur qu'on voit sur mon visage
Est encor plus l'effet de l'amour que de l'âge.
Il faut faire un heureux; le jour n'en est pas loin :
Pardonnez à l'horreur d'en être le témoin,
Si mes maux, et ce feu digne de votre haine,
Cherchent dans un exil leur remède, et sa peine.
Adieu. Vivez heureuse : et si tant de jaloux...

PULCHÉRIE.

Ne partez pas, seigneur, je les tromperai tous;
Et, puisque de ce choix aucun ne me dispense,
Il est fait, et de tel à qui pas un ne pense.

MARTIAN.

Quel qu'il soit, il sera l'arrêt de mon trépas,
Madame.

PULCHÉRIE.

Encore un coup, ne vous éloignez pas.
Seigneur, jusques ici vous m'avez bien servie;
Vos lumières ont fait tout l'éclat de ma vie;
La vôtre s'est usée à me favoriser :
Il faut encor plus faire, il faut...

MARTIAN.

Quoi?

PULCHÉRIE.

M'épouser.

MARTIAN.

Moi, madame?

PULCHÉRIE.

Oui, seigneur; c'est le plus grand service
Que vos soins puissent rendre à votre impératrice.
Non qu'en m'offrant à vous je réponde à vos feux
Jusques à souhaiter des fils et des neveux :
Mon aïeul, dont partout les hauts faits retentissent,
Voudra bien qu'avec moi ses descendants finissent,
Que j'en sois la dernière, et ferme dignement
D'un si grand empereur l'auguste monument.
Qu'on ne prétende plus que ma gloire s'expose
A laisser des Césars du sang de Théodose.
Qu'ai-je affaire de race à me déshonorer,
Moi qui n'ai que trop vu ce sang dégénérer,
Et que, s'il est fécond en illustres princesses,
Dans les princes qu'il forme il n'a que des faiblesses?
Ce n'est pas que Léon, choisi pour souverain,
Pour me rendre à mon rang n'eût obtenu ma main;
Mon amour, à ce prix, se fût rendu justice :
Mais, puisqu'on m'a sans lui nommée impératrice,
Je dois à ce haut rang d'assez nobles projets
Pour n'admettre en mon lit aucun de mes sujets.
Je ne veux plus d'époux, mais il m'en faut une ombre,
Qui des Césars pour moi puisse grossir le nombre;
Un mari qui, content d'être au-dessus des rois,
Me donne ses clartés, et dispense mes lois;
Qui, n'étant en effet que mon premier ministre,
Pare ce que sous moi l'on craindrait de sinistre,
Et, pour tenir en bride un peuple sans raison,
Paraisse mon époux, et n'en ait que le nom.
Vous m'entendez, seigneur, et c'est assez vous dire.
Prêtez-moi votre main, je vous donne l'empire ;
Éblouissons le peuple, et vivons entre nous
Comme s'il n'était point d'épouses ni d'époux.
Si ce n'est posséder l'objet de votre flamme,
C'est vous rendre du moins le maitre de son âme,
L'ôter à vos rivaux, vous mettre au-dessus d'eux,
Et de tous mes amants vous voir le plus heureux.

MARTIAN.

Madame...

PULCHÉRIE.

A vos hauts faits je dois ce grand salaire;
Et j'acquitte envers vous et l'État et mon frère.

MARTIAN.

Aurait-on jamais cru, madame?...

PULCHÉRIE.

Allez, seigneur,
Allez en plein sénat faire voir l'empereur.
Il demeure assemblé pour recevoir son maitre :
Allez-y de ma part vous faire reconnaitre;
Ou, si votre souhait ne répond pas au mien,
Faites grâce à mon sexe, et ne m'en dites rien.

MARTIAN.

Souffrez qu'à vos genoux, madame...

PULCHÉRIE.

Allez, vous dis-je;
Je m'oblige encor plus que je ne vous oblige;

Et mon cœur, qui vous vient d'ouvrir ses sentiments,
N'en veut ni de refus ni de remercîments.
Faites rentrer Aspar.

SCÈNE IV

PULCHÉRIE, ASPAR, JUSTINE.

PULCHÉRIE.
　　　　　Que faites-vous d'Irène ?
Quand l'épouserez-vous ? Ce mot vous fait-il peine ?
Vous ne répondez point !

ASPAR.
　　　　　Non, madame, et je doi
Ce respect aux bontés que vous avez pour moi.
Qui se tait obéit.

PULCHÉRIE.
　　　　　J'aime assez qu'on s'explique.
Les silences de cour ont de la politique.
Sitôt que nous parlons, qui consent applaudit,
Et c'est en se taisant que l'on nous contredit.
Le temps m'éclaircira de ce que je soupçonne.
Cependant j'ai fait choix de l'époux qu'on m'ordonne.
Léon vous faisait peine, et j'ai dompté l'amour
Pour vous donner un maître admiré dans la cour,
Adoré dans l'armée, et que de cet empire
Les plus fermes soutiens feraient gloire d'élire :
C'est Martian.

ASPAR.
　　　Tout vieil et tout cassé qu'il est !

PULCHÉRIE.
Tout vieil et tout cassé je l'épouse ; il me plait.
J'ai mes raisons. Au reste, il a besoin d'un gendre
Qui partage avec lui les soins qu'il lui faut prendre,
Qui soutienne des ans penchés dans le tombeau,
Et qui porte sous lui la moitié du fardeau.
Qui jugeriez-vous propre à remplir cette place ?
Une seconde fois vous paraissez de glace !

ASPAR.
Madame, Aréobinde et Procope tous deux
Ont engagé leur cœur et formé d'autres vœux :
Sans cela je dirais...

PULCHÉRIE.
　　　　　Et sans cela moi-même
J'élèverais Aspar à cet honneur suprême ;
Mais, quand il serait homme à pouvoir aisément
Renoncer aux douceurs de son attachement,
Justine n'aurait pas une âme assez hardie
Pour accepter un cœur noirci de perfidie,
Et vous regarderait comme un volage esprit
Toujours prêt à donner où la fortune rit.
N'en savez-vous aucun de qui l'ardeur fidèle...

ASPAR.
Madame, vos bontés choisiront mieux pour elle ;
Comme pour Martian elles nous ont surpris,
Elles sauront encor surprendre nos esprits.
Je vous laisse en résoudre.

PULCHÉRIE.
　　　　　Allez ; et pour Irène
Si vous ne sentez rien en l'âme qui vous gêne,
Ne faites plus douter de vos longues amours,
Ou je dispose d'elle avant qu'il soit deux jours.

SCÈNE V

PULCHÉRIE, JUSTINE.

PULCHÉRIE.
Ce n'est pas encor tout, Justine ; je veux faire
Le malheureux Léon successeur de ton père.
Y contribueras-tu ? prêteras-tu la main ?
Au glorieux succès d'un si noble dessein ?

JUSTINE.
Et la main et le cœur sont en votre puissance.
Madame ; doutez-vous de mon obéissance,
Après que par votre ordre il m'a déjà coûté
Un conseil contre vous qui doit l'avoir flatté ?

PULCHÉRIE.
Achevons ; le voici. Je réponds de ton père ;
Son cœur est trop à moi pour nous être contraire.

SCÈNE VI

PULCHÉRIE, LÉON, JUSTINE.

LÉON.
Je me le disais bien que vos nouveaux serments,
Madame, ne seraient que des amusements.

PULCHÉRIE.
Vous commencez d'un air...

LÉON.
　　　　　J'achèverai de même.
Ingrate ! ce n'est plus ce Léon qui vous aime ;
Non, ce n'est plus...

PULCHÉRIE.
　　　　　Sachez...

LÉON.
　　　　　Je ne veux rien savoir,
Et je n'apporte ici ni respect ni devoir.
L'impétueuse ardeur d'une rage inquiète
N'y vient que mériter la mort que je souhaite ;
Et les emportements de ma juste fureur
Ne m'y parlent de vous que pour m'en faire horreur.
Oui, comme Pulchérie et comme impératrice,
Vous n'avez eu pour moi que détour, qu'injustice :
Si vos fausses bontés ont su me décevoir,
Vos serments m'ont réduit au dernier désespoir.

PULCHÉRIE.
Ah ! Léon.

LÉON.
　　　Par quel art que je ne puis comprendre
Forcez-vous d'un soupir ma fureur à se rendre ?
Un coup d'œil en triomphe ; et dès que je vous voi,
Il ne me souvient plus de vos manques de foi.

Ma bouche se refuse à vous nommer parjure,
Ma douleur se défend jusqu'au moindre murmure;
Et l'affreux désespoir qui m'amène en ces lieux
Cède au plaisir secret d'y mourir à vos yeux.
J'y vais mourir, madame, et d'amour, non de rage;
De mon dernier soupir recevez l'humble hommage:
Et, si de votre rang la fierté le permet,
Recevez-le, de grâce, avec quelque regret.
Jamais fidèle ardeur n'approcha de ma flamme,
Jamais frivole espoir ne flatta mieux une âme;
Je ne méritais pas qu'il eût aucun effet,
Ni qu'un amour si pur se vît mieux satisfait.
Mais quand vous m'avez dit: «Quelque ordre qu'on me
« Nul autre ne sera maître de ma personne,» [donne,
J'ai dû me le promettre; et toutefois, hélas!
Vous passez dès demain, madame, en d'autres bras;
Et, dès ce même jour, vous perdez la mémoire
De ce que vos bontés me commandaient de croire!

PULCHÉRIE.

Non, je ne la perds pas, et sais ce que je doi.
Prenez des sentiments qui soient dignes de moi;
Et ne m'accusez point de manquer de parole,
Quand pour vous la tenir moi-même je m'immole.

LÉON.

Quoi! vous n'épousez pas Martian dès demain?

PULCHÉRIE.

Savez-vous à quel prix je lui donne la main?

LÉON.

Que m'importe à quel prix un tel bonheur s'achète!

PULCHÉRIE.

Sortez, sortez du trouble où votre erreur vous jette,
Et sachez qu'avec moi ce grand titre d'époux
N'a point de privilége à vous rendre jaloux;
Que sous l'illusion de ce faux hyménée,
Je fais vœu de mourir telle que je suis née;
Que Martian reçoit et ma main, et ma foi,
Pour me conserver toute, et tout l'empire à moi;
Et que tout le pouvoir que cette foi lui donne
Ne le fera jamais maître de ma personne.
Est-ce tenir parole? et reconnaissez-vous
A quel point je vous sers quand j'en fais mon époux?
C'est pour vous qu'en ses mains je dépose l'empire;
C'est pour vous le garder qu'il me plaît de l'élire.
Rendez-vous, comme lui, digne de ce dépôt
Que son âge penchant vous remettra bientôt;
Suivez-le pas à pas; et, marchant dans sa route,
Mettez ce premier rang après lui hors de doute.
Étudiez sous lui ce grand art de régner,
Que tout autre aurait peine à vous mieux enseigner:
Et pour vous assurer ce que j'en veux attendre,
Attachez-vous au trône, et faites-vous son gendre.
Je vous donne Justine.

LÉON.

A moi, madame!

PULCHÉRIE.

A vous,
Que je m'étais promis moi-même pour époux.

LÉON.

Ce n'est donc pas assez de vous avoir perdue,
De voir en d'autres mains la main qui m'était due,
Il faut aimer ailleurs!

PULCHÉRIE.

Il faut être empereur,
Et, le sceptre à la main, justifier mon cœur;
Montrer à l'univers, dans le héros que j'aime,
Tout ce qui rend un front digne du diadème;
Vous mettre, à mon exemple, au-dessus de l'amour,
Et par mon ordre enfin régner à votre tour.
Justine a du mérite, elle est jeune, elle est belle:
Tous vos rivaux pour moi, le vont être pour elle:
Et l'empire pour dot est un trait si charmant,
Que je ne vous en puis répondre qu'un moment.

LÉON.

Oui, madame, après vous elle est incomparable;
Elle est de votre cour la plus considérable;
Elle a des qualités à se faire adorer:
Mais, hélas! jusqu'à vous j'avais droit d'aspirer.
Voulez-vous qu'à vos yeux je trompe un tel mérite,
Que sans amour pour elle à m'aimer je l'invite,
Qu'en vous laissant mon cœur je demande le sien,
Et lui promette tout pour ne lui donner rien?

PULCHÉRIE.

Et ne savez-vous pas qu'il est des hyménées
Que font sans nous au ciel les belles destinées?
Quand il veut que l'effet en éclate ici-bas,
Lui-même il nous entraîne où nous ne pensions pas;
Et, dès qu'il les résout, il sait trouver la voie
De nous faire accepter ses ordres avec joie.

LÉON.

Mais ne vous aimer plus! vous voler tous mes vœux!

PULCHÉRIE.

Aimez-moi, j'y consens; je dis plus, je le veux,
Mais comme impératrice, et non plus comme amante;
Que la passion cesse, et que le zèle augmente.
Justine, qui m'écoute, agréera bien, seigneur,
Que je conserve ainsi ma part en votre cœur.
Je connais tout le sien. Rendez-vous plus traitable
Pour apprendre à l'aimer autant qu'elle est aimable;
Et laissez-vous conduire à qui sait mieux que vous
Les chemins de vous faire un sort illustre et doux.
Croyez-en votre amante et votre impératrice:
L'une aime vos vertus, l'autre leur rend justice;
Et sur Justine et vous je dois pouvoir assez
Pour vous dire à tous deux: Je parle, obéissez.

LÉON, à Justine.

J'obéis donc, madame, à cet ordre suprême,
Pour vous offrir un cœur qui n'est pas à lui-même;
Mais enfin je ne sais quand je pourrai donner
Ce que je ne puis même offrir sans le gêner;
Et cette offre d'un cœur entre les mains d'une autre
Ne peut faire un amour qui mérite le vôtre.

JUSTINE.

Il est assez à moi, dans de si bonnes mains,
Pour n'en point redouter de vrais et longs dédain

Et je vous répondrais d'une amitié sincère,
Si j'en avais l'aveu de l'empereur mon père.
Le temps fait tout, seigneur.

SCÈNE VII

PULCHÉRIE, MARTIAN, LÉON, JUSTINE.

MARTIAN.

D'une commune voix,
Madame, le sénat accepte votre choix.
A vos bontés pour moi son allégresse unie
Soupire après le jour de la cérémonie ;
Et le serment prêté pour n'en retarder rien,
A votre auguste nom vient de mêler le mien.

PULCHÉRIE.

Cependant j'ai sans vous disposé de Justine,
Seigneur, et c'est Léon à qui je la destine.

MARTIAN.

Pourrais-je lui choisir un plus illustre époux
Que celui que l'amour avait choisi pour vous?
Il peut prendre après vous tout pouvoir dans l'empire,
S'y faire des emplois où l'univers l'admire,
Afin que, par votre ordre et les conseils d'Aspar,
Nous l'installions au trône, et le nommions César.

PULCHÉRIE.

Allons tout préparer pour ce double hyménée,
En ordonner la pompe, en choisir la journée.
D'Irène avec Aspar j'en voudrais faire autant;
Mais j'ai donné deux jours à cet esprit flottant,
Et laisse jusque-là ma faveur incertaine,
Pour régler son destin sur le destin d'Irène.

FIN DE PULCHÉRIE.

SURÉNA
GÉNÉRAL DES PARTHES

TRAGÉDIE — 1674

AU LECTEUR

Le sujet de cette tragédie est tiré de Plutarque et d'Appian Alexandrin. Ils disent tous deux que Suréna était le plus noble, le plus riche, le mieux fait, et le plus vaillant des Parthes. Avec ces qualités, il ne pouvait manquer d'être un des premiers hommes de son siècle; et, si je ne m'abuse, la peinture que j'en ai faite ne l'a point rendu méconnaissable : vous en jugerez.

PERSONNAGES.

ORODE, roi des Parthes.
PACORUS, fils d'Orode.
SURÉNA, lieutenant d'Orode, et général de son armée contre Crassus.
SILLACE, autre lieutenant d'Orode.
EURYDICE, fille d'Artabase, roi d'Arménie.
PALMIS, sœur de Suréna.
ORMÈNE, dame d'honneur d'Eurydice.

La scène est à Séleucie, sur l'Euphrate.

ACTE PREMIER

SCÈNE I

EURYDICE, ORMÈNE.

ÉURYDICE.
Ne me parle plus tant de joie et d'hyménée;
Tu ne sais pas les maux où je suis condamnée,
Ormène : c'est ici que doit s'exécuter
Ce traité qu'à deux rois il a plu d'arrêter,
Et l'on a préféré cette superbe ville,
Ces murs de Séleucie, aux murs d'Hécatompyle.
La reine et la princesse en quittent le séjour,
Pour rendre en ces beaux lieux tout son lustre à la
[cour.
Le roi les mande exprès, le prince n'attend qu'elles;
Et jamais ces climats n'ont vu pompes si belles.
Mais que servent pour moi tous ces préparatifs,
Si mon cœur est esclave et tous ses vœux captifs,
Si de tous ces efforts de publique allégresse
Il se fait des sujets de trouble et de tristesse?
J'aime ailleurs.
ORMÈNE.
Vous, madame?

EURYDICE.
Ormène, je l'ai tu
Tant que j'ai pu me rendre à toute ma vertu.
N'espérant jamais voir l'amant qui m'a charmée,
Ma flamme dans mon cœur se tenait renfermée :
L'absence et la raison semblaient la dissiper;
Le manque d'espoir même aidait à me tromper.
Je crus ce cœur tranquille; et mon devoir sévère
Le préparait sans peine aux lois du roi mon père,
Au choix qui lui plairait. Mais, ô dieux! quel tour-
[ment,
S'il faut prendre un époux aux yeux de cet amant!
ORMÈNE.
Aux yeux de votre amant!
EURYDICE.
Il est temps de te dire
Et quel malheur m'accable, et pour qui je soupire.
Le mal qui s'évapore en devient plus léger,
Et le mien avec toi cherche à se soulager.
Quand l'avare Crassus, chef des troupes romaines,
Entreprit de dompter les Parthes dans leurs plaines,
Tu sais que de mon père il brigua le secours;
Qu'Orode en fit autant au bout de quelques jours;
Que pour ambassadeur il prit ce héros même
Qui l'avait su venger et rendre au diadème.
ORMÈNE.
Oui, je vis Suréna vous parler pour son roi
Et Cassius pour Rome avoir le même emploi.

Je vis de ces États l'orgueilleuse puissance
D'Artabase à l'envi mendier l'assistance,
Ces deux grands intérêts partager votre cour,
Et des ambassadeurs prolonger le séjour.
EURYDICE.
Tous deux, ainsi qu'au roi, me rendirent visite,
Et j'en connus bientôt le différent mérite.
L'un, fier, et tout gonflé d'un vieux mépris des rois,
Semblait pour compliment nous apporter des lois;
L'autre, par les devoirs d'un respect légitime,
Vengeait le sceptre en nous de ce manque d'estime.
L'amour s'en mêla même; et tout son entretien
Sembla m'offrir son cœur, et demander le mien.
Il l'obtint; et mes yeux, que charmait sa présence,
Soudain avec les siens en firent confidence.
Ces muets truchements* surent lui révéler
Ce que je me forçais à lui dissimuler;
Et les mêmes regards qui m'expliquaient sa flamme
S'instruisaient dans les miens du secret de mon âme.
Ses vœux y rencontraient d'aussi tendres désirs;
Un accord imprévu confondait nos soupirs,
Et d'un mot échappé la douceur hasardée
Trouvait l'âme en tous deux toute persuadée.
ORMÈNE.
Cependant est-il roi, madame?
EURYDICE.
Il ne l'est pas;
Mais il sait rétablir les rois dans leurs États.
Des Parthes le mieux fait d'esprit et de visage,
Le plus puissant en biens, le plus grand en courage,
Le plus noble : joins-y l'amour qu'il a pour moi;
Et tout cela vaut bien un roi qui n'est que roi.
Ne t'effarouche point d'un feu dont je fais gloire,
Et souffre de mes maux que j'achève l'histoire.
L'amour, sous les dehors de la civilité,
Profita quelque temps des longueurs du traité :
On ne soupçonna rien des soins d'un si grand hom-
Mais il fallut choisir entre le Parthe et Rome. [me,
Mon père eut ses raisons en faveur du Romain;
J'eus les miennes pour l'autre, et parlai même en
Je fus mal écoutée, et dans ce grand ouvrage [vain :
On ne daigna peser ni compter mon suffrage.
Nous fûmes donc pour Rome; et Suréna confus
Emporta la douleur d'un indigne refus.
Il m'en parut ému, mais il sut se contraindre :
Pour tout ressentiment il ne fit que nous plaindre;
Et comme tout son cœur me demeura soumis,
Notre adieu ne fut point un adieu d'ennemis.
Que servit de flatter l'espérance détruite?
Mon père choisit mal : on l'a vu par la suite.
Suréna fit périr l'un et l'autre Crassus,
Et sur notre Arménie Orode eut le dessus;
Il vint dans nos États fondre comme un tonnerre.
Hélas! j'avais prévu les maux de cette guerre,
Et n'avais pas compté parmi ses noirs succès
Le funeste bonheur que me gardait la paix.
Les deux rois l'ont conclue, et j'en suis la victime :
On m'amène épouser un prince magnanime;
Car son mérite enfin ne m'est point inconnu,

Et se ferait aimer d'un cœur moins prévenu.
Mais quand ce cœur est pris et la place occupée,
Des vertus d'un rival en vain l'âme est frappée;
Tout ce qu'il a d'aimable importune les yeux;
Et plus il est parfait, plus il est odieux.
Cependant j'obéis, Ormène; je l'épouse.
Et de plus...
ORMÈNE.
Qu'auriez-vous de plus?
EURYDICE.
Je suis jalouse.
ORMÈNE.
Jalouse! Quoi! pour comble aux maux dont je vous
EURYDICE. [plains...
Tu vois ceux que je souffre, apprends ceux que je
Orode fait venir la princesse sa fille; [crains.
Et s'il veut de mon bien enrichir sa famille,
S'il veut qu'un double hymen honore un même jour,
Conçois mes déplaisirs; je t'ai dit mon amour.
C'est bien assez, ô ciel! que le pouvoir suprême
Me livre en d'autres bras aux yeux de ce que j'aime;
Ne me condamne pas à ce nouvel ennui
De voir tout ce que j'aime entre les bras d'autrui.
ORMÈNE.
Votre douleur, madame, est trop ingénieuse.
EURYDICE.
Quand on a commencé de se voir malheureuse,
Rien ne s'offre à nos yeux qui ne fasse trembler;
La plus fausse apparence a droit de nous troubler;
Et tout ce qu'on prévoit, tout ce qu'on s'imagine,
Forme un nouveau poison pour une âme chagrine.
ORMÈNE.
En ces nouveaux poisons trouvez-vous tant d'appas
Qu'il en faille faire un d'un hymen qui n'est pas?
EURYDICE.
La princesse est mandée; elle vient, elle est belle :
Un vainqueur des Romains n'est que trop digne d'el-
S'il la voit, s'il lui parle, et si le roi le veut... [le;
J'en dis trop; et déjà tout mon cœur qui s'émeut...
ORMÈNE.
A soulager vos maux appliquez même étude
Qu'à prendre un vain soupçon pour une certitude :
Songez par où l'aigreur s'en pourrait adoucir.
EURYDICE.
J'y fais ce que je puis, et n'y puis réussir.
N'osant voir Suréna, qui règne en ma pensée,
Et qui me croit peut-être une âme intéressée,
Tu vois quelle amitié j'ai faite avec sa sœur :
Je crois le voir en elle, et c'est quelque douceur,
Mais légère, mais faible, et qui me gêne l'âme
Par l'inutile soin de lui cacher ma flamme.
Elle la sait sans doute, et l'air dont elle agit
M'en demande un aveu dont mon devoir rougit.
Ce frère l'aime trop pour s'être caché d'elle :
N'en use pas de même, et sois-moi plus fidèle;
Il suffit qu'avec toi j'amuse mon ennui.
Toutefois tu n'as rien à me dire de lui;
Tu ne sais ce qu'il fait, tu ne sais ce qu'il pense :
Une sœur est plus propre à cette confiance;

Elle sait s'il m'accuse, ou s'il plaint mon malheur,
S'il partage ma peine, ou rit de ma douleur,
Si du vol qu'on lui fait il m'estime complice,
S'il me garde son cœur, ou s'il me rend justice.
Je la vois; force-la, si tu peux, à parler.
Force-moi, s'il le faut, à ne lui rien celer.
L'oserai-je, grands dieux! ou plutôt le pourrai-je?

ORMÈNE.

L'amour, dès qu'il le veut, se fait un privilége;
Et quand de se forcer ses désirs sont lassés,
Lui-même à n'en rien taire il s'enhardit assez.

SCÈNE II

EURYDICE, PALMIS, ORMÈNE.

PALMIS.

J'apporte ici, madame, une heureuse nouvelle :
Ce soir la reine arrive.

EURYDICE.

Et Mandane avec elle?

PALMIS.

On n'en fait aucun doute.

EURYDICE.

Et Suréna l'attend
Avec beaucoup de joie et d'un esprit content?

PALMIS.

Avec tout le respect qu'elle a lieu d'en attendre.

EURYDICE.

Rien de plus?

PALMIS.

Qu'a de plus un sujet à lui rendre?

EURYDICE.

Je suis trop curieuse et devrais mieux savoir
Ce qu'aux filles des rois un sujet peut devoir :
Mais de pareils sujets, sur qui tout l'État roule,
Se font assez souvent distinguer de la foule;
Et je sais qu'il en est, qui, si j'en puis juger,
Avec moins de respect savent mieux obliger.

PALMIS.

Je n'en sais point, madame, et ne crois pas mon frère
Plus savant que sa sœur en un pareil mystère.

EURYDICE.

Passons. Que fait le prince?

PALMIS.

En véritable amant,
Doutez-vous qu'il ne soit dans le ravissement?
Et pourrait-il n'avoir qu'une joie imparfaite
Quand il se voit toucher au bonheur qu'il souhaite?

EURYDICE.

Peut-être n'est-ce pas un grand bonheur pour lui,
Madame; et j'y craindrais quelque sujet d'ennui.

PALMIS.

Et quel ennui pourrait mêler son amertume
Au doux et plein succès du feu qui le consume?
Quel chagrin a de quoi troubler un tel bonheur?
Le don de votre main...

EURYDICE.

La main n'est pas le cœur.

PALMIS.

Il est maître du vôtre.

EURYDICE.

Il ne l'est point, madame;
Et même je ne sais s'il le sera de l'âme.
Jugez après cela quel bonheur est le sien.
Mais achevons, de grâce, et ne déguisons rien.
Savez-vous mon secret?

PALMIS.

Je sais celui d'un frère.

EURYDICE.

Vous savez donc le mien. Fait-il ce qu'il doit faire?
Me hait-il? et son cœur justement irrité,
Me rend-il sans regret ce que j'ai mérité?

PALMIS.

Oui, madame, il vous rend tout ce qu'une grande âme
Doit au plus grand mérite et de zèle et de flamme.

EURYDICE.

Il m'aimerait encor?

PALMIS.

C'est peu de dire aimer :
Il souffre sans murmure; et j'ai beau vous blâmer,
Lui-même il vous défend, vous excuse sans cesse.
« Elle est fille, et de plus, dit-il, elle est princesse :
« Je sais les droits d'un père, et connais ceux d'un roi;
« Je sais de ses devoirs l'indispensable loi;
« Je sais quel rude joug, dès sa plus tendre enfance,
« Imposent à ses vœux son rang et sa naissance :
« Son cœur n'est pas exempt d'aimer ni de haïr;
« Mais qu'il aime ou haïsse, il lui faut obéir.
« Elle m'a tout donné ce qui dépendait d'elle,
« Et ma reconnaissance en doit être éternelle. »

EURYDICE.

Ah! vous redoublez trop, par ce discours charmant,
Ma haine pour le prince et mes feux pour l'amant;
Finissons-le, madame; en ce malheur extrême,
Plus je hais, plus je souffre, et souffre autant que j'aime.
N'irritons point vos maux, et changeons d'entretien.
Je sais votre secret, sachez aussi le mien.
Vous n'êtes pas la seule à qui la destinée
Prépare un long supplice en ce grand hyménée :
Le prince...

EURYDICE.

Au nom des dieux, ne me le nommez pas;
Son nom seul me prépare à plus que le trépas.

PALMIS.

Un tel excès de haine!

EURYDICE.

Elle n'est que trop due
Aux mortelles douleurs dont m'accable sa vue.

PALMIS.

Eh bien! ce prince donc, qu'il vous plaît de haïr,
Et pour qui votre cœur s'apprête à se trahir,
Ce prince qui vous aime, il m'aimait.

EURYDICE.

L'infidèle!

PALMIS.
Nos vœux étaient pareils, notre ardeur mutuelle ;
Je l'aimais.
EURYDICE.
Et l'ingrat brise des nœuds si doux !
PALMIS.
Madame, est-il des cœurs qui tiennent contre vous ?
Est-il vœux ni serments qu'ils ne vous sacrifient ?
Si l'ingrat me trahit, vos yeux le justifient,
Vos yeux qui sur moi-même ont un tel ascendant...
EURYDICE.
Vous demeurez à vous, madame, en le perdant ;
Et le bien d'être libre aisément vous console
De ce qu'a d'injustice un manque de parole :
Mais je deviens esclave ; et tels sont mes malheurs,
Qu'en perdant ce que j'aime il faut que j'aime ail-
PALMIS.   [leurs.
Madame, trouvez-vous ma fortune meilleure ?
Vous perdez votre amant, mais son cœur vous de-
Et j'éprouve en mon sort une telle rigueur, [meure,
Que la perte du mien m'enlève tout son cœur.
Ma conquête m'échappe où les vôtres grossissent ;
Vous faites des captifs des miens qui s'affranchissent ;
Votre empire s'augmente où se détruit le mien ;
Et de toute ma gloire il ne me reste rien.
EURYDICE.
Reprenez vos captifs, rassurez vos conquêtes,
Rétablissez vos lois sur les plus grandes têtes ;
J'en serai peu jalouse, et préfère à cent rois
La douceur de ma flamme et l'éclat de mon choix.
La main de Suréna vaut mieux qu'un diadème. [me ?
Mais dites-moi, madame, est-il bien vrai qu'il m'ai-
Dites ; et s'il est vrai, pourquoi fuit-il mes yeux ?
PALMIS.
Madame, le voici qui vous le dira mieux.
EURYDICE.
Juste ciel ! à le voir déjà mon cœur soupire !
Amour, sur ma vertu prends un peu moins d'empire !

SCÈNE III

EURYDICE, SURÉNA.

EURYDICE.
Je vous ai fait prier de ne me plus revoir,
Seigneur : votre présence étonne mon devoir ;
Et ce qui de mon cœur fit toutes les délices,
Ne saurait plus m'offrir que de nouveaux supplices.
Osez-vous l'ignorer ? et lorsque je vous vois, [moi ?
S'il me faut trop souffrir, souffrez-vous moins que
Souffrons-nous moins tous deux pour soupirer en-
[semble ?
Allez, contentez-vous d'avoir vu que j'en tremble ;
Et du moins par pitié d'un triomphe douteux,
Ne me hasardez plus à des soupirs honteux.
SURÉNA.
Je sais ce qu'à mon cœur coûtera votre vue ;
Mais qui cherche à mourir doit chercher ce qui tue.

Madame, l'heure approche, et demain votre foi
Vous fait de m'oublier une éternelle loi :
Je n'ai plus que ce jour, que ce moment de vie :
Pardonnez à l'amour qui vous le sacrifie,
Et souffrez qu'un soupir exhale à vos genoux,
Pour ma dernière joie, une âme toute à vous.
Et la mienne, seigneur, la jugez-vous si forte,
Que vous ne craigniez point que ce moment l'emporte,
Que ce même soupir qui tranchera vos jours
Ne tranche aussi des miens le déplorable cours ?
Vivez, seigneur, vivez afin que je languisse,
Qu'à vos feux ma langueur rende longtemps justice.
Le trépas à vos yeux me semblerait trop doux,
Et je n'ai pas encore assez souffert pour vous.
Je veux qu'un noir chagrin à pas lents me consume,
Qu'il me fasse à longs traits goûter son amertume ;
Je veux, sans que la mort ose me secourir,
Toujours aimer, toujours souffrir, toujours mourir.
Mais pardonneriez-vous l'aveu d'une faiblesse
A cette douloureuse et fatale tendresse ?
Vous pourriez-vous, seigneur, résoudre à soulager
Un malheur si pressant par un bonheur léger ?
SURÉNA.
Quel bonheur peut dépendre ici d'un misérable
Qu'après tant de faveurs son amour même accable ?
Puis-je encor quelque chose en l'état où je suis ?
EURYDICE.
Vous pouvez m'épargner d'assez rudes ennuis.
N'épousez point Mandane : exprès on l'a mandée ;
Mon chagrin, mes soupçons, m'en ont persuadée.
N'ajoutez point, seigneur, à des malheurs si grands
Celui de vous unir au sang de mes tyrans ;
De remettre en leurs mains le seul bien qui me reste,
Votre cœur ; un tel don me serait trop funeste :
Je veux qu'il me demeure, et, malgré votre roi,
Disposer d'une main qui ne peut être à moi.
SURÉNA.
Plein d'un amour si pur et si fort que le nôtre,
Aveugle pour Mandane, aveugle pour toute autre,
Comme je n'ai plus d'yeux vers elles à tourner,
Je n'ai plus ni de cœur ni de main à donner.
Je vous aime, et vous perds. Après cela, madame,
Serait-il quelque hymen que pût souffrir mon âme ?
Serait-il quelques nœuds où se pût attacher
Le bonheur d'un amant qui vous était si cher,
Et qu'à force d'amour vous rendez incapable
De trouver sous le ciel quelque chose d'aimable ?
EURYDICE.
Ce n'est pas là de vous, seigneur, ce que je veux.
A la postérité vous devez des neveux ;
Et ces illustres morts dont vous tenez la place
Ont assez mérité de revivre en leur race :
Je ne veux pas l'éteindre, et tiendrais à forfait
Qu'il m'en fût échappé le plus léger souhait.
SURÉNA.
Que tout meure avec moi, madame ; que m'importe
Qui foule après ma mort la terre qui me porte ?

Sentiront-ils percer par un éclat nouveau,
Ces illustres aïeux, la nuit de leur tombeau?
Respireront-ils l'air où les feront revivre
Ces neveux qui peut-être auront peine à les suivre,
Peut-être ne feront que les déshonorer,
Et n'en auront le sang que pour dégénérer?
Quand nous avons perdu le jour qui nous éclaire,
Cette sorte de vie est bien imaginaire,
Et le moindre moment d'un bonheur souhaité
Vaut mieux qu'une si froide et vaine éternité.

EURYDICE.

Non, non, je suis jalouse; et mon impatience
D'affranchir mon amour de toute défiance,
Tant que je vous verrai maître de votre foi,
La croira réservée aux volontés du roi;
Mandane aura toujours un plein droit de vous plaire;
Ce sera l'épouser que de le pouvoir faire;
Et ma haine sans cesse aura de quoi trembler,
Tant que par là mes maux pourront se redoubler.
Il faut qu'un autre hymen me mette en assurance.
N'y portez, s'il se peut, que de l'indifférence :
Mais, par de nouveaux feux dussiez-vous me trahir,
Je veux que vous aimiez afin de m'obéir.
Je veux que ce grand choix soit mon dernier ouvrage,
Qu'il tienne lieu vers moi d'un éternel hommage,
Que mon ordre le règle, et qu'on me voie enfin
Reine de votre cœur et de votre destin;
Que Mandane, en dépit de l'espoir qu'on lui donne
Ne pouvant s'élever jusqu'à votre personne,
Soit réduite à descendre à ces malheureux rois
A qui, quand vous voudrez, vous donnerez des lois.
Et n'appréhendez point d'en regretter la perte;
Il n'est cour sous les cieux qui ne vous soit ouverte,
Et partout votre gloire a fait de tels éclats,
Que les filles de roi ne vous manqueront pas.

SURÉNA.

Quand elles me rendraient maître de tout un monde,
Absolu sur la terre et souverain sur l'onde,
Mon cœur...

EURYDICE.

N'achevez point : l'air dont vous commencez
Pourrait à mon chagrin ne plaire pas assez;
Et d'un cœur qui veut être encor sous ma puissance
Je ne veux recevoir que de l'obéissance.

SURÉNA.

A qui me donnez-vous?

EURYDICE.

Moi ? que ne puis-je, hélas!
Vous ôter à Mandane, et ne vous donner pas!
Et contre les soupçons de ce cœur qui vous aime
Que ne m'est-il permis de m'assurer moi-même!
Mais adieu ; je m'égare.

SURÉNA.

Où dois-je recourir,
O ciel! s'il faut toujours aimer, souffrir, mourir!

ACTE DEUXIÈME

SCÈNE I

PACORUS, SURÉNA.

PACORUS.

Suréna, votre zèle a trop servi mon père
Pour m'en laisser attendre un devoir moins sincère;
Et, si près d'un hymen qui doit m'être assez doux,
Je mets ma confiance et mon espoir en vous.
Palmis avec raison de cet hymen murmure ;
Mais je puis réparer ce qu'il lui fait d'injure ;
Et vous n'ignorez pas qu'à former ces grands nœuds
Mes pareils ne sont point tout à fait maîtres d'eux.
Quand vous voudrez tous deux attacher vos ten-
[dresses,
Il est des rois pour elle, et pour vous des princesses,
Et je puis hautement vous engager ma foi
Que vous ne vous plaindrez du prince ni du roi.

SURÉNA.

Cessez de me traiter, seigneur, en mercenaire :
Je n'ai jamais servi par espoir de salaire ;
La gloire m'en suffit, et le prix que reçoit...

PACORUS.

Je sais ce que je dois quand on fait ce qu'on doit,
Et si de l'accepter ce grand cœur vous dispense,
Le mien se satisfait alors qu'il récompense.
J'épouse une princesse en qui les doux accords
Des grâces de l'esprit avec celles du corps
Forment le plus brillant et plus noble assemblage
Qui puisse orner une âme et parer un visage.
Je n'en dis que ce mot; et vous savez assez
Quels en sont les attraits, vous qui la connaissez.
Cette princesse donc, si belle, si parfaite,
Je crains qu'elle n'ait pas ce que plus je souhaite,
Qu'elle manque d'amour, ou plutôt que ses vœux
N'aillent pas tout à fait du côté que je veux.
Vous qui l'avez tant vue, et qu'un devoir fidèle
A tenu si longtemps près de son père et d'elle,
Ne me déguisez point ce que dans cette cour
Sur de pareils soupçons vous auriez eu de jour.

SURÉNA.

Je la voyais, seigneur, mais pour gagner son père;
C'était tout mon emploi, c'était ma seule affaire ;
Et je croyais par elle être sûr de son choix :
Mais Rome et son intrigue eurent le plus de voix.
Du reste, ne prenant intérêt à m'instruire
Que de ce qui pouvait vous servir ou vous nuire,
Comme je me bornais à remplir ce devoir,
Je puis n'avoir pas vu ce qu'un autre eût pu voir.
Si j'eusse pressenti que, la guerre achevée,
A l'honneur de vos feux elle était réservée,
J'aurais pris d'autres soins, et plus examiné;
Mais j'ai suivi mon ordre, et n'ai point deviné.

PACORUS.
Quoi! de ce que je crains vous n'auriez nulle idée?
Par aucune ambassade on ne l'a demandée?
Aucun prince auprès d'elle, aucun digne sujet
Par ses attachements n'a marqué de projet?
Car il vient quelquefois du milieu des provinces
Des sujets en nos cours, qui valent bien des princes;
Et par l'objet présent les sentiments émus
N'attendent pas toujours des rois qu'on n'a point vus.

SURÉNA.
Durant tout mon séjour rien n'y blessait ma vue;
Je n'y rencontrais point de visite assidue,
Point de devoirs suspects, ni d'entretiens si doux
Que, si j'avais aimé, j'en dusse être jaloux.
Mais qui vous peut donner cette importune crainte,
Seigneur?

PACORUS.
Plus je la vois, plus j'y vois de contrainte.
Elle semble, aussitôt que j'ose en approcher,
Avoir je ne sais quoi qu'elle me veut cacher.
Non qu'elle ait jusqu'ici demandé de remise :
Mais ce n'est pas m'aimer, ce n'est qu'être soumise;
Et tout le bon accueil que j'en puis recevoir,
Tout ce que j'en obtiens ne part que du devoir.

SURÉNA.
N'en appréhendez rien. Encor tout étonnée,
Toute tremblante encor au seul nom d'hyménée,
Pleine de son pays, pleine de ses parents,
Il lui passe en l'esprit cent chagrins différents.

PACORUS.
Mais il semble, à la voir, que son chagrin s'applique
A braver par dépit l'allégresse publique;
Inquiète, rêveuse, insensible aux douceurs
Que par un plein succès l'amour verse en nos cœurs...

SURÉNA.
Tout cessera, seigneur, dès que sa foi reçue
Aura mis en vos mains la main qui vous est due;
Vous verrez ses chagrins détruits en moins d'un
Et toute sa vertu devenir tout amour.   [jour,

PACORUS.
C'est beaucoup hasarder que de prendre assurance
Sur une si légère et douteuse espérance.
Et qu'aura cet amour d'heureux, de singulier,
Qu'à son trop de vertu je devrai tout entier?
Qu'aura-t-il de charmant cet amour, s'il ne donne
Que ce qu'un triste hymen ne refuse à personne,
Esclave dédaigneux d'une odieuse loi
Qui n'est pour toute chaîne attaché qu'à sa foi?
Pour faire aimer ses lois, l'hymen ne doit en faire
Qu'afin d'autoriser la pudeur à se taire.
Il faut, pour rendre heureux, qu'il donne sans gêner,
Et prête un doux prétexte à qui veut tout donner.
Que sera-ce, grands dieux! si toute ma tendresse
Rencontre un souvenir plus cher à ma princesse,
Si le cœur pris ailleurs ne s'en arrache pas,
Si pour un autre objet il soupire en mes bras!
Il faut, il faut enfin m'éclaircir avec elle.

SURÉNA.
Seigneur, je l'aperçois, l'occasion est belle.

Mais si vous en tirez quelque éclaircissement
Qui donne à votre crainte un juste fondement,
Que ferez-vous?

PACORUS.
J'en doute; et, pour ne vous rien feindre,
Je crois l'aimer assez pour ne la pas contraindre.
Mais tel chagrin aussi pourrait me survenir,
Que je l'épouserais afin de la punir.
Un amant dédaigné souvent croit beaucoup faire
Quand il rompt le bonheur de ce qu'on lui préfère.
Mais elle approche. Allez, laissez-moi seul agir;
J'aurais peur devant vous d'avoir trop à rougir.

SCÈNE II

PACORUS, EURYDICE.

PACORUS.
Quoi! madame, venir vous-même à ma rencontre!
Cet excès de bonté que votre cœur me montre...

EURYDICE.
J'allais chercher Palmis, que j'aime à consoler
Sur un malheur qui presse et ne peut reculer.

PACORUS.
Laissez-moi vous parler d'affaires plus pressées,
Et songez qu'il est temps de m'ouvrir vos pensées :
Vous vous abuseriez à les plus retenir.
Je vous aime, et demain l'hymen doit nous unir.
M'aimez-vous?

EURYDICE.
Oui, seigneur; et ma main vous est sûre.

PACORUS.
C'est peu que de la main, si le cœur en murmure.

EURYDICE.
Quel mal pourrait causer le murmure du mien,
S'il murmurait si bas qu'aucun n'en apprît rien?

PACORUS.
Ah! madame, il me faut un aveu plus sincère.

EURYDICE.
Épousez-moi, seigneur, et laissez-moi me taire;
Un pareil doute offense, et cette liberté
S'attire quelquefois trop de sincérité.

PACORUS.
C'est ce que je demande, et qu'un mot sans contrainte
Justifie aujourd'hui mon espoir ou ma crainte.
Ah! si vous connaissiez ce que pour vous je sens...

EURYDICE.
Je ferais ce que font les cœurs obéissants,
Ce que veut mon devoir, ce qu'attend votre flamme,
Ce que je fais enfin.

PACORUS.
Vous feriez plus, madame;
Vous me feriez justice, et prendriez plaisir
A montrer que nos cœurs ne forment qu'un désir :
Vous me diriez sans cesse : « Oui, prince, je vous
[aime,
« Mais d'une passion, comme la vôtre, extrême;
« Je sens le même feu, je fais les mêmes vœux;
« Ce que vous souhaitez est tout ce que je veux;

« Et cette illustre ardeur ne sera point contente,
« Qu'un glorieux hymen n'ait rempli notre attente. »
   EURYDICE.
Pour vous tenir, seigneur, un langage si doux,
Il faudrait qu'en amour j'en susse autant que vous.
   PACORUS.
Le véritable amour, dès que le cœur soupire,
Instruit en un moment de tout ce qu'on doit dire.
Ce langage à ses feux n'est jamais importun ;
Et, si vous l'ignorez, vous n'en sentez aucun.
   EURYDICE.
Suppléez-y, seigneur, et dites-vous vous-même
Tout ce que sent un cœur dès le moment qu'il aime ;
Faites-vous-en pour moi le charmant entretien :
J'avoûrai tout, pourvu que je n'en dise rien.
   PACORUS.
Ce langage est bien clair, et je l'entends sans peine.
Au défaut de l'amour, auriez-vous de la haine ?
Je ne veux pas le croire, et des yeux si charmants...
   EURYDICE.
Seigneur, sachez pour vous quels sont mes senti-
Si l'amitié vous plaît, si vous aimez l'estime, [ments.
A vous les refuser je croirais faire un crime ;
Pour le cœur, si je puis vous le dire entre nous,
Je ne m'aperçois point qu'il soit encore à vous.
   PACORUS.
Ainsi donc ce traité qu'ont fait les deux couronnes...
   EURYDICE.
S'il a pu l'une à l'autre engager nos personnes,
Au seul don de la main son droit est limité,
Et mon cœur avec vous n'a point fait de traité.
C'est sans vous le devoir que je fais mon possible
A le rendre pour vous plus tendre et plus sensible :
Je ne sais si le temps l'y pourra disposer :
Mais, qu'il le puisse ou non, vous pouvez m'épouser.
   PACORUS.
Je le puis, je le dois, je le veux ; mais, madame,
Dans ces tristes froideurs dont vous payez ma flam-
Quelque autre amour plus fort...   [me,
   EURYDICE.
              Qu'osez-vous demander,
Prince ?
   PACORUS.
      De mon bonheur ce qui doit décider.
   EURYDICE.
Est-ce un aveu qui puisse échapper à ma bouche ?
   PACORUS.
Il est tout échappé, puisque ce mot vous touche.
Si vous n'aviez du cœur fait ailleurs l'heureux don,
Vous auriez moins de gêne à me dire que non ;
Et, pour me garantir de ce que j'appréhende,
La réponse avec joie eût suivi la demande.
Madame, ce qu'on fait sans honte et sans remords
Ne coûte rien à dire, il n'y faut point d'efforts ;
Et sans que la rougeur au visage nous monte...
   EURYDICE.
Ah ! ce n'est point pour moi que je rougis de honte.
Si j'ai pu faire un choix, je l'ai fait assez beau
Pour m'en faire un honneur jusque dans le tombeau ;
Et quand je l'avoûrai, vous aurez lieu de croire
Que tout mon avenir en aimera la gloire.
Je rougis, mais pour vous qui m'osez demander
Ce qu'on doit avoir peine à se persuader ;
Et je ne comprends point avec quelle prudence
Vous voulez qu'avec vous j'en fasse confidence,
Vous qui, près d'un hymen accepté par devoir,
Devriez sur ce point craindre de trop savoir.
   PACORUS.
Mais il est fait ce choix qu'on s'obstine à me taire,
Et qu'on cherche à me dire avec tant de mystère ?
   EURYDICE.
Je ne vous le dis point ; mais, si vous m'y forcez,
Il vous en coûtera plus que vous ne pensez.
   PACORUS.   [coûte,
Eh bien, madame ! eh bien ! sachons, quoi qu'il en
Quel est ce grand rival qu'il faut que je redoute.
Dites, est-ce un héros ? est-ce un prince ? est-ce un
   EURYDICE.   [roi ?
C'est ce que j'ai connu de plus digne de moi.
   PACORUS.
Si le mérite est grand, l'estime est un peu forte.
   EURYDICE.
Vous la pardonnerez à l'amour qui s'emporte :
Comme vous le forcez à se trop expliquer,
S'il manque de respect, vous l'en faites manquer.
Il est si naturel d'estimer ce qu'on aime,
Qu'on voudrait que partout on l'estimât de même ;
Et la pente est si douce à vanter ce qu'il vaut,
Que jamais on ne craint de l'élever trop haut.
   PACORUS.
C'est en dire beaucoup.
   EURYDICE.
              Apprenez davantage,
Et sachez que l'effort où mon devoir m'engage
Ne peut plus me réduire à vous donner demain
Ce qui vous était sûr, je veux dire ma main.
Ne vous la promettez qu'après que dans mon âme
Votre mérite aura dissipé cette flamme,
Et que mon cœur, charmé par des attraits plus doux
Se sera répondu de n'aimer rien que vous.
Et ne me dites point que pour cet hyménée
C'est par mon propre aveu qu'on a pris la journée :
J'en sais la conséquence, et diffère à regret ;
Mais puisque vous m'avez arraché mon secret,
Il n'est ni roi, ni père, il n'est prière, empire,
Qu'au péril de cent morts mon cœur n'ose en dédire.
C'est ce qu'il n'est plus temps de vous dissimuler,
Seigneur ; et c'est le prix de m'avoir fait parler.
   PACORUS.
A ces bontés, madame, ajoutez une grâce ;
Et du moins, attendant que cette ardeur se passe,
Apprenez-moi le nom de cet heureux amant
Qui sur tant de vertu règne si puissamment,
Par quelles qualités il a pu la surprendre.
   EURYDICE.
Ne me pressez point tant, seigneur, de vous l'ap-
Si je vous l'avais dit...   [prendre.

PACORUS.
Achevons.
EURYDICE.
Dès demain
Rien ne m'empêcherait de lui donner la main.
PACORUS.
Il est donc en ces lieux, madame?
EURYDICE.
Il y peut être,
Seigneur, si déguisé qu'on ne le peut connaître.
Peut-être en domestique est-il auprès de moi;
Peut-être s'est-il mis de la maison du roi;
Peut-être chez vous-même il s'est réduit à feindre.
Craignez-le dans tous ceux que vous ne daignez crain-
Dans tous les inconnus que vous aurez à voir; [dre,
Et, plus que tout encor, craignez de trop savoir.
J'en dis trop; il est temps que ce discours finisse.
A Palmis que je vois rendez plus de justice;
Et puissent de nouveau ses attraits vous charmer
Jusqu'à ce que le temps m'apprenne à vous aimer?

SCÈNE III

PACORUS, PALMIS.

PACORUS. [dre.
Madame, au nom des dieux, ne venez pas vous plain-
On me donne sans vous assez de gens à craindre;
Et je serais bientôt accablé de leurs coups,
N'était que pour asile on me renvoie à vous.
J'obéis, j'y reviens, madame; et cette joie...
PALMIS.
Que n'y revenez-vous sans qu'on vous y renvoie!
Votre amour ne fait rien ni pour moi ni pour lui,
Si vous n'y revenez que par l'ordre d'autrui.
PACORUS.
N'est-ce rien que pour vous à cet ordre il défère?
PALMIS.
Non, ce n'est qu'un dépit qu'il cherche à satisfaire
PACORUS.
Depuis quand le retour d'un cœur comme le mien
Fait-il si peu d'honneur qu'on ne le compte à rien?
PALMIS.
Depuis qu'il est honteux d'aimer un infidèle,
Que ce qu'un mépris chasse un coup d'œil le rappelle,
Et que les inconstants ne donnent point de cœurs
Sans être encor tout prêts de les porter ailleurs.
PACORUS.
Je le suis, je l'avoue, et mérite la honte
Que d'un retour suspect vous fassiez peu de compte.
Montrez-vous généreuse; et si mon changement
A changé votre amour en vif ressentiment,
Immolez un courroux si grand, si légitime,
A la juste pitié d'un si malheureux crime.
J'en suis assez puni sans que l'indignité...
PALMIS.
Seigneur, le crime est grand; mais j'ai de la bonté :
Je sais ce qu'à l'État ceux de votre naissance,
Tout maîtres qu'ils en sont doivent d'obéissance :
Son intérêt chez eux l'emporte sur le leur,
Et du moment qu'il parle il fait taire le cœur.
PACORUS.
Non, madame, souffrez que je vous désabuse;
Je ne mérite point l'honneur de cette excuse :
Ma légèreté seule a fait ce nouveau choix;
Nulles raisons d'État ne m'en ont fait de lois;
Et pour traiter la paix avec tant d'avantage,
On ne m'a point forcé de m'en faire le gage :
J'ai pris plaisir à l'être, et plus mon crime est noir,
Plus l'oubli que j'en veux me fera vous devoir.
Tout mon cœur...
PALMIS.
Entre amants qu'un changement sépare,
Le crime est oublié sitôt qu'on le répare;
Et, bien qu'il vous ait plu, seigneur, de me trahir,
Je le dis malgré moi, je ne vous puis haïr.
PACORUS.
Faites-moi grâce entière, et songez à me rendre
Ce qu'un amour si pur, ce qu'une ardeur si tendre...
PALMIS.
Donnez-moi donc, seigneur, vous-même quelque
Quelque infaillible voie à fixer votre amour; [jour,
Et s'il est un moyen...
PACORUS.
S'il en est? Oui, madame,
Il en est de fixer tous les vœux de mon âme;
Et ce joug qu'à tous deux l'amour rendit si doux.
Si je ne m'y rattache, il ne tiendra qu'à vous.
Il est, pour m'arrêter sous un si digne empire,
Un office à me rendre, un secret à me dire.
La princesse aime ailleurs, je n'en puis plus douter,
Et doute quel rival s'en fait mieux écouter.
Vous êtes avec elle en trop d'intelligence
Pour n'en avoir pas eu toute la confidence :
Tirez-moi de ce doute, et recevez ma foi
Qu'autre que vous jamais ne régnera sur moi.
PALMIS.
Quel gage en est-ce, hélas ! qu'une foi si peu sûre?
Le ciel la rendra-t-il moins sujette au parjure?
Et ces liens si doux, que vous avez brisés,
A briser de nouveau seront-ils moins aisés?
Si vous voulez, seigneur, rappeler mes tendresses,
Il me faut des effets, et non pas des promesses;
Et cette foi n'a rien qui me puisse ébranler,
Quand la main seule a droit de me faire parler.
PACORUS. [gitent,
La main seule en a droit ! Quand cent troubles m'a-
Que la haine, l'amour, l'honneur, me sollicitent,
Qu'à l'ardeur de punir je m'abandonne en vain,
Hélas! suis-je en état de vous donner la main?
PALMIS.
Et moi, sans cette main, seigneur, suis-je maître
De ce que m'a daigné confier la princesse,
Du secret de son cœur? Pour le tirer de moi,
Il me faut vous devoir plus que je ne lui doi,
Être un autre vous-même; et le seul hyménée
Peut rompre le silence où je suis enchaînée.

PACORUS.
Ah! vous ne m'aimez plus.
PALMIS.
Je voudrais le pouvoir :
Mais pour ne plus aimer que sert de le vouloir?
J'ai pour vous trop d'amour, et je le sens renaître
Et plus tendre et plus fort qu'il n'a dû jamais être.
Mais si...
PACORUS.
Ne m'aimez plus, ou nommez ce rival.
PALMIS.
Me préserve le ciel de vous aimer si mal!
Ce serait vous livrer à des guerres nouvelles,
Allumer entre vous des haines immortelles...
PACORUS.
Que m'importe? et qu'aurais-je à redouter de lui,
Tant que je me verrai Suréna pour appui?
Quel qu'il soit, ce rival, il sera seul à plaindre :
Le vainqueur des Romains n'a point de rois à crain-
PALMIS. [dre.
Je le sais; mais, seigneur, qui vous peut engager
Aux soins de le punir et de vous en venger?
Quand son grand cœur charmé d'une belle princesse
En a su mériter l'estime et la tendresse,
Quel dieu, quel bon génie a dû lui révéler
Que le vôtre pour elle aimerait à brûler?
A quel trait ce rival a-t-il dû le connaître,
Respecter de si loin des feux encor à naître,
Voir pour vous d'autres fers que ceux où vous viviez,
Et lire en vos destins plus que vous n'en saviez?
S'il a vu la conquête à ses vœux exposée,
S'il a trouvé du cœur la sympathie aisée,
S'être emparé d'un bien où vous n'aspiriez pas,
Est-ce avoir fait des vols et des assassinats?

PACORUS.
Je le vois bien, madame, et vous et ce cher frère
Abondez en raisons pour cacher le mystère :
Je parle, promets, prie, et je n'avance rien.
Aussi votre intérêt est préférable au mien;
Rien n'est plus juste; mais...
PALMIS.
Seigneur.
PACORUS
Adieu, madame :
Je vous lais trop jouir des troubles de mon âme.
Le ciel se lassera de m'être rigoureux.
PALMIS.
Seigneur, quand vous voudrez il fera quatre heureux.

ACTE TROISIÈME

SCÈNE I

ORODE, SILLACE.

SILLACE.
Je l'ai vu par votre ordre et voulu par avance
Pénétrer le secret de son indifférence.
Il m'a paru, seigneur, si froid, si retenu...
Mais vous en jugerez quand il sera venu.
Cependant je dirai que cette retenue
Sent une âme de trouble et d'ennuis prévenue,
Que ce calme paraît assez prémédité
Pour ne répondre pas de sa tranquillité;
Que cette indifférence a de l'inquiétude,
Et que cette froideur marque un peu trop d'étude.
ORODE.
Qu'un tel calme, Sillace, a droit d'inquiéter
Un roi qui lui doit tant, qu'il ne peut s'acquitter!
Un service au-dessus de toute récompense
A force d'obliger tient presque lieu d'offense,
Il reproche en secret tout ce qu'il a d'éclat,
Il livre tout un cœur au dépit d'être ingrat.
Le plus zélé déplaît, le plus utile gêne,
Et l'excès de son poids fait pencher vers la haine.
Suréna de l'exil lui seul m'a rappelé;
Il m'a rendu lui seul ce qu'on m'avait volé,
Mon sceptre; de Crassus il vient de me défaire :
Pour faire autant pour lui quel don puis-je lui faire?
Lui partager mon trône? Il serait tout à lui
S'il n'avait mieux aimé n'en être que l'appui.
Quand j'en pleurais la perte, il forçait des murailles;
Quand j'invoquais mes dieux, il gagnait des batailles.
J'en frémis, j'en rougis, je m'en indigne, et crains
Qu'il n'ose quelque jour s'en payer par ses mains;
Et, dans tout ce qu'il a de nom et de fortune,
Sa fortune me pèse, et son nom m'importune.
Qu'un monarque est heureux quand parmi ses sujets
Ses yeux n'ont point à voir de plus nobles objets,
Qu'au-dessus de sa gloire il n'y connaît personne,
Et qu'il est le plus digne enfin de sa couronne!
SILLACE.
Seigneur, pour vous tirer de ces perplexités,
La saine politique a deux extrémités.
Quoi qu'ait fait Suréna, quoi qu'il en faille attendre,
Ou faites-le périr, ou faites-en un gendre.
Puissant par sa fortune, et plus par son emploi,
S'il devient par l'hymen l'appui d'un autre roi,
Si, dans les différends que le ciel vous peut faire,
Une femme l'entraîne au parti de son père,
Que vous servira lors, seigneur, d'en murmurer?
Il faut, il faut le perdre, ou vous en assurer;
Il n'est point de milieu.
ORODE.
Ma pensée est la vôtre;

Mais s'il ne veut pas l'un, pourrai-je vouloir l'autre?
Pour prix de ses hauts faits, et de m'avoir fait roi,
Son trépas... Ce mot seul me fait pâlir d'effroi;
Ne m'en parlez jamais : que tout l'État périsse
Avant que jusque-là ma vertu se ternisse,
Avant que je défère à ces raisons d'État
Qui nommeraient justice un si lâche attentat!

SILLACE.

Mais pourquoi lui donner les Romains en partage,
Quand sa gloire, seigneur, vous donnait tant d'ombrage?
Pourquoi contre Artabase attacher vos emplois,
Et lui laisser matière à de plus grands exploits?

ORODE.

L'événement, Sillace, a trompé mon attente.
Je voyais des Romains la valeur éclatante;
Et, croyant leur défaite impossible sans moi,
Pour me la préparer, je fondis sur ce roi :
Je crus qu'il ne pourrait à la fois se défendre
Des fureurs de la guerre et de l'offre d'un gendre;
Et que par tant d'horreurs son peuple épouvanté
Lui ferait mieux goûter la douceur d'un traité;
Tandis que Suréna, mis aux Romains en butte,
Les tiendrait en balance, ou craindrait pour sa chute,
Et me réserverait la gloire d'achever,
Ou de le voir tombant, et de le relever.
Je réussis à l'un, et conclus l'alliance;
Mais Suréna vainqueur prévint mon espérance.
A peine d'Artabase eus-je signé la paix,
Que j'appris Crassus mort, et les Romains défaits.
Ainsi d'une si haute et si prompte victoire
J'emporte tout le fruit, et lui toute la gloire,
Et, beaucoup plus heureux que je n'aurais voulu,
Je me fais un malheur d'être trop absolu.
Je tiens toute l'Asie et l'Europe en alarmes,
Sans que rien s'en impute à l'effort de mes armes;
Et quand mes voisins tremblent pour leurs États,
Je ne les fais trembler que par un autre bras.
J'en tremble enfin moi-même, et pour remède unique
Je n'y vois qu'une basse et dure politique,
Si Mandane, l'objet des vœux de tant de rois,
Se doit voir d'un sujet le rebut ou le choix.

SILLACE.

Le rebut! Vous craignez, seigneur, qu'il la refuse?

ORODE.

Et ne se peut-il pas qu'un autre amour l'amuse,
Et que, rempli qu'il est d'une juste fierté,
Il n'écoute son cœur plus que ma volonté?
Le voici; laissez-nous.

SCÈNE II

ORODE, SURÉNA.

ORODE.

Suréna, vos services
(Qui l'aurait osé croire?) ont pour moi des supplices;
J'en ai honte, et ne puis assez me consoler
De ne voir aucun don qui les puisse égaler.
Suppléez au défaut d'une reconnaissance
Dont vos propres exploits m'ont mis en impuissance;
Et s'il en est un prix dont vous fassiez état,
Donnez-moi les moyens d'être un peu moins ingrat.

SURÉNA.

Quand je vous ai servi, j'ai reçu mon salaire,
Seigneur, et n'ai rien fait qu'un sujet n'ait dû faire;
La gloire m'en demeure, et c'est l'unique prix
Que s'en est proposé le soin que j'en ai pris.
Si pourtant il vous plaît, seigneur, que j'en demande
De plus dignes d'un roi dont l'âme est toute grande;
La plus haute vertu peut faire de faux pas;
Si la mienne en fait un, daignez ne le voir pas:
Gardez-moi des bontés toujours prêtes d'éteindre
Le plus juste courroux que j'aurais lieu d'en craindre;
Et si...

ORODE.

Ma gratitude oserait se borner
Au pardon d'un malheur qu'on ne peut deviner,
Qui n'arrivera point? et j'attendrais un crime,
Pour vous montrer le fond de toute mon estime?
Le ciel m'est plus propice, et m'en ouvre un moyen
Par l'heureuse union de votre sang au mien.
D'avoir tout fait pour moi ce sera le salaire.

SURÉNA.

J'en ai flatté longtemps un espoir téméraire;
Mais puisque enfin le prince...

ORODE.

Il aima votre sœur,
Et le bien de l'État lui dérobe son cœur;
La paix de l'Arménie à ce prix est jurée.
Mais l'injure aisément peut être réparée.
J'y sais des rois tout prêts : et pour vous, dès demain,
Mandane que j'attends vous donnera la main.
C'est tout ce qu'en la mienne ont mis les destinées
Qu'à force de hauts faits la vôtre a couronnées.

SURÉNA.

A cet excès d'honneur rien ne peut s'égaler :
Mais si vous me laissiez liberté d'en parler,
Je vous dirais, seigneur, que l'amour paternelle
Doit à cette princesse un trône digne d'elle;
Que l'inégalité de mon destin au sien
Ravalerait son sang sans élever le mien;
Qu'une telle union, quelque haut qu'on la mette,
Me laisse encor sujet, et la rendrait sujette;
Et que de son hymen, malgré tous mes hauts faits,
Au lieu de rois à naître, il naîtrait des sujets.
De quel œil voulez-vous, seigneur, qu'elle me donne
Une main refusée à plus d'une couronne,
Et qu'un si digne objet des vœux de tant de rois
Descende par votre ordre à cet indigne choix?
Que de mépris pour moi! que de honte pour elle!
Non, seigneur, croyez-en un serviteur fidèle;
Si votre sang du mien veut augmenter l'honneur,
Il y faut l'union du prince avec ma sœur.
Ne le mêlez, seigneur, au sang de vos ancêtres
Qu'afin que vos sujets en reçoivent des maîtres :
Vos Parthes dans la gloire ont trop longtemps vécu,
Pour attendre des rois du sang de leur vaincu.

Si vous ne le savez, tout le camp en murmure;
Ce n'est qu'avec dépit que le peuple l'endure.
Quelles lois eût pu faire Artabase vainqueur
Plus rudes, disent-ils, même à des gens sans cœur?
Je les fais taire. Mais, seigneur, à le bien prendre,
C'était moins l'attaquer que lui mener un gendre;
Et, si vous en aviez consulté leurs souhaits,
Vous auriez préféré la guerre à cette paix.

ORODE.

Est-ce dans le dessein de vous mettre à leur tête
Que vous me demandez ma grâce toute prête?
Et de leurs vains souhaits vous font-ils le porteur
Pour faire Palmis reine avec plus de hauteur?
Il n'est rien d'impossible à la valeur d'un homme
Qui rétablit son maître et triomphe de Rome :
Mais sous le ciel tout change, et les plus valeureux
N'ont jamais sûreté d'être toujours heureux.
J'ai donné ma parole, elle est inviolable.
Le prince aime Eurydice autant qu'elle est aimable :
Et, s'il faut dire tout, je lui dois cet appui
Contre ce que Phradate osera contre lui.
Car tout ce qu'attenta contre moi Mitradate,
Pacorus le doit craindre à son tour de Phradate;
Cet esprit turbulent, et jaloux du pouvoir,
Quoique son frère...

SURÉNA.

Il sait que je sais mon devoir,
Et n'a pas oublié que dompter des rebelles,
Détrôner un tyran...

ORODE.

Ces actions sont belles;
Mais pour m'avoir remis en état de régner,
Rendent-elles pour vous ma fille à dédaigner?

SURÉNA.

La dédaigner, seigneur, quand mon zèle fidèle
N'ose me regarder que comme indigne d'elle!
Osez me dispenser de ce que je vous doi;
Et, pour la mériter, je cours me faire roi.
S'il n'est rien d'impossible à la valeur d'un homme
Qui rétablit son maître et triomphe de Rome,
Sur quels rois aisément ne pourrais-je emporter,
En faveur de Mandane, un sceptre à la doter?
Prescrivez-moi, seigneur, vous-même une conquête
Dont en prenant sa main je couronne sa tête;
Et vous direz après si c'est la dédaigner,
Que de vouloir me perdre ou la faire régner.
Mais je suis né sujet; et j'aime trop à l'être
Pour hasarder mes jours que pour servir mon maître,
Et consentir jamais qu'un homme tel que moi
Souille par son hymen le pur sang de son roi.

ORODE.

Je n'examine point si ce respect déguise :
Mais parlons une fois avec pleine franchise.
Vous êtes mon sujet, mais un sujet si grand,
Que rien n'est malaisé quand son bras l'entreprend.
Vous possédez sous moi deux provinces entières
De peuples si hardis, de nations si fières,
Que sur tant de vassaux je n'ai d'autorité
Qu'autant que votre zèle a de fidélité :
Ils vous ont jusqu'ici suivi comme fidèle;
Et, quand vous le voudrez, ils vous suivront rebelle:
Vous avez tant de nom, que tous les rois voisins
Vous veulent, comme Orode, unir à leurs destins.
La victoire, chez vous passée en habitude,
Met jusque dans ses murs Rome en inquiétude :
Par gloire, ou pour braver au besoin mon courroux,
Vous traînez en tous lieux dix mille âmes à vous :
Le nombre est peu commun pour un train domesti-
    [que;
Et s'il faut qu'avec vous tout à fait je m'explique,
Je ne vous saurais croire assez en mon pouvoir,
Si les nœuds de l'hymen n'enchaînent le devoir.

SURÉNA.

Par quel crime, seigneur, ou par quelle imprudence
Ai-je pu mériter si peu de confiance?
Si mon cœur, si mon bras pouvait être gagné,
Mitradate et Crassus n'auraient rien épargné :
Tous les deux...

ORODE.

Laissons là Crassus et Mitradate.
Suréna, j'aime à voir que votre gloire éclate;
Tout ce que je vous dois j'aime à le publier:
Mais, quand je m'en souviens, vous devez l'oublier.
Si le ciel par vos mains m'a rendu cet empire,
Je sais vous épargner la peine de le dire;
Et, s'il met votre zèle au-dessus du commun,
Je n'en suis point ingrat; craignez d'être importun.

SURÉNA.

Je reviens à Palmis, seigneur. De mes hommages
Si les lois du devoir sont de trop faibles gages,
En est-il de plus sûrs, ou de plus fortes lois,
Qu'avoir une sœur reine et des neveux pour rois?
Mettez mon sang au trône, et n'en cherchez point
Pour unir à tel point mes intérêts aux vôtres [d'autres
Que tout cet univers, que tout notre avenir
Ne trouve aucune voie à les en désunir.

ORODE.

Mais, Suréna, le puis-je après la foi donnée,
Au milieu des apprêts d'un si grand hyménée?
Et rendrai-je aux Romains qui voudraient me bra-
Un ami que la paix vient de leur enlever?   [ver
Si le prince renonce au bonheur qu'il espère,
Que dira la princesse, et que fera son père?

SURÉNA.

Pour son père, seigneur, laissez-m'en le souci.
J'en réponds, et pourrais répondre d'elle aussi.
Malgré la triste paix que vous avez jurée,
Avec le prince même elle s'est déclarée;
Et, si je puis vous dire avec quels sentiments
Elle attend à demain l'effet de vos serments,
Elle aime ailleurs.

ORODE.

Et qui?

SURÉNA.

C'est ce qu'elle aime à taire:
Du reste, son amour n'en fait aucun mystère,
Et cherche à reculer les effets d'un traité
Qui fait tant murmurer votre peuple irrité.

SURÉNA, ACTE III, SCÈNE III.

ORODE.
Est-ce au peuple, est-ce à vous, Suréna, de me dire
Pour lui donner des rois quel sang je dois élire?
Et, pour voir dans l'État tous mes ordres suivis,
Est-ce de mes sujets que je dois prendre avis?
Si le prince à Palmis veut rendre sa tendresse,
Je consens qu'il dédaigne à son tour la princesse;
Et nous verrons après quel remède apporter
A la division qui peut en résulter.
Pour vous, qui vous sentez indigne de ma fille,
Et craignez par respect d'entrer en ma famille,
Choisissez un parti qui soit digne de vous,
Et qui surtout n'ait rien à me rendre jaloux;
Mon âme avec chagrin sur ce point balancée
En veut, et dès demain, être débarrassée.

SURÉNA.
Seigneur, je n'aime rien.

ORODE.
Que vous aimiez ou non,
Faites un choix vous-même, ou souffrez-en le don.

SURÉNA.
Mais, si j'aime en tel lieu qu'il m'en faille avoir honte,
Du secret de mon cœur puis-je vous rendre compte?

ORODE.
A demain, Suréna; s'il se peut, dès ce jour,
Résolvons cet hymen avec ou sans amour.
Cependant allez voir la princesse Eurydice;
Sous les lois du devoir ramenez son caprice;
Et ne m'obligez point à faire à ses appas
Un compliment de roi qui ne lui plairait pas.
Palmis vient par mon ordre, et je veux en apprendre
Dans vos prétentions la part qu'elle aime à prendre.

SCÈNE III
ORODE, PALMIS.

ORODE.
Suréna m'a surpris, et je n'aurais pas dit
Qu'avec tant de valeur il eût eu tant d'esprit:
Mais moins on le prévoit, et plus cet esprit brille:
Il trouve des raisons à refuser ma fille,
Mais fortes, et qui même ont si bien succédé*,
Que s'en disant indigne il m'a persuadé.
Savez-vous ce qu'il aime? Il est hors d'apparence
Qu'il fasse un tel refus sans quelque préférence,
Sans quelque objet charmant, dont l'adorable choix
Ferme tout son grand cœur au pur sang de ses rois.

PALMIS.
J'ai cru qu'il n'aimait rien.

ORODE.
Il me l'a dit lui-même.
Mais la princesse avoue, et hautement, qu'elle aime:
Vous êtes son amie, et savez quel amant
Dans un cœur qu'elle doit règne si puissamment.

PALMIS.
Si la princesse en moi prend quelque confiance,
Seigneur, m'est-il permis d'en faire confidence?
Reçoit-on des secrets sans une forte loi?...

ORODE.
Je croyais qu'elle pût se rompre pour un roi,
Et veux bien toutefois qu'elle soit si sévère
Qu'en mon propre intérêt elle oblige à se taire:
Mais vous pouvez du moins me répondre de vous.

PALMIS.
Ah! pour mes sentiments, je vous les dirai tous.
J'aime ce que j'aimais, et n'ai point changé d'âme:
Je n'en fais point secret.

ORODE.
L'aimer encor, madame!
Ayez-en quelque honte, et parlez-en plus bas.
C'est faiblesse d'aimer qui ne vous aime pas.

PALMIS.
Non, seigneur : à son prince attacher sa tendresse,
C'est une grandeur d'âme et non une faiblesse;
Et lui garder un cœur qu'il lui plut mériter
N'a rien d'assez honteux pour ne s'en point vanter.
J'en ferai toujours gloire; et mon âme, charmée
De l'heureux souvenir de m'être vue aimée,
N'étouffera jamais l'éclat de ces beaux feux
Qu'alluma son mérite, et l'offre de ses vœux.

ORODE.
Faites mieux, vengez-vous. Il est des rois, madame,
Plus dignes qu'un ingrat d'une si belle flamme.

PALMIS.
De ce que j'aime encore ce serait m'éloigner,
Et me faire un exil sous ombre de régner.
Je veux toujours le voir, cet ingrat qui me tue,
Non pour le triste bien de jouir de sa vue;
Cette fausse douceur est au-dessous de moi,
Et ne vaudra jamais que je néglige un roi.
Mais il est des plaisirs qu'une amante trahie
Goûte au milieu des maux qui lui coûtent la vie.
Je verrai l'infidèle inquiet, alarmé,
D'un rival inconnu, mais ardemment aimé,
Rencontrer à mes yeux sa peine dans son crime,
Par les mains de l'hymen devenir ma victime,
Et ne me regarder, dans ce chagrin profond,
Que le remords en l'âme, et la rougeur au front.
De mes bontés pour lui l'impitoyable image,
Qu'imprimera l'amour sur mon pâle visage,
Insultera son cœur; et dans nos entretiens
Mes pleurs et mes soupirs rappelleront les siens,
Mais qui ne serviront qu'à lui faire connaître
Qu'il pouvait être heureux et ne saurait plus l'être;
Qu'à lui faire trop tard haïr son peu de foi,
Et, pour tout ensemble, avoir regret à moi.
Voilà tout le bonheur où mon amour aspire;
Voilà contre un ingrat tout ce que je conspire;
Voilà tous les plaisirs que j'espère à le voir,
Et tous les sentiments que vous vouliez savoir.

ORODE.
C'est bien traiter les rois en personnes communes
Qu'attacher à leur rang ces gênes importunes,
Comme si, pour vous plaire et les inquiéter,
Dans le trône avec eux l'amour pouvait monter.
Il nous faut un hymen, pour nous donner des princes
Qui soient l'appui du sceptre et l'espoir des provinces;

C'est là qu'est notre force; et, dans nos grands des-
Le manque de vengeurs enhardit les mutins. [tins,
Du reste, en ces grands nœuds l'État qui s'intéresse
Ferme l'œil aux attraits et l'âme à la tendresse :
La seule politique est ce qui nous émeut;
On la suit, et l'amour s'y mêle comme il peut : [le.
S'il vient, on l'applaudit; s'il manque, on s'en conso-
C'est dont vous pouvez croire un roi sur sa parole.
Nous ne sommes point faits pour devenir jaloux,
Ni pour être en souci si le cœur est à nous.
Ne vous repaissez plus de ces vaines chimères,
Qui ne font les plaisirs que des âmes vulgaires,
Madame; et, que le prince ait ou non à souffrir,
Acceptez un des rois que je puis vous offrir.

PALMIS.
Pardonnez-moi, seigneur, si mon âme alarmée
Ne veut point de ces rois dont on n'est point aimée.
J'ai cru l'être du prince, et l'ai trouvé si doux,
Que le souvenir seul m'en plaît plus qu'un époux.

ORODE.
N'en parlons plus, madame; et dites à ce frère
Qui vous est aussi cher que vous me seriez chère,
Que parmi ses respects il n'a que trop marqué...

PALMIS.
Quoi, seigneur?

ORODE.
Avec lui je crois m'être expliqué.
Qu'il y pense, madame. Adieu.

PALMIS, *seule*.
Quel triste augure!
Et que ne me dit point cette menace obscure!
Sauvez ces deux amants, ô ciel! et détournez
Les soupçons que leurs feux peuvent avoir donnés.

ACTE QUATRIÈME

SCÈNE I

EURYDICE, ORMÈNE.

ORMÈNE.
Oui, votre intelligence à demi découverte
Met votre Suréna sur le bord de sa perte.
Je l'ai su de Sillace; et j'ai lieu de douter
Qu'il n'ait, s'il faut tout dire, ordre de l'arrêter.

EURYDICE.
On n'oserait, Ormène; on n'oserait.

ORMÈNE.
Madame,
Croyez-en un peu moins votre fermeté d'âme.
Un héros arrêté n'a que deux bras à lui,
Et souvent trop de gloire est un débile appui.

EURYDICE.
Je sais que le mérite est sujet à l'envie,
Que son chagrin s'attache à la plus belle vie.

Mais sur quelle apparence oses-tu présumer
Qu'on pourrait...

ORMÈNE.
Il vous aime, et s'en est fait aimer.

EURYDICE.
Qui l'a dit?

ORMÈNE.
Vous et lui, c'est son crime et le vôtre.
Il refuse Mandane, et n'en veut aucune autre;
On sait que vous aimez; on ignore l'amant :
Madame, tout cela parle trop clairement.

EURYDICE.
Ce sont de vains soupçons qu'avec moi tu hasardes.

SCÈNE II

EURYDICE, PALMIS, ORMÈNE.

PALMIS.
Madame, à chaque porte on a posé des gardes;
Rien n'entre, rien ne sort, qu'avec ordre du roi.

EURYDICE.
Qu'importe? et quel sujet en prenez-vous d'effroi?

PALMIS.
Où quelque grand orage à nous troubler s'apprête,
Ou l'on en veut, madame, à quelque grande tête :
Je tremble pour mon frère.

EURYDICE.
A quel propos trembler?
Un roi qui lui doit tout voudrait-il l'accabler?

PALMIS.
Vous le figurez-vous à tel point insensible,
Que de son alliance un refus si visible...

EURYDICE.
Un si rare service a su le prévenir
Qu'il doit récompenser avant que de punir.

PALMIS.
Il le doit; mais, après une pareille offense,
Il est rare qu'on songe à la reconnaissance,
Et par un tel mépris le service effacé
Ne tient plus d'yeux ouverts sur ce qui s'est passé.

EURYDICE.
Pour la sœur d'un héros, c'est être bien timide.

PALMIS.
L'amante a-t-elle droit d'être plus intrépide?

EURYDICE.
L'amante d'un héros aime à lui ressembler,
Et voit ainsi que lui ses périls sans trembler.

PALMIS.
Vous vous flattez, madame; elle a de la tendresse
Que leur idée étonne, et leur image blesse;
Et ce que dans sa perte elle prend d'intérêt
Ne saurait sans désordre en attendre l'arrêt.
Cette mâle vigueur de constance héroïque
N'est point une vertu dont le sexe se pique;
Ou, s'il peut jusque-là porter sa fermeté,
Ce qu'il appelle amour n'est qu'une dureté.
Si vous aimiez mon frère, on verrait quelque alarme;
Il vous échapperait un soupir, une larme,

Qui marquerait du moins un sentiment jaloux
Qu'une sœur se montrât plus sensible que vous.
Dieux! je donne l'exemple, et l'on s'en peut défendre!
Je le donne à des yeux qui ne daignent le prendre!
Aurait-on jamais cru qu'on pût voir quelque jour
Les nœuds du sang plus forts que les nœuds de l'a- [mour?
Mais j'ai tort, et la perte est pour vous moins amère.
On recouvre un amant plus aisément qu'un frère;
Et si je perds celui que le ciel me donna,
Quand j'en recouvrerais, serait ce un Suréna?

EURYDICE.

Et si j'avais perdu cet amant qu'on menace,
Serait-ce un Suréna qui remplirait sa place?
Pensez-vous qu'exposé à de si rudes coups,
J'en soupire au dedans, et tremble moins que vous?
Mon intrépidité n'est qu'un effort de gloire, [croire.
Que, tout fier qu'il paraît, mon cœur n'en veut pas
Il est tendre, et ne rend ce tribut qu'à regret
Au juste et dur orgueil qu'il dément en secret.
Oui, s'il en faut parler avec une âme ouverte,
Je pense voir déjà l'appareil de sa perte.
De ce héros si cher; et ce mortel ennui
N'ose plus aspirer qu'à mourir avec lui.

PALMIS.

Avec moins de chaleur, vous pourriez bien plus faire.
Acceptez mon amant pour conserver mon frère,
Madame; et puisque enfin il vous faut l'épouser,
Tâchez, par politique, à vous y disposer.

EURYDICE.

Mon amour est trop fort pour cette politique;
Tout entier on l'a vu, tout entier il s'explique;
Et le prince sait trop ce que j'ai dans le cœur,
Pour recevoir ma main comme un parfait bonheur.
J'aime ailleurs, et l'ai dit trop haut pour m'en dédire,
Avant qu'en sa faveur tout cet amour expire.
C'est avoir trop parlé; mais, dût se perdre tout,
Je me tiendrai parole, et j'irai jusqu'au bout.

PALMIS.

Ainsi donc, vous voulez que ce héros périsse?

EURYDICE.

Pourrait-on en venir jusqu'à cette injustice?

PALMIS.

Madame, il répondra de toutes vos rigueurs,
Et du trop d'union où s'obstinent vos cœurs.
Rendez heureux le prince, il n'est plus sa victime.
Qu'il se donne à Mandane, il n'aura plus de crime.

EURYDICE.

Qu'il s'y donne, madame, et ne m'en dise rien:
Ou, si son cœur encor peut dépendre du mien,
Qu'il attende à l'aimer que ma haine cessée
Vers l'amour de son frère ait tourné ma pensée.
Résolvez-le vous-même à me désobéir;
Forcez-moi, s'il se peut, moi-même à le haïr;
A force de raisons faites-m'en un rebelle;
Accablez-le de pleurs pour le rendre infidèle;
Par pitié, par tendresse, appliquez tous vos soins
A me mettre en état de l'aimer un peu moins:

J'achèverai le reste. A quelque point qu'on aime,
Quand le feu diminue, il s'éteint de lui-même.

PALMIS.

Le prince vient, madame, et n'a pas grand besoin,
Dans son amour pour vous, d'un odieux témoin:
Vous pourrez mieux sans moi flatter son espérance,
Mieux en notre faveur tourner sa déférence;
Et ce que je prévois me fait assez souffrir,
Sans y joindre les vœux qu'il cherche à vous offrir.

SCÈNE III

PACORUS, EURYDICE, ORMÈNE.

EURYDICE. [portes?
Est-ce pour moi, seigneur, qu'on fait garde à vos
Pour assurer ma fuite, ai-je ici des escortes?
Ou si ce grand hymen, pour ses derniers apprêts...

PACORUS.

Madame, ainsi que vous, chacun a ses secrets.
Ceux que vous honorez de votre confidence
Observent par votre ordre un généreux silence.
Le roi suit votre exemple; et, si c'est vous gêner,
Comme nous devinons, vous pouvez deviner.

EURYDICE.

Qui devine est souvent sujet à se méprendre.

PACORUS.

Si je devine mal, je sais à qui m'en prendre;
Et comme votre amour n'est que trop évident,
Si je n'en sais l'objet, j'en sais le confident.
Il est le plus coupable: un amant peut se taire:
Mais d'un sujet au roi, c'est crime qu'un mystère.
Qui connaît un obstacle au bonheur de l'État,
Tant qu'il le tient caché, commet un attentat.
Ainsi ce confident... Vous m'entendez, madame;
Et je vois dans les yeux ce qui se passe en l'âme.

EURYDICE.

S'il a ma confidence, il a mon amitié;
Et je lui dois, seigneur, du moins quelque pitié.

PACORUS.

Ce sentiment est juste, et même je veux croire
Qu'un cœur comme le vôtre a droit d'en faire gloire;
Mais ce trouble, madame, et cette émotion
N'ont-ils rien de plus fort que la compassion?
Et quand de ses périls l'ombre vous intéresse,
Qu'une pitié si prompte en sa faveur vous presse,
Un si cher confident ne fait-il point douter
De l'amant ou de lui qui les peut exciter?

EURYDICE. [ble,
Qu'importe? et quel besoin de les confondre ensem-
Quand ce n'est que pour vous, après tout, que je

PACORUS. [tremble?
Quoi! vous me menacez vous-même à votre tour!
Et les emportements de votre aveugle amour...

EURYDICE. [pense:
Je m'emporte et m'aveugle un peu moins qu'on ne
Pour l'avouer vous-même, entrons en confidence.
Seigneur, je vous regarde en qualité d'époux;
Ma main ne saurait être et ne sera qu'à vous;
Mes vœux y sont déjà, tout mon cœur y veut être;

Dès que je le pourrai, je vous en ferai maître ;
Et si pour s'y réduire il me fait différer,
Cet amant si chéri n'en peut rien espérer.
Je ne serai qu'à vous, qui que ce soit que j'aime,
A moins qu'à vous quitter vous m'obligiez vous-
[même :
Mais s'il faut que le temps m'apprenne à vous ai-
Il ne me l'apprendra qu'à force d'estimer ; [mer,
Et si vous me forcez à perdre cette estime,
Si votre impatience ose aller jusqu'au crime...
Vous m'entendez, seigneur, et c'est vous dire assez
D'où me viennent pour vous ces vœux intéressés.
J'ai part à votre gloire, et je tremble pour elle
Que vous ne la souilliez d'une tache éternelle,
Que le barbare éclat d'un indigne soupçon
Ne fasse à l'univers détester votre nom,
Et que vous ne veuilliez sortir d'inquiétude
Par une épouvantable et noire ingratitude.
Pourrais-je après cela vous conserver ma foi
Comme si vous étiez encor digne de moi,
Recevoir sans horreur l'offre d'une couronne
Toute fumante encor du sang qui vous la donne,
Et m'exposer en proie aux fureurs des Romains,
Quand pour les repousser vous n'aurez point de
[mains ?
Si Crassus est défait, Rome n'est pas détruite ;
D'autres ont ramassé les débris de sa fuite ;
De nouveaux escadrons leur vont enfler le cœur ;
Et vous avez besoin encor de son vainqueur.
Voilà ce que pour vous craint une destinée
Qui se doit bientôt voir à la vôtre enchaînée,
Et deviendrait infâme à se vouloir unir
Qu'à des rois dont on puisse aimer le souvenir.

PACORUS.

Tout ce que vous craignez est en votre puissance,
Madame ; il ne vous faut qu'un peu d'obéissance,
Qu'exécuter demain ce qu'un père a promis :
L'amant, le confident, n'auront plus d'ennemis.
C'est de quoi, de nouveau, tout mon cœur vous con-
Par les tendres respects d'une flamme si pure, [jure,
Ces assidus respects, qui sans cesse bravés,
Ne peuvent obtenir ce que vous me devez,
Par tout ce qu'a de rude un orgueil inflexible,
Par tous les maux que souffre...

EURYDICE.

Et moi, suis-je insensible ?
Livre-t-on à mon cœur de moins rudes combats ?
Seigneur, je suis aimée, et vous ne l'êtes pas.
Mon devoir vous prépare un assuré remède,
Quand il n'en peut souffrir au mal qui me possède ;
Et pour finir le vôtre, il ne veut qu'un moment,
Quand il faut que le mien dure éternellement.

PACORUS.

Ce moment quelquefois est difficile à prendre,
Madame ; et si le roi se lasse de l'attendre,
Pour venger le mépris de son autorité,
Songez à ce que peut un monarque irrité.

EURYDICE.

Ma vie est en ses mains, et de son grand courage
Il peut montrer sur elle un glorieux ouvrage.

PACORUS.

Traitez-le mieux, de grâce, et ne vous alarmez
Que pour la sûreté de ce que vous aimez.
Le roi sait votre faible et le trouble que porte
Le péril d'un amant dans l'âme la plus forte.

EURYDICE.

C'est mon faible, il est vrai, mais, si j'ai de l'amour,
J'ai du cœur, et pourrais le mettre en son plein jour.
Ce grand roi cependant prend une aimable voie
Pour me faire accepter ses ordres avec joie !
Pensez-y mieux, de grâce ; et songez qu'au besoin
Un pas hors du devoir nous peut mener bien loin.
Après ce premier pas, ce pas qui seul nous gêne,
L'amour rompt aisément le reste de sa chaîne ;
Et, tyran à son tour du devoir méprisé,
Il s'applaudit longtemps du joug qu'il a brisé.

PACORUS.

Madame...

EURYDICE.

Après cela, seigneur, je me retire ;
Et s'il vous reste encor quelque chose à me dire,
Pour éviter l'éclat d'un orgueil imprudent,
Je vous laisse achever avec mon confident.

SCÈNE IV

PACORUS, SURÉNA.

PACORUS.

Suréna, je me plains, et j'ai lieu de me plaindre.

SURÉNA.

De moi, seigneur ?

PACORUS.

De vous. Il n'est plus temps de feindre :
Malgré tous vos détours, on sait la vérité ;
Et j'attendais de vous plus de sincérité,
Moi qui mettais en vous ma confiance entière,
Et ne voulais souffrir aucune autre lumière.
L'amour dans sa prudence est toujours indiscret ;
A force de se taire il trahit son secret :
Le soin de le cacher découvre ce qu'il cache,
Et son silence dit tout ce qu'il craint qu'on sache.
Ne cachez plus le vôtre, il est connu de tous,
Et toute votre adresse a parlé contre vous.

SURÉNA.

Puisque vous vous plaignez, la plainte est légitime,
Seigneur : mais, après tout, j'ignore encor mon crime.

PACORUS.

Vous refusez Mandane avec tant de respect,
Qu'il est trop raisonné pour n'être point suspect.
Avant qu'on vous l'offrît vos raisons étaient prêtes,
Et jamais on n'a vu de refus plus honnêtes ;
Mais ces honnêtetés ne font pas moins rougir :
Il fallait tout promettre et la laisser agir ;
Il fallait espérer de son orgueil sévère
Un juste désaveu des volontés d'un père,
Et l'aigrir par des vœux si froids, si mal conçus,
Qu'elle usurpât sur vous la gloire du refus.

Vous avez mieux aimé tenter un artifice
Qui pût mettre Palmis où doit être Eurydice,
En me donnant le change attirer mon courroux,
Et montrer quel objet vous réservez pour vous.
Mais vous auriez mieux fait d'appliquer tant d'adres-
A remettre au devoir l'esprit de la princesse : [se
Vous en avez eu l'ordre, et j'en suis plus haï.
C'est pour un bon sujet avoir bien obéi !
           SURÉNA.   [aime,
Je le vois bien, seigneur ; qu'on m'aime, qu'on vous
Qu'on ne vous aime pas, que je n'aime pas même,
Tout m'est compté pour crime ; et je dois seul au roi
Répondre de Palmis, d'Eurydice et de moi :
Comme si je pouvais sur une âme enflammée
Ce qu'on me voit pouvoir sur tout un corps d'armée,
Et qu'un cœur ne fût pas plus pénible à tourner
Que les Romains à vaincre, ou qu'un sceptre à donner.
 Sans faire un nouveau crime, oserai-je vous dire
Que l'empire des cœurs n'est pas de votre empire,
Et que l'amour, jaloux de son autorité,
Ne reconnaît ni roi ni souveraineté ?
Il hait tout les emplois où la force l'appelle ;
Dès qu'on le violente, on en fait un rebelle ;
Et je suis criminel de n'en pas triompher,
Quand vous-même, seigneur, ne pouvez l'étouffer !
Changez-en par votre ordre à tel point le caprice,
Qu'Eurydice vous aime, et Palmis vous haïsse,
Ou rendez votre cœur à vos lois si soumis
Qu'il dédaigne Eurydice, et retourne à Palmis.
Tout ce que vous pourrez ou sur vous ou sur elles,
Rendra mes actions d'autant plus criminelles ;
Mais sur elles, sur vous si vous ne pouvez rien,
Des crimes de l'amour ne faites plus le mien.
           PACORUS.
Je pardonne à l'amour les crimes qu'il fait faire ;
Mais je n'excuse point ceux qu'il s'obstine à taire,
Qui cachés avec soin se commettent longtemps,
Et tiennent près des rois de secrets mécontents.
Un sujet qui se voit le rival de son maître,
Quelque étude qu'il perde à ne le point paraître,
Ne pousse aucun soupir sans faire un attentat ;
Et d'un crime d'amour il en fait un d'État.
Il a besoin de grâce, et surtout quand on l'aime,
Jusqu'à se révolter contre le diadème,
Jusqu'à servir d'obstacle au bonheur général.
           SURÉNA.
Oui : mais quand de son maître on lui fait un rival,
Qu'il aimait le premier ; qu'en dépit de sa flamme,
Il cède, aimé qu'il est, ce qu'adore son âme ;
Qu'il renonce à l'espoir, dédit sa passion,
Est-il digne de grâce, ou de compassion ?
           PACORUS.
Qui cède ce qu'il aime est digne qu'on le loue :
Mais il ne cède rien quand on l'en désavoue ;
Et les illusions d'un si faux compliment
Ne méritent qu'un long et vrai ressentiment.
           SURÉNA.
Tout à l'heure, seigneur, vous me parliez de grâce,
Et déjà vous passez jusques à la menace !

La grâce est aux grands cœurs honteuse à recevoir ;
La menace n'a rien qui les puisse émouvoir.
Tandis que hors des murs ma suite est dispersée,
Que la garde au dedans par Sillace est placée,
Que le peuple s'attend à me voir arrêter,
Si quelqu'un en a l'ordre, il peut l'exécuter.
Qu'on veuille mon épée, ou qu'on veuille ma tête,
Dites un mot, seigneur, et l'une et l'autre est prête :
Je n'ai goutte de sang qui ne soit à mon roi ;
Et si l'on m'ose perdre, il perdra plus que moi.
J'ai vécu pour ma gloire autant qu'il fallait vivre,
Et laisse un grand exemple à qui pourra me suivre ;
Mais si vous me livrez à vos chagrins jaloux,
Je n'aurai pas peut-être assez vécu pour vous.
           PACORUS.
Suréna, mes pareils n'aiment point ces manières.
Ce sont fausses vertus que des vertus si fières.
Après tant de hauts faits et d'exploits signalés,
Le roi ne peut douter de ce que vous valez ;
Il ne veut pas vous perdre : épargnez-vous la peine
D'attirer sa colère et mériter ma haine ;
Donnez à vos égaux l'exemple d'obéir
Plutôt que d'un amour qui cherche à vous trahir.
Il sied bien aux grands cœurs de paraître intrépides,
De donner à l'orgueil plus qu'aux vertus solides ;
Mais souvent ces grands cœurs n'en font que mieux
A paraître au besoin maîtres de leur amour. [leur cour
Recevez cet avis d'une amitié fidèle.
Ce soir la reine arrive, et Mandane avec elle.
Je ne demande point le secret de vos feux ;
Mais songez bien qu'un roi, quand il dit : Je le veux...
Adieu. Ce mot suffit ; et vous devez m'entendre.
           SURÉNA.
Je fais plus, je prévois ce que j'en dois attendre ;
Je l'attends sans frayeur ; et, quel qu'en soit le cours,
J'aurai soin de ma gloire ; ordonnez de mes jours.

ACTE CINQUIÈME

SCÈNE I

ORODE, EURYDICE.

ORODE.

Ne me l'avouez point ; en cette conjoncture,
Le soupçon m'est plus doux que la vérité sûre,
L'obscurité m'en plaît, et j'aime à n'écouter
Que ce qui laisse encor liberté d'en douter.
Cependant par mon ordre on a mis garde aux portes,
Et d'un amant suspect dispersé les escortes,
De crainte qu'un aveugle et fol emportement
N'allât, et malgré vous, jusqu'à l'enlèvement.
La vertu la plus haute alors cède à la force ;
Et pour deux cœurs unis l'amour a tant d'amorce,

Que le plus grand courroux qu'on voie y succéder
N'aspire qu'aux douceurs de se raccommoder.
Il n'est que trop aisé de juger quelle suite
Exigerait de moi l'éclat de cette fuite;
Et pour n'en pas venir à ces extrémités,
Que vous l'aimiez ou non, j'ai pris mes sûretés.

EURYDICE.

A ces précautions je suis trop redevable;
Une prudence moindre en serait incapable,
Seigneur : mais, dans le doute où votre esprit se plaît,
Si j'ose en ce héros prendre quelque intérêt,
Son sort est plus douteux que votre incertitude,
Et j'ai lieu plus que vous d'être en inquiétude.
Je ne vous réponds point sur cet enlèvement;
Mon devoir, ma fierté, tout en moi le dément.
La plus haute vertu peut céder à la force,
Je le sais; de l'amour je sais quelle est l'amorce :
Mais contre tous les deux l'orgueil peut secourir,
Et rien n'en est à craindre alors qu'on sait mourir.
Je ne serai qu'au prince.

ORODE.

Oui : mais à quand, madame,
A quand cet heureux jour, que de toute son âme...

EURYDICE.

Il se verrait, seigneur, dès ce soir mon époux,
S'il n'eût point voulu voir dans mon cœur plus que vous,
Sa curiosité s'est trop embarrassée
D'un point dont il devait éloigner sa pensée.
Il sait que j'aime ailleurs, et l'a voulu savoir;
Pour peine il attendra l'effort de mon devoir.

ORODE.

Les délais les plus longs, madame, ont quelque terme.

EURYDICE.

Le devoir vient à bout de l'amour le plus ferme;
Les grands cœurs ont vers lui des retours éclatants;
Et quand on veut se vaincre, il y faut peu de temps.
Un jour y peut beaucoup, une heure y peut suffire,
Un de ces bons moments, qu'un cœur n'ose en dédire;
S'il ne suit pas toujours nos souhaits et nos soins,
Il arrive souvent quand on l'attend le moins.
Mais je ne promets pas de m'y rendre facile,
Seigneur, tant que j'aurai l'âme si peu tranquille;
Et je ne livrerai mon cœur qu'à mes ennuis,
Tant qu'on me laissera dans l'alarme où je suis.

ORODE.

Le sort de Suréna vous met donc en alarme?

EURYDICE.

Je vois ce que pour tous ses vertus ont de charme,
Et puis craindre pour lui ce qu'on voit craindre à tous,
Ou d'un maître en colère ou d'un rival jaloux.
Ce n'est point toutefois l'amour qui m'intéresse,
C'est... Je crains encor plus que ce mot ne vous blesse,
Et qu'il ne vaille mieux s'en tenir à l'amour,
Que d'en mettre, et sitôt, le vrai sujet au jour.

ORODE.

Non, madame, parlez, montrez toutes vos craintes.
Puis-je sans les connaître en guérir les atteintes,
Et, dans l'épaisse nuit où vous vous retranchez,
Choisir le vrai remède aux maux que vous cachez?

EURYDICE.

Mais si je vous disais que j'ai droit d'être en peine
Pour un trône où je dois un jour monter en reine;
Que perdre Suréna, c'est livrer aux Romains
Un sceptre que son bras a remis en vos mains;
Que c'est ressusciter l'orgueil de Mitradate;
Exposer avec vous Pacorus et Phradate;
Que je crains que sa mort, enlevant votre appui,
Vous renvoie à l'exil où vous seriez sans lui :
Seigneur, ce serait être un peu trop téméraire.
J'ai dû le dire au prince, et je dois vous le taire;
J'en dois craindre un trop long et trop juste courroux;
Et l'amour trouvera plus de grâce chez vous.

ORODE.

Mais madame, est-ce à vous d'être si politique?
Qui peut se taire ainsi, voyons comme il s'explique?
Si votre Suréna m'a rendu mes États,
Me les a-t-il rendus pour ne m'obéir pas?
Et trouvez-vous par là sa valeur bien fondée
A ne m'estimer plus son maître qu'en idée,
A vouloir qu'à ses lois j'obéisse à mon tour?
Ce discours irait loin : revenons à l'amour,
Madame; et s'il est vrai qu'enfin...

EURYDICE.

Laissez-m'en faire,
Seigneur; je me vaincrai, j'y tâche, je l'espère;
J'ose dire encor plus, je m'en fais une loi;
Mais je veux que le temps en dépende de moi.

ORODE.

C'est bien parler en reine, et j'aime assez, madame,
L'impétuosité de cette grandeur d'âme;
Cette noble fierté que rien ne peut dompter
Remplira bien ce trône où vous devez monter.
Donnez-moi donc en reine un ordre que je suive.
Phradate est arrivé, ce soir Mandane arrive;
Ils sauront quels respects a montrés pour sa main
Cet intrépide effroi de l'empire romain.
Mandane en rougira, le voyant auprès d'elle.
Phradate est violent, et prendra sa querelle.
Près d'un esprit si chaud et si fort emporté,
Suréna dans ma cour est-il en sûreté?
Puis-je vous en répondre, à moins qu'il se retire?

EURYDICE.

Bannir de votre cour l'honneur de votre empire!
Vous le pouvez, seigneur, et vous êtes son roi;
Mais je ne puis souffrir qu'il soit banni pour moi.
Car enfin les couleurs ne font rien à la chose;
Sous un prétexte faux je n'en suis pas moins cause;
Et qui craint pour Mandane un peu trop de rougeur
Ne craint pour Suréna que le fond de mon cœur.
Qu'il parte, il vous déplaît; faites-vous-en justice;
Punissez, exilez; il faut qu'il obéisse.
Pour remplir mes devoirs j'attendrai son retour,
Seigneur; et jusque-là point d'hymen ni d'amour.

ORODE.

Vous pourriez épouser le prince en sa présence?

EURYDICE.

Je ne sais : mais enfin je hais la violence.

SURÉNA, ACTE V, SCÈNE II.

ORODE.
Empêchez-là, madame, en vous donnant à nous;
Ou faites qu'à Mandane il s'offre pour époux.
Cet ordre exécuté, mon âme satisfaite
Pour ce héros si cher ne veut plus de retraite.
Qu'on le fasse venir. Modérez vos hauteurs : [cœurs.
L'orgueil n'est pas toujours la marque des grands
Il me faut un hymen; choisissez l'un ou l'autre,
Ou lui dites adieu pour le moins jusqu'au vôtre.

EURYDICE.
Je sais tenir, seigneur, tout ce que je promets,
Et promettrais en vain de ne le voir jamais,
Moi qui sais que bientôt la guerre rallumée
Le rendra pour le moins nécessaire à l'armée.

ORODE.
Nous ferons voir, madame, en cette extrémité,
Comme il faut obéir à la nécessité.
Je vous laisse avec lui.

SCÈNE II

EURYDICE, SURÉNA.

EURYDICE.
Seigneur, le roi condamne
Ma main à Pacorus, ou la vôtre à Mandane;
Le refus n'en saurait demeurer impuni;
Il lui faut l'une ou l'autre, ou vous êtes banni.

SURÉNA.
Madame, ce refus n'est point vers lui mon crime :
Vous m'aimez; ce n'est point non plus ce qui l'anime.
Mon crime véritable est d'avoir aujourd'hui
Plus de nom que mon roi, plus de vertu que lui;
Et c'est de là que part cette secrète haine
Que le temps ne rendra que plus forte et plus pleine.
Plus on sert des ingrats, plus on s'en fait haïr :
Tout ce qu'on fait pour eux ne fait que nous trahir.
Mon visage l'offense, et ma gloire le blesse.
Jusqu'au fond de mon âme il cherche une bassesse,
Et tâche à s'ériger par l'offre ou par la peur,
De roi que je l'ai fait en tyran de mon cœur;
Comme si par ses dons il pouvait me séduire,
Ou qu'il pût m'accabler, et ne se point détruire.
Je lui dois en sujet tout mon sang, tout mon bien;
Mais, si je lui dois tout, mon cœur ne lui doit rien,
Et n'en reçoit de lois que comme autant d'outrages,
Comme autant d'attentats sur de plus doux homma-
Cependant pour jamais il faut nous séparer, [ges.
Madame.

EURYDICE.
Cet exil pourrait toujours durer?

SURÉNA.
En vain pour mes pareils leur vertu sollicite;
Jamais un envieux ne pardonne au mérite.
Cet exil toutefois n'est pas un long malheur;
Et je n'irai pas loin sans mourir de douleur.

EURYDICE.
Ah ! craignez de m'en voir assez persuadée
Pour mourir avant vous de cette seule idée.
Vivez, si vous m'aimez.

SURÉNA.
Je vivrais pour savoir
Que vous aurez enfin rempli votre devoir,
Que d'un cœur tout à moi, que de votre personne
Pacorus sera maître, ou plutôt sa couronne?
Ce penser m'assassine, et je cours de ce pas
Beaucoup moins à l'exil, madame, qu'au trépas.

EURYDICE.
Que le ciel n'a-t-il mis en ma main et la vôtre,
Ou de n'être à personne, ou d'être l'un à l'autre !

SURÉNA.
Fallait-il que l'amour vît l'inégalité
Vous abandonner toute aux rigueurs d'un traité!

EURYDICE.
Cette inégalité me souffrait l'espérance.
Votre nom, vos vertus, valaient bien ma naissance
Et Crassus a rendu plus digne encor de moi
Un héros dont le zèle a rétabli son roi.
Dans les maux où j'ai vu l'Arménie exposée,
Mon pays désolé m'a seul tyrannisée.
Esclave de l'État, victime de la paix,
Je m'étais répondu de vaincre mes souhaits,
Sans songer qu'un amour comme le nôtre extrême
S'y rend inexorable aux yeux de ce qu'on aime.
Pour le bonheur public, j'ai promis : mais, hélas!
Quand j'ai promis, seigneur, je ne vous voyais pas.
Votre rencontre ici m'ayant fait voir ma faute,
Je diffère à donner le bien que je vous ôte;
Et l'unique bonheur que j'y puis espérer
C'est de toujours promettre et toujours différer.

SURÉNA.
Que je serais heureux!... Mais qu'osé-je vous dire?
L'indigne et vain bonheur où mon amour aspire!
Fermez les yeux aux maux où l'on me fait courir :
Songez à vivre heureuse, et me laissez mourir.
Un trône vous attend, le premier de la terre,
Un trône où l'on ne craint que l'éclat du tonnerre,
Qui règle le destin du reste des humains,
Et jusque dans leurs murs alarme les Romains.

EURYDICE.
J'envisage ce trône et tous ses avantages,
Et je n'y vois partout, seigneur, que vos ouvrages;
Sa gloire ne me peint que celle de mes fers,
Et, dans ce qui m'attend, je vois ce que je perds.
Ah, seigneur!

SURÉNA.
Épargnez la douleur qui me presse;
Ne la ravalez point jusques à la tendresse;
Et laissez-moi partir dans cette fermeté
Qui fait de tels jaloux, et qui m'a tant coûté.

EURYDICE.
Partez, puisqu'il le faut, avec ce grand courage
Qui mérita mon cœur et donne tant d'ombrage.
Je suivrai votre exemple, et vous n'aurez point lieu..
Mais j'aperçois Palmis qui vient vous dire adieu,
Et je puis, en dépit de tout ce qui me tue,
Quelques moments encor jouir de votre vue.

SCÈNE III

EURYDICE, SURÉNA, PALMIS.

PALMIS.
On dit qu'on vous exile à moins que d'épouser,
Seigneur, ce que le roi daigne vous proposer.

SURÉNA.
Non; mais jusqu'à l'hymen que Pacorus souhaite
Il m'ordonne chez moi quelques jours de retraite.

PALMIS.
Et vous partez?

SURÉNA.
Je pars.

PALMIS.
Et, malgré son courroux,
Vous avez sûreté d'aller jusque chez vous?
Vous êtes à couvert des périls dont menace
Les gens de votre sorte une telle disgrâce,
Et, s'il faut dire tout, sur de si longs chemins
Il n'est point de poisons, il n'est point d'assassins?

SURÉNA.
Le roi n'a pas encore oublié mes services,
Pour commencer par moi de telles injustices;
Il est trop généreux pour perdre son appui.

PALMIS.
S'il l'est, tous vos jaloux le sont-ils comme lui?
Est-il aucun flatteur, seigneur, qui lui refuse
De lui prêter un crime et lui faire une excuse?
En est-il que l'espoir d'en faire mieux sa cour
N'expose sans scrupule à ces courroux d'un jour,
Ces courroux qu'on affecte alors qu'on désavoue
De lâches coups d'État dont en l'âme on se loue,
Et qu'une absence élude, attendant le moment
Qui laisse évanouir ce faux ressentiment?

SURÉNA.
Ces courroux affectés que l'artifice donne
Font souvent trop de bruit pour abuser personne.
Si ma mort plaît au roi, s'il la veut tôt ou tard,
J'aime mieux qu'elle soit un crime qu'un hasard;
Qu'aucun ne l'attribue à cette loi commune
Qu'impose la nature et règle la fortune;
Que son perfide auteur, bien qu'il cache sa main,
Devienne abominable à tout le genre humain;
Et qu'il en naisse enfin des haines immortelles
Qui de tous ses sujets lui fasse des rebelles.

PALMIS.
Je veux que la vengeance aille à son plus haut point,
Les morts les mieux vengés ne ressuscitent point,
Et de tout l'univers la fureur éclatante
En consolerait mal et la sœur et l'amante.

SURÉNA.
Que faire donc, ma sœur?

PALMIS.
Votre asile est ouvert.

SURÉNA.
Quel asile?

PALMIS.
L'hymen qui vous vient d'être offert.
Vos jours en sûreté dans les bras de Mandane,
Sans plus rien craindre...

SURÉNA.
Et c'est ma sœur qui m'y condamne!
C'est elle qui m'ordonne avec tranquillité
Aux yeux de ma princesse une infidélité!

PALMIS.
Lorsque d'aucun espoir notre ardeur n'est suivie,
Doit-on être fidèle aux dépens de sa vie?
Mais vous ne m'aidez point à le persuader,
Vous, qui d'un seul regard pourriez tout décider,
Madame! ses périls ont-ils de quoi vous plaire?

EURYDICE.
Je crois faire beaucoup, madame, de me taire;
Et tandis qu'à mes yeux vous donnez tout mon bien,
C'est tout ce que je puis que de ne dire rien.
Forcez-le s'il se peut, au nœud que je déteste;
Je vous laisse en parler, dispensez-moi du reste:
Je n'y mets point d'obstacle, et mon esprit confus...
C'est m'expliquer assez; n'exigez rien de plus.

SURÉNA.
Quoi! vous vous figurez que l'heureux nom de gendre,
Si ma perte est jurée, a de quoi m'en défendre,
Quand, malgré la nature, en dépit de ses lois,
Le parricide a fait la moitié de nos rois,
Qu'un frère pour régner se baigne au sang d'un frère,
Qu'un fils impatient prévient la mort d'un père?
Notre Orode lui-même, où serait-il sans moi?
Mitradate pour lui montrait-il plus de foi?
Croyez-vous Pacorus bien plus sûr de Phradate?
J'en connais mal le cœur, si bientôt il n'éclate,
Et si de ce haut rang que j'ai vu l'éblouir
Son père et son aîné peuvent longtemps jouir.
Je n'aurai plus de bras alors pour leur défense,
Car enfin mes refus ne font pas mon offense;
Mon vrai crime est ma gloire, et non pas mon amour:
Je l'ai dit, avec elle il croîtra chaque jour;
Plus je les servirai, plus je serai coupable,
Et s'ils veulent ma mort, elle est inévitable.
Chaque instant que l'hymen pourrait la reculer
Ne les attacherait qu'à mieux dissimuler;
Qu'à rendre, sous l'appât d'une amitié tranquille,
L'attentat plus secret, plus noir, et plus facile.
Ainsi, dans ce grand nœud chercher ma sûreté,
C'est inutilement faire une lâcheté,
Souiller en vain mon nom, et vouloir qu'on m'impute
D'avoir enseveli ma gloire sous ma chute.
Mais, dieux! se pourrait-il qu'ayant si bien servi,
Par l'ordre de mon roi le jour me fût ravi?
Non, non, c'est d'un bon œil qu'Orode me regarde;
Vous le voyez, ma sœur, je n'ai pas même un garde;
Je suis libre.

PALMIS.
Et j'en crains d'autant plus son courroux;
S'il vous faisait garder, il répondrait de vous.
Mais pouvez-vous, seigneur, rejoindre votre suite?
Êtes-vous libre assez pour choisir une fuite?

Garde-t-on chaque porte à moins d'un grand dessein?
Pour en rompre l'effet il ne faut qu'une main.
Par toute l'amitié que le sang doit attendre,
Par tout ce que l'amour a pour vous de plus tendre...
SURÉNA.
La tendresse n'est point de l'amour d'un héros;
Il est honteux pour lui d'écouter des sanglots;
Et, parmi la douceur des plus illustres flammes,
Un peu de dureté sied bien aux grandes âmes.
PALMIS.
Quoi! vous pourriez...
SURÉNA.
Adieu. Le trouble où je vous voi
Me fait vous craindre plus que je ne crains le roi.

SCÈNE IV

EURYDICE, PALMIS.

PALMIS.
Il court à son trépas, et vous en serez cause,
A moins que votre amour à son départ s'oppose.
J'ai perdu mes soupirs, et j'y perdrais mes pas.
Mais il vous en croira, vous ne les perdrez pas.
Ne lui refusez point un mot qui le retienne,
Madame.
EURYDICE.
S'il périt, ma mort suivra la sienne.
PALMIS.
Je puis en dire autant; mais ce n'est pas assez.
Vous avez tant d'amour, madame, et balancez!
EURYDICE.
Est-ce le mal aimer que de le vouloir suivre?
PALMIS.
C'est un excès d'amour qui ne fait point revivre :
De quoi lui servira notre mortel ennui?
De quoi nous servira de mourir après lui?
EURYDICE.
Vous vous alarmez trop : le roi dans sa colère
Ne parle...
PALMIS.
Vous dit-il tout ce qu'il prétend faire?
D'un trône où ce héros a su le replacer,
S'il en veut à ses jours, l'ose-t-il prononcer?
Le pourrait-il sans honte; et pourriez-vous attendre
A prendre soin de lui qu'il soit trop tard d'en prendre?
N'y perdez aucun temps, partez : que tardez-vous?
Peut-être en ce moment on le perce de coups;
Peut-être...
EURYDICE.
Que d'horreurs vous me jetez dans l'âme!
PALMIS.
Quoi! vous n'y courez pas!
EURYDICE.
Et le puis-je, madame?
Donner ce qu'on adore à ce qu'on veut haïr,
Quel amour jusque-là put jamais se trahir?

Savez-vous qu'à Mandane envoyer ce que j'aime,
C'est de ma propre main m'assassiner moi-même?
PALMIS.
Savez-vous qu'il le faut, ou que vous le perdez?

SCÈNE V

EURYDICE, PALMIS, ORMÈNE.

EURYDICE.
Je n'y résiste plus, vous me le défendez.
Ormène vient à nous, et lui peut aller dire
Qu'il épouse... Achevez tandis que je soupire.
PALMIS.
Elle vient tout en pleurs.
ORMÈNE.
Qu'il vous en va coûter!
Et que pour Suréna...
PALMIS.
L'a-t-on fait arrêter?
ORMÈNE.
A peine du palais il sortait dans la rue,
Qu'une flèche a parti d'une main inconnue;
Deux autres l'ont suivie; et j'ai vu ce vainqueur,
Comme si toutes trois l'avaient atteint au cœur,
Dans un ruisseau de sang tomber mort sur la place.
EURYDICE.
Hélas!
ORMÈNE.
Songez à vous, la suite vous menace;
Et je pense avoir même entendu quelque voix
Nous crier qu'on apprit à dédaigner les rois.
PALMIS.
Prince ingrat! lâche roi! Que fais-tu du tonnerre,
Ciel, si tu daignes voir ce qu'on fait sur la terre?
Et pour qui gardes-tu tes carreaux embrasés,
Si de pareils tyrans n'en sont pas écrasés?
Et vous, madame, et vous dont l'amour inutile,
Dont l'intrépide orgueil paraît encor tranquille,
Vous qui, brûlant pour lui, sans vous déterminer,
Ne l'avez tant aimé que pour l'assassiner,
Allez d'un tel amour, allez voir tout l'ouvrage,
En recueillir le fruit, en goûter l'avantage.
Quoi! vous causez sa perte, et n'avez point de pleurs!
EURYDICE.
Non, je ne pleure point, madame, mais je meurs.
Ormène, soutiens-moi.
ORMÈNE.
Que dites-vous, madame?
EURYDICE.
Généreux Suréna, reçois toute mon âme.
ORMÈNE.
Emportons-la d'ici pour la mieux secourir.
PALMIS.
Suspendez ces douleurs qui pressent de mourir,
Grands dieux! et, dans les maux où vous m'avez
[plongée.
Ne souffrez point ma mort que je ne sois vengée!

FIN DE SURÉNA.

PSYCHÉ

TRAGEDIE-BALLET—1671

LE LIBRAIRE AU LECTEUR

Cet ouvrage n'est pas tout d'une main. M. Molière a dressé le plan de la pièce et réglé la disposition, où il s'est plus attaché aux beautés et à la pompe du spectacle qu'à l'exacte régularité. Quant à la versification, il n'a pas eu le loisir de la faire entière. Le carnaval approchait; et les ordres pressants du roi, qui se voulait donner ce magnifique divertissement plusieurs fois avant le carême, l'ont mis dans la nécessité de souffrir un peu de secours. Ainsi il n'y a que le prologue, le premier acte, la première scène du second, et la première du troisième, dont les vers soient de lui. M. Corneille a employé une quinzaine au reste; et par ce moyen, Sa Majesté s'est trouvée servie dans le temps qu'elle l'avait ordonné.

PERSONNAGES.

JUPITER.
VÉNUS.
L'AMOUR.
ÆGIALE,
PHAÈNE, } Grâces.
PSYCHÉ.
LE ROI, père de Psyché.

PERSONNAGES.

AGLAURE,
CYDIPPE, } sœurs de Psyché.
CLÉOMÈNE,
AGÉNOR, } princes, amants de Psyché.
ZÉPHYRE.
LYCAS.
LE DIEU D'UN FLEUVE.

ACTE PREMIER

Le théâtre représente le palais du roi.

SCÈNE I

AGLAURE, CYDIPPE.

AGLAURE.

Il est des maux, ma sœur, que le silence aigrit :
Laissons, laissons parler mon chagrin et le vôtre :
  Et de nos cœurs l'une à l'autre
   Exhalons le cuisant dépit.
  Nous nous voyons sœurs d'infortune;
Et la vôtre et la mienne ont un si grand rapport,
Que nous pouvons mêler toutes les deux en une,
   Et, dans notre juste transport,
  Murmurer à plainte commune
   Des cruautés de notre sort.
  Quelle fatalité secrète,
  Ma sœur, soumet tout l'univers
  Aux attraits de notre cadette?
  Et de tant de princes divers
  Qu'en ces lieux la fortune jette,
  N'en présente aucun à nos fers?
Quoi! voir de toutes parts pour lui rendre les armes
   Les cœurs se précipiter,
   Et passer devant nos charmes
   Sans s'y vouloir arrêter!

   Quel sort ont nos yeux en partage,
   Et qu'est-ce qu'ils ont fait aux dieux,
   De ne jouir d'aucun hommage
Parmi tous ces tributs de soupirs glorieux
   Dont le superbe avantage
   Fait triompher d'autres yeux?
Est-il pour nous, ma sœur, de plus rude disgrâce,
Que de voir tous les cœurs mépriser nos appas,
Et l'heureuse Psyché jouir avec audace
D'une foule d'amants attachés à ses pas?

CYDIPPE.

   Ah! ma sœur, c'est une aventure
   A faire perdre la raison;
   Et tous les maux de la nature
   Ne sont rien en comparaison.

AGLAURE.

Pour moi, j'en suis souvent jusqu'à verser des larmes.
Tout plaisir, tout repos par là m'est arraché;
Contre un pareil malheur ma constance est sans armes.
Toujours à ce chagrin mon esprit attaché
Me tient devant les yeux la honte de nos charmes,
   Et le triomphe de Psyché.
La nuit, il m'en repasse une idée éternelle
Qui sur toute chose prévaut :
Rien ne me peut chasser cette image cruelle;
Et, dès qu'un doux sommeil me vient délivrer d'elle,
   Dans mon esprit aussitôt
   Quelque songe la rappelle
   Qui me réveille en sursaut.

CYDIPPE.
Ma sœur, voilà mon martyre.
Dans vos discours je me vois;
Et vous venez là de dire
Tout ce qui se passe en moi.
AGLAURE.
Mais encor, raisonnons un peu sur cette affaire.
Quels charmes si puissants en elle sont épars?
Et par où, dites-moi, du grand secret de plaire
L'honneur est-il acquis à ses moindres regards?
Que voit-on dans sa personne
Pour inspirer tant d'ardeurs?
Quel droit de beauté lui donne
L'empire de tous les cœurs?
Elle a quelques attraits, quelque éclat de jeunesse,
On en tombe d'accord, je n'en disconviens pas :
Mais lui cède-t-on fort pour quelque peu d'aînesse,
Et se voit-on sans appas?
Est-on d'une figure à faire qu'on se raille?
N'a-t-on point quelques traits et quelques agréments,
Quelque teint, quelques yeux, quelque air, et quel-
[que taille,
A pouvoir dans nos fers jeter quelques amants?
Ma sœur, faites-moi la grâce
De me parler franchement :
Suis-je faite d'un air, à votre jugement,
Que mon mérite au sien doive céder la place?
Et dans quelque ajustement
Trouvez-vous qu'elle m'efface?
CYDIPPE.
Qui? vous, ma sœur? nullement.
Hier à la chasse près d'elle
Je vous regardai longtemps :
Et, sans vous donner d'encens,
Vous me parûtes plus belle.
Mais, moi, dites, ma sœur, sans me vouloir flatter,
Sont-ce des visions que je me mets en tête,
Quand je me crois taillée à pouvoir mériter
La gloire de quelque conquête?
AGLAURE.
Vous, ma sœur? vous avez, sans nul déguisement,
Tout ce qui peut causer une amoureuse flamme.
Vos moindres actions brillent d'un agrément
Dont je me sens toucher l'âme;
Et je serais votre amant,
Si j'étais autre que femme.
CYDIPPE.
D'où vient donc qu'on la voit l'emporter sur nous [deux,
Qu'à ses premiers regards les cœurs rendent les ar-
Et que d'aucun tribut de soupirs et de vœux [mes,
On ne fait honneur à nos charmes?
AGLAURE.
Toutes les dames, d'une voix,
Trouvent ses attraits peu de chose;
Et du nombre d'amants qu'elle tient sous ses lois,
Ma sœur, j'ai découvert la cause.
CYDIPPE.
Pour moi, je la devine, et l'on doit présumer
Qu'il faut que là-dessous soit caché du mystère.

Ce secret de tout enflammer
N'est point de la nature un effet ordinaire :
L'art de la Thessalie entre dans cette affaire;
Et quelque main a su sans doute lui former
Un charme pour se faire aimer.
AGLAURE.
Sur un plus fort appui ma croyance se fonde;
Et le charme qu'elle a pour attirer les cœurs,
C'est un air en tout temps désarmé de rigueurs,
Des regards caressants que la bouche seconde,
Un souris chargé de douceurs
Qui tend les bras à tout le monde,
Et ne vous promet que faveurs.
Notre gloire n'est plus aujourd'hui conservée,
Et l'on n'est plus au temps de ces nobles fiertés
Qui, par un digne essai d'illustres cruautés,
Voulaient voir d'un amant la constance éprouvée.
De tout ce noble orgueil qui nous seyait si bien,
On est bien descendu dans le siècle où nous sommes;
Et l'on en est réduite à n'espérer plus rien,
A moins que l'on se jette à la tête des hommes.
CYDIPPE.
Oui, voilà le secret de l'affaire, et je voi
Que vous le prenez mieux que moi.
C'est pour nous attacher à trop de bienséance
Qu'aucun amant, ma sœur, à nous ne veut venir;
Et nous voulons trop soutenir
L'honneur de notre sexe et de notre naissance.
Les hommes maintenant aiment ce qui leur rit;
L'espoir, plus que l'amour, est ce qui les attire,
Et c'est par là que Psyché nous ravit
Tous les amants qu'on voit sous son empire.
Suivons, suivons l'exemple; ajustons-nous au temps;
Abaissons-nous, ma sœur, à faire des avances,
Et ne ménageons plus de tristes bienséances
Qui nous ôtent les fruits du plus beau de nos ans.
AGLAURE.
J'approuve la pensée; et nous avons matière
D'en faire l'épreuve première
Aux deux princes qui sont les derniers arrivés.
Ils sont charmants, ma sœur; et leur personne entière
Me... Les avez-vous observés?
CYDIPPE.
Ah! ma sœur, ils sont faits tous deux d'une manière
Que mon âme... Ce sont deux princes achevés.
AGLAURE.
Je trouve qu'on pourrait rechercher leur tendresse
Sans se faire déshonneur.
CYDIPPE.
Je trouve que, sans honte, une belle princesse,
Leur pourrait donner son cœur.
AGLAURE.
Les voici tous deux, et j'admire
Leur air et leur ajustement.
CYDIPPE.
Ils ne démentent nullement
Tout ce que nous venons de dire

SCÈNE II

CLÉOMÈNE, AGÉNOR, AGLAURE, CYDIPPE.

AGLAURE.
D'où vient, princes, d'où vient que vous fuyez ainsi?
Prenez-vous l'épouvante en nous voyant paraître?

CLÉOMÈNE.
On nous faisait croire qu'ici
La princesse Psyché, madame, pourrait être.

AGLAURE.
Tous ces lieux n'ont-ils rien d'agréable pour vous,
Si vous ne les voyez ornés de sa présence?

AGÉNOR.
Ces lieux peuvent avoir des charmes assez doux;
Mais nous cherchons Psyché dans notre impatience.

CYDIPPE.
Quelque chose de bien pressant
Vous doit à la chercher pousser tous deux, sans doute?

CLÉOMÈNE.
Le motif est assez puissant,
Puisque notre fortune enfin en dépend toute.

AGLAURE.
Ce serait trop à nous que de nous informer
Du secret que ces mots nous peuvent enfermer.

CLÉOMÈNE.
Nous ne prétendons point en faire de mystère :
Aussi bien malgré nous paraîtrait-il au jour;
Et le secret ne dure guère,
Madame, quand c'est de l'amour.

CYDIPPE.
Sans aller plus avant, princes, cela veut dire
Que vous aimez Psyché tous deux.

AGÉNOR.
Tous deux soumis à son empire,
Nous allons de concert lui découvrir nos feux.

AGLAURE.
C'est une nouveauté sans doute assez bizarre,
Que deux rivaux si bien unis.

CLÉOMÈNE.
Il est vrai que la chose est rare,
Mais non pas impossible à deux parfaits amis.

CYDIPPE.
Est-ce que dans ces lieux il n'est qu'elle de belle?
Et n'y trouvez-vous point à séparer vos vœux?

AGLAURE.
Parmi l'éclat du sang, vos yeux n'ont-ils vu qu'elle
A pouvoir mériter vos feux?

CLÉOMÈNE.
Est-ce que l'on consulte au moment qu'on s'enflam-
Choisit-on qui l'on veut aimer? [me?
Et pour donner toute son âme,
Regarde-t-on quel droit on a de nous charmer?

AGÉNOR.
Sans qu'on ait le pouvoir d'élire,
On suit dans une telle ardeur
Quelque chose qui nous attire;
Et lorsque l'amour touche un cœur,
On n'a point de raisons à dire.

AGLAURE.
En vérité, je plains les fâcheux embarras
Où je vois que vos cœurs se mettent.
Vous aimez un objet dont les riants appas
Mêleront des chagrins à l'espoir qu'ils vous jettent;
Et son cœur ne vous tiendra pas
Tout ce que ses yeux vous promettent.

CYDIPPE.
L'espoir qui vous appelle au rang de ses amants
Trouvera du mécompte aux douceurs qu'elle étale,
Et c'est pour essuyer de très-fâcheux moments,
Que les soudains retours de son âme inégale.

AGLAURE.
Un clair discernement de ce que vous valez
Nous fait plaindre le sort où cet amour vous guide,
Et vous pouvez trouver tous deux, si vous voulez,
Avec autant d'attraits une âme plus solide.

CYDIPPE.
Par un choix plus doux de moitié,
Vous pouvez de l'amour sauver votre amitié;
Et l'on voit en vous deux un mérite si rare,
Qu'un tendre avis veut bien prévenir, par pitié,
Ce que votre cœur se prépare.

CLÉOMÈNE.
Cet avis généreux fait pour nous éclater
Des bontés qui nous touchent l'âme ;
Mais le ciel nous réduit à ce malheur, madame,
De ne pouvoir en profiter.

AGÉNOR.
Votre illustre pitié veut en vain nous distraire
D'un amour dont tous deux nous redoutons l'effet;
Ce que notre amitié, madame, n'a pas fait,
Il n'est rien qui le puisse faire.

CYDIPPE.
Il faut que le pouvoir de Psyché... La voici.

SCÈNE III

PSYCHÉ, CYDIPPE, AGLAURE, CLÉOMÈNE, AGÉNOR.

CYDIPPE.
Venez jouir, ma sœur, de ce qu'on vous apprête.

AGLAURE.
Préparez vos attraits à recevoir ici
Le triomphe nouveau d'une illustre conquête.

CYDIPPE.
Ces princes ont tous deux si bien senti vos coups
Qu'à vous le découvrir leur bouche se dispose.

PSYCHÉ.
Du sujet qui les tient si rêveurs parmi nous,
Je ne me croyais pas la cause ;
Et j'aurais cru toute autre chose
En les voyant parler à vous.

AGLAURE.
N'ayant ni beauté ni naissance
A pouvoir mériter leur amour et leurs soins,
Ils nous favorisent au moins
De l'honneur de la confidence.

PSYCHÉ, ACTE I, SCÈNE III.

CLÉOMÈNE, à *Psyché*.
L'aveu qu'il nous faut faire à vos divins appas
Est sans doute, madame, un aveu téméraire;
Mais tant de cœurs près du trépas
Sont, par de tels aveux, forcés à vous déplaire,
Que vous êtes réduite à ne les punir pas
Des foudres de votre colère.
Vous voyez en nous deux amis
Qu'un doux rapport d'humeurs sut joindre dès l'en-
Et ces tendres liens se sont vus affermis [fance,
Par cent combats d'estime et de reconnaissance.
Du destin ennemi les assauts rigoureux,
Les mépris de la mort, et l'aspect des supplices,
Par d'illustres éclats de mutuels offices,
Ont de notre amitié signalé les beaux nœuds:
Mais, à quelques essais qu'elle se soit trouvée,
Son grand triomphe est en ce jour;
Et rien ne fait tant voir sa constance éprouvée
Que de se conserver au milieu de l'amour.
Oui, malgré tant d'appas, son illustre constance
Aux lois qu'elle nous fait a soumis tous nos vœux:
Elle vient, d'une douce et pleine déférence,
Remettre à votre choix le succès de nos feux;
Et, pour donner un poids à notre concurrence,
Qui des raisons d'État entraîne la balance
Sur le choix de l'un de nous deux,
Cette même amitié s'offre sans répugnance
D'unir nos deux États au sort du plus heureux.

AGÉNOR.
Oui, de ces deux États, madame, [d'unir,
Que sous votre heureux choix nous nous offrons
Nous voulons faire à notre flamme
Un secours pour vous obtenir.
Ce que, pour ce bonheur, près du roi votre père,
Nous nous sacrifions tous deux
N'a rien de difficile à nos cœurs amoureux;
Et c'est au plus heureux faire un don nécessaire
D'un pouvoir dont le malheureux,
Madame, n'aura plus affaire.

PSYCHÉ. [yeux
Le choix que vous m'offrez, princes, montre à mes
De quoi remplir les vœux de l'âme la plus fière,
Et vous me le parez tous deux d'une manière
Qu'on ne peut rien offrir qui soit plus précieux.
Vos feux, votre amitié, votre vertu suprême,
Tout me relève en vous l'offre de votre foi;
Et j'y vois un mérite à s'opposer lui-même
A ce que vous voulez de moi.
Ce n'est pas à mon cœur qu'il faut que je défère
Pour entrer sous de tels liens:
Ma main, pour se donner, attend l'ordre d'un père,
Et mes sœurs ont des droits qui vont devant les miens.
Mais, si l'on me rendait sur mes vœux absolue
Vous y pourriez avoir trop de part à la fois;
Et toute mon estime, entre vous suspendue,
Ne pourrait sur aucun laisser tomber mon choix.
A l'ardeur de votre poursuite
Je répondrais assez de mes vœux les plus doux;
Mais c'est, parmi tant de mérite,

Trop que deux cœurs pour moi, trop peu qu'un cœur
 [pour vous.
De mes plus doux souhaits j'aurais l'âme gênée
A l'effort de votre amitié;
Et j'y vois l'un de vous prendre une destinée
A me faire trop de pitié.
Oui, princes, à tous ceux dont l'amour suit le vôtre
Je vous préférerais tous deux avec ardeur;
Mais je n'aurais jamais le cœur
De pouvoir préférer l'un de vous deux à l'autre.
A celui que je choisirais
Ma tendresse ferait un trop grand sacrifice;
Et je m'imputerais à barbare injustice
Le tort qu'à l'autre je ferais.
Oui, tous deux vous brillez de trop de grandeur d'â-
Pour en faire aucun malheureux; [me
Et vous devez chercher dans l'amoureuse flamme
Le moyen d'être heureux tous deux.
Si votre cœur me considère
Assez pour me souffrir de disposer de vous,
J'ai deux sœurs capables de plaire,
Qui peuvent bien vous faire un destin assez doux;
Et l'amitié me rend leur personne assez chère
Pour vous souhaiter leurs époux.

CLÉOMÈNE.
Un cœur dont l'amour est extrême
Peut-il bien consentir, hélas!
D'être donné par ce qu'il aime?
Sur nos deux cœurs, madame, à vos divins appas
Nous donnons un pouvoir suprême:
Disposez-en pour le trépas;
Mais pour une autre que vous-même
Ayez cette bonté de n'en disposer pas.

AGÉNOR.
Aux princesses, madame, on ferait trop d'outrage,
Et c'est pour leurs attraits un indigne partage
Que les restes d'une autre ardeur.
Il faut d'un premier feu la pureté fidèle
Pour aspirer à cet honneur
Où votre bonté nous appelle;
Et chacune mérite un cœur
Qui n'ait soupiré que pour elle.

AGLAURE.
Il me semble, sans nul courroux,
Qu'avant que de vous en défendre,
Princes, vous deviez bien attendre
Qu'on se fût expliqué sur vous.
Nous croyez-vous un cœur si facile et si tendre?
Et lorsqu'on parle ici de vous donner à nous,
Savez-vous si l'on veut vous prendre?

CYDIPPE.
Je pense que l'on a d'assez hauts sentiments
Pour refuser un cœur qu'il faut qu'on sollicite,
Et qu'on ne veut devoir qu'à son propre mérite
La conquête de ses amants.

PSYCHÉ.
J'ai cru pour vous, mes sœurs, une gloire assez gran-
Si la possession d'un mérite si haut... [de

SCÈNE IV

PSYCHÉ, AGLAURE, CYDIPPE, CLÉOMÈNE, AGÉNOR, LYCAS.

LYCAS, *à Psyché.*

Ah, madame!

PSYCHÉ.

Qu'as-tu?

LYCAS.

Le roi...

PSYCHÉ.

Quoi?

LYCAS.

Vous demande.

PSYCHÉ.

De ce trouble si grand que faut-il que j'attende?

LYCAS.

Vous ne le saurez que trop tôt.

PSYCHÉ.

Hélas! que pour le roi tu me donnes à craindre!

LYCAS.   [plaindre.

Ne craignez que pour vous, c'est vous que l'on doit

PSYCHÉ.

C'est pour louer le ciel, et me voir hors d'effroi,
De savoir que je n'aie à craindre que pour moi.
Mais apprends-moi, Lycas, le sujet qui te touche.

LYCAS.

Souffrez que j'obéisse à qui m'envoie ici,
Madame, et qu'on vous laisse apprendre de sa bouche
Ce qui peut m'affliger ainsi.

PSYCHÉ.

Allons savoir sur quoi l'on craint tant ma faiblesse.

SCÈNE V

AGLAURE, CYDIPPE, LYCAS.

AGLAURE.

Si ton ordre n'est pas jusqu'à nous étendu,
Dis-nous quel grand malheur nous couvre ta tristesse.

LYCAS.

Hélas! ce grand malheur dans la cour répandu,
    Voyez-le vous-même, princesse,
Dans l'oracle qu'au roi les destins ont rendu.
Voici ses propres mots que la douleur, madame,
    A gravés au fond de mon âme :
    « Que l'on ne pense nullement
« A vouloir de Psyché conclure l'hyménée :
« Mais qu'au sommet d'un mont elle soit prompte-
    « En pompe funèbre menée;   [ment
    « Et que, de tous abandonnée,
« Pour époux elle attende en ces lieux constamment
« Un monstre dont on a la vue empoisonnée,
« Un serpent qui répand son venin en tous lieux,
« Et trouble dans sa rage et la terre et les cieux. »

Après un arrêt si sévère
Je vous quitte, et vous laisse à juger entre vous
Si, par de plus cruels et plus sensibles coups,
Tous les dieux nous pouvaient expliquer leur colère.

SCÈNE VI

AGLAURE, CYDIPPE.

CYDIPPE.

Ma sœur, que sentez-vous à ce soudain malheur
Où nous voyons Psyché par les destins plongée?

AGLAURE.

Mais vous, que sentez-vous, ma sœur?

CYDIPPE.

A ne vous point mentir, je sens que dans mon cœur
Je n'en suis pas trop affligée.

AGLAURE.

Moi, je sens quelque chose au mien
Qui ressemble assez à la joie.
Allons, le destin nous envoie
Un mal que nous pouvons regarder comme un bien.

ACTE DEUXIÈME

La scène est changée en des rochers affreux, et fait voir en éloignement une grotte effroyable.

SCÈNE I

LE ROI, PSYCHÉ, AGLAURE, CYDIPPE, LYCAS, SUITE.

PSYCHÉ.

De vos larmes, seigneur, la source m'est bien chère;
Mais c'est trop aux bontés que vous avez pour moi
Que de laisser régner les tendresses de père
    Jusque dans les yeux d'un grand roi.
Ce qu'on vous voit ici donner à la nature
Au rang que vous tenez, seigneur, fait trop d'injure
Et j'en dois refuser les touchantes faveurs.
    Laissez moins sur votre sagesse
    Prendre d'empire à vos douleurs,
Et cessez d'honorer mon destin par des pleurs,
Qui, dans le cœur d'un roi, montrent de la faiblesse.

LE ROI.

Ah! ma fille, à ces pleurs laisse mes yeux ouverts;
Mon deuil est raisonnable, encor qu'il soit extrême;
Et lorsque pour toujours on perd ce que je perds,
La sagesse, crois-moi, peut pleurer elle-même.
    En vain l'orgueil du diadème
Veut qu'on soit insensible à ces cruels revers;
En vain de la raison les secours sont offerts
Pour vouloir d'un œil sec voir mourir ce qu'on aime;
L'effort en est barbare aux yeux de l'univers;
Et c'est brutalité plus que vertu suprême.

Je ne veux point, dans cette adversité,
Parer mon cœur d'insensibilité,
 Et cacher l'ennui qui me touche.
 Je renonce à la vanité
 De cette dureté farouche
 Que l'on appelle fermeté ;
Et, de quelque façon qu'on nomme
Cette vive douleur dont je ressens les coups,
Je veux bien l'étaler, ma fille, aux yeux de tous,
Et dans le cœur d'un roi montrer le cœur d'un homme.

PSYCHÉ.

Je ne mérite pas cette grande douleur :
Opposez, opposez un peu de résistance
 Aux droits qu'elle prend sur un cœur
Dont mille événements ont marqué la puissance.
Quoi ! faut-il que pour moi vous renonciez, seigneur,
 A cette royale constance
Dont vous avez fait voir dans les coups du malheur
 Une fameuse expérience?

LE ROI.

La constance est facile en mille occasions.
 Toutes les révolutions
Où nous peut exposer la fortune inhumaine,
La perte des grandeurs, les persécutions,
Le poison de l'envie, et les traits de la haine,
 N'ont rien que ne puissent sans peine
 Braver les résolutions
D'une âme où la raison est un peu souveraine.
 Mais ce qui porte des rigueurs
 A faire succomber les cœurs
 Sous le poids des douleurs amères,
 Ce sont, ce sont les rudes traits
 De ces fatalités sévères
 Qui nous enlèvent pour jamais
 Les personnes qui nous sont chères.
 La raison contre de tels coups
 N'offre point d'armes secourables ;
 Et voilà des dieux en courroux
 Les foudres les plus redoutables
 Qui se puissent lancer sur nous.

PSYCHÉ.

Seigneur, une douceur ici vous est offerte.
Votre hymen a reçu plus d'un présent des dieux ;
 Et, par une faveur ouverte,
Ils ne vous ôtent rien, en m'ôtant à vos yeux,
Dont ils n'aient pris le soin de réparer la perte.
Il vous reste de quoi consoler vos douleurs,
Et cette loi du ciel, que vous nommez cruelle,
 Dans les deux princesses mes sœurs
 Laisse à l'amitié paternelle
 Où placer toutes ses douceurs.

LE ROI.

Ah ! de mes maux soulagement frivole !
Rien, rien ne s'offre à moi qui de toi me console.
C'est sur mes déplaisirs que j'ai les yeux ouverts ;
 Et, dans un destin si funeste,
 Je regarde ce que je perds,
 Et ne vois point ce qui me reste.

PSYCHÉ.

Vous savez mieux que moi qu'aux volontés des dieux,
 Seigneur, il faut régler les nôtres ;
Et je ne puis vous dire, en ces tristes adieux, [tres.
Que ce que beaucoup mieux vous pouvez dire aux au-
 Ces dieux sont maîtres souverains
 Des présents qu'ils daignent nous faire ;
 Ils ne les laissent dans nos mains
 Qu'autant de temps qu'il peut leur plaire ;
 Lorsqu'ils viennent les retirer,
 On n'a nul droit de murmurer
Des grâces que leur main ne veut plus nous étendre.
Seigneur, je suis un don qu'ils ont fait à vos vœux ;
Et quand, par cet arrêt, ils veulent me reprendre,
Ils ne vous ôtent rien que vous ne teniez d'eux,
Et c'est sans murmurer que vous devez me rendre.

LE ROI.

 Ah ! cherche un meilleur fondement
 Aux consolations que ton cœur me présente,
 Et de la fausseté de ce raisonnement
 Ne fais point un accablement
 A cette douleur si cuisante
 Dont je souffre ici le tourment.
Crois-tu là me donner une raison puissante
Pour ne me plaindre point de cet arrêt des cieux?
 Et, dans le procédé des dieux
 Dont tu veux que je me contente,
 Une rigueur assassinante
 Ne paraît-elle pas aux yeux ?
Vois l'état où ces dieux me forcent à te rendre,
Et l'autre où te reçut mon cœur infortuné ;
Tu connaîtras par là qu'ils me viennent reprendre
 Bien plus que ce qu'ils m'ont donné.
 Je reçus d'eux en toi, ma fille,
Un présent que mon cœur ne leur demandait pas ;
 J'y trouvais alors peu d'appas,
Et leur en vis sans joie accroître ma famille ;
 Mais mon cœur, ainsi que mes yeux,
 S'est fait de ce présent une douce habitude ;
J'ai mis quinze ans de soins, de veilles et d'étude
 A me le rendre précieux ;
 Je l'ai paré de l'aimable richesse
 De mille brillantes vertus ;
En lui j'ai renfermé par des soins assidus
Tous les plus beaux trésors que fournit la sagesse :
A lui j'ai de mon âme attaché la tendresse ;
J'en ai fait de ce cœur le charme et l'allégresse,
 La consolation de mes sens abattus,
 Le doux espoir de ma vieillesse.
 Ils m'ôtent tout cela, ces dieux ;
Et tu veux que je n'aie aucun sujet de plainte
Sur cet affreux arrêt dont je souffre l'atteinte ;
Ah ! leur pouvoir se joue avec trop de rigueur
 Des tendresses de notre cœur.
Pour m'ôter leur présent, leur fallait-il attendre
 Que j'en eusse fait tout mon bien?
Ou plutôt, s'ils avaient dessein de le reprendre,
N'eût-il pas été mieux de ne me donner rien?

PSYCHÉ.
Seigneur, redoutez la colère
De ces dieux contre qui vous osez éclater.
LE ROI.
Après ce coup, que peuvent-ils me faire?
Ils m'ont mis en état de ne rien redouter.
PSYCHÉ.
Ah! seigneur, je tremble des crimes
Que je vous fais commettre, et je dois me haïr.
LE ROI.
Ah! qu'ils souffrent du moins mes plaintes légitimes!
Ce m'est assez d'effort que de leur obéir;
Ce doit leur être assez que mon cœur t'abandonne
Au barbare respect qu'il faut qu'on ait pour eux,
Sans prétendre gêner la douleur que me donne
L'épouvantable arrêt d'un sort si rigoureux.
Mon juste désespoir ne saurait se contraindre;
Je veux, je veux garder ma douleur à jamais;
Je veux sentir toujours la perte que je fais;
De la rigueur du ciel je veux toujours me plaindre;
Je veux jusqu'au trépas incessamment pleurer
Ce que tout l'univers ne peut me réparer.
PSYCHÉ.
Ah! de grâce, seigneur, épargnez ma faiblesse;
J'ai besoin de constance en l'état où je suis.
Ne fortifiez point l'excès de mes ennuis
Des larmes de votre tendresse.
Seuls ils sont assez forts; et c'est trop pour mon cœur
De mon destin et de votre douleur.
LE ROI.
Oui, je dois t'épargner mon deuil inconsolable.
Voici l'instant fatal de m'arracher de toi :
Mais comment prononcer ce mot épouvantable?
Il le faut toutefois, le ciel m'en fait la loi ;
Une rigueur inévitable
M'oblige à te laisser en ce funeste lieu.
Adieu : je vais... Adieu.

Ce qui suit, jusqu'à la fin de la pièce, est de M. Corneille, à la réserve de la première scène du troisième acte, qui est de la même main que ce qui a précédé.

SCÈNE II

PSYCHÉ, AGLAURE, CYDIPPE.

PSYCHÉ.
Suivez le roi, mes sœurs, vous essuierez ses larmes,
Vous adoucirez ses douleurs;
Et vous l'accableriez d'alarmes,
Si vous vous exposiez encore à mes malheurs.
Conservez-lui ce qui lui reste.
Le serpent que j'attends peut vous être funeste,
Vous envelopper dans mon sort,
Et me porter en vous une seconde mort...
Le ciel m'a seule condamnée
A son haleine empoisonnée :
Rien ne saurait me secourir;
Et je n'ai pas besoin d'exemple pour mourir.

AGLAURE.
Ne nous enviez pas ce cruel avantage
De confondre nos pleurs avec vos déplaisirs,
De mêler nos soupirs à vos derniers soupirs;
D'une tendre amitié souffrez ce dernier gage.
PSYCHÉ.
C'est vous perdre inutilement.
CYDIPPE.
C'est en votre faveur espérer un miracle,
Ou vous accompagner jusques au monument.
PSYCHÉ.
Que peut-on se promettre après un tel oracle?
AGLAURE.
Un oracle jamais n'est sans obscurité : [tendre;
On l'entend d'autant moins que mieux on croit l'en-
Et peut-être, après tout, n'en devez-vous attendre
Que gloire et que félicité.
Laissez-nous voir, ma sœur, par une digne issue
Cette frayeur mortelle heureusement déçue,
Ou mourir du moins avec vous,
Si le ciel à nos vœux ne se montre plus doux.
PSYCHÉ.
Ma sœur, écoutez mieux la voix de la nature
Qui vous appelle auprès du roi.
Vous m'aimez trop; le devoir en murmure,
Vous en savez l'indispensable loi.
Un père vous doit être encor plus cher que moi.
Rendez-vous toutes deux l'appui de sa vieillesse,
Vous lui devez chacune un gendre et des neveux.
Mille rois à l'envi vous gardent leur tendresse,
Mille rois à l'envi vous offriront leurs vœux.
L'oracle me veut seule; et seule aussi je veux
Mourir, si je puis, sans faiblesse,
Ou ne vous avoir pas pour témoins toutes deux
De ce que, malgré moi, la nature m'en laisse.
AGLAURE.
Partager vos malheurs, c'est vous importuner?
CYDIPPE.
J'ose dire un peu plus, ma sœur, c'est vous déplaire?
PSYCHÉ.
Non; mais enfin c'est me gêner
Et peut-être du ciel redoubler la colère.
AGLAURE.
Vous le voulez, et nous partons.
Daigne ce même ciel, plus juste et moins sévère,
Vous envoyer le sort que nous vous souhaitons,
Et que notre amitié sincère,
En dépit de l'oracle, et malgré vous, espère!
PSYCHÉ.
Adieu. C'est un espoir, ma sœur, et des souhaits
Qu'aucun des dieux ne remplira jamais.

SCÈNE III

PSYCHÉ.

Enfin, seule et toute à moi-même,
Je puis envisager cet affreux changement
Qui, du haut d'une gloire extrême.

Me précipite au monument.
Cette gloire était sans seconde ; [de ;
L'éclat s'en répandait jusqu'aux deux bouts du mon-
Tout ce qu'il a de rois semblaient faits pour m'aimer ;
　Tous leurs sujets, me prenant pour déesse,
　　Commençaient à m'accoutumer
　Aux encens qu'ils m'offraient sans cesse : [rien ;
Leurs soupirs me suivaient sans qu'il m'en coûtât
Mon âme restait libre en captivant tant d'âmes ;
　Et j'étais parmi tant de flammes
Reine de tous les cœurs, et maîtresse du mien.
　O ciel, m'auriez-vous fait un crime
　　De cette insensibilité ?
Déployez-vous sur moi tant de sévérité,
Pour n'avoir à leurs vœux rendu que de l'estime ?
　　Si vous m'imposiez cette loi,
Qu'il fallût faire un choix pour ne pas vous déplaire,
　　Puisque je ne pouvais le faire,
　　Que ne le faisiez-vous pour moi ?
Que ne m'inspiriez-vous ce qu'inspire à tant d'autres
Le mérite, l'amour, et... Mais que vois-je ici ?

SCÈNE IV

CLÉOMÈNE, AGÉNOR, PSYCHÉ.

CLÉOMÈNE.

Deux amis, deux rivaux, dont l'unique souci
Est d'exposer leurs jours pour conserver les vôtres.

PSYCHÉ.

Puis-je vous écouter quand j'ai chassé deux sœurs ?
Princes, contre le ciel pensez-vous me défendre ?
Vous livrer au serpent qu'ici je dois attendre,
Ce n'est qu'un désespoir qui sied mal aux grands
　　Et mourir alors que je meurs, [cœurs ;
　　C'est accabler une âme tendre,
　　Qui n'a que trop de ses douleurs.

AGÉNOR.

　Un serpent n'est pas invincible :
Cadmus, qui n'aimait rien, défit celui de Mars.
Nous aimons, et l'amour sait rendre tout possible
　　Au cœur qui suit ses étendards,
A la main dont lui-même il conduit tous les dards.

PSYCHÉ.

Voulez-vous qu'il vous serve en faveur d'une ingrate
Que tous ses traits n'ont pu toucher ;
Qu'il dompte sa vengeance au moment qu'elle éclate,
　　Et vous aide à m'en arracher ?
　　Quand même vous m'auriez servie,
　　Quand vous m'auriez rendu la vie,
Quel fruit espérez-vous de qui ne peut aimer ?

CLÉOMÈNE.

Ce n'est point par l'espoir d'un si charmant salaire
　　Que nous nous sentons animer ;
　　Nous ne cherchons qu'à satisfaire
Aux devoirs d'un amour qui n'ose présumer
　　Que jamais, quoi qu'il puisse faire,
　　Il soit capable de vous plaire,
　　Et digne de vous enflammer.

Vivez, belle princesse, et vivez pour un autre.
　Nous le verrons d'un œil jaloux,
Nous en mourrons ; mais d'un trépas plus doux
　　Que s'il nous fallait voir le vôtre ;
Et si nous ne mourons en vous sauvant le jour,
Quelque amour qu'à nos yeux vous préfériez au nôtre,
Nous voulons bien mourir de douleur et d'amour.

PSYCHÉ.

Vivez, princes, vivez, et de ma destinée,
Ne songez plus à rompre ou partager la loi ;
Je crois vous l'avoir dit, le ciel ne veut que moi,
　　Le ciel m'a seule condamnée.
Je pense ouïr déjà les mortels sifflements
　　De son ministre qui s'approche :
Ma frayeur me le peint, me l'offre à tous moments,
Et, maîtresse qu'elle est de tous mes sentiments,
Elle me le figure au haut de cette roche.
J'en tombe de faiblesse, et mon cœur abattu
Ne soutient plus qu'à peine un reste de vertu.
Adieu, princes ; fuyez, qu'il ne vous empoisonne.

AGÉNOR.

Rien ne s'offre à nos yeux encor qui les étonne ;
Et quand vous vous peignez un si proche trépas,
　　Si la force vous abandonne,
　　Nous avons des cœurs et des bras
　　Que l'espoir n'abandonne pas.
Peut-être qu'un rival a dicté cet oracle,
Que l'or a fait parler celui qui l'a rendu :
　Ce ne serait pas un miracle
Que pour un dieu muet un homme eût répondu ;
Et dans tous les climats on n'a que trop d'exemples
Qu'il est, ainsi qu'ailleurs, des méchants dans les

CLÉOMÈNE. [temples.

Laissez-nous opposer au lâche ravisseur
A qui le sacrilège indignement vous livre,
Un amour qu'a le ciel choisi pour défenseur
De la seule beauté pour qui nous voulons vivre.
Si nous n'osons prétendre à sa possession,
Du moins en son péril permettez-nous de suivre
L'ardeur et les devoirs de notre passion.

PSYCHÉ.

　Portez-les à d'autres moi-mêmes,
　Princes, portez-les à mes sœurs,
　　Ces devoirs, ces ardeurs extrêmes,
　Dont pour moi sont remplis vos cœurs :
　Vivez pour elles quand je meurs.
Plaignez de mon destin les funestes rigueurs,
Sans leur donner en vous de nouvelles matières.
　　Ce sont mes volontés dernières ;
　　Et l'on a reçu de tout temps
Pour souveraines lois les ordres des mourants.

CLÉOMÈNE.

Princesse...

PSYCHÉ.

　　Encore un coup, princes, vivez pour elles.
Tant que vous m'aimerez, vous devez m'obéir :
Ne me réduisez pas à vouloir vous haïr,
　　Et vous regarder en rebelles
　　A force de m'être fidèles.

Allez, laissez-moi seule expirer en ce lieu
Où je n'ai plus de voix que pour vous dire adieu.
Mais je sens qu'on m'enlève, et l'air m'ouvre une
[route
D'où vous n'entendrez plus cette mourante voix.
Adieu, princes, adieu pour la dernière fois.
Voyez si de mon sort vous pouvez être en doute.

(Elle est enlevée en l'air par deux Zéphires.)

AGÉNOR.

Nous la perdons de vue. Allons tous deux chercher
Sur le faîte de ce rocher,
Prince, les moyens de la suivre.

CLÉOMÈNE.

Allons-y chercher ceux de ne lui point survivre.

SCÈNE V

L'AMOUR, en l'air.

Allez mourir, rivaux d'un dieux jaloux,
Dont vous méritez le courroux
Pour avoir eu le cœur sensible aux mêmes charmes.
Et toi, forge, Vulcain, mille brillants attraits
Pour orner un palais
Où l'Amour de Psyché veut essuyer les larmes,
Et lui rendre les armes.

ACTE TROISIÈME

La scène se change en une cour magnifique ornée de colonnes de lapis enrichies de figures d'or, qui forment un palais pompeux et brillant que l'Amour destine pour Psyché.

SCÈNE I

L'AMOUR, ZÉPHIRE.

ZÉPHIRE.

Oui, je me suis galamment acquitté
De la commission que vous m'avez donnée;
Et, du haut du rocher, je l'ai, cette beauté,
Par le milieu des airs, doucement amenée
  Dans ce beau palais enchanté,
  Où vous pouvez en liberté
  Disposer de sa destinée.
Mais vous me surprenez par ce grand changement
  Qu'en votre personne vous faites :
Cette taille, ces traits, et cet ajustement,
  Cachent tout à fait qui vous êtes;
Et je donne aux plus fins à pouvoir en ce jour
  Vous reconnaître pour l'Amour.

L'AMOUR.

Aussi ne veux-je pas qu'on puisse me connaître :
Je ne veux a Psyché découvrir que mon cœur,
Rien que les beaux transports de cette vive ardeur
  Que ses doux charmes y font naître;

Et pour en exprimer l'amoureuse langueur,
  Et cacher ce que je puis être
  Aux yeux qui m'imposent des lois,
  J'ai pris la forme que tu vois.

ZÉPHIRE.

En tout vous êtes un grand maître,
  C'est ici que je le connais.
Sous des déguisements de diverse nature
  On a vu les dieux amoureux
Chercher à soulager cette douce blessure
Que reçoivent les cœurs de vos traits pleins de feux;
  Mais en bon sens vous l'emportez sur eux;
    Et voilà la bonne figure
    Pour avoir un succès heureux
Près de l'aimable sexe où l'on porte ses vœux.
Oui, de ces formes-là l'assistance est bien forte;
  Et, sans parler ni de rang ni d'esprit,
Qui peut trouver moyen d'être fait de la sorte
  Ne soupire guère à crédit.

L'AMOUR.

  J'ai résolu, mon cher Zéphire,
  De demeurer ainsi toujours;
  Et l'on ne peut le trouver à redire
  A l'aîné de tous les Amours.
Il est temps de sortir de cette longue enfance
  Qui fatigue ma patience;
Il est temps désormais que je devienne grand.

ZÉPHIRE.

  Fort bien, vous ne pouvez mieux faire;
  Et vous entrez dans un mystère
  Qui ne demande rien d'enfant.

L'AMOUR.

Ce changement sans doute irritera ma mère.

ZÉPHIRE.

Je prévois là-dessus quelque peu de colère.
  Bien que les disputes des ans
Ne doivent point régner parmi les immortelles,
Votre mère Vénus est de l'humeur des belles,
  Qui n'aiment point de grands enfants.
  Mais où je la trouve outragée,
C'est dans le procédé que l'on vous voit tenir;
  Et c'est l'avoir étrangement vengée
Que d'aimer la beauté qu'elle voulait punir.
Cette haine, où ses vœux prétendent que réponde
La puissance d'un fils que redoutent les dieux...

L'AMOUR.

Laissons cela, Zéphire, et me dis si tes yeux
Ne trouvent pas Psyché la plus belle du monde.
Est-il rien sur la terre, est-il rien dans les cieux
  Qui puisse lui ravir le titre glorieux
    De beauté sans seconde?
  Mais je la vois, mon cher Zéphire,
Qui demeure surprise à l'éclat de ces lieux.

ZÉPHIRE.

Vous pouvez vous montrer pour finir son martyre,
  Lui découvrir son destin glorieux,
Et vous dire entre vous tout ce que peuvent dire
  Les soupirs, la bouche et les yeux.

En confident discret, je sais ce qu'il faut faire
Pour ne pas interrompre un amoureux mystère.

SCÈNE II

PSYCHÉ.

Où suis-je? et, dans un lieu que je croyais barbare,
Quelle savante main a bâti ce palais,
　Que l'art, que la nature pare
　De l'assemblage le plus rare
　Que l'œil puisse admirer jamais?
　Tout rit, tout brille, tout éclate
Dans ces jardins, dans ces appartements,
　Dont les pompeux ameublements
　N'ont rien qui n'enchante et ne flatte;
Et, de quelque côté que tournent mes frayeurs,
Je ne vois sous mes pas que de l'or ou des fleurs.
Le ciel aurait-il fait cet amas de merveilles
　Pour la demeure d'un serpent?
Et lorsque par leur vue il amuse et suspend
De mon destin jaloux les rigueurs sans pareilles,
　Veut-il montrer qu'il s'en repent?
Non, non, c'est de sa haine, en cruautés féconde,
　Le plus noir, le plus rude trait,
Qui, par une rigueur nouvelle et sans seconde,
　N'étale ce choix qu'elle a fait
　De ce qu'a de plus beau le monde
Qu'afin que je le quitte avec plus de regret.
　Que son espoir est ridicule
　S'il croit par là soulager mes douleurs!
Tout autant de moments que ma mort se recule
　Sont autant de nouveaux malheurs;
Plus elle tarde, et plus de fois je meurs.
Ne me fais plus languir, viens prendre ta victime,
　Monstre qui dois me déchirer.
Veux-tu que je te cherche, et faut-il que j'anime
　Tes fureurs à me dévorer?
Si le ciel veut ma mort, si ma vie est un crime,
De ce peu qui m'en reste ose enfin t'emparer.
　Je suis lasse de murmurer
　Contre un châtiment légitime;
　Je suis lasse de soupirer:
　Viens, que j'achève d'expirer.

SCÈNE III

L'AMOUR, PSYCHÉ, ZÉPHIRE.

L'AMOUR.

Le voilà ce serpent, ce monstre impitoyable,
Qu'un oracle étonnant pour vous a préparé,
Et qui n'est pas, peut-être, à tel point effroyable
　Que vous vous l'êtes figuré.

PSYCHÉ.

Vous, seigneur, vous seriez ce monstre dont l'oracle
　A menacé mes tristes jours,
Vous qui semblez plutôt un dieu qui, par miracle,
　Daigne venir lui-même à mon secours!

L'AMOUR.

Quel besoin de secours au milieu d'un empire
　Où tout ce qui respire
N'attend que vos regards pour en prendre la loi,
Où vous n'avez à craindre autre monstre que moi?

PSYCHÉ.

Qu'un monstre tel que vous inspire peu de crainte!
　Et que, s'il a quelque poison,
　Une âme aurait peu de raison
　De hasarder la moindre plainte
　Contre une favorable atteinte
　Dont tout le cœur craindrait la guérison!
A peine je vous vois, que mes frayeurs cessées
Laissent évanouir l'image du trépas,
Et que je sens couler dans mes veines glacées
Un je ne sais quel feu que je ne connais pas.
J'ai senti de l'estime et de la complaisance,
　De l'amitié, de la reconnaissance;
De la compassion les chagrins innocents
　M'en ont fait sentir la puissance:
Mais je n'ai point encor senti ce que je sens.
Je ne sais ce que c'est; mais je sais qu'il me charme,
　Que je n'en conçois point d'alarme:
Plus j'ai les yeux sur vous, plus je m'en sens charmer;
Tout ce que j'ai senti n'agissait point de même;
　Et je dirais que je vous aime,
Seigneur, si je savais ce que c'est que d'aimer.
Ne les détournez point, ces yeux qui m'empoisonnent,
Ces yeux tendres, ces yeux perçants, mais amoureux,
Qui semblent partager le trouble qu'ils me donnent.
　Hélas! plus ils sont dangereux,
　Plus je me plais à m'attacher sur eux.
Par quel ordre du ciel, que je ne puis comprendre,
　Vous dis-je plus que je ne dois,
Moi, de qui la pudeur devrait du moins attendre
Que vous m'expliquassiez le trouble où je vous vois.
Vous soupirez, seigneur, ainsi que je soupire;
Vos sens, comme les miens, paraissent interdits:
C'est à moi de m'en taire, à vous de me le dire;
　Et cependant c'est moi qui vous le dis.

L'AMOUR.

Vous avez eu, Psyché, l'âme toujours si dure,
　Qu'il ne faut pas vous étonner
　Si, pour en réparer l'injure,
L'Amour en ce moment se paye avec usure
　De ceux qu'elle a dû lui donner.
Ce moment est venu qu'il faut que votre bouche
Exhale des soupirs si longtemps retenus;
Et qu'en vous arrachant à cette humeur farouche,
Un amas de transports aussi doux qu'inconnus
Aussi sensiblement tout à la fois vous touche,
Qu'ils ont dû vous toucher durant tant de beaux jours
Dont cette âme insensible a profané le cours.

PSYCHÉ.

N'aimer point, c'est donc un grand crime?

L'AMOUR.

En souffrez-vous un rude châtiment?

PSYCHÉ.

C'est punir assez doucement.

L'AMOUR.
C'est lui choisir sa peine légitime,
Et se faire justice, en ce glorieux jour,
D'un manquement d'amour par un excès d'amour.
PSYCHÉ.
Que n'ai-je été plutôt punie !
J'y mets le bonheur de ma vie.
Je devrais en rougir, ou le dire plus bas ;
 Mais le supplice a trop d'appas ;
Permettez que tout haut je le die* et redie :
Je le dirais cent fois et n'en rougirais pas.
Ce n'est point moi qui parle, et de votre présence
L'empire surprenant, l'aimable violence,
Dès que je veux parler, s'empare de ma voix.
C'est en vain qu'en secret ma pudeur s'en offense,
 Que le sexe et la bienséance
 Osent me faire d'autres lois :
Vos yeux de ma réponse eux-mêmes font le choix :
Et ma bouche, asservie à leur toute-puissance,
Ne me consulte plus sur ce que je me dois.
L'AMOUR.
Croyez, belle Psyché, croyez ce qu'ils vous disent,
 Ces yeux qui ne sont point jaloux :
 Qu'à l'envi les vôtres m'instruisent
 De tout ce qui se passe en vous.
 Croyez-en ce cœur qui soupire,
Et qui, tant que le vôtre y voudra repartir,
 Vous dira bien plus, d'un soupir,
 Que cent regards ne peuvent dire.
 C'est le langage le plus doux,
C'est le plus fort, c'est le plus sûr de tous.
PSYCHÉ.
 L'intelligence en était due
A nos cœurs, pour les rendre également contents.
 J'ai soupiré, vous m'avez entendue ;
 Vous soupirez, je vous entends :
 Mais ne me laissez plus en doute,
Seigneur, et dites-moi si, par la même route,
 Après moi, le Zéphire ici vous a rendu
 Pour me dire ce que j'écoute ;
Quand j'y suis arrivée étiez-vous attendu ?
Et, quand vous lui parlez, êtes-vous entendu ?
L'AMOUR.
J'ai dans ce doux climat un souverain empire,
 Comme vous l'avez sur mon cœur ;
L'Amour m'est favorable, et c'est en sa faveur
Qu'à mes ordres Éole a soumis le Zéphire.
C'est l'Amour qui, pour voir mes feux récompensés,
 Lui-même a dicté cet oracle,
 Par qui vos beaux jours menacés
D'une foule d'amants se sont débarrassés,
Et qui m'a délivré de l'éternel obstacle
 De tant de soupirs empressés
Qui ne méritaient pas de vous être adressés.
Ne me demandez point quelle est cette province,
 Ni le nom de son prince ;
Vous le saurez quand il en sera temps.
Je veux vous acquérir, mais c'est par mes services,
Par des soins assidus, et par des vœux constants,

Par les amoureux sacrifices
 De tout ce que je suis,
 De tout ce que je puis,
Sans que l'éclat du rang pour moi vous sollicite,
Sans que de mon pouvoir je me fasse un mérite;
Et, bien que souverain dans cet heureux séjour,
Je ne vous veux, Psyché, devoir qu'à mon amour.
Venez en admirer avec moi les merveilles,
Princesse, et préparez vos yeux et vos oreilles
 A ce qu'il a d'enchantements :
 Vous y verrez des bois et des prairies
 Contester sur leurs agréments
 Avec l'or et les pierreries ;
Vous n'entendrez que des concerts charmants ;
 De cent beautés vous y serez servie,
Qui vous adoreront sans vous porter envie,
 Et brigueront à tous moments,
 D'une âme soumise et ravie,
 L'honneur de vos commandements.
PSYCHÉ.
 Mes volontés suivent les vôtres ;
 Je n'en saurais plus avoir d'autres.
Mais votre oracle enfin vient de me séparer
 De deux sœurs, et du roi mon père,
 Que mon trépas imaginaire
 Réduit tous trois à me pleurer.
Pour dissiper l'erreur dont leur âme accablée
De mortels déplaisirs se voit pour moi comblée,
 Souffrez que mes sœurs soient témoins
 Et de ma gloire et de vos soins ;
Prêtez-leur, comme à moi, les ailes du Zéphire,
 Qui leur puissent de votre empire,
 Ainsi qu'à moi, faciliter l'accès ;
Faites-leur voir en quel lieu je respire ;
Faites-leur de ma perte admirer le succès.
L'AMOUR.
Vous ne me donnez pas, Psyché, toute votre âme :
Ce tendre souvenir d'un père et de deux sœurs
Me vole une part des douceurs
 Que je veux toutes pour ma flamme.
N'ayez d'yeux que pour moi qui n'en ai que pour vous ;
Ne songez qu'à m'aimer, ne songez qu'à me plaire.
Et quand de tels soucis osent vous en distraire...
PSYCHÉ.
Des tendresses du sang peut-on être jaloux ?
L'AMOUR.
Je le suis, ma Psyché, de toute la nature :
Les rayons du soleil vous baisent trop souvent ;
Vos cheveux souffrent trop les caresses du vent ;
 Dès qu'il les flatte, j'en murmure ;
 L'air même que vous respirez
Avec trop de plaisir passe par votre bouche ;
 Votre habit de trop près vous touche ;
 Et sitôt que vous soupirez,
 Je ne sais quoi qui m'effarouche
Craint parmi vos soupirs des soupirs égarés.
Mais vous voulez vos sœurs : allez, partez, Zéphire ;
Psyché le veut, je ne l'en puis dédire.

(Zéphire s'envole.)

SCÈNE IV

L'AMOUR, PSYCHÉ.

L'AMOUR.

Quand vous leur ferez voir ce bienheureux séjour,
De ses trésors faites-leur cent largesses,
Prodiguez-leur caresses sur caresses,
Et du sang, s'il se peut, épuisez les tendresses
    Pour vous rendre toute à l'amour.
Je n'y mêlerai point d'importune présence.
Mais ne leur faites pas de si longs entretiens;
Vous ne sauriez pour eux avoir de complaisance,
    Que vous ne dérobiez aux miens.

PSYCHÉ.

Votre amour me fait une grâce
Dont je n'abuserai jamais.

L'AMOUR.

Allons voir cependant ces jardins, ce palais,
Où vous ne verrez rien que votre éclat n'efface.
Et vous, petits Amours, et vous, jeunes Zéphirs,
Qui pour armes n'avez que de tendres soupirs,
Montrez tous à l'envi ce qu'à voir ma princesse
    Vous avez senti d'allégresse.

ACTE QUATRIÈME

Le théâtre devient un autre palais magnifique, coupé dans le fond par un vestibule, au travers duquel on voit un jardin superbe et charmant, décoré de plusieurs vases d'orangers, et d'arbres chargés de toutes sortes de fruits.

SCÈNE I

AGLAURE, CYDIPPE.

AGLAURE.

Je n'en puis plus, ma sœur, j'ai vu trop de merveilles :
L'avenir aura peine à les bien concevoir;
Le soleil, qui voit tout, et qui nous fait tout voir,
N'en a vu jamais de pareilles.
    Elles me chagrinent l'esprit;
Et ce brillant palais, ce pompeux équipage,
    Font un odieux étalage
Qui m'accable de honte autant que de dépit.
    Que la fortune indignement nous traite!
    Et que sa largesse indiscrète
Prodigue aveuglément, épuise, unit d'efforts,
    Pour faire de tant de trésors
    Le partage d'une cadette!

CYDIPPE.

    J'entre dans tous vos sentiments,
J'ai les mêmes chagrins; et dans ces lieux charmants,
    Tout ce qui vous déplaît me blesse;
Tout ce que vous prenez pour un mortel affront,
    Comme vous, m'accable et me laisse
L'amertume dans l'âme et la rougeur au front.

AGLAURE.

Non, ma sœur, il n'est point de reines
Qui, dans leur propre État, parlent en souveraines
    Comme Psyché parle en ces lieux.
On l'y voit obéie avec exactitude,
Et de ses volontés une amoureuse étude
    Les cherche jusque dans ses yeux.
Mille beautés s'empressent autour d'elle,
Et semblent dire à nos regards jaloux :
Quels que soient nos attraits, elle est encor plus belle;
Et nous, qui la servons, le sommes plus que vous.
    Elle prononce, on exécute;
Aucun ne s'en défend, aucun ne s'en rebute.
    Flore, qui s'attache à ses pas,
Répand à pleines mains autour de sa personne
    Ce qu'elle a de plus doux appas;
    Zéphire vole aux ordres qu'elle donne;
Et son amante et lui, s'en laissant trop charmer,
Quittent pour la servir les soins de s'entr'aimer.

CYDIPPE.

    Elle a des dieux à son service,
    Elle aura bientôt des autels;
Et nous ne commandons qu'à de chétifs mortels
    De qui l'audace et le caprice,
Contre nous à toute heure en secret révoltés,
    Opposent à nos volontés
    Ou le murmure ou l'artifice!

AGLAURE.

    C'était peu que dans notre cour
Tant de cœurs à l'envi nous l'eussent préférée;
Ce n'était pas assez que de nuit et de jour
D'une foule d'amants elle y fût adorée :
Quand nous nous consolions de la voir au tombeau
    Par l'ordre imprévu d'un oracle,
    Elle a voulu de son destin nouveau
Faire en notre présence éclater le miracle,
    Et choisir nos yeux pour témoins
De ce qu'au fond du cœur nous souhaitions le moins.

CYDIPPE.

    Ce qui le plus me désespère,
C'est cet amant parfait et si digne de plaire
    Qui se captive sous ses lois.
Quand nous pourrions choisir entre tous les monar-
    En est-il un, de tant de rois, [ques,
    Qui porte de si nobles marques?
    Se voir du bien par delà ses souhaits,
N'est souvent qu'un bonheur qui fait des misérables;
Il n'est ni train pompeux ni superbe palais
Qui n'ouvrent quelque porte à des maux incurables :
    Mais avoir un amant d'un mérite achevé,
    Et s'en voir chèrement aimée,
    C'est un bonheur si haut, si relevé,
    Que sa grandeur ne peut être exprimée.

AGLAURE.

N'en parlons plus, ma sœur, nous en mourrions
    Songeons plutôt à la vengeance; [d'ennui :
Et trouvons le moyen de rompre entre elle et lui
    Cette adorable intelligence.

La voici. J'ai des coups tout prêts à lui porter
Qu'elle aura peine d'éviter.

SCÈNE II

PSYCHÉ, AGLAURE, CYDIPPE.

PSYCHÉ.

Je viens vous dire adieu; mon amant vous renvoie,
Et ne saurait plus endurer
Que vous lui retranchiez un moment de la joie
Qu'il prend de se voir seul à me considérer;
Dans un simple regard, dans la moindre parole,
    Son amour trouve des douceurs
    Qu'en faveur du sang je lui vole,
    Quand je les partage à des sœurs.

AGLAURE.

    La jalousie est assez fine;
    Et ces délicats sentiments
    Méritent bien qu'on s'imagine
Que celui qui pour vous a ces empressements
    Passe le commun des amants.
Je vous en parle ainsi faute de le connaître.
Vous ignorez son nom et ceux dont il tient l'être;
    Nos esprits en sont alarmés.
Je le tiens un grand prince, et d'un pouvoir suprê-
    Bien au delà du diadème;   [me,
Ses trésors sous vos pas confusément semés
Ont de quoi faire honte à l'abondance même,
    Vous l'aimez autant qu'il vous aime,
    Il vous charme, et vous le charmez :
Votre félicité, ma sœur, serait extrême
    Si vous saviez qui vous aimez.

PSYCHÉ.

    Que m'importe? j'en suis aimée;
    Plus il me voit, plus je lui plais.
Il n'est point de plaisirs dont l'âme soit charmée
    Qui ne préviennent mes souhaits;
Et je vois mal de quoi la vôtre est alarmée
    Quand tout me sert dans ce palais.

AGLAURE.

    Qu'importe qu'ici tout vous serve,
Si toujours cet amant vous cache ce qu'il est?
Nous ne nous alarmons que pour votre intérêt.
En vain tout vous y rit, en vain tout vous y plaît,
Le véritable amour ne fait point de réserve;
    Et qui s'obstine à se cacher
Sent quelque chose en soi qu'on lui peut reprocher.
    Si cet amant devient volage,
Car souvent en amour le change* est assez doux;
    Et j'ose le dire entre nous,
Pour grand que soit l'éclat dont brille ce visage,
Il en peut être ailleurs d'aussi belle que vous;
Si, dis-je, un autre objet sous d'autres lois l'engage,
    Si, dans l'état où je vous voi,
    Seule en ses mains et sans défense,
    Il va jusqu'à la violence,
    Sur qui vous vengera le roi,
Ou de ce changement ou de cette insolence?

PSYCHÉ.

Ma sœur, vous me faites trembler.
Juste ciel! pourrais-je être assez infortunée...

CYDIPPE.

Que sait-on si déjà les nœuds de l'hyménée...

PSYCHÉ.

N'achevez pas, ce serait m'accabler.

AGLAURE.

Je n'ai plus qu'un mot à vous dire.
Ce prince qui vous aime, et qui commande aux vents,
Qui nous donne pour char les ailes du Zéphire,
Et de nouveaux plaisirs vous comble à tous moments,
Quand il rompt à vos yeux l'ordre de la nature,
Peut-être à tant d'amour mêle un peu d'imposture;
Peut-être ce palais n'est qu'un enchantement :
Et ces lambris dorés, ces amas de richesses
    Dont il achète vos tendresses,
    Dès qu'il sera lassé de souffrir vos caresses,
    Disparaîtront en un moment.
Vous savez comme nous ce que peuvent les charmes.

PSYCHÉ.

Que je sens à mon tour de cruelles alarmes!

AGLAURE.

Notre amitié ne veut que votre bien.

PSYCHÉ.

Adieu, mes sœurs; finissons l'entretien :
    J'aime; et je crains qu'on ne s'impatiente
    Partez; et demain, si je puis,
    Vous me verrez ou plus contente,
Ou dans l'accablement des plus mortels ennuis.

AGLAURE.

Nous allons dire au roi quelle nouvelle gloire,
Quel excès de bonheur le ciel répand sur vous.

CYDIPPE.

Nous allons lui conter d'un changement si doux
    La surprenante et merveilleuse histoire.

PSYCHÉ.

Ne l'inquiétez point, ma sœur, de vos soupçons;
Et quand vous lui peindrez un si charmant empire...

AGLAURE.

Nous savons toutes deux ce qu'il faut taire ou dire,
Et n'avons pas besoin, sur ce point, de leçons.

(*Le Zéphire enlève les deux sœurs de Psyché dans un nuage qui descend jusqu'à terre, et dans lequel il les emporte avec rapidité.*)

SCÈNE III

L'AMOUR, PSYCHÉ.

L'AMOUR.

Enfin vous êtes seule, et je puis vous redire,
Sans avoir pour témoins vos importunes sœurs,
Ce que des yeux si beaux ont pris sur moi d'empire,
    Et quels excès ont des douceurs
    Qu'une sincère ardeur inspire
    Sitôt qu'elle assemble deux cœurs.
Je puis vous expliquer de mon âme ravie

Les amoureux empressements,
Et vous jurer qu'à vous seule asservie
Elle n'a pour objets de ses ravissements
Que de voir cette ardeur, de même ardeur suivie,
Ne concevoir plus d'autre envie
Que de régler mes vœux sur vos désirs,
Et de ce qui vous plaît faire tous mes plaisirs.
Mais d'où vient qu'un triste nuage
Semble offusquer l'éclat de ces beaux yeux?
Vous manque-t-il quelque chose en ces lieux?
Des vœux qu'on vous y rend dédaignez-vous l'homma-
         PSYCHÉ.   [ge?
Non, seigneur.
             L'AMOUR.
Qu'est-ce donc? et d'où vient mon malheur?
J'entends moins de soupirs d'amour que de douleur :
Je vois de votre teint les roses amorties
    Marquer un déplaisir secret;
    Vos sœurs à peine sont parties
    Que vous soupirez de regret.
Ah! Psyché, de deux cœurs quand l'ardeur est la
Ont-ils des soupirs différents?   [même,
Et quand on aime bien, et qu'on voit ce qu'on aime,
    Peut-on songer à des parents?
             PSYCHÉ.
Ce n'est point là ce qui m'afflige.
             L'AMOUR.
    Est-ce l'absence d'un rival,
Et d'un rival aimé, qui fait qu'on me néglige?
             PSYCHÉ.
Dans un cœur tout à vous que vous pénétrez mal!
Je vous aime, seigneur, et mon amour s'irrite
De l'indigne soupçon que vous avez formé.
Vous ne connaissez pas quel est votre mérite,
    Si vous craignez de n'être pas aimé.
Je vous aime; et depuis que j'ai vu la lumière,
    Je me suis montrée assez fière
Pour dédaigner les vœux de plus d'un roi;
Et s'il vous faut ouvrir mon âme tout entière,
Je n'ai trouvé que vous qui fût digne de moi.
    Cependant j'ai quelque tristesse
    Qu'en vain je voudrais vous cacher;
Un noir chagrin se mêle à toute ma tendresse,
    Dont je ne le puis détacher.
Ne m'en demandez point la cause :
Peut-être la sachant voudrez-vous m'en punir;
Et si j'ose aspirer encore à quelque chose,
Je suis sûre du moins de ne point l'obtenir.
             L'AMOUR.
Et ne craignez-vous point qu'à mon tour je m'irrite
Que vous connaissiez mal quel est votre mérite,
    Ou feigniez de ne pas savoir
    Quel est sur moi votre absolu pouvoir?
Ah! si vous en doutez, soyez désabusée,
Parlez.
             PSYCHÉ.
    J'aurai l'affront de me voir refusée.
             L'AMOUR.
Prenez en ma faveur de meilleurs sentiments,
    L'expérience en est aisée;
Parlez, tout se tient prêt à vos commandements.
    Si pour m'en croire il vous faut des serments,
J'en jure vos beaux yeux, ces maîtres de mon âme,
    Ces divins auteurs de ma flamme;
Et si ce n'est assez d'en jurer vos beaux yeux,
J'en jure par le Styx, comme jurent les dieux.
             PSYCHÉ.
J'ose craindre un peu moins après cette assurance.
Seigneur, je vois ici la pompe et l'abondance,
    Je vous adore, et vous m'aimez,
Mon cœur en est ravi, mes sens en sont charmés;
    Mais, parmi ce bonheur suprême,
    J'ai le malheur de ne savoir qui j'aime.
    Dissipez cet aveuglement,
Et faites-moi connaître un si parfait amant.
             L'AMOUR.
    Psyché, que venez-vous de dire?
             PSYCHÉ.
    Que c'est le bonheur où j'aspire;
    Et si vous ne me l'accordez...
             L'AMOUR.
Je l'ai juré, je n'en suis plus le maître;
Mais vous ne savez pas ce que vous demandez.
Laissez-moi mon secret. Si je me fais connaître,
    Je vous perds, et vous me perdez.
Le seul remède est de vous en dédire.
             PSYCHÉ.
C'est là sur vous mon souverain empire?
             L'AMOUR.
Vous pouvez tout, et je suis tout à vous;
    Mais si nos feux vous semblent doux,
Ne mettez point d'obstacle à leur charmante suite;
    Ne me forcez point à la fuite :
C'est le moindre malheur qui nous puisse arriver
    D'un souhait qui vous a séduite.
             PSYCHÉ.
    Seigneur, vous voulez m'éprouver;
    Mais je sais ce que j'en dois croire.
De grâce apprenez-moi tout l'excès de ma gloire,
Et ne me cachez plus pour quel illustre choix
    J'ai rejeté les vœux de tant de rois.
             L'AMOUR.
Le voulez-vous?
             PSYCHÉ.
          Souffrez que je vous en conjure.
             L'AMOUR.
Si vous saviez, Psyché, la cruelle aventure
    Que par là vous vous attirez...
             PSYCHÉ.
    Seigneur, vous me désespérez.
             L'AMOUR.
Pensez-y bien, je puis encor me taire.
             PSYCHÉ.
Faites-vous des serments pour n'y point satisfaire?
             L'AMOUR.
Eh bien! je suis le dieu le plus puissant des dieux,
Absolu sur la terre, absolu dans les cieux;
Dans les eaux, dans les airs mon pouvoir est suprême,

En un mot je suis l'Amour même,
Qui de mes propres traits m'étais blessé pour vous;
Et sans la violence hélas! que vous me faites,
Et qui vient de changer mon amour en courroux,
 Vous m'alliez avoir pour époux.
  Vos volontés sont satisfaites,
  Vous avez su qui vous aimiez,
Vous connaissez l'amant que vous charmiez;
 Psyché, voyez ou vous en êtes :
Vous me forcez vous-même à vous quitter;
Vous me forcez vous-même à vous ôter
  Tout l'effet de votre victoire.
Peut-être vos beaux yeux ne me reverront plus.
Ces palais, ces jardins, avec moi disparus,
Vont faire évanouir votre naissante gloire.
 Vous n'avez pas voulu m'en croire;
Et, pour tout fruit de ce doute éclairci,
  Le destin, sous qui le ciel tremble,
Plus fort que mon amour, que tous les dieux ensemble,
Vous va montrer sa haine, et me chasse d'ici.

(*L'Amour disparoît, et, dans l'instant qu'il s'envole, le superbe jardin s'évanouit. Psyché demeure seule au milieu d'une vaste campagne, et sur les bords sauvages d'un grand fleuve où elle se veut précipiter. Le dieu du fleuve paraît assis sur un amas de joncs et de roseaux, et appuyé sur une grande urne d'où sort une grosse source d'eau.*)

SCÈNE IV

PSYCHÉ, LE DIEU DU FLEUVE.

PSYCHÉ.

Cruel destin! funeste inquiétude!
  Fatale curiosité!
Qu'avez-vous fait, affreuse solitude,
  De toute ma félicité?
J'aimais un dieu, j'en étais adorée,
Mon bonheur redoublait de moment en moment;
  Et je me vois seule, éplorée,
Au milieu d'un désert, où, pour accablement,
  Et confuse et désespérée,
Je sens croître l'amour quand j'ai perdu l'amant.
 Le souvenir m'en charme et m'empoisonne;
Sa douceur tyrannise un cœur infortuné
Qu'aux plus cuisants chagrins ma flamme a condamné.
 O ciel! quand l'Amour m'abandonne,
Pourquoi me laisse-t-il l'amour qu'il m'a donné?
Source de tous les biens, inépuisable et pure,
  Maître des hommes et des dieux,
 Cher auteur des maux que j'endure,
Êtes-vous pour jamais disparu de mes yeux?
  Je vous en ai banni moi-même;
Dans un excès d'amour, dans un bonheur extrême,
D'un indigne soupçon mon cœur s'est alarmé.
Cœur ingrat, tu n'avais qu'un feu mal allumé;
Et l'on ne peut vouloir, du moment que l'on aime,
  Que ce que veut l'objet aimé.

Mourons, c'est le parti qui seul me reste à suivre
  Après la perte que je fais.
 Pour qui, grands dieux! voudrais-je vivre?
  Et pour qui former des souhaits?
Fleuve, de qui les eaux baignent ces tristes sables,
  Ensevelis mon crime dans tes flots;
 Et pour finir des maux si déplorables,
Laisse-moi dans ton lit assurer mon repos.

LE DIEU DU FLEUVE.

 Ton trépas souillerait mes ondes,
 Psyché; le ciel te le défend;
Et peut-être qu'après des douleurs si profondes
  Un autre sort t'attend.
Fuis plutôt de Vénus l'implacable colère.
Je la vois qui te cherche et qui te veut punir :
L'amour du fils a fait la haine de la mère.
 Fuis, je saurai la retenir.

PSYCHÉ.

 J'attends ses fureurs vengeresses;
Qu'auront-elles pour moi qui ne me soit trop doux?
Qui cherche le trépas ne craint dieux ni déesses,
 Et peut braver tout leur courroux.

SCÈNE V

VÉNUS, PSYCHÉ, LE DIEU DU FLEUVE.

VÉNUS.

Orgueilleuse Psyché, vous m'osez donc attendre
Après m'avoir sur terre enlevé mes honneurs,
  Après que vos traits suborneurs
Ont reçu les encens qu'aux miens seuls on doit rendre?
J'ai vu mes temples désertés;
J'ai vu tous les mortels, séduits par vos beautés,
Idolâtrer en vous la beauté souveraine,
Vous offrir des respects jusqu'alors inconnus,
  Et ne se mettre pas en peine
  S'il était une autre Vénus :
 Et je vous vois encor l'audace
De n'en pas redouter les justes châtiments,
  Et de me regarder en face,
Comme si c'était peu que mes ressentiments!

PSYCHÉ.

Si de quelques mortels on m'a vue adorée,
Est-ce un crime pour moi d'avoir eu des appas
  Dont leur âme inconsidérée
Laissait charmer des yeux qui ne vous voyaient pas?
  Je suis ce que le ciel m'a faite,
Je n'ai que les beautés qu'il m'a voulu prêter.
Si les vœux qu'on m'offrait vous ont mal satisfaite,
 Pour forcer tous les cœurs à vous se reporter,
  Vous n'aviez qu'à vous présenter,
Qu'à ne leur cacher plus cette beauté parfaite
  Qui, pour les rendre à leur devoir,
Pour se faire adorer, n'a qu'à se faire voir.

VÉNUS.

 Il fallait vous en mieux défendre.
Ces respects, ces encens, se devaient refuser;
  Et pour les mieux désabuser,

Il fallait à leurs yeux vous-même me les rendre.
  Vous avez aimé cette erreur
Pour qui vous ne deviez avoir que de l'horreur :
Vous avez bien fait plus ; votre humeur arrogante,
  Sur le mépris de mille rois,
Jusques aux cieux a porté de son choix
  L'ambition extravagante.

PSYCHÉ.

J'aurais porté mon choix, déesse, jusqu'aux cieux?

VÉNUS.

  Votre insolence est sans seconde.
  Dédaigner tous les rois du monde,
  N'est-ce pas aspirer aux dieux?

PSYCHÉ.

Si l'Amour pour eux tous m'avait endurci l'âme,
  Et me réservait toute à lui,
En puis-je être coupable? et faut-il qu'aujourd'hui,
  Pour prix d'une si belle flamme,
Vous vouliez m'accabler d'un éternel ennui?

VÉNUS.

  Psyché, vous deviez mieux connaître
  Qui vous étiez, et quel était ce dieu.

PSYCHÉ.

Et m'en a-t-il donné ni le temps ni le lieu,
Lui qui de tout mon cœur d'abord s'est rendu maître?

VÉNUS.

  Tout votre cœur s'en est laissé charmer,
Et vous l'avez aimé dès qu'il vous a dit : J'aime.

PSYCHÉ.

Pouvais-je n'aimer pas le dieu qui fait aimer,
  Et qui me parlait pour lui-même?
  C'est votre fils ; vous savez son pouvoir ;
  Vous en connaissez le mérite.

VÉNUS.

Oui, c'est mon fils ; mais un fils qui m'irrite,
Un fils qui me rend mal ce qu'il sait me devoir ;
  Un fils qui fait qu'on m'abandonne,
Et qui, pour mieux flatter ses indignes amours,
Depuis que vous l'aimez ne blesse plus personne
Qui vienne à mes autels implorer mon secours.
  Vous m'en avez fait un rebelle.
On m'en verra vengée, et hautement, sur vous ;
Et je vous apprendrai s'il faut qu'une mortelle
  Souffre qu'un dieu soupire à ses genoux.
Suivez-moi ; vous verrez, par votre expérience,
  A quelle folle confiance
  Vous portait cette ambition.
Venez, et préparez autant de patience
  Qu'on vous voit de présomption.

ACTE CINQUIÈME

La scène représente les enfers. On y voit une mer toute de feu, dont les flots sont dans une perpétuelle agitation. Cette mer effroyable est bornée par des ruines enflammées ; et au milieu de ses flots agités, au travers d'une gueule affreuse, paraît le palais infernal de Pluton. Huit Furies en sortent, et forment une entrée de ballet, où elles se réjouissent de la rage qu'elles ont allumée dans l'âme de la plus douce des divinités. Un Lutin mêle quantité de sauts périlleux à leurs danses, cependant que Psyché, qui a passé aux enfers par le commandement de Vénus, repasse dans la barque de Caron avec la boîte qu'elle a reçue de Proserpine pour cette déesse.

SCÈNE I

PSYCHÉ.

Effroyables replis des ondes infernales,
Noirs palais où Mégère et ses sœurs font leur cour,
  Éternels ennemis du jour,
Parmi vos Ixions et parmi vos Tantales,
Parmi tant de tourments qui n'ont point d'intervalles,
  Est-il dans votre affreux séjour
  Quelques peines qui soient égales
Aux travaux où Vénus condamne mon amour?
  Elle n'en peut être assouvie ;
Et depuis qu'à ses lois je me trouve asservie,
Depuis qu'elle me livre à ses ressentiments,
  Il m'a fallu dans ces cruels moments
    Plus d'une âme et plus d'une vie
    Pour remplir ses commandements.
    Je souffrirais tout avec joie,
Si, parmi les rigueurs que sa haine déploie,
Mes yeux pouvaient revoir, ne fût-ce qu'un moment,
  Ce cher, cet adorable amant.
Je n'ose le nommer : ma bouche, criminelle
    D'avoir trop exigé de lui,
S'en est rendue indigne ; et, dans ce dur ennui,
    La souffrance la plus mortelle
Dont m'accable à toute heure un renaissant trépas,
    Est celle de ne le voir pas.
    Si son courroux durait encore,
Jamais aucun malheur n'approcherait du mien ;
Mais s'il avait pitié d'une âme qui l'adore,
Quoi qu'il fallût souffrir, je ne souffrirais rien.
Oui, destins, s'il calmait cette juste colère,
  Tous mes malheurs seraient finis :
Pour me rendre insensible aux fureurs de la mère,
  Il ne faut qu'un regard du fils.
Je n'en veux plus douter, il partage ma peine :
Il voit ce que je souffre et souffre comme moi ;
  Tout ce que j'endure le gêne ;
Lui-même il s'en impose une amoureuse loi.
En dépit de Vénus, en dépit de mon crime,
C'est lui qui me soutient, c'est lui qui me ranime
Au milieu des périls où l'on me fait courir ;
Il garde la tendresse où son feu le convie,
Et prend soin de me rendre une nouvelle vie
  Chaque fois qu'il me faut mourir.

49

Mais que me veulent ces deux ombres
Qu'à travers le faux jour de ces demeures sombres
J'entrevois s'avancer vers moi

SCÈNE II

PSYCHÉ, CLÉOMÈNE, AGÉNOR.

PSYCHÉ.

Cléomène, Agénor, est-ce vous que je voi?
Qui vous a ravi la lumière?

CLÉOMÈNE.

La plus juste douleur qui d'un beau désespoir
Nous eût pu fournir la matière;
Cette pompe funèbre où du sort le plus noir
Vous attendiez la rigueur la plus fière,
L'injustice la plus entière.

AGÉNOR.

Sur ce même rocher où le ciel en courroux
Vous promettait, au lieu d'époux,
Un serpent dont soudain vous seriez dévorée,
Nous tenions la main préparée
A repousser sa rage, ou mourir avec vous.
Vous le savez, princesse; et lorsqu'à notre vue
Par le milieu des airs vous êtes disparue,
Du haut de ce rocher, pour suivre vos beautés,
Ou plutôt pour goûter cette amoureuse joie
D'offrir pour vous au monstre une première proie,
D'amour et de douleur l'un et l'autre emportés,
Nous nous sommes précipités.

CLÉOMÈNE.

Heureusement déçus au sens de votre oracle,
Nous en avons ici reconnu le miracle,
Et su que le serpent prêt à vous dévorer
Était le dieu qui fait qu'on aime,
Et qui, tout dieu qu'il est, vous adorant lui-même,
Ne pouvait endurer
Qu'un mortel comme nous osât vous adorer.

AGÉNOR.

Pour prix de vous avoir suivie,
Nous jouissons ici d'un trépas assez doux.
Qu'avions-nous affaire de vie,
Si nous ne pouvions être à vous!
Nous revoyons ici vos charmes,
Qu'aucun des deux là-haut n'aurait revus jamais.
Heureux si nous voyions la moindre de vos larmes
Honorer des malheurs que vous nous avez faits!

PSYCHÉ.

Puis-je avoir des larmes de reste,
Après qu'on a porté les miens au dernier point?
Unissons nos soupirs dans un sort si funeste,
Les soupirs ne s'épuisent point.
Mais vous soupireriez, princes, pour une ingrate.
Vous n'avez point voulu survivre à mes malheurs;
Et, quelque douleur qui m'abatte,
Ce n'est point pour vous que je meurs.

CLÉOMÈNE.

L'avons-nous mérité, nous dont toute la flamme
N'a fait que vous lasser du récit de nos maux?

PSYCHÉ.

Vous pouviez mériter, princes, toute mon âme,
Si vous n'eussiez été rivaux.
Ces qualités incomparables
Qui de l'un et de l'autre accompagnaient les vœux
Vous rendaient tous deux trop aimables
Pour mépriser aucun des deux.

AGÉNOR.

Vous avez pu, sans être injuste ni cruelle,
Nous refuser un cœur réservé pour un dieu.
Mais revoyez Vénus. Le Destin nous rappelle,
Et nous force à vous dire adieu.

PSYCHÉ.

Ne vous donne-t-il pas le loisir de me dire
Quel est ici votre séjour?

CLÉOMÈNE.

Dans des bois toujours verts, où d'amour on respire,
Aussitôt qu'on est mort d'amour :
D'amour on y revit, d'amour on y soupire,
Sous les plus douces lois de son heureux empire;
Et l'éternelle nuit n'ose en chasser le jour
Que lui-même il attire
Sur nos fantômes qu'il inspire,
Et dont aux enfers même il se fait une cour.

AGÉNOR.

Vos envieuses sœurs, après nous descendues,
Pour vous perdre se sont perdues;
Et l'une et l'autre tour à tour,
Pour le prix d'un conseil qui leur coûte la vie,
A côté d'Ixion, à côté de Tityé,
Souffrent tantôt la roue, et tantôt le vautour.
L'Amour, par les Zéphirs, s'est fait prompte justice
De leur envenimée et jalouse malice :
Ces ministres ailés de son juste courroux,
Sous couleur de les rendre encore auprès de vous,
Ont plongé l'une et l'autre au fond d'un précipice,
Où le spectacle affreux de leurs corps déchirés
N'étale que le moindre et le premier supplice
De ces conseils dont l'artifice
Fait les maux dont vous soupirez.

PSYCHÉ.

Que je les plains!

CLÉOMÈNE.

Vous êtes seule à plaindre.
Mais nous demeurons trop à vous entretenir :
Adieu. Puissions-nous vivre en votre souvenir!
Puissiez-vous, et bientôt, n'avoir plus rien à craindre;
Puisse, et bientôt, l'Amour vous enlever aux cieux,
Vous y mettre à côté des dieux,
Et, rallumant un feu qui ne se puisse éteindre,
Affranchir à jamais l'éclat de vos beaux yeux
D'augmenter le jour en ces lieux!

SCÈNE III

PSYCHÉ.

Pauvres amants! Leur amour dure encore!
Tout morts qu'ils sont, l'un et l'autre m'adore.

Moi, dont la dureté reçut si mal leurs vœux!
Tu n'en fais pas ainsi, toi, qui seul m'as ravie,
Amant que j'aime encor cent fois plus que ma vie,
Et qui brises de si beaux nœuds!
Ne me fuis plus, et souffre que j'espère
Que tu pourras un jour rabaisser l'œil sur moi,
Qu'à force de souffrir j'aurai de quoi te plaire,
    De quoi me rengager ta foi.
Mais ce que j'ai souffert m'a trop défigurée
    Pour rappeler un tel espoir;
    L'œil abattu, triste, désespérée,
    Languissante et décolorée,
    De quoi puis-je me prévaloir,
Si par quelque miracle, impossible à prévoir,
Ma beauté qui t'a plu ne se voit réparée?
    Je porte ici de quoi la réparer;
    Ce trésor de beauté divine,
Qu'en mes mains pour Vénus a remis Proserpine,
Enferme des appas dont je puis m'emparer;
    Et l'éclat en doit être extrême,
    Puisque Vénus, la beauté même,
    Les demande pour se parer.
En dérober un peu serait-ce un si grand crime?
Pour plaire aux yeux d'un dieu qui s'est fait mon
    [amant,
Pour regagner son cœur et finir mon tourment,
    Tout n'est-il pas trop légitime?
Ouvrons. Quelles vapeurs m'offusquent le cerveau,
Et que vois-je sortir de cette boite ouverte?
Amour, si ta pitié ne s'oppose à ma perte,
Pour ne revivre plus je descends au tombeau.

(*Elle s'évanouit, et l'Amour descend auprès d'elle en volant.*)

SCÈNE IV

L'AMOUR, PSYCHÉ *évanouie*.

L'AMOUR.

Votre péril, Psyché, dissipe ma colère,
Ou plutôt de mes feux l'ardeur n'a point cessé;
Et bien qu'au dernier point vous m'ayez su déplaire,
    Je ne me suis intéressé
    Que contre celle de ma mère.
J'ai vu tous vos travaux, j'ai suivi vos malheurs,
Mes soupirs ont partout accompagné vos pleurs.
Tournez les yeux vers moi, je suis encor le même.
Quoi! je dis et redis tout haut que je vous aime,
Et vous ne dites point, Psyché, que vous m'aimez!
Est-ce que pour jamais vos beaux yeux sont fermés,
Qu'à jamais la clarté leur vient d'être ravie?
O mort! devais-tu prendre un dard si criminel,
Et, sans aucun respect pour mon être éternel,
    Attenter à ma propre vie?
    Combien de fois, ingrate déité,
    Ai-je grossi ton noir empire
    Par les mépris et par la cruauté
D'une orgueilleuse ou farouche beauté!
    Combien même, s'il le faut dire,

T'ai-je immolé de fidèles amants
    A force de ravissements!
Va, je ne blesserai plus d'âmes,
Je ne percerai plus de cœurs
Qu'avec des dards trempés aux divines liqueurs
Qui nourrissent du ciel les immortelles flammes,
Et n'en lancerai plus que pour faire à tes yeux
    Autant d'amants, autant de dieux.
    Et vous, impitoyable mère,
    Qui la forcez à m'arracher
    Tout ce que j'avais de plus cher,
Craignez, à votre tour, l'effet de ma colère.
    Vous me voulez faire la loi,
Vous, qu'on voit si souvent la recevoir de moi!
Vous, qui portez un cœur sensible comme un autre,
Vous enviez au mien les délices du vôtre!
Mais dans ce même cœur j'enfoncerai des coups
Qui ne seront suivis que de chagrins jaloux;
Je vous accablerai de honteuses surprises,
Et choisirai partout, à vos vœux les plus doux,
    Des Adonis et des Anchises,
    Qui n'auront que haine pour vous.

SCÈNE V

VÉNUS, L'AMOUR, PSYCHÉ *évanouie*.

VÉNUS.

    La menace est respectueuse;
    Et d'un enfant qui fait le révolté
    La colère présomptueuse...

L'AMOUR.

Je ne suis plus enfant, et je l'ai trop été;
Et ma colère est juste autant qu'impétueuse.

VÉNUS.

L'impétuosité s'en devrait retenir,
    Et vous pourriez vous souvenir
    Que vous me devez la naissance.

L'AMOUR.

    Et vous pourriez n'oublier pas
    Que vous avez un cœur et des appas
    Qui relèvent de ma puissance;
Que mon arc de la vôtre est l'unique soutien;
    Que sans mes traits elle n'est rien;
    Et que, si les cœurs les plus braves
En triomphe par vous se sont laissé traîner,
    Vous n'avez jamais fait d'esclaves
    Que ceux qu'il m'a plu d'enchaîner.
Ne me vantez donc plus ces droits de la naissance
    Qui tyrannisent mes désirs;
Et si vous ne voulez perdre mille soupirs,
Songez, en me voyant, à la reconnaissance,
    Vous qui tenez de ma puissance
    Et votre gloire et vos plaisirs.

VÉNUS.

    Comment l'avez-vous défendue,
    Cette gloire dont vous parlez?
    Comment me l'avez-vous rendue?

Et quand vous avez vu mes autels désolés,
          Mes temples violés,
          Mes honneurs ravalés,
Si vous avez pris part à tant d'ignominie,
     Comment en a-t-on vu punie
     Psyché qui me les a volés?
Je vous ai commandé de la rendre charmée
          Du plus vil de tous les mortels,
Qui ne daignât répondre à son âme enflammée
          Que par des rebuts éternels,
          Par les mépris les plus cruels :
          Et vous-même l'avez aimée!
Vous avez contre moi séduit les immortels :
C'est pour vous qu'à mes yeux les Zéphirs l'ont ca-
     Qu'Apollon même, suborné   [chée,
     Par un oracle adroitement tourné,
     Me l'avait si bien arrachée,
          Que si sa curiosité,
          Par une aveugle défiance,
          Ne l'eût rendue à ma vengeance,
          Elle échappait à mon cœur irrité.
     Voyez l'état où votre amour l'a mise
          Votre Psyché; son âme va partir :
     Voyez; et si la vôtre en est encore éprise,
          Recevez son dernier soupir.
Menacez, bravez-moi, cependant qu'elle expire.
     Tant d'insolence vous sied bien!
Et je dois endurer quoi qu'il vous plaise dire,
     Moi qui sans vos traits ne puis rien!

          L'AMOUR.

Vous ne pouvez que trop, déesse impitoyable;
Le Destin l'abandonne à tout votre courroux.
     Mais soyez moins inexorable
Aux prières, aux pleurs d'un fils à vos genoux.
     Ce doit vous être un spectacle assez doux
          De voir d'un œil Psyché mourante,
     Et de l'autre ce fils, d'une voix suppliante,
Ne vouloir plus tenir son bonheur que de vous.
Rendez-moi ma Psyché, rendez-lui tous ses charmes;
          Rendez-la, déesse, à mes larmes;
     Rendez à mon amour, rendez à ma douleur
Le charme de mes yeux et le choix de mon cœur.

          VÉNUS.

     Quelque amour que Psyché vous donne,
De ses malheurs par moi n'attendez pas la fin;
          Si le Destin me l'abandonne,
          Je l'abandonne à son destin.
Ne m'importunez plus; et, dans cette infortune,
Laissez-la sans Vénus triompher ou périr.

          L'AMOUR.

     Hélas! si je vous importune,
Je ne le ferais pas si je pouvais mourir.

          VÉNUS.

     Cette douleur n'est pas commune,
Qui force un immortel à souhaiter la mort.

          L'AMOUR.

Voyez par son excès si mon amour est fort.
     Ne lui ferez-vous grâce aucune?

          VÉNUS.

          Je vous l'avoue, il me touche le cœur,
     Votre amour; il désarme, il fléchit ma rigueur.
          Votre Psyché reverra la lumière.

          L'AMOUR.

Que je vous vais partout faire donner d'encens!

          VÉNUS.

Oui, vous la reverrez dans sa beauté première :
     Mais de vos vœux reconnaissants
     Je veux la déférence entière;
Je veux qu'un vrai respect laisse à mon amitié
     Vous choisir une autre moitié.

          L'AMOUR.

     Et moi je ne veux plus de grâce,
     Je reprends toute mon audace :
     Je veux Psyché, je veux sa foi;
Je veux qu'elle revive, et revive pour moi,
Et tiens indifférent que votre haine lasse
     En faveur d'une autre se passe.
Jupiter, qui paraît, va juger entre nous
De mes emportements et de votre courroux.

(*Après quelques éclairs et roulements de tonnerre, Jupiter
     paraît en l'air sur son aigle.*)

SCÈNE VI

JUPITER, VÉNUS, L'AMOUR, PSYCHÉ *évanouie.*

          L'AMOUR.

     Vous à qui seul tout est possible,
     Père des dieux, souverain des mortels,
Fléchissez la rigueur d'une mère inflexible,
     Qui sans moi n'aurait point d'autels.
J'ai pleuré, j'ai prié, je soupire, menace,
          Et perds menaces et soupirs.
Elle ne veut pas voir que de mes déplaisirs
Dépend du monde entier l'heureuse ou triste face,
     Et que si Psyché perd le jour,
Si Psyché n'est à moi, je ne suis plus l'Amour.
Oui, je romprai mon arc, je briserai mes flèches,
     J'éteindrai jusqu'à mon flambeau,
Je laisserai languir la nature au tombeau;
Ou, si je daigne aux cœurs faire encor quelques
Avec ces pointes d'or qui me font obéir,   [brèches
Je vous blesserai tous là-haut pour des mortelles,
          Et ne décocherai sur elles
Que des traits émoussés qui forcent à haïr,
          Et qui ne font que des rebelles,
          Des ingrates, et des cruelles.
          Par quelle tyrannique loi
Tiendrai-je à vous servir mes armes toujours prêtes,
Et vous ferai-je à tous conquêtes sur conquêtes,
Si vous me défendez d'en faire une pour moi?

          JUPITER, *à Vénus.*

Ma fille, sois-lui moins sévère.
Tu tiens de sa Psyché le destin en tes mains;
La Parque, au moindre mot, va suivre ta colère;

Parle, et laisse-toi vaincre aux tendresses de mère,
Ou redoute un courroux que moi-même je crains.
 Veux-tu donner le monde en proie
A la haine, au désordre, à la confusion;
  Et d'un dieu d'union,
 D'un dieu de douceur et de joie,
Faire un dieu d'amertume et de division?
 Considère ce que nous sommes,
Et si les passions doivent nous dominer :
 Plus la vengeance a de quoi plaire aux hommes,
Plus il sied bien aux dieux de pardonner.

VÉNUS.

 Je pardonne à ce fils rebelle.
Mais voulez-vous qu'il me soit reproché
 Qu'une misérable mortelle,
L'objet de mon courroux, l'orgueilleuse Psyché,
 Sous ombre qu'elle est un peu belle,
  Par un hymen dont je rougis
Souille mon alliance et le lit de mon fils?

JUPITER.

 Eh bien! je la fais immortelle,
 Afin d'y rendre tout égal.

VÉNUS.

Je n'ai plus de mépris ni de haine pour elle,
Et l'admets à l'honneur de ce nœud conjugal.
  Psyché, reprenez la lumière
  Pour ne la reperdre jamais.
  Jupiter a fait votre paix,
 Et je quitte cette humeur fière
 Qui s'opposait à vos souhaits.

PSYCHÉ, *sortant de son évanouissement*.

C'est donc vous, ô grande déesse,
Qui redonnez la vie à ce cœur innocent!

VÉNUS.

Jupiter vous fait grâce, et ma colère cesse.
Vivez, Vénus l'ordonne; aimez, elle y consent.

PSYCHÉ, *à l'Amour*.

Je vous revois enfin, cher objet de ma flamme!

L'AMOUR, *à Psyché*.

Je vous possède enfin, délices de mon âme!

JUPITER.

 Venez, amants, venez aux cieux,
Achever un si grand et si digne hyménée
Viens-y, belle Psyché, changer de destinée;
 Viens prendre place au rang des dieux.

FIN DE PSYCHÉ.

DICTIONNAIRE

DES MOTS QUI ONT VIEILLI OU QUI AVAIENT DES ACCEPTIONS DIFFÉRENTES DE CELLES QU'ILS ONT AUJOURD'HUI.

A

ABJET, abject.
ABORD, arrivée.
ACCORT, adroit, habile.
ACCORTEMENT, adroitement.
ACONIT, poison.
AFFÉTÉ, qui a quelque chose de trop recherché.
AFFINÉ, qui a trouvé plus fin que soi ; — qui se laisse prendre.
AFFRONTER, faire affront ; — se moquer.
AFFRONTEUR, trompeur.
AGE, au dix-septième siècle, était indifféremment masculin et féminin.
AIGLE, fut d'abord féminin ; il prit plus tard les deux genres qu'il a conservés, mais dans des significations différentes : aigle, oiseau, est toujours masculin.
AILE (en avoir dans l'), loc. prov., être blessé ; — être amoureux.
ALENTIR, ralentir.
ALLÉGEANCE, adoucissement, soulagement.
AMBROSIE, ambroisie.
APPLIQUES (jours d'), jours artificiels produits par des appareils lumineux.
ARDER, regarder.
ASTRE, destinée.
ATTITRÉ, aposté ; — payé pour représenter un rôle.
AUCUNEMENT, peut-être ; — en quelque sorte ; — en partie.
AVENIR, advenir, arriver.

B

BAIES, mensonges, tromperies faites à dessein pour divertir.
BAILLER, donner.
BAISSER, abaisser.
BAISE-MAINS, civilités, compliments.
BALLES (garder les), loc. prov., faire le guet, regarder.
BANDE, compagnie, troupe.
BANDOLIER ou bandoulier, bandit, brigand.
BARRE, barrière.
BAS (mettre), mettre à bas, déposer.
BATTANT, moitié d'une porte qui s'ouvre en deux parties.
BOITEUX (le), myth., le Temps.
BONACE, calme, tranquillité.
BOURDE, mensonge, fausseté.
BREVET, recette.
BRICOLER, manigancer.
BRIGANDE (troupe), composée de brigands.
BROSSER, parcourir les endroits les plus épais d'une forêt.

C

CAJOLER, courtiser, caresser, flatter.
CAJOLEUR, amant, flatteur.
CANTONNER (se), se révolter, se mutiner.
CARACOL ou caracole, mouvement en rond qu'on fait faire à un cheval.
CARFOUR, carrefour.
CEPENDANT, pendant que, dans le moment où.
CERVELLE (être en), concevoir de la jalousie.
CETTE-CI, CETTE-LÀ, celle-ci, celle-là.
CETUI-CI, CETUI-LÀ, celui-ci, celui-là.
C'EST MON, c'est bien à moi.
CHALANDISE, achalandage.
CHANGE, changement.
CHARGEANT, lourd, ennuyeux.
CHOIR, tomber en partage ; — tomber.
COLÉRÉ, plein de colère.
COLLETS D'OUVRAGE, rabats en toile, en batiste, en dentelle.
COMMETTRE, exposer, compromettre.
CONFIDENCE (traiter de), traiter en confidence.
CONFORT, consolation.
CONGÉ, permission.
CONQUÉTER, conquérir.
CONSCIENCE (faire), avoir conscience de.
CROITRE, accroître, augmenter.
CORAL, corail.
COTRET, petit faisceau de bois à brûler ; par extension : bâton.
COUCHER DE FEUX, parler avec emphase de ses feux.
COUCHER D'IMPOSTURE, payer d'imposture.
COULER (se), s'éloigner, se glisser doucement.
COURAGE, cœur ; — esprit.
COURRATIER, courtier d'intrigues.

D

DÉCEVOIR, tromper.
DÉCEPTIF, trompeur.
DÉPART, abandon.
DÉPARTIR, accorder ; — partager.
DÉSANIMÉ, sans vie.

DÉTRACTION, médisance.
DÉVALER, descendre.
DENT (vous n'en casserez que d'une), *loc. prov.*, vous n'obtiendrez pas ce que vous prétendez.
DÉFAITE, être de défaite, facile à marier.
DEXTRE, main ; — bras.
DEXTREMENT, habilement.
DIE, dise.
DIFFAMER, déshonorer.
DISCORD, discussion, discorde.
DIVERTIR, détourner.
DIVORCES, divisions, querelles.

E

ÉCHO, dans l'origine, était féminin.
EFFICACE, *subst.*, efficacité.
ÉLECTION, choix.
ÉLITE, choix.
ÉNIGME, au dix-septième siècle, était des deux genres.
ÉPANDRE, répandre.
ÉPARGNE, cassette ; — trésor royal.
ÉPITAPHE, au dix-septième siècle, était des deux genres.
ÉQUIVOQUE, le genre de ce mot n'était pas encore fixé au temps de Corneille.
ESPÈCE, *terme de log.*, classe.
ÉTAT (faire), compter sur.
ÉVITABLE, qu'on peut éviter.
EXORABLE, qui se laisse fléchir par les prières.

F

FAILLIR, manquer à son devoir.
FARDÉ, *parlant des personnes*, faux.
FENDANT, bravache, fanfaron.
FÊTE (se faire de), s'entremettre dans une affaire sans y être appelé.
FORCÈNEMENT, emportement, fureur.
FORCENER, enrager, être furieux.
FOUDRE, au dix-septième siècle, était des deux genres.
FOURBE, fourberie.
FOURBER, tromper, mentir.
FOURRIER, qui prépare.
FUNCTION, fonction.

G

GALAND, nœuds de rubans de différentes couleurs que les femmes employaient dans leur parure.
GARDE (tu vas sortir de), métaphore tirée de l'art des armes.
GAUCHIR, se détourner du droit chemin ; — biaiser.
GAUCHIR SUR LE BAL, chercher une digression sans propos.
GÉMEAUX, jumeaux.
GÊNE, torture, supplice.
GÊNER, torturer.
GILLE (faire le), s'enfuir, se retirer en hâte.

H

HANTISE, fréquentation, commerce particulier avec quelqu'un.

HAUT (gagner le), s'enfuir.
HÉSITER, au dix-septième siècle, pouvait s'aspirer.
HEUR, bonheur.
HOSTIES, victimes.

I

IDOLE, au dix-septième siècle, était des deux genres.
IMPOLLU, pur, net, sans tache.
INSULTE, au dix-septième siècle, était des deux genres.
INTRIQUE, intrigue.
INVAINCU, qui n'a jamais été vaincu.

J

JEU (A beau jeu, beau retour), *prov.*, se dit lorsqu'on menace de rendre le change à celui qui vous a fait quelque injure.

L

LICENCIEUX, qui prend une liberté trop grande.
LONGUEUR (tirer en), obtenir un délai.

M

MACULE, tache, souillure.
MARRI, fâché.
MÉCONNAISSANCE, manque de gratitude ; — refus de reconnaître la vérité.
MÊME (à), jusque dans, au milieu de.
MEUR, mûr.
MEURE (je), *interj.* pour : vraiment! assurément.
MISE (de), valable ; — qui est reçu et peut être débité pour bon.
MITHRIDATE, antidote contre le poison.
MOGOR, pour Mogol, souverain de l'Indostan.
MONTRE (passer à la), être passé en revue.
MOYENNER, procurer un arrangement.
MULE (ferrer la), friponner, faire un profit illicite.
MULET (garder le), s'ennuyer à attendre.

N

NORMANDIE (Ton goût, je m'en assure, est pour la). Ce vers, dont nous n'avons trouvé nulle part un commentaire acceptable, viendrait, selon nous, de l'allusion faite à la réputation des Normands qui ne répondent ni oui ni non.
NOTER, reprocher.
NOURRITURE, éducation.

O

OFFRE, *subst. masc.*, le genre de ce mot était encore incertain.
OFFICE (faire), charger d'un emploi.
OIS (je vous), je vous entends.
ORRAI, futur du verbe ouïr, entendre, écouter.
OUTRE, au delà.
OUTRECUIDÉ, présomptueux, téméraire.
OYEZ écoutez.

DICTIONNAIRE DES MOTS QUI ONT VIEILLI.

P

PARLER FRANÇAIS, parler intelligiblement; — s'entendre.
PARTISAN, *fig.*, appui, protection.
PASSE-PASSE, tours d'adresse, de mains.
PAYS (tirer), s'éloigner, fuir.
PENDUS, suspendus.
PETITE OIE, on donnait ce nom aux rubans, aux plumes et aux différentes garnitures qui ornaient l'habit, le chapeau, l'épée, les bas et les souliers.
PHŒBUS (parler), langage affecté, obscur et ridicule.
PIPER, séduire, tromper.
PIPEUR, trompeur.
PLANCHE (faire une), *mét.*, frayer un chemin.
PLEIGE, gage, caution.
PLEIGER, cautionner, garantir.
POINT D'ESPRIT. } On appelle ouvrages de point les ouvrages de dentelle de fil faits à l'aiguille.
POINT-COUPÉ. }
PORTRAITURE, peinture.
POURPOINT (mettre en), *fig.*, se battre
POUVOIR, possible.
PRISE (s'ôter de), se mettre à l'abri.

Q

QUARTIER (à), à l'écart, à part.

R

RAIS, rayons.
RAPAISER, calmer.
REBELLER (se), se révolter.
REDEVABLE, obligé.
REFLATTER, flatter de nouveau.
REFUITE, retardement affecté d'une personne qui ne veut pas finir une affaire.
REMISE, délai, ajournement.
RENDU (de mon intelligence), d'accord, d'intelligence avec moi.

REPOSÉES, l'endroit où se repose le cerf, au matin, après avoir pâturé.
REVANCHER, donner une revanche; — récompenser.
RHUME (donner sur le), *loc. prov.*, chercher une digression.
RISQUE, au dix-septième siècle, était des deux genres.

S

SACCAGEMENT, pillage.
SAISON (il est), il est temps.
SEUR, sûr.
SOUCI (mon), mot de tendresse qui équivaut à : ma chère âme.
SOULER, *fig.*, rassasier; — assouvir.
SUASION, conseil, persuasion
SUBMISSION, soumission.
SUCCÉDER, réussir.
SUPPORT, appui, protection.

T

TABLATURE, embarras; — avis, instruction.
TANDIS, pendant ce temps.
TAPABORD, espèce de bonnet de campagne dont les bords se rabattaient pour garantir du mauvais temps.
TOUT VRAI, très-vrai.
TRAVERSE, obstacle; — affliction.
TREUVER, trouver.
TROUBLER, exciter du trouble.
TRUCHEMENT, interprète.

U

UNIQUE (parce qu'il m'est), parce que je n'ai que ce fils.

V

VEILLAQUE, fripon, homme de mauvaise foi.
VENTRE! espèce de jurement.
VERT (prendre sur le), surprendre à l'improviste.
VOILE, au dix-septième siècle, était des deux genres.

TABLE

Vie de Corneille....................................	1
Mélite, comédie....................................	13
Clitandre, tragédie................................	38
La Veuve, comédie.................................	60
La Galerie du Palais, comédie.................	86
La Suivante, comédie.............................	111
La Place Royale, comédie.......................	134
Médée, tragédie....................................	154
L'Illusion, comédie................................	174
Le Cid, tragédie....................................	196
Horace, tragédie....................................	222
Cinna ou la Clémence d'Auguste, tragédie.	243
Polyeucte martyr, tragédie chrétienne.......	263
La Mort de Pompée, tragédie..................	287
Le Menteur, comédie.............................	308
La Suite du Menteur, comédie................	335
Théodore, vierge et martyre, tragédie chrétienne.	362
Rodogune, princesse des Parthes, tragédie.	385
Héraclius, tragédie................................	409
Andromède, tragédie.............................	424
Don Sanche d'Aragon, comédie héroïque...	459
Nicomède, tragédie................................	482
Pertharite, roi des Lombards, tragédie.....	505
Œdipe, tragédie.....................................	528
La Conquête de la Toison d'Or, tragédie...	553
Sertorius, tragédie.................................	580
Sophonisbe, tragédie.............................	603
Othon, tragédie.....................................	625
Agésilas, tragédie..................................	647
Attila, roi des Huns, tragédie..................	671
Tite et Bérénice, comédie héroïque..........	692
Pulchérie, comédie héroïque...................	713
Suréna, général des Parthes, tragédie......	734
Psyché, comédie-ballet...........................	754
Dictionnaire des mots qui ont vieilli........	775

FIN DE LA TABLE.

www.ingramcontent.com/pod-product-compliance
Lightning Source LLC
Chambersburg PA
CBHW061735300426
44115CB00009B/1225